明人傳記資料索引

序

明代資料索引之編纂，舊有哈佛燕京學社之「八十九種明代傳記引得」，近有日本東洋文庫之「明代史研究文獻目錄」，及香港新亞書院之「古今圖書集成中明人傳記索引」，於研究明史者，裨益匪淺。顧此諸引得，或但採史傳，或僅錄期刊，或纂自類書，而於文集中之傳記資料，尙乏纂輯者。夫文集中之碑傳志狀序說哀祭之文，雖銘功諛墓，語或浮誇，然其有資考證，可補史傳之未備，爲自來治史者所不廢也。

本館收藏明代文集，其數近千，且不乏罕見孤本；史傳典籍，爲諸引得所未收者，復有若干。因擬補諸書之所略，編製索引，並各係小傳，藉供一般參考及研究檢查之助。五十一年夏，本計劃獲亞洲協會之贊助，得以進行，已兩載於玆。唯以計劃龐大，時限短促，諸如小傳之纂述，資料之考訂，均費經營。司其事者雖殫心竭力，猶日不暇給。致本館所藏資料，尙未遑悉數採編，僅能擇其要者，不無憾焉！增補續纂，但期諸異日耳。

本索引之編纂，由本館同人昌彼得主任總其成，喬衍琯、宋常廉編輯等襄其事，今稿成付印，除對亞洲協會之贊助與同人等之辛勞深致謝忱外，爰略叙編印之原委，以諗世人。

中華民國五十三年十二月

海寧蔣復璁識於國立中央圖書館

編輯例言

一、本索引引用明清人文集五二八種、史傳及筆記類典籍六五種、以及單行之年譜、事狀、別傳或期刊論文若干，凡其中所記叙明代人物，其事蹟足叙，言行足式，或有撰著者，則各爲立簡傳，附列所見資料，總名「明人傳記資料索引」，藉供一般參考及研究檢查之助。

二、本索引所收，以文集中之資料爲主。凡文集中之小傳、行狀、墓志銘、墓表、神道碑、誥敕等，固皆傳記重要史料；他如贈序、壽序、書序題跋、記說、祠碑、哀誄銘祭之文，雖大抵藻飾文辭，艷稱功業，語多浮夸，非盡事實。然其有裨考證，可補史傳之不足，誠傳記研究之第一手資料，爲自來治史者所不廢，因亦收錄之。惟詩篇浩瀚；奏議之文，以事爲主，無所附麗；書啓函牘，但載爵姓，考編維艱，則摒而不錄。

三、史傳筆記類典籍，多哈佛燕京學社編「八十九種明代傳記引得」所未收者。該引得所收書，本索引初擬引用，滙爲一編，以便讀者。迨將該引得書碼釋成書名，予以彙編時，發覺其中問題頗多。或有一人而分列二目者；如黃觀、許觀，實一人而二姓；楊名、楊實卿，一用名，一用字，衍爲二人；葉希賢、雪菴和尙，一俗名，一法號，實即一人。或往往將若干名同而字號籍貫異者，誤作一人；如侯一元，一字舜舉，樂淸人，嘉靖十七年進士；一字應乾，泰安人，正德九年進士。如朱瑄，一字廷璧，官右都御史；一字鈍菴，官山西副使，該引得皆混爲一人。他若袁愷、張昺、張銓、張信、唐子淸、劉昭……等等，則各係同名之三人，併而爲一。若此之類，實更僕難數。至於某人既見於皇明開國功臣錄，復見於崇禎忠節錄；或既見於國朝獻徵錄，又見於勝朝殉節諸臣錄者，尤比比而是，蓋無煩考訂而知其必名同而人異也。今若遽加引用，勢必需先改正其錯誤。然時間倉促，且該引得所收之書，今亦不能盡睹。故除明史、明儒學案兩種重要典籍，皇明名臣琬琰錄、國朝獻徵錄兩種彙編之書，及藩獻記、國寶新編二書，該引得係用續說郛節本，而本館藏有明刻單行足本，予以重編外，餘均予捨棄，俾該引得與本索引並行，而免重複，讀者幸鑒！

四、小傳之作，係參考史傳、方志、墓銘、行狀等資料。每傳先擧其西元生卒年，次列其字號、籍貫、登擧年，繼縷述重要職官、言行事蹟、及著作等。各項如未詳者，闕之。

五、凡所收諸書中記載之人其事蹟無可陳述，言行亦無足式，且無著作者，則不爲立傳。如其親族若祖、父，若夫、子等，已有傳者，則錄其姓名字號及生卒年，與所見資料附於其親族之後，否則從略。蓋其人係因其親族以傳，文中所叙多其親族事略，故亦可視作其親族傳記資料也。

六、資料之排列，先文集，次史傳。凡文集資料先書篇名，後列書名及卷頁數，卷頁數間以/線間隔之。如在後半葉者，則於葉碼下註一「下」字，否則，則爲前半葉。例范欽天一閣集卷二十二第九葉前半葉有贈寧波知府游應乾序一篇，則書爲：

贈一川游郡侯序（天一閣集22/9）

又如董玘中峯文選卷一第六葉後半葉有贈費宏序一篇，則書爲：

送鵞湖費閣老序（中峯文選1/6下）

凡史傳筆記類書，則僅列擧書名及卷葉數。但其爲彙編之書，如皇明名臣琬琰錄等，則並擧出篇名及撰者。

七、同一篇資料見於二種以上典籍，則併合書之。如王直所撰楊士奇傳，載王文端公文集，又皇明名臣琬琰錄及國朝獻徵錄亦收之，則書爲：

少師楊公傳（王文端公文集37/6下，皇明名臣琬琰錄后1/14，國朝獻徵錄12/28）

八、小傳之排列，依姓氏筆劃之多寡爲序。凡姓同者，按其名之筆劃；如第二字相同者，則按第三字之筆劃。如姓名俱同者，則按其生年或登科年之先後爲次。又凡筆劃相同之字，則依永字八法按其首筆、一丨ノ順序爲次。

九、本書首所附之引用書目，係資料項目中所收文集或史傳典籍，僅列舉書名者，尋檢之用。如所收資料爲單行之年譜、事狀、列傳、或期刊論文，則隨舉其著者、版本、或所見期刊卷期，不再列入引用書目。

十、本索引編印倉促，收錄容有未周，考訂難免罣誤，紕繆疎漏之處，尙幸海內外博雅君子，有以匡正。

明人傳記資料索引

筆劃檢字

一劃

一……1
乙……1

二劃

丁……2
了……5
刁……5
力……5
卜……5

三劃

于……6
大……9
才……9
士……9
弋……9
上……9
山……9
小……9

四劃

方……10
文……16
卞……19
火……19
亢……19
王……19
孔……83
尹……85
天……87
元……87
巴……88
井……88
戈……88
支……88
尤……89
毋……89
毛……89
牛……94
仇……94
公……95
月……95
及……95

五劃

永……95
示……95
玉……96
正……96
丕……96
石……96
司……99
巨……100
古……100
世……100
甘……100
左……101
史……102
田……106
申……108
冉……110
丘……110
白……113
包……115
仝……116
令……116

六劃

江……116
汝……118
池……119
安……119
守……120
米……120
羊……120
匡……120
吉……120
艾……121
光……121
因……122
曲……122
朱……122
任……153
伍……155
仲……157
伊……157
仰……157
仵……157
行……158
全……158
向……158
危……158
年……159
牟……159
如……159

七劃

冷……160
沙……160
沃……160
沐……160
汪……161
沈……168
宋……180
辛……186
初……186
巫……186
吾……186
扶……187
杜……187
李……190
車……231
成……231
那……232
邢……232
阮……234
吳……236
呂……257
貝……263
岑……263
谷……263
余……264
佘……268
但……268
何……269
皂……278
狄……278
利……278

八劃

況……279
法……279
泠……279
宗……279
官……280
祁……281
房……281
底……282
孟……282
門……284
居……285
屈……285
阿……285
邵……285
林……288
杭……299
青……300
武……300
來……301
東……301
昌……302
易……302
明……303
具……303
呼……304
卓……304
虎……304
尙……304
花……305
芮……305
金……306
岳……311
季……312
和……313
牧……313
周……313

九劃

洪……335
洗……337
宣……337
計……337
姜……337
施……340
胡……342
柯……356
柳……357
柏……357
查……357
柰……358
南……358
韋……359
郁……360
冒……360
哈……361
范……361
茅……366
苗……367
荀……367
柴……367
俞……368
侯……373
段……375
皇……377
昝……378
种……378
帥……378
郤……378
紀……378
姬……378
姚……378

十劃

涂……383
浦……384
海……385
衷……385
高……385
席……394
唐……394
容……401
郎……401
神……401
祖……401
祝……401
夏……403
馬……408
晉……417
貢……417
原……417
耿……418
栗……420
桑……420
桂……421
郝……422
軒……423
眞……423
袁……423
秦……428
孫……432
時……446
晏……446
晁……446
党……447
荊……447
茹……447
殷……447
烏……449
師……449
郜……449
郗……450
奚……450
能……450
翁……450
倫……452
倪……452
徐……454

十一劃

梁……474
淩……478
淸……479
淨……479
章……480
商……483
許……484
郭……491
康……500
鹿……501
麻……501
宿……502
寇……502
扈……502
啓……503
雪……503
區……503
堅……503
習……503
戚……503
麥……504
梵……504
梅……505
曹……506
敖……512
連……512
張……513
強……561
陰……561
陶……562
陸……565
陳……572
聊……609
國……609
眭……609
畢……610
婁……610
崇……611
崔……611
常……614
莫……615
莊……616
符……617
魚……617
猛……617
偶……617
偰……618
紹……618
巢……618

明人傳記資料索引

筆劃檢字

十二劃

馮……619
游……626
湛……626
湯……627
富……629
甯……630
童……630
曾……631
善……636
普……636
勞……636
惲……636
株……637
覃……637
畱……637
雲……637
琴……638
項……638
開……639
閔……639
屠……640
堵……642
都……642
隋……642
辜……642
惠……642
揭……643
彭……643
盛……647
黃……649
賀……665
費……667
喻……669
單……669
買……670
景……670
華……670
喬……675
焦……676
傅……677
鈕……681
舒……681
嵇……682
程……682
脫……688
須……688
荅……688
逯……688
無……688
智……688

十三劃

溫……689
滑……690
溥……690
塗……691
雍……691
道……691
賈……691
雷……693
楊……694
楚……721
裘……721
達……721
靳……721
葛……722
萬……724
葉……728
董……733
圓……738
過……738
戢……739
路……739
虞……739
鄒……740
鄔……744
解……744
詹……745

十四劃

滿……748
齊……748
廖……749
福……751
端……751
榮……751
翟……752
甄……753
鄢……753
聞……753
趙……754
臧……768
暢……769
蒲……769
蒯……769
熊……769
維……773
管……773
裴……774

十五劃

潘……775
鄭……781
褚……793
談……793
厲……794
歐……794
慧……797
鞏……798
鄧……798
撖……802
樓……802
樊……802
閭……804
蔚……804
蔣……804
蔡……810
暴……814
樂……814
練……815
滕……815
黎……816
魯……818
儀……819
德……819
劉……820

十六劃

諸……861
諶……862
龍……862
霍……863
賴……864
興……864
憨……864
操……864
燕……865
駱……865
閻……865
盧……867
曇……871
冀……872
衞……872
衡……873
獨孤……873
穆……873
鮑……874
錢……874

十七劃

濮……883
謝……883
蹇……889
應……890
檀……891
韓……891
薄……899
薛……899
蕭……904
繆……909
鍾……910

十八劃

鄺…………… 911
顏…………… 912
聶…………… 913
戴…………… 914
瞿…………… 919
豐…………… 920
藍…………… 921
薩…………… 922
叢…………… 922
簡…………… 922
儲…………… 922
鎮…………… 923
歸…………… 923
魏…………… 924

十九劃

譚…………… 930
龐…………… 932
懷…………… 933
關…………… 933
麴…………… 933
羅…………… 933
邊…………… 941

二十劃

寶…………… 942
竇…………… 942
蘇…………… 942
藺…………… 945
黨…………… 945
嚴…………… 945
覺…………… 948
繼…………… 948

二十一劃

顧…………… 948
鐵…………… 959
饒…………… 959

二十二劃

龔…………… 960
權…………… 963

二十三劃

欒…………… 963

引用書目

宋學士文集七十五卷　明宋濂撰　四部叢刊本
誠意伯文集二十卷　明劉基撰　四部叢刊本
西隱文稿十卷附錄一卷　明宋訥撰　明萬曆六年滑縣知事劉師魯校刊本
坦齋劉先生文集二卷　明劉三吾撰　明萬曆六年茶陵知州賈緣刊本
危太樸集二十五卷　明危素撰　民國五年吳興劉氏嘉業堂刊本
覆瓿集八卷　明朱同撰　明萬曆四十四年歙縣朱氏家刊本
蘇平仲文集十六卷　明蘇伯衡撰　四部叢刊本
丹崖集八卷　明唐肅撰　明天順八年平湖沈琮刊本
胡仲子集十卷　明胡翰撰　劉剛編　明洪武十四年浦陽王懋溫刊本
清江貝先生文集三十卷　明貝瓊撰　四部叢刊本
滄螺集六卷　明孫作撰　明末虞山毛氏汲古閣刊本
高太史大全集十八卷　明高啓撰　四部叢刊本
後圃黃先生存集四卷　明黃樞撰　明嘉靖二十九年休寧黃氏古林山房重刊本
春草齋文集五卷　明烏斯道撰　蕭基選　明崇禎二年蕭氏浙江刊本
朱楓林集十卷　明朱升撰　明萬曆四十四年歙邑朱時新等刊本
蒲庵集六卷　明釋來復撰　法住編　明洪武間刊本
坦齋文集五卷　明葉砥撰　舊鈔本
解文毅公集二十二卷　明解縉撰　清乾隆三十二年解韬刻本
尹訥庵先生遺稿八卷附錄二卷　明尹昌隆撰　舊鈔本
黃文簡公介庵集十二卷　明黃淮撰　明初葉刊黑口本
遜志齋集二十四卷　明方孝孺撰　四部叢刊本
王靜學文集二卷　明王叔英撰　清康熙四十九年刊本
芻蕘集六卷　明周是修撰　郭子章等選　明萬曆十八年丹陽知縣周應鰲刊本
楊文敏公集二十五卷附錄一卷　明楊榮撰　明正德十年建安楊氏重刊本
金文靖公集十卷外集一卷　明金幼孜撰　金昭伯編　明成化四年新淦金氏家刊本
東里文集二十五卷　明楊士奇撰　明萬曆間刊本
天游文集十卷　明王達撰　瞿厚編　明正統五年安定胡氏刊本
頤庵文集九卷　明鄒濟撰　明成化間鄒煜刊本
思庵先生文粹十一卷　明吳訥撰　清乾隆四年周耕鋤手鈔本
曾西墅先生集十卷　明曾棨撰　明萬曆十九年永豐知縣吳期炤刊本
王文端公文集四十卷　明王直撰　劉釵編　明隆慶二年王有霖刊本
諡忠文古廉文集十卷　明李時勉撰　戴鏻編　明成化十年李顒刊本
南齋先生魏文靖公摘稿十卷　明魏驥撰　明弘治十一年福建左布政使洪鐘刊本
芳洲文集十卷續編六卷　明陳循撰　明萬曆二十一年陳以躍建安刊本
況太守集十六卷　明況鍾撰　清道光六年錢塘陳鴻慶刊本
尋樂習先生文集二十卷　明習經撰　明成化間黃仲昭校刊本
敬軒薛先生文集二十四卷　明薛瑄撰　張鼎編　明弘治十六年河東運司刊本
于忠肅公集四卷附錄四卷　明于謙撰　明天啓元年杭州知府孫昌裔刊本

南山黃先生家傳集五十六卷　明黃潤玉撰　明藍格鈔本
畏庵周先生集十卷　明周旋撰　明成化十九年劉遜永嘉刊本
楊宜閒文集十二卷　明楊琯撰　明弘治元年無錫楊氏家刊本
侗軒集四卷附錄一卷　明祝顥撰　明刊本
呂文懿公全集十二卷　明呂原撰　王洪編　明呂科校刊本
姚文敏公遺稿十卷　明姚夔撰　明弘治間桐廬姚氏家刊本
韓襄毅公家藏文集十五卷　明韓雍撰　明葑溪草堂刊本
商文毅公全集三十卷　明商輅撰　劉體元編　明萬曆間西吳韓敬寧刊本
白沙子全集九卷附錄一卷　明陳獻章撰　明萬曆四十年新會何熊祥刊本
類博稿十卷附錄二卷　明岳正撰　明嘉靖八年任慶雲襄陽刊本
王端毅公文集九卷續集二卷　明王恕撰　明嘉靖三十一年河南左參政喬世寧刊本
楊文懿公文集二十六卷　明楊守陳撰　明萬曆十六年楊德政福建刊本
黎陽王襄敏公集四卷　明王越撰　明萬曆十三年富順知縣但貴元編刊本
徐文靖公謙齋集八卷　明徐溥撰　明嘉靖八年義興徐氏家刊本
瓊臺詩文會稿重編二十四卷　明丘濬撰　明天啓元年瓊山丘爾穀刊本
彭文思公文集十卷　明彭華撰　彭禮編　明弘治十六年安福彭氏刊本
椒丘文集三十四卷外集一卷　明何喬新撰　明嘉靖元年廣昌知縣余罃刊本
方洲張先生文集四十卷　明張寧撰　明弘治四年海昌許清編刊本
謝文莊公集六卷附錄一卷　明謝一夔撰　明嘉靖四十一年新建謝廷傑刊本
巽川祁先生文集十六卷附錄二卷　明祁順撰　明嘉靖三十六年刊本
懷麓堂稿一百卷　明李東陽撰　明正德十三年熊桂等徽州刊本
穀庵集選十卷附錄二卷　明姚綬撰　明嘉靖三十五年嘉興姚堦重刊本
青谿漫稿二十四卷附錄一卷　明倪岳撰　明正德八年徽郡守熊世芳刊本
桃溪淨稿八十四卷　明謝鐸撰　明正嘉間刊本
康齋先生文集十二卷　明吳與弼撰　明嘉靖五年撫州刊本
布衣陳先生存稿九卷　明陳眞晟撰　樸學齋鈔本
一峰先生文集十四卷　明羅倫撰　明嘉靖二十八年永豐知縣張晉刊本
篁墩程先生文集九十三卷附錄一卷　明程敏政撰　明正德二年徽州知府何歆刊本
東海張先生文集五卷　明張弼撰　明正德十年華亭張氏刊本
楓山章先生文集九卷　明章懋撰　明嘉靖九年常州刊本
醫閭先生集九卷附錄一卷　明賀欽撰　明嘉靖二十三年齊宗道刊本
未軒公文集十二卷附錄一卷　明黃仲昭撰　明嘉靖三十四年莆田黃氏家刊本
定山先生集十卷　明莊昶撰　弓元編　明正德元年山西按察使李善刊本
韓忠定公集四卷　明韓文撰　明萬曆八年洪洞知縣喬因羽編刊本
屠康僖公文集六卷附錄一卷　明屠勳撰　明萬曆四十三年刊屠氏家藏二集本
匏翁家藏集七十七卷補遺一卷　明吳寬撰　明正德三年長洲吳氏家刊本
文溫州集十一卷附錄一卷　明文林撰　明刊本
王文恪公集三十六卷　明王鏊撰　明萬曆間震澤王氏三槐堂刊本
碧川文選四卷　明楊守阯撰　明嘉靖四年安慶知府陸鈳刊本
見素文集二十八卷續集十二卷　明林俊撰　明萬曆十三年林及祖南京刊本
半江趙先生文集十五卷附錄一卷　明趙寬撰　明嘉靖四十年吳江趙氏家刊本
荷亭文集十卷後錄六卷　明盧格撰　明崇禎十三年盧叔憲刊本

柴墟文集十五卷　明儲巏撰　明萬曆四十二年泰州儲爌刊本
容春堂前集二十卷別集九卷集三十一卷　明邵寶撰　明正德十三年嘉靖元年內江張偉遷刊本
泉齋勿藥集十四卷　明邵寶撰　明正嘉間刊本
喬莊簡公集十卷　明喬宇撰　明隆慶五年山西按察使王世貞編刊本
虛齋蔡先生文集五卷　明蔡清撰　明正德十六年葛志貞編刊本
博趣齋稿二十三卷　明王雲鳳撰　明正嘉間刊本
雪洲集十二卷續集二卷　明黃瓚撰　明嘉靖九年徽郡黃長壽刊本
松籌堂遺集五卷　明楊循吉撰　明鈔本
太保費文憲公摘稿二十卷　明費宏撰　明嘉靖三十四年江西巡按吳遵之刊本
湘皐集三十三卷　明蔣冕撰　殷從儉編　明嘉靖三十三年廣西按察使王宗沐刊本
北潭傅文毅公集八卷附錄一卷　明傅珪撰　明嘉靖四十五年清苑傅氏重刊本
文莊凝齋集九卷別集二卷　明王鴻儒撰　明嘉靖十二年盧州刊本
文肅公圭峰先生文集三十七卷附錄一卷　明羅玘撰　明崇禎七年南城羅氏家刊本
董山文集十五卷　明李堂撰　明嘉靖間刊本
西軒效唐集錄十二卷　明丁養浩撰　明嘉靖八年刊本
東川劉文簡公集二十四卷　明劉春撰　明嘉靖三十三年寧國刊本
方簡肅公文集十卷附錄一卷　明方良永撰　明萬曆八年方攸續豫章刊本
祝氏集略三十卷　明祝允明撰　明嘉靖三十七年張景賢蘇州刊本
整菴先生存稿二十卷　明羅欽順撰　明天啓二年羅珽仕重刊本
鄭山齋先生文集二十四卷　明鄭岳撰　明萬曆十九年莆田鄭氏家刊本
空同子集六十六卷附錄二卷　明李夢陽撰　明萬曆三十年鄧雲霄長洲刊本
何文簡公文集十八卷　明何孟春撰　郭崇嗣編　明萬曆二年永州府同知邵城刊本
心齋稿六卷附錄一卷　明李麟撰　明正德間四明李氏刊本
東泉文集八卷　明姚鏌撰　明嘉靖二十六年梧州府同知鄭尙經刊本
兼山遺稿二卷附行實一卷　明王崇文撰　明嘉靖三十二年曹縣刊本
渼陂集十六卷續集三卷　明王九思撰　明嘉靖間王獻翁萬達分刻合印本
熊士選集一卷附錄一卷　明熊卓編　明嘉靖二十二年范欽豐城刊本
龍江集十四卷　明唐錦撰　明隆慶三年唐氏聽雨山房刊本
息園存稿文九卷　明顧璘撰　明嘉靖間刊本
憑几集五卷續集二卷　明顧璘撰　明嘉靖間刊本
邊華泉集八卷　明邊貢撰　劉天民編　明嘉靖十七年濟南知府司馬瞻刊本
劉淸惠公集十二卷　明劉麟撰　明萬曆三十四年湖州知府陳幼學刊本
唐伯虎先生全集二卷　明唐寅撰　明萬曆四十二年吳趨何大成校刊本
紫巖文集四十八卷　明劉龍撰　明嘉靖間韓山精舍刊本
王文成公全書三十八卷　明王守仁撰　四部叢刊本
淩谿先生集十八卷　明朱應登撰　明嘉靖間刊本
對山集十九卷　明康海撰　張治道編　明嘉靖二十四年西安知府吳孟祺刊本
何文定公文集十一卷　明何瑭撰　明萬曆四年賈待問等編刊本
王氏家藏集四十一卷　明王廷相撰　明嘉靖十五年至四十年刊本
內臺集七卷　明王廷相撰　明嘉靖十八年洪洞李氏刊本
山堂萃稿十六卷　明徐問撰　明嘉靖二十年常州知府張志選刊本
竹澗先生文集八卷附錄一卷　明潘希曾撰　明嘉靖二十年吳郡黃省曾校刊本

水南集十七卷　明陳霆撰　明嘉靖四十三年陳聯閩刊本
何大復先生集三十八卷　明何景明撰　明嘉靖三十七年袁燦刊本
周恭肅公集十六卷　明周用撰　明嘉靖二十八年吳江周氏川上草堂刊本
中峰文選六卷　明董玘撰　明嘉靖三十一年會稽董氏家刊本
洹詞十二卷　明崔銑撰　明趙府味經堂刊本
顧文康公集十七卷三集四卷　明顧鼎臣撰　明崇禎十三年至弘光元年崑山顧氏刊本
鈐山堂集四十卷　明嚴嵩撰　清刊本
儼山文集一百卷續集十卷　明陸深撰　明嘉靖間雲間陸氏家刊本
莊渠先生遺書十六卷　明魏校撰　歸有光編　明嘉靖四十二年蘇州知府王道行刊本
少谷全集二十四卷　明鄭善夫撰　清道光四年鄭炳文刊本
廸功集六卷　明徐禎卿撰　明嘉靖七年刊本
泉翁大全集八十五卷　明湛若水撰　洪垣編　明嘉靖十九年嶺南朱明書院刊本
甘泉先生續編大全三十三卷　明湛若水撰　明嘉靖三十四年刊本
孟有涯集十七卷　明孟洋撰　明嘉靖十七年徐九皋蘇州刊本
張文定公環碧堂集十六卷靡悔軒集十二卷紆玉樓集十卷　明張邦奇撰　明嘉靖間刊本
穆文簡公宦稿二卷　明穆孔暉撰　明聊城朱延禧校刊本
徐文敏公集五卷　明徐縉撰　明隆慶二年吳郡徐氏家刊本
中丞馬先生文集四卷　明馬卿撰　明林縣馬氏三陽書屋刊本
涇野先生文集三十六卷　明呂柟撰　徐紳等編　明嘉靖三十四年眞定知府于德昌刊本
矯亭存稿十八卷續稿八卷　明方鵬撰　明嘉靖十四年及十八年崑山方氏家刊本
端溪先生集八卷　明王崇慶撰　孔天胤編　明嘉靖三十一年建業張蘊校刊本
横山遺集二卷　明徐愛撰　明嘉靖十三年汶上路氏浙江刊本
鳥鼠山人小集十六卷　明胡纘宗撰　明嘉靖間刊本
苑洛集二十二卷　明韓邦奇撰　明嘉靖三十一年刊本
東洲初稿十四卷　明夏良勝撰　明正嘉間建昌府推官危德校刊本
漁石集四卷　明唐龍撰　明嘉靖間刊本
棠陵文集八卷　明方豪撰　明嘉靖間刊本
南湖先生文選八卷　明丁奉撰　梅守箕選　明萬曆三十二年姑蘇丁氏家刊本
涂水先生文集五卷附錄一卷　明寇天敘撰　明嘉靖間刊本
太史升庵文集八十一卷　明楊愼撰　楊有仁編　明萬曆十年四川巡撫張士佩刊本
東廓鄒先生文集十二卷　明鄒守益撰　明嘉靖末年刊本
陽峰家藏集三十六卷　明張璧撰　明嘉靖二十三年石首張氏世恩堂原刊本
瀨庵遺稿十卷　明柴奇撰　明嘉靖三十九年崑山柴氏家刊本
古園集十二卷　明盧雍撰　明崇禎六年盧翰重刊本
方齋存稿十卷　明林文俊撰　舊鈔本
薛考功集十卷附錄一卷　明薛蕙撰　明嘉靖刊本
谿田文集十一卷補遺一卷　明馬理撰　明萬曆十七年三原知縣張泮刊本
董漢陽碧里後集達存二卷　明董穀撰　明嘉靖間刊本
梓溪文鈔內集八卷外集十卷　明舒芬撰　明萬曆四十八年舒琛刊本
崔東洲集二十卷續集十一卷　明崔桐撰　明嘉靖二十九年通州知州曹金三十四年周希哲分刊合印本
臧中丞遺集八卷　明臧鳳撰　張時徹選　明嘉靖三十九年明州臧氏家刊本
黃門集十二卷附錄一卷　明許相卿撰　明萬曆二十五年陳與郊浙江刊本

桂洲先生文集五十卷　明夏言撰　明萬曆二年建陽書戶吳世良刊本
小山類稿二十卷　明張岳撰　明末刊本
王襄毅公集二十卷附錄一卷　明王邦瑞撰　明隆慶五年湖廣按察使溫如春刊本
雙江聶先生文集十四卷　明聶豹撰　明隆慶六年永豐雲丘書院刊本
少華山人文集十五卷續集十五卷　明許宗魯撰　明嘉靖間刊本
省庵漫稿四卷　明陳洹撰　明萬曆間海虞陳氏家刊本
內方先生集十卷　明童承敘撰　明萬曆十七年沔陽童氏家刊本
五龍山人集十卷　明王問祖撰　明嘉靖末年崑山王氏德安刊本
群玉樓稿七卷　明李默撰　明隆慶六年建安李氏家刊本
古庵毛先生文集十卷　明毛憲撰　明嘉靖四十一年武進毛氏家刊本
弘藝錄三十一卷附錄五卷　明邵經邦撰　明嘉靖間刊本
甫田集三十五卷附錄一卷　明文徵明撰　清康熙間長洲文然刊本
林屋集二十卷　明蔡羽撰　明嘉靖間原刊本
雅宜山人集十卷　明王寵撰　明嘉靖十六年吳郡王氏原刊本
重鐫心齋王先生全集六卷　明王艮撰　明崇禎四年泰州王秉謙等刊本
李中麓閒居集十二卷　明李開先撰　清卅六硯居鈔本
石龍集二十八卷　明黃綰撰　明嘉靖間原刊本
朴齋先生集十二卷　明葉邦榮撰　明萬曆二十年閩中葉氏家刊本
世經堂集二十六卷　明徐階撰　明萬曆間華亭徐氏刊本
歐陽南野先生文集三十卷　明歐陽德撰　明嘉靖三十七年梁汝魁陝西刊本
蘇門集八卷　明高叔嗣撰　明嘉靖間刊本
潘笠江先生集十二卷　明潘恩撰　明嘉靖三十四年潘叔頤編刊本
藍侍御集十卷　明藍田撰　黃嘉善、張獻翼同選　明萬曆十五年即墨藍氏姑蘇刊本
鳳林先生文集四卷　明王從善撰　明嘉靖四十五年揚州知府衛東楚刊本
婁子靜文集六卷　明婁樞撰　明嘉靖間曹縣王元登刊本
長谷集十五卷　明徐獻忠撰　明嘉靖四十四年袁汝是等松江刊本
袁永之集二十卷　明袁袠撰　明嘉靖二十六年姑蘇袁氏家刊本
太史屠漸山文集四卷附錄一卷　明屠應埈撰　明萬曆四十三年刊屠氏家藏二集本
趙浚谷文集十卷　明趙時春撰　明萬曆間刊本
雲岡公文集十七卷　明龔用卿撰　藍格舊鈔本
遵巖先生文集二十五卷　明王愼中撰　明隆慶五年洪朝選蘇州刊本
午坡文集四卷　明江以達撰　明嘉靖末年刊本
陸子餘集八卷　明陸粲撰　明嘉靖四十三年刊本
洞庭漁人集五十三卷　明孫宜撰　舊鈔本
念庵羅先生集十三卷　明羅洪先撰　明嘉靖四十三年撫州刊本
石蓮洞羅先生文集二十五卷　明羅洪先撰　明萬曆四十四年陳于廷文江刊本
荊川先生文集十七卷外集三卷　明唐順之撰　四部叢刊本
陳后岡集不分卷　明陳束撰　明萬曆十九年林可成校刊本
胡莊肅公文集八卷　明胡松撰　明萬曆十三年胡氏重刊本
南沙先生文集八卷　明熊過撰　明泰昌元年熊鳳衡重刊本
畏齋薛先生藝文類稿十四卷續集三卷　明薛甲撰　徐材編　明嘉靖四十五年至隆慶四年刊本
環溪集二十六卷　明沈愷撰　明隆慶間刊本

可泉先生文集十五卷　明蔡克廉撰　明萬曆七年晉江蔡氏家刊本
斛山楊先生遺稿五卷　明楊爵撰　明萬曆十七年吳達可刊本
葛端肅公文集十八卷　明葛守禮撰　明萬曆十年濟南知府宋應昌編刊本
黃潭先生文集十卷　明黃訓撰　明嘉靖三十八年新安黃氏家刊本
皇甫司勳集六十卷　明皇甫汸撰　明萬曆三年吳郡皇甫氏原刊本
筆山崔先生文集十卷　明崔涯撰　明萬曆三十六年崔廷健刊本
五嶽山人集三十八卷　明黃省曾撰　明嘉靖間吳郡黃氏家刊本
蔣道林先生文粹九卷　明蔣信撰　明萬曆五年姚學閔新安刊本
天一閣集三十二卷　明范欽撰　明萬曆十九年原刊本
皇甫少玄集二十六卷外集十卷　明皇甫涍撰　明嘉靖四十五年吳郡皇甫氏家刊本
海石先生文集二十八卷　明錢薇撰　明萬曆四十二年海鹽錢氏家刊本
自知堂集二十四卷　明蔡汝楠撰　明嘉靖三十七年德清知縣胡定刊本
龍溪王先生全集二十二卷　明王畿撰　丁賓編　明萬曆四十三年山陰張汝霖校刊本
沱村先生集六卷　明史褒善撰　明萬曆三十三年開州史氏家刊本
寒村集四卷　明蘇志皐撰　明嘉靖三十六年刊本
涇林集八卷　明周復俊撰　明嘉靖間張文柱校刊本
趙文肅公文集二十三卷　明趙貞吉撰　明萬曆十四年巴渝趙氏福建刊本
駱兩溪集十四卷附錄一卷　明駱文盛撰　明萬曆四十一年楊鶴校刊武康四先生集本
具茨先生文集八卷附錄一卷　明王立道撰　明萬曆六年無錫王氏嘉樂堂刊本
奚囊蠹餘二十卷　明張瀚撰　明萬曆元年廬州知府吳道明刊本
驪山集十四卷　明趙統撰　楊光訓選　明萬曆三十一年渭上楊氏刊本
張莊僖公文集六卷　明張永明撰　明萬曆三十七年張氏家刊本
方山薛先生全集二十八卷　明薛應旂撰　明嘉靖間刊本
槐野先生存笥稿三十八卷　明王維楨撰　明萬曆三十四年渭南知縣王氏刊本
靳兩城先生集二十卷　明靳學顏撰　明萬曆十七年東魯靳氏家刊本
陳文岡先生文集二十卷　明陳棐撰　明萬曆九年鄢陵陳氏家刊本
宋金齋文集四卷　明宋諾撰　明萬曆間周世選開封刊本
龜陵集三十九卷　明蔡宗堯撰　明嘉靖二十八年松溪葉杲校刊本
袁文榮公文集七卷　明袁煒撰　明萬曆元年長洲知縣張德夫刊本
丘隅集十九卷　明喬世寧撰　明嘉靖末年原刊本
龍津原集六卷　明陳昌積撰　明嘉靖間毛汝麒等校本
茅鹿門先生文集三十六卷　明茅坤撰　明萬曆間刊本
訥谿先生文錄十卷　明周怡撰　明隆萬間刊本
董學士泌園集三十七卷　明董份撰　明萬曆三十四年烏程董氏家刊本
嚴文靖公集十二卷　明嚴訥撰　明萬曆十五年原刊本
萬文恭公摘集十二卷　明萬士和撰　明萬曆二十年宜興萬氏素履齋刊本
陸文定公集二十六卷　明陸樹聲撰　明萬曆四十四年華亭陸氏家刊本
草禺子八卷　明萬衣撰　明萬曆四十五年刊本
茂荆亭稿十卷　明吳京撰　明萬曆四年烏程吳氏刊本
敬所王先生文集三十卷　明王宗沐撰　明萬曆二年福建巡按劉良弼刊本
山帶閣集三十三卷　明朱曰藩撰　明萬曆初年刊本
少司馬谷公文集二卷　明谷中虛撰　明天啓元年葛如麟等刊本

謝海門集二十二卷　明謝讜撰　明嘉靖末年刊本
劉子威集三十二卷　明劉鳳撰　明萬曆初年原刊本
太霞草二十卷　明劉鳳撰　明萬曆間長洲劉氏家刊本
滄溟先生集三十一卷　明李攀龍撰　明萬曆二年吳興徐中行重刊本
皆春園集四卷　明陳完撰　明隆萬間原刊本
張太岳先生文集四十七卷　明張居正撰　明萬曆四十年纘谷唐國達刊本
周叔夜先生集十一卷　明周思兼撰　王世貞選　明萬曆十年華亭周氏原刊本
弇州山人四部稿一百八十卷　明王世貞撰　明萬曆五年吳郡王氏世經堂刊本
弇州山人續稿二百零七卷　明王世貞撰　明崇禎刊本
鳳洲筆記二十四卷續集四卷後集四卷　明王世貞撰　明隆慶三年海虞黃美中編刊本
弇州山人讀書後八卷　明王世貞撰　清乾隆二十七年刊本
方麓居士集十四卷　明王樵撰　明萬曆間刊本
太函集一百二十卷　明汪道昆撰　明萬曆十九年金陵刊本
太函副墨二十二卷　明汪道昆撰　明崇禎六年新都汪氏家刊本
李文定公貽安堂集十卷　明李春芳撰　明萬曆十七年山東巡撫李戴刊本
備忘集十卷　明海瑞撰　明萬曆三十年海邁重刊本
天目先生集二十一卷　明徐中行撰　明萬曆十二年張佳胤浙江刊本
甔甀洞稿五十四卷續稿二十七卷　明吳國倫撰　明萬曆十二年三十一年興國吳氏遞刊本
明善齋集十四卷　明薛天華撰　明隆慶三年紀振東刊本
徐氏海隅集文編四十三卷　明徐學謨撰　明萬曆五年東海徐氏刊本
歸有園稿三十二卷　明徐學謨撰　明萬曆二十一年張汝濟福建刊本
宗子相集十五卷　明宗臣撰　明萬曆間閩中刊本
井丹先生集十八卷　明林大春撰　明萬曆十九年潮陽林氏家刊本
李卓吾先生遺書二卷　明李贄撰　明萬曆四十年陳大來刊本
李氏焚書六卷　明李贄撰　明刊本
滸所李公文集十三卷　明李貴撰　明萬曆十年湖廣刊本
舊業堂集十卷　明凌儒撰　明末葉刊本
渭上稿二十五卷　明南軒撰　明萬曆十六年關中南氏家刊本
石泉山房文集十三卷　明郭汝霖撰　明萬曆二十五年永豐郭氏家刊本
條麓堂集三十四卷　明張四維撰　明萬曆二十三年張泰徵懷慶刊本
馬文莊公文集選十五卷附錄一卷　明馬自强撰　明萬曆四十二年關中馬氏家刊本
盱江羅近溪先生全集十卷　明羅汝芳撰　明萬曆四十六年劉一焜浙江刊本
九愚山房稿九十七卷　明何東序撰　明萬曆三十一年河東何氏刊本
耿天臺先生文集二十卷　明耿定向撰　明萬曆二十六年安福劉元卿編刊本
華陽洞稿二十二卷附錄一卷　明張祥鳶撰　明萬曆間金壇張氏家刊本
王奉常集六十九卷　明王世懋撰　明萬曆十七年吳郡王氏家刊本
澂秋堂文集二十卷　明張一桂撰　明萬曆三十八年刊本
徐文長文集三十卷　明徐渭撰　袁宏道評點　明萬曆四十二年錢塘鍾人傑刊本
賜閒堂集四十卷　明申時行撰　明萬曆末年申氏家刊本
王文肅公文草十四卷　明王錫爵撰　明萬曆四十三年太倉王氏家刊本
衡陽先生集十四卷　明周世選撰　明崇禎五年故城周氏家刊本
余文敏公集十五卷　明余有丁撰　明萬曆二十年刊本

穆考功追遙園集選二十卷　明穆文熙撰　南師仲選　明萬曆二十九年魏郡穆氏家刊本
陳恭介公文集十二卷　明陳有年撰　明萬曆三十年餘姚陳氏家刊本
處實堂集八卷　明長洲張鳳翼撰　明萬曆間刊本
袁魯望集十二卷　明袁尊尼撰　明萬曆間姑蘇袁氏家刊本
許文穆公集六卷　明許國撰　明萬曆三十九年新安許氏家刊本
震川先生文集三十卷別集十卷　明歸有光撰　四部叢刊本
二酉園文集十四卷續集二十三卷　明陳文燭撰　明萬曆十二年龍膺刊本
溫恭毅公文集三十卷　明溫純撰　明崇禎十二年西京溫氏家刊本
萬一樓集三十九卷　明駱問禮撰　明萬曆間原刊本
大鄣山人集五十三卷　明吳子玉撰　明萬曆十六年江夏黃正蒙校刊本
何翰林集二十八卷　明何良俊撰　明嘉靖四十四年華亭何氏香嚴精舍刊本
仲蔚先生集二十四卷附錄一卷　明俞允文撰　明萬曆十年休寧程善定刊本
蟣蝝集五卷　明盧柟撰　明萬曆三十年濬縣知縣張其忠重刊本
海嶽山房存稿文十五卷　明郭造卿撰　于愼行編　明萬曆間穀城于氏刊本
蒹葭堂稿八卷　明陸楫撰　明嘉靖四十三年上海陸氏家刊本
東崖王先生遺集二卷　明王襞撰　明萬曆間刊本
朱邦憲集十卷　明朱察卿撰　明雲間朱長世等重刊本
青雀集二卷　明王穉登撰　明萬曆四十七年金陵葉氏刊本
止止堂集橫槊稿三卷　明戚繼光撰　明萬曆間刊本
樵餘筆記一卷　明王大韶撰　明萬曆十一年南郡王氏重刊本
艾熙亭先生文集十卷　明艾穆撰　明平江艾日華編刊本
太室山人集十七卷　明韓應嵩撰　明萬曆三十二年韓光祜晉陵刊本
天隱子遺稿十七卷　明嚴果撰　明啓禎間震澤嚴氏梧潛齋刊本
田亭草二十卷　明黃鳳翔撰　明萬曆四十年刊本
復宿山房集四十卷　明王家屛撰　明萬曆間廖鏞等刊本
鍾台先生文集十二卷　明田一儁撰　明萬曆二十八年福建巡撫金學曾刊本
大泌山房集一百三十四卷　明李維楨撰　明萬曆間刊本
沈司成先生全集十六卷　明沈懋孝撰　明萬曆間刊本
穀城山舘文集四十二卷　明于愼行撰　明萬曆三十五年周時泰南京刊本
朱文懿公文集十二卷　明朱賡撰　明天啓間刊本
曼衍集十卷　明衞承芳撰　明萬曆間刊本
華禮部集八卷　明華叔陽撰　明萬曆四年王世貞刊本
天遠樓集二十七卷　明徐顯卿撰　明萬曆間刊本
山居文稿十卷　明喩均撰　明萬曆間原刊本
山居草四卷　明劉元卿撰　明萬曆二十一年安成陳國相刊本
張陽和先生不二齋文選七卷　明張元忭撰　鄒元標選　明萬曆卅一年山陰張氏家刊本
鄧定宇先生文集六卷　明鄧以讚撰　明萬曆三十一年吳達可江西刊本
蠙衣生粵草十卷蜀草十卷　明郭子章撰　明萬曆十八年刊本
蠙衣生黔草十六卷　明郭子章撰　明萬曆間刊本
松石齋集三十六卷　明趙用賢撰　明萬曆六年海虞趙氏原刊本
方初庵先生集十六卷　明方揚撰　方時化等編　明萬曆四十三年新安方氏家刊本
賜餘堂集十四卷　明吳中行撰　明萬曆間晉陵吳氏家刊本

銓部王先生集二卷　明王教撰　王所明編　明萬曆四十四年河南巡撫張至發刊本
㐆華堂集十卷續集一卷　明程正誼撰　明萬曆二十七年華陽知縣張埞刊本
月鹿堂集八卷　明張師繹撰　清道光六年張湄刊本
瞿冏卿集十四卷附錄一卷　明瞿汝稷撰　明萬曆三十九年張燮正南京刊本
鹿裘石室集五十二卷　明梅鼎祚撰　明天啓三年宣城梅氏刊本
西林全集二十卷　明安紹芳撰　明萬曆四十七年句吳安氏墨顚齋刊本
翏翏集四十卷　明俞安期撰　明萬曆末年刊本
汲古堂集二十八卷　明何白撰　清道光十六年東歐魯振刊本
來恩堂草十六卷　明姚舜牧撰　明萬曆末年刊天啓間增補本
余學士集三十卷續集一卷　明余孟麟撰　明萬曆二十八年重刊本
石語齋集二十六卷　明鄒迪光撰　明萬曆末年原刊本
始青閣稿二十四卷　明鄒迪光撰　明天啓元年梁溪鄒氏原刊本
隅園集十八卷　明陳與郊撰　明末海寧陳氏家刊本
來禽舘集二十九卷　明邢侗撰　明萬曆四十六年史高先襄陽刊本
支華平先生集四十卷附錄一卷　明支大綸撰　明萬曆四十七年支氏清旦閣刊本
趙忠毅公文集二十四卷　明趙南星撰　明崇禎十一年吳橋范景文刊本
紫原文集十二卷　明繆大紘撰　明末集慶堂刊本
雍野李先生怏獨集二十卷　明李鶚民撰　明萬曆三十六年陝西道監察御史康丕揚刊本
少室山房類稿一百二十卷　明胡應麟撰　明萬曆四十六年刊本
郊居遺稿十卷　明沈懋學撰　明萬曆三十三年沈有容福建刊本
紫園草二十二卷　明曾朝節撰　明萬曆二十五年吳楷等河東刊本
陸學士先生遺稿十六卷　明陸可教撰　明萬曆三十六年郭一鶚等浙江刊本
淡然軒集八卷　明余繼登撰　明萬曆三十一年馮琦刊本
快雪堂集六十四卷　明馮夢禎撰　明萬曆四十四年黃汝亨等金陵等刊本
北海集四十六卷　明馮琦撰　明萬曆末年鬟閒林氏刊本
東越證學錄十六卷　明周汝登撰　明萬曆三十三年刊本
賓庵集二十四卷附錄一卷　明顧紹芳撰　明萬曆間西晉趙標刊本
薜荔山房藏稿十卷　明敖文禎撰　明萬曆間關西牛應元刊本
由拳集二十三卷　明屠隆撰　明萬曆間刊本
白楡集二十卷　明屠隆撰　明萬曆間刊本
重刻楊復所先生家藏文集八卷　明楊起元撰　明萬曆間楊氏家刊本
孟叔龍先生集八卷附錄一卷　明孟化鯉撰　明萬曆二十五年刊本
農丈人集二十八卷　明余寅撰　明萬曆三十二年周禮寫刊本
顧端文公集二十二卷　明顧憲成撰　明崇禎間無錫顧氏家刊本
魏仲子集八卷　明魏允中撰　明萬曆十六年南樂魏氏刊本
楊道行集三十二卷　明楊于庭撰　明萬曆二十三年錢塘知縣湯沐刊本
愼修堂集二十三卷　明劉日升撰　鄒元標選　明泰昌元年原刊本
何氏拜石堂集十二卷　明何三畏撰　明萬曆間祝允光等刊本
李文節集二十八卷　明李廷機撰　明崇禎間刊本
劉大司成文集十六卷　明劉應秋撰　明吉水劉氏家刊本
蒼霞草二十八卷續草二十二卷餘草十四卷　明葉向高撰　明萬曆至天啓間刊本
弗告堂集二十六卷　明于若瀛撰　明萬曆三十一年原刊本

朱太復文集五十二卷　明朱長春撰　明萬曆間寫刊本

虞德園先生文集二十五卷　明虞淳熙撰　明天啓三年錢塘虞氏刊本

玉茗堂全集四十六卷　明湯顯祖撰　明天啓元年刊本

芝園文稿三十六卷　明趙世顯撰　明萬曆三十四年閩中趙氏原刊本

萬二愚先生遺集六卷　明萬國欽撰　明萬曆三十七年南昌萬氏家刊本

鄴下草二十卷　明蕭譽撰　明萬曆間楚黃蕭氏家刊本

滄溟集八卷　明張重華撰　明萬曆間華亭張氏原刊本

文南趙先生三餘館集十二卷　明趙重道撰　明萬曆四十四年荊溪趙氏家刊本

白雲巢集二十四卷　明邢大道撰　明萬曆四十五年洪洞邢氏刊本

莊學士集八卷　明莊天合撰　明博古堂刊本

白蘇齋類集二十二卷　明袁宗道撰　明寫刊本

袁了凡先生兩行齋集十四卷　明袁黃撰　明天啓四年嘉興袁氏家刊本

鸞林外編五十二卷附錄二卷　明周獻臣撰　明萬間曆原刊本

李長卿集二十八卷　明李鼎撰　明萬曆四十年豫章李氏家刊本

焦氏澹園集四十九卷　明焦竑撰　明萬曆三十四年內黃黃雲蛟刊本

吳文恪公文集三十二卷　明吳道南撰　明崇禎間崇仁吳氏家刊本

歇庵集十六卷　明陶望齡撰　明萬曆三十八年眞如齋校刊本

容臺文集九卷別集四卷　明董其昌撰　明崇禎三年華亭董氏家刊本

高子遺書十二卷　明高攀龍撰　清光緒二年江蘇書局刊本

馮少墟集二十二卷續集一卷　明馮從吾撰　明萬曆四十五年浙江巡按張惟任等刊本

黃太史怡春堂逸稿二卷　明黃輝撰　明萬曆末年南充黃氏家刊本

周季平先生青藜舘集四卷　明周如砥撰　公鼐選　明崇禎十五年周爌南雄刊本

西樓全集十八卷　明鄧原岳撰　明末閩中鄧紹續重刊本

梨雲館類定袁中郎全集二十四卷　明袁宏道撰　明末南雍周文煒刊本

雪濤閣集十四卷　明江盈科撰　明萬曆二十八年西楚江氏北京刊本

昭甫集二十六卷　明張同德撰　明萬曆二十八年大梁張氏原刊本

居東集六卷　明謝肇淛撰　明刊本

仰節堂集十四卷　明曹于汴撰　淸康熙二年弘運書院刊本

盥蕊閣集八卷　明湯兆京撰　明萬曆末年原刊本

水明樓集十四卷　明陳薦夫撰　陳一元編　明萬曆間刊本

群玉樓集八十四卷　明張燮撰　明崇禎十一年閩漳張氏家刊本

中弇山人稿五卷　明王士驌撰　明萬曆三十六年張崍校刊本

睡庵文稿二十五卷　明湯賓尹撰　明萬曆間刊本

遯庵蔡先生文集不分卷　明蔡復一撰　明繡佛齋鈔本

輸寥舘集八卷　明范允臨撰　明末吳趨范氏刊本

淇山集十二卷　明趙秉忠撰　明萬曆間刊本

嬾眞草堂文集三十卷　明顧起元撰　明萬曆四十六年刊本

熊襄愍公集十二卷　明熊廷弼撰　淸同治三年江夏熊氏刊本

崇相集十六卷　明董應擧撰　民國十七年青芝寺梅花樓刊本

鄒子願學集八卷　明鄒元標撰　龍遇奇編　明徐弘祖等重刊本

緱山先生集二十七卷　明王衡撰　明萬曆間太倉王氏家刊本

叢青軒集六卷　明許獬撰　明崇禎十三年同安許氏家刊本

文直行書三十卷　明熊明遇撰　清順治十七年熊氏家刊本
秋水閣墨副十卷　明董光宏撰　明鄞縣董氏刊本
繆西垣先生文集十一卷附錄一卷　明繆國維撰　清康熙二十四年繆彤編刊本
薛文介公文集四卷　明薛三省撰　明崇禎間甬東薛氏刊本
雪堂集十卷附錄一卷　明沈守正撰　明崇禎三年武林沈氏家刊本
寶日堂初集三十二卷　明張鼐撰　明崇禎二年刊本
駱太史澹然齋存稿六卷補遺一卷　明駱從宇撰　明崇禎十年武康駱氏原刊本
姚江孫月峰先生集十二卷　明孫鑛撰　清嘉慶十九年孫元吉刊本
四然齋藏稿十卷　明黃體仁撰　明萬曆間原刊本
五品稿文稿五卷　明李若訥撰　明萬曆末年刊本
寧澹齋全集六卷　明楊守勤撰　明崇禎元年新安黃少川刊本
檀園集十二卷　明李流芳撰　明崇禎二年嘉定李氏刊本
雲石堂集二十四卷　明成靖之撰　明崇禎間刊本
楊忠烈文集六卷　明楊漣撰　明崇禎六年刊本
妙遠堂全集四十卷　明馬之駿撰　明天啓七年新野馬氏金陵刊本
鍾伯敬先生遺稿四卷　明鍾惺撰　明天啓七年徐氏浪齋刊本
從野堂存稿八卷　明繆昌期撰　繆虛白編明崇禎十年江陰繆氏刊本
自娛集十卷　明俞琬綸撰　明萬曆四十六年刊本
句注山房集二十卷　明雁門張鳳翼撰　明萬曆天啓間刊本
呂明德先生文集二十六卷　明呂維祺撰　清康熙七年刊本
范文忠公文集十卷　明范景文撰　叢書集成本
素雯齋集三十二卷　明吳伯與撰　明天啓間原刊本
四素山房集二十卷　明劉鴻訓撰　明崇禎十六年刊本
紺雪堂集十二卷　明孟紹虞撰　清初雍丘孟氏家刊本
十賚堂甲集文部十二卷　明茅維撰　明萬曆末年吳興茅氏刊本
落落齋遺集十卷　明李應昇撰　李遜之編　南明嘉善錢士升等校刊本
藏密齋集二十五卷　明魏大中撰　明崇禎間嘉善魏氏刊本
珂雪齋前集二十四卷　明袁中道撰　明萬曆四十六年新安刊本
珂雪齋近集十卷　明袁中道撰　明末書林唐國達刊本
黃忠端公集六卷　明黃尊素撰　清光緒十三年姚江黃炳垕刊本
棘門集八卷響玉集十卷松癭集二卷公槐集六卷　明姚希孟撰　明崇禎間蘇州張叔籟刊姚孟長全集本
敬事草五卷　明孔貞運撰　明崇禎間原刊本
考槃集六卷　明陸卿子女士撰　明末刊本
松圓浪淘集十八卷偈庵集二卷　明程嘉燧撰　明萬曆末年及崇禎初年分刊彙印本
謝耳伯先生初集十六卷全集八卷　明謝兆申撰　明崇禎間綏安謝氏刊本
三易集二十卷　明唐時升撰　明崇禎間刊本
毛孺初先生評選郎山集六卷　明沈承撰　毛一鷺評選　明天啓六年原刊本
太霞洞集三十二卷附錄二卷　明杜文煥撰　明天啓間原刊本
陳眉公先生全集六十卷　明陳繼儒撰　明崇禎間華亭陳氏家刊本
王偓所先生集十卷　明王以悟撰　明天啓間洛陽王氏重刊本
無夢園遺集八卷　明陳仁錫撰　明崇禎八年古吳陳氏刊本
鴻寶應本十七卷　明倪元璐撰　明崇禎十五年刊本

駢枝別集二十卷　明黄道周撰　明大來堂刊本
黄石齋先生大滌函書五卷　明黄道周撰　清初呂叔倫等刊本
譚友夏合集二十三卷　明譚元春撰　明崇禎六年古吳張氏刊本
兩洲集十卷　明吳時行撰　明崇禎八年天都吳氏原刊本
簡平子集十六卷補遺一卷　明王道通撰　張德一選　明崇禎九年古吳張氏集賢刊本
瑤光閣文集五卷詩文新集四卷　明黄端伯撰　明崇禎間刊本
金正希先生文集輯略九卷　明金聲撰　清初新安邵鵬程編刊本
七錄齋文集近稿六卷存稿五卷　明張溥撰　明末刊本
太乙山房文集十五卷　明陳際泰選　明崇禎六年繡谷李士奇校刊本
已吾集十四卷　明陳際泰撰　清初李來泰白下刊本
幾亭文錄三卷　明陳龍正撰　明崇禎四年原刊本
幾亭續文錄八卷　明陳龍正撰　明崇禎間刊本
懷玆堂集八卷　明吳國琦撰　明禎十四年呂士坊刊本
紡授堂集二十六卷　明曾異撰撰　明崇禎間刊本
溫寶忠先生遺稿十二卷　明溫璜撰　明永曆八年吳興董漢策刊本
陶庵文集七卷　明黄淳耀撰　清康熙十五年嘉定張懿實刊本
蕊淵集十二卷　明卓人月撰　明崇禎十年薛寀刊蕊淵蟾台合集本
景璧集七卷　明李光縉撰　明崇禎十年溫陵諸葛羲刊本
陳忠裕全集二十卷　明陳子龍撰　清嘉慶八年簳山草堂刊本
桐菴文稿一卷　明鄭敷敎撰　民國六年崐山趙詒琛刊本
疏香閣集不分卷　明葉瓊章撰　清光緒二十二年羊城秋夢盦景刊葉衍蘭寫本
舜水遺書二十八卷　明朱之瑜撰　民國二十五年會稽馬浮重校補印本
天問閣集三卷　明李長祥撰　思悲翁據吳羌岷藏本刊刻
牧齋初學集一百十卷　清錢謙益撰　四部叢刊本
牧齋有學集五十卷　清錢謙益撰　四部叢刊本
亭林文集六卷　清顧炎武撰　朱氏槐廬校刻本
南雷文案十卷　清黄宗羲撰　四部叢刊本
壯悔堂文集十卷　清侯方域撰　賈開宗等撰　舊鈔本
愚菴小集十五卷　清朱鶴齡撰　清康熙間刊本
梅村家藏稿五十八卷補一卷　清吳偉業撰　四部叢刊本
施愚山先生學餘文集二十八卷　清施閏章撰　清康熙四十七年棟亭刊本
堯峰文鈔五十卷　清汪琬撰　四部叢刊本
帶經堂全集九十二卷　清王士禛撰　清康熙四十九年程哲刻本
思復堂文集十卷　清邵廷采撰　紹興先正遺書本
文友文選三卷　清董以寧撰　常州先哲遺書續編本
方望溪先生文集十八卷　清方苞撰　四部叢刊本
憺園文集三十六卷　清徐乾學撰　清康熙三十六年刊本
有懷堂文稿二十二卷　清韓菼撰　清康熙間寫刊本
西河文集一百二十卷　清毛奇齡撰　書留草堂原刊本
曝書亭集八十卷　清朱彝尊撰　四部叢刊本
遂初堂文集二十卷別集四卷　清潘耒撰　清康熙間原刊本
正誼堂文集十二卷續集八卷　清張伯行撰　清同治五年福州重刊本

居業堂文集二十卷　清王源撰　畿輔叢書本
湛園未定稿六卷　清姜宸英撰　清光緒十五年刊姜先生全集本
淸芬樓遺稿四卷　清任啓運撰　清光緒十四年家刊本
結埼亭集三十八卷　清全祖望撰　清嘉慶九年刊本
結埼亭集外編五十卷　清全祖望撰　清嘉慶十六年刊本
東潛文稿二卷　清趙一淸撰　中國書店影印本
道古堂文集四十六卷　清杭世駿撰　清乾隆四十一年汪氏振綺堂刊本
知足齋文集六卷　清朱珪撰　清嘉慶間刊本
潛研堂文集五十卷　清錢大昕撰　清嘉慶十一年家刊全集本
忠雅堂文集十二卷　清蔣士銓撰　清嘉慶二十一年刊本
理堂文集十卷　清韓夢周撰　清道光三年刊本
存吾文稿四卷　清余廷燦撰　清咸豐五年重刊本
小峴山人文集六卷續集二卷補編一卷　清秦瀛撰　原刊本
章氏遺書文集八卷　清章學誠撰　嘉業堂刊本
初月樓文鈔十卷續鈔八卷　清吳德旋撰　清花雨樓校刊本
養素堂文集三十五卷　清張澍撰　棗華書屋刊本
小萬卷齋文稿二十四卷　清朱珔撰　清光緒十一年重刊本
衎石齋記事稿十卷續稿十卷　清錢儀吉撰　清光緒六年刊本
幼學堂文稿八卷　清沈欽韓撰　清嘉慶十八年刊本
深柳堂文集一卷　清沈登瀛撰　適園叢書本
晚學齋文集十二卷　清姚椿撰　清咸豐二年刊本
悔過齋續集七卷　清顧廣譽撰　清光緒間刊顧訪溪遺書本
通義堂文集十六卷　清劉毓崧撰　求恕齋叢書本
遜學齋文鈔十二卷續鈔五卷　清孫衣言撰　清同治十二年刊本
柔橋文鈔十六卷　清王棻撰　民國三年上海國光書局印本
虛受堂文集十六卷　清王先謙撰　清光緒二十六年刊本
小三吾亭文甲集一卷　清冒廣生撰　清如皋冒氏叢書本
程一夔文乙集四卷　清程先甲撰　清宣統二年刊本
水東日記四十卷　明葉盛撰　明萬曆間崑山葉重華刊本
守溪筆記一卷　明王鏊撰　明刊紀錄彙編本
靖難功臣錄一卷　明不著撰人　明刊紀錄彙編本
圖繪寶鑑六卷　明韓昂續　明末汲古閣刊津逮秘書本
壬午功臣爵賞錄一卷　明都穆撰　明刊國朝典故本
吳下冢墓遺文三卷續編一卷　明都穆編　葉恭煥續編　清康熙間東吳王氏龍池山房鈔本
皇明名臣琬琰錄二十四卷後錄二十二卷續錄八卷　明徐紘編　王道端續編　明嘉靖三十年武進王氏刊本
國寶新編一卷　明顧璘撰　明嘉靖十六年吳郡袁褧刊本
新倩籍一卷　明徐禎卿撰　明刊紀錄彙編本
革朝遺忠錄二卷續錄一卷　明郁袞撰　何燕泉續　明嘉靖四年清江敖英校刊本
崑山人物誌十卷　明方鵬撰　明嘉靖間刊本
吳中人物誌十三卷　明張昶撰　張獻翼論贊　明隆慶間長洲張鳳翼等校刊本
皇明獻實四十卷　明袁袠撰　鈔本

毘陵人品記十卷　明葉夔撰　吳亮重編　明萬曆四十六年刊本
國琛集二卷　明唐樞撰　明嘉靖間原刊本
殿閣詞林記二十二卷　明廖道南撰　明嘉靖間刊本
三家世典一卷　明郭勛撰　明刊國朝典故本
名卿績紀四卷　明王世貞撰　明刊紀錄彙編本
嘉靖以來內閣首輔傳八卷　明王世貞撰　明刊本
吾學編六十九卷　明鄭曉撰　明萬曆二十七年海鹽鄭氏刊本
皇明功臣封爵考八卷　明鄭汝璧撰　明萬曆間原刊本
四友齋叢說三十八卷　明何良俊撰　明隆慶三年華亭何氏原刊本
十先生傳一卷　明歐大任撰　清初刊歐虞部集本
建文皇帝遺蹟一卷　明不著撰人　明刊國朝典故本
掖垣人鑑十六卷　明蕭彥撰　明萬曆間原刊本
聖朝名世考十一卷　明劉孟雷撰　明萬曆間原刊本
藩獻記四卷　明朱謀㙔撰　明萬曆間刊本
皇明名臣墓銘八卷　明朱大韶編　明藍格鈔本
碩輔寶鑑二十卷　明不著撰人　明藍格鈔本
國朝獻徵錄一百二十卷　明焦竑編　明萬曆四十四年錢塘徐象橒刊本
皇明寶善類編二卷　明蘇茂相撰　明刊本
皇明世說新語八卷　明李紹文撰　明萬曆三十八年雲間李氏原刊本
吳郡二科志一卷　明閻秀卿撰　明刊紀錄彙編本
明常熟先賢事略十六卷　明馮復京撰　清乾嘉間大樹堂鈔本
皇明名臣經濟錄十八卷　明陳九德編　明刊本
狀元圖考六卷　明顧祖訓編　吳承恩增補　清陳枚續補　明萬曆三十五年刊清初武林陳氏增補本
吳郡張大復先生明人列傳稿不分卷　明張大復撰　清方惟一編　清方氏清稿本
檇李往哲列傳一卷　明戚元佐撰　清康熙間退圃刊本
大明高僧傳八卷　明釋如惺撰明萬曆四十五年嘉興天寧寺釋普文刊本
補續高僧傳二十六卷　明釋明河撰　明天啓元年虞山毛晉刊本
皇明名僧輯略一卷　明釋袾宏撰　明刊本
皇明書四十五卷　明鄧元錫撰　明萬曆間刊本
皇明將略五卷　明不著撰人　明天啓元年吳興茅氏刊朱墨套印武備全書本
二老清風不分卷　明韓霖編　明崇禎間刊本
姑蘇名賢小紀二卷　明文震孟撰　明萬曆末年長洲文氏竺塢刊本
名山藏一百八卷　明何喬遠撰　明崇禎十三年福建巡撫沈猶龍刊本
𧫒書八卷　明吳之器撰　明崇禎十四年刊本
遜國正氣紀八卷卷首一卷　明曾參芳撰　清初劉襄祚刊本
遜國神會錄二卷　明黃士良撰　清康熙間新安黃氏家刊本
皇明表忠記十卷附錄一卷　明錢士升撰　明末刊本
華氏傳芳集八卷　明華允誠等重編　南明錫山華氏刊本
啓禎野乘十六卷　清鄒漪撰　明崇禎十七年梁溪鄒氏原刊本
五十輔臣考四卷　清不著撰人　舊鈔本
明儒學案六十二卷　清黃宗羲撰　四部備要本
明史列傳九十二卷　題清徐乾學撰　舊鈔本

明史三百三十二卷　清張廷玉等奉勅撰　涵芬樓影印武英殿本
天啓崇禎兩朝遺詩小傳　世界書局排印本
吳氏族譜不分卷　清不著編人　清康熙間刊本
崑山殉難錄十卷　清曹夢元撰　舊鈔本
明史輯略紳志略不分卷　清周鍠撰　抄本
明代寶應人物志一卷　清朱克生撰　鈔本
明季五藩實錄八卷　清南沙三餘氏撰　清京都琉璃廠巽史氏寓齋木活字本
檇李往哲續編一卷　清項玉筍撰　清康熙間退圃刊本
疇人傳四十六卷　清阮元撰　世界書局排印本
湖海文傳七十五卷　清王昶輯　清道光十七年刻本

一　劃

一

一如（1352—1425）字一菴，號退翁，上虞孫氏子。年十三爲僧，居杭州上天竺寺。永樂中奉命輯禪宗語錄，後又輯法華科注，大明法數等書，屢授僧錄司右闡教，年七十四卒。

補續高僧傳4/19

一清天，號潔祖，盧陵歐陽氏子。宣德初落髮，主開山弘慶寺，道風浩蕩，朝野知名。正統中入住雙徑禪院，遠近欽仰，罔不嘉獎勸助。

補續高僧傳5/4下

一覺，僧，祝髮後嘗刺血書華嚴經八十一卷。善吟詠，有寒泓稿。與太子正字桂彥良厚，一日太祖問彥良在鄉里與誰游，對曰僧覺性原，有詩贈之。因誦其詩，太祖稱善，即賜和，命徐瑛書之寄贈一覺。

補續高僧傳15/21下

乙

乙邦才，字奇山，青州人。崇禎中以隊長擊賊於河南江北間，累著戰功。史可法鎮揚州，以邦才爲副將。弘光元年城破，自刎死。諡烈愍。

明史272/11下

二　劃

丁

丁一統，鄧州諸生，崇禎十四年李自成陷登州，抗節死。

明史293/6

丁士美字邦彥，號後溪，淮安清河人，嘉靖三十八年進士第一。萬曆初歷吏部左侍郎，居官絕餽遺，與人處退然若無能。意所不可，輒怫然見辭色。遭父喪，以毀卒，諡文恪。

會祭少宰丁文恪公文（穀城山館文集32/15）
狀元圖考3/20下

父丁□。號雙松
　祭丁雙松公文（松石齋集23/6）

丁川（1431—1478）字大容，號東陵，浙江新昌人。天順八年進士，授監察御史。成化中上言會昌侯孫繼宗父子權重，宜加裁損。萬妃專寵，干預外政，復上疏論諫。官至僉都御史，巡撫延綏，進安邊十策，悉允行。成化十四年母喪歸，以毀卒，年四十八。有東陵文集。

贈御史丁君大容序（楊文懿公桂坊稿1/30下）
丁君墓誌銘（桃溪淨稿文11/1）

丁文遲，號竹坡，瑞金人。精於翎毛，兼善山水，時作枯木，蕭疎有致。

圖繪寶鑑6/6

丁天毓字秀夫，宜興人，性耿介，登萬曆二十九年進士，令金谿六載，有惠政，纖毫不染，擢御史，候命卒於京。

毘陵人品記10/20下

丁元復（1525—1609）字見心，號玉陽，長洲人。隆慶五年進士，除陽信知縣，擢御史，官終浙江參議，卒年八十五，有片玉齋存稿。

丁公墓誌銘（賜閒堂集25/6）
祭玉陽丁太老師文（無夢園遺集8/11）
繼室劉氏（1543—1599）
　劉氏墓誌銘（賜閒堂集32/10下）

丁元薦字長孺，號愼所，長興人。萬曆十四年進士，授中書舍人，甫期月，上封事萬言，極陳時弊，坐調外。起歷禮部主事，會尚書孫丕揚掌察典，爲邪黨所攻，元薦上疏力爭，黨人惡之，移疾去。天啓初起尚寶少卿，復罷歸。元薦初學於許孚遠，已從顧憲成游，慷慨負氣節，遇事奮前。通籍四十年，前後服官，不滿一載，卒年六十六。有尋拙文集，西山雜記。

啓禎野乘3/4
明史列傳90/15下

丁永中，六興人，由神樂觀樂舞生選授太常寺贊禮郎，累陞禮部左侍郎掌太常寺事，弘治三年以言官劾，令致仕，七年卒。

國朝獻徵錄70/5實錄本傳

丁永祚 (1553—1623) 字爾鋑，號見白，南昌人。舉鄉薦，選授德化令。累官雲南糧鹽道副使，加參政致仕，天啓三年卒，年七十一。

見白丁公暨配羅宜人墓誌銘(蒼霞餘草12/10)

丁大夫傳 (棘門集5/7)

丁玉，初名國珍，又名國璽，河中人。有文武才，洪武初由九江知府歷守永州，爲平羌將軍，討賊守城，屢著功績，太祖手敕褒美。官至大都督府左都督，十三年坐胡惟庸姻戚誅。

明史列傳17/14下

明史134/12下

丁玉川，江西人，工畫山水人物，山水宗馬夏，行筆草草，論者謂徒逞狂態，比於邪學。

圖繪寶鑑6/7下

丁本字弘道，山東嶧縣人。正統十年進士，景泰二年選禮科給事中，以憂歸，復起除南京戶科，歷福建參議。

掖垣人鑑6/24

丁旦字惟寅，號海陽，貴池人。師事李呈祥、鄒守益、王畿等，教授生徒，大江以南，靡不知有丁先生者。萬曆十年以明經授衡州府別駕，卒於任，年六十四。著有恩師錄、恭友錄等。

國朝獻徵錄89/69濟園集丁別駕旦傳

丁以忠字崇義，號南溪，江西新建人。嘉靖十七年進士，授刑部主事，陞郎中，出知河間府，歷廣東、山東按察、布政使，官至南京兵部右侍郎，卒年七十五。

丁公神道碑 (弇州山人續稿131/1)

丁汝謙字子益，號受齋，吉州人。萬曆二年進士，授太常寺博士，擢禮科給事中，以言事忤旨，謫曲周丞，遷永平推官，歷禮部主事，終四川安綿道，所至有廉能聲。

掖垣人鑑16/18

丁汝夔字大章，山東霑化人。正德十六年進士，授禮部主事。嘉靖初以爭大禮被杖，調吏部，累官兵部尙書。時嚴嵩竊權，邊帥率以賄進，疆事大壞。廿九年俺荅迫都城，帝趣戰甚急，汝夔希嵩旨，不敢主戰。寇退，坐守備不設，斬於市。

明史204/12

丁此呂字右武，新建人。萬曆五年進士，由漳州府推官徵授御史，劾禮部侍郎高啓愚，坐謫潞安推官，尋召還。歷浙江右參政，以受贓謫戍邊。有世美堂稿。

明史229/19

丁自申 (1526—1583) 字明岳，號槐江，晉江人。嘉靖二十九年進士，授南京工部主事，歷順慶、梧州知府。自申喜購異書，藏數萬卷，名其堂曰希鄴。歸後杜門掃軌，日取藏書讀之，卒年五十八。有三陵稿。

丁公暨配張氏墓誌銘 (李文節集20/9下)

丁公墓表 (田亭草17/22)

丁良，建文時官至指揮，從何福征，與燕將陳文戰於小河，福斬陳文於陣，燕將張武見陳文戰歿，率勇士自林間突出合擊，良與同官不及防，死之。

遜國正氣紀6/29下

丁志方，山東聊城人。洪武十八年進士，由吳橋知縣擢監察御史，疏時政多見採納。建文四年燕兵入京被執，不屈死難。

皇明表忠紀2/39

遜國正氣紀4/25下

明史141/15

丁効恭，寶應人。膂力過人，能舉五百斤。嘉靖三十六年倭寇從海上突犯揚州，長驅而北，寶應居民空縣避之，効恭結里中數人，人持長戟挾利刃，迎擊南郭外，揮刃連斃數寇。然少年輩事起倉卒，無紀律，衆稍退，効恭遂爲所害，不尸而死，人稱烈士云。

明代寶應人物志×/29下

丁奉字獻之，號南湖，常熟人。正德三年進士，授行人，歷南京吏部驗封郎中。有通鑑節要、丁吏部文選。

通鑑節要序 (殭亭續稿1/3)

南湖丁公壽頌 (同上3/9)

丁洪字季學，江西鉛山人。正德九年進士，歷武昌、鄞縣知縣，鋤姦除豪，人稱有爲。

贈鄴邑丁侯季學考績之京序(董山文集11/21)

丁珏，山陽人。性傾險，永樂四年里社賽神，珏誣以聚衆謀不軌，坐死者數十人，帝以爲能。特擢刑科給事中，伺察百僚小過，輒上聞。居官十年，貪黷不顧廉恥，後謫戍邊。

明史308/9

丁政（1423—1498）字孟擧，保定人。景泰七年擧人，歷知孟津、盧氏縣，所至有惠政，官至光祿寺少卿，致仕卒，年七十七。

丁公行狀（北潭傳文毅公集7/7下）

丁致祥（1458—1536）字原德，號近齋，武進人。正德三年進士，授戶部主事，監居庸德平軍儲，出納有方。歷湖廣參議，陝西按察副使，遷河南參政，致仕。卒年七十九。

丁公墓誌銘（山堂萃稿14/16，國朝獻徵錄92/43）

毘陵人品記8/20

丁泰運字孟尙，號谷山，澤州人。崇禎十三年進士，知武陟縣，調河內，著廉直聲。十七年死於流賊之難。

明史294/25下

丁師羲字象先，楚雄人。選貢生，歷官霸州知州。崇禎十五年淸兵至，師羲督士民固守，援軍不至，城破不屈死。

明史291/18下

丁啓睿，永城人，魁楚從子。萬曆四十七年進士，崇禎時累官右僉都御史，巡撫陝西。啓睿本庸才，以楊嗣昌之薦，代鄭崇儉爲督師討賊，累加兵部尙書，任重專制，莫知爲計。李自成圍開封，不得已督兵赴之，避賊入城，帝數詔切責，啓睿會諸將於朱仙鎭，與賊相望，未戰潰，徵下吏，釋歸。福王時夤緣充爲事官，事敗，脫身歸卒。

明史260/16

丁乾學字天行，浙江山陰人。萬曆四十七年進士，授檢討。天啓中典試江西，發策刺魏忠賢。忠賢怒，矯旨鐫三秩，復除其名。已使人詐爲校尉往逮，挫辱之，天啓七年憤鬱而卒，崇禎初諡文忠。有擁膝齋文集。

啓禎野乘5/53

天啓崇禎兩朝遺詩傳5/203

丁湛字子一，號孤山，江西彭澤人。嘉靖八年進士，授工科給事中，改禮科，疏發嚴嵩罪狀，廷杖幾死。謫邵武推官，累遷浙江副使，時海禁廢弛，湛盡撤臺州海門衞捕盜船，未幾海寇大作，嵩以舊恨追罪之，落職。隆慶二年勘明復職，陞廣西參政，歷按察使致仕。

送丁兵憲序（方山薛先生全集15/26下）

掖垣人鑑13/20

皇明書26/28

丁普郎，黃陂人。初爲陳友諒將，後降太祖，授行樞密院同知，數有功，從太祖與友諒戰於鄱陽湖，自辰至午，普郎身被十餘創，首脫，猶執兵若戰狀，植立不仆，敵驚爲神。贈濟陽郡公，立廟康郎山，諡武節。

皇明功臣封爵考8/44下

國朝獻徵錄6/50無名氏撰傳

丁雲鵬字南羽，號聖華居士，休寧人。善繪事，白描人物山水佛像，皆精妙。有丁南羽集。

丁南羽詩序（大泌山房集21/37下）

母汪氏，卒年八十七。

丁母汪碩人傳（快雪堂集10/13下）

丁溥字原敬，華亭人。成化五年進士第二，官編修。

送翰林編修丁君歸省詩序(懷麓堂文稿2/9下)

父丁鉞（1398—1473）字孟威，號怡毅。

勅封翰林院編修丁公暨孺人蔡氏墓表（瓊臺詩文會稿重編23/48）

丁瑄，正統間爲御史。沙縣寇鄧茂七僞稱剗平王，陷二十餘縣，瑄往招討，先令人齎勅撫之，不降，瑄督衆分擊，指揮劉福追斬茂七，事平還朝。景泰初出爲廣東副使卒。

水東日記1/2下

明史列傳38/14下

明史165/5

丁鉉（1392—1449）字用濟，豐城人。永樂十三年進士，歷刑部郎中，正統三年超拜右侍郎。嘗理茶四川，賑饑山東河南，皆著惠愛。扈駕北征，死於土木之難，年五十八，贈尙書，諡襄愍。

丁公神道碑（王文端公文集29/10）
國朝獻徵錄46/13實錄丁鉉傳
明史列傳39/5
明史167/5

父丁文（1352—1429）字倘文。
丁公墓誌銘（金文靖公集9/65）

妻葛氏
葛氏墓志銘（楊文懿公金坡稿5/5下）

丁賓字禮原，號改亭，嘉善人。隆慶五年進士，授句容令，清賦額，減雜徭，課農桑，濬渠治路，百廢俱舉，擢御史，忤張居正意，去官。久之起督操江，部內晏然，擢南京工部尙書致仕。賓官南都三十年，每遇旱潦，輒請賑貸，出家財佐之，加太子太保，崇禎時卒，年九十，諡淸惠。有丁淸惠公遺集。

中丞丁公壽序（大泌山房集29/23下）
贈左司空丁公序（同上44/13下）
地方夫差冊序（嬾眞草堂文集18/29）
句容縣新建嘉禾丁公生祠記（同上19/49）
學道愛人記（幾亭文錄1/9）
祭丁改亭大司空（陳眉公先生全集46/7）
檇李往哲續編×/6
天啓崇禎兩朝遺詩傳4/131
明史列傳77/21
明史221/18下

父丁褒（1510—1582）字龍卿，號懷悔。
丁翁墓誌銘（弇州山人續稿105/77）

丁鳳字應韶，蠡縣人。成化二十三年進士，官戶部主事，累遷應天府尹，活繫囚百數，入爲兵部右侍郎，正德間西陲報警，出提督軍務，以武功予世蔭。

送大鴻臚丁君之任南京序（羅文肅公集1/7下）

丁魁楚，永城人。崇禎七年累陞兵部右侍郎，總督薊遼保定軍務。畿輔被兵，坐下吏，後放還。福王時起故官，督兩廣。唐王立於福州，封平粵伯。閩中事敗，與瞿式耜共立桂王，進東閣大學士。淸兵至，魁楚奉王走岑溪，爲李成棟追獲，遂降成棟，尋被殺。

明史260/18

丁養浩（1451—1528）字師孟，仁和人。成化廿三年進士，選行人，擢御史，官至雲南布政使，卒年七十八。有西軒效唐集錄傳世。母唐氏，卒年八十五。

先考妣馬鞍山墓表（西軒效唐集錄10/25下）

妻唐氏（1447—1509）
先室唐氏墓誌銘（西軒效唐集錄10/18下）

丁德興（1327—1366）定遠人。歸太祖於濠，偉其狀貌，以黑丁呼之，屢從征伐，建大功，授鳳翔衞指揮使。後從徐達討張士誠，下湖州，圍平江，卒於軍，年四十。洪武初，追封濟國公，列祀功臣廟，福王時追諡武襄。

皇明功臣封爵考8/39
國朝獻徵錄6/38濟國公丁德興傳
明史130/5下

丁澤，（一作于澤）河南祥符人。洪武二十年舉人，由學教諭陞兵科給事中，轉鴻臚寺丞。

掖垣人鑑7/22

丁璣（1457—1513）字玉夫，號補齋，丹徒人。成化十四年進士，除中書舍人，以直諫觸帝怒，謫普安州判。孝宗初，儲巏薦之，歷廣東提學副使。璣涵養深遠，獨立不懼，自粵入覲，卒於途，年五十七。有補齋集。

送丁玉夫序（見素集2/6）
祭丁玉夫（同上26/2）
祭丁提學玉夫文（容春堂前集20/9）
丁補齋先生傳（見素集24/7下，國朝獻徵錄99/91）
國琛集下/25
聖朝名世考6/12
皇明書35/33下
名山藏79/26

丁積（1446—1486）字彥誠，號三江漁樵，寧都人。成化十四年進士，授新會知縣，師事邑人陳獻章。爲政以敦風化爲本，善政不可勝紀，卒於官，年僅四十一。

丁知縣行狀（白沙子全集4/50下）

丁知縣朝記（同上1/39下）
皇明書29/3下
名山藏臣林記12/34
明史281/23下

丁璐（1421—1481）字元美，豐城人。天順元年進士，授工部主事，歷四川叙州知府，官至廣東參政，卒年六十一。

國朝獻徵錄99/33楊頖撰丁公墓表

丁懋遜，霑化人。萬曆八年進士，授餘姚知縣，有治績，遷吏科給事中，累晉戶科都給事。二十年坐疏救同列李獻可，廷杖削籍。光宗立，起太僕少卿，仕終工部左侍郎。

明史列傳84/28
明史233/8

丁懋儒字聘卿，號觀峰，山東聊城人。嘉靖四十四年進士，授河南光山知縣，陞戶部主事，歷太平、永州知府，萬曆五年免官。

披垣人鑑15/14下

丁璿（1382—1448）字仲衡，上元人。永樂二年進士，選庶吉士，授工部主事，歷御史督大同宣府軍儲。正統間麓川蠻叛，璿乘傳往視，言用兵便宜，遂命撫雲南。麓川平，召爲左副都御史，所至有政聲，致仕卒，年六十七。

國朝獻徵錄60/35陳鎬撰傳
明史列傳36/5下
明史159/5

母徐氏

丁母徐氏墓誌銘（思菴先生文粹11/3）

丁鉉字永時，南陵人。永樂中舉楷書入太學，授戶部主事，累官兩浙都轉鹽運司使，以廉能稱，後陞刑部左侍郎，致仕卒。

國朝獻徵錄46/14實錄本傳

丁繼嗣（1545—1623），字國雲，號禹門，鄞人。萬曆十一年進士，授刑部主事，善讞獄。歷湖廣布政使，官終右副都御史，巡撫福建，年七十九卒。有蒼虬館集。

丁公墓志銘（蒼霞餘草12/6）

丁鶴年（1335—1424）回回人，元末因父官武昌，遂爲武昌人，避地四明。方國珍據浙東，最忌色目人。鶴年轉徙逃匿，明初還武昌，生母已前死，不知殯處，慟哭尋求，得骨以葬，烏斯道爲作丁孝子傳。鶴年好學洽聞，精詩律，自以家世仕元。賦詩情調悱惻。晚學浮屠，結廬居父墓。永樂廿二年卒，年九十。有鶴年詩集傳世。

丁孝子傳（春草齋文集2/11下）
明史285/6下

丁顯字彥偉，建陽人。洪武十八年進士第一，博通經史，援筆立成，仕翰林修撰承務郎，謫讁歸卒。有建陽集。

狀元圖考1/6

了

了悟，僧，號無際，一號蠶骨，安岳莫氏子，落髮事幽谷和尚獲證心要。永樂中召詣京師，命爲宗主，登壇說戒，賜號大善知識，後居南京牛首寺而化。

補續高僧傳19/28

刁

刁銳，號雲江，寶應人。工山水人物，善畫菊兎，受學于陶成，盡得其傳。嘉靖十七年修鳳陽皇祖陵工竣，徵銳圖其形勝進呈，世宗大悅，乃授之官，壽至九十餘而卒。

明代寶應人物志×/32下

力

力金，僧，字西白，吳郡姚氏子。幼落髮爲僧，洪武初召至京住持大界寺，每召奏對多稱旨。四年受命總持鍾山法會，凡儀制規式皆堪傳永久，逾年卒。

補續高僧傳14/18

卜

卜大同（1509—1555）字吉夫，號監泉，秀水人。嘉靖十七年進士，授刑部主事，歷湖廣僉事，弭蘄黃盜、平苗，均有功，官終福建巡海副使，卒年四十七。有備倭記、監泉集。

卜公墓誌銘（世經堂集17/10，國朝獻徵錄90/68）

父卜宗洛（1485—1538），號長醉翁，太學生

卜君墓誌銘（居漸山文集4/22）

卜大順（1520—1561）字信夫，號篁泉，大同弟。舉嘉靖三十二年進士，授當塗知縣，遷刑部主事，累官吏部郎中，卒年四十二。有篁泉集。

國朝獻徵錄26/94鄭曉撰卜君墓誌銘

卜孔時，萬曆中爲武昌同知，爲稅監陳奉所誣劾，繫於獄。後以葉向高言，始削籍放歸。熹宗立，起南京刑部員外郎。

明史237/3下

卜同字從大，宜興人。成化十一年進士，授刑部主事，累官湖廣僉憲。同善賦，千餘言可立就，衆奇之。

毘陵人品記8/3

卜祉字景福，宜興人。正統六年舉人，官戶部郎，以廉愼稱。天順初承委參訂天下版籍，事竣復命，蒙勅褒獎。

毘陵人品記7/6

卜萬，建文初任都指揮，爲大寧守將。靖難兵起，與都督劉眞、陳亨扼松亭關，忠勇善戰。亨欲降燕，畏萬不敢發，燕行反間，眞亨因執萬下獄死，籍其家。後謚節愍。

吾學編53/2

國朝獻徵錄110/6忠節錄傳

遜國正氣紀6/20

皇明表忠紀5/6

明史列傳20/5下

明史142/7

卜禎，山陽人。永樂十一年以國子生授兵科給事中，陞行在戶科都給事，官終長蘆運使。

掖垣人鑑5/3

卜謙，直隸潁上人。永樂九年舉人，授工科給事中，以憂歸。宣德中復除行在工科，直文華殿。官至陝西參議，以疾致仕。

掖垣人鑑9/19

三　劃

于

于孔兼字元時，號景素，金壇人。萬曆八年進士，官禮部儀制郎中，三王並封詔下，孔兼與員外郎陳泰來合疏爭之，未報，孔兼又諫，事竟寢。亡何考功郎中趙南星坐京察削籍，孔兼疏救，帝積前恨，謫安吉判官，遂投牒歸，家居二十年，杜門讀書，矩矱整肅，鄉人稱之。有浮雲山居集，江州餘草。

願學齋劄記序（高子遺書9上/28）

明史列傳85/16

明史231/14

妻張氏

壽于儀部配張安人六十序（天遠樓集12/13下）

于玉立字中甫，金壇人。萬曆十一年進士，授刑部主事，進員外郎，疏陳時政闕失，語極剴切，尋陞郎中。時有言醫人沈令譽爲妖書者，辭連玉立，帝方下吏部按問，玉立遽疏辨，帝怒，褫其官。玉立倜儻好事，與東林通聲氣，攻東林者謂玉立遙制朝權，以是詬病東林，家居久之，數被推薦，後以光祿少卿召，終不出。

送于中甫起家比部序（十賚堂甲集文部3/9）

明史列傳90/16下

父于明照字元晋，號見素。

于長公傳（快雪堂集3/7）

于有年（1535—1587）字時泰，號前渚，臨淸人。隆慶二年進士，授揚州推官，調補常州、懷慶。萬曆八年擢南臺御史，條疏馬政事，上嘉其策，卒年五十三。

于公墓誌銘（穀城山館文集19/23下，國朝獻徵錄66/20）

明史236/17下

于光（1328—1370）字大用，都昌人。初事徐壽輝，後降明，積功爲廬揚衞指揮使。從徐達擒張士誠，下山東，取汴梁，克陝洛，移守鞏州。王保保襲蘭州，光帥兵往援，猝遇敵，戰敗被執，使呼蘭州降，光大呼曰，公等堅守，大軍至矣，遂遇害，年僅四十三。

于公墓誌銘（宋學士文集3/29下，國朝獻徵錄111/23）

皇明獻實4/16下

明史133/21

于玭字子珍，號冊川，山東東阿人。幼

岐嶷，十歲能爲文，有神童名，弱冠舉於鄉，五上春官不第，謁選領許州，歷知靜寧州，遷平涼府同知。

于冊川先生傳（朱文懿公文集6/12）

于宣字世達，河南西平人。成化二十年進士，授刑科給事中，弘治中累陞兵科都給事中。

掖垣人鑑10/28下

于若瀛（1552—1610）字文若，號子步，晚號念東，山東濟寧人。萬曆十一年進士，授兵部主事，累官右僉都御史，巡撫陝西，卒於官，年五十九。有弗告堂集。

進士于子步歸養序（天遠樓集10/1）

于公墓志銘（蒼霞續草9/5）

母謝氏（1511—1586）

于母謝氏合葬墓誌銘（快獨集10/10）

于訓（1444—1531）字文教，萊陽人。以貢爲太學生，選授無極令，遷順德府通判，俱有惠政，民爲立生祠祀之，卒年八十八。

于先生墓志銘（藍侍御集5/33）

于泰，山東樂陵人。國子生，正統十一年除禮科給事中，景泰二年遷山西參議，仕終右參政。

掖垣人鑑6/7下

于桂，山東昌邑人。正德六年進士，授安福知縣，選戶科給事中，歷淮安知府，官至延綏巡撫。

掖垣人鑑12/29

于湛字瑩中，號索齋，金壇人。正德六年進士，累官至右副都御史，撫治鄖襄，嘉靖二十八年聽勘歸。有索齋先生集。

冰廳劄記（徐氏海隅集文編14/28下）

于冕字景瞻，錢唐人，謙子。以廕授副千戶，坐戍龍門，屢上書訟父冤，謙冤既雪，改兵部員外郎，居官有幹局，累遷至應天府尹，致仕卒。

送應天府尹于公致仕序（碧川文選2/2）

京兆于公壽七十序（青谿漫稿19/3）

國朝獻徵錄75/26實錄本傳

明史列傳41/10

明史178/8

妻邵氏

邵氏墓誌銘（楊文懿公金坡稿5/16下）

于溱字本清，號東江，直隸任丘人。正德三年進士，授行人，遷兵科給事中，降上海縣丞。

掖垣人鑑12/21下

于準字世衡，江西安仁人。以鄉貢入太學卒業，歷長沙、衛輝兩府通判，成化十年擢松江府同知。準爲吳與弼弟子，學有本原，爲政本仁恕，先教化而後刑罰，陞知本府致仕。

送松江府同知于公之任序（東海張先生文集1/2下）

于慎行（1545—1607）字可遠，更字無垢，東阿人，玭子。隆慶二年進士，萬曆初歷修撰，充日講官。張居正奪情，偕同官具疏諫，居正怒之，以疾歸。居正卒，起故官，累遷禮部尚書。慎行明習典制，諸大禮多所裁定，累疏請早建東宮，帝怒，嚴旨詰責，遂乞休。家居十餘年，廷推閣臣，詔加太子太保，兼東閣大學士，入參機務，以疾歸，卒年六十三，謚文定。慎行學有原委，貫穿百家，神宗時詞館中以慎行及馮琦文學爲一時冠，有穀城山館詩文集。

于穀山先生六十壽序（睡庵文稿9/10）

東阿于公六十壽序（來禽館集9/1）

穀城山館詩草序（同上6/2）

祭于文定文（睡庵文稿25/29）

祭東阿尊師于文定公文（來禽館集20/3）

自東阿同祭文定尊師文（同上20/6）

祭于文定（大泌山房集115/7下）

祭閣老于穀山文（㶚園集16/11）

文定于公墓誌銘（蒼霞續草10/17，國朝獻徵錄17/203）

先師穀城于文定公碑（來禽館集16/6下）

明史217/11下

于慎言（1536—1564）字無擇，號冲白，東阿人，慎思弟。嘉靖卅一年舉人，年廿九卒，有冲白齋存稿。

亡兄冲白先生墓誌銘（穀城山館文集24/52）

于慎思（1531—1588）字無妄，號航隱，慎行兄，東阿諸生，詩才情遜乃弟，尤工古賦，卒年五十八，有龐眉生集。

亡兄航隱先生墓誌銘（轂城山館文集24/47）

遣奠二兄文（同上32/33）

于瑨字朝瑞，覇州人。舉弘治六年進士，授禮科給事中，累陞刑科都給事，官終太僕寺少卿。

掖垣人鑑11/7

于瑱（1547—1592）字子充，後更名達眞，改字子冲，號完璞，歷城人。萬曆五年進士，授澤州知州，官至陜西參政，卒於官，年四十六。

送于憲使子冲備兵薊門叙（轂城山館文集3/15下）

祭于完璞大參文（同上33/11）

于公墓誌銘（同上20/17下，國朝獻徵錄94/20）

于謙（1398—1457）字廷益，號節菴，錢塘人。永樂十九年進士，宣德初授御史，以才遷兵部右侍郎，巡撫河南山西，前後在任十九年，有惠政。正統末召爲兵部左侍郎，也先入寇，英宗北狩，郕王監國，侍講徐珵言當南遷，謙力折之，守議遂定。時謙已陞尙書，爲中外倚任，景帝遂敕謙提督軍馬，也先逼京師，謙身自督戰却之，論功加少保，總督軍務。也先見中國無釁，遂遣使議和歸上皇。謙性忠孝，不避嫌怨，時徐珵已改名有貞，以議遷都故，嘗切齒謙，石亨畏謙不得逞，尤銜之。英宗復位，亨等誣謙迎立襄王子，遂棄市，年六十。弘治初贈太傅，謚肅愍，萬曆中改謚忠肅，有于忠肅集。

于公行狀（子于冕撰，于忠肅公集附錄28下）

于公神道碑（青谿漫稿21/3，皇明名臣墓銘坎集69，皇明名臣琬琰錄后1/6）

祭于肅愍少保文（半江趙先生文集13/17）

祭太傅肅愍于公墓文（群玉樓稿7/83下）

謁于肅愍墓文（容春堂前集20/14）

于公祠碑（空同子集41/3下，于忠肅公集附錄81下）

于少保祠祝文（十賚堂甲集文部6/10）

少保于肅愍公頌（儒林外編18/2）

于公祠重修碑（空同子集40/7）

于忠肅公文集序（雪堂集4/30下）

于肅愍公傳（方山薛先生全集24/25）

于肅愍公傳（耿天台先生文集15/9下）

浙三大功臣傳（弇州山人續稿85/11，國朝獻徵錄38/37）

于少保（弢林集6/55）

于忠肅公傳（居業堂文集1/6）

于忠肅公年譜（于繼志撰、清康熙刻于忠肅公集附刊本）

水東日記 1/9下，1/12，2/2，2/6，5/11下，11/9，26/10，30/3

皇明獻實19/1

吾學編38/1

名卿續記1/12

國琛集上/32

四友齋叢說6/5下

聖朝名世考3/34

皇明世說新語 1/25，2/28，3/22，3/33下，4/4，4/9，4/25下，4/34，5/1下，5/22下，7/27

皇明名臣經濟錄2/28

皇明書16/1

名山藏臣林記8/5

明史列傳41/1

明史170/1

于聰字士達，江西安仁人。弘治十五年進士，授中書舍人，遷禮科給事中，官終山西參政。

掖垣人鑑12/9下

于鏊（1470—1548）字器之，號雲心，滁州人。正德三年進士，授戶部主事，遷監察御史，所至剗弊剔蠹，風裁自持，擢浙江副使，終貴州按察使致仕，卒年七十九。

于公墓誌銘（苑洛集5/22下，國朝獻徵錄103/41）

于鯨字子長，山東歷城人。隆慶二年進士，授刑部主事，遷御史，累官太僕少卿，丁憂歸，未幾卒。

于公配許氏合葬墓誌銘（來禽館集13/33）

父于芳字時春，號南槐

南槐于公配顏氏合葬墓誌銘（來禽館集13/30）

于騰雲，順天人，爲光祿署丞。崇禎十七年賊陷京師，騰雲語其妻曰，我朝臣，汝亦命婦，可汚賊耶。夫婦並服命服，從容投繯死。

明史266/19

大

大同（1289—1370），僧，上虞王氏子，字一雲，號別峰，精研佛書，持律甚嚴，主持紹興寶林寺，傳徒甚廣。洪武初應召赴鍾山無遮大會，賜賚以歸，三年卒，年八十二。有天柱稿、寶林類編。

國朝獻徵錄118/63無撰人僧大同傳

補續高僧傳4/20下

明高僧傳3/7下

大聞，僧，東和名家子，幼落髮為僧，曾住金臺大寶禪寺，道風翕然。後寓報恩寺，弘治十四年卒，其徒集其機緣語句為上下卷梓行。

補續高僧傳26/2

才

才寬字汝勵，遷安人。成化十四年進士，授商河知縣，淵達不羈，遇事裁決無滯，正德中官兵部左侍郎，劉瑾奇其才，擢工部尚書，出總制陝西三邊軍務，四年寇入花馬池，寬出擊，中流矢卒，諡襄愍。

國朝獻徵錄57/2永平志傳

明史列傳57/29

士

士璋，字原璞，海寧王氏子。年十九為僧，曾主天竺、集慶諸寺。洪武間同諸名僧應詔集京師，共甓天界，未幾卒，年四十六。

補續高僧傳4/26

明高僧傳3/5

弋

弋謙，代州人。永樂九年進士，授監察御史，坐事免歸。仁宗即位，召為大理少卿，以言事太激觸帝怒，已而嘉其清直，擢副都御史，往四川治採木，中官貪橫，罷其役。宣德初出為交阯右布政，王通棄交阯，謙論死，正統初釋為民，景泰初卒。

國朝獻徵錄55/4雷禮撰傳

明史列傳37/4

明史164/4

上

上官伯達，邵武人。永樂間召直仁智殿，作百鳥朝鳳圖，稱旨，除官不受，以年老請歸。善寫山水神像人物。

圖繪寶鑑6/4

上官藎，字忠赤，曲沃人。起家鄉舉，官順義知縣，廉執有聲。崇禎九年，清兵至，藎與都指揮蘇時雨等守城。城破，自經死，諡節愍。

明史291/13

山

山雲，徐州人，父青以靖難功擢都督僉事。雲姿貌魁梧，工騎射，深沉有將略，初襲官金吾左衛指揮使，永樂中數從駕出塞，先登却敵，陞都督。宣德二年佩征蠻將軍印，充總兵官，鎮廣西，在鎮先後大戰十餘，斬獲甚衆，傜獞屏跡，居民安堵，累進右都督同知，正統三年卒于鎮，贈懷遠伯，諡襄毅。雲沈毅多智略，用兵如神，廉正自持，淡然若儒素，與士卒共甘苦，故每戰皆捷。

祭廣西總兵山公（南山黃先生家傳集51/1下）

水東日記5/3下

皇明獻實13/6

吾學編45/1

國琛集上/30下

皇明功臣封爵考8/67

聖朝名世考11/2

皇明將略3/12

皇明書34/1下

國朝獻徵錄10/79，無名氏撰懷遠伯山雲傳，又106/9右都督山雲傳

名山藏臣林記7/11

明史列傳32/4下

明史166/3下

小

小馬王，臨淮人，失其名，以常騎一小馬故名。官指揮，靖難師起，從李景隆與燕

兵戰於白溝河，敗績，脫冑付得僕曰，吾爲國死，以此報家人，言畢，盡力殺數十人，立馬竪鎗而死。

國朝獻徵錄111/9忠節錄傳
遜國正氣紀6/28下
皇明表忠紀5/12下
明史142/8下

四　劃

方

方一桂字世芬，莆田人。嘉靖二年進士，督學直隸，端士習，正文體。冢宰汪鋐納賂有蹤，疏其奸，坐削籍。

閩疊法譽錄15/7

父方宸（1472—1535）字宜賢，以字行，改字恒達，號可吾，婺川知縣。

方公墓誌銘（雲岡公文集14/1下）

方九功字允治，南陽人。嘉靖三十五年進士，歷官南京工部侍郎，有息機堂稿。

祭南少司空方新渠文（衡陽集12/2下）

方士亮，歙縣人。崇禎四年進士，歷嘉興福州推官，擢兵科給事中，舉劾無所避。中樞陳新甲主款之罪，自士亮發之，待命數日，髮爲之白。其論中官出鎮之弊，語尤切至。周延儒出督師，令贊軍務。延儒獲譴，並下獄，後釋歸。福王時復官，國變後卒。

明史258/27下

方于魯，初名大激，後以字行，改字建元，歙人。初學爲詩，汪道昆招入豐干社，獎飾甚至。後得程君房墨法，乃改而製墨。其法取煙不以豨膏而用桐液，和墨不以漆而用廣膠，解膠不以梣皮而用鹽草汁，名重萬曆間，著有方氏墨譜，與君房相軋，世兩譏之。又有方建元詩集。

方于魯墨譜序（大泌山房集14/22下）
方于魯詩序（同上21/30下）
皇明世說新語6/21

方大鎮字君靜，桐城人。萬曆十七年進士，官至大理寺少卿。著有荷新義、田居乙記、方大理集。

啓禎野乘2/14
天啓崇禎兩朝遺詩傳4/159

方太古（1471—1547）字元素，蘭溪人。讀書學古，不應徵召，遍游吳楚諸名勝，正德時隱於白雲源，會宸濠叛，乘輿南狩，江楚騷動，慨然曰，此一壺千金之日也，吾其爲不才之瓠乎，自號一壺生，作一壺生傳。嘉靖初徙居金華，晚歸故里，自號寒溪子，廿六年卒，年七十七。

方元素處士墓志銘（弇州山人續稿92/1）
處士方太古傳（太函集32/9，又太函副墨12/45）
婺書5/10

方孔炤字潛夫，號仁植，桐城人。萬曆四十四年進士，天啓初爲職方員外郎，忤崔呈秀削籍。崇禎十一年以右僉都御史巡撫湖廣，擊賊李萬慶等於承天，八戰八捷。時熊文燦納張献忠降，孔炤條上八議，言主撫之誤，不聽。已而賊衆叛，畏孔炤不敢東。後督大名軍務，命下，京師陷，孔炤南奔。馬阮亂政，遂歸隱，十餘年而終。

明史260/20下

方元儒，字思曾，後更名欽儒，崑山人，鳳孫。嘉靖十九年舉人，屢試春官不第，元儒自負其材，遂厭棄，飲酒放歌，不與豪貴通，卒年四十。

亡友思曾墓表（震川先生集23/300）

方中字大本，浙江淳安人。天順元年進士，授知玉山縣，改南宮，政治修舉，歷監察御史。

贈御史方君考績序（商文毅公文集21/10）

方日乾字體道，號健菴，福清人。嘉靖二年進士，授知德清縣，探求民隱，剗剔吏弊，有善政，擢監察御史，歷山西按察僉事。

贈侍御方體道考績序（涇野先生文集8/16）
贈方君赴山西憲臺序（息園存稿文2/11下）

方日新字湯夫，永嘉人。幼孤，依外大父嚴氏。善奕，精研前輩國手鮑一中秘錄，盡得其蘊，永嘉小方之名滿天下。

方湯夫傳（汲古堂集26/10）

方召字茂鄰，宣城人。唐王時署江山縣事，淸兵屠金華，將至，召謂父老曰，奈何以我一人故，致合城被殃，遂冠帶北向拜，赴井死，士民為收葬立祠祀之。

明史276/6

方正化，山東人，崇禎時為司禮太監。畿輔被兵，命總監保定軍務，有全城功。十七年復為總監，駐保定，登陴固守，城陷，被害，其從奄皆死。

明史305/33下

方弘靜（1516—1611）字定之，號采山，歙人。嘉靖二十九年進士，官至南京戶部右侍郎，奉使入浙，擊水寨寇，論功當敍，中蜚語歸，萬曆三十九年卒，年九十五。有素園存稿。

少司徒采山先生八十壽序（蠙眞草堂文集10/11）

少司徒采山先生八十壽序（方麓居士集2/33下）

少司徒采山方公九十序（蠙眞草堂文集11/1）

方采山先生九十壽序（睡庵文稿9/15）

素園稿詩選序（蠙眞草堂文集15/33下）

方少司徒年譜序（大泌山房集17/36下）

祭方少司徒（同上115/27下）

方公行狀（蠙眞草堂文集28下/1）

方公墓誌銘（蒼霞續草11/18）

方以智字密之，桐城人。崇禎十三年進士，官翰林院檢討。京城陷，聞變出走，被擄，乘間逃歸。晚出家為僧，名弘智，字無可，號藥地和尚。有浮山全集，博依集、過江集。

明史輯略紳志略刑辱諸臣

明儒學案19/21

方守（1436—1504）字宜約，號省齋，莆田人。成化五年進士，累官雲南參政，時土司歲相仇殺，守撫以恩信，地方寧息，仕終湖廣右布政使，年六十九卒。

方公墓誌銘（見素集14/10，國朝獻徵錄88/10）

方任字志伊，號近沙，黃岡人。嘉靖十一年進士，授行人，擢給事中，歷四川僉事，三十二年陞右副都御史巡撫應天，未任丁憂歸。

送方近沙年兄僉憲西蜀便道覲親序（涇林集4/16）

方向字與義，桐城人，佑從子。成化十七年進士，擢南京戶科給事中，弘治初劾大學士劉吉等十一人，而詆宦官陳祖生輩尤力，為祖生所陷，下獄，謫多羅驛丞，仕終瓊州知府。有素亭集。

引方與義詩引（柴墟文集8/13）

明史列傳55/10下

明史180/24

兄方舟字汝濟，號一田。

一田翁傳（歐陽南野文集27/16）

方沆（1542—1608）字子及，號訒菴，莆田人，攸躋子。隆慶二年進士，知全州，歷雲南僉事，謫寧州知州，以湖廣僉事致仕，萬曆卅六年卒，年六十七。有猗蘭堂集。

送方大夫子及甫上計序（方初菴先生集5/30下）

二京紀遊序（同上6/9）

金陵稿後序（西林全集14/5下）

方公墓志銘（大泌山房集81/26）

方良永（1461—1527）字壽卿，號松厓，莆田人。弘治三年進士，歷官浙江左布政使，錢寧以鈔二萬鬻於浙，寧方得志，公卿臺諫無敢出一語，良永訟言誅之，聞者震悚。世宗朝拜右副都御史，嘉靖六年卒，年六十七，謚簡肅。有方簡肅文集。

送方壽卿序（半江趙先生文集10/44下）

贈方松厓序（見素集4/5下）

送方松崖先生詩序（孟有涯集14/3）

贈大方伯松崖方公致仕序（苑洛集2/18）

祭松崖方公文（費文憲公摘稿20/14）

方公墓表（東泉文集7/1，又方簡肅公文集附錄）

國朝獻徵錄48/67彭澤撰方公墓志銘

皇明世說新語4/7

名山藏臣林記16/37

明史列傳65/11

明史201/6下

方良節（1464—1516）字介卿，號雪齋，良永弟。弘治三年與兄同舉進士，授南京戶部主事，歷禮部郎中，出知台州府，官至廣東右布政使。正德十一年卒，年五十三。

方君墓誌銘（費文憲公摘稿17/29）

妻黃氏

壽方母黃宜人七袠序（雲岡公文集金臺稿1/60下）

方良曙（1515—1585），歙縣人。嘉靖三十二年進士，授南京刑部主事，歷湖廣按察、布政使，調雲南，仕終應天府尹。致仕卒，年七十一。

方公墓誌銘（太函副墨17/21）

方克字惟力，號西川，桐城人。嘉靖五年進士。歷泉州知府，累官陝西苑馬寺少卿。有西川集。

送郡侯方西川公入覲序（遵巖先生文集11/21下）

祝郡侯方西川公壽序（同上12/42）

方氏族譜序（同上10/70）

方克勤（1326—1376）字去矜，號愚菴，寧海人。洪武間擢濟寧知府，以德化爲治，視事三年，戶口增數倍，尋爲屬吏所誣，逮死，年五十一。有忏漫集。

先府君行狀（遜志齋集21/1）

方公墓版文（宋學士文集47/374，國朝獻徵錄96/1）

皇明書28/2下

名山藏臣林記4/49

明史281/3

方孝友字希賢，寧海人，孝孺弟。成祖召孝孺草詔不屈，親屬皆戮，逮孝友至，孝孺目之不覺淚下，孝友口吟一絕而死。

方希賢詩（遜志齋集附錄/39下）

方孝聞（1351—1402）字希學，孝孺兄。力學篤行，建文四年，先孝孺死，年五十二。

方希學傳（遜志齋集附錄/38下）

題方孝聞先生手簡（石龍集21/1）

明史列傳19/7下

方孝孺（1357—1402）字希直，一字希古，號遜志，寧海人，克勤子。從宋濂學，及門知名士，盡出其下，恒以明王道致太平爲己任。洪武間除漢中府教授，蜀獻王聘爲世子師，名其廬曰正學，建文時爲侍講學士。燕師入，召使草詔，孝孺衰経至，號哭徹殿陛。成祖降榻勞之，顧左右授筆札曰，詔非先生草不可。孝孺擲筆於地曰，死卽死耳，詔不可草，遂磔於市，宗族親友坐誅者數百人。有遜志齋集。學者稱正學先生，福王時追謚文正。

祀文貞方公告文（博趣齋稿18/124下）

方遜志先生祠堂碑（方山薛先生全集27/3）

方正學先生忠義遺編序（寧瀞齋全集2/4）

題方希古遜志齋集後三則（少室山房類稿106/10下）

漢中府新建方正學先生祠堂記（徐氏海隅集文編9/31）

擬謚遜國諸臣（公槐集6/25下）

方正學先生外紀二卷（明姚履旋編，明萬曆四十年丁亥刊遜志齋集附刻本）

方正學先生年譜一卷（明盧演、翁明英撰，遜志齋集附刊本）

皇明獻實6/1

殿閣詞林記6/16

吾學編52/4下

國琛集上/14

革朝遺忠錄上/13

聖朝名世考4/2

遜國正氣紀3/1

遜國神會錄上/13

國朝獻徵錄20/53鄭曉撰傳

皇明表忠記2/2

皇明世說新語 1/1下，2/12，4/2，5/1，5/22，7/1

皇明書31/10

名山藏臣林外記×/5下

明史列傳19/4下

明史141/4下

明儒學案43/2

方佑（1418—1483）字建輔，一字廷輔，桐城人。天順元年進士，官監察御史，風采凝峻，人不敢干以私。凡所巡歷，人目爲眞御史。爲忌者所中，出知攸縣，終桂林知府，卒年六十六。

方公墓表（見素集20/15）

方攸躋字君敬，號篆石，莆田人。嘉靖二十九年進士，官戶部主事，長於詩，有陳巖草堂詩集。

壽方篆石七十序（二酉園續集8/12）

方泌（1425—1500）字繼源，號二宜，開化人。天順四年進士，授刑部主事，陞員外郎，官至廣東按察僉事，致仕歸卒，年七十六。

方公墓表（棠陵文集5/14，國朝獻徵錄103/74）

方法字伯通，桐城人。方孝孺主試應天所得士，爲四川都司斷事。成祖即位，諸司表賀，法不肯署名，曰，此可見方先生地下乎，尋被逮，自沈於江。

遜國正氣紀3/11

遜國神會錄上/63下

皇明表忠紀3/24

明史列傳19/3下

明史141/3下

方孟式字如耀，桐城人，大鎮女。適山東布政使張秉文，志篤詩書，備有婦德。崇禎十二年秉文守濟南，死於城上，孟式遂投池死。能繪事，工詩，有紉蘭閣前後集。

明史291/16

方昇字啓東，臨湘人。成化二年進士，授監察御史，歷按山東四川浙江，黜陟至公，以劾奏權宦妖僧等下獄，外補江西提學副使，悒悒而卒。

贈江西按察副使方君序（彭文思公文集3/31）

方念，僧，古唐楊氏子，號清涼。初入少林從幻休法師落髮，尋入京依遍禮二師。後肆遊諸方，講經說法，莫知所終。

補續高僧傳5/19

方岳字鎮北，號南湖，山東萊州衛籍湖廣麻城人。嘉靖卅五年進士，由直隸河間府推官，選兵科給事中，屢官浙江參議，隆慶五年免官。

披垣人鑑14/50

方岳貢字四長，號禹修，穀城人。天啓二年進士，崇禎初授松江知府，累擢卓異，擢左都御史，兼東閣大學士。李自成陷京師，死節，有國瑋集。

五十輔臣考4/32

明史輯略紳志略刑辱諸臣

明史251/26

方政，全椒人。襲濟陽衛千戶，以靖難功屢遷都指揮僉事，永樂中從張輔平交趾，進都指揮使。正統三年陞右都督，助沐晟征麓川，次年戰死。政廉勇善戰，號良將，賊平，謚忠毅。

明史列傳32/12下

明史166/7下

方勉（1393—1470）字懋德，歙縣人。永樂十三年進士，選庶吉士，授監察御史，彈劾不避權貴，出按浙江同，力言浙江急務莫切於防倭，而防海都指揮張翥年老且貪，不堪備禦。官終湖廣參議，卒年七十八。有怡菴集。

贈監察御史方君懋德序（芳洲文集4/30）

贈參議方懋德序（高文毅公文集21/5下）

國朝獻徵錄88/40家乘方公行實

方重杰字思興，莆田人，良永子。侍母以孝聞，母病，割臂肉和粥以進，卒殯殮弗愆於禮，哀毀阽復蘇。正德十四年舉於鄉，好心性之學，甘淡薄，絕嗜好，嘗著希明錄以見志。

國朝獻徵錄112/60郡志方孝子傳

明史201/3

方涉字文進，合肥人。成化十一年進士，授工科給事中，官至福建參議。

掖垣人鑑10/16下

方庭玉字致美，巴陵人。永樂十三年進士，選庶吉士，遷工部郎中，時燕京創建，上節儉休養二疏。歷貴州布政使，擢浙江布政使致仕，楊溥稱其質實而文，和易有守。

贈方布政序（王文端公文集12/16下）

方矩字大器，直隸定遠人。弘治六年進士，除工科給事中，累官山東右參議。

掖垣人鑑11/3下

方國珍，名珍，以字行，又名國眞，浙江黃巖人。世以販鹽浮海爲業，至正初爲怨家所誣，國珍殺怨家，亡入海，聚衆梗海道。元招以官，擁兵侵掠如故，累進江浙行省左丞相，衛國公。太祖克杭州，又數通好於擴廓帖木兒及陳友定，圖爲犄角，數爲明師所敗，遂乞降，授廣西行省左丞，食祿不之官，洪武七年卒於京師。

國朝獻徵錄119/19方國珍傳

明史列傳2/12下

明史123/11下

方國儒字道醇，歙人。幼孤，奉母以孝聞。天啓初舉於鄉，官保康知縣，邑小無兵，崇禎間賊再至，國儒官服坐堂上，罵賊死。

明史292/4下

方逢年字書田，號獅巒，遂安人，雲槐孫。舉天啓二年進士，典試湖廣，發策忤魏忠賢，削籍歸。崇禎間累遷禮部尚書，東閣大學士，罷歸。紹興破，魯王航海，逢年追不及，降於淸，已而以蠟丸書通閩，事洩被殺，有雪滁齋集。

五十輔臣攷3/43

明史253/17

方逢時字行之，號金湖，嘉魚人。嘉靖二十年進士，隆慶初擢右僉都御史，巡撫遼東，萬曆初總督宣大山西軍務，與王崇古共決大計，邊境獲安。後入爲兵部尚書，以平兩廣功進少保，致仕歸。逢時才略明練，處置邊事皆協機宜，其功名與崇古相亞，稱方王云。有大隱樓集。

賀郡伯金湖方公德壽序（筆山文集3/1）

郡侯方金湖先生祝壽文（訥溪文錄3/11）

廣東憲副金湖方公之任序（同上1/16）

賀總制宣大右都御史金湖方公膚貢奏成序（萬文恭公摘集5/23）

方司馬十二吟序（艾熙亭文集2/13）

明史222/12下

母孔氏

遙壽方母孔太夫人六十序（筆山文2/12）

方從哲字中涵，其先德淸人，家於京師。萬曆十一年進士，累官禮部尚書，兼東閣大學士，獨相七年，無所匡正。光宗命從哲封鄭貴妃爲皇太后，從哲遽以命禮部，又舉李可灼進紅丸，服之崩，中外皆恨可灼甚，而從哲擬遺旨賚可灼銀幣。熹宗立，廷臣連劾從哲，進中極殿大學士，遣行人護歸，卒諡文端。

賀方中涵老師入相序（句注山房集13/17下）

明史218/14

方揚（1540—1583）字思善，號初菴，歙縣人。隆慶五年進士，官至杭州知府，卒年四十四。有方初菴集。

送方思善移隨州序（太函集5/7，又太函副墨6/42）

方先生墓誌銘（弇州山人續稿119/10）

方公墓誌銘（大泌山房集82/1）

方思善傳（太函集34/11，太函副墨12/7，國朝獻徵錄85/43）

祭方初菴先生文（太函副墨21/31）

妻洪氏，年七十卒。

方宜人傳（嬾眞草堂文集27/5下）

方堯相，字紹虞，黃岡人。崇禎間官成都同知，兵食不足，泣請於蜀王，王不允，自投於池，以救免。張獻忠陷成都，被執，不屈死，諡節愍。

明史295/11

方鈍字仲敏，號礪菴，巴陵人。正德十六年進士，累官戶部尚書，在部七年，廉愼無過，嚴嵩中之，乞歸，卒諡簡肅。

送少司徒礪菴方公北上序（端溪先生集2/58下）

國朝獻徵錄29/57維風編紀言

明史202/12下

方新，字德新，號定溪，青陽人。嘉靖間進士，累官監察御史，上疏言災變外患，宜隨事自責，痛加修省，帝怒，斥爲民。穆宗即位，復官。

明史207/20下

方廉（1513—1582）字以淸，號雙江，浙江新城人。嘉靖二十年進士，授南康府推官，歷松江知府，累遷右副都御史，巡撫湖廣，陞南京工部侍郎，萬曆十年卒，年七十。

大中丞雙江方公之南楚序（環溪集6/35下）

方公墓誌銘（弇州山人續稿95/12）

方公神道碑（太函集66/17，國朝獻徵錄53/41）

方瑛（1415—1459）全椒人，政子。爲都指揮同知，從征麓川，率兵突賊壘，擊斬數百人，遂平其地。復從王驥破貢章、沙壩、阿嶺諸蠻，景泰中封南和伯，充總兵官。湖廣苗叛，率京軍討之，賊渠納款，進爵爲侯。瑛前後克諸砦幾二千，平苗之功，無與比者，天順三年卒，謚忠襄。

國朝獻徵錄9/42李賢撰方公神道碑

吾學編19/21下

皇明功臣封爵攷4/68

明史列傳44/1

明史166/8

方鼎，江夏人。國子生，洪武十年任給事中，調通政司知事，仕至中書省左參政。

掖垣人鑑3/6

方萬有字如初，號奎山，莆田人。嘉靖三十二年進士，選庶吉士，授工科給事中，以事謫休寧縣丞，歷禮部主事致仕。

掖垣人鑑14/28

方豪字思道，號棠陵，開化人。正德三年進士，授知崑山縣，有異政，民有積逋，特疏請免。遷刑部主事，以諫武宗南巡被杖。歷官湖廣副使，以平恕稱，致仕卒。有棠陵、斷碑、嵤溪菁屋諸集。

祭方思道文（石龍集28/9）

吳郡張大復先生明人列傳稿×/4

皇明世說新語2/10

明史286/20下

父方□，號坦菴

坦菴先生序（涇野先生文集1/25）

方輔字廷臣，浙江淳安人。正統十三年進士，授兵科給事中，歷官四川參議。

掖垣人鑑7/33

方槐生（1329—1373）字時舉，莆田人。資稟過人，通春秋書詩三經，元至正中累薦不起。入明辟爲郡校師，推所學淑髦士爲務，恬不以祿薄勢卑動其心。洪武六年卒，年四十五。

莆田方時舉墓銘（宋學士文集73/538）

方鳳字時鳴，號改亭，崑山人，鵬弟。正德三年進士，歷御史，武宗南巡，疏諭七事。世宗立，數爭大禮，以災異指切弊政，出爲廣東提學僉事，謝病歸卒。有方改亭奏草。

壽時鳴生辰序（嬀亭存稿1/4下）

壽弟改亭六十序（同上3/9下）

改亭記（同上5/10下）

方賓，錢唐人。洪武時由太學生試兵部郎中。成祖即位，累官兵部尚書，參與機密。賓有幹材，性警敏，能揣帝意，見知於帝，頗恃寵貪恣。永樂十九年議親征，賓與夏原吉俱言糧餉不足，帝怒，賓懼罪，自縊死。

皇明世說新語4/11

國朝獻徵錄38/22雷禮撰方公傳

明史列傳28/7

明史151/10

父方□

封兵部尚書方隱君慶八十壽詩序（金文靖公集7/32下）

方震孺（1585—1645）字孩未，號念道人，壽州人。萬曆四十一年進士，授御史，遼陽破，震孺一日十三疏陳兵事，請犒師關外，軍民感悅。遷監軍巡按，魏忠賢坐以大辟，得遣戍，崇禎初釋還，擢右僉都御史，巡撫廣西。聞闖賊陷京，慟哭勤王，馬士英憚之，勒還鎮，憂憤卒，年六十一。有方孩未集。

方孩未先生自撰年譜（清嘉慶間刊方孩未集附錄）

啓禎野乘3/3

明史248/10下

方徵（1350—1380）字可久，號介菴，莆田人。洪武五年鄉進士，授刑科給事中，改監察御史，出知懷慶府，志節甚偉，遇事敢言，十三年坐逮京師卒，年三十一。

掖垣人鑑3/4下

國朝獻徵錄93/1郡志本傳

明史列傳18/7下

明史139/17

方銳（1487—1546）字廷器，江寧人，孝烈皇后之父。累官後府左都督，封安平侯，嘉靖廿五年卒，年六十，謚榮靖。

方公墓誌銘（鈐山堂集39/3；國朝獻徵錄3/40）

皇明功臣封爵攷7/27

【四劃】方

皇明書12/5下
明史300/19下

方璘（1458— ）字文玉，號鑑海，莆田人。弘治六年進士，由戶部郎中出爲湖廣參議，歷官湖廣、雲南布政使，致仕卒。

耆壽洊榮序（方齋存稿5/34）

方選字汝賢，江西浮梁人。正德三年進士，嘉靖四年以戶部郎中擢兩浙鹽運同知。

贈司空方君擢兩浙鹽運同知序（息園存稿文2/14下）

方應選字衆甫，號明齋，華亭人。萬曆十一年進士，官至盧龍兵備副使。工詩文，有方衆甫集。

方衆甫制義（快雪堂集3/6）
祭方衆甫學使文（同上21/10下）

方鵬（1470— ）字時舉，號矯亭，崑山人。正德三年與弟鳳同舉進士，鵬初與鳳同以學行相砥礪，比議禮，鵬獨是張璁議，官至南京太常卿，然意殊悒悒，引疾去。有責備餘談、續觀感錄、崑山人物志、矯亭存稿等。

補賀方矯亭先生擢浙江布政司參議序（息園存稿文2/13下）
送太常卿矯亭先生方公之任留都序（顧文康公文草5/27下）
壽矯亭方公七十序（顧文康公三集2/14）
壽矯亭七十序（蘅菴遺稿9/12下）
寄祝太常寺卿矯亭先生七十序（涇林集4/2）
太卿矯亭方公七袠壽序（南湖文選7/3下）
矯亭先生壙誌（矯亭存稿15/18，國朝獻徵錄70/59）
嘉靖以來內閣首輔傳2/22
母朱氏（1442—1516）
朱氏墓誌銘（泉齋勿藥集4/24）

方獻夫，初名獻科，字叔賢，號西樵，南海人。舉弘治十八年進士，歷吏部員外郎，世宗初以議大禮稱旨，驟進少詹事，恃寵放恣，累官吏部尙書，入閣輔政，獻夫飾恬退名，連被劾，中悪，雖執大政，氣厭厭不振，亦時有所救正，見帝恩威不測，三疏引疾去，嘉靖廿三年卒，謚文襄。有周易傳義約說、西樵遺稿。

西樵書院記（棠陵文集4/17下）
方文襄公遺稿序（天一閣集20/20下）
國朝獻徵錄16/13呂本撰方公神道碑銘，又16/15弇州別記方公獻夫傳
嘉靖以來內閣首輔傳2/20下
名山藏臣林記19/25
明史列傳67/15
明史196/14下
父方允盛
贈吏部主事方公安人黃氏墓表（泉翁大全集62/1）

方瓘，婺源人。與洪垣共師湛若水，若水爲建二妙樓居之。瓘絕意仕進，敦行誼。嘗自廣東還，同行友病死，舟中例不載屍，瓘祕不以告，與同寢累日，至韶州始發之。

敍方逸士詩（泉翁大全集22/9）
明史208/24下

文

文方字子靜，號少江，四川合州人。嘉靖二十三年進士，授武昌府推官，選兵科給事中，仕終尙寶司少卿。

披垣人鑑14/11下

文元發（1529—1602）字子悱，號湘南，晚更號淸涼居士，長洲人，彭子。以選授浦江令，遷衞輝府同知，不就而歸。治一室曰學圃齋，徜徉吟嘯，以詩書自樂，卒年七十四。著有學圃齋隨筆、蘭雪齋集。

壽郡丞文子悱先生七十序（賜閒堂集14/1）
文子悱先生墓志銘（同上24/4下）

文安之字鐵菴，夷陵人，天啓二年進士，選庶吉士，授檢討，崇禎中累遷南京國子祭酒，被讒削籍歸。久之言官交薦，未及召而京師陷。福王時起爲詹事，唐王復召拜禮部尙書，安之方轉側兵戈間，皆不赴。永明王以瞿式耜薦，拜東閣大學士，亦不赴。順治中謁王梧州，安之敦雅操，素淡宦情，遭國變，絕意用世，至是見國勢愈危，慨然思起扶之，乃就職。其後淸兵日迫，念川中

諸鎭兵尙強，乃自請督師，加諸鎭封爵，王從之。後諸鎭兵敗，王入緬甸，地盡失，安之鬱鬱卒。著有易傭、鐵菴稿。

明史279/3下

文林（1445—1499）字宗儒，長洲人，洪子。成化八年進士，歷知永嘉，博平二縣，遷太僕寺丞，建言時政十四事，告病歸。後復守溫州，卒於官，年五十五。林文學該博，雖堪輿卜筮，皆能通其說，尤長於易數。有瑯琊漫抄，文溫州集。

送文溫州序（唐伯虎先生集下/10）

文溫州墓志銘（楊循吉撰、文溫州集12/1）

文君墓碑銘（吳寬撰，文溫州集12/4）

祭文溫州文（匏翁家藏集56/3，又文溫州集12/3下）

文溫州誄（廸功集6/18下，又文溫州集12/15）

國朝獻徵錄85/23無名氏撰傳

吳中人物志5/16下

妻祁氏愼寧

文永嘉妻祁氏墓志銘（懷麓堂文稿26/7下）

文明字用晦，號沃焦，錦衣衞人。正德十二年進士，嘉靖十六年歷浙江布政使，砥礪廉隅，不以塵介自緇，陞南京都御史，不市一物，行李蕭然，仕終工部尙書。

序賀沃焦先生文公晉秩浙藩右轄（少華山人文集6/14）

文昌時字亦平，全州人。舉於鄉，授知臨淄縣，以廉愼得民。淸兵東下，圍臨淄，昌時與訓導申周輔共守，城破，舉家自焚，周輔亦殉難。

明史291/20下

文洪字功大，號希素，長洲人。成化元年舉人，官淶水教諭。有淶水集、括囊詩稿。

明詩紀事丙4/16

繼室顧氏（1433—1463）

繼母安人顧氏改葬壙誌（文溫州集9/16下）

再繼室呂氏（1441—1493）

繼母呂太安人壙誌（文溫州集9/15下）

文柟（1597—1668）字端文，號慨菴，長洲人，從簡子。諸生，爲童子師，嘗手摘廿一史，寓傷今弔古之懷，卒年七十二。

端文先生墓誌銘（重編桐菴文稿56/50下）

文俶字端容，長洲人，從簡女，趙宧光之妻。書畫得家法，尤工花鳥，嘗臨摹內府藏本草圖繪爲金石昆蟲草木狀，鮮妙生動，今傳於世。

啓禎野乘14/6下

文翔鳳字天瑞，號太靑，三水人。萬曆三十八年進士，官至太僕寺少卿。著有太微經、東極篇、太靑文集。

啓禎野乘7/23

文森（1462—1525）字宗嚴，長洲人，洪次子。成化二十三年進士，授慶雲知縣，改鄆城，擢御史，累官南京太僕寺少卿，正德十年陞右僉都御史巡撫南贛，以病未任，致仕歸，卒年六十四。有中丞集。

文公行狀（甫田集26/21，國朝獻徵錄56/10）

妻談氏

叔妣談氏墓誌（甫田集31/4下）

文彭（1489—1573）字壽承，號三橋，長洲人，徵明長子。以明經廷試第一，仕爲國子博士，能詩，工書畫篆刻。有博士集。

明史287/2下

文貴（1449—　　）字天爵，號松齋，湖廣湘鄉人，著籍遼東廣寧。舉成化十一年進士，累官至兵部侍郎兼僉都御史提督宣大軍務，正德中致仕，卒年九十餘。

送河南憲使文公之任詩序（半江趙先生文集11/3）

壽文中丞松齋九十序（陽峯家藏集25/37下）

明史列傳57/29下

文皓（1460—1537）字孔暘，號西泉，垣曲人。弘治九年進士，知平原、衡水二縣，有惠政。擢御史，時劉瑾扇毒，皓奉命雪冤獄，善類多所全活。升河南按察副使，誅魯山盜王昭等，嘉靖中進階正議大夫，卒年七十八，門人私諡溫簡先生。

送文憲副孔暘序（紫巖文集27/12下）

國朝獻徵錄92/99，無名氏撰墓誌銘

父文□，號怡菴

賀文封君八袠序（紫巖文集22/10下）

【四劃】文

文嘉（1501—1583）字休承，號文水，徵明次子。官和州學正，善畫山水，能詩善書，萬曆十一年卒，年八十三，有和州詩。

文休承先生八十壽序（太霞草40/5）

明史287/2下

文澍字汝霖，號橘菴，湖廣桃源人。舉成化二年進士，歷南京刑部郎中，出知重慶府，政尚寬平，有古循吏風，遷思南府致仕，澍富於學問，爲詩文有古澹思致。

文橘菴墓誌（王文成公全書25/711）

文震孟（1574—1636）字文起，號湛持，初名從鼎，長洲人，元發子。天啓二年殿試第一，授修撰，疏陳勤政講學，忤魏忠賢意，調外，遂歸。崇禎初召置講筵，連劾王永光，忠賢遺黨乘機報復，及賊犯皇陵，痛陳致亂之源，擢禮部左侍郎，兼東閣大學士，與溫體仁不協，被劾落職歸，崇禎九年卒，年六十三。福王時追謚文肅。有姑蘇名賢小記。

壽文湛持先生六十序（七錄齋文集4/13）

贈文文起宮相六十序（牧齋初學集36/3）

文湛持年翁壽序（無夢園遺集7/23）

祭相國文湛持先生文（己吾集9/2）

文文肅公傳（堯峯文鈔35/5）

狀元圖考4/15

啓禎野乘1/16

五十輔臣考3/7

天啓崇禎兩朝遺詩傳6/207

明史251/17下

妻陸氏（1572—1610）

陸碩人行狀（棘門集5/70）

文徵明（1470—1559），初名壁，以字行，更字徵仲，別號衡山，林子。幼不慧，稍長穎異挺發，學文於吳寬，學書於李應禎，學畫於沈周，爲人和而介。寧王宸濠慕其名，貽書幣聘之，辭病不赴。正德末以歲貢生詣都，授翰林院待詔。世宗立，預修武宗實錄，侍經筵，致仕歸，年九十卒，私謚貞獻先生。徵明詩文書畫皆工，而畫尤勝，世稱其畫兼有趙孟頫，倪瓚，黃公望之長，著有甫田集。

送翰林待詔文君致政還吳序（徐文敏公集4/8）

文衡山畫跋（海石先生文集24/17）

文太史書畫冊跋（太函副墨20/42）

文待詔內苑十景圖跋（同上20/46）

題文徵明詩墨（石龍集21/4）

壽文衡山序（胡莊肅公文集3/84）

翰林文先生八十壽序兩篇（陸子餘集1/19下）

代郡守壽文太史九十序（皇甫司勳集46/8）

先君行略（文嘉撰，甫田集36/1）

祭文內翰文（俞仲蔚先生集21/4）

祭太史公文先生文（處實堂集7/30下）

文先生傳（弇州山人四部稿83/5下，國朝獻徵錄72/65）

貞獻先生私謚議（袁魯望集11/3）

名臣謚議（公槐集5/27下）

文太史倣山谷書跋（少室山房類稿108/10下）

四友齋叢說15/3，15/8，15/9，15/12，23/16下，26/7，26/8下，26/13下

皇明世說新語1/16，2/5下，2/19下，3/15下，4/3下，4/30，5/19下，6/26下，7/5，7/18下，7/29下

吳郡二科志×/5下

新倩籍×/2下

圖繪寶鑑6/14下

名山藏95/14

明史287/1下

文德翼字用昭，江西德化人。崇禎七年進士，授嘉興府推官，正直明允，不爲權貴所撓，以父憂歸。有宋史存，讀莊小言、備吹錄、雅似堂文集等。

文用昭稿序（瑞光閣文集1/9）

文用昭稿序（七錄齋文集1/12）

卞

卞孔時，初官武昌同知。萬曆廿九年爲稅監陳奉所誣劾，繫獄。四十一年得葉向高疏救，始削籍放釋。熹宗立，起南京刑部員外郎。

明史237/8下

卞榮（1419—1487）字華伯，江陰人。正統十年進士，官戶部郎中，性曠達，工詩善畫，世稱爲卞郎中畫，卒年六十九，有卞郎中集。

國朝獻徵錄30/59，薛章憲撰卞公墓志銘

毘陵人品記7/8

卞謹字寅之，武進人。成化八年進士，爲人蘭清玉潔，眉目如畫。父以誣被繫，謹方幼，日躬操飲食進之獄，後官兵部主事，以使事經齊魯，適大旱罹疫卒。

毘陵人品記8/1

卞錫字叔孝，號穎山，嘉善人。嘉靖卅五年進士，除中書舍人，遷吏部稽勳主事。有豹山集。

卞司勳穎山吳孺人傳（支華平集12/4下）

火

火眞，蒙古人。初名火里火眞，洪武初歸附，爲燕山中護衞千戶，從攻眞定有功，常將騎兵，每戰輒有斬獲，衆服其勇，累遷都督僉事，封同安侯，永樂七年出塞戰沒。

吾學編19/56

皇明功臣封爵考6/44

明史列傳21/15

明史145/13

火斌，蒙古人。嘉靖中登武舉，倭寇浙東，率兵與賊戰，後軍不繼，被擒，不屈遇害。

明史145/13

亢

亢思謙（1515--1580）字子益，號水陽，臨汾人。嘉靖二十六年進士，選庶吉士，授編修，擢河南提學副使，歷山東、四川布政使，四十三年乞歸，卒年六十六。

亢公墓誌銘（條麓堂集26/36下）

王

王一居，上元人，由樂舞生累官太常少卿。正統十四年扈從北征，死於土木之變。

明史167/6下

王一桂字千秋，號爾是，黃岡人。舉於鄉，崇禎初官戶部主事。九年清兵圍昌平，一桂督餉往，分門協守，城破，被執死，謚忠烈。

明史291/13

王一統，成安人。居家多義行，官趙州訓導。崇禎十五年，清兵陷趙州，死節明倫堂。

明史291/19

王一寧（1397--1452）名唐，以字行，改字文通，號節齋，仙居人。幼英敏，登永樂十六年進士，宣宗時召試見賞，預修實錄。正統十三年除禮部右侍郎，景泰初轉左，兼翰林學士，命入內閣預機務，尋卒，年五十六，謚文通。

王公神道碑銘（芳洲文集7/18下）

殿閣詞林記3/32

王一鵬字九萬，號西園野夫，松江華亭人。弘治間以貢生授泰順訓導。善畫，天趣蕭疎，氣韻生動。

先進舊聞（寶日堂初集23/33下）

四友齋叢說17/9下

王一鶚字子薦，號春陵，曲州人，嘉靖卅二年進士，累官太子少保兵部尙書。有春陵集。

送王中丞移鎭上谷序（太函副墨6/5）

賀制府春陵王公入爲大司馬敘（穀城山館文集3/12下）

送大司馬春陵王公入朝序（弇州山人續稿30/13）

大司馬王公晉撫奏議序（太函副墨4/8）

王一夔字大韶，新建人，得仁子。天順四年進士第一，後復姓謝，詳見謝一夔條。

王九思（1468--1551）字敬夫，號渼陂，鄠人。弘治九年進士，授檢討，以附劉瑾官至吏部郎中。瑾敗，降壽州同知，勒致仕。九思倜儻風流，不拘禮節，善歌彈，工詞曲，與康海、何景明等號十才子，年八十四卒。有渼陂集、碧山樂府、遊春記。

春雨亭記（對山集14/24）

渼陂先生集序（同上10/11）

題渼陂辞（涇野先生文集36/2）

渼陂王檢討傳（李中麓閒居集10/34下，國朝獻徵錄22/25）

康王王唐四子補傳（李中麓閒居集10/102）

皇明世說新語6/32
名山藏文苑81/25
明史286/13

父王儒（1438—1512）字友宗，南陽府教授。
先公行實（渼陂集16/12）
王先生墓碑（涇野先生文集30/7下）
王公墓誌銘（對山集18/21下）

母劉氏
求太恭人墓志銘狀（渼陂集16/17）
劉氏墓志銘（對山集18/3）

妻趙氏
妻趙氏繼室張氏合葬墓誌銘（渼陂集15/13下）

王九峯（1479—1526）字壽夫，號白閣山人，九思弟，正德三年進士，授御史，巡視居庸，舉劾無所嫌避。遷金華知府，擢山西副使，以母病，投劾歸，未幾卒，年四十八。

王壽夫墓誌銘（渼陂集14/13，國朝獻徵錄97/77）

王九鼎字在德，潛山人。領鄉薦，天啓四年授武強令，改故城，累著政績。崇禎十一年清兵至，城陷，以身殉，諡節愍。

明史291/14下

王士弘，知寧海縣，時靖海侯吳禎奉命收方氏故卒，無賴子誣引平民，台溫騷然。士弘條上封事，辭極懇切，詔罷之，民賴以安。

明史列傳18/10下
明史140/8下

王士性（1546—1598）字恒叔，號太初，臨海人，宗沐從子。萬曆五年進士，授禮科給事中，首陳天下大計數千言，深切時弊，多議行，已劾楊巍阿輔臣申時行，時行納巍邪媚，皆失大臣體。又請召還沈思孝、吳中行等，忤旨左遷，歷四川參議，官終鴻臚卿。有五岳游草，廣志繹。

王給事恒叔近稿序（弇州山人續稿51/19）
披垣人鑑16/24
明史列傳78/16
明史223/17

王士昌字永叔，號十溟，臨海人，士琦弟。舉萬曆十四年進士，歷禮科給事中。礦稅興，疏論甚切，不報。神宗將冊立東宮，而故緩其期，士昌極諫，謫鎮遠典史。累擢大理丞，定張差獄，終右僉都御史巡撫福建。善畫山水，得黃公望筆意。有鏡園藏草，投荒草。

明史列傳78/15
明史223/16下

王士昌字賡泰，雲南寧州人。崇禎十四年知信陽縣，張献忠破信陽，士昌懷印端坐，被縛謾罵死。

明史293/6

王士和字萬育，金谿人。崇禎中舉於鄉，後避入閩，授吏部司務，疏陳時政闕失凡數千言，擢延平知府。清兵至，召父老令出城，從容投繯死。

明史277/25

王士能，濟寧人。少慕養生，不授室，飲酒食肉，成化間年百有二十，走蜀入雪山，遇一異人，後得其術，還居城東深巷敗屋中六十年，日啖棗三枚，水一勺而已，故無名，憲宗召至京師，賜之名云。

名山藏102/10
皇明世說新語6/12下

王士琦（1551—1618）字圭叔，號豐輿，臨海人，宗沐子。舉萬曆十一年進士，歷重慶知府。楊應龍叛，士琦往撫定之，尋以山東參政，監軍朝鮮有功，累擢右副都御史，巡撫大同，卒年六十八。

中丞王公靖寇碑（蒼霞餘草1/6）
王公墓誌銘（蒼霞餘草9/10）
明史列傳78/14下
明史223/16

王士傑，崇禎末任太和縣丞，有治才。沙定洲反，圍其城，士傑佐上官畢力捍禦，城陷死。

明史295/14

王士禎，號旭陽，泗水人。萬曆三十年以行人受命與夏子陽使琉球，冊封其世子，著有使琉球錄。

大行王君冊封琉球序（嬾眞草堂文集9/4）

王士嘉（1369—1455）字道亨，武城人。建文中由國子生知大同山陰縣，善決疑獄，人以爲神，宣德中累官陝西參政，以清操著，仕終禮部侍郎，景泰六年卒，年八十七。

送少宗伯王公致仕詩序（諡忠文古廉文集5/5下）

王公墓誌銘（王文端公文集34/4）

皇明世說新語5/4下，8/4

明史列傳36/10下

王士騏字冏伯，太倉人，世貞子。萬曆十七年進士，倜儻軒豁，仕至吏部員外郎，有政績，爲權者所嫉，坐妖書獄削籍歸，屢薦不起，骯髒以終。有醉花菴詩、馭倭錄、武侯全書、四侯傳。

祭王冏伯吏部（陳眉公先生全集46/11）

王冏伯制義稿序（白榆集2/13下）

明史257/20下

王三宅字庭柱，號少巖，河南懷慶人。萬曆二年進士，授江陵知縣，擢戶科給事中。

掖垣人鑑16/23下

王三接（1506—1587）字汝康，號少葵，崑山人。嘉靖十四年進士，授長垣令，遷南京禮部主事，累官河東都轉運鹽使，致仕卒，年八十二。

少葵公暨元配歸安人合葬誌銘（弇州山人續稿115/14下）

吳郡張大復先生明人列傳稿×/74

父王時暘（1484—1559）字暄之，號樂葵。

王公墓誌銘（弇州山人四部稿90/16）

王三善字彭伯，永城人。萬曆二十九年進士，累遷太常少卿，天啓元年擢僉都御史，巡撫貴州，安邦彥反，三善進討，大破賊衆，解貴陽圍。進擊邦彥，食盡，援兵不至，退師遇賊，衝墜馬，拔劍自刎不殊，爲賊所執，不屈被害。三善倜儻負氣，多權略，然性卞急，不能持重，故敗。

啓禎野乘9/30

天啓崇禎兩朝遺詩小傳1/47

明史249/16下

王三餘字勤甫，號成所，直隸安平縣人。萬曆二年進士，授興化知縣，歷禮兵科給事中。

掖垣人鑑16/17下

王三錫，山東曹州人。舉正德十二年進士，選庶吉士，授編修，累陞侍講，出爲四川參政。

送王侍講先生參政四川序（貞子靜文集1/1）

王大用（1479—1553）字時行，號檗谷，興化人。正德三年進士，授工部主事，歷廣東兵備僉事，討平流賊高快馬等。累陞廣西布政使，進大同巡撫，條備邊四事，甚切機宜，仕終南京刑部右侍郎，以失誤被劾歸，年七十五卒。

王公行狀（王鳳靈撰、國朝獻徵錄49/26）

王公傳（徐觀瀾撰、同上60/29）

王大用字惟賢，大城人。正德中爲御馬監太監，嘉靖中出爲遼府承奉，輔嗣王，以忠誠見稱。

王公墓誌銘（張太岳文集13/20）

王承奉傳（同上9/22下）

王大年，壽張人。舉進士，歷御史，加太僕少卿，以附魏忠賢，挂名逆案。崇禎十五年清兵陷河間，抗節死。

明史291/22

王子卿（1510—1567）字元宷，號箕泉，仁和人。嘉靖中舉于鄉，卒業太學，授靈璧令，擢南京大理評事，官至雷州知府，卒年五十八。

王公墓誌銘（奚囊蠹餘15/15下）

王文（1393—1457）字千之，初名強，束鹿人。永樂十九年進士，歷官吏部尚書、謹身殿大學士，爲人深刻有城府，面目嚴冷，廷臣無敢干以私者，然中實柔媚。英宗復位，言官劾文與于謙等謀立外藩，命鞫於廷，按問無跡，天順元年卒與謙同斬於市，年六十五。成化初復其官，諡毅愍。

水東日記1/12，2/10下，4/10，5/1，7/3下，39/3下

殿閣詞林記1/34

國朝獻徵錄13/35王溥撰傳

皇明世說新語5/23

明史列傳40/3

明史168/3下

父王緒（1362—1435）

王公神道碑銘（芳洲文集7/15下）

王文炳字道充，廬陵人。嘉靖卅二年進士，選庶吉士，擢吏科給事中，累陞兵科都給諫，歷太僕少卿，官終南京右通政，隆慶元年致仕。

賀王太僕父母拜恩序（條麓堂集23/9）

披亘人鑑14/26下

王文祿字世廉，海鹽人。嘉靖十年舉人，著有廉矩，文脈等書。

本朝分省人物考44/46下

母陸氏（1469—1533）

王母陸氏傳（五嶽山人集36/9）

王文轅字司輿，浙江山陰人。勵志力行，隱居獨善。每讀書，多所自得，不主先入之言。故其說多與時不類，惟王守仁與之爲友。及守仁領南贛之命，文轅欲試其所得，嘗撼激之，不動。語人曰，伯安自此可勝大事矣。

明儒學案10/5

王之士（1528—1590）字欲立，號秦關，藍田人。嘉靖卅七年舉人，累舉不第，潛心理學，以道學自任。趙用賢薦授國子博士，命未下而卒，年六十三。有關雒、京途、南游諸集。

秦關王先生傳（馮少墟集22/52下）

明史282/23

王之士（1536—1592）字吉甫，號少菴，鄒平人。隆慶二年進士，授潁州知州，歷官寧國，廬州知府，俱有政聲，卒年五十七。

王公暨配韓氏合葬墓志銘（穀城山館文集20/34，國朝獻徵錄82/24）

王之臣，襄陽人。建文時爲欽天監監正，京師破，被葛衣出走，帝嘗一至其家，事露，之臣棄家走金城，行乞市中，後依河西莊浪魯家爲傭，故或名河西傭。數年病欲死呼主人謝曰，我死勿殮我棺，俟西北風起即火我，揚我灰，毋埋我骨，魯家竟從其言。

吾學編57/4下

遜國正氣紀2/25

遜國神會錄下/25下

皇明表忠紀6/12下

明史列傳20/22下

王之垣（1527—1604）字爾式，號見峯，山東新城人，重光子。嘉靖四十一年進士，授荊州府推官，擢刑科給事中，累官戶部左侍郎，以疾致任，卒年七十八。有歷仕錄，詳紀其劾誅何心隱事。

壽新城王大司徒七袠序（來禽館集9/5）

王公暨元配于氏合葬墓誌銘（穀城山館文集24/7）

王公行狀（來禽館集19/1）

新城大司徒王公誄（同上17/7）

祭王少司徒（大泌山房集115/23下）

王左司徒家傳（同上66/1）

王公傳（賜閒堂集18/21下）

少司農王公傳（焦氏澹園集25/3）

披亘人鑑15/3

弟王之城字爾守，號會峯，淮安府同知。

王公墓表（寧澹齋全集6/4下）

王之宷字心一，朝邑人。萬曆二十九年進士，官刑部主事，首發張差梃擊事。天啓初上復讐疏，言方從哲、崔文昇等誤用藥之罪，累遷刑部侍郎。魏忠賢竊柄，首翻梃擊案，天啓六年下獄死。

啓禎野乘1/51

明史244/25

王之珽字鳳章，保定衛諸生。崇禎十七年城陷，偕妻及子女俱投井死。

明史295/6下

王之猷字爾嘉，新城人，之垣弟。萬曆五年進士，授平陽司理，仕至浙江按察使，卒於官。

送王君爾嘉遷潁州兵備序（鍾臺先生文集4/1）

國朝獻徵錄84/56馮琦撰王公墓誌銘

王之誥字告若，石首人。嘉靖廿三年進士。歷河南僉事，討師尚詔有功，累官兵部左侍郎，總督宣大山西軍務。俺答陷石州，坐貶二秩。神宗立，召拜刑部尚書，張居正專政，之誥每規切之，以終養歸，卒謚端襄。

奉壽大司寇西翁王老先生七十有八序（艾熙亭文集2/23）
祭少保鑑川王公文（弗告堂集26/1）
明史列傳76/2
明史220/2下

王之翰，絳州人。萬曆間知棗陽縣，力阻開礦，被逮拷死。
明史237/10

王心一字純甫，號元渚，又號元珠，一號半禪野叟，吳縣人。萬曆四十一年進士，天啓間官御史，以極論客氏貶。崇禎時累官至刑部侍郎。工畫，倣黃公望，得其神似。有歸田園詩集。
明史246/3

王元正字舜卿，盩厔人。正德六年進士，選庶吉士，授檢討，武宗幸宣大，元正述五子之歌以諷，後以爭大禮謫戍茂州卒。
祭玉壘王舜卿文（太史升庵文集9/8下）
明史列傳66/22下
明史192/3

王元春字孟和，號圖南，浙江山陰人。嘉靖二十九年進士，授南昌府推官，擢戶科給事中，歷江西參政，官至陝西按察使。
掖垣人鑑14/31

王元凱字堯夫，陝西盩厔人。正德六年進士，除兵科給事中，尋引疾致仕。
掖垣人鑑12/20下

王元敬字廷臣，號古林，會稽人。嘉靖卅八年進士，授知許州，擢刑部員外郎，歷廣東布政使、應天巡撫，官終南京兵部侍郎，卒年八十七。
王公行狀（歇菴集11/28）

王元翰（1565—1633）字伯擧，號聚洲，雲南寧州人。萬曆廿九年進士，由庶吉士歷工科給事中，居諫垣四年，力持清議，世服其敢言。然毛擧鷹鷙，擧朝咸畏其口，忌者誣以奸贓。元翰乃盡出其筐篋，舁置國門，縱吏士簡括，慟哭辭朝而去。莊烈帝卽位，將召用，有尼之者，元翰乃流寓南都，十年不歸，卒年六十九。

王諫議傳（鴻寶應本11/14）
王君墓表（牧齋初學集66/1）
明史列傳90/7下
明史236/10

王天爵（1516—1600）字子修，號古菴，長洲人。嘉靖卅八年進士，授知新建，擢御史，歷廣西、江西參政，官至雲南按察使，以病乞歸，卒年八十五。
王公墓志銘（賜閒堂集26/15下）
皇明世說新語1/22

王友，荆州人。襲父官爲燕山護衛百戶，從成祖定京師，授都指揮僉事，封淸遠伯。率舟師沿海捕倭，大破之，從征交阯，以功進侯爵，後坐罪奪爵，永樂十四年卒。
吾學編19/37
皇明功臣封爵考6/49下
明史列傳21/23下
明史146/12下

王中字懋建，登封人。業農，未嘗知書，性至孝，母沒，廬墓三年，身披衰麻，日食飦粥，旦夕哭奠。墓側無水，浚井四丈餘不得泉，中環井再拜籲天，泉湧出，鄉里以爲孝誠所感。
皇明書41/1下
明史296/2

王允成字述文，澤州人。萬曆間擧人，除獲鹿知縣，以治行異等徵授南京御史。熹宗初立，上保治十事，言甚剴切。中貴劉朝、魏進忠，與保母客氏相倚爲奸，允成抗論其罪。繼又專疏劾進忠，被削籍，崇禎初復官，未幾卒。
明史246/8下

王允武（1504—1562）字殿邦，號棘亭，廣平人。以明經入太學卒業，銓授南康府通判，治行爲江右第一，累官慶府長史，卒年五十九。
王公墓表（北海集14/10）
王公墓志銘（同上16/11下）
王公墓志銘（淡然軒集 6/6，國朝獻徵錄105/65）
廣平王封公合葬傳（朱文懿公文集6/18）

王公亮，松江華亭人。蚤失怙恃，勤學善書，洪武間由薦舉任吏科給事中，擢應天府丞，官至廣東布政使，能聲著聞。

披垣人鑑4/11下

國朝獻徵錄99/1，無名氏撰傳

王化字汝賛，馬平人。登鄉舉，嘉靖中知平遠縣，屢破賊，有知兵名，超擢南贛巡撫，以貪黷被劾削籍。後以僉事飭惠潮兵備，久之考察罷。

王燾副汝賛傳（焦氏澹園集24/7）

皇明世說新語2/6下

明史222/5

王化貞字肖乾，諸城人。萬曆四十一年進士，由戶部主事，歷右參議，分守廣寧。蒙古乘機窺塞下，化貞善撫馭，不敢動。會清兵入寇，遼瀋相繼陷，廷議起用熊廷弼，進化貞右僉都御史，巡撫廣寧，輕視大敵，與廷弼牴牾，遂失廣寧，與廷弼並論死。有普門醫品。

明史259/12

王升字世新，宜興人。少孤，奉母至孝，以薦司訓京兆，遷國子學錄，累官鹽課提舉，乞歸卒。有四書輯略、讀左贅言。

毘陵人記品10/11下

王永光，長垣人。萬曆二十年進士，天啓初累官戶部尙書，居官廉，爲人強悍陰鷙，雅不喜東林，爲御史李應昇所論，永光乃自引歸。魏忠賢竊柄，盡逐東林，起南京兵部尙書，日以排東林爲事，後以其黨納賄事發，爲言者所論，被詰責罷去。有冰玉堂集。

賀冢宰王射斗考滿加恩序（雲石堂集12/80）

父王全，號西泉。

西泉王公暨配贈夫人高氏墓志銘（蒼霞餘草11/9）

王永和字用節，一字以正，號梧竹，崑山人。永樂十二年舉人，授嚴州訓導，改饒州，擢兵科給事中，劾都督王彧及錦衣馬順，以勁直聞。屢陞工部侍郎，正統十四年扈從北征，歿於土木，謚襄敏。

王公合葬碑銘（芳洲文集9/9，國朝獻徵錄51/9）

王公合葬神道碑陰記（鄭文康撰、吳下冢墓遺文續編1/44）

崑山人物志4/7

吳郡張大復先生明人列傳稿×/49

披垣人鑑7/4

明史167/5

王永壽字延齡，山西太原人。正統二年舉人，授饒州推官，擢監察御史，歷工部尙書，巡撫湖廣，兼督軍務征銅鼓五開等地苗賊，有功，調南京工部，天順六年卒於官。

國朝獻徵錄52/2實錄本傳

王立中（1309—1385）字彥強，號息菴又號拜隱老人，吳縣人。元時仕至松江知府，洪武十八年卒，年七十七。有文集二十卷。

吳下冢墓遺文3/10自志

王立道（1510—1547）字懋中，號堯衢，無錫人，表子。嘉靖十四年進士，選庶吉士，授編修，卒年卅八。有具茨詩文集。

王君墓志銘（唐順之撰、王具茨文集附錄4）

王君懋中墓石文（張治撰、王具茨文集附錄6）

王太史傳（存笥稿11/6，王具茨文集附錄9，國朝獻徵錄21/114）

詞林合祭王懋中太史文（存笥稿18/13下）

同館合祭王太史文（同上18/14）

毘陵人品記9/15

皇明世說新語5/29下

妻唐氏

唐孺人墓志銘（荆川先生文集15/23）

王正志（1560—1603）字叔明，號定五，祥符人。萬曆二十六年進士，授富平知縣，稅使梁永、趙欽肆虐，正志捕其黨杖殺之，因極論二人不法罪，逮繫瘐死，年僅四十四。

王公墓誌銘（昭甫集14/9下）

富平令大梁王君碑（來禽館集16/4）

明史237/13

妻楊氏，萬曆卌四年卒。

定五王公配楊孺人合葬墓志銘（昭甫集16/13）

祭楊孺人文（同上26/11下）

王正國字佐之，號柱峰，宜陽人，邦瑞子。嘉靖廿九年進士，授行人，選禮科給事中，陞戶科都，以父任三品廻避，遷通政司右參議，官終南京刑部侍郎。

少司寇王公壽序（大泌山房集37/34下）

掖垣人鑑14/20

王可大字元簡，南京錦衣錦人。嘉靖進士，官至臺州知府。輯有國憲家猷。

金陵名賢墨蹟跋（孏眞草堂文集18/25下）

王本固字子民，邢臺人。嘉靖廿三年進士，知欒安縣，擢御史，累官至南京吏部尙書，萬曆初致仕，卒年七十一。

國朝獻徵錄27/47無名氏撰傳

王弘猷，崇禎十年官百戶，守太湖，爲賊所執，鋸齒斷足，駡不絕聲死。

明史269/3

王弘誨（1542— ）字少傅，號忠銘，廣東定安人。嘉靖四十四年進士，選庶吉士，歷官南京禮部尙書致仕。有尙友堂稿、天池草。

壽大宗伯忠翁先生王公五十序（紫園草3/22下）

忠銘先生王公書院記（同上5/15）

王大宗伯致仕序（素雯齋集10/24下）

王世名字時望，武義人。父良爲族子俊毆死，世名年十七，恐殘父尸，不忍就理，乃佯聽其輸田議和。服闋，爲諸生，及生子數月，謂母妻曰，吾已有後，可以死矣，乃刺殺俊，詣吏請死，縣官欲開其父棺檢尸，以直世名。世名大慟，以頭觸石，血流殷地，乃止，世名遂不食死。

國朝獻徵錄112/86張鳳翼撰傳

罪書3/18下

明史297/19

王世昌字歷山，山東人。工畫山水人物。

圖繪寶鑑6/15

王世貞（1526—1590）字元美，號鳳洲，又號弇州山人，太倉人，忬子。嘉靖廿六年進士，官刑部主事，楊繼盛下獄，時進湯藥，又代其妻草疏，既死，復棺殮之，嚴嵩大恨，會忬以灤河失事，嵩乃構忬於帝，繫獄，世貞與弟世懋伏嵩門乞貸，卒論死，兄弟號泣持喪歸，隆慶初伏闕訟父寃，復忬官。後累官刑部尙書，移疾歸，卒年六十五。世貞好爲詩古文，始與李攀龍狎主文盟，攀龍沒，獨主壇坫者二十年，其持論文必西漢，詩必盛唐，而藻飾太甚，晚年始漸造平淡。著有弇山堂別集、嘉靖以來首輔傳，觚不觚錄，弇州山人四部稿、續稿、讀書後、及輯王氏書畫苑等。

送王郎元美還京師序（仲蔚先生集10/1）

送王元美序（滄溟先生集16/8下）

贈王元美按察青州諸郡序（同上16/10）

送王元美之任浙江左參政序（同上12/12下）

王公神道碑（王文肅公文草6/23下，國朝獻徵錄45/35）

王元美先生墓志銘（陳眉公先生全集31/1）

祭王弇州大司寇（同上46/1）

祭王大司寇文（天遠樓集23/1）

祭王大司寇文（歸有園稿9/5）

祭王鳳洲文（王文肅公文草12/12下）

祭王鳳洲文（方麓居士集12/18）

祭王元美先生文（松石齋集23/13下）

祭弇州生先文（瞿冏卿集8/18下）

祭弇州王公文（緱山先生集20/5下）

祭大司寇王弇州先生文（三易集13/1）

弔弇州王先生文（沈司成先生集1/43）

弔王弇州先生辭（鶴林外編20/1）

祭王鳳老文（寶菴集20/3）

奠王鳳洲年伯（怡春堂逸稿2/72）

弇州先生誄有序（孏眞草堂文集29/1）

大司寇王元美先生誄有序（十賚堂甲集文部5/16）

弇州公像贊有序（歸有園稿9/5）

祭王長公文（太函集83/1，太函副墨21/21）

弇州山人四部稿序（太函集22/16下）

弇州山人四部稿序（太函副墨4/1）

弇州山人四部稿序（少室山房類藁81/1）

弇州集序（大泌山房集11/1）

雙鳳編序（同上22/9）

小酉集序（太霞草7/11）

愍宗並序（謬䜳集1/6下）

名臣謚議（公槐集5/34下）

皇明世說新語 2/19—23，4/16下，5/5下，5/16，5/20，5/30下，6/34，7/18下，7/27下，7/29，7/31，8/29
四友齋叢說26/14下
名山藏文苑81/50
皇明書39/11下
王弇州山人年譜（清錢大昕撰，清刊潛研堂全書本）
瑯琊鳳洲兩公年譜合編（清王瑞圖撰，光緒間刊東倉書庫叢刻本）
明史287/17
妻魏氏（1530—1597）
魏淑人墓志銘（大泌山房集98/1）

王世琇字崑良，清苑人。崇禎十年進士，授歸德推官，遷工部主事，十五年李自成來犯，世琇將行，僚屬邀共守。慨然曰，久官其地，臨難而去之，非誼也。遂共堅守。總督侯恂子方夏率家衆斬關出，傷守者，衆遂亂，賊乘之入，世琇遇害。

明史293/12

王世琮字仲發，達州人。崇禎中以舉人爲汝寧推官，討土寇，流矢貫耳，不爲動，時號王鐵耳。擢汝寧兵備僉事，十五年闖賊陷城，死節。

明史262/11

王世揚字孝甫，號懷棘，廣平人，允武子。萬曆五年進士，授行人，歷兵部侍郎總督宣大山西諸邊，官終右都御史，致仕卒。

贈司馬王公還朝叙（淡然軒集3/12）
國朝獻徵錄39/124沈淮撰王公傳

王世欽，榆林人。歷官山海左部總兵官，謝病歸。崇禎十六年李自成攻榆林，守將王定棄城走，世欽與尤世威等拒守，城破，被執，送長安，自成親解其縛，罵不屈，被殺。

明史269/22下

王世懋（1536—1588）字敬美，號麟洲，世貞弟。嘉靖卅八年進士，累官太常少卿，好學善詩文。名亞其兄，先世貞二年卒，年五十三。著有王奉常集、藝圃擷餘、窺天外乘、遠壬文、卻金傳、學圃雜疏、閩部疏、三郡圖說、名山游記。

贈藩大夫敬美王公入賀（草偶子5/43）
贈麟洲王公擢本省憲副序（同上6/1）
亡弟敬美行狀（弇州山人續稿140/1）
王次公墓碑（太函集67/15，又太函副墨16/51）
王公墓志銘（王文肅公文草10/21下，國朝獻徵錄70/31）
祭王麟洲文（王文肅公文草12/10下）
祭王麟洲奉常文（歸有園稿9/15）
祭王麟洲（寶蓭集20/9）
祭王敬美（大泌山房集11/3下）
祭王敬美太常文（松石齋集23/12下）
太常王敬美傳（同上13/7下）
王奉常集序（大泌山房集11/3下）
王奉常集序（二酉園續集3/30下）
王奉常集序（甀甄洞稿7/3下）
執圃擷餘序（二酉園續集1/15下）
關洛紀遊稿序（白榆集1/3）
皇明世說新語2/23下，5/16，5/30，5/32
瑯琊鳳洲兩公年譜合編（清王瑞圖撰，光緒間刊東倉書庫叢刻本）
明史287/20
妻章氏
壽王母章夫人六袠序（中弇山人稿3/61）

王以修（1537—1587）字敬甫，號懋軒，四川達縣人。嘉靖四十四年進士，授新建尹，累陞廣平知府，未任丁憂歸，卒年五十一。

王公墓志銘（曼衍集2/10）

王以旂（1486—1553）字士招，號石岡，江寧人。正德六年進士，世宗時歷官兵部尚書，代曾銑總制三邊，屢破邊寇。在鎮六年，修延綏城堡四千五百餘所，又築蘭州邊垣，比卒，軍民爲罷市，謚襄敏。有漕河奏議、襄敏集。

送石岡王老先生巡撫鄖陽序（雲岡公文集9/48下）
送中丞王石岡公還朝序（遵巖先生文集11/13）
賀大司馬石岡先生王公序（少華山人續集10/1）
尚書王以旂祭葬謚（歐陽南野文集15/7）
王公行狀（謝少南撰、國朝獻徵錄57/22）
王公墓誌銘（徐階撰、皇明名臣墓銘坤集61）

明史199/13

王田字舜耕，濟南人。以縣佐請老歸田，晝川水有規度，喜爲樂府詞，膾炙人口，遠近傳播。

圖繪寶鑑6/11

王用汲（1528—1593）字明受，晉江人。隆慶二年進士，官戶部員外郎，萬曆間張居正歸葬其親，湖廣諸司畢會，巡按御史趙應元獨不往，被劾除名。用汲不勝憤，乃上言之，居正大怒，削用汲籍。居正死，累官南京刑部尚書，爲人剛正，遇事敢爲，卒年六十六，謚恭質。

恭質王公行狀（田亭草12/6）

大司寇恭質王公詩集序（同上5/4）

明史列傳82/7下

明史229/7

王用章字汝平，河南祥符人。嘉靖四十四年進士，授知崑山縣，以民賦繁而役重，乃定雇役之法，請改兌之弊，免儲總之役，期年而崑民大悅。遷常州同知，治崑如故。召入爲禮部員外郎，乞歸卒。

吳郡張大復先生明人列傳稿×/6

王用賓字汝弼，華亭人，徙居寧夏。性廉介，善爲詩歌，景泰四年以書經魁鄉闈，卒業太學，授知朔州，惠政卓著，民咸思之云。

王朔州政績記（篁墩程先生文集13/6）

王台輔字贊化，號相山，下邳人。崇禎末聞宦官復出鎮將，草疏極諫。甫入都，都城陷，乃還。及南京覆，台輔出其廩曰，此吾所樹，盡此死。明年粟盡，北面再拜，自縊死。

王義士傳（吾悔集4/10）

明史277/11

王江字宗岷，號海一，任丘人。正德六年進士，除禮科給事中，歷刑科左，出知鳳翔府，卒于官。

掖垣人鑑12/20

王汝玉（1349—1415）本名璲，以字行，號青城山人，長洲人。穎敏強記，舉元至正廿五年鄉試。永樂初由應天府訓導擢翰林五經博士，歷右春坊右賛善，預修永樂大典，遷左賛善，坐解縉累，瘐死，年六十七，洪熙初謚文靖。有青城山人集。

吳下冢墓遺文3/27王璡撰王公墓表

國朝獻徵錄19/52無撰人王公傳

水東日記11/5下

吳中人物志7/31下

明史列傳24/10下

明史152/4下

王汝舟（1468—1531）字濟川，號時齋，四川華陽人。正德三年進士，授句容令，擢御史，歷雲南參政，官至貴州布政使，所至有賢聲，嘉靖十年卒，年六十四。

觀風復命序（涇野先生文集2/43）

送王濟川任雲南參政序（漁石集2/28）

王君墓誌銘（泉翁大全集60/29下，國朝獻徵錄103/12）

王汝言（1525—1579）字子愼，號淇泉，吳人，遷居京師。嘉靖卅二年進士，授行人，遷戶部主事，累官通政司參議。汝言負氣高自標置，以不折節於人爲賢，好刺譏時事，故不爲人喜，屢遭謫遷，終以是免官，萬曆七年卒，年五十五。

王公墓志銘（孫月峯先生全集11/92，國朝獻徵錄67/45）

王汝訓（1551—1610）字師古，號泓陽，聊城人。隆慶五年進士，授元城知縣，累遷光祿少卿，疏劾吏科都給事中陳與郊，忤政府，改調南京。孟秋饗廟，帝不親行，上章極諫。三遷右副都御史，巡撫浙江，終工部右侍郎，年六十卒，謚恭介。

贈王師古大理序（劉大司成集6/3下）

王公神道碑（蒼霞續草14/40）

明史列傳81/4下

明史235/1

王汝梅字濟元，四川華陽人。正德十二年進士，由行人歷禮科都給事中，以言事切直忤旨。會世宗從張學敬議，去孔子王號，改稱先師，汝梅偕同官力爭，出爲浙江參政卒。

掖垣人鑑13/9

明史208/17

王汝魯（1523—1584）字希曾，號確齋，南陽人，鴻儒孫。隆慶二年進士，授嘉定知州，官至四川副使，卒年六十二。

王公墓表（大泌山房集103/21）

王汝霖字民望，崑山人。正統十三年進士，授吏科給事中，景泰中以憂歸，復除兵科，歷河南參議，仕終山東布政使。

披垣人鑑4/21下

王汝績（1396—1450）金谿人。永樂十八年舉人，授福建政和訓導，歷陞絳州知州，善處事，人服其明，卒年五十五。

王公墓表（薛文清公文集23/12下，國朝獻徵錄97/117）

國朝獻徵錄97/119薛瑄撰王汝績政績碑記

王交字徵久，號龍田，慈谿人。嘉靖廿年進士，選庶吉士，授刑科給事中，累官南京太僕寺丞。

披垣人鑑13/50

王安，雄縣人。爲內侍，萬曆中侍皇長子爲伴讀，有調護功。光宗卽位，擢司禮秉筆太監，中外翕然稱賢。大學士劉一燝，給事中楊漣皆重之。李選侍怙寵，光宗崩，選侍謀挾皇長子自重，安發其謀，宮幃大定。爲人剛直而疏，又善病，不能數見帝，爲魏忠賢所構，降充南海子淨軍，使人撲殺之。

明史305/17

王宇（1417—1463）字仲宏，號厚齋，祥符人。兒時日記萬言，舉正統四年進士，授南京戶部主事，出爲撫州知府，爲政簡靜，鋤強抑姦，一府大治，天順間累官大理卿。性剛介，所至有盛名，居大理，平反爲多，卒年四十七。

王公墓表（李賢撰，皇明名臣墓銘坎集62，國朝獻徵錄68/6）

水東日記28/12下

皇明世說新語5/4

名山藏臣林記11/8

明史列傳35/13下

明史159/9

王守字履約，號涵峯，長洲人。嘉靖五年進士，授寧波府推官，選戶科給事中，性畏謹，容貌毅重，動止皆有幅尺，委蛇可觀，歷都御史撫治鄖陽，寬簡有令望，廿九年卒。

送王履約會試序（林屋集11/12）

送御史中丞涵峯王公巡撫鄖陽序（雲岡公文集9/44下）

祭王履約中丞文（陸子餘集4/23）

石湖集序（天遠樓集9/19下）

披垣人鑑13/14下

王守仁（1472—1528），又名雲，字伯安，餘姚人，華子。弘治十二年進士，正德初以論救言官戴銑等忤劉瑾，杖闕下，謫龍場驛丞。瑾誅，移廬陵知縣，累擢右僉都御史，巡撫南贛，平大帽山諸賊，定宸濠之亂，世宗時封新建伯，總督兩廣，破斷藤峽賊，明世文臣用兵，未有如守仁者，卒謚文成。其學以良知良能爲主，謂格物致知，當自求諸心，不當求諸事物，故於宋儒特推重陸九淵，而以朱子集註、或問之類爲中年未定之論，世稱爲姚江派。嘗築室陽明洞中，學者稱陽明先生。有王文成公全書，其文博大昌達，詩秀逸有致，卽文章亦足傳世。

別陽明子序（張文定公紓玉樓集4/10）

送陽明先生造朝序（漁石集2/15）

鳳臺別意序（整菴先生存稿7/24）

賀總制軍務新建伯陽明王公平寇序（湘皐集18/31下）

賀大中丞陽明王公討逆成功序（費文憲公摘稿14/46）

平冠錄序（羅文肅公集5/20下）

平冠錄序（泉翁大全集16/5下）

王公墓誌銘（甘泉先生續編大全11/26）

王文成公墓碑（知足齋文集2/2下）

王守仁傳（弇州山人續稿86/1，國朝獻徵錄9/64）

王文成傳本（西河合集84/1）

祭大司馬王陽明先生文（整菴先生存稿15/5）

祭陽明先生墓文（石龍集28/3下）

祭新建伯王陽明（古菴毛先生集6/20）

祭陽明先生文（敬所王先生集18/1下）

祭陽明先生文（石龍集28/2下）

祭先師陽明先生（歐陽南野文集28/10）

奠王陽明先生文（泉翁大全集57/13下）
祀陽明先生文（龍谿王先生全集19/1）
湖州宗山精舍陽明王先生祠堂記（甘泉先生續編大全5/13）
重修陽明先生龍山書院記（胡莊肅公文集4/66下）
平和縣鼎建王文成先生祠堂碑（大滌函書1/29）
九華山陽明書院記（歐陽南野文集8/6）
辰州虎溪精舍記（石蓮洞羅先生文集12/50）
修道堂記（同上12/52下）
陽明先生畫像記（世經堂集14/31下）
先師畫像記後語（龍谿王先生全集15/1）
讀先師再報海日翁吉安起兵書序（同上13/5）
王文成功圖冊跋（太函副墨20/43）
移置陽明先生石刻記（石蓮洞羅先生文集12/46）
天眞書院田記（石龍集14/22）
文成王先生世家（耿天台先生文集13/18）
陽明先生圖譜序（敬所王先生集1/16下）
刻傳習錄序（同上1/18下）
刻陽明手柬小序（同上5/23下）
王陽明手柬序（二酉園文集3/1下）
刻則言序（少司馬谷公文集前集2）
陽明先生要書序（幾亭文錄1/66下）
王文成集要三編序（大滌函書1/40）
書陽明先生語略後（鄒子願學集8/1下）
陽明先生從祀議（紫園草7/21下）
王文成公年譜三卷附錄二卷（明錢德洪撰、王文成公全書附刊本）
陽明先生年譜二卷（明李贄撰，清道光刻王文成公全集附刊本）
陽明先生年譜一卷（明施邦曜撰，清乾隆刻陽明先生集要附刊本）
王文成公年譜一卷（清楊希閔撰，四朝先賢六家年譜本）
王文成公年紀一卷（清陳澹然撰，石印本，又光緒刊十五家年譜本）
王文成公年譜序（高子遺書9上/12）
陽明先生年譜攷訂序（石蓮洞羅先生文集19/57下）
讀文成夫陽明王先生年譜（長水先生文鈔3/7）
國琛集下/27
名卿續記2/3
聖朝名世攷7/11下
皇明將略4/27
皇明書42/1
皇明世說新語 1/32下，4/3，4/16，4/20下，4/27，4/37，5/5，5/9，5/19，5/24下，6/20，8/4下，8/19
名山藏80/1
明史列傳70/1
明史195/1
明儒學案10/3
陽明先生傳纂（民國余重耀編，中華書局排印本）

弟王守文，官督府參軍。

壽王公年六十序（明善齋集4/6）

王守誠字時化，號環伊，河南嵩縣人。隆慶五年進士，選庶吉士，授刑科給事中，遷禮科，歷順德知府。

披垣人鑑16/14

王在公字孟夙，崑山人。舉萬曆廿二年鄉薦，選授高苑知縣，歲大旱，虔禱得雨，滂沱而不出境，故是歲獨稔，民歌頌之。陞濟南府同知，以廉能著，天啓七年卒。

吳郡張大復先生明人列傳稿×/142
啓禎野乘14/3

王在晉字明初，太倉人。萬曆二十年進士，授中書舍人，歷江西布政使，擢右副都御史巡撫山東。天啓中累遷兵部尙書，兼右副都御史，代熊廷弼經略遼東、薊鎭、天津、登萊，改南京兵部尙書，崇禎中歷遷刑、兵部，坐張慶臻改敕書事，削籍歸卒。

明史257/9下

王在復，太倉人。嘉靖三十三年倭寇入犯，以救父並遇害，兩首墜地，而手猶抱父不釋。

國朝獻徵錄 112/90 陳子貞撰擧三孝子疏
明史297/16

王有壬（1518—1583）字克大，號文峯，吳縣人，鏊孫。以廕授尙寶司丞，官至太常少卿，萬曆十一年卒，年六十六。

王公行狀（松石齋集15/26下）

王朴，本名權，同州人。洪武十八年進士，除吏科給事中，以直諫忤旨罷。旋起御史，性鯁直，數與帝辨是非不肯屈。一日，遇事爭之疆，帝怒，命戮之，及市召還，諭之曰，汝其改乎。對以摧辱至此，願速死。帝大怒，趣命行刑，過史館，大呼曰，學士劉三吾志之，某年月日皇帝殺無罪御史朴也，竟戮死。

守溪筆記×/6

明史列傳17/20下

明史139/19

王臣（1430—1498）字尙忠，蒲城人。天順八年進士，授戶部主事，遷員外郞，十四年大名，順德、廣平三府大水，民至相食，臣奉勅往賑，多方區畫，民沾實惠，全活者甚衆，官至山西參政，卒年六十九。

王君墓表（王端毅公文集5/1）

王臣（1486—1549）字元卿，號復齋，興化人。正德十四年擧人，嘉靖中授九江判官，以廉勤自淬，有能聲。歷知四川綿州及眞定之晉州，以老乞歸，卒年六十四。

王先生墓志銘（李文定公貽安堂集8/7下）

王艮字敬止，或作欽止，吉水人。建文二年進士，授修撰，與修太祖實錄及類要、時政記諸書，一時大著作，皆綜理之。又數上書言時務，燕兵薄都城，艮自鴆而死，福王時諡文節。有翰林集。

王君墓表（解文毅公集12/1，國朝獻徵錄21/7）

擬諡遜國諸臣（公槐集6/24）

皇明獻實7/6下

吾學編56/2下

革朝遺忠錄下/31下

皇明表忠紀3/14

遜國正氣紀4/10

遜國神會錄上/55下

建文皇帝遺蹟×/20下

聖朝名世攷4/18下

明史列傳19/24下

明史143/1下

王艮（1483—1541）字汝止，泰州人。父竈丁，投於官，艮出代父役，入定省惟謹。謁王守仁，從之學，王氏弟子遍天下，艮以布衣抗其間，聲名出諸弟子上，學者稱心齋先生，卒年五十八。其孫之垣等嘗輯其詩文書牘語錄及董燧撰年譜，歷代祭文等爲心齋全集六卷，疏傳合編二卷傳于世。

王心齋墓志銘（趙文肅公文集18/4，國朝獻徵錄114/48）

祭王心齋（歐陽南野文集28/13）

王心齋先生祠堂記（舊業堂集7/58）

崇儒祠碑記（李文定公貽安堂集9/12）

東淘精舍記（石泉山房文集9/1）

重刻心齋王先生語錄序（東越證學錄6/18下）

書心齋先生語略後（鄒子願學集8/4）

王汝止傳（兩行齋集11/4）

王心齋先生傳（耿天台先生文集14/1）

王心齋傳（叢古軒集2/14）

皇明書44/18下

名山藏80/12

明史列傳70/21下

明史283/13

王同祖（1497—1551）字繩武，崑山人。正德十六年進士，選庶吉士，授編修，累遷國子司業，嘉靖廿一年以上疏言事忤旨落職，卅年卒，年五十五。有五龍山人集。

王繩武墓誌銘（文徵明撰，五龍山人集附錄）

王司業先生文集序（弇州山人續稿52/6）

父王銀（1464—1499）字世寶，號求可。

先攷求可府君行狀（五龍山人集9/14）

母吳氏

賀王母吳孺人榮被恩封序（顧文康公文草5/22下）

先妣吳氏行實（五龍山人集9/30）

告奠先妣吳氏文（同上10/10下）

王同軌字行父，黃岡人，廷陳從子。由貢生知江寧縣，嘗集異聞爲耳談一書。又有王行父集。

王行父集序（大泌山房集13/4）

耳談序（同上14/37）

王光祖（1518—1581）字子孝，號槐軒，魏縣人。嘉靖廿三年進士，授夏津知縣，改陽信，擢御史，遷汝寧知府，官終陝西參政，卒年六十四。

陽信縣令王侯去思碑記（端溪先生集3/32）
王公合葬墓誌（穀城山館文集18/21下，國朝獻徵錄94/18）

王好問（1517—1582）字裕卿。號西塘，樂亭人。嘉靖廿九年進士，除太常博士，歷官南京戶部尚書，萬曆十年卒，年六十六。有春煦齋集，詩餘可伯仲有宋。

王司徒家傳（大泌山房集63/31下）
內臺奏議序（二酉園文集1/4下）
王公墓誌銘（許國撰、國朝獻徵錄31/95）

王好學字道卿，樂亭人。嘉靖十九年舉人，除知陳留縣，招亡竄逋，弭盜修學，遷知澤州，歷戶部郎中，出爲楚雄知府，乞歸卒。

國朝獻徵錄102/88縣志本傳

王如堅字介石，安福人。萬曆十四年進士，授懷慶推官，遷刑科給事中，上疏抗爭三王並封，帝怒甚，命戍極邊，得王錫爵疏救，免戍爲民，尋卒。

明史列傳84/32下
明史233/11下

王任重字尹卿，號玉溪，晉江人。隆慶二年進士，授廣州司理，歷官山東按察使、雲南布政使，以太僕寺卿致仕卒。

王公墓誌銘（田亭草17/4）

王行（1331—1395）字止仲，號淡如居士，又號半軒，亦號楮園，吳縣人。淹貫經史百家言，富人沈萬三延之家塾，每文成酬百金，行輒麾去。洪武初延爲學校師，已謝去，隱於石湖，其二子役於京，行往視之，涼國公藍玉館於家，數薦之，後玉被殺，行父子亦坐死。行善潑墨山水，有二王法書辨、楮園、半軒等集及墓銘舉例等。

吳中人物志9/21
守溪筆記×/2
皇明世說新語5/6，5/21下
國朝獻徵錄83/122無撰人訓導王行傳，又116/23王半軒行傳
名山藏臣林記5/9
明史285/22

王行儉字質行，宜興人。崇禎十年進士，屢官重慶知府，善撫馭。十七年李自成至，率民死守，城陷被執不屈，爲賊臠割而死。

明史263/15下

王名善，義烏人。明初爲高州通判，有海寇何均善曾被戮，洪武五年其黨羅子仁率衆潛入城，執名善，不屈死。

明史289/6下

王孕懋字有懷，霸州人。舉進士，歷太原知府，遷寧武兵備副使。崇禎十七年李自成陷太原，遣使說降，孕懋斬之，與總兵官周遇吉共守，城陷自殺，妻楊氏投井殉之。

明史263/11

王汶（1433—1489）字允達，號齊山，浙江義烏人，禕孫。成化十四年進士，除中書舍人，非其好，未幾謝病歸，結屋齊山下，取累世所積書窮研之，弘治二年詔起赴京，卒於道。有齊山文集。

送中書王舍人汶赴召詩後序（楓山章先生文集7/12下）
王君墓志銘（桃溪淨稿文13/7）
王君墓表（匏翁家藏集73/6）
明史289/9下

王沂（1308—1383）字子輿，號竹亭，泰和人。洪武三年以說書徵，上書論事，授福建鹽運副使，以老辭歸，十六年卒，年七十六。

國朝獻徵錄104/58梁潛撰王公行狀

王沂字希曾，武進人，偵子。成化十一年進士，授禮部主事，再遷郎中，歷山東布政使，官至右副都御史，巡撫畿內眞定諸郡，卒於官。

毘陵人品記8/2
國朝獻徵錄61/2實錄本傳
明史列傳53/15下
明史214/7

妻楊氏（1448—1511）

王淑人楊氏墓誌銘（容春堂前集17/21下）

王良字天性，祥符人。洪武中累官僉都御史，建文中歷刑部左侍郎，出爲浙江按察使。燕王即帝位，遣使召良，良執使者將斬

之，衆劫之去，良集諸司印於私第，積薪自焚死。福王時追謚忠毅。

辭故浙江按察使王公文（方麓居士集12/3下）
吾學編56/19
聖朝名世攷4/27
遜國正氣紀4/19
遜國神會錄上/51下
皇明表忠記3/11
皇明書32/1
國朝獻徵錄84/45忠節錄傳
革朝遺忠錄下/16
明史列傳20/11下
明史143/3下

王良（1457—1528）字本善，號拙菴，江夏人。正德十一年以軍功授錦衣衛都指揮使，備倭廣東，捕降海賊張徵趙十八等，陞中都副留守，致仕歸，嘉靖七年卒，年七十二。

王君墓誌銘（陽峯家藏集34/7下，國朝獻徵錄109/18）

王良臣，陳州人。弘治六年進士，歷江西清軍御史。正德初陸崑偕十三道御史疏劾劉瑾，悉逮下詔獄，良臣馳疏救之，杖三十，斥爲民。瑾誅，起山東副史，仕終按察使。

明史188/11

王良佐，湖廣夷陵州人。弘治十八年進士，正德六年由行人選兵科給事中，累官陝西參議，以憂歸，復除四川參議。

掖垣人鑑12/20

王良貴字少思，寧津人。嘉靖廿六年進士，授戶部主事，歷陞郎中，出知平陽府，官至山東副史，罷官歸卒。

王龍門先生墓表（余文敏公集12/6下）

父王玶（1496—1567）字國瑞，號瑯琊山人，陝西都事。

王公墓誌銘（寒村集4/9）

王良樞（1499—1557）字愼卿，號庚陽，烏程人，濟子。以國子生選授廣東布政司理，嘉靖卅六年卒，年五十九。良樞長於詩，以氣格爲主，與黃注、孫良器、宋鑒爲詩友。有蛩音、哀謳遊藻林二集。

庚陽王君墓志銘（長谷集15/18下）

王忬（1507—1560）字民應，號思質，太倉人。嘉靖二十年進士，累官兵部右侍郎、薊遼總督，才本通敏，爲世宗所信任，不練主兵，惟調邊兵入衛，致寇乘虛入犯，辦寇以數以敗聞，嚴嵩乘間短之，子世貞又積忤嵩子世蕃，灤河之變，遂爲御史所論，斬於西市。

王公墓誌銘（李文定公貽安堂集7/6，國朝獻徵錄58/24）
王公神道碑銘（賜閒堂集21/6下）
祭思質王公文（嚴文靖公文集12/2下）
祭御史大夫思質王公文（袁魯望集12/2）
祭王中丞文（處實堂集7/34下）
代祭王中丞文（茂荆亭稿4/4）
祭思質王公告墓文（歸有園稿9/1）
祭大司馬中丞思質王公（止止堂集橫槊稿下/18）
御史大夫左司馬王先生誄並序（甌甄洞稾46/18下）
王公傳（滄溟先生集20/1，國朝獻徵錄58/29下）
御史大夫思質王公奏議序（世經堂集13/42下
御史大夫思質王公奏議序（太函集21/6，又太函副墨4/7）
徐氏海隅集外編42/2下
明史204/19

妻郁氏（1507—1570）

王恭人墓誌銘（嚴文靖公集8/14下）
祭王太夫人（止止堂集橫槊稿下/20下）

王亨字仲理，無錫人。洪武中官四川按察僉事，大振風紀，蜀人稱爲王鐵面，會紅苗破城，亨身被賊刃，賊去，尋卒。

毘陵人品記6/3下

王圻字元翰，上海人。嘉靖四十四年進士，擢御史，忤時相，謫邛州判官。歷官陝西參議，乞養歸，築室淞江之濱，種梅萬樹，目曰梅花源，惟以著書爲事，年踰耄耋，猶篝燈帳中，丙夜不輟。有續文獻通攷、東吳水利攷、謚法通攷、稗史彙編、三才圖會、洪州類稿諸書。

續文獻通攷序（遜菴文集×/27）

明史236/18下

王材（1508—1584）字子難，號稚川，南豐人。嘉靖廿年進士，選庶吉士，授檢討，歷南京國子司業，遷南太常寺卿兼管國子祭酒，免歸卒，年七十七。有念初堂集。

壽大司成稚川王先生七十序（弇州山人續稿33/1）

王先生神道碑（耿天台先生文集12/20下）

念初堂集序（弇州山人續稿42/2下）

祭太常卿國子祭酒座主王稚川先生文（同上155/3下）

明史308/22

王志（1335—1386）臨淮人。元末率鄉兵歸太祖，從戰屢先登，身冒矢石，持重未嘗敗衂。攻合肥，敗僂兒張，擒吳副使，爲戰功第一，進同知都督府事，封六安侯，洪武十九年卒，年五十二，謚襄簡。

王公神道碑銘（坦齋文集1/64，皇明名臣琬琰錄4/1）

皇明功臣封爵攷6/19

吾學編18/32

名山藏41/10下

明史列傳8/11

明史131/3

王志，蘇州人。建文時爲太學生，素與刑部郎中柳一景以忠義相勗，燕兵起，憤李景隆誤國喪師且召用，二人遁匿浙江臨海東湖上以樵爲生。後聞惠帝自焚，燕王即位，遂相偕投海死。

皇明表忠記3/26

遜國正氣紀5/22

王志，陝西咸寧人。永樂四年進士，除兵科給事中，歷陞河南知府，死於忠。

掖垣人鑑7/25下

王志長字平仲，崑山人，志堅弟。崇禎中舉於鄉，深於經學，尤精三禮，著有儀禮周禮注疏刪翼。

明史288/16下

王志堅（1576—1633）字弱生，更字淑士，亦字聞修，崑山人。萬曆卅八年進士，授南京兵部主事，崇禎初以僉事督湖廣學政，禮部推爲學政第一，卒年五十八。詩文法唐宋，肆志讀書，兼通內典，有讀商語，四六法海、古文瀆編、香嚴詩草。

王淑士墓誌銘（牧齋初學集54/3下）

天啓崇禎兩朝遺詩小傳5/191

明史288/16

母張氏

張太恭人傳（棘門集5/20）

王志道，漳浦人。天啓時爲給事中，議三案，爲高攀龍所駁，謝病歸。後附魏忠賢，歷擢左通政，論者薄之。崇禎中累官副都御史，以忤中官王坤，罷歸。

明史256/10

王克復字師仁，福清人。天順元年進士，歷官刑部郎中，明習法律，累遷江西布政使，江西俗喜訟，訟牒山積，克復判決竟日，庭無留者，時謂之王一火。官終南京吏部侍郎，致仕歸卒。

南京吏部侍郎餞詩序（半江趙先生文集11/14下）

國朝獻徵錄27/52無名氏撰王公克復傳略

王成德（1544—1614）字行之，臨清人。萬曆十七年進士，授戶部主事，官至山西按察使，卒年七十一。

王公墓志銘（大泌山房集81/11下）

王成憲，初名廷綱，以字行，號眞愚，崑山人，英孫。總角時已知名黌校，爲葉盛所賞識。銓授樊都尉府訓導，陞秀水教諭，獎勤率惰，諸生尊親之，年九十六卒。

吳郡張大復先生明人列傳稿×/22

王希文字景純，號台峰，東莞人。嘉靖八年進士，授刑科給事中，改南京刑科，十二年免官。

掖垣人鑑13/20

父王瑄字廷貫，號南莊。

南莊詩序（涇野先生文集8/26）

南莊先生傳（泉翁大全集56/19）

王希元字啓善，號白岳，蘄水人。隆慶五年進士，授南京太常博士，擢吏科給事中，歷官江西參政。

披垣人鑑16/5下

王希孟（1475—1515）字宗哲，號淇東，河南獲嘉人。弘治十八年進士，授唐山令，改邢臺，遷刑部主事，超擢鴻臚寺少卿，正德十年卒官，年四十一。

王公墓碑（洹詞6/13下，國朝獻徵錄76/6）

王希烈，南昌人。嘉靖卅二年進士，歷侍讀學士，國子監祭酒，累官禮部侍郎。

本朝分省人物考58/87

父王忞（1496—1574）字廷望，以字行，號澹齋。

王公墓誌銘（條麓堂集26/8下）

王佐字彥舉，河東人，占籍南海。與孫賁齊名，何眞使掌書記，參其謀議，勸眞歸朝。洪武中徵爲給事中，性不樂樞要，乞歸。有聽雨軒、瀛洲二集。

披垣人鑑3/6

國朝獻徵錄80/80黃佐撰傳

明史285/24

王佐，不知其所自，建文時爲都督同知。成祖稱帝，封順昌伯，出鎭雲南。不法，數被劾，帝不問。永樂三年廷臣復劾其恣威福，贓巨萬，徵下獄，瘐死。

吾學編19/43下

壬午功臣爵賞錄×/5

明史列傳28/2

王佐，海豐人。永樂中舉於鄉，擢吏科給事中，器宇凝重，奏對詳雅，爲宣宗所知，超拜戶部右侍郎，正統七年進尙書，調劑國用，節縮有方，後死土木之難，謚忠簡。

披垣人鑑7/4

國朝獻徵錄28/30無撰人王佐傳

明史列傳39/4下

明史167/4

父王朴（1352—1431）字子素。

王公墓誌銘（謚忠文古廉文集10/7）

王佐字汝學，臨高人。少受業於丘濬，登正統十二年鄉舉，歷官邵武臨江二府同知，所至淸廉慈愛，卒年八十五。著有雞肋集，經籍目略，原教篇，瓊台外紀、庚申錄、珠崖錄等書。

國朝獻徵錄87/69黃佐撰臨江府同知王佐傳

王佐（1440—1512）字廷輔，山西和順人。成化十四年進士，試政吏部文選司，擢郎中，遷太常少卿，提督四夷館。正德中陞戶部侍郎，以忤劉瑾，遷南京戶部尙書，比至逮下詔獄，令致仕歸，七年卒，年七十三。

王公神道碑（楊一淸撰，皇明名臣墓銘震集41，國朝獻徵錄31/47）

妻馬氏（1440—1507）

先母壙記（博趣齋稿21/153）

王佐字汝弼，潞州人。弘治八年舉人，正德中爲西平知縣，流賊攻城，佐手殺數十人，矢斃其賊帥，城陷，不屈死，贈光祿寺少卿。

王君墓表（紫巖文集43/4，國朝獻徵錄93/38）

明史289/18

王佐字仁甫，號古直，以號行，浙江太平人。性放誕，屹屹不肯爲人屈，長於詩，工書畫。旅食三十年，無僮僕，不置釜甑，有大籠五六，惟詩畫數百幅。

國朝獻徵錄115/31李東陽撰王古直傳

王佐才字南陽，崑山人。萬曆間武進士，以戰功累遷狼山副總兵，年老謝病歸。南都破，淸傳檄至，邑中推佐才爲主，治城守具，以千人當三十萬衆，力竭城陷，不屈死。

崑山殉難錄1/1下

明史277/17下

王佐聖字克仲，長洲人。萬曆四十年舉人，崇禎十四年以教官擢遵義知縣，次年夷酋吳尙賢等大舉攻城，城陷遇害。

啓禎野乘9/36

王佑字子啓，泰和人，沂弟。洪武二年授御史，擢廣西僉事，按察使尋适咨以政體，廣西稱治。後知重慶州，招徠撫輯，甚得民和，坐事免官，卒年六十六。

高溪書隱記（槎翁文集5/12）

王先生傳（東里文集22/19下，國朝獻徵錄98/135）

明史列傳18/2下

明史140/2下

王伯貞（1342—1416）名泰，以字行，號止菴，泰和人，沂子。洪武十五年以明經聘至京，時應詔者五百餘人，伯貞對第一，授試僉事，分巡雷州海康縣，召還爲戶部主事，以父喪歸。建文元年復以薦知瓊州府，居數年，大治，以憂歸，永樂十四年服除，改官肇慶，未赴卒，年七十五。

送王太守赴肇慶序（楊文敏公集14/14下）

贈王太守赴肇慶序（金文靖公集7/69下）

先公行述（王文端公文集27/14下）

先考肇慶府君遷葬誌（同上30/15下）

王公神道碑（楊溥撰、國朝獻徵錄100/1）

祭王肇慶文（東里文集23/25）

重修瓊州府二賢祠記（懷麓堂文後稿5/1）

名山藏臣林記6/46下

明儒學案9/19下

妻歐陽氏

先妣歐陽太夫人改葬誌（王文端公文集30/11）

王伯稠字世周，崑山人。順天府學諸生，卒年七十三。有王世周集、白虹集。

吳郡張大復先生明人列傳稿×/132

王廷字惟極，遷安人。弘治六年進士，除兵科給事中，歷陞山東僉事。

掖垣人鑑11/10

王廷字子正，號南岷，南充人。嘉靖十一年進士，授戶部主事，遷御史，疏劾尚書汪鋐，謫亳州判官。歷蘇州知府，有政聲，累擢左都御史，劾御史齊康懷奸黨邪，發給事中張齊奸利事，皆得罪去。高拱再相，嗾御史訟齊事，斥爲民。後復官，卒謚恭節。

送王大夫序（嬌亭續稿1/3）

贈王子正先生序（薛考功集10/11）

壽少司徒南岷王老先生六秩序（陳恭介公集6/33下）

王中丞廷小傳（滄溟先生集20/6下）

國史闡幽（公槐集6/29）

皇明世說新語2/26下

明史214/10

王廷相（1474—1544）字子衡，號平厓，又號浚川，河南儀封人。弘治十五年進士，選庶吉士，授兵科給事中，忤中官劉瑾、廖鑾，屢躓屢起。嘉靖中以右副都御史巡撫四川，討平芒部賊沙保，累遷左都御史加兵部尚書。廷相博學好議論，以經術稱，嘉靖廿三年卒，年七十一，謚肅敏。著有王氏家藏集、內臺集、及慎言、雅述、喪禮備纂等。

紀言贈浚川子（石龍集10/14）

贈王浚川入總北臺序（同上13/10下）

送王浚川先生序（少華山人文集3/9下）

贈浚川王公詔改左都御史序（涇野先生文集9/10下）

賀宮保浚川王公序（洹詞11/42下）

王公墓表（穀城山館文集26/1）

王公墓誌銘（許瓚撰，皇明名臣墓銘坤集78）

祭王浚川文（葛端肅公文集15/20下）

王肅敏公傳（張鹵撰，王氏家藏集卷首）

雅述序（洹詞11/36下）

國琛集下/30下

掖垣人鑑11/21

皇明世說新語2/19

國朝獻徵錄39/36無名氏撰傳

名山藏臣林記20/7

明史列傳63/25

明史194/24下

明儒學案50/1

王廷陳字稚欽，號夢澤，黃岡人。正德十二年進士，選庶吉士，授給事中，武宗南狩，疏諫，黜知裕州，失職放廢，削秩歸，屏居二十年，嗜酒縱倡樂，時衣紅紵窄衫騎牛跨馬嘯歌田野間。有夢澤集。

王夢澤論序（二酉園文集2/14）

夢澤集序（皇甫司勳集36/6）

重刻夢澤集序（鑒玉集7/6）

王夢澤集序（弇州山人續稿55/16）

徐氏海隅集外編40/6下

掖垣人鑑3/26

皇明世說新語2/22，6/30下，7/4下，7/6，7/28下，8/12

名山藏81/31下

明史286/22

王廷幹字維楨，號巖潭，涇縣人。嘉靖十一年進士，授行人，歷九江知府。有巖潭稿。

巖潭王子詩集序（自知堂集10/17）

父王汝猷（1490—1564）字宗臯，號青山。

王青山天下承恩序（海石先生文集19/1）

王公墓誌銘（皇甫司勳集52/16）

王廷瞻（1521—1592）字稚表，黃岡人，廷陳弟。嘉靖卅八年進士，歷官御史，高拱再輔政，引疾歸。神宗立，起故官，巡撫四川，剿平諸番。督漕運，巡撫鳳陽、開越河，有殊績，進戶部尙書，乞歸卒，年七十二。

賀大司農御史中丞王公河功告成序（田亭草4/3）贈督撫漕淮大司徒王公擢南京大司寇序（朱文懿公文集4/5）

王公墓志銘（大泌山房集78/7）

明史列傳77/2

明史221/2

王邦直字國輿，磁州人。生而駢脅，有神力，人稱王千斤，弱冠補諸生，好騎射，窮韜略，嘉靖廿一年以薦詣大同立功，再踰年，寇犯鵓鴿谷，力戰死。

國朝獻徵錄110/51朱睦㮮撰王邦直傳

明史列傳60/16

明史300/2，309/7下

王邦瑞（1495—1561）字維賢，或作惟賢，號鳳泉，宜陽人。正德九年進士，嘉靖中歷吏部左侍郎，俺答犯都城，邦瑞總督九門，攝兵部尙書，兼督團營，尋改兵部左侍郎，專督營務，條上興革六事，中言宦官典兵，古今大患，請盡撤提督監槍者，帝報從之。爲人嚴毅有識量，歷官四十年，以廉節著，年六十七卒，諡襄毅。有王襄毅公集。

送刑曹副郎王君惟賢北上序（涇野先生文集5/52）

贈陝西提學僉憲鳳泉王子序（同上6/47）

送王維賢督學陝西序（王氏家藏集21/14下）

送大司馬鳳泉先生歸宜陽序（存笥稿4/9下）

王襄毅公墓誌銘（郭朴撰，王襄毅公集附錄，又國朝獻徵錄39/83）

王襄毅公暨二夫人合葬壙誌（陸學士先生遺稿12/1）

王襄毅公集敘（漱秇堂文集2/1）

明史列傳69/12下

明史199/16

王延素（1492—1562）字子儀，號雲屋，吳縣人，鏊子。以蔭授南京中府都事，仕至思南知府，致仕卒，年七十一。

贈王子儀序（鈐山堂集19/9下）

王公墓志銘（皇甫司勳集53/1，國朝獻徵錄103/78）

王治字本道，號心菴，山西忻州人。嘉靖卅二年進士，歷官都給事中，屢言事，隆慶中擢太僕少卿，進太僕卿，憂歸卒。

誥勅禮科左給事中王治二道（條麓堂集5/3下）

送都諫王君歸養序（馬文莊公集選1/21下）

披垣人鑑14/41

明史215/1

父王鎧（1502—1538）字文濟，號守拙。

王公暨配檀氏合葬墓誌銘（條麓堂集27/1）

王治道（1535—1570）字子弘。號毅齋，錦州衛人。嘉靖間由世蔭累署都督僉事，隆慶初進署都督同知，恃勇輕敵。四年薊遼有警，率四千人赴援，一軍不知所之，獨十餘騎從，中伏死，年僅卅六，贈少保左都督諡忠愍。

王公墓志銘（賜閒堂集24/28下）

明史列傳60/25

王泮字宗魯，山陰人。嘉靖間進士，萬曆間官肇慶知府，有善政，累官至湖廣參政。泮性恬淡，自奉如寒士，居官廉潔。詩辭沖雅，書法遒麗。

國朝獻徵錄88/32無撰人王公傳

王沛字子大，永嘉人。精醫術，授益府良醫。嘉靖間倭入寇，沛與族子德等集兵爲守，倭被創逸去。倭再至，兵敗遇害，贈太僕丞。

明史290/6

王庚字文祥，灤州人。嘉靖二年進士，授襄陵知縣，擢戶科給事中，累陞兵科都給諫，遷山西參政，仕終陝西布政使。

披垣人鑑13/23

王宗沐（1523—1591）字新甫，號敬所，臨海人。嘉靖廿三年進士，授刑部主事，擢江西提學副使，修白鹿洞書院，引諸生講習其中，三遷山西布政使，歲祲，請緩征逋賦，拜右副都御史，總督漕運，疏請復海運，議者言其不便，遂寢。進刑部左侍郎，以京察拾遺罷歸。萬曆十九年卒，年六十九，謚襄裕。有海運詳考、海運志、漕撫奏疏、敬所文集。

送王新甫督學廣西序（歐陽南野文集7/33下）
送王員外新甫視廣西學政序（鳳洲筆記5/3下）
壽敬所王公七十序（山居文稿3/1）
代張相公壽王敬所先生七十序（同上3/3下）
敬所王先生行狀（鄧定宇文集4/33）
祭王敬所少司寇文（茅鹿門先生文集27/18）
祭少司寇敬所王公（焦氏澹園集35/1下）
樓寧王先生續集序（松石齋集8/24下）
漕撫奏疏序（二酉園文集1/6）
山居隨筆序（同上3/5下）
海運詳考序（李文定公貽安堂集4/33下）
明史223/13下
明儒學案15/2下

王宗茂（1511—1562）字時育，號虹塘，京山人。嘉靖廿六年進士，授行人，擢南京御史，時先後劾嚴嵩者皆得禍，中外懾其威。宗茂拜官甫三月，即疏劾嵩負國八罪，謫平陽縣丞，以憂歸，嵩奪其父橋官，竟悒悒卒，年五十二。

王君墓誌銘（弇州山人四部稿86/22下，國朝獻徵錄66/17）
徐氏海隅集外編40/26
國朝獻徵錄66/10胡直撰王公傳
妻石氏
王母石宜人壽序（大泌山房集39/3下）

王宗舜（1519—1594）字用中，號畊山，聞喜人。嘉靖卅二年進士，授衞輝推官，擢御史，歷山東副使，萬曆二年陞陝西左參政，丁憂歸，卒年七十六。

王公合葬墓誌銘（九愚山房稿41/17）
祭王用中文（同上56/19下，又56/23）
母張氏
祭王用中母文（九愚山房稿57/4）

王宗源字志潔，晉江人。舉正德六年進士，歷大理寺副，出爲廣東僉事，陞副使致仕。

賀同年王君志潔陟憲副致仕序（方齋存稿6/29）

王宗彝字表倫，號守拙，又號留耕，初名倫，東鹿人，文子。成化二年進士，授戶部主事，遷郎中，出理遼東軍餉，以勞擢太僕少卿，累官南京禮部尚書。劉瑾用事，乃罷歸，正德十二年卒，謚安簡。

皇明名臣墓銘巽集7馬廷用撰王公傳
國朝獻徵錄36/26無撰人王宗彝傳
明史列傳40/4
明史168/5下

王宗顯，和州人。博涉經史，因胡大海見太祖，太祖喜之，授知寧越府，開郡學，延儒士，時喪亂之後，學校久廢，至是始聞弦歌之聲。

國朝獻徵錄85/3黃金撰王公傳
婺書6/17下
明史列傳18/5下

王府尹，亡其名。精青烏家言，知禹州，嘗爲成祖定陵地。陵前有小阜，勸帝去之，曰恐妨皇嗣。帝問無後乎，曰恐偏出耳。帝曰偏出何害，後累世皆驗。官至順天府尹。

守溪筆記×/10下

王來字原之，慈谿人。宣德二年以會試乙榜授新建教諭，擢御史，巡按蘇松常鎮四府，數抑巨璫，帝稱其賢。景泰元年以右副都御史總督貴州軍務，平叛苗有功，進南京工部尚書。英宗復辟，罷歸卒。

送山西大參王原之序（敬軒薛先生文集14/8）
水東日記14/11下
國朝獻徵錄52/3無名氏撰傳
明史列傳43/3
明史172/5

王來聘，京師人。崇禎四年中武會試，時帝重武，視文榜例，分三甲，來聘居首，即授副總兵，武榜有狀元，自來聘始。孔有德據登州叛，官軍攻之，來聘先登中傷死。

明史269/19下

王坦字彥平，山東平原人。成化五年進士，除禮科給事中，累陞刑科都，官終揚州知府。

掖垣人鑑10/14
明史235/7下

王直（1379—1462）字行儉，號抑菴，

泰和人，伯貞子。永樂二年進士，授修撰，歷仕仁宣二宗，遷少詹事，兼侍讀學士，在翰林二十餘年，稽古代言編纂記注之事，多出其手，與王英齊名，時有西王東王之目。英宗時累拜吏部尚書，秉銓十四年，爲時名臣，進少傅兼太子太師，天順六年卒，年八十四，謚文端，有文端公集。

自撰墓誌（王文端公文集34/25）
王公神道碑銘（李賢撰，皇明名臣琬琰錄后2/3下，國朝獻徵錄24/25）
太保王文端公哀辭（抑庵文集26/13）
泰和王氏族譜序（東里文集3/23）
小瀛洲詩敍（謚忠文古廉文集7/20）
小瀛洲詩敍（楊文敏公集11/3）
水東日記4/4，14/2下
皇明獻實16/1
吾學編37/1
國琛集上/21下
殿閣詞林記5/6
聖朝名世考3/24
皇明世說新語3/6，3/23，4/22，5/27
皇明書20/12
名山藏臣林記7/17下
明史列傳26/12
明史169/5

兄王行敏，號穆軒。

穆軒記（東里文集2/4下）

妻陳氏

夫人陳氏墓誌銘（王文端公文集34/13）

王奇（1434—1520）字世英，號古行，天台人。性介直，初爲邑諸生，治尚書兼通天文卜筮星數之學，後遍歷江湖，以星命占筮之術稱於人，言禍福輒應，自以數奇不受室，正德十五年卒，年八十七。

國朝獻徵錄115/107邵寶撰古行翁王奇墓志銘

王表字邦正，無錫人，立道父。舉嘉靖八年進士，選庶吉士，授戶部主事，累陞郎中，致仕卒。性好書，終老書未嘗一日去手，著有讀書紀要、仕途錄要、過庭直訓、代奕稿、消夏編等。

無錫志原傳（王具茨文集附錄5）
毘陵人品記9/15

王耆，鄖人。永樂中領鄉薦，歷山東布政使，所至有惠政。正統六年進工部侍郎，陞尚書，性狷介、爲王振所侮，致仕歸，十五年卒。

送工部尚書王公致仕序（尋樂習先生文集14/6）
國朝獻徵錄50/14實錄本傳
明史列傳23/15下
明史160/7下

王承恩，崇禎時爲司禮秉筆太監，十七年李自成犯闕，帝命承恩提督京營。城陷，帝縊於萬壽山壽皇亭，承恩亦縊於其下，福王時謚忠愍。

明史305/33下

王承裕（1465—1538）字天宇，號平川山人，陝西三原人，恕子。七歲能詩，弱冠著太極動靜圖說。恕官吏部，令日接賓客，以是周知天下賢才，選用無不當。舉弘治六年進士，武宗立，屢遷吏科都給事中，以言事忤劉瑾。嘉靖間官終南戶部尚書，卒年七十四，謚康僖。

考經堂記（王端毅公文集1/11）
王公行實（谿田文集5/145）
弔平川王先生（同上5/183）
平川王先生（馮少墟集22/19）
王承裕傳（西河合集81/9下）
掖垣人鑑11/9下
國朝獻徵錄31/68無名氏撰傳
皇明世說新語2/14下，3/24下
明史182/3
明儒學案9/5下

兄王天瑞

送少參王公天瑞致政序（中丞馬先生文集1/15）

妻尤氏

祭王康僖公夫人文（溫恭毅公文集17/9）

王承憲，楚雄衛人。襲世職爲楚雄衛指揮，陞遊擊。沙定洲之亂，承憲出城逆戰，賊皆披靡，中流矢死。

明史295/14

王昇，神樂觀道士，建文帝賜今名，命爲提點。建文出亡，昇候於途，云昨夜夢高皇帝命明日午後門外，伺候周旋勿失，導帝步行至觀中，已薄暮。至翌日，從亡臣廿三人均至，尋得史仲彬僕舟逆行。

遜國神會錄下/32下

王昇，龍溪人。永樂二年進士，選庶吉士，授安福令，扶善抑惡，以民瘼為已憂，甫七月，境內順治。歷大理寺正，出知撫州府，時論天下治平，以撫為第一。在部九載，以部民乞留，增秩還任，以疾歸卒。

國朝獻徵錄87/10無撰人王公事略

明史281/17

王杲字景初，號蒲灣，汶上人。正德九年進士，嘉靖間歷戶部右侍郎，賑河南饑，屢請發帑，全活無算。尋總督漕運，以軍民困敝，請改折兩年漕運十之三，以所省轉輸費治運艘，勿重困軍民。舊制歲漕四百萬石，杲以粟有餘而用不足，遇災傷，率改折以便民。仕至戶部尚書，給事中馬錫誣杲受賄，下獄遣戍卒。

贈王景初考績序（涇野先生文集3/39下）

贈大司徒蒲灣王公序（陽峯家藏集24/55）

國朝獻徵錄29/42無名氏撰傳

明史列傳69/7

明史202/6下

王芳字尚義，一字德遠，號南園，太倉人，忬從子。守教不殺生，雖一蝗必活之。嘗道遇慈谿人費廷槐，憐其困頓，將護備至，及卒，爲營棺衾，訃告其父。父來，舉棺弗前，芳至，絜酒哭送，棺乃舉。其父謝曰，雖我爲父，莫能過君。

國朝獻徵錄113/39張椿撰王義士芳傳

名山藏93/6下

王忠，武進人。洪武間父以輸稅後期法當死，忠年十七，懇請代父。宣德間除兵部主事，以母老懇致仕。

毘陵人品記7/2下

王忠，孝感人。燕師起，與李遠同降，以戰功累遷都督僉事，封靖安侯。永樂七年從丘福出塞，征本雅失里，戰死。

吾學編19/34下

皇明功臣封爵考6/44

明史列傳21/14下

明史145/12下

王尚絅字錦夫，號蒼谷，郟人。弘治十五年進士，授兵部職方主事，改吏部有聲。出爲山西參政，年纔三十有五，三疏乞養，不待報歸。隱十五年，起歷浙江右布政使，嘉靖十年卒於官，士民遮道泣送。有蒼谷集十二卷，今不傳，傳者僅集選一卷。

蒼谷先生傳（方山薛先生全集26/1）

國朝獻徵錄84/12朱睦㮮撰王公傳略

母聶氏（1447—1526）

王太安人傳（苑洛集8/2）

妻周氏（1479—1519）

周氏墓表（涇野先生文集31/29下）

王安人傳（苑洛集7/25）

王尚賢，梅溪人。善畫人物，年至九十，筆益精妙。

圖繪寶鑑6/6

王尚學字敏叔，號抑濱，馬平人。嘉靖十七年進士，授福寧司理，治獄明察。擢戶部主事，督臨清關，累遷郎中，督遼東糧儲，坐累謫戍寧遠，後赦歸。尚學性耿介，歷官不名一錢，戒子孫皆蔬食。沒之日甕橐蕭然。

王公傳（蒼霞餘草8/9）

王叔承，初名光胤，以字行，更字承父，晩又更字子幻，復名靈嶽，自號崑崙山人，吳江人。客大學士李春芳所，性嗜酒，春芳有所撰述，常醉弗應，久之乃謝歸，縱遊吳越山水。太倉王錫爵，其布衣交也，再召，會有三王並封之議，叔承遺書數千言規之，錫爵歎服。其詩極爲王世貞兄弟所稱，嘗縱觀西苑南內之勝，作漢宮曲數十闋，流傳禁中。又有吳越游編、荔子編、楚游編，嶽游編，卒年六十五。

王山人子幻墓表（賜閒堂集22/15下）

崑崙山人傳（弇州山人續稿74/13下）

王承父後吳越游編序（仝上52/1）

荔子編序（弇州山人續稿40/4下）

瀟湘編序（大泌山房集22/28）

皇明世說新語6/32，8/5

明史288/5下

王叔杲（1516—1588）字育德，號西華，永嘉人，諍從子。嘉靖廿九年進士，授職方主事，官終廣東副使，卒年七十三。有半山藏稿。

王公墓誌銘（弇州山人續稿118/5下，國朝獻徵錄99/125）

王憲副家傳（大泌山房集67/26下）

王西華先生半山藏稿序（睡庵文稿1/1）

子王光蘊（1540—1606）字季宣，號玉洞，寧國郡丞。

王公墓表（大泌山房集104/23下）

王公墓志銘（睡庵文稿16/13下）

王叔杲（1517--1600）字陽德，永嘉人，叔杲弟。嘉靖四十一年進士，授靖江令，改常熟，歷大名知府，官至參政治兵蘇松常鎮四郡，年八十四卒。有玉介園集。

陽湖別墅記（茅鹿門先生文集20/24）

陽谷王公生祠記（弇州山人續稿57/7下）

王參政集序（同上41/18）

參知王公壽序（大泌山房集30/18下）

王公墓志銘（同上80/1）

祭王參知（同上116/1下）

母陳氏

陳恭人壽序（大泌山房集38/29下）

王叔英，名原采，（或作元彩），以字行，號靜學，浙江黃巖人。洪武中爲僊居訓導，擢知漢陽縣。建文立，召爲翰林修撰，上資治八策。燕兵至，奉命募兵廣德，已知事不可爲，乃沐浴具衣冠，書絕命詞自經死。有靜學文集。

王公墓記（周瑛撰，皇明名臣琬琰錄12/14下）

靜學先生傳（石龍集22/5下，王靜學文集附錄5，國朝獻徵錄21/3）

太平縣學鄉賢祠記贊之五（桃溪淨稿文8/12下）

王公叔英傳（鄭曉撰，吾學編56/1，國朝獻徵錄21/5下）

水東日記21/6

皇明獻實7/3

聖朝名世考4/15

遜國正氣紀3/34

遜國神會錄上/53下

皇明表忠記3/3下

皇明書31/19

明史列傳19/23

明史143/6

王肯堂字宇泰，金壇人，樵子。萬曆十七年進士，選庶吉士，授檢討。倭寇朝鮮，疏陳十議，留中，引疾歸。以薦補南京行人司副，仕終福建參政。肯堂好讀書，尤精於醫，所著證治準繩，該博精粹，世競傳之。又有鬱岡齋筆塵，論藥方者十之三四。

明史221/3

王明灝，崇禎時爲諸生，聞京師陷，帝殉難，日夕慟哭，家人解慰之，託故走二十里外，投水而死。

明史295/3下

王金（1471--1516）字日良，臨潁人。弘治十五年進士，授工部主事，歷浙江僉事，官至福建按察使，正德十一年入覲，卒於途，年四十六。

國朝獻徵錄90/51孫陞撰王公墓誌銘

王金，鄠人。世宗朝爲國子生，授太醫院御醫，僞造諸品仙方，帝御之，稍稍火發不能愈，未幾，帝大漸，金繫獄論死。後宥死，編口外爲民。

徐氏海隅集文編14/19冰廳劄記

明史307/27

王和字以節，遷安人。成化十四年進士，知館陶，金壇二縣。擢監察御史，歷巡兩京，劾太監汪直，並奏革西廠，聲動朝野，陞山東副使，卒於官。

送憲副王君以節之任山東序（東川劉文簡公集12/10下）

國朝獻徵錄95/61永平志傳

王岳，正德時司禮太監，以骞直稱，爲劉瑾所害。

國琛集下/43

王命（1533—1598）字欽甫，號鶴程，眞定饒陽人。嘉靖四十三年舉人，除鳳翔令，居官一主于節愛，盡減諸供應，不以煩民，年六十六卒。

王君墓志銘（淡然軒集6/75下、國朝獻徵錄94/139）

王念字廷重，遷安人，和子。正德六年進士，授戶部主事，歷南京禮部郎中，出知九江府，時値宸濠亂後，百務廢毀，念漸次修復，而民不知勞。調知程番，改仕卒。

國朝獻徵錄95/61永平志附王和傳

王秉彝字性之，四川內江人。天順元年進士，授兵科給事中，陞兵科右，仕終鹽運使。

掖垣人鑑7/13下

王洧字清之，直隸濬縣人。成化廿三年進士，除戶科給事中，屢陞吏科都給諫，弘治十七年遷通政司謄黃通政，卒於官。

掖垣人鑑11/2

王洪（1379—1420）字希範，號毅齋，錢塘人。年十八成進士，授行人，陞給事中，調翰林檢討。永樂初與修大典，歷修撰侍講。帝頒佛曲於塞外，命洪爲文，逡巡不應詔，爲同列所排，不復進用，終禮部主事，卒年四十二。有毅齋集。

掖垣人鑑3/11下

國朝獻徵錄35/85胡儼撰王洪墓志銘，35/85下莫珝撰書毅齋王先生詩文集後

明史286/2下

王洽字和仲，臨邑人。萬曆三十二年進士，歷知東光、任丘等縣，補長垣，廉能爲一方最。擢吏部稽勳主事，歷考功文選郎中，天啓初諸賢彙進，洽有力焉。魏忠賢專政，洽逐被斥。崇禎初擢兵部尚書，會淸兵入寇，都城戒嚴，周延儒言本兵備禦疏忽，調度乖張，遂下洽獄，竟瘐死。

明史257/8

王炳衡字伯欽，崑山人。隆慶五年進士，歷知歷城、臨安二縣，免官歸。

吳郡張大復先生明人列傳稿×/120

王炳璿字幼文，崑山人，炳衡弟。萬曆二年進士，知上饒縣，公勤廉敏，多異政。歷刑部郎中，出知德安府，乞歸卒。

吳郡張大復先生明人列傳稿×/120

王彥字存拙，沔陽人，善畫梅花。

圖繪寶鑑6/14下

王彥奇字庭簡，四川雲陽人。弘治三年進士，歷應天府丞，官至右僉都御史巡撫遼東，正德四年致仕。

都憲王公履歷圖序（東川劉文簡公集7/2）

王亮字茂六，號樓峰，臨海人。萬曆五年進士，授進賢知縣，歷兵科給事中，出爲湖廣僉事。有王禩玉文集。

王茂六修竹亭稿序（白榆集3/10）

掖垣人鑑16/24下

王宣字明理，河南淇縣人。正統七年進士，授吏科給事中，累官四川參議。

掖垣人鑑7/3

王宣，晉江人。弘治中擧於鄉，一赴會試不第，以親老不赴。嘗曰，學者混朱陸爲一，便非眞知。爲人廓落豪邁，俯視一世，爲蔡淸有名弟子。

名山藏79/28下

王竑（1413—1488）字公度，號休菴，河州人。正統四年進士，授戶科給事中，豪邁負氣節，正色敢言，英宗北狩，郕王攝朝，群臣劾王振誤國，請夷振族，錦衣指揮馬順叱言者去，竑怒，奮臂捽順髮，衆共擊之，立斃。也先入犯，命守禦京城，擢右僉都御史，鎭守居庸關，憲宗初進兵部尚書，以不合求去，弘治元年卒，年七十六，謚莊毅。

王公神道碑銘（瓊臺詩文會稿重編24/1）

祭大司馬王公文（同上24/32下）

休菴詩集序（對山集13/36）

王公傳（袁袠撰，皇明名臣墓銘艮集57，皇明獻實24/1，國朝獻徵錄38/55）

水東日記1/5，40/9，40/10

吾學編38/7下

國琛集上/36下

名卿績紀1/17下

守溪筆記×/18

聖朝名世考6/6

掖垣人鑑5/20下

皇明名臣琬琰錄后6/17下楊廉輯言行錄

皇明世說新語2/1下，4/36下，5/7，7/23

皇明書20/16下

名山藏臣林記8/9下

【四劃】王

明史列傳41/11下

明史177/3

王度 (1356—1402) 字子中，廣東歸善人。洪武中薦授監察御史，建文時燕兵起，度悉心贊畫，方孝孺與度書，誓起社稷。燕王稱帝，坐方黨謫戍賀州，又坐語不遜族誅，年四十七，福王時贈太僕卿，謚襄愍。

皇明獻實7/2下

吾學編56/10

革朝遺忠錄上/19

國朝獻徵錄65/3黃佐撰傳

皇明表忠紀2/37下

遜國正氣紀4/23

明史列傳19/28

明史141/14

王恂字用誠，初名振，公安人。宣德五年進士，授檢討，博學工文，操行簡素，後擢大理寺丞，歷巡撫貴州，蠻夷畏服，官至國子監祭酒。

名山藏臣林記11/9下

王相 (1470—1518) 字夢弼，號覺軒，光山人。正德三年進士，授沭陽令，擢御史，巡按山東，鎮守中官黎鑑假進貢苛斂，相檄郡縣毋輒行，鑑怒，誣奏相，逮繫詔獄，謫高郵州判官卒，年僅四十九。

王君墓誌銘 (端溪先生集5/51，國朝獻徵錄65/56)

國朝獻徵錄83/70朱睦㮮撰王公傳

明史188/25

王相 (1488—1524) 字懋賢，鄞人。穎慧絕倫，舉正德十六年進士，選庶吉士，授翰林編修。嘉靖三年以議禮忤旨逮詔獄，廷杖卒，年僅卅七。著有經濟總論。

國朝獻徵錄21/98張時徹撰王公傳

明史列傳72/3下

明史192/5下

王相，東寧衛人。嘉靖中嗣指揮職，備禦前屯。把都兒辛愛率騎二萬自新興堡入犯，守堡指揮姚大謨等戰死，相往援，與寇遇，大戰，官軍矢竭，相勇氣益倍，持刀左右擊，身被十餘創而死。

明史列傳60/20

王韋字欽佩，號南原，上元人，徽子。弘治十八年進士，選庶吉士，授南京吏部主事，改兵部，歷河南按察副使，官至太僕少卿，致仕卒，年五十六。韋爲詩婉麗多致，失之纖弱，有南原集。

祭太僕少卿南原王君文 (林屋集16/7)

祭王南原文 (息園存稿文6/32下)

南原王公配張氏合葬墓志銘 (泉翁大全集60/15下)

南原王先生傳 (息園存稿文6/21下，國朝獻徵錄72/80)

國寶新編×/11

明史286/19下

王玹字邦器，號西溪，陽城人。弘治十二年進士，授戶部主事，以廉靜稱，歷刑部郎中，持正不阿，以平恕明允稱，官終山東參政致仕，年七十五卒。

國朝獻徵錄95/25何孟春撰王公墓誌銘

王珀字廷瑞，武進人。成化廿三年進士，授御史，巡南城，中涓貴戚有嫉之者，謫睢州判官，歷都昌知縣，累陞南雄知府，卒於官。

毘陵人品記8/8

王奎 (1460—1515) 字文明，號一齋，武進人。弘治十五年進士，授行人，擢南臺御史，陞江西僉事，發貪墨，勦桃源洞寇，俘馘甚衆，餘黨悉平，民德之爲立生祠，卒於官，年五十六。

王君墓誌銘 (古菴毛先生集7/3下)

毘陵人品記8/17

王述古 (1564—1617) 字信甫，號鍾嵩，河南禹州人。萬曆十七年進士，試宰富陽，遷戶部主事，轉刑部，妖書之事起，詞連郭正域，而興大獄，軟述古陳訴得伸，累官陽和兵備，萬曆四十五年卒於官，年五十四。

王公行狀 (高子遺書11下/1)

王公墓誌銘 (趙忠毅公文集14/23)

明史329/17

王春澤 (1515—1602) 字以潤，號印東，漳浦人。嘉靖廿六年進士，授戶部主事，歷武昌、大名知府，仕終浙江副使，卒年八十八。

送府太守王印東榮遷浙省憲副序（沱村先生集6/5下）

贈王憲副印東平倭序（天一閣集18/16）

王公墓誌銘（朱文懿公文集10/23）

祭印東王老師（同上12/26）

王思（1481—1524）字宜學，號改齋，泰和人，直曾孫。舉正德六年進士，授編修，乾淸宮災，應詔上疏，謫潮州三河驛丞，怡然就道。王守仁講學贛州，思從之游，及討宸濠，思贊軍議。世宗立，召復故官，辭不許，與同官屢爭大禮，不報。繼以哭諫，再受杖，病創卒，年甫四十四。有改齋集。

改齋王君墓誌銘（東廓鄒先生文集12/18，國朝獻徵錄21/95）

改齋文集序（涇野先生文集6/10）

國琛集下/35

聖朝名臣考5/37下

皇明書25/16

明史列傳72/1

明史192/3下

王思任（1576—　）字季重，號遂東，浙江山陰人。萬曆二十三年進士，歷袁州推官，有能聲。魯王監國時，歷禮部右侍郎，都城失守，遂隱居不仕。工畫，倣米家數點，雲林一抹，饒有雅趣。著有奕律、避園擬存、遊喚、廬遊記、律陶、謔庵文飯等。

王季重小題文字序（玉茗堂全集5/6下）

王季重松龕稿序（睡菴文稿4/1）

明侍郎遂東王公傳（思復堂文集2/54）

父王□

王太公壽序（睡菴文稿10/1）

王思明字克明，武進人。洪武初以薦召爲右傅，侍燕邸，寅畏恭謹，未嘗有失。嘗捧批點綱目及大學衍義以献，曰此二書，萬世之龜鑑也，上嘉納之。卒諡康懿。

毘陵人品記6/6

王思賢字季佐，先世長安人，徙居寶應。隆慶四年舉人，授高州府推官攝州事，廉潔多惠政，以誣左遷廣西按察知事，高州人空府縣遮道號泣，赴任未幾卒。

明代寶應人物志×/19下

王昱，陝西三原人。洪武十八年進士，除兵科給事中，累遷吏科都給事中，仕至通政司左參議。

披垣人鑑4/2

王昂字仲顒，四川廣安人。弘治十八年進士，授行人，選兵科給事中，以事謫休寧縣丞，遷應天府推官，仕終光祿寺良醞署署正。

披垣人鑑12/12下

王昺（1491—1566）字承晦，號杏里，章丘人。嘉靖二年進士，擢御史，歷陜西布政使，以忤中貴人，繫詔獄，左遷浙江參政，歷河南布政使，官終南京工部侍郎，卒年七十六。

送河南方伯杏里王公之任序（雲岡公文集13/9）

王公合葬墓誌銘（李中麓閒居集8/130，國朝獻徵錄53/29）

王省字子職，吉水人。洪武五年舉於鄉，以親老不仕。後以文學徵，授浮梁教諭，改濟陽。燕兵至，省坐明倫堂，伐鼓聚諸生，以頭觸柱死，福王時諡貞烈。

革朝遺忠錄下/20

皇明獻實8/7下

吾學編56/33

聖朝名世考4/23下

國朝獻徵錄96/53忠節錄傳

遜國正氣紀5/19

皇明表忠紀3/24下

明史列傳20/13下

明史142/10

王貞，婺源人。國子生，洪武間任工科給事中，調山東東阿知縣。

披垣人鑑9/11下

王貞慶字善甫，淮甸人，駙馬都尉永春侯寧子。折節好士，有詩名，時稱金粟公子，爲景泰十才子之一。

明史286/6下

王英（1360—1422）字俊伯，江蘇崑山人。洪武間以諸生選授監察御史，太祖察其敦厚可用，特命署都御史事，陞刑部郎中，欲試以民事，命知寧海縣。成祖即位，召還復郎中職，尋擢陝西按察使，改山西，秩滿仍命治陝。永樂二十年還行至泗州卒，年六十三。

王公墓表（匏翁家藏集71/1，國朝獻徵錄94/47）

王公墓志銘（王宏撰、吳下冢墓遺文續1/39）

崑山人物志2/3下

吳復張大復先生明史列傳稿×/22

王英（1376—1450）字時彥，號泉坡，金溪人。永樂二年進士，選庶吉士，掌機密文字，與修太祖實錄。仁宗即位，進侍講學士。正統中累擢南京禮部尚書。英端凝持重，歷仕四朝，朝廷大制作，多出其手。卒年七十五，謚文安。有泉坡集。

送右春坊大學士兼翰林侍講學士王時彥詩序（楊文敏公集13/9）

送南京禮部尚書王先生詩序（尋樂習先生文集14/7）

送南京禮部尚書王先生詩序（芳洲文集3/4下）

送南京禮部尚書王公赴任序（王文端公文集22/7下）

祭泉坡王公文（同上39/18下）

王公墓誌銘（魏文靖公摘稿3/2下）

金谿王氏族譜序（金文靖公集7/25下）

王公傳（陳敬宗撰，皇明名臣墓銘離集68，國朝獻徵錄36/1）

吾學編41/1

殿閣詞林記5/3

皇明世說新語3/24

名山藏臣林記7/17

明史列傳30/5

明史152/3下

父王務字修本，卒年卅二。

題王修本先生遺墨後（金文靖公集10/1）

母曾氏（1358—1432）

曾氏墓志銘（楊文敏公集22/3下）

曾氏墓表（東里文集21/27）

子王裕

贈王裕還臨川序（金文靖公集7/14下）

王英明字子晦，開州人。萬曆間舉人，精研曆算，著曆體略，其說與西法相脗合。

疇人傳33/417

王信字君實，南鄭人。正統中襲寬河衛千戶，也先薄都城，拒戰西直門外，有功，擢永清右衛指揮僉事，成化初積功至都指揮僉事，守備荆襄，平大盜劉千斤，移湖廣，平永順、保靖二宣慰及靖州武岡蠻，累遷都督同知，總督漕運，漕務修舉，性沈毅簡重，被服儒雅，歷大鎮，不營私產。

皇明獻實32/8

吾學編45/13

國琛集下/6

聖朝名世考10/9下

皇明世說新語1/10，2/29，4/7下

皇明將略3/33

皇明書34/8下

明史列傳45/3

明史166/13

父王忠

贈鎮國將軍都指揮同知王公神道碑銘（楊宜閒文集2/1）

王信、陝西寧州人。父歿，廬墓三年。母歿，信年已六十，足不踰閾者三年。崇禎初由歲貢生除靈璧訓導，遷眞陽知縣。八年爲流賊所執，不屈死。

明史292/9下

王俊、城武人。父爲順天府知事，母卒於官舍，俊扶櫬還葬，刈草萊爲茇舍，寢處塋側。野火延爇將及，俊叩首慟哭，火及塋樹而止，正統三年旌表之。

明史297/1下

王俊民字用章，四川合州人。正德九年進士，除戶科給事中，嘉靖中屢陞吏科都給諫，後以事杖廢爲民，隆慶元年復職。

掖垣人鑑12/25下

王俊民（1480—1538）字用章，號南湖，石首人。正德九年進士，授蒲州知州，歷廣東參議，山西、福建、河南副使，仕至雲南布政使，嘉靖十七年卒於官，年五十九。

王君用章知蒲州序（陽峯家藏集24/23下）

王公墓誌銘（同上35/28，國朝獻徵錄102/7）

王保，楡林衞人。驍勇絕倫，起行伍，萬曆中積功官薊鎭總兵官。朶顏長昂數來犯，保擒其黨小郎兒。長昂懼，獻還被掠人畜，互市如初，進署都督同知。薊三協南營兵鼓譟，挾爭月餉，保誘殺數百人，遂以進秩，時論尤之。後代董一元鎭遼東卒。

明史列傳89/15下

明史239/11

王㑼（1445—1507）字去矜，泰和人，直孫。以蔭授中書舍人，歷南京光祿署正、後軍都督經歷，擢知廣西太平府，政教卓著，正德二年入朝，道卒，年六十三。

王公墓誌銘（整菴先生存稿13/11）

祭太平知府王公文（同上15/7下）

王科字進卿，河南涉縣人。正德十六年進士，授藍田知縣，有殊績，嘉靖間徵爲工科給事中，言事切直，李福達獄起，以劾郭勛下獄，削籍歸。

掖垣人鑑13/9

國朝獻徵錄80/94郭朴撰王科傳

明史206/6下

王約字資博，江西臨川人。成化廿三年進士，授平陽知縣，擢御史，屢官雲南副使。

送徐邦宇王資博陳世濟爲令序（費文憲公摘稿10/33下）

送雲南按察司副使王君資博序（同上9/28）

送王資博考最還治詩序（羅文肅公集6/20下）

王紀，河南尉氏人。洪武廿三年舉人，除吏科給事中，出爲秦府紀善，仕終華亭知縣。

掖垣人鑑4/2下

王紀字環卿，泰州人。正德六年進士，官給事中。

掖垣人鑑3/25下

王紀字惟理，芮城人。舉萬曆十七年進士，歷僉都御史，巡撫保定，居四年，部內大治。天啓初遷刑部尚書，主事徐大化附魏璫，紀劾罷之。尋劾閣臣沈㴶結交婦寺，因斥歸。崇禎初復官，卒謚莊毅。

送王憲葵中丞擢少司農總督漕儲序（雲石堂集12/37）

名臣諡議（公槐集5/9）

啓禎野乘1/22

天啓崇禎兩朝遺詩傳4/153

明史列傳91/11

明史241/11下

王重光（1502—1558）字廷宣，號灤川，山東新城人。嘉靖廿年進士，官工部主事，理呂梁洪有功，改戶部，督稅九江，歲省漕數千石。累官貴州參議，時貴州諸蠻入寇，撫臣出師不克，重光單騎深入，諭以禍福，諸蠻羅拜，後以勞卒，年五十七。

少司徒灤川王公頌並序（李長卿集16/10）

王公神道碑銘（賜閒堂集20/15下）

王太僕別傳（大泌山房集65/49）

曾祖王貴

王氏瑯琊公傳（穀城山館文集27/18下）

王胤祥字邦瑞，號槐亭，撫寧人。隆慶五年進士，授鄆城知縣，選刑科給事中，歷官四川參議、陝西副使。

掖垣人鑑16/11

王浚字德深，號玉泉，浙江建德人。正德三年進士，歷蘇州知府，以忤劉瑾下獄。瑾誅，擢刑部員外郎，歷河南布政使、順天府尹，官終刑部侍郎，嘉靖廿四年卒。

贈大參玉泉王公榮陞右方伯序（雲岡公文集4/4）

感皇恩調送巡撫王玉泉（同上4/28下）

送少司寇玉泉王公致仕序（張文定公紓玉樓集3/4）

王公墓志銘（章拯撰、國朝獻徵錄46/73）

王高，南昌人。建文二年進士，除刑科給事中署大理寺，永樂八年陞左寺丞，明年以事去。尋坐縱方孝孺息樹陰，劓鼻而死。

國朝獻徵錄68/76無名氏王高傳

掖垣人鑑8/13下

聖朝名世考4/32

遜國正氣紀3/8

遜國神會錄上/13

皇明表忠紀2/43下

王家彥字開美，號尊五，莆田人。天啓二年進士，擢刑科給事中，彈擊權貴無所避，崇禎初疏陳太僕種馬徵銀之弊，累遷戶部右侍郎。都城被兵，命協理戎政，寢處城樓者半載，城陷，自縊死，謚忠端。

啓禎野乘12/25

天啓崇禎兩朝遺詩傳3/35

明史265/15下

王家屏（1536—1603）字忠伯，號對南，大同山陰人。隆慶二年進士，累官吏部左侍郎，兼東閣大學士，入預機務。申時行當國，許國、王錫爵次之，家屏居末，每議事，秉正持法，不亢不隨。遭憂歸，服闋，召還，未幾，遂爲首輔。性忠讜，好直諫，時請册立皇太子者甚衆，帝皆黜之，家屏引疾求罷，萬曆卅一年卒，年六十八，謚文端。有王文端奏疏，王文端集。

賀相公王老先生應召序（田亭草3/31）

山陰王相公壽序（大泌山房集27/22）

壽元輔對南王公六十有六序（北海集9/1）

對南王公行狀（歇菴集11/1）

王公暨配李淑人神道碑（孏眞草堂文集20/10）

王公墓表（朱文懿公文集8/1）

祭王文端公（鹽鐵閣集6/59）

祭王文端相公（句注山房集17/1）

祭王文端文（穀城山館文集33/4下）

合葬王文端文（睡庵文稿25/12）

王文端公傳（同上27/22，國朝獻徵錄17/176）

王文端集序（大泌山房集10/4下）

明史217/1

父王憲武（1510—1565）字克定，號石溪。

王公神道碑銘（賜閒堂集19/13下）

石溪先生傳（穀城山館文集27/15）

王家植字木仲，號直齋，濱州人。萬曆卅二年進士，選庶吉士，官編修。

王劉二太史公外傳（五品文稿1/19）

王家楨，長垣人。萬曆卅五年進士，天啓間歷官左僉都御史巡撫甘肅，松山部長擾西鄙二十餘年，家禎至，三犯三却之。擢戶部左侍郎，以邊餉不以時發，削籍。崇禎九年起兵部侍郎撫河南，剿流寇，兵敗，落職閒居。李自成陷京師，自經死。

明史264/3

王家錄，黃岡人。舉於鄉，崇禎間官員外郎，督餉楡林。已擢關南兵備僉事，未行，與副使都任協守。圍急，男子皆乘城，家錄命婦人運水灌城，結爲冰，厚數寸，賊攻稍沮。及城陷，自剄死。

明史294/22下

王宸字具瞻，河南郟縣人。弘治三年進士，除吏科給事中，歷遷吏科都給諫，陞南京太常寺少卿，官終應天府尹。

國朝獻徵錄75/32無名氏撰傳

掖垣人鑑11/6

王祖嫡字胤昌，號師竹，信陽人。家世軍職，父詔以宼廢奪爵，悒悒而卒，祖嫡申雪之。舉隆慶五年進士，選庶吉士，授檢討，官至右春坊庶子兼侍讀，卒年六十。有王先生文集。

送太史王胤昌先生還朝序（弇州山人續稿30/5）

王公行狀（陸學士先生遺稿13/1，國朝獻徵錄19/9）

哭師竹王夫子（陸學士先生遺稿15/5下）

父王詔字朝宣，號竹里。

竹里王公暨配袁氏合弇墓表（陸學士先生遺稿1/44下）

王將軍傳（弇州山人續稿75/16下）

妻高氏

高淑人傳（陸學士先生遺稿13/11下）

王效，延綏人。讀書能文辭，嫻韜略，騎射絕人，中武會試。嘉靖中累官署都督僉事，充總兵官鎭寧夏。吉囊來犯，效屢敗之。十六年進右都督，科鎭宣府，踰年卒，謚武襄。

明史211/4下

王庭（1488—1571）字直夫，號陽湖，長洲人。嘉靖二年進士，授許州知州。歷福建按察僉事，閩故多珍貨，廉毅無所侵。進江西參議，示之禮化，尤爲下所推戴，遽謝歸，行李蕭然。家居泊然閉門，無所通往，弦誦時時不輟。言不出口，能楷模一鄉，鄉人士翕然歸之，年八十四卒。

贈王直夫序（薛考功集10/10）

王先生墓志銘（陳鎏撰、國朝獻徵錄86/51）

王庭字元直，崑山人。舉鄉薦，授郿州學正，遷國子學錄，陞潘王府長史卒。

崑山人物志2/6

吳郡張大復先生明人列傳稿×/62

王庭譔（1554—1591）字敬卿，號蓮塘，華州人。萬曆八年進士，官修撰，卒年僅卅八。有松門稿。

王公墓表（北海集14/1，國朝獻徵錄21/77）

祭王蓮塘太史文（馮少墟集17/11）

王氏三榜異數序（溫恭毅公文集8/17下）

父王吉兆（1510—1582），號平橋。

王公墓誌銘（溫恭毅公文集10/18）

王原，文安人。在襁褓時，其父珣即棄家避差。及原冠娶，悉其情，仰天號曰，人而無父，何以爲人。泣別母往尋，晝行夜禱，歷時月餘，於輝縣夢覺寺中尋獲，迎家團聚，有司嘉其行，以壽官榮之。

國朝獻徵錄112/39縣志孝行王原傳

名山藏98/9

明史297/7

王哲字彥修，江西上饒人。永樂二年進士，除工科給事中，陞工科右，擢四川僉事。

送王彥修僉憲四川序（金文靖公集7/18下）

披垣人鑑9/7

王哲（1457—1513）字思德，吳江人。弘治三年進士，任監察御史，巡按江西。鎮守太監董讓怙勢驕縱，哲首劾之。寧王宸濠橫甚，亦爲斂迹，累陞右僉都御史。江西盜起，命哲往撫，盜皆解散。宸濠將叛，常以計去守臣之異己者，哲自宸濠所宴歸而病，人謂宸濠中以毒，遂引疾致仕，踰年毒發卒，年五十七。

王公墓表（東川劉文簡文集19/21）

國朝獻徵錄63/42實錄本傳

父王宗吉（1425—1497）字天祐。

王公傳（篁墩程先生文集50/18下）

王公墓誌銘（匏翁家藏集65/3下）

王珣字克溫，祁門人。成化十四年進士，選庶吉士，授戶科給事中，弘治元年歷廣西參議，疏請致仕。

披垣人鑑10/24下

王珩字美器，趙州人。成化十一年進士，除工科給事中，歷通政司右通政，仕終南京工部侍郎。

披垣人鑑10/13下

明史列傳56/30

王玭，蘇州人。建文時官御史，吳成學初從亡時，嘗宿玭家，玭高其誼，款曲備至，事覺，以匿奸黨論死，卒無怨聲。

遜國正氣紀2/23下

遜國神會錄下/23

皇明表忠紀6/10

王珣字德潤，曹人。成化五年進士，授太康知縣，以治行擢御史，行部蘇松，例獲盜三百，陞四品俸。時以盜詿誤者至數十人，珣按非實，多所平反。歷河南右參政，官至副都御史巡撫寧夏。有南軒詩稿。

國朝獻徵錄61/15郡志本傳

妻李氏（1440—1475）

李氏墓志銘（王文恪公集27/11下）

繼室黃氏

黃氏墓誌銘（懷麓堂文後稿22/17）

王珝字汝溫，號灤江，直隸永平衛人。弘治十二年進士，除兵科給事中，正德四年陞刑科都給諫，歷順天府丞、山西巡撫，仕終兵部右侍郎。

送都憲王汝溫巡撫晉藩序（紫巖文集26/8）

贈王大理灤江先生考績之京詩序（泉翁大全集18/19）

披垣人鑑11/21下

國朝獻徵錄40/34永平志傳

王格（1502—1595）字汝化，號少泉，京山人。嘉靖五年進士，大禮議起，格持正論，忤張璁，出知永興縣。累遷河南僉事，分巡河北。世宗南巡，格不肯賂中官，爲所譖，被逮杖謫。穆宗時授太僕寺少卿致仕，里居五十餘年，年九十四卒，有少泉集。

王公行狀（大泌山房集113/17）

王少泉集序（弇州山人四部稿66/18下）

王少泉集序（紺雪堂集3/1）

王桓，號雪舫，松江華亭人。工詩，有雪航集。

四友齋叢說16/7

王振，蔚州人。少以閹入內書堂，侍英宗東宮，爲局郎。英宗立，年少，振狡黠得帝懽，遂掌司禮監，威福刑賞，莫由朝廷，振自以爲威無不加，遂構釁瓦刺。也先大擧入寇，振挾帝親征，次土木，瓦刺兵追至，師大潰，帝蒙塵，振亦爲亂兵所殺，郕王攝政，族其家。方振盛時，帝傾心嚮之，常呼先生，公侯勛戚呼曰翁父，尙書徐晞等多至屈膝。後英宗復辟，尙念振不置，招魂祀之，祠曰旌忠。

四友齋叢說10/10下

守溪筆記×/12下

皇明名臣經濟錄2/10

皇明世說新語8/11，8/16下

國朝獻徵錄117/47無撰人王振本末

明史304/7下

王振，福建黃琦鎭巡檢，海寇大至，率三子臣、朝、賓迎戰竟日，伏兵起，與二字朝、賓被殺，臣亦被重創。

明史289/19

王致祥（1544—1593）字德徵，號鳳山，山西忻州人。隆慶五年進士，累遷兵科都給事中，神宗集宦豎爲內操，言者皆得罪，致祥復極論其弊，遂罷內操。歷官右僉都御史，巡撫奉天，萬曆廿一年卒，年五十。

王公行狀（淡然軒集7/39下）

披垣人鑑16/11

王泰字道亨，號石泉，山西翼城人。成化十七年進士，歷官湖廣參政，山東按察、布政使。

贈王石泉大參湖藩序（見素集7/19）

贈王石泉山東右轄序（同上7/12下）

王眞，陝西咸寧人。起卒伍，積功至燕山右護衛百戶。燕兵起，從軍，累立戰功，官都指揮使，淝河之戰，眞與白義、劉江各率百騎誘敵，斬馘無數。後軍不繼，南兵圍之數重，眞被重創，自刎死，謚忠壯。

皇明功臣封爵考3/34

名山藏臣林記5/6下

明史列傳21/7下

明史145/14

王軏字載卿，號輿浦，開平衛人，家於江都。弘治十二年進士，授戶部主事，歷山西、河南參政，山東布政使，嘉靖三年以右副都御史巡撫四川。芒部土知府隴慰死，朝議立嫡子壽，庶子政使人誘殺壽，奪其印，軏討擒之。屢劾中官韋恒、李秀等，官至兵部尙書，以上書用字非禮，罷爲民，家居卒。

贈南京刑部少司寇淮海王先生 三載考績之京詩序（泉翁大全集19/12下）

送少司徒王公致仕南還序（方齋存稿5/1）

賀輿浦王公晋拜南京大司徒序（同上3/3）

十先生傳×/3

明史列傳65/13下

明史201/9

王域字曰衡，號竹溪，河南太康人。隆慶二年進士，授滋陽知縣，選禮科給事中，屢官右僉都御史巡撫甘肅，以憂歸。

披垣人鑑15/18

妻李氏(1537—1615)

李淑人墓志銘（大泌山房集99/13）

王恭，建文時爲都指揮使，定州之役，與指揮詹忠，連陣敵燕，後敗績被執，送北平，憤死於獄。

遜國正氣紀6/29下

皇明表忠記5/16

王恭字安中，號皆山樵者，福建長樂人，隱居七巖山。永樂初以薦待詔翰林，年六十餘，與修大典，授翰林院典籍，爲閩中十才子之一。有白雲樵唱集、草澤狂歌。

國朝獻徵錄22/38無名氏撰王恭傳

皇明世說新語5/23下

明史236/2下

王孫蘭字畹仲，號雪肝，無錫人。崇禎四年進士，歷遷廣東副使，分巡南雄、韶州。連州猺賊爲亂，馳往勦之，猺遂降。張獻忠陷長沙、衡州，韶士民聞之，空城逃，賊所設僞官傳檄將至，自縊死。

王公傳（西河合集77/3）

思舊銘（同上102/1）

王公畹仲墓誌銘（梅村家藏稿文集21/7下）

啓禎野乘9/44

明史294/16

王昗字士寧，盱眙人。洪武中以薦爲縣學訓導，遷洛陽典史，歷滋陽知縣。永樂初陞刑部郎中，執法平允，獄無冤滯。累官陝西、山東參政，宣德五年致仕。

國朝獻徵錄95/10陳道撰王公傳

王時中（1466—1542）字道夫，號海山，山東黃縣人。弘治三年進士，拜御史，出按宣大，逮繫武職貪汙者百餘人。世宗時爲兵部尚書，中官黃英等多所陳請，時中皆執不可，官終刑部尚書，卒年七十七。

送都憲海山王公巡撫寧夏詩序（張文定公紓玉樓集2/19）

海山王公墓誌銘（張文定公麟梅軒文集5/1）

祭海山王公文（陳文岡先生文集18/16下）

國朝獻徵錄45/13實錄本傳

明史列傳63/14下

明史202/2下

王時柯字敷英，萬安人。正德十二年進士，授行人。嘉靖三年擢監察御史，上疏言大禮事，忤旨切責。未幾伏闕固爭，再予杖，除名戍邊。穆宗立，復官，贈光祿少卿。

明史列傳72/21

明史192/17下

王時槐（1522—1605）字子植，號塘南，安福人。嘉靖廿六年進士，歷太僕少卿，隆慶末出爲陝西參政，以京察罷歸。萬曆中起貴州參政，鴻臚太常，皆不赴，以講學終，年八十四卒。有廣仁類編、友慶堂合稿。

王塘南廣仁類編序（愼修堂集8/1）

王塘南先生全集序（鄒子願學集4/44）

友慶堂稿序（同上4/45）

明史283/22

明儒學案20/1

王時熙字緝甫，號敬止，吳人。萬曆二十九年進士，授知靈寶縣，移崑山，有循吏風。擢監察御史，仕至太常寺卿。

吳郡張大復先生明人列傳稿×/12

王時濟，（1532—1594）字道甫，號龍塢，山西稷山人。萬曆十一年進士，歷戶部郎中，出知衛輝，廿二年卒於官，年六十三。有龍塢集傳世。

王公墓誌銘（九愚山房稿42/12）

王時舉，順天通州人。嘉靖間官御史，以劾刑部尚書黃光昇去職。穆宗立，復官，後巡按貴州，不改故操，數有論列，官終大理左少卿。

明史207/20下

王純，仙居人。成化十七年進士，授工部主事，以言事貶思南推官，弘治中屢遷湖廣提學副使。

明史180/19

王純字希文，慈谿人。弘治六年進士，授大理右評事，歷左寺正，陞江西僉事，累官左僉都御史巡撫宣府，以疾致仕，正德十四年卒。

國朝獻徵錄63/60實錄本傳

父王□，號巽齋。

賀封大理寺評事巽齋王先生七十序（東泉文集1/32下）

王納言字允忠，號北澗，山東淄川人。正德十二年進士，歷戶部郎中，出爲陝西參議，陞參政，罷歸卒。

王公墓表（苑洛集7/28下）

王納言字惟允，號椒園，河南信陽人。嘉靖八年進士，授戶科給事中，請斥太常卿陳道瀛等，坐下詔獄。官終陝西僉事，廿二年罷歸。

披垣人鑑13/17

明史列傳73/20下

明史209/3

王納誨字献可，號蒙溪，長安人。弘治十五年進士，授工部主事，累擢吏部員外郎，謫易州同知。晉河南、四川僉事，嘉靖四年遷山西參政，道出故里，臥病而卒。

王公墓誌銘（少華先生文集8/10，國朝獻徵錄97/40）

祭蒙溪王先生文（少華先生文集13/19下）

父王琮（1437—1517）字良璧，號東丘，趙府敎授。

王公合葬墓誌銘(空同集47/4下)

王劍字柳川，安成人，守仁弟子。爲諸生，棄去，惟求所謂身心性命之學，時謂今之講學不空談者，柳川也。

明儒學案19/8下

王留字亦房，長洲人，穉登子，以詩名。

明史288/5下

王恕（1416—1508）字宗貫，號介菴，又號石渠，陝西三原人。正統十三年進士，選庶吉士，授大理評事，陞寺副，出知揚州府，屢辨疑獄。歷刑部侍郎，左都御史，孝宗時進吏部尙書，敭歷中外五十餘年，剛正淸嚴，始終一致，所引薦皆一時名臣。弘治十八年間，衆正盈朝，職業修理，號爲極盛者，恕力也。年九十三卒，謚端毅。有玩易意見、石渠意見、王端毅奏議、介菴奏稿、王端毅文集等。

壽大司馬王介菴七十序（定山先生集7/1）
壽介菴王先生九十敍（柴墟文集6/1）
壽太子太保吏部尙書王公九十詩序（懷麓堂文後稿4/5下）
奉壽太子太保吏部尙書王公序（渼陂集8/1）
敬義堂記（匏翁家藏集36/5）
吏部尙書王公生祠記(樗趣齋稿13/76)
乞建石渠先生祠呈（谿田文集6/222下）
石渠老人履歷略（王端毅公文集6/16）
王公墓誌銘（王文恪公集29/1）
王公神道碑銘（懷麓堂文後稿20/15下）
祭三原王先生文（虛齋蔡先生文集5/7下）
祭太師王端毅公文（涇野先生文集35/20）
王公祠堂記（同上14/15）
弘治三臣傳（弇州山人續稿88/12）
太師端毅王公奏議序(渼陂集9/6)
證王端毅公贈官（徐氏海隅集文編23/14下）
皇明獻實28/1
吾學編37/6
國琛集下/12
四友齋叢說7/8下，9/7，9/10下，10/1
皇明世說新語4/9，4/22
國朝獻徵錄24/59王世貞撰傳
先進遺風下/33
聖朝名世考3/55下
皇明書17/1
名山藏臣林記13/13
明史列傳51/1
明史182/1
明儒學案9/2
繼室文氏（1443—1509）
文氏墓表(涇野先生文集30/3)

王臬（1477—1553）字汝陳，金壇人。正德十二年進士，授兵部主事，官至山東副使，卒年七十七。有退菴集。

王氏家傳（方麓居士集10/14，國朝獻徵錄95/64）

王倬（1447—1521）字用檢，號質菴，太倉人。成化十四年進士，初令山陰、蘭谿，有惠政。召爲御史，首劾選曹，又劾罷尙書五人，論斥閹官。歷貴州按察副使、四川布政使，累官南京兵部侍郎，卒年七十五。

送王先生序（顧文康公三集2/12）
送南京兵部侍郎質菴王先生致仕歸吳詩序（顧文康公文草5/28下）
質菴王公墓誌銘（同上7/24下）
王公墓志銘（藍侍御集5/11下）
王公神道碑（王文恪公集24/13下，國朝獻徵錄43/44）
王公神道碑銘（喬莊簡公集10/13下）
崑山人物志4/10下
明史204/19

王淸字一寧，濟寧人。多勇略，能詩，正統中爲廣東都指揮，平大藤峽叛蠻，後援廣州死節。

國朝獻徵錄110/17無名氏撰傳

王淸，上元人，鎭兄。成化中歷官中軍左都督，正德三年封安仁伯，踰月卒，贈侯。

明史300/15下

王淵字志默，浙江山陰人。天順元年進士，除南京吏科給事中，以氣節自持。憲宗即位，坐疏論宦官，並詆斥執政李賢，逮詔獄，謫茂州判官，終順天府治中。

明史列傳49/4下

明史180/5

王淮字柏源，慈谿人。爲景泰十才子之一，嘗與湯公讓以博辨相夸，對語移日，公讓歎服。好作長歌，造語奇麗。有大媿稿。

明史286/6下

王寅，高陽諸生。以明經擧用，宣德二年由河南府學訓導陞行在禮科給事中，正統二年遷思南知府。

掖垣人鑑6/19下

王寅 (1458—1514) 字敬夫，號敬齋，直隸容城人。成化十七年進士，授大理評事，歷廣西按察、四川布政使，屢官工、戶、刑部侍郎，正德九年卒於官，年五十七。

國朝獻徵錄46/50楊一淸撰王寅墓誌銘

王寅，錢塘人。膂力絕人，擧武鄉試，以父征播功爲千戶。崇禎中擢撫標守備，見步兵脆弱，詫曰，曩戚將軍練浙兵，聞天下，今若爾耶。督教之，卒始可用。遷龍江都司，禦賊陷陣死。

明史292/15

王啓字景昭，號學古，更號東瀛，浙江黃巖人。成化廿三年進士，授雀丘知縣，擢御史，遷江西副史，以事觸劉瑾，降廣西容縣知縣。嘉靖初官至刑部侍郎，以大獄免歸，十三年卒於家。

王公神道碑銘（石龍集26/12下，國朝獻徵錄46/61）

奠王東瀛司寇文（石龍集28/12下）

王章字漢臣，武進人。崇禎元年進士，授諸暨知縣，擢御史，有直聲，賊薄都城，與給事中光時亨守阜城門，及城陷，時亨乞降，章不屈，賊攢槊刺殺章而去。抵暮，家人覓屍，猶一手據地，張口怒目，若叱賊狀。謚忠烈。

啓禎野乘12/13

天啓崇禎兩朝遺詩傳3/119

明史輯略紳志略文臣

明史266/9

王庚字仲京，江夏人。正統七年進士，除戶科給事中，歷山西參政，官至廣東右布政使，以憂歸卒。

掖垣人鑑5/6

王惟允字俊民，無錫人。明初以薦授南鄭縣丞，撫綏其民，不遺餘力。歷寧化二州同知，以鎭江府通判休老。

毘陵人品記6/5下

王惟儉字損仲，祥符人。萬曆二十三年進士，授濰縣知縣，遷兵部職方主事，坐事削籍。光宗立，累官工部右侍郎，魏忠賢黨劾之，落職閒住。惟儉資敏嗜學，肆力經史百家，好書畫古玩，天啓間與董其昌並稱博物君子。有王損仲集。

明史288/14

王教 (1479—1541) 字庸之，號中川，河南祥符人，徙家儀封。中嘉靖二年進士第二，授翰林院編修，遷侍讀，充經筵講官，晋國子祭酒，官至兵部侍郎，年六十三卒。

王公墓誌銘（歐陽南野文集24/4，國朝獻徵錄43/53）

祭王中川文（葛端肅公文集15/7下）

中川王亞卿傳（李中麓閒居集9/69下）

王教 (1539—1603) 字子修，號秋澄，淄川人。隆慶五年進士，授戶部主事，歷官吏部文選郎中，佐尙書陸光祖澄淸吏治，坐推萬國欽，斥爲民，卒年六十五。有銓部王先生集。

秋澄王公傳（高擧撰，銓部王先生集卷首）

明史230/5

王基，號對滄，萊陽人。嘉靖四十四年進士，授戶部主事，歷浙江布政使，大同巡撫，萬曆卅二年陞南京戶部尙書總督倉場，以病乞歸卒。

贈憲使對滄王公擢浙江右轄序（陸文定公集10/28）

國朝獻徵錄31/98王若之撰王公行略

王域字元壽，松江華亭人。崇禎時擧於鄉，屢遷工部主事，榷稅蕪湖。都城陷，諸榷稅者多以自入，域歎曰，君父遭非常禍，臣子反因以爲利耶。悉歸之南京戶部，遷建昌知府，城陷，械至南昌死。諡烈愍。

王公神道碑銘（衍石齋紀事稿9/20）

天啓崇禎兩朝遺詩傳9/295

明史278/14

王乾字一淸，初號藏春，又號天峯，臨海人。工畫，以輕墨淺彩作禽蟲花卉，間作山石林藪，尤雋逸。

王翁傳（石龍集22/2，國朝獻徵錄115/43）

王乾章（1527—1599）守順卿，號展所，浙江東陽人。嘉靖四十一年進士，授中書舍人，擢御史，官至雲南參議，卒年七十三。

王公洎封宜人徐公墓誌銘（少室山房類稿93/1）

王問（1497—1576）字子裕，無錫人。嘉靖十七年進士，由戶曹官至廣東按察僉事，點染山水人物花鳥皆精妙。乞養歸，不復仕，以學行稱，年八十卒，私諡文靜，學者稱仲山先生。

王仲山先生墓碑銘（萬文恭公摘集9/15下，國朝獻徵錄99/160）

王先生墓志銘（王文肅公文草9/1）

祭仲山王先生文（方初菴先生集11/16下）

毘陵人品記9/19下

明史282/25

王理字叔庸，江西安福人。正統七年進士，授兵科給事中，改刑科，坐事謫戍大同。景泰二年起吏科，陞四川參議，仕至太僕寺卿，卒于官。

掖垣人鑑4/21

明史133/14下

王彬字文質，東平人。洪武中進士，建文時官御史，巡視江淮。燕兵至，彬與鎭撫崇剛共守揚州，時守將王禮謀擧城降，彬執繫獄，晝夜固守，會燕人射書城中言縛彬獻者官三品，其下遂執彬以降，不屈死，福王時諡忠莊。

吾學編56/11

革朝遺忠錄下/35

聖朝名世考4/32下

遜國正氣紀4/21

遜國神會錄上/72

皇明表忠紀4/11下

明史列傳19/28

明史142/5

王通字彥亨，咸寧人，眞子。嗣父官爲都指揮使，轉戰有功，累進都督僉事。永樂七年封成山侯。仁宗時掌後府，加太子太保。宣宗立，討交阯黎利，兵敗還交州，擅與黎利盟約退師。交阯內屬二十餘年，用兵數十萬，饋餉數百萬，至是棄去，群臣交劾，論死，特釋爲民。英宗北狩，起爲都督僉事，守京師，禦也先有功，進同知，景泰三年卒。

春雨堂詩序（金文靖公集7/72）

水東日記1/2下，2/6

吾學編19/7

皇明功臣封爵考3/34

明史列傳23/28下

明史154/21下

王執法字子欽，崑山人，執禮弟。萬曆中擧進士，倅廣平，遷建寧同知，不赴歸，性泊如也，年七十五卒。

吳郡張大復先生明人列傳稿×/112

王執禮字子敬，崑山人。嘉靖四十四年進士，觀政兵部，上備倭議，尙書楊博才之。授建寧推官，歷光祿少卿，累官至應天府丞，卒年七十。

吳郡張大復先生明人列傳稿×/91

王崇字仲德，號龍泉，浙江永康人。嘉靖八年進士，除吏科給事中，履官兵部侍郎，兼右僉都御史總督川貴，卅八年罷歸。

贈僉憲王君赴廣東海北兵備序（泉翁大全集23/11）

掖垣人鑑13/15下

王崇之字守節，滑縣人。天順八年進士，擢御史。北虜數寇遼陽，戰備廢弛，士苦飢寒，崇之按遼，調劑振作，切中機宜。時中官汪直巡邊，貪橫不道，撫鎮以下，望風重賄，獨崇之不屈。直中傷之，謫延安府推官。

明史列傳49/12

王崇文（1468—1520）字叔武，號粂山，曹縣人，崇仁弟。弘治六年進士，選庶吉士，授戶部主事。歷河南布政使，官終左副都御史巡撫保定，正德十五年，以疾罷歸卒，年五十三。有粂山遺稿。

粂山行實（不著撰人，粂山遺稿下/81下）
王公墓誌銘（賈詠撰，同上下/37）
國朝獻徵錄61/16郡志本傳

王崇仁字仲安，曹縣人，珣子。正德三年進士，授工部主事，歷江西僉事，裁抑宸濠妻黨，濠欲中傷之，改陝西副使飭兵洮岷，上區畫事宜，當道不用。引疾歸。

國朝獻徵錄61/15下郡志本傳

王崇古（1515—1588）字學甫，號鑑川，蒲州人。嘉靖廿年進士，隆慶初以兵部侍郎總督陝西延寧甘肅軍務，在陝七年，功甚多。後移督宣大山西軍務，俺答降，加兵部尚書。崇古身歷七鎮，勳著邊陲，年七十四卒，謚襄毅。有公餘漫稿。

賀少保王公晉掌本兵序（艾熙亭文集3/1）
王公神道碑銘（賜閒堂集19/10）
王公墓誌銘（許文穆公集5/19，國朝獻徵錄39/113）
王襄毅公墓表（王文肅公文草7/1）
明史222/5下

王崇慶（1484—1565）字德徵，號端溪，開州人，綸子。正德三年進士，官至南京吏禮二部尚書，嘉靖四十四年卒，年八十二。有周易議卦、五經心義，海樵子，山海經釋義等。

王太僕赴四川右布政使序（趙浚谷文集6/8下）
諸生送王太僕赴四川右布政使序（同上6/9下）
贈南京禮部尚書端溪王公入賀聖壽序（存笥稿5/1下）
贈南京禮部尚書端溪先生考績序（同上5/4）
壽端溪王公八十序（條麓堂集21/7下）
壽冢宰端溪八十序（沱村先生集6/8下）
海樵子序（趙浚谷文集5/39）
王端溪先生詩序（同上6/7下）

王崇儉字叔度，曹縣人，崇獻弟。嘉靖二十年進士，觀政通政司，未除官而卒。有五桂堂稿、春秋筆意。

國朝獻徵錄61/17郡志本傳

王崇獻字季徵，曹縣人，崇文弟。弘治九年進士，歷禮部主事，以劉瑾擅權，引疾歸，瑾銜之，削籍為民。瑾誅，改兵部主事，時山東江浙多寇亂，崇獻條上六事，悉見採用。累遷尚寶卿，後引疾去。嘉靖中擢右僉都御史，巡撫寧夏，乞歸卒。有韻語拾遺傳世。

國朝獻徵錄61/16下無名氏撰傳

王國字之楨，耀州人。萬曆五年進士，選庶吉士，歷官御史，張居正疾篤，薦其座主潘晟入內閣，國抗言不可，寢其命。又極論中官馮保罪。首輔申時行欲置所不悅者十九人察典，國亦力持。謫外，得四川副使，移疾歸。久之起故官，累進右都御史，巡撫保定。性剛介，為黨人所忌，乞休歸卒。

明史列傳81/25下
明史232/5

王國光字汝觀，陽城人。嘉靖廿三年進士，授吳江知縣，鄰邑有疑獄，質訊輒得情。隆慶時官戶部尚書，後被劾乞罷。萬曆間起吏部尚書，會大計京朝官，徇張居正意，置吳中行等五人於察籍。國光有才智，初掌邦計，多所建白，及是受制執政，聲名頓損，為御史所劾落職。已念其勞，命復官致仕。

送疎菴王公承恩歸省序（條麓堂集23/3）
明史225/2下
繼母張氏(1501—1584)
王母張氏墓誌銘（條麓堂集29/2下）

王國訓字振之，解州人。天啓二年進士，歷知金鄉、壽張、滋陽、武清諸縣，坐大計罷，久之調補扶風。國訓性剛嚴，恥干進，故官久不遷。崇禎八年流賊來犯，嬰城固守閱兩月，外援不至，城陷，罵賊死，謚節愍。

明史292/11

王國禎字以寧，號岱山，浙江山陰人。嘉靖十七年進士，由行人選南京工科給事中，屢陞兵科都，歷廣東參政，官至福建布政使。

披垣人鑑14/4下

王冕（1335—1407）字元章，號煮石山農，諸暨人。善畫梅，自號梅花屋主。幼貧，父使牧牛，竊入學舍聽諸生誦書，暮乃返，亡其牛，父怒撻之，已而復然。因去依僧寺讀書，韓性錄爲弟子，遂稱通儒。冕嘗曰，持此遇明主，伊呂事業不難致也，隱九里山下。太祖下婺州，物色得之，授諮議參軍，一夕病卒，有竹齋詩集。

王冕傳（宋學士文集60/450，國朝獻徵錄116/18

王冕傳（曝書亭集64/1）

水東日記6/12

國琛集上/11

皇明世說新語5/10下

名山藏95/4

明史285/5

王冕字服周，洛陽人。正德十二年進士，授萬安知縣，宸濠叛，所過屠燒無孑遺，諸郡縣長吏多望風潛走。冕聞變，即奮義募勇士數千人。王守仁至，冕以衆從軍，與濠戰於鄱陽湖，冕密白守仁，縱火焚宸濠舟。濠敗，追執之，未及叙功，仍知萬安。後擢兵部主事，巡視山海關。遼賊陸雄、李真等作亂，突入關，以護母爲賊所害。

國朝獻徵錄41/80朱睦㮮撰王冕傳

明史290/1下

王莘（1476—1545）字元聘，號改齋，江陰人。正德十二年進士，授東莞知縣，遷南京工部主事，陞兵部郎中，歷知衢州，尋甸兩府，仕終四川按察使，年七十卒。

王公墓誌銘（省菴漫稿4/1）

王逢（1319—1388）字原吉，江陰人。至正中作河清頌，臺臣薦之，稱疾辭。洪武中以文學徵，堅臥不起，隱居上海之烏涇，歌咏自適，自稱席帽山人，廿一年卒，年七十。有梧溪詩集。

明史285/6下

王逢年字舜華，初名治，又名元治，字明佐，號玄陽山人，崑山人。爲諸生時，試經義多入古文奇字，爲有司所黜。負才傲世，尤工詩，有天祿閣外史，海岱集。

王明佐泰岱集序（弇州山人四部稿65/2）

吳郡張大復先生明人列傳稿×/101

王絍字少儀，號江野，湖廣石首人。嘉靖八年進士，除刑科給事中，屢陞戶科都給事中，尋罷爲民。

披垣人鑑13/19下

王紹字繼宗，永阜人。弘治六年進士，授南京太常博士，擢御史，巡按貴州，蠻夷劉五支黨復作亂，紹單騎諭賊大義，衆皆羅拜解散。遷陝西副使，陞布政使，轉浙江，官終南京光祿寺卿。

國朝獻徵錄71/37無名氏撰王紹傳

王紹元字希哲，江西金谿人。嘉靖十年舉人，歷碭山知縣，擢御史，建言嚴法令，官至河南參政。

王大參家傳（大泌山房集67/22下）

王紹徽，陝西咸寧人。萬曆二十六年進士，授鄒平知縣，擢戶科給事中，居官強執，以清操聞，遷太常少卿，罷歸。天啓間魏忠賢召爲左僉都御史，拜吏部尚書。紹徽在萬曆朝，素以排擊東林，爲其黨所推，故忠賢首用居要地，俾除異己。紹徽乃仿水滸傳，編東林一百八人，爲點將錄，獻之忠賢，按名黜汰，忠賢益喜。後御史袁鯨列其鬻官穢狀，遂落職。逆案既定。削籍論徙。

明史306/23

父王昌功(1541—1617)字元謙，號桂園。

桂園王公暨配孺人秦氏墓誌銘（睡庵文稿19/5）

王紳（1360—1400）字仲縉，義烏人，禕子。事母兄盡孝友，長博學，受業於宋濂，濂器之。往雲南求父遺骸不獲，即死所致祭，述滇南慟哭記以歸。建文帝時爲國子博士，預修太祖實錄，卒於官，年僅四十一。

有繼志齋集。

皇明名臣墓銘乾集33王汝玉撰王公墓表

皇明名臣琬琰錄10/13下鄭緝撰王君墓志銘

革朝遺忠錄附錄1/1下

吾學編58/10

聖朝名世考10/12下

皇明世說新語2/12下

明史289/9

王紱字孟端，無錫人。博學工歌詩，能書畫，山水竹石，妙絕一時。初隱居九龍山，自號九龍山人，又號友石生。永樂初以薦供事文淵閣，除中書舍人，性高介絕俗，有王舍人詩集。

王友石畫序（泉齋勿藥集3/11）

水東日記1/11

毘陵人品記7/1下

圖繪寶鑑6/3

國朝獻徵錄81/4王洪撰王紱傳

皇明世說語6/27

名山藏99/2

明史286/3

王紱（1352—1382）字進德，寧海人。氣剛有廉隅，不與人為款洽。以貢入太學分教，拜監察御史，尋免歸，再起為刑部司獄，坐微法輸作，赦歸卒，年卅一。

王進德傳（遜志齋集21/480下，國朝獻徵錄47/101）

王紱（1414—1485）字時勉，號訥菴，晚號贖齋，吳中名醫。察脈觀色，即得其疾所由致，治無不愈，卒年七十二。

醫師王贖齋墓表（匏翁家藏集71/2下）

王贖齋墓志銘（不著撰人、國朝獻徵錄78/110）

王偁字孟敭，永福人，翰子。為閩中十才子之一，洪武中領鄉薦，永樂初授翰林檢討，與修大典，學博才雄，最為學士解縉所重，後以縉事連及，繫獄死。有虛舟集。

水東日記11/9

國朝獻徵錄22/8無名氏王偁傳

皇明世說新語2/13下

名山藏臣林記6/51

明史286/2下

王偉字士英，攸縣人。正統元年進士，歷官戶部主事。英宗北狩，命行監察御史事，累擢兵部右侍郎。偉喜任智數，既為于謙所引，恐嫉謙者目己為朋附，嘗密奏謙誤。英宗復辟，竟坐謙黨罷歸。成化三年復官，五年病歸卒。

國朝獻徵錄40/14無名氏撰傳

皇明世說新語8/18

明史列傳41/11

明史170/10下

王得仁名仁，以字行，新建人。本姓謝，父避仇外家，因冒王氏。五歲喪母，哀號如成人，初為衛吏，以才薦授汀州府經歷，以廉明勤敏稱。秩滿當遷，軍民數千乞留，詔增秩再任。擢推官，政績益著，正統十四年以討沙縣賊遘疾卒。

汀州龍山廟碑（彭文思公文集5/22下）

忠愛堂賦有序（懷麓堂文稿1/10下）

國朝獻徵錄91/26尹鳳岐撰王公墓志銘

明史列傳38/18

明史165/7

王得孚（1440—1530），涇縣人。成化二年進士，初官戶曹，歷武昌知府，致仕歸，年九十一卒。

明故武昌太守王公墓表（泉翁大全集63/2下，國朝獻徵錄89/7）

王卿字良佐，太原人。舉正德九年進士，授德平令，調上海，有善政，遷戶部主事。

王侯去思碑（儼山文集82/9，國朝獻徵錄83/91）

王渙字時霖，號毅齋，象山人。弘治九年進士，由長樂知縣擢御史。正德初條上應天要道五事，語多斥宦官。巡視山海關，都御史劉宇承劉瑾指劾之，逮斥閒為民。瑾誅，復官致仕，有墨池手錄。

毅齋王公小傳（石蓮洞羅先生文集20/5下）

明史列傳58/12下

王湘（1528—1593）字大清，號竹陽，濟寧人。嘉靖四十四年進士，選庶吉士，授監察御史，歷浙江、山西按察使，及湖廣布政使，官至南京大理寺卿，卒年六十六。

王公行狀（弗告堂集24/14）

王公墓表（穀城山館文集26/13，國朝獻徵錄69/18）

祭竹陽王公文（穀城山館文集32/25）

父王信（1475—1551）字守忠。

王公暨配李氏劉氏合葬墓志銘（靳兩城先生集18/24下）

王詔（1414—1480）字伯宣，衡陽人。正統七年進士，授禮科給事中，陞都給事中，遷通政司參議，歷官清廉有守，終工部侍郎，成化十六年以疾乞歸，卒於道，年六十七。

王公墓誌銘（懷麓堂文稿27/3下）

掖垣人鑑6/4

國朝獻徵錄51/14無名氏撰傳

父王仕復，（1387—1433）號蘭軒，母宋氏（1382—1459）

王給事中二親挽詩序（呂文懿全公集9/49）

王詔（1428—1491）字文振，直隸趙人。天順八年進士，授工科給事中，累陞湖廣參政，弘治間以右副都御史巡撫雲南。所司入土官賄，變亂曲直，生邊患，詔不通苞苴，一斷以法，且去弊政之不便者，諸夷歸命，邊徼寧輯。召拜南京兵部右侍郎，未上卒，年六十四。

王公神道碑銘（懷麓堂文稿25/6下）

王公墓表（見素集20/3下，國朝獻徵錄43/38）

掖垣人鑑10/4

明史列傳53/11下

明史185/10下

王就學字所敬，武進人。萬曆十四年進士，授戶部主事，三王並封議起，就學詣王錫爵規之，爲流涕，遂反並封之詔。調吏部員外，陳太后梓宮將發，詔遣官代行，就學疏奏非禮，帝不省，而心甚銜之，後斥爲民卒。

毘陵人品記10/18

明史列傳83/4下

明史234/4

王弼，臨淮人。有膽略，善用雙刀，太祖時累功授大都督府僉事，封定遠侯，尋賜死。

定遠侯王弼追封三代神道碑銘（坦齋文集1/54下，皇明名臣琬琰錄3/12下）

吾學編18/43下

皇明功臣封爵考6/53

名山藏41/22

明史列傳8/23下

明史132/4

王弼字廷輔，鄱陽人。宣德八年進士，除行在戶科給事中，累官至順天府尹致仕。

掖垣人鑑5/19

王弼（1449—1498）字存敬，號南廓，浙江黃巖人。成化十一年進士，授溧水知縣，遷戶部主事，晉員外郎，出知興化府，卒官，年五十。

贈王刑部歸省詩序（匏翁家藏集41/10）

贈王存敬大尹序（桃溪淨稿文2/6下）

送興化王太守赴任序（椒丘文集11/20下）

送興化王君存敬考績序（虛齋蔡先生文集3/3）

王公墓志銘（見素集13/9，國朝獻徵錄91/11）

王南廓詩集序（見素集7/5）

皇明書29/2

祖王皐（1400—1489）字宗民，號南耕。

南耕處士王公墓志銘（桃溪淨稿文13/9）

母李氏

壽王太夫人序（虛齋蔡先生文集3/46下）

王琦字文進，仁和人。永樂舉人，歷官四川副使，居官清介，致仕歸，家無擔石儲，衣敝，綴之以紙，杭州守奏聞於朝，賜之金，固辭，竟凍餓而死。

皇明世說新語1/12

皇明書20/26下

名山藏臣林記12/12下

王琳字廷佩，浙江嘉善人。成化十七年進士，除兵科給事中，以憂歸。弘治二年復起，歷官福建參議。

送亞參王君之任福建序（羅文肅公集1/12下）

掖垣人鑑10/26下

王超字景昇，宜興人。衣冠樸雅，有古人風，恥與時輩爭進取。有東皐野語。

毘陵人品記7/3

王越（1423—1498）字世昌，濬縣人。景泰二年進士，歷官兵部尚書，總制大同及延綏甘寧軍務，封威寧伯。凡三出塞，收河套地，身經十餘戰，出奇取勝，動有成算。獎拔士類，籠罩豪俊，人樂爲用。惟以前結汪直，後依李廣，爲士論所輕，弘治十一年卒，年七十六，諡襄敏。有王襄敏集（按墓志銘及神道碑作生宣德元年，年七十三，此從年譜）。

贈山東憲使王公序（呂文懿公全集7/71下）

王公墓志銘（懷麓堂文後稿23/13下，王襄敏集4/91下）

王公神道碑銘（洹詞7/41，王襄敏集4/96）

王越傳（弇州山人續稿88/6，國朝獻徵錄10/52）

王襄敏公年譜一卷（明王紹雍撰，王襄敏公集附錄本）

黎陽王太傅詩選序（龍江集4/13）

王太傅詩選後序（同上4/14）

吾學編45/15

名卿續紀3/14下

皇明功臣封爵考6/71

皇明世說新語5/14，6/28

皇明將略3/30

名山藏臣林記11/19

明名臣傳33/6下

明史171/16下

王盛字懋德，陝西韓城人。成化十一年進士，授南京戶科給事中，改工科，累官山西參議。

掖垣人鑑10/26下

王雄，官行人，弘治十三年大同有警，命保國公朱暉禦之，雄極言暉不足任，且請罷中官監督，以重將權，謫雲南浪穹丞。

明史189/6

王棟（1503—1581）字隆吉，號一菴，泰州人。嘉靖中歲貢生，官深州學正致仕，講學授徒，卒年七十九。有一菴遺集。

一菴年譜紀略（無名氏撰，明刊一菴遺集上/1下）

明儒學案32/18

王堯日字時明，號復軒，鹿邑人。嘉靖十七年進士，歷廣平推官，廿二年擢刑科給事中，丁憂歸。

掖垣人鑑13/52下

父王□，號西園，官魯府典寶。

賀魯府典寶封刑科給事中王公八十序（苑洛集2/11下）

封給事中西園王翁八十序（袁文榮公文集4/4下）

王堯封字伯圻，號南皐，定興人。弘治十八年進士，授襄陽府推官，擢御史，巡按浙江，不激不隨，以平處之，紀度秩然。歷應天府丞、南京副都御史，官終南京兵部尚書，嘉靖廿一年以劾致仕。

贈監察御史王君伯圻擢應天府丞序（顧文康公三集2/5）

送王南皐榮轉留都操江之任序（谿田文集2/46下）

王堯封（1543—1613）字爾祝，號華岡，金壇人。萬曆十一年進士，授戶部主事，再陞郎中，歷知陳州、滄州、思南、南昌諸府，皆有治績。卒年七十一。

王公行狀（嬾眞草堂文集28下/18）

王公墓表（大泌山房集103/35）

王堯卿，武進人。以貢授鄱陽訓導，陞武涉知縣，惠政甚著，上官嘉之，百事攸萃，竟以勞卒于官。

毘陵人品記10/1下

王朝佐，臨清人。素仗義慷慨。神宗朝天津稅監率諸亡命奪人產，州民焚堂署，斃其黨，詔捕首惡，株連甚衆，朝佐自詣禍首，論死。

王朝佐傳（居東集3/7）

王朝遠（1423—1480），名漢，以字行，江西進賢人。景泰五年進士，授御史，天順中坐劾石亨黜知衡山縣，未行，改巡按廣東。歷陝西按察使，成化中以右僉都御史巡撫甘肅，以疾乞歸卒，年五十八。

都憲王公輓詩序（徐文靖公謙齋集3/43下）

國朝獻徵錄63/23甘肅實錄王朝遠傳

王朝器（1439—1514），名瑄，以字行

，更字大器，莆田人。成化十四年進士，授南京刑部主事，累官戶部郎中致仕，年七十六卒。

王公墓誌銘（見素集17/17下）

王雲鳳（1465—1517）字應韶，號虎谷，山西和順人，佐子。成化二十年進士，授禮部主事，劾太監李廣下獄，降知州。後官至右僉都御史，巡撫宣府，以憂歸，遂不起，年僅五十二。雲鳳與王瓊、喬宇號河東三鳳，後皆爲名卿，有博趣齋稿。

贈寅長王君知陝州序（博趣齋稿22/166下）

王公墓誌銘（涇野先生文集24/22，皇明名臣墓銘坤集82，國朝獻徵錄63/51）

王公神道碑銘（喬莊簡公集10/6下）

祭王虎谷都憲文（同上9/12）

祭王虎谷先生（涂水先生文集5/12）

虎谷王公傳（中丞馬先生文集3/18下）

刻博趣齋稿序（涇野先生文集11/19）

皇明獻實36/5下

吾學編48/5下

皇明世說新語4/14下

皇明書25/8下

明史列傳53/24下

王景（1336—1408）字景彰，號常齋，松陽人。洪武中以明經薦授懷遠教諭，擢山西參政，坐事謫雲南。建文初召入翰林，與修太祖實錄，除禮部侍郎兼侍講，永樂初陞學士。景博學，以古文自名，亦善筆札，六年卒於官，年七十三。

王公墓碑銘（陳璉撰、皇明名臣琬琰錄13/13，國朝獻徵錄20/29）

吾學編53/2

殿閣詞林記4/24下

明史列傳27/3

明史152/1下

王景亮字武候，吳江人。崇禎十六年進士，仕福王爲中書舍人。唐王立，擢御史，巡撫金衢二府，兼視學政，衢州破，自縊死。

明史276/6

王華（1446—1522）字德輝，號實菴，晚號海日翁，嘗讀書龍泉山中，學者又稱龍山先生，餘姚人，守仁父。舉成化十七年進士第一，授修撰，弘治中累官學士少詹事，在講幄最久。李廣貴幸，華講大學衍義，指陳甚切，官終南吏部尚書，正德二年致仕，卒年七十七。

送冢宰王公歸餘姚序（羅文肅公集1/1）

聽松軒記（整菴先生存稿2/4下）

實翁先生壽序（石龍集11/11下）

祭實翁先生文（同上27/6下）

海日先生行狀（陸深撰、王陽明全書附錄世德紀卷一）

王公墓誌銘（楊一清撰、同上，又皇明名臣墓銘兌集32，國朝獻徵錄27/21）

皇明世說新語7/17下

狀元圖考2/26下

明史277/17

母岑氏

壽王母岑太夫人八十序（東川劉文簡公集12/2下）

妻趙氏

壽王母趙內君六十序（涇野先生文集5/10下）

王敞（1453—1515）字漢英，號竹堂，江寧人。成化十七年進士，授刑科給事中，屢陞都給事中，奏疏甚多。章上輒毀草，曰吾職當爾，不可以是沽名也。正德中歷兵部尚書致仕，年六十三卒。

王公墓誌銘（靳貴撰、皇明名臣墓銘巽集36，國朝獻徵錄38/97）

掖垣人鑑10/27下

妻田氏，嘉靖十一年卒。

田氏墓誌銘（息園存稿文5/23）

王鈇（1514—1555）字德威，號蒼野，順天人。嘉靖廿九年進士，知常熟縣，濱海多大猾，匿亡命作奸，鈇悉貰其罪。倭患起，鈇語諸猾曰，何以報我，咸請效死，部署得數百人，合防卒訓練。倭來逼，數却之，破其寨，焚二十七艘，倭遁，鈇用小艇躡之，爲倭所夾擊，中刃死，年僅四十二，贈太僕少卿。

王公暨配董恭人墓誌銘（嚴文靖公集7/1）

國朝獻徵錄83/94陳瓚撰墓表

明史290/2下

王鈁字子宜，號印岩，會稽人。嘉靖二年進士，授南京戶部主事，歷雲南、廣東布政使，官終南京工部尚書，嘉靖四十五年卒，諡恭簡。

國朝獻徵錄52/72無撰人王公墓誌銘
明史列傳65/17
明史291/15下

王鈍（1336—1406）字士魯，太康人。舉元至正廿六年進士，知猗氏縣。洪武十年徵授禮部主事，歷官福建參政，以廉慎聞。遣諭麓川蠻，却其贈。或曰不受恐遠人疑貳，乃受，還至雲南，輸之官庫。建文初拜戶部尚書，燕師入，踰城走，爲邏者所執，成祖詔復故官，尋敕以布政使致仕，既歸，鬱鬱死，年七十一。有野莊集。

王公神道碑銘（介菴集10/5）
吾學編58/1
革朝遺忠錄附錄×/6
國朝獻徵錄 28/5 朱睦㮮撰王鈍傳
明史列傳27/2
明史151/4下

王進（1355—1426）字汝嘉，長洲人，汝玉弟。洪武中舉明經爲武昌府學訓導，陞大庾教諭。成祖時召修永樂大典及四書五經大全，擢翰林五經博士，官終侍講，年七十二卒。

王君墓志銘（東里文集 18/19，國朝獻徵錄 20/73）

王稌（1383—1441）字叔豐，義烏人，紳子。少有志行，師方孝孺。孝孺被難，與其友潛收遺骸，禍幾不測。年五十九卒，門人私諡孝莊先生。有青巖稿、聖朝文纂、金華賢達傳、續文章正宗。

孝莊王先生墓表（桃溪淨稿文17/1）
吾學編58/11下
國朝獻徵錄13/19無名氏撰王稌傳
遜國正氣紀3/13
遜國神會錄上/13
明史289/9下

王勝，桐城人。喜讀書，尤好兵法，從太祖立功，累官左元帥。後攻陳友諒，取江州，鄱陽之戰，謀欲火攻，詐降，夜焚其營，乘火奮擊，大破之，勝死於火，贈封太原郡候，祀於康郎山。

皇明功臣封爵考8/56下
明史133/14

王復字初陽，固安人。正統七年進士，授刑科給事中，擢通政參議。也先犯京師，邀大臣出迎上皇，衆憚行，復請往，遷右通政。天順中歷兵部侍郎，成化元年晉尚書，出視陝西邊務。在邊建置，多合機宜，後改工部。復好古嗜學，守廉約，與人無城府，當官識大體，居工部十二年致仕，卒諡莊簡。

水東日記40/10
掖垣人鑑8/21
國朝獻徵錄50/17無名氏撰傳
皇明世說新語8/20
名山藏臣林記8/17下
明史列傳43/15
明史177/18下

王復字從道，崑山人，遜子。舉進士授南京行人司司副，擢南臺監察御史，獨持風裁，貴戚歛手以避。

崑山人物志4/6
吳郡張大復先生明人列傳稿×/30
子王敏字仁功，石門訓導。
崑山人物志4/6

王復原字子復，泰和人。洪武廿九年舉人，授廣東化州學正，陞國子博士，預修五經性理大全諸書。洪熙元年修太宗實錄，館閣擬以薦之，未奏而卒。

王君墓表（東里文集15/8下）

王象恒字微貞，號立宇，新城人，之猷子。萬曆廿三年進士，授祥符令，擢御史，上疏言時政得失六弊，歷官應天巡撫卒。

王公墓志銘（鴻寶應本8/21）

王象春（1578—1632）字季木，山東新城人，象乾從弟。萬曆卅八年進士，官至南京吏部考功郎中。能詩，負氣疾惡，抗論士大夫邪正，黨論異同，雖在郎署，咸指目之，用是敗歸，遂不起，崇禎五年卒，年五十五。

王季木墓表（牧齋初學集66/3下）
啓禎野乘4/5

王象晉字蓋臣，一字康宇，山東新城人，象乾弟。萬曆卅二年進士，官至浙江右布政使，優遊林下二十年。有群芳譜、淸悟齋欣賞編，翦桐載筆、秦張詩餘合璧。

新城王方伯傳（澹園未定稿9/1）

天啓崇禎兩朝遺詩傳5/183

王象乾字子廓，一字霽宇，新城人，之垣子。隆慶五年進士，歷僉都御史，代李化龍經理播州，討平砂溪銅仁諸苗。巡撫宣府，在任七年，邊境無事，累官兵部尙書。崇禎初瑚敦圖入山西，時象乾年八十三，即家起總督宣大山西軍務，瑚敦圖受約束如故。象乾權譎有膽略，前後歷官督撫，威名著九邊，累加太子太師，以病乞歸卒。

宣府巡撫大中丞新城王公生祠記（穀城山館文集15/6下）

王制府考績序（怡春堂逸稿1/33）

少傅霽宇王公一品奏績序（蒼霞餘草3/4）

西征草序（孏眞草堂文集15/27）

明史列傳93/1

王舜耕（1484—1554）字于田，號兩湖，常熟人。正德十二年與弟舜漁同舉進士，授廬陵知縣，擢監察御史，歷巡按長蘆、河南，所至劾擧不法，以讒左遷光州判官，因罷官歸，卒年七十一。

慶侍御兩湖先生王公榮壽序（省庵漫稿3/16下）

王公行實（同上4/16下）

王君墓表（葛端肅公文集17/3下）

王舜漁（1489—1535）字于澤，號石溪，常熟人，舜耕弟。正德十二年進士，授工部營繕司主事，累擢山東按察司僉事，考最，晋本司副使，卒於官，年四十七。

王公墓誌銘（泉翁大全集61/12）

王喬棟，雄縣人。擧進士，授朝邑知縣。縣人王之宷爲魏忠賢黨誣以贓，下喬棟嚴徵，喬棟不忍，封印於庫而去。巡撫將劾之，士民擁署號呼，乃止。崇禎初起順天教授，累遷湖廣參政，弘光元年死於李自成之亂。

明史295/9

王溥，江西安仁人。仕陳友諒爲平章，守建昌。尋降太祖，仍守建昌，拔江州，累功擢河南行省平章。初溥未仕時，奉母避兵貴溪，遇亂相失，凡十八年，至是歸貴溪求之不得，號泣三日，有人告以爲賊所迫投井死，溥求得井，母屍果在，乃卽其地葬之。

明史列傳17/15

明史134/14

王溥字士淵，桂林人。由進士歷官，洪武廿六年爲廣東右參議，以廉名。糧運由海道多漂沒，溥自臨庾嶺，相度形勢，命有司修治橋梁，敎民車運，民甚便之。居官數年，笥無重衣，庖無兼饌，爲吏誣逮下詔獄，寮屬餽𩟗皆不受。事白，得歸卒，年卅六，廣人惜之。

國朝獻徵錄99/55無撰人王溥傳

明史列傳18/4下

明史140/3

王溥知處善，新昌人。永樂初以太學生擢山西行都司經歷，坐事謫遼東丘市易馬，歷官江寧知縣、建寧知府。

送郡守王處善復任序（楊文敏公集11/13下）

王源字啓澤，龍巖人。永樂二年進士，選庶吉士，授深澤知縣，歷官刑部郎中。英宗立，出知潮州府，坐事當贖徒，尋致仕，潮人乞留不獲，立祠祀之。有草菴集、書傳補遺。

國朝獻徵錄100/4無名氏撰傳略

明史281/11

王源（1458—1524）字宗本，號觀瀾，上元人，鎭子。鎭卒，授錦衣衞都指揮使，天順六年爲中府都督同知，家奴怙勢侵民田，爲言者所論，後源悉歸所占於民，人多其能改過，封瑞安伯，武宗時累進太傅，嘉靖三年卒，年六十七，謚榮靖。

王公墓誌銘（費文憲公摘稿17/39）

皇明功臣封爵考7/22下

吾學編19/74

皇明書12/3下

明史300/15

王準字子推，號石谷，浙江青田人，著籍秦府儀衛司。舉嘉靖二年進士，授禮科給事中，巡視京營，劾郭勛專恣罪。又劾張璁、桂萼引私人，璁、萼罷，準亦下吏，謫富民典史。後稍遷知縣，都御史汪鋐希璁指，以考察罷之。

披垣人鑑13/11

明史206/24下

王詢，號芳湖，成都人。嘉靖廿三年進士，歷浙江參政，累官福建巡撫致仕。

贈大參王方湖序（天一閣集18/5）

贈中丞芳湖王公西歸序（石泉山房文集8/20）

贈督臺王公平倭序（宗子相集13/48）

王愼中（1509—1559）字道思，初號南江，更號遵巖，晉江人。嘉靖五年進士，授禮部主事，與諸名士講習，學大進。會詔簡部郎爲翰林，衆首擬愼中。大學士張璁欲一見之，辭不赴，乃稍移吏部郎中。官終河南參政，以忤夏言落職歸。愼中壯年廢棄，益肆力爲古文，卓然成家，與唐順之齊名，天下稱王唐。年五十一卒。有遵巖集。

贈王道思司封謫毘陵序（南沙文集1/24下）

贈別王道思序（息園存稿文3/3）

南江子贈言（歐陽南野文集7/12下）

王先生行狀（王惟中撰、國朝獻徵錄92/49）

遵巖王參政傳（李中麓閒居集10/68下）

康王王唐四子補傳（同上10/102）

遵巖先生文集後序（皇甫司勳集38/5下）

王遵巖選集序（二酉園續集2/9下）

名山藏81/38下

明史287/6下

王愷（1317—1362）字用和，當塗人。通經史，善謀斷，爲元府吏，太祖召爲太平掾。帝克衢州，命總制軍民事。常遇春屯金華，部將擾民，愷械而撻諸軍。閙化馬宣等亂，先後討擒之，遷左司郎中，佐胡大海治省事，死於苗軍之亂，年四十六。太祖立，追封當塗縣子。

王公墓誌銘（宋學士文集3/31，國朝獻徵錄10/80）

明史289/4下

王愷字時舉，湖廣蒲圻人。永樂二年進士，授江寧知縣，預修永樂大典，晉左春坊左中允。歷廣西僉事，仕終廣東參議。有雲谷集。

送王僉憲復任廣西序（謚忠文古廉文集5/27）

國朝獻徵錄99/56廖道南撰王愷傳

王禄，新城人。以鄉舉銓授福建平和知縣。嘉靖間疏請建獻帝廟於安陸，封崇仁王以主其祀，不當考獻帝伯孝宗，涉二本之嫌。疏奏，即棄官歸，命逮治，斥爲民。

明史列傳66/28下

明史191/2下

王道（1476—1529）字純甫，號倥侗，又號六泉，陵川人。正德中舉人，授朝邑令，歷官河南府通判，年五十四卒。

王公墓誌銘（苑洛集4/17下）

王道（1487—1547）字純甫，號順渠，武城人。正德六年進士，淳懿溫恭，方獻夫薦其學行，歷國子祭酒，諸生翕然，比之宋仲敏。官終吏部右侍郎，卒年六十一，諡文定。有易詩書大學億。

送王純甫序（穆文簡公宦稿上/26）

送王純甫序（石龍集11/6）

贈大司成順渠王先生序（方齋存稿3/12）

送順渠先生謝病歸武城序（息園存稿文2/3下

王公神道碑（鈐山堂集37/6，國朝獻徵錄 2/38）

吾學編39/11

名山藏臣林記20/43下

明儒學案42/18

王道行字明輔，號龍池，陽曲人。嘉靖廿九年進士，歷蘇州知府，官至四川布政使。與石星、黎民表、朱多煃、趙用賢爲續五子。有奕世增光錄、桂子園集。

送鳳翔王太守擢知蘇府序（趙浚谷文集9/26）

桂子園集序（大泌山房集11/20下）

父王尚智（1498—1570）字智夫，號水亭，北峽關巡檢。

贈水亭王公六十序（弇州山人四部稿60/14下）

王公墓表（同上95/4）

王公墓誌銘（條麓堂集27/20）

母米氏（1507—1583）

王母米太宜人七十序（弇州山人四部稿63/13）

米氏墓誌銘（天遠樓集15/4）

王道成字原恭，號見華，四川巴縣人。隆慶五年進士，授泰和知縣，選刑科給事中，累陞工科都給諫，官至太常少卿。

披垣人鑑16/7下

王道純字懷鞠，蒲城人。天啓五年進士，授中書舍人，崇禎初擢御史，巡按山東，時李九成、孔有德叛，巡撫余大成主撫，道純抗疏力爭，帝即命道純監軍。道純屢請兵，而周延儒、熊明遇主撫議，反被責讓。及總督劉宇烈進兵沙河，道純與之俱，宇烈中怯不進，尋棄軍奔，帝逮宇烈，召道純還，斥爲民。十五年李自城陷蒲城，道純抗節死，諡忠節。

明史264/13下

王道焜字昭平，錢塘人。天啓元年舉於鄉，崇禎時歷南平知縣，遷南雄同知。會光澤寇發，改邵武同知，知光澤縣事，勦撫兼施，境內底定。後南還，杭州陷，自縊死。嘗與趙如源同編左傳杜林合注五十卷。

明史276/5

王運開字子朗，夾江人。舉於鄉，授永昌推官，攝監司事，孫可望入雲南，所至屠戮。黔國公沐天波將遣子納款，諭運開以印往，運開堅不予，自經死。

明史295/19

王資，河南杞縣人。建文時官指揮使，防守淮北，饒勇善射，靈壁之役，率步卒護軍餉，諸將敗，委棄輜重，被執遁歸。又從徐安禦鳳陽，後從帝出亡，易服爲道士，隱金華玉華山，或疑即玉華山樵。

遜國正氣紀2/27

遜國神會錄下/28下

皇明表忠紀6/16

國朝獻徵錄111/11忠節錄

王資字之深，崑山人。性凝重，文章學行爲名公所推許。永樂二十一年舉人，初任武康訓導，歷官翰林檢討。有菊菴易齋集。

崑山人物志3/9

吳郡張大復先生明人列傳稿×/62

王瑛（1335—1369）字君寶，梁縣人，玉弟。元末，與兄玉歸太祖，屢從征戰，以功陞指揮副使。洪武二年從李文忠北征，道病卒，年僅卅五。

國朝獻徵錄111/19無撰人王瑛傳

王瑛字汝玉，號石沙，無錫人。嘉靖十一年進士，官至監察御史。有王侍御集。

石沙王先生祠記（顧端文公集11/17下）

王侍御集序（二酉園文集3/23下）

國朝獻徵錄65/126歐大任撰王瑛傳

王瑞字良璧，望江人。成化五年進士，授吏科給事中，嘗於文華殿抗言內寵滋甚，詞氣鯁直，帝震怒，同列戰慄，瑞無懼色。居諫垣十餘年，遷湖廣右參議，致仕卒。

披垣人鑑10/10下

明史列傳49/12下

明史180/12

王瑞栴字聖木，永嘉人。天啓五年進士，累官湖廣兵備僉事，駐襄陽。張獻忠乞撫，熊文燦許之，瑞栴以爲非計，謀俟其至執之，文燦不可，請擊之，又不從，乃列上三策，並不用，以憂歸。明年獻忠果叛，留書於壁，言已之叛，總理使然，具列上官姓名及取賄月日，末言不納我金者，王兵備一人耳，由是瑞栴名大著。福王時官太僕少卿，旋告歸。清兵破溫州，避之山中，有欲薦之者，乃自經死。

王司李署篆德政碑記（七錄齋文集3/37）

明史276/16下

王瑄字士成，四川遂寧人。正德十二年進士，授行人，選戶科給事中，屢官刑科都給事中，以疾請歸。

披垣人鑑13/2下

王瑜（1383—1439）字廷器，淮安山陽人，以總旗選隸趙王府護衛。永樂末成祖疾，不視朝，以告發中官黃儼、江保等謀立趙王事，授遼海衛千戶。仁宗立，累擢左副總兵，代陳瑄鎮淮安，董漕運，有善政，累進左軍都督僉事。然性好貨，爲英宗切責，正統四年入京議事，得疾，東兩手如高懸狀，號叫而卒。

王公神道碑銘（東里文集13/15下，國朝獻徵錄108/16）
明史列傳29/10
明史153/9

王軾（1439—1506）字用敬，公安人。天順八年進士，授大理評事，歷四川按察使。弘治間累官戶部尚書，督軍討平貴州普安賊婦米魯之亂，用兵五月，破賊砦千餘。改南京兵部參贊機務，正德元年卒，年六十八，謚襄簡。有平蠻錄。

戶部尚書王公之南京詩序（懷麓堂文後稿3/2）
王公墓誌銘（同上28/3下，國朝獻徵錄42/25）
明史列傳43/26下
明史172/23下

王楷字子正，號竹峯，浙江永康人。嘉靖卅五年進士，歷揚州府推官，遷刑科給事中，累官湖廣參議，隆慶元年免官。

掖垣人鑑14/39下

王聘字念覺，號東皐，山東利津人。嘉靖二年進士，授盩厔知縣，選戶科給事中，改兵科右，以言事謫太倉州判官。歷衞輝知府，以聖駕南巡，行宮失火，杖配遼東爲民，後釋歸。

掖垣人鑑13/13下

王達字達善，無錫人。洪武初舉明經，任本縣訓導，薦陞國子助教，永樂初累官侍讀學士。性簡澹，博通經史，與解縉、王偁、王璲輩號東南五才子，年六十五卒。有耐軒集、天遊文集等書。

吾學編58/5下
殿閣詞林記4/23下
毘陵人品記6/9下
國朝獻徵錄20/62黃佐撰傳

王與玫字文玉，新城人，象春兄子。工詩，尤善行草，尺牘有蘇黃之風，嗜法書名畫及古器。崇禎末城破死節。有鵝籠館集。

天啓崇禎兩朝遺詩傳5/185

王與胤（1589—1644）字百斯，號永錫，新城人，象晉子。崇禎元年進士，官湖廣道監察御史，以劾總兵官鄧玘，忤閣臣意，謫歸。流賊陷京師，與胤聞之，涕泣不食，自草壙志訖，再拜訣其父，與妻子自經死，年五十六。

世父侍御公逸事狀（帶經堂集48/5）
王公墓表（曝書亭集72/3下）
御史王公傳（堯峯文鈔34/15）
啓禎野乘10/43
天啓崇禎兩朝遺詩傳5/185
明史348/12下

王與齡（1508—1564）字受甫，號湛泉，山西鄉寧人。嘉靖八年進士，授蘇州府推官，入爲戶部主事，陞吏部文選郎中，澄清銓敍，所推薦皆廉靖老成。大學士翟鑾、嚴嵩致書請託，與齡白之尙書許讚以聞，帝方信嵩，坐除名，將歸，錦衣遣使偵其裝，襆被外無長物，稱嘆而去。家居廿餘年卒，年五十七。

王君行狀（趙浚谷文集10/12，國朝獻徵錄26/92）
湛泉王公墓誌銘（條麓堂集28/1）
明史207/18

王敬字惟贍，粵人。以太學生銓授大理寺評事，陞左寺副，凡內外法司讞獄，無論大小，悉盡心推究，必盡人情而合法意，年八十四卒。

國朝獻徵錄68/96丘濬撰王公墓志銘

王敬民字用司，號儆吾，句容人，著籍河南西華。隆慶五年進士，授東昌府推官，遷吏科給事中，歷官工科都給事中。

掖垣人鑑16/15下

王敬臣（1513—1595）字以道，號少湖，長洲人，庭子。歲貢生，受業魏校，性至孝，其學以愼獨爲先，尤以標立門戶爲戒，鄉人尊爲少湖先生。萬曆中徵授國子博士，辭不行，詔以所授官致仕，年八十三卒，有俟後編。

王公墓志銘（無夢園遺集6/1）
祭王少湖先生（天遠樓集23/36）
國朝獻徵錄114/73馮時可撰王敬臣傳
姑蘇名賢小紀下/37下
名山藏96/10下

明史232/30下

王萱（1482—1518）字時芳，號青崖，臨川人。弘治十五年進士，選庶吉士，授刑科給事中，屢有所建白。劉瑾擅政，迫致仕。瑾誅，復起，改兵科，擢通政司參議，正德十五年卒官，年僅卅七。有青崖奏議。

王君墓誌銘（費文憲公摘稿17/20下，國朝獻徵錄67/35）

掖垣人鑑11/21

王萬祚字君錫，號二固，浙江臨海人。萬曆廿三年進士，授當塗知縣，遷南京監察御史，風節矯矯，彈劾不避時貴，卒於官。有留都疏草、樹瓢吟。

國朝獻徵錄66/25郭一鶚撰王二固侍御傳，又66/26黃汝亨撰王二固侍御疏稿序

王嵩字邦鎮，河南汲縣人。成化十一年進士，授太湖知縣，改青城，擢御史，恥苛察，崇忠厚，務持大體。累官右副都御史，巡撫延綏。以不賂劉瑾，誣侵尅官銀下獄，籍其家，而戍於鄴。瑾誅，復爵，年八十四卒。

送王都憲序（王文恪公集11/4下）

國朝獻徵錄60/87朱睦㮮撰王公傳

王鼎，儀徵人，初爲趙忠養子，忠爲總管克太平，授行樞密院判，鎮池州。趙普勝來寇，忠戰死，鼎嗣職，復故姓，駐太平，陳友諒陷太平，鼎被執，不屈死之。

明史289/4

王鼎字器之，號新齋，福州衞人。成化十七年進士，授上饒令，擢監察御史，歷大理少卿，以忤劉瑾謫保昌知縣。官至右都御史，致仕卒。有兩臺諫草，巡吳錄、新齋雜稿等。

昭恩堂記（王文恪公集15/14）

祭新齋王都憲文（梓溪文鈔外集9/7）

國朝獻徵錄54/77楊廷和撰王公神道碑銘

王鼎，正德中，知永城，賊陷城，繫印於肘端坐待賊，不屈而死。

明史239/18

王鼎爵（1536—1585）字家馭，太倉人，錫爵弟。隆慶二年進士，授刑部主事，轉禮部，歷官河南副使致仕，卒年五十。

王君暨配龍宜人合葬墓誌銘（天遠樓集16/32下）

祭王家馭（同上23/37）

祭王學憲家馭文（賜閒堂集34/12下）

王嗣經字曰常，本姓璩，上饒人。善屬詩，博學多撰述。

王曰常詩序（大泌山房集23/30）

王暐字克明，號克齋，句容人。正德十二年進士，除吉安推官，從王守仁平宸濠，遷大理寺副，爭大禮下獄廷杖，仕至戶部尚書，歷官著清操。有克齋集。

克齋說（涇野先生文集35/3下）

奉送南京太常卿克齋王公序（黃潭先生文集1/31下）

送少司徒王克齋改任北曹序（崖東洲集13/5）

國朝獻徵錄29/50澹園集傳

明史列傳69/3

明史202/7下

王業字時泰，吉安人。年十六襲世職爲吉安副千戶，討平大盤山賊，陞千戶。爲人輕財好義，接人恭而有禮，御士卒嚴而有恩，卒年四十九。

下國朝獻徵錄111/42劉儼撰傳

王鉉字宗鼐，浙江上虞人。正統十年進士，累官兵科都給事中，仕終河南右參政。

掖垣人鑑7/5下

王鈺字孟堅，諸暨人。永樂十年進士，歷官翰林編修，以疾致仕。正統間起爲按察僉事，提督學政。爲人踐履篤實，文學優美，所至士心悅服。

王氏家乘序（東里文集7/7）

王愛字體仁，號一山，秀水人。從山陰王畿受業，舉嘉靖卅八年進士，授順天府學教諭，日夕與諸生講習，以身示之鵠，蹈履繩墨，都下少年之習，爲之一洗。遷國子監丞，仕終刑部主事，隆慶五年卒。

國朝獻徵錄47/97陳于陛撰王公墓誌銘

王傳（1450—1493）字元臣，順天寶坻人。成化十一年進士，授成城知縣，有良吏

之稱。擢御史，多所論列，風紀肅然，勞瘁得疾歸，年四十四卒。

國朝献徵錄65/39馬中錫撰王君墓志銘

王會（1518—1595）字子嘉，號九霞，華亭人。嘉靖廿三年進士，授工部主事，陞郎中，出知桂林府，以忤仇鸞，陷逮詔獄，謫紹興府通判，官至廣東副使，卒年七十八。

王公墓誌銘（李長卿集13/9下）

王綖（1477—1537）字邃伯，號龍湫，開州人。弘治十八年進士，授戶部主事，遷郎中，時劉瑾用事，群奄倚勢請託，綖皆不顧。遷湖廣副使。世宗入繼大統，宦者谷大用迎駕而南，強綖長跪。綖不屈，號呼奏行在，帝遣官慰諭之。乃復起河南，以擒礦寇功，累遷至大理卿，年六十一卒。

王公墓誌銘（苑洛集5/18下，皇明名臣墓銘震集83，國朝獻徵錄68/23）

王公墓誄（端溪先生集6/1）

明史列傳71/21下

王經（1325—1371）字孟遠，金谿人。元至正廿三年舉人，洪武三年徵爲刑部員外郎，翌年出爲鞏昌隴西縣令，行至泗州卒，年四十七。經嘗刪禮記疏爲纂要，於名物制度，多所折衷。

王君墓志銘（宋學士文集3/35，國朝献徵錄47/55）

王漢字子房，掖縣人。崇禎十年進士，知高平縣，調河南，屢擒巨寇，以計解李自成之圍。尋授御史，監左良玉軍，救開封，追賊朱仙鎮，連戰皆捷。擢右僉都御史，巡撫河南，總兵官劉超叛，漢密疏請討，語洩被害。

啓禎野乘9/39

天啓崇禎兩朝遺詩小傳2/71

明史267/9下

王漸逵（1498—1558）字鴻山，一字用儀，號青蘿子，又號大隱山人，番禺人。正德十二年進士，除刑部主事，家居十餘年，以薦起官，言事不報，復乞歸，年六十一卒。有青蘿文集。

國朝獻徵錄47/75張時徹撰王公墓誌銘

王誥（1498—1557）字公遇，號棠谿，西平人。嘉靖二年進士，授行人，歷戶部郎中，官至右都御史總督漕運，鎮撫淮南，卒於官，年六十。有河西稿。

國朝獻徵錄59/53林庭機撰王公墓表

王禎字維禎，號夔齋，吉水人，省子。成化初官夔州通判，荊襄石和尚流劫至巫山，督盜同知王某怯不救，禎代勒所部民兵擊殺其魁。未幾賊復劫大昌，禎趣同知行，不應，指揮曹能、柴成激禎行，兩人僞許相左右，見賊卽走，兵敗被執，不屈死。

王夔齋戰馬記（石蓮洞羅先生文集13/48，國朝獻徵錄98/132）

國朝獻徵錄96/53下忠節錄附王省傳

王禎字邦興，號龍塘，陝西乾州人。嘉靖五年進士，授行人，選兵科給事中，累陞吏科都給諫，擢順天府丞，仕終右僉都御史巡撫順天。

送王府丞赴太僕寺卿序（趙浚谷文集4/18下）

掖垣人鑑13/18下

明史289/13下

王褘（1322—1373）字子充，義烏人。幼敏慧，及長，師柳貫、黃溍，遂以文章名世。太祖召授江南儒學提舉，後同知南康府事，多惠政。洪武初上疏言祈天永命，在忠厚寬大，雷霆霜雪，可暫而不可常，帝不能盡從也。明年修元史，詔與宋濂爲總裁，書成，擢翰林待制。洪武六年以招諭雲南死節，年五十二，謚忠文。有大事記續編、重修革象新書、王忠文公集。

王公行狀（鄭濟撰、王忠文公集附錄1，國朝獻徵錄20/24）

王公墓表（鄭緝撰、皇明名臣琬琰錄10/10下）

王公傳（張維樞撰、王忠文公集附錄10）

王忠文先生滇南祠墓記（辨玉樓稿3/46，王忠文公集附錄25）

義烏王氏新建忠文公廟記（匏翁家藏集32/6）

皇明獻實4/1

吾學編23/5

殿閣詞林記6/41下
國琛集上/8
聖朝名世考5/1下
裻書2/10
皇明世說新語2/11下，5/14，5/21，6/23
皇明書31/1
名山藏臣林記3/28
明史289/8
疇人傳29/350
妻何妙音（1323—1377）
何夫人墓銘（宋學士文集44/356下）

王肇坤字亦資，蘭谿人。崇禎四年進士，除刑部主事，改御史。流賊破鳳陽，疏言兵驕將悍之弊，請假督撫重權，大將犯軍令者，便宜行戮。出巡山海、居庸二關，九年淸兵入喜峰口，肇坤退保昌平，力戰死。
明史291/12下

王彰（1366—1427）字文昭，鄭州人。洪武廿年舉人，博學有才望，歷吏科給事中、山西參政。永樂五年召爲禮部侍郎，累官右都御史，嚴介自持，人莫敢干以私。時劉觀爲左都御史，人謂彰公而不恕，觀私而不刻，宣德二年卒于官，年六十二。
王公神道碑銘（楊文敏公集18/13下）
披垣人鑑8/2下
守溪筆記×/7下
國朝獻徵錄54/27朱睦㮮撰傳
名山藏臣林記6/43下
明史列傳36/1
明史160/1

王賓字仲光，號光菴，長洲人。通經善醫，與姚廣孝相善。事母至孝，年七十疾革，抱母不釋，已而復甦，連呼母乃絕。編有虎丘詩集，自著曰光菴集。
國琛集上/11下
守溪筆記×/25
姑蘇名賢小紀上/2下
吳中人物志9/20下，13/24下
遜國正氣紀5/6
皇明世說新語3/1下，7/1下

王寧，壽州人。尙懷慶公主爲駙馬都尉。建文中以通語燕王棣洩禁中事，籍其家，繫錦衣獄。成祖卽位，封永春侯，永樂五年坐事下詔獄，已而釋之卒。
吾學編19/43下
皇明功臣封爵考7/4下

王端冕，湖廣公安人。以舉人知趙州，淸兵破城，被執不屈死。
啓禎野乘10/27下
明史291/19

王遜字謙伯，崑山人。洪武十八年進士，起自御史，謫上高，尋召復職。性剛廉峭刻，所治以鷹擊毛鷙爲能，人或規之曰，君不虞後患耶。曰虞患思避，隱忠不竭，其又得全哉，竟坐法。
崑山人物志4/5下
吳郡張大復先生明人列傳稿×/30

王瑨字宗玉，鄞縣人。成化十七年進士，授山東臨邑令，擢河南道監察御史，俱有聲，歷長沙知府。
贈長沙府知府王君赴官序（靑谿漫稿19/10下）

王嘉言（1524—1579）安君謨，江陰人。嘉靖四十一年進士，授肥縣知縣，改曲周，遷工部主事，官至浙江參議，年五十六卒。
王公墓誌銘（松石齋集18/11）

王嘉賓，滕縣人。嘉靖四十一年進士，授太湖知縣，歷知寧國府，官至山西副使，萬曆八年卒。
王府君誄（鹿裘石室集38/1）
父王天叙（1499—1573）字文秩，號朴菴。
王公墓誌銘（賓魯望集9/1）

王爾康（1567—1604）字道安，號性海，泰和人。萬曆廿三年進士，授行人。爾康少從臨安蓮池上人習佛法，因辭官歸，講道㟽山寺，自號四戒居士，年卅八卒。有起信論疏記通。
王道安公行狀（愼修堂集23/22下）
王道安先生墓志銘（歇菴集8/43，國朝獻徵錄81/28）

王𡸣字時禎，時東石，金谿人。正德六年進士，授刑部主事，官至浙江提學副使，著有忠義錄，東石講學錄、心學錄、大儒心學語錄、及東石近稿等。

國朝獻徵錄84/83王紹元撰王公墓志銘

王夢弼（1506—1561）字惟肖，號傅巖，山西代州人。嘉靖十四年進士，由掖縣知縣，選兵科給事中，歷南京太常寺少卿，官至兵部侍郎兼右僉都御史總督陝西三邊軍務，卒年五十六。

送總督王侍郎東歸序（趙浚谷文集9/21下）

國朝獻徵錄58/54胡正蒙撰王公墓誌銘

掖垣人鑑13/42下

王蒙字叔明，湖州人，趙孟頫之甥。敏於文，工畫山水人物，元末官理問，遇亂，隱於仁和之黃鶴山，號黃鶴山樵。畫學王維，與倪瓚詩畫齊名。洪武初知泰安州事。蒙嘗謁胡惟庸於私第，惟庸既誅，十八年蒙亦坐事被逮瘐死。

王蒙傳（曝書亭集63/6下）

明史285/25

王圖（1557—1627）字則之，耀州人。萬曆十四年進士，以右中允掌南京翰林院事。妖書事起，沈一貫欲有所羅織，圖盡言規之，屢進吏部侍郎。圖有宰相望，與兄國並為東林推重，忌者力構之，遂求去。天啓中為禮部尚書，七年卒，諡文肅。

王公行狀（牧齋初學集48/1）

啓禎野乘1/38

明史列傳75/16下

明史216/13

王鳴臣（1513—　　）字汝文，號陽岡，或作陽江，泰和人。嘉靖廿三年進士，授池州府推官，擢戶科都給事中，官至貴州參政，隆慶五年免官。

大參王陽江先生八十序（紫原文集5/7）

掖垣人鑑14/16

母顏氏

勅封太孺人王母顏夫人八十壽序（龍津原集4/2下）

王綸字汝言，慈谿人。成化廿年進士，正德中歷右副都御史巡撫湖廣，卒於官。綸精於醫，原病定方，不規規泥古而卒不爽於古，論者以為丹溪復出，有本草集要等書。

贈王嘉興序（洹詞1/41）

交遊遺事四（董山文集15/7）

明史299/17下

王綸字朝言，山東濱州人。成化廿三年進士，除禮科給事中，改戶科，遷江西右參議，官至右副都御史。

京邸迎養詩序（羅文肅公集6/26下）

掖垣人鑑10/31

王綸（1455—1511）字大經，號漸齋，開州人。弘治三年進士，授常熟知縣，調山西浮山，以丁憂去任，浮山民咸擁集泣送，至塡塞道途不能行。歷徽州通判，官至沁州知州，卒年五十七。

王君墓表（東川劉文簡公集19/25）

漸齋王公配宜人侯氏合葬墓表（泉翁大全集63/4）

妻侯氏

王母侯氏八十壽序（涇野先生文集8/24下）

王綸字理之，以字行，崑山人。沈周弟子，好為詩，善畫，又長寫貌，工篆隸楷法。

崑山人物志8/7

吳郡張大復先生明人列傳稿×/53

王綱字性常，一字德常，餘姚人。善識鑒，有文武才。劉基薦於太祖，策以治道，擢兵部郎中，潮民弗靖，遷廣東參議，携子彥達行，單舸往諭，潮民叩首服罪。還抵增城，遇海寇曹眞截舟羅拜，願得綱為帥。綱諭以逆順禍福，不從，奮罵遇害。

國朝獻徵錄99/53張壹民撰王性常先生傳

明史289/7

王綱字子倫，號古愚，南海人。洪熙元年以薦授攸縣縣丞，陞江陰知縣，擢監察御史巡按雲南，卒于官。

王公子倫墓表（魏文靖公摘稿3/6下）

王維楨（1507—1555）字允寧，號槐野，華州人。嘉靖十四年進士，累官南京國子祭酒，家居，卅四年陝西大地震壓死，年四十九。維楨自負經世才，職文墨，不得少效於世，使酒謾罵。詩文效法李夢陽，有王氏存笥稿。

王公行狀（瞿景淳撰、存笥稿附錄1，國朝獻徵錄74/16）
王公墓誌銘（郭朴撰、存笥稿附錄6下）
王允寧先生年表（王承之撰、明萬曆間黃陞刊存笥稿附刻本）
槐野文選跋（渭上稿17/7）
四友齋叢說6/4下，23/14下，26/5
皇明世說新語2/8，4/38，7/29
名山藏81/40下
明史286/13下
明儒學案12/25

王銘字子敬，和州人。初隸元帥俞通海麾下，屢立戰功，既選充宿衛，從太祖取江州諸處，大小數十戰，功最多。累官長淮衛指揮僉事，移溫州，繕城濬濠，悉倍於舊。又加築外城，起海神山屬郭公山，首尾二千餘丈，宏敞壯麗，屹然為東南巨鎮，洪武廿六年坐藍玉黨死。

王子敬傳（蘇平仲文集3/43）
明史列傳17/7
明史134/8

王銓字宗衡，廣東潮陽人。天順八年進士，除禮科給事中，成化十四年陞河南參議，仕終河南左布政使，卒於官。

掖垣人鑑10/2下

王鳳字朝陽，寶應人。少孤，事母至孝，以孝子稱。成化十二年貢入禮部，授山東平度州同知，有廉聲，致政而歸，廬于母墓，終其身。

明代寶應人物志×/26下

王鳳竹字允在，號儀臺，直隸唐山人。萬曆二年進士，授沂水知縣，選刑科給事中，歷四川參議。

掖垣人鑑16/19

王鳳靈字應時，號筆峰，莆田人。正德十二年進士，授刑部主事，歷陝西副使，遷廣西參政，未赴，以謗罷歸卒。有筆峰詩文集。

筆峯王先生集序（二酉園文集2/20）
國朝獻徵錄94/64無撰人王鳳靈傳

王毓陽字春裕，號蠏竹，陝西綏德人。萬曆二年進士，授臨晉知縣，歷工科給事中。

掖垣人鑑16/26

王毓蓍字元祉，會稽諸生。跌宕不羈，受業劉宗周之門。杭州不守，宗周絕粒未死，毓蓍上書曰，願先生早自裁，毋為王炎午所弔。俄一友來視，毓蓍曰，子若何，曰有陶淵明故事在。毓蓍曰，不然，吾輩聲色中人，慮久則難持也。一日徧召故交歡飲，伶人奏樂，酒罷，携燈出門，投柳橋下，先宗周一月死，鄉人私謚正義先生。

天啓崇禎兩朝遺詩傳9/311
明史255/20

王潮字應時，號鶴亭，丹徒人。正德三年進士，授御史，歷江西按察，河南布政使，皆有懋績。陞巡撫大同遼東，官至戶部侍郎。

贈鶴亭王公考績序（涇野先生文集10/16下）

王澄字字德輝，浦江人。歲儉，出粟貸人，不取其息。有鬻產者，必增值以足之。慕義門鄭氏風，將終，集子孫誨之，其後義門王氏之名埒鄭氏。

明史255/12

王褒字中美，侯官人。博極群書，少有詩名，洪武中領應天鄉薦，歷永豐知縣。永樂中與修大典，擢漢府紀善，好汲引士類。工詩文，為閩中十才子之一。

國朝獻徵錄21/13無名氏撰傳
明史286/2

王瑩，鄞人。起家舉人，屢官給事中，宣德五年出知肇慶府，後徙知西安。

明史281/17下

王誼字克正，江陰人。天順四年進士，任刑科給事中，歷官河南僉事。

掖垣人鑑8/25

王諍字子孝，號竹巖，永嘉人。嘉靖廿九年進士，官至右僉都御史巡撫貴州。有大學衍義通略。

送王中丞巡撫貴州序（二酉園文集6/4下）
王公墓表（弇州山人續稿125/1）

王養正字聖功，泗洲人。崇禎元年進士，授海鹽知縣，累遷南康知府，計殲巨寇鄧毛溪、熊高，一方賴之。福王時進副使，分巡建昌，清兵破南京，下江西，巡撫曠昭遁走，養正與布政夏萬亨等拒守，城破，死節。

明史278/13下

王輪（1507—1581）字子庸，號孝泉，蒲州人。嘉靖十七年進士，授兵部主事，陞郎中，累官右僉都御史巡撫順天，虜入潘家口，以罪謫官。隆慶二年復起巡撫甘肅，後免歸，卒年七十五。

王公暨配何氏合葬墓誌銘（條麓堂集26/30下）祖父王寅，字明仲，卒年廿九。

王公暨配張孺人墓表（條麓堂集25/32下）

王穀祥（1501—1568）字祿之，號酉室，長洲人。嘉靖八年進士，選庶吉士，歷吏部員外郎，忤尚書汪鋐，左遷眞定通判歸。穀祥工書畫，持躬峻潔，有清望，隆慶二年卒，年六十八。

王君墓表（皇甫司勳集56/11下，國朝獻徵錄26/96）

祭王吏部穀祥文（皇甫司勳集59/8）

南山頌（袁魯望集7/9下）

題王吏部祿之書樂志論等文（處實堂集7/45下）

皇明世說新語5/30下

姑蘇名賢小紀下/20下

明史287/3下

王瑾，交趾人，初名陳蕪。宣宗爲皇太孫時，選給事左右。及即位，賜姓名，累遷御用太監，從征漢王高煦還，參預四方兵事，賞賚累巨萬。數賜銀記曰忠肝義膽、金貂貴客、忠誠自勵、心跡雙淸。又賜以兩宮人，官其養子，其受寵眷，他人莫逮。景泰中卒。

水東日記34/1

國琛集下/41下

明史304/7

王瑾，東鹿人，驥玄孫。嘉靖中佩平蠻將軍印，鎭兩廣。廣東新寧、新興、思平間，多高山叢箐，亡命者輒入諸猺中，吏不得問，衆至萬餘，瑾誅其魁，悉平諸巢。又平馮天恩等，破巢二百餘。言官劾其暴橫，召還。

明史171/6下

王醇字先民，揚州人。生而慧，讀書如夙識，弱冠善辭賦。性不羈，從季父游長安，日醉市樓，挾妓走馬。會有廠大將軍大閱將士，醇輕裘快馬，馳突演武場，引弓破的，矢矢相屬。大將軍欲擧以冠一軍，笑謝之。後歸廣陵慈雲菴爲僧，有詩集。

王先民詩序（大泌山房集24/30下）

王賢（1385—1467）字惟善，山東寧陽人。永樂九年擧人，授鄢陵訓導。宣德中遷戶科給事中，累官至順天府尹，天順五年致仕，年八十三卒。

王公墓誌銘（姚文敏公遺稿9/13下，國朝獻徵錄75/1）

披垣人鑑5/17

王顧（1342—1430）字可宗，溧陽人。洪武十四年擧孝廉，授和順主簿，調署遼州榆社縣事，後坐累謫滇南十餘年，永樂中陞知泰寧縣，有惠政，卒年八十九。

王公墓誌銘（介菴集13/18）

王震（1460—1541）字威遠，邢臺人。弘治六年進士，累陞河南參政，平群盜，轉布政使。陞應天府尹，致仕歸，年八十二卒。

王公震傳（震川先生集26/335，國朝獻徵錄75/34）

王履字安道，崑山人。學醫於金華朱震亨，盡得其術。工詩文，兼善繪事，嘗遊華山。作圖四十幅，奇秀絕倫，洪武中卒。著有醫經泝洄集、百病鉤玄、醫韻統、傷寒立法考諸書，醫家宗之。

崑山人物志8/3下

國朝獻徵錄78/46無撰人王履傳，78/47李濂撰王履傳

吳郡張大復先生明人列傳稿×/36

明史299/6

王樂（1418—1474）字同節，號恕齋，

廬陵人。正統七年進士，歷大理寺卿，官至刑部尙書。槩所歷多在法司，精習律令，比了決，無宿案，年五十七卒，謚恭毅。有王恭毅叡稿。

王公神道碑銘（商文毅公文集25/1，國朝獻徵錄44/35）
祭王司寇文（彭文思公文集8/20下）
吾學編47/2下
聖朝名世考3/83下
皇明書20/26下
名山藏臣林記39/19
子王臣，成化五年進士
朝元錄詩序（東泉文集1/37下）

王質字孟瑾，泰和人。永樂中由鄉擧爲訓導，擢御史。宣德末歷四川參政，行部惟啖青菜，人呼爲青菜王。累拜刑部尙書，好古博學，居身淸約，爲時所稱。

國琛集上/26下
國朝獻徵錄30/15無名氏撰王質傳
皇明世說新語7/26
皇明書20/26下
名山藏臣林記11/7

王質字上古，山東濟寧人，著藉萬全都司懷來衞。成化二十年進士，除吏科給事中，歷太僕寺卿，官至右僉都御史巡撫貴州。

掖垣人鑑10/27下

王韡，武進人。洪武中知潁上縣，慈祥愷悌，以德化人，時稱良吏。

毘陵人品記6/9下

王緘，文安人，儀子。初儀爲仇鸞所誣，逮訊斥爲民卒，隆慶初緘爲訟寃復官賜邺。緘屢官按察使，分巡遼陽，以知兵名。

明史203/24

王畿（1498—1583）字汝中，號龍溪，浙江山陰人。受業王守仁之門，擧嘉靖十一年進士，歷官武選郎中，夏言斥爲僞學，謝病歸。益務講學，學者稱龍溪先生，年八十六卒。有龍溪全集、語錄、及大象義述。

送王汝中序（方山薛先生全集15/4）
贈王汝中序（石龍集13/17下）
送王龍溪序（海石先生文集19/11）
贈王龍溪序（石蓮洞羅先生文集19/10下）
龍溪王先生六十壽序（訥溪文錄3/1）
壽龍溪王先生七十序（敬所王先生集6/1）
王龍谿老師八十壽序（郊居遺稿5/24下）
王先生墓誌銘（趙錦撰、龍溪全集附錄）
王先生傳（徐堦撰、同上）
祭王龍溪先生文（張陽和不二齋文選5/48）
王龍溪先生告文（李溫陵集11/11下）
龍溪先生文錄抄序（同上11/3下）
明史列傳70/16
明史283/12下

王僎（1424—1495）字廷貴，武進人，忠子。景泰二年進士，授編修，官至南京吏部尙書，弘治八年致仕卒，年七十二，謚文肅。有毗陵志、王文肅集。

送學士王先生之南京翰林院序（東海張先生文集1/10下）
贈南京吏部右侍郎王公序（彭文思公文集3/9下）
奉贈南京吏部尙書王公序（篁墩程先生文集28/2）
祭文肅王公文（徐文靖公謙齋集6/45）
王公神道碑銘（同上7/13，皇明名臣墓銘艮集25）
殿閣詞林記5/16下
毘陵人品記7/9下
國朝獻徵錄27/16黄佐撰傳

王儀（1467—1550）字本一，號立菴，鳳翔人。弘治十八年進士，歷知閿鄉、滄縣，官至河南參議。性直質有氣節，以忤太監張忠下詔獄，謫戍海南，後赦歸，卒年八十四。

王立菴墓碑（丘隅集14/1，國朝獻徵錄92/71）

王儀字克敬，號肅菴，文安人。嘉靖二年進士，歷靈壁、嘉定知縣，擢御史，巡按陝西及河南，劾輔國將軍裕椋，奪爵禁錮。會儀出知蘇州，裕椋潛入都譖之，坐除名。旣而以薦起知撫州，蘇州士民乞還儀，詔許之，治第一。累擢右僉都御史巡撫甘肅，未行，俺答犯京師，詔儀鎭通州，因忤仇鸞部卒，斥爲民，卒年七十八。有吳中田賦錄。

中丞肅菴王公傳（葛端肅公文集17/14，國朝獻徵錄62/68）

明史列傳71/25下

明史203/22下

王德（1517—1558）字汝修，號東華，永嘉人。嘉靖十七年進士，授戶科給事中。定國公徐延德奇無極諸縣閒田爲業，德抗疏劾之。李默長吏部，怒德倨，出爲嶺南兵備僉事，與撫按爭事，落職閒住。鄉居憤倭亂，傾貲募健兒，爲保障計，倭至擊敗之。後復來犯，軍敗，罵賊死，年僅四十二，然倭自是不敢越德鄉。

王東華墓志銘（念菴羅先生集8/1）

王公墓表（弇州山人四部稿94/4下，國朝獻徵錄99/150）

東華王公祠碑（茅鹿門先生文集21/8）

披垣人鑑14/10下

明史290/5下

王德完（1554—1621）字子醇，號希泉，廣安人。萬曆十四年進士，選庶吉士，授兵科給事中，半歲，章十上，率軍國大計。累遷戶科都給事中，以疾歸。後起任工科，數言事，不報。時帝寵鄭貴妃，疏皇后及皇長子，德完上疏言之，帝大怒，立下詔獄，廷杖百，除其名。光宗立，召爲太常少卿，擢左僉都御史。初德完直聲震天下，及居大僚，持論每與鄒元標異，時論惜之。官終戶部左侍郎，卒年六十八。

王公墓誌銘（蒼霞餘草10/1）

明史列傳84/39

明史235/14

王德明（1482—1537）字宗周，號一泉，淸苑人。正德三年進士，授封丘知縣，調嘉善，進戶部主事，累官右僉都御史巡撫山西，坐免歸，卒年五十六。

王公墓誌銘（洹詞11/47）

王公墓表（崔東洲集18/1，國朝獻徵錄63/66）

王德新字應明，安福人。萬曆間進士，補刑部主事。工部尙書何起鳴被劾，侍中官爲援，力訐都御史辛自修，冀留用。諸御史交章論起鳴，因被譴，德新抗疏爭之，下詔獄，究主使者，刑甚酷。德新厲聲曰，死耳。終不誣他人，斥爲民。久之，擢光祿丞，母憂歸卒。

明史220/17下

王徵（1571—1644）字良甫，又字葵心，涇陽人。天啓二年進士，官至登萊監軍僉事，尋告歸。李自成陷西安，脅使効力，引佩刀自矢，不肯赴。聞京師失守，七日不食死，年七十四，學者私諡端節先生。有兩理略、奇器圖說、諸器圖說、了心丹、百子解、學庸解、天問辭，士約、兵約、元眞人傳、歷代發蒙辨道說、山居咏諸集。

啓禎野乘11/3

天啓崇禎兩朝遺詩傳6/225

明史294/24

王徵俊字夢卜，陽城人。天啓五年進士，授韓城知縣，流賊來犯，禦却之，坐大計謫歸德照磨。移滕縣知縣，累陞右參政，以憂歸。崇禎十七年賊陷陽城，繫之獄，士民爭頌其德，賊乃釋之，抵家投環卒。

明史294/24下

王穉登（1535—1612）字百穀，號玉遮山人，吳郡人。十歲能詩，名滿吳會。吳門自文徵明後，風雅無定屬，穉登嘗及徵明門，遙接其風，擅詞翰之席者三十餘年。同時山人布衣，以詩鳴者十數，穉登爲最。萬曆中徵修國史，未上而史局罷，卒年七十八。有吳郡丹靑志、奕史、吳社編、及尊生齋等集。

王百穀先生墓志銘（大泌山房集88/1）

王徵君百穀先生墓表（賜閒堂集22/42下）

祭王百穀文（同上34/34下）

王徵君傳（石語齋集20/4）

才難篇（大泌山房集35/1）

王百穀謀野乙集序（來禽館集20/4）

竹箭編序（白榆集1/3）

靖江朱氏族譜序（白榆集2/18下）

明史288/4下

父王守愚（1496—1564）

王處士墓碑（大泌山房集112/36下）

兄王穉豐、號晴川

贈王晴川六十序（弇州山人續稿38/3）

妻陸氏

陸令人墓碣銘（來禽館集16/18）

王濂（1314—1370）字習古，鳳陽定遠人。太祖用爲執法官，決獄平允，歷浙江按察僉事。災異求言，濂具陳民瘼，太祖爲之緩征，洪武三年卒，年五十七。太祖語李善長曰，濂有王佐才，今死，朕失一臂矣。

王府君墓誌銘（宋學士文集32/11下，國朝獻徵錄84/89）

明史列傳14/13

明史135/7下

王激（1476—1537）字子揚，又字泓揚，號鶴山，永嘉人。嘉靖二年進士，歷官至國子監祭酒，卒年六十二。有文江集、鶴山詩文集。

王公墓志銘（石蓮洞羅先生文集22/28）

奠王鶴山司成文（泉翁大全集58/18下）

父王鉦（1450—1536）字九思。

王公墓志銘（遵巖先生文集13/1）

王凝字道甫，號毅菴，湖廣宜城人。嘉靖卅五年進士，歷右副都御史巡撫雲南，官至兵部侍郎。

祭少司馬王毅菴公文（紫園草7/12下）

父王□，號觀吾

壽封翁觀吾王年丈六十序（張太岳文集7/9下）

王謙（1347—1411）字之常，號損菴，吳縣人。不樂仕進，教授鄉里，永樂九年卒，年六十五。

吳下冢墓遺文3/25朱逢吉撰王公墓誌

王遴（1523—1608）字繼津，霸州人。嘉靖廿六年進士，官兵部員外郎，同官楊繼盛劾嚴嵩論死，遴爲資饘粥，且以女字其子。嵩大恚，摭他事下之獄，事白，復官。及繼盛死，收葬之。累官兵部右侍郎，張居正當國，移疾歸。居正沒，起歷工戶兵三部尙書，遇事頻執爭，爲中官所嫉，搆罷之。年八十六卒。謚恭肅。

壽大司馬繼津王公榮躋八袠序（愼修堂集12/1）

明史列傳76/5

明史220/7下

王燁（明史作曄）字韜孟，號愣菴，金壇人。嘉靖十四年進士，官吏科給事中。以論嚴嵩罷官。在臺嘗劾罷方面官三十九人，直聲甚著，官終山東僉事。有愣菴集。

愣菴王公傳（方麓居士集10/12，國朝獻徵錄95/112）

明史210/4

王憲字維綱，號荆山，東平人。弘治三年進士，武宗時累官兵部尙書。嘉靖間爲三邊總制，有破敵功。復爲兵部尙書，小王子入寇，條上平戎及諸邊防禦事宜，卒謚康毅。

司馬王公別號荆山記（東川劉文簡公集15/45下）

贈少司馬荆山王公隨駕南征序（淩谿先生文集13/11下）

送南京大司馬荆山王公入掌內臺序（張文定公紆玉樓集3/30下）

賀大司馬王公征虜奏績序（涇野先生文集5/1）

祭大司馬荆山王公文（胡莊肅公文集6/104）

祭大司馬王公（陳文岡先生集13/12）

祭荆山王公文（黃譚先生文集7/22下）

四友齋叢說6/3

名卿續紀4/11

國朝獻徵錄39/34無撰人王公傳

明史列傳69/2下

明史199/3

王璡字器之，山東日照人。博通經史，尤長於春秋。初爲教授，洪武末以薦授寧波知府，夜四鼓卽秉燭讀書，問諸學課諸生。燕師臨江，璡造舟艦謀勤王，爲衛卒縛至京。成祖問造舟何爲，對以欲泛海趨瓜州阻師南渡耳。帝亦不罪，放歸，以壽終。

題埋樊太守傳贊後（董山文集13/3）

吾學編56/23

革朝遺忠錄下/34

遜國正氣紀7/8

皇明世說新語3/3

國朝獻徵錄85/6無撰人王璡傳

皇明表忠紀7/9

皇明書32/5

明史列傳20/20下

明史143/13下

王璣（1490—1563）字在叔，號在菴，

浙江西安人。嘉靖八年進士，授兵科給事中，陞山東僉事，仕至右僉都御史巡撫淮陽，招撫流移，開墾營田，卅二年被論罷官歸，年七十四卒。

贈王給事陞任山東僉事敍（陳后岡文集×/1）

在菴王公墓表（龍谿王先生全集20/74下）

掖垣人鑑13/18

國朝獻徵錄59/127無撰人王璣傳

父王文暉，（1456—1544）號吉菴

壽封僉事吉菴王先生暨配王宜人序（世經堂集12/1）

吉菴王公墓表（同上19/8下）

王璟字廷釆，沂州人。成化八年進士，歷兩京御史，弘治間拜右僉都御史，理兩浙鹽政，賑荒浙江，奏行荒政十事，多所全活。後撫山西，製火鎗萬餘，鎗藏箭，傳以毒藥，用以禦寇，寇不敢西。官至左都御史，嘉靖十二年卒，諡恭靖。

國朝獻徵錄54/90無撰人王公璟傳

明史列傳56/6

明史186/30

王璠（1457—1509）字廷瑞，號休菴，陝西鞏昌人。成化二十年進士，授戶部主事，陞郎中，出爲山西參議，以流言黜歸。晚年僑寓揚州，日與名士大夫，倘徉山水，談詩飲奕，年五十三卒。

休菴王公傳（涇野先生文集34/17下）

王公墓表（邵寶撰、國朝獻徵錄97/51）

王翰字時擧，夏縣人。元末隱居中條山，入明爲周王橚長史，王有異志，翰諫正弗納，度不可爲，卽斷指佯狂去。後起翰林編修，謫廉州教授，値羌亂，死節。著有敝帚集、梁園寓稿。

國徵朝獻錄100/67無撰人王翰傳

明史124/9下

王豫字用誠，河南祥符人。景泰五年進士，除禮科給事中，奉使安南，却其餽贐，交人歌頌之。歷湖廣參議政仕，年六十三卒。

掖垣人鑑6/24下

國朝獻徵錄88/38李濂撰王公豫傳

王樸，楡林衞人。父威官左都督，樸以廕累遷京營副將。崇禎六年賊躪畿南，爲總兵官，屢有斬獲，擢大同總兵，進左都督。十五年以救錦州首逃，下獄死。

明史272/8

王樵（1521—1599）字明遠，號方麓，金壇人，臬子。擧嘉靖廿六年進士，歷刑部員外郎，著讀律私箋，甚精核。遷山東僉事，移疾歸。萬曆初張居正柄國，起補浙江僉事，擢尙寶卿。劉臺劾居正，居正乞歸，諸曹奏留之，樵獨請全諫臣以安大臣，居正大恚，出爲鴻臚卿。後擢右都御史，年七十九卒，諡恭簡。樵恬澹誠慤，溫然長者。邃經學，易書春秋皆有纂述，又有方麓居士集。

賀鴻臚卿方麓王公六袠序（華陽洞稿4/3下）

壽方麓王老先生七十序（玉茗堂全集1/6下）

方麓王公行狀（焦氏澹園集33/27下）

祭御史大夫方麓王公（同上35/30下）

祭大中丞南掌院方麓王公文（快雪堂集21/12）

毛詩本義序（大泌山房集7/11）

明史列傳77/7下

明史221/7下

王檞徵，安陽人。由鄉擧歷官蒲州知州，忤豪宗，謝事歸，爲賊所執，傳詣李自成，道憤恨不食死。

明史294/26

王興宗，故隸人，太祖以爲金華知縣，李善長、李文忠皆以爲不可。太祖曰，興京從我久，勤廉能斷，儒生法吏莫先也。居三年，果以治行聞。累擢河南布政使，益勤其職，卒官。

明史列傳18/6

明史140/4

王興福，隨人。洪武間守徽州，有善政，遷杭州。杭初附，人心未安，興福善撫輯，民甚德之。擢吏部尙書，坐事左遷西安知府卒。

明史列傳18/7

明史140/5

王還（1395—1464）字景陽，號愼菴，浙江山陰人。永樂十六年進士，選庶吉士，授刑部主事，歷陝西布政使。正統十四年也先南犯，召爲右副都御史守正陽門，嚴飭備禦，虜不敢近。歷巡撫河南湖廣，致仕歸，年七十卒。

王公墓表（姚文敏公遺稿9/23，國朝獻徵錄60/12下）

國朝獻徵錄60/12實錄本傳

王衡字文旋，閩縣人。景泰五年進士，授監察御史，巡按貴州，振擧綱紀，風裁凛然。

賀御史王君二親受封序（呂文懿公全集8/32下）

王衡字辰玉，號緱山，太倉人，錫爵子。擧萬曆廿九年進士，官編修，負才早卒。有緱山集及鬱輪袍等雜劇。

祭王辰玉（松圓偈菴集下/22）

祭王緱山文（瞿冏卿集8/17）

明史218/8下

妻周氏

周氏墓誌銘（七錄齋文集5/17）

王錫，山西翼城人。永樂六年擧人，宣德二年由鄢縣教諭陞戶科給事中，正統中仕終通政司右通政。

掖垣人鑑5/16下

王錫，新建人。崇禎十三年進士，除巴縣知縣，嘗殲土寇彭長庚之黨，又斬搖黃賊魁馬超，後賊蒙巨板穴城，錫以熱油灌之，賊多死，及被執不屈，被烙死。

明史263/15下

王錫袞，祿豐人。天啓二年進士，選庶吉士，授檢討，崇禎間累官吏部尙書，以憂歸。唐王立，拜禮部尙書兼東閣大學士，永明王立，申前命，皆不赴。土酋沙定洲作亂，執至會城，詭草錫袞疏上永明王，請以定洲鎭雲南，錫袞大恨，籲天祈死，數日竟卒。

明史279/10

王錫侯（1558—1624）字康國，號嶠海，福清人。萬曆十七年進士，授邢卅司理，著能聲，以忤上官被劾歸。天啓中起爲高州府推官，未赴卒，年六十七。

王公墓志銘（蒼霞餘草11/22）

王錫爵（1534--1610）字元馭，號荆石，太倉人。嘉靖四十一年會試第一，廷試第二，授編修。萬曆初掌翰林院，張居正奪情，將廷杖吳中行等，錫爵造居正喪次切言之，進禮部右侍郎。居正甫歸治喪，九卿亟請召還，錫爵獨不署名。累官禮部尙書，兼文淵閣大學士，首請禁諂諛，抑奔競，戒虛浮，節侈靡，闢橫議，簡工作，帝咸褒納。時册立久不行，錫爵切諫，不報。及爲首輔，以擬三王並封旨，爲言官所攻，乃自劾乞罷，不許，改吏部尙書，萬曆卅八年卒，年七十七，諡文肅。有王文肅集及疏草。

靖儲遯疏序（蒼霞餘草7/1）

壽太保王公六十序（賜閒堂集15/13）

壽宮傅王公七十序（同上14/3下）

壽元輔荆石王公七袠序（朱文懿公文集4/11）

壽太倉王相公七袟帳詞（鹿裘石室集52/17）

元輔荆石王先生七十壽序（焦氏澹園集18/9）

王公行狀（焦竑撰、王文肅公文草14/49下，國朝獻徵錄17/157）

王公神道碑（蒼霞續草14/1，王文肅公文草14/12）

王公墓誌銘（賜閒堂集30/1，王文肅公文草14/1）

王文肅公年譜（王衡、王時敏撰，淸刊王文肅公文草附刻本）

王文肅家傳（大泌山房集64/1，王文肅公文草14/21下）

王文肅公傳（馮時可撰、王文肅公文草14/37）

祭太保王公文（賜閒堂集34/1）

祭王荆石師相（陳眉公先生全集47/1）

詞林合祭荆翁王相公文（寶日堂初集17/4下）

王文肅課孫稿序（七錄齋文集1/44下）

王文肅課孫稿序（無夢園遺集3/12）

皇明世說新語8/29

明史218/4下

父王夢祥（1515—1582）字奇徵，號愛荆。

奉贈侍讀學士王公暨元配吳淑人榮封序（弇州山人續稿33/12）

王府君行狀（同上139/1）

王公神道碑銘（賜閒堂集20/9下）

王公墓誌銘（同上23/27）

王公偕配吳氏合葬墓志銘（同上29/1）
妻朱氏（1533—1563）
一品朱夫人傳（穀城山館文集27/40下）
女王燾貞，號曇陽。
曇陽大師傳（弇州山人續稿78/1）

王錡（1432—1499）字元禹，號葦菴，別號夢蘇道人，長洲人。著有寓圃雜記。弘治十二年卒，年六十八。
王葦菴處士墓表（匏翁家藏集74/14）
吳中人物志9/25下
母滕氏（1408—1494）
王節婦墓表（匏翁家藏集75/11）

王縉（1492—1550）字朝儀，其先廬陵人。襲父職爲西安後衛副千戶，累以戰功陞右軍都督府都督僉事，拜征西將軍總兵官，鎭守寧夏，嘉靖廿九年卒官，年五十九。
國朝獻徵錄108/52無撰人王公墓志銘

王縝字文哲，東莞人。弘治六年進士，選庶吉士，授兵科給事中，彊直敢言。世宗時累遷右副都御史，巡撫蘇松諸府，平江西賊，官終戶部尙書。
送都諫王文哲詩並序（泉翁大全集14/9下）
贈都憲王公巡撫南畿序（東泉文集2/7下）
掖垣人鑑11/11
國朝獻徵錄31/66黃佐撰王公傳
明史列傳65/2下
明史201/2下

王勳，湯陰人。以太學生銓授涂水知縣，明於聽斷，衆稱其才，尤有廉名。歷知汾州，罷歸卒。
國朝獻徵錄89/75郭朴撰知州王勳傳

王積（1492—1567）字子崇，號虛齋，太倉人。正德十六年進士，歷官廣東參議，以憂歸。後補官，恥謁要人，久不得調，至鬻衣自給，乃上書乞休。除陝西參議，累晉副都御史巡撫山東，爲政持大體，吏民懷畏。官終兵部右侍郎，卒年七十六。
虛齋王公行狀（弇州山人稿100/5下，國朝獻徵錄43/55）

王學曾字唯吾，南海人。萬曆五年進士，授醴陵知縣，調崇陽。擢南京御史，累言事忤旨，降興國判官。後遷光祿丞，與少卿涂杰疏爭三王並封，削籍歸，卒於家。
明史列傳84/33下
明史233/13
父王兆禎
王贈君兆禎傳（弇州山人四部稿68/12）

王學夔字唐卿，號兩洲，安福人。正德九年進士，以吏部主事諫南巡受杖。嘉靖初奏請裁戚畹，又申救言官。歷考功文選郎中，廉謹爲時所稱。累官南京吏禮兵三部尙書，致仕卒，謚莊簡。
平寇懋庸序（雲岡公文集9/18）
南京吏部尙書致仕兩洲王公七十序（存笥稿6/6下）
皇明書26/27下
明史列傳71/27
明史203/24

王濬字克深，廣平威縣人。成化二年進士，累官南京僉都御史。
送南京僉都御史王君序（彭文思公文集3/19）
祭王都憲克深（黎陽王襄敏公集4/91）

王濬（1464—1507）字禹勳，上元人，鎭子，憲宗純皇后之季弟。成化十八年授錦衣百戶，累進都督同知。正德二年以外戚恩封安仁伯，尋卒，年四十四。
國朝獻徵錄3/28楊廷和撰王公墓誌銘
明史300/15下

王濟字汝舟，烏程人。成化十七年進士，累遷武庫郎中，出知臨安府。府多奇貨，夷民雜居，競起爲盜，濟廉得之，遏其亂源，屏諸奇貨，盜患以息。卒年八十三。
王公墓表（袁永之集16/31下）

王濟字伯雨，號雨舟，烏程人。以太學生授廣西橫州判官，嘗采其風土物宜與域中異者類爲一編，曰君子堂日詢手鏡。以母老乞歸，與劉麟、孫一元等結社，登臨觴詠，嘉靖十九年卒。有浙西倡和、谷應水南詞、和花蕊夫人宮詞等。
國朝獻徵錄101/116劉麟撰王君墓誌銘，又101/118張寰撰王君行狀

王鴻漸字懋德，號淯南，鴻儒弟。弘治

十七年河南解元，登嘉靖二年進士，累官山東布政使，以廉靜稱。

送濟南王公任山東右布政使序（涇林集4/33）
南陽二王先生祠記（嚴文靖公集4/7下）
明史255/7

王鴻儒字懋學，號凝齋，南陽人。少工書，家貧，爲府書佐。舉成化廿三年進士，授南京戶部主事，累擢山西副使。武宗時遷南京戶部尙書，淸正自持，爲學務窮理致用，爲世所推。正德十四年宸濠反，憤懣疽發背卒，諡文莊。有凝齋筆語、凝齋集。

送南京少司徒王公入爲少宰序（整菴先生存稿6/7）
南陽二王先生祠記（嚴文靖公集4/7下）
王公傳（袁袠撰，皇明名臣墓銘艮集54，皇明獻實36/4下）
吾學編41/6下
國琛集下/25下
聖朝名世考3/90
皇明世說新語5/15，7/14
國朝獻徵錄31/56朱睦㮮撰傳
皇明書25/2
名山藏臣林記20/4下
明史列傳53/21下
明史185/14下
明儒學案7/9下

王謙字益夫，武進人。幼聰穎，三歲能誦孝經，及長博聞強記，卒業太學。試中書舍人，歷吏部郎中，遷南京太常少卿。英宗復辟，復舊職。後出守夔州，政化大行，夔人畫像祀之。

毘陵人品記6/16下

王謙字牧之，號冰壺道人，錢塘人。工畫梅花，有淸奇雄逸之致。

圖繪寶鑑6/6下

王謙，蒲州人，崇古子。萬曆五年進士，官工部主事，榷稅杭州。羅木營兵變，脅執巡撫吳善言，謙馳諭之，乃解。仕終太僕寺卿。

明史222/12

王應元，武隆人。力農養父，父醉臥，家失火，應元自外趨烈焰中，竟不能去，抱父死。

明史297/20

王應豸，掖縣人。爲戶部主事，諂魏忠賢，甫三歲，驟至右都御史，巡撫薊遼，以尅餉致薊卒鼓譟。應豸置毒飯中，欲誘而盡殺之，諸軍復大亂。帝命巡按廉得實，論死。

明史248/8下

王應電字昭明，崑山人。受業魏校，好周禮，覃精十數載，成周禮傳詁數十卷。又精字學，有同文備考、書法指要，六義音切等書。

國朝獻徵錄115/103郭子章撰王應電傳
皇明書37/12
明史282/29下

王應熊字非熊，號春石，巴縣人。萬曆四十一年進士，崇禎間拜禮部左侍郎。博學多才，熟諳典故，而性谿刻強很，人多畏之。周延儒、溫體仁援以自助，擢禮部尙書，兼東閣大學士，屢爲言路所攻，帝皆不問，後乞休去。福王立，改兵部尙書，專辦川寇，兵敗，遁入永寧山中，卒於畢節。

五十輔臣考2/41
明史253/1

王應鍾字懋復，人稱雲竹先生，侯官人。嘉靖廿年進士，選庶吉士，擢御史，官至河南參政致仕。有缶音集。

王雲竹先生集序（二酉園續集2/19）

王應麟（1545—1620）字仁卿，號玉沙，福建漳浦人。萬曆八年進士，授溧陽令，官至右副都御史巡撫應天，卒年七十六。

溧陽令王侯去思記（弇州山人續稿63/13下）
王公行狀（群玉樓集52/13）
祭王中丞文（同上55/3，55/5）

王臨亨字止之，崑山人。萬曆十七年進士，授浙江西安令，發奸擿暴，無敢貪緣爲非者。遷刑部主事，陞郎中，時緹騎多羅織，臨亨得情必平反之，擢知杭州府，便道歸卒，年四十八。

吳郡張大復先生明人列傳稿×/139

王勵精，蒲城人。崇禎中由選貢生，授廣西府通判，仁恕善折獄，遷知崇慶州，多善政。十七年張献忠陷成都，勵精登樓，縛利刃柱間，置火藥樓下，聞賊騎渡江，命擧火，火發，觸刃貫胸死。

明史295/12

王懋字昭六，咸寧人。正德十二年進士，授行人，諫武宗南巡，謫國子學正。嘉靖初擢御史，以請䘏議禮杖死諸臣，謫四川成縣典史，累陞南京戶部員外郎。

明史161/13下

母張氏（1446—1531）

張氏墓誌銘（涇野先生文集26/5）

王懋（1537—1597）字德孺，號守原，蕪湖人。嘉靖四十三年擧人，萬曆中授湖州郡丞，歷刑部員外郎，讞獄多所平反，卒於官，年六十一。

國朝獻徵錄47/58澹園集王公墓誌銘

王懋德，廣東文昌人。隆慶二年進士，由南京比部郎出知金華，歷江西副使，官至福建參政，以廉稱，得疾歸，卒於道。

王氏父子却金傳（王奉常集16/6下，國朝獻徵錄90/40）

王聰，蘄水人。以燕山中護衛百戶從成祖起兵，以功累遷都指揮使，封武城侯。永樂七年從丘福出塞，福輕敵深入，聰諫不聽，戰死，謚武毅。

吾學編19/34下

皇明功臣封爵考6/47

明史列傳21,15

明史145/12下

王徽（1428—1510）字尚文，號辣齋，南京人。擧天順四年進士，除南京刑科給事中，憲宗初與同官王淵等疏陳四事，極言古今宦豎之害，因論中官牛玉奸欺，宜重譴。謫普安州判官，終陝西參議，正德五年卒，年八十三。

王公墓誌銘（柴墟文集9/3，國朝獻徵錄94/34）

王先生墓表（李東陽撰，國朝獻徵錄94/32）

名山藏臣林記12/28下

明史列傳49/2下

明史180/2下

妾吳氏（1450—1524）

吳氏墓誌銘（息園存稿文5/24）

王翱（1384—1467）字九皋，鹽山人。永樂十三年進士，選庶吉士，正統時歷官都御史，出鎮江西陝西。改督遼東軍務，又改兩廣，皆有異績。景泰四年入爲吏部尙書。英宗復辟，眷顧益厚，召對便殿，稱先生而不名。翱剛明廉直，憂國奉公，忘情恩怨，爲時名臣。成化三年卒，年八十四，謚忠肅。

贈王行人出使江廣序（王文端公文集22/19下）

王公行狀（姚文敏公遺稿9/1）皇明名臣琬琰錄后集9/1）

記王忠肅公翱三事（涌幢5/21下）

水東日記5/1

皇明獻實16/3

吾學編37/3

國琛集上/36

四友齋叢說9/3

守溪筆記×/15

聖朝名世考3/26

國朝獻徵錄24/30永平志傳

皇明世說新語1/6，1/26下，3/3，3/10，3/19下，3/22下，3/32下，4/5下，4/18下，7/15，7/23

皇明書20/13下

名山藏臣林記9/36

明史列傳46/1

明史177/1

王鍾字公虛，松江華亭人。洪武中起家爲椽，坐事戍遼東，用薦屢官燕府紀善。靖難兵起，鍾侍世子守北京，恭愼小心，甚爲世子所重。成祖卽位，歷陞戶部侍郎。鍾爲人端厚沈靜，臨事無流滯，僚吏多服其能。

國朝獻徵錄30/3無名氏撰傳

王績燦字偉奏，安福人。天啓五年進士，授興化知縣。崇禎中以治行高等擢御史，與給事中鄧英陳奸吏私派之弊，又進賜環起廢容諫三說。後以薦李邦華、劉宗周、惠世揚等獲罪去。

明史258/14

王謳字舜夫，陝西白水人。正德十二年進士，官工部主事，遷刑部員外郎，歷山西僉事，以疾歸卒，年纔卅六，有王彭衙詩集。

王舜夫集序（對山集13/50下）

王諴（1528--1591）字體文，號東川，河南穎川人。嘉靖四十一年進士，由保定府推官選吏科給事中，歷官湖廣參議、浙江僉事，以疾告歸，年六十四卒。

王公墓碑（大泌山房集112/1）

掖垣人鑑14/48下

王燾字濬仲，崑山人。少孤貧，爲人後，族人有謀其產者，燾舉以讓之，迎養嗣祖母及母惟謹。萬曆四十六年舉於鄉，崇禎初任隨州知州，十一年死於張獻忠之難，謚忠愍。

啓禎野乘11/11

天啓崇禎兩朝遺詩小傳2/76

崑山殉難錄4/10下

明史292/14下

王鏊（1450--1524）字濟之，吳縣人。成化十年應應天鄉試，明年試禮部皆第一，授編修。弘治時歷侍講學士，充講官。時中貴李廣導帝遊西苑，鏊講文王不敢盤於遊田，反覆規切，帝爲動容。正德初累進戶部尚書文淵閣大學士，時劉瑾銜韓文、劉大夏，欲殺之，又欲以他事中劉健、謝遷，鏊力救得免。未幾以志不得行力求去。鏊博學有識鑒，文章爾雅，議論明暢，嘉靖三年卒，年七十五，謚文恪。有姑蘇志、震澤集、震澤長語及紀聞等。

祭王文恪公文（祝氏集略20/11）

祭守溪王閣老文（五龍山人集10/6）

王文恪公傳（甫田集28/1）

王文恪公傳（王文成公全書25/719）

王文恪公家藏稿序（礬玉集10/1）

皇明獻實31/6

吾學編44/3

殿閣詞林記2/24下

四友齋叢說15/2下

聖朝名世考2/33下

皇明世說新語2/17，3/34下，4/4下，7/27

姑蘇名賢小紀上/29

皇明書18/1

名山藏臣林記15/39

明史列傳50/22

明史181/21

父王琬（1420—1503），字朝用，以字行，號靜樂，官光化縣令。

萃善堂詩序（謝文莊公集3/7下）

封右諭德靜樂王先生八十壽詩序（懷麓堂文後稿2/12）

王公墓志銘（匏翁家藏集64/11下）

王翹（1505--1572）字時羽，一字叔楚，嘉定人。少爲諸生，長圖繪詩韻，詩宗孟郊，畫工草蟲與竹，有求者必應。酒酣濡筆，無不滿意，隆慶六年卒，年六十八。

王山人墓志銘（徐氏海隅集文編17/29下）

祭王叔楚文（同上33/11）

王翹傳（簡平子集10/15）

跋王叔楚畫卷（歸有園稿14/4）

王藎字惟忠，山東濰縣人，著籍錦衣衛。舉弘治九年進士，嘉靖中歷右副都御史巡撫四川、陝西，官終工部侍郎。

送都御史王公移鎮陝西序（空同子集53/1下）

王彝字常宗，號媯蜼子，本蜀人，後徙嘉定。少孤貧，讀書天臺山中，師事王貞文，得蘭谿金履祥之傳。洪武初以布衣召，與修元史，以薦入翰林，乞歸。魏觀守郡，彝嘗爲觀作文，觀得罪，連坐死。有王常宗集。

王彝傳（曝書亭集62/3）

崑山人物志9/6下

吳中人物志7/28，10/23

明史285/13

王爵字錫之，泰州人。從周蕙遊，弘治初由國學生授保安州判官，有平允聲。其教門人，務以誠敬爲本。

明史282/11

明儒學案6/12

王穡字希稷，泰和人，直子。以薦授泰和訓導，遷南京國子博士，累官翰林檢討掌南院事，卒年六十二。

送王博士還南監序（謚忠文古廉文集5/11下）

王公墓誌銘（蕭鎡撰、國朝獻徵錄23/20）

王簡（1402—1449）字一居，上元人。幼孤貧，從神樂觀師楊用經爲道士，選補太常樂舞生，累陞太常少卿，正統十四年扈從北征，還至土木，遇難，年四十八。

王君一居墓誌銘（芳洲續集4/22）

王鎮字克安，上元人，憲宗純皇后父。成化初授金吾右衛指揮使，累進右都督。爲人厚重清謹，雖榮寵不改其素，有長者稱，成化十年卒，追封阜國公，謚康穆。

明史300/14下

妻段氏（1422—1510）

王母段氏合葬墓志銘（懷麓堂文後稿30/3）

王鎬字宗周，灤州人。嘉靖八年進士，授大理評事，擢監察御史，歷湖廣布政使，官至右僉都御史巡撫寧夏致仕，隆慶二年卒。

國朝獻徵錄63/127永平志傳

王爌字存納，黃巖人。弘治十五年進士，授太常博士，選工科給事中，嘉靖中累官南京右都御史。守備中官進表，率以兩御史監禮。爌曰中官安得役御史，止之。入朝謁內閣夏言，言倨甚，大臣隅坐，爌獨引坐正之。與御史潘壯不相能，壯坐大獄，詔爌提問，力白壯罪至忤旨，人稱長者，嘉靖卅三年卒。

應天府尹王公生祠記（息園存稿文4/10）

送少司寇南渠王公得告榮養序（張文定公紆玉樓集3/25）

冰廳劄記（徐氏海隅集文編14/15）

掖垣人鑑12/11

國朝獻徵錄64/23京學志傳

明史列傳65/12下

明史201/8

曾祖王全祿（1359—1431）字伯永。

處士王公墓表（泉翁大全集62/20）

父王玭（1432—1509）字永潭，號病隱。

病隱處士王君墓表（東川劉文簡公集19/12）

王寵（1494—1533）字履仁，後字履吉，號雅宜山人，長洲人，守弟。以諸生貢太學，工書畫，文徵明後推第一，年四十卒，有雅宜山人集。

春夜話別序（休屋集12/1下）

石湖草堂記（同上14/2下）

越溪莊圖記（弇州山人續稿60/1）

王履吉墓誌銘（甫田集31/1，雅宜山人集10/21，國朝獻徵錄115/86）

祭王履吉文（息園存稿文6/33）

祭王履吉文（袁永之集17/40下）

王履吉文集序（鳥鼠山人集12/26）

王履吉伯仲雜柬跋（少室山房類稿108/11）

四友齋叢說15/8，15/13下，26/12

國寶新編×/12下

姑蘇名賢小紀下/15

名山藏95/16

王雅宜年譜（淸翁方綱編，藝文雜誌創刊號）

明史287/3

王麒（1463—1528）字仁瑞，鳳翔人。弘治十二年進士，除知吳橋縣，以法令飭治，民敬畏之。不三年，爲州守詿誤罷歸，即脫棄其事，日徜徉里閈，奕棋賦詩以終，年六十六。

王君墓誌銘（對山集18/3下）

王璽（1416—1492）字廷用，號貞齋，盩厔人。正統六年舉人，授武陟儒學訓導，改荆門，陞武陟知縣，擢湖廣道監察御史，持憲嚴明。官至襄陽知府，弘治五年卒，年七十七。有貞齋集。

王公墓誌銘（王端毅公文集6/1）

祭盩厔王公璽文（同上3/12）

妻鞏氏（1421—1513）

恭人鞏氏墓志銘（渼陂集12/6）

鞏氏墓碣（涇野先生文集30/13）

王璽，太原左衛指揮同知。成化間以戰功累進都指揮同知，充總兵，鎭寧夏、甘肅及大同，授都督同知。璽習韜略，諳文事，勇而有謀，在邊二十餘年，爲番人所憚，弘治初卒。

明史列傳45/7

明史174/10下

王璽字廷信，四川合州人。成化廿三年進士，除戶科給事中，歷官湖廣參議。

掖垣人鑑10/30下

母祝氏（1418—1489）

王母孺人輓詩序（東川劉文簡公集8/21）

王壐字子信，號見竹，江西南豐人。嘉靖四十四年進士，選庶吉士，授工科給事中，歷太平知府，屢官廣東按察使，致仕歸卒。

提學副使王壐誥命（鍾台先生文集2/13下）

掖垣人鑑15/4下

王瓊（1459—1532）字德華，號晉溪，太原人。成化二十年進士，正德初歷戶部侍郎，爲人有心計，善鉤校，進兵部尙書，厚事錢寧、江彬等，因得自展。世宗時督陝西三邊軍務，功最多。性險忮，與彭澤相中傷不已，亦迭爲進退。嘉靖十一年卒，年七十四，諡恭襄。有晉溪奏議、漕河圖志，椽曹名臣錄、北邊事蹟、西番事蹟等。

賀少傅大司馬晉溪王公璽書奬勞序（紫巖文集24/9下）

奉賀太子太保兵部尙書晉溪王公平土番序（皇甫少玄集24/1）

王公神道碑銘（霍韜撰、國朝獻徵錄24/106）

祭襄惠王公文（涂水先生文集5/8）

祭晉溪公文（蘇門集8/10下）

名卿續紀4/3

四友齋叢說6/1，6/2，6/3，6/4，6/6

皇明世說新語2/1，2/17，3/35下，3/36，4/7，4/12，4/14下，4/26，8/4，8/18下

明史列傳33/15

明史198/8

母任氏（1429—1509）

任氏墓誌銘（容春堂別集7/1）

王襞（1511—1587）字宗順，號東崖，泰州人，艮子。艮開講淮南，襞相之。艮沒，遂繼父講席，往來各郡，萬曆十五年卒，年七十七。有東崖遺集。

東厓先生年譜紀路（王翹楚、王翹林撰，東厓先生遺集上/1）

東厓先生行狀（王元鼎撰，同上下/48）

王東厓先生墓誌銘（焦氏澹園集31/27，國朝獻徵錄114/51，東厓先生遺集下/54）

明儒學案32/11下

王鵬字萬里，河南祥符人。成化七年舉人，卒業太學，弘治二年授靑州府同知，改濟南，陞衡州知府，詢民隱，以洗寃澤物爲己任。致仕歸，嘉靖七年卒，年八十餘。有洗寃叙述錄。

國朝獻徵錄89/13祥符文獻志傳

王瀹，字子淸，太康人，鈍子。永樂四年進士，仁宗時遷鄭王府長史，數以禮諫王。嘗擬荀卿成相篇，撰十二章以獻，語甚切，與王不合，召改戶部郎中。英宗即位，擢戶部右侍郎，巡撫浙江，乞歸卒，年七十四。有退菴集。

國朝獻徵錄30/10朱睦㮮撰王公瀹傳.

明史列傳27/2下

明史151/4下

王獻字惟臣，號退菴，仁和人。景泰二年進士，與狀元柯潛等廿八人同進學東閣，賜居第，授修撰。歷陞至太常寺卿兼侍讀學士，卒於官。獻工古文詞，有退菴文集。

王公墓誌銘（王偁撰、皇明名臣琬琰錄后集13/13，國朝獻徵錄20/42）

父王智字汝民

脩撰王惟臣父輓詩序（姚文敏公遺稿6/23）

王獻（1487—1547）字惟從，號南灃，又號木石子，咸寧人。嘉靖二年進士，歷官山東巡察海運副使。元時因海運別開河道，由麻灣抵海倉以達直沽，遇石而止，獻於其西燒石開道，未竟，適遷去，功遂不成，乃叙其案牘爲膠萊新河議，卒年六十一。

王公墓誌銘（少華山人續集12/3下，國朝獻徵錄97/43）

王獻臣字敬止，吳縣人。弘治六年進士，擢御史，巡按大同，坐事爲東廠所誣，謫廣東驛丞，官終永嘉知縣。因大弘寺廢地營別墅，後其子以博失之，歸里中徐氏，即拙政園也。

送侍御王君左遷上杭丞叙（甫田集16/3下）

王氏敕命碑陰記（同上18/10）

明史列傳55/27下

明史180/34

王繼（1433—1503）字述之，號栲菴，河南祥符人。成化二年進士，授監察御史，

按事廉明，歷山西按察布政使，仕終南京兵部尚書，參贊機務，卒於官，年七十一。

國朝獻徵錄42/20李濂撰王公傳

明史列傳53/12下

王繼光字于善，號泉皐，山東黃縣人。萬曆五年進士，授中書舍人，歷戶禮科給事中。

掖垣人鑑16/21

王繼宗字汝孝，號雙溪，四川南充人。嘉靖十一年進士，授華容知縣，選工科給事中，累陞兵科都給事中，卒於官。

掖垣人鑑13/34

王繼明，號省菴，永嘉人。舉萬曆二年進士，授樂安令，累官四川兵備副使。

賀兵憲省菴王公六十敍（曼衍集1/15下）

王公祠記（同上4/1）

祭王省菴憲長（同上3/1）

王犧，號立齋，崑山人。嘉靖二年進士，授行人，歷太僕寺卿，屢官南京大理寺卿，致仕卒。

大廷尉王公配晋淑人七十壽序（徐氏海隅集8/1）

王鶴字子皐，號于野，陝西長安人。嘉靖廿三年進士，授行人，選工科給事中，陞吏科都給諫，歷太常少卿提督四夷館，仕終應天府尹。

掖垣人鑑14/9下

母趙氏（1492—1550）

趙氏墓志銘（存笥稿10/19）

王鐸，河南祥符人。洪武二十年舉人，授福州府學教授，選刑科給事中，官至貴州按察副使。

掖垣人鑑8/11下

王鐸字文振，四川岳池人。宣德八年進士，授行在刑科給事中，歷順天府丞，卒于官。

掖垣人鑑8/19

王舜（1436—1496）字景明，號拙菴，上海人。天順四年進士，授南京刑部主事，遷郎中，累辨疑獄，有能聲。出知黃州府，在任九年，惟公惟誠，訟爲之息。屢官至大理寺卿，弘治九年卒，年六十一。

送黃州王太守序（東海張先生文集1/29下）

王公神道碑（徐文靖公謙齋集7/8）

王公墓誌銘（劉健撰、皇明名臣墓銘震集9）

國朝獻徵錄68/9實錄本傳

明史列傳53/16下

父王顯忠

贈黃州知府王公夫婦墓表（徐文靖公謙齋集6/12）

王鑑字彥昭，太原人。景泰五年進士，授監察御史。石亨亂政，率同列廷論之，下獄榜掠幾死，謫膚施知縣，有善政。亨敗，陞延安知府，成化七年卒。

王公墓誌銘（椒丘文集30/25下）

水東日記17/4下

明史162/21下

王鑑（1520—1590）字汝明，號繼山，無錫人，問子。嘉靖四十四年進士，授武定知州，官終太僕寺卿。鑑亦善畫，有言勝其父者，遂終身不復作，卒年七十一。有禹貢山川郡邑考。

送王進士守武定序（二酉園續集7/2）

送大鴻臚繼山王公遷太僕卿致仕序（弇州山人續稿31/5）

太僕卿王先生傳（松石齋集13/20）

王公暨配鮑宜人合葬墓表（天遊樓集17/11下）

王公神道碑銘（王弘誨撰、國朝獻徵錄72/31）

毘陵人品記10/10下

明史282/25

王鑑之（1440—1519）字明仲，號遠齋，浙江山陰人。成化十四年進士，授元氏宰，擢御史，性清介嚴肅，累官刑部尚書。劉瑾擅權，士大夫率卑諂以求容，鑑之獨與抗禮，卒年八十。

王公墓誌銘（顧清撰、皇明名臣墓銘震集48，國朝獻徵錄44/76）

王儼字民望，江西泰和人。正統七年進士，授行人，選戶科給事中，調刑科，坐事謫山東郯城縣主簿，致仕歸卒。

掖垣人鑑8/20

王儼字民望，號畏齋，華容人。成化五年進士，歷成都知府，治行爲天下第一。擢陝西右布政，遷副都御史巡撫山東，累官戶部侍郎，擬外戚侵民官地數萬畝，奏戍其監奴於邊。後以忤劉瑾戍遼東。瑾誅，赦還卒。

送王民望赴成都太守序（碧州文選1/43）
贈都憲王公巡撫山東序（博趣齋藁17/110）
壽少司徒王公七十序（東州劉文簡公集10/16下）
侍郎王公傳（洞庭漁人續集12/6下）
國朝獻徵錄30/30無撰人王公儼傳

王儼字若思，號睿齋，四川威遠人。隆慶二年進士，授金壇令，遷南刑部主事，歷官至福建布政使。

送王邑侯入覲序（方麓居士集3/22下）
送王睿齋邑侯序（同上3/36）
送王邑侯序（同上4/1，國朝獻徵錄83/101）

王瓚（1448—1504）字宗器，陝西通渭人。成化十七年進士，授工部主事，陞員外郎，以忤中使李瑾下獄，尋赦出之。歷郎中，出知懷慶開封兩府，有善政，卒年五十七。

王公配宜人張氏合葬墓誌銘（對山集19/23）

王瓚字思獻，永嘉人。弘治九年進士，充經筵講官，進講舉直錯枉，以諷劉瑾。瑾怒，矯旨詰責，幾得禍。瑾誅，擢禮部侍郎，時車駕數巡幸，儲位久虛，乃疏請育宗室一人於宮中，並乞廻鑾，語甚切直，卒諡文定。

送大司成甌濱王先生序（整菴先生存稿5/4下）
四友齋叢說12/7下
父王祚（1433—1500）字怡遠。
王君墓碣銘（懷麓堂文後稿21/19）

王顯字微仲，號溪漁子，江寧人。脫略不拘，而氣勢雄邁。嘗往來江淮間，結交大俠異人，與天台林右、張穀最善。晚折節讀書，爲文章奇偉伉健，然恥以自名，人莫測其爲何如士也。

溪漁子傳（遜志齋集21/44，國朝獻徵錄116/30）

王顯忠字元孝，號肝山，保定人。嘉靖廿年進士，選庶吉士，授戶科給事中，坐事降河南杞縣丞，歷官山西左參政免歸。

掖垣人鑑13/53下

王體乾，昌平人。柔佞深險，爲尙膳太監，遷司禮秉筆。天啓初司禮掌印太監盧受被謫，王安以次當代，體乾急謀於客魏，攘其位而置於死，一意附忠賢，爲之盡力。司禮掌印位在東廠上，體乾獨避忠賢處其下，故忠賢無所忌。逆案成，坐革職，籍其家。

明史305/28

王讓字宗禮，山東益都人。洪武末由鄉薦授國子學錄。成祖入繼大統，簡侍皇太孫讀書，讓每談經，必端凝拱立，敷宣明暢，皇太孫敬愛之。太孫立是爲宣宗，以輔導功擢吏部右侍郎，卒於官。

國朝獻徵錄26/6太學志王讓傳
明史208/3

王讓字克讓，號簡菴，宛平人。正統十三年進士，授工科給事中，陞都給事，官至湖廣參政。

簡菴記（韓襄毅公家藏文集9/14下）
送簡菴黃門先生還京序（同上11/22下）
慶簡菴先生陞都給事中序（同上11/34下）
掖垣人鑑9/4下
父王肅（1383—1460）字肅斌。
王公行狀（韓襄毅公家藏文集13/8下）

王讓字謙光，江西上饒人。天順八年進士，除吏科給事中，歷雲南楚雄知府。

掖垣人鑑10/2

王觀字尙賓，祥符人。性耿介，儀度英偉，善談辯，長於應對。洪武初由鄉薦入太學卒業，十九年簡授蘇州知府，爲政嚴整，發奸擿伏，民憚若神。黠吏錢英屢搆陷官長。觀捶殺之，事聞，太祖遣行人齎敕褒之。守蘇者前有李亨、蘇觀，後有姚善、況鍾，皆賢，稱姑蘇五太守，並祀學宮。

國朝獻徵錄83/7李濂撰王觀傳
明史列傳18/6下
明史140/5下

王鑾字拱之，河南襄城人。弘治十五年進士，授行人，選禮科給事中，陞都給事，歷陝西參政，仕終湖廣布政使。

披垣人鑑12/9下

王鑾（1469—1522）字汝和，號西冶，吳江人，隸籍南京錦衣衛。舉正德六年進士，試政吏部，爲尚書楊一清所知，擢文選主事，不通請謁，人無有識其面者。歷驗封郎中，武宗南巡，上疏力諫，廷杖幾斃，踰年卒，年五十四。

金陵名賢墨蹟跋（嫏嬛草堂文集18/25）
國朝獻徵錄26/80陳沂撰王公墓誌銘
明史189/20下

王鑾（1473—1549）字廷和，號鶴菴，江西大庾人。正德三年進士，授邵武知縣，遷工部主事，出轄徐沛牐河。織造中官史宣過其地，辱官虐民，鑾抗疏請糾治之，逮繫詔獄，輸贖還職。嘉靖初遷知武昌府，鎭守中官李景儒歲貢魚鮓，科歛無厭，奏罷之，後奪官歸，卒年七十七。

國朝獻徵錄89/18黄佐撰王公墓志
明史列傳58/21下

王驥（1378—1460）字尙德，東鹿人。長身偉幹，便騎射，剛毅有膽，曉暢戎略。登永樂四年進士，累官兵部尙書兼大理寺卿，封靖遠伯。麓川之役，總督軍務，踰孟養至孟郝海，地在金沙江西，去麓川千里，爲自古兵力所不至，諸蠻震怖。凡三征麓川，還總督南京機務。年七十餘，躍馬食肉，盛聲伎如故。以兵部尙書請老歸，天順四年卒，年八十三，贈靖遠侯，諡忠毅。

王公墓誌銘（彭時撰、皇明名臣墓銘坎集65）
王公神道碑銘（皇明名臣琬琰錄4/1，國朝獻徵錄9/37）
故兵部尙書王公輓詩序（碧川文選2/9下）
王忠毅公傳（呂文懿公全集12/2下）
王驥傳（弇州山人續稿87/1）
靖遠伯王公功臣詩序（王文端公文集23/6下）
水東日記1/2，5/1，10/10
吾學編45/10下
名卿續紀3/7下
皇明功臣封爵考4/62
披垣人鑑7/9
皇明世說新語2/27
皇明將略3/13
明史列傳33/1
明史171/1

孔

孔文英（1394—1456）字世傑，安化人。永樂十九年進士，宣德初知廬陵縣，擢御史，直黄巖縣有健訟者，構揑齊民三千人，相聚爲非，文英奉勅鞫問，一訊即得其羅織之情，獨械首一人，至京處治，餘悉遣去，中外服其明果，官終刑部侍郎，景泰七年卒于官，年六十三。

孔公墓誌銘（敬軒薛先生文集22/5，皇明名臣琬琰錄后3/1，皇明名臣墓銘坎集30，國朝獻徵錄46/18）

孔天胤字汝錫，號文谷，又號管涔山人，汾州人。嘉靖十一年進士，以藩戚外補陝西提學僉事，官至浙江參政。有孔文谷詩文集、霞海編。

皇明詞林人物考8/16
父孔麟字應紱，號質菴，宗人府儀賓，嘉靖十七年卒。
孔公合葬新鄭縣君墓表（端溪先生集6/15）
母朱氏（1484—1546），封新鄭縣君。
新鄭君孔母壽序（海石先生文集20/13下）
奠孔母夫人新鄭君（同上25/24下）
祭新鄭縣君文（南沙先生文集7/38下）

孔友諒，長洲人。永樂十六年進士，改庶吉士，出知雙流縣。宣宗初上言六事，宣德八年帝命吏部擇外官有文學者，得友諒等七人，命辦事六科，未授官而卒。

明史列傳37/11
明史164/7下

孔公恂字宗文，曲阜人，彥縉族父。舉景泰五年進士，除禮科給事中，天順七年超拜少詹事，侍東宮講讀。成化初上章言兵事，諸武臣譁然，給事御史交章駁之，下獄謫漢陽知府，後復故秩，涖南京詹事府卒。

披垣人鑑6/25
國朝獻徵錄18/60實錄本傳
明史列傳30/14下
明史152/12下，284/4

孔公朝，永樂時循吏，嘗知寧陽，坐與同僚飲酒忿爭遣戍，部民屢叩闕乞還，皆不許。宣德二年詔求賢，有以公朝薦者，寧陽人聞之，又相率叩闕乞公朝，時公朝去寧陽已二十餘載，帝知爲良吏，即與之。

明史281/14下

孔永芝，靖江人。篤于倫理，父病劇，忽有醫來曰，此須兒女肉製藥則愈，永芝割左股肉授醫製藥，父服之，疾果愈，醫忽莫知所向。

毘陵人品記10/7下

孔弘泰（1450—1503）字以和，曲阜人，彥縉孫。生七月而孤，奉母孝，與兄弘緒友愛無間言。初弘緒襲封衍聖公，後恃婦翁大學士李賢多過舉，成化間奪爵爲庶民，遂令弘泰嗣，年五十四卒。

衍聖公以和墓誌銘（懷麓堂文後稿26/7，國朝獻徵錄6/57）

明史284/4下

孔弘緒，字以敬，曲阜人，彥縉孫。八歲襲封衍聖公。英宗復辟入賀，纔十歲，進止有儀。以薦擢少詹事侍東宮講讀，恃婦翁大學士李賢，多過舉，成化五年奪爵爲庶人，令其弟弘泰襲。後改行，復冠帶，卒。

明史284/3下

孔良，淮安山陽人，金子。有孝行，父病，刲股爲羹以進，父旋愈。比卒，廬墓哀毀。萬曆四十三年父子並得旌。

明史297/21

孔克仁，句容人。由行省都事進郎中，與宋濂同侍太祖，數與論天下形勢，及前代興亡事。洪武二年命授諸子經，已出知江州，入爲參議，坐事死。

明史列傳14/11

明史135/9下

孔克表，平陽人，孔子後。舉至正八年進士，博學篤行，尤精史學。洪武六年薦爲翰林修撰，承詔注釋群經，賜名群經類要。

殿閣詞林記8/1下

孔克堅（1316—1370）字璟夫，宣聖五十五代孫。元末襲封衍聖公，時以克堅明習禮學，徵爲同知太常禮儀院事。未幾，拜中台侍御史，授國子祭酒、集賢學士、山東廉訪使者，並不就。洪武初詔入覲，待以賓禮而不名，三年卒，年五十五。

孔公神道碑（宋學士文集68/493下）

水東日記19/1

吾學編附16/5

國朝獻徵錄6/55無名氏撰傳

明史284/1

孔希學（1335—1381）字士行，克堅子，洪武間賜襲衍聖公。好讀書，善隸法，文詞爾雅。每賓客讌集，談笑揮灑，爛然成章，承大亂之後，廟貌服物，畢力修舉，盡還舊觀，卒年四十七。

襲封衍聖公神道碑（西隱文稿7/13）

水東日記19/2

國朝獻徵錄6/56下無名氏撰傳

明史列傳12/23

明史284/1

孔金，淮安山陽人。父早亡，母謝氏，遺腹三月而生金，母爲大賈杜言逼娶，投河死。金長，屢訟不勝，乞食走闕下，擊登聞鼓，訴寃不從達，還墓所，晝夜號泣，里人陳其事於知府張守約，坐言大辟，死獄中。

明史297/20下

孔彥縉字朝紳，訥孫。永樂間襲封，甫十歲，命肄業國學，久之遣歸。景泰初帝幸學，彥縉率三氏子孫觀禮，賜坐彝倫堂聽講，幸學必先期召衍聖公自此始，卒年五十五。

存化書堂記（敬軒薛先生文集19/1）

國朝獻徵錄6/57無名氏撰傳

明史列傳12/25下

明史284/3

孔貞一（1558—1615）字道原，號紹虞，孔子後。舉萬曆十七年進士，授江陵令，擢御史，官終大理寺丞，卒年五十八。

孔公墓誌銘（吳文恪公文集17/9下）

孔貞運（1576—1644）字開仲，號玉横，孔子後。萬曆四十七年進士，授編修，天啓中充經筵展書官，纂修兩朝實錄，崇禎初入閣，尋引歸。莊烈帝哀詔至，貞運哭臨，慟絕不能起，舁歸，遽卒，年六十九。

五十輔臣考3/13
明史253/7

父孔敎翁

敎翁孔老年伯三伯榮封序（響玉集5/1）

孔貞璞，字顯貞，曲阜人。官伊陽知縣，賊薄城，以守禦堅，解圍去。貞璞後有事汝陽，道遇賊，被執不屈死。

明史293/14下

孔訥字言伯，希學子。洪武間襲封，命禮官以敎坊樂導送至國學，學官率諸生二千餘人迎於成賢衙，自後每歲入覲，給符乘傳。帝旣革丞相官，遂令班文官首。訥性恭謹，處宗黨有恩，建文初卒。

明史列傳12/25下
明史284/3

孔聞韶（1482—1546）字知德，弘緒子。弘治末襲封衍聖公，孝宗面賜玉帶麒麟，人咸榮之，卒年六十五。

贈衍聖公襲封還闕里詩序（匏翁家藏集4/47）
孔公墓誌銘（鈐山堂集39/1，國朝獻徵錄6/59）
明史284/4下

孔鏞（1417—1489）字昭文，長洲人。景泰五年進士，授都昌知縣，陞知高州府，境內猺獞出沒，鏞單騎赴賊砦，諭降。歷右副都御史巡撫貴州，計擒悍苗，群蠻震懾。弘治二年召爲工部右侍郎，卒於道，年六十三。

贈都憲孔公詩序（匏翁家藏集41/4下）
孔侍郎傳（瓊臺詩文會稿重編20/29下）
名臣謚議（公槐集5/21）
國朝獻徵錄51/23無名氏撰傳
皇明世說新語2/25下
姑蘇名賢小紀上/16
名山藏臣林記11/25
明史列傳43/22下
明史172/20

尹

尹三聘字子重，浙江山陰人。舉萬曆二十三年進士，授宜城令，有善政，遷刑部主事卒。

尹公傳（鹿裘石室集36/14）

尹山人，名繼先，臨洮人。相傳元世祖時爲天慶觀道士，其牒尙存，自言年三百餘歲。明成化間遊南都，髮累歲不櫛，故南人呼爲尹蓬頭云。多異跡，人咸神之。劉瑾圖謀不軌，惡尹私有詆斥，戍之關右。尹至戍所，過鐵鶴觀，騎一鶴凌空飛去。

國朝獻徵錄118/133彭輅撰尹山人傳
續吳先賢讚14/12下
皇明世說新語6/13
名山藏102/8下

尹平字伯洪，吉水人。洪武中以儒生授考功監丞，歷刑科都給事中，遷監察御史，彈劾不避權貴。巡視湖廣，詢察民隱，考覈官吏，所至風采卓然，以言事卒於獄。

披垣人鑑8/2

尹民興字宣子，休寧人。崇禎元年進士，歷知寧國、涇縣，有神明之稱。擢職方郎中，坐事除名，福王時起故官，尋謝病歸。南京陷，起義兵，城陷走免，唐王以爲御史，事敗歸，卒於家。

明史277/10

父尹太翁

賀尹太翁暨封母（金正希文集輯略8/12）

尹如翁，大治人，賀逢聖門生。張獻忠連陷蘄黃，逼江夏，如翁走三百里持一僧帽，一袈裟來貽逢聖，逢聖反其衣，曰，子第去，毋憂我。比城陷，逢聖抗節死。及大治破，如翁亦慷慨而死。

明史264/2

尹伸，字子求，宜賓人。萬曆廿六年進士，授承天推官，屢陞河南右布政使，以失禦流賊罷歸。伸性剛寡合，所至與長吏忤，然待人有始終，篤分義。張獻忠陷敍州，罵賊不屈死。

明史295/13

尹直（1427—1511）字正言，號謇齋，晚更號澄江，泰和人。景泰五年進士，選庶吉士，授編修，成化中積官兵部尚書。明敏博學，練習朝章，而躁於進取，性矜忌，不自檢飭，與吏部尚書尹旻相惡。後與李孜省等陷害旻父子，又構罷江西巡撫閔珪，物論譁然，孝宗薄其爲人，令致仕。正德六年卒，年八十五，謚文和。

送兵部左侍郎尹公正旨赴召序（王端毅公文集2/3）

壽兵部尚書澄江先生尹公詩序（東川劉文簡公集8/17）

尹公行狀（吳儼撰、國朝獻徵錄14/11）

尹公墓誌銘（費文憲公摘稿17/15下）

祭宮保澄江尹公文（同上20/7）

祭澄江先生尹文和公文（整菴先生存稿15/1）

殿閣詞林記3/34下

皇明世說新語2/15，4/36下，7/24下，8/34下

明史列傳40/20下

明史168/17

父尹琛字奐重，號遂菴。

慶行簡尹公壽序（徐文靖公謙齋集3/25下）

贈遂菴尹先生受封南還序（呂文懿公全集7/70）

母蕭氏（1400—1459）

孺人蕭氏墓誌銘（呂文懿公全集10/22）

尹昌，字輯禎，吉水人。宣德八年進士，官行人司正。己巳之變，扈從北征，預知勢不可爲，賦詩別故人，遂自刎而死。

明史167/7

尹昌隆字彥謙，泰和人。洪武三十年進士，授翰林編修，改監察御史。建文即位，視朝晏，昌隆上疏諫，未幾以地震上言，謫福寧知縣。燕兵既逼，昌隆勸帝罷兵，許燕王入朝，設有蹉跌，便擧位讓之，若沈吟不斷，進退失據，將求爲丹徒布衣，且不可得。成祖入京，以前奏貸死，改北平按察知事，進左春坊中允。後忤尚書呂震，下獄，尋被誣論死，沒其家。有訥菴遺集八卷。

吾學編58/8下

革朝遺忠錄下/7下

國朝獻徵錄35/82史鑑撰傳

明史列傳24/13下

明史162/1

父尹能敬

送尹能敬詩序（東里文集4/4下）

尹旻（1422--1503）字同仁，山東歷城人。正統十三年進士，選庶吉士，授刑科給事中。成化中累官吏部尚書，銓拔無滯，賢愚皆悅。汪直開西廠，旻潛附之，加太子太傅大學士，以尚書致仕。弘治十六年卒，年八十二，謚恭簡。

壽冢宰尹公序（懷麓堂文後稿3/8）

尹公墓誌銘（同上27/1，國朝獻徵錄24/50）

水東日記16/11下，40/9

皇明世說新語4/14下，7/9，8/23下

吾學編42/6

掖垣人鑑8/22下

明史列傳28/19下

尹洸，安肅人。歷工科都給事中，左遷福寧道參政，歸保定。崇禎十七年闖賊至，分守西城，城陷不屈死，

明史295/6下

尹相字商衡，號介石，湖廣嘉魚人。嘉靖十一年進士，授行人，擢南京刑科給事中，歷陞吏科都，尋爲緝訪事，罷爲民。隆慶元年起用，以年老不能任事，進太常寺少卿致仕。

別尹介石都諫序（蔣道林文粹3/36）

掖垣人鑑13/48

尹臺字子紹，肥城人。嘉靖廿九年進士，授知郟縣，政治爲天下第一。擢湖廣監察御史，奏劾嚴嵩父子七疏，廷杖回籍。

蘭臺法鑑錄17/27下

父尹天民（1476—1554）字宗伊，號覺齋，密雲知縣。

尹君暨配孟氏合葬墓誌銘（葛端肅公文集16/11）

尹梅字調元，靈壽人。弘治十二年進士，授中書舍人，選吏科給事中，累陞工科都給諫，擢應天府丞，以府尹致仕。

送尹調元序（穆文簡公宦稿上/28）

掖垣人鑑12/14

尹嗣忠，號恒谿，直隸深州人，著籍神策衛。擧正德十二年進士，嘉靖十九年以右

副都御史巡撫延綏，以功加兵部右侍郎兼僉都御史仍前任，卒於官。

送中丞恒谿尹公巡撫延綏序（少華山人文集7/3）

尹頌字慶成，江西泰和人。弘治三年進士，歷紹興府推官。

送尹慶成赴紹興推官序（碧川文選2/15下）

尹臺（1506—1579）字崇基，號洞山，永新人。嘉靖十四年進士，選庶吉士，授編修，嚴嵩以同鄉故善遇之，欲與爲婚，竟不許。出爲南京祭酒，將行，言於嵩曰，楊繼盛誠狂，願勿貽主上殺諫臣名。歷官南京禮部尚書。臺留意理學，鄒元標嘗稱其學不傍門戶，能密自體驗，著有洞麓堂集及思補軒稿，卒年七十四。

賀宗伯洞山先生尹公六十序（龍津原集2/45下）

國朝獻徵錄36/60胡直撰傳

尹嘉言字孔彰，泰和人，直弟。成化二十年進士，歷官刑部郎中，遷四川按察副使。

送四川按察司副使尹君奉勅鎮瀘序（整菴先生存稿3/7）

尹嘉賓（1572—1623）字孔昭，號澹如，江陰人。萬曆三十八年進士，除中書舍人，歷兵部郎中。東事亟，募兵海上，慨然有登白山渡黑水之思。旋陞湖廣提學副使，卒於官，年五十一。工詩，兼擅書法，有焚餘詩集。

尹孔昭墓誌銘（牧齋有學集31/1）

尹夢鼇，雲南太和人。崇禎中以舉人知潁州，八年流賊破其城，夢鼇持大刀殺賊十餘人，身被數刃，投城下烏龍潭死，弟姪七人皆死之，諡忠節。

啓禎野乘10/29

明史292/6下

尹鳳（1523—1598）字德輝，號在竹，南京人。早孤，讀書嫺騎射，嘉靖中擧武科，鄉會試皆第一，官參將，備倭福建有功，萬曆初累官都督僉事致仕，卒年七十六。

尹公墓表（余學士續集6/6）

國朝獻徵錄108/70澹園集墓誌銘

明史列傳86/43下

明史212/25

尹鳳岐字邦祥，吉水人。永樂十五年擧江西鄉試第一，明年第進士，改庶吉士，授編修，歷官侍讀學士。爲文敏捷詳贍，性剛直，持論侃侃無所避。用忤當道罷歸，天順三年卒。

國朝獻徵錄20/33無名氏撰傳

尹諒（1330—1405）字特貞，江西安成人。元末擧人，世亂不仕，以奉親讀書爲務。洪武二十年任本邑訓導，講說務推明大義，不事穿鑿，長善抑過，恂恂樂易，甚得師體。永樂元年聘典閩省文衡，躋黜明允，士論翕然歸之，卒年七十六。

誠門休菴公墓誌銘（尹訥菴先生遺稿6/1）

尹瑾字崑潤，號莞石，廣東東莞人。隆慶五年進士，授漳州府推官，擢工科給事中，累陞吏科都給事中，歷南京太僕寺少卿。

掖垣人鑑16/13下

尹襄字舜弼，號巽峰，永新人。正德六年進士，官司經局洗馬，卒年四十三。有巽峰集。

巽峰集序（方齋存稿4/7下）

尹洗馬輓詩序（同下3/2）

國朝獻徵錄19/78無名氏撰傳

天

天奇，僧，南昌江氏子。幼隨父經商至荆門，拜無說能和尚爲師落髮，後參寶峰和尚得印證。有贅絕集。

補續高僧傳11/33

皇明名僧輯略×/30

元

元默字中象，靜海人。萬曆四十七年進士，除懷慶推官，擢吏科給事中，以不附魏忠賢被劾罷歸。崇禎初復官，屢官僉都御史，巡撫河南，討流賊，頗有斬獲。八年賊犯鳳陽皇陵，默坐被逮，久之釋歸卒。

明史260/9

元瀞（1312—1378）字天鏡，號樸隱，會稽倪氏子。幼出家，性聰敏，從天岸濟法師習天台宗，盡得其學。復謁徑山元叟端禪師，與語，甚契叟意，遂錄爲子。洪武初奉召入內庭，賜食而退。未及補靈隱，以坐累謫陝西，道卒，年六十七。有三會語錄、樸園集。

補續高僧傳14/9

巴

巴思明字惟哲，山東新城人。正德九年進士，授行人，以劾江彬受杖，謫國子學正，世宗即位，累遷兵科給事中，又忤權倖，外補浙江僉事。

掖垣人鑑12/38

井

井田字九疇，邢臺人。永樂間歷任戶兵刑三科給事中，宣德五年遷大理評事，識達大體，所在以賢稱。

掖垣人鑑7/9下

戈

戈永齡，宛平人。正德中官欽天監保章正，著有太陽太陰通軌。

疇人傳四編6/69

戈瑄（1448—1522）字良玉，直隸景州人。成化十一年進士，授嵩縣令，擢御史，歷浙江、江西布政使，官終南京刑部尚書，致仕歸，卒年七十五。

國朝獻徵錄48/53石瑤撰戈公墓誌銘

戈福（1455—1502）字尚潔，戈或作弋，山西代州人。成化二十三年進士，授東鹿令，擢監察御史，弘治十三年帝以災異下詔求言，福上六事皆切中時弊，十五年以病卒，年僅四十八。

戈君墓誌銘（北潭傅文穆公集7/5）

母高氏

壽戈母太孺人八十詩序（羅文肅公集10/15下）

戈謙，戈或作弋，代州人。永樂九年進士，授監察御史，坐事免歸。仁宗即位，召爲大理少卿，以言事太激觸帝怒。已而嘉其清直，擢副都御史，往四川治採木，中官貪橫，罷其役。宣德初出爲交趾右布政，王通棄交趾，謙論死，釋爲民，景泰初卒。

國朝獻徵錄55/4雷禮撰戈公傳

明史列傳37/4

明史164/4

支

支大綸字心易，號華平，嘉善人。萬曆二年進士，由南昌府教授擢泉州府教官，以事謫江西布政司理問，終奉新知縣。有世穆兩朝編年史、支華平集、支子餘集、華平詞。

支華平先生集序（始青閣稿11/13）

支立字可與，一字立夫，嘉興人。事母孝，正統九年舉人，官翰林院孔目。與羅一峯友善，敦本爲己，深於經學，時人號爲支五經。

贈支先生同考京闈鄉試還常州詩序（呂文懿公全集7/23）

支可大字有功，崑山人。萬曆二年進士，官禮部主事，清介自守，貴戚大璫，不可干以私。張居正欲引爲銓曹，辭不受。累官湖廣巡撫，時宦者陳奉欲構大獄，可大揭其詐，事乃得解，尋告歸。

壽大中丞支公七十序（錫閒堂集14/23下）

吳郡張大復先生明人列傳稿×/119

父支思吾

封驃部大夫支翁六十壽序（寶菴集12/3下）

支如璋字德彝，崑山人。萬曆四年舉人，授吳橋教諭，遷國子學正，屢官至福建都轉運使，嚴捕哨，禁私牙，通水客，編桅船，爲奸民所中，罷歸卒。

吳郡張大復先生明人列傳稿×/123

支琮，字敬將，崑山人。邑庠生，家貧事母至孝，母冬寒不能寐，盡以己衣覆之，自暖其足，仕終南京留守衛經歷。

崑山人物志6/7

吳郡張大復先生明人列傳稿×/34下

尤

尤世功，楡林衛人。萬曆武擧人，以副總兵守瀋陽，熊廷弼愛其才，倚任之。天啓元年淸兵攻瀋陽，力戰死，謚烈敏。

明史271/2下

尤世威字鳳臺，世功弟。以勇敢知名，崇禎初爲山海總兵官，積資至左都督。後扼賊靈陝，不利，罷歸。十六年李自成陷西安，世威與里居將帥議守禦，城陷，力戰死，謚忠剛。

明史269/20下

尤安禮字文度，長洲人。爲人尙義輕利，一友當遠戍，念其幼女無所託，安禮曰，吾有男當娶之。已而友死戍所，其女已得痼疾，迄踐其言。用薦爲崇安敎諭，歷兵部郎中、貴州參議歸。居窮巷中，屋隘甚，知府況鍾割官地益之，固辭。

姑蘇名賢小紀上/11下

皇明世說新語1/17下，5/27下

尤岱，楡林衛人。由步卒起家，至山海鐵騎營參將，數有功。忤上官，棄職歸，李自成至，岱助尤世威堅守，城陷，自殺。

明史269/23

尤時熙（1503—1580）字季美，洛陽人。擧嘉靖元年鄕試，習王守仁之學，歷元氏、章丘敎諭，一以致良知爲敎。入爲國子博士，學者稱西川先生，卒年七十八。有擬學小記。

尤先生誌銘（張陽和先生不二齋文選5/5下）

尤先生行狀（孟叔龍集5/10）

祭西川尤先生文（同上5/29）

西川尤先生要語跋（同上5/37下）

擬學小記續錄序（同上4/2下）

重刻擬學小記序（王惺所先生集1/2）

明史283/24下

妻解氏

祭尤師母解夫人文（孟叔龍集5/28）

尤瑛字汝白，號廻溪，無錫人。卓犖有大志，嘉靖廿三年進士，除杭州敎授，遷國子監丞，陞廣東僉事，多惠政。擢江西參議，卒於道，廣民巷哭立祠祀之。有廻溪遺稿。

賀憲伯廻溪尤先生還少參之江右叙（甘泉先生續編大全3/11）

毘陵人品記10/1

妻錢氏

錢恭人七十壽叙（松石齋集10/27）

尤魯字懋宗，號西村，無錫人。嘉靖十一年進士，授行人，選刑科給事中，歷工科都給諫，遷順天府丞免官。

披垣人鑑13/28下

尤繼先，楡林衛人。萬曆中積功爲固原總兵官，徙鎭遼東，改薊州，罷歸。繼先眇一目，習兵敢戰，時稱獨目將軍。

明史列傳89/26

明史239/21下

毋

毋恩字寵之，四川蓬州人。弘治十二年進士，知臨海，有賢聲，陞御史。

送毋君寵之尹臨海序（東川劉文簡公集2/18下）

毋德純（1486—1570）字純一，號浴溪，四川南充人。正德十二年進士，授大理評事，遷寺正。嘉靖初議大禮，伏闕疏諫，下錦衣獄杖責，謫房縣守禦千戶所。隆慶初進階尙寶卿致仕，卒年八十五。

毋公墓誌銘（二酉園文集12/6）

毛

毛一鷺字孺初，遂安人。萬曆卅二年進士，授松江司理，天啓末歷巡撫應天，黨魏忠賢，於虎丘建忠賢生祠。

署上海縣事司理毛侯修儒學記（四然齋藏稿12/3）

賀司理孺初毛公祖奏最詩册敍（同上3/1）

明史306/33下

毛士龍字伯高，號禹門，宜興人。萬曆四十一年進士，授杭州推官，熹宗即位，擢刑科給事中，極言諸奄罪狀，因是削籍。魏忠賢憾未已，必欲殺之，士龍乃載妻子浮太湖以免。莊烈帝即位，忠賢伏誅，詔赦其罪，復官致仕。再起漕儲副使，累擢左僉都御史，謝病歸，國變後卒。

明史246/14

毛文炳字夢石，號仲弢，鄭州人。崇禎中歷吏科給事中，時楊嗣昌督師，議調民兵討賊。文炳言民兵可守不可調，不若官軍乘馬便殺賊。又言當大計主計者，喜奔競抑廉靜，直令官得互糾不公者，帝皆納其言。出爲山西兵備副使，十七年李自成陷城，被執見殺。

明史263/10

毛文龍字鎮南，仁和人。以都司援朝鮮，逗遛遼東，遼東失，自海道逃回，乘虛襲殺淸鎮江守將，授總兵，屢加至左都督，挂將軍印，賜尙方劍，設軍鎮皮島，數爲淸兵所敗，又驕縱不受節度。崇禎二年袁崇煥閱兵抵島，斬之。

明史259/33下

毛玉（1411—1452）字良器，武進人。舉正統十三年進士，除吏科給事中，有所參駁彈糾，務存大體，景泰三年卒於官，年四十二。

毛君行狀（類博稿9/2）

水東日記2/7下，2/8

掖垣人鑑4/21下

毛玉（1464—1524）字國珍，更字用成，昆明人。弘治十八年進士，正德時歷南京給事中，疏劾大學士焦芳、劉宇。群盜擾山東河南，玉請備留都，已而盜果渡江，以備嚴不敢犯。嘉靖初爲吏科，勸帝戒嗜慾，杜請託，以破僥倖之門，塞蠱惑之隙，帝爲嘉納。時宸濠戚屬連逮者數百人，奉命往訊，多所全活。尋伏闕爭大禮，受杖下獄，竟卒，年六十一。

毛君用成墓誌銘（中峯文選4/6，國朝獻徵錄80/53）

祭毛給事中文（何文簡公集14/13下）

掖垣人鑑13/2

明史列傳72/4下

明史192/15下

父毛倞字士能，號石菴。

封徵仕郎南京吏科給事中毛公墓表（整菴先生存稿12/3下）

毛弘字士廣，鄞人。天順元年進士，授刑科給事中，負氣敢言，聲震朝宇。帝頗厭苦之，而弘慷慨議論，無所屈。成化間遷至都給事中，得疾暴卒。

掖垣人鑑8/4下

明史列傳49/4下

明史180/5

毛吉（1426—1465）字宗吉，餘姚人。景泰五年進士，授刑部主事，嚴明廉鯁，遷廣東按察僉事，以平賊功陞副使，巡高雷廉三府。成化元年，破新會賊，戰死，年僅四十，贈按察使，諡忠襄。

毛宗吉傳（楊文懿公桂坊稿21/7，皇明名臣琬琰錄后集12/14）

毛宗吉傳（瓊臺詩文會稿重編20/23下，國朝獻徵錄99/73）

家忠襄公傳（西河合集74/3下）

皇明獻實27/7下

國琛集下/16

聖朝名世考5/25下

皇明書32/11

名山藏臣林記11/33下

明史列傳38/19下

明史165/9

毛羽健字芝田，公安人。天啓二年進士授知萬縣，調巴縣。崇禎初徵授御史，首劾楊維垣八大罪，又極陳驛遞之害，帝令所司痛革，積困爲蘇。及袁崇煥下獄，主事陸澄源以羽健嘗疏譽崇煥，劾之落職，歸卒。

啓禎野乘4/33

明史258/9下

毛良字舜臣，號兩山居士，北平人。畫山水師米家法，工詩，著無聲詩，曲盡畫法之妙。

圖繪寶鑑6/7

毛伯溫（1482—1545）字汝厲，號東塘，吉水人，超孫。正德三年進士，授紹興府推官，嘉靖中累官工部尙書，改兵部，總督宣大山西軍務，邊防賴焉。受命征安南，歲餘不發一矢，而安南定，論功加太子太保，後以防事削籍歸，嘉靖廿四年疽發背死，年六十四。穆宗立，復官賜邺，天啓初追謚襄懋，有東塘集。

送東塘毛君守平陽序（歐陽南野文集17/15）
賀兵部尙書東塘毛公六十序（龍津原集2/9）
毛公行狀（石蓮洞羅先生文集21/7，國朝獻徵錄39/42，皇明名臣墓銘坤集22）
毛公墓誌銘（世經堂集18/43）
祭大司馬毛東塘文（小山類藁選15/12）
祭尙書東塘毛公（環溪集22/2）
祭毛東塘公（石蓮洞羅先生文集24/12）
毛東塘全集序（同上18/6下）
皇明書26/18下
明史列傳64/13下
明史198/16

妻鄧氏

賀毛母鄧夫人壽五十序（龍津原集4/14下）

毛忠（1394—1468）字允誠，初名哈喇，涼州人。年二十，襲永昌百戶，膂力絕人，善騎射，宣德中數出征邊外，歷指揮同知，正統十年以邊功賜姓名曰毛忠，累擢甘肅左都督，封伏羌伯。成化四年以討固原賊中流矢卒，年七十五，謚武勇。忠爲將嚴紀律，善撫士，其卒也，西陲人弔哭相望於道。

題毛武勇公忠義錄（方簡肅公文集7/6）
毛武勇傳（鄧廷讚撰、皇明名臣琬琰錄后17/1，國朝獻徵錄9/56）
吾學編19/30
皇明功臣封爵考4/101
明史列傳31/10
明史156/10下

毛思義字繼賢，號海隅，陽信人。弘治十五年進士，官永平知府，以讒下獄，謫雲南安寧知州。嘉靖中累遷副都御史，巡撫應天諸府，以治辦聞，致仕卒。

送中丞海隅毛公致仕序（涇野先生文集8/6）
明史188/24下

毛紀（1463—1545）字維之，號鼇峯逸叟，掖縣人。成化二十三年進士，正德中累遷禮部尙書，尋爲大學士，入預機務。嘉靖初，帝欲追尊興獻，閣臣執奏忤旨，紀疏救之，傳旨切責，遂乞歸里。紀有學識，居官廉靜簡重，嘉靖廿四年卒，年八十三，謚文簡。有密勿稿、歸田雜識、辭榮錄、鼇峯類稿。

送侍讀毛君維之歸省序（東川劉文簡公集3/23下）
送毛檢討歸省序（王文恪公集10/8）
館閣榮壽詩序（羅文莊公集8/24下）
慶武英殿大學士礪菴毛公壽詩序（湘皐集18/20下）
賀致政少保大學士厲翁毛公華誕詩序（泉翁大全集22/11）
毛公神道碑（鈐山堂集34/1，國朝獻徵錄15/89）
遺德錄序（費文憲公摘稿11/24下）
鼇峯類稿序（徐文敏公集4/36下）
毛文簡公遺稿序（鶯林外編24/9下）
嘉靖以來內閣首輔傳1/14
明史列傳62/5下
明史190/16

父毛敏（1425—1506）字子聰，號養浩，杭州教授。

毛公行狀（費文憲公摘稿16/35下）

母毛太淑人

祭毛禮侍維之母太淑人文（鯆菴遺稿10/2）

毛泰字時亨，河南蘭陽人。生而穎異，九歲通經史。年十九，登成化五年進士，歷知四川重慶府。値大旱，極力賑救，全活者數十萬人。旱後疾作，設醫療視，全活亦衆。弘治中貴州苗亂，討平之，改授鎭遠，蠻夷悅服，逾年致政歸。

頌德餘音序（東川劉文簡公集14/12下）

繼母王氏

壽毛母太宜人序（東川劉文簡公集13/20下）

毛泰亨，或作太亨，或單名太，浙江人。建文時爲吏部侍郎，與張紞同事，紞死，泰亨亦死。

遜國正氣紀5/28
皇明表忠紀3/31
明史列傳27/2
明史151/4

毛晉（1599—1659）原名鳳苞，字子晉，常熟人。家富圖籍，世所傳影宋精本，多所藏收。家有汲古閣，傳刻古書，流布天下。在明季以博雅好事名一時，刻津逮秘書十五集，皆宋元以前舊帙。自編著有毛詩陸疏廣要、蘇米志林、海虞古今文苑、毛詩名物考、明詩紀事等。

毛子晉六十壽序（牧齋初學集23/20）

毛子晉像贊（牧齋齋初學集23/20）

毛君墓誌銘（牧齋有學集31/15）

毛子晉年譜稿，錢大成撰，國立中央圖書館館刊1卷4號

毛起字潛濱，夾江人。嘉靖二十六年進士。由庶吉士謫外，歷蘇州知府，有文名，人稱青城先生。有口筆刀圭錄。

口筆刀圭錄序（二酉園續集1/4下）

毛埕字良寶，武進人。登景泰七年鄉舉，累官泉州知府。旣歸家居，屛迹讀書，人問何樂，日每觀一書，輒有新知，以斯爲樂。

毘陵人品記7/12下

毛珵（1452—1533）字貞甫，號礪菴，吳縣人。成化二十三年進士，授南京工科給事中，歷山東參議，累官右副都御史撫治鄖陽，提督軍務，以禮部尙書致仕，卒年八十二。

礪菴記（匏翁家藏集35/7）

贈毛給事序（王文恪公集10/3下）

贈參議毛君貞甫序（柴墟文集6/7下）

贈鴻臚卿毛公序（王文恪公集14/1）

壽毛都憲（容春堂集24/1下）

題毛中丞親知贈別卷（松籌集2/30）

中丞礪菴毛公祠堂記（賜閒堂集16/25下）

毛中丞八十序（林屋集11/10）

禮部尙書礪菴毛公八十壽序（張文定公紓玉樓集8/6）

奉壽大元老礪菴毛公詩序（陽峯家藏集25/15）

毛公行狀（甫田集26/14下，國朝獻徵錄61/65）

毛公墓志銘（觿亭存稿15/1）

披垣人鑑11/16

母何氏（1420—1481）

毛母何氏墓誌銘（匏翁家藏集67/7下）

妻韓氏

祭毛礪菴夫人文（蘄菴遺稿10/7下）

毛渠（1497—1547）字公澤，號石溪，掖縣人，紀子。嘉靖五年進士，選庶吉士，歷禮部郎中，時方建九廟及大內諸宮，其儀文規度，多出其手。累官至太僕寺卿，廿六年卒官，年五十一。

毛公墓誌銘（世經堂集16/7，皇明名臣墓銘兌集43，國朝獻徵錄72/23）

毛超（1430—1513）字儀超，號莊菴，吉水人。年十四而孤，家貧不能自給，尤刻志問學，登成化十三年擧人，授太平府學訓導，累陞兵部車駕郎中，歷知雲南廣西府，引年乞歸，以詩文自娛，卒年八十四。有菊菴集。

毛公神道碑（桂洲文集48/7）

毛勝（1403—1460）字用欽，初名福壽，京師人，元丞相伯卜花之孫。伯父那海洪武中歸附，以靖難功至都指揮同知。無子，勝父安太嗣爲羽林指揮使，傳子濟，無子，勝嗣。正統七年以征麓川功擢都督僉事，景帝時官左都督，禦也先有功。歷討貴州苗及平湖巴馬等處反賊，有殊功，封南寧伯，改名勝。移鎭騰衝，天順四年卒，年五十八，謚莊毅。

國朝獻徵錄9/45李賢撰毛公神道碑

吾學編19/22

皇明功臣封爵考4/77

明史列傳31/7

明史156/8

毛愷（1506—1570）字達和，號介川，晩號節齋居士，江山人。嘉靖十四年進士，授御史，言事忤旨，謫寧國推官。事母至孝。歷瑞州知府，官終刑部尙書，伉直執法，後坐事奪職，卒年六十五。萬曆初復官，謚端簡。

贈介川毛大夫出守瑞州序（草禺子5/35下）

國朝獻徵錄45/49趙鏜撰毛公行狀

明史214/12

毛鳳韶字瑞成，麻城人。正德十六年進士，授莆江知縣，有善政。擢御史，上弭災八事，巡按陝西雲南，墨吏皆望風解印綬去

。尋謫嘉定州判，終雲南僉事。有聚峯文集、蒲江志略。

蘭臺法鑒錄14/66下

父毛驥，正德五年卒。

毛公神道碑（南沙文集7/30下）

毛澄（1461—1523）字憲清，號白齋，晚更號三江，崑山人。弘治六年舉進士第一，授修撰，累官禮部尚書。武宗微行巡邊，屢疏諫止。世宗欲推崇所生，復抗疏力爭。澄端亮有學術，論事侃侃不撓，世宗敬憚之，雖數忤旨，恩禮不衰。嘉靖二年以病乞歸，行至興濟卒，年六十三，謚文簡。有毛文簡公集。

敘三江翁毛先生別（見素續集8/10下）

瑤池寓慶圖序（羅文肅公集8/18下）

祭毛文簡公文（䌹菴遺稿10/1）

祭三江毛太傅文（五龍山人集10/9）

祭三江先生毛文簡公文（整菴先生存稿15/2）

祭尚書毛三江（古菴毛先生集6/12下）

毛文簡公遺稿序（大泌山房集1/25）

毛文簡公遺稿序（衛陽集9/12）

毛公行狀（邵寶撰、國朝獻徵錄34/1）

吾學編41/9

殿閣詞林記5/33下

崑山人物志3/10下

聖朝名世考3/115

狀元圖考2/33

皇明世說新語1/7下，5/4

皇明書26/7下

明史列傳66/1

明史191/1

毛節字伯尚，武進人。博覽經史，工詩善畫，洪武中以明經中試。後舉爲鄉三老，會郡遣節負版詣京，過金山，有擁雪作將軍形者，節留題壁間。帝幸金山見之，大稱賞，特擢御史，巡按江西，有小姑神，歲必以童男女祀，節毀其祠，一境清寧，人稱眞御史。

毘陵人品記6/12下

毛銳，西陲人，忠孫。襲爵伏羌伯，弘治中出鎮兩廣，平蠻賊屢有功。思恩土官岑濬反，討平之，既又討平賀縣獞賊，加太子太傅。正德三年劉瑾索銳金不應，逮下獄，革其加官。已而賄瑾，起督漕運。踰年瑾誅，被劾罷。世宗卽位，復起鎮湖廣，卒謚威襄。

明史156/12

毛憲（1469—1535）字式之，號古菴，武進人。正德六年進士，官刑科給事中，時內侍擅權，國事日非，憲疏大臣怙勢爲姦利者數人，內外肅然。武宗儲嗣未建，舉朝諱不敢發，憲疏請不報，謝病歸，卒年六十七。憲敦行誼，矜名節，學者稱古菴先生。有古菴文集、毘陵正學編、諫垣奏草。

三近齋記（涇野先生文集18/14）

毛公行狀（山堂萃稿15/13下）

古菴先生墓志銘（泉翁大全集60/32）

毛公墓表（涇野先生文集32/13下，皇明名臣墓銘離集8，國朝獻徵錄80/51）

祭黃門毛古菴先生文（泉翁大全集57/30）

奠毛古菴黃門墓文（同上58/19）

丙申冬再奠古菴文（山堂萃稿16/12下）

又奠古菴文（同上16/13）

古菴子傳（東廓鄒先生文集11/10下）

毘陵人品記序（高子遺書9上/37）

國琛集下/32下

毘陵人品記9/1

掖垣人鑑12/22

父毛勣（1428—1491）字時繹，號守愚，潮州程鄉縣巡檢。

先考巡檢府君行實（古菴毛先生集4/1）

毛封君傳（泉齋勿藥集7/29下）

妾王氏（1506—1578）

毛母王氏墓誌銘（賜餘堂集13/5下）

毛騏字國祥，鳳陽定遠人。太祖自濠趨定遠，騏挾令降，太祖善之。從渡江，擢行省郎中，與李善長協贊文書機密，尋授參議官。帝親征婺州，命騏權理中書省事，委以心膂，俄病卒，太祖親爲文哭之，臨視其葬。

明史列傳14/13下

明史135/8

毛驤，騏子。由管軍千戶積功陞親軍指揮僉事，從定中原，進指揮使。以討段士雄及捕倭浙東功，擢都督僉事，頗見親任，管掌錦衣衛事，典詔獄，後坐胡惟庸黨死。

明史列傳14/13下

明史135/3

牛

牛恒（1510—1570）字子占，號槐堂，又號白閣，武功人。嘉靖十四年進士，授壺關知縣，擢戶部主事，遷周府左長史，隆慶三年調唐府，逾年卒，年六十一。

牛公墓誌銘（渭上稿23/7）

牛海龍，從太祖爲將，任左翼元帥守洪都，陳友諒攻城急，海龍突圍出戰，中矢死，追贈隴西郡伯。

皇明功臣封爵考8/60

明史133/13

牛惟炳字懋華，號承菴，曲周人。萬曆二年進士，選給事中。有旨選宮女，上疏切諫乃止。歷湖廣參議，終徽寧副使。

掖垣人鑑16/17

牛景先，沅人，官御史。燕師起，金川門開，易服宵遁，永樂二年卒於杭州僧寺。已而窮治齊黃黨，籍其家。

革朝遺忠錄下/37

遜國正氣紀2/19

遜國神會錄下/29

吾學編56/35

皇明表忠記6/16下

明史列傳20/20下

明史143/14下

牛鳳字道徵，號西唐，河南葉縣人。正德六年進士，授驗封主事，陞郎中，歷太僕少卿，官至南京太常寺卿。嘉靖八年致仕，年七十五卒。

送太常牛公歸南陽序（息園存稿文2/5）

牛公墓誌銘（陽峯家藏集35/37下，國朝獻徵錄70/61）

祭牛太常文（葛端肅公文集15/16下）

牛綸，涿州人。景泰五年進士，選庶吉士，授編修，遷春坊贊善，成化中累官至南京太常寺少卿。

國朝列卿記136/6下

父牛□

賀牛公受封春坊贊善序（呂文懿公全集8/45）

牛諒字士良，東平人。洪武六年舉秀才，爲典簿，與張以寧使安南，還稱旨。三遷至禮部尚書，定釋奠禮及六祀分獻禮，以不任職罷。諒工書善畫梅，有尙友齋集。

明史列傳11/10

明史136/7下

牛諒（1368—1427）字存信，鳳陽壽州人。襲父職指揮僉事，從成祖靖難有功，陞中都留守司都指揮僉事，調遼東都司。永樂中，統領神機營扈從北征，勦滅瓦剌遺孽。終浙江都指揮僉事。宣德二年卒，年六十。

牛公墓碑銘（介菴集10/23下）

牛鸞字鳴世，獻縣人。正德三年進士，授益都令，時劇賊劉六轉掠山東，所過城邑，望風奔潰，獨鸞與樂陵令許逵東西屹立，鸞臨機設變，與賊戰，身被四矢，扶創疾鬭，遂大敗賊。事聞，超擢按察僉事備兵青州，尋陞副使，累討平王堂、陳卿諸巨寇，謝病歸，卒於家。

國朝獻徵錄95/30無撰人牛公傳

仇

仇朴（1473—1540）字時淳，潞安人。事親至孝，世稱仇孝子。兄弟友愛，嘗立家範，以貽訓于嗣人。樂施好義，置義學田，建東山書院，以贍教鄉人，海內稱義門者，莫不推上黨仇氏，嘉靖十九年卒，年六十八。

東山仇孝子墓表（倏麓堂集25/29下）

仇成，含山人。初從軍，充萬戶，屢遷至秦淮翼副元帥。從太祖克安慶，爲橫海指揮同知守其地。成撫集軍民，守御嚴密，累功封安慶侯。已討平容美諸峒，復從征雲南，功多，予世劵。洪武二十一年卒，諡莊襄。

皇明功臣封爵考6/61下

吾學編18/48下

名山藏41/19

明史列傳7/18

明史130/14下

仇鉞（1465—1521）字廷威，鎭原人。

初以傭卒給事寧夏總兵府，大見信愛。會都指揮僉事仇理卒，無嗣，令鉞襲其世職，爲寧夏前衞指揮同知。正德中安化王寘鐇反，鉞以計破滅之，封咸寧伯，充寧夏總兵官。又平河南盜，論功進世侯。年五十七卒，謚武襄。

仇鉞墓誌（楊廷和撰、國朝獻徵錄10/60）
皇明功臣封爵考6/89下
吾學編19/31
皇明將略4/24
皇明書34/10下
明史列傳44/12下
明史175/5下

仇鸞，鉞孫。嗣侯爵，世宗時出鎮大同，俺答寇邊，鸞爲避戰計，通俺答義子脫脫，約毋犯大同，且許通市。俺答轉犯京師，鸞入援，遇寇而潰，冒功加太子太保，總督京營戎政。尋俺答款關請市，鸞與嚴嵩深相結，遂開馬市於大同宣府，邊卒盡撤，大遭寇侮，因罷官，恚恨而死。

國朝獻徵錄10/64趙時春撰仇鸞始末
明史列傳44/15下
明史175/8下

公

公家臣（1533—1583）字共甫，號東塘，山東蒙陰人。隆慶五年進士，選庶吉士，授編修，以論奪情事，忤張居正意。吳中行、趙用賢之杖謫也，家臣遣子鼐送之潞河，居正益恚，謫澤州推官，改廣平。萬曆十一年遷南戶部主事，道卒，年僅五十一。

公先生墓誌銘（穀城山館文集18/5下國朝獻徵錄21/117）

公鼐字孝與，蒙陰人，家臣子。舉萬曆二十九年進士，選庶吉士，授編修，累官禮部侍郎。時群小植援亂政，鼐屢有論列，指陳切至，引疾歸，旋落職，卒謚文介。

啓禎野乘4/18
明史列傳75/23下
明史216/22下

月

月林鏡公（1434—1519）杭州人。稺齡出家，住持徑山，嗣當第八十代。其行止不傳，然據當時名賢讚詠之盛，知其非凡，正德十四年卒，年八十六。

補續高僧傳14/3

月潭（1474—1586），不知何許人，自言姓楊氏。出家五台山，周行天下殆半。隆慶五年杖錫走婁東，王世貞世懋兄弟爲築室以居。萬曆十四年卒，年百十三歲，王氏爲銘其塔。

月潭和尙塔銘（弇州山人續稿110/17）
補續高僧傳26/20

及

及官字士顒，號二河，直隸交河人。正德九年進士，除兵科給事中，歷知寧國、鳳陽、懷慶三府，遷浙江副使，終戶部侍郎，嘉靖廿九年致仕。

寧國太守及公生祠記（黃潭先生文集4/30）
少司徒二河及公北召（歐陽南野文集21/13）
及公墓表（淡然軒集7/16）
及公墓誌銘（孫陞撰、國朝獻徵錄30/61）
披垣人鑑12/31下

五劃

永

永隆，姑蘇施氏子，尹山崇福寺僧。洪武廿五年朝廷度僧，乃引其徒赴京試經請牒，時沙彌三千餘人，多有不能記經者，上怒，命藉爲軍。隆憫無可救，乃奏聞欲焚身以求免，上允之。焚前取香一瓣書風調雨順四字，語內臣奏上，遇旱以此香祈雨必驗，於是三千餘人悉宥罪給牒。後天旱上命取此香行雨果驗，上乃親製落魄僧詩以彰之。

補續高僧傳20/4下
國朝獻徵錄118/30道衍撰塔銘
名山藏105/15下

永寧，通州朱氏子，字一源，自號虛幻子。九歲出家，後住宜興之龍池，結屋曰禹門興化菴，洪武二年卒，有四會語錄。

補續高僧傳14/21

示

示應，僧，吳郡王氏子，號寶曇。洪武初訪求有道名僧，奉召應對稱旨，令居龍河天界寺，後命主峨嵋，蜀人咸被其化，敕賜南禪集雲之額，卒年五十九。

補續高僧傳25/9下

玉

玉山樵者，建文遜國後，居金華之東山，麻衣戴笠，終身不易。嘗爲王姓者題詩曰京人，故疑其王姓云。

遜國正氣紀7/2

皇明表忠記7/4

正

正映，號潔菴，金谿洪氏子，杭州昭慶寺僧。洪武中奉詔掌京師天界寺，移掌泉州開元寺。永樂二年主雪峯崇聖寺，年老還京而寂。有潔菴語錄。

補續高僧傳22/11下

平

平安，小字保兒，滁州人。父定從太祖起兵，戰沒。安爲太祖養子，驍勇善戰，官都督僉事。建文初從李景隆伐燕爲先鋒，屢破燕軍，後兵敗被執，燕王惜其材勇，以爲北平都指揮使，尋進後府都督僉事。永樂七年帝巡北京，覽章奏，見安名曰，平保兒尚在耶，安聞之，遂自殺。

吾學編59/1

守溪筆記×/10

遜國正氣紀8/4

遜國神會錄下/45下

皇明世說新語5/22

皇明表忠記8/3下

明史列傳22/14下

明史144/2下

平思忠字爾中，吳江人。起縣小吏，永樂時官禮部主客司主事，進郎中，勤敏過人。後爲陝西左參政，被誣謫戍邊。太監劉馬兒市馬西域，請以思忠從行，詔釋之，徧歷吐蕃、赤斤、蒙古、于闐諸國，還復免官，家居卒。

國朝獻徵錄94/9無撰人平思忠傳

平顯，字仲微，錢塘人。博學多聞，詩文皆有典則。嘗知滕縣，謫戍雲南，黔國公沐英重其才，辟爲教讀卒。有松雨齋集。

明史286/4

石

石大用，豐潤人。正統中國子監生，上章願代祭酒李時勉荷枷，名動京師，仕至戶部主事。

國琛集下/40

皇明世說新語1/14下

明史163/2下

石三畏，交河人。歷知文登、曹縣，大著貪聲。以諂附魏忠賢得授御史，爲忠賢十孩兒之一。又倚崔呈秀爲鷹主，鍛成楊左之獄。一日赴戚畹宴，魏良卿在焉，三畏醉，誤令優人演劉瑾酗酒一劇，忠賢聞大怒，削籍歸。忠賢殛，借忤璫名，起故官，爲南京御史朱純所劾罷。

明史306/25

石天柱字季瞻，號國棟，四川岳池人。正德三年進士，歷都給事中。武宗北巡，欲幸宣府，天柱刺血書疏以進，遂止。忤尚書王瓊，出爲臨安推官。嘉靖初復職，遷大理寺丞卒。

明史列傳59/7

明史188/30下

石允常字恒德，台州寧海人。洪武廿七年進士，官河南僉事，廉介有聲，坐事謫常州同知。建文末帥兵防江，軍潰棄官去。後追論廢周藩事戍邊，年七十代還卒。有遇安集。

國朝獻徵錄83/55無撰人石允常傳

遜國正氣紀7/3下

皇明表忠紀7/9下

明史列傳20/11下

明史143/10

石永字壽卿，號靜齋，威縣人。嘉靖十一年進士，歷御史，巡山海關，按淮揚、四川，皆振風紀。爲陝西副使，濬泉溉田，民甚德之。巡撫延綏，禦寇於環慶有功。總督川湖貴州軍務，擒苗酋沈亞當等，累擢戶部左侍郎，歷官以清節稱。

壽大司馬靜齋石老先生六十序（萬文恭公摘集5/5）

國朝獻徵錄30/55無名氏撰傳

石永壽，新昌人。負老父避賊，賊執其父將殺之，號泣請代，賊殺永壽而去。

明史296/12下

石玉（1436—1498）字大器，藁城人。天順八年進士，官山東按察使，發奸摘伏，人稱其明，疑獄數言而決，全活甚衆。卒年六十三。

石公墓志銘（懷麓堂文後稿22/15）

父石麟

石公墓表（懷麓堂文後稿17/7）

妻趙氏（1436—1502）

趙氏墓誌銘（匏翁家藏集69/12）

石存仁，山東德州人。正德十四年舉人，歷清河知縣，嘉靖十二年擢刑科給事中，仕終四川參議。

掖垣人鑑13/27下

石有恒，號雲岫，黃梅人。萬曆四十七年進士，授遂安知縣，尋調長興。天啓四年爲大盜吳野樵所害，贈太僕寺少卿。

賀長興邑侯石公三載考績序（澹然齋存稿2/10）

石光霽字仲濂，泰州人。受學於張以寧。洪武中以明經舉，授國子學正，進博士，作春秋鉤玄，能傳以寧之學。

明史列傳12/11

明史285/10

石亨，渭南人。嗣世父職，爲寬河衛指揮僉事，善騎射，每戰輒摧破，正統中遷都督僉事，協守萬全路。及英宗北狩，數立奇功，所向無敵，累官至鎭朔大將軍，封武清侯，總帥京軍團營。景帝病，亨與曹吉祥迎英宗復辟，進爵忠國公，眷顧特異，勢焰薰灼，以私憾殺于謙、范廣等。蓄材官猛士數萬，中外將帥，半出其門。後以從子彪謀鎭大同事發，下詔獄瘐死。

水東日記5/3下

吾學編19/56

皇明功臣封爵考6/7下

國朝獻徵錄10/21無名氏撰傳

皇明名臣經濟錄3/3下

皇明世說新語8/16下，8/17下

名山藏91/1

明史列傳42/7下

明史173/7

石邦憲字希尹，清平衛人。嘉靖中嗣世職爲指揮使，累功署都督僉事，充總兵官，鎭貴州。臺黎砦苗關保倡亂，邦憲討平之，進署都督同知。復勦平銅仁、鎭遠苗，部內帖然。邦憲生長黔土，熟苗情，善用兵，大小數百戰，無不摧破，威鎭蠻中，時稱名將，隆慶二年卒於官。

國朝獻徵錄106/47張鼎文撰石公墓志銘

明史211/21

石玠字邦秀，藁城人，玉子。成化廿三年進士，授汜水令，擢御史，正德中累拜兵部右侍郎。海西部數犯邊，泰寧三衛與別部相攻，久缺貢市。詔遣玠往遼東巡視，皆受約束，累擢戶部尚書。帝在宣府，需銀百萬兩，玠持不發。會廷臣諫南巡跪闕下，玠獨論救，有旨切責，遂引疾歸。

送石汜水赴召序（容春堂前集13/22）

送山西提學憲副石君邦秀序（費文憲公摘稿9/44）

國朝獻徵錄29/18無名氏撰傳

明史列傳62/14

明史190/20下

石金字南仲，黃梅人。正德六年進士，授御史，會張璁、桂萼用事，臺中爭附之，金獨侃侃不阿。嘉靖中以論皇嗣得罪，下錦衣衛，謫戍宣府，尋宥歸。詔起用，不出。

明史列傳73/10

明史207/9下

父石廸（1466—1528）字從吉。

石公墓志銘（湘臯集29/12下）

石公墓表（同上30/12）

石星（1538—1599）字拱宸，號東泉，東明人。嘉靖卅八年進士，擢吏科給事中。隆慶初上疏言內臣恣肆，詔杖黜爲民。萬曆初起故官，累進兵部尚書，加少保。倭入朝鮮，朝鮮乞援，星力主沈惟敬封貢議。及封事敗，奪星職。未幾，倭破南原閑山，帝大怒，逮星下獄死，年六十二。

賀少保石公誕慶器序（適適園集選13/8下）
東泉石公墓志銘（趙忠毅公文集14/13下）
掖垣人鑑15/5
明史列傳85/36

石英（1362—1437），山東海豐人。洪武中代父爲十夫長。靖難兵起，屢從征伐有功，擢太倉衞指揮使。永樂六年改安慶衞，年七十六卒。

石公墓誌銘（王文端公文集31/7下）

石茂華（1522—1583）字君采，號毅菴，益都人。嘉靖廿三年進士，知濬縣，歷揚州知府，有破倭功，屢遷右都御史，總督陝西三邊軍務。值旱饑，至人相食，茂華日夜露禱，得大雨。復奏請蠲賦發倉，全活者萬計，居秦六月，積勞卒，年六十二，謚恭襄。

濬邑石侯碑（蠖蠓集2/29）
石督府奏議序（大泌山房集16/10下）
石公墓志銘（穀城山館文集17/6，國朝獻徵錄57/60）

石後，渭南人，亨從孫。天順元年進士，助亨籌畫。都督杜淸出亨門下，後造妖言，有土木掌兵權語，蓋言杜也，事覺伏誅。

明史173/11下

石珤字邦彥，號熊峯，藁城人，玠弟。成化廿三年與玠同舉進士，選庶吉士，授檢討，正德間累官禮部左侍郎。帝始遊宣府，珤力諫不報。廷臣諫南巡，禍將不測，珤疏救之。世宗立，遷吏部尚書，兼文淵閣大學士，廷臣爭大禮，珤助之。及議定，復疏諫。帝欲奉章聖太后謁世廟，又上疏爭，帝大慍，嘉靖二年遂致仕。歸裝襆被車一輛而已，都人嘆異，謂自來宰臣去國，無若珤者，卒謚文隱，隆慶初改謚文介。所爲詩渰雅淸峭，有熊峯集。

送石邦彥檢討序（懷麓堂文稿8/11）
送南京少宰石公入爲少宗伯序（整菴先生存稿6/1下）
明德軒記（鳳林先生文集3/64下）
祭相國熊峯石文隱公文（少華山人文集14/5下）
吾學編44/16
國琛集下/31
聖朝名世考2/37
國朝獻徵錄15/95無撰人石公傳
皇明世說新語4/4，7/28下
皇明書18/12下
明史列傳62/11下
明史190/18

石執中，蘭谿人。永樂中爲刑部主事，讞獄平允，陞郎中。累官山東右布政使，直而不華，勤而能愼，官至浙江布政使，以老致仕卒。

送浙江右布政石君赴任詩序（楊文敏公集13/18）

石彪，渭南人，亨從子。驍勇敢戰，以舍人從軍，積功至指揮同知。英宗北狩，彪從亨數戰有奇功，陞都督僉事，爲大同右參將，以邊功封定遠侯。一門兩公侯，持勢而驕，多行不義。後謀鎭大同，與亨表裡握兵柄，爲帝所疑，天順四年下獄死。

水東日記26/11下
吾學編19/56
皇明功臣封爵考6/76
國朝獻徵錄10/21無名氏撰石彪傳
皇明世說新語8/31下
明史列傳42/11下
明史173/10下

石渠字翰卿，別號天全道人，淸河人。成化二年進士，授刑部主事，遷員外郎，平允守法，陞山東按察僉事，屢官至按察使。審核重囚，日有平反，察擧貪廉，憲體直肅，卒年七十一。

國朝獻徵錄95/49潘塤撰石公傳

石祿（1466—1524）字君錫，號蓮峰，陝西華州人。弘治十二年進士，授南京刑科給事中，累陞山西按察僉事，緝姦剔蠹，風采凜然。官至四川左參議，嘉靖三年卒，年五十九。

石君墓誌銘（對山集17/11下，國朝獻徵錄98/47）

石瑁字信之，山西應州人。宣德八年進士，授禮科給事中，出知金華府，累陞福建布政使，以廉著稱，官至禮部尚書，卒年六十四。

送給事中石信之省墓序（王文端公文集20/13下）

國朝獻徵錄33/24劉定之撰石公墓誌銘

披垣人鑑6/21下

石撰，江西平定人。以學行稱，洪武中用薦爲寧王府長史。燕王擧兵，撰輒爲守禦計，每以臣節諷寧王，王心敬之。及大寧陷，不屈，支解死，諡貞愍。

遜國正氣紀5/16

皇明表忠紀4/16下

國朝獻徵錄105/17忠節錄傳

明史14/2/7下

石銳字以明，錢塘人。畫得盛懋法，金碧山水，界畫樓臺人物，賦色鮮明，著名於時。

圖繪寶鑑6/7下

石璞字仲玉，臨漳人。永樂九年擧於鄉，選授御史，歷江西副使，著聲績。累遷兵部尚書，景泰時討苗賊有功，致仕歸。英宗即位，用李賢薦，召爲南京左都御史，罷歸卒。

贈石布政序（王文端公文集23/16）

水東日記1/3，10/4下，27/9

國朝獻徵錄64/2崔銑撰石公傳

皇明世說新語8/3下

名山藏臣林記9/47

明史列傳28/14下

明史160/6

母孟氏（1362—1453）

石母孟氏墓誌銘（芳洲文集9/14）

石遷高字謙甫，山東恩縣人。嘉靖八年進士，授內黃知縣，選工科給事中，出知大名府，仕終右副都御史巡撫山西。

披垣人鑑13/32

石應岳字鍾質，號介峰，福建龍巖人。隆慶五年進士，選庶吉士，授禮科給事中，歷官應天府尹。時海瑞爲御史，一時有總憲清似水，京兆白如霜之謠。歷南京右副都御史，後以戶部侍郎致仕。

披垣人鑑16/3

父石國璦（1524—1579）號屏巖，指揮僉事。

石公神道碑（弇州山人續稿134/9下）

石簡字廉伯，號玉溪，浙江寧海人。嘉靖二年進士，歷知高州府，居官廉靜嚴毅，人莫敢干以私，累官至雲南巡撫卒。

贈石廉伯守高州序（石龍集12/7下）

贈玉溪石氏序（涇野先生文集6/49下）

贈石高州序（同上8/46）

國朝獻徵錄67/55無名氏撰石公傳

石鯨字應聲，號少玄，山東益都人。嘉靖廿三年進士，由山西曲沃知縣選戶科給事中，歷陞刑科左給諫，卅六年免官。

披垣人鑑14/10下

石繼芳（1528—1592）字克肖，號岱宇，山東益都人。嘉靖卅四年擧人，知桐城縣，峻潔忠厚，桐民肖像祀之。陞知延安府，會寧夏副將哱拜有叛萌，繼芳請增牙兵以備之，事未集而難作，遂以身殉，年六十五。

石公墓誌銘（北海集16/1，國朝獻徵錄94/102）

司

司五教字敬先，內黃人。篤學有志行，崇禎時以歲貢任內邱訓導，邑被兵，佐長吏拒守有功，遷城固知縣，十六年流賊陷城被執，罵賊，被磔死。

明史294/21

司中，鞏昌人。洪武廿九年以監察御史署都察院事，有直聲。建文初權僉都御史。靖難後，成祖立，召中詰責，中語不遜，復肆詈聲，命以鐵帚刷其膚肉，至盡方已，姻婭同死者八十餘人。

遜國正氣紀4/24

皇明表忠紀2/37下

司石磐，鹽城諸生。崇禎末與都司酆某同舉兵，兵敗被執，與鄭偕死。

明史277/10下

司汝濟字澤民，號傳野，本姓張，從其養父姓司，名汝霖，後復姓，山東汶上人，隨養父長於荆，登隆慶二年進士，授臨川令，擢兵部主事，累遷太常卿，晉都察院右副都御史，巡撫福建，致仕歸。

傳野司公墓誌銘（白蘇齋集11/6，國朝獻徵錄62/122）

司馬恂字恂如，一字伯如，浙江山陰人。正統九年舉人，官刑科給事中，偕學士倪謙使朝鮮，累遷左春坊左贊善，仕至少詹事兼國子祭酒。敦禮範衆，修明科條，諸生無敢自便。尋謝事歸，卒於家。

掖垣人鑑8/5下

明史列傳30/16

明史152/13

司馬恭字魯瞻，號西虹，陝西咸寧人，著籍南京。舉嘉靖二年進士，歷官監察御史，出爲懷慶知府。

贈司馬君守懷慶序（涇野先生文集7/23下）

司馬軫（1415—1479）字式古，號端齋，浙江山陰人。以鄉舉授贛州府學訓導，勤課諸生，重新學宮，學風大振。遷鳳陽縣學教諭，陞國子助教。成化十五年卒，年六十五。

司馬君墓誌銘（楊文懿公金坡稿6/12）

巨

巨敬，平涼人。建文中爲監察御史，改戶部主事，充史官，清愼有聲。靖難時不屈死。後謚節愍，福王時謚毅直。

吾學編56/17下

革朝遺忠錄下/37

聖朝名世考4/32下

遜國正氣紀4/29

皇明表忠紀2/47

明史列傳19/14

明史141/13

古

古朴字文質，號素軒，河南陳州人。洪武中以太學生授戶部主事，歷兵部侍郎，累官戶部尙書。在朝三十餘年，確然有守，不通干請。初戶部主事劉良不檢，乞中貴人求上考，朴不可，良後果以贓敗。宣德三年卒於官。

國朝獻徵錄28/22楊士奇撰古公神道碑，又31/3雷禮撰古朴傳

名山藏臣林記11/7

明史列傳27/3下

明史150/6

世

世家寶字觀益，臨潁人。其先出蒙古，本姓初，仕元賜世姓。家寶剛果有謀略，洪武初授大理寺少卿，讞獄詳明，累進刑部尙書，以詿誤發儋州安置，後召還復官，未至卒。

國朝獻徵錄44/4朱睦㮮撰世家寶傳

世愚，僧、浙江西安余氏子，號傑峰。初出家事孤嶽嵩公，曾主廣德興龍寺，道行大行。後開山普潤寺，洪武三年卒。

補續高僧傳15/11

皇明名僧輯略×/39

甘

甘士价，號紫亭，江西信豐人。萬曆五年進士，歷官監察御史，累遷浙江巡撫。

劉侍御甘公鄉約公移碑記（四然齋藏稿1/17）

虎林書院記（顧端文公集11/1）

甘雨字子開，號應溥，永新人。萬曆五年進士，選庶吉士，歷南京禮部郎中，出爲廣西僉憲，改貴州副使，官終湖廣參政。有古今韻分註撮要、白鷺洲書院志、及翠竹青蓮二集。

贈憲大夫甘應溥僉閩臬敘（薜荔山房藏稿7/9下）

送子開甘年丈擢僉閩憲序（寶菴集9/20下）

別甘子開憲副序（鄒子願學集4/90下）

父甘□，號若虛。

壽甘年伯封公六十序（快雪堂集6/31下）

封侍御若虛甘先生六十序（弇州山人續稿35/15下）

甘茹字征甫，富順人。嘉靖二十六年舉進士，授三原令，遷刑部主事，歷官山東按察司副使。性恬淡，薄宦情，方携家至任未久，偶遊泰山，夜宿，夢神曰，可以歸矣。次日登山觀峯，挂冠歸。

甘公墓誌銘（海嶽山房存稿文7/55）

甘爲霖字公望，號几山，富順人。嘉靖二年進士，授知州，歷工部郎中，累陞侍郎，以督理各宮殿及修飾諸陵預造壽宮工陞尙書，坐與郭勛訐奏罷歸。越二年起前職，以言官論劾去職。爲霖敏給能集事，然性傾狡卑佞，以諂事權幸，由郎署六七年而躋卿貳，頗爲淸議所斥。嘉靖廿六年卒。

祭甘几山少保文（南沙先生文集7/40）

國朝獻徵錄50/62實錄本傳

弟甘嘉霖字公若，號丙山，都察院司務，嘉靖廿五年卒。

甘先生墓誌銘（南沙先生文集6/10下）

祭司務甘丙山文（同上7/43）

甘霖字沛之，懷寧人。洪武廿年舉人，建文時官御史。成祖破京城，不屈，從容就戮，子孫亦不復仕。

吾學編56/10下

革朝遺忠錄上/19下

遜國正氣紀4/25下

皇明表忠紀2/38下

明史141/15

甘霖字用汝，崑山人。宣德十年貢入太學，授延平府同知，轉衢州，在任廉平不苛，號能其職，致仕卒，年八十五。

吳郡張大復先生明人列傳稿×/65

左

左光斗（1575--1626）字遺直，一字共之，號浮丘，人稱滄嶼先生，桐城人。萬曆卅五年進士，授御史。光宗崩，與楊漣協心建議，排閹奴，扶沖主，後爲魏忠賢所害，與楊漣同斃於獄，追贈太子少保，謚忠毅。

浮丘左公行狀（鴻寶應本10/1）

名臣謚議（公槐集6/16）

祭左忠毅公文（史忠正公集4/4）

左忠毅公逸事（望溪先生文集9/1）

左忠毅公傳（蕺南山文鈔4/1）

左光斗傳（棲山堂集18/10）

左忠毅公年譜（淸馬其昶撰，民國刊集虛草堂叢書本）

啓禎野乘5/10

明史244/11

父左出穎（1545—1628）字韜甫，號碧衢。

碧衢左公墓誌銘（鴻寶應本8/1）

左光先，光斗弟。由鄉擧歷官御史，巡按浙江，任滿既出境，許都反東陽，光先聞變疾返討平之。福王既立，馬士英薦阮大鋮，光先爭不可。後大鋮得志，逮光先，會亂亟道阻，間行走徽嶺而免。

明史244/15

左良玉字崑山，臨淸人。初爲都司，積功封寧南侯，擢太子太保，與張献忠、李自成戰，拒淸兵，頗有功。福王時引兵討馬士英，至九江死。

寧南侯傳（莊悔堂文集5/21）

明史273/1

左君弼，合肥人。元末據州，太祖再攻之，走汴，守陳州，遣使招諭，歸其母，感泣納款，以副總兵底定兩江。

國朝獻徵錄110/34黃金撰左君弼傳

左思忠字長臣，號石臯，耀州人，經子。嘉靖二年進士，授萊陽知縣，擢南京戶部主事。服闋，改北戶部，袪弊振規，遏阻權勢，請託不行，門無私謁。陞吏部員外郎，丁憂歸卒，年四十五。

國朝獻徵錄26/99無撰人左君墓志銘

左重，蒙化人。萬曆間擧人，知灌縣。奢崇明反，率壯士追賊成都，力戰馬蹶罵賊死。

明史290/9

左國璣字舜齊，人稱中川先生，大梁人。能書，善詩賦，名動一時。有一元集。

四友齋叢說26/4下

左鼎字周器，永新人。正統七年進士，授御史，時山東河南饑，遣鼎巡視，民賴以安，又以災異偕同官陳救弊恤民七事。鼎居官清勤，卓有聲譽，御史練綱以敢言名，而鼎尤善爲章奏，京師語曰，左鼎手，練綱口，公卿以下咸憚之，官至左僉都御史。

國朝獻徵錄56/9無撰人左公鼎傳

明史列傳37/23

明史164/15下

左經字載道，眉州人。洪武初由儒士歷興山教諭，博學善屬文，蜀人稱爲左五經。有武昌集。

國朝獻徵錄88/114喬世寧撰左經傳

左經（1468—1528）字載道，號漆厓，耀州人。弘治十二年進士，授永年知縣，調太原，以忤劉瑾，謫武進教諭。瑾誅，起知汶上縣，官至湖廣僉事，卒年六十一。

送左載道序（空同子集56/10下）

左君墓誌銘（涇野先生文集25/10）

左鈺字廷珍，阜城人。自舉人選授監察御史。陞陝西僉事，累進按察使。官至右僉都御史巡撫山西兼都督鴈門諸關，以言官劾之致仕，弘治三年卒。

國朝獻徵錄63/25實錄本傳

左賢字時彥，順天宛平人。天順元年進士，除刑科給事中，成化中累官河南參議。

掖垣人鑑8/24下

母曾氏（1390—1458）

曾氏墓誌銘（韓襄毅公家藏文集14/6下）

左瑞（1389—1458）字世瑄，號訥菴，江西南城人。永樂十六年進士，授監察御史，歷廣東參議，官至山東參政。所至興利除害，惠澤在人，卒年七十（按國朝獻徵錄作左璒，玆從其妻墓志及皇明進士登科考）。

左公墓誌銘（倪謙撰、國朝獻徵錄95/15）

妻白氏（1396—1462）

白氏墓志銘（呂文懿公全集10/60下）

左懋泰，萊陽人，懋第從弟。官吏部員外郎，先降賊，後降清，已授官，謁懋第。懋第曰，此非吾弟也，叱出之。

明史輯略紳志略從逆諸臣

明史175/15

左懋第（1601—1645）字仲及，號蘿石，萊陽人。崇禎四年進士，福王時官至僉都御史巡撫應天徽州諸府。清兵破李自成，懋第使清議和，被留，南京破，死之。有左忠貞公集。

萊陽左進士稿序（無夢園遺集小品1/24）

蘿石先生年譜（清左暐春撰、道光間刊左忠貞公集附刻本）

明史275/12

左贊字時翊，江西南城人，瑞子。天順元年進士，授吏部主事，歷浙江參政，官至廣東布政使，弘治二年卒。其爲文謹繩尺，崇理致，精於隸。有桂坡集、桂坡遇錄、梅花百詠等。

左公墓表（椒丘文集31/13，國朝獻徵錄99/12）

祭左時翊文（椒丘文集27/2下）

史

史于光字中裕，晉江人。家貧，勵志讀書，舉正德十二年進士，授吏科給事中，以疾歸。有易經正蒙。

掖垣人鑑12/37

史文龍字應霖，武進人。嘉靖四十一年進士，官太守，居鄉循牆而走，有長者風，兒童市人咸暱之，不知其爲二千石也。

毘陵人品記10/9下

史之棟，官良鄉典史，崇禎二年清兵陷城，死於難。

明史291/8下

史五常，內黃人。父萱官廣東僉事，卒葬南海和光寺側，五常方七歲，母攜以歸。比長，常以不得返葬爲恨。母沒，廬墓致毀，乃往迎父櫬，時相去已五十年，寺爲水淹，櫬無可覓。五常泣禱，忽有老人指示寺址，果得父櫬，扶歸合葬，復廬墓側。

明史297/2下

史元鎭，宜興人。年方十六，其家失火，元鎭入火救母，母子俱焚死。火熄，屍猶負母，時人傷之，立像祀于周孝侯廟，詔旌其墓。

毘陵人品記10/7

史中，江西潯陽人。永樂中由監生任衢州府通判，陞本府知府。時有中官貪橫，舟經其地，中搜詰密奏於朝，帝命戮之，朝野驚服。歷守衡州，官終陝西左參政，致仕卒。

史先生傳（草禺子5/20）

史永安字磐石，山東武定人。萬曆間進士，歷監察御史，巡按貴州，已差滿，值土官安邦彥擁兵圍貴陽，永安集兵固守。自夏徂秋，城中食盡，至食草根敗革，歃血誓衆，而兵民志堅不懈。城圍解，論功累擢右僉都御史、兵部侍郎，總督三邊。

明史249/13

史立模字季弘，號雁峯，餘姚人。正德十六年進士，授兵科給事中，以言事謫蘇州府通判，陞同知，政尙威嚴，釐正夙弊，以法繩豪武不得逞。歲蝗，命捕之，以米斛易蝗一斗，蝗遂盡。遞馬差困，設四季馬甲法，以節逸勞，著爲令。所至登眺賦詩，感慨踔厲，陞惠州知府卒。

掖垣人鑑13/3

妻馮氏

馮太孺人墓誌銘（二酉園續集18/1）

史弘，嘉興民，仲彬之族祖。建文帝爲黃冠時偶來彬家，方飲食，弘突至識之。問彬曰，此建文皇帝也，吾曾見於東宮，方吾家籍沒時，非是吾無死所矣。彬以實告，弘即稽首堂下，涕問近狀。後弘負擔送至越江，稽首泣別。

遜國正氣紀2/22

遜國神會錄下/31

皇明表忠紀6/20

史可法（1602—1645）字憲之，一字道鄰，祥符人。母方娠，夢文天祥入其室而生，事親至孝。舉崇禎元年進士，福王立，以兵部尙書大學士督師揚州。清兵至，作書寄母妻，以無子，命副將史德威爲之後，曰死葬我高皇帝陵側，城破，自刎不死，命德威刃之，德威痛哭不敢仰事，遂被執不屈死。揚民謳思，葬袍笏於郡城梅花嶺。後人稱爲史閣部，諡忠靖，清乾隆中追謚忠正，有史忠正集。

史忠正公傳（虛受堂文集8/27）

史可法傳（臺灣銀行經濟硏究室印本南天痕卷四）

史可法巡撫安廬（明季北略13/163）

維揚殉節紀略一卷（史得威撰、清道光刊澤古齋叢鈔本）

梅花嶺記（結埼亭集外編20/1）

史可法年譜（揚德恩撰、商務印書館排印本）

明史274/1

史可程，可法弟。崇禎十六年進士，選庶吉士。京師陷，降賊，賊敗降淸，後南歸，居南京，旋流寓宜興卒。

明史輯略紳志略從逆諸臣

史可觀字瞻容，翼城人。官文華殿中書舍人，加鴻臚少卿，崇禎十七年流賊陷城，自縊死。

明史294/25

史安（1386—1427）字志靜，豐城人。永樂九年進士，授禮部主事，遷郎中，宣德二年交人叛，當事舉安以自助，師行入交趾，總戎有驕色，安言不聽，兵敗，安被執死之，年僅四十有二。

送史志靜郎中詩序（東里文集5/14下）

史君墓表（同上16/18）

明史列傳23/25

明史154/20

史仲彬（1366—1427）吳江人也。建文中任侍讀學士，京師陷，帝出走，彬期會於神樂觀，與牛景元濟以舟載帝至家。後帝去，屢密覲於帝，後以從亡故爲里讐連訟獄死，臨終書致身錄，囑子晟存之以俟後世知我君臣之艱苦也。

清遠史府君墓表（鮑翁家藏集70/2）

世祖學士忠獻公致身自叙一卷（淸史名編、手稿本，又遜敏堂叢書本）

遜國正氣紀2/20下

遜國神會錄下/31

皇明表忠紀6/18下

史良佐字禹臣，江陰人。弘治十二年進士，擢南臺御史，劾劉瑾，留劉健、謝遷等。瑾矯旨下詔獄，前後杖九十，削籍南還，瑾誅、起雲南按察副使，平十八寨苗蠻。又濬治海口，得農田千頃，尋告歸。

明史列傳58/8下

明史188/10

母顧氏（1429—1508）

顧孺人墓誌銘（息園存稿文5/25下）

史邦直（1539—1586），山東樂陵人。舉隆慶二年進士，授臨晉知縣，歷官至河南副使，卒年四十八。

史公墓志銘（大泌山房集81/16下）

史直臣，號鶴峰，涿州人，道子。嘉靖廿六年進士，歷官工部員外郎，累遷松江知府。

賀郡守鶴峰史公序（環溪集4/11）

史孟麟字際明，號玉池，宜興人。萬曆十一年進士，官至太常少卿。張差一案，廷臣請究主使，御史劉光復因召對下獄，孟麟具疏救光復。後以請立皇太孫被謫。孟麟潛心理學，建明道書院，一時俊彥多出其門，學者稱爲啓新先生。有亦爲堂集。

明史列傳85/18下

明史231/16下

明儒學案60/4

史芳，易州人。天順八年進士，選庶吉士，授戶部主事，歷潯州知府。

贈太守史君赴潯州序（桃溪淨稿文2/9）

史昭，合肥人。永樂中積功至都指揮僉事，鎭西寧，上言民俗鄙悍，請設學校如中土。又以衞兵守禦，不暇屯種，其家屬願力田者，俾之耕藝，收其賦以足兵食，並從之，嗣討平散卽思，威震塞外。在寧夏十二年，老成持重，兵政修舉，正統八年以老召還卒。

明史列傳32/14下

明史174/1

史英（1449—1526）字廷珍，號庸菴，稷山人。成化十四年進士，授棗強令，有善政，民爲立去思碑，擢御史，官至河南按察副使，卒年七十八。

史公墓誌銘（涇野先生文集24/3下，國朝獻徵錄92/93）

史後（1468—1526）字巽仲，號知山，溧陽人。弘治九年進士，授南京刑科給事中，屢官南京光祿寺少卿致仕，卒年五十九。

史公墓表（徐文敏公集5/38）

史知山傳（陽峯家藏集32/1）

史記言字司直，當塗人。崇禎間舉人，歷長沙知縣遷知陝州，地當賊，記言出私財募士，聘少室僧訓練之，擒斬數十人。賊憤，悉衆來犯，所練士方調他郡，城遂陷，記言縱火自焚，兩僧掖之出曰，死此何以自明，乃越女牆下，被獲死之。

明史292/10

史桂芳（1518—1598）字景實，號惺堂，鄱陽人。嘉靖卅二年進士，性耿介，宗陳獻章之學。初知歙縣，廉直愛民，督師趙文華檄取萬金犒師，不應。歷知延平、汝寧二府，專以德化民，遷兩浙運使，老幼送者數千人，萬曆廿六年卒，年八十一。有惺堂文集。

史公合葬墓志銘（焦氏澹園集31/7）

祭史惺堂先生（同上35/25下）

史常，溧陽人。永樂十三年進士，授行人，歷知建寧府。

溧陽史氏族譜序（東里文集7/18下）

史琳（1438—1506）字天瑞，餘姚人。成化二年進士，授工科給事中，歷陝西參議，弘治中爲右都御史。博聞多藝，善書，工墨竹，正德元年卒，年六十九。

史公神道碑銘（懷麓堂文後稿19/16下，國朝獻徵錄53/10）

披垣人鑑10/7下

史朝宜（1514—1581）字直之，號方齋，晋江人，朝賓從弟。嘉靖卅二年與弟朝富同登進士第，授山陽知縣，擢戶部主事，歷浙江參政，官至湖廣布政使，致仕卒，年六十八。

贈史方齋陞浙藩大參序（備忘集1/48，又1/54）

史公墓誌銘（黃光昇撰、國朝獻徵錄76/19）

史朝賓（1510—1571）字應之，號觀吾，晉江人。嘉靖廿六年進士，任刑部郎中，楊繼盛死西市，朝賓獨爲收殮，設位以哭，降判泰州。隆慶初歷鴻臚寺卿，卒官，年六十二。

史公墓表（方麓居士集10/34下）

國朝獻徵錄76/19袁洪愈撰史君墓誌銘，又76/21史朝富撰行略

史道（1485—1554）字克弘，號鹿野，涿州人。正德十二年進士，選庶吉士，授兵科給事中，劾罷順天巡撫劉達己，救吏部尙書王瓊，請宥其死，瓊得遣戍。世宗修迎立功，司禮及潛邸內官俱廕錦衣世職，道言恩太濫，不納。嘉靖十五年擢左僉都御史巡撫大同，創建五堡，聲勢聯絡，虜不敢掠。開拓田土數萬餘頃，以給邊糧，五堡軍士立生祠以祀之，屢官至兵部尙書，年七十卒。

史公行狀（楊瀹撰、皇明名臣墓銘兌集，國朝獻徵錄39/87）

掖垣人鑑12/34

明史列傳57/39下

妻安氏

壽史母太夫人序（環溪集6/16）

史誠祖，解州人。洪武中知汶上縣，廉平寬簡，御史考覈郡縣長吏賢否，稱誠祖第一，璽書慰勞，益勤於治，屢當遷職，輒爲奏留，閱廿九年卒於任，士民留葬城南，歲時奉祀。

解州鄉賢祠傳（涇野先生文集34/10）

名山藏臣林記6/48

明史281/7

史際（1495—1571）字恭甫，號玉陽，又號燕峯，溧陽人，後子。少從王守仁、湛若水遊。舉嘉靖十一年進士，官春坊乞歸，置義莊義塾，修明倫堂，捐田資貧士讀。累遇饑荒，輒捐粟以賑。後倭犯東南，際募死士邀擊，又追禦之於太湖，進太僕少卿。子繼書，以父廕爲指揮僉事，請屯田天津，爲勦倭犄角之勢，會撫事成不果行。

壽史玉陽年兄七十序（龍谿王先生全集14/22）

壽太僕卿史公七十序（天一閣集19/21）

原壽爲太僕史年兄七袠（皇甫司勳集46/11下）

史公墓誌銘（李文定公貽安堂集7/30，國朝獻徵錄72/43）

史玉陽公傳（嚴文靖公文集11/1）

祭史玉陽太僕文（萬文恭公摘集10/27）

皇明書41/47

名山藏100/5

祖母王氏（1455—1541）

史孺人八十壽序（海石先生文集20/16下）

史孺人王氏八十壽序（石龍集13/22下）

壽史母太孺人八十序（陽峯家藏集25/5下）

王太孺人墓表（同上33/11下）

母徐氏（1478—1534）

史母徐氏孺人墓道碑文（泉翁大全集65/22）

史褒善字文直，號沱村，大名人。舉嘉靖十一年進士，歷監察御史，巡按湖廣，有平麻陽盜功。以論守陵璫驕橫忤旨，旋與楊繼盛同官，日以國事相砥勉。倭寇猖獗，奏設沿山守備，又條陳江防六事，切中機宜，建瓜州城，倭至，民賴以全，終南吏部郎中。有沱村集。

贈南考功正郎沱村史子考績序（苑洛集2/19下）

史魯（1473—1539）字宗道，號首山子，蒲州人。正德三年進士，授鎭江府推官，擢南京刑科給事中，以諫議爲己任，所彈劾皆當世權貴，數上疏請省國用以節民財，前後凡二十餘章，然多召嫉，遂罷歸，卒年六十七。

史公墓誌銘（苑洛集6/10下，國朝獻徵錄80/123）

史學（1454—1513）字文鑑，溧陽人。成化廿三年進士，授戶部主事，陞郎中，總餉遼東，時邊庾多虛，悉心計度，察近裏餘積，役弛刑徒，用轉般法，漸以實邊。又奏出京帑庫銀三萬餘兩，多買粟豆，積塞下爲備，官至山東左參政，正德六年盜起，被劾坐貶，八年卒，年六十。有埭谿集。

送四川少參史君文鑑序（費文憲公摘稿9/39）

史公墓誌銘（凝齋集5/16，國朝獻徵錄95/28）

父史塤（1429—1499）字元諧，號直菴。

史公墓誌銘（匏翁家藏集65/10下）

史直菴傳（容春堂前集15/8）

史謹字公敏，號吳門野樵，崑山人。王學士景善薦爲應天府推官。未幾左遷，尋罷，僑居金陵，耽吟咏，工繪事，構獨醉亭，賣藥自給，以詩畫終其身，有獨醉亭詩集。

崑山人物志3/8下

吳郡張大復先生明人列傳稿×/26

史繼辰字應之，號念橋，溧陽人。萬曆五年進士，選庶吉士，授戶科給事中，遷禮科，歷官四川副使、浙江布政使。

賀左方伯念翁史公三載奏最序（快雪堂集5/10）

掖垣人鑑16/14下

史鑑（1434—1496）字明古，號西村，吳江人，仲彬曾孫。於書無所不讀，尤熟於史，家居水竹幽茂，亭館相通，客至，陳三代秦漢器物及唐宋以來書畫名品，相與鑒賞。好著古衣冠，曳履揮麈，望之者以爲仙。著有西村集。

隱士史明古墓表（匏翁家藏集74/4，國朝獻徵錄116/35）

西村集序（周恭肅公集11/16）

吳中人物志9/25

田

田一儁字德萬，大田人。隆慶二年會試第一，授編修，進侍講。張居正欲廷杖吳中行，一儁疏救，格不入，乃從王錫爵詣居正，陳大義，詞獨峻，居正心嗛之，一儁告歸。居正敗，起故官，遷禮部左侍郎掌翰林院，卒，家無餘貲。有鍾台文集。

宗伯鍾台田公文集序（田亭草4/37）

明史列傳82/14

明史216/5

父田洙，號見山。

封君見山田先生七十壽序（李文節集17/1）

田大有（1504—1581）字豫甫，號思齋，東平人。嘉靖十一年進士，授行人，擢御史，歷慶陽知府，卒年七十八。

田公暨配李孺人合葬墓誌銘（穀城山館文集21/6下）

田大年字仰彭，號椿野，四川定遠人。萬曆二年進士，授湖廣華容知縣，歷兵戶科給事中。

掖垣人鑑16/18下

父田騰字孟升，號少竹，遠安訓導。

田公何孺人墓表（大泌山房集108/21）

田大益字博眞，四川定遠人。萬歷十四年進士，累遷戶科給事中，極陳礦稅六害，又極陳君德缺失，復以星變乞固根本，設防禦，罷礦稅，帝皆不省。後以久次添註太常少卿，卒於官。

明史列傳83/17

明史237/4

田玉，內江人。國子生，正統中知桐鄉，勤恤民隱。時閩浙盜起，征需繁重，玉寬假獎率，貧富適宜，民用不匱，以艱歸，父老上疏乞留。服闋，仍知桐鄉。景泰三年超擢瑞州知府。

五馬趨朝圖記（呂文懿公全集11/15下）

明史281/15

田玉字德溫，號小村，山東利津人。正德十六年進士，授麗水知縣，歷官監察御史。

贈侍御田德溫攷績序（涇野先生文集7/15）

田世威字維揚，龍門人。中嘉靖十四年武舉，授指揮同知，歷宣府遊擊將軍，守紫荆關，禦俺答，遇於廣昌金家井。世威誓于衆曰，今日之戰，若不戮力，必爲虀粉，爾不見諸營屢北之驗乎。衆皆奮勇，世威左脅中矢，容不爲動，猶鼓之進，擒酋首吉脫蘭，連戰，均有斬獲，擢左參將，累以功陞都督僉事，以病卒。

國朝獻徵錄108/58朱睦㮮撰田公墓誌銘

田世福、陽城人，官宜城訓導。崇禎十五年李自成冠宜城，世福死之。

明史294/3下

田汝成字叔禾，錢塘人。嘉靖五年進士，授南京刑部主事，累陞廣西右參議，分守右江，甚著政績，終福建提學副使。博學工古文，尤善敍述，歷官西南，諳曉先朝遺事，撰炎徼紀聞。歸田後，盤桓湖山，窮遊浙西諸勝，著西湖遊覽志。又有田叔禾集、遼記。

贈督學憲僉田君奉勅之嶺南序（泉翁大全集22/15）

明史287/10下

田汝耔（1478—1533）字勤甫，號水南，河南祥符人。弘治十八年進士，授行人，選兵科給事中，累官湖廣副使，理獄訟，清屯田，修水利，事罔不飭，前後乞休者三，乃得請。旣還，力田養母，以經籍自娛。著有周易纂義、律呂會通、及釆芹、歸田二集。

田君墓志銘（洹詞10/31，國朝獻徵錄88/82）

國寶新編×/13

披垣人鑑12/16

皇明書38/52

田汝𠍁字深甫，號莘野，汝耔弟。正德十一年舉人，官兵部司務。有莘野集。

皇明詞林人物考10/31

子田隆耀（1524—1591）字進卿，號三江。

三江田公墓誌銘（潄秇堂文集15/5下）

田吉、故城人。爲魏忠賢義子，由知縣累遷太常卿，未匝歲連擢至兵部尙書，加太子太保。逆黨超擢未有如吉者。與崔呈秀、吳淳夫、倪文煥、李夔龍爲五虎。莊烈帝即位，詔逮治論死，籍其貲。

明史306/19

田良（1478—1538）字君遂，號恒齋，興平人。正德八年舉人，歷官濟南府同知，卒年六十一。

田君墓誌銘（少華山人文集10/20下）

田忠字伯邑，建安人。永樂二年進士，選庶吉士，授戶部主事，超遷南京兵部郎中歷官江西參議。

餘慶堂記（楊文敏公集9/21）

薊門別意圖序（同上12/20）

田氏族譜序（同上15/6）

父田汝楫（1346—1407）字仕濟。

田汝楫墓表（楊文敏公集19/20）

田秋字汝力，號西麓，貴州思南人。正德九年進士，歷戶科都給事中，建白最多。擢福建參政，仕至廣東右布政使。嘗置義田以贍族之不能婚葬者。有西麓奏議。

披垣人鑑13/12

田荆字廷友，蘭州人。少聰慧，舉正德六年進士，選庶吉士，授兵科給事中，時京都歲荒，奏發太倉粟五千賑濟。陞四川僉事，以贖鍰造木桶數萬，人笑爲迂，後遭水災，緣木桶活者數萬人，以不附權奸，被誣罷歸。

披垣人鑑12/21

母高氏（1449—1520）

高氏墓誌銘（王氏家藏集31/11下）

田景猷字觀野，思南人。天啓二年進士，安邦彥反，景猷疏請齎勅宣諭，即擢職方主事，時賊方圍貴陽，景猷單騎往，諭以禍福，令釋兵歸朝。邦彥不聽，欲招之，不爲動，賊恐以危禍，景猷怒，拔刀擊之，羈賊中二年，以間脫歸，從王三善擊賊，同死於內莊，贈太常寺少卿。

啓禎野乘9/17

明史249/20下

田景暘字時中，高陽人。景泰五年進士，授山東道監察御史，數直諫，彈劾不避權要。累官大理寺卿，執法不阿，讞大獄多所平反，帝以璽書褒之，尋乞休歸，以吟詠自適，正德元年卒。

國朝獻徵錄68/10實錄本傳

田景賢（1446—1519）字宗儒，號西郭，涿州人。成化十一年進士，授戶科給事中，疏論貴戚周壽竊權亂政，受廷杖，未幾帝悟，擢通政參議，累遷禮部尙書。劉瑾擅國，凌虐大臣，景賢簡靜自持，瑾不能中傷，正德九年致仕，年七十四卒。

太子太保禮部尙書田公致仕還鄉序（東川劉文簡公集7/13下）

田公墓誌銘（楊廷和撰、皇明名臣墓銘震集75，國朝献徵錄33/50）

國朝献徵錄70/3無撰人田景賢傳

田貴妃、維揚人，田弘遇女，思宗貴妃。性明慧沉默，寡言笑，最得帝寵。李自成入燕京，妃先一年卒。吳偉業永和宮詞，即詠貴妃遺事。

明史114/19

田爾耕，任邱人，樂孫。用祖廕，積官至左都督。天啓中魏忠賢斥逐東林諸人，數興大獄，爾耕廣布偵卒，羅織平人，入獄者率不得出。與許顯純、崔應元，楊寰，孫雲鶴，有五彪之號。累加少師、兼太子太師。忠賢敗，言者交劾，遂伏誅。

明史306/40

田賦字用周，歐寧人。正德九年進士，歷刑科給事中，奉勅催漕兩淮，尋陞知池州，改繁調淮安。賦善詩文，有齊山志、紀行錄，管鳴集、巡漕集、困橫集、野樵雜言等。

披垣人鑑12/26下

田樂義字直卿，號芸野，河南蘭陽人。隆慶五年進士，授台州府推官，選戶科給事中，歷四川僉事，累官山東副使。

披垣人鑑16/12

田濡（1497—1576）字少生，號南畹，山東聊城人。嘉靖八年進士，授行人，擢工科給事中，累陞刑科都給事，官至太僕寺卿，引疾致仕，萬曆四年卒，年八十。

田公墓表（彀城山館文集26/5下，國朝獻徵錄72/64）

披垣人鑑13/24下

父田壽（1441—1514）字宗仁，號松軒，廣昌訓導。

田公墓表（葛端肅公文集17/1）

田濟，陝西麟遊人。景泰五年進士，成化六年歷大名知府，改知眞定，裁吏弊，治民隱，興學勸士，鋤強扶弱，在任八年，境內大治。

國朝獻徵錄82/14無撰人田公傳

田藝蘅字子藝，錢塘人，汝成子。以貢教授應天，博學善屬文，所著前後正續集數十卷，雜著數十種。多聞好奇，世以比之楊愼。爲人高曠磊落，至老愈豪，朱衣白髮，挾兩女奴，坐西湖花柳下，客至即具座酬倡，斗酒百篇，人疑爲謫仙。有大明同文集、田子藝集、留青日札、煮泉小品、老子指玄等傳世。

老子指玄序（長谷集5/6下）

序田子藝先先生緩園心調（快雪堂集1/25下）

明史287/11

田鐸（1429--1510）字振之，號西埜，陽城人。成化十四年進士，授戶部主事，歷員外郎中，有聲。弘治二年左遷知蓬州，多治績，陞廣東僉事。時劉瑾擅政，廣徵歛，鐸上疏力爭，銜之，會遷四川參議，引疾歸。正德五年瑾矯詔逮赴廣，卒於道，年八十二。

彤廷奏最詩序（方簡肅公文集4/3）

田公墓誌銘（熙齋集5/12，國朝獻徵錄98/45）

明史281/24

申

申用懋（1560—1638）字敬中，號元渚，長洲人，時行子。萬曆十一年進士，授刑部主事。熹宗時以右僉都御史巡撫順天，悉心邊計，忤魏忠賢，罷歸閒住。崇禎初起歷兵部左右侍郎，進尙書，致仕歸，卒年七十九。

申公神道碑銘（牧齋初學集65/1）

明史218/4下

申价字懋德，號紫垣，直隸永年人。嘉靖廿三年進士，授中書舍人，遷工科給事中，陞鎭江知府，仕終河南副使，卒於官。

披垣人鑑14/7

申良（1468—1524）字延賢，高平人。嘉靖間以擧人授招遠知縣。山東盜起，良預爲戰守具，再破走之。歷常州同知，入爲戶部員外郎，以諫受杖死，年五十七。招遠民懷其政，圖像祀之。

國朝獻徵錄30/65李士允撰申公墓誌銘

明史列傳72/8

明史192/20下

申佐字懋良，直隸永年人。嘉靖間進士，歷陝西參議，以邊功陞參政。俺答乞通貢市，其子台吉謀劫盟擁兵，欲挾加歲幣。佐單騎出塞，調畫定盟，卒使稱臣献貢，擢僉都御史巡撫大同，尋以忤張居正罷歸。

蘭台法鑒錄17/47下

母李氏（1499—1565）

李氏墓誌銘（條麓堂集29/13）

申佳胤（1603—1644）字孔嘉，又字井眉，永年人。崇禎四年進士，除儀封知縣，以才調杞縣，治行卓異，擢吏部主事，歷太僕丞，閱馬近畿。李自成破居庸，或勸佳胤毋入都。佳胤曰，固知秦師不支，如天子孤立何。疾馳入京，徧謁大臣畫戰守策，皆不省。陷城，自投井死，謚端愍。佳胤詩娟秀，有申端愍公集。

贈邑侯申濬源考績序（紺雪堂集2/17）

申侯兩邑課士錄序（同上3/7）

申端愍公行狀（殷岳撰、端愍公集附錄）

申端愍公年譜（子申煌撰、端愍公集附錄）

杞縣重建邑侯申端愍公祠堂碑（丁敬撰、端愍公集附錄）

啓禎野乘12/22

天啓崇禎兩朝遺詩小傳×/115

明史輯略紳志略文臣

明史266/12下

申祐字天錫，貴州婺川人。父爲虎齧，祐持梃奮擊之得免。以舉人入國學，帥諸生救祭酒李時勉。登正統十年進士，拜四川道御史，以譽諤聞，死於土木之難。

明史167/6下

申時行（1535—1614）字汝默，號瑤泉，晚號休休居士，長洲人。擧嘉靖四十一年進士第一，授修撰，以文字受知張居正，萬曆中累官吏部尚書，繼張四維爲首輔，政務寬大，世稱長者。然務承帝意，不能大有建立。時鄭貴妃生子常洵，頗萌奪嫡意，時行屢請建儲，不從。會內閣亦有疏入，首列時行名，時行方在告，密疏辨之，言官論其巧避首事，排陷同官，求罷歸。萬曆四十二年卒，年八十，有賜閒堂集。

申瑤泉相公五十壽序（賜餘堂集8/5下）

申少師五十序（天遠樓集11/1）

申相公五十壽序（同上11/4下）

元老申相公五十壽序（太函副墨7/43）

壽瑤泉申相公五十序（太霞草9/6）

少師申瑤泉先生六十壽序（蒼霞草4/6）

賀申少師六十壽文（怡春堂逸稿1/4）

少師申老先生六十壽序（李文節集17/28）

元輔申公七十壽序（焦氏澹園集18/6下）

賀少師瑤泉申公七十壽序（朱文懿公文集4/77）

少師申公壽序（大泌山房集27/16下）

桂潤少師申公七十序（嬾眞草堂文集10/1）

壽少師瑤翁申老先生八十序（石語齋集15/29）

少師瑤泉先生八十蒙恩存問序（蒼霞續草6/1）

少師申公新置吳縣役田碑（快雪堂集8/44下）

申文定公墓表（吳文恪公文集18/1）

申公神道碑（焦竑撰，國朝献徵錄17/144）

申公碑文（大泌山房集111/29）

祭申少師文（妙遠堂文蠶集/4）

祭太師申文定公文（嬾眞草堂文集29/26）

祭申老師文（李文節集25/9下）

申文定公像贊（睡庵文稿23/4下）

申文定集序（大泌山房集10/7下）

狀元圖考3/22

皇明世說新語1/19下，4/13下

明史218/1

繼母王氏

奉賀申母王太夫人六十壽序（歸有園稿3/1）

封一品夫人申母七十序（天遠樓集12/19下）

妻吳氏

申相國元配吳夫人六十壽序（繆西匝文集4/1）

申理（1474—1520）字伯淵，號潛山，本姓許，冒申姓，後復姓許，陝西鎮原人。正德六年進士，授丹陽知縣，擢兵科給事中，卒於官，年四十七。

許君墓誌銘（涇野先生文集23/9）

披垣人鑑12/29下

申爲憲，永年人。由進士歷官山東副使。崇禎十五年清兵破城，爲憲時已家居，殉節死。

明史291/19下

【五劃】申

申屠衡字仲權，號樹屋傭，大梁人，徙居長洲。明春秋，肆力古文。洪武三年徵至京草諭蜀詔稱旨，授翰林修撰。有叩角集。

吳中人物志7/29下

申綸（1470—1538）字廷言，號南濱，永年人。弘治十八年進士，累官四川、雲南按察副使。性忠亮有雅度，蒞官以廉白稱。嘉靖十七年卒，年六十九。

申南濱郡侯之四川按察副使序（古菴毛先生集3/42下）

申公墓志銘（連鑛撰、國朝獻徵錄102/53）

申磐（1461—1501）字靖之，山西潞城人。成化廿年進士，授戶部主事，遷員外郎，著能聲。陞河南按察僉事，卒官，年四十一。

贈申靜之序（博趣齋稿16/100下）

申君墓誌銘（柴巖文集45/11下）

冉

冉哲字尙彝，四川內江人。景泰五年進士，授戶科給事中，累官至應天府丞。

掖垣人鑑5/6

丘

丘之陶，宜城人，瑜子。年少有幹略。李自成陷宜城，之陶被獲，以爲本府侍郎，守襄陽。之陶以蠟丸書貽孫傳庭，約爲內應，事泄，被害。

天啓崇禎兩朝遺詩傳6/228

明史251/28

丘玄清（1326—1392），西安富平人。洪武初爲五龍宮道士，以賢才薦授監察御史，賜之室，力辭弗受，轉除太常卿。每遇大祀天地時，上宿齋宮，諮以雨暘之事，奏對有驗，上深敬之，洪武廿五年卒官，年六十七。

國朝獻徵錄118/130無撰人丘玄清傳

丘弘字寬叔，上杭人。天順八年進士，成化間官都給事中，使琉球道卒。弘與毛弘同居言路，皆敢言，人稱二弘。

送丘給事使流求序（懷麓堂文稿2/13下）

掖垣人鑑5/5下

明史列傳49/5下

明史180/6

丘民仰字長白，渭南人。萬曆中擧於鄉，以教諭遷東安知縣，釐宿弊十二事。崇禎初擢御史，號敢言。累遷右僉都御史巡撫遼東，清兵圍松山，與洪承疇誓死固守，外援不至，十五年春城破，承疇降，民仰不屈死，諡忠節。

明史261/10下

丘民貴字伯畏，號仲鶴，改號曾城，嘉興人。歷官長汀知縣，萬曆四十六年卒，子履嘉，字元禮，官禮部郎，有詩名。

丘公墓表（澹然齋存稿6/1）

奠曾城丘年丈（同上6/29）

丘民範（1488—1539）字汝中，貴溪人。嘉靖二年進士，授南京兵部主事，歷知邵武府，至則勸學興禮。擢山東左參政，改廣東，卒于官，年五十二。

丘公墓誌（午坡文集4/40）

丘禾嘉，貴州新添衛人。萬曆四十年擧人，好談兵。天啓時安邦彥反，捐資製器，協擒其黨，選祁門教諭，遷翰林待詔。崇禎間巡撫遼東，不盡其用。已而巡撫山海永平，與孫承宗不合，乞歸。

明史261/11下

丘禾實字登之，新添衛人。萬曆廿六年進士，選庶吉士，授翰林檢討，歷贊善、諭德遷庶子。有循陔園集。

明詩紀事庚19/15

祖丘瑚字爾器，號兩河居士，卒年六十八。

封文林郎丘公傳（孏眞草堂文集25/12下）

丘兆麟（1572—1629）字毛伯，號太丘，臨川人。萬曆卅八年進士，擢御史，崇禎初爲河南巡撫，政事畢飭，尤盡心獄事，卒年五十八。有學餘園、永喧亭、玉書庭等集。

祭丘毛伯文（太乙山房文集10/9）

丘公墓誌銘（己吾集7/1）

丘毛伯玉書庭全集序（同上1/11）

學餘園初集序（玉茗堂全集4/4）
序丘毛伯稿（同上5/14下）
母李氏
丘節孝家傳（大泌山房集75/1）
丘節母墓表（玉茗堂全集14/5下）
節孝丘母李孺人墓誌銘（睡庵文稿17/14）

丘岳字子瞻，號南鎮，黃岡人。嘉靖廿六年進士，由吳江知縣選吏科給事中。陞禮科都，擢太僕寺少卿，仕至河南布政使，萬曆十一年致仕。

工科左給事中丘岳勅命二道（張太岳文集14/14下）
掖垣人鑑14/21

丘秉文字鳴周，莆田人。嘉靖廿三年進士，授永嘉知縣，改長興，遷刑部主事，會楊繼盛劾嚴嵩下獄，時時潛爲具橐饘及藥餌。官至光祿寺丞，年五十八卒。有州峯集。

國朝獻徵錄71/23無撰人丘秉文傳

丘俊字邦彥，新河人。弘治三年進士，授南京吏科給事中，遷北戶科，以疾告歸。復除吏科，正德元年陞吏科右給事中。

掖垣人鑑11/11下

丘祖德字念修，成都人。崇禎十年進士，授寧國推官，累陞右僉都御史巡撫保定及山東。京師陷，遂南奔華陽，謀起義，清兵至，死之。

明史277/8下

丘陵字志高，號芸菴，蘭陽人。宣德四年鄉舉第一，授咸陽教諭，擢知平鄉，有惠政，遷淮安知府，復以治行卓異陞山西左布政使，致仕歸。有芸菴集。

冰玉軒記（呂文懿公全集11/48下）
國朝獻徵錄97/3朱睦㮮撰丘公傳

丘敦（1460—1490）字一成，號必學齋，瓊山人，濬子。卒業太學，習舉子業，而非其好。善讀書，無所不窺，而於典故沿革世家爵里，考據尤詳。深於醫理，嘗著醫史一書，未成而卒，年僅卅一。

丘君行狀（湘皋集32/1）

丘瑜字德如，號鞠懷，宜城人。天啓五年進士，崇禎間歷禮部左右侍郎，因召對言督師孫傳庭出關，安危所係，愼勿促之輕出，俾鎭定關中，猶可號召諸將，相機進勦，帝不能從。尋爲東閣大學士，都城陷，死之。

啓禎野乘12/37
天啓崇禎兩朝遺詩小傳6/227
五十輔臣考4/38
明史輯略紳志略誅戮諸臣
明史251/27下

丘預達字若夫，號荆野，莆田人。嘉靖廿六年進士，授中書舍人，遷刑科給事中，陞兵科都，歷山東參政，仕終貴州布政使，四十五年致仕。

掖垣人鑑14/17下

丘嵩（1414—1446）字嵩高，號養心，江西南城人。正統七年進士，授戶科給事中，以清勤爲同輩所推重，卒於官，年僅卅三。

國朝獻徵錄80/89劉儼撰丘君墓誌銘
掖垣人鑑5/20

丘福，鳳陽人。起卒伍，從成祖奪九門，轉戰眞定夾河等處。成祖即位，累官太子太師，封淇國公。永樂七年以大將軍出塞，輕敵喪師，被執遇害。

吾學編19/32
壬午功臣爵賞錄×/1下
皇明功臣封爵考6/41
國朝獻徵錄6/18無撰人丘福傳
名山藏臣林記5/7下
明史列傳21/12
明史145/9下

丘養浩字以義，號集齋，泉州人。正德六年進士，拜監察御史，疏劾近侍陳欽，謫永平推官，未行，賜還職。後擢右僉都御史，巡撫四川，檄諭雜谷白草番夷，先後納款，官終江西巡撫。

贈丘君以義宰餘姚序（小山類藁選12/5下）
送南京大理寺丞集齋丘君序（雲岡公文集8/21下）
丘公神道碑（趙文肅公文集19/12）

祭都憲丘集齋文（遵巖先生文集19/20）
丘中丞傳（同上17/4下，國朝獻徵錄62/21）
中丞集齋丘公家廟記（田亭草7/22）
父丘□，號省菴
壽封君省菴丘公序（涇野先生文集7/35下）
妻□氏
丘中丞夫人六十壽序（遵巖先生文集12/59）
祭丘集齋夫人文（同上20/23）
子丘維栻字彥肅。
丘季君傳（李文節集26/1）

丘緒字繼先，鄞人。數歲，生母黃爲嫡母余所逐。及緒長，事余至孝，余感動，臨沒語之故，遂決意尋母，遇於臺州，奉歸，孝養備至。

國朝獻徵錄112/76張時徹撰丘孝子傳
明史297/14

丘緯字世章，武進人。嘉靖廿六年進士，授知侯官縣，有清節，銓部計吏，以緯第一，擢南京刑部主事，出知南陽府，卒於官。

毘陵人品記10/4

丘橓字懋實，號月林，山東諸城人。嘉靖二十九年進士，累官兵科都給事中，以言事斥爲民。萬曆間擢左副都御史，以一柴車就道。既入朝，陳吏治積弊八事，官終南京吏部尚書。彊直好搏擊，清節爲時所稱，卒謚簡肅。

年家會祭丘簡肅公文（穀城山館文集32/8下）
同鄉會祭丘簡肅公文（同上32/9下）
掖垣人鑑14/23
明史列傳79/7下
明史226/7下
子丘□，號肯林，嘉靖四十四年進士，深州知州。
贈丘肯林年丈知深州序（萬一樓集32/7下）

丘濬（1418—1495）字仲深，廣東瓊山人。正統九年鄉試第一，登景泰五年進士，選庶吉士，授編修，進翰林學士，孝宗時累官文淵閣大學士，參預機務。嘗以寬大啓上心，忠厚變士習，顧性褊隘，議論好矯激，廉介持正。性嗜學，熟於國家典故。晚年右目失明，猶披覽不輟，弘治八年卒，年七十八，謚文莊。著有大學衍義補、世史正綱、瓊臺會稿等書。

送丘仲深歸嶺南詩序（類博稿4/10下）
丘公墓誌銘（椒丘文集30/19，皇明名臣琬琰錄后集21/6下）
祭丘文莊公文（椒丘文集27/5下）
祭丘文莊公文（羅文肅公集30/1，30/4）
祭丘閣老文（未軒公文集6/1）
丘文莊公文集序（泉翁大全集15/18下）
丘文莊公集序（蒼霞餘草5/16）
重刊大學衍義合補序（宗子相集13/40）
皇明獻實31/3
殿閣詞林記2/11
吾學編44/1下
國琛集下/17
守溪筆記×/28下
四友齋叢說7/6
國朝獻徵錄14/29黃佐撰丘公傳
聖朝名世考2/31下
皇明世說新語 1/27，4/3，4/11下，5/15下，7/24，7/25，8/34下
皇明書17/12
名山藏臣林記13/2下
明史列傳50/12下
明史181/4
母李氏
祭丘學士母太孺人李氏文（韓襄毅公家藏文集15/17下）

丘鼒（1442—1498）字仲玉，蘭陽人。成化八年進士，授南京吏科給事中，改工科，前後疏陳二十六事，剴切明暢。歷陝西參議督理甘肅糧儲，遷山西參政，弘治十一年卒官，年五十七。

丘公墓誌銘（凝齋集5/8，國朝獻徵錄97/29）

丘懋素，貴定人。舉崇禎鄉試，歷南陽知府。流寇至，死之，屍橫野外，烏鵲環繞數日不散，土人異之，累塚立石以志。

明史293/5下

丘懋煒字以鄂，號肯貽，漳浦人。萬曆卅二年進士，擢兵科給事中，以建儲未定，疏請先斬鄭國泰以謝天下，然後斬臣以謝妃

，直聲震朝端。以忤璫調守處州。

前給諫肯貽丘公生祠碑（群玉樓集48/1）

丘鐸字文振，祥符人。元末遭寇亂，鐸奉父母供甘旨。母卒，結廬墓側，寒夜月黑，鐸輒繞墓號曰，兒在斯，兒在斯，時稱眞孝子。

丘孝子傳（宋學士文集 37/298，國朝獻徵錄112/14）

明史296/14

丘霽字時雍，鄱陽人。天順四年進士，成化中守蘇郡，性穎利強記，意度恢廓，治未一年，諸廢畢舉。

蘭舟詩序（匏翁家藏集39/7）

母□氏

丘母太安人壽詩序（同上45/11下）

白

白弘（1449—1513）字宗大，號松菴，其先出元部落，明初受籍民於昌黎。弘治元年武舉人，歷官浙江都指揮同知，卒年六十五。

白君墓誌銘（泉齋勿藥集 4/4，國朝獻徵錄110/29）

白圭（1419—1474）字宗玉，南宮人。正統七年進士，除御史，巡按山西，辨疑獄百餘。尋遷陝西按察副史，擢浙江右布政使，天順二年討貴州苗，進右副都御史，贊理軍務。湖廣災，就命圭巡撫。召爲兵部右侍郎，巡邊，敗孛來於固原州，進工部尙書。成化元年荆襄賊劉通等作亂，命圭提督軍務發兵討平之，加太子少保，改兵部尙書，兼督十二團營，十年卒，年五十六，謚恭敏。圭性簡重，公退即閉閣臥，請謁皆不得通。

白公墓誌銘（商文毅公集27/5）

白公傳（雷禮撰、皇明名臣墓銘艮集59，國朝獻徵錄38/58）

水東日記6/1下，40/9，40/10

皇明書20/26下

明史列傳43/20下

明史172/16

父白友諒，號諒甫。

賀白公壽八十二封兵部侍郎序（呂文懿公全集9/16下

白圻（1466—1517）字輔之，號敬齋，武進人，昂子。成化二十年進士，授南京戶部主事，歷浙江參議、福建參政，皆有政聲。正德中官至右副都御史，卒年五十二。

贈南京刑部郎中白君輔之序（費文憲公摘稿12/34下）

白公墓志銘（王守仁撰、皇明名臣墓誌巽集55）

白公神道碑（王文恪公集 24/1，國朝獻徵錄59/11）

白公墓表（喬莊簡公集10/1）

白中丞傳（容春堂集6/1）

白圻傳（西河合集80/12）

毘陵人品記8/5

妻何氏

白母何氏合葬墓誌銘（渼陂續集中/17下）

弟白坊（1473—1512）字表之，號誠齋，吏部司務。

白吏部傳（泉齋勿藥集7/24下）

白玢（1430—1486）字宗璞，武進人。成化五年進士，授戶部主事，查勘浙江鹽法，裁度適當，陞郎中，官至南京尙寶司卿，卒年五十七。

白君墓志銘（青谿漫稿 22/18，國朝獻徵錄77/68）

白君墓表（徐文靖公謙齋集6/3）

白侃字廷直，山西平定人，傑弟。舉景泰五年進士，授監察御史，巡按南畿，以正心身，勤務學、精選練，公賞罰、行初政、伸公道六事上言，帝悉嘉納，歷陞陝西副使，卒於官。

國朝獻徵錄94/57葉盛撰白君墓表

白昂（1435—1503）字廷儀，武進人。性謙厚，擧天順元年進士，擢禮科給事中，嘗因災異上謹命令以全大信六事。僉內臺，巡江治河有功。入司風紀，歷官至刑部尙書，有平恕老成之譽，弘治十三年致仕，卒年六十九，謚康敏。

白公行狀（王文恪公集25/9下）

白公墓誌銘（懷麓堂文後稿26/10）

白康敏公家傳（匏翁家藏集59/10，皇明名臣墓銘艮集72）

白昂傳（西河合集80/11）

國朝獻徵錄44/61無撰人白公傳

掖垣人鑑8/5

毘陵人品記7/15下

白思明（1442—1500）字睿之，山西平定人，傑子。成化二年進士，除嘉定知縣，持身謹嚴，政務寬平。先是瀕海之地，一夕大風，海水騰湧，人畜多溺死者。思明爲請於官，發民築土成堤，凡百五十里，水患遂已。陞吏部主事，官終南京太僕寺少卿，卒年五十九。

國朝獻徵錄72/77王瓊撰白公墓表

白思誠字實之，山西平定州人。弘治十五年進士，授長垣知縣，選兵科給事中，累官河南僉事，旋罷歸。

掖垣人鑑12/4下

白悅（1498—1551）字貞夫，號洛原，武進人，圻子。舉嘉靖十一年進士，官至江西按察司僉事，卒年五十四。悅工詩，有洛原遺稿。

送白貞夫序（對山集11/8）

送白貞夫序（趙浚谷文集3/26）

白公墓誌銘（世經堂集16/20）

白公墓碑（存笥稿9/7下，國朝獻徵錄77/53）

白洛原遺稿序（皇甫司勳集37/4下）

白埈（1459—1517）字崇之，號愼齋，武進人，昂子。成化廿二年以輸粟授蘇州衛指揮使，尋進浙江都指揮同知。正德中以從征蜀寇及江西桃源洞盜有功，屢官至錦衣衛都指揮同知，正德十二年卒，年五十九。

白公行狀（古菴毛先生集5/5下）

白君墓志銘（東川劉文簡公集18/32下）

白啓常字伯倫，號仰菴，武進人。嘉靖卅九年進士，累官光祿寺少卿，爲嚴世蕃狎客，至以粉墨塗面供歡笑，後以嵩黨被黜，萬曆十九年卒。

白公墓表（賜餘堂集11/7下）

明史308/22

白琮字廷貴，河南新野人。宣德五年進士，除禮科給事中，尋調工科，歷官衢州知府。

掖垣人鑑9/24下

白棟，號吉軒，榆林人。隆慶五年進士，授東阿令，擢兵部郎，出爲山東僉事，備兵沂州，調昌平。

沂州兵憲吉軒白公去思碑記（快獨集9/8）

白傑（1417—1490）字廷秀，山西平定人。性謹厚，持家勤儉。弟侃仕爲監察御史，憂其祿俸不足，時遺贍之。及侃卒，撫其遺幼如己出。以子思明仕，封吏部員外郎，卒年七十四。

白君墓表（徐文靖公謙齋集6/5下）

白瑜字楚英，武進人。永樂二年進士，授給事中，調爲鈞州判官，廉勤有爲，均平賦役，凡利於民者卽興之，妨於民者卽去之，秩滿留任，始終如一。

掖垣人鑑3/16

毘陵人品記6/18

白瑜字紹明，永平人。萬曆二十三年進士，選庶吉士，授兵科給事中。帝旣冊立東宮，上太后徽號，瑜請推廣孝慈，以敦儉持廉惜人才省寃獄四事進，皆引祖訓及先朝事以規時政，帝不能用。天啓初累拜刑部左侍郎，卒官。有夷齊志。

白師淸疏草序（睡庵文稿2/7）

明史242/4下

父白鑰（1533—1598）字世起，南京錦衣衛知事。

白公墓志銘（睡庵文稿15/1）

白鉞（1454—1510）字秉德，南宮人，圭子。成化二十年進士，累官太子少保禮部尙書，習典故，以詞翰稱，卒年五十七，諡文裕。

贈白秉德序（碧川文選1/19）

白公墓志銘（懷麓堂文後稿30/12下，國朝獻徵錄18/1）

殿閣詞林記5/31

明史列傳43/22下

明史172/18

白精忠字輔乾，潁州人。幼孤家貧，母食糠覈，而以精者哺兒，精忠知之，每餐必先啖其惡者。天啓中舉於鄉，崇禎八年流賊陷潁州，精忠以母年老，不忍獨去，遂遇害。

明史297/21下

白檻字礎之，莘縣人。少有文名，登天啓中進士，授平陽司理，擊彈不避強禦，後遷盧氏令。崇禎八年闖賊陷城，強之降，不屈死。

明史292/10下

白瑩字潤禧，樂昌人。正統十三年進士，授戶科給事中，忠鯁自持，疏錄死難諸臣之後，又疏罷樂昌河泊所及減桑絲紅船稅額，諫垣重之，天順二年卒於官。

掖垣人鑑5/21下

白慧元字次如，清澗人。崇禎七年進士，授任丘令，善祛蠹，吏民畏之。九年清兵臨城，慧元防禦甚力，城破，一門俱死。

明史291/14

白鋼（1495—1540）字世堅，號南涂，儀衞司籍榆次人。嘉靖五年進士，官至戶部主事，以脫略將迎罷官歸，卒年四十六。

白君墓誌銘（少華山人文集11/10下）

白鸞（1458—1503）字孟脩，陝西寶雞人。成化廿三年進士，授監察御史，以事謫曲周縣丞，遷章丘知縣，丁憂歸，年四十六卒。

賀監察御史白君考績序（羅文肅公集2/12）
白君墓誌銘（博趣齋稿19/133，國朝獻徵錄96/45）

包

包文達字行甫，蘇州人。年二十襲世職蘇州衞指揮同知，宜興、桐城民變，文達從戡定，不撓法，不濫誅，邑以帖然，崇禎八年，流賊犯安慶，從巡撫張國維往征，遇伏，脇中流矢，墮馬，強起拔矢，揮刀再戰，被執不屈死。

啓禎野乘10/23

包良佐字克忠，浙江蘭谿人。正統七年進士，授吏科給事中，扈從北征，死於土木之難（按明史作慈谿人，此從皇明進士登科考及掖垣人鑑）。

掖垣人鑑4/20下
明史167/6下

包孝字元愛，嘉興人，徙居華亭，節弟。舉嘉靖十四年進士，由中書舍人擢南京御史，居臺著風采，有至性，母亡，哀毀骨立，未終喪卒，年四十六。

包公墓誌銘（環溪集24/7）
先進舊聞（寶日堂初集23/26）
明史列傳73/17
明史207/17

包見捷，雲南臨安衞人。萬曆十七年進士，選庶吉士，授戶科給事中，累進右僉都御史，巡撫江西。見捷雅負清望，屬吏承風，莫敢不自厲，光宗即位，召拜吏部右侍郎，明年卒官。

明史237/3

包叔蘊，號靜趣，江陰人。元末以易經舉進士，仕爲山長。洪武十七年詔起典秋闈，卒於家。

祭包先生文（天遊文集6/8）

包裕字好問，桂林人。成化十四年進士，初任撫州推官，仁恕公廉，郡無冤獄，時稱爲小包。擢監察御史，歷雲南按察僉事。

贈包君好問僉憲雲南序（湘皋集19/12下）

包實夫，進賢人。父希魯，學問賅博，操行高潔，門人稱之忠文先生。實夫明經篤學，事親至孝。洪武中嘗暮歸遇虎，曳入林中，實夫拜且告曰，食我何恨，如父母衰老缺養何。虎復曳至故處而去，人因名其地爲拜虎岡。

名山藏97/3下

包節（1506—1556）字元達，號蒙泉，嘉興人，徙居華亭。嘉靖十一年進士，累官御史，劾兵部尚書張瓚貪穢。出按雲南，再按湖廣。顯陵守備中官廖斌擅威福，節欲繩之，語先洩，爲斌所陷，下詔獄榜掠，謫戍莊浪衛。節念其母不克終養，日飲泣病死，年五十一。有陝西行都司志，包侍御集。

包君墓誌銘（世經堂集17/5下）

先進舊聞（寶日堂初集23/21）

明史列傳73/16下

明史207/16下

母楊氏（1477—1548）

包太孺人墓表（趙浚谷文集6/38）

叔包瀍（1486—1542）

包隱君墓誌銘（屏衡山文集4/31）

包澤（1449—1505）字民望，號東川，鄞縣人。弘治九年進士，授監察御史，清戎陝西，後按湖廣，兢兢執法。奏罷藩臬不職者，勒王府侵田歸之民，所至墨吏望風解綬去。時太和宮臣瑺齊恃怙寵徼福，聞澤按部，輒戢其下曰，毋縱，閻羅包老擒汝矣。巴東雜出洞蠻，難於遙制，澤乃度地宜，奏設九溪永定兵備，諸夷爲之讐服。澤天性孝友，操行介潔，一時爲名御史，年五十七卒。著有東川政績。

國朝獻徵錄65/40張時徹撰包公墓碑）

包檉芳（1534—1596）字子柳，號端溪，嘉興人。嘉靖卅五年進士，授魏縣令，遷刑部主事，歷陞禮部郎中，以忤高拱謫判揚州轉運，旋改邵武同知，解官歸，卒年六十三。

包端溪先生洎配曹宜人行狀（快雪堂集18/26）

仝

仝寅字景明，號敬菴，晚號晉陽，山西安邑人。少瞽而聰警，學京房易，占斷多奇中，名聞四方。正統間客遊大同，上皇北狩遣太監往卜，寅筮得乾之初九，曰大吉，庚午中秋還駕，後七年必復辟。已而悉如所言。石亨有逆謀，寅力止之。錦衣衞指揮盧忠誣告南宮，請卜於寅，寅以大義叱之曰，是大凶兆，忠果伏誅。寅以筮遊公卿間，年九十乃卒。

仝景明先生傳（篁墩程先生文集50/15，國朝獻徵錄79/22）

國朝獻徵錄79/24無撰人仝寅傳，又79/25

仝百戶墓誌銘

皇明世說新語6/17下

皇明書41/52

名山藏101/2下

明史299/15下

令

令狐璁（1516—1582）字仲平，號涿軒，猗氏人。幼工文學，嘉靖四十一年與子一槐同科舉進士，由確山教諭授朝邑令，陞合州知州致仕。性至孝，母病疽，親調漿洗之，卒年六十七。著有性理纂要，大學衍義日抄、家禮集要、保生心鑑。

令狐公合葬墓誌銘（九愚山房稿38/6）

祭寮友令狐州守文（同上56/13）

繼室王氏（1521—1588）

王氏墓誌銘（九愚山房稿40/10下）

六　劃

江

江一川字體行，號西崖，江西都昌人。嘉靖廿九年進士，歷寧國府推官，擢戶科給事中，陞刑科右給事中，四十一年以疾歸卒。

掖垣人鑑14/37下

江一麟，號新源，婺源人。嘉靖卅二年進士，授吉安知縣，萬曆初歷浙江布政使進副都御史提督南贛，累官戶部侍郎。

賀中丞新源江公武功告成序（龍谿先生全集13/37下）

贈少司徒新源江公序（天一閣集22/16下）

皇明世說新語1/9

江天一字文石，歙人，諸生。明亡，從其師金聲起義兵，兵敗被執死，謚節愍。

江天一傳（堯峰文鈔34/6）

明史277/8

江以達字子順，號午坡，貴溪人。嘉靖五年進士，官湖廣提學副使。廉介方剛，不避權勢。居楚數年，爲楚藩所溝，削籍。有江午坡集。

祭江午坡先生文（明善齋集10/2下）

明史287/7下

江汝璧（1486—1558）字懋穀，號貞齋，貴溪人。正德十六年進士，選庶吉士，授編修，遷南京國子司業，與湛若水闡明正學，士習丕變。歷左春坊左諭德充經筵講官，以疏諫征安南及論郊祀事逮詔獄，謫福建市舶副提擧。起爲國子司業，官至少詹事兼翰林院學士，卒年七十三。有碧泮摘稿。

江先生神道碑（太霞草12/1）

國朝獻徵錄18/64周仕佐撰江公壙誌

江治字舜卿，號理川，江西進賢人。嘉靖廿六年進士，授刑部主事，務執法秉公，不少假借。歷廣東提學副使、應天府尹，官至南京工部侍郎致仕，萬曆廿年卒，年九十餘。

國朝獻徵錄53/45鄧備撰江先生行狀

江東，朝城人。嘉靖八年進士，授工部主事，歷遼東巡撫，尋總督陝西三邊，廉毅有大略，所至清寧。累陞兵部戎政尙書總督宣大，以勤王功賜蟒玉，嘉靖四十四年卒，謚恭襄。

國朝獻徵錄57/59實錄本傳

江東之字長信，號念所，歙縣人。萬曆五年進士，授行人，擢御史，於時政多所疏論，每疏出，都中爭相傳誦。歷太僕少卿，以事左遷兵部員外郎，仕終僉都御史巡撫貴州，削籍歸卒。有瑞陽阿集。

國朝獻徵錄63/160鄒元標撰江公傳

明史列傳82/29

明史236/6下

江玭（1411—1479）字用良，仁和人。景泰二年進士，授禮科給事中，諫濫度僧道，訟按察使陳璇寃，劾武淸侯石亨罪，聲震一時。成化中官至山東參政，致仕歸，簍篋蕭然，世業悉以讓兄弟，卒年六十九。

送江用良南歸詩序（類博稿5/10下）

江公墓表（徐文靖公謙齋集6/1）

披垣人鑑8/7

母陳氏

江儒人壽詩序（楊文懿公金坡稿2/5）

江秉謙字兆豫，歙人。萬曆三十八年進士，除鄞縣知縣，用廉能徵授御史，入臺侃侃言事，以論熊廷弼忤權貴。後魏忠賢竊柄，被謫家居，憂憤卒。

明史246/3下

江珍（1508—1578）字民璞，號漸江，歙縣人。嘉靖廿三年進士，授高安令，累官貴州布政使，致仕歸卒，年七十一。有漸齋集。

送江民璞詩序（太函集21/3）

江公墓誌銘（弇州山人續稿90/1）

祭江漸江先生（太函集82/1，太函副墨21/29）

江漸江先生傳（太函集30/5下，太函副墨12/39，國朝獻徵錄103/14）

父江才（1475—1549）字大用。

江公暨安人鄭氏合葬墓碑（太函副墨16/59）

江盈科字進之，號綠蘿山人，湖廣桃源人。萬曆廿年進士，授長洲令，官至四川提學副使。著有明十六種小傳，雪濤閣集。

皇明十六傳小序（西樓全集12/11）

雪濤閣集序（袁中郎全集10/9）

江進之傳（珂雪齋前集16/33，又珂雪齋近集7/28）

皇明世說新語7/20下，7/21下

江淵字世用，江津人。宣德五年進士，正統中以侍講入文淵閣肄業。郕王監國，淵陳固守之策，超遷刑部侍郎。景泰元年遂入閣預機務。英宗復辟，謫戍遼東，未幾卒。

贈太子太師兼工部尙書江公序（敬軒薛先生文集17/11）

殿閣詞林記3/26下

四友齋叢說7/5下

皇明世說新語4/33下

國朝獻徵錄13/29雷禮撰江公傳

明史列傳40/5

明史168/6

父江英（1371—1426）字順中，官雲南左參議。

江公神道碑（王文端公文集28/1）

母周氏

周氏墓誌銘（芳洲續集4/24下）

江彬，宣府人。狡黠強狠，善騎射，武宗召見大悅，擢都指揮僉事。出入豹房，與同臥起，命統四鎭軍，帝戎服臨之，與彬聯騎，正德十二年封平虜伯。權勢莫比，廷臣諫者皆得禍。帝崩，與四子並伏誅。籍其家，得黃金七十櫃，白金二千二百櫃，時京師久旱，彬誅，遂大雨。

四友齋叢說6/7下

皇明功臣封爵考7/29下

皇明名臣經濟錄5/22下

明史307/12

江暉字景暘，一字景孚，仁和人，曉弟。正德十二年進士，授翰林修撰。時錢寧勢傾天下，欲妻以女，暉峻拒之。武宗南巡，暉疏諫，受廷杖幾斃。謫授廣德州，到官即治其豪梗者。旋再召入翰林，嘉靖初擢河南僉事，未行，以病歸，卒年僅卅六。有寶爱子集。

寶爱江公誄（弘藝錄 18/7，國朝獻徵錄 92/108）

國朝獻徵錄92/110王世貞秇苑巵言

江萬仞字若度，號達泉，晉江人。嘉靖卅二年進士，授貴溪令，擢南京戶部主事，歷官陝西行太僕寺少卿，致仕卒。

壽江少卿達泉公七十叙（景璧集2/31下）

江公墓誌銘（田亭草13/3）

江潮（1466—1531）字天信，號鍾石，貴溪人。弘治十二年進士，提學廣東，有知人鑒，嘗謂霍韜必魁天下，金山必連第，復置山於二等，責曰，汝本有才，何杜撰呂申公格言以欺我，後日事君，不可如此。後山果陷宸濠黨。累官至副都御史，巡撫山西，坐事革職歸，卒年六十六。

送廣東按察司僉事江君之任序（淩谿先生文集12/1下）

贈鍾石江方伯先生序（王氏家藏集21/12）

江公墓志銘（甔甀洞藁 34/11，國朝獻徵錄 61/73）

皇明世說新語7/28

江曉（1482—1553）字景熙，號瑞石，仁和人，瀾子。正德三年進士，授南京兵部主事，累官應天府尹，時仍歲旱蝗，民多轉徙。曉所至力籌賑撫，全活數十萬人。後擢工部侍郎，坐事斥爲民，卒年七十二。隆慶初，追贈尙書。著有瑞石稿，歸田錄、春秋補傳等。

天恩追卹錄序（田亭草2/32）

國朝獻徵錄51/47呂本撰江公神道碑銘

子江□，號陽泉，官廣東督學副使。

陽泉江公謝政雜詠序（愼修堂集8/9）

江鎮字至堅，建安人。永樂二年進士，與修永樂大典，書成，擢監察御史，累官浙江按察副使。

送浙江按察副使江至堅赴任序（楊文敏公集14/24下）

送江副使復任詩序（金文靖公集7/39下）

祖江子沺（1334—1417）字伯載。

江公墓誌銘（楊文敏公集21/14）

江瀾字文瀾，仁和人，玭子。成化十四年進士，選庶吉士，授編修，累官南京禮部尙書，守官勤愼，嚴管健，不通尺書，著目錄以自檢。以忤劉瑾改官，正德四年卒，謚文昭。

殿閣詞林記5/29

國朝獻徵錄36/27無撰人江瀾傳

江鐸字士振，仁和人，瀾曾孫。萬曆二年進士，授刑部主事，累官山西按察使，擢撫偏沅，夾攻楊應龍有功，後討皮林諸洞蠻平之，以勞疾歸卒。

明史228/13下

江瓘（1503—1565）字民瑩，號篁南，歙人。諸生，以病棄擧子業，專事吟咏，兼工醫，嘉靖四十四年卒，年六十三。有名醫類案、江山人集。

名醫類按叙（澂秇堂文集2/13）

處山江民瑩墓志銘（太函副墨18/17）

江山人傳（同上13/27）

汝

汝訥（1433—1493）字行敏，吳江人。景泰四年擧人，以善書荐，授中書舍人，累擢汀州知府，後補南安，威惠大行，弘治六年卒，年六十一。

送武選汝君之南京序（懷麓堂文稿4/5）

汝君墓誌銘（鮑翁家藏集63/9）

池

池浴德，號明洲，同安人。嘉靖四十四年進士，授遂昌知縣，聽斷明決，累遷太常寺少卿，致仕歸。

贈明洲池年丈使邊歸省序（萬一樓集32/4）

安

安上達，貴州安順人。萬曆末年舉於鄉，授良鄉教諭。崇禎二年清兵來攻，城陷，闔門死之，贈五經博士。

明史291/8下

安宅字子仁，號靜齋，山東冠縣人。嘉靖十四年進士，歷保定府推官，選兵科給事中，累陞兵科右給諫，卒於官。

掖垣人鑑13/44下

安邦字彥臣，四川巴縣人。弘治十八年進士，選庶吉士，授吏科給事中，以憂歸，後復除，正德十年免官。

掖垣人鑑12/17

安希范（1564—1621）字小范，號我素，無錫人，國孫。萬曆十四年進士，授禮部主事，疏請復高攀龍、吳弘濟官，忤旨斥爲民。希范恬靜簡易，與東林講學之會。熹宗嗣位，將起官，先卒，年五十八。有天全堂集。

啓禎野乘3/44
安我素年譜（清安紹傑撰、清刊本）
明史列傳85/22
明史231/19下

母吳氏（1545—1604）

吳孺人墓誌銘（穀城山館文集23/47下）
吳太孺人墓表（愼修堂集19/6）
吳孺人家傳（大泌山房集76/8）
安母吳孺人傳（瞿冏卿集9/11下）
安母吳孺人葬錄（安希范編、明萬曆間刊本）

兄安□，號南屏。

壽錫山南屏安公六袠序（愼修堂集13/15）

安金字汝礪，山西陽曲人。弘治十八年進士，授禮科給事中，屢陞兵科都給諫，以疾歸。復除吏科都，官至通政司謄黃右通政。

掖垣人鑑12/12

安奎字應文，趙州人。弘治九年進士，授行人，選吏科給事中，累官建昌知府。

掖垣人鑑11/21下

安惟學字行之，臨汾人。成化廿年進士，歷工部郎中，出知平涼府，遷左布政使，尋以右副都御史巡撫寧夏，値安化王寘鐇謀逆，遇害。

送平涼太守安君行之序（費文憲公摘稿12/46）
平水書屋記（篁墩稿13/73）
國朝獻徵錄61/32實錄本傳

安國字良臣，綏德衞人。初爲諸生，通春秋子史，後襲世職爲指揮僉事。正德間中武會舉第一，進署指揮使，赴陝西三邊立功。劉瑾要賄不得，抑之。瑾誅，始以故官分守寧夏西路，累遷右副總兵，協守延綏，敗寇於偏頭關等處，進都督同知，國端謹練戎務，所至思盡職，卒謚武敏。

明史列傳60/6
明史174/19下

安國（1481—1534）字民泰，無錫人。富於資，居膠山，因山治圃，植叢桂於後岡，因自號桂坡，好古書畫彝鼎，購異書甚多，年五十四卒。

安徵君墓碑銘（內臺集5/17）
桂坡安君墓碣銘（泉翁大全集60/2）
安民泰傳（涇野先生文集34/20）

安統，吳元年任給事中，洪武二年陞兵部尚書，仕終山西參政。

掖垣人鑑3/2

安然（1324—1381）祥符人，徙居穎州。元季以左丞守萊州，歸附於明。洪武初授起居注，尋擢山東參政，撫綏流移，俸餘悉給公用，帝嘉之。後官左中丞，坐事免。已而復召爲四輔官，然久歷中外，練達庶務，眷注特隆，尋卒，年五十八。

掖垣人鑑3/2
國朝獻徵錄54/15黃金撰安然傳
明史列傳12/11下
明史137/4

安盤字公石，一字鴻漸，號頤山，四川嘉定人。弘治十八年進士，選庶吉士，授吏科給事中，改兵科，屢抗疏直諫，進兵科都給事中。大禮議起，伏闕力爭，廷杖除名，卒於家。有頤山詩話。

披垣人鑑12/14
明史列傳72/17
明史192/11

安璽、宛平人。正德十六年進士，官戶部主事，以諫大禮受杖死，隆慶中贈光祿少卿。

明史192/22下

守

守仁、僧，富陽人，字一初，號夢觀。發跡四川延慶寺，住持靈隱。洪武中徵授僧錄司右講經，甚見尊禮，升右善世。能詩，有夢觀集。

補續高僧傳25/11

米

米萬鍾字仲詔，號友石，關中人，徙居京師。舉萬曆廿三年進士，授永寧令，累官江西按察使，為魏忠賢所惡，削籍。忠賢誅，起太僕寺少卿，崇禎元年卒。生平蓄奇石甚富，人稱友石先生，又善書畫，著有篆隸訂譌、北征吟。

六合米侯去思記（孏眞草堂文集19/41）
米仲詔詩序（大泌山房集21/10下）
米友石先生墓誌（鴻寶應本8/29）
啓禎野乘9/3
明史288/12下

父米玉（1527—1597）字璞父，號崑泉，錦衣百戶。

米公馬安人墓表（大泌山房集107/17）

米壽圖，宛平人。崇禎間由舉人知新鄉縣，以治行徵授御史。福王立，馬士英薦阮大鋮，壽圖論劾之。出按四川，號召諸將，漸復川南郡縣。唐王立，撫貴州，死於賊。

明史295/15下

米魯，雲南霑益土知州安民女，適貴州普安州土判官隆暢，被出。暢老，前妻子禮襲，父子不相能，米魯因令營長阿保諷禮迎己，禮烝之，暢殺禮。阿保攻暢，米魯復毒暢死，遂反於普安，自號無敵天王，屢敗官軍，後為王軾等所破，就擒伏誅。

剿平貴州夷婦米魯構亂事略（湘皋集24/5）

羊

羊可立字子喻，汝陽人。萬曆進士，擢御史，劾張居正以私憾構遼庶人獄。累擢太常卿，復以直言出為瑞州通判卒。

明史236/1下

匡

匡福（1335—1400），膠州人。元至正間累官河南行省參政，嘗與孛羅帖木兒擊劉福通於衛輝，見孛有異志，解甲去。尋歸太祖，為騎尉，守東海，擊倭有功，陞副千戶，授武德將軍，世守膠州。建文二年卒，年六十六。

匡福墓表（金文靖公集9/74）

匡鐸字淑教，號松野，山東膠州人。嘉靖四十四年進士，授新鄭知縣，選兵科給事中，出知大名府，以事謫河南布政司都事，歷南京戶部郎中。

大名府匡公堤記（朱文懿公文集2/28）
披垣人鑑15/18下

吉

吉人字惟正，長安人。成化廿三年進士，授中書舍人。弘治初與劉概，湯鼐輩為文會。四川饑，人薦鼐可為巡按，坐朋黨削籍。

明史180/20

吉孔嘉，洋縣人。幼時翹父冤於巡按御史，獲釋，以孝稱。舉崇禎三年鄉試，授寧津知縣，累遷順德知府，十五年清兵臨城，孔嘉悉力拒守，城破，與妻子俱死。

明史291/18下

吉永祚，輝縣人，為鳳縣主簿。謝事將歸，會流賊至，知縣棄城遁，永祚倡義拒守，城陷，罵賊死，子士樞、士模亦死之。

明史292/6

吉時字惟可，陝西長安人。弘治十五年進士，選庶吉士，授吏科給事中，正德二年降雲南鶴慶府知事。卒于官。

掖垣人鑑11/20

艾

艾良，監利人。洪武八年鄉薦，歷官大理寺丞。

國朝獻徵錄54/16下廖道南撰傳

艾洪字德裕，山東濱州人。弘治九年進士，擢兵科給事中，累陞都給事中，多所彈劾，忤劉瑾削籍歸。後起官，仕終福建左參政。

掖垣人鑑11/13

明史列傳58/3

明史188/3下

艾南英（1583—1646）字千子，江西東鄉人。好學，無所不窺。萬曆末場屋文腐爛，南英與同郡章世純、羅萬藻、陳際泰以興起斯文為任，世人翕然歸之。天啓中舉於鄉，對策有譏刺魏忠賢語，罰停三科。崇禎初詔許會試，卒不第，而文日有名，負氣陵物，人多憚其口。兩京覆，入閩，見唐王，陳十可憂疏，授兵部主事，改御史，未幾卒於延平，年六十四。有天傭子集、艾千子全稿。

艾千子歷試卷序（已吾集3/11）

天傭子年譜（清張符驤撰，艾舟補，道光刊天傭子集附刻本）

明史288/16下

艾萬年，米脂人。由武學生從軍，積功至神木參將，崇禎八年授孤山副總兵，戍平涼，率兵行至襄樂，遇賊戰沒。

明史269/1下

艾福（1420—1492）字天錫，襄陽人。天順四年進士，授監察御史，歷光祿寺卿，陞禮部侍郎掌光祿卿事，乞歸卒，年七十三。

贈光祿卿艾君序（謝文莊公集3/15下）

贈禮部右侍郎艾君致仕序（青谿漫稿18/13下）

國朝獻徵錄35/40，又70/4實錄本傳

艾毓初字孩如，米脂人，希淳曾孫。崇禎四年進士，授內鄉知縣，屢遷至右參議，分守南陽，却賊有功，以食盡援絕，題詩城樓，自縊死。

明史293/4下

艾璞（1451—1513）字德潤，號東湖，南昌人。成化十七年進士，累官右副都御史。詔求直言，璞陳修德六事，皆人所難言。勳戚與民爭田，勘實，悉歸之民。坐忤劉瑾逮獄，戍嶺海。瑾誅，復官致仕，正德八年卒，年六十三。

皇明名臣墓銘巽集52斯貴撰艾公墓誌銘

國朝獻徵錄61/18楊一清撰艾公傳

艾儒略，意大利人，遊歷中國。天啓中撰職方外紀進之，又著西學凡。

職方外紀序（蒼霞餘草5/24）

艾穆字和父，號純卿，平江人。嘉靖卅七年舉人，累遷刑部員外郎。張居正遭喪奪情，抗疏諫，杖戍涼州。居正死，復起員外郎，累遷僉都御史巡撫四川，以病歸。有熙亭文集。

艾氏族譜序（二酉園續集1/35）

明史列傳82/18

明史229/14下

光

光時亨字羽聖，桐城人。崇禎進士，擢刑科給事中。李明睿以賊耗急，建議親征，為南遷計，時亨疏劾之。既而京師陷，時亨南歸，馬士英等謂時亨阻南遷，殺之。

明史輯略紳志略從逆諸臣

光懋字子英，號吾山，山東陽信人。嘉靖四十四年進士，授眞定府推官，選吏科給事中，歷吏戶兵三科都給事中，累官河南參政，卒於官。

掖垣人鑑15/6

因

因綱字叔大，曲沃人。精楷書，工古文辭。成化中舉於鄉，授滄州知州，正大廉慈，素衣如貧士，民稱布圍領因爺。民罹法，矜而諭之，不悛始加以刑，既卒，上下贈賻得歸櫬，附載紡車一具，觀者莫不流涕。

送滄州知州因叔大序（博趣齋藁17/108）

曲

曲從直，遼東人。明末官揚州同知，城陷，與其子死東門。

明史274/10下

曲銳字朝儀，萊陽人。成化十七年進士，授大理評事，歷官僉都御史巡撫寧夏。劉瑾怒其不附己，勒令閑住。瑾誅，復原官。銳有吏能，所至獄無滯囚，人民德之，正德六年卒。

國朝獻徵錄61/30實錄本傳

曲遷喬字允升，號帶溪，山東長山人。萬曆五年進士，授沁水知縣，歷工科給事中。

掖垣人鑑16/26下

朱

朱一統，平定人。起家乙榜，官蒲城知縣。崇禎十六年李自成陷西安，屬邑望風降，一統獨謀拒守。或言他州縣甲榜者皆已納款，一統曰，此事寧論資格耶。會衙兵叛，奪印趣迎降，一統瞋目叱曰，吾一日未死，印不可得。日暮左右盡散，從容赴井死。

明史294/18下

朱大典字延之，號未孩，金華人。萬曆四十四年進士，崇禎中巡撫山東，時寇亂，據登萊，大典集兵數萬攻之，賊平，擢總督漕運兼巡撫，移鎮鳳陽，屢有破賊功，尋被劾罷歸。福王時以兵部尚書總督上江軍務，清兵南下，還守婺城，城破，闔門死之。

兵憲朱公汀州生祠碑（群玉樓集47/1）

兵憲朱公漳南紀績碑（同上47/5）

朱公事狀（鮚埼亭集外編9/11下）

明史276/1

朱大韶（1517—1577）字象玄，號文石，松江華亭人。嘉靖廿六年進士，歷官南雍司業。未幾解任歸，築精舍藏書，構文園，以友朋文酒爲事，卒年六十一。有經術堂集。

送太史朱文石使楚序（陸文定公集9/33）

送文石朱太史使楚便道省覲序（李文定公貽安堂集6/17下）

送少司成文石朱君赴南雍序（世經堂集13/31下）

祭朱司成文石文（陸文定公集12/4下）

國朝獻徵錄74/29王弘誨撰朱公行狀

四友齋叢說8/15

母張氏

朱老夫人六十壽序（山帶閣集27/16下）

朱母張太孺人六十壽序（李文定公貽安堂集5/37）

朱大器（1506—1583）字自充，號東源，江西南城人。嘉靖廿三年進士，授刑部主事，陞郎中，出知寧國府。歷保定、應天巡撫，累官刑部侍郎，致仕歸，卒年七十八。

賀大中丞東源朱公巡撫應天序（艾熙亭文集3/11）

賀少司寇東源朱先生三載奏績序（激秋堂文集1/14下）

朱公墓誌銘（同上12/1）

朱士完字符禹，潛江人。崇禎間舉人，鄉試揭榜夕，夢黑幟墮其墓門，粉書亂世忠臣四字。闖寇陷潛江，士完被執，械送襄陽，道由泗港，齧指血書已盡節處，遂自經。

明史294/5

朱士鼎，字玉節，崇禎時以武進士官漢陽巡江都司。張獻忠陷漢陽，被執，欲用之，士鼎戟手大罵，賊斷其兩手，不死。賊退，令人縛筆於臂，能作楷字，招集舊卒，訓練如常。

明史294/9

朱文（1444—1511）字天昭，一字天章，崑山人，永安孫。成化廿年進士，授監察御史，累擢湖廣按察副使，改雲南，致仕歸卒，年六十八。

經筵侍班倡和詩序（匏翁家藏集43/3下）

朱公墓誌銘（王文恪公集28/8，國朝獻徵錄102/48）

國朝獻徵錄102/46李東陽撰朱公墓碑

父朱夏（1415—1485）字日南，號勉齋。

朱隱士墓表（匏翁家藏集70/3下）

崑山人物志5/9

朱文正，太祖從子。早孤，依太祖，比長，涉獵傳記，饒勇略，積功至大都督。太祖再定江西，命文正統元帥趙得勝等鎮洪都。陳友諒來攻，文正數摧其鋒，堅守八十有五日。江西之平，文正功居多，後以錫功未至，坐怨望免官，安置桐城卒。

國朝獻徵錄2/74黃金撰朱文正傳

明史118/13

朱文奎，建文帝長子。以洪武廿九年十月晦日生，太祖不悅曰，日月皆終。建文即位，立爲太子。靖難兵起，時年七歲，京城陷，不知所終。

吾學編16/3

名山藏35/8下

朱文剛，小字柴舍，太祖養子。爲元帥，守處州。苗軍作亂，殺院判耿再成，執文剛，幽空室脅降，不屈死。

明史289/6

朱文德，字定宇，義州衞人，後家錦州。崇禎時積戰功至松山副將，忤監視中官高起潛，斥罷。已起故官，及城被圍，文德率前鋒拒守甚力，城破不屈死。

明史272/7下

朱之馮字樂三，大興人。天啓五年進士，崇禎時巡撫宣府。李自成陷大同，集將吏於城樓，設太祖位，歃血誓死守，盡出所有犒士，人心已散，莫爲效力。城破，自縊死，諡忠毅。

啓禎野乘11/5

明史263/12下

朱之瑜（1600—1682）字魯璵，號舜水，餘姚諸生。崇禎末兩奉徵辟，福王時以薦授江西按察副使，皆不就。清兵陷南都，依黃斌卿於舟山，乞師日本，旣許而師不果出。舟山陷，輾轉日本、交趾間。旣而往來於張煌言、陳煇軍，事敗，赴日本。日本水戶藩主德川光國賓禮之，然乞師之舉終不就，遂卒於日本。之瑜精研六經，學無不通，有裨於日本學術不尠，日本學者私諡文恭先生。有舜水文集。

朱公行實（日本今井弘濟、安積覺同撰，舜水文集附錄1）

朱公遺事（日本安積覺撰，同上9下）

文恭先生別傳（海東逸史撰，同上10下）

明故徵君文恭先生碑陰（日本安積覺撰，同上12下）

朱舜水年譜（梁啓超撰、中華書局排印本）

朱之蕃字元介，號蘭嵎，茌平人，著籍金陵。工書畫，萬歷廿三年擧進士第一，仕至吏部侍郎，出使朝鮮，盡却其贈賄。朝鮮人來乞書，以貂參爲贄，橐裝顧反厚，盡以買法書名畫古器收藏之。卒贈尙書。有奉使稿。

狀元圖考3/38下

母周氏（1536—1613）

周氏墓志銘（嬾眞草堂文集23/6）

朱天球字君玉，號國器，漳浦人。嘉靖廿九年進士，授工部主事。楊繼盛就刑西市，招同志薛天華、楊豫孫、董傳策往哭之，當日有四君子之稱。萬曆中歷工部左侍郎，會南掌院缺，朝論以天球有風裁，陞都御史，仕終南京工部尙書，上疏乞休卒。著有湛園存稿。

本朝分省人物考31/10

父朱琯字懋卿，號若齋，卒年八十。

朱公墓碑（弇州山人續稿135/9下）

朱天麟字游初，吳江人，徙居崑山。崇禎元年進士，授饒州推官，有惠政，擢翰林編修。永明王居武岡，召爲禮部尙書，尋拜東閣大學士。王奔南寧，天麟奉命經略左右兩江土司，以爲勤王之助，未集，淸兵逼南寧，王出走，天麟扶病從之，道卒。著有易鼎三然。

明史279/15下

明儒學案57/6

朱孔暘，松江華亭人。永樂中官中書舍人，陞順天府丞。工書，筆力遒勁，朝廷凡有題額，皆出其手。

圖繪寶鑑6/13下

四友齋叢說16/3下

朱木（1502—1568）字子喬，號守愚，常熟人。嘉靖廿三年進士，授昌樂知縣，擢監察御史，歷敘州府同知，致仕歸，卒年六十七。

朱公墓誌銘（嚴文靖公集6/19下，國朝獻徵錄65/149

朱友垓，蜀献王椿孫。嗜學善書，能文章，克纘献王之業，天順七年襲封蜀王，尋卒，有文集十卷。

藩獻記2/4

明史117/2

朱曰藩，字子价，號射陂，寶應人，應登子。嘉靖廿三年進士，授烏程知縣，以廉勤稱，擢南京刑部主事，歷禮部郎中，出知九江府，卒于官。曰藩儁才博學，以文章名家，有山帶閣集。

山帶閣集序（二酉園文集4/4下）

明代寶應人物志×/17

十先生傳×/24下

明史388/19下

朱升（1299—1370）字允升，休寧人。元至正五年舉鄉薦，爲池州學正，避盜棄官隱石門，學者稱楓林先生。太祖召爲翰林學士，定宗廟時享齋戒之禮，尋命與諸儒修女誡。洪武二年請老歸，逾年卒，年七十二。升於五經皆有旁註，而易尤詳，別有前圖二卷，又著有楓林集。

生日祭先考文（朱同覆瓿集7/13下）

卒哭祭先考文（同上7/15下）

小祥祭先考文（同上7/16下）

祭朱學士隆隱先生文（後圃存集4/17下）

學士朱升傳（朱楓林集9/1引徽郡志）

楓林傳贊（同上9/5引廖道南撰）

國朝獻徵錄20/47無撰人朱學士傳

殿閣詞林記4/4

皇明世說新語3/29，6/14

明史列傳11/5下

明史136/5

朱允熥（1377—1415），建文帝弟。洪武卅一年封吳王，居杭州，未之國。靖難後降封廣澤王，居漳州，旋召還京，以不能諫正建文帝，降庶人，永樂十三年卒。

吾學編16/1

名山藏40/25

朱允熞，建文帝弟。洪武卅一年封衡王，未之國。靖難後，降封懷恩王，居江西建昌，旋與吳王同召還京，廢爲庶人。

吾學編16/1下

名山藏40/25

朱允熙（1391—1406）建文帝弟。洪武卅一年封徐王，未之國。靖難後降封敷惠王隨母呂太后居懿文太子陵，永樂二年改封甌寧王奉太子祀，未之國。四年二月，邸中忽火，驚仆卒，年十六，謚哀簡。

吾學編16/1下

名山藏40/25

朱公節（1503—1564）字允中，自號東武山人，浙江山陰人。幼孤，事母孝。登嘉靖鄉擧，歷知彭澤、泰州，皆有循績，解組歸，講學稽山以終，年六十二卒。有東武集。

朱先生合葬墓志銘（賜閒堂集27/16下）

朱永（1429—1496）字景昌，夏邑人，謙子。景泰中嗣爵，分領宣威營，積功進爵爲侯，成化十五年破建州賊營，進保國公，前後凡八佩將軍印，內總十二團營，列侯勛名無與比，弘治九年卒，年六十八，封宣平王，謚武毅。

朱公神道碑銘（徐文靖公謙齋集8/6下）

宣平王世家（弇州山人續稿83/10下）

水東日記32/1

國朝獻徵錄7/69王世貞撰朱永傳

皇明世說新語4/36

皇明書34/8

明史列傳42/17

明史173/16

朱永安字士常，後以字行，崑山人，定安弟。博學工詩，爲文專主性理。善眞草書，得晋人筆法。好古今書籍，購蓄甚富。有尙志齋稿。

崑山人物志8/5

吳郡張大復先生明人列傳稿×/29下

朱永祐字爰啓，號聞玄，上海人。崇禎七年進士，授刑部主事，歷官吏部左侍郎，從魯王至舟山，城破死之。

上海朱公事狀（鮚埼亭集外編9/6下）

明史276/12下

朱右（1314—1376）字伯賢，一作序賢，浙江臨海人。自號鄒陽子，學於陳德永，明初徵赴史局，累官晋府右長史，洪武九年卒於官，年六十三。著有白雲稿，春秋類編、三史鈎玄、秦漢文衡、深衣考誤、歷代統紀要覽、元史補遺、書傳發揮等。

朱右傳（曝書亭集62/7下）

明史285/13

朱由崧，常洵子，崇禎末襲封福王。京師陷，由崧避賊至淮安，鳳陽總督馬士英等迎入南京，稱監國，旋稱帝，號弘光。由崧性闇弱，湛於酒色，委任士英及阮大鋮，二人日以鬻官爵報私憾爲事，未幾，僞太子王之明獄起，左良玉擧兵武昌，以救太子誅士英爲名，而淸兵亦至，由崧走至蕪湖被執，死於北方。

福王實錄（明季五藩實錄卷一卷二）

朱由榔，常瀛子，崇禎時封永明王，亦稱桂王。淸兵取汀州，唐王聿鍵被執，兩廣總督丁魁楚、廣西巡撫瞿式耜等，推由榔監國，旋立於肇慶，號永曆，兵敗奔南寧，爲孫可望所刼，遷居安隆所。李定國至，奉由榔走雲南，後逃入緬甸，緬人執送淸軍，爲吳三桂所殺。

桂藩實錄（明季五藩實錄卷七卷八）

朱以貞，名不詳，檇李人。洪武初爲寧津令，歷湖廣、陝西僉事、大理寺丞。永樂初召入預修太祖實錄，出領治浙西水利事。

送朱以貞治水浙西詩序（頤菴文集4/34下）

朱以海，魯王檀九世孫。明末轉徙台州，張國維等迎居紹興，號魯監國。淸兵克紹興，以海遁入海。久之居金門，鄭成功禮待頗恭，旋卒。

魯王實錄（明季五藩實錄卷六）

朱幼㶿，號懶雲，櫥曾孫，正統十一年封淸源王。博學能文詞，饒於著述，有飲河集。弘治十四年卒，謚莊簡。

藩獻記3/3下

明史118/7

朱仕㙉（1456—1503），代簡王桂孫，山陰康惠王遜煓子。天資聰穎，博通群書。兼工文藝律琯琴調繪事算術。成化六年襲封山陰王，性儉樸，布衣素食，出入導從簡寡弘治十六年卒，年四十八，謚端裕。

大明山陰王墓誌銘（凝齋集5/3）

朱冲炑（1401—1477）松次子，永樂二年封襄陵王。孝友篤至，嘗憤虜衆憑陵華夏，上書請率子婿擊虜，報國自效。卒年七十七，謚莊穆。

藩獻記3/1下

國朝獻徵錄1/85下無名氏撰傳

明史118/6

朱冲烋（1405—1486），冲炑弟，永樂二年封樂平王。博學好修，言動必由典禮。居常自謂非讀書不樂，年踰七十，猶手不釋卷，卒年八十二，謚定肅。

藩獻記4/10

朱冲㶳，松長子，永樂八年襲封韓王。國平涼。習見邊防利害，正統元年上書極言時事，英宗賜璽書慰勞，五年卒，謚恭。

藩獻記3/1

國朝獻徵錄1/85無名氏撰傳

明史118/5

朱安㳚（1475—1525），號思誠子，又號述古道人，櫥玄孫，弘治初封博平王。勤於治生，賓客造門，傾巳納之，時稱名德。輯有輯後錄、養正錄、錦囊詩對諸書。卒年五十一，謚恭裕。

博平恭裕王墓誌銘（空同子集44/3）

國朝獻徵錄1/20下無名氏撰傳
藩獻記1/9
明史116/12下

朱安泌（1531—1607）字勤甫，號如山，安涀弟。封奉國將軍，卒年七十七。

如山先生習靜樓詩集序（昭甫集21/24）
如山公墓誌銘（同上15/17下）

朱安涀，橚玄孫。官周藩宗正，封奉國將軍。一歲喪母，事父以孝聞。素精名理，與中尉睦㮮齊名，人稱睦㮮爲大山，安涀爲小山。

小山朱公配賈淑人合葬墓志銘（昭甫集16/20）
明史116/14

朱守仁字元夫，徐州人。元末以保障功官樞密同知。洪武二年徵爲工部侍郎，四年晉尚書。尋以餽餉不繼，謫蒼梧知縣，進知容州、高唐州，皆有善政。知楚雄府九年，境內大治。拜太僕卿，首請立草場於江北滁州等處，牧放馬匹，馬大蕃息。馬政之修，自守仁始。永樂初入朝，遇疾卒。

國朝獻徵錄72/1實錄本傳
明史列傳13/9下
明史138/10

朱守謙，少名鐵柱，又名煒，文正子，封靖江王，國桂林。守謙知書而好比羣小，粵人怨咨，召還戒諭之，守謙作詩怨望，太祖怒，廢爲庶人。尋復其爵，累徙雲南鳳陽，復以罪錮京師卒。

吾學編16/26
國朝獻徵錄2/77無撰人靖江王傳
名山藏40/22下
明史118/13

朱宇洓，唐藩新野王諸孫，封輔國將軍。五歲喪明，從師口授書，精太乙壬遁曆數方技，又多習國家典故。嘗著名獻錄、辯疑碑，唐成王以摩天王目之。

藩獻記3/5下
國朝獻徵錄2/4無名氏撰傳

朱吉（1342—1422）字季寧，長洲人。洪武中以荐授戶科給事中，首疏請寬胡藍黨禁，以安反側。後以善書改中書舍人，尋改侍書，出爲湖廣僉事。有文學，著三畏齋集，卒年八十一。

吳下冢墓遺文續1/50張洪撰朱公墓碣記
崑山人物志2/3
披垣人鑑5/7下
吳中人物志4/10
吳郡張大復先生明人列傳稿×/29

朱存理（1444—1513）字性甫，號野航，長洲人。博學工文，聞人有異書，必訪求，以必得爲志。纂集鐵網珊瑚、野航漫錄、吳郡獻徵錄、旌孝錄、鶴岑隨筆等書，正德八年以布衣終，年七十。

朱氏野航記（松籌堂遺集擠眉集×/14）
朱性甫先生墓誌銘（甫田集29/5下，國朝獻徵錄115/38）
四友齋叢說26/6下
姑蘇名賢小紀上/10下
皇明世說新語6/29下

父朱顒，以孝稱。

朱孝子旌門記（匏翁家藏集38/2下）
聽烏軒記（同上34/7下）

朱聿鍵，太祖九世孫，崇禎中襲封唐王，國南陽。以倡義勤王得罪錮高牆。福王立，被赦出，鄭鴻逵等奉入閩，稱監國，遂立於福州，號隆武。以蘇觀生、黃道周爲大學士。時李自成竄死，其衆降於聿鍵，一時增兵十餘萬。聿鍵發福州，駐延平，擬出師江西。清兵克延平，聿鍵走至汀州，被執死。

唐藩實錄（明季五藩實錄卷三卷四）

朱聿鐭，聿鍵弟，嗣封唐王。聿鍵殉國，聿鐭自閩至廣州，時丁魁楚等立朱由榔於肇慶，大學士蘇觀生欲預擁戴功，魁楚拒之，觀生遂立聿鐭於廣州，年號紹武，與肇慶相拒。立月餘，淸兵入廣州，聿鐭被擒，自經死。

唐藩實錄（明季五藩實錄卷五）

朱有燉，號誠齋，橚長子，洪熙初襲封周王。博學善書，爲世子時，有東書堂法帖，尤工詞曲，著誠齋樂府傳奇若干種，音律諧美，有金元風範，又有誠齋錄，誠齋新錄，誠齋牡丹百詠諸集。正統四年卒，謚憲。

藩獻記1/8

國朝獻徵錄1/19下無名氏撰傳

明史116/10下

朱有熿（1400—1472）㰘第八子，永樂初封鎮平王。嗜學工詩，作道統論數萬言。又採歷代公族賢者作賢王傳，卒年七十三。

藩獻記1/8下

國朝獻徵錄1/20無名氏撰傳

明史116/12

朱同字大同，號朱陳村民，又號紫陽山樵，休寧人，升子。洪武中舉明經，仕爲禮部侍郎。有文武才，工圖繪，時稱三絕。懿文太子愛其書，甚重之，坐事死。有覆瓿集。

國朝獻徵錄20/52朱升傳附子同

朱同，鄖陵安僖王孫，封輔國將軍。好詩書，樂與衣冠徒遊。嘗讀前史覽功名之會，輒撫卷慨然嘆曰，嗟誠使某備一官，更生普鼎，敢多居哉。卒年四十一。

國朝獻徵錄1/20鄖陵四輔國將軍同傳

朱光宇（1526—1588）字德明，號文麓，河南祥符人。嘉靖四十四年進士，授戶部主事，擢御史，歷巡按山西、貴陽、浙江，以疾致仕，卒年六十三。

朱公墓詩銘（澈秫堂文集14/21）

朱光霽（1492—1570）字克明，號方茅，雲南蒙化人，璣子。正德八年舉人，嘉靖中授重慶府通判，自奉清約，辦事以能稱。凡積歲莫決者，皆檄使治之，片言而決。遷知綿州，終西安府同知，致仕歸卒，年七十九。

國朝獻徵錄94/125李元陽撰朱公墓志銘

朱先字後之，嘉興人。嘉靖時起家武舉，募海濱鹽徒爲一軍，隸胡宗憲，屢勝倭寇，以功授都司。宗憲被逮，先解官護行。御史按福建巡撫王詢侵軍費，檄先證之，先不從，坐論死繫獄，時論以爲有國士風。萬曆初用荐起廣東福建總兵官，以年老謝事歸。

明史列傳86/37

明史212/17下

朱多炡（1541—1589）字貞吉，號瀑泉，權六世孫，封奉國將軍。善詩歌，行草宗米芾，兼工山水寫生，嘗變姓名曰來相如，字不疑，蹤跡遍吳楚，萬曆十七年卒，年四十九，私謚清敏先生。著有五游，勸游諸集。

美遊編序（大泌山房集22/13）

貞吉墓誌銘（同上77/7）

國朝獻徵錄1/75無名氏撰傳

藩獻記2/15

明史117/21下

朱多煌，寧藩諸孫，爵奉國將軍。恂謹孝友，與弟炡、熶、炤皆用文雅結友，嘗攝弋陽府事，萬曆廿一年卒。著有委蛇集。

藩獻記2/13

國朝獻徵錄1/73無名氏撰傳

明史117/21

朱多㷆字用晦，權六世孫，封奉國將軍。因南昌余曰德入七子詩社，王世貞作續五子詩，多㷆與焉。有朱用晦集。

朱用晦詩序（二酉園續集2/50下）

國朝獻徵錄1/74下無名氏撰傳

藩獻記2/14下

明史117/21

朱多熅，字中美，權六世孫，封奉國將軍。性澹雅好學，不事聲華，時多㷆等用詞賦結客，有赫然之譽，而多熅獨杜門却掃，購異書數萬卷，耽玩校讐以爲樂。善行草，得鍾王書法，每一紙出，好事者以重價購去，比之蘭亭楔帖。年七十七卒。

藩獻記4/10下

朱多熿（1530—1607）字宗良，號貞湖，權六世孫，封鎮國中尉。以詞賦名，草書宗孫虔禮，筆法茂密，其詩初名石闌館稿，王世貞改題爲國香。

朱宗良詩序（大泌山房集19/1）

貞湖公墓誌銘（同上81/1）

藩獻記2/14

明史117/21

朱良遇字士英，浙江永嘉人。宣德五年進士，授行在兵科給事中，改監察御史，歷陞僉事。

披垣人鑑7/29下

朱杞，太祖第九子，洪武三年封趙王，翌年卽夭，僅三齡。

吾學編14/23

國朝獻徵錄1/39無名氏撰傳

朱志壥，楧孫，初封富平王，宣德三年嗣爵秦王。好古嗜學，景泰六年卒，謚康。有默菴集。

藩獻記1/1下

明史116/4下

朱吾弼字諧卿，高安人。萬曆十七年進士，官南京御史，有直聲。時禮部侍郎郭正域以楚事繫，吾弼抗章申理，忤旨，遂移疾去。召爲大理右丞，齊楚浙三黨用事，吾弼復辭疾歸。熹宗立，召還，累遷南京太僕寺卿，爲御史吳裕中劾罷。有墨林漫稿。

明史242/14下

父朱繼通（1522—1596）字汝彥，號松岡。

松岡府君墓誌銘（薜荔山房藏稿8/31）

朱封公夫婦合傳（睡庵文稿21/14下）

祭朱太公太孺人文（同上25/1）

朱見治，英宗第八子，成化二年封忻王，未之國而卒，謚穆。

國朝獻徵錄2/45無名氏撰傳

朱見沛，英宗第九子，成化二年封徽王，國鈞州。正德元年卒，謚莊。

國朝獻徵錄2/47無名氏撰傳

名山藏40/7

明史119/13下

朱見浚（1456—1527）英宗第七子，封吉王，國長沙。刻先聖圖及尚書於嶽麓書院，以授學者，卒年七十二，謚簡。

徐氏海隅集外編39/19

吾學編16/17下

國朝獻徵錄2/46無名氏撰傳

名山藏40/5下

明史119/13

朱見淳，英宗第四子。景泰三年封許王未就藩而卒，謚悼。

吾學編16/15

國朝獻徵錄2/40無名氏撰傳

朱見濼，瞻堈孫。成化三年封樊山王，忠謇有大節，荆藩見潚淫虐，陰謀不軌，見濼發其事，奪見潚爵，由是顯名。正德元年卒，謚溫懿。

藩獻記3/11

國朝獻徵錄2/33下無名氏撰傳

朱見潾，英宗第二子，初名見淸。母萬宸妃，景帝時用皇姪封榮王，英宗復辟改封德王。正德十二年卒。

祭德府殿下（雪洲集11/7下）

吾學編16/15下

國朝獻徵錄2/41無名氏撰傳

名山藏40/1

明史119/10下

朱見澍，英宗第五子，封秀王，國汝寧。長史劉誠獻千秋日鑑錄，見澍朝夕誦之，就藩時，慮途中擾民，令並日行，卒謚懷。

吾學編16/16

國朝獻徵錄2/42無名氏撰傳

藩獻記3/12

名山藏40/3

明史119/11下

朱見澤，英宗第六子，天順九年封崇王，國汝寧。弘治十八年卒，謚簡。

吾學編16/16下

國朝獻徵錄2/43無名氏撰傳

名山藏40/3下

明史119/12

朱見濟，景帝太子。初英宗北狩，立見深爲皇太子，而以景帝監國。帝卽位，久欲易太子，會廣西土目黃竑以私怨殺其兄，欲迎合帝意以自解。乃上疏請易太子，疏入，帝大喜，乃更封見深爲沂王，立見濟爲太子。卒謚懷獻。憲宗立，降稱懷獻世子。

吾學編16/18下

國朝獻徵錄2/50無名氏撰傳

名山藏35/3下

明史119/14下

朱廷立字子禮，號兩崖，湖廣通山人。受學王守仁。登嘉靖二年進士，歷御史，巡按順天，督修河道。四川土酋亂，廷立戰平之，捷聞賜金幣。旋督北畿學政，倡正學，精藻鑑，人稱朱夫子，以禮部右侍郎致仕。著有鹽志、馬政志、家禮節要、兩崖集等。

送少宗伯兩厓朱公還湖南序（世經堂集13/7）

兩崖集序（同上13/37）

國朝獻徵錄35/52胡直撰朱公傳

朱廷臣字敬之，號東川，廣東海陽人。嘉靖十一年進士，授吳縣知縣，選刑科給事中，歷知建昌府，免官歸。

掖垣人鑑13/38下

朱廷益（1546—1600）字汝虞，號虞封，嘉禾人。萬曆五年進士，授漳浦令，調嘉定，有善政，民爲建生祠祀之。歷吏部郎中、江西僉事，仕終南京通政司參議，卒年五十五。有世清堂遺稿。

邑令朱公去思碑（歸有園稿5/34）

朱公洎配施氏行狀（快雪堂集19/1）

國朝獻徵錄67/68郭正域撰朱公傳

朱廷煥字中白，單縣人。崇禎七年進士，歷官大名知府。流賊劉宗敏移檄諭降，廷煥作書其父，然後縛僞使，以大礮向賊營擊之。賊怒，城陷，支解之。

啓禎野乘8/6

明史266/19

朱廷鄣，代王桂七世孫。崇禎中爲鞏昌府通判，署秦州事，有廉直聲。十六年流賊陷秦州，被執，賊欲活之，大呼曰，今日惟求一死，遂見害。

明史117/7

朱廷聲字克諧，進賢人。弘治十二年進士，正德中官御史，時中官横恣，廷聲與同官趙佑等交章極論，劉瑾指爲奸黨，勒罷之。後復起，官終刑部右侍郎。嘉靖十六年卒。

送少司冦朱南岡先生得請養疾還鄉序（夏桂洲先生文集16/4）

國朝獻徵錄46/68王希烈撰朱公行實

明史列傳58/10下

明史188/5

朱希孝，（1518—1574）字純卿，鳳陽懷遠人，希忠弟。嘉靖十三年授錦衣勳尉，以謹敏見稱，累陞左都督，萬曆二年卒，年五十七，謚忠僖。

朱公神道碑（張太岳文集12/20）

代祭太傅朱忠僖公文（穀城山館文集32/13）

國朝獻徵錄109/15呂調陽撰朱公墓志

朱希周（1463—1546）字懋忠，號玉峰，崑山人，徙吳縣，文子。弘治九年殿試第一，累遷禮部右侍郎。時方議大禮，數偕其長爭執，廷臣諫去本生之號，皆跪伏左順門。希周走告諸閣臣曰，群臣伏闕，公等能坐視乎，亦與群臣伏闕以請。嘉靖中遷南京吏部尙書，與桂萼不協，乞休。卒年八十四，謚恭靖。

南京吏部尙書玉峯朱公七十壽序（張文定公紆玉樓集8/9下）

贈太宰玉峯朱先生致仕序（何文定公文集2/18下）

冰廳箚記（徐氏海隅集文編14/24）

朱公墓誌銘（張袞撰、皇明名臣墓銘兌集22，國朝獻徵錄27/34）

四友齋叢說10/5，10/6下

皇明世說新語1/8下，2/2下

狀元圖考2/34

姑蘇名賢小紀下/4下

明史列傳66/13

明史191/12

從弟朱□，號三峰

朱君墓表（賜閒堂集22/40）

朱希忠（1516—1572）字貞卿，鳳陽懷遠人，鳳子。嘉靖十五年襲爵成國公，掌五軍都督府事，累加太師。隆慶六年卒，追封定襄王，謚恭靖。

朱公神道碑（張太岳文集12/15，國朝獻徵錄5/56下）

明史145/9下

朱定安字士隆，長洲人，吉子。工古篆，嘗積其書草瘞之，名曰篆冢，春坊吳均有篆冢記。弟章安、永安亦善筆札，皆清修篤學，不墜其家聲。

崑山人物志8/5

吳郡張大復先生明人列傳稿×/29

朱松，太祖第二十子，封韓王，性英敏恭謹無過，卒謚憲

吾學編15/19
國朝獻徵錄1/84無名氏撰傳
名山藏38/3下
明史118/4下

朱奇添，奇溯從弟，封輔國將軍，娶夫人王人。奇添早卒，夫人奉姑撫子，備嘗勞瘁，孀居六十餘年，逮見孫曾四世，旌表節孝。

藩獻記1/6下

朱奇湞，晉恭王棡玄孫，弘治十二年襲封慶成王，以賢孝聞。嘉靖十一年卒，謚端順。

藩獻記1/5下
國朝獻徵錄1/15下

朱奇溯（1482—1557），晉王棡玄孫，弘治四年襲封西河王。少孤，稍長問父所在不得，即痛哭，刻旃檀爲父順簡王像祀之，事母孝，卒年七十六，謚恭定。

藩獻記1/6
國朝獻徵錄1/15無名氏撰傳
明史116/9

妃楊氏（1496—1572）
西河恭定王妃墓志銘（條麓堂集29/1）

朱東光字元曦，號存敬，福建浦城人。隆慶二年進士，授祁門知縣，選戶科給事中，歷河南僉事、廣東參政，累官分巡淮徐道。嘗以老子在亳，莊子在濠梁，管子在穎，淮南子在壽春，爲編中都四子集。

披垣人鑑16/5下

父朱埴（1505—1571），號龍岡。
朱公墓表（田亭草17/28）

朱表欒（1476—1560），奇湞子，嘉靖十一年嗣封慶成王，樸茂寡言，篤於孝友，好文謹度，譽動國中。生子百人，每會紫玉盈坐，至不能相識，而人皆隆準。卒年八十五，謚恭裕。

藩獻記1/5下
明史116/8下

朱承綵字國華，榑裔孫，居金陵，以文彩風流厚自標植。萬曆中開大社於金陵，會海內名士百二十人，授簡賦詩。秦淮妓女馬湘蘭以下四十餘人侍宴，一時傳爲豔事。

齊王孫𤣥華壽序（大泌山房集27/7）
明史116/19

朱承爵字子爵，號舜城漫士，又號左庵，江陰人。爲文古雅有思致，能畫，好蓄書，嘗以愛妾換宋刻漢書云。著有存餘堂詩話、灼薪劇談。

𪾢旨後序（唐伯虎先生集下/3下）

朱孟烷，楨子，永樂廿二年襲封楚王，正統四年卒，謚莊。有勤有堂詩文集。

徐氏海隅集外編39/3
藩獻記1/13
明史116/15

朱孟震字秉器，新淦人。隆慶二年進士，歷官副都御史巡撫山西。著有河上楮談、汾上續談、浣水續談、游宦餘談、朱秉器集、玉笥詩談。

朱秉器詩序（二酉園續集2/22下）

朱孟辨，名芾，以字行，號滄洲，松江華亭人。洪武間徵爲翰林編修，改中書舍人，善山水人物，能詩兼工草書篆隸。

四友齋叢說16/1下
明史285/17下

朱昌（1389—1454）字顯道，崑山人。清苦謹重，被服儒者，歷官中軍都督府都事致仕，卒年六十六。

吳下冢墓遺文續1/42鄭文康撰朱公墓志銘
崑山人物志2/5下
吳郡張大復先生明人列傳稿×/64

朱明鎬（1607—1652）字昭芑，太倉人。諸生，淹貫諸史，著有書史異同，新舊異同，入清詔舉山林隱逸不就，卒年四十六。

朱昭芑墓誌銘（梅村家藏稿文集24/1）
天啓崇禎兩朝遺詩傳9/327

朱旻字希仁，崑山人，璲子。年十九領鄉薦，歷昌平、臨川、石首教諭，所至皆有勞績，稱知人能得士。天順末，朝廷頗事游

豫，令有司圍獵近郊，旻抗疏諫之，上從其言，禁圍獵，著爲令。

吳郡張大復先生明人列傳稿×/73

朱典楧、伊厲王㰘六世孫，嘉靖廿一年嗣封，國洛陽。在國多不法，常奪民舍以廣其居，築崇臺連城擬帝闕，強取民間子女七百餘，詔禁典楧高牆，除世封。

明史118/12

朱芝垝（1458—1511），唐憲王瓊炟子，成化七年封爲三城王。少通諸經，讀書好禮。嘗構樓曰進修，特嗜繪事，所圖樓亭前後所植珍木奇卉，妙絕一時。工書法，有二王餘韻，卒年五十四，謚康穆。有進修稿。

神道碑文（擬齋集5/26下）

藩獻記3/4下

朱知烊，鍾鉉曾孫，弘治十六年嗣封晉王。好文雅，嘗校刻漢文選、唐文粹、宋文鑑，事嫡母郝妃，生母彭夫人以孝謹聞。嘉靖十二年卒，謚端。

藩獻記1/5

明史116/7下

朱季堄，楨孫，正統中襲封楚王。事母鄧妃至孝，英宗賜書獎譽。八年卒，謚憲。嘗著東平河間圖贊，爲士林所誦。又有巃秀軒集，維藩清暇錄。

徐氏海隅集外編39/3

明史116/15下

朱亮（1353—1425）字伯亮，號婁東散人，本姓夏，東吳人。善寫山水，能識古器物及畫格高下，藉商以給衣食，故又號商潛。洪熙元年卒，年七十三。

吳下冢墓遺文續1/48陳繼撰朱公墓誌銘

朱亮祖，六安人。元授義兵元帥，兵敗歸太祖，累功授廣信衛指揮使。攻陳友定，功最多。會攻桐廬，圍餘杭，遷浙江行省參政，副征南將軍廖永忠取廣東廣西，以功封永嘉侯，鎮廣東。亮祖勇悍善戰而不知學，所爲多不法，太祖召至，與其子暹俱鞭死。

永嘉侯朱亮祖壙誌（高皇帝御製文集16/19下）

吾學編18/37下

國朝獻徵錄8/22無名氏撰傳

名山藏41/14

明史列傳8/4

明史132/1

朱炳如（1514—1582）字穉文，更字仲南，號白野，衡陽人。嘉靖卅八年進士，歷御史出守泉州，單騎入境，與一老蒼頭相臥處。好獎拔士類，泉士比之眞德秀、王十朋。歷兩浙運使、陝西布政使，益勵名節，坐不附張居正罷，萬曆十年卒，年六十九。

白野朱公墓表（二酉園續集19/1）

朱公白野先生暨配劉夫人墓誌銘（紫園草6/13）

祭野翁朱先生文（同上11/10）

朱恬烄，胤移次子，嘉靖卅一年襲封潞王。篤學工詩，才藻秀逸。萬曆十年卒，謚宣。有綠筠軒吟。

藩獻記3/3

明史118/6下

朱恬焯，胤移第五子，嘉靖卅一年封鎮康王，自號西巖道人。工詩，萬曆八年卒，謚恭裕。有西巖漫稿。

藩獻記3/3

朱南雍字子肅，號越崢，浙江山陰人。隆慶二年進士，由泰興知縣選刑科給事中，累陞禮科都給事中，歷順天府丞，萬曆中官至太僕卿。畫山水木石法沈周、倪瓚，清勁絕俗。

披垣人鑑15/13下

朱奎字文徵，號鶴坡，松江華亭人，孔暘子。幼擅書法，年十二以奇童奉詔讀書翰林，景泰元年授中書舍人，遷尚寶司卿，出爲保寧府同知，官終大理寺卿，成化廿三年致仕，卒於家。

國朝獻徵錄22/75林瀚撰朱公神道碑

朱柏（1371—1399），太祖第十二子，封湘王，國荊州。性嗜學，開景元閣招納俊乂，日事校讐。膂力過人，嘗從楚王楨討古州蠻有功。尤善道家言，自號紫虛子。建文初有告柏反，柏懼，闔宮焚死，謚戾，永樂初改諡獻。

徐氏海隅集外編39/6
吾學編15/2下
藩獻記2/5
國朝獻徵錄1/49無名氏撰傳
名山藏37/5下
明史117/3

朱勇（1391—1449）字惟貞，鳳陽懷遠人，能子，性至孝，居喪哀毀。正統中從駕至土木戰死，年五十九，追封平陰王，諡武愍。勇修幹魁顏，善騎射，待士卒有恩，尤重文士，工六書，縉紳咸推重之。

國朝獻徵錄5/48李賢撰朱公神道碑
明史145/8下
妻沐氏（1397—1419），沐英孫女。
成國公夫人墓誌（頤菴文集9下/49下）

朱厚炫，厚燁弟，初封崇仁王，嘉靖卅六年襲爵益王，性節儉，重賜予，聲色珠綺，一無所好，卒年八十餘，諡恭。

藩獻記3/12下

朱厚烇，瞻堈玄孫，正德二年襲封荊王。銳思典籍，以篆隸著名，嘉靖卅一年卒，諡端。

藩獻記3/10下
國朝獻徵錄2/32下無名氏撰傳
明史119/7下

朱厚烷，仁宗五世孫，嘉靖中襲封鄭王，讀書能文。世宗修齋醮，厚烷進四箴，演連珠十章，以神仙土木爲規諫，帝怒。適宗人祐橏求復郡王爵，怨厚烷不爲奏，摭四十罪，以叛逆告，遂削爵錮鳳陽。隆慶初復爵，萬曆中卒，諡恭。

藩獻記3/7下
國朝獻徵錄2/24下無名氏撰傳
明史119/2下

朱厚焜，厚烇弟，正德九年封富順王。嗜詩，兼精繪事。嘗圖蜀葵，移曝日中，蜂蛙叢集花上，拂之輒來，其神妙如此。萬曆四年卒，有東軒集。

藩獻記3/11
國朝獻徵錄2/33無名氏撰傳
明史119/7下

朱厚煜，高燧五世孫，正德中嗣封趙王。性和厚，構一樓名思訓，常獨居讀書，文藻瞻麗，自號枕易道人。嘉靖卅九年卒，諡康。有居敬堂集。

藩獻記3/6下
明史118/22下

朱厚熲，瞻墡曾孫，初封陽山王，嘉靖二十九年嗣爵襄王。折節爲恭儉，節祿以餉邊，事母以孝聞，士大夫過襄者，皆爲韋布交，四十五年卒，諡莊。

襄莊王哀辭（太函副墨21/15）
明史119/5下

朱厚燁，號勿齋，祐檳子，嘉靖二十年襲封益王。醇粹嗜學問，能詩文，卅五年卒，諡莊。有勿齋集、詠史詩。

藩獻記3/12下
國朝獻徵錄2/57無名氏撰傳

朱厚爝（1507—1551）見沛孫，初封安邑王，嘉靖五年襲爵徽王。擅作威福，然輕財務施，故終身無覆敗之禍。極意接奉眞人陶仲文，得世宗意，封太淸輔玄宣化忠道眞人。卒年四十五，諡恭。

祭徽恭王文（葛端肅公文集15/21下）
國朝獻徵錄2/47附徽王見沛傳
明史119/13下

朱拱枘，寧藩瑞昌王諸孫，封奉國將軍。性樸茂好學，善草書。始父渠爲宸濠累，逮繫中都，枘請以身代，賜敕褒獎，卒年八十九。

藩獻記2/13下
國朝獻徵錄1/74無名氏撰傳

朱拱梴，寧府石城端隱王諸孫，封輔國將軍。初宸濠不欲出已右，禁絕諸宗室招延儒生問學。梴獨閉藏一室，朝夕諷誦，遂博通群書，工詩賦，著有巢雲集。

藩獻記4/11
明史117/20

朱拱榣字茂材，拱枘弟，封奉國將軍。博辯儒雅有智數，嘉靖九年上書請建宗學，並詔宗室設壇行耕桑禮。後以議禮稱旨賜敕褒諭，嘗捐田白鹿洞贍來學者，與兄㭾並以聲譽致諸貴游間。

藩獻記2/14
國朝獻徵錄1/74無名氏撰傳
明史117/20下

朱拱榳，寧藩石城端隱王諸孫，封輔國將軍。醇孝篤誠，動以禮義自檢，嘗作家訓以貽子孫，卒年八十四。

藩獻記2/16
國朝獻徵錄1/75下無名氏撰傳

朱拱樻，權玄孫。宸濠伏誅，令統攝寧府事。嘉靖二年襲封弋陽王，嘗上書請復獻惠二王廟祀。二十九年卒，諡端惠。有訓忠堂集。

藩獻記2/11下
國朝獻徵錄1/72無名氏撰傳

朱拱欏，號眠雲，權玄孫，嘉靖二十四年嗣封樂安王。以文雅才辯著稱，兼精繪事，繪菊石妙絕一時，卅八年卒，諡端簡。

藩獻記2/12下
國朝獻徵錄1/72下無名氏撰傳

朱芾，河南澠縣人，國子生。永樂十三年除禮科給事中，歷陞刑科都給事中。

掖垣人鑑8/3下

朱英（1417—1485）字時傑，號誠菴，桂陽人。正統十年進士，授御史。景泰間議易儲，英泣陳不可，弗聽。歷總制兩廣，兼巡撫，首薦陳獻章應辟召，招撫諸山猺獞，歸山復業，增戶口二十餘萬，累加太子少保，成化廿一年卒，諡恭簡。著有澹菴紀年、誠菴遺稿、認眞子集。

朱公神道碑（椒丘文集29/5，國朝獻徵錄54/58）
都御史朱公傳（懷麓堂文稿16/4）
祭太子少保朱公誠菴先生文（白沙子全集4/25下）
祭誠菴先生文（同上4/26下）
認眞子詩集序（同上1/5下）
朱氏哀榮錄序（泉翁大全集23/12下）
吾學編46/5下
國朝獻徵錄54/58實錄本傳
名山藏臣林記11/11下
皇明書22/7下
明史列傳47/16
明史178/14

妻胡氏

朱夫人胡氏墓志銘（白沙子全集4/13）

朱貞（1421—1497）字惟正，號息軒，錢塘人。天順元年進士，知磁州，有政聲，改知鄧州。成化二年荊襄劉千斤作亂，朝廷命將討之，兵行所至，供億百出，民以爲苦，貞極力營辦軍用，害不及民。歷南京刑部郎中，陞四川參議，總督松潘等處糧儲，以老乞歸，卒年七十七。著有息軒稿。

朱公墓誌銘（青谿漫稿23/3下）
國朝獻徵錄98/40陳鎬撰朱貞傳

朱廻添，潞藩宗室，居潞安，由宗學貢生爲鄒平知縣。崇禎十五年清兵下城，全節以死。

明史291/20下

朱廻潰，潞府宗室。由宗貢生爲白水知縣，明習吏事，下不敢欺。崇禎十六年賊潛入城，猶手弓射賊，死於難。

明史294/18下

朱昱字懋陽，武進人。博綜群籍，留心著作，尤長於詩。聞王達善梅花百律，追和之，晨起濡墨，不移晷，百篇卒就。王俱修郡志，借助於昱者多，昱又爲續志八卷。

毘陵人品記7/13下

朱紈（1494—1549）字子純，號秋厓，長洲人。正德十六年進士，嘉靖中累擢右副都御史，巡撫南贛。倭寇起，改提督浙閩海防軍務，巡撫浙江。旣至，首嚴通番禁，海濱始肅。紈憤閩浙勢家多庇賊，上疏言之，士大夫皆與爲怨，賄御史劾紈擅殺，罷職聽勘。紈聞，慷慨仰藥死，年五十六，朝野痛之。著有茂邊紀事，甓餘集。

送朱秋厓考績序（涇野先生文集6/18下）
送中丞秋厓朱公巡視浙閩海道序（龍津原集2/3）
貞壽榮昌序（弘藝錄22/3下）
明中丞秋厓朱公祠堂記（雪濤閣集7/58下）
名臣諡議（公槐集5/29下）

國朝獻徵錄62/44自撰壙志
姑蘇名賢小紀下/13
明史205/1

朱俊柵，代簡王桂玄孫，嘉靖卅七年襲封山陰王。慷慨喜文，有經世之具，數上書言時政，嘗條議藩政，請開宗科，益宗生名額，萬曆卅一年卒。

藩獻記2/6
明史117/6下

朱俊格，聰㵎子。嗜學，善屬文，聚書數萬卷，尤好古篆籀，手模六十餘卷勒石，名崇理帖，嘉靖廿四年卒。有天津集。

藩獻記2/5下
明史117/6

朱俊棟，代簡王桂玄孫，封鎭國中尉。博古明經，譽望甚著，以賢能選攝隰川王府事，萬曆十九年卒。

藩獻記3/14

朱俊㵂字若訥，桂五世孫。博學有盛名，不慕榮利，築居五姓湖，輕舟蠟屐，與諸名士登臨吟嘯，自號蘆花散人，又號林皋長，著有佩蘭集。

藩獻記4/3下
明史117/6，118/7

朱胤移，太祖六世孫，嘉靖五年襲封藩王。素嗜談禪，詩亦妙悟，自號南山道人，嘉靖廿八年卒，諡憲。有清秋唱和集、保和齋詩。

藩獻記3/2下

朱祖文字完夫，自號三復居士，嘉興人，都督先孫。爲諸生，少負氣節，與周順昌善。順昌以閹禍被逮，祖文間行詣都，爲納饘粥湯藥，及徵贓令急，又爲之奔走稱貸。順昌櫬歸，祖文哀慟病死。有北行日譜。

明史245/7
天啓崇禎兩朝詩集小傳1/23

朱祚字永年，號默齋，浙江寧海人。性聰敏，九歲能詩，永樂中嘗進元宵觀燈賦，上喜而賚之，由是知名。洪熙元年以薦授中書舍人，陞翰林修撰，官終尙寶司少卿。祚能詩文，援筆立就，好氣直言，不恤毀譽，正統十年卒。

國朝獻徵錄77/23實錄本傳

朱祐杬，憲宗第四子，封興王，國安陸。在藩嗜詩書，絕珍玩，卒諡獻。有含春堂稿、恩紀詩集。卒二年，世子厚熜入嗣大統，是爲世宗。世宗立，命禮官議追崇典禮，禮官執成例，不愜帝意。辯論紛紜，歷三年之久，卒用張璁、桂萼等言，尊爲皇考，廟號睿宗。群臣聚哭闕下力諫，坐此下獄者二百餘人，史稱大禮議。

明史115/5

朱祐樟，憲宗第十一子，弘治四年封汝王，國衞輝。嘉靖二十年卒，諡安。

吾學編16/24
國朝獻徵錄2/66無名氏撰傳
明史119/18下

朱祐楒，字夏父，祁鈺孫，弘治十六年襲封棗陽王。善文章，精騎射，力能制奔馬，博涉星曆兵農卜醫之學。嘉靖四年以擅逮襄府承奉，廢爲庶人。十八年復爵，卅四年卒，諡榮肅。

嘉靖以來內閣首輔傳2/22
藩獻記3/9下
國朝獻徵錄2/30無名氏撰傳
名山藏39/22
明史119/6下

朱祐楎，憲宗第七子，成化廿三年封衡王，國青州。嘉靖十七年卒，諡恭。

吾學編16/23下
國朝獻徵錄2/63無名氏撰傳
明史119/17下

朱祐楷（1487—1503）憲宗第十四子，弘治四年封申王。建邸四川叙州府，十六年未就藩而卒，年僅十七，諡懿。

吾學編16/25
國朝獻徵錄2/69無名氏撰傳

朱祐橓，憲宗第九子，封壽王，初國保寧，後移德安。校尉橫擾市民，知府李重抑之，奏逮重。安陸民劉鵬隨重詣大理對簿，重卒得白，祐橏聞而悔之，後以賢聞。嘉靖廿四年卒，謚定。

徐氏海隅集外編39/21

吾學編16/24

國朝獻徵錄2/65無名氏撰傳

明史119/18

朱祐樘，憲宗第八子，成化廿三年封雍王，國衡州。正德二年卒，謚靖。

吾學編16/24

國朝獻徵錄2/64無名氏撰傳

明史119/18

朱祐樞，憲宗第十子，封榮王，國常德。性至孝，遇有新異味，必馳獻母潘端妃。嘉靖十八年卒，謚莊。

徐氏海隅集外編39/20

吾學編16/24下

國朝獻徵錄2/68無名氏撰傳

明史119/19

朱祐棡，憲宗第十二子，弘治四年封涇王，國沂州。十六年卒，謚簡。

吾學編16/24下

國朝獻徵錄2/67無名氏撰傳

朱祐檳，憲宗第六子，封益王，國建昌。性儉約，巾服澣至再，日一素食，好書史，愛民重士，無所侵擾，卒謚端。

吾學編16/23

國朝徵錄2/56無名氏撰傳

明史119/17

朱高煦，成祖第二子，輕趫善騎射，以雄武自負。成祖起兵靖難，高煦為軍鋒，屢轉敗為功，永樂初封漢王，國雲南，不肯行，時媒孽東宮謀奪嫡。以不法徙封樂安，益怨望蓄異謀，仁宗每優容之。至宣宗即位，遂舉兵反。帝親征至樂安，高煦出降，錮於逍遙城，覆以巨鼎，燃炭炙殺之。

水東日記7/1

吾學編16/3

名山藏39/1

明史118/16下

朱高燧，成祖第三子，封趙王，居守北京，恃寵多不法。成祖不豫，高燧令護衛指揮孟賢等結內侍造僞詔，謀進毒於帝，廢太子而自立。事發，賢等伏誅，高燧以太子力解得免。仁宗即位，之國彰德。及宣宗擒高煦歸，詞連高燧，帝命收其護衛，卒謚簡。

吾學編16/9

國朝獻徵錄2/21無名氏撰傳

名山藏39/5下

明史118/21

朱家民 (1569—1642) 字同人，曲靖人。萬曆卅四年舉人，歷任貴陽知府，著能聲，擢貴州監軍道，勦安邦彥之亂，建城十七座，更建盤江鐵鎖橋，以勦賊功世襲指揮使，崇禎十五年卒，年七十四。

啓禎野乘6/27

明史249/21

朱家仕字翼明，河州人。崇禎間進士，歷大同兵備副使，十七年李自成犯大同，總兵姜瓖開門降，家仕盡驅妻妾子女入井，而已懷敕印從之，一家死者十六人。

明史263/12下

朱宸濠，權玄孫。弘治中襲封寧王，交通肘腋，黨羽甚衆。時武宗無儲嗣，遊幸不時，人情危懼，濠遂謀亂，會帝遣人收其護衛，乃決計反。稱奉太后密旨，自南昌起兵，攻南康、九江，浮江東下，攻安慶，將據南京。王守仁巡撫南贛，以兵攻南昌，宸濠回救，守仁破擒之，誅於通州。

吾學編15/9下

國朝獻徵錄1/64無名氏撰傳

皇明世說新語8/22

明史117/16下

朱栻字良用，崑山人。少穎敏不群，苦志力學。舉進士授蘭谿知縣，存心仁恕，律已廉。擢御史，遇事敢言，論劾文選郎中貢欽招權納賄罷之，卒於官。

崑山人物志4/11

吳郡張大復先生明人列傳稿×/73

朱桂，太祖第十三子，封代王，國大同。性暴，建文時以罪廢爲庶人。成祖即位，復爵。已復有告其不軌者，賜敕列其卅二罪讓之。桂已老，尚時時與諸子窄衣禿帽，遊行市中，袖鏈斧傷人，正統十一年卒，諡簡。

吾學編15/3
國朝獻徵錄1/50無名氏撰傳
名山藏37/6
明史117/3下

朱泰安字士粟，崑山人，定安弟。永樂三年舉人，授內黃教諭，調安仁、安吉、陽信諸縣學。其教學以熟傳註惇行誼爲先。致仕歸，授徒以終，年九十三。

崑山人物志2/4下
吳郡張大復先生明人列傳稿×/29

朱貢淤，太祖五世孫。成化中封肅王世子，嘉靖中卒，諡靖。詩調高古，言邊塞事尤感慨有意。著有星海集。

星海詩集序（陳文岡先生文集15/32）
藩獻記2/3

朱恩（1452—1536）字汝承，號嫉溪翁，華亭人。成化二十年進士，授行人，遷刑部郎中，舉法無所撓於權貴。歷南京右副都御史巡視江道，曾建更邏之令，沿江要害，置立水寨，墩堡相望，互相應援，寇患漸息。正德中官至南京禮部尙書，以未經劉瑾，瑾敗，爲臺官所劾去位，卒年八十五。

朱公行狀（長谷集13/15）
朱公墓誌銘（費寀撰、皇明名臣墓銘巽集11，國朝獻徵錄36/23）
父朱瑄（1416—1498）號鈍菴，官山西副使。
朱公墓表（匏翁家藏集74/7下，國朝獻徵錄97/67）
妻秦氏（1454—1524）
朱夫人秦氏墓誌銘（儼山文集65/1）

朱恕字光信，泰州人。樵薪養母，一日過王艮講堂，歌曰，離山十里，薪在家裏，離山一里，薪在山裏。艮聞而異之。恕聽艮講學，浸浸有味，每樵必造階下聽之。門弟子有宗姓者，貸以金，使別尋活計，不受。胡直爲學使，召之不往。以事役之，短衣徒跣入見，直與之成禮而退。

明儒學案32/12

朱能（1370—1406）字士弘，鳳陽懷遠人。嗣父職爲燕山護衛副千戶，沉毅有智略，從成祖靖難，屢建勳勞。永樂初累進左軍都督府左都督，封成國公，兼太子太傅。四年安南叛，率師討之，以疾卒於龍州，年卅七，追封東平王，諡武烈。

朱公神道碑（楊士奇撰、皇明名臣琬琰錄14/5下，國朝獻徵錄5/45）
東平王世家（弇州山人續稿82/13）
壬午功臣爵賞錄×/1
皇明功臣封爵考2/1
吾學編26/3下
靖難功臣錄×/3
皇明將略2/34
名山藏臣林記5/5
明史列傳21/9
明史145/7
妻王妙善（1366—1419）
封東平王夫人墓誌（頤菴文集9下/48）

朱豹（1481—1533）字子文，號青岡居士，上海人。正德十二年進士，授奉化知縣，有政聲，改知餘姚，擢御史，官至福州知府，卒年五十三。有朱福州集。

知奉化縣朱侯去思碑（張文定公靡悔軒集4/9下）
送朱君子文改令餘姚序（張文定公紓玉樓集4/25）
先福州府君行狀（朱邦憲集9/1）
先府君逸事狀（同上9/10）
朱福州集序（長谷集5/10下）
母張氏（1463—1533）
朱母張氏墓誌銘（龍江集8/11下）
妻蔡氏（1495—1560）
先孺人行狀（朱邦憲集9/11）
先孺人逸事狀（同上9/15）

朱佚炅（1427—1473）㮊季子，正統九年封安塞王。性通敏，過目不忘，善古文，自稱滄洲野客，又稱㮊齋，成化九年卒，年四十七，諡宣靖。著有滄州漁隱錄、隨筆等。

藩獻記4/1
明史117/12下

朱瀾（1486—1552）字必東，號損巖，

莆田人。嘉靖二年進士，授御史，昭聖皇太后生辰，有旨免命婦朝賀，洧上疏力爭。時帝亟欲尊所生，而群臣必欲帝母昭聖，疏入，帝怒，欲殺之，閣臣固請，乃杖八十，除爲民，卒年六十七。有天馬山房遺稿。

國朝獻徵錄65/95何維麒撰朱公傳
明史列傳73/3
明史207/3下

朱寅（1374—1445）字孔暘，號雪庭，華亭人。通六書，永樂中應薦授中書舍人，擢翰林編修，官至順天府丞，正統十年卒，年七十二。

朱公墓志銘（諡忠文古廉文集10/3下）

朱訥（1449—1524）字存仁，號補齋，寶應人，璀子。成化十三年擧人，數會試不第，讀書南監，與趙寬、楊循吉友善。銓授知鄞縣，倭夷來交市，久留於鄞，守臣迫牽海舶行，倭操刃譟呼，殺牽夫數人，訥單騎往諭禍福，約三日出關，治殺牽夫者罪，倭惧乃定。調湖廣長陽縣，改知江陵，丁母憂去，遂不仕，卒年七十六。著有江陵集。

宜祿堂記（柴墟文集11/1）
朱楚琦傳附子訥（涇野先生文集34/3下）
朱公墓志銘（崔銑撰、國朝獻徵錄89/84）
明代寶應人物志×/9

朱袞（1479—1565）字朝章，號三峯，上虞人。弘治十五年進士，授工部主事，遷河南道監察御史，陳時政四事，悉見施行。以忤權璫，謫江西新昌縣丞，陞吉安同知，協平寧藩之亂，以功遷工部郎中，出知興化府，引疾歸，講學玉岡書院，卒年八十七。著有三峯文集、水衡餘興、夢劍緒言、及雪壺倡和諸集。

三峯先生行狀（謝海門集16/23）

朱袗（1515—1588）字汝衷，號浠桂，蘄水人。嘉靖卅二年進士，授行人，擢御史，歷雲南參政，官至浙江布政使，卒年七十四。

贈朱浠桂遷郊西憲副序（藝文類稿7/4）
朱公墓志銘（繩眞草堂文集22/1）
朱方伯家傳（大泌山房集64/12下）
朱方伯先生傳（來禽館集12/26下）
妻滕氏（1537—1570）
朱母墓表（睡菴文稿20/15）

朱翊釗，厚炫孫，萬曆八年襲封益王。嗜文結客，廣築臺苑，招致賓從，凡操一能一藝者，莫不思走謁門下，翊釗厚贈貽之，義聲播海內。

藩獻記3/13

朱翊鉦字匡鼎，自號隱眞子，瞻堈六世孫，萬曆中襲封樊山王。父載垰以文行稱，翊鉦世其家學，尤好爲詩。與弟翊鑒、翊䂓共處一樓，號花萼社。楚藩多強橫，獨樊山一脈以文雅著。有廣譙堂集。

明史119/8

朱翊鏐，穆宗第四子，封潞王，國衛輝。居京時，王店王莊徧畿內，比之藩，悉以還官。遂以內臣司之，皇店皇莊自此益侈。居藩多請贍田食鹽，田多至四萬頃。後福王常洵奪民田以益已，海內騷然，實翊鏐爲之倆也。卒諡簡。

國朝獻徵錄2/73無名氏撰傳
明史120/4

朱惟焯，誠詠孫，正德四年嗣封秦王。事生母蕭妃以孝聞，嘉靖廿三年卒，諡定。

藩獻記1/2
明史116/5

朱桱，太祖第二十三子，洪武廿四年封唐王，國南陽，永樂十三年卒，諡定。

吾學編15/22
國朝獻徵錄2/1無名氏撰傳
名山藏38/13
明史118/7下

朱梴（1405—1472）字孟齡，徽國文公九世孫。以世嫡授翰林院五經博士，主文公廟祀，年六十八卒。

朱公墓表（瓊臺詩文會稿重編23/30下）
明史284/9下

朱彬，建文時官指揮，從何福征，與燕將陳文戰於小河。福斬陳文於陣，燕將張武率勇敢士自林間突擊，彬與丁良不及防，被擒死之。

遜國正氣紀6/29下

朱梓，太祖第八子，封潭王，國長沙。好學善屬文，嘗召府中儒臣設醴賦詩，親品其高下，賚以金幣。其妃於顯女，顯與其子琥坐胡惟庸黨誅，梓懼，洪武廿一年，與妃俱焚死。

四暢亭記（蒲菴文集5/170下）
冲漠齋記（同上5/173下）
徐氏海隅集外編39/14下
吾學編14/22下
國朝獻徵錄1/38無名氏撰傳
名山藏36/33下
明史116/19

朱珵堯，恬烄子，萬曆十二年襲封藩王，卒諡定。

藩王壽序（大泌山房集27/1）
恭賀藩王殿下千秋節七十壽序（松圓偈菴集上/22下）
藩王殿下千秋節七十壽序（同上上/46）

朱埕㙍，潞簡王模六世孫，隆慶元年襲封沁水王。博雅工詩，喜士，往來多布衣交。著有衡漳稿、滄海披沙集，多可觀。萬曆廿九年卒，諡康僖。

藩獻記4/7
明史118/7

朱國彥，里籍未詳。崇禎二年爲薊鎮中協總兵官，駐三屯營，清兵臨城，副將挈家潛遁，國彥以所積俸五百餘，及衣服器具盡給部卒，偕妻張氏投環死。

明史271/13

朱國祚字兆隆，號養淳，秀水人。萬曆十一年進士第一，授修撰，進諭德，擢禮部右侍郎。時儲位未定，國祚爭國本至數十疏。後因災異請修省，被譏乞歸，光宗即位，拜禮部尚書，兼東閣大學士，入參機務，素行淸愼，能持大體，世稱長者，乞歸卒，諡文恪。有介石齋集。

壽少宰學士朱公五十序（賜閒堂集15/18）
少宰養淳先生六十序（鑷眞草堂文集10/33下）
祭朱養淳（蒼霞餘草14/16）
槜李往哲續編×/8
狀元圖考3/33下
啓禎野乘7/36
明史240/20

父朱儒（1515—1591）字宗魯，號東山，太醫院使。

朱君墓志銘（賜閒堂集29/33下）
朱君傳（天遠樓集18/12）

母王氏（1536—1564）

王安人墓誌銘（劉大司成集9/11）

朱國禎，一作國楨，字文寧，烏程人。萬曆十七年進士，天啓初拜禮部尚書，兼文淵閣大學士。魏忠賢竊國柄，國禎佐葉向高多所調護。及向高、韓爌相繼罷去，國禎爲首輔，累加太子太保，爲逆黨李蕃所劾，遂引疾去，卒諡文肅。著有大政記、湧幢小品。

少師朱公改葬三世記（蒼霞餘草2/31）
祭朱相國平涵文（棘門集7/1）
朱文肅公傳（深柳堂文集1/14）
明史240/21下

父朱守愚（1531—1589）字汝明，號心齋。

朱公墓表（大泌山房集105/1）
朱公吳太孺人墓表（同上108/12）

朱常洵，神宗第三子，封福王。營洛陽邸第，費錢十倍常制，奪民田以自益。崇禎時日閉閤飲醇酒，所好唯婦女倡樂。李自成陷永寧、宜陽，總兵王紹禹引兵至洛，賊至，紹禹親軍開門納賊，常洵被執遇害，諡恭。

明史120/5

朱常浩，神宗第五子，封瑞王，國漢中，性好佛。崇禎時流寇逼秦中，將吏不能救，遂奔重慶，隴西士大夫多挈家以從。張獻忠陷重慶，被執遇害，從死者甚衆。

明史120/8

朱常淓、翊鏐子，襲封潞王，國衛輝。崇禎中流賊擾秦晉河北，常淓疏淸選護衛助守，捐歲入萬金資餉，不煩司農。時諸藩中能急國難者，惟周潞二王。後賊躪中州，常滂轉徙至杭，降於淸。著有古今宗藩懿行考。

明史120/4下

朱常瀛，神宗第七子，封桂王，國衡州。崇禎末衡州陷，走廣西，居梧州。淸兵平江南，福王被執，在籍尙書陳子壯等將奉常瀛監國，會唐王立於福建，遂寢，卒謚端。

明史120/9下

朱紘字廷和，無錫人。弘治十五年進士，知臨海縣，擢御史，巡按貴州，謫判福寧，轉長泰，民爲建祠。累陞雲南府同知，遷代府長史致仕。

毘陵人品記8/17下

朱健根，號務本，魯藩鉅野王諸孫，封奉國將軍。博通經術，能文詞，凡宦遊兗中者，無不知其名。每會，坐客恒滿，據上席，握鐵如意談理亹亹不倦，年七十八卒。

賀魯藩務本王孫勅獎敍（穀城山館文集7/21下）

藩獻記2/2

國朝獻徵錄1/41下無名氏撰傳

明史116/22

朱得之字本思，號近齋，靖江人，或作烏程人。以貢爲江西新城丞，邑人稱之。從學於王守仁，其學頗近於老氏。著有參玄三語、莊子通義、宵練匣。

毘陵人品記9/9

明儒學案25/5下

朱善（1314—1385）字備萬，號一齋，江西豐城人。十歲通經史大義，能屬文，事繼母以孝聞。洪武初爲南昌教授，八年廷對第一，授修撰，累官至文淵閣大學士，終於家，年七十二，正德中謚文恪。著有詩經解頤、史輯、一齋集、遼海集。

楊廉撰言行錄（皇明名臣琬琰錄9/6下，國朝獻徵錄12/10）

皇明獻實5/2

吾學編23/15

殿閣詞林記3/3下

聖朝名世考10/5下

皇明書19/12

名山藏臣林記4/29下

明史列傳12/4

明史137/3

朱奠培（1418—1491）號竹林懶仙，權孫，正統十四年襲爵寧王。敏于學，才藻豐贍，造語驚絕，嘗著仙謠却掃吟擬古詩二百餘篇，皆雋遠有思致。工書法，然性孤介寡合，動生猜嫌，卒年七十四。有文章格式、松石軒詩評。

藩獻記2/11

國朝獻徵錄1/71下無名氏撰傳

明史117/15下

朱奠堵，權孫，景泰二年封石城王。性莊毅簡貴，寡言笑，家法甚嚴，子孫小違教，輒縶而笞之。時諸郡王多坐驕蹇淫虐，獨奠堵謹度秉忠，未嘗有過擧。成化廿二年卒，謚恭靖。

藩獻記2/12下

國朝獻徵錄1/73無名氏撰傳

明史117/19下

朱裒字崇晉，郞西人。嘉靖中以擧人歷官武功知縣，抑豪強，祛積弊，關中呼爲鐵漢。遷揚州同知，倭入犯，擊敗之沙河，殲其酋。未幾復大至，裒督兵奮擊，兵潰死之。

明史290/3下

朱寔昌字士光，江西高安人。正德三年進士，歷知旌德、海鹽二縣，累官監察御史。

南臺便養序（梓溪文鈔外集3/5）

妻姚氏（1477—1524）

監察御史朱君妻封孺人墓誌銘（鈐山堂集32/14下）

朱裕，正德時爲漏刻博士，請遣官至各省候土圭以測節氣，格不行。

國朝獻徵錄79/8無名氏撰傳

疇人傳29/354

朱楝，太祖第二十四子，洪武廿四年封郢王，國安陸。永樂十二年卒，謚靖。妃郭氏，武定侯郭英女，亦自經殉。

吾學編15/22下

國朝獻徵錄2/1下無名氏撰傳
明史118/10下

朱棡，太祖第三子，封晉王，國太原，修目美髯，顧盼有威，多智數，然性驕，在國多不法，帝怒欲罪之，以懿文太子力救得免。時帝欲諸子習兵事，棡與燕王尤被重寄，數命將兵出塞及築城屯田，卒謚恭。

吾學編14/15下
國朝獻徵錄1/12無名氏撰傳
名山藏36/8
明史116/5下

朱植，太祖第十五子，封遼王，國廣寧。在邊習軍旅，屢樹軍功。建文中靖難兵起，召植還京，改封荊州。成祖即位，以植初貳於己，削其護衞，卒謚簡。

徐氏海隅集外編39/7
吾學編15/5
國朝獻徵錄1/57無名氏撰傳
名山藏37/15
明史117/3下

朱翰墭（1552—1607）號鳳山，周簡王有燉六世孫，萬曆十九年襲封原武王。卅五年卒，年五十六，謚溫穆。

原武溫穆王壙銘（昭甫集15/1）

朱隆禧字子謙，號二峯，崑山人。嘉靖八年進士，授行人，歷兵科都給事中，遷應天府丞，坐大計黜。世宗好長生，隆禧因陶仲文以所傳長生秘術及所製香衲進，帝悅，賜白金飛魚服，擢太常卿，陞禮部左侍郎致仕，嘉靖卅五年卒於家，隆慶初褫官。

祭朱侍郎文（衾仲蔚先生集21/2）
徐氏海隅集文編14/16下冰廳劄記
被垔人鑑13/27下
明史307/30

父朱紱字方來，號廳齋。

廳齋先生傳（五龍山人集7/4下）

妻鄒氏（1501—1572）

鄒氏墓志銘（天遠樓集15/1）

朱凱字堯民，長洲人。工詩畫，與同里朱存理齊名，人稱兩朱先生。有堯民集、句曲紀遊詩。

續吳先賢讚11/11下

祖母顧氏（1414—1492）

顧孺人墓誌銘（匏翁家藏集68/4下）

朱桼（1325—1380）字秀誠，台州仙居人。篤學而敦於行義，性冲澹，喜閑適。聚書數千卷及漢魏以來石刻書數百本，日以讀書賦詩鼓琴作篆隸爲樂。嘗見岩岫間雲氣游揚自如，曰吾視世間物與吾意合者惟此耳，因以岫雲自號。洪武廿二年卒，年五十六。

岫雲先生墓誌銘（王靜學文集2/10下）

朱欽字懋恭，邵武人。成化八年進士，累遷山東副使，所至有清望，屬吏聞聲斂職。弘治間吏部舉天下治行卓異者僅六人，欽與焉。武宗時歷右副都御史巡撫山東，疏忤劉瑾，瑾銜之，因事逮問，斥爲民，瑾誅復官。

寧波名臣遺事四（董山文集15/3下）
國朝獻徵錄61/31實錄本傳
明史列傳56/31下
明史186/31下

朱欽相字如容，臨川人。萬曆間進士，擢吏科給事中。熹宗時侯履暘論客氏，欽相抗疏繼之，帝怒放歸。後復官，歷巡撫福建，討賊楊六蔡三鍾六等有功，旋以忤魏忠賢除名。

明史246/7下

朱勝字仲高，湯溪人。永樂中舉人，正統間歷刑部郎中出知蘇州，廉靜精敏，下不能欺。嘗曰，吏貪吾不多受牒，隸貪吾不行杖，獄卒貪吾不繫囚，由是公庭清肅，民安而化之。居七年，超遷江西左布政使卒。

江西布政使朱公像贊並序（匏翁家藏集47/9）
皇明世說新語1/26
明史161/3下

朱集璜字以發，崑山人。貢生，學行爲鄉里所推，教授弟子百餘人。南京既亡，崑山議拒守，推舊將王佐才爲帥，集璜等共舉兵應之，城陷，投河死。

崑山殉難錄1/6
天啓崇禎兩朝遺詩傳9/319
明史277/17下

朱源貞，直隸婺源人。建文二年進士，歷吏科都給事中，永樂二年改詹事府府丞，出爲江西廣信府同知，卒于官。

披垣人鑑4/3

朱廉字伯清，義烏人。幼力學，從黃溍學古文，李文忠鎭嚴州，延爲釣臺書院山長。洪氏初召修元史成，不受官。尋徵修日曆，除翰林編修，遷楚府右長史，久之辭疾歸。嘗取朱子語類摘其要，名曰理學纂言。

殿閣詞林記8/10

明史285/13

朱新堞，晉恭王棡七世孫，家汾州。崇禎末由宗貢生爲中部知縣，有事他邑，署事者聞賊且至，亟欲解印綬去，新堞毅然受之，屬父老速去，誓必死。妻妾三人請先死，許之。有女數歲，拊其背而勉之縊，遂死難。

明史116/9，294/20

朱慎鏤，晉府宗室，攝靈邱郡王府事。崇禎十七年流賊陷太原，愼鏤冠帶祀家廟，驅家人入廟中，焚之，己亦投火死。

明史294/25

朱寘鐇，慶靖王㮵曾孫，襲封安化王。素狂誕，正德中以誅劉瑾爲名，與其黨指揮周昂等舉兵反。遊擊將軍仇鉞佯以兵隸賊營，乘昂來問疾，刺殺昂，因率衆縛寘鐇，檻送京師賜死。

明史117/12下

朱瑄字廷璧，號太朴，鄞人。成化五年進士，授工部主事，歷河南布政使，謙和謹恪，卓有定識，治黃河決口，賑撫流民，全活六十餘萬。官至右副都御史總督漕運，以疾致仕，年六十四終於家。

朱公傳（張文定公環碧堂集7/9，國朝獻徵錄59/63）

朱公遺事（堇山文集15/5）

名山藏臣林記12/23下

明史列傳53/16下

父朱得榮字景春

朱君墓志銘（碧川文選4/2下）

朱瑛，太祖第十四子，洪武十一年封漢王，廿四年改封肅王，國甘州，後內徙蘭州。永樂十七年卒，諡莊。

吾學編15/4下

國朝獻徵錄1/55無名氏撰傳

名山藏37/12下

明史117/1

朱楨（1364—1424），太祖第六子，洪武三年封楚王，國武昌。嘗與湯和、周德興討平銅鼓、思州諸蠻。時初設宗人府，以楨爲右宗人，永樂初進宗正，廿二年卒，年六十一，諡昭。

徐氏海隅集外編39/1

吾學編14/20

藩獻記1/12

國朝獻徵錄1/32無名氏撰傳

明史116/14下

朱椿，太祖第十一子，洪武十一年封蜀王，國成都。博綜典籍，容止都雅，帝嘗呼爲蜀秀才。既之國，即聘方孝孺爲世子傅，表其居曰正學，以風蜀人，永樂廿一年卒，諡獻。有獻園集。

西堂讀書記（遜志文集5/157下）

忠孝爲藩記（同上5/164）

稽疑室記（同上5/167下）

寶訓堂記（同上5/163下）

吾學編15/1

藩獻記2/3

國朝獻徵錄1/46下無名氏撰傳

名山藏37/1

明史117/1

朱楩，太祖第十八子，洪武廿四年封岷王，國岷州，改雲南。建文初西平侯沐晟奏其過，廢爲庶人。永樂初復王，與晟交惡，擅收諸司印信，殺戮吏民，詔削其護衛。洪熙初徙武岡，景泰元年卒，諡莊。

徐氏海隅集外編39/10下

吾學編15/16

國朝獻徵錄1/77無名氏撰傳

名山藏37/39

明史118/1下

朱楹，太祖第廿二子，洪武廿四年封安王，國平涼。永樂十五年卒，諡惠。

吾學編15/21

國朝獻徵錄1/39無名氏撰傳

名山藏38/13

明史118/7

朱載圳，世宗第四子，嘉靖四十年封景王，國德安。四十四年卒，諡恭。

沙市獄記（徐氏海隅集文編12/1）

徐氏海隅集外編39/22

國朝獻徵錄2/72無名氏撰傳

名山藏40/17下

景藩之國事宜一卷，景府長史司編，明嘉靖四十年刊本。

明史120/3

朱載坽字昇甫，號大隱山人，仁宗六世孫，嘉靖中襲封樊山王。折節恭謹，以文行稱，讀易窮理，萬曆廿五年卒。有大隱山人集、三經詞。

大隱山人藁序（大泌山房集12/1）

玉光齋詩草序（同上20/1）

藩獻記3/11下

國朝獻徵錄2/34無名氏撰傳

明史119/8

朱載基，世宗長子，嘉靖十二年賜名，越月卒，諡爲哀冲太子。

名山藏35/5下

朱載堉字伯勤，號句曲山人，厚烷世子。篤學有至性，痛父非罪見繫，築土室宮門外，席藁獨處者十九年。厚烷卒，載堉讓爵於祐橏之孫載璽，詔許之，仍封其子孫爲東垣王。載堉究心律數，嘗上曆算歲差之法及所著樂律全書、律呂正論，考辨詳確，識者稱之。卒諡端清。

藩獻記3/3

疇人傳31/371

明史119/3下

朱載埨，徽恭王厚爝子，初封浦城王，嘉靖廿九年襲爵徽王。以奉道自媚於帝，封清微翊教輔化忠孝眞人。後以與方士陶仲文、梁高輔交惡，失帝歡。載埨驕恣，嘗壞民屋，奪民女，事發，有司按問，自縊死。

明史119/14

朱載堙，鄭簡王祁鍈玄孫，嗣封廬江王。崇禎十七年流賊陷懷慶，載堙整冠服，端坐堂上，被執不屈死。

明史119/1

朱載瑋字仲佩，趙府湯陰王諸孫，封奉國將軍。篤學好古，研究六經，精探理奧，所著文詞，動則風雅，搆夢古齋嘯咏其中，意泊如也。

夢古齋稿略序（大泌山房集12/3下）

藩獻記4/7下

父朱厚熀（1513—1596）字拱辰，封鎭國將軍。

平松公墓誌銘（大泌山房集77/1）

朱載壡，世宗第二子。世宗將南巡，立爲皇太子，甫四歲。帝得方士段朝用，思習修攝術，諭禮部具皇太子監國儀。太僕卿楊最諫，杖死，監國之議亦罷。贊善羅洪先、趙時春、唐順之請太子出閣講學文華殿，皆削籍。卒諡莊敬。

名山藏35/6下

朱載璽，號誠軒，憲宗曾孫，嘉靖卅六年襲封新樂王。博雅善文辭，其詩冲澹夷遠，有獨造之趣，勤於著述。嘗輯宗藩纂述數十種，梓而傳之，名綺合繡揚集。撰有洪武聖政頌、皇明政要頌、及接居、田居等稿。萬曆廿一年卒，諡康憲。

藩獻記3/13下

國朝獻徵錄2/63無名氏撰傳

明史119/17下

朱與言字一鶚，江西萬安人。永樂九年進士，宣德中歷四川副使，以平合州盜遷合州同知。正統初召爲南京右副都御史，未幾致仕，景泰六年卒。與言剛方廉慎，爲政務大體，數建白，多切時弊。

國朝獻徵錄64/52實錄本傳

明史列傳35/8

明史158/9

朱煦，仙居人。父季用，爲福州知府，洪武中詔逮積歲官吏赴京師築城，季用居官僅五月，亦被逮，病不能堪。時令嚴，訴枉者死。煦曰，等死耳，倘吾父因訴獲免，亦無憾，乃上疏奏訴。太祖憫其意，遂赦季用而復其官，同時以煦告得免，復官者一十四人云。

二孝子傳（王靜學文集2/6下）

皇明書41/8下

名山藏97/6下

明史296/16下

朱暉（1448—1511）字東陽，夏邑人，永子。屢從永塞下，多歷行陣，弘治中嗣爵，分典神機營。火篩連小王子犬入延綏，命暉佩大將軍印往禦，而以中官苗逵監其軍。暉貪緣受任，非制勝才，廷臣劾之。帝先入逵等言，皆被賚。武宗卽位，復命暉禦宼宣府，以功加太保，正德六年卒，年六十四。

太保保國公墓志銘（懷麓堂文後稿30/21）

明史列傳42/19

明史173/17下

朱暉（1470—1542）字釆文，華亭人，以孝聞。性澹泊，寡嗜慾，自奉儉薄，而周設館舍，樂待海內賢者。嘗建寶敕樓，藏先世所存誥敕九通。卒年七十三。

南溪朱處士行狀（長谷集13/32下）

朱睦楧，周悼王安㵯第九子，封南陵王。好文雅，敏達有識。嘉靖四十二年條上七議，以節省祿費。自後諸藩始稍稍陳說利害。隆慶元年卒，謚莊裕。

藩獻記1/9

國朝獻徵錄1/21無名氏撰傳

明史116/12下

朱睦㮮（1517—1586）字灌甫，號西亭，橚六世孫，封鎮國中尉。覃精經學，尤邃於易春秋。萬曆中舉周藩宗正。初明代藏書之富，推江都葛氏、章丘李氏，睦㮮傾資購之，起萬卷堂諷誦其中，論者以方漢之劉向，學者稱西亭先生，卒年七十。有五經稽疑、授經圖傳、韻譜、明帝世表、周國世系表、建文遜國褒忠錄、陂上集諸書。

大宗正西亭公讓田叙（澉秋堂文集6/3下）

壽周藩宗正西亭公六十叙（同上7/6）

賀宗正灌甫先生六十壽序（甔甀洞稿41/10下）

西亭公神道碑（澉秋堂文集11/11下，國朝獻徵錄1/26）

六經稽疑序（弇州山人續稿51/17下）

藩獻記1/11

明史116/13

祖朱同鐳(1478—1534）號豫齋，封輔國將軍。

豫齋公合葬墓志銘（鳥鼠山人小集16/3下）

豫齋公傳（丘隅集17/8）

父朱安河字應清，封奉國將軍，以孝聞，卒年四十一。

國朝獻徵錄1/23張時徹撰勅賜崇孝祠碑

朱當沍，魯荒王檀玄孫，弘治初封歸善王。正德中流賊攻兗州，當沍乘城射卻之，降敕獎諭，名遂著。數與卒袁質、舍人趙巖校射，仇者告變於楊一淸，帝遣吏按問，無所得，乃以違制廢爲庶人，徙之高牆，當沍卽日觸牆死，聞者傷之。

明史116/20下

朱當瀆，魯國鉅野王諸孫，封輔國將軍。慷慨有志節，嘉靖中應詔上書請重國本，裁不急之費，息土木之工，詞甚剴切。復辭祿以佐縣官，帝嘉其意，特勅褒之。

藩獻記2/1下

國朝獻徵錄1/41無名氏撰傳

明史116/22下

朱當𣑽，檀玄孫，成化十二年襲封安丘王。少孤，事祖父母以孝聞。弘治十八年卒，謚榮順。

藩獻記4/5下

明史116/22下

朱敬循，浙江山陰人，賡子。官禮部郎中，改稽勳。前此無正郎改吏部者，自敬循始，仕終右通政。

明史219/13下

朱萬年，黎平人。萬曆中舉於鄉，歷萊州知府，有惠政。崇禎五年叛將李九成率衆來犯，萬年率衆固守數月，九成詭稱乞降，萬年往受，爲所執，不屈死。

明史290/14

朱晉（1506—1536）字公甫，華亭人，恩子。少好任俠，往來三吳，見貧乏周予之。一可其意，則千金爲輕，而赴人急難不憚煩，三吳中無不知朱公子者。稍長，補國子生，性孝弟，嘉靖十五年父恩卒，以悲哀逾恒，後五十四日亦卒，年僅三十一。

朱公甫墓誌銘（長谷集15/3）

朱經扶，文正七世孫，正德十三年襲封靖江王。讀書好禮，寬罰恤衆。嘉靖四年卒，謚安肅。

靖江安肅王神道碑銘（湘臯集23/1）

朱榮（1359—1425）字仲華，沂人。洪武十四年以總旗從沐英征雲南，累官大寧副千戶。靖難師起，降成祖，論功授都督僉事。永樂四年征交趾有功，復從北征，破兀良哈，封武進伯，以總兵鎮遼東，洪熙元年卒於軍，年六十七，謚忠靖。

朱公神道碑銘（羅亨信撰、皇明名臣琬琰錄17/15，國朝獻徵錄9/34）

吾學編19/15下

皇明功臣封爵考4/41

明史列傳22/19下

明史155/7下

朱榮，建文時官都指揮守眞定，與燕兵屢戰有功，忽蹶被獲，嘔憤而死。

遜國正氣紀6/29下

皇明表忠紀5/16

朱端字克正，號一樵，海鹽人。善畫山石花鳥及人物墨竹，亦善書。

圖繪寶鑑6/16

朱誠泳（1458—1498），檢玄孫，弘治元年襲封秦王。性孝友恭謹，嘗銘冠服以自警，建正學書院，又旁建小學，擇軍校子弟秀慧者，延儒生教之。工詩，自號賓竹道人，卒年四十一，謚簡。有經進小鳴集。

藩獻記2/2

國朝獻徵錄1/3下無名氏撰傳

明史116/4下

朱誠冽，誠泳從弟，弘治中襲封汧陽王。事父及繼母以孝聞，父卒，醯醬鹽酪不入口。以母馬妃早卒不逮養，追服衰，食蔬者三年，雪中萱草生華，咸謂孝感所致。弘治十五年卒，謚安裕。

藩獻記1/3下

國朝獻徵錄1/10下無名氏撰傳

明史116/5下

朱察卿字邦憲，號象岡，上海人，豹子。爲太學生，慷慨任俠，隆慶六年卒，有朱邦憲集。

朱公墓表（大泌山房集106/1）

朱邦憲傳（陸文定公集8/1）

朱邦憲傳（弇州山人四部稿84/4）

朱邦憲集序（弇州山人續稿41/16下）

朱肇煇（1388—1466），檀長子，永樂元年嗣封魯王。恭儉謹度，成祖甚重之，卒年七十九，謚靖。

藩獻記2/1

國朝獻徵錄1/40下無名氏撰傳

明史116/19下

朱輔字廷贊，鳳陽懷遠人，儀子。弘治九年嗣爵成國公。正德中掌中軍府，守備南京，宸濠反，輔與喬宇守衛南京，敵未敢犯。嘉靖二年卒，謚恭僖。

朱公神道碑（世經堂集19/30下，國朝獻徵錄5/55下）

朱恭僖家傳（大泌山房集63/3）

朱壽，以萬戶從太祖渡江，下江東郡邑，進總管。收常婺，克武昌，平蘇湖，轉戰南北，積功爲都督僉事，督漕有功，洪武二十年封舳艫侯，後坐藍玉黨死。

吾學編18/53下

皇明功臣封爵考7/3

名山藏41/24

明史列傳6/8

明史132/11

朱壽琳，魯荒王檀八世孫，家兗州。崇禎中爲雲南通判，有聲績。永明王由榔在廣西，以爲右僉都御史，使募兵，值沙定州亂，兵不能集。孫可望兵至，脅之降，不從，從容題詩於壁，遂遇害。

明史116/22下

朱榑，太祖第七子，封齊王，國青州。性凶暴，多行不法，建文初有告變者，召至京，廢爲庶人。成祖即位，令王齊如故，益驕縱謀爲亂，帝因其來京留禁之。會有稱小齊王謀不軌者，事覺被誅，榑及三子皆暴卒。

吾學編14/21

國朝獻徵錄1/36無名氏撰傳

明史116/13

朱㮵（1378—1448）太祖第十六子，封慶王，建文初徙國寧夏。好學有文，忠孝出天性，成祖善之。正統初寧夏總兵史昭奏㮵圖爲亂，㮵請徙國避昭，英宗不可，貽書慰諭，卒年七十一，謚靖。

吾學編15/6

國朝獻徵錄1/60無名氏撰傳

名山藏37/21

明史117/10下

朱遜烇，代簡王桂子，永樂廿二年封靈丘王，國絳州。勤學好問，手不釋卷，所爲詩歌，溫厚典雅，率多奇句，有雲溪稿千餘首。成化十一年卒，謚榮順。

國朝獻徵錄1/53趙敔撰靈丘榮順王墓誌銘

藩獻記2/5下

明史117/6下

朱遜㷱，桂子，永樂廿二年封襄垣王，國蒲州。明制諸王已之國，非請命不得歲時定省。遜㷱念父母不置，作思親篇，其詞甚悲，代人傳誦之。天順六年卒，謚恭簡。

藩獻記4/3

明史117/5下

朱嘉會（1480—1517）字亨之，號甓湖，寶應人。弘治十五年進士，授東昌府推官，聽斷無滯獄。擢兵部主事，轉員外郎，遷御史，清戎畿服，芟假冒補缺伍，戎政一變。出爲廣信知府，陞湖廣兵備副使，卒於途，年僅卅八。

送府主朱亨之政滿序（費文憲公摘稿13/24下）

朱公行狀（凌溪先生文集16/12）

明代寶應人物志×/13

祖母董氏（1418—1510）

太孺人朱母董氏墓誌銘（柴墟文集9/37）

朱碩熿字孔炎，字泱孫，封鎮國中尉。工文辭，與子器封並以詞名，海內號南陽父子。萬曆十六年吏科給事中張應登疏諸藩文行堪宗正者，於唐則稱碩熿父子，論者榮之。著有巨勝園、友聲諸集。

藩獻記3/6

朱裳（1482—1539）字公垂，沙河人。正德九年進士，歷官右副都御史。清信自堅，自號安貧子，既顯，改安齋。自都御史守制還，居無賓堂，土壁席門，自奉常茹菜。爲御史按山東時，魯人稱曰長齋公。嘉靖十八年卒，年五十八，謚端簡。

朱公神道碑（洹詞12/46，皇明名臣墓銘坤集46）

皇明世說新語1/6下，2/2

名山藏臣林記20/13

國朝獻徵錄59/93無名氏撰傳

明史列傳71/22下

明史203/19下

朱慈烺，莊烈帝太子。李自成陷京師，僞封宋王，及賊敗西走，太子不知所終。由崧時，有自北來，冒稱太子，驗之即駙馬都尉王昺孫王之明者，繫獄中。南京士民譁然不平，左良玉起兵，亦以救太子爲名，一時眞僞莫能知。由崧奔太平，南京亂兵擁王之明立之，越五日，降於淸。

明史120/14

朱夢炎字仲雅，進賢人。元至正間進士，太祖召居賓館，命集古事爲質直語，教公卿子弟，名曰公子書。遷翰林編修，累進禮部尙書。帝方稽古右文，夢炎援古證今，剖析源流，帝甚重之，洪武十一年卒於官。

殿閣詞林記8/1

國朝獻徵錄33/3黃佐撰朱公傳

明史列傳11/12下

明史136/8下

朱鳴陽字應周，莆田人。正德六年進士，授戶科給事中，累陞禮科都給事中，嘉靖中官至浙江右參政，致仕卒。

按垣人鑑12/19

朱銓字文衡，號松仙，長沙人。工畫山水人物及竹，能詩。

圖繪寶鑑6/15

朱鳳（1486—1536）字鳴周，鳳陽懷遠人，輔子。嘉靖八年嗣爵成國公，掌中軍都督府事，十五年卒，年五十一，贈太保，謚榮康。

朱公神道碑（鈐山堂集36/3）

朱公墓誌銘（居漸山文集4/12）

妻陳氏（1494—1554）

陳氏墓誌銘（鈐山堂集40/19）

朱綱，號肅菴，山東曹縣人。嘉靖廿六年進士，歷官浙江、福建布政使。

贈朱方岳肅菴進閩藩左轄序（奚囊蠹餘11/18）

朱維京（1549—1594）字可大，號訥齋，萬安人，衡子。萬曆五年進士，累官光祿寺丞。火落赤敗盟，經略鄭洛主和，督撫魏學曾、葉夢熊主戰，維京請召洛還，專委學曾等經理。及學曾以寧夏事被逮，復抗疏救之。三王並封詔下，維京上疏切論，詔黜爲民，家居卒，年四十六。有朱光祿集。

朱公墓誌銘（穀城山館文集23/18下）

祭朱訥齋公文（同上33/18下）

朱光祿集序（同上11/22下）

明史列傳84/30下

明史233/10下

朱潤字伯雨，山東益都人，嘉靖五年進士，官給事中。

披尋人鑑3/26下

朱賡（1535—1608）字少欽，號金庭，浙江山陰人，公節子。隆慶二年進士，萬曆中累官禮部尚書兼東閣大學士，參預機務。沈一貫、沈鯉去位，賡獨當國，時朝政日弛，中外解體，御史宋燾、給事汪若霖相繼劾賡。既而燾及若霖先後見黜，衆謂賡修郤，攻不已，旋卒於官，年七十四，謚文懿。賡醇謹無大過，與沈一貫同鄉相比，故蒙詬病云。有朱文懿奏疏及文集傳世。

壽大宗伯金翁朱老師六十序（鄒子願學集4/96下）

壽朱相公老師七袠序（拜石堂集4/24下）

壽師相金庭朱公七十序（賜閒堂集14/29）

朱公行狀（鄔元纘撰、朱文懿公奏疏附錄，又國朝獻徵錄17/194）

朱文懿公傳（金繼佐撰、朱文懿公奏疏附錄）

宗史（朱氏自著年譜，同上）

祭朱文懿（大泌山房集115/10）

奠朱相公老師（澹然齋存稿6/26）

祭山陰朱相公（曼衍集3/10）

祭朱相國文（寶日堂初集17/9）

明史219/11

妻陳氏

祭山陰朱師母陳老夫人文（拜石堂集5/23下）

祭朱師母陳太夫人文（同上5/25）

朱樉，太祖次子，洪武三年封秦王，國西安。以多過失召還，令太子標巡視關陝。太子還，爲之解，命歸藩，率平羌將軍寧正平西番於洮州，廿八年卒，謚愍。妃王保保女弟，以死殉。

吾學編14/13下

藩獻記1/1

國朝獻徵錄1/6無名氏撰傳

名山藏36/3下

明史116/3下

朱標（1355—1392），太祖長子，馬皇后出。太祖爲吳王，立爲世子，洪武初立爲皇太子。廿四年命巡撫陝西，經略建都事宜，比還得疾，逾年卒，年僅卅八，謚懿文。子五，次爲建文帝。建文初追尊爲孝康皇帝，廟號興宗。燕王即帝位，復稱懿文太子。

懿文太子傳（鄭曉撰、吾學編14/8下；國朝獻徵錄1/1）

名山藏35/3

明史115/1

朱模，太祖第二十一子，洪武廿四年封瀋王，國潞州，後改瀋潞安府，宣德六年卒，謚簡。

吾學編15/20

國朝獻徵錄1/87無名氏撰傳

名山藏38/9

明史118/6

朱頤坦，樘七世孫，初封寶慶王，嘉靖廿九年襲爵魯王。有至性，父端王觀熰遘疾，時年僅十三，侍立寢所，晨夕不怠，居喪蔬粥哀毁，送葬號泣擗踊，遠近改觀。萬曆廿二年卒，謚恭。

藩獻記4/5

朱頤堀，當𣴓曾孫，嘉靖十八年襲封安丘王。好學秉禮，以方正稱。諳練典故，國中有大事，輒就決疑。雖辯博多聞，而性韜晦，不干聲譽。嘗出金資族人之不能封者，諸宗人皆重其名德，比之東平云。萬曆廿七年卒，謚溫僖。

藩獻記4/5下

朱頤塚字育甫，鉅野王諸孫，封中尉。才藻弘麗，善丹青。所居上泗莊，多幽勝，好事者謂雖王維輞川不過是也。著有赤霞館集。

藩獻記4/6

明史116/22下

朱頤𡎺字晁甫，安丘王諸孫，封奉國將軍。倜儻有大志，弱冠以任俠自名，稱長悔悟，下帷讀書，日誦數千言。篤意詞賦，出語輒驚絕，與頤塚善，人稱二甫，名滿天下，著有玄同集。

藩獻記4/6

明史116/22下

朱儀（1427—1496）字炎恒，鳳陽懷遠人，勇子。景泰三年嗣爵成國公，任南京守備，兼掌中軍都督府事，成化中首表請正儲位，賜綵幣，卒年七十，謚莊簡。

朱公神道碑銘（徐文靖公謙齋集8/17下，國朝献徵錄5/51）

成國莊簡公輓詩序（懷麓堂文後稿3/4下）

祭成國公文（容春堂前集20/3）

妻胡氏

成國太夫人壽七十詩序（懷麓堂文後稿2/20下）

朱節字守中，號白浦，浙江山陰人。從王守仁遊，守仁稱其明敏。舉正德九年進士，以御史巡按山東，流賊之亂，勤事而卒。

茶瓜小會記（石龍集14/2下）

奠朱白浦侍御文（同上27/7下）

明史283/11下

明儒學案11/5

朱範址，冲𤊹子，成化十七年襲封襄陵王，敏學篤行，母荊氏久罹危疾，諸醫束行，址禱神乞以身代，遂割股和湯進母，母竟獲全。卒謚恭惠。

藩献記3/2

明史118/6

朱諫（1462—1541）字君佐，號蕩南，樂清人。弘治九年進士，歷官至吉安知府，著有雁山志。

朱蕩南詩序（華禮部集6/13）

朱先生行狀（王健撰、國朝献徵錄87/34）

朱謀𡑍，多炡子。變姓名爲來鯤，字子魚，出遊三湘吳越間，有集。

明史117/21下

朱謀㙔字鬱儀，拱榐孫，封鎮國中尉。貫串群籍，通曉朝廷典故，萬曆二十年管理石城王府事，宗人咸就約束。暇則閉戶讀書，著易象通、詩故、春秋戴記、魯論箋、駢雅耽及他書百十有二種，皆手自繕寫。及病革，猶與諸子說易，私謚貞靜先生，詩文曰枳園近稿。

藩献記2/17

明史117/20

朱謀䚷，字康侯，更字公退，寧王權七世孫。築室龍沙，躬耕賦詩以終。有羔雁、淹雷、蕪城、巾車四集。

明史117/20下

朱憲章字守良，號汝濱，江西進賢人。嘉靖十一年進士，授行人，選兵科給事中，歷四川副使，仕至福建參政，廿九年免官。

披垣人鑑13/37下

朱憲㸅字伯淳，遼藩益陽王諸孫，封輔國將軍。性穎敏絕人，讀書一目十行俱下，嫺文詞，好蒔藝花竹，嘉靖十一年卒。有想見集。

藩献記4/6下

朱憲㸅，植六世孫，嘉靖中襲封遼王。以奉道爲世宗所寵，賜號清微忠教眞人，聰明絕世，行多縱佚，隆慶初以罪降庶人，國除。有味祕草堂集。

遼廢王事紀（歸有園稿4/12）

明史117/10下

朱璣字文瑞，號恒齋，直隸灤州人。著籍雲南蒙化。擧成化廿三年進士，累官至貴州按察使，致仕卒。

朱公墓表（少華山人文集13/8，國朝獻徵錄103/45）

朱橞，太祖第十九子，封谷王，國宣府。燕兵起，走還京師，開金川門迎降，成祖即位，改封長沙，恃功驕恣，欲伺隙爲變，會蜀王椿子悅燇逃橞所，橞謂建文尚在，將爲申大義。椿上疏告變，帝廢橞爲庶人，自焚死。

徐氏海隅集外編39/14下

吾學編15/17

國朝獻徵錄1/82無名氏撰傳

名山藏38/1

明史118/3下

朱翊枋，摘裔孫，初封桐鄉王，嘉靖三十年嗣封慶王。好學樂善，居常敦崇儉樸，能以禮法飭諸宗儀，萬曆二年卒，謚惠。

藩獻記2/9

朱衡（1512—1584）字士南，一字惟平，號鎭山，萬安人。嘉靖十一年進士，歷官工部尚書，經理河道，在部禁止工作，裁抑浮費，所節省甚衆。性強直，遇事不撓，不爲張居正所喜。萬曆初言官劾其剛愎無人臣禮，遂乞休歸，卒年七十三。有道南源委錄及文集。

送朱鎭山督福建學政序（趙文肅公文集15/23下）

題憲副朱鎭山手卷春龍出蟄圖（雲岡公文集15/19）

送督學憲伯鎭山朱公陞任蜀藩大參序（同上16/8）

贈朱鎭山督學遷四川參政序（可泉先生文集1/23下）

送朱鎭山先生（蓮巖先生文集11/40下）

巡撫朱鎭山祠堂記（李中麓閑居集12/77）

賀少宰鎭山朱公重膺綸恩序（張太岳文集8/8）

大司空鎭山朱公還朝序（新河城先生集16/12）

送大司空鎭山朱公致政敍（穀城山館文集1/19下）

送太子太保工部尚書萬安朱公致仕南還序（太函集4/4，太函副墨6/35）

壽宮保鎭山朱師七十敍（穀城山館文集2/7）

賀宮保大司空鎭山朱公七十壽敍（薜荔山房藏稿7/57）

大司空萬安朱公七十壽序（郊居遺稿5/21下）

朱大司空壽序（賓蘿集12/1）

朱公墓誌銘（少室山房類稿92/7下）

朱公行狀（穀城山館文集28/23下，國朝獻徵錄50/72）

祭鎭山朱師文（穀城山館文集32/5）

少保朱公工曹奏議序（同上10/4下）

新河集序（二酉園文集1/12）

朱鎭山先生集序（太函集26/13）

明史列傳78/1

明史223/3

父朱鵬（1483—1546）字九霄，號東山。

封君朱公墓表（歐陽南野文集26/28）

祭朱東山文（可泉先生文集12/22）

朱鴻漸字子羽，號雲溪子，吳縣人。正德十六年進士，歷知瑞州、廣信府，累陞至布政使。

方伯朱雲溪遺稿序（袁魯望集8/6下）

朱鴻謨字文甫，號鑑塘，山東靑州人。隆慶五年進士，授吉安推官，識鄒元標於諸生，厚禮之。擢南京御史，元標及吳中行等以論張居正得罪，鴻謨疏救，語侵居正，斥爲民。旣歸，杜門講學。居正卒，起故官，出按江西，擢撫應天蘇州十府，皆有政聲，官終刑部右侍郎，萬曆廿六年卒，謚恭介。

侍御鑑翁朱老師還朝序（鄒子願學集4/83）

奠朱鑑翁師文（同上7/2）

鑑塘朱公傳（同上6/88，又國朝獻徵錄47/26）

明史227/12下

朱謙，夏邑人。永樂初嗣父眞職爲指揮僉事，正統八年以都指揮同知充右參將，守備萬全左衞。英宗北狩，也先擁帝至宣府城下，令開城，謙不應，遂去，進左都督，充總兵官，鎭守宣府。景泰初以敗敵功，封撫寧伯，卒於鎭，謚武襄。

吾學編19/24

皇明功臣封爵攷5/1

國朝獻徵錄7/67無名氏撰傳

明史列傳42/16

明史173/14下

朱應辰字拱之，一字振之，號淮海，寶應人，訥子。才名與兄應登埒，當時比之雲間二陸。屢試不第，嘉靖十年歲貢上禮部，遂隱居不仕。與蔡羽、文徵明、王寵、湯珍等交稱莫逆。晚年築逍遙館于廣洋湖以老，著有逍遙館集。

明代寶應人物志×/25下

朱應祥字岐鳳，號鳳山，又號玉華外史，松江人。成化鄉貢進士，博學工詩，善寫竹，爲時所重。

圖繪寶鑑6/11

朱應登（1477—1526）字升之，號凌溪，寶應人，訥子。弘治十二年進士。詩宗盛唐，與李夢陽、何景明等稱十才子詩，調高古，所至以文學飾吏事。歷陝西提學副使，遷雲南參政，致仕卒，年五十。有淩溪集。

送朱升之序（對山集11/28下，又淩溪先生集附錄/11）

送朱延平循良屬望詩序（息園存稿文2/17）

淩溪墓志銘（空同集47/1下，淩溪先生文集附錄/2，國朝獻徵錄102/23）

朱先生墓碑（顧璘撰、淩溪先生文集附錄/5）

祭淩溪先生文（少華山人文集14/2下）

存笥集序（對山集13/10）

明代寶應人物志×/14下

國寶新編×/8下

四友齋叢說23/11下

十先生傳×/10下

皇明書38/52下

名山藏81/23

明史286/19下

朱膺鋪，榧曾孫，成化二年封安昌王。父病風痺，膺鋪侍寢嘗藥，晨夕不違，以孝聞，憲宗特書奬之。成化廿一年卒，謚懷僖。

藩獻記4/9

明史118/2下

朱燮元(1566—1638)字懋和，號衡岳，浙江山陰人。萬曆二十年進士，由大理評事歷官四川左布政使。天啓中以永寧奢崇明及貴州安邦彥反，加燮元兵部尚書兼督貴州雲南廣西諸軍務，移鎮遵義，以平賊功，加少保，崇禎中進少師，十一年卒官，年七十三，謚襄毅。燮元狀貌奇異，飲啖兼二十人，鎭西南久，治事明果。行軍務持重，不妄殺人，苗民懷之。有督蜀疏草，朱襄毅疏草。

太府朱衡岳先生紀（簡平子集11/5下）

朱衡岳先生後紀（同上11/8下）

明特進左柱國少師兵部尚書朱公傳（西河合集75/13下）

少師恒嶽朱公傳（思復堂文集2/28下）

啓禎野乘6/23

天啓崇禎兩朝遺詩小傳×/161

明史249/1

朱璲（1402—1452）字廷儀，崑山人。周瑮弟子，積學不仕，教授鄉里，學者稱爲素菴先生。景泰三年卒，年五十一。

朱公墓誌銘（鄭文康撰、吳下冢墓遺文續1/54）

吳郡張大復先生明人列傳稿×/25

朱檀，太祖第十子，洪武三年封魯王，國兗州。好文禮士，善詩歌，餌金石藥，毒發傷目，廿二年卒，謚荒。

吾學編14/23

國朝獻徵錄1/40無名氏撰傳

名山藏36/34

明史116/19下

朱彌鉗，彌鍗弟，號秋江翁，封文成王。有學行，卒謚恭，追封唐王，有謙光堂詩集。

藩獻記3/4下

國朝獻徵錄2/2無名氏撰傳

明史118/8下

朱彌鍡（1490—1542），號復齋，宗室唐藩之後，榮和王芝垠第三子，嘉靖二年襲爵承休王。禮賢敬士，嘗彙古法帖名復齋集古法帖，嘉靖廿一年卒，年五十三，謚昭毅。著有存稿、樂府、復齋錄等。

承休昭毅王墓表（陽峯家藏集33/23下）

藩獻記3/5

國朝獻徵錄1/3下無名氏撰傳

明史118/8下

朱彌鍗，芝址子，弘治二年襲封唐王。工詩繪。武宗朝嘗上疏以用賢圖治爲言，時武宗喜遊幸，作憂國詩八章以諷。精行草，皆稱妙品。嘉靖二年卒，謚成。有甕天小稿。

藩獻記3/4

國朝獻徵錄2/1下無名氏撰傳

明史118/8

朱徽煠，岷莊王楩子，封廣通王。景泰中遣家人段友洪及蒙能、陳添仔等誘諸苗爲亂。陽宗王徽焟亦與通謀。友洪歸，爲鎮南王徽㷆所執。帝幽徽煠於京師，錮徽焟於鳳陽。蒙能叛入廣西，稱蒙王，糾生苗爲亂，歷六年始平。

明史118/2

朱鍾鉉（1428—1502），棡曾孫，初封檢社王，正統七年嗣爵晉王。好博古，喜法帖，采舊所藏古今名人墨跡摹刻以傳，名寶賢堂集古法帖。卒年七十五，謚莊。

藩獻記1/4下

國朝獻徵錄1/14下無名氏撰傳

朱橚，太祖第五子，初封吳王，洪武十一年改封周王，國開封。建文初以橚燕王母弟，頗疑憚之，橚亦時有異謀。會有告變者，因執竄蒙化，已復召還京錮之。成祖即位，復爵歸舊封，洪熙元年卒，謚定。橚好學能詞賦，嘗作元宮詞百章，又以國土夷曠，庶草蕃蕪，考核其可佐饑饉者四百餘種，繪圖疏之，名救荒本草。

吾學編14/18下

藩獻記1/7

國朝獻徵錄1/17無名氏撰傳

名山藏36/15下

明史116/9下

朱瞻垍，仁宗第九子，永樂廿二年封梁王，國安陸。性友愛，襄王瞻墡過安陸，留連不忍去，臨別，悲慟不自勝，左右皆泣下。正統六年卒，謚莊。

徐氏海隅集外編39/18下

吾學編16/14

國朝獻徵錄2/37無名氏撰傳

名山藏39/29下

明史119/9下

朱瞻埏，仁宗第十子，永樂廿二年封衛王，國懷慶。孝謹好學，以賢聞，正統三年卒，謚恭。

吾學編16/15

國朝獻徵錄2/38無名氏撰傳

明史119/10

朱瞻埈，仁宗第二子，永樂廿二年封鄭王，國鳳翔。仁宗崩，與襄王瞻墡同監國，正統中遷懷慶。性暴厲，數斃人杖下，英宗以御史周瑛爲長史，稍戢。成化二年卒，謚靖。

吾學編16/10下

國朝獻徵錄2/24無名氏撰傳

名山藏39/11下

明史119/2

朱瞻堈，仁宗第六子，永樂廿二年封荊王，國建昌。宮中有巨蛇蜿蜒自梁垂地，或凭王座，瞻堈大懼，請徙蘄州，景泰中請朝，不許。景泰四年卒，謚憲。

徐氏海隅集外編39/20

吾學編16/13

國朝獻徵錄2/32無名氏撰傳

名山藏39/23

明史119/7

朱瞻墺，仁宗第八子，永樂廿二年封滕王，國雲南。宣德元年卒，謚懷。

吾學編16/14

國朝獻徵錄2/36無名氏撰傳

朱瞻墺，仁宗第七子，永樂廿二年封淮王，國韶州，正統元年移饒州，十一年卒，謚靖，

吾學編16/13下

國朝獻徵錄2/35無名氏撰傳

名山藏39/26

明史119/8下

朱瞻墉，仁宗第三子，永樂廿二年封越王，國衢州，正統四年未之國而卒，謚靖。

吾學編16/11下

名山藏39/18
明史153/5下

朱瞻堉（1406--1478），仁宗第五子，宣德四年封襄王，國長沙。正統初徙襄陽，莊敬有令譽。英宗北狩，諸王中瞻堉最長且賢，衆望頗屬，太后命取襄國金符入宮，不果召。及英宗復辟，石亨等以迎立外藩語潛，帝頗疑之，久之得瞻堉所上請立皇長子及請景帝省問英宗二書，而襄國金符在太后閣中，乃賜書召瞻堉，比二書於金縢。禮遇之隆，爲諸藩所未有。成化十四年卒，年七十三，謚献。

徐氏海隅集外編39/15下
吾學編16/11下
藩獻記3/8下
國朝獻徵錄2/28無名氏撰傳
名山藏39/18
明史119/4下

朱爵，直隸開州人。萬曆間進士，由茌平知縣擢吏科給事中，嘗論時政闕失，因疏趙志皋、張位瘦閣壅蔽罪，尋切諫三王並封，且論救朱維京、王至堅等，坐謫山西按察知事，卒於家。

明史230/11下

朱寵字德承，漢陽人。嘉靖廿三年進士，擢監察御史。適嚴嵩柄政，草疏欲劾之，聞父卒，乃痛哭去。居鄉講求姚江之學，與前御史朱衣，並以品望標重於時，人目衣曰東朱，寵曰西朱，而稱其號曰別山漢水二先生。

蘭臺法鑒錄17/16下
父朱金（1487—1553）字宗麗。
朱君偕配合葬墓誌銘（歐陽南野文集24/32）

朱寵涭，植玄孫，弘治十年襲封遼王。性恭默謹度，篤於孝友。弟光澤王寵瀼，已居別邸，涭飲膳服御，珍玩文繡，必與弟共之，事無巨細，恒相咨而後行，終身無異。正德十六年卒，謚恭。

藩獻記2/8
明史117/10

朱瓊烴（1403—1426）桱子，永樂十九年襲封唐王。資性明達，善綜核名實，動中法程，宣德元年卒，年廿四，謚靖。

藩獻記3/3下

朱繪字白甫，號后菴，直隸泗州人，著籍山西平定。嘉靖廿三年進士，授成安知縣，選吏科給事中，歷應天府丞，仕至南京右通政卒。

誥勅工科右給事中朱繪二道（條麓堂集5/32）
掖垣人鑑14/15下

朱耀，固始人。崇禎八年流寇圍城，耀父子四人，力戰却之。明年賊復至，耀領兵奮擊，手馘賊數十人，陷伏中，爲賊所得，大罵死。

明史294/3

朱繼祚，莆田人。萬曆四十七年進士，選庶吉士，授編修。天啓中與修三朝要典，尋罷去。崇禎初復官，累遷南京禮部尚書，又以人言罷去。南都失，唐王召爲東閣大學士，從至汀洲。王被擒，繼祚奔還鄉。魯王監國，繼祚擧兵應王，攻取興化，既而清兵至，城破，死之。

明史276/15

朱繼祖（1449--1518）字孝思，號慕菴，高安人。成化二十年進士，授兵部主事，陞郎中，出知雲南廣西府，改楚雄，皆翕然稱理，致仕卒，年七十。

國朝獻徵錄102/79楊廉撰朱公墓志銘

朱鶴字子鳴，號松隣，華亭人，徙嘉定。性孤介絕俗，工韻語，兼雕刻圖畫。所製簪匜，世人寶之，得其器者，不以器名，直名之曰朱松隣。

朱鶴濮仲謙傳（初月樓文鈔7/24下）

朱譽㰘（1502－1560）岷莊王楩四世孫，嘉靖廿六年襲封南渭王。性樸素，自號石巖山人，居常布衣，卅九年卒，年五十九，謚莊順。

國朝獻徵錄 1/79呂調陽撰南渭莊順王神道碑

朱瓘字楚琦，號琴鶴，寶應人。博學多聞，尙志養晦以自逸，景泰中詔擧賢良，巡撫王竑力辟之，終不能奪其志。天順末強聘纂修實錄，定凡例，謹書法，一時記載筆削，皆出其手，實錄成，辭官返。性嗜琴，畜有雙鶴，構亭曰馴鶴亭，學者稱琴鶴先生，卒年四十九。有馴鶴亭集。

琴鶴遺音記（費文憲公摘稿8/11下）
朱楚琦傳（涇野先生文集34/3下）
明代實應人物志×/25

朱㰘，太祖第二十五子，建文三年封伊王，國洛陽。好武，不樂居宮中，時挾彈露劍，馳逐郊外，奔避不及者，手擊之，髠裸男女以爲笑樂，永樂十二年卒，諡厲。

吾學編15/23
國朝獻徵錄2/6無名氏撰傳
名山藏38/16
明史118/11

朱權（1378—1448）太祖第十七子，封寧王，國大寧。永樂元年改封南昌，恃靖難功，頗驕恣。晚年託志冲舉，自號臞仙，涵虛子、丹丘先生均其別號也。好宏獎風流，群書有秘本，莫不刊布之。著漢唐秘史等書數十種，自經子九流星曆醫卜黃冶諸術皆具。正統十三年卒，諡獻。

書漢唐秘史後（祝氏集略25/4）
藩獻記2/9
國朝獻徵錄1/70無名氏撰傳
名山藏37/27
明史117/14

朱鑑，建文時爲北平行都司都指揮使，守大寧。燕兵至大寧，諸將陳亨、房寬皆降，鑑獨率兵死戰，力不支被縛，罵不絕口，凌遲處死。

革朝遺忠錄下/25
國朝獻徵錄110/12忠節錄本傳
遜國正氣紀6/20
明史142/7下

朱鑑（1391—1478）字用明，晉江人。舉鄉試，授蒲圻教諭，以薦擢御史，巡按湖廣廣東，禁奸戢暴，所至肅然。正統中陞山西左參政，土木之變，鑑勒兵勤王，以遏南侵，陞山西巡撫，保障雁門要害，前後奏疏數十上，皆邊防大計，致仕家居，卒年八十八。

國朝獻徵錄55/10無名氏撰傳
名山藏臣林記8/39
明史列傳36/6
明史172/9

母朱孺人

朱孺人哀辭並序（敬軒薛先生文集20/4下）

朱鑑字文籐，號墨壺，一作墨湖，長沙人，銓弟。工畫山水人物。

國繪寶鑑6/15下

朱顯忠，如皋人。爲張士誠守將，降太祖，以指揮僉事從傅友德克文州，遂留守之。蜀將丁世珍召番數萬來攻，食盡無援，或勸走避，不聽，裹創力戰，城破，爲亂兵所殺。

國朝獻徵錄111/28實錄本傳
明史289/6下

朱顯槐，楚王楨五世孫，嘉靖十七年封武岡王。嘗上書條藩政，請設宗學，萬曆十八年卒，諡保康。顯槐雅善文墨，尤好詩歌，有少鶴山人集。

藩獻記1/13下
國朝獻徵錄1/35無名氏撰傳
明史116/17下

朱纓（1520—1587）字清父，號小松，松江華亭人，徙居嘉定，鶴子。工小篆及行草，畫山水長於氣韻，善刻竹木爲古仙佛像。性嗜飲，貴勢人召之終不往。萬曆十五年卒，年六十八，有小松山人集。

朱隱君墓志銘（歸有園稿6/28下）
祭朱隱君文（同上10/7）

朱讓栩，椿五世孫，正德五年襲封蜀王。喜儒雅，不邇聲伎，世宗賜敕嘉獎，署其坊曰忠孝賢良，嘉靖廿六年卒，諡成，有長春競辰稿。

藩獻記2/4
明史117/2下

朱鷺（1553—1632）初名家棟，字白民，自號西空老人，吳人。寫竹法文梅兩家，韻致灑落。工古文詞，博學閎覽，尤邃於易，性至孝，崇禎五年卒，年八十。著有建文書法儗、名山游草。

朱鷺傳（牧齋初學集71/1）

啓禎野乘14/9

朱觀字顒伯，崑山人。嘉靖二年進士，授吉安府推官，擢監察御史，歷官福建按察副使。

梅花草堂集4/19下

父朱荅（1453—1536）字用之，號湖西小隱。

朱公墓誌銘（五龍山人集8/13下）

朱觀炊（1529－1599），號毅齋，魯藩安邱榮順王當澯孫，嘉靖中封輔國將軍。內敦孝友，外修退讓，萬曆廿七年卒，年七十一。

毅齋公暨配王氏合葬墓誌銘（穀城山館文集22/36，國朝獻徵錄1/43）

朱觀熰號中立，魯藩鉅野王諸孫，健根之子，封鎮國中尉。被服儒素，雅好著述。有濟美堂集，又輯齊魯名士詩曰海岳靈秀集。

濟美堂集敘（穀城山館文集10/24下）

藩獻記2/2

明史116/22

朱觀熯，觀熰弟，以詩畫著名。

明史116/22下

朱驥（1417—1462）字漢房，翠川人。正統七年進士，授行人，擢御史，侃侃論事，不爲權貴所屈，官至廣西參議，討平寇盜，多其籌劃。天順六年病卒，年四十六。

朱公墓誌銘（韓襄毅公家藏文集14/12，國朝獻徵錄101/26下）

朱驥（1430－1490）字尙德，大興人。嗣祖爵爲錦衣衞千戶，兩奉使湖廣浙江，贈遺無所受，尙書于謙器之，妻以女。成化初擢本衞指揮僉事，畿內多盜，上弭盜安民六事，輦下肅淸，尋陞掌衞事，奉法循理，未嘗妄興一事，輕繫一人，明世論典獄之使，率推稱驥爲首，官終都指揮使，弘治三年卒，年六十一。

朱公墓志銘（青谿漫稿22/20，國朝獻徵錄109/4）

朱公神道碑銘（碧川文選4/40）

國琛集下/16下

皇明書34/11

明史列傳45/21下

任

任民育字時澤，一字厚生，濟寧人。天啓中舉於鄉，善騎射，眞定巡撫徐標用爲贊畫理屯事。福王時授亳州知州，以才擢揚州知府，史可法倚之。城破，緋衣端坐堂上，遂見殺。

任民育揚定國傳（帶經堂集43/3下）

明史274/10下

任有齡字夢錫，號棠山，四川嘉定人。嘉靖廿六年進士，選庶吉士，授兵科給事中，陞禮科右，出知太平府，歷雲南按察副使，卅八年免官。

掖垣人鑑14/14

母張氏

壽任母張夫人序（存笥稿7/18）

任光裕字振寰，霍州人。崇禎初知香河縣，淸兵來侵，力拒之，與城俱殉，謚節愍。

明史291/9

任亨泰字古雍，襄陽人。洪武廿一年進士第一，寵遇特隆，建狀元坊以旌之。歷官禮部尙書。太祖重其學行，每呼襄陽任而不名。出使安南，爲蠻邦所重。

狀元圖考1/7

明史列傳13/13下

明史137/6

任良弼字廷贊，山西平遙人。弘治六年進士，累遷吏科都給事中，彈劾不避權貴，陞通政司左參議，忤劉瑾，戍遼陽。瑾誅，起右參議，仕終通政使，居官以淸節聞。

掖垣人鑑11/11

父任惠（1440—1515）字有孚，號宜樂。

任公行狀（紫巖文集42/5）

任良幹字直夫，號南嶠，廣西桂林人。以鄉舉授潛江教論。嘉靖十三年，有陝西鄠縣王邦相者，携幼子赴川訪親被棄，流落潛江行乞，良幹容之，致醫藥館穀備至。王死，爲治後事，收其子與弟同起臥學書，後以子歸其母團聚，人稱義行。官至申陽知縣。

國朝獻徵錄93/33樊鵬撰任公傳

名山藏93/8下

任忠字厚孝，崑山人，藉籍山東登州衛。正德六年進士，除工科給事中，歷大名知府，官至右副都御史巡撫陝西，嘉靖十七年卒於官。

掖垣人鑑12/22下

任昂字伯顒，河陰人。元末舉進士，洪武初起爲襄垣訓導，累官禮部尚書。帝加意太學，命昂增定監規八條。又條上科場成式，取士之制始定。奏毀天下淫祠，正祀典稱號，命以鄉飲酒禮頒天下。復令制大成樂器，分頒學宮。署吏部，予告歸。

明史列傳11/17下

明史136/12

任彥常字吉夫，號克齋，金陵人。成化八年進士，授南京戶部主事，陞員外郎，遷福建提學僉事，弘治元年致仕。有克齋稿。

國朝獻徵錄90/79陳鎬撰任彥常傳

任倫字秉元，河南睢陽人。成化廿三年進士，除刑科給事中，改吏科，弘治十三年卒于官。

掖垣人鑑11/2下

任勉字近思，松江華亭人。洪武間任鄱陽知縣，以禮儀開導。有寡婦欲再適，反以饑寒訟夫兄，勉書其背曰，餓死事極小，失節事極大，俗由是恥失節者。後累官福建參政，仕終睢州知州致仕，年八十九卒。

先進舊聞（寶日堂初集22/1下）

國朝獻徵錄90/34，又93/31錢溥撰任公墓志銘

任國璽，福建人。官行人，扈從永明王入緬，時李國泰代掌司禮監印，與吉翔表裏爲奸，國璽集宋末大臣賢奸事爲一書進之。尋進御史，後緬甸弟弒兄自立，死於難。

明史279/27下

任惠，灤州人。弘治九年進士，授南京吏科給事中，正德初偕同官諫佚遊，語直切，以劾中官高鳳廷除名。後起山東僉事，未任卒。

明史188/6下

任棟，永壽人。崇禎中由貢生爲萊州通判。李九成等叛，力拒之，圍解論功，累遷保定監軍僉事使，從援開封，會左良玉大潰於朱仙鎮，賊來追，棟力戰死。

明史293/9

任道遜（1427--1503）字克誠，號坦然居士，又號八一居士，瑞安人。七歲能賦詩，作字徑數尺，有司以神童薦，宣宗面試其書，命爲國子生，累官太常卿，又善寫梅，弘治十六年卒，年七十七。

任公墓誌銘（匏翁家藏集64/15，國朝獻徵錄22/79）

圖繪寶鑑6/5

任萬民字念岩，陽曲諸生。見鄉郡被寇，草救時八議、守城十二策獻之，當事果得其用，以保舉授武城知縣，清兵下山東，死於事。

明史291/20下

任萬里字圖南，號梅軒，山東掖縣人。嘉靖十四年進士，授行人，選禮科給事中。有梅軒詩集。

掖垣人鑑13/40

任賢，裕州人。弘治間舉人，歷官監察御史。正統間流賊掠裕州，賢方里居，招邑子共守，城陷不屈死。

國朝獻徵錄65/50實錄本傳

任儀存象之，閬中人。成化廿三年進士，選庶吉士，授御史。遇權官以內命建佛會於興隆寺，知縣王獄乘馬過寺門被辱，儀上疏劾之，時劉瑾用事，謫西安同知，仕終山西參政。

送御史任象之尹中部詩後序（東川劉文簡公集9/3下）

送任象之之新安序（羅文肅公集4/7下）

送吉安太守任君象之序（費文憲公摘稿9/17下）

明史180/31下

任環（1519—1558）字應乾，號復菴，長治人。嘉靖廿三年進士，官蘇州同知，禦倭數有功，在行間與士卒同寢食，所得悉分給之，嘗書姓名於肢體，曰戰死庶得收葬，將士皆感激，故所向有功，官至山東右參政，卒年四十。爲文高簡有法度，有山海漫談。

賀憲使復菴先生任公榮擢序（龍江集3/1）
任公墓誌銘（世經堂集17/26，國朝獻徵錄95/34）
祭大參任復菴文（世經堂集21/14下）
任公子傳（簡平子集10/6下）
名臣諡議（公槐集5/33）
明史列傳65/28下

任禮字尚義，臨漳人。起行伍，累官都督同知，從征樂安及兀良哈俱有功。正統初進左都督，以破阿台功封寧遠伯，鎮甘肅。沙州衛都督喃哥兄弟乖異，禮乘其饑窘，督兵徑詣其地，收其全部而還。成化元年卒，諡僖武。

吾學編19/52下
皇明功臣封爵考6/68
明史列傳22/23下
明史155/16

任鎧，夏邑人。母卒，廬墓三年，時河決將齧塋域，鎧伏地號哭，河即南徙。嘉靖二十五年旌表之。

明史297/2

任瀛字登之，號驛峰，山東兗州衛籍，山西文水人。嘉靖十四年進士，選庶吉士，授兵科給事中，屢陞戶科都給諫，遷順天府丞，仕至右僉都御史巡撫郧陽，改南京僉都御史致仕。

披垣人鑑13/37下

伍

伍方字公矩，嘉興人。景泰五年進士，授武岡知州，後謫戍柳州。有柳菴集。

送武公矩赴武岡序（方洲張先生文集20/13）

伍文定（1470—1530）字時泰，號松月，松滋人。弘治十二年進士，歷吉安知府，與王守仁平宸濠有功，累官兵部尚書兼右都御史。豪宕不羈，兼資文武，尚節義，喜談兵法，有儒將風，嘉靖九年卒，年六十一，諡忠襄。

賀伍郡守時泰平賊序（東廓鄒先生文集2/11下）
松月伍公平定雲南序（中丞馬先生文集1/30下）
江盜平詩序（黼菴遺稿8/22）
春江凱歌序（古菴毛先生集3/27）
伍公墓誌銘（陽峯家藏集34/4，國朝獻徵錄39/31）
伍公傳（月鹿堂文集5/16下）
徐氏海隅集外編41/24
名卿績紀4/14下
皇明世說新語8/5
明史列傳70/24下
明史200/4

伍民憲，晉江人。嘉靖中倭寇殺其父，民憲挺身與賊鬪，賊斷其手，臥草中，口呢喃呼父，三日而絕。

明史297/17

伍希閔，名閶，以字行，更字仲孝，安福人，驥子。成化十一年進士，官隨州知州。

送伍進士知隨州序（彭文思公文集3/29下）

伍希淵（1437—1511）字孟賢，一字士淵，號拙菴，安福人，驥從子。天順八年進士，授刑部主事，歷廣州知府，爲政以通人情爲先，興革利害，雖險不避，士民稱之，官至廣西布政使，卒年七十五。

送伍廣州詩序（懷麓堂文稿7/10）
跋黃金懋績卷後（費文憲公摘稿20/31下）
伍公墓表（見素集20/11，國朝獻徵錄101/3下）
伍先生墓誌銘（羅文肅公集19/1）
伍公神道碑銘（懷麓堂文後稿20/8）

弟伍希齊字孟倫，弘治三年進士。

送進士伍君孟倫歸省詩序（費文憲公摘稿10/25下）

伍洪字伯宏，安福人。洪武四年進士，授臨清縣丞，改績溪主簿，有惠政。陞上元知縣，以母老不復仕，讓資產與弟，獨隱居養母。有異母弟得罪逃，使者捕弗獲，執其母，洪泣訴求代，竟死於市，年五十九。

國朝獻徵錄83/73李時勉撰伍洪傳

明史296/16

伍思韶 (1500—1588) 字舜成，號九亭，晚號鴻盤叟，安福人，洪裔孫。嘉靖七年舉人，官四川廣安知州，善決疑獄，民甚愛之，以淸廉聞。後棄官歸，年八十九卒。蜀人念之，祀名宦祠。

伍公行狀（山居草3/20下）

伍袁萃字聖起，號寧方，吳縣人。萬曆八年進士，授貴溪知縣，歷官廣東海北道副使，執法不避貴倖。所撰林居漫錄、彈園雜志，多貶斥當世公卿大夫，而於李三才、于玉立尤甚。有逸我軒集。

伍寧方先生自譜序（寧澹齋全集2/16）

祭伍少參寧方先生文（無夢園遺集8/6）

明史列傳78/25

明史223/23下

伍符字朝信，號孚齋，安福人，希淵子。成化廿三年進士，選庶吉士，授刑部主事，出知寧波府，有善譽。歷雲南、湖廣、四川、福建布政使，官至右副都御史，卒年六十三。

送伍君朝信守寧波序（半江趙先生文集10/31）

送伍太守序（費文憲公摘稿12/36）

送太守伍朝信考績還任詩序（東川劉文簡公集1/20）

伍公墓誌銘（張時徹撰、國朝獻徵錄61/53）

伍雲，鳳陽定遠人。以荊州護衞指揮使從征交阯有功，調昌江衞。仁宗初隨方政討黎利，陷陣死。

明史列傳23/13下

明史154/13

伍雲 (1425—1471) 字光宇，新會人。少軒整，與陳獻章遊釣於江，悠然坐艇尾賦詩，獻章扣舷和歌，不知天壤之大。雲爲人篤孝，祀先人，一門尊幼不敢不虔恭，卒年四十七。

尋樂齋記（白沙子全集1/57）

伍光宇行狀（同上4/54）

祭伍光宇文（同上4/30）

奠伍光宇文（同上4/37下）

告伍光宇文（同上4/38）

皇明書40/16下

名山藏95/9下

伍經正字石叟，安福人。由貢生爲西安知縣，唐王超擢衢州知府，清兵南下，死於事。

明史276/6

伍餘福字君求，更字疇中，吳縣人。正德十二年進士，授長垣知縣，遷工部主事，陞兵部郎中，以事謫判安吉州，累官至鎭遠知府，致仕卒。有三吳水利論。

新脩安吉州誌序（泉翁大全集23/16）

伍公行狀（袁永之集17/13）

祖父伍瓊 (1436—1496) 字時美，號玉田。

伍先生傳（涇野先生文集34/25）

伍鎧字文衛，號鴻山，晉江人。嘉靖五年進士，授高淳令，擢戶部主事，歷南京光祿少卿。

前高淳縣尹鴻山伍公去思碑（雲岡公文集9/50）

伍讓字子謙，號益齋，衡陽人。萬曆二年進士，累遷河南參議，時汝南經馬鞍山賊叛後，道殣相望，讓悉心安輯，所活甚多。餘黨據高老山，讓出奇兵捕之，斬獲略盡，後遷南贛道副使。

明詩紀事庚11/14

父伍大均 (1504—1583) 字宗器，號恩亭。

伍翁墓誌銘（棠園草6/21）

伍驥 (1416—1465) 字體馴，號德良，安福人，洪曾孫。景泰五年進士，授御史，巡按福建，時盜賊充斥，驥詣賊壘諭以禍福，咸感泣歸順。賊首李宗政負固不服，驥提兵深入，擒之，賊遂平，旋以冒瘴癘得疾卒，年五十。

伍君行狀（彭文思公文集7/21）

國朝獻徵錄65/20實錄本傳

明史列傳38/19

明史165/8下

仲

仲本字與立，寶應人，蘭子。弘治三年進士，授刑部主事，調汝寧通判，改嚴州，官至陝西按察使。本廉能有威，先聲所至，貪惡屏跡，竟以此爲儕輩所忌，致政而歸。大學士楊一淸貽之詩云，積毀不須驚衆口，素心端可質神明，倘佯林泉以終。

明代寶應人物志×/11

妻趙氏（1461—1508）

趙孺人墓誌銘（容春堂別集7/2下）

弟仲棨（1465—1496）字與成，成化廿三年進士，官禮部主事。

仲與成墓誌銘（柴墟文集9/30）

仲昌字顯夫，沭陽人。永樂二年進士，知安平、泗水二縣，以治行著聞，陞刑部主事，擢郎中，官至南京太僕寺卿，致仕歸，天順三年卒（按國朝獻徵錄作深陽人，此從皇明進士登科考及王直贈序）。

贈太僕卿仲君序（王文端公文集20/5）

國朝獻徵錄72/59實錄本傳

仲蘭字維馨，寶應人，少孤。從叔太醫院判景學醫，兼工書法。成化中以能書授中書舍人。景卒，嗣爲太醫院判，時周太后有疾，諸御醫罔效，蘭往視獻藥乃愈，遂大被寵眷。歷陞院使加尙寶寺卿通政司右通政，弘治八年卒。

贈太醫院使仲君南還序（青谿漫稿19/1）

國朝獻徵錄78/19李東陽撰仲公墓誌銘

明代寶應人物志×/31下

伊

伊伯熊字臣擧，號虛室，江寧人，乘子。正德二年擧人，歷知深州、祁州，皆有惠政，遷柳州同知，嘉靖十三年卒。著有易學講義。

伊先生墓志銘（袁永之集16/6下，國朝獻徵錄101/106）

祭伊師文（袁永之集17/41）

祭虛室伊公文（華禮部集7/7下）

伊侃字士剛，吳縣人。正統元年進士，官行在工科給事中。

披垣人鑑9/24下

父伊宗靠（1370—1439）字允德。

吳下冢墓遺文續1/100楊士奇撰處士伊公墓誌銘

伊乘字德載，吳縣人，僑寓江寧，侃從子。成化十四年進士，累遷四川按察僉事，每分巡郡縣，視學畢，即審理寃滯，一方稱神。三載乞養歸，不復仕。

僉憲伊先生感事詩叙（甫田集16/2）

伊氏重修族譜序（匏翁家藏集42/3）

父尹溥字紹方，號天闕山樵。

封刑部主事伊公傳（祝氏集略17/1）

伊敏生字子蒙，上元人，伯熊子。嘉靖十一年進士，歷官慈谿知縣，擢御史，時嚴嵩擅權，敏生彈劾無所避，官至山東參政。

明史210/4下

仰

仰昇字進卿，無爲人。成化十一年進士，除兵科給事中，歷陞四川僉事，仕至河南左布政使，卒於官。

披垣人鑑10/16下

仰儒字世用，餘姚人。弘治六年進士，歷官南京工部郎中，出知雲南楚雄府。

送仰世雄陞楚雄守序（穆文簡公宦稿上/16）

仰瞻字宗泰，長洲人。永樂中由虎賁衞經歷遷大理丞，以忤王振謫戍大同。景泰初召爲右寺丞，執法愈堅，在位者多不悅，移疾歸。

國朝獻徵錄68/58無撰人仰瞻傳

明史列傳27/18

明史150/12

子仰嵩（1407—1496）字惟高，號遯菴。

仰府君墓表（匏翁家藏集75/7下）

仵

仵瑜（1477—1524）字忠父，號東瀨，蒲圻人。正德十二年進士，授禮部主事，世宗初，疏陳勤聖學、篤親親、近大臣、開言路、選諍臣等十事。嘉靖三年與群臣伏闕爭大禮，死杖下，年四十八。

國朝獻徵錄35/95廖道南撰仵公墓志

明史列傳72/9

明史192/21下

父仵紳（1457—1496）字佩之，號竹君，成化廿三年進士，官戶部主事。

仵君墓表（賜峯家藏集33/14）

行

行丕，高僧，鄞人，字大基。宗說兼通，爲時名僧。初由天台佛隴升主寶陀，洪武中於寺之南嶺建淸淨境亭，學士宋濂爲之記。

明高僧傳3/2

仝

仝元立字汝德，號九山，鄞縣人。嘉靖十四年進士，選庶吉士，授翰林檢討，累陞侍講學士，掌南京翰林院，官至南京工部右侍郎，卒年六十八。

仝公神道碑銘（賜閒堂集19/23）

母宋氏

賀仝母宋太孺人八袠壽序（袁文榮公文集4/16）

妻丁氏

贈丁太夫人仝母七十序（余文敏公集2/10下）

仝思誠字希賢，上海人。博雅弘粹，少負文名。洪武十六年以耆儒徵，官至文華殿大學士，以老致仕。有砂岡集。

寶日堂初集22/1先進舊聞

殿閣詞林記1/4下

國朝獻徵錄12/3廖道南撰仝思誠傳

向

向化，靜海衞人。父上爲衞指揮，坐罪，憤而投海死，化求屍不得，亦投海，已與父屍並浮出，衆收葬之。

明史296/20

向朴字遵博，慈谿人。洪武廿五年以人材召見，授獻縣知縣。靖難師起，縣無城郭，朴集民兵與燕將譚淵戰，被執，懷印死，年四十二。福王時謚莊惠。

國朝獻徵錄82/30無撰人向朴傳

遜國正氣紀5/12

皇明表忠紀4/8

明史列傳20/3下

明史142/9下

向信字秉誠，四川岳池人。正德六年進士，授河南府推官，留心民務，徵入爲浙江道監察御史，丁憂歸。嘉靖元年，服闋北上，首陳講學用賢六事，詔嘉答之，尋病卒。

向秉誠墓誌銘（太史升菴文集7/6，國朝獻徵錄65/63）

向程（1531—1579）字宗洛，慈谿人。嘉靖四十四年進士，授閩縣令，擢監察御史，官至江西副使，卒年四十九。

贈向侍御考績序（華禮部集6/3下）

向公墓志銘（大泌山房集80/28）

母陸氏

向母陸太孺人壽序（方山薛先生全集19/16）

向寶（1366—1428）字克忠，號疏菴，進賢人。洪武十八年進士，授兵部主事，歷應天府尹，洪熙中官至右都御史，兼詹事，宣德三年致仕，旋卒，年六十三。寶有文學，寬厚愛民，持身廉直，平居言不及利。卒之日，家具蕭然。

向公神道碑銘（金文靖公集9/10下）

國朝獻徵錄64/1實錄本傳

明史150/7

父向祖紹（1322—1391）字允恭。

向公神道碑銘（東里文集13/4下）

危

危貞昉字孟陽，臨海人，邑諸生。洪武中父孝先坐法輸作，貞昉詣闕求代，太祖許之，貞昉即解儒服易短衣，雜傭衆力作，以勞卒，年僅廿八，聞者悲之。

危孝子傳（宋學士文集55/426下，國朝獻徵錄112/3）

皇明書41/8下

明史296/17

危素（1303—1372）字太樸，一字雲林，金谿人。少通五經，遊吳澄、范梈門。元至正間以薦授經筵檢討，與修宋遼金三史，纂后妃等傳。事逸無據，素買餳餅饋宦寺，叩之得實，乃筆諸書，卒爲全史。累遷翰林學士承旨，明初爲翰林侍講學士，與宋濂同修元史，兼弘文館學士，備顧問，論說經史。他日帝御東閤側室，素行簾外，履聲橐橐然。帝曰誰。對曰老臣危素。帝曰，朕謂文天祥也，而乃爾。遂謫和州，守余闕廟，歲餘幽恨卒，年七十。著有吳草廬年譜、元海運志、危學士集等。

危公新墓碑銘（宋學士文集59/443下，危太樸集附錄）
殿閣詞林記6/9
皇明世說新語8/7
名山藏臣林記4/10下
明史列傳12/7
明史285/7

年

年富字大有，號謙齋，懷遠人。本姓嚴，洪武初附籍訛爲年，遂因之。永樂十五年舉人，授德平教諭，歷吏科給事中、河南布政使，天順四年進戶部尚書，卒於官，年七十，諡恭定。富廉正強直，始終不渝，號稱名臣。然頗好疑，屬吏黠者，故反其意嘗之，多爲所賣。

皇明名臣琬琰錄后集3/3李賢撰年公神道碑
國朝獻徵錄38/35無撰人年富傳
水東日記27/9
皇明獻實16/10下
吾學編33/6下
國琛集上/35下
掖垣人鑑8/19
聖朝名世考3/33
皇明世說新語4/3
皇明書20/20
名山藏臣林記9/48下
明史列傳46/8下
明史177/4下

父年景和

贈年景和序（王文端公文集24/3下）

牟

牟俸，巴縣人。景泰二年進士，授御史，累官右副都御史，巡撫蘇松，盡心荒政。性嚴厲，摧抑過甚，怨謗紛然，爲中官汪直所陷，成化十四年被執下詔獄，謫戍湖廣，踰年卒戍所。

贈太僕寺卿牟公詩序（楊文懿公桂坊稿2/23）
明史列傳36/21
明史159/17

牟斌字益之，官指揮僉事。正德中劉茝、戴詵等，以忤劉瑾下詔獄，斌曲爲營護。及上獄詞，瑾令去疏首權奄二字不可，瑾矯旨廷杖除其名。瑾誅，復爲知府，劉祥與中官相訐，下斌治，中官賄斌，不聽，爲東廠張雄所中，奪職置武昌，疾卒。

洹詞6/26二武士
吾學編45/16下
聖朝名世考6/28下
皇明世說新語8/26
皇明書34/11下
名山藏臣林記16/18
明史列傳45/22下

如

如幻，僧，閩人林氏子。少爲儒，以事忤督學使者，拂衣而去，之廬山從徧融和尚落髮。徧融之京爲國師，幻從之京，名因起諸公卿間。南遊姑蘇、南海、楚蘄黃間說法，從者如雲。萬曆七年至九峰講涅槃經，後入廬山講法華經，卒年五十九。

補續高僧傳5/18

如玘，僧，字具菴，號太璞，住杭州演福寺。學冠群英，經史無不博綜。洪武中受命同宗泐訂釋心經、楞伽、金剛，頒行天下。

明高僧傳3/7

如念（1551—1588）僧，號幻齋，襄陽鍾氏子。與從兄如慧同師素菴法師，二人同心執侍，故棲霞法席爲江南最。如念性溫厚老成，嗜學經論如渴，惜不終壽，年方卅八而逝。

補續高僧傳5/14

如符，僧，出來復禪師門下，通內外典，善書能詩。永樂中兩膺詔命。嘗住奉化之嶽林，及撫州之翠雲，有翠雲稿，年八十五卒。

補續高僧傳25/21

如愚，僧，字蘊瑛，江夏人，居金陵碧峯寺。從詩僧洪恩學，周汝登、曹學佺皆與之遊。有空華、飲河、止啼、石頭菴、寶善堂等集。

石頭菴詩集序（睡菴文稿1/6）

如慧（1543—1586）僧，號兀齋，襄陽人。五歲失母，父出家爲素菴法師。十三歲赴京師省父，遂祝髮座下。慧自幼習世典通大意，祝髮後益發妙悟，內外典籍寓目卽了無滯義，卒年僅四十四，人共惜之。

補續高僧傳5/13下

七　劃

冷

冷陽春，石阡人。崇禎中官晉寧知州，流賊李定國掠雲南，城陷，死之。

明史295/18

沙

沙良佐，武進人。洪武初知新城，廉愼愛民，篤於學校。未幾，人足衣食，庭無訟者，百姓戴之。

毘陵人品記6/4下

沃

沃頖字文淵，定海人。成化二年進士，歷監察御史，左遷知內鄉，興革利弊，禁奸保良，公署學校，皆其所建，積穀十餘萬石以備賑，擢知荆州府卒。

送沃御史序（一峯先生文集3/12）

沐

沐昂字景高，鳳陽定遠人，晟弟。以都指揮同知代晟鎭雲南，累遷至右都督。思任發叛，昂統兵征勦，遂平賊寨。號令嚴明，夷人讋服。卒諡武襄。有素軒集。

明史列傳5/24下

明史126/23

沐春（1363—1398）字景春，鳳陽定遠人，英子。襲父西平侯爵，鎭雲南，先後討平維摩十一寨、越嶲蠻阿資、寧遠酋力拜爛等。刀幹孟逐麓川宣慰使思倫發叛，帝命春總滇黔蜀兵攻之，未發而卒。諡惠襄。

西平惠襄公沐春行狀（唐愚士撰、國朝獻徵錄5/26下）

革朝遺忠錄附錄/1

皇明獻實1/21

吾學編22/22

明史列傳5/22

明史126/20下

弟沐昕，尙成祖女常寧公主，封駙馬都尉。

清樂軒記（楊文敏公集9/10下）

沐英（1345—1392）字文英，鳳陽定遠人。初爲太祖養子，賜姓朱氏，洪武元年復沐姓。積功至大都督府同知，以破土番功，封西平侯。尋從傅友德平雲南，戰功最著，留鎭其地，宣布恩惠，招懷番酋，得其歡心。先後鎭雲南十年，墾田至百餘萬畝，蹝節開目，民以便安。卒於鎭，年四十八，軍民巷哭。追封黔寧王，諡昭靖，配享太廟。

昭靖沐公神道碑（王景撰、皇明文衡73/3）

沐公祠堂記（皇明名臣琬琰錄3/1）

黔寧王沐英世家（弇州山人續稿82/6）

國朝獻徵錄 9/15 無撰人沐英傳

皇明獻實1/19

吾學編22/20

三家世典×/10下

皇明世說新語6/22下

國琛集上/4

聖朝名世考1/16下

皇明功臣封爵考1/59

名山藏臣林記1/27下

皇明將略1/26

皇明書33/17下

明史列傳5/18下

明史126/17

妻耿氏（1345—1431）

耿氏墓誌銘（楊文敏公集21/21下）

沐晟（1368—1439）字景茂，鳳陽定遠人，春弟。繼春爵，鎮雲南，撫夷人有恩惠，遠近化服。永樂中以平交阯有功，進封黔國公。在鎮四十年，地方寧謐。正統四年卒，年七十二，贈定遠王，謚忠敬。晟用兵非所長，善事朝貴，以故得中外聲。

忠敬沐晟神道碑（楊士奇撰、國朝獻徵錄5/31下）

定遠忠敬王廟碑（王文端公文集29/1）

吾學編22/22

皇明功臣封爵考4/11

明史列傳5/23

明史126/21下

妻程氏（1374—1431）

程氏墓誌銘（東里文集21/6）

沐崑（1482—1519）字元中，號玉岡，鳳陽定遠人，瓚孫，琮撫爲子，遂嗣琮爵。先後討平龜山竹箐諸蠻，加太子太傅。通路權近，所請無不得，正德十四年卒，年三十八，謚莊襄。

沐公墓志銘（湘臬集29/1，國朝獻徵錄5/43下）

祭黔國公莊襄公文（何文簡公集14/12）

祭太傅黔國公文（同上14/14）

明史126/24

沐紹勛（1504—1536）鳳陽定遠人，崑子。嗣父官，有勇略，嘉靖中討平尋甸、武定之亂，加太子太傅，益歲祿。老撾、木邦、孟養、緬甸、孟密相仇殺，紹勛使使者歷諸蠻諷喻之，皆闍伏謝罪，南中悉定。嘉靖十五年卒。謚敏靖。

沐公神道碑（桂州文集48/10下）

明史126/24下

沐斌（1397—1450）字文輝，初名儼，字可觀，鳳陽定遠人，晟子。幼嗣公爵，居京師，叔父昂卒，始至鎮。時思任發子思機發復據孟養，詔遣王驥發兵討之，斌爲後拒，督餉無乏，景泰元年卒，年五十四。謚榮康。

榮康沐公斌神道碑（吳節撰、國朝獻徵錄5/34下）

明史列傳5/25

明史126/23

沐琮（1450—1496）字廷芳，號益菴，鳳陽定遠人，斌子。斌卒，琮尚幼，故以璘、瓚相繼代任。成化初琮始至鎮，時廣西土官爲亂，琮請更設流官，民大便之。以次討平馬龍、麗江諸叛蠻，弘治九年卒，年四十七，謚武僖。

武僖沐公墓志銘（青谿漫稿23/26，國朝獻徵錄5/37）

明史126/23下

妻王氏

祭黔國武僖公夫人（何文簡公集14/12）

沐朝弼，定遠人，紹勛子，代兄朝輔鎮雲南。朝輔子融、鞏相繼卒，朝弼遂得嗣爵。隆慶初平武定叛酋鳳繼祖，破賊巢三十餘，後以驕恣被劾錮南京卒。

明史126/25下

沐敬，太監，爲建文宮中人，隨太宗北征四十日不見寇，兵困糧竭，六卿勸回鑾，不聽。敬復苦諫，太宗怒罵曰反蠻，命縛斬之。敬言猶不已，太宗悟遂命釋之。

國朝献徵錄117/3無撰人沐敬傳

國琛集下/42

水東日記7/1下

名山藏87/2

汪

汪一中字正叔，歙縣人。嘉靖廿三年進士，歷江西副使，鄰境賊入寇，薄泰和，當路以討賊屬之。先是泰和巡檢劉芳戰死，一中祭之，誓滅賊，後兵潰死之，謚忠愍。有南華山房集。

勅建憫忠祠碑（太函副墨15/41）

國朝獻徵錄86/99無名氏撰傳

明史290/6下

妻程氏

祭業師汪忠愍公烈婦程師母文（九愚山房稿57/1）

汪大受字叔可，號西潭，婺源人。嘉靖八年進士，授工部主事，改兵部，歷江西按察使，仕終湖廣巡撫。有西潭詩集。

賀福建參知西潭汪先生榮擢江西觀察大使序（弘藝錄25/12）

汪文言字士克，歙人。初爲縣吏，智巧任術，負俠氣。入京輸貲爲監生，用計破齊楚浙三黨，察東宮伴讀王安賢而知書，與談當世流品，傾心結納。光熹之際，外廷倚劉一璟，而安居中以次行諸善政，文言交關之力爲多。天啓初大學士葉向高用爲內閣中書，後爲阮大鋮所惎，廷杖褫職。

汪文言傳（餘姚黃忠端公集3/6）

汪文盛字希周，崇陽人。正德六年進士，授饒州府推官，累官右僉都御史，巡撫雲南。安南之役，功成於毛伯溫，然伐謀制勝，文盛功爲多，召爲大理卿，道病，致仕歸卒。文盛知福州時，有惠政，民爲立節愛祠。有節愛汪府君詩集、白泉文集、白泉選稿等。

送汪希周之福州太守並壽其父母序（涇野先生文集3/29）

集山書屋敘（小山類稿11/5）

國朝獻徵錄68/29廖道南撰傳

明史列傳64/17

明史198/19

汪文輝（1534—1584）字德充，號都山，婺源人。嘉靖四十四年進士，授工部主事，遷御史。高拱以內閣掌吏部，權勢烜赫，門生韓楫等並居言路，日夜走其門，專務搏擊。文輝亦拱門生，心獨非之，疏陳四事，專責言官。出爲寧夏僉事，神宗立，召爲尙寶司卿，尋告歸。後召用，未赴卒，年五十。

國朝獻徵錄77/10潘士藻撰汪公行狀

明史215/14

汪之鳳，崇禎間爲參將，從張令擊張獻忠，解柯家坪圍。後守夔州土地嶺，獻忠來攻，之鳳走他道免，山行道渴，飲斗水臥，血凝臆而死。

明史269/11

汪元極字懋忠，號蓉菴，黃岡人。萬曆卅二年進士，選庶吉士，授檢討，官至南京國子監司業。

汪太史東西二祖祭田記（孏眞草堂文集19/25下）

汪玄錫字天啓，婺源人。正德六年進士，除戶科給事中，屢陞兵科都給事中，時車駕數出幸，屢疏切諫。帝將親征宸濠，玄錫復諫阻。宸濠就執，偕同官累申前請，封章數十上，多與近倖爭執。世宗即位，遷太僕寺卿，李福達獄起，忤張璁，下獄奪職。後起官，仕終戶部侍郎。

掖垣人鑑12/18下

明史列傳71/4

明史203/4

汪玉（1481—1529）字汝成，號雷峯，一號嘿休，鄞人。正德三年進士，歷湖廣按察僉事，攝辰沅兵備。宸濠反，陷九江，防禦有功。累陞僉都御史巡撫奉天，楊恭倡亂，玉指授方略，恭就擒。尋乞休歸，嘉靖八年卒，年四十九。著有四書粹義，書經存疑、雜錄記、敝篋留稿等。

汪公墓誌銘（張文定公廨海軒集9/1，國朝獻徵錄63/72）

汪汝達字志行，無錫人。嘉靖卅二年進士，授黃巖令，捐俸築城，寇至而民不驚，惠政大行。擢戶部主事，遷參議，未幾致仕歸。

毘陵人品記10/6

汪仲魯，名叡，以字行，號貞一道人，晚年尼喘疾，自稱貞一病叟，婺源人。元末與弟同集義旅以靖鄉里而歸太祖，授安慶稅令，選川蜀隨軍參贊，以疾辭歸。洪武十七年應徵入京，授承務郎左春坊左司直郎，與朱善、劉三吾二學士趨朝則同班，賜坐則連席，人稱三老。以喘疾乞歸，卒年七十九。有浯溪集。

贈汪翁仲魯得告還鄉序（坦齋文集1/3）

國朝獻徵錄19/73程汝器撰汪先生行狀

名山藏臣林記4/28

明史137/2下

汪克寬（1304—1372）字德輔，一字仲裕，祁門人。十歲時，父授以雙峯問答之書，輒有悟。後問業於吳仲遷，學益篤。舉元泰定二年鄉試，次年赴京會試，以答策切直見黜，棄科舉業，盡力於經學，教授宣歙間，學者稱環谷先生。洪武初聘修元史，書成將授官，以老疾辭歸，五年卒，年六十九。著有春秋經傳附錄纂疏、程朱易傳義音考、詩集傳音義會通、禮經補逸、及環谷集。

重修環谷書院記（涇野先生文集18/7）

汪克寬傳（曝書亭集62/1）

國朝獻徵錄114/13吳國英撰汪先生行狀

明史282/5

汪佃（1474—1540）字有之，號東麓，弋陽人，偉弟。正德十二年進士，選庶吉士，授編修，陞侍讀，充經筵講官，以議禮不合左遷松江同知，尋告歸。嘉靖中累官南京太常寺少卿，十九年以疾乞休，命未下而卒，年六十七。有東麓遺稿。

東麓遺稿序（群玉樓稿3/27）

國朝獻徵錄70/77無撰人汪公行狀

汪河，舒城人。少倜儻有大志，師余闕，以文章名。太祖渡江，官行中書省椽，進大都督府都事。遣使擴廓帖木兒，被留六年，完節不屈，洪武元年明師下河洛，乃得歸，歸後備陳西征方略，拜晉王左相，卒於官。

名山藏36/8下

明史列傳15/1

明史135/9

汪泗論字自魯，休寧人，垍孫。萬曆三十八年進士，授漳浦知縣，調福淸，有惠政。徵授山東道御史，建言請杜內批，又請召還楊漣等，以作士氣。巡按江西，敦重持大體，歷掌河南京畿道，陞太僕寺少卿卒。嘗識黃道周於童子試，按江西，首拔章世純、陳際泰，人服其精鑒。

明史257/4下

汪宗元（1503—1570）字子允，號春谷，崇陽人，文盛從子。嘉靖八年進士，授行人，歷南京太僕卿，屢遷副都御史總理河道，以不爲嚴嵩喜，左遷福建參政，仕終通政使，卒年六十八。有南京太常寺志、春谷集。

汪公神道碑（天目先生集15/11下）

國朝獻徵錄67/20郡志本傳

父汪文明字希舜，號鹿門，正德二年舉人，官彭縣知縣，卒官。

汪君墓誌銘（涇野先生文集27/24）

母楊氏

壽汪母楊太宜人序（存笥稿7/1下）

壽汪太宜人敍（丘隅集11/25下）

賀汪母太宜人七十序（苑洛集2/34下）

汪宗伊字子衡，號少泉，宗凱弟，文盛嗣子。舉嘉靖十七年進士，累官兵部郎中，忤嚴嵩自免歸。隆慶間歷應天府尹，裁諸司供億，歲省民財萬計。萬曆間累官戶部尙書，改南京吏部致仕，十五年卒，謚恭惠。著有南京吏部志。

賀少泉汪公擢北光祿正卿序（太室山人集8/16）

汪公墓誌銘（白蘇齋集11/10下）

明史198/20下

汪宗姬字肇邰，歙人。著有儒函數類，所錄故實，皆以數統計。

儒函數類序（嬾眞草堂文集16/8）

汪宗凱（1508—1579）字子才，號七峯，崇陽人，宗元弟。嘉靖十四年進士，授中書舍人，累陞尙寶司卿，以不附嚴世蕃，改戶部郎中。廿九年北虜入寇，宗凱疏劾朱希忠誤國，觸嚴嵩之忌，謫潤州，辭官歸，卒年七十二。有崇谿集。

汪公墓志銘（甔甀洞藁34/16）

汪宗器字鼎夫，繁昌人。成化二十年進士，授監察御史，巡按湖南廣東，薦賢斥貪，不避權貴。陞南京大理少卿，蒞獄平恕，時劉瑾撓法，遂乞終養，疏五上始允之，特進光祿卿致仕。

國朝獻徵錄71/3實錄本傳

汪致道字成德，黟縣人。元末兵起，捐家貲募義兵，以保鄉里。明克徽州，授黟縣簿，調全椒，洪武元年陞知徐州蕭縣，其地當南北之衝，累年兵燹，人民逃散。致道下車之初，竭力招懷，禮下賢俊，恤孤抑強，民襁負歸耕，治爲諸縣最。解官歸，自號高閑野叟。

國朝獻徵錄83/75汪蓉峯撰汪致道墓志銘

汪直字懋儉，祁門人。成化二年進士，歷官給事中。

披垣人鑑3/22下

汪直，大藤峽猺種，成化時爲御馬監太監，領西廠，設官校刺事，仇殺誣陷，又思立邊功以自固。詔直巡邊，爲監軍，論功監督十二團營，威勢傾天下。後以御史言，寵日衰，罷西廠，降直奉御，褫逐其黨，直竟良死。

四友齋叢說7/12

皇明世說新語7/14下

國朝獻徵錄 117/66 無名氏撰汪直傳，117/69 無撰人南京御馬監太監汪直傳

汪直傳一卷，明闕名撰，借月山房彙鈔本，又澤古齋叢鈔本。

明史304/13下

汪尚寧（1509—1578）字廷德，號周潭，一作洲潭，新安人。嘉靖八年進士，授行人，歷戶部郎中出知兗州府，累遷雲南布政使，官至右副都御史巡撫南贛，卒年七十。有周潭集。

別汪周潭序（石蓮洞羅先生文集19/47）

送大中丞汪洲潭公致政序（遵巖先生文集11/45）

汪公行狀（方初菴先生集9/10）

父汪旻，號東川。

壽封君汪東川翁七十序（蔣道林文粹2/31下）

贈汪兵備父母壽序（斛山楊先生遺稿 1/19）

汪東川處士墓表（訥溪文錄6/15下）

汪奎字文燦，婺源人。成化二年進士，授秀水知縣，擢御史，以星變偕同官疏陳十事，言甚切直。居數月，出爲夔州通判。弘治中屢遷右副都御史，巡撫貴州致仕。性簡靜，不苟取與，以篤實見稱。

明史列傳49/18

明史180/15下

汪珊字德聲，號秋浦，貴池人。正德六年進士，授監察御史。嘉靖初疏陳十漸，帝頗納其說。未幾出爲河南副使，歷巡撫貴州，討都勻叛苗有功，仕終南京戶部侍郎。

送方伯秋浦汪公陞湖廣巡撫贊理軍務序（谿田文集2/41下）

明史208/14下

汪垍（1511—1587）字仲弘，號雲嶽，休寧人。嘉靖廿三年進士，歷福建兵備僉事，分守福寧，禦倭有功，擢貴州參議。尋忤太宰李默罷歸，三十餘年，足跡不入城市，年七十七卒。

汪公墓誌銘（弇州山人續稿113/11下）

汪思字得之，婺源人。正德十二年進士，選庶吉士，擢禮科給事中，歷江西右參議，性情溫雅，與世無忤，而內蘊剛正，人莫敢犯，仕終四川副使致仕。

披垣人鑑12/33下

汪若霖字時甫，光州人。萬曆二十年進士，擢戶科給事中。因屢進直言，失帝意，出爲穎州判官卒。

明史列傳90/5下

明史230/17下

汪俊字抑之，弋陽人，鳳子。弘治六年進士，授編修，正德中與修孝宗實錄，以不附劉瑾、焦芳，調南京工部員外郎，累官禮部尚書，時議興獻王尊號，與喬宇、毛澄輩上疏力爭，遂乞休歸，卒贈少保，謚文莊。俊行誼修潔，立朝光明端介，學宗洛閩，與王守仁交好而不同其說，學者稱石潭先生。

送主考學士汪君還朝序（東川劉文簡公集13/17下）

祭汪石潭公文（遵巖先生文集19/1）

國琛集下/31

明史列傳66/7

明史191/6下

明儒學案48/1

汪泉，世爲金吾指揮使，家京師。正統中以女孫爲郕王妃，旋正位，累進左都督。

明史300/12

汪浩（1417—1473）字弘初，石首人。景泰二年進士，授大理寺副，天順四年陞四川按察僉事，時蜀地盜群起，浩多設疑兵，深入擒斬之。累陞右僉都御史，巡撫四川，討平劇賊趙鐸，陞右副都御史，以與蜀鎮都督芮成互劾，謫戍開平。卒年五十七。

汪公墓誌銘（彭文思公文集6/15，國朝獻徵

錄60/55)

汪淮 (1519—1586) 字禹乂，休寧人。長於詩，有汪禹乂集、徽郡集。萬曆十四年卒，年六十八。

汪徵君墓碑 (大泌山房集112/33下)
汪禹乂墓志銘 (太霞草13/28下)
汪山人傳 (弇州山人續稿79/18)
汪禹乂詩集序 (同上43/3下)
汪禹乂詩集序 (太霞草6/1)

汪偉字器之，號間齋，弋陽人，俊弟。弘治九年進士，授檢討，歷南京祭酒。武宗南巡，率諸生請幸學，不從。江彬矯旨取玉硯，曰獨有秀才時故硯，可持去，彬乃已。嘉靖三年擢吏部侍郎，數爭大禮，尋爲陳洸劾罷。

六俊圖送少宰汪公序 (林屋集11/8下)
間齋記 (整菴先生存稿2/22下)
明史191/9

汪偉字叔度，號長源，休寧人。崇禎元年進士，擢檢討，充東宮講官。賊陷承天、荊襄，偉以留都根本可慮，上江防綢繆疏，前後所言，皆切時務。及賊犯都城，守兵乏餉，不得食，偉出貲市餅餌以餽。已而城陷，偉貽子觀書，勉以忠孝，自經死，謚文烈。

祭汪文烈公文 (金正希文集輯略8/18)
啓禎野乘12/28
天啓崇禎兩朝遺詩小傳3/113
明史輯略紳志略文臣
明史266/6

汪淵字景顏，江西上饒人。正德六年進士，授大名知縣，擢廣東道監察御史，疏上四事，曰愼選用以重民牧、嚴考察以汰不職、時徵歛以便民情、愼淸勾以安軍籍，均切中時務。累官大理寺左寺丞，嘉靖十四年卒於家。

贈汪景顏 (石龍集8/11下)
國朝献徵錄68/32楊麒撰汪公墓志銘。

汪善字存初，歙縣人。永樂四年進士，官吏科給事中，彈奏不避權貴，終永州府同知，有循吏風。

拔垣人鑑4/14下

汪進字希顏，婺源人。天順八年進士，官刑部郎，執法不阿，治獄多所平反，陞湖廣僉事，歷陝西左布政使卒。進性峭直，事親孝，撫孤姪曲盡恩意，官三十餘年，家無餘資。

送湖廣按察僉事汪君詩序 (篁墩程先生文集22/10)

汪循字進之，休寧人。弘治九年進士，授永嘉知縣，官至順天府通判。正德初劉瑾擅權，循一月三抗疏，請裁革中官，又上內修外攘十策，言甚剴切，爲瑾所忌，罷歸。有仁峯文集。

送汪進之知永嘉敘 (柴墟文集7/6)

汪喬年字歲星，遂安人。天啓二年進士，崇禎間歷青州知府，以治行卓異，遷登萊兵備副使，擢右僉都御史，巡撫陝西。時李自成已破河南，總督傅宗龍敗沒於項城，詔擢喬年兵部右侍郎，總督三邊軍務。喬年收散亡，調邊卒，率總兵賀人龍等出潼關，賊方圍左良玉於郾城，甚急。而其老寨屯襄城，喬年遂定攻襄解郾之策。已而賊果解郾圍，救襄城，人龍等未陣而奔，良玉救不至，城陷巷戰，喬年自剄不殊，爲賊所執，大罵，賊割其舌磔殺之。

啓禎野乘8/44下
明史262/6下

汪舜民字從仁，婺源人，奎從子。成化十四年進士，由御史累遷右副都御史，撫治鄖陽。好學砥行，矯矯持風節，尤負時望。

國朝献徵錄64/59實錄本傳
明史180/17

父汪□
抑齋銘 (未軒公文集5/19下)

汪煇號柱河，嵩縣人。萬曆間進士，累官禮部尚書。會魏忠賢建生祠，欲得煇文記其事，煇不可，削奪歸里。忠賢敗，復官。

誥勅禮部右侍郎兼翰林院侍讀學士汪煇並妻 (紺雪堂集7/16)

汪道亨字雲陽，懷寧人。萬曆十一年進士，歷知泉州府，政尚仁慈。累遷廣東布政使，平欽州賊有功，入爲應天府尹。官至右副都御史巡撫宣府，繕修亭障，撫輯邊人，塞上無警，卒於官。

憲副雲陽汪公生祠記（田亭草8/28）

汪道昆（1525—1593）字伯玉，號南明，歙縣人。嘉靖廿六年進士，授義烏知縣，教民講武，人人能投石超距，世稱義烏兵。後備兵閩海，與戚繼光募義烏兵破倭寇，擢司馬郎，累陞兵部侍郎，乞養歸，卒年六十九。嘗與李攀龍、王世貞輩切劘爲古文辭，世貞稱道昆文簡而有法，由是名大起。世貞亦嘗貳兵部，天下稱兩司馬。有太函集及副墨、玄扈樓集傳于世。

少司馬新安汪公五袠序（皇甫司勳集46/17）
少司馬公汪伯子五十序（弇州山人四部稿62/17）
壽左司馬南明汪公六十序(弇州山人續稿34/8)
贈御史大夫汪長公序(止止堂集橫槊稿中/1)
閩海紀事（同上中/9）
汪南明先生墓誌銘（山居文稿7/32下）
祭汪司馬伯玉先生文（快雪堂集21/3下）
汪伯玉先生尺牘引（同上1/13下）
愍知並序（寥寥集1/10）
太函集序（大泌山房集11/3）
皇明世說新語2/20下，2/21
藝書6/32下
明史287/19下

祖汪玄儀，嘉靖廿七年卒。

汪公神道碑（弇州山人四部稿96/15）

父汪良彬（1504—1580）號雙塘。

賀中憲大夫汪先生序（甔甀洞稿28/20）
賀封少司馬雙塘汪翁並胡淑人七十序二篇（弇州山人四部稿61/7）
汪公神道碑（弇州山人續稿130/17）
祭封少司馬雙塘汪翁文（同上152/15）
祭封司馬汪太公文（方初菴先生集12/20）

母胡氏

祭汪司馬母夫人文（弇州山人續稿154/11）
祭汪母太淑人文（方初菴先生集11/23下）

妻蔣氏

蔣淑人傳（山居文稿6/10）

汪道貫字仲淹，道昆弟。性強記，氣概英邁，工詞賦，旁及篆籀眞行，多所通解，督學吳公路呼爲小司馬，與從弟道會齊名，時稱二仲。有汪次公集。

贈汪仲淹序（王奉常集2/2）
別汪仲淹序（弇州山人四部稿56/19下）
汪仲公壽序（大泌山房集35/5）
汪仲淹家傳（同上71/20下）
汪仲淹集序（同上12/26下）
仲弟仲淹狀（太函副墨14/39）
介弟仲淹贊（同上20/35）

妻蔣氏

汪共蔣墓誌銘（弇州山人續稿108/7）

汪道會（1544—1613）字仲嘉，道貫從弟。礦事興，中官劉朝用至新安，議伐冢夷居，人心惶懼，道會往說之，朝用遽散其黨還金陵。聞譽與道貫埒，卒年七十。有小山樓稿。

汪次公行狀（大泌山房集114/9下）

汪與立字師道，金華人。受業范祖幹，其德行與何壽朋齊名，而文學過之。隱居教授，不求聞達，以高壽終。

明史282/4

汪禔（1490—1530）字介夫，號槃菴。又號古心子，祁門人。其學深於禮，嘗患心難持，製敬恕木簡置袖中，出入手握之，以自提省，卒年四十一。著有家禮砭俗、投壺儀節、槃菴集。

國朝獻徵錄114/42王諷撰汪先生行狀

汪鳳（1442—1500）字天瑞，弋陽人。成化十一年進士，授南京刑部主事，歷陞郎中，出知漳州府，官至貴州左參政，卒年五十九。

汪君墓志銘（懷麓堂文後稿24/10，國朝獻徵錄103/20）

汪澄，字子淵，仁和人。正統間以御史巡按福建，十三年以鄧茂七亂，檄浙江江西會討，尋以賊方議降，止兵毋進，既知賊無降意，復趣進兵，而賊已不可制。兵部劾澄失機，棄市。

水東日記1/2下
明史列傳38/17下

汪廣洋字朝宗，高郵人，流寓太平。元末舉進士，太祖召爲元帥府令史，歷江西陝西參政，封忠勤伯。旋拜右丞相，久之左遷廣東參政，尋復拜右丞相，以事誅。廣洋少事余闕，淹通經史，善篆隸，工爲歌詩，爲人寬和自守，與胡惟庸同位而不能去，故及於禍。有鳳池吟稿。

吾學編18/12
皇明功臣封爵考6/38下
皇明世說新語4/10
國朝獻徵錄11/12實錄本傳
名山藏41/17
明史列傳9/6
明史127/6

汪鋐字宣之，婺源人。弘治十五年進士，授南京戶部主事，嘉靖初擢右副都御史，提督南贛軍務。鋐初以才見，頗折節取聲譽。爲人機深，外疏直而內傾險，善窺時好爲取舍，累官吏部尚書兼兵部，排陷善類，威權日甚。後被劾引疾歸，嘉靖十五年卒，謚榮和。

擬送太宰汪公致政南還序（王具茨文集 4/27下）
國朝獻徵錄25/20實錄本傳
明史列傳57/35
明史186/15下

汪澤，廬江人。太祖時爲千戶，從征陳友諒，死於鄱陽之戰，立祠康郎山。

明史133/14下

汪諧（1432—1499）字伯諧，仁和人。天順四年進士，選庶吉士，授編修。成化初預修英廟實錄，陞修撰，歷右諭德，仕終禮部右侍郎，卒年六十八。有寅軒稿。

汪公墓誌銘（懷麓堂文後稿24/5下）
殿閣詞林記5/19
國朝獻徵錄35/42無名氏撰傳
妻唐氏（1443—　　）
壽榮錄序（竹澗文集6/23下）

汪霦（1419—1480）字潤夫，六安州人。景泰五年進士，授監察御史，出按雲南浙江，所至振紀綱，洗冤滯，不察察爲明。累官右僉都御史整飭蘇州山海等處，兼巡撫順天，卒年六十二。

汪公神道碑（楊文懿公金坡稿 4/14，皇明名臣琬琰錄后13/6）
國朝獻徵錄63/24實錄本傳

汪機字省之，號石山居士，祁門人。父渭，精醫。機爲邑諸生，屢試不利，遂棄去，肆力於醫，異證奇疾，治之輒愈。著有石山醫案、醫學原理、本草會編、讀素問鈔、脈訣刊誤、內經補註、外科理例、痘治理辨、鍼灸問對、傷寒選錄、運氣易覽、推求師意。

國朝獻徵錄78/118李汎撰傳
名山藏101/14下

汪興祖，巢人。爲張德勝養子，嗣張職，從太祖征戰，累功至大都督，遂復姓。洪武四年封東勝侯，後征蜀，中飛石死。

吾學編18/50下
皇明功臣封爵考6/37
國朝獻徵錄8/31無名氏撰傳
名山藏41/18下
明史133/10下

汪叡字仲魯，婺源人。元末與弟同集衆保鄉邑，助復饒州，授浮梁同知，不受。洪武間授左春坊左司直，踰年請假歸。叡敦實閒靜，不妄言笑。及進講，遇事輒言，帝嘗以善人呼之。

明史列傳12/3下

汪應軫字子宿，號清湖，浙江山陰人。正德十二年進士，選庶吉士，授戶科給事中，以諫南巡被杖，出知泗州。州土瘠民惰，不知農桑，應軫教以蠶繅織作，由是民足衣食。世宗立，召復爲戶科給事中，歲餘上三十餘疏，咸切中時弊，後官江西提學僉事，父艱歸，尋卒，學者私謚清憲。有青湖文集。

贈汪子宿序（洹詞4/13）
汪子宿傳（月鹿堂文集5/1）
國朝獻徵錄86/120諸大綬撰汪公墓志銘
掖垣人鑑12/33
明史208/2下

汪應蛟字潛夫，婺源人。萬曆二年進士，授南京兵部主事，累遷至南京戶部尚書，天啓初改北部。爲人亮貞有守，視國如家。帝保母客氏求墓地踰制，應蛟持不予，遂見忤，致仕去，陛辭猶疏陳聖學，引宋儒語以宦官宮妾爲戒，久之卒於家。有古今夷語、中銓、病吟草。

王中丞晉少司空序（睡庵文稿7/5下）
名臣謚議（公槐集6/6）
防海撫畿奏疏序（孏眞草堂文集13/30下）
理學經濟編序（幾亭續文錄6/13）
啓禎野乘2/4
明史列傳91/10
明史241/9下

汪鏜（1512—1588）字振宗，號遠峯，鄞人。嘉靖廿六年進士，累官至禮部尚書管詹事府，兼翰林院大學士，歷官三十年，所至簡練得體，卒年七十七。有餘清堂稿。

汪公行狀（沈一貫撰、國朝獻徵錄34/51）
汪公神道碑（王文肅公文草6/19）
遠峯汪先生傳（北海集13/1）
祭汪遠峯座師文（王文肅公文草12/9）
奠館師宗伯汪遠翁老先生文（陸學士先生遺稿15/4下）
餘清堂稿序（余學士集10/4）

母丁氏

汪母丁太孺人八十壽序（李文定公貽安堂集5/45）

汪藻字文潔，四川內江人。幼以奇童稱，舉成化十四年進士，選庶吉士，授兵科給事中，累官參政。首劾汪直、王越亂政，章上，貶直、越，藻在朝有半朝汪之稱。

贈汪太守之任程番序（謝文莊公集3/17）
掖垣人鑑10/24下

沈

沈一中（1544—1614）字長孺，號太若，鄞人，一貫從弟。萬曆八年進士，授戶部主事，遷禮部郎，歷湖廣兵備、山東參政，累官貴州左布政使，以病引歸，卒年七十一。有梅花園集。

賀太若沈老公祖擢按察使敘（景璧集1/23下）
沈公墓誌銘（薛文介公文集4/20）

沈一貫（1531—1615）字肩吾，號龍江，鄞人。隆慶二年進士，萬曆間累官戶部尚書、武英殿大學士。自一貫入內閣，朝政已大非，礦稅使四出爲害，其所誣劾逮繫者，悉滯獄中，一貫等數諫不省。及帝有善意，一貫骫骳不能持。後繫獄及言事者，因他人言省釋一二，礦稅之禍，遂終神宗之世。至楚宗妖書京察三事，獨犯不韙，論者醜之。萬曆四十三年卒，謚文恭。著有易學、莊子通、敬事草、經史宏辭、吳越遊稿、喙鳴詩文集。編有弇州稿選。

少傅沈公壽序（大泌山房集27/又18下）
奉壽沈相國龍江先生八十序（願端文公集9/4）
明史218/9

父沈仁侶，字允成，號慕閒。

沈年伯慕閒翁七十壽序（長水先生文鈔下/24）
沈公神道碑（復宿山房集22/4）

沈人种存時雍，號練城，嘉定人。嘉靖三十八年進士，授德清知縣，歷山西、雲南按察使，廣東、福建布政使，官至右副都御史巡撫福建。其治以精勤嚴核爲用，所至必以惠愛稱，以無子得心疾歸卒。

祭練城沈中丞文（歸有園稿9/16）
復沈氏立後議（同上14/13）

妻侯氏

祭侯恭人文（歸有園稿10/14下）

沈子木（1528—1609）字汝楠，號玉陽，歸安人。嘉靖三十八年進士，授當塗令，遷工部主事，歷南太常卿、通政使，萬曆三十七年拜南京右都御史，未任卒，年八十二。

沈公神道碑銘（賜閒堂集19/28下）
沈公墓誌銘（姚江孫月峯先生全集11/17，國朝獻徵錄64/37）

沈方字孟舟，號趣菴，崑山人，貞子。清修好學，積書數千卷，皆親點校。樂談性理，惡聞釋老，好陶靖節詩，喜法書名畫。

崑山人物志5/7

沈文華字崇實，安陸人。弘治九年進士，累官至陝西按察副使卒。

祭沈崇實文（憑几集5/18）

沈升（1376—1446）字志行，海寧人。永樂二年進士，授刑部主事，與修五經四書性理大全，歷四川、河南布政司參議，仕至太僕少卿。正統十一年卒官，年七十一。

沈公墓誌銘（謚忠文古廉文集10/14下）

沈公墓表（王文端公文集36/1）

沈玄（1369—1432）字以潛，以字行，吳人。宣德初徵爲醫士，尋擢御醫，七年卒，年六十四。玄工詩好琴，有潛齋集。

潛齋詩集序（匏翁家藏集41/5下）

沈公墓誌銘（不著撰人、國朝獻徵錄78/37）

吳中人物志13/27下

沈世隆，松江華亭人，度孫。孝宗時特授中書舍人。

皇明世說新語6/25下

沈仕字懋學，一字子登，號青門山人，仁和人。雅好詩翰，多蓄法書名畫，善畫花鳥山水，入妙品。有青門詩。

送詩人沈青門序（遵巖先生文集12/77下）

沈青門詩集序（同上10/52下）

沈冬魁字伯貞，號立齋，又號漳涯，直隸阜城人。弘治三年進士，授中書舍人，歷光祿卿，眨裁浮靡供億。正德十三年陞右副都御史，巡撫河南，至則先條例所欲興革，榜示之，無不帖伏。嘉靖中官至南京禮部尚書，致仕卒。

贈南京禮部尚書立齋沈公之任序（東泉文集2/23）

勅南京禮部尚書沈冬魁並妻誥命一道（陽峯家藏集36/1下）

沈公冬魁墓誌銘（李時撰、皇明名臣墓銘兌集99，國朝獻徵錄36/46）

沈守正（1572—1623）一名迂，字允中，更字無回，錢塘人。萬曆三十一年舉人，官至都察院司務。工畫，擅詩文，年五十二卒。著有詩經說通、四書叢說、雪堂集。

沈公行狀（卓爾康撰、雪堂集附錄）

沈君墓志銘（牧齋初學集54/6下）

沈公墓表（張師繹撰、雪堂集附錄）

沈無回先生傳（李頎撰、同上）

沈無回先生傳略（朱大韓撰、同上）

先府君行實略（沈尤含、美含撰、同上）

母孫氏

沈母孫太夫人墓表（輪廖館集5/10）

沈有容字士弘，宣城人。幼馳馬擊劍，好兵略，舉萬曆武鄉試，嘗從李成梁出塞，又累敗倭寇，歷官溫處參將。天啓初遼瀋相繼覆，熊廷弼建三方布置之議，以陶朗先巡撫登萊，而擢有容都督僉事，充總兵官，登萊遂爲重鎭，尋以年老乞歸卒。

明史270/6

沈光大字體行，慈谿人。正德六年進士，授南京大理評事，以忤錢寧，被誣下詔獄，杖責削職。寧誅，複官，歷河南開封知府，致仕卒。

沈公傳（山居文稿6/5下）

沈迅，萊陽人。崇禎四年進士，授新城知縣，歷兵部主事，累遷禮科給事中。迅本由楊嗣昌進，繼隨衆詆毀嗣昌，時論訾薄之。後以事謫國子博士，乞假歸。復故官，未赴京師陷。迅家居，與弟迓設砦自衞，捕勦土寇略盡。淸兵至，迅闔門死之。

明史267/4

沈自邠（1554—1589）字茂仁，嘉善人，啓原子。萬曆五年進士，選庶吉士，授檢討，進修撰。十七年卒，年三十六。

沈茂仁行狀（快雪堂集18/22下）

祭沈茂仁文（寶菴集20/6）

序沈茂仁南還詩及紀行（快雪堂集2/10）

妻王氏，卒年四十二。

王孺人墓誌銘（快雪堂集15/4）

子沈鳳，字超宗，卒年二十三。

沈生超宗墓誌銘（快雪堂集20/22）

沈自炳字君晦，吳江人。博學工文詞，在復社號爲眉目。福王立，獻賦闕下，以恩貢授中書舍人，參揚州史可法幕。歸與吳易起兵，及敗，與弟自駉均赴水死。

明史277/19下

沈自徵字君庸，吳江人。工樂府，有雜劇鞭歌妓等行世。

啓禎野乘6/35

沈宏號芹溪，浙江崇德人。嘉靖十四年進士，授刑部主事，歷廣西副使。擢雲南參政。

贈芹溪沈公晉參雲南藩政序（敬所王先生集3/6下）

沈良才（1506--1567）字德夫，又字鳳岡，泰州人。嘉靖十四年進士，由庶吉士授兵科給事中，遷吏科都，轉南京大理寺丞，累官兵部侍郎，以疏劾嚴嵩落職，卒年六十二。有沈鳳岡集。

沈公神道碑（大泌山房集110/1）

頌德記（舊業堂集7/64）

掖垣人鑑13/36

明史210/5

母張氏

賀沈母太宜人八十序（苑洛集2/27下）

壽沈母張太夫人九十序（趙文肅公文集16/31）

沈灼字文燦，江蘇嘉定人。正德三年進士，累擢御史。

贈沈文燦考績序（涇野先生文集3/23）

沈束（1514—1581）字宗安，號梅岡，浙江會稽人。嘉靖二十三年進士，歷禮科給事中，以論總兵周尚文及死事董暘、江瀚宜予卹典，忤嚴嵩廷杖，錮獄十六年，衣食屢絕，惟日讀周易爲疏解。嵩敗，束妻張氏上書請代，不報。乃與妾潘氏治女工，給橐饘，後釋還。隆慶初擢南京右通政，以疾辭不赴。萬曆九年卒，年六十八。

沈公墓誌銘（張陽和先生不二齋文選5/1，國朝獻徵錄67/62）

掖垣人鑑14/11

皇明世說新語3/6下

明史列傳73/21下

明史209/16下

妻張氏

名山藏89/9下

沈位（1529--1572）字道立，號虹臺，更號柔生主人，吳江人，漢孫。舉隆慶二年進士，選庶吉士，授翰林檢討，與修世宗實錄。五年爲副使，冊封肅王，明年還報命，泝河而北，遇漕卒鬬變，被毆卒，年僅四十四。位長古文詞，著有柔生齋稿。

沈君墓誌銘（賜閒堂集25/28下）

祭沈檢討文（處實堂集7/37）

祭沈太史（大泌山房集115/37）

敘沈太史柔生齋遺稿（長水先生文鈔3/31）

沈伯咸字公甫，號少泉，浙江秀水人。嘉靖十一年進士，由行人選戶科給事中，遷直隸寧國府知府，尋改南京國子監丞，十八年免官。

掖垣人鑑13/30

沈伯龍字雲卿，號文室，浙江嘉興人。嘉靖四十四年進士，由四川內江知縣選禮科給事中，歷官四川參議、湖廣參政、山東按察使。

掖垣人鑑15/12

沈孚聞（1535—1583）初名令聞，字貞孺，號翼亭，更號芷陽，吳江人，啓孫。萬曆五年進士，授知商城，以父喪歸。逾年卒，年四十九。有周易日鈔。

國朝獻徵錄93/53王世貞撰沈君孚聞墓誌

父沈理字體道，號鐵山。

沈理先生傳（弇州山人續稿75/7）

鐵山沈先生行狀（寶菴集19/25下）

沈希儀字唐佐，號紫江，其先爲臨淮人，籍貴縣。嗣世職爲奉議衞指揮使，機警有膽勇，智計絕人。正德中屢破義寧、荔浦、臨桂、灌陽、古田等賊，進署都指揮同知。嘉靖時田州屢叛，總督姚鏌、王守仁多用希儀計，遂平之。以參將駐柳州，渠魁宿猾，誅捕殆盡，諸猺畏威，不敢爲盜。柳城四旁數百里，無擄掠者，積功至都督同知，貴州總兵官。希儀爲人坦率，居恒譃笑，洞見肺腑。及臨敵，應變出奇，人莫能測。尤善撫士卒，嘗得危疾，部兵多自戕以禱於神，其得士心如此，時稱名將。

贈貴總戎沈紫江公得請歸養序（蔣道林文粹4/9下）

都督沈紫江生墓碑記（荊川先生文集14/35，國朝獻徵錄106/23）

皇明將略5/1

名山藏臣林記24/33下

皇明世說新語2/29
皇明書34/17
明史211/16下

沈廷揚（1595—1647）字季明，一字五梅，崇明人。崇禎中由國子生爲中書舍人，時山東運道多梗，廷揚陳海運之策，帝喜，即命造海舟試之。廷揚乘舟由淮安入海抵天津，僅半月，加光祿少卿。及南都陷，廷揚航海至舟山，福王授兵部右侍郎，督舟師北上，至鹿苑，颶風起，舟膠於沙，爲清兵所執，不屈死，年五十三。妾張氏廬墓側二十年。

沈公神道碑銘（結埼亭集外編4/7下）
明史277/23

沈性字士彝，一字克循，號砥軒，浙江會稽人。景泰二年進士，授雲南道監察御史，考最。英宗復位，擢寧國知府，勤政愛民，八載不懈，以父憂歸，未幾卒。著有家藏集。

沈君墓表（彭時撰、國朝獻徵錄83/25）

沈林（1453—1521）字材美，長洲人。成化十七年進士，授晉州知州，歷南京刑部郎中、四川順慶知府、雲南參政，擢山西布政使，以不賄劉瑾，落職爲民。瑾誅，起爲廣西布政使，陞都察院右副都御史，巡撫貴州及山東兩地，致仕歸。家居卒，年六十九。

沈公行狀（甫田集26/1）
沈公墓誌銘（王文恪公集31/1，國朝獻徵錄61/50）

沈杰，長洲人。成化二十年進士，出知河南歸德州，入爲右軍都督府經歷，遷知浙江衢州府，擢山西左參政，再進河南右布政，未幾引歸卒，年七十一。

沈公墓碑（王鏊撰、國朝獻徵錄92/9）

沈明臣字嘉則，鄞人，諸生。爲胡宗憲書記，有詩名。宗憲嘗宴將吏於爛柯山，酒酣樂作，明臣作鐃歌十章，援筆立就。中有云狹巷短兵相接處，殺人如草不聞聲。宗憲起捋其鬚曰，何物沈生，雄快乃爾。命刻於石。龍禮與徐渭埒。有越草、豐對樓詩選、荆溪唱和詩、吳越游稿。

沈嘉則先生傳（由拳集19/11下）
沈嘉則詩集序（太霞草7/5）
沈嘉則詩選序（弇州山人續稿40/6）
通州志序（同上40/16）
用拙集序（朱邦憲集5/3）
勾章聯句序（同上5/4下）
皇明世說新語2/20

父沈文楨，字時幹。

沈文楨傳（太函副墨13/34）

沈明遠，浙江道士，工畫竹石。

圖繪寶鑑6/12

沈固字仲威，直隸丹陽人。中永樂鄉擧，初受山東沂州同知，屢遷戶部員外郎、郎中、山東左參政，正統間爲理餉侍郎。也先擁英宗至大同城下，固與霍瑄等出謁，叩馬號泣，衆露刃叱之，不爲動。後以石亨薦，累官戶部尙書。亨敗，乞休去，成化三年卒。

金臺別意詩序（呂文懿公全集9/59下）
國朝獻徵錄28/34無撰人沈固傳
水東日記6/1
名山藏臣林記8/36
明史171/16

沈周（1427—1509）字啓南，號石田，又號白石翁，長洲人，恒吉子。博覽群書，文學左氏，詩擬白居易、蘇軾、陸游，字仿黃庭堅，尤工於畫，與唐寅、文徵明、仇英並稱爲明之四家。爲人耿介獨立。年十一游南都，作百韻詩上巡撫侍郎崔恭。比長，郡守欲以賢良薦，筮易得遯之九五，遂絕意隱遁，風神蕭散，如神仙中人。正德四年卒，年八十三，世稱石田先生。有客座新聞、石田集、江南春詞、石田詩鈔、石田雜記。

沈先生行狀（甫田集25/10下）
石田先生墓誌銘（王文恪公集29/17）
沈孝廉周傳（張時徹撰、國朝獻徵錄115/53）
刻沈石田詩序（祝氏集略24/20下）
跋沈啓南品泉卷（處實堂集7/49）
吳中人物志13/26下
姑蘇名賢小紀上/26下

圖繪寶鑑6/9下
四友齋叢說23/15，26/6
皇明世說新語4/27，8/28下
名山藏95/7
明史293/7

沈所安，崇禎中官潛山典史，素苛急，流賊至，奸民導賊執之，不屈死。

明史293/18下

沈度（1357—1434）字民則，號自樂，松江華亭人。與弟粲俱善書，度以婉麗勝，粲以遒逸勝。度博涉經史，爲文章絕去浮靡。洪武中舉文學弗就，成祖時累官侍講學士。度書名出朝士右，凡金版玉冊，必命之書。宣德九年卒，年七十八。

送侍講學士沈公還華亭序（思庵先生文粹4/5）
沈公墓誌銘（楊文敏公集22/22下，國朝獻徵錄20/31）
沈學士墓表（東里文集16/3下）
沈度傳（曝書亭集63/12下）
沈學士民則像贊（澹籟堂文後稿13/2下）
先進舊聞（寶日堂初集23/6下）
皇明世說新語6/15下，6/18下，7/23
四友齋叢說16/2下
水東日記3/11
殿閣詞林記6/39
名山藏99/1
明史286/4下

沈庠字尚倫，上元人。成化十七年進士，累官貴州按察副使。

贈貴州按察副使沈君榮任序（青谿漫稿19/3下）

沈祜字天用，號紫硤山人，鹽官人。少讀書慕古，而其志不售，乃築淳朴園以居，以灌園蒔圃自老，時與董澐、孫一元相酬唱。有淳朴園詩集傳世。

淳朴園記（潘府撰、淳朴園外集×/1）
淳朴園記（董穀撰、同上×/2）
涵虛閣記（張世明撰、同上×/5）
可止軒記（呂泰撰、同上×/6）

沈恒吉（1409—1477）名恒，以字行，號同齋，長洲人，貞吉弟。善畫，虛和瀟灑，不在宋元諸賢下。成化十三年卒，年六十九。

隆池阡表（匏翁家藏集70/11下）
吳中人物志13/26下

沈垣（1501—1548）字子完，號鄂陽，浙江平湖人，琮裔孫。嘉靖十四年進士，授大理寺評事，歷寺正，出知汀州府，以內艱歸。服闋，起補廣東惠州知府，惠政大著，民甚德之，卒於官，年僅四十八。

沈君墓誌銘（鄭曉撰、國朝獻徵錄100/23）

沈政字以政，閩人。官順天府丞，直仁智殿。工畫花竹翎毛。

圖繪寶鑑6/10下

沈奎字文叔，號士容，江陰人。嘉靖三十八年進士，授戶部主事，陞郎中，歷官江西參議。有歸興集。

蘭臺法鑒錄15/30下
母袁氏（1480—1563）
沈太安人墓表（藝文類稿續2/21）

沈南金（1474—1552）字子輕，本名市，後更名，錢塘人。嘉靖二年進士，授南大理評事，陞寺正，歷知廉州、贛州、鶴慶等府，卒年七十九。

沈公墓誌銘（黃門集11/42）

沈春澤字雨若，常熟人。諸生，工畫蘭竹，善草書，詩有唐人風格。有雨若吟稿。

明畫錄7/6下
母顧氏
沈母顧少君傳（棘門集5/29）

沈貞吉字南齋，一作名貞，字貞吉，長洲人。與弟恒吉皆能詩，又皆善繪素，貌人畜工絕，亦不肯爲人作，家庭之間，自相唱和，下至僕隸，悉諳文墨。所居几閣蕭逸，有林泉之勝，當時稱其簡貴。

吳中人物志13/26下
四友齋叢說16/7

沈思孝字純父，號繼山，嘉興人。隆慶二年進士，授番禺知縣，以廉潔聞，萬曆間累官右都御史。思孝素以直節高天下，然尚氣好勝，動輒多忤，頗被物議，引疾歸。有秦錄、晉錄、溪山堂草。

壽少司馬沈純父先生七十序（石語齋集13/12下）

壽沈少司馬純父先生七十序（十賚堂甲集文部3/1）

繼山沈公神道碑（蒼霞續草14/23）

祭沈司馬文（十賚堂甲集文部6/1）

行戍集序（白榆集3/13下）

檇李往哲續編×/1

明史列傳82/20下

明史229/16下

沈俊字人傑，泰州人。正德六年進士，授萊陽知縣，擢監察御史。

賀監察御史沈君考最序（陽峰家藏集25/26下）

沈海字觀瀾，號葵軒，常熟人。成化二年進士，授刑部主事，遷員外郎，擢知泉州府，慈惠威斷，吏民畏而愛之，調知重慶府，致仕卒，年八十五。有葵軒小稿。

沈公墓誌銘（東川劉文簡公集17/13）

沈公墓表（李傑撰、國朝獻徵錄98/126）

沈荃宸字友蓀，號彤菴，慈谿人。崇禎十三年進士，授行人。福王立，擢御史，疏陳五事，皆切時病。已論群臣醜正黨邪，請王臥薪嘗膽，爲雪恥報仇之計。時朝政大亂，宸荃獨持正，爲要人所疾。後從魯王泛海，遭風沒。有彤菴遺詩。

明史276/26

沈眞字士怡，崑山人。精於醫，患傷寒難治，因以仲景論爲主，取李治或問，郭雍補亡，由漢迄今，凡論傷寒者，集爲專書，名傷寒會通。

崑山人物志8/4

沈琿字公貴號青壁，平湖人，琮弟。景泰二年進士，稱奇童。居父母喪，兄弟廬墓六年，不茹葷。官終監察御史，有風裁。

沈御史琿哀辭（巽川祁先生文集1/18）

沈恩（1472—1533）字仁甫，號西津，上海人。弘治九年進士，授刑部主事，遷員外郎，劉瑾專政，解官歸。瑾敗，起工部，進郎中，擢陝西副使，官至四川左布政使，以謗致仕卒，年六十二。有獻餘忠浦雲亭稿。

沈公墓誌銘（龍江集8/4下）

先港舊聞（寶日堂初集22/42）

父沈鐵（1450—1496）字時用，號松雲。

沈公合葬墓誌銘（儼山文集63/12下）

沈公暨配謝氏狀（同上78/1）

沈師賢（1501—1545）字德秀，號渠陽，浙江德清人。嘉靖八年進士，授工部主事，累官四川參政，卒年四十五。

沈先生行狀（自知堂集14/10下）

沈淳字仲龐，號孟湖，浙江海寧人。嘉靖三十二年進士，由福建建寧府推官選禮科給事中，遷吏科都給諫，以憂歸。隆慶元年免官。

掖垣人鑑14/36

沈清，滁人，世官燕山百戶。靖難時累功陞指揮同知，擢督府僉事。洪熙元年充參將守居庸關。宣德間進都督。正統六年以營建宮殿功，封脩武伯，逾年卒，謚襄榮。

皇明功臣封爵考7/9下

沈訥（1414—1459）字文敏，崑山人。正統七年進士，官至按察司副使，卒年四十六。著有兎園遺冊及下里餘音。

沈公墓誌銘(鄭文康撰、吳下冢墓遺文續1/87)

崑山人物志4/8

吳郡張大復先生明人列傳稿×/70

沈寅字敬叔，號會峰，浙江山陰人。嘉靖三十五年進士，由中書舍人選兵科給事中，屢陞刑科都給事，遷河南右參政，仕至貴州按察使，隆慶五年免官。

掖垣人鑑14/39

沈啓（1501—1568）字子由，號江村，吳江人。嘉靖十七年進士，官至湖廣按察司副使，坐事罷歸。啓博覽群籍，凡陰陽律曆五行水利之學，靡不研究。卒年六十八。所著有吳江水利考、及南廠、南船二志、家居諸集。

沈公墓誌銘（嚴文靖公集5/8下）

沈公傳（弇州山人四部稿81/9，國朝獻徵錄38/88）

沈江村先生誄（太霞草17/1）

父沈經，號仰高。

吳江沈翁仰高記（黃文榮文集6/17）

母吳氏（1464—1534）

沈母吳孺人葬碑（五嶽山人集36/18）

沈啓源（1526—1591）字道初，號霓川，秀水人，謐子。嘉靖三十八年進士，授南屯部郎，累官至陝西按察副使，卒年六十六。有鸚園草、集雲館詩紀。

霓川沈先生行狀（焦氏澹園集33/16下，國朝獻徵錄94/87）

沈公墓誌銘（陸學士先生遺稿12/13下）

祭沈霓川座師（焦氏澹園集35/19）

妻錢氏（1528—1590）

錢氏墓誌銘（歸有園稿8/13下）

弟沈道明，號志棠，光祿寺署丞，卒年六十二。

沈公洎配王孺人合葬墓誌銘（快雪堂集13/14）

沈彬字原質，武康人。正統七年進士，官至刑部郎中。天順五年得風疾，回籍養疴弗起卒，年五十九。彬居官以強幹著，不以詩文自鳴，有蘭軒集。

沈公墓誌銘（方洲張先生文集29/21下）

父沈思義（1373—1454）官南海丞。

慶沈主事先生壽八十一詩序（呂文懿公全集9/19下）

封員外郎沈公挽詩序（同上9/54下）

沈教字敬敷，號平墅，慈谿人。正德九年進士，知桐城縣，擢御史，巡按雲南。土酋安銓構亂，武定土舍鳳朝文應之，六詔震動。教夙夜籌策，數月不解帶，卒以底定。累陞至右副都御史，提督南京糧儲，致仕卒，年六十三。有風化錄、戎政錄、巡東漫紀、巡南雜詠。

沈公行狀（王鎔撰、國朝獻徵錄55/35）

沈淵（1535—1577）字子靜，號澄川，山東新城人。嘉靖四十四年進士，改庶吉士，授檢討，官至國子司業，卒年四十三。有中秘稿。

沈先生合葬墓表（穀城山館文集26/9下）

沈琮字公禮，嘉興平湖人。正統七年進士，為南京武庫主事。景泰中弟瑋亦舉進士，為御史。父母歿，並廬墓終喪，瑋竟卒於墓所。琮官終廣州知府，致仕卒，年五十。

沈君墓表（葉盛撰、國朝獻徵錄100/9）

水東日記6/3

沈琮（1420—1503）字廷器，南京人。正統十三年進士，授監察御史，初督理浙江銀鑛，後改巡按兩廣，以父喪歸。天順改元起陞四川按察司僉事，晉副使致仕，卒年八十四。

沈公墓誌銘（梅純撰、國朝獻徵錄98/66）

沈堯中字執甫，嘉興人。萬曆八年進士，授南陵令，歷吳郡丞，有沈司寇集。

明南陵令橋李沈君碑（鹿裘石室集37/1）

沈雲祚字子凌，太倉人。崇禎十三年進士，授知華陽縣，有奸民為猺黃賊耳目，設策捕戮之。賊破夔門，成都大震，雲祚走謁蜀王，陳完禦策，不聽，城陷，不屈死。

明史295/11下

沈朝煥（1558—1616）字伯含，號太玄，又號綠笠翁，武林人。萬曆二十年進士，授都水主事，歷官福建參議，卒年五十九。有沈伯含集。

沈公神道碑（賴眞草堂文集20/18下）

沈公墓誌銘（大泌山房集80/49）

亦適編序（同21/5下）

沈欽（1456—1522）字敬之，號敬軒，浙江山陰人。弘治十五年進士，授興化府推官，累官湖廣僉事，卒年六十七。有湖陰類稿。

敬軒沈公配章氏墓表（涇野先生文集32/6）

沈猶龍字雲升，松江華亭人。萬曆四十四年進士，歷官福建巡撫，破妖賊張普薇等。後總督兩廣，福王召理部事，不就，乞葬親歸。清兵至，猶龍募壯士守城，城陷，出走，中矢死。謚忠烈。

大中丞沈公紀功碑（崇相集5/50）

明史277/11下

沈溍字尙賢，錢塘人。洪武十八年進士，累官兵部尚書，禁武臣預民事，時干戈甫息，武臣暴横，數扞文法，至是始戢。明初衞所世襲及軍卒勾補之法，皆溍所定，然名目項細，簿籍繁多，吏易爲奸，終明之世，頗爲民患，而軍衛亦日益耗減。

明史列傳13/16下

明史128/13下

沈祿（1448—1506）字汝學，上海人，著籍順天宛平。成化四年舉於鄉，選授通政司經歷。妻張氏，壽寧侯女，仁壽皇太后之姑。祿在通政司三年，超遷參議，屢晉通政使，改禮部右侍郎，正德元年卒官，年五十九。

沈公墓誌銘（王鏊撰、皇明名臣墓銘巽集68）

先進舊聞（寶日堂初集22/35）

國朝獻徵錄35/45無名氏撰傳，又67/8實錄本傳

子沈鉍（1486—1541）字建之，號恒齋，山東寧海知州。

沈君墓志銘（儼山文集72/7）

沈裕字以寧，姚江人。萬曆二十年進士，歷崇仁、吉水縣令，遷御史。

蘭臺法鑒錄20/54下

父沈問（1509—1588）字思明，號雨池。

雨池沈公暨配方孺人墓誌銘（劉大司成集9/1）

沈愷字舜臣，號鳳峰，松江華亭人。嘉靖八年進士，歷湖廣參政，忤朝貴乞歸。家居杜門著書，與物無競，爲文章頗尚古雅，有夜燈觀測、環溪集。

贈鳳峰沈子守寧波序（世經堂集12/4下）

送郡守鳳峰沈公入覲序（戴中丞遺集4/3）

沈鳳峰先生晉太僕寺卿序（陸文定公集19/21）

壽太卿鳳峰沈先生八十序（同上9/42下）

沈太僕環溪集序（皇甫司勳集37/1）

鳳峰先生環溪集序（長谷集5/14）

先進舊聞（寶日堂初集23/4下）

皇明世說新語5/31

四友齋叢說17/9

國朝獻徵錄85/34殷時徵撰沈公柯碑

沈試字君明，河南商丘人。官生，崇禎十四年闖賊破商丘，脅降不屈死。

啓禎野乘8/44下

明史293/12下

沈瑜字廷美，上海人。景泰四年鄉舉，善書能詩，薦授中書舍人，累官南京太常寺少卿。

送中書舍人沈君省祭序（楊文懿公桂坊稿2/1）

贈尚寶司丞廷美序（東海張先生文集1/14下）

沈楠（1534—1575）字汝材，自號讓亭子，武林人。隆慶二年進士，授南昌都司理，數平冤獄，民甚德之，三年考最，陞監察御史，巡按陝西，以勞致疾，卒於官，年四十二。

沈君墓誌銘（范應期撰、國朝獻徵錄65/153）

沈敬字克欽，錢塘人。正統十三年進士，授兵部主事，陞郎中，景泰末以任謫戍遼陽，成化初復官，歷河南參政。

送沈大參赴河南序（楊文懿公桂坊稿2/21）

沈暉字時暘，宜興人，彝子。天順四年進士，授南京戶部主事，累官副都御史巡撫鄖陽，聲威震疊，後以南京工部侍郎致仕，正德十三年卒。

送少參沈時暘序（楊文懿公金坡2/30下）

贈致仕少司空沈公詩序（碧川文選2/48下）

國朝獻徵錄53/1實錄本傳

毘陵人品記7/16下

沈粲（1379—1453）字民望，號簡菴，松江華亭人，度弟。工書，成祖時自翰林待詔遷侍讀，進大理寺左少卿，與兄齊名，時號大小學士，兄弟並賜織金衣，鏤姓名於象簡，泥之以金，正統十四年致仕歸，年七十五卒。

國朝獻徵錄68/56錢溥撰沈公墓誌銘

水東日記1/10下，7/4下

四友齋叢說16/2下

皇明世說新語6/18下

明史286/4下

沈遇字公濟，號臞樵，吳縣人。工畫，宣德、正統間聲名藉甚。

吳中人物志13/24下

沈愚字通理，倥號倜生，崑山人。工詩，爲景泰十才子之一。善行草，曉音律，詩餘樂府，傳播人口，業醫授徒以終。有筼籟集、吳歈集。

崑山人物志5/7

吳郡張大復先生明人列傳稿×/69
明史286/6下

沈漢字宗海，號水西，吳江人。正德十六年進士，授刑科給事中，嘉靖初因災異陳時政缺失，指斥甚切。及刑部尚書林俊去位，復抗章爭之。李福達之獄，執法大臣皆下吏，漢執奏，並除名，二十六年卒於家。有水西諫疏二卷。

沈公墓誌銘（不著撰人、國朝獻徵錄80/60）
披垣人鑑12/39下
明史206/6

沈演（1566—1638）字叔敷，烏程人，節甫子。萬曆二十年與兄潅同擧進士，累官南京刑部尚書，年七十三卒。有河山集。

啓禎野乘6/16

沈潅字銘縝，烏程人，節甫子。萬曆二十年進士，選庶吉士，授檢討，累官南京禮部侍郎。光宗立，召爲禮部尚書，兼東閣大學士。天啓初密結內豎，請募兵隸錦衣衛，進文淵閣，再進少保，以被劾，不自安，求去，逾年卒，謚文定。有沈文定公集。

明史218/20下

沈誠（1424—1493）一作良誠，字文實，號希明，又號味菜居士，金陵人。工畫，興到落筆，自成一家。弘治六年卒，年七十。

味菜居士沈翁墓誌銘（青谿漫稿23/10）
沈隱君墓碣（唐伯虎先生集下/19下）

沈暉字廷實，直隸山陽人。天順元年進士，除吏科給事中，屢陞吏科都給諫，歷官太僕寺少卿。

披垣人鑑4/6

沈壽民（1607—1675）字眉生，號耕巖，宜城人，爲諸生有聲。崇禎中行保擧法，巡撫張國維以壽民應詔。至即疏劾兵部尚書楊嗣昌奪情，及總督熊文燦主撫之罪，由是名動天下，未幾移疾去。隱居講學以終，年六十九。有遺集及閑道錄。

徵君沈耕巖先生墓誌銘（南雷文案8/22）
耕巖沈先生續志（鮚埼亭集外編6/26）

明史216/6

沈壽崇字宗山，宣城人，有容子。崇禎初擧武進士，累官留守。闖賊攻承天，圍城急，時壽崇已解職三月，應巡撫宋一鶴請，共守禦。每自吟國耻非難雪，君恩未易酬句。城陷，朝服北面而拜，賊斫之仆，曰，得死所矣。

明史263/3

沈輔（1434—1505）字良弼，號菊軒，嘉定人。性至孝，嘗他出，忽心動汗流，驚曰得非二親不安乎。馳歸，則母癰潰不可救，哭痛絕水粒者三日。父患末疾，數焚香祝天，願以身代。及沒，廬墓三年。妻瞿事姑孝養備至。弘治間旌其門曰雙孝，卒年七十二。

沈孝子行狀（儼山文集78/7）

沈鳳翔（1549—1608）字孟威，旗手衞人。萬曆二十年進士，除蕭山縣令，以治行卓異，累晉戶科右給事中，以勞致疾，卅六年奉使過家卒，年六十。

國朝獻徵錄80/76濬圃集沈君墓志銘

沈履祥字其旋，號復菴，慈谿人。嘗爲晉江縣令，福王監國時以御史督餉台州，城破避山中，被獲死之。

諸童生爲沈其旋邑侯壽序（紡綬堂文集1/5）
明史276/26下

沈銳字文進，浙江仁和人。成化五年進士，歷江西按察司僉事，累官南京刑部右侍郎，正德三年致仕。

送沈君文進僉憲江西序（碧川文選1/5下）

沈魯字誠學，崑山人，愚弟。嘗應鄉闈，以被髮跣足爲恥，旋棄去。工古學，爲文奇麗閎博，凡大家貴族碑版之製，多出其手。制行修潔，居家孝友，篤倫理，重風教，教授學者以終，人稱玄谷先生。有經制權略、坐道論、老成集等。

崑山人物志5/7下
吳郡張大復先生明人列傳稿×/69

沈儆炌（1554—1631）字叔永，號泰垣，歸安人。萬曆十七年進士，官河南左布政使，以治行卓異，遷右副都御史，巡撫雲南，奏蠲貢金，討擒叛酋段進忠。安邦彥反，諸土目並起，儆炌遣將屢破賊兵，盡復諸陷地。遷南京兵部侍郎，晉工部尚書，爲魏忠賢黨石三畏所劾，落職閒居。崇禎初復官，四年卒，年七十八，諡襄敏。

少司馬泰垣沈公七十序（蒼霞餘草4/4）

沈公神道碑（溫寶忠先生遺稿3/1）

明史249/23下

沈德四，華亭人。祖母疾，刲股療之愈。已而祖父疾，又刲肝作湯進之，亦愈。洪武二十六年被旌，尋授太常贊禮郎。

明史296/18

沈節甫（1533—1601）字以安，號鏡宇，烏程人。嘉靖三十八年進士，授禮部主事，歷祠祭郎中，萬曆間累官工部左侍郎。疏請省浮費，核虛冒，止興作，減江浙織造，停江西瓷器，不報。中官傳奉，節甫持不可。又嘗獻治河之策，語鑿鑿可用，致仕卒，年六十九，天啓初追諡端靖。喜藏書，有玩易樓藏書目錄，又輯有紀錄彙編。

沈公神道碑（曾朝節撰、國朝獻徵錄51/73）

馬要沈氏續修族譜序（海嶽山房存稿文3/20下）

明史218/20下

父沈墊，號巽洲主人，卒年八十三。

壽巽洲主人序（馬文莊公集選2/3）

賀封尚寶卿巽洲沈年伯壽序（朱太復文集23/7下）

沈公神道碑（大泌山房集109/38下）

巽洲沈先生傳（海嶽山房存稿文7/18下）

妻唐氏（1532—1594）

唐氏墓誌銘（賜閒堂集33/1）

唐宜人家傳（大泌山房集76/1）

沈璟，吳江人，漢曾孫。萬曆中官吏部員外郎，以請王恭妃封號忤旨，降行人司正。

明史206/6下

沈襄字小霞，號叔成，會稽人，錬子。以蔭補官，仕至雲南鶴慶府知府，工畫墨梅。

送沈君叔成序（徐文長公文集20/46）

嚴嵩殺沈錬始末附（辰華堂集10/7下）

沈謐（1501 -1553）字靖夫，號石雲，浙江秀水人。嘉靖八年進士，由行人選刑科給事中，遷山東僉事，以母疾乞終養歸。復除江西僉憲，久之擢湖廣右參議，未就卒，年五十三。平生專事王守仁良知之學，不尚文辭，所作皆發明道學之旨。

石雲沈先生墓誌銘（董學士泌園集33/8）

聞湖誌序（鄒子願學集4/74下）

檇李人鑑13/24

沈應字德乾，長洲人。博學工詩，洪武間選入文華殿說書，除江西布政司參議，後轉山東卒。有東澗集。

吳中人物志4/13下

沈應奎字伯和，武進人。萬曆十三年舉人，歷裕州知州，歲大旱，饑民嘯聚山谷，上官遣兵剿之不克，應奎單騎曉以禍福，衆即解散。尚書孫丕揚道其境，不迎謁，丕揚突入其署，應奎方焙餅炙韭，邀與共食，丕揚異之，入朝稱其廉。召爲刑部主事，歷汀州知府，終南京光祿少卿。

啓禎野乘3/40

吳郡張大復先生明人列傳稿×/17

沈應龍字翔卿，烏程人。嘉靖十四年進士，仕刑曹由主事晉郎中，以明慎聞，理冤獄殆數百計。歷副都御史，巡撫山東，值歲大祲，請賑疏累上，全活八十餘萬。轉南京刑部侍郎，三十三年乞歸。家居中風卒，年五十六。著有恤刑錄、平番議、安南議及詩文集等。

贈沈少□擢四川按察副使序（奚囊蠹餘11/2下）

國朝獻徵錄49/33無撰人沈應龍傳

祖沈澄（1454—1519）號樂善翁。

樂善沈翁合葬墓誌銘（㞐漸山文集4/25）

沈翼字克敬，淮安山陽人。宣德五年進士，授南京刑部主事，改南戶部，歷郎中，超遷侍郎，進尚書。持己清介，蒞政勤慎，屬吏無廢事者，天順元年致仕，卒年六十六。

國朝獻徵錄31/8潘塤撰沈公傳
名山藏臣林記11/10

沈懋孝字幼眞，平湖人。隆慶二年進士，選庶吉士，授編修，進修撰，遷南司業，謫兩淮鹽運司判官。有淇林雅詠及沈司成全集。

送沈太史冊封衡藩序（朱文懿公文集4/46）
壽少司成沈年丈七十序（賜閒堂集14/14）
祭同年沈少司成文（同上34/35下）
祭沈少司成（大泌山房集115/36）
沈司成集序（同上12/3下）
沈幼眞先生淇林雅詠敍（寶日堂初集11/40）
父沈弘光，字道孚，號肖山，著有愛正編，卒年五十九。
賀沈年伯肖山公榮封序（朱文懿公文集4/18）
沈君墓表（賜閒堂集22/9）
繼母張氏（1523—1600）
壽沈母太安人六十序（鍾台先生文集3/18下）
張氏墓誌銘（賜閒堂集33/23下）

沈懋學（1539—1582）字君典，號少林，一號白雲山樵，宣城人，寵子。萬曆五年舉進士第一，授修撰。吳中行等攻張居正奪情，居正怒不測，懋學擬疏救，爲人所持，不果進。乃貽居正子嗣修書，又與工部尙書李幼滋書以爭之，引疾歸，尋卒，年四十四，追謚文節。有郊居遺稿。

沈君典先生墓志銘（睡菴文稿18/11）
沈君典先生墓表（弇州山人續稿126/11下）
沈太史傳（白榆集19/7）
沈君典先生行實一卷（沈有則編撰、明末刊本）
祭沈修撰君典文（弇州山人續稿153/8）
祭沈君典文（處實堂集7/39下）
祭沈君典文（松石齋集23/2下）
祭君典文（白榆集20/7）
奠沈少林文（紫園草11/11下）
合宗祭沈君典太史文（鹿裘石室集38/15）
祭沈君典太史文（同上33/18）
狀元圖考3/31下
明史列傳82/14
明史216/5
妻王氏
沈母王太孺人壽序（睡庵文稿11/24下，11/26）

沈鍊（1507—1557）字純甫，號青霞，會稽人。嘉靖十七年進士，知溧陽，忤御史，調茌平，入爲錦衣衛經歷，性剛直，嫉惡如讎，會俺答犯京師，詔廷臣博議，鍊昌言敵由嚴嵩父子，上疏劾嵩十大罪，帝大怒，杖之數十，謫佃保安。邊人慕鍊忠義，多遣子弟就學，鍊恨嵩父子，縛草象李林甫、秦檜及嵩，令子弟攢射之。總督楊順、巡按路楷承嵩旨，誣鍊與白蓮妖人閻浩等謀亂，遂棄市，後追謚忠愍。有青霞集、鳴劍集、塞垣尺牘等。

青霞沈公墓誌銘（弇州山人四部稿86/13，國朝獻徵錄81/38）
沈公傳（徐文長文集26/1）
沈少卿傳（井丹先生集13/9）
沈青霞先生祠集一卷（沈存德編、明萬曆四十六年刊本）
青霞沈公事紀（沈存德編、清康熙寧靜堂刊沈青霞公集附錄）
沈公年譜（王元敬撰、同上）
沈青霞先生年譜序（大泌山房集17/34下）
青霞先生文集序（茅鹿門先生文集12/13）
沈純父行戍稿序（太函集24/6下）
沈光祿貴龍曲跋（鏡眞草堂文集18/32）
嚴嵩殺沈鍊始末（景華堂集10/1）
聖朝名世考5/52
名山藏臣林記2?/35
明史209/18

沈鍾字仲律，上元人。天順四年進士，授禮部驗封主事，請便母養改南，陞山西僉事，遷湖廣，擢提學副使，尋改山東，歲餘乞休歸。性耿直，居官時無所干謁，年八十三卒。有休翁集。

國朝獻徵錄95/67魯鐸撰沈公墓誌銘

沈燾（1452—1515）字良德，號東溪，長洲人，祖世業醫。登弘治六年進士，選庶吉士，授編修，陞侍講，充經筵講官，擢右春坊右諭德，丁內艱起，忽遘疾乞歸，卒年六十四。

國朝獻徵錄19/21顧清撰東溪先生墓文

沈璧字惟拱，號如川，嘉定人。正德二年中南京鄉試，就鄱陽教諭，以母老便養改南豐，陞建安知縣，多惠政，民得其便，卒年六十七。

沈君墓誌銘（震川先生集18/253，國朝獻徵錄91/33）

沈鯉（1531—1615）字仲化，號龍江，歸德人。嘉靖四十四年進士，授檢討。神宗立，進左贊善，累遷吏部左侍郎。屏絕私交，好推轂賢士，不使人知。拜禮部尚書，詳稽先朝典制，定中制頒天下，又奏行學政八事。請復建文年號，修景帝實錄。拜東閣大學士，加少保，進文淵閣，首勸帝聽言勵事，以薦賢爲第一義，極陳礦稅害民狀，幾得停止。與沈一貫共事相左，遂致仕歸。卒年八十五，謚文端。有亦玉堂稿、文雅社約。

送大宗伯龍江沈公予告南旋叙（穀城山館文集4/1）

壽宮保大宗伯龍江沈公六十序（陸文定公集9/11）

奉壽沈相國龍江先生八十序（顧端文公集9/1）

大學士龍江沈公八十序（賴眞草堂文集11/27下）

贈沈相公八十又四適値廷議再召序（五品文稿1/17下）

龍江沈公神道碑（蒼霞續草14/45）

祭沈龍江文（李文節集25/11下）

沈少保山園記序（大泌山房集15/38）

明史217/6下

父沈杜字名卿，號栢溪，卒年六十八。

沈太史傳（弇州山人續稿74/18）

沈彝（1414—1473）字懋常，宜興人。年十八，綜理家事，卓有條緒。景泰中，邑令辟典鄉賦，値險歲民多逋亡，征歛日急，彝自供辦，多至數百斛，負私錢者，輒焚券不取，凍餒者，猶衣食之，所活無慮數百人。晚號五湖一老人，成化九年卒，年六十。弘治中以子暉貴，追贈右副都御史。

沈君行狀（徐文靖公謙齋集5/5下）

贈右副都御史沈公神道碑銘（同上8/24下）

父沈榮字德榮，號松隱。

松隱處士沈公行狀（徐文靖公謙齋集5/1）

沈鏊字大新，浙江秀水人。嘉靖十四年進士，授興化府推官，勤政愛民，民建仁風亭勒石紀頌，擢南京工部主事，遷都水員外郎，晉兵部郎中，歷知興化，延平二府，陞江西按察司副使，兵備饒州，卒於官。民爭立祠祀之。

沈公墓志銘（康泰和撰、國朝獻徵錄86/38）

沈瀚（1451—1518）字東之，號敬齋，歸德人，鯉祖父。成化二十年進士，授西安府推官，遷禮部主事，官終建寧知府，卒年六十八。

沈公神道碑（李文節集24/7下）

沈瀚字原約，號夷齋，吳江縣人。嘉靖十四年進士，由庶吉士擢吏科給事中，以言事降浙江布政司照磨，陞南京國子監丞，仕至浙江副使，入賀卒于京。

掖垣人鑑13/35

沈寵字思畏，號古林，宣城人。舉嘉靖十六年鄉試，授獲鹿令，歷監察御史，官至廣西參議。師貢安國、歐陽德，又從王畿、錢德洪游。知府羅汝芳創講會，御史耿定向聘寵與梅守德共主其席，自是邑人皆興於學，隆慶五年卒。

贈古林沈侍御序（訥溪文錄2/1）

尋樂亭記（鈍岡公文集17/14下）

沈君墓表（萬文恭公摘集9/8下）

明史216/5下

父沈瑛（1476—1534）字德輝，號桑園。

沈氏桑園公夫婦合葬墓碑（睡菴文稿19/21）

母崔氏

慶沈母崔太孺人七十（歐陽南野文集22/7下）

妻崔氏（1513—1560）

崔孺人墓誌銘（龍谿王先生全集20/63下）

沈繼美字子充，號龍山，保寧守禦所人。嘉靖五年進士，爲吏科給事中，以言事謫海鹽丞，陞任知縣，民甚宜之，居常布衣蔬食，燕坐恬然，事有定體，而政亦修舉。終廣東左布政使，卒官。

掖垣人鑑13/18

沈齊（1461—1545）字子公，號東海老人，松江華亭人。正德六年進士，授行人，擢御史，嘉靖二年遷福建副使，肅淸海道。迭平叛賊吳三、黃福、郭四等十餘起。改貴州兵備副使，引疾乞休。以右參政致仕，卒年八十五。

沈公傳（不著撰人、國朝獻徵錄103/58）

東海先生誄（長谷集14/1）

先進舊聞（寶日堂初集22/33）

沈麟（1369—1439）字士琳，崑山人。性直而不華，謙約尙義，尤好施於鄉，鄰里有貧乏者，濟之惟恐不及。正統四年卒，年七十一。

沈君墓誌銘（蕭鎡撰、吳下冢墓遺文續1/57）

宋

宋一鶴，號鶴峯，宛平人。崇禎三年舉人，授教諭，歷知邱縣，累官汝南兵備僉事，討流賊有功，擢右僉都御史，巡撫湖廣。李自成連陷襄陽、德安、荆州，一鶴趨承天，護獻陵。賊犯陵攻承天，城陷，自經死，諡烈愍。

明史263/1

宋子環（1382—1433）字文瑩，號瑩菴，吉水人。永樂三年進士，選庶吉士，預修永樂大典，官至梁王府長史。爲人寬厚夷坦，孝弟出於天性，居兩京三十餘年，足跡未嘗涉權貴。宣德八年卒於官，年五十二。

國朝獻徵錄105/27楊士奇撰宋君墓誌銘

明史列傳12/21下

明史137/11

宋之儁，靈石人。天啓進士，崇禎中歷官登萊監軍副使，忤巡按謝三賓，互訐落職歸。流賊破邑城，不屈死。

明史294/25

宋之韓字元卿，號敬齋，河南武安人。嘉靖四十四年進士，授襄陵知縣，歷吏科給事中，累陞刑科都給事，尋以考察閒住。

掖垣人鑑15/13下

宋天顯字敬夫，華亭人。崇禎中薦授內閣中書舍人。京城陷，爲賊所執，逼書僞詔，罵賊觸階死。

啓禎野乘12/34

明史輯略紳志略文臣

明史266/19

宋玉字廷珍，高陵人。自幼好書，道路不廢，人稱宋五經。舉正統五年經魁，任雙流訓導，終瀋府教授。歸鄉，從學者甚衆。

宋先生傳（涇野先生文集34/2下）

宋可久，號柱石，膠州人。天啓五年進士，授行人，擢刑科給事中，改吏科右，重氣敢言，崇禎五年卒官。

宋公墓誌銘（七錄齋文集4/39）

宋以方字義卿，號西溪，靖州人。弘治十八年進士，官瑞州知府，吏民愛之，宸濠謀叛，以方繕城練兵，豫爲之備。宸濠忌之，劫縶南昌獄。宸濠反，脅之降，不可，械赴舟中，至安慶斬之，年四十四，事聞，贈光祿卿。

宋公傳（張文定公環碧堂集7/11，國朝獻徵錄87/44）

嘉忠詩序（泉翁大全集20/16下）

皇明世說新語5/24

宋仕（1538—1618）字汝學，號可泉，平原人。隆慶五年進士，授衡水令，調遵化，擢御史，歷官南京刑部侍郎，遷南京右都御史致仕，卒年八十一。

少司寇宋公家傳（大泌山房集63/33下）

宋公行狀（四素山房集17/1）

宋存德字惟一，號浴泉，更號育齋，南京人。隆慶五年進士，授安丘縣令，累官福建僉事卒。

宋公墓誌銘（余學士文集28/1）

宋良佐字守忠，號龍山，江西萬載人。嘉靖四十四年進士，由淮安府推官選兵科給事中，遷戶科都給諫，累官大理寺少卿，以疾告歸卒。

掖垣人鑑15/7

宋克字仲溫，號南宮生，長州人。少任俠，周流無所遇，益以氣自豪，杜門染翰，日費千紙，遂以善書名天下。張士誠擢致之，不就。洪武初官鳳翔同知卒。

南宮生傳（高太史鳧藻集4/38下，國朝獻徵錄115/29）

吳中人物志13/22下

名山藏95/5

明史285/23下

宋延年字仁夫，號一川居士，益都人。舉鄉試，授魏縣博士，累官南京禮部司務。有宋祠部集。

宋祠部集序（二酉園續集3/15）

宋伯華（1539—1585）字汝含，號鑑弦，益都人。隆慶二年進士，授宿遷令，值河決，發粟賑貸，民忘其災。遷兵部主事，擢淮安知府，以事謫東鹿丞，官至開封知府，萬曆十三年卒官，年四十七。

宋公行狀（北海集18/16下）

宋公墓誌銘（穀城山館文集19/16下，國朝獻徵錄93/15）

宋邦輔字子相，東流人。官南京御史，時馮恩上疏，論大臣邪正得罪，獄中語及邦輔，遂並逮邦輔，奪職歸。躬耕養親，妻操井臼，子樵牧，歲時與田夫會飲，醉卽作歌相和，高風動遠邇焉。

明史209/7下

宋宜字獻可，號仰山，陝西郿州人。嘉靖五年進士，歷御史，擢知眞定府。

贈宋君獻可陞知眞定序（涇野先生文集10/5）

仰山說（同上35/11下）

宋玫字文玉，號九青，萊陽人。天啓五年進士，累官工部侍郎。清兵攻登州，玫與邑人趙士驥、族兄應享、知縣陳顯際，悉心城守，城破並死之。

宋九青詩序（七錄齋文集4/1）

啓禎野乘8/4

天啓崇禎兩朝遺詩傳2/55

明史267/3

宋明（1447—1527）字惟遠，號古愚，濬縣人。成化十四年進士，授戶部主事，督倉臨淸，中官監儲橫肆，明一裁以法，遷員外郎，有中貴乞莊田，濫及容城諸邑，明往按廉得其情，抗疏釐正之。後爲兩浙鹽運使，以山東參政致仕卒，年八十一。

宋古愚先生行狀（端溪先生集6/1）

宋忠，洪武末爲錦衣衛指揮使。建文元年以都督總兵三萬，屯開平備燕。燕兵起，守懷來，戰敗，被執死之。

皇明獻實8/2下

吾學編53/4

國朝獻徵錄109/1忠節錄傳

革朝遺忠錄下/23下

皇明表忠記5/7

遜國正氣紀6/14下

遜國神會錄下/6下

明史列傳20/4下

明史142/6

宋旻，浙江淳安人。景泰二年進士，累官右都御史總督兩廣軍務，兼理巡撫，成化廿三年致仕。

送右都御史宋公督撫兩廣序（楊文懿公金坡稿2/28下）

宋和，臨川人。建文時爲中書舍人，與同官郭節同與出亡，各變姓名，挾卜筮書走四方，風雨晦明，頗能預測，時稱槎主，人多異之。

國朝獻徵錄81/3忠節錄傳

皇明表忠記6/15

遜國正氣紀2/31下

遜國神會錄下/28

宋思顏，不知何許人。太祖克太平，以思顏居幕府，贊謀畫。及定集慶，任爲參議。已建大都督府，復兼參軍事。太祖嘗視事東閣，天暑，汗沾衣，左右更以衣進，皆數經浣濯者。思顏曰，主公躬行節儉，可示法子孫，願終始如一。太祖嘉其直，賜之帑。後出爲河南道按察僉事，坐事死。

明史列傳14/8

明史135/6下

宋訥（1311—1390）字仲敏，號西隱，滑縣人。性持重，學問該博，舉元至正二十三年進士，任鹽山尹，棄官歸。洪武十三年徵儒士十八人，編禮樂諸書，訥與焉，事竣不仕歸。久之以杜斅薦，授國子助教，說經爲學者所宗。歷官翰林學士、文淵閣大學士，遷祭酒，年八十卒，諡文恪。有西隱集傳世。

宋先生墓志銘（坦齋文集2/20下，西隱文稿附錄/8下，皇明名臣墓銘乾集6，皇明名臣琬琰錄9/3）

皇明獻實5/1

名山藏臣林記4/12

殿閣詞林記3/1

吾學編23/13下

國琛集上/9下

聖朝名世考8/1下

皇明世說新語5/21

皇明書19/6下

明史列傳12/13下

明史137/11

宋常字常固，江西新淦人。永樂十六年進士，官廣東遂溪知縣。

贈宋常固知遂溪縣詩序（金文靖公集7/29）

丹陽宋氏族譜序（同上7/78）

祖父宋貴祥（1336—1402）字惟學

宋惟學墓誌銘（金文靖公集9/40下）

宋冕（1465—1537）字孔瞻，號濟山，餘姚人。弘治十五年進士，授刑部主事，以逆劉瑾，降金谿知縣。瑾誅，復原官，再陞郎中。嘉靖中累官至右副都御史巡撫鄖陽，致仕卒，年七十三。

送參藩宋君孔瞻赴河南序（東川劉文簡公集7/3）

國朝獻徵錄61/83書胄撰宋公墓誌銘

宋晟字景陽，鳳陽定遠人。從太祖渡江，積功至都督僉事。太祖晚年宿將殆盡，晟數有戰功，建文元年出鎮甘肅。成祖即位，入朝，擢左都督還鎮。永樂三年以招降功，封西寧侯。晟凡四鎮涼州，前後二十餘年，威信著絕域。永樂五年病卒。

宋公神道碑銘（東里文集12/1，國朝獻徵錄7/49）

皇明功臣封爵考4/1

吾學編26/11下

名山藏臣林記6/28下

明史列傳22/5下

明史155/1

父宋朝用，以戰功授天寧翼元帥，洪武十八年卒，追封西寧侯。

宋公墓碑（楊文敏公集19/10）

宋國興，合肥人。年十八，以總管與陳埜先戰南臺，太祖解白龍袍衣之，敵誤爲太祖，攢槊刺之至死。

名山藏臣林記3/32下

宋湯齊，肥鄉人。崇禎間爲諸生，聞京師陷，與諸生郭珩、王拱辰等起兵討李自成，爲自成將張汝行所殺。

明史295/9

宋琮字萬鍾，泰和人。洪武中劉三吾等主會試，琮第一。是年北士無預選者，人言三吾等南人，私其鄉。帝親試，更擢北士六十一人，時謂之南北榜，又云春夏榜，琮坐是遣戍。建文中起刑部檢校，宣德中以檢討掌助教事卒官。

國朝獻徵錄22/1黃佐撰傳

明史列傳12/3

宋琮字廷用，隴西人。成化十四年進士，除戶科給事中，以憂歸。復除吏科，弘治元年晉都給事中。遷太僕寺少卿，仕終本寺卿，卒於官。

掖垣人鑑10/20

國朝獻徵錄72/11實錄本傳

宋琰字廷書，一字廷珪，號拙菴，浙江奉化人。性淵雅，居家以孝友聞。永樂十三年進士，選庶吉士，預修永樂大典，授中書舍人。累遷河南右參政，時汝陽旱蝗，琰至籲天自咎，蝗弭而歲轉豐。仕終兵部侍郎。

宋公墓表（李賢撰、國朝獻徵錄43/34）

父宋堯（1360—1435）字原亮，號竹軒。

宋原亮墓誌銘（楊文敏公集24/2）

宋堯武（1532—1596）字季鷹，號遜菴，華亭人。隆慶二年進士，授信陽知縣，歷知惠州、福州，官至雲南參政，致仕。所至皆有政聲，去之日行橐蕭然。人稱清白使君，民爲立祠祀之，卒年六十五。

宋公暨配墓誌銘（陸文定公集6/52）

叔父參知季鷹公行略（九籥集文7/1）

宋登春字應元，號海翁，新河人。少能詩，善畫。年三十，一歲中妻子相繼亡，遂棄家遠遊。晚依其兄子，居江陵之天鵝池，自號鵝池生。徐學謨守荆州，深敬禮之。後學謨致仕歸，登春訪之吳中，買舟浮錢塘，徑躍入江死。所著詩稱宋布衣集。

鵝池生傳（徐氏海隅集文編15/10，國朝獻徵錄115/77）

皇明世說新語5/25，7/30

名山藏95/21下

宋景字以賢，號南塘，南昌奉新人。弘治十八年進士，授睢州知州，治行卓聞，改河南道監察御史，時劉瑾竊柄，乃引疾去。家居十四年，以薦除浙江按察僉事，陞山西副使，民飢爲盜，殺守禦指揮，景樹幟，令被脅者赴之，賊咸歸命，乃擒斬其魁，仕至左都御史，嘉靖二十六年卒，謚莊靖。

送南塘宋公進佐都察院序（涇野先生文集11/29下）

送南京工部尚書南塘宋公之任序（張文定公紓玉樓集3/5下）

宋公神道碑（鈐山堂集37/3下，國朝獻徵錄54/38，皇明名臣墓銘坤集63）

明史列傳69/9

明史202/8下

宋欽字克敬，陝西乾州人。正統十年進士，授大理寺評事，歷陞福建按察司僉事、四川副使、河南按察使，以都察院右僉都御史，巡撫貴州，陞南京大理寺卿，乞休歸。弘治十二年卒，贈刑部尚書。

國朝獻徵錄69/6無撰人宋欽傳

宋欽（1489—1545）字敬夫，號西巖，開州人。正德十二年進士，授戶部主事，歷官四川兵備副使，卒年五十七。

宋公墓誌銘（端溪先生集5/42下）

宋傑字廷英，直隸定興縣人。宣德五年進士。授兵科給事中，陞光祿寺少卿，遷陝西左布政使，官終副都御史巡撫蘇松，成化十年卒。

國朝獻徵錄60/54實錄本傳

被逭人鑑7/11下

宋滄字伯清，山東鉅野人。正德三年進士，歷仕右副都御史，巡撫四川，卒於官。

國朝獻徵錄61/94郡志本傳

父宋□（1462—1542）、號味泉

宋公暨劉氏合葬墓誌銘（端溪先生集 5/57）

宋瑛字文輝，鳳陽定遠人，晟第三子。少襲兄瑄爵，永樂元年，選尚咸寧公主，授駙馬都尉。洪熙元年襲爵西寧侯。正統十四年也先入寇，充總兵官督鎮大同，戰陽和兵敗，死於難，謚忠順。

宋公墓誌銘（王文端公文集33/14下）

明史列傳22/7

明史155/3

宋瑛字克輝，華亭人。天順元年進士，授工部主事，絕干請，屏豪滑，求弊端所在，而抉剔之，人憚其嚴，忤中貴人，引疾歸。事母至孝，居喪哀毀，有燕乳白雛于堂，時人以爲孝感。

國朝獻徵錄51/110無名氏撰傳

宋瑄，鳳陽定遠人，晟長子。建文中爲中軍右衞指揮使，數從諸將禦靖難兵，有功。靈璧之戰，躍馬先登，斬首數級，諸營兵敗，瑄猶格鬪，力屈死之。

吾學編53/8

革朝遺忠錄下/26

國朝獻徵錄111/6忠節錄傳

皇明表忠紀5/13

遜國正氣記6/31

明史列傳22/7

明史155/2下

宋楙澄字幼清，松江華亭人，堯武從子。萬曆間舉於鄉，少慕神仙多奇遇，往往徵於夢寐，其爲詩文亦似之。有九籥集傳世。

答宋幼清書（松圓集2/24下）

答宋孝廉書（帶經堂集81/12）

九籥集序（大泌山房集13/11）

父宋堯愈，字叔然，號南華，又號方林，晚號醒默。

先府君本傳（九籥集文6/15）

母張氏（1549—1601）

張孺人墓誌銘（大泌山房集102/15下）

宋誠（1427--1457）鳳陽定遠人，晟曾孫。性孝友，好讀書，尤善騎射，有勇略。景泰六年襲侯爵，授平羌將軍印充總兵官鎮甘肅，善撫士卒，修飭武備，邊疆無虞。天順元年忽中風疾卒，年僅三十一，人皆歎惜。

國朝獻徵錄7/52倪謙撰宋君墓誌銘

宋端儀（1447—1501）字孔時，號立齋，莆田人。成化十七年進士，授禮部主事，雲南缺提學官，部議屬之，偶爲吏所洩，端儀曰，啓事未登，已喧傳衆口，人其謂我何，力辭。進員外郎，擢廣東提學僉事。力祛積弊，抑奔競，時望鬱然，卒年五十五。有考亭淵源錄、立齋閒錄。

宋君立齋墓表（見素集20/6）

宋君墓誌銘（未軒公文集6/27下，國朝獻徵錄99/138）

明史161/20下

父宋農（1428—1484）字汝勤，號拙軒，官國子助教。

宋助教先生墓誌銘（匏翁家藏集62/9）

宋儀望字望之，號陽山，晚號華陽，永豐人。嘉靖廿六年進士，知吳縣，禁火葬，創子游祠，惠績甚著。徵授御史，陳時務十二策，劾胡宗憲、阮鶚等奸貪狀，爲嚴嵩所忌，坐浮躁貶。嵩敗，擢霸州兵備僉事，萬曆中仕至大理卿。忤張居正，被劾歸，年六十五卒。儀望學宗王守仁，有華陽館文集。

吳邑令宋陽山遺愛祠記（弇州山人續稿57/5下）

祭宋廷尉望之父（同上152/11）

大理卿宋公傳（同上67/6，國朝獻徵錄68/45）

宋先生傳（蒼霞續草15/21）

明史列傳81/3

明史227/3

母鍾氏

宋母鍾氏墓誌銘（雙江聶先生文集6/69）

宋徵，浙江人，建文時爲宗人府經歷，嘗建議親藩不順，宜削其屬籍。燕師入，被誅，並夷其族。

革朝遺忠錄下/36

皇明表忠紀2/46下

遜國正氣紀4/28下

吾學編56/18下

宋濂（1310—1381）字景濂，號潛溪，又號玄眞子，浙江金華人。元至正中薦授翰林院編修，以親老辭不赴，隱東明山著書。歷十餘年，明初以書幣徵，除江南儒學提舉，命授太子經，修元史，累轉至翰林學士承旨，知制誥，以老致仕。長孫愼坐法，擧家謫茂州，道遇疾卒，年七十二，正統中追諡文憲。濂博極群書，孜孜聖學，爲文醇深演迤，與古作者並。一代禮樂制作，多所裁定。有宋學士全集、龍門子、浦陽人物記、周禮集說、孝經新說。

宋公行狀（鄭楷撰、皇明名臣琬琰錄8/1，國朝獻徵錄20/1）

浦江宋先生祠堂碑（方山薛先生全集27/1）

宋文憲公傳（耿天台先生文集15/1）

宋太史傳（王忠文公集34/1，國朝獻徵錄22/1）

宋文憲公年譜（清朱興悌、戴殿江編、民國五年刻本）

潛溪錄（清丁立中撰，宣統二年刊本）

宋太史詩集序（弇州山人續稿50/11）

先進遺風上/1

吾學編23/1

皇明獻實2/8

國琛集上/7

聖朝名世考10/1

水東日記8/6下

守溪筆記×/1

殿閣詞林記4/6

皇明世說新語1/1，1/21下，2/11，2/12，4/10，4/11下，4/17，5/21，5/26，6/14下，6/22，6/23

藝書2/14

皇明書14/10下

名山藏臣林記4/1

明史列傳10/10下

明史128/8下

宋懌字子夷，金華人，濂孫。奉母孝，蜀獻王時賜粟帛賙其家，專心力學，書益工。建文即位，念濂與宗舊學，特召懌入翰林爲侍書。

革朝遺忠錄附錄/3下

吾學編58/7下

國朝獻徵錄22/71無名氏撰傳

宋誥 (1530—1585) 字子重，號金齋，故城人。嘉靖四十四年進士，授戶部主事，累官兗州知府，卒年五十六。有金齋集。

宋金齋文集序 (衡陽集9/16)

兗郡守宋公傳 (楊道行集26/16下)

宋公墓誌銘 (穀城山館文集19/26下)

父宋良壽 (1510—1581) 字文讓，號龍溪。

先考龍溪府君行述 (宋金齋文集2/5)

宋公墓誌銘 (衡陽集14/10)

宋學朱字用晦，長州人。崇禎四年進士，爲御史，疏劾楊嗣昌、田惟嘉，時論壯之。十二年，巡按山東，方行部，清兵攻濟南急，聞警馳還，與布政張秉文等，分門死守，援兵不至，城陷死之。

啓禎野乘8/51

宋應亨字長元，山東萊陽人。天啓五年進士，由知縣擢禮部主事，遷吏部稽勳郎中，解任歸。崇禎十六年清兵破萊陽，被執不屈死，贈太僕寺少卿。

啓禎野乘8/9

宋應昌 (1536—1606) 字時祥，號桐岡，浙江仁和人。嘉靖四十四年進士，起山西絳州知州，累官山西副使。歷巡撫山東，上海防事宜，預策倭爲患，進選將、練兵、積粟三策。已而語驗，廷議服其先見。拜兵部右侍郎，經略朝鮮，假便宜行事。與李如松襲取平壤，進收開城、黃梅、平饒、江源四道悉下。時兵部尙書石星，惑於封貢之說，議撤兵。應昌請留兵協守，星不聽，應昌度事難辦，引疾乞休。後叙平壤功，加右都御史，年七十一卒。有經略復國要編。

桐岡宋公考績恩褒序 (魏仲子集6/1)

宋公行狀 (黃汝亨撰、經略復國要編附錄)

宋公神道碑 (王文肅公文草6/32，國朝獻徵錄57/81)

披垣人鑑15/13

明史列傳85/37

宋應奎 (1432—1469) 字爾章，江西吉水人，子環子。登成化二年進士，選庶吉士，擢翰林院編修，成化五年卒於官，年三十八。

國朝獻徵錄21/90劉定之撰宋編修墓表

宋璲 (1344—1380) 字仲珩，金華人，濂仲子。善詩，精篆隸，工眞草書。洪武中召爲中書舍人，其兄子慎，亦爲儀禮司序班，祖孫父子共官內庭，衆以爲榮。慎坐胡惟庸黨，得罪，璲亦連坐，並死，年方三十七。

宋仲珩壙誌銘 (遜志齋集22/521)

名山藏臣林記4/5

兄宋瓚 (1333—1386) 字仲珪。

宋仲珪墓誌銘 (遜志齋集22/520)

宋戴，山西洪洞人。歲貢，永樂初任刑科給事中，陞太僕寺寺丞。

披垣人鑑8/15

宋禮字大本，河南永寧人。洪武中以國子監生，擢山西僉事。永樂初歷官工部尙書，開通會河有功，二十年卒於官。

告宋尙書文 (容春堂前集20/15)

國朝獻徵錄50/7朱睦㮮撰傳

吾學編31/2下

皇明世說新語4/11

皇明書20/11

明史列傳29/1

宋禮字惟寅，錢塘人。成化十三年順天鄉試第一，明年舉進士，授南京刑部主事，累遷山東按察僉事。

贈宋僉憲之官詩叙 (柴墟文集6/17下)

宋燾字繹田，泰安人。萬曆廿九年進士，自庶吉士授御史，任氣好搏擊，出按應天諸府，疏斥首輔朱賡，坐論救姜士昌，謫平定判官，旋請假歸。

明史列傳84/21

明史230/15

宋纁字伯敬，號栗菴，商丘人。嘉靖三十八年進士，官至吏部尙書，卒諡莊敬。纁凝重有識，議事不苟，中外陳奏，帝多不罪。或稱帝寬大，纁曰，言官極論得失，要使人主動心，概置勿問，則如痿痺，不可療矣，後果如其言。有四禮初稿。

宋司徒特進太宰頌（鶯林外編18/5）
祭冢宰宋莊靖公文（鹿裘石室集39/1）
祭宋冢宰（大泌山房集115/13）
明史列傳80/2下
明史224/2下

宋繼先字子孝，號孝泉，山東濰縣人。嘉靖二十九年進士，由陝西鳳翔府推官，選戶科給事中，擢通政司右參議，累遷浙江僉事，引疾致仕。
賀孝泉宋公平寇序（敬所王先生集6/13）
大陳獻捷頌（同上6/9）
掖垣人鑑14/28下

宋顯章字文光，號藻汀，濮州人。諸生，有醇行，父沒廬墓。正德中流賊至，曰此孝子里也，相戒勿犯。年四十卒，無子。妻辛氏，殮畢自經以殉。
國朝獻徵錄112/55蘇祐撰宋孝子傳

辛

辛自修字子吉，一字子言，號慎軒，襄城人。嘉靖三十五年進士，隆慶初累官禮科都給事中，有直聲，擢太僕少卿，引疾歸。萬曆中起歷右僉都御史，巡撫保定六府。後入爲左都御史，時大計京官，自修上奏，請勿以愛憎爲喜怒，帝善其言，而執政不悅，爲言官所訐，罷歸。後起爲南刑部尚書，卒謚肅敏。
掖垣人鑑14/43下
明史列傳76/14下
明史220/16
父辛繼先字述之，號松峯。
松峯辛先生墓表（李文定公貽安堂集9/19）

辛訪（1426—1473）字咨道，襄陽人。景泰二年進士，觀政吏部，擢廣東道監察御史，改四川道，以廉慎自持。遷浙江按察司僉事，陞福建副使，以父喪解官歸，卒年四十八。
辛公墓表（椒丘文集31/26，國朝獻徵錄90/56）

辛應乾字伯符，一字效致，安丘人。嘉靖四十一年進士，選長治令，以才名。歷郎署郡臬，皆有善政，累陞至都御史，巡撫山西，方黃酋亂，飭兵修備，日行遠塞，與士卒同甘苦，三關倚爲長城。仕至兵部侍郎。性孝友，居鄉樂易，宗閭皆推服之。
大中丞辛公祠記（九愚山房稿29/1）

辛耀，山東即墨人。國子生，洪武間任工科給事中，調山西永和知縣，仕至陝西按察使。
掖垣人鑑9/11下

初

初杲字啓昭，潛江人，灝孫。正德十六年進士，嘉靖初授御史，議大禮，引經抗疏，忤旨廷杖幾斃。後劾都御史席書，憸邪側目，尋轉河南僉事，擢雲南參政乞休。
送僉憲初君啓昭之河南序（方齋存稿4/25）
序次濱（內方先生集9/15）

初學易（1536—1603）字時卿，潛江人。以舉人授榮昌令，仕終陝西邠州知州。家富藏書，莫不丹鉛。萬曆卅一年卒，年六十八。
初公墓表（大泌山房集104/30下）
祭初邠州（同上116/28下）

初灝（1391—1459）字永清，潛江人。宣德七年舉賢良方正，授清河縣主簿，有清操，天順三年卒，年六十九。
初君墓表（棠陵文集44/2下）

巫

巫凱，句容人。由廬州衛百戶積功至都指揮使，宣宗時以都督僉事充遼東總兵官。英宗立，進都督同知。性剛毅，饒智略，居鎮三十餘年，威惠並行，邊務修飭，正統三年卒於官。
國朝獻徵錄107/10無名氏撰傳
明史列傳32/11下
明史174/2下

吾

吾冔（1431—1504）字景端，號默齋，開化人。通書易春秋，以鄉舉入太學，就江浦教諭，乞養歸。尋學專爲己，不溺於記誦詞章之習，四方來學者，屨常滿，即其所居稱之曰文山先生，弘治十七年卒，年七十四。有朱子讀書法、五箴解、還山稿。

送吾景端序（楊文懿公桂坊稿2/22）

文山先生吾君墓表（楓山章先生文集6/16）

父吾體（1401—1483）字用敬，號愼齋。

愼齋吾先生墓志銘（楓山章先生文集5/9）

吾紳（1383—1441）字叔縉，開化人。永樂二年進士，選庶吉士，授刑部主事，治獄有聲，歷郎中，拜禮部侍郎，正統六年卒官，年五十九。紳清疆有執，澹於榮利，仕宦二十餘年，蕭然如寒士。

吾公神道碑（謚忠文古廉文集10/1）

國朝獻徵錄35/15無名氏撰傳

明史158/6

吾豫，開化人。任訓導，景泰初應薦至京，屢言邊事防禦之方，甚得體要，本兵奏用於邊。

水東日記3/6

國琛集上/37

吾謹字惟可，開化人。正德間進士，總角能詩，博綜經傳子史天文地理兵家陰陽釋道等書。得第後，歸隱少華山，與何景明、孫一元、李夢陽相頡頏，天下稱四才子。

皇明世說新語4/31，5/17

扶

扶克儉字共之，光山人。初冒姓胡，久之始復，萬曆十四年進士，選庶吉士，授御史，巡按山東，遼東其所轄也，奏禁買功竊級諸弊，邊人震聳。坐劾李成梁、李世達謫蘄水丞，遣歸故里。天啓中起歷刑部右侍郎，李恒茂論其衰朽，落職。崇禎初復官，卒謚忠毅。

明史列傳77/13下

明史221/13

杜

杜文煥字彂武，崑山人，桐子。神宗時以蔭累官寧夏總兵。延綏被寇，赴救大破之。尋鎭延綏，諸部叛服不常，屢爲文煥所摧破，因相繼納款。熹宗時，寇大張，深入以洩憤，文煥度不能制，謝病去。崇禎時陝西群盜起，文煥數敗賊，賊亦日益多。後此起廢者屢，官終浙江總兵。有太霞洞集。

攻謚諸將小傳×/22

明史列傳89/20下

明史239/16下

杜弘域，崑山人，徙延安衞，文煥子。天啓初歷延綏副總兵，七年文煥援遼，擢總兵官，代鎭寧夏，積資至右都督。崇禎中提督池河浦口二營練兵，遏賊南渡頗有功。後移鎭浙江，尋病去。國變後，歸原籍崑山卒。

明史239/17下

杜汝禎字公寧，號翼所，四川南充人。嘉靖十七年進士，授行人，選兵科給事中，累官至鳳陽知府，免歸卒。

掖垣人鑑14/8下

杜君澤字小癡，蘇州人，流寓高郵。工畫山水，善楷書。

圖繪寶鑑6/15

杜邦舉，富平人，官鄢陵典史。李自成之亂，與知縣劉振之同守城，城陷，自成欲降之，邦舉大罵，賊抉其舌，含血噴之，遂遇害。

明史293/7下

杜奇，北平人。成祖初起兵，欲廣置羽翼，令舉賢良方正，有司以奇名上。奇極諫當守臣節，成祖怒，立斬之，並族其家。

遜國正氣紀5/17

皇明表忠紀4/15下

杜松字來青，崑山人，桐弟。萬曆間累軍功爲寧夏守備，遷東路副總兵。松爲將廉，有胆智，尙氣不能容物，嘗因小忿，薙髮爲僧。尋起孤山副總兵，頻失利。自後起廢者屢，時多惜其勇而惡其僨事。會薊遼多事，令松以總兵官鎭山海關，恃勇輕進，爲清兵所敗，沒於陣。

明史列傳89/18

明史239/14

杜明 (1436—1495) 字文昭，祥符人。成化十四年進士，授禮科給事中，封駁克愼，有聲諫垣。擢通政司參議，官至右通政，卒年六十。

披垣人鑑10/20下

國朝獻徵錄67/27李濂撰傳

杜忠 (1441—1508) 字世臣，河陰人。成化十四年進士，授新城縣令，擢浙江道監察御史，剔蠹治奸，踔厲風發。歷守平陽、四川布政使，陞右副都御史巡撫延綏，正德三年卒於官，年六十八。

杜公墓誌銘 (凝齋集5/1，國朝獻徵錄61/26)

杜宥 (1415—1469) 字叔寬，江陰人。景泰五年進士，授監察御史，時多災異，與同官倪敬等言事，謫海南典史。英宗復辟，遷英德知縣，改韶州通判，謝病歸，卒年五十五。

國朝獻徵錄100/48王僎撰杜君墓表

毘陵人品記7/12

明史162/18下

杜柟 (1489—1538) 字子才，號研岡，河南臨潁人。正德十六年進士，授戶部主事，官至右僉都御史，卒於官，年五十。有研岡集。

杜公墓誌銘 (內臺集6/21下)

杜研岡集序 (同上6/1)

研岡先生集序 (蘇門集5/18下)

杜拯，號晴江，豐城人。嘉靖十七年進士，歷官大理寺卿，萬曆初陞工部侍郎。

賀大廷尉晴江杜老先生奏績晉秩序 (大鄣山人集10/8下)

父杜晞 (1498—1576) 字士希，以字行，號槐莊。

杜公神道碑 (條麓堂集25/5)

杜桐字子陽，河南臨潁人。正德十六年進士，選庶吉士，授戶科給事中，以憂歸，緣事卒于獄。

披垣人鑑13/5

杜桐字來儀，崑山人。萬曆時累官延綏總兵，襲破套賊，馘其部長，徙鎭寧夏。番衆大擧入寇，桐連破之，賊喪氣納款。桐有將才，自偏裨至大帥，屢立首功，時服其勇。

杜元戎周夫人壽序 (大泌山房集37/17下)

壽鎭西將軍鳳林杜公八十序 (始青閣稿13/20)

明史列傳89/17

明史239/12下

杜時髦字覲生，睢陽人。崇禎七年進士，累官太平知府。崇禎十七年李自成陷睢陽，不屈死。

明史293/11下

杜惟熙字子光，號見山，東陽人。其學以復性爲宗，克欲爲實際，持己接物，眞率簡易。其教人迎機片語，即可證悟。年八十餘小疾，語諸友曰，明晨當來作別。及期，焚香端坐曰，諸君看我如是而來，如是而去，可用得意見安排否。門人請益，曰極深研幾，遂瞑。

明史283/12

杜堇，本姓陸，後改杜，字懼南，號檉居古狂、靑霞亭長，丹徒人，成化中占籍京師。擧進士不第，絕意進取。工畫，時稱白描第一手，能作飛白體。爲文奇古，兼通六書。

圖繪寶鑑6/9下

杜棠字善政，三原人。博物洽聞，經明行修，善星遁風角之術，由擧人授眞定府通判，調彰德。王驥征麓川，擧爲軍前上望，陞兵部主事，累遷知雲南府，政績著聞，以老致仕，卒年八十一。

國朝獻徵錄102/78無名氏撰傳

杜華先字孝卿，號胤臺，山東冠縣人。萬曆十年鄉擧第一，翌年登進士第，授行人，擢南京吏科給事中，遷陝西僉事，官終副使。

贈給諫胤臺杜公拜陝西按察僉事分巡延安序 (激杌堂文集2/8下)

杜詩 (1518—1588) 字與言，吳縣人，瓊五世孫。嘉靖廿八年擧人，授常德司理，累官貴州參議，致仕歸，萬曆十六年卒，年七十一。

國朝獻徵錄103/34張鳳翼撰杜公行狀

杜瑄字季璋，浙江東陽人。洪熙中以國子生擢授兵科給事中，歷廣東僉事。

送杜給事中序（王文端公文集19/10下）

掖垣人鑑7/13下

杜寧字宗謐，浙江天台人。宣德二年進士，選入翰林院，纂修實錄，遷侍講，累陞南京禮部右侍郎，改兵部，天順元年調福建參政，致仕卒。

送南京禮部右侍郎杜君詩序（尋樂習先生文集11/6下）

杜槐字茂卿，慈谿人。倜儻任俠，嘉靖中倭冦境，縣僉其父文明爲部長，令團結鄉勇。槐傷父老，以身任之，數敗倭。副使劉起宗因委槐守餘姚、慈谿、定海，遇倭定海之白沙，一日戰十三合，身被數創，墜馬死。

明史290/4下

杜銘（1419—1496）字敬修，四川金堂人。正統十年進士，授刑部主事，累官刑部尚書，飭屬吏以人命至重，勿以喜怒用法，一時用刑，號稱平允，年七十八卒。

國朝獻徵錄44/43楊廷和撰杜公行狀

父杜榮聰字惟德，號竹軒。

封刑部左侍郎杜公榮輓詩序（椒丘文集12/21下）

母楊母

杜安人輓詩序（敬軒薛先生文集17/18）

杜藎字宗哲，鄞人。天順八年進士，除戶科給事中，成化九年陞戶科左給事中，以憂歸，尋卒。

掖垣人鑑10/5

杜澤字子潤，沂水人。洪武中以文學授本縣訓導，以薦累進詹事府丞。澤樸實持重，言動不逾禮，洪武廿九年特陞吏部尙書，掌銓衡，愼守不欺，爲帝信任，卅一年致仕。

國朝獻徵錄24/15雷禮撰杜公傳

杜謙（1419—1494）字益之，昌黎人。早失恃，事繼母甚謹。舉景泰五年進士，由工部主事參政兩浙，入尹京兆，官至工部侍郎，並有聲譽。致仕卒，年七十六。

杜公神道碑銘（徐文靖公謙齋集7/26）

杜公墓志銘（瓊臺詩文會稿重編23/11，國朝獻徵錄51/20下）

來鶴亭記（楊文懿公金坡稿3/7）

杜環字叔循，金陵人。好學工書，明初被薦，除學錄，太祖善其書，尋入侍春坊。爲人謹飭重然諾，好周人急，仕終太常丞。

杜叔循小傳（宋學士文集63/468，國朝獻徵錄113/5）

廬陵杜公傳（黃佐撰、皇明名臣墓銘乾集18國朝獻徵錄70/45）

國琛集上/11

皇明書41/34下

名山藏98/1

杜瓊（1396—1474）字用嘉，自號鹿冠道人，吳縣人。晚家東原，學者稱東原先生。性至孝，薦舉皆不就，博綜今古，工書畫，詩文亦古雅，成化十年卒，年七十九，門人私謚淵孝。有東原集、紀善錄、耕餘雜錄。

杜東原先生墓表（匏翁家藏集72/1）

杜東原先生年譜（明沈周撰、民國羅振玉增補、雪堂叢刻本）

東原詩集序（王文恪公集10/1）

吳中人物志9/24

國朝獻徵錄112/28無名氏撰傳

名山藏96/2

姑蘇名賢小紀上/17下

杜斆字致道，壺關人。舉元鄉試第一，歷官台州學正，歸家敎授。通易詩書三經，自號拙菴老人。洪武中建四輔官，召斆主夏官，薦宋訥爲國子助教，旋致仕卒。有四輔集。

明史137/4

杜麟徵字素浣，松江華亭人。崇禎四年進士，官刑部主事，上疏請罷內遣，辭直而婉。

啓禎野乘4/41下

杜鸞字羽文，陝西咸寧人。正德十六年進士，授大理評事，嘉靖初以爭大禮被杖。長沙盜李鑑行刼被獲，席書時撫湖廣，劾知府宋卿故入鑑罪，逮至京，鸞會御史訊無異詞，因劾書。張寅之獄，鸞司其牘，力斥郭勛奸邪，已而桂萼等力反前獄，鸞坐除名。

明史206/15下

李

李人龍（1504--1582）字子乾，號雲亭，松江華亭人。嘉靖十四年進士，授濟南司理，擢御史，歷袁州知府，以忤嚴嵩謫佐閩鹾，再遷廉州知府致仕，卒年七十九。著有方四略、九蘭集、寶勅樓稿、道統集。

李公墓誌銘（滄溟集1/22）

李三才字道甫，順天通州人。萬曆二年進士，累遷右僉都御史，巡撫鳳陽諸府，疏諫礦稅，以折稅監得民心，擢戶部尚書，會有忌之者，遂引去。三才才大而好用機權，善籠絡朝士。撫淮十三年，結交遍天下，性不能持廉，以故爲衆所毀。

贈山東僉憲李道甫叙（顧端文公集8/11下）

李中丞撫淮奏草叙（轂城山館文集12/11下）

明史列傳91/20下

明史232/7下

李己字子復，號月濱，河南磁州人。嘉靖四十四年進士，任禮科給事中，隆慶中以言獲罪。神宗立，薦起都給事中，立朝侃侃，不改其故。又因小故被謫，兩遭摧抑，頗事營進，希張居正指，累官右僉都御史，巡撫保定。

名臣諡議（公槐集5/35）

披垣人鑑15/6下

皇明世說新語2/6下

明史215/12下

李士文字在中，號胥山，福建連江人。嘉靖八年進士，除南京工科給事中，調北京，累陞刑科都給事中，擢山東參政，官至浙江按察使，卒於官。

胥山李公傳（朴齋先生集10/1）

披垣人鑑13/36下

李士實字若虛，新建人。成化二年進士，累官至右都御史致仕。善畫工詩，以附宸濠伏法。有世史積疑。

送憲副李君提學浙江序（懷麓堂文稿5/12）

國朝獻徵錄46/40無名氏撰傳

李大吉字九彰，號常所，仁和人。隆慶五年進士，歷新喻知縣選禮科給事中，出知寶慶府，遷福建轉運使。

披垣人鑑16/10下

李文，西番人，英從子，宣德間累官都指揮使。天順元年冒迎駕功，進都督僉事，鎮大同。寇犯威遠，文率師敗之，封高陽伯。李來入寇，文按兵不戰，降都督僉事。立功延綏，進都督同知，弘治初卒。

皇明功臣封爵考6/88

明史列傳31/6下

明史156/7下

李文利字乾遂，號兩山，莆田人。成化十六年舉人，歷思南府教授，長於樂律，著有大樂律呂元聲。

國朝獻徵錄101/120無名氏撰傳

李文忠（1339--1384）字思本，小字保兒，盱眙人，太祖姊子。洪武間累功仕至大都督府左都督，封曹國公。器量沈閎，臨敵踔厲奮發。遇大敵，膽氣益壯。好學問，通曉經義，爲詩歌，雄駿可觀，家居恂恂若儒者。家故多客，嘗以客言勸帝少誅僇，又諫帝征日本及宦者過盛，以是積忤，不免譴責。及卒，追封岐陽王，謚武靖。

李公武功記（宋學士文集5/53）

岐陽王神道碑（董倫撰、皇明名臣琬琰錄2/1，國朝獻徵錄5/87）

皇明獻實1/11

吾學編22/10

國琛集上/3下

皇明功臣封爵考1/22

聖朝名世考1/10下

皇明書33/9下

皇明將略1/18

名山藏41/6

明史列傳5/1
明史126/1

李文郁字允實，襄陽人。洪武中由歲貢生爲行人，永樂中累遷戶部侍郎，佐夏原吉治河，坐事謫遼東二十年。洪熙元年召爲通政參議，性介直，持守堅正，宣德中致仕卒。

國朝獻徵錄67/66實錄本傳
明史列傳26/11
明史149/9下

李文祥字天瑞，麻城人。成化廿三年進士，孝宗立，上封事，謫陝西咸寧丞。以薦召爲兵部主事，監司以下餽𩜾皆不納。未踰月，復貶貴州興隆衛經歷。都御史鄧廷瓚征苗，咨以兵事，大奇之，欲薦爲監司，固辭不得，乃請齎表入都，乞告歸，疏再上不許，還經商城，渡冰陷死，年僅三十。有檢齋稿。

李天瑞傳（容春堂前集15/5）
皇明世說新語1/7，7/25下
明史列傳55/1
明史189/1

李文敏，山西蔚州人。以太學生擢監察御史，尋轉四川按察使，疏論時政，不報。金川陷，不屈，以奸黨論死。

遜國正氣紀4/25
皇明表忠紀2/39

李文進（1508—1562）字光之，號同野，四川巴縣人。嘉靖十四年進士，由浙江衢州府推官，選吏科給事中，累陞河南參議，官至右副都御史總督宣大軍務，嘉靖四十一年卒于官，年五十五。

贈河南少參李同野序（趙文肅公文集15/16下）
掖垣人鑑13/43下
父李邦，官戶部員外郎，卒年六十一。
李公墓表（趙文肅公文集18/39）

李文詠號蒼石，崑山人，諸生。萬曆二十七年父寢室被火，文詠突入救父，俱焚死。火息入視，屍猶覆其父。

國朝獻徵錄112/91陳子貞撰舉三孝子疏
吳郡張大復先生明人列傳稿×/35
明史297/20

李方至（1509—1569）字如川，四川富順人。嘉靖廿九年進士，官趙州知州，有惠政，年六十一卒。

趙州知州李公祠碑記（李文節集26/8）
李公墓誌銘（趙文肅公文集18/21）

李之藻字振之，又字我存，號淳菴居士，一號存園叟，仁和人。萬曆廿六年進士，官至太僕寺少卿。與徐光啓篤信西洋人利瑪竇之學，著有頖宮禮樂疏、圜容較義、新法算書、渾蓋通憲圖說、天學初函、同文算指前編通編。又譯名理探，爲名學最初之譯本。

疇人傳32/387
李我存年譜（民國方豪撰、我存雜誌）
李我存研究、民國方豪等撰、1937年（民國二十六年）杭州我存雜誌社印行

李元陽（1497—1580）字仁甫，號中谿，雲南太和人。嘉靖五年進士，選庶吉士，授江陰知縣，有政績。擢御史，遇事敢言，巡按關中，墨吏望風解綬。官終荆州知府，卒年八十四，有中溪集。

贈李仁父序（袁永之集14/35下）
李中谿告文（李溫陵集11/9下）
李公行狀（李選撰、國朝獻徵錄89/35）

李元翥，字仁山，號鹿野翁，崑山人。少工書，嘗書諸經四書小本，楷法精善。王恕巡撫江南，見而愛之，呼爲李生。邑中文字，必經其手，他州碑石，亦多其所書。

鹿野翁傳（震川先生集26/340下）
吳復張大復先生明人列傳稿×/53

李天植字性甫，號冲涵，廣德人。隆慶五年進士，除吏科給事中。鄒元標、趙用賢糾張居正奪情被杖，天植疏救甚力。有旨選閹寺，天植爭之，言甚切至，後歷曹濮兵備。

掖垣人鑑16/9

李天經字長德，趙州人。崇禎中爲光祿寺卿，與徐光啓、李之藻及西洋人龍華民、鄧玉函、羅雅望、湯若望等修新法算書。

疇人傳33/409

李天寵字子承，孟津人。嘉靖十七年進士，爲徐州兵備副使，却倭通州如皋。擢右僉都御史巡撫浙江，倭掠紹興，殲焉。未幾

，寇復犯嘉善等處，爲趙文華所譖，三十四年下獄與張經同被斬，天下寃之。

明史205/6

李木字時升，山東曹縣人。景泰五年進士，除禮科給事中，罰尙寶司丞，仕終南京光祿寺卿。

披亘人鑑6/25下

李友直（1369--1438）字居正，淸苑人。讀書通大義，兼習法律。靖難之初，首發北平藩司密事，用是受知於燕王棣，擢任藩佐之職。永樂改元，遷行部左侍郎，官至工部尙書，正統三年卒，年七十。

李公墓誌銘（楊文敏公集23/11下，皇明名臣墓銘乾集86）

李公神道碑（楊士奇撰、皇明名臣琬琰錄15/6下）

國朝獻徵錄50/13實錄本傳

革朝遺忠錄附錄×/11

靖難功臣錄×/2

李孔修字子長，號抱眞子，南海人。受業於陳献章，好讀書，善周易，擅詩畫，工書。家貧，糲食不給，不肯投合於時。嘗著朱子深衣，入夜不違。二十年不入城市，學者稱子長先生。

國朝獻徵錄114/38順德縣志傳

名山藏96/4下

李中（1479—1542）字子庸，吉水人。正德九年進士，授工部主事。武宗自稱大慶法王，建寺西華門內，用番僧住持，廷臣莫敢言。中拜官甫三月，即抗疏諫，謫廣東通衢驛丞。王守仁檄參軍事，預平宸濠。世宗時累官副都御史，總督南京糧儲，卒於官，年六十四。中師同里楊珠，沈潛邃密，所居里名谷平，學者稱谷平先生。有谷平文集。光宗時追謚莊介。

李先生行狀（石蓮洞羅先生文集21/18下，國朝獻徵錄59/13

谷平先生粹言序（鄒子願學集4/25）

谷平先生文集序（石蓮洞羅先生文集19/49）

聖朝名世考3/11下

皇明世說新語7/7

皇明書40/17下

明史列傳71/11下

明史203/10下，282/27下

李中正，盧氏人。天啓二年進士，官兵部主事，崇禎初謝病歸。賊至，中正勒家衆及里中壯士奮擊，力戰死。

明史292/3

李日宣字晦伯，號緝敬，吉水人。萬曆四十一年進士，授中書舍人，擢御史。天啓元年遼陽破，請帝時召大臣，面決庶政。以濫薦逐臣，停俸三月。旋出理河東鹽政，崇禎間擢吏部尙書，復以忤旨戍邊，久之赦還卒。有敬修堂全集。

郃陽縣興復阿衡書院記（仰節堂集4/25下）

侍御緝敬李公生祠記（同上4/28）

明史254/14

母羅氏

李母贈孺人羅氏曹氏合葬墓誌銘（仰節堂集5/34下）

李日章（1497—1563）字尙絅，號海樓，松江華亭人。嘉靖二年進士，授刑部主事，陞郎中，出守長沙，討平劇賊，擢山東按察副使，致仕歸，卒年六十七。

李公墓誌銘（世經堂集18/1，國朝獻徵錄95/85）

李公墓表（環溪集23/5下）

父李鏜（1463—1539）字民畏，號鶴峯，義烏訓導。

李公墓誌銘（世經堂集15/22下）

李日強字元莊，號敬齋，山西曲沃人。嘉靖四十四年進士，授宜陽知縣，選南京禮科給事中，歷湖廣參議，累陞遼東苑馬寺卿，以憂歸。

披亘人鑑15/21

李日華字君實，號竹懶，又號九疑，嘉興人。萬曆二十年進士，官至太僕少卿。恬淡和易，與物無忤。工書畫，精鑑賞，世稱博物君子，王惟儉與董其昌並，而日華亞之。有官制備考、姓氏譜纂、檇李叢談、書畫想像錄、紫桃軒雜綴、竹懶畫賸、六研齋筆記諸書。

明史288/14下

李日輔字元卿，南昌人。萬曆間舉人，任成都推官，與巡撫朱燮元計兵事，偕諸將攻復重慶。崇禎間擢南京御史，時中官四出，日輔切諫，謫廣東布政司照磨，歸隱西山香城寺，讀濂洛書不輟，十餘年卒。

啓禎野乘4/42

明史258/8

李介（1445—1498）字守貞，改字守正，號貞菴，高密人。成化五年進士，選庶吉士，授御史，遇事不可，輒論奏，忤帝意，兩撻於廷。弘治間遷左僉都御史，巡撫宣府，歷兵部左右侍郎。北寇謀犯大同，介往經略，邊人感悅，先後條上便宜二十事，弘治十一年卒官，年五十四。

李公神道碑銘（徐文靖公謙齋集8/41）

李公墓志銘（懷麓堂文後稿22/22下）

李公墓表（劉健撰、皇明名臣墓銘巽集57，國朝獻徵錄40/23）

巡撫宣府十二公傳（涇野先生文集34/7下）

明史列傳53/19下

明史185/12下

妻杜氏（1446—1494）

封李孺人杜氏墓誌銘（徐文靖公謙齋集5/44）

李仁，河南唐縣人。初仕陳友諒，後歸太祖。由給事中擢吏部侍郎，銓法秩然，歷官尙書，坐事謫青州，仕終戶部侍郎。

掖垣人鑑3/3

明史列傳13/3

明史138/3

李仁字元夫，號靜齋，一號吾西，山東東阿人。嘉靖二年進士，授行人，遷吏科給事中，累陞戶科都給事中，以言事謫開州判官，歷遷右副都御史，巡撫大同，未任歸卒。有吾西遺稿。

賀李吾西擢參藩政序（葛端肅公文集9/25下）

掖垣人鑑13/13

父李瑄（1455—1501）字宗玉，扶溝縣吏。

李君暨配胡氏墓誌銘（涇野先生文集28/23）

李公配胡氏墓誄（端溪先生集6/4下）

李仁傑（1432—1483）字唐英，更字士英，莆田人。成化八年進士，授翰林院編修，以母憂歸，服除還任，十九年卒官，年五十二。

李君墓表（匏翁家藏集70/1，國朝獻徵錄21/91）

祭李士英文（匏翁家藏集56/4）

母林氏（1401—1474）

林孺人墓誌銘（匏翁家藏集67/8下）

李化龍（1554—1611）字于田，號霖寰，長垣人。萬曆二年進士，歷右僉都御史，巡撫遼東，邊塞讋服。總督湖廣川貴軍務，討平楊應龍之亂。又以工部右侍郎總理河道，開泇河，由畜河入泇口，抵夏鎮二百六十里，避黃河呂梁之險，爲漕渠永利，終兵部尙書，累加柱國少傅，卒年五十八，諡襄毅。有平播全書、治河奏疏、場居集。

李公神道碑（寶日堂初集15/39下）

長垣李公神道碑（蒼霞續草14/16）

兵部尙書李公碑（趙忠毅公文集11/6下）

李公墓誌銘（大泌山房集77/12下）

公祭李霖寰大司馬（遯菴文集×/126）

平播碑（大泌山房集111/17下）

播州用兵大略（辰華堂集10/9）

贈李霖寰詩冊序（弗告堂集22/1）

遼東奏議序（怡春堂逸稿1/76）

李少保詩序（大泌山房集19/12）

明史228/8下

父李棟（1532—1600）字良材。

李公暨配吳夫人合葬墓表（穀城山館文集27/1）

少保李太公暨元配吳夫人墓闕（來禽館集16/14下）

李允簡（1502—1551）字可大，融縣人。嘉靖中舉人，累官思州知府。嘉靖三十年，許保挾黑苗爲亂，參將石邦憲討之，許保突襲思州，刼執允簡以求厚賄。允簡乃傳語邦憲，令亟進兵，自投盤山關崖下，賊棄之去，思人舁還，至清浪衛而卒，年五十。

李君墓碑（震川先生集24/308下，國朝獻徵錄103/31）

明史200/21下

李永貞，直隸通州人。萬曆間爲坤寧宮內侍，犯法被繫十八年。光宗朝復執役坤寧宮，天啓間陞司禮秉筆，匝月五遷，與王體乾等共爲魏忠賢心腹。崇禎間以僞草李實奏伏誅。

明史305/28下

李永通字貫道，四川長寧人。天順四年進士，授翰林編修，累官侍講學士卒。

侍講學士李先生遺像贊（謝文莊公集5/9）

李玉（1369--1441）字孟輝，交河人。少代父戍營州，靖難兵起，歸附成祖從征有功。後扈從北征，屢以軍功陞中軍都督僉事，封新建伯，正統六年卒，年七十三。

李公墓誌銘（楊溥撰、皇明名臣琬琰錄15/11下）

李玉（1486—1536）字廷佩，號南樓，官六安衞千戶。善針灸，多奇效，兩京號神鍼李。兼善方劑，能使病痿者立起，嘉靖十五年卒，年五十一。

李南樓行狀（震川先生集25/320）
名山藏101/18下
明史299/19

李可大字汝化，河南杞縣人。精醫術，治病多奇中，官太醫院判，卒年六十九。

國朝獻徵錄78/34無名氏撰傳

李可登字思善，輝縣人。弘治末舉於鄉，嘉靖初爲兵部司務，以忠義自許，及爭大禮，廷杖死。

明史列傳72/10
明史192/22

李本，河南延津人。永樂二年進士，授兵科給事中，陞梧州府知府，遷知瑞州府，致仕卒。

掖垣人鑑7/24下

李本（1417—1485）字立之，號立菴，四川富順人。正統十三年進士，選庶吉士，授編修，晉侍讀學士，官至南京禮部尚書，卒年六十九。

李公神道碑（弇州山人續稿132/16）
禮部尙書李公祠堂記（二酉園文集 9/16下）
殿閣詞林記5/16
國朝獻徵錄36/14無名氏撰傳

母姚氏

李翰林母太孺人姚氏慶壽詩序（呂文懿公全集9/24下）

李右諫，號匡山，豐城人。天啓五年進士，擢御史，號敢言，崇禎中出按淮陽，時中官在外率橫恣，衆莫敢言，右諫獨列上太監楊顯名貪恣事狀，請並治其黨，被誣調他曹，後復官。

啓禎野乘4/39

李世祺字壽生，青浦人。天啓二年進士，授行人。崇禎間擢刑科給事中，言事甚切直，以劾大學士溫體仁、吳宗達等得罪去職。官終太僕寺卿，十七年卒。

明史258/17下

李世達字子成，號漸菴，涇陽人。嘉靖卅五年進士，萬曆間累官刑部尙書，劾治貴倖，執法不阿，改左都御史，與吏部尙書孫鑨同主京察，斥政府私人殆盡，卒謚敏肅。

送督漕中丞李公遷南京兵部亞卿序（朱大復文集22/11下）
贈南大司馬涇陽李公應大司寇召北上序（余學士集10/10）
宮保李公奏議序（穀城山館文集11/8）
御史大夫李敏肅公誄（焦氏澹園集34/5）
國朝獻徵錄54/123焦竑撰傳
明史列傳76/10下
明史220/12下

父李廷相（1489—1564）字君佐，號太朴。

李太朴公傳（馬文莊公集選8/18）

李旦字啓東，獻縣人。成化十七年進士，授刑部主事，以上書言事，謫鎭遠通判，未幾卒。

明史180/18下

李四維（1529--1597）字用張，號振庭，祥符人，夢陽孫。隆慶元年舉人，授高苑教諭，遷德平令，官至綿州知州，萬曆廿五年卒，年六十九。

李公墓誌銘（昭甫集14/13）

李以謙（1534--1586）字德光，號春臺，山東魚臺人。萬曆二年進士，授保定府推官，擢禮科給事中，議論持大體，侃侃諤諤不避權貴，遷戶科右，十四年卒官，年五十三。

李公墓誌銘（快獨集10/1）

掖垣人鑑16/24下

李用敬字仲學，號雲坡，山東益都人。嘉靖二十年進士，由知縣累擢兵科都給事中，時相嚴嵩忌言事者，用敬獨論劾無所畏避。既劾仇鸞，復疏救尙書張經，被廷杖落職。隆慶元年起戶科都給事中，歷光祿寺卿，以母喪歸。

掖垣人鑑14/15

李幼滋字元樹，號義河，應城人。嘉靖廿六年進士，授行人，擢刑科給事中，歷大理寺卿、戶部侍郎，累官至工部尙書，致仕卒。

贈少司徒李公考績序（賜閒堂集11/9下）

掖垣人鑑14/17

父李□，號漢涯，永淸知縣。

送李漢涯之永淸序（張太岳文集7/19）

壽漢涯李翁七十序（同上8/6下）

李仕魯字宗孔，濮人。洪武初詔求傳朱學者，郡吏以仕魯應，累官大理寺卿。帝好釋氏緇流，應對稱旨，輒擢大官，徒黨橫肆，讒毀大臣，仕魯章數十上，力爭不聽，因乞歸，遂得罪死。

明史列傳16/7

明史139/3

李冲字騰霄，河南安陽人。成化二年進士，除禮科給事中，以言事謫高唐州判官，仕終壽州知州。

掖垣人鑑10/9下

李汝相（1539—1610）字希說，號巖賓，臨邑人。萬曆八年進士，授隴西令，官至河南參議，卒年七十二。

李公行實（五品文稿2/1）

李汝華字茂夫，睢州人。萬曆八年進士，以右僉都御史巡撫南贛十四年，威惠甚著。積官戶部尙書，兼吏部，練達勤敏，立朝無黨阿。官戶部久，於國計贏縮，邊儲虛實，及鹽漕屯牧諸大政，皆殫心裁劑。歲比不登，意常主寬恤，獨加賦之議，不能力持，馴致萬方虛耗，內外交訌，天啓初致仕。卒諡恭敏。

明史220/24下

李汝燦字用章，南昌人。崇禎時爲刑科給事中，久旱求言，陳同天四要，極論財用政事之弊，帝怒，削籍歸。國變，衰絰北面哀號，作祈死文，尋卒。

明史258/21

李充嗣（1462—1528）字士修，號梧山，內江人。成化廿三年進士，正德中舉治行卓異，巡撫河南應天，皆有聲，進工部尙書，修蘇松水利。嘉靖間改南京兵部尙書，七年致仕，尋卒，年六十七，諡康和。有梧山集。

送大司馬梧山李公馳驛榮歸序（谿田文集2/73）

完全名節詩序（涇野先生文集5/13下）

國朝獻徵錄42/45李松撰行狀

四友齋叢說14/13下

明史列傳65/3

明史201/3

父李吉安字邦瑞，號愚菴，卒年八十二。

愚菴李公墓誌銘（東川劉文簡公集18/11下）

李充濁字澄之，號確齋，盧龍人，著籍永平。舉嘉靖五年進士，授葉縣令，選禮科給事中，陞都給事，官至貴州布政使。

掖垣人鑑13/23下

李至剛（1358—1427）名鋼，以字行，號敬齋，松江華亭人。洪武廿一年舉明經，授禮部郎中。成祖時爲右通政，與修太祖實錄，朝夕在帝左右，稱說洪武中事，甚見親信。陞禮部尙書，後以事坐繫十餘年。仁宗時爲左通政，爲言者所劾，出爲興化知府，卒於官，年七十。至剛爲人敏給，能治繁劇，善傅會，首發建都北平議，請禁言事者挾私，成祖從之。既得帝心，務爲佞諛，所建白多不用。

李至剛敬齋記（坦齋文集1/25）

國朝獻徵錄33/11楊士奇撰李公墓表

殿閣詞林記6/12

皇明世說新語4/10下，7/3

明史列傳28/2下

明史151/9

李匡字存翼，浙江黃巖人。宣德二年進士，累官僉都御史，歷巡撫四川、宣府，天順八年致仕。

送僉都御史李公歷秩序（敬軒薛先生文集16/1）

遊草堂記（同上19/3下）

李在字以政，雲南人。宣德時與戴進同直仁智殿，工畫人物山水。

圖繪寶鑑6/3下

李存文字應魁，號曲江，泰州人。嘉靖四十四年進士，選庶吉士，授吏科給事中，累遷湖廣參議，隆慶六年致仕。

掖垣人鑑15/3下

李朴字道原，號忍菴，山西代州人。以舉人授平涼通判，改開封。以捕盜爲職，募壯勇勤練習，謹巡邏，明賞罰，闔境肅然。陞翼州知州，正德十五年卒于官。

李君墓表（紫巖文集43/8下）

李朴字繼白，朝邑人。萬曆廿九年進士，由彰德推官入爲戶部郎中，以朝多朋黨，清流廢錮，疏請破奸黨錄遺賢，帝不能用。齊楚浙三黨勢盛，稍持議論者，群躁逐之，遂謫州同知。自後黨人益用事，遂以京察落職。天啓初起用，歷官參議卒。有調刁集、雪亭集、及疏稿。

明史列傳90/18

明史236/19

父李朝先字君寵。

李贈公家傳（大泌山房集70/28下，調刁集傳集/1）

弟李杜，號愬堂，禦倭把總。

李叔子傳（調刁集傳集/4）

李同芳字濟美，號晴原，崑山人。萬曆八年進士，授刑部主事，累官廣東按察使，所至有惠政。擢副都御史，巡撫山東致仕。嘗自錄其生平善績著視履類編。

吳郡張大復先生明人列傳稿×/125

父李棠，號漱石。

李翁墓表（弇州山人續稿126/1）

李光翰，河南新鄉人。弘治十二年進士，授南京戶科給事中。正德間以災異求言，光翰疏劾太監苗逵等，帝不省，既而削籍歸。後起知台州府，治行卓異。

明史183/6

李任，浙江永康人。從成祖起兵，累功擢遼東都指揮同知。宣德元年從征交阯，守昌江，黎利悉力攻之，任與指揮顧福死守九月餘，前後三十戰，糧竭力盡。賊入，猶率敢死士敗之。賊大至，自刎死。事聞，贈都督同知。

名山藏臣林記7/12下

國朝獻徵錄110/22無名氏撰傳

明史列傳23/14

明史154/13下

李如月，東莞人，永明王時御史。王駐安龍時，孫可望獲叛將陳邦傳父子，去其皮，傳屍至安龍，如月劾可望擅殺，而請加邦傳惡謚，以徵不忠，被杖除名。可望怒，執如月剝皮斷肢，實草皮內懸通衢。

明史279/27下

李如圭字國寶，號涔涯，灃州人。弘治十二年進士，授建昌知縣，改安福，有惠政。擢監察御史，時劉瑾擅政，謝病歸。後起廣西副使，累官至戶部尚書，嘉靖廿一年劾歸，廿四年卒。

代送李尚書序（方山薛先生全集14/4）

國朝獻徵錄29/56胡直撰傳

李如松字子茂，鐵嶺衛人，成梁長子。以父廕充寧遠伯勳衛。驍勇敢戰，少從父諳兵機。萬曆間討平哱拜，破倭冦平壤，授遼東總兵。廿六年土蠻來冦，如松率輕騎搗巢，中伏力戰死，謚忠烈。

明史列傳87/10

明史238/10

李如柏字子貞，如松弟。從父出塞有功，歷薊鎮副總兵，進貴州總兵官。改鎮寧夏，破著力兎，進右都督，以疾歸。家居二十年，復以故官鎮遼東。父兄故部曲，已無復存，如柏暨諸弟放情酒色，中情恇怯，爲清兵所敗，言者論劾不已，遂自裁。

明史列傳87/14下

明史238/14

李如梅字子清，如樟弟。代兄如松爲遼東總兵官，坐擁兵畏敵劾罷。成梁諸子，如松最果敢有父風，其次如梅，然躁動非大將才，獨楊鎬深信之，後復倚其兄如柏，卒以致敗。

明史列傳87/17

明史238/16下

李如楨，如柏弟。以廕爲指揮使，並在錦衣，列環衛者四十年，雖將家子，然未列行陣，不知兵。後鎮遼東，屯瀋陽，清兵至，如楨擁兵不敢救，爲言官所劾，免死充軍。

明史列傳87/16

明史238/15下

李如樟，如楨弟。以父廕爲都指揮僉事，從兄如松征寧夏，先登有功，歷廣西延綏總兵官。

明史列傳87/17

明史238/16

李向中字立齋，鍾祥人。崇禎十三年進士，授長興知縣。福王時歷蘇松兵備副使，唐王以爲尙寶卿。魯王監國，進兵部尙書。舟山破，淸帥召之不赴，發兵捕之，向中以衰絰見，死之。

李公事狀（鮚埼亭集外編9/3下）

明史277/11下

李自成，米脂人。幼牧羊邑大姓艾氏，長充銀川驛卒，鬬很無賴。崇禎初從其舅馬賊高迎祥爲裨將，迎祥死，賊衆推爲闖王，聲勢漸大。所過城邑，焚掠屠戮至慘。崇禎末稱王於西安，僭號大順，率衆東趨，所至皆破，遂陷京城，莊烈帝自縊死。吳三桂引兵入關，自成西走，淸兵追之，竄於九宮山，爲村民所困，自縊死。

明史309/2下

李先芳（1511—1594）字伯承，初號東岱，更號北山，監利人，寄籍濮州。嘉靖廿六年進士，官至尙寶司少卿，卒年八十四。有讀詩私記、江右詩稿、李氏山房詩選、東岱山房稿、淸平閣集等。

送同年北山李君令新喻序（李文定公貽安堂集4/39下）

濮陽李公行狀（來禽館集19/38下，國朝獻徵錄77/40）

李公墓誌銘（穀城山館文集21/1，國朝獻徵錄77/38）

祭李伯承尙寶文（弇州山人續稿155/3下）

東岱山房集序（二酉園續稿4/23下）

李汶（1536—1609）字宗齊，號次溪，任丘人。嘉靖四十一年進士，授工部主事，歷右都御史總督陝西，劾罷將帥不任戰者，汰尺籍，歲省費十餘萬。官至兵部尙書協理戎政，卒年七十四。

送司馬中丞次溪李公奉召入理京營序（溫恭毅公文集7/14）

贈少傅大司馬李公序（大泌山房集44/2下）

李公墓志銘（蒼霞續草11/11）

李沂字景魯，嘉魚人。萬曆十四年進士，歷吏科給事中，中官張鯨肆橫，沂疏言陛下往年罪馮保，近日逐宋坤，鯨之惡百於保而萬於坤，流傳謂鯨廣獻金寶，多方請乞，虧損聖德，夫豈淺鮮。帝震怒，杖六十，斥爲民，家居十八年，未召而卒。光宗立，贈光祿少卿。有中秘草。

明史列傳83/5下

明史234/6下

李良（1418—1491）字秉忠，河南偃師人。幼以罪入禁中，選侍英宗于青宮。英宗復辟，累擢御馬監太監兼司禮監事，提督宣府順聖川馬政。成化中鎭守遼東，弘治四年卒，年七十四。

御馬監太監李公墓誌銘（徐文靖公謙齋集5/49下）

李良（1435—1490）字堯臣，吳郡嘉定人。成化五年進士，授南京刑部主事，陞郎中，出知瑞州府，爲政體約而要，卒年五十六。有儁軒集。

李公碑文（迪功集6/16，國朝獻徵錄87/19）

李良（1511—1561）字遂伯，號麟山，

長清人。嘉靖八年進士，授漢中府推官，歷河南參政，累陞右僉都御史巡撫宣府，上奏疏數十，咸切肯綮，卒年五十一。

國朝獻徵錄63/91張鼎文撰李公墓誌銘

李言恭字惟寅，號青蓮居士，盱眙人，景隆七世孫。萬曆三年襲爵臨淮侯，守備南京。好學能詩，折節寒素，有貝葉齋稿傳世。

贈李惟寅襲臨淮侯序（王奉常集5/2下）
青蓮閣集序（大泌山房集19/6下）
李臨淮青蓮貝葉二稿序（少室山房類稿82/8下）
貝葉齋稿序（白榆集1/5下）

李玘（1500—1544）字文甫，號石沙，南豐人。嘉靖八年進士，授刑部主事，執法剛明。時湛若水以道學立門戶，或勸從之遊。玘曰，吾爲學知有君臣父子兄弟朋友，不知有其他。屢官貴州副使，以忤權貴調官歸，以詩文自娛，嘉靖廿三年染疫癘卒，年四十五。

李公墓誌銘（桂洲文集49/30）

李孜省，南昌人，以布政司吏待選京師。憲宗好方術，孜省學五雷法，厚結中官梁芳等，以符籙進，授上林苑監丞。益献淫邪方術，漸干預政事，縉紳進退，多出其口，累擢禮部侍郎。孝宗立，下詔獄，瘐死。

四友齋叢說7/10下
皇明名臣墓銘艮集61國史實錄
明史307/7下

李材字孟誠，號見羅，豐城人，遂子。嘉靖四十一年進士，授刑部主事。隆慶間歷官雲南按察使，數破倭寇，收孟養、蠻莫兩土司以制緬甸，以功擢右僉都御史。會有言材虛張功伐，詔下獄，後戍鎭海衞。材所至聚徒講學，學者稱見羅先生。有李見羅書、將將紀、觀我堂摘稿、正學堂稿。

祭李見羅先生（鹽蘖閣集6/44）
祭李見羅老師文（謝耳伯先生初集13/1）
學聞錄序(高子遺書9/23下）
李見羅先生集序（顧端文公集6/22）
明史227/5下
明儒學案31/2

李成名字寰知，太原衞人。萬曆三十二年進士，擢吏科給事中，疏陳銓政失平。吏部侍郎方從哲中旨起官，抗疏劾之，並及其子恣橫狀。時黨人日攻東林，遂移疾歸。天啓間巡撫南贛，崇禎初拜戶部左侍郎，專理邊餉，京師戒嚴，帝召對平臺，區畫兵事甚悉，數月而罷，卒於家。

明史242/11下

李成梁（1526—1615）字汝契，朝鮮人，世爲鐵嶺衞指揮僉事。英毅驍健，有大將才。萬曆初累官遼東左都督，其始銳意封拜，師出必捷，威震絕域。貴極而驕，奢侈無度，以乾沒之資輸權門，爲之左右。去遼十年，邊備益弛，乃命再鎭遼東，叙勞加太傅，卒年九十。

擬諭遼東總兵李成梁（倏藍堂集4/10下）
贈李大將軍封寧遠伯序（寶菴集9/7）
明史列傳87/1
明史238/1

李志學（1470—1523）字遜卿，號雲匡子，河南通許人。正德三年進士，選庶吉士，授兵部主事，累官衢州知府，卒年五十四。

李君墓誌銘（空同子集45/11下）
李氏族譜序（顧文康公文草5/39）
父李榮（1414—1485）字邁春，官淮府典寶。
李公墓表（顧文康公文草6/13）

李壯丁，安定人。嘉靖中北寇入犯，從父母奔避山谷，遇賊縛母去，壯丁取石奮擊，母得脫。前行，復遇五賊，一賊縛其母，母大呼曰，兒速去，毋顧我。壯丁憤，手提鐵器擊仆賊，母得逃，而壯丁竟爲賊所殺。

明史297/11

李伯嶼（1406—1473）字君美，上海人。宣德元年舉人，歷桐廬山陰訓導，累陞淮府左長史，嘗輯文翰類選行世，卒年六十八。

國朝獻徵錄105/34郡志本傳

李佐（1430—1500）字廷相，號梅屋，青縣人。天順元年進士，授知徽州，遷漢中知府，以受誣求退，隱居林下卅餘年，卒年七十一。

李公墓表（鮑翁家藏集74/11）

李祐字吉甫，清平人。嘉靖廿六年進士，歷官江右副使，數敗賊，進右参政，偕總兵官俞大猷大破劇賊李亞元。四十五年以僉都御史巡撫廣東，屢敗海寇林消乾、山寇張道南等。隆慶二年被劾罷歸。

送中丞培竹李公巡撫廣東序（龍津原集3/38下）

明史222/5下

李希孔字子鑄，三水人。萬曆三十八年進士，授中書舍人，擢南京御史，累有陳劾。泰昌初陳時政七事，天啓初上折邪議以定兩朝實錄疏，又請出客氏於外，請誅崔文昇。忌者甚衆，指爲東林黨。未幾卒於官。

明史246/11

李希顏，號愚菴，郟人。隱居不仕，太祖徵爲諸王師，規範嚴峻，諸王有弗若教者，或擊其額。擢左春坊右贊善。諸王就藩，希顏歸隱。宴集常著緋袍戴笠，客問故，笑曰，笠、本質，緋、君賜也。

國朝獻徵錄19/51王尙絅撰李公墓碑銘

明史列傳12/22

明史137/8下

李希顏，山西臨晉人，儒士。洪武十七年以薦授工科給事中，陞尙寶司丞。

掖垣人鑑9/8下

李希顏字原復，松江華亭人。弘治六年進士，累官雲南按察使，卒於官。爲人公正剛方，爲顧清所重。

四友齋叢說17/1

李廷相（1481—1544）字夢弼，號蒲汀，濮州人，瓚子。弘治十五年進士，累官南京戶部尙書。好藏書，年六十四卒，謚文敏。有南銓稿。

贈蒲汀李公考績序（涇野先生文集7/47下）

南行錄引（古菴毛先生集4/43）

李公神道碑（鈐山堂集35/4）

蒲汀李尙書傳（李中麓閒居集10/6，國朝獻徵錄29/41）

祭蒲汀文敏公文（崔東洲集20/6下）

代祭李蒲汀尙書文（甖山集10/65下）

李公墓表（于愼行撰、國朝獻徵錄29/39）

李廷儀字國瞻，號東霍，山西霍州人。隆慶五年進士，歷洛川知縣，選兵科給事中，累陞工科都給事中，擢河南右參政。

掖垣人鑑16/12下

李廷機字爾張，號九我，晉江人。萬曆十一年進士，累官禮部尙書，入參機務，遇事有執，性廉潔，然刻深偏愎，不諳大體。言路以其與申時行、沈一貫輩密相授受，交章逐之，遂乞休，卒謚文節。有李文節集傳世。

贈宮諭李君主考應天還朝序（快雪堂集5/5下）

祭李九我相公（遯菴文集×/124）

李文節公文集序（蒼霞餘草5/4）

國朝獻徵錄17/210李廷機自狀

明史217/15下

李邦佐（1531—1587）字治卿，號文岡，陳留人。嘉靖四十四年進士，知濬縣，選禮科給事中，歷知順德、臨洮府，萬曆九年以失權貴意，罷爲民，卒年五十七。

李公暨配常氏合葬墓誌銘（澂秋堂文集14/17）

掖垣人鑑16/4

李邦華字孟闇，一字懋明，吉水人。萬曆卅二年進士，授御史，以敢言聞，性好別黑白，以僉都御史巡撫山東。崇禎初爲兵部侍郎，銳意清釐，戎政大飭，尋罷職。後起爲左都御史。李自成陷京師，縊於文信國祠，謚忠文。

啓禎野乘12,1

天啓崇禎兩朝遺詩傳3/93

明史265/10

李邦義字宜之，號喩齋，廣東連州人。嘉靖卅五年進士，授上虞知縣，歷戶科都給事中，擢順天府丞，累官太常寺少卿，隆慶三年以疾請歸。

掖垣人鑑14/42

李性，河南禹州人。永樂六年舉人，宣德二年由陝西鄜州學正陞禮科給事中，仕終台州知府。

掖垣人鑑6/19

李宗樞（1497—1544）字子西，號石疊，富平人。嘉靖二年進士，授諸城令，擢御史，累遷右僉都御史，卒於官，年四十八。

石疊李公恭人王氏合葬墓志銘（渭上稿23/3）

李公墓表（同上21/14下）

國朝獻徵錄63/86喬世寧撰李公傳

李宗魯字惟誠，號得軒，漢陽人。萬曆二年進士，授中書舍人，選兵科給事中，歷廣西僉事免官。

掖垣人鑑16/18下

李長字復之，縉雲人。正德六年進士，授新昌知縣，擢戶科給事中，以言事降福寧州判官。

掖垣人鑑12/30下

李長庚字酉卿，麻城人。萬曆二十三年進士，授戶部主事，歷江西左右布政使，所在勵清操。擢副都御史，巡撫山東，盡心荒政，民賴以蘇。旋爲戶部左侍郎，出督遼餉，百務坌集，長庚悉辦治。崇禎間歷吏部尚書，以忤溫體仁斥爲民。十七年卒。

明史256/8

李長春（1545—1607）字元甫，號棠軒，四川富順人，方至子。隆慶二年進士，選庶吉士，授編修，歷國子祭酒，累官禮部尚書。卒年六十三。

贈宮諭棠軒李年丈典試還朝序（田亭草3/26）

賀大司成棠軒李公敘（穀城山館文集3/10）

賀宗伯棠軒李公三載考績序（紫園草4/5）

壽大宗伯棠軒李公六十敘（穀城山館文集8/8）

棠軒李公墓誌銘（蒼霞續草10/7）

棠軒李公傳（寶日堂初集15/57下）

祭李棠軒宗伯文（朱文懿公文集12/4）

祭李棠軒宗伯（怡春堂逸稿2/74）

李承式（1528—1605）字敬甫，又字之義，號見衡，雲中人。嘉靖卅五年進士，授錢塘知縣，官至山東右布政使，卒年七十八。

李公洎配郭夫人行狀（快雪堂集18/1）

祭李年伯見衡文（同上21/9）

李方伯家傳（大泌山房集67/7）

李承芳（1450—1502）字茂卿，號東嶠居士，嘉魚人。弘治三年進士，授大理評事，陞寺副，以疾辭歸，卒年五十三。有東嶠集。

李公行狀（李承箕撰、皇明名臣墓銘震集5，國朝獻徵錄68/98）

李公墓表（王文恪公集26/5下）

明史283/2下

李承勛（1473—1531）字立卿，嘉魚人。弘治六年進士，授太湖知縣。正德間歷副都御史巡撫遼東，時邊備久弛，牆堡墩臺，圮廢殆盡，承勛疏請修築。會世宗立，發帑銀四十萬兩，承勛身負畚鍤先士卒，招逋逃，開屯田。累官兵部尚書，卒年五十九，謚康惠。

祭兵部尚書李公文（王氏家藏集32/17下）

徐氏海隅集外編41/21下

吾學編38/28下

名卿績紀2/16下

聖朝名世考3/118下

國朝獻徵錄39/24無名氏撰傳

皇明書26/5下

名山藏臣林記18/43下

明史列傳64/10下

明史199/9下

李承箕（1452—1505）字世卿，號大厓，嘉魚人，承芳弟。成化廿二年舉人，師陳獻章，久之有所悟，歸隱黃公山不復仕。與兄承芳皆好學，稱嘉魚二李，弘治十八年卒，年五十四，有大厓集。

送李世卿還嘉魚序（白沙子全集1/17）

大厓李先生墓表（王文恪公集26/15下，國朝獻徵錄114/31）

李大厓先生祠堂記（楊復所家藏文集4/34）

删大厓集（洹詞5/4下）

名山藏83/20

明史283/2下

李孟暘（1432－1509）字時雍，號南岡，河南睢州人。成化八年進士，授戶科給事中，累官南京工部尚書，正德初致仕，卒年七十八。有南岡吟稿。

國朝獻徵錄52/17劉玉撰李公墓誌銘

掖垣人鑑10/15下

李東華字景曉，號暘池，豐城人。嘉靖卅二年進士，授太常博士，擢工科給事中，屢陞禮科都給事中，四十年卒於官。

掖垣人鑑14/30

父李抑齋

賀李封君抑齋先生七十序（石泉山房文集8/35）

李東陽（1447—1516）字賓之，號西涯，茶陵人。天順八年進士，授編修，弘治八年累進文淵閣大學士，預機務，多所匡正，受顧命，輔翼武宗。立朝五十年，清節不渝，以吏部尚書兼華蓋殿大學士致仕。當劉瑾用事時，東陽潛移默禦，保全善類，而氣節之士多非之。正德十一年卒，年七十，謚文正。東陽爲文典雅流麗，工篆隸書，自明興以來，宰臣以文章領袖縉紳者，楊士奇之後，東陽一人而已。有燕對錄、懷麓堂集、及詩話。

壽西涯李公七裘詩序（紫巖文集21/1）

奉壽少師西涯先生李公七十詩序（整菴先生存稿7/17下）

涯翁先生七十壽辭（泉齋勿藥集9/1）

祭先師文正公文（同上8/2）

代祭涯翁文正李公文（湘皋集33/6）

祭太師涯翁李文正公（見素集27/7下）

祭涯翁李公先生文（喬莊簡公集9/8）

祭西涯李文正公文二篇（張文定公環碧堂集9/13）

祭太師李文正公墓文（何文簡公集14/13）

奠西涯先生文（石龍集27/5）

李文正公小像贊（容春堂集21/7下）

東園看月詩序（竹澗文集6/15下）

李文正公懷麓堂祝文（紫園草11/6下）

李文正公懷麓堂續藁序（泉齋勿藥集3/1下）

西涯遺意錄序（匏翁家藏集41/8下）

書李文正公遺墨後（何文簡公集18/29）

跋毛氏家藏涯翁卷（同上18/31下）

國朝獻徵錄14/37楊一淸撰李公墓誌，又14/43實錄本傳

李文正公年譜二卷、明崔傑撰、清嘉慶間刊懷麓堂集附錄本

李文正公年譜一卷、清朱景英撰、清嘉慶間刊懷麓堂集附錄本

李文正公年譜七卷、清法式善撰、清嘉慶間刊懷麓堂集附錄本

殿閣詞林記2/16

徐氏海隅集外編41/17

四友齋叢說8/3，8/4，8/7下，23/13下，26/2

皇明經濟名臣錄5/7下，6/17

國琛集下/19下

吾學編51/1

皇明世說新語1/30，2/3下，2/18下，2/19下，4/6，4/22，4/25下，4/26下，5/1下，6/25，7/11下，7/13下，7/26下，8/9下，8/24下，8/26，8/28，8/32，

皇明書17/18

名山藏臣林記15/24

明史列傳50/16下

明史181/16下

父李淳，號憩菴。

壽憩菴李先生詩序（青谿漫稿18/19）

母麻氏

壽麻太夫人九十叙（見素續集7/15下）

麻氏行狀（何文簡公集13/35下）

李坦（1492—1536）字公循，號濡濱，任丘人，時子。舉正德十六年進士，授戶部主事，陞員外郎，督理易州軍儲，沿邊軍民愛戴之。累官光祿寺少卿，卒年四十五（按墓表作名「旦」，玆從進士登科考）。

李君墓表（張文定公甔悔軒集11/1）

李杲，字孟寅，宜興人，履子。舉進士，授南京吏部主事，方嚴勤敏，志於古學，惜早卒。

毘陵人品記8/1下

李旻字子暘，號東崖，錢塘人。成化二十年進士第一，授修撰，歷國子祭酒，明習典禮，仕終吏部侍郎，正德四年卒。

送太常少卿李公考績詩序（整菴先生存稿4/6）

狀元圖考2/28下

國朝獻徵錄27/53無名氏撰傳

李旻 (1431—1508) 字志遠，號坦拙，上元人。成化五年進士，授翰林檢討，侍沂穆王。王卒，遷南京禮科給事中，陞浙江參議，終太平知府，卒年七十八。有坦拙稿、謫居集。

送李給事中之南京序（東海張先生文集1/5下）

李公墓誌銘（柴墟文集9/9，國朝獻徵錄101/75）

披垣人鑑10/26

李昌祺 (1376—1452) 名禎，以字行，廬陵人。永樂二年進士，選庶吉士，預修永樂大典，僻書疑事，人多就質。歷廣西河南左布政使，並有惠政，致仕二十餘年，屏跡不入公府，伏臘不充，故廬裁蔽風雨，卒年七十七。有運甓漫稿。

送李布政赴任詩序（王文端公文集17/2）

李公墓碑銘（錢習禮撰、皇明名臣琬琰錄24/14，國朝獻徵錄92/1）

水東日記14/3下

明史列傳33/1

明史161/3下

父李撲（1347—1421）字伯奏，業醫。有盤洲漁唱稿、永言集。

盤洲李處士墓誌銘（楊文敏公集24/11）

李昌齡字玉川，鎮番衛人。歷官延綏總兵官，數有功，以剛直罷，徙居楡林。崇禎十六年李自成寇楡林，或勸之去，昌齡曰，賊至而遁，非勇也，見難而避，非義也。偕尤世威等共守城，城破被執，縛送西安，自成欲降之，不屈死。

明史269/23

李昂 (1434—1492) 字文舉，仁和人。景泰五年進士，授工部主事，陞知青州，有惠政。尋擢右副都御史巡撫江西，改督漕運，創開康濟等河，濬安平河諸源，未幾卒，年五十九。昂通達經典，諳練時務，晚尤工詩詞，有文集及奏議。

李公神道碑銘（徐文靖公謙齋集8/3）

國朝獻徵錄59/31無名氏撰傳

李昆 (1471—1532) 字承裕，號東岡，高密人，介子。弘治三年進士，歷禮部主事，彊直敢言，正德初群小用事，請黜邪枉，進忠直，杜宦戚請乞，節中外侈費，皆不報。累官兵部左侍郎，以疾致仕，卒年六十二。有東岡小稿。

東岡問（息園存稿文7/24）

東岡詩集序（石龍集11/15下）

李公墓碑銘（毛紀撰、皇明名臣墓銘兌集11，國朝獻徵錄40/28）

明史185/13

李昇字仲高，上海人。永樂十三年進士，官工科給事中。

披垣人鑑9/20

李忠臣，永寧人。歷官松潘參政，罷歸家居。天啓初奢崇明反，永寧陷於賊，忠臣募死士，密約總兵官楊愈懋，令以大兵薄城，已爲內應。事洩，合門遇害。

明史290/10

李芳，潁上人。永樂十三年進士，歷工科給事中，宣宗數御便殿，與大臣議事，芳言洪武中大臣面議時政，必給事中二人與俱，請復其舊，帝是之。芳輒自矜，百司所爲，少不如意，卽詣帝前奏之。後黜爲海鹽丞，棄官歸。

披垣人鑑9/20下

明史308/10

李叔正，初名宗頤，以字行，改字克正，靖安人。年十二能詩，長益淹博，爲江西十才子之一。洪武初以薦爲學正，累官禮部尚書，所歷多稱職。

國朝獻徵錄33/6黃佐撰傳

明史列傳13/12下

明史137/15下

李卑字侍平，楡林人。天啓間官山海關游擊，坐事罷歸。崇禎間討延慶回賊有功，起延安參將，累擢臨洮總兵官，討賊湖廣，盧象昇方倚辦賊，遽以疾卒。卑善持紀律，所至安堵，爲人有器度，當倉猝，鎭靜如常。

明史269/3下

李秉，直隸潁上人。國子生，宣德八年除戶科給事中，正統五年陞知河南汝寧府。

掖垣人鑑5/18下

李秉字執中，山東曹縣人。正統元年進士，景泰三年擢右僉都御史，參贊軍務，旋兼理巡撫事。憲宗立，累拜左都御史，自遼東抵大同，整飭邊備，未幾命爲總督，出塞大捷，賜麒麟服，進吏部尙書。秉誠心直道，夷險一節，與王竑並負重望。弘治二年卒，諡襄敏。

巡撫宣府十二公傳（涇野先生文集34/7下）
水東日記34/5
守溪筆記×/17
吾學編42/1
國朝獻徵錄24/42曹州志傳
皇明世說新語3/21下，3/26下
皇明書21/26
名山藏臣林記10/14下
明史177/12下

李秉彝字好德，崑山人，著籍大興。景泰二年進士，除吏科給事中，陞吏科右，以憂歸卒。

掖垣人鑑4/8下

李念字惟克，號松石，山西平定人。嘉靖十四年進士，授錢塘知縣，擢刑科給事中，陞知歸德府，免官歸。

掖垣人鑑13/49

李侃（1407—1485）字希正，東安人。正統七年進士，授戶科給事中，矯抗有直聲。景泰中廷議易儲，大臣唯唯，侃泣諫。天順間累陞右僉都御史巡撫山西，力振風紀，貪墨屏跡。以母喪歸，軍民擁留至不得行，家居十餘年卒，年七十九。

掖垣人鑑5/4
國朝獻徵錄63/11實錄本傳
明史列傳36/17下
明史159/12

父李東（1370—1457）字方曙。

李先生墓表（王文端公文集36/18下）

李佾（1445—1512）字宗岳，山西樂平人。成化廿三年進士，授南京刑科給事中，歷南光祿少卿，正德三年擢太僕寺少卿。時劉瑾擅政，未任勒致仕。瑾誅，起補陝西右參政，卒於官，年六十八。

李公墓誌銘（博趣齋稿19/141下，國朝獻徵錄94/10）

父李寧（1413—1511）字仲元。

李公墓誌銘（博趣齋稿19/137）

李和字本中，安陽人。天順元年進士，除吏科給事中，累陞都給事，遷通政司參議，官至南京戶科右侍郎。

掖垣人鑑4/6下
國朝獻徵錄32/8無名氏撰傳

李采菲（1523—1595）字君采，號臨江，河間人。嘉靖四十四年進士，授行人，累官山西巡撫，卒年六十三。

李公墓誌銘（淡然軒集6/48，國朝獻徵錄62/115）

李昶（1363—1431）字文煒，涇陽人。洪武廿九年舉鄉薦入國學，擢戶部郎中。永樂初肇建北京，以薦特陞行部右侍郎，調度有方，規畫有法。及扈從北征，董運糧餉，而無匱乏，其力居多，終戶部尙書，宣德六年卒於官，年六十九。

李公墓誌銘（楊文敏公集21/19下，國朝獻徵錄28/26）

李恒茂，邢臺人。爲禮科給事中，劾龍侍郎扶克儉等，皆不附魏忠賢者。與李魯生、李蕃日走吏兵二部，交通請託。時人爲之語曰，官要起，問三李，後爲御史鄒漪祚劾罷。

明史306/34

李珏（1481—1549）字廷重，號後菴，開縣人。弘治十八年進士，授長洲知縣，歷右僉都御史巡撫甘肅，以事謫戍潯州。嘉靖廿一年虜陷雁門，召以原職提督雁門等關兼巡撫山西，至日卽行視關隘，定戰守之策，虜不敢南犯，官至大理卿，致仕卒，年六十九。

贈李公往治甘肅（對山集12/18）
送大廷尉後菴李公致仕（歐陽南野文集22/10）
李公墓表（端溪先生集6/5下）
李公墓誌銘（許成名撰、皇明名臣墓銘兌集61，國朝獻徵錄63/30）

父李誠（1441—1495）字以誠。

李君暨三配合葬銘（泉齋勿藥集5/24）

李珊字敬孚，號慎菴，衡州人。嘉靖十七年進士，授常州推官，遷戶科給事中，陞工科都給事，累官應天府尹，奈問同籍。

掖垣人鑑14/2

父李□、號柘山

封君柘山李先生六十有四壽敘（自知堂集8/19下）

李春字景陽，無爲人。正統元年進士，官兵科給事中，有直聲，轉福建參議。汀盜起，春親抵巢穴諭降，進江西左參政，撫諸洞反側，歷兩藩，俱著聲績。

掖垣人鑑7/30下

李春（1409—1483）字遇時，號竹素，山東丘縣人。正統三年舉人，卒業太學，選南京刑科給事中，調北禮科，陞都給事，歷雲南布政使，進禮部侍郎，調南京工部致仕，卒年七十五。

國朝獻徵錄53/2周洪謨撰李公墓志

掖垣人鑑6/5

李春芳（1510—1584）字子實，號石麓，興化人。嘉靖廿六年進士第一，以修撰超擢翰林學士，累官禮部尚書，參預機務。性恭慎，居政府，持論平恕，不事操切，時人比之李時，才力不及，而廉潔過之。隆慶初爲首輔，益務以安靜，進吏部尚書，卒年七十五，謚文定。有貽安堂集。

壽石麓李相公六十序（長水先生文鈔13/1）

元輔李相公六十壽序（大鄣山人集15/3）

壽石麓李公序（方麓居士集4/11）

少師李公壽序（大泌山房集27/11）

石麓李公暨配徐氏行狀（李文節集19/1）

李公神道碑銘（賜閒堂集21/21）

李公暨配徐氏墓誌銘（許文穆公集5/45下）

祭太師李文定公文（弇州山人續稿153/4）

祭李石麓閣老文（白榆集20/13）

淮南李氏祠堂記（賴眞草堂文集19/17下）

太師李文定公文集敘（穀城山館文集10/16）

李文定集序（大泌山房集10/3）

李文定公傳（王世貞撰、嘉靖以來內閣首輔傳5/22，國朝獻徵錄16/117下）

李文定公傳（王錫爵撰、國朝獻徵錄16/113）

狀元圖考3/14下

明史列傳62/20

明史193/12下

父李鏜字允讓。

壽李封君序（方麓居士集3/7）

封翰林修撰允讓李公雙壽序（山帶閣集27/11）

子李茂功，號健齋。

贈計部大夫健齋李君出守興化序（李長卿集4/3下）

李春芳字元實，號鳳岡，山西沁水人。嘉靖卅二年進士，授盩厔知縣，選兵科給事中，歷陞刑科左，隆慶元年以疾歸。

掖垣人鑑14/31下

李春熙（1563—1620）字皡如，號泰階，建寧人。萬曆廿六年進士，官至南京戶部郎中，卒年五十八。有玄居集。

李君墓誌銘（崇相集6/28）

李奎（1389—1457）字文曜，號九川，江西弋陽人。永樂十年進士，授湖廣教諭，累陞南京國子學錄。正統二年擢御史，巡按蘇松諸郡，法令嚴明。官至大理寺右少卿，以疾致仕，卒年六十九。

送大理寺右少卿李君序（尋樂習先生文集12/2）

鷗波亭記（韓襄毅公家藏文集9/9）

再宿蓮塘唱和詩序（同上11/24）

皇明名臣墓銘坎集57李賢撰李公墓碑

國朝獻徵錄68/59吳佐撰傳

李奎字伯文，號珠山，歸安人。起家刀筆，官錦衣從事。長於詩，與李攀龍、徐中行、謝榛爲詩社，共唱和。著有閩中、遊燕諸稿。卒年八十二。

明詩人李珠山先生墓誌銘（茅鹿門先生文集24/12）

李郁，河南洛陽人。洪武廿九年舉人，永樂中歷邛縣訓導，選工科給事中，官至兵部右侍郎。

掖垣人鑑6/15下

李奎（1390—1462）字時珍，蒙陰人。宣德二年進士，授行人，擢御史，務持風裁，糾舉不避權要，人號鐵板。陞陝西參議，致仕卒，年七十三。

國朝獻徵錄94/27無撰人李公墓表

李建泰字復余，號括蒼，曲沃人。天啓五年進士，選庶吉士，授編修，累遷吏部右侍郎兼東閣大學士，崇禎末督師西剿流寇。京師陷，遂降賊。清順治間起授弘文院大學士，坐事罷歸。姜瓖反大同，建泰據太平遙應，爲清軍所攻迫降伏誅。

五十輔臣傳4/29

明史253/21

李英，西番人，爲西寧衛指揮僉事。永樂間討叛番有功，進都指揮僉事。番僧張答里麻肆惡十餘年，英發其事，磔死。仁宗命討安定曲先，有功。宣宗朝擢右府左都督，進封會寧伯。恃功而驕，所爲多不法，下獄論死，尋釋之。

吾學編19/50

皇明功臣封爵考6/67

明史列傳31/6

明史156/6

父李南哥（1338—1430），官指揮僉事，贈封會寧伯。

李公墓誌銘（金文靖公集9/27）

李英字尚賢，四川蓬溪人。正統十三年進士，除兵科給事中，累官貴州參議。

披垣人鑑7/32

李英字士奇，河南祥符人。景泰七年舉人，授鳳翔府學訓導，歷知昌邑、朝邑，皆有善政，民立去思碑，終知乾州，卒於官，年五十四。

國朝獻徵錄94/128祥符文獻志傳

李英，邳州人。家貧，力作以養母。母病，嚐其糞甜，大憂懼。及母喪，廬墓三年。

皇明書41/1下

李茂（1406—1460）字茂尊，吉水人。正統四年進士，擢大理評事，讞獄平恕有聲，陞寺丞，屢官至左少卿，卒年五十五。

李公墓誌銘（李賢撰、皇明名臣墓銘坎集60）

國朝獻徵錄68/61實錄本傳

李茂弘字用受，黃岩人。永樂十三年進士，正統間官吏部考功郎，爲人恬淡，有識見，與人寡合，不樂仕進，致事歸。

送吏部員外郎李君用受致事還黃巖序（芳洲文集3/42）

國琛集上/31下

李茂材（1534—1606）子仲達，號容齋，興化人，春芳子。以廕累官太常少卿，卒年七十三。

李公元配袁恭人合葬墓志銘（嬾眞草堂文集22/24下）

李茂春字蔚元，號槐墅，杞縣人。萬曆八年進士，累官山西參政。有鹽梅志。

送李槐墅憲使歸田序（句注山房集11/14）

兵憲李公生祠記（同上19/6）

李若星字紫垣，息縣人。萬曆三十二年進士，擢御史，首劾南京兵部尚書黃克瓚，巡視庫藏，陳蠹國病商四弊。天啓間巡撫甘肅，陛辭，發魏忠賢、客氏之奸，以譴去職。崇禎間總督川湖雲貴軍務，兼巡撫貴州，討安位餘孽安隴璧及苗仲諸賊，皆有功，解職歸。桂王召爲吏部尚書，未赴。遭亂死於兵。

明史248/4下

李杲（1430—1493）字明遠，其先西陲人，家於西寧。年十二襲職錦衣衛指揮同知，進都指揮使，屢陞右軍都督府都督僉事，卒年六十四。

贈都督李公承恩展墓西還詩序（篁墩程先生文集25/1）

李公墓誌銘（同上46/13下，又國朝獻徵錄103/25）

李冞字光遠，號柯耕，浙江西安人，官禮部司務。善畫松竹，工楷書。

圖繪寶鑑6/9

李昱字文昭，號愼齋，潞州人。宣德十年舉人，卒業太學，授光祿寺署丞。正統十四年扈從北征，陷入虜，不屈遇害。

李公墓表（劉龍撰、皇明名臣墓銘坎集10，國朝獻徵錄71/25）

李貞佐字無欲，安邑人。少受業曹于汴之門，以學行著。舉鄉薦，授知郟縣。崇禎十五年李自成寇城，貞佐集衆死守，城陷被執，大罵不屈，賊割其舌，支解而死。

明史293/13下

李思齊（1323--1374）字世賢，羅山人。元末與察罕同起義兵，擢四川行省右丞，封邠國公，察罕死，擴廓總軍事，以檄檄思齊，思齊怒，連兵拒擴廓。洪武初歸太祖，擢中書平章事，遣往招諭擴廓，至則待以禮，尋使騎士送之歸，至塞下辭曰，主帥有命，願留一物爲別。思齊曰，吾遠來無所齎。騎士曰，願得公一臂，思齊知不免，遂斷與之。卒年五十二。

李公權厝誌（宋學士文集27/231）

國朝獻徵錄11/20黃金撰傳

明史列傳2/17

李思誠，興化人，春芳孫。天啓六年歷官禮部尚書，尋罷。崇禎初坐頌璫閑住。

明史193/13下

李紀（1441--1515）字朝振，潞州人。成化元年舉人，授故城知縣，歷臨洮知府，累官福建都轉運使，卒年七十五。

送李朝振序（博趣齋稿15/95）

李公墓志（何大復集24/6下，國朝獻徵錄104/27）

李紀（1463—1528）字維之，興平人。成化廿二年舉人，弘治中授鹿邑知縣，有善政，民爲立去思之碑。改祥符，擢御史，左遷知陳留，歷山東按察僉事致仕，卒年六十五。

李君墓志銘（渼陂集14/21下，國朝獻徵錄95/109）

妻康氏

康氏墓志銘（渼陂集14/1）

李信，臨汾人。永樂時由國子生授遵化知縣，宣德中始擢無爲知州，以年老不欲赴，遂乞歸。

明史281/8

李信圭（1384—1447）字君信，泰和人。洪熙元年舉賢良，授知清河縣，有善政，俗爲之變。歷知蘄州處州，正統十二年卒於官，年六十三。

贈李太守赴清河序（王文端公文集23/2）

送李太守序（同上23/12）

國朝獻徵錄85/16王直撰李君墓表

明史281/12

李俊字子英，岐山人。成化五年進士，除吏科給事中，屢陞都給事中。帝以李孜省爲太常寺丞，俊偕同官嚴劾之。會天變求言，俊率六科諸臣上疏極論。旋出爲湖廣布政司參議，弘治中官至山西參政。

掖垣人鑑10/13下

明史180/13

李衍（1421--1494）字文璧，隆慶人。景泰二年進士，成化初歷官參議，督四川松潘糧儲，行部至彭家河，知生蠻擾邊，民不得耕，衍以計誅其渠帥，乃以要害築亭障，墾荒田千餘頃。累遷戶部左侍郎，權尚書事。河北連歲饑，郡縣當輸粟塞下者，窠銀就糴，穀騰貴，衍請輸銀京師，以太倉米給邊，軍民便之。後總督關陝，引渭水爲渠，溉民田，召爲戶部尚書。成化廿三年以老告歸，卒年七十四。

送方伯李公赴江西序（椒丘文集10/12）

李公神道碑銘（徐文靖公謙齋集7/39下，國朝獻徵錄28/46）

李待問字葵孺，海南人。萬曆間進士，累陞僉都御史巡撫應天。時魏璫煽焰，中外頌功德，生祠徧吳中。待問抵江寧謁陵畢，即疾馳履任。崇禎間終都御史。有詩文集。

大中丞葵孺李老公祖晉少司徒總督漕運序（響玉集6/1）

李待問字存我，松江華亭人。崇禎末舉進士，授中書舍人。工文章，兼精書法。淸兵臨松江，待問募兵守城東門，城破被殺。

明史277/12下

李重（1469--1548）字元任，號邗江，江都人，寓住南京。正德六年進士，授戶部主事，累官江西按察副使。性落落寡故，恥詗順，以與上官不協致仕歸，卒年八十。

贈李元任序（息園存稿文3/1）

壽大憲伯邗江李公八十序（皆春園集3/16下）
國朝獻徵錄86/79吳論撰李公墓誌銘

李香（1494—1556）字汝蘭，號澗山，分宜人。正德十六年進士，授都水主事，歷右副都御史巡撫四川，諸所興革張弛，彰癉激揚，輿論咸宜之。終大理寺卿致仕，卒年六十三。

國朝獻徵錄68/35傅鶚撰李公行狀

李乘雲，高陽人。舉於鄉，崇禎初知浮山縣，流賊數萬來寇，乘雲手發一矢斃其魁，衆遂遁。屢遷河南大梁道，死於李自成之亂。

明史293/8下

李浩（1406—1477）字德廣，湖廣安陸人。正統十二年以太學生授兵科給事中，超擢南京工部侍郎，歷貴州河南參政，官終右副都御史巡撫貴州，成化十三年卒，年七十二。

國朝獻徵錄60/65丘濬撰李公神道碑銘
披垣人鑑7/31下

李浩（1456—1540）字師孟，號尚莊，曲沃人。成化二十年進士，歷兵部員外郎，清畿內土田，奪豪右侵占者還之民。累陞順天府尹，劉瑾擅政，無名需求，浩一切裁抑，瑾偵其過無所得。官至禮部尚書掌通政司事，致仕卒，年八十五，諡莊簡。有南莊稿、歸田集。

南莊李公七十壽序（涇野先生文集4/1下）
賀禮部尚書李公八十壽序（渼陂續集中/32下）
李公墓誌銘（鈐山堂集28/4，皇明名臣墓銘坤集99，國朝獻徵錄34/9）
妻因氏（1457—1522）
因氏墓誌銘（涇野先生文集23/10下）

李流芳（1575—1629）字茂宰，又字長蘅，號香海，一號泡菴，晚號慎娛居士，嘉定人。萬曆三十四年舉人，工詩善書，尤精繪事。鄞人謝三賓知嘉定縣事，合唐時升、婁堅、程嘉燧及流芳詩刻之，號嘉定四先生集。有檀園集傳世。

李長蘅墓誌銘（牧齋初學集54/1，又檀園集附錄）
奠李長蘅（松圓偈菴集下/42）
明史288/7下
祖母程氏（1499—1585）
程氏墓誌銘（歸有園稿8/10下）

李貢（1456—1516）字惟正，號舫齋，蕪湖人，贄弟。成化二十年與贄同登進士，累官右副都御史，以忤劉瑾罷官。瑾誅，起歷兵部右侍郎致仕。貢學問閎富，文詞清贍，居家杜門，不妄通賓客，年六十一卒。有舫齋集。

贈尚書李公偕配合葬墓表（歐陽南野文集26/20下）
兵部侍郎李公傳（泉齋勿藥集7/31）
舫齋李公新阡記（涇野先生文集18/42）
流芳集序（石蓮洞羅先生文集17/29下）
皇明名臣墓銘巽集33靳貴撰李公神道碑
國朝獻徵錄40/27無名氏撰傳

李厚字執中，祁州人。永樂中由太學生授刑部主事，存心忠恕，臨事決斷，籍籍有聲。坐事謫安南椽，復召為吏部主事，尋以言事不行乞歸。

國朝獻徵錄26/109楊刑書撰李主事傳

李耿，順天人。舉進士，官壽光知縣，明末以城破被害。

啓禎野乘8/6
明史291/21

李泰字文通，順天香河人。正統十三年進士，選庶吉士，授編修，歷左春坊司直郎，成化中官至詹事兼侍講學士，卒年四十三。

殿閣詞林記6/14下

李泰（1414—1492）字景和，號敬軒，山東新城人。太學生，授慶都知縣，徙龍陽，有政聲。遷常德府同知，益行惠政，朝廷賜誥旌異，致仕歸，弘治五年卒，年七十九。

李公墓表（篁墩程先生文集46/1）

李棻字仲西，號東岡，河南臨漳人。嘉靖十四年進士，選庶吉士，授刑科給事中，累陞禮科都給事中，出為大名府推官，終通政司左通政，免官歸，卒年七十。

披垣人鑑13/36

國朝獻徵錄67/32郭朴撰傳

父李□，號河涯

壽河涯李先生七袠序（駱兩溪集10/5）

李素字尚文，山西安邑人。宣德五年進士，授戶科給事中，累陞都給事中，官至通政司通政致仕。

披垣人鑑5/3下

李孫宸字伯襄，香山人。少警敏淹博，登萬曆四十一年進士，選庶吉士，崇禎間屢官南京禮部尚書。性孝友廉介，詩祖三百篇，字祖晉魏，草隸篆楷皆工。有建霞樓集。

天啓崇禎兩朝遺詩小傳5/193

李挺字正立，陝西咸寧人。正嘉間諸生，從呂柟學，孤直不隨時俯仰。後死於盜，人皆惜之。

李挺傳（馮少墟集22/46）

明史282/23

明儒學案8/10下

李時（1471--1538）字宗易，號序菴，任丘人，棠子。弘治十五年進士，授編修，嘉靖中入相。時素寬平，旣入相，益鎭以安靜，雖無大匡救，而議論恆本忠厚，廷論咸以爲賢。年六十八卒，諡文康。有南城召對錄。

恩命樓序（涇野先生文集4/42）

勅賜珍讀書院記（顧文康公三集3/1）

榮賜樓記（鈐山堂集21/9）

李公行狀（趙永撰、國朝獻徵錄16/17）

李公墓誌銘（五龍山人集8/1）

祭少傅序菴李公文（黃潭先生文集7/29下）

祭少傅大學士李序菴文（雲岡公文集8/4下）

祭序菴閣老文（王具茨文集7/3下）

嘉靖以來內閣首輔傳2/22下

國朝獻徵錄16/22弇州別記

皇明世說新語4/15下

明史列傳62/15

明史193/6下

李時行字少偕，號靑霞，番禺人。嘉靖二十年進士，官至南京駕部主事。力學追古，與歐大任、梁有譽、黎民表、吳旦稱南園後五子。有駕部集、靑霞漫稿。

李令君青霞晔車駕序（海石先生文集19/18）

李時成字惟中，成都人。成化十七年進士，授巠縣知縣，擢刑部主事，陞郎中，歷陝西參議。

送參藩李君惟中任陝西序（東川劉文簡公集1/18下）

李時珍（1518—1593）字東璧，蘄州人，官楚王府奉祠正。讀書不治經生業，獨好醫書，窮搜博采，歷時三十年，閱書八百餘家，成本草綱目一書。又有奇經八脈考、瀕湖脈學等書。

李時珍尹賓商傳（章氏遺書25/44）

明史299/19

李時勉（1374—1450）名懋，以字行，號古廉，江西安福人。永樂二年進士，選庶吉士，與修大典及高廟實錄，授侍講。洪熙元年以言事下獄，宣德初復官，改侍讀學士，陞國子祭酒。以直節重望，爲士類所依歸，景泰元年卒，年七十七，諡忠文。有古廉集傳世。

送學士李君序（東里文集8/20下）

送國子祭酒李公致仕詩序（芳洲文集3/8下）

祭酒李先生墓表（王文端公文集36/11）

贈李先生十題卷序（同上21/14下）

李忠文公祠碑（東廓鄒先生文集11/2）

李氏族譜序（楊文敏公集15/9）

金陵李氏重修族譜序（山居草2/39）

皇明名臣墓銘坎集43彭韶撰李公傳

水東日記6/8

皇明獻實20/2下

吾學編34/1

殿閣詞林記6/17下

國琛集上/24下

聖朝名世考5/14

皇明世說新語1/6下，3/22下，4/2

皇明書21/15下

名山藏臣林記7/16

明史列傳30/6下

明史163/1

李時敏，平樂人。官信宜知縣，成化中與孔鏞共平徭亂有功，遷知化州，粵人以孔李並稱。

明史172/22

李時棨（1573—1625）字元敷，號層峯，上海人。萬曆廿三年進士，歷知寧德、莆田縣，擢監察御史，仕至太僕寺少卿，卒年五十三。

李公墓誌銘（寶日堂初集16/55）

李時興字念劬，福清人。舉於鄉，歷官貴州同知攝府事，會城已降，時興力城守，貴州破，自縊於萍鄉官舍。

明史278/15

李偶，江西上高人。洪熙元年授工科給事中，宣德三年陞都給事中。

掖垣人鑑9/3下

李釗字勉之，洛陽人。成化五年進士，歷官貴州副使。

貴州按察副使李君贈行序（桃溪淨稿文2/10下）

李淶，容城人。嘉靖中由世蔭累遷山西總兵官，數有禦賊功。已賊自大同入山西，巡撫趙時春親擊之，遇伏，淶力戰而死，諡忠愍。

明史列傳60/20下

李淶字源甫，號養愚，江西雩都人。隆慶五年進士，授戶科給事中。張居正遭父喪奪情，已又充大婚冊使，淶疏言此大典不宜以親喪將事。居正怒，出爲山東僉事。累遷右僉都御史巡撫應天，致仕歸。

送大中丞李公予告還虔序（寶菴集11/15下）

掖垣人鑑16/13下

父李□號見山，萬曆十一年卒。

李公墓誌銘（弇州山人續稿99/1）

李淳（1461—1519）字元朴，安徽太湖人。弘治十五年進士，授行人，擢刑科給事中，名能敢言。正德三年出按陝西，以忤劉瑾，轉浙江僉事，調廣西，卒於官，年五十九。

李公墓誌銘（鳥鼠山人小集15/15下）

李淳字德厚，密雲人，著籍直隸太湖。弘治十八年進士，授行人，選刑科給事中，正德四年以憂歸。復除戶科，歷浙江按察僉事。

掖垣人鑑12/11

李淮（1479—1532）字巨川，號小泉，山西聞喜人。正德九年進士，授戶部主事，歷陝西副使、參政，熟諳邊情，擢右僉都御史巡撫延綏，未及任而病卒，年五十四。

送御史大夫小泉李公巡撫延綏序（王襄毅公集11/16）

李公墓志銘（不著撰人、國朝獻徵錄63/79）

李淑（1517—1581）字師孟，自號五華山人，湖廣京山人。嘉靖廿九年進士，授工部主事，歷浙江僉事，官至廣東布政使，卒年六十五。

李公墓志銘（弇州山人續稿97/1）

父李景瑞，號南臺。

封參議南臺李公八十壽序（太函集12/13）

李太封翁八十壽敍（澉孰堂文集5/13下）

妻匡氏

匡孺人墓志銘（弇州山人續稿117/12）

李淸，號南橋，湖廣龍陽人。嘉靖二年進士，歷官四川布政使。

贈別南橋李公赴蜀右使詩序（皇甫少玄集24/13下）

李淸（1591—1673）字心水，號映碧，晚號天一居士，興化人，思誠孫。崇禎四年進士，由寧波推官，擢刑科給事中，以久旱請寬刑忤旨，貶浙江按察司照磨，未赴，憂歸。起吏科給事中，官至大理寺左丞。居言路，中立無倚。後出封淮府，國變得不與。康熙間徵修明史，辭以年老不至，年八十三卒。有澹寧齋集史論、女世說、史略正誤、南北史南唐書合註、正史外史摘奇、二十一史同異、南渡錄、三垣筆記、明史雜著。

李映碧先生墓表（儋園文集32/1）

前明大理寺左寺丞李公行狀（堯峯文鈔21/5）

明史193/13下

李庸，直隸眞定人。永樂中以國子生授工科給事中，屢陞工部左侍郎，正統二年致仕。

掖垣人鑑9/22

李庶字舜明，號絅菴，晚號蓉湖漫叟，無錫人。居家敦行孝弟，縣擧爲鄉飲賓。晚結茅渠水，杜門讐校。每風日晴美，曳杖歌詠自適，年八十六卒。有錫山志，絅菴集。

絅菴李先生傳（泉齋勿藥集7/22下）

李斌，河南祥符人。儒士，洪武間歷山西曲沃知縣，選禮科都給事中，以疾辭不拜。仕終蘇州府學教授。

掖垣人鑑6/2下

李祥字元善，南海人。成化十四年進士，歷官戶科郎中，弘治九年遷廣西參政。

送李大參赴廣西序（容春堂前集13/25）

李清字宗善，河南靈寶人。弘治六年進士，授監察御史，彈劾不避寵戚。歷湖廣山西僉事，風裁益著，以逆劉瑾謫驛丞。瑾誅，起故官，陞江西副使，正德八年爲寇賊胡念二所殺。

國朝獻徵錄86/71朱睦㮮撰傳

李惟聰字自愚，河南杞縣人。身長七尺，力擧千斤，躍馬擊劍，捷如俠士。成化元年擧於鄉，歷邳州知州。弘治五年河決黃陵，惟聰用卷埽洪作堤，河東注不溢，進都水郎中。歷山東西按察副使，正德中致仕。

李公墓碑（洹詞12/27，國朝獻徵錄85/62）

李彬字質文，鳳陽定遠人。太祖時爲濟川衛指揮僉事。燕師起，爲前鋒，轉戰有功，累遷右軍都督僉事，永樂元年封豐城侯。從張輔征交阯，破安南西都。備倭海上，鎮交阯，數平強寇，永樂廿年卒，謚剛毅。

吾學編19/3

皇明功臣封爵考2/68

靖難功臣錄×/8下

明史列傳23/25下

明史154/15

李彬（1396—1468）字以中，祥符人。宣德五年進士，授監察御史，出按兩淮鹽法，上疏言鹺政，上從之。歷山東按察僉事，致仕卒，年七十三。

國朝獻徵錄95/103李濂撰傳

李堅，武涉人。父英開國有功，爲驍騎右衛指揮僉事。堅尙太祖女，爲駙馬都尉。靖難兵起，充副將佐耿炳文北征，封渠城侯。滹沱河之役敗績，被捕送北平，卒於道。

吾學編18/58下

皇明功臣封爵考6/92下

遜國正氣紀6/7下

皇明表忠紀1/5

李習字伯羽，號雲觀，當塗人。治尙書，旁通諸經，元延祐中擧於鄉，授書院山長。太祖渡江，習偕其門人陶安暨父老出迎，年已八十餘矣，授太平知府卒。有橄欖集。

國朝獻徵錄83/1郡志本傳

李乾德字雨然，西充人。崇禎四年進士，歷右僉都御史，撫治鄖陽，改湖南，轉徙衡永，賊至輒先避。永明王時以兵部侍郎巡撫川南，死節。

明史294/14

李貫字志道，晉江人。弘治十五年進士，選庶吉士，授禮科給事中，奉使占城，累陞兵科都給事中，卒於官。

掖垣人鑑11/20下

李晟，廣東南海人。擧人，永樂間由戶科給事中，陞都給事中，遷南寧知府，仕至河南參政。

掖垣人鑑5/2下

李冕（1490—1563）字端甫，號脉泉，山東章丘人。嘉靖五年進士，授魏縣令，歷杭州知府，寬恕簡靜，持操皭然，號稱廉平，終雲南布政使，致仕卒，年七十四。

贈李端甫陞知杭州府序（涇野先生文集11/27下）

李公合葬墓誌銘（李中麓閒居集8/63）

母康氏（1465—1538）

李母康氏行狀（五嶽山人集37/17下）

康氏墓誌銘（涇野先生文集28/12）

李崙（1444—1504）字世瞻，號靜菴，臨潼人。成化五年進士，授屯留知縣，遷戶部主事，陞郎中，出知廬州府，俱有聲譽，歷河南參政，調山東，未及任卒，年六十一。

國朝獻徵錄95/18張弘道撰李公墓表，又

92/28河景明撰傳

父李海（1415—1494）字作容，號遯齋。

李公墓表（王端毅公文集4/7下）

李堂（1462—1524）字時升，號堇山，鄞人。成化廿三年進士，累官至工部右侍郎總理河道，卒年六十三。有正學類編、四明文献志、堇山文集。

壽堇山李公六十序（張文定公紆玉樓集8/14）

堇山居士自述（堇山文集15/19）

李公墓誌銘（張文定公孏悔軒集5/12下）

國朝獻徵錄51/32雷禮撰傳

繼室林氏

林氏墓誌銘（東川劉文簡公集17/7）

李國士（1534—1608）字汝志，號正屏，亳人。萬曆五年進士，授豐城令，累官山西布政使，致仕卒，年七十五。

國朝獻徵錄97/16焦竑撰李公墓誌銘

李國𣏌字元治，號續溪，高陽人。萬曆四十一年進士，選庶吉士，授檢討，天啓間擢禮部尚書入閣，釋褐十四年，即登宰輔。魏忠賢以同鄉故援之也，然每持正論。崇禎初進吏部尚書，卒謚文敏。有文敏遺集。

簡付李元治三載考績序（薛文介公文集1/18）

五十輔臣考1/10

明史251/2下

李崇光字宗顯，陝西高陵人。事父母能色養，父疾，親嘗湯藥，侍臥其側，晝夜不解帶。既殯，猶寢苫，顏色枯槁。正德五年以國子生授南京國子監典籍事，卒於官。

國朝獻徵錄74/38黃佐撰傳

李崧祥字時望，號恭川，貴池人。正德九年進士，嘉靖中歷山西副使，討平流冦，擢河南參政，累官江西布政使。

靖晋錄序（潘笠江集7/10）

尙詞藪萃序（弘藝錄22/9下）

李敏，河南儀封人。歲貢，永樂中任刑科給事中，屢官南京右僉都御史。

掖垣人鑑8/17

李敏，新安人。永樂十五年擧人，授鳳陽府同知，歷汝寧知府、應天府尹，累陞戶部尙書巡撫應天，天順初致仕，七年卒。

國朝獻徵錄28/33無名氏撰傳

李敏字公勉，襄城人。景泰五年進士，授御史。天順初奉勅撫定貴州蠻，還巡按畿內，憲宗時巡撫大同，累官戶部尙書，爲時名臣，弘治四年乞休歸，道卒，謚恭靖。

國朝獻徵錄28/50張良知撰傳

名山藏臣林記11/10下

明史列傳53/1

明史185/1下

李敏（1418—1478）字斯和，廣昌人。景泰七年擧人，授肇慶府通判，佐韓雍降撫獞獠之亂。成化十四年卒，年六十一。

李君斯和墓誌銘（椒丘文集30/24）

李敏字純甫，號默齋，山西榆次人。嘉靖二十六年進士，選庶吉士，授刑科給事中，陞都給事中，屢官順天府尹，隆慶元年罷歸。

掖垣人鑑14/14下

李紹字克述，安福人。宣德八年進士，選庶吉士，授翰林檢討，陞修撰。土木之敗，京師戒嚴，朝士多遣家南徙。紹曰，主辱臣死，奚以家爲，卒不遣。累擢禮部侍郎致仕，成化七年卒。紹好學問，居官剛正有器局，能獎掖後進。

李公神道碑（彭時撰、皇明名臣琬琰錄后集8/1，國朝獻徵錄35/33）

李公淑人曾氏墓誌銘（彭文思公文集6/45下）

殿閣詞林記5/10下

皇明世說新語6/24

明史列傳30/17

明史163/7

李紹賢（1481—1519）字崇德，巢縣人。正德十二年進士，除行人，篤學敦行，十四年抗疏諫武宗南巡，被杖死，年卅九。

李君墓誌銘（梓溪外集7/5下，皇明名臣墓銘巽集78）

皇明名臣經濟錄5/28下

明史列傳59/21下

李紳（1444—1509）字縉卿，號抱犢山人，徐州沛縣人。成化二年進士，授行人，歷戶部郎中，擢光祿寺少卿，致仕卒，年六十六。

李君墓誌銘（懷麓堂文後稿29/26下，國朝獻徵錄71/16）

李逢字邦吉，號約齋，江西豐城人，遂弟。嘉靖八年進士，授吏科給事中。侍郎劉源清下吏，逢救之，並繫得釋。歷戶科給事中，以諫南巡，謫永興典史，仕終德安知府。

掖垣人鑑13/27

明史205/20下

李逢暘字維明，南京人。隆慶二年進士，授戶部主事，陞禮部郎中，卒於官。

國朝獻徵錄35/76無名氏撰傳

李偉（1510—1583）字世奇，漷縣人，神宗生母李太后父。神宗立，封武清侯。偉嘗有過，太后召入宮切責之，以是益小心畏慎，有賢聲。萬曆十一年卒，年七十四，諡恭簡。

國戚武清伯壽序（余學士集12/22）

李公行狀（復宿山房集30/13，國朝獻徵錄3/47）

李公墓誌銘（余文敏公集11/8下）

李公神道碑銘（賜閒堂集20/36下）

李公神道碑（李文節集24/4）

明史300/20

妻王氏（1513—1587），贈安國夫人。

王氏墓誌銘（賜閒堂集32/13下）

李得成，河北淶水人。父早卒，母張氏，洪武元年避兵，溺死，得成臥冰求其尸，塑父母像，與妻事之甚謹。擧孝廉爲光祿寺大官署丞，永樂初屢官至陝西布政使。

旌表李孝子誌石（坦齋文集2/34下）

吾學編58/8

名山藏97/4

李得春字茂先，號育亭，鍾祥人。嘉靖卅二年進士，歷邵武府推官，選禮科給事中，累陞雲南僉事，隆慶五年罷歸。

掖垣人鑑14/37

李湘（1383—1439）字永懷，泰和人。擧於鄉，卒業太學，永樂中知東平州十餘年，訓誡吏民，若家人然。正統初擢懷慶知府，東平民泣送數十里。懷慶有軍衛素挾勢厲民，湘隨時裁制，皆不敢犯，卒於官，年五十七。

送李永懷歸東平序（東里文集7/1）

李君墓誌銘（王文端公文集31/13，國朝獻徵錄93/6）

明史281/17下

李渭（1513—1588）字湜之，號同野，貴州安化人。嘉靖中由鄉擧知華陽縣。隆慶中歷雲南參政，所至有惠愛。渭初問學於蔣信，及官南都，師事耿定向，復與羅汝芳相得，所學以萬物一體爲主，而歸之於自然。嘗守韶州，時郡多盜，諭寮屬曰，無欲是弭盜根本，弭山中盜易，弭心中盜難，聞者悚息，卒年七十六。

和州李守去思碑記（胡莊肅公文集4/56）

思南李氏家乘序（甘泉先生續編大全3/12下）

祭李同野（耿天台先生文集12/31）

國朝獻徵錄102/27焦竑撰李公傳

李善（1444—1525）字宗元，陝西隴州人。成化十四年進士，授行人，擢御史，歷四川布政使，累官南京工部尚書，以疾罷歸，卒年八十二。

奉壽大司空李公七十詩序（對山集11/3下）

李公墓表（同上16/22下）

李公墓誌銘（渼陂集13/18，國朝獻徵錄52/25）

妻鮑氏

李母鮑氏墓志銘（渼陂集15/11下）

子李守經（1478—1523）字正之。

李正之墓表（渼陂集15/20下）

李善長（1314—1390）字百室，鳳陽定遠人。少習法家言，策事多中，佐太祖定天下，位左丞相，封韓國公。外寬內忮，貴富極，竟稍驕。洪武廿三年坐胡惟庸黨，並其家族誅之。

太師韓國公家乘序（纚眞草堂文集16/1）

韓國公傳（弇州山人續稿84/1，國朝獻徵錄11/1）

皇明獻實2/15下

殿閣詞林記7/1

吾學編24/8

國琛集上/1
名卿續紀3/1
皇明功臣封爵考6/1
聖朝名世考1/26
皇明書14/1
名山藏臣林記2/10
明史列傳9/1
明史127/1

李翔，邵武人。貢生，唐王擢爲新城知縣，擒殺叛黨，邑境賴以靖。清兵至，翔率民兵千餘出城拒擊，城破兵敗死。

明史278/14下

李雲字時望，宜興人。性敦朴，篤於孝友。成化十一年進士，授戶部主事，改禮部，奉職勤恪，累陞福建布政使，年五十乞休。

毘陵人品記7/17

李雲，夷陵人。崇禎間由鄉舉知潁州，有惠政，謝事歸。流賊熾，大書名義至重鬼神難欺二語於牖以自警。城陷，絕食死。

明史294/5下

李琛字伯器，無錫人。敦實有文，元季避難，惟以先世譜牒誥敕自隨。難平，自啓湖徙居南市橋，授徒養親。舉孝廉不就，與蒲長源輩爲詩社，優遊以終。

毘陵人品記6/4下

李琨字德嘉，江陰人。成化十一年進士，授監察御史，出按山東廣西，風裁凜然。臺臣有冒寵納賄者，琨劾免之，直聲愈震，尋卒於官。

毘陵人品記8/2

李琯字邦和，豐城人。萬曆五年進士，歷監察御史，遷福建僉事，奉表入都，疏劾申時行十罪，語侵王錫爵，削籍歸，家居三十年卒。

明史230/8下

李琦，元氏人。歷監察御史陞大理寺副，坐事罷。復起爲御史，使安南占城諸國，屢陞禮部侍郎，終湖廣布政使。琦簡易有識量，而善談論，故數奉使遠夷，宣德八年以老致仕。

國朝獻徵錄88/1實錄本傳

李禎 (1538—1588) 字良材，號少泉，黃岡人。以太學生選授萬縣令，擢監察御史，其薦擧人才一疏，爲時稱誦，遷福建按察僉事，以病歸卒，年五十一。

李君墓志銘（弇州山人續稿122/20）

李植字汝培，雲中人，承式子。萬曆五年進士，選庶吉士，授御史，以風節自許，抵排群枉。歷光祿卿，累官右僉都御史巡撫遼東，被劾，家居卒。

言事紀略序（大泌山房集16/21）
明史列傳82/23下
明史236/1

李森字時茂，山東歷城人。天順元年進士，授戶科給事中，負氣敢言。憲宗立，上疏請禁朝覲科歛徵求，又以名爵日輕宜擇人授官爲言，帝皆報可。後以言事降定州同知，仕終懷慶知府。

掖垣人鑑5/7
明史列傳49/6
明史180/7

李巽字用經，順天宛平人，嘉孫。景泰五年進士，歷官監察御史。

賀御史李君受勅榮親序（呂文懿公全集8/4）

李惠字德卿，祥符人，鉞子。正德十二年進士，授行人，諫武宗南巡，死於廷杖，贈監察御史。

明史189/20，199/3

李開先 (1502—1568) 字伯華，號中麓，章丘人。嘉靖八年進士，官至太常寺少卿。罷歸，治田產，蓄聲伎，詩歌豪放，尤工詞曲。嘗作百闋傍裝臺，爲康海所賞。隆慶二年卒，年六十七。有閒居集傳世。

中麓記（南沙先生文集3/13下）
山東李氏譜目序（同上1/40）
李公墓誌銘（激和堂文集12/5下）
國朝獻徵錄70/33殷士儋撰李開先墓志銘
明史287/10

父李淳字景淸，號綠原。

顯考墓志銘（李中麓閒居集8/44下）

李開先字石麓，江陵人。天啓中舉於鄉，有時名。崇禎間李自成據襄陽，設僞官，遣使具書幣徵之，使至，開先瞋目大罵，頭觸牆死。

明史294/6

李開芳，字伯東，號還素，福建永春人。萬曆十一年進士，授戶部主事，屢遷江西右布政使，管按察使事，請養歸。後起原官，移廣西，晉南京太僕寺卿，天啓三年卒官。開芳工書畫，有天風堂集。

李公墓志銘（蒼霞餘草12/17）

李盛春字淑元，號夢池，蘄州人。隆慶五年進士，選庶吉士，授吏科給事中，歷廣東參議，累官保定巡撫。

送大中丞夢翁李老先生奏最序（快獨集7/1）

掖垣人鑑16/2下

母黃氏

李母黃宜人壽序（大泌山房集39/5下）

李隆（1393—1447）字彥平，和州人，濬子。年十五襲爵襄城伯，雄偉有將略，數從北征，出奇料敵，成祖器之，命留守南京。仁宗初鎭山海關，未幾復守南京。隆讀書好文，論事侃侃，淸愼守法，尤敬禮士大夫。英宗時入總禁軍，嘗巡大同邊，賜寶刀一，申飭戒備，內外凜凜，訖還，不戮一人。正統十二年卒，年五十五。

襄城伯李公墓誌銘（王文端公文集33/1，國朝獻徵錄9/16）

國琛集上/30

聖朝名世考11/3

明史146/9

李陽春字宗元，四川渠縣人。弘治十五年進士，授行人，選戶科給事中，歷吏科都給事，累官南京太常寺卿，致仕卒。

掖垣人鑑12/9

李堯民（1544—1606）字畊堯，號雍野，山東濟寧人，家於鄆城。萬曆二年進士，授永年知縣，擢御史，巡按河東鹺政，條上便宜四事。歷大理少卿，陞應天府尹致仕，卒年六十三。有快獨集。

李公行狀（弗告堂集24/17下）

李公神道碑（蒼霞續草14/36）

李公刁宜人墓誌銘（大泌山房集92/15下）

祭李雍野京兆（弗告堂集26/11）

快獨集序（大泌山房集19/16）

父李勤（1506—1578）字世寶，號柳亭。

李公暨配段孺人合葬墓誌銘（天遠樓集16/1）

李貴（1522—1571）字廷貴，號文麓，更號浣所，豐城人。嘉靖卅二年進士，選庶吉士，累官四川副使，卒年五十。嘗輯程周張朱陸蒞民之事，爲宋五先生郡邑政績，又有浣所文集。

送李廷貴扶持歸豐城序（條麓堂集23/7）

太史李浣所暨吳孺人行狀（吳椿先撰、浣所李公文集9/7下）

浣所李先生偕吳孺人合葬墓誌銘（戴洵撰、浣所李公文集7/14下）

李公墓誌銘（呂光洵撰、國朝獻徵錄98/102）

李貴和字子中，號節齋，祥符人。嘉靖四十四年進士，授襄垣知縣，陞靑州同知，歷戶工兵三科給事中，累官至陝西副使。

掖垣人鑑15/13下

李棠字宗楷，縉雲人。宣德五年進士，授刑部主事，爲尙書魏源所器。金濂代源，以剛嚴懾下，棠與辯論是非，譴訶不爲動，濂亦器之。景帝時巡撫廣西，以淸節顯。

國朝獻徵錄58/39實錄本傳

名山藏臣林記11/7下

明史列傳36/24

明史159/6下

李棠字石塘，長沙人。隆慶進士，由吏部郎中累遷右副都御史，巡撫南贛，討平韶州山賊，終南京吏部右侍郎。仕宦三十年，以介潔稱。卒諡恭懿。

明史222/12

李景元字伯善，大名人。萬曆十七年進士，授戶部主事，歷山西巡撫，遷工部侍郎，未任卒。

李景元小傳（雲石堂集17/5）

李景隆，盱眙人，文忠子。讀書通典故。每朝會，進止雍容甚都，歷掌左軍都督府軍。燕師起，建文帝以爲大將軍，北伐。景隆不知兵，惟自尊大，諸宿將不爲用，兵屢敗，遂迎降，授左柱國。永樂初以廷劾，禁錮私第卒。

革朝遺忠錄附錄/4

遜國神會錄下/48下

皇明表忠紀9/1下

明史列傳5/6下

明史126/6下

李景繁字邦泰，河南儀封人。成化五年進士，授三原知縣，遷工部主事，陞郎中。時漕河塞，自淮至儀眞三百里，舟不能行，景繁候潮至，決壩閘江，水奔漕河，遂水滿，舟大行。歷山西參議，擢四川參政，以疾致仕，正德九年卒。

李公碑（洹詞2/26）

國朝獻徵錄97/54朱睦㮮撰傳

李進字時勉，山西曲沃人。成化五年進士，授戶部主事，歷江西河南布政使，遷右副都御史巡撫宣府，正德七年卒。

國朝獻徵錄61/35實錄本傳

李傑（1443—1517）字世賢，號石城雪樵，常熟人。成化二年進士，授偏修，累陞侍讀學士，歷南監祭酒，官至禮部尙書，以忤劉瑾去位，卒年七十五，諡文安。

使東贈別詩序（匏翁家藏集43/8）

李公墓誌銘（五龍山人集8/7）

殿閣詞林記5/22下

明常熟先賢事略4/1

國朝獻徵錄33/41無名氏撰傳

母徐氏（1418—1492）

李宜人徐氏墓誌銘（匏翁家藏集68/5下）

李復陽（1551—1608）字宗誠，號元冲，豐城人。萬曆十一年進士，授無錫令，遷禮部主事，累官通政司參議，卒於官，年五十八。

李公墓誌銘（蒼霞草16/57）

李舜臣（1499—1559）字懋欽，一字夢虞，號愚谷，又號未邨居士，山東樂安人。嘉靖二年進士，歷官太僕寺卿。性簡重愼詳，讀經謂漢儒註疏去古未遠，其言足據，復用六書正其舛誤。爲文力浣脂澤，專崇風味，卒年六十一。有愚谷集。

李公合葬墓誌銘（李中麓閒居集8/50下，國朝獻徵錄72/25）

父李鉞（1465—1527）字大器，饒州府司獄。

樂安李封君誄（蘇門集7/20）

李喬崑字孕厚，高陵人。天啓中進士，知洪洞縣。縣多李氏，有持族譜干以私者，謝却之。及知眞定，中官欲加以屬禮，不屈。闖賊至，授以官，望闕百拜死。

勝朝殉節諸臣錄8/11

父李提（1554—1627）字覺兆，號泰菴。

李公暨元配邢孺人合葬墓誌銘（棘門集4/11）

李源字士徵，華亭人，至剛子。永樂廿二年進士，授吏部主事，陞員外郎，正統中歷浙江參議。

贈吏部驗封員外郎李士徵序（楊文敏公集11/15下）

送李參議赴浙江序（謚忠文古廉文集5/24）

李源（1469—1540）字士達，號竹坡，晉江人。弘治十八年進士，授戶部主事，陞員外郎，嘉靖初官至尙寶司少卿，致仕卒，年七十二。

送戶部員外郎李士達歸養詩序（中峯文選1/1）

李公行狀（遵巖先生文集18/5下，皇明名臣墓銘離集11，國朝獻徵錄77/24）

李源名字資善，一字彥名，安州人。洪武十五年以薦授御史，累擢禮部尙書。時四夷咸服，帝悉咨以遠方之事。源名在禮部久，凡郊祀宗廟社稷諸制，皆參與論定，致仕卒。

明史列傳11/19

明史136/13

李滄字一淸，浙江永康人。正德三年進士，授南京工部主事，爬姦剔蠧，奉公淸愼，卒於官，年四十七。

李一淸墓誌銘（莊渠先生遺書16/16下，國朝獻徵錄53/51）

李滌字宗學，河南湯陰人。弘治三年進士，授戶科給事中，陞禮科都給事中，累官山東左布政使。

掖垣人鑑11/6下

李祺字承先，鳳陽定遠人，善長子。尙高祖女臨安公主，洪武廿三年以父罪囚於家。建文帝即位，憐其枉，赦出之，尋命守江浦，燕師破城，投水死。

遜國正氣紀6/3下

李裕（1424—1511）字資德，號古澹，豐城人。景泰五年進士，授御史，天順中巡按陝西，上安邊八事，有強直聲。成化十九年累遷右都御史，時李孜省貴幸用事，吏部尚書耿裕頗持正，孜省等謀去之，以裕代。裕本廉介，以此名頗損，年八十八卒。

國朝獻徵錄24/52張潔撰李公墓誌銘
明史列傳28/21下
明史160/14

李新，濠州人。從太祖渡江，數立功，累遷中軍府都督僉事，命改建帝王廟於雞鳴山，新有心計，將作官吏，視成畫而已，洪武十五年封崇山侯。時諸勳貴稍僭肆，新首建言公侯家人及儀從戶各有常數，餘宜歸有司。又督開胭脂河於溧水，西達大江，東通兩浙，以利漕運，民甚便之，廿八年以事誅。

吾學編18/51
皇明功臣封爵考7/9
明史列傳8/25
明史132/12

李新字克明，一作克銘，南陽內鄉人。天性剛直，洪武末由太學生任兵馬指揮，歷監察御史，振舉憲度。轉工部郎中，能聲益著。官至戶部右侍郎，多所建白，宣宗常呼李戇而不名，其見重如此。

贈參政李君序（王文端公文集18/21）

李遂（1504—1566）字邦良，號克齋，又號羅山，豐城人。嘉靖五年進士，歷右僉都御史提督操江。倭寇海門，遂悉討平之，前後二十餘戰。累擢南京參贊尚書。遂博學多智，長於用兵，然亦善逢迎，由此益眷遇，卒年六十三，謚襄敏。有督撫經略疏、詩文稿。

衢州守李克齋先生祠記（遂巖先生文集9/19）
贈南京兵部尚書克齋李公之任序（李文定公貽安堂集4/30）
李公神道碑（世經堂集19/38，國朝獻徵錄42/32）
督撫經略序（龍谿先生全集13/31下）
名山藏臣林記23/23
明史列傳65/18下
明史205/17下

李僖字克諧，號抑齋，惠安人。嘉靖十一年進士，授番禺令，終辰沅兵備副使。有處苗近事。

李公配吳氏墓志銘（李文節集22/18）

李詢字好問，河南項城人。宣德八年進士，授行在禮科給事中，歷官山東僉事。

掖垣人鑑6/21下

李瑜字季純，號秀峯，陝西三原人。嘉靖卅二年進士，授安邑知縣，擢戶科給事中，陞刑科都給事，歷山東參政，四十四年免官。

掖垣人鑑14/30
父李海（1485—1533）字朝寬，號東陽。
李東陽君墓誌銘（丘隅集15/8）
妻張氏（1523—1596）
張氏墓誌銘（溫恭毅公文集11/27下）

李瑒，河南偃師人。洪武廿九年舉人，歷臨潼教諭，永樂中擢吏科給事中，累官陝西僉事。

掖垣人鑑4/15下

李楷字邦正，吉水人，中族人。中死，門人羅洪先等傳其學，楷又傳洪先之學。由舉人歷知青田縣，禦倭寇有功，改知昌樂，亦以治行聞。

明史203/12

李楫字濟之，號巨川，懷寧人。弘治十八年進士，歷官廣西僉事。

送巨川李公陞任廣西僉憲序（張文定公紓玉樓集4/26下）
壽李巨川先生序（同上9/29下）

李達，鳳陽定遠人。永樂初以都指揮使鎮洮州，七年帥師征西寧申藏諸族破之，進都督僉事。在鎮四十年，為番漢所畏服，正統中致仕。

明史列傳32/16

李棨（1443—1509）字從質，任丘人。成化十四年進士，知上海縣，歷光祿少卿，出知萊州府，以子時已入仕，乞歸，以山東參政致仕，卒年六十七。

李君墓誌銘（懷麓堂文後稿29/9，國朝獻徵錄96/13）

李與善（1512—1587）字伯從，號同菴，長清人，綱曾孫。嘉靖四十一年進士，授寧津知縣，歷官山西副使，卒年七十六。

李公合葬墓誌銘（穀城山館文集22/15下）

李愚字克明，蘭陽人。弱冠舉於鄉，授澧州知州，以禮讓喻俗，不規規於簿書期會之間，一郡化之。改知晉州，疏請出宮女，憲宗怒，逮繫京師，尋釋之還職，致仕卒，年六十餘。

國朝獻徵錄97/123朱睦㮮撰傳

李遇元字應謙，號晴山，江都人。嘉靖廿六年進士，選庶吉士，授兵科給事中，歷大名知府，仕終福建按察使卒。

披垣人鑑14/14

父李□，號方田

壽方田李翁八十序（存笥稿6/6下）

李萬實字少虛，一作若虛，號一吾，江西南豐人。嘉靖廿三年進士，歷廣東僉事，仕至浙江按察副使致仕。爲刑科給事中時，嘗以疏論權瑺改官。有崇質堂集。

送李若虛改南給事序（敬所王先生集2/25下）

披垣人鑑14/9

李萬慶，延安人。崇禎初與張獻忠、羅汝才等並反。賊中稱爲射塌天。起陝西，蔓延山西畿南河北，渡河殘河南，出沒湖廣四川。後降左良玉，授副總兵，與劉國能守鄖陽，張獻忠陷襄陽，鄖守如故。又從總督汪喬年討賊，至襄城軍潰，入城，賊攻圍之，固守五日，城陷，不屈死。

明史262/8，269/25下

李著字潛夫，號墨湖，金陵人。童年學畫於沈周，每仿吳偉筆，善山水人物花木翎毛。

圖繪寶鑑6/16

李鼎字長卿，新建人。萬曆十六年舉人，有長卿集傳世。

李長卿集序（大泌山房集12/23下）

李長卿文序（瑤光閣新集4/6）

父李遜（1518—1575），嘉靖廿三年進士。

先考洪西府君行狀（李長卿集12/1）

李嵩字維嶽，山東濱州人。弘治十二年進士，授華亭知縣，擢御史，正德六年出知常州府。

懷李樓記（泉齋勿藥集2/18）

送李君維嶽知常州府序（費文憲公摘稿12/9）

李嗣（1426—1494）字克承，南海人。景泰五年進士，授南京戶部主事，累官戶部左侍郎，兼都察院左僉都御史。居官三十餘年，篋中惟白金數兩，田園無增，時稱其清介，卒年六十九。

國朝獻徵錄30/26黃佐撰傳

李經字士常，號力齋，萬全人。成化十四年進士，選庶吉士，授御史，巡按山海關，政令明肅，卒於官。

國朝獻徵錄65/33李東陽撰李君墓誌銘

李經綸字大經，南豐人。諸生，讀書好深湛之思，以理學自負，精心著述，作詩教考、禮經類編。時王守仁、湛若水二家之學盛行，經綸申程朱之義，作衞道錄、大學稽中傳。倭患起，復條時務七事獻之，不遇，中暍卒。

皇明書37/27下

明儒學案52/18下

李愈字惟中，號蒲石，山西平定州人。嘉靖十四年進士，授南京太常博士，擢戶部員外郎，陞郎中，終鳳陽知府。有蒲石山房集。

李郡守家傳（大泌山房集65/20下）

母董氏（1488—1516）

李母董氏暨贈孺人穆氏墓誌銘（涇野先生文集29/4）

李鉞（1465—1526）字虔甫，號毅齋，祥符人。弘治九年進士，除御史。正德中論中官李興等罪，而請斥尚書李孟暘、都督神英，武宗不能用。世宗即位，歷兵部左右侍郎，出總制陝西三邊軍務。鉞長軍旅，料敵多中。旣因驟諫不用失帝意，且知爲近倖所嫉，遂乞歸。嘉靖五年卒，年六十二，諡恭簡。

送大司馬毅齋李公致政序（群玉樓稿2/53）
國朝獻徵錄39/27李濂撰傳
明史列傳63/13
明史199/1

李漢（1453—1498）字充昭，號方塘，豐城人。成化二十三年進士，選庶吉士，授刑科給事中，屢陞工科都給事，弘治十一年卒於官，年四十六。漢沉默寬裕，持重知大體，不欲瑣瑣言，言必驚動當世。

李君墓誌銘（羅文肅公集18/15）
掖垣人鑑11/3下

李澄字希范，上海人，伯嶼子。天順元年進士，累官福建參議。恬靜有守，不競榮利，有古人風。

國朝獻徵錄105/34下郡志附李伯嶼傳

李實字孟誠，四川合州人。正統七年進士，爲人恣肆無拘檢，有口辨，除禮科給事中，景泰元年陞禮部侍郎，使也先，至則見上皇，頗得也先要領，還言也先請和無他意。及楊善往，上皇果還，終右都御史巡撫湖廣。有奉使錄。

樂恩堂記（王文端公文集15/20下）
水東日記1/10，4/6下
掖垣人鑑6/4下
國朝獻徵錄60/15何悌撰傳
名山藏臣林記8/18下
明史列傳23/19
明史171/14

李實字若虛，號虛谷，四川瀘州人。隆慶五年進士，由平湖知縣，選吏科給事中，歷處州知府，遷陝西副使。

掖垣人鑑16/12

李賓（1416—1485）字廷用，號敬菴，順天順義人。正統十年進士，授御史，陞右副都御史提督永平山海軍務。英宗復辟，擢大理寺卿。曹吉祥作亂，焚長安左門，衆官驚散，賓獨率家人擊平之，進左都御史，調南京兵部尚書，致仕卒，年七十，諡襄敏。

國朝獻徵錄54/56無撰人李公傳

李禎字維卿，慶陽安化人。隆慶五年進士，除高平知縣，選御史。萬曆初傅應禎以直言下詔獄，禎與同官喬巖等擁入護視之，坐謫。累陞兵部左侍郎，數上方略，規畫頗當。性質直剛方，坐事致仕。後起南京刑部尚書，引疾巡歸，奪職閒住，未幾卒。

名臣經議（公槐集5/36）
明史列傳77/16下
明史221/16下

李禎寧字汝立，號敬軒，臨城人。萬曆三十八年進士，歷官山西按察使，罷歸。崇禎十一年清兵圍臨城，禎寧佐有司拒守，城破，率家衆格鬪，身中數槊而死。

明史291/14下

李嘉字允堅，宛平人。諸生，選燕邸奉祠所禮生。成祖立，授通政司參議，累官禮部侍郎，宣德中卒，年七十。

李公墓誌銘（楊士奇撰、皇明名臣琬琰錄15/8下，國朝獻徵錄35/19）
名山藏臣林記11/9

李遠，懷遠人。成祖時累功爲都督僉事，封安平侯。沈毅有膽略，言論激昂，自許忠義。永樂七年從丘福出塞，至臚朐河，福輕敵，遠諫不聽，率突騎陷陣死之，諡忠壯。

吾學編19/33下
皇明功臣封爵考6/44下
明史列傳21/13下
明史145/11下

李遜學（1456—1519）字希賢，號悔齋，河南上蔡人。成化廿三年進士，選庶吉士，授檢討，累官禮部尚書兼翰林學士掌詹事府事。凡祀享朝會諸儀，必考古據今，行之唯謹，務持大體，不爲文義所牽制。卒於官，年六十四。

送提學李希賢詩序（傳趣齋稿17/111）
送按察僉事李君希賢提學浙江序（東川劉文

簡△集8/8)

送尚書李公之南京序(同上4/22)

國朝獻徵錄18/7毛紀撰李公墓誌銘,又33/52 無撰人李遜學傳

殿閣詞林記6/23下

李臺字君佐,號文岡,浙江壽昌人。嘉靖四十一年進士,由漢陽推官選工科給事中,歷陝西副使,仕至貴州按察使,卒於官。

掖垣人鑑14/50下

李輔明,遼東人,累官副總兵。崇禎間連破賊嵩縣、汝州、確山,又追破之於滁州,加都督僉事,擢山西總兵官,被劾罷。後復官,淸兵攻寧遠,力戰死。

明史272/8

李際春字應元,號槐亭,河南杞縣人。嘉靖卅五年進士,授行人,奉使琉球,擢尙寶丞,累遷通政使,萬曆十一年卒。

國朝獻徵錄67/21杞縣志傳

父李□ 號川南

賀川南李公七十榮壽序(滶秇堂文集4/13下)

李疑字思問,金陵人。家固貧,然好周人急。金華范景淳得疾,疑留之爲徵醫視脈,躬爲煮糜煉藥,且暮候問,如事親戚。旣卒,爲買棺殯之,其槖囊封還其子,饋謝弗受,人高其義行。

李疑傳(宋學士文集74/535下,國朝獻徵錄113/8)

皇明書41/33

名山藏98/2下

李熙(1465—1524)字師文,上元人。弘治九年進士,官御史,力言駕帖之害。正德初復以災異偕御史陳十事,怒劉瑾,矯詔下錦衣獄,廷撲幾死者再。世宗立,起守饒州,遷浙江副使,以淸操聞,嘉靖三年卒官,年六十。有尙友集、及明農、飲虹諸稿。

李君師文墓誌銘(息園存稿文5/1,國朝獻徵錄84/76)

李熙字穆之,號裕齋,晉江人。隆慶二年進士,選庶吉士,授兵科給事中,以言事降南豐縣丞,仕終廣東高州知府。

掖垣人鑑15/20下

李夢辰字元居,睢州人。崇禎元年進士,授兵科給事中,言兵事甚悉,屢遷通政使,坐事削籍。賊逼睢州,時州缺正官,夢辰歸,即乘城主守。無何賊入,擁夢辰見羅汝才,汝才遣客勸之降,且進之酒,夢辰覆杯於地,太息起,扼吭而卒。

明史264/10

李夢庚,鳳陽人。與郭景祥同從太祖渡江,掌典文書。初置江南行中書省,與景祥分膺左右郎中,陞都督府參軍,受命往諸全總制軍事,軍叛,遂殉難。

明史列傳14/8下

明史135/7下

李夢宸字玄駒,河南睢州人。崇禎元年進士,授兵科給事中,言兵事甚悉。屢遷通政使,坐事削籍。賊逼睢州,時州缺正官,夢宸歸,即乘城主守。十四年城陷,自縊死(按此與明史所載李夢辰當卽一人)。

啓禎野乘8/45

李夢陽(1472—1529)字獻吉,陝西慶陽人,徙居開封。弘治六年進士,授戶部主事,武宗時代尙書韓文屬草,劾劉瑾,下獄免歸。瑾誅,起江西提學副使,以事奪職。家居益跅弛負氣,自號空同子。工詩古文,才思雄驚。與何景明、徐禎卿等號十才子,卒年五十八。有空同子集。

李公墓志銘(洹詞6/28下,國朝獻徵錄86/68,又空同集附錄)

李公墓表(徐文敏公集5/24)

李崆峒傳(李中麓閒居集10/43)

李空同先生傳(袁永之集17/16下)

李空同先生年表(安淝撰、空同集附錄)

李夢陽傳(西河合集81/1)

李空同先生集序(二酉園續集2/5下)

李氏在笥稿序(弇州山人四部稿67/4)

跋空同先生集後(山帶閣集33/1)

皇明獻實40/1

國寶新編×/6

四友齋叢說15/4下,23/14,24/10,26/2,26/3

皇明世說新語2/17下,2/19下,2/21,2/23,3/15,4/15,4/16,4/24,6/28下,7/27 8/35

聖朝名世考10/22下
皇明書38/12
名山藏85/7下
明史286/10下
妻左氏（1475—1516）
亡妻左氏墓志銘（空同子集45/6下）

李蓘字子田，號黃谷，內鄉人。嘉靖卅二年進士，選庶吉士，歷官至貴州提學副使，年七十八卒。曾雜綴瑣聞，著黃谷瑣談，文有宋藝圃集、元藝圃集、李子田文集。

李太史藏書記（太室山人集7/1）
內鄉李太史公建奈園寺記（五品文稿2/4下）
重刻李氏儀唐集序（同上1/26）
李公神道碑（同上2下/1）

李磐字新甫，號樂湖，四川內江人，著籍湖廣澧州。嘉靖十七年進士，授中書舍人，遷工科給事中，陞知臨江府，罷歸。

皮垣人鑑13/53

李僑（1512—1575）字子高，號仙臺，長清人。嘉靖廿三年進士，授平湖知縣，歷兵部郎中，出知紹興府，累官浙江山西布政使，隆慶二年聽調歸，卒年六十四。

李公暨配張氏合葬墓誌銘（穀城山館文集19/8下）
國朝獻徵錄97/13張元忭撰李公志銘

李維楨（1547—1626）字本寧，京山人，淑子。隆慶二年進士，萬曆間遷提學副使，浮沈外僚幾三十年。天啓初以布政使家居，年七十餘，召修神宗實錄，累官禮部尚書，年八十卒。性樂易闊達，博聞強記，文章弘肆，負重名垂四十年，然多率意應酬之作。著有史通評釋、黃帝祠額解、大泌山房集。

四遊集序（弇州山人續稿47/7）
壽李本寧太史先生七十序（始青閣稿13/1）
太史本寧先生七十序（嬾眞草堂文集10/30下）
李公墓誌銘（牧齋初學集51/11下）
啓禎野乘7/1
明史288/1下

李維翰，睢州人。萬曆四十四年以右副都御史巡撫遼東。遼三面受敵，無歲不用兵，自稅使高淮朘削十餘年，軍民益困。先後撫臣皆庸才玩愒，遼事大壞。總兵官張承廕覆沒，維翰猶獲善歸，天啓初下吏論死。

明史259/4下

李綸（1512—1555）字德言，號石峯，懷安人。嘉靖十七年進士，授行人，歷禮科都給事中，官至浙江布政使，卒於官，年僅四十四。

石峰李君擢山東大參（歐陽南野文集21/16）
李公墓誌銘（李文定公貽安堂集8/53）
掖垣人鑑13/47下

李綱（1425—1479）字廷張，長清人。天順元年進士，授御史，出按南畿浙江，劾贓吏四百餘人，時目爲鐵御史。遷遷太僕寺少卿，按冀州，遇盜，問隸人曰，太僕李公耶，是何從得金，不啓篋而去。成化中遷左僉都御史，出督漕運卒，年五十五。

國朝獻徵錄59/60劉珝撰李公神道碑
明史列傳36/19下
明史159/14

李銓（1360—1413）字彥庸，吉水人。以薦官工部主事，廉介有能名。遷汀州府通判，蒞事旬日，獄爲之空。爲政疏通簡易，常惻然有愛民意，永樂十一年卒官，年五十四。

國朝獻徵錄100/46梁潛撰李公墓誌銘
明史289/18

李銘（1423—1494）字自新，山東鄒平人。正統中嗣職指揮僉事，成化二年以討川貴蠻陞指揮使，累進都督僉事鎮薊州永平山海等處，整戎備武，一方晏安，卒年七十二。

李公墓誌銘（篁墩程先生文集47/1，國朝獻徵錄108/33）

李鳳（1489—1560）字鳴叔，號中岩，四川富順人。嘉靖八年進士，授御史，累陞陝西副使兵備漢中，卒年七十二。

送李鳴叔侍御兵備漢中序（南沙文集2/9）
壽中巖李先生樂府有序（同上8/11下）
李公墓誌銘（同上6/18）
祭李憲副文（同上7/48下）

再祭李憲副文（同上7/50）

妻嚴氏（1486—1549）

嚴氏墓誌銘（南沙文集6/42下）

李鳳來字德儀，順天大興人。正德十六年進士，授固始知縣，擢戶科都給事中，歷通政司參議兼吏科都給事中掌科事，以被訐免歸。後起掌禮科，仕終太常寺少卿。

披垣人鑑13/7

李潛（1378—1458）字元明，號清隱，鄞縣人。洪武末代兄戍灃餉德州，不避艱險，終克竣事，鄉人義之。郡邑造海艘，代父長百夫，伐木於越，率先險阻以勵衆。正統中大饑，潛兄弟輸穀二千餘石以濟之，朝廷旌其閭曰尚義之門。天順二年卒，年八十一。

清隱處士李公墓誌銘（南山黃先生家傳集49/5下）

李慶，河南西平人。國子生，洪武中除刑科給事中，陞知郴州。

披垣人鑑8/8

李慶字德孚，順義人。洪武中以國子生歷紹興知府，永樂元年召爲刑部侍郎。性剛果，有幹局，馭下甚嚴，改右都御史，中外凜其風采。進工部尚書，仁宗立，改兵部。宣德二年柳升討黎利，慶參贊其事。升輕賊，慶以告，不聽，中伏死，慶已病篤，亦死。

明史列傳23/24

明史150/4

李慶字積善，沔陽人。國子生，正統九年擢建昌府同知，遷南戶部郎中，歷浙江都轉運使，權貴請託，皆謝絕不顧，在官二年，歲課三倍它使，天順七年卒。

李公墓誌銘（椒丘文集30/3，國朝獻徵錄104/23）

李廣，孝宗時太監。以符籙禱祠蠱帝，因爲奸弊，勸帝建毓秀亭於萬歲山，亭成，幼公主殤。未幾，清寧宮災。日者言廣建亭犯歲忌，太皇太后恚，廣懼自殺。

皇明世說新語8/11

明史304/19下

李養正（1559—1630）字若蒙，號玄白，魏縣人。舉萬曆廿六年進士，授聞喜令，天啓中累官刑部尚書，以忤魏璫告歸，卒年七十二。

李公墓誌銘（雲石堂集21/59）

李養冲，永年人。歷兵部右侍郎，巡撫宣府。崇禎初旣謝事，御史吳玉劾其侵盜撫賞銀及冒功諸狀，論死，斃於獄。

明史248/8下

李璋（1449—1497）字士欽，鄧州人，賢子。賢嘗誨以學貴通古今，務踐履，勿爲近世擧子業，故不事場屋。賢卒，憲宗特旨授尙寶司丞，屢官太常寺少卿，弘治十年卒官，年四十九。

李君墓表（徐文靖公謙齋集6/10下，皇明名臣墓銘霞集1，國朝獻徵錄70/27）

李璉字從商，號鳳巖，順天遵化人。嘉靖卅二年進士，由霍丘知縣，擢戶科給事中，陞山西僉事，調陝西參議，四十四年聽調。

披垣人鑑14/38

李瑾，和州人，隆子。景泰中嗣爵襄城伯，寬弘下士，成化中爲總兵官，征四川都掌蠻，與兵部尚書程信居中節制，盡破諸蠻寨，分其地，設官建治控制之。師還，進侯，累加太保，弘治二年卒，贈芮國公，謚壯武。

明史146/9下

李賢，本名丑驢，韃靼人，元工部尙書。洪武廿一年來歸，通譯書，太祖賜姓名，授燕府紀善。靖難師起，有勞績，累遷都指揮同知，凡塞外表奏及朝廷所降詔敕，皆命賢譯。賢亦屢陳所見，成祖皆採納之。仁宗時進右都督卒。

吾學編19/48

皇明功臣封爵考6/66

明史列傳31/4下

明史156/3下

李賢（1408—1466）字原德，河南鄧州人。宣德八年進士，景泰初由文選郎中超拜吏部侍郎。英宗復位，命兼翰林學士，入直文淵閣，進尙書。憲宗即位，進少保，華蓋殿大學士，知經筵事。當石亨、曹吉祥用事，賢顧忌不敢盡言，然每從容論對，所以裁抑之者甚至，陳論持大體，尤以惜人才開賢路爲急。憲孝之世，名臣相望，猶多賢所識拔，年五十九卒，謚文達。嘗奉敕編明一統志，著有古穰集、古穰雜錄、天順日錄。

贈考功郎中李君序（尋樂習先生文集14/2）
李公行狀（篁墩程先生文集40/1）
祭李學士文（瓊臺詩文會稿重編24/33下）
過鄧州寄奠李文達公文（陽峯家藏集31/3）
水東日記7/8下，40/9，40/10
皇明獻實23/6
吾學編36/1
殿閣詞林記2/1
國琛集下/2下
守溪筆記×/15下
四友齋叢說7/3下
碩輔寶鑑11/53下
聖朝名世考2/23下
皇明名臣經濟錄6/5
皇明世說新語1/24，1/25，3/9下，4/19，4/22下，5/14下，6/26，6/28，7/10，7/23，8/17，8/31，8/34下
皇明書16/7
名山藏臣林記9/23下
明史列傳45/22
明史176/1

父李昇

封吏部尙書兼翰林學士李公八十慶壽序（呂文懿公全集9/22下）

母葉氏

安人葉氏墓誌銘（王文端公文集31/24）

李賢，定遠人，彬子，嗣豐城侯。正統初佩征西將軍印，鎭大同，尋守備南京，掌中右二府事，事多廢，屢被論，景泰初卒。

明史列傳23/27下
明史154/17

李震字用初，號省菴，宛平人，嘉孫。正統元年進士，選庶吉士，授工科給事中，累官兵部左侍郎，成化十年卒。

賀南京兵部亞卿李公序（呂文懿公全集8/38下）
國朝獻徵錄40/12商輅撰李公神道碑銘
掖垣人鑑9/7下

李震字懋學，南陽人，襲職指揮使。正統間從征兀良哈有功，進都指揮僉事。屢從王驥、王來、方瑛征諸苗，以功充總兵官，代瑛鎭貴州湖廣。復以猺獞作亂，專鎭湖廣，屢破廣西猺獞，西南苗獠聞風畏懾，呼爲金牌李，論功封興寧伯。

吾學編19/65下
皇明功臣封爵考6/74下
國朝獻徵錄10/58無撰人李公傳
明史列傳44/8
明史166/10下

李震字時亨，宜興人。成化八年進士，官兵部主事，愼重善啓後進，惜不顯而卒。

毘陵人品記8/1下

李標字汝立，高邑人。萬曆卅五年進士，天啓中拜禮部右侍郎，以師趙南星，黨人忌之，列名東林同志錄中，標懼禍，引疾去。崇禎時拜禮部尙書兼東閣大學士，持大體，中立無黨，卒謚文節。

五十輔臣考1/16
明史251/1

李模號灌溪，吳縣人。天啓五年進士，官御史，巡按眞保，以疏參分守太監，降補國子監典籍。明亡後，削髮爲僧。

啓禎野乘4/40

李樹字邦傑，華容人。宣德七年舉人，官都察院司務，陞南京兵部員外郎，出知彰德府，終山西參政，致仕卒。

國朝獻徵錄97/22無名氏撰傳

李節，陝西三原人。歲貢生，天順八年除戶科給事中，陞刑科都給事中，仕終四川按察使。

掖垣人鑑8/5

李儀，涿州人。永樂間以薦授戶部主事。宣德時出知九江府，有惠政。英宗初以僉都御史巡撫大同宣府，會以小事被責，下吏

踈死。儀居官廉謹，巡撫宣大，盛有所建置，邊人素德之，聞儀死建昭德祠以祀之。

巡撫宣府十二公傳（涇野先生文集34/7下）

明史列傳36/5

明史159/4下

李儀（1460—1517）字公著，號虛息，上元人。弘治六年進士，歷知新昌及山東冠縣，擢成都府同知，以疾乞歸卒，年五十八。

李君墓誌銘（整菴先生存稿13/14）

李德字仲修，番禺人。洪武間歷義寧教諭，俗荒陋，德至，文教漸興。德初好爲詩，晚究洛閩之學。後人輯其詩，與黃哲、王佐、趙介爲廣州四先生集。

國朝獻徵錄89/101黃佐撰傳

明史285/24下

李徵字誠之，號雲華，湖廣桃源人。嘉靖十一年進士，授行人，選吏科給事中，累官江西右布政使。歸田，廬於元光洞，有元光漫稿。

送李布政序（方山薛先生全集15/24）

掖垣人鑑13/32下

李鋐，大同右衞人。累功進都督僉事。江西賊王浩八據裴源山，憑高發矢石，官軍幾不支，鋐下馬持刀督將士殊死鬬，賊乃走，追數十里擒之。復以次討平劉昌三、胡浩三等。未幾，疽發背，卒於軍。

明史列傳60/4下

明史175/13下

李緯字天章，河南禹州人。正德九年進士，除禮科給事中，歷官湖廣參議。

掖垣人鑑12/31

李樂字彥和，號臨川，浙江歸安人。隆慶二年進士，歷江西新淦知縣，選禮科給事中，累官福建僉事，遷江西參議致仕。有見聞雜錄。

掖垣人鑑15/22

李質（1316—1380）字文彬，號樵雲，德慶人。有材略，元末隸何眞麾下，洪武元年大軍下廣，從眞降，爲都督府斷事，強力執法，累進刑部尚書，後拜靖江王右相。十三年王罪廢，質坐死，年六十五。質工詩，有樵雲集。

送刑部尙書李公新除浙江行省參知政事序（宋學士文集17/156）

李公墓誌銘（陳璉撰、皇明名臣琬琰錄10/1，國朝獻徵錄105/7）

國朝獻徵錄44/12黃佐撰傳

明史列傳13/7下

明史138/6

李濂字川甫，號嵩渚，祥符人。正德九年進士，歷官山西僉事，嘉靖間免歸。少負俊才，慨然慕信陵君、侯生之爲人。初受知李夢陽，後不屑附和。里居四十餘年，以古文名於時。有祥符鄉賢傳、祥符文献志、汴京遺蹟志、李氏居室記、醫史、觀政集、嵩渚集。

贈別李川甫序（張文定公紆玉樓集5/20）

送李公川甫陞山西僉憲序（同上5/21）

名宦侯誌府同知李侯事略（薑山文集15/18）

明史286/23下

李潒字世田，號左川，直隸景州人。嘉靖卅五年進士，歷長治知縣，擢禮科給事中，屢陞四川副使，隆慶二年致仕。

掖垣人鑑14/41下

李憲字良度，陝西岐山人。弘治十二年進士，武宗時官吏科給事中，諂事劉瑾。每率衆請事於瑾，盛氣獨前，自號六科都給事中。瑾敗，虞禍及，亦劾瑾六事，瑾在獄笑曰，李憲亦劾我乎。卒坐除名。

掖垣人鑑12/7下

明史306/10下

李憲卿（1506—1562）字廉甫，崑山人。嘉靖十七年進士，除南京吏部主事，歷河南按察使、湖廣巡撫，陞左副都御史，居官廉潔有爲，聲著當時。四十一年致仕歸，行至東平卒，年五十七。

李公行狀（震川先生集25/320下）

李公墓誌銘（袁文榮公文集8/22）

徐氏海隅集外編42/3

國朝獻徵錄59/108無名氏撰傳

吳郡張大復先生明人列傳稿×/75

李璣字邦在，號西野，江西豐城人。嘉靖十四年進士，累官至南京禮部尚書，嘉靖四十二年致仕。有西野遺稿。

蘭臺法鑒錄13/33下

母朱氏（1471—1550）

李母朱氏墓誌銘（歐陽南野文集26/3下）

李頤字惟貞，號及泉，餘干人。隆慶二年進士，授中書舍人，博習典故，負才名。萬曆初擢御史，忤張居正，出知河南府。累陞右僉都御史巡撫奉天，在鎮十年，威望大著，進工部侍郎，管理河道，以勞卒。有奏議。

贈兵憲及泉李公擢浙江參政序（陸文定公集10/25）

送兵憲李及泉遷浙藩大參序（太霞草2/7）

賀兵憲李及泉公晉擢浙省參知序（王奉常集5/8）

國朝獻徵錄57/87劉應麒撰李公行狀

明史列傳81/21下

明史227/11下

李遷（1511--1582）字子升，更字子安，號蟠峯，新建人。嘉靖廿年進士，隆慶間以南京兵部左侍郎提督兩廣，兼巡撫廣東，平銀豹，討惠潮山寇，皆有功，晉刑部尚書，引疾歸。母終廬墓，卒年七十二，諡恭介。

壽李蟠峯尚書七秩序（王奉常集4/5下）

李公神道碑（弇州山人續稿132/1）

明史222/29下

父李素馨

李侍郎范淑人合傳(鄧定宇先生文集4/59)

李選字惟賢，號肖岑，雲南太和人。隆慶五年進士，授行人，擢禮科給事中，陞刑科都，遷江西參政，萬曆十一年免官。

掖垣人鑑16/10

李璧字白夫，廣西人。弘治中舉於鄉，任蘭谿教諭，從章懋講學，蒐輯三禮經傳，考訂鍾律及鄉射冠婚儀。累官戶部員外郎。有名儒錄、明樂譜諸書。

燕饗樂譜序（涇野先生文集2/52下）

劍閣集序（同上3/1）

大成樂舞圖譜序（同上3/1下）

李氏家廟記（同上14/37下）

李檼字長孺，鄞縣人。萬曆二十九年進士，授行人，擢御史，歷廣東鹽法僉事。及巡撫貴州，安邦彥、奢崇明反，檼與巡按御史史永安等百計守禦，賊圍急，檼奮臂一呼，士卒雖委頓，皆強起斫賊，被圍十月援兵至，解去，進兵部侍郎。卒諡忠毅。有粵東鹽政考、忠毅公集。

明史249/12下

李翰臣，大同人。正德三年進士，官御史，巡按山東，吏部主事梁穀誣歸善王當沍謀叛，翰臣劾穀挾私。近倖方欲邀功，責翰臣為叛人掩飾，逮繫詔獄，謫德州判官。終山東副使。

明史188/24下

李豫亨字元薦，號中條，松江華亭人。著有推篷寤語、三事遡眞，多涉釋道家言。

皇明世說新語2/9下，2/23下、7/30下

李興字伯起，嵩縣人。成化十一年進士，授冠縣令，歷監察御史，忠鯁敢言，坐事謫戍賓州，會赦歸。有西巡奏議、嵩南野錄。

送李伯起戍南舟序（文溫州集8/15）

國朝獻徵錄65/30朱睦㮮撰傳

李舉字大聘，山西振武衛籍河曲人。弘治六年進士，授兵科給事中，歷東昌知府，仕至山東參政致仕。

掖垣人鑑11/8

李蕃字秀實，內江人。永樂十五年舉人，博涉群書，授漢中訓導，不就。洪熙改元，上端本十六策。宣宗即位，擢兵科給事中，巡視沿邊城堡，還言關堡空虛，請城獨石等處。清軍河南，献安養軍民十餘事。卒于官，年卅七。有佩鳴集。

端本策序（見素續集8/3下）

李給事挽詩序（王文端公文集21/23）

國朝獻徵錄80/86楊溥撰李君墓誌銘

掖垣人鑑7/11

李賁字茂實，長洲人。永樂十三年進士

，授兵部主事，歷陞工部侍郎改兵部，卒於官。賁勤敏有吏材，習知兵事，所在著聲譽。

國朝獻徵錄40/9無名氏撰傳

李惠（1438—1499）字德馨，號浣菴，當塗人。成化五年進士，授刑科給事中，歷江西參政，遷山西布政使，惠政甚著，民極愛之。累官至右都御史，卒年六十二。有粹英集。

采石李氏先塋碑銘（徐文靖公謙齋集7/19）

李公神道碑銘（匏翁家藏集77/11，國朝獻徵錄5 /33）

李默字時言，福建甌寧人。正德十六年進士，嘉靖間累官吏部尚書兼翰林學士，爲趙文華所搆，下獄瘐死。默爲人博雅有才辨，以氣自豪，不附嚴嵩。然性褊淺，以恩威自歸，士論亦不甚附之。萬曆間追諡文愍。有建寧人物傳，群玉樓稿。

祭座主李公文（皇甫司勳集59/5下）

弔故太宰古冲李公文（方麓居士集12/9下）

寶善堂記（泉翁大全集26/27）

冰廳劄記（徐氏海隅集文編14/2）

國朝獻徵錄25/40無名氏撰傳

明史列傳69/18下

明史202/14

父李柟（1474—1543）字良材，號翠屏。

李公墓誌銘（雲岡公文集15/6下）

李穎，河南襄城人。歲貢生，永樂間授兵科給事中，歷官四川副使。

掖垣人鑑7/24下

李暹（1376—1445）字賓暘，長安人。少好學，洪武中舉於鄉，卒業太學。永樂中授戶部主事，使西域，凡五往返，遍經諸國，咸得其歡心。陞郎中，官至戶部左侍郎，正統十年卒，年七十。

贈李郎中使西域序（王文端公文集18/19下）

李公墓誌銘（同上32/20下）

國朝獻徵錄30/16楊溥撰李公神道碑

母王氏（1346—1438）

王氏墓誌銘（楊文敏公集23/13下）

李學字時敏，舞陽人，著籍河南陽衞。正德九年進士，官兵科給事中，十六年以疾乞歸。

掖垣人鑑12/28

李學一字萬卿，號文軒，廣東歸善人。隆慶二年進士，選庶吉士，授刑科給事中，歷湖廣參議，累官貴州提學副使。

掖垣人鑑15/20下

李學梅，麻城人。母死，守墓三年，力不能廬，獨棲草間，暑雨一盎，寒冬一藁，朝出營食，夜必返墓次，父死亦如之。師里人張高，得聞王守仁之學，爲耿定向所重。

國朝獻徵錄112/74耿定向撰傳

李學曾字宗魯，廣東茂名人。弘治十五年進士，歷江西進賢知縣，擢刑科給事中，累官吏科都給諫，以疾致仕。

掖垣人鑑12/13下

李學詩（1503—1541）字止夫，號方泉，山東平度州人。嘉靖五年進士，授永平府推官，遷吏部主事，累官翰林院修撰，充經筵講官，卒年卅九。

李君墓表（荊川先生文集16/1，國朝獻徵錄19/42）

李學詩（1530—1580）字叔言，號前峯，山東東阿人。嘉靖四十四年進士，授陽曲知縣，歷開封府同知，累遷兵部郎中，勤於吏職，萬曆八年卒官，年五十一。

李公墓誌銘（穀城山館文集18/10，國朝獻徵錄41/43）

李學禮（1529—1607）字立甫，潁州人。舉進士，授南京戶部主事，累官四川副使，卒年七十九。

李公墓表（大泌山房集103/23下）

李錫（1385—1460）字天祿，陝西咸寧人。永樂七年進士，授蒲州學正，擢吏科給事中，官至通政使，加太子太保致仕，年七十六卒。錫在通政時，封駁章奏，通達下情，雖倥傯繁劇，而井井有條，無壅滯之弊。又能不察察小失，有大臣德量。

李公行狀（楊鼎撰，皇明名臣墓銘坎集84，國朝獻徵錄67/10）

拔亘人鑑6/18
明史212/22下

母康氏（1344—1439）
康氏墓誌銘（楊文敏公集23/2下）

李錫字祐之，山東臨邑人。正統十年進士，除戶科給事中，累官陝西參議，成化元年致仕。

賀黃門李君受勅命序（呂文懿公全集8/35）
拔亘人鑑5/7

李錫字晉卿，山東臨邑人。正德九年進士，授行人，以言事謫國子助教，歷刑科都給事中，官至山西參政，卒于官。

拔亘人鑑12/38

李錫，歙人。隆慶間爲福建總兵官，破海冦曾一本，錫功最鉅，加征蠻將軍，鎭廣西。萬曆初討平獞猺，一年內破賊巢二百餘，獲首級萬二千餘，進秩二等，擢浙江總兵官。錫功多不蒙殊賞，明季武功，所由不競。

李將軍行狀（方初菴先生集9/20下）
明史列傳86/41下
明史212/22下

李錦（1436—1486）字在中，號介菴，陝西咸寧人。受業於周蕙，通洛閩之學。天順六年擧順天鄉試，入國學，爲祭酒邢讓所知。讓坐事下吏，錦率衆抗章白其冤。性至孝，布衣糲食，以主敬窮理爲歸。然諾辭受，一切不苟。成化中選松江同知，卒於官，年五十一。

介菴李先生傳（馮少墟集22/13）
正學祠暨祀李介菴先生告文（南趣齋稿18/132）
國朝獻徵錄33/58無名氏撰傳
明史282/10下
明儒學案7/14

李勳（1428—1519）字功大，號懋齋，吉水人。歲貢生，授新野訓導，陞永豐王教授，遷淮府右長史致仕，正德十四年卒，年九十二。

懋齋李公傳（念菴羅先生集6/7，國朝獻徵錄105/44）

李濡（1473—1537）字宗文，號宜散，松江華亭人。正德九年進士，嘉靖初授建寧推官，攝守事，一切利害，當罷行者，無不悉力爲之。遷南京禮部主事，累陞刑部郎中，致仕卒，年六十五。

李君墓志銘（荆川先生文集14/18下，國朝獻徵錄49/45）

李衡字秉鈞，當塗人。永樂二年進士，選庶吉士，除戶部員外郎，以廉介勤愼爲尙書夏原吉所任，屢官至南京兵部侍郎，卒於官。有澹軒集。

國朝獻徵錄40/6無名氏撰傳

李鴻字漸卿，長洲人。嗜讀用世書，有氣敢言，勇於任事，官上饒令。中官爲惡，用法杖殺其黨十餘輩，遂削籍以歸。

姑蘇名賢小紀上/34下

李鴻漸，名敬，以字行，江都人。洪武元年以文學薦擧，累官至刑部尙書，十三年致仕，次年復召起爲國子祭酒，尋坐事免。

端志堂記（蒲菴文集5/140）

李濬，和州人。洪武中官燕山左衞副千戶，從起兵奪九門，破南軍於眞定，轉戰山東爲前鋒，至小河，猝與敵遇，帥敢死士先斷河橋。成祖至，遂大敗之。累遷都指揮使，封襄城伯。永樂初鎭江西，尋召還，三年卒。

吾學編19/10
皇明功臣封爵考7/12
明史列傳21/17
明史146/9

妻畢氏（1362—1420）
畢氏墓誌（願菴文集9下/50下）

李濬字伯淵，樂安人。國子生，擢御史，宣德初平漢王之亂，有功，宣宗嘉其忠，陞左僉都御史，歷巡撫遼東，進左副都御史，致仕卒。

李公墓志銘（王偉撰、皇明名臣琬琰錄后4/1，國朝獻徵錄60/33）
名山藏39/3

李濚（1443—1513）字宗禹，一字原潔，祥符人。成化十七年進士，授南京戶科給事中，能言敢諫，不避權貴，年五十餘致仕歸，名所居曰石菴，以著其志，卒年七十一。

給事中李公傳（陸子餘集2/4）

披垣人鑑3/23下

李謙字吉甫，山東滋陽人。成化五年進士，除兵科給事中，歷陞湖廣參議。

披垣人鑑10/11下

李應和字純元，四川大竹人。弘治三年進士，除工科給事中，累官至陜西參議。

披垣人鑑11/5

李應庚，深水人。國子生，永樂十一年除工科給事中，累陞永州知府，卒於官。

披垣人鑑5/14

李應昇（1593—1626）字仲達，江陰人。萬曆四十四年進士，授南康推官，士民服其公廉。天啓間擢御史，屢上疏譏切近習，爲魏忠賢所害，年僅三十四，福王時追謚忠毅。有落落齋遺集傳世。

李公墓誌銘（牧齋有學集29/1）

李公神道碑銘（悔村家藏稿文集19/1）

名臣謚議（公槐集6/19）

啓禎野乘5/1

明史245/15下

李應祥，湖廣九谿衛人。以武生從軍，萬曆間積功至都督同知，貴州總兵官。應祥爲將，謀勇兼資，所至奏績。平松茂諸番及建昌番酋王大咱、邛部屬夷膩乃等三大寇，其功最多。

明史列傳88/9下

明史247/9

母魏氏（1522—1586）

李母魏氏神道碑（大泌山房集110/38）

李應禎（1431—1493），一名甡，又名應熊，字貞伯，長洲人。中景泰四年鄉舉，成化間以善書選爲中書舍人，弘治初歷太僕少卿。尙道義，善文詞，甚負時譽。弘治六年卒，年六十三，有蘇州志。

送太僕少卿李公叙（柴墟文集6/9）

送少卿李公文（文溫州集8/12下）

李公墓誌銘（同上9/6下）

李公墓碑銘（匏翁家藏集76/2，國朝獻徵錄72/74）

祭亡友李應禎少卿文（徐文靖公謙齋集6/43下）

吳中人物志2/12

國琛集下/26下

皇明世說新語3/15下

姑蘇名賢小紀上/21下

明史列傳49/21下

妻王氏（1429—1498）

王氏墓誌銘（祝氏集略15/8下）

李應薦，恩縣人。天啓時官御史，以附魏忠賢，麗名逆案。崇禎間清兵至山東，應薦捐貲募士，佐有司助城守，城破被創死。

啓禎野乘8/8

明史291/17

李聰，河南儀封人。宣德二年進士，授兵科給事中，累陞贛州知府致仕。

披垣人鑑7/29

李聰（1422—1500）字仲明，號一菴，山西沁水人。景泰五年進士，授鄠縣訓導。教士子曰爲學當以體驗擴充爲主，外此非身心之學。改慈谿，以親老乞歸，卒年七十九。

一菴李先生墓表（凝齋集5/32下）

李戴字仁夫，號對泉，河南延津人。隆慶二年進士，授興化知縣，選戶科給事中，萬曆中屢官陜西按察使。張居正尙名法，四方大吏，承風刻覈，戴獨行之以寬。仕至吏部尙書，秉銓六年，溫然長者，然聲望在陸光祖諸人下。趙志皐、沈一貫柄政，戴不敢爲異，以是久於其位，而銓政因益頹廢。

贈都諫李公擢陜西大參序（馬文莊公集選1/23下）

端揆堂詩序（大泌山房集19/13下）

贈宮保冢宰李公序（同上44/6下）

李公墓誌銘（同上77/25下）

披垣人鑑15/21下

李懋檜字克蒼，安溪人。萬曆八年進士，遷刑部員外郎，帝憂旱，懋檜上疏幾獲罪，已留中，又疏請七事，亦寢不行。給事中邵庶因論劉世延，刺及建言諸臣，懋檜極論之。帝責其沽名，降湖廣按察使經歷，仕終太僕少卿。

賀六大夫李克耆考最上封序（朱太復文集22/16下）

明史列傳84/1

明史234/5

李燾，博羅人。隆慶二年進士，授泉州判官，累陞衡州知府，歷長蘆都轉運使，官至參政。

尊德祠碑（大泌山房集111/10下）

祖父李□，隆慶元年卒，年七十九。

李公墓表（楊復所家藏文集5/29）

父李學顏

李封君七十一壽序（楊復所家藏文集3/7）

李贄字卓吾，晉江人。嘉靖卅一年舉人，萬曆中官姚安知府。士大夫好禪者，往往從贄游。小有才辨，一旦自去其髮，冠服坐堂皇，上官勒令解任。居黃安，日引士人講學，雜以婦女，專崇釋氏，卑侮孔孟。北游通州，為給事中張問達所劾，逮死獄中。有李氏焚書、李氏焚餘、藏書、續藏書等。

祭李卓吾文（李文節集25/18下）

祭李卓吾先生（歇菴集11/59）

李溫陵傳（珂雪齋前集16/24下，又珂雪齋近集7/21）

藏書評正序（無夢園集小品1/34）

續藏書序（同上1/36）

皇明世說新語7/30下

明史221/7

李騏（1378—1425）字德良，長樂人。本名馬，登永樂十六年狀元，成祖為改名，授翰林修撰，考校恭勤，廉謹不怠，洪熙元年病卒，年四十八。

李德良墓誌銘（楊文敏公集21/9，國朝獻徵錄21/20）

李擴，里籍不詳。國子生，洪武八年由監察御史調給事中，兼齊相府錄事，還四川參政，仕終浙江布政使。

披垣人鑑3/4下

李璿（1463—1514）字天器，盱眙人，文忠玄孫。弘治中以廕授南京錦衣衛指揮使，卒年五十二。

國朝獻徵錄109/20海純撰李君墓誌銘

李顒字思誠，廣東博羅人。正統元年進士，授刑部主事，歷山東布政使，官至工部侍郎，成化十六年卒。顒廉靜寡慾，不事聲名，歷官皆著政績，為時所稱。

國朝獻徵錄51/13無名氏撰傳

李瀚（1453—1533）字叔淵，號石樓，山西沁水人。成化十七年進士，授樂亭知縣，有惠政，民為立生祠。擢御史，歷河南布政使、順天府尹，正德中累陞南京戶部尚書致仕。喜購書，家藏萬卷。嘉靖十二年卒，年八十一。有石樓集及奏議。

石樓李公七十壽序（涇野先生文集3/46）

李氏家廟記（同上18/26）

李公配淑人張氏合葬墓誌銘（同上29/12）

李公墓表（陽峯家藏集33/5，國朝獻徵錄31/51）

李寵（1498—1553）字汝承，陝西涇陽人。嘉靖十年解元，登十七年進士，歷山東督學僉事，遷浙江督糧參議，卒於官，年五十六。

送李子督學山東序（歐陽南野文集7/27下）

李參議墓誌銘（丘隅集15/12）

李懷信，大同人。由世廕歷都指揮僉事，掌山西都司。廉勤數被推薦，萬曆中遷定邊副總兵。時邊患棘，懷信勇敢有謀，寇入輒敗，延綏人為立生祠。擢甘肅副總兵，邊人恃以無恐。遼東急，充援勦總兵官，累有功，熊廷弼負氣凌諸將，遂引疾去。

明史列傳89/29

明史239/23

李璽字朝用，耒陽人。宣德五年進士，歷官監察御史。

贈監察御史李朝用序（尋樂習先生文集10/1下）

李璽（1453—1519）字朝信，鳳翔人。弘治九年進士，授荆州府推官，決獄平無冤。擢御史，以忤劉瑾，左遷鄧州判官，屢陞河南按察使致仕，卒年六十七。

李公墓誌銘（渼陂集12/15，國朝獻徵錄92/77）

李攀龍（1514—1570）字于鱗，山東歷城人。少孤家貧，稍長嗜詩歌，已益厭訓詁學，日讀古書，里人共目爲狂生。舉嘉靖廿三年進士，歷陝西提學副使，家居十年復出，累遷河南按察使，母喪，以毀卒，年五十七。詩以聲調勝，毀之者謂爲模擬剽竊，好之者推爲一代宗匠。與謝榛、吳維嶽、梁有譽、王世貞稱五子。又與吳國倫、徐中行稱後七子。有古今詩删，滄溟集。

贈李于鱗序（弇州山人四部稿57/3）

贈李于鱗視關中學政序（同上57/8下）

李于鱗先生傳（同上83/1，滄溟先生集附錄×/5，國朝獻徵錄92/79）

李公墓志銘（殷士儋撰、滄溟先生集附錄×/1）

李于鱗先生墓碑（施愚山先生學餘文集18/12）

李于鱗（居東集5/11下）

李于鱗誄（劉子威集27/17）

歷城陳令君爲李于鱗先生立祠置田記（來禽館集22/1）

李于鱗先生詩集序（寶日堂初集12/7）

古今詩删序（弇州山人四部稿67/8）

皇明世說新語2/7下，2/8，2/20，2/21，2/23，2/31下，5/29下，6/34，7/5下，7/20，8/15下，8/22下

皇明書39/6

名山藏81/44下

明史287/15

母張氏

壽李于鱗先生母太夫人序（弇州山人四部稿63/16）

李贊（1453—1512）字惟誠，號平軒，蕪湖人。成化二十年與弟貢同登進士，授吏部主事，正德中歷浙江布政使，有惠政，以忤劉瑾致仕，卒年六十。

國朝獻徵錄84/3楊一清撰李君墓表，又72/15郡志本傳

父李□、號恒齋，諸暨訓導。

跋李恒齋遺敎後（費文憲公摘稿20/29）

李鏡（1437—1498）字文明，弋陽人。成化五年進士，歷刑部員外郎，出知岳州，在官八年，多惠政，民爲立生祠。累官至浙江布政使，卒年六十二。

岳州太守李侯祠碑（東川劉文簡公集19/3）

李君墓誌銘（懷麓堂文後稿23/4）

李獻可字堯俞，同安人。萬曆十一年進士，除武昌推官，課最，屢遷都給事中，率群臣疏請豫教元子，神宗大怒，摘疏中誤書弘治年號，以違旨侮君貶秩，尋除名。

明史列傳84/23下

明史233/6下

李獻明字思皇，壽光人。崇禎元年進士，清兵至遵化，獻明以保定推官，察核官庫駐城中，或謂此邑非君所轄，去無罪，獻明不可，城破死之。

明史291/9

李繼，宣宗時爲太學助教，侍讀李時勉以讒受枷，繼爲營救得釋。繼不拘檢柙，時勉嘗規切之，繼不能盡用，然心感其言，至是竟得其用。

皇明世說新語5/17下

李繼（1400—1454）字孟承，吳縣人。宣德四年舉人，授建陽訓導，屢陞吉安知府，卒年五十五。

國朝獻徵錄87/15陳循撰李君墓表

李繼貞字平槎，號散尹，太倉人。萬曆四十一年進士，歷兵部主事。天啓間典試山東，坐試錄刺魏忠賢，削籍。崇禎間起職方郎中，幹用精敏，爲人強項，在事清執，請謁不行，歷兵部右侍郎兼右僉都御史，後巡撫天津，督薊遼軍餉，大興屯田，十餘年間，起廢者屢，卒於官。有奏議、文集、詩稿等。

啓禎野乘6/43

明史248/9

李騰芳字子實，湘潭人。萬曆二十年進士，選庶吉士，好學負才名，屢遷左諭德。與崑山顧天埈善，天埈險陂無行，被劾去，騰芳亦投劾歸，時遂有顧黨李黨之目。崇禎初以禮部尚書協理詹事府，京師戒嚴，條畫守禦，多稱旨。有李湘州集。

公祭館師湘翁李大宗伯文（棘門集7/3）

啓禎野乘1/30
明史列傳75/21下
明史216/19下

李鶴鳴字九皐，浙江義烏人。正德十二年進士，歷太常博士遷吏科給事中，改兵科，坐事謫金壇縣丞，累陞大理寺丞兼兵科右給事中，免官歸。

披垣人鑑13/10

父李曇（1444—1491）字子雲。

李君配封太孺人樓氏墓表（泉翁大全集63/18下）

李譯字孔教，山東萊陽人。弘治十五年進士，授行人，屢遷戶科都給事中，歷大理寺丞，嘉靖初仕至右副都御史巡撫大同，卒于官。

巡撫宣府十二公傳（涇野先生文集34/7下）
披垣人鑑12/8下

母□氏

李太孺人榮壽序（紫巖文集24/5下）

李鐩（1447—1528）字時器，號朴菴，湯陰人。成化八年進士，授工部主事。弘治初應詔陳十二事，歷工部尚書。劉健、謝遷在位，鐩頗欲有以自見。及劉瑾竊權，鐩乃專務容悅。瑾死，特以強項取名。後權倖益用事，鐩一切不敢違，其位益固。世宗初罷歸，年八十二卒，謚恭敏。

同年三友會詩序（匏翁家藏集44/2）
李公行狀（徐文敏公集5/3）
李公墓誌銘（楊一清撰，皇明名臣墓銘離集26）
李公神道碑（洹詞11/27下）
祭外舅李恭敏公文（同上6/11）
祭大司空李恭敏公文（中丞馬先生文集4/20下）
國朝獻徵錄50/29郭朴撰傳
明史列傳57/33

妻鄭氏（1446—1529）

鄭氏墓誌銘（洹詞6/27）
皇明書45/7下

李懿字美卿，號省齋，吳川人。嘉靖廿三年進士，授泰州知州，歷戶部郎中，出知漢中府，官終陝西副使。有擊缶集、省齋文集。

李公墓誌銘（來禽館集14/1）

李鑑，四川成都人。舉進士，崇禎時歷巡撫宣府，尋罷。十七年賊破宣府，巡撫朱之馮死之，時鑑尚留宣，糾衆殺賊，斂葬之馮以禮。

啓禎野乘11/6

李瓚字廷玉，山西臨汾人。成化十四年進士，授刑科給事中，歷大名知府，官至陝西參政。

贈李君知大名府序（篁墩程先生文集27/1）
大名太守李公去思碑（東川劉文簡公集19/1）
披垣人鑑10/23

李贊字宗器，山東濮州人。弘治九年進士，授刑部主事，擢通政司參議，以忤劉瑾左遷饒州通判，有平盜功。瑾誅，起屢官至戶部尚書，嘉靖十一年卒。

國朝獻徵錄29/28實錄本傳

李顒（1441—1491）字道彰，安陽人。成化二年進士，授翰林檢討，歷官楚府長史，卒年五十一。

國朝獻徵錄105/39崔銑撰傳

李顯（1479—1544）字崇絅，號臺南，浙江樂清人。正德三年進士，授閩縣知縣，擢御史，歷南贛巡撫，官至南京大理寺卿，卒年六十六。

贈李君崇絅之任湖臬序（嬌亭存稿2/18下）
國朝獻徵錄69/16豐宋撰李公墓誌銘

李夔龍，福建南安人。萬曆間進士，歷吏部主事，被劾去。天啓五年夤緣復官，進郎中，專承崔呈秀指，引用邪人，以媚魏忠賢。擢太常少卿，仍署選事。尋遷左僉都御史。三殿成，進左副都御史。莊烈帝嗣位，被劾逮治論死。

明史306/19

李讓，舒城人。父申官留守左衛指揮同知，讓爲燕邸儀賓。靖難兵起，讓率府兵執謝貴等取大寧有功，署掌北平布政司事。建文帝怒，殺申並藉其家，讓益誓死戰。永樂元年進駙馬都尉，封富陽侯，掌北京刑部事，卒贈景國公，謚恭敏。

吾學編19/45

皇明功臣封爵考6/46

國朝獻徵錄4/12無名氏撰傳

明史121/9下

李讓，河南杞縣人。永樂六年舉人，宣德中官禮科給事中，屢陞光祿寺少卿。

掖垣人鑑6/19下

李瓛（1419--1493）字廷建，安福人。景泰元年舉人，天順中官監察御史，巡按南京陝西，屢疏陳汰冗官，節貢獻等事，皆切中時弊。遷浙江按察僉事，解官歸，卒年七十五。

李公墓誌銘（費文憲公摘稿17/32）

李讚字公美，山陽人。正統十三年進士，選庶吉士，授吏科給事中，陞都給事，歷山東參政，仕終浙江布政使。

掖垣人鑑4/5

李驥（1367—1436）字尙德，郯城人。洪武廿六年舉人，卒業太學，授戶科給事中，歷新鄉、東安知縣，皆有惠政。擢監察御史，宣德五年出知河南府，行火甲法，道不拾遺。驥持身端恪，晏居雖几席必正，正統元年卒官，年七十，民祠祀之。

李尙德墓誌（楊文敏公集24/17，國朝獻徵錄93/3）

李公墓表（楊士奇撰、皇明名臣琬琰錄24/23下）

掖垣人鑑3/4

明史281/16

車

車大任字子仁，號春涵，邵陽人。萬曆八年進士，由南豐知縣累官江西參政，所歷有聲。著有螢囊閣正續集，又輯述古今喻言。

賀郡侯車春涵三年考績序（快雪堂集4/15下）

車純（1480—1568）字秉文，號百山，浙江上虞人。正德十二年進士，授工部主事，進員外郎，歷福建布政使，擢都察院右副都御史巡撫湖廣，久之致仕歸。家居二十餘年卒，年八十九。有百山集。

百山車公墓誌銘（張時徹撰、國朝獻徵錄62/16）

車梁，山西永寧人。弘治三年進士，爲御史，條列時政，言東廠事，下獄得釋，仕終漢陽知府。

明史180/32

車霆字震卿，石州人。成化十七年進士，任平涼知州，嚴以御吏，宗室不能干以私。性直戇，不拘小節，陞都御史，巡撫宣府，正德二年致仕。

國朝列卿記124/14下

母□氏

祭車太守震卿母文（傅趣齋稿18/128）

妻楊氏

壽車母楊宜人八褰序（紫峯文集23/4下）

成

成子學字井居，號惟道，廣東海陽人。嘉靖廿三年進士，授峽江令，擢御史，歷江西僉事，遷湖廣參政，調山東。

贈成峽江序（石蓮洞羅先生文集17/11）

贈成井居晉湖廣藩參序（敬所王先生集5/1）

送藩大夫成公之山東序（太函副墨7/11）

成文，山西山陰人。弘治十五年進士，授知縣，擢御史巡按蘇松，遇歲饑饉，條上便宜，民賴全活。累陞右副都御史巡撫遼東，嘉靖十九年卒。

國朝獻徵錄62/13實錄本傳

明史188/24

成守節字子安，號甘齋，曹州人。嘉靖卅二年進士，歷扶溝、元氏縣令，擢監察御史，巡按宣大、江西等地，所至禁奢侈、正紀綱，糾貪引廉、務實斥僞。其匡時弊、廣循良、淸選法、議考課諸疏，爲臺省所推服。仕終大理丞，隆慶四年卒。

誥勅監察御史成守節二道（條麓堂集5/42下）

贈甘齋成侍御六載考績序（逍遙園集選11/8下）

同年祭成大理文（馬文莊公集選9/5）

國朝獻徵錄68/90無名氏撰傳

父成良卿（1492—1545）字汝鑑

成公合葬墓誌銘（馬文莊公集選7/19）

成始終字敬之，無錫人。正統四年進士，授行人，拜監察御史。土木之變，督兵紫荊關，守要害地。擢湖廣按察僉事，敏於疏決，以戇直忤當道乞歸。有澹軒集。

贈湖廣僉憲成君之任序（呂文懿公全集7/14）

毘陵人品記7/4下

成勇字仁有，山東樂安人。天啓五年進士，崇禎時擢南京御史。楊嗣昌奪情入閣，言者獲譴，勇憤，上疏詆之，削籍戍寧波衛。福王時起御史，不赴，披緇為僧。有消閒錄、周易發、西銘解。

明史258/36

成胤（1380—1428）字公錫，長洲人。以會試中乙榜授嘉興訓導，遷諸暨教諭，陞辰州府學教授，宣德三年之官，卒於途，年四十九。

吳下冢墓遺文續1/71王鈺撰成君墓誌銘

成章字文達，直隸景州人。正統十三年進士，選庶吉士，授戶科給事中，累陞都給事。天順元年以事謫滁州衛經歷，卒於官。

掖垣人鑑5/4下

成基命字靖之，號毖予，大名人。萬曆卅五年進士，崇禎時累拜禮部尚書，東閣大學士。性寬厚，每事持大體，日夜籌畫邊事，奏疏數十上，咸中機宜，以疾乞歸，崇禎八年卒，謚文穆。有雲石堂稿。

壽毖予成相君六十序（文直行書8/17）

成公神道碑（牧齋有學集34/1）

五十輔臣考2/4

明史251/11

成凱字舜卿，陝西耀州人，敬子。景泰二年進士，有俊才，初登第，即病且死。景帝謂敬曰，爾子平日志何官，敬泣對曰，凱願出入禁闥，奈薄福何。帝歎息，授凱吏科都給事中，聞命遂卒。

掖垣人鑑4/6

成敬字思恭，陝西耀州人。永樂廿二年進士，選庶吉士，授晉府奉祠，坐事謫戍，自訟寃，宣宗下之腐刑，侍郕王。景帝立，擢內官監太監，甚見親信，不招權，不乞恩澤，上多其讓，景泰六年卒。

國朝獻徵錄117/7裔世寧撰成公傳

成實字廷秀，河南光州人，著籍湖廣漢川。成化二年進士，除禮科給事中，屢陞都給事中，出爲四川順慶府通判。

掖垣人鑑10/7

成德字玄升，霍州人。崇禎四年進士。授滋陽令。性剛介，清操絕俗，以忤溫體仁戍邊。後復起爲武庫主事。十七年京城陷，聞帝殉國，觸地流血，哭奠梓宮，闔門死難，謚忠毅。

啓禎野乘12/35

天啓崇禎兩朝遺詩傳3/125

明史輯略紳志略文臣

明史266/14

成樂字以和，號龍山，石首人。正德九年進士，授泰和知縣，累官兵部侍郎，征白蓮教黨有功，卒謚端肅。

成以和知泰州序（陽峯家藏集24/22下）

弟成柔字以立，南京鴻臚屬官。

送成以立赴南京鴻臚序（陽峯家藏集25/39下）

成㻞，興化人。洪武中歷蔚州知州，爲政清肅，與守將協修邊備，民賴以寧。官終北平布政司參議。

國朝獻徵錄82/2無名氏撰傳

那

那嵩，沅江土官，世爲知府，嵩嗣職，循法無過。李定國號召諸土司兵，嵩起兵應之，已而城破，登樓自焚，合家皆死。

明史279/29

邢

邢守庭字紹勇，號後坡，河南臨潁人。嘉靖三十五年進士，由行人選戶科給事中，歷任兵科都給諫、尚寶司卿、太常少卿，調南京太僕寺少卿卒。

掖垣人鑑14/43

邢如默字宣甫，號北源，一作北原，山東臨清人。嘉靖八年進士，由直隸濬縣令選兵科給事中，遷工科都，以憂歸。復除吏科都給事中，尋出爲徽州推官，移漢中府，免官。

祭邢北原文（葛端肅公文集15/23）

披垣人鑑13/25下

弟邢如愚字契甫，號南坡。

仲父南坡先生傳（來禽館集12/1）

邢址字汝立，號陽川，當塗人。嘉靖十一年進士，歷御史，遷保定知府，終山東鹽運使，以清操聞。

邢陽川守保定序（海石先生文集18/2下）

邢玠（1540—1612）字式如，號崑田，益都人。隆慶五年進士，授密雲令，擢御史巡按陝西，累官至兵部尚書，總督薊遼，萬曆三十一年致仕，卒年七十三。

崑田邢公墓誌銘（蒼霞續草11/29）

邢公按陝奏議序（大泌山房集16/24）

大司馬崑田邢公輓詞（怡春堂逸稿2/6）

明史列傳85/42

父邢鎮字大用，號西岡，卒年三十七。

邢公合葬神道碑銘（賜閒堂集20/27）

邢公暨配鄒氏勅葬墓表（穀城山館文集27/5下）

邢尙簡字元敬，號西原，山東昌邑人。嘉靖二十年進士，累官大理寺卿，四十年丁憂歸。

國朝列卿記91/39下

妻孫氏（1504—1561）

孫氏墓志銘（李中麓閒居集8/59下）

邢侗（1551—1612）字子愿，臨淸人，如默從子。萬曆二年進士，官終陝西行太僕卿。善書能詩文，書爲海內所珍。與董其昌、米萬鍾、張瑞稱邢張米董。琉球使者入貢，願小留，買侗書去。家貲鉅萬，築來禽館於古犂丘，減產奉客，遂致中落，卒年六十二。有來禽館集，墨蹟刻石曰來禽館帖。

臨邑邢氏父子贈封省臺詩序（弇州山人續稿46/17）

邢公墓誌銘（大泌山房集79/38）

祭邢子愿（同上116/18下）

邢子愿小集序（同上11/13下）

邢子愿全集序（同上11/15下）

明史288/12

父邢如約（1512—1602）字信甫，號邑涯翁，私諡莊惠。

賀邢太僕太公太夫人偕壽序（隅園集4/14）

壽邢太公九十序（李文節集18/18下）

先侍御史府君行狀（來禽館集18/1）

邢莊惠公墓表（大泌山房集105/8）

邢公暨配趙萬二孺人合葬墓誌銘（穀城山館文集23/24）

母趙氏

哭邢太夫人辭（隅園集14/18）

邢宥（1416－1481）字克寬，號湄丘道人，文昌人。正統十年進士，擢監察御史，出按福建、遼東、河南，風裁震一時。歷台州、蘇州知府，當官廉介，仕至左僉都御史，應天巡撫，成化十七年卒，年六十六。

送邢侍郎克寬歸省詩後序（瓊臺詩文會稿重編23/15）

邢公墓碑銘（彭文思公文集5/14，國朝獻徵錄59/117）

邢公墓誌銘（瓊臺詩文會稿重編23/15）

祭邢都御史文（同上24/36）

明史159/11下

邢珣（1462－1532）字子用，號三湖，當塗人。弘治六年進士，歷官郎中，坐忤劉瑾罷。瑾誅，起知贛州，招降劇盜。王守仁征橫水桶岡諸賊，珣常爲軍鋒，功最，繼從平宸濠，累陞江西右布政使致仕，卒年七十一。

三湖邢公墓誌銘（鈐山堂集29/11下，國朝獻徵錄86/14）

奠邢三湖方伯（海石先生文集25/15）

明史列傳70/27

明史200/6下

邢埴字汝器，當塗人，珣子。嘗學於張璁，嘉靖初登鄉薦，璁屢招之，不應。授浦城知縣，有徐浦者，役公府，埴一見異之，令與子同學，爲娶妻，後登第爲給事中，其家世世祀埴。

明史200/6下

邢國璽，長葛人。崇禎七年進士，授濰縣知縣，盡心民事。累擢登萊兵備道，譏輔戒嚴，國璽督兵入衛，遇清兵，搏戰墮馬死。

明史291/19下

邢參字麗文，長洲人，量孫，一作量族孫。教授鄉里，以著述自娛，遇雪累日，甕無粟，兀坐如枯株，苦吟所得句以自喜，時稱有道君子。

姑蘇名賢小紀上/11

新倩籍×/3下

邢雲路字士登，安肅人。萬曆八年進士，官至陝西按察司副使。有古今律曆考、戊申立春考證、邢澤宇詩集、山塞吟。

疇人傳31/378

邢量字用理，長洲人。隱居葑門，以醫卜自給。性狷介，與人無將迎，足跡不出里門，長日或不擧火，客至，相與淸坐而已。其學無所不通，朝士有與過之者，固謝不納。

國朝獻徵錄116/20無撰人邢公量傳

姑蘇名賢小紀上/10

吳中人物志9/24

皇明世說新語7/2下

邢寬字用大，直隸無爲州人。幼穎敏，力學不輟，永樂二十二年廷試，初擬孫日恭爲第一，帝以日恭乃一暴字，遂擢寬爲第一。授修撰，陞南京侍講學士，署國子監事。景泰五年卒。

國朝獻徵錄23/4無撰人邢公傳

殿閣詞林記6/29下

狀元圖考1/22

水東日記12/7

母孫氏（1369—1448）

邢母孫氏墓誌銘（芳洲文集9/1）

邢寰字伯宇，一作伯興，黃梅人，纓子。正德三年進士，授刑科給事中，屢遷禮科都給事中，數言事，有直聲，官終南昌知府。

披垣人鑑12/23

明史203/5下

邢霖字時望，號鈍菴，山西襄陵人，讓子。成化二十三年進士，歷兵部郎中，擢長蘆都轉運使，尋致仕，卒於家。

送都運邢君時望任長蘆序（東川劉文簡公集10/21）

送長蘆運使邢君時望序（費文憲公摘稿9/10下）

壽鈍菴邢公七十序（黃門集7/23下）

邢簡字居敬，陝西咸寧人。景泰五年進士，授刑部主事，擢知眞定府，治行稱最。成化中爲順天府尹，亦有聲。終戶部右侍郎，成化十四年卒於官。爲人廉介強明，卒之日甕無餘貲。

送太守邢君考績復任詩序（椒丘文集11/4）

國朝獻徵錄30/22無名氏撰傳

妻駱氏（1443—1509）

駱氏墓誌銘（涇野先生文集22/14下）

邢纓（1453—1510）字文甫，號溜菴，黃梅人。成化二十三年進士，授知長洲，擢御史，累遷雲南按察副使，正德五年卒官，年五十八。

邢君暨封孺人李氏合葬墓誌銘（羅文肅公集21/10）

邢讓（1427—1471）字遜之，襄陵人。正統十三年進士，授檢討，景泰初疏請遣使奉迎上皇。成化二年擢國子祭酒，力以師道自任，痛懲謁告之弊，以此見稱，而謗者亦衆。爲人負才狹中，名位相軋者多忌之。遷禮部右侍郎，後坐法贖爲民，卒年四十五。有辟雍稿。

送檢討邢君歸省序（呂文懿公全集6/2）

邢遜之墓銘（類博稿10/4下）

辟雍稿序（王端毅公文集2/6）

國朝獻徵錄35/37無撰人邢公傳

名山藏臣林記9/7下

明史列傳30/19

明史163/6下

母郭氏（1387—1456）

邢夫人郭氏墓碑（類博稿9/10下）

妻梁氏

邢恭人榮壽詩序（紫巖文集24/2下）

阮

阮大鋮字圓海，懷寧人。崇禎時附魏忠賢，名列逆案，失職。後避流賊居南京，頗招納遊俠，時復社名士顧杲等作留都防亂揭逐之，大鋮懼，閉門謝客，獨與馬士英深相結。福王立，士英秉政，以爲兵部侍郎，旋進兵部尚書，既得志，專翻逆案，中外憤怒。淸兵渡江，走金華，爲紳士所逐，轉投方國安，尋降淸，從攻仙霞嶺，僵仆石上死。

明史308/34下

阮文中字用和，南昌人。嘉靖三十二年進士，以南京兵部郎中擢湖廣按察副使，歷太僕寺卿陞右僉都御史，巡撫貴陽。時有巨冦擁兵僭號，垂三十年，有司不能制，因不以聞，文中擒斬之，一境以寧。以功晉副都御史，巡撫湖廣，卒官。

祭阮中丞（華鴻洞稿10/7，10/10下）

徐氏海隅集外編42/13下

阮之鈿字實甫，桐城人。崇禎時以諸生授穀城知縣，未至，張獻忠襲據其縣以求撫，之鈿上撫勦二策，時不能用。獻忠反，之鈿仰藥未絕，獻忠遣使索印，堅不與，遂被害。

明史292/16下

阮弘道，滁人。太祖駐兵於滁，弘道侍左右，歷宣徽院使。雅嗜文學，練達政體，洪武初歷福建、江西行省參政，俱有聲，以疾終於任。

明史列傳14/9

明史135/8下

阮以鼎（1560--1609）字太乙，號盛唐，桐城人，鶚孫。萬曆二十六年進士，授戶部主事，歷河南參政，卒于官，年五十。

阮公墓誌銘（嬾眞草堂文集22/35下）

阮白（1388--1461）交阯蕪州人。永樂中平安南，擇選取入內府，監繕修興造之事，屢擢內官監太監，天順五年卒，年七十四。

阮公墓表（呂文懿公全集12/30下）

阮安，交阯人。成祖時中官，有巧思，奉命營北京城池宮殿及百司府廨，目量意營，悉中規制，工部奉行而已。正統時重建三殿，治楊村河，並有功。景泰中治張秋河道卒，囊無十金。

國朝獻徵錄117/4無名氏撰阮安傳

水東日記11/12

國琛集下/41下

皇明書13/17

明史304/7

阮玘（1436--1474）字廷用，江西安福人。天順八年進士，授行人，凡七奉使，所司有所餽遺，悉却不受。成化六年擢浙江道監察御史，淸直任事，所至肅然。平生篤行，動以古人自期。十年卒，年僅三十九。

阮君墓誌銘（彭文思公文集6/29下）

阮浪，交阯人，景帝時爲御用監少監。英宗居南宮，浪入侍，賜鍍金繡袋及鍍金刀，浪以贈門下皇城使王瑤。景泰三年錦衣衛指揮使盧忠上變，言浪傳上皇命，以袋刀結瑤謀復位。景帝下浪瑤於獄，皆磔死，詞終不及上皇。

阮公浪墓表（不著撰人、國朝獻徵錄117/5）

名山藏87/2下

明史304/7下

阮勤（1423--1499）字必成，本交阯人，其父河爲長子典史，遂占籍山西。登景泰五年進士，授大理寺評事，歷知台州府，淸愼有惠政。成化時以右副都御史巡撫陝西，入爲兵部侍郎，調南京刑部，皆有治稱。弘治十二年卒，年七十七。

賀南京刑部侍郎阮公致仕序（椒丘文集12/18下）

國朝獻徵錄49/4無撰人阮勤傳

明史列傳47/14下

明史178/14

父阮河（1377--1445）字大河

故典史阮君墓表（楊宜閒文集2/28）

阮福，北海人。畫道釋佛像，亞於蔣子誠。

圖繪寶鑑6/10下

阮鶚（1509--1567）字應薦，號函峰，桐城人。嘉靖二十三年進士，授南京刑部主事，累官浙江提學副使。世宗時倭薄杭城，鄉民避難入城者，有司拒不許入，鶚手劍開門納之，全活甚衆。以附趙文華等，擢右都御史，巡撫浙江，改福建。鶚初不主撫，及兵敗，惟以賂寇爲事，斂括民財，動千萬計，被劾出爲民，卒年五十九。

阮公墓誌銘（李文定公貽安堂集 7/67，國朝獻徵錄63/96）

函峰阮中丞別傳（陳眉公先生全集38/12）

明史205/13下

吳

吳一介（1524—1576）字元石，號菲菴，桐城人。嘉靖三十五年進士，授光州知州，歷遷杭州知府，擢江西副使，仕終河南布政使，以疾告歸，卒年五十三。

贈郡侯吳菲菴擢江西按察副使序（奚囊蠹餘11/20）

再贈郡守吳菲菴序（同上12/15）

吳公暨配孫恭人墓誌銘（睡菴文稿18/20）

吳一貫字道夫，海陽人。成化十七年進士，由上高知縣擢御史，歷按浙江福建南畿，以強幹聞。弘治中遷大理右寺丞，以讞獄事，謫嵩明州同知。正德初遷江西副使，討華林賊有功，進按察使，行軍至奉新卒，士兵立忠節祠以祀之。

明史180/36

吳一儒字望魯，號小陵，歸安人。師事唐樞，門弟子中，論孝行忠信，必首稱一儒。舉嘉靖廿九年進士，歷官太平知府，卒年五十六。

贈太平守小陵吳君序（胡莊肅公文集3/21下）

吳公墓誌銘（茅鹿門先生文集22/14下）

吳公行狀（施可大撰、國朝獻徵錄83/44）

吳一鵬（1460—1542）字南夫，號白樓，長洲人。弘治六年進士，選庶吉士，世宗初累擢禮部左侍郎，與尚書毛澄、汪俊力爭大禮。俊去，一鵬署部事。累進尚書，入內閣典誥勅，張璁、桂萼忌之，出爲南京吏部尚書，乞歸卒，年八十三，謚文端。有吳文端集。

送白樓吳公考績序（涇野先生文集5/30）

贈少宗伯吳公北上詩序（整菴先生存稿7/5）

送禮部尚書白樓吳公展墓還吳序（徐文敏公集4/17）

送東閣大宗伯白樓吳公焚黃還吳中詩序（紫巖文集26/1）

送南京冢宰白樓吳公東還序（張文定公紓玉樓集3/23下）

贈宮保冢宰白樓吳先生考績上京詩序（泉翁大全集21/1）

座主白樓吳公壽頌（嶠亭續稿3/6下）

吳公墓誌銘（甫田集32/4）

白樓吳公傳（嶠亭續稿3/1，皇明名臣墓銘兌集15，國朝獻徵錄27/37）

吳文端公集序（世經堂集13/2）

皇明書26/18

明史191/9下

父吳行（1429—1500）字仲恒。

吳府君墓誌銘（匏翁家藏集65/11下）

吳封君墓表（懷麓堂文後稿16/4下）

吳子玉字瑞穀，休寧人。嘉靖間貢生，授應天訓導。有大鄣山人集、吳瑞穀集傳世。

雕雲館增集璧府叢珠序（蠙眞草堂文集15/15）

吳子孝（1496—1563）字純叔，號海峯，晚號龍峯，長洲人，一鵬子。嘉靖八年進士，仕至湖廣參議。直道自信，言事必究極是非，不能詘曲下人，年六十八卒。有玉涵堂集、玉霄仙明珠集。

文選吳愼齋侍養還姑蘇（歐陽南野文集19/5）

送海峯吳君赴湖藩序（世經堂集12/57）

題吳純叔壓白藏稿（皇甫司勳集39/4）

吳公墓表（同上56/6下，國朝獻徵錄88/63）

吳公新阡碑（賜閒堂集21/38）

妻顧氏（1495—1570）

顧宜人墓誌銘（皇甫司勳集55/10下）

吳子騏字九逵，貴陽人。萬曆中舉於鄉，知興寧縣，以母老棄官歸。崇禎十年蠻賊阿烏謎叛，陷大方城，總督朱燮元遣子騏詣六廣說降諸目。後流賊入黔，被執不屈死。

明史295/15

吳大山號州來，錢塘人。以太學生授中書舍人，擢工部主事，天啓二年累遷雲南按察使，致仕卒。

吳公墓誌銘（澹然齋存稿5/54）

吳山（1470—1542）字靜之，號訒菴，吳江人，洪子。正德三年進士，授刑部主事，歷贛豫川三省巡撫，所至以廉靜長厚稱。入爲刑部尙書，嘉靖廿一年以論翊國公郭勛觸帝怒，免官歸，道卒，年七十三，諡忠褱。山工詞，有治河通考、尙書疏議。

大中丞訒菴吳公巡撫四川（歐陽南野文集19/18）

治河總考序（洹詞7/36下）

吳公墓誌銘（顧璘撰、皇明名臣墓銘離集34）

吳公合葬墓誌銘（董學士泌園集35/22）

尙書吳公傳（屠漸山文集4/53，國朝獻徵錄45/34）

皇明世說新語6/18下

吳山字曰靜，號筠泉，高安人。嘉靖十四年進士，累官禮部尙書。與嚴嵩同鄕里，嵩子世蕃欲與婚姻，山不可，世蕃不悅而罷。帝欲用山內閣，嵩密阻之，後被劾歸。穆宗立，召爲南京禮部尙書，不赴，萬曆五年卒，諡文端。

祭高安吳公文（徐氏海隅集文編33/24下）

冰廳箚記（同上14/13下，又14/26下）

名山藏臣林記20/23

明史列傳54/26下

明史216/16

吳文企（1564—1624）字幼如，號白雪，一號絜菴，又號屋菴老人，竟陵人。萬曆二十六年進士，授南京戶部主事，歷寧波知府，官終寧夏按察副使，卒於位，年六十一。有恕菴塹錄、讀書大義、耳鳴集。

吳公白雪墓誌銘（新刻譚友夏合集12/8）

吳文佳（1539—1607）字士美，號鳳泉，湖廣景陵人。嘉靖四十四年進士，授徽州府推官，遷刑部主事，歷工科都給事中，仕終福建右布政使，卒年六十九。

方伯吳公壽序（大泌山房集30/3）

吳公墓誌銘（同上79/12）

祭吳方伯（同上116/1）

披垣人鑑15/15下

吳文度（1441—1510）字憲之，晉江人，家於江寧。成化八年進士，授龍泉知縣，歷南京御史，偕同官論妖僧繼曉被杖。尋遷汀州知府，正德初歷南京右都御史巡撫雲南，劉瑾屢責賄，不應，令以南京戶部尙書致仕，未幾卒，年七十。

永感詩後序（匏翁家藏集40/11）

祭大司徒吳公憲之文（整菴先生存稿15/4下）

吳公墓誌銘（楊一淸撰、皇明名臣墓銘震集55）

國朝獻徵錄31/45國史實錄本傳

明史列傳56/29下

明史186/28下

吳文泰（1340—1413）字文度，吳縣人。性耽詩，常從事幕府，文書堆案，一無所省。與丁敏爲友，每日夕吟不休，至忘寢食。洪武中同知涿州，坐累謫徙雲中，永樂十一年卒，年七十四。

吳下冢墓遺文3/26陳繼撰吳公墓誌銘

吳中人物志4/9

吳文華（1521—1598）字子彬，號小江，晩更號容所，連江人，世澤子。嘉靖卅五年進士，萬曆中巡撫廣西，討平陸平周塘板寨猺，及昭平黎福莊父子。遷總督兩廣軍務，巡撫廣東。岑江賊李珍、江月照拒命久，文華購擒月照平珍。尋入爲南京工部尙書，引疾去，年七十八卒，諡襄惠。有濟美堂集。

御史大夫吳公平岑岡猺鬱碑（弇州山人續稿135/19）

御史大夫連江吳公平嶺西前後功志（同上141/15）

大司馬小江吳公予告還里序（同上31/9下）

督府吳小江先生壽序（續衣生粵草3/10下）

容所吳先生行狀（蒼霞草13/5，國朝獻徵錄43/19）

吳公墓誌銘（田亭草14/1）

明史221/5

吳之甲字元秉，號玆勉，臨川人。萬曆卅八年進士，授松江推官，累官福建參政。有靜悱集。

吳公暨配楊宜人合葬志銘（文直行書14/23）

父吳宗漢（1541—1589）字華甫，號勉吾。

吳公暨配鄒孺人行狀（棘門集5/44）

吳之佳（1548—1605）字公美，號虛臺，長洲人。萬曆八年進士，官襄陽知縣，以治行徵授兵科給事中，陞刑科都給諫。時禮科給事中以請豫教元子得罪，之佳疏救，與張棟、葉初春並斥，時稱吳中三諫，卒年五十八。

吳君暨配顧氏合葬墓誌銘（賜閒堂集30/28）

明史列傳84/28

明史233/8

父吳滔（1524—1597）字巨卿，號少竹。

吳長公暨配周氏合葬墓志銘（賜閒堂集28/31）

吳之龍（1551—1600）字汝陽，號容宇，武進人。萬曆八年進士，授工部主事，歷山東副使，仕終江西參政，卒於官，年五十。

吳君墓誌銘（賜閒堂集29/14）

祭吳大參文（同上34/21下）

父吳嶔字宗高，號崑麓，國子助教，卒年六十四。

吳崑麓先生墓碑（弇州山人續稿135/12下）

母蔣氏（1517—1597）

蔣氏墓志銘（賜閒堂集33/29下）

吳元字又于，武進人，亮弟。萬曆間進士，歷任江西布政使。性剛介，深嫉東林，著吾徵錄，詆毀不遺餘力，又有率道人集。

明史229/11下

吳中（1372—1442）字思正，或作司正，山東武城人。爲營州後屯衞經歷，陞大寧都司經歷。成祖取大寧，迎降，歷官工部尚書。時營建三陵及京城宮殿，皆中董役，規畫井然。然不恤工匠，又溺於聲色，時論鄙之。正統七年卒，年七十一，贈茌平伯，謚榮襄。

吳公神道碑（楊士奇撰、皇明名臣墓銘乾集83，皇明名臣琬琰錄18/1，國朝獻徵錄50/10）

靖難功臣錄×/11下

皇明功臣封爵考8/70下

明史列傳23/7下

明史151/10下

妻劉氏

皇明世說新語6/1下

吳中（1419—1493）江西樂平人。景泰五年進士，授清流令，改東莞，官至貴州布政使，致仕卒，年七十五。

方伯吳公墓表（與川祁先生文集15/12下）

吳中行（1540—　）字子道，號復菴，武進人，性仲子。隆慶五年進士，授編修，萬曆中張居正遭父喪，奪情視事，中行上疏極論。居正怒，廷杖之幾斃。居正死，累遷侍講學士，被劾歸卒。有賜餘堂集。

家慶圖記（賜餘堂集10/9）

吳公傳（趙忠毅公文集13/1）

毘陵人品記10/12

明史列傳82/12

明史229/10

妻毛氏（1540—1611）

吳母毛太宜人墓志銘（顧端文公集15/17下）

吳仁度字繼疎，金谿人，悌子。萬曆十七年進士，授中書舍人。三王竝封議起，抗疏爭之。累官右僉都御史，巡撫山西，與魏允貞齊名。天啓中拜工部左侍郎，魏忠賢以仁度與趙南星、楊漣等善，勒令致仕。有吳繼疎集。

明史283/19下

吳允誠，蒙古人。本名把都帖木兒，居甘肅塞外塔溝地，官至平章。永樂三年率部落來降，賜姓名，授右軍都督僉事，使領所部居涼州耕牧。嘗從出塞敗本雅失里，又追瀾脫赤至把力河獲之，累進左都督，封恭順伯。永樂十五年卒，謚忠壯。

吾學編19/17下

皇明功臣封爵考4/27

名山藏臣林記6/40下

明史列傳31/1

明史156/1

吳氏，潞州虞生盧清妻。舅姑歿於臨洺，寄瘞旅次，而清亦卒於汴。吳氏鬻女爲資，獨抵臨洺，覓舅姑瘞處不得，號泣中野。忽清所役徒至，爲指示收二骸以歸。復之汴負夫骨還，三喪畢擧，忍餓無他。知州馬暾聞其事，爲贈其女，厚恤之，年七十五乃卒。

明史301/6下

吳必顯字德純，號恒菴，又號寒潭主人，石埭人。成化廿三年進士，授泰和令，陞知澤州，歷九江同知，擢長沙知府，命下而疾卒。

吳恒菴公傳（訥溪文錄7/8）

吳玉字尙璞，宜興人。正統間由歲薦授戶部主事，榷鈔淮上，淸操苦節，有如貧士，卒於官，聞者皆歎惜之。

毘陵人品記7/7

吳玉（1458—1452）字秀瑛，華亭人，大理寺丞馮恩之母。善事祖姑，以孝聞，教子有方。嘉靖十一年恩以極論大學士張璁，逮下詔獄。吳氏携孫行可赴京師衙疏擊登聞鼓上陳，恩得減死戍雷州。嘉靖卅一年卒，年九十五。

吳氏行狀（長谷集13/26下）

吳玉榮字貴卿，灊山人。弘治十五年進士，授行人，擢兵科給事中，累官通政司參議。

掖垣人鑑12/10

吳正巳（1510—1578）字身之，號古愚，歙人。歷官宛平縣丞，卒年六十九。子勉學，字肖愚，輯有河間六書、唐樂府等。

吳君墓表（弇州山人續稿128/20下）

吳正志字之矩，宜興人。萬曆十七年進士，授刑部主事，遷光祿丞，擢南京刑部郎中。

吳光祿詩序（大泌山房集20/8）

母李氏（1542—1590）

李恭人墓誌銘（大泌山房集99/21下）

吳可行字子言，武進人，性長子。嘉靖廿二年進士，選庶吉士，授檢討，讀書一目五行，以文學著名，高視一世，無有當其意者。人咸忌之，竟以是罷官。天性孝友，唯不善治生產，即千金立盡不問也。

毘陵人品記10/5

吳可箕字豹文，歙縣人。國子生，明末城破，題詩衣衿，縊死於鷄鳴山關忠義祠。

明史275/12

吳去疾，安慶人。吳元年任給事中，尋遷監察御史。

掖垣人鑑3/2

吳弘濟字春陽，秀水人。萬曆十四年進士，由蒲圻知縣擢御史。高攀龍以趙用賢去國疏爭之，與鄭材、楊應宿相訐，攀龍謫揭陽典史，弘濟力爭，斥爲民。

明史列傳85/23

明史231/20下

吳甘來字和受，號葦菴，江西新昌人。崇禎元年進士，擢刑科給事中，抗直敢言，累遷戶科都給事中。崇禎十七年賊薄都城，兄泰來官禮部員外，甘來屬歸事母。城陷，投環死，福王時諡忠節。

啓禎野乘12/31

天啓崇禎兩朝遺詩傳3/117

明史輯略紳志略文臣

明史266/7下

吳世忠字懋貞，金谿人。弘治三年進士，擢兵科給事中，蹇諤自許，能言人所難言者。歷陞至右僉都御史巡撫延綏，以病乞歸。有學庸通旨、太極圖解、洪範考疑等書。又自輯奏議若干篇，題曰愚錄。

送參議吳君之任湖廣序（羅文肅公集1/9）

題吳懋貞奏議後（柴墟文集11/10下）

掖垣人鑑11/5

國朝獻徵錄63/59無名氏撰傳

皇明書24/8下

明史列傳53/25下

明史185/17

父吳□、號梅莊。

梅莊三慶序（費文憲公摘稿9/42下）

吳世澤（1488—1546）字宗仁，號灨江，連江人。嘉靖二年進士，授廬陵令，累陞嚴州知府，仕終廣西兵備副使，致仕卒，年五十九。有岱鳴集。

吳公神道碑（弇州山人續稿134/1）

妻陳氏（1491—1580）

【七劃】吳

壽吳母陳太夫人八十序（賜閒堂集13/28）
陳太淑人墓誌銘（弇州山人續稿107/13）

吳仕字克學，號頤山，宜興人，綸子。正德九年進士，歷官至四川布政司參政。有頤山私稿。

石亭山居記（弇州山人續稿60/6）
毘陵人品記9/3

吳仕偉字世美，浙江宣平人。弘治三年進士，授禮科給事中，屢陞都給事，以憂歸卒。

掖垣人鑑11/7

吳江字從岷，號輿齋，浙江德清人。弘治九年進士，授刑部主事，累官至河南參政，正德十六年致仕。

輿齋記（涇野先生文集16/38）
父吳美（1445—1505）字日休，禮部司務。
吳公行狀（水南集14/1）

吳汝倫字文叙，號麗華，無錫人。舉隆慶四年南畿第一，次年成進士，授彰德府推官，擢禮科給事中，卒於官。

天授區吳氏役田記（顧端文公集11/5）
掖垣人鑑16/6下
子吳桂芳（1570—1621）字季輝。
吳公墓誌銘（棘門集4/17）

吳安，丹徒人，景帝母吳皇太后兄。累官前府左都督，封安平伯。英宗復辟，太后復稱賢妃，安亦降官，尋爲錦衣衛指揮使。

吾學編19/72
皇明功臣封爵考7/22下
明史300/10下

吳安國字文仲，長洲人，子孝孫。萬曆五年進士，歷寧波知府，官至浙江參政。有壘瓦三編、葆光軒稿、今是堂集。

參知吳公壽序（大泌山房集28/29下）
壽大參吳文仲先生偕配王恭人七十序（始青閣稿13/5下）
父吳尙儉（1528—1601）字元禮，號德園。
吳德園先生墓志銘（賜閒堂集28/23）
姑蘇名賢小紀下/34

吳宇英，廣元人。累官戶科給事中，家居。崇禎末舉義兵討賊，不克死。

明史295/13下

吳百朋（1519—1578）字惟錫，號堯山，義烏人。嘉靖廿六年進士。隆慶中歷右僉都御史巡撫南贛汀漳，全師破倭，擢兵部右侍郎。萬曆初奉命閱視宣大山西三鎭，進邊圖，凡關塞險隘，番族部落，士馬強弱，亭障遠近，歷歷如指掌。累官刑部尙書，卒年六十。

送御史大夫吳公榮進大司寇序（方初菴先生集6/3下）
吳公墓誌銘（馬文莊公集選7/15下，國朝獻徵錄45/76）
吳公墓表（紫園草7/1）
祭大司寇堯山吳公文（陸學士先生文集15/3）
大玄吳氏宗譜序（太函副墨5/18）
藝書2/28
明史列傳76/4
明史220/3下
父吳璭（1491—1569）字德純，號鏡川。
吳公暨配贈淑人合葬墓志銘（張太岳文集13/13下）

吳羽文字長卿，南昌人。萬曆四十一年進士，崇禎中歷官吏部文選郎中，痛絕諸弊，數與溫體仁牴牾。賊毀皇陵，有詔肆赦，體仁令刑部以逆案入詔內，羽文執止之，而議起錢龍錫、李邦華等，體仁構之，坐謫戍，久之復官。

勅吏部稽勳淸吏司主事吳羽文（紺雪堂集9/7）
明史235/22下

吳朴字華甫，詔安人。書過目不忘，天文地理古今事變四裔山川道路遠近險易，無不涉心。著有龍飛紀、醫齒問難、樂器、渡海方程、九邊圖本諸書。

名山藏96/2

吳兆字非熊，休寧人。少警敏，善爲傳奇曲。萬曆中游金陵，與鄭應尼作白練裙雜劇，譏嘲馬湘蘭，有樊川輕薄之名。已而改悔，改弦爲歌詩，名甚盛。爲人率眞自放，好窮山林花鳥之致。後客死新會。有金陵、廣陵、姑蘇、豫章諸稿。

吳非熊詩序（大泌山房集24/29下）

吳仲（1482—1568）字亞夫，號劍泉，武進人。正德十二年進士，授江山令，擢御史，劾武定侯郭勛，不避權惡。主議濬通惠河，歲省運費十二萬緡，河上建有吳公祠。累官南京太僕寺少卿，年八十七卒。

劍泉記（棠陵文集3/8下）

吳公墓誌銘（余學士文集25/7）

毘陵人品記9/5下

吳自新（1541—1593）字伯恒，號韞菴，自號中和山人，江寧人。隆慶二年進士，官至南京刑部侍郎，卒年五十三。有大受錄集。

贈吳韞菴憲副序（茅鹿門先生集14/13下）

兩浙壯遊詩錄册序（同上18/28下）

吳公行狀（余學士文集29/32）

祭吳伯恒（焦氏澹園集35/6下）

少司寇吳公誄（鶖林外編19/3下）

父吳明德，號鳳洲。

贈吳封君序（二酉園續集6/8）

妻李氏（1540—1612）

李宜人墓志銘（大泌山房集99/26）

吳沈字濬仲，金華蘭谿人。早以學行聞，太祖下婺州，召沈進講經史，已命爲縣學訓導。洪武十二年以薦授翰林待制，尋擢東閣大學士。初帝謂沈曰，聖賢立教有三，曰敬天、曰忠君、曰孝親，散在經傳，未易會其要，爾等以三事編輯。書成，賜名精誠錄，命沈撰序。後改國子博士，以老致仕，十九年卒。

殿閣詞林記3/6下

吾學編25/12

聖朝名世考10/7下

婺書4/25下

國朝獻徵錄12/1黃佐撰傳

明史列傳12/5下

明史137/7

吳良（1324—1381）初名國興，賜名良，鳳陽定遠人。從太祖起濠梁，並爲帳下前部先鋒。江南既定，以指揮使守江陰，與張士誠相拒十年，數破其兵。累官大都督府僉事，洪武三年封江陰侯。後征廣西蠻冦復有功，十四年卒，年五十八，贈江國公，謚襄烈。

吳公神道碑（吳伯宗撰、皇明名臣琬琰錄5/1，國朝獻徵錄8/8）

吾學編18/19

皇明功臣封爵考6/21下

聖朝名世考1/40

皇明世說新語6/22

皇明將略2/12

皇明書33/29下

名山藏41/12

明史列傳7/1

明史130/1下

吳良能，遼東蓋州人。舉於鄉，崇禎時知滕縣，城破，拜辭其母，單騎犯陣死。

明史291/21

吳兌（1525—1596）字君澤，號環洲，浙江山陰人。嘉靖卅八年進士，隆慶中累擢僉都御史，巡撫宣府。時俺答初封貢，而昆都力、辛愛陰持兩端，助其主土蠻爲患。兌有智計，操縱馴伏之，萬曆中推款貢功，加兵部右侍郎，未幾擢尙書。御史魏允貞劾其歷附高拱、張居正，乃去職。卒年七十二。

賀少司馬吳環洲總督宣大軍門序（艾熙亭文集3/3下）

賀吳環洲總督宣大序（朱文懿公文集4/37）

環洲吳公行狀（歇菴集11/17）

祭吳環洲大司馬文（朱文懿公文集12/20）

吳公傳（西河合集75/1）

明史222/16下

吳玘字仲玉，松江華亭人。景泰五年進士，官監察御史。

賀吳御史二親受封贈序（呂文懿公全集8/26下）

吳成，初名買驢，蒙古人，與父通伯降太祖，更今名。建文元年以永平衞百戶降燕，洪熙中累進左都督。宣德初封淸平伯。高煦反，復爲前鋒，事定，出守興和。又從帝北征，敗賊於寬河，進侯。宣德八年卒，謚壯勇。

吾學編19/18下

皇明功臣封爵考4/48

明史列傳31/5
明史156/4

吳成器，休寧人。嘉靖間由小吏爲會稽典史。倭三百餘刼會稽，爲官兵所逐，走登龕山，成器遮擊盡殪之，又破之於曹娥江，大小數十戰皆捷。身先士卒，進止有方略，所部無秋毫犯。士民率於其戰處立祠祀之。
國朝獻徵錄85/78無撰人吳侯成器生祠碑
明史205/17下

吳成學，浙江人。建文時官翰林修撰，靖難後隱姓名爲僧，號雪菴。初會建文帝於吳江，後走重慶，造菴於松栢灘，招徒居之，帝曾留止菴中彌歲，題曰觀音菴。成學亦嘗走滇謁帝，後秘跡以終。
遜國正氣紀2/23
遜國神會錄下/24
皇明表忠紀6/9

吳克忠，蒙古人，允誠子。本名答蘭，襲爵更名，洪熙初進侯。正統中征兀良哈有功，加太子太保。土木之變，爲後拒，力戰而沒。追封邠國公，諡壯勇。
明史156/2下

吳克勤，蒙古人，克忠弟。官都督，與克忠同死土木之難，贈遵化伯，諡僖敏。
明史156/2下

吳志淳字主一，無爲人。能詩善書，元末歷知靖安、都昌二縣。滁泗兵起，徙家豫章。與陶主敬、劉基、高啓齊名。
明史285/17

吳彤（1317—1373）字文明，臨川人。元至正七年進士。太祖渡江，用守臣薦，爲國子監博士，改嚴州同知，吳元年召還，議即位郊祀儀注。洪武初累遷北平副使，六年卒，年五十七。有山居南遊諸集。
吳君墓誌銘（宋學士文集21/191，國朝獻徵錄82/3）

吳伯宗，名祐，以字行，金谿人。洪武三年解元，次年廷試又第一，授禮部員外郎，以忤胡惟庸謫鳳陽。上書論時政，因言惟庸專恣，辭甚剴切，帝得奏召還。歷官武英殿大學士，後降檢討，十七年卒於官。有吳伯宗全集、榮進錄。
殿閣詞林記1/1
吾學編25/11
國琛集上/8
聖朝名世考10/8
國朝獻徵錄12/5黃佐撰傳
皇明世說新語5/14
狀元圖考1/4
皇明書19/11下
明史列傳12/5
明史137/5
疇人傳29/347

吳伯與字福生，宣城人。萬曆四十一年進士，累官至廣東按察司副使。有宰相守令合宙、素雯齋集。
吳民部小集序（大泌山房集11/32下）
父吳玉相（1534—1577）字廷諫。
吳公暨孺人墓志銘（大泌山房集95/26下）

吳希孟字子醇，號龍津，武進人。嘉靖十一年進士，授東陽知縣，選戶科給事中，與龔用卿奉使朝鮮，還擢江西參議，以事降會稽縣丞，官終廣信知府，致仕卒。
送台諫議龍津吳君參議江西序（雲岡公文集8/28）
掖垣人鑑13/32下
父吳陽谷，太醫院使。
壽太醫院使陽谷吳公序（雲岡公文集8/25）
祭太醫院使吳陽谷文（同上12/3下）

吳希賢（1437—1489）名衍，以字行，改字汝賢，莆田人。幼敏異，精毛氏經，登天順八年進士，授檢討，預修英宗實錄，以侍讀學士卒官，年五十三。希賢性豪邁負奇氣，有聽雨亭稿。
吳修撰汝賢省親送行序（桃溪淨稿文1/10）
靜觀吳公墓碑（見素集18/10）
祭翰林吳汝賢文（樂壤文集10/10下）
殿閣詞林記4/28下
國朝獻徵錄23/5無名氏撰傳

吳廷用，福建政和人。永樂二年進士，授戶科給事中，宣德中累官至禮部侍郎。
國朝列卿記44/15下，45/5，59/11

父吳朗（1344—1436）字景亮。

吳君墓表（楊文敏公集20/19）

吳廷舉字獻臣，號東湖，梧州人。成化廿三年進士，授順德知縣，毀淫祠二百五十所。正德中歷廣東副使，發中官潘忠二十罪，忠亦訐廷舉他事，逮繫詔獄，劉瑾矯詔枷之，戍雁門。旋赦免，以討賊功擢右副都御史。宸濠逆有端，疏陳江西軍政六事，爲預防計。嘉靖初以右都御史致仕歸，創東湖書院，積書萬卷，家居三年卒，年六十六，謚清惠。

別吳獻臣詩序（羅文肅公集6/17下）

贈吳司徒獻臣考績序（洹詞4/2）

祭大司空吳東湖（古菴毛先生集6/16下）

刻吳清惠公詩文序（奚囊蠹餘12/11下）

東湖奏疏後序（泉翁大全集14/22下）

吳公神道碑文（泉翁大全集65/1）

皇明獻實39/8

吾學編46/7下

國琛集下/29下

徐氏海隅集外編40/24下

四友齋叢說9/5

聖朝名世考6/26

國朝獻徵錄52/47崔銑撰傳

皇明世說新語1/7下，3/12下

皇明書26/10

名山藏臣林記18/47

明史列傳65/5

明史201/4下

母駱氏，卒年五十。

吳母駱氏孺人墓表（羅文肅公集22/17下）

皇明書45/6

吳邦楨字子寧，吳江人，山子。嘉靖卅二年進士，授刑部主事，累擢湖廣按察使，政績頗著。後改陝西，致仕卒。

吳憲副降支編蠻傳（三餘館集10/16）

吳宗元（1282—1369）字長卿，號筠西，浙江山陰人。事母以孝聞，聞浦陽鄭氏十世同爨，宗元往謁，求其家範，力遵行之。戶庭之間，穆如春風，人無間言。洪武二年卒，年八十八。

筠西吳府君墓碑（宋學士文集44/354）

皇明書41/5下

吳宗堯字仁叔，號謙菴，歙縣人。萬曆廿三年進士，授益都知縣，性強項。中官陳增以開礦白徵千人鑿山，多捶死，又誣富民盜礦，三日捕繫五百人。宗堯盡發增不法事，列狀奏聞。帝得疏意動，持不下，會給事中包見捷極論增罪，同官郝敬復請治增罪，帝不悅，責宗堯狂逞要名，削其籍。增因劾宗堯阻撓礦務，逮下詔獄拷訊，繫經年釋爲民，未幾卒。天啓中贈光祿少卿。

吳益都家傳（大泌山房集64/32下）

益都令傳（峨山集5/1）

明史列傳86/5下

明史237/10

吳宗達字上宇，號青門，武進人。萬曆卅二年進士，授編修，累官東閣大學士。時帝懲諸臣積玩，政尚嚴厲，宗達劑量於寬嚴間，裨益殊多，崇禎九年卒，謚文端。

吳上宇奉使歸省詩冊序（寧澹齋全集2/24下）

送上宇吳年丈予告歸省序（同上3/35）

五十輔臣考2/34

明史229/11下

吳性（1499—1563）字定甫，號寓菴，宜興人，徙居武進。性端介，舉嘉靖十四年進士，授南陽府教授，遷南京戶部主事，累官尙寶司丞致仕，卒年六十五。有讀禮備忘。

吳公墓誌銘（世經堂集18/40，國朝獻徵錄77/56）

毘陵人品記9/18

吳玭（1478—1540）字汝瑩，號南岑，錢塘人。嘉靖二年進士，授行人，歷官廣東參政，卒年六十三。

送南岑吳君入賀序（群玉樓稿2/7）

吳君墓誌銘（世經堂集15/32，國朝獻徵錄99/45）

吳孟明，浙江山陰人，兌孫。襲錦衣千戶，佐許顯純理北司刑。天啓初譏中書王文言，頗爲之左右，顯純怒，拷訊削籍歸。崇禎初起故官，累遷都督同知，掌衛事。孟明居官貪，以附東林，頗得時譽。

明史222/18下

吳承恩字汝忠，號射陽山人，山陽人。工書，嘉靖中歲貢生，官長興縣丞。英敏博洽，爲詩文下筆立成，清雅流麗。一時金石之文，多出其手。著有西遊記、射陽存稿。

吳汝忠集序（大泌山房集12/24下）

吳易字日生，吳江人。生有膂力，跅弛不羈，舉崇禎十六年進士，福王時授兵部主事，監史可法軍，募兵屯長白蕩。唐王授兵部侍郎，進尚書。魯王監國，封長興伯，師敗被執死。有東湖倡和集。

明史277/19下

吳昊（1447—1509）字仁甫，臨川人。精於曆象，成化中爲監正，每天象有異，必直書以奏。又言元授時曆，起至元辛巳，今已二百一十年，與歲行差三度餘矣，失今不改，恐漸疎謬。詔下禮部，議如其說，鑄爲新儀經緯，皆與天合。正德初進太常寺卿，四年卒官，年六十三。

吳君墓誌銘（費文憲公摘稿17/5下，國朝獻徵錄79/1）

疇人傳29/253

吳昇字亨晦，懷寧人。宣德八年進士，擢工科給事中，有直氣，遇事敢言。正統間閩浙礦徒爲亂，昇以浙江布政司參議往輯之，衆賊屏息，政績著聞，後致仕歸。

送參議吳君亨晦之任浙江布政司序（芳洲文集4/24下）

披垣人鑑9/24

吳昌時，嘉興人。有幹材，頗爲東林効奔走。崇禎中官文選郎。周延儒相，極信用昌時。昌時通廠衛，把持朝官，嘗以年例出言路十人於外，同朝咸嫉之。延儒敗，昌時棄市。

明史308/26下

吳佶（1482—1534）字克正，宜興人，仕弟。國子生，嘉靖五年授歸安縣主簿，廉謹固守，未幾謝病歸，卒年五十三。

吳君墓誌銘（山堂萃稿14/6下）

吳洪（1448—1525）字禹疇，號立齋。吳江人。成化十一年進士，授南京刑部主事，歷廣東副使，釐剔奸弊，人以爲神。遷福建按察使，矯矯有風節。正德時終南京刑部尚書，忤劉瑾，致仕歸，年七十八卒，贈太子少保。

送吳禹疇序（柴墟文集6/22下）

吳公神道碑銘（費文憲公摘稿19/9，國朝獻徵錄48/41）

吳亮，不詳何許人，爲內官侍建文帝左右，頗忠義。壬午之變，建文出亡，亮未與聞。正統中以帝題壁詩露，逮衆至京，帝與焉。以亮曾侍起居，使往診視。帝識亮具言當時事，亮伏地涕泗，復命畢，拊膺哀號，自縊而死。

遜國正氣紀8/10

遜國神會錄下/34下

皇明表忠紀6/22

吳亮，滁州來安人。初爲旗手衛指揮僉事。英宗時討新淦賊，破普定蠻，平計沙苗，累進右都督。以討雲南賊無功，左遷都督僉事，鎮湖廣廣州，討平四川都掌蠻，尋召還，視事右府，正統十一年卒。亮性寬簡，不喜殺戮，所至蠻人懷附。

國朝獻徵錄106/10實錄本傳

明史列傳32/9

明史166/7下

吳亮字采于，武進人，中行子。萬曆廿九年進士，官至大理寺少卿。尚志節，與顧憲成諸人善。有毘陵人品紀、遯世編、名世編、萬曆疏抄。

萬曆疏抄序（大泌山房集16/1）

萬曆奏議序（顧端文公集7/10下）

明史229/11下

吳彥芳字延祖，歙縣人。天啓五年進士，授莆田知縣，以治行高等擢御史，大凌被圍，疏論孫承宗，又駁故尚書吳純如辨冤之謬，尋以疏薦劉宗周等，削籍歸卒。

明史258/14

吳炳，字可先，號石渠，宜興人。萬曆四十七年進士，授蒲圻知縣，崇禎中歷官江西提學副使。永明王擢爲兵部右侍郎兼東閣大學士。王奔靖州，令炳扈王太子走，被清兵執送衡州，不食，自盡於湘山寺。

明史279/9下

吳炯字晉明，松江華亭人。萬曆十七年進士，授杭州推官，遷兵部主事，乞假歸。久之起故官，天啓中累遷南京太僕卿。魏忠賢黨人石三畏追論炯黨庇顧憲成，落職閒居。崇禎初復官。著有叢語。

明史231/5下

吳昂字德翼，號南溪，海鹽人。弘治十八年進士，授新建令，會寧王權橫虐民，民結寨丁家山以拒，權謂爲反，宜兵之。昂曰，百姓爲王乃爾，非反也。入山喻其黨，皆叩頭散去。歷福建僉事、山東副使，所至有善政。官終福建布政使，及歸如未仕，儲書滿家，年七十五卒。有周禮音釋、南溪集等。

祭吳南溪方伯文（黃門集9/11）

吳昂傳（戚元佐撰、攜李往哲列傳×/15，又國朝獻徵錄90/27）

明史261/11下

父吳寬（1443—1475）

玉臺阡表（儼山文集77/1）

母鄭氏（1448—1525）

鄭氏墓誌銘（黃門集11/48下）

吳貞毓字元聲，宜興人。崇禎十六年進士，唐王時爲吏部文選主事。後預立永明王，累擢戶部尚書，拜東閣大學士，從王至南寧。孫可望自雲南遷貴陽，議移王自近，貞毓言不可。王既入安隆所，與貞毓謀，密勅李定國入衛，事洩，貞毓坐絞罪，臨刑賦詩，大罵而死。後諡文忠。

明史279/22下

吳信（1405—1467）字思復，號柚庄，吳郡人。好讀書，手不釋卷，尤工詩，創意造語，敻絕不群，有柚庄集。又輯鄉兩山人士之作曰洞庭清氣集。成化三年卒，年六十三。

吳氏族譜×/7顧亮撰柚庄老人壽藏銘

父吳琳（1379—1430）字孟璧，號反縮生。

吳氏族譜×/3葉濂撰反縮生傳

母徐氏（1379—1459）

吳氏族譜×/5吳信撰先妣徐碩人墓誌

吳海字朝宗，閩縣人。元季以學行稱，絕意仕進。洪武初守臣欲薦諸朝，力辭免。嘗言楊墨釋老諸書，賊害人心，宜釐定書目，使學者生長不涉異聞，因著書禍以發明之。有聞過齋集。

明史293/4下

吳高字尙志，定遠人，良子。嗣爵江陰侯，建文初與楊文守遼東。靖難師起，燕王謀去高，曰高雖怯差密，文勇而無謀，去高，文無能爲也。乃行反間計，建文帝果疑高，削爵徙廣西，而文竟敗。成祖立，召高鎭守大同，上言備邊方略。永樂八年帝北征班師，高稱疾不朝，被劾廢爲庶人卒。

革朝遺忠錄下/39

明史130/3

吳益字永貞，無錫人。由國子生授淮安知縣。爲政清明，民愛之猶父母，陞太僕寺丞致仕。

毘陵人品記7/3下

吳悌（1502—1568）字思誠，號疏山，金谿人。嘉靖十一年進士，官御史。嚴嵩擅政，悌惡之，引疾家居。垂二十年，起故官，隆慶初歷刑部侍郎，未幾卒，年六十七，諡文莊。悌學宗王守仁，然清修果介，反躬自得爲多，學者稱疏山先生，後人嘗編其言行錄，及誥敕表章頌美之文曰吳疏山集。

復性堂記（馮少墟續集7/22）

吳公墓表（鄒子願學集6/60下）

少司寇吳公傳（焦氏澹園集24/17，國朝獻徵錄49/35）

疏山先生年譜，吳尙志、吳悔同撰，清刊本

明史283/19

吳晉字三接，豐城人。嘉靖中歷官詹事府主簿、上林苑監左丞，遷惠州府通判攝郡事，在任五載，多惠政。致仕歸，八邑贐贈，一無所取。

國朝獻徵錄100/50黃佐撰吳公去思碑

吳琉字汝秀，長興人。善詩文，留心性理之學，築室董塢山，號太古居，自號甘泉子，幽棲屏跡，善邵子皇極數。與尚書劉麟等結社，號爲五隱。著有三才廣志、史類等。

名山藏96/7

吳原（1431—1495）字道本，福建漳浦人。天順八年進士，授兵科給事中，累陞都給事中，爲諫官二十年，前後論奏數上，雖少忤不變。擢太僕寺卿，弘治中官終戶部左侍郎兼左僉都御史，卒年六十五。

送戶部侍郎吳公歸省序（椒丘文集11/13下）
贈戶部右侍郎吳君歸省詩序（青谿漫稿18/21）
吳公神道碑（懷麓堂文後稿18/1，國朝獻徵錄30/28
明史281/14
妻林氏（1430—1504）
林氏墓誌銘（懷麓堂文後稿26/17）

吳桂芳（1521--1578）字子實，號自湖，江西新建人。嘉靖廿三年進士，歷揚州知府，禦倭有功，累遷兵部右侍郎，提督兩廣軍務。群盜李亞元等連歲爲患，新舊倭繼至，桂芳次第討平之。累官工部尚書，卒年五十八，贈太子少保。有師暇衰言。

賀自湖吳大夫德政序（崔東洲續集7/11）
賀自湖吳郡守政績兼修序（同上7/12下）
賀自湖吳大夫奏功膺賞序（同上7/22下）
自湖吳公榮膺薦序（李文定公貽安堂集6/25下）
送少司馬吳自湖再起淮揚總漕序（支華平集5/5下）
贈總制二粵自湖吳公擢大司馬還朝序（明善齋集2/2下）
壽大司馬自湖吳公序（敬所王先生集6/20）
兩廣奏疏序（同上5/35下）
巡撫兩廣疏議序（蒼棠堂集7/37）
國朝獻徵錄59/81王宗沐撰吳公行狀
明史列傳78/3下
明史223/11

吳時來字惟修，號悟齋，浙江仙居人。嘉靖卅二年進士，擢刑科給事中，出使琉球，將行，劾嚴嵩父子招權不法。嵩陷之下詔獄，戍橫州。隆慶初復故官，萬曆中累遷左都御史，委蛇執政間，連被彈劾，乞休卒，諡忠恪，尋奪諡。有江防考。

冰廳劄記（徐氏海隅集文編14/17下）
掖垣人鑑14/32
國朝獻徵錄83/62莫如忠撰吳公紀功碑
明史210/16下

吳甡字鹿友，號崙愚，晚號柴菴，揚州興化人。萬曆四十一年進士。天啓中由知縣徵授御史，忤魏忠賢削籍。崇禎初起故官，累擢禮部尚書，兼東閣大學士。襄陽、荆州、承天連陷，帝令甡督湖師。甡畏賊勢，遲回不肯行，帝怒，遣戍金齒。明亡後，久之卒於家。有柴菴疏集、寤言、憶記。

五十輔臣考4/23
明史252/14

吳淵字本深，武進人。天順元年進士，授刑部主事，歷陞福建知府，惠政大著，民戴之若更生，以母老致仕歸養。

毘陵人品記7/16

吳淳夫，晉江人。萬曆三十八年進士，歷陝西僉事，以京察罷。天啓中起兵部郎中，由崔呈秀進爲魏忠賢義子，擢太僕少卿。歲中六遷，至工部尚書，加太子太傅，與崔呈秀等號稱五虎。莊烈帝即位，逮治論死。

明史306/18

吳章字成南，廣東南海人。正德十六年進士，歷廣西、雲南布政使，累官至右副都御史巡撫雲南，嘉靖廿七年致仕。

贈吳參議序（巠野先生文集6/20）
送右布政使吳公陞雲南左轄序（袁永之集14/29）

吳訥（1372—1457）字敏德，號思菴，常熟人。永樂中以知醫薦至京，洪熙初用薦拜監察御史巡按貴州，累官南京左副都御史。剛介有爲，憲度振擧，正統中致仕，天順元年卒，年八十六，諡文恪。有刪補棠陰比事、祥刑要覽、文章辨體、思菴文粹。

贈副都御史吳公致仕序（王文端公文集25/13）
送副都御史吳敏德致政還鄉序（楊文敏公集11/12下）
國朝獻徵錄64/49錢溥撰吳公神道碑
皇明名臣琬琰錄后2/8楊廉撰言行錄

水東日記2/5，3/9，25/9，25/10
皇明獻實17/2下
吾學編34/5下
吳中人物志6/19
聖朝名世考3/16下
明常熟先賢事略1/3
皇明書21/6下
名山藏臣林記7/13下
皇明世說新語7/27下
明史列傳35/7
明史158/8

吳祥，蠡縣人。永樂時知嵩縣，至宣德中閱三十二年，卒於任。

明史281/8

吳情（1504—1582）字以中，號澤峯，無錫人。嘉靖廿三年進士，授編修，累官右諭德兼侍讀。後以鄉試事被誣，左遷廣東市舶司提擧，不就，以原職致仕，萬曆十年卒，年七十九。

壽宮諭吳師七十序（賜閒堂集14/9下）
吳氏義田記（同上17/14下）
吳先生墓誌銘（同上23/21）
吳公墓表（賜餘堂集11/5）

吳執御（1590—1638）字君駕，號朗公，黃巖人。天啓二年進士，除濟南推官。德州建魏忠賢祠，執御獨不赴。崇禎三年徵授刑科給事中，屢上疏極諫，以劾首輔周延儒薦劉宗周等，下獄，釋歸卒，年四十九。有江廬集。

吳執御傳（柔橋文鈔13/7下）
明史258/12下
明儒學案55/9下

吳堂，常熟人，訥曾孫。弘治十二年進士，官監察御史。宸濠納賄劉瑾，請復護衛屯田，堂廷爭之。歷大理少卿，武宗遊幸宣府，伏御道力諫，謫鶴慶知府卒。

明常熟先賢事略1/5

吳國倫（1524—1593）字明卿，號川樓，亦號南嶽山人，湖廣興國人。嘉靖廿九年進士，擢兵科給事中。楊繼盛死，倡衆賻送，忤嚴嵩，謫南康推官。嵩敗，起建寧同知，累遷河南左參政，大計罷歸，卒年七十。國倫才氣橫放，好客輕財，工於詩，與李攀龍等號後七子，有甔甀洞稿及續稿傳世。

朋來亭記（敬所王先生集7/26下）
贈吳大參明卿先生六十序（弇州山人續稿39/16）
吳明卿先生壽序（大泌山房集30/16）
吳公舒恭人墓志銘（同上92/35）
吳明卿先生傳（快雪堂集9/3下）
吳公鄉賢文移序（大泌山房集17/39）
甔甀洞續稿序（同上11/12）
吳明卿甔甀洞續稿序（西樵全集11/26下）
吳明卿先生集序（弇州山人續稿47/1）
披垣人鑑14/25下
名山藏85/57
明史287/17

父吳韻（1479—1546）字宗魯，號迎曦。

吳公墓表（弇州山人四部稿94/21下）
明徵君吳公誄（皇甫司勳集58/8下）

吳國華號愛日，福建寧德人。萬曆四十四年進士，授行人，選兵科給事中。嫉惡如仇，逆璫矯旨削職，歸未幾卒。

啓禎野乘4/24

吳國琦字公良，別字雪匡，桐城人。崇禎四年進士，官兵部主事。博洽能文，深於經術，晚年尤精詩律，有水香閣集、懷玆堂集。

吳公良稿序（璿光閣文集1/11）
吳公良孤舟集序（同上1/15）
婺書6/39

吳偉（1459—1508）字次翁，號小仙，又號士英，一號魯天，江夏人。工畫，憲宗召授錦衣衞鎮撫，待詔仁智殿。好劇飲，一日醉中命作松泉圖，偉跑翻墨汁，信手塗成，帝歎爲仙筆。孝宗授錦衣百戶，賜印章曰畫狀元。後稱疾歸金陵，中酒卒，年五十。

吳小仙傳（徐氏海隅集文編16/1）
圖繪寶鑑6/12下
國朝獻徵錄115/44無名氏撰傳
皇明世說新語6/19下，6/20

吳從義字思忠，號湖東，福建福清人。嘉靖十四年進士，授行人，選吏科給事中，陞刑科都給諫，遷江西參政，改四川免官。

披垣人鑑13/38

吳從義字裕強，浙江山陰人。崇禎間舉進士，授長安知縣。甫之官，値比歲兵荒，練丁壯三百人殺賊。十六年李自成破秦，投井死。

啓禎野乘11/19
天啓崇禎兩朝遺詩小傳2/81
明史263/5

吳得，全椒人。官龍里守禦所千戶，洪武三十年古州上婆洞蠻作亂，燒城門急攻，得開門奮擊，中毒弩死。

明史289/7

吳敏字思德，號海舟，吳郡人，倌弟。有才辯，知府況鍾辟置幕中，臨事決議，侃侃正色，民之利病，政之臧否，知無不言，言無不盡。

吳氏族譜×/10 施槃撰思德公傳，又×/13 顧亮撰海舟公壽藏銘

吳裕 (1443—1501) 字敬昆，廣東揭陽人。成化八年進士，授南京戶部主事，屢陞吏部郎中，凡擢用人才，務合公議。遷右通政，仕終太僕寺卿，卒於官，年五十九。

吳公神道碑（匏翁家藏集77/9，國朝獻徵錄72/9）

吳裕中字磊石，號敬菴，江夏人。萬曆間進士，授順德知縣，擢御史，熊廷弼其姻也。廷弼之禍，大學士丁紹軾與有力，裕中因疏劾紹軾，爲奄黨杖死。

啓禎野乘5/46
明史245/20下

吳雲字友雲，宜興人。性明敏，善詩詞，工山水，元翰林待制，仕太祖爲湖廣行省參政，使招諭雲南。鐵知院令雲詐爲元使，改制書共給梁王。雲誓死不從，遂見殺，謚忠節。

書忠節錄後（懷麓堂文後稿13/13下）
吳公傳（皇明名臣墓銘乾集14，皇明名臣琬琰錄10/16，國朝獻徵錄44/14）
毘陵人品記6/3
聖朝名世考4/4
皇明世說新語5/22下

明史289/9下

吳琳字孟陽，黃岡人。太祖下武昌，以詹同薦爲國子助教，與同並教冑子。琳文采不如同而經術過之。洪武中累官吏部尚書，致仕卒。

國朝獻徵錄24/9黃佐撰傳
皇明世說新語5/15下
明史列傳13/3
明史138/3

吳琛 (1425—1475) 字興璧，號愚菴，繁昌人。景泰二年進士，擢御史，巡按四川，明達果斷有聲。英宗復位，石亨專權自恣，琛與同官劾之，出知遷安縣，五日天變雨雹，命還臺職。累陞右僉都御史，巡撫甘肅，總督兩廣，卒於官，年五十一。有愚菴集。

賀大理寺丞吳君榮任序（呂文懿公全集8/28）
吳公神道碑銘（王懊撰、皇明名臣琬琰錄后16/9，國朝獻徵錄58/61）

吳惠 (1400—1468) 字孟仁，號天樂道人，吳縣人。宣德二年進士，授行人，使占城，陞桂林知府。時洞蠻扇亂，朝議進兵討之，惠單車抵巢，撫諭蠻首，遂服。在郡十年，陞廣東參政。性慷慨，疎財篤義，居官三十年，田廬不改其舊，卒年六十九。

吳公墓誌銘（倜軒集4/11下）
天樂翁傳（林屋集18/3）
守溪筆記×/30下
國朝獻徵錄99/24無名氏撰傳

吳惠字仁甫，號北川，鄞人。正德六年進士，選庶吉士，歷太常寺卿掌國子祭酒事，仕終南京太常寺卿，嘉靖十六年卒於官。有北川文集。

送南京翰林學士北川吳先生入修會典序（張文定公紓玉樓集4/15）

吳雄 (1449—1504) 字文英，仁和人。成化十四年進士，授刑部主事，歷河南副使，屢陞應天府尹。風局嚴整，以肅淸爲任。時大璫任留臺者，恃勢侵擾，縣官不敢違，雄皆裁之以法，其勢少沮。嘗曰任怨吾不辭，但不至瘠吾百姓耳。弘治十七年入覲，卒

於道，年五十六。

祭府尹吳公文英文（薑山文集8/18）

國朝獻徵錄75/27無撰人吳公墓志

吳賀（1552—1614）字汝佐，號三蓼，臨川人。萬曆元年舉人，授望江教諭，遷國子助教，歷都勻知府，官終兩淮鹽運使，卒年六十三。

吳公暨元配樂氏墓志銘（嬾眞草堂文集22/54）

吳逵（1491—1553）字近光，號雲泉，新淦人。嘉靖八年進士，授兵部主事，進郎中，出知興化府，爲政勤敏，存大體而不苛細。遷四川按察副使兼達州兵備，以母老棄官歸，卒年六十三。

送吳雲泉知興化府（歐陽南野文集19/8）

吳君墓志銘（念菴羅先生文集8/5，國朝獻徵錄98/91）

吳凱（1387—1471）字相虞，號冰蘗道人，崑山人。邑庠生，以能書選預修永樂大典，書成取賞而還。中永樂十七年鄉舉，授刑部主事，改禮部，以母老乞歸養。成化七年卒，年八十五。

吳公墓表（王文恪公集26/7）

國朝獻徵錄35/90葉盛撰吳公墓志銘

崑山人物志4/3下

吳郡張大復先生明人列傳稿×/55

吳凱字廷輔，合肥人。成化八年進士，除兵科給事中，屢陞至廣東右參議，卒於官。

掖垣人鑑10/19下

吳景字伯陽，南陵人。弘治九年進士，正德中歷官四川僉事，守江津。六年，重慶盜曹弼及藍廷瑞來寇，景迎擊被執，不屈死。

明史289/15下

吳傑字廷臣，江都人。成化五年進士，官給事中。

掖垣人鑑3/23

吳傑（1467—1544）字士奇，號暘谷，武進人。弘治中以善醫徵至京，積官至太醫院使。武宗南巡還，至臨淸得疾，遣使召傑。比至，疾已深，遂扈歸通州。時江彬執兵居左右，慮帝晏駕己得禍，力請幸宣府。傑憂之，語近侍百方勸，帝始還京。甫還而帝崩，彬伏誅，中外晏然，傑有力焉。尋致仕，年七十八卒。

吳公墓誌銘（桂洲文集49/18下）

暘谷吳公傳（荊川先生文集16/23，皇明名臣墓銘巽集75，國朝獻徵錄78/21）

名山藏101/17

明史299/16下

吳傑字漢甫，杞縣人。性孤介，正德十四年舉於鄉，猶躬耕不輟。母亡，貧不能葬，適流寇至，居民皆逃，傑獨守母柩不去。賊嘆其孝，戒勿犯。後爲壺關知縣卒，竟無以治殮。

國朝獻徵錄97/127杞縣志傳

吳復（1331—1393）字伯起，合肥人。元末集衆保鄉里，歸太祖於濠。以從征張士誠功，授安陸衞指揮使。從沐英再征西番，擒三副使，得納鄰哈七站之地，論功封安陸侯，洪武廿六年卒，年六十三，贈黔國公，諡威毅。

吳公神道碑銘（坦齋文集 1/48下，皇明功臣琬琰錄3/5下）

吾學編18/21

皇明功臣封爵考6/54

國朝獻徵錄8/29無名氏撰傳

皇明書33/32

名山藏41/20

明史列傳7/19下

明史130/16

妾楊氏

皇明書45/38

吳舜舉字子華，浙江山陰人。弘治六年進士，選庶吉士，歷官吏科給事中。

掖垣人鑑11/15

吳源字性傳，莆田人。洪武中以林廷綱薦，授四輔官，兼太子賓客，以老乞歸。後復召爲國子司業，卒官。有文集及莆陽諸名公事跡。

明史137/4

吳源字宗乾，號龍江，錢塘人。嘉靖十七年進士，授工部主事，歷廣西僉事，官至江西副使，罷歸卒。

贈江西兵憲龍江吳公之任序（雲岡公文集13/7）

賀龍江吳親家先生華誕序（弘藝錄25/7）

國朝獻徵錄86/92茅瓚撰吳公墓志銘

吳溥（1363—1426）字德潤，號古厓，崇仁人。建文二年進士，歷官翰林修撰，永樂初遷國子司業。爲人清愼嚴重，動必以禮。其教學必致力本原。居官二十餘年，操守如一日，雖家貧，常分俸以給親族。及卒，無以爲殮，壽六十四。有古厓集。

吳君墓表（楊文敏公集20/11，皇明名臣墓銘乾集51）

吳先生墓志銘（楊士奇撰、皇明名臣琬琰錄后23/15）

吳廉（1472—1544）字介夫，號午田，浙江仙居人。正德九年進士，除禮科給事中，歷戶禮科，遇事敢言，風采籍甚，擢四川參議，乞歸卒，年七十三。

吳公墓誌銘（胡莊肅公文集6/49）

掖垣人鑑12/31

吳廉（1472—1550）字介夫，號我齋，湖州歸安人。嘉靖初以貢上春官，卒業成均，選授即墨知縣，節用愛民，以與上官忤，棄官歸，嘉靖廿九年卒，年七十九。有酩中醒語。

國朝獻徵錄96/18劉麟撰吳先生墓志銘

吳運，江陰人。八歲喪父，祖父母老而瘠，母邢氏守節不貳。運每晨出販果餅以資贍養。母仲夏病思冰，運齋戒告天，呼號幾絕，忽雨冰，母食愈。母死刻木像以祀之，部使者以母子節孝奏聞，詔旌其門。

毘陵人品記6/14

吳道宏字文博，四川宜賓人。天順元年進士，授南京太常博士，擢御史，巡按荊襄，倡議行都司衞府州縣，撫集流民，以免爲患，特陞大理寺少卿撫治鄖陽，終大理寺卿致仕，弘治十五年卒。

鄖陽追祀撫治大理少卿吳公記（趙文肅公文集17/5）

國朝獻徵錄69/7實錄本傳

吳道直字敬甫，號太恒，定州人。嘉靖卅二年進士，歷河南按察布政使，陞河南巡撫。

賀大方伯太恒吳公四任中州藩臬敘（激袟堂文集4/15下）

送大冏卿太恒吳公北上敘（同上5/11）

吳道南（1550—1623）字會甫，號曙谷，崇仁人。萬曆十七年進士，授編修，累擢禮部右侍郎，署部事。遇事有操執，明達政體，屢因災異進讜言。朝鮮貢使請市火藥，執不予。土魯番貢玉，請勿納。拜禮部尚書，兼東閣大學士，輔大政不爲詭隨，頗有時望。後以科場事爲言官所攻，力求去。天啓三年卒，年七十四，諡文恪。有日講錄、巴山草、曙谷集、吳文恪集、河渠志、秘笈新書。

吳公行狀（何宗彥撰、吳文恪公集附錄）

吳公墓誌銘（朱國禎撰、同上）

吳公墓表（林堯俞撰、同上）

吳文恪公祠記（劉一燝撰、同上）

明史217/16

繼室曾氏（1575—1614）

曾氏墓誌銘（雲石堂集21/67）

吳道卿（1537—1598）字名輔，山東平山衞人。隆慶五年進士，除西安府司理，歷遷四川參政，官終浙江布政使，卒年六十二。

吳方伯家傳（大泌山房集67/19）

東郡大方伯吳公誄（來禽館集17/12下）

吳道寧（1443—1531）字世安，河內人。成化十四年進士，授鹽山知縣，擢御史，彈劾激揚，風裁凜凜。陞山西副使，以疾辭歸，年八十九卒。

吳公墓誌銘（何文定公文集10/8，國朝獻徵錄97/70）

掖垣人鑑10/26

吳瑞字德徵，崑山人。成化十一年進士，授南京吏部主事，改工部，屢進郎中，總督濟寧以南河道，時久旱，舟膠不前，瑞相宜從事，鑿舊河，增壩閘，時蓄洩，水通而舟前，軍民稱便。以疾乞歸卒。著有西谿集、宦遊稿、居閒稿。

國朝獻徵錄51/87黃雲撰吳郎中墓志銘

崑山人物志3/10下

吳瑞登字雲卿，武進人。由貢生官光州訓導。有兩朝憲章錄、繩武編。

毘陵人品記10/18下

吳暘（1387—1449），新淦人。永樂十三年進士，授工部主事，累官廣東布政使，卒年六十三。

國朝獻徵錄99/3張元禎撰吳公墓表

吳達可（1541—1621）字叔行，號安節，宜興人，儼從孫。萬曆五年進士，歷知會稽、上高、豐城縣，並有聲。選授御史，視鹽長蘆，歲祲，繪上饑民十四圖，力請賑貸。改按江西，稅使潘相不法，達可力折之。尋陳新政大計，痛規首輔沈一貫。累進通政使，乞休卒，年八十一。有奏疏遺稿、三忠文選。

奉壽安節吳先生七十序（顧端文公集9/9）

安節吳公墓志銘（蒼霞餘草10/9）

題貞裕堂集（仰節堂集3/5）

明史列傳81/29下

明史227/21下

父吳駿，號玄圃，官東萊別駕。

別駕吳玄圃偕配杭孺人七十序（天遠樓集12/1）

生母杭氏，卒年七十四。

杭孺人墓誌銘（松石齋集22/9下）

吳母杭孺人墓表（天遠樓集17/5）

嗣母屠氏，卒年七十六。

吳母屠氏墓誌銘（萬文恭公摘集8/46）

吳勤（1330—1405）字孟勤，初號匡山樵者，晚更號田翁，永新人。洪武中徵授武昌教授。永樂初召脩高廟實錄，號良史才，書成改開封教授，卒年七十六。有匡山樵者、黃鶴山樵、幽翁、六義齋諸集。

吳先生傳（王文端公文集38/9下）

吳公行狀（胡廣撰、國朝獻徵錄93/58）

名山藏臣林記6/51下

吳與弼（1391—1469），初名夢祥，長改名，字子溥，號康齋，崇仁人，溥子。年十九，見伊洛淵源圖，慨然嚮慕，遂罷舉子業，躬耕讀書。四方來學者，敎誨不倦。屢辭徵聘，天順初徵至京，授左春坊左諭德，固辭，留兩月，稱疾篤放還。成化五年卒，年七十九。著日錄，悉言平生所得。胡居仁、陳獻章皆其弟子，學者稱康齋先生。有康齋文集。

與弼先生行狀（婁諒撰、與弼先生文集附錄/15，國朝獻徵錄114/20）

祭先師康齋墓文（白沙子集4/24）

康齋先生語略序（鄒子願學集4/19下）

吳聘君年譜，清楊希閔撰，清光緒刊豫章先賢九家年譜本

皇明獻實30/1

吾學編40/1

國琛集下/1下

聖朝名世考7/4

皇明世說新語6/27下，7/14下，7/25，8/9下

名山藏83/10

明史282/19

明儒學案1/1

吳鼎（1493—1545）字維新，號泉亭，又號支離子，錢塘人。正德十二年進士，授臨淮知縣，歷南京禮部郎中，官至廣西布政司參議，卒年五十三。有過庭私錄。

吳先生墓誌銘（黃門集11/24，國朝獻徵錄101/31）

祭吳泉亭少參文（黃門集9/12）

吳鼎芳字凝父，吳郡洞庭人。爲詩蕭閒簡遠，有出塵之致。與烏程范汭，有披襟唱和集。年四十薙染爲僧，名大香，號唵囕，卒年五十五。

吳凝父稿序（大泌山房集23/29）

吳氏族譜×/47夏元彬撰香禪師傳，又×/50陳元鑾撰香禪師傳

吳敬字孟寅，松江人。永樂初以鄉校諸生修書入館閣，書成，授吏部文選主事，陞郎中，累官至太僕寺卿。

贈太僕卿吳君序（王文端公文集19/5）

吳愈（1443—1526）字惟謙，號遯菴，崑山人。成化十一年進士，授南京刑部主事，陞郎中，出知敍州府，累官至河南參政，致仕卒，年八十四。

吳公墓誌銘（甫田集30/2下，國朝獻徵錄92/34）

吳公墓表（顧文康公文草6/8下）

吳公行蹟（五龍山人集9/34）

祭外祖遯翁吳大參文（同上10/5下）

崑山人物志4/10

吳郡張大復先生明人列傳稿×/55

妻夏氏（1439—1496）

吳敍州安人夏氏墓誌銘（匏翁家藏集69/8下）

吳漢超，宣城諸生。崇禎十七年聞都城變，謀募兵赴難，會福王立，乃已。南都覆，棄家走涇縣，從尹民興起兵。兵敗，匿華陽山中。復與徐淮軍合，襲寧國，夜緣南城登，兵潰，城中按首事者，漢超已出城，念母在，且恐累族人。入見曰，首事者我也。剖其腹，膽長三寸。

明史277/10下

吳誠（1423—1483）字尚忠，號思菴，錢塘人。景泰二年進士，授兵部主事，調吏工部，進郎中，歷湖廣布政使，官至右副都御史，巡撫湖廣，調雲南，成化十九年卒官，年六十一。

吳公墓誌銘（東海張先生文集4/24下）

吳禎（1328—1379）初名國寶，後賜名禎，字幹臣，濠州定遠人，良弟。助良守江陰，數敗吳兵，破張士誠水寨，累功授親軍指揮使。尋副湯和討方國珍，大敗之。進兵破延平，擒陳友定，自大都督府僉事封靖海侯。後累禦倭海上，俱有功，洪武十二年卒，年五十二，贈海國公，謚襄毅。

吳公神道碑（槎翁文集18/1，皇明名臣琬琰錄5/4下，國朝獻徵錄8/11）

吾學編18/34下

皇明功臣封爵考6/23下

名山藏41/12

明史列傳7/3下

明史131/2下

吳禎，福建甌寧人。宣德間舉人，任行在工科給事中，出爲河南鄭州判官。

掖垣人鑑9/24

吳福字好德，鄞人。建文二年進士，授禮科給事中，使琉球，陞尙寶少卿，歷陝西參政，有聲績，遷福建右布政使，治行益著，以年老歸。

送福建布政使吳君致仕詩序（楊文敏公集11/11下）

國朝獻徵錄90/1無名氏撰傳

吳福之，武進人，鍾巒子。唐王時與吳易等舉兵，屯長白蕩，淸兵至，敗走，死之。

明史277/19下

吳寧（1399—1482）字永淸，歙人。宣德五年進士，授兵部主事，進職方郎中。郕王監國，于謙薦擢本部右侍郎。謙禦敵城外，寧掌部事。時寇旣退，畿民猶日數驚，相率南徙。或議召勤王，寧曰，是益之使驚也，莫若告捷四方，人心自定，因具奏行之。景泰改元，以疾乞歸，家居三十餘年卒，年八十四。

永淸吳公傳（陳眉公先生全集38/10）

吳公墓誌銘（商輅撰、皇明名臣琬琰錄后5/14）

國朝獻徵錄40/11無名氏撰傳

明史列傳41/10

明史170/10

吳鑒字友山，無錫人。洪武中舉經明行修，拜監察御史。建文嗣位，見齊黃削奪諸藩過急，嘗從容諷諫。靖難兵起，京師失守，變姓名從亡楚蜀間，正統中禁解而歸，卜築於孟墅，以行醫終。

毘陵人品記6/14

吳爾壎字介子，號吹伯，嘉興人。崇禎十六年進士，選庶吉士，參史可法軍事，其父之屛方督學福建，爾壎斷一指寄之，請悉出私財餉軍，如不歸，則以指葬，後守揚州新城，投井死。有滋蘭堂初集、聶許堂遺草。

檇李往哲續編×/37

明史274/12下

吳嘉言號梅坡，分水人。世以醫名，盡得素難等書之玄妙，授太醫院吏目，有當世名醫之譽。著有醫學統宗、鍼灸原樞。

贈國醫梅坡吳先生序（余文敏公集2/21下）

吳嘉胤（明史避諱作允）字繩如，松江華亭人。天啓間舉人，歷官戶部主事，南京破時，方奉使出城，聞變亟還，謁方孝孺祠，從容投環死。

明史275/12

吳嘉會（1512–1588）字惟禮，號南野，湖廣湘陰人，著籍山西振武衞。嘉靖十四年進士，授行人，歷副都御史，整飭薊鎮邊務，虜二十萬騎入潮河川，嘉會擐甲登陣，督兵力戰，歷八晝夜，虜驚潰遁。仕終兵部侍郎，爲嚴嵩所讒罷歸卒，年七十七。

吳公及配席氏合葬墓志銘（復宿山房集23/28下，國朝獻徵錄41/16）

吳嘉聰（1476—1541）字惟德，號鳫山，湖廣湘陰人，著籍山西振武衞。正德六年進士，授豐城知縣，歷南昌知府。修復江堤，邑人祠之，名曰吳家塘。官終山東副使，致仕卒，年六十六。

國朝獻徵錄95/87孫陞撰吳公墓志銘

吳暢春字梅初，漢陽人。崇禎八年爲潛山天堂寨巡檢，時流寇蔓延，暢春謂天堂雖小鎭，賊所必爭，乃造器械，積糗糧，募勇敢士，書誓死報國於衣裾間。史可法備兵安慶，知暢春賢，馳札勞曰，官有尊卑，忠義無兩。暢春太息曰，士爲知己者死，況國事孔棘乎。一日賊百人誘戰，暢春追至梅家寨，伏兵四起，力竭被執，大罵不屈死。

明史292/15

吳夢暘字允兆，歸安人。稟性強直，不避權貴。好吟詩，善度曲，晚遊金陵，徵歌顧曲，齒齵牙落，猶嗚嗚按拍云。有射堂詩鈔。

文學吳公壽序（大泌山房集35/14下）

吳綸（1440—1522）字大本，宜興人。造別墅二於溪山間，南曰樵隱，西曰漁樂，隱居不仕，因自號心遠居士。嗜茗飲，善書法，得法書名蹟，必日臨數過。嘉靖元年卒，年八十三。

送吳先生歸宜興序（羅文肅公集6/11）

吳府君墓表（王文恪公集26/21下，國朝獻徵錄116/45）

吳維嶽（1514—1569）字峻伯，號霽寰，孝豐人，麟子。嘉靖十七年進士，歷官右僉都御史，巡撫貴州，平巨酋，諸夷畏服。嘗與李攀龍倡詩社，爲嘉靖廣五子之一，隆慶三年卒，年五十六。有天目山齋藏稿。

送文宗吳霽寰參知湖藩序（葛端肅公文集10/11下）

贈霽翁宗師吳老先生督學山東序（張太岳文集8/27）

吳公墓誌銘（同上13/10下）

吳公行狀（太函集41/3下，太函副墨14/33，國朝獻徵錄63/130）

會祭吳霽寰宗師文（穀城山館文集32/7下）

吳峻伯先生集序（弇州山人續稿51/3）

吳中丞集序（大泌山房集13/1）

皇明世說新語2/21下

妻陳氏（1529—1591）

吳母陳氏墓誌銘（太函副墨19/1）

吳潤（1386—1464）字汝德，武進人，邑諸生，以善書與修永樂大典，授刑部主事，歷知建昌、姚安、廣信三府，官終江西布政使，在任十二載，民愛之如父母。景泰初致仕，天順八年卒，年七十九。

毘陵人品記6/18下

國朝獻徵錄86/2實錄本傳

吳潤字時雨，鄱陽人。成化十九年舉人，弘治中官霍山知縣，有善政。

送知霍山縣吳君時雨考最還任序（費文憲公摘稿11/25下）

吳寬（1435—1504）字原博，號匏菴，長洲人。卒業成均，以文行有聲諸生間。成化八年會試廷試皆第一，授修撰，侍孝宗東宮，每進講，閑雅詳明。孝宗卽位，以舊學遷左庶子。預修憲宗實錄，累遷掌詹事府，入東閣，專典誥敕，進禮部尙書，年七十卒，贈太子太保，謚文定。寬行履高潔，不爲激矯，而自守以正。於書無所不讀，作詩文有典則，兼工書法。有匏翁家藏集。

吳公神道碑（王文恪公集22/1，國朝獻徵錄18/3）
祭吳文定公文（王文恪公集31/22）
祭匏菴先生文（羅文肅公集30/10）
祭匏菴吳先生文（容春堂前集20/12）
韓吳兩先正復祠祭文（無夢園遺集8/1）
堯峰景賢祠記（陽明堂集16/23下）
匏翁家藏集序（王文恪公集13/1）
跋吳文定手札（處實堂集7/46下）
皇明獻實31/5
殿閣詞林記5/26
吾學編34/17
國琛集下/20
守溪筆記×/30
四友齋叢說10/6下
聖朝名世考3/67
皇明世說新語1/12下，2/16下，4/8，5/15，8/8
狀元圖考2/22
姑蘇名賢小紀上/24下
皇明書23/17下
名山藏臣林記14/29
明史列傳54/11下
明史184/11下
父吳融字孟融，號東莊老人。
贈吏部侍郎吳公墓表（桃溪淨稿文17/8下）

吳廣，翁源人。以武生從軍，萬曆二十五年以副總兵禦倭朝鮮。甫班師，時李化龍征播州，以廣爲總兵官。賊平，廣中毒矢失聲，絕而復甦，以本官鎮四川卒。

明史列傳88/22下
明史247/21下

吳瑾（1413—1461）字廷璋，蒙古人，允誠孫，嗣爵恭順侯。天順五年曹欽反，瑾聞變，椎長安門上告。門閉，欽攻不得入，遂縱火，瑾將五六騎與欽力戰死，年四十九，贈涼國公，謚忠壯。

吳公神道碑銘（李賢撰、皇明名臣琬琰錄后12/1，國朝獻徵錄7/60）
水東日記32/1
皇明世說新語4/36下
明史156/2下

吳履字德基，蘭谿人。少從聞人夢吉學，通春秋諸史。李文忠鎮浙東，聘爲郡學正。擧於朝，授南康丞，居六年，百姓愛之。遷安化知縣，晉知濰州，會改州爲縣，召還，民皆涕泣奔送，履遂乞骸骨歸。

吳德基傳（宋學士文集62/461，國朝獻徵錄96/26）
皇明書28/5下
明史281/4

吳賢妃，丹徒人，景帝母。宣宗爲太子時，選入宮，宣德三年封賢妃。景帝即位，尊爲皇太后。英宗復辟，復稱宣廟賢妃，成化中卒。

明史113/12

吳鎣（1452—1499）字汝礪，吳江人。成化二十三年進士，授兵部主事，累陞武庫郎中，以勞疾卒官，年四十八。

吳君墓碣銘（匏翁家藏集76/21）
國朝獻徵錄41/38王鏊撰傳

吳闓（1486—1531）字朝言，號高山，武進人。正德六年進士，授行人，擢河南道御史。持大體，諤諤無所忌諱。宸濠反，詔親征，闓率同列力諫。又疏論江彬、錢寧、谷大用諸奸罪狀。世宗立，復疏請攬朝綱、究奸邪、抑奔競、防蠱惑，忌者中以考功法罷歸。嘉靖十年卒，年四十六。

吳君墓誌銘（古崖毛先生集8/12）
祭侍御吳朝言（同上6/21下）
毘陵人品記9/2下

吳儀字德隅，直隸壽州人。弘治十五年進士，歷寧晉知縣，選工科給事中

掖垣人鑑12/5下

吳稼竳字翁晉，孝豐人，維嶽子。官南京光祿寺典籍，累遷雲南通判。少以詩見稱於王世貞，工樂府，如健兒騎駿馬，左右馳突，靡不如意。有元蓋副草。元蓋、天目山別名；副草、謂尙非其正本也。

吳翁晉詩序（大泌山房集24/2下）

吳節（1397—1481）字與儉，號竹坡，

江西安福人。宣德五年進士，授編修，歷南京國子祭酒，官至太常寺卿，兼侍讀學士，卒年八十五。有吳竹坡詩文集。

送吳編修歸省序（謚忠文古廉文集5/21下）

吳先生行狀（彭文思公文集7/15下）

國朝獻徵錄20/39周洪謨撰吳先生神道碑銘，又70/110實錄本傳

殿閣詞林記6/36

吳澤字叔霖，浙江東陽人。永樂十三年進士，授行人，遷兵科給事中，卒於官。

披垣人鑑7/23下

吳滄字源深，號霞白，增城人。天順元年進士，授弋陽令，遷饒州府同知，卒於官。滄性廉，在官折節自律，其卒，太守發篋視之，嘆曰，人不信源深，今不足於斂。嗟呼源深，不知古之廉者何如耳。

國朝獻徵錄87/97湛若水撰吳先生傳

吳璿（1428—1487）字朝用，吳江人。景泰七年舉人，選預修英宗實錄，授中書舍人，擢工部員外郎，卒於官，年六十。

吳君墓誌銘（匏翁家藏集63/5）

祖父吳爲（1369—1411）字孟才，號止菴。

止菴吳府君墓表（匏翁家藏集71/3下）

吳翰詞字子修，應山人。嘉靖廿九年進士，授東陽知縣，擢御史巡按雲南，居官清廉，俱有善政，民皆祠祀之。以嚴嵩索賄不能應，乞休杜門家居卒。

徐氏海隅集外編40/31下

吳默（1554—1640）字因之，吳江人。萬曆二十年會試第一，授禮部主事，歷官至太僕寺卿，年八十七卒。

太卿吳公傳（愚菴小集15/17下）

皇明世說新語2/10下

啓禎野乘3/29

吳應芳（1513—1561）字文譽，號南丘，吳興人。郡諸生，以貢薦授江陰訓導，其教人趨理學之原，綜聖賢之蹊徑，崇雅正，黜靡華，嘉靖四十年卒官，年四十九。

南丘吳公墓表（長谷集15/44）

吳應箕（1594—1645）字風之，更字次尾，貴池人。善今古文，意氣橫厲。阮大鋮以附璫削籍居南京，聯絡南北附璫失職諸人，劫持當道。應箕與復社諸生爲留都防亂公揭討之。中崇禎副榜，貢入京。後大鋮得志，謀殺周鑣，應箕獨入獄護視。大鋮聞，急捕之，應箕夜亡去。南都不守，起兵應金聲，敗走被獲，慷慨就死，年五十二，清乾隆中追謚忠節。有樓山堂遺書、讀書止觀錄。

忠節吳次尾先生年譜一卷遺事一卷、清夏燮撰，同治間刊樓山堂遺書本

吳次尾先生年譜一卷、清劉世珩撰、清刊貴池先賢遺書本

明史277/9下

吳檟字大用，博野人。天順八年進士，除禮科給事中，歷四川參議，官至都察院右副都御史。

披垣人鑑10/3下

吳懋（1517—1564）字德懋，號高河，大理人。嘉靖十九年舉人，授順慶府通判，四十三年陞階州知州，尋卒於官。

國朝獻徵錄94/134李元陽撰吳君墓誌銘

吳孺子字少君，蘭谿人。志行高尚，好離騷老莊，工詩。日閉門危坐，或問之，曰吾尋味好客話言耳。後居僧寺，自稱破瓢道人。隆慶末卒。

吳山人傳（農丈人文集10/9）

四友齋叢說10/1下，10/4

婺書5/8

吳嶽字汝喬，汶上人。嘉靖十一年進士，清望冠一時，持躬嚴整。尚書馮森言平生見廉潔士二人，嶽與譚大初耳。累官南京吏部尚書，改兵部，隆慶四年卒官，謚介肅。

送少宰汶上吳公遷南大宗伯序（弇州山人四部稿57/19）

合葬冢宰吳介肅公文（穀城山館文集32/6下）

國朝獻徵錄27/44維風編吳公傳

名山藏臣林記26/22

明史列傳65/23下

明史201/15

吳鍾巒（1577—1651）字巒稚，號霞舟，武進人。受業顧憲成、高攀龍爲心性之學

。舉崇禎七年進士，授長興知縣，遷桂林推官。福王立，擢禮部主事。魯王起兵，以為禮部尚書，往來普陀山中。清兵至寧波，鍾巒渡海入昌國衛，之孔廟，抱孔子木主自焚死，年七十五。有周易卦說、霞舟語錄、梁園佳話、十願齋文集。

吳公事狀（鮚埼亭集外編9/1）

明史276/12

吳禮字幼文，無錫人。永樂初由諸生為功曹，授刑部主事，出知鈞州，督太和諸宮事，政令嚴明，軍民欽肅。累官禮部員外郎。

毘陵人品記6/20下

吳瀚（1486—1550）字受夫，號耐菴，洛陽人。正德十六年與弟瀛同舉進士，授御史，疏論中官廖鵬罪，竟寘重典，時論快之。陞江西僉事，累官至右副都御史巡撫順天，以事忤時議罷歸，卒年六十五。

耐菴吳公配王氏合葬墓志銘（王襄毅公集18/21下）

吳公墓誌銘（鈐山堂集33/13下，國朝獻徵錄62/48）

吳懷賢字齊仲，休寧人。天啓中由國子監生授內閣中書舍人。楊漣劾魏忠賢疏出，懷賢書其上讚之，即時遣戍。又與吳昌期書，有反正不遠語，忠賢大怒，遂矯旨詔下獄，拷掠死。

啓禎野乘5/47

明史245/21下

吳璽（1388—1444）字信玉，邵武人。永樂六年舉人，卒業太學，選擢兵部武選主事，累陞戶部右侍郎。正統七年坐累謫戍邊，九年卒，年五十七。

吳公墓碑（謚忠文古廉文集10/3下）

吳公墓志銘（王直撰、國朝獻徵錄30/18）

吳瓊字德輝，祁門人。嘉靖十七年進士，授宜春令，歷知南昌府。

蓮塘書屋記（方山薛先生全集21/9）

吳鵬（1500—1579）字萬里，號默泉，秀水人。嘉靖二年進士，授工部主事，歷福建參政。安南酋莫福海違命，鵬奉詔往諭，福海伏地謝罪，安南遂定。又討擒黠賊陳日輝，平諸洞，督理漕河，敗師尙詔，累官至吏部尙書，致仕卒，年八十。有飛鴻亭集。

贈默泉子吳子序（蔣道林文粹2/19）

吳默泉視學東廣序（海石先生文集18/10）

送參伯吳默泉公總憲江右序（朴齋先生集8/4）

吳公行狀（董學士泌園集31/1）

子吳繼（1528—1592）字汝善，號小泉。

小泉吳公墓誌銘（賜閒堂集12/11）

媳屠氏（繼室）

吳母屠宜人墓表（松石齋集12/27下）

吳檜，吳縣人。永樂六年舉人，歷永康訓導，擢戶科給事中，正統元年免歸。

掖垣人鑑5/16

吳寶秀字汝珍，浙江平陽人。萬曆十七年進士，歷知南康府，時稅監李道橫甚，寶秀不與通，道大怒，疏劾寶秀阻撓稅務，逮詔獄。其妻陳氏請同行不得，自縊死。時大學士趙志皐等上疏力救，部民伏闕訟冤，帝皆不省。會皇太后亦聞陳氏之死，為言於帝，乃釋為民。踰年卒，士民立祠祀之。

明史列傳86/6下

明史237/11

吳繼善字志衍，太倉人。崇禎十年進士，官成都知縣。圖繪有元人風，工詩文，後為張獻忠所執，被害。

啓禎野乘12/43

吳鸞字欽佩，霍山人。嘉靖十七年進士，授濰縣知縣。歷國子監丞，遷禮部主事，終翰林典籍。為文冲淡流暢，有陶謝風，卒於家。

國朝獻徵錄22/64無撰人典籍吳鸞傳

吳儼（1457—1519）字克溫，號甯菴，宜興人，綸從子。成化廿三年進士，歷侍講學士。劉瑾竊柄，聞儼家多貲，啗以美官，儼峻拒之，罷官。瑾誅，復職，累陞南京禮部尙書。武宗北巡，儼切諫不報。年六十三卒，謚文肅。有吳文肅公摘稿。

送吳克溫序（羅文肅公集6/1）

恩榮省慶序（同上5/2下）

送吳克溫歸省祖母序（湘皐集18/9）
送學士吳君克溫之任南京序（東川劉文簡公集2/19下）
送禮部侍郎吳公冊封序（同上5/15）
祭禮部吳尚書文（同上21/14下）
祭寧菴宗伯吳公文（容春堂集31/4下）
祭吳寧菴文費文（憲公摘稿20/8，又20/9）
詞林會別詩引（同上20/43下）
皇明名臣墓銘巽集15汪佃撰吳公傳
國朝獻徵錄36/31無名氏撰傳
殿閣詞林記5/32下
毘陵人品記8/6下
明史列傳54/20下
明史184/16下
父吳經（1435—1509）字大常。
吳公墓表（費文憲公摘稿19/30）
繼室林氏
林氏行狀（萬文恭公摘集9/38）
子吳嗣（1515—1582）字惟均，號雪舫。
吳公墓誌銘（賜餘堂集12/21下）

吳麟字允祥，號苕源，孝豐人。嘉靖五年進士，官監察御史，按治廣東，執法勁峻。時宰有蒼頭橫於部下，麟竟收治之，遂爲所擠，謫判泰州。後歷山東按察副使，告歸侍養，嘉靖卅二年卒。有苕源存稿。

苕源吳公誄（長谷集14/6）
父吳□，號南山
吳封君壽序（方山薛先生全集18/1）
壽南山吳封君九十序（袁文榮公文集5/11）
母張氏（1463—1536）
吳母張氏墓志銘（泉翁大全集60/35）

吳麟徵（1593—1644）字聖生，一字來皇，號磊齋，海鹽人。天啓二年進士，崇禎中在諫垣有直聲，累官太常少卿。十七年賊薄京師，麟徵守西直門，募死士縋城擊賊，多斬獲，城陷遂自經，年五十二。福王時謚忠節，淸初改謚貞肅。有家誡要旨、忠節公遺集。

吳山六忠祠碑（大滌函書1/33）
吳忠節公年譜、子吳蕃昌撰、吳忠節公遺集附刻本
檇李往哲續編×/19
啓禎野乘11/41
天啓崇禎兩朝遺詩傳3/101
明史輯略紳志略文臣

吳巖（1476—1524）字瞻之，吳江人，洪子。正德三年進士，授行人，選工科給事中，累陞工科都給事，遷四川參政，嘉靖三年奉表入賀，卒於道，年四十九。

送都諫吳公參政四川序（黃門集7/18）
國朝獻徵錄98/28周用撰吳君碑銘
披垣人鑑12/22下

吳讓字尙謙，宣城人。國子生，建文三年除刑科給事中，歷陞湖廣副使，免官歸。宣德元年起鄱陽知縣，卒於官。

披垣人鑑8/6

吳瓛字惟貢，崑山人。畫竹師夏太常，知名于時。

崑山人物志8/6下

呂

呂一龍，浙江永康人，陳時芳弟子。言動不苟，學者宗之。

明史283/12下

呂大器字儼若，號先自，遂寧人。崇禎元年進士，授行人，歷右僉都御史，巡撫甘肅，定西陲有功，擢兵部右侍郎。大器性剛躁，負才善避事，見天下多故，懼當軍旅任，力辭，且投揭吏部，言己好酒色財，必不可用。帝趣令入京，詭稱疾不至。嚴旨切責，亦不至。越年始至，以本官總督保定山東河北軍務。福王立，以疏劾馬士英削籍逮治。後與丁楚魁等擁永明王監國，督西南諸軍，旋卒，謚文肅。

明史279/1

呂文燧（1317—1370）字用明，浙江永康人。元末盜掠永康，文燧募壯士破走之，三授官不受。太祖命知縣事，擢知嘉興。會松江民亂，文燧請援於李文忠，移兵擒之，諸將欲屠城，力爭得免。後奉詔持節諭闍婆國，次興化，疾卒，年五十四。

呂府君墓碑（宋學士文集60/460下，國朝獻徵錄85/4）

【七劃】吳、呂

明史列傳18/8
明史140/4下

呂元夫，無錫人，卣子。弘治九年進士，累官南京通政使。

毘陵人品記8/4下

呂不用字則耕，初名必用，字則行，浙江新昌人。從金華黃溍學。洪武初以經明行修，辟授本縣訓導。時兵革初靖，一時翕然向化，後以聾解官，自號石鼓山聾。有得月稿。

重刻得月稿序（萬一樓集38/17下）
呂訓導傳（西河集74/1）

呂升字升常，浙江山陰人。洪武中鄉貢，永樂初爲溧陽教諭，以薦擢江西按察僉事，改福建，所至有清愼聲，入爲大理少卿，宣德八年致仕卒。

送福建按察僉事呂公考滿復任詩序（楊文敏公集14/18）
題大理少卿呂升恭和御製嘉禾詩後（同上15/22下）
贈大理少卿呂公致仕歸紹興詩序（同上11/23下）
國朝獻徵錄69/21實錄本傳
明史列傳27/18
明史150/11下

呂本（1504—1587）字汝立，號南渠，初冒姓李，後復本姓，餘姚人。嘉靖十一年進士，累官太子太保文淵閣大學士。吏部尙書李默下獄，本掌部務，阿嚴嵩意，請考察去留諸大僚，列爲三等，凡不附嵩者皆屏斥無遺，加少保，母喪去位。嵩敗，失援，不復召，萬曆十五年卒，年八十四，謚文安。

贈少司成南渠李君考績序（陽峯家藏集25/20下）
呂南渠相公七十壽序（賜餘堂集8/3）
壽少傅南渠呂公七十序（長水先生文鈔6/22）
贈少傅南渠李年丈壽序（天一閣集20/18下）
賀少傅渠翁呂相公八十序（陳恭介公集6/62下）
少保南渠李公生祠記（袁文榮公文集6/14下）
呂公墓誌銘（李文節集20/1）
呂文安公傳（弇州山人續稿71/1）
太傅呂文安公傳（太函集39/1，國朝獻徵錄16/78）
祭呂文安（大泌山房集115/4下）
祭大學士太傅呂公文（余學士文集30/1）
四友齋叢說8/11下，12/9
明史列傳57/45下
明史300/5

父李改（1464—1526）字正之，號醉夢居士。

李公墓志銘（袁文榮公文集8/14下）

呂旦字寅伯，崑山人，昭子。舉永樂四年進士，官工部，卽董工伐木於湖湘，又督開平糧芻，俱稱任。以薦特拜河南僉事，居官廉謹，以累去職。復起爲建昌推官，治獄平允，政聲益振，以老乞歸卒。

崑山人物志2/4下
吳郡張大復先生明人列傳稿×/37

呂光洵（1518—1580）字信卿，號沃洲，浙江新昌人。嘉靖十一年進士，擢御史，巡按蘇松，用餘皇破海寇大洋中。還京與仇鸞爭馬市，一日章十三上。歷右都御史，巡撫雲南，先後討平諸叛蠻，進攻武定，斬土官鳳繼祖，陞工部尙書，致仕卒，年六十三。有元史正要、三巡奏議、期齋集、皆山堂稿、可園詩鈔。

玩爻軒記（甘泉先生續編大全5/10）
新昌呂氏家乘序（涇野先生文集13/24下）
呂尙書行狀（徐文長文集28/1）
呂公行狀（題張元忭撰、國朝獻徵錄52/79）

父呂世良

芝山呂翁六褎（歐陽南野文集19/23）

母章氏

章孺人傳（荆川先生文集16/34）

呂言字伯時，秀水人，憲子。以廕補太學生，授太平府通判，改應天府，加左府經歷致仕。

京兆君傳（居漸山文集4/49，國朝獻徵錄75/54）

呂卣字宜中，無錫人。成化十七年進士，授大名府推官，改衢州、永平，擢監察御史，謝歸，爲人簡易端確。

毘陵人品記8/4下

呂㒚 (1418—1484) 字希顏，號復菴，常熟人。幼好學，爲文有奇氣。登正統四年進士，授行人，擢御史，遷湖廣副使，斥姦捕寇，風裁凛然。仕終雲南布政使，致仕卒，年六十七。有復菴集。

呂公墓誌銘 (楊文懿公金坡稿5/28)

呂希周字師旦，崇德人。嘉靖五年進士，官至通政司通政。有東匯詩集。

奠呂通政文 (華禮部集7/14下)

父呂綸 (1468—1534) 字文佩。

呂公行狀 (屠漸山文集4/65)

呂邦耀字玄韶，錦衣衞籍順天人。萬曆廿九年進士，履官至通政司參議，有續宋宰輔編年錄、國語髓析。

呂玄韶國語髓析序 (秋水閣副墨1下/1)

呂坤 (1536—1618) 字叔簡，號新吾，寧陵人。萬曆二年進士，歷官山西巡撫，留意風教，舉措公明，擢刑部侍郎。立朝持正，以是爲小人所不悅，欲中以奇禍，遂致仕，年八十三卒。坤少時資質魯鈍，讀書不能成誦，乃澄心體認，久之了悟。十五讀性理書，欣然有會，遂孜孜講學，以明道爲己任。著有呻吟語、去僞齋文集等。

寧陵呂公德政碑 (來禽館集11/21)

贈大中丞新吾呂先生還朝序(李文節集17/26)

風憲約序 (鶩林外編24/15)

呻吟語序 (馮少墟集13/12)

明史列傳79/11

明史226/11

明儒學案54/5

母李氏 (1503—1571)

李孺人墓誌銘 (澈執堂文集12/10)

呂昇 (1432—1488) 字明遠，襄陽人。天順八年進士，授戶部主事，以勤愼稱。遷郎中，督運軍餉于建州，餉不告乏。官終雲南參議，卒年五十七。

呂公墓誌銘 (懷麓堂文稿30/1)

呂和 (1459—1526) 字克中，號介齋，鄞人。生有異質，舉弘治十二年進士，積官山東按察僉事。有王尙書弟倚勢殺人，當道莫敢誰何，竟致之辟。長淸縣令，內結權貴，貪酷靡忌，痛繩之，即誣和，下詔獄。久之始白，遷陜西副使，積蠹振刷。繕漢中、寧羌諸城，立南鄭、金州諸學，酌丁差之規，停更番之戍，州縣各立祠祀之，進四川按察使，年六十八卒。

呂公墓表 (張文定公靡悔軒集11/3下)

呂朋字志同，武進人。正德十一年舉人，歷官廣東市舶司提舉，爲人廉潔恬靜，一介不取。

毘陵人品記9/5

呂秉彝 (1474—1521) 字性之，號靜軒，晉州人。正德三年進士，授章丘令，擢御史，巡按宣大，數上封事，凡兩鎭遺姦積弊，多所剗革，十六年卒官，年四十八。

送呂章丘序 (涇野先生文集1/24)

呂君墓碑 (同上30/37，國朝獻徵錄65/71)

呂柟 (1479—1542) 字仲木，號涇野，高陵人。正德三年進士第一，授編修，累官禮部侍郎。立朝持正敢言，學守程朱，與湛若水、鄒守益共主講席三十餘年，家無長物，終身未嘗有惰容。年六十四卒，高陵人爲罷市三日，四方學者咸設位持心喪，諡文簡。著有周易說翼、尙書說要、毛詩說序、禮問、春秋說志、四書音問、宋四子鈔說，涇野子內篇、涇野詩文集等書。

敘別高陵子 (泉翁大全集14/25下)

贈呂涇野先生序 (息園存稿文1/18)

送涇野呂先生尙寶考績序(王氏家藏集22/37)

涇野呂先生考續序 (歐陽南野文集17/6)

贈大司成涇野呂先生序 (方齋存稿4/7下)

呂公行狀 (馬汝驥撰、皇明名臣墓銘兌集68，國朝獻徵錄37/21)

呂先生墓誌銘 (谿田文集5/161)

同鄉合祭呂涇野先生文 (存笥稿18/9)

詞林合祭呂涇野先生文 (同上18/9下)

祭涇野呂先生墓文 (胡莊肅公文集6/106)

涇野先生傳 (方山薛先生全集24/4下)

涇野呂亞卿傳 (李中麓閒居集9/50)

涇野呂先生傳 (馮少墟集22/23)

涇野逸事記 (耿天台先生文集11/53)

跋呂涇野還山稿 (陽峯家藏集28/11下)

呂涇野先生語錄序（馮少墟集13/34）
呂野涇先生語錄後序（龍津原集2/16下）
涇野先生集序（世經堂集13/29）
吾學編39/10下
國琛集下/34
聖朝名世考3/114
狀元圖考2/40
皇明世說新語3/11，3/17下，4/19，4/21，5/19下，5/28
皇明書37/9
名山藏臣林記20/34下
明史282/22
明儒學案8/1

父呂溥
封儒林郎翰林修撰呂公墓碑（對山集16/13下）

繼母侯氏（1468—1541）
呂母侯氏合葬墓志銘（渼陂續集下/26）

妻李氏（1483—1554）
李淑人墓志銘（丘隅集16/9）

呂昭字克明，崑山人。嗜學敦行，永樂中授徐州訓導，陞沁州知州，天寒，尙未挾纊，其弟子爲買一裘以行。子旦舉進士，昭遺書戒之曰進士美官，然不能廉，終非吾子，死亦不歆汝祀，其廉介如此。

吳中人物志5/15下
崑山人物志2/4
國朝獻徵錄97/116無名氏撰傳
吳郡張大復先生明人列傳稿×/37

呂紀字廷振，鄞人。弘治間供事仁智殿，爲錦衣指揮使。工畫翎毛，間作山水人物，生氣奕奕，時極貴重。應詔承制，多立意進規，孝宗嘗稱之曰，工執藝事以諫，呂紀有之。

鄉先生遺事十四（蘆山文集15/13）
圖繪寶鑑6/12下
名山藏99/4下

呂高（1505—1557）字山甫，號江峯，丹徒人。嘉靖八年進士，爲嘉靖八才子之一，歷官山東提學副使。鄉試錄文，舊多出學使者手，巡按御史葉經乞唐順之文，高心憾，寄書京師友人，言經紕繆。嚴嵩惡經，遂置之死。及大計，高亦以此斥歸。於八子中名最下，年五十三卒。

萬卷樓記（茅鹿門先生文集20/16）
江峯呂提學傳（李中麓閒居集10/62下，國朝獻徵錄95/89）
明史287/10

呂益字伯謙，號梅菴，祥符人。景泰五年進士，授監察御史，所歷按劾不法，遷陝西僉事，成化二年免歸，居鄉三十餘年，謝絕人事，年八十卒。

國朝獻徵錄94/110李濂撰傳

呂原（1418—1462）字逢原，秀水人。正統七年進士，授編修，歷左春坊大學士，天順初入內閣。石亨、曹吉祥等用事貴倨，獨敬原。原與岳正列其罪狀，疏留中。原在內閣，守正持重，與李賢、彭時相得甚歡，庶政稱理，進翰林學士。遭母喪，歸葬，以毀卒，年四十五，諡文懿。有文懿公集傳世，

呂公神道碑銘（李賢撰、皇明名臣琬琰錄后8/10，國朝獻徵錄13/53）
呂文懿公傳略（商文毅公集26/8）
嘉興呂文懿公哀詞（椒丘文集26/3）
守溪筆記×/20下
吾學編30/4下
殿閣詞林記3/30下
皇明世說新語2/17，5/4下，6/26
皇明書16/14下
明史列傳45/39
明史176/6

妻徐氏（1423—1500）
徐氏墓志銘（桃溪淨稿文16/8）
祭封大學士呂公夫人文（東泉文集7/50下）

呂翀字天翰，江西永豐人。弘治十二年進士，官刑科給事中，武宗踐祚，閣臣劉健、謝遷去位，翀抗章乞留，語侵劉瑾，廷杖削籍。後起雲南僉事，遷四川副使。修成都江堰，以資灌溉，水利大興，民稱呂公堰，嘉靖二年卒官，

國朝獻徵錄98/79汪偉撰呂公墓志銘
掖垣人鑑12/3
明史列傳58/2下
明史188/2下

呂時中字以道，號潭西，清豐人。嘉靖二十年進士，選庶吉士，授戶科給事中，陞刑科都給諫，屢官至戶部右侍郎總督倉場，致仕歸卒。

呂公行狀（道遙閣集選16/14下）

披垣人鑑13/49下

呂敏字志學，無錫人。元時爲道士，洪武初官無錫教諭，爲北郭十子之一，十三年舉人才，不知其官所終。有無礙居士詩集。

明史285/23

呂雯（1429--1494）字天章，保定安州人。天順中舉人，成化初選授御史，累遷右僉都御史巡撫延綏，築楡林邊牆三百餘里。敵六萬猝至，擊却之。秦饑民流入境，或慮爲變，請拒之，雯不許，全活數十萬人，弘治初遷兵部侍郎，七年卒，年六十六。

呂公神道碑銘（徐文靖公謙齋集8/1）

國朝獻徵錄40/19無名氏撰傳

呂復字元膺，鄞人。少孤貧，以母病求醫，遇名醫衢人鄭禮之，遂謹事之，因得其古先禁方及色脈藥論諸書，務窮其奧，以術問世，取效若神，晚年自號滄洲翁。歷仙居臨海教諭、台州教授，皆不就。

國朝獻徵錄78/64戴良撰傳

明史299/3下

呂經（1476--1544）字道夫，號九川，寧州人。正德三年進士，授禮科給事中。乾清宮災，上疏極論義子番僧邊帥之害。遷吏科都給事中，復極論馬昇女弟入宮事，又劾方面最貪暴者四人，群小咸惡之，謫爲蒲州同知。世宗時累官右副都御史巡撫遼東，以兵變謫戍茂州，嘉靖廿三年卒，年六十九。

六科贈言序（泉翁大全集17/15下）

送九川呂先生巡撫遼陽序（內臺集5/4）

壽萱圖序（涇野先生文集3/7）

呂公墓表（苑洛集7/2下，皇明名臣墓銘坤集41，國朝獻徵錄62/33）

九川呂先生祠堂記（趙浚谷文集6/25）

披垣人鑑12/12

明史列傳71/18下

明史203/17

父呂昇字惟賢。

呂公配王氏墓表（涇野先生文集31/30下）

母王氏（1451—1528）

呂母太孺人王氏壽詩序（對山集11/6下）

呂母王孺人壽序（棠陵文集1/22）

呂誠字敬夫，崑山人。性縝密，少知力學，淹貫經史，屢聘訓導不就。長於詩，與袁華齊名，時稱袁呂。有樂志園詩集、竹洲歸田稿。

崑山人物志5/5下

吳郡張大復先生明人列傳稿×/27

呂鳴世，福建人。崇禎間由恩貢生爲麟遊知縣，兵燹後拊居民有恩。城陷，賊不忍加害，自絕食六日卒。

明史292/6下

呂鳴珂（1528--1598）字聲甫，號蒼南，括蒼人。嘉靖卅八年進士，歷官至工部侍郎。以丹青擅名，年七十一卒。有太常記。

送大司空蒼南呂公還朝序（溫恭毅公文集7/24下）

呂公行狀（賴眞草堂文集28/32下）

呂綸字君言，號觀復，江都人。正德十六年進士，歷戶工刑部郎官，遷知兗州府。

贈呂君君言陞知兗州序（涇野先生文集10/8下）

呂銘字允銘，無錫人。永樂間由饒州稅課擢刑部主事，立剖冤滯。屢官西安知府，以循良著聲。

毘陵人品記6/20

呂維祜字泰孺，新安人，維祺弟。由選貢生爲樂平知縣，解職歸。崇禎十六年賊陷新安，抗節死。

明史264/7下

呂維祺（1587—1641）字介孺，號豫石，河南新安人。萬曆四十一年進士，擢吏部主事。光熹之際，上疏請愼起居，擇近侍，防微杜漸，與楊左相唱和，升郎中告歸。崇禎間爲南京兵部尙書，賊至不屈遇害，年五十五，諡忠節。有存古約言、四禮約言、音韻日月燈、明德堂文集。

呂忠節公神道碑銘（梅村家藏稿文集16/3）

呂明德先生年譜、清施化遠撰、清康熙二年刊本

啓禎野乘10/10

天啓崇禎兩朝遺詩小傳2/63

明史264/6

祖呂鄉（1542—1572）字信夫。

處士呂公暨元配牛氏狀（王惺所先生集5/2下）

呂潛（1517--1578）字時見，號愧軒，涇陽人。師事呂柟，擧動咸以爲法。擧嘉靖廿五年鄉試，講學谷口洞中，從學者甚衆。薦授國子學正，行柟學約，終工部司務，卒年六十二。

愧軒呂先生傳（馮少墟集22/46）

明史282/23

明儒學案8/10下

呂毅，項城人。以濟南百戶從成祖渡江，積功至都督僉事。永樂四年從征安南，死之。

國朝獻徵錄108/10實錄本傳

明史列傳23/11下

明史154/11

呂調元，歸州千戶。闖賊至，士民望風皆降，調元獨率義勇與賊戰，死之。

明史294/6

呂調陽（1516--1580）字和卿，號豫所，桂林人。嘉靖二十九年進士，授編修，累官禮部尚書，侍穆宗經筵。每講，輒先齋沐，期以精誠悟主，往往援引經傳，列古義以規時政，帝嘉悅之。神宗時進文淵閣大學士，以朴忠受知，年六十五卒，諡文簡。有帝鑑圖說。

賀少保呂公一品考績序（馬文莊公集選1/19）

壽呂相公六袠序（條麓堂集21/3下）

呂公行狀（饇甄洞藁46/7下，國朝獻徵錄17/118）

呂公神道碑（白楡集17/9下）

呂公墓志銘（張太岳文集13/1）

呂公墓表（賜閒堂集22/28）

呂公祠堂碑（饇甄洞續稿1/14下）

祭呂文簡公文（寶褈集20/2）

呂震（1365—1426）字克聲，臨潼人。擧洪武十九年鄉薦，卒業太學，永樂間累官禮部尙書。仁宗卽位，進太子太保。然無學術，不知大體。爲人傾險佞諛，有精力，能強記，爲他人所不及。宣德元年卒，年六十二。

呂公神道碑銘（楊文敏公集18/11）

水東日記4/9下，15/11下

國朝獻徵錄33/15史鑑撰傳

明史列傳28/4下

明史151/7

呂𢡟（1449--1511）字秉子，嘉興人，原子。以國子生授中書舍人，成化時官禮部郎中，好學能文，諳掌故，以薦進太僕少卿，累遷南京太常卿，卒年六十三。嘗輯典故因革若干卷。

送少卿呂公考績序（文溫州文集8/11）

呂公行狀（甫田集25/13下）

國朝獻徵錄70/56實錄本傳

明史176/7

呂應祥（1493--1564）字子和，號龍山，陝西涇陽人。嘉靖十一年進士，授行人，遷吏科給事中，以敢諫直言自任，無顧忌心。陞禮科都給事中，會內閣與吏部議選宮僚，多賂進者，乃抗疏，觸上怒，奪官爲民，年七十二卒。

谷口草堂記（艾熙亭文集4/15）

壽呂先生敍（丘隅集11/27）

呂先生墓碑（馬文莊公集選8/11，國朝獻徵錄82/22）

披垣人鑑13/30

呂應蛟，保定右衞人。歷官密雲副總兵，謝事歸。流賊李自成攻城，應蛟率鄉人共守。城破，短兵鬬殺十餘賊而死。

明史295/3

呂顚（1503--1566）字幼誠，寧州人，經子。嘉靖十七年進士，授刑部主事，以簡命江北決囚註誤，出爲河南通判。歷知襄陽、登州兩府，致仕卒，年六十四。

呂君墓誌銘（趙浚谷文集10/39）

呂懷字汝德，號巾石，一號健乾，江西永豐人。嘉靖十一年進士，選庶吉士，授兵

科給事中，累官至南京太僕少卿。受學於湛若水，以爲天理良知，本同宗旨，只在變化氣質，故作心統圖說，以河圖之理明之。有周易卦變圖傳、律呂古義、曆考廟議、巾石類稿。

贈巾石呂君休致序（胡莊肅公文集3/1）

壽巾石呂先生七十敍（訥溪文錄3/5）

新豐呂氏宗譜序（甘泉先生續編大全1/26下）

掖垣人鑑13/29

明史208/24下

明儒學案38/1

父呂賢（1464—1524），號鷲峰處士。

鷲峰處士呂公傳（泉翁大全集56/8）

母祝氏

祝氏墓誌銘（桂洲文集49/13下）

子呂德充（1513—1535）字君復。

呂君復墓誌銘（蔣道林文粹5/4下）

呂獻字丕文，浙江新昌人。成化廿年進士，授刑科給事中，出使交阯，却贐金不受。因災異陳八事，皆見納。壽寧侯張鶴齡兄弟怙勢擅權，獻反覆極論，杖闕廷。累官順天府丞，忤劉瑾久不調，後以南京兵部侍郎致仕。

送府丞呂公丕文之應天序（費文憲公摘稿12/31）

呂公傳（西河合集74/12）

掖垣人鑑10/28

國朝獻徵錄43/43無名氏撰傳

明史180/29下

呂夔（1472—1519）字祖邦，永豐人。弘治十五年進士，授南京工部主事分司江淮，時值旱饑，夔約己省事，全活甚衆。遷杭州知府，致仕卒，年四十八。爲人潔修而文雅，好吟咏，有草堂餘興集。

國朝獻徵錄85/24崔銑撰呂公墓表

父呂祥（1454—1511）字世吉，號素菴。

呂君墓誌銘（羅文肅公集18/25）

貝

貝恒（1370—1426）字秉彝，以字行，上虞人。永樂二年進士，授邵陽知縣，以憂去。改知東阿，仁察明恕，甚得民心，將內召，耆老百餘人詣闕乞留，從之。考滿入都，詔進一階，仍還東阿。嘗坐累罰役京師，民競代其役，三罰三代，乃復官。宣德元年卒於任，年五十七。

送貝秉彝知縣還東阿詩序（東里文集8/2）

貝君墓誌銘（同上19/16，國朝獻徵錄96/38）

明史281/9

貝泰字宗魯，金華人。少以文行聞，永樂三年舉人，累官國子祭酒。泰前後在太學四十餘年，六館之士，翕然從化，致仕歸卒。

國朝列卿記159/10下

父貝璘（1342—1382）字文玉。

贈國子祭酒貝公墓碑銘（介菴集10/4）

子貝伯舉

送貝伯舉歸金華序（金文靖公集7/13下）

貝琳字宗器，號竹溪，先世浙之定海人，以戍籍居金陵。幼業儒，兼通天官學，被薦入欽天監。正統、景泰間從征，占候有功。成化間因災異疏陳弭變圖治六事，累陞監副。成化八年改南京，凡十九年卒。

欽天監副貝琳傳（陳鎬撰、國朝獻徵錄79/7）

疇人傳29/351

貝瓊字廷琚，一名闕，字廷臣，崇德人。元末領鄉薦，遭亂退居殳山，博覽經史，尤工於詩。洪武三年徵修元史，六年除國子監助教，與張美和、聶鉉齊名，時稱成均三助。十一年致仕卒。有清江集。

貝瓊傳（曝書亭集62/1下）

明史137/13下

岑

岑用賓子允穆，順德人。嘉靖卅八年進士，官南京戶科給事中，多所論劾，並及大學士高拱，拱深銜之。出爲紹興守，寬和立教，務在德化。謫宜川丞卒。有少谷集。

國朝獻徵錄85/38順德縣志本傳

明史215/5下

谷

谷大用，正德時提督西廠太監，分遣官校，遠出偵事，誣籍民產甚衆。劉六劉七反，詔以大用總督軍務，因陞完破賊功，封大用弟大亮爲永淸伯，其兄大寬先已封高平伯。世宗立，以迎立功賜金幣，後籍其家。

明史304/30

谷中虛（1525—1585）字子聲，號近滄，山東海豐人。嘉靖二十三年進士，授高陽令，歷浙江按察使，累進兵部侍郎致仕歸，卒年六十一。有文集二卷傳世。

贈近滄谷公晉兵侍郎序（敬所王先生集6/23）

谷公行狀（葛曦撰、少司馬谷公文集後集×/48）

父谷通（1493—1566）字天衢，號羲叟。

谷君墓誌銘（葛端肅公文集16/36）

母門氏

壽谷太夫人八十序（穀城山館文集3/23）

谷茂，四川簡縣人。以國子生授兵科給事中，歷兵科都給諫，累官至陝西右參議。

掖垣人鑑7/13

父谷有德（1379—1460）字益之。

封兵科給事中谷君墓表（楊宜閒文集2/30下）

余

余一龍字汝化，婺源人。舉進士，授江山令，累陞南京太僕寺卿。

余太僕家傳（大泌山房集66/28）

余子俊（1429—1489）字士英，四川青神人。性孝友，沈毅寡言。舉景泰二年進士，官戶部，以廉幹稱。出守西安，治行稱最。薦擢延綏巡撫，力主沿邊築牆建堡之策，寇以大衂。尋移陝西，於西安開渠，經漢故城以達渭，人號余公渠，凡所興作，皆數世之利。憲宗末官終兵部尙書。弘治二年卒，年六十一，謚肅敏。

余肅敏公傳（瓊臺詩文會稿重編20/13，國朝獻徵錄38/68）

余肅敏公傳（懷麓堂文後稿11/6下，皇明名臣墓銘艮集53）

祭余司馬文（柴墟文集10/9下）

重建余肅敏公祠堂記（東川劉文簡公集15/26下）

吾學編38/13

名卿續紀2/5

國琛集下/14下

聖朝名世考3/10下

皇明世說新語 1/29下，2/2，2/24下，4/18下

皇明書22/4

皇明將略4/5

名山藏臣林記10/21

明史列傳47/10下

明史178/10

子余寘

序余將軍帥蜀閫（少華山人文集4/14下）

余文字日章，江陰人，璿子。博學工文，居家孝友，著有學古類編等集。

毘陵人品記6/19下

余文獻字伯初，江西德化人。嘉靖廿三年進士，授刑部主事，改南京兵部。有九厓稿。

贈余伯初改南駕部郎序（敬所王先生集4/1）

余曰德（1514—1583）初名應舉，字德甫，號午渠，南昌人。嘉靖廿九年進士，歷官至福建按察副使，卒年七十。有余德甫集、午渠集。

贈余德甫序（太函集3/5下）

余公墓志銘（弇州山人續稿112/1）

祭余德甫憲副文（同上153/13）

余德甫先生詩集序（同上52/3）

余德甫先生詩序（二酉園續集2/34下）

明史287/19下

父余敘字良倫。

余翁傳（弇州山人四部稿84/16）

余本（1482—1529）字子華，號南湖，鄞人。正德六年進士第二，授編修。乾淸宮災，應詔陳時事，言皆剴切。出爲廣東提學副使，以正風俗作人才爲己任，仕終南京通政，卒年四十八。著有皇極釋義、禮記揞遺、周禮考誤、春秋傳義、孝經刋誤、南湖文錄諸書。

余公墓誌銘（張文定公廨悔軒集8/22，國朝獻徵錄67/55）

奠余子華通政文（石龍集28/4）

余本實字誠之，四川遂寧人。成化廿三年進士，授鄢縣知縣，擢御史巡按雲南，累

陞福建按察副使，卒官。

送余誠之按治雲南序（東川劉文簡公集14/5）

送憲副余君誠之任福建序（同上3/14）

送副使余君之任福建序（羅文肅公集1/14）

贈福建憲副余君誠之序（湘臯集19/9）

余公挽歌詩序（空同子集57/13）

余汝弼（1377—1441）字廷輔，宜都人。居家孝友，能傾已濟人，惠聲溢於鄉里。舉永樂九年鄉薦，授工部主事，陞屯田郎中，清操自勵，人服其有守，卒年六十五。

國朝獻徵錄51/85王直撰余君墓志銘

余守觀字尙賓，衡陽人。正德六年進士，授鉅野知縣，歷禮科給事中。

掖垣人鑑12/29

余有丁（1527—1584）字丙仲，號同麓，鄞縣人。嘉靖四十一年進士，授編修，累官至禮部尙書兼建極殿大學士，萬曆十二年致仕卒，年五十八，諡文敏。有文敏公集。

余公墓志銘（許文穆公集5/13下，國朝獻徵錄17/138）

余文敏公神道碑（寶菴集18/17下）

祭余文敏公文（同上20/1）

祭余相國文（賜餘堂集14/1）

祭余文敏公文（天一閣集28/16下）

祭余同翁文（李文節集25/1）

余光字晦之，江寧人。嘉靖十一年進士，授南京大理評事，擢御史，巡按廣東，時安南莫登庸篡黎氏，世宗定計征討，光疏諫不納，繼復言道里懸遠，臣已遣官責其修貢，乞假便宜，疏中引用五季六朝事，被論，尋削籍。

贈余晦之應詔北上序（涇野先生文集9/27下）

明史列傳71/10

明史203/10下

余忭字士悅，浙江奉化人。正統元年進士，選庶吉士，授禮科給事中，以事降山西澤州判官，仕終知府。

掖垣人鑑6/22下

余廷瓚字伯獻，鄱陽人。正德九年進士，授行人副司。武宗將南巡，廷瓚上疏陳十不可，下獄杖死，追諡忠愍。

明史列傳59/21下

明史189/19下

余孟麟字伯祥，號幼峯，祁門人，著籍江寧。舉萬曆二年進士第二，授編修，歷官至南京國子監祭酒。有幼峯學士集。

送少司成余公擢洗馬管司業事敘（松石齋集9/17）

余學士集序（紫園草4/24）

余學士先生集跋（蟈眞草堂文集18/9）

母黃氏

壽余母黃太孺人八十敘（澂枕堂文集8/5下）

余洵字允清，鄞人。以舉人授刑部主事，歷官至陝西布政使卒。洵在官三十餘年，循整如一物，論者以有守稱之。

鄉先生遺事二（董山文集15/9下）

余昶，太祖將，任元帥府左副元帥。至正廿三年，從征陳友諒，七月康郎山之役，戰歿，追封下邳郡侯。

皇明功臣封爵考8/59

明史133/14

余彥誠，德興人。洪武時知安陸州，以徵稅愆期，當就逮，州之父老，伏闕乞留，太祖賜宴，嘉賞遣還，父老亦預宴。後擢守永州，終河東鹽運使。

明史281/6

余珊字德輝，桐城人。正德三年進士，授行人，擢御史，巡鹽長蘆，發中官之奸，被誣謫安陸通判。以討平梅花峒賊，遷四川副使。嘉靖中應詔諫十漸，反覆萬數千言，官至四川按察使。珊律己清嚴，居官有威惠，士民德之。

明史208/11

余胤緒字思孝，號玉厓，應城人。嘉靖五年進士，官吏部考功郎中，以考察秉公，忤權貴免歸。再起官戶部侍郎卒。爲人孝友端方，篤聖賢之學，門人私諡愼修先生。

國朝獻徵錄68/37胡直撰傳

父余裕字順之，號隨時，人稱正學先生。

余翁壽序（方山薛先生全集18/6下）

壽隨時余公序（胡莊肅公文集3/82）

余先生墓表（同上6/76）

余祐（1465—1528）字子積，號訒齋，鄱陽人。弘治十二年進士，官刑部，以事忤劉瑾落職。再起歷福州守、徐州兵備副使，復先後爲中官所扼，逮獄謫官，在獄中撰性書三卷。嘉靖初官終雲南布政使，七年卒，年六十四。著有文公先生經世大訓。

送訒齋先生赴滇序（少華山人文集4/6）

余公神道碑（小山類藳16/17下，國朝獻徵錄26/29）

名山藏臣林記18/31

明史282/12

明儒學案3/9

余倫字公理，南豐人。穎敏好學，不樂仕進。構一室以爲講學之所，積書數萬卷，法書古器充仞其中，日與名人賢士講論聖賢之學，扁之曰 吉古，學者因稱祜古先生，弘治六年卒，年八十餘。

祜古余先生墓表（椒丘文集31/15下）

余逢辰字彥章，宣城人。有學行，以薦授燕王府伴讀，王信任之，得聞異謀，乘間力諫。知變將作，書其子誓必死。建文元年兵起，復泣諫，言君父兩不可負，遂死之。

吾學編52/13

聖朝名世考4/30

遜國正氣紀5/16下

皇明表忠紀4/15下

明史列傳20/4

明史142/6

余斌（1403—1434）合肥人。弱冠襲世職爲處州衞指揮使，宣德五年調定海衞，以功陞浙江都指揮僉事，九年以疾卒，年僅卅二。

國朝獻徵錄110/36無名氏撰傳

余堯臣字唐卿，永嘉人。元末寓居吳中，與高啓、王行等稱十才子。啓家北郭，堯臣等卜居皆相近，又號北郭十友。初爲張士誠客，士誠敗，徙濠梁，洪武二年放還，授新鄭丞。

明史285/23

余煌字武貞，會稽人。天啓五年進士第一，授修撰，崇禎中乞假歸。魯王監國紹興，拜煌兵部尙書，督師，紹興破，赴水死。

狀元圖考4/16

天啓崇禎兩朝遺詩傳3/111

明史276/15下

余經字崇一，廣東順德人。正德十六年進士，授行人，選刑科給事中，以事降漳浦縣丞，陞甌寧知縣，調山西高平，卒于官。

掖垣人鑑13/8下

余禎字興邦，奉新人。正德九年進士，嘉靖初任兵部主事，以伏闕爭大禮，廷杖死。穆宗立，贈光祿少卿。

明史列傳72/9下

明史192/22

余福字萬祥，惠安人。永樂四年進士，授行人，使交州，慰撫降附，土人餽蠹，皆不受。後帝幸北京，福巡南都，劾權要得罪，詣愬行在，賴帝親鞫平反，後竟爲讎所擠，去官。

余長叟公傳（小山類稿16/25下）

余熂字茂本，崑山人。少有俊才，從陳潛夫學，得春秋之傳，洪武初歷官至吏部尙書。

水東日記3/11

崑山人物志3/3

名山藏臣林記4/14

吳郡張大復先生明人列傳稿×/24

明史174/3

余瑱，合肥人。官北平都指揮，與同官謝貴密謀拒靖難師。貴死，瑱走居庸關練兵，將襲北平，成祖命將擊之，被執死節。

吾學編53/5

遜國正氣紀6/14下

遜國神會錄下/6

皇明表忠紀5/6下

國朝獻徵錄106/6忠節錄本傳

明史142/6下

余樞字季樞，無錫人。明敏博學，攻古文辭。景泰初領鄉薦，授景陵訓導，陞岳陽教授，轉楚府伴讀，乞歸卒，門人私諡淵敏。有玉菴集。

毘陵人品記7/9

余濂字宗周，都昌人。弘治六年進士，官御史，多所糾劾，巡按遼東，以勘張天祥獄，爲東廠所噬，謫雲南布政司照磨，武宗時官終雲南副使。

明史180/36

余璣（1440--1488）字懋器，號困學，浙江臨海人。成化十一年進士，授崑山令，擢御史，巡按廣西，弘治元年卒，年四十九。

余君墓志銘（桃溪淨稿文13/3下）

余學夔，寧海人。邑諸生，魏澤謫官寧海典史，得方孝孺遺孤，萬方覆匿。學夔知之，變形色，佯狂乞食於市。澤會其意，乃密致書剳，將孝孺文稿，併稚子盡託之。學夔逃匿島嶼，日治罟網，易米以給，方氏有後，學夔之力也。

遜國正氣紀3/12下

遜國神會錄上/17下

余濬，慈谿人。成化十七年進士，官御史。孝宗初疏請永除納粟入監令，又劾中官後湖墾田事，及鎭守中官張慶、韋眷等不職狀，因薦大臣堪任內閣及吏部者，與同官姜綰等俱逮治，貶平度州判官，仕終知府。

明史180/23下

余應桂字二磯，都昌人。萬曆四十七年進士，歷知武康、龍巖、海澄三縣，有治績。徵授御史，以劾首輔周延儒貶秩歸。再起出按湖廣，時流賊漸熾，應桂主勦，與諸帥議撫者忤，下獄遣戍。潼關陷，復用爲督師，入對，以無兵無餉，見帝而泣。京師陷，應桂家居，後死於難。

明史260/25

余懋孳字舜仲，婺源人，懋學弟。萬曆卅二年進士，授山陰令，官至給事中。有蕘言。

文成祠講學圖序贈山陽令舜仲余君入覲（東越證學錄7/5）

余子蕘言序（同上7/14）

余懋學字行之，婺源人。隆慶二年進士，萬曆初擢南京戶科給事中，忤張居正，斥爲民。後累遷南京戶部侍郎，夙以直節著稱，十蠹一疏，尤爲時所重。所言好勝必致忿爭，終且激成朋黨，後果如其言。天啓初追謚恭穆。著有　願。

大司空余　（焦氏澹園集24/32）

明史列傳81/6下

明史235/3

父余世儒字汝爲，號念山，合州知州。

余公墓碣（山居文稿7/16下）

念山余先生傳（東越證學錄12/1）

母孫氏（1517—1559）、胡氏（1542—1577）

余母兩宜人墓誌銘（睡菴文稿17/1）

余懋衡字持國，號少原，婺源人。萬曆廿年進士，由永新令徵授御史，極論殿工礦稅之弊。出按陝西，監稅中官梁永賄膳夫再毒懋衡不死，上奏不省，尋以憂去。天啓中授南吏部尙書，以璫勢方盛，堅臥不起。既而奸黨醜詆講學諸臣，以懋衡及馮從吾、孫愼行爲首，遂削籍，崇禎初復官，二年卒。著有語錄、經翼、關中集諸書。

明新書院記（鄒子願學集5/64下）

誥勅都察院左副都御史余懋衡並妻（紺雪堂集7/26）

啓禎野乘2/44

明史列傳91/18下

明史232/6

余翱字大振，定遠人。正德六年進士，知歷城縣，清直有治績。擢御史，以劾太監張佐被杖戍邊，後赦還。

明史列傳72/21下

明史192/17下

余璿字彥衡，江陰人。祖鎭卿，明初任教諭，造士甚衆。璿世其業，橫經講授，弟子日衆，以薦修永樂大典。後應求賢詔被召，尋卒。

毘陵人品記6/19下

余爵字天有，禹州人。崇禎四年進士，累遷兵部職方主事，罷歸。楊嗣昌出督師，請以故官參謀軍事。尋又從督師丁啓睿於河南，破賊鄧州。開封圍急，監左良玉軍往援，戰敗被執，罵賊死。

啓禎野乘8/45
明史293/9下

余纊字德明，號柏坡，一作北坡，江西樂平人。嘉靖十四年進士，授行人，選兵科給事中，歷禮科，以言事降浙江布政司都事，後累陞湖廣副使，以憂歸。

余柏坡公平寇興學記（遵巖先生文集9/37下）
掖垣人鑑13/38下

余繼登（1544—1600）字世用，號雲衢，交河人。萬曆五年進士，歷禮部侍郎攝部事，請罷一切誅求開採之害民者。又請躬祀郊廟，冊立元子，停礦稅中官，皆不省，鬱鬱成疾，連章乞休，不許，萬曆廿八年卒，年五十七，諡文恪。繼登寡言笑，當大事，言論侃侃。居家廉約，病革時，擁粗布衾，羊毳覆足而已。有典故紀聞、淡然軒集。

贈宮允余公主試南畿還朝序（余學士集11/20）
文恪余公行狀（北海集18/4下）
余公墓誌銘（穀城山館文集22/10下，國朝獻徵錄34/55）
明史列傳75/4下
明史216/8

余儼字持敬，南昌人。永樂廿一年舉人，授光澤訓導，遷郕府紀善。景帝立，擢監察御史，未幾超陞右僉都御史，天順元年致仕。

贈都憲余公之京序（韓襄毅公家藏文集11/19）
贈右僉都御史余君序（尋樂習先生文集10/3下）

余麟字天祥，鄞人。以太學生選授禮部主事，累陞郎中，正統五年歷河南參政。

送參政余君赴河南序（尋樂習先生文集15/6下）

余瓚字宗鎮，京都人。舉成化二年進士，歷戶部員外郎，擢眞定知府，政尙嚴明。均徭法，定爲九則，獎進人材，士民感悅，郡中稱治。移知黃州府，未至，道卒。瓚善持論，遇事侃侃無所屈。

國朝獻徵錄82/15石瑤撰傳

余瓚字君錫，號雙嶼，福建莆田人。正德六年進士，除兵科給事中，屢陞工科都給事中，嘉靖二年擢太僕寺少卿，卒於官。

雙嶼記（古菴毛先生集3/1）
掖垣人鑑12/26

余學夔（1372—1444）字學夔，泰和人。永樂二年進士，選庶吉士，與修永樂大典，書成授翰林檢討。又與修五經四書性理大全，陞侍講兼經筵官修國史，正統九年卒，年七十三。

送余侍講序（東里文集3/21下）
侍講余公墓志銘（王文端公文集34/20）
匡南余侍講哀辭（尋樂習先生文集20/3）

佘

佘勉學字行甫，號東臺，廣西馬平人。嘉靖二年進士，授御史，歷天津兵備副使，遷福建參政。

贈憲副佘東臺之任序（藝文類稿6/10）
贈佘行甫考績序（涇野先生文集8/14下）
龍城佘氏族譜序（雲岡公文集17/13）

佘翔字宗漢，號鳳臺，莆田人。嘉靖卅七年舉人，歷全椒令，存心愛物。會議里甲，與御史左，即拂衣去，放遊山水以終。工詩，有薜荔園詩稿及文草。

佘宗漢詩序（二酉園續集2/27）
皇明世說新語5/11

佘毅中，號內齋，銅陵人。嘉靖卅八年進士，累官廣西按察使。

觀察使內齋佘先生八十壽序（蒼霞草7/46）

佘翹字聿雲，銅陵人。幼穎異絕倫，稍長讀書，目數行下。善屬文，中應天鄉試，屢上春官不第。治一畫舫，往來湖上，築學圃著書其中。有幼服、翠微諸集。

幼服集序（鹿裘石室集24/1）
翠微集序（同上24/26）

但

但存學字宗儒，蒲圻人。成化間舉人，授敘州府推官，持躬端恪，禮士恤民。陞重慶府通判，承辦采木之役，親歷險阻，調度有方。

送別駕但君宗儒赴銓曹序（東川劉文簡公集5/19下）

何

何士晉字武莪，宜興人。父其孝得士晉晚，族子利其資，結黨致之死，繼母吳氏匿士晉外家。讀書稍懈，母輒示以父血衣，士晉感厲，與人言，未嘗有笑容。舉萬曆廿六年進士，持血衣愬之官，罪人皆抵法。初授寧波推官，擢工科給事中，彊直敢言。天啓初累官兵部右侍郎，總督兩廣，爲御史所誣，遂除名，憤鬱卒。

啓禎野乘2/7

明史235/10

父何其孝，卒年四十九。

何公錢吳兩孺人墓志銘（大泌山房集96/1）

何文淵字巨川，號鈍菴，廣昌人。永樂十六年進士，歷官刑部侍郎。正統間兩議獄不當，下獄得釋。朝議征麓川，文淵疏諫，不省。景帝時起吏部尚書加太子太保。英宗復位，削其加官，而景泰中易儲詔書，父有天下傳之子，語出文淵。天順元年或傳朝命逮捕，懼而自縊。

何公行狀（章綸撰、皇明名臣琬琰錄后7/3，國朝獻徵錄24/35）

東園祠堂記（方齋存稿7/9）

水東日記7/12

皇明世說新語2/26

皇明書28/15下

明史183/1

妻揭氏

皇明書45/4下

何文輝字道明，號道舍，滁人。太祖嘗撫爲子，及長，授總制，以征南副將軍與平章胡美由江西取福建，降元同僉達里麻，入城秋毫無犯，汀泉諸州縣相次歸附。遷河南衞指揮使，從取陝西，所至有功。洪武三年陞都督僉事。尋從平蜀，留守成都。文輝號令明肅，軍民皆德之，遷大都督府同知，移鎭雁門，以疾召還卒。

國朝獻徵錄107/1無名氏撰傳

明史列傳17/5

明史134/1

何元述（1504--1592）字元孝，號小維，初名纘，晉江人。嘉靖十一年進士，授惠州教授，歷國子博士遷南京戶部主事，官至廣東副使，卒年八十九。

壽憲副小維翁何先生八十一序（李文節集15/11）

小維何公暨配莊氏墓志銘（同上20/30下）

何天啓字義占，號鳳岡，江西貴溪人。嘉靖十一年進士，授行人，遷戶科給事中，以言事降縣丞，累陞至浙江僉事，免官歸。

披垣人鑑13/28

何天衢字道亨，湖廣道州人。弘治九年進士，授嘉興令，擢監察御史。劉瑾柄用，朝臣諂附，天衢恥之，遂被中傷，禁錮家居。瑾敗，起知河南府，嘉靖初陞都御史巡撫河南，討平鑛寇，晉工部侍郎，嘉靖六年卒於官。

國朝獻徵錄51/42廖道南撰何天衢傳

明史290/15下

何天衢字道亨，其先汴人，徙居崑山。年十二能文章，爲徐子與所賞識。以薦授太平司訓，遷鹽城教諭，卒年六十三。

吳郡張大復先生明人列傳稿×/109

何可綱，遼東人。天啓中佐袁崇煥軍事，典中軍，加都督僉事。更定軍制，歲省餉百二十萬有奇，累功加左都督。會築城大淩河，可綱與祖大壽監護版築，清兵十萬來攻，大壽欲降，可綱堅守不從，遂被害，謚忠節。

明史271/14下

何申，嘉興人。建文時官中書舍人，使蜀至峽口，聞燕王即位，嘔血疽發背死。

吾學編57/1下

國朝獻徵錄81/2無名氏撰傳

遜國正氣紀4/29

皇明表忠紀3/24

明史143/16

何以尙，廣西興業人。舉鄉薦，世宗時官戶部司務，疏請釋海瑞受杖錮獄，已得釋，擢光祿丞，又以劾高拱坐謫。拱罷，起雷州推官，仕終南京鴻臚卿。

明史226/7

何白字无咎，號丹丘，永嘉人，一作樂清人。工畫山水竹石，能詩。幼爲郡小吏，龍君御爲郡司李，爲延譽於海內，遂有盛名，西遊酒泉，南窮湘沅，歸隱梅嶼山中，崇禎初卒。有汲古堂集。

汲古堂集序（大泌山房集13/12下）
何无咎詩序（同上24/23下）

何宇度字仁仲，德安人，遷子。萬曆中官夔州通判。著有益部談資。

何仁仲詩序（弇州山人續稿43/13）

何光裕字思問，號唐亭，四川梓橦人。嘉靖二十年進士，選庶吉士，授刑科給事中，屢遷兵科都給事中。仇鸞開馬市，光裕極諫，被杖卒。

掖垣人鑑13/50
明史列傳73/25
明史209/28

母趙氏

壽梓橦何翁二老序（趙文肅公文集16/21）

何自學（1397—1452）字思學，金谿人。宣德二年進士，授刑部主事，累官陝西按察使，繫囚衆，審問不旬日，囹圄一空，景泰三年卒官，年五十六。

何公墓表（敬軒薛先生集23/10，國朝獻徵錄94/49）

何如申，桐城人，如寵兄。萬曆廿六年與如寵同舉進士，歷戶部郎中，督餉遼東，有清操，軍士請復留二載，仕終浙江右布政使。

明史251/14

何如寵字康侯，桐城人。萬曆廿六年進士，累官禮部尚書武英殿大學士，卽乞休，疏九上乃允。陛辭，陳惇大明作之道，抵家，復請時觀通鑑，察古今理亂忠佞，語甚切，卒謚文端。如寵操行恬雅，與物無競，難進易退，世尤高之。

存問何相國兼壽七十賀序（懷玆堂集8/66）
五十輔臣考2/25
明史251/13

何宏字道充，廣東順德人。正德二年舉人，授通州學正，歷六合知縣，斷獄明允，不畏豪禦，卽上官未嘗少徇，民爲立生祠。擢御史，仕終德安知府，致仕卒。

國朝獻徵錄89/21縣志何宏傳

何良俊字元朗，號柘湖居士，松江華亭人。與弟良傅皆負俊才，時人以二陸方之。少篤學，二十年不下樓，藏書四萬卷，涉獵殆徧，以歲貢授翰林院孔目。著有何氏語林、四友齋叢說、何翰林集。

柘湖何先生北上序（環溪集4/20）
贈翰林孔目何元朗之南都序（雙江聶先生文集4/23下）
先進舊聞（寶日堂初集23/27）
四友齋叢說5/4，5/13，6/4下，7/1
國朝獻徵錄23/28無名氏撰傳
明史287/4

伯父何嗣（1457—1535）字宗胤，號訥軒。

何隱君墓誌銘（息園存稿文5/12下）
何訥翁誄文（長谷集14/1下）

父何孝（1459—1538）字宗本，號靜軒。

何公墓碑銘（陸文定公集4/21）

母孫氏（1473—1545）

何母孫孺人墓志銘（世經堂集15/42）

何良傅（1509—1562）字叔度，號大壑，良俊弟。嘉靖二十年進士，歷南京禮部郎中。學蚤成，體素羸，然立身守官甚嚴，與人坦易，不設城府，卒年五十四。

送何大壑年兄改南序二篇（陸文定公集9/10下）
先進舊聞（寶日堂初集23/27下）
明史287/4

何玘字廷用，河南羅山人。景泰五年進士，授吏科給事中，以憂歸，復除兵科，卒於官。

掖垣人鑑7/36

何吾騶字龍友，號家岡，香山人。萬曆四十七年進士。崇禎間累擢禮部尚書，旋入閣，以事與溫體仁不協，罷去。唐王立，召爲首輔，與鄭芝龍議事，輒相牴牾。閩疆失，永明王以原官召之，又爲趙昱等所攻，引疾去。有寶綸閣集。

五十輔臣考2/39

明史253/4下

何廷仁（1486—1551），初名秦，以字行，改字性之，雩都人。性和厚，與人接，誠意盎溢。初慕陳獻章，後師王守仁。嘉靖初舉於鄉，除新會知縣，士民愛之。遷南京工部主事，分司儀眞，滿考卽致仕，學者稱善山先生。卒年六十六。

何公墓志銘（石蓮洞羅先生文集22/62，國朝獻徵錄5/54）

何善山先生文錄序（鄒子願學集4/35下）

明史列傳70/17下

明史283/20下

明儒學案19/13

何廷矩字時振，番禺人。爲郡諸生，及師陳獻章，卽棄舉子業，獻章作詩稱之。

明儒學案6/8

何廷魁字汝謙，威遠衞人。萬曆廿九年進士，歷官黎平知府。遼事棘，遷副使，分巡遼陽。袁應泰納降，廷魁爭不聽。淸兵渡濠，請乘半濟擊之。俄薄城，圍未合，又請盡銳出禦，應泰並不聽。遼陽破，遂死之，謚忠愍。

山西三忠祠記（遯菴文集×/74）

國史闡幽（公槐集6/39下）

啓禎野乘8/28

天啓崇禎兩朝遺詩小傳2/35

明史291/5下

何邦憲字宗尹，雲南太和人。正德六年進士，授行人，擢南京戶科給事中，輒有建白，多見施行，出歷貴州石阡知府。

送同年何宗尹守石阡序（龍崗遺稿8/20）

何宗彥字君美，隨州人。萬曆二十三年進士，歷禮部右侍郎，淸修有執，攝尙書事六年，遇事侃侃敷陳，時望甚隆。其時齊黨勢甚，非同類率排去之，宗彥無所附麗，卒不安其位而去。光宗立，卽家拜禮部尙書，兼東閣大學士。天啓間屢加吏部尙書、建極殿大學士。四年卒於官，謚文毅。有何文毅集。

明史240/22下

何宗聖，隨州人，宗彥弟。由鄉舉歷官工部主事，以附魏忠賢，驟加本部右侍郎。崇禎初削籍，配名麗逆案。

明史240/23下

何孟春（1474—1536）字子元，號燕泉，郴州人。弘治六年進士，師李東陽，學問該博，屢遷右副都御史巡撫雲南，討平十八寨叛蠻。嘉靖初爲吏部侍郎，大禮議起，孟春上疏力爭，又偕百官伏闕號泣，奪俸調南京工部，引疾歸，嘉靖十五年卒，年六十三，謚文簡。著有何文簡疏議、家語註、餘冬序錄、何燕泉詩等。

送何職方序（空同子集55/9下）

贈何君遷太僕少卿序（同上54/3）

何公陞南京工部右侍郎序（同上54/14）

定成一篇贈何司空（息園存稿文7/25下）

司空何燕泉先生發疾序（何文定公文集2/20下）

少宰何公燕泉贈篇（見素集7/22下）

何公墓碑(憑几集續2/10，國朝獻徵錄26/23)

何公墓志銘（羅欽順撰、國朝獻徵錄53/18）

何文簡公祠堂記（太函集73/18，太函副墨10/47）

西涯樂府何氏解序（洹詞1/29）

徐氏海隅集外編41/26

國琛集下/33下

皇明世說新語3/33，4/6

皇明書26/17

名山藏臣林記18/51下

明史列傳66/14下

明史191/13下

祖何俊(1427—1503)字廷彥，雲貴按察僉事。

何公墓志銘（懷麓堂文後稿26/5）

父何說（1451—1493）字商臣，號梅岩，刑部郎中。

何君墓志銘（懷麓堂文稿28/13下）

何公神道碑（泉翁大全集65/17下）

國朝獻徵錄47/47楊一淸撰何商臣傳

母李氏

何母李氏墓志銘（懷麓堂文後稿28/15）

何承光，貴州鎭遠人。萬曆四十年舉於鄉，崇禎中歷夔州同知。七年冠至，承光攝府事，率吏民固守，城陷被害，諡節愍。

明史292/5

何東序字崇教，號肖山，猗氏人。嘉靖卅二年進士，守徽州，剛毅有執，後巡撫榆林，母喪，徒步千里，廬墓三年。以忤高拱歸田，幾四十年。有九愚山房稿傳世，門人私諡文欽。

何中丞家傳（大泌山房集66/24）

何其高字抑之，號白坡，閬中人。嘉靖十一年進士，授南京工部主事，調北刑部，擢御史，歷吉安知府，陞山東都轉運使。

白坡何公治吉郡傳（龍津原集1/36）

何忠字廷臣，一作廷陳，江陵人。永樂九年進士，拜監察御史，廉慎人莫敢干以私。出知政平州，民安其政。陳治征交阯，爲所敗，忠請兵於朝，謀泄被害，諡忠節。

三節祠祝文（徐氏海隅集文編34/1下）

徐氏海隅集外編40/3下

水東日記17/3下，19/11

國朝獻徵錄97/115無名氏撰傳

明史列傳23/14下

明史154/14

何昌字克昌，黃連人。爲順德縣學諸生，舉鄉試，授知麗水縣，以內艱去。服除，補宜平縣，爲政寬厚無擾，致仕卒。

國朝獻徵錄85/62順德縣志何昌傳

何尚賢（1512—1588）字汝思，號仰山，猗氏人，東序從父。嘉靖廿三年進士，授安丘令，歷延安府同知，隆慶元年陞漢中知府。尚賢以理學裡身，雅好獎進，漢中人比之文翁。萬曆十六年卒，年七十七。

仰山何公行狀（九愚山房稿45/7下）

祭季父漢中公（同上55/76）

何洪，全椒人。嗣世職爲成都前衛指揮使。憲宗時累功擢都督僉事，巡撫汪浩留洪四川，趙鐸連番衆反，洪數敗之，乘勝陷陣，爲賊所圍，力竭而死。洪勇敢善撫士，號令嚴明，蜀將無及之者。

明史列傳45/6

明史175/3下

何洲（1363—1435）海州人。仕履不可考，與宋和、郭節友善，素以忠義相勗，靖難後遂相約棄官爲卜者，宣德十年客死異域，年七十三。

吾學編57/3

遜國正氣紀2/32下

遜國神會錄下/33下

皇明表忠紀6/20下

明史143/16

何祉字德徵，號長濱，江西進賢人。嘉靖二年進士，授行人，選戶科給事中，歷官嘉興知府，十一年免官歸。

贈何嘉興序（涇野先生文集8/4）

南垣便養圖序（同上7/41）

掖垣人鑑13/12

何炯，晉江人。官靖江教諭，卒年七十三。著有清源文獻。

何博士家傳（大泌山房集65/38）

何珊字廷珮。湖廣公安人，歷官重慶知府。

重慶太守何侯去思碑（東川劉文簡公集19/6）

何相劉，崇禎間官華亭訓導，賊至，教諭鄒姓者，援曾子居武城義欲避去。相劉曰，吾輩委質爲臣，安可以賓師自待，乃率諸生共守，城陷，俱死之。

明史294/21

何垕字朝舉，江西新城人。弘治六年進士，性至孝，居官介甚，嘗爲郎，劉瑾聞垕有一古琴，諷欲得之。垕曰，琴非所惜，惜毀吾行耳，竟不與。出爲程番知府，境內苗獠雜居，垕善撫綏。著有易經諸解。

皇明書40/15

何眞字邦佐，東莞人。少英偉，好書劍，元時歷廣東行省右丞。時中原大亂，嶺表隔絕，或勸眞效尉佗故事，不聽。太祖時累官湖廣布政使，在官頗著聲望，尤喜儒術，封東莞伯，洪武廿一年卒。福王時諡恭靖。

皇明功臣封爵考7/3下

吾學編18/56

國朝獻徵錄10/1黃佐撰傳

皇明世說新語3/1

皇明書33/34下
名山藏臣林記3/36
明史列傳7/13
明史130/21

何陞字文達，浙江淳安人。正統十三年進士，授戶科給事中，屢晉都給事中，官至河南右參議。

拔垣人鑑7/4下

何起鳴字應岐，號來山，四川內江人。嘉靖卅八年進士，授盩厔知縣，選禮科給事中，屢陞順天府丞，遷工部左侍郎。

拔垣人鑑14/47

何剛字愨人，上海人。崇禎三年擧於鄉，見海內大亂，慨然有濟世之志，交天下豪俊。入都上書，擢職方主事，上疏言用人之道，時不能用。後佐史可法守揚州，死於事。

明史274/11

何倫字宗道，號東山，江山人。事親至孝，一日盜入舍，覺之不呼，將取釜，乃語曰，請留釜，備吾晨炊，以食吾母。盜愧，盡還所盜。

國朝獻徵錄112/66趙鏜撰孝子何倫傳

何淳之字仲雅，號太吳，江寧人，湛之弟。萬曆十四年進士，歷官監察御史。工畫山水蘭竹，行書得晉人意。有足園集。

何氏三園稿序（大泌山房集22/7下）

何淡字中美，順德人。天順元年進士，除知濱州，爲政廉明仁恕，丁艱去，士庶憐其淸苦，醵錢二十萬，臉境以贈，淡正色却之。歷漢陽知府，仕至貴州參政，致仕卒，年七十五。

國朝獻徵錄103/18黃佐撰傳

何祥字克齋，內江人。嘉靖間擧人，官至郎中，師事趙貞吉及歐陽德，一言一動，必籍記之，以爲學的。耿定力嘗稱貞吉法言危語，砭人沈痼，祥溫辭粹論，輔人參苓，其使人反求而自得本心一也。有識仁定性解。

明儒學案35/17下

何紹正字繼宗，浙江淳安人。弘治十五年進士，正德間官吏科給事中，中官廖堂鎭河南，倚劉瑾勢，至奏保方面，紹正劾之。瑾銜之，謫海州判官。屢遷池州知府，築銅陵五十餘圩，以備旱潦。宸濠反，攻安慶，池人震恐，紹正登陣固守，遷江西參政致仕，池人爲立祠，與宋包拯並祀。

拔垣人鑑12/8
明史188/15

何卿，成都衞人。正德中嗣世職爲指揮僉事，累破番寇。先後鎭松潘二十四年，軍民戴之若慈母。倭寇海上，充副總兵，總理浙江及蘇松海防，以不諳海道，兵與將不習，竟不能有所爲，爲御史劾罷卒。

名山藏臣林記24/47
明史211/15

何湛之（1551--1612）字公露，號矩所，更號疎園，江寧人。萬曆十七年進士，累官浙江參議，卒年六十二。有疎園集。

何公墓志銘（大泌山房集80/42）
疎園先生傳（嬾眞草堂文集26/26下）

何詔（1460--1535）字廷綸，號石湖，浙江山陰人。弘治九年進士，授工部主事，出知永平府，中官恃劉瑾勢，誣其鄰爲盜，已鍛鍊成獄，詔廉出之。守邊太監王弘倨視郡縣，詔不往見，弘銜之，欲中傷竟無所得。世宗朝累官至南京工部尚書，卒年七十六。

送何君廷綸守永平序（中峯文選1/21）
送大司空石湖何公致政序（涇野先生文集9/45下）
何公神道碑（甫田集35/4下）
何公墓志銘（張璧撰、國朝獻徵錄52/65）
何公墓碑（皇甫司勳集56/1）
祭何司空文（同上59/3）

何琮字文璧，仁和人。景泰五年進士，選庶吉士，授禮科給事中，歷通政司參議，仕終兵部左侍郎。

拔垣人鑑6/25
國朝獻徵錄40/18無名氏撰傳

何雲鴈字時賓，號春泉，浙江分水人。

嘉靖二十年進士，選庶吉士，授工科給事中，陞戶科都給事，以憂歸。復除吏科，歷南京通政，累陞江西參政，卒於官。

按史人鑑13/50下

何棟 (1490--1573) 字伯直，號太華，長安人。正德十六年進士，授御史，歷官右都御史，總督薊遼軍務。材能幹局，深達經濟，有時名，卒年八十四。有太華集。

壽大司馬督府太華何公序（存笥稿6/11）
奉壽總督太華何公序（趙浚谷文集7/19）
國朝獻徵錄58/21王用賓撰何公墓志銘
皇明世說新語7/13下，8/11下

何棟如字子極，江寧人，湛之子。萬曆廿六年進士，居官守正，爲稅監陳奉所害，下獄削籍歸。天啓間累官太僕少卿，充軍前贊畫，志銳而才疏。及疏論熊廷弼、王化貞功罪，御史交章劾之。棟如疏辨，因請非時考察京官，用淸朋黨，朝貴大恨，下詔獄，坐贓戍滁陽。崇禎初復官致仕。嘗輯皇祖四大法，著有南音、及徂東、攝園二草。

攝園詩序（大泌山房集20/21下）
南音序（嬾眞草堂文集16/42下）
皇祖四大法序（同上16/58下）
明史237/9下

何盛，大興人。由舉人授六安知州，景泰初陞知高州府，公明剛直，抑強扶善。時郡多遭蠻賊寇掠，盛糾民採木爲柵，掘地爲塹，綠以竹刺，建鼓樓鳴柝，以防晝夜，賊不敢入，城賴以安。

國朝獻徵錄100/5無名氏撰傳

何景明 (1483--1521) 字仲默，號大復，信陽人，景韶弟。八歲能屬文，年十五舉鄉試第一，登弘治十五年進士，授中書舍人。正德間歷官陝西提學副使，志操耿介，與李夢陽並有國士風。兩人所爲詩文，初相得甚驩，名成後互相詆諆，然天下語詩文，必並稱何李。又與邊貢、徐禎卿並稱四傑，卒年僅卅九。著有雍大記、大復論、四箴雜言、大復集。

送何大復還信陽序（對山集11/30）
何大復先生行狀（樊鵬撰、大復集附錄/19）
何君墓志銘（孟有涯集17/1，大復集附錄/24）
信陽何先生墓碑（太函集67/1；太函副墨16/46，大復集附錄/9）
何先生傳（丘隅集17/1，大復集附錄/1，國朝獻徵錄94/61）
何大復傳（李中麓閒居集10/53）
創建大復何先生祠記（蔡汝楠撰、大復集附錄/5）
何公遺墨序（余學士集11/7）
何氏辭賦集序（李中麓閒居集6/77）
何仲默集序（對山集13/40）
何大復集序（弇州山人四部稿64/14下）
何高二論序（二酉園文集3/3）
名臣謚議（公槐集5/21下）
國寶新編×/6下
皇明獻實40/3
四友齋叢說15/5，26/2，26/3
聖朝名世考10/21
皇明世說新語2/18，2/21，2/23，3/13下，4/15下
皇明書38/43
名山藏81/12下
明史286/13下

何景韶字仲律，信陽人。成化廿二年舉人，授巴陵知縣，館無留節，獄無滯訟。遷東昌府通判，未幾卒官，年四十六。

亡兄行狀（大復集37/8下，國朝獻徵錄96/23）
父何信字文實
何公合葬墓志（空同子集44/13）
二弟何景暘，字仲昇，歷安慶府通判。
送何仲子知巢縣序（洹詞1/23）
送何仲昇序（涇野先生文集2/17）

何順中，崑山人。家世爲醫，至順中益著工巧。居太醫垣四十年，王公貴人有招延之者，視儀不視物，必專敬乃往。或以勢位臨之，弗能致也，年七十餘卒。

崑山人物志8/6

何復字見元，又字見心，一字見山，號貞子，平度人。崇禎七年進士，累官保定知府。十七年李自成東犯，復與同知邵宗元僇力固守，謁文廟，與諸生講見危致命章，講畢登城，賊火箭中城西北樓，遂焚死。

啓禎野乘11/17

明史295/1下

何鈞字仲衡，河南靈寶人。成化十一年進士，授太常寺博士，擢御史，累官至戶部侍郎，明習法律，所至有聲，正德五年卒。

國朝獻徵錄30/34無名氏撰傳

何喬新（1427--1502）字廷秀，號椒丘，廣昌人，文淵子。少穎異，舉景泰五年進士，授南京禮部主事。歷右副都御史巡撫山西，轉刑部侍郎。孝宗嗣位，萬安、劉吉等忌喬新剛正，出爲南京刑部尚書。既而刑部尚書杜銘罷，遂代銘，忌者復摭他事中之，遂致仕。弘治十五年卒，年七十六，諡文肅。著有周禮集註、勳賢琬琰錄、勘處播州事情疏、及椒丘文集等。

送何君喬新還廣昌序（見菴周先生集6/49下）

贈何君廷秀赴福建按察司副使序（丘濬撰、椒丘外集×/10下）

送刑部尚書何公序（陳音撰、同上×/12）

送刑部尚書何公赴召詩序（徐瓊撰、同上×/13）

送刑部尚書何公歸盱江序（李東陽撰、同上×/18）

何公神道碑（見素集18/1、皇明名臣墓銘艮集81，椒丘外集×/8）

椒丘先生傳（蔡清撰、國朝獻徵錄44/48，椒丘外集×/1下）

謁何椒丘先生墓文（東洲初稿5/31下、椒丘外集×/42下）

祭何椒丘先生文（林俊等撰、椒丘外集×/36下）

何椒丘文集序（梓溪文鈔外集4/14）

皇明獻實28/6

吾學編43/3下

國琛集下/17下

聖朝名世考3/60

皇明世說新語3/10下，3/11下，5/3下，5/8下

皇明書23/1

名山藏臣林記14/9

明史列傳52/1

明史183/1

何喬遠字穉孝，號匪莪，晉江人。萬曆十四年進士，崇禎間累官南京工部右侍郎。立朝持正敢言，博覽好著書。嘗輯明季十三朝遺事爲名山藏，及纂閩書百五十卷，頗行於世。又有鏡山全集，及萬曆、泰昌、天啓、崇禎諸集。

閩書序（蒼霞餘草5/1）

萬曆集序（景璧集5/75）

啓禎野乘7/33

明史242/9下

兄何□□字齊孝。

延評何君齊孝存稿序（田亭草4/41）

何源字幼澄，初名德源，吳江人。洪武間中會試乙榜，擢知山東德州，爲政廉明，州人號曰賽包家。正統初屢遷江西布政使，自號東吳遺老，卒年八十六。

國朝獻徵錄86/1實錄本傳

何源（1519--1589）字仲深，號心泉，廣昌人，喬新五世孫。舉嘉靖三十八年進士，官吏部文選司主事。張居正以親故託之，拒弗應，引疾歸。後爲南京吏部侍郎，京察黜陟公允，爲海瑞所稱，官終刑部左侍郎，卒年七十一，諡清惠。有心泉集。

何公行狀（何濤撰、國朝獻徵錄47/19）

國史闡幽（公槐集6/35）

何燧字文明，號郎峰，南陵人。嘉靖卅二年進士，授行人，選兵科給事中，屢陞戶科都給事中，以憂歸。復除，卒於官。

掖垣人鑑14/34下

何楷字玄子，鎮海衛人。博綜群書，尤邃經學。第天啓五年進士，值魏忠賢亂政，不謁選而歸。崇禎間遷工科給事中，舉劾無所避。楊嗣昌奪情入閣，楷劾之，忤旨貶二秩。福王命掌都察院，幾爲忌者所害。漳州破，抑鬱以卒。有古周易訂詁、詩經世本古義。

何玄子易詁序（七錄齋文集2/13）

明史276/20

何嵩（1428--1484）字與瞻，泰興人。美風儀，勤力於學，爲王竑及王恕所知，以薦授鴻臚寺序班陞主簿，成化二十年以母喪哀毀卒，年五十七。

【七劃】何

何君墓誌銘（匏翁家藏集61/6）

何鼎，一名文鼎，餘杭人。性忠直，弘治初爲長隨，上疏請革傳奉官，爲儕輩所忌。後以忤壽寧侯張鶴齡下獄，司禮李榮希內旨杖之死。

國琛集下/43

國朝獻徵錄117/24無名氏撰傳

皇明書13/20下

名山藏87/9

明史304/19

何鉞字勳伯，號東谿，江寧人。正德六年進士，除行人，有廉介聲。擢監察御史，直道正言，遇事略無避忌，歷知荊州、常德兩府，嘉靖廿七年卒於家。

國朝獻徵錄89/32王以旂撰何公墓志銘

何福，鳳陽人。洪武初爲金吾後衞指揮使，屢立戰功。成祖時積官寧夏總兵，招徠遠人，邊陲無事，因請置驛屯田積穀定賞罰，爲經久計，封寧遠侯。永樂八年，帝北征，從出塞，數違節度，群臣有言其罪者，福怏怏有怨言，爲都御史所劾，福懼，自縊死。

皇明功臣封爵考6/63下

吾學編19/35

名山藏臣林記6/35

明史列傳22/17下

明史144/5下

何瑭（1474—1543）字粹夫，號柏齋，武陟人。弘治十五年進士，初授翰林修撰，不屈於劉瑾，出爲開州同知。歷工戶禮三部侍郎，晉南京右都御史，卒年七十，謚文定。著有醫學管見、柏齋三書、何文定公集。

送何柏齋北上序（涇野先生文集5/21下）

贈司空何柏齋應召還北部序（泉翁大全集20/14下）

何文定公傳（張鹵撰、何文定公集卷首，又國朝獻徵錄64/18）

國琛集下/34下

聖朝名世考6/75下

皇明世說新語3/11

名山藏臣林記20/26

疇人傳31/371

明史282/34

母劉氏

何母劉太淑人八十壽序（洹詞10/21）

何壽朋字德齡，金華人。窮經守志，洪武初舉孝廉，以親老辭。父沒，舍所居宅，易地以葬。學者因其自號，稱曰歸全先生。

明史282/4

何維柏字喬仲，南海人。嘉靖十四年進士，歷官福建巡按御史，疏劾嚴嵩奸貪，下詔獄廷杖除名。家居二十餘年，隆慶初復官，遷左副都御史，疏請日御經筵，召執政大臣謀政事。萬曆初歷吏部侍郎，以忤張居正，爲所排，出爲南京禮部尚書，卒謚端恪。有天山草堂存稿。

明史210/5下

母馮氏

壽何母馮太夫人八袠頌並序（鍾台先生文集3/20）

何澄字源清，江西新城人。洪武廿六年舉人，洪熙元年由訓導擢禮科給事中，直弘文閣，尋以原職隸翰林院，宣德中致仕。

掖垣人鑑16/19

何澄字彥澤，號竹鶴老人，江陰人。永樂元年舉人，官至郡守。初以部郎言事忤旨，謫武當。宣德中薦擢知袁州，有政聲。畫山水不減高益、巨然，梧竹蒲石尤佳。正統中卒，年九十有九。

圖繪寶鑑6/11下

毘陵人品記6/16

何寬字汝肅，浙江臨海人。嘉靖廿九年進士，授南京刑部主事，陞郎中，出知成都府，歷大理卿，官至南京吏部尚書，致仕卒，年七十三。

何太宰家傳（大泌山房集63/20）

何德（1333—1384）光州人。元季太祖起兵江淮，德來歸，從定江右諸郡，轉征吳楚，屢立戰功，官至左軍都督僉事。洪武十七年扈從北征還，旋卒，年五十二，追封廬江侯，謚莊毅。

國朝獻徵錄108/4朱睦㮮撰傳

何遵（1486—1519）字孟循，號味淡，江寧人。正德九年進士，授工部主事，十四年，與同官上疏乞罷巡幸，極言江彬怙權倡亂，帝怒，廷杖四十，越二日遂卒，年僅卅四。當遵草疏時，家僮前抱持哭曰，主縱不自計，獨不念老親幼子乎。遵執筆從容曰，爲我謝大人，兒子勿令廢學，我願足矣。嘉靖初贈尚寶司卿，福王時追諡忠節。

贈尚寶司卿味淡何公傳（環溪集14/1，皇明名臣墓銘離集17）

何孟循傳（月鹿堂文集4/34下）

何公墓誌銘（念菴羅先生集8/8下，國朝獻徵錄51/111）

名臣謚議（公槐集5/24下）

皇明世說新語5/3

明史列傳59/18下

明史189/18

何選字靖卿，宛平人。萬曆十一年進士，擢御史，廷臣爭國本，多獲譴。選語鄭貴妃弟國泰，俾妃自請。國泰猶豫，選厲色責之，國泰入告，帝不懌，已知出選指，銜之，尋斥爲民。

明史列傳84/45

明史233/19下

何遷（1501—1574）字益之，號吉陽，德安人。嘉靖二十年進士，歷官刑部侍郎，卒年七十四。遷受業於湛若水，其學出入王、湛，別爲一義，詩有中唐風。有吉陽集、友問。

贈何吉陽調北光祿寺少卿序（趙文肅公文集15/28下）

送大中丞吉陽何公巡撫江西序（渭上稿13/3）

奉贈大中丞吉陽何公晉秩督漕序（敬所王先生集5/25）

贈吉陽公序（同上2/6）

吉陽先生文集序（同上1/25下）

甘露園記（二酉園文集10/4）

何公神道碑（弇州山人續稿129/15下）

明史283/7

明儒學案38/7

何錞字子端，常熟人。通內典，工小楷，好藏古書，嘗擬元人書何遜集一卷，字字有法。

明常熟先賢事略13/12下

何燮字中理，晉江人。舉於鄉，崇禎中知亳州，盡心拊循，嘗戰守具甚備。山東河南土寇迭至，燮生擒其魁，撫降者數千人。十五年李自成陷河南，被執不屈死。

明史293/18

何應泰，鳳翔人，徙居閩中。洪武初選爲國學生，九年擇備燕府官屬，授奉祠，王雅重之。靖難後，藩邸諸臣，各膺顯秩，應泰獨稱疾不起，淡約終身。

遜國正氣紀7/13

皇明表忠紀7/7下

何競字邦直，蕭山人。父舜賓爲御史，坐事謫戍，赦歸，忤令鄒魯，被害。競召親黨爲復讎，必欲殺之，爲衆所止，事聞，魯坐死，競編管，正德初赦還。

何孝子傳（西河合集73/10）

明史297/5下

何繼之字克肖，號述齋，廣東順德人。嘉靖五年進士，歷官松江知府，遷河南按察副使，陞參政。

送太父母何述齋副憲河南序（蒹葭堂稿3/1）

何騰蛟字雲從，貴州黎平衛人。天啓元年舉人，崇禎中授南陽知縣，屢陞右僉都御史、巡撫湖廣。左良玉興師東下，邀與偕，不從，走長沙，召降李自成餘衆。唐王封爲定興伯，令謀恢復。桂王立，爲武英殿大學士，後殉難，諡文烈。

明史280/1

何鰲（1484—1533）字子魚，號雁峰，廣東順德人。正德三年進士，授慶元知縣，擢御史，陞松江知府，官至湖廣布政使，卒年五十。

何公傳（環溪集14/14）

國朝獻徵錄88/17黃佐撰何公墓志，又90/31無名氏撰傳

父何一遊（1461—1515）字仕通，號槐軒。

何君墓誌銘（陽峯家藏集35/21）

何鰲（1497—1559）字巨卿，號沅溪，浙江山陰人，詔次子。登正德十二年進士，

授刑部主事，以諫武宗南巡被杖，審然有直聲。嘉靖中歷四川、河南、江西布政按察使，所至咸有能聲，官至刑部尚書，致仕卒，年六十三。有沅溪詩集。

送沅溪何子參蜀藩序（少華山人文集5/6）

何公墓誌銘（季本撰、皇明名臣墓銘離集 37，國朝獻徵錄45/41）

祭何沅溪文（龍溪王先生全集19/12下）

妻沈氏（1494—1580）

壽何母沈夫人七袠序（龍谿王先生全集14/40下）

沈夫人行狀（同上20/35）

沈氏墓志銘（朱文懿公文集9/58）

何鑑（1442—1521）字世光，號五山，浙江新昌人。成化五年進士，武宗時累官刑部尚書轉兵部。時大盜並起，四方告急，鑑以次蕩平，陳善後方略，裁抑奸倖，爲所忌，嗾詗事者發鑑家僮取將校金錢，言官交章劾鑑，遂致仕，年八十卒。

恭題刑部右侍郎何鑑所奉孝廟勅昚錄本（費文憲公摘稿20/36）

恭題尚書何公被賜勅文後（中峯文選3/1）

送刑部尚書何公赴召序（羅文肅公集2/1）

送南京兵部尚書參贊機務何公序（費文憲公摘稿9/50下）

五山先生吟稿序（竹澗文集6/19）

國朝獻徵錄39/1汪俊撰何公墓志銘

明史列傳57/1

明史187/1

祖何浩（1397—1477）字彥廣。

何公神道碑銘（懷麓堂文後稿18/11）

父何崇美（1419—1495）

何公墓表（徐文靖公謙齋集6/20下）

母呂氏（1415—1502）

何母太淑人呂氏墓表（匏翁家藏集75/14）

何麟，沁水人。爲布政司吏，武宗微行，由大同抵太原，城門閉，不得入，怒而還京，遣中官逮守臣不啓門者，巡撫以下皆大懼。麟曰，朝廷未知主名，請厚賄中官，麟與俱往，卽聖怒不測，麟一身獨當之。及抵京，上疏，辭甚款切，帝怒稍解，廷杖六十釋還，餘不問。

明史297/9

何顒，閩縣人。成化廿三年進士，授行人，歷南京戶部郎中，出知湖州府，正德四年晉浙江左參政。時劉瑾用事，誣以罪編管。瑾誅，起知揚州，陞貴州左參政。

贈太守何公陞任貴州左參政序（柴墟文集6/11下）

何顯周，內黃人。洪武中爲四輔官，賜坐，講論治道，命工圖其像，賜侍漏院記及誥命以旌之。

明史137/4下

何觀，晉江人。景帝初爲中書舍人，景泰二年劾王直，語侵權貴，謫九溪衞經歷，轉知象山縣，致仕歸。善草書，隱跡古元山中。

水東日記2/7

明史列傳34/11

明史162/10下

皂

皂旗張，逸其名，官都指揮，能力挽千斤。建文時與燕兵戰，輒揮皂旗先驅，軍中呼皂旗張。死時猶執旗不仆。

國朝獻徵錄110/13忠節錄傳

明史142/8下

狄

狄崇（1328—1387），鳳陽人。太祖起兵時，崇歸之，屢隨大將軍徐達征伐有功，洪武元年陞指揮副使，進廣東都指揮使，二十年征雲南，行至金齒以疾卒，年六十。

狄公碑銘（蒭蕘集4/15）

狄斯彬字文中，溧陽人。嘉靖廿六年進士，官御史，因劾中官杜泰，謫邊方雜職。有稽命集。

明史209/30

父狄津字伯通，號一溪處士。

狄公墓誌銘（李文定公貽安堂集8/51）

利

利瑪竇，意大利人。爲教士，萬曆間至廣東，後入北京傳教，建天主教堂，是爲中國有教堂之始。嘗薦進萬國圖志，言天下有五大洲，當時頗奇其說。神宗嘉其遠來，假館授餐厚賜之。寓居中國三十年，通華字華語，後卒於京。著有乾坤體義、辨學遺牘、二十五言、天主實義、畸人十篇、西琴曲意、交友論等書。又譯幾何原本，則徐光啓所筆受也，泰西科學輸入中國，亦始於此。

天主實義序（鷺林外編27/6）

西學十誡初解序（蒼霞餘草5/22）

利瑪竇傳（周一良撰，禹貢五卷二期）

八　劃

況

況鍾（1384—1442）字伯律，靖安人。初爲吏，永樂中以薦授禮部郎中。宣德五年出知蘇州府，爲政務鋤豪強，植良弱，興利除害，不遺餘力。正統中秩滿當遷，郡民二萬餘人乞留，詔進二秩留任，七年卒於官，年五十九。有況太守集。

況太守年譜（不著撰人、清刊況太守集卷首）

況公列傳編年（子況孫撰、同上）

張太史贈太守況公前傳（明張洪撰、同上）

況氏文獻序（金文靖公集7/49）

祀賢郡守況公議（無夢園遺集5/18）

皇明獻實20/15下

吾學編31/8下

國琛集上/26

聖朝名世考9/3下

國朝獻徵錄83/13無名氏撰傳，又83/14吳中故語

皇明世說新語3/29下，4/32，8/1下

皇明書30/3

名山藏臣林記7/7

明史161/6

法

法祥（1532—1610）字瑞元，嵊縣周氏子。棄妻子入棲霞落髮爲僧，後雲遊至南嶽，適僧以側刀峰靜室相讓，遂棲止終身。其時不惟諸方衲子雲從爭歸，即公卿大夫皆相向問道，側刀峰遂成海內名叢席。萬曆卅八年示寂，年七十九。

補續高僧傳26/12

法會（1501—1575），僧，號雲谷，嘉善懷氏子。年二十受具修天台小止觀，復問法於法舟濟公，遂出其門，後結菴天開巖。初見知陸光祖，一時宰官居多造巖參請。萬曆三年示寂，年七十五。

補續高僧傳16/23下

法聚（1492—1563）字月泉，號玉芝，嘉興富氏子。年十四，出家海鹽資聖寺，工詩，有玉芝內外集。嘉靖四十二年卒，年七十二，蔡汝楠爲銘其塔。

補續高僧傳26/23

國朝獻徵錄118/95徐渭撰傳

法藏字於密，號三峰，無錫蘇氏子。年十五出家，居杭州安隱寺，開堂講法，玄風大暢，縱其機辨，以接四方學者，崇禎八年卒。有廣錄弘戒法儀、語錄、五宗原。

啓禎野乘14/48

冷

冷謙字啓敬，號龍陽子，杭州人。精音律，善鼓瑟，工繪事。又通於陰陽之變，能隱形，多異術。元末以黃冠隱棲吳山顚，與劉基交。明初徵爲太常協律郎，樂多所裁定。後因罪逮繫詣闕，謙謂逮者曰，吾死矣，安得少水以救吾渴，逮者以瓶水飲之，謙遂隱於瓶中。逮者驚，以瓶見太祖。太祖問之，瓶中應如響。太祖曰，出見朕，朕不汝殺。謙對曰，有罪不敢出。太祖怒碎瓶，問謙安在，瓶片片皆應，終不知所在。後移檄四方物色之，竟不獲。

國朝獻徵錄118/119無名氏撰傳

國琛集下/44下

皇明世說新語6/7

皇明書41/50下

名山藏102/7下

宗

宗弘暹字晉甫，號古雲，浙江嘉興人。嘉靖四十一年進士，由江西豐城知縣陞刑部主事，改兵科給事中，屢遷禮科都給諫，萬曆元年以疾告歸，尋卒。

被垣人鑑15/11

宗臣（1525—1560）字子相，號方城，揚州人。嘉靖二十九年進士，尚書李默奇之，由吏部考功郎，歷稽勳員外郎。文章與李攀龍、王世貞相切磨，爲嘉靖七子之一。楊繼盛死，臣賻以金。出爲福建布政參議。三十九年卒，年三十六。有宗子相集。

送宗子相序（滄溟先生集16/17）
贈宗方城任福建少參序（渭上稿13/1）
方城宗君墓誌銘（弇州山人四部稿86/14，國朝獻徵錄90/71）
宗君子相祠碑（弇州山人四部稿97/19）
宗子相集序（同上65/4）
十先生傳×/26下
皇明世說新語2/22
名山藏81/59
明史287/16

宗泐、僧、臨海周氏子。洪武中詔致天下高僧有學行者，首應詔至，奏對稱旨。詔箋釋心經、金剛、楞伽三經。奉使西域，還朝授右街善世。後示寂於江浦石佛寺。有全室集。

補續高僧傳14/13下

宗璉，僧、號玉泉，合州石照董氏子。度僧後開法于玉泉，扁其室曰窮谷。劉錡鎮荊南，造訪詢其命名之義。璉曰：心盡曰窮，性凝曰谷。後莫知所終。

補續高僧傳14/2

宗禮（1510—1556）字周道，號清渠，常熟人。嘉靖中由世千戶歷署都督僉事，驍健敢戰。練卒三千，連破倭寇，嘉靖三十五年，戰沒，年四十七，謚忠壯。

國朝獻徵錄110/31無撰人宗公傳
明史205/9下

宗顯字必彰，鄞人。正統舉人，歷知宜興、大興縣，辨察民冤，一介不取，人呼爲宗青天，官至南京都察院經歷。

鄉先生遺事四（蘆山文集15/10）
大興知縣宗公傳（鮚埼亭集外編12/22）

官

官秉忠，榆林衛人。萬曆中起世蔭，積功累擢總兵官，鎮延綏，擊套寇屢有功，被劾去官。召令僉書前府，赴援遼東，防守鎮城，辭疾歸。

明史列傳89/27
明史239/23

官惟賢，萬曆末爲甘肅裴家營守備，屢立邊功。崇禎初擢山海北路副總兵，率師援遵化，陷陣中矢死。惟賢膽略絕人，勇冠諸將，及沒，人咸惜之。

明史271/13下

官廉字汝清，平度人。天順六年山東鄉試第一，八年舉進士，歷官戶部郎中。性剛介，景州等處民田萬頃，界接東宮莊田，爲內侍冒占，遣廉往勘，內侍語廉曰，田如歸我，講官可得。廉曰，以萬人命易一官，吾弗爲也。盡歸所占田於民。

戶部郎中官君輓詩序（篁墩程先生文集24/10）

官榮字邦顯，一字志仁，福建沙縣人。天順八年進士，以才識選兵科給事中，直聲大著，爲冊封琉球正使。還進都給事中，未幾卒。

掖垣人鑑10/2

官篆，膠州人。崇禎中以任子爲汝寧通判，攝上蔡縣事，時上蔡陷賊後，民舍盡燬，篆廣招流亡，衆觀望不敢入，會左良玉駐城南，兵士恣淫掠，衆始入城依篆。村民遭難來愬，篆即入良玉營，責以大義，奪還之。悍卒挾弓刃相向，篆坦腹當之，不敢害，民獲完家室者甚衆。後賊黨賀一龍掠上蔡，篆出禦之，陷陣死。

明史293/13

官應震（1568—1635）字東鮮，號暘谷，黃岡人。萬曆二十六年進士，授宛縣令，遷戶科給事中，與劉廷元、亓詩教，並貪恣用事，聲勢煊赫。時目爲齊楚浙三黨，應震楚黨魁也。以久次擢太常少卿，謝病去。崇禎八年卒，年六十八。

官給諫贈公祠堂記（寧瀞齋全集5/20）
官公墓碑（范文忠公文集8/131）
父官惟德（1542—1599）更名如阜，字直卿。

官公墓誌銘（大泌山房集91/7）
官公墓表（嬾眞草堂集24/24）

祁

祁司員字宗規，浙江山陰人。成化十四年進士，授唐山令，擢監察御史，弘治九年遷徽州知府，改知池州府。有先憂集、仕憂稿。

送太守祁君出知徽州序（羅文肅公集2/14）

祁承㸁（1565—1628）字爾光，號夷度，浙江山陰人，清孫。萬曆卅二年進士，歷江西右參政，卒年六十四。好藏書，校勘精核，有牧津、澹生堂集。

贈別祁爾光之宛陵令序（寶日堂初集9/52）
大參祁父母夷度先生墓表（無夢園遺集6/14）
大參祁父母夷度先生傳（同上6/71）
祁爾光澹生堂稿敍（寶日堂初集11/38下）
澹生堂雜稿序（鹿裘石室集23/22下）
曠亭小草序（響玉集8/21）
祁爾光集序（大泌山房集10/25下）

祁秉忠，陝西人。萬曆中爲永昌參將，峒冠大擧掠境，秉忠提兵三百，轉戰兩晝夜，卒敗之。擢涼州副總兵，經略袁應泰薦其智勇，令守蒲河。至則遼陽已破，命爲援勦總兵官，力戰死。

明史271/5下

祁清（1510—1570）字子揚，號蒙泉，浙江山陰人，司員孫。嘉靖廿六年進士，授保寧府司理，遷南京禮科給事中，累官至陝西布政使，卒年六十一。

祁公金太夫人墓志銘（大泌山房集92/27）

祁敕（1481—1533）字惟允，號棠野，東莞人，順子。正德十二年進士，授刑部主事，嘉靖初伏闕爭大禮，廷杖。歷郎中，善決疑獄，平反公恕，都民謂之祁佛爺。出守饒州，以事謫婺州典史，道病歸卒，年五十三。

國朝獻徵錄87/49黃佐撰祁公墓志

祁彪佳（1602—1645）字弘吉，號虎子，浙江山陰人，承㸁子。天啓二年進士，授興化府推官，崇禎中累官右僉都御史巡撫江南。高傑駐瓜州，跋扈甚，彪佳剋期往會。是日大風，携數卒衝風渡，傑大駭異，盡撤兵衞，會於大觀樓。彪佳勉以忠義，共獎王室，傑感歎曰，公一日在吳，傑一日遵此約矣。已而彪佳爲群小所詆，移疾去。南都失守，彪佳絕粒，端坐池中死，年四十四，唐王時謚忠敏。

祁虎子稿序（響玉集10/16）
祁公傳（西河合集76/2）
祁公傳（思復堂文集2/23下）
天啓崇禎兩朝遺詩傳6/217
明史275/15下

祁順（1434—1497）字致和，號巽川，東莞人。天順四年進士，授兵部主事，進郎中，成化中賜一品服使朝鮮，單騎就館，金繒聲伎之奉，悉不取。三韓君臣，相顧駭異，爲築却金亭。累官至江西左布政使，弘治十年卒官，年六十四。有巽川集。

祁公墓表（費文憲公摘稿19/18，巽川祁先生文集附錄）
祁公墓志銘（張元禎撰、巽川祁先生文集附錄，國朝獻徵錄86/9）
紀朝鮮使事（丘霽撰、巽川祁先生文集附錄）
歸省贈行序（丘濬撰、同上）
奉使朝鮮贈行詩序（陳音撰、同上）
考績還江西贈行詩序（李東陽撰、同上）
使還贈行序（金守溫撰、同上）
父祁秉剛（1411—1457）
先考府君行狀（巽川祁先生文集14/1）
先祖行實（同上14/3下）

房

房安字子靜，汝陽人。幼聰辯，性剛勁。洪武中由太學生擢北平按察僉事，累官工部侍郎。出爲山東右參政，改四川，調交趾，所至皆有能聲。永樂二十一年以疾卒。

國朝獻徵錄103/35無撰人房安傳

房威字子儀，河南洛陽人。宣德二年進士，正統初歷監察御史，巡按浙江。

蘭臺法鑒錄7/28
父房成字友諒
贈監察御史房公墓碑銘（介菴集11/10下）

兄房銘，字子新。

送房子新歸洛陽序(敬軒薛先生文集14/15下)

房昭，官都指揮守大同。建文三年引兵入紫荆關，掠保定，登山結寨，號召義勇，承制授指揮千百戶，進據易州西水寨，集兵糧作進攻北平計。未行爲文皇所敗，諸將多被執，昭脫走。永樂元年，尙爲將官備禦宣府。

吾學編59/3下

房勝，景陵人。初從陳友諒來歸，累功至通州衞指揮僉事。燕師起，勝首以通州降。成祖卽位，以守城功，封富昌伯。

壬午功臣爵賞錄×/8

皇明功臣封爵考6/68下

吾學編19/38下

明史146/10下

房瑄字廷獻，任丘人。弘治三年進士，歷郎中、知府，累遷河南按察使，正德中以太僕卿致仕。

送按察使房公序(空同子集54/4下)

房楠字國柱，益都人。萬曆間進士，累官貴州按察使。爲宵小中傷，降申陽牧。楊漣薦之，復擢戶部郎，後陞陝西參議，以不附權貴再黜歸。

送房國柱郎中擢山西大參兼僉憲序(繆西垣文集2/3)

房寬，陳州人。洪武中以濟寧左衞指揮練兵北平，移守大寧。寬在邊久，凡山川阨塞，殊域情僞，莫不畢知。然不能撫士卒，燕兵奄至，城中縛寬降。成祖釋之，以功封思恩侯。永樂七年卒。

皇明功臣封爵考6/45

吾學編19/39下

明史列傳21/29

明史145/17下

底

底蘊字汝章，河南考城人。正德九年進士，歷官治行稱最。後巡撫甘肅，敵數萬入寇，蘊屢出奇兵破之，敵不敢南下。以勞卒。

底公諫稿序(婁子靜文集2/10下)

掖垣人鑑12/35下

孟

孟一脈字淑孔，東阿人。隆慶五年進士，擢御史。因言事忤張居正，奪其職。後復起爲御史，疏陳五事，以切直忤旨，謫建昌推官，累遷右僉都御史，巡撫南贛，引疾歸。

明史列傳81/14

明史235/8下

孟化鯉(1545--1597)字叔龍，號雲浦，河南新安人。萬曆八年進士，歷戶部主事、文選郎中，淸白自持，不狥權貴。給事中張棟以建言削籍，化鯉奏起之，忤旨除名。化鯉少以聖賢自期，學本王氏而不涉虛渺，以無欲爲主，以孝弟忠信敎人，而歸之愼獨，學者稱之，卒年五十三。有孟叔龍集。

孟公墓碑(鄒子願學集5/116下)

孟先生傳(明德先生文集11/13)

祭吏部文選郎中孟雲浦文(昭甫集25/7下)

祭雲浦先師(王愼所先生集7/20)

雲浦孟先生年譜序(同上1/4下)

雲浦孟先生語錄序(同上1/3下)

重刊雲浦孟先生語錄序(同上1/11)

名臣謚議(公槐集6/2)

明史283/27下

孟兆祥字允吉，澤州人。天啓二年進士，除大理左評事，歷吏部郎中，忤權要，貶行人司副。稍遷光祿丞，仕至刑部右侍郎。崇禎十七年流賊陷都城，兆祥自經於正陽門下。福王時謚忠貞。

天啓崇禎兩朝遺詩小傳3/97

啓禎野乘11/47

明史輯略紳志畧文臣

明史265/18下

孟玘(1412--1467)字廷振，號靜齋，鉛山人。正統四年進士，歷戶、禮部主事，十三年平鄧茂七之亂，以言事忤出知萊州，改瀘州，皆稱治。成化三年卒，年五十六。

孟公墓誌銘(見素集17/13下，國朝獻徵錄83/24)

明史162/13

孟廷相字爰立，號雁山，順天霸州人。嘉靖十七年進士，授行人，擢兵科給事中，陞都給事，歷湖廣左參政、河南左布政使，聽勘歸。

披垣人鑑13/52

孟承光字永觀，鄒縣人，孟子裔孫。襲職五經博士，天啓二年妖賊徐鴻儒陷鄒城，承光被執，罵賊不屈見殺。贈尙寶少卿。

明史290/14

孟居仁字體元，號東章，山西遼州人。嘉靖二年進士，由行人選刑科給事中，陞四川僉事，仕終山東參議。

披垣人鑑13/10下

孟奇字士常，陝西咸寧人。正德九年進士，由行人選戶科給事中，仕終四川順慶府知府，免歸。

披垣人鑑12/35

孟洋（1483—1534）字望之，一字有涯，信陽人。弘治十八年進士，授行人，擢監察御史。坐論張璁、桂萼事謫教授。累遷都察院僉都御史，督理糧儲。聞母病，不待報而歸。起官至大理寺卿，蒞職淸勤，事無疑滯。工詩，有孟有涯集。嘉靖十三年卒，年五十二。

孟公墓誌銘（鈐山堂集29/1，國朝獻徵錄69/14）

祭南京大理寺卿有涯孟公文（中丞馬先生文集4/28下）

父孟山字宗岳，號靜樂。

壽孟靜樂公序（涇野先生文集2/14下）

母孫氏

奉壽孟太夫人孫氏序（對山集11/11）

孟公暨配孫氏合葬銘（洹詞7/3）

孟春字時元，澤州人。弘治九年進士，累官吏部侍郎。巡撫宣府有軍功，忤中官張永罷歸。子陽以諫南巡死，春聞之哭以詩，語甚悲壯，人爭傳之。

國朝列卿記38/14下，117/18下，124/16下，141/21下，153/16下

父孟彪（1431—1481）字文振。

孟公神道碑（紫巖文集44/6下）

母王氏

賀孟母太恭人榮壽序（紫巖文集21/11）

孟俊字世傑，陝西咸寧人。天順間擧人，授上杭知縣，遷桐鄉，廉明有爲，吏畏民悅，徵拜監察御史，巡按南畿，以布政司參政致仕。

贈孟御史序（匏翁家藏集41/8）

孟秋（1525—1589）字子成，號我疆，山東東平人，後徙安平。少受詩至桑中諸篇，輒棄去不竟讀。從邑人張後覺講學，發明良知之說。成隆慶五年進士，知昌黎縣，有善政，遷大理評事，去之日，老稚泣留。以職方員外郎督視山海關，中流言，京察坐貶，歸途與妻孥共駕一牛車，觀者咸歎息。後起刑部主事，歷尙寶少卿，年六十五卒，天啓間追諡淸憲。有道脈說、大道吟、氣志吟、孟我疆集。

孟先生墓銘（鄒子願學集6/20）

孟公墓碑（姚思仁撰、國朝獻徵錄77/58）

祭孟我疆先生文（楊復所家藏文集5/35）

祭我疆先生文（孟叔龍集5/31）

我疆孟先生傳（同上5/1）

孟我疆先生集序（同上4/4）

孟我疆先生集序（鄒子願學集4/60下）

明史283/27下

明儒學案29/2下

孟淮字宗海，博野人，鑑子。景泰五年進士，官工部主事。

賀孟進士拜官工部序（呂文懿公全集8/16下）

孟淮（1513—1577）字豫川，號衞原，祥符人。嘉靖十七年進士，授大理評事，累官右副都御史，巡撫山西，改應天府尹，坐嚴嵩黨罷歸。萬曆五年卒，年六十五。有衞原集、入蜀稿。

孟中丞序（新兩城先生集16/27）

孟公暨配蘇氏合葬墓誌銘（澂秇堂文集13/9下）

同鄉會祭孟都憲衞原文（同上17/9下）

孟淑卿，姑蘇人，孟澄之女，有才辨，工詩。自以配不得志，號曰荆山居士，言論爲士林所宗。然性疏朗，不忌客，世以此病

之。

皇明世說新語6/4下

孟章明，澤州人，兆祥子。崇禎十六年進士，未授職。流賊陷京師，隨父自縊死，贈御史，諡節愍。

啓禎野乘11/47下

明史265/18下

孟紹虞（1581—1644）字聞叔，號玄鉢，亞聖後裔，徙籍杞縣。萬曆四十一年進士，選庶吉士，授檢討，補經筵講官。歷詹事府詹事，擢禮部侍郎，晉尚書兼翰林院學士。國變後泣憤卒，年六十四。有紺雪堂集。

孟公傳（紺雪堂集卷首）

孟善，海豐人。仕元爲山東樞密院同僉，後歸於明，累進燕山中護衞千戶。燕師起，征守有功，累遷右軍都督同知，封保定侯。永樂元年鎮遼東，以老致仕，卒諡忠勇。

壬午功臣爵賞錄×/3下

皇明功臣封爵考6/43

吾學編19/40下

明史列傳21/21下

明史146/2下

孟陽（1486—1519）字子乾，澤州人，春子。正德九年進士，授行人，久不遷，或諷之見當路，陽不可。十四年諫武宗南巡，下錦衣獄杖，罰跪午門五日，復杖之，陽嘆曰，死得其所矣。越日卒，年僅三十四。嘉靖初贈監察御史。福王時追諡忠介。

孟公墓碑（馬汝驥撰、皇明名臣墓銘巽集81 國朝獻徵錄81/14）

明史列傳59/21下

明史189/19下

孟嘉（1396—1443）字康榮，泰和人。宣德中舉賢良，授廣西按察知事，擢監察御史。正統七年奉使廣東，明年卒於官，年四十八。嘉爲人和厚，廉潔公正，與物無競。

國朝獻徵錄65/9楊士奇撰孟君墓誌銘

孟鳳（1456—1526）字瑞周，號梧岡，山東曲阜人，麟弟。曾祖時從臧姓，至鳳而後復孟姓。弘治三年進士，授監察御史，陞懷慶知府，教民濬渠溉田，累官都御史，總制北邊。轉督漕事。值徐淮大水，武宗親征，鳳區畫有方，民不勞費。累遷刑部尚書。嘉靖五年卒於官，年七十一，諡文簡。

送總制大司寇孟公蹔師序（少華山人文集3/1）

孟公墓誌銘（劉玉撰、國朝獻徵錄48/63）

孟養浩字義甫，湖廣咸寧人。萬曆十一年進士，授行人，累遷左給事中。李獻可言事獲譴，養浩疏諫，受杖百，削籍爲民。光宗立，起太常少卿，半歲中遷至南刑部右侍郎，未赴卒。

明史列傳84/28下

明史233/9下

孟鑑字克明，博野人。宣德八年進士，除吏科給事中，歷陞都給事中，遷戶部左侍郎。黃蕭養作亂，圍廣州甚急，命鑑參總戎務，出精銳奮擊，擒蕭養，傳首京都。景泰中謝政。年餘，召起南京工部左侍郎。

披垣人鑑4/4

孟麟字瑞魯，號西野，山東曲阜人。成化二十年進士，授工部主事，陞郎中，提督南直隸水利，奏興六事，有侵河防占官湖者，痛懲之以法。歷山西右參政，官至陝西布政使。

孟公墓誌銘（不著撰人、國朝獻徵錄94/1）

門

門克新，秦州鞏昌人。洪武中爲秦州教諭，秩滿入朝，召問經史及政治得失，直言無隱，授左贊善，以亮直見重，累擢禮部尚書卒。

國朝獻徵錄33/8無名氏撰傳

明史139/4下

門達，豐潤人。性機警沈鷙，正統中襲父職，爲錦衣衞百戶。天順初與奪門功，進指揮使。轉任理刑，初倚千戶謝通，以平反重獄故，朝士頗稱其賢。時英宗欲倚錦衣官校爲耳目，以知外事。而校尉逯杲陷誣無辜，因得大幸，達反爲之用。杲被殺，進達都指揮僉事，掌衞事如故。達勢益張，欲踵杲所爲，四布旗校，告訐日盛。帝疾篤，達知東宮局丞王綸必柄用，預爲結納。憲宗立，綸敗，達坐調貴州都勻衛，甫行，言官交論其罪，發南州衛充軍卒。

守溪筆記×/24下
名山藏90/3下
明史307/3下

居

居敬，僧，字心淵，別號蘭雪。學通內外，善屬文。永樂初奉詔校大藏經，預修會典。後住持上海廣福講寺，遷松江普照寺。

明高僧傳3/11

屈

屈可伸字謙仲，延津人。天啓二年進士，授檢討，遷侍講，與修神宗實錄。嘗作神器局記數千言，皆古名將所未言者，位終詹事。

勅翰林院檢討屈可伸並妻（紺雪堂集8/40）

屈約字處誠，崑山人。善寫竹，繼夏㫤之後，間作枯木竹石，簡淡古遠，得王孟端筆意。

崑山人物志8/6下
吳郡張大復先生明人列傳稿×/59

屈伸（1460—1504）字引之，號蠖菴，又號東涉居士，任丘人。成化二十三年進士，授禮科給事中，累陞兵科都給諫。湖廣饑，請遣大臣發廩蠲逋，減田租，平寃獄，帝卽付撫按行之。伸居諫垣久，持議侃侃不撓。弘治十七年未及遷而卒，年四十五。

屈君墓誌銘（羅文肅公集18/12，國朝獻徵錄80/10）
祭都給事中屈引之文（羅文肅公集30/5下）
蠖菴疏稿序（龍江集2/8下）
掖垣人鑑11/3
皇明書24/19下
明史180/33

屈直（1458—1531）字道伸，號西溪，華陰人。成化二十年進士，授刑部主事，執法不撓，案無滯獄，歷陞郎中，官至右副都御史。宦迹所至，皆有聲稱，正德中爲人傾擠罷歸。嘉靖十年卒，年七十四。

送太守屈公道伸之任序（東川劉文簡公集7/19下）
送郡守屈侯考績詩序（同上3/15下）
屈公傳（苑洛集8/16下，皇明名臣墓銘坤集34，國朝獻徵錄59/66）

祖屈韶（1416—1486）字九成，號誠齋，官隰州同知。

屈公暨安人李氏合葬墓表（王端毅公文集4/14）

屈銓字秉衡，陝西蒲城人。弘治十五年進士，正德三年由推官選兵科給事中，陞尚寶司丞。

掖垣人鑑12/10下

阿

阿丑，侍憲宗朝爲中官，善詼諧。其時倚勢恣橫不法者，如汪直等，丑恆以戲言或戲事喩之於帝前，使帝覺知。而直之事橫亦以此而漸衰。時皆以丑爲正人云。

國朝獻徵錄117/13無名氏撰阿丑傳
四友齋叢說10/11
皇明世說新語7/10

阿寄，淳安徐氏之僕。徐氏昆弟，析產而居，伯得一馬，仲得一牛，季寡婦得阿寄，時年五十餘矣。寡婦泣曰，馬則乘，牛則耕，老僕何益。阿寄畫策營生，示可用狀，寡婦盡脫簪珥，得白金十二兩，畀寄。歷二十年，積巨萬貲。及阿寄病且死，出枕中二籍，鉅細悉均分之，既沒，所遺一嫗一兒，僅畝縕掩體而已。

國朝獻徵錄113/48田汝成撰阿寄傳
名山藏98/8
明史297/17下

邵

邵天和字節夫，宜興人。弘治十八年進士，授吏科給事中，官終雲南副使，所至以清白稱，卒于官。

掖垣人鑑12/6
毘陵人品記8/19

邵元節（1459—1539）號雪崖，貴溪人，龍虎山上淸宮道士。世宗好言鬼神事，嘉靖三年徵至京，大加寵信，建府城西，封眞人尊號。先是帝未有子，數命元節建醮，及皇太子生，特拜禮部尙書。嘉靖十八年卒，年八十一。諡文康榮靖。

邵公神道碑（夏言撰、皇明名臣墓銘離集1，國朝獻徵錄118/143）

明史307/21

邵玉（1407—1469）字德溫，鄞縣人。宣德十年由擧人授汝州學正，遷南寧及河間府教授，考最。累擢雲南按察司僉事，提督學校，以足疾歸。性至孝，持躬淸約，成化五年卒，年六十三。

邵先生墓表（懷麓堂文稿24/9下，國朝獻徵錄102/66）

邵正魁字長孺，休寧人。著有續列女傳。

德壽篇（雪堂集4/16）

邵圭潔字伯如，一字茂齋，號北虞，常熟人。嘉靖二十八年擧人，選德淸教諭卒。圭潔有文名，瞿景淳、嚴訥輩結社會文，時稱十傑，推圭潔爲領袖。爲人篤行孝弟，留心經濟。倭亂，邑令王鐵造廬問計，上築城四策，城賴以全。有北虞集。

北虞邵先生暨元配張孺人墓誌銘（松石齋集19/5）

邵旭字以升，號竹泉，仁和人。以貢補南京太學上舍，嘉靖元年謁選吏部，授知同安縣，多善政，民甚德之，以疾投劾歸。勤治園圃，遊樂其間，以終天年。

邵公墓誌銘（王梃撰、國朝獻徵錄91/35）

邵玘（1375—1430）字以先，蘭谿人。永樂四年進士，授監察御史，廉直有聲。歷福建、江西按察使，宣德三年入爲南左副都御史。居家有孝行，在官以威嚴稱，遇事善斷，所至剗妄費，黜貪庸，能擧其職，風紀大振。五年以疾卒官，年五十六。

贈邵御史赴南京詩序（王文端公文集18/8）

邵公墓碑銘（東里文集14/1，國朝獻徵錄64/44）

凝秀樓記（東里文集1/9下）

明史列傳35/3

明史185/4下

邵宗玄（明史避諱易作元）字景康，碭山人。由恩貢生歷保定同知，有治行。崇禎十七年李自成部下東犯，宗玄率衆力守，城陷死之。

明史295/1下

邵昇（1491—1534）字晉夫，鳳翔人。幼聰穎，讀書過目不忘。正德二年擧人，會試不第。會劉瑾爲其姪女求婚，以人薦爲婿，百計求免弗得。瑾誅，坐累罷爲民。性篤孝，嘉靖十三年以母喪哀毀卒，年四十四。

邵晉夫墓誌銘（對山集19/1）

邵南字文化，號康山，烏程人。嘉靖十四年進士，授行人，歷山東按察副使，公廉淸愼。自少至老，好學不倦，嘉靖二十六年卒。

邵康山墓誌銘（劉淸惠公集8/13）

邵珪字文敬，宜興人。成化五年進士，授戶部主事，歷郎中，出爲嚴州知府，遷思南。善書工棋，詩有半江帆影落樽前之句，人稱邵半江。有半江集。

送邵文敬知思南序（懷麓堂文稿6/8）

毘陵人品記7/19下

邵陛（1535—1594）字世宗，號梅墩，餘姚人。隆慶二年進士，選庶吉士，授御史，歷大理少卿，巡撫南贛、湖廣，官至刑部侍郎，卒年六十。

邵公行狀（陳恭介公集8/18）

邵公墓表（朱文懿公文集8/12）

梅墩公家傳（思復堂文集1/78）

父邵惠，號穴湖，官邵武知府。

邵公張太恭人墓表（二酉園續集19/24）

祭穴湖邵公文（陳恭介公集9/4）

母張氏（1513—1570）

張宜人行狀（陳恭介公集8/46下）

妻朱氏（1535—1580）

朱氏墓誌銘（二酉園續集18/11）

邵淸（1467—1546）字士廉，江寧人。幼有孝行，及長、端潔好學。弘治中擧於鄉，授江西德化教諭，教諸生必以孝悌節義爲言。以薦超擢監察御史，時人以爲異數。嘉靖二十五年卒，年八十。

邵公墓誌銘(夏邦謨撰、國朝獻徵錄101/63)

邵庶 (1546--1615) 字明仲，號翼庭，休寧人。萬曆十一年進士，選庶吉士，授刑科給事中，陞都給事中，官終太常寺少卿，卒年七十。

賀中秘翼庭邵公榮壽序（大鄣山人集14/20)

祭邵太常文（兩洲集5/42)

太常邵公誄（同上7/1)

邵太常傳（同上6/7)

太常邵公奏議序（同上2/44)

祖邵天祥（1494—1533）字子奇。

邵公暨配汪孺人合葬墓誌銘（許文穆公集5/39)

父邵棠（1515—1592）字汝思。

邵公墓誌銘（許文穆公集5/33下)

邵喜，昌化人，寓杭州。父林，孝惠太后父。喜以椒房親陞錦衣指揮使，嘉靖初封昌化伯，卒謚榮和。

皇明功臣封爵考7/25

吾學編19/76下

明史300/16下

父邵林字茂清，一字宗茂，

邵公神道碑(鈐山堂集36/1，國朝獻徵錄3/37下)

邵捷春字肇復，侯官人。萬曆四十年進士，歷稽勳郎中，累遷浙江按察使，大計坐貶。崇禎時起四川副使，時流寇方熾，傅宗龍命爲監軍，總勦寇事，有功，進右參政，旋擢右僉都御史，十三年以失事被逮。捷春在蜀有惠政，士民哭送者載道，舟不得行，既下獄，知不可脫，踰年仰藥死。有劍津集、入蜀吟。

明史260/22

邵道人，蜀人，不知其名。弘治間至慶陽，年已七十餘。不欲言，凡所頤指色授，故莫究所自來。然見之者，率知其爲異人，郡中諸子弟少年爭來事之。道人善看病，能知病者是否可活，不受人錢。又善飲水，無問多少。居十餘年，以死期示諸弟子，屆時而逝。

邵道人傳（空同子集58/1，國朝獻徵錄118/141)

邵廉字虛道，號圭齋，江西南豐人。嘉靖四十四年進士，由工部主事改兵科給事中，陞福建建寧知府，遷知成都，萬曆十一年免官。有圭齋集。

邵公墓表（二酉園續集19/4)

邵圭齋先生集序（同上3/1)

掖垣人鑑15/9

邵暉 (1440--1485) 字日昭，宜興人。成化五年進士，授吏部考功主事，累陞郎中。在吏部十餘年，敦慎簡靜，門無私謁，凡三使外郡，所至以清白見重，卒年四十六。

邵君墓表（徐文靖公謙齋集6/14下)

毘陵人品記7/19下

邵經邦字仲德，仁和人。正德十六年進士，授工部主事，進員外郎，改刑部。會日食，上疏指摘張璁、桂萼，謫戍鎮海衛，卒於戍所。有弘藝錄。

明史206/24下

父邵鏓（1468—1533）字公明，一字從智，號大峰。

邵公行狀（弘藝錄21/1)

母楊氏

楊氏墓誌銘（崔東洲集10/8)

邵經濟 (1593--1558) 字仲才，號泉厓，仁和人，經邦弟。嘉靖五年進士，授工部主事，再陞郎中，官至成都知府，卒年六十六。

邵公行狀（奚囊蠹餘17/4)

邵輔忠，定海人。萬曆二十三年進士，官工部郎中，附魏忠賢，驟遷至兵部尚書，諸奸黨攻擊正人，多其主使。忠賢敗，入逆案，贖徙爲民。

明史306/23下

邵夢麟 (1531--1574) 字道徵，號禎楸，滁州人。嘉靖三十八年進士，授大理評事，晉寺副，擢河南按察僉事。歷浙江參議、江西副使，官至山東參政。萬曆二年卒，年四十四。

邵公行狀（楊道行集24/6下）
禎橛邵先生傳（愼修堂集17/13下）
邵氏世德堂記（同上14/29下）

邵銅字振聲，閩縣人。景泰五年進士，授御史，劾曹吉祥不法，忤旨，降知博羅縣，有善政。成化初擢知溫州。

水東日記17/4下
明史162/21下

邵銳字思抑，號端峯，仁和人。正德三年進士，改庶吉士，授編修，恥與焦芳子黃中爲列，擬具疏辭，伯兄欽以危言沮之，乃止。尋以父喪歸。服闋改寧國推官，累遷福建提學副使，抑浮崇實，士習丕變。官至太僕卿，引疾歸，卒諡康僖。有端峯存稿。

送邵布政思抑之山東序（山堂萃稿11/12下）
邵公神道碑（徐問撰、皇明名臣墓銘兌集39）
祭太僕邵思抑文（山堂萃稿16/11下）
祭邵康僖公文（黃門集10/10下）
國朝獻徵錄72/16無撰人邵公傳
國琛集下/31下
皇明世說新語4/24下
明史255/14

邵蕃（1453—1545）字文盛，餘姚人。成化二十年進士，授建平縣令，以治行第一，擢監察御史。陞陝西督學副使，與劉瑾忤，致仕。蕃學問淵博，操履淸愼。嘉靖二十四年卒，年九十三。

邵公墓誌銘（李本撰、國朝獻徵錄94/66）

邵錫字天佑，號石峯，安州人。正德三年進士，由行人選居諫垣，能持風釆，諫止武宗巡幸。嘗勘事甘肅，讞獄平允。值歲饑，請賑，多所全活。累官右副都御史，巡撫山東，仕終順天府尹。有石峯奏疏。

送都諫邵大參序（涇野先生文集3/14下）
掖垣人鑑12/21下

邵寶（1387—1465）字叔讓，號耕樂道人，無錫人。家饒裕，喜蓄名畫法書，而長於精鑑。園第花木竹石之勝，爲一邑之冠。成化元年卒，年七十九。

耕樂道人邵叔讓墓表（楊宜閒文集2/32下）

邵鏞（1482—1549）字伯倫，號前山，羽林衞籍當塗縣人。正德三年進士，授南京戶部主事，陞郎中，出知雲南，官至四川按察副使，卒年六十八。

邵公墓誌銘（苑洛集4/13下）

邵寶（1460—1527）字國賢，號二泉，無錫人。成化二十年進士，累官江西提學副使，釐革澆俗，修白鹿書院學舍以處學者，教人以致知力行爲本。宸濠索詩文，峻却之。正德四年遷右副都御史，總督漕運，忤劉瑾，勒致仕。瑾誅，陞戶部侍郎，拜南禮部尙書，懇辭。嘉靖初起前官，復辭。六年卒，年六十八，諡文莊，學者稱二泉先生。有左觿學史、簡端二餘、定性書說、漕政擧要、慧山記、容春堂集等書。

送邵國賢詩序（懷麓堂文稿6/14）
邵公神道碑銘（楊一淸撰、國朝獻徵錄36/43）
邵文莊公諭祭碑陰記（古菴毛先生集3/9下）
重修二泉書院記（顧端文公集10/19下）
祭尙書邵二泉（古菴毛先生集6/18）
祭大宗伯二泉邵公文（鳥鼠山人集76/22下）
春秋諸名臣傳後序（西林全集14/1）
容春堂文集序（王文恪公集14/4）
邵文莊公年譜（明邵魯、吳道成撰，鈔本）
聖朝名世考8/17
毘陵人品記8/7
皇明世說新語2/14下，4/7下
四友齋叢說15/1下
吾學編39/7
名山藏臣林記20/1
皇明書25/7
明史282/23下

母過氏（1442—1522）
邵母過氏墓誌銘（見素集續10/17下）
過太淑人墓誌銘（王文恪公集31/12）
過太淑人貞節碑（同上24/8）

林

林一陽字復夫，漳州漳浦人。嘉靖末爲霍丘令，勤政惠民，民甚德之，以調遷去官，民思之不置，爲立生祠以祀。一陽性耿直，爲官不喜趨附，居家力行古道，歿後祀於鄉賢祠。

林君墓表（洪朝選撰、國朝獻徵錄83/98）

林大春（1523—1588）字邦陽，一字井丹，潮陽人。嘉靖二十九年進士，除行人，累擢副使，督學浙江，致高拱所私於法，言官希拱指論罷之，萬曆十六年卒，年六十六。有井丹集傳世。

林公墓誌銘（孫鑛撰、井丹先生文集附錄）
自叙述（井丹先生文集卷首）

林大欽字敬夫，號東莆，廣東海陽人。嘉靖十一年進士第一，授修撰，以母老疏乞歸養。後居母喪哀毀卒，人共惜其才。

東莆太史傳（井丹先生集13/1，國朝獻徵錄21/75）

林大猷（1435—1497）字子道，號思軒，莆田人。少有俊聲，天順三年舉鄉薦，授新建教諭。成化中遷國子監學錄，閩洛晉魯之士慕其學行，執經從游者數百人，齋舍不能容，大猷爲之編次刻期，俾輪番聽講。進監丞，釐剔宿弊，一新舊規。而爲諸生講學，益勤弗替。陞翰林院檢討，弘治十年卒官，年六十三。

林思軒先生墓誌銘（見素集13/5）

林大輅字以乘，莆田人。正德九年進士，官工部員外郎。武宗南巡，黃鞏以諫下詔獄，大輅疏救。帝怒廷杖百，謫判彝陵州，有善政。嘉靖時官至湖廣巡撫。有愧瘖集、借聲堂稿。

序別林以乘（陽峰家藏集24/32下）
明史189/17

林士章（1524—1600）字德斐，號璧東，漳浦人。嘉靖三十八年一甲進士，授翰林院編修，擢國子監祭酒，累官至南京禮部尚書致仕，卒年七十七。

壽南宗伯林璧東先生序（紫園草3/5）
壽大宗伯璧翁林老先生序（李文節集18/16）
壽座師大宗伯璧東林公七十敘（穀城山館文集5/7下）
林公暨元配柳氏合葬墓誌銘（穀城山館文集23/1，國朝獻徵錄36/69）
祭大宗伯林公文（同上32/1）
祭林宗伯（大泌山房集115/18）

林上元，寧化人。萬曆中賊掠其繼母李氏出城，上元直奔賊壘，刺死二人。賊出李氏，引去，城賴以全。

明史297/21

林文（1390—1476）字恒簡，號澹軒，福建莆田人。宣德五年進士，授翰林編修，累官太常少卿，兼翰林侍讀學士，再乞致仕歸。詩文體格溫淳，自成一家，縉紳推爲醇儒。成化十二年卒，年八十七，謚襄敏，有澹軒稿。

慶太常林先生八十詩序（椒丘文集12/19下）
一樂堂詩序（楊文敏公集11/5下）
殿閣詞林記6/33下
國朝獻徵錄20/41 無名氏撰傳，又70/26 實錄本傳

林文定（1373—1443）溫州樂成人。太學生，永樂七年授吉安永新知縣，爲政持己慎而不矜，處事勤而不苛，聲譽四溢。改知高州信宜，宣德中以老病致仕。正統八年卒，年七十一。

林君墓誌銘（介菴集13/13）

林文迪字廷吉，福建寧德人。弘治十八年進士，選庶吉士，授給事中。

掖垣人鑑3/25

林文俊（1487—1536）字汝英，號方齋，莆田人。正德六年進士，選庶吉士，授編修，以預修武宗實錄，擢右春坊右贊善，陞南京國子祭酒，範人以身，而人樂信從。改北祭酒，官至南京吏部右侍郎。卒年五十，謚文修。有方齋詩文集。

送南京國子監祭酒方齋林公序（雲岡公文集金臺稿1/15下）
贈大司成方齋林公序（涇野先生文集8/2下）
林公墓誌銘（費寀撰、皇明名臣墓銘離集108，國朝獻徵錄27/61）
林先生神道碑文（泉翁大全集66/9）
世德貽休碑銘（雲岡公文集金臺稿1/6下）
方齋林文修公誄（涇野先生文集36/62）
奠林方齋先生文（泉翁大全集57/1）

林文華字質夫，號丹丘，莆田人。嘉靖二年進士，歷南京兵、刑部主事，署郎中，

出知瓊州。

贈林瓊州序（涇野先生文集7/51下）

林之盛（1551--1620）字貞伯，號儆菴，錢塘人。萬曆四年舉人，歷官慶雲、隆平令、應天府推官，所至潔己砥行，卒年七十。著有建夷考、應謚名臣考。

林公墓誌銘（寶日堂初集16/38）

林元甫（1445--1508）初名普長，字元甫，以字行，更字秉仁，號豫齋，福建莆田人。成化十一年進士，授工科給事中，言事忤旨，調外任。已復遷都給事中，諫受土魯番獅子，汪直、王越謀起用，諫止之。因災異又陳七事，皆切時政，陞山東參議。後巡撫四川，平蜀寇，再移雲南，以疾乞休。正德三年卒，年六十四。

林公豫齋神道碑（見素集17/10）

林公墓誌銘（王文恪公集29/20下，國朝獻徵錄61/7）

披垣人鑑10/18下

父林夢（1413—1487）字良弼。

林公墓誌銘（見素集13/1）

林不息字蒼永，莆田人。官臨湘知縣。崇禎十六年張献忠陷武昌，不息誓死守城，擒斬敵騎二十七人，城陷被執，抗罵不屈死。

明史294/13下

林日瑞字浴元，詔安人。萬曆四十四年進士，歷官都御史，巡撫甘肅。李自成陷城，罵賊被磔，贈兵部尚書。

明史263/5下

林公黼（1476--1519）字質夫，號石峰，福建長樂人。正德十二年進士，任大理寺評事，十四年聞武宗南巡，上書極諫，跪外廷五日，杖死，年四十四。嘉靖初贈太常丞，福王時追謚忠恪。

林公墓誌銘（崔東洲文集16/17下，國朝獻徵錄68/102）

林公墓表（小山類稿16/23下，皇明名臣墓銘震集78，國朝獻徵錄68/103下）

明史列傳59/21

明史189/19

林立（1538--1594）字尙中，號少竹，更號融麓，龍江人。諸生，入廣西棲古尼山設教，夷人向化，愛如父母。以明經應選，除陵水訓導，後攝文昌、陵水令，黎冦先後犯萬州及儋耳，奉命討平之。遷梓潼令，改臨高，治行卓著，遭構引歸。萬曆二十二年卒，年五十七。著有鄉約書、粵西誌。

融麓林公墓誌銘（蒼霞草18/27）

林右字公輔，臨海人。洪武中爲中書舍人，與方孝孺友善。嘗奉璽書行邊有功，進春坊大學士，命輔導皇太孫。以事謫中都教授，棄官歸。聞孝孺死，爲位哭於家。成祖召之不至，械至京，猶欲官之，不屈。成祖怒，劓之死。福王時贈禮部尙書，謚貞穆。有林公輔集。

遜國正氣紀3/36

遜國神會錄上/67

皇明表忠紀3/32

明史列傳19/10下

林汝翥字大葳，福淸人。萬曆舉人，知沛縣，天啓中戰却徐鴻儒兵，緝妖人王普光黨，有功，特擢御史。奏參魏忠賢，削籍歸。後魯王召爲兵部右侍郎，攻福寧，戰敗被執，吞金屑死。

明史277/23下

林有年字以永，號寒谷，莆田人。由繁昌令擢監察御史，以言事左遷，知武義、樂淸諸縣。嘉靖初陞守衢州，皆有惠政，所在皆立生祠祀之。

東山齋壽序（可泉先生文集4/3）

德惠祠記（棠陵文集3/17下）

林有孚字以吉，號石崖，莆田人。正德六年進士，擢御史，歷大理丞，累官右僉都御史總督南京糧儲，嘉靖十一年罷爲民。

送大理寺丞林公赴留都序（袁永之集14/15下）

贈廷尉石厓林先生應召北上序（泉翁大全集21/10）

送林大理石崖北上序（涇野先生文集5/43）

送大理少卿石厓林公北上序（同上6/44）

送大中丞林公出撫畿甸序（袁永之集14/22）

萁庭序（涇野先生文集5/15）

林同（1434—1504）初名大同，後改同，字進卿，號訥軒，龍溪人。天順四年進士，為戶部郎中，撮錢穀樞要作指南錄。歷廣東左布政使，巡按王哲奏為廉能第一，年七十一卒。

林公訥軒墓誌銘（見素集15/7，國朝獻徵錄99/14）

林光字緝熙，號南川，東莞人。好學博綜經史，得吳澄論學諸書，大感悟。成化中舉於鄉，除平湖教諭，勉學者探本窮源，反身修行。歷國子監博士，終襄府左長史。

林先生墓表（泉翁大全集62/22下，國朝獻徵錄105/50）

名山藏85/21下

林如楚（1543—1623）字道茂，或作道翹，號碧麓，侯官人，應亮子。嘉靖四十四年進士，授刑部主事。督學東粵，得士甚多，屢官至工部右侍郎，致仕卒，年八十一。有碧麓堂集。

林先生暨配龔淑人合葬墓誌銘（崇相集6/11）

林兆恩字懋勛，號龍江，又號子谷子，亦稱三教先生，莆田人。博學工文，能以艮背之法治病。生平立說，欲合三教為一。有林全子集。

林三教傳（南雷文案9/1）

名山藏96/8

林兆鼎，福清人。天啓中為四川參將，積功至總兵官都督同知。崇禎中遣將討定番州苗，又遣將討湖廣苗，加左都督，召僉南京右府卒。

明史249/12下

林沂字居魯，莆田人。成化十七年進士，其叔祖庭芳、父槃、叔父敷，兩世三進士，皆為循吏。沂登第後出為金華推官，讞獄明審，擢工部主事。

賢科世繼圖序（匏翁家藏集40/11下）

名山藏臣林記12/17

明史列傳55/3

林良字以善，廣東人。官錦衣衛百戶，以奉內廷。善畫水墨花卉翎毛樹木，遒勁如草書。

圖繪寶鑑6/8

林材字謹任，閩縣人。萬曆十一年進士，授錦城知縣，擢工科給事中，屢言事忤旨，貶程鄉典史，遂歸里不出。光宗即位，始起尚寶丞。再遷太僕少卿，還朝未幾，即乞歸。天啓中起南京通政使卒。

明史242/13下

林克賢（1431—1485）名璽，以字行，更字一中，浙江太平人。成化二年進士，授刑部主事，轉員外郎。盡心獄事，不為顧忌苛刻。擢福建按察僉事，卒年五十五。有抑齋稿。

林君墓志銘（桃溪淨稿文12/5）

祭林一中僉憲文（同上文19/4下）

讀抑齋存稿（同上文31/10下）

林廷玉（1454—1532）字粹夫，號南澗，福建侯官人。成化二十年進士，除吏科給事中，屢陞工科都給諫，官至右僉都御史，巡撫保定，調南京都察院管事致仕，卒年七十九。有南澗文錄。

林公墓表（涇野先生文集32/1，國朝獻徵錄59/28）

林雲陽宦紀序（何文簡公集10/13下）

掖垣人鑑10/29

名山藏臣林記18/35下

林廷選（1450—1526）字舜舉，號竹田，福建長樂人。成化十七年進士，授蘇州府推官，屢決疑獄。召拜監察御史，按廣西，平寇有功，屢陞右都御史總督兩廣。官終南京工部尚書，乞骸歸，卒年七十七。有竹田集。

林公行狀（鄭山齋先生文集14/1）

林公竹田墓誌銘（見素集續10/15）

跋林都憲平蠻奏凱卷（竹澗文集8/13）

東征詩並序（泉翁大全集15/19下）

林廷憲（1493—1538）字德言，閩縣人。家居瀛洲，閩人稱為瀛洲先生。力博士業，以諸生終。善書法，嘗手書訓辭，家傳人誦。初陳謹以童子見，奇之，留使與子元立共起居授業，後謹果舉進士第一，人服其早見。嘉靖十七年卒，年四十六。

林次公墓表（太函副墨19/23）

林希元字茂貞，號次崖，同安人。正德十二年進士，授大理評事。世宗初以議獄事被論，棄官歸。大臣交薦之，起爲寺正。遼東兵變，希元極言姑息之弊，謫知欽州。時安南不貢，廷議征討，擢希元兵備海道，希元主必征之策，與督臣異議，罷歸，年八十五卒。有易經四書存疑、林次崖集。

紀林次崖公貶欽州（可泉先生文集3/26下）

易經存疑序（遵巖先生文集10/75）

國朝獻徵錄102/69無撰人林公傳

明史282/14下

林希蔭字宜民，揭陽人。幼能屬文，永樂中舉鄉薦，謂同舉者曰，君有父母，可以仕祿，我恨終天，出欲何爲。自號貧樂。天順間海寇焚刼村落，獨大書其門曰，林先生屋愼勿燬。

名山藏96/2下

林泮（1438—1518）字用養，號成齋，閩縣人。成化八年進士，授南京大理寺評事。歷廣州知府，有平峒蠻功。正德時屢遷南京戶部尚書，劉瑾惡其不附，矯旨令致仕。泮居官廉，歸無第宅，常寓止僧寺。正德十三年卒，年八十一。貧不能殮，有司爲庀喪具。天啓初追謚恭靖。

林公墓誌銘（舒芬撰、皇明名臣墓銘震集57，國朝獻徵錄31/37）

林性之字帥吾，號一川，晉江人。嘉靖八年進士，授浙江麗水知縣，擢南京戶部主事，屢遷至廣西司郎中，過家病卒，年五十二。性之居官廉愼，故得久居戶曹。尤好恤貧困，濟人急難。

戶部郎中林君墓誌銘（荆川先生集14/21，國朝獻徵錄32/39）

林長懋字景時，莆田人。永樂三年舉人，由青州教授擢翰林編修，簡侍皇太孫講讀。太孫好射獵，長懋數直諫，惡之。及卽位，由中允出爲鬱林知州，坐怨望逮繫詔獄。英宗立，命復任。長懋自奉節儉，朝夕食惟鹽菜，因呼爲林鹽菜。年六十卒於官。

國朝獻徵錄19/34無撰人林公傳

明史列傳34/5

明史152/4

林帖木兒，原爲胡騎指揮，後降。戇直而勇，渦河之戰，被甲先登，橫擊頗勝，旣馬蹶，被擒死之。

皇明表忠紀5/14

遜國正氣紀6/32下

林命字子順，號梅墩，福建建安人。嘉靖三十二年進士，由直隸金壇知縣選工科給事中，屢陞禮科都給事，遷湖廣參政，歷廣東按察使。隆慶三年，以事降太倉州判官，調南京戶部主事，免官。有陽溪堂集。

掖垣人鑑14/42下

林岳（1481—1518）字邦鎭，別號栢岡，南京人。生而秀穎，喜讀書，年十七選尙憲宗德淸大長公主，授駙馬都尉。謹愼將事，眷顧方隆，正德十三年以疾卒，年僅三十八。岳性篤孝，在朝與士大夫處，敬恭不怠，不以富貴驕人，故人亦咸樂與焉。

國朝獻徵錄4/18毛澄撰墓誌銘

明史121/13

林秉漢字伯昭，長泰人。萬曆進士，授御史，楚假王議起，郭正域力請行勘，首輔沈一貫庇王，計逐正域，秉漢亦請詳勘，且言王旣非假，何憚於勘，遂忤一貫，貶貴州按察司檢校。天啓中贈太僕卿。

明史242/15下

林近龍字雲從，莆田人。正德三年進士，官南京監察御史。

送林侍御之南京序（涇野先生文集1/5下）

林垐（1606—1647）字子野，福淸人。崇禎十六年進士，授海寧知縣，邑有妖人以劍術惑衆，垐捕殺之。杭州不守，垐以孤城不能存，引去。唐王以爲御史，募兵福寧，聞王被殺，大慟。及魯王航海至長垣，福淸鄉兵請垐爲主，與林汝翥共攻城，沒於陣。有居易堂集。

明史277/24

林洪（1369—1434）字文範，莆田人。

建文二年進士，授辰溪知縣。辰溪轄五溪諸洞彎，性俗頑獷，洪訓廸有方，其人漸化。陞滄州同知，改儋州，宣德九年卒。年六十六。

林文範墓誌銘（楊文敏公集22/15）

林㭎字貞孚，閩縣人，庭㭿子。正德九年進士，官至通政司參議。有巵言餘錄，榕江集。

送林貞孚歸省序（梓溪文鈔外集3/42下）

林春（1411—1471）字孟陽，山西太原人，徙居宣府。景泰元年舉人，官應天府通判。性酷好書，每暇輒磨墨伸紙，揮汗呵凍，寒暑不廢。字體氣勁遒麗，得者皆珍襲之，年六十一卒。

國朝獻徵錄75/51倪謙撰林公墓志銘

林春（1498—1541）字子仁，號東城，泰州人。天性溫醇，少孤貧，好學問，受業州人王艮，聞良知之學。嘉靖十一年會試第一，歷司封員外郎，尋以母病乞歸。家居三載，未嘗干州郡，餽遺非禮者輒弗受。起補吏部文選郎中，卒年四十四。有東城文集，

林東城墓誌銘（荊川先生文集14/10下，國朝獻徵錄26/38）

名臣謚議（公槐集5/31）

明史列傳70/22

明史283/14

明儒學案32/25下

林春澤（1480—1583）字德敷，號旗峯，侯官人。正德九年進士，官至程番知府。邃於禮經，工詩，卒年百有四歲。有司爲建人瑞坊。有人瑞翁集。

林公墓誌銘（二酉園續集17/8）

林思承，莆田人。景泰五年進士，官冀州知州。

贈林進士知冀州序（呂文懿公全集7/44）

林茂達字孚可，號翠庭，莆田人，環從孫。弘治十五年進士，授行人，擢監察御史，歷四川布政使，遷右副都御史致仕。嘉靖八年復起南京大理寺卿，懇辭不就，家居卒，年八十六。有翠庭集。

國朝獻徵錄69/12柯維騏撰傳

林俊（1452—1527）字待用，號見素，晚號雲莊，莆田人。成化十四年進士，歷刑部員外郎，嘗上疏請斬妖僧繼曉，並罪中貴梁芳。時言路久塞，疏入，直聲震都下。世宗時累官刑部尚書，朝有大政，必侃侃陳論，中外想望其風采。嘉靖六年卒，年七十六，謚貞肅。有見素文集、西征集。

贈林待用序（柴墟文集6/3下）

壽大中丞見素林公敘（莆田集16/14下）

送大司寇莆田林公還閩序（雅宜山人文集9/10）

送司寇林見素先生致仕序（泉翁大全集18/1）

送見素林公歸老序（梓溪文鈔3/34下）

題林見素吾老四休卷首（何文簡公集16/6）

林公行狀（鄭山齋先生文集14/1）

林公編年紀略（不著撰人、見素集卷首/1）

林公墓誌銘（楊一淸撰、見素集附錄/1，又皇明名臣墓銘離集55）

祭林見素尚書公文（東泉文集7/64下）

祭見素林公文（費文憲公摘稿20/13下）

祭見素林公文（方齋存稿8/21下）

莆田林氏忠烈祠碑銘（泉齋勿藥集2/1）

國琛集下/25下

四友齋叢說7/3下，10/6下

聖朝名世考6/19

皇明世說新語1/28下，3/5，4/13，4/14

國朝獻錄54/1無名氏撰傳

皇明書24/26下

名山藏臣林記18/1

明史列傳63/6下

明史194/6下

父林元旭，號菊莊。

海屋壽徵圖敘（柴墟文集7/1）

菊莊公贊（見素集25/15下）

母黃氏（1428—1503），事姑至孝。

吾母安人黃氏事狀（見素集24/17）

皇明書45/5

林宰號平華，福建漳浦人。萬曆廿九年進士，累官至工部尚書，卒於家。

啓禎野乘9/1

林祖述字道卿，鄞人。萬曆十四年進士

，歷官廣西提學僉事。有星曆釋義。

疇人傳四編6/72

林庭棉（1472—1541）字利瞻，號小泉，閩縣人，瀚子。弘治十二年進士，嘉靖初官至湖廣布政使，與周廣同撰嘉靖江西通志。爲人恬雅介潔，所至有惠政，尤善清談，風流爲一時冠，仕至工部尙書，以疾乞歸，卒年七十，諡康懿。有小泉集、康懿公集。

送少司空林公序（王氏家藏集23/13）

蘇臺惜別詩序（徐文敏公集4/19下）

擬諸公卿郊餞少司空林公適東勘事序（王具茨文集4/5下）

林公墓誌銘（雲岡公文集9/54，皇明名臣墓銘離集20，國朝獻徵錄50/56）

四尙書傳（二酉園續集15/3下）

明史列傳54/16下

明史163/8下

林庭機（1506—1581）字利仁，號肖泉，閩縣人，庭棉弟。嘉靖十四年進士，累官南工部尙書，改禮部，隆慶元年乞骸歸。杜門却掃，承先世素風，自奉如寒士。萬曆九年卒，年七十六，諡文僖。有世翰堂集。

賀大司空林公暨配夫人雙壽序（馬文莊公集選2/16）

賀肖泉林公七旬壽辰序（萬一樓集33/17下）

林公神道碑銘（許孚遠撰、國朝獻徵錄36/66）

肖泉林先生傳（蒼霞草14/3）

四尙書傳（二酉園續集15/5下）

祭禮部尙書座師林公文（九愚山房稿56/6）

祭大宗伯肖泉兄文（芝園文稿7/6下）

明史列傳54/17下

明史163/9

林庭壂字利節，號虛江、閩縣人，庭棉族弟。嘉靖十四年進士，授中書舍人，遷工科給事中，陞戶科都給事，以言事謫湖廣布政司照磨，仕終雷州知府。

掖垣人鑑13/43

父林□，號如泉

賀封君如泉林翁雙壽序（陳文岡先生文集15/4）

壽封給事如泉林公暨配藍安人序（雲岡公文集14/4下）

林烈（1513—1566）字孔承，號艾陵，東莞人。遊魏校之門，舉嘉靖十三年鄉薦，領教江陰，教以行古鄉射飲酒禮儀。歷戶部郎中，官終福建都運鹽使司同知，卒於官，年五十四。

贈林艾陵序（藝文類稿6/8）

國朝獻徵錄104/55葉春及撰林先生墓表

林挺春字少和，一字元育，順德人。從湛元明遊，事親孝。舉鄉薦授仙遊教諭，歷知零陵南靖，遷霑益知州，以親老不赴。挺春醇謹，未嘗一介取於人，罷官益貧，人以是重之。

國朝獻徵錄102/105順德縣志傳

林時（1383—1436）字學敏，號遜齋，莆田人。永樂十三年進士，歷陝西僉事。初軍衛未有學，時以爲言，衛學之設自此始。仕終貴州按察副使，卒年五十四。

林公遜齋墓表（見素續集10/6）

父林憲（1347—1407）字仕紀。

林君墓表（楊文敏公集20/10）

林時（1491—1535）字懋易，號介立山人，休寧人，家於汝陽。正德十二年進士，選庶吉士，授翰林檢討，歷國子司業，官至南京右通政提督謄黃，嘉靖十四年奔繼母喪，得疾歸卒，年四十五。有文集七卷。

國朝獻徵錄67/58無撰人林公行狀

林時對字殿颺，號繭菴，鄞人，時躍弟。崇禎十三年進士，官至右副都御史。國變後杜門不出，以著述自娛，有詩史、荷插叢談。

明右副都御史繭菴林公逸事狀（鮚埼亭集26/5）

林時躍字遐擧，號荔堂，鄞人。明季貢生，授大理評事不就。喜言名節，晚與徐霜皋共撰正氣集。自著有朋鶴草堂集、明史大事記等書。

明故大理評事林先生阡表（鮚埼亭集外編6/1）

林淮字長深，莆田人。早喪父，事母孝，舉成化十一年進士，授刑部主事，改南京刑部。弘治元年陞雲南僉事，以養母故乞改常州府學教授。居二年母病卒，哀毀扶櫬到家，尋亦卒。

國朝獻徵錄102/68郡志本傳

林章（1430—1510）字以成，錢塘人。景泰初以薦授中書舍人，遷禮部員外郎，歷山東參議，累陞太常寺卿，正德五年卒，年八十一。

林公墓誌銘（懷麓堂文後稿30/1，國朝獻徵錄22/77）

林惺（1540—1616）字貞耀，號仲山，，閩縣人，庭機季子。嘉靖四十一年進士，歷太僕少卿，因災異極陳礦稅之害，請釋逮繫諸臣，不報。官終南京工部尚書，致仕卒，年七十七。有覆瓿草。

林貞耀觀察覆瓿草序（少室山房類稿82/6下）

林公墓志銘（蒼霞續草13/1）

明史列傳54/17下

明史163/10

林培，東莞人。由鄉舉爲新化知縣，縣僻陋，廣置社學教之。徵授南京御史，劾罪誠意伯劉世延，寘其爪牙於法。後疏陳時政，帝怒，謫福建鹽運知事，告歸卒。

明史234/16

林釬字實甫，號鶴昭，龍溪人。萬曆四十四年進士第三，歷官國子祭酒。國子生請立魏忠賢像，釬沮之，遂稱病去。崇禎初復官，陳用人理財靖寇寧邊四策，晉東閣大學士，崇禎九年卒，謚文穆。

五十輔臣考3/9

明史251/17

林偕春（1537—1604）字孚元，號警庸，漳浦人。嘉靖四十四年進士，選庶吉士，授檢討，歷官湖廣參政，卒年六十八。有雲山居士集。

林公墓誌銘（田亭草15/4）

林公墓志銘（歇菴集8/20，國朝獻徵錄88/33）

林符字朝信，吳縣人。成化二年進士，授監察御史，歷官廣西按察使。

送廣西按察副使林君詩序（懷麓堂文稿6/5）

銀爵聯句序（匏翁家藏集40/6）

父林昌，字士隆，號守軒。

偕壽堂詩序（匏翁家藏集45/2）

林公墓表（同上75/4下）

林富字守仁，號省吾，莆田人，塾從子。弘治十五年進士，授南京大理評事，忤劉瑾繫獄。瑾誅，歷擢廣東廣西布政使，督兵兩廣，殲山寇湯毛九，討平岑猛子邦相、嶺東賊王基、海寇黃秀山等。官終兵部右侍郎兼右僉都御史，乞歸卒，年六十六。

賀提督兩廣軍務兵部右侍郎兼都察院右僉都御史省吾林公平寇序（湘皋集18/34下）

祭少司馬省吾林公文（戴中丞遺集7/14）

國朝獻徵錄58/42柯維騏撰傳

父林塊庭（1451—1513）

林公墓誌銘（見素集19/10下）

林雲同字汝雨，號退齋，莆田人。嘉靖五年進士，選庶吉士，授戶部主事，歷浙江布政使，居官廉謹。累官南京工部尚書，改刑部，致仕卒，謚端簡。有端簡公存稿、詩稿。

送督學林君汝雨之浙江序（泉翁大全集23/1）

奉贈少司寇林退齋先生入朝序（茅鹿門先生文集13/10）

國朝獻徵錄48/93無名氏林公略傳

林堯俞字咨伯，號兼宇，莆田人。萬曆十七年進士，選庶吉士，好學束躬，雅負物望。歷官坊贊善，累官至禮部尚書。積忤閹官，既而黨禍起，引疾歸，天啓六年卒，謚文簡。有谿堂詩文集。

宗伯兼宇林公傳（陳眉公先生全集39/1）

林華字廷彬，莆田人。嘉靖十一年進士，歷知鎮江府，以御史劾奏，逮繫京師，鎮江民哭而送之江者幾萬人，擁傳車不能行。至京，上奏自辨，帝不深罪，罷歸爲民。

莆田林氏先墓表（荆川先生文集16/13下）

林嵋字小眉，號藥齋，莆田人。崇禎中進士，授吳江知縣，蘇州失守，歸仕唐王，爲給事中，清兵破興化，死於難。

明史276/15下

林景暘（1530—1604）字紹熙，號弘齋，松江華亭人。隆慶二年進士，選庶吉士，授禮科給事中，累陞都給事中，官至南京太僕寺卿，年七十五卒，有玉恩堂集。

林公墓志銘（賜閒堂集27/29）

林太僕傳（睡菴文稿21/23）

弘齋林公傳（容臺文集6/39）

南京太僕寺卿林公祠堂記（寶日堂初集14/18）

先進舊聞（同上23/18）

披垣人鑑16/2

皇明世說新語2/9下，2/10

明史293/17下

父林正隆字世悅，號南濱。

林公暨配王氏合葬墓志銘（陸文定公集6/23下）

母王氏（1507—1570）

王孺人墓志銘（賜閒堂集33/10）

妻徐氏（1548—1610）

徐孺人墓志銘（大泌山房集99/32下）

林母徐孺人傳（輪廖館集4/31）

林智（1417—1494）字若濬，號勿齋，莆田人。正統九年舉人，授宜興訓導，遷銅梁教諭，陞蘇州府學教授，弘治七年卒，年七十八。智教嚴，諸生始若不能堪，久之皆服其化。

林勿齋先生墓表（徐文靖公謙齋集6/24）

林源字仁本，福建長樂人。初宰文昌，永樂元年調知餘杭縣，爲政公勤廉敏。

送餘杭邑大夫林侯復任序（頤菴文集4/24下）

林雍字萬容，號蒙菴，龍溪人。景泰五年進士，授行人，歷駕部郎中，乞歸。修藍田鄉約，與鄉人相砥礪。其學始終本末，有序有要，學者稱蒙菴先生。

送蒙菴林先生南歸詩序（懷麓堂文稿4/3下）

林補（1398—1435）字庭翊，永嘉人。宣德五年進士，選庶吉士，擢翰林編修，十年卒官，年卅八。

林庭翊墓誌銘（介菴集11/31下）

林道安，福建甌寧人。永樂中官給事中，洪熙元年以言事降江西德安縣丞。

披垣人鑑3/21

林道楠（1555—1607）字廷佐，號柱宇，莆田人。萬曆十一年進士，累官至太僕少卿，卒年五十三。

林公墓志銘（睡菴文稿16/10下）

林達，莆田人，俊子。正德九年進士，官至南京吏部郎中。工篆籀，能古文。

明史194/10下

林瑜字子潤，福建龍巖人。洪武中由太學生授五軍斷事中司稽禮，累遷江西僉事，永樂中陞副使。居官平恕，民德之，進浙江參政，永樂廿一年卒官。

國朝獻徵錄84/20楊士奇撰林公墓志銘

林椿字永年，號南山，大同人，有孝行。襲右衛指揮僉事，嘉靖廿三年以軍功歷左副總兵，協守大同。俺答入援，總兵張達陷陣不得出，椿救之，一日三戰，亦陷重圍，與達俱死，年纔三十餘，贈都督同知，謚忠勇。

國朝獻徵錄107/40謝淮撰林公墓志銘

林萬潮（1510—1547）字養晦，號石樓，又號石門山人，莆田人，富子。嘉靖十七年進士，授寧波推官，調贛州府，卒於官，年卅八。

林君墓志銘（念菴羅先生集8/12，國朝獻徵錄87/83）

林鉞字宏用，號西泉，晉江人。正德三年進士，歷官戶部郎中，出知太平府。

送林太平序（涇野先生文集5/18）

贈太平府太守林君之任序（泉翁大全集20/11）

林塾（1479—1519）字從學，號秋且，晚號石泉，莆田人。弘治十五年進士，官至浙江參議。嘗錄建文諸臣事蹟前史所失記者爲拾遺書，年四十一卒。

石泉林君墓志銘（見素續集10/25下）

父林熠（1432—1506）字彌宣，以字行，號遯菴。

林公暨配洪氏墓誌銘（胡康僖公文集6/33）

林公遯菴墓表（見素續集10/8下）

從父林焜（1425—1505）字彌實，號虛菴。

虛菴林公暨配張安人墓志銘（見素續集10/19）

林誠字貴實，號井菴，莆田人。天順八年進士，歷官監察御史。

贈監察御史林君歸莆田序（桃溪淨稿文4/5）

急流勇退詩序（楓山章先生文集7/6）

林榮字仲仁，廣東合浦人。成化十四年進士，除禮科給事中，十九年奉使滿剌加，死於羊嶼。

披垣人鑑10/21

林誌（1378—1427）字尚默，號蔀齋，又號見一居士，閩縣人。永樂九、十年中鄉會試俱第一，以廷試第二，授翰林院編修，累官右春坊右諭德兼侍讀，宣德二年卒，年五十。誌少受業於王偁，於學無不研究，學者多從質問經義。恬於世利，公退輒以詩文自娛。有蔀齋集。

林君墓志銘（楊文敏公集21/6下，皇明名臣琬琰錄22/16下）

林君墓表（東里文集16/15下；國朝獻徵錄19/14）

林瑭（1446—1496）字廷玉，號西園，侯官人。成化十七年進士，授行人，擢御史，督南畿學政，黜浮華，重廉退，士風就醇，年五十一卒。有西園藁。

林西園公墓志銘（見素集13/6下，國朝獻徵錄65/45）

林碩字懋弘，或作茂弘，閩縣人。永樂十年進士，授御史，宣德中巡按浙江，爲治嚴肅，就擢按察使。千戶湯某結中官裴可烈爲奸利，碩將繩以法，中官誣碩毀詔書，被逮，碩力辯，帝動容，復其官。遷廣東布政使，未任卒。

送浙江按察使林君詩序(王文端公文集17/16)

林公茂弘傳（崇相集4/1）

國朝獻徵錄99/2無名氏撰傳

明史列傳38/3下

明史161/5下

林嘉猷，初名昇，以字行，浙江寧海人。與鄭公智師方孝孺，孝孺喜曰，匡我者二子也。洪武廿九年以儒士校文四川，建文初入史館爲編修，尋遷陝西僉事。燕王稱帝，坐方黨被逮死之，福王時諡穆愍。

革朝遺忠錄上/19下

吾學編56/22

遜國正氣紀3/10

遜國神會錄上/13

皇明表忠紀2/11

明史列傳19/9

明史141/8

林潮（1470—1550）字君信，號沙溪，晉江人。弘治十八年進士，歷台州推官，擢御史，以疏宸濠事坐廢，嘉靖廿九年卒，年八十一。

林沙溪墓誌銘（遵巖先生文集14/13，國朝獻徵錄65/65）

祭侍御林沙溪公文（遵巖先生文集20/12）

林潤字若雨，號念堂，莆田人。嘉靖卅五年進士，授臨川令，進南京監察御史，毅直敢言，劾嚴世蕃，戮死西市，人共快之。隆慶初以右僉都御史巡撫應天諸府，屬吏懾其威名，咸震慄。至則持寬平，多惠政，民皆悅服，卒於官。

祭林中丞文（皇甫司勳集59/6下）

大中丞念堂林公奏議稿後序（環溪集5/1）

國朝獻徵錄62/102徐觀瀾撰傳

明史210/24

林霄字克翀，浙江太平人。成化十四年進士，選庶吉士，授刑科給事中，奉使暹邏，以疾卒於海外。

披垣人鑑10/25

林興祖（1361—1411）字伯禎，福清人。舉孝廉，授蓬萊縣主簿。歷當塗知縣，有愷悌之政，累官廣西參議，調交阯，綏輯降附，振起凋殘，永樂九年朝京師，卒於道，年五十一。

國朝獻徵錄101/24楊士奇撰林君墓表

林塾（1444—1508）字世調，號雙松，閩縣人。成化八年進士，授戶部主事，累官至廣西布政使，卒年六十五。有雙松集。

雙松先生傳（見素集24/11）

父林樵（1415—1487）字汝談，號梅竹翁。

林公墓誌銘（匏翁家藏集65/3下）

母葉氏（1416—1499）

葉宜人墓表（匏翁家藏集75/12下）

林錦字彥章，連江人。初任廉州合浦訓導，景泰時廣寇充斥，巡撫葉盛檄錦署靈山縣事，賊不敢逼。成化元年試廉州知州，累進按察副使，皆有政績。錦前後雖在兵間，而以修學校勸農桑爲務，廣人德之。

憲副林公小傳（彭文思公文集7/29）

國朝獻徵錄99/89無名氏撰傳

明史列傳38/21

明史165/10下

林鴻字子羽，福清人。以人才薦至京師，太祖臨軒，試龍池春曉孤雁二詩稱旨，名動京師。官至精膳司員外郎，自免歸。與閩縣周元、鄭定，侯官黃元、王褒、唐泰，長樂高棅、王恭、陳亮，永福王偁，號閩中十才子，而鴻爲之冠。有鳴盛集。

國朝獻徵錄35/77無名氏撰傳

皇明世說新語6/32

名山藏85/3

明史286/1下

林燫字貞恆，號對山，閩縣人，庭機長子。嘉靖廿六年進士，授檢討，充景恭王講讀官。嚴嵩專政，燫不之附。嵩敗，擢洗馬、祭酒，萬曆中官至南京禮部尚書，致仕卒，年五十七，諡文恪。有學士集。

林公墓誌銘（陸文定公集7/1）

林宗伯傳（弇州山人續稿75/11下）

四尚書傳（二酉園續集15/7下）

明史列傳54/17下

明史163/9下

林應亮字熙載，號少峯，侯官人，春澤子。嘉靖十一年進士，累官至戶部右侍郎，總督倉場。有少峯草堂詩集。

林少峯先生詩序（二酉園續集2/13）

林應標字君儀，莆田人。嘉靖二年進士，授禮部主事，歷官江西、山西布政使，年五十六卒于家。

國朝獻徵錄97/11徐觀瀾撰傳

父林□，號寒溪。

壽寒溪林先生序（世經堂集11/6）

林應聰，莆田人。正德十二年進士，授戶部主事，晉員外郎，嘉靖初以疏救朱淛謫徐聞縣丞，代其長朝覲，疏陳時事，多議行。

明史207/4下

林環字崇璧，莆田人。永樂四年廷對第一，仕至翰林侍講，預修永樂大典，年四十卒。有絅齋集。

祭林崇璧文（東里文集23/26）

國朝獻徵錄20/70下無名氏撰傳

狀元圖考1/15下

林懋和字惟介，號雙臺，閩縣人。嘉靖二十年進士，仕至廣東左布政使，有廉能聲，乞歸。藏書數萬卷，爲文秀麗典則，年八十餘卒。有櫟寄集、雙臺詩選。

壽林雙臺先生七十序（二酉園續集8/7）

林雙臺先生詩選序（同上2/15）

櫟寄集序（同上5/13下）

母陳氏（1494—1575）

林母墓表（二酉園續集19/13下）

林聰（1417—1482）字季聰，福建寧德人。正統四年進士，授刑科給事中。代宗嗣位，進都給事中。時四方多故，聰慷慨論天下事無所諱。英宗復辟，遷左僉都御史，賑貸山東饑民，全活數十萬。成化中累陞右都御史，巡撫大同，後拜刑部尚書，加太子太保。聰以舊德召用，持大體，秉公論，不嚴而肅，時望益峻，卒年六十六，諡莊敏。有見菴集。

送右都御史林公歸福州序（彭文思公文集3/16下）

林公墓誌銘（同上6/1，國朝獻徵錄44/40）

林公神道碑（劉珝撰、皇明名臣墓銘艮集8）

皇明獻實24/5

吾學編47/1

國琛集上/34

聖朝名世考3/44

披垣人鑑4/3下

皇明世說新語3/6

皇明書20/23下

名山藏臣林記11/1下

明史列傳46/11下

明史177/20下

父林觀（1367—1443）號梅所，江山縣學教官。

贈都御史梅所林先生挽詩序（呂文懿公全集9/53）

林鍾字仲鏞，號松谷道人，松江華亭人。洪武中爲崑山訓導，因家焉。歷慈利知縣，時峒蠻爭雄，鍾肩輿入峒，喩以禍福，遂相率從化。永樂初擢吏部郎中，累陞山東參政，卒於官。有松谷集。

崑山人物志9/7

吳郡張大復先生明人列傳稿×/28

林鐘（1489—1540）字太和，號硯山，廣東高要人。嘉靖二年進士，授西安令，遷南京戶部主事，陞北戶部郎中，仕終安慶知府，卒年五十二。

地官林硯山北召（歐陽南野文集18/13下）

林君墓誌銘（甘泉先生續編大全11/14下）

國朝獻徵錄83/38黃佐撰林君墓碑

林璵（1415—1480）字景玉，河間人，程敏政之舅。初爲縣吏，凡事奉公不苟取予，正統十四年陞安東主簿，有政聲，被構下獄，後釋歸，成化十六年卒，年六十六。

林君傳（篁墩程先生文集49/9下）

林瀚（1434—1519）字亨大，號泉山，閩縣人。成化二年進士，授編修，歷中書舍人，因上疏言事，被旨誚讓，乞骸骨不許。時與林俊、章懋、張敷華號留京四君子。正德中累官南京吏部尙書。性剛方，忤劉瑾，謫浙江參政，罷歸。瑾誅，復官，致仕卒，年八十六，謚文安。有文安公集。

壽太宰林公七十序（碧川文選2/53）

送太宰林公考績詩後序（整菴先生存稿4/5）

送南京吏部尙書林先生序（王文恪公集 12/8下）

贈林公復官序（同上13/2）

泉山書院記（東泉文集2/53）

林尙書家廟記（棠陵文集4/12下）

祭大司馬泉山林公文（梓溪文鈔外集9/1下）

林文安公小傳（楓山章先生文集4/41）

四尙書傳（二酉園續集15/1）

林文安公文集序（見素續集8/4下）

皇明獻實31/8下

吾學編41/4

國琛集下/17下

聖朝名世考6/15下

皇明世說新語4/7下

皇明書25/3下

名山藏臣林記16/14

明史列傳54/15下

明史163/7下

父林守菴

守菴林公追挽詩序（楓山章先生文集6/39下）

妻朱氏（1474—1539）

朱氏墓誌銘（張文定公廓悔軒集7/15下）

林鶚（1423—1476）字一鶚，浙江太平人。景泰二年進士，授御史，持大體，略細故，有所言必當其實。英宗復辟，陞鎭江知府，治甚有聲。以才任治劇調蘇州，超遷江西按察使。寮寀分巡各道，人異其見，往往用己意出入於法，鶚一正之以律，多所平反。擢刑部侍郎，年五十四卒，謚恭肅。有長齋存稿。

贈林君一鶚序（謝文莊公集2/10下）

林公神道碑銘（匏翁家藏集 77/1，皇明名臣墓銘艮集5，國朝獻徵錄46/32）

林公墓志銘（丘濬撰、國朝獻徵錄46/29）

皇明獻實26/5

吾學編33/11下

國琛集下/5下

皇明名臣琬琰錄后9/7楊廉撰言行錄

聖朝名世考3/47下

皇明世說新語5/15，5/23下

皇明書21/1

明史列傳39/23

明史157/16

孫林應召字慶槍，號賓鳳。

林隱士傳（茂荆亭稿7/6下）

林蘭友字翰荃，仙遊人。崇禎四年進士，由臨桂知縣擢南京御史，因論楊嗣昌忠孝兩虧，貶浙江按察司照磨。與何楷、黃道周、劉同升、趙士春、稱長安五諫。遷光祿署丞，京師陷，薙髮自匿，爲賊所執，拷掠備至。賊敗南還。唐王用爲僉都御史，事敗，挈家遁海隅，十餘年卒。

明史276/21下

杭

杭淮（1462—1538）字東卿，號復溪，宜興人，濟弟。弘治十二年進士，授刑部主事，遷員外郎。正德間歷雲南提學副使，嚴條約，變士習，振起僻陋，文風亞於中州。累官至右副都御史致仕。廉明平恕，以志節著。與濟並負詩名。嘉靖十七年卒，年七十七。有雙溪集。

杭中丞雙溪七十序（古菴毛先生集4/14）
杭公神道碑銘（山堂萃稿9/16下）
杭公墓誌銘（張文定公靡悔軒集6/1）
杭公墓表（顧文康公文草6/1）
杭雙溪詩集序（遵巖先生文集10/39）
毘陵人品記8/16

杭雄（1459—1530）字世威，世爲綏德衞總旗。累官至都督同知，鎭寧夏。爲正德、嘉靖間西北名將。嘉靖九年卒，年七十二。

杭公神道碑（馬汝驥撰、國朝獻徵錄106/17）
明史列傳60/12
明史174/20下

杭濟（1452—1534）字世卿，號澤西，宜興人。弘治六年進士，官至福建布政使。與弟淮俱善詩學，有二杭集。嘉靖十三年卒，年八十三。

杭澤西八十壽序（涇野先生文集6/27下）
杭澤西方伯八十序（古菴毛先生集4/12下）
杭公行狀（同上5/25下）
杭公墓誌銘（方齋存稿8/3下）
杭公墓表（泉翁大全集63/13，國朝獻徵錄90/7）

靑

靑文勝字質夫，夔州人。洪武間爲龍陽典史，龍陽歲罹水患，逋賦數十萬，敲朴死者相踵。文勝慨然詣闕上疏言之，再上皆不報，復具疏擊登聞鼓以進，遂自經於鼓下。太祖爲免龍陽租二萬四千餘石，定爲額。邑人建祠祀之。

靑公傳（月鹿堂文集5/24下）
名山藏78/1下
明史列傳18/14
明史140/9

武

武大烈字海寧，臨潼人。天啓中舉人。崇禎中知永寧，李自成來攻，大烈與鄉官等固守，會有通賊者，城陷被執，自成以同鄉欲活之，大烈不屈，索印又不予，被燔灼以死。

明史293/1下

武忠，其先女直人。宣德中授錦衣衞百戶，屢以軍功陞中軍都督同知。忠貌狀偉，善射，嘗偕給事中張寧使朝鮮閱兵，鮮人請射，時有雁橫空，忠援弓射，應弦而落，人皆慴服。

國朝獻徵錄107/16無名氏撰傳

武尙耕（1543—1599）字邦聘，號晴川，溧水人。隆慶五年進士，授廣東程鄉知縣，擢禮科給事中，言論侃侃，不激不附，累官湖廣布政使，致仕卒，年五十七。

武公墓誌銘（蒼霞草17/12，國朝獻徵錄88/24）
掖垣人鑑16/8下
父武昺，號橙墩。
壽武公齒登八袠序（馬文莊公集選2/14）
武太公八十序（方初菴先生集6/25）

武金，號節菴，井陘人。嘉靖卅二年進士，隆慶中屢官右僉都御史巡撫鄖陽。

祭節菴武公文（徐氏海隅集文編34/15）

武周文，大興人。洪武末以明經入侍燕邸，永樂初授侍講。帝嘗謂學士胡廣曰，朕守藩時喜觀易，時官寮亦有通曉者，不如武周文言之切實。

殿閣詞林記6/39下
國朝獻徵錄20/57無名氏撰傳

武烈，山西陽城人。建文元年舉人，授平山縣學訓導，永樂中遷刑科給事中。

掖垣人鑑8/14

武達，山西大同人。永樂十二年舉人，除行在禮科給事中。宣德七年以才識老成薦陞浙江右參議，有惠政，仕終廣西參政。

掖垣人鑑6/17
父武秉輿
贈禮科給事中武公墓碑銘（介菴集11/16）

武德，安豐人。元至正中爲義兵千戶。知元將亡，言於其帥張鑑曰，吾輩才雄萬夫，今東峨西挫，事勢可知，不如早擇所依。鑑然之，相率歸太祖，屢以戰功授武毅將軍，鎮平陽，洪武十四年致仕。其冬征雲南，帝以德宿將，命與諸大帥偕行。

武德傳（蘇平仲文集3/39下）

明史列傳17/9

明史134/6

武衢字廷亨，沂水人。成化二十年進士，官監察御史，以忤壽寧侯張鶴齡及太監楊鵬，謫雲南通海主簿，仕終汾州知州。

明史180/31下

來

來天球字伯韶，號雨山，浙江蕭山人。弘治三年進士，正德中歷湖廣按察使，討平巨寇藍廷瑞等。

賀憲長來先生漢南平盜班師序（淩溪先生文集12/7）

來汝賢（1501—1536）字子禹，蕭山人。嘉靖十一年進士，初授江西奉新令，調丹陽，以治行最，擢禮部主事，以疾作乞歸，尋卒，年僅三十六。有菲泉存稿。

來君墓誌（許應元撰、國朝獻徵錄35/99）

來宗道字子緐，蕭山人。萬曆三十二年進士，累官太子太保，兼內閣大學士，預機務。宗道官禮部時，爲崔呈秀父請卹典，中有在天之靈語。編修倪元璐屢疏爭時事，宗道笑曰渠何事多言，詞林故事，止香茗耳，時謂清客宰相。後定逆案，坐贖徒爲民。

五十輔臣考1/13

明史306/15

來知德（1525—1604）字矣鮮，號瞿唐，梁山人。幼有至行，舉爲孝童，嘉靖時舉於鄉，歸養不出，其學以致知爲本，盡倫爲要，尤邃於易。萬曆間薦授翰林待詔不赴。著有周易集注、省覺錄、省事錄、瞿塘日錄、理學辨疑、釜山詩集等書。萬曆三十二年卒，年八十。

太史來瞿唐先生年譜（明古之賢等撰、清道光十一年梁山縣刊本）

來矣鮮先生易注序（賓衣生黔草11/10）

明史283/29

明儒學案53/16

來斯行字道之，號槎菴，蕭山人。萬曆三十五年進士，授刑部主事，出爲天津兵備道。白蓮教構亂，身率將卒破之，擒賊首徐鴻儒。終福建右布政使。有經史典奧、槎菴詩集。

槎菴燕語序（妙遠堂文往集×/19）

來復，僧、字見心，豐城王氏子。少出家，明內典，通儒術，善爲詩文。明初以高僧召至京，與宗泐齊名，坐胡惟庸黨見誅。有蒲菴集。

補續高僧傳25/21

來復字陽伯，三原人，儼然子。萬曆四十四年進士，官至江西布政使。性絕穎，詩文援筆立就，書畫之外，兼工琴碁劍器百工藝術等事，著述存來陽伯詩集二十卷。

名山藏103/15

來集之字元成，蕭山人。崇禎十三年進士，歷安慶府推官，仕終太常寺少卿。有讀易隅通、卦義一得、易圖親見、倘湖樵書、博學彙書。

來君墓碑銘（西河合集87/1）

來儼然字望之，三原人。萬曆廿三年進士，官至兵部主事。有自愉堂集。

祭來望之職方君文（溫恭毅公文集16/11下）

來職方家傳（大泌山房集65/22下）

父來賀（1504—1581）字奉國，號碧澗，官莒州守。

來公暨配合葬墓誌銘（溫恭毅公文集10/3）

東

東思忠（1441—1485）字進伯，華州人。成化二年進士，授刑部主事，以考最陞員外郎，進郎中，遷四川按察司副使，數平番寇，民賴以安。成化二十一年卒官，年四十五。

東公墓誌銘（對山集 19/15 下，國朝獻徵錄98/61）

東公合葬墓誌銘（對山集19/31）

東思恭字進賢，陝西華州人，思忠弟。弘治六年進士，除兵科給事中，卒于官。

披垣人鑑11/7下

東野（1482—1507）字希孟，陝西華州人，思忠季子。弘治十五年進士，除知陳留縣，政績卓著，民稱神明。擢刑部主事，正德二年以疾卒于官，年僅二十六。

送東平陽序（涇野先生文集2/12）

東君墓表（渼陂集15/16下，國朝獻徵錄47/70）

東漢（1475—1541）字希節，號渭川，陝西華州人，思忠三子。弘治十一年舉人，正德中任池州府同知，歷九江南昌知府，官終長蘆鹽運使，致仕卒，年六十七。

東公行狀（存笥稿12/11，國朝獻徵錄104/39）

昌

昌淴，高僧、太原許氏子。隱崛圍山，旱禱輒應，刺血書五大部經百十三卷。永樂中詔選赴京，纂修大藏經，一日更衣趺坐而逝。

名山藏103/18下

昌應會，莆田人。嘉靖中知漢川縣，惠政大著，以清廉自持。中璫暴横，倍索不應，誣奏逮繫坐謫，民思之爲立生祠于漢江上。

徐氏海隅集外編42/9下

易

易先字太初，湘陰人。永樂中由國子生授諒山知府，秩滿當遷，士民乞留，還任。宣德二年黎利反，城陷，先佩印自縊，妻奴十八口同日死。謚忠節，復其家。

忠節堂記（魏文靖公摘稿1/11）

明史154/14下

易恒字久成，崑山人。有風節，闢地引泉，藝花竹，名曰泗園。歌詠其間，視聲利泊然無所動，自號泗園叟。有陶情集。

崑山人物志5/5

吳郡張大復先生明人列傳稿×/27

易英，湖廣澧州人。洪武中自州學訓導擢工部主事，陞郎中，累官至禮部左侍郎。永樂十七年奉命祀海神於杭州，卒於道。

國朝獻徵錄35/14無名氏撰傳

易時中（1483—1558）字嘉會，號愧虛，晉江人。從同縣蔡清學易。嘉靖元年舉於鄉，知夏津縣，有惠政，遷順天府推官，以治胡守中獄，失要人旨，罷官。道出夏津，老稚有哭失聲者。母年九十一而終，時中年七十矣，毀不勝喪，嘉靖三十七年卒，年七十六。

送尊師易愧虛之任夏津序（遵巖先生文集11/1）

易愧虛先生行狀（同上18/23）

祭易愧虛先生文（同上20/17下）

明史282/14下

母

壽易太夫人九十序（遵巖先生文集12/57下）

易做之字惟俶，黃岡人。隆慶進士，歷知衢州府事。有兄弟爭訟不決，做之不問曲直，命之隅坐累朝，兩人相顧笑悟，爭遂釋。其爲政務服民心，大率類此。轉四川涪州道，以招諭楊應龍有功，陞大參，致仕。

賀守臺易公擢參藩序（芝園文稿4/5）

易紹宗，攸縣人。洪武時從軍有功，授象山縣錢倉所千戶，建文時倭人登岸剽掠，紹宗書絕命詞於壁，命妻李氏具牲酒生奠之。訣而出，密令遊兵間道焚倭舟，倭驚還救，紹宗格戰，追擊至海岸，陷淖中，手刃數十人，遂被害。其妻携孤赴奏於朝，賜葬祭，勒碑以旌之。

明史289/11下

易善，廣東南海人。舉於鄉，永樂二十二年除行在禮科給事中，以憂歸，復除兵科，陞岳州知府，仕終湖廣右布政使。

披垣人鑑7/29

易舒誥（1475—1526）字欽之，攸縣人。弘治十八年進士，授檢討。劉瑾擅權，人爭趨附，舒誥獨不屈，改南京戶部主事。瑾敗，復入翰林，以親老乞歸。杜門却掃，家居卒，年五十二。

贈易欽之序（中峰文選1/2）

易公墓誌銘（鈐山堂集29/6下）

易道暹字曦侯，黃岡人。諸生，好學尚氣節，居深山中，積書滿家，著詩徵及四書內外傳數百卷。崇禎中流賊至境，與其次子爲璉罵賊不屈死。後長子爲瑚亦被殺。

天啓崇禎兩朝遺詩傳9/291

明史294/11

易蓁號後齋，南京人。正德三年進士，累官雷州知府致仕。

賀雷州知府易後齋七十序（涇野先生文集7/5下）

易節字時中，江西萬載人。永樂十三年進士，擢行人，歷禮部員外郎，以才能著稱，累陞貴州布政使卒。

送知府易君時中赴成都序（芳洲文集4/26）

父易復亨(1342—1405)字子謙，號塢溪樵者。

易君墓表（東里文集15/19）

易應昌字瑞芝，臨川人。萬曆四十一年進士，熹宗時由御史累遷大理少卿，閹黨以東林劾之，削籍。崇禎初起爲左僉都御史，進左副都御史，爲時所重，以論救喬允升免死遣戍。福王時召復故官，遷工部右侍郎，國變後卒。

明史254/3

明

明玉珍，隨州人。身長八尺餘，目重瞳子，初從徐壽輝與元將戰，飛矢中右目，目遂眇。後攻重慶，陷成都，定有全蜀。陳友諒殺壽輝，玉珍以兵塞瞿塘，絕不與通，以劉楨爲參謀，僭稱帝，國號大夏，建元天統。玉珍無遠略，然性節儉，好文學，折節下士，又通好於明太祖，信使往返不絕。玉珍立五年卒，年三十六。子昇嗣，上廟號曰太祖。

徐氏海隅集外編43/3

國朝獻徵錄119/13湖廣總志傳

明史列傳2/7

明史123/15下

明昇，玉珍子。十歲嗣父僭帝位，諸大臣皆麤暴不肯相下。洪武初太祖克元都，諭昇歸命，昇不從。兵敗，面縛降，封歸義侯，徙置於高麗。

皇明功臣封爵考7/3

明史列傳2/10下

明史123/18

明得（1531--1588）高僧，烏程周氏子，號月亭。以紹萬松林禪師法嗣，故又號千松。遊叢席，至中竺謁萬松，授以楞嚴大旨。松化去，改事祇園法師，旋還徑山，力參三年得悟。居嘉興東禪寺，臨講衆常千指。爲人孤高剛毅，以傳法爲己任。萬曆十六年示疾逝，年五十八。

明高僧傳4/4

補續高僧傳5/9下

明睿字作聖，江夏人。崇禎十六年城破，賊獨不入其門，睿慨然曰，安有父母之邦覆，而偷生苟活者，語家人速從我入井，否則速去。於是妻及二子二女並諸婢以次投井，睿笑曰，吾今曠然無累矣，遂從容赴井死。時人號其井爲明井。

明史294/10下

明德（1294—1372）號孤峰，昌國朱氏子。年十七出家爲僧，歷住松江之東禪、集慶之保寧、湖州之道場、淨慈諸寺。入明後謝歸道場竹林菴，洪武五年卒，年七十九，宋濂爲銘其塔。有四會語錄。

補續高僧傳14/15

皇明名僧輯略×/63

明龍，宿遷姚氏子，俗名東陽。本諸生，嗜內典，不問家人產。隆慶間北探諸名勝巨刹，尋祝髮，居北直之羊山秀峯庵，闡三教宗旨，萬曆元年坐化，汪道昆爲之塔銘。

明高僧傳4/2

補續高僧傳26/11下

具

具生吉祥，僧、梵名板的達撒哈失里，中天竺之加維羅國人。洪武七年詔住蔣山寺

【八劃】易、明、具

，帝嘗賜詩勞之。著有示衆語三卷，並譯八支戒本傳於世。

補續高僧傳1/16下

呼

呼良朋（1536—1590）字如蘭，號益齋，福清人。以鎭東衞千戶從戚繼光防倭，戰於海上，屢奏奇捷，累陞廣西總兵，佩征蠻將軍印，平昭州，征府江，尋乞歸。萬曆十八年卒，年五十五。

呼公行狀（蒼霞草13/15，國朝獻徵錄108/65）

卓

卓人月字珂月，仁和人。有寤歌詞，王言遠稱其有意出新，獨闢生面，但於宋人蘊藉處，不無快意欲盡之病云。又有蕊淵集。

卓珂月蕊淵蟾臺二集序（紡授堂文集1/65）

卓明卿字澂甫，錢塘人。萬曆中由國子監生官光祿寺署正，卒年六十。有卓氏藻林卓光祿集、卓澂甫詩續集、唐詩類苑等。

卓澂甫傳（弇州山人續稿74/1）

卓澂甫傳（太函集36/10，又太函副墨12/56）

卓澂甫傳（快雪堂集9/15下）

唐詩類苑序（弇州山人續稿53/5）

唐詩類苑序（太函集23/15，又太函副墨3/19）

卓澂甫新詩序（大泌山房集24/4下）

父卓賢字思齊，號見齋。

見齋卓君傳（王奉常集16/4）

卓敬字惟恭，浙江瑞安人。洪武二十一年進士，爲戶科給事中，遇事敢言，歷宗人府經歷，陞戶部侍郎。建文初密疏請徙燕王於南昌，事不行。燕王即位，執敬數之，憐其才，命繫獄，遣人諷之仕，不屈，乃斬之，夷其三族。成祖嘗嘆曰：國家養士三十年，惟得一卓敬。有詩文五十卷，遺書十卷，發明周邵之學。福王時謚忠貞。

卓忠貞公廟碑（不著撰人、國朝獻徵錄30/2）

戶部右侍郎卓敬傳（袁袠撰、同上30/1）

擬謚遜國諸臣（公槐集6/27）

革朝遺忠錄上/3下

遜國正氣紀3/15

遜國神會錄上/29

皇明表忠紀2/27下

聖朝名世考4/7下

掖垣人鑑5/2

皇明世說新語5/22

皇明獻實6/6下

吾學編54/2

皇明書31/18

明史列傳19/16下

明史141/10下

卓爾康（1570—1644）字去病，仁和人。萬曆舉人，爲大同諫官，遷兩淮分司，罷歸。賊陷京師，悲憤卒，年七十五。官大同時，盧象昇方爲總督，延之上座咨兵事，爾康抗談，漏下乃已，象昇用其策多效。著有易說、詩學、春秋辨義諸書。

卓去病先生墓誌銘（牧齋有學集32/1）

妻李氏

李令人傳（雪堂集6/26）

虎

虎大威，楡林人。本塞外降卒，崇禎初爲偏裨最有聲，累官山西總兵官。時流賊勢益張，所將止數千人，不能大有所挫，以援河南攻賊寨中礮死。

明史269/15

虎臣，麟遊人。成化末貢入太學，孝宗將建棕棚於萬歲山，備登眺。臣具疏極諫，祭酒懼禍及，繫臣。俄有旨慰諭，即拆棚，自是臣名聞都下。後知鄠嘉縣，卒官。

國朝獻徵錄102/115無撰人鄂嘉令虎臣傳

明史列傳49/43

明史164/23下

倘

倘大倫字崇雅，安陽人。由進士歷官刑部郎中，有國學生以救黃道周繫獄，大倫議寬之，忤尙書意，遂罷歸。流賊陷安陽，抗節死。

明史294/25下

倘達字兼善，山東東平人。正統四年進士，任行在工科給事中。

披垣人鑑9/25下

尙維持字國相，號仰山，羅山人，褫曾孫。嘉靖十九年解元，明年第進士，歷御史，官至提學副使。

陝西河東運司監察鹽政仰山尙公去思記（谿田文集3/104）

觀風圖咏序（環溪集3/8下）

尙褫字景福，羅山人。正統四年進士，累官南臺御史，剛正不阿。劾都御史周銓，謫雲南虛仁驛丞。景泰間移知豐城縣，成化初薦陞湖廣僉事，有治行，賜誥旌異，致仕卒。

明史列傳37/29下

明史164/21下

尙衡字一中，陝西同州人。弘治九年進士，累官工科給事中，嘗上疏諫止造佛塔，有臣可無此身，陛下不可有此過之語。遷山西左參議，時平陽盜王常聚衆西山，衡設計擒殺之，散其餘黨，移守漢陽卒。

漢陽太守傳（渼陂集16/3，國朝獻徵錄89/16）

披垣人鑑11/13下

父尙禮（1380—1472）字從宜。

尙先生配孺人蘇氏墓表（涇野先生文集30/39）

尙縉（1455—1523）字美儀，號水南子，河南睢陽衛籍，浙江嘉興人。成化十七年進士，授兵部主事，調刑部員外郎，有明決聲，陞郎中。出知臨江府，遭搆陷，解印歸，嘉靖二年卒，年六十九。

尙公墓誌銘（空同子集47/9下）

花

花茂，巢縣人。從定江左，殲陳友諒，平山西、陝西皆有功，累進廣州都指揮同知，數勦連州、廣西、湖廣諸猺賊，進都指揮使卒。

國朝獻徵錄110/1無撰人花公傳

明史134/12

花英，建文時爲都指揮使，定州之役與指揮詹忠，連陣敵燕，敗績被執，送北平自殺。

皇明表忠紀5/16

遜國正氣紀6/29下

花英、巢縣人，茂子。果毅有父風，以軍功爲廣東都指揮使，有聲永樂中。

明史134/12下

花雲（1322—1360）懷遠人。貌偉而黑，驍勇絕倫，謁太祖於滁陽，將兵略地，屢建奇功，陞前部先鋒判行樞密院，守太平。陳友諒來攻，城陷被執，奮躍大罵，縛盡裂，奪守者刀，殺五六人，賊怒，碎其首死，年三十九。吳元年追封東丘郡侯。

東丘侯花公墓碑（宋學士文集63/10，國朝獻徵錄8/37）

重修忠臣廟記（方初庵先生集8/11）

國琛集上/12

聖朝名世考5/6下

皇明功臣封爵考8/50下

皇明世說新語5/21下

皇明獻實4/9下

名山藏臣林記3/33

皇明書31/5

明史289/2下

芮

芮翀字子翔，河南郾城人。洪武二十七年進士，除塾江知縣，遷崑山，正直有局幹，政不察察，未嘗失民情。徵爲監察御史，尋改知秦安，再徙清豐，宣德六年卒官。

吳中人物志3/13

吳郡張大復先生明人列傳稿×/1

芮釗（1408—1462）字宗遠，寶坻人。正統七年進士，授監察御史，歷官右副都御史巡撫甘肅，訓練卒伍，謹斥堠，廣蓄積。在鎮三年，邊境寂然。天順六年卒於官，年五十五，貧無以爲歛，人服其清操。

芮公行狀（韓襄毅公家藏文集13/11，國朝獻徵錄60/51）

父芮琦（1373—1451）字本初。

芮公行狀（韓襄毅公家藏文集13/5）

芮公墓志銘（呂文懿公全集10/56下）

芮善字性存，武進人。明易春秋，性淳厚，無疾言遽色。洪武三十年舉進士，歷官中書舍人、司經洗馬、襄府右長史，致仕卒。

昆陵人品記6/10下

芮稷字惟馨，宜興人，畿弟。登成化十七年進士，除兵科給事中，弘治五年卒官。

昆陵人品記7/18

披垣人鑑11/2

芮畿字惟瞻，宜興人。天資絕人，讀書過目成誦，爲文豪邁俊逸。舉成化二年進士，歷官刑科給事中，多所論列。

昆陵人品記7/18

披垣人鑑3/22下

芮麟字志文，宣城人。洪武間由國子生累官台州知府，明於政體，吏民信服。謫戍邊，父老泣送境外，遺之金無所受。後起爲建寧嚴州知府，以慈惠稱。

送太守芮公復任建寧序(楊文敏公集14/13下)

國朝獻徵錄91/5無名氏撰傳

金

金九成字鳴韶，武進人。嘉靖二十三年進士，初令定海，銳意興革，增葺捍海堤，邑甚利之，號曰金公塘。爲吏廉介不受私謁，因忤要路調章丘，後陞主事歸病卒。

昆陵人品記10/3

金九皋，武進人，九成弟。恂恂禮讓，尤相友愛。以貢爲武康知縣，盡心民事，人咸誦之。

昆陵人品記10/3下

金大車字子有，號方山子，江寧人，賢子。登嘉靖四年鄉薦，累上南宮不第，蹉跎以卒，年僅四十四。有子有集、方山遺稿。

金子有傳(陳鳳撰、金子有集附錄)

金大輿字子坤，江寧人。與兄大車同學於顧華玉，有文名。落拓不第，亦不事生產，家貧甚，處之泊如。南都貴人多訪之，輒避去不答。沒後，友人郭第爲刻其詩。

四友齋叢說12/7下

金士衡字秉中，長洲人。萬曆二十年進士，授永豐知縣，擢南京工科給事中，累疏陳礦稅之害，引鹿臺西園爲戒，帝不聽。官至太僕少卿，引疾去。卒於家。

明史列傳90/2下

明史236/8下

金文字尙德，號履素，浙江麗水人。景泰二年進士，選庶吉士，授行人，遷刑部員外郎，晉郎中，陞知河南開封府，以不俯仰當道致仕歸，年五十四卒。著有晉陽稿、好生錄、讞獄餘興、履素閒吟、東遊稿、塤篪和聲、鏡潭雜咏。

送金開封序(懷麓堂文稿3/7下)

金公墓誌銘(潘琴撰、國朝獻徵錄93/8)

金文鼎，鶴城人，一作宣城人。詩文流麗，兼工書畫。

圖繪寶鑑6/5下

金文徵字德儒，吳郡人。讀書攻古文辭。洪武中累官鄜州同知，時同邑黃綜知中部，常熟張著知膚施，與文徵皆延安官屬，公餘以詩唱酬，名長安集。仕終國子學錄。

吳中人物志7/29下

金日觀字伯玉，蒲江人。崇禎中爲萊州副總兵。清兵攻朝鮮，命從陳洪範往救，次皮島，相持七晝夜，力戰死。

明史271/19

金玉，浦江人。襲父官爲羽林衞百戶，調燕山護衞，從起兵有功，永樂中累遷鷹揚將軍。七年從北征，師旋，爲殿，至長秀川，收敵所棄牛羊雜畜，亘數十里。又討平山西妖賊劉子進，論前後功，封惠安伯。

皇明功臣封爵考6/64下

吾學編19/47

明史列傳22/21下

明史155/5下

妻董氏

董氏墓誌銘(遜志齋集22/52下)

金世龍字孟陽，長洲人。嘉靖二十年進士，歷官按察副使，致仕卒，年八十四。

姑蘇名賢小紀下/29

金幼孜(1368—1431)名善，以字行，號退闇，江西新淦人，固子。建文二年進士，授戶科給事中，永樂初累遷諭德兼侍講，從幸北京。帝北征，所過山川要害，輒命記之。有旨屬起草，據鞍立就，自後出塞必扈從。拜文淵閣大學士，兼翰林學士。洪熙元年官至禮部尚書，兼武英殿大學士加太子太保。宣德六年卒，年六十四，謚文靖。有前後北征錄、金文靖集傳世。

送禮部尚書金公歸省詩序（東里文集6/10下）
金公神道碑銘（楊文敏公集17/19下）
金公墓誌銘（東里文集20/17下，皇明名臣琬琰錄18/14）
金文靖公傳（不著撰人、國朝獻徵錄12/42）
少保金公哀辭（王文端公文集38/20下）
退菴金先生哀辭（尋樂習先生文集20/1）
掖垣人鑑5/12
殿閣詞林記1/18
皇明獻實10/6
吾學編29/11下
名山藏臣林記5/19
皇明書15/20下
明史列傳24/18下
明史147/11下

弟金幼學

送金幼學還臨江詩序（楊文敏公集14/19下）

金有聲，河南人。累官刑部侍郎，素以忠義自矢。建文四年，京師陷，偕指揮朱進期廣募勤王，爲南昌百戶劉恩乘間縛獻，不屈死之。

皇明表忠紀4/11
遜國正氣紀3/36

金光辰字居垣，號雙崖，全椒人。崇禎元年進士，擢御史，巡視西城，內侍殺人，捕之，卒抵罪。出按河南，拮据兵事，累擢僉都御史。後以力救劉宗周，鐫秩去。有雙崖詩文集。

明史254/17

金固字守正，號雪崖，江西新淦人。自幼好學，凡經史諸子及天文地志律曆器物數度之學，靡所不究。雖顛沛流離，未嘗釋卷。洪武中郡太守聘爲學訓導，嚴約諸生，諭以正心誠意，戒敦本務實，諸生翕然嚮服。年五十七卒。有湄湘稿。

國朝獻徵錄87/118楊士奇撰雪崖金先生傳

金忠（1353—1415）字世忠，鄞人，寄居北京。善卜，從燕王起兵。由紀善累官兵部尚書、兼詹事府詹事。爲人慷慨濶達負氣，每被顧問，知無不言，尤博於學。永樂十三年卒，年六十三，贈少師，謚忠襄。

金公墓表（楊士奇撰、皇明名臣琬琰錄15/11，皇明名臣墓銘乾集35，國朝獻徵錄38/17）
靖難功臣錄×/12
吾學編31/5下
皇明世說新語3/19
皇明書20/8
名山藏臣林記5/12
明史列傳27/6
明史150/3

金忠，蒙古王子也先土干也。永樂二十一年成祖征漠北，忠率妻子部屬來降，賜姓名，封忠勇王，甚見眷寵。宣德三年請征兀良哈以自效，獲馬牛數百來獻，進太保，六年卒。

皇明功臣封爵考7/1
吾學編19/46
名山藏臣林記6/41下
明史列傳31/3下
明史156/5

金忠（1432—1479）字尚義，浙江麗水人，文弟。天順八年進士，授南京監察御史，輒上疏言國家大計，皆時所深諱者。衆聞之皆股慄，而忠慨然不以爲意。未幾以臺檄巡沿江，諸郡邑吏皆望風相戒曰，勿犯金御史。後以事謫戍遼東，成化十五年卒，年四十八。

金尚義墓誌銘（懷麓堂文稿27/1，國朝獻徵錄66/3）
金尙義傳（桃溪淨稿文18/5）
祭金尙義文（同上19/4）

金忠士字元卿，號麗陽，宿松人。萬曆二十年進士，爲御史，屢疏陳時事，言皆鯁直。劾潞王不法事忤旨，出爲福寧參議。累擢僉都御史，巡撫延綏，奏行籌邊七議，威名大著。有旭山集。

部使者麗陽金公報命還朝序（昭甫集19/4）

大中丞麗陽金公紀功碑（太霞洞集30/8下）

金洪字惟深，鄞縣人，亮子。成化二十三年進士，授靖江縣令，擢監察御史。

送金君惟深拜靖江令（費文憲公摘稿10/23）

金洲字士敦，嘉興人。性至孝，嘗知永康，以淸廉仁愛稱。其學以誠敬爲主，學者稱沐齋先生。

國琛集下/32下

金亮（1418—1499）字克明，浙江鄞縣人。正統十年進士，授南京行人司司副，擢南京兵部武庫淸吏司郎中，以憂歸，遂不出。家居三十年卒，年八十二。

金府君墓碑銘（匏翁家藏集76/14下）

金英，宣宗朝司禮太監。明達識大體，親信用事，賜英免死。英宗北狩，英勸郕王任于謙治戰守，並叱徐珵倡南遷之言，而決固守之議。景泰初犯贓罪，下獄論死。帝令禁錮之，終景帝世廢不用。

國朝獻徵錄117/10無撰人金英傳

水東日記7/12

皇明世說新語4/33

皇明書13/17下

名山藏87/3下

明史304/5下

金俊明（1602—1675）初冒姓朱氏，名衮，後復姓，更今名，字孝章，號耿庵，又號不寐道人，蘇州人。好錄異書，靡間寒暑，工詩能書，長於畫梅，淸康熙十四年卒，年七十四，門人私謚貞孝先生。有闡幽錄、康濟譜、春草閒房詩集。

金孝章墓誌銘（堯峰文鈔15/5）

金純字德修，泗州人。洪武中太學生，擢吏部文選司郎中，三十一年出爲江西右參政。成祖即位，以蹇義薦召爲刑部右侍郎。治會通河，有能聲，累官禮部尚書致仕。純在刑部，務寬大，每誡屬吏，不得妄椎擊人。故當純時，獄無瘐死者。正統五年卒，贈山陽伯。

梅花圖詩序（東里文集7/17下）

皇明功臣封爵考8/70

皇明書20/11

明史157/1下

金問（1370—1448）字公素，吳縣人。少學易，文行敦茂，工書，得魏晉筆法，星曆之學尤精。永樂初被薦爲司經局正字。後坐繫十年，講讀不輟。洪熙初得釋，陞翰林修撰，官至禮部右侍郎。正統十三年卒，年七十九。有青楊集、桂芳集、耻菴集。

侍郎金公墓誌銘（王文端公文集33/6下）

吳縣金公傳（王鏊撰、皇明名臣墓銘乾集65，國朝獻徵錄35/28）

殿閣詞林記6/40下

吳中人物志7/32下

名山藏臣林記6/11

明史列傳24/12下

金國鳳，宣府人。崇禎中以副總兵守松山，淸兵來攻，國鳳督將士死守。淸兵穴其城，國鳳隨方固拒，圍解，擢署都督僉事，爲寧遠團練總兵官。淸兵復攻寧遠，國鳳出據北山岡力戰，與二子俱死。

明史272/1

金紳（1434—1482）字縉卿，上元人，濶子。景泰五年進士，授刑科給事中，時同張寧上章疏，每有獻替。憲宗立，進都給事中，以言責自盡，陳時政八事。擢南京大理寺左少卿，陞刑部右侍郎。性狷介嚴毅，門無雜賓。成化十八年卒官，年四十九。有心雪稿、江西巡視稿。

金公墓誌銘（徐文靖公謙齋文集5/13下）

祭南京刑部侍郎金公文（同上6/42下）

金侍郎傳（瓊臺詩文會稿重編20/20）

國朝獻徵錄49/4無名氏撰傳

掖垣人鑑8/4下

金湜字本淸，號太瘦生，又號朽木居士，鄞縣人。有異質，甫髫齓，輒能詩歌。正統中舉於鄉，以善書授中書舍人，陞太僕寺丞，췍剔宿姦，風節甚著。憲宗即位，使朝鮮，湜即席賦數十篇立就。因請湜所經歷題

詠刻之，名皇華集。還朝致仕，屢徵不起。湜善畫竹石，篆隸行草，皆有晉人風度，又善摹印篆。

鄉先生遺事三（董山文集15/10）

皇明世說新語7/17

圖繪寶鑑6/5下

金琮字元玉，自號赤松山農，上元人。爲人高簡粹白，工詩，善書。文徵明極喜之，裝潢成卷，題曰積玉。

國朝獻徵錄115/40陳鎬撰金先生傳

金弼（1403—1463）字輔伯，江西新淦人，幼孜從子。宣德八年進士，正統初爲中書舍人，陞太僕寺丞，天順改元進少卿。七年以疾卒官，年六十一。弼性孝友，尤好濟貧困，時稱君子人。

國朝獻徵錄72/36李賢撰金君墓表

金賁亨（1483—1568）字汝白，號一所，初冒高姓，臨海人。正德九年進士，官至江西提學副使。隆慶二年卒，年八十六。著台學源流，自宋徐中行迄明方孝孺、陳選，各爲之傳，又有一所文集。

贈一所先生壽七十四序（明善齋集4/13）

壽一所先生八十序（太函集10/12，太函副墨8/24）

金公墓誌銘（洪朝選撰、國朝獻徵錄86/95）

金逵（1462—1519）字達卿，號望山，江寧人，澤子。弘治九年進士，授陽信縣令，以治最擢太僕寺丞，歷禮部員外郎，出爲廣東按察僉事，平大帽山賊林貴等，境賴以安，正德六年解官歸，卒年五十八。

金公墓誌銘（景暘撰、國朝獻徵錄99/144）

金朝興，巢人。從太祖渡江，積功遷都督僉事，兼秦王左相。朝興沈勇有智略，所至以偏師取勝，功出諸將上。後從傅友德征雲南，駐師臨安，元右丞兀卜台等俱降。進次會川卒，謚武毅。

皇明功臣封爵考6/55

吾學編18/45下

名山藏41/20下

明史列傳8/13

明史131/10

母翟氏

金母翟氏墓誌銘（宋學士文集32/25）

金焦，貴池人。建文時官刑部侍郎，京師陷，從亡於二十二人列。後數覲於帝，同王資往河南，卒於祥符。

遜國正氣紀2/26

遜國神會錄下/29下

皇明表忠紀6/17

金皐字鶴卿，綿州人，獻民子。正德六年進士，選庶吉士，授翰林檢討。

送金翰檢鶴卿序（陽峰家藏集24/2）

金鈍字汝礪，松江華亭人，鉉長子。官中書舍人，畫有父風，精楷書章草。

圖繪寶鑑6/5下

金順，瓦剌人，本名阿魯哥失里。永樂七年來降，授大寧都指揮僉事，從北征有功。洪熙初陞都督府僉事，宣德中從巡北邊，封順義伯卒。

皇明功臣封爵考6/67下

吾學編19/49下

明史156/5

金祺（1365—1435）字厚祺，號梅窗，永嘉人。洪武二十六年舉人，會試中乙榜，除永豐教諭，陞襄陽府教授，改常州，歷典文衡，士論歸之。遷紀善，以言論抗直，多所乖忤，解印而歸。宣德十年卒，年七十一。

梅窗先生金公墓誌銘（介菴集10/3下）

金廉（1383—1449）字思廉，號竹雪，豐城人。永樂中以才藝授都察院照磨，選往撫諭西域諸國，至肅州，止不行，歸守原職，屢陞至經歷。正統十四年扈從北征，土木之變，被傷而卒，年六十七。

金君墓誌銘（王文端公文集33/19下）

金達，浙江鄞縣人，忠子。儒士，永樂二十二年以父蔭授翰林院檢討。正統間以禮科給事中攝御史事，景泰二年陞禮科都給諫，尋出爲長蘆運使。

披垣人鑑6/4

【八劃】金

金鉉 (1351—1436) 字文鼎，一字尚素，松江華亭人。事母孝，喜吟詠，工書畫，時稱三絕。洪武中徵至京師，有欲薦其才者，以母老辭。正統元年卒，年八十六。

金君墓誌銘（思菴先生文粹11/6）

金鉉 (1610—1644) 字伯玉，一字在六，武進人，占籍大興。崇禎元年進士，累官主事。京師陷，鉉慟哭，急趨入朝，知帝已崩，投金水河死，年三十五。福王時諡忠節，改諡忠潔。有金伯玉遺集。

金忠潔公傳（文友文選3/29下）
金忠潔公年譜（清金鏡撰、畿輔叢書本）
天啓崇禎兩朝遺詩傳3/123
啓禎野乘12/19
明史輯略紳志略文臣
明史266/16
明儒學案57/1

金實 (1371—1439) 字用誠，開化人。成祖即位，上書言治道，復對策稱旨，入翰林，與修太祖實錄、永樂大典。仁宗即位，除衛府左長史。正統四年卒，年六十九。

金君用誠墓表（楊文敏公集20/8，國朝獻徵錄105/24）
明史列傳12/21
明史137/10下

金毓峒字耳鶴，又字鶴冲，保定人。崇禎七年進士，授御史，巡按陝西。還朝，命監李建泰軍，馳赴山西，甫抵保定而賊騎已逼，遂偕邵宗元等分守，散家貲犒士。城陷，一賊挽毓峒往謁其帥，毓峒且罵且行，遇井推賊仆地，墮井死。

天啓崇禎兩朝遺詩傳7/249
啓禎野乘11/16
明史295/5

金誾 (1405—1493) 字伯玉，又字靜虛，上元人。年十二，能賦詩。正統三年舉鄉貢，授兵部司務，爲少保于謙所重，每與之諮議兵事，擢南安知府。政暇，彈琴寫畫賦詩，乞休家居。以子貴封南京刑部右侍郎，弘治六年卒，年八十九。

風帆得意圖序（魏文靖公摘稿1/2）
國朝獻徵錄87/11童軒撰金公墓碑

金養，樂清人，王華之僕。嘉靖中倭寇至，華挈女婦數十人遁，賊望見追之，衆大窘。養揮手曰，主第走，即扼橋格賊，死鬬良久，始仆。華等得脫。

名山藏98/4下

金賢字士希，江寧人。弘治十五年進士，授仁和知縣，遷兵科給事中，出知大名府，有善政。府藏有羸金三千兩，不登于籍，吏言之，賢曰吾不忍厚私以負國家，遂白之御史籍之官。改知延平，未幾致仕。卒年七十一。

東園金先生傳（息園存稿文6/23下，國朝獻徵錄91/22）
掖垣人鑑12/12下

金澤字德潤，江寧人。成化二年進士，授刑部主事，累擢廣東左布政使，贛寇內擾，孝宗命澤爲右副都御史，巡撫江西。澤振勵風紀，嚴明節制，猺獠諸蠻皆向化，民稱保障焉。官至南京都察院右都御史掌院事，正德元年致仕。

祭都憲金公德潤文（整菴先生存稿15/5下）
雪寓解（楊文懿公東觀稿8/10）
國朝獻徵錄64/6無撰人金公傳

母强氏
强氏墓碣（方洲張先生文集28/7下）

妻范氏宗賢
范氏墓誌銘（楓山章先生文集5/27下）

金濂字宗翰，淮安山陽人。永樂十六年進士，授御史，有風裁，累官刑部尚書。時討閩盜，濂參贊軍務，竣事，進太子太保，兼戶部尚書。景泰五年卒于官，贈沐陽伯，諡榮襄。

國朝獻徵錄28/28蕭鎡撰金公傳
皇明功臣封爵考8/70下
皇明世說新語8/10
水東日記7/3下，27/6下
明史列傳28/12
明史160/4

母周氏（1368—1448）
金母周氏太夫人行狀（尋樂習先生文集19/4）
金母周氏墓誌銘（芳洲文集9/5）

金興旺，洪武二年以指揮使守鳳翔有功，復守興元。蜀將吳友仁以三萬衆寇興元，城中兵止三千，與戰，興旺面中流矢，拔矢復戰，斬數百人，卒以計却敵，威震隴蜀。明初守城功稱最。

明史列傳17/12

明史134/10下

金燕，安慶潛山人。嘉靖卅二年進士，官桐鄉知縣，始築土為城以防倭。卅五年夏倭寇大入，圍攻桐鄉，燕度城隙地，遍募邑中富姓入墳其中，匝月圍解，城獲以完。民偉其功，立生祠祀之。

桐鄉令金公生祠碑（茅鹿門先生文集21/5）

金聲（1598—1645）初名成光，字正希，一字子駿，號赤壁，休寧人。好學，工舉子業，名傾一時。崇禎元年進士，授庶吉士，乞面陳急務。帝即召對平臺，不用，遂屢疏乞歸。久之，廷臣交薦，即命召用，未赴而京師陷。福王立於南京，超擢左僉都御史，聲堅不起。南都陷，糾集義勇，分兵扼六嶺，貴池吳應箕等多應之，乃遣使通表唐王，授右都御史，總督諸道軍，為清所執，不屈死，年四十八。諡文毅。有金正希集傳世。

金正希先生年譜（清程錫類撰、民國十七年貽思堂刻本）

明史277/5下

明儒學案57/2

金爵（1438—1502）字良貴，號蓼猗翁，四川綿州人。成化五年進士，授知鄞縣，平易守法，民甚愛之。時郡多虎，獨不入境，人以為德化所感。擢太僕丞，弘治十五年陞廣西布政司左參政，未受命而卒，年六十六。

金公墓誌銘（東川劉文簡公集16/4）

金獻民字舜舉，號蓉溪，綿州人，爵子。成化二十年進士，弘治初授御史，世宗時累擢左都御史，遷兵部尚書，歷官並著風裁。大禮議起，獻民偕廷臣疏爭，帝不悅。嘉靖四年致仕歸。

送憲副金君舜舉之天津序（東川劉文簡公集11/1）

送大司馬蓉溪金公致仕還鄉序（棠陵文集26/3）

蓉溪書屋記（棠陵文集3/1）

明史列傳63/11

明史194/11

金繼震（1556—1609）字長卿，號戴槐，江都人。萬曆十四年進士，授滄縣令，遷義烏，累陞禮部郎中。以譜謫江西臬司照磨，官終刑部郎中，卒年五十四。

金公墓誌銘（兩洲集6/32）

父金淑滋（1531—1579）字汝霖，號槐野，嘉靖四十年舉人。

金君合葬墓表（賜閒堂集22/37）

岳

岳元聲（1557—1682）字之初，號石帆，嘉興人。萬曆十一年進士，知旌德縣，以強項稱。遷國子監丞，諫止選良家女入宮，進工部郎中。爭三王並封，又極論關白之亂，與政府忤，削籍歸。天啓初起歷太僕卿，晉南兵部右侍郎，劾魏忠賢不法事罷歸。聚徒講學於天心書院，以毋自欺為主。崇禎元年卒，年七十二。著有潛初子集、潛初雜著、聖學範圍圖。

檇李往哲續編×/11

啓禎野乘6/45

岳正（1418—1472）字季方，號蒙泉，郭縣人。正統十三年進士，授編修，天順初改修撰，命以原官入閣，參預機務。忤曹吉祥、石亨，謫欽州同知，戍肅州。成化初詔復修撰，出知興化府，致仕卒，年五十五，諡文肅。正博學能文章，工書，畫葡萄稱絕品，雕鏤悉臻其妙，學者稱蒙泉先生。有深衣注疏、類博雜言、類博稿。

贈翰林編修岳君（呂文懿公全集7/28下）

岳君墓誌銘（類博稿附錄上/1下，皇明名臣琬琰錄后1/15）

祭前學士岳公季方文（彭文思公文集5/20）

蒙泉公補傳（懷麓堂文後稿11/11下，類博稿附錄下/1，國朝獻徵錄13/56）

題蒙泉岳公墨墨（桃溪淨稿文29/2）
題類傳稿引（雲岡公文集11/10下）
國琛集下/4下
聖朝名世考2/27
皇明獻實22/3
皇明世說新語5/16下，8/13下
皇明書16/14下
吾學編29/15下
名山藏臣林記9/30下
明史列傳45/31下
明史176/7下

側室周氏

岳孺人周氏墓誌銘（懷麓堂文後稿25/20下）

岳具仰，延安人。弱冠舉於鄉，就敎職，當事者以邊才擢知四川瀘州。時值貴州安裔之變，授兵備使，屢立奇功，後兵潰被圍而死。羌蠻羅拜不敢近，事聞，贈光祿卿。

明史249/20下

岳倫字厚夫，號雲石，懷安衛人。嘉靖五年進士，官行人，使河南，見餓殍載路，疏請蠲賦算發粟賑之。又抗疏論宰相專擅，謫齊東丞，屢遷工部郎中。世宗南巡，倫疏諫，下詔獄，尋放還，年五十一卒。有岳雲石集。

岳先生墓志銘（孫陞撰、國朝獻徵錄51/95）

岳懋，陝西人。官遼東副總兵，嘗出塞四十里，逐寇及於小長山，以功進大同總兵官。嘉靖中因巡邊中敵誘，陷伏中戰死，諡壯愍。

明史列傳60/19

岳薦字西來，淮安山陽人。少嗜學，該涉經史，尤好濂閩書。歲饑，已食糠粃，父母甘旨未嘗缺。持身嚴重，接人和易，誨子弟諄切不倦，終身未嘗去書，而不喜著述，鄉人稱爲西來先生。

岳先生傳（堯峰文鈔35/4）

岳璿（1420—1471）字文璣，河南祥符人。景泰二年進士，授監察御史，繼趙東爲湖州知府，有善政。遷山東左參政，成化七年超擢右僉都御史，巡撫遼東，尋卒於官，年五十二。有仕優小稿。

國朝獻徵錄63/19李濂撰岳公傳
明史281/19下

岳璧，蘄州人。官蘄州指揮，崇禎十六年，李自成兵破蘄州，璧自屋墮地不死，賊執至城上欲降之，璧不從，賊刃之仆地，氣將絕，猶罵賊。時大雪，血流丈餘，目眦不合。

明史294/8

季

季本（1485—1563）字明德，號彭山，會稽人。師事王守仁，能傳其學。登正德十二年進士，除建寧推官，徵授御史，以言事謫揭陽主簿。累遷長沙知府，落職歸。嘉靖四十二年卒，年七十九。平生考索經傳，著述甚富。有易學四同、詩說解頤、讀禮疑圖、廟制考儀、樂律纂要、孔孟圖譜等書。

送彭山季子擢長沙序（雙江聶先生文集4/14）
賀彭山先生七袠壽序（王襄毅公集10/17下）
彭山季先生祠堂碑（張陽和先生不二齋文選4/58）
祭季彭山文（龍谿王先生全集19/11）
季彭山先生傳（張陽和先生不二齋文選5/22，國朝獻徵錄89/27）
孔孟圖譜序（遵巖先生文集10/1）
皇明書43/16
明史列傳70/21

季汶（1318—1377）字彥父，處州龍泉人。少讀書多智略，事親尤孝，好施捨，鄉人多被其澤。當元季之亂，汶與葉琛、劉基、章溢四人，先後舉兵堅守處州，民賴以安。太祖渡江，始降其城，擢安南翼總管，會賀、李二將叛，殺總制孫炎，時汶勒部駐白岩，出其不意攻之。旋平章政事邵某亦引兵至，左右夾擊，遂誅賀、李，復其城。事聞，陞處州翼同知元帥。洪武元年引疾歸，十年卒，年六十。

季君墓銘（宋學士文集72/517）

季科字汝登，號連江，直隸江陰人。嘉靖三十二年進士，由行人選禮科給事中，屢

陞工科都給事中，擢江西參政，隆慶元年免官，

披垣人鑑14/36下

父季葵字子忠，號秋崖。

季君秋崖傳（藝文類稿11/16）

季善、號毒峰、鳳陽吳氏子，隨父任出生於廣東雷陽。年十七出家爲僧，天順四年開山西湖三塔寺，繼興昭明、寶蓮、甘露、天眞等寺。有三會語錄。

皇明名僧輯略×/12

補續高僧傳16/2下

續武林西湖高僧事略×/27

季源字本淸，江西進賢人。成化二十三年進士，除刑科給事中，屢陞吏科都給事中，弘治十一年擢太常寺少卿，以憂歸，卒于家。

披垣人鑑10/33下

季道統字亦卿，陳州人。萬曆十一年進士，選庶吉士，授翰林院檢討，歷南京國子司業，以疾乞歸不得請，遂自免行至荆山卒。有秣陵草傳世。

贈少司成季先生之任南雍序（劉大司成集6/8下）

季亦卿傳（蒼霞草14/26，國朝獻徵錄74/32）

父季琪字子獻，號東山。

季東山先生墓表（陸學士先生遺稿12/42下）

季德甫號寧齋，太倉人。嘉靖二十三年進士，授濱州守，官至江西按察使。

壽觀察寧齋季尊師七十序（弇州山人續稿32/4下）

寧翁季尊師八十壽序（弇州山人續稿35/22）

和

和勇，和寧王阿魯台孫，初名脫脫孛羅，天順元年詔加同知賜姓名，充兩廣游擊將軍。性廉謹，諸將多營私漁利，勇獨無所取。憲宗時累功陞左都督，封靖安伯，成化十年卒，謚武敏。

皇明功臣封爵考6/74

吾學編19/51下

明史列傳31/14

明史156/13

和遜字謙之，陝西鳳翔人。成化二年進士，除工科給事中，陞浙江左參議。

披垣人鑑10/8下

和維字振綱，河陰人。景泰二年進士，授刑部主事，出爲浙江按察司僉事，天順八年致仕，寓大梁三十餘年卒。

國朝獻徵錄84/99孫和春撰和公傳

牧

牧相字時庸，餘姚人。受業王華，華器異之，妻以女弟，令與守仁同學。舉弘治十二年進士，授南京兵科給事中，疏請罷禮部尙書崔志瑞等。正德初因淸查御馬監，陳冒濫之弊，及中官李棠扞詔旨營私罪，受杖罷歸。後擢廣西參議，已前卒

送牧給事中考績序（楓山章先生文集7/19下

披垣人鑑11/17下

明史188/6下

周

周一經字子明，貴溪人。隆慶二年進士，授江浦令，累官至四川右布政使，加太僕卿致仕卒。

周太僕家傳（大泌山房集66/34）

周二南字汝爲，雲南人。崇禎間由選貢官長沙通判，與蔡道憲深相得。擢岳州知府，士民固留，乃以新秩還長沙，十六年死於賊。

明史294/13

周卜曆字鼎泰，郏人。崇禎間擧於鄉，授內黃知縣，以父喪旋里。十五年流賊李自成陷郏城，執而欲官之，不從，被殺。

明史293/14

周子良，錢塘人。永樂間應求賢詔，累官兵部郎中，以廉謹稱。有樂稼軒詩稿。

國琛集上/31下

周子恭（1506—1553）字欽之，號七泉，吉水人。爲李中門人，能傳中之學。嘉靖十年歲貢第一，卒業太學，後連試不第，授湖廣永州府通判。以廉潔有爲，超擢德安府同知，父憂歸。起補鄖陽府同知，嘉靖三十

二年以母喪哀毀卒，年四十八。

七泉周君墓誌銘（石蓮洞羅先生文集22/54下，國朝獻徵錄89/61）

周子義（1529—1586）字以方，號儆菴，無錫人。嘉靖四十四年進士，累官國子祭酒，訓士有方。歷吏部左侍郎，掌詹事府。研窮經術及濂洛關閩之說，學日邃，著有中書直閣記、國朝故實等書，又有交翠軒佚稿。萬曆十四年卒，年五十八，諡文恪。

送周以方館丈奉使荊府序（許文穆公集1/1）

贈少司成儆菴周公述職北上序（余文敏公集1/9）

周公神道碑銘（賜閒堂集21/15）

周公墓誌銘（李文節集22/36）

周文恪公墓表（王文肅公文草7/27下）

周文恪公傳（弇州山人續稿67/16，國朝獻徵錄18/47下）

周文恪公傳（天遊樓集18/1）

周文恪公傳（朱文懿公集6/1）

祭周文恪公文（歸有園稿9/8）

儆菴周公碑陰題記（李文節集26/16下）

毘陵人品記10/11

明史251/21下

子周炳文字伯從。

祭周伯從文（西林全集15/7下）

周大禮字子和，崑山人。嘉靖十一年進士，歷知興化府，會大饑，米價騰踴，所在平糶，大禮獨出令故高其價，商販輻輳，價爲立減。又興木蘭障水之役，以備旱潦。累官河南參政。

梅花草堂集8/1

父周溥（1482—1547）字存中。

封興化府知府周公暨配晏恭人行狀（震川先生集25/32）

良士傳（海石先生文集25/11下）

周士樸字丹其，號味澹，商丘人。萬曆四十一年進士，泰昌初徵授禮科給事中，性剛果，不能委蛇隨俗，尤好與中官相搘柱，深爲魏忠賢所惡。崇禎初官工部尚書，以事削籍歸。李自成陷商丘，與妻妾子婦同日縊死。

勅工科都給事中周士樸（紺雪堂集8/47）

明史264/5

周文通字亨道，善楷書，初起翰林院秀才，授鴻臚寺序班，改中書舍人，歷陞順天府丞、光祿寺卿。劉瑾擅權，降禮部郎中。瑾敗復原職，正德五年以憂去，哀毀卒。文通居官勤愼，世論賢之。

國朝獻徵錄22/95無撰人周文通傳

周文靖，莆田人。宣德間以陰陽訓術，徵直仁智殿，御試枯木寒鴉第一，授大庾縣典史，歷鴻臚序班。畫山水人物花鳥，俱有高致。

圖繪寶鑑6/3

周文熙字質粹，湖廣麻城人。正德九年進士，授兵科給事中，歷官陝西僉事。

周司諫擢僉陝憲序（陽峰家藏集24/31下）

掖垣人鑑12/28下

周文褒，永嘉人。學行卓異，尤善楷書。永樂十年登進士，累官河南左布政。居官勤勵，軍民利病，輒陳奏興革。

明史列傳34/7

周文興字用賓，號江郎，江山人，晚年移居武林。正德三年進士，授比部主事，以憂歸。嘉靖改元補禮部祠祭，轉稽勳郎中，官至鴻臚寺卿，致仕歸，年八十二卒。

國朝獻徵錄76/6趙鏜撰周先生傳

周之屏字鶴皋，號伯卿，湘潭人。嘉靖卅八年進士，歷官江西布政使。初知吉安，有譁卒入府門，僚吏散走，之屏嚴鼓升堂，語之曰，若輩有所訴，守能爲若白。若爲亂，則守不懼死，汝曹罪不貸矣。卒皆釋戈拜，一郡獲安。

周鶴皋先生六十序（劉大司成集6/22下）

壽方伯鶴皋周公七十敘（穀城山館文集5/22下）

國朝獻徵錄86/又26李騰芳撰周公傳

周之茂字松如，黃麻人。崇禎七年進士，歷官工部郎中。服闋需次都下，十七年京師陷，賊搜得之，不屈而死。

啓禎野乘12/33下

明史輯略紳志略文臣

明史266/19

周之訓字無逸，號日台，黃岡人。萬曆間進士，累官浙江按察使，坐事貶官。崇禎中以薦起官濟南副使，十二年清兵下濟南，之訓望闕再拜死，後謚節愍。

明史291/16下

周之禧字子敬，武進人。嘉靖三十四年舉人，爲太康令，性梗直不善諧俗，落職還里。與相知談學砥行。

毘陵人品記8/22

周天佐（1511—1541）字宇弼，號蹟山，晉江人。嘉靖十四年進士，爲戶部主事，御史楊爵劾大學士夏言、尙書嚴嵩等下獄，天佐疏救之，尋被杖下詔獄，絕其飲食而死，年三十一。穆宗立，謚忠愍。有蹟山遺稿。

周蹟山公墓誌銘（遵巖先生文集13/9，國朝獻徵錄30/78）
祭戶部主事周蹟山先生文（弘藝錄29/15）
代邑侯祭周蹟山文（可泉先生文集12/28）
周光祿傳（月鹿堂文集4/18下）
周主事傳（俽山楊先生遺稿1/32）
聖朝名世考5/43
明史209/13下

父周雪庭

贈雪庭周先生拜封敍（可泉先生文集3/28下）

周天球（1514—1595）字公瑕，號幼海，太倉人，隨父徙吳。從文徵明游，善寫蘭草，尤善大小篆古隸行楷，一時豐碑大碣，皆出其手。萬曆二十三年卒，年八十二。

壽周公瑕先生序（太霞草9/1）
壽周公瑕七十序（同上10/1）
周公瑕先生七十壽敍（弇州山人續稿39/6下）
爲諸大夫介周公瑕壽序（處實堂集6/13下）
立春日集周公瑕止園序（劉子威集12/20下）
周公瑕祠堂記（賜閒堂集16/17下）
周幼海先生小傳（穀城山館文集27/32）
跋周公瑕蘭（處實堂集7/47）
跋周公瑕書朱司空河工敍（少室山房類稿107/7）
明史287/3下

周孔教字明行，號懷魯，臨川人。萬曆八年進士，官至右副都御史。蘇州大饑，孔教極力賑之，民感其惠。有周中丞疏稿、救荒事宜、懷魯先生集。

贈撫臺周公考績序（賜閒堂集11/26）
贈撫臺周公奏績序（同上11/29下）
贈撫臺周公擢總河序（同上12/4）
贈中丞懷魯周公晉秩總河序（顧端文公集9/16）
大中丞懷魯周公晉右副都御史總理河道序（嬾眞草堂文集7/23下）
中丞懷魯周公疏稿序（顧端文公集7/8下）

周木字近仁，常熟人。成化十一年進士，授南京行人司司副，歷吏部郎中，出爲浙江參政，致仕卒。

明常熟先賢事略7/1

周永年（1582—1647）字安期，吳江人。諸生，少負才名，工詩文。晚遭亂，居吳中西山，未幾而沒，年六十六。著詩累萬首，信筆匠心，不以推敲刻鉥爲能事。有鄧尉聖恩寺志、吳都法乘、懷響齋詞。

周安期墓誌銘（牧齋有學集31/12下）

周玄字微之，閩縣人，爲閩中十才子之一。永樂中以文學徵授禮部員外郎，嘗挾書千卷止高棅家，讀十年辭去，盡棄其書，曰在吾腹笥矣。有宜秋集。

明史286/3

周玄眞字玄初，世居嘉禾，後遷姑蘇。八歲而孤，年十四投嘉禾紫虛觀從李拱瑞爲道士，拱瑞授以劾召鬼神之術，玄初屢試輒應。又受靈寶大法於曹桂孫。洪武間京師大旱雨夾，延玄眞建壇禱雨皆應。玄眞多內功，兼好澤物，奉母尤孝，人以爲賢，曾主丹霞道院、及常熟致道觀。

周尊師玄眞小傳（宋學士文集13/119，國朝獻徵錄118/122）

周玉（1439—1495）字廷璧，滁州人，賢子。初爲偏裨，及佩鎭朔將軍印充總兵官鎭宣府，甚有名。再出鎭寧夏、甘肅，皆著功績，弘治八年以疾乞歸卒於途，年五十七，謚武僖。

周公神道碑（青谿漫稿21/23，國朝獻徵錄106/12）

明史列傳45/4下

明史174/8

周正字元貞，號輿石，大河衞人，瓚子。少喜讀書，選充郡弟子員，應舉未就。以廕襲大河衞指揮僉事，陞運糧把總，擢指揮同知，守備歸德，兼管武平等處，居九月引歸。後屢薦不起，年六十七卒。著有皇極經緯、六壬秘。

國朝獻徵錄109/24附周瓚傳

周弘祖，麻城人。嘉靖三十八年進士，擢御史。隆慶初司禮中貴及藩邸近侍，廕錦衣指揮以下至二十餘人，弘祖引祖制切諫不報。以詔市珍寶，復切諫。尋遷福建提學副使，終南京光祿卿。輯有古今書刻。

明史215/4下

父周鈇（1509—1581）字汝成，號魯山，官郟縣丞。

周魯山先生墓誌銘（弇州山人續稿93/1）

周弘禴字元孚，麻城人。倜儻負奇，好射獵。萬曆二年進士，爲順天通判，上疏指斥朝貴，謫代州判官。尋爲尚寶丞，大興水利。以將材薦哱承恩等，承恩等反，坐謫，投劾歸。

明史列傳83/7

明史234/8

周世選（1532—1606）字文賢，號衞陽，故城人，珍孫。嘉靖四十一年進士，由常州府推官選禮科給事中，累官至南京兵部尚書，以風節著於時，卒年七十五。有衞陽集傳世。

大中丞周公序（鷺林外編27/13下）

周公傳（朱之蕃撰、衞陽集卷首）

大司馬衞陽周先生全集序（響玉集7/9）

掖垣人鑑14/49下

父周良佐（1509—1562）字上卿，號北原。

先考北原府君行狀（衞陽集13/7下）

周公墓表（賜閒堂集22/31下）

周矢（1379—1460）字景皇，崑山人。太學生，永樂中嘗派理淮陽鹽法，能洗其宿弊，未仕即有聲。宣德初授四川甫江知縣，致仕歸，天順四年卒，年八十二。

吳下冢墓遺文續1/89下鄭文康撰周公墓誌銘

吳郡張大復先生明人列傳稿×/45

周仕字君可，號白溪，武進人，金子。以廕授中府都事，累官至陝西苑馬少卿致仕。隆慶五年卒。

周公暨配劉孺人墓誌銘（萬文恭公摘集8/35下，國朝獻徵錄104/16）

毘陵人品記9/16

周用（1476—1547）字行之，號伯川，吳江人。弘治十五年進士，授行人，遷南京兵科給事中，累官至吏部尚書，端亮有節概，年七十二卒，贈太子太保，謚恭肅。有周恭肅集。

送參議周君之任廣東序（整菴先生存稿6/13）

送周憲使行之擢河南布政序（山堂萃稿11/8下）

周公行狀（嚴訥撰、周恭肅公集附錄）

周恭肅公神道碑銘（夏言撰、同上）

周公墓誌銘（世經堂集15/46，國朝獻徵錄25/32）

周公墓表（鈐山堂集33/6下）

周恭肅公傳（顧應祥撰、周恭肅公集附錄）

祭吏部尚書周公伯川文（靳兩城先生集19/2）

周恭肅公遺墨跋（蒼霞餘草14/6）

周恭肅公祠記（蒼霞餘草2/12）

掖垣人鑑12/27下

明史列傳69/8

明史202/7下

祖母韓氏

故周宗瑞妻韓氏墓誌銘（半江趙先生文集14/5）

周汝登字繼元，號海門，嵊人。萬曆五年進士，累官南京尚寶卿。其學欲合儒釋而會通之，輯聖學宗傳，盡採先儒語類禪者以入，蓋萬曆世士大夫講學者多類此，又有海門先生集、東越證學錄。

壽海門周公七十序（鄒子願學集4/105）

東越證學序（同上4/42）

明史列傳70/24

明史283/16

明儒學案36/1

母黃氏

壽周母黃太安人開九袠序（快雪堂7/6）

周安，宣宗時以指揮僉事守備乂安。黎利勢張，安至富良江，陷於賊，謀俟官軍至爲內應。賊收安將殺之，安躍起奪賊刀自刎死。

明史列傳23/15下

周臣字舜卿，號東村，吳縣人。善畫山水人物，爲世所寶，以畫法授唐寅。及寅以畫名世，或仍倩其代作，非具眼不能辨也。

圖繪寶鑑6/14

周西淳字季玉，號退菴，掖縣人。崇禎中舉進士，授兵科給事中，分督畿輔諸郡城守事，行至河間，被清兵所圍，分兵守城，城破不屈死。

明史291/18

周吉字應貞，號一川，晚號宜休子，陝西西安人。舉嘉靖四年鄉試，就中牟學教諭，累八年遷沁水令，調蘭陽，即罷歸。著有讀易初筮、一川野稿。

周蘭陽公墓誌銘（喬世寧撰、國朝獻徵錄93/46）

周吉祥，孝肅太后弟。兒時出游，去爲僧，家人莫知所在。孝肅一夕夢伽藍神來言，英宗亦同時夢，且遣黃門物色，得之伽藍殿中。召入見，欲爵之不可，厚賜遣還。憲宗爲建大慈仁寺，賜莊田數百頃。

補續高僧傳26/8

周在字善卿，號止溪，太倉人。正德九年進士，授寶坻知縣，忤太監王孜，械治之，尋還職。案治薛鳴鳳忤劉瑾，繫獄廷杖。尋擢御史，嘉靖中桂萼力薦王瓊，在疏論瓊陰賊險狠，下鎭撫，再杖出爲吉安推官，終浙江參政。有燕京逮事錄、行臺紀興。

行臺紀興序（端溪先生集2/5下）

周舟，永嘉人。洪武間官興化丞，有治才，以績最擢吏部主事，民爭乞留，乃遣還之。

國朝獻徵錄89/93無撰人周公傳

明史281/5

周如斗字允文，號觀所，餘姚人。嘉靖二十六年進士，授貴溪令，有神明稱，召入爲監察御史，尋出按湖廣及蘇松，改南畿督學，薦陞僉都御史，巡撫江南，晉副都御史，調撫江西，以疾卒官，民肖像立祠祀之。

贈大中丞周公總制江右序（藝文類稿9/9）

送大中丞觀所周公赴江右治詩序（兪仲蔚先生集10/10）

祭中丞周觀所公文（陳恭介公集9/2下）

國朝獻徵錄62/93無撰人周公傳

徐氏海隅集外編42/14

明史284/22下

周如砥字季平，號礪齋，即墨人。萬曆十七年進士，授檢討，遷左贊善，累官至國子祭酒，萬曆四十三年卒。性耿直，居官淸廉，自奉儉約，沒之日，人皆惋痛。有靑藜館集傳世。

周公傳（董其昌撰、靑藜館集4/85）

周公傳（黃景昉撰、同上4/88）

周旭鑑，貴溪人，丘鏞之祖。本姓丘，自其父出爲周氏後，遂承其姓。旭鑑通經史，永樂五年以薦預修大典，書成授順德府經歷。景泰中官至浙江右參政掌台州府事，卒於官，台民爲立祠祀之。

送周太守赴任臺州序（謚忠文古廉文集6/1）

周公傳（費文憲公摘稿16/1，國朝獻徵錄84/24）

周宏字懋德，浙江德淸人。成化十一年進士，授工部主事，屢遷禮部郎中，歷江西雲南布政使，官至南京工部侍郎，正德六年致仕。

國朝列卿記66/18，141/20

母沈氏（1431—1506）

周母沈氏墓誌銘（西軒效唐集錄10/2下）

周序字仲禮，江西永豐縣人。弘治三年進士，除禮科給事中，以憂歸。復除兵科，遷太常寺丞，卒於官。

掖垣人鑑11/4下

周良臣字相聖，號雲皐，湖廣公安人。嘉靖四十四年進士，由南宮知縣選吏科給事中，歷兵科右，陞江西南昌知府，遷浙江海道副使，萬曆八年免官。

披垣人鑑15/16下

母陳氏（1513—1567）

陳氏墓誌銘（天一閣集25/9）

周良寅字以衷，號象林，福建晉江人。隆慶五年進士，由中書舍人選戶科給事中，陞刑科都給諫，擢浙江右參政，以事謫湖廣嘉靖州判官，陞直隸寧國知縣。

參知象翁周先生配江恭人齊登七十序（景璧集2/43下）

披垣人鑑16/5

父周□

封給事中周翁六十序（弇州山人續稿37/18）

母陳氏

封周太恭人七十序（景璧集3/34）

周忱（1381—1453）字恂如，號雙崖，吉水人。永樂二年進士，選庶吉士，與修永樂大典、五經四書性理大全，授員外郎。洪熙間調越府長史，宣德初超遷工部右侍郎，巡撫江南，在任二十二年，惠政大著，諸所建明，皆著爲令。景泰初以工部尙書致仕，四年卒於家，年七十三，謚文襄。有雙崖集。

送周尙書致仕序（王文端公文集22/13下）

周文襄公祠記（同上15/1）

祭雙崖周公（韓襄毅公家藏文集15/3下）

周文襄公傳（群玉樓集51/1）

周公傳（彭韶撰、皇明名臣墓銘離集30）

水東日記2/2下，4/4，6/5

國琛集上/25

四友齋叢說6/5下，13/6下，13/10下

吾學編28/14

皇明獻實20/6

聖朝名世考3/17

皇明世說新語1/27下，4/35，7/8，7/9下

名山藏臣林記7/29

明史列傳29/11

明史153/9下

祖周澗（1324—1402）字仲德，人稱遺安先生。

周公神道碑（王文端公文集23/3下）

父周森（1365—1402）字秉昂。

周公墓表（楊文敏公集20/5下）

周克敬，松江華亭人。永樂中歷官廣西、福建布政使。

送布政使周君詩序（王文端公文集19/1）

周岐鳳，名鳴，以字行，江西吉水人。洪武二十七年以明經薦爲桐城儒學訓導，擢即墨主簿，坐累下繫，會赦免。永樂二年徵授國子監學正，陞漢府紀善，屢遷兵部職方員外郎，宣德十年致仕。

送職方員外周君省墓南歸詩序（金文靖公集7/44下）

送周職方還文江序（楊文敏公集13/11下）

周先生岐鳳行狀（劉球撰、國朝獻徵錄41/46）

周君墓碑（楊文敏公集19/6下）

周職方詩集序（金文靖公集7/46）

周氏族譜序（同上7/43）

父周覲字子賓，洪武中卒。

周府君墓碑銘（金文靖公集9/14）

妻王氏（1365—1432）

王氏墓誌銘（東里文集21/9）

周廷用（1482—1534）字子賢，號八厓，華容人。正德六年進士，授宣城令，擢監察御史巡按貴州，歷遷福建參政、江西按察使，卒年五十三。有八厓集。

送貴州巡按周君子賢序（何文簡公集11/14）

送周八厓擢僉浙憲序（陽峰家藏集24/11下）

送周子賢赴福建少參序（中丞馬先生文集1/20）

祭八厓周公文（洞庭漁人集51/2）

八厓周公傳（同上45/4下、國朝獻徵錄86/57）

國寶新編×/13下

周廷徵字公賢，麻城人。弘治二年舉人，除臨淮教諭，改安福。正德中擢御史，按陝西，安化王寘鐇反，廷徵擒之。既而太監張永至，盡奪寧夏將士功，寧夏幾再變，廷徵力爲撫定，陞九江兵備卒。

國朝獻徵錄86/70無撰人周公傳

徐氏海隅集外編40/4下

周延（1499—1561）字南喬，號崦山，江西吉水人。嘉靖二年進士，歷兵科給事中，時議王守仁罪，將奪其爵，延抗疏訟之，謫太倉州判。歷遷吏部尙書，改都察院左都御史掌院事，加太子少保。延居官方峻，砥節奉公，嶒然不滓。嘉靖四十年卒，年六十三，謚簡肅。有簡肅公遺稿。

送周君南喬判太倉州（歐陽南野文集17/2下）
贈崦山周老先生巡撫應天序（可泉先生文集1/7）
贈南京太宰巖山周公序（存笥稿5/26）
簡肅周公墓誌銘（石蓮洞羅先生文集22/37下）
祭周簡肅公（石蓮洞羅先生文集24/34）
祭左都御史周公文（徐氏海隅集文編34/9）
祭太保周崦山公（石泉山房文集12/7下）
國朝獻徵錄54/104無撰人周公傳
掖垣人鑑13/11
明史列傳69/22
明史202/17下

周延儒字玉繩，號挹齋，宜興人。萬曆四十一年進士第一，崇禎初拜大學士，參與機務。性警敏，善伺意旨，莊烈帝甚信之。旋爲溫體仁所排擠，乃引疾歸。體仁敗，帝益加尊禮，然延儒實庸儒無才略，且性貪，所引者皆招搖罔利之人。淸兵略山東，還至近畿，延儒自請視師，駐通州不敢戰，惟與幕客飲酒娛樂，而日騰章奏捷，淸兵去，論功加太師。旋廷臣及中官盡發所刺軍中事，且劾其十大罪。帝乃大怒，崇禎十六年削職賜死，籍其家。
狀元圖考4/9下
五十輔臣考2/9
明史308/22下
父周天瑞（1563—1625）字定禎，號莪樵，更號簪餘。
周莪樵年伯晉封翰林院修撰序（素雯齋集7/7）
周公墓志銘（蒼霞餘草10/19）
祭周簪餘（同上14/17）
母徐氏（1563—1622）
徐氏墓誌銘（蒼霞餘草13/12）
徐安人傳（落落齋遺集10/9）

周希旦（1528—1597）字汝魯，號毅軒，旌德人。嘉靖四十一年進士，授興化府推官，擢御史，官至應天府丞，卒年七十。
周公行狀（媚眞草堂文集28/16）

周邦傑字英甫，號念庭，江西臨川人。隆慶五年進士，由無錫令遷工科給事中，累陞刑科都給諫，歷吏科，晉太僕寺少卿，官終左通政使。
壽念庭周老師七十序（顧端文公集9/11下）
念庭周先生傳（石語齋集20/35）
掖垣人鑑16/13

周宗建（1582—1626）字季侯，號來玉，吳江人。萬曆四十一年進士，由知縣擢御史。天啓初魏忠賢客氏亂政，宗建首疏劾之。明年璫勢益熾，宗建復三疏彈劾，忠賢矯旨削籍，誣以贓罪，下獄死，年四十五。崇禎初贈太僕寺卿，謚忠毅。
周侯生祠碑記（澹然齋存稿3/4）
周公墓誌銘（七錄齋文集4/42）
周公神道碑銘（牧齋初學集62/15下）
周來玉先生傳（鴻寶應本11/1）
贈太僕寺卿來玉周公傳（無夢園遺集6/又64）
國史闡幽（公槐集6/45）
明史245/7下

周庚（1443—1489）字原已，初名京，吳縣人。家世業醫，而庚工古文詞，隱居養親。成化中以名醫徵，歷太醫院院判。爲人淸愼，詩沈健有奇氣，尤善行楷，然皆不苟作。弘治二年卒，年四十七。
贈周原已院判詩序（匏翁家藏集40/3下）
周君墓表（同上72/3下）
祭周原已文（同上56/5）
周氏立後序（同上42/6）
吳中人物志7/36下
父周南（1415—1496）字尙正，號菊處。
周公墓表（匏翁家藏集75/6下）
妻陳淑莊（1447—1476）
陳氏墓誌銘（匏翁家藏集66/4）

周怡（1506—1569）字順之，號訥溪，太平人。嘉靖十七年進士，歷吏科給事中，立朝僅一歲，所摧擊率當時有勢力大臣，以救尙書許讚，錮獄者再。隆慶初擢太常少卿，陳新政五事，語多刺中貴，忤旨，出爲登萊靑兵備僉事，陞南京國子監司業，復仕太常寺少卿。隆慶三年卒，年六十四，謚恭節。有訥溪奏疏及文錄、詩錄等傳世。
壽司諫訥溪周先生六十序（筆山崔先生文集3/3）
送周訥溪先生序（龍津原集2/31下）
周公墓誌銘（姜寶撰、國朝獻徵錄70/37）

周公墓表（萬文恭公摘集9/1）
周恭節年譜（吳達可撰，淸乾隆間刻周訥溪全集附刊本）
掖垣人鑑13/45下
名山藏臣林記21/23
明史209/14下
明儒學案25/8下

父周本秀字宗實，號西疇。

周公合葬墓誌銘（石蓮洞羅先生文集23/3）

周孟中（1437—1502）字時可，號章菴，廬陵人。成化五年進士，累遷廣東布政使，治行爲當時最。弘治中終左副都御史。其學本於主敬，自號畏齋，年六十六卒。有畏齋集。

周公墓誌銘（見素集14/4下，皇明名臣墓銘震集26）
周公墓表（楊廉撰、國朝獻徵錄55/16）
名山藏臣林記20/4
明史列傳53/17下
明史244/13下

周孟簡（1378—1430）名偉，以字行，吉水人，述從弟。永樂二年進士，授編修，在翰林二十年，始遷詹事府丞，出爲襄王府長史。性謙退不伐，生平無睚眦於人。宣德五年卒，年五十三。有竹磵集、翰林集、西垣詩集。

周君墓誌銘（王文端公文集31/1，國朝獻徵錄105/29）
周長史挽詩序（諡忠文古廉文集9/30下）
明史152/5下

周武，開州人。洪武間從定江東，滅漢，收淮東，平吳，積功爲指揮使。又從沐英討西番甘朶，封雄武侯，卒諡勇襄。

皇明功臣封爵考6/58
吾學編18/45
名山藏41/21下
明史列傳7/20
明史130/17下

周坤字順卿，太倉人。正德三年進士，歷官寧波知府。

送寧波郡守周公述職之京序（張文定公紓玉樓集7/5下）
贈寧波郡守周公朝賀之京序（童山文集11/19下）

周坦，號謙齋，羅浮人。仕爲縣令，自幼有志聖賢之學，從學於薛侃，得其要。後出游，徧覩講席，衰老猶與徐魯源相往復云。

明儒學案30/8下

周芸字用馨，號仰南，湖廣景陵人。嘉靖四十四年進士，由桐城令選工科給事中，陞福建參議，尋以事降建平縣丞，歷大名知縣，萬曆三年免官。

滸伯周公壽序（大泌山房集30/31）
掖垣人鑑15/12下

周忠字良臣，號白溪，江西貴溪人。正德九年進士，歷官雲南、貴州、福建布政使。

送周白溪之福建序（潘笠江集7/26下）

周昇（1455—1524）字文擧，號竹堂，貴州人。少割股療父瘖啞，以孝聞。正德三年應貢，授四川鹽亭縣學訓導，以老乞歸。嘉靖三年卒，年七十。

周公墓表（山堂萃稿15/4）

周尙文（1475—1549）字彥章，西安後衞人。幼讀書，粗曉大義，多謀略，精騎射。年十六襲指揮同知，屢出塞有功，歷陞大同左都督。淸約愛士，得士死力，善用間。俺答頻擾邊，諸宿將皆前死，惟尙文威名最盛。嘉靖二十八年卒，年七十五，諡武襄。

國朝獻徵錄106/20無撰人周公傳
名山藏臣林記24/1
明史211/6

周尙化（1476—1520）字德孚，江西泰和人。正德三年進士，擢知邳州，勤政惠民，邳人立生祠祀之。進南京刑部員外郎，陞郎中，丁繼母憂歸。踰年父喪，以哀毀卒，年四十五。

周德孚墓誌銘（整菴先生存稿13/6）

周金（1473—1546）字子庚，號約菴，武進人。正德三年進士，歷官戶科都給事中，疏請罷中官，誅都督馬昂，言甚切至。嘉靖間巡撫宣府，內撫軍情，外策強敵，四五年訖無敗事，人以爲才。改保定，官至戶部尙書，致仕卒，年七十四，諡襄敏。有上谷稿、榆陽稿。

送周公約菴總漕巡撫江淮序（漁石集2/57）

周中丞約菴六袠序（古菴毛先生集4/24）

祝安一篇壽周中丞（息園存稿文7/27）

約菴銘（同上文7/1）

送周約菴司寇南京序（崔東洲集12/20）

送大司徒約菴周公考績序（雲岡公文集9/2下）

周公墓表（鈐山堂集33/9下）

周襄敏公傳（荊川先生文集16/18，皇明名臣墓銘離集74，國朝獻徵錄31/79）

捘垣人鑑12/11下

毘陵人品記8/19下

皇明書26/22

明史列傳65/15下

明史201/14

周佩字鳴玉，號北野，松江人，輿子。弘治三年進士，授工部都水司主事，陞營繕員外郎，轉刑部河南司郎中，時劉瑾擅權，不肯屈從，乞歸卒。有世鳴集。

國朝獻徵錄47/50無撰人周君墓誌銘

周采（1507—1556）字子亮，號潙陽，湖廣寧鄉人。嘉靖十一年進士，由中書舍人選吏科給事中，陞禮科都給事，遷陝西右參政，仕至右副都御史巡撫雲南，三十五年卒官，年五十。

周公墓誌銘（世經堂集16/45下，國朝獻徵錄62/80）

祭周中丞文（皇甫司勳集59/4下）

捘垣人鑑13/41

母唐氏，嘉靖十三年卒。

周母墓誌銘（石龍集25/9）

周秀（1462—1524）字公全，先世長洲人，占籍歷城。鄉舉後屢試春官不第，乃就部銓，得蒙城令，以誣謫清豐丞，後薦擢上元知縣，遷懷慶同知，嘉靖三年卒官，年六十三。有甕山集。

周君墓誌銘（藍侍御集5/27下，國朝獻徵錄93/24）

周季鳳（1464—1528）字公儀，號未軒，江西寧州人，季麟弟。弘治六年進士，授刑部主事，歷陞湖廣左布政使，平郴寇有功。累官南京刑部侍郎，嘉靖七年卒，年六十五，諡康惠。有未軒漫稿。

周公去思碑記（陽峰家藏集26/8）

周公墓誌銘（楊一淸撰、國朝獻徵錄59/4）

跋周未軒送別圖詩序（方簡肅公集9/7）

周季麟（1445—1518）字公瑞，江西寧州人。成化八年進士，授兵部主事，再陞郎中。歷浙江參政、河南布政使，官至右副都御史巡撫甘肅。劉瑾擅權，以事落職。瑾誅，復官未用，正德十三年卒，年七十四。

全終堂記（涇野先生文集15/24）

周季麟傳（西河合集80/13）

國朝獻徵錄61/21無撰人周公傳

母周太宜人

壽周太宜人七十詩序（羅文肅公集10/24）

周洪謨（1420—1491）字堯弼，號箐齋又號南皐子，四川長寧人。正統九年鄉試第一，明年登進士，授編修，博聞強記，善文詞，熟當代典故，喜談經濟。景泰初疏勸帝親經筵勤聽政，因陳時務十二事。憲宗時復陳時務，言人君保國之道。累遷禮部尙書，弘治元年致仕。歸聞有虜警，力疾上安國禦夷十事。四年卒，年七十二，諡文安。有群經辨疑、箐齋讀書錄、南皐子集、箐齋集。

送禮部尙書西蜀周公致仕序（瓊臺詩文會稿重編14/28下）

周公神道碑銘（徐文靖公謙齋集7/43，國朝獻徵錄33/29）

周公墓誌銘（瓊臺詩文會稿重編23/1）

聖朝名世考10/15

皇明世說新語2/15

殿閣詞林記5/13

吾學編41/2

名山藏臣林記14/16

明史列傳54/1

明史184/1

周洪謨字宗稷，浙江山陰人。萬曆進士，授延平府推官，天啓中行取補戶科給事中，疏劾魏忠賢、王體乾等，不報，後自劾去。崇禎初起吏科給事中，尙書王永光改亂銓法，復疏劾之。卒官。

吏科右給事中周公傳（西河合集75/10下）

周津字文濟，號月航，慈谿人。成化二十年進士，授行人，擢南京御史。守備中官蔣琮，氣陵百僚，求見津，始終拒之。遷九江知府，瑞州盜起，津上書請倣漢世聽盜自相斬捕，除其罪，果獲其效。官終廣東左布政使，正德十一年卒。

周公墓誌銘（楊廉撰、國朝獻徵錄103/3）

周室瑜，崑山人。中鄉擧，曾官儀封知縣。淸兵陷南京，崑山人議拒守，推舊將王佐才爲帥，室瑜及朱集璜等共與擧兵，城陷，與其子朝鑛皆死於難。

崑山殉難錄1/8

明史277/17下

周宣字彥通，號秋齋，莆田人。弘治十八年進士，授常德府推官，歷浙江、雲南、山西道監察御史，遷廣東左布政使，以山西大獄連及，落職家居，嘉靖十一年卒。有秋齋集。

周公墓誌銘（山堂萃稿14/8，國朝獻徵錄99/20）

周奕（1489—1556）字叔大，雲南金齒人。嘉靖七年擧人，授灌縣令，以母老乞歸。改雲南府學教授，掌五華書院，諸生多致通顯。卒年六十八。

周先生傳（徐氏海隅集文編16/7）

國朝獻徵錄102/122張時徹撰周公墓碑

周彥（1421—1477）字廷粲，福建莆田人。正統十三年進士，授戶部主事。天順改元，擢知溫州府，以父憂歸。服除改知饒州府，致仕歸，閩藩參政陸孟昭爲立歸樂坊於其第。卒年五十七。

周公墓誌銘（彭韶撰、國朝獻徵錄87/24）

周彥奇，名正，以字行，江西吉水人。永樂中由學訓導陞刑科給事中，擢雲南僉事，仕終大理寺少卿。

披垣人鑑8/14下

父周尙志

周尙志哀辭（東里文集24/2下）

弟周南異，永樂二十二年進士。

送進士周南異還吉水詩序（楊文敏公集14/20下）

周美（1512—1564）字濟叔，崑山人。嘉靖二十三年進士，授進賢知縣。擢刑部郎，歷湖廣僉事，四川參議，官至廣東副使，免歸。四十三年卒，年五十三。著有四言詩、考定八陣圖變、七十二賢像贊。

周公墓誌銘（徐氏海隅集文編18/1）

徐氏海隅集外編42/8

吳郡張大復先生明人列傳稿×/78

周炳，舞陽人。事母孝謹，母病甚，炳籲天願以身代。母思獐肉，炳求之不得，悲痛愈切，晩忽有獐入室，殺以啖母，病遂瘉。

皇明書41/1下

周炳謨字仲覲，無錫人。萬曆三十二年進士，天啓間爲禮部侍郎，時詔修光宗實錄，炳謨載神宗時儲位臲卼，及妖書梃擊諸事，直筆無所阿，爲魏忠賢黨所劾去。天啓五年卒，謚文簡。

啓禎野乘2/38

明史251/21下

周珍（1492—1552）字寶之，河間故城人，南京兵部尙書世選之祖。幼孤廢學，而志氣怡蕩，能濟人急難。性剛毅，扶弱疾強，力不忧於縉紳豪俠，嘘德被善，心不遺於褐夫豎子，人咸號爲義軒翁。嘉靖三十一年卒，年六十一。

處士義軒周公暨配合葬墓誌銘（宋金齋文集2/44）

周垣（1414—1462）字孟寬，莆田人。正統三年擧人，授瓊州安定縣學訓導，陞武隆縣學教諭，改鄞縣儒學訓導，天順六年卒，年四十九。垣學有源委，敎本躬行，守己克廉，誨人不吝，士子無不心服。

周先生墓誌銘（南山黃先生家傳集48/3下）

周奎，蘇州人。莊烈帝周皇后父，崇禎間封嘉定伯。李自成陷京師，帝諭奎倡勳戚捐，奎堅謝無有。不得已捐萬金，且乞皇后爲助。及自成陷京師，掠其家得金數萬計，人以是笑奎之愚。

明史輯略紳志略倖免諸臣
明史300/25下

周拱 (1430—1478) 字惟詹，江陰人。景泰中以其父爲人訐告，而謫戍雲中。數年始恩宥南歸，而父兄已卒，遂侍母而痛自刻厲，規復舊業。成化間東南饑，以輸粟授承事郎，十四年卒，年四十九。

周惟詹墓誌銘（徐文靖公謙齋集5/21）

周拱元，沅州人。少讀兵書，有得。出入辰沅蠻中交易，蠻人信之。建文元年應募入京，試騎射答策悉中，授職軍前效用，凡行間吉凶、占候輒中，嘗引步兵防舳舟，身先士卒。靖難後不屈死之。

表忠祠記（徐氏海隅集文編9/25）
國朝獻徵錄109/35忠節錄傳
遜國正氣紀6/11

周相，號莓厓，浙江鄞縣人。嘉靖二年進士，累官至右副都御史，巡撫江西，四十四年致仕。

合浦還珠圖敘（龍津原集2/56）
序整菴懷贈周莓厓詩卷（同上2/41下）
贈憲長莓厓周公入粵敘（宗子相集13/51）
鄞人傳30/368

周南字文化，縉雲人。成化十四年進士，擢御史，出按畿輔廣東，彈劾不避權要，擢右副都御史，巡撫大同，母喪歸。復起督南贛軍務，擊平汀州大帽山賊張時旺等，進右都御史，總督兩廣軍務，乞休歸，嘉靖八年卒。

送按察使周公述職序（容春堂前集14/17下）
國朝獻徵錄58/14實錄本傳
明史187/19下

母張氏（1427—1505）

太淑人張氏墓表（容春堂別集8/1）

周述字崇述，江西吉水人。永樂二年進士，授編修。詔解縉選曾棨等二十八人讀書文淵閣，述與從弟孟簡皆與焉，官給紙筆膏燭，擇近宅居之。性溫厚簡靜，文章爾雅。宣德中累官左庶子，正統初卒。有東墅詩集。

國朝獻徵錄19/3王時槐撰周公傳
名山藏臣林記7/16下
明史列傳30/2
明史152/5下

周述學字繼志，號雲淵子，浙江山陰人。讀書好深湛之思，尤邃於曆學。自曆以外，圖書皇極律呂輿地算法，凡諸術數之學，各有成書，凡千餘卷，統名神道大編。仇鸞、胡宗憲欲招致之，不可。以布衣終。

國朝獻徵錄79/20無撰人周先生傳
明史299/20
鄞人傳30/366

周英字用傑，東安人。父斌永樂初以靖難功讓其兄彧，授都督，賜蟒衣。及漢庶人有罪，以連姻詿誤，英與其父同下獄，父死獄中，英謫戍萬全開平衛。時都督楊洪鎮邊，一見奇之，委長騎隊，禦虜屢奏奇功，歷擢正千戶，擢指揮僉事，晉同知，天順五年累遷至都指揮同知，成化中卒。

周公神道碑（馬中錫撰、國朝獻徵錄110/26）

周思兼 (1519—1565) 字叔夜，號萊峰，松江華亭人。工書畫，嘉靖二十六年進士，除平度知州，舉治行第一，累官湖廣僉事。岷府宗室五人封爵皆將軍，殺人掠貲財，監司避不入武岡者二十年，思兼繫其黨於獄，五人懷利刃入，思兼婉諭之，皆沮退，乃列其罪奏聞，悉錮之。遷廣西提學副使，後以憂去官，不復出，四十四年卒，年四十七，私諡貞靖先生。有周叔夜集、學道紀言。

周公墓誌銘（環溪集24/27下）
祭周學憲萊峰文（陸文定公集12/4下）
周叔夜先生集序（弇州山人續稿50/18下）
先進舊聞（寶日堂初集23/3）
西齋日錄序（高子遺書9上/27）
皇明世說新語2/20下，4/38下
明史208/24下

父周雲鶴字正甫，號竹窗，年六十六卒。

周公墓誌銘（環溪集24/1）

周思得 (1359—1451) 字養素，號素菴野人，錢塘人。少穎悟，從張宇初讀道書。永樂中召至京，嘗扈從北征，屢著靈異，授履和養素崇教弘道高士，管道錄司事，兼大德觀住持，景泰二年卒，年九十三，贈通靈眞人。

周思得墓誌銘（尋樂習先生文集19/12下）

周是修（1354—1402）名德，以字行，江西泰和人。洪武末擧明經，爲霍丘訓導，擢周府奉祀正。建文間改衡府紀善，留京師，預翰墨纂修，好薦士，陳說國家大計。燕兵陷京城，是修留書別友人，付以後事，具衣冠，爲贊繫衣帶間，自經於應天府學尊經閣，年四十九。有芻蕘集、進思集。

周公墓誌銘（解縉撰、芻蕘集6/48）

周公墓表（王文端公文集35/13下）

周是修傳（東里文集22/17下，國朝獻徵錄105/69）

讀周是修傳（薑山文集13/13下）

周是修先生集序（弇州山人續稿54/1）

周紀善龍蟠先生手卷跋（紫原文集8/26，又8/28）

擬謚遜國諸臣（公槐集6/23）

皇明名臣琬琰錄7/12尹直撰周公言行錄

國朝獻徵錄105/70下郭子章撰周紀善逸事

皇明獻實7/4下

吾學編56/4下

國琛集上/16

聖朝名世考4/17

革朝遺忠錄下/14下

遜國正氣紀4/12

遜國神會錄上/56下

皇明世說新語3/2下，8/23

皇明表忠紀3/16下

皇明書31/20

明史列傳20/12

明史143/3

妻胡氏

胡孺人墓誌銘（芳洲文集8/3）

周茂蘭字子佩，號芸齋，吳縣人，順昌子。崇禎初刺血上疏，請誅倪文煥等。私謚端孝先生。有參同契衍義。

明史245/7

周祚字天保，號定齋，浙江山陰人。正德十六年進士，由直隸來安知縣，徵拜兵科給事中，陞工科左，以疾歸隱。善文辭，工詩，有周氏集、定齋集。

送周君天保知來安序（甫田集17/6）

別周東阿序（涇野先生文集3/17下）

周君墓誌銘（群玉樓稿7/37，國朝獻徵錄80/70）

披垣人鑑13/12下

周原字彥廣，繁昌人。洪武十八年進士，授辰州府推官，謫吉安，坐累免。薦起爲山東蒲臺知縣，改紹興新昌，陞河南磁州同知，永樂二十年卒於官。

國朝獻徵錄93/35無撰人周原傳

周琉字潤夫，號石崖，湖廣應城人。嘉靖十一年進士，官吏科給事中，世宗南巡，疏擊權貴，詔下獄，杖謫邊方典史。後擢至兵部右侍郎，兼右副都御史，總督浙直軍務，討倭功垂成，以病免。

賀石崖周宗主先生榮擢廣右參政序（弘藝錄23/7下）

披垣人鑑13/33

明史205/6下

周砥字履道，吳縣人。博學工文辭，與宜興馬治善。遭亂客治家，治爲具舟車，盡窮陽羨山溪之勝。其鄉多富人，與治善者，咸置酒招砥，砥心厭之，一日貽書別治，夜半遁去。游會稽，沒於兵。有荊南唱和集。

明史285/19

周敖，河州衛人。正統十四年聞英宗北狩，大哭不食七日死。

周君墓誌銘（鑒山集10/48下）

明史297/2下

周恭字寅之，號梅花主人，崑山人。爲詩古雅典則，平生甘貧養晦，惟授徒市藥以給。縣令重其爲人，親書鹿門二字以扁其居。著有枕流集、西濱叢語等。

崑山人物志5/9下

周彧，昌平人，能子，孝肅太后仲弟。成化時累官左府都督同知，封長寧伯。弘治中彧與壽寧侯張鶴齡經營私利，至聚衆相鬪，都下震駭，爲尚書屠滽等所劾。後進太保，正德三年卒。

皇明功臣封爵考7/23下

明史300/13下

周起元字仲先，人稱綿貞先生，海澄人。萬曆二十九年進士，天啓間爲右僉都御史，巡撫蘇松十府，公廉愛民，以忤魏忠賢矯旨逮獄榜掠死，謚忠愍，改謚忠惠。有周忠愍奏疏。

祭周仲先中丞文（群玉樓集56/7）

同志諸紳公祭周中丞文（同上56/12）

周公傳（同上51/7）

擬請建死節贈兵部侍郎中丞綿貞周公專祠（無夢園遺集5/13）

名臣諡議（公槐集6/18）

啓禎野乘5/24

明史245/1

祖周一陽（1513—1601）字養初，號復菴。

周先生墓誌銘（群玉樓集50/1）

周振，武進人。正德十一年舉人，後令餘干，有惠政，再令天台，兩縣民懷恩立祠祀之。陞雲南巨津知州，引年退。居家以孝友聞。

毘陵人品記9/4下

周振譽字彥聲，崑山人。家世業醫，正統初徵入太醫院，擢楚府良醫，終老於鄉。治危疾，多取奇效，名滿吳中。

崑山人物志8/6下

周時中，龍泉人。初爲徐壽輝平章，率所部歸太祖，嘗策熊天瑞必叛，後果如其言。累官至吏部尚書，出爲鎮江知府，遷福建鹽運副使卒。

明史123/6

明儒學案11/27

周恕，海州人。建文時太監，與何州素以忠義相勗。建文初燕世子來朝，恕請留，帝不可。後燕兵起，帝悔不用恕言。京師陷，與何洲追侍帝，帝命散去。各變姓名，走湖湘間，後恕病死蕭寺。

遜國正氣紀2/32下

遜國神會錄下/33下

皇明表忠紀6/20下

周能（1398—1463）字廷舉，憲宗生母孝肅皇太后父。英宗復位，授能錦衣衛千戶，賜賚甚渥，封寧國公。天順七年卒，年六十六，謚榮靖。

周公神道碑銘（姚文敏公遺稿8/1，國朝獻徵錄3/22）

明史300/12下

妻高氏

寧國夫人墓誌銘（懷麓堂文後稿23/17下）

周倫（1463—1542）字伯明，號貞菴，崑山人。弘治十二年進士，知新安，累擢大理寺少卿，官至南京刑部尚書。嘉靖二十一年卒，年八十，謚康僖。有貞翁淨稿、奏議、西臺紀聞、醫略等。

周貞菴奉母得告序（見素續集7/11下）

送少司馬周公赴任詩序（殯亭存稿2/1）

大司寇貞菴周公七十壽序（同上3/6下）

誥勅南京刑部尚書周倫（顧文康公文草卷首/8）

贈大司寇貞菴周公考績序（涇野先生文集8/22下）

贈大司寇貞菴周公考績歸南都序（苑洛集2/22）

貞菴周公行狀（五龍山人集9/1）

周康僖公傳（甫田集28/8）

國朝獻徵錄48/75無名氏撰傳

母李氏

壽周母李孺人八十序（殯亭存稿1/18）

周淵，浙江壽昌人。洪武間由中書舍人，選工科給事中，陞大理寺右寺丞，仕終四川參議。

披垣人鑑9/9下

周旋，浙江永嘉人。正統元年進士第一，官至庶子，同考會試，以勤於事致疾卒。

狀元圖考2/4

周旋（1450—1519）字克敬，浙江慈谿人。成化二十三年進士，選戶科給事中，在科九年，屢上疏，論事剴切。後出參廣藩。討平蘇孟剴之亂。正德十四年卒，年七十。有西溪小稿、杜詩質疑、東湖十詠、慈谿志等書。

周公行狀（張文定公靡悔軒集12/1）

周公墓誌銘（同上8/12）

周公墓表（蕭鎡撰、國朝獻徵錄19/4）

披垣人鑑11/8下

周崑字孟登，崇德人。舉嘉靖二年進士，授玉山令，擢刑科給事中，上書論兵事，皆斥斥可施諸用。時都御史劉源清、御史馮恩、行人薛侃相繼下廷鞫，崑正言申救，得從減。又彈劾袁都督繼勳臨敵不力，一時以爲嚴臣，名滿諫垣，累陞刑科都給事，後罷歸，年五十八卒。

學山周先生墓表（世經堂集19/10下）

國朝獻徵錄80/27戚元佐撰周公傳

檇李往哲列傳×/22

掖垣人鑑13/21下

周冕，資縣人。嘉靖二十年進士，授太常博士，擢御史，屢以言事被謫，慷慨無所屈。數遷至武選郎中，以劾嚴嵩及嚴效忠冒功，下獄斥爲民。

明史210/11

周晟（1429—1479）字德明，河南安陽人。景泰五年進士，授刑部主事，出爲永平知府，陞湖廣右參政，以父憂歸。服闋改參山東政，陞按察使，終江西左布政使。晟性孝友，居官清愼，民以水清鏡平頌之。成化十五年卒，年五十一。

周公神道碑（楊文懿公金坡稿4/10）

周公墓誌銘（丘濬撰、國朝獻徵錄86/3）

周敍（1392—1452）字功叙，一作公叙，號石溪，江西吉水人。永樂十六年進士，選庶吉士，授編修，陞修撰，晉侍讀學士，署南京翰林院侍講學士。數上書論時政缺失，帝善之。敍負氣節，篤行誼，志修宋史，不克就而卒，年六十一。有石溪文集。

送南京翰林侍講學士周君詩序（尋樂習先生文集12/1）

周公墓誌銘（芳洲文集8/12下）

周公墓表（高穀撰、國朝獻徵錄23/1）

代祭周學士文（尋樂習先生文集19/2下）

侍讀周君功叙像贊（同上19/1）

周氏櫟陽八詠詩序（楊文敏公集14/10）

周氏族譜序（同上15/2）

世直堂銘（同上16/1下）

殿閣詞林記4/26

名山藏臣林記9/11

明史列傳30/12

明史152/10下

周敍字子厚，九溪衞人。正德六年進士，爲大理評事，以諫南巡下詔獄，謫丞永嘉。嘉靖初超擢韶州守，歷遼東巡撫、大理寺卿，官至工部尚書。

送廷尉周公北上序（歐陽南野文集17/21）

明史189/17

周湞字伯寧，鄱陽人。江西十才子之一，洪武初任饒州長史，陞湖廣都事，累官至刑部尚書。

明史列傳13/6下

明史138/5下

周斌字質夫，寧德人。洪武五年領鄉薦，爲建寧教授，撰賀雲南平表稱旨，賜金幣。秩滿，遷中都國子司業，陞齊府左長史。洪武末以疾卒，年六十四。

寧川周先生傳（楊文敏公集19/22下）

周斌字國用，昌黎人。景泰二年進士，官御史，以劾石亨、曹吉祥諸違法事，遣戍。後知江陰，擢開封知府，並有惠政，終廣東右布政使。

國朝獻徵錄99/6無撰人周公傳

水東日記17/4下

明史列傳34/23下

明史162/21下

周詔（1442—1521）直隸長洲人。自少有氣節。成化十六年舉人，授嘉祥縣教諭，選爲興王府伴讀，累遷長史。因事納忠，言多直切，睿宗嘉之，每見稱先生而不名。世宗入嗣大統，擢太常寺卿。未幾，卒於官，贈禮部右侍郎，年八十。

周公行狀（徐文敏公集5/10下）

周公傳（顧璘撰、皇明名臣墓銘艮集77，國朝獻徵錄70/15）

周詠（1533—1595）字思養，號樂軒，延津人。嘉靖四十一年進士，授魏縣令，擢御史。萬曆初以右僉都御史巡撫遼東，加兵部侍郎。十年虜酋速把亥入侵，生擒以獻，陞右都御史。撫遼六年，獨有制勝功，卒年六十三。

周公墓表（愼修堂集19/1）

周琬，江寧人。洪武時父爲滁州牧，坐罪論死，琬叩闕請代，帝疑受人教，命斬之，琬顏色不變，帝異之，命特宥父死，謫戍邊。琬復請就死以贖父戍，帝怒，命縛赴市曹，復察其誠而釋之。尋授兵科給事中。

明史296/15

周琮（1363—1410）字仲方，崇陽人。洪武間太學生，嘗贊理獄事，多所平反，二十六年試稱旨，擢刑部郎中，遷浙江布政司左參政，居三載，以母憂歸。永樂初參政河南，未幾調陝西，七年冬奉命督軍餉於邊，明年三月事竣還遇寇，與敵死之，年四十八。

國朝獻徵錄94/8楊溥撰周公墓碑

周盛（1438—1512）字永昌，號誠齋，順天大興人。貢入太學，弘治八年選直隸沭陽令，以廉謹聞，居七年，縣中大治，乞告歸，正德七年卒，年七十五。

國朝獻徵錄83/89樊鵬撰周先生傳

周軫（1432—1514）字公載，號恥庵，清江人。成化十一年進士，官戶部主事，時星變求言，軫請誅梁芳、李孜省，並汰內侍，言甚切。終山東運使，卒年八十三。

周公墓誌銘（見素集17/3，國朝獻徵錄86/55）

明史列傳49/17下

明史180/18下

周朝佐字獻可，閩縣人。正德三年進士，歷官監察御史。

蘭臺法鑑錄14/10下

母沈氏（1450—1524）

春暉圖序（費文憲公摘稿14/7）

沈宜人墓表（棠陵文集5/16）

周朝瑞字思永，臨清人。萬曆三十五年進士，天啓中爲禮科左給事中，數抗疏言事。值天變，朝瑞請帝修省，而嚴敕內外臣工，毋鬪爭誤國。繼又請帝親政，毋停經筵。後以忤魏忠賢逮獄，榜掠死。福王時諡忠毅。

啓禎野乘5/45

明史244/2

周期雍字汝和，江西寧州人。正德三年進士，官南京御史，強直敢言。嘉靖間遷浙江參議，討平溫處礦盜，官至刑部尚書。

贈侍御周君清戎兩廣序（整庵先生存稿5/6下）

國朝獻徵錄45/29雷禮撰周公傳

明史列傳69/4下

明史202/4

周景（1446—1495）字德章，安陽人。美姿貌，廉靖詳雅。天順五年，選尚重慶公主，主爲憲宗同母女兄。景持儒行，篤好文史，能詩，日從翰林名公請業受益。後掌宗人府事。弘治八年卒，年五十。

國朝獻徵錄4/15崔銑撰周德章傳

明史121/11

周鈇字汝威，號鈍軒，榆次人。嘉靖五年第進士，以御史巡按陝西。邊將殺降民冒功，鈇請嚴禁，有報降五人以上者賞之。後爲右春坊清紀郎。俺答將入寇，鈇以中樞無籌策，請早爲計，謫知廬州府。又以忤嚴嵩貶河間通判，尋褫職爲民。

送文選鈍軒周君出判河間序（世經堂集12/24下）

明史207/19

父周文德字濟武。

周君墓表（涂水先生文集4/3）

周進隆（1453—1520）字紹立，號雲竹，福建莆田人。成化二十年進士，授紹興府推官，擢監察御史，出知太平府，官至廣西布政使，致仕卒，年六十八。

周公墓誌銘（方簡肅公文集6/1）

周順（1372—1418）字子英，河南祥符人。中永樂三年鄉試，工詩，不專舉業，自太學選入史館，授工科給事中。十六年病卒，年四十七。

國朝獻徵錄80/84祥符文獻志傳

周順昌（1584—1626）字景文，號蓼洲，吳縣人。萬曆四十一年進士，授福州推官，捕治稅監高寀爪牙不少貸。天啓中歷文選員外郎，署選事，力杜請寄，抑僥倖，清操皭然，乞假歸。以忤魏忠賢，爲其黨所誣陷，天啓六年斃獄中，年僅四十三。崇禎初諡忠介。有燼餘集。

五人墓碑記（七錄齋集存稿3/1）
周忠介公年譜（殷獻臣編、周忠介公遺集附刊本）
周忠介公遺事（清彭定成撰、周忠介遺書附刊本）
書周司理事（松寥集2/18下）
名臣諡議（公槐集5/7）
周忠介公遺事（堯峰文鈔36/1）
黃石齋先生手書周忠介公神道碑跋（二林居集9/1）
題黃石齋先生書周忠介公墓碑後（三松堂集2/22）
啓禎野乘5/38
天啓崇禎兩朝遺詩小傳1/23
明史245/5

周舜岳字良卿，號盤峰，江西安仁人。嘉靖三十五年進士，由福建閩縣知縣選兵科給事中，歷廣東僉事，仕至貴州右參政。

掖垣人鑑14/41下

周復俊（1496—1574）字子籲，號木涇子，崑山人。嘉靖十一年進士，授工部主事，進郎中，歷四川、雲南布政使，官至南京太僕寺卿。萬曆二年卒，年七十九。有東吳名賢記、涇林集、全蜀藝文志、玉峰詩纂。

送參知周君子籲入賀序（皇甫司勳集44/6）
周公墓誌銘（穀城山館文集20/12下，國朝獻徵錄72/67）

周源（1417—1503）字本清，號直齋，武昌人。景泰元年舉人，卒業太學，拜山東道監察御史，擢揚州守，以母憂歸。起改知臨江府，遷廣西左參政，致仕歸。弘治十六年卒，年八十七。

送周揚州序（懷麓堂文稿2/15）
周公墓誌銘（吳寬撰、國朝獻徵錄101/17）

周詩字以言，崑山人。爲人倜儻，精醫理，自謂張仲景以下不能過，嘗以詩遊公卿間。少試方藥皆神驗，將以尚醫官之，拂袖去。游武林，寓僧寺中。後卒於虞山孫氏。平生著作委散，晚年始存之，有內經解、虛巖山人集。

祭友人周詩文（皇甫司勳集59/7）

周詩字興叔，號與鹿，浙江錢塘人。嘉靖三十五年進士，由直隸任丘知縣，選吏科給事中，陞禮科都給諫，晉太常寺少卿，遷南京通政司右通政，卒於官。有與鹿集。

周與鹿先生集序（二酉園續集1/39下）
掖垣人鑑14/46下

周詩字與言，崑山人。嘉靖三十四年舉人，萬曆初選授六合教諭，陞江寧知縣，歷工部郎中，視榷蕪湖，遷思州知府，致仕卒，年七十一。

吳郡張大復先生明人列傳稿×/117

周新字志新，初名日新，成祖嘗獨以新字呼之，遂更今名，南海人。洪武中以貢入太學，選授大理評事，以善決獄稱。成祖即位，爲監察御史，多所彈劾，貴戚震懼，目爲冷面寒鐵。累官浙江按察使。後爲奸人所誣，命逮之，新伏陛前抗聲辨，帝怒，命戮之。

周公傳（黃佐撰、國朝獻徵錄84/46）
冷面寒鐵公傳（彭森撰、皇明名臣琬琰錄19/19下）
名臣諡議（公槐集5/16下）
國琛集上/24
聖朝名世考6/1下
皇明世說新語3/2，5/23下
水東日記6/6下
皇明獻實14/1
名山藏臣林記6/52下
皇明書30/1
明史列傳34/2下
明史161/1下

周道光（1513—1577）號雲川，太倉人。嘉靖三十二年進士，授福寧知州，歷泉州知府，萬曆五年卒，年六十五。

周公墓誌銘（弇州山人續稿102/15）
祭周雲川先生文（同上152/4下）

周道登字文岸，吳江人。萬曆二十六年進士，天啓時爲禮部左侍郎，頗有所爭執，以病歸。崇禎初入閣，素無學術，奏對鄙淺，後以黨護樞臣劾罷。崇禎六年卒。

五十輔臣考1/20

明史251/3

周瑛（1430--1518）字梁石，號翠渠，福建莆田人。成化五年進士，知廣德州。弘治初爲四川參政，進右布政使，咸有善績，尤勵淸操。其學以居敬爲主，學者稱翠渠先生。正德十三年卒，年八十九。有書纂、翠渠類稿。

送周君梁石知廣德序（楊文懿公桂坊稿2/15下）

周公墓誌銘（見素集19/19，國朝獻徵錄98/1）

祭布衣陳先生翠渠周先生文（弘藝錄29/11）

國琛集下8下

聖朝名世考8/9下

皇明世說新語3/34

名山藏臣林記20/3下

明史282/31

明儒學案46/5

周鄖字光戴，湖廣蘄水人。正德十六年進士，除吏科給事中，陞刑科都給事，出知廬州府，仕終廣東提學副使。

掖垣人鑑13/2下

周瑄（1407--1484）字廷玉，號葵軒，山西陽曲人。由鄉舉入國學，正統中除刑部主事，善治獄。累陞刑部右侍郎，歷右都御史，遷刑部尚書。瑄官刑部久，屬吏不敢欺，意主寬恕，不爲深文。成化二十年卒，年七十八，諡莊懿。

贈大司寇太原周公致政序（謝文莊公集2/12）

周公行狀（篁墩程先生文集40/17）

周公墓誌銘（劉珝撰、國朝獻徵錄48/16）

明史157/10下

周聘字延聘，號克齋，桐城人。諸生，事親至孝。親沒，鄉俗拘忌形家，且難得地，聘欲附葬其親於先塋，宗人阻之。哀毀至十年，不釋服。邑令袁宅助葬資，宗人乃許之。蓋居喪凡十二年。

國朝獻徵錄112/62方學漸撰周孝子傳

周幹，瀏陽人。永樂初擢御史，遷太子中允。歷刑部主事、郎中，官至廣西右布政使。仁宗立，奉敕巡按兩浙及吳中。宣德初還治廣西。

送廣西右布政使周公還治序（尋樂習先生文集12/5下）

明史289/15

周鰲、武進人。嘉靖二十年進士，累官登州守，以憂歸。居官清廉，尤好施捨，道遇死人輒買棺瘞之。

毘陵人品記9/21

周鰲，號演泉，江西吉水人。舉於鄉，嘉靖四十四選署海寧縣學教諭，擢青田知縣。然諭海寧僅匝歲，弟子服其教，鄉黨感其化，去之日，少長不忍離，泣送至郊，去後復立碑頌之。

演泉周先生去思碑（茅鹿門先生文集21/10下）

周號字德元，號草庭，崑山人。有司兩以賢良薦，不遇而歸。工篆隸，凡碑碣題署多出其手，寫梅尤爲超絕，擅名當代，王冕之後，一人而已。

崑山人物志8/6下

吳郡張大復先生明人列傳稿×/56

周煦字啓和，號弓岡，吉水人。正德十六年進士，授行人，擢監察御史，陞大理寺丞，晉少卿，治獄多所平反，人服其明。官至都察院左副都御史，嘉靖二十四年卒官。著有三窮圖。

送侍御弓岡周君還朝序（張文定公紆玉樓集5/16）

周公墓誌銘（王學夔撰、國朝獻徵錄55/30）

母許氏，卒年四十八。

旌節卷序（涇野先生文集7/3下）

周鼎，江西大庾人。舉於鄉，洪武中任兵科給事中，調刑科，陞湖廣按察使，尋降化州同知。

掖垣人鑑8/9

周鼎（1401--1487）字伯器，一名鑄，字九鼎，嘉善人。博極群書，正統中征閩寇，參贊軍務金濂辟置幕下，以功授沭陽典史，爲王竑所惡，罷歸。遨遊三吳，求文者日集其門。成化二十三年卒，年八十七。有桐村、疑舫、土苴三集。

皇明世說新語5/18下

國朝獻徵錄83/108無撰人周鑄撰

周鼎字定之，湖廣茶陵州人。弘治九年進士，除兵科給事中，官終廣西右參議。

掖垣人鑑11/12下

周遇吉號萃庵，錦州衞人。少有勇力，好射生。後入行伍，爲京營游擊，累破賊，擢山西總兵官。李自成犯代，遇吉憑城固守，殺賊無算，食盡援絕，退保寧武。比城陷，遇吉巷戰，身被矢如蝟，賊執之，叢射死，闔門殉難。城中士民感其忠義，巷戰殺賊，死亡略盡。福王時謚忠武。

啓禎野乘11/13

明史268/6下

周敬心，山東人。太學生。洪武二十五年，詔求曉曆數者，賜以爵祿。敬心上疏極諫，且及時政，言皆激切。

名山藏臣林記4/46

明史列傳17/20

明史139/17下

周經（1440—1510）字伯常，號松露，山西陽曲人，瑄子。天順四年進士，選庶吉士，陞春坊左中允，累官戶部尚書致仕。武宗時起禮部尚書，剛介方正，好強諫，雖重忤旨不恤，宦官貴戚皆憚而疾之。正德五年卒，年七十一，謚文端。

送吏部侍郎周先生使秦詩序（懷麓堂文稿9/11下）

送周公先生致仕西歸序（喬莊簡公集6/4）

送太子太保戶部尙書周公致仕詩序（匏翁家藏集44/3下）

竹園壽集序（同上45/6下）

周公神道碑銘（懷麓堂文後稿21/11，國朝獻徵錄33/43）

祭文端周公先生文（喬莊簡公集9/10下）

松露周公傳（中丞馬先生文集3/16）

國琛集下/13下

聖朝名世考3/85

皇明獻實35/4下

吾學編43/6

名山藏臣林記16/1

皇明書23/7下

明史列傳52/8下

明史183/8

周滿字謙之，號受菴，一號拘虛子，廣漢人。嘉靖十一年進士，授戶部主事，累擢雲南知府，歷廣西、山東副使、雲南按察使、山西布政使。三十六年以右副都御史提督汀虔四省軍務，討平流寇李文彪、王子文等，地方以靖，次年致仕。有晚秀集。

贈南戶部周正郎陞知雲南府序（涇野先生文集11/43下）

郡守周侯去思碑（鳥鼠山人後集2/80下）

受菴周公遷晉藩左使序（靳兩城先生集14/5下）

賀中丞受菴周公序（龍津原集3/23）

送受菴周先生還蜀序（同上2/37）

送受菴周公得告西還序（同上2/51下）

御史大夫周受菴功行譜（同上1/34下）

中丞受菴周公行述（陳昌積撰、國朝獻徵錄58/65）

周受菴詩選序（太史升菴文集3/10下）

父周□（1476—1535），號南山

南山周君暨張安人雙壽序（涇野先生文集11/8）

周公墓誌銘（趙浚谷文集7/34）

母張氏，嘉靖十八年卒。

張宜人墓誌銘（蔣道林文粹5/11下）

周漢卿，松陽人。醫兼內外，針灸尤神。

贈醫師周漢卿序（宋學士文集8/74下）

名山藏101/13

明史299/5

周禎（一作楨）江寧人，歷大理卿。太祖以唐宋皆有成律，惟元以一時行事爲條格，胥吏易爲奸欺。詔禎與李善長、劉基等定律令，書成，太祖稱善。洪武初爲刑部尙書，帝懲元寬縱，用法太嚴，奉行者重足立。律令既具，吏士始知循守。其後數有釐正，皆以禎書爲權輿云。

國朝獻徵錄44/1雷禮撰周公傳

明史列傳13/5下

明史138/4下

周監字文郁，江西安福人。景泰二年進士，除禮科給事中，陞本科右，仕終知府。

披垣人鑑6/8下

周壽（1442—1509）昌平人，能子。嗣父錦衣正千戶，天順八年陞爲左都督僉事。憲宗即位進督府同知，封慶雲伯，再進侯。壽以太后弟，頗恣橫。正德四年卒，年六十八，諡恭和。

周公墓誌銘（懷麓堂文後稿28/19）
皇明功臣封爵考7/23
吾學編19/73
皇明書12/3下
明史300/12下

周遜字昌言，號五津居士，成都人。嘉靖三十五年進士，而投病不仕，時遊名勝。隆慶中始起授刑部主事，歷雲南參議，旋致仕歸。長於詩，有五津集。

周五津集序（二酉園文集3/22下）

周嘉謨字明卿，漢川人。隆慶五年進士，神宗朝爲吏部尚書。受顧命，輔皇長子即位，正色立朝，中外倚以爲重。光熹相繼踐阼，嘉謨大起廢籍，耆碩滿朝。以忤魏忠賢削籍。崇禎初復爲吏部尚書，尋卒。

參知周公壽序（大泌山房集30/又23下）
啓禎野乘2/33
天啓崇禎兩朝遺詩傳4/133
明史列傳91/1
明史241/1

母劉氏

周母劉恭人壽序（大泌山房集38/27）

妻蕭氏

蕭淑人壽序（大泌山房集38/16下）

周夢暘（1546—　　）字啓明，南漳人。萬曆二年進士，歷工部都水司郎中，官至山東參政。有水部備考、常談考誤。

送學憲周君備兵徐州序（鶯林外編29/12下）

父周可學（1478—1557）字得祿，號柘溪。

周公暨蕭王二恭人合葬墓誌銘（穀城山館文集21/21下）

周鳳岐字宇和，永康人。萬曆四十七年進士，崇禎初爲四川副使，苗人爭界，爲立碑畫疆以定之。改右參政，分守澧州。張獻忠來犯，糧盡援絕，城陷，罵賊死。

明史294/24下

周鳳翔字儀伯，號巢軒，浙江山陰人。崇禎元年進士，官至南京國子司業。歷諭德，爲東宮講官，因召對，陳滅寇策，言論慷慨，帝爲悚聽。京師陷，題詩壁間，自經死。諡文節。

吳山六忠祠碑（大滌函書1/33）
周文忠公傳（西河合集76/1）
啓禎野乘11/31
天啓崇禎兩朝遺詩傳3/109
明史266/4下

周鳳鳴（1489—1550）字於岐，號山齋，崑山人，倫子。正德九年進士，嘉靖初歷刑部郎中，調兵部職方，一歲中疏百餘上。擢大理寺丞，忤張孚敬奪官。鳳鳴性孝友，勵廉隅，以無罪去，士論惜之。嘉靖二十九年卒，年六十二。有東田集。

周公墓誌銘（顧夢圭撰、皇明名臣墓銘兌集54，國朝獻徵錄68/84）

弟周鳳來字于舜，卒年三十三。

亡友周于舜墓誌銘（俞仲蔚先生集13/1）

周熊字應文，陝西西安人。弘治九年進士，拜監察御史，出巡按雲南，卒于官，年僅四十七。

周公墓碑（渼陂先生文集16/1下）

周銓字汝衡，金陵人。先世以醫名，承其家學，對諸方書，力求精奧。初爲小兒醫，輒有奇效，聲稱日起，病家爭迎。其視病愈細，用藥愈慎，故所投藥皆應手效，名著一時。

國朝獻徵錄78/138顧璘撰汝衡周先生小傳

周廣（1474—1531）字充之，號玉巖，又號抑齋，崑山人。弘治十八年進士，歷知莆田、吉水。正德中以治最徵授御史，疏陳四事，幾爲武宗義子劉寧所害。官至南京刑部侍郎，嘉靖十年卒官，年五十八。有玉巖集。

玉巖記（棠陵文集4/2）
抑齋序（涇野先生文集7/9下）
培德堂記（龍津原集4/60下）
誥勅南京刑部右侍郎周廣（顧文康公文草卷首又8下）

周玉巖公神道碑（涇野先生文集32/16，國朝獻徵錄49/18）
雜著記事（石蓮洞先生文集16/39）
崑山人物志4/12下
明史列傳59/5
明史188/29
母淩氏
壽淩太安人七十序（張文定公紓玉樓集8/33）
長子周士淳（1490—1543）字孺初。
太學生周君墓誌銘（震川先生文集20/17）
仲子周士淹（1504—1562）字孺亨。
周孺亨墓誌銘（震川先生文集19/263）

周震字世亨，崑山人。正德六年進士，授鄱陽知縣，歷浙江按察僉事，官至福建參議。性質直，有執守。
送同年周世亨宰鄱陽序（鶣巷遺稿8/10）
送僉憲周君世亨之浙江序（徐文敏公集4/4）
父周瑔字廳南，號明軒。
周公明軒墓表（見素集續10/10下）

周賢（1407—1459）字用希，長洲人。正統四年進士，授南京工部主事，以父憂歸。服除還任，累擢浙江布政司右參議，改四川，天順三年卒於官，年五十三。
周公墓表（匏翁家藏集74/5下）

周賢，滁人。景泰初累功至都指揮僉事。天順初寇駐塞下，賢爲都督僉事，以會師失期下獄。及得釋，感激誓死。後以故官赴寧夏追寇死，謚武僖。
明史列傳45/4
明史174/7下

周賢宣字仲舍，萬安人。嘉靖三十二年進士，歷延平守，以厚俗正士習爲首務，時時引博士弟子，誦說經義，而一歸於實踐。擢海道副使，屢敗倭寇，時軍務倥偬，賢宣方講道芝山書院，累進右布政。罷官後，惟講學訓廸後進，素恥干謁，邑有大利病，輒盡誠以告，鄉人多賴其德焉。
國朝獻徵錄90/16王時槐撰周公傳

周履清字逸之，嘉興人。好金石，工篆隸章草晉魏行楷，專力爲古文詩詞，編籬引流，雜植梅竹，讀書其中，自號梅顚道人。有夷門廣牘、梅塢貽瓊、梅顚稿選。
梅墟先生別錄（李日華撰、明刊夷門廣牘本）

周德成（1339—1391）雷州人。洪武中以明經擢休寧令，多惠政。邑故衝，四方遊者接軫，民不勝役。乃自懸一車於縣，強索者身代舁之。後非使命至者，噤不敢請。在任七年，以他故逮法曹，民詣闕訟得還。洪武二十四年以軍事錯迕，又逮至兵部，民詣之如初，比得白。以病卒，年五十三。
周德成墓誌銘（坦齋文集2/28，國朝獻徵錄83/77）

周德興，濠人。從太祖征討，功最多，署中立府行大都督事。累平蠻寇，建防海之策。洪武二十五年以子驥亂宮，坐誅。
皇明功臣封爵考6/13下
吾學編18/27下
名山藏41/8下
明史列傳8/21下
明史132/2下

周衝（1485—1532）字道通，宜興人。齠年以孝聞，正德五年鄉薦司訓萬安，擢應城令，教化大行，民爲立生祠，官至唐府長史，學者稱靜菴先生。嘉靖十一年卒，年四十八。
送周道通序（涇野先生文集6/17）
周君行狀（古菴毛先生文集6/1）
周君墓碑銘（泉翁大全集60/5下，國朝獻徵錄105/75）
祭唐府長史周靜菴（古菴毛先生文集6/24）
奠唐府紀善周道通文（泉翁大全集57/19下）
周氏族譜序（涇野先生文集5/16）
毘陵人品記8/21下
明史283/7下
明儒學案25/4下
父周銘（1445—1501）字愼齋。
鄉善士愼齋周君墓表（泉翁大全集62/13下）

周憲（1460—1512）字時敏，湖廣安陸人。弘治六年進士，歷刑部員外郎，累官江西按察副使。正德七年征華林寨寇，援絕死之，年五十三，謚節愍。
忠烈祠記（支華平集11/5）
江西按察副使周君行實（空同子集58/15，國

朝獻徵錄86/64）

周副使祭文（空同子集64/4）

明史289/14下

周璟，江西端昌人。洪武間擧人，歷刑科都給事中，擢山西右布政使，仕終陝西左布政使。

披垣人鑑8/2下

周翰（1366—1429）字維翰，鄞縣人。永樂三年擧人，入太學，獻賦稱旨，擢入翰林，預修永樂大典，陞檢討，宣德四年卒，年六十四。

周君墓誌銘（東里文集19/20下，國朝獻徵錄22/9）

周蕙字廷芳，泰州人。爲臨洮衛卒，戍蘭州。年二十，聽人講大學首章，惕然感動，從州人段堅學，研究五經，又從安邑李昶遊，學益邃。後居泰州之小泉山，幅巾深衣，動必由禮，州人多化之，稱爲小泉先生。以父久游江南不返，渡揚子江求父，舟覆溺死。

小泉周先生傳（馮少墟集22/8下，國朝獻徵錄114/40）

明史282/9下

明儒學案7/11下

周縉字伯紳，武昌人。攝永清令，成祖擧兵，守令相率迎降，永清地尤近，縉獨爲守禦計。已度不可爲，懷印南奔，道聞母卒，歸終喪。復糾義旅勤王，聞京師不守，乃走匿。成祖即位，遣戍興州，居數年，子代還，年八十而卒。

周義士傳（匏翁家藏集58/11）

國朝獻徵錄82/45無撰人周縉傳

皇明表忠紀7/10

遜國正氣紀7/9

革朝遺忠錄下/28下

吾學編56/34

明史列傳20/21

明史143/14

周縉（1464—1543）字朝章，號松雲，先世晉州人，父俊仕上海縣丞，遂家於上海。幼選入宮，侍孝宗。歷陞御馬、尙寶太監，世宗時提督東廠。嘉靖二十二年卒，年八十。

周松雲墓誌銘（陽峰家藏集35/31）

名山藏87/12下

周衡字士平，無錫人。擧明經授本府訓導，洪武十三年召試稱旨，擢右正言。太祖嘗下詔蠲江南租，已復徵之。衡言上不信於天下，太祖默然，未幾衡告歸省，逾期一日至。太祖怒曰，朕不信於天下，爾不信於天子。遂棄市。

毘陵人品記6/10下

周積（1483—1565）字以善，號二峰，又號古愚，江山人。正德五年領鄉薦，卒業南雍，聞王陽明知行合一之說，往事之。嘉靖五年授江西南安府推官，斷獄如神，聲徹當道。後屢署縣事，調南康，適陽明自廣班師還得疾卒，躬親殯殮，心喪三年如一日。以考最擢沅州知州，遷德王府長史，沅人留之不得，乃立石紀頌。後以老致仕，嘉靖四十四年卒，年八十三。

國朝獻徵錄105/58趙鏜撰周公行狀

周鴻圖字子固，即墨人。起家歲貢生，知宿遷縣，遷貴州同知，積軍功至知府。天啓間監胡從儀及都司張雲鵬軍，分道搜山，所向摧破，擢副使，官終陝西參政。

明史249/24下

周濟（1386—1449）字大亨，洛陽人。永樂中領鄉薦，卒業太學。歷事都察院，出爲江西都司斷事。正統初擢御史，巡按大同宣府，摧惡佑善，邊境以安。陞安慶知府，正統十四年卒官，年六十四，民皆罷市巷哭。

周公行狀（李賢撰、皇明名臣琬琰錄24/24下，國朝獻徵錄83/20）

周君墓誌銘（王文端公文集33/11）

明史281/21

周應秋，字茂實，號春臺，金壇人。萬曆二十三年進士，歷官工部侍郎，生平無特操，黨於魏忠賢，尋爲左都御史。家善烹飪，每魏良卿過，進豚蹄留飲，時號煨蹄總憲。進吏部尚書，與文選郎李夔龍奮官分賄，盡逐淸流，爲忠賢門下十狗之首。莊烈帝嗣位，遣戍死。

明史306/29

周應賓字嘉甫，鄞縣人。萬曆十一年進士，選庶吉士，歷掌南京翰林院，官至禮部尚書，掌詹事府事，卒謚文穆。有月湖草、九經考異、普陀山志、舊京詞林志、同姓名錄補。

送宮諭周先生掌南翰林院序(劉大司成集6/6)

父周仁字子重，號弘宇。

弘宇周公墓誌銘（蒼霞草18/39）

周興字廷參，松江華亭人。景泰二年進士，授翰林院編修，以內憂歸，居喪三年足跡不及城府。一時輩流論行誼超卓，學問該貫者獨推興，年四十六卒。

國朝獻徵錄21/86無撰人周公傳

周璽（1474—1534）字國器，武進人。擅劑量取予之術，家業饒給，正德五年輸粟，授德府引禮舍人。嘉靖十三年卒，年六十一。

周君墓誌銘（山堂萃稿14/11）

周𩃍字克禮，武進人。成化十四年進士，任江西萬載令，以剛直忤郡守，調福建永春，多惠政。歲除齋居，以青蛙鳴爲引，爲一死者雪其冤，邑人稱快，因作青蛙記。陞太僕寺丞卒官。

毘陵人品記8/3

周璿，諸城人。洪武末以天策衛知事建言，擢左僉都御史。燕王稱帝，與茅大芳並見收，不屈死。福王時謚肅愍。

遜國正氣紀4/25

革朝遺忠錄下/36下

皇明表忠紀2/37下

吾學編56/35

明史列傳19/19

明史141/10下

周瓚（1389—1450）字季溫，號魯齋，崑山人。永樂十年中會試乙榜，歷河南道監察御史，出爲鄭府右長史。景泰元年卒，年六十二。

周君墓誌銘（顧珣撰、吳下冢墓遺文續編1/91）

吳郡張大復先生明人列傳稿×/45

周璽（1450—1491）字廷玉，遷安人。爲開平衛指揮使，負氣習兵書，善騎射。成化間以力戰破邊寇功，累官都督同知。弘治三年命充總兵官佩征西將軍印，鎭寧夏，逾年以疾卒，年四十二。

周公墓誌銘（懷麓堂文稿28/1，國朝獻徵錄108/25）

明史列傳45/15

明史174/14

周璽字天章，號荊山，廬州衛人。弘治九年進士，授行人，選吏科給事中，屢遷禮科都給諫，武宗朝歷官順天府丞，論諫深切，率與中官牴牾，爲劉瑾所陷，榜掠死。有垂光集。

國朝獻徵錄75/10無撰人周公傳

掖垣人鑑11/12

明史列傳58/16

明史188/13

周顚，無名字，建昌人。年十四得狂疾，走南昌市中乞食，語言無恒，人呼之曰顚。年三十餘，忽有異狀，長官初至，必入謁曰告太平。後隨太祖至金陵，顚愈甚，太祖厭之。及征陳友諒，攜與偕行，惡其妄言惑軍心，命投於江。師次湖口復來見，尋去。後往廬山物色之不可得。太祖親撰周顚仙傳紀其事。

周顚仙人傳（明太祖撰、紀錄彙編本）

國朝獻徵錄118/99無名氏撰傳

皇明世說新語6/7

名山藏102/1

明史299/6下

周騰蛟，香河人。舉於鄉，崇禎間爲汜水知縣，有循績，後遷縣治於摩天砦以遏賊衝。賊至，相持十餘日，勢不支，砦臨河，可渡以免，騰蛟不可，遂自投於河而死。

明史293/15下

周體瑜，江西撫州人。官松江同知，建文時勤王詔下，榜募義勇入援，繼瑜極言大義，感動人心。被擒，械至京，磔於市。

遜國正氣紀5/9

遜國神會錄上/70下

皇明表忠紀4/5下

周鐸，山東濟寧洲人。永樂時舉人，由河南鹿邑縣學教諭，擢禮科給事中，仕終湖廣寶慶知府。

掖垣人鑑6/17

周鑑字孔明，湖廣麻城人。正統十年進士，授監察御史，巡按江西，有大學士陳循子所爲不法，鑑按置大辟，還所奪田廬子女。官終山東按察使。

國朝獻徵錄95/51無撰人周公傳

徐氏海隅集外編40/4

皇明世說新語4/37下

周贊字朝獻，世襲大河衞指揮僉事。成化二十一年以督運糧賑饑功，擢都指揮僉事。統馭有法，撫綏有恩，士不告勞。後以都指揮充漕運參將，兼守淮安。改錦衣衞，僨運江南，以疾卒官，年五十七。

國朝獻徵錄109/23潘塤撰周公傳

周顯，合肥人。精悍有膽氣，饒勇過人，洪武中累官指揮使。後從北征戰死於阿魯渾河。追贈汝南郡伯。

國朝獻徵錄111/1無撰人周公傳

皇明功臣封爵考8/63下

明史133/20

周鑣字仲馭，金壇人。舉鄉試第一，崇禎元年成進士，授南戶部主事，榷稅蕪湖，以憂歸。服闋，改授南京禮部主事，以極論內臣言官二事，斥爲民。鑣以世父應秋叔父維持附魏忠賢，並麗逆案，恥之。通籍後，即交東林，矯矯樹名節，及被放，讀書茅山。後爲禮部郎中，爲人好名，頗飾僞，尋罷歸。福王時爲阮大鋮所誣，賜死。有遜國忠記、十四哀詩。

明史274/17下

周讓字克遜，無爲人。倜儻尚氣節，以劉基薦任給事中，永樂三年兩使西域，被拘，徙之荒野，瀕死者數，終不屈，卒令番人隨之入貢。有重使古剌集。

明史列傳15/11下

周觀政，浙江山陰人。洪武間擢監察御史，嘗監奉天門，有中使將女樂入，觀政止之。中使曰有命，觀政執不聽，中使慍而入。頃之出報曰，御史且休，女樂已罷不用。觀政又拒曰，必面奉詔。已而帝親出宮諭之。官至江西按察使。

明史列傳16/6下

明史139/3下

周鑰，廣東海陽人。弘治十五年進士，爲兵科給事中，勘事淮安，所善知府趙俊許貸千金，既而不與。恐劉瑾索賄無以應，遂自刎而死。

掖垣人鑑12/5

明史188/71下

九　劃

洪

洪文衡（1560--1621）字平仲，號桂渚，歙人。性孝友，舉萬曆十七年進士，授戶部主事，帝將封皇長子爲王，文衡偕同官賈巖合疏爭，遷考功主事，引疾歸。再起，官至太常卿。時詔起顧憲成，忌者憚其進用，力攻之，文衡抗章申雪，言甚切至，卒於官，年六十二。

洪公墓誌銘（蒼霞餘草11/5）

名臣謚議（公槐集6/9）

啓禎野乘2/1

明史242/9

洪本晶字景隆，池州府人。正統進士，任刑科給事中，陞湖廣僉事。

掖垣人鑑8/21下

洪孝先字從周，號霍山，永嘉人。工詩畫，名重都下。有雁池集。

佩萱詩序（二酉園續集3/26下）

洪垣字峻之，號覺山，婺源人。嘉靖十一年進士，受業湛若水之門，由永康令徵授御史，出爲溫州知府，尋落職歸。復與同里方瓘往從若水，若水爲建二妙樓居之，家食四十餘年，年九十卒。有覺山史說，覺山緒言。

送覺山洪子令永康序（蔣道林文粹2/1）

送大巡覺山洪君外補溫州太守詩序（泉翁大全集25/5）

賀大巡侍御覺山洪君序（同上25/3）

洪氏金村祖祠會堂記（同上30/5下）

新安洪氏通譜表叙（甘泉先生續編大全1/28下）

明史208/23下，283/7

明儒學案39/1

洪英字實夫，懷安人。永樂十三年會試第一，入翰林，纂修三禮，歷官山東巡撫。時河決臨清，董治有功，旋進左都御史，鎭守浙江，乞歸。有澹成集。

國朝獻徵錄54/52實錄洪英傳

父洪奐（1346—1433），字子美。

洪徵士墓誌銘（楊文敏公集22/5）

洪胤衡，商城人。萬曆中舉進士，歷寧波知府，有治聲，屢官至山西陽和兵備副使，以艱歸。崇禎十四年張獻忠陷襄陽，寇商城，胤衡與知縣盛以恒共城守，分守北門，城陷，力竭戰死。

明史293/3下

洪珠字玉方，號西涂，莆田人。正德十六年進士，授戶部主事，陞郎中，出知紹興，歷貴州布政使，官終應天府尹。

送洪君玉方守紹興序（方齋存稿6/12下）

贈貴藩左使洪西涂公進南京兆序（蔣道林文粹3/15下）

母吳氏（1459—1517）

吳氏墓誌銘（方齋存稿8/2）

洪祥，字士高，黃梅人。性至孝，父友璋病瘍年餘，起臥粥餌衣被垢穢，必躬治之，未嘗解帶。喜讀書，死生利害，了無凝滯。年九十七卒，人稱隱德先生。

國朝獻徵錄112/29無撰人洪祥傳略

名山藏97/8下

洪啓初字爾還，南安人。萬曆四十一年進士，官兵部主事。有易學管見。

壽洪爾還使君初度序（始青閣稿13/13）

洪通（1452—1529）字克明，歙人，遠弟。弘治八年舉人，授淳安教諭，歷義烏知縣，官終道州知州，致仕歸卒，年七十八。

洪公墓誌銘（雲岡公文集金臺稿1/42下）

洪雲蒸，長沙人。初官廣西參政，嘗搜淩秀餘黨，斬三十餘級，盡毀其巢，遷福建參政。海盜劉香犯閩廣，總督熊文燦命雲蒸往賊舟議招撫，被執。崇禎八年鄭芝龍連廣東兵擊香，香脅雲蒸止兵，雲蒸大呼曰，我矢死報國，急擊勿失，遂遇害，諡烈愍。

明史260/10

洪朝選（1516—1582）字舜臣，一字汝尹，號芳洲，同安人。嘉靖廿年進士，四十五年以右副都御史巡撫山東，入爲刑部侍郎。遼藩獄起，以忤張居正，削籍逮訊，斃獄中，年六十七。後居正敗，子兢訟冤闕下，詔復其官。有靜菴集，芳洲摘稿，別稿。

贈大中丞芳洲洪公巡撫山東序（陸文定公集9/52）

芳洲洪公晉少司寇序（訥溪文錄1/14）

洪公墓誌銘（林士章撰、國朝獻徵錄47/9）

洪漢（1441—1510）字天章，號雲庵，章丘人。成化八年進士，授工部主事，歷四川陝西布政使，弘治中遷大同巡撫，以禦虜失利去職，年七十卒。

雲庵洪都御史傳（李中麓閑居集10/92，國朝獻徵錄61/10）

洪遠（1450—1519）字克毅，號弘齋，歙人。成化十四年進士，官至南京工部尚書，上疏乞休。會宸濠反，調兵械備禦，力疾視事，以勞瘁卒，年七十。

送方伯洪公之任四川序（東泉文集1/25下）

送洪雲南序二篇（涇野先生文集1/34）

柏臺遺愛記（淩谿先生文集14/6下）

送南京都察院右都御史洪公考績序（喬莊簡公集6/9下）

洪公墓誌銘（東川劉文簡公集18/27下）

故南京工部尚書洪公像贊有序（泉翁大全集33/12下）

國朝獻徵錄52/31無名氏撰傳

洪維翰，官桐梓知縣。天啓初奢崇明反，城陷，奪印不屈死。

明史290/9

洪寬（1426—1487）字有約，歙人。景泰元年應天鄉薦，成化二年授湖廣桂陽知州，遷河南鄭州，有政聲。調郎陽知府，命未下而以疾引歸，年六十二卒。

洪公墓誌銘（篁墩程先生文集45/20下）

洪公傳（同上50/8）

洪蓮（1366—1456），字獨芳，山西太原吳氏子。幼孤，事母孝。母沒出家，戒行卓越，詣天龍洞，刺血書五十部經文。永樂中詔選注大明三藏法數，校大藏經典，既成，懇辭還山卒。年九十一。

補續高僧傳5/5下

洪鍾（1443—1523）字宣之，自號兩峯居士，錢塘人。成化十一年進士，授刑部主事，累遷刑部尚書兼左都御史。湖廣盜起，命以本官總制軍務，川陝河南亦隸焉。初有功，輾轉復熾，地方苦之。時有謠曰，賊如梳，軍如篦，士兵如鬀。鍾尋召還，遂乞歸，卒年八十一，謚襄惠。

送憲副洪公赴任序（椒丘文集11/12）

洪公生祠碑文（張文定公靡悔軒集4/3）

洪公墓誌銘（王文成公全書25/713，國朝獻徵錄44/79）

洪鍾傳（西河合集82/7下）

明史187/11下

父洪新字汝林，號滄菴。

洪公行狀（居康僖公文集6/24）

洪鍾，字季和，崇仁人。四歲能書大字，七歲隨父之京，憲宗見其字畫端楷，召見嘉歎，命入翰林院讀書。登弘治三年進士，歷官禮部員外郎，年二十七卒，清才不壽，士林惜之。

皇明世說新語5/2下

洗

洗光字汝實，號羅江，南海人。弘治九年進士，累官陝西道御史，巡按應天，獎廉察墨，風教大著。疏江彬誘駕巡幸，侃侃凡千萬言，不稍怯。疏留中，遂乞歸，杜門十八年。嘉靖間歷官至工部右侍郎，所至皆有聲。

送大光祿洗羅江先生之南都序（泉翁大全集22/2）

贈羅江洗公三品考績序（涇野先生文集10/20）

羅江洗氏祠堂記（同上18/30）

少司空羅江洗公像贊（泉翁大全集32/28）

妻霍氏（1472—1533）

霍氏墓誌銘（涇野先生文集27/10下）

霍氏神道碑文（泉翁大全集65/13）

洗桂奇，字奕倩，號少汾，一號秋白，南海人。嘉靖十四年進士，授工部主事，忤權貴，改南刑曹，乞終養。桂奇師事湛若水，遂爲俱南，歷覽諸勝，草履布衣，奉母居羅浮，世稱其清風勁節。輯有問疑續錄。

鶴園二少樓記（甘泉先生續編大全6/2下）

父洗濬（1472—1525）字天澤，號履齋。

洗君墓表（泉翁大全集64/7下）

母陳氏

洗母陳氏六十壽序（涇野先生文集11/6下）

宣

宣岊（1313—1372）字彥昭，浦江人。洪武初以文學徵，官至溫州路總管府判官，卒年六十。

宣公墓誌銘（宋學士文集61/457下）

宣嗣宗（1380—1431）字彥初，嘉定人。永樂三年舉楷書士，授中書舍人，宣德中以繕寫實錄進郎中，卒官，年五十二。

宣君墓誌（楊士奇撰、國朝獻徵錄22/99）

計

計昌，字汝賢，浮梁人。天順元年進士，授山東武定知州。

贈計昌進士知武定州序（呂文懿公全集7/54下）

姜

姜子羔，字宗孝，號對陽，餘姚人。嘉靖三十二年進士，除成都府推官，官至太僕卿。

送對陽姜大夫提刑陝西序（條麓堂集22/19下）

姜士昌，字仲文，丹陽人，寶子。萬曆八年進士，除戶部主事，進員外郎，歷官江西參政，上疏語侵李廷機，謫興安典史。士昌好學勵名節，居恒憤時疾俗，欲以身挽之。雖居散僚，數有論建，竟絀齬以終。

送姜仲文視學關西序（寶菴集1/5）

明史列傳84/18下

明史230/12

姜曰廣，字居之，號燕及，新建人。萬曆四十七年進士，選庶吉士，授編修，天啓間使朝鮮，還陳海外情形有裨軍國者八事。魏忠賢以其爲東林，黜之。福王時拜禮部尚書，兼東閣大學士，爲馬士英所忌，乞休歸。後金聲桓反正江西，迎曰廣以資號召，聲桓敗，投池死。

石井山房語錄序（懷鼓堂集8/72）

天啓崇禎兩朝遺詩傳5/199

明史274/15

姜立綱字廷憲，號東溪，瑞安人。七歲能書，命爲翰林秀才，故楷法清勁方正，中書科制誥悉宗之。天順中授中書舍人，仕至太常寺卿。工聲詩，畫法亦入妙品。

圖繪寶鑑6/8

國朝獻徵錄22/94無名氏撰傳

姜良翰字希申，號常軒，浙江金華人。嘉靖二十三年進士，由南京大理寺評事改禮科給事中，仕至山東左布政免官。有詩文集三十卷。

掖垣人鑑14/3下

姜志禮字立之，丹陽人。萬曆十七年進士，歷建昌、衢州推官，入爲大理評事，仕終太常少卿致仕。性淳樸，居官多有政績，以行誼稱於鄉。有姜同節集。

明史237/2

姜廷頤字以正，號蒙泉，巴陵人。嘉靖廿三年進士，擢御史，按通州。京師告警，與都御史王忬乘城三日，疏七上，遷淮揚兵備副使。是時江北取民無制，廷頤行一條鞭法，遂爲善政，累官至兵部侍郎。

贈姜蒙泉序（敬所王先生集5/27下）

姜昂字恒頫，太倉人。成化八年進士，授御史，官終福建參政。昂居官甚廉，常磨麥作糜充食，人呼姜麥粥。

送姜太守改任寧波序（王文恪公集10/11）

姜公墓誌銘（王文恪公集28/2下，國朝獻徵錄90/38）

姜公墓表（見素續集10/7）

崑山人物志2/8

明史列傳38/24

明史165/13

姜洪字希範，號敬齋，廣德人。成化十四年進士，拜御史。孝宗卽位，陳時政八事，尤多指斥近倖，官終山西巡撫，正德七年卒於官，洪性亢直，歷官四十載，居無牆垣，身後喪不能舉，諡莊介。

國朝獻徵錄61/36實錄姜洪傳

明史180/24下

姜垓字如須，萊陽人。崇禎十三年進士，授行人，兄埰官禮科給事中，以建言繫獄，垓盡力營護。國變，阮大鋮仕南都用事，修舊怨，欲殺之，垓變姓名走寧波，後還吳卒，門人私諡貞文先生。有貫營集。

天啓崇禎兩朝遺詩傳7/257

明史258/24

姜思睿，字顓愚，一字調明，慈谿人，應麟從子。天啓二年進士，崇禎初擢御史，疏陳天下五大弊，語極剴切。先後劾周延儒、溫體仁，直聲大著。出視河東鹽政，代還，乞歸卒。

啓禎野乘3/35

明史列傳84/23

明史233/2下

姜恩，字君錫，四川廣安人。嘉靖二年進士，授武功令，擢戶部，出知雲南臨安。

贈姜君錫知臨安序（涇野先生文集10/32下）

姜埰字如農，萊陽人。崇禎四年進士，授密雲知縣，累遷禮科給事中，所至有聲績，旋以直言下獄，遣戍宣州。明亡，削髮爲僧，自號敬亭山人，又號宣州老兵。及卒，同人私諡貞毅先生。有敬亭集。

明史258/21

姜逢元字仲訒，號識勝，餘姚人。萬曆進士，歷國子司業，魏忠賢擅政，纂三朝要典，逢元爲副總裁，每擱筆而歎，忠賢因勒令閒住。崇禎初累官禮部尙書，九年乞歸。

賀少司成箴勝姜君請卹其尊人序（寶日堂初集10/34）

姜尙書傳（西河合集75/22下）

姜湧字宗源，蒙城人。早孤，事母以孝聞，嘉靖三十一年擧於鄉，授曲陽知縣。廉愛有異政。調知武淸，邑多勳戚閹官家，一一繩之以法，群豪斂迹。後棄官歸，行李蕭然，圖籍數卷而已，年七十卒。有槐庭遺稿。

國朝獻徵錄82/43無名氏撰傳

姜漢字大容，楡林人。弘治中嗣世職，爲本衞指揮使，充延綏鎭遊擊將軍，寇犯寧夏興武營，漢率所部擊敗之，又援宣大有功，正德四年擢寧夏總兵官。尋安化王寘鐇謀逆，執漢脅令從已，漢怒罵不屈，遂遇害。

壽元戎姜公序（少華山人文集7/8）

姜總兵哀忠詩序（涇野先生文集?/6下）

姜公傳（月鹿堂文集4/36下）

姜閔忠家傳（大泌山房集68/1）

姜氏世稿序（同上22/6下）

明史列傳60/1

明史174/17下

姜綰（1452—1507）字玉卿，弋陽人。成化十四年進士，除景陵知縣，擢御史。弘治初陳治道十事，因劾中官蔣琮，謫判桂陽。屢遷慶遠知府，斬劇賊韋七。尋爲江右兵備副使，平思恩亂，請改土歸流，廷議從之。官終河南按察使，年五十六卒。

同知寧國府事姜公去思記（篁墩程先生文集19/11）

姜君墓誌銘（柴墟文集9/6下，國朝獻徵錄92/74）

姜君墓表（楓山章先生文集6/13）

明史列傳55/9

明史180/22下

母汪氏（1419—1471）

姜孺人汪氏墓表（羅文肅公集22/19下）

姜諒字用貞，號貞菴，浙江嘉興人。天順八年進士，授行人，遷南京刑部郎中，出知漳州府，致仕卒。

姜貞菴傳（懷麓堂文後稿11/4下）

父姜廸字允吉，私謚安素

姜公墓表（桃溪淨稿文17/11）

姜封君哀辭（懷麓堂文稿23/1）

姜琏（1427—1482）字廷器，蘭谿人。天順四年進士，授山東寧海州知州，有政聲。擢知贛州，居七年，政大行，官終永平知府，卒年五十六。

姜君行狀（楓山章先生文集6/26下）

姜奭，楡林衞人，漢子。累官總兵，鎭甘肅。回寇甘州，西海賊犯涼州，皆擊敗之，錄功進署都督同知，以罪罷。久之以薦擢大同副總兵，復劾罷卒。

明史174/18

姜儀（1487—1566）字君肅，號侑溪，南昌人。正德九年進士，授鳳陽推官，屢遷右副都御史，巡撫湖廣，協征苗亂，以忤嚴世蕃，謫廣東參議，乞歸卒，年八十。

淡泉序（蔣道林文粹4/1）

贈姜侑溪憲使序（同上4/4）

姜公行狀（劉日審撰、國朝獻徵錄62/50）

姜龍，字夢賓，太倉人，昂子。正德三年進士，歷禮部郎中，累遷雲南副使，在滇四年，番漢大治。

兵備姜公去思記（太史升菴文集4/10）

明史列傳38/24

明史165/13

姜濤（1392—1445），字伯淵，忻州人。永樂十二年擧人，同知河間，守以事罷、民詣闕擧濤爲守，遂陞知府。以憂歸，民復詣闕乞留，遂奪情留任，累官戶部左侍郎，正統十年卒于官，年五十四。

姜公墓碑（謚忠文古廉文集10/5）

姜應熊，楡林衞人，奭子。嗣世職爲指揮使，擢宣府西路參將。嘉靖間俺答寇大同，應熊從翁萬達自懷東鼓譟揚塵而西，寇不測多寡，遂遁。累官總兵，鎭寧夏，寇數萬踏冰西渡，掩擊之，進右都督，陞左都督，總督趙炳然劾其縱寇互市殘害朔州，坐戍邊，穆宗立，赦還卒。

明史174/18下

姜應麟 (1546—1630) 字泰符，慈谿人。萬曆十一年進士，改庶吉士，累官戶科給事中，時詔封鄭貴妃爲皇貴妃，應麟抗疏首爭，且請建儲，謫廣昌典史，移餘干縣。以憂歸，家居二十年。光宗立，起太僕少卿，引疾去。年八十五卒。

姜太常傳（儋園文集34/1）

先太常公傳略（湛園未定稿9/12）

天啓崇禎兩朝遺詩傳4/149

啓禎野乘3/34

明史列傳84/22

明史233/1下

姜壁 (1540—1596) 字完卿，號蒲汀，順天文安人。隆慶五年進士，授樂安令，擢御史，累官僉都御史巡撫鄖陽，卒年五十七。

姜公墓誌銘（淡然軒集6/65，國朝獻徵錄63/157）

姜寶 (1514—1593) 字廷善（一作惟善），號鳳阿，丹陽人。嘉靖卅二年進士，授編修，以不附嚴嵩，出爲四川提學僉事。再遷國子監祭酒，復積分法以造就人才，累官南京禮部尙書，致仕卒，年八十。寶清修淳行，不競於物。有周易傳義補疑，春秋事義全考，姜鳳阿文集。

壽鳳阿姜公序（方麓居士集4/17下）

壽姜鳳阿八袠序（同上5/20）

姜氏義學記（同上7/28）

少保姜公義庄祠堂記（拜石堂集6/1）

姜鳳阿先生祠碑記（田亭草8/25）

姜鳳阿先生語錄序（馮少墟續集×/12）

姜太史文集序（太函集24/2）

國朝獻徵錄36/72無名氏撰傳

明史230/12

兄姜□

抱侗集序（白榆集2/8）

姜麟字仁夫，蘭谿人，璉子。成化二十三年進士，以事使貴州，特取道如白沙，師事陳献章，極爲献章所稱。

皇明世說新語5/18

施

施文顯，字煥伯，號膺菴，長洲人。成化元年擧人，授許州同知。弘治中與修憲宗實錄，論者謂有史體。後調信陽知州，致仕卒，年七十四。文顯知醫學，所在蓄藥施民，民甚德之。

施君墓表（邵寶撰、國朝獻徵錄94/130）

施氏，滁州彭禾妻。正德元年禾得疾不起，握手訣曰，疾甚，知必死，汝無子，擇婿而嫁，毋守死，徒自苦。施泣取禾所嘔血盡呑之，以見志。禾歿，即自經。

明史301/6下

施邦曜 (1585—1644)，字爾韜，人稱四明先生，餘姚人。萬曆四十七年進士，官工部郎中，魏忠賢興三殿工，諸曹郎奔走其門，邦曜獨不往。歷福建布政，所至有聲。累官南京通政使，入覲，陳學術吏治用兵財賦四事，帝改容納焉。進左副都御史，流賊陷都城，仰藥死，年六十，福王時諡忠介。

施使君鎭門築城守碑記（群玉樓集47/12）

吳山六忠祠碑（大滌函書1/33）

施公神道碑銘（南雷文案7/15）

施公傳（思復堂文集2/21）

天啓崇禎兩朝遺詩傳3/99

啓禎野乘11/49

明史輯略紳志略文臣

明史265/19

施雨 (1495—1566) 字潤之。號文峰，海虞人。嘉靖十一年進士，授刑部主事，日夜讀律書析其意義。以事謫同知濮州，遷南刑部主事，歷陞郎中，治獄無枉撓，晉廣東按察司僉事，乞歸卒，年七十二。

施公行狀（陳瓚撰、國朝獻徵錄99/157）

施奎字漢章，號竹坡，浙江秀水人。正統十二年擧人，授陸安州學正。陞遼府右長史，恪恭不怠，教導有方，王深嘉重之。遷南安府同知，有惠政，吏民愛之，告老歸卒。

施公墓志銘（項忠撰、國朝獻徵錄87/71）

施峻（1505—1561）字平叔，歸安人。嘉靖十四年進士，授南刑部主事，遷員外郎，進郎中，陞青州知府，卒年五十七。性伉直，喜規人過。詩倣永流麗，有璉川詩集。

青州府知府施公配沈安人行狀（長谷集13/30，國朝獻徵錄96/19）

施公墓志銘（天目先生集16/16）

皇明世說新語5/28下

施純（1436—1485）字彥厚，順天東安人。成化二年進士，由庶吉士授戶科給事中，陞鴻臚寺右少卿，仕終禮部尚書，仍掌寺事，加太子少保，卒于官，年五十。

皇明世說新語4/36

掖垣人鑑10/8

國朝獻徵錄33/32無名氏撰傳又76/1實錄本傳

施堯百（1453—1511）字希舜，號華江，上元人。成化十三年舉人，通判金華，改撫州，正德二年解官歸，卒年五十九。

施公行狀（梅純撰、國朝獻徵錄87/77）

施陽得字復徵，無錫人。舉嘉靖廿八年鄉試，授蘭谿縣學教諭，陞富陽知縣，歷戶部主事。

毘陵人品記10/4

施策字懋揚，號勵菴，無錫人。隆慶五年進士，授禮部主事，累遷尚寶卿，以太僕寺卿乞歸，結茅大池山中，日事吟詠，歷三十年卒。有崇正文選、唐詩類選、勵菴詩集。

壽大冏卿勵菴施公八十序（始青閣稿13/16）

唐詩類選序（同上11/24下）

崇正文選序（顧端文公集6/17）

父施教字子承，嘉靖四十四年卒。

施贈公暨配陳太安人大浮阡延慶之碑（歸有園稿5/38下）

妻盛氏

施宜人傳（始青閣稿17/8）

子施學海，號霱陽。

施公墓表（棘門集2/12）

施聚，順天通州人。以父蔭爲指揮使，備禦遼東，從曹義最久，以勇敢稱。也先逼京師，景帝詔聚入衞，慟哭西進，部下進牛酒，聚揮手曰，天子安在，吾屬何心饗此。積功封懷柔伯，天順六年卒，謚威靖。

吾學編19/28

皇明功臣封爵考5/22

國朝獻徵錄9/53無名氏撰傳

明史列傳44/6

明史174/4

施鳳，字鳴陽，吳縣人，槃從子。博聞強記，而不事進取。閉門授徒，闢圃鑿池，養魚種樹，自娛於松竹之間以終，人目之曰東岡高士。

東岡高士傳（王文恪公集23/5，國朝獻徵錄116/32）

施鳳來（1563—1642），字羽皇，平湖人。萬曆三十五年進士，由翰林荐擢禮部尚書，素無節槪，以和柔取媚於世。時魏忠賢當國，鳳來依阿權勢，竟陟首輔。崇禎初爲言官所糾，乞休去。忠賢誅，落職閒住，卒年八十。

五十輔臣考1/6

明史306/14下

施槃（1417—1440）字宗銘，吳縣人。家貧力學，穎悟過人，登正統四年進士第一，授修撰，踰年卒。槃以少年取高弟，力學篤行，天下傷之。門人私謚莊僖先生。

國朝獻徵錄21/27無撰人哀辭

狀元圖考2/5

施槃，字彥器，浙江黃岩人。成化二十年進士，授刑部主事，歷陞郎中，出知河間府。

送施君彥器擢守河間詩序（築墟文集7/5）

施儒（1478—1539）字聘之，號西亭，歸安人。正德六年進士，初授御史，出按南畿，以直諫爲中官誣譖，逮繫落職。嘉靖初起廣東兵備副使，屢平黠寇，年六十二卒。著有學庸臆說。

交游贈言序（石龍集11/4）

贈施御史序（洹詞2/8）

施公墓志銘（張元撰、國朝獻徵錄99/105）

施禮，字仲節，東安人。洪武三十年進士，歷行人司副，河南參議，以方正寡合免。尋起淮安知府，以事被謫。永樂中召拜山東道監察御史，屢官至刑部尙書，正統十年卒於官。

施公墓表（魏文靖公摘稿3/12下）

施公墓表（鄭瑄書撰、國朝獻徵錄48/1）

胡

胡九韶字鳳儀，金溪人。少從吳與弼學，諸生來學者，與弼令先見九韶，及與弼沒，門人多轉師之。家貧，課子力耕，僅給衣食，成化中卒。

皇明世說新語5/26下

明史282/20下

明儒學案2/9下

胡子昭（1361—1402）初名志高，字仲常，四川榮縣人。方孝孺爲漢中敎授，子昭往從之，蜀獻王薦爲縣訓導。建文初累擢兵部侍郎，燕兵至，被戮死，年四十一。臨刑賦詩曰，兩間正氣歸泉壤，一點丹心在帝鄉。福王時諡介愍。

胡公神道碑文（藝文類稿10/11，國朝獻徵錄40/2）

重修崇仁祠碑（二酉園文集11/9下）

忠節祠記（劉憲臣撰、國朝獻徵錄46/2）

革朝遺忠錄上/10下

皇明獻實6/12

吾學編54/4下

聖朝名世考4/31

皇明表忠紀2/9

遜國正氣紀3/7下

遜國神會錄上/13

明史列傳19/8下

明史141/8下

胡子祺（1333--1377）名壽昌，以字行，吉永人。陳友諒陷吉安，太祖遣兵復之，將殺脅從者千餘人，子祺謁帥言之，始免。洪武三年以文學選爲御史，出爲廣西按察僉事，改知彭州，所至平冤獄，毀淫祀，修廢堰，民甚德之。遷延平知府，十年卒於任，年四十五。

胡延平詩序（東里文集4/1）

胡延平傳（東里文集22/1，國朝獻徵錄91/1）

明史列傳18/1

胡子義，一名志遠，四川榮縣人，子昭弟。薦辟爲威遠訓導，歷山東按察僉事。聞兄死，辟世丹稜，蜀獻王聞而憐之，令削髮爲僧，子義以親遺體辭。有子二人生數歲，子義曰：天不絕吾姓，二子當免於難。竟棄去，莫知所終。

國朝獻徵錄95/100忠節錄傳

吾學編56/21下

皇明表忠紀7/3下

遜國正氣紀7/7

胡大海字通甫，虹縣人。長身鐵面，智力過人。太祖初起，大海走謁於滁陽，令爲前鋒，從渡江，與諸將略地，破寧國、徽州、建德、嚴州、婺州、紹興，累陞僉樞密院事。其行軍以三事自勉，不妄殺人，不擄婦女，不燬廬舍，故所至悅附。以江南分省參知政事守婺州，値苗軍謀亂被害，追封越國公，諡武莊。

越國公新廟碑（宋學士文集5/50，遜志齋集22/499，皇明名臣琬琰錄4/15，國朝獻徵錄6/20）

皇明獻實4/8

吾學編24/2下

皇明功臣封爵考8/33

聖朝名世考1/3下

皇明書31/4下

名山藏臣林記1/41下

明史133/6

胡大順，黃岡人。初緣同縣陶仲文進，供事靈濟宮。仲文死，大順以奸欺事發，斥回籍。後復僞言呂祖授三元大丹，因藍田玉等進帝，得徐階之諫，奸詐事發，並下獄論死。

明史307/26

胡士容，字仁常，廣濟人。萬曆間進士，爲長洲令，有惠政。累遷薊州監軍僉事，數忤其鄉官崔呈秀，呈秀銜之。府縣爲魏忠賢立生祠，士容禁之。會遷江西副使，被誣逮鎮撫獄。崇禎初，起補陝西副使。進右參政，卒於官。

淥邑侯胡仁常謫繁昌洲序（簡平子集12/1）

胡仁常詩序（大泌山房集21/25下）

明史248/6

胡上琛字席公，世襲福州右衛指揮使。好讀書，能詩，既襲職，復舉武鄉試。唐王時充御營總兵官，從至汀州。王被執，上琛奔還福州，與妾共飲藥酒而卒。

明史277/25下

胡文璧字汝重，號石亭，耒陽人。弘治十二年進士，正德中官天津副使，中官張忠督直沽皇莊，縱群小牟利，文璧捕治之，爲所搆，謫延安府照磨。嘉靖初累官至四川按察使。

明史188/25

胡氏，會稽人。字同里沈袠，將嫁而袠遘父鍊難，逮繫宣府獄，後得釋，自是病嘔血扶父喪歸，比服闋始婚，踰六月袠卒，胡哀哭不絕聲，盡出奩具治喪事。有他諷者，斷髮剺面絕之。終日一室中，即同產非時不見。晚染疾，不藥而卒，年五十一。

明史302/8下

胡永成（1497--1545）字思貞，號憤泉，安福人。嘉靖八年進士，授涇縣知縣，擢刑部主事，斷張延齡獄忤旨，謫和州同知。起歷南雄知府，擢廣東副使，卒官，年四十九。

胡君墓志銘（念菴羅先生集8/53下，國朝獻徵錄99/114）

胡平表，雲南臨安人。萬曆中舉於鄉，歷忠州判官。天啓元年樊龍陷重慶，平表詣石砫土官秦良玉乞師，號泣不食飲者五日夜，良玉爲發兵。巡撫朱燮元檄平表監良玉軍，復新都，解成都圍，追降樊龍，遂克重慶，敗奢寅、安邦彥，屢官至貴州布政使。崇禎四年坐大計不謹落職。後楊嗣昌薦，以武昌通判監標下軍事，嗣昌卒，乃罷歸。

攻渝諸將小傳×/14

明史249/11

胡弘，字任之，寧波人。少受術於江右日者張生，又從汴人學易理，故以卜筮名，所言多奇中。

國朝獻徵錄79/18無名氏撰傳

胡世寧（1469--1530）字永清，號靜菴，仁和人。弘治六年進士，授湖廣德安府推官，性剛直且知兵。歷南京刑部主事，上書極言時政闕失，與李承勛、魏校，余祐稱南都四君子。遷江西副使，疏論宸濠反狀，繫錦衣獄，減死戍遼東。濠伏誅，起戍中。嘉靖中累拜兵部尚書，陳兵政十事，又上備邊三事，與張璁，桂萼不協，以疾歸，卒年六十二，贈少保，謚端敏。有胡端敏奏議。

大司空靜菴先生改左副都掌院事序（何文定公文集2/5下）

胡端敏公神道碑銘（黃門集10/16上）

祭大司馬靜菴胡公文（息園存稿文6/31下）

祭大司馬端敏胡公文（袁永之集17/34下）

重修太平府知府胡端敏公祠堂記（吳稟囊餘13/11）

胡端敏公傳（袁永之集17/20，皇明名臣墓銘坤集14）

胡端敏公傳（方山薛先生全集24/13下）

胡端敏公傳（趙浚谷文集4/39，國朝獻徵錄39/7）

國朝獻徵錄39/15雷禮撰胡端敏傳，又39/22下維風編

皇明獻實39/1

吾學編38/22

嘉靖以來內閣首輔傳2/22

名卿續記2/14

國琛集下/29下

聖朝名世考3/11

皇明世說新語1/11，4/5

皇明書26/1

名山藏臣林記18/30

明史199/4下

胡以準（1529--1585）字可平，號北沙，江西豐城人。隆慶四年以詩舉於鄉，謁選署永康教事，成就人才頗多。以薦授衢州推官，秩滿，適母喪，哀毀卒，年五十六。

北沙胡君行狀（山居草3/15下）

【九劃】胡

胡甲桂字秋卿，號石遠，崑山人。崇禎十二年鄉試副榜，貢入國學，累官廣信同知，至則南昌、袁州、吉安俱失，廣信止疲卒千人，士民多竄徙。會黃道周以募兵至，相與議城守。已而道周敗歿，勢益孤，甲桂效死不去，城破被執，自經死。

胡先生墓誌銘（有懷堂文稿15/11下）
崑山殉難錄4/11下
明史278/12下

胡用賓（1541—1617）字其佐，號賓巖，新昌人。初就塾，即以聖賢自期。及長，行誼愈孚，爲世所尊信，爭延爲講學。嘗夜拾遺金，候至明，還其人。有少婦私挑，毅然絕之。人或笑其愚，曰、吾愚于欲，而明於理耳。學者稱松菴先生，萬曆四十五年卒，年七十七。

松菴胡先生傳（蒼霞餘草8/26）

胡汝欽字子敬，號龍川，直隸定興人。隆慶二年進士，由河南安陽知縣，遷工科給事中，陞河南懷慶知府，歷陝西副使，免官。

披垣人鑑16/4下

胡汝霖字仲望，號青厓，四川綿州人。嘉靖十四年進士，選庶吉士，除戶科給事中，因劾嚴嵩下詔獄，鐫級，調太平府經歷。旣謫官，請解於嵩，反附以進，歷江西提學副使，陞太僕寺少卿，累遷至右僉都御史，巡撫甘肅，調南京右通政。及嵩敗，以嵩黨奪官。有青厓集。

贈青厓胡子督學江西序（歐陽南野文集17/32）
贈青巖胡君督學江西序（存笥稿4/5）
贈青厓胡先生序（敬所王先生集4/12下）
贈江西僉胡青巖序（趙文肅公文集15/21）
披垣人鑑13/35
明史210/2

胡汝礪（1465—1510）字良弼，號竹巖，陝西寧夏人。成化二十三年進士，授戶部主事，改郎中，督餉山西，以忤重臣求去，未許。未幾進順天府尹，屢官至兵部尚書，正德五年卒，年四十六。有竹巖集。

胡公行狀（涇野先生文集36/54，皇明名臣墓銘艮集48）
國朝獻徵錄38/95無名氏撰傳
父胡璉
祭胡封君文（羅文肅公集30/9）

胡守中字伯時，河南寧陵人。嘉靖十一年進士，改庶吉士，授刑部主事，遷監察御史，歷都察院左僉都御史，兼詹事，官至兵部右侍郎鎭薊北，行多不法，被劾棄市，年四十。

國朝獻徵錄40/61無名氏撰傳

胡守法（1416—1491）字浩然，號充菴，一號純和子，嘉定人。初學易爲儒生，偶得疾，始入道，從陸錬師學。後學於通妙邵眞人，儘得其道術之妙，以校道藏，薦授神樂觀提點。天順元年擢道錄司左演法，兼朝宮住持，累封冲虛靜默悟法崇道凝誠衍範顯教眞人。弘治初，授左正一，特命掌道錄司事，四年卒，年七十六。

胡公墓道碑（徐文靖公謙齋集8/44，皇明名臣墓銘艮集63，國朝獻徵錄118/138）

胡守恒字見可，號吉雲，舒城人。官編修，里居。崇禎十五年張獻忠寇舒城，會知縣以憂去，守恒與遊擊孔廷訓督兵共城守。遊擊縱所部淫掠，士民遂叛降賊，城將陷，悍卒殺守恒，贈少詹事，謚文節。

胡吉雲傳（鮚埼亭集外編12/7）
明史293/19下

胡有恒字貞甫，號筠亭，更號愼齋，山陽人。嘉靖二年進士，歷南京戶部郎，出知福州。

贈胡福州序（涇野先生文集7/33）

胡行恭字民敬，泰和人。幼孤，穎敏強記，性好讀書，貧不能購，則時時從人乞假手錄。殫思天人之際，究極物理之原，每有意會，輒箋疏其義。聞王陽明之學，初疑信參半，久之中夜體認，瞿然有悟，乃著自信篇，以正後學之誤。

國朝獻徵錄114/61王時槐撰傳

胡仲倫，景帝時雲南鹽課提舉司吏目，坐事入都。會上皇蒙塵，也先欲妻以妹，上皇遣人入言於景帝，仲倫上疏事之，言不可屈者有七，帝嘉納焉。

明史列傳37/15

明史164/14

胡洧字舜居，浙江秀水人。正德十二年進士，除工科給事中，嘉靖二年陞右給事中。

掖垣人鑑12/36下

胡良機字省之，號念菴，南昌人。萬曆四十四年進士，歷知臨淄益都二縣。天啓間擢御史，以劾魏忠賢斥爲民。崇禎初起故官，尋爲中官王坤劾去。久之起光祿典簿，終南京吏部主事。

勅山東青州府益都縣知縣胡良機（紺雪堂集10/54）

啓禎野乘4/37

明史258/7下

胡孝字企參，宜興人。成化二十年進士，累官知府，家至貧，篤於孝友，群弟感之如父。

毘陵人品記8/6

胡希舜字惟善，號見虞，河南原武人。萬曆二年進士，由直隸眞定知縣，選吏科給事中。

掖垣人鑑16/23

胡宗明字汝誠，號瓶山，績溪人。正德十二年進士，授戶部主事，歷河南山東布政使，陞右副都御史巡撫遼東，以事謫浙江參議，削籍歸卒。

進士胡君字序（黃潭先生文集1/12）

胡公墓誌銘（張時徹撰、國朝獻徵錄61/98）

胡宗道（1454—1520）字守正，號溫泉，扶風人。成化十七年進士，授戶部主事，累遷郎中，歷襄陽、眞定知府、四川布政使，官至應天府尹，卒年六十七。

胡公墓誌銘（東川劉文簡公集18/34下）

胡宗憲字汝貞，號梅林，績溪人。嘉靖十七年進士，歷知益都、餘姚二縣，擢御史，巡按浙江，時歙人汪直據五島，煽諸倭入寇，而徐海、陳東，麻葉等，日擾郡邑。擢宗憲右僉都御史，巡撫浙江。尋爲兵部右侍郎，總督軍務，宗憲用間諭徐海，縛獻麻葉陳東，而激東黨攻海，海投水死，累以平賊功，加右都御史，太子太保，卒諡襄懋。

贈梅林胡公令益都序（黃潭先生文集1/1）

奉賀代巡梅林胡公特進大中丞序（敬所王先生集3/26下）

賀胡梅林序（方山薛先生全集16/7下）

贈督府梅林胡公平夷祝頌序（自知堂集9/10）

胡公平寇奏議序（遵巖先生文集10/33下）

三錫篇贈宮保梅林胡公（龍谿王先生全集13/34下）

贈大司馬胡公序（大鄣山人集13/1）

奉賀開府胡公憲加宮保進位左司馬序（皇甫司勳集45/8下）

贈少保梅林胡公序（天一閣集18/17下）

贈梅林胡公節制江西軍務序（天一閣集18/20下）

奉壽大司馬胡公序（太函副墨8/18）

績溪縣學梅林胡公生祠記（茅鹿門先生文集20/14下）

元勳殊寵序（環溪集3/14下）

平寇大捷記（同上1/6）

祭梅林胡先生文（耿天台先生文集12/37下）

祭兵部尚書胡梅林（許文穆公集5/73）

剿徐海本末（茅坤撰、國朝獻徵錄57/43，又澤古齋叢鈔本，借月山房彙鈔本）

少保胡公誄並序（沈明臣撰、國朝獻徵錄57/53）

忠敬堂彙錄一卷（明胡煜撰、清光緒間刊本）

四友齋叢說14/14

皇明世說新語6/33下，6/34下，8/9下，8/12

明史205/8

父胡尙仁字子明，號樂山，嘉靖二十年卒。

胡公合葬墓誌銘（袁文榮公文集8/26）

胡玥字朝重，湖廣襄陽人。弘治十二年進士，正德元年由直隸溧水知縣選兵科給事中，歷戶科都給諫，擢河南右參政，仕至山西左布政使。

掖垣人鑑12/2下

胡承熙字皥如，歙縣人。官均州知州，有能聲，崇禎十六年遷刑部員外郎，未行，會賊破均州，被執不屈死，其子爾英亦殉。

明史294/4

胡奇偉，進賢人。歷官兵部主事，與周定仍等起兵保廣信，唐王授爲湖廣副使，兵敗死之。

明史278/12下

胡東皐（1472—1539）字汝登，號方岡，餘姚人。弘治十八年進士，歷南京刑部郎中，先後讞大獄數十，多所平反，累進右副都御史，巡撫寧夏，奏築花馬池、賀蘭山邊墻三百餘里，西北賴之。改撫鄖陽，未幾召還內台，以抗直忤執政。會太廟災，自劾去。與宋冕、胡鐸，稱姚江三廉。年六十八卒。

國朝獻徵錄56/19顧鼎撰傳

胡松（1490—1572）字茂卿，號承菴，績溪人。正德九年進士，嘉靖中累官工部尚書。嚴嵩方用事，伊王欲拓洛陽府第，直十萬金，以十二賕嵩，期必得，松據祖制力爭，乃止。俺答入寇，仇鸞以邊衆入衛，欲悉召其衆實京師，移武庫仗於營，以便給調。松言曰，此非所以重肘腋，杜微愼防也，執不許。尋引疾歸里，居家以孝聞。隆慶六年卒，年八十三。有承菴文集。

送憲副承菴胡公之河南序（雲岡公文集 4/23下）

贈貴憲使胡承菴公擢東廣藩右使序（蔣道林文粹4/7下）

承菴胡公行狀（弇州山人四部稿100/1，國朝獻徵錄50/63）

胡公墓誌銘（太函集48/14，太函副墨17/39）

世德亭記（棠陵文集4/6下）

遵義胡氏宗譜序（陽峯家藏集24/41）

大明兵備憲司記（陽峯家藏集26/20）

尚書胡公集序（大鄣山人集4/1上）

明史202/23下

父胡淳，號屏嶼

屏嶼胡翁暨方太淑人双壽承恩詩後序（蔣道林文粹4/2上）

胡松（1503—1566）字汝茂，號柏泉，滁州人。嘉靖八年進士，知東平州，歷山西提學副使，上邊務十二事，爲當道所陷，斥爲民。後以薦累官至吏部尚書。松潔已好修，富經術，蔚有聲望。晚主銓柄，以振拔淹滯爲已任。嘉靖四十五年卒官，年六十四，謚莊肅。有滁州志、唐宋元名表、胡莊肅集。

送胡按察序（丘隅集11/17）

送少參胡君之任湖藩序（陽峯家藏集25/41）

送胡憲長松之浙序（趙浚谷文集9/33下）

中丞胡柏泉公平寇序（石蓮洞羅先生文集17/24下）

文武爲憲頌（龍津原集1/10下）

胡柏泉詩文集敘（趙浚谷文集9/30下）

晉撫奏議序（石蓮洞羅先生文集18/14）

胡公墓誌銘（李文定公貽安堂集7/1，國朝獻徵錄25/50）

胡公墓表（萬文恭公摘集9/4下）

祭大冢宰柏泉胡公(李文定公貽安堂集9/33下）

祭胡柏泉冢宰文（萬文恭公摘集10/18下）

明史202/21下

胡杰（1520—1571）字子文，號劍西，江西豐城人。嘉靖二十六年進士，選庶吉士，授編修，歷兩京國子祭酒，官至南太常寺卿，隆慶五年卒，年五十二。

祭胡劍西先生（石泉山房文集12/7）

胡先生墓志銘（賜閒堂集28/7下）

胡先生墓表（隅園集14/5）

父胡汲

封編修胡太翁老先生暨配徐太孺人八十序（許文穆公集2/23下）

胡直（1517—1585）字正甫，號廬山，泰和人。嘉靖卅五年進士，官至福建按察使，萬曆十三年卒。直少攻古文詞，後從歐陽德及羅洪先學，以王守仁爲宗。嘗與門人講學螺水上，有胡子衡齊、衡廬精舍藏稿、續稿、貴稿等。

胡公墓志銘（耿天台先生文集12/1）

三憑圖序（同上11/45）

胡廬山先生行狀（蟻衣生粵草6/1）

六經堂記（趙文肅公文集17/24）

明儒學案22/1

胡居仁（1434—1484）字叔心，號敬齋，餘干人。從吳與弼遊，絕意仕進。其學以主忠信爲先，求放心爲要，築室山中，四方來學者日衆。尋主白鹿書院，闇修自守，以布衣終其身，成化二十年卒，年五十一。萬曆中追謚文敬。有易象鈔、胡文敬公集、居餘錄及胡子粹言。

祭敬齋胡先生文（可泉先生文集12/1）

胡敬齋先生粹言序（鄒子願學集4/23）

胡敬齋先生傳（正誼堂文集11/7）

國朝獻徵錄114/26陸瑞家撰傳

名山藏83/13下

皇明獻實30/2

吾學編40/7下

皇明書35/9下

國琛集下/11

聖朝名世考7/5下

皇明世說新語1/3，4/2下，4/11下

胡文敬公年譜一卷，清楊希閔撰，清刊豫章先賢九年譜本，又福州刊十五家年譜本。

明史282/11

明儒學案2/1

胡忠字企周，號訥齋，宜興人。正德三年進士，授戶部主事，歷員外郎、郎中，陞廣西參政，政績甚著。擢都察院副都御史，鎮守延綏，致仕卒。

送方伯納齋胡公節鎮榆林軍序（谿田文集2/38下）

毘陵人品記8/20下

胡易字光貞，江西寧都人。弘治三年進士，官吏科給事中，劾監軍中官賀彬貪黜八罪，彬訐易下詔獄，久之始釋。又因星變上疏，語極切至。母喪以毀卒。

掖垣人鑑11/5下

明史列傳55/23

明史180/31下

母李氏

李氏墓表（王文恪公集25/16）

胡叔廉（1512—1560）字明發，號練溪，江西新淦人。嘉靖十七年進士，由浙江臨海知縣，選刑科給事中，屢陞兵科都給事。歷應天府丞，累官大理寺卿，以疾歸卒，年四十九。

送兵科胡練溪擢丞應天府序（端溪先生集2/55下）

胡公配劉氏孺人合葬銘（敬所王先生集9/7下）

掖垣人鑑13/49

胡侍（1492--1553）字奉之，號濛溪，寧夏人。正德十二年進士，歷官鴻臚少卿。張璁、桂蕚既擢學士，侍劾二人越禮背經，世宗怒，命逮治，言官論救，謫潞州同知，後斥爲民。著有墅談、眞珠船。

胡濛谿集序（趙浚谷文集6/32）

胡公墓誌銘（許宗魯撰、國朝獻徵錄76/11）

明史191/26

胡岳（1474--1539）字仲申，華亭人。正德九年進士，授刑部主事，歷按四川、湖廣、福建、江西等地，官至都察院右副都御史，巡撫江西，以氣節勳業自許，事至能立斷。嘉靖十八年改大理寺卿，未上而卒，年六十六。

胡公墓誌銘（世經堂集15/28下，國朝獻徵錄61/104　皇明名臣墓銘兌集58）

先進舊聞（寶日堂初集22/45）

胡金字聲之，湖廣漢陽人。成化二十年進士，除刑科給事中，弘治九年遷禮科，尋免官。

掖垣人鑑10/33

胡洪字淵之，浙江餘姚人。弘治九年進士，授行人，選刑科給事中，以憂歸。復除，歷戶科左給事中。

掖垣人鑑11/19下

胡彥（1502—1551）字稺美，號白湖子，江夏人。嘉靖二十年進士，授太常博士，擢御史，通曉國家機務，人呼爲名御史，卒於官，年五十。

胡公墓誌銘（二酉園文集12/3）

胡宥字子仁，號金峯，休寧人。隆慶五年進士，授長垣知縣，歷官御史。

長垣縣胡公去思碑（追遙園集選14/32）

胡美，初名廷瑞，避太祖字易名，沔陽人。仕陳友諒，爲江西行省丞相，守龍興。降太祖，仍故官，從平武昌，取淮東，進伐

張士誠，下湖州，命爲征南將軍，由江西取福建，執元將陳子琦，福建悉平，美留守其地。帝卽位，進中書平章，同知詹事院事，封臨川侯，洪武十六年坐法死。

國朝獻徵錄8/24廖道南撰傳
吾學編18/38
名山藏41/15
皇明功臣封爵考6/32下
明史列傳8/21下
明史129/16

胡拱辰（1416—1508）字共之，淳安人。正統四年進士，知黟縣，有惠政，擢御史。景帝卽位召爲貴州左參政，成化間仕至工部尚書，歷著政績，晚益淸謹，以年老乞歸，正德初，年九十，遣行人存問，卒年九十三，謚莊懿。

送胡共之方伯之任四川序（韓襄毅公家藏文集10/21）
國朝獻徵錄52/6實錄本傳
水東日記12/1下
明史列傳39/21
明史157/14

胡紀字大年，舒城人。永樂十二年，歷官山東布政司左參議。

贈孝子胡大年序（芳洲文集4/33下）

胡皇后，名善祥，濟寧人。永樂十五年選爲皇太孫妃，宣宗卽位，立爲皇后，時孫貴妃有寵，后無子，廢居長安宮，賜號靜慈仙師，正統八年卒，謚恭讓章皇后。

明史113/10下

胡海（1329—1391）字海洋，鳳陽定遠人。從太祖征伐，每以身先士卒，金瘡遍體，敗元將賈魯，授萬戶。繼以克捷諸州，擒元帥唐隆等，陞指揮使，留鎭益陽，又以征湖廣廣西、平雲南功，封東川侯。充征南將軍，平九溪諸蠻寇。洪武廿四年背疽發卒，年六十三。

胡公墓誌石（坦齋文集2/31下，皇明名臣琬琰錄4/11下）
吾學編18/47下
名山藏41/22下
皇明功臣封爵考6/60
明史列傳7/20下
明史130/17下

胡涍（1534—1579）字原荊，號蓮渠，無錫人。嘉靖四十四年進士，歷知永豐安福二縣，擢御史。神宗卽位，命馮保爲司禮監，召用南京守備張宏，涍上疏切諫，旋又因災異論奏，有唐高不君則天爲虐語，帝怒，斥爲民，卒年四十六。有釆眞堂集。

蓮渠胡公墓誌銘（白楡集18/1）
國朝獻徵錄65/157王世貞撰胡公傳，又65/162馮時可撰胡御史傳
毘陵人品記10/11
明史215/13下

胡訓（1474—1548）字海之，號南山，江西南昌人。弘治十五年進士，授行人，擢南京雲南道監察御史，陞浙江按察司僉事。累官南京工部尚書，改兵部，致仕卒，年七十五。

贈浙江按察司僉事胡君之任序（整菴先生存稿6/11下）
贈都台南山胡公應漢南序（崔東洲集12/1）
胡公墓誌銘（不著撰人、國朝獻徵錄42/68）

胡鄱奴，鄱陽人，閏女。閏死靖難，藉其家，時鄱奴方四歲，其母汪縛就刑，鄱奴自懷中墮地，一卒提入功臣家付婢收之。稍長識大義，髮至寸卽自截去，日以灰汙面，禿垢不作人狀。洪熙初逢赦，乞食歸鄱陽，貧無所依，鄉人憐其忠臣女，爭餽遺不絕，鄱奴所受，免死而已，年五十六卒，尙處子也，鄉人謚曰忠胤貞姑，嘉靖中邵銳立祠祀之。

國朝獻徵錄68/52下附胡閏傳

胡桂芳號瑞芝，金谿人。萬曆進士，司李杭州，歷晉湖廣大參，時中官榷稅，商不堪命，憚桂芳嚴正，璫焰稍戢。以副都御史巡撫貴州，旋督河道，卒謚忠端。

贈少司空胡公序（大泌山房集45/4下）

胡剛，浙江新昌人。洪武初父謫役泗上，以逃亡當死，剛時方走省，立河上俟渡，聞之，卽解衣泅水而往，號泣請代，監刑者

奏聞詔，詔宥甚父，並同罪者八十二人。

明史296/15下

胡峻德（1541—1601）字明卿，號克菴，光州人。隆慶二年進士，授任丘令，擢御史，終松江知府，卒年六十一。

胡公墓志銘（大泌山房集81/39）

胡純，平陽府人，元翰林應奉。洪武初以耆儒碩學徵至京，授以官，不就，謫居桂林。閉戶却掃，潛心性理之學，都督韓觀嘗造其宅，終不報謝，再至，謂曰，先生於觀似無情者。純曰：將軍知我，我固如此，所謂士伸於知己者。觀歎息而去。

皇明世說新語7/2

明史199/9下

胡倫字天叔，四川安岳人。成化二十三年進士，授刑部主事，改戶部，累陞郎中，弘治十三年擢鄖陽知府。

送胡鄖陽序（容春堂前集14/11下）

胡勉字志學，鹽城人。永樂十年以戶部郎中出知杭州，莅政精勤，勸學賓禮，敦崇文儒，士風丕振，十四年以憂去。

送杭郡太守胡公之任詩序（頤菴文集4/23下）

胡清，直隸丹徒人。永樂十八年舉人，宣德六年由山東清平縣學訓導陞行在禮科給事中，進都給諫，正統九年遷浙江右參政。

掖垣人鑑6/3下

胡深（1314—1365）字仲淵，處州龍泉人。穎拔有智略，通經史百家，兼曉術數。元末兵亂，集里中子弟自保。降太祖，屢立戰功，授與王府參軍，守處州，已從朱亮祖伐陳友定，友定伏兵圍之，深馬蹶被執，遂遇害，年五十二，追封縉雲郡伯。深久莅鄉郡，馭衆寬厚，用兵十餘年，未嘗妄殺一人。

胡公神道碑銘（宋學士文集3/24，國朝獻徵錄10/72，皇明名臣琬琰錄6/6）

皇明功臣封爵考8/60下

名山藏臣林記3/23下

明史133/16

胡深，定遠衞人。天順八年進士，成化中官御史，與康永韶等爭慈懿太后山陵事，復上疏請斥奸邪，痛詆學士商輅、尚書程信等，帝不納。未幾坐巡按陝西時杖殺訴冤者謫黔陽丞，遷鬱林知州卒。

明史180/10

胡淵，永年人。起家貢生，官盱眙主簿。縣故無城，崇禎十五年賊至，士民悉走，淵獨不去，持戟力鬪殪數人，馬蹶被執，奮罵而死。

明史293/18下

胡淵，直隸廬江人。正統七年進士，累官都給事中。

掖垣人鑑3/21下

胡惟庸，鳳陽定遠人。歸太祖於和州，官至左丞相，帝以爲才，寵任之，獨相數歲，生殺黜陟，或不奏而徑行，功臣武夫失職者，爭集其門。劉基嘗言其短，基病，帝遣挾醫視，遂以毒中之。自是益無所忌，招倭人，聯元裔，謀爲亂，事發被誅，所連及坐誅者三萬餘人。

國朝獻徵錄11/17王世貞撰傳

皇明世說新語4/10

明史308/2

胡通，合肥人。從太祖渡江，拔釆石，取太平，戰彭蠡，平武昌，積功官至前軍都督僉事，致仕卒。

國朝獻徵錄108/1無名氏撰傳

胡執禮字汝立，號雅齋，陝西永昌衞人。嘉靖三十八年進士，授保寧府推官，遷刑部主事，萬歷初歷應天巡撫，官至戶部侍郎，致仕卒。

送少司徒雅齋胡公在告還陝序（遵巖園集選12/26）

國史闕幽（公槐集6/35下）

胡崋（1450—1522）字惟峻，號靜齋，武進人。成化廿三年進士，授行人，選御史，歷巡湖廣、福建北直隸等處，有御史古月胡勝似包龍圖之謠。累遷廣東左布政使，以母憂歸，嘉靖元年卒，年七十三。

【九劃】胡

送副使胡雅峻序（北潭傅文毅公集5/16下）
胡公行狀（古菴毛先生集5/14）
毘陵人品記8/8下

胡從儀、山西人。天啓四年以遊擊援普定，功多，既而破賊長田，以參將討平勻哈。崇禎三年討平苗賊汪狂抱角，召爲保定總兵官，卒於京。黔人愛之，立眞將軍碑。

明史249/25

胡富（1445—1522）字永年，績溪人。成化十四年進士，弘治中歷官廣東副使，四會猺亂，討平之。正德中屢遷南京戶部右侍郎，劉瑾勒令致仕。瑾敗，起故官，拜本部尚書，上十餘事，牽權貴所不便，格不行，遂引疾歸。嘉靖元年卒，年七十八，贈太子少保，諡康惠。有龍峰集。

慶大司徒胡公七十壽序（整菴先生存稿7/16）
胡公七十壽序（凝齋集3/2下）
壽南京大司徒胡公七十序（黃潭先生文集3/1）
祭胡康惠公文（同上7/27）
國朝獻徵錄31/33無名氏撰傳
明史列傳56/27下
明史186/26下

胡琮字文德，長洲人。成化二年進士，知江陵，居三年徵入爲監察御史，尋坐詿誤出知麻城，歷常德、處州同知，皆有政聲，以山西參議致仕，卒年八十。

胡公墓表（泉齋勿藥集7/16）
胡參議傳（甫田集27/4，國朝獻徵錄97/56）
姑蘇名賢小紀上/22下

胡超（1425—1488）字彥超，號恥菴，金華人。成化八年進士，授工部主事，歷兩考陞員外郎，分治通州漕河，並河兩岸皆民稅地，勢家據有之，超請於部而復之民，尋致仕歸，卒年六十四。有恥菴集。

恥軒胡先生墓誌銘（文溫州集9/11下）

胡植，字汝立，一字立之，號象岡，江西南昌人。嘉靖十四年進士，擢監察御史，巡按兩淮，提督南畿學政。屢陞總漕右副都御史，調南京光祿寺卿，以黨嚴嵩遭罷。

送大理卿胡象岡歸省序（雙江聶先生文集4/18下）
明史308/22

母張氏

胡母張太孺人壽序（方山薛先生全集18/10下）

胡森字秀夫，號未齋，金華人。正德十六年進士，授南京刑部主事，歷員外郎、南京太常寺少卿，終南京鴻臚寺卿，致仕卒。

竹山記（石龍集14/9下）
書養軒記（石龍集14/14下）
胡公墓志銘（應廷育撰、國朝獻徵錄76/16）

胡堯元，蒲圻人。正德六年進士，授戶部主事，謫高郵同知，官至廣西參政，督總糧儲，巡察邊務，討平土酋岑猛，嘉靖五年卒官。

國朝獻徵錄101/19胡直撰傳

胡堯臣（1507—1579）字石屏，四川安居人。嘉靖十七年進士，授南大理丞，官至河南巡撫，卒年七十三。

贈胡石屏僉憲陞湖廣參議序（自知堂集9/34下）
胡公暨仲叔兩弟合葬墓志銘（大泌山房集78/22下）

胡堯時字子中，號仰齋，江西泰和人。嘉靖五年進士，授淮安推官，擢兵科給事中，以言事左降攸縣主簿，官至貴州按察使。

送胡子南遷（歐陽南野文集17/4）
披垣人鑑13/15

母蕭氏（1482—1542）

胡母蕭孺人墓誌銘（歐陽南野文集26/8下）

胡閏字松友，江西鄱陽人。博學修行，洪武四年郡舉秀才，官都督府經歷。建文初進大理寺少卿，靖難兵起，數與齊黃議軍事，京師陷，不屈死，詔籍其家，子傳道亦論死。福王時諡忠烈。

英風紀異序（顧端文公集7/1）
國朝獻徵錄68/52無名氏撰傳
皇明獻實6/12下
名山藏臣林外記×/11下
吾學編54/9
皇明表忠紀2/39下

皇明書32/4下
聖朝名世考4/32
遜國正氣紀4/4
遜國神會錄上/37
皇明世說新語4/1下
革朝遺忠錄上/12下
明史列傳19/19
明史141/13下

胡智字宗愚，號愚菴，會稽人。永樂十九年進士，授監察御史，論諫彈劾，克持正道，超擢福建副使，景泰初官至廣西布政使，致仕卒。

慶胡方伯七十五壽詩序（呂文懿公全集9/21）
國朝獻徵錄101/1實錄傳

胡智，字尚明，河南光山人。成化二年進士，除戶科給事中，以侍養歸。

掖垣人鑑10/6

胡順華字積之，號龍岡，湖廣武陵人。嘉靖三十五年進士，授興化知縣，在官五年，民心悅服。陞南京兵部主事，去之日，民立祠祀之。

胡公生祠記（宗子相集13/69）

胡煜字廷和，歙縣人。弘治十五年進士，由庶吉士授吏科給事中，正德三年陞吏科左，尋免官。

掖垣人鑑11/22

胡瑞字良楨，河南內鄉人。成化二十年進士，除禮科給事中，歷禮科右，陞湖廣左參議，仕終都察院右副都御史。

掖垣人鑑10/31

胡經號前岡，廬陵人。嘉靖八年進士，累官至翰林侍講，太常少卿，提督四夷館事。有胡子易演。

國朝列卿記138/7下
母胡太夫人
賀胡母太夫人八十壽序（龍津原集4/21）

胡廙（1373--1440）字致恭，廣德人。幼喪父，母授孝經論語，輒能通大義。母喪，廬墓三年。永樂初入太學，後授工科給事中。仁宗時，累官都察院右副都御史。宣德中，征交阯，命督廣東漕運，復命往巴蜀督軍民採林木，措置有方，既還，改授福建右參政，正統初致仕，卒年六十八。

胡參政哀辭（謚忠文古廉文集9/26下）
胡公墓志銘（楊溥撰、國朝獻徵錄90/33）
掖垣人鑑9/18下

胡賓（1506--1557）字汝觀，號潢南，河南光州人。嘉靖十四年進士，由行人選兵科給事中，陞吏科右給事，以言事降直隸亳州判官，陞南京太僕寺寺丞，仕至山西副使。卒年五十二。

贈潢南胡公僉事山西序（胡莊肅公文集2/57）
胡公墓誌銘（胡莊肅公文集6/43下，國朝獻徵錄97/83）
掖垣人鑑13/44下

胡榮，濟寧人。洪武中以長女入宮爲女官，授錦衣衛百戶。永樂中册其第三女爲皇太孫妃，擢光祿寺卿。宣帝即位，妃爲皇后，屢進官。宣德三年后廢，胡氏遂不振。

明史300/8

胡榮字希仁，江西新喩人。景泰五年進士，除戶科給事中，天順中陞廣東提學僉事，仕終浙江參政。

掖垣人鑑5/22下

胡端禎，名祥，以字行，吉水人。宣德五年進士，選翰林庶吉士，擢戶科給事中，未幾卒，年三十八。

胡端禎墓誌銘(楊士奇撰、國朝獻徵錄80/87)

胡爾純，山東人，官隴西知州。崇禎八年闖賊至，率民固守五十餘日，城陷，自縊死。

明史292/11下

胡壽安字克仁，新安人。建文二年舉人，永樂中授信陽知縣，以淸愼自持，丁憂去。後知新繁縣，自種蔬菜以供日用，人呼菜知縣。

國朝獻徵錄98/137趙輔之撰胡太尹傳

胡嘉謨，字子忠，號進菴，又號止吾，涇陽人。嘉靖四十一年進士，授章丘令，擢吏部主事，歷大理卿、刑戶部侍郎，官至南右都御史，卒於官。

御史大夫胡公傳（溫恭毅公文集12/3）

胡夢泰字友蠡，鉛山人。崇禎十年進士，除奉化知縣，擧賢能，補唐縣。京師陷，南歸。唐王時授兵科給事中，奉使旋里。隆武二年淸兵逼城下，夢泰傾家募士，助守城，圍數月，城破，夫婦俱縊死。有讀史書後。

明史278/11下

胡維新，號雲屛，餘姚人。嘉靖三十八年進士，歷監察御史。萬曆九年自大名道兵備副使，擢廣西參政。嘗輯漢魏人著作而刻之，曰兩京遺編，然殊無義例。

贈胡雲屛參知廣西序（遵巖集選12/28下）

胡倩字伯安，一字子祥，蘭谿人。嘉靖三十八年進士，授禮部主事，累官雲南參政。

家大人歷履迹（少室山房類稿89/6）

胡澄字永淸，山東堂邑人。天順四年進士，授儀封令，擢御史，持己廉，御下恕，爲政公勤，有惠聲。

送大尹胡君永淸復任詩序（椒丘文集10/8下）

胡廣（1370—1418）字光大，號晃菴，吉水人，子祺子。建文二年擧進士第一，授翰林修撰，賜名靖。成祖卽位，廣迎降，復名廣，累官至文淵閣大學士，兼左春坊大學士。兩從帝北征，以醇謹見幸，時人以方漢胡廣，然頗能持大體。善書，每勒石，皆令書之，永樂十六年卒，贈禮部尚書，諡文穆，洪熙初，加贈少師。嘗奉詔纂修五經四書性理大全，有胡文穆集。

祭胡光大文（金文靖公集10/59下）

祭胡學士文（同上10/62下）

大學士胡公輓詩序（同上7/2下）

祭胡學士文（頤菴文集8下/45下）

胡公神道碑銘（東里文集12/9下，皇明名臣琬琰錄19/1）

長林書屋圖詩序（東里文集4/9）

題胡學士遺墨（同上9/21下）

書韵原別意卷後（楊文敏公集15/17下）

狀元圖考1/12下

皇明世說新語8/9

水東日記28/1

名山藏臣林記5/32

皇明獻實10/5下

殿閣詞林記3/16

吾學編29/10

皇明書15/21

革朝遺忠錄附錄/11下

國琛集上/18

明史列傳24/17下

明史147/10下

子胡穜字永齊

送胡永齊詩序（東里文集4/2下）

女

皇明世說新語6/2下

胡璉字商用，高安人。博通經史，尤邃於易。洪武八年官句容教諭，尋以疾歸，觴詠自樂，鄉人咸敬之，年七十五卒。有易學會通及諸史百子手筆百餘卷。

國朝獻徵錄83/119梁潛撰胡公行狀

胡璉字重器，號南津，沭陽人。弘治十八年進士，授南曹主事，迁福建按察僉事，累陞浙江右布政使。嘉靖八年擢右副都御史，巡撫浙江福建沿海地方，官至戶部侍郎，致仕卒。

贈胡重器之江西按察敍（棠陵文集2/6）

贈南津胡公陞都察院右副都御史奉命巡視江浙兼制福建沿海地方序（東泉文集2/28）

送胡南津還沭陽序（涇野先生文集9/8下）

胡璉字重器，新喻人。正德六年進士，官刑部郎中，嘗諫武宗南巡受杖。嘉靖初以爭大禮再受杖，創死。

明史192/22

胡璉字公器，宜興人。質直好義，勵志經學，由擧人任新城令，陞福寧知州，改知歸州，所至愛民愼職，有古循吏之風。

毘陵人品記8/3

胡價字士重，號玉吾，湖廣宜城人。嘉靖四十一年進士，隆慶元年，由直隸固安知縣，選禮科給事中，屢陞刑科都給諫，歷河南右參政，轉太常寺少卿，提督四夷館，遷刑部右侍郎，聽勘歸。

披垣人鑑15/2下

胡德濟字世美，不知何許人，大海養子。積功官至樞密院同僉，守信州。張士誠寇諸全，德濟破走之。擢浙江行省參知政事，從徐達出定西，兵敗，械至京，太祖念舊功釋之，復以爲都指揮使，使鎮陝西卒。

明史133/7下

胡憲仲（1514--1553）字文澄，更字文徵，號仰崖，臨海人。嘉靖二十九年進士，授工部主事，卒於官，年四十。工古詩文，有仰崖集、四書講義。

國朝獻徵錄47/89馮皐謨撰傳

胡憲言，宜興人。以貢授合浦縣丞，居官廉介不苟，郡守張嶽重之。令以墨敗，守屬憲言攝之，固辭，遂以乞休致仕。

毘陵人品記9/3下

胡諧，號東渠，山西安邑人。正德舉人，初授慶都知縣，歷平凉、溫州同知，終雲南參議，涖官所至有聲。在溫州時，治權相子罪，置諸法，風采大振。及致仕歸，遇盜於途，盜窺之曰，胡公也，爲之御至家而去。

懷昔吟胡東渠先生（仰節堂集12/33下）

胡翰（1307--1381）字仲申，金華人。從吳師道受經，吳萊學古文，又登同邑許謙之門。元末避地南華山，著書自適，以文章名。洪武初起爲衢州教授，聘修元史，書成，受賚歸隱，居北山而卒，年七十五，學者稱長山先生。有春秋集義，胡仲子集，長山先生集及信安集。

胡公墓誌銘（吳沈撰、國朝獻徵錄85/79）

皇明書38/8

國琛集上/8下

明史285/4

胡器，字士璉，新淦人。洪武中由國學生授普安軍民府通判，練子寧薦升泉州知府，官至貴州按察使，致仕歸，宣德三年卒。

國朝獻徵錄103/38實錄胡器傳

胡縝，永寧舉人。預策奢崇明必反，上書當事，不納。天啓元年奢崇明反，被執，嚴刑錮獄中，弟緯傾家救免。乃糾義徒，潛結賊將，部勒行陣，數斬賊馘，既而爲火藥焚死。

明史290/10

胡縝，桐城人。明末官臨江推官，守贛州。崇禎十六年張献忠亂江西，城破，被執至武昌，不屈死。

明史278/4

胡濬字源淵，鉛山人。正統十年進士，歷刑、禮、工三部郎官，天順元年出知杭州府，開渠以溉新城、富陽之田，民呼之胡公渠。

胡君墓表（魏文靖公摘稿7/34，國朝獻徵錄85/19）

胡濙（1375--1463）字源潔，號潔菴，武進人。建文二年進士，授兵科給事中。成祖即位，以濙忠實可託，命巡遊以訪異人爲名，察人心向背。載馳者十有七年，轍跡幾遍天下。陞禮部左侍郎，宣德改元，進尙書，景泰初加少傅，兼太子太師。英宗復辟，以老致仕，天順七年卒，年八十九，謚忠安。濙節儉寬和，喜怒不形於色，歷事六朝，垂六十年，中外稱耆德焉。有芝軒集。

胡公墓誌銘（姚文敏公遺稿9/8下）

胡公神道碑銘（李賢撰、國朝獻徵錄33/17，皇明名臣琬琰錄24/9）

忠安錄後序（懷麓堂文稿6/9下）

名山藏臣林記6/26下

皇明獻實11/9

吾學編28/12

皇明書20/4下

披垣人鑑6/2下

國琛集上/21下

守溪筆記×/13

聖朝名世考3/21下

毘陵人品記6/11

皇明世說新語1/23，3/11下

水東日記1/12，3/5，3/12下

明史列傳26/16下

明史169/2

妻范氏（1378—1428）

范氏墓表（東里文集21/20下）

【九劃】胡

子胡長寧，錦衣衛所世襲鎮撫。

賀錦衣衛胡鎭撫榮任序（呂文懿公全集8/14下）

胡謐字廷愼，會稽人，智從子。天順元年進士，知江寧縣，歷山西提學僉事，第士等第，如別黑白，士類傾興，擢廣東參政卒。謐嗜學師古，歷官三十年，室如懸磬，怡然自得，人稱眞儒。有漸齋稿。

贈胡進士知江寧序（呂文懿公全集7/77）

胡應嘉字祁禮，號杞泉，沭陽人。嘉靖三十五年進士，由宜春知縣，擢吏科給事中，三遷都給事中。隆慶中，因劾高拱調建寧推官，屢遷參議。聞拱再相，驚怖而卒。應嘉居諫職，號敢言，然好搏擊，議者頗以傾危目之。

胡氏家藏諫草序（二酉園文集8/2）
披垣人鑑14/37
明史215/4

胡應麟（1551--1602）字元瑞，號少室山人，更號石羊生，蘭谿人，僖子。幼能詩，舉萬曆四年鄉薦，久不第，築室山中，購書四萬餘卷。記誦淹博，多所撰著，携詩謁王世貞，世貞激賞之，置諸末五子之列。萬曆三十年卒，年五十二。著有少室山房類稿、筆叢、詩藪等。

送胡元瑞東歸記（太函集77/17）
胡元瑞傳（弇州山人續稿68/14下）
少室山房稿序（白楡集2/20）
少室山房續稿序（太函集24/11）
少室山房四稿序（同上26/15下）
詩藪序（同上25/22）
胡元瑞詩集敘（二酉園文集5/21）
胡應麟年譜（今人吳晗撰、清華學報九卷一期）
婺書4/31
明史287/20

胡鐘（1409—1467）字應律，號澹菴，豐城人。父軫於夔州知府任被誣，逮繫京師，鍾萬里走蜀轉京，詣有司具陳父冤狀，其事卒白，鄉人稱之。好學工書法，晚以山水琴書自娛，成化三年卒，年五十九。

澹菴先生胡君行述（椒丘文集20/14下）

胡鎭，字斯靖，江西高安人。弘治十五年進士，歷南京工科給事中，起復，除戶科，屢陞浙江右參議。

披垣人鑑12/28下

胡瀚字川甫，號今山，餘姚人，鐸從子。年十八聞王守仁論致良知之學，即竊然心喜，嘗作心箴圖以自課，守仁爲梓行以示學者。瀚不求仕進，早歲以恩貢爲華亭訓導，遷崇明教諭，歸家三十年，講學今山，吳門學者以爲安定先生遺範云。有今山集。

明儒學案15/8

胡瓊字國華，南平人。正德六年進士，由慈谿知縣入爲御史，歷按貴州、浙江有聲，世宗即位，席書以中旨拜尙書，瓊上疏哭諫，受杖卒。

明史192/20下

胡獻字時臣，揚州興化人。弘治十二年進士，選庶吉士，授監察御史，極論時政數事，言內戚中官泄憤報怨，謫藍山丞，未上遇宥，進宜陽尹。武宗即位，擢廣西提學僉事，正德五年遷福建提學副使，未任卒。

國朝獻徵錄90/59馬駉撰傳
明史列傳65/22
明史180/30下

胡繼，仁和人，世寧子。知兵法，世寧在江西擊賊，輒令繼從，與策方略，十不失一，世寧以論宸濠下獄，繼念父病死。

名卿續紀4/16
明史199/9下

胡鐸（1469--1536）字時振，號支湖，餘姚人。弘治十八年進士，選庶吉士，授刑科給事中，忤劉瑾，出爲河東運副。瑾誅復官，擢福建僉事，獎儒雅，雪冤獄，遷督學副使，士風丕變，人稱爲胡道學。鐸與張璁同擧于鄉，大禮議起，鐸意與璁合，璁要之同署，議遂上。旋璁被召，鐸方服闋赴京，璁又要之同疏，鐸復書謝之，且與辨繼統之義。大禮旣定，又貽書勸召還議禮諸人，璁不能從。歷順天府尹，遷南京太僕寺卿卒，年六十八。有支湖集。

胡公神道碑（雲岡公文集9/34下，國朝獻徵錄72/62）

披垣人鑑12/7

皇明世說新語1/11下

明史196/9

胡爟字仲光，蕪湖人。弘治六年進士，選庶吉士，授戶部主事，因災異上疏，言中官李廣、楊鵬引左道，劉良輔輩，濫設齋醮，耗蠹國儲，因極陳戚畹方士傳奉冗員之害，疏留中。未幾廣死，故爟得無罪。後乞養病，卒於家。有蒲塘集。

國朝獻徵錄30/73無名氏撰傳

明史列傳55/23下

明史189/5下

胡儼（1361--1443）字若思，號頤庵，南昌人。少嗜學，於天文地理律曆醫卜，無不究覽，兼工書畫。洪武二十年，以舉人授華亭教諭，永樂初薦入翰林，歷官國子祭酒，朝廷大著作多出其手。居國學久，以身率教，動有師法。洪熙初進太子賓客兼祭酒，致仕歸，閒居二十餘年，正統八年卒，年八十三。有頤庵集罕傳，今僅存頤庵文選二卷。

祭胡祭酒先生文（王文端公文集39/14下）

胡先生挽詩序（同上21/7）

胡先生墓碑（楊溥撰、皇明名臣琬琰錄24/6）

國朝獻徵錄12/45黃佐撰傳

皇明獻實10/7下

吾學編30/1

國琛集上/18

聖朝名世考8/2下

皇明書20/7

名山藏臣林記6/48下

明史列傳24/20下

明史147/13下

胡瓚（1471--1529）字伯珩，號紫山，永平人。弘治六年進士，授行人，凡三奉册封，皆却藩王之餽。爲御史有聲，累陞大同巡撫，陳邊防六事，帝嘉納之。轉刑部侍郎，五堡軍叛，瓚討平之，官終南京工部尚書，嘉靖八年以失處大同亂軍，被劾致仕，尋卒，年五十九。有紫山詩稿。

少司寇胡公赴召序（鈐山堂集20/8）

送南京工部尚書胡紫山先生序（紫巖文集26/5）

紫山胡公致仕詩序（張文定公紆玉樓集2/1）

胡公神道碑（翟鑾撰、國朝獻徵錄52/62）

明史200/10

胡瓚字伯玉，桐城人。萬曆二十三年進士，授都水主事，分司南旺司，駐濟寧，造舟汶上，爲橋於寧陽，民不病涉。河決黃堌，著泉河史上之。後督修琉璃河橋，省費七萬有奇，累官至江西左參政，予告歸，久之卒。

明史223/18下

胡顯，臨淮人，昭敬皇妃侄，嗣父泉職定遼都指揮同知。楚王之國，改顯武昌護衛，從王征銅鼓諸蠻，陞督府僉事。洪武廿二年以從普定侯征東川龍海諸蠻功，封梁國公。建文三年坐交通楚王革職，徙置臨襄。永樂初召授皇陵衛指揮僉事，改鳳陽，陞同知，乞侍養，卒於武昌。

吾學編18/55

皇明功臣封爵考6/73

名山藏41/25

胡體乾字健夫，號爻峯，山西交城人。正德十六年進士，歷官河南按察使。

贈河南參政胡爻峯公拜河南按察使序（遵巖先生文集11/17）

胡觀，鳳陽定遠人，東川侯海子。尙高皇帝第十女南康公主。素剛果，建文帝重之。二年，充副將軍，佐李景隆北征，戰於北溝敗績，爲燕兵所殺。或曰永樂三年爲陳瑛劾自縊死。

皇明表忠紀1/5下

遜國正氣紀6/8

胡纘宗(1480--1560)初字孝思，更字世甫，號可泉，自號鳥鼠山人，泰安人。正德三年進士，授翰林檢討，出爲嘉定判官，遷知潼川。歷吏部郎中、安慶知府，官至右副都御史，巡撫山東，改河南，俱有政績。時世宗喜告訐，纘宗爲仇所陷，革職歸，築室著書，卒年八十一。有辛巳集、丙辰集、鳥鼠山人小集、春秋本義、願學編、近取編等書。

送大參胡公序（林屋集12/46）
贈胡大參詩序（𩗗亭存稿3/3下）
送太守胡君孝思赴任序（東川劉文簡公集13/14）
贈胡中丞序（洹詞11/9）
鳥鼠山人小集序（遵巖先生文集10/41）
胡公墓志銘（不著撰人、國朝獻徵錄61/95）
皇明世說新語6/33
皇明書39/1
明史202/10下

父胡士濟（1449—1532）字濟民，雙流縣學教諭。

胡先生合葬墓志銘（渼陂續集中/1）
胡公墓碑（對山集16/17）

柯

柯文（1559—1622）字守白，號西室，安陸人。萬曆二十六年進士，授富陽令，歷韶州知府，卒年六十四。

柯公行狀（楊忠烈公文集4/19）

柯昌字廷言，黃巖人。通經篤學，成化中舉人，授陽江知縣，以循良稱。

心賀序（石龍集11/12下）

柯相字元卿，號獅山，貴池人。正德十二年進士，知吉安永新，從王守仁平宸濠，守仁與首功不受。已爲南科給事中，裁省諸司庫藏鉅萬。累遷陝西、河南巡撫，改督兩廣，未赴歸。爲人耿介剛正，有獅山文集。

贈柯掌科考績序（涇野先生文集7/10下）
政紀送大中丞獅山先生柯公移撫河南（少華山人文集續7/9）
奉賀大中丞獅山公晉秩移撫序（同上7/11下）
撫治錄序（潘笠江集8/6下）

柯拱北字斗南，莆田人，著籍成都，潛孫。登弘治六年進士，授翰林院檢討，擢榮府右長史。

送右史柯君斗南序（東川劉文簡公集4/13下）

柯挺（1537—1610）字以拔，號立台，福建海澄人。萬曆八年進士，授南樂令，擢陝西道御史，復按楚，定郧陽兵變，又平劇賊劉汝國等。旋督學南京，後以事謫外，不復出，年七十四卒。

柯公墓誌銘（𩆜眞草堂文集22/46下）

母李氏

壽柯母八十序（李文節集17/9下）

柯維熊字奇徵，莆田人，維騏兄。正德十二年進士，授行人，遷工部郎中。

石莊記（王文恪公文集17/21下）
雲屺退瞻圖序（方齋存稿4/1）
送都水郎中柯君治河序（同上4/23下）

柯維騏（1497—1574）字奇純，莆田人，潛曾孫。嘉靖二年進士，授南京戶部主事，未赴引疾歸。專志讀書，門人四百餘。維騏作左右二銘、講義、問答等篇，訓學者以務實。合宋遼金三史爲一，義例嚴整，曰宋史新編。又有史記考要、莆陽名獻記、及藝餘集等，年七十八卒。

國朝獻徵錄32/45無名氏撰傳
名山藏96/7
明史287/5下

柯潛字孟時，號竹巖，莆田人。景泰二年狀元，邃於文學，性高介，仕至少詹事。慈懿太后之喪，潛與羅璟再疏請合葬，竟得如禮。有竹巖詩文集。

祭學士柯先生文（懷麓堂文稿22/6下）
柯公傳（王偁撰、國朝獻徵錄18/61，皇明名臣琬琰錄后13/8下）
狀元圖考2/11
殿閣詞林記6/18
明史列傳30/17下
明史152/11下

祖柯銓（1382—1455）字德平。

桃溪叟柯公墓表（商文毅公集28/1）

父柯原朴。

贈柯老先生還鄉序（呂文懿公全集7/50）

柯𢾾（1441—1504）字在亨，號塞軒，莆田人。成化二年進士，授大理評事，屢官浙江僉事，致仕卒，年六十四。有塞軒集、錄四奏稿。

柯公塞軒墓誌銘（見素集16/2下）

柯暹，字景輝，建德人。少有才譽，工詞翰，永樂三年舉人，預修永樂大典，授戶科給事中，洪熙間累官雲南、浙江按察使，所至有治聲。有東岡集。

披垣人鑑5/13

明史164/4下

柳

柳一景，湖廣人。建文時爲刑部郎中，彈劾李景隆，帝不聽，遂逃匿，居浙江臨海東湖上，以樵爲生，聞惠帝焚死，燕王即位，投湖而死。

皇明表忠紀3/26

遜國正氣紀5/22

遜國神會錄上/65

柳升，字子漸，懷寧人。襲父職爲燕山護衛百戶，遷左軍都督僉事。永樂間累立戰功，封安遠候。帝五出塞，升皆從。仁宗時黎利叛，宣德元年，升爲征虜副將軍，充總兵官往討，次年九月，以輕敵陷淖，中鏢死，謚襄愍。

水東日記5/4下

吾學編19/14

皇明功臣封爵考3/20

明史列傳23/30

明史154/17下

柳豸（1449—1498）字廷直，號憨菴，睢州人。成化八年進士，授襄垣知縣，貶丞岐山，再貶會川衛知事。弘治元年復知高平，以母老乞歸，年五十卒。著有謫蜀錄、和唐音、憨菴稿。

柳君墓誌銘（羅文肅公集19/14）

柳珣，懷寧人，升玄孫。自其祖景至珣，凡三世鎮兩廣，有平蠻功。嘉靖十九年珣佩征夷副將軍印征安南莫登庸，登庸乞降。又以討瓊州黎賊功，加少保，卒謚武襄。

明史154/20

柳華，字彥輝，吳縣人。宣德五年進士，官御史，福建多礦盜，華捕之。會有鄧茂七之亂，雖爲丁瑄所平，而餘黨復熾，景泰間華已出爲山東副使，議者因歸咎華，王振欲殺朝士威衆，命逮華，華遂仰藥死。

皇明世說新語1/8下

明史列傳38/17

明史165/6下

柳溥字廣達，懷寧人，升子。宣德七年嗣爵安遠侯，正統中充總兵官，鎮廣西，以廉慎稱。然無將略，承山雲後，不能守成法，過於寬弛。猺猺相煽爲亂，先後討斬大藤峽賊渠，破柳州、思恩諸蠻寨，而賊滋蔓如故。天順初累進太傅，陝西有警，命佩征虜大將軍印往禦敵，溥堅壁不出，敵飽掠去，躡取數十級報捷，被劾閒住。尋復起，掌神機營，天順五年卒，謚武肅。

柳公墓誌銘（錢溥撰、國朝獻徵錄7/54）

明史154/19下

柳瑛字廷玉，臨淮人。天順元年進士，除戶科給事中，仕終河南按察司僉事。有中都志。

掖垣人鑑5/23下

柳敬中，慈谿人。初舉明經，洪武間知常熟縣，敦名教，厚風俗，多惠政。永樂間以憂去。服闋，陞蘇州同知，爲政平易，卒祀學宮。

吳中人物志3/13

柏

柏叢桂，寶應人。洪武二十年高郵寶應湖堤崩，建言請築塘岸，起槐樓四十里，以備水患，詔發淮揚丁夫五萬六千，俾叢桂董其役，期月工成，鄉人呼柏家堰。

明代寶應人物志×/27下

查

查允元，字仁卿，海寧人，秉彝孫。舉進士，授禮部主事，官至江西參政。

查參政家傳（大泌山房集64/18下）

母姚氏（1537—1600）。

姚氏墓誌銘（朱文懿公文集9/53）

查志隆字鳴治，海寧人，秉彝從子。嘉靖三十八年進士，官至山東布政司左參政。有山東鹽法志、天津存稿，脘城存稿等。

送查紹寧參藩山東序（淡然軒集3/1）

父查□，號九一。官刑部郎中，卒年六十六。

海寧九一查君傳（訥溪文錄7/10下）

查秉彝（1504—1561）字性甫，號近川，海寧人。嘉靖十七年進士，授黃州推官，歷戶科給事中，數建白時事，讁定遠典史。起歷吏部文選郎中，仕終順天府尹，卒於官，年五十八。有覺菴存稿。

查公墓誌銘（世經堂集17/28下，國朝獻徵錄75/3）

披垣人鑑13/51下

明史210/8下

查約字原博，號慈齋，海寧人。弘治十五年進士，歷福建僉事，延平、邵武、福州軍煽亂，約單車往諭，衆咸戢服。累陞福建左布政使，値侯官反獄，被害。有慈齋集。

贈查慈齋副東台憲序（見素集2/13下）

慈齋記（同上10/12）

名山藏臣林記18/31下

查鐸（1516—1589）字子警，號毅齋，涇人。嘉靖四十四年進士，隆慶時爲刑科左給事中，忤大學士高拱，出爲山西參議。萬曆初官廣西副使，移疾歸，繕水西書院，講王畿、錢德洪之學，後進多歸之，卒年七十四。有毅齋聞道集。

送查君子警司理德安序（許文穆公集1/12）

查先生墓誌銘（焦竑撰、國朝獻徵錄101/48）

披垣人鑑15/9

明史227/15

明儒學案25/11

柰

柰亨字彥通，香河人。初爲吏，以靖難功授修武丞，升吏部主事，官至戶部侍郎。

國朝獻徵錄30/11無名氏撰傳

南

南大吉（1487—1541）字元善，號瑞泉，渭南人，金子。正德六年進士，歷戶部郎中，出知紹興府，嘉靖五年大計罷歸，卒年五十五。大吉幼穎異知學，尙友講學，探討日邃，爲學者所欽，有瑞泉集。

南郡守家傳（大泌山房集65/18下）

瑞泉南先生傳（馮少墟集22/39）

族譜世傳（渭上稿10/27）

刻伯父瑞泉公行述叙（同上14/17）

跋刻先伯父瑞泉公集（同上17/6）

國朝獻徵錄85/26無名氏撰傳

皇明書44/23下

明儒學案29/11

妻范氏（1505—1581）

先伯母范氏行實（渭上稿22/1）

范節孝傳（大泌山房集75/16下）

南全（1482—1529）字以正，號汾涯，洪洞人。弘治中舉人，初授嘉興推官，多所平反。陞南京四川道御史，豪強斂跡，稱鐵面御史，嘉靖八年卒，年四十八。

南君墓誌銘（紫巖文集45/10）

南企仲（1561—1643）字伯埢，渭南人，大吉孫。萬曆八年進士，累官太僕寺卿，以諫免礦稅，削籍歸。天啓初起爲太常卿，崇禎初拜南京吏部尙書。李自成陷渭南，責南氏餉鉅萬，遂遇害，年八十三。有癡醒子。

天啓崇禎兩朝遺詩傳2/84

明史264/3

父南軺（1534—1557）字叔展，號仲谷。

南公偕配贈淑人武氏合葬墓誌銘（蒼霞餘草12/14）

母武氏

南母武太淑人壽序（睡菴文稿11/16下）

南居益字思受，號二太，渭南人，企仲族子。萬曆二十九年進士，天啓時累擢副都御史，巡撫福建，討平紅毛夷。遷工部侍郎，總督河道，魏忠賢銜其叙功不及已，格其賞，尋削職。崇禎初起戶部侍郎，總督倉場，進工部尙書，又削籍歸。李自成陷渭南，擁之去，加炮烙，終不屈，絕食死，年七十九。有靑箱堂集、三署摘稿、軍中小簡。

送中丞二太南公序（蒼霞餘草7/17）

平夷疏序（同上5/19）
中丞二太南公平紅夷碑（同上1/1）
南中丞勒凱編序（群玉樓集44/1）
中丞二太南公擢少司空治河序（蒼霞餘草7/14）
送南中丞擢少司空總督河道序（群玉樓集31/1）
壽南中丞序（同上35/3）
明史264/3

南居業，渭南人，企仲子。官禮部主事，李自成陷渭南，誘之降，不從，擁之去，加炮烙，終不屈死。

明史264/5

南金字楚重，一字世寶，號渭陽，渭南人。博學有文，由貢士授新野縣訓導，陞資縣教諭。沉毅莊重，生平不邇聲色，稱善掩過，在鄉在官，以身爲學者師。

南先生墓碑（涇野先生文集30/18）
族譜世傳（渭上稿10/22下）

南軒字叔後，渭南人，逢吉子。嘉靖三十二年進士，選庶吉士，歷吏部郎中，終山東參議，萬曆廿五年卒。有通鑑綱目前編、渭上稿。

送大曹長暘谷南先生赴留都考功序（張太岳文集8/10下）
越中述傳序（馮少墟續集×/9）
南少參家傳（大泌山房集67/29下）
妻裴氏
南母裴太恭人傳（睡菴文稿21/25下）

南釗字希古，號休亭，渭南人。天順四年進士，生而歧嶷穎異，好讀書，家貧刻苦，歷河南右參政。

族譜世傳（渭上稿10/20下）

南逢吉（1494—1574），字元貞，一字元命，號姜泉，渭南人，大吉弟。嘉靖十七年進士，授禮部主事，出知保寧府，改歸德，陞山西副使。嘗條上備邊便宜五事，以觸忌諱，致仕歸。萬曆二年卒，年八十一。有姜泉集，越中記傳。

送南元貞守保寧序（崔東洲集13/25）
南公墓誌銘（馬文莊公集選7/3下，國朝獻徵錄97/91）
族譜世傳（渭上稿10/30下）
祭父文（同上24/15）
妻李氏
祭母文（渭上稿24/3）

南漢字天章，號秦川，渭南人，釗子。弘治十七年擧人，除長山教諭，遷國子助教，廉靜敦愼，轉蘇州府通判，以勞卒。

族譜世傳（渭上稿10/25）

南鏜字彥聲，商州人。成化二十年進士，由吏部主事歷河南左布政使，以忤劉瑾繫獄幾死。陞南京太僕卿，復以忤瑾放歸。瑾敗，屢薦不起，布衣蔬食，如窮居時。

國朝列卿記151/8
妻王宗姜（1461—1511）
宜人王氏墓誌銘（凝齋集5/20下）

韋

韋厚字原載，長興人。成化二十三年進士，授貴溪令，擢同知，淸苦自勵。卒官，無以爲殮，郡太守經紀其喪。有翠屏詩集。

送貴溪令韋君述職赴京詩序（費文憲公摘稿11/1）

韋商臣字希尹，號南苕，長興人，厚子。嘉靖二年進士，授大理評事，以廷臣多無罪下吏，請平反以弭災患，帝責以沽名賣直，謫淸江丞。稍遷河南僉事，風裁凜然，討平永寧巨寇，尋爲權要中傷，十四年以四川參議落職歸，卒於家。有南苕集。

韋公墓誌銘（張時徹撰、國朝獻徵錄98/49）
明史列傳72/24
明史208/15

韋眷，成化中爲廣東市舶太監，縱賈人通諸番，聚珍寶甚富。嘗誣奏布政使陳選，被逮道卒，自是人莫敢逆。弘治初因結蔡用，妄擧李文貴冒紀太后族，降左少監，撤回京。

明史304/18下

韋斌字彥質，江南山陽人。成化十四年進士，除戶科給事中，嘗曰假彈劾以快私讐，投細微以賣公道，吾所深恥。累陞廣東提學僉事，後出爲福建學使，亦有聲。

披垣人鑑10/20

韋貴（1413--1493），字崇勳，廣西武源人，宣德中進內庭，選入司禮監，典印書籍。成化十二年以右少監提調湖廣，與都御史原傑編荆湘流民入版籍，陞太監，守湖廣行都司提督三省，弘治六年卒，年八十一。

內官監太監韋公行狀（徐文靖公謙齋集5/2下）

內官監太監韋公墓碑文（同上8/49）

韋諒，一名長壽。建文時，爲都指揮守眞定，時房昭引兵入紫荆關，掠保定下邑結寨，號召義勇進據易州水西寨，尅期攻北平，諒率萬人運餉入援。燕王聞驚，乃統衆先擣諒寨，諒不及防戰死。

皇明表忠紀5/16下

遜國正氣紀6/28下

郁

郁山（1481--1536），字靜之，華亭人。正德十六年進士，授龍泉知縣，遷工部主事，陞刑部郎中。出知溫州府，山到官，求事利弊而興革之，爲約十條，以曉示諸縣，卒官，年六十六。

郁君墓碑銘（石龍集26/1）

哀輓錄序（環溪集5/19）

先進舊聞（寶日堂初集22/46）

國朝獻徵錄85/29王健撰傳

郁采字亮之，浙江山陰人。正德三年進士，授刑部主事，性剛直不阿。謫大名教諭，遷裕州同知，流賊起河北，采堅守，城陷，巷戰死。

郁君亮之死節傳（横山遺集上/44下）

明史289/18

郁新字敦本，臨淮人。洪武中以人才徵，授戶部度支主事，建文二年引疾歸。成祖即位，累陞本部尙書，永樂三年卒官。新治邦賦十三年，長於綜理，所規畫甚備。

郁公墓誌銘（解文毅公集13/3）

郁公神道碑（解文毅公集14/1，國朝獻徵錄28/3，皇明名臣琬琰錄9/13下）

名山藏臣林記6/18

吾學編25/7

明史列傳27/4下

明史150/1

冒

冒政字有恒，泰州人。成化十 年進士，歷官右副都御史，巡撫寧夏。居官廉，劉瑾覬賄不得，遂假遼東邊備不飭事爲政罪，逮下詔獄，罰米三千石。瑾誅，復職，致仕歸，正德十四年卒。

國朝獻徵錄61/29實錄本傳

明史列傳56/31下

明史186/30

母王氏（1423--1499）

宜人王氏墓誌銘（柴墟文集9/34下）

冒起宗，如皐人。崇禎元年進士，授行人，選南考功，官至湖南寶慶副使，督漕江上，乞休歸。有拙存堂經質及史括。

天啓崇禎兩朝遺詩傳7/237

冒愈昌字伯麐，如皐人，諸生。負氣伉直，爲怨家所中，浪跡避地，徧遊吳楚，作詩敏捷，舌辯如懸河。

冒伯麐詩序（大泌山房集23/6下）

擬伯麐先生家傳（小三吾亭文甲集1/51）

冒襄（1611--1693），字辟疆，號巢民，如皐人，起宗子。幼有俊才，負時譽，史可法薦爲監軍，後又特用司李，皆不就。所居有樸巢、水繪園、深翠山房諸勝。入淸著書自娛，賓從讌遊，極一時之盛，卒年八十三。有影梅庵憶語、樸巢、水繪二集。

冒徵君墓誌銘（有懷堂文稿16/1）

天啓崇禎兩朝遺詩傳7/28

冒鸞字廷和，號復齋，更號東皐，晩號得菴，如皐人。弘治六年進士，授南京刑部主事，改兵部武庫主事，陞郎中。淮揚備用馬，舊納折色，時欲令納馬，鸞上章爭之，得免。陞福建左參議，大茂山劇賊肆掠，鸞遣諭以禍福，賊悉降，地方獲安，以母老告養歸，卒於家。

冒公墓表（溫仁和撰、國朝獻徵錄90/44）

哈

哈三帖木兒，胡人。性猛而忠，隸火耳灰麾下，從平安於淝河禦燕師，被擒不屈死。

皇明表忠紀5/13下
遜國正氣紀6/32下

哈剌苦出，西域河西諒州部人。位至平章，正統二年率族人來附，隸戎籍京師，未幾以不服水土卒。

故平章哈剌公配王老老合壙記（羅文肅公集20/27下）

妻王老老（1406—1493）携子字羅(1428—1497)去故俗，習華風，以賢閒選入供奉，字羅累以勞序陞御馬監左監丞。

內供奉老老王氏墓誌銘（羅文肅公集20/12）
字羅墓誌銘（同上20/10下）

范

范大澈字子宣，一字子靜，號訥菴，鄞人，欽從子。從欽遊京師，官鴻臚寺序班，使琉球、朝鮮，進秩二品。月俸所入，悉以聚書，有灌園叢說、臥雲山房遺稿。父鏞字文卿，號正所，嘉靖四十一年卒，年六十二。

范公墓誌銘（余文敏公集11/25下）
范君墓表（環溪集23/15下）

范文光，內江人，天啓元年舉人，崇禎中歷官戶部員外郎，告歸。張獻忠亂蜀，文光偕劉道貞等舉義兵。永明王命爲右僉都御史巡撫川南，總督李乾德殺楊展，文光惡之，遂入山不視事。淸兵克嘉定，文光賦詩一章，仰藥死。

明史279/9

范允臨（1558—1641）字長倩，吳縣人。萬曆廿三年進士，授南兵部主事，仕至福建參議。工書畫，與董其昌齊名，歸築室天平山之陽，故人及四方知交之來吳者，恒與遨遊山水間，年八十四卒。有輸寥館集。

范公墓碑（堯峯文鈔10/6）

妻徐緗君

絡緯吟小引（輸寥館集3/5）

范永年字延齡，號仁元，吳橋人，景文父。萬曆間以明經拔萃，銓授通州倅，寧瀦宜民，州士宗之，稱范夫子。擢湖州別駕，平葉朗生之亂，屢遷南京工部員外郎，出知南寧府，不赴歸，卒年六十四。有思本堂稿、水部草。

封中丞范仁元公墓誌銘（鴻寶應本8/39）
范公暨配馬恭人合葬墓碑（棘門集1/22）

范永鑾字汝和，桂陽人。正德九年進士，督福建學政，後改陝西兵備副使，歷四川右布政使，所至有聲，致仕歸。念桂陽僻邑，書籍罕至，爲購春秋諸傳、兩漢書二十餘種，貯之學宮，以備諸生觀覽。

送范進士知貴溪序（何文簡公集11/1）

范弘，交阯人，初名安。永樂中英國公張輔以交童之美秀者還，選爲奄，弘與焉。及長，占對嫻雅，成祖愛之，教令讀書，涉經史，善筆札，侍仁宗東宮。宣德間累遷司禮太監，受免死詔。英宗眷弘，目之曰蓬萊吉士，後從北征，沒於土木。

明史304/6下

范伋（1518—1599）字汝希，號小泉，長沙人。嘉靖四十四年進士，授刑部主事，累官山西參政致仕。卒年八十二。

賀范小泉備兵汝南序（薜荔山房藏稿7/4）
范公墓誌銘（薜荔山房藏稿8/47下）

范志完，虞城人。崇禎四年進士，授永平推官，屢擢兵部右侍郎，總督薊州、永平、山海、通州、天津諸鎭軍務，旣而命兼制關內，移駐關門。會淸兵已自牆子嶺入薊州，分兵南下，志完素無謀略，畏怯不敢戰，畿輔州縣相繼失，惟尾而呵噪，所至剽掠，被劾下獄，旋棄市。

明史259/40下

范志泰，虞城人。歷官太原長史署陽曲縣事，崇禎十七年闖賊來寇，分守東城，及陷，被執不食死。

明史263/10下

范希正字以貞，號恕齋，吳縣人。宣德三年舉賢良方正，知曹縣，被誣逮京師，民入京白其寃，事得釋，治曹二十三年，歷知州，致仕歸。

國朝獻徵錄96/31無名氏撰傳

明史281/21下

范廷珍字惟中，崑山人。以孝友見稱，洪武中里中子生不法，事連其父彥良，禍且不測，廷珍率弟廷珪詣官自陳，願以身代父死。官爲之感動，兄弟俱戍河間。廷珍善醫，無論貴富貧賤，召之即往，疾未愈不歸。晚喜吟咏，字法歐陽，求者踵接，年九十餘猶日作數十紙弗厭也。

吳郡張大復先生明人列傳稿×/34

崑山人物志6/5下

范來賢，常熟人。嘉靖八年進士，官桐鄉知縣。

范桐鄉勸功序（黃潭先生文集1/16）

范茂，巢人。歸太祖，從征戰有功，再遷廣州都指揮同知，世襲廣州左衞指揮使，數勦連州、廣西、湖廣諸猺賊，進都指揮使卒。

明史列傳17/13下

范祖幹字景先，金華人。從同邑許謙遊，其學以誠意爲主，而嚴於愼獨持守之功。太祖下婺州，祖幹持大學以進，敷陳治道，命爲諮議，以親老辭。事親孝，父母皆八十餘而終，悲哀三年如一日，學者稱爲純孝先生。有群經指要、讀詩記、大學中庸發微、柏軒集。

明史282/3

范衷字恭肅，豐城人。永樂十九年進士，除壽昌知縣，有善政，考最當遷，邑人頌德乞留，許之。尋以外艱去，服闋起知汝州。吏部尙書王直察擧天下廉吏，衷爲第一。性至孝，廬父墓，瓜生連枝，鄉人莫不高其行。

明史281/20下

范殊字嘉龍，四川富順人。成化二年進士，授行人，擢監察御史。

贈范繡衣嘉龍序（東海張先生文集1/34）

范能字仲能，淞南人。少從謝應芳遊，精醫善吟，尤工法書。永樂初被徵至郡，以母老辭歸。以詩酒自娛，卒年八十餘。有淞南集。

崑山人物志5/6

吳郡張大復先生明人列傳稿×/27

范純字誠夫，嘉定人。少孤貧力學，有文名。天順元年進士，成化初以刑部員外郎出爲四川按察司僉事，破冦，再轉松潘兵備副使，久不遷，後移疾歸，卒年六十二。

范副使誠夫傳（簡平子集10/1）

吳中人物志2/11下

范淑泰字通也，滋陽人。崇禎元年進士，授行人，擢工科給事中，屢有劾奏，言事甚切直。遷吏科，十五年典浙江鄉試，事竣還家，清兵圍兗州，淑泰固守，城破死之。

明史267/5下

范淶字原易，號晞暘，休寧人。萬曆二年進士，官至福建右布政使。有休寧理學先賢傳、范子噬言、晞暘文集、兩浙海防類考續編。

方伯范公八十序（兩洲集2/47）

范使君遺愛錄序（山居文稿2/14）

范希暘公祖遺愛祠碑記（萬二愚先生遺集2/1）

原易先生傳（銘相集4/9）

父范□

范長君傳（太函副墨12/54）

妻黃氏（1539—1614）

黃夫人墓志銘（大泌山房集99/1）

范惟一（1510—1584）字于中，初號洛川，更號中方，松江華亭人。嘉靖二十年進士，歷山東少參、浙江提學副使，官至南京太僕寺卿，年七十五卒。有范太僕集。

送中方先生督學兩浙序（環溪集6/31）

贈范中方參政河南序（茅鹿門先生文集12/7）

范太僕七十序（太霞草10/3下）

壽范太僕序（同上10/10）

壽太卿中方范公七十序（陸文定公集10/7）

范公墓誌銘（陸文定公集7/6）

祭范太僕（太霞草15/17）

嘯園燕集記（環溪集2/15下）

長林倚嘯圖詩序（環溪集3/16）

跋中方世父自書詩卷（翰慶館集6/23）
四友齋叢說17/9

范理（1410—1473）字道濟，一字士倫別號省菴，天台人。正統七年進士，初知江陵縣，時大學士楊溥子入朝，理不加禮，其子訴於溥，溥薦知德安。廉愼和平，學行兼優，人勸理往謝，理曰，彼自薦賢，於我何與。歷南吏部左侍郎，卒年六十四。有讀史備忘。

范公墓誌銘（楊文懿公金坡稿5/1，國朝獻徵錄27/49，皇明名臣琬琰錄后 12/10，皇明名臣墓銘艮集21）
恩榮文翰錄序（碧川文選2/56）
名山藏臣林記6/12下
皇明書28/18下
皇明世說新語3/9下
四友齋叢說7/4

范常字子權，號瑯琊山人，滁人。太祖至滁，杖策謁軍門，留置幕下。諸將克和州，兵不戢，常言於太祖曰，得一城而使人肝腦塗地，何以成大事。太祖立召諸將切責，悉還所掠婦女，民大悅。命爲太平知府，居三年，民親愛之，遷起居注，尋乞歸。

殿閣詞林記6/31下
國朝獻徵錄20/92王褘撰范君傳
名山藏臣林記4/36下
明史列傳14/6
明史135/5

范敏，閿鄉人。性聰慧，博綜文史。洪武八年舉秀才，擢戶部郎中，累官戶部尙書。帝以徭役不均，命編造黃冊，敏議百一十戶爲里丁，多者十人爲里長，鳩一里之事，以供歲役，十年一周，餘百戶爲十甲。後遂仍其制不廢。尋以不職罷官。

明史列傳13/4下
明史138/4

范從文字復之，崑山人，爲仲淹後。洪武中以國子生擢監察御史，爲同官所陷，得罪且死，以先賢裔得減死戍莊浪。永樂初教授金華東安金鄉三學，卒年八十七。有小學章詁。

崑山人物志6/4下
吳郡張大復先生明人列傳稿×/31

范琛字廷獻，號東山，宣城人。成化十三年舉人，弘治中爲江西清江令，十八年改瑞金，閩廣賊作，攻入瑞金，左右強之急去，琛不許，與民兵數十殺賊，被執不屈死，贈光祿寺少卿。

贈光祿寺少卿范公死節傳（崔東洲集 19/3，國朝獻徵錄87/99）

范景文（1587—1644）字夢章，號思仁，吳橋人。萬曆四十一年進士，歷文選員外郎，泰昌時群賢登進，景文力爲多。天啓間爲文選郎中，魏忠賢與魏廣微中外用事，景文其同鄉，不一詣其門，亦不附東林，謝病去。崇禎間起用累官工部尙書，兼東閣大學士，入參機務。京師陷，俄傳帝出，景文草遺疏，赴井死，年五十八，謚文貞。有大臣譜及遺集。

五十輔臣考4/34
天啓崇禎兩朝遺詩傳3/87
啓禎野乘11/22
明史輯略紳志略勛戚。
明史265/1下

范欽字堯卿，一字安卿，號東明，鄞人。嘉靖十一年進士，卅八年以右副都御史提督南贛，次年陞兵部右侍郎，有天一閣集。欽喜購書，築天一閣以藏之，沒後，子孫議以閣廚鎖鑰，分房掌之，禁以書下閣，故其書久而不散，近代扃鐍稍疏，日有散亡。清光緖間，錢恂爲編書目，與嘉慶時阮元所編者相較，已十不存一矣。

贈督府東明范公擢兵侍序（雙江聶先生文集4/36）
贈中丞東明范公序（龍津原集2/5下）
送雲南右方伯東明范公之任序（雲岡公文集17/2下）
少司馬范東明暨夫人偕壽序（余文敏公集 1/20）

范復粹字淸六，號玉坡，黃縣人。萬曆四十七年進士，崇禎初爲御史，廷議移毛文龍內地，復粹言海外億萬生靈，誰非赤子，

【九劃】范

倘棲身無所，必各據一島爲盜，後患方深。又言袁崇煥功在全遼，而尙寶卿董懋中詆爲逆黨所庇，持論狂謬，懋中遂落職，文龍亦不果徙。累官太子太傅，國變後卒於家。

五十輔臣考4/2

明史253/16

范準字平仲，休寧人。學問該博，洪武中以明經任本縣儒學訓導，擢陝西吳堡知縣。廉介淸苦，陞工部主事。有盡甕稿、西遊率稿等書。

范工部平仲先生集序（大鄣山人集4/17）

范瑟（1504—1562）字孔和，歷城人。嘉靖十一年進士，選庶吉士，授編修，謫開州判官，歷南京戶部郎中，屢官陝西副使，分巡西寧道，討平羌亂，後免官，卒年五十九。

范君暨配宜人楊氏合葬墓誌銘（滄溟先生集21/3）

范瑛字俊彥，號直軒，豐城人。永樂十九年進士，歷知昌化、孝昌二縣，轉汝州知州，皆有惠政。陞河南道監察御史，遷荊州知府，陞廣東左參政，乞歸，弘治十三年卒。

范公行狀（楊廉撰、國朝獻徵錄99/30）

范輅（1474—1536）字以載，號質菴，又號三峯，桂陽人。正德六年進士，除南京御史。武宗久無子，輅偕同官請擇宗室賢者育宮中，以宋仁宗爲法，不報。先後劾中官黎安等，又論馬姬有娠，不當入宮，語皆切直。世宗朝歷官江西福建布政使，卒年六十三。

南臺贈言序（陽峯家藏集24/21下）

送侍御范君淸戎江右序（整菴先生存稿6/16）

范公墓誌銘（涇野先生文集 28/5，國朝獻徵錄90/18

名山藏臣林記16/19下

明史列傳58/28

明史183/26

妻何氏（1476—1534）

何氏墓誌銘（涇野先生文集27/1）

范嵩字邦秀，號衢村，建寧人。弘治十五年進士，任監察御史，因論劉瑾謀孽，謫襄陽府推官，行法嚴明，立心平恕，政暇則進諸生講說德義，士民稱頌之，累遷南京工部侍郎，致仕卒。

祭工部右侍郎衢村文（雲岡公文集17/16下）

范敬先。字思祖，新建人。洪武廿一年進士，授御史，指陳闕失，言甚激切，帝怒，命磔之，磔者已披其二乳，敬先曰，姑止，吾有詩献上，帝得詩，釋之。除趙府長史，趙府敗，以嘗切諫免罪，人憐其貧，濟以粟一舟，忽遇親知之貧者，盡以轉濟，竟至困乏而終。

皇明書19/31下

范鳳翼字異羽，通州人。萬曆廿六年進士，歷官光祿寺少卿。有勳卿集，其詞爲王士禎所稱。

天啓崇禎兩朝遺詩傳4/177

范廣，遼東人。嗣世職爲寧遠衞指揮僉事，正統十四年積功遷遼東都指揮僉事，精騎射，驍勇絕倫。英宗北狩，以于謙薦擢都督僉事，充左副總兵。也先犯京師，廣躍馬陷陣，部下從之，寇遂退却，錄功進都督同知。英宗復辟，石亨、張軏持奪門功，誣廣黨附于謙，謀立外藩，遂下獄論死。廣性剛果，每臨陣，身先士卒，未嘗敗衄。一時諸將，盡出其下，尤爲謙所信任，儕輩皆忌之，故及於難。

明史173/21下

范儁字國士，高安人。萬曆五年進士，授義烏知縣，徵授御史，陳時政忤旨，斥爲民。後屢薦不起，里居數十年卒，天啓初復官，贈光祿少卿。

明史列傳83/2下

明史234/2下

范箴聽，大興人。端方有義行，高攀龍講學都下，受業其門。魏國公徐允禎延爲館賓，數進規諫。京師陷，絕食七日死。

明史295/7下

范霖字時雨，樂淸人。宣德三年進士，授行人，出使萬里外，土物一無所受。比還，行李蕭然。以薦擢御史，彈劾無所避，時副都御史周銓，苛刻貪暴，霖糾十三道御史疏銓不法事言之，驛召銓詣獄，事未白而銓得心悸縊死，霖坐以首建議繫獄，了無悔懟，識者皆以眞御史稱之。有就正、宦遊、皇華、柏臺諸稿。

水東日記17/4

父范觀字以光，號一齋。

一齋范處士墓碣銘（介菴集10/1）

范暹字啓東，一作起東，號葦齋，崑山人。永樂中取入畫院，善畫花竹翎毛，兼工書，爲時所重，人稱葦齋先生。

水東日記4/5

崑山人物志8/5

吳中人物志13/25

圖繪寶鑑6/8下

范濟，元末進士，洪武中以文學擧爲廣信知府，坐累謫戍興州。宣宗即位，濟年八十餘，詣闕言八事，帝奬之，用爲儒學訓導。

明史列傳37/19

明史164/9

范謙（1534—1597）字汝益，號含虛，豐城人。隆慶二年進士，選庶吉士，授翰林檢討，與修世穆二廟實錄及大明會典，晉修撰，官至禮部尙書，卒年六十四，謚文恪。有雙柏堂集。

范文恪公行狀（吳文恪文集19/1）

祭范函虛宗伯（甕蘆閣集6/46）

范文恪公合葬墓誌銘（穀城山館文集24/1）

范文恪公暨元配楊夫人合葬神道碑銘（朱文懿公文集8/38）

范應期（1527—1594）字伯禎，號屛麓，浙江烏程人。嘉靖四十四年登進士第一，授修撰，累官至國子祭酒，致仕。後爲惡少所齮齕，巡按邑令共爲搏擊，自縊死，年六十八。

殿撰范君伯禎奉使册封魯藩贈序（袁魯望集8/9下）

狀元圖考3/24下

母□氏

太孺人范母七十敍（三餘館集8/15下）

范應賓（1553—1601）字光父，號嵩臺，嘉興人。萬曆二十年進士，授高城知縣，遷工部主事，督易州山廠，廿九年勞瘁卒，年四十九。有水部集。

范君墓志銘（賜閒堂集27/33）

范檟（1517—1597）字子美，號養吾，會稽人。嘉靖廿九年進士，授工部主事，改刑部，歷郎中，出知淮安府，有惠政，郡人爲立生祠，年八十一卒。

范養吾先生墓志銘（歇菴集8/47，國朝獻徵錄83/47）

范鏓字平甫，瀋陽人。正德十二年進士，爲人持重有方略，巡撫寧夏時，不上首功，一意練步騎，廣儲蓄，治關隘，寇爲遠徙。世宗甚才之，命爲兵部尙書，以老辭，且言隨事通變，乏將順之宜，帝怒，削其籍。

送河南左方伯范瀋陽公入覲序（遵巖先生文集11/15）

明史列傳69/10

明史199/14

范鏞（1422—1482）字彥聲，豐城人。景泰五年進士，授刑部主事，再遷郎中，朝夕兢兢弗懈，門無私謁。成化六年，擢廣西副使，陞按察使，屢以誠義開導大藤峽、鬱林等賊，均解去，十八年卒於官，年六十一。

范公墓誌銘（彭文思公文集6/21下）

范鏞（1459—1520）字鳴遠，鞏昌衞人。弘治六年進士，擢御史，鯁直不避權倖，歷四川副使，中官憚其風采，不敢橫。時議開礦，鏞奏罷之。正德中，以右僉都御史提督操江，戎政肅然。累擢右副都御史，巡撫雲南，以亮直爲王瓊所惡，左遷湖廣參議，正德十五年卒，謚恭惠。

送大中丞范公巡撫雲南序（烏鼠山人小集11/30

送副都御史范公巡撫雲南序（整菴先生存稿6/14下）

范公墓誌銘（康海撰、皇明名臣墓銘巽集48）

國朝獻徵錄61/19無名氏撰傳

范瓘（1490—1569）字廷潤，號栗齋，會稽人。少穎異，讀書不務記誦，惟究大旨，弱冠棄舉子業，師王守仁，惟議論有時相左，旣而博考群經，乃恍然有悟，隆慶三年卒，年八十。

范栗齋傳（張陽和先生不二齋文選5/3，國朝獻徵錄114/101）

茅

茅大芳，一作毛大方，名誧，以字行，泰興人。博學能詩文，洪武中爲淮南學官，擢秦府右長史。建文元年，遷副都御史，燕師入南京，被收，不屈死。有希董集。

皇明獻實6/11下

皇明表忠紀2/36下

聖朝名世考4/12下

遜國正氣紀4/17

名山藏臣林外紀×/13

吾學編54/7下

革朝遺忠錄上/7下

建文皇帝遺蹟×/19

國朝獻徵錄55/3鄭曉撰傳

明史列傳19/18下

明史141/10

茅成，鳳陽定遠人。自和州投軍，從太祖渡江，拔太平，克衢州，取安慶，戰鄱陽，下武昌，並有功，屢授武德衛指揮副使。從徐達攻張士誠，戰死，贈東海郡公，謚武烈。

明史133/15下

茅坤（1512—1601）字順甫，號鹿門，歸安人。嘉靖十七年進士，善古文，又好談兵，累官廣西兵備僉事，破猺賊十七砦。一方以寧。遷大名副使　嘗提兵戍倒馬關，總督楊博奇其才，薦於朝，爲忌者所中，落職歸，年九十卒。坤論文心折唐順之，選唐宋八大家文鈔，著白華樓藏稿、續稿、吟稿、玉芝山房稿、耄年稿、徐海本末、浙省分署紀事本末、史記鈔等。

白華樓集序（敬所王先生集5/33）

贈鹿門茅先生年伯壽八十序（朱太復文集23/1）

家大夫九袠乞言述（十賚堂甲集文部5/1）

茅鹿門先生壽序（大泌山房集30/25）

壽憲使鹿門茅先生九十序（賜閒堂集13/3下）

鹿門歌爲茅憲副九十賦（朱文懿公文集7/7）

壽鹿門先生九十序（快雪堂集6/5）

茅公墓誌銘（朱文懿文集9/1，又茅鹿門先生文集35/1，國朝獻徵錄82/6）

茅公行狀（屠隆撰、茅鹿門先生文集35/1）

鹿門先生洎配姚孺人墓表（快雪堂集 17/1，又茅鹿門先生文集35/1）

祭憲副茅公文（賜閒堂集35/23下）

祭茅鹿門先生文（快雪堂集21/4下）

徙菲阜亭擴博記（十賚堂甲集文部2/6）

合刻白華樓制義引（十賚堂甲集文部4/14）

茅鹿門先生文集 35/1 許孚遠撰傳，又吳夢暘撰傳

明史287/12下

兄茅乾（1506—1584）字健夫，號少溪，官南寧通判。

茅公墓碑（大泌山房集112/11）

女茅季（1576—1599），居翼隆妻。

居烈婦墓表（大泌山房集106/35）

茅宰字治卿，浙江山陰人。好學砥行，嘉靖八年舉進士，知六合縣，爲一時循吏之最。擢南刑部主事，以詿誤廷杖落職卒。

送茅潁州序（海石先生文集20/1）

贈大尹茅侯考績上京序（方齋存稿3/9下）

六合縣尹茅侯遺愛碑（同上9/9）

茅翁積字暉延，歸安人，坤子。豪蕩不羈，以任俠自負。有芸暉館稿。

弔亡兄稺延文（十賚堂甲集文部5/20）

茅國縉（1555—1607）字薦卿，號二岑，歸安人，坤仲子。萬曆十一年進士，累官監察御史，謫淅川知縣，終南京工部郎中，卒年五十三。有荻園詩草，又嘗刪評漢晉南北朝史。

茅薦卿楚遊詩序（朱太復文集25/16）

茅公墓誌銘（蒼霞草16/60）

祭仲兄薦卿文（十賚堂甲集文部5/24）

史刪叙（同上2/21）

國朝獻徵錄51/100李維禎撰傳

妻丁氏

壽茅母丁安人五十序（始青閣稿14/10下）
茅母丁安人五十壽序（睡菴文稿12/21）

茅維字孝若，歸安人，坤少子。能詩，與同郡臧懋循、吳稼竳、吳夢暘，並稱四子。嘗詣闕上書，陳當世大事，不報。有茅潔溪集，十賚堂甲集。

閩遊集序（蒼霞餘草5/11）
論表策衡序（大泌山房集26/1）
明史287/13

茅瓚字邦獻，號見滄，浙江錢塘人。少有氣節，年三十九登嘉靖十七年進士第一，授修撰，歷南京國子祭酒，累官吏部侍郎兼翰林學士。有見滄集。

贈大司成見滄茅公奉召北上序（存笥稿 5/16下）
茅公墓誌銘（諸大綬撰、國朝獻徵錄26/47）
狀元圖考3/10下

苗

苗衷（1381—1460）字公彝，鳳陽定遠人。永樂七年進士，擢編修，屢典文衡，預修實錄，正統初爲經筵講官。景泰間歷升兵部尚書致仕，卒謚文康。衷學術醇正，爲士林推重。有雪窩稿，史閣記聞，歸田錄。

祭苗先生文（呂文懿公全集10/31下）
國朝獻徵錄13/14雷禮撰苗公傳
殿閣詞林記3/24下

苗朝陽字應時，號愼齋，山西河曲人。萬曆五年進士，知新蔡、杞縣，以廉能稱。陞兵科給事中，侍經筵，疏請立太子，忤旨罰俸。累遷太僕少卿，乞歸，累薦不起，家居三十餘年卒。

掖垣人鑑16/24

苟

苟好善，醴泉人。擧進士，歷官湖廣道監察御史，遷濟南知府。崇禎十二年淸兵破濟南，死之。

明史291/16

柴

柴文顯字道明，建德人。幼習擧業，尤精於中庸，號柴中庸。登正統十年進士，巡按福建，風采凜然。王振惡其與己不合，因閩冦發，羅織其罪論死，天下寃之。

明史列傳38/17下
明史165/6下

柴氏，夏縣孫貞妻。崇禎四年夫婦避賊山中，賊搜山見氏悅之，執其手，氏以口齧肉棄之，曰，賊汚吾手。繼扳其肱，又以口齧肉棄之，曰，賊汚吾肱。賊捨之去，氏罵不絕聲，還殺之。

明史303/8

柴車（1375—1441）字叔輿，錢塘人，望子。永樂二年以擧人授兵部主事，擢江西參議，復入職方爲郎中，後知岳州居三歲，郡大治，復還職本部侍郞。英宗初西鄙不靖，以車廉幹，命協贊甘肅軍務，破朶兒只伯，後陞本部尙書卒，年六十七。

祭柴尙書文（謚忠文古廉文集9/33）
柴公墓誌銘（王文端公文集31/20，皇明名臣墓銘坎集16，國朝獻徵錄40/7，皇明名臣琬琰錄22/3下）
皇明書20/23
明史列傳39/9
明史157/7

柴奇（1470—1542）字德美，崑山人。正德六年進士，由吏科給事中，歷南京光祿少卿，官至應天府尹。諫南巡，劾權倖，頗著直聲，年七十三卒。有黼菴遺稿。

誥勅應天府府丞柴奇（顧文康公文草卷首/21下）
送黼菴柴公北上序（涇野先生文集5/34）
柴公行狀（儼山文集79/4下，國朝獻徵錄75/36）
掖垣人鑑12/17
妻夏氏（1499—1568）
夏孺人墓志銘（涇林集8/15）

柴昇字公照，河南內鄉人。成化二十三年進士，授工科給事中，歷廣東布政使，討南海賊有功，正德間進吏部侍郎。劉瑾誅，昇署部事，釐正瑾所行苛政二十四事，擢南京兵部尙書，陳積弊十三事，多裁抑中貴，阨不行，遂致仕歸，嘉靖二年卒。

披垣人鑑10/33下

國朝獻徵錄42/31朱睦㮮撰傳，又52/29無名氏撰傳

明史251/7

父柴文璋（1436—1512）字廷美

封南京兵部尚書柴公墓誌銘（羅文肅公集18/6）

母蘇氏（1438—1497）

柴母蘇氏墓誌銘（懷麓堂文後稿22/8下）

柴英（1360—1418）字仲實，曹縣人。父裕從太祖征伐，積功至武節將軍正千戶，英襲爲瞿唐守禦正千戶，從征遼東，改調松門、臨山。洪武二十八年超擢海南衞指揮僉事，永樂四年隨張輔討平安南，十六年卒官。

柴公墓誌銘（王文端公文集30/16下，國朝獻徵錄111/35）

柴望字宗禮，錢塘人。性敦樸，見義敢爲。括蒼金觀爲元明州學官，元亡，退居錢塘，母沒，貧不能葬，以哀毀沒，而其妻繼殞，望以友誼爲捐貲治喪事，及告於觀所常往來者，因得歸葬。人義之，目爲柴義士。

題柴望義士傳後（頤菴文集6下/28）

題柴義士傳後（楊文敏公集15/33下）

柴惟道字允中，號白巖山人，嚴州人。有玩梅亭詩集。

白巖山人詩稿序（敬所王先生集6/45下）

柴國柱，西寧衞人。萬曆中由世蔭歷西寧守備，驍猛善射，從參將達雲擊冦南川，摧鋒陷陣，勇冠一軍，錄功進都指揮僉事，累擢都督僉事陝西總兵官，致鎮甘肅。河套、松山諸部長合兵入冦，國柱檄諸將分道擊敗之。尋移鎮瀋陽，謝病歸。天啓初錄功加左都督卒。

明史列傳89/28下

明史239/24

柴欽字廣敬，餘姚人。永樂二年進士，選翰林庶吉士，與修永樂大典，尋卒，年三十六。

國朝獻徵錄23/34劉球撰傳

明史285/17

柴義（1473—1528）字時中，號宜石，京師人。弘治十八年進士，正德中歷刑部主事，進員外郎，擢通政使司右參議，改左通政，陞通政使，卒於官，年五十六。

柴公墓志銘（楊一清撰、國朝獻徵錄67/12）

柴道人，號五溪，崑山人，奇子。故太學生，家世富顯，道人嘗因事走京，還至鎮江，忽作書遍謝姻黨，與其妻訣。祝髮受戒，居武當。師化去，更入伏牛山修道，後二十餘年復還武當，嘉靖末朝辟不就。

柴道人傳（徐氏海隅集文編16/4）

國朝獻徵錄118/131無名氏撰傳

柴經字季常，號松洲，鄞人。正德十二年進士，授刑部主事，諫武宗南巡，廷杖。歷廣東、四川布政使，官至南京右副都御史兼署大理，被論致政。

柴公墓志銘（崔一桐撰、國朝獻徵錄64/67）

柴廣字文博，祥符人。景泰間貢入太學，授四川酆都知縣，廉介有守。趙鐸等聚衆倡亂，廣率士衆，以身先之，卒平巨盜。以功擢漢州知州，修學校，建輿梁，均賦役，政績著聞。亡何，引去，民爲立去思碑，廣鰥居五十餘年，無婢妾，鄉士大夫以是高之，年九十七卒。

國朝獻徵錄94/133祥符文獻志傳

柴鳳禮，江山人。舉於鄉，授知洧川縣。崇禎十四年闖賊陷城，罵賊死。

明史293/8

俞

俞士吉字用貞，象山人。洪武末舉人，授兗州訓導。建文時上疏論時政，擢御史，出按鳳陽、徽州、湖廣，能辨釋冤獄。成祖即位，進僉都御史，出督浙西農政，奏除湖州逋賦六十萬石。洪熙元年，入爲詹事。宣德初仕至南京刑部侍郎致仕，十年卒。有樂菴稿。

國朝獻徵錄49/1無名氏撰傳

名山藏臣林記6/18下

明史列傳26/10下

明史149/9

俞士悅字仕朝，長洲人。永樂十三年進士，擢監察御史，正統中歷官浙江參政。倭寇犯境，士悅城乍浦以備，浙人賴之，陞大理寺卿。土木之變，以右副都御史留守京師，守德勝安定二門。事平，陞刑部尚書太子太保。天順初坐事謫戍遼東，成化初，赦還卒，年八十。

俞公傳（王鏊撰、皇明名臣墓銘艮集14，國朝獻徵錄44/27）

皇明世說新語6/16

俞大猷（1503—1579）字志輔，號虛江，晉江人。讀書知兵法，世襲百戶，舉嘉靖十四年武會試，除千戶。兵部尚書毛溫奇其才，擢廣東都司，平交黎有功，進參將，移浙東，屢以舟師破倭寇，時稱俞家軍，爲諸將所嚴憚。歷廣東總兵官，平古田獞，威名震南服，改福建總兵，萬歷初奪職。復起後軍都督僉事乞歸，七年卒，年七十七，諡武襄。大猷負奇節，其用兵先計後戰，不貪近功，忠誠復國，老而彌篤。在軍中五十年，未嘗挫衂。世宗時宿將，以大猷爲稱首。著有洗海近事、續武經總要。

送都指揮俞君志輔序（遵巖先生文集12/20）

廣公遺愛碑（同上15/46）

海上平寇記（同上9/40下）

壽都護俞虛江公序（田亭草3/7）

俞總兵大猷公傳（月鹿堂集5/8）

俞公大猷功行紀（李杜撰、國朝獻徵錄107/50下）

俞公行狀（趙恒志撰、同上107/43）

禦倭名將俞大猷、吳忠晉撰、中興週刊111—112期

平倭名將俞大猷戚繼光合傳、橫海撰、建國月刊9卷5期

皇明書34/22

名山藏臣林記24/8

明史列傳86/20

明史212/1

俞山（1399—1457）字積之，號梅莊，初名基，秀水人。永樂廿一年舉人，授崑山訓導，擢郕府伴讀。景帝初拜吏部右侍郎，以議迎復，引疾去。英宗復辟，以致仕得免，爲文據經史，詩歌清麗典則，善大篆，工墨梅，而常晦其迹，卒年五十九。有梅莊集。

俞公墓誌銘（呂文懿公全集10/9下、國朝獻徵錄26/9）

俞公墓表（李賢撰、皇明名臣琬琰錄后3/15）

明史列傳30/4下

明史152/8

俞允文（1513—1579）字仲蔚，崑山人。年十五，爲馬鞍山賦，長老異之。年未四十，謝去諸生，專力於詩文書法。與王世貞友善，爲嘉靖五子之一，萬曆七年卒，年六十七。有俞仲蔚集。

俞仲蔚集序（弇州山人四部稿64/8）

俞仲蔚先生集序（寶綸集10/18）

俞先生墓誌銘（王世貞撰、俞仲蔚先生集附錄）

俞先生行狀（顧章志撰、俞仲蔚先生集附錄）

皇明世說新語3/28下

吳郡張大復先生明人列傳稿×/32

明史288/5下

母黃氏（1483—1537）

先妣夫人黃氏行狀（俞仲蔚先生集16/1）

俞永，初名允，字嘉言，松江華亭人。洪武二十七年進士，授行人，歷魯山知縣，有惠政，入爲禮部主事，遷員外郎，謫長沙通判，有春曹詩稿。初永爲方孝孺所取士，革除時，寧海典史魏澤匿孝孺九歲子德宗，至華亭，住永家，永妻以養女，改姓余氏，子孫蕃衍，萬歷中提學御史楊廷筠廉其事，始復姓，松人建正學祠，以永配食。

先進舊聞（寶日堂初集22/7下）

國朝獻徵錄89/64林大春撰傳

俞正巳，直隸人。官眞定教諭。成化十七年上改曆議，詔以輕率狂妄下獄。

疇人傳29/353

俞安期，初名策，字公臨，更名後，改字羨長，吳江人。嘗以長律一百五十韻投王世貞，世貞爲之延譽，名由是起。有唐類函，類苑瓊茶，詩儁類函，翏翏集。

俞羨長集序（太泌山房集12/35）

俞羨長河賦序（弗告堂集20/15下）

詩儁類函序（蟫眞草堂文集15/18）

參寥集序（太函集25/10下）

俞孜字景修，浙江山陰人。爲諸生，敦行誼。嘉靖初，父華爲鄉人徐鐸所害，鐸亡走，孜蹤跡數十郡不可得。後聞已還鄉，縛送於官，寘諸法。孜自是不復應舉，孝養繼母以終。

明史297/12

俞志虞字際華，又字華隣，浙江新昌人。崇禎進士，授順慶府推官，流寇入蜀，取道順慶，登陴堅守，行取入京，授御史，會出巡，聞京城陷，還至東華門大慟，自縊死，謚節愍。

俞志虞傳（西河合集76/6下）

啓禎野乘12/34

俞廷玉，其先濠人，徙巢縣。元末盜起，與趙普勝等結砦巢湖，有水軍千艘，數與左君弼戰不勝。至正十五年以船歸太祖，積功官至僉樞密院事，十九年攻安慶，沒於陣，追封河間郡公。

皇明功臣封爵考8/44下

國朝獻徵錄6/47無名氏撰傳

俞彥字仲茅，金陵人。萬曆二十九進士，性至孝，甫登第，即疏乞終養，閱十六年母終。授兵部主事，歷光祿少卿。彥長才玩世，事至立斷，而性高亢，故屢起屢躓。有俞少卿樂府。

明儒學案16/34

父俞一元（1532—1598）字太初。

俞太學公王孺人墓誌銘（大泌山房集95/21）

俞咨伯號蒲山，浙江平湖人。嘉靖十一年進士，授督膳主事，累陞郎中，出知泉州府，有善政，遷河南副使。

贈蒲山俞郡侯重拜恩封序（可泉先生文集2/1）

贈蒲山俞大夫榮封二親序（同上2/2下）

贈蒲山俞郡公序（同上2/4下）

賀蒲山俞郡公薦書序（同上2/6下）

贈太守蒲山俞公序（同上2/8下）

采謌頌蒲山俞侯（同上2/10）

送蒲山俞先生入覲序（同上2/11下）

明倫堂記（遵巖先生文集9/1）

送郡伯俞蒲山擢河南憲副序（同上11/31下）

祖俞璥字廷貴，號春湖。

俞先生合葬墓誌銘序（居漸山文集4/28）

父俞金，號界涇翁。

敘綸音再錫卷（可泉先生文集5/16下）

俞貞木（1331—1401）初名楨，字貞木，後以字行，更字有立，吳郡人。少篤志問學，尤工古文詞。元季不仕，洪武初薦爲樂昌令，歷都昌，請歸。爲人淸苦，敦行古道。太守姚善方向學，尊爲有道，以風民俗。靖難時勸守舉兵，因逮赴京師論死，年七十一。有立菴集。

俞公墓誌銘（王璲撰、吳下冢墓遺文3/15，又國朝獻徵錄87/92）

遜國正氣紀4/7

姑蘇名賢小紀上/2

俞益，浙江餘杭人。永樂二年進士，預修永樂大典，授靖安知縣，廉平爲治，民甚安之。服闋，改知潛山縣，宣德十年卒官，室如懸磬，至無以爲歛。

國朝獻徵錄83/34無名氏撰傳

俞泰字國昌，號正齋，無錫人。弘治十五年進士，授南京吏科給事中，復除吏科，累陞戶科都，歷官山東參政，嘉靖二年致仕。還闢園市南，隱居芳洲，十年卒。生平好繪事，喜詩篇，有芳洲漫興集。

送俞大參國昌序（棠陵文集27/8下）

絅文堂記（涇野先生文集14/7下）

圖繪寶鑑6/11下

披垣人鑑12/23

俞起蛟字芝雲，錢塘人。由貢生歷官魯府左長史，相惠王。及惠王立，欲易世子，起蛟力諫乃已。世子嗣位，大盜李青山率衆來犯，出擊大破之。崇禎十五年淸軍至，起蛟分門死守，及王被難，起蛟率親屬二十三人殉之。

明史291/23

俞通海字碧泉，巢人，廷玉子。從太祖破海牙諸水寨，又從克寧國，敗陳友諒，拜中書省平章政事，進攝江淮行中書省事，鎭廬州，後圍平江，中流矢卒，進封虢國公，諡忠烈。通海沈機簡重，勞而不伐，嚴而有惑，故士卒咸樂爲死。

國朝獻徵錄6/35無名氏撰傳
名山藏臣林記1/38
吾學編24/1
皇明功臣封爵考8/37下
皇明書33/26下
明史133/3

俞通淵，巢人，通源弟。充參侍舍人，從征積功授都督僉事，封越嶲侯。建文初隨軍征燕，戰沒於白溝河。

革朝遺忠錄下/23
吾學編18/18下，55/1下
名山藏臣林記1/38
皇明表忠紀5/5
皇明功臣封爵考6/61
遜國正氣紀6/26
明史133/5下

俞通源字百川，巢人，通海弟。嗣兄官，從徐達攻中原，偕馮勝等會兵太原，定河中，渡河克鹿台，取鳳翔、鞏昌、涇州。張良臣據慶陽叛，通源自臨洮疾趨至涇，略其西，良臣敗死，征定西，克興元，皆先登。洪武三年，封南安侯，屢立戰功。二十二年，詔還鄉，未行卒。

吾學編18/17下
名山藏臣林記1/38
皇明功臣封爵考6/28下
國朝獻徵錄8/18無名氏撰傳
明史133/5

俞紹祖，無錫人。父貫病癱不能行，倭至，紹祖負貫竄，倭欲殺貫，號哭請代，紹祖死，貫得免。鄉人憐紹祖葬之，曰孝哉，不愧嵩菴矣。嵩菴係俞鎧號，有孝行，紹祖之曾祖也。

毘陵人品記9/17

俞得儒（1384—1461）字大雅，鄞縣人。永樂九年進士，改庶吉士，授行在監察御史，詔求直言，與給事中柯暹各率同官歷陳六卿曠官事，帝命六卿與諫官論難，而六卿十不得一，遂出得儒知賓州，正統元年乞歸，卒年七十八。

俞公墓誌銘（南山黃先生家傳集48/5下）

俞敦字崇禮，揚州人。正德六年進士，由庶吉士授刑科給事中，遷禮科右，奉使安南，嘉靖二年陞吏科都給事中，未任道卒。

俞敦傳（西河合集83/6下）
掖垣人鑑12/24下
國朝獻徵錄80/17無名氏撰傳

俞琳（1454—1529）字德彰，臨安人，隸忠義衛戎籍。舉成化廿三年進士，授行人，擢御史，所至發奸擿伏，不少顧避，累官至工部尚書掌通政司事，致仕卒，年七十六。

少保工部尚書俞公七十五壽序（涇野先生文集6/30）
俞公墓志（謝遷撰、國朝獻徵錄50/31）

俞朝妥字寵之，號未軒，浙江新昌人。嘉靖二年進士，由江西廣信府推官選戶科給事中，累陞工科都給諫，以疾歸，卒於家。

掖垣人鑑13/25

俞欽（1431—1484）字振恭，浙江新昌人。景泰二年進士，選庶吉士，授禮部主事。成化初歷兵部郎中，會九姓土獠作亂，詔本兵督師往討，以欽參謀建議，進兵拔二十餘寨，斬獲六千餘人，陞太常卿，累遷兵部侍郎。大同有警，悉力區畫，邊境以安，卒官，年五十四。有思菴集。

國朝獻徵錄40/17無名氏撰傳

俞溥字彥淵，無錫人。洪武時，由賢良授都府照磨，上褒其才智練達，累陞戶部尚書，江西行省參知政事，與張籌同致政。歸日相往來，布衣蒲履，尋梅問竹，人不知其爲兩尙書也。

毘陵人品記6/8

俞雍字文熙，無錫人。正統舉人，初知公安縣，勤於撫字，時稱循吏。楊溥延譽於朝，陞廉州通判致仕。

毘陵人品記7/4

俞道生（1541—1593）字元立，吳郡人萬曆二年進士，授福寧知州，歷刑部郎中，官至廣東參議，所至有聲績，卒年五十三。

俞君墓志銘（天遊樓集14/32）

俞敬（1378—1441）字用禮，崑山人。髫齔喪父母，爲張氏養子。養母孫氏疾，醫藥無效，特籲天剌左脇割肝和糜以進，疾尋瘳。事上聞，成祖詔旌其門，擢尚寶司丞，累陞尚寶卿。正統六年卒，年六十四。

崑山人物志6/5下

吳郡張大復先生明人列傳稿×/34下

俞敬，嘉靖初爲後府經歷。時諸臣爭大禮皆得罪，敬復上奏，謂獻皇帝神主已奉迎入廟，諸臣下獄者，宜赦過宥罪，章大孝於天下。不省。

明史192/23

俞綱字宗立，嘉善人。由諸生繕寫實錄，試中書舍人，授郕王府審理。景帝時以兵部右侍郎入閣，參預機務。居三日，固辭守本官。易東宮，加太子少保。英宗復辟，以當景帝時能周旋二帝間，故得調南京禮部，成化初致仕卒。

國朝獻徵錄37/3無名氏撰傳

明史列傳30/4下

明史152/8

俞德惠字用濟，無錫人。洪武間以經明行修徵，授行人，使蜀，復使廣右，値寇作亂，惠驅車而前，猝與之遇，不屈而死。

毘陵人品記6/13下

俞德濟（1380—1430）字公廣，遂昌人。永樂六年以能書薦，預修永樂大典，擢兵科給事中，勤愼詳敏，克舉其職，坐累謫邯鄲縣丞，仕終刑部主事，卒於官，年五十一。

俞主事墓誌銘（楊士奇撰、國朝獻徵錄47/64）

俞澤字益之，桐廬人。天順八年進士，授兵科給事中，後謫滁州判，未赴而卒。性鯁介，居官以淸愼名。

披垣人鑑7/37下

妻袁氏

慶俞母壽八旬詩序（姚文敏公遺稿6/14下）

俞諫（1453—1527）字良佐，桐廬人，藎子。弘治三年進士，授長淸令，歷江西參議，有平賊功。正德中累擢右僉都御史，治水蘇杭諸府，平桃源叛賊，進錄右都御史，兼領巡撫，旋召還，遂乞致仕。嘉靖初復起故官，總督漕運，平靑州礦盜王堂等，召掌都察院事，卒於官，年七十五，謚莊襄。

記中丞俞公孝感（甫田集18/8）

俞公墓誌銘（喬宇撰、國朝獻徵錄54/80）

俞諫傳（西河合集82/13下）

皇明世說新語1/16下

明史187/17下

俞憲字汝成，號岳率，無錫人。嘉靖十七年進士，歷官山東按察使，有文學，輯有盛明百家詩。著有是堂學詩、䳺鳴集。

盛明百家詩序（皇甫司勳集35/7）

俞僉事金陵集序（自知堂集10/15下）

璧節圖序（王具茨文集4/18）

母楊氏

榮節錄叙（丘隅集10/10下）

貞節婦俞母楊氏傳（環溪集14/4下）

俞晉字時澤，宜興人。萬曆五年進士，司李台州，遷南吏部主事，擢大名兵備，念親老，乞休歸，後竟不起。

毘陵人品記10/15

俞藎（1430—1484），字廷臣，桐廬人。天順八年進士，擢御史，出按江西，治外戚王氏宗族恣橫罪。坐事謫澧州判官，大築陂堰，漑田萬頃。累遷鄖陽知府，乞歸卒，年五十五。

俞公墓碑（王文恪公集22/7，國朝獻徵錄89/5）

明史187/7下

俞繪字本素，號愛榴子，會稽人。少負意氣，爲父兄服里正役。長補弟子員，學於鄉，授歙縣訓導，遷崇陽學諭。崇陽俗信浮屠，繪著閑道錄，具述求福田淨土之無益，士人習文公家禮，邑俗大變。

國朝獻徵錄89/102王激撰傳

俞鑑字元吉，桐廬人。正統七年進士，授兵部職方主事。英宗北征，郎中胡寧當從，以病求代，鑑慷慨許諾。或曰，家遠子幼奈何。鑑曰，爲國臣子，敢計身家。尙書鄺埜知其賢，數與計事，鑑以力勸班師對，時不能用。師覆於土木，死之。

明史167/7

俞鸞字應和，號近河，陝西靈州人。嘉靖二十年進士，由山西榆次知縣，選兵科給事中，仕終浙江處州府同知，卒于官。

披垣人鑑14/6

母袁氏

壽俞母袁太孺人序（存笥稿7/6下）

侯

侯一元（1480--1529）字應乾，秦安人。正德九年進士，授工部主事，累官吏部驗封司郎中，卒於官，年五十。性廉介，不可干以私，遇事行之無所避。

侯郎中行狀（趙浚谷文集2/19下）

侯郎中墓誌（霍韜撰、國朝獻徵錄26/86）

侯一元（1511--1585）字舜舉，號二谷，樂淸人，廷訓子。廷訓得罪，一元年十三，伏闕訟父寃，得釋。舉嘉靖十七年進士，歷官江西布政使，所至有惠政，卒年七十五。有詩文集、二谷讀書記。

贈兵憲侯二谷大參廣右序（沱村先生集6/2下）

壽岳伯二谷侯公六十序（敬所王先生集 6/29下）

侯先生墓誌銘（茅鹿門先生文集24/6下）

明史191/26下

側室陳氏

侯母陳宜人壽序（大泌山房集39/20下）

侯于趙（1536--1597），字宗度，號葵所，世稱葵所先生，河南杞縣人。嘉靖四十四年進士，由山西平陽府推官，陞戶部主事，歷工科都給事中。神宗時忤張居正，出爲江西參政，晉山西巡撫，卒年六十二。

侯公神道碑（李長卿集14/1）

國朝獻徵錄63/140杞縣志傳

披垣人鑑15/16

母楊氏

侯母楊太孺人貞壽榮封詩叙（澂秋堂文集 8/15）

侯天錫，永寧衛人，良柱子。官指揮，良柱死，天錫上言願捐貲繕甲，選募勁旅，自成一隊，雪父恥。授遊擊，命赴楊嗣昌軍立功。所將親丁二百六十人，及募卒五六百人，皆剽悍，莊烈帝嘉之，增一秩。

明史269/10

侯弘文，崇禎末嘗知高平縣，僑寓襄陽。散家財，募滇軍，隨盧象昇討賊。象昇移宣大，弘文率募兵至楚，巡撫王夢尹以擾驛聞，坐遣戍。

明史261/3

侯世祿，榆林人。由世職累官涼州副總兵，勇敢精悍，爲熊廷弼所知，歷宣武總兵，坐事戍邊。京師被兵，率子弟從軍，叙功免戍還籍。崇禎十六年，李自成圍榆林，世祿與子拱極固守，城陷，並不屈死。

明史269/23

侯臣字仲勳，浙江臨海人。宣德八年進士，除刑科給事中，正統間陞廣西參議，仕終河南左布政使。

披垣人鑑8/6下

侯先春（1545--1611），字元甫，號少芝，無錫人。萬曆八年進士，除太常博士，擢吏科給事中，累官至兵科都給事中，以上章論權璫恣橫罷黜邊帥事，謫廣西按察知事，遂臥家不出，年六十七卒。

侯君墓誌銘（賜閒堂集27/25）

侯良柱字朝石，永寧衛人。天啓初累官四川副總兵，討平奢崇明、安邦彥，時稱西南奇捷，晉左都督。未幾復爲四川總兵官，崇禎十年拒戰李自成於綿州，以衆寡不敵沒於陣。

明史269/3

攻渝諸將小傳×/47

侯君擢字際明，成安人。舉於鄉，擢知陳州。崇禎十五年李自成圍城，君擢身先士卒，運木石擊賊，城濠皆滿，後被縛，罵不絕口死，諡烈愍。

明史293/10

侯廷柱，字子任，號密坡，山東諸城人。嘉靖三十五年進士，由山西襄陵知縣，選刑科給事中，遷河南南陽知府，四十二年免官。

披垣人鑑14/39

侯廷訓字孟學，樂清人。與張璁同郡，同舉正德十六年進士，而持論不合。初釋褐，即上疏請考孝宗，且言不當私藩邸舊臣。除南京禮部主事，嘉靖間大禮定，心非之，私刊所著議禮書，詔獄拷訊，子一元訟冤，得釋。後起官至漳南僉事，以貪虐被劾爲民。有筆山小稿。

明史191/26下

侯承祖字懷玉，上海人。明末以衞指揮署南匯，吏不敢欺，擢參將。崇禎十七年清兵至，率兵出禦，城破，與長子世祿俱不屈死。

明史277/12

侯東萊字道宗，號掖川，山東掖縣人。嘉靖二十九年進士，授行人，擢監察御史，累上封事，語多直切。陞嘉興知府，歷河南按察使，轉陝西布政使，官至兵部侍郎兼右副都御史，巡撫甘肅，致仕卒。

送右方伯侯公入秦序（澂秋堂文集4/8下）

侯公墓志銘（白榆集18/20下）

侯恪字若木，一字若樸，號木菴，高丘人，執蒲次子。與兄恂同登萬曆四十四年進士，除編修。三案議起，恪據事直書，不少假借，魏忠賢黨斥爲東林邪黨，削籍歸。忠賢誅，起中允，遷庶子典起居注，記溫體仁與錢謙益爭枚卜於帝前叩頭乞憐狀，忤體仁，謝病歸卒，年四十三。有遂園詩稿。

司成公家傳（壯悔堂文集5/5）

啓禎野乘2/11

天啓崇禎兩朝遺詩傳10/333

侯拱極，榆林人，世祿子。歷官參將，從尤世祿破賊河曲有功，累遷山海總兵官，尋謝病歸。崇禎十六年與父同死李自成之亂。

明史269/24

侯峒曾（1591--1645）字豫瞻，一字廣成，嘉定人，震暘子。天啓五年進士，崇禎間歷江西提學參議。福王時與黃淳耀等起義兵保鄉里，清兵陷城，偕二子赴水死，謚忠節。有忠節公集。

侯文節傳（秋室集4/20）

記侯黃兩忠節公事（潛研堂文集22/1）

侯忠節年譜三卷，清侯元瀞撰，侯忠節公全集附刊本。

明史277/15

侯保，贊皇人。由國子生歷知襄城、贛榆、博興三縣，有善政。累遷交阯右參政，以廉恕稱。永樂十八年黎利反，保率民兵築堡禦之，出戰不勝死，人皆惜之。

明史154/12下

侯祖德字繩武，無錫人。嘉靖初以太學生，丞新昌，擢江山令，以廉幹聞，陞太僕丞，以母老乞歸。

毘陵人品記9/11下

侯泰字順懷，南和人。洪武末由禮部員外郎超擢刑部侍郎，建文中進尚書，出督軍餉，京師陷被執，不屈死，籍其家。

國朝獻徵錄44/21鄭曉撰傳

皇明獻實6/12

皇明表忠紀4/10下

遜國正氣紀4/30

名山藏臣林外紀×/12下

吾學編52/19下

革朝遺忠錄上/6

明史142/3

侯秩（1486--1540），字季常，號平丘，長垣人。正德十二年進士，授曲沃令，擢御史，朝野憚其風釆，官至陝西參政，卒年五十五。

侯公墓誌銘（端溪先生集5/25）

侯庸字景中，山東平度人。生七歲，父坐事謫閩南，稍長，母告之，庸悲痛誓贖父罪。洪武十八年舉進士，擢吏科給事中，請納官代父，許之，庸至謫所迎歸，尋陞吏部侍郎。

披垣人鑑4/10下

侯祥字元吉，易州人。天順八年進士，除禮科給事中，成化中降陝西乾州判官。

披垣人鑑6/26

侯執蒲字以康，號碧塘，商丘人。萬曆廿六年進士，授御史，疏論相臣李廷機、朱賡、方從哲，樞臣孫鑛不稱職。天啓初擢太常卿，魏忠賢竊政，有指執蒲爲東林倔強老者，致仕歸。

太常公家傳（壯悔堂文集5/1）

侯偉時字異度，公安人。崇禎間進士，授知陽江縣，有惠政，歷工部、吏部主事。北都破，隱湖湘間，淸兵至，被執，不屈死。

明史279/10

侯堯封字欽之，號復吾，嘉定人。隆慶五年進士，擢監察御史，以忤張居正外轉，累官福建右參政，有廉直聲，卒年八十四。有鐵菴遺稿。

燈光樓記（戲鷗洞稿10/18）

侯公傳（棘門集5/1）

明史246/6

母朱氏（1493—1583）

朱氏墓誌銘（歸有園稿8/1）

侯鉞字義甫，東阿人。嘉靖二十年進士，授工部主事，歷山西副使，嘗與仇鑾語，縱橫指畫，旁若無人。超擢右僉都御史巡撫大同，屢有戰功，後被劾削籍，卒於家。

國朝獻徵錄63/89無名氏撰傳

侯綸，太原人。生有異質，邃於易學。舉正德六年進士，歷官湖廣副使，伸雪冤獄，督大工，費出有經，民不知擾，官至戶部左侍郎。

本朝分省人物考99/38

國朝列卿記117/25

父侯盛（1448—1505）字世隆，官副千戶。

侯公暨配宜人張氏合葬墓表（陽峯家藏集33/18）

侯潤字仲璣，浙江臨海人。宣德八年進士，除行在禮科給事中，陞通政司右參議，仕終河南左布政使。

掖垣人鑑6/22

侯震暘（1569—1627）字得一，號啓東，嘉定人，堯封孫。萬曆三十八年進士，授行人。天啓中擢吏科給事中，在諫垣八年，章奏數十上，時服其直。忤魏忠賢被謫，卒年五十九。

侯君墓誌銘（牧齋初學集52/12下）

啓禎野乘3/24

明史246/6

母陳氏

侯太夫人八十序（七錄齋集存稿2/16）

侯璡（1398—1450）字廷玉，澤州人。宣德二年進士，授行人，使交阯，及歸，餽遺無所受，遷兵部主事。正統初以平麓川功，拜禮部右侍郎，出鎭雲南。景泰元年，累戰功爲兵部尙書，旋卒，年五十三。

侯公神道碑銘（芳洲文集7/21）

侯公神道碑（王文端公文集29/6下，皇明名臣墓銘坎集35，國朝獻徵錄38/34，皇明名臣琬琰錄后4/8）

水東日記5/1下

名卿績紀3/9

名山藏臣林記11/9

明史列傳43/12

明史172/3

侯瓚字奉璋，雄縣人。景泰五年進士累官右僉都御史巡撫甘肅，哈密之變，瓚召赤斤蒙古，授以方略，克復八城，俘斬甚多，歷升南兵部尙書致仕。

南京工部尙書致仕侯公詩序（北潭傅文毅公集5/10下）

侯顯，永樂時司禮少監。帝聞烏思藏僧有道術，命顯齎書幣往迓，陸行數萬里，至四年始與其僧偕來，以勞擢太監。宣宗時遣賜諸番，途遇寇劫，督將士力戰，多所斬獲。顯有才辨，強力敢任，五使絕域，勞績與鄭和亞。

明史304/4下

段

段正（1441—1498）字以中，號介菴，山西澤州人，著籍錦衣衛。成化二年進士，授元城令，歷監察御史，巡按河南、江西，陞荊州知府，官至江西左參政，卒年五十八。有介菴集、宦遊紀、栢臺公按，諸程日記。

段公墓表（張元禎撰、國朝獻徵錄86/27）

段民字時舉，武進人。永樂二年進士，選庶吉士，除刑部主事，預修五經四書大全，進郎中。出爲山東左參政，宣德五年累陞南京戶部侍郎，轉刑部，廉介端謹。九年卒，諡襄介。

段公墓誌銘（楊士奇撰、皇明名臣琬琰錄24/1，國朝獻徵錄49/2）

吾學編32/1

毘陵人品記6/17

皇明書20/18下

名山藏臣林記11/9

明史列傳35/4

明史158/5下

段豸字世高，山西澤州人。弘治十五年進士，正德二年由推官選工科給事中，屢陞兵科都給諫，降棗強知縣，禦寇力竭死之。事聞，贈光祿寺少卿。

掖垣人鑑12/5下

國朝獻徵錄82/37澤州志傳

明史289/17下

段白紒字用光，號弱靑，雲南普安人。萬曆卅一年舉人，授漳州司馬，天啓中爲鎭寧知州，擊安邦彥有功，仕至參議。

段司馬紀績碑（鄴玉樓集48/9）

明史249/25

段伯美，晉寧人。舉於鄉。明末李定國入雲南，伯美助知州冷陽春城守，城陷，死於難。

明史295/18

段高選字讓予，雲南劍川人。萬曆四十七年進士，授四川巴縣知縣。天啓元年奢崇明反，其部將樊龍據重慶，高選聞變，立遣吏歸印於署，厲聲叱賊，罵不絕，遂遇害。

明史290/8下

段展，涇陽人。官自在知州。天啓元年淸兵破瀋陽，死事，贈按察僉事。

明史291/7下

段堅（1419--1484）字可久，號柏軒，更號容思，蘭州人。年十四爲諸生，即慨然有學聖人之志，私淑薛瑄，頗得其旨，中景泰五年進士，知福山縣，歷知萊州南陽二府，能以儒術飾吏治，教化大行，卒年六十六，門人私諡文毅。有容思集。

容思先生年譜序（涇野先生文集8/33下）

容思段先生傳（馮少墟集22/1）

國朝獻徵錄96/11何景明撰傳

皇明書29/3

明史281/22下

明儒學案7/9

段紱字惟勤，號南洲居士，金壇人。弘治三年進士，知新城、廬陵，有異政。歷浙西參議，平峒賊，陞副使，居官幾二十年，家無中人之產，卒年五十五。能詩，有南州集。

南洲段公傳（方麓居士集10/11）

祖母馮氏

悼貞詩序（瞿文懿公摘稿10/20）

段寔字伯城，武進人，民子。性端介，有父風，以蔭補太學生，授兵部主事，從征麓川歸，獨不言功，官終福建參政。

毘陵人品記6/18

段朝用，合肥人。以燒煉干郭勛，進之於帝，得寵信，授紫府宣忠高士。後其術不驗，其徒王子巖攻發其詐，論死。

明史307/25

段朝宗字于海，號華河，陝西朝邑人。嘉靖三十八年進士，由中書舍人選兵科給事中，擢知徽州府，隆慶二年免官。

掖垣人鑑14/48

妻楊氏

段母楊恭人壽序（大泌山房集38/33下）

段復興字仲方，陽穀人。崇禎七年進士，歷官右參議，分守慶陽。十六年李自成據西安，傳檄諭降，復興裂其檄，集衆守，踰月賊圍城數匝，復興拜辭其母，聚妻妾子女於樓，寘薪其上，而乘城督戰。城陷趨歸，火其樓，母亦赴火死。復興乃持鐵鞭走北門，擊殺數賊，遂自刎，士民立祠祀之。

明史294/19下

段實，建文時爲中官，守徐州有功。四年燕兵至，實敗績，不屈死。

遜國正氣記6/32

段增輝字含素，河南商丘人。以賢良辟召不就，崇禎十四年闖賊破商丘，被執不屈死。

啓禎野乘8/44下

明史293/3下

段錦（1512--1585）字美中，號二泉，晚號娛恬，恩縣人。嘉靖二十六年進士，授壺關令，擢御史，累遷陝西參議，致仕卒，年七十四。

段公墓誌銘（穀城山館文集20/31）

段公墓誌銘（衞陽集14/1）

段衞字子宜，武進人，民曾孫。爲人剛直，篤於孝友。館鄉塾，教法甚嚴，與人交不能容人過，然心豁達。

毘陵人品記9/16下

皇甫

皇甫仲和，睢州人。精天文推步之學，成祖北征，與袁忠徹並從師，所占多奇驗，授欽天監正。

皇明世說新語6/10下

守溪筆記×/11

名山藏101/1

國朝獻徵錄79/16王鏊撰事蹟

明史299/14下

皇甫汸字子循，號百泉，長洲人，涍弟。嘉靖八年進士，以吏部郎中左遷大名通判，政餘不廢吟詠，尤工書法。有百泉子緒論、解頤新語、皇甫司勳集。

贈皇甫子推黃州序（胡莊肅公文集2/71下）

送子循遊白嶽序（劉子威集14/19下）

司勳大夫皇甫子循壽序（同上13/11下）

皇甫百泉慶曆詩集序（弇州山人續稿42/14下）

皇甫百泉三州集序（弇州山人四部稿65/11）

考政編序（端溪先生集2/61）

皇甫司勳集序（太霞草6/9）

祭皇甫百泉（同上15/2下）

四友齋叢說13/22，26/12，26/14

明史287/12

皇甫沖（1490--1558）字子浚，長洲人，錄子。嘉靖七年舉人，善騎射，好談兵，有幾策兵統、枕戈雜言、三峽山水記、及子浚全集。卒年六十九。

華陽長公行狀（皇甫司勳集57/5下）

明史287/11下

皇甫涍（1497--1546）字子安，號少玄，長洲人，沖弟。嘉靖十一年進士，授禮部主事，好學工詩，負才名，與兄沖、弟汸、濂，時稱皇甫四傑，官至浙江按察僉事，年五十卒。其後里人張鳳翼、燕翼、獻翼並負才名。吳人語曰，前有四皇，後有三張。有皇甫少玄集。

送皇甫子安使中都皇陵序（南沙文集1/35）

按察僉憲進階皇甫先生壽序（劉子威集13/6）

司直兄少玄集序（皇甫司勳集40/3下）

元城書院力行堂記（端溪先生集3/20）

元城書院得人記（同上3/23）

仲弟子安行狀（皇甫沖撰、皇甫少玄集附錄）

皇甫君墓誌銘（甫田集33/1，國朝獻徵錄84/101）

明史287/11

皇甫斌，壽州人。初爲興州右屯衞指揮同知，以才調遼海衞。忠勇有智略，遇警輒身先士卒。宣德五年勒兵禦寇，力戰矢盡援絕，子弼以身衞父，俱戰死。

明史289/12下

皇甫濂（1508--1564）字子約，一字道隆，號理山，汸弟。嘉靖二十三年進士，任工部都水主事，尋謫外，歷興化府同知，奏計便道歸，遂不復出。游心墳典，多所選述。晚玩心神明，有吐納延化術，未幾卒，年五十七。有逸民傳、水部集。

都水皇甫使君子約誄（劉子威集27/22）

子約弟水部集序（皇甫司勳集40/6下）

水部君墓誌銘（皇甫司勳集 57/1，國朝獻徵錄51/119）

明史287/12

皇甫錄（1470--1540）字世庸，號近峯，長洲人。弘治九年進士，授都水主事，出知順慶府，被劾歸。以著述游覽爲事，年七十一卒。有明記略，近峯聞略，下陴紀談，蘋溪集，容台集，果山集。

雙壽序（雲岡公文集8/26）

家君政事記（皇甫少玄集25/1）

皇甫君墓誌銘（陽峯家藏集34/22）

【九劃】段、皇甫

皇甫公碑文（徐文敏公集5/51下）

昝

昝如心字子推，號峩東，三原人。性穎悟剛介，讀書能悟人所不到處，厭科擧之學，慨然有求道志，年二十九而卒。有敬齋集。子昝約，字孟博，號古村。卒年七十九。

昝公暨配合葬墓誌銘（溫恭毅公文集10/7下）

种

种雲龍，咸寧人。正德十一年擧人，授按縣學諭，歷知永寧，南宮二縣，廉靜有爲，民甚德之。

南宮縣令种君去思記（渼陂續集下/41）

帥

帥𣶏字同甫，號楚澤，湖廣江陵人。隆慶五年進士，由溧陽知縣選兵科給事中，累官至江西參政。

披垣人鑑16/10下

郤

郤永（1471--1548）字世延，號龍泉，鳳陽人。弘治十五年任行伍，遇賊奮勇，昔僉都指揮事，官至後軍都督府都督同知。卒年七十八，諡隱懷。

郤公墓志銘（孫世芳撰、國朝獻徵錄107/36）

紀

紀大綱字永立，號豫吾，直隸文安人。嘉靖四十四年進士，累官給事中。大綱爲高拱門生，拱與徐階構隙，授意劾階，大綱不可，遂絕意仕進，以著書自娛。

披垣人鑑15/14

紀太后，賀縣人。本蠻土官女，成化中征蠻，俘入掖庭，帝偶行內藏，見而幸之，遂有身。時萬貴妃專寵而妬，後宮有娠者皆治使墮，后既生孝宗，監門張敏藏之他室。久之敏爲帝言，帝大喜，即日往迎皇子，移后居永壽宮，未幾后暴薨。或曰貴妃致之，孝宗立，追諡孝穆皇太后。

明史113/18下

紀公巡字恒甫，號省吾，山東恩縣人。嘉靖二十九年進士，由行人選刑科給事中，累陞直隸永平知府，遷陝西副使致仕。後起山西副使，歷陝西按察使免官。

披垣人鑑14/25

紀汝清字廉卿，文安人。萬曆擧人，官至南京應天府推官，性至孝，弱冠喪父，沍寒，血凝冰，絕食七日，抱尸偃臥，廬墓三年。母沒，負土龜繭，廬墓如初。河水暴發，乘葦桴築堰，墓獨完。

紀孝子傳（無夢園遺集6/102）

紀溫字宗直，綏德衞人。成化元年擧陝西鄉貢，銓授吏部司務，歷兵部郎中，陞太僕少卿，致仕卒。

紀君墓志銘（李東陽撰、國朝獻徵錄72/40）

紀綱，臨邑人。諸生，燕王起兵，綱請自効，善騎射，便辟詭黠，善鈎人意嚮，先發以爲功。燕王即位，爲錦衣衞指揮使，日摘臣僚及民間陰事以聞，帝所怒內侍及武臣下綱論死，輒爲深情好語，誘取金帛且盡，忽刑於市。後以謀反伏誅。

紀錦衣傳（五品文稿1/1）

名山藏90/1

明史307/2

紀懋勛字楓山，膠州人。官鹿邑知縣。崇禎十五年闖賊陷城，死之。

明史293/12下

姬

姬文胤（明史作允）字上昌，華州人。萬曆三十一年擧人，天啓初授滕縣令，視事三日，白蓮賊薄城，民十九從賊，文胤徒步叫號，驅吏卒登陴，不滿三百，望賊輒走，城遂陷，文胤不屈死，諡忠烈。

啓禎野乘9/25

明史290/13

姚

姚一元（1509--1578）字惟貞，號畫溪，長興人。嘉靖廿三年進士，授行人，選御史，出按陝西，鋤強黜貪，轉江西左布政使，忤時相罷歸。尋起山東布政使，歷順天府尹致仕。閉門讀書，一循禮法，見妻子無惰容，人稱古君子，萬曆六年卒，年七十。有按陝行稿。

書溪姚公墓志銘（董學士泌園集36/1）

姚一貫字唯之，號江門，海鹽人，徙居錢塘。受學於王守仁，深悟良知。以書試禮部，有聲公侯貴戚間。性好遊，靈匡幽蹟，靡不探歷，慨時感古，每聲諸詩，晚喜畫山水人物，卒，郡邑以高士褒之。

姚山人傳（謝海門集15/9下）

姚三讓字崇謙，號益軒，或號伯謙，永年人。萬曆二年進士，授祁門令，擢御史，以疾卒。

姚公墓誌銘（來禽館集15/10下，國朝獻徵錄65/171）

姚文蔚字養谷，錢塘人。萬曆二十年進士，選庶吉士，官至南京太僕寺少卿。有周易旁注會通、省括篇。

刻省括編敍（四然齋藏稿2/8）

姚文衡字虞卿，鍾祥人。崇禎十四年，商水知縣王化行守城，被流賊殺害。文衡代爲令，莅任甫數月，賊復至，城陷，擕印赴井死。

明史293/8下

姚文灝（1455--1504）字秀夫，號鄱東野人，晚更號學齋，貴溪人。成化二十年進士，累官湖廣提學僉事，慨然以作人自任，嘗自謂所能者三，毀譽不入，請託不行，賄賂不通而已。弘治十七年卒，年五十。有學齋稿、經說、雜說、報德錄、中庸本義。

贈僉憲姚君提學湖廣序（整菴先生存稿3/12）

姚君墓誌銘（容春堂別集20/12下、國朝獻徵錄88/108）

皇明世說新語3/10下

姚友直，名益，以字行，蕭山人。洪武二十七年進士，授中書舍人，歷雲南參政，掌滕府長史事，官終太常寺卿，正統三年卒。

國朝獻徵錄70/9實錄本傳

姚允恭，崇禎中官霍山訓導。八年流賊陷鳳陽，與教諭龔元祥禦城守，賊掩至，縣令逸去，元祥被殺。閱五日，允恭歛其屍，即自縊，適令至解免，越日賊復入，允恭卒死之。

明史292/9下

姚氏，孝感貢生胡敬妻。流賊陷孝感，姚乘舟避難南湖，欷歔不已。鄰舟婦解之曰，賊入黃，未殺人，何畏也。姚曰，我非畏殺，畏其不殺耳。聞賊將入湖，歎曰，賊至而死辱矣，遂擕二女僮投水死。

明史303/17

姚汀字維寧，慈谿人，鏌從子。弘治十二年進士，累官袁州知府，飭吏以嚴，撫民以柔，以是忤權璫，左遷閩南佐理鹺務。復起瓊州知府，卒於官。著有橋漫稿、謫所吟稿。

祭瓊州太守姪文（東泉文集7/65）

姚世儒，明末官甘肅撫標都司。崇禎十六年李自成來寇，世儒與巡撫林日瑞同死難。

明史263/6下

姚汝明，夏縣人。天啓初舉於鄉，性孝友。崇禎間授知蠡縣，有惠政。後官河間府同知，崇禎十五年清兵臨城，與知府顏孕紹堅守。城破，與妾任氏同死。

明史291/18

姚汝循（1535--1597）字敍卿，號鳳麓，江寧人。嘉靖三十五年進士，官至大名知府，謫嘉州知州。罷官後，歷遊燕趙蜀間，晚年退耕秦淮，卒年六十三。有屏居、浪遊、耕餘諸集。

郡守姚公去思碑（澹園集選14/28下）

姚敍卿先生墓志銘（快雪堂集12/1）

知府鳳麓姚公墓表（焦氏澹園集27/7下）

姚甸（1443--1499）字用宣，號可竹，晚號觀頤，嘉善人，綬子。工詩詞，成化中以善書薦，授冠帶舍人，直仁壽殿寫書，擢鴻臚寺序班，謝疾歸，弘治十二年卒，年五十六。有觀頤摘稿傳世。

觀頤墓誌銘（錢福撰、觀頤摘稿附錄）

姚旭字景暘，桐城人。景泰二年進士，授刑科給事中，論事忤權貴，謫鄭州判。天順末守平陽，平易近民，政無煩擾，陞河南參政卒。有菊潭集。

披垣人鑑8/23

父姚顒（1372—1434）字宗顒。

姚公暨配范氏墓誌銘（呂文懿公全集10/64下）

姚旭（1475—1539）字景暘，號蘆溪叟，湖州人。以貢爲國學生，授高郵州判官，嘉靖十八年卒，年六十五。

姚君墓誌銘（唐順之撰、國朝獻徵錄83/71）

母陸氏

姚大母墓誌銘（茅鹿門先生文集22/1）

姚良弼，陝州人。嘗官教諭，家居。崇禎八年流賊陷陝州，與知州史記言同死節。

明史292/10下

姚宏謨（1531—1589）字繼文，號禹門，浙江秀水人。嘉靖三十二年進士，選庶吉士，授編修，以文字忤當道，左遷六安州判。歷江西參政，國子祭酒，官至吏部侍郎，卒年五十九。有賓綸閣集。

姚公墓誌銘（賜閒堂集25/1）

姚成字孝威，餘姚人。由禮部儒士爲北城兵馬司副指揮，城陷，自縊死。

明史266/19下

姚希孟字孟長，號現聞，吳縣人。萬曆四十七年進士，授翰林檢討。天啓中以被劾爲繆昌期黨，削籍。崇禎中赴召，以庶子充講官，預定逆案，溫體仁忌之，出爲南京少詹事，卒年五十八，謚文毅。有循滄、公槐、響玉、棘門、秋旻、松癭、伽陵諸集。

天啓崇禎兩朝遺詩傳5/205

啓禎野乘1/42

明史列傳75/25下

明史216/24下

母文氏

姚孀節家傳（大泌山房集75/3）

姚伯善，直隸常熟人。洪武三十二年舉人，任工科給事中。陞工科都給事中。

披垣人鑑9/2下

姚伯華，桐廬人。元末兵起，父母於仲春時，並死於盜，伯華每歲二月，不近葷酒，不接賓客，擁爐泣淚，哀動路人。

名山藏97/5

姚奇胤（明史避諱作允）字有僕，錢塘人。崇禎十三年進士，授南海知縣，有政聲，入爲兵部主事，改御史，巡按廣東，未之任，聞贛州圍急，與郝維經分道募兵，入城固守，城破死之。有草玄堂詩集。

明史278/10下

姚昌祚，臨晉人。崇禎十四年張獻忠破泌陽，知縣王士昌不屈死，昌祚代之。甫數月，賊復陷城，昌祚手斬數賊，力屈死。

明史293/6

姚明恭字玄卿，號崑斗，蘄水人。萬曆二十三年進士，選庶吉士，授檢討，陞諭德庶子，掌翰林院，擢吏部侍郎。明恭出趙興邦門，公論素不予。崇禎中累官戶部尚書，文淵閣大學士，庸劣充位而已。

五十輔臣考4/4

明史253/18

姚玭，松江人。至正中奉母避亂，屢瀕於危。及母疾，思食魚，暮夜無所得，家養一鳥，忽飛去攫魚以歸。行省聞其賢，辟之，不就。

皇明書41/3下

明史296/13下

姚秉字景昭，順天遵化人。大順元年進士，除工科給事中，掌科事，累陞工科都給諫，仕終江西左參政。

披垣人鑑9/5

姚若時，鞏縣人，官鳳陽通判致仕。崇禎十三年登封土寇李際遇因歲饑倡亂，旬日間衆數萬，若時被執，不屈罵賊死。子生員城思報父讎，數請兵討賊，賊執之於路，亦抗罵死。

明史293/11

姚淶字維東，號明山，浙江慈谿人，鏌子。嘉靖二年狀元，授翰林修撰，爭大禮廷杖。召修明倫大典，懇辭不與，累官侍讀學士，嘉靖十六年卒。

學士明山姚先生詩文集序（趙浚谷文集7/29）

學士姚公墓志銘（趙浚谷文集 7/25下，國朝獻徵錄20/65）

狀元圖考3/3下

明史200/2下

姚惟芹（1479--1526）字惟誠，號東齊，嘉善人，旬子。正德三年貢春官，卒業太學，吏部待選，嘉靖五年病卒，年四十八。工書畫，嘗手書祖綬墨跡勒石，有東齊稿略傳世。

姚君志銘（吳昂撰、東齊稿略附錄/3）

姚善（1360--1402）字克一，初姓李，安陸人。洪武間舉人，歷官蘇州知府，爲政持大體，不爲苛細，吳中大治。燕兵南下，善密結常鎮嘉松四郡守，練民兵爲備，建文詔兼督蘇松常鎮嘉興五府兵勤王，未及戰，燕王入京，被執死之，年四十三。

表忠祠記（徐氏海隅集文編9/25）

皇明獻實8/3下

吾學編56/23下

國琛集上/13

革朝遺忠錄上/23

聖朝名世考4/20

建文皇帝遺蹟×/19下

皇明表忠紀4/1下

國朝獻徵錄83/8忠節錄傳

遜國正氣紀5/1

遜國神會錄上/68下

皇明書28/9下

明史列傳20/9

明史142/10下

姚隆字原學，金陵人。弘治十五年進士，授新昌令，遷禮部主事，轉郎中，出守荆州，恩威並行，政績大著，民爲立祠肖像以祀之，立碑曰去思，致仕卒。

送太守姚君原學之任荆州序（東川劉文簡公集4/20下）

國朝獻徵錄89/15府志姚公傳

姚逵（1447--1511）字文達，絳州人。成化十三年舉人，授宜川訓導，教人以正心誠意之學，每以身先之。歷考城教諭，終彰德府學教授，卒年六十五。

姚公墓志（陶琰撰、國朝獻徵錄93/68）

姚舜牧（1543--　　）字虞佐，號承庵，烏程人。領萬曆元年鄉薦，令新興，再令廣昌，愛民如子。劉一焜、楊鶴造廬執弟子禮，爲建羽翼六經坊於會城。年八十餘卒。有四書五經疑問、章陶吟草、來恩堂草、承菴文集。

四書五經疑問序（邵子湘學集4/67）

自叙歷年（來恩堂草16/14）

父姚讓字惟遜

先考妣行實（來恩堂草16/6）

妻李氏

先孺人李氏行狀（來恩堂草16/11下）

姚運熙，官南陽知縣。崇禎十四年闖賊攻南陽，與知府顏日愉同殉節。

明史293/5下

姚鳴鸞（1487--1526）字景雍，莆田人。正德十六年進士，授淳安知縣，卒於官，年僅四十。有亦雲集。

姚君墓誌銘（方齋存稿8/6）

姚綬（1422--1495）字公綬，號穀菴，自號仙癡，晚號雲東逸史，嘉善人。舉天順八年進士，授監察御史。成化初爲永寧郡守，解官歸，築室曰丹丘，嘯詠其中，人稱丹丘先生，年七十四卒。工詩畫，有穀菴集三十卷，未見流傳，今僅存集選十卷。

姚先生集選序（居漸山文集3/1）

丹丘先生墓誌銘（楊循吉撰、穀菴集選附錄上/1）

雲東逸史年譜一卷（清沈銘彝撰、雲窗叢刻本）

圖繪寶鑑6/6

姚銑字孟聲，福建侯官人。永樂二十二年進士，除兵科給事中，正統初，用大臣薦陞兵科都給事中，己巳北狩，銑扈駕死。

水東日記1/4下

掖垣人鑑7/4下

父姚忠（1370—1430，字用恕

姚用恕墓誌銘（楊文敏公集21/17下）

姚廣孝（1335--1418）幼名天禧，長洲人。本醫家子，年十四度爲僧，名道衍，字斯道。讀書工詩畫，事道士席應眞，得其陰陽術數之學，洪武中選高僧，以病免。又詔通儒書僧試禮部，不受官還。燕王與語甚合，請於帝，從至北平，住持慶壽寺，勸王反。燕王立，錄功第一，拜太子少師，復其姓，賜名廣孝，命蓄髮不肯，賜以宮人不受，嘗監修太祖實錄，又纂修永樂大典，書成，帝褒美之，年八十四卒，贈榮國公，諡恭靖，有逃虛子集。

恭靖姚公傳（王鏊撰、皇明名臣墓銘乾集 26，國朝獻徵錄6/53下）

姚公神道碑（明成祖御製、國朝獻徵錄6/52）

建文皇帝遺蹟×/23

名山藏臣林記5/9

吾學編31/1

皇明功臣封爵考8/64下

名卿績記3/3

靖難功臣錄×/1

國琛集上/17

守溪筆記×/3下

皇明世說新語3/18下，3/30，6/27下，7/9下

明史列傳21/1

明史145/1

姊姚氏

皇明世說新語6/1下

姚璽，江西南昌人。洪武二十三年舉人，任刑科給事中。

掖垣人鑑8/12

姚德重字敬甫，號懷軒，山東濰縣人。萬曆二年進士，由山西楡次知縣，選戶科給事中，晉工科左給諫，協理吏科。

掖垣人鑑16/16下

父姚□

壽姚給事封君序（陽園集4/20）

姚學閔字汝孝，號順山，武陵人。隆慶五年進士，由知縣歷官禮刑戶三科給事中。有諫垣疏稿。

姚令君生祠碑記（太函副墨16/37）

掖垣人鑑16/11下

姚學禮字以立，巴縣人，家於京師。舉弘治六年進士，授南京御史，正德初偕同官諫馳騁騎射，不納。既而與葛浩等乞留劉健、謝遷，而罪劉瑾、馬永成等，下詔獄廷杖削籍。後起雲南僉事，仕終參議。

明史188/10下

姚翼字翔卿，號孺參，歸安人。官廣濟知縣，告歸。藏書萬卷，晚年自號海屋子，有玩畫齋藏書目錄。

贈姚海屋序（茅鹿門先生集13/26下）

贈內弟姚海屋訓新淦序（茅鹿門先生集13/34）

祭姚海屋文（茅鹿門先生集27/10下）

國朝獻徵錄89/87茅坤撰傳

姚鏞字公鼎，號玉岡，揚州興化人。襲世職爲潼關衞指揮使，貌偉氣淸，讀書好古，卒官。

姚公墓志銘（韓邦奇撰、國朝獻徵錄111/15）

姚綸（1400--1446）字廷章，自號松雲，嘉善人。工草書，善山水，尤善五七言詩，築室數楹，列鼎彝金石書法名畫，優遊自樂，人以可閒先生稱之。有可閒先生逸稿傳世。

松雲處士志銘（錢博撰、可閒先生逸稿附錄×1）

松雲居士傳（支立撰、同上×/3）

姚鏌（1465--1538）字英之，號東泉，慈谿人。弘治六年進士，累擢右副都御史，巡撫延綏，軍政大飭。嘉靖中以右都御史，提督兩廣軍務，討岑猛，大破之，進左都御史，中飛語落職。起兵部尙書，總制三邊軍務，辭不赴，以規避落職，卒於家，年七十四。有姚東泉文集。

送僉憲姚公提學廣西序（湘皐集18/10下）

贈廉訪姚東泉序（見素集6/8）

贈姚督學報政序（見素集7/1）

少司空東泉姚公六十壽序（涇野先生文集3/47下）

壽東泉先生姚公七十詩序（方齋存稿3/14）

東泉文集序（小山類藁11/16）

題東泉姚公文集後（趙浚谷文集7/30）

姚公神道碑銘（太史升菴文集7/1）

姚公墓誌銘（翟鑾撰、國朝獻徵錄57/3）

明史200/1

祖母范氏

贈淑人范氏墓碣銘（整菴先生存稿12/2□）

父姚暨（1432—1493）字彥常，號樂軒。

先君樂軒居士行狀（東泉文集7/11下）

姚公神道碑（見素集續10/1）

妻張氏

改葬張汪二夫人祭文（東泉文集7/63）

繼室汪氏

祭繼室汪夫人文（東泉文集7/58）

姚夔（1414--1473）字大章，桐廬人，伯華孫。正統初鄉試及七年會試皆第一，授吏科給事中，陳時政八事，帝立命行之。景泰初擢南京刑部右侍郎，天順七年累進禮部尙書，知貢擧。試院火，貢士死相籍，夔請諭祭於郊。成化中慈懿太后崩，中旨議別葬，夔率群臣伏哭文華門外，聲徹大內，帝爲感動，竟得如禮。後改吏部，加太子太保，卒謚文敏。夔才遠氣宏，表裡洞達，朝議未定者，夔一言立決。有文敏公遺稿。

冢宰姚公哀辭（彭文思公文集7/37）

祭姚冢宰文（東海張先生文集3/30）

姚冢宰誄並序（楊文懿公金坡稿6/1，皇明名臣琬琰錄后12/6下）

姚公墓誌銘（商輅撰、姚文敏公遺稿附錄/95，國朝獻徵錄24/45）

姚文敏公神道碑（彭時撰、姚文敏公遺稿附錄/100下）

水東日記40/9

吾學編42/4下

國琛集下/15

掖垣人鑑4/20下

皇明世說新語3/34下，4/12下

皇明書22/1

明史列傳46/14下

明史177/16下

兄姚克恭，號留耕。

留耕姚先生六袠介壽序（呂文懿公全集9/15）

姚繼可（1534--1608）字光父，號又軒，襄城人。嘉靖四十四年進士，授南陵令，累官至工部尙書，萬曆三十六年卒，年七十五。

送右司空又軒姚公還朝序（溫恭毅公文集7/20）

又軒姚公考績榮膺恩典序（農丈人文集4/6）

姚公神道碑（大泌山房集109/15下）

姚公墓志（沈鯉撰、國朝獻徵錄50/85）

姚繼巖字元宵，南通人。弘治十八年進士，授工部主事，歷吏部郎中，一時有冰鑑之目。武宗南巡，繼巖與同官奏留，被廷杖。世宗初陞太常少卿，淸譽益著。有海山詩集。

海山詩集序（涇野先生文集9/3）

明史189/17下

母趙容（1448—1498）字德充

姚母趙孺人墓誌銘（張文定公𪟝悔軒集7/20下）

姚顯字微之，咸陽人。正統九年以鄉擧入太學，初王振修大興隆寺，奉僧楊某爲上師，儀從侔王者，景泰五年顯上書切諫。後爲齊東知縣，移武城，公廉剛正，用薦擢太僕丞。

西郭先生傳（馮少墟集17/2下）

祭西郭先生文（同上17/13）

明史164/22下

姚顯字仲昭，德清人。成化十三年擧人，歷官平江知府。

送姚仲昭之任湖廣平江大尹序（西軒效唐集錄9/2）

姚讓，上元人。家富，樂施予，成化初出私財作新國子監。自奉節儉，治家悉有常經。

國朝獻徵錄113/25陳鎬撰傳

十　劃

涂

涂一榛字廷薦，漳州人。萬曆進士，由金壇令擢南吏部郎，司考察事，遇貪墨吏輒一筆勾龍。同官議其刻，一榛日，一家哭何如一路哭，正謂此也。官至通政使，以淸正著。

送涂光祿赴闕序（群玉樓集31/5）

尙友齋論古序（同上42/7）

涂文輔，初爲客氏子侯國興授讀，天啓初選入宮，諂附魏忠賢，由司禮秉筆歷掌御馬監，奪故寧安長公主第爲廨署，部郎以下皆庭參，儼出群閹上。莊烈帝立，復附徐應元，後謫南京死。

明史305/29

涂旦字卿元，江西豐城人。成化二十三年進士，除兵科給事中，仕終湖廣左布政使。

披垣人鑑11/2下

涂仲吉字德公，漳州人，一榛子。萬曆間入太學，伉直有奇氣。崇禎中聞黃道周繫獄，上疏論救，帝怒，予杖，下獄鞫之，指盡折不稍挫，乃與道周俱論戍。尋赦歸，授御史，嘔血卒。

明史255/19下

涂宗濬字鏡原，南昌人。萬曆十一年進士，官至兵部尚書，卒謚恭襄。有續韋齋易義虛裁，榆塞稿。

賀涂鏡源侍御九載考績序（靈巖閣集5/15）
涂大司馬集叙（落落齋遺集10/37）
勿欺草序（大泌山房集16/13）
關中書院記（馮少墟集15/1）
涂宗濬軼事（忠雅堂文集10/1）

涂杰，新建人。隆慶五年進士，歷龍遊知縣，擢御史，遷光祿少卿，與王學曾合疏爭三王並封，忤旨削籍，卒於家。

明史233/14

母陳氏（1514—1584）

涂母陳氏墓誌銘（鄧定宇先生文集4/13）

涂棐字伯輔，豐城人。天順四年進士，授御史，風采凛然。成化中嘗言祖宗朝政事，必與大臣面議。近奏事論旨，輒曰所司知之，此一時權宜，乞復面議，以杜蔽壅，憲宗不能用。巡按福建，爲中官所誣，下獄，尋得解，仕終廣東副使。

明史列傳48/4
明史179/4

涂禎字賓賢，新淦人。弘治十二年進士，知江陰縣，徵授御史，正德初巡長蘆鹽，劉瑾縱私人爲姦利，禎一以法裁之。還朝遇瑾，止長揖，瑾怒，矯旨逮獄，杖三十，論戍肅州，創重竟死獄中，年四十餘。瑾誅，復官賜祭。

涂君墓碑（空同子集43/5下，國朝獻徵錄65/43）
涂禎傳（西河合集81/9）
明史列傳58/17
明史188/14

涂夢桂字時芳，號南麓，江西豐城人。嘉靖四十四年進士，由太常博士，選吏科給事中，遷戶科，謫濬縣丞，陞江都知縣，萬曆三年罷歸。

披垣人鑑15/16下

涂謙（1419—1457）字恒讓，豐城人。正統十年進士，歷官監察御史、山東副使，終貴州按察使，卒官，年三十九。

涂公神道碑（劉定之撰、國朝獻徵錄103/39）

涂觀，（1427—1506）字恆孚，號芝軒，豐城人。天順四年進士，授吏部主事，出知衢州，改寧國知府，乞歸，卒於家，年八十。

涂先生墓志銘（楊廉撰、國朝獻徵錄83/28）

浦

浦劭，無錫人。萬曆中群苗流劫，賊縛劭父將殺之，劭以首迎刃而死，父得免。

毘陵人品記9/18下
明史297/21

浦杲字東白，嘉定人。少孤貧好學，長益刻勵；每聞有異書，必購求手抄，學遂該博。縣大夫有所諮訪，往往就禮於其廬。年九十而終。有雞窗筆錄，練川志及詩文。

吳中人物志9/26

浦源字長源，號海生，無錫人。工詩善畫。明初遊閩中，與林鴻輩號十才子。官晉府引禮舍人。

祭浦長源文（天遊文集6/9）
毘陵人品記6/4
明史286/2

浦鋐（1482—1542）字汝器，號竹塘，文登人。正德十二年進士，初任洪洞知縣，有異政，遷監察御史。嘉靖間按陝西，前後四十餘疏，所言皆軍國重計。後論救御史楊爵忤旨，逮繫詔獄杖死，年六十一，士類冤之。

浦公墓志銘（藍侍御集5/20下，國朝獻徵錄65/97）

浦御史傳（艄山楊先生遺稿1/37）

聖朝名世考5/44

明史209/12下

浦澤字時濟，上海人。終身不娶，從騷人宿儒遊，凡晉唐名帖，無不摹臨，故字學名一時，人呼爲小癡，又名晏眠人。

國朝獻徵錄115/41宋察卿撰傳

海

海瑞（1514--1587）字汝賢，一字應麟，號剛峰，瓊山人。嘉靖二十八年舉人，官戶部主事，諫世宗齋醮下獄。穆宗立，起爲僉都御史，巡撫應天，有政積，未幾謝病歸。張居正當國，嚴憚之，中外交薦，卒不召。居正卒，召爲南京右都御史，年七十四卒，謚忠介。爲學以剛爲主，故以剛峰自號。有備忘集，元祐黨人碑考。

同鄉奠海老先生文（楊復所家藏文集5/50）

乞爲海忠介公題請建祠呈文采略（無夢園集小品2/32）

海公行狀（梁雲龍撰、備忘集10/1）

海忠介公傳（黃秉石撰、海忠介公文集卷首）

海忠介公傳（耿天台先生文集16/1）

海忠介公傳（月鹿堂文集4/39）

國朝獻徵錄64/28京學志傳，又64/31下王弘誨撰海忠介公傳

皇明書27/11下

皇明世說新語2/31

名山藏臣林記22/16下

四友齋叢說13/6下，13/7

明史列傳79/1

明史226/1

海忠介公年譜（清王國憲撰，光緒三十一年瓊山研經書院刊）

衷

衷貞吉字孔安，號洪溪，南昌人。嘉靖卅八年進士，歷知松江府，以廉直聞。累遷河南巡撫，賑饑有功，召爲左都御史，卒謚簡肅。

重修松江府儒學記（環溪集2/21）

郡伯洪溪衷先生窓稿序（同上5/11）

賀文宗洪溪衷公擢楚藩參政敘（澂執堂文集3/12下）

送大中丞洪溪衷公拜少司空北上敘（同上2/5下）

祭衷洪溪文（鄧定宇先生文集4/76）

高

高士文，咸陽人。質直剛果，善騎射。洪武中以小校從戰雲南金山有功，爲燕山護衛百戶。從成祖起兵，累官都督僉事。永樂四年，從張輔征交阯，平其餘冦，進追賊，中砲死，贈建平伯。

皇明功臣封爵考6/94

吾學編19/16

明史列傳23/7

明史154/6下

高文達字思德，號願齋，閩縣人。弘治六年進士，授戶部主事，再陞郎中，操守純謹，才識通明，正德八年，以浙江按察副使致仕。

高憲副願齋傳（朴齋先生集10/5）

高斗垣，繁峙人。崇禎中由貢生授西平知縣。爲人孤鯁，以清愼得名。十五年闖賊陷城，被執，不屈死。

明史293/13

高斗南字拱極，陝西徽州人。體貌魁偉，音若洪鐘，才識明敏。洪武初以薦授四川定遠知縣，九載績最，擢雲南新興知州，以老乞歸。

國朝獻徵錄102/101無名氏撰傳

明史281/5下

高斗樞（1594--1670）字象先，號玄若，鄞人。崇禎元年進士，累官按察使，守鄖陽，禦賊有功，遷陝西巡撫，未至任而京師陷，遂歸。好讀書，軍中日手一卷。精詩，垂老益工，年七十七卒。有竊甕集、守鄖紀略。

【十劃】浦、海、衷、高

高公墓誌銘（南雷文案7/4）

明史260/28

高友璣（1461--1546）字肅政，號南屏，樂清人。弘治三年進士，由刑部郎中出守九江，治爲十三郡最。以才幹被簡廣西參政，時岑猛作亂，友璣入境，猛束手聽令。官至南京刑部尙書。謝病歸，年八十六卒，諡襄簡。有南屏遺稿。

刑部尙書致仕高公八十壽序（張文定公紓玉樓集8/11）

高公墓誌銘（鈐山堂集39/8下，皇明名臣墓銘離集50，國朝獻徵錄45/18）

南屏道人年譜、高誼撰、甌風雜誌第十七至二十期

高日臨字儼若，鄱陽人。恩貢生，授大寧知縣。崇禎中賊犯大寧，日臨見勢弱不能守。齧指書牒乞援，率衆禦之，兵敗被執，大罵不屈，賊碎其體焚之。

明史292/5下

高公韶（1480--　　）字大和，號三峯，內江人。弘治十八年進士，授撫州推官，正德中爲御史，按河東，劾總兵官郭勛罪，又劾尙書王瓊險愎誤邊計，爲瓊所構，謫富民典史。世宗立，召復官，終戶部右侍郎。

壽高大夫七十序（趙文肅公文集16/22下）

愛日堂記（甘泉先生續編大全5/27下）

祭高司徒文（趙文肅公文集20/12下）

高弘圖字研文，一字子猶，號硜齋，膠州人。萬曆卅八年進士，官御史，天啓初巡按陝西，以忤魏忠賢罷職。崇禎中歷遷工部右侍郎，以爭中官張彝憲坐制，復削籍歸。福王時以戶部尙書，文淵閣大學士與姜曰廣協心輔政，爲馬士英，阮大鋮所嫉，遂謝政，流寓會稽。南都、杭州相繼失守，逃野寺中，絕粒而卒。有太古堂集。

東山草堂志（文直行書2/48）

明史274/13

高世彥，字仲修，號白坪，內江人。嘉靖十一年進士，歷官兵備副使。有自得齋稿。

送兵憲白坪高公序（龍津原集3/3下）

白坪先生詩序（茅鹿門先生文集14/26）

白坪高先生詩集序（弇州山人續稿43/16）

高宇泰，初字元發，改字虞尊，別字隱學，晚年自署宮山，又署蘗菴，鄞縣人，斗樞子。明末京師陷，起兵於鄞，魯王授兵部郎，旋爲清吏所捕。及事解，隱居以終。有雪交亭集、肘柳集、敬止錄。

明故兵部員外郎蘗菴高公墓石表（鮚埼亭集14/7）

高安字容靜，江西永豐人。正統七年進士，授官大理，持身廉愼，才識練達，屢擢浙江按察僉事。

贈高僉憲書最還浙江序（呂文懿公全集7/40下）

高在嵩，成都人。官英山知縣，崇禎十四年賊襲城，冒矢石禦之，城陷被執，罵賊死。

明史293/18下

高出字孩之，山東萊陽人。萬曆二十六年進士，累官副使備兵蘇松。有高孩之集、似羅隱集、郢酒集、及鏡山庵稿。

贈蘇松兵使高君加銜留任序（牧齋初學集34/19）

父高東陽（1531—1604）字宗乾

高公合葬墓志銘（睡菴文稿15/5）

高光，瀘州人。嘗爲應天通判。天啓元年奢崇明反，城陷，薙髮爲僧，與子在崑募壯士殺賊百餘，被執不屈，與家衆十二人同死。

明史290/10

高名衡字仲平，號鷺磯，沂州人。崇禎四年進士，歷如皐興化知縣，徵授御史，巡按河南。李自成圍開封，百計守備，賊決黃河以灌城，遇救得出。加兵部侍郎，辭疾歸。抵家甫兩月，清兵至，與妻同殉難。有更生吟。

啓禎野乘8/44

明史267/6下

高孝誌，江都人。官信陽知州，崇禎十四年張獻忠陷城，力竭被執，大罵不屈死。

明史293/3下

高邦佐字以道，襄陵人。萬曆二十三年進士，天啓初遼陽破，以考政分守廣寧。熊廷弼、王化貞構隙，邦佐知遼事必潰敗，及化貞棄廣寧逃，邦佐解印綬自經官舍，諡忠節。詔與張銓、何廷魁同祠，額曰三忠。

山西三忠祠記（遯菴文集×/74）

啓禎野乘8/22

天啓崇禎兩朝遺詩傳2/41

明史291/6

高承祚字元錫，號鶴城，華亭人。萬曆二十三年進士，選庶吉士，授翰林檢討，三十年卒官。有知白堂集。

高公泊配湯孺人墓誌銘（快雪堂集11/13下）

高其勳字懋功，初襲馬龍所千戶，後舉武鄉試，爲黔國公沐天波標下中軍。吾必奎反，擢參將，守禦武定。及沙定洲再反，分兵來攻，其勳固守月餘，城陷，衣冠望北拜，服毒死。

明史295/13下

高明字則誠，永嘉人。舉元至正五年進士，授處州錄事，辟行省椽，後旅居鄞之櫟社。太祖聞其名，召之，以老疾辭還，卒於家。所著琵琶記，爲南曲之冠。

明史285/19

高明（1422--1485）字上達，號愚軒，更號五宜，江西貴溪人。景泰二年進士，授御史，以敢言稱。天順改元，率諸御史劾兵部尚書陳汝言怙勢亂法，汝言下獄死，明直聲益振。成化時累遷南京右僉都御史，上杭盜發，奉命勦捕，盜盡絕，奏析上杭地，置永定縣，一方以靖，年六十四卒。有終養錄、征閩錄、安定錄。

五宜高公傳（懷麓堂文稿16/10，皇明名臣墓銘巽集72）

高公神道碑（椒丘文集29/14，國朝獻徵錄59/114）

皇明獻實32/5

吾學編48/2

皇明書22/11下

國琛集下/4

聖朝名世考3/51

皇明世說新語5/23下

明史列傳36/20

明史159/19

高叔嗣（1502--1538）字子業，號蘇門，祥符人。嘉靖二年進士，歷吏部主事，累官湖廣按察使卒。叔嗣少受知李夢陽，與三原馬理、武成王道以文藝相磨切，爲詩清新婉約。有蘇門集。兄仲嗣，官知府，亦有才名。

送寅長蘇門高先生擢山西少方伯之任序（谿田文集2/49下）

高蘇門先生集序（妙遠堂文往集13下）

祭高蘇門文（海石先生文集25/14下）

弟叔嗣行狀（高仲嗣撰、國朝獻徵錄88/74）

高君行蹟（霍韜撰、國朝獻徵錄88/76）

皇明世說新語5/29

四友齋叢說23/14下

名山藏85/38

皇明書38/56

明史287/7下

高尙忠字藎卿，號訥軒，河南祥符人。萬曆五年進士，由庶吉士授刑科給事中，陞陝西參議。

掖垣人鑑16/15

高岱字伯宗，號鹿坡居士，京山人。嘉靖二十九年進士，官刑部郎中，時董傳策、張翀、吳時來等疏劾嚴嵩，嵩欲致之死，岱力言於尙書鄭曉，得遣戍。又爲治裝，送之出郊，嵩大怒。會景王之國，出爲長史。岱善屬文，采國家大事，爲鴻猷錄，又著樵論、楚漢餘談、西曹集、居鄖稿。

何高二論序（二酉園文集3/3）

鴻猷錄序（二酉園續集1/18）

徐氏海隅集外編40/31

皇明世說新語2/27下

高岱字魯瞻，會稽人。崇禎中以武學生舉順天鄉試。魯王監國，授職方主事，紹興失守，即絕粒祈死。子朗，諸生，知父意不可回，泣拜父前，白兒請先死。乃攜巾服，泛小舟，紿舟子出海禱神，北面再拜，躍入海中。舟子急入水救之，捽其巾，朗躍出水面正巾而沒。岱聞之曰，兒果能先我乎。自是不復言，數日亦卒。

明史276/5下

高金字汝良，號孟門，山西石州人。嘉靖五年進士，爲兵科給事中，世宗好神仙，金上疏請削邵元節眞人號，詔獄拷掠，終以其言直釋之。尋偕御史唐愈賢稽核御用監財物，劾奉御李興等侵蝕狀，置諸獄。後歷四川成都知府、山東按察司副使，仕至蘇州兵備副使卒。

掖垣人鑑13/15

明史列傳73/20

明史209/2下

高恂字士信，陝西徽州人，斗南子。博學能詩文，永樂中官吏科給事中。斗南知新興州，以衰老乞歸，薦恂自代，成祖許之。從征交阯，有協贊功，師還，卒於官。

明史281/6

高飛聲字克正，長樂人。崇禎中由鄉舉授玉山知縣，遷同知，乞養去。唐王時，黃道周出督師，邀飛聲與偕，令攝撫州事。清兵至，遣家人懷印走謁王，而身守城，死之。

明史278/15下

高拱(1512—1578)字肅卿，新鄭人。嘉靖二十年進士，選庶吉士，踰年授編修，累官文淵閣大學士，始徐階甚親拱，引入直。拱驟貴，負氣，頗忤階，屢與之抗。以私怨逐胡應嘉，於是言路劾拱無虛日，拱不自安，乞歸。隆慶中復召爲大學士，益專横，專與階修郤。然練習政體，負經濟才，所建白皆可行，累進柱國中極殿大學士。神宗即位，爲張居正、馮保所排，詔數拱罪而逐之，居家數年卒，年六十七。諡文襄，有高文襄公集。

高中玄相公六十壽序（賜餘堂集8/1）

壽少師高公六十序（馬文莊公集選2/11下）

壽高端公六十序（條麓堂集21/1）

壽少師高公六十序（賜閑堂集15/1）

翰林爲師相高公六十壽序（張太岳文集7/11下）

門生爲師相中玄高公六十壽序（同上7/13下）

壽少師中玄高公六袠敍（潄鞠堂文集1/6）

少師高公壽序（大泌山房集27/12下）

記恩錄序（愼修堂集8/3）

高文襄公集序（玅遠堂文往集10下）

書新鄭江陵遺事（玅遠堂文稿集19下）

高文襄公墓誌銘（郭正域撰、國朝獻徵錄17/26）

高公傳（王世貞撰、同上17/1）

祭大學士高公文（衞陽集12/2）

館閣會祭少師高文襄公文（潄鞠堂文集17/1）

嘉靖以來內閣首輔傳6/1

皇明世說新語8/29下

名山藏臣林記25/13

明史列傳74/1

明史213/8下

高拱極，雲南太和人。中鄉舉。沙定洲反破城，仰天大慟，瘞祖父木主，舉火焚屋，投池而死。

明史295/14

高昭字文昱，寶應人。永樂十九年進士，官至貴州道御史。嘗爲巡按，有某王府陰蓄異志，昭變服爲日者詣府與王語，王以實告，昭微諷以不利，辭去。未幾按其地，朝王，王覩之懼，謀遂寢。

明代寶應人物志×/6下

高英，山東濟寧人。國子生，永樂中任給事中，宣德元年陞山西僉事。

掖垣人鑑3/21

高重光字秀恒，保定人。由貢生爲柏鄉訓導，歲饑，民作亂，重光有健僕吳某，勇而技，率之出擊，賊潰，城以完。敘功陞丘縣令，廉而有威，後清兵至，吏民欲負之逃，重光不從，抱印赴井死。

明史291/17

高胤先字世德，宜章人。成化二十三年進士，授行人，奉使朝鮮，饒遺一無所受。擢御史，巡按大同，多所建白。會劉瑾擅柄，以病告回。瑾敗，累詔起復，官至四川參政。

蘭臺法鑒錄13/5

父高隆（1413–1493）字彥昌，正統三年擧人，合州同知。

祭高世德寧甫文（西軒效唐集錄11/1）

高君墓表（王端毅公文集4/5下）

高祐字天錫，上海人。本王氏，父贅於高，因從其姓。成化二十二年鄉貢士，授泉州同知，泉多山，谿民倚險爲梗，祐訓以德義，首惡從化，民甚德之。及去，民爭携金錢送之，一無所受。歷東平至東昌知府，操履如一。

國朝獻徵錄96/15無名氏撰傳

高翀（1490–1570）字允升，安陸人。嘉靖五年進士，授犍爲令，歷雲南按察使、貴州左布政使，官至右副都御史，巡撫貴州，致仕卒，年八十一。有玉華詩文稿、歸與稿。

高公行狀（何遷撰、國朝獻徵錄62/82）

高起潛，崇禎時爲內侍，以知兵稱。流賊大熾，特命起潛爲總監。起潛未嘗決一戰，惟割人首冒功而已。與兵部尙書楊嗣昌比，致宣大總督盧象昇孤軍戰沒，又匿不言狀，人多疾之，後降於清。

明史305/32

高時字中行，號石山，浙江臨安人。嘉靖十四年進士，由庶吉士授戶科給事中，仕終直隸鳳陽府同知，坐事論死。

掖垣人鑑13/35下

高峻字行安，餘干人。宣德五年進士，擢監察御史，正統中超遷浙江參政。

送浙江右參政高君赴任序（尋樂習先生文集12/11）

高倬字枝樓，忠州人。天啓五年進士，除德清知縣，崇禎中擢御史，遇事敢言，以巡視草場失火罷歸。逾年起官，累遷右都御史，提督操江。帝欲召倬別用，未赴而京師陷。福王立於南京，用爲刑部尙書，淸兵入南京，投環死。

明史275/10下

高淓字穎之，江都人，銓子，事父母以孝聞。擧弘治十八年進士，由庶吉士授兵科給事中，正德初劉瑾羅織大臣，誣逮銓下詔獄，淓請以身代，疏詞迫切，事得雪，仕至南京光祿寺少卿。

掖垣人鑑12/7

高淮，萬曆間爲尙膳監監丞，奉命採礦，徵稅遼東，誣陷吏民，縱恣不法。數與邊將爭功，山海關內外咸被其毒。又扣除軍士月糧，前屯衞軍盡甲而譟，誓食淮肉。未幾錦州松山兵復變，淮懼內奔，又誣參將李孟陽等。未逾月而遼境四亂，皆淮所致。薊遼總督蹇達再疏暴淮罪，乃召歸，而孟陽竟死獄中。

明史305/10下

高啓（1336–1374）字季廸，號槎軒，長洲人。博學工詩，家北郭，與王行輩十人，號北郭十友，又以能詩，號十才子。張士誠據吳，名士響集，啓獨依外家，居吳松江之青丘，自號青丘子。洪武初爲編修，與修元史，累官戶部侍郎，自陳年少不敢當重任，歸授書自給。知府魏觀爲移其家入郡，觀以改修府治獲譴，帝見啓所作上梁文，因發怒，腰斬於市，年三十九。啓警敏有文武才，書無不讀，尤邃於群史，詩雄健渾涵，自成一家。有大全集、鳧藻集、缶鳴集。

高啓傳（曝書亭集62/6）

水東日記10/4

吳中人物志7/26

國琛集上/12

殿閣詞林記8/9

聖朝名世考10/6

國朝獻徵錄21/80李志光撰傳，又115/22無名氏撰傳

姑蘇名賢小紀上/1

名山藏95/3下

明史285/20下

高季廸先生年譜、淸金檀撰、雍正間刊青邱詩集註附錄本

高貫（1466–1516）字曾唯，號恕齋，江陰人。弘治十二年進士，授工部都水司主事，多所興革，遷刑部，以忤劉瑾，謫知遼州。官至浙江按察副使，正德十一年考績赴

京師，歸道卒，年五十一。

高君墓誌銘（泉齋勿藥集5/21、國朝獻徵錄84/73）

高太守學田記（博趣齋稿13/88下）

高崇字惟志，山東金鄉人。景泰二年進士，除戶科給事中，天順二年陞浙江右參議。

掖垣人鑑5/22

高第字公次，綿州人。正德九年進士，出宰長洲，歷寧波知府，累陞雲南副使，備兵臨安，致仕歸。耽玩圖籍，貫串百家，率能舉其指要。嘗爲金爵輯落溪紀勝詩爲容溪書屋續集。

贈郡候瓦屋高先生述職朝京序（東泉文集2/26）

父高□

壽高翁序（鳥鼠山人小集11/33）

高第字登之，灤州人。萬曆十七年進士，初令臨潁，有廉聲，累官兵部尙書。時楊左被逮，榜掠甚慘，第侍經筵，力陳黨錮宜釋，會寧遠告警，魏忠賢遂出第經略薊遼。第檄道鎭堅壁淸野，爲固守計。崔呈秀劾第爲怯，勒令閒住歸里。

明史257/10

高緘學字希曾，號省亭，寶坻人。嘉靖二十九年進士，授行人，擢兵科給事中，劾嚴嵩黨趙文華，廷杖卒。

掖垣人鑑14/24下

高從禮字賀甫，號靑匡，仁和人。萬曆十四年進士，除刑部主事，進郎中，出知臨江府，屢遷福建按察使，治兵於漳南。三十四年赴京師賀萬壽，卒於途。

高公墓誌銘（歇菴集8/26下，國朝獻徵錄90/53）

高翔，朝邑人。洪武中以明經爲監察御史，建文時僇力兵事。成祖聞其名，召翔欲用之。翔喪服入，大哭，語不遜，遂族誅，福王時謚忠愍。

高先生祠堂記（苑洛集3/6）

革朝遺忠錄上/18下

皇明表忠紀2/42下

聖朝名世考4/32下

遜國正氣紀4/7

遜國神會錄上/40下

吾學編56/10下

明史141/14

高魁（1445--1529）字德資，號仰峯，宜春人。自其祖以嗣於劉氏，遂冒姓劉，嘉靖元年始疏請復高姓。舉成化十四年進士，歷知松陽、上海二縣，治行第一，擢南京監察御史，陞浙江左布政使，晉右副都御史，撫治鄖陽。河南襄漢盜起，魁同彭澤討平之，遂謝病歸，年八十五卒。

劉公墓誌銘（鈐山堂集28/11，國朝獻徵錄61/43，皇明名臣墓銘坤集43）

高登（1474--1541）字從善，號如齋，直隸內黃人，錦衣衞籍。正德十六年進士，授戶部主事，累官山東參議，卒年六十八。

高公墓誌銘（鏗岡公文集8/11下）

高棅（1350--1423）字彥恢，號漫士，一名廷禮，長樂人。博學能文，尤雄於詩，永樂初召爲翰林待詔，陞典籍，卒年七十四。有嘯臺集、木天淸氣集，又選唐詩品彙、拾遺、正聲、議者服其精博。

漫士高先生墓志（林誌撰、國朝獻徵錄22/61）

高棅傳（曝書亭集63/11）

明史286/2

高敞（1442--1498）字德廣，崑山人。成化八年進士，授禮部主事，陞郎中，擢順天府丞，改應天府，進府尹，卒官，年五十七。

高君墓碑（吳寬撰、國朝獻徵錄75/24）

高傑，米脂人。初從李自成，賊中號翻山鷂，嘗殺總兵許定國一家，與自成妻邢氏通，遂竊邢氏降明，累官至總兵。福王時封興平伯，鎭揚州，州民不納，史可法移其家於瓜州，與黃得功、劉良佐、劉澤淸號四鎭，後引兵北上，會定國守睢州，誘死之。

明史273/19

高斐字文著，河南偃師人。天順八年進士，除工科給事中，成化四年陞工科都給事中。

披垣人鑑9/5下

高勣字無功，紹興人。事永明王，歷官光祿少卿，強直敢言，王入緬甸，扈行死之。

明史279/26下

高經，清苑人。崇禎中擧於鄉，事母以孝聞，流賊陷城，負母逃，遇賊，求釋母。母得釋，賊仍執經，紿之至家取所蓄，賊不及防，赴水死。

明史295/6下

高賓，河南洛陽人。永樂三年擧人，任吏科給事中，遷知銅陵，仕終池州府同知。

披垣人鑑4/15

高瑤字庭堅，閩縣人。景泰中擧於鄉，爲荆門州學訓導，成化三年疏陳十事，其一言郕王宜追加廟號，盡親親之恩。帝感其言，久之竟復帝號。後知番禺，有異政，發中官韋眘通番事，爲眘所誣，謫戍永州，釋還卒。

明史列傳49/10

明史164/24下

高遜志（一作巽志）字士敏，蕭縣人，僑寓嘉興。元末爲鄮山書院山長，洪武二年徵修元史，入翰林，累遷試吏部侍郎，以事謫朐山。建文初召爲太常少卿，與董倫同主會試，得王艮、胡靖等，皆爲名臣。靖難後，遯跡雁蕩山中以卒。有嗇菴集。

嘉興高氏家傳（牧齋有學集37/8下）

國朝獻徵錄70/18無名氏撰傳

殿閣詞林記6/33

吾學編58/4下

皇明表忠紀7/2下

遜國正氣紀7/6

明史列傳19/25下

明史143/2

高銓（1443—1511）字宗選，號平山，晚更號遺安老人，江都人。成化五年進士，授大理寺右評事，歷山東、浙江、河南按察司僉事、副都御史、工部侍郎，正德元年仕至南京戶部尙書。歷官務持大體，多著宦績，卒年六十九。有平山、遺安二稿。

高公墓誌銘（李東陽撰、皇明名臣墓銘震集60，國朝獻徵錄31/23）

名山藏臣林記13/13下

明史186/31

高綸字廷章，山西蔚州人。成化十四年進士，除兵科給事中，二十一年陞四川參議致仕。

披垣人鑑10/21下

高維岳，昌邑人。擧於鄉，崇禎中授知永淸縣，視事甫旬餘，淸兵至，城破，一門死之。

明史291/19下

高穀字世用，揚州興化人。永樂十三年進士，選庶吉士，正統十年進工部右侍郎，入內閣典機要，累進謹身殿大學士。英宗復位，穀謝病，帝謂穀長者，賜勅獎諭。穀美丰儀，樂儉素，位至台司，敝廬瘠田而已，天順四年卒，諡文義。

挽高學士詩序（呂文懿公全集9/57下）

高公神道碑銘（李賢撰、國朝獻徵錄13/15，皇明名臣琬琰錄后7/11下）

高文義公傳略（商文毅公集26/7）

名山藏臣林記11/6下

殿閣詞林記1/32下

吾學編29/13下

皇明書16/6

國琛集上/33

聖朝名世考2/16

水東日記39/3下

明史列傳25/19下

明史169/1

父高焯（1348—1425）字元昭

高公墓誌銘（楊文敏公集21/12下）

高賢寧，山東濟陽人。建文中爲國學生，燕兵圍濟南，賢寧適在圍中，燕王射書城中諭降，賢寧作周公輔成王論射城外，王悅其言，爲緩攻，相持兩月，卒潰去。燕王稱帝後，賢寧被執見帝，予一官，固辭，得遣歸，年九十七卒。

革朝遺忠錄下/35

吾學編56/37

皇明表忠紀7/6
皇明書32/5下
遜國正氣紀7/6
遜國神會錄下/40
明史列傳20/18
明史143/13

高儀 (1517--1572) 字子象，號南宇，錢塘人。嘉靖二十年進士，累官禮部尚書。穆宗即位，諸大典禮，皆儀所酌定。遇事秉禮循法，居職甚稱。遷文淵閣大學士，年五十六卒，謚文端。有高文端奏議、及遺稿。

誥勑禮部尚書兼翰林院學士高儀二道（條麓堂集5/4下）
高文端奏議序（大泌山房集16/3）
祭少保文端公南宇高老先生文（長水先生文鈔8/37）
高公神道碑（李文節集24/10）
高公墓誌銘（呂調陽撰、國朝獻錄17/125）
明史列傳74/10
明史193/20下

高德暘 (1352--1420) 字孟升，號節菴，錢塘人。性警敏，日記數千言。洪武九年，以文學薦授臨安教諭，陞高州府學教授，纂修永樂大典，爲副總裁官，善屬文，尤長於詩，永樂十八年卒，年六十九。有節菴集。

高先生墓誌銘（頤菴文集9下/57下）

高濂字深甫，號瑞南，錢塘人。工樂府，有南曲玉簪記、雅尚齋詩草、遵生八牋。父名應擧，字雲卿，卒年七十五。

高季公墓志銘（太函副墨17/52）

高璣字齊之，武進人。喜讀書，尤邃心理學，性孝友，安貧樂道，弘治閒詔擧經明行修之士，以親老不就，卒祀鄉賢祠中。以布衣祀者惟謝應芳，朱昱與璣三人而已。

毘陵人品記8/10下

高壘字景雲，無錫人。由國子生授漳州府判，正統十四年鄧茂七構亂，壘督軍餉，遇冦不屈而死，贈工部員外郎。

毘陵人品記7/4下

高齊 (1445--1488) 字楫之，江都人，銓從子。弘治六年進士，授工部虞衡主事，奉命簡閱邊實給軍需，升屯田員外郎，卒年四十四。

高君墓誌銘（篁墩程先生文集48/11下）

高應冕 (1503--1569) 字文忠，號穎湖，仁和人。嘉靖十三年擧人，歷知光州，卒年六十七。有白雲山房集。

送高文忠之潢州序（梓溪文鈔3/30）
高穎湖墓誌銘（奚囊蠹餘15/23）

高擢字士元，號渠門，灤州人。嘉靖八年進士，由太常博士，選禮科給事中，擢太僕寺少卿，仕至右副都御史，總督南京糧儲，聽勘回籍。

掖垣人鑑13/25下

高擧字雲翰，祥符人。弱冠代父戍邊，擧永樂十六年進士，選庶吉士，授兵科給事中。持正不阿，慷慨敢言，坐是不合時，解官歸。巡撫于謙過其廬，即止避道，其見重如此。

掖垣人鑑7/9下
國朝獻徵錄80/85祥符文獻志傳

高擧 (1553--1624) 字鵬程，號東溟，淄川人。萬曆八年進士，歷知完縣、蒲圻，皆有惠政。徵爲御史，時內璫張德毆死平民，衆莫敢問，擧抗疏致璫於法。仕終浙江巡撫，卒年七十二。

榮封雙壽錄序（十賚堂甲集文部4/5）
東溟高公偕配鄒趙二恭人合葬墓志銘（蒼霞餘草12/22）
母楊氏 (1525--1598)
高母楊氏墓誌銘（鈐部王先生文集×/53）

高濲字宗呂，號石門子、又號霞居子、髯仙子，侯官人，鑑子。工畫山水人物花鳥，出入宋元四大家，善隸草八分，俱稱逸品。能詩文，與傅汝舟齊名，爲十才子之一。有石門集。

題高宗呂卷後（石龍集21/12下）
高公墓表（少谷全集13/8下）
名山藏95/19

高燿字子潛，號熙齋，清苑人。嘉靖十四年進士，授工部主事，歷太僕卿、順天府尹，官至戶部尚書，卒年八十五。

送熙齋高公尹順天序（胡莊肅公集2/53）

高太保傳（鄴下草13/1）

高司徒家傳（大泌山房集63/9）

妾李氏（1528—1586）

李宜人墓碑（大泌山房集112/51）

高鑿（1486--1568）字企之，嘉定人。少孤依舅氏，因冒其姓徐，後復姓。幼習醫，入補爲太醫院醫士。武宗南巡，鑿上書諫之，繫詔獄，遣戍烏撒。世宗立，召還，晉御醫，屢陞院判，署南院使事，卒年八十三。

贈高御醫考績序（徐氏海隅集文編3/1）

高公傳（同上15/1）

冰甌劄記（同上14/28）

高攀龍（1562--1626），初字雲從，後改存之，別號景逸，無錫人。萬曆十七年進士，授行人，以疏詆楊應宿，謫揭陽典史，家居垂三十年。熹宗立，累官左都御史，發崔呈秀穢狀，爲魏忠賢所惡，削藉歸。璫復矯旨逮問，肅衣冠草遺表，投池中死，年六十五，崇禎初諡忠憲。攀龍操履篤實，涵養邃密，粹然一出於正，爲當代大儒。與顧憲成修復東林書院，講學其中。憲成卒，攀龍導講席，世稱高顧。有周易易簡、二程節錄、春秋孔義、正蒙釋、高子遺書。

高公行狀（葉茂才撰、高子遺書附錄）

高公神道碑（牧齋初學集62/11下）

高公神道碑（錢士升撰、高子遺書附錄）

高公墓誌銘（朱國禎撰、同上）

高忠憲公年譜（華允誠撰、同上）

高子小傳（幾亭續文錄7/8）

譽命始終記（同上7/5下）

高子遺書序（幾亭文錄1/21）

高子遺書凡例（同上1/22下）

跋高忠憲別友書（同上2/23）

跋高忠憲家譜（同上2/23下）

跋高忠憲家訓（同上2/24下）

名臣諡議（公槐集5/4下）

啓禎野乘5/16

天啓崇禎兩朝遺詩小傳1/15

明史列傳92/12

明史243/15下

明儒學案58/16

養母朱氏（1517—1584）

高室朱孺人墓誌銘（顧端文公集15/23下）

庶母呂氏（1561—1633）

高貞母呂令人墓表（幾亭續文錄7/13下）

高鶴（1517--1601）字若齡，號望梅，浙江山陰人。嘉靖二十九年進士，授蘇州府推官，以清謹聞。遷南京戶科給事中，疏劾嚴嵩姻黨右都御史王學益，嵩恚之，謫光澤丞。轉寶遠知縣，治行爲江淮間第一，嵩憾之，勒使致仕，年八十五卒。有可也居集。

高先生偕配張孺人合葬墓誌銘（賜閒堂集24/1）

祭給事高先生文（同上34/25下）

高巍字不危，山西遼州人。事母至孝。洪武十五年應貢入太學，以至孝聞，詔旌表其門。選授都督府左斷事，坐事謫戍貴州。建文時召復官，見朝議削親藩，巍獨疏請用主父偃推恩策，帝頷之。燕兵起，自請使燕，數上書請王罷兵，皆不報。及京城陷，自經死。福王時諡忠毅。

國朝獻徵錄81/32無名氏撰傳

革朝遺忠錄下/12

建文皇帝遺蹟×/22

皇明獻實8/8

吾學編56/13

皇明表忠紀3/18

國琛集上/15

聖朝名世考4/24

遜國正氣紀3/40

遜國神會錄上/58

明史列傳20/14下

明史143/10

高鑑字孔明，號時菴，自號種菊道人，侯官人。正德中曾爲敎諭。工畫水墨山水，間作花竹，氣韻超逸。

贈曹庠少博高孔明分祿養親序（費文憲公摘稿10/15）

高顯，廬州梁縣人。元季從軍，太祖師駐太平，來歸，從戰大江南北。歷陞指揮僉事及指揮使，遷大興左衞指揮使，累官至大都督府都督僉事，洪武十三年卒，追贈汝陰侯，諡武肅。

國朝獻徵錄108/3無名氏撰傳

皇明功臣封爵考8/48

席

席大賓字子贍，號星崖，雲南衛人。嘉靖十一年進士，由行人選戶科給事中，累陞都給諫，以終養歸。復除戶科都，尋以疾歸。

披垣人鑑13/38

席上珍，姚安人。崇禎舉人，磊落尚氣節。聞孫可望、李定國等入雲南，與姚州知州何思，據姚安城固守，城破，與思同被執不屈，賊剝其皮至頸，罵聲不絕。

明史295/17下

席春字仁同，號虛山，遂寧人，書弟。正德十二年進士。嘉靖中歷翰林學士、吏部右侍郎。與尚書汪鋐有隙，鋐訐春前附楊廷和排議禮諸臣，遂落職，嘉靖十五年卒於家。

送侍講學士席先生主試事竣還京序（方齋存稿4/26）

三仲聯芳詩後序（心齋稿1/30下）

席公墓誌銘（孫承恩撰、國朝獻徵錄26/32）

明史列傳68/6下

明史197/6下

席書（1461--1527）字文同，遂寧人。弘治三年進士，官戶部員外郎。雲南晝晦地震，疏言災異係朝廷，不係雲南，累遷禮部尚書。大禮議起，書揣帝意，草疏以示桂萼，萼然其議，遂上之，因大用。嘉靖六年加武英殿大學士。年六十七卒，諡文襄。書遇事敢爲，性頗偏愎，如庇陳洸，排費宏，恣[illegible]私意，爲時論所斥。有大禮集議。

送郯城令席君文同考績還任序（東川劉文簡公集7/18）

送山東布政使元山席君序（泉齋勿藥集3/14下）

席子春秋論序（鳥鼠山人集11/18）

三仲圖詩序（泉翁大全集23/4）

奠席元山先生文（石龍集27/10）

席公墓志銘（楊一清撰、國朝獻徵錄15/105）

國朝獻徵錄15/112弇州別記席書傳

名山藏臣林記18/23下

吾學編51/11下

嘉靖以來內閣首輔傳2/20下

國琛集下/38

聖朝名世考2/48

明史列傳68/1

明史197/1

母吳氏（1436—1514）

封孺人吳氏墓誌銘（東川劉文簡公集16/17）

席篆字材同，遂寧人，書弟。正德九年進士，授戶科給事中，以極諫謫夷陵判官。世宗卽位，復故官。未上卒。

披垣人鑑12/30

明史197/7

唐

唐一中，全州人，爲鉅鹿教諭，崇禎十一年清兵破城，抗節死。

明史291/15

唐子淸，建文時官沛縣主溥，有善政，民愛之。燕兵至，與知縣伯瑋同死節。

吾學編56/33下

皇明表忠紀4/7下

遜國正氣紀5/11

明史142/9下

唐大卿字子弘，武進人。擧隆慶元年鄉薦，令靖安，倅靑州，皆以淸廉自守，歸橐索然。

毘陵人品記10/21下

唐文燦字若素，號鑑江，漳州鎭海衛人。隆慶二年進士，歷官廣西僉事。有享帚集。

享帚集題辭（朱文懿公文集7/9）

唐文獻字文徵，號抑所，松江華亭人。萬曆十四年進士第一，屢拜禮部右侍郎，掌翰林院事。初、文獻出趙用賢門，以名節相矜許，在官不負所言，卒諡文恪。有占星堂集。

宗伯抑所唐座師讞塋記（寧澹齋全集5/13下）

抑所唐公行狀（容臺文集9/46）

合葬唐掌院文（睡菴文稿25/11）

狀元圖考3/35
明史列傳75/15下
明史216/18下

唐天恩字堯仁，常熟人。舉鄉貢，知葉縣，劇賊劉六、劉七擁衆壓境，率衆奮戰，城陷死節。

明常熟先賢事略2/2下
明史289/18

唐仁（1424--1476）字秉元，號鳳山，四川達縣人。天順八年進士，授兵科給事中，遷吏科左給事中，凡有疑獄，必力爭不已。卒於官，年五十三。

唐君墓表（周洪謨撰、國朝獻徵錄80/47）
披垣人鑑4/8

唐世良字用章，武進人。宣德八年進士，任行在兵科給事中，正統十三年掌科事，後陞浙江右參議。

披垣人鑑7/30下

唐世熊，灌陽人。舉鄉薦，歷官山東都轉鹽運使。崇禎十一年清兵圍濟南，世熊分守西門，城破被殺。

明史291/16下

唐汝楫字思濟，號小漁，蘭谿人，龍子。嘉靖二十九年以附嚴嵩得登進士第一，官至左春坊諭德，後坐嵩黨奪官。有小漁遺稿。

狀元圖考3/16
明史202/6，又308/22

唐舟字汝濟，璦山人。永樂二年進士，知新建縣，治尚簡易。仁宗時爲監察御史，疏論內侍，風節凛然。敭歷中外三十餘年，家無擔石之儲。年八十二卒。

國朝獻徵錄65/6黃佐撰傳

唐自化字伯咸，號章室，松江華亭人。嘉靖三十二年進士，授將樂令，治行第一。擢四川道監察御史，改行人司司正，轉車駕司郎中，以勞瘁致疾，卒年六十一。

唐公墓誌銘（環溪集25/1）
祭兵部章室唐公（環溪集22/7）

唐自綵，達州人。明末爲臨安知縣，杭州失守，自綵與從子階豫逃山中，有言其受魯王敕，陰部署爲變者，遂被捕獲不屈死。

明史276/5下

唐仲實（1299--1371）名桂芳，以字行，學者稱白雲先生，新安人。元末歷南雄路儒學正，太祖下江南，鄧愈以禮羅之，俾掌儒學，後攝紫陽書院山長，洪武四年卒，年七十三。有武夷稿、白雲集略。

唐公行狀（鍾啓晦撰、國朝獻徵錄100/68）

唐良銳，全州人。以鄉舉授知靈璧縣，崇禎十五年流賊至，率民固守，力竭城陷，罵賊死。

明史293/18

唐志大字子攸，號左溪，上海人。嘉靖二十年進士，授南京行人司左司副，乞終養歸。後以避倭寇，徙居吳興，三十四年卒。志大長於史學，每及時事，輒爲籌畫，證據今古，議論侃侃。嘗作海防議一篇，論禦倭當于海，頗中肯綮。

唐公墓志銘（何良傅撰、國朝獻徵錄81/24）

唐伯元字仁卿，號曙臺，澄海人。萬曆二年進士，歷南京戶部郎中，受業呂懷，踐履篤實，而深疾王守仁新說。後爲吏部郎，佐尚書孫丕揚澄清吏治，乞罷去，清苦淡泊，爲嶺海士大夫儀表。有二程年譜、醉經樓集。

明史282/35
明儒學案42/1

唐希介（1454--1538）字景賢，陽曲人。成化二十三年進士，以工科給事中稽省眞定等四鎭儲備，盡得宿弊以聞，權倖見嫉，謫四川石柱宣撫司經歷。累遷陝西按察副使，爲中官所構罷歸，卒年八十五。

唐公墓志銘（徐縉撰、國朝獻徵錄94/70）
披垣人鑑11/3下

唐侃（1487--1545）字廷直，號嘿菴，丹徒人。正德八年舉人，選授永豐知縣，遷知武定州，政績甚著。官至南京刑部郎中。侃少有志節，其父坐繫，請代不得，藉草寢地，逾歲父獲宥乃止。年五十九卒。

唐嘿菴墓誌銘（荊川先生文集14/15，國朝獻徵錄49/48）
嘿菴唐君墓表（石蓮洞羅先生文集23/7下）
皇明書29/8下
明史281/24下

唐晉（1498--1552）字希古，號克菴，武進人，順之從子。少從毛憲、魏校學，舉鄉薦，授雞澤知縣，實心幹理，一邑頌其平。嘉靖三十一年卒官，年五十五。有文集二十卷。

唐公墓誌銘（洪朝選撰、國朝獻徵錄82/38）
毘陵人品記9/12

唐亮字景明，瓊山人，舟子。永樂十六年進士，除泗州判官，改詹事府主簿，屢遷寧國府同知。

國朝獻徵錄65/6下黃佐撰傳

唐胄字平侯，號西洲，瓊山人。弘治十五年進士，授戶部主事，嘉靖間屢陞左侍郎。世宗欲討安南，胄極言用兵非計，其後卒撫定之。郭勛怙寵，爲其祖英請配享太廟，胄疏爭不聽。世宗欲以獻皇祀明堂，配上帝，胄又力言不可，坐削籍歸。胄耿介孝友，好學多著述，立朝有執持。有瓊臺志、江閩湖嶺都臺志、西洲存稿。

送少司徒西洲唐公序（方齋存稿5/15下）
唐氏僊松記（涇野先生文集15/22）
國朝獻徵錄30/43黃佐撰唐公胄傳，60/25王弘誨撰唐公神道碑
名山藏臣林記20/17
明史列傳71/6下
明史203/6下

唐禹字思平，號心齋，浙江海寧人。嘉靖二十三年進士，由刑科主事，改吏科給事中，陞工科都給諫，四川右參政，仕至福建按察使，罷歸。

掖垣人鑑14/7下

唐瑜（1473--1555）字國秀，號有懷，武進人，貴子。由鄉舉選信陽知州，累官永州知府。居官四十餘年，以清廉自持，惠政甚著，年七十三卒。

祭唐有懷文（趙文肅公文集20/3）
寄壽唐有懷先生序（遵巖先生文集12/41下）
祭唐太守有懷文（藝文類稿11/10）
唐有懷公行狀（遵巖先生文集18/29下）
毘陵人品記8/21

妻任氏（1478--1527）

任氏行狀（古菴毛先生文集5/24）
任氏墓誌銘（涇野先生文集26/15下）

唐珣字廷貴，松江華亭人。天順元年進士，授知合州，累遷順天府尹，善治劇，豪強戢服。再擢右副都御史，總督兩廣軍務，討平江盜，弘治八年卒於鎮，廣人思之不衰。

贈副郎唐君廷貴序（楊文懿公桂坊稿2/19）
先進舊聞（寶日堂初集22/17下）
國朝獻徵錄58/6，又60/77無名氏撰傳
皇明世說新語2/1

唐泰字亨仲，侯官人。洪武二十七年進士，永樂中累遷陝西按察副使。泰善聲詩，與林鴻輩號閩南十才子。有善鳴集。

明史286/2

唐時升字叔達，嘉定人。從歸有光游，專意古學。後入都，值塞上用兵，逆斷其情形虛實，將帥勝負，無一爽者。家貧好施予，灌園藝蔬，蕭然自得。工爲詩，文得有光之傳，與里人婁堅、程家燧並稱練川三老。有三易集傳世。

明史288/7

唐時明字爾極，固始人。性孝友，博極群籍，萬曆四十六年鄉舉第一，累官鳳翔知府，崇禎中死節。

明史288/7

唐時英（1499--1576）字子才，號濟軒，又號一相居士，盧溪人。嘉靖八年進士，授平陽知縣，遷戶部主事，歷浙江按察、山東布政使，官至右副都御史巡撫陝西。時英爲人介潔端莊，坦夷樂易，決事則無一不中肯要，故所至有賢聲，卒年七十八。

送唐布政序（方山薛先生全集15/28）
唐公墓志銘（李元陽撰、國朝獻徵錄62/74）

唐章字宗明，安徽歙縣人。成化二年進士，除禮科給事中，陞禮科都給諫，仕終太

僕寺卿。

贈南京太僕少卿唐君序（篁墩程先生文集24/2下）

掖垣人鑑10/10

唐寅（1470--1523）字伯虎，一字子畏，號六如，吳縣人。舉弘治十一年鄉試第一，寧王宸濠以厚幣聘之，寅察其有異志，佯狂使酒，宸濠不能堪，放還。築室桃花塢，日與客般飲其中。畫入神品，詩文初尚才情，晚年頹然自放，謂後人知我不在此，論者傷之，年五十四卒。有畫譜及集行世。

唐子畏墓誌銘（祝氏集略17/7下，國朝獻徵錄115/48）

夢墨堂記（祝氏集略27/13下）

題唐伯虎畫牘後二則（少室山房類稿106/12下）

唐伯虎傳贊一卷外集一卷紀事一卷（明袁宏道輯評、明末四美堂刊唐伯虎彙集附刻本）

國寶新編×/11下

吳郡二科志×/6下

新倩籍×/2

姑蘇名賢小紀下/6

圖繪寶鑑6/14

四友齋叢說15/15，15/16，23/16，26/11下

皇明世說新語1/15，8/4

名山藏95/13

明史286/16下

唐六如年譜、今人閔風撰、清華周刊第三十八卷

唐六如評傳、同上

唐啓泰，山東掖縣人。以舉人官至宜陽知縣，崇禎十四年賊陷宜陽，不屈遇害。

啓禎野乘9/43

天啓崇禎兩朝遺詩傳2/74

明史293/1下

唐雲，爲燕護衛指揮，從成祖久，甚見倚任。成祖先後出師，皆留輔世子，南兵數攻城，拒守甚力，未嘗失利，封新昌伯，世襲指揮使。

吾學編19/41下。

皇明功臣封爵考6/48下

壬午功臣爵賞錄×/6

明史146/7下

唐盛字士隆，廣東南海人。天順八年進士，授南京禮科給事中，改北，成化中屢官至廣西參政。

掖垣人鑑10/13

唐堯臣字廷俊，晉寧州人。舉嘉靖四十年鄉試第一，數上春官不利，而志於學，七略九流二氏無不淹綜，長於詩賦，詩有春雪集芳二編，賦有演語。

演語序（大泌山房集13/19下）

唐堯欽字寅可，號章軒，福建長泰人。隆慶五年進士，由中書舍人，屢官工科給事中。

掖垣人鑑16/22

唐貴字用思，武進人。家貧，事親至孝。舉弘治三年進士，授戶科給事中，奉敕稽覈兩廣倉庾，諸逋悉淸，民亦稱便，尋乞歸。有黃門集

掖垣人鑑11/4

毘陵人品記8/11

唐貴梅，貴池人。笄年適朱，姑悍而淫，數以苦刑迫貴梅淫不從，乃以不孝訟官。通判毛玉受賂，倍加其刑，幾死。親黨咸勸吐實，貴梅曰，全吾名而汙吾姑可乎，竟自經死。

皇明世說新語6/5

明史301/11下

唐皐字守之，號心菴，歙縣人。正德九年登進士第一，後受命修武宗實錄成，進侍講，奉使朝鮮，卒於官。有心菴文集。

送翰林修撰唐君守之使朝鮮詩序（中峰文選1/9）

狀元圖考2/43

明史列傳64/25下

唐復，字復亨，武進人。建文二年進士，令餘姚，拊循細弱甚著，百姓宜之。調零陵，又調交趾，時安南黎季犛逞亂，復爲書數千言諭以禍福，季犛讋服。後陞大理寺副，官至平樂知府。及去位，百姓思之，立祠祀之。

【十劃】唐

毘陵人品記6/12

唐順之（1507—1560）字應德，武進人，瑤子。登嘉靖八年會試第一，倭寇躪江南北，以郎中視師浙江，躬泛海，屢破倭寇。擢右僉都御史，巡撫鳳陽，力疾渡焦山，至通州卒，年五十四。順之於學無所不窺，爲古文汪洋紆折，當明之中葉，屹然爲一大宗。至晚年講學，文格又稍變。著有荊川集，學者稱荊川先生，崇禎中追諡襄文。

荊川先生稗編序（茅鹿門先生文集14/20下）
唐公墓誌銘（趙浚谷文集10/21下）
荊川唐都御史傳（李中麓閒居集10/78，國朝獻徵錄63/107）
康王王唐四子補傳（李中麓閒居集 10/102）
祭唐順之先生（趙浚谷文集9/49）
祭唐荊川文（藝文類稿11/11下）
祭荊川先生唐公文（方麓居士集12/11）
祭唐荊川墓文（龍谿王先生全集19/8）
祭唐荊川年丈文（胡莊肅公文集6/109）
祭荊川唐先生文（萬文恭公摘集 10/9 下，國朝獻徵錄63/117下）
跋唐師奉使詩卷（萬文恭公摘集10/39下）
冰廳劄記（徐氏海隅集文編14/33下）
國朝獻徵錄63/103無撰人唐公行錄
毘陵人品記9/13
皇明世說新語2/7，5/12
皇明書38/56
名山藏臣林記21/5
明史205/20下
明儒學案6/1
疇人傳30/357

唐勝宗，濠人。事太祖累戰有功，封延安侯，予世券。鎮遼東七年，威信大著，洪武二十六年坐胡惟庸黨誅。

吾學編18/25
皇明功臣封爵6/11
名山藏41/3
明史列傳8/13下
明史131/11

唐欽堯（1501--1556）字道虔，號雲濤釣徒，嘉定諸生。嘉靖中，倭寇掠江南，欽堯方計偕北上，聞警即返，急白大吏調兵積粟，以備城守。賊圍城，而親晝夜擐甲登陴經略之，圍得解，皆其力。嘉靖三十五年授撫州訓導，往赴，道卒，年五十六。

唐殷二博士傳（徐氏海隅集文編16/10下）
唐君墓志銘（歸有光撰、國朝獻徵錄 87/124）

妻沈氏（1499—1566）

沈儒人墓志銘（徐氏海隅集文編17/9下）

弟唐欽順（1520—1583），字道遂。

道遂唐君暨配韓孺人合葬墓誌銘（歸有園稿7/16下）
祭唐道遂文（同上10/8）

唐肅（1331--1374）字處敬，號丹崖居士，浙江山陰人。通經史，兼習陰陽醫卜書數。元至正二十二年舉人，授杭州路皇岡書院山長，轉嘉興路行學正。洪武三年，用薦召修禮樂書，擢應奉翰林文字。科舉行，爲分考官，免歸，列謫佃于濠，七年卒，年四十四。有丹崖集。

唐應奉行狀（翁好古撰，丹崖集附錄/1）
翰林應奉唐君墓誌銘（蘇伯衡撰、丹崖集附錄/3，國朝獻徵錄20/94）
明史285/22下

唐瑜（1423--1494）字廷美，上海人。景泰二年進士，授南京禮科給事中，遷知衢州府，衢號健訟，瑜決斷如流，數辨疑獄，民不敢欺。去後，衢人爲立生祠。歷湖廣右參政、山西右布政使，官至右副御史，致仕卒，年七十二。

唐公神道碑銘（徐文靖公謙齋集 7/20 下，皇明名臣墓銘震集24）
唐公墓志銘（懷麓堂文後稿22/6）
唐公墓表（王文恪公集25/14下）
國朝獻徵錄60/76無名氏撰傳

唐暉號中栴，歙縣人。萬曆三十八年進士，授武昌司理，入爲吏部郎，以忤璫落籍。崇禎初起太常卿，遷湖廣巡撫，伐平水寇高士等，而以失糾舉屬吏，免歸卒。

唐中丞傳（金正希文集輯略8/1）

唐愚士，名之淳，以字行，浙江山陰人，肅子。建文中用薦擢翰林侍讀，與方孝孺俱領修書事，未幾卒，年五十二。愚士爲文瞻蔚有俊氣，尤長於詩。有萍居稿、文斷、唐愚士詩。

吾學編58/6

國朝獻徵錄20/80無名氏撰傳

明史285/23

唐鉉字節玉，睢州人。崇禎七年進士，歷定州知州，崇禎十五年清兵至，城破死之。

明史291/19

唐禎字元善，號西園，松江華亭人。成化廿三年進士，奉命赴江浙採摭時事以修實錄，授兵部主事，改禮部，歷陞郎中，正德二年卒於官。

唐君墓表（顧清撰、國朝獻徵錄35/70）

唐榮字仁夫，廣西融縣人。弘治九年進士，累官至南京光祿寺少卿。

祭南京光祿少卿唐仁夫文（湘皋集33/10）

唐夢鯤字化卿，番禺人。萬曆間中鄉舉，崇禎末歷知寶雞縣，甫入境而賊勢已逼，夢鯤知不能獨完，痛哭自經死。

明史294/19下

唐鳳儀字應韶，號六亭，邵陽人。正德三年進士，授御史，風裁嚴整。累擢僉都御史，巡撫四川。時芒部跳梁，溽暑出師，鳳儀疏請息兵，而計擒渠魁沙保，其亂遂定，遷副都御史卒。

侍御唐六亭奏最續（見素續集7/14下）

送都憲唐公撫蜀詩序（蟜亭存稿2/2）

父唐佐（1454—1515）字堯臣，官慶遠府推官。

唐君行狀（何文簡公集13/31）

母王氏。

萱日圖序（涇野先生文集3/45）

唐太孺人七十壽誕詩序（泉翁大全集18/15）

唐維城字邦翰，號兩峰，莆陽人。嘉靖四十四年進士，授南京工部主事，兩典關課，而秋毫無所染，人服其廉。遷尚書郎，出守青州，政尚寬大，民甚德之，萬曆三年卒官。

國朝獻徵錄96/18馮琦撰傳

唐寬字栗夫，號蒙山，平定人。嘉靖十一年進士，授永平推官，累遷應天府尹，歷官皆有聲稱。

唐公墓誌銘（寇陽撰、國朝獻徵錄75/44）

唐樞（1497--1574）字惟中，號子一，歸安人。嘉靖五年進士，授刑部主事，以疏請明正妖賊李福達罪，斥爲民。少學於湛若水，深造實踐，學者稱一庵先生。又留心經世略，九邊及越蜀黔滇險阻阨塞，無不親歷，蹻蹻茹草，至老不衰，隆慶初復官。有木鍾臺集傳世。

酬物雜叙（自知堂集9/7下）

代祭一菴唐先生二篇（茂荊亭稿4/6，又4/8）

皇明世說新語4/28

明史206/13

明儒學案40/1

唐一庵年譜一卷、清許正綬撰、咸豐刊本

母馬氏（1475—1563）。

馬氏墓誌銘（胡莊肅公文集6/69）

唐澤，號南岡，歙縣人。弘治十二年進士，授平鄉知縣，官至右副都御史，巡撫甘肅，嘉靖九年致仕，卒諡襄敏。

壽都御史南岡先生六十序（黃潭先生文集3/5）

國朝獻徵錄61/71實錄傳

唐濂字景之，號松坡，歙縣人。正德六年進士，授南京太常博士，擢御史，巡按江西。宸濠亂起，濂以郡當兵衝，凡守禦之策，皆親贊畫。以病卒於家，年三十六。有松坡稿。

唐君墓志銘（邵寶撰、國朝獻徵錄65/69）

唐龍（1477--1546）字虞佐，號漁石，蘭谿人。正德三年進士，授郯城令。嘉靖時巡撫鳳陽，民甚德之。爲三邊總制，賑陝西饑。吉囊及俺答入寇，龍數敗之。召爲刑部尙書，大猾劉東山搆陷張延齡，龍執正東山罪，轉吏部，坐事免。卒年七十，諡文襄。有漁石集。

送唐虞佐宰郯城序（中峯文選1/17）

後樂亭記（趙浚谷文集3/41下）

正學書院志（涇野先生文集4/42下）

甘肅鎭巡賀總制唐尙書徵爲刑部尙書序（趙浚谷文集3/39下）

送大司寇漁石唐公序（少華山人文集6/3下）

奉送宗師大司寇漁石唐公還朝序（王襄毅公集11/13下）

送大司寇漁石唐公還朝序（同上10/1）

送司寇唐公歸養序（居澌山文集3/5）

送太子少保漁石先生得請歸養序（張文定公紓玉樓集3/16）

唐公神道碑（鈐山堂35/12下）

唐公墓誌銘（世經堂集16/27，又國朝獻徵錄25/26）

祭唐漁石文（海石先生文集25/13）

祭唐漁石公文（王襄毅公集15/8）

祭漁石唐公文（可泉先生文集12/4下）

尚書唐龍祭葬議（歐陽南野文集15/3）

漁石類稿序（對山集10/13）

易經大旨序（涇野先生文集4/1）

漁石之篇序（同上4/35）

江西奏議序（同上5/28下）

名卿績紀4/12

獒齋2/6

皇明世說新語4/6下

明史列傳69/5

明史202/4下

母鄭氏

太孺人唐母鄭氏七十壽序（涇野先生文集4/16下）

唐豫字用之，順德人。父遭寇不屈死，豫痛父非命，作蓼莪亭，絕意仕進。與同邑周祖生、周念祖、劉子羽、劉子高、何淮，號六逸，皆德行純謹，衣冠嚴偉，爲人所欽。

國朝獻徵錄100/77黃佐撰傳

唐勳（1479--1526）字汝立，歸善人。正德三年進士，授靖江知縣，政聲赫然，改知休寧，破饒寇，南畿列郡，倚爲長城，官終陜西道監察御史，卒年四十八。

唐君墓誌銘（涇野先生文集26/1）

唐錦（1475--1554）字士絅，號龍江，上海人。弘治九年進士，除東明知縣，陞兵科給事中，淸理廣東鹽法，以忤劉瑾意，謫判深州。瑾誅，陞南繕部主事，累官江西提學副使。宸濠叛，錦集城中士民，激以大義，捕內官杜茂等四十二人，馳請王守仁入城，建首功，尋落職致仕，年八十卒。有龍江集傳世。

學憲唐龍江七十壽序（潘笠江集8/16）

唐公墓誌銘（朱希周撰、龍江集附錄）

江西提學副使唐公行狀（長谷集13/20，國朝獻徵錄86/76）

披垣人鑑12/10

父唐琛（1429—1512）字廷璧，號質菴。

唐公墓表（費文憲公摘稿19/40下）

唐禮，建文時官都指揮，徐凱滄州之敗，盛庸引兵出德州，營於東昌，令禮將騎兵殿後，而以孫霖爲先鋒，營滑口，燕兵夜襲破之，被執不屈死。

遜國正氣紀6/29

國朝獻徵錄110/14忠節錄傳

唐璧，順德人，豫子。動循禮法，當暑未嘗去衣冠，母區氏目瞽，侍奉甚謹，後遇神醫，目忽明，人謂孝感。

名山藏96/3

唐繼祿字子廉，號孟坳，上海人。嘉靖三十二年進士，授浙江遂安知縣，召拜監察御史，按湖廣。隆慶元年歷大理少卿陞南京右僉都御史，提督江防，遷副都御史總理山西等處鹽屯。以疾告歸，卒年五十一。

祭都御史唐孟坳文（徐氏海隅集文編33/6）

國朝獻徵錄59/121無名氏撰傳

徐氏海隅集外編42/8

父唐澂，字世揚，號橘泉。

唐公暨配楊氏墓誌銘（陸文定公集6/14下）

唐鶴徵字凝菴，武進人，順之子。隆慶五年進士，歷官太常卿，以博學聞。嘗疏劾璫殿屬丞，得旨嚴治，人忌之，遂病免。有周易象義、皇明輔世編、憲世編、南遊、北遊二稿。

祭唐太常文（牧齋初學集77/10下）

明史205/22下

明儒學案26/4下

唐鐸（1329--1397）字振之，虹縣人。太祖起兵，即居幕下，洪武十五年初置諫院，入爲諫議大夫，歷兵刑二部尚書。鐸爲人長厚，性愼密，帝以故舊遇之，年六十九卒。福王時追謚敬安。

國朝獻徵錄38/10無名氏撰傳
吾學編25/6
殿閣詞林記7/7
明史列傳13/15
明史138/12下

唐儼，全州人。父得危疾，儼年十二，刲右臂愈之。後游學於外，嫡母蒙寢疾，儼妻鄧年十八，亦刲右股進，儼聞疾馳歸，已愈，拜鄧謝之。嘉靖初貢至京師，有司奏旌其門。

國朝獻徵錄112/53姚淶撰傳
明史297/13下

容

容師偃，香山人。正德中負父避寇，被執，將灼其父，師偃泣請代，父得釋，師偃遂就焚，年二十三。

名山藏98/10
明史297/11下

郎

郎敏，濟源人。洪武初以國子生授監察御史，出知饒州府，爲治廉惠，民德之。屬邑樂平奸民詣闕訴大姓五十餘家謀逆，敏力爲奏辨，詔誅奸民，被誣者得盡釋。

國朝獻徵錄87/3實錄郎敏傳
明史列傳18/13
明史140/3

郎瑛字仁寶，號藻泉，仁和人。生有異質，博綜藝文，肆意探討，事母孝。有七修類稿。

七修類稿後序（山帶閣集28/14下）
跋七修類藁（帶經堂集91/13）
國朝獻徵錄115/32許應元撰傳
皇明世說新語7/16

神

神周，鳳陽壽州人，英子。正德間討流賊有功，擢副總兵，鎭山西，尋坐事削秩。以夤緣江彬入豹房，賜姓朱，典兵禁中，與彬相倚爲聲勢，納賄不貲。彬敗，周下獄伏誅。

明史列傳44/24下
明史175/9下

神英（1435--1512）字景賢，鳳陽壽州人。天順元年襲父職爲延安衞指揮使，屢從都督張欽等往討有功，正德中官至右都督，以老命致仕。英厚賄劉瑾，乞敍錄邊功，封涇陽伯。瑾敗，奪爵致仕。卒年七十八。

神公墓誌銘（楊一淸撰、國朝獻徵錄106/15）
吾學編19/66
皇明功臣封爵考6/38下
明史列傳44/24
明史175/8下

祖

祖住（1522--1587）字幻依，號麓亭，丹徒楊氏子。少沈密不貪世祿，入龍蟠山爲僧，繼游少室伏牛，盡得淸涼宗旨。住京口萬壽寺，演華嚴大鈔，萬曆間居蘇之蓮峰下，有疾示期而寂，年六十六，王世貞爲作銘。

明高僧傳3/15
補續高僧傳5/11下

祖闡（1339—1413）字天泉，號雨菴，廬陵楊氏子，具戒於靑原山，赴金陵謁幻居戒公爲門下弟子。宣德九年，奉召入京爲左覺義，陞右善世，建普寧禪寺於江寧之鳳翔山，萬善戒壇成，受命爲傳戒宗師，一時尊仰如泰山北斗。正統十四年卒，年六十一。

補續高僧傳18/16下

祝

祝允明（1461—1527）字希哲，長洲人，顥孫。生而枝指，故自號枝山，又號枝指生。五歲能作徑尺字，九歲能詩，稍長，博覽群籍。爲文多奇氣，尤工書法，名動海內。弘治五年舉於鄉，官至應天府通判，未幾致仕，玩世自放，流輩傳說附麗，往往出名教外，年六十七卒。有前聞記、九朝野記、蘇材小纂、集略、懷星堂集。

跋祝京兆楷書卷（徐氏海隅集文編23/16）

跋祝希哲眞書卷（歸有園稿14/1）

祝氏集略序（皇甫司勳集38/1）

祝公行狀（雅宜山人集10/1）

祝先生墓誌銘（陸子餘集 3/1， 國朝獻徵錄 75/57）

名山藏95/12

姑蘇名賢小記上/35

國寶新編×/7

吳郡二科志×/4

皇明世說新語2/19下，6/31下

四友齋叢說23/16

明史286/16

祝世祿（1539--1610）字延之，號無功，鄱陽人。萬曆間進士，考選爲南科給事，歷尙寶司卿。耿定向講學東南，世祿從之遊，與潘去華、王德孺同爲耿門高弟，年七十二卒。有祝子小言、環碧齋詩集及尺牘。

明儒學案35/20

祝存禮，金華人。洪武中由太學生擢刑部主事，歷河南湖廣按察僉事，陞福建副使。

淸白軒賦（楊文敏公集8/9）

祝仲寧，號橘泉翁，四明人。世爲醫家，永樂初召至京，從太醫院使戴原禮學。未卒業，原禮去，自修諸醫書，專主濕熱相火之說，而內外傷辨尤精，以能起重病，名聞都下。應人之請，雖雨雪早暮不自恤，都人日齎金帛以謝門下，亦未始以此介意。

橘泉翁傳（篁墩程先生文集 49/3下，國朝獻徵錄78/105）

祝金（1345--1423）字廷心，麗水人。師事宋濂，以孝行著聞，辟邑庠分教，搆樓一區，環樓植竹萬竿，自號萬竹山人。端居講堂，嚴矩度，勤訓誨，解惑析疑，隆冬盛暑弗懈。改江浦教諭，致仕卒，年七十九。

祝先生墓表（周叙撰、國朝獻徵錄83/116）

祝時泰，侯官人。嘉靖元年擧人，累官戶部員外郎。嘉靖時游於杭州，與友結詩社西湖上，凡會吟者有紫陽、湖心、玉岑、飛來、月巖、南屏、紫雲、洞霄八社，時泰與高應冕等分主之，以所作倡和詩，集爲西湖八社詩帖。父祝德，字永明，號恒齋，嘉靖廿五年卒，年九十。

恒齋祝公配陳宜人合葬墓誌銘（雲岡公文集 12/1）

祝徑，江西德興人。成化二十三年進士，除戶科給事中，弘治中陞戶科都給諫，官終河南右參政。

掖垣人鑑10/30

祝淵（1611--1645）字開美，號月隱，海寧人。崇禎六年擧人，會試入都，適都御史劉宗周削籍，淵未識宗周，抗疏爭之，逮下詔獄。尋被釋，遂師事宗周。嘗有過，閉門長跪，流涕自撾。杭州失守，投環卒，年三十五。有祝子遺書，皆與宗周講學之語。

明史255/19

祝乾壽，應城人。嘉靖三十二年進士，知崑山縣，時倭寇蹂躪江南，明軍有採淘港之敗，郡縣大恐，乾壽乘城據守，鼓衆作氣，力破賊突城之戰，獲其渠魁二大王，射殺之。寇焰稍衰，圍解，城獲完，民感其德，立生祠祀之。

吳郡張大復先生明人列傳稿×/5

祝詠（1489--1556）字鳴盛，號峋僂，衡陽人。嘉靖八年進士，歷戶兵二科給事中，以方鯁忤時，出按甘肅，論列邊事，如燒河套復屯田諸議，當事尤忌之，出知太平府，終陝西參政，致仕卒，年六十八。

祝君墓誌銘（念菴羅先生文集 8/37，國朝獻徵錄94/15）

掖垣人鑑13/16下

祝雄，遼東人。起家世廕，歷都督僉事，自山西副總兵，遷鎭大同，被劾解職。起鎭薊州，善撫士，治軍肅，寇入塞，率子弟爲士卒先，世宗書其名於御屏。爲將三十年，布袍氈笠，不異卒伍。

明史211/4下

祝萃字惟貞。海寧人。成化二十年進士，授刑部主事，改工部，從侍郎徐貫治水蘇松，以功進員外郎。正德時歷廣東左布政，乞歸，優游著述以終。有虛齋先生集。

送提學祝惟貞陞廣東參政序（涇野先生文集2/33）

子祝繼皋（1504—1542）字師謨，兵部主事。

祝君贈安人劉氏合葬墓志銘（雲岡公文集9/11）

祝舜齡字壽卿，無錫人。嘉靖三十二年進士，令政和，廉介絕人，吏事精敏。擢南部主事卒。囊金不贏兩，至無以殮。

毘陵人品記10/6下

祝萬齡，陝西咸寧人。萬曆四十四年進士，累官保定知府。天啓中魏忠賢毀天下書院，萬齡嘆息，其黨李魯生劾之，遂罷仕。崇禎初起知黃州，集諸生講學，時號關西夫子，尋罷歸。流賊陷長安，萬齡趨至關中書院，投環死。

明史294/23下

祝還（1399—1457）字孟昭，祥符人。宣德八年進士，授戶部主事，累陞刑部郎中，佐尙書金濂，討平閩寇鄧茂七，擢右僉都御史，卒年五十八。

國朝獻徵錄56/7李濂撰祝公傳

祝徽（1568—1634）字文柔，號懷服，臨川人。天啓初舉進士，授行人，擢御史，歷按山西及兩浙鹺政，崇禎七年卒，年六十七。

祝公墓誌銘（己吾集7/7）

祝瀚字惟容，浙江山陰人。成化二十三年進士，拜刑部主事，擢南昌知府，廉明有威。時宸濠勢漸熾，瀚嚴拒干謁，王府有鶴帶牌者縱於街，民家犬噬之，宸濠牒府欲抵罪，瀚批牒曰，鶴號帶牌，犬不識字，禽獸相爭，何預人事，其強直類如此，竟以中傷謝事歸。

皇明世說新語2/32

祝瀾字有本，江西德興人。成化五年進士，授兵科給事中，以直言忤旨廷杖，謫安州判。遷國子監丞，再謫雲南經歷。瀾慷慨尙氣節，爲諸生時，聘舒氏女，後目盲，其父母欲罷婚，瀾不可，竟娶瞽女，與之終身。

掖垣人鑑10/12下

祝權龍（1474—1552）字思允，號樂有，海寧人，萃從子。南監生，嘉靖中歷太僕寺丞，官至程番知府，卒年七十九。

祭祝思允太守（黃門集9/16）

祝公墓誌銘（同上11/35下）

祝顥（1405—1483）字惟淸，長洲人。正統四年進士，授行在刑科給事中，以內憂歸。服除，起陞山西布政司左參議，專督糧儲，晉右參政，歷七載，疏乞歸，卒年七十九。有侗軒集。

祝公神道碑銘（吳寬撰、國朝獻徵錄97/23）

祝公墓誌銘（李應禎撰、侗軒集附錄/1）

太中遺事（祝允明撰、同上附錄/5）

掖垣人鑑8/20下

祝續字遜緒，長州人。正德六年進士，由庶吉士授禮科給事中，歷左給諫，降縣丞，仕終廣西布政使。

掖垣人鑑12/23下

祝鑾字鳴和，號篁溪，當塗人。正德三年進士，授禮部主事，歷浙江參議，擢福建提學副使，累官廣東布政使。有篁溪文集。

贈憲副祝君鳴和之任序（篇亭存稿1/14下）

贈賀祝鳴和提學閩中序（棠陵文集2/11）

祝篁溪先生集序（寶日堂初集12/3）

父祝□，號覺軒。

壽祝先生七十生辰序（篇亭存稿1/14下）

夏

夏子孝字以忠，初名恩，桐城人。六歲失母，哀哭如成人。九歲父得危疾，禱天地，刲股調羮以進。嘉靖末父卒，廬墓，形容槁瘁。後歷事王畿、羅汝芳、史桂芳、耿定向等，獲聞聖賢之學。定向爲督學使者，將疏聞於朝。固辭曰，不肖不忍以亡親買名，卒年五十六。

國朝獻徵錄112/80方學漸撰夏孝子傳

明史297/17

【十劃】祝、夏

夏之令字紹武，光山人。萬曆末進士，官御史，以論邊事詆毛文龍，又劾治內使馮忠等，因爲魏忠賢所銜，屬御史連劾，下詔獄，坐贓拷死。

啓禎野乘5/4下

明史245/20下

夏允彝字彝仲，松江華亭人。崇禎十年進士，好古博學，工屬文。時東林講席盛，蘇州張溥等結文會，名復社，允彝與陳子龍等亦結幾社相應。北京既破，走謁尚書史可法謀興復，聞福王立，乃還。南都失，徬徨山澤間，欲有所爲，聞友人侯峒曾、黃淳耀、徐汧等皆死，賦絕命辭自投深淵以死。有幾社六子詩。

明史277/14

夏升字景高，鹽城人。永樂初知開化縣，有政績，陞衢州知府，盡去宿弊。籍丁糧之數，定爲等則，賦役均平，民咸戴之。

明史281/8下

夏世英，崇禎間官歸德教諭。流賊至，與歸德推官王世琇誓衆固守。城陷，世英持刀罵賊死於明倫堂。

明史293/12

夏臣、號弘齋，池西貴溪人。舉於鄉，累官廣德知州。

親民堂記（泉翁大全集30/1）

夏言（1482--1548）字公謹，號桂洲，貴溪人，鼎子。正德十二年進士，世宗時爲兵科都給事中，以強直鯁敏結主知，去諫官未浹歲而拜六卿，遂參機務，居首輔。意頗驕滿，嚴嵩妒之，言漸失帝意，嵩浸用事，遂日相齮齕。以贊決陝西總督曾銑請復河套事，奪職放歸。嵩復爲仇鸞草奏訐言受銑金，交通爲奸利，卒坐棄市，年六十七。後嵩敗，其家訟冤，復其官，追謚文愍。有賜閒堂稿、桂洲集。

山西按事奏議序（石龍集13/16）

寶文書院記（雲岡公文集10/7）

開講書院記（可泉先生文集6/13下）

贈大宗伯夏公序（鈐山堂集19/4下）

送夏相公叙（午坡文集2/45）

壽上柱國桂洲先生夏公六旬初度序二篇（張文定公紆玉樓集8/1）

代壽夏桂洲閣老六十序（趙文肅公文集16/13）

壽太師桂翁六十序（內方集9/13下）

夏桂洲先生年譜、林日瑞編、夏桂洲集卷首

嘉靖以來內閣首輔傳3/1

國朝獻徵錄16/24王世貞撰傳

掖垣人鑑12/36

皇明世說新語1/31，7/7下，8/35下

名山藏臣林記19/30下

明史列傳67/21下

明史196/20下

夏良心字宗堯，直隸廣德人。隆慶五年進士，初官豫章，後巡撫江西，陞兵部侍郎，仍留原任，萬曆三十三年，卒於官。

夏公懷德祠碑（郭子章撰、國朝獻徵錄62/118）

夏良勝（1480--1538）字於中，南城人。正德三年進士，官吏部考功員外郎，以諫南巡廷杖歸。嘉靖初復職，歷南京太常寺少卿，後爲讎家所訐，戍遼東卒，年五十七。有東洲初稿、中庸衍義，又輯有銓司彙存。

忤權冤忠錄序（萬一樓集33/7下）

昭忠錄序（同上33/10）

夏公墓誌銘（歐陽鐸撰、國朝獻徵錄70/73）

明史列傳59/14

明史189/13下

夏廷美，繁昌人。性孝友忱恂，里人敬信之。從焦竑游，日取四書次第咏誦，時以己意詮解。嘗曰天理人欲，不知誰氏作此分別。儂反身細求理欲似難分別，止在迷悟間，悟則人欲卽天理，迷則天理亦人欲。

國朝獻徵錄114/65耿恭簡集夏叟傳

明儒學案32/12下

夏邦謨（1484--1564），字舜俞，號松泉，四川涪州人。正德三年進士，授戶部主事，歷廣西、貴州布政使，進右副都御史，巡撫江南。累官至戶部尙書，改吏部，致仕歸，年八十一卒。

巡撫大中丞松泉夏公平寇詩序（徐文敏公集4/31下）

送大司徒松泉夏公之南都序（苑洛集2/7下）

夏松泉公墓誌銘（許文穆公集5/27）

國朝獻徵錄25/46無撰人夏邦謨傳
皇明世說新語2/4下
祖夏友綸（1426—1507），字孟纓。
贈戶部尙書夏公墓誌銘（歐陽南野文集24/7下）
父夏彥策，字士晉。
夏公墓誌銘（世經堂集16/10）

夏佑字存賢，崑山人。宣德中以儒士薦授臨海縣丞，未一歲左遷廣東海北鹽課堤舉司白石場大使，屢陞建寧府廣實倉，卒於官。

吳郡張大復先生明人列傳稿×/67

夏易字連山，江都人。弘治六年進士，除戶科給事中。

披垣人鑑11/9

夏昂（1449--1514）字景德，號懋齊，吳縣人，占籍順天宛平。成化二十年進士，授工科給事中，改禮科，弘治七年擢湖廣右參議，歷陝西布政使，右副都御史，官至工部左侍郎，卒年六十六。

送參議夏先生之湖廣序（羅文肅公集1/10下）
夏公墓誌銘（李東陽撰、國朝獻徵錄51/36）
披垣人鑑10/28下

夏尙樸字敦夫，江西永豐人。正德初會試赴京，見劉瑾亂政，不試而歸。六年成進士，授南京禮部主事。嘉靖時歷南京太僕寺少卿。尙樸少師婁諒，傳主敬之學，學者宗之。著中庸語錄，東巖文學。

贈夏子敦夫序（洹詞4/18下）
明史283/3下
明儒學案4/1

夏芷字廷芳，錢塘人。畫師戴進，善山水，早卒。

圖繪寶鑑6/4

夏津字時濟，崑山人，昺孫。性至孝，好學有文，舉正德十一年鄉薦，授知象山縣，遷昌化，以病乞歸卒。著有夏氏世譜。

吳郡張大復先生明人列傳稿×/44

夏昺字孟暘，崑山人。善書畫，永樂中與弟㫤同爲中書舍人，時稱大小中書。

崑山人物志8/5下

吳郡張大復先生明人列傳稿×/44
明史286/5

夏㫤（1388--1470）字仲昭，崑山人，昺弟。永樂十三年進士，累遷太常寺卿，直內閣。詩文書法皆臻妙境，畫竹石師王紱，與上元張益齊名。其後㫤見益石渠閣賦，自謂不如，遂不復作賦；益見㫤所畫竹石，亦遂不復畫竹。

送知府夏君仲昭赴瑞州府序（芳洲文集4/5下）
贈考功主事夏君仲昭序（芳洲續集2/2）
賀太常少卿夏公序（呂文懿公全集8/37下）
壽夏太常八十歲詩序（瓊臺詩文會稿15/27）
祭夏太常文（懷麓堂文稿22/4）
國朝獻徵錄70/10無撰人夏㫤傳
名山藏99/3下
崑山人物志3/9
吳中人物志13/23
圖繪寶鑑6/4下
皇明世說新語6/21下，6/23下
水東日記5/7下
吳郡張大復先生明人列傳稿×/47
明史286/4

夏廸（1366--1426）字廷簡，號霞軒，天台人。洪武二十年舉人，卒業太學，授溧陽縣丞，歷河南、四川參政，屢官南京左副都御史，宣德元年卒於官，年六十一。

國朝獻徵錄64/46雷禮撰傳

夏英字育才，江西吉水人，成化十七年進士，歷知延平府，性警敏而行質實，不怵於貴勢。延俗奢靡，躬儉約以導之，敝俗爲革。

工部主事夏公育才儀眞德政碑記（定山先生集8/18）
儀眞東關閘記（同上9/32下）

夏祚字天錫，當塗人。成化十四年進士，任兵科都給事中，有鯁直風，歷河南右參議，終福建右布政使。

披垣人鑑10/21下

夏原吉（1366--1430）字惟喆，其先德興人，徙家湘陰。洪武二十三年舉鄉薦，入太學，擢戶部主事，歷事五朝，累官戶部尙書，加太子少傅。宣宗時入閣預機務，爲政能得大體，年六十五卒，諡忠靖。有夏忠靖公集。

書夏忠靖公文集後（王端毅公文集3/8下）
夏公墓誌銘（楊文敏公集21/1）
夏公神道碑銘（東里文集12/14，皇明名臣琬琰錄19/4下）
夏忠靖公傳（瓊臺詩文會稿重編20/1，國朝獻徵錄28/6）
夏忠靖公傳（懷麓堂文稿15/1）
夏忠靖公傳（王文恪公集23/9下，國朝獻徵錄28/9）
贈太師夏公挽詩序（金文靖公集7/1）
祭夏尚書文（金文靖公集10/61）
徐氏海隅集外編41/5下
水東日記3/4下，9/9，23/3下
皇明獻實11/2下
吾學編28/3下
國琛集上/21
四友齋叢說9/3
皇明名臣經濟錄2/1，2/5下
聖朝名世考3/5
皇明書14/16下
皇明世說新語 1/2下，1/23，2/25，2/26下，3/4，3/18下，3/20，3/31下，4/10，4/18下，6/23，6/24下
名山藏臣林記6/17
明史列傳26/4下
明史149/3下

夏栻字廷瞻，江西豐城人。嘉靖二十九年進士，由行人選兵科給事中，仕至太僕寺少卿，給假遷葬，尋告以疾歸。

掖垣人鑑14/26

夏時字以正，錢塘人。永樂十六年進士，授戶科給事中，洪熙初力言改鈔法之弊，擢江西僉事，累遷廣西左布政使，前後上十餘疏，雖不盡用，天下壯其敢言，致仕卒。

贈方伯夏公致仕還錢塘序（呂文懿公全集7/60）
明史列傳38/9
明史161/11下
父夏忠（1365—1419），字仲實。
夏君墓表（東里文集15/10下）

夏時字孟寅，餘姚人。景泰五年進士，由庶吉士授戶科給事中，升江西僉事。

掖垣人鑑5/23

夏時（1514--1581）字人正，號陽衢，松江華亭人，嘉靖三十五年進士，授中書舍人，選戶科給事中，丁憂歸。隆慶二年起除吏科，未拜，以疾歸，卒年六十八。

夏公墓誌銘（陸文定公集6/11下）
掖垣人鑑14/41

夏時正（1412--1499）字尙一，一字季爵，號餘留道人，仁和人。正統十年進士，除刑部主事，景泰六年以刑部郎中錄囚福建，多所平反，累擢南京大理卿。成化六年，巡視江西災傷，除無名稅十餘萬石，汰諸司冗役數萬。乞歸，貧甚，布政使張瓚爲築西湖書院居之，卒年八十八。時正雅好學問，多所著述，有瀛岫稿、餘留稿、杭州志。

祭大理卿夏公文（東泉文集7/51）
夏公神道碑銘（碧川文選4/34下）
夏公墓誌銘（王文恪公集27/14，國朝獻徵錄69/4）
吾學編48/3下
明史列傳39/24
明史157/18

夏寅字正夫，一字時正，號止菴，松江華亭人。正統十三年進士，除南京吏部主事，擢江西按察副使，專董學政，崇實黜浮，陞浙江參政。自筮仕入郎署二十年，爲副使十六年，未嘗以淹屈降志，官至山東右布政使。有文明公集。

先進舊聞（寶日堂初集22/32下）
皇明世說新語1/3
聖朝名世考8/12下
國朝獻徵錄95/6顧淸撰傳
國琛集上/34下
皇明書22/9下
吾學編48/1
皇明獻實36/3下
明史列傳38/23
明史161/17下

夏崇文（1456--1507）字廷章，湘陰人，瑄子。成化十四年進士，授吏部主事，條上時務五事。會詔陳利病，又疏陳五事，時論皆韙之。歷官太僕少卿，遷右通政，正德二年卒，年五十二。輯有夏忠靖遺事。

祭夏通政廷章（見素集26/3下）

祭通政夏廷章文（柴墟文集10/9）

夏君墓誌銘（柴墟文集9/1，國朝獻徵錄67/52）

夏從壽（1463--1537）字如山，號裕軒，江陰人。弘治六年進士，授工部主事，歷戶部郎中，累官右副都御史撫治鄖陽，四境帖然。以執法不阿，爲人忮嫉，乞致仕，卒年七十三。有裕軒稿。

送都御史夏公序（空同子集53/3）

夏公合葬墓誌銘（張文定公廳悔軒集5/6）

夏雲蛟，嘉定人，諸生。南京既破，清兵來攻，衆推里人侯峒曾爲首，雲蛟與黃淳耀等誓死同守，城中矢石俱盡，會大雨城崩，雲蛟等死之。

明史277/15下

明儒學案2/70

夏統春字元夫，桐城人。崇禎間以國子生授黃陂丞，攝黃梅縣事，賊至，拒守凡十五晝夜，解圍去。已而再至，城陷被執，欲降之。統春指賊大罵，賊斷其右手，復以左手指賊罵，賊又斷之，罵不已，乃割其舌，目怒視，眦欲裂，又剜其目，猶以頭觸賊，遂支解之。

明史294/1下

夏煜字允中，江寧人。有俊才，工詩，太祖辟中書省博士，征陳友諒，與草檄賦詩。洪武初元總制浙東諸府，以伺察搏擊爲事，後不獲令終。

明史列傳14/10

明史135/7

夏遂（1418--1450）字存良，崑山人，佑弟。正統四年進士，授禮部主事。遂氣度儁遠，瞻對豁如，嘗北送瓦剌，南護爪哇朝貢使，所至無驛騷之苦，而夷人帖服，卒年僅三十三。

夏君墓志銘（李俞山撰、吳下冢墓遺文續1/79下）

吳郡張大復先生明人列傳稿×/67

夏瑄（1418--1481）字韞輝，湘陰人，原吉子。以蔭爲尙寶丞，喜談兵。景泰中數上章言兵事，有沮者，不獲用，終南京太常少卿。

夏公行狀（懷麓堂文稿23/10下，國朝獻徵錄77/62）

國朝獻徵錄70/69實錄夏瑄傳

皇明名臣經濟錄17/1

夏鼎字象峰，貴溪人。弘治九年進士，累官臨淸知州，時中貴，有脅取民貨者，鼎立簿籍鉤考之，患遂寢。一時治行以操幹名者，以鼎爲最，以子言貴贈太子太保禮部尙書。

夏公遺愛祠碑文（張文定公廳悔軒集4/4下）

妻匡氏。

壽夏母匡太宜人序（費文憲公摘稿14/26）

匡太宜人墓誌銘（同上18/14下）

夏葵字廷暉，錢塘人，芷弟。善畫山水人物。

圖繪寶鑑6/4

夏萬亨字元禮，崑山人。由擧人累官江西布政使，淸兵下江西，巡撫曠昭棄城走，萬亨與南康知府王養正等拒守三日，城陷死之。

崑山殉難錄4/8下

明史278/14

夏誠字克誠，仁和人。宣德擧人，擢御史，英宗北征，扈從至土木，遇難沒於陣。

明史167/7下

夏嘉遇字正甫，松江華亭人。萬曆卅八年進士，官禮部主事。時方從哲柄國，臺官結黨，以攻東林排異己爲事。四十七年遼事敗，嘉遇疏劾從哲及給事中亓詩教、趙興邦等，連疏力攻，其黨亦攜貳，亓趙勢頓衰，時論快之。熹宗時爲黨人張訥誣劾逮訊，憤恨發病卒。

啓禎野乘4/16

【十劃】夏

明史列傳90/20

明史236/21

夏璣字德乾，崑山人。景泰五年進士，知新淦縣，以循良稱，擢監察御史，多所建白。

崑山人物志2/8下

夏樹芳字茂卿，江陰人。萬曆舉人，著有栖眞志，法喜志，茶董，奇姓通，冰蓮集等。

夏茂卿集序（檀玉集7/25）

冰蓮集序（大泌山房集13/5下）

詞林海錯序（綸扉館集2/1）

父夏謙吉（1527--1595）字道貞。

孝廉夏君墓誌銘（天遠樓集14/35）

夏儒（1467--1515）字宗魯，號一中，上元人，武宗毅皇后父。初以錦衣指揮使陞都督同知，正德二年封慶陽伯。父瑄疾，三年不去左右。既貴，服食如布衣時，年四十九卒。

慶陽伯夏公行狀（紫巖文集41/12下）

夏公墓志銘（靳貴撰、國朝獻徵錄3/34）

吾學編19/78

皇明功臣封爵考7/24下

皇明書12/5

明史300/18下

夏衡字以平，松江華亭人。工書畫，永樂中官至太常卿，涖事內閣最久，謙厚縝密，未嘗泄禁中語。

國朝獻徵錄22/76無名氏撰傳

圖繪寶鑑6/5下

父夏文（1366—1412）字宗文，號醉漁，著有長淮醉漁稿。

夏君墓誌銘（楊文敏公集23/18下）

夏壎（1426--1479）字宗成，天台人。景泰二年進士，巡按廣西福建，繼清軍江西，發鎭守中官葉達恣橫狀，擢廣東按察使。咸化八年陞右副都御史，巡撫四川，旋乞歸，杜門養親，不接賓客，卒年五十四。著有嶺南集、嶺南江西行稿、三巴稿及奏議數十卷（按明進士登科考及墓誌銘俱作夏塤，此從明史。）

壽公墓誌銘（桃溪淨稿文11/2下，國朝獻徵錄60/63）

明史列傳36/15

明史159/18

夏鍭（1455--1537）字德樹，號赤城，天臺人，壎子。弘治初謁選入都，上章忤旨，下詔獄得釋，除南京大理評事。疏論賦歛徭役馬政鹽課利弊及宗藩戚里侵漁狀，不報。鍭素無宦情，父官四川，曾獻詩勸歸，至是鍭亦乞致仕歸，卒年八十三。居鄉砥礪名節，有赤城集。

夏公墓誌銘（楊僎吉撰、國朝獻徵錄69/27）

四友齋叢說9/8下

明史列傳55/14下

明史159/19

馬

馬一龍（1490--1562）字負圖，一字應圖，溧陽人，性魯子。嘉靖廿六年進士，選庶吉士，官至國子監司業，卒年七十三。有農說。

馬公墓志（李春芳撰、國朝獻徵錄74/26）

名山藏100/6

馬子聰字舜達，直隸廣平人。成化二十三年進士，授南京禮科給事中，劾罷都御史錢鉞、南京守備太監蔣琮。後轉戶科，累陞工科都給諫，前後數十疏，大略排斥奸貪，皆衆所不敢言者，終以忤巨璫，乞假歸卒。

掖垣人鑑11/11下

明史列傳55/11下

馬大壯字仲復，徽州人，羅汝芳門人。築天都館，讀書其中，嘗採異聞作天都載。

天都載引（媚眞草堂文集17/12）

馬士英字瑤草，貴陽人。萬曆四十七年進士，崇禎時累官右僉都御史，坐事廢。復起爲兵部侍郎，北京陷，士英等立福王於南京，升東閣大學士，進太保。與阮大鋮相結，專權昏憒，日事報復，名器猥濫。清兵破南京，飾其母爲太后，奔杭州，事露，杭人逐之，竄伏天台山寺，其家丁縛獻淸軍，被殺。

記馬士英南奔事（鮚埼亭集外編49/6下）

明史308/34下

馬士權，鈞州人，文升後。爲徐有貞客，石亨等誣有貞指斥乘輿，遂執有貞，並下士權於獄，榜治無驗。後有貞出獄，附士權背曰，子義士也，他日當以一女相託。旣而絕不及婚事，士權辭去，終身不言其事。

皇明世說新語3/20下

馬山，河南新安人。性剛直，崇禎間土寇于大中陷新安，獲山使負米，叱曰我天朝百姓，肯爲賊負米耶，大罵而死。

明史292/3下

馬文升（1426--1510）字負圖，號三峯居士，河南鈞州人。貌瓌奇，多力。景泰二年進士，授御史，歷按山西湖廣，風裁甚著。天順中，以右副都御史巡撫陝西，平捕叛賊，陳時政十五事，及禦邊三策。尋命節制三邊，以忤中官汪直，謫戍重慶，直敗復官。孝宗時累官吏部尚書，時年已八十，遇事侃侃不少衰，武宗時朝政移於中官，遂乞去。文升有文武才，長於應變，朝端有大議，往往待之決，功在邊鎮，外國皆聞其名。尤重氣節，屢遭讒詬，迄不少貶。年八十五卒，諡端肅。有馬端肅奏議、西征石城記、撫安東夷記、興後哈密國王記。

馬端肅公詩序（大泌山房集19/10）

太子太保兵部尙書馬公榮壽詩序（羅文肅公集9/2下）

少保馬端肅公頌（鶯林外編18/4）

祭馬冢宰文（何文簡公集14/6）

馬文升傳（弇州山人續稿89/1，國朝獻徵錄24/37）

名山藏臣林記13/25

皇明獻實33/10下

吾學編37/20

皇明書22/19下

名卿績紀2/6

國琛集下/20下

聖朝名世考3/74

皇明世說新語3/10，3/33，7/28下

四友齋叢說9/8，10/1

明史列傳51/9下

明史182/8下

父馬□

贈太子太保兵部尙書馬公鞔詩序（懷麓堂文後稿3/21）

子馬□

贈知六安州馬大夫序（王文恪公集121/7下）

馬文煒（1533--1603）字仲韜，號定宇，安丘人。嘉靖四十一年進士，知確山縣，析獄如神。入爲御史，巡鹽兩淮，積羨金十餘萬，俱抵正額。以事忤執政，罷爲按察副使，治兵荆南。帝爲張居正治第於江陵，監奴橫行，文煒縛置於獄，中貴愧謝乃已。後以右都御史巡撫江西，執法頗嚴，中蜚語改南京，乞歸卒，年七十一。

安丘大中丞馬公誄（來禽館集17/1）

馬公墓誌銘（穀城山館文集23/12下，國朝獻徵錄63/153）

馬公墓表（王文肅公文草7/32）

馬之駿字仲良，新野人。萬曆卅八年進士，官戶部主事，工詩，與王穉登之子留造作新聲，務以新警鮮異相唱和。有妙遠堂集。

明詩綜60/16下

父馬化龍（1549—1603）字雲卿，號在田。萬曆五年進士，蘇州府同知。

馬郡丞墓志銘（快雪堂集11/4）

母王氏

王恭人壽序（大泌山房集38/37）

賀馬母王恭人六十壽序（玉茗堂全集1/22）

馬孔英，宣府塞外降丁。積戰功爲寧夏參將，累破蒙古西部人哱拜、河套部卜失兎、著力兎、宰僧、播州楊應龍等，累功進都督同知。以總兵官鎭貴州，平金筑叛苗，後以冒功被劾，罷歸卒。

明史列傳88/26下

明史247/25下

馬孔惠字孝卿，直隸東光人。成化八年進士，二十年由兵科都給事中陞福建參議，卒於官。

掖垣人鑑10/15下

馬中錫（1446--1512）字天祿，號東田，故城人。成化十一年進士，授刑科給事中。萬貴妃弟通驕橫，再疏斥之，再被杖。公主侵畿內田，勘還之民，武宗時以忤瑾得罪歸。劉瑾誅，起撫大同，旋擢右都御史，奉命討劉六，中錫雖有時望，不習兵，見賊強諸將怯，度不能破賊，因議招撫。賊過故城，戒無犯馬都堂家。言者劾其縱賊，遂被逮死獄中，年六十七。後御史盧雍追訟其冤，復原官。有東田漫稿，別本東田集。

東田先生馬公祠堂記（端溪先生集3/28下）
馬公墓志銘（靳貴撰、國朝獻徵錄54/74）
馬中錫傳（西河合集82/1）
掖垣人鑑10/25下
明史187/4下

馬公，宿州人，佚其名，孝慈皇后父。少時膂力過人，沈毅寡言笑，重然諾。性剛強，見有爲不義者，視之若仇，人莫敢犯。洪武初追封徐王。

明史300/4

馬升階字汝弼，內江人。嘉靖七年舉於鄉，初應禮部試，聞王守仁講學東南，誦其語錄，決意研求性命之學。選武陵令，豪猾斂手，招貧民復業者三百餘家。久之以亢直不容改教歸，士民刻像祀之。

馬武陵家傳（大泌山房集64/23下）

馬允登（1548--1591）字叔先，號瀛許，東光人。隆慶五年進士，授齊河令，改安陽，擢御史，以伉達敢行有氣聞，官至湖廣參政，卒年四十四。

馬先生行狀（朱太復文集29/7）
祭學主馬參藩瀛許先生文（同上35/1）
祭東光馬參知文（來禽館集20/24）
參知馬叔先遺事（同上22/3）

馬永字天錫，號恒齋，遷安人。生而魁岸，驍果有謀，習兵法，好左氏春秋。武宗時嘗爲薊州及遼東總兵官，以功遷左都督。善用兵，厚撫間諜，戰輒勝。雅知人，所拔卒校多至將帥。及卒，遼人爲罷市，喪過薊州，州人亦灑泣，兩鎮並立祠。

祭左都督馬恒齋文（雲岡公文集8/5）
名山藏臣林記24/3
吾學編45/18
皇明書34/12下
國琛集下/37
國朝獻徵錄106/19無名氏撰傳
明史211/1

馬玉麟字德徵，崑山人。萬曆五年進士，授工部主事，屢遷雲南參政，罷歸卒。有靜觀堂稿。

吳郡張大復先生明人列傳稿×/127

馬世奇字君常，無錫人。幼穎異，嗜學有文名。崇禎四年進士，官至左庶子。都城陷，肅衣冠捧所署司經局印，望朝拜畢，自縊死，二妾朱李先自經。世奇砥礪名行，居館閣最有聲，好推引後進，不妄取與，謚文忠。有澹寧居詩文集。

天啓崇禎兩朝遺詩傳3/107
啓禎野乘12/7
明史輯略紳志略文臣
明史266/1下

馬世龍字蒼元，寧夏人。天啓初官永平副總兵，孫承宗奇其才，授署都督僉事，旋爲山海總兵，因事去職。崇禎間復用，鎮寧夏，半歲中屢奏大捷，威名震西塞，卒官。

明史270/7

馬汝彰字存美，號璞岡，河南汲縣人。嘉靖十一年進士，由武進知縣，選刑科給事中，擢陝西右參政，仕至雲南布政使，致仕卒。

掖垣人鑑13/34

馬汝驥（1493--1543）字仲房，號西玄，綏德人。正德十二年進士，入翰林爲編修，以諫南巡廷杖，調澤州知州，懲王府人，王有所屬，輒投書櫃中不視，世宗時累官禮部侍郎。汝驥行已峭厲，然性故和易，人望歸之。年五十一卒，贈尚書謚文簡。其詩刻意鎔鍊，有西玄集。

贈宗伯西玄馬子北上序（東廓鄒先生文集4/18）
送馬西玄序（方山薛先生全集15/1）
送大司成馬公陞禮部侍郎序（貢永之集14/14

下）
馬氏祠堂記（涇野先生文集16/2）
同鄉合祭馬西玄先生文（存笥稿18/7下）
西玄先生行狀（存笥稿12/1，國朝獻徵錄35/48）
吾學編39/11
四友齋叢說26/4下
皇明書38/51
明史列傳54/26
明史179/15下
父馬驄字士臣，號希桓。
馬公墓志銘（洹詞7/5下）

馬全，里籍不詳。洪武中官光祿少卿，其女乃惠帝皇后。燕兵陷都城，全不知所終。
明史300/5下

馬自強（1513—1578）字體乾，號乾菴，同州人。嘉靖卅二年進士，隆慶中直經筵，遷國子祭酒，振飭學政，請寄不行。神宗時官吏部尚書，藩府疏至，應時裁決，榜之部門，吏無所牟利。張居正歸葬父，請增閣臣，自強遂入相，拜文淵閣大學士，然居正遙攬朝權，自強守位而已，年六十六卒，諡文莊。有馬文莊公集。
馬文莊公文集選序（遯菴文集×/1）
祭馬相公文（方初菴先生集11/20下）
祭馬乾菴相公文（艾熙亭文集6/1）
祭文莊馬相公文（渭上稿24/16下）
祭馬文莊（大泌山房集115/2）
祭大學士馬文莊公文（余學士文集30/9）
祭關中馬相公文（鹿裘石室集38/22）
祭乾菴馬公文（條麓堂集31/21）
馬公墓誌銘（條麓堂集26/11，又馬文莊公集選附錄/1，國朝獻徵錄17/129）
馬公墓表（賜閒堂集22/5，馬文莊公集選附錄/6）
馬公神道碑銘（王文肅公文草6/1）
馬文莊公傳（同上4/21，又馬文莊公集選附錄/9）
明史列傳74/33
明史219/3下
父馬珍（1479—1566）字廷聘，號南野。
南野馬公壽序（條麓堂集21/15下）
馬公暨配淑人張氏合葬墓志銘（同上26/4下）
南野馬公墓表（李文節集23/13下）
祭南野馬年伯文四篇（條麓堂集31/9）
祭野菴馬公文（渭上稿24/7下）

馬如蛟字騰仲，和州人。天啓二年進士，知山陰縣，治行稱最。擢御史，巡按四川，平奢賊之亂。以事歸，崇禎八年流賊陷和州，死之。
天啓崇禎兩朝遺詩小傳2/53
啓禎野乘10/19
明史292/12下

馬良字子善，臨安人，求學於吳，因家焉。善畫釋像。
吳中人物志13/24
國朝獻徵錄107/15無名氏撰傳

馬成名，溧陽人。官密雲兵備僉事，被廢。久之起故官，遇人輒談兵。崇禎間以右僉都御史巡撫永平，以失機論死。
明史248/9

馬足輕，宜陽人。性孝友，弟惑婦言迫分產，乃取田磽薄者自予。萬曆末歲大凶，出粟六百石以賑，焚券千餘。崇禎間死於流賊之難。
明史292/3下

馬廷用（1446—1519）字良佐，號紫厓，四川西充人。成化十四年進士，歷南京侍讀學士，掌院事，官至南京禮部右侍郎，卒年七十四。
瀛海奎光後序（東川劉文簡公集4/15）
送學士馬先生良佐考績序（碧川文選2/47）
馬公神道碑（渼陂續集中/10）
馬公墓志銘（楊廷和撰、國朝獻徵錄37/15）
殿閣詞林記5/30
祖馬覺熙（1405—1468）字悟明，號圓山居士。
馬公神道碑銘（懷麓堂文後稿19/11下）
妻何氏
馬淑人何氏哀輓詩敘（柴墟文集10/14下）

馬治字孝常，宜興人。詩文典雅冲澹，善眞行書。元末與周砥隱居西澗，以詩唱和，成荊南唱和集。洪武初由諸生舉授內丘知縣，遷建昌府同知。有海漁集。
毘陵人品記6/4

明史285/19

馬京字子高，武功人。洪武十八年進士，歷大理卿。永樂初爲刑部左侍郎，輔導皇太子，盡誠翊贊，爲高煦所譖，下獄死，仁宗時追諡文簡。

吾學編39/5

明史150/1下

馬性魯字進之，號璧泉，溧陽人。正德六年進士，除兵科給事中，仕終雲南尋甸軍民府知府，卒于官。

尋甸太守馬碧泉墓表（劉清惠公集 8/又17）

掖垣人鑑12/21

妻許氏（1470— ）

壽馬翰林母許氏八十（歐陽南野文集21/31下）

壽馬孺人許氏八十序（敬所王先生集2/32下）

馬孟禎字泰符，桐城人。萬曆廿六年進士，由知縣徵授御史，屢上疏言事，爲三黨所忌，出爲廣東副使。天啓初起光祿少卿，魏忠賢族御史王業浩論劾，遂削籍，崇禎初復官。孟禎少貧，及貴顯，家無贏資，惟銜趙世卿抑已。既入臺，即疏劾世卿，時論以爲隘。

明史列傳90/3下

明史230/15下

馬林，蔚州人，芳子。萬曆間以克敵功累擢遼東總兵官。雅好文學，能詩工書，交游多名士，自許亦甚高。嘗陳邊務十策，語多觸文吏，寢不行。後與淸兵戰開原，死之。林雖更歷邊鎭，然未經強敵，無大將才，當時以虛名用之，故敗。

明史211/12

馬坤字順卿，號南渚，南通州人。嘉靖二年進士，累官戶部尙書。有南渚遺稿。

九日高座寺敬臘大司徒石渚馬公序（山帶閣集26/18下）

馬明衡字子萃，莆田人，思聰子。正德十二年進士，世宗時官御史，以論救鄧繼曾及爭慈壽太后誕辰免朝事得罪，終身廢棄。初受業於王守仁，閩中有王氏學，向明衡始。所著尙書疑義，多與蔡沈立異。

皇明書43/13

明史列傳73/4

明史207/4

馬昊（1465--1534）本性鄒，字宗大，寧夏人。弘治十二年進士，長身驍捷，善騎射，知兵。武宗時官四川僉事，累破巨寇及叛番，積官右副都御史。昊有才變，揮霍自喜，所向輒有功，然官川中久，狎其俗，銳意立功名，後屢敗。爲御史盧龍等所劾，削籍歸。嘉靖十三年卒，年七十。

百伐奇勛詩序（東川劉文簡公集5/8下）

馬公平蜀詩序（對山集12/24下）

馬公墓誌銘（對山集17/1，國朝獻徵錄60/20）

名卿續紀4/8

明史187/20下

馬昂（1399--1476）字景高，一字伯顒，滄州人。永樂中舉於鄉，卒業太學。正統二年薦擢監察御史，累陞刑部右侍郎。景泰間總督兩廣軍務，攘懷夷寇，安撫軍民，人甚便之。歷遷左都御史、兵部尙書，成化初改戶部，以星變被劾致仕，卒年七十八，諡恭襄。

馬公墓誌（劉珝撰、國朝獻徵錄28/38）

水東日記5/1，40/9

吾學編31/18

馬芳（1517--1581）字德馨，陝西蔚州人。嘉靖間歷薊鎭、宣府總兵。起行伍，十餘年爲大帥，大小百十戰，身被數十創，善以少擊衆，未嘗不大捷，擒部長數十人，威名震邊陲，爲一時將帥冠，萬曆九年卒，年六十五。

馬將軍家傳（大泌山房集68/5下）

明史211/9下

馬金字汝礪，西充人，廷用子。成化二十年進士，歷知廬州，累陞浙江布政使，所至有惠政，民廟祀之。

廬州府馬侯遺愛碑（王文恪公集22/10下）

三錫堂記（懷麓堂文後稿6/18）

馬津字宗孔，號間菴，徐州人。正德十二年進士，授餘干令，擢監察御史，歷陞大理寺丞，終福建提學副使，致仕歸，卒年八十四。

馬先生墓表（篔簹齋公文集17/10下）

馬亮，洪人。以燕山衞卒從成祖起兵，積功累遷都指揮僉事。宣宗時官至左都督，封招遠伯。善騎射，每戰，身先士卒，所向克捷，時稱驍將，正統十一年卒，謚榮毅。

吾學編19/55

皇明功臣封爵考6/70

明史列傳22/25下

明史155/13

馬宣，不詳何許人。官薊州都指揮。建文元年與燕兵戰，被擒不屈死。福王時贈全椒伯，謚忠壯。

國朝獻徵錄110/7忠節錄傳

革朝遺忠錄下/25

皇明獻實8/2下

吾學編52/1下

皇明表忠記5/6下

聖朝名世考4/30下

遜國正氣紀6/14

遜國神會錄下/6

明史列傳20/6

明史142/7

馬炳然字思進，內江人。成化十七年進士，知嘉魚縣，清廉有惠政，吏不能欺。後擢副都御史，巡撫貴州，遷總督南京糧儲，爲流賊劉六所挾，令作書退軍，不從，遇害，謚毅愍。

國朝獻徵錄59/65無撰人馬炳然傳

馬思聰（1462--1519）字懋聞，號翠峯，莆田人。弘治十八年進士，歷南京戶部主事，督糧江西。宸濠反，被執不屈，絕食六日而死，年五十八。

馬君翠峯墓志銘（見素續集10/22下）

懷忠祠記（環溪集1/9）

國朝獻徵錄30/74無名氏撰馬思聰傳

明史289/24

馬皇后，宿州人，馬公女。母早卒，馬公素善郭子興，以后託之。馬公卒，子興育如己女，子興奇太祖，以后歸焉。后仁慈有智鑒，好書史，帝有劄記，輒命后掌之，倉卒未嘗忘。親緝甲士衣鞋佐軍，嘗語帝定天下以不殺人爲本。帝每對群臣述后賢，同於唐長孫后。洪武初冊爲皇后，卒謚孝慈。

高皇后傳不分卷、不著撰人，明永樂四年內府刊本。

明史113/3

馬皇后，惠帝后。父全，官光祿少卿，后洪武中入宮，建文初冊爲皇后，城陷，卒於火。

明史113/7

馬剛中字仰伯，商城人。崇禎七年進士，授大同推官，擢翰林檢討。崇禎十四年省墓歸，會張獻忠攻城，剛中力戰遇害。

啓禎野乘8/44下

明史293/3下

馬純仁（1626--1645）六合人。諸生，清兵破南京，六合降，純仁題銘橋柱，抱石投水死，年二十。

明史277/11

馬卿（1499--1536）字敬臣，林慮人。弘治十八年進士，歷戶科給事中，劾內官劉瑾不法，出守大名。薊盜猖獗，卿至，爲防禦計甚備，人人效死，聲震河朔間，盜不敢犯。卿先爲給事時，僉都御史寧杲已落籍，賂閹復官。卿聞，奮袂言曰，世果無人，寧用駑如卿者可也，可復令杲壞朝廷事邪。既而卿出守，杲以僉都御史巡撫眞定，欲中傷之，不得間，名益彰，累官漕運御史，卒年五十八。有馬中丞文集。

說交贈馬敬臣（洹詞1/6下）

馬公行狀（洹詞10/35，中丞馬先生文集外編）

馬公墓誌銘（穆孔暉撰、中丞馬先生文集外編）

馬公神道碑銘（馬理撰、中丞馬先生文集外編）

馬中丞小傳（崔銑撰、中丞馬先生文集外編）

國朝獻徵錄59/73朱睦㮮撰傳

掖垣人鑑12/6

皇明書26/13

明史列傳71/22

父馬圖（1450—1529）字道原，號瑞菴，泌州知州。

壽祺雙介狀（中丞馬先生文集3/30）

馬公行蹟狀（同上3/32下）

馬公墓誌銘（洹詞6/8）

祭瑞菴馬公文（同上6/10）

馬理（1474--1555）字伯循，號谿田，三原人，貴孫。正德九年進士，官考功郎，以諫南巡，受廷杖告歸，教授生徒。世宗時起員外郎，以爭大禮再受杖。累遷南京光祿卿，尋致仕，嘉靖三十四遭地震卒，年八十二，諡忠勤。理學行純篤，與呂柟並爲關中學者所宗。有周易贊義，谿田文集。

送谿田西還小序（涇野先生文集5/9下）

三原馬谿田大理公祝壽文（訥溪文錄3/9）

光訓堂記（對山集15/6）

馬谿田先生墓碑（丘隅集14/12下）

谿田馬光祿傳（李中麓閑居集9/63下）

谿田馬先生（馮少墟集22/32）

國朝獻徵錄71/42薛應旂撰傳

名山藏臣林記20/42下

皇明世說新語5/19下

明史282/27下

明儒學案6/55

父馬江，號雲巖。

祭馬伯循乃尊雲巖公文（涂水先生文集5/3）

母李氏（1454—1505）

李氏墓志銘（涇野先生文集22/1）

馬乾，昆明人。崇禎舉人，署夔州府，張獻忠圍夔城，乾親冒矢石，隨機制勝，賊遁去。擢御史，巡按四川，率師禦寇於內江，援絕戰死。

明史295/17

馬堂，天津稅監，兼轄臨淸。始至，諸亡命從者數百人，白晝手鋃鐺奪人產，抗者輒以違禁罪之，中人之家破者大半，遠近爲罷市。州民萬餘縱火焚堂署，鼓譟而逐馬堂，斃其黨三十七人，皆鯨背諸偷也。

明史305/10下

馬從聘（1557--1638）字起莘，靈壽人。萬曆進士，授青州推官，擢御史，出理兩淮鹽課，奸人田應璧請掣賫沒官餘鹽助大工，中官魯保督之，從聘極陳欺罔狀。按蘇松，請免增蘇松常鎮稅課，皆不報，以久次拜右僉都御史，巡撫延綏，引疾歸，家居二十餘年。崇禎十一年淸兵破靈壽，從聘年已八十二，謂其三子曰，吾大臣，義不可生，同縊死，三子殉焉，諡介敏。有四禮輯疑，蘭台奏疏。

明史267/1

父馬思選，字升甫，號賓吾，卒年七十六。

馬公墓志銘（寶日堂初集16/69）

馬從謙（1495--1552）字益之，號竹湖，溧陽人。嘉靖十四年進士，授工部主事，出治二洪有政績，擢尙寶丞，掌知制誥。進光祿少卿，提督中官杜泰乾沒歲費鉅萬，爲從謙奏發，並及帝醮齋事，受杖死。

國朝獻徵錄71/20陳愷撰墓志

明史209/30

馬紹榮字宗勉，號景范，常熟人。天順六年舉人，成化元年預修英廟實錄，授中書舍人，歷吏部員外郎、山東參議，仕至太常少卿，居官三十年，以淸謹聞，弘治十四年卒。

景范先生傳（林屋集18/5下）

國朝獻徵錄22/89無名氏撰傳

妻張氏（1446—1521）

張恭人墓志銘（林屋集19/7下）

馬愉（1395--1447）字性和，臨朐人。宣德二年進士第一，累官至禮部右侍郎，入閣參預機務，端重簡默，門無私謁，論事務寬厚。年五十三卒，贈尙書兼學士，贈官兼職自愉始。有澹軒文集。

馬公墓誌銘（芳洲文集7/38）

馬公神道碑銘（不著撰人、國朝獻徵錄13/12）

殿閣詞林記3/25下

狀元圖考1/23

明史列傳25/19

明史148/14下

馬琴字廷宜，四川內江人。成化二年進士，十五年由刑部郎中出知寧波府。

贈寧波馬君序（桃溪淨稿文3/6）

馬雲，合肥人。洪武初爲都指揮使，與葉旺同鎮遼東，出奇設伏，破納克，追擊三百餘里，殲其衆，進都督僉事。後征大寧克捷，巡邊還卒。

名山藏臣林記3/34下

明史列傳17/1

明史134/3下

馬森（1506--1580）字孔養，號鍾陽，懷安衞人。嘉靖十四年進士，歷太平知府，有善政。累遷大理寺卿，屢駁疑獄，號稱明允。隆慶初爲戶部尚書，勸帝力行節儉，以母老乞歸養。森初學於王守仁門人黃直，里居力贊巡撫龐尚鵬行一條鞭法，鄉人德之，爲立報功祠。萬曆八年卒，年七十五，諡恭敏。有恭敏公集。

贈大中丞鍾陽馬公晉刑部侍郎序（敬所王先生集2/4）

送大司徒鍾陽老先生榮膺召命序（萬文恭公摘集5/13）

大司徒鍾陽馬公平格壽言序（芝園文稿3/4）

大司徒鍾陽馬老先生七十壽序（海嶽山房存稿文2/1）

報功祠碑（王奉常集22/6下）

馬公行狀（海嶽山房存稿文7/1）

馬公神道碑（弇州山人續稿129/10）

馬大司徒傳（白楡集19/3下）

祭鍾陽馬公文（海嶽山房存稿文15/2下）

明史214/6

馬貴（1394--1443）字尙賓，以字行，號靖川，三原人。幼聰敏，以草莖畫地學書，博通經史，邃於周易及邵雍理數小戴中庸。永樂中以賢良薦，不就，隱居教授，正統八年卒，年五十。有靖川語錄、中庸講義。

馬公墓表（苑洛集7/6下）

馬敬字抑之，號檢菴，河南上蔡人。正德十六年進士，歷御史、戶部郎中，出守吳郡。有著臺集

送檢菴馬君考績序（涇野先生文集5/25）

送邦伯耆臺馬公遷汝南序（徐文敏公集4/26）

馬象乾，京師人。舉於鄉，歷濮州知州，罷官里居。崇禎十七年京都陷，率妻及子女五人自縊死。

明史266/19下

馬溥，建文中爲參將，從何福軍靈壁，敗績被執，械送北平，途中夜遁匿去。

遜國正氣紀7/15下

馬馴字德良，長汀人。正統十年進士，授戶部主事，累擢副都御史，巡撫湖廣。歸中饑，流民就食荆襄間，馴設策賑鄉，全活甚衆。湖湘災，奏減歲賦，災不爲害，致仕歸，弘治九年卒。

國朝獻徵錄60/75實錄馬馴傳

妻李氏（1422—1502）

夫人李氏墓表（羅文肅公集22/15）

馬軾字敬瞻，嘉定人。正統間由天文生官刻漏博士，讀書負氣節，尤工詩畫。

吳中人物志13/25

皇明世說新語6/9下

馬經綸字主一，順天通州人。萬曆十七年進士，官御史，神宗尋端罪言官，經綸抗疏言之，斥爲民。旣歸，杜門卻掃凡十餘年卒。門人私諡聞道先生。

明史234/12下

馬榮，徐州人。少習武事，有膽略，永樂初從征北虜，累功至右都督。八年卒，諡壯武，追封景城伯。

國朝獻徵錄106/7實錄馬榮傳

皇明功臣封爵考8/66下

明史列傳32/3下

馬鳴世字聲希，號岫旭，武功人。萬曆四十四年進士，屢官副都御史，劾魏忠賢黨魏廣微、顧秉謙，言甚切直。又疏請起用孫愼行。後里居，爲闖賊所害。

啓禎野乘4/31

馬鳴起字伽思，一字伯龍，福建龍遊人。萬曆三十八年進士，官御史，時保母客氏比魏璫，權傾中外，鳴起抗言六不便，廷杖。崇禎中歷右都御史，晉南冢宰，命下卒，諡忠簡。

啓禎野乘3/31

馬鳴節，楡林人。歷官安邊參將家居，崇禎十六年闖賊至，鳴節分守東南城隅，將

陷，閤家焚死，自巷戰殺賊數十人，投火死。

明史294/23

馬鳴鑾（1548--1610）字君御，號鳳麓內江人，升階孫。萬曆二年進士，歷官兵部侍郎，總督宣大，多偉績，卒年六十三。有奏議及鳳麓稿。

督府馬公壽序（大泌山房集27/30）

馬公墓志銘（寶日堂初集16/31）

馬公墓志銘（蒼霞續草10/1）

馬銓字渠衡，直隸南和人。生有異質，博學強記。登成化十一年進士，授戶科給事中，識大體，多所建白，陞湖廣右參議。

掖垣人鑑10/19下

馬諒（1406--1482）字子諒，全椒人。宣德八年進士，觀政戶部，授吏科給事中。天順中官至南戶部侍郎，七年致仕。諒爲人精敏，所涖有政績，出入中外三十餘年，清操雅節，始終不變，年七十七卒。

馬公神道碑（王俱撰、國朝獻徵錄32/1，皇明名臣琬琰錄后16/4下，皇明名臣墓銘艮集15）

皇明世說新語2/28

馬稷字舉舜，號醉狂，江東人。善畫山水人物花木竹石。

圖繪寶鑑6/15下

馬錄字君卿，信陽人。正德三年進士，授固安知縣，居官廉明。徵爲御史，嘉靖間按山西，治妖賊李福達獄，武定侯郭勛移書爲解，錄不從，劾勛庇姦亂法。勛與張璁、桂萼合謀爲蜚語上聞，遂反前獄，謫戍廣西，卒年六十八。

國朝獻徵錄65/53朱睦㮮撰傳

明史206/1下

兄馬鑑字國珍

欒山處士馬國珍墓志銘（孟有涯集17/5）

馬應祥（1458--1526）字公順，號欽湖山人，西安人。弘治九年進士，觀政戶部，授河內知縣，官至山西按察副使，卒年六十九。

馬公頤提學湖南序（渼陂集8/8）

馬公墓志銘（同上14/16下、國朝獻徵錄97/72）

父馬倫字宗彝

封承德郎馬公墓碑（對山集16/10）

馬公墓志銘（渼陂集12/8）

馬應魁字守卿，貴池人。初爲小將，史可法拔爲副總兵，每戰披白甲，書盡忠報國四字於背。清兵破揚州，巷戰死。

明史272/12

馬應龍（1474--1527）字公濟，河州人。正德六年進士，除戶部主事，參彭澤軍，平蜀盜有功。累官至四川按察使，卒年五十四。

馬君墓志銘（對山集19/34，國朝獻徵錄98/56）

馬應龍字文徵，武進人。舉嘉靖四十年鄉薦，令弋陽，有善政。居家孝友，晚歲偕同志修講學，年八十三卒。

毘陵人品記10/21

馬謹字守禮，新樂人。宣德二年進士，授監察御史，按浙江，風裁清厲。歷湖廣布政使，擒斬武崗諸賊，遷右副都御史，巡撫河南，天順初廢巡撫官罷歸，久之卒。

國朝獻徵錄60/47無撰人馬謹傳

明史列傳36/9下

明史172/13

馬爌，蔚州人，林子。幼習兵略，天啓中官至徐州副總兵。崇禎間累破鳳陽潁亳賊，時長淮南北，專以陵寢爲重，爌馳驅數年，幸無失事。後移鎮甘肅，破叛番，又移商州，時賊陷延綏寧夏，渡河抵甘州，乘雪夜攻城，城陷，爌死之。

明史211/13下，263/6下

馬騤（1466--1530）字世用，號梅軒，山西夏縣人。弘治九年進士，由行人選工科給事中，屢陞刑科都給事。正德四年以毀出爲淮安府推官，仕終郎陽知府，嘉靖九年卒，年六十五。有梅軒集。

馬公配郭氏合葬墓志銘（端溪先生集5/29下，國朝獻徵錄89/22）

掖垣人鑑11/20

馬翰，山西安邑人。儒士，永樂七年由薦舉授禮科給事中，改太常寺博士，仕終欽天監監副。

披垣人鑑6/15下

馬颷字雪山，蔚州人，林子。世爲將家，有膽智，歷官沔陽州同知。崇禎十六年闖賊寇州城，颷出迎戰，殺賊甚衆，力竭被執，罵賊死。

明史211/14下，294/4下

馬鐸（1366--1423）字彥聲，福建長樂人。永樂十年進士第一，授翰林院修撰，博通經史，性眞直無崖岸。仁宗嘗謂楊士奇曰，馬鐸可謂質實無二。每翰林學士、國子祭酒缺，皆命鐸攝之。二十一年卒官。

馬君墓誌銘（東里文集20/3下，國朝獻徵錄21/18）

狀元圖考1/17下

馬巒字子端，號立齋，夏邑人，駿子。與司馬光爲同里，以光舊無年譜，因撰溫公年譜，以補史傳所不及，旁及詩話小說，皆詳爲考訂，分年編載，以詳賅稱。又有立齋摘稿。

馬氏兩生字說（涇野先生文集35/20）

刻馬立齋摘稿序（端溪先生集2/32下）

馬鱗，河南鞏縣人。成祖時官兵科給事中，無他建白，專以訐發爲能，由兵科都給諫擢右通政。

披垣人鑑7/2下

明史308/8下

馬顯字文明，廣平人。正統七年進士，授戶科給事中，從英宗北征，幾沒於陣。景泰初進都給事中，時權奸用事，顯指陳得失，多所裨益。尋有忌者，出爲河東都轉鹽運使，擢四川左布政使，皆有聲。轉兵部左侍郎，告歸卒。

國朝獻徵錄42/36無撰人馬顯傳

披垣人鑑5/4

水東日記6/4

晉

晉應槐字植吾，號似齋，人稱念冲先生，洪洞人。嘉靖三十五年進士，授中書舍人，擢吏部主事，官終寧夏巡撫。年五十致仕，優游林下，卒年七十五。

晉公墓志銘（郭正域撰、國朝獻徵錄62/130）

念冲晉公墓碑（趙忠毅公文集11/20下）

貢

貢汝成（1476—1539）字玉甫，一字宗聖，號湖涯，宣城人。正德八年舉人。嘉靖中、官翰林院待詔。有三禮纂註、西園集。

貢公墓誌銘（夔江蕭先生文集6/59）

子貢安國，字玄略，號受軒。

贈貢玄略陞湖口學諭序（夔江蕭先生文集4/37）

貢安甫字克仁，江陰人。弘治九年進士，授御史，慷慨敢言。劉大夏爲中官所扼，謝病去，疏留之。劉瑾擅政，劉健、謝遷相繼引去，安甫上疏力爭。瑾怒，矯旨廷杖，發編戶。後起山東僉事，甫三月，引疾歸。

貢御史傳（從野堂存稿5/4）

毘陵人品記8/15

明史188/10

原

原忠台，仙居人。舉進士，入翰林爲庶吉士。正德中以父老歸侍，蕭然山中，講學授徒，養親者十餘年。世宗立，召還，授翰林編修，尋以直諫杖闕下，罷官。

皇明書43/10

原璸（1344--1385）僧，號用藏，上海朱氏子，出家受具興聖寺。戒行高潔，博極群書，精修法華彌陀懺法，洪武十八年微疾趺坐而終，年四十二。

明高僧傳3/2下

原傑（1417—1477）字子英，陽城人。正統十年進士，授御史，巡撫江西，成化二年拜右副都御史，巡撫山東，皆以治行聞。改左副都御史，會荊襄多流民，命傑出撫。奏選良吏爲府州縣，安集之，流民得所。再遷南京兵部尙書，疏辭不許，卒於南陽，年六十一，諡襄敏。

送按察使原傑序（與弼先生文集9/35下）
祭原司馬文（椒丘文集27/7下）
原中丞祠記（五品文稿2/6下）
國朝獻徵錄42/11無撰人原傑傳
明史列傳36/11
明史159/14下

耿

耿九疇（1396--1460）字禹範，號恒菴，河南盧氏人。永樂廿二年進士，宣德中授禮科給事中，議論持大體，有淸望。正統二年遷兩淮鹽運司同知，盡革宿弊。天順初屢陞右都御史，石亨用事，九疇將率屬劾之，爲所誣，出爲江西布政使，尋改四川。亨敗，召爲南京刑部尙書，年六十五卒，謚淸惠。

尙書耿公挽詩序（呂文懿公全集9/29）
耿公神道碑銘（李賢撰、皇明名臣琬琰錄后集2/13下）
耿公墓志銘（彭時撰、國朝獻徵錄48/10）
皇明獻實16/7下
水東日記8/3下
吾學編33/4下
國琛集下/5
聖朝名世考3/29下
掖垣人鑑6/20下
皇明世說新語1/6，3/21
皇明書20/19
名山藏臣林記9/42
明史列傳35/10
明史158/12

父耿汝明，盧氏縣學掌教。

耿氏公牘誌哀手卷（王端毅公文集3/7下）

耿天璧，五河人，再成子。再成死於處州苗帥李祐之之亂，天璧聞變，糾部曲殺賊。後代守處州，拒方國珍、張士誠有功，擢指揮副使，屢遷杭州指揮同知。洪武七年出海捕倭，深入外洋溺死。

明史133/9下

耿再成字德甫，五河人。太祖時從征有功，歷樞密院判官，守處州。再成馭軍嚴，出入民間，蔬果無所損。苗帥李祐之等叛，再成方對客飯，聞變上馬，將戰卒不滿二十人，迎賊罵，賊攢槊刺殺，追諡武莊。

國朝獻徵錄6/24無名氏撰傳
聖朝名世考5/5
皇明功臣封爵考8/34
名山藏臣林記1/41下
吾學編24/6下
明史133/9

耿如杞字楚才，館陶人。萬曆四十四年進士，除戶部主事，累官邊化兵備副使，以不拜魏忠賢像，坐贓論死。崇禎初釋復故官，擢右僉都御史，巡撫陜西。會京師戒嚴，如杞赴援，兵既至，兵部令守通州，明日調昌平，又明日調良鄉，汎地累更，軍三日不得糧，譟而大掠，帝詔逮如杞斬西市。如杞初爲職方郎，與主事鹿善繼黨張鶴鳴，排熊廷弼而庇王化貞，疆事由是大壞。

明史248/5下

耿廷籙字虞門，臨安河西人。天啓四年擧人，崇禎中知耀州，有能聲，上疏陳時政，優旨褒納，擢山西僉事，改監宣府軍。京師陷，走南都，加太僕少卿，赴雲南，監沙定洲軍。尋拜右僉都御史，巡撫四川，未赴而定洲作亂，蜀地亦盡失，遂止不行。後李定國掠臨安，過河西，廷籙赴水死。

明史295/16下

耿定，和州人。宣德中以薦歷官刑部郎中、浙江參議。正統間處州盜起，領兵督戰，死於陣。

明史172/13

耿定力字子健，黃安人，定向弟。隆慶五年進士，萬曆中累遷操江僉都御史，疏陳礦使之害，官至兵部侍郎。其學以求仁爲宗，眞修實踐，超然自得。

贈耿子健年丈督學八閩序（蠙衣生蜀草3/5下）
中丞耿公壽序（大泌山房集29/6下）
明史221/7

耿定向（1524--1596）字在倫，號楚侗，黃安人。嘉靖卅五年進士，擢御史，萬曆中累官戶部尙書，立朝有時望。張居正奪情，定向嘗爲伊尹而貶言者，時議訾之。告歸，居天臺山。其學本王守仁，誨廸後進，年七十三卒，諡恭簡，人稱天臺先生。有耿子庸言，碩輔寶鑑，先進遺風，耿天臺文集。

天台耿先生要語敍（山居草2/53下）
耿子庸言序（楊復所家藏文集3/28下）
庸言序（蟆衣生蜀草1/4）
先進遺風序（鶯林外編24/7下）
尊師耿天台先生六十序（焦氏澹園集28/1）
公祭天台先生文（賴眞草堂文集29/8）
祭耿天台尊師（焦氏澹園集35/15）
祭耿司徒（大泌山房集115/17）
耿恭簡家傳（大泌山房集63/11下）
天台耿先生行狀（焦氏澹園集33/1）
天台耿公墓志銘（緱山先生集12/21下）
國朝獻徵錄29/63京學志傳
皇明世說新語1/20下
明史列傳77/5下
明史221/5下
明儒學案35/1

耿定理字子庸，號楚倥先生，黃安人，定向弟。與定向俱講學，專主禪機，以諸生終。

耿楚倥先生傳（李溫陵集12/18下）
明史221/7下
明儒學案35/7

耿明（1463--1517）字晦之，號一白，山東館陶人。弘治九年進士，授貴州道監察御史，侃侃論列，無所顧忌。擢湖州知府，遷江西參政，以疾乞休歸。構書屋幾楹，日杜門披覽其中，年五十五卒。

耿公墓表（顧文康公文集6/16下）

耿炳文，濠人。太祖時積功官大都督府，封長興侯。燕師起，拜大將軍，北伐，會他將爲燕所襲，炳文力當敵軍，小挫，帝遽命李景隆代，遂敗。成祖時言者劾炳文僭妄不道，自殺。

追封三代神道碑（坦齋文集1/57，皇明名臣琬琰錄4/1）
國朝獻徵錄8/3無名氏撰傳
革朝遺忠錄下/26下
吾學編18/24，55/3下
名山藏臣林記2/20
皇明獻實8/1
皇明表忠紀5/1下
皇明功臣封爵考6/16
遜國神會錄下/1下
明史列傳7/4下
明史130/6

耿通，齊東人。洪武二十三年舉人，除刑科給事中，永樂初擢都給事中，剛果敢言，舉朝憚之。遷大理寺卿，漢王高煦謀奪嫡，通數言太子無過，以開帝意，帝怒，十年秋假他事磔死，天下惜之。

披垣人鑑8/6
明史列傳34/1
明史162/2下

耿裕（1430--1496）字好問，河南盧氏人，九疇子。景泰五年進士，改庶吉士，授戶科給事中，天順初遷翰林檢討。孝宗嗣位，屢陞禮部尙書。時公私侈靡，裕隨事救正，先後陳言甚衆，大要歸於節儉，尋代王恕爲吏部尙書。爲人坦夷諒直，諳習朝章，銓政稱平。自奉淡泊，兩世貴盛，而家業蕭然，父子並以名德稱。卒年六十七，諡文恪。

送耿司業詩序（徐文靖公謙齋集3/16）
耿公神道碑銘（同上8/12，國朝獻徵錄24/56）
祭吏部尙書耿公文（虛齋蔡先生文集5/9）
祭鉅鹿耿公文三篇（柴墟文集10/6）
皇明獻實35/1
吾學編37/24
國琛集下/21
四友齋叢說9/10下
聖朝名世考3/78
皇明世說新語1/28下
名山藏臣林記9/45
明史列傳52/12
明史183/12

耿瑞（1482--1528）字德華，號熊山，盧氏人，裕從子。正德八年舉人，官江浦知縣，爲人質實純雅，性喜誦書，不問他務，有熊山漫稿，卒年四十七。

耿君德華墓誌銘（涇野先生文集25/4）

耿鳴世字茂謙，號敬亭，山東新城人。

隆慶二年進士，知邢臺，請減重稅三之一，引水灌城西田百頃，歲增穀萬石。擢御史，按河西，逐三墨吏，餘者皆望風去，以忤張居正罷職。後起累官陝西參議。

耿公墓表（朱文懿公文集8/16）

耿御史保全三賢事（晨華堂集10/28下）

耿蔭樓字旋極，靈壽人。天啓中任臨淄知縣，久旱，囚服暴烈日中，哭於壇，雨立澍。調攝壽光，禱雨如臨淄。崇禎中歷吏部員外郎，乞假歸，城破，偕子參並死之。

明史267/1下

耿橘字庭懷，獻縣人。萬曆舉人，講學虞山書院，官至監察御史。有周易鐵笛子。

明儒學案60/9

耿璿，濠州人，炳文子。洪武中爲前軍都督僉事，尙懿文太子長女江都郡主，建文卽位爲駙馬都尉。靖難兵起，炳文北行，璿力勸直搗北平，已而炳文敗歸，不復用，璿憤甚。永樂元年，杜門稱疾，坐罪死。

吾學編55/5

皇明表忠紀8/6下

遜國正氣紀6/9

耿瓛，濠州人，璿弟。官至後軍都督僉事，燕師起，與江陰侯吳高，都指揮楊文率遼東兵勤王。成祖卽位，論死。

吾學編55/8

皇明表忠紀8/7

遜國正氣紀6/9下

國朝徵獻錄108/9忠節錄傳

栗

栗在庭（1538--1598）字應鳳，號瑞軒，陝西會寧人。隆慶二年進士。由中書舍人選吏科給事中，陞戶科右給事中，尋擢山東僉事。歷山西副使，官至河南布政使，卒年六十一。

栗公墓表（大泌山房集103/10）

披垣人鑑15/16

栗祁（1531--1578）字子登，號東巖，山東夏津人。嘉靖四十一年進士，授徽州府推官，擢南戶部主事，歷湖州知府，官至山西參政，卒年四十二。

栗公墓誌銘（轂城山館文集17/17下）

父栗節（1517—1539）字貞夫。

栗公暨配蕭氏合葬墓誌銘（轂城山館文集20/42下）

栗應宏字道甫，長子人，應麟弟。嘉靖舉人，屢試不第，耕讀太行山中以終。有山居集。

栗上黨集序（蘇門集5/26）

栗應麟字仁甫，長子人。弘治十八年進士。授陳州知州，遭讒棄官。築舍五龍山下，屏跡不入城。

栗陳州詩序（蘇門集5/27）

桑

桑介字于石，常熟人。舉嘉靖十年鄉試，銓授滋陽令，棄官歸卒。有吟史和陶等集、白厓詩選、賡吟集。

國朝獻徵錄96/51嚴訥撰桑公墓表

桑世傑，無爲人。與俞通海等結水寨於巢湖。太祖撫其衆，俱納款。趙普勝有異志，世傑發其謀，普勝逸去。從渡江，授秦淮翼元帥，歷克鎭江以東諸府縣，判行樞密院事，與廖永安等攻江陰石牌寨，沒於陣，諡忠烈，贈永義侯。

國朝獻徵錄8/34無名氏撰傳

吾學編24/7下

皇明功臣封爵考8/46

名山藏臣林記1/41

明史133/15

桑悅字民懌，號思玄居士，常熟人。成化元年舉人，試春官，語多不倫被黜。除泰和訓導，遷柳州府通判，丁外艱歸，遂不出。爲人怪妄，敢爲大言以欺人。著有周禮義釋、太倉州志、兩都賦、古賦、思玄集、桑子庸言。

國朝獻徵錄101/110無名氏撰傳

明常熟先賢事略13/1

吳郡二科志×/13

皇明世說新語1/27，6/30，7/4，8/7下

明史236/17

桑喬字子木，江都人。嘉靖十一年進士，由主事改御史，出按山西，時嚴嵩為尚書，方養交游，揚聲譽，舉朝猶未知其奸，喬首發之。尋巡按畿輔，引疾去，為嵩所搆，戍九江，嘉靖四十三年卒。有廬山紀事。

十先生傳×/22

明史210/1下

桑慎字仲修，武進人。洪武初任監察御史，抗直敢言，行部廣東，奏誅衞使張榮，坐不避八議安置瓊州。

毘陵人品記6/3下

桑敬，無為州人，世傑子。累官都督府僉事，封徽先伯，偕徐輝祖等防邊，尋屯軍平陽，坐藍玉黨死。

吾學編18/13下

皇明功臣封爵考6/40

桂

桂山（1419--1469）字本寧，成都人。景泰二年進士，歷戶部郎中，以練達稱。進廣西參政，猺獞之變，山選士兵據要害以禦之，冠懼遁去。卒於官，年五十一。

廣西左參政桂公輓詩序（彭文思公文集3/41）

桂公行狀（巽川祁先生文集14/5下）

桂天祥字子興，臨川人。嘉靖八年進士，由兵部主事知祁門縣，時閩寇逼徽州，祁故無城，天祥刻日興築。擢御史，出巡山西，劾晉藩戚畹不法，會穆宗有廢后之議，具疏切諫，出知順德府卒。

祭桂巽川太守（逌旃閣集選17/22）

桂有根字伯深，河南汝陽人。萬歷十七年進士，授金鄉令，擢工科給事中，累進太常寺卿，以病辭，後超秩晉工部右侍郎，未任卒，年七十六。

桂公去思碑（來禽館集11/29）

少司空桂公墓表（薛文介公文集4/39）

桂宗儒字文藪，慈谿人，彥良從子。以貢預修永樂大典，書成，授蘄州同知，有政績，復以善詩工書薦，成祖召見，即日拜修撰。

送桂修撰還鄉詩序（楊文敏公集13/6下）

桂彥良，名德，以字行，號清節，慈谿人。元鄉貢進士，為包山書院山長，改平江路儒學教授，罷歸。張士誠、方國珍交辟不就。洪武間徵詣公車，授太子正字，遷晉王府右傅。帝曰，江南大儒，惟卿一人。改左長史，上太平治安十二策，帝稱為通儒，告歸卒，追謚文裕。有清節、清溪、山西、拄笏、老拙等集，又有中都紀行。

双桂軒記（宋學士文集42/335下）

恭題御製桂彥良職王傅勅（同上39/308）

清節先生傳（春草齋文集2/3）

國朝獻徵錄105/1無名氏撰傳

國琛集上/5

皇明世說新語1/22，4/1下

皇明書19/19

名山藏臣林記4/27

明史列傳12/18下

明史137/7下

桂勇，應天衞人。嗣世職為千戶，中武會試，世宗時歷官右都督，掌後軍都督府，兼捕務。持重識大體，典捕務最久，民甚安之。

桂氏義倰碑（費文憲公摘稿19/3）

桂萼字子實，號古山，安仁人。正德六年進士，嘉靖初由成安知縣遷南刑部主事，與張璁同疏請稱孝宗曰皇伯考，興獻帝曰皇考，迎合帝意，是由受知，驟擢至禮部尚書，兼武英殿大學士，入參機務。其所論奏，亦頗有裨君德時政者，然性猜狠，好排異己，故不為物論所容。言官交章論劾，帝亦漸疑之，遂致仕。逾年召還，數月引疾歸，卒謚文襄。有桂文襄奏議，輿圖記敍，經世民事錄。

桂公墓表（胡莊肅公文集6/71，國朝獻徵錄16/9）

誥勅少保吏部尚書兼翰林院學士桂萼（顧文康公文草卷首/19）

皇明世說新語4/28

聖朝名世考2/50下

國琛集下/38下

皇明書18/22
名山藏臣林記19/24下
嘉靖以來內閣首輔傳2/3
明史列傳67/10
明史196/10

桂衡字孟平，仁和人。工文章，詩極綺麗，洪武間任錢塘儒學訓導，遷山東，轉谷府奉祠，後卒長沙。有紫微稿。

水東日記27/9下

郝

郝志義字宜之，陝西清澗人。成化五年進士，授大理評事，進寺副，歷山西、四川左布政使，遷右副都御史，巡撫湖廣，正德元年進刑部右侍郎，未上而卒。

國朝獻徵錄46/42實錄傳

郝杰（1530--1600）字彥輔，號少泉，蔚州人。嘉靖三十五年進士，授行人，擢御史，隆慶初巡按畿輔，土蠻入永平，疏劾薊督劉燾、巡撫耿隨卿等觀望冒功，皆得罪去。駕幸南海子，命京營諸軍盡從，復爭之，不聽，出爲陝西副使，累遷右僉都御史，巡撫遼東。總兵李成梁飾功邀敍，督撫多庇之，杰獨不與比，進南京兵部尚書，卒年七十一。

送御史大夫少泉郝公遷南大司徒序（李文節集17/24）
贈御史大夫少泉郝公入理戎政序（北海集7/5下）
大司馬少泉郝先生七十壽序（蒼霞草6/66）
郝公神道碑（復宿山房集22/19，國朝獻徵錄43/28）
祭司寇郝公文（復宿山房集31/10）
明史列傳77/11下
明史221/11

郝奇遇字會明，栢鄉人。諸生，居京師。流賊陷京城，奇遇謂妻曰，我欲死難，汝能之乎。妻曰能，遂先死。奇遇瘞妻畢，服藥死 。

明史295/7下

郝芳聲，忻州人。起家進士，崇禎中官滋陽知縣，有政聲。十五年清兵抵兗州，芳聲與知府鄧藩錫分門死守，不屈死。

明史291/22下

郝郁（1377--1437）字文盛，撫寧人。甫冠，有司擇主案牘。靖難後，以守城功授陝西咸寧縣丞，未行改光祿寺典簿，持躬勤慎，釐務周悉，累陞光祿卿，正統二年卒於官，年六十一。

郝公墓誌銘（楊士奇撰，皇明名臣墓銘坎集8，國朝獻徵錄71/2）

郝珩，廣平人。永樂三年舉人，擢吏科給事中，彈劾不避權勢，以清愼稱，累官陝西左布政使，旬宣有聲。

掖垣人鑑4/15

郝景春字和滿，一字際明，江都人。萬曆年四十舉於鄉，崇禎中知房縣，張献忠反穀城，約羅汝才同反，景春子鳴鑾力戰萬夫，與守備楊道選授兵登陴，且守且戰，閱五日，賊多死，指揮張三錫啓北門揖汝才入，城陷，景春不屈，與鳴鑾俱被殺，謚忠烈。

啓禎野乘10/14
明史292/17

郝瑞日，陝西人。爲固始巡檢，流賊陷羅山，上官令瑞日權縣事，將招流移爲守禦計，爲土冦萬朝勳誘執，瑞日乘群賊醉臥，潛入其室殺之圖遁，被縶見殺，謚烈愍。

明史294/2下

郝敬（1558--1639）字仲輿，號楚望，京山人。萬曆十七年進士，累遷戶科給事中，以浮燥降宜興縣丞，移知江陰縣，考下下，再降，遂掛冠歸。杜門著書，五經之外，儀禮周禮論孟各著爲解，又有山草堂集，年八十二卒。

郝京山先生傳（存吾文稿3/30）
啓禎野乘7/11
明史288/2
明儒學案55/1

郝維喬字子遷，號中巖，河南扶溝人。隆慶二年進士，由直隸眞定知縣，選吏科給事中，擢江西參政，以憂歸。

披垣人鑑16/3下

郝鑑（1458—1506）字廷重，河間人。成化二十年進士，授天長知縣，遷雲南道監察御史，累官慶陽知府，卒年四十九。

郝君墓誌銘（博趣齋藁19/144下，國朝獻徵錄94/120）

軒

軒輗字惟行，鹿邑人。永樂二十二年進士，宣德元年用薦官御史，按福建，剔蠹鋤奸，風釆甚峻。正統五年，超擢浙江按察，條陳四事，俱切時弊。天順初拜刑部尚書，改左都御史，總南京糧儲，以老乞歸，天順八年卒。輗性孤峭，遇人無賢否，拒不與接，人稱其廉介，而亦譏其褊隘。

皇明名臣琬琰錄后3/17下楊廉撰言行錄

國朝獻徵錄59/1無名氏撰傳，又59/2彭韶撰傳

名山藏臣林記9/40

皇明獻實16/9下

吾學編33/8

皇明書20/22

國琛集上/35下

聖朝名世考3/28下

皇明世說新語1/9

水東日記5/1

明史列傳35/11下

明史158/13下

眞

眞清（1537—1593）號象光，湘潭羅氏子。年十五補諸生，搆家難，遂投南嶽，依寶珠和尙受戒。後南遊至天台居之，日勤五悔，密持梵網心地品及十六觀經爲常課，暇則敷演十乘，闡明三觀，學者踵之。萬曆間賜紫衣，示寂後，袁黃爲撰傳。

明高僧傳4/3

眞圓（1506—1584）字大方，別號徧融，蜀之營山人，姓鮮氏。年將立捨家入雲華山落髮受戒，初居洪州，葺馬祖庵，復居匡山獅子巖。入京師者前後四次，歷住龍華寺、柏林寺、世刹海、千佛叢林。坐累入獄三月，出獄後隱穀積山，尋奉慈聖太后命居世刹海，萬曆十二年卒，年七十九。

補續高僧傳5/16

眞節（1519—1592），號素庵，襄陽人。少爲郡弟子，忽萌佛意，至留山寺祝髮爲僧，學富內外。曾主攝山棲霞，與李開先學士盟爲方外交，嘗講法華經至多寶塔品空，忽現寶塔于座前，四衆跂觀灑然，慈聖皇太后乃出尙方金縷僧伽黎衣一襲賜之，因於講堂之西建一浮屠，以徵神化，汪道昆記其事。

明高僧傳4/3

補續高僧傳5/12

眞覺，號百松，崑山王氏子。初入鍋子山祝髮，嗣後傳千松之法，嘉靖四十三年受天台之請，遠近嚮風。

補續高僧傳5/8

袁

袁中道字小修，公安人，宏道弟。十歲作黃山雪二賦，長益豪邁，游跡半天下。舉萬曆四十四年進士，授徽州府學教授，歷國子博士，南禮部郎中，天啓四年卒。有珂雪齋集。

皇明世說新語7/31下

啓禎野乘7/9

明史288/13

袁化中字民諧，一字熙宇，山東武定人。萬曆卅五年進士，累擢御史。熹宗立，疏陳時事可憂者八，語皆剴切。楊漣劾魏忠賢，化中繼疏極論，且發崔呈秀贓私，爲所陷，與漣俱死獄中，福王時諡忠愍。

啓禎野乘5/15下

明史244/21下

袁永基字錦祚，汝陽人。世襲汝寧所千戶，李自成陷汝，登陴，永基短兵巷戰，身被數創死。

明史293/17

袁世榮字子仁，號峩溪，松江華亭人。嘉靖二十九年進士，由福建泉州府推官，選兵科給事中，以建言杖爲民。隆慶元年，詔

起原職，陞湖廣僉事，免官。

光裕堂序（環溪集5/24下）

掖垣人鑑14/24下

袁江字自岷，祥符人。天順八年進士，授戶部主事，屢官至四川參政，卒於官，年三十。

國朝獻徵錄93/14李濂撰傳

袁汝是字公儒，號澤門，湖廣石首人。嘉靖廿九年進士，由松江府推官，選刑科給事中，降四川嘉定州判官，轉松江府，遷郡少府，擢松江守，仕至浙江副使，隆慶二年免官。

甘棠陰澤記（環溪集2/28下）

澤門袁公去思碑（同上8/16下）

掖垣人鑑14/29下

袁宇，壽州人。建文中積功爲指揮使，從李景隆北征有功，陞後府都督同知。嘗禦燕將李遠於沛泗間。成祖入立，宇以弟容爲勳戚故，得不死。

吾學編59/2下

袁宏道（1568--1610）字中郎，號石公，公安人，宗道弟。年十六爲諸生，即結社城南爲之長。爲詩文主妙悟，登萬曆二十年進士，知吳縣，官終稽勳郎中，卒年四十三。有觴政、瓶花齋雜錄、袁中郎集、及瀟碧堂、解脫、瓶花齋、破研齋諸集。

硯北樓記（珂雪齋近集5/1）

捲雪樓記（同上5/2下）

中郎先生行狀（珂雪齋前集17/19）

告中郎兄文（同上18/11下）

告中郎兄文（珂雪齋近集8/3下）

解脫集序（珂雪齋前集9/44）

袁石公遺事錄七卷、清袁照撰、清同治間刊本

皇明世說新語2/9下，2/22下，5/31下，6/34下，7/21下

明史288/12下

袁宗皐（1453--1521）字仲德，石首人。弘治三年進士，世宗在藩，選充長史，進江西按察使。及入繼大統，宗皐扈從次京城，請由中門入，人以周昌目之。即位後，擢吏部右侍郎，遷禮部尚書，兼文淵閣大學士，年六十九卒，贈太子太保，諡榮襄。

袁公神道碑（溫仁和撰、國朝獻徵錄15/92）

徐氏海隅集外編40/5

袁宗道（1560--1600）字伯修，公安人。萬曆十四年會試第一，授編修，官終右庶子。時王李之學盛行，宗道在翰苑與同館黃輝、弟宏道、中道力排其說。於唐好白樂天，於宋好蘇軾，因名其齋曰白蘇。世目爲公安體，人或以空疏病之，年四十一卒。有白蘇齋集。

石浦先生傳（珂雪齋前集16/7，又珂雪齋近集7/7）

告伯修文（珂雪齋前集18/1）

明史288/12下

袁宗儒字醇夫，號靜菴，雄縣人。正德三年進士，授御史，擢大理寺丞。嘉靖初爭大禮廷杖，歷官右僉都御史，巡撫貴州，解職歸。未幾起撫鄖陽，改山東，官至戶部侍郎，十八年卒官。

贈袁大理序（洹詞3/21）

贈靜菴袁公韶改北少司徒序（涇野先生文集11/40）

袁公墓誌銘（李廷相撰、國朝獻徵錄30/48）

明史208/7

袁袠字邦正，吳人，袞從弟。以太學生授西城兵馬司指揮，陞臨江通判。爲人耿介，嘗以事忤權貴繫獄，人歎其直。長於歌詩，與昆弟及文徵明、王寵輩相唱和。有江南春集，閩中十子詩。

列朝詩集小傳丁上/37

母葛氏，卒年六十六

母葛氏行狀（袁永之集17/1）

袁杲（1455--1512）字景昇，武進人。襲父職授指揮使，領兵備偏頭關戰虜兵大捷，陞都指揮僉事，防禦大同。改守備寧武關，正德七年卒。果謀勇絕人，師出以律，所向秋毫無犯，有古將士風。

袁公行狀（紫巖文集42/2下）

袁忠徹（1376--1458）字靜思，鄞人，珙子。幼傳父術，善相人。永樂初，召授鴻

臚寺序班，遷尙寶司少卿，待遇優厚。正統中，坐矜傲休致，卒年八十三。忠徹性險詖，頗緣相法以齮齕人。所著有符臺外集，鳳池吟稿，拙休稿俱不傳；僅有古今識鑒四卷，神相全論十二卷，傳于世。

袁公行狀（南山黃先生家傳集50/1）

袁公墓表（李賢撰、皇明名臣墓銘乾集92，國朝獻徵錄77/17）

皇明世說新語6/10，6/15下

水東日記14/11下，25/7，40/4

國琛集下/14下

明史299/10下

袁芳字時烈，江西豐城人。天順元年進士，除戶科給事中，成化二年陞福建右參議。

披垣人鑑5/23下

袁洪愈（1516--1589）字抑之，號裕春，吳縣人。嘉靖二十六年進士，授中書舍人，擢禮科給事中，爲嚴嵩所惡，出爲福建僉事，累遷至湖廣參政，所在以淸節著。嵩敗，召爲南太僕少卿，遷太常，引疾歸，萬曆中復起故官，以南禮部尙書致仕，年七十四卒，諡安節。

贈袁抑之給事遷福建按察僉事序（弇州山人四部稿57/1）

賀太宰袁公加宮保致仕序（弇州山人續稿30/10下）

上大宗伯裕春袁宗師七十壽叙（穀城山館文集7/1）

祭宗師袁安節公文（同上32/11）

國史闕留（公槐集6/32）

披垣人鑑14/16下

姑蘇名賢小紀下/32

明史列傳77/1

明史221/1

袁政（1377--1434）字文理，吳縣人。嘗學於俞貞木，永樂中以薦授湘陰典史。擢遂安知縣，邑人生女多不擧，政嚴禁之，後邑中生女，多名袁留。宣德九年卒，年五十八。

袁公墓誌銘（尤安禮撰、吳下冢墓遺文續1/46）

皇明世說新語2/26

吳中人物志5/16

袁容，壽州人，字弟。有容儀，尙燕永昌公主，以儀賓守北平。永樂元年進駙馬都尉，論靖難功，封廣平侯，卒諡忠穆。

祭袁容文（金文靖公集10/62）

吾學編19/44下

皇明功臣封爵考6/45下

明史121/9

袁祖庚（1519--1590）字繩之，長洲人。嘉靖二十年進士，授紹興府推官，歷知餘姚縣、荆州府，官至浙江副使。年四十致仕歸，經營田業，不預外事，卒年七十二。

贈憲副袁先生七十壽序（歸有園稿3/3下）

袁公墓誌銘（同上6/10下）

父袁校（1492--1574）字子授，號湯涇。

袁封君八十壽序（徐氏海隅集文編7/23）

袁公墓表（嚴文靖公集9/4）

袁泰，萬泉人。洪武四年進士，累官右副都御史。性廉直，執法不撓，良善獲安，姦邪不得肆志。二十五年卒，帝遣使致祭。

國朝獻徵錄54/16廖道南撰傳

袁洪（1335--1410）字廷玉，號柳莊，鄞人，珪弟。少遇異人授相術，論人吉凶輒驗，洪武間燕王召至北平，一見即決爲太平天子。靖難後召爲太常寺丞，未幾請老歸，卒年七十六。有柳莊集。

柳莊袁公墓誌銘（姚廣孝撰、皇明名臣墓銘乾集26，國朝獻徵錄70/47）

皇明世說新語6/14下，6/15，6/16

名山藏101/6

明史299/9

袁珪字廷圭，晚號淸白生，鄞人。五歲讀書成誦，十八能文章，洪武間至京試治道安民論，稱旨，授高州茂名主簿，因事謫戍大寧。燕王聞其名，召爲府紀善。永樂初擢禮科給事中，以敢言稱。出判和州，秩滿請老，卒於家。有淸白集。

淸白先生詩集序（願菴文集4/54下）

袁袞字補之，吳縣人。嘉靖十七年進士，知廬陵縣，勤於吏事，奉檄覈縣田，雖深山窮谷，必親履其他。抽稽有法，吏胥不敢欺。擢禮部主事，轉員外郎，引疾歸。有袁禮部集。

送叔兄補之會試序（袁永之集14/32）

袁褧（1502--1547）字永之，號胥臺，長洲人，袞弟。七歲能詩，登嘉靖五年進士，選庶吉士，授刑部主事，改兵部，以司署火，謫戍湖州。會赦歸，以薦起補南兵部主事，歷員外郎，出爲廣西提學僉事，謝病歸，讀書横塘別業，年四十六卒。有皇明獻實、世緯、袁永之集、吳中先賢傳諸書。

五和贈別袁子永之（雅宜山人集9/16）
先父行狀（袁尊尼撰、袁永之集卷首）
袁君墓誌銘（甫田集33/6，國朝獻徵錄101/66）
胥臺袁先生傳（吳維嶽撰、袁永之集卷首）
袁督學誄（張鳳翼撰、同上）
姑蘇名賢小紀下/19
明史287/3

袁啓觀字君白，雲夢人。諸生，流賊據城，啓觀立寨自守，賊執之去，出題試之。啓觀日，汝旣知文，亦知亂臣賊子，人人得而誅之耶，賊怒殺之。

明史294/4下

袁彬字文質，江西新昌人。正統末以錦衣校尉扈駕北征，土木之變，從官奔散，獨彬隨侍。及還京，代宗僅授錦衣試百戶。英宗復辟，歷擢指揮使掌錦衣衞，以平曹欽功，進都指揮僉事，官終前軍都督。有北征事跡。

名山藏臣林記8/13下
明史列傳45/19下
明史167/3

袁國臣字惟鄰，號欽吾，湖廣潛江人。萬曆十年由行人選吏科給事中，以疾告歸。

披垣人鑑16/21

袁崇煥字元素，東莞人。萬曆四十七年進士，授邵武知縣，擢兵部主事，累進按察使。淸兵攻寧遠，崇煥激士死守，卒以解圍。擢右僉都御史，巡撫遼東，魏忠賢扼之，乞歸。崇禎初起兵部尙書，兼右副都御史，督師薊遼，兼督登萊天津軍務，鎭寧遠，會淸師越薊州而西，崇煥急引兵入護京師，朝士因崇煥前通和議，誣其引敵脅和，三年下詔獄，磔於市，天下寃之。自崇煥死，邊事益無人，明卒以亡。

明史259/24下
袁崇煥傳（飲冰室文集41/20）
袁崇煥與明社，李光濤撰、大陸雜誌七卷一期

袁敏，金齒衞知事。英宗北征，應募從至大同。師覆，敏逃還，上書代宗，請遣官齎書及服御物，問安塞外。命禮部議，報寢。

明史列傳28/19
明史167/10

袁從鶚，郴州人。崇禎擧人，官中書舍人。明亡，自焚死。

明史278/4

袁尊尼字魯望，吳人，褧子。幼警穎，十歲通諸經，長益博涉，爲詩文務詳贍。登嘉靖四十四年進士，授刑部主事，高拱爲褧所取士，數託尊尼草靑詞，心厭之，乞改南。歷南吏部考功郎，擢山東提學副使致仕。有禮記集說正訛、魯望集。

袁魯望集序（二酉園續集5/1）
袁魯望集序（弇州山人續稿40/19下）
明史287/3

袁黃字坤儀，一字了凡，吳江人。萬曆十四年進士，知寶坻縣，有善政，擢兵部主事。日本侵朝鮮，佐經略宋應昌軍往征，多所策畫，中察典免歸。黃博學尙奇，凡河洛象緯律呂水利戎政，旁及句股堪輿星命之學，莫不究涉。有兩行齋集、曆法新書、皇都水利、評註八代文宗、群書備考。嘗導人持功過格，鄉里稱爲愿人。

立命文序（東越證學錄7/19）
壽了凡先生七十序（快雪堂集6/2下）
贈尙寶少卿袁公傳（愚菴小集15/13）
疇人傳30/367

袁華字子英，崑山人。少穎悟不群，工

詩，尤長樂府，善品題書畫，與顧阿瑛相友善。洪武初爲蘇州訓導，以子生申爲縣吏，坐累徙南京卒。有可傳集、耕學齋詩集。

崑山人物志3/7

水東日記3/2

明史133/14下

袁凱字景文，自號海叟，松江華亭人。元末爲府吏，洪武中由擧人薦授御史，託疾罷歸。凱工詩，有盛名，嘗在楊維楨座，賦白燕詩，頗工麗，人呼爲袁白燕。有海叟集、在野集。

袁凱傳（曝書亭集63/4下）

皇明世說新語1/21，8/1

四友齋叢說26/1，26/1下

明史285/19下

袁復字仲仁，寶應人。洪武十三年以薦授中書舍人，改吏科給事中，遷山東按察司僉事，鋤強翼懦，撫綏惠保，民甚德之。徵爲大理丞陞右少卿，永樂元年佐戶部尙書夏原吉治吳浙大水，浚吳淞諸浦港，泄壅淤入於海，於是吳浙水洩，農田大利，卒於官。

掖垣人鑑4/12下

明代寶應人物志×/1

袁義，本姓張，名四爲，廬江人。歸明爲帳前親軍，賜姓名，數從征伐，積功爲楚雄衞指揮使。在鎭二十年，墾田築堰，治城郭橋梁，規畫甚備，軍民德之。建文元年，徵爲右軍都督府僉事，進同知，卒於官。

國朝獻徵錄108/7無名氏撰傳

明史列傳17/11下

明史134/9下

袁煒（1508--1565）字懋中，號元峰，慈谿人。嘉靖十七年進士，授編修，進侍讀，遇中外獻瑞，輒極詞頌美，以此稱旨，驟擢禮部尙書。改戶部，尋兼武英殿大學士，入閣典機務。與李春芳、嚴訥、郭朴輩同有靑詞宰相之誚，以疾歸，卒年五十八，謚文榮。有袁文榮公文集及詩略。

祭袁元峰老師（余文敏公集13/1）

袁公墓誌銘（呂本撰、國朝獻徵錄16/104）

皇明世說新語2/5

明史列傳62/23

明史193/11

父袁汝舟

端居公事實（袁文榮公文集8/1）

妻管氏（1519—1597）

壽袁師母太夫人六袠序（余文敏公集2/7下）

管氏墓誌銘（賜閒堂集33/15）

袁愷字舜擧，松江華亭人。景泰二年進士，授刑部主事，屢遷雲南左布政使，未至卒。

國朝獻徵錄102/4無名氏撰傳

袁愷，河南魯山人。景泰五年進士，除兵科給事中，仕終右副都御史，總督糧儲。

掖垣人鑑7/6下

袁愷，聊城人。崇禎中官給事中，疏劾大學士薛國觀納賄事，國觀抵罪死。愷後爲給事中宋之普所傾，罷歸。福王時起故官，道卒。

明史253/14

袁道字德純，吉水人。性剛介，勤苦力學，擧成化八年進士，授太平知縣，有善政。擢監察御史，巡按廣西，奸弊一淸，時稱眞御史。

太平尹袁公祠記（桃溪淨稿文9/6下）

袁福徵，號履善，松江華亭人。嘉靖廿三年進士，授刑部主事，出守沔陽，歷唐府長史，以詿誤下詔獄，久之始解。

送袁履善郎中讞獄廣西序（滄溟集16/18下）

使粵集後序（敬所王先生集3/9下）

袁先生壽序（大泌山房集31/1）

先進舊聞（實日堂初集23/17）

皇明世說新語2/22下

袁慶祥字德徵，雩都人。國子生，以久次歷事內承運庫，上章極言弊政，忤旨被杖，遣還國學。成化十四年擧進士，歷潛山令、刑部主事、員外郎，仕至廣東僉事。有松崖集。

送袁僉憲赴任序（椒丘文集11/9）

明史列傳49/22下

袁璋，江南人。以勇俠聞，巡撫林俊委勦賊，所在有功，後爲所執，其子襲挺身救之，連殺七賊，亦被執，俱死。

明史289/17

袁勗字廷器。工畫，山水人物鬼神俱佳。

圖繪寶鑑6/13

袁應泰字大來，鳳翔人。萬曆二十三年進士，授臨漳知縣，遷工部主事，累進兵部右侍郎，巡撫遼東，尋代熊廷弼爲經略。天啓元年清兵攻遼陽，屢戰不勝，城破自縊死。

勅經略遼東兵部右侍郎兼都察院右僉都御史袁應泰並妻（紺雪堂集7/31）

袁經略先生死事述（寶日堂初集16/5）

國史闡幽（公槐集6/41）

天啓崇禎兩朝遺詩傳2/39

啓禎野乘8/26

明史259/4下

父袁□

袁封公家傳（大泌山房集70/37）

袁應祺（1538--1593）字文穀，號胥海，興化人。萬曆二年進士，授黃巖知縣，擢戶部主事，督理昌平糧餉，卒年五十六。有浮玉山人集。

浮玉山人集序（余學士文集12/4）

袁公墓志銘（同上27/7）

袁慵（1456--1532）字景輝，號恣齋，慈谿人。成化十七年進士，觀政工曹，授南京兵部主事，擢知廣州府。劉瑾擅政，憤而致仕歸，年七十七卒。

袁公墓誌銘（東泉文集7/18下，國朝獻徵錄100/11）

袁襄字飛卿，蘇州人。正德舉人，喜購書，有異書輒奔走求之。讀書藝菊自娛，終身不仕。

姑蘇名賢小紀下/3下

國朝獻徵錄116/34文徵孟撰傳

袁寶（1363--1424）字士珍，蘄春人。洪武中至京師，選充樂舞生，隨成祖之燕，奉命從戴原禮習醫術。靖難兵起，寶侍行，有保和功，授太醫院判，永樂二十二年卒，謚襄敏。

袁公墓表（楊士奇撰、皇明名臣墓銘乾集72，國朝獻徵錄78/30）

袁繼咸字季通，號臨侯，宜春人。天啓五年進士，累擢兵部右侍郎，兼右僉都御史，總督江西湖廣應天安慶軍務，駐九江。南都僞太子事起，左良玉反，兵至九江，繼咸詣其舟，正色折之，良玉約不破城，駐軍候旨。會良玉死，繼咸勸良玉子夢庚旋師，不聽。已而夢庚及繼咸舊部郝效忠降於清，執繼咸北去，不屈見殺。

袁公傳略（施愚山先生學餘文集16/6）

明史277/1

袁繼登，南畿人。起家選貢，知安化縣，蒞任未浹歲，卽遘賊，求速死，賊殺之。

明史294/20

秦

秦文（1463--1529）字從簡，號蘭軒，晚號雲峰，臨海人。弘治六年進士，授南京行人，陞司副。遷刑部郎中，讞獄精明，老吏皆以爲不及。歷貴州提學副使，遷河南左參政，致仕卒，年六十七。

秦先生墓志（鄭慶撰、國朝獻徵錄92/39）

秦文解（1493--1529）字元甫，號九村居士，上海人。七歲能詩，以神奇著江南薦紳間，嗜學或竟夜不就寢，以此得羸病，乃不事舉子業，入太學肄業。嘉靖八年卒，年三十七，有九村集。

九村居士秦元甫墓誌銘（長谷集15/3下）

秦民悅（1434--1512）字崇化，舒城人。天順元年進士，歷廣平知府，考績爲畿內冠，累升南吏部尙書，以星變陳時政，多議行。致仕卒，年七十九。

國朝獻徵錄31/31無名氏撰傳

明史列傳53/13

明史242/18下

秦民湯，漢陽人。官榮縣知縣，崇禎十七年張獻忠破城，被執不屈射死。

明史295/12下

秦四麟字季公，常熟人。萬曆間貢生，

讀書好古，善塡詞曲。

明常熟先賢事略13/12下

秦用中字澤之，無錫人。以貢歷官泰順教諭，自免歸。與莊㬎、李夢陽相唱和，有西湖、浙遊兩集。

毘陵人品記8/19

秦旭（1410--1494）字景暘，號修敬，無錫人。究心學問，爲詩敷腴雄健，格類放翁，厚重寡言，不妄與人交。年八十五卒，友人私諡貞靖，有修敬集。

秦公墓表（懷麓堂文後稿16/1）

毘陵人品記7/14

秦汴（1511--1581）字思宋，號次山，無錫人，金子。國子生，歷南京後軍都督府都事，官至姚安知府，卒年七十一。

秦太守墓碑（松石齋集12/14下）

秦公墓表（賜餘堂集11/10）

長子秦柄（1528—1583）字汝操，號邗塘。

邗塘秦公墓誌銘（賜餘堂集12/25）

秦初（1385--1441）字性初，山陰人。永樂九年舉人，卒業太學，通四夷文字。登十六年進士，選庶吉士，除檢討，凡西天譯書，皆與執筆，官至禮部主事，敦裕醇厚，行誼如古人。卒年五十七。

秦主事墓誌銘（王文端公文集32/7）

秦良玉，忠州人，石砫宣撫使馬千乘妻。饒膽智，善騎射，兼通詞翰，常爲男子裝。千乘卒，良玉代領其衆。以討奢崇明功授都督僉事，充總兵官。崇禎時入援京師，流賊入川，良玉屢破之。及張獻忠陷川。良玉悉召所部約曰，有從賊者殺無赦，乃分兵守四境，賊徧招土司，獨無敢至石砫境者。獻忠死，良玉以壽終。

攻渝諸將小傳×/60

明史270/11下

秦玘（1426--1481）字伯玉，薊州人。景泰五年進士，授戶部主事，改光祿丞，成化八年晉少卿，十七年卒，年五十六。玘處官勤慎，事無廢弛。

秦公墓誌銘（彭文思公文集6/13下，國朝獻徵錄71/15）

秦昂字民望，蒲州人。弘治九年進士，初知東阿縣，有政績，擢御史，巡按陝西，風裁凜然，官終副使。

書澤永思詩序（博趣齋稿17/112下）

送秦民望赴陝西按察副使序（渼陂集8/7）

父秦瓚，字景璋。

秦公合葬墓誌銘（渼陂集12/11）

秦金（1467--1544）字國聲，號鳳山，無錫人。弘治六年進士，歷右副都御史巡撫湖廣，討破桂陽猺。嘉靖中累擢戶部尚書，帝欲尊興獻帝，金伏闕爭，又條張璁建議之非。及上聖母册，金復不至。爲人樂易，居官一以廉正自持。仕終南京兵部尚書，年七十八卒，諡端敏。有安楚錄，鳳山詩集。

贈鳳山秦公南尙書禮部序（見素續集7/10下）

秦鳳山之戶部詩序（古菴毛先生集3/25下）

送戶部尙書秦公序（鈐山堂集20/2下）

贈大司徒秦公奉召序（洹詞4/5下）

贈太子太保兵部尙書鳳山秦公歸無錫序（息園存稿文2/1）

贈言錄序（徐文敏公集4/16）

歸俘待獻圖序（陽峯家藏集24/7下）

贈大司徒鳳山秦公六十序（徐文敏公集4/11下）

大司馬鳳山秦公七十（歐陽南野文集19/6下）

太子太保兵部尙書秦公七十壽序（涇野先生文集12/10）

山斗齊年詩序（古菴毛先生集3/35）

重建大司徒秦公封丘生祠碑文（徐文敏公集5/46下）

封丘縣重修鳳山秦公生祠記（世經堂集14/33）

大司徒秦公封廟碑（袁永之集16/1）

秦公墓表（陽峯家藏集33/25下）

秦公神道碑銘（鈐山堂集28/1，國朝獻徵錄42/54）

毘陵人品記8/12

明史列傳65/7

明史194/12下

父秦霖

壽域春風序（何文簡公集9/10）

妻鈕氏

【十劃】秦

壽封一品夫人鈕氏八十序（張文定公紓玉樓集8/16）

秦政學，慈谿人。永樂二年進士，歷官行在禮部郎中，務摭人過失，肆爲奸貪，十六年以罪伏誅。

明史308/9下

秦柱（1536--1585）字汝立，號餘山，無錫人，汴子。以諸生授中書舍人，忤張居正遷魯府審理，尋罷歸。萬曆十三年卒，年五十。

餘山秦君墓誌銘（賜餘堂集12/30下）
秦君汝立墓表（松石齋集12/20）
毘陵人品記10/13下
明史194/15

秦約（1316--　　）字文仲，太倉人。洪武初應召，試愼獨箴，拜禮部侍郎，以母老歸。再徵詣京師，上書言事，以年老難任劇，授溧陽教諭。著有師友話言、孝節錄、崇明志、樵海集。

吳下冢墓遺文3/7自志
國朝獻徵錄83/118無撰人秦約傳
吳中人物志7/28下
崑山人物志3/6下
吳郡張大復先生明人列傳稿×/20
明史136/11下

秦祐字順甫，山東臨淸州人。正德十二年進士，嘉靖四年由河南修武知縣，選禮科給事中。

掖垣人鑑13/7下

秦紘（1426--1505）字世纓，山東單縣人。景泰二年進士，任監察御史，劾中官採辦，謫驛丞，尋遷府谷令。成化中累擢僉都御史，巡撫宣府，凡與虜戰，以全制勝。召爲戶部侍郞，歷戶部尙書，兼右副都御史，總制三邊軍務。在軍三年，四鎭寧謐，致仕歸，年八十卒，諡襄毅。

陝西固原州新建總制秦公祠堂記（渼陂集10/17）
巡撫宣府十二公傳（涇野先生文集34/7下）
秦公傳（賞襄撰、皇明名臣墓銘良集91，國朝獻徵錄28/56）
國琛集下/4下
聖朝名世考3/46
皇明世說新語2/26下
皇明書23/13
吾學編38/20下
皇明獻實28/12下
名山藏臣林記10/26下
明史列傳47/18下
明史178/17

秦梁字子成，號虹洲，無錫人，瀚子。嘉靖二十六年進士，累擢吏科給事中。京師築外城，梁董其役，劾罷宦官監工事者。官至江西右布政使。

送虹洲秦憲副轉任浙江提學序（李中麓閒居集6/66）
掖垣人鑑14/18
子秦焯字季華，上林苑監署丞，卒年四十三。
秦君墓誌銘（快雪堂集13/7）

秦崇字智崇，山東單縣人。天順四年進士，授兵科給事中，歷南京光祿、太僕卿，仕至應天府尹，弘治四年卒於官。

國朝獻徵錄75/23實錄秦崇傳
掖垣人鑑7/6下

秦從龍字元之，洛陽人。仕元官江南行臺侍御史，會兵亂，避居鎭江。徐達下鎭江，太祖造其廬聘之，朝夕諮訪，事無大小，悉與之謀，稱先生而不名。至正廿五年卒，年七十餘。

聖朝名世考1/42下
國朝獻徵錄116/4朱睦㮮撰傳
明史列傳14/2下
明史135/2

秦裕伯字景容，大名人。仕元累官福建行省郎中，遭世亂，棄官避地上海。張士誠據姑蘇，遣人招之，拒不納。太祖命中書省檄起之，裕伯固辭。洪武元年復徵，不得已偕使者入朝，授侍讀學士，占奏悉當帝意，出知隴州，卒於官。

殿閣詞林記4/20下
明史列傳12/11

明史285/10

秦逵字文用，宣城人。洪武十八年進士，歷仕副都御史，擢工部侍郎。有大興作，多召逵議，議定工匠以三年爲班，更番赴京輸作，免其家徭役，諸匠便之，遷工部尚書。洪武二十五年坐事自殺。

宣城秦尚書遺續序（鹿裘石室集25/7下）

國朝獻徵錄50/5雷禮撰傳

明史列傳13/18下

明史138/11下

秦舜翰字國宗，號鷺坡，福建晉江人。隆慶二年進士，由廣東海陽知縣，選刑科給事中，歷四川僉事、廣西參議，調貴州，萬曆十一年免官。

掖垣人鑑15/20

秦鉞（1482--1540）字懋功，號峨湖，慈谿人。正德九年進士，授攸縣令，累官副都御史，巡撫江西，歷官皆有聲績，嘉靖十九年丁內艱，以哀卒，年五十九。

贈秦懋功考最序（涇野先生文集3/44）

秦公墓誌銘（王鏊撰、國朝獻徵錄55/32）

秦嘉楫字少說，號鳳樓，上海人。嘉靖三十八年進士，授行人，擢御史，累遷浙江僉事，以事謫歷州郡小吏，致仕家居。校輯群書，恒手自鈔錄。

瑞桃記（環溪集2/16下）

鷃適園記（歸有園稿5/7）

贈秦少說先生七十壽序（同上3/15下）

賀秦侍御鳳樓先生七十壽叙（四然齋藏稿3/20）

秦侍御先生傳（同上6/8）

秦鳴夏（1508--1557）字子章，號白厓，臨海人。嘉靖十一年進士，選庶吉士，授編修，擢右中允兼翰林修撰。廿二年典應天鄉試，以擧宰臣子事，受謗削官。卅六年起兵部主事，未任卒，年五十。

白厓文集序（敬所王先生集5/12下）

獄壽箴贊頌（同上3/29）

秦公行狀（同上18/26下）

秦君墓誌銘（念菴羅先生集8/62下，國朝獻徵錄19/45）

祭白厓秦公文（敬所王先生集18/10）

祭秦伯厓先生文（張太岳文集17/15下）

妻林氏

壽岳母林氏六袠序（敬所王先生集5/30下）

秦鳴雷（1518--1593）字子豫，號華峰，臨海人，鳴夏弟。嘉靖二十三年登進士第一，官至南京吏部尚書，年七十六卒。所著談資，采錄古今事，詮次頗無蔽，又有倚雲樓稿。

壽華峰先生序（敬所王先生集6/6下）

秦華峰先生倚雲樓集序（睡菴文稿2/2）

國朝獻徵錄36/73 張鳳翼撰秦公行狀

狀元圖考3/13

秦燿字道明，號舜峰，無錫人。隆慶五年進士，由庶吉士授刑科給事中，累官右僉都御史，巡撫南贛，討平岑岡賊李佩文等，拜副都御史，進撫全楚，致仕歸。

中丞秦舜峰公平寇序（田亭草4/25）

賀大中丞秦舜峰岑岡秦捷榮膺寵命叙（薛荔山房藏稿7/28下）

賀大中丞秦舜峰靖平虔粵孽寇恭膺寵命叙（同上7/35

掖垣人鑑16/3下

母□氏

秦太恭人榮壽序（條麓堂集21/30）

秦顒字士昂，貴州宣慰司人，著籍武進。正統七年進士，天順初以禮部員外郎奉使滇粵，諮民疾苦，歸疏於朝，帝多採納。歷雲南參政，擒劇賊，辨疑獄，卒於官。

水東日記27/4

秦瀚（1493--1566）字叔度，號從川，無錫人。以子梁貴贈通政司參議，卒年七十四。有從川吟稿、紀遊錄、巖棲集。

秦公墓誌銘（世經堂集18/16下）

秦從川公墓表（李文定公貽安堂集9/15）

妻殷氏

壽秦母殷太夫人八十序（弇州山人續稿33/3）

秦鐙（1463--1541）字國和，號樂易，自號類樗山人，無錫人，旭孫。弘治間擧人，嘉靖中授南京都察院都事，卒年七十九。

有樗林摘稿。

秦君墓表（荊川先生文集16/5下）

毘陵人品記7/14下

皇明書41/27下

秦鰲（1493--1550）字子元，號婁江，崑山人。嘉靖五年進士，以行人擢兵科給事中，劾徐鵬擧、賴義，又劾罷張璁。璁再相，謫鰲東陽縣丞。官終福建參政，升按察使，未任卒，年五十八。

送按察司副婁江秦公入覲序（雲岡公文集11/7）

秦公墓誌銘（涇林集8/5）

掖垣人鑑13/19

明史206/29下

妻潘氏（1491—　　）

封孺人潘氏八十壽序（涇林集5/28）

秦夔（1433--1496）字廷韶，號中齋，無錫人，旭子。天順四年進士，授南京兵部主事，歷知武昌府，定均徭法，累遷江西右布政使，卒年六十四。有中齋集，五峰遺稿。

秦公神道碑（篁墩程先生集48/1）

秦公墓誌銘（青谿漫稿23/7，國朝獻徵錄86/6）

毘陵人品記7/14

妻沈氏，卒年七十四。

秦恭人沈氏墓誌銘（容春堂前集18/5）

秦瓛（1442--1497）字廷贊，崑山人。成化十一年進士，初官刑部，有能聲。陞貴州按察副使，便道省母，遂隱居以終，年五十四卒。

秦公墓誌銘（吳瑞撰、吳下冢墓遺文續1/85）

孫

孫一元（1484--1520）字太初，自稱秦人。或云安化王宗人，王坐不軌誅，故變姓名避難。嘗辭家入太白山，因自號太白山人。善爲詩，豪宕孤騫，前無古人，蹤跡奇詭，携鐵笛鶴瓢，遍游名勝，足跡半天下。正德間就居烏程，與劉麟、龍霓、陸崐、吳琉結社倡和，稱苕溪五隱，十五年卒，年三十七。有太白山人漫稿。

太白山人傳（石川集文稿×/27下國朝獻徵錄115/46下）

太白山人傳（空同子集58/3，國朝獻徵錄115/45）

太白山人傳（祝氏集略57/1）

孫太初墓誌銘（劉淸惠公集8/6）

皇明世說新語5/16，7/5，7/29下

國寶新編×/12

國琛集下/32

名山藏95/10

明史298/6下

孫一奎（1538--1600）字文垣，號東宿，又號生生子，休寧人。以醫術游公卿間，所著赤水玄珠，辨古今病證名稱相混之處，極爲明晰。又有醫旨緒餘，所論皆有特識，卒年六十三。

文垣孫君墓誌銘（天遊樓集14/46下）

孫一謙，溫麻人。萬曆十六七年間，爲南刑部司獄，不以獄爲利，於囚甚有恩惠。轉靈山吏目，未之官，徑歸而卒。

國朝獻徵錄49/57，曹應擧撰三司獄傳

孫七政字齊之，自號滄浪生，常熟人。能詩，與王世貞諸人遊。有松韻堂集。

滄浪生集序（大泌山房集12/27下）

明常熟先賢事略13/12

孫子良，海寧人。永樂二年進士，選庶吉士，與修永樂大典，書成擢武選郎中，務盡其職，侃侃自將，請托不行，人多忌之。以譖謫交阯古螺城，洪熙元年拜交阯參議，累官至山東參政，正統中致仕。有螺城集。

參政孫公神道碑（王文端公文集30/8）

水東日記8/3

妻杜氏（1370—1413）

杜氏墓誌銘（東里文集2/1）

孫大經（1468--1534）字天常，號西溪，潼關人。弘治二年中鄉薦，卒業太學，調選爲南陽府同知，歷官南京戶部員外郎，以光祿少卿致仕，卒年六十七。

孫君墓誌銘（渼陂續集中/25下）

孫士美字澹如，一字公燦，靑浦人。

天啓元年擧人，任舒城敎官，以守城功擢知深州。崇禎十一年邊報急，未幾城陷，自刎死。贈太僕少卿，父訥年七十餘，時在署，亦死難。

啓禎野乘8/46

明史291/13下

孫文，餘姚人，幼時父爲族人時行箠死，長欲報之，而力不敵，乃僞與和好，時行坦然不復疑。一日値時行於田間，卽以田器擊殺之，坐戍，未幾遇赦獲釋。

明史297/12下

孫元化字初陽，嘉定人。天啓間擧於鄉，從徐光啓遊，得西洋火器法，條備京防邊三策，得贊劃經略軍前，建礟臺敎練法。歷官兵部主事，尋罷。崇禎初起兵部員外郎，遷郎中，袁崇煥爲經略，乞以自輔，累遷右僉都御史巡撫登萊，孔有德變，元化力主撫，檄郡縣無邀擊。已而賊陷登州，自刎不殊，被執縱還，詔逮棄市。

明史288/14

孫天祐，鄒平人。善畫，翎毛蘭竹花卉草蟲，精緻可愛。

圖繪寶鑑6/14下

孫曰良（1388--1474）字艮齋，江西豐城人。永樂九年進士，授監察御史，出知交州府，歷廣西右布政使，總督廣西兵備，官至右副都御史鎭守臨淸，致仕卒，年八十七。

國朝獻徵錄60/50實錄傳

孫仁字世榮，貴池人。景泰二年進士，授南京戶部主事，歷知順慶、西安，屢遷右副都御史，巡撫四川，召爲戶部侍郎，致仕卒。

孫公行狀（楊廷和撰、國朝獻徵錄30/23）

孫仁字偉德，江西新淦人。成化五年進士，授刑部主事，歷陝西河南布政使，官至右副都御史巡撫寧夏，引疾歸，弘治十二年卒。

國朝獻徵錄60/86實錄傳

孫允中（1506--1573）字伯時，號板泉，太原人。嘉靖廿六年進士，歷湖廣襄陽府推官，選戶科給事中，仕終應天府丞，萬曆元年卒，年六十八。

孫公配張宜人行狀（大泌山房集113/28下）

孫公張宜人墓志銘（同上92/24下）

掖垣人鑑14/18下

明史209/30

孫必顯（1591--1683）字克孝，潼關衞人，振基子。萬曆四十四年進士，累官吏部員外郎，時魏忠賢羅織淸流，言者遂劾其世投門戶，削籍。崇禎二年起驗封郎中，再被劾，謫山西按察經歷，量移南禮部主事，道出柘城歸德，適流賊來犯，爲設守完其城。十一年，擢兵部右侍郎，旋卒，年四十八。

孫公墓誌銘（牧齋初學集52/1）

明史列傳90/13下

明史236/15下

孫可大，鄒平人。洪武二十六年擧人，自太學生選授監察御史。永樂初，陞山西憲副，歷官四川、陝西按察使，致仕卒。

贈憲使孫可大還鄉序（金文靖公集7/48）

孫丕揚（1532--1614）字叔孝，富平人。嘉靖三十五年進士，擢御史，有風裁。萬曆初以右僉都御史，巡撫保定，累拜吏部尚書，百僚無敢干以私。以疏詆張位，爲帝所不直，乞去。久之，起故官，眷遇益隆，時年已邁，乞去不已。拜疏徑歸，年八十三卒，天啓初追謚恭介。

書孫太宰事（松窻集2/16）

賀太宰六年奏最（曇衍集5/20）

壽太子少保大冢宰孫翁八十序（來禽館集9/15下）

明史列傳80/15

明史224/14

祖孫瓊（1479—1557）字廷器，號瀘南，瀘州遞運所大使

孫公墓碑（渭上稿21/11）

父孫惟謙，字幼抑，號前川，寶坻知縣。

贈前川孫公晉封都察院右僉都御史序（渭上稿14/6）

孫世（1320—1381）巢人。少有勇力。

元季集衆屯巢湖，後從諸將歸附太祖渡江。積功累陞中軍都督府僉事。以疾卒，年六十二，追贈富春侯，謚忠勇。

皇明功臣封爵考8/48

孫代（1535--1583）字紹甫，號肯堂，扶風人。嘉靖三十八年進士，授行人，擢御史，官至浙江參政，卒年四十九。

孫公劉淑人墓表（大泌山房集107/1）

孫安，高郵人。永樂中代父職爲大興指揮僉事，景泰二年累進都督同知，以疾罷，成化七年卒。

國朝獻徵錄107/14無撰人孫安傳

孫交（1453--1532），初名蛟，字志同，號九峰，安陸人。成化十七年進士，嘉靖間歷官戶部尙書，政績卓著，以太子太保致仕，卒年八十，謚榮僖。有晚節園集。

自然亭記（見素集8/8）

祭大司徒孫九峰（古菴毛先生集6/26）

國朝獻徵錄29/15顧璘撰傳

皇明世說新語2/16

名山藏臣林記18/12下

明史列傳63/4

明史194/4

母錢氏

孫母錢氏墓誌銘（懷麓堂文後稿29/18下）

孫羽侯字鵬初，華容人。萬曆十七年進士，改庶吉士，授禮科給事中改刑科。有遂初堂集。

遂初堂詩序（大泌山房集21/3）

孫鵬初遂初堂集序（玉茗堂全集4/16下）

鵬初孫先生壽序（睡菴文稿10/24下）

孫存（1491--1547）字性甫，號豐山，滁州人。正德九年進士，授禮部主事，累遷河南布政使。精於吏治，嘗輯一代典制與疏例互相發明者附於律令，名曰讀法。有豐山集。

贈豐山孫先生轉河南左使序（新兩城先生集16/25）

豐山孫公行狀（胡莊肅公文集6/80下，國朝獻徵錄92/20）

豐山孫公神道碑銘（王襄毅公集17/1）

祖孫允恭（1413—1483）字克讓，號毅菴，贛州府學教授。

孫先生墓表（陽峯家藏集33/2下）

孫旬字若穆，號濟西，萊陽人。萬曆二年進士，授行人，擢御史，巡鹽浙江，值兵變劫撫軍，旬單身詣賊壘諭利害，亂遂定。再按江西順天，貴戚歛手，宦寺屏息。累遷大理少卿，以母憂歸卒。

送巡按督鹺孫濟西序（支華平集5/3下）

孫自一，光山人。爲黃岡知縣。崇禎十六年張獻忠寇略，城破死之。

明史233/17

孫仲嗣，膚施人。由貢生爲階州學正，當事知其才，委以城守。崇禎八年流賊至，盡瘁死守，城破，與妻子十餘人並死之。

明史292/11下

孫如法字世行，號俟居，餘姚人，鑛子。萬曆進士，授刑部主事，與從弟如游論建儲及册封鄭貴妃事得罪，謫潮陽尉，遂不出，隱居柳城別墅，以圖史自娛，工書，喜校讐，尤工詞曲。

明史列傳80/9

明史224/10下

孫如游字景文，如法從弟。萬曆廿三年進士，累官禮部侍郎，部事叢集，決遣無滯。光宗立，首請建東宮。帝諭封鄭貴妃爲太后，李選侍爲后，俱執禮以爭。熹宗立，以東閣大學士入參機務，致仕卒，謚文恭。

明史240/24

父孫鏊（1525—1592）字文器，上林苑丞。

孫公陳孺人墓表（大泌山房集108/15）

孫兆奎字君昌，吳江人。舉於鄉，福王時與吳易等舉兵得千餘人，屯於長白蕩，出沒旁近，清兵至，戰敗被執，械至江寧死之。

明史277/19下

孫兆祿，阜寧人。官西安府同知，崇禎

十五年闖賊破襄城，隨總督汪喬年戰死。

明史262/8

孫宏軾字以瞻，號槐溪，資縣人。嘉靖十七年進士，歷浙江海道副使，才猷練達，爲政簡嚴，務持大體，陞參政。

贈大參孫槐溪序（天一閣集18/1）

孫珵，一作孫杞，字廷瑞，一作廷玉，工畫山水人物。

圖繪寶鑑6/2下

孫克宏字允執，號雪居，松江華亭人，承恩子。工楷書，善畫，以蔭授應天治中，署上元邑篆，號稱淸謹。擢漢陽太守，吏畏民懷，以詿誤免歸。卒年七十九。

孫漢陽傳（晚香堂小品17/12）

孫克恕字推之，馬平人。萬曆中擧於鄉，歷官貴州副使，分巡思石道，安邦彥之亂，戰死。有虎守其骸不去，蠻人嗟異，事聞，贈太僕卿。

明史290/13下

孫作字大雅，以字行，一字次知，江陰人。工爲文，嘗著書十二篇，號東家子。元末挈家避兵於吳，獨載書兩簏，張士誠廩祿之，旋以母病謝去。洪武六年聘修日曆，授編修，以老病乞外，改太平府教授，累擢國子司業，以事廢爲民，起長樂教諭。有滄螺集。

東家子傳（宋濂撰，滄螺集卷首）

孫作傳（曝書亭集63/9）

題孫司業滄螺集後（處實堂集7/42下）

毘陵人品紀6/2下

殿閣詞林紀8/11

明史285/18下

孫伯堅（1472--1547）字道夫，興濟人。幼勤學，弱冠補校官弟子，屢試不中，以孝廟覃恩戚里，拔爲中書舍人，歷大理寺副，官至尚寶司少卿，乞休，卒於家，年七十六。

孫公墓志銘（孫陞撰、國朝獻徵錄77/5）

孫炎字伯融，句容人。面鐵色，跛一足，談辨風生，雅負經濟，有詩名。太祖下金陵，炎從征浙東，以功授池州同知，擢行省都事，克處州，授總制，措置有方。後苗將賀仁德等叛，爲苗兵所執，不屈死，年四十。太祖即位，追封丹陽縣男，諡忠愍。有左司集。

孫伯融傳（遜志齋集21/477，國朝獻徵錄10/85）

皇明獻實4/5

皇明世說新語5/6

聖朝名世考5/4下

皇明書31/3下

明史289/5下

孫宜（1507--1556）字仲可，一字仲子，號洞庭漁人，華容人，繼芳子。嘉靖七年擧人，長於文，著述甚富，今存有洞庭漁人集、續集、邇言，卒年五十。

孫仲子墓表（丘隅集14/22，國朝獻徵錄115/65）

洞庭漁人傳（二酉園文集11/22）

洞庭漁人傳（弇州山人四部稿84/1）

徐氏海隅集外編40/30下

皇明世說新語6/34

名山藏95/20

孫承宗（1563--1638）字稚繩，號愷陽，高陽人。萬曆三十二年進士，沈毅有智略，尤曉暢邊事。天啓初累官兵部尙書，東閣大學士。時遼陽廣寧俱破，承宗自請以原官督理諸處軍務，便宜行事，魏忠賢黨讒之，乞歸。淸兵攻高陽，承宗率家人拒守，城破，投環死，年七十六，諡文忠，改諡文正，忠定。有孫文正文集。

贈愷陽孫年丈九載奏績晉陟宮允序（寧澹齋全集3/6）

勅少保兼太子太保兵部尙書兼文淵閣大學士孫承宗並妻（紺雪堂集7/2）

祭高陽公文二篇（牧齋初學集77/4）

孫公行狀（牧齋初學集47/1）

凱陽孫公奏議序（蒼霞餘草6/5）

高陽孫氏闔門忠孝記（牧齋初學集41/1）

高陽孫文正逸事（望溪先生文集9/2）

高陽太傅孫文正公年譜五卷、孫銓撰　孫奇逢訂正、明崇禎間刊本

孫高陽前後督師略一卷、明蔡鼎撰、荆駝逸史本
五十輔臣考1/38
天啓崇禎兩朝遺詩傳2/57
明史250/1
兄孫敬宗（1553—1618）字叔倩
孫公墓誌銘（寶日堂初集16/45）

孫承恩（1481--1561）字貞父，號毅齋，松江華亭人。正德六年進士，改庶吉士，授編修，歷官禮部尙書，兼掌詹事府。時齋宮設醮，承恩獨不肯黃冠，遂乞致仕。嘉靖四十年卒，年八十一，謚文簡。承恩博稽宏覽，爲文深厚爾雅，有讓溪草堂稿。

送學士孫毅齋先生出掌南翰序（張文定公紆玉樓集3/20下）
孫文簡公文集序（陸文定公集10/3下）
奉贈大宗伯毅齋孫公便道展謁先祠還朝序（內方集9/11）
壽大宗伯毅齋先生孫公七十序（存笥稿6/8）
壽少宰翰學毅齋先生孫公序（世經堂集12/52）
壽宮保大宗伯毅齋孫公八十序（同上13/39下）
送宮保宗伯毅齋先生孫公致仕序（同上13/21）
孫公行狀（環溪集26/1）
孫公墓誌銘（世經堂集17/39，國朝獻徵錄18/24）
祭贈太子太保毅齋孫文簡公（環溪集22/4下）
毅齋先生誄（長谷集14/8）
先進舊聞（寶日堂初集22/37）
四友齋叢說17/6，17/6下
皇明世說新語4/9下，5/5下，6/26

孫居相字伯輔，沁水人。萬曆二十年進士，除知恩縣，徵授南京御史，負氣敢言，天啓中累遷兵部右侍郎。魏忠賢盜柄，引疾歸。崇禎初起戶部右侍郎，進尙書，總督倉場。以與給事中楊時化通書，有國事日非邪氛益惡之語，事聞，謫戍邊，尋卒。

三台奏議序（仰節堂集1/26下）
明史254/5下

孫枝字敬身，一字子榮，號思泉，錢塘人。嘉靖三十八年進士，歷工科給事中，巡視光祿，積弊多所釐定。改巡京營，詔遣中官呂用等典京營軍，枝力諫乃已。後官山西右參政，分守冀寧，落職歸卒。有孫敬身詩文。

披垣人鑑14/43

孫奇逢（1584--1675）字啓泰，一字鍾元，容城人。明萬曆舉人，與左光斗、魏大中、周順昌，以氣節相尙。光斗等被璫禍，奇逢傾身營救，時與鹿正、孫承宗稱范陽三烈士。明末避亂入易州五公山，晚歲移居蘇門之夏峰，學者稱夏峰先生。其學以愼獨爲宗，初主陸王，晚更和通諸子之說，自明及淸，前後十一徵不起，康熙十四年卒，年九十二。著有四書近指、讀易大旨、經書近旨、聖學錄、兩大案錄、甲申大難錄、歲寒居自養、乙丙記事、理學宗傳。

徵君孫鍾元先生傳（思復堂文集3/13）
孫徵君傳（望溪先生文集8/1）
孫夏峯先生年譜二卷、清湯斌等撰、方苞訂正、畿輔叢書本
孫徵君年譜稿四卷、淸戴明說等撰、康熙間刻本
明儒學案57/7下

孫虎，不知何許人，從太祖起兵，援池州，下於潛、昌化，定建德、諸全，皆有功。授千戶，累進海寧衞指揮使，後從李文忠北征，與元兵戰死，追封康安郡伯。

明史133/21下

孫忠（1368--1452）字子敬，初名愚，字主敬，鄒平人，宣宗章皇后之父。起永城主簿，遷鴻臚序班。宣宗卽位冊貴妃，授忠中軍都督僉事，妃立爲后，封會昌伯。謙恭節儉，未嘗以貴驕人。年八十五卒，封安國公，謚康靖，改謚恭憲。

孫公神道碑銘（芳洲文集7/4，國朝獻徵錄3/14）
吾學編19/71
皇明功臣封爵考7/19
皇明書12/2下
名山藏臣林記7/14下
明史300/8
母丁氏（1345—1431）

會昌伯太夫人壙誌（楊文敏公集25/3）

孫忠（1398--1470）字克誠，長洲人。宣德初在軍中，請使入朝鮮，官至錦衣衞百戶，卒年七十三。

孫公墓志銘（程敏政撰、國朝獻徵錄109/27）

孫岳，洪武中從大將軍立功，歷陞都督同知，建文中充鳳陽守將。北兵起，從下流渡淮，陷金川，岳猶堅守中都，永樂元年，逮至京，安置海南死。

遜國正氣紀7/10

國朝獻徵錄107/3忠節錄傳

孫洪字伯大，山東昌邑人。景泰五年進士，授兵部主事，歷河南參政，贊畫撫治流民有勞。累官右副都御史巡撫河南，爲周府儀賓劉宜所訐，下詔獄，尋命致仕歸，弘治元年卒。

國朝獻徵錄60/68實錄本傳

繼母劉氏

壽孫母太淑人詩序（椒丘文集12/12）

孫恪，濠人，興祖子。謹敏有儒將風，襲武德衞指揮使，以右參將從藍玉北征，論功封全寧侯。從征楚蜀，進兼太子太保，從坐藍玉黨死。

吾學編18/54下

名山藏41/24下

皇明功臣封爵考6/62下

明史133/19

孫珂字廷珍，山東福山人，遇子。景泰五年進士，授監察御史，巡按山西、浙江、行部一尙威嚴，凛然人不敢犯，所至伸寃抑除姦豪。歷南京大理寺丞，出知潞州，以事罷歸，弘治元年卒。

送南京大理丞孫君赴任序（椒丘文集11/1）

國朝獻徵錄68/78丘濬撰孫君墓志銘

孫春字一元，汴人。成化十四年進士，授戶部主事，歷鞏昌知府、廣西布政使，陞應天府尹，致仕卒，年七十四。

國朝獻徵錄75/31祥府文獻志傳

孫杰，錢塘人。萬曆四十一年進士，官刑科給事中，以依附魏忠賢，累擢工部尙書，冒功叙少保。忠賢誅，被劾歸，名麗逆案，贖徒。

明史306/23下

孫昱字廷昭，山東濟寧人。正統十三年進士，除工科給事中，天順五年陞山西右參議。

披垣人鑑9/6下

孫廸（1381--1407）字仲約，錢塘人。生而秀穎，稍長入邑庠，授春秋，登永樂四年進士第，選翰林庶吉士，超擢禮部員外郎，旋卒，年二十七。

孫君墓志銘（王洪撰、國朝獻徵錄35/78）

孫貞字宗正，豐城人。歷任郡縣教職，擢國子助教，陞五經博士，年六十三以翰林編修致仕。

送孫先生致事歸豐城序（東里文集6/23）

孫若谷（1510--1582）字思謙，號小溪，故城人，緒子。少以文名，嘉靖二十五年鄉試第一，屢試禮部不第，遂不樂進取，入槐市爲太學生，友天下士，接引後學，推愛里戚，謙德和氣，藹然襲人。晚閉門讀書，廉靜自守。萬曆十年卒，年七十三。

孫公墓誌銘（宋金齋文集2/48）

孫修（1478--1533）字用吉，號廣原，邯鄲人。弘治十八年進士，授戶部主事，改御史，侃侃自持，治獄有能聲，擢陝西僉事，備兵延綏，儲糧訓卒，敵不敢犯。尋命督理全陝屯政，法簡而嚴。累遷浙江左布政，以母憂歸。起拜右副都御史，巡撫湖湘，貪吏聞風畏憚。改南京操江，因災異乞罷，卒年五十六。

奉送廣源先生孫公督江序（少華山人文集4/12下）

孫公墓誌（姚淶撰、國朝獻徵錄64/61）

孫俊字叔英，崑山人。讀書尙友，尤工於詩，性敦樸，不慕聲利。晚築草堂於積溪之南，自號南溪遜叟。有南溪草堂集。

崑山人物志5/8

吳郡張大復先生明人列傳稿×/27

孫衍字世延，一字延之，號雪岑，松江華亭人。成化十四年進士，授知深州，官至延平知府，年五十九卒。有雪岑集。

孫公墓誌銘（楊廉撰、國朝獻徵錄91/14）

四友齋叢說17/7

孫皇后，鄒平人，忠女。年十餘歲入宮，爲皇太孫嬪。宣宗即位，封貴妃，有寵，陰取宮人子爲己子，即英宗。皇后無子廢，遂冊爲皇后。英宗立，尊爲太后，天順六年卒，謚孝恭章皇后。

明史113/11下

孫浩，永樂中知邵陽，遭喪去官。洪熙元年陜西按察使頌浩前政，請令補威寧，宣宗嘉歎，即命起復，後超擢辰州知府。

明史281/13下

孫訓字廷揚，號龍門，太原人，允中子。隆慶五年進士，由庶吉士授禮科給事中，陞山東僉事。尋降肥鄉縣丞，歷寧晉知縣，升兵部主事。

掖垣人鑑16/8下

孫祖壽字必之，昌平人。萬曆中舉武鄉試，授固關把總。天啓二年歷官署都督僉事，爲薊鎮總兵官。錦州告緊，赴援不力，被劾罷。已而都城被兵，乃散家財招部曲，從滿桂赴援，戰死。初祖壽部將遺其子五百金，其子不受。他日來省，賜之卮酒曰，却金一事，善體吾心，否則法不汝宥也，其秉義執節如此。

明史271/10

孫原貞，名瑀，以字行，德興人。永樂十三年進士，授禮部主事，英宗初累擢河南右參政。居官清愼，有吏才，再遷浙江左布政。正統末閩浙間盜大起，拜兵部左侍郎，鎮守浙江，發兵討平之。景泰三年進尙書，移鎮福建，尋復還浙。英宗復位，罷歸，家居十餘年，卒年八十七。有歲寒集。

國朝獻徵錄57/1無名氏撰傳

明史列傳43/5

明史172/6下

孫珫（1551--1604）字玉耳，號淇陽，更號淇明，平陰人。萬曆八年進士。授錢塘令，擢御史，歷官山西參議，卒年五十四。

孫公墓誌銘（穀城山館文集24/22下）

孫珪字廷用，山東福山人。成化十四年進士，由庶吉士授禮科給事中，仕終陜西右布政使，卒於官。

掖垣人鑑10/24下

孫陞（1501--1560）字志高，號季泉，餘姚人，燧季子。嘉靖十四年進士，授編修，累官禮部侍郎。嚴嵩枋國，陞其門生也，獨無所附麗，會南禮部尙書缺，衆不欲行，陞獨請往，卒年六十，謚文恪。陞嘗念父死宸濠之難，終身不書寧字，亦不爲人作壽文，居官不言人過，時稱篤行君子。

贈大宗伯孫公之任南京序（九愚山房文集17/1）。

壽大宗伯孫公六十序（馬文莊公集選2/1）

祭孫文恪公文（條麓堂集31/13）

祭孫季泉先生文（何翰林集27/8下）

祭季泉孫宗伯文（世經堂集12/13下）

孫公墓誌銘（世經堂集17/19下）

孫公行狀（季本撰、皇明名臣墓銘兌集82，國朝獻徵錄36/56）

四友齋叢說15/14

明史224/7

繼妻楊氏

壽孫夫人五袠序（條麓堂集21/31下）。

孫泰字仲和，武進人。襲涼州衞指揮使，陞北平都司，燕師起，泰與戰於懷來，中矢卒。

明北平都指揮使孫公傳（平津館文稿下/31下）

國朝獻徵錄110/11忠節錄傳

吾學編53/5下

皇明表忠紀5/8下

毘陵人品紀6/15

遜國正氣紀6/15下

孫挺生，孟津人。精星術，預卜崇禎十五年有冠禍，編茅河渚以居，賊蹤跡得之，語其妻梁氏曰，此匹夫殉義之秋也，夫婦對泣，詬賊而死。

明史292/4

孫振基字肖岡，潼關衛人。萬曆二十九年進士，除莘縣令，調安丘，以治行徵授給事中。值湯賓尹科場舞弊事起，與台諫議論不合。出補山東僉事，尋以憂去，卒於家。

明史列傳92/11

明史236/13

孫紘字文冕，鄞縣人。成化十四年進士，弘治初官南京給事中，因忤中官蔣琮，謫膠州判官，遷廣德知州，卒官。紘少貧，傭書市肉以養母。既通籍，終身不食肉。

明史180/24

孫淸，睢陽人。諸生，幼孤，事母以孝聞。母沒未葬，流賊入其境，淸守柩不去，賊兩經其門，皆不入，里人多賴以全。

明史297/10

孫康周字晉侯，安丘人。由鄉舉授遵化令，累官太原知府，以淸惠顯。崇禎十七年李自成犯境，太原城陷，猶巷戰，力竭被執，罵賊死。

明史263/10下

孫祥，大同右衛人。正統十年進士，歷兵科給事中，擢右副都御史，以才幹忠讜稱。後守備紫荊關，也先入寇，督戰被殺。

水東日記16/8下

掖垣人鑑7/31

明史列傳39/7下

明史167/7下

孫惟中字伯庸，昌邑人。世業農，朝耕夜讀。及壯，爲寧海州史，貢益都府。瀕行父卒，廬墓慟哭久之，或勸其還，哭不對。縣尹戴友諒，夜訪得其實，以聞，旌其門。

孫孝子傳（宋學士文集11/105下）

皇明書41/7

名山藏97/7下

孫偉字朝望，號鷺沙，淸江人。弘治十五年進士，官鶴慶知府。工詩，有鷺沙集。

鷺沙孫先生詩集引（環溪集21/12下）

孫紹先（1438--1471）字汝宗，山西代州人，璽從子。弘治十八年進士，選庶吉士，授檢討，卒年卅四。

送宿山孫太史先生序（張文定公紓玉樓集6/26）

孫太史歸省詩序（洹詞2/9）

孫汝宗墓誌銘（同上2/27下）

祭孫汝宗文（同上2/30）

孫紹祖（1485--1526）字遠宗，號我山，代州人，紹先弟。正德六年進士，授編修，性孝友，兄紹先卒於家，疏請歸葬，值子殤妻病，置不顧，星馳抵家，教養孤姪如己出。母誕日，堂下生瑞草一本，人稱謂孝感所致，繪圖賦詩咏之。官至右春坊右中允，卒年四十二。

孫君墓誌銘（紫巖文集45/8，國朝獻徵錄19/40）

孫雲鶴，霸州人。官東廠理刑官，爲魏忠賢門下五虎之一。忠賢敗，被劾遣戍，後定逆案，論死。

明史306/41

孫博字約之，景州人。成化十四年進士，授禮科給事中。汪直用事，立西廠，博上疏，論直擅作威福，疏入，立毀西廠，直大恨之。會雲中告警，受命北伐，師還論功，陞山西按察僉事，遂乞致仕。

掖垣人鑑10/22下

國朝獻徵錄97/98石珤撰傳

孫堪字志健，號伯泉，餘姚人，燧長子。爲諸生，能文，工畫菊，善騎射，以蔭爲錦衣千戶。嘉靖五年中武會試第一，歷官都督僉事。性至孝，父爲宸濠所害，徒步千里，負骸骨歸葬，三十二年母卒，堪年已七十二，護喪歸，以毀卒。

贈七十翁都督孫先生序（存笥稿6/14）

孫公行狀（孫陞撰、國朝獻徵錄108/54）

孫孝子傳（趙文肅公文集18/1）

都督僉事孫堪祭葬（歐陽南野文集15/10下）

皇明世說新語1/18

明史289/21下

孫朝宁字天樞，號賓瀾，浙江嘉善人。兩中北闈副榜，以通判署廣東淸遠縣，有善政。陞肇慶同知，致仕歸。

啓禎野乘9/10

孫斯億（1529--1590）字兆孺，號雲夢山人，華容人，宜子。年十四補博士弟子，後棄去，週遊天下名勝，慷慨懷古。著有雲夢山人集、園屋集、鳴鋏集及浮湘、南岳、中州、北遊諸稿，卒年六十二。

孫兆孺墓誌銘（陸學士先生遺稿12/33）

孫植字斯立，號蛩川，浙江平湖人，璽子。嘉靖十四年進士，官至南京刑部尚書。隆慶四年聽勘歸，卒謚簡肅。有嘉樂堂集。

祭司寇蛩川孫公文（長水先生文鈔12/58）

孫氏家乘序（同上13/10）

孫祿字天錫，棲霞人。弘治九年進士，授戶部主事，陞督糧郎中，以忤劉瑾，下詔獄，釋爲民。瑾誅，起故官，歷知揚州，官終應天府尹，引疾歸。

明史187/20下

孫賣字叔誠，江陰人。洪武間以貢授戶部主事，改兵部。永樂中出知鞏昌府，躬行節儉，至誠率物。西戎部落，時出剽掠，聞賣名，稍稍歸服。丁內艱，民上狀借留，詔涖事如故，秩滿，民復上章乞留，進階嘉議大夫，仍治鞏昌，凡三十年，後乞休歸。家居八年卒。

毘陵人品記6/16下

孫愼行（1564--1635）字聞斯，號淇澳，武進人。萬曆二十三年進士，累擢禮部右侍郎。熹宗時拜禮部尚書，以追論紅丸案，與廷臣意旨不合，謝病歸。及三朝要典既出，三案盡翻，紅丸一案，以愼行爲罪魁，當遣戍寧夏。崇禎元年魏忠賢敗，乃免。八年，廷推閣臣，召之入都卒，年七十二，謚文介。有玄晏齋集。

孫淇翁宗伯七十壽序（無夢園遺集7/1）

祭孫文介公文（牧齋初學集77/9）

啓禎野乘1/25

天啓崇禎兩朝遺詩傳4/167

明史列傳92/11

明史243/11

明儒學案59/6下

孫瑋字純玉，一字以貞，號藍石，一作蘭石，渭南人。萬曆五年進士，授行人，擢兵科給事中，累遷右副都御史，巡撫保定，有惠政。進兵部尚書，掌左都御史事，告歸。天啓元年召用，以吏部尚書參贊機務，再掌左都御史事。四年疾篤，猶上疏請登用善類，卒贈太子太保，謚莊毅。

少司馬藍石孫公晉司徒序（吳文恪公文集15/16）

太子太保藍石孫公六載考績褒封記（蒼霞餘草1/15）

披垣人鑑16/21下

啓禎野乘2/35

天啓崇禎兩朝遺詩傳4/141

明史241/4

父孫□，號郜野，潼關衞指揮使。

賀指揮使郜野孫公勅封兵科給事中序（渭上稿 14/13下）

孫鼎（1392--1457）字宜鉉，號欽齋，廬陵人。永樂二十二年登乙榜，授江浦儒學教諭，陞教松江，以孝弟立教。正統八年，薦擢御史，督南畿學政，以親老致仕。鼎與吉水劉觀、李中齊名，有吉水三先生之目，天順元年卒於家，年六十六，門人私謚曰貞孝先生。

贈孫教授序（王文端公文集20/6下）

送孫教授序（魏文靖公摘稿1/9）

書貞孝先生詩後（東海張先生文集4/12）

皇明名臣墓銘坎集86錢溥撰孫公墓表

國朝獻徵錄65/11京學志傳

聖朝名世考8/4下

皇明世說新語1/15

四友齋叢說9/6

明史列傳38/8下

明史161/11，282/27下

孫鼎相，沁水人，居相弟。應官吏部郎中、副都御史巡撫湖廣，有名東林中。

明史254/7

孫遇字際時，山東福山人。正統元年進士，授戶部主事，擢知徽州府，守徽凡十八年，遷至河南左布政，爲怨者所劾，致仕歸。

名山藏臣林記12/33

明史281/19下

孫敬字孟寅，成都人。景泰五年進士，任兵科給事中，成化元年陞山西右參議。

水東日記27/7下

披垣人鑑7/36

孫傳庭（1593--1643）字伯雅，一字白谷，振武衛人。萬曆四十七年進士，天啓中由商丘知縣入爲吏部主事，魏忠賢亂政，乞歸。崇禎九年，擢右僉都御史，巡撫陝西，擒斬流賊，累建大功，忤楊嗣昌下獄。十五年起兵部侍郎，總督陝西，明年加尙書，督師出關，勦賊，師潰，轉入潼關，賊破關城，陷陣死，年五十一，謚忠靖。有鑒勞錄、白谷集。

敕河南歸德府商丘縣知縣孫傳庭（紺雪堂集10/51）

督師白谷孫公傳（思復堂文集2/45）

明史262/11

孫鈺（1523--1573）字文鼎，號劍峯，餘姚人，鑛從兄。中嘉靖三十一年武舉，襲錦衣千戶，官至都督同知，卒年五十一。

從兄劍峰公行狀（姚江孫月峯先生全集10/11，國朝獻徵錄107/又75）

孫禎字文瑞，任丘人。弘治十二年進士，由行人選戶科給事中，累陞山東左參政，仕終陝西左布政使。

披垣人鑑11/18

孫肇興字振生，山東莘縣人。天啓二年進士，爲給事中，疏參總理太監抗旨，降謫山陽縣令，惠政大行。

重修志道書院置田供贍碑記（仰節堂集4/27）

啓禎野乘4/39

孫需字孚吉，別號冰蘗翁，德興人，原貞孫。成化八年進士，爲常州府推官，擢南臺御史，出爲四川副使。弘治中累官右副都御史，巡撫河南，築汴河堤以濟饑民。正德中召爲南兵部侍郎，晉南禮部尙書，爲劉瑾所惡，中旨令致仕。瑾誅，起南工部尙書，十三年，乞休歸。嘉靖初年卒，謚清簡。有冰蘗稿，改題清簡公集。

送四川按察副使孫君序（碧川文選1/51）

孫公傳（費文憲公摘稿16/8下、皇明名臣墓銘兌集25，國朝獻徵錄27/28）

明史列傳43/6下

明史172/8下

孫輔（1496--1584）號東濱，濟南霑化人。正德末年選入禁中，爲仁壽宮近侍，以小心勤愼稱，累擢御馬監太監。萬曆十二年卒，年八十九。

孫公墓表（穀城山館文集27/13）

孫嘉績（1604--1646）字碩膚，餘姚人，如遊孫。崇禎十年進士，授南京工部主事，歷兵部郎中，或發其納賄事，下獄。已而黃道周亦下獄，嘉績躬親飲食湯藥，力調護之，因從受易，後得釋。福王時起九江兵備僉事，未赴，魯王監國，累擢東閣大學士，從至舟山，遘疾卒，年四十三，謚忠襄。

孫公墓碑銘（西河合集86/1）

孫公神道碑銘（鮚埼亭集外編4/1）

明史240/25下

孫鳳（1466--　　）字鳴和，號七峰，洛陽人，寓居嵩縣。正德三年進士，授兵部主事，官至湖廣布政使。

賀七峰方伯孫翁壽序（涇野先生文集13/31下）

明史189/17

孫銘（1464--1520）字日新，鄒平人。成化十六年襲爵會昌侯，正德間掌右軍都督府事，轉中軍都督府，卒年五十七。

孫公神道碑（毛澄撰、國朝獻徵錄3/20）

孫維城（1540--1602）字宗甫，號衛宇，丘縣人。隆慶五年進士，由知縣擢御史，以忤大學士許國，出知永平府，遷赤城兵備副使。拜右僉都御史，巡撫延綏，與總兵官麻承恩不相能，承恩嗾衆譁噪，維城以理諭之，亂定，因自劾，優詔慰留，尋得疾卒，年六十三，歸裝蕭然。

孫公墓誌銘（穀城山館文集23/6下，國朝獻徵錄63/148）

衞宇孫公神道碑（蒼霞續草14/31）

明史列傳81/23

明史227/15

孫璡（1442—1477）字國用，山東鄒平人。嗣錦衣衞指揮使，卒年三十六。

孫公墓志銘（程敏政撰、國朝獻徵錄3/18）

孫賢字舜卿，杞縣人。景泰五年進士第一，授修撰，侍經筵。成化六年預修英宗實錄成，進太常卿，兼翰林學士。內艱起復，遷侍讀學士，掌院事，引疾乞休，卒年五十四，諡襄敏。

國朝獻徵錄20/34朱睦㮮撰傳略，又70/12實錄本傳

狀元圖考2/12

殿閣詞林記6/35下

水東日記6/6

父孫景隆

封春坊中允孫先生慶壽詩序（呂文懿公全集9/34下）

孫確，河南通許人。永樂二年進士，任刑科給事中，陞陝西漢中府知府。

掖垣人鑑8/14

孫墀字仲泉，餘姚人，燧次子。少敏慧，過目千言輒成誦，弱冠工古文，後受聘至會城，居萬松書院，爲諸生師，名益著。與修祀典，授中書舍人，遷大理寺正，仕至尚寶司卿，以孝著聞。

國朝獻徵錄22/96屠文德撰傳

孫襄，浙江餘姚人。嘉靖十年選工科給事中，擢福建僉事，免官。

掖垣人鑑13/22

孫樓（1515—1583）字子虛，號百川，常熟人。嘉靖廿五年舉人，官湖州府推官，改漢中，致仕歸。性好書，杜門校讎，晝夜不輟，所藏逾萬卷，略無脫誤，卒年六十九。有麗詞百韻、百川集。

國朝獻徵錄85/59瞿汝稷撰墓誌銘

明常熟先賢事略13/11下

母繆氏

繆太孺人傳（松石齋集14/4）

孫緒（1474—1547）字誠甫，號沙溪，故城人。弘治十二年進士，授戶部主事，火篩入犯，遣將往討，緒爲參謀，畫策多售，轉吏部郎中。中官張雄請託不從，中傷褫職。嘉靖初起太僕卿，致仕卒，年七十四。有沙溪集。

孫沙溪文集序（衡陽集9/13下）

孫公神道碑銘（端溪先生集5/64下，國朝獻徵錄72/12）

母蘇氏（1445—1518）

孫母蘇氏墓誌銘（紫巖文集47/6）

子孫若絨（1520—1575）字思節，號浚溪，嘉靖二十二年舉人。

孫公墓誌銘（衡陽集14/22下）

孫鋌（1528—1570）字文和，號正峰，更號前鋒，浙江餘姚人，陞次子。嘉靖三十二年進士，選庶吉士，授編修，分校永樂大典，晉左春坊左中允，歷侍讀學士、國子祭酒，隆慶四年擢南京禮部侍郎，未任卒，年四十三。

祭少宗伯孫公文（馬文莊公集選9/1）

孫公墓誌銘（條麓堂集26/19）

國朝獻徵錄37/35無名氏撰傳

孫磐，遼陽人。弘治九年進士，擢吏部主事，正德初宦官漸用事，磐極言其弊，不從。後劉瑾斥磐爲奸黨，勒歸。瑾誅，起河南僉事，坐累罷。

明史列傳55/18下

明史189/3

孫澤盛字奇云，掖縣人。官鄧州知州，崇禎十年張獻忠寇略，城陷戰死。

明史293/6下

孫霖，建文中官指揮，爲唐禮先鋒。東昌之役，霖營滑口，夜被燕軍襲破，禮就執。霖遁去，不知所終。

遜國正氣紀7/16

孫興祖（1338—1370）字世安，濠人。從太祖渡江，積功爲都先鋒，擢天策衞指揮使，沈毅有謀，大將軍徐達雅重之。從達克燕都，置燕山六衞，命興祖守之，領大都督分府事。洪武三年，從達出塞，次三不剌川，遇敵力戰死，年卅三，追封燕山侯，諡忠

愍。

孫公愍侯壙記（宋學士文集4/46）

皇明功臣封爵考8/46下

明史133/18下

孫蕡字仲衍，號西菴，廣東順德人。博學工詩文，洪武中授工部織染局使，遷虹縣主簿。召爲翰林典籍，與修洪武正韻。出爲平原簿，坐累逮繫，俾策京師城垣。起蘇州經歷，坐累戍遼東。又以嘗爲藍玉題書，論死。有西菴集。

國朝獻徵錄22/55順德縣志傳，又115/4無名氏撰傳

名山藏85/4下

明史285/23下

孫錦字元朴，陝西綏德人。嘉靖五年進士，授大理評事，擢御史，累陞右僉都御史巡撫宣府，廿七年罷歸。

監察御史同年孫君元朴奉使歸壽序（雲岡公文集金臺稿1/18）

孫濬字宗禹，號兩山，宣城人。嘉靖二十九年進士，由永豐知縣入爲給事中，疏劾趙文華希嚴嵩旨，乞覈權黨以答中外，謫孝感丞。歷知平陽府，卒于官。

孫氏先錄序（鹿裘石室集25/8下）

披垣人鑑14/23下

孫燧字德成，餘姚人。弘治六年進士，授刑部主事，歷河南右布政使，正德十年以右副都御史巡撫江西，時爲宸濠陳說大義，七疏言宸濠必反，皆爲遮獲不得達。十四年宸濠反，被害，贈禮部尚書，諡忠烈。有詩文啓劄、奏議、案牘稿、郵刑錄。

求贈孫大參引（東洲初稿1/22）

贈憲使孫公之任貴州序（東泉文集2/12）

送右副都御史孫公序（空同集54/7下）

芝峰別言序（見素集6/4下）

祭孫德成宗伯（見素集27/15下）

懷忠祠記（環溪集1/9）

孫忠烈紀遺（井丹先生集13/25，國朝獻徵錄61/57）

孫公傳（洹詞12/49，皇明名臣墓銘巽集45）

孫忠烈公傳（存笥稿11/1，國朝獻徵錄61/56）

名山藏臣林記16/21

皇明獻實38/1

吾學編49/5下

皇明書32/12

國琛集下/28下

聖朝名世考5/34

皇明世說新語3/12下，3/14

明史289/19

妻楊氏

壽太夫人孫母九十序（存笥稿7/9下）

孫堪母夫人祭葬（歐陽南野文集15/8）

祭孫陞母楊夫人文（皇甫司勳集59/10）

孫應元，不知何許人。歷官京營參將，以功進副總兵。河南賊熾，應元與黃得功慷慨請行，大破之，錄功加都督僉事。已而京師有警，召還累進左都督。張獻忠復叛，仍命應元等南征，應元擊賊，功最多，時稱荊楚第一。崇禎十五年戰於羅山，孤軍無援，陣沒。

明史269/17

孫應奎字文宿，號東穀，洛陽人。正德十六年進士，授章丘知縣，入爲兵科給事中，後累遷右副都御史，巡撫順天，晉戶部尚書。晚歲一切爲苟且計，於名頗損，言者劾其粗疏自用，改南工部，移戶部，嘉靖三十五年致仕，卒於家。

贈孫君文宿新任序（涇野先生文集11/47下）

贈東穀先生考績序（存笥稿5/14）

贈大中丞東穀孫公入佐中臺序（袁文榮公文集3/1）

贈大司徒東穀孫公致仕歸洛序（山帶閣集26/16下）

送司農東穀致政序（葛端肅公文集10/7下）

披垣人鑑13/8下

明史列傳69/15

明史202/10下

孫應奎字文卿，號蒙泉，浙江餘姚人。嘗從王守仁講學，舉嘉靖八年進士，歷禮科給事中，與洛陽孫應奎同時，有兩孫給諫之名。累官右副都御史，總理河道。坐事左遷山東布政。有燕詒錄。

披垣人鑑13/23

國朝獻徵錄31/36無名氏撰傳
明史202/12下

孫應鰲字山甫，號淮海，貴州淸平人。幼穎異，日誦千言，嘉靖三十二年進士，授戶科給事中，出補江西僉事，禦流冦有方略，累遷鄖陽巡撫，乞歸。萬曆初起原官，首請恤錄建文死事諸臣，入爲大理卿，遷禮部右侍郞，以病予告。再起南工部尙書，卒諡文恭。有淮海易談、律呂分解、學孔精言舍彙稿。

歛秦總錄序（溫恭毅公文集7/8下）
祭大司空淮海孫文恭先師文（同上 16/6下）
擬明孫應鰲傳（小三吾亭文甲集1/42）
披垣人鑑14/26下

曾祖母王氏（1461—1554）
王太宜人墓誌銘（浣所李公文集8/20下）

父孫衣，號南明。
賀南明孫先生暨配司宜人並壽序（涓上稿13/21下）
賀孫中丞太公太夫人雙壽序（隅園集4/1）

孫聰（1459—1537）字用晦，號夷菴，開州人。正德六年進士，授合肥知縣，擢戶部主事，陞刑部郞中，出知慶陽府，歷四川副使，致仕卒，年七十九。

孫公暨配石氏朱氏合葬墓誌銘（陽峰家藏集35/10）

弟孫愚，字用哲。
孫公配常氏合葬墓誌（端溪先生集6/3）

孫臨字武公，桐城人。爲監軍道副使，監楊文驄軍事，兵敗被執，不屈死。

明史277/19下

孫需字幼眞，鳳陽人。成化二十三年進士，授禮科給事中，弘治九年陞江西右參議。

送亞參孫公之江西序（費文憲公摘稿12/24下）
梅匿記（羅文肅公集15/8）
披垣人鑑10/31下

孫懋（1469—1551）子德夫，號毅菴，浙江慈谿人。正德六年進士，歷南吏科給事中，出爲廣東參議，遷副使，謫藤縣典史，久之遷廣西布政，入爲應天府尹，坐事忤旨，致仕。懋立身介潔，處事周詳，年八十三卒。有孫毅菴奏議。

慶澤貽恩詩序（東川劉文簡公集13/12下）
贈大京兆毅菴孫公致政序（涇野先生文集12/2）
壽大京兆毅菴孫公八袠序（袁文榮公文集5/9）
府尹孫懋祭葬（歐陽南野文集15/2下）
孫公墓誌銘（袁煒撰、國朝獻徵錄75/39）
明史列傳71/24下
明史203/21下

父孫文厚(1443—1502）字宗道，仕都昌敎諭。
贈給事中孫公孺人徐氏墓表（湘皐集 30/7）

母徐氏（1444—1507）。
明故孫孺人墓誌銘（東泉文集7/31下）

孫鑒（1525—1592）字文器，號端峰，餘姚人，陞子。由太學生官上林苑丞，晚歸燭湖，構漆園居之，號漆園佚事。年六十八卒。有松菊堂集。

孫公墓誌銘（許文穆公集5/52下）

孫鎭字希武，號冲玄子，又號冲夷子，合肥人。洪武中以經明行修，除戶部主事，陞知衞輝府。靖難兵起，衞輝當南北之衝，鎭堅守不下。燕王即位，謫戍山海，宣德初赦回，除上饒丞，不就。

國朝獻徵錄93/2無名氏撰傳
吾學編56/26
皇明表忠紀7/9下
遜國正氣紀7/8

孫璽（1465—1511）字廷信，代州人。由擧人知扶風縣，藍廷瑞反，都御史藍章以略陽舊無城，檄璽往城之，功未畢而賊至，城陷被執，不屈死，年四十七，贈光祿少卿。

孫少卿墓表（洹詞1/37下，國朝獻徵錄94/137）
明史289/16

孫璽（1474—1544）字朝信，浙江平湖人。正德三年進士，知興化，惠政及民。轉揚州府同知，歲饑，悉力振救，全活以萬計。終山西按察僉事，執法不阿。居家孝友睦族，與人樂易，卒年七十一。有峯溪集。

孫公墓志銘（荊川先文集14/1，國朝獻徵錄97/105）

孫瓊（1424--1491）字蘊章，崑山人。正統十三年進士，歷刑部郎中。時錦衣指揮門達羅織人罪，瓊多所平反。中官牛玉養子犯法，瓊執法不少貸。坐他事謫戍遼陽，成化初復職，乞歸。

孫公墓誌銘（黃雲撰、吳下冢墓遺文續1/73，國朝獻徵錄47/37）

崑山人物志2/7

孫鏜字振遠，東勝州人。永樂二十年襲父職濟陽衞指揮同知，累遷右都督。正統十四年充總兵官，也先入犯，追寇於涿州，頗有斬獲。充副總兵，鎭大同，尋召還。英宗復辟，以功封懷寧伯。天順初平曹吉祥、曹欽謀反，進爵爲侯，成化七年卒，諡武敏。

國朝獻徵錄7/75無名氏撰傳

吾學編19/25

皇明功臣封爵考5/74

明史列傳44/4

明史173/19下

孫鏜（1521--1554）山東莒州人。嘗爲椽曹，遷省祭。爲人負氣不羈，習騎射，商吳越間。嘉靖卅三年倭寇騷掠東南，鏜倡義抗倭，輸已貲助兵餉。賊入松江，燒民廬，渡泖湖，鏜卒從逆戰竟日，矢盡弦絕，後援不至，戰死，年卅四。

國朝獻徵錄113/41莫如忠撰傳

明史290/4

孫繼有，餘姚人。萬曆中官南京刑部主事，疏劾閣臣王錫爵，謫邊，官終知府。

明史列傳85/23下

明史231/21

孫繼先字蔭甫，一字世胤，號南川，盂人。隆慶五年進士，官南京監察御史，張學顏以私怨誣劉臺私贖鍰，戍臺廣西，繼先發其奸，坐謫臨淸判官。終南吏部主事，萬曆十四年卒。

孫公墓誌銘（松石齋集17/27）

明史列傳82/5下

明史229/5下

孫繼宗字光輔，鄒平人，忠子。宣德初授府軍前衞指揮使，進都指揮僉事，襲爵會昌伯。天順初以奪門功進爵爲侯，督五軍營戎務，兼掌後軍都督府事，明代以外戚典兵者自是始。曹欽平，進太保。憲宗卽位，復督十二團營，知經筵事。朝有大議，必繼宗首。年八十五卒，贈郯國公，諡榮襄。

明史300/9

孫繼芳（1483--1541）字世其，號石磯，華容人。正德六年進士，授刑部主事，東廠獲數人誣爲盜，繼芳知其冤，卒出之。御史張璞、劉天龢、王延相以忤宦官繫詔獄，繼芳抗疏力救，不報，因謝病歸。起改兵部，陞員外郎，諫南巡受廷杖，官至雲南提學副使，嘉靖五年黜歸，卒於家，年五十九。有石磯集。

先提學府君行實（洞庭漁人集48/1）

先大夫傳（洞庭漁人集續集12/10）

孫公嚴宜人墓誌銘（大泌山房集93/1）

世其孫公碑（來禽舘集16/1）

國朝獻徵錄102/52無名氏撰傳

孫繼皐（1550--1610）字以德，號柏潭，無錫人。萬曆二年進士第一，除修撰，累遷少詹事，拜禮部侍郎，改吏部，攝銓事，論救諸譴謫言官，無所避諱。陳太后梓宮發引，神宗稱疾不送，遣官代行，繼皐上疏極諫，忤旨致仕，卒年六十一，贈禮部尚書。有宗伯集、柏潭集。

柏潭孫公墓誌銘（蒼霞續草10/38）

狀元圖考3/30

明史234/4下

父孫匡（1532—1588）字國英，號雪窻。

封君雪聰翁六十壽序（余學士集13/12）

孫公暨配劉安人合葬銘（賜餘堂集12/1）

孫翁暨配劉安人傳（天遠樓集18/8）

孫繼魯（1498--1547）字道甫，號松山，雲南右衞人。嘉靖二年進士，歷知淮安府，二十六年以右副都御史巡撫山西。性耿介，然好剛使氣，都御史翁萬達議撤山西內邊兵，並力守大同外邊，報可，繼魯抗章爭，

【十劃】孫

忤旨逮下詔獄，瘐死，年五十，穆宗時追諡清愍。

送大中丞松山先生巡撫山西序（少華山人文集續8/9下）

孫公墓誌銘（徐栻撰、國朝獻徵錄62/39）

明史204/6下

孫鑑（1423--1472）字克明，鄒平人。祖雄，永樂中以靖難功，屢陞羽林右衞指揮使，鎮守潼關。鑑襲祖職，居官以廉，克舉其職，卒年五十。

孫公墓碑（漢陂集11/21，國朝獻徵錄111/12）

孫巖（1339--1418）鳳陽人。少有智勇，從渡江征伐，累官燕山中護衞千戶。燕師起，命守通州，捍禦頗力，擢都指揮僉事，論守城功封應城伯，卒年八十，諡威武。

孫公神道碑銘（楊文敏公集17/13下，皇明名臣琬琰錄14/16下，國朝獻徵錄9/19）

壬午功臣爵賞錄×/7

靖難功臣錄/9

皇明功臣封爵考3/28

吾學編19/11

明史列傳21/18

明史146/10

孫顯，河南信陽人。父喪，廬墓三年，鄉里重之。洪武二十二領鄉擧，入太學，授工科給事中，累陞工部尚書，後廷諍忤旨，謫戍雲南。籍其家，止牛一頭，茅屋數間，使者還報，帝嘉歎，召復原職，道卒。

披垣人鑑9/9下

孫鑛（1542--1613）字文融，號月峯，餘姚人，陞幼子。萬曆二年會試第一，爲文選郎中，澄清銓法，名籍甚。累進兵部侍郎，加右都御史，代顧養謙經略朝鮮。還遷南兵部尚書，時採鑛使横出，妖人噪衆爲亂，鑛請以重典治之。被劾乞歸，卒年七十二。有孫月峯評經、今文選、書畫跋跋、孫月峯全集。

送撫臺月峯孫公入爲少司寇叙（穀城山館文集4/17下）

明史列傳85/39下

孫鑨（1525--1594）字文中，號立峰，餘姚人，陞長子。嘉靖三十五年進士，歷武選郎中，萬曆初累遷大理卿，進吏部尚書，大計京官，力杜請謁，執政皆不悅，遂乞休，疏十上，乃得歸。卒年七十，諡清簡。

送大冢宰立峰孫公應召北上叙（澂秋堂文集1/1）

孫公行狀（姚江孫月峰先生全集10/39）

孫淸簡公墓誌銘（趙忠毅公文集14/1）

明史列傳80/7

明史224/7

孫鑾字朝望，武進人。正德十六年進士，授刑部主事，出守漢中，遷浙江，陞雲南副使，再陞山西行太僕寺卿，引歸卒。

毘陵人品紀9/7

時

時植，字良材，通許人。初以大學生任梁山主簿，遂權縣事。正德間，流賊攻城，植力守凡七晝夜；會大雨雪，城崩陷，被執，賊刃其面，使之跪，不屈。又刃脫雙腕，植益憤，罵不絕口，賊怒殺之。

國朝獻徵錄98/144朱睦㮮撰傳

明史289/16下

晏

晏鐸字振之，富順人。由庶吉士授御史，歷按兩畿山東，所至有聲。坐言事謫上高典史，鄰境寇發，官兵不能討，鐸捕滅之，歸所掠於民。鐸長於詩，爲景泰十才子之一，著有青雲集。

明史286/6下

晁

晁東吳（1532--1554）字叔泰，開州人，瑮子。嘉靖三十二年進士，選翰林院庶吉士，讀中秘書，爲文法秦漢，尤善摹搨古碑，宰相以下，折節與交，比之黃叔度。逾年稱疾歸，遂卒，年二十三。

國朝獻徵錄22/54無撰人晁東吳傳

晁瑮字君石，號春陵，開州人。嘉靖二十年進士，官至國子監司業，三十九年卒於官。喜藏書，有寶文堂書目。

祭少司成晁春陵文（張太岳文集17/11下）

祭司業晁春陵公文（沱村先生集6/32）

党

党以平字守衡，號潁東，禹州人。正德九年進士，授戶部主事，歷廣西按察使，太僕寺卿，轉右副都御史，巡撫順永蘇州。致仕歸，卒年八十餘。

党公行狀（張鼎文撰、國朝獻徵錄55/23）

党承志（1486--1558）字汝孝，號牧川，山西忻州人。正德六年進士，授保定推官，調吏部主事，官至右通政，卒年七十三。

党公墓志銘（閻樸撰、國朝獻徵錄67/30）

荊

荊州俊字章甫，號縉吾，猗氏人。萬歷十一年進士，知長安縣，入爲御史，以敢言稱。出爲寧夏臨鞏副使，力禦套寇有功，累拜刑部侍郎。卒諡貞襄。

觀察方伯荊公洮陽府屬學倉記（來禽館集11/19）

荊芸（1526--1584）字世馥，號心田，猗氏人。萬歷初鄉貢，性好學，篤嗜性理，宗陸九淵涵養之說，終日危坐。官至陝州訓導。有春秋要旨。

荊公墓誌銘（九愚山房稿40/13下）

茹

茹太素，澤州人。洪武三年舉人，官刑部主事，陳時務累萬言，多忤觸；帝怒、杖之於朝。旋悟，擇其可行者下所司。累擢戶部尙書，抗直不屈，謫御史。坐排陷詹徽，與同官俱鐐足治事，後竟坐法死。

國朝獻徵錄85/46澤州志茹太素傳

明史列傳16/3

明史139/6

茹瑺，衡山人。洪武中由監生累官副都御史，試刑部尙書。建文時奉詔至龍潭見燕王議和。成祖卽位，封忠誠伯，尋奪職還里。後坐過長沙不謁谷王瓊，逮下錦衣獄，永樂七年服毒死。瑺居官謙謹，及死，人頗惜之。

茹公祠堂碑（鄧淮撰、皇明名臣墓銘乾集13）

皇明名臣琬琰錄11/16下徐紘撰茹公言行錄

國朝獻徵錄10/78引封爵考

壬午功臣爵賞錄×/6下

革朝遺忠錄附錄/8

皇明功臣封爵考7/5

吾學編19/42

皇明表忠紀9/3

遜國神會錄下/50

皇明世說新語5/14

明史列傳28/1

明史151/1

殷

殷士望字德遠，丹徒人，諸生。嘉靖中倭寇入犯，父被掠，士望請代死，寇笑而試之，火炙刀刺，受之怡然，遂兩釋之。

明史297/16下

殷士儋（1522--1582）字正甫，號文通，歷城人。嘉靖二十六年進士，隆慶中累官武英殿大學士。高拱專政，屢加排擠，遜避以歸，築廬濼水之濱，以經史自娛，年六十一卒，諡文莊，學者稱棠川先生。有金輿山房稿。

殷老師壽序（田亭草2/17）

壽座師棠川殷相公六十敍（穀城山館文集2/4下）

殷公行狀（同上28/1，國朝獻徵錄17/109）

祭座師少保殷文莊公文（澂孰堂文集17/2）

祭座師殷文莊公文（穀城山館文集32/1）

祭殷文通公文（白榆集20/14）

太保殷文莊公文集序（同上10/1）

金輿山房藁序（太函集25/12下，太函副墨4/41）

明史列傳74/8

明史193/19

父殷汝麟（1490--1540）字致瑞，號信軒。

殷君暨配郭氏合葬墓誌銘（葛端肅公文集16/28下）

母郭氏（1491—1558）

壽殷太夫人文（條麓堂集21/26下）

妻高氏，萬曆四年卒。

高碩人哀辭（穀城山館文集31/5）

殷正茂（1513—1592）字養實，號石汀，歙人。嘉靖二十六年進士，由行人選兵科給事中。隆慶間累擢右僉都御史、巡撫廣西，進兵部侍郎，提督兩廣，盡平群盜，累功加兵部尚書，歷戶刑二部，致仕卒，年八十。

奉賀大中丞石汀殷公平古田敍（松石齋集9/33下）

壽大司徒石汀殷公八十序（澉鏊堂文集2/3）

達尊偕老篇（太函副墨7/47）

掖垣人鑑14/20下

明史222/28

祖母胡氏

殷母胡氏墓誌銘（李文定公貽安堂集8/4）

父殷鏆（1495—1559），號東厓。

殷公墓誌銘（陸文定公集5/43）

殷序字序賓，無錫人。永樂二年進士，歷四川布政使，宣德中西戎寇茂州，序馳往守之，隨方拒敵，生擒二千人，賊遂降。事聞，遷雲南左布政使，致仕歸，自號西郊居士。

毘陵人品記6/20下

殷宗傳（1540—1589）字求仲，號肖榮，歙人，正茂子。以父蔭授錦衣千戶，累陞錦衣衛指揮僉事，萬曆十七年卒，年五十。

殷君墓誌銘（澉鏊堂文集15/12下）

殷文公狀（太函副墨14/46）

殷承敍，江夏人，寄籍蘭州。正德九年進士，任南陽府推官，陞刑部主事，會議大禮，抗疏極諫，廷杖死。

明史192/22下

殷尙賢，安吉人。嘉靖十四年襲指揮僉事，官至都督僉事總兵官，鎮守遼陽，三十五年虜騎數萬猝至，遇害。

殷公墓志銘（張天復撰、國朝獻徵錄106/21）

殷岳（1602—1669）字宗山，雞澤人。崇禎舉人，京師陷，入西山，與弟淵謀舉義，淵被逮，岳匿申涵光所得免。清初任睢寧縣，投劾歸。能詩，所作惟古體，莽莽然肖其人。卒年六十八。

殷先生墓誌銘（曝書亭集74/3下）

殷奎字孝章，一字孝伯，號強齋，崑山人。從楊維楨受春秋，洪武初除咸陽教諭，念母致疾，卒年四十六，門人私諡文懿先生。奎積學，勤於纂述，有道學統繫圖、家祭儀、強齋集、陝西圖經、關中名勝集、崑山志、咸陽志。

崑山人物志2/2下

吳中人物志6/17下

國朝獻徵錄94/144無名氏撰傳

吳郡張大復先明人列傳稿×/21

殷淵字仲弘，雞澤人，岳弟。諸生，負奇氣，父太白，官監軍副使，淵從父兵間，善技擊。父爲楊嗣昌所陷，論死，淵常欲報父仇。及賊破雞澤，謀起兵恢復，俄聞京師陷，悲號發喪。約山中壯士誅賊所置官，入城行哭臨禮，義聲大振，爲奸人所乘被殺。

明史295/8下

殷善字從善，號仲之，金陵人。工畫花果翎毛，極生動之致。

圖繪寶鑑6/2下

殷雲霄（1480—1516）字近夫，號石川，山東壽張人。弘治十八年進士，累官南京工科給事中。武宗納有娠女子馬姬宮中，雲霄諫不報，未幾卒，年三十有七。平生雅志詩文，爲當時十才子之一，有石川集。

贈進士殷近夫養病還鄉詩序（泉翁大全集14/8）

送殷近夫尹靖江叙（泉翁大全集14/29下）

殷給事集選序（皇甫司勳集36/2下）

殷君墓誌銘(洹詞3/8下，國朝獻徵錄80/126)

祭殷近夫文（棠陵文集5/23）

掖垣人鑑3/25

明史286/20下

明儒學案9/30下

殷都字無美，一字開美，號斗墟子，吳郡人。萬曆十一年進士，歷官兵部職方郎，以耿介不入俗罷歸。都富於學，長於古文，家貧，日賣古文以自給，卒年七十。

送友人殷無美之東陵守序（弇州山人續稿30/1）

送殷無美出守東陵序（白榆集3/7下）

祭職方殷無美先生文（三易集14/1）

殷公墓志銘（三易集17/1）

殷無美傳（簡平子集補遺×/9下）

殷貴字南金，號惺齋，無錫人，序族孫。以太學生授陽山知縣，爲政數月，恩信旁達，遠近胥懾，卒於官，年六十一。有惺齋集。

殷君墓表（容春堂前集15/1，國朝獻徵錄100/59）

殷謙（1417--1504）字文撝，號遜齋，涿州人。正統四年進士，授南戶部主事，累遷右副都御史，巡撫大同及宣府，邊備充實，虜患無虞。擢戶部侍郎進尚書，加太子少保，上疏乞休。弘治十七年卒，年八十八。

殷公墓誌銘（張昇撰、國朝獻徵錄28/44）

殷邁（1512--1581）字時訓，號秋溟，一號白野，南京人。嘉靖二十年進士，授戶部主事，歷江西參政、南京太常卿。萬曆初元，陞南京禮部右侍郎，管國子監祭酒事，以疾乞休，卒年七十。

送殷白野先生序（茅鹿門先生文集13/13）

殷公行狀（余學士文集29/1）

殷公墓誌銘（陸文定公集6/1，國朝獻徵錄74/20）

殷璧字孝連，崑山人，奎弟。洪武初奎任咸陽縣學教諭，卒於官，璧往迎其柩，間關數千里扶舁以歸。時人高其行，爲畫歸柩圖及爲文以表之。

崑山人物志6/4下

弟殷箕字孝揚，官至太平府推官。

吳郡張大復先生明人列傳稿×/21

烏

烏昇字顯卿，號旭菴，陝西西安人。嘉靖四十四年進士，由大理寺副陞戶部主事，改兵科給事中，晉太僕寺少卿，仕至南京右通政。以疾告歸，卒於家。

掖垣人鑑15/14下

烏從善字汝登，號龍岡，山東博平人。嘉靖二十三年進士，由太常寺博士選刑科給事中，官至禮科都給事中，三十五年免官。

掖垣人鑑14/9下

烏斯道字繼善，慈谿人。文尚體要，尤長於詩，寄興高遠，而瀟灑出塵，一洗元人繁縟之弊，尤精書法。洪武初用薦起爲永新令，有惠政，坐事謫戍定遠，尋放還。有秋吟稿、春草齋集。

明史285/12下

師

師逵（1366--1427）字九達，東阿人。少孤，事母孝。洪武中由國子生擢監察御史，成祖時官至吏部尚書。廉不置產，祿賜分贍宗黨。子八人，至無以自贍。成祖嘗論扈從北來大臣不貪者，惟逵一人而已。宣德二年卒于官，年六十二。

東阿師公傳（黃佐撰皇明名臣墓銘乾集60，國朝獻徵錄311/1）

名山藏臣林記7/5

明史列傳27/7下

明史150/5下

師夔字洪和，陝西長安人。弘治十五年進士，由行人選吏科給事中。尋降直隸景州判官，歷江西僉事。坐逆濠爲民。

掖垣人鑑12/8

郜

郜永春，字迎蘧，長垣人。嘉靖四十一年進士。歷監察御史，累遷按察使。

蘭臺法鑒錄17/58

父郜壬（1505--1534）字明遠，號蘧丘。

郜公暨配邵氏合葬墓志銘（賜閒堂集24/20下）

母邵氏

節孝實記序（澹遊園集選12/16下）

祭郜母邵氏（同上12/17）

郜光先（1533--1586）字子孝，號文川，山西長治人。嘉靖卅八年進士，授上海令，擢御史，按貴陽，首發大中丞姦贓及豪貴不法狀。累官至兵部尚書兼左副都御史，總督陝西三邊軍務，卒於官，年五十七。

郜公暨配夫人張氏合葬墓誌銘（復宿山房集23/18，國朝獻徵錄57/68）

國史闡幽（公槐集6/37）

郗

郗夔字舜臣，山西平定人。弘治十五年進士，爲禮科給事中。正德中命覈延綏戰功，劉瑾以其私人屬，夔正色拒之；明日復遣中使脅諸途，夔叱使者，中使曰，有駕帖械公。夔嘆曰，予天子耳目臣，豈從賊謀，遂自經死。瑾誅，追復原官。

郗君舜臣墓誌銘（喬莊簡公集10/17下）

披垣人鑑12/2

明史188/18

母郝氏（1440—1506）

郗母郝氏墓誌銘（紫峯文集47/3下）

奚

奚世亮字明仲，一字汝寅，黃岡人。嘉靖二十六年進士，授南京戶部主事，榷稅以廉著。歷延平府同知，時倭寇閩，或止之，世亮不可，單車行，日事禦惡，移攝興化府，倭至，圍城踰月，世亮親冒矢石拒之，南城已陷，猶西向迎戰，身被數創死。

明史290/5下

奚良輔字遂卿，號學山，上海人。嘉靖十四年進士，選庶吉士，授禮科給事中，仕至四川副使，免官。

披垣人鑑13/35下

父奚敬齋

賀奚敬齋封給諫序（潘笠江集8/1）

奚昌字元啓，吳縣人。少遊鄉校，有雋聲。正統中以易中式，十試禮部不中，遂易尙書。喜爲詩。成化五年，年且五十，中進士。卒於京師。

吳中人物志7/36

奚昊（1447--1482）字時亨，號千東子，松江華亭人。成化五年進士，授刑部主事，處事詳諦，吏法精敏，而發奸摘狀，片言刄解，績用茂著。屢陞至郎中，卒於官，年三十六。

奚君行狀（屠康僖公文集6/28，國朝獻徵錄47/42）

奚君墓誌銘（懷麓堂文稿27/15下，國朝獻徵錄47/44）

能

能持，號天印，福建延平人。出家於天寧光孝寺，初事闡茸師，後事海舟慈公，尋歸故里，結松關自休，卒年八十一。著有天印語錄、徹空內集、洞雲外集。

補續高僧傳25/23

能義，字無言，別號損菴，四明象山高氏子。年十三出家智門寺，洪武中住餘杭普寧寺，後隱居徑山。永樂十三年應詔赴京纂修永樂大典，總釋典之綱，極承眷顧，除僧錄左覺義，後陞左講經，寓慶壽寺，卒年七十。

補續高僧傳5/3下

翁

翁大立（1517--　）號見海，餘姚人。嘉靖十七年進士，隆慶初督河道。河大決淮徐間，大立疏言時事五患，且繪圖以獻，請付公卿博議拯濟之策，並開濬新河，帝從之。諸工次第告成，陞工部侍郎。已而復淤，被劾罷官。萬曆初起南兵部尚書，致仕歸。

送中丞見海翁公序（環溪集4/25下）

翁少司馬見海翁公歷官疏議序（余文敏公集4/23下）

贈見海翁公序（敬所王先生集4/26下）

壽大司馬見海翁公八十序（陳恭介公集6/50下）

明史列傳75/3下

明史223/5下

翁正春（1553--1626）字兆震，號青陽，福建侯官人。萬曆二十年進士第一，授修撰，累遷禮部侍郎，極言闕失，帝不能用，以侍養歸。天啓初起禮部尙書，抗論忤魏閹，再乞歸，遂不出，年七十四卒，諡文簡。

翁公神道碑（崇相集6/26下）

南宮奏議序（蒼霞餘草5/9）

狀元圖考3/37

明史列傳75/18下

明史216/14下

母沈氏

翁母沈太夫人百歲壽序（蒼霞餘草4/26）

翁世資字資甫，號冰崖，莆田人。正統七年進士，授戶部主事，累擢工部右侍郎，坐貶出知衡州。成化初歷江西左布政使，召爲戶部左侍郎，進尚書，致仕卒。有冰崖集。

送戶部尚書翁公致政序（懷麓堂文稿6/12下）

贈大司徒翁公致仕序（青谿漫稿18/6）

翁公墓銘（周洪謨撰、國朝獻徵錄28/43）

明史列傳39/17下

明史157/13

翁相字輔卿，一字長卿，號冶山，錢塘人。嘉靖十七年進士，授工部主事，累遷至廣平太守，致仕卒。

翁公墓表（茅鹿門先生文集25/5，國朝獻徵錄82/21）

翁健之字應乾，浙江餘姚人。成化二十三年進士，選庶吉士，授禮部主事，再陞郎中，擢廣東參政。

送大參翁君應乾之任廣東序（費文憲公摘稿9/32）

翁溥字德宏，號夢山，浙江諸暨人。嘉靖八年進士，授太湖知縣，擢吏科給事中，以言事謫江西龍泉縣丞。屢陞右副都御史，巡撫江西，仕終南京刑部尚書，卒謚榮靖。有知白堂稿。

送僉憲夢山翁侯飭兵海南序（徐文敏公集4/34）

御史中丞夢山公纂修水利文序（龍津原集2/48下）

翁公行狀（孫應奎撰、國朝獻徵錄48/36）

祭翁尙書文（明善齋集10/1）

祭翁夢山司寇文（何翰林集27/4下）

掖垣人鑑13/26

翁瑛，泰和人。年十三，受業郡庠，洪熙中補仁化教諭，累陞國子助教，官至翰林檢討。

翁先生墓志銘（王直撰、國朝獻徵錄22/18）

翁萬達（1498—1552）字仁夫，號東涯，潮州揭陽人。嘉靖五年進士。毛伯溫征安南，萬達時官廣西副使，功最多，累官右僉都御史，總督宣大山西保定軍務。俺答入寇，督兵禦之，寇驚曰，翁太師至矣，夜引去。官至兵部尙書，年五十五年卒，謚襄毅。

送大司馬東涯先生翁公總督軍務序（少華山人文集7/17）

翁公行狀（鄒守愚撰、皇明名臣墓銘兌集110，國朝獻徵錄39/69）

翁公神道碑銘（鈐山堂集38/16下）

翁公神道碑（王文肅公文草6/12）

大司馬翁公傳（歐陽南野文集27/11）

兵部尙書翁公傳（大函集29/7，太函副墨12/1）

祭兵部尙書翁東涯文（群玉樓稿7/82）

祭翁東涯文（條麓堂集31/17）

尙書翁萬達祭葬謚（歐陽南野文集15/6）

名山藏臣林記23/12

明史列傳64/19

明史198/21

父翁玉（1474—1549）字可眾，號梅齋。

翁公神道碑（鈐山堂集38/8下）

翁公墓志銘（世經堂集16/14）

翁磐（1477—1550）字進吉，瀘州人，弘治十一年舉人，累官禮部主客郎中。嘉靖八年陞廣東右參議，尋以母老致仕，卒年七十四。

白洞翁公墓誌銘（南沙先生文集6/[illegible]）

祭外舅翁參議文（同上7/41下）

父翁士章，字廷瑞，卒年二十三。

贈禮部郎中翁公封太宜人許氏合葬墓誌銘（南沙先生文集6/1）

妻歐陽氏，嘉靖三十六年卒。

祭翁母歐陽宜人文（南沙先生文集7/46下）

翁憲祥字兆隆，常熟人。萬曆二十年進士，由鄞令行取給事中，抗直敢諫。一時朝政缺失，或中旨黜陟未經廷議者，憲祥皆抗章論駁。中官不法，亦連疏彈劾，久之，擢太常少卿卒。

翁邑侯考績叙（秋水閣副墨2/16）

明史列傳90/14

明史234/21下

翁學淵（1494--1554）字道源，號丹山，遂昌人。嘉靖十一年進士，授南刑部主事，再陞郎中，出爲貴州參議，以事謫眞定府判隸，官終湖廣僉事，卒年六十一。

翁大夫墓誌銘（皇甫司勳集52/1）

翁琛，號見愚，上海人。嘉靖十四年進士，授兵部主事，歷官道州知州。

安邊坡事序（弘藝錄24/1）

賀翁見愚先生陞道州刺史序（同上24/3下）

倫

倫文叙（1467—1513）字伯疇，號迂岡，南海人。長身玉立，頭顱二尺許。弘治十二年會、殿試皆第一，授修撰，進諭德，兼侍講。孝友好學，德器粹然，正德八年卒，年四十七。有迂岡集。

送殿撰倫伯疇先生使安南詩叙（泉翁大全集14/2）

送太史倫伯疇使安南詩後序（紫巖文集29/13）

贈宮諭倫先生主試事還京序（方齋存稿3/6下）

送宮諭倫先生還朝序（整菴先生存稿5/3）

倫君墓誌銘（紫巖文集45/5下）

國朝獻徵錄19/22下黃佐撰傳

狀元圖考2/35下

明史列傳64/25下

父倫明（1433—1525）號月林。

倫封君墓表（懷麓堂文稿17/9）

妻區氏（1470—1543）

祭倫以訓母文（皇甫司勳集59/9下）

區氏墓誌銘（甘泉先生續編大全11/16）

倫以訓（1498—　）字彥式，南海人，文叙子。正德十二年進士第一，授編修，予告畢婚。官至南京國子監祭酒。迎母就養，母思歸，即疏請奉母還粵。惟儉約雅淡，家居未嘗干當道以私。博覽工文辭，尤熟於朝廷典章。有白山集。

送倫彥式畢姻序（梓溪文鈔外集3/3）

誥勅翰林院修撰倫以訓（顧文康公文草卷首/9下）

誥勅倫以訓父母（同上/10）

倪

倪文煥，江都人。天啓中以進士授御史，由崔呈秀引入魏忠賢幕。劾李邦華、李日宣等數十人，輕者削奪，重者拷死。出按畿輔，爲忠賢建三祠，累官太常卿。忠賢敗，論死。

明史306/18下

倪元珙字賦汝，號三蘭，上虞人，元璐弟。天啓二年與兄同舉進士，以知縣考選廣西道監察御史，巡按江西，督蘇松學政，因維護復社忤執政意，鐫秩。尋陞光祿寺丞，卒於家。

啓禎野乘4/26

倪元璐（1593—1644）字玉汝，號鴻寶，一號園客，上虞人。天啓二年進士，授編修。崇禎初，抗疏擊魏忠賢遺黨，又請燬三朝要典，上制實八策及制虛八策，累遷國子祭酒。時元璐雅負人望，位漸通顯，帝意響之，爲溫體仁所忌，落職。後起兵部侍郎，以母老固辭。俄聞畿輔被兵，遂冒鋒鏑北上，超拜戶部尚書。李自成陷京師，自縊死，年五十二，諡文正，淸諡文貞。元璐善行草，工畫山水竹石。著有兒易內外易、鴻寶應本、倪文貞集。

壽倪鴻寶先生四十序（七錄齋文集4/30）

倪先生墓誌銘（大滌函書1/125）

倪文正公傳（思復堂文集2/1）

倪文貞公傳（忠雅堂文集3/1）

倪文正公年譜四卷（淸倪會鼎撰、粵雅堂叢書本）

吳山六忠祠碑（大滌函書1/33）

倪鴻寶文序（同上1/43）

題倪文正公帖二篇（同上1/119）

啓禎野乘11/25

天啓崇禎兩朝遺詩傳3/89

明史輯略紳志略文臣

明史265/3

倪可大字簡伯，儀眞人。少有文名，以歲貢授霍丘訓導。崇禎八年流寇東下，縣令適考滿，以城守屬可大，賊至，督民兵逆戰，城陷死之。

明史292/9

倪光薦字允賢，號東洲，順天平谷人。嘉靖三十五年進士，授知華亭，選戶科給事中，歷工部左侍郎，管通政司事。

東洲倪公奏議序（環溪集4/28）

披垣人鑑14/46下

倪孟賢，南昌人。洪武間知麗水縣，民有賣卜者，干富室不應，詣闕告大姓陳公望等五十七人謀亂，命錦衣衞往捕之。孟賢廉得其實，即具疏聞，復令耆老詣闕訴，帝命法司鞫實，論告密者如律。

明史列傳18/12下

明史140/8下

倪昇（按山東通志作名阜，此從皇明進士登科考）字舜薰，上元人，岳弟。成化二十三年進士，選庶吉士，授工部主事，累陞郎中，歷山東左參政。

送山東布政使司參政倪君舜薰序（費文憲公摘稿9/24）

倪岳（1444—1501）字舜咨，號青谿，上元人，謙子。天順八年進士，授編修，弘治中累官禮部尚書。文章敏捷，博綜經世之務。改南京吏兵二部，還爲吏部尚書，前後陳請百餘事，軍國弊政，剔抉無遺。善晰大事，盈廷聚議，往往決以片言，天下想望其風釆，年五十八卒，贈少保，謚文毅。有青谿漫稿傳世。

送太子少保吏部尚書倪公詩序（碧川文選2/39下）

送太子少保南京吏部尚書倪公序（懷麓堂文後稿2/7）

送倪吏部考績還南京詩序（同上2/10下）

倪公行狀（王文恪公集25/1）

倪公墓志銘（懷麓堂文後稿24/15）

祭倪冢宰文（虛齋蔡先生文集5/9下）

祭太宰倪文毅公（篁山文集8/16下）

祭倪冢宰文（桃溪淨稿文20/2下）

倪文毅公謚議（同上20/4）

國琛集下/17下

皇明獻實35/1下

殿閣詞林記5/20

吾學編37/10下

聖朝名世考3/78下

四友齋叢說10/1

皇明世說新語5/5，5/14下

國朝獻徵錄24/81吳寬撰傳

皇明書23/3下

明史列傳52/13

明史183/14

倪思益字受卿，號謙菴，福州人。萬曆十四年進士，授廣州推官，折獄平允，多所寬恤。以外艱歸，起補贛州，未幾以大計罷歸，年七十卒。

謙菴倪公傳（蒼霞餘草8/6）

倪思輝，祁門人。天啓初官給事中，侯震暘論客氏，思輝繼之，帝大恚，貶三官。皇子生，詔復故官。崇禎時終南京督儲尚書。

明史246/7下

倪峻字峻德，一字克明，無錫人。洪武二十三年舉人，歷泗水沙縣知縣，有惠績。永樂九年擢兵科給事中，時成祖好佛，峻疏諫忤旨，遣使占城，國王欲召見，峻力折之，俾郊迎而後宣詔，終都給事中。

披垣人鑑7/3

毘陵人品記6/10

倪敬字汝敬，無錫人，峻孫。少孤力學，登正統十三年進士，擢御史，奉命按省，所至有聲。景泰末災異迭見，率同官上疏陳敬天修德六事，謫宜山典史。天順初稍遷督府都事，從安遠侯柳溥討西寇，師還卒。

毘陵人品記6/10

水東日記17/4

明史列傳34/15下

明史162/17下

倪端字仲正。善畫釋道人物，山水宗馬遠，工花卉及水墨龍。

圖繪寶鑑6/11

倪輔字良弼，平湖人。天順八年進士，授吏部主事，累遷湖廣左參政。輔性警悟，善談論，工詩文，有類劇藏稿、獻笑存稿。

本朝分省人物考44/20下

父倪珣，字廷珙，號介菴。

介菴倪先生輓詩後序（椒丘文集12/28）

封吏部郎中倪公輓詩序（懷麓堂文稿4/1）

倪維德（1303--1377）字仲賢，吳縣人。幼嗜學，已乃業醫，以內經爲宗，參酌金人劉完素、張從正、李杲三家之說，治疾無不立效。常患眼科雜出方論，無全書，因著玄機啓微，又校訂東垣試效方。洪武十年卒，年七十五。

倪公墓碣銘（宋學士文集49/398，國朝獻徵錄78/97）

國朝獻徵錄78/96朱右撰傳

名山藏101/9下

明史299/4

倪諒，建文時爲北平左護衞千戶，覘燕必變，預告府中事，逮官校于諒、周鐸等伏誅，燕王恨之。及靖難兵起，捕諒至將殺，責其不忠，諒曰此正臣忠處，族誅。

國朝獻徵錄111/37忠節錄傳

遜國正氣記6/13

倪遴，巢縣人。世襲指揮僉事。博學好問，受業於方孝孺門，孝孺死，遴哭之慟，設奠祭之，遂不朝，成祖怒，削職論死。

遜國正氣紀3/11下

倪謙（1415--1479）字克讓，號靜存，上元人。正統四年進士，授編修，晉侍講，奉使朝鮮，風采凜然。天順初屢遷學士，簡侍東宮，主考順天，黜權貴之子，遂誣構以罪，謫戍開平。憲宗詔復舊職，累遷南禮部尚書致仕，年六十五卒，諡文僖。有朝鮮紀事、倪文僖集。

送翰林倪侍講謙使朝鮮詩序（尋樂習先生文集11/7下）

倪文僖公集序（懷麓堂文稿9/13）

倪文僖公誄（懷麓堂文稿22/1）

倪公墓誌銘（劉珝撰、皇明名臣墓銘艮集43）

倪公神道碑（彭文思公文集5/6下）

國朝獻徵錄36/12陳鎬撰傳

守溪筆記×/20下

殿閣詞林記5/11

明史183/14

倪霖字宗玉，上元人，岳子。以蔭授中書舍人，歷官廣南知府。

送倪宗玉知廣南序（涇野先生文集6/38下）

倪議字與道，順天宛平人。弘治十二年進士，除禮科給事中，歷尚寶司司丞，仕終南京尚寶司卿。

掖垣人鑑11/17

倪瓚（1301--1374）字元鎮，號雲林，無錫人。有潔癖，工詩，善畫山水。初師董源，晚年一變古法，以天眞幽淡爲宗。家富，四方名士日至其門。所居有淸閟閣，多藏法書名畫秘籍，四時卉木，縈繞其外。至正初忽散貲給親故，遍舟往來震澤三泖間，張士誠屢欲鉤致之，逃漁舟以免。明太祖平吳，瓚已老，黃冠野服，混迹編氓以終。洪武七年卒，年七十四。有淸閟閣遺稿、倪雲林詩集傳世。

倪雲林先生旅葬誌銘（王賓撰、汲古閣利本倪雲林先生詩集附錄）

倪雲林先生墓誌銘（周南老撰、同上，又國朝獻徵錄115/26）

重刻倪雲林先生詩集序（高子遺書9上/47）

明史298/2

徐

徐一源，海鹽人。官歸德府經歷，有拒寇功。崇禎十五年李自成犯歸德，一源分守西北。殺賊甚衆，城陷，巷戰，罵賊死。

明史293/12

徐一檟（1545--1595）字汝材，號賓梧，西安人。隆慶二年進士，授寧國尹，官至通政司右通政。卒年五十一。

徐公墓表（大泌山房集103/4）

徐一夔字大章，天台人。博學工文，洪武二年被徵纂修禮書，尋薦修元史，一夔以事關才難，謝不往。後用薦爲杭州教授，召修日曆，書成，將授翰林官，固辭，賜文綺遣還。有始豐稿。

送徐教授纂修日曆還任序（宋學士文集42/27 6下）

徐一夔傳（曝書亭集64/3下）

明史285/14下

徐九思字子慎，貴溪人。嘉靖中爲句容令，有惠政，遷工部郎中，擢高州守，以忤趙文華致仕，句容民爲建祠茅山，卒年八十五。

國朝獻徵錄100/26王世貞撰墓誌銘，又100/34維風編

明史281/26

徐三畏字子敬，號理齋，直隸任丘人。萬曆五年進士，由陝西扶風知縣，選戶科給事中，累官至兵部尚書總督三邊。

贈大司馬徐公總督陝西三邊序（溫恭毅公文集7/17）

披垣人鑑16/23下

徐三重字伯同，松江華亭人。萬曆五年進士，官刑部三載，謝病歸，家居四十餘年。自幼嗜學，踐履敦篤，以考亭爲宗，嘉言懿行，遠近奉爲楷模。有庸齋日記、信古餘論、牖景錄、徐氏家則、天眞齋草諸書。學者稱鴻州先生。

徐太公壽序（大泌山房集28/20）

徐子權字用中，新淦人。洪武十八年進士，官刑部主事，聞練子寧死，慟哭賦詩自經死。福王時贈光祿卿，謚忠愍。

皇明表忠紀2/27下

遜國正氣紀3/28下

徐大化，會稽人，家京師。由庶吉士改御史，以京察貶官。後諂附魏忠賢，力詆熊廷弼，及陷害楊漣，得忠賢意，屢官工部尚書，貪恣無忌，忠賢亦厭之。以挪移金錢事勒令閑住。後入逆案，戍死。

明史306/32下

徐大任字重夫，號覺齋，宣城人。隆慶二年進士，授工部主事，歲汰水衡冗費數千萬，奉命榷稅眞州，羨入一無所私，歷官中外，皆以廉稱。神宗嘗稱其清節爲天下第一，以工部侍郎致仕。

留別徐覺齋吏部序（萬一樓集34/18）

父徐沛（1512—1598）字克順，號雙泉。

雙泉徐公墓誌銘（蒼霞草18/36）

徐公墓表（嬾眞草堂集24/1）

弟徐大望（1535—1593），字德甫，號實齋，番禺知縣。

徐公行狀（鹿裘石室集35/10）

徐大壯字子貞，長垣人。嘉靖二十九年進士，歷淮安府推官，擢御史，巡按湖廣，卒年五十二。

徐侍御傳（道遙園集選16/11）

徐大相字覺斯，安義人。萬曆四十四年進士，稍遷國子博士，疏劾中官盧受橫恣。歷吏部郎中，以事鐫秩，群奄搜大相橐，止俸金七十兩。崇禎元年起故官，再忤旨，貶秩歸。

明史列傳86/9下

明史234/23

徐大禮，官長寧主簿，天啓元年奢崇明反四川，陷長寧，大禮一家四人仰藥死。

明史290/8

徐士宗，浙江山陰人。永樂中知貴溪縣，有異蹟。宣德中三考俱最，民詣闕乞留，詔增二秩還任。邑有殺人獄，鞫之無驗。俄有蚱蜢飛集几案，士宗祝曰，爾有寃當集仇人身，已而果然，囚始伏辜，邑人稱爲神明。

明史281/14下

徐文彪字望之，上虞人。正德初應舉賢良，與徐子元、周禮赴京，慷慨陳策，逆劉瑾，下錦衣獄，戍鎮番。瑾誅，得歸。文彪有大節，力義軌俗、繇宗而行諸鄉。有貞晦集。

徐聘君傳（陳恭介公集7/7）

名山藏臣林記15/7

子徐子麟（1498—1594）字世亨，朝城縣學訓導。

徐公行狀（陳恭介公集8/31下）

徐文華字用光（一作用先），嘉定人。正德三年進士，擢御史，巡按貴州，平苗有戰功。江西副使胡世寧，坐論宸濠下獄，文華抗疏，謂寧王威燄日張，失今不戢，安有

紀極。時帝遣中官迎佛烏斯藏，馬昂納妊身女弟於帝，文華俱危言切諫，並不報。嘉靖初屢遷大理少卿，大禮議起，文華力爭，倡廷臣哭諫，忤權要意，尋遣戍，卒於邊。

送徐用先督學河南序（漁石集 2/24）

國琛集下/30

明史列傳66/23

明史191/21

父徐大壽（1449—1511）字靜夫

封監察御史徐君墓表（羅文肅公集 22/8下）

徐文溥（1480—1525），幼名鳳，字可大，號岳峰，更號夢漁，開化人。正德六年進士，授給事中，伉直敢言，屢上疏言事，帝不聽，遂引疾去。世宗即位，起河南參議，洊遷廣東副使，上言十事，多涉權要，恐貽母憂，嘉靖四年復引歸，道卒，年僅四十六。

徐公墓誌銘（棠陵文集 5/9下，國朝獻徵錄 99/102）

明史列傳58/19下

明史188/18下

徐文輝（1491—1570）字朝章，號龍潭，宜興人，溥孫。以蔭入太學，嘉靖中授光祿天官署丞，屢遷岷府左長史，隆慶四年卒，年八十。

徐公傳（賜閒堂集18/26下）

徐文燦字德章，號東洑，宜興人，溥孫。以蔭授中書舍人，嘉靖中累官尚寶卿，致仕卒。

徐公傳（萬文恭公摘集10/1，國朝獻徵錄 77/7）

徐文璧，濠人，增壽裔孫，嗣爵武陽侯。萬曆中領後軍府，以小心謹畏，見親於帝。累上書請建儲、罷礦稅、釋逮繫，卒諡康惠。

明史125/11

徐方敬，長安人。嘗官儀封知縣，崇禎十六年流賊擾關中，城破抗節死。

明史294/24

徐元太（1536—　）字汝賢，號華陽，宣城人。嘉靖四十四年進士，知魏縣，以卓異擢吏部主事，累遷順天府尹。時蜀酋擁衆殺掠，事聞，以元太巡撫四川，討平之。累官至南京刑部尚書。有喻林。

送徐華陽先生之江山序（許文穆公集1/27下）

前魏令宣城徐公生祠記（澂秋堂文集 11/6）

少司馬徐公平羌碑（太函副墨15/31）

西蜀平羌碑記（朱文懿公文集2/13）

司馬開府華陽徐公政績序（太函副墨 5/47）

撫蜀奏疏序（蟫衣生蜀草2/11下）

大司寇華陽徐公六秩壽序（康裘石室集 30/1，又30/5）

大司寇徐公七秩序（同上31/20）

大司寇華陽徐先生暨元配劉夫人七褒序（繆西垣文集3/1）

徐大司寇偕劉淑人七十序（素雯齋集10/13）

大司寇徐公七十序（同上10/32下）

大司寇華陽徐公奉溫綸予告還里序（方麓居士集2/30）

父徐享之（1492—1570）號瀾溪，官浮梁主簿。

壽徐封君七十序（賜閒堂集14/26下）

徐公墓誌銘（同上31/23）

徐孔奇，江西豐城人。永樂十三年進士，擢刑部主事，以清愼公平著稱，陞嚴州府知府，建利去弊，夙夜惟勤，吏民戴之，宣德八年卒。

國朝獻徵錄85/10無名氏撰傳

徐日久字子卿，浙江衢州人。萬曆三十八年進士，授上海知縣，以劾謫官湖廣藩幕，署江夏事。有子卿近業、江夏紀事。

江夏紀事小引（鍾伯敬先生遺稿2/22）

徐日泰，金谿人。崇禎末以鄉舉知偃師縣。李自成陷偃師，大罵不屈，爲賊臠割死。

明史293/2

徐中行（1517—1578）字子輿，號龍灣，自稱天目山人，長興人。嘉靖廿九年進士，授刑部主事。入李攀龍、王世貞等詩社，稱後七子。累官江西左布政使。中行性好客，卒於官，年六十二，人多哀之。有青蘿、天目兩集。

賀汀守龍灣徐公膺褒獎序（龍津原集 2/64）

徐汀州政績碑（太函集63/6下，太函副墨15/54）

贈徐子與入計敍（宗子相集13/62）

送汝南太守徐子與序（滄溟先生集16/14下）

賀天目徐大夫子與轉左方伯序（王奉常集5/12上）

徐子與先生集序（海嶽山房存稿文3/1）

徐天目先生集序（弇州山人續稿45/10）

青蘿館詩集序（太函副墨4/33）

天目徐公墓碑（弇州山人續稿134/12上國朝獻徵錄86/21）

徐方伯子與傳（王奉常集14/17）

祭徐子與文（同上25/11）

祭子與文（弇州山人續稿152/9）

再祭子與文（同上152/10下）

皇明世說新語1/16

名山藏81/55下

明史287/16下

父徐東（1475--1558）字敬之，號東皐。

徐公墓誌銘（宗子相集13/22）

徐東皐誄（皇甫司勳集58/10）

母許氏

許氏墓誌銘（滄溟先生集23/1）

徐公遴字舉之，號霓岡，浙江開化人，嘉靖二十三年進士，由直隸廣平推官，選兵科給事中，擢太僕少卿，改太常提督四夷館，晉南京光祿寺卿。

披垣人鑑14/16下

徐允讓，浙江山陰人。元末賊起，奉父走避山谷間，遇賊，欲斫其父頸，允讓大呼曰，寧殺我，勿殺我父，賊遂殺允讓，其父獲全。

明史296/12下

徐永達字志道，歸德人。洪武中由太學生授侯官教諭，宣德初遷鴻臚寺卿。時交趾臣黎利謀叛，遣永達往，利稱罪貢獻。累擢湖廣、山西按察使，在職清正，資家人紡績以供衣食，吏人畏敬之，年六十四卒。

國朝徵錄97/65楊溥撰墓表

徐必達字德夫，秀水人。萬曆二十年進士，知溧水縣。天啓初累官右僉都御史，督操江軍。白蓮賊將窺徐州，必達募銳卒，會山東兵擊破之，進兵部侍郎，以拾遺罷歸卒。有正蒙釋、南州草。

明史292/20

徐玉（1448--1515）字德卿，號方竹，武進人。弘治十七年以歲貢授建安訓導，接諸生以禮教，課經義，躬爲講解，以與監司及知縣忤，棄官歸，年六十八卒。

府君行述（山堂萃稿15/9）

徐公行狀（古菴毛先生集5/9）

徐正字惟中，吳江人。正統七年進士，授刑科給事中，甚得英宗喜愛。英宗陷虜還，遜於南宮，正密疏景帝，謂太上皇社稷罪人，今迎奉非計，且下或借爲奇貨者，宜有以處之。帝心難之不下，遷正大理少卿。英宗復辟，一日得見正密疏，怒甚，剮於市，籍其家。

國朝獻徵錄68/60弇州別記傳

披垣人鑑8/22

徐石麒（1578--1645）初名文治，字寶摩，號虞求，嘉興人。天啓二年進士，初入官，即忤魏忠賢削籍。崇禎初起南禮部主事，累官刑部尚書，坐姜埰、熊開元擬罪輕，忤帝意，落職閒住。福王時召拜吏部尚書，爲權姦所扼，乞歸。嘉興城陷，自縊死，年六十八，諡忠襄。有可經堂集。

徐公神道碑銘（吾悔集3/11）

徐公墓碑（小峴山人文集5/11，又湖海文傳47/10）

天啓崇禎兩朝遺詩小傳6/211

檇李往哲續編×/24

明史275/3下

徐石麟（1309--1375）字仁孚，浙江蘭溪人。元至正間，官崑山縣判官，明洪武八年卒，年六十七。著有海運紀原。

徐公墓誌銘（盧熊撰、吳下冢墓遺文續1/34下）

徐司馬字從政，小字馬兒，揚州人。太祖養爲子，及長出入侍左右，冒國姓。洪武元年從副將軍李文忠北伐有功，擢杭州衛指揮使，累遷中軍都督府僉事。二十五年率師討越嶲，明年卒。司馬好文學，擧止儒雅，世稱賢將。

【十劃】徐

國朝獻徵錄108/5無名氏撰傳
明史列傳17/6
明史134/2下

徐弘祖 (1586--1641) 字振之，號霞客，江陰人。少負奇氣，年三十，攜襆被，遍歷四方佳山水，所至輒爲文以志游蹟，卒年五十六。有徐霞客遊記。

徐霞客傳（牧齋初學集71/2下）
書徐霞客傳後（羣書辨疑10/24）
徐霞客先生年譜、丁文江撰、商務印書館國學基本叢書徐霞客遊記附錄
徐霞客紀念論集附徐霞客年譜、張效乾編、現代國民基本知識叢書第四輯

徐世英字國用，江陰人，晞孫。正統末以薦授中書舍人，陞通政司左參議，屢進南京左通政。弘治初言者論其險邪冒進，致仕歸，三年卒。

國朝獻徵錄67/25實錄本傳

徐世溥 (1585--1641) 字中明，秀水人，必達子。崇禎中由舉人授永嘉教諭，再遷隋州知州。張獻忠來犯，世溥固守，援絕城陷，勒馬巷戰，爲亂刀斫死，年五十七。

徐君墓誌銘（牧齋初學集60/1）
明史292/20

徐世溥字巨源，新建人。年十六補諸生，時東鄉艾南英以文名，與世溥約爲兄弟。江左錢謙益、姚希孟，里中萬時華輩，皆以杓斗歸之。爲文才雄氣盛，一往自遂，累躓於鄉闈。入清遂絕意進取，順治初大臣親式其閭，又持幣聘之，拒不納，有榆溪集。

徐巨源四書箋序（文直行書3/5）
徐巨源哀詞（牧齋有學集37/16下）

徐申字周翰，號緩齋，崑山人。嘉靖中由鄉舉累官刑部主事，以張延齡獄，謫外任。

明史列傳73/20
明史207/14

徐申 (1548--1614) 字維嶽，號文江，長洲人。萬曆五年進士，授海陽令，擢御史，歷應天府尹，官終南京通政使，卒年六十七。

送徐文江侍制督學畿內序（陸學士先生遺稿10/35下）
南少京兆文江徐公考績序（嬾眞草堂集8/20下）
大京兆徐公入覲序（同上9/6）
賀大銀臺徐文翁暨元配馮夫人偕壽序（繆西垣文集3/14）
三輔衡士錄序（寶庵集11/7下）
徐公神道碑（大泌山房集110/8下）
徐公墓誌銘（蒼霞續草12/27）
文江徐公傳（嬾眞草堂集25/1）

父徐履和字子樂，號三石，太學生，卒年卅八。

徐公墓碣銘（賜閒堂集21/36）

母吳氏（1527—1595）

吳氏墓誌銘（天遠樓集15/32）
祭徐母吳太夫人（輪廖館集6/6）

徐用檢 (1528--1611) 字克賢，號魯源，蘭谿人。嘉靖四十一年進士，屢官至南京太常寺卿，年八十四卒。有魯源文集，又編有三儒類要。

送徐魯源視學陝右序（支華平集5/11）
送徐魯源視學秦中序（同上5/13）
太常徐魯源老師七十序（紫原文集5/5）
徐貞學先生學行述（同上10/1）
祭徐魯翁老師（同上12/1）
明儒學案14/7

徐安，鄞人。洪武中以薦知濟南府，調鳳陽。靖難兵起，燕王微服間道出鳳陽，安謀守甚嚴。成祖即位，告歸。踰年被薦復任鳳陽，謫戍雲南，釋歸卒。

國朝獻徵錄83/12無名氏撰傳
吾學編56/25下

徐守義字子和，號鳳岡，杞縣人。嘉靖十一年進士，由揚州府推官選禮科給事中，陞山東副使，仕至陝西布政使致仕。

掖垣人鑑13/37

徐有貞，初名珵，字元玉，號天全，吳縣人。宣德八年進士，授翰林編修，正統中官侍講，言南遷事，見惡朝列，遂改今名。景泰中以僉都御史治河，以復辟功官至華蓋殿大學士，封武功伯。誣殺于謙、王文，中外側目，後爲石亨等所構，徙金齒爲民，亨

敗釋歸。善畫山水，有武功集傳世。

祭武功公文（侗軒集4/8）

徐有貞傳（弇州山人續稿88/1，國朝獻徵錄10/31）

天全先生遺事一卷、徐子陽撰、顧氏明四十家小說本

名山藏臣林記9/17

皇明獻實23/1

殿閣詞林記1/35下

吾學編31/14

吳中人物志5/17

皇明功臣封爵考7/11下

名卿續紀3/12下

水東日記1/2

皇明世說新語2/3下，2/14下，3/32下，4/34，5/7下，6/10下，7/2下，8/8，8/17下，8/18，8/34，8/35下

明史列傳40/9

明史171/7

父徐震（1371—1436）字孟聲，號善菴。

徐處士墓誌銘（楊文敏公集24/14）

徐有聲字聞復，金壇人。登鄉薦，崇禎十三年特擢戶部主事，歷員外郎、郎中，督餉大同，城陷，被執不屈死，福王時贈太僕少卿。

明史266/18

徐光啓（1562--1633）字子先，號玄扈，上海人。萬曆卅二年進士，崇禎初以禮部尙書入閣參機務。從意大利人利瑪竇學天文算法火器，盡通其術，而尤專精於曆。與意人龍華民、鄧玉函、羅雅谷等修正曆法，曰西洋新法曆書。譯著之書甚多，其幾何原本前六卷，尤著名。篤信天主教旨，教名保錄，年七十二卒，贈太保，諡文定。有毛詩六帖講意、農政全書，徐文定公集。

啓禎野乘6/19

五十輔臣考2/37

明史251/15

疇人傳32/390

徐文定公年譜（增訂徐文定公集卷首）

徐文定公行實（同上）

明賢徐文定公年譜初編、徐景賢編、學風四卷五、六期

文定公徐上海傳略、徐宗澤撰、排印本

徐光啓傳、羅光撰、香港公敎眞理學會出版

徐光啓行略、張星曜撰、民國廿三年印徐文定公逝世三百年紀念文彙編

徐光啓傳、黃節撰、同上

徐自得（1507---1575）字深之，號南州，河南杞縣人。嘉靖二十年進士，由行人選兵科給事中，陞尙寶司少卿，以憂歸，年六十九卒。

徐公傳（蠶林外編21/1）

國朝獻徵錄77/34程紹撰傳

披垣人鑑14/3下

徐仲敬，臨江人。由太學生擢監察御史，遷春坊右中允。永樂中出知太平府，改知姑蘇。仲敬善畫梅，得楊補之遺意，以梅雪自號。

贈徐太守復任還太平序（金文靖公集7/31下）

梅雪軒記（同上8/17下）

徐旭（1355—1406）字孟昭，一字孟德，江西樂平人。洪武十八年進士，授御史，改禮科給事中，累官國子祭酒，爲人方正簡默，清愼不阿，卒年五十二。有文集。

徐公墓誌銘（解文毅公集13/4下）

國朝獻徵錄21/10梁潛撰傳

披垣人鑑3/10下

徐如珂（1562—1626）字季鳴，號念陽吳縣人。萬曆廿三年進士，歷官左通政。魏忠賢逐楊漣，如珂郊餞之，忠賢怒，削籍。抵家治具宴客，頃之卒，年六十五。或云恐忠賢害己，服毒死也。崇禎初起南京工部郎，沒已歲餘，尋賜祭葬，著有攻渝諸將小傳。

徐司空念翁義田記（燕夢閣遺集4/40）

徐公墓誌銘（牧齋有學集28/26下）

攻渝諸將小傳×/1

啓禎野乘4/14

明史249/10

徐亨，六治人，祥孫。永樂二年襲爵興安伯，正統九年以勦寇功進封侯。天順四年卒，諡武襄。

【十劃】徐

水東日記5/6

明史146/8下

徐初字復陽，會稽人。永樂由擧人授濰縣教諭，擢戶部給事中，洪熙初陳治道十事，皆見嘉納，進都給事中，遷大理寺卿，仕終南京太常寺卿，景泰三年卒。

國朝獻徵錄70/52實錄本傳

徐良彥字季良，新建人。萬曆二十六年進士，累官僉都御史，巡撫宣府，以奄黨崔呈秀論劾罷官，遣戍五溪。崇禎初赦還，官至南工部侍郞。

溧水徐侯去思碑記（嬾眞草堂文集19/38下）

徐良傅字子弼，號少初，江西東鄉人。嘉靖十七年進士，初起武進知縣，官至吏科給事中，以言事斥爲民。有愛吾廬集。

掖垣人鑑14/2

徐均字子畊，號畊樂，吉州人。洪武十一年官陽春主簿，其地僻多癘，土豪爲奸利，長官至，輒厚賂把持。均至，廉得土豪莫大老不法事，繫之獄。詰朝，昇兩瓜安石榴數枚入饋，皆黃金美珠。均不納，械送府，府官受賕縱歸，調均攝陽江，陽江大治，尋以憂去，卒年五十九。

畊樂徐君墓誌銘（解文毅公集9/85下，國獻徵錄100/66）

明史140/3下

徐甫宰字允平，號鏡湖，浙江山陰人。嘉靖中擧順天鄉試，除武平知縣，調知程鄉，超擢潮州兵備僉事，討擒流賊溫鑑、梁輝等，餘黨悉平，以疾乞歸卒。

國朝獻徵錄99/153張元忭撰傳

明史222/4下

徐成位字惟得，號中菴，景陵人。隆慶二年進士，授舒成令，累官四川布政使，萬曆三十二年擢雲南巡撫，未任卒。

阜民樓記（太函副墨9/33）

三楚升中頌（同上20/38）

徐公墓誌銘（遯菴文集×/102）

徐成楚（1558--1603）字衡望，郞陽竹谿人。萬曆間進士，由縣令行取給事中，彈劾不避權貴。病瘦，京師爲之語曰，行行且止，須避瘤子，卒年四十六。

徐公墓誌銘（大泌山房集81/29）

徐伯昌字子期，新城人。唐王時由擧人授兵部主事，遷御史，淸兵攻新城，伯昌與知縣李翔共拒守，城陷死之。

明史278/15

徐延德（1515--1567）字用修，號敬齋，鳳陽人，增壽六世孫。年十六襲爵定國公，累擢掌中軍都督府事，隆慶元年卒，年五十三。

定國公敬齋徐公墓志銘（李文定公貽安堂集8/1）

徐廷璋字公器，河南羅山人。性豪邁，有才略，景泰二年進士，由兵科給事中，累擢右僉都御史，巡撫延綏，調撫寧夏。時余子俊、馬文升分撫鄰境，俱有聲，人稱關中三巡撫。

掖垣人鑑7/6

明史列傳47/15

徐宗實（1344--1405）名垢，以字行，黃巖人。教生徒規約嚴肅，洪武中被命爲駙馬都尉胡觀師傅，尋授蘇州通判。發粟賑饑，築堤禦水，吳人便之。建文初官至兵部侍郞。成祖入繼大統，乞骸骨歸家，越二載，臬司鞫囚，獄詞牽連，逮至京，得疾，卒於旅邸，年六十二。

徐公墓表（介菴集10/10，皇明名臣墓銘乾集76，國朝獻徵錄77/50）

國朝獻徵錄40/1無名氏撰傳

皇明書19/13下

遜國正氣紀7/12

皇明表忠紀7/1下

明史列傳12/22

明史137/9

徐宗魯（1495--1569）字希曾，號南湖，華亭人。嘉靖八年進士，授峽江令，政績卓著，擢御史，歷按浙閩，後以論劾忤權貴，左遷，遂引歸，卒年七十五。

贈徐子令峽江序（黃潭先生文集1/19）

侍御南湖徐公類稿序（環溪集24/14下）

南湖徐公墓誌銘（環溪集24/14下）

徐承宗，濠人，達曾孫。英宗時襲魏國公，守南京，號令嚴肅，宗族家衆，無敢撓法者。居官十八年，人未嘗見其坐立傾側，咸歎爲得大臣體。

水東日記24/12下

徐奇，福建浦城人。洪武中舉人，官給事中，陞廣東布政使。

披垣人鑑5/2

名山藏臣林記6/4下

徐枋（1622--1694）字昭法，號俟齋，自號秦餘山人，長洲人，汧子。舉崇禎十五年鄉試，工詩畫。明亡，以父殉難，隱居不出，守約固窮，四十年如一日。湯斌撫吳，慕其人，兩屏騶從訪之，不得一面。與沈壽民、巢鳴盛爲海內三遺民。康熙中卒，年七十三。有居易堂集、俟齋集。

徐俟齋先生七十壽序（遂初堂文集10/19）

徐俟齋傳（湖海文傳63/7）

題徐俟齋傳後（鮚埼亭集外編30/9）

徐俟齋年譜、羅振玉撰、民國十一年刊永豐鄉人雜著本

明史267/12

徐明，合肥人。以百戶從守南昌，陳友諒圍城，明出刼其營，奪良馬以歸。友諒陰設穽誘明戰，馬陷被執，不屈死。追封合肥縣男。

明史133/13

徐明善（1365--1438）字德新，黃岩人。洪武中鄉貢進士，授行人。遷福建道監察御史，改巡按北京，坐累左遷交阯清潭縣知事，調南康，治以法理，減弓賦之半，均田稅於兼並之家，縣民悅服，宣德中致仕，卒年七十四。

南康縣知縣致仕徐公墓碑銘（介菴集11/20）

徐明揚字宗允，浮梁人。由選貢生爲平順知縣。崇禎六年流賊來犯，設策守禦，城破不屈死。

明史292/2下

徐昂字文舉，順天大興人。弘治九年進士，除戶科給事中，累擢廣東右參議致仕。

披垣人鑑11/12

皇明世說新語3/34

徐昜字希文，廣信永豐人。嘉靖二十三年進士，授鄞縣令，築堰隄，均賦役，民蒙其澤，他邑來歸者數千戶。徵爲戶科給事中，凡三月而卒。

徐給事中易墓表（李攀龍撰、國朝獻徵錄80/116）

徐忠（1362--1413）字仲達，合肥人。洪武中以父功襲千戶，遷濟陽衛指揮，鎮開平。靖難兵起，附燕王，累遷都督僉事，封永康侯。忠馭軍甚嚴，善撫降附。永樂十一年卒，謚忠烈。

徐公神道碑銘（東里文集13/1，國朝獻徵錄7/35，皇明名臣琬琰錄16/11下）

靖難功臣錄×/10

皇明功臣封爵考2/53

吾學編19/4下

明史列傳21/29下

明史146/4下

徐尚卿字師臣，南平人。崇禎十年由舉人歷知劍州，甫蒞任而流賊至，守兵僅五十餘，親督守禦，力盡城陷，自經死，賊以禮葬之。

明史292/15下

徐芳聲，咸寧人。崇禎中歷芮城知縣，里居。十六年流賊寇略關中，城破抗節死。

明史294/24

徐汧（1597--1645）字九一，號勿齋，長洲人。少孤貧至孝，爲諸生即以名節自任。魏大中被逮，過吳門，汧慕其忠直，質衣物得二十金充橐饘。舉崇禎元年進士，改庶吉士，官至詹事府少詹事。清兵渡江，嚴薙髮令，乃投虎丘後湖橋下死。諡文清。

天啓崇禎兩朝遺詩小傳7/235

明史267/11

徐炳字仲孚，號改亭，海寧人。嘉靖三十二年進士，授南刑部主事，進郎中，歷河南僉事、副使，官至山西參政卒。

贈改亭徐公擢參晉陽序（追遙閣集選12/24下）

徐恪 (1431—1503) 字公肅，常熟人，訥子。成化二年進士，除工科給事中，陞湖廣左參議，累官工部侍郎，巡撫河南，去官日，拒受羨餘銀，年七十三卒。

徐公神道碑銘（懷麓堂文後稿20/20下，國朝獻徵錄53/9）
徐公傳（泉齋勿藥集7/17下）
明常熟先賢事略5/1
皇明人鑑10/8
名山藏40/7
明史列傳53/14
明史185/11下

徐彥登字允賢，號景雍，仁和人。萬曆十七年進士，選庶吉士，授山東道監察御史，按治陝西茶法，上言關外邊備單弱，宜增置壁堡，報可。後謝病歸，卒年四十。

徐公墓志銘（欽菴集8/30）

徐冠字士元，別號竹岡居士，涇縣人。起鄉舉，教清豐，訓浮梁，歷知都昌餘干兩縣，擢南臺監察御史，遷吉州太守，勤政惠民，治績卓著。

贈太守徐侯考績赴京序（整菴先生存稿 6/21下）

徐政，儀眞人。建文時爲揚州衞千戶，以城降成祖，遷都指揮同知。永樂四年從張輔征交阯，歷戰有功，盤灘地最衝要，輔遣攻守之，與敵戰，飛鎗貫脅，猶督兵力戰，竟敗敵，歸營腹潰死。

明史列傳23/7下
明史154/7

徐珊，號三溪，餘姚人。官辰州府同知，以侵軍餉事發，自縊死。有卯洞集。

皇明世說新語7/13下

徐桂字夢節，又字孟卿，吳人。善寫葡萄。

圖繪寶鑑6/11

徐春甫字汝元，祁門人。嘗師事名醫汪宦，於醫無所不窺，授太醫院官。著有古今醫統，醫學捷徑。

古今醫統序（余學士集13/10）

徐貞，陝西人。建文時，累官工部尚書，讓皇出亡，留貞家信宿，事覺族誅。

皇明表忠紀6/18
遜國正氣紀2/32
遜國神會錄下/30下

徐貞明字伯繼，號孺東，貴溪人，九思子。隆慶五年進士，由山陰知縣選工科給事中。萬曆中累官尚寶少卿，諳究京畿水利，著潞水客談。事初興，貞明躬歷州縣，周覽水泉，事停罷，貞明亦謝職歸，時論惜之。

山陰徐侯生祠碑（張陽和先生不二齋文選4/55下）
孺東徐公祠堂記（鄒子願學集5/85下）
書徐貞明遺事（東濟文稿下/87）
皇明人鑑16/8
明史列傳75/20
明史223/19

徐英 (1426--1484) 字士傑，一作時傑，中江人。天順元年進士，授吏科給事中，立朝直言正色，凡百官章奏違式，無不駁正。舉措乖方，無不糾劾。歷河南布政使，累官右副都御史總督漕運，卒於官，年五十九。

國朝獻徵錄59/58周洪謨撰徐公神道碑
皇明人鑑4/7

徐俊民字達夫，浙江山陰人。正德十六年進士，由江西鄱陽知縣選工科給事中，陞江西僉事，卒于官。

皇明人鑑13/11下

徐俌 (1450--1517) 字公輔，鳳陽人，承宗子。成化元年襲爵魏國公，掌南京左軍都督府事，遷南京守備，嘗陳邊務六事，正德十二年卒，年六十八。

慶南京守備魏國公六十壽序（羅文肅公集9/4下）
徐公墓誌銘（喬莊簡公集10/19下）
明史125/10

徐待任 (1566--1623) 字廷葵，常熟人，待聘從弟。萬曆卅四年舉人，官沔陽知州，卒於官，年五十八。

徐君墓誌銘（牧齋初學集56/13）

徐待聘 (1555--1626) 字廷珍，常熟人。萬曆廿九年進士，歷知樂清、上虞、分宜三縣，廉辨惠和，屢官湖廣陝西按察使，卒年七十二。有雁山志勝。

徐公墓誌銘（牧齋初學集56/10下）

南州徐氏先塋神道碑銘（同上56/18）

徐皇后（1362--1407）中山王達長女，幼貞靜好讀書，稱女諸生。洪武九年冊爲燕王妃。靖難兵起，李景隆圍攻北平，后激勸將校士民妻皆授甲登陴拒守。成祖即位，冊爲皇后，屢有獻言，帝皆嘉納。嘗採女憲女誡作內訓二十篇，又類編古人嘉言善行作勸善書頒行天下，永樂五年卒，年四十六。

明史113/7下

徐浦字伯源，號臺石，浦城人。嘉靖三十二年進士，官弋陽令，奸民葉世豪作亂，浦設方略擒其渠魁三十三人，餘黨悉平。擢工科給事中，累官廣西僉事，致仕歸。有歸閒吟稿。

閩書人鑑14/35下

明史200/7

徐貫字廣賢，江西泰和人。成化二十年進士，授兵部職方司主事，遷員外郎，晉郎中，出爲福建布政司左參議，轉陞河南右參政，遷遼東苑馬寺卿，以病請歸。

大卿徐公傳（整庵先生存稿11/15下）

徐珪字必信，應城人。弘治中爲刑部典吏，時李廣用事，其黨楊鵬監東廠，頗專恣。珪憤懣，抗疏請革東廠，有願斬臣頭以行臣言之語，得罪，贖徒爲民。踰年廣敗，以薦授官，歷知州，有治績。

明史189/3下

徐凱，建文四年爲參將，從何福軍靈璧，被燕兵圍攻，乏糧突圍出，被執，械送北平，途中夜遁，變姓名逸去。

遜國正氣紀7/15下

徐栻（1519—1581）字世寅，號鳳竹，常熟人。嘉靖二十六年進士，授宜春令，歷江西、浙江巡撫，官終南京工部尚書，年六十三卒。有仕學集。

海塘成功頌賀少司馬鳳竹徐公（余文敏公集5/29下）

江右奏議序（弇州山人續稿40/18）

徐公墓誌銘（張元忭撰、國朝獻徵錄52/89）

徐尚書傳（弇州山人續稿77/1）

明史220/7

徐泰（1429—1479）字士亨，更字六同，號白生，江陰人。景泰七年順天鄉試第一，選授羅田令，爲政專察民隱，不拘簿書之末，有古循吏風。擢知荆門州，前後兩任，興廢舉墜，而學校之士多所造就。成化十五年卒官，年五十一。

送徐士亨知羅田序（東海張先生文集1/9）

送徐君再守荆門詩序（懷麓堂文稿4/9）

徐知州墓表（徐文靖公謙齋集6/7下）

祭徐知州文（同上6/44下）

徐泰時（1540--1598），原名三錫，字叔乘，更名後字大來，號輿浦，吳郡長洲人。萬曆八年進士，授工部主事，進郎中，遷光祿少卿轉太僕寺少卿，以不合掛冠歸，卒年五十九。

徐公暨元配董宜人行狀（綸扉館集5/15）

徐陟（1513—1570）字子明，號望湖，又號達齋，晚號覺菴，華亭人，階弟。嘉靖二十六年進士，選庶吉士，歷兵部主事，累陞光祿太僕少卿，晉南太僕卿，官終南刑部右侍郎，卒年五十八。

賀太僕卿達齋徐公五十序（環溪集5/29）

華亭縣儒學義田碑（同上8/18）

徐公神道碑（陸文定公集4/17）

祭徐覺菴司寇文（同上12/9）

明史213/8

徐時進字見可，鄞縣人。萬曆二十三年進士，累官大理寺卿。有鳩玆集、啜墨亭集、逸我堂餘稿。

徐見可鳩玆集序（睡菴文稿1/2下）

徐舫字方舟，桐廬人。幼輕俠，專爲歌詩，元蘇天爵將薦之，舫避去。劉基被徵，邀之同行，舫荷蓑笠以見，酌酒賦詩而別。有瑤林、滄江二集。

國朝獻徵錄115/1宋濂撰墓誌

名山藏95/4

皇明書38/10

國琛集上/10下
明史298/3

徐師曾字伯魯，號魯菴，吳江人。兼通陰陽律曆醫卜篆籀之說，嘉靖三十二年舉進士，選庶吉士，歷吏科給事中，頻有建白。世宗方殺僇諫臣，言官緘口，師曾遂乞休，年六十四卒。有禮記集注、周易演義、正蒙章句、世統紀年、文體明辨、大明文鈔、宦學見聞、小學，史斷等書。

徐公墓表（王奉常集20/11，國朝獻徵錄80/72）
掖垣人鑑14/27下

徐淳字中明，浙江嘉興人。萬曆四十六年舉人，累官隨州知州。崇禎十四年賊陷隨州，遇害，家人死難者二十餘人。贈太僕少卿，賜祠祭葬。

啓禎野乘10/16

徐祥，大冶人。初爲元萬戶，歸太祖於江州，積功爲燕山右護衞副千戶。燕王以祥謹直，命侍左右，從起兵，屢立戰功。擢都指揮使，封興安伯，永樂三年卒。

徐氏海隅集外編40/1
吾學編19/9下
皇明功臣封爵考3/1
國朝獻徵錄9/1歸有光撰世家
明史列傳21/20
明史146/8

徐訥（1376--1449）字敏叔，號南溪，常熟人。濶達有大度，謙愼好學，治家謹於禮，嘗慕江東陳氏、臨川陸氏、浦江鄭氏，義聚儀範，乃采其可行者百七十餘條輯爲家規。又集古人義別爲集，以傳示子孫。正統十四年卒，年七十四。以子恪貴，贈右副都御史。

南溪徐公神道碑銘（徐文靖公謙齋集7/4下）
父徐賓（1342—1417），字孟明。
徐公神道碑（懷麓堂文後稿18/3下）
子徐傻，字公允，號侃齋。
侃齋徐公墓誌銘（祝氏集略18/18）

徐理，西平人。洪武時累有戰功，官右軍副將。成祖將襲滄州，命理濳於直沽造浮橋以濟師，還守北平，馭下寬仁得士心，以功封武康伯，永樂六年卒。

壬午功臣爵賞錄×/5下
皇明功臣封爵考6/48
吾學編19/40
明史列傳21/28下
明史145/17下

徐問字用中，號養齋，武進人，至子。弘治十五年進士，除廣平推官，召爲刑部主事，累遷南京戶部尙書，致仕卒，諡莊裕，學者稱養齋先生。生平學宗紫陽，有讀書劄記、山堂萃稿。

徐養齋感興詩序（古菴毛先生集4/1）
徐養齋之廣西方伯序（同上4/5）
送右司馬養齋徐公歸武進序（午坡文集2/8下）
祭徐養齋司徒文（端溪先生集6/17）
國朝獻徵錄31/85張袞撰傳
國琛集下/32下
毘陵人品記8/16
明史列傳65/15
明史201/10下
明儒學案52/12下

徐晞字孟初，江陵人。永樂中以縣功曹歷郎署，擢兵部侍郎，鎭甘凉二州。陞南戶部侍郎，明敏有幹。正統間以征麓川督餉功，進兵部尙書，致仕卒。

國朝獻徵錄38/29無名氏撰傳
毘陵人品記6/19
皇明世說新語1/2下

徐貫字元一，或作原一，淳安人。天順元年進士，官至工部尙書，卒諡康懿。有餘力稿。

送福建參政徐君序（懷麓堂文稿3/1）
國朝獻徵錄50/27費繇本傳
父徐哲僾（1394-1477），字士威，號東靜，一號復初。
贈徐士威封兵部主事序（商文毅公集22/29）
徐公墓表（同上28/15下）

徐常吉字士彰，武進人。萬曆十一年進士，累官戶科給事中，以清廉聞。遷浙江按察司僉事，未任卒。有事詞類奇，六經類雅四書原旨，詩翼說，遺經四解。

毘陵人品記10/8下

母潘氏

徐士彰母壽序（方山薛先生全集19/9下）

徐彪字文蔚，松江人。世業醫，景泰中仕至太醫院判。有本草證治辯明。

徐公墓志銘（姚夔撰、國朝獻徵錄78/32）

徐彪字宏傑，浦城人。親喪，廬墓三年，歸刻木爲二像，日上食，出入必告，忌日則素服哭泣，鄰有被負鬻妻者，爲代償而返之。

國朝獻徵錄112/96縣志傳

徐紘字朝文，武進人。弘治三年進士，由刑部主事歷廣東按察司僉事，陞雲南副使，卒於官。

毘陵人品記8/10

徐從治（1574—1634）字肩虞，一字仲華，海鹽人。萬曆三十五年進士，天啓初歷知濟南，以卓異遷兗東副使，剿徐鴻儒有功。擢撫山東，駐萊州。孔有德反，圍萊城日久，援絕，從治中炮死，年六十一，贈兵部尚書，立祠曰忠烈。

徐公墓誌銘（牧齋初學集51/19）

啓禎野乘9/13

明史248/13

徐渭字文長，一字文清，又字天池，晚號青藤，浙江山陰人。諸生，天才超逸，詩文書畫皆工，知兵好奇計，客總督胡宗憲幕。擒徐海，誘王直，皆預其謀。宗憲下獄，渭懼禍發狂，自戕不死，遂殺其妻。繫獄，久之得免。常自言書第一，詩二，文三，畫四，識者韙之。著有路史分釋、筆玄要旨、徐文長集，於三教及方技書，多有箋注。

徐文長傳（歇庵集12/61下，又徐文長文集卷首/1，國朝獻徵錄115/112）

徐文長傳（袁中郎全集11/1、又徐文長文集卷首/6）

明史288/3

徐尊生字大年，淳安人。洪武三年徵修元史，書成，賜賚遣還。復召修日曆，後以宋濂薦，授翰林應奉文字，並稱旨，以老疾乞歸，有懷歸還鄉二集。

送徐大年還淳安序（宋學士文集19/174）

明史285/12

徐善述（1353—1419）字好古，天台人。洪武中行歲貢法，善述首貢入太學。永樂初累官春坊贊善，耿介恬靜，見重於皇太子，每稱爲先生，嘗致書賜詩酒。永樂十七年坐累下獄死，年六十七，洪熙初諡文肅。有尙書直指。

徐公墓誌銘（東里文集18/22下）

水東日記11/5下

名山藏臣林記7/1

明史列傳24/10

明史152/4下

徐琦（1386—1452）字良玉，寧夏人。永樂十二年進士，累官南兵部尚書，居官持大體。兩使安南，絕餽遺，不辱命，交人重之。年六十八卒，諡貞襄。

徐公墓誌銘（魏文靖公摘稿7/13，國朝獻徵錄42/1）

明史列傳39/8

明史158/7

徐植字元芳，常熟人。洪武初法令峻，父彥達輸田賦後期當斬。植赴有司自陳引爲己罪，詔許代父死。臨刑賦詩慷慨，聞者流涕。

明常熟先賢事略12/1

吳中人物志1/7下

徐朝綱，雲南晉寧人。萬曆二十八年舉人，天啓初署安順知府，死於安邦彥之難，一門全節。子天鳳甫第進士，奔喪歸，服闋，疏陳臣家一門，自臣父以下，臣死忠，妻死節，婦死姑，孫死祖，婢僕死主，乞再加旌表，時已贈官錫蔭，至是復令建坊，從死者皆附祀。

明史290/12

徐賁字幼文，號北郭生，長州人。洪武中徵起，累官河南布政。畫法董巨，圖染有山澤閒意，其詩稱十才子之一。以征洮岷軍過境，犒勞不時，下獄死。有北郭集。

徐幼文畫歸去來辭卷跋（賴眞草堂文集18/29下）
徐賁傳（曝書亭集63/4）
吳中人物志10/22
名山藏95/3下
明史285/21下

徐階（1503--1583）字子升，號少湖，一號存齋，松江華亭人。嘉靖二年進士，歷禮部尚書，東閣大學士，時嚴嵩爲首輔，深嫉之。階智足相馭，嵩不能圖。嘗密疏仇鸞罪狀，鸞坐得罪。外事嵩甚謹，內深自結於帝，卒逐嵩，盡反其行事，屏絕苞苴，收召人望，優假言官，裨政多所匡救。後爲高拱所扼，致仕歸，年八十一卒，謚文貞。有世經堂集、少湖文集。

徐子別言（歐陽南野文集7/4下）
存齋記（雙江聶先生文集5/32下）
贈別賢學少湖徐公序（同上4/28）
贈宮輔少湖徐公赴京序（同上4/1）
元輔徐存翁考績序（李文定公貽安堂集4/7）
榮壽錄序（陸文定公集10/9）
徐相公少湖榮壽詩序（兪仲蔚先生集10/24下）
壽元輔少師徐存翁六十序（華陽洞藁4/1）
壽師相存翁六十序（環溪集4/1）
代壽徐存齋閣老六十序（趙文肅公文集16/15下）
奉壽存齋徐相公六十詩並序（皇甫司勳集46/4下）
奉賀元老徐存翁相公七袠序（王奉常集22/8下）
少師存齋徐相公七十壽序（張太岳文集7/6）
少師存齋徐相公八十壽序（同上7/8）
奉賀元輔存齋先生八十壽序（耿天臺先生文集11/1）
奉賀致政少師元輔存翁徐公八十叙（弇州山人續稿39/1）
少師徐公八十存問序（賜閒堂集13/6）
原壽篇壽存齋徐公（龍谿王先生全集14/16下）
奉壽少保大學士少湖徐公序（趙浚谷文集7/20）
奉賀少師公恭膺榮問序（方初菴先生集7/41下）
賀少師存翁徐老先生一品九年再滿序（萬文恭公摘集5/14下）
奉賀大師相存翁徐老先生一品九年考績序（嚴文靖公集2/1）
賀存翁一品五考曾孫生序（條麓堂集22/1）
賀師相存翁新第落成序（環溪集4/22）
徐公行狀（弇州山人續稿136/1）
徐公神道碑（條麓堂集25/7下）
徐公墓誌銘（賜閒堂集23/1）
祭徐存齋相公文（萬文恭公摘集10/16下）
祭徐文貞相國文（長水先生文鈔6/38）
祭徐少師文（快雪堂集21/1）
公祭華亭徐公文（同上21/15）
祭師相徐存翁文（嚴文靖公集12/1）
祭徐存翁（耿天臺先生文集12/34下）
祭徐文貞公座師（九愚山房稿56/3下）
祭太師徐文貞公文（弇州山人續稿153/2）
祭徐文貞公祠堂文（寶日堂初集17/1）
徐文貞謚議（李文節集28/1）
致徐存齋師相教言（龍谿王先生全集15/3）
題徐文貞公教言語錄抄後序（寶日堂初集11/33）
世經堂集序（弇州山人續稿40/1）
徐氏家乘文章考序（袁文榮公文集5/33）
先進舊聞（寶日堂初集22/54）
國朝獻徵錄16/86王世貞撰傳
四友齋叢說8/11
嘉靖以來內閣首輔傳5/1
皇明世說新語1/32下，2/5，2/30下，2/31，3/28，3/36下，5/11下，8/19下
名山藏臣林記25/1
明史列傳61/18下
明史213/1
明儒學案27/1

父徐黼字朝威，號思復。
徐公新祠記（雙江聶先生文集5/33下）

繼室張氏（1516--1583）
張氏墓誌銘（賜閒堂集33/18）

徐景昌，鳳陽人，增壽子。年十五襲爵定國公，歷掌左軍都督府，爲人簡靜，寡所交處，惟名賢儒士過之，必起趨迓，相與傾歡，年五十卒。

國朝獻徵錄5/17下楊士奇撰傳

徐景嵩字伯瞻，遼東定遼中衛人。正德

九年進士，由陝西咸寧知縣，選戶科給事中，歷官河間知府。

按垣人鑑12/35下

徐凱字子安，合肥人。襲世職指揮使，建文元年從大將軍何福征百夷，爲副總兵。靖難兵起，從宋忠北進，練兵臨淸，兵敗，凱被執，燕王欲遣歸，請留，至燕仍其官祿，靖難後暴卒。

吾學編55/10

皇明表忠紀5/15下

遜國正氣紀6/18

徐溥（1428--1499）字時用，號謙齋，宜興人，鑑孫。景泰五年進士，由編修累官華蓋殿大學士。性凝重有度，居內閣十二年，從容輔導，愛護人才，屢遇大獄，及逮捕繫言官，委曲調劑，安靜守成，天下陰受其福。年七十二卒，謚文靖。有謙齋文集傳世。

保義堂記（王文恪公集15/9下）

世德堂記（羅文肅公集16/1）

少傅徐公壽詩序（容春堂前集13/4下）

雙瑞詩序（懷麓堂文稿9/15下）

徐公行狀（吳儼撰、國朝獻徵錄14/20）

徐公墓誌銘（懷麓堂文後稿24/1）

祭太師謙齋徐公文（容春堂前集20/4下）

明代大政治家徐溥年譜（今人徐照撰、油印本）

殿閣詞林記2/9

吾學編36/11下

國琛集下/19

毘陵人品記7/10

守溪筆記×/29

四友齋叢說8/1

皇明世說新語3/24下，4/33

皇明書17/13下

名山藏臣林記13/1

明史列傳50/1

明史181/1

父徐琳字廷璽，號荆溪漁隱。

賀封翰林編修徐先生詩序（呂文懿公全集9/61）

毘陵人品記7/1下

子徐元概字弘量。

徐中書挽詩序（懷麓堂文稿8/8）

徐源字仲山，號椒園道人，長洲人。成化十一年進士，除工部主事，屢官至右副都御史巡撫山東，當官蒞政，未嘗一日去書。文章博雅，書有米家父子風，正德十年卒。有瓜涇集。

送廣東參政徐公序（王文恪公集10/5）

瓜涇集序（同上13/6）

徐公墓誌銘（同上30/6下，國朝獻徵錄61/3）

父徐諒（1409--1482）字公信。

徐公墓誌銘（懷麓堂文稿27/8）

徐義（1339--1388），和州人。元末與父壽從太祖渡江，父卒，義代領萬戶軍，戍守江陰。從征張士誠，洪武元年以功授昭信校尉，江陰衞百戶，屢陞建寧右衞指揮僉事，二十一年卒官，年五十。

徐公墓碑（楊榮撰、國朝獻徵錄111/32）

徐㶿字惟起，更字興公，晉安人。博聞多識，工文，善草隸詩歌。萬曆年間與曹學佺狎主閩中詩壇，積書數萬卷，以布衣終。有紅雨樓集、榕陰新檢、筆精、閩南唐雅、鼇峰集。

鼇峰集序（群玉樓集43/7）

明史286/21

徐資字公正，號梅雪，浙江壽昌人，寓居貴陽。正統中巡按黃鎬辟置幕下，隨鎬巡邊至羊腸河，與賊遇，資叱之，爲所害。

褒榮忠節錄序（泉文集1/41下）

徐道興，睢州人。崇禎末官雲南都司經歷，署師宗州事，廉潔愛民。孫可望破曲靖，道興見賊逼，諭令士民速去，賊入，死之。

明史295/18

徐瑄（1412--1471）字子敬，號野莊道人，嘉定人。正統十年進士，爲御史，出按川廣有聲。以薦擢右僉都御史，巡撫延綏，卓著邊績，憂歸奪情，坐是鬱鬱卒，年六十。

徐公墓誌銘（商輅撰、國朝獻徵錄63/9）

徐達（1332--1385）字天德，濠人。初爲郭子興部將，後歸太祖，從征四方，軍律嚴明，閭井晏然。歸朝之日，單車就舍，功高不伐，累官中書右丞相，封魏國公。年五十四卒，追封中山王，謚武寧。

中山王世家（弇州山人續稿80/1）
御製神道碑（國朝獻徵錄5/1，皇明名臣琬琰錄1/1）
國朝獻徵錄5/5黃金撰魏國公傳
碩輔寶鑑11/1
皇明功臣封爵考1/1
皇明書12/1，33/1
國琛集上/2下
聖朝名世考1/1下
皇明世說新語3/30，4/8下，4/17
名山藏41/4下
皇明獻實1/1
吾學編22/1
三家世典1/1
明史列傳4/1
明史125/1

徐達左（1333--1395）字良夫，號松雲道人，又號畊漁子，平江人。元季遁跡鄧尉山，洪武初起建寧縣訓導，卒年六十三。有顏子鼎編、金蘭集。

徐公墓誌銘（俞貞木撰、吳下冢墓遺文3/13）
吳中人物志6/18

徐鼎字思重，號寒泉，漳浦人。嘉靖二十九年進士，初令臨川，有聲績，擢南戶科給事中，官至工科都給事中，臨川人置祭田祠祀焉。

披垣人鑑14/40下

徐嵩字中望，號小石，泰州人，蕃子。正德十六年進士，授戶部主事，累陞郎中，出知保定府，爲政精而決，寬而能嚴。歷湖廣按察副使、山東布政使，擢右副都御史，巡撫順天，兼整飭薊州邊備，以罪謫戍宣府，踰年放歸，年七十七卒。

贈徐君巡撫順天序（胡莊肅公文集 2/47 下）
徐中丞傳（謝海門集15/6下）

徐敬之，梁山人。賊廝六兒擾川東，敬之與士民冒死殺賊，衆推爲部長，陷陣死。

明史289/17

徐愛（1487--1517）字曰仁，號橫山，餘姚人。少溫文敏達，從王守仁遊，守仁器之，妻以女弟。舉正德三年進士，歷官南京工部郎中。良知之說，學者初多未信，愛疏通辨析，暢其指要。年三十一卒，守仁哭之慟。有傳習錄、橫山遺集。

祭徐曰仁文（石龍集27/5下）
徐君墓誌銘（蕭鳴鳳撰、橫山遺集下/26）
國朝獻徵錄53/49郡志本傳
名山藏80/19
明史列傳70/13下
明史283/11下
明儒學案11/3

曾祖徐廷玉字汝削。

徐府君墓誌銘（石龍集23/23下）

父徐璽字克用，號古眞。

古眞先生傳（涇野先生文集34/6）

徐鈺字用礪，江夏人。弘治九年進士，歷監察御史，時中官橫恣，鈺與同官趙佑、朱廷聲等交章極論，閣議將重罪中官，事垂定而中變，閣臣劉健、謝遷去位，鈺亦物罷。後再起，仕終四川左布政使。

明史188/5

徐禎卿（1479--1511）字昌穀，吳縣人。弘治十八年進士，官國子博士。少與祝允明、唐寅、文徵明游，號吳中四才子。詩鎔鍊精警，既登第，與李夢陽、何景明游，名亦相亞，年四十三卒。有廸功集、談藝錄、翦勝野聞，新倩籍傳于世。

徐廸功集序（空同子集52/2下）
徐廸功外集後序（皇甫司勳集36/11下）
徐公墓誌銘（王文成公全書 25/709，皇明名臣墓銘巽集88）
名山藏81/16
皇明獻實40/4下
皇明書38/45下
國寶新編×/8
吳郡二科志×/11下
聖朝名世考10/24
皇明世說新語2/18
四友齋叢說23/12下，26/2

姑蘇名賢小紀下/10下
明史286/15

徐榮，嘗知藁城，以親喪去官。服闋，部民乞罷新令而還榮，英宗如其請。景泰初，秩滿，復徇民請留之。

明史281/15

徐璐（1450--1524）字信之，江寧人。弘治三年進士，授知華容縣，政績卓著。入爲南京戶部主事，改工部分司儀眞，陞南刑部員外郎、郎中，擢浙江布政司參議罷歸，卒年七十五。有石林稿。

徐公墓誌銘（鈐山堂集30/3，國朝獻徵錄84/41）

徐鳴鶴字子齡，杞縣人。隆慶五年進士，授屯留令，有善政，以憂去，民皆樹碑頌德，爲生祠以志之。服除補棗強令，擢御史，巡按宣大，窮治不法，吏民慴服，貪汚望風而解。疏陳邊政十款，帝褒嘉之，以疾乞歸。

國朝獻徵錄65/156杞志本傳

徐綱字立之，號洛峰，武昌興國人。嘉靖二十三年進士，遷兵科給事中，世宗建醮，命諸臣黃冠行香，綱上疏極諫，廷杖瀕死，復諫乃止。隆慶初擢工部侍郎，萬曆初致仕歸。

掖垣人鑑14/14下

徐維志（1553--1593）字希尹，號冲宇，中山王達九世孫，襲爵魏國公，掌南京後軍都督府事。萬曆廿一年卒，年四十一。

徐公行狀（余學士文集29/26）

徐養正字吉甫，號蒙泉，廣西馬平人。嘉靖二十年進士，由庶吉士擢禮科給事中，累遷戶部右侍郎，劾嚴世蕃奸狀。嚴嵩怒，矯旨廷杖，謫通海典史。嵩敗，起南工部尙書，丁憂歸，卒於家。有蛙鳴集。

贈諫議蒙泉徐君序（世經堂集12/38）
送林徐二先生序（萬文恭公摘集5/9）
贈少司徒蒙泉徐公北上序（陸文定公集11/26下）
掖垣人鑑13/49下

國朝獻徵錄52/83郭棐撰傳
明史210/8下

徐璉（1468--1544）字宗獻，號玉峰，武邑人。弘治十二年進士，由戶部郎中出爲袁州知府，宸濠之變，從王守仁倡義，獲首功，遷江西右參政。當事者嫉守仁，並嫉璉，以大計劾罷之，竟廢於家，年七十七卒。著有玉峰集、群書纂要。

徐公墓誌銘（浣所李公文集8/5，國朝獻徵錄86/16）
明史列傳70/27
明史200/6下

徐霦（1413--1490）字德重，吳縣人。少有詩名，與西蜀晏鐸，海昌蘇平倡和，入十才子之列，久之，歸隱洞庭山中。弘治三年卒，年七十八。

徐公墓誌銘（王文恪公集27/5）

徐增壽，濠人，達幼子。以父任官左都督，姊爲燕王妃。初建文疑燕將反，增壽力白其無事，兵起，又潛告京師虛實，建文覺之，手劍斬於殿廡下。成祖入，追封定國公，諡忠愍。

國朝獻徵錄5/16下無名氏撰傳
吾學編19/13下
皇明功臣封爵考3/1
靖難功臣錄×/12
明史列傳4/10下
明史125/10下

徐標字準明，號鶴洲，濟寧人。天啓五年進士，崇禎中累官副都御史，巡撫畿南。闖賊陷山西，標以兵部侍郎督師，俄而宣大繼陷，叛弁執標降賊，不屈死。

啓禎野乘11/7
明史266/18下

徐樞字叔拱，松江華亭人。家世以醫名，樞傳其術，兼學詩於楊維楨。洪武二十八年以薦授秦府良醫正，出爲棗強丞。召爲太醫院御醫，累奏奇績，陞院使，年八十七卒。有足菴集。

國朝獻徵錄78/12無名氏撰傳

徐輝祖（1368--1407），初名允恭，達

長子，幼侍懿文太子學。洪武二十一年襲爵魏國公，建文朝特見信任。成祖卽位，武臣咸附，輝祖獨不屈，帝親問之，輝祖不出一語，削爵勒歸私第，永樂五年卒，年四十。萬曆中謚忠貞。

徐公表忠傳（弇州山人續稿 69/1，國朝獻徵錄5/14）

革朝遺忠錄下/21下

吾學編52/3下

皇明表忠紀1/1下

皇明書31/9下

遜國正氣紀6/2

遜國神會錄上/7下

明史列傳4/7

明史125/9

徐節字時中，浙江壽昌人，資子。成化八年進士，授內鄉知縣，擢御史，歷官雲南參政，連破梁山竹箐諸寇，遷副都御史，巡撫山西，以忤劉瑾削秩歸。瑾誅，復職，致仕歸，正德十一年卒。

送太平守徐君時中考績還任序（東川劉文簡公集1/3下）

國朝獻徵錄61/28實錄本傳

徐節（1526--1581）字和卿，號頤齋，山西臨汾人。嘉靖三十二年進士，授泰安州守，擢蘇州同知，歷河南參政，官至陝西右布政使，萬曆九年卒于官，年五十六。

送按察使頤齋徐公遷陝西右方伯序（弇州山人續稿27/19下）

徐公墓誌銘（賜閒堂集25/10下）

徐澤字兌若，襄陽人。崇禎元年進士，知遵義縣，張獻忠陷城，死之。

明史291/9下

徐憲字振綱，河南安陽人。成化十四年進士，授松江推官，擢御史，巡按甘肅。番貢獅子，憲令守關者勿納，上疏諫止之。以親在謝病歸，卒年五十一。

國朝獻徵錄65/32崔銑撰傳

徐霖字子仁，一字子元，號九峰道人，又號快園叟、髯翁，吳縣人，徙居金陵。少棄諸生，解音律，精篆法、善畫。武宗南巡，召見稱旨，扈從還京，予官，固辭歸。有麗藻堂文集、快園詩文集、續書史會要等書。

晚靜閣記（息園存稿文4/17）。

徐公墓誌銘（顧璘撰、國朝獻徵錄115/35）

皇明世說新語2/21，6/19

四友齋叢說15/14下，15/15，26/8下

徐霈字孔霖，號惠溪，一號東溪，浙江江山人。王守仁弟子，舉嘉靖二十年進士，由安慶府推官選兵科給事中，累官廣東左布政，致仕，隱居講學，學者宗之。

掖垣人鑑14/6

徐聯（1459—1515）字武章，長淮人。弘治九年進士，授南大理寺評事，遷右寺正，擢河南僉事，官至陝西按察副使，領肅州兵備，謹斥堠、厚糗餔、虜不敢近。致仕卒，年五十七。有畏齋稿。

徐公墓誌銘（息園存稿文5/2，國朝獻徵錄94/68）

徐樾字子直，號波石，貴溪人。初從王守仁游，復受業於王艮，得其傳。舉嘉靖十一年進士，歷官雲南左布政，死沅江土酋之難。有波石集。

贈徐膳部出參閩藩敍（陽峰家藏集25/46）

祭方伯波石文（小山類藁15/13下）

書方岳徐公事（涇林集7/11）

波石徐公祠堂記（鄒子願學集5/85下）

明史283/14

明儒學案32/14下

徐興祖字宗起，橫陽人。好學不倦，尤精義理，學者稱之橫陽先生。洪武六年以薦授郡學教授，教人有法，諸生自以爲得師，建文四年卒。

國朝獻徵錄91/37胡儼撰徐教授傳

徐暹字進甫，歷城人。弘治十五年進士，官給事中。以奏留閣臣劉健、謝遷，且劾中官，帝怒，逮獄廷杖除名。後起山西僉事，進副使，平巨盜混天王有功，士民頌之。

掖垣人鑑3/24下

明史188/6下

徐蕃字宣之，泰州人。弘治六年進士，授給事中，因論劾劉瑾，逮杖幾死，削籍爲民。瑾誅，起江西參議，從都御史陳金討平東鄉寇，歷順天府府尹，累官至工部侍郎，乞休歸。

受直聯句引（柴墟文集8/14）

提督撫治鄖陽等處都察院右副都御史海陵徐公去思碑（鳳林先生文集4/52下）

披垣人鑑3/24

明史188/6

父徐逵，官鄞縣丞。

寧波名宦遺事二（蘆山文集15/8）

徐穆（1468--1511）字舜和，江西吉水人。弘治六年進士，授編修。武宗即位，爲正使，頒正朔于朝鮮，返却其餽獻，橐無朝鮮一紙，人皆愧服。劉瑾擅政，怒穆不通謁，遷南京兵部員外郎。瑾誅，復入翰林授侍讀。正德六年補侍讀學士，命未下而卒，年僅四十四。有南峰稿。

送徐太史侍省榮歸序（羅文肅公集1/2下）

祭侍讀學士南峰徐君文（費文憲公摘稿 20/6下）

徐君舜和墓表（費文憲公摘稿19/24下）

徐君舜和墓誌銘（懷麓堂文後稿30/16）

國朝獻徵錄20/64無名氏撰傳

殿閣詞林記4/29下

父徐晉（1438—1507）字延亮。

徐君墓誌銘（懷麓堂文後稿28/10）

徐縉字子容，號崦西，吳縣人。弘治十八年進士，選庶吉士，授編修，官至吏部侍郎，卒諡文敏。有徐文敏公集。

贈學士崦西徐先生主考南畿還朝序（景翁大全集18/21下）

誥勅吏部右侍郎徐縉（顧文康公文草卷首/23下）

祭少宰徐師文（袁永之集17/42）

徐文敏公祠碑（皇甫司勳集47/8）

父徐朝（1450—1501）字以同，號處軒。

徐公神道碑文（泉翁大全集65/29下）

母王氏（1452—1542）

王太淑人墓碣銘（鈐山堂集32/2）

繼室郁氏（1520—1565）

郁氏墓誌銘（皇甫司勳集55/1）

徐縉芳字奕開，晉江人。萬曆進士，爲御史，首爲顧憲成請諡，劾天津稅監馬堂九大罪，比巡兩淮，頗通賓客賂遺，被劾，天啓中遣戍。

督政紀言序（高子遺書9上/31下）

明史248/4下

徐錦字章甫，號楓岡，浙江慈谿人。正德十二年進士，授甌寧知縣，治平爲天下最，擢御史，屢官至右僉都御史巡撫順天，以星變引咎致仕，嘉靖卅一年卒。

國朝獻徵錄63/84葉照撰徐公小傳

徐學周（1529—1613）字尙文，號翼所，海鹽人。嘉靖四十三年擧人，萬曆中銓授嘉定知州，遷雷州同知，致仕卒，年八十五。

徐公行狀（徐從治撰、國朝獻徵錄 100/45）

徐學詩字以言，號龍川，上虞人，文彪從孫。嘉靖廿三年進士，官刑部郎中，因疏陳嚴嵩奸狀，下獄削籍。隆慶初起南京通政參議，未之官卒。有石龍菴詩草、龍川詩集。

贈徐君以言使江北序（敬所王先生集2/33下）

祭亡友徐龍川文（同上18/16下）

徐龍川公別傳（章氏遺書18/31）

明史210/6下

徐學聚字敬輿，蘭谿人。萬曆十一年進士，知浮梁，官至副都御史，巡撫福建。有歷朝璫鑑、明朝典彙。

靜志居詩話15/34下

父徐用光（1526--1560）字成孚，號益菴。

徐公神道碑銘（蒼霞草13/51）

徐學顏字君復，浙江永康人。父爲中城兵馬指揮，忤權要，將置重辟，學顏號泣，爭於刑部，齧臂血濺於庭，乃獲釋。崇禎十二年以恩貢生授楚府左長史，攝江夏縣事，兼將楚府軍。十六年春城陷，學顏死之，一家二十餘人皆殉。

明史294/9下

徐學謨（1522--1593）字叔明，一字子言，號太室山人，初名學詩，後更名，嘉定人。嘉靖廿九年進士，授兵部主事，歷湖廣布政使，屢官至禮部尚書，卒年七十二。有春秋億、世廟識餘錄、萬曆湖廣總志、春明稿、徐氏海隅集、歸有園稿。

壽大宗伯徐公六十序（賜閒堂集15/9下）

賀大宗伯太室徐先生六十序（顧端文公集8/24）

大宗伯徐公七十壽序（寶菴集11/10）

送大宗伯徐公致政歸三吳序（白榆集3/4）

徐公行狀（郭正域撰、徐氏海隅集附錄/13）

徐公神道碑銘（王文肅公文草5/9，徐氏海隅集附錄/7下）

徐公墓誌銘（賜閒堂集26/1，又徐氏海隅集附錄/1）

祭宮保徐公文（賜閒堂集34/3）

祭大宗伯徐太室先生文（三易集13/2）

皇明世說新語7/30下

名山藏40/21

父徐甫（1490--1564）字德淸，號東臯居士。

先考祠部府君妣陳安人行狀（徐氏海隅集文編20/1）

繼室金氏

壽徐母金夫人六十序（賜閒堂集15/36）

徐濟（1430--1492）字時望，號復齋，宜興人，溥弟。無意仕進，經營家業，悉有規畫。喜讀書，尤精於數學，嘗以入粟助賑補承事郎。弘治五年卒，年六十三。

仲弟時望承事郎墓誌銘（徐文靖公謙齋集5/60）

徐應字順叔，號廓原，蘭谿人。嘉靖二十九年進士，由常州府推官選禮科給事中，仕至南京太僕寺卿，免官。

掖垣人鑑14/22

徐應芳，臨川人，爲臨淸州判官。崇禎十五年淸圍臨淸，應芳與同知路如瀛等合力備禦，城破死之。

明史291/21下

徐應聘（1554--1616）字伯衡，崑山人。萬曆十一年進士，選庶吉士，授檢討，坐累罷。復起爲行人，屢陞太僕寺少卿，卒於官，年六十三。

吳郡張大復先生明人列傳稿×/136

徐應豐，上虞人，學詩族兄。以善書擢中書舍人，供事無逸殿，悉嚴嵩所爲。會學詩疏陳嵩奸狀，嵩疑出應豐指，恚甚，以誤寫科書譖於帝，杖殺之。

明史210/7下

徐趨，江陰諸生。淸兵圍江陰，趨擧兵行塘，以應城內兵，城陷逸去。後偵知江陰無備，率壯士十四人襲之，不克皆死。

明史277/17

徐聰（1435--1521）字聞博，號濁亭，鄢城人。以貢爲醴泉縣學訓導，其教諸生，先行而後文，制外以養內，標的以大其業，宏博以遂其思。遷乾州學官，攝縣事，年八十七卒。

濁亭先生墓志銘（空同子集45/11下，國朝獻徵錄94/151）

徐轄（1423--　　）字文軾，武進人。景泰五年進士，性聰敏，學問該博，凡有製作，援筆立就，與修實錄。性喜飮，不屑蓄財，惟日與翰墨爲生而已。

毘陵人品記7/11

徐績字伯凝，號雪溪漁者，無錫人。洪武初以耆儒徵考書經中首選，四任大郡，以淸介見稱，賜中憲大夫。致仕卒，年九十七。

祭徐中憲文（天遊文集6/7）

毘陵人品記6/2下

徐鏊字器之，號竹深，嘉定人。本高氏子，少孤，依舅京師，冒徐姓，從其業爲醫，供事內殿。世宗初擢御醫，三十年不調，年七十求致仕。久之，遷院判，年踰八十，自引歸。

竹深居士傳（心齋稿1/35）

明史列傳59/18

明史189/17

徐懷字明德，浙江建德人。天順四年進士，授刑部主事，歷員外郎，陞江西僉事，累進布政使，仕終南京刑部侍郎，弘治六年卒於官。

送進士徐君明德序（楊文懿公東觀稿3/5下）

明江西僉憲徐君明德先塋記（一峯先生文集4/9下）

國朝獻徵錄49/10張元禎撰徐公墓誌銘

徐懷玉（1366--1441）字文玉，號雲菴，永嘉人。洪武二十三年領浙江鄉貢，會試中乙榜，除興國縣儒學教諭，改沛縣，歷山東都司斷事、湖廣都司經歷，皆服其才敏廉慎。後以詿誤致罪，謫戍玉田。洪熙元年以保舉授建寧府儒學訓導。正統六年卒，年七十六。

徐公墓誌銘（介菴集11/24）

徐瓊（1425--1505）字時庸，號東谷，一號明農翁，金谿人。天順元年進士，授編修，累陞侍讀學士，上疏禁奢侈，廣用人，抑奔競，開言路，仕終禮部尚書，以局量見稱，年八十一卒。

送侍讀學士徐先生掌南京翰林院序（瓊臺詩文會稿重編11/1）

贈少傅徐公序（王文恪公集11/7）

徐公墓誌銘（張昇撰、國朝獻徵錄33/35）

殿閣詞林記5/18

母黃氏，卒年七十二。

徐孺人哀辭（椒丘文集26/1）

徐鏞（1421--1476）字用和，湖廣興國人。成化五年進士，授行人，升御史，謫鎭原知縣。弘治中擢知淮安府，皆有善政。仕終右副都御史，總督漕運，卒年五十六。

國朝獻徵錄59/62無名氏撰傳

明史列傳53/20下

徐獻忠（1483--1559）字伯臣，號長谷，松江華亭人。嘉靖四年舉人，官奉化令，有政績。尋棄官寓居吳興，與何良俊、董宜陽、張之象俱以文章氣節名，時稱四賢。及卒，門人私諡貞憲先生。有吳興掌故集、水品、樂府原、金石文、六朝聲偶、長谷集。

徐先生墓誌銘（弇州山人四部稿89/1，國朝獻徵錄85/73）

先進舊聞（寶日堂初集23/29下）

福山阡志（長谷集15/30下）

皇明世說新語2/21，5/30

四友齋叢說26/16

明史287/4

徐顥（1495--1536）字希道，更字子淳，號龍山，仁和人。正德十六年進士，授南京刑部主事，有練達刑名之譽。陞郎中，出知臨江府，躬勤庶政，年四十二卒。

徐臨江墓志銘（吳鼎撰、國朝獻徵錄87/55）

徐鑑（1390--1450）字子明，宜興人。永樂間爲戶部郎中，與夏原吉同繫獄，洪熙元年復官。宣德中出知瓊州，有惠政。鑑廉正寡慾，及去，民皆思之，年六十一卒。

徐公神道碑銘（瓊臺詩文會稿重編24/8下）

重修瓊州府二賢祠記（懷麓堂文後稿5/1）

毘陵人品記6/18下

名山藏臣林記13/1

明史281/17下

徐麟（1471--1524）字仁伯，號岑山，其先浙江龍遊人，自其祖始家京師。弘治十五年進士，授開州知州，改潞州，遷南兵部員外郎，調工部，陞郎中，致仕卒，年五十四。

徐君墓誌銘（紫巖文集46/1）

繼母李氏

徐母李氏墓誌銘（紫巖文集48/7）

徐顯卿字公望，號檢菴，長洲人。隆慶二年進士，官至吏部侍郎，萬曆三十年卒。有天遠樓集。

祭徐少宰文（賜閒堂集34/24下）

祭徐檢菴老師（快獨集12/2）

徐少宰集序（大泌山房集11/28）

母李氏（1526—1607）

李氏行狀（繆西垣文集7/4下）

徐讓，建文時爲鎭撫。才氣磊落，有口辯，應募來京，賚書物往北平議和解兵，慷慨立談，燕王不答，遣還戰歿。

國朝獻徵錄111/48忠節錄

遜國正氣紀6/31下

徐觀字大賓，當塗人。永樂九年舉人，十七年由學訓導陞刑科給事中，遷雲南僉事，仕至按察使，奉表入賀，卒於南京，年五十六。

披垣人鑑8/17

國朝獻徵錄102/41無名氏撰傳

徐讃 (1472--1533) 字朝儀，號復齋，永康人。弘治十八年進士，知強東，擢御史，按察貴州、雲南，官至工部侍郎，卒年六十二。

送進士徐君朝儀序 (竹澗文集6/8)

徐公墓誌銘 (張文定公靡悔軒集 6/11下，國朝獻徵錄51/44)

國朝獻徵錄102/5無名氏撰傳

十一劃

梁

梁于涘字飲光，號谷菴，江都人。崇禎十六年進士，與史可法同輔福王。馬士英忌其能，除萬安令，爲淸兵所執，自經死，有梁節愍遺集。

明史278/6下

梁子琦 (1527--1596) 字汝珍，號石渠，壽州人。嘉靖四十四年進士，授知諸暨縣，官至通政司右通政，卒年七十。

梁公墓志銘 (李長卿集13/1)

梁中節，定海人。與族人田玉同官於朝，好讀老子、太玄經。靖難兵入京。棄官入山爲道士。

吾學編56/3

皇明表忠記6/13下

遜國正氣紀2/28下

遜國神會錄下/26下

明史143/16

梁永，萬曆時爲御馬監監丞，帝命往陝西徵收名馬貨物。永率諸亡命巡行陝地，盡發歷代陵寢，搜摸金玉，旁行劫掠，所至邑令皆逃，言官攻永者數十疏，始召永還京。

明史305/12

梁本之 (1370--1434) 名混，以字行，號坦菴，泰和人。洪武中以溧陽數諭，遷蜀府紀善，改魯王府。宣德九年卒，年六十五。有坦菴文集。蕭鎡稱其所作泓渟澄深，端重典則，葢莊人學者之文。

送梁本之赴任序 (金文靖公集7/28)

梁紀善墓志銘 (東里文集20/8下)

坦菴傳 (芳洲文集10/3)

母陳氏 (1344—1426) 名順止。

陳孺人墓銘碣 (東里文集21/16)

梁孺人墓表 (王文端公文集35/4)

梁田玉，定海人。建文時官刑部郎中。靖難兵入金陵，田玉髡髮爲僧，從地道遁，不知所終。

遜國正氣紀2/30下

遜國神會錄下/26下

吾學編57/1下

皇明表忠紀6/13下

聖朝名世考4/33

明史143/16

梁以樟 (1608--1665) 字公狄，別號鷦林，其先淸苑人，後徙京師。崇禎十三年進士，歷知太康、商丘等縣，所至有勦賊功。福王時授兵部主事，淸師南下，遁跡寶應，卒年五十八。有梁鷦林全書。

梁鷦林先生墓表 (居業堂文集18/8)

明史293/12

梁式字似之，號鳳巖，山東冠縣人。隆慶二年進士，由中書舍人遷工科給事中，累擢山西太原知府，歷陝西苑馬寺少卿。

披垣人鑑15/23

梁有譽字公實，號蘭汀，順德人。與歐大任等同學於黃佐，登嘉靖二十九年進士，授刑部主事，與李攀龍號七才子。嚴世蕃欲延納之，有譽恥爲所狎，遂謝病歸，卒年三十六。有比部集。

國朝獻徵錄47/92王世貞撰梁公墓表，又47/94歐大任撰梁比部傳。

名山藏81/57

皇明世說新語5/9下

明史287/16

梁良玉，定海田玉族人。建文時官中書舍人。燕兵入京，訣妻子，易姓名，逾嶺至海南。寓市肆，鬻書以老。

國朝獻徵錄81/1無名氏撰傳

吾學編57/1下

皇明表忠記6/15下

遜國正氣紀2/30下

遜國神會錄下/28

明史143/16

梁艮用，定海人。與族人田玉同仕於朝。靖難兵起，良用去爲舟師，後死於水。

吾學編57/2下
皇明表忠紀6/14下
遜國正氣紀2/30
遜國神會錄下27下
明史143/16

梁材字大用，號儉菴，南京金吾右衛人。弘治十八年進士，嘉靖時累遷戶部尙書，三掌邦計，砥節如一日，以忤郭勛落職，卒諡端肅。

金陵名賢墨蹟跋（賴眞草堂文集18/23下）
國朝獻徵錄29/32京學志諡端肅傳
名山藏臣林記20/14下
皇明書26/8下
國琛集下/30下
皇明世說新語1/11，2/17下，4/8下
明史列傳63/20下
明史194/19

梁志仁字霏玉，南京人，保定侯銘之裔。萬曆末年舉於鄉，崇禎六年授衡陽知縣，調羅田。時賊大擾湖廣，志仁日夕警備。八年邑豪江猶龍潛導賊來攻，城陷，志仁持長矛巷戰，力屈被執，罵不絕，賊怒，碎其支體焚之。

明史292/10下

梁辰字應楓，南海人。弘治六年進士，授戶部主事，進郎中，出知處州府。

送梁處州序（空同子集55/6）

梁辰魚字白龍，崑山人。好任俠，不屑就諸生試。嘉靖間李攀龍、王世貞等七子皆折節與交。好遊嗜酒，足跡遍吳楚間。雅擅詞曲，邑人魏良輔能喉轉音聲，始變弋陽、海鹽故調爲崑腔，辰魚塡浣紗記付之，是爲崑曲之始。兼工詩，有遠遊稿、鹿城新集。卒年七十三。

梁伯龍古詩序（太霞草7/14）
梁伯龍古樂府序（弇州山人續稿42/12）
梁伯龍鹿城集序（白楡集2/9）
吳郡張大復先生明人列傳稿×/93

梁廷振，字伯綱，南海人。嘉靖二年進士，累官廣西副使，剿斷藤峽，號令嚴肅，民不知兵。後平府江諸猺，遷福建參政。公餘講學，閩士向風。官終浙江布政使。

贈福建按察使瀾石梁公擢浙江右方伯序（雲岡公文集10/1）

梁廷棟，鄢陵人。萬曆四十七年進士，崇禎中累官兵部尙書，所陳兵事，多中機宜，然挾數行私，不爲時論所重。清兵入逼京師，時廷棟督總宣大山西軍務，不能禦。命戴罪入援，廷棟與督師張鳳翼恇怯不敢戰，自度必罹重譴，日服大黃藥求死，未幾卒。

誥勅南京禮部儀制清吏司郎中梁廷棟並妻（紺雪堂集9/26）
明史257/10

梁洞（1384--1429）字挹之，泰和人。永樂十三年進士，擢北京行部戶曹主事，改刑部，陞郎中，卒於官，年四十六。

送梁主事挹之序（芳洲文集3/30下）
梁君墓志銘（王直撰、國朝獻徵錄47/35）

梁承學（1532--1586）字師顏，號心齋，聊城人。隆慶二年進士，內侍有同姓者，請訂宗盟，承學正色拒之，除延安府推官，讞獄多平反，報績稱最，官終陝西副使，年五十五卒。

梁公墓誌銘（穀城山館文集19/12，國朝獻徵錄94/84）

梁芳，憲宗朝內侍。貪黷諛佞，諂事萬貴妃。妖人李孜省、僧繼曉皆由芳進，共爲姦利。取中旨授官，累數千人。孝宗立，下獄死。

四友齋叢說7/9
明史304/17

梁昱字文輝，崑山人。性至孝，新娶三日遭父喪，遂不入寢舍，苫塊三年，卻酒肉弗御，孫鼎嘗贈詩有孝著崑山第一人之句。後鄉薦任平定知州，以平易得民，未幾卒於官。

崑山人物志6/6下
吳郡張大復先生明人列傳稿×/48

梁紀（1518--1599）字理夫，號晴石，

稷山人，格長子。嘉靖卅七年擧於鄉，該貫經史。以母老不仕。及卒，門人私謚靖孝先生。著有楞櫟子等書十四種。

梁公墓誌銘（九愚山房稿43/1）

梁孝廉家傳（大泌山房集71/1）

梁紈字尙素，崑山人，昱子。成化七年擧人，授漳州通判，陞泉州同知，愷悌清勤，兩平巨寇，民爲立石頌德，致仕卒。

崑山人物志6/7

吳郡張大復先生明人列傳稿×/48

梁瑤，汝陽人，銘子。襲父爵，正統中征鄧茂七有功，破貴州叛苗，擒其王韋同烈，進封保定侯。尋討平清浪蠻寇，擊敗涼州賊兵，成化中掌都督左軍府事，卒謚襄靖。

水東日記14/11下

明史154/21

梁格（1499--1542）字君正，號定齋，稷山人。嘉靖十四年進士，授濟陽令，按籍得隱田，勞來復業，自奉貶損。官終南京兵科給事中，卒年四十四。有窺易集、四書古義補、定齋存稿。

梁君墓表（條麓堂集25/23下）

國朝獻徵錄80/130朱睦㮮撰傳

妻郝氏

梁母郝宜人傳（九愚山房稿44/1）

梁時字用行，長州人。工詩文，由明經擧爲岷府紀善，遷翰林典籍，與修永樂大典，有噫餘集。

吳中人物志4/7下

梁寅（1309--1390）字孟敬，江西新喩人，家貧力學，淹貫百氏，太祖徵天下名儒修述禮樂，寅就徵年已六十餘，在禮局中討論精審，諸儒皆推服。書成，將授官，以老病辭歸，結廬石門山，學者稱爲梁五經，又稱石門先生，卒年八十二。有禮書演義、周禮考注、春秋考義、周易參義、詩演義、石門集。

國朝獻徵錄114/11無名氏撰傳

皇明書35/1

皇明世說新語1/22下，8/21下

明史282/5下

梁問孟字尙賢，號靜齋，河南新鄉人。嘉靖四十四年進士，由浙江西安知縣選刑科給事中，歷山西右布政使，謫湖廣參議，終山西參政。

奉送靜齋梁憲使入賀序（二酉園文集8/12）

披垣人鑑15/12

梁紹儒（1509--1573）字玉菴，東平人。嘉靖二十年進士，選庶吉士，授檢討，以謫外補，不就辭歸。嘗撰東平郡志。萬曆元年卒，年六十五。

梁公墓誌銘（穀城山館文集17/27下，國朝獻徵錄22/32）

梁焯字日孚，南海人。正德九年進士，授主客主事，諫武宗南巡，被杖。嘉靖初改職方，告歸卒，年四十六。

國朝獻徵錄41/78黃佐撰傳

梁景行字宗烈，鼎新人。初知崇明，改晉江，丁內艱不赴。後知順德，陞鎭江府同知，遷壽府長史，告歸。

國朝獻徵錄83/60順德縣志傳

梁策，河間鄚陵人。嘉靖四十四年進士，授工部主事，歷員外郎，出爲成都知府。父病脾不能離衽席，策調飲食必跪榻下，手擧匕筯以進，故人皆呼爲梁孝子。後晉郎中，補山東登州知府，陞陝西按察副使，策居官清廉，俸外毫無染指，人以是稱之。

國朝獻徵錄94/96無名氏撰傳

梁溥（1463--1517）字德宏，號時齋，延安人。省試中乙榜，授延川教諭，官至秦府右長史。正德十二年卒，年五十五。

梁先生墓表（崔銑撰、國朝獻徵錄105/48）

梁翰字仲棨，江西泰和人。永樂九年進士，擢新化府同知，施政得其中道。再督賦浙江，宣德六年改知徽州。

送梁同知先生之任徽州府序（芳洲續集2/5）

贈梁同知赴徽州序（王文端公文集20/2）

梁楘字叔車，號松軒，泰和人，潛子。正統元年進士，授刑部主事，善辨寃獄，進廣西右布政使，吏民服其信義，官終浙江左布政使，卒年七十。

送梁憲副序（王文端公文集21/17下）

恩存堂記（芳洲續集3/14下）

梁公墓志銘（魏文靖公摘稿7/22，國朝獻徵錄84/1）

明史列傳36/13下

明史152/5下

兄梁果，字叔蒙

送邵武府經歷梁叔蒙詩序（芳洲文集4/28下）

梁萬爵字天若，番禺人。性縝密，寡言笑，待人重然諾，不輕取與。淸兵破番禺，萬爵赴水死。

明史278/21下

梁夢龍（1527--1602）字乾吉，號鳴泉，眞定人。嘉靖三十二年進士，由庶吉士授兵科給事中，爲張居正門下士，特愛之，召爲兵部侍郎，進右都御史，總督薊遼保定軍務，以破土蠻功就加兵部尙書，召入掌部務，加太子太保。居正沒，被劾，致仕家居卒，年七十六，崇禎末追諡貞敏。有史要編、海運新考傳世。

送中丞梁鳴泉擢撫河南序（葛端肅公文集10/24下）

送少司徒鳴泉梁公北上敍（漱藝堂文集1/20）

送都御史梁公巡撫山東序（婁子靜文集1/2下）

陜州學田記（方初庵先生集8/2下）

海運新考序（弇園集1/17）

太宰梁鳴泉公傳（鴻寶應本11/7）

梁公墓誌銘（牧齋有學集28/10下）

掖垣人鑑14/27

明史225/4下

父梁相，字怡菴，號我津。

壽我津梁公序（敬所王先生集6/49下）

梁太公壽序（大泌山房集32/4）

賀我津梁翁七袠榮壽敍（漱藝堂文集6/17）

梁銘，汝陽人。襲父職爲燕山前衛百戶，從仁宗守北平，屢建奇功，積官後軍都督同知，鎭守寧夏，封保定伯。後征交阯，病卒。銘勇敢善戰，能得士卒心，旣死，全軍遂覆。

吾學編19/17

皇明功臣封爵考3/84

明史列傳23/33

明史154/20下

梁潛（1366--1418）字用之，太和人，蘭子。洪武二十九年擧於鄉，歷知四會、陽江、陽春諸縣，皆有治聲。永樂元年召修太祖實錄，擢翰林修撰，爲永樂大典總裁，官至翰林侍讀兼右春坊右贊善。帝屢幸北京，留輔太子，讒者誣太子擅宥罪人，事連潛，下獄棄市。潛爲文體格淸雋，兼有縱橫浩翰之氣，學者號泊菴先生。有泊菴集。

梁用之墓碣銘（東里文集17/8，國朝獻徵錄19/55，皇明名臣琬琰錄13/1）

西昌梁氏續譜序（東里文集5/19）

水東日記11/5下

皇明書20/9

吾學編39/5下

明史列傳24/11下

明史152/5

梁震，新野人。襲榆林衛指揮使，充延綏遊擊。廉勇好讀兵書，善訓士，力挽強命中，數先登，累戰功進左都督。震有機略，號令明審，前後百十戰，未嘗少挫。卒諡武壯。

吾學編45/19下

皇明書34/13下

名山藏臣林記24/5下

明史211/3

梁穀（1483--1533）字仲用，初號北厓子，改號默菴，東平人，覲子。嘗師事王守仁，登正德六年進士，授吏部主事，擢御史，以事黜壽州同知，遷鄖陽通判、太倉知州，俱有惠政。陞德府左長史，卒年五十一。

梁長史墓誌銘（石龍集25/1）

梁儉，泰和人。成化間知臨高縣，廉明寬仁，化民成俗。

國朝獻徵錄100/55無撰人楊護梁儉合傳

梁德遠，邵陽人。洪武十八年進士，時父坐事謫戍，請以身代，帝憫其孝，貰其父。留給事工科，有直聲。後謫令太平，民感其惠，塑像祀之。

披垣人鑑3/10

梁璟（1430—1502）字廷美，太原崞縣人。天順八年進士，成化時歷兵科都給事中，請起用致仕尚書王竑、李秉，斥都御史王越，並及宮闈事，被杖。尋擢陝西參政，進布政使，在陝十五年，多政績，累遷南京戶部尚書，以疾致仕卒，年七十三。

梁公神道碑（懷麓堂文後稿18/19下，皇明名臣墓銘艮集88，國朝獻徵錄31/24）
披垣人鑑10/5
明史列傳53/11下
明史185/9下

父梁賚，字叔敏，號直軒。

梁公墓誌銘（懷麓堂文稿29/3下）

梁橋字公濟，號冰川子，眞定人。由選貢生授四川布政司經歷。有冰川詩式。

刻冰川詩式序（龐衷石室集23/8下）

梁儲字叔厚，號厚齋，晚號鬱洲，廣東順德人。成化十四年進士第一，授編修，正德時累擢吏部尚書、華蓋殿大學士。宸濠反，與蔣冕扈從南征，數危言苦諫。世宗即位，被劾乞歸，卒年七十七，諡文康。有鬱洲遺稿。

送洗馬梁先生南畿校文還朝序（青谿漫稿19/20下）
送洗馬梁君使交南序（王文恪公集11/8）
太師梁文康公集序（弇州山人四部稿64/2）
國朝獻徵錄15/46霍韜撰梁公傳，又15/49黃佐撰傳
皇明世說新語1/13下，3/26，3/27
名山藏臣林記15/36
明史列傳62/1
明史190/10下

梁鏞字克宣，山東高唐州人。成化二年進士，除吏科給事中，十四年陞浙江右參議。

披垣人鑑10/9

梁觀，當塗人。爲人方正勤學，善大書，建文二年除吏科給事中，陞廣東僉事，分巡潮州，廉介剛果，決獄稱神，卒於官。

國朝獻徵錄99/133郡志傳
披垣人鑑4/13下

凌

凌世韶，號蒼舒，江寧人。崇禎七年進士，任福清知縣，不事催科，左遷汀州經歷，署寧化縣，清公庭積訟，擢戶部，尋去職。明亡，棄家爲僧卒。

天啓崇禎兩朝遺詩傳7/265

凌汝志字雲鵠，號道山，太倉人。嘉靖二十三年進士，由江西宜春知縣，選刑科給事中，歷應天府丞，卒于官。

披垣人鑑14/12

父凌文韜，號石林。

壽封君淩翁七十序（弇州山人四部稿60/8）
淩先生暨配陳安人墓碣銘（賜閒堂集21/31下）

凌相（1475—1540）字忠甫，號芹溪，南通州人。弘治十二年進士，知沂水縣，治聲大起。徵拜御史，擢廣東兵備僉事，討平惠潮劇賊，歷四川、雲南布政使，官終湖廣巡撫，年六十六卒。

祭都憲淩公文（皆春園集4/10下）
淩公墓表（陽峰家藏集33/9）
淩公墓誌銘（崔東洲集16/29，國朝獻徵錄61/77）

凌廸知字穉哲，號繹泉，烏程人，約言子。嘉靖三十五年進士，官至兵部員外郎。有萬姓通譜、左國腴詞、太史華句、兩漢雋言、文選錦字、名世類苑、名公翰藻。

皇明名公翰藻序（白榆集1/1）

凌約言字季默，號藻泉，烏程人，震子。嘉靖十九年中應天鄉試，授全椒知縣，歷刑部員外郎，所在有政績。性開爽疎朗，與人和而介，按治不法如律，豪猾惴惴，尋乞歸，卒年六十八。有鳳笙閣簡鈔、椒洴稿、病稿偶錄。

藻泉凌君墓表（弇州山人四部稿94/9下）

凌晏如（1382—1434）名安然，以字行，烏程人。少力學，精六書之法，永樂中以布衣徵授中書舍人，與修永樂大典，歷吏科都給事中，官至右僉都御史。宣德九年卒，年五十三。

凌君墓表（王文端公文集35/9下，皇明名臣

琬琰錄22/6下）

披垣人鑑3/16

淩雲字漢章，歸安人。幼業儒爲諸生，後棄去，北遊泰山，遇一道人，授以鍼術，治疾無不效。孝宗召至京，命太醫官出銅人，蔽以衣而試之，所刺無不中，授御醫，卒年七十七。

明史299/18

淩雲翼字洋山，太倉人。嘉靖二十六年進士，萬曆初累官兵部左侍郎，提督兩廣軍務，討平海寇林鳳，進征羅旁、河池諸猺及山賊，嶺表悉定。召爲南京兵部尙書，乞歸卒。雲翼有幹濟才，然好殺戮，爲時所譏。

送淩司馬之南都序（劉子威集11/4下）

賀大司馬洋山淩公內召序（李文定公貽安堂集4/23）

祭淩司馬洋山（雪濤閣集11/1）

祭洋翁淩尙書文（中弇山人稿4/32）

明史222/29下

父淩□，字石林。

賀封工部主事石林淩翁夫婦七十壽序（世經堂集13/23）

淩義渠（1593--1644）字駿甫，烏程人。天啓五年進士，崇禎時官給事中，累言事，擢山東布政使，所至有淸操。入爲大理卿，京師陷，自縊而死，年五十二，諡忠淸，淸諡忠介。有湘煙錄、淩忠介集。

吳山六忠祠碑（大滌函書1/33）

啓禎野乘11/3下

天啓崇禎兩朝遺詩傳3/103

明史輯略紳志略文臣

明史265/20下

淩嗣音字孟昭，號存彝，烏程人，晏如四世孫。萬曆八年進士，授南昌令，擢南刑部主事。官終廣西參政，卒於官。

淩公墓誌銘（澹然齋存稿5/10）

祭太翁淩存彝文（隅園集16/32）

淩稚隆字以棟，號磊泉，烏程人。有左傳評註測義、五車韻瑞、史記評林。

史記評林序（弇州山人續稿40/13）

淩漢字斗南，原武人。洪武中以明經舉至京，授司經局正字。歷任御史，巡按陝西，鞫獄平允，官終右都御史。漢出言不檢，居官屢躓，然以廉直見知於帝，故終得保全。

國朝獻徵錄56/1朱睦㮮撰傳

明史列傳13/21下

明史138/8

淩震（1471--1535）字時東，號練溪，烏程人。由歲貢授黔陽縣學訓導，提督寶山書院，嘉靖十四年卒，年六十五。震有俊才，博綜群籍，曉析百家，善古文，尤長於詩，有練溪集。

淩公墓誌銘（劉麟撰、國朝獻徵錄89/104）

淩駉，初名雲翔，字龍翰，又字井心，歙人。崇禎十六年進士，福王時授監察御史，巡按河南，援歸德，城破，爲淸軍所擒，自縊死。

天啓崇禎兩朝遺詩傳7/261

淩儒字眞卿，號海樓，泰州人。嘉靖三十二年進士，選御史，以直言除名。穆宗嗣位，復官，益發舒，再遷右僉都御史，吏部追論其知永豐時貪墨，遂落職閒住。有舊業堂集傳世。

贈邑侯淩海樓入覲序（雙江聶先生文集4/29下）

明史207/21

淩錦（1414--1492）字日章，句容人。宣德初代父軍中，騎射之餘，時從儒者問書史大義。景泰初，累官至副千戶，天順元年以迎立功進懷遠將軍指揮同知。弘治五年卒，年七十九。

淩公墓誌銘（篁墩程先生文集46/15下，國朝獻徵錄111/26）

清

淸欲，僧、字了菴，號南堂，臨海朱氏子。歷住開福，本覺、靈巖三剎。有三會語錄。

皇明名僧輯略×/66下

淨

淨澄號孤月，燕京西河張氏子。幼失父母，入金河寺落髮爲僧。參謁諸方法師，學成還清凉。適天順改元，藩王就華嚴谷建寺曰普濟，請澄開法其中，道聲遠播，後坐脫於本寺。有清凉語錄。

補續高僧傳16/9下

章

章文炳，長泰人。萬曆四十一年進士，遷重慶知府，治行廉潔，吏民愛之。奢崇明反，陷重慶，不屈死。

明史290/8下

章允賢字汝愚，號九華，青陽人。嘉靖八年進士，歷禮刑二科給事中，嘗上疏論武定侯郭勛道、御史胡守中罪，悉置重典，名震京師。有諫議集。

掖垣人鑑12/44

章玄應（玄、明史避諱作元）樂清人，綸子。舉成化十一年進士，爲南京給事中，論陳鉞罪，忤旨停俸。孝宗嗣位，上治本五事。仕終廣東布政使。

明史列傳34/15下

明史162/15

章正宸字羽侯，號格菴，晚號僯東餓夫，會稽人。從學同里劉宗周，有學行，舉崇禎四年進士，由庶吉士改禮科給事中，王應熊入閣不由廷推，疏劾之，下詔獄。旋起歷吏科都給事中，屢忤首相周延儒，又詆兵部尚書陳新甲奸邪。既而會推閣臣失帝意，謫戍均州，福王時官至大理丞，明亡，棄家爲僧，魯王元年卒。有章格菴遺書。

章格菴先生行狀（吾悔集2/14）

章公傳（西河合集76/14）

格菴章公傳（思復堂文集2/51下）

明史253/14下

章世純字大力，臨川人。博聞強記，舉天啓鄉試。崇禎中官柳州知府，聞京師變，悲憤遘疾卒。有治平要略、章柳州集、章子留書。

明史288/17下

章存道，浙江龍泉人，溢子。以義兵歸總管孫炎，屢擊却陳友定兵。從李文忠平閩，又從馮勝北征，積功授處州衞指揮副使。後從湯和出塞，力戰死。

明史128/16

章忱字景恂，會稽人。成化十四年進士，授臨城知縣，甚有德惠，陞太僕寺丞，及去，士民爲之立去思碑。有臨城集，克齋稿。

國朝獻徵錄82/34無名氏撰傳

章甫端字子相，號西瀛，任丘人。嘉靖四十四年進士，由河南彰德府推官，選吏科給事中，歷太常寺少卿，官終行太僕寺卿，萬曆九年免官。

掖垣人鑑15/8

章美中字道華，吳人。嘉靖二十六年進士，授大理寺右評事，歷江西僉事，廣西參議，遷四川副使，以疾不赴，隆慶初卒於家。有章玄峯集。

章大夫詩集序（劉子威集9/12）

國朝獻徵錄98/99王世貞撰傳

章拯（1479--1548）字以道，號樸菴，蘭谿人，懋從子。弘治十五年進士，授工部主事，忤劉瑾，謫梧州通判。瑾誅，擢南京兵部郎中。嘉靖中累官工部尚書，桂萼欲復海運，拯疏陳得失，議遂寢。南北郊議起，拯言不可。失帝意，尋落職歸。後復官卒，年七十，諡恭惠。有樸菴文集。

送南京工部尚書朴菴章公應召之京序（張文定公紓玉樓集3/32）

送大司空朴菴章公使郢北還序（崔東洲集13/8

章公墓誌銘（王大用撰、皇明名臣墓銘震集32，國朝獻徵錄50/36）

四友齋叢說10/4下

明史列傳48/8下

明史179/6下

章律（1428--1493）字鳴鳳，號容齋，晚號怡晚散人，常熟人，格弟。景泰五年第進士，授刑部主事，遷知保定，歷都御史巡撫雲南、貴州，所至皆有聲。召還掌南京都察院事，乞歸卒，年六十六。

章公墓誌（不著撰人、國朝獻徵錄64/56）

明常熟先賢事略3/1下

章珪字孟瑞，常熟人。宣德間以薦累擢監察御史，出巡畿甸。值歲荒旱，奏蠲逋稅，全活甚衆。辨疑獄，釋寃抑，頌聲載道。後罷歸，杜門教子，皆成名。

明常熟先賢事略3/1下

吳中人物志4/12下

父章煥文字孺卿

明常熟先賢事略3/1

章格（1426--1505）字韶鳳，號戒菴，常熟人，儀弟。景泰二年進士，歷南工部主事、廣東按察，調雲南。緬夷反覆，格待以誠信，遂皆歸心，官終大理卿，卒年八十。

章公墓誌銘（不著撰人、國朝獻徵錄69/8）

明常熟先賢事略3/1

章時鸞字孟泉，青陽人。嘉靖舉人，知鄒縣，勸課農桑，邑大治，累擢河南副使。有名賢言行錄。

章公墓誌銘（陳頤正撰、國朝獻徵錄92/104）

章适字景南，號道峰，蘭谿人。嘉靖二十六年進士，官至禮科給事中，以言事忤旨，告歸卒，有道峰集。

章君墓誌銘（徐栻撰、國朝獻徵錄80/118）

被褐人鑑14/19

弟章述（1514--1589），字景明，號兩峰，永昌府同知。

章公墓誌銘（陸學士先生遺稿12/21下）

章袞字汝明，號介菴，臨川人。嘉靖二年進士，授御史，督學南畿，以狷介稱。累遷陝西提學副使，乞歸卒。有童子瑣言、學庸口義、章介菴集。

贈宗師章先生序（五嶽山人集26/18）

送介菴章先生南歸序（少華山人文集7/7下）

哀介菴章師辭（鵝溪文錄8/14下）

祭章介菴文（石蓮洞羅先生文集24/19）

章公墓誌銘（陳九川撰、國朝獻徵錄94/72）

章棨字宗肅，海虞人，格孫。舉應天鄉試，卒業南監，授單縣知縣。遷安吉知州，終永州府同知。

章永州家傳（震川先生集26/333）

章敞（1376--1437）字尚文，號質菴。會稽人。永樂二年進士，授刑部主事，屢辨寃獄。宣德間擢禮部右侍郎，兩使安南，諭黎利父子，得使臣體，還致厚餽不受。正統初轉左侍郎，二年卒于官，年六十二。嘗與修永樂大典及五經四書大全，有質菴文集。

三桂堂記（楊文敏公集10/3）

章君墓銘（同上24/19、國朝獻徵錄35/21）

章尚文傳（楊溥撰、皇明名臣琬琰錄22/11下）

祭章侍郎文（謚忠文古廉文集9/36）

皇明世說新語3/5

名山藏臣林記7/18

明史列傳35/5

明史158/6下

章溢（1314--1369）字三益，號匡山居士，浙江龍泉人。天性孝友，元末統鄉兵屢平劇盜，授浙東都元帥，辭不受，隱匡山。太祖以幣聘之，累拜御史中丞，時廷臣伺帝意多苛，溢獨務大體。後喪母，以哀毀成疾，洪武二年卒，年五十六，福王時謚莊敏。

章公神道碑銘（宋學士文集2/19下，國朝獻徵錄54/1，皇明名臣琬琰錄6/13下）

皇明世說新語4/10

皇明獻實2/26下

殿閣詞林記7/9下

吾學編23/10下

名卿績紀1/10

國琛集上/6下

聖朝名世考1/29下

皇明書19/2下

名山藏臣林記3/25下

明史列傳10/15

明史128/13下

章瑞（1465--1518）字廷召，號瀛山，績溪人。弘治十二年進士，授行人，歷使岷晉及江南，悉却贐餽。擢監察御史，數言事，右遷江西都事，官至思恩知府，卒年五十四。

章知府墓誌銘（棠陵文集5/8）

章熙（1506—1575）字世曜，潮州海陽人。嘉靖二十三年進士，授行人充節使，累官至廣西按察司僉事，守邊備蠻，卓著辛績，以嚴見忌，竟坐免歸，爲時論所惜，年七十卒。

章公墓誌銘（井丹先生集12/56，國朝獻徵錄101/69）

章嘉禎字元禮，德清人。萬曆八年進士，官至大理寺寺丞。有姑孰集、南征集、中林草。

南征集序（大泌山房集10/17下）

父章子沐，字養心。

章養心先生傳（甔甀洞稿45/1）

章儒字處仁，浙江蘭谿人。正德十二年進士，授行人，擢禮科給事中，直言敢諫。出知衡州府，仕終福建布政使。

送章處仁奉使還朝詩序（心齋稿1/32下）

掖垣人鑑13/3

明史208/12

父章□

賀封禮科給事中章翁序（竹澗文集6/21下）

章綸（1413—1483）字大經，浙江樂清人。正統四年進士，授南京禮部主事，景泰初爲儀制郎中，上太平十六策，後因災異復陳修德弭災十四事，疏入忤旨，下獄榜掠，逼引主使及交通南宮狀，瀕死無一語。英宗復位，擢禮部右侍郎，綸旣以大節爲帝所重，而性亢直不能諧俗，調南京。屢有直言，當事多不喜。爲侍郎二十年，不得遷，請老去，年七十一卒，謚恭毅。有抽齋集，困志集。

章公墓誌銘（桃溪淨稿文11/5，皇明名臣墓銘艮集39，國朝獻徵錄37/4）

章公神道碑銘（尹直撰、皇明名臣琬琰錄后11/1）

章恭毅公傳（椒丘文集20/2下）

書章恭毅公傳後（柴墟文集11/9下）

章恭毅贊（見素集25/1）

章恭毅公年譜序（懷麓堂文後稿2/15下）

皇明獻實25/1

吾學編35/4下

國琛集上/3下

聖朝名世考5/18下

皇明世說新語4/4，4/12

皇明書21/20

名山藏臣林記9/4下

明史列傳34/13

明史162/13

叔章洪（1391—1480）字叔濛，號平闇，有平闇稿。

平闇處士章公墓表（桃溪淨稿文17/2下）

章潢字本淸，南昌人。篤志學古，主白鹿書院，執經從游者甚衆。以薦授順天府儒學訓導，及卒，鄉人私謚文德先生。有周易象義、詩經原體、書經原始、春秋竊義、禮記劄言、論語約言、圖書編諸書。

明史283/30下

明儒學案24/13下

章瑾（1407—1450）字用欽，號公瑾，浙江會稽人，敞子。正統元年進士，官禮科給事中，景泰初仕至禮部右侍郎，旣而以盜發廣東，出爲巡撫，陛辭，爲御史所劾，事未白而得疾卒，年僅四十四。

章用欽墓誌銘（芳洲文集7/52，國朝獻徵錄35/29）

掖垣人鑑6/3下

水東日記1/4下

章賢字士希，崑山人。永樂十八年擧鄉薦，授大理評事，歷陞漢陽知府致仕。性謹重，居官二十餘年，淸白始終一節。

崑山人物志2/6下

吳郡張大復先生明人列傳稿×/58

章儀字來鳳，常熟人，珪子。與弟格同擧景泰二年進士，有司爲立聚奎聯璧二坊。歷官兩京國子助敎，典京闈、山西、河南文衡，致仕家居，杜門不出，爲人厚重，鄉人敬之。

明常熟先賢事略3/1下

章璠字用成，會稽人，瑾弟。正統中擧明經，擢嘉興府學司訓，天順初屢遷監察御史。

賀御史章君受勅序（呂文懿公全集8/22）

章懋（1437—1522）字德懋，號闇然子，晚號穀濱遺老，蘭谿人。成化二年進士，授編修，累遷福建按察僉事，平泰寧沙尤賊，政績甚著。尋致仕歸，講學楓木山，世稱楓山先生。後起為南京國子監祭酒，復乞休。世宗立，即家進南京禮部尙書，年八十六卒，贈太子少保，諡文懿。有楓山語錄、楓山集。

楓山章先生行狀（見素集24/20）
楓山先生行狀（漁石集3/33）
章公墓誌銘（羅欽順撰、皇明名臣墓銘兌集95）
大宗伯楓山章先生像贊（泉翁大全集33/22下）
祭楓山章公文（費文憲公摘稿20/12下）
祭楓山先生章公文（整菴先生存稿15/3）
奠故大宗伯楓山章先生文（泉翁大全集57/10下）
楓山章文懿公年譜後序（趙浚谷文集7/22）
跋祭酒章公答荷亭辨論書後（重山文集13/9下）
楓山章先生遺文序（見素續集8/2）
校刊楓山文集引（古菴毛先生集4/44下）
國朝獻徵錄36/39黃佐撰傳
皇明世說新語1/4，1/5下，1/25，1/30，2/24下，3/6下，3/24，4/7下，4/25，5/20，8/21下
四友齋叢說10/1，10/2，10/3
國琛集下/8
皇明獻實29/1
吾學編34/14
聖朝名世考8/7下
婺書2/21
皇明書35/26下
名山藏臣林記12/7
明史列傳48/6下
明史179/4下
明儒學案45/4下
章文懿公年譜二卷、阮鶚撰、明刊本、又金華叢書楓山集附錄本

父章莘字申甫，號松坡。
松坡府君壙誌（楓山章先生文集5/52下）

章簡字坤能，松江華亭人。天啓舉人，官羅源知縣，清兵破南京，列城望風下，簡與里人沈猶龍等募壯士守城，城破，不屈死。

明史277/12

章鎰字元益，號靜菴，鄞人。成化二年進士，改庶吉士，授兵科給事中，極言僧繼曉妖妄，乞正典刑。陞都給事，發威寧伯王越奸狀，卒為所構，掛冠歸卒。有樂行稿。

章靜菴壽詩序（楓山章先生文集9/46）
掖垣人鑑10/6

章曠字于野，號峩山，松江華亭人，簡弟。崇禎十年進士，福王時為長沙監軍，唐王擢右僉都御史，提督軍務。永明王時加兵部右侍郎。曠有智略，行軍不避鋒鏑，後見諸大將用兵，聞警輒走，抑鬱卒。諡文毅。

明史280/7下

商

商大節（1489--1553）字孟堅，號少峰，湖廣安陸人。嘉靖二年進士，由江西永豐知縣，選兵科給事中。累官右僉都御史，巡撫保定，俺答薄都城，大節率五城御史統民兵禦敵，寇退，復經略京城內外，訓練鼓舞，軍容甚壯。擢右副都御史，經略如故。仇鸞惡大節獨為一軍，不受節制，乃請畫地分守，大節爭之，因被逮，卒於獄，年六十五。隆慶初追贈兵部尙書，諡端愍。

商公墓誌銘（雙江聶先生文集6/62下，國朝獻徵錄55/37）
掖垣人鑑13/11下
明史204/18

商良臣字懋衡，淳安人，輅子。成化二年進士，累官翰林侍講，卒於官。良臣文章器識，無愧於父，衆皆惜其早世，不克究其用。

賀翰林商編修榮任序（姚文敏公遺稿6/12）

商廷試（1497--1584）字汝明，號明洲，會稽人。嘉靖二十年進士，授刑部主事，歷山東、雲南副使，官至陝西行太僕卿，致仕歸，卒年八十八。

壽商明洲七袠序（龍谿王先生全集14/38下）
商公墓誌銘（朱文懿公文集9/25）

商公行狀（張元忭撰、國朝獻徵錄104/6）

商爲正（1527—1602）字尙德，會稽人。隆慶五年進士，官刑部主事，歷江西道監察御史，出按山東、福建、督學畿內，屢遷大理寺左少卿，年七十六卒。

商公墓志銘（歇菴集8/1，國朝獻徵錄68/71）

燕陽商公行狀（歇菴集8/39）

商喜字惟吉，一字恆吉。善山水人物，花木翎毛全摹宋人。

圖繪寶鑑6/2

商輅（1414—1486）字弘載，號素庵，淳安人。正統間鄉會殿試皆第一，除修撰，進講經筵，陞侍讀。郕王監國，入參機務，景泰朝官至兵部尙書。英宗復辟，被誣下獄，斥爲民。成化初以故官入閣，進謹身殿大學士。輅爲人平粹簡重，寬厚有容，至臨大事，決大議，毅然莫能奪，年七十三卒，贈太傅，諡文毅。有商文毅疏稿略、蔗山筆麈、商文毅公集，及讀資治通鑑綱目傳于世。

贈商弘載第狀元序（諡忠文古廉文集5/8下）

壽嚴陵先生七十詩序（瓊臺詩文會稿重編15/25）

商公墓誌銘（尹直撰、皇明名臣琬琰錄后14/5下，國朝獻徵錄13/23）

水東日記12/1，39/3下

皇明獻實23/12下

殿閣詞林記2/3下

吾學編36/5下

國琛集上/33下

四友齋叢說7/7下，7/8下，7/12

碩輔寶鑑11/75

聖朝名世考2/18下

狀元圖考2/7下

皇明名臣經濟錄6/16下

皇明世說新語1/5下，3/25下，4/34下

皇明書16/20下

明史列傳45/40下

明史176/15

許

許一德字子恒，號吉菴，泗州人，著籍貴州。隆慶五年進士，歷雲南副使致仕。

皇明三元考11/27

母易氏（1521—1595）

易氏墓志銘（蟫衣生黔草12/7）

許士柔（1587—1642）字仲嘉，號石門，常熟人。天啓二年進士，崇禎時官左春坊，會少詹事文震孟言皇考實錄，爲魏璫曲筆，當改正從原錄，溫體仁等陰沮之，事遂寢，士柔憤，乃具揭爭之。體仁怒出爲南京國子祭酒，進尙寶少卿卒，年五十六。

石門許公合葬墓誌銘（牧齋有學集28/15下）

明史列傳75/26下

明史216/25下

許文岐字我西，仁和人。崇禎七年進士，累知黃州府，獄有重囚七人，縱歸省，皆尅期就獄，悉貸之。遷下江防道副使，駐蘄州，張獻忠來攻，文岐發砲斃賊甚衆，俄大至，城陷被執，又與同繫者謀起事，事洩，遇害。

明史294/6

許天倫字汝明，號書崖，沔陽人，著籍山西振武衞。嘉靖十四年進士，由中書舍人選兵科給事中，歷河南僉事，任至山東左參政，降陝西僉事，終陝西副使卒。

披垣人鑑13/47

許天琦（1520—1574）字大正，號賜山，晉江人。嘉靖四十一年進士，由行人選工科給事中，累官終雲南副使，卒年五十五。有四書周易管見，續宋史斷。

許氏族譜序（田序草2/34）

許公墓志銘（李文節集20/6）

披垣人鑑15/7下

許天錫（1461—1508）字啓衷，號洞江，閩縣人。弘治六年進士，授吏科給事中。時言官何天衢、倪天明與天錫並負時望，都人有臺省三天之目。正德初奉使封安南，在道進都給事中。三年事竣還朝，見朝事大變，敢言者皆貶斥，而劉瑾暴虐加甚，天賜大憤。淸覈內庫，得瑾侵匿數十事，知奏上必罹禍，乃夜具狀，令家人於身後上之，遂自

經，年四十八。時妻子無從者，一童侍側，匿其狀而逭，竟不獲上。或曰瑾懼天錫彰其罪，夜令人縊殺之。瑾誅，復官賜祭，䘏其家。有黃門集、交南詩。

許公墓誌銘（林瀚撰、皇明名臣墓銘巽集86，國朝獻徵錄80/14）

掖垣人鑑11/16

明史列傳58/13下

明史188/15下

許元溥字孟宏，長洲人。藏書甚富，喜購書，自號千卷生，崇禎間舉於鄉。

甫里許孟泓昆仲評選易義序（無夢園遺集3/74）

許日琮，唐縣人。早喪父，母沒，廬墓三年。流賊破城，遁居南山，賊招之不出，脅以死，自鐫其背曰，誓不從賊，遂嘔血而死。

明史293/7

許仁字元夫，號竹匡，杭州人。正德間中鄉舉，知鄖城，性狷執不能事上官。調德化，俗獷悍，仁以簡重鎮之，政績甚著。調同安，罷去。仁邃於經學，毅然以崇正、闢邪爲己任，所論著皆折衷六經，發前人所未發。

泉州府德化縣惠政記（弘藝錄26/11下）

許立字伯基，崑山人，剛曾孫。弘治十二年進士，授山東海豐知縣，擢南京監察御史，立性直嫉惡，好叱人過。仕終漳州府同知，致仕卒。

送伯基許君之任南臺序（顧文康公三集2/3）

吳郡張大復先生明人列傳稿×/50

許永禧曲沃人。崇禎舉人，知上蔡縣，多惠政。性耿介，嚬笑無所假。李自成遣數騎抵城下脅降，永禧督吏民城守，賊大至，守者驚潰，永禧具袍笏北面再拜，據案秉燭端坐，賊入，遂自剄死。

明史293/12下

許世卿字伯勳，號靜餘，常州人。萬曆十三年舉於鄉，東林之會，高攀龍以前輩事之。嘗勅其子曰，人何不可學，但口不說欺心話，身不做欺心事，出無慚朋友，入無慚妻子，方可名學人耳。疾革，謂某逋未償，某施未報，某券未還，言畢而逝。

毘陵人品記10/19

明儒學案60/8下

父許盛德（1525—1579）字貞一，號一菴。

許公墓志銘（顧端文公集16/11下）

許仕達字廷佐，歙人。正統十年進士，擢御史，巡按福建，劾鎮守中官廖秀、鎮守侍郎薛希璉。執漳州知府馬嗣宗送京師，遷福建左參政。天順中歷官山東、貴州左右布政使，卒。

明史列傳39/28

明史164/20

許次紓（1549—1604）字然明，號南華，錢塘人。著茶疏，論采摘收貯烹點之法甚詳，萬曆廿三年卒，年五十六。

許次公然明墓志銘（快雪堂集13/20）

許汝魁號仰亭，江西湖口人。萬曆十四年進士，知上海縣，有善政。

許侯德政碑記（四然齋藏稿1/11）

許侯重建生祠記（同上1/14下）

兩度陽春詩卷敘（同上2/14）

輿誦彙編後敘（同上2/16）

賀邑侯仰亭許父母三載奏最敘（同上4/3下）

許存仁，名元，以字行，金華人，謙子。太祖克金華，訪謙後，召存仁語，大悅，授應天府教授，仍命入傳諸子。歷博士，吳元年擢祭酒。存仁出入左右垂十年，自稽古禮文至進退人材，無不與議論，後以忤旨逮死獄中。

送許祭酒還京師序（胡仲子集5/12）

明史列傳12/12下

明史137/13

許自昌，字元祐，吳縣人。以貲授中書舍人，好奇文異書，手自讐校，工樂府，有水滸記等傳奇行世。性孝，母陸氏，天啓三年母卒，尋哀傷病卒。

許母陸孺人行狀（檀園集9/1）

許亨（1365—1348）字士通，定遠人。父德從太祖起淮甸，以功遷都指揮僉事。亨以父蔭爲燕山右護衛指揮僉事，從靖難。拜都指揮僉事，守和州。進都指揮使，出鎭浙江。官至左軍都督僉事，正統三年卒于官，年七十四。

許公神道碑銘（楊文敏公集18/20，國朝獻徵錄108/19）

許成名字思仁，聊城人。正德六年進士，嘉靖中累官國子監祭酒，晉禮部左侍郎，前後爲講官十年，纂脩武宗實錄，大明會典。爲文典麗閎偉，詩工近體，有龍石集。

叙贈言送許思仁翰編歸省（陽峯家藏集24/1）

許成器（1546--1617）字道甫，宜州人。舉應天鄉試，署常熟教諭，遷翰林院孔目，歷兵部郎中，陞湖廣副使，備兵辰沅，歸逋逃，正疆理，蠻荊帖服，致仕歸，五谿之民皆歌思立祠，年七十二卒。

許府君墓誌銘（牧齋初學集53/6下）

許豸字玉史，號平遠，侯官人。崇禎四年進士，官至浙江提學副使，有春及堂遺稿。

榷關許公重修石塘記（無夢園遺集4/29）

大石山次黃石齋諸公韻爲關使君平遠許公頌（同上4/32）

許孚遠（1535--1604）字孟中，號敬菴，德清人。嘉靖四十一年進士，授工部主事，尙書楊博惡孚遠講學，遂移疾去，隆慶初起廣東僉事，招降大盜李茂、許俊民，擒倭黨七十餘人。神宗時知建昌府，暇輒集諸生講學。尋以右僉都御史巡撫福建，時倭陷朝鮮，阻封貢，孚遠請敕諭禽斬平秀吉，不從。所部多僧田，孚遠請入其六於官。又募民墾海壇地八萬三千有奇，築城建營舍，聚兵以守，並請推行於南日、彭湖及浙中陳錢、金塘、玉環、南麂諸島，皆報可。孚遠學宗良知，而惡夫援良知以入佛者，蓋爲王陽明正傳，官終兵部左侍郎，年七十卒，謚恭簡。有敬和堂集。

賀南少司馬敬翁許公考績加恩序（快雪堂集5/1）

許敬菴先生語要序（高子遺書9上/13下）

壽許敬菴先生序（蒼霞草4/1）

許敬菴先生墓誌銘（同上16/7）

許公神道碑（姚江孫月峯先生全集10/92，國朝獻徵錄41/30）

祭許敬菴先生文（蒼霞草18/11）

許敬菴先生祠堂記（鄒子願學集5/88下）

許敬菴先生祠堂記（十賚堂甲集文部2/4）

明史283/23

明儒學案41/1

許宗魯（1490--1539）陝西咸寧人，字東侯，號少華，正德十二年進士，選庶吉士，擢監察御史，嘉靖初視湖廣學政，以義倡士，楚風益振。後以僉都御史巡撫保定、遼東，遼人賴之。卅一年致仕歸，構草堂，積圖書，置酒賦詩，書法尤工，年七十卒。有少華、遼海、歸田諸集。

少華山人詩選序（皇甫司勳集36/4）

贈少華許大夫序（崔東洲集12/12下）

許少華墓志銘（丘隅集15/3下，國朝獻徵錄62/57）

父許鐩（1455--1509）字鳴遠，號淡菴。

許公墓碑（丘隅集14/16）

許公暨配合葬墓志銘（少華山人文集10/15下）

許承周字公旦，崑山人。隆慶二年進士，授知蕭山，築西江塘、北海塘以瀉水、民稱許公塘。坐蜚語罷。有西園公集。

吳郡張大復先生明人列傳稿×/121

許直字若魯，如皐人。崇禎七年進士，以名節自砥，知惠來縣，用清望徵授文選主事，進考功員外郎，賊陷都城，令百官報名。直曰，身可殺，志不可奪，不赴，作書寄父絕命詞六章，自經死。福王時謚忠節。

天啓崇禎兩朝遺詩傳3/127

啓禎野乘12/5

明史稗略紳志略文臣

明史266/15

從子許德溥，字元博

天啓崇禎兩朝遺詩傳3/127

許宣，內鄉人。崇禎中諸生，與弟寀宮俱慷慨好義。流賊陷鄧州，宣兄弟結里中壯士，入城擒斬僞官，堅守許家寨。賊怒，攻破之，寀從母常氏先投井死，宜、宮與其妹俱駡賊被殺，宮、寀妻並自經。時稱許氏七烈。

明史293/6下

許郯，固始人，瑒子，事親孝。隆慶中擧於鄉，數試禮部不第，有試官與瑒婚姻，慕郯才，欲收羅之。郯曰，若此何以見先忠節地下。

明史289/23下

許相卿（1479--1557）字伯台，號雲邨，一字台仲，號九杞，海寧人。正德十二年進士，世宗時授兵科給事中，宦官張銳、張忠有罪論死，帝欲寬之，相卿切諫，言天下望陛下爲孝皇，陛下奈何自處以正德。帝大蔭中官張欽義子李賢爲錦衣世襲指揮，相卿言于謙子止錦衣千戶，王守仁子止錦衣百戶，中官厮養反過之，忠勛大臣裔，曾不若近倖奴，誰不解體，言皆切至。爲給事三年，所言皆不聽，遂謝病歸，年七十九卒。著有史漢方駕、革朝志、黃門集。

雲邨許先生六十壽序（吳鼎撰、黃門集附錄/8）
雲邨許先生行實（董穀撰、同上/10）
許公行述（許聞造撰、國朝獻徵錄80/112）
自撰雲邨老人墓石記（黃門集附錄/1）
雲村先生傳（董穀撰、同上/2下）
雲村許先生傳（馮皐謨撰、同上/4下）
雲村先生年譜（許聞造撰、明刊黃門集附刻本）
重刻許黃門先生全集序（隅園集1/19）
披垣人鑑12/39
名山藏95/18
明史208/7下

父許滋（1460—1527）字潤夫，號西山。
西山許公墓銘（泉翁大全集60/22下）

繼母居氏（1468—1526）
居氏墓志銘（儼山文集64/11）

許胥臣，錢塘人。著有禹貢廣覽，蓋載圖憲。

罪人傳33/417

許思溫（1366--1408），或作斯溫，字叔雅，吳縣人。由國子生署刑部主事，累遷北平按察副使。靖難時有城守勞，擢刑部左侍郎，改吏部，兼贊善，以漢王譖下獄死，年四十三。

許公墓誌銘（王汝玉撰、國朝獻徵錄26/2）
吳中人物志4/12
明史列傳24/12
明史150/8

許律字用韶，崑山人。家世業醫，凡人疾所不能療者，必之律求治，一經診視，其死生如決蓍龜。

崑山人物志8/4

許泰江都人，寧子。以襲爵任宣府副總兵，中武會試第一。正德間與郤永、江彬同勦流賊，賊平，進署都督同知，與彬日侍左右，賜國姓。會宸濠反，泰爲副將軍，率禁軍先往，宸濠已爲王守仁所擒，泰欲攘其功，疾馳至南昌，誅求刑戮，甚於宸濠之亂，嫉守仁，百方排擠之。世宗即位，廷臣交劾，下獄死。

明史307/16下

許剛字秉中，崑山人。永樂間鄉貢士，歷鈞州、霸州通判，廉勤敏惠，所居無赫赫名，而州人懷之。

吳郡張大復先生明人列傳稿×/50

許恩，蘄水人。弱冠時鄰家火，延恩舍，恩已出，復冒烈焰突入救母，遂俱燼，止存兩手，尙抱母身。

明史297/20

許彬字道中，號東魯，寧陽人。永樂十三年進士，累遷太常卿，景泰中以迎上皇功受知。英宗復位，進禮部侍郎，入直文淵閣，未幾，爲石亨所忌，左遷陝西參政。亨敗，復官。彬性坦率，好交遊，不能擇人，一時浮蕩士多出其門。晚參大政，方欲杜門謝客，而客惡其變態，競相騰謗，致不安其位。卒謚襄敏，有詩文集。

東魯許先生文集序（黎陽王襄敏公集1/42）
國朝獻徵錄13/38雷禮撰傳
殿閣詞林記3/27下

明史列傳40/10下

明史168/7下

許貫之字道卿，號小泉，錢塘人。嘉靖十四年進士，任吉水令，治行爲江右冠，徵爲禮科給事中，旋卒。妻子貧乏，幾不能自存。

掖垣人鑑13/42

許國（1527---1596）字維楨，歙人。嘉靖四十四年進士，選庶吉士，授檢討。神宗時累官禮部尚書，兼東閣大學士。性木強，遇事輒發，無大臣度。然能謹愼自守，屢遭攻擊，不能被以汙名。致仕歸，年七十卒，謚文穆。有文穆公集。

里語（太函副墨8/14）

壽少保許公六十序（賜閒堂集15/6下）

少保許公壽序（大泌山房集27/又20下）

祭少傅許公文（賜閒堂集34/8下）

祭許潁老（天遠樓集23/38）

潁陽許老師行狀（李文節集19/16）

許公墓志銘（復宿山房集23/1，國朝獻徵錄17/169）

太保許文穆公卹哀哀錄不分卷、許立綱等編、明萬曆間刊本

明史219/5

父許鈇（1496—1561）字德威，號心褑。

許公合葬神道碑銘（賜閒堂集19/36）

許公暨配汪孺人合葬墓誌銘（同上26/27下）

心褑許公墓誌銘（北海集15/1）

許公墓表（震川先生文集23/306下）

許長公傳（太函副墨12/50）

許國瓚字鼎卿，號仲獒，晉江人。萬曆五年進士，授南京禮部主事。歷官山東按察使，遷江西布政使，未任卒，年六十三。

許公暨配李氏合葬墓誌銘（田亭草17/19）

許紳（1478--1543）字大章，號警菴，南京人。質實謹厚，不喜交遊。家世業醫，弘治五年以世醫子弟充冠帶醫士，陞御醫。嘉靖十九年，以醫術仕至工部尚書，掌太醫院事。嘉靖中宮婢以帛縊帝，氣已絕，紳以藥進，卒獲安。廿二年紳病，帝遣人視之，曰，曩者宮變，吾自問不效必殺身，因此驚悸，非藥石所能爲也。已而果卒，年六十六。

許公墓誌銘（張文憲撰、皇明臣墓銘離集5，國朝獻徵錄78/1）

明史299/17下

許從龍字伯雲，號雲峰，崑山人。嘉靖卅二年進士，授分宜知縣，遷戶科給事中，陞吏科右給事中，嚴嵩敗，以累罷歸。

贈給諫許君壽序（徐氏海隅集文編8/6下）

許君墓表（歸有園稿8/23）

許君墓誌銘（弇州山人續稿96/10下）

掖垣人鑑14/34

母錢氏

封太孺人許母七十壽序（涇林集5/20）

許詞字廷章，號柳溪，河南靈寶人，進子。以父廕歷官都察院經歷，擢守思南、郎陽、保寧等府，官至長蘆運使。

贈許廷章北上便道省親序（涇野先生文集8/36）

贈許都事序（何文定公文集3/1）

贈許子廷章考績序（孟有涯集15/7）

許公墓表（不著撰人、國朝獻徵錄104/46）

許琰字玉仲，吳縣人。諸生，磊落不羈，崇禎中聞京師陷，聚哭明倫堂，琰獨衰杖擗踊，號泣盡哀，趨古廟自經，爲人所解。聞哀詔至，即稽首號慟而卒，鄉人私謚潛忠先生。

天啓崇禎兩朝遺詩傳3/129

明史295/8

許逵字汝登，固始人。正德三年進士，長身巨口，猿臂燕頷，沈靜有謀略，授樂陵知縣，平流賊有功，陞山東僉事，歷江西副使。宸濠之變，不屈被害，年僅卅六，世宗時追謚忠節，贈左副都御史。

贈江右憲副許君汝登之任序（東泉文集2/17下）

釋思送許公還汝南（洹詞1/30）

祭許年兄汝登文（東洲初稿13/13）

懷忠祠記（環溪集1/9）

許公墓誌銘（涇野先生文集24/16，國朝獻徵錄85/72）

皇明獻實38/2下

吾學編49/8

皇明書32/14

國琛集下/29

聖朝名世考5/36

皇明世說新語4/37，5/24下

明史289/22

許貴（1407--1462）字用和，江都人。襲世職爲羽林衞指揮使，擢署都指揮同知，守備大同西路。也先入寇，從石亨戰，敗績，貴力戰得還。英宗北狩，邊城殘破，衆怕懼，貴以忠義勵士，敵來擊敗之，進都指揮使，陞都督同知。天順六年征松潘蠻，感嵐氣卒，年五十六。

許公墓誌銘（周洪謨撰、國朝獻徵錄107/11）

明史列傳45/1

明史174/4下

許進（1437--1510）字季升，號東厓，靈寶人。成化二年進士，除御史，出按甘肅、山東，所至裁抑豪吏，後以忤太監汪直杖責。正德中累遷兵部尚書。嘗巡撫大同，士馬強盛，兵防修整，貢使每至關，率下馬脫弓矢入館，俛首聽命。會吐魯番陷哈密，進巡撫甘肅，議征討，諸將難之，乃獨與總兵劉寧謀，卒下之。進以才見用，能任人，性通敏。劉瑾弄權，稍委蛇，然瑾終惡之，以此去位，年七十四卒，贈太子太保，謚襄毅。有平番始末、東厓集。

東厓精舍記（紫巖文集36/1下）

太子太保吏部尚書許公七十壽圖序（繩文肅公集9/1）

許公神道碑銘（懷麓堂文後稿21/4）

許公神道碑（洹詞7/22）

許公墓碑銘（張文定公甗悔軒集4/12）

許公墓志銘（景暘撰、國朝獻徵錄24/99）

太宰許公祠堂記（張文定公甗悔軒集1/19下）

祭許襄毅公文（方初菴先生集11/5下）

輓吏部尚書許公哀詞（華山文集4/6）

皇明獻實34/4下

吾學編37/25下

國琛集下/22下

聖朝名世考3/87下

皇明世說新語3/35下，4/12，4/26

皇明書24/22下

名山藏臣林記16/8下

明史列傳56/14下

明史186/11

父許槩（1402—1466）字德盛，號謙齋，安定教諭。

許公墓碑銘（王氏家藏集32/9下）

妻高氏

壽許太夫人八十序（夏桂洲先生文集16/5下）

許復禮字稺仁，號平野，順天東安人。正德六年進士，由庶吉士授兵科給事中，屢進都給事中，嘉靖中官至河南參政，卒于官。

贈許都諫擢河南參政序（陽峯家藏集25/25）

祭參政許稺仁（古庵毛先生集6/22下）

掖垣人鑑12/27下

父許懷字思善，號樂菴。

許樂菴墓志銘（洹詞11/21下）

許瑗字栗夫，江西樂平人。國初求賢，瑗與宋濂同赴召，授博士，參預謀議。尋知太平府，勵士卒，修城池，撫黎庶。陳友諒攻太平，瑗拒守彌月，城陷，被執不屈死。追贈高陽郡侯。

重修忠臣廟記（方初庵先生集8/11）

國朝獻徵錄8/42無名氏撰傳

名山藏臣林記3/33下

皇明功臣封爵考8/54

皇明書31/3

國琛集上/7

聖朝名世考5/8下

明史289/4

許瑒，固始人，逵子。好學有器識，既葬父，日夜號泣，六年而後就廕指揮僉事。人或趣之，瑒曰，吾父死，乃因得官，痛哭不能仰視。

明史289/23下

許敬軒字南湖，天台人。起家國子生，歷守汀州，糾參政陳羽貪暴，宣宗爲逮治羽。卒於官，士民爭賻之。

明史281/17下

許誥（1471--1534）字廷綸，號函谷山人，河南靈寶人，進子。弘治十二年進士，官翰林檢討。進忤劉瑾削籍，並謫誥全州判官，父喪歸，家居授徒講學。嘉靖初遷侍講學士，歷國子監祭酒，官至南京戶部尚書，年六十四卒，諡莊敏。有通鑑綱目前編。

許公墓表（洹詞11/15下）

許公墓誌銘（王廷相撰、皇明名臣墓銘離集89，國朝獻徵錄31/75）

許公祠堂記（王襄毅公集13/8下）

皇明書37/10

披垣人鑑11/16下

國琛集下/33下

皇明世說新語4/12，8/33下

明史列傳56/17下

明史186/14

許廓（1377—1432）字文超，襄城人。魁偉倜儻，博涉經史，善草書。建文元年擧人，入太學，永樂中擢錦衣衞經歷，遷工科給事中，轉鴻臚寺丞。宣德五年撫輯河南，旌廉黜貪，免積逋稅糧，民皆復業，陞兵部尚書，七年卒于官，年五十六。

許公神道碑（楊文敏公集18/3，皇明名臣墓銘乾集66，皇明名臣琬琰錄21/7）

國朝獻徵錄38/27朱睦㮮撰傳

披垣人鑑9/12下

許寧字宗道，江都人，貴子。束髮從軍，大小百十餘戰，威名聞異域。成化時累官都督同知。性沈毅，守官廉，待士有恩，不屑干進，起世胄，不十年至大將，同列推讓不及焉。

國朝獻徵錄110/18無名氏撰傳

明史列傳45/2

明史174/5下

許聞造字長孺，海寧人，相卿子。萬曆擧人，司李河間，郡多勳舊中貴人，横行民間，悉按捕伏罪。擢監察御史，諫止東封，又言宦豎之害，帝頗心動。萬曆二十八年卒。

貴州道監察御史謫判嵐州許公墓表（隅園集14/10）

許倜字文夫，號後崖，靈寶人，進孫。嘉靖四十四年進士，授三原令，擢地官郎，官終陝西行太僕少卿，有後崖集。

太古山房集序（二酉園文集3/12）

三原縣令許侯去思碑（渭上稿21/1）

許銘（1462—1521）字德新，號警菴，宛平人。弘治十二年進士，授南京兵部主事，陞郎中，歷陝西、山東布政使，晉右副都御史，巡撫甘肅，正德十六年邊兵變亂，遂遇害，年六十。

許公墓誌銘（五龍山人集8/9下）

許論（1495—1566）字廷議，號嘿齋，靈寶人，進子。嘉靖五年進士，好談兵，幼從父歷邊境，盡知阨塞險易，著九邊圖論上之，由是以知兵聞。以軍功積官兵部尚書，時嚴嵩父子用事，論時已老，重自顧念，一切聽嵩指揮，望由此損。後以侵冒奪官，嘉靖末卒，年七十一，隆慶初諡恭襄。有嘿齋集。

送許廷議序（袁永之集14/19）

學禪菴記（南沙先生文集3/21）

歲寒堂記（趙文肅公文集17/8下）

廣興圖記（李中麓閑居集6/97）

許公墓志銘（張鼎文撰、國朝獻徵錄39/105）

許恭襄公傳（太函集34/1，太函副墨11/35，國朝獻徵錄57/38）

明史186/16下

許穀（1504—1586）字仲貽，號石城，上元人。好讀書，博涉精詣，以文名。嘉靖十四年會試第一，官至南京尚寶卿，罷歸，嗣顧璘主詞壇。歸田三十年，未嘗通書政府，縉紳至南京造求見，不報謝，年八十三卒。有省中、二臺、歸田諸集。

許尚寶公六十壽序（大鄣山人集14/3）

尚寶公石城先生七十壽序（同上14/4下）

太常石城先生許老師八十壽序（余學士集11/9）

許公行狀（同上11/29）

祭許石城太常（焦氏澹園集35/5）

國朝獻徵錄77/70京學志傳

四友齋叢說15/3下

父許鏜（1469—1536）字彥明。

許彥明墓誌銘（息園存稿文5/9下）

許獬字子遜，同安人。萬曆廿九年會試第一，官編修，爲人氣岸嶙峋，不諧俗。。

好讀書，海內傳誦其文曰許同安。有八經類集，許鍾斗集。

許子遜叢青軒集序（文直行書4/33）

許鍾斗文集序（景璧集5/51）

祭許鍾斗太史（遯菴文集×/143）

許德溥字元博，如皐人。聞流賊陷京師，慟哭數日，後聞南都覆，亦如之。每獨居輒哭，食必置崇禎錢於案上，祭而後食。刺四字於胸曰，不愧本朝。又刺八字於臂曰生爲明人，死爲明鬼。後有發其事者，因被害。

明史266/15下

許諶字元孚，崑山人。通儒書，精醫術，自號婁愚。有野情集。

崑山人物志8/4下

許應元（1506--1565）字子春，號茗山，錢塘人。嘉靖十一年進士，以剛介忤執政，不得館職，出知泰安州。廉白自持，苞苴斷絕，擢工部員外郎，官至廣西布政使，所至有聲，年六十卒官。工詩文，有許水部稿。

送許茗山之廣西方伯序（明善齋集5/7下）

祭許茗山文（茅鹿門先生文集26/11）

許公墓志銘（侯一元撰、國朝獻徵錄10/13）

許應逵，號鴻川，浙江嘉禾人。隆慶二年進士，官至山西按察使。

許公廟碑（朱文懿公文集8/56）

許瀚字彥卿，福建莆田人。弘治十五年進士，由行人選工科給事中，官至廣東左參議，卒于官。

披垣人鑑12/11下

許繼（1348--1384）字士修，浙江寧海人。洪武中官台州訓導，喜爲詩，有魏晉人風韻，自號觀樂生，精思力學，十七年病咯血卒，年僅三十七。

許士修墓銘（遜志齋集22/516下）

皇明書40/13下

許譽卿字公實，松江華亭人。萬曆四十四年進士，天啓間爲吏科給事中。楊漣劾魏忠賢，譽卿亦抗疏極論，忠賢怒甚，會逐趙南星、高攀龍，譽卿論救，遂鐫秩。崇禎時起官，而閹黨肆毒，朝官交相構陷，言輒不用，終以削籍。明亡爲僧，久之卒。

明史258/1下

許顯純，定興人。舉武進士，官鎮撫司，黨於魏閹。性殘酷，略曉文墨，大獄頻興，毒刑鍛鍊，楊漣、左光斗、周順昌、黃尊素等十餘人，皆死其手，諸人供狀，皆顯純自爲之。忠賢敗，論死。

明史306/40下

許讚（1473--1548）字廷美，號松皐，靈寶人，進子。弘治九年進士，嘉靖中累官吏部尚書，時翟鑾，嚴嵩柄政，多所請託，郎中王與齡勸讚發之。帝眷嵩，反切責讚，除與齡籍，讚自是懾嵩不敢抗，頗以賄聞。鑾罷，嵩引之入閣，以本官兼文淵閣大學士，政事一決於嵩，讚伴食而已。久之加少傅，乞休，忤帝意，落職閒住，年七十六卒，謚文簡。

許公神道碑（鈐山堂集34/15下，國朝獻徵錄16/66）

皇明世說新語4/12

明史列傳56/18

明史186/15

妻李氏（1474—1545）

李氏墓誌銘（鈐山堂集40/12）

許母李氏傳（崔東洲集19/4）

誥封一品夫人許母哀頌（陳文岡先生文集20/12下）

郭

郭子章（1542--1618）字相奎，號青螺，自號蠙衣生，泰和人。隆慶五年進士，累官貴州巡撫。播酋楊應龍叛，子章大破之，應龍闔室自焚，以功進太子少保，兵部尚書，卒年七十七。子章天才卓越，於書無所不讀，著述甚富，有易解、平播始末、郡縣釋名、阿育王山志、聖門人物志、豫章書、劍記、馬記、粵草、黔草、晉草、蜀草、楚草、家草、豫章詩話等書。

主事郭公視㴩蕪關德政碑（大鄣山人集

19/12下）

賀中丞青螺公平播奏凱序（景璧集1/1）

賀大中丞郭兩峰先生暨青螺公祖晉秩序（怡春堂逸稿1/36）

賀郭青螺序（同上1/43）

贈御史大夫郭公序（大泌山房集44/9）

司馬郭公壽序（同上28/6）

郭青螺年譜一卷（郭孔延撰、清光緒間刊郭青螺先生遺書本）

父郭□，號兩峰。

壽郭兩峰先生介壽序（懷修堂集12/7）

郭太公壽序（大泌山房集32/1）

封君郭太公兩峰翁六十壽序（大鄣山人集14/6下）

賀封君郭兩峰翁壽序（紫園草2/14下）

壽郭封公兩峰先生序（怡春堂逸稿1/14）

郭子興，鳳陽定遠人。以貲產豪里中。元末兵起，散家財陰結豪傑，攻拔濠城據之，自稱元帥。太祖嘗隸其帳下，爲十夫長，以所撫馬公女妻太祖。子興爲人勇敢，而性婞直不能容物，卒以憤恨終，洪武初追封滁陽王。

故師滁陽王傳（弇州山人續稿83/16下）

滁陽王廟碑（張來儀撰、皇明名臣琬琰錄1/5，國朝獻徵錄3/6）

欽定滁陽王廟碑歲祀冊一卷、明刊國朝典故本

吾學編附16/3

明史列傳1/4

明史122/1

郭文周字景復，號東山，福寧人。嘉靖二十三年進士，授中書舍人，改御史，鯁直有風裁。巡按廣東，復命應代，世宗命再往，粵人益肅然。擢順天府丞，論劾趙文華，忤嚴嵩，致仕歸卒。有臺中奏議、按粵封事觀風漫興、東山詩文集。

贈郭景復使江右道關壽母序（袁文榮公文集5/18）

郭斗字應宿，號麓池，雲南右衛人。嘉靖卅二年進士，由孝感知縣選南京戶科給事中，陞山西副使，歷浙江左布政使遷貴州，萬曆八年致仕。

怡怡堂記（涴所李公文集6/6下）

掖垣人鑑14/46

郭天吉，榆林衛人。官甘肅西協副總兵。崇禎十六年李自成犯甘州，城陷，巷戰死。

明史263/6

郭公緒，泰和人。永樂十年進士，授陝西按察僉事，歷調浙江、廣西、貴州。

送郭公緒貴州僉憲序（東里文集8/1）

父郭彥常（1357—1406）

郭彥常墓碣銘（東里文集17/3下）

郭永清，巴陵人。永樂十九年第進士，歷官工科給事中，有逸才。出使外國，不屈而死。詩多儁語，有黃源稿。

掖垣人鑑6/20下

郭正域（1554—1612）字美命，號明龍，江夏人。萬曆十一年進士，授編修，歷禮部侍郎。有經濟大略，人望歸之。以建議奪黃光昇、許論、呂本諡，不果行，遂乞歸。妖書事起，或引正域將寘之死，舉朝不平，事得寢，卒於家，年五十九。光宗即位，追諡文毅。有批點考工記、明典禮志、韓文杜律。

擴指草序（大泌山房集19/18）

郭公神道碑（同上109/20）

郭公改葬墓誌銘（牧齋初學集51/1）

明史列傳75/9

明史226/17下

父郭懋，號龍川。

壽龍川郭公七十序（李文節集16/16下）

母王氏，萬曆十一年卒。

王氏墓表（歸有園稿8/29）

郭弘化（1481—1556）字子弼，號松厓，安福人。嘉靖二年進士，知江陵縣，徵授御史，因慧星見，請停罷廣東採珠，忤旨爲民，卒年七十六。

郭公墓表（石蓮洞羅先生文集23/24）

明史列傳73/12

明史207/12

郭以重，黃岡人。世爲衛指揮，崇禎十六年城陷，自他所來赴難。賊欲脅之，以重

紿以妻爲累，令賊殺之，賊如其言，以重卸奪刀斬一賊，群賊擁至，遂赴水死。

明史294/7下

郭四維字汝張，號北野，山東夏津人。隆慶二年進士，由清苑知縣選刑科給事中，陞直隸池州知府，歷霸州兵備副使，尋調密雲。

掖垣人鑑16/7下

郭汝（1531--1604）字子稱，號西圃，濟寧人。隆慶五年進士，授任丘令，擢御史，官至陝西參政，卒年七十四。

郭公墓誌銘（弗告堂集24/4下）

母李氏（1504--1593）

郭太孺人墓誌銘（弗告堂集24/1）

郭汝霖字時望，號一厓，江西永豐人。嘉靖三十二年進士，授吏科給事中，上平倭十事，奉使封琉球王，饋金不受。官至南太常卿，隆慶元年致仕。有使琉球錄、石泉山房集。

掖垣人鑑14/30

郭朴（1511--1593）字質夫，號東野，安陽人。嘉靖十四年進士，累官吏部尚書，加太子太保，兼武英殿大學士，預機務。世宗崩，首輔徐階草遺詔，盡反時政之不便者，朴與高拱不得與聞，遂與階有隙，言官劾拱者多及朴，拱罷，朴遂乞歸，萬曆二十一年卒，年八十三，諡文簡。有文簡公集。

奉賀天卿東野郭公奏績序（胡莊肅公文集3/11）

少傅郭公壽序（大泌山房集27/又19下）

祭東野公文（昭甫集25/1）

安陽郭少傅誄（鶴林外編19/1）

郭公墓誌（陳于陛撰，國朝獻徵錄16/124）

明史列傳74/7

明史213/13

父郭淸，字靖之，號靜齋。

賀靜齋郭公翁榮封序（駱兩溪集10/6）

祭郭靜齋封君文（張莊僖公集數集41）

祭封君郭太宰父文（皆春園集4/9）

郭公墓志銘（世經堂集17/45下）

郭任，丹徒人，一曰定遠人。洪武中由薦舉累官戶部侍郎。靖難師入，不屈死，諡烈愍。

革朝遺忠錄上/8

皇明獻實6/12

吾學編54/30

皇明表忠記2/45下

聖朝名世考4/28，4/31下

遜國正氣記4/30

遜國神會錄上/41下

名山藏臣林外記×/12

明史列傳19/18

明史141/11下

郭良，定海人。建文時官中書舍人，京城陷，從帝出亡，棄家爲道士。

遜國正氣紀2/28

遜國神會錄下/26下

明史143/16

郭良（1454--1507）字存忠，臨淮人。英五世孫，授錦衣衛指揮僉事，弘治十五年復武定侯，歷右軍都督府管府事，正德二年卒。良好聚書，樂與文儒交。

郭公墓志銘（懷麓堂文後稿29/7）

國朝獻徵錄7/7無名氏撰傳

妻柏氏（1455--1511）

柏氏墓志銘（懷麓堂文後稿30/14下）

郭成，四川叙南衞人。由世職歷官蘇松副總兵，倭寇掠崇明三沙，成擊沈其舟，斬獲甚衆。累轉貴州總兵，鎭守銅仁，後以事遣戍雲南。松茂之役，薦從事，以功授參將。楊應龍叛，成進討無功，尋卒於官。

明史列傳86/40下

明史212/21

郭佑，監生。景帝嗣位，大闢言路。景泰二年佑上言兵事，請廣儲蓄、練將士，以壯國氣，正分定名。又請罷納粟賜爵之令。章下廷議，格不行。

明史164/13

郭宗皐（1499--1588）字君弼，福山人。嘉靖八年進士，累官右僉都御史，巡撫大同，進兵部侍郎，總督宣大山西軍務。俺答犯大同，總兵官張達、林椿皆戰死，給事中唐珝論之，帝逮宗皐杖一百，戍陝西靖虜衛。隆慶初起刑部右侍郎，遷南京兵部尚書，參贊機務致仕，年九十卒，謚康介。

郭康介公墓誌銘（穀城山館文集19/1，國朝獻徵錄42/83）

明史列傳65/25

明史200/22

郭坤（1465--1526）字崇載，高平人。弘治二年擧人，授藍田知縣，治以最聞，陞羈州知州，罷歸卒，年六十二。

郭君墓誌銘（鈐山堂集30/12）

郭東山（1470--1530）字魯瞻，號石崖，山東掖縣人。弘治九年進士，授山陰知縣，改滄縣，擢監察御史，正德二年巡按宣大二鎮，諸多裁抑，爲瑾璫構陷，逮下詔獄，被笞免歸。七年起四川按察僉事，官至右參政。嘉靖九年卒，年六十一。

送知縣郭君之任山陰序（羅文肅公集3/28）

郭君墓志銘（毛澄撰、國朝獻徵錄28/24）

郭東山傳（西河合集83/1）

郭昂（1465--1537）字大軒，祥符人。選尙汝陽王府保昌郡主。昂善書，能鼓琴，書法趙松雪，喜爲歌詩，平居好客，樂施予，嘉靖十六年卒，年七十三，有都齋集。

郭公墓志銘（鳥鼠山人小集16/13下）

郭忠（1436--1488）字廷臣，肥鄉人。成化五年進士，累遷戶部郎中，出守處州，嚴關防，判訟獄，聲冠浙中。處人輯其條敎曰爲政紀綱，括蒼規約。卒年五十三。

郭君墓志銘（懷麓堂文稿30/8）

郭尙賓字朝諤，南海人。萬曆三十二年進士，授安吉推官，擢刑科給事中，遇事輒諫諍，以論稅使李鳳、高采、潘相謫官。光宗時復起，累官刑部右侍郎，以不附魏忠賢削籍，崇禎初爲兵部右侍郎卒。

明史242/8下

郭金城，四川人。爲羅田守將。崇禎十六年賊至，率所部兵斬賊百餘，追之英山，賊大集，困圍三日，突不得出，被執脅降，不從見殺。

明史294/8

郭亮，合肥人，爲永平衛千戶。燕兵至永平，與趙彝以城降，即命爲守將。既而遼東鎮將吳高、都督楊文等來攻，亮拒守甚固，累進都督僉事。成祖即位，封成安侯，永樂中守開平，貪淫不檢，二十一年卒，謚忠壯。

吾學編19/6下

皇明功臣封爵考3/62

明史列傳21/31下

明史146/5下

郭彥仁，無爲人。少讀書，有勇略，長於吏事，歸附太祖，以忠謹受知。李文忠用兵浙西，命彥仁往爲參謀，多所裨益。金華苗將殺胡大海，彥仁率兵討之，入金華撫其民。後援新城，取杭州，平浙西，皆有勞績，陞知嚴州府。

國朝獻徵錄85/1無名氏撰傳

郭英（1335--1403）濠人，興弟。事太祖甚見親信，令值宿帳中，呼爲郭四。大小百餘戰，重傷遍體，未嘗以疾辭，積功封武定侯，永樂初卒，贈榮國公，謚威襄。

郭公神道碑銘（楊文敏公集17/1，國朝獻徵錄7/1，皇明名臣琬琰錄5/11下）

吾學編18/3下

名山藏41/23

三家世典×/18下

皇明功臣封爵考1/62

皇明書33/23下

明史列傳7/9

明史130/8下

郭容（1434--1485）字子仁，渾源人。成化元年擧人，十九年授山東寧海知州，嘗條具利民化俗十有六事，請以監司行之，廿一年卒官。

郭公行狀（傳趣齋藁20/147，國朝獻徵錄96/34）

郭桂（1458--1516）字時芳，咸寧人。弘治三年進士，出知安丘，遷湖州通判，官至山西布政司參政，卒於官，年五十九。

郭公墓碑（漢陂集11/18，國朝獻徵錄97/31）

郭純（1370--1444）初名文通，成祖賜名純，號朴齋，永嘉人。工畫山水，以黃淮薦，選入畫院，擢營繕丞。洪熙間陞閤門使。正統九年卒，年七十五。

樸齋記（東里文集1/15）

樸齋記（金文靖公集8/41）

郭公墓誌銘（介菴集13/16）

水東日記3/11下

郭郛（1518--1605）字惟藩，號蒙泉，涇陽人。嘉靖卅七年舉人，官馬湖知府，與呂濳同學，以持敬爲主，一時稱爲篤學，卒年八十八。

蒙泉郭先生傳（馮少墟集22/50）

明史282/23

明儒學案8/11

郭惟賢字哲卿，號希宇，晉江人。萬曆二年進士，授清江令，拜南京御史。張居正死，惟賢請召吳中行、趙用賢等，謫江山縣丞，後還故官。復因疏救董基忤旨，謫南京大理評事，歷陞戶部左侍郎卒。

前清江令希宇郭公生祠記（薜荔山房藏稿6/15）

明史列傳81/24

明史227/17下

母黃氏，萬曆二十八年卒。

黃氏墓誌銘（李文節集21/24下）

郭堅（1446--1506）字守固，南陽人。幼隨父咸寧縣令昇居官所，時滿四叛，貴臣大將相繼出征，咸寧調發旁午，堅襄父而事皆立辦，人多期爲異日有用之才，而命與時違，屢困場屋，乃輸粟入國子監進修，候選于家，終未授官，正德元年卒。

郭君墓誌銘（凝齋集5/18下）

郭紳字廷章，宜春人。成化十一年進士，授寧海知縣，抵官，首刻方正學集，祠祀之。累官南京刑部右侍郎，正德八年卒。紳器宇凝重，待人不設城府，寬厚簡樸，有長者風。

國朝獻徵錄49/17實錄本傳

郭第字次甫，長洲人，隱於焦山。常爲嵩岱遊，著有廣篇及獨往生集。

郭次甫詩序（二酉園文集4/1）

郭造卿（1532--1593）字建初，號海嶽，又號玉融山人，福清人。太學生，嘗館於薊門都護戚繼光幕，爲草燕史，著有盧龍塞略、海嶽山房存稿，萬曆廿一年卒，年六十二。

海嶽郭先生墓誌銘（蒼霞草17/19，海嶽山房存稿附錄）

先考海嶽府君行狀（郭應寵撰，海嶽山房存稿附錄）

郭裕字謀貽，清江人。崇禎中以舉人知棗陽縣，甫視事，張献忠寇至，左良玉屯近邑，裕單騎邀與共禦，賊却去。李自成犯襄陽，賊將劉福攻棗陽，裕發砲石擊傷甚衆，賊憤，攻益力，城陷，闔門遇害。

明史294/3下

郭敦（1370--1431）字仲厚，堂邑人。洪武中以鄉舉授戶部主事，遷衢州知府，多惠政。宣德二年累陞戶部尚書，多所興革。敦持身廉，同官有爲不義者，輒厲色待之。卒官，年六十二。

祭郭敦文（金文靖公集10/59）

郭公墓誌銘（東里文集19/13，皇明名臣琬琰錄18/11下，國朝献徵錄28/24）

明史列傳27/14

明史157/4

郭雲，南陽人。武勇有材略，元季聚鄉人爲義兵，保裕州，徐達圍之，雲出戰被執，太祖奇其狀貌，用爲溧水知縣，民皆稱之。擢南陽衞指揮僉事，兼知南陽府事卒。

國朝獻徵錄111/29實錄本傳

明史列傳17/8

明史134/13

郭琥字宗器，永昌衞人。嘉靖中積功至指揮僉事，爲鎮番守備，累擢古北口副總兵，繕治邊垣，益懇塞下荒田。歷大同總兵，進都督致仕。琥性潔廉，好籌畫，目不知書，而以意作檄，頗中情事。

贈郭大將軍序（賜閒堂集11/12）

明史列傳60/27下

郭弼 (1481--1556) 字松厓，安福人。舉進士，授知江陵，甚有惠政。及去，民爲立生祠。嘉靖初爲貴州道監察御史，極論營造採珠爲害，力請停之，削籍歸。家居二十餘年卒，年七十六。

郭公墓表（羅洪先撰、國朝獻徵錄65/113）

郭登字元登，臨淮人，英孫。幼英敏，及長，博聞強記，善議論，好談兵，正統七年副靖遠伯王驥征麓川。景泰初以都督僉事守大同，以破敵功封定襄伯。英宗復辟，命掌南京中軍都督府事，尋謫戍甘肅。憲宗立，登復爵鎭甘肅，以薦召還總神機營。登儀觀甚偉，髯垂過腹，爲將紀律嚴明，料敵制勝，動合機宜，成化八年卒，謚忠武。

國朝獻徵錄10/27袁袠撰傳

皇明獻實19/10下

吾學編45/3下

皇明功臣封爵考6/84

皇明書34/3

國琛集上/30

聖朝名世考11/5下

皇明世說新語5/6下

水東日記3/10下40/9

明史列傳42/13

明史173/11下

母高氏 (1378--1436)

高氏墓誌銘（王文端公文集32/9）

郭朝賓 (1513--1585) 字尙甫，號黃涯，汶上人。嘉靖十四年進士，授戶部主事，歷順天府尹、浙江巡撫，累官工部尙書致仕，萬曆十三年卒，年七十三。

賀大司空黃涯郭公考績敘（穀城山館文集1/6下）

郭公墓誌銘（穀城山館文集18/1，國朝獻徵錄50/81）

郭勛，濠人，英六世孫。襲封武定侯，正德中鎭兩廣，因輯徐達，沐英及其家世系履貫勳閥遭遇本末，爲三家世典。嘉靖中督團營，兼領後府，以罪下獄死。

送太保武定侯郭公還朝序（泉翁大全集16/1）

明史列傳7/10

明史130/10下

郭景祥字仲德，濠人。從太祖渡江，嘗典文書，佐謀議。初置江南行中書省，以景祥爲右司郎中，尋復入大都督府爲府參軍。景祥涉書史，性直諒，遇事敢言，太祖甚親信之，仕終浙江行省參政。

明史列傳14/8下

明史135/7

郭傳，一名正傳，字文遠，會稽人。以宋濂薦召見授翰林應奉，直起居注。累遷考功監令，出署湖廣布政司參政。

名山藏81/2下

明史285/25下

郭循字循初，廬陵人。永樂十九年進士，宣德中官刑部主事，因諫拓西內皇城修離宮，被逮下獄，改工部。英宗立，得釋復原官，尋擢廣東參政，有勦寇功，景泰初卒，年五十七。

參政郭公哀辭（椒丘文集26/5下）

國朝獻徵錄99/27無名氏撰傳

明史列傳34/7

明史162/6

郭義，濟寧人。洪武時累官爲燕山千戶，從成祖入京，累遷左都督，數從出塞有功，永樂十九年封安陽侯。

吾學編19/37

皇明功臣封爵考6/47下

明史列傳22/21

明史155/5下

郭詡 (1456--1532) 字仁弘，自號淸狂，泰和人。弘治中以善畫被徵，寧王宸濠召與語，輒辭謝之，後間道走武昌，入德安。宸濠反，使人齎書幣跡至武昌，不能得，亂平始返，處世益恭。嘉靖十一年卒，年七十七。

郭淸狂傳（龍津原集1/16下，國朝獻徵錄115/57）

名山藏99/5

郭資 (1361--1433) 字存性，河南武安人。洪武十八年進士，歷任北平左布政，陰附成祖。及兵起，與左參政孫愉等先降，支給軍餉，多得其力。永樂初擢北京戶部尚書，以太子太師致仕。宣德四年復起掌戶部尚書，卒年七十三，贈湯陰伯，諡忠襄。

郭公神道碑銘（楊文敏公集17/16，國朝獻徵錄28/19）

吾學編31/4下

皇明功臣封爵考8/69下

皇明書20/11

明史列傳21/4

明史151/6

郭瑛字庭瓚，番禺人。永樂十六年進士，授金華知縣，廉明剛斷，吏畏民懷，卒於官。

送郭庭瓚詩序（東里文集7/11下）

郭楠字世重，晉江人。正德九年進士，授浦江知縣，課最，入爲御史。世宗即位，諸臣爭大禮者皆得罪，楠方巡按雲南，馳疏論救，帝大怒，逮治削籍。後以災變修省，起爲吉水教諭，終南寧知府。

明史列傳72/23

明史192/22下

郭𧨏（1518--1571）字叔中，號少岡，湖廣潛江人。嘉靖三十二年進士，由浙江杭州府推官，選兵科給事中。降福建建陽縣丞，歷安慶府推官，陞鄭府左長史，卒年五十四。

郭少岡公墓誌銘（紫園草6/36下）

掖垣人鑑14/35

郭鼎忠（1541--1602）字藎臣，泰和人。嘉靖四十三年舉人，拜亳州守，官終潯州知府，卒年六十三。

郭公墓志銘（郭子章撰、國朝獻徵錄101/100）

郭遇卿（1527--1607）字建安，號肖雲，福清人。幼孤，事母孝。嘉靖末戚繼光平倭寇，遇卿從之薊門，以功歷官至都指揮使，後以母老歸，年八十一卒。有龍洞集。

郭公墓誌銘（蒼霞餘草9/25）

郭愛字善理，鳳陽人，宣宗嬪。賢而有文，入宮二旬而卒，自知死期，書楚聲以自哀。

明史113/12下

郭實字伯華，高邑人。萬曆十一年進士，授朝邑知縣，選授御史，以論朝鮮事絀。家居十五年，起南京刑部主事，終大理寺右丞。

明史列傳84/17

明史234/21下

郭寧妃，濠人，興妹。父山甫，善相人。太祖微時過其家，山甫相之，大驚曰公相貴不可言，因遣妃侍太祖，後封寧妃。

明史113/7

郭鳴世，祁州人。貢生，崇禎十七年保定城陷，時臥病，聞警整衣端坐，賊至，鳴世持棒奮擊，死於亂刃中。

明史295/6下

郭鋐字秉衡，直隸威縣人。成化五年進士，任戶科給事中，勵志忠慎，馳名諫垣，卒官，時稱三清先生。

掖垣人鑑10/14

郭維經字六修，號雲機，江西龍泉人。天啓五年進士，授行人，崇禎時遷南京御史，以憂去。久之起故官，北都變聞，南都諸臣有議立潞王者，維經力主福王。王立，進應天府丞，仍兼御史。以上疏切諫，爲張捷、朱國弼相繼劾罷。唐王召爲吏部右侍郎，清兵圍贛州，王命維經爲吏部尚書，督師入援，城破，自焚死。

明史278/9下

郭維藩（1475--1537）字价夫，號杏岡，一號杏東，河南儀封人。正德六年進士，歷南京國子司業，官至翰林侍讀學士，卒官，年六十三。有杏東文集。

郭杏岡陞南雍司業序（陽峯家藏集24/17下）

少司成郭杏東考續序（何文定公文集2/15）

贈少司成杏東郭先生三載考績之京序（泉翁大全集18/20下）

郭公墓志銘（甌東洞稿34/21，國朝獻徵錄20/44）

國朝獻徵錄70/32無名氏撰傳

【十一劃】郭

郭瑾字邦器，江西萬載人。宣德二年進士，除行在刑科給事中，仕終刑部右侍郎。

披垣人鑑8/4

郭鋆（1498--1563）字允重，號一泉，山西高平人，坤子。嘉靖十一年進士，由行人選工科給事中，遷太常寺少卿，仕至工部左侍郎，免官歸，年六十六卒。有一泉稿。

送郭行人使序（趙浚谷文集3/29）

再送郭大行還京序（同上3/34）

郭公墓誌銘（婁宇撰，國朝獻徵錄51/65）

披垣人鑑13/31下

郭樌字德茂，黃巖人。終元之世，隱居教授。洪武初以薦知饒陽縣，邑大治。坐事免，遷者察詣途，搜篋中惟所著易說雜評文稿數十卷。既歸，貧益甚，及卒，門人私謚貞成先生。

太平縣學鄉賢祠記贊之四（桃溪淨稿文8/12）

郭德成，濠人，興季弟。女弟入宮，進位寧妃，德成充驃騎舍人。性嗜酒，淡於利祿，嘗因事自剃其髮，太祖稱爲風漢。後胡惟庸黨事起，竟以此自全。

皇明書12/1下

皇明世說新語3/29下，4/32，5/26下

明史131/6下

郭節，連州人。建文時爲中書舍人，與同官宋和偕出亡，各變姓名，節稱雪翁，挾卜筮書走四方，風雨晦明，頗能預測。

國朝獻徵錄81/3忠節錄傳

皇明表忠記6/15

遜國正氣紀2/31下

遜國神會錄下/28

明史143/16

郭緒（1445--1508）字繼業，太康人。成化十七年進士，授戶部主事，再陞郎中。弘治中歷遷雲南參議，時孟養宣撫思祿與孟密宣撫思揲構怨，緒單騎往撫，曉以大義，思祿遂請歸侵地。陞四川督儲參政，致仕歸，卒年六十四。有學吟稿、撫蠻錄。

郭君墓銘（容春堂前集18/1，國朝獻徵錄98/20）

明史列傳38/24下

明史165/12

祖母王氏，成化八年卒。

太康郭節婦詩序（容春堂前集13/2下）

郭鋐（1441--1509）字彥和，一字汝器，合肥人。沈毅有將略，襲彭城衞指揮使。成化初以從征荔浦功進都指揮僉事，遷同知。既爲張懋所舉，備倭揚州。弘治中調鎮守廣西副總兵，破府江獞賊，以時望擢總漕運，正德初召佐後府，卒年六十九。

郭公墓志銘（懷麓堂文後稿30/6，國朝獻徵錄107/21）

明史列傳45/9下

明史166/14

郭諶（1477--1534）字信夫，號盤澗居士，山東平昌人。精于六書，兼長繪事。嘉靖初選爲武英殿直中書事，以能書動部下，十三年卒，年五十八。

郭盤澗暨配周孺人合葬墓誌銘（葛端肅公文集16/4）

郭諫臣（1524--1580）字子忠，號方泉，更號鯤溟，長洲人。嘉靖四十一年進士，授袁州推官，嚴世蕃貪黷無厭，諫臣持正不惧。歷吏部主事，隆慶初屢疏陳事，多持正，官終江西參政，卒年五十七。爲詩婉約閒雅，有郭鯤溟集。

郭公合葬墓志銘（賜閒堂集31/31）

祭同年郭大參文（同上34/31下）

父郭堂，號西疇。

壽西疇郭公暨配奚宜人序（華禮部集6/3下）

母奚氏（1502—1571）

奚氏墓志銘（賜閒堂集33/7下）

碩宜人墓碑銘（華禮部集8/6）

奠郭夫人奚氏文（同上7/8下）

郭璡，初名進，字時用，新安人。永樂初由太學生歷官吏部尚書，留意人材，識進士李賢輔相器，授吏部主事，後果爲名相。璡雖長六卿，然望輕，又權歸內閣，正統六年因子亮受賂爲人求官，被劾致仕。

國朝獻徵錄24/23無名氏撰傳

吾學編31/7下

皇明書20/10下
國琛集上/27下
聖朝名世考3/13下
皇明世說新語1/24
明史列傳26/3下
明史157/4下

郭璘，長州人。永樂十八年進士，宣德間由訓導陞兵科給事中，仕終陝西右參議。

披垣人鑑7/11

郭興（1330--1383）一名子興，濠人，初隸滁陽王郭子興麾下，太祖在甥館，興歸心焉。軍行常備宿衞，累功進統軍元帥，屢下常州等地皆捷。洪武初從徐達取中原，克汴梁，守禦河南，尋移鎮鞏昌，邊境帖然，封鞏昌侯，卒年五十四，諡宣武。

郭公神道碑銘（坦齋文集1/52，國朝獻徵錄8/5）
皇明功臣封爵考6/18
吾學編18/30下
明史列傳8/9下
明史131/5下

郭濟字澤民，河南太康人。年二十舉永樂六年河南鄉試第一，授定州司訓，改開州，兩郡名士多出其門。歷左春坊左司諫，正統初遷鎮江知府，卒於官，年七十餘。

國朝獻徵錄83/19朱睦㮮撰傳

郭濬字士淵，寧海人。師事宋濂，與方孝孺爲友。洪武中以諸生貢太學，應詔上書，論當時急務甚切，召對忤旨，令學於太學，同學嫉之，與學官語不合，誣奏抵罪以死。

郭君鑛銘（遜志齋集22/521）

郭應奎字致祥，號平川，江西泰和人。嘉靖八年進士，除禮科給事中，降霍丘丞，仕至浙江嘉興府知府致仕。

郡伯郭平川入覲序（海石先生文集18/6下）
泰和蜀江高平郭氏族譜序（甘泉先生續編大全3/8）
贈平川子郭子還泰和序（同上3/11下）
披垣人鑑13/17下

父郭□，號中山。

誥封君郭中山先生八十華誕序（甘泉先生續編大全3/7）

郭應聘（1520--1586）字君賓，號華溪，莆田人。嘉靖廿九年進士，累擢廣西布政使，所至有擊賊功，進右副都御史，巡撫廣西。討平府江及懷遠諸猺，擢都御史，總督兩廣，歷南京兵部尚書，與海瑞躬行儉素，正大夫侈汰之習，卒年六十七，諡襄靖。

贈督府郭華溪先生入掌南院序（蟟衣生粵草2/1）
郭公墓誌銘（陳經邦撰、國朝獻徵錄43/9）
郭公傳（海瑞撰、同上43/12）
明史列傳77/3
明史221/3下

郭應響字希聲，福清人。萬曆三十四年舉鄉試第一，崇禎中歷官鄜州兵備副使。流賊來犯，應響禦之，斬賊甚衆。後賊深夜突至，集士卒拒守，力竭死之。

明史292/2

郭鎜（1499--1558）字允新，號三泉，山西高平人，鋆從弟。嘉靖十四年進士，選庶吉士，屢陞檢討，官至南工部侍郎，卒官，年六十。有翰林詩稿、窮居集。

國朝獻徵錄53/27李璣撰墓志

父郭城（1467—1544）字崇固，號恭菴，安州判官。

郭君偕配李孺人合葬墓銘(陽峯家藏集35/35)

郭鎮（1372--1399）字彥鼎，鳳陽臨淮人，武定侯英子。洪武二十二年選尙永嘉公主，拜駙馬都尉，年二十八以疾卒。

郭公壙誌（遜志齋集22/522下，國朝獻徵錄4/10）

郭璽（1435--1475）字文瑞，永年人。天順八年進士，官工部主事，忤宦官王順，轉兵部武庫司主事，門無私謁。遷武選員外郎，英宗嘗書名於御屏間。以疾乞歸，卒年四十一。

郭君墓表（懷麓堂文稿24/4）
國朝獻徵錄51/107實錄本傳

父郭浩（1394—1457）字泰然，善醫。

郭公墓表（東海張先生文集4/14）

【十一劃】郭

郭鏜字子聲，號弦菴，山東恩縣人。成化二年進士，授兵科給事中，屢陞通政右參議。

送郭子聲入賀詩序（見素集1/2）

掖垣人鑑10/12

郭灌字遂誠，號一菴，廬陵人。弘治十八年進士，以刑部郎出守寧波，官終潮州知府，卒年七十五。

贈郭君達誠守寧波序（東洲初稿2/17下）

國朝獻徵錄100/21邵一鶚撰傳

郭顯星，洛陽人。舉於鄉，歷翰林待詔，崇禎十四年遷許州學政，未行，李自成陷洛陽，被執不屈死。

明史293/2下

康

康太和字原中，號磵峯，莆田人。嘉靖十四年進士，選庶吉士，授編修，歷翰林侍講學士，屢官至南京工部尚書，致仕卒，年八十。有留省稿、停雲館摘稿、及禾城、編年、磵峯諸集。

康公墓志銘（林庭機撰、國朝獻徵錄52/77）

康永韶字用和，祁門人。舉於鄉，入國學，成化間選授御史，有直聲，後擢太常少卿，掌欽天監事。更迎合取寵，占候多諱飾，中旨擢禮部侍郎，尋坐曆多訛字奪職。

賀禮部侍郎康公序（篁墩程先生文集25/12）

明史列傳49/6下

明史180/9下

康河（1490--1534）字德清，號滻川居士，武功人，海弟。嘉靖二年進士，授戶部主事，歷員外郎、郎中，終贛州知府，卒年五十五。有滻川集。

康君墓誌銘（渼陂續集下/63）

國朝獻徵錄87/47許宗魯撰傳

康彥民、泰和人。洪武二十七年進士，先知青田，後調儀真。二十九年坐事被徵，耆民奔走闕下，頌其廉勤，獲宥。後歷知巴陵、天台，並著名績，永樂初罷歸。

明史281/6下

康厚（1455--1510）字本淳，祥符人。成化十四年進士，授丹陽知縣，擢監察御史，歷按九江、鳳陽諸郡，風裁峻整，所至肅然。陞知溫州、順德二府，致仕卒，年五十六。

國朝獻徵錄82/17李濂撰傳

康茂才（1313--1369）字壽卿，蘄人。元末結義兵保鄉里，太祖克集慶，率兵來降，授都水營田使，累以軍功遷同知大都督府事。從徐達經略中原，留鎮河中，撫綏瘡痍。陝西平，移鎮山西，洪武二年，從征漢中，還軍道卒，年五十七，追封蘄國公，諡武毅。

康公神道碑銘（宋學士文集2/18，國朝獻徵錄6/43，皇明名臣琬琰錄6/1）

皇明功臣封爵考8/41

吾學編18/22

明史列傳2/7下

明史130/3下

康海（1475--1540）字德涵，號對山，又號滸西山人，一號沜東漁父，武功人。舉弘治十五年進士第一，授修撰。劉瑾專政，欲招致之，海不往。會李夢陽下獄，書片紙招海，曰，對山救我。海乃謁瑾說之，明日釋夢陽。後瑾敗，坐瑾黨落職。每與王九思等相聚沜東鄠杜間，挾聲伎酣飲，製樂造歌曲，自比俳優，以寄其怫鬱。海善搊彈琵琶後人轉相倣效，卒年六十六。有對山集、沜東樂府傳世。

送康太史奉母還關中序（谿田文集補遺×/1）

壽對山先生康子七旬序（涇野先生文集13/15下）

對山先生全集序（渭上稿14/12）

康公行狀（張治道撰、國朝獻徵錄21/43）

康公神道碑（渼陂續集中/62）

康公墓表（涇野先生文集32/31下）

康修撰對山墓表（何文定公文集10/28下）

對山康修撰傳（李中麓閒居集10/26）

康王王唐四子補傳（同上10/102）

對山先生別傳（少華山人文集13/8下）

國朝獻徵錄21/48下無名氏康公傳

四友齋叢說15/4，15/6，15/8，23/14
皇明世說新語1/27下，1/31下，6/28下，8/14下
狀元圖考2/37
名山藏81/23下
明史286/13
父康鏞字振遠。
康長公世行敍述序（涇野先生文集1/11）
康長公墓志銘（渼陂集12/3下）
康長公墓碑（空同子集43/1下）
子康栗（1508—1529）字子寬。
康生子寬墓誌銘（渼陂集15/4下）
女康氏
康氏女墓志銘（渼陂集13/26）

康朗字用晦，惠安人。嘉靖十四年進士，授刑部主事，彊直著聲。遷參議，備兵曹濮，剿劇寇傅伯玉等。歷浙江布政使，進僉都御史，開府鄖陽，適漢中降回激變，朗持檄諭之，回遂解散，轉副都御史，致仕歸。

贈康長公序（敬所王先生集4/34）

康從理字裕卿，永嘉人。任俠能詩。有二雁山人集。
康山人詩序（二酉園文集3/16）
題康裕卿詩冊後（少室山房類稿106/14）

康榮（1395—1442）字孟嘉，泰和人。宣德中舉賢良爲廣西按察知事，勤於吏職，擢御史，巡按浙江，嚴而不察，得憲體之正，正統七年卒官，年四十八。
康孟嘉墓志銘(楊士奇撰、國朝獻徵錄65/9)

康濟民字惠之，號懷朴，章丘人。篤行善士，嘗有少婦被盜，濟民念即急，不可廢禮，命童子梯下之。官刑省椽。
懷朴康君傳（李中麓閒居集9/10下）

康鐸字伯聲，蘄人，茂才子。以父功封蘄春侯，侍皇太子讀書大本堂，督民墾田鳳陽，帥兵征辰州蠻，平施壘諸州。從大將軍徐達北征，又從傅友德征雲南，卒於軍，追封蘄國公，謚忠愍。
名山藏41/16下

皇明功臣封爵考6/37
明史130/5

鹿

鹿善繼（1575—1636）字百順，定興人。少讀王守仁書，不肯與俗浮沈。舉萬曆四十一年進士，授戶部主事，時遼餉絀，廣東金花銀適至，善繼請於尚書借給之，坐降級調外。光宗立，復官，尋改職方，從大學士孫承宗閱視榆關，拓地復城堡，善繼籌畫爲多。崇禎初爲太常寺少卿，告歸。清兵攻定興，善繼自鄉入扞城。城陷，死之，年六十二，謚忠節。有四書說約、無欲齋詩鈔、鹿太常文選。
鹿忠節公年譜二卷、清陳鋐撰、清康熙刊本，又畿輔叢書本。
鹿公墓誌銘（牧齋初學集50/11下）
啓禎野乘8/16
天啓崇禎兩朝遺詩傳2/58
明史267/12
明儒學案54/9下

麻

麻永吉（1534—1591）字伯貞，號慶川，慶陽人。嘉靖四十四年進士，隆慶元年由庶吉士爲御史，仕終湖廣按察使，以清操聞，卒年五十八。
慶川麻公墓誌銘（北海集15/20）
父麻直（1495—1568）字從理。襄垣教諭，有錦溪集。
麻公墓誌銘（馬文莊公集選7/1）

麻貴，大同右衛人，錦弟。由舍人從軍，萬曆間積功爲寧夏總兵。平哱拜，備倭寇，累遷至右都督。三十八年鎮守遼東，果毅驍捷，善用兵，東征西討，並著功伐，時稱良將。
明史列傳89/1
明史238/17下

麻溶字明之，宣城人。萬曆進士，歷吏部郎中，疏乞召還趙南星，忤執政，出爲汾州守稅使。及卒、貧不能歛，撫臣以清正聞，贈光祿卿。

祭麻太僕公文（鹿裘石室集40/7）

麻僖字立軒，慶陽人，永吉子。萬曆三十五年進士，選庶吉士，歷兵科給事中，遇事敢言，累有舉劾。尋乞假歸，論者以其依附東林，謫山西按察知事。天啓間累擢太常，爲魏忠賢黨劾去。崇禎初復官致仕。死於李自成之難。

明史264/13

麻錦，大同右衞人。從父祿行陣戰有功，爲千總。以殺人奪官下吏，當事以塞上方用兵，貸之。累功遷宣府總兵官卒。

明史列傳89/4下

明史238/21

宿

宿進字孺忠，夾江人。正德三年進士，歷刑部員外郎，劉瑾敗，上封事劾附瑾大臣王敞等，並言忤瑾死者宜恤贈，武宗怒，下進廷杖，削籍歸卒。

明史列傳58/18下

明史188/18下

寇

寇天敍（1480--1533）字子惇，號涂水，榆次人。正德三年進士，授南京大理評事，累擢應天府丞。武宗南巡，江彬等恃寵爲虐，天敍力與之抗，民得不困。嘉靖初以禦寇功，擢刑部右侍郎，改兵部，嘉靖十二年卒，年五十四。有涂水文集。

贈寇大理子惇太守寧波序（鳥鼠山人小集11/11）

贈寧波寇侯任應天府丞序（蓮山文集11/8）

贈撫臺寇公惇少司寇北上序（對山集14/5）

別寇子惇序（涇野先生文集1/8下）

寇公墓誌銘（涇野先生文集27/3下，涂水先生集6/7下，皇明名臣墓銘巽集26，國朝獻徵錄40/52）

涂水先生傳（唐龍撰、涂水先生集6/1）

祭司馬子惇文（鳥鼠山人小集16/25）

四友齋叢說6/6下，6/8

皇明世說新語1/14下，3/17

名山藏臣林記20/27

明史列傳71/5下

明史203/6

父寇恭（1449—1530）字敬之，號毅菴，定州判官。

賀封南京大理寺評事寇公壽七十序（蓮山文集12/14下）

奉壽毅菴寇先生八十序（對山集11/25）

先中丞毅菴府君並先母趙淑人事略（涂水先生文集3/1）

寇深（1393--1461）字文淵，唐縣人。永樂中以府學生條陳時務，成祖奇之，特令入國學肄業。宣德初擢刑部主事。正統間爲僉都御史，鎭守松茂，號令嚴明，邊方寧謐。景泰中遷左都御史，出巡遼東，天順五年死於曹欽之難，謚莊愍。

寇公墓誌銘（呂文懿公全集10/1）

寇公墓表（彭時撰、國朝獻徵錄54/53）

寇公神道碑（李賢撰、皇明名臣琬琰錄后12/2下）

皇明世說新語8/3

水東日記5/1，27/9

父寇禮

寇公暨配李氏合葬誌銘（芳洲續集4/6下）

寇陽，號惕齋，榆次人，天敘子。嘉靖八年第進士，授知廣平縣，操守堅確，制事果斷，嘗修城東門樓，或爲題名借寇以美之。累遷浙江僉事，歷江西按察使，陞浙江右布政使，致仕卒。

贈寇長公序（敬所王先生集4/24）

弟寇陞，無錫縣丞。

送寇縣丞序（方山薛先生全集16/10）

寇謙，山西應州人。永樂十二年擧人，授行在戶科給事中，調會稽知縣。

掖垣人鑑5/14

扈

扈永通，字一貫，號會溪，山東曹縣人。嘉靖十一年進士，由中書舍人遷兵科給事中，陞兵科都給事中，擢南京太僕寺少卿。歷順天府尹，謫河南副使，仕終河南左布政使。有會溪類稿。

送京兆扈先生觀察河南序（婁子靜文集1/5下）

送會溪區君陞南京太僕少卿序（袁文榮公文集3/3）

披垣人鑑13/30下

啓

啓原字太初，姓張氏，日本人。九歲祝髮習教乘，喜觀中國文字，又心慕中國名山禪老之盛，以吳元年航海而來中國，足跡幾遍寰宇，叩諸禪蒙印可。洪武十九年入安固梅公洞，喜其地，因築菴居之，不數年遂成叢席，聞風訪道者接踵。永樂五年坐逝於自建塔中，有語錄三卷。

補續高僧傳25/20

雪

雪庭（1456-- ），自號梅雪隱人，仁和桂氏子。成化九年入郡城仙靈寺落髮爲僧，師休休翁。歷居江陰乾明寺，湖南淨慈寺，著有幻寄集二十卷。

皇明名僧輯略×/27下，又×/56

補續高僧16/15下

區

區益字叔謙，高明人。少穎異，博貫群籍。嘉靖十九年舉人，授都昌知縣，恤民禮士而嚴於吏胥。改泰順，倭寇至，募士襲擊，勝之。以功遷慶遠府同知，後補溫州。有阮溪草堂集。

國朝獻徵錄85/51潘士藻撰傳

堅

堅晟字伯明，秦州人。以歲貢授知博平縣，嘉靖間流賊四出攻掠，州縣望風披靡，守令皆棄印綬遁，賊勢愈盛。晟在博平，葺雉堞，礪戈鋌，一切守具，纖悉具備，並與妻孥訣別，誓以死守。賊至，晟乘郭登埤，率衆應擊，前後相持數十日，賊逸去，城賴以完，民爲建祠祀之，以功陞薊州知州。

國朝獻徵錄96/47無撰人堅公傳略

習

習孔化字因甫，號紫瑤，廬陵人，孔教從弟。萬曆四十七年進士，授嘉興司理，調大名，有善政，民爲立碑紀之，歷兵部主事。

賀習紫瑤司理晉擢兵曹序（石堂集12/104）

郡司理紫瑤習公去思碑記（同上13/18）

習孔教（1536-- ）字時甫，號豫川，廬陵人。隆慶二年進士，選庶吉士，授編修，官終南京吏部侍郎。

皇明三元考11/18下

父習□，號易菴。

封太史習易菴先生八十序（壞衣生粵草3/1）

習易菴封翁暨劉孺人偕壽序（弇州山人四部稿63/6）

習經（1388--1453）字嘉言，號寅清居士，晚號射樂翁，新喻人。永樂十六年進士，選翰林庶吉士，預修成祖，仁宗，宣宗實錄，官至詹事府詹事，卒年六十六。有尋樂文集傳世。

習君墓誌銘（芳洲文集9/12）

國朝獻徵錄18/38蕭鎡撰傳

父習謳（1360-1426）字懷恭，湘潭教諭。

習君墓誌銘（金文靖公集9/58）

母吳氏（1360--1438）。

吳氏墓誌銘（楊文敏公集23/9下）

戚

戚雄字世英，金華人。正德六年進士，知建陽縣，平易近民，鋤強扶善，遷舊學，置學田。尋調知南海，官至監察御史。有婺賢文軌、雪厓文集。

雪厓遺稿序（文直行書4/17）

戚景通字世顯，定遠人。嗣世職爲登州衛指揮僉事，屢陞大寧都司，乞侍養歸，事母以孝聞，嘗舉孝廉，人稱孝廉將軍。

孝廉將軍傳（太函集27/12，太函副墨12/22）

戚賢（1492--1553）字秀夫，號南山，晚更號南玄，全椒人。嘉靖五年進士，授歸安知縣。師事王守仁，政治精明，賢聲大著。擢吏科給事中，當大計，前給事中葉洪劾汪鋐被謫，在黜中。賢以鋐恣橫，實輔臣張璁

【十一劃】啓、雪、區、堅、習、戚

曲庇，併劾之。太廟災，復劾郭勛及張瓚等，謫山東布政司都事，尋以父老自劾，免歸卒，年六十二。

送同年戚秀夫知歸安序（陸子餘集1/6）

祭戚南玄先生文（茅鹿門先生文集26/8）

祭戚南玄（歐陽南野文集28/16）

祭戚南玄都諫文（訥溪文錄8/6下）

祭戚南玄文（龍谿王先生全集19/4下）

戚君墓誌銘（同上20/38下）

戚公行狀（羅洪先撰、國朝獻徵錄80/29）

掖垣人鑑13/25

明史208/20下

戚瀾字文淵，餘姚人。景泰二年進士，選庶吉士，授翰林編修，卒於官。

祭姚江戚編修文淵墓文（瓊臺詩文會稿重編24/38下）

國朝獻徵錄21/87無撰人戚公紀事

戚繼光（1528--1587）字元敬，號南塘，晚號孟諸，定遠人，景通子。世襲登州衛指揮僉事，幼倜儻負奇氣，家貧，好讀書，通經史大義。嘉靖中歷浙江參將，以破浙東倭，進秩三等。倭犯江西，福建，皆命援擊，戰功特甚。陞福建總督，屢平劇寇，威振南方，人號戚家軍。會薊門多警，命以都督同知，總理薊州、昌平、保定三鎮練兵事，邊備修飭，節制嚴明，軍容爲諸邊冠。萬曆間謝病歸，年六十卒，謚武毅。有紀效新書、練兵實記、長子心鈐、蒞戎要略、武備新書、止止堂集。

膺履篇（太函副墨8/6）

壽戚大將軍序（弇州山人四部稿62/18下）

壽少保孟諸戚公序（海嶽山房存稿文2/6）

壽少保左都督南塘戚公六十序（弇州山人續稿38/20）

大將軍戚公應詔京師序（太函集3/7下，太函副墨6/15）

少保戚公蓮館景堂記（海嶽山房存稿文9/12）

爲薊鎮父老合祝戚令公生祠文（同上15/1）

少保總理戚公景忠山去思碑（同上6/6下）

平遠臺勒功銘（太函副墨20/17）

台州平夷傳（同上11/12）

紀效新書序（弇州山人四部稿65/7）

重刻紀效新書序（衡陽集9/3）

止止堂集序（弇州山人續稿51/16）

止止堂集序（太函集24/19下，太函副墨4/47）

戚公墓誌銘（同上59/1，太函副墨17/1，國朝獻徵錄106/54）

祭戚少保文（太函集83/11，太函副墨21/18）

祭少保戚都護公文（海嶽山房存稿文15/6下）

戚少保傳（月鹿堂集5/12）

戚少保年譜十二卷、戚祚國編、清光緒間刊本。

名山藏臣林記24/26

明史列傳86/30

明史212/11

平倭名將俞大猷戚繼光合傳、橫海撰、建國月刊九卷五期

戚繼光、程寬正編、中華書局印本

麥

麥而炫字章闇，高明人。嗜學博古，長書法，善詩賦。崇禎進士，歷上海安肅知縣，唐王時擢御史，起兵高明。清兵至，被執至廣州，不屈死。有康山集。

明史278/19

麥春芳字元實，南海人。嘉靖二年進士，授行人，歷官貴州提學副使。

麥元實之貴州提學序（蘇門集5/2下）

麥祥字天吉，號蘭村，廣東三水人，福弟。以兄廕得充材官，授錦衣衛百戶，屢陞後軍都督府右都督，致仕卒。

麥公行狀（王弘誨撰、國朝獻徵錄106/67）

麥福字天錫，號升菴，廣東三水人。幼入內庭，供事淸寧宮，屢遷司禮監太監掌監事，兼督東廠。嘉靖三十一年卒。

國朝獻徵錄117/38徐階撰麥公墓志

梵

梵琦（1296--1370）高僧，象山朱氏子，字楚石，小字曇曜，居海鹽天寧寺。明

初徵江南成德高僧，建法會於蔣山，琦居第一。琦學行高一世，宗說兼通，禪寂之外，專志淨業，自號西齋老人。作西齋淨土詩數百首，皆於念佛三昧心中流出。卒年七十五。有楚石大師北遊詩，天台三聖詩集。

國朝獻徵錄118/1宋濂撰塔銘
補續高僧傳14/5
皇明名僧輯略×/1
名山藏103/11

梅

梅之煥（1575--1641）字彬父，號長公，別號信天居士，麻城人，國禎從子。年十四，爲諸生，御史行部閱武，之煥騎馬突教場，御史怒，命與材官角射，九發九中，長揖上馬徑去。萬曆三十二年舉進士，選庶吉士，授吏科給事中，出爲廣東副使，有惠績。崇禎初以右僉都御史巡撫甘肅，大破套寇。清兵薄都城，有詔入衛，之煥簡精卒三千啓行。西部乘虛犯河西，之煥伏兵邀其歸路，而清兵出水泉峽口，戰敗之，遂引軍而東。悍卒王進才等倡亂，之煥定其變，復整軍東。抵京師，時解嚴已久，詔入朝，溫體仁修舊隙，得旨落職。後帝追敍甘肅功，復官，終於家，年六十七。

梅長公傳（牧齋初學集73/1）
啓禎野乘6/7
明史248/1

梅守德（1510—1577）字純甫，宣城人。嘉靖二十年進士，由浙江台州府推官，陞戶部主事，忤嚴嵩，出知紹興府。陞山東副使提督兵備改提學副使，累遷雲南參政，歸建書院講學，世稱宛溪先生，卒年六十八。

贈梅宛谿司理台川序（訥溪文錄2/9下）
贈梅宛溪擢山東憲副序（龍谿王先生全集14/1）
先府君宛溪先生行狀（鹿裘石室集35/17）
掖垣人鑑14/7下
父梅繼先，字汝孝，號古菴，卒年三十四。
古菴梅公小傳（訥溪文錄7/13下）
母劉氏（1486—1566）。
劉氏墓誌銘（訥溪文錄5/23）
妻郭氏（1514—1581）
先母郭太君行狀（鹿裘石室集35/29）

梅思祖，夏邑人。初爲元義兵元帥，叛歸張士誠，爲中書左丞，守淮安。徐達兵至，迎降，太祖擢爲大都督府副使，從取浙西湖蘇山東西河南北，入秦沔，取興元，論功封汝南侯，署雲南布政使。善撫輯，遠人安之，洪武十五年卒於官，後坐胡惟庸黨滅其家。

皇明功臣封爵考6/35
國朝獻徵錄8/27朱睦㮮撰傳
吾學編18/40
名山藏41/16
明史列傳8/12
明史131/9

梅殷字伯殷，夏邑人，思祖從子。洪武十一年尚寧國公主，爲駙馬都尉，性恭謹，有謀略，便弓馬。嘗受密命輔太孫。及燕師逼，建文帝命殷充總兵官，鎭淮安，燕王欲假道，殷不從，卒改道。燕王卽位，召入，使人害之，謚榮定。

皇明表忠紀1/3
皇明書34/22
遜國正氣紀6/6
遜國神會錄上/9
皇明世說新語1/23
吾學編55/2
國朝獻徵錄4/6鄭曉撰傳
革朝遺忠錄下/22
明史121/3

梅淳（1543--1606）字德涵，姑熟人。隆慶五年進士，授縉雲知縣，擢御史，官至雲南布政使，卒年六十四。

梅公墓誌銘（大泌山房集81/5下）
母谷氏
祭梅母谷太夫人（輪廖館集6/7）
祭梅方伯太夫人（同上6/8）

梅國禎（1542--1605）字克生，號衡湘，麻城人。少雄傑自喜，善騎射。萬曆十一年進士，除固安知縣，擢御史。哱拜反，詔遣李如松爲提督往討之，命國禎監其軍，如松用國禎謀，大破賊，哱拜自焚死，論功擢太僕少卿，累遷兵部右侍郎，總督宣大山西軍務，卒年六十四。

梅公神道碑銘（牧齋初學集64/1）

梅大中丞傳（珂雪齋前集16/12下，又珂雪齋近集7/11下）

名臣諡議（公槐集6/4下）

皇明世說新語4/16，5/20下

明史列傳85/32

明史228/5

梅鼎祚（1549--1618）字禹金，宣城人，守德子。以古學自任，詩文博雅，王世貞嘗稱之。申時行欲薦於朝，辭不赴，歸隱書帶園，構天逸閣，藏書著述其中，年七十卒。有才鬼記、青泥蓮花記、梅禹金集、鹿裘、石室集、歷代文紀、漢魏八代詩乘、古樂苑、唐樂苑、書記洞詮、宛雅諸書。

禹金梅大兄六褭序（棗雯齋集9/7）

祭梅禹金（同上13/16）

古樂苑序（太函副墨3/16）

曹

曹一鳳（1534--1567）字伯儀，號翔宇，安丘人。嘉靖三十八年進士，授南戶部主事，再陞郎中，轉吏部，官至河南按察副使，年三十四卒。

曹君墓誌銘（賓魯望集9/15下）

曹一鵬字冲宇，任丘人。萬曆五年進士，選庶吉士，授監察御史，歷鎮江知府。

朝宗辭發郡侯冲宇曹公入覲有引（方麓居士集5/6下）

父曹□，號西溪。

壽封君西溪翁六十序（紫園草1/46）

曹三暘（1516--1589）字子泰，號雲山，宜興人。嘉靖二十三年進士，授大理寺丞，出守漳州，再守濟南，皆有治行。晉湖廣副使，督學山東，再歷浙江按察使、江西布政使、戶刑二部侍郎，萬曆五年除南工部尚書，以忤張居正，致仕歸，卒年七十四。

壽少司徒曹公六袠序（余文敏公集1/22）

壽雲山先生曹翁年伯六十序（方初庵先生集6/19下）

賀少司徒曹公晉秩大司空序（方初庵先生集5/19下）

祭大司空曹公文（歸有園稿9/6）

曹公暨配吕夫人行狀（天遠樓集19/11）

大司空曹公傳（賜餘堂集11/23下）

曹公神道碑銘（賜閒堂集20/20下）

曹公暨配吕夫人墓誌銘（寶稚集17/15下）

國史闡幽（公槐集6/32）

毘陵人品記10/2

曹于汴（1558--1634）字自梁，號貞予，安邑人。萬曆二十年進士，以推官徵授吏科給事中，遇事敢言。熹宗立，遷左僉都御史，佐趙南星主京察，力扶善類，爲魏忠賢所斥。崇禎初拜左都御史，振舉憲規，臺中肅然，于汴篤志力學，操履粹白，立朝不阿，有古大臣風。致仕卒，年七十七。著有共發編、仰節堂集。

祭都御史曹公文（牧齋初學集77/6下）

曹公神道碑（牧齋初學集62/7）

啓禎野乘2/41

明史254/3下

明儒學案59/11

父曹希舜字伯孝，號鑑津。

顯考曹府君合葬墓誌銘（仰節堂集5/1）

曹大同字子貞，通州人。以貢入太學，授光祿寺丞。工詩書，以書無所不窺，即釋道堪輿醫卜世不能得其目者，而精爲訓故。著有桃林筆燭。

曹子貞傳（弇州山人續稿72/11）

曹大章（1521--1575）字一呈，號含齋，金壇人。嘉靖三十二年會試第一，官翰林院編修，以廢疾罷，年五十五卒。有曹太史含齋集。

曹公行狀（華陽洞稿7/11下）

哭太史曹含齋（同上10/4）

又哭太史曹含齋（同上10/9下）

妻王氏（1525--1585）

王孺人墓誌銘（方麓居士集10/28下）

子曹祖見（1545--1567）字應懷，號春亘。

曹春亘墓誌銘（華陽洞稿9/5）

祭曹伯子春亘（同上10/7下）

曹大埜字仲平，號荔溪，四川巴縣人，汴子。隆慶二年進士，由直隸祁門知縣，選戶科給事中，謫陝西乾州判官，歷湖廣僉事、應天府丞，官至都察院右僉都御史，巡撫江西，以貪劾免。

披垣人鑑15/17下

明史215/17下

曹文詔，大同人。勇毅有智略，崇禎中以功擢延綏東路副總兵，討賊王嘉胤於河曲，降其衆。陞臨洮總兵官，擊斬群賊，關中略平，賊遂流入山西。文詔入晉協勦，屢戰皆捷，餘賊多流入河北，移師討平之。尋調大同，爲援勦總兵，後遇賊於眞寧之湫頭鎮，戰鬬不支，自刎死。文詔天性忠勇，爲明季良將第一，其死也，賊中爲之相慶。

明史268/1

曹文衡，號薇垣，唐縣人。萬曆四十四年進士，歷官至薊遼總督，以忤監視太監，被譴歸里。

勅封山東東昌府知府曹文衡（紺雪堂集10/31）

撫臺薇垣曹公恩綸冊後序（輸寥舘集3/46）

啓禎野乘4/39

父曹三俊，字子用，靈壽知縣。

曹公暨配常氏神道碑（棘門集1/15下）

曹文耀，大同人，文詔弟。從兄征討數有功，河曲之戰，多斬獲。後擊賊忻州，戰死城下。

明史268/6下

曹元（1449--1521）字以貞，大寧前衞人。成化十一年進士，授工部主事，遷郎中，與劉瑾相結。歷山東布政使、巡撫甘肅陝西，官至吏部尚書，文淵閣大學士。日飲酒諧謔，道閭里鄙語而已。瑾敗，黜爲民。

國朝獻徵錄14/70國史實錄傳

明史306/6

曹公遠，名不詳，號明斗，義興人。以任子起家，歷中府經歷，陞戶部員外郎，累遷楚雄知府，未赴卒。

曹公墓誌銘（耆逸餘草13/9）

曹正儒，全州人，學程子。學程下錦衣獄論死，正儒朝夕不離犴狴。見父憔悴骨立，嘔血仆地，久之乃甦。因刺血書奏，乞代父死，帝終不省。血書三上，父始謫戍，崇禎時旌爲孝子。

明史234/21

曹本字子善，滕縣人。明初以貢遊太學，官北平布政司都事，遷刑部主事，累官廣西按察使，所至有聲。洪熙元年，陞兵部侍郎，在部四年，邊防經略宣力居多，左遷山西參政卒。

國朝獻徵錄97/21于愼行撰傳

曹弘（1391--1438）字文淵，長沙人。永樂十三年進士，授刑部主事。宣德中累擢侍郎，巡撫山東淮揚，主東南糧賦，事集而民不擾，一方賴之以安。卒於官，年四十八。

國朝獻徵錄46/9，又51/8無名氏撰傳

曹世盛字際卿，號方坡，閩縣人。嘉靖八年進士，累官廣西參政。有方坡集。

送方坡曹際卿參政廣西序（雲岡公文集8/36下）

曹禾字世嘉，號龍田，浙江平湖人。嘉靖二十六年進士，由江西鄱陽知縣，選工科給事中，降直隸無爲州判官，仕至廣東韶州府知府，以憂歸。

披垣人鑑14/18

曹吉祥，灤州人。素依王振，景泰中分掌京營。後與石亨結，率兵迎英宗復位，遷司禮太監，總督三大營。門下厮養乞恩冒濫者，多至千百人。其權勢與亨埒，時並稱曹石。亨敗，吉祥與其子欽爲反謀，事敗伏誅。

皇明世說新語7/2，8/17下

國朝獻徵錄117/52永平志傳

皇明名臣經濟錄3/7下李賢撰曹吉祥之變

明史304/10

曹汴字子東，號自山，四川巴縣人。嘉靖八年進士，除戶科給事中，降湖廣監利縣丞，仕終浙江參政，後免官。

披垣人鑑13/16下

曹良臣，安豐人。歸太祖，從破陳友諒

張士誠，皆有功，爲江淮行省參政，還守通州，元丞相速也將萬騎營白河，良臣以計破之，封宣寧侯。後北征沙漠，戰沒，謚忠壯。

吾學編18/40

名山藏41/15下

皇明功臣封爵考6/34

明史133/19

曹志明，上高人。舉於鄉，起義兵佐陳泰來攻略撫州，兵敗死之。

明史278/13下

曹邦輔（1503--1575）字子忠，號東村，定陶人。嘉靖十一年進士，歷知元城、南和，以廉幹稱，累擢應天巡撫，平寇有功。爲趙文華所譖，謫戍朔州。隆慶初起爲左副都御史，累官南京戶部尚書，卒年七十三，謚忠烈。

送大參東村曹公擢浙省憲使序（陳文岡先生文集14/10下）

重修督撫曹公生祠記（陸文定公集12/13下）

曹公墓誌銘（穀城山館文集17/1）

祭大司徒定陶曹公文（同上32/14）

國朝獻徵錄31/94無名氏撰傳

明史列傳65/26下

明史205/14

曹金字汝礪，號傳川，又號少川，祥符人。嘉靖二十六年進士，累官陝西巡撫，斬盩厔妖賊，地方以寧。有傳川文集。

贈郡大夫少川曹公任兗州序（皆春園集3/1）

賀少司馬傳川曹公六十敘（激𥾿堂文集2/15）

祭曹少司馬（大泌山房集115/24下）

母劉氏

壽曹母劉太夫人六十序（皆春園集3/32）

曹柯字國用，宜興人。正德十四年舉人，授都察院都事卒。

毘陵人品記9/6

曹思正字貞吾，岷州衛人。官襄城知縣。崇禎十五年流賊陷襄城，被殺。

明史293/15下

曹珖字用章，益都人。初名珍，以避諱改。萬曆二十九年進士，授戶部主事，歷南京太常少卿。紅丸案起，珖力言宜窮奸狀。天啓初加光祿卿，歷大理卿，值魏忠賢亂政，告歸。御史盧承欽歷攻東林，詆珖邪主邪盟，奪職。崇禎中拜工部尚書，與中官張彝憲不協，乞歸，家居卒。

明史254/7下

曹時中（1432--1521）名節，以字行，號定菴，又號宜晚，松江華亭人。成化五年進士，授刑部主事，歷雲南僉事，以治行聞。弘治中遷浙江副使，屏絕苞苴，威令大行。爲人端謹和易，至析義理。臨事機，權衡可否，確然不能易。工詩及書，年九十卒。兄泰，舉景泰五年進士，不仕以詞翰自老，時人稱曰富林二曹。

先進舊聞（寶日堂初集22/17下）

國朝獻徵錄84/77錢福撰曹公傳，又84/80下無撰人書富林二曹先生遺事

四友齋叢說16/8下

皇明世說新語5/30下

曹時聘（1548--1609）字希尹，號嗣山，獲鹿人。隆慶五年進士，授南京兵部主事，歷戶部郎中，出爲臨洮知府，被劾謫平涼推官。累遷湖廣按察、布政使，晉工部侍郎，兼右僉都御史，疏治黃河，而利漕運，致仕卒，年六十二。

嗣山曹公墓誌銘（蒼霞續草9/20）

嗣山曹公墓表（睡菴文稿20/10下）

曹荃字元宰，無錫人。崇禎元年進士，除南京刑部主事，疏陳時政忤旨，謫詹事府錄事。稍遷大理寺寺副，劾黃應恩招權納賄，詞連首輔張至發，至發緣是去位。官至福建副使。

啓禎野乘3/17

曹恕字以忠，無錫人。博學工文詞，薦爲漳州訓導，忤旨戍山西。永樂初，復以薦起，建言四事，皆切時政，賜復職。著有植梧集。

毘陵人品記6/14下

曹深（1481--1509）字文淵，歙縣人。正德三年進士，授南京兵部主事，卒於官，

年二十九。

曹公墓志銘（涇野先生文集26/13下，國朝獻徵錄43/78）

曹祥（1450--1534）字應麟，號南峯，婺源人。成化二十年進士，授南戶部主事，再陞工部郎中，出知寶慶府，官至右副都御史，巡撫貴州，致仕卒，年八十五。

曹公行狀（涇野先生文集26/57）

曹琚（1457--1524）字仲玉，桂陽人。弘治九年進士，授工部主事，屢陞郎中，歷知廣州、鬱林府，致仕卒，年六十八，學者稱桂山先生。

曹桂山先生行狀（黃佐撰、國朝獻徵錄101/77）

曹琥（1478--1517）字瑞卿，號秀山，巢人。弘治十八年進士，授戶部主事，御史周廣疏劾錢寧被謫，琥疏救，貶尋甸通判。再遷廣信同知，正德十二年擢鞏昌知府，未任卒，年四十。

曹公墓表（費文憲公摘稿19/43，國朝獻徵錄94/122）

明史188/30下

曹閔，上海人。弘治九年進士，知沙縣，被徵，民號泣攀留，累日不得去。尋官御史，與陸崑同得罪。後當起官，以養母不出，母終，枕塊得寒疾卒。

明史188/11

曹逵（1495--1571）字履中，號沙溪，太倉人。嘉靖八年進士，授南太常博士。遷御史，糾宰臣不法，杖謫隨州判官，攝蘄水縣事。中人從章聖梓宮過，責供億，逵常廩外不庀一錢，中人目爲強項。累遷雲南按察副使，治兵臨安，蠻酋普憲阻兵，逵以所部深入擒之，巡撫害其功格不上，遂歸，卒年七十七。

曹公墓誌銘(王世貞撰、國朝獻徵錄102/59)

曹先生傳（王奉常集14/7）

皇明書30/5

曹棟字隆卿，號見川，丹徒人。嘉靖三十八年進士，由江西鄱陽知縣，選兵科給事中，陞湖廣僉事，歷浙江副使卒。

捘垣人鑑14/47

皇明世說新語4/27下

曹雄，西安左衛人。弘治末歷官都指揮僉事，充延綏副總兵。武宗即位，擢署都督僉事，鎭固原。與劉瑾同鄉，因自附於瑾，累遷左都督，瑾敗，與家屬永戍南海。

明史列傳44/25

明史175/10

曹隆，潁上人。起卒伍，從燕王征朶兒不花，授燕山護衛百戶。以靖難功累官都督同知，永樂九年卒，追封安陽伯，謚忠毅。

明史列傳32/3下

曹凱字宗元，益都人。正統十年進士，授刑科給事中，磊落多壯節。英宗北征，力諫不從。景泰中遷左給事中，擢浙江右參政，在浙數年，聲甚著，以嘗劾知石亨，亨修前憾，遂謫凱衛經歷卒。

掖垣人鑑8/7

明史列傳37/27

明史164/19

曹欽，灤州人。吉祥子。天順初以奪門功封昭武伯，五年謀反，伏誅。

國朝獻徵錄10/46無名氏撰傳

名山藏91/6

吾學編19/61

皇明功臣封爵考7/16下

妻賀氏。

皇明世說新語8/34

曹欽程，江西德化人。舉萬曆進士，授吳江知縣，贓狼籍，以淫刑恊強項聲。初劾改國子助教，諂附汪文言，得爲工部主事。文言敗，欽程力擠之。後又父事魏忠賢，爲十狗之一，於群小中，尤爲無恥。爲給事中潘士聞所劾，忠賢責以敗群，削其籍。忠賢誅，下獄論死。李自成陷京師，欽程首破獄出降。自成敗，隨之西走，不知所終。

明史306/24

曹煜字孟輝，浮梁人。嘉靖五年進士，授華亭令，在任四年，諸多惠政，擢南臺御史。有東溪藁語。

曹侯德政碑（龍江集7/7）

曹義（1386—1461）字子宜，句容人。永樂十三年進士，改庶吉士，授翰林編修，歷禮部右侍郎，官至南京吏部尙書，致仕卒，年七十六。

國朝獻徵錄27/7無名氏撰傳

曹義（1390—1460）字敬方，儀眞人。正統中以都督鎭守遼東，有邊功，封豐潤伯，天順四年卒，年七十一，謚莊武。

國朝獻徵錄9/51劉定之撰曹公墓誌銘

吾學編19/27下

皇明功臣封爵考5/17

明史列傳44/6

明史174/3下

妻李氏。

都督曹公夫人李氏挽冊序（謚忠文古廉文集9/31下）

曹雷（1464—1532）字啓東，號萊菴，平定州人。弘治十八年進士，授大理評事，平反冤獄，多所駁正。擢御史，正議敢言。陞江西按察副使，備兵九江，坐事謫戍太原，嘉靖初赦歸，卒年六十九。

曹公墓誌銘（儼山文集62/5）

曹鼎字萬碞，直隸寧晉人。正統十三年進士，選庶吉士，授工科給事中，天順六年累陞廣西平樂府知府。

掖垣人鑑5/21下

曹當勉字可賢，號衡松，湖廣江夏人。嘉靖四十一年進士，由行人選刑科給事中，擢建寧知府，仕至江西右參政卒。

誥勅刑科給事中曹當勉二道（條麓堂集5/35下）

掖垣人鑑14/50下

曹嗣榮（1489—1546）字綳之，號濮陽，華亭人。嘉靖十四年進士，授南京工部主事，進郎中，轉兵部武選司，謫灃州同知，年五十八卒。著有輿地一覽、華玉稿、家稿及燕京留都稿。

曹公合葬墓誌銘（長谷集15/9下）

曹端（1376—1434）字正夫，澠池人。篤志性理，坐下著足處兩甎爲穿。其學務躬行實踐，以靜存爲要。擧永樂間鄉試，授霍州學正，修明聖學，人服其化。年七十一卒，州人罷市巷哭。學者稱月川先生，私謚靜修。有孝經述解、四書詳說、太極圖西銘通書解、家規輯略、存疑錄、夜行燭、儒宗統譜、月川語錄、曹月川集。

曹正學先生言行錄四卷、李禎編、明萬曆刊本

月川曹先生粹錄一卷、孟化鯉編、明萬曆刊本

月川曹先生粹錄序（孟叔龍集4/1）

月川曹先生語粹序（王愼所先生集1/5下）

月川曹先生年譜序（同上1/1）

澠池月川先生祠記（孟叔龍集4/17下）

曹月川先生傳（雲石堂集17/7）

曹月川年譜、張信民撰、曹月川集附刊本

曹正夫先生年譜、范守巳撰、明萬曆刊御龍子集本

國琛集上/31

國朝獻徵錄97/128黃佐撰傳

聖朝名世考8/5

皇明世說新語2/16，4/11下

名山藏83/3下

皇明書35/14

明史282/17

明儒學案44/1

曹銘，陝西會寧人。洪武十八年進士，除兵科給事中，改大理寺左評事，仕終左都御史。

掖垣人鑑7/16下

曹鳳（1457—1509）字鳴岐，號西野，新蔡人。成化十七年進士，授祁門知縣。弘治初擢御史，多所論建。正德初歷右副都御史，巡撫延綏。鳳雅操方正，數與鎭守中官忤，召理院事，以憂歸。劉瑾銜其不通饋問，屢陷之，遂卒，年五十三。

西野曹公墓誌銘（苑洛集4/9，國朝獻徵錄61/23）

子曹大夏（1484—1551），字子禹，號雲谷。

曹公墓表（張太岳文集13/22）

曹震，濠人。從太祖起兵，隨沐英征西

番，論功封景川侯。從藍玉平雲南，尋復理四川軍務，諸所規畫，並極周詳，蜀人德之。玉敗，被誅。

國朝獻徵錄8/30無名氏撰傳
吾學編18/44
名山藏41/21
皇明功臣封爵考6/56下
明史列傳6/15下
明史132/8下

曹鼐（1402--1449）字萬鍾，寧晉人。少伉爽有大志，事繼母以孝聞。宣德八年舉進士第一，授翰林院修撰，累陞吏部左侍郎，兼文淵閣大學士。正統十四年也先入冦，王振挾帝親征，次土木，冦大集，帝突圍不得出，擁以去，鼐等俱及於難，謚文襄。

國朝獻徵錄13/7無名氏撰傳
水東日記3/3下，27/7下
殿閣詞林記3/20
吾學編32/4
狀元圖考1/26
皇明世說新語1/13，2/14
國琛集上/28下
聖朝名世考2/17下
明史列傳25/21
明史167/1

曹德字子新，無錫人。少從長洲錢氏習醫，盡得其術，有聲當代，咸神其技。年踰九十，精神不減於壯年，人以董奉擬之，稱杏泉先生。

曹先生小傳（處實堂集7/1，國朝獻徵錄78/141）

曹璘字廷暉，襄陽人。成化十四年進士，授行人，擢御史。孝宗時抗疏言勸講學行孝凡十事。巡按廣東，訪陳献章於新會，服其言論，遂引疾歸，卜居山中讀書，三十年不入城市，徵召皆不應。

明史180/26

曹璜字于渭，號磁石，一作字伯玉，別號元素，益都人。萬曆進士，由司農郎出守西安，先後議織造三十三事，開鑛九事，及宗族河渠刑罰徵收硝鐵行戶諸議，秦人賴之。官至通政司左參議。有大雲集。

贈曹太守序（九愚山房稿25/15）

父曹姜仲（1532—1603）字汝節，號松菴居士。

曹公墓誌銘（居東集4/23下）

曹興，一名興才，不詳何許人。從平武昌，取平江，平中原，累遷都督僉事。又從藍玉討洮州羌，師還，封懷遠侯，後坐黨死。

吾學編18/44下
皇明功臣封爵考6/5下
明史列傳6/18
明史132/11下

曹衡字宗衡，浙江臨海人。景泰二年進士，除吏科給事中，天順五年陞湖廣參議。

送曹宗衡省祭還天台詩序（方洲張先生文集20/14）
掖垣人鑑4/22下

曹學佺（1574--1646）字能始，號石倉，又號澤雁，侯官人。萬曆二十三年進士，天啓間官廣西參議。初挺擊獄興，學佺著野史紀略，直書本末，劉廷元劾之，削籍。崇禎初起副使，辭不就。唐王時官至禮部尚書。明亡，入山投繯死，年七十三，謚忠節。有易經通論、周易可說、書傳會衷、春秋闡義、輿地名勝志、蜀中名勝記、西峰字說、石倉歷代詩選、鳳山鄭氏詩選、石倉集等。

入蜀三編序（大泌山房集10/19下）
明史288/15

曹學程字希明，全州人。萬曆十一年進士，歷知石首、海寧，治行最，擢御史。時冊封日本正使李宗城遁歸，神宗惑石星言，欲遣給事一人充使，因察視軍情。學程抗言不可，觸怒，下獄論死，子正儒刺血三上書，願以身代，獲赦，謫戍寧遠衛，久之放歸。

明史列傳84/15
明史234/20

曹謙，西安左衛人，雄子。讀書能文，有機略，好施予。雄下獄，謙亦被繫，爲怨家箠死。

明史列傳44/26

明史175/11

曹銈字時範，句容人。正德三年進士，授監察御史，言人之所訥，其劾巡按不職及輔臣誤國二事，尤峻直，陞廣西按察僉事，致仕卒。

贈僉憲曹君致仕序（竹亭存稿3/16）

曲林祠堂記（息園存稿文4/15）

母張氏。

壽曹母太夫人八十序（涇野先生文集1/4）

曹懷字于德，無錫人。正德十二年進士，選庶吉士，授戶科給事中。武宗將南狩，與廷臣伏闕諫，被杖。嘉靖初詔廷臣集議大禮，又以忤旨下詔獄，杖於廷。再疏論當事諸臣，遷永平知府，調守思恩，致仕。

披垣人鑑12/33

母王氏（1475—1520）

王孺人墓表（容春堂集29/3下）

曹變蛟，大同人，文詔從子。幼從文詔征討，以勇敢知名，與文詔稱大小曹將軍，賊聞其名，皆怖慴。崇禎中歷官臨洮總兵，與李自成轉戰千餘里，賊黨多降。自成東走，復窮追之，自成妻女盡失，僅以七人逃，錄功進左都督。後從洪承疇援松山，被執，死之。

明史272/3

敖

敖文禎（1545—1602）字嘉猷，號龍華，高安人。萬曆五年進士，選庶吉士，授編修，累官禮部侍郎，年五十八卒，贈尚書。文禎立朝居鄉，不苟詭隨，以直道自任。有薜荔山房藏稿傳世。

敖公墓誌銘（郭正域撰、薜荔山房藏稿10/71下）

敖公墓表（方從哲撰、同上10/78）

敖公墓表（嬾眞草堂集24/10下）

敖公傳（張應泰撰、薜荔山房藏稿10/84）

祭龍華敖公文（嬾眞草堂集29/24）

祭敖大宗伯（素雯齋集12/3下）

父敖敦夫，號賓湖。

壽封君賓湖翁八十序（紫園草2/10下）

壽敖封翁年伯八十序（快雪堂集6/28下）

敖英字子發，號東谷，淸江人。正德十六年進士。由南京刑部主事歷陝西、河南提學副使，遷江西右布政使。工詩、興幽思遠，盡絕蹊徑。有愼言集訓、東谷贅言、綠雪亭雜言。

東谷敖公擢貴州憲使敍（涇林集4/24）

敖墦字貴之，自號蒙泉居士，江西新喻人。嘉靖十四年進士，歷刑部郎，遷太倉兵備副使，官至山東布政司左參政。墦能任大事，持大體，頗不爲浮俗是非利害所奪，人以是稱之。

國朝獻徵錄95/31僉憲撰敖公墓志銘

敖鯤（1530—1586）字化甫，號南溟，臨江人。隆慶二年進士，授松江府推官，擢御史，官至南京光祿卿，卒年五十七。

敖公行狀（薜荔山房藏稿8/1）

敖先生墓誌銘（蒼霞草18/17，國朝獻徵錄71/45）

連

連楹，襄垣人。洪武中以太學生授翰林院左春坊太子贊善，改御史。靖難兵起、與御史姚鏞相誓死，廷臣有二者、輒爲章彈奏，立金川門下，自馬首數成祖，詞色不屈。命收之，引頸受刃，尸僵立不仆。後追謚剛烈。

皇明表忠紀2/38下

明史列傳19/29

明史141/13下

連鑛字伯金，初號白石，更號明山，永年人。嘉靖五年進士，選庶吉士，授知日照，遷戶部主事，擢御史，抗直敢任。巡方李新芳有狂疾，過廣平，驚礮聲，遂上言知府李騰霄謀刺使臣，令兵備楊彝捕緝二千人，闔郡洶懼。鑛上疏以百口保，事得釋。歷湖廣按察使，累官至右副都御史，總督漕運兼撫治鳳陽，致仕卒，年五十九。

送憲長白石連公入覲序（環溪集4/6）

國朝獻徵錄59/78郭鋆撰連公神道碑

張

張一桂 (1540--1592) 字稚圭，號玉陽，祥符人。隆慶二年進士，選庶吉士，授編修，晉侍講，歷南京國子祭酒，官至禮部侍郎，卒年五十三。有澂秋堂文集。

送太常張玉陽先生應召北上序（劉大司成集6/1）

贈張玉陽先生轉大司成敍（松石齋集9/31）

張少宗伯傳（同上13/15）

張公行狀（穀城山館文集28/41下）

祭少宗伯張公文（同上33/7下）

祭宗伯玉陽張年丈文（天遠樓集23/25）

國朝獻徵錄35/59趙志皐撰張公墓誌銘

父張清（1498—1562）字澄甫，號秋潭。

張公暨配劉氏合葬墓誌銘（穀城山館文集23/33下）

母劉氏（1513—1603）

壽張母劉太孺人六十序（賜閒堂集15/41）

賀張母劉太夫人八十壽序（余學士集11/15）

張一鯤 (1523--1611) 字伯大，號翼海，四川定遠人。隆慶二年進士，授臨潼令，擢御史，致仕歸卒，年八十九。

張公暨配席孺人墓銘（曇衍集2/1）

父張引，字升之。

榮河張公墓誌銘（弇州山人續稿105/5）

張九一 (1533--1598) 字助甫，號周田，新蔡人。嘉靖三十二年進士，授黃梅知縣，官至右僉都御史，巡撫寧夏，卒年六十六。有朔方奏議、綠波樓詩集。

張中丞集序（大泌山房集11/10下）

張公王恭人墓志銘（同上92/5）

明史287/19下

張九方字應臯，無錫人。領鄉薦，授汝寧推官，不畏強禦，當路忌之，棄官歸。售文自養，買舟名浮莊，往來梁溪之上，積月忘返。有覆瓿、歸田等集。

毘陵人品記8/19

張九功字叙之，河南陝州人。成化十四年進士，由庶吉士授戶科給事中，官至太僕寺少卿，卒於官。

國朝獻徵錄72/39實錄本傳

掖垣人鑑10/23下

張九功 (1528--1565) 字惟叙，號少源，沁州人，鵬子。嘉靖卅二年進士，選庶吉士，授監察御史，歷湖廣副使，四十四年晉陝西行太僕寺卿，未任卒，年僅三十八。

張公墓誌銘（條麓堂集26/43）

妻劉氏（1526—1564）

封劉孺人墓誌銘（條麓堂集29/11）

張九叙字禹功，山東商河人。弘治十八年進士，選庶吉士，授戶科給事中，嘉靖元年陞太僕寺少卿，歷太常寺，提督四夷館，仕終南京都察院右僉都御史，提督操江。

掖垣人鑑12/6下

張人龍字江如，遵化人，官寶豐知縣。崇禎十五年李自成陷城，抗節死。

明史293/14下

張三丰名全一，一名君寶，三丰其號，以其不飭邊幅，又號張邋遢，懿州人。一衲一蓑，所啖升斗輒盡，行遊四方，不常厥處。太祖成祖求之，皆不得。英宗時贈通微顯真人。

張三丰佚事（居東集5/60下，又5/61）

國朝獻徵錄118/190藍田撰傳

明史299/8

張子明，不知何許人，以千戶從大都督朱文正守洪都，陳友諒發兵圍攻，子明潛出圍告急於建康，太祖命歸語文正堅守一月，當必取之，不足慮也。子明還至湖口，爲陳軍所執，友諒迫誘城降，子明僞許之，至城下大呼曰大軍百萬至矣，固守以待。友諒怒殺之，追封忠節侯。

皇明獻實4/16

皇明功臣封爵考8/53下

聖朝名世考5/11

皇明世說新語5/21下

明史133/13

張子麒 (1455--1515) 字元祥，號恒東，稾城人。太學生，正德三年選授平陰知縣，以仁恕爲政，不事煩苛，陞懷慶府通判，卒於官，年六十一。

張君墓誌銘（東川劉文簡公集16/23）

張子麟（1459--1546）字元瑞，號恒山，藁城人。成化二十年進士，授南京大理寺評事，以平允稱。歷山西參政、河南布政使、右副都御史，累官至刑部尚書。頗通諸變佞，與時浮沉，官終太子太保，世宗時致仕，年八十八卒。

初恩志感詩序（棠陵文集1/29）

張公墓誌銘（鈐山堂集39/7下，皇明名臣墓銘離集62，國朝獻徵錄44/85）

父張欽號敬菴，（1513— ）。

松栢長春圖詩序（費文憲公摘稿12/16下）

張大復（1554--1630）字元長，崑山人。生三歲能以指畫腹作字，既長通漢唐以來經史詞章之學，著有崑山人物傳、崑山名宦傳、梅花草堂集、聞雁齋筆談。崇禎三年卒，年七十七。

張元長墓誌銘（牧齋初學集54/12下）

張大輪字用載，號夏山，浙江東陽人。正德九年進士，授工部主事，出爲常州知府，歷官福建副使。

贈張公陞按察序（涇野先生文集6/41下）

父張輔，字公佐，號荆溪。

張君墓表（楓山章先生文集6/20下）

張士佩（1531--1609）字玫夫，號濂濱，韓城人。嘉靖卅五年進士，授紹興府推官，讞斷明允，累官至南京戶部尙書，以事被劾罷職，卒年七十九。有六書賦音義。

濂濱張公神道碑（蒼霞續草14/27）

張士純字誠叔，號履素，浙江安吉人。嘉靖三十八年進士，由內黃知縣選禮科給事中，遷廣東僉事，仕至廣西右參議。

掖垣人鑑14/44

張士隆（1475--1525）字仲修，號西渠，安陽人。弘治十八年進士，累官陝西副使，擒滅漢中賊王大等，築堰溉田千頃，民賴其利，年五十一卒。

太學送張仲修序（涇野先生文集1/1）

南風之什序（同上2/14）

河東書院記（同上14/11）

河東書院志序（洹詞1/34）

野聞三首贈張御史仲修（同上1/31）

張君墓誌銘（同上5/6）

祭張西渠仲修文（同上5/13下）

祭張仲修文（涂水先生文集5/7下）

張士隆傳（西河合集83/2）

國朝獻徵錄98/81朱睦㮮撰傳

明史列傳58/22

明史188/21下

張文（1426--1482）字存簡，泰州人。成化二年進士，授刑部主事，累進郎中，在刑曹最久，有所讞必本於公德。十五年陞浙江按察司副使，丁憂歸卒。

張公墓誌銘（篁墩程先生文集43/9，國朝獻徵錄84/65）

弟張孜（1431--1487）字存善，號裕齋。

張從善墓誌銘（柴墟文集9/19）

張文字經載，號雅素子，江西新喻人。弘治六年進士，授刑科給事中，改工科、兵科、屢陞戶科都給事中，正德元年卒於官。

雅素子傳（羅文肅公集12/8，國朝獻徵錄80/12）

掖垣人鑑11/8

皇明書24/20下

明史列傳55/29

母李氏（1437—1497）

張母太孺人行狀（羅文肅公集23/12下）

張文奇字元正，長洲人。萬曆五年進士，除工部主事，出知寧波府，調貴陽，官至廣西副使，致仕卒。

張府君墓表（牧齋初學集66/13下）

張文明字應奎，陽曲人。正德六年進士，授行人，擢御史，巡按遼東、陝西。車駕幸延綏，文明朝行在，諸權倖扈從者，文明裁抑之，所需多不應。張忠輩譖於帝，謫電白典史。世宗立，召復故官，尋出知松江府，旋卒。

國朝獻徵錄83/33顧清撰張公墓志銘

明史列傳58/24下

明史188/22下

張文奎（1487--1550）字應光，號蒲山，陝西洛川人。正德十二年進士，官至江西按察使。丁憂歸，年六十四卒。

張公墓志銘（少華山人續集13/9，國朝獻徵錄97/8）

張文峙，名可仕，以字行，應天人，可大弟。隱居博學，嘗輯明布衣詩一百卷。

明史270/9下

張文海，鄞人。洪武二年詔修元史，文海徵入史館爲纂修官，書成，賜賚遣歸。

明史285/12

張文運，鄢人，先賢張子十四代孫。天啓二年授翰林院五經博士，子孫世襲，以奉張子祀，崇禎三年卒。

明史284/9

張文魁（1479--1542）字元甫，號宇川，河南蘭陽人。正德三年進士，授刑部主事，陞員外郎，遷山西僉事，歷苑馬寺卿，官至右副都御史，巡撫朔方，致仕歸卒，年六十四。

張公墓誌銘（苑洛集5/36，國朝獻徵錄61/101）

張文質（1421--1493）字允中，永平昌黎人。正統七年進士，授工科給事中，値己巳之變，中外多事，文質與同列屢進讜言以輔政，爲一時所器重。歷通政使、兵部左侍郎，成化中官至禮部尙書，兼太子太保，以疾致仕，年七十三卒。

張公墓誌銘（篁墩程先生文集46/12，皇明名臣墓銘艮集28）

張公神道碑銘（徐文靖公謙齋集7/30）

國朝獻徵錄33/33無名氏撰傳，又67/1實錄本傳

水東日記40/9

掖垣人鑑9/4

張文選（1372--1407）字士銓，永嘉人。永樂四年進士，選庶吉士，進文淵閣預修太祖實錄及永樂大典，翌年卒，年僅三十六。

張士銓墓誌銘（介菴集12/14下）

故庶吉士張公墓表（畏菴周先生文集9/79）

張文錦字閤夫，安丘人。弘治十二年進士，授戶部主事，歷安慶知府，以拒宸濠功，拜右副都御史，巡撫大同。文錦性剛，以拒賊得重名，遂銳意振刷，操切頗無序，爲亂卒所殺，謚忠愍。

明史200/10

張之象（1507--1587）字玄超，一字月鹿，號王屋山人，松江華亭人。嘉靖中官浙江按察司知事，投劾歸，年八十一卒。有太史史例、楚範、楚騷綺語、彤管新編、唐雅、唐詩類苑、古詩類苑。

先進舊聞（寶日堂初集23/29）

古詩類苑敍（四然齋藏稿2/1）

張公墓志銘（莫如忠撰、國朝獻徵錄84/104）

明史287/4下

張元冲字叔謙，號浮峯，浙江山陰人，以弘孫。嘉靖十七年進士，累擢吏科給事中，請罷遣中官織造，諫世宗玄修不視朝。官至左副都御史巡撫江西，遊王守仁之門。以戒懼爲入門，而一意求諸踐履，守仁謂其門眞切純篤無如元冲云。

祭張浮峯都憲文（敬所王先生集18/14）

張中丞傳（西河合集74/14下）

掖垣人鑑13/45下

明儒學案14/5下

母唐氏

壽張太夫人九袠序（敬所王先生集5/8）

張母唐太夫人九十壽誕序（甘泉先生續編大全2/22下）

張元忭（1538--1588）字子蓋，號陽和，浙江山陰人，天復子。隆慶五年進士第一，官至翰林侍讀。好讀書，以氣節自負。事親至孝，躬行實踐，矩矱儼然。其學篤信王守仁而究竟不出於朱熹。年五十一卒，謚文恭。有紹興府志、雲門志略、翰林諸書選粹、不二齋文選。

送陽和張太史使楚藩序（三餘館集6/1）

張陽和先生壽誕冊小序（楊復所家藏文集4/3）

張公行狀（朱文懿公文集11/14，又張陽和先生不二齋文選卷首）

張公墓誌銘（隅園集15/5）

張公墓誌銘（王錫爵撰、張陽和先生不二齋

文選卷首，又國朝獻徵錄19/27）

張公墓表（羅萬化撰、張陽和先生不二齋文選卷首）

郡志小傳（孫鑛撰、張陽和先生不二齋文選卷首）

祭張子藎文（鄧定宇先生文集4/62下）

祭張陽和宮諭文（朱文懿公文集12/13）

祭張陽和中允文（鄒子願學集7/6）

奠張陽和先生文（楊復所家藏文集5/36）

張陽和先生文選序（東越證學錄6/22下）

張陽和先生文選序（鄒子願學集4/51下）

狀元圖考3/28下

明史283/26

明儒學案15/4下

張元春（1465--1537）字幼仁，號南州，南昌人。弘治十五年進士，授山陰知縣，歷知滁州，遷蘇州府同知，正德十一年擢知梧州府，所至有聲，丁憂罷歸，卒年七十三。

張公墓誌銘（歐陽南野文集24/29下）

張元凱字左虞，吳縣人。以世職爲蘇州衞指揮，再督漕北上，有功不得叙，自免歸。少受毛氏詩，工詩，有伐檀齋集。

代檀集序（弇州山人續稿42/16）

張元禎（1437--1507），字廷祥，號東白，南昌人。登天順四年進士，授編修，預修英宗實錄，與執政議不合，引疾歸。居家講求性命之學，閱二十年。弘治初召修憲廟實錄，進春坊左贊善，上疏勸行王道，累官至詹事。帝晚年德益進，元禎因請讀太極圖說、通書、西銘諸書，帝取觀之，喜曰，天生斯人，以開朕也。武宗立，進吏部左侍郎。卒年七十一，謚文恪，有東白集。

東白集序（見素集4/8）

祭東白先生文（中峯文選5/1）

祭張東白文（石龍集27/1）

張公墓志銘（懷麓堂文後稿29/1）

張公神道碑（王文恪公集22/4下，國朝獻徵錄18/34）

皇明獻實36/2下

殿閣詞林記6/21

吾學編41/3

皇明書35/21下

國琛集下/7

聖朝名世考8/13

皇明世說新語6/26下，7/24下，8/33

明史列傳54/14下

明史184/7

明儒學案45/9

張元勳字世臣，浙江太平人。嗣世職爲海門衞新河所百戶，平賊屢有功，官至都督，廕錦衣，致仕卒。元勳起小校，大小百十戰，威名震嶺南，與廣西李錫並稱良將。

明史列傳86/45

明史212/25下

張天相（1473--1521）字祐之，號石泉，太原衞人。弘治十二年進士，授戶部主事，累官浙江、陝西布政使，卒於官，年四十九。

張公墓志銘（涇野先生文集23/7下）

張天瑞（1451--1504）字天祥，山東清平人。成化十七年進士，授編修，升侍講，官至左春坊左庶子，弘治十七年卒，有雪坪集。

國朝獻徵錄19/6無名氏撰傳

張天復（1513--1573）字復亨，號內山，又號初陽，晚更號鏡波釣叟，浙江山陰人。嘉靖二十六年進士，歷雲南按察副使，官至太僕寺卿，卒年六十一。有皇輿攷、鳴玉堂稿。

送憲副內山張君督學湖南序（世經堂集13/33下）

壽太僕張內山公六十序（朱文懿公文集3/40）

先考內山府君行狀（張陽和先生不二齋文選5/12）

祭張內山文（龍谿王先生全集19/13）

祭張內山太僕文（朱文懿公文集12/8）

鳴玉堂稿序（二酉園文集5/1）

兄張天衢（1498--1571）字道亨，號十峯，漢陽府同知。

十峯張公配丁夫人合葬墓誌銘（朱文懿公文集9/30）

妻劉氏（1516--1583）

先妣劉安人行狀（張陽和先生不二齋文選

5/18）

劉安人墓誌銘（白楡集17/14下）

張孔教字魯生，會稽人。舉於鄉，歷官四川僉事，崇禎十七年張献忠冦成都，城陷不屈死。

明史295/11

張予卿，武進人。官信陽知縣，崇禎十五年清兵至，城陷，殉節死。

明史291/20下

張尺字守度，號木菴，天台人，璣子。年十四而孤，爲人錄文字，躬樵蘇以給，布政使秦敬召爲椽吏，固辭，厚遺之亦弗受。問所欲，曰讀書，秦深賞歎，俾與其子同學，後歸隱不仕。其父垂沒時，求一綿襖弗得，感痛遂終身不衣絹帛，郡守顧璘禮遇之，榜列以風六邑，卒年八十七。

二張先生傳（石龍集22/3下）

張木菴墓碣銘（石龍集24/10，國朝獻徵錄116/47）

張友程，遼州人。歷官刑部主事，里居，崇禎五年流賊冦遼州，友程佐知州李呈章守城，被執不屈死。

明史292/2下

張日韜字席珍，莆田人。正德十二年進士，授常州推官。世宗時召爲御史，席書以中旨拜尚書，日韜抗疏力爭，受杖死。

國朝獻徵錄65/81徐觀瀾撰傳

明史列傳72/6下

明史192/19下

張日新字心白，浙江建德人。崇禎時由歲貢生歷官齊東教諭，見海內冦起，與諸生講藝習射，招土冦安守夏降之。崇禎十五年，清兵圍齊東，與守夏登陴守，城陷，死之，守夏亦從死。

明史291/20下

張日觀，長州人。萬曆五年進士，授工部主事，出知寧波府，累遷廣西少參，擢憲副，乞休歸卒。

張公暨配陳恭人傳（無夢園遺集6/81）

張中字景華，一字景和，臨川人。應進士舉不第，遂放情山水，佯狂玩世。遇異人授數學，談禍福多奇中。太祖下豫章，召侍左右，言事多驗，生平好戴鐵冠，人稱鐵冠子。

張中傳（宋學士文集9/82，國朝獻徵錄79/14）

名山藏102/6

明史299/7

張介（1429--1502）字廉夫，內江人。成化二年進士，授戶部主事，遷員外郎，出知貴州思州府，弘治中致仕，卒年八十一。

張公墓志銘（東川劉文簡公集17/3下）

張介福字子祺，自懷慶徙居吳中。少受學於許衡，無仕進意，纖介必以禮。張士誠入吳，欲致之，不屈。病革謂友曰，吾志希古人，未能也。惟無汚於時，庶幾哉。遂卒。

明史298/2

張允修字建初，江陵人，居正第五子。以廕爲尚寶丞。崇禎十九年張献忠掠荆州，允修題詩於壁，不食而死。

明史列傳74/32

明史213/25

張允登，漢州人。萬曆三十八年進士，歷知咸寧、咸陽，有善政。累遷河西兵備副使，崇禎四年督餉至甘泉，降卒通賊刼餉，允登力禦不敵死。

明史292/1下

張永（1465--1528）字守菴，保定新城人。武宗初總神機營，與劉瑾爲黨，居八虎之一。後惡瑾行事，奏誅瑾。嘉靖時掌御用監，提督團營。

奉賀提督贊畫機密軍務大內相守菴張公獻凱還朝序（費文憲公摘稿14/49下）

張公墓志銘（楊一淸撰、國朝獻徵錄117/26）

名山藏87/10下

皇明世說新語8/9

四友齋叢說8/2下

明史304/28

張永安，石州吏、嘉靖中父爲冦所逐，永安持挺追擊之，傷二賊，趣父逸去，而身自後衛之，被數十創死。

明史297/15下

張永明（1499--1566）字鍾誠，號臨溪，烏程人。嘉靖十四年進士，授蕪湖令，擢南京刑科給事中，連劾張瓚、嚴嵩等，中外憚之，累官左都御史。永明素清謹，掌憲在嚴嵩後，以整飭綱維爲己任。年六十八卒，謚莊僖。有莊僖公集。

張公行狀（潘季馴撰、張莊僖公集禮集/34）
張公神道碑銘（郭朴撰、同上/28）
張公墓誌銘（李文定公貽安堂集7/25下，張莊僖公集禮集/22），國朝獻徵錄54/106）
張莊僖公傳（申時行撰、張莊僖公集禮集/10）
張莊僖公誄（葉向高撰、同上/18）
明史列傳69/30
明史202/20下

張玉（1343--1400）字世美，祥符人。仕元爲樞密知院。洪武十八年降明，累擢都指揮僉事，以驍果善謀畫，爲成祖所親任。建文初、成祖起兵，從攻東昌，與盛庸軍遇，戰死，年五十八。追封河間王，謚忠武。

張公神道碑(楊士奇撰、皇明名臣琬琰錄14/1
國朝獻徵錄5/61朱睦㮮撰傳
名山藏臣林記5/1
吾學編26/1
皇明功臣封爵考2/13
靖難功臣錄×/5
明史列傳21/4下
明史145/4

妻王氏（1355—1439）
王氏墓誌銘（楊文敏公集23/1）

張玉（1410--1463）字克溫，揚州江都人。宣德末襲職太原左衛指揮僉事，守偏頭關，繕治沿邊城垣壕塹以防虜，數有功，擢懷遠將軍，天順七年卒，年五十四。

張濬遺事（彭文思公文集7/26下）

張正常（1335--1377）字仲紀，貴溪人，漢張道陵四十二世孫。元時賜號天師。洪武時授正一嗣教眞人，卒年四十三。

張公神道碑銘（宋學士文集 55/423，皇明名臣墓銘乾集1，國朝獻徵錄118/104）
明史299/21

張可大字觀甫，應天人。萬曆二十九年武進士，仕爲登萊總兵官，進右都督。孔有德反，城陷死，謚莊節。可大好學能詩，敦節行，有儒將風。

天啓崇禎兩朝遺詩傳2/85
啓禎野乘9/47
明史270/7下

張可仕字文峙，以字行，改字紫淀，應天人，可大弟。諸生，通曉掌故，淸順治十一年卒，編次有南樞志、國朝布衣詩等。

啓禎野集9/48下

張弘至字時行，松江華亭人，弼子。弘治九年進士，改庶吉士，授兵科給事中，陳初政漸不克終八事。武宗立、以戶科右給事中奉使安南，還、遷都給事中，母憂歸卒。

先進舊聞（寶日堂初集22/43下）
披垣人鑑11/14下
明史列傳55/25
明史180/32

張本（1367--1431）字致中，山東東阿人。洪武中以國子生知江都縣，後降燕兵，陞知府，累進刑部右侍郎。仁宗立，拜南京兵部尙書，兼都察院事。本廉介有執持，尙刻少恕，時號窮張。卒年六十五。

祭張本文（金文靖公集10/58）
祭張公文（同上10/61下）
張公神道碑銘（楊文敏公集18/1）
張公墓誌銘（東里文集 19/1，皇明名臣墓銘坎集22，皇明名臣琬琰錄18/4）
國朝獻徵錄38/26無撰人張本傳
皇明獻實12/2下
明史列傳27/14下
明史157/2下

父張仁（1332—1395）字從善。
張從善合葬墓誌銘（東里文集20/11下）

張世忠字顯甫，山海衛人。嘉靖武擧人，累官大同參將。冦大擧入掠，世忠與諸將會兵襲之，軍潰，世忠力戰死，贈左都督，謚忠愍。

國朝獻徵錄110/19永平志傳

皇明書32/16

明史列傳60/18

張世則字准範，號準齋，山東諸城人。萬曆二年進士，由密雲知縣選吏科給事中，官至四川安緜兵備副使。有貂璫史鑑。

披垣人鑑16/16

張世禧，大興儒生，貧而好學。明末京師陷，與子生員懋賞、懋官同縊死。

明史295/7下

張旦字子明，寶應人。嘉靖十四年進士，歷戶部郎中、督餉大同，時其兄習亦以戶部郎中督餉宣府，兩鎭相望，人稱爲北門双鑰。旦精敏廉幹，默銷邊士脫巾之禍，邊人賴之。陞雲南兵備道，官至四川左參政。旦所至儉約，見貪墨吏輒詈之，樂與改善，不以刻覈要名，以故屬吏畏威懷德。卒、家無餘儲，海內稱淸白吏。

明代寶應人物志×/11下

母陳氏。

壽張母陳太宜人序（存笥稿7/3）

張四知字貽白，號巖叟，費縣人。天啓二年進士，選庶吉士，授檢討。崇禎間、累陞禮部侍郎，晉尙書，兼東閣大學士，仕終吏部尙書加太子太保，告歸。

五十輔臣考4/5

明史253/17下

張四維（1526--1585）字子維，號鳳磐，蒲州人。嘉靖三十二年進士，萬曆間以張居正薦，得爲禮部尙事，東閣大學士，入贊機務，謹事居正，不敢相可否。居正卒，四維當國，力反前事，時望頗屬，卒年六十，謚文毅。有條麓堂集傳世。

贈張公入閣序（復宿山房集18/1）

祭蒲州張相公文（二酉園續集20/2下）

張公行狀（復宿山房集30/1，條麓堂集34/19下）

張公墓表（王文肅公文草7/40，條麓堂集34/15）

張公神道碑（賜閒堂集20/1，條麓堂集34/1）

張公墓誌銘（許文穆公集5/8，條麓堂集34/9）

嘉靖以來內閣首輔傳7/16

明史219/1

父張允齡（1506—1583）字伯延，號峒川。

贈峒川張翁歸蒲坂序（馬文莊公集選1/15）

壽封太史涸翁張年伯老先生六袠序（浣所李公文集4/1）

奠封少師張峒川翁文（紫園草11/14）

祭張少師太翁文（芝園文稿7/10下）

峒川府君行狀（條麓堂集30/21下）

張公墓誌銘（賜閒堂集25/18下）

張公神道碑（余文敏公集12/1）

張以弘字裕夫，浙江山陰人。成化五年進士，授兵科給事中，擢禮科都給事中，遷湖廣左參議。致仕歸，弘治十五年卒。

張公墓誌銘（東泉文集7/26下）

披垣人鑑10/11下

張以寧（1301--1370）字志道，古田人。元泰定四年以春秋舉進士，官至翰林侍讀學士。博學強記，擅名於時，人呼小張學士。明師取元都，復授侍講學士。洪武三年使安南，及還，道卒。以寧家古田翠屛山下，學者稱翠屛先生。有春王正月考、翠屛集。

張公墓碑（楊文敏公集19/4下，國朝獻徵錄20/60）

殿閣詞林記4/16下

皇明世說新語5/23

名山藏臣林記4/11下

明史列傳12/9下

明史285/9

張以誠（1576--　　）字君一，號瀛海，松江華亭人。萬曆二十九年進士第一，官翰林院修撰。有毛詩微言。

狀元圖考4/3

張令，永寧宣撫司人。初從奢崇明，後率衆降，授參將。累遷副總兵，鎭川北。令年七十餘，馬上用五石弩，中必洞胷，軍中號神弩將。崇禎十三年張獻忠戰，死於陣。

明史269/10

張汝舟字濟民，號二南，崑山人。成化十年舉人，倅南昌，在任九載，剛正廉明，上下信服，政聲赫然。仕終思南知府。

二南張先生傳（顧文康公文草8/11）

明史289/18

張汝治字堯敷，武進人。以貢司訓長興，時武進令爲長興人，其子弟爲門下士，五載未嘗投一刺。里中有豪觸法，橐百金求援，嚴謝不應，人以爲難。

毘陵人品記10/18下

張汝棟（1510--1549）字伯隆，號郭莊，陝西涇陽人。嘉靖十七年進士，授行人，選尙京兵科給事中，累陞刑科都給事中，卒于官，年僅四十。

張公墓誌銘（溫恭毅公文集10/20下）

掖垣人鑑14/4下

母王氏。

壽太孺人張母六十序（存笥稿7/4下）

張汝蘊字子發，號逢原，章丘人。萬曆八年進士，授東安令，遷南京工部主事，官至陝西副使。

張公誌銘（來禽館集13/5下）

張安，建文時官指揮，與燕兵戰，被執，道亡，隱樂清、以樵爲生。聞帝自焚，燕王即位，殺方孝孺，投水死，人稱樂清樵夫。

遜國正氣記6/22

遜國神會錄上/65

張安（1444--1518）字定之，大同人。累有戰功，正德間大同有警，掛征西前軍印、充總兵官，鎭其地。安才兼智勇，出入敵陣，往來如飛，未嘗敗北。致仕卒，年七十五。

國朝獻徵錄108/37不著撰人張公神道碑

明史146/12

張安甫字汝勉，號天方，崑山人，和從子。弘治三年進士，授知祁州，凡四載，時稱循吏。以丁憂乞休不出，卒年八十四。

張公德政碑銘（端溪先生集5/70下）

祭崑山天方張公入祀鄉賢祠文（同上6/17下）

天方先生傳（五龍山人集7/1）

張安國，定海人。建文朝爲工部郎。靖難師起，安國乘舟入太湖間，聞金陵陷，與妻賈氏鑿舟自沈。

皇明表忠記3/26下

遜國正氣記5/22

遜國神會錄上/65

張守中字大石，聞喜人。嘉靖二十八年舉人，授保定通判。萬曆初累擢右僉都御史，巡撫延綏。斥貪殘，摧豪右，將吏趨職惟謹，錄功進右副都御史，卒官。父張九疇，字範之，號龍山。卒年六十三。

張公暨配楊氏墓表（條麓堂集25/21）

張守直（1515--1588）字時舉，號筆峰，薊州遵化人。嘉靖二十三年進士，歷吏部考功、文選兩司郎中，屢官至戶部尚書，罷歸卒，年七十四。

張公墓誌銘（王文肅公文草9/14下）

張守約，陝西同州人。洪武二十七年進士，授行人司副。

贈進士行人司副張守約之同州歸省序（坦齋文集1/17）

張守約字彥博，岳州人。嘉靖五年進士，知萊陽，轉南京大理寺評事，進寺正，擢守淮安府。約自奉儉約，所携蒼頭不能忍，趁約熟睡刺之死，檢所遺、惟篋中書數束及敝裘而已。

弔淮守張君文（皇甫司勳集58/3）

徐氏海隅集外編40/9

張守約字伯操，號大約，江南確山人。嘉靖五年進士，由中書舍人選兵科給事中，歷兵科都給事中，尋奉旨爲民。

掖垣人鑑13/31

張羽字來儀，後以字行，改字附鳳，潯陽人。從父宦江浙，卜居吳興。元季領鄉薦，爲安定書院山長，與高啓輩爲詩友。洪武中官太常寺丞，坐事謫嶺南，未至、召還，自沈於江。羽文章精潔有法，尤長於詩，畫師米友仁。有靜居集。

國朝獻徵錄70/44實錄傳

名山藏95/3下

吳中人物志10/22
明史285/21

張羽字鳳舉，號東田，泰興人。弘治九年進士，由淳安知縣擢御史，彈劾中貴，疏論時事，甚剴切。後守保定，以母病乞歸。嘉靖初復起四川參政，陞河南布政使致仕。有東田遺稿。

贈張鳳舉敍（柴墟文集7/10）
送張東田伯翔致仕文（蘇門集5/16下）

張羽（1470--1533）字伯翔，號中梁，南鄭人。性至孝。弘治十八年進士，武宗時任御史，出爲廣平知府，調河間，甚著聲績。嘉靖中擢貴州布政使，以羨金進却不納，爲籍記於官。終南京工部侍郎，卒年六十四。

贈中梁張公考績序（涇野先生文集9/14下）
張公配呂氏墓誌銘（涇野先生文集28/17，國朝獻徵錄53/12）

張臣（1528--1614）字懷忠，號東山，榆林衞人。起行伍爲隊長，矯捷精悍，搏戰好陷堅。累擢陝西總兵官，移鎮甘肅，名著塞垣，爲時良將。萬曆四十二年卒，年八十七。

張公墓志銘（大泌山房集81/42）
都督張公傳（海嶽山房存稿7/22）
明史列傳89/5
明史239/1

張至發字聖鵠，號憲松，淄川人。萬曆二十九年進士，崇禎間代溫體仁爲首輔，一切守其所爲，而才智機變遜之。會曹荃發、黃應恩昧請事，詞連至發，去官。其後復召用，至發四疏辭，崇禎十五年卒於家。

五十輔臣考3/10
明史253/5

張吉（1451--1518）字克修，號翼齋，別號古城，餘干人。成化十七年進士，授工部主事，歷官至貴州左布政使。屏絕人事，窮諸經及宋儒之書，語學者曰，不讀五經，遇事便覺窒礙。以象山爲禪，作陸學訂疑。嘗擇胡居仁居業錄集之，謂之要語。又有古城集。卒年六十八。

張公神道碑（楊廉撰、國朝獻徵錄103/6）
國琛集下/8下
聖朝名世考8/10
皇明書35/32下
明儒學案46/4下

張同敞字別山，江陵人，居正曾孫。崇禎間以蔭補中書舍人。李自成陷京歸，遁歸。桂王時授兵部侍郎，經略楚粵兵馬，以忠義激勵將士，人人自奮。清兵入桂林，與瞿式耜同遇害，諡忠烈。

明史列傳74/30下
明史213/23下

張光奎，澤州人。仕至山東右參政。崇禎五年流賊犯澤州，光奎方里居，與兄守備光璽等率衆固守，援兵不至，城陷並死之。

明史292/2

張光前字爾荷，澤州人。萬曆三十八年進士，累擢吏部稽勳郎中。因與魏忠賢不合，貶三秩，調外任。兄右布政使光縉治兵遵化，爲奄黨門克新所劾，亦削籍。崇禎三年起太常，已進大理少卿，乞休卒。

明史列傳86/8下
明史242/15下

張光祖字德徵，號双溪，潁州人。嘉靖十一年進士，擢御史，巡按陝西。

陝西奏議序（涇野先生文集13/29下）
烏臺風教序（同上13/30下）

父張□，號東村。正德十四年舉人。三原知縣。

封監察御史東村張公榮壽序（涇野先生文集13/28）

張合（1506--1553）字懋觀，雲南永昌衞人，志淳幼子。工書畫，性嗜學，登嘉靖十一年進士。歷湖廣副使，以疾歸。時欲清查夷田，人心洶洶，合上書五千言，遂寢其事。年四十八卒。

張公墓誌銘（丘隅集15/1，國朝獻徵錄88/92）

張全昌，榆林衞人，臣孫。由廕叙歷官靈州參將，累擢都督僉事，爲宣府總兵官，兵敗戍邊。用山西巡撫吳甡之薦，爲援剿總

【十一劃】張

兵官。崇禎十年，與流賊戰，屢敗，逮付法司，謫戍邊衞卒。

明史239/6下

張任字希尹，嘉定人。嘉靖二十六年進士，授工部主事，歷嚴州知府、貴州參政、遷陝西按察使，終浙江右布政使。父張子愛，字原仁，官錢塘主簿，卒年七十三。

張公墓誌銘（徐氏海隅集文編17/12下）

張任學，安岳人。天啓五年進士，授太原知縣，調楡次，崇禎中擧治行卓異擢御史，按河南，監軍討賊。時盜賊縱橫，諸將不敢擊，任學請易武階，爲河南總兵官，後與張獻忠戰敗，坐褫職。十五年復起，未及用而卒。

明史260/29下

張仲禮，饒州人。建文時任惠州知府，不携家室，獨姪張福緣任饗飧。以胡閏外親，抄提全家解院，陳瑛疑家財未盡，復差柴斌率官兵至惠州逮仲禮，惠民大哭。斌見仲禮無賄亦無財，遂用非刑，其姪及仲禮死，並滅族。

皇明表忠紀2/4

遜國正氣紀4/6

遜國神會錄上/40

張如宗，大名人。少家貧力學，以端謹聞。初官鴻臚序班，轉光祿寺丞，擢四川參議，乞歸卒。

國朝獻徵錄98/39無名氏撰傳

張名振字侯服，江寧人。崇禎間授台州石浦遊擊，南都破，名振與舟山黃斌卿並受閩浙之命。錢塘師潰，扈魯王走閩，封定西伯。復還浙討斌卿，迎魯王居舟山，晉太師。清軍至，名振留阮駿守橫水洋，以弟名揚與留守張肯堂守城，自帥兵奉王擣吳淞以牽制之。舟山陷，名振扈王次鷺門，後屢以軍入長江窺金陵，事卒不成，永曆八年病卒。

張公墓碑（鮚埼亭集外編4/19下）

張汶，邯鄲人，國彥曾孫。由廕叙爲後軍都督府經歷，嘗被酒詆魏忠賢，下獄拷掠死。

明史245/22

張志孝，濟寧人。嘉靖三十二年進士，屢官至右僉都御史，巡撫大同，隆慶元年召還卒。

祭張中丞文（九愚山房稿56/8下）

張志雄，初爲陳友諒將，素驍勇，號長張。後降太祖，爲樞密院判，康郎山之戰，舟檣折，敵攢刺之，知不能脫，自刎死。

明史133/14

張孝起字子將，吳江人。擧於鄉，授廉州推官。清兵至，戰敗被執，旋脫去。永明王以爲吏科給事中，清貞介直，不與流俗伍。累擢右僉都御史巡撫高雷廉瓊四府，城破被執，不食七日死。

明史279/19

張克儉字禹型，屯留人。崇禎四年進士，授輝縣知縣，累擢湖廣僉事，監鄖襄諸軍，以破賊功，十四年進右僉都御史，巡撫河南，未聞命，張獻忠入襄陽，被執，死之。

明史292/18下

張岐（1425--1474）字來鳳，河間興濟人。景泰五年進士，授監察御史，遷浙江按察副使，官至左僉都御史、巡撫遼東，坐累罷歸，年五十卒。

贈浙江憲副張君赴任序（呂文懿公全集7/53）

張公墓志銘（彭文思公文集6/19，國朝獻徵錄63/17）

張芊字廷茂，四川南充人。正德十二年進士，授兵部主事，改戶部，出知臨洮府。

送張臨洮序（涇野先生文集6/43）

張位字明成，號洪陽，新建人。隆慶二年進士。官至吏部尚書，武英殿大學士。位初官翰林，頗有聲望。及入政府，招權示威，素望漸衰，坐事除名爲民卒。天啓中復官，諡文瑞。有問奇集、詞林典故、警心類編、周易參同契注解、悟眞篇注解、老子注解、閒雲館集鈔、叢桂山房彙稿。

張洪陽先生大學講章序（快雪堂集1/1）

贈大學士張公序（大泌山房集44/1）

賀大學士張洪陽先生六十序（山居文稿3/8）

張洪陽相公七十壽序（玉茗堂全集 1/11下）
新建相公七十壽序（睡庵文稿9/6）
壽張相國七十（李長卿集3/1）
張太史論學劄記序（田亭草3/5）
老子注解序（芝園文稿1/10下）
警心類編序（同上1/11下）
皇明世說新語1/20
明史219/8下
母陳氏（1514—1589）
壽洪陽張君母陳太夫人序（長水先生文鈔8/12）
陳太淑人行狀（鄧定宇先生文集4/28）
陳淑人墓誌銘（李文節集20/22下）
妻曹氏（1535—1593）
曹氏神道碑（大泌山房集110/35）
弟張佩（1537—1592）字明訓，號洛原；光祿寺署丞。
洛原張公墓表（睡菴文稿20/3下）

張伯鯨字繩海，江都人。萬曆四十四年進士，歷知會稽、歸安、鄞三縣，崇禎間累官至兵部左侍郎，乞休。揚州被圍，與當事分城固守，城破，自經死。
明史267/2

張我正，陝州人。素豪俠，集衆保鄉里，一方賴之。崇禎十四年勒衆禦賊，賊大至，衆悉奔，我正奮臂獨戰，賊愛其勇，欲生致之，詬駡自刎死。
明史292/4

張我德，陝州人。崇禎間賊至，我德與其家二十七人登樓自焚死。
明史292/4

張我翼，涇陽人。官葉縣知縣，崇禎十四年闖賊破城，被害。
明史293/17下

張廷臣字元忠，太倉人，寬子。嘉靖間學於鄉，屢試南宮不第，年四十三卒。廷臣遇事強敏精悍，能治家，著有張氏說詩。
元忠張君家傳（震川先生集26/333）

張廷槐字子徵，號三齋，薊州人。嘉靖二十三年進士，由行人選兵科給事中，降直隸婺源縣丞，歷陞陝西副使。四十五年免官。
披垣人鑑14/11

張延登，號華東，山東鄒平人。萬曆二十年進士，授內黃令，遷給事中。
重修內黃令華東張公生祠（雲石堂集 13/5）
天啓崇禎兩朝遺詩傳4/165

張延齡，興濟人，巒次子。弘治八年以都督同知封建昌伯，十六年進侯、加太保。嘉靖八年盡革外戚封，不得世嗣，與兄鶴齡均在革中，後坐法下獄，嘉靖廿五年死於西市。
皇明功臣封爵考7/20下
皇明書12/4
明史300/17

張邦定，武進人。嘉靖三十四年倭亂，爲義官練鄉兵以禦之。與倭戰被執、不屈，遂遇害。
毘陵人品記10/7

張邦奇（1484—1544）字常甫，號甬川，別號兀涯，鄞人，愷孫。弘治十八年進士，嘉靖間歷吏部右侍郎，推轂善類，人不可干以私。官至南京吏部尚書，改兵部，參贊機務，年六十一卒，謚文定。邦奇之學，以程朱爲宗，躬修力踐，跬步必謹。有學庸傳、五經說、兀涯西漢書議、及環碧堂、紓玉樓、靡悔軒、觀光樓、四友亭諸集。
贈督學甬川張先生復任四川憲副序（蒙山文集11/24）
誥勅南京吏部左侍郎張邦奇（顧文康公文草卷首/22）
張公神道碑（鈐山堂集35/10）
祭甬川先生文（茅鹿門先生文集26/4）
祭張司馬文（皇甫司勳集59/3下）
張司馬哀辭（自知堂集17/1）
張文定公文選序（東廓鄒先生文集 3/48下）
國朝獻徵錄42/64張時徹撰傳
國琛集下/35
名山藏臣林記20/11下
皇明書37/1
明史210/11
明儒學案52/1
父張時敏（1460—1531）字日新，號洞雲。

賀封君洞雲張先生暨太君沈夫人雙壽序（泉翁大全集21/4）

洞雲府君行錄（張文定公環碧堂集8/1）

母沈氏

賀張太夫人九十壽序（龍津原集4/12下）

妻王氏

故妻王氏墓誌銘（張文定公靡悔軒集9/20下）

張含字愈光，永昌衞人，志淳子。正德中擧鄉試。少與楊愼同學，能詩。有禺山文集、禺山詩選、禺山七言律鈔。

皇明世說新語6/29；7/28

張泌字淑淸，潁州人。洪武中由太學生任兵科給事中，廿八年累官至光祿寺卿。容貌豐偉，識達大體。後吏部每奏除光祿官，成祖必問得如張泌否。

披垣人鑑7/2下

國朝獻徵錄71/1實錄傳

張注字時雨，號雨軒，崑山人。至性孝友。由歲貢歷宜春潮陽二學訓導，居潮五年，以誠感人，士俗丕變，潮人立生祠奉之。卒年八十七。

崑山人物志4/11下

吳郡張大復先生明人列傳稿×/72

張治（1488--1550）字文邦，號龍湖，茶陵人。正德十六年會試第一，累官南京吏部尙書，入爲文淵閣大學士，進太子太保。治性卞急而志意慷慨，接人樂易，喜獎進士類。語及治亂之故，毅然以經濟自許。嘉靖廿九年卒，諡文毅。有龍湖文集。

代送張龍湖先生校士北還序（方山薛先生全集14/2下）

送張龍湖先生擢南京吏部右侍郎序（內方先生集9/8）

贈少宰張龍湖南征序（趙文肅公文集15/7下）

太宰龍湖張公之官南都（歐陽南野文集21/21）

送太宰龍湖張公詩序（世經堂集12/54）

贈龍湖張公簡命禮部尙書兼文淵閣大學士序（苑洛集2/14下）

壽少宰龍湖張公六十序（存笥稿6/4下）

壽少宰學士龍湖先生張公六十序（世經堂集12/50下）

贈大學士龍湖張公奉詔奉政序（羣玉樓稿3/17下）

原性堂記（李中麓閒居集12/55）

祭張龍湖閣老文（張太岳文集17/8）

國朝獻徵錄16/72雷禮撰傳

名山藏臣林記20/21下

徐氏海隅集外編40/10下

子張元孝（1542—1595）字天經，號後湖，禮部主事。

張公墓誌銘（紫棠草6/43）

張治具（1529--1601）字明遇，號洞齋，晉江人。隆慶五年進士，授永淳知縣，擢御史，官至四川按察使，年七十三卒。

憲使張洞齋公七十壽序（田亭草5/36）

張公墓誌銘（同上14/13）

洞齋張公墓志銘（蒼雲草18/9）

張治道(1487--1556)字孟獨，號太微山人，陝西長安人。正德九年進士，知長垣縣，有惠政，遷刑部主事，然不樂於官，引疾歸。一意讀書爲文章。在刑部日，與薛蕙、劉儲秀等爲詩會，都下稱西翰林。退歸後、數與王九思、康海縱論詩文，年七十卒。有太微前後集、嘉靖集、少陵志、長垣志等。

太微山人張孟獨詩集序（對山集14/10下）

張公墓碑（丘隅集14/9，國朝獻徵錄47/72）

父張通字大亨。

明故承德郎刑部主事張公墓誌銘（對山集17/9）

母高氏。

高夫人墓志銘（渼陂續集中/14下）

張宓（1532--1574）字仲初，號桂原，惠安人，岳子。以任子爲太學生，授前軍都督府都事，轉右府參事，出爲慶遠知府，疎文罔，崇實政，革稅賦之羨，嚴官市之禁，商民便之。萬曆二年卒於官，年四十三。

張公暨配黃氏墓誌銘（田亭草16/12）

張宗璉（1374--1427）字重器，吉水人。永樂二年進士，累官南京大理丞，謫常州同知。朝遣李立理江南軍籍，多逮平民，宗璉數爭之，免株累甚衆。宣德二年疽發背卒，常州民白衣送喪者千餘人，立廟君山以祀之。

贈大理寺丞張宗璉詩序（東里文集 5/20下）

君山廟碑（同上14/23）

張重器墓碣銘（同上17/15）

皇明書28/20

國琛集上/26下

明史281/15下

張宗魯，鈞州人。四歲失明，年二十，負母避難，其妻扶掖以行，賣卜爲養。事聞、表其門。

皇明書41/2

張承相，石州人。少孤，及長爲諸生，養母二十餘年，以孝聞。嘉靖中俺答犯石州，承相負母出逃，爲所得，叩頭號泣，乞免其母，寇怒，並殺之，抱母首死。

明史297/15下

張承蔭，榆林人，臣子。由父蔭積功爲延綏副總兵，勇而有謀，尤精騎射，數鏖戰，未嘗挫衂。萬曆間積功進署都督同知，移鎮遼東。四十六年戰於撫順，死之。

明史列傳89/7下

明史239/3下

張孟男（1534--1606）字元嗣，號震峰，中牟人。嘉靖四十四年進士，官尚寶丞。姑爲高拱妻，孟男自公事外無私語，拱撼之，四歲不遷。張居正用事，擢太僕少卿，復不附。居正敗，累遷戶部尚書。致仕卒，年七十三。

南大司徒震峯張公七十壽序（昭甫集 20/4）

張司徒家傳（大泌山房集63/24下）

震峰張公墓志銘（蒼霞草16/16）

祭震峰張公文（昭甫集25/2）

明史列傳77/15下

明史221/14下

張孟兼，名丁，以字行，浦江人。洪武初徵爲國子監學錄，與修元史。以太常丞出爲山西按察司僉事，遷山東按察司副使。以執法不阿爲吳印所誣訐，棄市。有白石山房逸稿。

送張孟兼序（宋學士文集26/222下）

跋孟兼文稿序後（同上41/328下）

張孟兼傳（遜志齋集 21/484下，國朝獻徵錄95/52）

婺書4/28

皇明世說新語4/10下

明史285/13下

母葉氏。

張母墓碣序（宋學士文集41/327下）

張玭字席玉，山西石州人。嘉靖十四年進士，歷官南京戶部右侍郎，仕終工部侍郎，嘉靖四十四年卒。嘗守永平，郡有清德廟祀伯夷、叔齊，因輯歷代祀典誌家藝文爲夷齊錄。

國朝獻徵錄51/72實錄本傳

張武，瀏陽人。爲燕山右護衞。從成祖起兵，累功授都督同知，封成陽侯。永樂九年卒，謚忠毅。

吾學編19/40

皇明功臣封爵考6/42下

明史列傳21/15下

明史146/1下

張居正（1525--1582）字叔大，號太岳，江陵人。嘉靖二十六年進士，穆宗時與高拱並相，神宗時代拱爲首輔，飭吏治，整邊備，綜核名實，信賞必罰。爲相十年，海內稱治，帝稱之曰元輔張少師先生，待以師禮，居正亦自負爲帝者師，然與馮保相結，人謂居正傲上而不免卑於馮保。父喪奪情，爲時所譏，年五十八卒，謚文忠。後爲張誠所譖，家籍沒。有書經直解、太岳集、太岳雜著，帝鑑圖說。

壽元輔少師張太岳五十序（徐氏海隅集文編7/2下）

少師張公壽序（大泌山房集27/14下）

誥勅吏部左侍郎兼東閣大學士張居正三道（條麓堂集5/7）

祭張相公文（余文敏公集13/2）

會祭張少師文（同上13/3下）

祭張文忠公文（棠陵草11/9）

祭張太岳（支華平集15/10）

祭太師張文忠公文（穀城山館文集32/3）

與司寇丘公論江陵事書（同上34/11）

書新鄭江陵遺事（妙遠堂文類集/19下）

張文忠公行實（張敬修撰、張太岳文集47/1）
書江陵張相國行狀後兩篇（鮚埼亭集外編34/17）
張江陵年譜，楊鐸撰，商務印書館排印本。
張居正大傳，朱東潤撰，開明書店排印本。
張居正奏疏繫年，陶元珍撰，歷史學報第二期。
嘉靖以來內閣首輔傳7/1
國朝獻徵錄17/60王世貞撰傳
皇明世說新語4/16，8/29下
明史列傳74/12
明史213/14

父張文明（1504—1577）字治卿，號觀瀾。有東書堂吟稿。
賀封少師大學士觀瀾張翁七十壽序（陸文定公集9/38）
封柱國少師張公七十序（太函集12/10）
封少師太虛先生張公七十壽叙（徐氏海隅集文編7/1）
誥封少師太虛公元配一品張太夫人七十序（弇州山人四部稿63/13下）
東書堂吟稿序（徐氏海隅集文編5/12下）
先考觀瀾公行略（張太岳文集17/16下）
張公墓誌銘（條麓堂集26/1）
祭封少師張公文（方初菴先生集12/14下）
祭封君張少師文（徐氏海隅集文編33/27，33/28）
合祭誥封大學士少師張太翁文（渭上稿24/22下）

張居傑字翰英，浙江上虞人。正統初任行在吏科給事中，四年陞江西左參政。
掖垣人鑑4/20

張奇化，崇禎初爲遊擊，奮勇陷陣，膽略絕人。三年隨官惟賢出禦遵化，戰歿。
明史271/14下

張其平，偃師人。歷官右僉都御史巡撫保定，崇禎十一年，坐屬邑失亡多，騈死西市。
明史248/9

張固字公正，江西新喻人。宣德八年進士，授刑科給事中，號敢言。帝將出征，偕同官疏諫，不從。景泰五年遷大理寺少卿，鎮守四川建昌，督捕山東盜，所至謹於其職，盜賊弭散。還、卒於官。
掖垣人鑑4/4
明史列傳36/9
明史160/11下

張明鑑，善談命，說人功名利祿，屢中。
國朝獻徵錄115/110楊廉撰張明鑑萬允萬祺合傳

張昕（1367—1433）字賓暘，以字行，別號林岫，松江人。洪武二十一年以才行徵授殿廷儀禮司序班，尋以親老歸。永樂中以薦授戶部主事，陞員外郎。宣德八年卒，年六十七。
張君墓誌銘（楊文敏公集23/4）
張君墓碣銘（楊士奇撰、國朝獻徵錄30/62）

張昌，一名長壽。建文時爲內官，與段實素以忠義相勗，恥與諸中官伍。昌奉差爲眞定監軍，悉心防禦，既敗，被執，道死。
皇明表忠記5/16下
遜國正氣記6/32

張昇（1379—1441）字叔暉，河南永城人，騏子。初以城守授義勇衞正，歷都督同知、左都督。正統五年封惠安伯，年六十三卒。
張公壙志（楊溥撰、國朝獻徵錄3/12，皇明名臣琬琰錄19/17）
明史300/6下

張昇（1442—1517）字啓昭，號柏崖，江西南城人。成化五年進士第一，授修撰，弘治中官庶子。劉吉當國，昇因天變數其納賄縱子等十罪，後進禮部尙書，遇災異輒進直言。正德初劉瑾竊柄，昇謝病歸。卒年七十六。諡文僖。有柏崖詩文集。
張文僖公詠史詩序（邃巖先生文集10/20下）
祭柏崖張老先生文（東洲初稿11/32下）
張文僖公墓誌銘（羅文肅公集18/1）
國朝獻徵錄33/40無名氏撰傳
殿閣詞林記5/23
狀元圖考2/20下
皇明世說新語7/25下

四友齋叢說9/12，9/13
明史列傳55/10
明史184/10下

張昇 (1514--1600) 號田南，山西陽城人。嘉靖二十九年進士，授清苑知縣，官至河南參政，年八十七卒。

張公墓志銘（大泌山房集80/7）

張忠 (1495--1552) 字顯父，號梅江，河南任丘人。嘉靖八年進士，授南陵令，歷吏部郎中、右通政、太僕卿，仕至光祿卿，年五十八卒。有玉林集。

張公墓志銘（歐陽南野文集24/16，國朝獻徵錄71/6）
明史304/30下

張肯字繼孟，一字寄夢，吳縣人。少從宋濂學，詩文清麗有法，尤長南詞新聲。有夢菴集。

吳中人物志9/23下

張肯堂字載寧，號鯢淵，松江華亭人。天啓五年進士，授濬縣知縣，崇禎間以右僉都御史巡撫福建。唐王入閩，加太子少保。王敗死，復從魯王於舟山，永曆五年城破死之。

張公神道碑銘（鮚埼亭集10/1）
張公神道碑側記（同上10/14）
明史276/9下

張芹 (1566—1541) 字文林，號歎菴，新淦人。弘治十五年進士，授福州推官，擢監察御史，彈劾不避權貴。出守徽州，官至浙江右布政使。芹事繼母孝，持身儉。卒年七十六，有備遺錄。

張公墓志銘（石蓮洞羅先生文集 22/8，國朝獻徵錄84/13）
張公去思碑記（李汎撰、國朝獻徵錄83/30）
聖朝名世考6/30下
明史208/1
祖母郭氏（1413—1490）
張節婦傳（羅文肅公集12/11）

張芮字文卿，號訥菴，山西安邑人。成化十四年進士，屢官翰林院侍講學士，正德初忤劉瑾謫官。瑾誅、復起尙寶卿，官終南京太常寺卿，以疾致仕。

送學士張公歸河東省母序（湘皋集18/4）
送太常卿張公致仕還鄉序（整整菴先生存稿6/4下）
懷昔吟（仰節堂集12/33）

張芝，歙縣人。弘治中授評事，屢疏上陳，皆見施行。正德初、論時政缺失，言俱剴切。尋擢憲副，格奸正法，悉有成績。及督學政，懇懇導人自立。

國琛集下/26
聖名朝世考6/24下

張秉文字含之，桐城人，淳孫。萬曆三十八年進士，歷福建參政，與平海冦李魁奇。崇禎中累遷山東左布政使，十二年淸兵破濟南，投水死。

明史291/15下

張秉壺字國鎭，號八峰，福建莆田人。嘉禎十七年進士，由上海知縣選戶科給事中，遷南京尙寶卿，仕至太僕少卿，三十五年免官。

賀八峰先生旌獎序（龍江集3/10）
張侯德政碑（同上5/6下）
披垣人鑑13/51下

張和字節之，崑山人。正統四年進士，官至浙江提學副使，讀書數行俱下，爲文立就。旣仕猶苦學，讀漢書必三十遍，卒年五十三。有篠菴集。

贈張節之南京刑部主事序（呂文懿公全集7/24下）
國朝獻徵錄84/59劉昌撰傳
崑山人物志2/5
吳中人物志7/33
吳郡張大復先生明人列傳稿×/68

張采字受先，太倉人。崇禎元年進士。與張溥同里。溥性寬，泛交博愛，采特嚴毅，喜甄別可否。知臨川，摧強扶弱，聲大起。福王時、官禮部員外郎。有知畏堂集、太倉州志。

送色侯張公受先歸婁東序（已吾集5/11下）
張受先稿序（七錄齋集存稿4/33）
張受先稿再序（同上4/36）

【十一劃】張

明史288/20

父張鳳巽，號觀海。

觀海張公暨配蘇孺人合傳（已吾集8/5）

母蘇氏

張伯母膺封序（七錄齋集存稿4/1）

哭蘇太母文（七錄齋文集5/21）

張岳（1492--1552）字維喬，號淨峰，惠安人。自幼好學，以大儒自期。舉正德十二年進士，授行人，邸寓僧舍，與陳琛、林希元閉戶讀書，出則徒步走市中，時稱泉州三狂。累遷副都御史，總督兩廣，討平封川、柳州、連山、賀縣諸賊。又平貴苗龍許保、吳黑苗，仕至右都御史。卒年六十一，諡襄惠。其學以程朱爲宗，與陽明語多不契，往往執先入之言，攻擊良知。有小山類稿。

送僉憲淨峰張君督學廣西序（雲岡公文集金臺稿1/24）

送廣西提學僉憲張君惟喬之任序，泉翁大全集22/1）

韶州南軒書院記（石蓮洞羅先生文集12/61下）

張淨峰公文集序（遵巖先生文集10/26）

張公神道碑（双江聶先生文集7/2下）

張公墓志銘（世經堂集17/1）

張襄惠公輯略（小山類稿附錄）

國朝獻徵錄58/17無名氏撰張岳傳

皇明世說新語4/28

皇明書37/6

名山藏臣林記23/1

明史列傳82/10下

明史200/18下

明儒學案52/3下

張岳字汝宗，號龍峰，浙江餘姚人。嘉靖三十八年進士，由行人選禮科給事中，累陞太僕少卿。萬曆間爲南京右僉都御史，督操江。張居正謀奪情，岳疏言宜令奔喪，貶一秩調外。後再起，官至刑部右侍郎。

掖垣人鑑14/45下

明史227/4下

張金陵字承翰，以字行，吉水人。宣德七年舉人，正統中授應天府訓導，擢南京河南道監察御史，左遷貴州雷塘驛丞，以母喪歸，卒年五十六。

張先生墓表（倪謙撰、國朝獻徵錄66/1）

張侃字巽卿，號鳳原，崑山人。著籍直隸大河衞。嘉靖二十三年進士。由行人選刑科給事中，累陞都給諫，以劾奏丁汝夔杖爲民、卒。隆慶元年贈太常寺少卿。

掖垣人鑑14/6下

張佳胤（1527--1588）字肖甫，號崌崍山人，四川銅梁人。嘉靖廿九年進士，萬曆間官浙江巡撫，定馬文英、劉廷用之亂，官至太子太保總督薊遼尚書兼都御史，年六十二卒，諡襄憲。佳胤嘗與王世貞諸人唱酬，爲嘉靖七子之一，有崌崍山房集。

滑令張侯碑（蠛蠓集2/31下）

賀御史大夫兼左司馬崌崍張公平難峻遷序（弇州人續稿28/12下）

張司馬定浙二亂志（同上141/18）

賀制府廬山張公晉太子太保叙（穀城山館文集3/1）

送大司馬崌崍張公序（太霞草1/6）

張司馬集序（大泌山房集11/6）

居來先生集序（白楡集4/5）

張公墓誌銘（弇州山人續稿123/1）

祭張肖甫太保文（同上155/18下）

張崌崍大司馬祭文（楊道行集30/15）

皇明世說新語3/36下

明史222/26下

父張文錦，字素卿。卒年五十一。

張公墓表（弇州山人四部稿94/1）

張所望字叔翹，上海人。萬曆二十三年進士，官至廣東按察司副使。有閱耕餘錄。

父汝問，字質夫，號東野。

張公暨贈宜人沈氏墓誌銘（睡菴文稿15/18）

張津字廣漢，博羅人。成化二十三年進士，除建陽知縣，遷監察御史，累官右副都御史，巡撫應天諸府，所部水旱，請停織造。尋加戶部右侍郎，巡撫如故。正德十三年卒官。

送張郡侯序（張文定公紆玉樓集6/12下）

賀監察御史張君廣漢考最序（費文憲公摘稿11/16下）

張公去思碑文（張文定公靡悔軒集4/7）

國朝獻徵錄60/32國史實錄傳

皇明書29/15

明史列傳56/21下

明史186/20

張洪字宗海，號止菴，本姓侯，常熟人。洪武中以明經徵爲靖江王府教授。永樂中緬甸亂，洪爲行人往諭，因採摭見聞作南夷書，又著使規。洪熙初召入翰林，官修撰，宣德五年致仕。

止菴張先生墓碑（瞿冏卿集11/43，國朝獻徵錄21/23）

明常熟先賢事略1/1

吳中人物志6/18下

張宣，初名瑄，字藻重，江陰人。洪武朝以考禮徵，預修元史，授翰林編修，太祖呼爲小秀才。坐事謫徙濠梁，道卒。有春秋胡傳標注、靑暘集。

殿閣詞林記8/11下

毘陵人品記6/3下

明史285/14

張彥方，江西龍泉人。建文時由給事中乞便養，改知樂平縣。奉詔勤王，率所部抵湖口，遇靖難兵，被害，諡莊愍。

國朝獻徵錄87/94忠節錄傳

皇明表忠紀4/5下

遜國正氣記5/9

遜國神會錄上/71

明史列傳20/10下

明史142/12

張度字景儀，增城人。洪武五年鄉進士，擢監察御史，彈劾不避權貴。累官吏部尙書，藻鑒流品，銓選得體，後以詿誤受譴，杜門憤惋卒。

國朝獻徵錄24/10黃佐撰傳

皇明世說新語8/16

張亮，內江人。擧於鄉，崇禎中累官右僉都御史，巡撫安廬池太四府。左夢庚破安慶，被執，挾與北行，乘間赴河死。

明史277/5下

張郊芳，黃州人。官荊門州學正，崇禎十五年李自成寇荊門，郊芳盟諸生於大成殿，佐城守，城陷不屈死。

明史294/5

張昶，宛平人。事元爲戶部尙書，太祖下江南，執昶贊軍府，爲人敏決，而故熟元朝典，臺省起草，倚昶甚厚，進中書參政。復以通元人，磔於市。

國朝獻徵錄11/19無撰人張昶傳

新元史233/12下

張咨（1426--1511）字廷臣，商河人。天順三年擧人，成化七年授知光州，官至河東陝西都轉運使，卒年七十六。

國朝獻徵錄104/30李東陽撰張君墓碑

張美和（1314--1396）名九韶，以字行，號吾樂，江西淸江人。年十三能詞賦，元末累擧不仕。入明累官翰林院編修，年八十三卒。有元史節要、理學類編、群書拾唾。

張吾樂先生墓表（坦齋文集2/36）

國朝獻徵錄21/83黃佐撰傳

殿閣詞林記8/8

明史列傳12/17下

明史137/13

張珂字鳴玉，建安人。永樂四年進士，授行人，遷贛州知府，轉宗人府經歷。

送張鳴玉序（東里文集5/5下）

母陳氏（1357—1428）。

陳氏墓表（楊文敏公集19/18）

陳氏墓志銘（東里文集21/7下）

張宜人輓詩序（金文靖公集7/38下）

張珂（1471--1523）字子文，德興人，憲子。弘治十七年擧人，正德十二年授磁州知州，有惠政。擢河間府同知，卒官，年五十三。

張君墓誌銘（費文憲公摘稿18/23下）

張勇，壽州人，興從子。有力敢戰，洪武初從興起行伍，以功授燕山左護衛指揮僉事。靖難兵起，勇復從興在行陣，每戰克捷，後繼領其衆。永樂五年嗣興爵安鄉伯，後從北征失律，謫交阯。赦還復爵卒。

明史146/11下

張奎（1482--1533）字文光，號東明，宣德人。襲職指揮同知。正德二年陞浙江都司、署都指揮僉事，改總督揚州等處備倭，以功實授。歷陞至漕運總兵、署都督僉事，嘉靖十二年卒，年五十二。

東明張公墓誌銘（中丞馬先生文集3/11）

張春字泰宇，同州人。萬曆二十八年舉人，歷刑部主事，勵操行，善談兵。崇禎時爲永平兵備參議，進參政。四年淸兵至，被執，不屈死。妻翟氏聞之，慟哭六日，自縊死。

明史291/10

張建節（1512--1566）字子行，號咸西，鳳陽人。郡諸生，襲蘇州衞指揮使，官至福建都指揮僉事掌司事，卒年五十四。有毛詩問難、北遊錄、問漕集、樂志園集等。

張君墓志銘（王世貞撰、國朝獻徵錄110/53）

張述古（1427--1485）字信之，號巽齋，宜興人。景泰五年進士，除行人，未嘗一受饋遺。陞南京吏部員外郎，官至湖廣僉事。性剛直少容，自度與世多忤，成化十四年致仕，年五十九卒。

張公墓誌銘（徐文靖公謙齋集5/23）

祭張公文（同上6/40下）

張思，字愼父，號石村，任丘人。嘉靖十一年進士，由淮安府推官選工科給事中，改翰林院檢討，陞山西副使，仕終陝西右參政，卒於官。

掖垣人鑑13/45

張思安，（1387--1465）字克讓，號介軒，無錫人。永樂十年進士，擢陝西按察司僉事，歷調山西、湖廣，以詿誤謫官。教授鄉里，門下人才迭出。正統初復起授吏部司務，陞至陝西按察副使。景泰二年致仕，年七十九卒。工詩文，窮極理趣，不尚雕刻。有介軒詩文集。

張先生墓銘（楊宜閒文集2/24）

毘陵人品記6/21

張思忠字子貞，號葵菴，直隸肥鄉人。嘉靖四十四年進士，由和州知府，歷刑部員外郎，改吏科給事中，陞四川僉事，遷陝西副使。

掖垣人鑑15/12下

張思恭，蒙城人。國子生。永樂中任刑科給事中，二十一年累陞刑部右侍郎。

掖垣人鑑8/6下

張思靜字伯安，號復菴，陝西同州人。嘉靖二十六年進士，由庶吉士授戶科給事中，擢四川右參政，仕終河南按察使致仕。

掖垣人鑑14/13

張昶（1374--1438）永城人，騏子，誠孝昭皇后兄。從靖難功由義勇中衞指揮同知，累官左都督，以勳戚封彭城伯。正統三年卒，年六十五。

張公墓誌銘（楊士奇撰、國朝獻徵錄3/10）

明史300/6

張昭，天順初爲忠義前衞吏。英宗復辟，欲遣馬雲等使西洋，昭諫止之。

名山藏78/2下

明史列傳37/18

明史164/23

張映宿字川月，信陽人。嘗官靜海知縣，里居。崇禎十四年張獻忠陷城，死之。

明史293/4

張昺，山西澤州人。洪武中舉人才，累官刑部侍郎。建文時爲北平布政使，密命伺察燕事，椽吏李友直以謀告燕王，遂命燕山護衞副千戶譚淵執昺及都指揮貴等，起兵靖難，昺不屈而死。福王時諡節愍。

國朝獻徵錄82/1無撰人張昺傳

革朝遺忠錄上/21

皇明獻實8/3

吾學編52/11

皇明表忠紀4/13

聖朝名世考4/30

遜國正氣紀5/24

遜國神會錄上/43

明史列傳20/3

明史142/5

張昺（1443--1520）字仲明，號棟莊主人，又號寓菴，慈谿人，楷孫。成化八年進士，授鉛山知縣，善治獄。累官至四川按察司僉事，進副使，引疾歸卒，年七十八。

張公墓志銘（張文定公靜海軒集6/5下，國朝獻徵錄98/68

名山藏臣林記12/24

皇明書24/6

明史列傳55/67

明史161/18下

張星字子揚，號桂濱，桂林人。正德十二年進士，選庶吉士，授編修，歷兩京國子司業，官至南京太常寺少卿。

贈少司成桂濱張公陞南少常序（涇野先生文集11/5下）

父張文盛字尚質，號朴菴。

張公暨配曹氏合葬墓表（泉翁大全集63/27）

張貞觀字維誠，別號惺宇，沛人。萬曆十一年進士，除盆都知縣，累擢禮科都給事中，直言忤旨，除名。有掖垣諫草。

明史列傳34/34下

明史233/14

張英，爲京衛指揮使。武宗南巡，肉袒戟刃於胸，囊土數升，持諫疏當蹕道跪諫，杖死。福王時追謚忠壯。

聖朝名世考5/34

皇明世說新語5/24

張信（1375—1445）字彥實，河南祥符人，英國公輔從兄。建文元年舉人，永樂間任禮科給事中，累擢工部右侍郎，改兵部。後改錦衣衛指揮同知，仕終都指揮使。卒官，年七十一。

國朝獻徵錄110/16朱睦㮮撰張公傳

掖垣人鑑8/3

明史145/6下

張信（1377—1442）字彥實，山東掖縣人。以孝聞，永樂初鄉里上其行，詔旌其門。命爲尚寶司丞、授承直郎，累官至尚寶司卿，年六十六卒。

張公墓表（楊士奇撰、皇明名臣墓銘乾集101，國朝獻徵錄77/3）

張公墓誌銘（王文端公文集32/11）

母于氏，宣德元年卒。

于氏墓碣銘（東里文集21/13）

張信，臨淮人。建文元年，大臣以謀忠薦，除北平都司，輸情成祖。成祖入京師，論功比諸戰將，進都督僉事，封隆平侯。帝德之甚，時呼恩張。永樂八年爲御史陳瑛所劾，以舊勳不問。宣德初從征樂安。正統七年卒，謚襄僖。

吾學編19/5

國朝獻徵錄7/37無名氏撰傳

皇明功臣封爵考2/59

守溪筆記×/6下

皇明世說新語3/3

壬午功臣爵賞錄×/4

明史列傳21/24

明史146/6下

母詹氏（1337—1414）

詹氏墓誌銘（頤菴文集9下/52）

張俊（1382—1448）字俊明，江浦人。縣庠生，以能書徵，與修永樂大典，書成入太學。擢左軍都督府都事，剛毅嫉惡，不爲有勢者容。以事謫保安十年，薦起授德清知縣，有惠政。正統十三年卒，年六十七。

故德清令張君墓碣銘（王文端公文集33/4下，國朝獻徵錄85/67）

國朝獻徵錄107/25無名氏撰傳

明史列傳60/4下

明史175/12

張衍瑞字元承，河南汲縣人。弘治十八年進士，爲清豐知縣。忤劉瑾，逮下詔獄。瑾誅、得釋，遷吏部郎中。會帝南巡，進直諫，受杖下獄，謫平陽同知。嘉靖初召還、擢太常少卿，卒。

國朝獻徵錄70/30朱睦㮮撰傳

明史列傳59/17下

明史189/16下

母段氏（1453—1525）

張母段氏墓誌銘（費文憲公摘稿18/3）

張後覺（1503—1578）字志仁，號弘山，在平人。生有異質，事親孝，居喪哀毀骨立。官華陰訓導，行孚遠近，學者稱弘山先生。有弘山集。

弘山張先生墓表（張陽和先生不二齋文選5/9下）

明史283/25

明儒學案29/2下

張皇后，永城人，彭城伯騏女。永樂二年封太子妃，操婦道至謹，雅得成祖及仁孝皇后懽，太子之不廢，實以后故。仁宗立，冊爲皇后，中外政事，莫不周知。宣宗即位，尊爲皇太后，宣德初軍國大議，多稟聽裁決。遇外家嚴，弟昇至淳謹，不許預議國事。正統七年卒，謚誠孝昭皇后。

明史113/9

張皇后，祥符人，太康伯國紀女。天啓元年冊封爲皇后，性嚴正，數於帝前言客氏及魏忠賢過失。及熹宗大漸，折忠賢逆謀，傳位信王者，后之力也。莊烈帝立，上尊號曰懿安皇后。崇禎十七年李自成陷京師，自縊死。

明史114/16下

張海字朝宗，安東人，著籍錦衣衛。景泰二年進士，任兵科給事中，陞江西饒州府知府。

掖垣人鑑7/33

張海（1436—1498）字文淵，山東德州人。成化二年進士，授戶科給事中，進都給事中，以剛直稱。同官建言章疏，多出其手。陞順天府府丞，歷太僕寺卿，出爲雲南鶴慶知府。屢官至兵部左侍郎，降授山西右參政，致仕卒，年六十三。

張公墓誌銘（匏翁家藏集64/2，皇明名臣墓銘坤集5，國朝獻徵錄40/20）

掖垣人鑑10/9下

張庭，蒲洲人。萬曆三十五年進士，授戶部主事。張差梃擊案起，上言奸人狙擊青宮，宜立窮主謀，不報。再遷郎中，引疾歸，抑鬱以卒。

明史235/13下

張家玉（1615—1647）字元子，東莞人。崇禎十六年進士，改庶吉士，唐王時召授編修，兼給事中，奉使入廣，聞陷家居。桂王以左中允召，道阻未赴。李成棟陷廣州，家玉毀家召兵，據東莞，與陳子壯相應，兵敗，墜水死，謚文烈。

明史278/19下

張祐（1483—1533）字天祐，號可闌，南海人。襲世職爲廣州衛指揮使。正德中累立戰功，擢副總兵，鎮守廣西，敗臨桂、灌陽諸猺，破古田賊。嘉靖時以王守仁薦，鎮思田，屢破劇賊。祐馭軍有方，不營私產。性好書，每載以隨，暇即延儒生講論焉，卒年五十一。

張君神道碑（泉翁大全集65/25、國朝獻徵錄107/26）

明史列傳60/13下

明史166/17

張神武，新建人。萬曆中武會試第一。遼左兵興，袁應泰薦從征，神武馳至廣寧，遼陽已失，獨率所部以進，孤軍無援，歿於陣。

啓禎野乘8/32

明史271/4下

張悅字時敏，號定菴，松江華亭人。天順四年進士，授刑部主事。成化中出爲江西僉事，改督浙江學政，力拒請託。孝宗時爲吏部左侍郎，兩攝選事，衆稱公允。官至南京兵部尚書，參贊機務，鎮靜簡易，上下安之。弘治四年致仕，卒、贈太子少保，謚莊簡。有定菴集。

送刑部副郎張君時敏歸省序（楊文懿公桂坊稿1/22）

記尚書張莊簡公錄示養生要語（費文憲公摘稿20/17）

先進舊聞（實日堂初集22/9下）

國朝獻徵錄42/17曹時中撰張公墓志銘

皇明獻實34/3下

吾學編34/11下

皇明書24/3

國琛集下/13

聖朝名世考3/84下

皇明世說新語 1/9下，1/28下，3/30下，6/25下

四友齋叢說16/8，16/9

明史列傳53/10

明史185/5下

張益，安平人。洪武廿九年膺薦入太學

授郢王府典儀。永樂初陞刑科給事中，侃侃敢言，遷禮科右給事中。七年扈駕北巡，命監軍禦虜，失利被執，不屈死。

國朝獻徵錄80/46無撰人張公傳

張益（1395—1449）字士謙，號惷菴，江寧人。永樂十三年進士，選庶吉士，累遷修撰，博學強記，詩文操筆立就，進侍讀學士，正統十四年入直文淵閣，也先入冦，死於土木之難，謚文僖。益工書畫，著有畫法（文僖公集。

張公合葬墓誌銘（青谿漫稿22/11）

國朝獻徵錄13/9澹閑集張公傳

殿閣詞林記6/51

圖繪寶鑑6/4下

守溪筆記×/21

水東日記5/7下

明史列傳25/22

明史167/2

母倪氏

壽太孺人張母七十詩序（芳洲文集4/11）

張敉字幼于，長洲狂生。嗜讀書，書無所不丹鉛，晦明寒著，著述不休。以結客盡散其產，老益狂誕，冠紅紗巾，自祭而歌挽歌，行乞于市。

姑蘇名賢小紀下/9

張原字士元，陝西三原人。正德九年進士，授吏科給事中，疏陳六事，權倖惡之，傳旨謫新添驛丞。嘉靖間復爲戶科右給事中，葢以慷慨直諫自許。後以爭大禮伏左順門哭諫，被杖創重卒。有玉坡奏議。

掖垣人鑑12/25

國朝獻徵錄80/96鄧志傳

明史列傳72/3下

明史192/14下

張原明字孟復，儀封人。正德六年進士，授刑部主事，歷郎中，武宗南巡，與同列入諫，上怒罰跪五日，杖責三十。後陞甘肅行太僕卿，遷陝西左布政使，乞休卒。

國朝獻徵錄94/3朱睦㮮撰傳

父張興

張公合葬墓志銘（何文定公文集10/4）

張珩，山西石州人。正德十六年進士，授監察御史，官至兵部侍郎，總督陝西。嘉靖二十六年升戶部尚書，未任坐事下獄，謫戍慶陽。已復爲延綏巡撫，丁母憂歸、卒於家，年七十餘，謚襄毅。珩居官以剛介著，而經略西陲之功最久且大。

奉送大司徒南川張公序（少華山人文集續7/73）

張總督擢大司徒督太倉序（趙浚谷文集6/15下）

國朝獻徵錄58/60實錄本傳

張翀字習之，四川潼川人。正德六年進士，由庶吉士授刑科給事中，累官禮科都給事中。世宗時以爭興獻大禮，廷杖，謫戍瞿塘衛。遇赦還、卒。有張太常文集。

刻張太常文集序（逌遙園集選12/9下）

掖垣人鑑12/24

明史列傳72/10下

明史192/5下

張翀字子儀，廣西馬平人。嘉靖三十二年進士，授刑部主事。劾嚴嵩父子，謫戍都勻。穆宗時召爲吏部主事，累官刑部右侍郎。萬曆七年卒，謚忠簡。有澤然子。

贈少司寇鶴樓張公應召北上序（余文敏公集3/3）

國朝獻徵錄47/18郭棐撰傳略

明史210/18下

明儒學案23/34

張孫繩字公武，號約齋，廣西臨桂人。隆慶二年進士，由江西廣信府推官，選戶科給事中，遷陝西副使致仕。

掖垣人鑑16/4

張陞，成化十九年以欽天監天文生奏陳古法占候差異，而欽天監以爲測驗月蝕分秒遲速，雖合陞新法，然古法係祖宗所制，格不行。

國朝獻徵錄79/12無名氏撰傳

張軏（1393—1458）開封祥符人。玉季子。永樂中授錦衣衛指揮僉事，陞都指揮僉事，天順元年以迎載功封太平侯，二年卒官，年六十六。

張公壙志（李賢撰、國朝獻徵錄8/32）

明史145/6

張眞（1378--1471）字以誠，鳳陽人。累以軍功署左軍都督僉事，鎭守浙江，討平金華處州盜，進驃騎將軍致仕，成化七年卒，年九十四。

張公墓誌銘（魏文靖公摘稿7/27）

張振之字仲起，號起潛，太倉人。嘉靖四十一年進士，授處州推官，擢御史，歷知吉安、撫州，遷浙江兵備副使，未任卒。

張公墓表（王文肅公文草7/23）

祭張仲起文（王奉常集27/6）

張振秀字以含，臨淸人。萬曆三十八年進士，歷知肥鄉、永平，遷兵部主事，崇禎中累官太常少卿，坐事落職歸。十五年淸兵圍攻臨淸，振秀與總兵官劉源淸等合力備禦，城破，並死之，謚節愍。

明史291/21下

張振德字季修，崑山人。由選貢生授四川興文知縣，天啓初奢崇明部將樊龍據重慶叛，時振德兼署長寧，督鄉兵與戰，不敵、自剄死，一門死者十二人，謚烈愍。

吳郡張大復先生明人列傳稿×/144

天啓崇禎兩朝遺詩小傳2/43

啓禎野乘9/20

明史290/7下

張泰字亨父，號滄洲，太倉人。天順八年進士，累官修撰。恬淡自守，與陸釴、陸容齊名，號婁東三鳳。有滄洲集。

同年祭張亨父文（懷麓堂文稿22/10下）

滄洲詩集序（同上5/15下）

崑山人物志3/9下

吳中人物志7/35下

明史286/7下

張泰字叔亨，順德人。成化二年進士，除知沙縣。正德間爲南京右都御史，劉瑾專權，朝貴皆賂遺，泰惟餽土葛。以南京戶部尙書致仕卒。

國朝獻徵錄31/39黃佐撰傳

明史列傳50/28下

明史186/27

張泰字世亨，肅寧人。成化十四年進士，知鄒縣，改御史，歷山東、陝西布政使，陝西巡撫，致大理卿忤劉瑾歸。瑾誅、起爲刑部侍郎，旋以都御史開府固原，總制三邊軍務。卒官，年六十二。

國朝獻徵錄58/12李濂撰傳

張書字子中，號蒲源，湖廣蒲圻人。隆慶二年進士，由庶吉士授戶科給事中，陞河南右參政。降泗州判官，歷鄒平知縣。

掖垣人鑑15/10

父張□。

賀張年伯榮封都諫序（朱文懿公文集3/54）

張素字玄卿，號檜泉，山陽人。成化十三年舉於鄉，授河陰令。適歲饑，素簡訟獄，罷追呼，節厨傳，平市價，禁私買，停権稅，民賴以安。卒於家，年八十九。有檜泉集。

國朝獻徵錄93/36潘塤撰傳

張素，雲南安寧所人。嘉靖二年進士，授南工部主事。雲南鳳安之變，條陳時務五事。歷戶部郎中，操持嚴正，風裁凜然，時人謂之部屬風憲。官至右副都御史，巡撫四川，卒年六十三。

張公行狀（不著撰人、國朝獻徵錄62/53）

張時，山東蒙陰人。歲貢，永樂間任刑科給事中，陞順德府知府，仕終山西左參政。

掖垣人鑑8/15

張時字宗易，保定易州人。少與楊繼盛同學，登嘉靖廿九年進士，授刑部主事，遷員外郞，出爲山西按察僉事，虜酋黃台吉入寇，與戰龍門，擊殺無數，竟下兵部議，坐貶。

記張僉憲龍門之戰（井丹先生文集11/23，國朝獻徵錄97/109）

張時宜（1502--1577）字仲衡，號東山，劍川人。太學生，除崇寧州學正，遷程番府教授，終建昌教授，卒年七十六。有灌園子、東山語錄、東山詩草。

張公墓誌銘（李元陽撰、國朝獻徵錄87/111）

張時徹 (1500--1577) 字維靜，一字九一，號東沙，鄞人。嘉靖二年進士。累官南京兵部尚書，以倭入寇，勒歸。寄情文酒而不忘用世之志，年七十八卒。有芝園定集、善行錄、明文範、攝生衆妙方、救急良方。

贈東沙張先生陞雲南按察使序（陳后岡文集×/46下）
贈張維靜提學序（涇野先生文集7/31下）
贈張東沙巡撫四川序(葛端肅公文集9/31下)
壽大司馬東沙張公七十序（天一閣集20/16）
祭大司馬東沙張公文（同上28/13下）
祭張東沙文（弇州山人續稿152/6下）
大司馬張公誄（由拳集22/5）
南大司馬張公傳（農丈人文集10/1）
張司馬先生傳（余文敏公集6/1，國朝獻徵錄42/77）
皇明世說新語2/22
明史201/12下

父張忭（1471—1541）字汝懷，號葵軒。
葵軒公双壽序（張文定公紓玉樓集9/2）
葵軒公墓志銘（張文定公覆海軒集6/33）
祭叔祖葵軒翁文(張文定公懷碧堂集12/15下)
張公神道碑（環溪集7/1）

妾吳氏（1533—1582）
吳孺人墓誌銘（白榆集17/18下）

子張瑞縠、諸生，邵武令。
張瑞縠詩集序（白榆集4/14）

張時澤字濟民，浙江餘姚人。成化二十三年進士，授禮部主事，累遷郎中，出知潮州府。

送太守張君濟民之潮州府序（費文憲公摘稿9/30）

張勉學字益甫，號石川，長洲人。嘉靖二十六年進士，由庶吉士授吏科給事中，降內黃縣丞，仕至湖廣右參議，免歸。

掖垣人鑑14/12下

張師孟 (1564--1624) 字浩之，號泰巖，曲周人。萬曆三十五年進士，授山陽令，官至太僕少卿。卒年六十一。

張泰巖臺績考成序（愛石堂集12/84）
張公暨元配李氏合葬墓誌銘（同上21/13）

張恕字希仁，霸州人。成化十七年進士，授夏津知縣，擢監察御史，歷雲南按察使，仕至南京工部右侍郎，正德三年卒於官。

國朝獻徵錄53/11實錄本傳

張倫 (1350--1407) 字文伯，長洲人。幼承家學，精岐黃術。洪武中以薦授學官，永樂二年，改太醫院御醫。卒於官，年五十八。

張公墓志銘（王璲撰、吳下冢墓遺文3/18）

張倫，河北諸衛指揮使，勇悍有氣。靖難兵起，從李景隆、盛庸戰，皆有功。成祖即位，招之降，倫笑曰：張倫將自寶爲丁公子乎，遂死之。福王時諡貞勇。

國朝獻徵錄111/10忠節錄傳
吾學編53/8
皇明表忠紀3/25
遜國正氣紀6/24
明史列傳20/76
明史142/9

張倫，字秉彝。善畫人物鬼神，山水亦蒼秀。

圖繪寶鑑6/13

張純字志忠，江陵人。永樂十九年進士，宣德初授監察御史，擢右僉都御史，巡撫畿郡，考察郡吏，風紀肅然。陞南京兵部尚書，上言皆帝王養民之事及鰥寡顚連之狀，得大臣體。居官四十年致仕。

並蒂蓮詩序（敬軒薛先生文集17/13）
國朝獻徵錄42/4無撰人張純傳

張純儒字士芳，新安人。官臨城訓導。崇禎十一年清兵至，率諸生共城守，城破死之。

明史291/15

張紘 (1469--1532) 字文儀，號約齋，上海人。正德三年進士，知桐鄉縣，遷知高唐州，晉工部員外郎，陞禮部郎中，官終建昌知府，卒年六十四。

張公墓志銘（嬌亭續稿4/2，國朝獻徵錄87/53）
先進舊聞（寶日堂初集22/34下）

張紞字昭季，號鷄菴，陝西富平人。洪武中擧明經，爲東宮侍書，陞通政司左參議，出爲雲南左布政使，考績爲最。建文時進吏部尙書，詔徵遺逸士，紞所選用，皆當其才。燕師入，餘中朝奸臣二十九人，紞居其一。成祖宥，仍故職，尋令解職，紞懼，自經死。有雲南機務鈔黃，冢宰文集。

冢宰張公別傳（涇林集6/19）
書鷄菴詩文後（涇林集7/20）
國朝獻徵錄24/17鄭曉撰傳
皇朝名臣琬琰錄12/5 下尹直撰張公言行錄
皇明獻實6/9下
吾學編52/14下
皇明表忠紀3/28
皇明書20/3下
聖朝名世考4/10下
遜國正氣紀5/26
革朝遺忠錄下/1
名山藏臣林記4/17
明史列傳27/1
明史151/3

張納陛字以登，號文石，宜興人。萬曆十七年進士，由刑部主事改禮部。與顧憲成等爭三王並封，又爭拾遺事，謫鄧州判官，乞假歸。工畫山水竹石，生平尙風節。顧憲成講學東林書院，納陛與焉。有易學飲河。

毘陵人品記10/20
明史列傳85/9
明史231/8

張秩字以敬，號鳳林，安福人，鰲山子。嘉靖四十四年進士，由庶吉士選授檢討，晉編修，以母喪哀毀，萬曆二年卒。

翰林院編修鳳林張公墓誌銘（隅園集15/1）
四友齋叢說15/10

張能，建文時以都指揮充偏將，力挽千斤。每遇燕兵，輒揮皂旗先登，軍中呼爲皂旗張，至夾河力戰死，猶執皂旗不仆。

遜國正氣紀6/28下

張清雅字玉楚，潛山人。家貧，力學養親。崇禎十年張獻忠來犯，時父卒甫歛畢，賊疑棺內藏金銀，欲剖視之，清雅撫棺哀泣，被殺。

明史297/21下

張淳（1454--1519）字宗厚，合肥人。成化二十三年進士，歷御史，按貴州，擒叛苗普安阿保父子，撫其黨五十九砦，籍爲編氓。正德時歷四川按察副使、南京太僕少卿，積官至右副都御史、巡撫保定，卒年六十六。

送太守張君宗厚任吉安序（東川劉文簡公集11/22）
張公神道碑銘（同上19/8下）
國朝獻徵錄61/39實錄本傳，又 61/40 郡志張公傳

張淳字希古，桐城人。隆慶二年進士，授永康知縣，吏民素多奸黠，淳日夜閱案牘，判決如流，吏民感服。官至陝西布政使。

祠祭清吏司主事張淳勅命（鍾台先生文集2/12）
明史281/28

張袞（1487--1564）字補之，號水南，江陰人。正德十六年進士，選庶吉士，改御史，官至南京光祿寺卿。袞在諫垣，頗多建白。嘉靖中倭擾東南，袞家居，在危城中馳書政府，條上禦倭五事，年七十八卒。其詩文曰張水南集。

贈水南張公七袠序（藝文類稿7/13下）
水南精舍記（陽峯家藏集26/13下）
水南先生集序（環溪集6/44）
誥勅翰林院編修張袞（顧文康公文草卷首/11）
水南先生張公行狀（陸文定公集8/5下）
諭祭前太常卿張公碑文記（藝文類稿5/15下）
祭水南張公文（同上11/12）
國朝獻徵錄71/44實錄本傳
毘陵人品記9/8

妻曹氏。

曹氏墓表（張文定公靡悔軒集11/13）

張祥（1496--1582）字元吉，號孜堂，武進人，著籍南京。嘉靖二十年進士，授鄢陵令，遷戶部主事，歷萊州知府，官至陝西

副使，卒年八十七。

張公墓誌銘（余學士文集25/1）

張祥鳶（1520--　）字道卿，別號虛菴，金壇人。嘉靖三十八年進士，官至雲南府知府。有華陽洞稿。

壽張虛菴序（方麓居士集4/10）

祭張虛菴文（同上12/17）

父張楫（1497—1568）字汝濟，號方溪。

張公行狀（華陽洞藁7/1）

張啓元（1525--1596）字應貞，江西龍泉人。嘉靖三十一年舉人，授新城教諭，歷貴州道監察御史，先後疏十餘上，皆人引避不敢言者。遷福建按察僉事，致仕卒，年七十二。

張公應貞墓表（焦氏澹園集27/16下）

張梅，合肥人。家貧，性至孝。萬曆中母初病肺，梅嚐糞嚐痰，焚香禱天，願以身代，母病果愈。後母復病癱，親爲吮舐。父歿，築廬墓側，日夕悲號，三冬之時，山花徧味，人以爲孝感之祥云。

國朝獻徵錄 112/90陳子貞撰舉三孝子疏

張基字德載，吳縣人。嘉靖十九年舉人，事母孝，於書無所不窺，而尤邃於經術，多所箋纂。卒年五十九。

國朝獻徵錄 114/54無名氏撰張基先生傳

姑蘇名賢小紀下/27

張習（1506--1554）字子翀，寶應人。嘉靖二十年進士，授戶部主事，陞郎中，以謗出知解州，卒年四十九。

張君墓誌銘（山帶閣集30/9下）

張問明（1533--1582）字子明，號惺宇，猗氏人。嘉靖四十一年進士，授光山尹，擢監察御史，歷吏部郎中出知開封府，調河間。卒年五十。

張公墓志銘（九愚山房稿38/13下）

母衞氏（1515—1575）

衞氏墓誌銘（九愚山房稿37/10下）

張問達字德允，涇陽人。萬曆十一年進士，由知縣徵授御史。寧夏用兵，請蠲全陝逋賦，並諫礦稅之害。累遷左都御史，天啓初爲吏部尚書，連掌內外大計，悉協公論。梃擊、紅丸、移宮三大案，並經其手，持議平允，不激不隨。秩滿加太子太保，乞休歸。五年被劾削奪，尋卒。

明史列傳91/3下

明史241/3下

父張汝藤字子修，號鶴川。眉州判官。

張公偕配韓氏繼熊氏墓表（蒼霞餘草13/16）

張通（1388--1458）鳳陽人。襲平山衞指揮僉事，官至都督僉事，卒年七十一。

國朝獻徵錄108/21劉定之撰張公墓志銘

張國彥字熙載，號弘軒，邯鄲人。嘉靖四十一年進士，由山西襄陵知縣，選兵科給事中，累擢山西右參政，遷都察院右副都御史、巡撫鄖陽，改撫順天。

披垣人鑑14/50

張國紀字羽儀，祥符人。熹宗張皇后父，天啓初封太康伯，崇禎末以輸餉進爵爲侯，旋死於流賊。

明史輯略紳志略刑辱諸臣

明史300/25下

張國維（1594--1645）字九一，號玉笥，東陽人。天啓二年進士，崇禎間累擢右僉都御史，巡撫應天、安慶等十府。爲人寬惠，得士大夫心。魯王監國，進少傅，兵部尚書，武英殿大學士，督師江上，尋還守東陽，以勢不可支，赴水死，年五十二。有吳中水利書，張忠敏公遺集。

天啓崇禎兩朝遺詩傳6/215

張忠敏公年譜清張振珂撰、忠敏公遺集附刊本

明史276/6下

張國勳（一作勛）字伯明，黃陂人。爲應城訓導，崇禎十五年李自成寇應城，將陷，國勳抱先師木主大哭，爲賊所執，大罵不屈支解死，妻子十餘人皆殉節。

明史292/13，294/4下

張國翰，東勝衞人。爲本衞指揮僉事，崇禎三年清兵破永平，自縊死，妻韓氏從之。

明史291/8

張晟字孟陽，浙江仁和人。成化五年進士，選庶吉士，授禮科給事中。奉使滿剌加國，還、坐事謫戍。

掖垣人鑑10/15

張勗字勉夫，吳人。永樂十五年舉人，授江都訓導，升御史，出按山西，官終廣西參政，卒年四十九。

國朝獻徵錄101/16實錄張勗傳

張貫，陝西米脂人。舉人，洪武中任兵科給事中，仕終都察院僉都御史。

掖垣人鑑7/21

張唯，永豐人，寓居南陽。洪武六年以尚書舉第一，官翰林院編修。

國朝獻徵錄21/82朱睦㮮撰傳

張鹵（1523--1598）字召和，號滸東，河南儀封人。嘉靖三十八年進士，由山西高平知縣選禮科給事中，累擢右僉都御史，巡撫保定。大璫馮保家保定，使請於鹵，欲爲建坊，鹵不可，保銜之。入拜大理卿，尋出爲南京太常卿，以忤張居正致仕，卒年七十六。有嘉隆疏草，張滸東集。

誥勅禮科給事中張鹵二道（條麓堂集5/34）

滸東奏議序（鶯林外編25/4下）

張公墓誌銘（復復山房集24/1）

滸東張公墓表（北海集 14/4，國朝獻徵錄68/42）

掖垣人鑑14/49下

母曹氏。

壽張太孺人七十序（條麓堂集21/24下）

張崙，仁和人。五歲喪明，受易善記，通卜筮諸書，論祿命，多奇驗。

名山藏101/3

張敏（1386--1471）字以達，新昌人。永樂二十年貢入太學，擢行在刑部主事，官至貴州副使。致仕卒，年八十六。

國朝獻徵錄103/49周洪謨撰張公墓表

張敏字時敏，宛平人。宣德八年進士，除行在戶科給事中，陞工部右侍郎致仕。

掖垣人鑑9/25

張敏（1462—1518）字時敏，嘉興海鹽人。舉人，弘治十二年知蘭州，官至山西布政司參政，致仕卒，年五十七。

張公墓碑銘（不著撰人、國朝獻徵錄97/34）

張偉，永城人，昇曾孫。嗣爵惠安伯，弘治中歷中歷陝西總兵官，鎮守固原，擢提督神機營，嘉靖十四年卒，諡康靖。

明史300/7

張綱（1485--1548）字美中，號午山，吉水人。嘉靖二年進士，授工部主事，歷廣西、河南布政使，仕至右副都御史，巡撫河南，卒官，年六十四。

張公行狀（周延撰、國朝獻徵錄62/42）

張紹登字振夫，南城人。崇禎中舉人，知應城縣，流賊陷城，死之。

明史292/13

張溫，不詳何許人。從太祖渡江，授千戶，積功至天策衞指揮僉事。從大軍收中原，克陝西，下蘭州守之，却敵有奇功，擢都督僉事。洪武時封會寧侯，後坐藍玉黨死。

吾學編18/42下

皇明功臣封爵考6/57

名山藏41/21下

明史列傳6/17

明史132/10

張棨字士儀，號本靜，涇縣人。從王畿講求陽明之學，歸而築室授徒。事親至孝，母卒，構永思山房，守墓不離。

國朝獻徵錄114/62不著撰人張先生行狀

張翔字元龍，崑山人。性耿介不群，善楷書，喜吟咏，尤工篆隸。以薦歷知甌寧、仙居二縣，遷滄州同知，終瀘州知州，所至皆有政績。居官三十餘年，冰蘗之操，始終弗渝。

崑山人物志2/7

吳郡張大復先生明人列傳稿×/61

張善（1439--1492）大興人。景泰中選入內府，學于司禮監。憲宗朝擢太監，歷監督大同軍務，及鎮守四川。弘治三年陞掌御馬監事，兼領勇士營操備。五年卒，年五十四。

御馬監太監張公墓誌銘（徐文靖公謙齋集5/46下）

張善吉字本謙，四川涪州人。成化二年進士，除兵科給事中，有敢諫聲。以事謫降耀州判官，尋復原職，陞都給事中，致仕卒。

披垣人鑑10/5下

父張玄（1412—1491）字成功。官濟南府學教授

張公墓誌銘（何文簡公集13/19下）

張善昭（1453—1515）字彥充，順德人。天順中舉人，卒業太學，試高等，授兵部司務。超擢四川按察僉事，掌理屯田。以徼名希進被劾，左遷鳳陽通判，改判臨江，復僉事官致仕。正德十年卒，年八十一。

張公墓志銘（東洲初稿5/10下）

張公隧道碑（羅文肅公集24/1）

國朝獻徵錄98/118順德縣志傳

張斌字質中，祥符人。中宣德五年乙榜，授陝西成縣儒學訓導，官至福建右布政使，乞歸卒。

國朝獻徵錄90/2祥符文獻志傳

張焜芳字九山，會稽人。崇禎元年進士，官至南京戶科給事中，疏薦黃道周、陳子壯等，而爲舊輔文震孟請邮，被旨切責，尋罷職。後起用，道遇淸兵，被執，死之。

明史291/23

張雲字季升，河南信陽人。弘治十五年進士，正德二年由山西襄陵知縣選禮科給事中。嘉靖初歷副都御史巡撫遼東，官至戶部尙書、總督倉儲，卒贈太子少保。

贈都察院右副都御史中臺張先生巡撫遼東序（何文定公文集2/10）

送張都憲巡撫遼東序（蘭菴遺稿9/4下）

披垣人鑑12/4下

張琬字宗琰，鄱陽人。洪武初貢入太學，試高等，爲給事中，改戶部主事。帝問天下財賦戶口之數，口對無遺，立擢左侍郎。琬才敏，有心計。卒二十七，時人惜之。

披垣人鑑3/2下

明史138/4下

張琦字國器，號叔潤，山西盂縣人。永樂廿二年進士，授御史，出爲江西僉事，累官至右副都御史，正統五年卒於官。

送張僉憲之任序（敬軒薛先生文集14/16下）

張琦字君玉，號白齋，鄞人。弘治十二年進士，知興化府，陞本司左參政，致仕歸。作詩力去陳言，雖一草一木，必遠出象外乃已。有白齋竹里集。

贈張白齋報政序（見素集7/10下）

贈郡守張白齋公致仕序（方簡肅公文集3/3）

張琮（1463—1530）字廷獻，號惕菴，江寧人。弘治三年進士，授工部主事，改禮部，屢遷郎中，陞陝西參議。時劉瑾擅政，以事謫知濟寧州。擢監察御史，歷四川、廣西布政使，南京工、刑部侍郎，官至南京都察院右都御史。致仕卒，年六十八。

送大司空惕菴張公序（少華山人文集3/12下）

張公神道碑銘（息園存稿文6/1）

惕菴張公墓誌銘（泉翁大全集60/25下）

國朝獻徵錄64/14陳沂撰傳

張弼（1425—1487）字汝弼，自號東海，松江華亭人。成化二年進士，官南安知府，治績甚著。致仕歸卒，年六十三。弼善詩文，工草書，嘗自言吾書不如詩，詩不如文，李東陽笑爲欺人語。有東海集傳世。

送張君汝弼知南安詩序（懷麓堂文稿3/11下）

張公墓表（王文恪公集26/20）

張君墓志銘（桃溪淨稿文12/7下，國朝獻徵錄87/17）

先進舊聞（寶日堂初集22/38下）

國琛集下/7下

名山藏81/6下

聖朝名世考10/17下

皇明世說新語6/19

四友齋叢說16/13下

明史286/7

張盛字克謙，宜興人。天順四年進士，授工部主事，佐理河道有功，累陞山東參政。爲人廉直負氣，遇事少容，僚佐忌之。左

遷福建運司同知，以年老，謝病免歸。

昆陵人品記7/17

張惠字廸吉，號東園，山東德州人。永樂十二年舉人，授都察院司務，歷陞監察御史、光祿寺卿、四川布政使。宣德七年巡撫浙江，下車即爲文告於諸廟神祇，誓以公正淸白存心。景泰二年擢南京禮部尙書，致仕卒。

東園張公傳（黃瓚撰、皇明名臣墓銘坎集12，國朝獻徵錄36/6）

張博字子約，號仰松，浙江會稽人。嘉靖四十四年進士，由常熟知縣陞南刑部主事，遷戶科給事中。以事降陝西郃陽縣丞，歷太倉知州、淮府長史，萬曆八年罷歸。

贈州牧仰松張公導水平賦序（弇州山人續稿26/15）

送州牧仰松張公遷淮左史序（同上27/10下）

掖垣人鑑15/15

張雄字鵬飛，山東范縣人。成化十一年進士，除吏科給事中，仕終河南禹州知州。

掖垣人鑑10/17

張雄，正德中以司禮太監侍豹房，有寵，與張忠、張銳恣肆用事，時號三張，性皆兇悖。世宗用御史王鈞等言，下雄獄。

明史304/30下

張棟字伯任，一字可菴，崑山人。萬曆五年進士，除新建令，改工科給事中，以事乞歸。尋起兵科給事中，出巡固原，單騎歷險，盡得邊事虛實，多所論建。有可菴書牘。

名臣謚議（公槐集6/1）

掖垣人鑑16/26

吳郡張大復先生明人列傳稿×/128

明史233/8下

張逵字懋登，號允菴，浙江餘姚人。正德十六年進士，嘉靖初授刑科給事中，以伏闕爭大禮，下獄廷杖。尋進右給事中，爲郭勛所讒，謫戍遼東衞。居十載，母死不得歸，哀痛而卒。

掖垣人鑑13/6

明史206/9下

妻胡氏。

勅封孺人張母胡夫人七十序（龍津原集3/17）

張堯年字紹中，號桐陽，浙江慈谿人。嘉靖十四年進士，由金壇知縣選吏科給事中。陞工科都給諫，奉旨下獄，謫江西布政司照磨，歷陞雲南左布政使免官。

掖垣人鑑13/4下

父張□，號朴菴。

壽張朴菴八十序（天一閣集18/14）

張堯年（1537--1609）字長卿，餘姚人。隆慶二年進士，授吏部主事，改眞定推官，仕終廣東按察副使，致仕卒，年七十二。

張公墓志銘（姚江孫月峯先生全集11/40，國朝獻徵錄99/121）

張朝用，四川瀘州人。成化二十年進士，除兵科給事中，仕終雲南參政。

掖垣人鑑10/32

張朝瑞（1536--1603）字子禎，淮安海州人。隆慶二年進士，授安丘令，調鹿邑，歷知金華府，屢官至南京鴻臚寺卿，卒年六十八。

鳳梧張公墓表（焦氏澹園集27/22，國朝獻徵錄76/23）

張朝綱字簡在，廣通人。由貢生歷滹源州同知，解職歸。孫可望兵至，與其妻馮氏並縊死。

明史295/18下

張發字啓之，榆林人。屢官定邊副總兵，里居。崇禎十六年李自成寇榆林，發分守城中，督淸街道，城陷，力戰死。

明史294/23

張景明字廷光，號葵屏，浙江山陰人。弘治三年進士，官至興府左長史卒。世宗即位，贈太子少保禮部尙書，謚恭僖。

國朝獻徵錄105/40顧璘撰傳

張景暘字廷賓，浙江山陰人。弘治十二年進士，授上饒令。歷監察御史。

蘭臺法鑒錄13/51

父張□，字竹坡。

壽封長史竹坡張公序（豐文懿公摘稿11/8下）

張景賢，號明崖，四川眉州人。嘉靖十七年進士，歷湖廣兵備，討平辰沅苗亂，改治兵維揚，屢遷右僉都御史巡撫應天，三十五年罷歸。

送中丞明崖張公還蜀序（陸文定公集9/48）

張㝢字廷瞻，上虞人。永樂九年舉人，授宣城教諭，陞當塗知縣，擢監察御史，遷鎮江知府，改泉州，被誣繫獄，泉人頌其賢，帝釋之，移知荊州，乞歸，成化四年卒於家。

張公墓表（王偁撰國朝獻徵錄89/2）

張智（1335--1406）字玄略，延平順昌人。生而聰頴，讀書過目成誦。元末以薦入國學，授新喻州同知，後退歸。洪武十一年以明經應薦爲湖廣夷陵州學正，超擢禮部右侍郎，制定國子生員制度。以事左遷國子學錄，建文中升司業，永樂四年卒官，年七十二。

張公墓誌銘（楊文敏公集21/11）

皇明名臣墓銘乾集30黃佐撰順昌張公傳

張傑（1421--1472）字立夫，號默齋，鳳翔人。正統六年領鄉薦，官趙城訓導，以講學爲事。其工夫以涵養須用敬，進學在致知二語爲的。用五經教授，名重一時，學者稱五經先生。

默齋張先生傳（馮少墟集22/5下）

明儒學案7/9下

張欽（1405--1475）字克敬，順天人。永樂廿一年嗣世職爲留守右衛指揮僉事，正統中從征麓川，以功進都指揮僉事，屢陞都督同知，守延綏，成化十一年卒，年七十一。

張公神道碑（篁墩程先生文集42/13，國朝獻徵錄107/17）

張欽字敬之，號禾山，南昌人。弘治十四年舉人，授岳州訓導，其教不專爲課，尤約以禮法，躬自爲率。擢知清遠縣，剔蠹革弊，黠吏慴伏，累官南京刑部郎中，卒年六十七。

張禾山公墓誌銘（遵巖先生文集14/1，國朝獻徵錄49/41）

張欽字敬之，號心齋，順天通州人。正德六年進士，由行人授御史，巡視居庸諸關。武宗從幸臣江彬言，將出關幸宣府，欽負敕印手劍坐關門下，上疏諫奏，帝乃還，京師盛傳張御史閉關三疏。嘉靖間以右副都御史巡撫四川，召爲工部左侍郎，被論罷。

賀心齋先生進山東大參序（王襄毅公集11/6）

名山藏臣林記16/28下

明史列傳59/3

明史188/27

張欽字士敬，號震齋，祥符人。官都司，善畫山水花竹。

圖繪寶鑑6/14

張鈞，石州人。正德末舉於鄉，以親老不仕，讀書養親，遠近皆稱其孝。嘉靖二十年俺答犯石州，父被殺，鈞不及救，悲痛而卒。

明史297/15

張溥字天如，太倉人。與同里張采共學齊名，號婁東二張。崇禎間溥集郡中名士，相與復古學，名其文社曰復社。四年舉進士，交遊日廣，自謂以嗣東林，執政惡之。里人陸文聲求入社，不許；詣闕訐溥，嚴旨窮究不已，溥卒而事猶未竟。後詔徵遺書，先後錄上三千餘卷。有詩經注疏大全合纂、春秋三書、歷代史論、漢魏六朝一百三家集、及七錄齋詩文集等。

啓禎野乘7/18

明史288/18

張溥年譜，蔣逸雪撰、民國二十四年商務印書館排印本

父張翼之（1556--1617）字爾謨，號虛宇。

先考行狀（七錄齋文集6/11）

張廉（1402--1458）字惟清，陝西咸寧人。永樂二十一年舉人，卒業太學，授刑部照磨，改臨汾縣丞，歷陞蒲州知州，剗刮積弊，以身率人，致仕卒，年五十七。

張公墓誌銘（敬軒薛先生文集22/10下，國朝獻徵錄97/121）

張廉（1434--1509）字孟介，歸安人。成化二年進士，授刑部主事，歷貴州按察、

布政使，官至右副都御史，巡撫貴州，被劾致仕，卒年七十六。

國朝獻徵錄61/9實錄本傳

張意字誠之，號餘峯，崑山人。嘉靖八年進士，歷官南京職方郎中，仕終山東副使，以事罷歸。有日涉園稿。

日涉園稿序（皇甫司勳集37/12下）

樂全軒記（徐氏海隅集文編9/9）

祭憲副餘峯張公文（同上33/11下）

張詩（1487—1535）字子言，自號崑崙山人，北平人。爲文雄奇變怪，書放勁驚人。嘉靖十四年卒，年七十九。有崑崙山人集。

崑崙山人集序（二酉園文集5/16）

崑崙張詩人傳（李中麓閒居集 10/1，國朝獻徵錄115/61）

名山藏95/11

張詡字廷實，號東所，南海人。成化二十年進士，爲陳獻章弟子，其學以自然爲宗，以忘己爲大，以無欲爲至，卽心觀妙，以揆聖人之用。授戶部主事，再遭親喪，隱居不仕。正德中召爲南京通政司左參議，一謁孝陵，卽告歸。有白沙遺言纂要，東所文集、南海雜詠。

送張進士廷實還京序（白沙子全集 1/15下）

國朝獻徵錄67/67黃佐撰傳

名山藏79/21

明史283/2下

明儒學案6/1

張愷（1453—1538）字元之，號企齋，更號東洛，無錫人。成化二十年進士，奉使浙閩，還授吏部主事，歷知東平州，逾年而州大治。越拜貴州黎平知府，善撫苗夷，民皆安集。轉福建鹽運使，以疾歸，年八十六卒。著有貴陽讌談、蚓竅餘音等書。

張東洛墓碑銘（荆川先生文集 14/5，國朝獻徵錄104/34）

企齋先生傳（甫田集27/7）

毘陵人品記8/5下

張愼言字金銘，號藐姑，陽城人，昇孫。萬曆三十八年進士，授壽張知縣，有能聲。擢御史，天啓初出督畿輔屯田，列上官種、佃種、民種、軍種、屯種五法。崇禎時累官至南京吏部尙書。京師陷，福王立於南京，命愼言理部事，上中興十議，尋乞休，國亡後，疽發背卒。有泊水齋集。

明史275/1

張裕字士弘，長洲人，著籍嘉定。嘉靖八年進士，除刑科給事中，降福建布政司照磨，歷陞湖廣襄陽知府，二十三年免官。

代送張襄陽序（方山薛先生全集14/10）

被垣人鑑13/19下

張煌言（1620—1664）字玄著，號蒼水，鄞人。崇禎十五年舉人。明末南京之敗，煌言與同郡錢肅樂等倡議奉魯王監國，以僉都御史監張名振軍，屢抗清師。舟山破，魯王入閩依鄭功成，煌言勸成功取南京，自崇明入江，所向克捷。煌言先移師上遊，已下皖二十餘城，成功自鎭江敗退，事遂不成。後魯王卒，煌言散兵隱居，旋爲淸軍所獲，不屈死，年四十七，淸乾隆間諡忠烈。有奇零草、水槎集、北征錄、探薇吟。

鄞張公神道碑銘（鮚埼亭集6/1）

祭蒼水張公文（鮚埼亭集外編50/9）

張督師畫像記（同上19/13）

張玄著先生事略（黎洲遺著彙刻本）

張忠烈公年譜（全祖望撰、張忠烈公全集附刻本）

張忠烈公年譜（趙之謙撰、鶴齋叢書本）

張煌言年譜（馮勵淸撰、民國三十一年重慶獨立出版社排印本）

張道明字行甫，號太宇，餘姚人。隆慶二年進士，由庶吉士授工科給事中。萬曆元年陞河南衛輝知府，謫山西屯留縣丞，累陞刑部主事。

掖垣人鑑15/20

張電（1497—1547）字文光，號賓山，上海人。工書，授鴻臚寺序班，歷官至禮部侍郎，朝廷匾額，多出其手。卒年五十一。

壽禮部侍郎張賓山序（陸文定公集9/34下）

張公墓志銘（徐階撰、國朝獻徵錄22/72）

先進舊聞（寶日堂初集22/41下）

皇明世說新語6/18下

父張昪字以周，號隱西，卒年六十。

張公墓誌銘（儼山文集74/11下）

張璵字騰漢，完縣人。正德十六年進士，除戶科給事中，歷禮科都給事中，官至廣西副使。

掖垣人鑑13/3

張瑄，嚴州建德人。為人闓敏練達，永樂中由國子生選授邳州同知，遷太平府通判。

贈張通判之任太平府詩序（芳洲文集3/31下）

張瑄（1417—1494）字廷璽，號古愚，晚號安拙翁，又號觀菴，江浦人。正統七年進士，授刑部主事，官至南刑部尚書，致仕卒，年七十八。

送南京刑部尚書張公序（楊文懿公金坡稿2/24下）

張公墓志銘（童軒撰、國朝獻徵錄48/20，皇明名臣琬琰錄后20/1）

張瑄傳（西河合集80/3下）

明史列傳47/9下

明史160/11下

張瑛（1375—1436）字子玉，邢臺人。洪武二十九年鄉貢士，授西寧州訓導，永樂六年擢吏科給事中。宣宗即位，擢禮部侍郎，進尚書，兼華蓋殿大學士。時帝銳精圖治，委政三楊，瑛以舊恩參其間，然帝勿之重也。宣德四年、出為南京禮部尚書，卒年六十二。

送禮部侍郎張公子玉歸省序（楊文敏公集12/11下）

張公墓碑（楊溥撰、皇明名臣琬琰錄 24/3下，國朝獻徵錄12/52）

殿閣詞林記1/28

掖垣人鑑4/15下

明史列傳25/9下

張瑛字彥華，浙江建德人。永樂舉人，正統時官建寧知府。鄧茂七作亂，被執不屈死。

國朝獻徵錄91/6實錄傳

明史289/13

張瑋（1453—1517）字嘉玉，號歷齋，蘇州人。成化二十三年進士，授工部主事，官至都水司郎中。瑋歷官二十年，家徒四壁，既歿、室無一錢。

張公墓誌銘（甫田集29/12，國朝獻徵錄51/92）

姑蘇名賢小紀上/33下

張瑋字席之，武進人。少孤貧，取糠粃自給，不輕受人一飯。講學東林書院，師孫愼行，其學以慎獨研幾為宗。萬曆四十七年成進士，授戶部主事，累官左副都御史。瑋素有清望，與左都御史劉宗周、左僉都御史金光辰並總憲紀，臺中肅然。旋謝病歸卒，福王時謚清惠。有如此齋詩。

啓禎野乘2/27

明史254/15下

張瑞圖（1576—1641）字長公，一字果亭，號二水，晉江人。萬曆三十五年進士，以附魏忠賢仕至建極殿大學士。善畫山水，尤工書，與邢侗、米萬鍾、董其昌齊名，時稱邢張米董。後入逆案坐徒，贖為民。卒年七十二。有白毫菴集。

五十輔臣考1/8

明史306/14下

張軾，四川瀘州人。國子生，正統十四年除禮科給事中，晉都給事，陞雲南參政，仕終江西右布政使。

掖垣人鑑6/5

張楠（1476—1548）字子材，號四峯，滁州來安人。正德三年進士，授中書舍人，累官太僕寺少卿、南京鴻臚卿，以事左遷貴州參議致仕，年七十三卒。

送四峯張貴州序（涇野先生文集9/12下）

張公暨配陳恭人合葬墓志銘（胡莊肅公文集6/55下）

張楷（1398—1460）字式之，慈谿人。永樂二十二年進士，宣德間拜監察御史。理冤摘奸，風振朝宁。歷陝西按察僉事，正統中累陞僉都御史，卒於官，年六十三。

南京右僉都御史張公行狀（楊文懿公東觀稿7/15）

張公神道碑銘（李賢撰、皇明名臣琬琰錄后

5/6下，國朝獻徵錄64/75）

張公墓誌銘（呂文懿公全集10/17）

水東日記1/3

子張伯遠

送張伯遠貳令懷安序（楊文懿公東觀稿5/2下）

張楚城字匪卿，號九山，江陵人。隆慶二年進士，由江西吉水知縣選刑科給事中，官至雲南左布政使。

披垣人鑑15/19

張達字時達，號柏菴，江西泰和人。天順八年進士，授工部主事，歷應天府丞，累官工部右侍郎，弘治八年卒於官。

國朝獻徵錄51/38無名氏撰傳

妻羅氏（1436—1513）

封淑人羅氏墓誌銘（整菴先生存稿13/26）

張達，涼州人。目不知書。嘉靖中累官都指揮僉事，充延綏游擊將軍，二十三年以總兵官鎮陝西，俺答入寇，戰死，諡忠剛。

明史列傳60/16下

明史294/2下

張曉字茂蘭，號草亭，華亭人。景泰五年進士，除南京刑部主事，陞員外郎。擢四川按察僉事，守建昌等六衛，撫平諸盜，有軍功，致仕歸，成化十年卒。

張公墓表（東海張先生文集4/16）

張愚，號東居，天津人。嘉靖十一年進士，累官至右副都御史，巡撫延綏，卅一年卒官。

送東居張公巡撫延綏序（少華山人續集10/9下）

副都御史張愚祭葬（歐陽南野文集15/4下）

張遇，河南項城人。成化二十年進士，授潞城知縣，擢南臺御史。正德七年累官至工部右侍郎，八年改戶部左侍郎，未任、以老致仕。

送戶部侍郎張公致仕歸河南序（顧文康公文草5/3）

張鼎（1431—1495）字大器，陝西咸寧人。成化二年進士，授刑部主事，歷太原知府、山西參政、河南按察使、右僉都御史，官至戶部右侍郎。遊薛瑄之門，終身恪守師說。瑄歿、其文集散漫不傳，鼎爲搜輯校正，數年始成書，學者稱自在先生，年六十五卒。

張君墓誌銘（王端毅公文集6/8下）

大器張先生傳（馮少墟集22/11）

國朝獻徵錄30/25無撰人張鼎傳

明儒學案7/9

張鼎思（1543—1603）字睿甫，號愼吾，安陽人。萬曆五年進士，由庶吉士授吏部給事中，官至江西按察使，卒年六十一。有琅邪曼衍、琅邪代醉編。

送張參知睿父擢江右憲長序（少室山房類稿85/1）

大參知張公二難双美序（同上85/14）

祭張愼吾老師（輪寥館集6/1）

張公暨配王氏合葬墓誌銘（賜閒堂集25/14）

披垣人鑑16/14

父張允卿(1504—1572)字伯揆，仙居縣主溥。

張君墓志銘（賜閒堂集30/19下）

母周氏，卒年七十八。

周氏墓志銘（松石齋集22/1）

子張士弘，更名寬然，號君栗。太學生。

明太學生君栗張公墓誌銘（輪寥館集5/1）

張嗣祖（1351—1423）字伯頴，吉水人。洪武十七年舉人，歷任陽山、蕪湖教諭。永樂初擢翰林博士，與修高祖實錄、永樂大典，累陞修撰，署南京翰林院事。永樂廿一年卒，年七十三。有澹齋集。

張君墓表（楊文敏公集20/13下，國朝獻徵錄21/14）

張嵩字中望，南陽人，著籍成都。正德十二年進士，由行人選吏科給事中，歷順天府丞，仕終都察院右僉都御史、巡撫薊州。

披垣人鑑13/2

張萬紀字舜卿，號兌溪，陝西盩厔人，著籍臨洮衛。嘉靖二十六年進士，由行人選吏科給事中，遷廬州知府，三十五年免官。

披垣人鑑14/18下

張萱（1459—1527）字德暉，號頤拙，上海人。弘治十五年進士，授鄱陽令，官至湖廣按察僉事，爲政正直不阿，年六十九卒。

張知州祠記（洹詞3/15下）

先進舊聞（寶日堂初集22/44下）

朝列大夫張君傳（崔東洲集19/6下，國朝獻徵錄88/49）

張萱字孟奇，號九岳，別號西園，博羅人。萬曆中舉於鄉，官至平越知府。好學博識，經史百氏，靡不淹通。能畫，書各體皆工，有彙雅。

張萱彙雅前編書後（盧文弨抱經堂文集8/22）

張落魄，嘉靖中寄居玉山縣黃谷山觀中，自稱張落魄，飲酒數斗不醉，出入莫測。

名山藏102/10下

張經字天敍，興州衛人。正德六年進士，授新樂知縣，擢監察御史，出按宣府，劾鎮守太監于喜貪肆罪，爲喜所訐，謫雲南河西典史。尋卒。

明史188/24下

張經字廷彝，號半洲，初姓蔡，後復張，候官人。正德十二年進士，由嘉興知縣選吏科給事中，累官南京兵部尙書兼右都御史。專討倭寇，選將練兵，作搗巢計。趙文華劾經糜餉殃民，畏賊失機。詔逮經，論死，天下寃之。隆慶初復官，謚襄敏。有半齋稿。

賀督府大司馬中丞半洲公蔡先生平安南序（泉翁大全集25/1

平黎詩序（袁永之集14/6）

恩遇圖序（方齋存稿6/25下）

掖垣人鑑13/6下

明史205/4

父張海（1470—1543）字德涵，號西峯。

蔡公墓誌銘（桂洲文集47/27）

西峯張公傳（存笥稿11/8下）

張綖（1487—1543）字世文，號南湖，高郵人。正德八年舉人，官至光州知州，卒年五十七。有杜詩通、詩餘圖譜、南湖詩集。

南湖墓志銘（顧璘撰、南湖先生詩集附錄/1）

張頌（1465—1516）字容之，其先黃岡人，家京師。弘治五年舉人，授河南林縣教諭，改歸安，再改華亭。久之，始遷嘉興教授。卒官，年五十二。

張先生墓誌銘（中丞馬先生文集3/1）

張鉞字文輔，江西安仁人。正德三年進士，授遂昌令，擢監察御史，屢官至南京工部右侍郎，致仕卒。

國朝獻徵錄53/22劉麟撰張公行狀

張漢，鍾祥人。正德九年進士，嘉靖中屢官兵部左侍郎，俺答入寇，代翟鵬總督宣大，尋專督畿輔河南山東諸軍，條上選將、練兵、信賞、必罰四事，均報可。會考察拾遺，言官劾漢剛愎，謫戍鎮西衛，居戍所二十年卒。

明史204/6

張漢卿字元傑，河南儀封人。正德六年進士。由魏縣知縣選刑科給事中，官至戶科都給事中。興獻帝議加皇號，漢卿力言不可，又倡衆伏闕，受杖斥爲民。卒于家。

掖垣人鑑12/30

明史列傳72/20

明史192/13

母李氏（1444—1524）

李氏墓誌銘（王氏家藏集31/5下）

張齊字子修，號順泉，陝西長安人。嘉靖三十八年進士，由眞定推官選兵科給事中。緣事下獄革職，奏辯補順天府通州判官。尋陞太僕寺丞，改光祿寺丞。

掖垣人鑑15/2下

張誥（1433—1511）字汝欽，華亭人。成化二年進士，授庶吉士，擢監察御史，巡視長蘆鹽場。豪猾倚權勢作姦罔利，悉裁以法，諸場爲淸。弘治中陞副都御史，巡撫雲南。誥臨事，伸縮卷舒，文武並用，諸夷降服。未幾致仕，年七十九卒。

贈御史張汝欽序（楊文懿公桂坊稿2/28）

送憲副張汝欽之廣東（徐文靖公謙齋集3/10下）

張公墓誌銘（顧淸撰、國朝獻徵錄60/89，皇明名臣墓銘巽集42）

張寧字靖之，號方洲，浙江海鹽人。景泰五年進士，擢禮科給事中，負志節，持正

【十一劃】張

義。成化元年出爲汀洲知府，以簡靜爲治。以疾致仕，家居三十年，累薦不起。專工書畫，能詩。有方洲雜言、奉使錄、方洲集傳世。

張方洲先生小傳（東泉文集7/69）
國朝獻徵錄91/7京學志傳
皇明書22/15
名山藏臣林記12/27
皇明獻實27/5下
吾學編48/4下
掖垣人鑑6/6
國琛集下/15
聖朝名世考9/5下
皇明世說新語1/13，2/15，4/21下，5/3下
明史列傳49/1
明史180/1下

父張翥（1396—1472）字九臯，號閒鐘。
先考行狀（方洲張先生文集31/11）

母丁氏。
先母丁氏行狀（方洲張先生文集31/6下）

張賓字利用，山東德州人。天順元年進士，除禮科給事中。成化六年陞山西右參議，仕終本司右布政使。

掖垣人鑑6/25

張賓（1439—1517）字廷賓，單縣人。成化十一年進士，授睢寧知縣，改御史，歷江西按察使，官終南光祿卿，卒年七十九。

張公墓志銘（洹詞3/36下，國朝獻徵錄71/33）
明史列傳53/18下

張需，年籍不詳。長於治民，初佐鄭州有聲，疏數十年廢渠，三日而成。及守霸州，置戶簿以驗勤惰，民生理日滋。忤王振、廷杖幾斃，謫戍邊。

聖朝名世考9/5
國琛集上/31

張瑤字天游，蓬萊人。天啓五年進士，授開封府推官，絕請託，抑豪強。崇禎中謫河州判官，未赴歸。五年李九成略登州，瑤率家衆登陴拒守，城陷被殺。

啓禎野乘8/6
明史290/15

張瑺字廷玉，號毅齋，慈谿人。正統四年進士，歷官刑部主事，十四年也先犯境，英宗親征，瑺三疏諫阻，爲權璫所阻，不報。扈從北行，死於土木之難。

國朝獻徵錄47/66王愼中撰張毅齋先生墓表
明史167/7

張遜字時敏，號鈍軒，無錫人。以太學生選授福建同安知縣，歷福寧知州，仕至福州知府，卒年六十四。遜爲政廉平，民爲立碑者三。

張公傳(容春堂別集8/16下，國朝獻徵錄91/17)
毘陵人品記7/12下

張遜業字有功，號甌江，永嘉人，璁子。太學生，以蔭授中書舍人，歷兩淮都轉運判官，累遷太僕寺丞，暴疾卒，年三十六。

國朝獻徵錄72/56王世貞撰張君墓誌銘

張赫，臨淮人。以千戶從起兵有功，累官後軍都督僉事，轉漕遼左。洪武二十年封航海侯。廿三年卒，贈恩國公，謚莊簡。

皇明功臣封爵考7/7下
吾學編18/13
名山藏41/23下
明史列傳7/21下
明史130/19

張輔（1375—1449）字文弼，河南祥符人，玉長子。靖難時累功封信安伯，加新城侯。永樂四年爲右副將軍，平安南，以其地內屬，封英國公。前後凡四至交阯，爲交人所畏。仁宗即位，進太師。輔歷事四朝，與蹇夏三楊等同心輔政，海內宴然。死於土木之難，年七十五，追封定興王，謚忠烈。

定興王墓瑞芝詩序（懷麓堂文稿8/9下）
定興王世家（弇州山人續稿83/1）
國朝獻徵錄5/53朱睦㮮撰傳
名山藏臣林記6/36
吾學編26/5下
皇明功臣封爵考2/2?
國琛集上/27
聖朝名世考11/4
皇明獻實13/1

壬午功臣爵賞錄×/7下
明史列傳21/6下，23/1
明史154/1

繼室吳悟成（1414—1495）

壽英國太夫人八十詩序（羅文肅公集10/17）
英國太夫人吳氏行狀（篁墩程先生文集41/11）
英國太夫人吳氏墓誌銘（徐文靖公謙齋集5/27）

張嘉孚（1516—1594）字以貞，陝西安定人。嘉靖二十六年進士，授長治令，歷官四川副使，年七十九卒。

張公墓表（大泌山房集103/13）

張嘉謨（1472--1533）字舜卿，居城南，因以自號，寧夏人。弘治十五年進士，授兵部主事，從兵部侍郎陸完剿匪山東，又隨尚書彭澤平蜀寇。歷陞山東按察司僉事。禁盜發礦，忤觸藩邸，下獄罷官。家居二十餘年，卒年六十二。有雲巖集、西行稿。

張舜卿東征詩序（對山集12/10下）
張公墓志銘（少華山人文集9/13，國朝獻徵錄95/107）

張賑字洪濟，祥符人。天順四年進士，成化十年以戶部郎中出知寧波府，剛直有威，究心民事，吏民畏服。

寧波名宦遺事（薑山文集15/8）

張睿字志通，河南鄢陵人。宣德五年進士，授吏科給事中。正統九年以戶部右侍郎總督倉儲，遷本部尙書仍總儲，成化七年卒。

贈吏科給事中序（敬軒薛先生文集14/10）
送戶部尙書張公致政還鄉序（姚文敏公遺稿6/3）
掖垣人鑑4/3下
國朝獻徵錄28/37無名氏撰傳

張鳴瑞字藏禎，號鳳山，四川瀘州人。嘉靖三十五年進士，由儀眞知縣選兵科給事中，陞浙江嘉興知府，四十二年聽調。

掖垣人鑑14/38下

張鳴鳳（1465--1522）字世祥，號梧岡子，上海人。弘治九年進士，授知永康，擢南臺御史。正德初劉瑾擅政　鳴鳳上疏切諫，逮詔獄杖責。瑾誅，復起屢陞至湖廣副使，丁憂歸，尋卒，年五十八。

張公墓誌銘（儼山文集70/4下）
明史188/10下

張夢鯉（1533—1597）字汝化，號龍池，山東萊陽人。嘉靖三十五年進士，以兵部郎中知開封府，高拱有所屬，輒持不行。後累官大理卿。張居正秉政，九卿多絀下之，夢鯉獨無加禮。仕宦三十五年，家無贏資。年六十五卒，謚節愍。

張廷尉家傳（大泌山房集66/18）
龍池張公碑（來禽館集16/9下）
龍池張公墓志銘（北海集15/13，國朝獻徵錄68/39）

張銓，定遠人。從渡江，取淮東，平吳、定中原，積功累官都督僉事，從征五溪、烏撒諸蠻。洪武時封永定侯。

皇明功臣封爵考6/73下
吾學編18/54
名山藏41/25下
明史列傳7/22下

張銓字宇衡，號見平，沁水人。萬曆三十二年進士，授保定府司理，熹宗時巡按遼東，城破不屈死，謚忠烈。有國史紀聞、勝遊草。

張銓傳（晚香堂小品17/1）
國史闡幽（公槐集6/38）
山西三忠祠記（遯菴文集×/74）
啓禎野乘8/19
天啓崇禎兩朝遺詩小傳2/35
明史291/2

張綱（1421—1478）字六振，山東長青人。景泰五年進士，授監察御史，歷江西按察副使、湖南按察使，屢陞僉都御史，整飭邊備，乞歸卒，年五十八。

張公神道碑（劉珝撰、國朝獻徵錄63/21）
都憲張公輓詩序（石蓮洞羅先生文集15/41下）

張綵，安定人。弘治三年進士，以諂事劉瑾累官吏部尙書，加太子少保。凡所言、瑾無不從。瑾誅，綵瘐死獄中，仍剉屍於市

國朝獻徵錄24/103無名氏撰傳
皇明世說新語7/3，8/2下
明史306/7下
父張□，河間府通判。
贈封吏部郎中張公致仕歸安定序（柴墟文集7/20）

張綸（1454--1523）字大經，號敬軒，宣城人。成化二十年進士，授鹽山令，擢監察御史，巡通州倉，故人有以苞苴來謁者，不復與見。累官右都御史。武宗時中官用事，綸劾巨璫蕭敬等罪當誅，久不報，因乞歸，卒年七十。有敬亭稿。
留福堂銘（整菴先生存稿11/7）
張公墓誌銘（費文憲公摘稿18/17，國朝獻徵錄54/91）

張綸字宜甫，號釣石，汶上人。嘉靖四十二年舉人，授秀水訓導，歷三河知縣，查隱地，省畝稅，均驛車，定馬戶，民若更生。遷通州守，仕終戶部員外郎，所至著廉聲，萬曆十四年卒。綸性嗜學，於書無所不讀，尤深於易，嘗著三圖說、圖書考、揲蓍考等。
國朝獻徵錄30/67姚思仁撰張綸墓碑

張維字國持，石首人。弘治五年舉人，授鳳陽府同知，屢擢南陽知府。官至山西參政，正德中致仕卒，以子璧貴，贈禮部尚書。
送山西參政張君致仕還鄉序（東川劉文簡公集7/6）
先世敍略（陽峯家藏集27/20）

張維世，太康人。萬曆四十四年進士，歷平陽知府，崇禎間官至右僉都御史，巡撫宣府，坐失防削籍遣戍，尋釋還。十五年李自成犯太康，維世佐知縣竭力拒守，城陷，抗節死。
明史293/10下

張維新字崇德，華陰人。弘治十二年進士，除禮科給事中。正德元年擢浙江衢州府知府，仕終廣平知府。
掖垣人鑑11/17下

張維新字憲周，號岐東，河南汝州人。萬曆五年進士，由山東冠縣知縣選兵科給事中，改禮科，遷湖廣參議。
掖垣人鑑16/25
母丁氏（1524—1586）
丁母墓志銘（澂秋堂文集14/4）

張維綱，淸苑人。官平涼通判。崇禎十七年闖賊陷城，被執罵賊不屈死。
明史295/6下

張鳳（1396--1461）字子儀，安平人。宣德二年進士，授刑部主事，正統間擢刑部右侍郎，尋改南京戶部。廉謹善執法，號板張，終南京戶部尙書，卒官，年六十六。
張公神道碑（李賢撰、國朝獻徵錄31/10，皇明名臣墓銘乾集57，皇明名臣琬琰錄后2/11）
國朝獻徵錄28/31無名氏撰傳
明史列傳28/13
明史157/9下

張鳳奇，陽曲人。起家鄉舉，歷官永平知府。崇禎三年淸兵破永平，仰藥死，闔門俱自縊。
明史291/8

張鳳翔字光世，號伎陵，陝西洵陽人。生有異稟，目差日短視，然暗處反明，燈月之下猶晝也。左手橫書，興到筆飛，瞬息滿紙。中弘治十二年進士，官戶部。卒年僅三十。有張伎陵集。
皇明世說新語5/25

張鳳翔（1558--1602）字輝止，號凌玄，江西南城人。萬曆二十六年進士，選庶吉士，授刑科給事中。累上封事，歷數時政闕失，無所忌諱，改禮科右給諫，卒於官，年四十五。
張公墓誌銘（嬾眞草堂文集21/20下）

張鳳鳴，邢臺人。嘗官中書舍人，崇禎十五年淸兵攻順德，鳳鳴募兵助拒守，城破死節。
明史291/19

張鳳翮字健沖，城固人。天啓五年進士，崇禎間官御史，出按雲南，還言民力已竭，討賊諸臣泄泄沓沓，徒糜金錢，帝亟敕熊文燦進兵，而張獻忠已叛。遷浙江右參政，未任而罷。十六年流賊陷城固，脅之仕，不屈死。

明史294/21

張鳳翼字伯起，長洲人。嘉靖四十三年舉人，好塡詞，嘗作紅拂記等傳奇，有聲於時。又有處實堂集、占夢類考、文選纂注、海內名家工畫能事等書。

壽伯起六十序（太霞草9/3下）

皇明世說新語7/31

明史257/15

母葉氏（1504—1566）

張母葉碩人墓誌銘（賓魯望集9/11下）

張毓粹，偃師人。諸生，崇禎十四年流賊冦城，毓粹率二子佐有司固守，城陷罵賊被害。妻藺氏與三女二孫悉赴井死。

明史293/7

張潮（1485—1544）字惟信，號亭溪，一號玉溪，四川內江人。正德六年進士，選庶吉士，授編修，歷翰林學士、吏部侍郎，官至禮部尚書，卒年六十。有玉谿稿。

送吏部侍郎亭溪張公歸養序（顧文康公文草5/1）

張玉溪先生奠文（自知堂集17/10下）

張公行狀（費寀撰、國朝獻徵錄18/28）

父張大器（1440—1505）字邦賢，號勁菴，湖廣布政司照磨。

張公暨配劉氏合葬墓志銘（顧文康公文草7/1）

張潛（1472—1526）字用昭，號東谷，陝西泯州人，後定居華州，錦子。弘治九年進士，授戶部主事，官至山東左參政。卒年五十五。

祭張大參潛文（鳥鼠山人小集16/22）

送張廣平序（涇野先生文集1/22）

西溪草堂記（同上15/3下）

張公墓志銘（渼陂續集下/3下，國朝獻徵錄95/23）

張閏（1457—1508）字希曾，南陽人。少讀書，動止不苟。及長，益篤孝友，襟宇軒豁，寬厚好施。正德三年卒，年五十二。

張君墓志銘（凝齋集5/19下）

張潤（1470—1552）字李汝霖，號西磐，臨汾人。弘治十五年進士，正德時官給事中，抗言大計，侃侃不阿。劉瑾誅、劾其餘黨，罷黜者十二人。累陞僉都御史，歷撫順天、寧夏有聲，以戶部尚書致仕。年八十三卒，謚恭肅。

別西磐張公序（方山薛先生全集15/14下）

大觀草堂記（同上21/4）

靜觀堂記（甘泉先生續編大全5/2）

柳屏精舍記（渼陂集10/19）

尙書張潤祭葬謚（歐陽南野文集15/11下）

張公墓誌銘（薛約撰、國朝獻徵錄27/41，皇明名臣墓銘兌集19）

國朝獻徵錄29/59無名氏撰傳

掖垣人鑑12/5

父張鏞

賀臨汾双壽序（涇野先生文集2/21下）

張潤身字佩德，成安人。正德九年進士，授戶科給事中，轉兵部都給事中，居諫坦、彈劾不避，論奏皆切中時弊。出守平陽，有能聲。有四科奏議

掖垣人鑑12/37下

張寬字德宏，號碧崖，太倉人。弘治十八年進士，授錢塘知縣，擢刑部主事，正德十二年遷廣東按察僉事。

送張君德宏復浙學序（楊文懿公桂坊稿1/17下）

送張德宏宰錢塘序（顧文康公文草5/76下）

壽張碧崖六十序（觿亭存稿3/8下）

父張鑾（1451—1522）字與鳴，號清隱。

張公墓誌銘（顧文康公文草7/6下）

張養蒙字泰亨，號見冲，山西澤州人。萬曆五年進士，由庶吉士授禮科給事中。慷慨好建白，官終戶部侍郎，致仕歸卒，謚毅敏。

掖垣人鑑16/14下

明史列傳81/10

明史235/5

母薛氏（1515—1582）

薛孺人墓誌銘（薜荔山房藏稿8/19）

張適（1330—1394）字子宜，長洲人。七歲習詩經，過目成誦。十三赴鄉試，時稱奇童。洪武初宋濂薦修元史，官水部郎中，未幾辭歸。與高啓、楊基輩、稱十才子，年六十五卒。有甘白集。

張公墓志銘（徐貞木撰、吳下冢墓遺文3/12）
吳中人物志7/29下

張震，餘姚農家子。生周歲，父爲人陷死，及長母告以讎，震誓必報。其友謂曰，汝力弱，吾爲汝殺之。未幾，讎乘馬出，友以田器擊之死，震喜，走告父墓。事發，有司傷其志，減死論戍，遇赦歸。

明史297/12下

張璉字汝器，耀州人。弘治十五年進士，擢御史，劾治劉瑾黨總兵毛倫罪。武宗駐蹕大原，有儀賓坐殺人繫獄，賄江彬，彬矯詔赦之，璉奏論如法。歷官戶部侍郎，忤張璁，乞休歸。

皇明世說新語2/30下
國朝獻徵錄30/41無撰人張璉傳

張璁（1475—1539）字秉用，後賜名孚敬，字茂恭，號羅峰，永嘉人。正德十六年進士，世宗議追崇所生，璁迎合帝意，力折廷臣，仕至華蓋殿大學士，嘉靖十五年病，乞致仕。爲人剛明果敢，年六十五卒，謚文忠。有論對錄、奏對錄、保和冠服圖、張文忠集。

壽羅峯張公序（內方先生集9/9下）
張文忠集序（大泌山房集10/1）
太師張文忠公文集序（景璧集5/21）
太師張文忠公墓表（陽園集14/1）
國朝獻徵錄16/1王世貞撰傳
吾學編5/14
嘉靖以來內閣首輔傳2/1
名山藏臣林記19/1下
國琛集下/38下
聖朝名世考2/49下
皇明世說新語2/4下，4/15，4/37下，5/15下，8/35
四友齋叢說6/3下，8/7，10/5下
明史列傳67/1
明史196/1

父張昇（1427—1509）字存彩，號守菴。
先考守菴府君墓誌（張文忠公集文稿5/4）

張鞏字鳳舉，崑山人，著籍滇南。成化十四年進士，授桐鄉知縣，遷陵縣，免官歸崑山，依墓廬而居，卒年三十六。

吳郡張大復先生明人列傳稿×/58

張鞏字文翥，太倉人。工畫山水，兼工畫馬，年九十餘卒。

崑山人物志8/6
圖繪寶鑑6/12

張頤字養正，吳人，以醫名擅吳中。其醫大概以保護元氣爲主，處劑多用參朮，而每著奇效。能預刻年月日，決人生死，往往奇中。

國朝獻徵錄78/94王鏊撰傳

張頤字養正，山西太原人。天順四年進士，改翰林院庶吉士，授檢討，歷都察院右僉都御史，巡撫宣府，官至工部右侍郎，被劾致仕，弘治十三年卒。

國朝獻徵錄51/19無名氏撰傳

張賢字思齊，陝西鄠縣人。永樂三年舉人。調選授吏部司務，累陞郎中，督餉山西有功，超拜山西右布政使，以老歸卒。

張公墓碑（渼陂續集下/54，國朝獻徵錄97/1）
皇明世說新語5/25

張賢字守愚，河南睢州人。弘治十五年進士，由行人選禮科給事中，累陞山西僉事。

掖垣人鑑12/2下

張賢字堯臣，號任眞子，祥符人。萬曆二十五年舉人，入太學，知單縣，歷慶陽同知，順慶知府。忤劉瑾、罷官，瑾誅、起太原知府，致仕卒，年六十二。

國朝獻徵錄97/112李濂撰傳

張履旋字垣之，陽城人，愼言子。崇禎十五年舉人，流賊陷陽城，投崖死。

明史275/3下

張翥（1430—1506）字汝振，長洲人。天順元年進士，授工部主事，出知南昌。歷官至雲南按察使，致仕卒，年七十七。

張公墓志銘（王文恪公集 28/7下，國朝獻徵錄102/36）

張輗（1390—1465）字文瑞，祥符人，玉仲子。永樂初授金吾前衞指揮使，天順初以翊戴功封文安伯，卒年七十六，諡忠僖。

國朝獻徵錄10/43李賢撰張公墓誌銘

張撫（1427—1507）字世安，寶鷄人。成化八年進士，由刑部主事進員外郎，出爲四川按察副使，進湖廣按察使，遷雲南貴州布政使。歷南太僕寺卿，官終南刑部侍郎，卒年八十一。

張公行狀（渼陂集16/10下）

國朝獻徵錄49/14無撰人張撫傳

明史列傳53/15下

張敷華（1439—1508）字公實，號介菴，江西安福人。父洪爲監察御史，死土木之難。景泰初以蔭入國子生，舉天順八年進士，選庶吉士。與林瀚、林俊、章懋稱南都四君子。正德間爲左都御史，論劾劉瑾，坐罪去。卒年七十，諡簡肅。有介軒集。

送浙江參議張公實序（東海張先生文集1/16）

送都察院右都御史張公奉勅督漕運序（碧川文選2/44）

送張兵部還南京詩序（懷麓堂文後稿2/9）

張簡肅公傳（石蓮洞羅先生文集 20/7下，國朝獻徵錄54/69）

張公神道碑（李東陽撰、國朝獻徵錄54/67）

名山藏臣林記15/14

皇明獻實34/1

吾學編43/19

皇明書23/9下

國琛集下/21下

聖朝名世考3/81下

皇明世說新語1/15下，3/12，5/3下

四友齋叢說10/1下

明史列傳56/8下

明史186/6

母姚氏

張母姚氏墓志銘（懷麓堂文稿29/9）

張寅，商水人。歷臨汾知縣，丁艱家居崇禎十四年流賊陷商水，抗節死。

明史293/11下

張節（1503—1582）字介夫，號石谷，涇陽人。初從湛若水遊，繼受學於呂柟，柟稱其守道不回。萬曆十年卒，年八十。

石谷張氏傳（馮少墟集22/46）

明史282/23

明儒學案8/10下

張銳字抑之，秦州人。成化十一年進士，性剛直，官至山東參政。被劾歸，講學不倦，世稱張夫子。

抑之張氏傳（馮少墟集22/11）

張銳，正德中宦官，掌東廠，恃寵恣橫。世宗用御史王鈞言，逮下獄鞫治。

明史304/31

張緒字廷瑞，常熟人。永樂時以才名薦，爲會昌侯府教授，工書畫。

圖繪寶鑑6/7

張緒（1520—1593）字無意，號文綸，漢川人。嘉靖十九年舉人，受業安福鄒守益。歷官戶部員外郎。與耿定向、羅汝芳講學不輟，當事惡之，遷知德陽縣，告歸，學者稱爲甑山先生。初與張居正同舉，居正柄國，欲用爲知府，緒不可。年七十四卒，鄉人私諡介肅。

張甑山先生墓志銘（焦氏澹園集31/4下）

張甑山先生墓表(沈鈇撰、國朝獻徵錄98/140)

張緯字文之，號渭涯子，咸陽人。正德十六年進士，授監察御史，巡按居庸諸關，所至練兵修備，發奸擿伏，邊人頌之，卒於官。

張君墓誌銘（王九思撰、國朝獻徵錄65/78）

張稷字世用，寶應人。成化八年進士，觀政戶部，擢四川道御史，監光祿寺，及按福建，頗能鋤強扶弱，卒於官。

國朝獻徵錄65/25李東陽撰、張君墓志銘

明史列傳49/13下

明史180/12下

張德勝字仁輔，合肥人。才略雄邁，與俞通海等以舟師自巢來歸，從渡江，克采石，進克鎭江，皆有功。與陳友諒戰於采石，歿於陣。追封蔡國公，諡忠毅。

【十一劃】張

國朝獻徵錄6/40無撰人張德勝傳
名山藏臣林記1/40下
吾學編22/3下
皇明功臣封爵考8/40下
明史133/9下

張鼐字用和，歷城人。成化十一年進士，授襄陵知縣，累擢右僉都御史，巡撫遼東，仕終南京右都御史，以忤劉瑾斥爲民。瑾誅、復官。學者稱柏山先生。

國朝獻徵錄64/12實錄本傳
明史186/29

張鼐字世調，一字侗初，松江華亭人，鎣六世孫。萬曆三十二年進士，官至南京吏部右侍郎，兼詹事府詹事。有吳淞甲乙倭變志、饁堂考故、寶日堂初集等。

名山藏臣林記13/13下

張澤（1437—1502）字堯民，澤州人。從河南薛瑄學，聞道德性命之理，通詩書易，於學無所不窺，尤精律曆。登成化十四進士，授河南武安縣令，歷河南、浙江監察御史，官至南陽知府，以疾乞歸、卒年六十六。

張公墓誌銘（凝齋集5/7）

張澤字大被，桐城人。嘉靖十七年選貢，授沅江令，累遷雲南僉事。四十五年討鳳繼祖之亂，被執不屈死。

國朝獻徵錄102/72方學漸撰傳

張濂（1512—1561）字子淸，號澤山，仁和人，瀚從弟。嘉靖十七年進士，授刑部主事，累官至僉都御史，坐訕左遷歸，年五十。

張公墓志銘（茅鹿門先生文集22/8，國朝獻徵錄59/123）

兄張江（1503—1570）字子澄，號鳳山。光祿監事。

鳳山兄暨配沈氏墓誌銘（癸蓑藁餘16/17下）

張淶（1462—1519）字仲湜，號涇川，平南人。成化十四年進士，累官兵部尙書，參贊機務，尋致仕。淶剛正廉介，遇內閣諸重臣，未嘗阿附。爲詩文力追古人，所著甚富。

張公神道碑銘（楊廷和撰、國朝獻徵錄42/37）
殿閣詞林記5/28

張濼字景川，順德人，善昭孫。正德六年進士，授知建平縣，改廣昌，官至禮部員外郎。性剛不能容人過，後諫大禮，受杖死。

贈廣昌令張君景川治最序（東洲初稿2/34）
國朝獻徵錄98/119順德縣志傳
明史列傳72/8下
明史192/21

張龍，鳳陽人。從征西番洮洲，洪武時論功封鳳翔侯。復從平雲南，加祿五百石。

吾學編18/52
皇明功臣封爵考6/53下
明史130/15

張龍字汝言，上海人。弘治十五年進士，授行人。邪媚無賴，諂事中貴，遷兵科給事中，擢通政司參議。劉瑾敗，謫知灤州。後以結交朱寧，歷登州知府，性貪殘，與倪天民、陳逵、孫淸，天下目爲四害，官終右通政。以乾沒朱寧賄，爲所覺，斥逐之，嘉靖初下獄論死（按明史作順天人，此從進士登科考）。

國朝獻徵錄67/38弇州別記張龍傳
掖垣人鑑12/10
明史306/10下

張寰（1486—1561）字允淸，號石川，崑山人，和從子。正德十六年進士，授知濟寧州，累官通政司參議。有兩山遊錄、川上稿。

兩山遊錄序（山帶閣集28/4）
張公墓表（震川先生集23/302，國朝獻徵錄67/39）

張憲（1446—1511）字廷式，號省菴，德興人。成化八年進士，歷浙江右布政使，捕寘鎮守中官左右於理，公帑無毫髮私。累官至南京禮、工部尙書，以名德稱，年六十六卒。

祭工部張尙書文（羅文肅公集30/2下）
張公墓志銘（費文憲公摘稿17/8，國朝獻徵錄52/22）
明史列傳43/7

明史172/9

張憲臣（1512—1573）字欽伯，號虛江，崑山人。嘉靖三十八年進士，由江西花縣知縣選工科給事中。隆慶元年擢浙江左參政，免官歸，卒年六十二。

張廉憲滇遊稿序（處實堂集6/6）

張公墓志銘（弇州山人四部稿87/1，國朝獻徵錄102/37

掖垣人鑑14/45

吳郡張大復先生明人列傳稿×/82

張諫字孟弼，句容人。正統四年進士，授行人，擢監察御史，歷河南按察司副使，召爲順天府尹。以事降萊州知府，轉常山縣丞，以有治蹟，召爲太僕寺卿，成化七年卒于官。

國朝獻徵錄72/5實錄本傳，又72/5下陳鎬撰傳

張燈字文輝，號瑞泉，江西浮梁人。嘉靖二十九年進士，由湖廣湘陰知縣選刑科給事中，陞山東僉事，仕至浙江右參政。

掖垣人鑑14/29下

張璟，里籍未詳。正統中知平山縣，有善政，秩滿，士民乞留，英宗命進秩復任。景泰初母憂去，復從士民請，奪情視事。

明史281/14下

張璞字廷采，號友山，松江人。正統中歷陳州、沂州學正。刻志於學，善畫、工詩，躬耕隴畝，手執一編以自隨。

友山居士小傳（東海張先生文集2/34）

先進舊聞（寶日堂初集22/15）

張璞字玉中，滑縣人。成化十四年進士，弘治中累官至左通政。

贈通政張君服闋赴京序（黎陽王襄敏公集1/45下）

掖垣人鑑10/24

父張□，號德遠。

張翁及妻沈碩人墓志銘（半江趙先生文集14/14下）

張璞字中善，江夏人。弘治十八年進士，由歸安知縣召授御史。正德中出按雲南，鎮守中官梁裕貪橫，璞裁抑之，爲所誣，逮赴詔獄，死獄中。

明史188/24

張璘字文玉，黃岡人。永樂十年進士，歷山東參政，改山西，調福建，陞應天府尹，廉潔幹濟，所至恤民，宣德七年卒官。

國朝獻徵錄75/18實錄本傳

張璣字士璇，號存心，天台人。少孤、力學嗜古，以歲貢入太學，授定州知州，調涿州，誠愛入於民心，而嚴正莫敢犯，善政纍纍。歸日，惟故簡敝裘，同官憐之，醵金以贐，追候數百里，竟謝不受，呼爲乾張。卒年八十三。

二張先生傳（石龍集22/3下）

張璝字德潤，廣東番禺人。天順元年進士，歷守撫州、潯州、潼州諸府，廉靜公正，民多感之。

張公言行錄（江源撰、皇明名臣琬琰錄后20/7）

國琛集下/13下

聖朝名世考9/7

張䌹（1466—1531）字伯純，山西澤州人。弘治九年進士，授知尉氏縣，改宜陽。課農興學，旌良耻否。擢御史，累遷陜西僉事，被誣下獄，三年後乃釋，年六十六卒。著有邃言、舜澤記、及文集等。

張先生墓誌銘（洹詞6/43，國朝獻徵錄94/114）

張輻字文衡，號東川，浙江山陰人。嘉靖十四年進士，由行人選南京兵科給事中，降華亭縣丞。累陞雲南副使，疏請致仕。

掖垣人鑑13/53

張燕翼字叔貽，長洲人。嘉靖四十三年與兄鳳翼同領鄉薦。善畫漪蘭叢篠怪石，能書善詩。時吳中皇甫四子、冲、涍、汸，濂俱有才名；張氏三兄弟鳳翼、燕翼、獻翼繼起吳人語曰，前有四皇，後有三張。萬曆三年卒。

哭叔貽弟文（處實堂集7/39）

張選（1494—1568）字舜舉，號靜思，無錫人。嘉靖八年進士，擢戶科給事中，時享太廟，遣郭勛代，選言祫享不親行，跡涉怠玩，帝怒杖之。穆宗初起通政參議，尋致仕卒，年七十五。有張靜思文集。

張公墓志銘（黃正色撰、國朝獻徵錄67/42）
披亘人鑑13/27
毘陵人品記9/14下
明史列傳73/15
明史207/15
父張猷可（1473—1545）字廷謨，號東涯。
張翁墓表（王具茨文集7/17下）

張興，壽州人。起卒伍爲燕山左護衛指揮僉事，從起兵、積功累遷都指揮同知，封興安鄉伯。永樂五年卒。
吾學編19/12
皇明功臣封爵考3/41
壬午功臣爵賞錄×/8下
明史列傳21/22
明史146/11下

張擧，欒城人。成化二十三年進士，授戶部主事，陞知岳州府，性廉直，數與時忤，忿憤卒。
國朝獻徵錄89/11無名氏撰傳

張曉（1439—1493）字光曙，號靜菴，陝西三原人。成化五年進士，授襄垣知縣，擢監察御史，巡按四川等地，所至風聲凜然，奸貪斂跡。歷湖廣僉事，官至河南按察使，卒年五十五。
張光曙墓志銘（王端毅公文集6/5）

張嶺（1458—1531）字時峻，號楓丘，蕭山人。成化二十三年進士，歷官江西左布政使，舉治行卓異。世宗朝以右都御史總督兩廣軍務，討擒黃鏐、蔡猛三等賊。佛朗機國人別都盧入寇新會，嶺遣將出海擒之。嘉靖四年官至南工部尚書，尋致仕，卒年七十四。有蒼檜館近稿。
祭張尚書文（石龍集28/8下）
張公行狀（費宏撰、國朝獻徵錄52/59）
張大司空傳（西河合集73/19）
張司空傳後（同上61/6下）
名山藏臣林記18/31
明史200/3

張穆字敬之，崑山人，和弟。正統四年進士，授工部主事，歷山東按察司副使，屢陞浙江右參政，致仕卒。有勿齋集。
張參政行狀（黃雲撰、國朝獻徵錄84/29）
吳郡張大復先生明人列傳稿×/68

張衡，萬安人。洪武十八年進士，授禮科給事中，奏疏愷切，擢禮部侍郎，以清愼見褒，載於大誥。後以言事坐死。
披亘人鑑6/8下
明史139/19下

張錄字宗制，城武人。正德六年進士，授太常博士，擢御史。嘉靖初伏闕爭大禮，下獄廷杖。出按畿輔，劾宣府諸將失事，皆伏辜。後以忤張璁，罷歸，家居二十年卒。
明史206/21下

張錦（1440—1501）字尚絅，岷州人。成化五年進士，歷刑部郎中，錄囚山東，出賑眞定諸府，皆有聲。弘治初爲刑部左侍郎，安定侯柳景被劾，贓鉅萬，屬貴倖祈免，錦卒論如律。年六十二卒。
張公行狀（博趣齋藁20/150下）
祭張尚絅文（長康僖公文集6/41）
張君墓志銘（懷麓堂文後稿25/3下，國朝獻徵錄46/35）
巡撫宣府十二公傳（涇野先生文集34/7下）
父張善
祭張尚絅都憲乃尊文（長康僖公文集6/48）

張縉字朝用，山西陽曲人。成化五年進士，知鈞州，歷山東參政、戶部侍郎，官至南戶部尙書。
國朝獻徵錄31/34雷禮撰傳
妻高氏
高氏行狀（紫溪文集42/1）

張縉（1444—1512）字廷肅，號艮菴，松江人。成化十七年進士，授行人。弘治中擢監察御史，巡按兩廣邊儲，不苛不縱，有剛方廉愼之稱，陞山東按察副使。致仕卒，年六十九。
張公墓誌銘（長康僖公文集6/36）

張縉字子忠，號龍槐，河南安陽人。嘉靖三十八年進士，由陝西鳳翔府推官選刑科給事中。歷尙寶司卿，降沔陽知州，未任卒。
披亘人鑑14/47下

張學顏字子愚，號心齋，肥鄉人。嘉靖三十二年進士，萬曆間爲戶部尙書。張居正當國，以學顏精心計，深倚任之，累官太子太保。居正歿，其黨無免者，獨學顏結太監張鯨，得不罪。周弘綸發其狀，乞休去。

擬諭遼東巡撫張學顏（條麓堂集4/10）

掖垣人鑑14/36

明史222/22下

父張應麟，字時熙，號西澗。潞安同知。

張公合葬墓志銘（賜閒堂集30/10）

張鴻字子賓，崑山人。方簡無文飾，資性絕異，家貧，與兄並耕隴上，以養母。讀書無晝夜，古經深奧，應口講誦。每歲勤動荷笠負擔，與田者雜行城市間，或遇其友吳中英、歸有光家，輒弛擔入，縱談天下事，往復培擊，無不酣暢。遇非所堪，目直上視，氣勃勃如怒，仍擔而去。

張子賓傳（震川先生集26/331）

吳郡張大復先生明人列傳稿×/86

張應治字休徵，號冲泉，秀水人。嘉靖四十一年進士，授行人，歷南京戶科給事中，力抗權倖，數進讜言，時號稱職。會高拱秉銓，憾應治嘗劾己，出爲九江知府。萬曆初以治最遷山東兵備副使，卒於官。

國朝獻徵錄95/96王偉撰傳

明史215/10

張應昌字順之，楡林衞人，承蔭子。嗣世職爲都司僉書，經略楊鎬用爲左翼遊擊。崇禎中累陞署都督僉事，充總兵官，鎭守宣府。七年淸兵下萬全，以罪解職。

明史239/4下

張應泰字大來，號東山，宛陵人。萬曆二十年進士，授泰和令，遷禮部主事，改兵部。

張泰和藝葵園草敍（紫原文集3/28）

泰和邑侯張東山先生德政碑（蝕衣生黔草12/4下）

張應揚（1550—1600）字以言，休寧人。萬曆十一年進士，授蘭溪令，擢御史，有直聲，卒於官，年五十一。有星軺草。

張御史傳（快雪堂集9/10下）

張謙（1442—1493）字益之，保定淸苑人。成化二年進士，除禮科給事中，晉都給事。謙長諫垣，遇時政闕失，每進說，有裨治體。得上眷，特陞鴻臚左少卿，官至南太僕少卿，卒於官，年五十二。

張公神道碑銘（篁墩程先生文集47/6，國朝獻徵錄72/60）

掖垣人鑑10/6下

張謙（1511—1595）字子受，號鄮西，慈谿人。嘉靖十一年進士，授刑部主事，遷大名知府，治行爲畿輔最。歷福建副使、廣西參政，皆有討賊功。以按察使致仕歸。謙學得之鄒守益，踐履平實，處燕室肅若朝廟，鄉里多化之，年八十五卒。

張公墓志銘（大泌山房集79/16下）

張公鄮西墓碑（農丈人文集13/7下）

張禴字汝吉，順天平谷人。弘治十五年進士，由庶吉士授兵科給事中，仕終右僉都御史，巡撫宣府，卒於官。

掖垣人鑑12/2

張懋（1441—1515）祥符人，輔子。九歲嗣爵，善射。成化、弘治中，屢上書言事，皆切直。性豪侈，生平未嘗一當行陣，坐享爵祿。正德十年卒，年七十五，謚恭靖。

太師英國張公壽七十詩序（懷麓堂文後稿4/18下）

明史列傳23/5下

明史154/6

張翼（1301—1369）字飛卿，無錫人。倜儻有氣節。明初、莫天祐據無錫，徐達遣兵困之，令曰：不下即屠其城。翼說天祐出降，民賴以全。翼嗜學，爲詩歌頃刻成章。

張府君墓志銘（宋學士文集21/145、國朝獻徵錄113/16）

國琛集上/12下

毘陵人品記6/2

張翼，臨淮人。從起兵，累功官至前軍都督僉事。洪武時封鶴慶侯，坐藍玉黨死。

名山藏41/23下

皇明功臣封爵考6/60下

吾學編18/48

明史列傳6/16下
明史132/9下

張翼，秦州人。永樂六年擧人，歷任江西巡按監察御史。劾倖臣劉觀，墾斥鹵，請賑金，稱良吏焉。

國朝獻徵錄56/5無名氏撰傳略

張翼，泰安人。永樂中由諸生貢入國學。父母歿，皆廬墓三年。

皇明書41/2

張翼字文翔，崑山人，鞏弟。慷慨尙氣節，善書，宗歐顏二大家，得意處謂能逼眞。嘗謫成開平，嶺北諸公宇及溫泉題壁多其所書，故其書名嶺北云。

崑山人物志8/6
吳郡張大復先生明八列傳稿×/53

張翼（1434—1512）字南伯，號雲翁，吳縣人。始客岷湘，著三巴奇觀，歸即敎授不出，遠來從學者數百人。學通九流百家，尤邃地理、字學。詩文甚富，好錄古書，至老不輟。正德七年卒，年七十九。

處士張先生墓碣銘（林屋集19/2）

張翼明，永城人。歷兵部右侍郎巡撫大同。崇禎元年插漢虎墩兎入犯，殺掠萬計。翼明及總兵官渠家楨不能禦，並坐死。

明史248/8下

張駿，瀘州人。永樂九年進士，以御史起家，累陞僉都御史。

名山藏臣林記11/8下

張駿，華亭人。以字學進，除中書舍人。累官至太常少卿致仕。正德二年劉瑾喜其草書狂怪，復起進禮部尙書，四年致仕卒。

國朝獻徵錄33/42無名氏撰傳

張檟字叔養，號心吾，江西新城人。嘉靖三十八年進士，擢監察御史，巡鹽河東，以言事杖責，斥爲民。穆宗立，復官，萬曆中屢遷南京工部右侍郎，以節概稱。有存笥錄。

大司空心吾張公年譜序（玉茗堂全集2/8）
明史210/24

張黻字兼素，江西吉水人。成化八年進士，官後軍都督府經歷。會刑部員外郞林俊劾僧繼曉、中官梁芳，下錦衣獄拷訊，黻救之，並下獄，直聲震都下。謫知涪州、宿州，介特不避權貴。弘治中以老不用，予誥命。

聖朝名世考6/23
明史列傳63/11

張鍵（1477—1522）字君重，山西石州人。正德三年進士，授南戶部主事，忤劉瑾、逮京師，不屈，謫衞輝府通判。瑾敗，復戶部主事，督儲天津。時流賊猖獗，鍵守城晝夜不息，得無虞。陞開封知府，卒官，年四十六。

張君墓誌銘（紫巖文集45/3，國朝獻徵錄93/13）
張公配崔恭人合葬墓表（陽峯家藏集33/21）

張鍊字伯純，號太乙，陝西武功人。嘉靖二十三年進士，由行人選刑科給事中，累官至湖廣按察司僉事。有經濟錄、太乙詩集。

掖垣人鑑14/6下

母康氏

張母康太君壽序（少華山人續集10/14）

張鎣（1422—1493）字廷器，號簡菴，松江華亭人。正統十三年進士，景泰初擢御史。成化間以右副都御史巡撫寧夏，導河流溉靈州，屯田七百餘頃。擢刑部侍郎，終南京兵部尙書。年七十二卒，謚莊懿。

送太子少保南京兵部尙書張公致仕序（碧川文選2/38）
大宗系（寶日堂初集13/12下）
先進舊聞（同上22/13下）
張公墓志銘（懷麓文後稿22/3下，國朝獻徵錄42/15）
皇明世說新語3/25下
四友齋叢說16/7下，16/9
明史列傳53/10下
明史185/6

媳趙氏

皇明世說新語6/5

孫張□（1478—1545）號鶴沙，刑部照磨。

鶴沙張公墓志銘（世經堂集16/3）

張璿（1477—1542）字仲齊，號恆山，晉州人。正德三年進士，授御史，歷大理少卿、寧夏巡撫，官終提督操江御史，卒年六十六。

贈恆山張公北歸序（涇野先生文集8/1）

張公墓志銘（端溪先生集5/59下，國朝獻徵錄63/61）

張璧（1475—1545）字崇象，號陽峯，石首人，維子。正德六年進士，選庶吉士，與修實錄。累進左諭德，官至禮部尙書，東閣大學士。年七十一卒，諡文簡。有陽峯家藏集。

送同年張宮諭主試北還序（甔甀遺稿9/1）

贈大宗伯張公之任南京序（鈐山堂集20/5）

詞林合祭張陽峯先生文（存笥稿18/10）

張公神道碑（鈐山堂集34/12下，國朝獻徵錄16/70）

張璁（1479—1555）字鵠擧，號南溪，揚州泰興人。正德九年進士，授戶部主事，累遷南京戶部侍郞，卒年七十七。

壽大司徒南溪張公七十序（李文定公貽安堂集4/48）

張公墓志銘（李春芳撰、國朝獻徵錄32/11）

張鏊字濟甫，號蒙溪，南昌人。嘉靖五年進士，選庶吉士，授禮部主事。十九年擢浙江副使，提督學政。歷廣東參政，遷福建按察使，官終南京兵部尙書。

送張濟甫赴浙江提學序（湛浚谷文集4/12）

送張濟甫祠曹提學浙江序（南沙文集1/44）

送學憲張蒙溪序（海石先生文集18/1）

送福建按察使張公序（可泉先生文集1/15下）

父張訑（1453—1531）字亘溥。

張公墓誌銘（居漸山文集4/1）

張騏，永城人。洪武中以女爲燕世子妃，授兵馬前指揮，世子爲太子，進京衞指揮使。

皇明書12/2

明史300/5下

張簡字仲簡，自稱雲丘道人，又號白華山樵，吳縣人。初師張雨爲道士，隱居鴻山。元季兵亂，以母老歸，遂返儒服。洪武三年召修元史。工詩，能書畫，有雲丘道人集。

明史285/14

張簡（1465—1535）字允敬，號可齋，江陰人。弘治十八年進士，授兵部主事，陞郎中，官至廣東參議，卒年七十一。

可齋張公安人湯氏合葬墓誌銘（徐文敏公集5/27下）

張公墓碑銘（泉翁大全集60/38）

國朝獻徵錄99/66無名氏撰傳

張彝憲，崇禎初爲司禮太監，有心計，思宗令鈎校戶工二部出入，名曰戶工總理，按行兩部，踞尙書公座。凡邊鎭請軍器，故勒不發。尋詔撤之，命守備南京卒。

明史305/30下

張瀚（1511—1593）字子文，號元洲，仁和人。嘉靖十四年進士，歷大名知府，俺答犯京師，徵畿輔民兵入衞，瀚立簡八百人馳至眞定。累遷右副都御史。萬曆初擢吏部尙書，張居正謀奪情，中旨令瀚諭留，瀚持不可。居正怒，嗾言官劾罷之。年八十三卒，諡恭懿。有奚囊蠹餘、臺省疏稿、明疏議輯略。

贈少司馬元洲公總督還朝序（明善齋集2/20）

賀張冢宰序（太室山人集8/30）

贈元洲張公總督兩粵序（茅鹿門先生文集13/11）

廬郡張公去思碑記（王文肅公文草1/39）

太子太保元洲張公八十天子遣官存問序（茅鹿門先生文集16/9下）

臺省疏稿序（敬所王先生集5/45）

張公神道碑（王文肅公文草6/8）

張太宰恭懿公傳（快雪堂集9/1）

太宰張恭懿公傳（焦氏澹園集24/20，國朝獻徵錄25/67）

祭張元洲宮保文（茅鹿門先生文集27/21）

張恭懿公別傳（通義堂文集6/18）

明史225/1

張懷（1486—1561）字德珍，號龍墩，餘姚人。正德十二年進士，授禮部主事，武宗南巡，伏闕諫，廷杖。嘉靖中議大禮，復受杖。歷廣東參政歸，卒年七十六。

張公行狀（吳儼撰、國朝獻徵錄99/42）

張麒（1337—1381）字國祥，號靜鑑居士，華亭人。洪武初、推選爲萬石長，主粟漕京，官無負逋，民不勞擾。卒年四十五。

張君墓志銘(孫大雅撰、吳下冢墓遺文續1/59)

張璽字仲孚，號一泉，冀州人。嘉靖五年進士，由行人選禮科給事中，陞陝西僉事，仕至陝西左布政使，以憂歸，尋卒。

掖垣人鑑13/17下

張羅彥字仲美，清苑人，羅俊弟。崇禎二年進士，授行人。羅彥少從父塞上，習兵事，在鄉時嘗三佐當事守禦防賊，著功績。累遷光祿少卿，被誣落職。十七年賊逼京畿，羅彥兄弟糾鄉兵二千助城守，城陷，投繯死。

明史295/3下

張羅俊字元美，清苑人。娶瞽女，終身不置妾。崇禎十六年舉進士，需次還籍，鄉郡被兵，兄弟倡義捍城，城陷，罵賊死，一門死者二十三人。

明史295/3下

張羅善字舜卿，清苑人，羅彥弟。爲諸生，賊圍城，佐兩兄守城，城將陷，兩兄戒勿死。羅善曰，有死節之臣，不可無死節之士。妻高氏攜三女投井死，羅善亦投他井死。

明史295/4下

張羅輔字中堂，清苑人，羅善弟。多力善射，賊圍城，佐兄守禦，晝夜乘城，射必殺賊，奪圍走，連射殺數人，矢盡，持短兵殺數人，乃死。

明史295/5

張鼐，上海人。成化二十三年進士，授南刑部主事，官至應天府丞致仕。卒年七十餘。

張公墓誌銘（王文恪公集30/1，國朝獻徵錄49/39）

張鵬（1390—1455）字騰霄，號存恕道人，洛南人。永樂十五年舉人，宣德中爲監察御史。歷官廣西按察使、山東左布政使。爲人寬厚練達，所在著稱，年六十六卒。

張公墓表（涇野先生文集30/40）

張鵬（1423—1494）字騰霄，號拙菴，淶水人。景泰二年進士，授御史。天順間論劾石亨、曹吉祥，謫戍遼東。憲宗立、復原官，尋超擢福建按察使，累官兵部尙書。鵬晚畏中官，在官不能有所匡正，爲臺諫所劾，致仕卒，年七十二，諡懿簡。

送福建按察使張公騰霄之任序（楊文懿公東觀稿4/26下）

送僉都御史張公守廣西序（類博稿6/7）

送太子少保兵部尙書張公致仕序（楊文懿公金坡稿2/31）

張公傳（戴銑撰、國朝獻徵錄38/65，皇明名臣墓銘艮集51）

皇明世說新語1/29

水東日記2/5

明史列傳34/21下

明史160/12下

張鵬字搏南，浦城人。正德六年進士，授戶部主事，歷兵部郎中，擢山東按察副使，致仕。家居四十載，卒年八十。

送憲副張君之山東序（方齋存稿5/5下）

國朝獻徵錄95/8無撰人張公傳

張鵬（1502—1545）字鳴南，號漳源，沁州人。嘉靖五年進士，授河南推官，以廉愼聞。遷御史，上經略九邊封事，上嘉納之。歷按甘肅、山東，皆有善政，遷大理寺右丞，卒年四十四。有北遷集、遺文諫草、東巡錄。

張侍御榮感序（鳥鼠山人小集12/9）

東巡錄序（同上12/23）

漳源暁章敘（條麓堂集20/27下）

張鵬墓志銘（不著撰人、國朝獻徵錄68/87）

妻周氏

壽張太孺人序（條麓堂集21/35）

張鵬霄（1463—1541）字圖南，號葵軒，西安衛人。年十五、襲官指揮僉事，累以戰功陞都指揮僉事，掌陝西都司。嘉靖廿九年卒，年七十九。

張公行狀（存笥稿12/6，國朝獻徵錄110/47）

張鵬翰字運夫，號琴山，陝西慶陽人。正德九年進士，歷知襄邑二縣，擢御史，陞山西僉事。

贈張運夫陞山西兵憲序（涇野先生文集11/31）

張鵬翼字耀先，西充人。崇禎中由選貢生授衡陽知縣。十六年張献忠陷衡州，脅使降，鵬翼戟髯詬詈，賊縛而投諸江，妻子赴水死。

明史294/13下

張鯨，新城人。司禮太監張宏名下，掌東廠，性剛果，帝倚任之。萬曆中爲御史何出光等劾罷，未幾復召入，言者益多，寵遂漸衰。

明史305/6

張鷗（1476—1514）字九苞，號虹谿，上海人。弘治十八年進士，授刑部主事，丁憂歸，哀毀卒，年三十九。

張君墓誌銘（儼山文集62/8）

父張鰲字文魁，號澹軒。

張澹軒傳（泉翁大全集56/12）

張耀，壽州人。初從陳埜先，太祖下建康，始歸附。累功爲守禦福建指揮使，守興化。洪武五年從李文忠北征，追敵於阿魯渾河，戰死。

明史133/20

張耀字融我，三原人。萬曆中舉於鄉，授知聞喜縣，慈惠撫民，民爲立祠。崇禎中歷官貴州布政使，以和厚得民，死於孫可望之亂。

明史295/14下

張鶚翼字習之，號須野，上海人。嘉靖二十年進士，授兵部主事，改吏部，歷南京通政，官至貴州巡撫，以老罷歸。有中丞詩選。

贈大中丞須野張氏巡撫貴州序（存笥稿5/18下）

張中丞先生傳（朱邦憲集7/7）

張献忠，延安衛人。與李自成同歲生，狡黠驍勁。崇禎中陝西賊大起，献忠以米脂十八寨應之。後與李自成連冦山陝河南等地，據武昌；自湖南趨蜀，陷成都，稱左西國王，年號天順。所過屠殺，慘無人理。献忠黃面虎頷，人號爲黃虎。後爲清肅王豪格射殺，或云兵敗自刎死。

張献忠史事，李光濤撰，歷史語言研究所集刊第二十五本

明史309/24下

張献翼字幼于，後更名敉，鳳翼弟，長洲人。嘉靖中國子監生，爲人放誕不羈，言行詭異，似有狂易之疾，而說易乃平正通達，篤實不支。有讀易紀聞，讀易韻考，舞志，文起堂集，紈綺集。

文起堂續集序（弇州山人續稿42/11下）

文起堂新集序（同上55/15）

周易韻考序（同上43/6）

張幼于生誌（同上109/11，又141/11）

張籌字惟中，無錫人。洪武間薦授翰林應奉，改禮部主事。奉詔與陶凱集漢唐以來藩王事跡爲昭鑑錄。洪武九年累官至禮部尚書。籌有文學，記誦淹博，頗善附會，識者非之，尋以事免。

送張禮部序（宋學士文集13/120下）

跋李氏所藏張尚書墨跡（楊宜閒文集3/56）

具慶堂序（蒲菴文集4/113）

毘陵人品記6/2

明史列傳11/11下

明史136/8

張繼孟字子醇，仁和人，著籍錦衣衛。弘治十八年進士，歷禮部郎中，出爲山東布政司參議，致仕卒，年八十。

國朝獻徵錄95/46無名氏撰傳

張繼孟字伯功，扶風人。萬曆四十七年進士，天啓中擢南御史，以不建魏忠賢生祠削籍。崇禎初起故官，歷川西道副使，張献忠陷城，不屈被殺。

明史295/9下

張鶴鳴（1551—1635）字元平，潁川人。中萬曆十四年會試，父病馳歸。越六年始成進士，授知歷城，移南兵部主事，天啓初爲兵部尚書，時熊廷弼經略遼東，鶴鳴與相

失。喜巡撫王化貞，令無受廷弼節度，致疆事大壞。後累官太子太師致仕，崇禎八年流賊陷潁川，罵賊死。

蘆花湄集序（蒼霞餘草7/12）
明史列傳93/9下
明史257/1

張鶴騰字元漢，潁州人，鶴鳴弟。萬曆二十三年進士，授楡次令，歷官雲南副使，行誼醇篤。崇禎八年流賊陷潁州，被執罵不絕口而死。

送楡次令張元漢考績序（袁中郎全集10/23）
明史257/3下

張鶴齡，興濟人，巒子。巒卒，鶴齡嗣侯，與弟延齡並驕肆，數犯法。正德中進太傅。世宗入繼，鶴齡以定策功，進封昌國公。後坐事被逮，瘐死。

皇明功臣封爵考7/20下
皇明書12/4
明史300/17

張鰲山字汝立，號石磐，安福人，敷華孫。正德六年進士，選翰林庶吉士，拜監察御史，督學南畿，知人好奬拔，雅尙藝文，興起古學，凛有風裁。以鯁直爲忌者所詆，落職家居卒。

張君墓志銘（石蓮洞羅先生文集22/35）
皇明獻實34/2附張敷華傳
四友齋叢說15/9下

張譯（1386—1442）字振文，泰和人。以貢入太學，授兵部主事，改鬱林同知，正統七年卒官，年五十七。

張公墓表（王直撰、國朝獻徵錄101/114）

張鐸字廷用，眞定人。天順八年進士，除禮科給事中，歷工科都給事中，累陞南京太僕寺少卿。

掖垣人鑑10/3下

張鐸，山西壺關人。嘉靖五年進士，選庶吉士，授三原知縣，擢兵部郎中，出爲湖州知府。

送張湖州序（屠漸山文集3/29）

張巒（1445—1492）字來瞻，號秀峯，興濟人，孝宗敬皇后父。弘治元年拜督府同知，三年封壽寧伯。立皇太子、進侯。巒起諸生，雖貴盛，能敬禮士大夫。弘治五年卒，年四十八，贈太保，諡莊肅。

慶戚里張君榮授鴻臚卿序（篁墩程先生文集26/7下）
張公神道碑銘（徐文靖公謙齋集7/47）
張公墓志銘（丘濬撰、國朝獻徵錄3/30）
吾學編19/74下
皇明功臣封爵考7/20
皇明書12/4
明史300/17

張龕，號西盤，順天平谷人。弘治十二年進士，由御史歷太僕寺少卿，官至右僉都御史，巡撫大同。

澄城縣重修中丞張公延恩祠記（九愚山房稿28/14下）

張鑑，又名明鑑，淮西人。元末聚衆以青布爲號，稱靑軍。又善長鎗，稱長鎗軍。後歸降太祖，每從攻伐，歷遷江淮行樞密院副使，卒官。

明史134/6下

張麟，山西絳州人。歲貢，洪武間任戶科給事中，調開平衞經歷，仕終山東定陶知縣。

掖垣人鑑5/11

張瓚字宗器，孝感人。正統十三年進士，歷知太原，寧波兩府，成化十年以右副都御史巡撫四川，松茂番寇邊，瓚先後破滅五十二砦，諸番悉平。官至左副都御史，總督漕運。有東征紀行錄、土苴內外集、征夷雜記。

寧波名宦遺事（蕺山文集15/7下）
國朝獻徵錄30/21廖道南撰傳，又59/57無名氏撰張公傳略
明史列傳36/15下
明史172/18

張瓚（1473—1542）字廷獻，先世滄州人，後家京師。弘治十八年進士，由吏科給事中，累陞兵科都給事中。嘉靖間督兩廣軍

務，附郭勛，得爲兵部尚事，加太子太保。徒以素通中貴人，而狀貌中帝意，遂驟登要津，眷遇終其身。年七十卒，謚恭襄。（按嚴嵩神道碑云生成化丁酉，卒嘉靖壬寅，年七十。然數之，實年六十六。考實錄本傳謂七十餘卒，復考弘治十八年進士登科錄載，年三十三，九月二十五日生。逆推之，則生成化癸已，至壬寅卒，適年七十，知神道碑作丁酉生者，字之誤也）

張公神道碑（鈐山堂集36/10，皇明名臣墓銘坤集19）

國朝獻徵錄39/40實錄本傳

披垣人鑑12/3

皇明世說新語8/5下

張顯宗字明遠，寧化人。洪武二十四年進士，授編修，屢遷國子祭酒，善於其職。建文四年擢工部右侍郎，奉詔起義兵於江西。燕王入京，被執，謫興州。交阯平，起爲布政使，永樂七年卒官。

國朝獻徵錄103/84無撰人張顯宗傳

革朝遺忠錄附錄/10下

吾學編58/5

水東日記14/7

名山藏臣林記4/15

張靈字夢晉，吳縣人。善畫人物山水，間作竹石花鳥，筆秀絕塵。工詩、好交遊，使酒作狂，與唐寅埒。

國朝獻徵錄115/51閻秀卿撰傳

姑蘇名賢小記下/8

吳郡二科志×/15下

新倩籍×/4

皇明世說新語6/31，6/35

張瓛字敬修，號東園，泰州人。成化二年進士，授遂安知縣，律己廉勤，臨民愷悌，民懷其德，致仕歸。子承仁亦以科第起家，歷監察御史，有風裁。

東園先生張君小傳（楓山章先生文集4/48下）

張瓛字孔圭，號愼菴，浦城人。成化十六年舉人，授贛州府推官，平反死刑四十餘人，雪流以下者，不可勝紀，陞同知，弘治十二年卒。嘗集古格言爲世訓，又有愼菴小稿、錦江雜詠。

張君墓誌銘（邵寶撰、國朝獻徵錄87/75）

張驥字仲德，安化人。永樂舉人，宣德初拜監察御史，出按江西，激揚有聲。遷大理寺少卿，歷巡撫山東、浙江，平寇有功，正統十四年召還，卒於道。

明史列傳43/17

明史172/11下

張鸞（1446—1519）字應祥，西安咸寧人。成化十七年進士，爲大名知縣，擢御史，歷大理寺卿，官至刑部侍郎。正德四年致仕，後以賄劉瑾廢爲民，年七十四卒於家。

送少司寇張公致政序（中峯文選1/14下）

張公墓志銘（渼陂集12/19下，國朝獻徵錄46/45）

强

強珍字庭貴，滄州人。成化二年進士，知涇縣，奏減賦額，民爲立祠。擢御史，巡按遼東，劾奏巡撫陳鉞罪。忤汪直，謫戍遼東。直敗復官，仕終南京右通政，乞休歸，弘治十八年卒。

國朝獻徵錄67/51實錄強珍傳

名山藏臣林記12/32

明史列傳49/11

明史180/11

陰

陰武卿（1527—1588）字定夫，號月溪，四川內江人。嘉靖三十五年進士，授南京戶部主事，歷陝西布政使，考求利弊十事。累陞南京工部尚書，應詔數陳八事，皆有裨時政。改兵部，卒於官，年六十二。

陰公墓誌銘（弇州山人續稿115/8下）

陰公神道碑銘（不著撰人、國朝獻徵錄43/16）

陰秉衡（1397—1487）字振平，號典莊，內江人，隱居滾國。作文翰樓，貯書千卷，手不停披，口不輟吟。平生著述，惓惓於天理人欲邪正異端之辨。嘗參酌朱子家禮，爲陰氏愼終錄及婚姻節要。鄉人呼之曰陰孟子。

【十一劃】張、强、陰

哀典莊陰先生詩序（東川劉文簡公集9/10下）

陶

陶大年字長卿，會稽人。嘉靖二十年進士，授兵部主事，出守吉安，遷山東副使，官至江西右參政。

陶公墓志銘（陳所蘊撰、國朝獻徵錄86/41）

陶大順字景熙，號雲谷，會稽人，諧孫。嘉靖四十五年進士，歷官福建右布政使。司帑失銀，吏卒五十人皆坐繫，大順言於左使曰，盜者兩三人耳，何盡繫之。乃縱囚令跡盜，果得眞者。仕終右副都御史、巡撫廣西。

陶公行狀（歇菴集10/33下）
陶公墓誌銘（同上8/8，國朝獻徵錄62/111）
明史列傳71/15
明史203/14下

陶大臨（1527—1574）字虞臣，號念齋，浙江會稽人，大順弟。嘉靖三十五年進士，授編修。吳時來劾嚴嵩，大臨爲定疏章，時來下詔獄，大臨日餉之藥物。萬曆初累官吏部侍郎，卒於官，年四十八，謚文僖。

祭陶文僖公文（張陽和先生不二齋文選5/45）
祭宗伯陶文僖公文（馬文莊公集選9/1下）
祭陶師文（方初庵先生集11/25下）
陶文僖公傳（弇州山人續稿 73/1，國朝獻徵錄26/56）
國朝獻徵錄26/58維風編
皇明世說新語1/16
明史列傳71/15下
明史203/14下

陶安（1315—1371）字主敬，當塗人。從耆儒李習游，元至正四年擧鄉試，授明道書院山長，避亂家居。太祖渡江，安與習率父老出迎，太祖與語，善之，留參幕府，授左司員外郎。洪武初命知制誥，兼修國史，歷江西行省參知政事卒，年五十七，贈姑孰郡公。安學尤長於易，筮驗若神，國初議諸禮，率安裁定，福王時追謚文憲。有陶學士集、辭達類抄、姚江類抄。

參政陶公傳（徐紘撰、皇明名臣琬琰錄9/1）
陶主敬先生年譜一卷、夏炘撰、景紫堂全書本
名臣謚議（公槐集5/14）
國朝獻徵錄6/48無名氏撰傳
皇明獻實2/23
殿閣詞林記4/1
吾學編23/9
國琛集上/1下
先進遺風上/1
皇明功臣封爵考8/42下
聖朝名世考1/24
皇明世說新語4/1下
皇明書19/1
名山藏臣林記3/21
皇明名臣經濟錄1/1
明史列傳11/1
明史136/1

陶仲文，黃岡人。嘗受符水訣於羅田萬玉山，與邵元節善。嘉靖中由黃梅縣吏爲遼東庫大使，秩滿，需次京師，元節薦之於帝，以符水噀劍，絕宮中妖。莊敬太子患痘，禱之而瘥，封眞人。帝移居西內，日求長生，郊廟不親，朝講盡廢，君臣不相接，獨仲文得時見，見輒賜坐，稱之爲師而不名。初授少保禮部尚書，久之加少傅，仍兼少保，加少師，一人兼領三孤，終明之世，惟仲文而已。封恭誠伯，嘉靖三十九年，年八十餘卒，謚榮康惠肅。

吾學編19/79下
皇明功臣封爵考7/31下
徐氏海隅集外編43/17
國朝獻徵錄10/70無名氏撰傳，又 118/148湖廣總志傳
明史307/22

陶成（1390—1450）字孔思，鬱林人。永樂擧人，授交趾鳳山典史，遷山東按察司檢校。正統中超擢浙江僉事，遷副使，遇事敢任，處州葉宗留作亂，成督兵戰死，年六十一。

浙江按察司副使陶公死事記（魏文靖公摘稿1/19）
陶公神道碑（瓊臺詩文會稿24/24，國朝獻徵錄84/67）

名山藏臣林記11/29下
明史列傳38/13
明史165/1

陶成字懋學，一字孟學，號雲湖仙人，寶應人。成化七年舉人，善畫人物山水花鳥，工詩，兼善篆隸。性磊落，輕財任俠，每入都，挾白金數千兩，遇傾蓋交，卒推分與之。遇困乏，則畫箋筆鬻以自給。晚以事戍於邊，出三關，徧四鎮，窺長城，察烽燧，抑鬱倜儻之氣，盡發爲詩歌，一時中官坐鎮雄闊者，爭相延致，稍不合，拂衣囊琴而走，後放歸，卒於家。

明代寶應人物志×/24下
圖繪寶鑑6/10

陶宗儀字九成，號南村，浙江黃巖人。元代嘗應鄉試，不中即棄去，務古學，無所不窺。元末避兵，僑寓松江之南郇，因以自號。累辭辟擧，躬親稼穡，教授生徒自給，永樂初卒，年八十餘。工詩文，富著述，所摭典故遺聞，具有裨於史學。有說郛、輟耕錄、書史會要、草莽私乘、古刻叢抄、遊志續編、南村詩集、滄浪櫂歌等傳于世。

送陶九成辭官歸華亭序(宋學士文集18/163)
陶氏家乘序贊（同上6/54）
書史會要序（同上38/304下）
陶先生小傳(滄螺集4/7，國朝獻徵錄115/14)
陶氏五隱傳（弇州山人續稿77/21）
滄浪櫂歌序（龍江集2/13）
水東日記6/12
名山藏95/1下
明史285/17下

父陶煜（1286—1358）字明元，號遁齋山人，又號白雲漫士，上虞典史。

陶君墓碣銘（東維子文集24/156）
陶府君墓誌銘跋尾（宋學士文集18/158）

妹陶宗媛（1328—1367）

陶氏三節傳（東維子文集28/173）
題天臺三節婦傳後（宋學士文集13/138）

陶承學（1518—1598）字子述，號泗橋，會稽人。嘉靖二十六年進士，授中書舍人，遷南京御史，劾仇鸞罪。出爲徽州知府，歷河南布政使。所至撫巡愛養，常祿外錙銖不入。官至南京禮部尚書，年八十一卒，謚恭惠。

太守陶公論最錄序（太函副墨5/40）
送太僕卿泗橋陶公北上敘（澂瀫堂文集1/23）
賀大宗伯泗橋陶公八十壽序（朱文懿公文集3/23）
大宗伯泗橋先生八秩序（吳文恪公文集15/9）
陶公神道碑銘（朱文懿公文集8/32）
陶公墓誌銘（姚江孫月峯先生全集11/1，國朝獻徵錄34/38）

祖陶試，字世用。鎮江府學訓導，卒年六十一。

陶君墓誌銘（黃門集11/14）

陶尚德字劍峰，江西星子人。冒梁姓，後復姓。擧嘉靖五年進士，授御史，歷工部侍郎，累官至南京刑部尚書，三十五年致仕。

贈大司寇劍峰陶老先生致政序（明善齋集2/10下

陶季容，交阯人，世爲水尾土官。交阯平，以爲土知縣，歷歸化知州，擢宣化知府。賊遣人誘季容，季容執以送沐晟，而導官軍敗賊於水尾。王通棄交阯，季容率官屬入朝。

明史154/23

陶垕仲，名鑄，以字行，鄞人。洪武十六年以國子生擢監察御史，劾刑部尚書開濟至死，聲動朝野。擢福建按察使，至即誅贓吏數十人，興學勸士，撫卹軍民，卒於官。

國朝獻徵錄90/50無名氏撰傳
阌琛集上/10下
明史列傳18/3
明史140/2

陶浩字巨源，崑山人。許諶贅婿，傳其醫業，能起奇疾。遠近聞其名，求療者日至，清儉有聲。

崑山人物志8/4下

陶望齡（1562—　）字周望，號石簣，會稽人，承學子。萬曆十七年中會試第一，廷試第三，授編修，再遷諭德告歸。起國子祭酒，以母老固辭不拜，母喪以毀卒，諡文簡。有解莊、水天閣集、歇菴集。

送太使石簣陶公北上序（東越證學錄6/27）
陶君制義序（李文節集17/13下）
明史列傳75/16下
明史216/19下
明儒學案36/8

陶偉字德溫，江西星子人。國子生，永樂間任吏科給事中，陞福建僉事。

送僉憲還福建序（楊文敏公集12/16）
掖垣人鑑4/18下

陶琰（1449—1532）字廷信，號逸菴，山西絳州人。成化十七年進士，弘治中歷固原兵備副使，執法不撓。正德初遷刑部侍郎，忤劉瑾下獄革職。瑾誅，再起官右都御史，巡視浙江，尋拜工部尙書，改南京兵部，乞休歸。琰淸儉質樸，直道而行，時稱名德，年八十四卒，諡恭介。

采歌篇（棠陵文集6/2下）
壽菊莊陶公七袠序（紫巖文集21/5下）
慶宮保大司馬菊莊先生壽叙稿（東洲初稿14/47下）
陶恭介公傳略附誡子書（二老淸風×/7）
陶公墓誌銘（桂洲文集49/2）
陶公神道碑（李時撰、國朝獻徵錄42/40）
明史列傳65/1
明史201/1

陶琰字稚圭，號別峯，崑山人。崇禎末諸生，明亡，殉節死。有仁節遺稿。

崑山殉難錄1/7
天啓崇禎兩朝遺詩傳9/319
明史277/17下

陶凱字中立，臨海人。領元至正七年鄉薦，洪武初徵修元史，授翰林應奉，累擢禮部尙書。與崔亮等酌定諸禮儀，凡詔令封冊歌頌碑碣，多命凱屬草。復請依唐宋會要紀載時政，帝從之。出爲湖廣參政，以晉王府右相致仕。凱博學善屬文，尤工詩，嘗自號耐久道人，帝聞而惡之。後坐在禮部時朝使往高麗，主客曹誤用符驗論死。著有昭鑒錄。

聖朝名世考10/10下
吾學編25/4
明史列傳11/14下
明史136/9下

陶滋（1484—1538）字時雨，絳州人，琰子。正德九年進士，授行人，諫武宗南巡受杖，謫國子學正。嘉靖初歷兵部郎中，率同官伏闕爭大禮，再受杖，謫戍榆林，赦還卒，年五十五。有石鼓文正誤。

陶公墓誌銘（馬理撰、國朝獻徵錄41/41）
明史201/2

陶照（1468—1534）字時明，號一菴子，秀水人。與兄煦同舉弘治三年進士，人稱雁湖二俊，授都水主事，累官至雲南、四川布政使，卒年六十七。

陶公墓誌銘（異漸山文集 4/18，國朝獻徵錄98/7）

陶魯（1434—1498）字自強，號節菴，鬱林人，成子。以父蔭授新會縣丞，遷知縣，從總督韓雍征大藤峽有功，陞按察僉事，善撫士卒，多智略，所向克捷。賊讎之，刧其故居，戕其族黨，魯聞之大慟。詔徙籍廣東，益奮志討賊，毀賊巢一百三十，前後撫安復業者十餘萬人。歷陞左參政、按察使，終湖廣左布政使，卒年六十五。

陶公墓道碑文（泉翁大全集 66/1，國朝獻徵錄99/79）
陶公事狀（黃佐撰、國朝獻徵錄99/82下）
名卿績紀4/9下
皇明書22/13
明史列傳38/13下
明史165/2

陶諧（1474—1546）字世和，號南川，會稽人。弘治九年進士，選庶吉士，授工科給事中。正德初劉瑾等亂政，請以瑾等誤國罪告於先帝罪之。瑾怒，坐以他事廷杖，斥爲民。嘉靖初復官，累遷兵部左侍郎，年七十三卒，諡莊敏。有南川稿、陶莊敏集。

重修梧州府學蒼梧學記（泉翁大全集28/10）
陶公神道碑（鈐山堂集37/8下）
陶公墓誌銘（呂本撰、國朝獻徵錄40/63）

披垣人鑑11/15

明史列傳71/14

明史203/13

父陶熺，號葛峯。

葛峯歸樂詩序（張文定公紆玉樓集2/9下）

兄陶諧（1460—1532）字世臣，號蓮塘，宜黃知縣。

陶君配沈孺人合葬墓誌銘（泉翁大全集61/1）

陸

陸大受字凝遠，武進人。萬曆三十五年進士，累遷戶部郎中。福王將之藩，詔賜莊田四萬頃，大受請減田額，因劾鄭國泰驕恣亂法。尋出爲撫州知府，以淸節著，天啓初補韶州卒。

明史235/13

陸士仁字文近，號承湖，一作澄湖，長洲人，師道子。諸生，畫山水筆法雅潔，書亦如之。

陸隱君文近先生墓表（棘門集2/18下）

陸中善字仲善，浙江慈谿人。洪武中由國子生授刑科給事中，成祖北巡，留太子監國，以中善爲丞，與侍講楊士奇共總青宮之政，小心愼密。後坐解縉事，出爲交趾丘烏令，復職卒。

披垣人鑑8/5

陸化淳字君復，號湛源，常熟人。萬曆二十年進士，授水部郎，出知金華府，改知處州，尋致仕卒。

湛源陸公傳（瞿冏卿集9/16下，國朝獻徵錄87/61）

祭陸湛源文（瞿冏卿集8/13）

陸可教字敬承，蘭谿人。萬曆五年進士，以編修掌誥敕，使者餽遺悉却之。累官右宗伯，以亮節稱。父喪，以毁卒。有陸學士遺稿。

贈學士陸敬承先生視留篆序（淡然軒集3/22下）

送陸太史校士還朝序（二酉園續集8/26下）

祭陸敬承文（快雪堂集21/5下）

父陸□

壽陸年伯七袠敍（淡然軒集4/1）

妻□氏

陸太夫人哀辭（白楡集20/17）

陸世儀（1611—1672）字道威，太倉人。諸生，嘗從劉宗周學，博洽無所不通，窮居授徒。明亡，拓地十畝，築亭其中，自號曰桴亭，不通賓客。其學主敦守禮法，不虛談誠敬之旨，於講學諸家，最爲篤實。與陸隴其並稱二陸。及卒，門人私謚安道先生，亦日文潛先生。有思辨錄、宗祭禮、三吳水利志、書鑑、詩鑑、桴亭全集。

桴亭先生行狀行實（唐受祺撰、陸桴亭先生遺書卷首）

陸桴亭先生傳（鮚埼亭集28/1）

陸桴亭先生傳（晚學齋文集6/1）

陸光祖（1521—1597）字與繩，號五臺，平湖人，杰從子。嘉靖二十六年進士，萬曆中累遷工部右侍郎，以議漕糧改折忤張居正，引疾歸。居正沒，復起，官至吏部尙書。以推用饒伸、萬國欽忤旨，求去。光祖練達朝章，每議大政，一言輒定。再居吏部，推轂人材，不念舊惡，人服其量。年七十七卒，謚莊簡。有莊簡公存稿。

壽少司空五臺陸公暨配陶夫人六十序（弇州山人續稿37/11下）

太宰五臺陸公七十敍（同上36/14）

南冢卿五臺陸公壽敍（長水先生文鈔12/10）

壽太宰五臺陸公七十序（陸文定公集10/22）

陸太宰七十壽敘（秋水閣副墨2下/11）

臺山頌（快雪堂集6/1）

陸莊簡公神道碑（大泌山房集109/3下）

祭冢宰陸五臺公文（溫恭毅公文集16/1）

祭陸臺翁冢宰文（快雪堂集21/3）

莊簡陸公遺愛碑記（同上8/28）

陸冢宰莊簡公菁山祠堂記（同上8/35下）

國朝獻徵錄25/90曾同亨撰傳

明史列傳80/4下

明史224/4下

父陸杲（1503—1575）字元晉，號厝峰，嘉靖二十年進士，刑部主事。

陸公墓誌銘（穀城山館文集23/1）

陸公神道碑（弇州山人續稿133/9下）

母沈氏

沈氏墓誌銘（世經堂集17/17）

弟陸光宅字與中，號雲臺。

陸君與中傳略（龍谿王先生全集20/82）

陸州字汝行，海寧人。嘉靖二十三年進士，以南昌校官典湖廣鄉試，遷刑部郎，出守常德，擢九江兵備副使，丁憂歸卒。

國朝獻徵錄86/103無名氏撰傳

徐氏海隅集外編42/10

陸仲亨，濠人。年十七歸太祖，從渡江，取太平，定集慶，從征陳友諒，以功進驃騎衛指揮使。洪武初率軍征廣東，略定諸郡縣，積功封吉安侯，二十三年坐胡惟庸黨誅死。

國朝獻徵錄8/1無名氏撰傳

吾學編18/26下

名山藏41/8下

皇明功臣封爵考6/12下

明史列傳8/14下

明史131/11下

陸完（1458—1526）字全卿，號水村，長洲人。成化二十三年進士，歷官兵部侍郎，時劇盜劉六、劉七起山東，勢不可遏，完統兵平之，進太子少保，兵部尚書。完有才智，急功名，善交權勢，宸濠萌異志，輦鉅金遺完求復護衛，完遂爲請，舉朝譁然，改吏部尚書。宸濠反，完下司寇論死，議功謫戍福建靖海衛，卒年六十九。

送江西按察使陸公序（容春堂別集5/2下）

太宰陸公六十壽序（王鴻儒凝齋集3/4）

冢宰陸公誄（南湖文選8/16）

名卿績紀4/4下

國朝獻徵錄24/105無名氏撰傳

明史187/7下

父陸溥（1436—1477），字宗博。

陸君墓表（懷麓堂文後稿17/16下）

母華氏

陸冢宰母太夫人華氏墓誌銘（王文恪公集31/10下）

陸伸字安甫，太倉人。正德三年進士，官大理評事。

甘泉陸氏藏書目錄序（祝氏集略27/9下）

陸治（1496—1576）字叔平，吳縣人。居包山，號包山子。諸生，隱支硎山，善寫生，又工畫山水，爲人倜儻嗜義，以孝友稱，卒年八十一。有包山遺稿傳世。

姑蘇名賢小紀下/31下

國朝獻徵錄115/96下無名氏撰傳

父陸銘（1456—1532），字汝新。

明吳郡有竹陸先生碑（王穉山人集36/14）

陸尙質，浙江山陰人。父渡江，忽風濤飄舟向海。尙質岸上見之，即跳入濤中，欲挽舟近岸，父舟獲濟，而尙質竟溺死。里人呼其處曰陸郎渡。

明史296/20下

陸采（1497—1537）初名灼，字子玄，號天池山人，長洲人，粲弟。少爲校官弟子，不屑守章句。年十九，作王仙客無雙傳奇（一名明珠記），選梨園子弟，登場教演，名重一時。性豪蕩，客遊南北，劇飲歌詩，年四十一而卒。又有冶城客論、太山稿。

陸子玄詩集序（快雪堂2/12）

陸子玄墓誌銘（陸子餘集3/9，國朝獻徵錄115/94）

陸彥章字伯達，松江華亭人，樹聲子。萬曆十七年進士，授行人，有節概，累官至南京刑部侍郎。

明史216/3下

陸昶字孟昭，常熟人。景泰二年進士，以刑部郎陟參政福建，奉勅巡海道，董兵餉，設防備倭，以讒罷歸卒。有螢窗、秋台、閩海、雲泉等稿。

贈福建右參政陸君赴官序（青谿漫稿17/10）

陸公墓誌銘（楊維新撰、國朝獻徵錄90/36）

陸炳（1510—1560）字文孚，其先平湖人，母爲世宗乳媼，炳從入宮。嘉靖中授錦衣副千戶，從世宗幸衣衛輝。行宮夜失火，炳排闥負世宗出，由是得愛幸。復交歡夏言、嚴嵩，官至太保左都督，權勢傾天下。帝數起大獄，炳多所保全。能折節士大夫，未嘗搆陷一人，人以此稱之。嘉靖三十九年暴卒，年五十一，謚武惠。

陸公墓誌銘（世經堂集17/34）
徐氏海隅集外編43/19下
國朝獻徵錄109/11實錄陸炳傳，又109/13湖廣總志傳
皇明功臣封爵考8/69
名山藏89/10
明史307/19

父陸松字鶴齡。

都督介菴陸公傳（群玉樓稿1/5）

陸杰字元望，號石溪，浙江平湖人，淞子。正德九年進士，由兵部郎歷江西按察使，湖廣巡撫，進工部侍郎，卒年六十七。

送武庫大夫陸元望陞湖廣少參序（涇野先生文集3/25下）
陸公墓誌銘（康太和撰、國朝獻徵錄51/57）
皇明世說新語5/16

陸東（1510—1577）字道函，號夢洲，祥符人。嘉靖二十九年進士，歷知南昌、魏縣，官終都勻知府，皆有循吏聲，卒年六十八。

陸道函集選序（二酉園續集1/45）
陸公墓誌銘（激猷堂文集12/24）

陸南陽字伯明，號聚岡，武進人。從唐順之游，隆慶間貢生，官善化知縣，公平正直，致仕歸，解橐不得一錢。有四書五經講義。

毘陵人品記10/8

陸容（1436—1497）字文量，號式齋，崑山人。成化二年進士，官兵部職方郎中，累遷浙江右參政，所至有績。忤權貴罷歸卒，年五十九。容性至孝，嗜書籍。與張泰、陸釴齊名，稱婁東三鳳。有式齋集、菽園雜記。

式齋稿序（王文恪公集12/9下）
陸公墓碑（吳寬撰、國朝獻徵錄84/32）
參政陸公傳（篁墩程先生文集50/13）
參政陸公墓誌銘（文溫州集9/9）
崑山人物志4/9
國琛集下/16
明史286/7下

陸垹（1504—1553）字秀卿，嘉善人。嘉靖五年進士，授南京刑部主事，審刑名，多平反，有獨見，以濟法所未備。遷武庫郎中，擢知常德、武昌、岳州諸府。官至右僉都御史，巡撫河南，以病歸，卒年五十。有陸賓齋集、賓齋雜著。

祭陸賓齋文（潘笠江集11/18下）
皇明世說新語4/9下
檇李往哲列傳×/24
國朝徵錄63/87無名氏撰傳

父陸□（1483—1539）字昌文，號東林。

陸君暨配鞠氏胡氏墓誌銘（涇野先生文集25/25）

陸時雍字幼淳，歸安人，澄從子。嘉靖二年進士，知上高，以遏豪橫拂當道，調永寧，有惠政，民爲立生祠。陞工部郎中，時武定侯郭勛權傾中外，時雍劾其欺罔朝廷，落職，提舉海北鹽課。後勛敗，累陞江西提學副使，以疾歸。有平川遺稿、南游漫稿。

讀陸大夫文（居漸山文集3/66）

陸倖字天爵，號桃谷，吳縣人。正德六年進士，官刑部郎中，持法不避權倖。以諫南巡廷杖，出爲寶慶知府，有惠政。尋棄官歸隱桃塢，種橘自資。有桃谷遺稿。

刻桃谷先生集叙（自知堂集9/33下）
明史189/17

陸矩（1408—1455）字仲興，歸安人。宣德八年進士，授刑部主事，歷郎中，奉命從征閩寇，以功拜都察院右僉都御史，鎮守眞定，尋改撫延綏，卒於官，年四十八。

陸君墓志銘（蕭鎡撰、國朝獻徵錄63/6）

陸師道（1511—1574）字子傳，號元洲，更號五湖，長洲人。嘉靖十七年進士，爲禮部主事，以養母告歸，時高其志操。游文徵明門，稱弟子。後復起，累官尙寶少卿。師道善詩文，工小楷古篆繪事，人謂徵明四絕，不減趙孟頫，而師道並傳之，年六十四卒。有左史子漢鐫、五湖集。

送陸祠部子傳起廢赴任分咏序（處實堂集6/1）
五湖陸先生行狀（松石齋集15/1，國朝獻徵錄77/30）
陸子傳先生傳（弇州山人續稿76/12）

【十一劃】陸

姑蘇名賢小紀下/22

明史287/3下

陸淵之字克深，號東皐，上虞人。成化二年進士，改庶吉士，擢禮部主事，進員外郎。弘治四年遷河南右布政使，多毀祠廟，禁淫祀，卒於官。有東皐文集。

祭陸布政克深文（楓山章先生文集5/58）

陸克深傳（謝海門集15/3）

陸淞（1466--1524）字文東，號東濱，平湖人。弘治三年進士，預修明會典，授禮部主事。忤劉瑾下詔獄，得白，轉主客郎中，遷南京光祿卿，乞歸卒，年五十九。

送南京鴻臚寺卿陸東濱序（紫巖文集27/5）

陸公神道碑（羅欽順撰、國朝獻徵錄71/38）

妻王氏

陸母王氏墓碣銘（張文定公讜悔軒集10/12）

陸深（1477--1544）初名榮，字子淵，號儼山，上海人。弘治十八年進士，嘉靖中爲太常卿，兼侍讀。世宗南巡，深掌行在翰林院印，進詹事府詹事，年六十八卒，謚文裕。深少爲文章有名，工書，倣李邕、趙孟頫，賞鑒博雅，爲詞臣冠。有南巡日錄、淮封日記、南遷日記、蜀都雜鈔、科場條貫、史通會要、同異錄、書輯、古奇器錄、河汾燕閒錄、停驂錄、傳疑錄、春雨堂雜鈔、玉堂漫筆，金臺紀聞、春風堂隨筆、知命錄、溪山餘話、願豐堂漫書、儼山集、續集。

壽光祿陸儼山先生序（息園存稿文3/15）

陸文裕公集序（世經堂集13/1）

送儼山陸公參政江西序（崔東洲集12/4下）

祭陸儼山宮詹文（同上20/5）

儼山陸公行狀（龍江集12/1）

陸公墓誌銘（桂洲文集49/21下）

陸公墓表（許讚撰、國朝獻徵錄18/4）

先進舊聞（寶日堂初集22/47下）

四友齋叢說17/5下

皇明世說新語3/15，5/29，7/15，7/19

名山藏臣林記20/8下

明史列傳54/25

明史286/21

父陸平（1438--1521）字以和，號竹坡。

先考竹坡府君行實（儼山文集81/1）

母吳氏（1451--1510）

先孺人吳母行實（儼山文集81/5下）

兄陸沔（1461--1519）字宗海，號友琴。

先兄友琴先生行狀（儼山文集81/9）

陸君墓志銘（徐文敏公集5/20下）

從兄陸浙（1468--1524）字宗溥，號素庵。

素庵陸公孺人張氏合葬誌銘（龍江集9/7）

妻梅氏

梅淑人墓志銘（世經堂集17/13）

陸祥，無錫人。初以石工隸工部，歷鄭藩工副，累遷工部主事，郎中，官至侍郎。祥有異技巧思，尤精於刻鏤，成化五年卒。

國朝獻徵錄51/12無名氏撰傳

陸培字鯤庭，錢塘人。少有文名，行誼修謹。崇禎十三年進士，爲行人，奉使事竣歸省，南都覆，謀結壯士保鄉土，聞潞王降，遂自縊死。有旃鳳堂集。

明史277/22下

陸崑（1465--1530）字如岡，一作如玉，號玉崖，歸安人。弘治九年進士，授清豐知縣，以廉幹徵拜南京御史，武宗即位，疏陳重風紀八事，以劾劉瑾擅權，逮下詔獄，放歸。瑾誅，復官，致仕卒，年六十六。

陸君墓表（涇野先生文集31/22下，國朝獻徵錄66/23）

明史列傳58/5下

明史188/7

陸偉（1434--1522）字仲奇，號質菴，錢塘人。成化六年舉人，銓授澤州知州，有惠政，民畫像生祠之。後乞歸，州民攀留數十里不絕，車至不能行，年八十九卒。

國朝獻徵錄97/125湯廉撰陸公志銘

陸偁（1457--1540）字君美，號碧洲，鄞人。弘治六年進士，授監察御史，陞福建按察副使，巡視海道。時海寇充斥，偁演水戰火攻之法距擊之，邊徼肅然。親亡，躬負土以葬，兄疾，親爲嘗藥，以孝友稱。年八十四卒。

送福建按察司副使陸公君美序（費文憲公摘稿9/35下）

賀碧洲陸先生七袠序（紫巖文集22/3）

壽憲副碧洲陸公八十敘（戴中丞遺集5/1）
中丞碧洲陸公傳（環溪集14/24）
陸公神道碑銘（張文定公靡海軒集4/33）
祭中丞碧洲陸公（環溪集22/1）
兄陸僊（1443—1529）字文亨，號簡菴。
陸公墓誌銘（居漸山文集4/4）

陸釴（1439--1489）字鼎儀，號靜逸，初冒吳姓，後改姓陸，崑山人。少工詩，與太倉張泰、陸容齊名，號婁東三鳳，天順七年會試第一，授編修，歷修撰、諭德，侍孝宗東宮，論說皆見聽納。及即位，進太師少卿，兼侍讀，被疾乞歸卒，年五十一。性嗜學，長於春秋，有春雨堂稿。
春雨堂稿序（懷麓堂文後稿3/15）
同年祭陸鼎儀文（懷麓堂文稿22/14）
崑山人物志3/10
吳中人物志7/35下
明史286/7下

陸釴（1494--　　）字舉之，號少石子，鄞人，銓弟。正德十六年進士，授翰林編修，銳志問學，砥礪名節，會預修武皇實錄成，進修撰。出爲湖廣按察僉事，擢山東按察副使，所至敦尚孝悌，分別義利，士習丕變。有山東通志、賢識錄、病逸漫記，少石集。
國朝獻徵錄95/83張時徹撰傳

陸弼，又名君弼，字無從，江都人。諸生，好讀書，尤喜結納賢豪，聲譽籍甚。當事議修正史，弼被徵與纂修，未上而罷。有正始堂集。
陸無從集序（大泌山房集13/6下）

陸溥（1484--1528）字元博，號平野，錢塘人。正德三年進士，授兵部主事，嘉靖七年累陞陝西參政，赴任，卒于途，年四十五。
陸公行狀（弘藝錄21/7下）
陸公墓誌銘（鳥鼠山人小集15/24）
陸公墓表（邵銳撰、國朝獻徵錄94/13）

陸愷（1422--1483）字元之，武進人，簡父。正統十年進士，授南京吏部主事，改戶部，陞郎中，乞歸，卒於家，年六十三。
陸公墓志銘（瓊臺詩文會稿重編23/19下，國朝獻徵錄32/36）

陸瑜（1409--1489）字廷玉，鄞人。宣德八年進士，授刑部主事，究心律例條格。正統九年，巡淮揚蘇松等十七郡，審錄繫囚，參錯訊鞫，務求其情，獄多平反，得釋者三百餘人。天順中累官至刑部尚書，致仕卒，年八十一，謚康僖。
賀刑部尚書陸公受誥序（呂文懿公全集8/25）
送刑部尚書陸公致仕序（楊文懿公金坡稿2/12下）
故刑部尚書謚康僖陸公輓詩序（碧川文選2/16）
陸公神道碑（椒丘文集29/1，皇明名臣墓銘艮集84，國朝獻徵錄44/32）
皇明世說新語3/12下，4/5
皇明書20/26
兄陸理字廷治
贈廷治陸先生還四明序（呂文懿公全集7/31）

陸墳（1416--1477）字孟和，太倉人，占籍江寧。永樂初以能書薦，預纂修事，授新寧知縣，累官長蘆都轉運鹽使司副使。卒年六十三。
吳公墓誌銘（鄭文康撰，吳下冢墓遺文續1/66下）

陸楫（1515--1552）字思豫，上海人，深子。有蒹葭堂稿，又輯古今說海。
陸君墓誌銘（林樹聲撰、蒹葭堂稿8/1）

陸粲（1494--1551）字子餘，一字浚明，號貞山，長洲人。嘉靖五年進士，選庶吉士，補工科給事中，挺勁敢言，以爭張福達獄，下詔獄廷杖。尋草疏論張璁、桂萼，謫貴州都鎮驛丞，遷永新知縣，善治盜，以念母乞歸。母沒，未終喪卒，年五十八。有左傳附註、春秋胡氏傳辯疑、左氏春秋鐫、陸子餘集。
送給事中陸君浚明校文還朝序（雅宜山人文集9/13下）
名臣諡議（公槐集5/29）
奠陸給事文（華禮部集7/6）
陸公傳（賜閒堂集18/1）

【十一劃】陸

陸公墓表（黃佐撰、國朝獻徵錄80/103）
皇明世說新語3/14下，5/17
掖垣人鑑13/10下
姑蘇名賢小紀下/16下
明史206/22

母胡氏
陸母七十壽序（袁永之集14/39下）
先母胡夫人墓誌（陸子餘集3/26）

陸銄字容之，號石樓，鄞人，偁嗣子。正德九年進士，爲御史，巡按福建、山東，歷廣西按察使，江西、福建布政使，官至副都御史，落職歸，嘉靖二十一年復職致仕，卒於家。

贈安慶守陸君銄入覲序（息園存稿文2/18）
送陸石樓入覲序（潘笠江集7/13下）
送藩左使陸公入覲序（午坡文集2/32下）
贈大方伯石樓陸公入閩序（世經堂集11/56）
送都御史陸公序（午坡文集2/30）
陸公行狀（葉應驄撰、國朝獻徵錄62/1）

陸愈（1439—1488）字抑之，號貞菴，平湖人。成化十一年進士，知江都，築邵伯堤，教民鑿溝洫，與水利灌田。時縣羨銀數萬，多議輸於戶部，愈請撫臣儲以救荒。其後果大祲，民賴以濟。擢監察御史，按西蜀，卒官，年五十。

陸公墓表（張元禎撰、國朝獻徵錄65/28）

陸聚，元樞密院同知。脫脫敗芝麻李於徐州，彭大等奔濠，聚撫流亡，繕城保境，寇不敢犯。徐達經理江淮，聚以徐宿二州降，累遷山東行省參政，封河南侯。後坐胡惟庸黨誅。

吾學編18/41下
名山藏41/16下
皇明功臣封爵考6/35下
明史列傳8/20
明史131/14

陸夢龍字君啓，號景鄴，會稽人。萬曆三十八年進士，歷刑部員外郎，讞問張差梃擊事，侍郎張問達從夢龍言，命十三司會訊，獄乃具。累遷貴州右參政監軍，討賊有功，遷廣東按察使。上官建魏忠賢祠，列夢龍名，亟遣使剷去之。崇禎初分守固原，流賊來犯，擊却之。七年賊陷隆德，圍靜海州，夢龍率衆禦之，戰死，謚忠烈。有易略，梃擊始末。

明史列傳91/7
明史241/7

陸銓字選之，號石溪，鄞人，偁子。嘉靖二年進士，除刑部主事，與弟編修釴爭大禮，並繫詔獄被杖。後官廣西按察使，討弩灘猺賊，平之，進廣東布政使，以內艱家居，嘉靖二十一年卒。

贈陸選之序（鈐山堂集20/9）
陸公行狀（戴鯨撰、國朝獻徵錄99/18）
明史287/7下

陸綸（1510—1593）字理之，歸安人。嘉靖二十九年進士，授南刑部主事，官至四川布政使，卒年八十四。

陸公墓誌銘（大泌山房集79/7）

陸鳳儀字舜卿，號陽山，浙江蘭谿人。嘉靖三十五年進士，由餘干知縣選南京戶科給事中，以言事罷爲民。萬曆十一年起吏科左給事中，未任卒。

掖垣人鑑15/5

陸澄字原靜，一字淸伯，歸安人。正德十二年進士，授刑部主事，議大禮不合罷歸。後悔前議之非，上言自訟，帝惡其反覆，遂斥不用。澄師事王守仁，講致良知之說，守仁傳習錄，多澄所記。

贈陸原靜序（石龍集12/6下）
皇明世說新語7/13下
皇明書43/14
明史列傳68/24下
明史197/23
明儒學案14/3

父陸璩，字一翔，號浩齋。
浩齋之什叙（涇野先生文集3/22）
浩齋記（泉翁大全集26/25下）

陸廣（1454—1511）字士弘，號新齋，錫山人。弘治三年進士，授戶部主事，累陞郎中，出知南康府，尋致仕歸，卒年五十八。

陸公墓誌銘（邵寶撰、國朝獻徵錄87/21）
陸公墓表（黃門集11/3下）
陸君墓碑銘（泉齋勿藥集7/3下）
祭陸士弘文（同上8/2）

陸震（1464--1519）字汝亨，號鶴山，蘭谿人。以學行知名，舉正德三年進士，授泰和知縣，有政聲，三載政績爲最，擢兵部主事，遷武選員外郎。正德十四年，偕同官黃鞏諫南巡，杖死，年五十六。福王時追謚忠定。

祭陸汝亨文（棠陵文集5/22）
名臣謚議（公槐集5/23下）
陸公墓誌銘（楓山章先生文集5/46，皇明名臣墓銘巽集20，國朝獻徵錄41/49）
皇明世說新語5/24
藝書3/8下
聖朝名世考5/33下
明史列傳59/12下
明史189/12

陸樹德（1522--1587）字與成，號阜南，松江華亭人，樹聲弟。嘉靖四十四年進士，授嚴州府推官，推誠爲政，而民息訟，民立生祠祀之。累官禮科給事中，有直聲。歷太僕卿，後以右僉都御史巡撫山東，乞休歸卒，年六十六。

刻陸中丞北運奏疏序（滄溟集1/6下）
嚴州府推官陸侯生祠記（許文穆公集2/51）
亡弟中丞阜南行狀（陸文定公集8/14下）
祭與成中丞弟文（同上12/10）
陸公神道碑（弇州山人續稿133/1，國朝獻徵錄63/141）
陸季公傳（太函集36/1，太函副墨11/50）
掖垣人鑑15/11
明史列傳81/15下
明史227/8

陸樹聲（1509--1605）本姓林，後改姓陸，字與吉，號平泉，松江華亭人。嘉靖二十年會試第一，歷官太常卿，掌南京祭酒事，嚴敕學規，著教條以勵諸生。神宗初累拜禮部尚書。性恬退，通籍六十餘年，居官未及一紀，卒年九十七，謚文定。有平泉題跋、茶寮記、汲古叢語、病榻寤言、耄餘雜識、長水日鈔、陸學士雜著，陸文定公集。

送林徐二先生序（萬文恭公摘集5/9）
賀大司成平泉陸公得子序（環溪集6/29）
送少宰平泉陸公北上序（同上3/5下）
贈大宗伯陸公予告南還序（賜閒堂集11/1）
送大宗伯平泉陸公予告南歸叙（轂城山館文集1/1）
川岳迎輝圖詠序（處實堂集6/2）
從心篇壽平泉陸公（龍谿王先生全集14/27）
壽大宗伯平泉陸年丈先生七十序（萬文恭公摘集5/30）
大宗伯陸平泉八十序（天遠樓集11/9）
壽大宗伯平泉翁陸老先生九十叙（楊復所先生家藏文集2/4）
壽大宗伯平泉陸先生九十序（茅鹿門先生文集16/18）
大宗伯陸公九十存問序（賜閒堂集13/1
賀平泉翁九十序（王文肅公文草2/1）
陸公神道碑（姚江孫月峯先生全集10/85，國朝獻徵錄34/27）
陸公墓誌銘（轂城山館文集22/1，國朝獻徵錄34/24）
祭宗伯陸公文（賜閒堂集34/30）
祭平泉陸宗伯文（快雪堂集21/2）
祭陸宗伯先生文（寶日堂初集17/3）
陸文定公傳（陳眉公先生全集38/1，又晚香堂小品17/6）
陸公傳（鄒子願學集6/78下）
書平原陸公傳後（同上6/86下）
陸文定公特祠記（顧端文公集10/13）
先進舊聞（寶日堂初集23/5）
皇明世說新語1/18，2/5下，2/6下，3/17下，4/9下，5/32下，7/18下，7/19下
名山藏臣林記26/19
明史列傳75/1
明史216/2下

父陸九霄（1490—1552），號志梅。
志梅府君行實（陸文定公集8/1）
妻顧氏（1530—1600）
顧孺人墓誌銘（大泌山房集100/17）

陸應龍（1455--1538）字翼之，號南丘，長洲人。弘治十二年進士，授工部主事，正德初以劉瑾專政致仕。瑾敗，起復官，久

之遷應天府推官，仕終精膳司郎中，告老歸卒，年八十四。

陸公墓誌銘（陸子餘集3/16下）

陸應龍字化伯，宣城人。太學生，喜爲詩，能飲酒，因自稱醉吟散人。與山陰陳鶴、新昌呂光升遊，詩不覬雕鏤藻繪，而有超曠之致。著有萃芳亭、金陵、山中諸藁。

醉吟散人傳（鹿裘石室集36/16下）

陸懋龍（1538—1603）字啓原，號珍所，鄞人。萬曆五年進士，以合肥令擢兵科給事中，歷遷刑科都給諫，官至湖廣參政，卒年六十六。

陸公墓誌銘（大泌山房集80/11下）

陸簡（1442--1495）字廉伯，一字敬行，號治齋，別號龍臯，武進人。成化二年進士，授編修，官至少詹事，兼侍讀學士，卒于官，年五十四。有龍臯文集。

陸公行狀（篁墩程先生文集41/8下）

陸公墓誌銘（懷麓堂文後稿22/1，國朝獻徵錄18/40）

毘陵人品記7/17

殿閣詞林記6/20下

陸鎮，浙江嘉興人。國子生，洪武十一年任給事中，後改兵部主事，仕至兵部侍郎。

掖垣人鑑3/6下

陸穩（1517--1581）字汝成，號北川，歸安人。嘉靖廿三年進士，授刑部主事，歷江西按察、布政使，討平流賊盧梅林，陞右副都御史提督南贛軍務，改南京兵部侍郎，被劾罷歸，卒年六十五。

贛州府縣儒學興復記（石蓮洞羅先生文集13/11）

少司馬陸公平寇序（太函副墨5/43）

吉泰和平寇碑（龍津原集1/1）

北川陸公平寇續功記（同上4/39下）

陸北川墓誌銘（徐階撰、國朝獻徵錄43/61）

祖母兪氏（1474—1556）

陸大母兪氏墓誌銘（自知堂集12/13下）

陸寶字敬身，一字青霞，鄞人。明末難作，寶傾家輸餉，諸督師皆援之入朝，不赴。入清後，隱居不問世事，日以賦詩自娛，學者稱中條先生。藏書甚富，多異本。有霜鏡、辟塵、悟香諸集。

青溪小草序（大泌山房集23/9）

陸鰲（1473--1536）字鎮卿，一字騰霄，吳江人。弘治八年進士，授荊州府推官，歷工部主事、福建道監察御史、溫州知府，官至浙江右參政，卒年六十四。

陸公墓志銘（周用撰、國朝獻徵錄84/37）

陳

陳一元，侯官人。爲御史，按江西，振饑有法，黨人用年例出之外，不赴官。天啓初起歷應天府丞，以與葉向高姻親，被劾落職。崇禎初復官，溫體仁惡其附東林，不召，卒於家。

明史248/4下

陳九川（1494--1562）字惟濬，號竹亭，又號明水，臨川人。正德九年進士，授太常博士，以諫武宗南巡除名。世宗即位，起爲主客司郎中，正貢獻名物，節犒賞費數萬，群小陰中之，下詔獄、謫戍、遇赦復官。致仕後，周流講學名山，年六十九年。有明水先生集。

明水陳姻家壽言（東郭鄒先生文集4/6）

明水文集序（遵巖先生文集10/29）

陳公墓誌銘（羅洪先撰、國朝獻徵錄35/73）

明史列傳59/17

明史189/16

陳九疇字禹學，曹州人。倜儻多權略，自爲諸生，即習武事。舉弘治十五年進士，除刑部主事。世宗時累擢右僉都御史，巡撫甘肅。速壇滿速兒圍肅州，九疇擊走之，論功進副都御史。後以事謫戍極邊，居十年赦還，卒，追諡忠襄。

送陳禹學序（對山集11/31下）

國朝獻徵錄61/72郡志傳

名卿續紀4/15下

明史204/1

陳三接，文水人。崇禎六年舉人，授河間知縣，歲旱饑，人相食，三接至，雨即降。有疑獄，數年不決，至卽決之。十五年淸兵攻城，三接佐知府顏孕紹堅守，城陷，巷戰死，妻武氏亦從死。

明史291/18

陳三謨字汝明，號錦江，浙江仁和人。嘉靖四十四年進士，由江西永新知縣，陞刑部主事，歷吏科都給事中，累遷太常寺少卿，以疾歸。萬曆十二年罷爲民。

掖垣人鑑15/15

陳于王字丹衷，吳縣人。世爲蘇州衞千戶，兩擧武鄕試，授奇兵營守備，遷都司僉書，以生擒海盜王一爵知名。崇禎時屢官中軍守備，從巡撫張國維禦賊於太湖，戰敗自刎死。

明史269/6下

陳于廷字孟諤，宜興人。萬曆二十九年進士，由知縣徵授御史，甫拜命，卽疏詆大學士朱賡。尙書王紀被斥，特疏申救。歷吏部左侍郎，忤魏忠賢，斥爲民。崇禎初、起南京右都御史，召拜左都御史，以擬罪援引不當帝意，削籍歸卒。有定軒稿。

啓禎野乘2/23

天啓崇禎兩朝遺詩傳2/23

明史254/8下

父陳一經字伯常，號懷古。

陳懷古先生傳（睡菴文稿21/21）

陳于陛（1545—1596）字元忠，號玉壘，南充人，以勤子。隆慶二年進士，萬曆初以編修預修世穆兩朝實錄，累遷禮部尙書，領詹事府事，少從父習國家故實，爲史官、益究經世學。因請設局編輯國史，詔從之，爲副總裁。尋兼東閣大學士，入參機務，改文淵閣，加太子太保，終南京戶部尙書。年五十二卒，諡文憲。有萬卷樓稿、意見。

祭陳文憲（大泌山房集115/6）

陳公墓志銘(陳懿典撰、國朝獻徵錄 17/183)

明史217/5

陳于階字瞻一，上海人。官欽天監博士，淸兵下南京，自縊於公署。

明史275/12

陳子壯字集生，南海人。萬曆四十七年進士，授編修，天啓末典浙江鄕試，忤魏忠賢削籍。崇禎初起故官，累遷禮部右侍郎，以言事除名下獄。永明王由榔立於肇慶，授子壯東閣大學士，兼兵部尙書，領兵攻廣州，兵敗被執，不屈死。有南宮集、雲淙集、練要堂稿。

明史278/17下

陳子貞（1547—1611）字成之，號懷雲南昌人。萬曆八年進士，授知溧水縣，治行考最，擢御史，疏請起用曾同亨、李世達、趙用賢。屢官至福建巡撫，卒年六十五。

陳公墓志銘（吳文恪公文集17/27下）

陳子晟（1353—1378）字仲昭，福建連江人。洪武四年鄕貢，卒業太學，選爲荆王伴讀，九年從王之國，後二年還京師，道卒，年廿六。

陳仲昭墓銘（遜志齋集22/518下）

陳子龍（1608—1647）字人中，更字臥子，號大樽，松江華亭人，工擧子業，兼治詩賦古文，取法魏晉，駢體尤精妙。第崇禎十年進士，選紹興推官；以定亂功，擢兵科給事中，命甫下而京師陷。乃事福王於南京，以時事不可爲，乞終養去。南都失，遁爲僧。尋以受魯王部院職銜，結太湖兵欲擧事，事露被擒，乘間投水死，年四十，諡忠裕。有詩問略、白雲草廬居、湘眞閣諸稿；又輯有皇明經世文編。

明史277/12下

陳忠裕公自述年譜、淸王昶注、陳忠裕公集附刊本

陳大科（1534—1601）字思進，號如岡江南通州人。隆慶五年進士，由紹興府推官選吏科給事中，累官右都御史，兼兵部侍郎，頗著直聲。後出總督兩廣，定安南有功，年六十八卒。有陳如岡文集。

賀兩粤總督陳如岡公膺功晉秩序（田亭草5/10）

賀大司馬大中丞督府如翁老公祖陳老先生六十壽誕序（楊復所先生家藏文集2/39）

賀大中丞兩廣制府如翁陳老先生榮膺錫祉詩序（楊復所先生家藏文集2/48）

如岡陳公墓誌銘（王文肅公文草 10/4；國朝獻徵錄57/78

披垣人鑑16/22

陳大章字明之，號月窻，盱眙人，道子。成化二十年進士，官至太僕寺少卿。善畫菊，有詩名，尤工行草。

陳少卿四像圖跋（何文簡公集16/1）

圖繪寶鑑6/12下

陳大賓字敬夫，江陵人。嘉靖進士，清介豁達，以直節自負。由知縣選御史，巡撫雲貴，官至工部侍郎。歷官所至有聲，致仕卒。

徐氏海隅集外編40/15

陳士奇字平人，漳浦人。好學有文名，天啓五年進士。崇禎時累官右僉都御史，巡撫四川。張献忠陷夔州，士奇死守重慶，城陷被執，大罵而死。

啓禎野乘12/45

明史263/14

陳士啓，名雷，以字行，號震之，泰和人。永樂二年進士，累官山東右參政，盡心吏事，不爲察察名。高煦謀亂，士啓密聞於朝，高煦既執，撫安人民事竣，命清理山東軍籍。宣德六年卒於官。

祭陳參政文（東里文集23/26）

陳公墓志銘（楊士奇撰、國朝獻徵錄95/12）

明史列傳38/2

明史161/4

陳士達，南京布衣。清兵破南京，士達投水死。

明史275/12

陳山字伯高，福建沙縣人，洪武二十六年舉人，永樂九年由教諭陞吏科給事中，充東宮講官。仁宗即位，陞左春坊左庶子，仕至戶部尚書、謹身殿大學士。致仕卒。

贈尚書陳公致政歸延平序（楊文敏公集12/21下）

國朝獻徵錄12/54雷禮撰傳

披垣人鑑4/16

殿閣詞林記1/29下

明史列傳25/9下

祖陳群（1302—1324）字添麟。

陳公墓表（金文靖公集9/70）

陳山毓字賁聞，嘉善人。萬曆四十六年解元，爲人敦倫好善，恬懷雅度，居必掃室焚香，左圖右史，務在洗滌嗜慾，不愧衾影。善騷賦，爲世所宗。

啓禎野乘7/44

陳文（1325—1384）合肥人。早喪父，奉母至孝。元季挈家歸太祖，從征累立戰功，積官都督僉事。以疾卒，年六十，追封東海侯，諡孝勇。

國朝獻徵錄8/36無名氏撰傳

皇明功臣封爵考8/49

明史列傳17/4

明史134/7下

陳文（1405—1468）字安簡，號褧齋，廬陵人。正統元年進士，授編修。景泰中歷雲南、廣東布政使，英宗復位，召爲詹事。憲宗時累官禮部尚書，兼文淵閣大學士。文素以才自許，在外頗著效績。及參大政，無所建明，睚眦必報，士論鄙之。年六十四卒，諡莊靖。

陳莊靖公哀辭（瓊臺詩文會稿重編24/28下）

陳公墓志銘（商文毅公集27/9下）

國朝獻徵錄13/64劉定之撰傳，又13/67弇州別記陳文傳

殿閣詞林記3/33下

守溪筆記×/20

皇明世說新語7/9

水東日記40/9，40/10

明史列傳40/11

明史168/8

祖母彭氏，正統四年卒。

彭氏墓誌銘（楊文敏公集23/21下）

陳文周（1517—1571）字汝中，號太湖，晚號觀如道人，常熟人，寰子。太學生，授光祿監事。官至廣東鹽課司提舉。隆慶五年卒，年五十五。

陳公行狀（松石齋集16/24）

陳公墓誌銘（嚴文靖公集8/8）

陳文豹，廣東新安人。爲鄉大豪，募兵保境，從張家玉取新安，襲東莞，清兵大至

，戰敗於赤岡，死之。

明史278/20下

陳文偉，府學生。膂力過人，嘗手搏猛虎斃之。應試場屋時，會火起，以手救活者幾千人。後爲山東安丘令，會盜起掠庫，文偉將兵追及之，盜伏地請死，文偉命各杖三十，令自新，部御史竟以縱盜劾之，免官。

國朝獻徵錄96/46郭正域撰傳

陳文燭字玉叔，號五嶽山人，沔陽人，柏子。嘉靖四十四年進士，授大理寺評事，累進大理卿致仕。有二酉園詩文集。

送陳玉叔督學四川序（王奉常集1/16下）

廷尉陳公壽序（大泌山房集29/14下）

翛然亭記（弇州山人續稿11/1）

六羨堂記（茅鹿門先生文集20/34）

五嶽山人後集序（同上14/24下）

五嶽山人後集序（太函集23/4）

五嶽山人文稿序（弇州山人續稿52/14）

二酉園集序（同上52/14）

二酉園集序（太函集23/17）

五嶽山人尺牘序（同上26/12）

陳方亮，鳳陽定遠人。本姓陳，育於方翁，太祖賜姓曰陳方，以繼二家之宗。初從太祖渡江，累官鎮國將軍，僉大都督府事。

陳方都督像贊（宋學士文集40/316）

鳳陽陳方氏封贈二代碑銘（同上40/319下）

陳心學，郟人。授知縣，不謁選而歸。崇禎十五年李自成陷郟，執之，授之官，不從被殺。

明史293/14

陳王庭字惟獻，號蓋庵，仁和人。萬曆二年進士，授貴溪令，改金谿，擢兵部主事，官至江西副使，遷雲南參政，未赴卒。

陳公墓表（快雪堂集17/10下）

陳王謨（1532--1598）號萬峯，合肥人，銳曾孫。嘉靖三十四年襲爵平江伯，充後軍都督府僉事，鎮守兩廣，累陞前軍都督，卒年六十七，諡武靖。

陳公墓誌銘（淡然軒集6/52）

明史153/8下

陳元素字古白，長洲人。諸生，善畫墨蘭，工詩文，尤善臨池，楷書法歐陽，草入二王之室。一時名輩，多從之遊。卒、私諡貞文先生。

陳古白南園日識序（自娛集7/1）

啓禎野乘14/1

陳元卿（1583—1625）字善長，號石龍，閩縣人。萬曆四十一年進士，授戶部主事，歷大同知府，虜酋素嚢以三千騎臨城下，元卿閉城門，戒兵偃旗鼓毋動，虜知不可憾，遁去。雲中諸大吏，皆倚之。遷廣東副使，以疾卒官，年四十三。

陳君偕配林氏合葬墓誌銘（蒼霞餘草12/27）

陳天祥字元吉，吳江人。弘治九年進士，授青州府推官，擢御史，歷左僉都御史，巡撫貴州，剿平苗亂。官至左副都御史提督三邊軍務，正德十一年卒。天祥警敏有才略，臨事能斷，所至有聲。

國朝獻徵錄59/120無名氏撰傳

陳友，其先西域人，家全椒。永樂初起騎卒，從征胡功，歷陞千戶，正統中爲都指揮僉事，征湖廣貴州苗，大破之，充總兵官，封武平侯，天順四年卒，諡武僖。

吾學編19/29

皇明功臣封爵考4/83

明史列傳44/3

明史166/9下

陳公相，號鑑塘，里籍未詳。擧萬曆十一年進士，授刑部主事，歷知大名、廣平，遷宣城，有善政，民爲立祠。陞知溫州府。

陳侯祠碑（睡菴文稿14/2下）

陳仁（1454--1514）字子居，號三渠，莆田人。成化二十三年進士，官戶部郎中。正德初劉瑾以贋銀事坐尙書韓文罪，仁並謫。後遷南京兵部員外郎，瑾誅、累遷浙江右布政使，卒年六十一。

送郎中陳君貳守鈞州詩序（東川劉文簡公集12/24）

陳公墓志銘（見素集17/15，國朝獻徵錄84/10）

【十一劃】陳

明史列傳56/7

明史186/6

陳仁錫字明卿，號芝台，長洲人。天啓二年進士，授編修，典誥勅，以不肯撰魏忠賢鐵券文落職。崇禎初，召復故官，累遷南京國子祭酒，崇禎七年卒，諡文莊。仁錫講求經濟，性好學，喜著書。有繫辭、易經頌、重訂古周禮、四書考、文品芇函、古文奇賞，續古文奇賞等。

啓禎野乘4/8

天啓崇禎兩朝遺詩傳10/343

明史288/10

陳允升（1532--1604）字晉卿，號霽衡，崑山人。隆慶二年進士，選知開州，治行爲畿輔第一，擢兵部員外郎。歷官湖廣四川僉事，提督學政，年七十三卒。

陳公暨配華氏合葬墓誌銘（賜閒堂集 31/34下）

吳郡張大復先生明人列傳稿×/115

父王政，字純甫。

陳公墓誌銘（弇州山人續稿99/8下）

陳汀，古雷縣千夫長，數從方政擊賊有功。王通棄交阯，汀北行，爲賊所得，授以官，汀從間道入欽州，家屬九十餘人盡陷賊中。英宗嘉其義，以爲指揮。

明史154/23下

陳永福，初爲開封守將，嘗射李自成中目。及自成陷山西，諭之降，且折箭以示信，乃降自成，封文水伯。自成敗，還山西，永福爲守太原，殺晉府宗室殆盡，後爲清兵所平。

明史272/10

陳正，世爲大理衛指揮。未嗣職，而沙定洲反，陷城，正督衆巷戰，手馘數賊而死。

明史295/13下

陳正亨，江陰人。爲泗州守備，崇禎十年與都司王寳護守祖陵，禦賊陷陣死，贈昭勇將指揮使。

明史292/15下

陳正道，東陽人。從杜惟熙遊，傳王守仁之學，爲建安訓導，年八十餘，猶徒步赴五峯講會。

明史283/12下

陳弘緒（1597--1665）字士業，號石莊，江西新建人，道亨子。性警敏，好博覽。明末以任子授晉州知州，閣臣劉宇亮出督師，欲移師入晉州，拒不納，遂被劾逮問，士民頌其保城功，得釋。謫湖州經歷，署長興、孝豐二縣事，有惠政。入清屢薦不起，移居章江，輯宋遺民錄以見志，年六十九卒。有周易備考、詩經尙書義、石莊集、鴻桷集、垣山存稿、寒衣集。

晉州知州陳公墓誌銘（施愚山先生學餘文集20/2）

明史241/19下

陳本深（1381--1460）字有源，鄞人。永樂初由鄉擧入太學，授刑部主事，知吉安府。爲政擧大綱，不屑苛細。前後守吉安十八年，旣請老去，郡人肖像祀之。天順四年卒，年八十。

贈陳太守詩序（王文端公文集24/12下）

送陳太守詩敍（諡忠文古廉文集7/19）

送陳太守致仕序（王文端公文集24/21）

吉安府知府陳公壙誌（南山黃先生家傳集47/10下）

祭吉安知府陳公（同上51/4）

明史列傳38/6下

明史161/8下

陳世良字崇之，號青嶼，臨海人，選子。成化二十三年進士，正德初擢監察御史，抗疏言劉瑾干政，遷南京大理寺右丞。瑾敗，再擢右僉都御史兼管操江。値流賊猖獗，悉心防禦，所至克捷。屢疏乞歸，正德十四年起順天府尹，未任卒。有青嶼奏議等書。

同年大理丞陳君之南都序（東川劉文簡公集12/19）

國朝獻徵錄64/78實錄本傳

陳世恩字慶遠，號兩峯，夏邑人。萬曆十七年進士，授保定司理，以治行第一擢戶部給事中，二十三年遷工科都給事中。未幾，遘疾卒，年四十四。

西峰陳公傳（來禽館集 12/19，國朝獻徵錄 80/39）

陳以忠，原名忠言，後更名，字貞甫，無錫人。太學生，授知寧鄉縣，遷知寧州，尋以事貶寶鷄知縣，仕終光州知州，所在有聲跡。

雲浦陳先生傳（顧端文公集17/1）

祭陳雲浦先生文（同上18/4下）

陳以勤（1511--1586）字逸甫，號松谷，一號青居山人，南充人。嘉靖二十年進士，授檢討，陞洗馬，侍講讀於穆宗潛邸九年，啓沃最多。穆宗立，手詔以禮部尚書兼文淵閣大學士，上謹始十事，又陳時務因循之弊。見同列多黨比，力求去，進太子太師、吏部尚書，馳傳歸家，年七十六卒，諡文端。有青居山房稿。

贈松谷陳太史侍親還蜀序（陸文定公集 9/21下）

送少傅松翁陳老先生致政還蜀序（朱文懿公文集4/29）

少傅陳先生致政歸蜀序（許文穆公集1/5下）

少傅松谷陳公六十壽序（同上2/2下）

松谷陳公七十壽序（農丈人文集7/8）

陳公墓誌銘（李文節集22/29下）

陳公墓誌銘（許文穆公集 5/11，國朝獻徵錄 17/41）

陳公神道碑銘（賜閒堂集19/1）

陳公墓表（陸文定公集4/1）

陳文端公墓表（王文肅公文草7/4）

祭陳文端公文（陸文定公集12/7下）

祭陳文端（大泌山房集115/1）

祭南充陳相公文（二酉園續集20/3）

文端陳公祠堂碑並序（蟫衣生蜀草5/1）

明史列傳62/24下

明史193/14

父陳大策（1487—1560）字濟之，號叢山。

叢山先生陳公墓表（趙文肅公文集18/34）

叢山陳先生墓誌銘（李文定公貽安堂集7/14）

陳用字時顯，莆田人。永樂七年進士，選翰林庶吉士，陞修撰。正統初轉侍講，以母喪解官歸卒。用爲人質實醇厚，言動不苟，鄉里稱重。

皇明三元考2/1下

父陳觀（1336—1416）字宗仁。

陳處士墓誌銘（楊文敏公集21/16）

陳用極字明仲，崑山人。南京破，從左懋第等被執不屈死，諡忠節

天啓崇禎兩朝遺詩傳7/242

崑山殉難錄4/6下

陳幼學（1541--1624）字志行，無錫人。萬曆十七年進士，授確山知縣，政務惠民，開河渠百九十八道。調中牟，遷刑部主事，歷湖州知府，均有惠政。以按察副使督九江兵備，告終養歸卒，年八十四。

啓禎野乘4/28

明史281/29

陳汝玉字思古，安吉人。少有將略，年十七襲父爵懷遠將軍，統衛事。宸濠之亂，領兵駐下江，節制鎮常蘇松儀真軍，累功陞南京都督僉事。有思古集。

陳思古集序（涇野先生文集9/53）

陳汝石，交阯人，初爲陳氏小校。永樂中大軍南征，率先歸附，積功官至都指揮僉事。十七年四忙土官車綿子等叛，汝石從方政討之，深入賊陣，中流矢墜馬死。

明史289/12

陳汝言字時獻，直隸潼關衛籍。正統七年進士，授戶部主事，歷郎中。景泰中、以附石亨，驟進戶部侍郎。天順初、以迎立功，遷兵部尚書。以賄敗。

皇明世說新語7/10

國朝獻徵錄38/51無撰人陳汝言傳

陳汝秩（1329--1385）字惟寅，吳縣人。善畫、工詩文，性嗜古，購書畫、傾貲弗惜。與弟汝言力貧養母，有聞於時。洪武初以人才徵至京師，以母老辭歸，卒年五十七。

陳惟寅壙志銘（張適撰、珊瑚木難7/10下）

陳汝翊字邦輔，崑山人。弘治十四年舉人，正德中選授桐鄉知縣，廉勤有爲，政聲懋著，卒於官。

陳邦輔尹相鄉序（翻菴遺稿8/14）

陳交（1487--1569）字汝同，常熟人。嘉靖元年舉人，歷知永康、興寧，皆有惠政。致仕歸，行李蕭然，惟有圖書數卷而已。鄉人稱爲敬軒先生。著有五經注釋、心說及主一稿，今俱不傳。年八十三卒。

陳公墓志銘（嚴文靖公集5/1）

國朝獻徵錄89/91無名氏撰傳

陳守愚字如愚，號愚軒，山東壽張人。嘉靖二年進士，由行人選刑科給事中，擢四川左參政，仕終陝西按察使。

掖垣人鑑13/10

陳圭字錫玄，黃巖人。洪武初父叔弘坐罪當死，圭自陳願代，帝欲赦之，刑部尙書開濟奏曰，罪有常刑，不宜屈法以開僥倖之路。遂聽圭代，而戍其父雲南。

二孝子傳（王靜學文集2/6）

明史296/15下

陳圭（1509--1554）字世秉，合肥人，銳從孫。嗣爵平江伯，領宿衞，掌京營僉書中軍府，爲總兵官，出鎭兩廣。討平封川冦及賀連山賊，屢加太保。圭能與士卒同甘苦，聞賊所在，輒擐甲先登，無所避，故所向克捷。後總京營兵，禦冦於盧溝。嘉靖三十三年卒，年四十六，諡武襄。

陳公墓誌銘（鈐山堂集36/14）

明史153/8

陳有守字達甫，休寧人。弱冠從親宦常平，一見常倫，歸而詩名遂起。

贈陳達甫序（太函集12/3）

篘丘詩卷序（同上20/15下）

陳達甫集序（同上22/19下）

陳有年（1591--1658）字登之，號心穀，餘姚人，克宅子。嘉靖四十一年進士，歷吏部驗封郎中，忤張居正，謝病去。萬曆中起稽勳，歷考功文選，謝絕請寄，除目下，中外皆服。累遷吏部尙書，引用僚屬，極一時之選。朝野想望風采，執政大臣不便其所爲。會廷推閣臣，列故大學士王家屏等名，帝不悅。謫文選郎顧憲成等，有年疏救不納，累疏乞休歸，卒諡恭介。有恭介公集。

贈太宰心穀陳公北上序（愼修堂集10/16）

陳公行狀（姚江孫月峯先生全集10/25，國朝獻徵錄25/77）

陳恭介公傳（月鹿堂文集4/27）

同祭冢宰陳心穀公文（溫恭毅公文集16/2）

明史列傳80/11下

明史224/11

陳旭，全椒人。父彬、從太祖爲指揮僉事，旭嗣官，建文時爲會州衞指揮同知，舉城降燕，從徇灤河功多，封雲陽伯。永樂八年從成祖征交阯，以疾卒於軍。

壬午功臣爵賞錄×/5下

皇明功臣封爵考6/49

吾學編19/37

明史列傳21/30下

明史146/10下

陳全（1359—1424）字果之，號蒙菴，福州長樂人。登永樂四年進士第二，授翰林編修，歷侍講、署院事，卒年六十六。工五言詩，有蒙菴集。

陳先生果之墓誌銘（芳洲文集8/19下）

國朝獻徵錄8/19下無名氏撰傳

陳行健字體乾，號庭竹，浙江烏程人。嘉靖四十四年進士，由庶吉士授戶科給事中，擢太常寺少卿，仕終南京太僕寺少卿。

掖垣人鑑15/3下

陳如綸字德宣，號午江，太倉人。嘉靖十一年進士，知侯官縣，摘姦發伏，一縣神之。官至福建布政司參議，所至以淸介著，致仕卒。有冰玉堂綴逸稿、蘭舟漫稿。

送陳德宣尹侯官序（皇甫少玄集24/4下）

陳沂（1469--1538）字宗魯，後改魯南，號石亭，金陵人，鋼子。正德十二年進士，與顧璘、王韋稱金陵三俊。授編修，嘉靖中出爲江西參議，歷山東參政，以不附張璁、桂蕚，改山西行太僕寺卿致仕，年七十卒。沂少好蘇氏詩，自號小坡，中歲乃宗盛唐，爲文出入史漢，工書及隸篆。有維禎錄、畜德錄、金陵古今圖考、金陵世紀、拘虛晤言、詢芻錄、及遂初齋、拘虛館、石亭等集。

劉金陵世紀序（萬一樓集35/8下）
金陵名賢墨蹟跋（賴眞草堂文集18/24）
陳先生墓誌銘（憑几集續2/7下，國朝獻徵錄104/3）
祭陳石亭文（憑几集續2/12下）
名山藏81/22
明史286/19

陳汝輝字耿光，詔安人。洪武中以薦授禮科給事中，累官大理少卿。時帝好釋氏，緇流干政，讒毀大臣，汝輝數言得失，以切直忤旨，懼罪、投金水橋下死。

明史列傳16/8下
明史139/10

陳言（1507--1577）字宜昌，號石溪，莆田人。嘉靖二十六年進士，歷知州縣，官至南京刑部郎中。致仕卒，年七十一。言長於經學，著有尙書講義。

壽石溪陳先生七十序（賜閒堂集14/21下）
壽石溪陳公七十序（王文肅公文草 2/26下）
冰廳劄記（徐氏海隅集文編14/43下）
陳公墓志銘（復宿山房集24/21，國朝獻徵錄49/54）

陳亨（1332--1400）壽州人。勇敢善騎射，從太祖於濠，爲鐵甲長。洪武二年、守大同，累破邊寇，以功累遷平北都指揮使。燕兵起、命守大寧，大寧破，亨與諸將皆降。累從破南軍，白溝河之戰，奮擊衝陣，以疾卒，年六十九。成祖卽位，追封涇國公，諡襄敏。

陳公神道碑銘（金文靖公集9/1，皇明名臣琬琰錄17/5，國朝獻徵錄107/5）
明史列傳21/26
明史145/14下

陳完（1359--1422）字仲完，號簡齋，長樂人。洪武十七年擧人，歷延平、寧國教職。成祖時、擢翰林編修，陞左春坊左贊善，年六十四卒。

陳先生墓誌銘（楊文敏公集21/4下）
國朝獻徵錄19/59無名氏撰傳
皇明世說新語3/4

陳良器字彥成，號蚩菴，浙江仁和人。成化十七年進士，歷福建參政，嘉靖八年遷應天府尹，致仕卒。

蚩菴陳公彥成祭文（西軒效唐集錄11/4）

陳良謨（1482--1572）字忠夫，號棟塘，安吉人。正德十二年進士，歷官貴州參政，年四十卽乞休。恬淡寡欲，詩文溫醇典雅。有天目山房集、和陶小稿、見聞紀訓等書。年九十一卒。

贈少參棟塘陳君序（涇野先生文集 7/53下）
壽陳棟塘方伯七十一序（蔣道林文粹2/29下）
陳公墓表（弇州山人四部稿 94/1，國朝獻徵錄103/29）
皇明世說新語3/35

母都氏
都氏墓碑銘（王氏家藏集32/5下）

陳良謨字士亮，一字賓日，原名天工，鄞人。崇禎四年進士，授大理推官，擢御史，出按四川，張獻忠犯成都，良謨遣將據要害爲犄角，數敗之。還朝未久，京師陷，與其妾時氏自縊死，諡恭愍。

吳山六忠祠碑（大滌函書1/33）
陳公神道碑銘（鮚埼亭集6/1）
啓禎野乘12/17
天啓崇禎兩朝遺詩傳3/121
明史266/11
明史稗略紳志略文臣

陳吾德（1528—1589）字懋修，號省齋，歸善人。嘉靖四十四年進士，隆慶中歷工科給事中，以諫市珍寶斥爲民。萬曆初、起兵科，進右給事中。忤張居正，出爲饒州知府，御史承居正旨，劾其違制講學，除名爲民。居正死、起官，終廣湖僉事，卒年六十二。吾德傳陳獻章之學，氣節錚錚，詩文直述胸臆。有謝山存稿。

陳公行狀（葉春及撰、國朝獻徵錄88/117）
掖垣人鑑15/9下
明史215/11下

陳束字約之，號后岡，鄞人。中嘉靖八年進士，授禮部主事，與王愼中、唐順之等稱嘉靖八才子。忤霍韜、張璁，以編修出爲湖廣僉事，累轉河南提學副使。再疏求去，不得，縱酒嘔血死，年纔三十三。有陳后岡詩文集。

贈陳編脩約之序（洹詞10/8下）

陳約之集序（皇甫司勳集36/1）

祭憲副陳后岡（陳文岡先生文集18/14下）

後岡陳提學傳（李中麓閒居集10/57下）

國朝獻徵錄92/89袁時徵撰傳

皇明世說新語4/6下

明史281/8下

陳志，巴人。洪武中爲燕山中護衛指揮僉事，從起兵，累遷都指揮同知，封遂安伯。以恭謹受知，戮力戎行，始終不懈，永樂八年卒。

吾學編19/12下

皇明功臣封爵考3/49

明史列傳21/22下

明史146/12

陳克宅（1474—1540）字即卿，號省齋，餘姚人。正德九年進士，授嘉定知縣。嘉靖中、官御史，以直諫繫獄，廷杖。獲釋，累遷右副都御史，巡撫貴州，討平都勻苗王阿向之亂。旋移撫蘇松，已而阿向黨復叛，坐罷官，年六十七卒。

先考陳公行實（陳恭介公集8/54）

陳公墓志銘（呂本撰、國朝獻徵錄61/88）

明史224/11

妻唐氏（1485—1568）

先妣行實（陳恭介公集8/69）

陳壯（1437—1504）字直夫，號古迂，其先浙江山陰人，祖坐事謫戍交阯，後調京衛，遂家焉。舉天順八年進士，授南京御史，有直聲。歷江西僉事，致仕歸。弘治中以薦起官福建，擢河南副使。僉都御史林俊舉以自代，未及遷，又致仕歸，觴詠湖山以終，年六十八。

送陳直夫先生序（定山先生文 6/19）

陳君直夫墓志銘（懷麓堂文後稿27/3下）

古迂先生傳（石龍集22/9，國朝獻徵錄92/84）

國琛集下/26下

聖朝名世考6/25

明史列傳38/22下

明史161/18

父陳簡，字文徹，號居蘭翁，成化五年卒。

山陰居蘭陳先生哀辭（一峯先生文集17/11）

陳公墓表（懷麓堂文稿24/2下）

陳見，福清人。舉於鄉，嘉靖三十七年倭陷福清，見率衆禦之，與訓導鄔中涵被執，大罵而死。

明史290/5

陳伯友字仲恬，濟寧人。萬曆二十九年進士，授行人，擢刑科給事中，累抗疏言事，以艱去。及服除，廷議多排東林，遂不出。後以年例即家除河南副使，天啓中累遷太常寺卿。御史張樞劾其倚附東林，遂削奪。莊烈帝即位，復原官，未及用而卒。有盡心編。

明史242/10下

陳邦彥字令斌，順德人。爲諸生，意氣豪邁，崇禎末舉於鄉，福王時詣闕上政要三十二事，格不用。唐王聿鍵讀而偉之，既自立，即其家授監紀推官。永明王時擢兵科給事中，起兵與陳子壯攻廣州，兵敗入清遠，城破被戮，謚忠愍。

明史278/21下

陳邦修字德卿，號立齋，廣西全州人。嘉靖十四年進士，授行人，遷刑科給事中。劾郭勛、嚴嵩等不職，又極論楚世子悖逆，乞勅定東宮出閣往還儀節等疏，帝皆嘉納。累遷南太僕少卿。

披垣人鑑13/43

陳邦瞻字德遠，高安人。萬曆二十六年進士，授南京大理評事，歷官河南右布政使，分理彰德諸府，開水田千頃，建滏陽書院，集諸生講習。遷兵部右侍郎，總督兩廣軍務，討平田州土酋岑茂仁之亂。天啓初進左侍郎，兼戶工二部侍郎，專理軍需，三年卒於官。邦瞻好學敦風節，服官三十年，吏議不及。有宋、元紀事本末、荷華山房集。

明史242/1

陳邦獻字時舉，上虞人。洪武二十一年進士，授監察御史，出按江西，風紀峻峙，貪吏有望風解印者。轉刑部主事，陞員外郎。恒曰，刑者、民命所繫，不得已而用之，一有不當，人受其殃。讞必詳，多所平反。遭忌罷黜，謫戍交趾卒。

陳寺峯傳（謝海門集15/1）

陳宜字公宜，號靜軒，江西泰和人。正統七年進士。由工科給事中歷官至兵部侍郎。有靜軒集。

送陳公宜之任應天府丞詩序（芳洲文集3/22）

國朝獻徵錄43/37無撰人陳宜傳

皇明人鑑9/25下

明史292/18下

陳宗問，名裕，以字行，鄞人。洪武二十四年進士，歷官吏、兵、戶三部主事，陞河南布政司參議，廉介有爲，人不敢犯。永樂中、遷行在吏部員外郎，嚴於黜陟，曹局肅然。陞武昌知府，因奏楚府侵占民地，縻役京西石窩，工滿復職，道卒。

陳公宗問傳（南山黃先生家傳集56/2）

陳宗虞字于韶，四川保寧人。嘉靖二十九年進士，累官按察副使。有臥雲樓稿、六亭集。

臥雲樓詩序（二酉園文集3/18）

陳于韶先生臥雲樓摘稿序（弇州山人續稿44/13下）

陳性善，名復初，以字行，浙江山陰人。洪武十八年進士，累官翰林檢討，工書。建文即位，擢禮部侍郎。燕師起，監軍靈壁，戰敗被執。後縱還，性善曰，辱命，罪也，奚以見吾君。朝服躍馬入河死，諡忠節。

革朝遺忠錄上/25

吾學編54/8

皇明表忠記3/9下

聖朝名世考4/31下

遜國正氣紀4/8

遜國神會錄上/50下

明史列傳19/15下

明史142/3下

陳孟京（1374--1409）名昌，以字行，泰和人，孟潔從弟。登永樂四年進士，選翰林庶吉士，預修永樂大典，博達明審，老師宿儒多讓之，七年卒官，年僅三十六。

陳孟京墓誌銘（楊士奇撰、國朝獻徵錄22/41）

陳孟潔，名廉，以字行，泰和人。永樂四年進士，選庶吉士，與修大典，充校正官。卒年四十五。

陳孟潔墓志銘（東里文集18/17，國朝獻徵錄22/40）

父陳果（1346—1390）字孔碩。

陳處士墓表（東里文集16/8下）

母羅氏（1346—1421）

羅孺人墓碣銘（東里文集21/14下）

陳函輝（1589--1645）原名煒，字木叔，號寒椒道人，又號小寒山子，臨海人。崇禎七年進士，授靖江知縣，爲御史劾罷，北都陷，倡義勤王。後歸魯王，擢禮部右侍郎，從王航海，已而相失，入雲峯山，作絕命詞十章，投水死，諡忠節。

明史276/16下

陳奉，宦官，萬曆中爲御馬監奉御，徵荆州店稅，兼採興國州礦洞丹砂。在湖廣二年，發掘塚墓，逼辱婦女，幾成大亂。武昌兵備僉事馮應京劾奉十大罪，大學士沈一貫亦言之，帝皆不問。御馬監監丞李道方劾奉，始召還，及去，金寶財物以鉅萬計。

明史305/8下

陳奇瑜字玉鉉，保德州人。萬曆四十四年進士，授洛陽知縣，天啓中擢禮科給事中，楊漣劾魏忠賢，奇瑜亦抗疏力詆。崇禎中以右僉都御史巡撫延綏，斬流冦渠魁略盡，餘黨自散，境內盡平。擢兵部右侍郎，總督陝西、山西、河南、湖廣、四川軍務，專辦流賊。李自成見勢絀，用其黨顧君恩謀，僞請降，奇瑜遽許之，先後藉三萬六千餘人，悉遣歸農，諸賊既出棧道，遂盡殺安撫官五十餘人，攻掠州縣，關中大震，事聞，坐除名，謫戍邊。唐王聿鍵立於閩，召爲東閣大學士，命未達卒。

明史260/5

陳其赤字石文，崇仁人。崇禎元年進士，歷西安守，撫綏有方，時秦中冦氛方熾，獨西安得免。歷副使備兵川中，張獻忠圍逼，堅城固守，成都陷，不屈死，家人同死者四十餘人。

明史295/11

陳其學（1514—1593）號竹菴，一號行菴，蓬萊人，鼎子。嘉靖二十三年進士，授御史，劾錦衣陸炳倚勢擅專，累陞總督陝西宣大軍務，先後擒斬叛人丘富等九百有奇，聲振邊塞。官至南京刑部尚書，致仕歸，門巷蕭然。年八十卒，謚恭靖。

陳公誌銘（淡然軒集6/40，國朝獻徵錄48/94）

陳忠字思中，鄞縣人，洪武二十七年進士，官編修，與王艮友善，相勗以道德，每語及北兵，憤極欲死。及金川門破，忠知艮必殉難，遂嘔血而死。

皇明表忠紀3/16

遜國正氣紀4/11

陳忠臨淮人。以靖難功，積官指揮同知。坐事戍廣西，從軍交阯。擊黎季犛水寨，破之，攻多邦城先登，論功調交州左衛，進都指揮同知。黎利寇淸化，忠戰死。

明史列傳23/13下

明史154/13

陳典字子厚，號炬軒，大寧都司保定中衞人。嘉靖二十九年進士，由山東東昌府推官選戶科給事中，擢河南參政。仕至福建左布政使，卒于官。

掖垣人鑑14/21下

陳尙象字心易，都勻人。萬曆八年進士，爲吏科右給事中，坐疏請豫教元子，斥爲民。尙象嘗劾罷尙書李𣆶，爲士論所非。後以直言去國，人始稱焉。

明史列傳84/27下

明史233/8

陳昌裔，富民人，在籍知縣。李定國陷富民，欲授以僞官，昌裔不受，爲賊杖死。

明史295/18

陳叔剛，名根，以字行，號絅齋，閩縣人。永樂十九年進士，宣德初、拜監察御史，預修成祖、仁宗實錄。以勞遷翰林修撰。正統初、進侍讀，五年卒。叔剛性溫厚，以文行重一時。有絅齋集。

陳公行狀（劉球撰、國朝獻徵錄20/81）

祖陳鈺（1345—1391）字伯榮。

陳處士墓表（楊文敏公集20/2）

父陳仲昌

筠軒賦（楊文敏公集8/10下）

妻林氏（1390—1453）

林氏墓誌銘（呂文懿公全集10/24）

陳叔謙，武林人。畫山水倣雲林，能鑑古器，識名畫。

圖繪寶鑑6/6

陳芹字子野，號橫崖，上元人。系出交南國王，避黎氏之亂來奔，遂家金陵。嘉靖舉人，謁選知奉新縣，調寧鄉，旋謝病歸。結靑溪社，文酒觴詠，一時稱盛。通內典，尤善畫竹，花草山水，皆入逸品。有陳子野集。

國朝獻徵錄89/83無撰人陳芹傳

陳金（1446—1528）字汝礪，號西軒，武昌人。成化八年進士，正德初，總督兩廣軍務，平馬平洛容獞，入爲左都御史。江西盜起，總制軍務。金累破劇賊，然所用兵貪殘嗜殺，剽掠甚於賊，言官交章劾之，乃召還，掌都察院事。世宗立，請老歸卒，年八十三。

送御史陳君汝礪序（碧川文選1/20）

祭西軒先生文（少華山人文集14/1）

陳公神道碑銘（湘臯集28/4下，國朝獻徵錄54/83）

明史187/15

陳周，蘇州人，建文二年進士。與吳僧道衍友善，衍因力薦之，周遂逃匿錫山，終身耕圃不仕。

遜國正氣紀7/5下

遜國神會錄下/39

皇明表忠紀7/5

陳周字文美，嘉定人，徙居無錫。正德十六年進士，授官戶部，督漕船，出爲河南參政，多惠政，民德之。卒于官。

毘陵人品記9/10

陳侃字應和，號思齋，鄞人。嘉靖五年進士，授行人，進刑科給事中，以訐直爲張璁所中，使琉球，瀕死者數。十七年遷南京太僕少卿，入賀還，道卒。

送南京太僕少卿思齋陳先生之任序（張文定公紓玉樓集3/19下）

刻使琉球錄序（石泉山房文集8/1）

陳氏祀田記（居漸山文集3/45）

掖垣人鑑13/15下

陳所聞，順天文安人。舉進士乙榜，授平度知州，崇禎五年叛將李九成陷平度，自縊死，贈太僕少卿。

明史290/15

陳洪濛字元卿，號抑菴，仁和人。嘉靖二十年與兄洪範同舉進士，授刑部主事，歷山西參政、四川布政使。四十四年擢左副都御史，巡撫貴州，討平施州叛酋黃中，未幾致仕。萬曆九年卒。

陳公墓誌銘（余文敏公集11/11）

國朝獻徵錄64/98無名氏撰傳

陳洪謨（1474--1555）字宗禹，武陵人。弘治九年進士，正德時知漳州，有惠政，累擢雲南按察使，不畏強禦。嘉靖初巡撫江西，節財愛民，遷兵部侍郎，致仕歸。居高吾山下，自號高吾子，年八十二卒。有治世餘聞、靜芳亭摘稿、高吾詩稿傳世。

特恩堂記（棠陵文集3/12）

三至軒記（棠陵文集3/20下）

三至軒詩文序（整菴先生存稿8/9下）

少司馬陳公集序（袁永之集14/40下）

陳公行狀（蔣信撰、國朝獻徵錄40/36）

祖陳鏞（1420—1462）字大器，海寧衞經歷。

陳公配贈淑人孫氏神道碑文（泉翁大全集66/5下）

父陳良（1446—1506）字時佐，武進訓導。

陳公神道碑銘（袁永之集16/5）

陳公神道碑銘（徐文敏公集5/49下）

陳津字道通，長洲人。嘉靖七年舉人，仕至兵部郎中。有我齋集。

明詩綜48/4下

父陳□，號懷山。

贈壽寧知縣懷山陳君墓表（世經堂集19/12）

陳洙字道源，上虞人。嘉靖八年進士，任御史，歷兵部右侍郎，首論汪鋐逮獄。尋復職，巡撫蘇松，屢立戰功。平生謙和仁厚，有長者風。

賀侍御陳君考最序（方齋存稿6/14）

父陳□，號雲溪。

壽山福海圖詩序（涇野先生文集8/12下）

陳洽（1370--1426）字叔遠，常州武進人，濟弟。淹通經史，洪武中以善書薦，授兵科給事中。永樂中、累擢吏部左侍郎，遷大理寺卿。四年佐張輔討平交趾，陞兵部尚書，鎮撫其他。後交趾復叛，宣德元年成山侯王通引兵渡河，洽力陳利害，弗聽，翌日、與賊遇，兵敗、自剄死，年五十七，贈少保，謚節愍。

贈兵部尚書公赴交趾序（金文靖公集7/19下）

祭陳洽文（同上10/60）

陳公墓誌銘（曾棨撰、皇明名臣墓銘坎集4，國朝獻徵錄38/19，皇朝名臣琬琰錄21/3）

皇明獻實15/1

吾學編32/16

掖垣人鑑9/2

聖朝名世考5/11下

毘陵人品記6/15下

皇明世說新語4/11

明史列傳23/12

明史154/11

陳泂，義烏人。幼治經，長通百家言。初欲以功名顯，旣而隱居，不復與塵事。所居近大溪，多修竹，自號竹溪逸民。

竹溪逸民傳（宋學士文集9/82下，國朝獻徵錄116/28）

明史298/4

陳音（1436--1494）字師召，號愧齋，莆田人。天順八年進士，選庶吉士，授編修，累遷南京太常少卿。劉吉父喪起復，音貽書勸其固辭，吉不悅。後吏部擬用音，吉輒阻之。弘治中吉罷，始遷本寺卿，未幾卒，年五十九。音負經術，世多遊其門者，稱愧齋先生。

賀陳先生誕孫詩序（堂舊懷文稿3/14下）

愧齋先生傳（王文恪公集23/1）

陳公神道碑銘（懷麓堂文後稿18/5下）

愧齋陳先生神道碑（青谿漫稿21/20，國朝獻徵錄70/53）

祭陳太常（王文恪公集31/20下）

皇明書22/16下

皇明世說新語3/6下，5/8，7/13，8/24

明史列傳54/8

明史184/8下

父陳申（1405—1458）字崇澄，號耕樂。

陳公墓志銘（懷麓堂文稿27/11下）

陳亮字景明，福建長樂人。工詩，與林鴻等稱閩中十才子。自以故元儒生，明初累詔不出，作讀陳摶傳以見志，結草屋滄洲中以終。有滄洲儲玉齋集。

國朝獻徵錄115/10無撰人陳亮傳

明史286/2下

陳彥回字士淵，號訥齋，莆田人。父立誠爲歸安縣丞，被誣論死。彥回謫戍雲南，冒黃姓，更名禮積。久之，以薦授保寧訓導，累擢徽州知州。建文元年、以循良受上賞。祖母郭卒，始赴闕自陳復姓，乞終喪，不許，葬郭徽城外北山，時走墓下哭甚哀，人目之曰太守山。燕兵逼京師，彥回糾義勇赴援，被擒，不屈死，年四十七。

太守山記（黃潭先生文集5/15）

國朝獻徵錄83/10忠節錄傳

革朝遺忠錄上/24下

建文皇帝遺蹟×/20

皇明獻實8/5下

吾學編56/26

皇明表忠記4/4下

聖朝名世考4/20下

遜國正氣記5/8

明史列傳20/10

明史142/11下

陳美字在中，新建人。崇禎時由鄉舉授知宜城縣，張獻忠遣兵來犯，美偕守備迎擊，賊敗去。以功獲敍餘，未及擢用，李自成兵至，美固拒八晝夜，城陷，罵賊死。

明史294/3

陳恪（1462—1518）字克謹，號矩齋，歸安人。成化二十三年進士，知宿松縣，以治行聞，遷御史，歷按貴州畿輔，皆有聲。正德初、遷江西副使，忤劉瑾、除名。瑾誅、起故官，累進左布政使。數忤寧王宸濠，擢大理卿，正德十三年卒官。恪居官盡職，性篤實和易，而中有定守。天啓初、追諡簡肅。編有小孤山詩集。

賀侍御陳君克謹考績受勅命序（東川劉文簡公集4/16下）

陳公墓誌銘（紫巖文集44/8下，皇明名臣墓銘巽集4）

陳矩齋配朱氏墓誌銘（劉淸惠公集8/8下）

國朝獻徵錄68/17實錄本傳

國琛集下/23

陳瑀字鳴仲，號近衡，銅仁人。嘉靖三十二年進士。授行人，以不附嚴嵩屢蹶，終州郡丞尧。

送陳鳴仲主事序（南沙先生文集2/44下）

陳計部詩選序（大泌山房集21/12下）

題椿萱並茂圖序（歐陽南野文集7/22下）

祝近衡陳座師六十壽序（漱艭堂文集5/1）

陳珂字希白，號東瀛，嵊縣人。弘治三年進士，授刑部主事，累官至大理寺卿，嘉靖十年卒。有武經發揮、孫子斷註、東瀛集、九溪吟藁奏議。

陳公墓志銘（何□撰、國朝獻徵錄68/14）

陳政（1418—1476）字宣之，番禺人。景泰五年進士，選庶吉士，與修寰宇通志。拜湖廣御史，官終雲南按察司副使，年五十九卒。

國朝獻徵錄102/42黃佐撰傳

陳政（1439—1492）字以正，號平山居士，江西新昌人。天順八年進士，授工部主事，改吏部，陞郎中，歷通政司通政，官至工部左侍郎。弘治五年奉派兼右僉都御史，治漕河，卒於官，年五十四。

陳公神道碑銘（徐文靖公謙齋集7/10下）

陳述字宗理，吳縣人。博覽工詩，長於吏事。由御史歷官四川左參政，適流賊聚衆劫掠，悉平之。初蜀地之民不知力本，述勸課農桑，教之樹藝，自是民用饒裕。復著爲書，名農桑風化錄，刻之蜀中。

送陳宗理知永定序（王文恪公集10/10）

父陳□，號漁樂先生。

壽漁樂陳先生序（韓襄毅公家藏文集11/21）

陳袙（1506--1580）字子堅，一字憲卿，號蘇山，沔陽人。嘉靖二十九年進士，與程德、鄒守益倡明正學，信從者衆。選兵部職方司主事，以忤嚴嵩外補井陘兵備副使。丁母憂歸，優遊於夏汭之間，年七十五卒。工詩，有蘇山集、見南山集、秉山集。

憲使陳公壽序（大泌山房集30/4下）

入蜀四奇稿序（蠙衣生蜀草1/16下）

陳公墓志銘（弇州山人續稿35/1）

先君行狀（二酉園文集13/1）

沔陽人物考序（同上2/19）

陳柯（1517--1587）字君則，號海洲，閩縣人。嘉靖二十九年進士，授戶部主事，出爲杭州府知府，擢江西按察司副使，晉參政，功垂江西，以蜚語歸，卒年七十一。

壽陳海洲七十序（二酉園續集8/11）

祭陳大參（西樓全集16/6下）

海洲陳公行狀（同上15/5）

子陳鳳鳴（1537—1595）字時應。

陳君時應墓表（西樓全集15/2下）

陳奎字文表，南昌人。弘治十二年進士，授廣濟知縣，擢御史，歷河南按察使，仕終廣西左布政使，嘉靖四年卒。

送陳公序（空同子集54/13）

陳公墓表（鈐山堂集29/9下，國朝獻徵錄101/9）

陳南賓，名光裕，以字行，茶陵人。元末爲全州學正。洪武初聘至都，除無棣丞，歷膠州同知，所至以經術飾吏事，召爲國助教。嘗入見、講洪範九疇，後御注洪範，多采其說。擢蜀府長史，獻王椿好學，敬禮尤至，爲構第、名安老堂。詩文清勁有法，年八十卒。

贈長史陳南賓序（坦齋文集1/10下）

國朝獻徵錄105/9黃佐撰傳

明史列傳12/19下

明史137/9下

陳廸字景道，宣城人。倜儻有大志，洪武中辟寧國府學訓導，擢翰林編修。建文初累陞禮部尚書，尋加太子少保。燕師渡江、被執，與子鳳山等同磔於市。崇禎末追謚忠烈。

陳靖獻公祠記（群玉樓稿3/40下）

革朝遺忠錄上/4

建文皇帝遺蹟×/18

名山藏臣林外記×/4下

吾學編52/18

皇明獻實6/6

皇明書31/15下

國琛集上/13下

聖朝名世考4/6下

皇明表忠記2/23

國朝獻徵錄33/9無名氏撰傳

遜國正氣記4/1

遜國神會錄上/24

皇明世說新語5/21下

明史列傳19/13下

明史141/12

陳思道字執中，浙江山陰人。洪武十八年進士，授刑部主事，帝賞其執法，超拜兵部侍郎，益勵風節，人莫敢干以私。改禮部，乞歸，家居不殖生產，守令造門不得見，久之卒。

明史136/11下

陳思賢，廣東茂名人。洪武末以舉人爲漳州府教授。燕王即帝位，詔至、慟哭曰，明倫之義，正在今日，堅臥不迎詔，率諸生即明倫堂爲建文帝位，哭臨。有司執送京師，殺之。福王時、追謚貞愍。

國朝獻徵錄91/39下無撰人陳思賢傳

革朝遺忠錄下/21

吾學編56/32下

皇明表忠記3/24

皇明書32/3

遜國正氣記5/19下

明史列傳20/14

明史143/9

陳省（1529--1612）字孔震，號約齋，更號幼溪，長樂人。嘉靖三十八年進士，授

【十一劃】陳

金華府推官，擢御史，屢官至兵部右侍郎兼右僉都御史，巡撫湖廣。張居正卒，被劾歸，卒年八十四。有幼溪集、武夷集。

陳公墓志銘（蒼霞續草11/36）

陳則字文度，崑山人。詩文清麗，元季僦屋授徒，以賦紫菊詩知名，時呼陳紫菊，爲高啓北郭十友之一。洪武中舉秀才，官至大同知府。

崑山人物志3/8下

吳中人物志4/6

吳郡張大復先生明人列傳稿×/26

明史285/23下

陳貞慧（1604—1656）字定生，宜興人，于廷子。萬曆間廩生，與冒襄、侯方域、方以智稱四公子。阮大鋮以逆案久錮，謀復用，貞慧與吳應箕攻之。福王時、大鋮爲兵部尙書，陷貞慧於獄，旋得釋。國亡後，隱居不出，足不入城市者十餘年，淸順治間卒。有皇明語林、山陽錄、雪岑集、秋園雜佩、八大家文選。

陳定生先生墓誌銘（吾悔集1/10）

陳定生先生墓表（文友文選3/38下）

陳處士墓表（堯峯文鈔20/12下）

天啓崇禎兩朝遺詩傳4/173

陳英（1388—1432）巴縣人，志孫。永樂八年襲爵，凡三扈從北征，戮力行陣，克效勞勤。歷鎭守薊州、永平、山海等地總兵，官至掌前軍都督府事。宣德七年卒，年四十五。

遂安伯陳公壙志（楊文敏公集25/4）

陳茂烈（1459—1516）字時周，號梅峰，莆田人。弘治九年進士，奉使廣東。受業陳獻章之門，獻章語以主靜之學，退而作靜思錄。歷官監察御史，母老乞終養。治畦汲水，躬自操作。吏部以其貧，錄以晉江教諭，不受。母卒、茂烈亦卒，年五十八，詔表其里曰孝廉。有孝廉集。

陳公墓誌銘（見素集18/7下，皇明名臣墓銘巽集70）

孝廉陳先生祠堂碑銘（鄭山齋先生文集13/6下）

國朝獻徵錄65/47實錄本傳

皇明獻實30/6

皇明書35/17下

國琛集下/9

聖朝名世考8/14

皇明世說新語1/13下，4/3下

名山藏臣林記16/35下

吾學編50/7下

明史203/5

明儒學案6/6

陳茂義，號海洲，慈谿人。嘉靖八年進士。十七年以駕部郎中擢廣西參議，遷廣東副使。

贈海洲陳子參議廣西序（黃潭先生文集1/44）

父陳鳳字希鳴，號朴菴，蘄水主簿。

陳公墓碑文（甘泉先生續編大全11/6下）

陳修字伯昂，上饒人。從太祖平浙東，授理官，援引律令，悉本寬厚。擢兵部郎中，遷濟南知府。修調劑有方，流亡復業，帝嘉之，拜吏部尙書，精心籌畫，銓法秩然。卒官。

陳公墓志銘（解文毅公集13/1，皇明名臣琬琰錄9/11下，國朝獻徵錄24/1）

明史列傳13/1

明史138/1

陳俊（1419—1488）字時英，號愚菴，莆田人。正統十三年進士，除戶部主事，遷員外郎。天順中、兩廣用兵，俊督餉。成化初、陞南京太常少卿，累遷南京吏部尙書，加太子少保致仕。俊誠心體國，識大體，負德望，爲時名宦。年七十卒，謚康懿。

贈吏部尙書陳公致仕歸閩中叙（柴墟文集6/14）

陳公墓志銘（王偁撰、皇明名臣墓銘艮集97，皇明名臣琬琰錄后18/10下，國朝獻徵錄27/13）

陳公墓碑（彭韶撰、國朝獻徵錄31/16）

皇明獻實32/4

吾學編47/3下

皇明書20/25

國琛集上/35

聖朝名世考3/

皇明世說新語2/15下
明史列傳39/22
明名157/15

陳俊字啓先，號寓齋，燕山人，復弟。仕爲欽天監博士，詩文書畫，與兄齊名，尤精堪輿之學。

圖繪寶鑑6/9

陳紀字叔振，福建閩縣人。成化五年進士。弘治七年歷右僉都御史，巡撫宣府。

巡撫宣府十二公傳（涇野先生文集 34/7下）

陳禹謨（1548—1618）字錫玄，常熟人，瓚子。萬曆舉人，官至四川按察司僉事，卒年七十一。有經籍異同、經言枝指、別本四書名物考、左氏兵略、說儲、駢志、廣滑稽。

刻左氏兵略序（靈石堂集12/33）
陳君墓誌銘（牧齋初學集56/4）

陳海雍，自號龍潭老人，淸江人。陳献章受學於吳與弼，嘗以周易質疑，與弼曰，過淸江可叩龍潭老人。献章歸，如言往謁，適海雍蓑笠犂田，乃延至家，與對榻信宿，辨析疑義，献章欣服去。旣去，語兒輩曰，吳君非知我者。

名山藏95/6下

陳旅（1418—1498）字正初，浙江臨海人，璲子。以明經舉新淦訓導，擢翰林孔目，改國子學錄，遷監丞，以憂歸，服闋，改南京監丞，致仕卒，年八十一。

送陳監丞詩序（見素集1/5下）
陳公墓誌銘（桃溪淨稿文16/5下）
國朝獻徵錄74/35太學志傳

陳祖苞，海寧人。崇禎十年以右副都御史，巡撫順天。明年坐失事繫獄，飲鴆卒。

明史248/8下

陳祚（1382—1456）字永錫，號退菴，吳縣人。永樂九年進士，選庶吉士，擢河南布政司參議，坐事落職。洪熙初起爲監察御史，彈擊不避權勢。累官福建按察司僉事，有威惠。以疾歸卒，年七十五。祚篤學尚氣節，累以直言遭貶斥，而志不少挫。有小學辨惑。

送陳御史祚歸葬序（敬軒薛先生文集14/5下）
退菴陳公輓詩序（懷麓堂文稿4/6下）
顗僉憲陳公傳（桃溪淨稿文29/3下）
題退翁陳僉事傳後（南沙先生文集5/4下）
陳公墓表（吳寬撰、國朝獻徵錄90/75）
名山藏臣林記7/24下
姑蘇名賢小紀上/7下
皇明書21/18下
聖期名世考6/4下
皇明世說新語3/4，4/2下
明史列傳34/5下
明史162/4下

陳烓字文用，號蒙菴，閩縣人。成化十四年進士，累官浙江僉事。有留餘存藁。

來遠樓記（半江趙先生文集4/24）
蒙菴詩序（碧川文選2/11）
留餘存稿序（見素續集8/9下）

父陳叔復，號抑齋。

抑齋陳君挽詩序（楓山章先生文集6/36）

陳珪（1335—1419）泰州人。洪武初從徐達平中原，積功至都督僉事。永樂初以靖難功封泰寧侯，董建北京宮殿。八年帝北征，輔趙王留守北京，經畫有條理。卒年八十五，諡忠襄。

國朝獻徵錄7/8無名氏撰傳
吾學編19/9
皇明功臣封爵考2/32
靖難功臣錄×/9下
明史列傳21/16
明史146/2

陳振（1449—1520）字時起，號主敬，鄞人。成化十七年進士，知吳縣，陞監察御史，所至皆著風采，以山東右布政使致仕。歷仕三十年，室廬蕭然。已而子孫死喪且盡，病臥一榻，終不干人，遂餓而死，年七十二。

送陳時起赴福建按察副使序（碧川文選2/29下）
陳公墓誌銘（張文定公靡悔軒集8/9，國朝獻徵錄95/8）

陳桓，濠人。從太祖渡江，收浙東、浙西，平中原，累功授都督僉事。後從征雲南，略定汝寧、靖寧諸州邑，封普定侯、予世券，就令總制雲南諸軍。還、坐藍玉黨死。

吾學編18/52下

名山藏41/22下

皇明功臣封爵考6/5

明史列傳6/17下

明史132/10下

陳泰（1403--1469）字吉亨，光澤人。宣德二年進士，除安慶府學訓導。正統間以監察御史按治山東，陳疏以選賢去奸爲治本，帝嘉納之。後爲僉都御史，疏理臨淸、濟寧諸處河道。蒞下嚴而不苛，爲政清明，吏不敢欺。遷右副都御史，巡撫淮揚，居三年，謝政歸，卒年六十七。

陳公墓碑銘（柯潛撰、皇明名臣琬琰錄后8/6，皇明名臣墓銘坤集30）

國朝獻徵錄59/56下無撰人陳泰傳

名山藏臣林記11/10

明史列傳36/7下

明史159/5下

陳泰來字伯符，一字上交，平湖人。萬曆五年進士，授順天教授，進國子博士。見執政與言路相水火，上書規之，坐是五年不調，引疾歸。後起禮部主事，進員外郎，以疏救趙南星謫饒平典史卒。有貝嶠集。

陳伯符詩集序（快雪堂集2/6下）

明史列傳85/18

明史231/16

母王氏

陳祠部伯符母夫人六十壽叙（長水先生文鈔5/29）

陳泰來字剛長，新昌人。崇禎四年進士，授宣城知縣，遷戶科給事中。都城戒嚴，自請假兵一萬，肅淸輦轂，帝壯之，改授兵科，出視諸軍戰守方略，以功遷吏科右給事中，乞假歸。唐王時起歷右僉都御史，提督江西義軍。淸兵至，泰來與舉人曹志明等攻撫州，兵敗皆死。

明史278/13

陳眞晟（1410--1473）字晦德，又字剩夫，一字晦夫，鎭海衞人。年十七，卽自拔於流俗，應試至福州，聞防察過嚴，乃辭歸，不復事舉業，務爲聖賢踐履之學。嘗曰，大學誠意，乃鐵門關，主一二字，乃玉鑰匙也。天順間詣闕上程朱正學纂要，不報。晚居漳之玉洲，自號漳南布衣，成化九年卒，年六十四。有布衣存稿。

布衣陳先生行實（陳瓚撰，布衣陳先生存稿8/4下）

布衣陳先生傳（鄭普撰、同上8/8下）

祭布衣陳先生翠渠周先生文（弘藝錄29/11）

國朝獻徵錄114/33周瑛撰傳

吾學編40/6

國琛集下/9下

聖朝名世考7/6下

皇明世說新語5/23下

名山藏79/22

明史282/21

明儒學案46/1

陳陞（1511--1567）字晉甫，號龍白，餘姚人。嘉靖二十年進士，選庶吉士，授編修，累陞侍讀學士掌院事，擢南京禮部侍郎。隆慶元年往鳳陽督興皇陵，以疾卒，年五十七。贈尙書，諡文僖。

陳公墓志銘（許文穆公集5/30）

陳公行狀（呂本撰、國朝獻徵錄10/54下）

繼室趙氏（1524—1589）

趙氏行狀（陳恭介公集8/52）

陳時芳字春洲，東陽人。從杜惟熙遊，傳王守仁之學。博覽多聞，而歸於實踐，舉歲貢不仕。

明史283/12

陳員韜字從周，號勿齋，臨海人。宣德四年進士，爲御史，出按四川，黜貪奬廉，雪死囚四十餘人。正統末征鄧茂七往撫其民，釋被誣爲賊者千餘家。歷廣東左參政、福建右布政使。所至附循教養，得士民心。未幾卒，有勿齋稿。

送大參陳先生還京序（韓襄毅公家藏文集11/4下）

讀勿齋稿（桃溪淨稿文28/10下）

明史列傳35/17下

陳逅字良會，常熟人。正德十二年進士，除福清知縣，入爲御史。時同官朱渤、馬明倫以諫昭聖皇太后免朝賀，詔獄拷訊，逅疏救之，並下詔獄，謫合浦主簿，累官河南副使，坐事斥爲民。撫按交薦，不起卒。有省菴漫稿行世。

省菴集序（方麓居士集2/28下）
明史列傳73/4
明史207/4下

陳矩字萬化，號麟岡，安肅人。嘉靖廿六年掄入內庭，萬曆中爲司禮秉筆太監，提督東廠。爲人平恕識大體，嘗奉詔收書籍，時有蜚書言鄭貴妃謀易太子者，帝必欲得主名，株連甚衆，矩多所保全。後掌司禮監，督廠如故，慮囚亦多平反。三十五年卒，賜祠額曰清忠。

陳公神道碑（李文節集24/15）
明史305/15下

陳師字思貞，錢塘人。嘉靖間會試副榜，官至永昌知府。有覽古評語、禪寄筆談。

皇明世說新語4/31下

陳恕字達道，灤州人。景泰元年舉人，會歲凶飢，出財賑之，仕至開封府同知。河汴屢決，請府發帑羨躬督築塞，保全腴田數百頃，考滿，乞歸，吏民泣送者塞路，而行李蕭索，人不識爲宦者。

國朝獻徵錄93/23郡志傳

陳倫字斯常，號柏墩，桃源人。性警悟，作文有奇氣。篤於孝友，弘治初家失火，時父在殯，倫撫其棺默禱，竟與其妻舁出之，人以爲異感。卒年六十七。

國朝獻徵錄112/44李汎撰陳倫傳

陳勉字希進，雩都人。永樂四年進士，仁宗初擢左副都御史，信豐諸縣盜起，命勉平之，亂遂定。景泰初仕至南京都御史，致仕卒。

明史列傳35/3
明史158/4下

陳純德字靜生，號滋園，零陵人。爲諸生，以學行稱。舉崇禎十三年進士，奏對稱旨，擢御史，巡按山西，疏陳抽練之弊，帝不能用。還督畿輔學政，都城陷，賊令百官入見，衆擁純德入，還邸慟哭，自經死，福王時追謚恭節。

啓禎野乘12/33下
天啓崇禎兩朝遺詩傳3/121
明史輯略紳志略文臣
明史266/12

陳清字廉夫，山東益都人。天順八年進士，任戶部主事，歷升南京工部尙書，忤劉瑾致仕，正德十六年卒。

南京工部尙書陳公之任詩序（懷麓堂文後稿4/11）
國朝獻徵錄52/21無撰人陳清傳

陳庸字秉常，南海人。成化間舉人，遊陳獻章之門，獻章授以自得之學。年五十，以荊門州同知入仕，涖任五日，不能屈曲，即棄官歸隱。病革，設獻章像，焚香再拜而逝，年八十六。

明儒學案6/7

陳袞（1461--1577）字廷章，號蘭坡，江西新城人。成化二十二年舉人，卒業太學。弘治十五年選授天台令，有惠政。調青田縣，改定海，擢汀州府同知。年五十七卒。

陳蘭坡先生墓志銘（東洲初稿13/43）

陳章字一夔，松江華亭人。成化十四年進士，授刑部主事，執法嚴明，尙書何喬新尤重之。官終高州知府。

四友齋叢說16/10，16/11
國朝獻徵錄100/16無撰人陳章傳

陳寅（1495--1549）字敬夫，山東武定州人，家於京師。襲千戶，官至後軍都督府右都督，致仕卒，年五十五。

陳公神道碑（鈐山堂集36/8，國朝獻徵錄109/9）

陳旌（1522--1567）字儀甫，號瀛南，故城人。嘉靖三十五年進士，司理平陽，擢御史，官終饒州知府。卒年四十六。

陳公墓誌銘（衢陽集14/14）
妻蘇氏（1523—1578）

【十一劃】陳

蘇氏墓誌銘（斎陽集14/19）

陳祥字應和，江西高安人。舉弘治十五年進士，以縣令召爲御史，出知惠州。歷應天巡撫，以副都御史致仕，卒年六十一。

荷峰公述（息園存稿文7/23）

陳公墓志銘（呂柟撰、國朝獻徵錄61/81）

陳理，友諒子。理嗣父稱漢皇帝，降明。洪武初封歸德侯，五年徙高麗。

吾學編18/56下

皇明功臣封爵考7/3

陳翌（1404—1472）字冲霄，鳳陽虹縣人。正統元年進士，授戶部主事。也先寇邊，奉命往永平等處備芻糧，百方區劃，民不厲而兵饒，升郎中。天順中、擢右副都御史，巡撫寧夏，固城堡、繕器械、募材士、以禦邊寇。屢官至南京戶部尚書，卒年六十九。

陳公神道碑（王偁撰、國朝獻徵錄31/13，皇明名臣墓銘艮集18，皇明名臣琬琰錄15/4下）

陳基（1314—1370）字敬初，號夷白，臨海人，受業於黃溍。元順帝時官經筵檢討，嘗爲人草諫章，幾獲罪，引避歸。已奉母入吳，參張士誠太尉府軍事。士誠稱王，基獨諫止，官至學士院學士，軍旅倥偬，飛書走檄，多出其手。吳入，太祖召入預修元史，賜金而還，洪武三年卒，年五十七。有夷白齋稿。

陳基傳（曝書亭集62/5下）

明史285/11下

陳桱字子經，奉化人。世傳史學，以司馬氏通鑑，朱子綱目並終於五代，其周威烈王以上，雖有金履祥前編，而亦斷自陶唐。乃以盤古至高辛，宋至元著爲二十四卷，名通鑑續編。明初僑寓白下，洪武二年薦授翰林學士，以非罪死。又有尺牘筌蹄。

殿閣詞林記4/19下

吳中人物志6/18

皇明世說新語6/27

陳昜字時勉，山東單縣人。成化五年進士，歷遷員外郎、通政司參議。正德三年仕至戶部侍郎，値劉瑾弄權罷。瑾敗、復官，六年卒。

國朝獻徵錄30/40無撰人陳昜傳

陳晟字克昭，寶應人。洪武中辟薦授中書舍人，尋擢工科給事中，累陞大理寺左丞。除行人，使琉球，還盡錄其土地山川，民物風俗之詳具奏，太祖曰，雖臧旻之紀西域，不是過也。官至吏部考功司主事，以老乞歸，卒。

陳克昭傳（魏文靖公摘稿2/18）

明代寶應人物志×/2

披垣人鑑9/11

陳崇慶（1506—1581）字懋貞，號澄江，江陰人。嘉靖十四年進士，視政戶部，出守蒲州，官終廣東按察司僉事。有塵墅迂農稿、惜陰錄。

陳澄江年伯七十壽序（賜餘堂集8/22下）

陳公行狀（同上11/14）

陳第（1541—1617）字季立，號一齋，連江人。萬曆時諸生，都督俞大猷召致幕下，教以兵法，起家兵營，出守古北口。歷薊鎭游擊將軍，在鎭十年，邊備修飭，致仕歸。善詩、所居世善堂，藏書極富。有毛詩古音考、伏羲先天圖贊、尚書疏衍、屈宋古音義、寄心集、一齋詩集、五岳兩粤游草。

一齋公年譜（淸陳斗初撰、道光二十八年重刊陳一齋全集本）

陳第年譜（金雲銘撰、民國三十五年福建協和大學中國文化研究會文史叢列之四）

陳敏（1361—1431）字允政，溫州人。洪武二十五年應鄉貢，會試中乙榜，除宜興教諭，擢建陽縣令，有善譽。歷雲南監察御史，湖廣僉事，官至山西行太僕寺少卿，卒官，年七十一。

陳公墓碑銘（介菴集10/17下）

陳敏，陝西華亭人。宣德時爲茂州知州，歷二十餘年，撫馭有方，民得安業，威惠大行。累進右參政，同事多忌之，爲按察使張淑所劾，罷去。

明史列傳38/12

明名165/4

陳偉（1355—1411）字士奇，號式古，仙遊人。洪武三十年由鄉貢入冑監，授雷州府學訓導，遷松江教諭，卒年五十七。

教諭陳君墓誌銘（介菴集13/22）

陳紹（1501—1545）字用光，號百樓，浙江上虞人。嘉靖十四年進士，授廬州府推官，拜御史，官至韶州知府，卒官，年四十五。

國朝獻徵錄100/18黃佐撰陳公墓表

明史210/8

陳紹儒（1506—1581）字師孔，號洛南，南海人。嘉靖十七年進士，授戶部主事，官至南京工部尚書，卒年七十六，有大司空遺稿。

陳公神道碑（紫園草5/29下）

陳詔字廷詢，浙江青田人。宣德五年會試第一，授監察御史，陞四川按察副使。閩中盜起，擢僉都御史，往撫其地，至諭以利害，不煩寸兵，遂平山寇，景泰二年卒官。

國朝獻徵錄63/5實錄本傳

陳善（1514—1589）字思敬，號敬亭，錢塘人。嘉靖二十年進士，出知歙縣，歷官山西按察副使、廣東按察使，仕至雲南左布政使，卒年七十六。有粵台行稿、黔南類稿，家藏稿、杭州府志。

陳公神道碑（許孚遠撰、國朝獻徵錄102/12）

方伯陳公徽江祠碑（天目先生集15/24）

陳公墓志銘（陸文定公集6/33）

陳琛（1477—1545）字思獻，晉江人。從蔡清遊，舉正德十二年進士。歷官考功主事，乞終養歸。嘉靖中起江西提學僉事，辭不赴。學者稱紫峯先生。有四書淺說、易經通典、正學編、紫峯集。

陳紫峯先生傳（遵巖先生文集17/1，國朝獻徵錄86/116）

陳公墓誌銘（小山類藁16/9下）

陳紫峯先生饗官特祠記（田亭草7/36）

名臣謚議（公槐集5/25下）

陳紫峯先生年譜（陳敦復撰、清刊陳紫峯集附錄本）

陳紫峯先生年譜序（景璧集5/43下）

名山藏79/28

明史282/14

陳琳字玉曠，號石峰，莆田人。弘治九年進士，由庶吉士改御史，出督南畿學政。劉瑾逐劉健、謝遷等，琳抗章甚切直，謫揭陽丞。瑾敗，遷嘉興同知，世宗時終南京兵部右侍郎，卒年六十六。

侍御陳公石峰記（莆田集18/3）

兵侍陳公督學頌（南湖文選8/13）

兵侍石峰陳先生考績序（何文定公文集2/8）

祭陳侍郎石峰先生文（山堂萃稿16/11）

祭少司馬陳石峰先生文（林屋集16/7下）

奠陳石峰先生文（石龍集27/10下）

祭石峯陳公文（方齋存稿8/23）

國朝獻徵錄43/47柯維騏撰傳

明名188/5

陳珹字德璋，龍山人。成化五年進士，選庶吉士，授監察御史，與同官劾汪直。後巡按雲南，以劾錢能被逮，戍居庸，直聲聞天下。

國朝獻徵錄65/26順德縣志傳

陳琦（1439—1504）字粹之，吳縣人。成化二年進士，授南京大理寺副，歷寺正，擢江西僉事，遷貴州副使罷歸。家具蕭然，日與學者講解經義，有觸發處，輒發於詩，學者稱冷菴先生。有冷菴集。

冷菴記（一峯先生文集4/21）

陳公墓志銘（王文恪公集28/1，國朝獻徵錄103/51）

冷菴先生傳（巽川祁先生文集13/9下）

姑蘇名賢小記上/19

皇明書22/14

陳登（1362—1428）字思孝，福州長樂人。洪武中以儒士授羅田縣丞，改蘭溪、浮梁。善文辭，尤工篆籀。永樂二年選入翰林，預修國史，擢中書舍人，凡朝廷大題扁，率出其手。宣德三年卒，年六十七。有石田吟稿。

陳思孝墓誌銘（東里文集19/4下）

國朝獻徵錄81/6楊士奇撰傳

水東日記7/2下

明史286/5下

陳登雲（1550—1597）字從龍，號南濱，唐山人。萬曆五年進士，除鄢陵知縣，徵授御史，劾鄭貴妃父承憲，詞甚切直，朝右皆憚之。歷按遼東、山西、河南、風裁峻厲，久之、移疾歸卒，年僅四十八。

國朝獻徵錄65/164余繼登撰陳君墓志

明史列傳84/43下

明史233/3下

陳逵，六合人，世爲軍職。父廷秀、坐累謫戍大寧，從成祖靖難，累功陞忠義左衛同知。逵襲父職，蒞官行事，多有可觀。于謙被刑時，群凶氣焰可畏，獨逵收其屍葬之，故君子多其人。

國朝獻徵錄107/13無撰人陳逵傳

名山藏臣林記8/8下

父陳廷秀，永樂十九年卒。

陳逵父墓誌銘（謚忠文古廉文集10/52下）

陳堯（1502--1574）字敬甫，號梧岡，一號醒翁，南通州人。少聞敏，日記千餘言。登嘉靖十四年進士，隸事工部，歷知台州，巡撫四川，以戶部侍郎總理河道，累官刑部左侍郎致仕，年七十三卒。有陳梧岡集、史衡八書、遵聖錄。

陳公墓志銘（太函集49/1，太函副墨17/44，國朝獻徵錄47/1）

陳司寇傳（弇州山人續稿72/1）

父陳言（1478—1512）字尙忠，號留耕。

陳翁墓誌銘（萬文恭公摘集8/49）

陳援字以通，烏程人。性廉介，博學能文。洪武中由長興學訓導遷刑科給事中，累官大理寺丞，讞獄多所平反。嘗陳治平十疏，爲時所稱。

披垣人鑑8/8下

陳植，廬江人。元末舉鄉試不仕。洪武間官吏部主事，建文二年官至兵部右侍郎。燕兵臨江，植監戰江上，部將有議迎降者，植責以大義，部將遂殺植以降。燕王誅部將，遣官護葬白石江上。

吾學編54/4

皇明表忠記4/10下

聖朝名世考4/11下

遜國正氣記4/30下

明史列傳19/30

明史142/4下

陳雅言（1318—1385）永豐人。洪武中薦舉不起，後領永豐教事以終，年六十八。所著四書一覽、大學管窺、中庸類編，均已佚。存者有書義卓躍。

國朝獻徵錄 87/114胡廣撰陳先生墓志銘

國琛集上/6下

名山藏78/2下

陳景行（1513—1582）字希哲，號松鶴，通州人，穆宗繼后陳皇后父。官錦衣千戶，封固安伯。爲人恭敬好學，居家常以退讓誡諸子。年七十卒，謚榮靖。

陳公行狀（朱文懿公文集11/1）

陳公墓誌銘（賜閒堂集27/6下）

國朝獻徵錄3/44無名氏撰傳

皇明功臣封爵考5/101

明史300/20

妻張氏（1515—1572）

張夫人墓碑（朱文懿公文集8/52）

陳棐字汝忠，號文岡，鄢陵人。嘉靖十四年進士，任禮科給事中，直諫敢言，不避權貴，因忤旨謫大名長垣丞。陞知縣，蒞政寬平，百廢具舉。歷陞寧夏巡撫，都御史，卒。有陳文岡集。

披垣人鑑13/46

陳智（1379—1446）字孟機，湖廣咸寧人。永樂四年進士，授御史，巡按福建蘇松，理寃獄，多善政。遷陝西按察使，歷江西布政使，正統初陞右都御史，六年罷歸、年六十八卒。

松柏軒詩序（金文靖公集7/42）

都御史陳公墓表（王文端公文集36/5下）

皇明書28/25下

皇明世說新語8/13

水東日記6/12下

明史146/11下

父陳原貞

贈榮封按察使陳公序（尋樂習先生文集 12/7下）

陳傑字國英，號方巖，莆田人。正德三年進士，授景寧知縣，陞南京湖廣道監察御史，乞歸養親，卒年五十六。

國朝獻徵錄66/9何維麒撰傳

陳循 (1385—1462) 字德遵，號芳洲，泰和人。永樂十三年進士第一，授翰林修撰，宣德中進學士，正統中入閣典機務，累遷戶部右侍郎。景泰中進華蓋殿大學士，嘗集古帝王行事，名勸政要典上之。英宗復位、杖循百，戍鐵嶺衛。循居政地久，進言多足採，然性刻躁，爲士論所薄。石亨等敗，循自贬所上書自訟，釋爲民、年七十八卒。有芳洲集、東行百詠集句。

陳氏族譜序（東里文集4/23）

祭前保傅尙書大學士芳洲陳先生文（韓襄毅公家藏文集15/13下）

祭芳洲陳先生文（同上15/16）

祭故少保芳洲陳先生文（同上15/18下）

芳洲先生年譜（明王翔撰、明正德二年刊本）

陳芳洲先生傳（來恩堂草7/10）

水東日記39/3下

殿閣詞林記1/31

國朝獻徵錄13/1弇州別集傳

狀元圖考1/19

皇明世說新語1/29下，4/11下，4/21下，7/10下，8/14，8/23，8/35下

明史列傳40/1

明史168/1

妻曾淑靜

曾氏墓誌銘（芳洲文集9/27）

繼室郭妙智

郭氏墓誌銘（芳洲文集9/28下）

陳復字鼎初，懷安人。永樂二十二年進士，正統中由戶部主事知杭州，廉靜無私。丁母憂、民庶乞保留。起復、卒於官，貧至不能斂。

贈陳知府序（王文端公文集25/14）

明史158/15下

陳復字啓陽，號垣垣居士，燕山人。弘治時爲國子監典籍。善畫山水松竹，精寫照，兼工詩文。

圖繪寶鑑6/8下

陳策字廷獻，湖廣武陵人。成化二十三年進士，授宜興令，擢監察御史。

賀陳君廷獻考績受勅命序（東川劉文簡公集3/17）

陳策字嘉言，號蓉湖，無錫人。弘治六年進士，授戶部主事，出守饒州，値盜發桃源洞，單騎諭降之，並奏建萬年縣。尋擢福建參政，陞江西左布政使，致仕歸，卒於家。

送陳嘉言分司天津序（容春堂前集14/5下）

送蓉湖陳公左使江西序（梓溪文鈔外集3/8下）

陳公神道碑（邵寶撰、國朝獻徵錄86/11）

毘陵人品記8/13

母王氏（1438—1506）

王氏太宜人墓表（容春堂別集8/3下）

陳欽 (1464—1506) 字諒之，號自菴，會稽人，鎬弟。成化二十三年與鎬同舉進士，授南京兵部主事，歷廣平知府，擢廣東副使，卒於官，年四十三。有自菴稿。

自菴墓誌銘（陳鎬撰、國朝獻徵錄99/95）

自菴傳（婁性原撰、同上99/97）

陳象明字麗南，東莞人。崇禎元年進士，授戶部主事，榷稅淮安，以淸操聞，歷湖南道副使。永明王立，象明徵調土兵，與陳邦傳連營，東至梧州，遇淸兵，戰敗死之。

明史278/21下

陳準，不知何許人。爲人淸儉平恕，主東廠，一反權閹羅織驥貨，下令曰，凡事係大逆不道者告我，非此，則有司之事，我無與焉，京師始安。

國朝獻徵錄117/12無名氏撰傳

陳雍 (1451—1542) 字希冉，號簡菴，餘姚人。成化二十年進士，授工部主事，歷河南、貴州布政使、鄖陽巡撫，屢官至南京工部尙書，致仕卒，年九十二。

陳公神道碑（蒼霞草13/41）

陳公墓誌銘（姚江孫月峯先生全集11/10，國朝獻徵錄52/53）

陳新甲，長壽人。萬曆舉人，授定州知州，崇禎中歷寧前兵備僉事，屢擢右僉都御史，巡撫宣府，徧歷塞垣，具得士馬損耗，城堡傾頹，弓矢甲杖朽敝狀，累疏請於朝，

【十一劃】陳

加意整飭，邊防賴之。楊嗣昌薦於朝，擢兵部右侍郎，總督宣大，累官兵部尚書。新甲雅有才，曉邊事，然不能持廉，深結中貴爲援。帝初甚倚之，使密與淸兵圖和議，後以其洩機事，殺之。

明史257/20

陳詢（1395—1460）字汝同，號拙齋，華亭人。永樂十六年進士，選庶吉士，累陞侍講學士，出知安陸，歷大理、太常少卿，官至國子祭酒，致仕卒，年六十六。

祭酒陳先生序（呂文懿公全集7/78下）

陳先生墓誌銘（同上10/43下）

先進舊聞（賓日堂初集22/15）

陳煒（1430—1484）字文曜，號恥菴，閩縣人，叔剛子。天順四年進士，成化初選監察御史，風裁峻整。歷江西按察使、右布政使，平反疑獄，爲民興利除弊，具有實績。轉浙江左布政使，未上卒，年五十五。有恥菴集。

送江西憲副陳君文曜序（楊文懿公桂坊稿2/4）

耻菴記（一峯先生文集5/2下）

陳公墓志銘（彭韶撰、國朝獻徵錄84/3）

陳煥（1478—1550）字子文，號西愚，浙江餘姚人。正德十二年進士，授工部主事，歷江西按察、布政使，累官光祿寺卿，致仕卒，年七十三。

送廣西布政司參議陳君之任序（張文定公紆玉樓集5/11下）

贈廣西少參陳君新涖之任序（泉翁大全集21/2下）

大光祿西愚陳公暨胡淑人双壽序（山帶閣集27/13）

陳公神道碑（鈐山堂集38/12下，國朝獻徵錄71/4）

陳愷字企元，太倉人。成化二十年進士，授兵部主事，歷員外郎，官至郎中，卒年六十。

陳君墓表（王文恪公集25/21下，國朝獻徵錄41/39）

陳道（1436—1504）字德修，一字德政，號南山，盱眙人。天順八年進士，授吏部主事，擢金華知府。弘治間歷陝西、江西右參政，雲南、陝西布政使、都察院副都御史，召爲刑部右侍郎，終南京刑部尚書，卒年六十九。有南山類藁。

送都御史陳公之南京詩序（懷麓堂文後稿3/5）

南山類稿序（泉翁大全集20/22）

南山類藁後序（涇野先生文集5/35）

陳公神道碑（劉健撰、國朝獻徵錄48/29）

陳道亨字孟起，新建人。萬曆十四年進士，與同里鄧以讚、衷貞吉號江右三淸。累官福建右布政使，所至不私一錢。拜南京兵部尚書，參贊機務。以魏忠賢用事，連疏求去，踰年卒。道亨貞亮有守，自參政至尚書，不以家累自隨，一蒼頭執爨而已。崇禎初諡淸襄。

名臣諡議（公槐集6/11）

啓禎野乘2/16

明史列傳91/20

明史241/19

陳道基（1519—1593）字以中，號我渡，同安人。嘉靖二十九年進士，歷官應天巡撫，檄下所司，諸告密株連者勿問，謬持人短長，快睚眦者必罪，自是告訐之風頓息。遷南京刑部尚書，卒年七十五。

贈大中丞我渡陳公提督操江序（奚囊蠹餘11/16下）

贈皋長我渡陳公晉操江中丞序（敬所王先生集6/62）

大中丞陳公遷南廷尉赴召序（海嶽山房存稿文1/13下）

陳公墓誌銘（田亭草12/32）

母林氏（1486—1553）

林夫人墓志銘（遵巖先生文集14/33下）

陳道復（1483—1544）名淳，後以字行，別字復甫，號白陽山人，長洲人。諸生，受業於文徵明，善書畫，尤工寫生。有白陽集。

先白陽公集跋（無夢園遺集家乘/26）

明史287/3下

陳瑛，滁人。洪武中以人才貢入太學。建文初爲北平僉事，與燕王通密謀，逮謫廣西。燕王稱帝，召爲右副都御史。爲人殘刻，專以搏擊爲事。鞫方孝孺、孝聞等獄，所籍數百家，帝寵任之，擢僉都御史。後得罪，永樂九年下獄死。

國朝獻徵錄54/21雷禮撰傳

革朝遺忠錄下/10

遜國神會錄下/50下

皇明世說新語4/1

皇明表忠紀9/3下

明史308/5下

陳瑛，巴人，志孫。永樂中嗣爵遂安伯，屢從出塞，歷鎮永平、山海、薊州。爽闓有將材，然性貪殘，人多怨者。

明史146/12

陳瑞字孔麟，長樂人。嘉靖三十二年進士。除行人，擢御史。歷湖廣巡撫、南右都御史、刑部尚書，官至兵部尚書總督兩廣，致仕卒。

宦游記略序（甌東洞集39/19下）

陳司馬家傳（大泌山房集63/18）

妻林氏

陳母林夫人壽序（大泌山房集38/1）

陳瑗（1442—1500）字大玉，號朴菴，陝西甘州人。成化八年進士，授戶部主事，弘治中累陞右副都御史，總督南京糧儲，卒於官，年五十九。

祭右副都御史陳公（雪州集11/1）

國朝獻徵錄59/9李濂撰傳

陳瑚字汝器，初號東吳，更號双泉，華亭人。嘉靖十四年進士，選行人，擢司副，官至廣東按察司僉事，以內憂歸，遂不出，隱逸以終，卒年六十九。

陳公墓誌銘（環溪集24/43）

陳瑄（1365—1433）字彥純，合肥人，聞子。闓爽英毅，弱冠習兵法，善騎射，征南番諸蠻，累立戰功，擢都督僉事。靖難兵起，師至江上，瑄具舟迎濟，封平江伯，充總兵官，總督海運。築管家湖、高郵湖堤，開泰州白塔河通大江，自淮至臨淸、建閘四十七所，舟楫利之。仁宗即位、應詔陳言七事，皆切中時務。宣德初、鎭守淮安，兼督漕運，八年卒於官，年六十九，追封平江侯，諡恭襄。

樂善堂銘（金文靖公集10/35）

平江恭襄侯輓序（芳洲文集3/47）

平江伯壙誌（楊文敏公集25/7）

陳公神道碑銘（東里文集13/8，國朝獻徵錄9/21，皇明名臣琬琰錄16/14下）

名山藏臣林記6/25下

皇明獻實13/2下

吾學編26/7

皇明功臣封爵考5/62

靖難功臣錄×/11下

國琛集上/22

聖朝名世考3/10下

明史列傳29/5

明史153/4

陳塏（1502—1588）字山甫，號宅平，又號紫墩居士，餘姚人。嘉靖十一年進士。由行人轉南給事中，出爲湖廣參議，陞參政歸。讀書如寒士，詩文不爲奇崛，有洪永風，卒年八十七。有受歊稿。

陳公行狀（陳恭介公集8/26）

陳軾字子敬，號宜山，湖廣應城人。弘治十八年進士，歷應天巡撫，召爲大理卿，仕終戶部侍郎，致仕卒。

送宜山陳公北上序（涇野先生文集9/32）

陳與郊（1544—1610）字廣野，號玉陽仙史，海寧人。萬曆二年進士，由順德府推官選吏科給事中，累官至太常少卿，卒年六十七。工樂府，有檀弓輯注、方言類聚、黃門集、廣修辭指南、杜詩注評、隅園集、文選章句、蘋川集、昭君出塞等雜劇。

陳公墓志銘（大泌山房集78/34）

拔垣人鑑16/20下

母嚴氏

壽陳母嚴氏八十序（鈕台先生文集3/16）

陳母嚴太恭人誄（來禽館集17/11）

陳暉，始爲洮州衞指揮，累官都督副總兵，從何福軍靈壁，與燕軍戰敗被執，械送北平，途中夜遁，變姓名逸去。

遜國正氣記7/15下

陳鼎字重器，廣東新興人。永樂十三年舉進士，爲御史，遷知建昌，官至刑部侍郎，正統二年以疾卒。

送陳太守還建昌序（王文端公文集20/1）

陳重器挽詩序（定山先生集7/38下）

國朝獻徵錄46/12實錄本傳

陳鼎字大器，山東登州衞人。弘治十八年進士，爲禮科給事中，忤權璫、斥歸。嘉靖初用薦起授陝西參議，累遷應天府尹，未任卒。鼎廉介剛正，爲時推服。

贈陳子序（洹詞1/5下）

掖垣人鑑12/15下

明史列傳58/25

明史188/23下

陳遇（1313—1384）字中行，上元人。元末爲溫州教授，尋棄官，隱居樂道，工畫山水，尤精象數。太祖下金陵，遣使聘至，留幕中參密議，優禮備至。既成帝業，累遷翰林學士、禮部侍郎，皆不受。帝始終敬信，稱爲先生而不名，學者稱靜誠先生。洪武十七年卒，年七十二。

國朝獻徵錄116/1陳鎬撰傳

吾學編25/1

國琛集上/6

聖朝名世考1/43下

皇明世說新語6/14

明史列傳14/1

明史135/1

陳敬，增城人。洪武中以賢良舉，授禮部郎中，左遷曲靖府幕官。尋署劍川州事，鄰寇竊發，攻州城，力戰死。

國朝獻徵錄35/63黃佐撰傳

明史289/7

陳敬字行簡，河南人。初爲河南儒學訓導，受薦爲吏部試尚書，坐事免。起復知龍川縣，以言事稱旨，擢吏部侍郎。

國朝獻徵錄26/1無名氏撰傳

陳敬宗（1377—1459）字光世，號澹然居士，又號休樂老人，慈谿人。永樂二年進士，選庶吉士，與修永樂大典，授刑部主事。宣德初、遷南京國子司業，進祭酒。威儀端整，爲士林所重。景泰元年致仕，年八十三卒，諡文定。有澹然集。

重刻陳文定公澹然集序（寧澹齋全集2/12下）

送陳司業詩序（楊文敏公集11/19下）

陳公壙誌（南山黃先生家傳集47/7下）

國子監祭酒致仕陳公墓志銘（魏文靖公摘稿7/19下）

皇明名臣琬琰錄后2/5下楊廉撰言行錄

國朝獻徵錄74/1黃佐撰傳

名山藏臣林記7/25下

皇明獻實20/5

吾學編34/3

皇明書21/5

國琛集上/21

聖朝名世考8/3下

皇明世說新語1/4，3/5下，3/6下

明史列傳30/10

明史163/4

父陳德興字孟藻，卒年五十一。

陳德興哀辭（王文端公文集39/10）

陳萬言，大名人，世宗孝潔皇后父。諸生，嘉靖元年爲鴻臚寺卿，陞都督同知。封泰和伯，乞武清、東安地各千頃爲莊田，給事中張漢諫阻之，勿聽。及皇后崩，萬言亦絀。嘉靖十四年卒。

皇明功臣封爵考7/26下

明史300/19

父陳誌（1437—1520）字稽古，山西崞縣知縣

陳公墓誌（歐陽南野文集24/9下）

陳萬言字道襄，號海山，廣東南海人。嘉靖三十五年進士，司理池陽，擢御史，巡按長蘆鹺課，嚴法剔奸，年課增至十萬。遷江西副使，陞參政，致仕卒。

參知海山陳先生傳（愼修堂集17/6）

陳萬言字居景，秀水人。萬曆四十七年進士，選庶吉士，不受官。長於文，有鉼園、文在堂、謙九堂諸集。

鉼園集序（檗玉集7/17）

陳萬策，江陵人。天啓中舉於鄉，有時名，隱龍灣。崇禎十六年李自成據襄陽，遣使具書幣徵之。萬策曰，我爲名誤，既不

能奮身滅賊，尙何惜踵頂耶。自經死。

明史294/6

陳頎字永之，長洲人。景泰中以春秋領鄉薦，授武陽縣訓導。博學工詩文，清修介特，名重於時。少通醫，及老、亦資以自給。有味芝居士集。

吳仲人物志7/37

陳經（1483—1550）字伯常，山東益都人。正德九年進士，擢兵科給事中，忠直敢言。世宗時陞戶部尙書、總督倉場、兼管西苑農事。未幾、改兵部尙書。時邊警日至，經殫心籌畫，條上防禦事宜，帝皆允行。邊臣議復河套，經力陳不可，忤宰執意，乞致仕歸，卒年六十八。

陳公神道碑（鈐山堂集38/6下，皇明名臣墓銘艮集46，國朝獻徵錄39/65）

掖垣人鑑12/26

陳經邦（1537—1615）字公望，號肅菴，莆田人。舉嘉靖四十四年進士，選庶吉士，授編修，累進侍讀學士掌院事，官終禮部尙書，卒年七十九。有陳文恪公遺稿。

陳公墓誌銘（蒼霞續草13/45）

祭陳肅菴文（李文節集25/14下）

陳經孚，平陽人。嘉靖中倭寇至，負母出逃，遇賊索母珥環，欲殺之。經孚以身翼蔽，賊怒，揮刃截耳及肩而死，手猶抱母頸不解。

明史297/16下

陳鉞字廷威，歙縣人。天順元年進士，授兵科給事中，擢光祿少卿，成化中歷右副都御史巡撫遼東，諂事汪直，排陷馬文升，陞兵部尙書。直寵衰，被劾勒致仕。鉞工心計，貪墨險詐，吏民畏而恨之。在鄉欺凌寡婦，婦潛赴京告其撫遼不法事，下獄，削籍卒。

國朝獻徵錄38/60無名氏撰傳

掖垣人鑑10/22

明史列傳33/13

陳鉞字廷威，四川巴縣人。成化十四年進士，授行人，擢南京戶部員外郞。

送員外郞陳君任南京序（東川劉文簡公集9/16下）

陳演字發聖，號贊皇，井研人。天啓二年進士，改庶吉士，授編修。崇禎時、累官吏部尙書，武英殿大學士，無所籌畫，惟以賄聞。李自成陷京師，被執，以獻巨金獲釋，尋殺之。

五十輔臣考4/10

明史輯略紳志略誅戮諸臣

明史253/18下

陳賡（1475—1525）字秀卿，南海瓊山人。弘治十五年進士，授南京監察御史，出按徽、寧諸郡，舉刺無所遺。嘉靖二年遷常州知府，建道南書院，祀鄒浩等。教諸生以理道，以革浮靡世習。卒於官，年五十一。

陳公行狀（山堂萃稿15/11）

陳君墓志銘（邵寶撰、國朝獻徵錄83/35）

陳常州傳（泉翁大全集56/14下）

陳賓字朝用，無錫人。天順八年進士，授吏部主事，累陞福建布政使致仕。

送大參陳君朝用赴任序（椒丘文集11/7下）

賀陳君朝用遷福建左布政使序（懷麓堂文稿9/9）

毘陵人品記7/16下

陳察字原習，常熟人。弘治十五年進士，正德中拜監察御史，嘉靖初按四川。帝親鞫楊言，落其一職，察大呼曰，臣願以不肖軀易言命，退具疏申理，直聲震朝。歷官僉都御史，巡撫南贛，十四年乞休。薦前御史萬鏜等可用，忤旨、斥爲民。既歸、敝衣糲食而已。卒年八十三。有虞山集。

送陳侍御原習謫海陽序（袁永之集14/25）

虞山陳公去思碑（歐陽南野文集27/19）

送中丞陳虞山致政序（雲岡公文集4/15）

題都御史虞山陳氏義慈集後（同上5/18下）

陳公傳（弇州山人四部稿81/1，皇明名臣墓銘坤集48，國朝獻徵錄63/75）

明常熟先賢事略6/1

明史列傳71/23下

明史203/20

曾祖陳芳字繼芳。宣德中卒，年八十八。

陳府君繼芳墓表（楓山章先生文集6/24）

祖陳璇字叔維。

陳清隱公墓表（見素集續10/11下）

父陳稷字允才，號復清居士。卒年四十七。

復清陳公配譚氏行狀（徐文敏公集5/15）

母譚氏（1447—1522）

賀陳母譚太夫人壽序（何文簡公集11/16）

陳母譚太孺人墓碑（見素集續10/5下）

譚孺人墓表（王文恪公集26/25下）

繼室張氏，封孺人。

皇明書45/12

陳寧，初名亮，茶陵人。元末爲鎭江小吏，從軍至集慶，代軍帥上書言事，太祖覽之稱善，用爲行省椽吏，軍書多出其手。歷拜參知政事，左御史大夫。後以與胡維庸謀亂、誅。寧有才氣，而性特嚴刻。嘗知蘇州，徵賦苛急，燒鐵烙人肌膚，人稱爲陳烙鐵。

國朝獻徵錄54/12廖道南撰傳

徐氏海隅集外編43/16下

明史308/4下

陳誠字子實，吉水人。洪武二十七年進士，授行人，出使安南，令還所侵思明地。永樂中哈里入貢，詔誠偕中官李達等送其使臣還，遂頒賜西域諸國，誠乃遍歷哈里、賽瑪爾堪等十七國，諭以招懷之意。並圖其山川城郭，誌其風俗物產爲西域記以獻。帝褒賚，擢郎中。後諸國數入貢，帝以誠勞，累擢右通政。有陳竹山文集。

名山藏臣林記6/43

明史列傳15/10下

陳端，交阯人。父文俊於永樂率衆來歸，歷官太僕寺主簿卒。端襲其官，累陞至少卿，成化三年卒。端爲人氣貌端重，與人交有禮，雖出自遐外，然居官無顯過。

國朝獻徵錄72/38貴錄傳

陳禎字景祺，華亭人。洪武中以稅戶子弟擧爲禮部主事，有能聲。永樂初累遷鴻臚少卿，升河南參政，謫知交阯丘溫縣，卒官，年五十。

國朝獻徵錄103/88無撰人陳禎傳

陳榮（1447—1520）字仲仁，上元人。成化十年擧人，弘治八年擢仁和知縣，篤意愛民，不以毁譽禍福置慮。雖政出監司，有戾民者，必請更令。嘗上時政十二事，御史薦之銓司，以遭忌不得遷，遂乞歸，年七十四卒。

陳公墓誌銘（息園存稿文 5/6，國朝獻徵錄85/69）

陳嘉猷字世用，浙江餘姚人，贄子。景泰二年進士，除禮科給事中，仕終通政司右通政，成化三年卒。

出使紀行序（魏文靖公摘稿5/23）

陳公墓碑銘（商文毅公集25/3下）

掖垣人鑑8/23下

陳嘉猷字盟之，吳郡人。萬曆三十四年擧人，官桐城教諭，鼎飭學宮，獎率多士，告歸卒。

吳郡張大復先生明人列傳稿×/141

陳嘉謨（1444—1499）字良顯，號麻溪，四川巴縣人。成化八年進士，擢監察御史，歷廣西僉事，浙江整飭溫處二府兵備，官至山東副使，卒年五十六。

陳公墓誌銘（東川劉文簡公集18/20）

陳嘉謨字世顯，號蒙山，江西廬陵人。嘉靖二十六年進士，官戶科給事中。不附嚴嵩、出之外。遷四川副使，歷湖廣參議，乞休歸。專用力於學，與王時槐闡明良知之說。有念初堂集。

掖垣人鑑14/21下

明史283/22下

明儒學案21/3

母劉氏

劉氏墓誌銘（雙江聶先生文集6/34下）

陳壽，隨州人。洪武擧人，授戶部主事，永樂中累遷工部侍郎。時太子監國，壽陳兵民困狀，又乘間言左右干恩澤者多，恐累明德。太子深納之。後被讒繫獄死。仁宗時謚敏肅。

國朝獻徵錄51/3佚名氏撰陳壽傳

明史列傳24/13

明史150/7

陳壽（1440—1522）字本仁，寧遠衞人。成化八年進士，除戶科給事中，弘治中以右僉都御史巡撫陝西，四疏乞休不得。拜南京兵部侍郎，陝人號呼擁輿，移日不得行，踰年乞骸骨，就進刑部尚書致仕。壽清廉自持，歷官四十年，無家可歸，寓南都，所居不蔽風雨，卒無以歛，年八十三。

陳公墓志銘（楊一清撰國、朝獻徵錄48/56）
吾學編33/18
掖垣人鑑10/15
聖朝名世考3/91
皇明世說新語1/3下
皇明書25/5
明史列傳56/22下
明史186/21

陳輔堯字九室，揚州人。萬曆十六年舉人，歷永平同知，轉餉出關。天啓元年，瀋陽破，左右以無守土責，勸之去。輔堯曰，孰非封疆臣，何去爲。望闕自刭死，謚忠烈。

啓禎野乘8/34
明史291/7

陳遠字中復，一字中孚，上元人，遇弟。嘗隨遇侍太祖。永樂初、爲翰林待詔，精繪事。

明史列傳14/2下
明史135/2

陳遜字必恭，自號古樸子，福建浦城人。永樂十年進士，授監察御史，彈劾糾舉，無所顧忌，執法毅然，無所阿徇。宣德元年、超遷雲南右參政。

古樸子傳（楊文敏公集16/20）

陳聞（1332—1414）字伯益，合肥人，元末爲義兵千戶，太祖渡江，率衆歸附，屢從征戰，以功陞成都衞指揮僉事。洪武十五年從征建昌，遷指揮同知，致仕卒。

贈平江伯陳公神道碑銘（東里文集12/6）
國朝獻徵錄111/21無撰人陳聞傳

陳聞詩字庭訓，柘城人。嘉靖舉人。以親老絕意仕進。師尚詔陷柘城，欲刼爲帥，不屈死。

董倫陳聞詩建祠（歐陽南野文集15/12）
明史290/2

陳際泰（1567—1641）字大士，臨川人。父儀流寓汀州武平，生於其地。家貧力學，後返臨川，與艾南英輩以時文名天下。舉崇禎七年進士，年已六十有八。旋授行人、卒年七十五。有易經說意、周易翼簡捷解、五經讀、四書讀、太乙山房集、已吾集。

陳大士會稿序（七錄齋文集1/6）
陳大士古文稿序（同上2/15）
陳大士易經會稿序（同上6/37）
啓禎野乘7/27
明史288/17下

父陳儀（1530—1612）

贈公西園府君祭田記（已吾集6/3下）

陳鳳，榆林人。嘉靖中以世蔭歷官都指揮僉事，陞大同總兵，坐失事奪職。起爲固原游擊將軍，屢立戰功。俺答把都兒寇大同，擊敗之。後寇入常樂堡，鳳率次子守義逆擊之，衆寡不敵、戰死。

明史列傳60/19下

陳鳳字羽伯，號玉泉，上元人。嘉靖十四年進士，從顧璘遊，工詩。累官陝西參議。有清華堂擇存。

送陳羽伯大夫僉憲陝右序（敬所王先生集2/28）
介壽堂記（息園存稿文4/19）

陳鳳梧（1475—1541）字文鳴，號靜齋，泰和人。弘治九年進士，歷湖廣提學僉事、河南按察使。中官谷大用迎世宗於興邸，所至横暴，鳳梧獨不屈。累擢右都御史，巡撫應天十一府，嘉靖二十年罷歸卒，年六十七。

陳中丞靜齋致仕序（古菴毛先生集3/38）
送都憲陳靜齋致仕序（泉翁大全集19/19）
靜齋記（見素集9/19下）
陳公傳（苑洛集8/8，皇明名臣墓銘巽集61，國朝獻徵錄59/36）

陳熊，上元人，銳子。弘治十六年襲平江伯。正德元年領後府，四年以忤劉瑾削爵、戍海南。瑾敗、復爵，六年卒。

祭陳平江文（容春堂前集20/17）
明史153/8

陳僎（1422--1466）字汝翼，吳人。景泰二年進士，授南京河南道監察御史，遷四川按察司僉事，川省蠻獠肆虐，僎至激勵士卒，號令嚴明，賞罰必信，人人用命，遂大破其衆，會渡江溺卒，年四十五。

陳君行狀（吳寬撰、國朝獻徵錄98/114）

陳潛夫字振祖，錢塘人，徙居崑山。性端方，洪武六年爲邑庠訓導，陞國子學正，登其門者，多成偉器。

崑山人物志9/6下

陳潛夫（1610--1646）字玄倩，又字振祖，號退士，錢塘人。崇禎九年舉於鄉，榜名朱明，後更之。廣交遊，好爲豪舉，授開封推官。京師陷，與劉洪起募兵起義。福王擢爲監察御史，巡按河南。尋入朝，陳中興之策，忤馬士英下獄。後歸魯王於紹興，加太僕少卿，募兵列營江上，師潰，走山陰，率妻妾投水死。

明史277/20

陳廣心字士克，元城人。起家乙榜，官趙州學正。崇禎十五年清兵來攻，城將破，衣冠危坐，諸子環泣請避，厲聲曰，吾平生所學何事，豈爲兒女戀戀耶，遂被殺。

明史291/19

陳褎（1510--1588）字履旋，號西塘，晚號視軒，永豐人。嘉靖二十九年進士，授行人，歷衛輝知府、廣西布政使，陞太常卿。隆慶五年致仕，年七十九卒。有視軒集。

賀奉常西塘陳公六十序（石泉山房文集8/33）

陳公墓誌銘（鄒子願學集6/30下）

父陳表（1476--1541）字一鶚。

陳公暨夫人劉氏墓碑（馬文莊公集選8/15下）

朴菴陳公配劉孺人墓誌銘（變江龔先生文集6/48下）

陳震（1447--1525）字文靜，慶陽人。成化二十三年進士，拜監察御史，歷山西按察使、兵部右侍郎，正德五年，以都察院左僉都御史，總全陝之師討平寘鐇。後罷歸卒，年七十九。

陳公墓志銘（對山集19/28，國朝獻徵錄58/40）

陳璉（1370--1454）字廷器，別號琴軒，東莞人。洪武舉人，入太學，選爲桂林教授。累官南京禮部侍郎致仕，卒年八十五。璉博通經史，以文學知名於時，黃蕭養亂，璉設策平之。有琴軒集、羅浮志。

琴軒集序（王文端公文集20/20）

陳公墓誌銘（王文端公文集33/23下，皇明名臣琬琰錄20/16下，皇明名臣墓銘坎集32）

國朝獻徵錄37/1無名氏撰陳璉傳

名山藏臣林記6/50

水東日記7/10

陳璇，鳳陽人。永樂十九年進士，拜監察御史，陞雲南按察僉事，官至浙江按察使。

浙江按察使陳公傳（魏文靖公摘稿7/38下，國朝獻徵錄84/50）

陳璋字宗献，號省齋，浙江樂清人。弘治十八年進士，扼於劉瑾，正德六年始授刑部主事，累官至刑部侍郎，致仕卒，年七十二。

國朝獻徵錄46/70曹禮撰傳

陳璋字公献，光州人。七歲舉奇童，稍長工詞賦，弱冠領嘉靖鄉薦，除景州知州，遷順德同知，累擢刑部員外郎。尋歸臥星湖，以吟咏著述自適。有光州志、鶺鴒集、防倭錄、太平事略、星湖漫稿諸書。

陳公献擢貳守順德（歐陽南野文集21/24下）

陳瑺，湖廣隨州人，壽子。以父廕爲舍人。正統間任兵科給事中，歷通政司右參議，仕終戶部右侍郎。

掖垣人鑑7/12下

陳增，萬曆時礦稅太監，奉勅開採山東礦產，兼徵山東店稅，勢橫甚，巡撫尹應元奏增二十大罪，不問，肆惡山東十年始死。

明史305/7

陳賢，壽州人。初從太祖立功，歷燕山右護衛指揮僉事。燕事起，從諸將轉戰，常突陣陷堅，軍中稱其驍勇。累遷都督僉事，永樂二年封榮昌伯，十三年從北征卒。

吾學編19/38

皇明功臣封爵考6/50

靖難功臣錄×/11

明史列傳21/18下

明史146/11

陳賢字廷傑，莆田人。洪武末舉儒士，為南康教諭。永樂中召入館閣，預修大典，書成、改任湖口致仕。爲人嚴毅方直，其學以躬行爲先。及門弟子，成就者衆，號爲古道先生。

國朝獻徵錄87/16無名氏撰傳

陳儀（1394--1445）字叔度，合肥人，瑄子。永樂中選入侍皇太孫。宣宗卽位，擢爲勳衞。正統五年、隨蔣貴、王驥往討麓川有功，擢錦衣衞指揮同知，進指揮使。官至都指揮僉事，留守雲南，十年卒於官，年五十二。

陳公墓誌銘（王文端公文集32/13，國朝獻徵錄110/37）

陳德字至善，濠人。世農家，有勇力，太祖起兵，首隸麾下。滅漢平吳並有功，累官同知大都督府事。從下河南，取山東、陝西，封臨江侯。洪武十一年卒，贈杞國公，諡定襄。

吾學編18/29下

名山藏41/10

皇明功臣封爵考6/17

明史列傳8/10

明史131/7

陳德文，一名瑩中，字文石，保昌人。洪武中舉文學，歷按察使，使西域，居十二年，采風作詩，比歸，進之成祖，擢僉都御史。後修西域志，多據其言。又以隨征漠北功，進右僉都御史。

國朝獻徵錄54/26雷禮撰傳

陳德鳴（1478--1545）字顯仁，號雪峯，泰和人，昌積從兄。弘治十一年舉人，授福寧州學正，遷淮安府學教授，入爲國子監學錄。正德十五年擢監察御史，數上書言事，皆有裨政體。嘉靖四年陞山東按察僉事，致仕卒，年六十八。

雪峯陳公行狀（龍津原集5/84）

雪峯陳公墓誌銘（歐陽南野文集26/1）

陳銳（1439--1502）字志堅，號雲谷，上元人，豫子。天順八年嗣爵平江伯，成化初分典三千營及團營，尋佩平蠻將軍印，總制兩廣。移鎮淮揚，總督漕運凡十四年。築堤疏泉，修舉廢墜。弘治中統兵援大同，坐擁兵自守，奪祿閒住，卒年六十四。

陳公墓誌銘（懷麓堂文後稿26/1）

國朝獻徵錄9/27陳鎬撰傳

妻沐氏（1438—1496），沐英曾孫女。

平江伯夫人沐氏墓誌銘（徐文靖公謙齋集5/37）

陳質字文彬。建文初充參將，守大同，尋陞中府都督同知。及燕兵出懷來，質以西師助宋忠，忠敗、退守大同，志圖勤王。靖難後被執，抗辭不屈，死。

國朝獻徵錄107/2忠節錄傳

遜國正氣紀6/25

皇明表忠紀4/12下

明史142/9

陳濂字德清，鄞人。正統十年進士，授南京刑部主事，明習文法。累遷廣東按察副使，巡視海道。時盜勢猖獗，濂輒親冒矢石，出奇應變，海南肅然，歷陞都御史，總督漕運，成化十年卒。

國朝獻徵錄59/55無撰人陳濂傳

陳諤（1377--1444）字克忠，一字克初，番禺人。永樂六年舉人，授刑科給事中，彈劾無所避，每奏事，聲大如鐘，帝呼爲大聲秀才。歷順天府尹、湖廣按察使，改山西。坐事貶知海鹽，起爲荊府長史，遷鎮江同知。致仕卒，年六十八。

陳公墓志銘（朱與言撰、皇朝名臣琬琰錄24/18）

國朝獻徵錄75/3雷禮撰傳，又83/56，黃佐撰傳

名山藏臣林記6/54

皇明書30/2下

皇明獻實14/3

聖朝名世考6/3下

皇明世說新語8/1下

明史列傳34/2

明史162/3

陳諧字汝諧，號東谿，浙江秀水人。弘治九年進士，選庶吉士，授吏科給事中，十四年卒於官。

東谿奏稿序（龍津原集2/29下）

被垣人鑑11/13下

陳寰字原大，號琴溪，常熟人，察弟。正德六年進士，官至南京國子監祭酒。寰與桂萼爲同年，官翰林時，力斥萼議大禮之非，坐是移南京，旋告歸。有琴溪集。

送司成陳先生請告東還序（張文定公紆玉樓集4/1）

贈琴溪陳公致仕序（歐陽南野文集18/1）

二陳公傳（弇州山人四部稿81/1）

明常熟先賢事略6/3下

陳憲字廷章，浙江定海人。永樂十六年進士，擢監察御史，巡按湖廣江西，彈劾不避權貴，宣德三年以同官相訐繫獄，忿恨以卒。

國朝獻徵錄65/8無名氏撰傳

陳燁字子潛，號吳峯，吳縣人。萬曆五年進士，授行人，選禮科給事中，陞兵科右給諫。

被垣人鑑16/21下

父陳致甫，號懷節。

陳公墓志銘（松石齋集19/9下）

陳龍正字惕龍，號幾亭，嘉善人。師事高攀龍，留心當世之務，崇禎七年成進士，授中書舍人。時東廠緝事寬濫，龍正上養和、好生二疏。龍正居冷曹，好言事，坐僞學，十七年左遷南京國子監丞。福王立南京，用爲祠祭員外郎，不就。南京不守，龍正已得疾，遂卒，私諡文潔。有救荒策會、程子詳本、幾亭文錄。

天啓崇禎兩朝遺詩傳7/243

檇李往哲續編×/34

明史列傳86/18

明史258/37

明儒學案61/7

陳璘（1467--1538）字邦瑞，號一石，太原陽曲人。弘治六年進士，授太常博士，擢監察御史，巡居庸諸關，躬歷險阨。疏可城守者，立將官，增戍兵，皆從之。歷河南按察、布政使，遷右副都御史，巡撫延綏。正德十一年北虜冠邊，斬獲甚衆，武宗嘉其能。嘉靖初罷歸，年七十二卒。

送陳都憲巡撫延綏詩序（何文簡公集10/36）

陳公墓誌銘（苑洛集5/30，皇名臣墓銘坤集52，國朝獻徵錄61/45）

父陳□，號愚菴，官兩淮運司同知。

賀愚菴陳公双壽序（何文簡公集10/34下）

陳璘字朝爵，翁源人。嘉靖末爲指揮僉事，從討英德賊有功，進廣東守備，與平大盜賴元爵及嶺東殘冦。歷官湖廣貴州總兵官，改鎮廣東。璘有謀略，善將兵，然所至貪黷，卒官。

明史列傳88/18

明史247/17

陳璚（1440--1506）字玉汝，號成齋，長洲人。成化十四年進士，由庶吉士累官南京左副都御史，致仕卒，年六十七。爲古文詞，不屑爲腐俗語，尤工詩。有成齋集。

成齋記（懷麓堂文稿10/14）

陳君玉汝神道碑銘（懷麓堂文後稿20/3下）

陳公墓志銘（王文恪公集28/9）

先中丞成齋公集跋（無夢園遺集家乘/19）

先中丞聯句跋（同上/20）

五同會跋（同上/21）

國朝獻徵錄64/58實錄傳

被垣人鑑10/25下

陳璠字汝玉，號思古，浙江安吉人。成化二十三年襲職爲溫州衛指揮僉事，正德中陞都指揮僉事，官至南京後軍都督僉事提督操江，嘉靖十三年卒。

陳公墓表（苑洛集7/11）

陳霑字汝霖，冀州人。正德六年進士，除戶科給事中，歷刑科都給事，仕至通政司右通政。

賀陳汝霖擢參通政序（陽峯家藏集24/30下）

被垣人鑑12/18

陳豫字立卿，合肥人，瑄孫。讀書修謹，正統末以副總兵從寧陽侯陳懋討平沙縣賊。也先入犯，出鎮臨淸，建城堡，練兵撫民，安靜不擾。景泰中歷南京守備，天順三年卒，謚莊敏。

明史153/7

陳豫抱，舞陽人。諸生，力田好學，善承母志。崇禎十四年流賊陷舞陽，一門三世九人俱赴井死。

明史293/6下

陳選（1429—1486）字士賢，號克菴，浙江臨海人，員韜子。天順四年進士，授御史，巡按江西，盡黜貪殘吏。憲宗初疏劾馬昂，救羅倫，一時憚其風采。已而督學南畿，改河南，進按察使。歷廣東左右布政使，忤中貴被逮，卒於南昌，年五十八，正德中追謚忠愍。

送陳御史序（桃溪淨稿文1/1）

陳公墓誌銘（同上12/1）

陳恭愍公傳（方山薛先生全集24/8下）

皇明獻實26/2下

吾學編35/10下

皇明書35/23下

國朝獻徵錄99/8京學志傳

皇明名臣琬琰錄后18/8陽廉撰言行錄

國琛集下/8

聖朝名世考8/6

皇明世說新語1/4下，3/8，4/2下

名山藏臣林記12/13

明史列傳35/17下

明史161/14下

明儒學案45/10

陳興言字衷丹，南靖人。歷戶部主事，榷關臨清。崇禎十五年清兵至，興言與總兵官劉源清等極力備禦，援不至，城陷，興言肅坐堂上，面中兩刃死。

明史291/21下

陳暹字季昭，號雲樵，吳縣人。工畫設色山水人物，圖像緐密蕭散，皆有氣態，以畫名者六十年。不喜親世務，所交惟杜瓊一人。弘治初，年八十，詔賜冠帶。

吳中人物志13/25

陳璪字伯含，號應虹，湖廣應城人。隆慶二年進士，由四川宜賓知縣選戶科給事中，歷山東副使調山西參政，官至戶部尚書。

送陳應虹座師以左諫議擢山東兵憲序（支華平集5/1）

壽南大司徒應翁陳老先生六十序（楊復所先生家藏文集2/1）

掖垣人鑑15/19下

叔陳□，號次橋。

陳公壽序（大泌山房集35/8）

陳儒（1488—1561）字懋學，號芹山，錦衣衛人。嘉靖二年進士，歷官戶部，出知東昌府，擢副使，提督浙江學政，多得士心。屢陞山東布政使，爲鄉試提調，坐試錄犯忌諱逮治，降宜君尉。起歷刑部侍郎，官至右都御史，總督漕政，致仕卒，年七十四。有芹山集。

贈芹山陳先生序（奚囊蠹餘11/6下）

贈山東右使芹山陳公序（存笥稿3/4下）

贈少司徒芹山先生告滿序（同上5/11下）

壽右臺芹山陳老先生七十序（萬文恭公摘集4/34下）

芹山陳公暨配楊淑人墓誌銘（同上8/11下，國朝獻徵錄59/46）

祭陳芹山大中丞文（萬文恭公摘集10/24下）

母田氏

賀陳母封太安人七十華誕序（泉翁大全集22/20）

陳錫字祐卿，南海人。弘治十八年進士，授戶部主事，歷福建布政使，官至應天府尹，致仕卒，年八十一。

送京兆陳天遊先生致仕歸浮丘詩序（泉翁大全集21/7）

國朝獻徵錄75/33黃佐撰傳

陳鋼字堅遠，應天人。成化元年舉人，授黟陽知縣，有循跡。嘗病，民爭籲神願減己算益鋼壽。遷長沙通判，監修吉王府第，第成，王賜之金帛，不受，請王故殿材修岳麓書院。弘治九年丁母憂，歸卒。

陳公傳（息園存稿文6/19下，國朝獻徵錄89/66）

明史281/23

陳勳（1560—1617）字元凱，號景雲，閩縣人。萬曆二十九年進士，授南京武學教

【十一劃】陳

授歷南京戶部郎中，以疾乞歸。四十五年起爲紹興知府，命未下而卒，年五十八。有元凱集、堅臥齋雜著。

陳公墓誌銘（蒼霞續草12/37）

陳濟（1364--1424）字伯載，武進人。博學強記，六經子史，無不究竟，時稱兩脚書厨。永樂初以布衣召修永樂大典，爲都總裁，書成，授右春坊右贊善，居職十五年而卒，年六十一。有書傳補、元史擧要、通鑑綱目集覽正誤、思齊集。

陳公行狀（金寔撰，國朝獻徵錄19/53，皇明名臣琬琰錄21/1）

毘陵人品記6/15下

皇明世說新語2/13

明史列傳30/2下

明史152/6

陳鴻漸字廷儀，連江人。景泰二年進士。授刑部主事，遷郎中，成化元年致仕。

送秋官大夫陳公致仕南歸序（椒丘文集11/26）父陳文亮，字景明，號梅軒。

陳先生墓誌銘（椒丘文集30/1）

陳應（1433--1497）字順元，號朴菴，莆田人。天性孝友，父遘疾，醫不奏功，應侍疾數年如一日。成化十六年擧於鄉，授山東堂邑教諭。弘治三年成進士，爲監察御史，年六十五卒。

朴菴陳君墓誌銘（篁墩程先生文集48/7）

陳講字子學，號中川，四川遂寧人。正德十六年進士，選庶吉士，歷山東按察使、河南布政使。官至山西巡撫。有中川集、如鳥集。

贈陳中川公拜山東按察使序（蘇門集5/13下）

贈憲使陳中川先生之任汴藩序（遵巖先生文集11/6下）

中川選集序（二酉園文集2/15下）

陳璲（1384--1465）字廷嘉，號逸菴，臨海人。永樂中鄉會試皆第一，殿試問禮樂刑政，璲爲推原其本，且極言靖難師起，骨肉之間，不無慚德，誅戮黃子澄、方孝孺等，其如禮樂刑政何，帝不之罪。授庶吉士，預修五經大全諸書，乞休。薦起督學江西，日與諸生講學，務以見諸踐履爲先，三載致仕卒，年八十二。

書陳僉憲先生墓誌後（東海張先生文集4/6）

陳先生墓表（王偁撰，國朝獻徵錄86/107）

陳翼（1366--1428）字良輔，廣德州人。從太宗起靖難師，所向有功，陞都指揮僉事。永樂元年晉鎮國將軍、陝西都指揮同知，尋命掌金吾衞。遷督府同知，視事南京都督府，宣德三年卒，年六十三。

陳公神道碑銘（方洲張先生文集28/1，國朝獻徵錄107/8）

陳翼飛字元明，平河人。萬曆三十八年進士，除宜興知縣，被劾歸。詩摹七子，篇什甚富。有慧閣、紫芝、長梧三集及文儷、己未、庚辛、辛酉、壬戌行卷。

文儷序（嬾眞草堂文集16/9下）

陳懋（1384--1463）字舜卿，壽州人。亨子。以指揮僉事從燕王起兵，永樂元年封寧陽伯，累進右都督，鎮撫寧夏，屢從北征有功，晉侯，英宗即位，爲平羌將軍，鎮甘肅。以不擊賊被劾，奪祿家居。正統十三年，福建鄧茂七反，懋佩征南將軍印、充總兵官，討平之，加太保，掌中府。年八十卒，諡武靖。

陳公神道碑（李賢撰、國朝獻徵錄7/45，皇明名臣琬琰錄17/8下）

名山藏臣林記6/36下

吾學編19/3下

皇明功臣封爵考2/76

皇明世說新語8/10

明史列傳21/26下

明史145/15下

陳懋觀字孔質，號益泉，福建長樂人。嘉靖三十二年進士，授會稽知縣，尋丁憂去，而民懷其惠。會山陰缺尹，衆乞補之，復多遺愛。選兵給科事中，謫雲南定遠縣典史，陞直隸廬州知府，隆慶三年卒。

贈益泉陳侯被召北上序（龍谿王先生全集14/6下）

陳太守先生傳（朱邦憲集7/1）

掖垣人鑑14/38下

陳皞（1381--1455）字孟東，號安止，崑山人。幼爲吏，以功官會稽知縣，改淳安縣。，景泰六年卒，年七十五。有安止齋藁。

陳公墓誌銘（鄭文康撰、吳下冢墓遺文續1/93）

陳鎏（1506—1575）字子兼。號雨泉，吳縣人，祚玄孫。嘉靖十七年進士，爲人恬雅簡靜，不受衣冠束縛，耽佳山水。除工部主事，榷稅荆南，以廉聞。仕至四川右布政使，卒年七十。鎏善書法，與祝允明、文徵明先後各成一家。有已寬堂集。

陳布政傳（弇州山人續稿72/7）

陳公墓志銘（賜閒堂集26/8下）

徐氏海隅集外編42/13下

姑蘇名賢小紀下/25

皇明世說新語7/6下

父陳冕（1472--1542）字威仲，號厚齋。

陳君墓表（甫田集35/3）

陳謹（1525—1566）字德言，號環江，閩縣人。嘉靖三十二年進士第一，授翰林院修撰。以奉使後時、落職爲惠州府推官。歷南京國子監司業，官至右春坊右中允兼翰林編修，卒年僅四十二。

祭陳環江年兄文（浣所李公文集9/1）

陳公行狀（條麓堂集30/18）

陳君墓志銘（世經堂集18/14下，國朝獻徵錄19/48）

狀元圖考3/17下

陳謨字一德，泰和人。隱居不仕，洪武初徵至京師議禮，引疾辭，家居敎授，屢應聘爲江廣考試官。嘗謂學必敎本，莫加於倫常，莫先於變化氣質，若禮樂刑政錢穀甲兵度數之祥，亦不可不講習。一時經生學士，靡然從之，稱海桑先生。有海桑集。

國朝獻徵錄114/12王時槐撰傳

明史282/6下

陳騏字夢祥，南海人。少喜技藝，工書能醫，年二十七，始習舉子業，登天順元年進士，授大理寺評事，歷江西僉事，發奸摘伏，有能名，毀淫祠九十七區，民呼之陳打鬼。陞雲南副使，爲鎮守太監錢能所訐，落職，年八十餘卒。

送江西僉憲陳夢祥序（楊文懿公東觀稿5/1）

送僉憲陳君考績復任序（楊文懿公桂坊稿2/24下）

送陳僉事夢祥歸番禺序（一峯先生文集2/19）

益菴記（一峯先生文集4/13）

國朝獻徵錄102/44黃佐撰傳，又102/44下月山叢談

陳覲字忠甫，餘姚人。嘉靖三十八年進士，授兵部主事，再陞郎中，出爲湖廣兵備，招撫新寧猺，陞雲南參政，隆慶六年卒官。

國朝獻徵錄102/25張時徹撰陳君墓誌銘

陳贄（1392—1466）字惟成，號蒙軒，餘姚人。用薦爲杭州儒學訓導。宣德十年纂修實錄，上兩浙十一郡事，時稱有史才。歷翰林待詔、廣東布政司參議，正統十四年擢太常少卿。致仕後，卜居於杭，年七十五卒。

西湖別墅宴集詩序（韓襄毅公家藏文集10/11下）

陳太常誄（楊文懿公東觀稿7/27）

陳公墓誌銘（不著撰人、國朝獻徵錄70/21）

陳璧字瑞卿，號貞菴，太原衞人。成化八年進士，由知縣擢監察御史，多所建白，遷臨淸兵備副使，以范仲淹爲法，顏署軒曰後樂。歷官右副都御史，巡撫順天等府。居家以孝友稱，正德九年卒。

臨淸按察分司後樂軒八處傳序（心齋稿1/1）

貞菴陳公傳（中丞馬先生文集3/23）

國朝獻徵錄61/41，實錄本傳

陳壁（1460—1526）字德如，號龍泉居士，山西太谷人。弘治十五年進士，授行人司司副，屢使宗藩，俱有淸譽。累陞刑部郎中，遷陝藩參議，轉湖廣按察副使，正德十四年以丁憂去職，卒年六十七。

陳君墓誌銘（紫巖文集44/12下）

陳藎謨字献可，號菴𥕢，嘉興人。著有皇極圖韻、元音統韻、𥕢菴集。

疇人傳33/418

陳儲秀字舜弼，號瑞山，晉江人。嘉靖十一年進士，授行人，擢御史，官至河南副使。

陳公暨配謝氏墓誌銘（田亭草16/22）
父陳樂（1473—1540）字堯和，號東溪。
東溪陳公暨配顧氏行狀（邃菴先生文集18/12下）

陳鎬字宗之，號矩菴，會稽人。成化二十三年進士，官至右副都御史，巡撫湖廣。有闕里志、振鷺集、矩菴漫稿、金陵人物志等。

矩菴記（博趣齋藁13/71）
送大參陳君宗之序（同上15/92）
祭都察院右副都御史陳矩菴文（羅文肅公集30/3下）
皇明世說新語3/25下
國朝獻徵錄61/34京學志傳
明史187/14下

陳鎰（1389—1456）字有戒，號柏軒，吳縣人。永樂十年進士，授御史，歷湖廣、山東、浙江副使，皆有聲。宣德十年擢右副都御史，鎮守陝西。爲人宅心平恕，不務苛刻，凡三鎮陝西，多有惠政。召還、掌都察院，致仕卒，年六十八，諡僖敏。有介菴集。

慶柏軒先生致仕榮歸序（韓襄毅公家藏文集11/12下）
祭左都御史陳公文（同上15/1）
陳公墓碣銘（商輅撰、國朝獻徵錄54/33）
吾學編31/13下
姑蘇名賢小記上/13
皇明書21/14下
國琛集上/27下
皇明世說新語2/24下，3/23下，6/16。
水東日記5/1
明史列傳36/4
明史159/3

陳寵（1469—1542）字希承，一字希正，號春齋，吳縣人。少從父習醫，弘治初選入太醫院爲醫士，累陞院使。嘉靖八年以通政使致仕，卒年七十四。

垂光祿序（徐文敏公集4/10）
陳公墓誌銘（徐文敏公集5/30下，國朝獻徵錄78/25）

陳懷，合肥人。襲父職爲眞定副千戶。永樂初積功至都指揮僉事，從平安南，有功，尋充參將。宣德中以總兵官鎮寧夏，勦松潘，正統九年以總兵出古北口、征兀良哈，俱有功。累官左都督，封平鄉伯。死於土木之難，諡忠毅。

吾學編19/54下
皇明功臣封爵考6/69
明史列傳22/24
明史155/11下

陳鵬，建文時官都指揮，與都督吳傑等守眞定，燕王以計誘之，鵬與同官鄧戩俱被擒繫獄，憤卒。

皇明表忠紀5/10下
遜國正氣紀6/25

陳鏞、濠人，德子。嗣爵臨江侯，洪武中爲征南左副將軍討平龍泉諸山寇，二十年從馮勝征納哈出，將至金山，與大軍異道，敗沒。

明史131/8

陳鏞字叔振，錢塘人。永樂十三年進士，由庶吉士授禮部祠祭司主事，宣德二年隨柳升討黎利，師入交阯，升意殊輕賊，不爲備。鏞諫、升不聽，直前中伏，鏞死之。有桂林集。

送陳叔振序（東里文集3/20下）
明史列傳23/25下
明名154/20

陳瀾（1473—1507）字本初，宛平人。弘治九年會試第一，授編修，仕至修撰，卒年僅三十五。

陳本初行狀（渼陂集16/9，國朝獻徵錄21/41）

陳獻章（1428—1500）字公甫，號石齋，新會人。正統十二年舉人，再上禮部不第，從吳與弼講學。再遊太學，以薦授翰林檢討，乞終養歸，屢薦不起。其學以靜爲主，居白沙里，門人稱白沙先生。蘭谿姜麟，至稱爲活孟子。工書，山居筆或不給，束茅代之，遂自成一家，時呼爲茅筆字，又善畫墨梅。弘治十三年卒，享年七十三。萬曆初從祀孔廟，追謚文恭。有白沙金集、白沙詩教解傳世。

送陳公甫先生序（一峯先生文集2/1，白沙子全集附錄/31）
壽石翁陳先生六十一詩序（白沙子全集附錄/37）
陳先生行狀（張詡撰、白沙子全集附錄/1，皇明名臣琬琰錄后22/1）
陳先生墓表（張詡撰、白沙子全集附錄/19下）
白沙陳先生改葬墓碑銘（泉翁大全集59/3下白沙子全集附錄/22）
祭白沙陳先生（見素集26/6下）
奠先師白沙先生文（泉翁大全集57/1）
白沙先生小祥祭文（同上57/2）
祭白沙先生墓文（同上57/5）
新會縣時祭白沙先生文（同上57/8）
祭告白沙先生文（同上57/10，又58/11下）
歸休祭告先師石翁墓文（同上58/24下）
白沙書院記（同上27/33）
白沙先生詩教序（同上19/6下）
灤州刻白沙先生全集序（同上23/6下）
陳先生石齋祠堂記（見素集10/11）
陳先生傳（耿天臺先生文集13/12）
新創衡嶽白沙祠記（甘泉先生續編大全 4/20下）
陳子至言序（同上1/12下）
書白沙先生語略後（鄒子願學集8/3下）
皇明獻實30/3
吾學編10/3下
國琛集下/11下
聖朝名世考7/8下
皇明書35/14下
皇明世說新語1/11，3/22，3/26下，4/14下，4/29，8/26下
名山藏79/15
明史283/1下
明儒學案5/2

陳耀文字晦伯，號筆山，河南確山人。嘉靖二十九年進士，由中書舍人還刑科給事中，累官陝西行太僕卿，告歸卒。有經典稽疑、正楊、學圃萱蘇、天中記、花草粹編諸書。

披垣人鑑14/25

陳繼（1370—1434）字嗣初。號怡菴，吳縣人，汝言子。少孤、事母至孝。比長、貫穿經學，人呼爲陳五經。永樂中舉孝行，以母老辭。洪熙初薦爲國子監博士，轉翰林五經博士，預修兩朝實錄，陞檢討，致仕卒，年六十五。繼善寫竹，以文章擅名。有怡菴集。

贈陳嗣初謝病歸姑蘇序（王文端公文集18/12）
陳君墓碑銘（東里文集14/19下）
陳君墓志銘（楊文敏公集22/19，國朝獻徵錄22/16）
吳中人物志7/32
水東日記7/11下，10/4
守溪筆記×/12下
圖繪寶鑑6/4下
皇明世說新語3/3下，7/27下
明史列傳30/3下
明史152/7

母吳氏

皇明書45/3下

陳繼之，莆田人。建文二年進士，授戶科給事中。時江南僧道多腴田，繼之請人限田五畝，餘以賦民，從之。靖難師起，數條奏機宜，燕兵入，不屈見殺。

國朝獻徵錄80/83無撰人陳繼之傳
皇明獻實7/1
革朝遺忠錄上/18
名山藏臣林外記×/13
皇明表忠記2/45
掖垣人鑑5/12下
遜國正氣記4/27下
明史列傳19/26下
明史141/15

陳繼先（1350—1394）字仲述，泰和人。洪武十八年進士，授山西道監察御史，改按山東，二十七年卒官（按墓志作二十六年歿，此從行狀）。

陳公行狀（梁潛撰、國朝獻徵錄65/1）
陳公墓志銘（解文毅公集13/7）

陳繼源，溫麻人。嘗爲大勝關大使，關上人皆愛之。遷溫州司獄，窮老矣，亦却例金。及滿歸，至不能供饘粥，依老僕以居。又嘗救一主庫命，主庫甚富而繼源貧正，仍不自爲德。

國朝獻徵錄94/57下董應舉撰三司獄傳

陳繼儒 (1558—1639) 字仲醇，號眉公，又號麋公，松江華亭人。諸生，隱居崑山之陽，後築室東佘山，杜門著述，工詩善文，書法蘇米，兼能繪事，名重一時。或刺瑣言僻事，詮次成書，遠近爭相購寫，屢奉詔徵用，皆以疾辭。崇禎十二年卒，年八十二。有眉公全集。

啓禎野乘14/3

皇明世說新語2/23下，5/33下，7/20下

明史298/8

父陳□，號濂石。

陳處士壽序（沈司成先生集1/20）

陳纁字紘公，鍾祥人。崇禎間進士，歷官關南兵備副使，十七年護瑞王入蜀，張獻忠破重慶，舉家殉難。

明史263/15下

陳譓，巴人，瑛曾孫。嗣爵遂安伯，總薊州兵。朵顏入寇，禦却之。嘉靖初敍奉迎功，加太子太保，進少保，委寄亞於郭勛，嗣伯六十餘年卒。

明史146/12

陳鵬驚 (1480—1527) 字士遠，號浴江，莆田人。正德十六年進士，歷官戶部郎中，卒於官，年四十八。有浴江集。

陳士遠墓志銘（鄭山齋先生文集17/1）

國朝獻徵錄30/60無名氏撰傳

陳灌 (1325—1371) 字子將，一字同故，廬陵人。元末世將亂，灌環所居築場種樹，人莫能測。後十年，盜蠭起，灌率武勇結屯林中，盜不敢入，一鄉賴以全。太祖平武昌，灌詣軍門謁見，累除寧國知府，風裁嚴整，而爲治寬恤。洪武四年謁告歸省，旋召入京，未命卒，年僅四十七（陳灌、諸書或作陳瓘，此從楊士奇撰碑文）。

陳公之碑（東里文集14/10下）

皇明名臣琬琰錄12/4尹直撰陳公言行錄

國朝獻徵錄83/3無撰人陳瓘傳

皇明獻實5/5

聖朝名世考9/2下

皇明書28/8下

明史281/2下

陳鶴字九皐，號鳴軒，一號海樵先生，浙江山陰人。嘉靖舉人。甫成童，知好古，買奇帙名帖，窮晝夜誦覽。年十七、以例襲其祖軍功，官百戶。畫水墨花草，最爲超絕。有海樵先生集、越海亭詩集。

海樵詩集序（敬所王先生集3/22下）

陳山人墓表（徐渭撰、國朝獻徵錄115/88）

陳霽 (1465—1539) 字子雨，一作子宇，號葦川，吳縣人。弘治九年進士，授編修，與修孝廟實錄。正德九年陞南京翰林院侍講學士，充經筵講官，仕終國子監祭酒。所著有玉堂集、宋遼金三史、成均集、歸田稿等均不傳。

陳公墓誌銘（張文定公靡海軒集6/22下）

母徐氏。

封儒人徐氏墓志銘（王文恪公集28/11下）

陳儼字時莊，江西廬陵人。景泰五年進士，授刑部主事，遷郎中。歷山東布政使，督餉遼左，軍士不匱而民不勞。陞右副都御史，巡撫貴州，討平苗亂。成化十八年拜刑部右侍郎，未任、卒於道。

送山東參政陳君時莊序（楊文懿公桂坊稿2/6下）

南京刑部侍郎陳公輓詩序（椒丘文集12/23）

陳鑑字貞明，高安人。宣德二年進士，正統中擢御史，歷按貴州。諫征麓川，忤王振，摭其罪論死繫獄。景帝卽位、乃得赦。尋授河南參議，致仕卒。

明史列傳34/10

明史162/9下

陳鑑 (1415—) 字緝熙，長洲人，寓住蘇州。正統十三年進士，官翰林學士，使朝鮮，歷祭酒，終禮部侍郎。有皇華集、介菴集。

送陳緝熙使朝鮮詩序（類博稿5/14）

九日感懷詩序（同上4/4）

皇明世說新語8/20下

名山藏臣林記9/9

吳中人物志7/34

父陳周，字德潤。以事戍遼陽，死于戍所。

陳君陰碑記（類博稿9/9下）

陳䕫 (1518—1588) 字廷裸，號雨亭，

常熟人。嘉靖三十五年進士，擢刑科左給事中，請錄建言廢斥者，廷杖除名。隆慶初起吏科，擢太常少卿。高拱惡瓚爲徐階所引，瓚已移疾歸，竟坐浮躁謫洛川丞。萬曆中累官刑部左侍郎，年七十一卒，諡莊靖。有濟美集。

壽靑卿雨亭陳公六十序（弇州山人續稿32/16下）

左司寇陳雨亭七十序（天遠樓集1/12）

陳公墓誌銘（弇州山人續稿121/1）

少司寇陳先生傳（松石齋集13/1）

祭少司寇雨亭陳公文（同上23/12下）

掖垣人鑑14/42

明常熟先賢事略9/4下

明史列傳77/11

明史221/10下

父陳策（1494—1577）字獻可。

陳公暨配呂恭人墓誌銘（嚴文靖公集8/1）

陳公暨配呂恭人墓表（松石齋集12/23下）

妻繆氏（1520—1579）

繆恭人墓誌銘（松石齋集21/4下）

陳顯元，蘄縣人。由副榜授新安知縣，惡衣糲食，徒步咨疾苦。以城堞傾頹，寇至不能守，率士民入保關門塞。闖賊檄降，立碎其檄。崇禎十五年賊來犯，死守月餘，力竭而陷，怒駡賊，爲支解死。

明史293/17

陳顯際字道隆，眞定人。舉崇禎進士，授萊陽知縣。十六年淸兵至，與鄉紳共城守，城陷，死之。

明史267/4

陳讓字原禮，號見吾，晉江人。嘉靖十一年進士，授紹興府推官，拜監察御史。以上書言章聖太后合葬事，黜爲民，家居十五年卒。讓繼承朱子之學，於陽明之學亦尊信，稱二子之學、不惟不相悖而實相濟。有見吾集。

見吾陳公傳（張陽和先生不二齋文選5/27，國朝獻徵錄65/117）

名山藏30/22下

陳鑒字德光，號雲軒，大河衞人。天順八年進士，授寶坻令，累官至杭州知府，被枉去職，卒年六十八。

國朝獻徵錄85/27潘塤撰傳

陳觀（1367—1448）字子瀾，富陽人。洪武二十三年舉人，卒業太學，授延平府學教授，調齊安，陞國子助教，乞外補，歷武昌、荆州儒學教授，所至皆嚴立教條，爲諸生講說經史，毫分縷析，諸生不至心領神會不止。乞歸卒，年八十二。

陳先生墓志銘（芳洲文集7/47下，國朝獻徵錄89/99）

陳觀字廷賓，號萬衆畊隱子，應天人。洪武中以經明行修辟府學訓導。後以薦召對稱旨，擢陝西參政，奉公蒞職，以廉謹稱，卒於官，年四十九。

國朝獻徵錄94/6無撰人陳公傳略

陳鑭字汝耀，號淸墩，泰興人。弘治十一年舉人，正德十二年授福州同知，以廉稱。在職八年，會藩長以言侮，遂稱疾歸，有所贈者，皆却弗受。慕黃雪洲、高文襄之爲人。嘗自爲誌銘云，居官惟知守法，居家惟知守貧。

陳汝耀專（謝海門集15/2）

聊

聊讓，蘭州人。本軍家子，好學有志尙，登景泰五年進士，天順中知南昌縣，執禮守法，一以愛民爲主。

明史列傳39/13下

明史164/12

國

國盛字永盛，山東淄川人。正統十三年進士，除工科給事中，陞都給事，歷順天府丞，天順中官至左通政。

掖垣人鑑9/4

眭

眭樺字子纑，丹陽人。嘉靖八年進士，官行人，遷戶科給事中，巡視十庫，得中貴人姦利事，夜昇金祈免，不受，卒劾之。募兵關陝，上籌邊十策。母憂歸、以毁卒。

披垣人鑑13/23

畢

畢自嚴 (1569—1638) 字景曾，淄川人。萬曆二十年進士，授松江推官，累官至太僕卿，天啓初改右僉都御史，巡撫天津，專飭海防，益設鎮海諸營，用戚繼光遺法，水軍先習陸戰，軍由是可用。在事數年，綜核撙節，公私賴之。轉南戶部尚書，以忤魏忠賢引疾歸。崇禎初起戶部尚書，晉太子太保，致仕卒，年七十。有石隱園藏稿。

畢景曾進士司理松江序（昭甫集19/30下）

明史256/4下

畢亨 (1420—1488) 字文康，洛陽人。景泰五年進士，授南京陝西道御史，聲譽翕然。陞知福州府，累擢應天府尹，官終右副都御史、巡撫江南。致仕卒，年六十九。

賜老堂詩序（韓襄毅公家藏文集10/23）

畢公神道碑（丘濬撰、國朝獻徵錄60/58）

畢亨字嘉會，新城人。成化十一年進士，授吏部主事，歷右副都御史，仕至南京工部尚書。亨器識英邁，好學多聞，耿介正直之操，出於天性，有古大臣風。

送畢驗封充淮府冊封副使詩序（懷麓堂文稿7/5下）

送畢公進陝西左方伯之任序（半江趙先生文集11/12下）

父畢理（1425—1505）字文義

畢公神道碑銘（懷麓堂文後稿19/14）

畢拱辰字星伯，掖縣人。好讀書，工詩。萬曆四十四年進士，由知縣遷冀寧兵部僉事。崇禎十七年李自成攻太原，拱辰與巡撫蔡懋德以死守，城破，抗節死。

天啓崇禎兩朝遺詩傳5/195

啓禎野乘11/21

明史263/10下

畢貞士，貴溪人。舉於鄉，佐黃道周等守廣信，清兵破城，赴水，家人救之。行至五里橋，望拜祖塋，觸橋柱死。

明史278/12下

畢德 (1404—1468) 字文德，淮南人。多義行，數輸粟助邊賑饑。天順中學士黃廷臣謫廣東沒，妻孥扶柩阻淮上，不能歸。德爲買地葬之，市屋居其妻孥，人稱友義居士。成化四年卒，年六十五。

國朝獻徵錄113/20倪謙撰友義居士畢公墓表

畢懋良字師皐，號見素，歙縣人。萬曆進士，由萬載知縣，累遷福建左布政使，賑饑民，減加派，撫降海寇，以善績稱。後擢戶部右侍郎，督倉場，以不附魏忠賢落職。崇禎時起兵部左侍郎，致仕歸卒。

明史242/3

畢懋康字孟侯，號東郊，歙縣人，懋良族弟。萬曆二十六年進士，以中書舍人授御史，視鹽長蘆。天啓中累官右僉都御史，撫治鄖陽，魏忠賢以其爲趙南星所引，欲去之，御史王際逵劾其附麗邪黨，遂削籍。崇禎初起南京通政使，歷南京戶部右侍郎，旋引疾歸。工古文辭，能畫。有西清集、管涔集、疏草。

明史242/2

畢鏘 (1517—1608) 字廷鳴，號松坡，石埭人。嘉靖二十三年進士，萬曆四年歷官南京戶部尚書，上陳時政九事，不盡行，乃引年歸。鏘遇事守正，有物望，致仕後，賜存問者再，年九十二卒，謚恭介。

送畢松坡先生擢南大司徒序（馬文莊公集選1/16下）

宮保畢松翁九十序（素雯齋集9/1）

畢公墓誌銘（大泌山房集18/1）

明史列傳76/7下

明史220/9下

父畢永，號後菴。

賀石埭畢後菴先生榮封序（草禺子5/39）

畢鸞字冲霄，井陘人。正統七年進士，授福建道監察御史，歷山西湖廣參議，蒞官嚴明，有清操，居家以孝聞。

國朝獻徵錄88/43無名氏撰傳

婁

婁良 (1411—1485) 字至善，通許人。

正統十年進士，授刑部主事，從北狩，也先欲降之，不屈。也先怒，刃其背，良辭色益厲，重其節，釋之。還遷郎中，累官右副都御史，致仕卒，年七十五。

國朝獻徵錄60/67實錄婁良傳

婁忱字誠善，上饒人，諒子。傳父學，不下樓者十年，從遊甚衆，學舍至不能容，其弟子有架木爲巢而讀書者。

明史283/3下

明儒學案2/9

婁志德（1479—1546）字存仁，號勿齋，項城人。正德十二年進士，知趙州，有惠政，累遷杭州知府、福建布政使、陞巡撫山東，未任卒，年六十八。嘗著兩浙賦役全書，卓有實濟，京師語曰，天下淸官婁志德。

福建都轉運使勿齋婁公入覲序（弘藝錄23/12）

送南京太僕寺卿勿齋婁公之任序（雲岡公文集10/2下）

送方伯婁勿齋擢太僕卿序（朴齋先生集6/26）

婁君去思碑記（黃門集8/13下）

婁公行狀（兪時撰、國朝獻徵錄62/30）

婁鬼里，原爲胡騎指揮，後降。建文時渦河之戰，被甲先登橫擊頗勝，馬蹶被擒死之。

皇明表忠記5/14

遜國正氣紀6/32下

婁堅字子柔，嘉定人。隆萬間貢生，經明行修，鄉里推爲大師，工書法，詩亦淸新，四明謝賓山知縣事，合唐時升、程嘉燧、李流芳及堅詩刻之曰嘉定四先生集，又有學古緒言。

明史288/7

父婁□，號望洋。

婁翁望洋先壽序（松圓偈庵集上/1）

婁琇字元夫，湘陰人。性剛直，官涇州知州。崇禎十四年闖賊陷城，罵賊死，妻亦殉之。

明史292/6下

婁諒字克貞，號一齋，上饒人。少有志聖學，聞吳與弼在臨川，往從之。與弼告以爲學須親細務，諒素豪邁，由此折節，雖掃除之事，必身親之。其學以收放心爲居敬之門，以何思何慮，勿忘勿助，爲居敬要旨。王守仁少時，亦嘗從諒學。景泰間舉於鄉，官成都訓導，尋告歸，有日錄，三禮訂訛。

國琛集下/10

皇明世說新語6/31下

明史283/3

明儒學案2/8

婁謙字克讓，上饒人。成化二年進士，任御史，提督學政，以躬行實踐爲教，士類風動，歷四川布政使卒。

贈婁侍御督學南畿序（謝文莊公集3/13）

國朝獻徵錄65/24京學志婁謙傳

祟

祟剛，官揚州衞都指揮使。靖難兵起，剛繕兵甲，濬城濠，兵至城守，晝夜不懈。同列懷二心者，忌剛不敢發，後被執不屈死。

國朝獻徵錄111/8忠節錄傳

吾學編53/7

遜國正氣紀6/31

明史142/5

崔

崔三畏字敬甫，號省山，直隸蠡縣人。嘉靖八年進士，由江西太和知縣，還南京刑科給事中，陞山東僉事，仕至陝西參政致仕。

掖垣人鑑13/34下

父崔岑（1456—1507）字萬峯，楡次知縣。

崔公墓誌銘（鈐山堂集31/6）

崔文昇，神宗鄭貴妃內侍。光宗立，陞司禮秉筆，掌御藥房。時貴妃進帝美女四人，帝幸焉，既而有疾，文昇進大黃藥，益劇，外廷洶洶，皆言文昇受貴妃指，有異謀。未幾，光宗服李可灼紅丸，遂崩，文昇被劾謫南京。及魏忠賢用事，召文昇總督漕運，兼管河道，莊烈帝即位，斥充孝陵淨軍。

明史305/29下

崔文奎（1451—1534）字應宿，山東新泰人。成化二十年進士，授刑部主事，歷河南布政使，右都御史，嘉靖初累官至南京工部尚書，致仕卒，年八十四。

崔公神道碑（洹詞10/27，國朝獻徵錄52/44）

崔文榮，海寧衛人。世爲指揮僉事，舉武會試，授南安守備。崇禎中盜逼桂陽，文榮督所部會勦，以却賊功擢武昌參將。張獻忠犯武昌，間諜開門納賊，文榮力戰死之。

明史294/8下

崔元（1478—1549）字懋仁，號岱屏，代州人。尙憲宗女永康公主，世宗入繼，以迎立功封京山侯。坐張延齡事下詔獄，尋釋。元好交文士，播聲譽，寵幸優渥，年七十二卒，謚榮恭。

京山侯岱屏崔公進秩太保序（龍津原集3/25下）

京山侯岱屏崔公進秩太保序（同上3/51）

崔公神道碑（鈐山堂集36/5下，國朝獻徵錄4/20）

吾學編19/78下

皇明功臣封爵考7/11

皇明書12/5下

明史121/12下

崔志端，順天宛平人。由神樂觀道士充樂舞生，成化八年授太常寺贊禮郞，弘治中屢進禮部尙書，掌太常寺事致仕，正德九年卒。

國朝獻徵錄70/2實錄本傳

崔呈秀，薊州人。萬曆四十一年進士，天啓初巡按淮楊，卑汚狡獪，贓私狼籍，都御史高攀龍盡發其狀，詔革職候勘。呈秀大窘，夜走魏忠賢所，乞爲養子，時忠賢爲廷臣交攻，憤甚，得呈秀，遂用爲腹心，日與計畫，以中旨復其官。呈秀進同志諸錄，皆東林黨人，又進天鑒錄，皆不附東林者，令忠賢憑以黜陟，善類爲空。呈秀負忠賢寵，嗜利彌甚，朝士多拜爲門下士，閹黨五虎，以呈秀爲魁。累遷兵部尙書，兼左都御史，握兵權，總憲法，勢傾朝野。莊烈帝卽位，有詔逮治，自縊死，追戮其屍。

明史306/15下

崔泌之字機仲，鹿邑人。天啓進士，知雄縣，調淸苑，多所建樹。舊令黃宗昌爲御史，劾周延儒，延儒屬保定知府摭宗昌罪，知府以屬泌之，泌之曰，殺人以媚人可乎。知府愧且怒，爲所陷，坐遣戍。後釋還，李自成攻陳州，泌之分堞守城，兵敗自殺。

明史293/10

崔和，衡水人。正德時爲鎭守金騰太監，性廉潔，辭歸，過潞江，安撫司送過江銀三百，景東蒙化各献年例軍伴紙劄銀若干，悉以修起衆安橋及各寺，且曰，爲人在世也，須幹些好勾當，若只要錢也，沒來由。

國朝獻徵錄117/34無名氏撰傳

崔亮字宗明，藁城人。元末爲浙江行省椽，降明，授中書省禮曹主事。洪武初爲禮部尙書，自郊廟祭祀朝賀及大射軍禮，皆亮所酌定，以考證詳確稱，卒於官。

寅齋後記（宋學士文集10/87）

國朝獻徵錄33/1雷禮撰傳

明史列傳11/6

明史136/5下

崔恭（1409—1479）字克讓，廣宗人。正統元年進士，歷仕有政績，天順二年以副都御史巡撫蘇松諸府，浚治諸水，民賴其利。召爲吏部右侍郎，置勸懲薄，有閱皆識之。成化五年進吏部尙書，參贊機務，致仕歸，卒年七十，謚莊敏。

崔公墓誌銘（劉珝撰、皇明名臣墓銘艮集28）

國朝獻徵錄27/10無名氏撰傳

皇明世說新語4/5下

吾學編42/3下

皇明書21/27

明史列傳39/14下

明史159/9下

母喩氏

祭崔冢宰母文（韓襄毅公家藏文集15/14下）

崔桐字來鳳，號東洲，揚州人。正德十二年進士，授編修，以疏諫武宗南巡，被廷杖。嘉靖中仕終禮部右侍郎。有東洲集、及續集傳世。

送崔東洲序（內方集10/33）

明史179/15下

崔陞 (1449—1526) 字廷進，號南郭，欒安人，著籍安陽。成化五年進士，歷禮部主事，遷延安知府，累陞四川參政，守官廉潔。家居三十年卒，年八十八。

來鶴亭記（泉翁大全集26/3）
崔公墓誌銘（空同子集47/13下，國朝獻徵錄98/17）
祭大參崔老先生文（涂水先生文集5/7）
皇明書29/13下
明史列傳49/18
明史180/18下

妻李氏

皇明書45/8下

崔涯字若濟，號筆山，寧國太平人。初養於方氏，從方姓，後復本姓。舉嘉靖八年進士，擢御史，糾劾不避權貴，世宗目爲眞御史。巡按福建，墨吏聞風解綬。陳山海十二策，悉中利弊。以劾吏部尙書汪鋐忤旨見斥。有崔筆山文集。

壽侍御崔筆山先生七十序（訥溪文錄3/23下）

崔敏字好學，襄陵人。生四十日，其父仕元爲綿竹尹，父子隔絕者三十年，敏依母兄以居。元季冦亂，母及兄又相失，亂稍定，入陝尋母不可得，入川抵綿竹，求父塚墓，無知者。復入陝訪諸親故，始知父殯所在。負骸以歸，時稱崔孝子。

國朝獻徵錄112/7張昌撰傳
明史296/14下

崔景榮字自強，長垣人。萬曆十一年進士，授平陽府推官，擢御史，累陞右僉都御史，巡撫寧夏，申威信，省市費，邊陲晏如。天啓中爲吏部尙書，以忤魏忠賢，奪職。崇禎改元復官，四年卒。

明史列傳93/8下
明史256/1

父崔聞禮字廷訓，號西岡，萬曆二十八年卒。

崔公墓碑（朱文懿公文集8/48）

母劉氏

劉氏墓表（淡然軒集7/25）

崔源 (1412—1448) 字有本，雲中人。天性孝友，深沈有智。襲寧波衞指揮同知，正統十三年，閩浙盜起，從總兵寧陽侯勦捕，累獲奇功，升署浙江都指揮僉事。置寨武義，一日，火發聯營，源倉卒遇敵，與弟澄及淸皆力戰死，年僅三十七。

崔公墓碑銘（南山黃先生家傳集48/1）

崔聚，懷遠人。從成祖起兵北征，累遷左軍都督僉事。宣德二年以左參將從柳升征交趾，兵敗不屈死。

國朝獻徵錄108/15實錄崔聚傳
明史列傳23/32
明史154/19下

崔鑒 (1391—1439) 字仲玉，昌黎人。永樂十九年進士，授交趾道監察御史，立事舉職，強幹不屈，改江西道，遷山東僉事，卒於官，年四十九。

崔公墓誌銘（敬軒薛先生文集22/1，國朝獻徵錄95/101）

崔銑 (1478—1541) 字子鍾，一字仲鳧，初號後渠，有遺泗磬，因號少石，又號洹野，河南安陽人，陞子。弘治十八年進士，授編修，忤劉瑾，出爲南京吏部主事。瑾敗，召充經筵講官。世宗卽位，擢南京國子監祭酒。大禮議起，銑疏劾張璁、桂萼等，帝不悅，令銑致仕。用薦起，歷南京禮部右侍郎，致仕卒，年六十四，諡文敏。銑學以程朱爲的，斥王守仁爲覇儒。有讀易餘言、崔氏小爾雅、彰德府志、文苑春秋敍錄、士翼、後渠庸言、洹詞、政議、晦菴文鈔續集、文苑春秋。

送翰林崔南園北上序（涂水先生文集2/3下）
送大司成崔公致政序（林屋集12/1）
松窗寤言序（李中麓閒居集6/76下）
崔文敏公祠堂記（葛端肅公文集11/8）
崔文敏公傳（馬理撰、洹詞卷首）
崔公傳（黃佐撰、皇明名臣墓銘兌集75）
崔公傳（郭朴撰、國朝獻徵錄37/29）
吾學編39/9
國琛集下/34
四友齋叢說10/9下，23/12
皇明世說新語1/7下，6/13下，6/27下
聖朝名世考3/95
皇明書36/3下

名山藏臣林記20/28下

明史282/33

明儒學案48/8下

崔震（1435—1495）字時起，代州人。以輸邊爲國子生，成化二十年試吏部，授泰安州判官，兼攝肥城縣事，賞罰明信，兵民欣服，以久不遷，乞歸，年六十一卒。

崔君墓誌銘（徐文靖公謙齋集5/17）

崔儀字文威，河南滎陽人。天順元年進士，任兵科給事中，陞福建右參議，仕終福建右布政使。

掖垣人鑑7/36下

崔儒秀字士表，號儆初，陝州人。萬曆二十六年進士，授刑部主事，累遷山東僉事，整飭開原兵備道。時開原已失，募壯士携家而行。總戎賀世賢謀叛，犯遼陽，儒秀率部拒守，城破自縊死，，贈大理寺卿，賜祠曰愍忠。

贈大理寺卿崔君傳（王惺所先生集7/14）

名臣諡義（公槐集6/12下）

啓禎野乘8/30

天啓崇禎兩朝遺詩傳2/36

明史291/7

崔應元，大興人。市井無賴，充校尉，冒緝捕功積官至錦衣指揮，爲劉瑾門下五虎之一。瑾敗，應元論死。

明史306/41

崔鑑，京師人。父嗜酒狎娼，召娼與居，娼恃寵，時時陵鑑母。一日，娼擊敗母面，母將自盡，鑑時年十三，自學舍歸，以刃刺娼斃之。亡走數里，恐累母，復趨歸，父已訴於官，將縶母。鑑急自陳，衆乃釋母，縶鑑置獄，事聞，世宗貸其罪。

國朝獻徵錄112/68吳桂芳撰傳

明史297/13

崔巖字民瞻，郴州人。成化十七年進士，授戶部主事，歷江西、河南布政使，以都察院右副都御史，巡撫大同，改陝西巡撫，召爲工部侍郎，嘉靖元年卒。

國朝獻徵錄51/39胡直撰傳

常

常三省（1523—1601）字希曾，泗人。嘉靖三十五年進士，授吉水知縣，擢戶部主事，官至湖廣參議，卒年七十九。

常公墓誌銘（大泌山房集80/37下）

常守文字以通，武進人。由吏員任成都衛幕，以清慎薦陞廣西副提擧，再任廣東，一介不取，丁母憂居喪無所受，後竟以貧困死。

毘陵人品記10/10

常序字子順，號青渟，山東堂邑人。嘉靖五年進士，由廬陵知縣，選吏科給事中，十四年以憂歸卒。

掖垣人鑑13/22下

常居敬字汝一，號心吾，江夏人，著籍武昌。萬曆二年進士，由江西南昌府推官選刑科給事中，歷太僕少卿，官至浙江巡撫，致仕卒。

太僕常公督河奏議序（衡陽集9/10）

中丞常公督撫兩浙奏疏序（朱文懿公文集4/43）

中丞常公壽序（大泌山房集29/20下）

掖垣人鑑16/19

父常自省（1523—1561）字希曾。

常公墓誌銘（穀城山館文集19/35）

常昇，懷遠人，遇春次子。洪武二十一年封開國公，數出練軍，加太子太保，昇之卒，史無可考，有謂洪武中坐藍玉黨誅死者，有謂建文末於浦子口力戰死者。昇爲懿文太子妃兄，建文時恩禮宜厚，事遭革除，遂無可考。

吾學編55/1

遜國正氣紀6/4

明史列傳4/16

明史125/16下

常茂，懷遠人，遇春子。封鄭國公，洪武中從馮勝征納哈出於金山，勝、茂婦翁也，茂多不奉約束，會納哈出請降，詣藍玉營，與玉酒次相失，納哈出欲遁，茂拔刀砍傷其臂，勝遂奏茂激變，械繫至京，安置龍州卒。

開平王世家（弇州山人續稿81/1，國朝獻徵錄5/85）

明史列傳4/16
明史125/16

常泰字時雍，山西徐溝人。正德十六年進士，由行人選戶科給事中，後以大獄被逮，謫戍卒於廣西戍所。隆慶元年，贈光祿寺少卿。

披垣人鑑13/7

常倫字明卿，號樓居子，沁水人。正德六年進士，除大理評事，謫壽州判，忤上官，不告歸，後墮水死。倫多力善騎射，縱情聲伎，自度新聲，悲壯艷麗，兼工書畫，有常評事集。

皇明世說新語6/29下
四友齋叢說26/4下

常遇春（1330—1369）字伯仁，懷遠人。貌奇偉，勇力絕人，初爲盜，後歸太祖，嘗攻釆石，屢出奇以挫元兵，尋守溧陽，攻建康，又從平陳友諒，擒張士誠，取中原。累官至中書右丞相，封鄂國公，年四十卒，諡忠武，追封開平王。遇春沈鷙果敢，善撫士卒，摧鋒陷陣，未嘗敗北。雖不習書史，用兵輒與古合，長徐達二歲，數從征伐，聽約束惟謹，一時名將稱徐常。

常公神道碑銘（宋學士文集2/15，皇朝名臣琬琰錄1/9，國朝獻徵錄5/79）
開平王世家（弇州山人續稿81/1）
名山藏臣林記1/8下
皇明獻實1/6下
吾學編22/5下
皇明功臣封爵考1/11
皇明書33/6下
國琛集上/3
聖朝名世考1/6下
明史列傳4/11下
明史125/11

常寧字文靜，河南襄城人。天順元年進士，任兵科給事中，陞苑馬寺少卿。

披垣人鑑7/36下

常榮，懷遠人，遇春再從弟。歷官指揮僉事，從朱亮祖平蜀，擢振武衛指揮同知。後北征，追敵至阿魯渾河，力戰死。

明史133/20

常潤字大千，號幻休，江西進賢黃氏子。幼失二親，遂入佛牛山出家。後嗣少林宗主小山書公之座，嘗遊五臺，講法華於壽明寺，衆見白光繞座，極爲汪道昆所讚許，萬曆十三年示寂，陸樹聲文其石以頌之。

少林寺總持空門幻休潤禪師塔記銘（太函副墨19/23）
補續高僧傳16/7

莫

莫可及字君愚，宜興人。歷長沙府照磨，攝寧鄉縣事。崇禎十六年張献忠陷城，死之。二子若鼎、若鉦號慟奔赴遇害。

明史294/13下

莫如士字子元，恩平人。嘉靖二十六年進士，歷官監察御史，端直敢言。仇鸞將爲不利，劾之。會鸞病卒，復追論其罪，直聲動海內，遂遷大理丞，理冤決滯，皆以爲有于公風。

賀侍御莫沙濱先生考最序（華陽洞稿1/14）

莫如忠（1509—1589）字子良，號中江，松江華亭人。嘉靖十七年進士，累官浙江布政使，潔修自好。夏言死西市，爲經紀其喪。善草書，詩文具有體要，卒年八十一。有崇蘭館集。

覽輝樓記（嚴文靖公集4/5下）
覽輝樓記（袁文榮公文集6/17）
贈別莫中江序（陸文定公集9/31）
壽方伯中江莫公七十序（同上10/5）
送浙江右布政使華亭莫公予告序（弇州山人四部稿58/11）
莫中江先生全集序（陸文定公集11/6）
莫公墓誌銘（同上7/30）
祭莫方伯中江先生文（滄溟集6/10）
先進舊聞（寶日堂初集23/15）
皇明世說新語2/22下

父莫愚（1487—1542）字汝明，號省軒。

莫先生墓志銘（儼山文集75/1）

母朱氏

朱氏墓誌銘（世經堂集16/43）

弟莫如德（1518—1584）字子賢，號鳳郊，鴻臚寺序班。

莫君墓誌銘（陸文定公集6/26下）

莫叔明字公遠，一名更生，字延年，號寒泉子，長洲人，寓居武林。卒年七十六。酷嗜詩，有集，又有淮陰筆記。

淮陰筆記序（二酉園文集3/14下）

莫公遠墓表（二酉園續集19/27）

莫叔明傳（茅鹿門先生文集19/8下）

明詩人莫公遠墓誌銘（弇州山人續稿113/1）

莫是龍字雲卿，後以字行，更字廷韓，號秋水，又號後明，松江華亭人，如忠子。十歲能文，長善書畫，皇甫汸，王世貞輩亟稱之，以貢生終。有石秀齋集及畫說。

送莫廷韓序（大鄣山人集12/17）。

莫廷韓小傳（張所敬撰、石秀齋集卷首）

皇明世說新語5/13下，5/20下，5/33，6/21下

明史288/12

莫驄字子朴，臨桂人。舉鄉薦，宣德五年以郎中出知常州府，爲政嚴肅，吏不敢欺，所在興建。正統六年秩滿，郡民乞留，詔進二階復任，在郡十四年致仕。

明史161/9下

莫驄字日良，無錫人。成化二十年進士，授工部主事，議建濟寧石閘，歲省費數萬，民賴其利，改兵部車駕郎，卒年四十七。

毘陵人品記8/5

莊

莊子固字憲伯，遼東人。年十三，殺人亡命，後從軍有功，積官至參將。史可法出鎮，用爲副總兵，屯徐州、歸德間，聞揚州被圍，率衆馳救，城將破，欲擁可法出城，遇清兵，格鬪死。

明史272/12下

莊㫤（1437—1499）字孔暘，號木齋，又號臥林居士，江浦人。成化二年進士，授翰林檢討，因疏諫內廷張燈忤旨，謫桂陽判官，尋改南京行人司副，以憂歸。卜居定山二十餘年，學者稱爲定山先生。弘治間起爲南京吏部郎中，罷歸卒，年六十三，追謚文節。其學以主象爲主，爲詩語含興象。有莊定山集傳世。

定山莊先生墓誌銘（泉翁大全集60/17下，皇明名臣墓銘震集63，國朝獻徵錄27/64）

過江浦祭莊定山先生文（泉翁大全集58/3下）

新江書院定山先生祠堂記（同上28/12）

重刻定山先生詩文集序（同上23/21）

皇明獻實29/3下

吾學編40/12

國琛集下/7下

聖朝名世考6/13

皇明世說新語4/11下，7/2

名山藏臣林記12/9

皇明書35/19

明史列傳48/4下

明史179/8

明儒學案45/7

莊祖誥字汝欽，成都人。累官雲南按察使，崇禎十七年里居，張献忠寇至，祖誥衣冠端坐，駡賊被害。

明史295/13下

莊祥（1444—1506）字瑞卿，號古泉，武進人。博極群書，精於經學，工眞草書。弘治九年歲貢，授新淦縣儒學訓導，卒於官，年六十三。

莊公墓誌銘（山堂萃稿13/18下）

莊國禎（1527—1604）字君祉，號陽山，福建晉江人。嘉靖四十一年進士，由會稽知縣選戶科給事中，歷浙江僉事、廣西左布政使，官至戶部侍郎，卒年七十八。

莊公墓誌銘（田亭草16/1）

掖垣人鑑15/2

妻王氏。

莊母王夫人八十壽序（田亭草6/3）

莊䥴字廷功，福建晉江人。正統十年進士，任吏科給事中，論諫務存大體。景泰二年出守雷州，尤注意於學校。

掖垣人鑑5/21

莊得，又名得一，累官都指揮。建文時與燕兵戰，懷來之役，惟得一軍獲全。盛庸戰夾河，得力戰助庸，斬燕將譚淵。已而靖難兵勁騎乘暮掩擊，戰死。

吾學編53/6
皇明表忠紀512
遜國正氣紀6/28
國朝獻徵錄110/8忠節錄
革朝遺忠錄下/27下
明史列傳20/7
明史142/8

莊瑛（1466— ）字惇之，廣東揭陽人。弘治九年進士，授安福知縣，尋擢德府長史。宸濠挾借祿米，瑛持不與。又嚴絕其私交，宸濠銜之，陰謀構害。瑛挺身往見，詞色俱厲，遂被杖下獄，不食三日，衣冠危坐而死。

送知縣莊君之任安福序（羅文肅公集4/1）

莊際昌（1584— ）字景說，號羹若，原名夢岳，福建永春人。萬曆四十七年會試廷試俱第一。天啓初魏璫柄政，際昌守正不阿，因奉敕立靖藩。抵家，杜門不出。莊烈帝即位，起爲國子祭酒，卒官。

狀元圖考4/13下

莊瑾字公瑾，號釆芝，松江人。工書畫，能詩。

吳中人物志10/23
圖繪寶鑑6/3
水東日記3/8

莊鼇獻字任公，晉江人。崇禎間由庶吉士改兵科給事中，上太平十二策，極論東廠之害，忤旨，貶浙江布政司照磨。福王時起故官卒。

明史258/21

莊鑑，遼東人。初襲定遼右衛指揮使，驍勇有膽決，遇賊輒奮戰，數有功，官至都督同知，時稱名將。

明史列傳45/16
明史174/15

莊觀字居正，歙縣人。永樂九年舉人，授義烏訓導，擢國子學正，正統元年遷陝西按察僉事，陞副使，督學政，景泰元年致仕。

莊公行狀（張楷撰、國朝獻徵錄94/53）

符

符錫字宜臣，新喻人。弘治十四年舉人，授韶州判官，累遷太僕丞，出知韶州。

送符宜臣通判韶州序（梓溪文鈔外集3/18）

符觀（1444—1528）字衍觀，號活溪，新喻人。弘治三年進士，授溧陽知縣，遷高州同知，正德四年擢浙江按察僉事，陞山東布政司右參議，乞歸，卒年八十五。觀於書自經史子集至於天文星曆地理醫卜書，無所不窺。著有活溪存稿。

送知縣符君之任溧陽序（羅文肅公集3/19下）
金田符氏族譜序（整菴先生存稿9/16下）
符公墓誌銘（鈐山堂集 30/1 ，國朝獻徵錄84/43）

魚

魚侃字希直，常熟人。永樂二十二年進士，歷官開封知府，斷決明允，請託不行，汴人稱爲包老，毋憂歸。貧甚，或至罷炊，處之夷然。

國朝獻徵錄93/5無名氏撰傳

猛

猛如虎，本塞外降人，家榆林。驍果善戰，崇禎間積功至薊鎮中協總兵官，嘗析賊混世王、九條龍等。從楊嗣昌入蜀，爲正總統，力扼張獻忠，所將止六百騎，餘皆左良玉部兵，驕悍不可制，爲獻忠所敗。嗣昌死扼德安、黃州，會疽發背，不能戰，退駐南陽，李自成來攻，如虎與劉光祚憑城固守，殺賊精卒數千，城陷，巷戰死。

明史269/11下

偶

偶桓字武孟，號海翁，因眇一目，又自號瞎牛，太倉人，洪武中官荆門州吏目，卒年八十二。有乾坤清氣集、江雨軒集、醉吟錄。

崑山人物志3/9
吳中人物志4/8下
吳郡張大復先生明人列傳稿×/33

偰

偰斯，溧陽人。元末嘗官嘉定知州，附於明，洪武元年授兵部員外郎，遷尙寶符寶郎，奉使高麗稱旨。歷知太安州、河閒府，俱以才幹著，屢官吏部尙書，改禮部致仕。

國朝獻徵錄24/12，又33/4無名氏撰傳

紹

紹宗，別號遂初，上海陳氏子。年十三入里之安國寺，得法於靜庵。洪武二十六年應召廬山奏對稱旨，賜金縷僧伽黎，擢右講經，尋陞右善世，天順元年端坐而化。

明高僧傳3/10下

紹琦字楚山，唐安雷氏子。九歲出家，初從玄極和尙，最後謁東普無際和尙得法。正統六年復參東普，普詢之諸語，悉具以對。所著語錄，直捷簡明。

補續高僧傳15/22

皇明名僧輯略×/42

巢

巢鳴盛字端明，嘉興人。崇禎九年擧人。時尙奢靡，凡得雋者，競乘輿張蓋。鳴盛獨斂衣草履如平時，刻苦自勵。明亡，閉戶不出，荷鉏種菜以自給，口不及人間事。立家訓以勉忠孝，就廉恥爲敎，隱居以終。著有永思草堂集。

檇李往哲續編×/33

十 二 劃

馮

馮一第字根公，號龍喜，長沙人。天啓七年舉人，以詩文名湖南，賊陷湘潭遇害。

明孝廉馮一第傳（存吾文稿3/42）
天啓崇禎兩朝遺詩傳2/69
明史294/13

馮子咸字受甫，號望山，更號本軒，臨朐人，惟健子。少孤，事母孝，母疾，不解衣者踰年，母沒，哀毀骨立。萬曆初舉於鄉，講求濂洛之學，嘗曰爲學須剛與恒，不剛則懦，不恒則退。治家宗顏氏家訓，鄉人率其教，多爲善良，人稱貞靜先生。

貞靜先生行狀（馮琦撰、國朝獻徵錄114/89）
馮氏家傳（大泌山房集65/17）
明史列傳75/9
明史216/12下

馮子履（1539—1596）字禮甫，號仰芹，臨朐人，惟重子。隆慶二年進士，授固安令，歷官至河南參政，年五十八卒。

贈仰芹馮翁擢河南大參序（紫園草4/11）
送馮仰芹先生陞河南大參序（陸學士先生遺稿10/27下）
馮公墓誌銘（穀城山館文集21/11下）
馮仰芹墓表（淡然軒集7/20）
仰芹馮公墓表（王文肅公文草7/18）
祭馮公仰芹文（穀城山館文集33/13下）
馮太公祭文（劉大司成集9/38）
祭參政馮公文（復宿山房集31/9）
祭馮宗伯（大泌山房集116/3）
仰芹馮公誄（來禽館集17/17）
馮氏家傳（大泌山房集65/14下）

馮大受字咸甫，華亭人，行可子。萬曆七年舉人，除山陽知縣。有行素園集、咸甫詩集。

馮咸父詩序（歸有園稿2/11）
馮咸甫詩草序（處實堂集6/9下）
馮咸甫詩草序（白榆集1/9下）

馮天馭字應房，號伯良，蘄州人。嘉靖十四年進士，授大理評事，擢御史，累官刑部尚書，隆慶二年卒。

國朝獻徵錄45/48胡直撰傳
父馮□，號南資先生。
馮公墓誌銘（世經堂集16/9下）
母陳氏（1482—1550）
馮母行狀（存笥稿12/19下）

馮元飂（1586—1644）字爾賡，號留仙，慈谿人。崇禎元年進士，授都水主事，與弟元飈俱以論中官有直聲，時稱二馮。累官右僉都御史，巡撫天津，帝眷甚厚，以衰老乞休，代未至而京師陷，由海道脫歸卒，年五十九。

兵使慈谿馮公進秩晉學福建敍（牧齋初學集34/1）
馮公墓誌銘（牧齋有學集28/22）
馮公神道碑銘（南雷文案5/4）
明史257/26

馮元飈字爾弢，元飂弟。天啓二年進士，歷知澄陽、揭陽，崇禎中擢戶科給事中，有直聲。多智數，尙權譎，累遷兵部尙書，帝倚之甚至，元飈顧不能有所建樹。河南湖廣地盡陷，關寧又日告警，元飈規自脫，遂稱疾乞休，時論薄之，福王時卒。

明史257/23下

馮友（1507—1565）字益卿，長安人。嘉靖十三年舉人，歷知嵩嵐州、忻州，咸有治績。陞保定府同知，被劾歸。性孝友，篤志講學，學者稱兌泉先生，卒年五十九。

馮公墓表（大泌山房集104/20下，又馮少墟集20/19）
兌泉馮公墓誌銘（曹幹撰、馮少墟集20/12）
馮大夫傳（焦竑撰、同上20/15下）
妻劉氏（1524—1569）。
劉氏墓誌銘（李汝蘭撰、馮少墟集20/23）

馮允中字執之，郴州人。成化二十年進士，擢御史，按兩淮，能振憲度，洗宿蠹。繼按蘇松，節費裕民。劉瑾用事，怒其守正，矯制逮獄，免歸卒。

憲度餘思軒記（柴墟文集11/6）

馮氏，隋州諸生梁凝禧妻。崇禎十年聞賊警，夫婦買舟避難，賊追急，夫婦要同死。氏曰，同死固甘，但君尚無子，老母在堂，幸速逃，明早可於此地尋我。凝禧遂逃，次早果得屍於分手處。

明史303/12

馮本清（1369--1428）號介菴，餘姚人。膺貢爲國子生，授御史，官至江西按察司僉事，卒官，年六十。

馮公墓表（李東陽撰、國朝獻徵錄86/105）

馮世雍字子和，號三石，江夏人。嘉靖二年進士，由吏部郎出守臨安、徽州二郡，有惠政。工詩文，有呂梁志，三石文集。

贈馮臨安序（涇野先生文集9/29）

馮生虞，大足人。萬曆中爲吏部文選郎中，以擬何選爲刑部員外郎，忤帝意，謫雜職調邊方。天啓中贈光祿少卿。

明史233/20

馮汝弼（1499--1577）字惟良，號祐山，浙江平湖人。嘉靖十一年進士，官工科給事中，以言事謫潛山縣丞，遷知太倉州，調揚州府同知，不赴，卒於家，年七十九。有祐山雜說，祐山文集。

壽諫議祐山馮先生序（許文穆公集2/1）

馮祐山先生集序（弇州山人續稿44/20下）

祐山馮公行狀（王文肅公文草11/25下）

馮公傳（賜閒堂集18/13下、國朝獻徵錄80/109）

掖垣人鑑13/29

妻屠氏（1500—1547）。

屠氏誌銘（海石先生文集27/13）

馮守禮，猗氏人。早有志操，舉於鄉，爲平定州學正，課士有法，歷官萊蕪知縣。崇禎十五年淸兵破萊蕪，與二子據奇、拱奇並殉難。

明史291/20

馮安（1463--1528）字仁甫，號一山，慈谿人。弘治八年舉人，卒業成均，授福淸知縣，擒蒙魁林凱等置之法，四境帖然。遷江都尹，會武宗南巡，駐蹕於揚，安力拒權姦法外之求。安性耿介，不善逢迎，遂解官歸，卒年六十六。子震，舉嘉靖五年進士，有名御史之稱。

馮公墓誌銘（東泉文集7/33）

馮行可字道卿，號勅齋，松江華亭人，恩長子。恩獲罪，行可年十三，刺血上書請代父死，不許。後領嘉靖鄉薦，授光祿署正，遷應天通判，所至淸惠有聲。

贈貢士勅齋馮君北上序（環溪集6/11）

勅齋馮京兆八十壽序（長水先生文鈔4/17）

先進舊聞（寶日堂初集23/24下）

明史209/7下

馮孜字子漸，號原泉，桐鄉人。隆慶五年進士，授太倉知州，官至湖廣布政使。有古今將略。

觀我圖序（寶菴集10/20下）

母張氏。

馮母張太夫人節壽詩序（弇州山人四部稿69/15）

張節婦傳（大泌山房集75/18下）

馮成能字子經，號緯川，浙江慈谿人。嘉靖三十八年進士，由福州推官，選刑科給事中，擢湖廣右參政，遷四川左布政，萬曆元年卒。

贈藩參馮公觀察貴州序（溫恭毅公文集7/32）

祭緯川老師馮公文（鍾台先生文集7/3）

祭馮緯川方伯文（徐氏海隅集文編33/8）

掖垣人鑑14/44下

父馮德（1484—1556）字維新，號友石。

友石馮公墓表（浣所李公文集8/3）

馮京，洪武中以進士授翰林編修，永樂元年召爲行部左侍郎。皇太子監國，命兼輔導之職，盡誠翊贊，甚受器重，後坐罪下獄死。

明史列傳24/12

馮忠（1438—1502）字原孝，號松崖，慈谿人。成化十四年進士，授刑部主事，遷員外郎，陞揚州知府，政簡而肅。轉守彰德，修復韓魏公祠，勒文以紀，時謂其文可並羅池廟碑，年六十五卒。有松樵集。

郡守馮侯閔雨記（羅文肅公集16/2下）

馮公墓誌銘（東川劉文簡公集16/7下）

馮岳（1495--1581）字望之，號貞所，

浙江慈谿人。嘉靖五年進士，授工部主事，遷員外郎，歷江西按察使、湖廣巡撫，以兵部侍郎總督湖廣川貴軍務，終南京刑部尚書，致仕卒，年八十七。有文集及恤刑稿。

馮公家狀（不著撰人、國朝獻徵錄48/88）

父馮復陽（1467—1531）字休父。

馮公墓誌銘（袁永之集16/11）

母范氏。

馮太安人七十榮壽序（張文定公紓玉樓集8/34下）

馮亮字執夫，號貞齋，浙江金華人，傑重孫。嘉靖十一年進士，由直隸丹徒知縣選兵科給事中，擢河南參政，仕終四川按察使，卒年四十四。

送河南參政馮君序（雲岡公文集8/2下）

馮公暨配錢孺人墓誌銘（陸學士先生遺稿12/9，國朝獻徵錄98/59下）

掖垣人鑑13/33下

父馮璣，號華峰，來安知縣。

賀馮華峰暨朱孺人雙壽序（葛端肅公文集9/16）

馮厚敦字培卿，江陰人。崇禎中，爲江陰訓導，清兵下江陰，與典史閻應元登陴固守三月。城破，應元赴水死，厚敦冠帶自縊於明倫堂，娣及妻亦結袵投井死。

明史277/17

馮柯，慈谿人。嘗應襄藩之聘，輯宗藩訓典，襄王甚禮重之，錫號貞白高士。著有求是編、三極通、小學補、質言、廻瀾正論。

貞白五書序（田亭草3/39）

同年祭馮貞白年伯（靈護閣集6/50）

馮昱字景陽，濮州人。正統舉人，累遷河南副使。藩府丞奉某頻出督租爲民害，民怨將爲亂，昱啓王，不省。乃單騎率數卒縛某數其罪，仍疏於朝，詔以法治之，民賴以安。

水東日記27/6下

馮俊字士彥，宜山人。天順四年進士，授刑部主事，折獄仁恕，擢福建按察副使，累官都察院右副都御史，巡撫四川，卒於官。

國朝獻徵錄60/85郭棐撰傳

皇明世說新語1/10

馮保字永亭，號雙林，深州人。嘉靖中爲司禮秉筆太監，倚太后勢，遇帝嚴，賞罰皆自保出，帝積不能堪，及太后歸政，遂謫保奉御南京安置，籍其家。保善琴能書，亦時引大體，能約束子弟，人亦以此稱之。有經書音釋。

司禮監太監馮公預作壽藏記（張太岳文集9/5下）

明史305/2下

馮涇字伯淸，慈谿人。以孝友稱。舉正德九年進士，累官禮部員外郎。武宗南巡，偕同官伏闕諫，罰跪午門外，復廷杖，創重死，家貧不能還喪，世宗立，詔有司厚卹其家。

明史189/20下

馮恩字子仁，號南江，松江華亭人。嘉靖五年進士，以行人勞王守仁軍，因執贄爲弟子。擢南京御史，極論大學士張璁、方獻夫、右都御史汪鋐奸狀，帝大怒，詔下獄論死。及朝審，鋐東向坐，令拽恩使向西跪，恩不屈，且罵鋐，歷數其罪。觀者皆曰，是御史非但口如鐵，其膝其膽其骨皆鐵也，因稱四鐵御史。長子行可，時年十三，刺血上書，請代父死，帝覽疏感動，乃得戍雷州，越六年遇赦還。穆宗初即家拜大理寺丞，致仕卒。有芻蕘錄。

贈南臺御史馮君序（黃潭先生文集1/11）

馮侍御芻蕘錄序（皇甫司勳集37/3）

侍御南江馮公芻蕘錄序（環溪集5/3）

壽祉堂記（遵巖先生文集9/46）

馮廷尉傳（弇州山人續稿76/1，國朝獻徵錄65/85）

元進舊聞（寶日堂初集23/20）

皇明世說新語3/14下

名山藏臣林記21/14下

明史209/3下

父馮逵字惟中，號時齋。

馮公暨配吳氏合葬墓表（環溪集23/17下）

馮公暨配吳氏合葬銘（世經堂集16/41）

妾馬氏、時可生母。

馮母馬太安人傳（歸有園稿5/24下）

馮時可字敏卿，號元成，松江華亭人，恩次子。隆慶五年進士，累官至湖廣參政，所至有治績，尤以著述爲海內所重。著有易說、詩意、左氏釋、左氏討、上池雜識、雨航雜錄、及巖棲、石湖、西征、北征、金閶、天池、皷茹諸稿。

明史209/7下

馮時雨字化之，號崑峰，長洲人。隆慶二年進士，由行人選戶科給事中，累遷湖廣參議，歷浙江海道副使，終湖廣參政。

贈湖藩少參馮君入賀萬壽序（徐氏海隅集文編8/15）

掖垣人鑑15/17

馮師孔字景魯，原武人。萬曆四十四年進士，歷刑部郎中，恤刑陝西，釋疑獄百八十人。崇禎間累遷懷來兵備副使，移密雲，忤鎮守中官，被劾削籍歸。後起故官，擢右僉都御史，巡撫陝西。李自成陷西安，死之，諡忠節。

勅直隸眞定府知府馮師孔（紺霽堂集10/30）

明史263/3下

馮惟重（1504—1539）字汝威，號芹泉，臨朐人，裕次子。十歲能屬文，觀書數行俱下，刻意爲詩，無大曆以後語，書遒逸有晉人筆意。舉嘉靖十七年進士，官行人，奉使餽遺無所受，卒年三十六。有詩集。

馮氏家傳（大泌山房集65/11下）

芹泉馮公暨太安人蔣氏合葬墓表（薜荔山房藏稿8/52下）

馮公暨配蔣氏墓誌銘（淡然軒集6/18）

馮公暨配蔣氏墓誌銘（復宿山房集25/1）

馮惟訥字汝言，號少洲，臨朐人，裕四子。嘉靖十七年進士，由宜興令累擢江西左布政使，所舉多爲民便，以光祿卿致仕，隆慶六年卒。惟訥與兄惟健、惟敏，皆以詩文名齊魯間。有風雅廣逸、楚詞旁註、選詩約註、文獻通考纂要、杜律刪註、馮光祿詩集、古詩紀。

詩紀序（太函集24/13下，太函副墨3/21）

詩紀序（弇州山人續稿47/16）

馮光祿詩集敘（穀城山館文集10/22下）

馮氏家傳（大泌山房集65/13下）

馮公墓誌銘（淡然軒集6/1，國朝獻徵錄71/11）

明史列傳75/9

明史216/12下

馮惟健字汝強，號陂門，臨朐人，裕長子。嘉靖七年舉人，有文譽，七上春官不第。既齟齬於時，奇思健氣，溢爲詞章，有陂門山人文集。

馮氏家傳（大泌山房集65/11）

馮惟敏（1511—1590）字汝行，號海浮，臨朐人 裕三子。嘉靖十六年舉人，官保定通判。詩文雅麗，尤善樂府，王元美稱其北調獨爲傑出，拍湊務頭，曲盡其妙，而才氣亦足發之。所著梁狀元不伏老雜劇，盛行於時，又有山堂詞稿、擊節餘音。

淶水重修學記（石蓮洞羅先生文集13/12）

馮氏家傳（大泌山房集65/12下）

馮惟敏及其著述，鄭騫撰，燕京學報二十八期

馮堅，洪武時爲南豐典史，二十四年上書言事，太祖稱其知時務達事變，擢爲左僉都御史，頗持大體，明年卒官。

明史列傳16/4

明史139/5

馮彬字用先，號桐岡，雷州衞人。嘉靖八年進士，知平陽縣，憂歸，服闋補上海，俗喪多以火化，彬諭以禮葬。有婦美而貞，姑與所私害之，廉得其情按以法。擢御史，後補松江守，民愛戴之。

馮侯去思碑（龍江集6/5）

馮國用，定遠人。太祖略地至妙山，國用偕弟勝來歸，勸先拔金陵，天下可定，太祖大悅，日見親信。累官親軍都指揮使，從征紹興卒，年三十六，追封郢國公。

國朝獻徵錄6/25無名氏撰傳

皇明功臣封爵考8/34下

皇明書33/27下

聖朝名世考1/40下

明史列傳6/1

明史129/1

馮貫（1433--1496）字大用，保定蠡吾人。天順八年進士，授監察御史，成化中上疏言時事，頗見嘉納。累進大理寺卿，精明法律，而持心仁恕。遷右副都御史，弘治中官至南京工部尚書，九年以疾致仕，抵家卒，年六十四。

馮公神道碑銘（徐文靖公謙齋集8/35，國朝獻徵錄52/10）

馮從吾（1556—1627）字仲好，長安人，友子。生而純懿，長志濂洛之學，受業許孚遠。登萬曆十七年進士，授御史，巡視中城，閹人修刺謁，拒之。旋抗章言帝失德，帝大怒，欲廷杖之，閣臣力解得免。尋告歸，杜門謝客，造詣益邃，家居二十五年。光宗立，起爲尚寶卿，累遷工部尚書，致仕卒年七十二，諡恭定，學者稱少墟先生。有元儒考略、馮子節要、馮少墟集、古文輯選。

賀馮少墟先生六袠序（仰節堂集2/13）

理學文鵠序（同上1/18）

馮少墟先生集序（同上1/5）

少墟馮先生集序（鄒子願學集4/72下）

馮少墟先生集序（高子遺書9上/25下）

馮少墟先生語錄序（蒼霞餘草7/9）

馮先生神道碑（棘門集1/1）

名臣謚議（公槐集5/3下）

啓禎野乘1/34

天啓崇禎兩朝遺詩傳4/151

明史243/19下

明儒學案41/6下

馮敏（1389—1434）字欽訓，初名智安，武昌人。永樂十三年進士，授兵部主事，進員外郎，出知紹興府，卒官，年四十六。

馮君墓誌銘（王直撰、國朝獻徵錄85/11）

馮敏功（1526--1585）字元卿，號小山，浙江平湖人，汝弼子。嘉靖四十一年進士，授禮部主事，轉郎中，出爲江西參議，擢山東兵備副使，陞河南參政，領漕儲，疏內河，卒于官，年六十。有小有亭集。

送馮參知序（二酉園文集6/12）

馮公合葬墓誌銘（賜閒堂集28/15）

馮公傳（弇州山人續稿79/10下，國朝獻徵錄95/37）

妻曹氏，卒年七十二。

曹淑人墓誌銘（快雪堂集15/22）

馮善字擇賢，無錫人。永樂中舉明經，授本縣訓導轉望江教諭，並有師模，以母老乞歸。

毘陵人品紀6/20下

馮雲路字漸卿，黃岡人。好學勵行，兼精禪理，從賀逢聖講學，寓居武昌，著書數百卷，徵辟不就。崇禎十六年流賊陷城，慕其才，強起之，不屈，與門人汪延陛投湖死。

明史294/10

馮琦（1558—1603）字用韞，一字琢菴，臨朐人，子履子。萬曆五年進士，選庶吉士，授編修，累遷禮部尚書，蒞政勤肅，力抑營競，學有根抵，數陳讜論，帝欲用爲相，未果而卒，年四十六，諡文敏。有北海集、宗伯集、經濟類編。

送馮用韞學士奉詔歸省序（淡然軒集3/26）

賀少宰琢菴馮公考績序（怡春堂逸稿1/28）

馮宗伯集序（大泌山房集10/11下）

兩部題稿序（莊學士集6/7）

馮宗伯詩敘（穀城山館文集11/21）

宗伯馮先生文集敘（同上12/6）

故大宗伯琢菴馮公誄有敘（穀城山館文集31/2下）

祭大宗伯馮用韞公文（溫恭毅公文集16/14）

祭馮老師大宗伯（莊學士集6/13）

祭大宗伯馮公琢菴文（西樓全集16/17下）

祭馮琢庵文（王文肅公文草12/25下）

馮公墓誌銘（同上10/53下）

馮公墓表（朱文懿公文集8/26）

馮宗伯傳（五品文稿1/14下）

明史列傳75/5下

明史216/9下

馮登綮，膚施人。舉於鄉，爲靈壽知縣，崇禎十一年清兵下靈壽，率民守城，城破死節。

明史291/14下

馮景隆字叔熙，浙江山陰人。萬曆五年進士，歷南京給事中，嘗訟趙世卿冤，並疏救御史魏允貞。後以疏劾薊遼總督周詠，降薊州判官，後量移南陽推官。

明史列傳82/5下

明史229/5

馮貴字孟敬，武陵人。建文二年進士，性純直，官兵科給事中，不避權倖，歷遷交趾參議，陞參政，勤設方略。黎利叛，貴力戰，兵少不支，爲賊所害。

徐氏海隅集外編40/2

披垣人鑑7/23下

明史列傳23/13

明史154/12下

馮舜田（1504—1556）字歷夫，蒲州人。嘉靖十三年舉人，歷官臨洮府同知，卒年五十三。

馮公墓誌銘（條麓堂集27/8）

馮舜漁（1523—1582）字澤甫，號澤山，蒲州人，舜田弟。嘉靖三十二年進士，授臨淄知縣，改常熟，歷東昌知府、陝西按察、布政使，累官至右副都御史，巡撫延綏，卒年六十。

送馮澤山尹臨淄序（條麓堂集22/38）

送觀察使澤山馮公榮膺簡命移鎮隴西序（華陽洞藁1/16）

馮公暨配合葬墓誌銘（條麓堂集26/23下）

馮象臨，慈谿人。諸生，天啓中父任爲工部主事，邸舍火，象臨凡三入火，負父母弟妹出，灼爛而死。

馮孝子誄（雲石堂集18/6）

明史297/20

馮皐謨字禹卿，號養白，學者稱豐陽先生，海鹽人。嘉靖二十九年進士，授刑部主事，擢御史，官至福建布政司參政。在粵時，平盜敗倭，皆有功，卒年七十五。有豐陽集。

馮公墓誌銘（快雪堂集11/29下）

弟馮嘉謨，字猷卿，號季白，銅仁經歷，卒年七十。

馮季公墓誌銘（快雪堂集13/4下）

馮勝，初名國勝，又名宗異，最後名勝，定遠人，國用弟。雄勇多智略，與國用同時歸太祖，積功爲元帥，封宋國公。累官太子少師，予世券。後太祖年高多猜忌，勝功最多，屢失帝意，或訟其家瘞兵器，太祖予勝酒曰，我不問，飲歸，遂死，諡武壯。

宋國公馮勝追封三代神道碑（坦齋文集1/60下，皇明名臣琬琰錄4/5）

韓宋潁三國公傳（弇州山人續稿84/11，國朝獻徵錄6/1）

吾學編18/6

名山藏臣林記3/1

皇明功臣封爵考6/8

明史列傳6/1

明史129/1

馮傑字孟英，金華人。永樂中以貢入太學，授瀘州判官，佐政廉平，民爽從化。正統中歷陞監察御史，累官至廣東按察使，致仕卒。

送憲使馮公考績赴京詩序（韓襄毅公家藏文集11/6下）

送憲使馮公致政榮還序（同上11/29下）

馮復京（1573--1622）字嗣宗，常熟人。強學博記，少治詩，鉤貫箋疏，著六家詩名物疏六十卷，又有遵制家禮、常熟先賢事略等書。天啓二年卒，年五十。

馮嗣宗墓誌銘（牧齋初學集55/13）

明常熟先賢事略16/1

馮裕字伯順，號閭山，臨朐人。以戍籍生於遼東，師事賀欽，有學行。舉正德三年進士，歷知華亭、晉州、所至多惠政。遷戶部郎，數忤權貴，乃密遣人偵伺裕闕失，無所得，益重之。出守貴州，遷按察司副使，先後七年，屢建平蠻功。解官歸，與石存禮、劉澄甫、陳經、黃卿、劉淵甫、楊應奎等結詩社北郭禪林，後輯所作爲海岱會集。卒年六十七。

副使閭山馮公墓碑（歐陽南野文集26/15下）

馮氏家傳（大泌山房集65/10）

閭山馮公名宦祠記（環溪集1/29下）

明史216/12下

馮淮，黃巖人。建文中爲刑部司務，京師陷，隨帝出亡，後去夔州，自題馬二子，或馬翁，或塞馬，無常名。以章句課童子謀生，後客死滇之蕭寺。

遜國正氣紀2/24
遜國神會錄下/24下
皇明表忠紀6/11
明史143/15下

馮禎，綏德衞人。起卒伍，累功擢副總兵，以勇敢聞。正德中盜起中原，禎在延綏，奉詔入討，下令無顧首級，無貪鹵獲，遂大破賊，錄功進都督僉事。後勦賊洛南，爲他部牽率失利，力戰死。

國朝獻徵錄108/39無撰人馮禎傳
明史列傳59/3下
明史175/11

馮瑞，處州人。由內官王誠薦爲典籍，預修寰宇通志。天順二年陞錦衣副千戶，理鎮撫司刑，進指揮僉事，巡江擒江賊六十餘人。性荒侈驕奢，後暴卒。

守溪筆記×/21下

馮嘉會字文亨，號履亨，河間人。萬曆二十三年進士，授冠城令，歷御史、大理寺卿，仕至兵部尚書，加太子太師，卒於官，諡忠襄。

誥勅巡撫河南等處地方提督軍務都察院右副都御史馮嘉會並妻（紺雪堂集10/1）
大司馬馮忠襄公墓表（容臺文集9/20）

馮夢禎（1546—1605）字開之，秀水人。萬曆五年會試第一，官編修，與沈懋學、屠隆以文章氣節相尚，忤張居正，病免。後復官，累遷南國子監祭酒，與諸生砥名節，正文體，尋中蜚語歸，年五十八卒。家藏快雪時晴帖，名其堂曰快雪。有歷代貢舉志、快雪堂集、快雪堂漫錄。

具區先生快雪堂集序（孏眞草堂文集15/60下）
馮司成集序（大泌山房集11/29下）
祭馮開之文（兩行齋集13/9）
馮祭酒家傳（大泌山房集66/38下）
馮公墓誌銘（牧齋初學集51/15）
大司成開之馮先生畫像贊（牧齋有學集42/11）

馮夢龍（1574—1646）字猶龍，又字耳猶，號翔甫，一號姑蘇詞奴，吳縣人。崇禎中貢生，知壽寧縣，才情跌宕，善詩文，尤工經學。有春秋衡庫、別本春秋大全、智囊、智囊補、譚槩等，隆武二年卒，年七十三。

四書指月序（無夢園遺集2/3）
馮明夢龍生平及其著述，容肇祖撰，嶺南學報二卷二至三期

馮遷字子喬，雲間人。隆慶中與朱察卿以布衣稱於詩，有長鋏齋稿傳世。

長鋏齋稿序（朱邦憲集5/20）

父馮□，號雪竹。

江皋集序（朱邦憲集5/8）

馮學明，保昌人。宣德中以貢入太學，授工部主事，歷禮部精膳郎中，爲人敦厚周愼，正統十四年扈從北征，死於土木之亂。

明史167/7下

馮應京（1555—1606）字可大，號慕岡，盱眙人。萬曆二十年進士，爲戶部主事，擢湖廣僉事，風采大著，忤稅監陳奉被逮。父老皆詣闕訴冤，帝不省，三十二年星變獲釋，卒於家，年五十二，天啓初追諡恭節。有月令廣義、經世實用編。

馮公墓誌銘（仰節堂集5/10）
祭慕岡年兄文（同上6/1下）
月令廣義序（孏眞草堂文集13/11）
拘幽書草序（大泌山房集13/26下）
馮慕岡先生語錄序（仰節堂集1/14）
馮慕岡先生年譜序（同上1/15下）
明史列傳86/3
明史237/7下
明儒學案24/17下

馮應鳳（1543—1604）號鳴陽，豐陽人。萬曆八年進士，令永豐，官至太僕寺少卿，卒年六十二。

馮公墓誌銘（朱文懿公文集10/50，國朝獻徵錄72/48）

父馮煥（1521—1587）字汝文，號左亭。

左亭馮公配王氏合葬墓誌銘（朱文懿公文集10/10）

馮顒字有孚，瓊山人。弘治九年進士，授戶部主事，改御史，以事忤劉瑾，爲所誣，自經死。

明史188/18

馮翺字時擧，號雷崖，蘄州人。爲諸生

時，旁舍火，翱負其母及先世告身以出，餘無所問。二弟早亡，撫其孤如己子。正德中，爲兗州推官，治獄多所平反，嘉靖九年卒，贈吏部右侍郎。

馮公墓誌銘（方齋存稿8/1）

游

游日章字學絅，莆田人。嘉靖進士，知臨川五載，潔己惠民，官終廉州知府。有駢語雕龍。

誥勅刑部主事游日章二道（條麓堂集5/49）

游居敬（1509--1571）字行簡，號可齋，南平人。嘉靖十一年進士，累官都察院副都御史，巡撫雲南。鎮守沐朝弼恣橫，居敬裁之以法。東川酋阿堂作亂，居敬請川貴兵勦之，阿堂窘急自刎。朝弼銜居敬裁抑，劾居敬，坐逮論戍。穆宗即位，擢刑部左侍郎，乞歸，卒年六十三。

送游按察叙（丘隅集11/2下）

游公神道碑（蒼霞草13/36）

國朝獻徵錄47/14無名氏撰傳

父游綸，字邦濟，號默齋，睢寧知縣，嘉靖卅三年卒。

游公墓道碑（雲岡公文集17/4）

母吳氏

壽游母吳太宜人序（小山類藁13/15）

游明（1413--1472）字大昇，豐城人。景泰二年進士，擢刑部主事，轉員外郎。天順中爲福建按察僉事，提督學校，待諸生有恩義，而尤以廉著稱。進副使，仍提督學校，成化八年卒，年六十。八郡諸生，皆爲位於僧寺而哭之。

憲副游公輓詩序（椒丘文集12/24）

祭福建提學副使游公文（東泉文集7/57下）

游泰（1459--1533）字仲亨，號東園，鹽城人。尙隆慶長公主，授駙馬都尉，出入禁闥六十年，鮮有僭差，嘉靖十二年以疾卒，年七十五。

游公墓誌銘（桂洲文集49/8）

妻隆慶公主

明史121/12

游端，江西德化人。永樂中由歲貢任給事中，彈劾無所顧忌。陞鎭江守，有惠政，致仕歸。

掖垣人鑑3/20

游震得字汝潛，號蛟漳，婺源人。嘉靖十七年進士，由行人擢南京禮科給事中，世宗好方士，震得以疏諫，廷杖謫外。後官至副都御史，巡撫福建，以興化失守罷歸。再起督轄南京糧儲。少與歐陽德、鄒守益諸人游，故頗講姚江之學，有讓溪甲乙集。

壽御史大夫讓溪游公七旬序（萬一樓集 34/5下）

掖垣人鑑14/20

游樸字太初，福寧人。九歲能屬文，舉萬曆進士，授成都府推官，歷遷刑部郎中，三主法曹，無一寃獄，仕終湖廣參政。

游太初樂府序（大泌山房集20/20）

祖游景逵（1474—1538）字叔讓，號文齋。

游先生配陳令人墓表（大泌山房集107/24下）

游應乾（1531--1608）字順之，號一川，婺源人。嘉靖四十四年進士，授戶部主事，歷寧波知府，遷兩浙都鹽運使，官終戶部侍郎，卒年七十八。

送游順之改南刑曹序（許文穆公集1/30下）

贈一川游郡侯序（天一閣集22/9）

送郡侯游一川入覲序（同上23/18下）

鹺議贈浙都運（同上31/3）

游公墓志銘（蒼霞續草9/16）

父游濟生，號隱翁。

隱翁游年伯八十壽序（許文穆公集2/6下）

子游元汴，字梁叔，號中州。

游君叙傳（類眞草堂文集25/21下）

湛

湛若水（1466--1560）字元易，號甘泉，增城人。少從陳献章游，弘治十八年登進士，授編修。母喪，廬墓三年。嘉靖時歷南京兵部尙書。王守仁在吏部講學，若水與相應和，築西樵講舍，學者稱甘泉先生。年九十五卒，諡文簡。有二禮經傳測、春秋正傳、古樂經傳、格物通、心性書、揚子折衷、遵道錄、甘泉新論、白沙詩教解註、甘泉集等。

湛甘泉考績序（何文定公文集2/13下）
送大宗伯甘泉湛公之南都序（夏桂洲先生文集16/7下）
送南京少宰甘泉湛公被召爲少宗伯序（張文定公紆玉樓集3/28）
叙泉翁歸贈（海石先生文集17/25）
別甘泉子序（石龍集11/4下）
湛司成甘泉考績之京序（古菴毛先生集3/41）
猫相乳記（方齋存稿7/1）
九華山甘泉書院田記（同上7/2）
甘泉行窩記（涇野先生文集16/39下）
衡嶽甘泉精舍記（蔣道林文粹4/52下）
湛氏小宗義田記（洹詞2/10）
奉壽甘泉湛翁九十序（蔣道林文粹1/36）
甘泉先生心性書序（同上1/27）
泉翁續編大全序（同上1/29下）
律呂經傳全書序（同上1/32下）
甘泉先生家訓序（同上4/11下）
湛氏新譜序（中峯文選1/5）
刻聖學格物通序（涇野先生文集5/20）
甘泉湛先生文集叙（李文定公貽安堂集4/27）
遣祭甘泉先生墓文（胡莊肅公文集6/102下）
國朝獻徵錄42/61無名氏撰傳
皇明世說新語4/28，8/28
名山藏臣林記20/37下
明史283/6
明儒學案37/2

祖湛江（1410—1475）字宗遠。
樵林湛公配梁氏神道碑文（涇野先生文集32/3下）

父湛英，號怡菴。
仁壽堂記（雙江聶先生文集5/29）

母陳氏（1437—1515）
陳氏行狀（張文定公靡悔軒集12/14）
陳氏墓誌銘（湘皋集29/14）
慈母傳（顧文康公三集2/22）
祭湛太夫人文（石龍集27/4）

湯

湯九州，石埭人。崇禎時爲昌平副總兵。流賊擾河北，九州與左良玉屢破賊兵，署都督僉事。後以孤軍深入，爲賊所乘，遂戰沒。

明史269/4下

湯文瓊字兆焱，石埭人，九州從孫。九州勦賊戰沒，文瓊伏闕三上書請恤，不報。授徒京師，見國事日非，數獻策闕下，又不報，京師陷，投繯卒。

天啓崇禎兩朝遺詩傳3/129
明史295/7

湯日新字懋昭，號綵川，浙江秀水人。嘉靖二十九年進士，由江西分宜知縣，選禮科給事中，累擢南京通政司參議，改署黃通政，四十二年免官。

披垣人鑑14/24

湯兆京字伯閎，號質齋，宜興人。萬曆二十年進士，知豐城縣，治最，徵授御史，累疏言事，以不得其職乞歸。時黨勢已成，正人多見齮齕，兆京力維持其間，淸議倚以爲重。屢遭排擊，卒無能一言汚之者。有靈蘐閣集。

湯御史傳（壯悔堂文集5/18）
明史列傳90/1
明史236/7

湯沐（1460—1532）字新之，號沂樂，江陰人。弘治九年進士，授御史，以不附劉瑾謫武義知縣。瑾敗，起爲廣東僉事，督理鹽課。嘉靖二年以右副都御史巡撫四川，入爲大理寺卿，坐讞李福達獄罷歸。沐居官三十載，以廉潔稱，卒年七十三。有湯廷尉家藏集。

送湯新之總憲江西序（見素集7/9）
賀大理卿沂樂湯公還朝序（張文定公紆玉樓集4/13）
湯公家集序（遵巖先生文集10/37）
祭大理卿湯沂樂（古菴毛先生集6/27）
湯大理傳（從野堂存稿5/6下）
廷尉湯公贊（甫田集20/2）
沂樂公家傳（陽峯家藏集32/3下，國朝獻徵錄68/18）
湯公墓誌銘（鈐山堂集39/4下，皇明名臣墓

銘見集66）

湯公墓碑（周恭肅公集13/11）

毘陵人品記8/14下

明史206/4下

湯克寬，邳州衞人。承世廕歷官都指揮僉事，充浙江總兵官，數破倭寇，以功陞都督僉事，爲廣東總兵官。後調赴薊鎭，萬曆四年炒蠻入掠，克寬追出塞，遇伏戰死。

明史212/9下

湯宗字正傳，平陽人。官北平按察僉事，建文時發北平按察使陳瑛密受燕邸金錢事，遷山東按察使，後爲大理丞，解縉下獄，辭連宗，坐繫十餘年，官終南京大理卿，宣德二年卒。

國朝獻徵錄69/1又82/11無名氏撰傳

遜國神會錄上/44

明史列傳24/8下

明史150/13

湯芬字方侯，嘉善人。崇禎十六年進士，福王時爲史可法監紀推官。唐王以爲御史，分守興泉道，清兵破城，芬緋衣坐堂上，被害。

明史276/15

湯和（1326—1395）字鼎臣，濠人。幼有奇志，嬉戲常習騎射，部勒群兒。及長，倜儻多計略。元末兵起，率子弟歸郭子興，後從太祖征伐，所至克捷，累功至御史大夫，封信國公，年七十卒，追封東甌王，謚襄武。和晚年益爲恭愼，請解兵柄，故能以功名終。

湯公神道碑（遜志齋集22/495，皇明名臣琬琰錄2/13，國朝獻徵錄5/100）

東甌王世家（弇州山人續稿82/1）

吾學編22/17

皇明獻實1/17

國琛集上/4

皇明功臣封爵考1/49

聖朝名世考1/15

皇明世說新語3/29

皇明書33/16

名山藏臣林記1/16

明史列傳5/12

明史126/12

湯珍字子重，長洲人。與王寵兄弟讀書石湖治平寺十五年，爲蔡羽、文徵明所推重，年四十餘應歲貢，除崇德縣丞。工詩文，有廸功集。

小隱堂集序（太霞草7/22）

題湯廸功集（太霞草14/22）

湯廸功詩草序（弇州山人續稿47/14下）

湯建衡，初名鄖，字以山，後改名，字平仲，宜興人。嘉靖十年擧人，授新城知縣。四十年，盱汝賊寇新城，建衡以恩信拊循士卒，堅守之，賊不得利，乃宵遁，一城得完，未幾棄職歸卒。

湯君墓誌銘（萬文恭公摘集8/28，國朝獻徵錄87/102）

湯胤勣字公讓，濠人，和曾孫。工詩，官至指揮僉事，分守孤山堡，與賊戰死。方胤勣官京師，與劉溥、王淮等唱酬，號十才子。有東軒集。

皇明世說新語5/9，6/30下

水東日記5/7下

國朝獻徵錄5/105下程敏政撰傳

明史126/16下

湯流（1367—1406）字如川，泰和人。永樂二年進士，改庶吉士，未授官卒，年四十。

湯君墓誌銘（楊士奇撰、國朝獻徵錄22/38）

湯君如川哀辭（王文端公文集38/13下）

湯紹宗（1475—1534）字承功，鳳陽人，和六世孫。孝宗時授南京錦衣衞指揮使，封靈璧侯，年六十卒，傳爵至明亡乃絕。

湯公墓誌銘（涇野先生文集27/25下）

湯紹恩字汝承，四川安岳人。嘉靖五年進士，歷紹興知府，有惠政，官終山東布政司。

湯氏族譜序（涇野先生文集9/30）

湯公傳（西河合集77/1）

明史281/25

湯開遠字伯閎，臨川人，顯祖子。崇禎五年擧人，爲河南府推官，屢上疏極言時政，語皆剴切。擢按察僉事，監安、廬二郡軍。賊大擾江北，開遠數有功，進秩副使，以勞瘁卒官。

明史列傳86/10下

明史258/31

湯聘尹（1528—1591）字國衡，號覺軒，長洲人。隆慶二年進士，由江西進賢知縣選吏科給事中，累遷福建左參議，謫江西吉水縣丞，再陞南吏部郎中，官至廣西副使，卒年六十四。

湯君墓誌銘（賜閒堂集29/29下）

披垣人鑑15/21下

父湯脩（1507—1577）字彝省，號鳳岡。

鳳岡湯公墓誌銘（弇州山人續稿100/13下）

湯鼎字玉鉉，句容人。居祖母喪三年，未嘗見齒。舉宣德五年進士，授吏科給事中，交阯叛，鼎奉使往，歷陳利害，遂歸侵地，獻方物。官終通政使。

披垣人鑑4/19下

湯賓（1514—1585）字繼賓，號交川，南皮人。嘉靖二十九年進士，授安福知縣，遷戶部主事，歷湖廣副使，整飭蘇松常鎮兵備，官至郧陽巡撫。致仕卒，年七十二。

賀郡守湯公陞蘇常四府兵備序（藝文類稿9/13）

贈湯兵憲序（方山薛先生全集16/22）

湯公墓表（張佳胤、國朝獻徵錄62/108）

妻謝氏

謝恭人墓表（余學士集24/17）

湯賓尹（1568—　）字嘉賓，號霍林，宣城人。萬曆二十三年會試第一，廷對第二，授編修，仕至南京國子監祭酒。有睡庵集。

大司成霍林湯公五十序（孏眞草堂集11/40下）

湯嘉賓五十序（素雯齋集8/23）

壽霍林湯太史六袠序（兩洲集2/49）

睡菴文集序（玉茗堂全集2/11下）

父湯□，號文而。

封編修湯翁六十壽序（素雯齋集10/3下）

湯鼐字用之，壽州人。成化十一年進士，擢御史，孝宗嗣位，首劾大學士萬安誤國，及少傅劉吉等奸貪。時言路大開，鼐意氣尤銳，大臣多畏之，為劉吉所中，戍肅州，後釋歸。

守溪筆記×/29下

明史列傳54/3下

明史180/19

湯禮敬字仁甫，丹徒人。弘治九年進士，擢刑科給事中，正德初上言陛下踐阼以來，上天屢示災譴，由於倖臣竊權忠鯁疏遠之應。又偕九卿伏闕請誅八黨。劉瑾怒，謫簡州判官。瑾敗，屢召不起卒。有諫垣遺稿。

披垣人鑑11/18下

明史列傳58/12

明史188/14下

湯寶字天貴，號雪江，濠人。嗣世職為邳州衛指揮僉事。正德間，流賊來寇邳州，寶與知州僇力繕守，賊不敢犯，宵遁去，孤城得全，年四十引退。

湯雪江墓碑銘（荊川先生文集14/39）

湯繼文字引之，號守齋，更號前川，常熟人。正德六年進士，授南京兵部主事，再陞郎中，出為福建參議，官至湖廣按察副使卒於位。

湯公行實（省庵漫稿4/13）

湯顯祖（1550—1617）字義仍，號若士，臨川人。萬曆十一年進士，官禮部主事，抗疏劾政府信私人，塞言路，謫廣東徐聞典史。後遷遂昌知縣，投劾歸。研精詞曲，所著紫釵還魂南柯邯鄲四記，世稱臨川四夢，名重一時。詩宗香山眉山，文學南豐臨川，卒年六十八。

徐聞縣貴生書院記（劉大司成集4/21下）

明史列傳84/7下

明史230/7

富

富好禮字宇超，號春山，松江華亭人。正德十六年進士，授工部主事，改刑部，歷郎中，出知重慶府，遷四川副使，致仕卒。

遊太嶽山詩序（世經堂集12/48）

富公墓誌銘（同上17/47下，國朝獻徵錄98/89）

【十二劃】湯、富

甯

甯化龍（1549—1599）字文明，號雲田，保定新安人。萬曆五年進士，授中書舍人，遷工部員外郞，官至陝西布政使，卒年五十一。

甯公墓誌銘（淡然軒集 6/60 下，國朝獻徵錄 94/4）

甯正字正卿，幼爲韋德成養子，冒韋姓，壽州人。沈鷙有膽略，元末隨德成歸明，從渡江。德成戰沒，正代領其衆，數從征伐，洪武三年授河州衞指揮使，積功至四川都指揮使。沐英卒，授左都督，鎭雲南，已復命爲平羌將軍，總川陝兵，討平階文叛寇、洮州番，還京卒。

國朝獻徵錄106/1實錄本傳

明史列傳17/10

明史134/9

甯承烈字養純，大興人。舉鄉薦，授魏縣教諭，屢陞戶部員外郞，管太倉銀庫，京城陷，自縊於官廨。

明史266/19

甯直，山東滕縣人。穎敏好學，洪武間擧於鄉，爲學官。宣德間歷宿遷知縣，遷知邳州，多惠政，正統元年卒官。

國朝獻徵錄83/65無名氏撰傳

甯杲，蓬萊人。弘治九年進士，授御史，爲人內深果鷙，性好殺戮，出劉瑾門下，超擢左僉都御史，巡撫眞定。瑾誅，罷歸。後以賂起爲參政，復原官，縱所部爲虐民間，嘉靖初被劾下獄，戍遼左卒。

國朝獻徵錄63/41弇州別記甯杲傳

甯忠，累官都督，建文初充右副將軍，與駙馬李堅佐耿炳文北征，駐軍眞定。燕王率奇兵破之，兵敗被執，與妻徐同死之。

遜國正氣紀6/17下

遜國神會錄下/8下

吾學編59/2

甯珍字伯修，丹徒人。景泰五年進士，由庶吉士授兵科給事中，陞浙江右參議。

掖垣人鑑7/35下

甯欽字宗堯，衡陽人。正德中爲御史，武宗南巡，抗疏力請回鑾。又奏革吉府漁稅，定遞馬之制，減滯徵之數，郡人德之。

序紀顏娛親序（陽峯家藏集24/33下）

甯擧字惟臣，直隸新城人。弘治三年進士，除戶科給事中，十五年擢運使，歷山東左參政。

掖垣人鑑11/4

童

童天申字祿所，施州衞人。崇禎中爲蘄水訓導。十六年張獻忠陷蘄州，死節。

明史294/7下

童元鎭，桂林右衞人。萬曆中由指揮累遷都督僉事，洊歷廣東廣西總兵官，熟悉蠻事，屢立戰功。後從李化龍出征失利，謫戍煙瘴卒。

明史列傳88/15下

明史247/14下

童存德字居敬，蘭谿人。正統十年進士，授監察御史，十四年扈從北征，死於土木之難。

明史167/7

童旭字賓暘，沔陽人。弘治十二年進士，授上高令，搞豪右，毀淫祠，撫綏疲瘵，期年而民歌之。擢戶部主事，累遷郞中，出知兗州，以忤魯藩，逮赴京師，事白，遷桂林太守。

送桂林太守童賓暘序（崇嶷文集29/10）

童氏祠堂碑（二酉園續集14/3）

童仲揆字元圃，南京人。萬曆中武進士，累官四川都指揮使，擢副總兵，督川兵援遼，充援勦總兵官。天啓元年淸兵陷瀋陽，力戰死。自遼左用兵，將士率望風奔潰，獨此役仲揆以少敵衆，雖力詘而覆，時咸壯之。

明史271/2下

童承叙字漢臣，一字士疇，號內方，沔陽人。有異質，弱冠知名，擧正德十六年進士，選庶吉士，授編修，晉國子司業，與祭酒呂柟訓士以實學。預修寶訓、實錄、會典諸書，仕終春坊右庶子兼侍讀。有平漢錄、沔陽志、內方先生文集。

童庶子集序（大泌山房集12/10下）

內方童先生傳（二酉園文集11/18）

國朝獻徵錄19/7無名氏撰傳

繼室盧氏

壽童夫人七十序（二酉園文集8/24）

童祝字勉和，浙江蘭溪人。成化十一年進士，除戶科給事中，謫興國州同知，仕終江西袁州府知府，卒于官。

掖垣人鑑10/17下

明史180/19

童佩字子鳴，一字少瑜，龍游人。世爲書賈，佩獨以詩文游公卿間，嘗受業於歸有光，詩格清越，不失古音，卒年五十四。藏書萬卷，手自讐校，有童子鳴集。

童子鳴傳（弇州山人續稿72/15）

皇明世說新語6/26下

童軒（1425—1498）字士昂，江西鄱陽人。景泰二年進士，授南京吏科給事中。憲宗時以副都御史提督松潘軍務，疏言松茂戍守，凡八害三利，條畫以聞。官至南京吏部尚書，卒年七十四。軒廉介寡合，篤於內行，好學不倦。有紀夢要覽、清風亭稿、枕肱集。

童公神道碑銘（懷麓堂文後稿18/13）

童公墓誌銘（青谿漫稿23/21，皇明名臣墓銘震集14，國朝獻徵錄36/17）

掖垣人鑑5/5

疇人傳29/352

明史列傳53/6

童寅字以敬，隨州人。永樂二年進士，授監察御史，累陞交阯按察使，改江西，廉介能勤，宣德九年卒官。

國朝獻徵錄86/54實錄本傳

童瑞（1455—1528）字世奇，四川犍爲人。弘治三年進士，除工科給事中，陞戶科都給事中，遷浙江左參政，歷湖廣河南布政使，官至工部尚書，卒年七十四。

送浙江參政童君世奇序（東川劉文簡公集4/7）

送童公赴京尹序（空同子集54/11）

童公墓誌銘（徐文敏公集5/22，國朝獻徵錄50/41）

掖垣人鑑11/6

童漢臣字仲良，號南衡，錢塘人。嘉靖十四年進士，擢御史，巡按山西，俺答薄太原，爲設方略，督諸將擊敗之。以劾嚴嵩被謫，嵩敗，卅二年起知泉州府，倭寇犯境，有保障功，終江西副使。

爲郡侯南衡童老先生祝壽序（可泉先生文集4/4）

修性篇爲郡侯南衡童老先生祝壽作（同上4/6）

壽童南衡老先生序（遵巖先生文集12/47）

明史210/5

童寬號後溪，浙江蘭谿人，著籍陝西葭州。正德三年進士，歷官御史、鄭州知州，以蘇州同知罷歸。

後溪西遊詩序（涇野先生文集7/21）

曾

曾于拱（1521—1588）字思極，號魯源，泰和人。嘉靖二十年進士，授工部主事，屢官至右副都御史總督南京糧儲，致仕卒，年六十八。

曾魯源先生墓志銘（郭子章撰、國朝獻徵錄59/23）

曾大有（1466—1523）字世亨，號麟陂，湖廣麻城人。弘治六年進士，知定遠，陞四川道監察御史，巡按蘇常，忤劉瑾下獄。瑾誅，復職，歷兗州知府、山西按察副使，累官江西按察使，卒年五十九。

曾公墓誌銘（張文定公廳䆫軒集10/9下）

曾可前（1572—　　）字退如，號長石，石首人。萬曆廿九年進士，授編修，歷官至左參議。有石柟館集。

皇明三元考14/7下

祖母呂氏（1507—1593）

呂太夫人墓志銘（瀬眞草堂文集23/11下）

父曾台

曾太公壽序（大泌山房集32/22下，32/25）

母李氏（1536—1571）

李孺人曾母墓誌銘（睡菴文稿17/3）

曾弘字士弘，江西泰和人。永樂十三年進士，入翰林爲庶吉士，累遷兵部郎中。正統中，出知泉州府。

贈郎中曾士弘序（芳洲文集93/45）

送知府曾君赴泉州序（尋樂習先生文集15/4下）

曾汝召字公奭，號棠墅，一號澹園，泰和人。萬曆廿九年進士，授吳縣令，歷兵刑科給事中，遷太常寺少卿，以黨楊漣爭挺擊移宮諸事奪官，崇禎九年卒。

曾公行狀（文直行書14/1）

曾存仁（1490—1553）字㮚遠，號梅臺，吉水人。嘉靖二年進士，授禮部主事，忤旨免。十七年起浙江參議，中官崔成監開礦擾民，存仁痛抑之，被譖逮獄。官終雲南布政使，卒年六十四。

贈曾少參序（屠漸山文集3/26）

送曾參議序（胡莊肅公文集2/62）

曾公繼太夫人墓表（太函集62/1）

曾方伯家傳（大泌山房集67/1）

父曾德（1459—1527）字伯崇，號純朴。

曾翁傳（石龍集22/12）

曾君墓誌銘（涇野先生文集25/8）

妻羅氏（1495—1565）

壽曾母羅太夫人序（胡莊肅公文集3/89下）

曾光魯（1539—1606）字于魯，號浴宇，莆田人。萬曆十四年進士，授貴溪令，改寧國教授，歷南京戶部郎中，累遷廣東副使，年六十八卒。

曾公暨元配鄭恭人墓誌銘（睡菴文稿15/15）

父曾文甫

曾公暨配林恭人墓表（睡菴文稿20/5下）

曾同亨（1533—1607）字于野，號見臺，吉水人，存仁子。嘉靖卅八年進士，歷官貴州巡撫、工部尚書，稅使所在虐民，同亨極諫。大計京官，持正不撓。官至南京吏部尚書致仕，卒年七十五，謚恭端。

曾宮保見臺先生七十序（紫原文集5/1）

壽大司空曾公七十敘（秋水閣副墨2/9）

南大冢宰見臺曾公七十壽序（昭甫集20/7）

賀大司空見臺曾公考績序（薜荔山房藏稿7/45）

大司空見臺曾公奏議序（鹿裘石室集23/14）

太保曾見臺公歷官奏牘序（愼修堂集7/8）

曾公墓志銘（蒼霞草15/58）

祭曾見臺先生文（同上18/73）

祭曾見臺（蒼霞續草8/23）

祭宮保曾見翁先生（紫原文集12/6）

祭曾見臺太宰（曼衍集3/2下）

明史列傳76/12

明史220/14

妻劉氏（1534—1585）

劉淑人墓志銘（大泌山房集98/6）

曾仲魁（1481—1548）字斯遂，號漸溪，晉江人。嘉靖二年進士，授順德知縣，擢禮科給事中，調刑科，歷知嘉興池州府，卒年六十八。

曾公墓誌銘（遵巖先生文集14/9，國朝獻徵錄63/40）

掖垣人鑑13/12下

母柯氏

賀曾母柯氏受封序（方齋存稿4/20）

曾如春字仁祥，號景默，撫州人。嘉靖四十四年進士，累官河南巡撫，時潞藩數潛游，所在騷驚，如春抗疏以聞，詔責護衛，諸臣民始晏然。歷工部侍郎總督河道，疏築有法，人民賴之。萬曆三十一年卒於官。

景默曾公墓表（吳文恪公文集18/19）

曾忭字汝誠，號前川，泰和人。嘉靖五年進士，官至兵科都給事中，敢言事，以廷評奪職爲民。隆慶元年復官致仕。有前川奏疏。

前川曾先生奏疏序（龍津原集2/27）

掖垣人鑑13/21

兄曾□，號强菴。

壽强菴曾君六十序（陽峰家藏集25/3下）

曾克偉，江西泰和人。以明經舉洪武廿一年進士，授刑部主事，遷浙江山東兩按察司僉事，以註誤謫戍山西。永樂初以荐擢刑部員外郎，出撫廣西龍州蠻，卒於官。

承恩堂記（芳洲續集3/10下）

曾廷芝字子芳，號一可，江西廬陵人。嘉靖三十二進士，由山東昌邑知縣選工科給事中，陞浙江僉事，左遷四川漢州知州，終西安同知致仕。

披垣八鑑14/40

曾直（1467—1547）字叔溫，號三符，又號惺惺叟，吉水人。弘治十五年進士，知鄞縣，改工部主事，歷肇慶知府、福建按察司副使、大理少卿，官至太僕寺卿，致仕卒，年八十一。

壽外舅曾三符翁序（石蓮洞羅先生文集18/53）

外舅曾三符翁八十序（同上18/60下）

曾公墓誌銘（同上22/11下，國朝獻徵錄72/17）

奠外舅符翁（石蓮洞羅先生文集24/16）

寧波名宦遺事六（鄭山文集15/8下）

曾秉正，南昌人。洪武初爲海州學正，九年以天變上疏數千言，召爲思文監丞。歷通政副使，數言事，忤旨罷免。貧不能歸，鬻其四歲女，帝聞大怒，置腐刑，後不知所終。

明史列傳16/9

明史139/7

曾彥字士美，江西泰和人。成化十四年進士第一，授修撰，彥早年遊庠序，屢試不遇，登第時年五十四，爲人質樸坦夷，仕至侍讀學士。

贈南京翰林院侍讀學士曾先生致仕榮歸序（青谿漫稿19/12）

殿閣詞林記4/29

狀元圖考2/25

曾棨齡，泰和人。永樂四年進士，選翰林庶吉士，預修大典，未數月得疾卒，年三十三。

曾君墓志（梁潛撰，國朝獻徵錄22/43）

曾省吾（1532--　　）字三甫，號確菴，鍾祥人。嘉靖三十五年進士，授富順知縣，累官工部尚書，出張居正門，遂與王篆爲之羽翼。居正卒，言者交劾之，坐削籍。

送曾督學序（二酉園文集6/10下）

贈少司馬曾公序（同上4/9）

賀少司馬曾公考績序（弇園集3/24）

賀大司空確菴曾公考績序（薜荔山房藏稿7/25）

壽大司空確菴曾公（太霞草9/11）

建武所崇報祠碑（二酉園文集11/12下）

明史列傳74/32下

父曾璠，號陽白，官刑部員外郎。

賀大司空陽白曾翁七袠榮封序（弇州山人續稿38/15）

叔曾□

贈曾貢士遴授光祿還家序（薜荔山房藏稿7/22下）

曾泉（1386--1435）字本清，泰和人。永樂十六年進士，選庶吉士，擢監察御史。宣德初以言事謫汜水典史，民感其惠，爲立生祠，卒年五十。

曾本清墓誌銘（王文端公文集31/5）

國朝獻徵錄93/57無名氏撰傳

明史281/20

曾瑛（1431—1508）字廷璧，祁陽人。景泰七年舉人，卒業太學，歷知鬱林、劍川、普安諸州，所至有殊績。正德三年卒，年七十八。

曾君墓表（東川劉文簡公集19/16）

曾翀字習之，霍丘人。嘉靖八年進士，歷御史，與同官戴銑劾南京尚書劉龍、聶賢等，吏部尚書汪鋐庇之，與言官互詆，翀復抗疏攻鋐，廷杖死。

國朝獻徵錄65/115無名氏撰傳

明史73/18下

明史209/8

曾烶字日宣，號鼇山，湖廣麻城人。嘉靖二年進士，由獻縣知縣選南京刑科給事中，歷貴州參議，降廣東僉事，仕終福建右參議，免官。

披垣人鑑13/24下

曾乾亨（1538—1594）字□健，號健齋，吉水人，同亨弟。萬曆五年進士，授合肥令，改休寧，擢監察御史，累官大理少卿。趙南星以考察事被斥，乾亨論救，侵執政，引疾歸，卒年五十七。乾亨言行不苟，與其兄並以名德稱。

曾侯健齋年丈考績序（郊居遺稿5/11下）

健齋曾先生墓誌銘（劉大司成集8/5）

【十二劃】曾

曾健齋先生祭文（同上9/33）
祭大理曾健齋翁（榮原文集12/7）
祭曾健齋大理文（鄒子願學集7/8下）
曾公傳（同上6/96下）
筼簹館集序（鄒子願學集4/62）
明史列傳76/12
明史220/15下

曾棨（1372—1432）字子啓，號西墅，永豐人。永樂二年殿試第一，授修撰。帝愛其才，累扈從北巡。洪熙元年陞左春坊大學士兼翰林侍讀學士，進少詹事，宣德七年卒，年六十一，贈禮部左侍郎，諡襄敏。棨工書法，爲文如泉源，一瀉千里，館閣中自解胡後，諸大制作，多出其手，有西墅集傳世。

送曾學士詩序（王文端公文集17/8）
贈禮部左侍郎曾公輓詩序（同上21/12）
祭曾學士文（楊文敏公集25/13下）
西墅曾先生哀辭（尋樂習先生文集20/2下）
曾公神道碑（東里文集14/6，西墅集附錄/1，皇明名臣琬琰錄21/9下）
曾公墓誌銘（楊文敏公集21/23，西墅集附錄/7）
曾公傳（袁袠撰、皇明獻實18/1，國朝獻徵錄18/55）
殿閣詞林記6/13
吾學編39/2
聖朝名世考10/13下
狀元圖考1/14
皇明世說新語5/6
名山藏臣林記7/16下
明史列傳30/1
明史201/1

父曾源（1346—1420）字叔用，號拙存。
曾公叔用墓誌銘（金文靖公集9/33下）

曾朝節（1535—1604）字直卿，號植齋，臨武人。萬曆五年進士，官至禮部尚書，充東宮侍講，卒年七十，諡文恪。有易測、紫園草。

曾公墓表（朱文懿公文集8/20）
曾公墓誌銘（嬾眞草堂文集21/1）

曾鈞字廷和，進賢人。嘉靖十一年進士，擢南京禮科給事中，剛廉嫉俗，直聲震一時。出爲四川參政，平黔亂，官終南京刑部侍郎，卒諡恭肅。

贈少司寇前溪曾公詩序（靳兩城先生集16/3）
贈前溪曾公六載報政北上序（明善齋集2/5）
進賢曾氏族譜序（同上3/29）
國朝獻徵錄49/38無名氏撰傳
明史列傳71/27下
明史203/24下

曾鼎（1321—1378）字元友，更字有實，泰和人。元末奉母避賊，母被執，鼎號泣求代，賊魁憫之，並得免。行省聞其賢，辟爲濂溪書院山長。洪武八年縣令郝思讓辟教社學。鼎好學能詩，兼工八分及邵子數學，十一年卒，年五十八。

孝子曾先生改葬誌銘（東里文集26/1）
明史296/13

曾鼎字復鉉，永豐人。永樂十年進士，爲廣東僉事，宣德中屢上疏言事，下禮部申飭，然人皆以爲篤論。

贈曾僉憲詩序（王文端公文集17/23）
明史列傳39/8

曾蘿簡，泰和人，鶴齡次子。正統十年進士，授監察御史，擢福建按察僉事。

送曾僉憲赴福建按察司序（芳洲續集2/1）

曾銑字子重，號石塘，江都人。嘉靖八年進士，歷總督陝西三邊軍務，有膽略，長於用兵，立志復河套，條上方略十八事，爲嚴嵩所誣，誅死，隆慶初追諡襄愍。有復套議。

送都憲石塘曾公巡撫山東序（張文定公紓玉樓集3/2下）
曾襄愍公復套議序（二酉園續集4/22）
國朝獻徵錄58/15實錄傳
名山藏臣林記22/29
十先生傳×/16
皇明世說新語8/6下
明史204/8下

曾鳳韶（1374—1402）廬陵人。洪武三十年進士，建文時爲御史。燕王入覲，馳御道，不拜，鳳韶劾王大不敬，以至親不問。及燕王稱帝，以御史召不赴，尋加侍郎，又不赴。偕妻李氏自殺，年二十九，福王時諡忠毅，妻諡貞愍。

革朝遺忠錄下/11下

建文皇帝遺跡×/22

皇明獻實7/2

吾學編56/8下

皇明表忠記3/13

皇明書31/21下

聖朝名世考4/14下

遜國正氣紀4/22

遜國神會錄上/52下

明史列傳19/27下

明史143/8

曾鳳儀字舜徵，號金簡，衡州人。萬曆十一年進士，歷官禮部郎中，致仕歸。講陸九淵主靜之學，建衡山集賢書院，以祀韓愈、李泌、趙抃、周敦頤四君子。有金簡集。父曾全字葆眞、號石峯，萬曆卅六年卒。

曾封公墓碑（棠京文集11/34）

曾翬字時升，泰和人。宣德八年進士，成化中歷官刑部左侍郎，巡撫浙江，還朝謝病歸，弘治四年卒。翬謹操行，所至有聲。

省軒記（彭文思公文集4/29下）

曾公神道碑（椒丘文集29/10，國朝獻徵錄46/25）

皇明書22/10下

明史列傳36/22下

明史159/7

曾魯（1319—1372）字得之，新淦人。七歲能暗誦五經，長以文學聞於時。洪武初召爲纂修元史總裁官，譔輯功最多。尋授禮部主事，超六階，拜禮部侍郎，未幾，引疾歸，道卒，年五十四。有大明集禮，守約齋集、六一居士集正訛、南豐類稿辨誤等。

曾公神道碑銘（宋學士文集17/151上，國朝獻徵錄35/1，皇明名臣琬琰錄7/1）

皇明書19/10

國琛集上/8

聖朝名世考10/6下

皇明世說新語2/11

明史列傳11/16

明史136/10

曾濬，建文初，鎮守薊州，與馬宣共拒燕師，死之。

國朝獻徵錄110/7忠節錄附馬宣傳

明史142/7

曾璵（1480—1558）字東玉，號少岷山人，瀘州人。正德三年進士，官至建昌知府。宸濠之叛，率屬從王守仁破賊，復南康。致仕歸，購茅齋數楹，藏書數萬卷，以著述自娛，卒年七十九。有少岷拾存稿。

曾少岷先生祠堂碑幷序（蛻衣生蜀草5/5）

曾公墓志銘（張佳胤撰、國朝獻徵錄87/40）

曾韡（1434—1507）字文載，永興人。成化十一年進士，歷刑部員外郎，値平陽有訟田者久不決，蘇州衞有訟殺人罪者，繫獄十餘年，韡往訊立決。擢知紹興府，政尙寬簡，弘治三年被謗罷官，年七十四卒。

曾公墓誌銘（何文簡公集13/17）

曾鶴齡（1383—1441）字延年，一字延之，號松坡，泰和人。永樂十九年進士第一，授修撰，正統三年預修實錄，進侍講學士。優遊翰林二十年，文章之美，中外稱之，卒年五十九。有松臞集。

曾君墓誌銘（王文端公文集31/17下）

曾君行狀（劉球撰、國朝獻徵錄20/58，皇明名臣琬琰錄後3/9）

殿閣詞林記4/26下

狀元圖考1/21

曾櫻字仲含，峽江人。萬曆四十四年進士，天啓初官常州知府，持身廉，爲政愷悌，公平不畏彊禦，歷南京工部侍郎。京師陷，唐王稱號於福州，以爲吏部尙書、文淵閣大學士。清兵破福州，櫻挈家避海外中左衞，後其地被兵，自縊死。

明史276/1$_2$下

曾熯（1345—1407）字日章，吳江人。洪武間爲翰林院侍讀，與修永樂大典。使交趾，黎氏詬不遜，熯折之。後從張輔等討之，交趾平，贊畫功居多。永樂六年卒，年六十三。

曾公墓志銘（王燧撰、吳下冢墓遺文3/19）

吳中人物志4/9

【十二劃】曾

曾鑑（1434--1507）字克明，桂陽人。天順八年進士，弘治間累進工部尚書，鑑與韓文等請誅宦官不勝，諸大臣留者，率巽順避禍，鑑獨守故操。年七十四卒。

壽工部尚書曾公七十詩序（懷麓堂文後稿3/19）

曾公墓誌銘（懷麓堂文後稿28/1，皇明名臣墓銘震集39）

國朝獻徵錄50/28實錄傳

皇明世說新語1/5

明史列傳53/5

明史185/8

善

善眞字寶相，南昌熊氏子。棄儒往廬山禮淇堂和尚祝髮，後出少林幻休之門。遍歷吳、楚、滇、蜀、諸地，嘗居終南雲霧山之九石坪，名其居曰蘿月山房。後入蜀廣元縣之漢王山居之，萬曆二十六年示寂。著有樂志論、一行三昧說、淨土應驗，山房夜話及詩偈等。

補續高僧傳16/7

善啓（1370--1443）字東白，號曉菴，長洲楊氏子。幼能言通佛典，入無量壽院爲浮屠，歷主蘇州永定寺、松江延慶寺，有詩名能書，永樂初以薦預修永樂大典，後主南禪，正統八年卒，年七十五。

國朝獻徵錄118/92錢溥撰曉菴法師塔銘

四友齋叢說11/5下

明高僧傳3/11下

補續高僧傳25/18下

善堅（1414--1493）姓丁氏，滇城南郭人。十歲入五華寺，易名善賢，後出無際禪師門下，更號古庭。天順間住浮山，從化者衆，暮年返滇建歸化禪林以終，年八十。有山雲水石集。

補續高僧傳15/22下

普

普仁字德慧，蘭溪趙氏子。博極群書，出家於智者寺，參了然義公爲師。明興後命主淨慈寺，道聲洪震。後受誣被逮于京師，事將白忽示寂于京師寓舍，年六十四。有三會語錄及山居詩百首。

補續高僧傳15/8

普智字無碍，別號一枝叟，浙江臨平褚氏子。出家於錢塘龍井寺，歷四大道場，門風大振，晚年開演於松江延慶寺，遂爲終老，永樂六年卒。有集註阿彌陀經。

明高僧傳3/11

勞

勞玭字汝明，浙江崇德人。成化二年進士，授戶科給事中，立朝侃侃，遇事敢言。嘗以直諫忤旨，被責不少挫，十二年丁憂歸，以疾卒於家。

皇明人鑑10/10下

惲

惲日初（1601--1678）字仲升，號遜菴，又號黍菴，武進人。崇禎間副貢，受業劉宗周，以經濟才自負。嘗應詔上備邊五策，不報。歸隱天台山中，旋避兵走建寧，爲浮圖，更法名明曇。參永明王軍事，兵敗歸，僧服講學以終，年七十八。其說重知行並進，而防檢精密，大旨不離愼獨。有見則堂譜錄、不遠堂詩文集。

遜菴先生家傳（大雲山房文稿初集3/48）

惲遜菴遺像跋（亦有生齋集文9/20）

惲本初（1586--1655）字道生，後改名向，號香山，武進人。明崇禎間舉賢良方正，授中書舍人不就。善畫山水，學董巨，晚年在倪黃之間，年七十卒。有畫旨。

香山先生家傳（大雲山房文稿初集3/46）

惲釜（1484--1556）字器之，號后谿，武進人。正德十六年進士，初知安陸州，復除均州，擢南戶部郎，出守溫州，會忤調成都，以足疾稱篤不赴，卒年七十三。

賀惲器之受旌序（涇野先生文集6/24下）

后谿先生家傳（大雲山房文稿初集3/43）

毘陵人品記9/7下

惲紹芳字光世，武進人。嘉靖二十六年進士，授刑部主事，累陞福建參議。喜讀書，過目成誦，刻意爲古文詞，自成一家言，有考槃集。

送惲比部光世擢湖廣僉事序（弇州山人四部稿55/18下）

少南先生家傳（大雲山房文稿初集3/45）

毘陵人品記10/3下

惲厥初（1572—1652）字伯生，號衷白，武進人。仕至布政使，歷官有聲。性和易，不肯矯激絕物，亦不趨附勢要，乞身歸里，以讀書賦詩自娛。年八十一卒。

衷白先生家傳（大雲山房文稿初集3/47）

惲巍字功甫，號東麓，武進人。弘治十五年進士，由戶曹歷湖廣兵備副使，從王守仁用兵，多有方略。在武昌計擒叛魁趙燧，中丞毛伯溫薦以自代，劉瑾索賂不得，削其功，罷歸。著有東麓存稿。

祭惲功甫文（山堂萃稿16/9下）

東麓先生家傳（大雲山房文稿初集3/41）

毘陵人品記8/17下

妻蕭氏（1474—1503）

蕭氏墓誌銘（羅文肅公集20/24）

袾

袾宏（1535—1615）字佛慧，號蓮池，仁和沈氏子。先業儒，後爲僧，居雲棲寺三十餘年，融合志禪淨土二宗，定十約，僧徒奉爲科律。萬曆四十三年卒，年八十一。清雍正中賜號淨妙眞修禪師，世稱蓮池大師，亦稱雲棲大師。

袾宏先生戒殺文序（玉茗堂全集3/18下）

補續高僧傳5/20

覃

覃吉，憲宗時以老奄侍太子，太子年九歲，口授四書章句及古今政典，時有諫諍。弘治之世，君德清明，端本正始，吉有力焉。

國朝獻徵錄117/22無撰人覃吉傳

名山藏87/4

皇明書13/19下

明史304/13下

覃昌（1433—1495）字景隆，號百拙子，又號葵菴，慶遠宜山人。正統中選入內府，就學書館，受業於劉定之及林文，天順中伴讀東宮，憲宗時歷擢司禮監右少監掌本監印，年六十三卒。

祭太監覃公文（徐文靖公謙齋集6/45下）

司禮監太監覃公墓誌銘（徐文靖公謙齋集5/52，國朝獻徵錄117/19）

覃浩，湖廣安陸州人。正統元年進士，任行在兵科給事中，景泰元年陞南京工部右侍郎。

掖垣人鑑7/31

覃應元（1528—1588）字德芳，雲中人。嘉靖四十四年進士，知河南府，闔境不嚴而化，擒妖民許天官，又擒嵩山巨賊八人，餘黨解散。陞四川副使，官終陝西苑馬寺卿。性簡重，入仕二十餘年，所至以清操聞。致仕卒，年六十一。

覃公墓志銘（復宿山房集25/9、國朝獻徵錄104/12）

雷

雷志淑（1481—1532）字克全，號朋山，晉江人。弘治十八年進士，守杭州，浙鎮守太監畢眞爲宸濠羽翼，志淑悉其叵測狀，陰制之。宸濠反，眞以誅死。遷湖廣布政司參政，屬邑有腴田數百頃，水決爲陂塘，志淑爲復其故，築隄植柳，民呼爲雷公隄。嘉靖十一年陞浙江右布政使，未任卒，年五十二。

送永嘉節推雷克全序（紫巖文集30/8）

奉送朋山雷公遷蒞治序（黃潭先生文集1/15）

祭朋山先生辭（可泉先生文集12/15下）

雷公墓誌銘（山堂萃稿14/1）

弟雷志及（1482—1533）字克齋，號榕峰。

榕峰雷先生墓誌（可泉先生文集11/8）

哀榕峰外父文（同上12/12）

雲

雲奇，南粤人。洪武間內使，守西華門。胡惟庸謀逆，詭言尻井湧醴泉，邀帝往幸，圖不軌。奇偵知其事，衝蹕道阻鑾輿言狀，帝怒其不敬，左右撾捶亂下，奇垂斃，猶奮指賊臣第，帝悟而返。事定，悼奇之忠，贈左少監，嘉靖初加贈司禮監太監。

雲公墓碑銘（何文簡公集13/15，國琛獻徵錄117/1）

國琛集下/41

皇明書13/16下

琴

琴彭，交阯人。永樂中署茶籠州事，有善政。宣德初黎利反，率衆圍其城，彭拒守七月，糧盡卒疲，諸將無援者，城陷，死之。

明史289/12

項

項文曜字廳昌，淳安人。宣德八年進士，正統中歷官吏部侍郎，持己涖官，以清勤著聞，爲于謙所親信。英宗復辟，逮下獄，杖之戍邊。

國朝獻徵錄26/12無名氏撰傳

項元汴（1525—1590）字子京，號墨林山人，嘉興人，篤壽弟。工繪事，精於鑒賞，其所藏法書名畫，極一時之盛，以天籟閣項墨林印記識之，萬曆十八年卒，年六十六。刊有天籟閣帖。淸兵至嘉禾，項氏累歲之藏，盡爲千夫長汪六水所掠。

墨林項公墓誌銘（容臺文集8/30）

項元淇（1500—1572）字子瞻，號少嶽，嘉興人，忠曾孫。南太學生，謁選得上林錄事，狷介寡儔，不事生產。於畫無所不窺，工詩古文辭，小楷嚴整，尤善草書。隆慶六年卒，年七十三。有少嶽山人集。

項長公墓誌銘（快雪堂集13/1）

項守禮字伯進，奉化人。嘉靖二十三年進士，歷南京刑部郎中，剖析疑案，囹圄一空，遷濟南知府，累擢山西按察司副使，以內艱去。爲僚屬所讒，被劾，遂堅臥不起。

贈濟南太守項君序（存笥稿4/17下）

項志寧字靖伯，常熟人。能文章，以明經薦，崇禎甲申變後，村居杜門而卒，門人私謚文烈。

天啓崇禎兩朝遺詩傳9/321

項廷吉（1502—1562），名天佑，以字行，號漁浦，江西龍泉人。嘉靖元年舉人，授安吉州學正，擢監察御史，巡按貴州、雲南、山東等地，遷四川參議，轉貴州按察副使，安撫苗夷之亂，陞陝西苑馬寺卿，未赴卒，年六十一。

項公墓誌銘（龍津原集5/16下）

項忠（1421—1502）字藎臣，嘉興人。正統七年進士，授刑部主事，十四年扈從北征，羈留虜中飼馬，久之逃歸。天順中以右副都御史撫陝，降撫洮岷土番。成化間理都察院事，固原土番滿俊反，平之，累拜兵部尚書。汪直開西廠，忠倡九卿劾之，斥爲民。直敗復官，尋致仕，忠倜儻多大略，練戎務，疆直不阿，敏於政事，故所在著稱。年八十二卒，贈太子太保，諡襄毅。有藏史居集。

贈憲副項公赴任廣東序（呂文懿公全集7/18下）

祭太子太保項公文（賜康僖公文集6/42）

項公墓誌銘（懷麓堂文後稿19/5，皇明名臣墓銘震集20）

國朝獻徵錄38/62戚元佐撰傳

皇明世說新語3/31下，5/6下

皇明獻實32/1

吾學編38/10下

檇李往哲列傳1/3

皇明書22/2下

名卿續紀2/3下

國琛集下/12下

聖朝名世考3/108

明史列傳47/1

明史178/1

項喬（1494—1553）字遷之，號甌東，永嘉人。嘉靖八年進士，仕至廣東參政。張璁當國，以喬同里，嘗欲引致華要，謝却之。仕宦二十餘年，所至以善政聞。平居未嘗一日廢書，研窮理奧，多獨得，輒劄記以自鏡，爲文不事險棘靡豔。年六十卒。有甌東文集。

送郡守項君遷之撫州序（方齋存稿5/39）
義則序（遵巖先生文集10/78下）
具慶重封圖序（涇野先生文集10/42）
甌東私錄序（石蓮洞羅先生文集19/39）
祭同年項甌東（同上24/24下）
項公墓表（石蓮洞羅先生文集23/27下，國朝獻徵錄99/49）

父項□，號鶴山。

壽項鶴山老先生序（遵巖先生文集12/29）

子項文煥（1522—1568）字思堯。

項思堯墓表（二酉園文集13/13下）

項經（1452—1529）字誠之，號怡菴，嘉興人，忠子。以廕入太學，登成化二十三年進士，授南京御史，歷知太平、臨江、汀州，皆有政聲，正德中官至江西右參政致仕，卒年七十八。

項公行狀（歸漸山文集4/60，國朝獻徵錄86/35）
項公墓誌銘（涇野先生文集25/17下）
項公墓銘（泉翁大全集59/8）
槜李往哲列傳×/12

項篤字叔馭，崑山人。博涉經史，尤工詩文，洪武初應秀才舉，擢禮部郎中，調官廣東，政治廉平，有聲於時。

崑山人物志3/7

項錫(1490—1553)字秉仁，嘉興人，經子。嘉靖二年進士，授建陽令，擢刑部主事，歷尙寶司少卿、南鴻臚卿，仕至南京光祿卿，以不悅於內璫，坐免歸，卒年六十四。

項公墓誌銘（歐陽南野文集24/18，國朝獻徵錄71/40）

項篤壽（1521—1586）字子長，號少谿，嘉興人，元淇弟。嘉靖四十一年進士，授刑部主事，歷兵部郎中，仕終廣東參議，性友愛，與弟元汴皆好藏書，年六十六卒。有小司馬奏草、今獻備遺、全史論贊。

項公墓志（董份撰、國朝獻徵錄99/60）

項璁（1394—1458）字伯高，金華人，占籍上元。國子生，正統中授眞定府通判，屢陞鈞州知州，宅心平易，孳孳愛民，民皆悅服。天順初致仕，卒年六十五。

項公墓志（倪謙撰、國朝獻徵錄93/29）

項麒字文祥，仁和人。景泰舉人，歷南京刑部郎中。憲宗初詔求直言，麒指陳務正學等五事，語甚切直。尋以病致仕，居家三十年，甘貧屢空，以吟詠自適。

名山藏臣林記12/11下

開

開濟字來學，洛陽人。元末爲察罕帖木兒掌書記，洪武十四年以明經舉，累官刑部尙書。敏慧有才辨，凡國家經制田賦獄訟工役河渠事，濟一算畫，即有條理品式可守，帝信任之。然性深刻，好以法中傷人，後爲監察御史陶垕等劾奏，下獄死。

國史實錄洛陽開公傳（皇明名臣墓銘乾集16，國朝獻徵錄44/16）
吾學編25/10
明史列傳13/17下
明史138/14下

閔

閔如霖（1503—1559）字師望，號午塘，烏程人，珪從孫。嘉靖十一年進士，改庶吉士，授編修，陞太常寺卿，掌國子監祭酒事，累官南京禮部尙書，致仕卒，年五十七。如霖才名重一時，三典文衡，號稱得人。有午塘集。

祭閔午塘宗伯文（張莊僖公集數集44）
祭閔午翁文（舊業堂集10/2）
閔公行狀（袁煒撰、皇明名臣墓銘兌集79，國朝獻徵錄36/54）

祖閔理，號桂坡。

閔公墓表（條麓堂集25/16）

閔珪（1430—1511）字朝英，烏程人。天順八年進士，授御史，有風力，擢江西按察副使，改廣東按察使。弘治四年以都御史總督兩廣軍務，討平番禺、瀧水等地猺獞之亂，官至刑部尙書，侃侃持正，爲時名臣，年八十二卒，諡莊懿。有閔莊懿集。

賀御史閔朝英被勅命序（楊文懿公桂芳稿1/32）

壽都憲閔公七十詩序（懷麓堂文後稿2/18下）

閔公墓誌銘（王文恪公集29/13下，皇明名臣墓銘艮集69，國朝獻徵錄44/66）

明史列傳52/16下

明史183/17下

父閔節（1398—1470）字以度，號竹深。

閔公神道碑銘（懷麓堂文後稿19/9）

閔楷字直臣，號南湖，任丘人。弘治十八年進士，由庶吉士授禮科給事中，累擢山東左參議，仕至南京禮部尚書，免歸。

贈山西左方伯南湖閔公陞太僕序（涇野先生文集4/28下）

掖垣人鑑12/7下

閔煦（1507—1580）字和卿，號水東，任丘人，楷從子。嘉靖十四年進士，授開封府推官，擢御史，改翰林編修，累官右副都御史巡撫山西，仕至刑部尚書。煦歷官三十年，所至有聲績，致仕卒，年七十四。

贈憲長水東閔公陟右轄序（陳文岡先生文集14/33）

閔公神道碑（賜餘堂集11/1）

子閔壂（1542—1590）字思充，號豐溪，南京刑部郎中。

閔君墓誌銘（淡然軒集6/30下）

屠

屠大山（1500—1579）字國望，號竹墟，鄞人。嘉靖二年進士，授知合州，累官川湖總督，平叛苗龍阿仔。改南兵部侍郎，巡撫應天，與倭戰失利，黜為民。罷官後與里中故人縱飲為詩，了不求工而往往神往，有司馬詩集。萬曆七年卒，年八十。

送福建左方伯竹墟屠公入覲序（雲岡公文集11/1）

賀副都御史竹墟屠公巡撫全楚序（同上12/10下）

壽司馬竹墟屠公七十序（天一閣集20/10）

屠司馬公詩略序（二酉園續集1/46下）

屠司馬詩集序（白楡集2/17）

屠公行狀（農丈人文集11/1）

屠公墓誌銘（弇州山人續稿94/8下）

屠公墓表（余文敏公集12/9）

少司馬屠公傳（太函集19/10下）

祭屠少司馬文（余文敏公集13/4下）

祭少司馬竹墟屠公文（天一閣集28/8）

明史205/7下

妻章氏

壽屠淑人六十序（天一閣集18/12）

壽屠夫人七十序（同上22/5下）

屠叔方，秀水人。萬曆五年進士，授鄱陽令，輯建文時胡閏事為英風紀異。歷官監察御史。有建文朝野彙編。

英風紀異序（顧端文公集7/1）

屠珙（1428—1509）字廷實，別號秉彝道人，鄞人，琛弟。成化七年舉人，十四年中會試乙科，授堂邑縣學教諭，弘治中遷安慶府儒學教授，年八十二卒。

屠公墓誌銘（蓮山文集15/1）

屠湖（1446—1518）字朝隱，號石菴，鄞人，琛子。誦法典訓，綽有父風，事寡嫂甚恭，撫其孤如己子。教子僑、倬成進士。僑既顯，贈南京刑部尚書。正德十三年卒，年七十三。

明故石菴屠公墓誌銘（費文憲公摘稿17/26下）

妻方氏（1449—1511）。

方孺人墓誌銘（心齋稿1/15）

屠隆（1542—1605）字緯眞，一字長卿，鄞人。有異才，落筆數千言立就。舉萬曆五年進士，除潁上知縣，調青浦，時招名士飲酒賦詩，縱遊九峰三泖而不廢吏事。遷禮部主事，罷歸。家貧，賣文為活以終。有鴻苞、考槃餘事、游具雜編、及由拳、白楡、采眞、南遊諸集。

潁上縣東門河堤告成記（鹿裘石室集37/6下）

祭屠緯眞先生文（虞德園先生集16/1）

皇明世說新語2/22，4/31，6/35下，7/31下，8/15

明史288/4

父屠濬文（1497—1566）號丹谿。

先府君行狀（白楡集16/16）

母□氏

祭屠母太孺人文（朱文懿公文集12/35）

屠熙字元明，號三一居士，平湖人，勳從弟。成化十年舉人，授武昌推官，經太平府同知，正德九年卒。子奎，舉弘治十二年進士，官江西參議。

三一居士記（費文憲公摘稿8/15）

屠君暨配睦宜人墓誌銘（泉齋勿藥集4/6下）

屠楷字良楨，號直齋，廣西臨桂人。嘉靖二年進士，授兵部主事，歷南京工部尚書，改吏部，仕終南京兵部尚書參贊機務。楷歷官南京三十餘年，獨立無朋，而人未嘗有一言非之者。嘉靖四十年卒，謚恭簡。

送司空直齋屠公考績之京師序（張文定公紓玉樓集3/10）

送大司空直齋屠公赴南都序（世經堂集13/5下）

屠公神道碑銘（徐養正撰、國朝獻徵錄42/73）

屠滽（1441—1512）字朝宗，號丹山，鄞人，琛從子。成化二年進士，任御史，巡按四川湖廣，皆有聲績。累遷吏部尚書，黜陟無私，尤愛惜人才，痛抑僥倖。清寧宮成，詔許番僧入宮慶讚，滽再疏諫止。武宗登極，加太子太傅，兼掌院事，以忤劉瑾致仕。卒年七十二，謚襄惠。

贈儲保都憲屠公序（碧川文選2/27下）

壽丹山先生屠公七十序（碧川文選2/61下）

屠公神道碑銘（李東陽撰、國朝獻徵錄24/76）

皇明世說新語3/21，3/23下

父屠瑜，號松窗。

賀松窗屠先生加封序（徐文靖公謙齋集3/23下）

屠僑（1480—1555）字安卿，號東洲。鄞人，湖子。正德六年進士，授御史，巡視居庸諸關，武宗遣使捕虎豹，僑力言不可，乃罷。世宗時歷左都御史，加太子太保，年七十六卒，謚簡肅。有東洲雜稿、南雍集。

送東洲屠方伯入覲序（雲岡公文集5/10下）

賀御史大夫屠公七十（歐陽南野文集22/14下）

送少司寇東洲屠公得請致政序（張文定公紓玉樓集3/6下）

賀都憲東洲屠公進秩太子太保序（世經堂集13/25）

屠公行狀（程文德撰、皇明名臣墓銘坤集57）

屠公墓誌銘（呂本撰、國朝獻徵錄54/101）

皇明世說新語3/14

明史列傳69/6

明史202/8下

屠勳（1446—1516）字元勳，號東湖，平湖人。成化五年進士，歷刑部郎中，有疑獄或事關權貴，尚書輒以屬勳，剖決無滯。弘治初爲大理少卿，漳州溫文進亂，勳往諭之，誅其渠，一方遂靖。累遷副都御史，巡撫順天，整飭薊州邊備，聲績最著。武宗立，進刑部尚書，引疾去。卒年七十一，謚康僖。有屠康僖公集。

送屠元勳序（懷麓堂文稿2/8）

送太子太保刑部尚書東湖先生屠公致仕序（費文憲公摘稿11/38下）

西署三勝圖詩序（東川劉文簡公集13/4）

屠公行狀（顧清撰、國朝獻徵錄44/69）

屠公神道碑（靳貴撰、屠康僖公集附錄/7，皇明名臣墓銘饗集51）

屠公墓誌銘（楊一清撰、屠康僖公文集附錄/1）

父屠機（1411—1475）字汝敬。

鄂陽阡表（懷麓堂文後稿16/3）

妻牛氏（1475—1542）。

母牛氏行狀（屠漸山文集4/69）

屠母牛氏墓誌銘（張文定公靡悔軒集6/6）

屠應埈（1502—1546）字文升，號漸山，平湖人，應垍弟。嘉靖五年進士，由郎中改翰林，官至右春坊右諭德。嘗簡命校文江西，當軸屬以子，竟不第。喜奇節偉行，有凌駕古人之思。工詩文，善比事屬辭，有蘭輝堂集。年四十五卒。

漣漪亭記（檍浚谷文集3/5下）

雲章樓記（涇野先生文集19/27）

屠公行狀（袁永之集17/5下）

屠君墓誌銘（張治撰、屠漸山文集附錄/1）

屠君神道碑（世經堂集19/27下）

國朝獻徵錄19/24元咸佐撰傳

檇李往哲列傳×/27

皇明世說新語3/14，7/14

明史287/7下

妻項氏（1497—1587）

項氏墓誌銘（沈一貫撰、屠漸山文集附錄/10）

皇明世說新語6/6

屠應埈（1489—1541）字文伯，號九峰，平湖人，勳子。正德六年進士，授禮部主事，歷鎮江同知，官至湖廣副使，致仕卒，年五十三。

伯兄九峰公行狀（屠漸山文集 4/77，國朝獻徵錄88/84）

堵

堵胤錫（1601—1649）字仲緘，一字牧子，號牧遊，無錫人。崇禎十年進士，以戶部郎中知長沙府，督鄉兵破滅山賊，以知兵名。唐王立，授湖北巡撫，駐常德，撫降賊李錦之衆三十萬，軍聲大振。永明王時與馬進忠、曹志建有隙，輾轉不得志而卒，年四十九，謚文忠。有只可吟、堵文忠公集。

編年史一卷（堵胤錫自撰、堵文忠集附刊本）

堵文忠公年譜一卷（清張夏撰、同治十三年刊本）

堵文忠公年譜一卷（宜興後學輯，光緒重刊堵文忠公集附刊本）

明史279/11

都

都卬（1426—1508）字維明，號豫軒，吳縣人。幼聰穎，目數行俱下，年十二三能賦詩，正德三年卒，年八十三。有三餘贅筆傳世。

豫軒都先生八十受封序（王文成公全書 29/8下）

封都水主事豫軒翁墓誌銘（羅文肅公集18/27下）

皇明世說新語1/5

都任字弘若，祥符人。萬曆四十一年進士，崇禎中累遷山西按察使。性剛嚴，多忤物，以大計貶秩歸。後起歷右布政使，兼副使，飭榆林兵備，李自成據西安，遣其將李過以精卒數萬來寇。時榆林兵備空虛，任急集軍民，以死固守，殺賊甚衆，城陷，不屈死。

明史294/21下

都勝字廷美，河間寧津人。年十五入武學，天順三年委把總，官至中府都督僉事，在官五十七年，所在懋著聲績，弘治十二年卒。

國朝獻徵錄108/27陳鎬撰傳

明史列傳45/9下

明史166/14

都穆（1459—1525）字玄敬，吳縣人，卬子。弘治十二年進士，授工部主事，歷禮部郎中，加太僕少卿致仕，年六十七卒。穆清修博學，爲時所重，雖老而爲學不倦。嘗奉使至秦，訪其山川形勢故宮遺壤，作西使記。搜訪金石遺文，作金薤琳琅。又有周易考異、史外類抄、壬午功臣爵賞錄、寓意編，南濠詩略等書。

使西日記序（泉齋勿藥集3/17下）

玉壺氷序（大泌山房集14/31）

都公墓志銘（鳥鼠山人小集15/13下、國朝獻徵錄72/41）

名山藏95/17下

皇明世說新語1/17下，5/28下

國寶新編×/10

四友齋叢說26/5下

隋

隋贇字從禮，即墨人。洪武初授英山主簿，擒陳友諒餘孽王玉兒送京師，太祖召見，賜宴勞之，累擢廣東按察使。

國朝獻徵錄99/71無撰人隋贇傳

明史列傳18/5

辜

辜增，南昌人。宸濠反，見迫，抗節不從，一家百口皆死。

名山藏臣林記16/25

明史289/25下

惠

惠隆字從道，號北屏，仁和人，著籍武驤衞。弘治六年進士，授刑部主事，出爲永平守，官至江西按察司副使，卒年七十三。

惠公墓志銘（江曉撰、國朝獻徵錄86/66）

揭

揭重熙字祝萬，臨川人。崇禎中以五經中鄉會試，時稱異才，授福寧知州，福王時遷吏部主事。後隨永明王招士兵聚保，兵敗被執，死之。

明史278/16下

彭

彭二，逸其名，以行稱。建文時官都指揮。燕兵至，二躍馬呼市中，集兵千餘人，將攻燕府，會燕健士從府中出，格殺二，兵遂散，福王時諡武壯。

國朝獻徵錄110/9忠節錄傳

遜國正氣紀6/12

皇明表忠紀4/15

吾學編53/1下

明史列傳20/3下

明史142/5下

彭大翮字仲翔，竟陵諸生。流賊逼承天，大翮上所著平賊權略，當事不能用。遂自集兵保鄉曲，邀擷賊甚衆，爲賊所襲，赴水死。

明史294/5

彭士奇，高要人。崇禎中由鄉舉官開封府通判，十五年流賊陷城，死之。

明史293/17

彭元中，道士，號檜亭，以善畫山水名。

圖繪寶鑑6/12

彭汝實字子充，嘉定人。正德十六年進士，授給事中。嘉靖初呂柟、鄒守益下獄，汝實抗章救之，數言時政缺失，以力爭大禮，奪職閒住。汝實與程啓充、徐文華、安磐皆同里，時稱嘉定四諫。

祭彭子冲文（太史升菴文集9/6）

明史208/18

彭汝器（1378—1410）名璉，以字行，安福人。永樂二年進士，入讀中秘書，官至翰林修撰，嘗扈從北征，預修實錄，年三十三卒。有扈從五雲二稿。

彭君汝器行狀（諡忠文古廉文集9/17）

彭公墓誌銘（胡廣撰、國朝獻徵錄21/16）

書彭修撰墓誌銘後（金文靖公集10/11）

彭百鍊字若金，泰和人。永樂十三年進士，官至廣西道監察御史，宣德八年卒。有若金集。

贈御史彭君歸侍親序（王文端公文集16/13下）

彭百鍊哀詞（芳洲文集10/20下）

父彭群（1343—1407）字與和。

彭先生行狀（王文端公文集27/26）

彭年（1505—1566）字孔嘉，號隆池山樵，長洲人。少與文徵明游，以詞翰名，時稱長者，年六十二卒。有隆池山樵集。

祭彭孔加先生文（處實堂集7/33）

彭公墓誌銘（王世貞撰、國朝獻徵錄115/91）

姑蘇名賢小紀下/23

彭序字昭倫，江西廬陵人。天順八年進士，除戶科給事中，陞戶科右，以憂歸，復除。

掖垣人鑑10/4下

彭京字伯圻，江西安福人。儒士，洪武初年，以薦舉授給事中，陞眞定知府，仕終河南僉事，卒於官。

掖垣人鑑3/2下

彭明輔字伯藎，嗣世職爲湖廣永順宣慰使，平賊有功，嘉靖間致仕。與宣慰彭翼南復至松江備倭，捷於王江涇，加都指揮使。

破虜承顏序（鳳林先生文集3/20下）

彭杰（1458—1542）字景俊，號水厓，吉水人。弘治三年進士，授刑部主事，晉員外郎，歷知兗州、廣平、眞定諸府，官至湖廣左布政使，卒年八十五。

贈彭方伯景俊之任雲南序（王氏家藏集21/1）

彭公墓誌銘（石蓮洞羅先生文集22/1下、國朝獻徵錄88/13）

水厓集序（石蓮洞羅先生文集17/31下）

彭信（1421—1472）字中孚，浙江仁和人。景泰二年進士，選庶吉士，授山東道御史，巡按陝西、河南，陞順天府丞，進應天府尹，未久卒，年五十二。

彭君墓碑（王僎撰、國朝獻徵錄75/19）

彭烈，江西峽江人。景泰二年進士，歷御史，天順初與同官疏劾曹吉祥、石亨諸違法事，爲所誣，下獄，謫江浦令，有善政，官終廣東左布政使。

明史162/21下

彭時（1416—1475）字純道，江西安福人。正統十三年進士第一，授修撰，天順中簡入內閣，大學士李賢屢以諮詢，匡贊居多。憲宗時累官吏部尚書，文淵閣大學士，進少保，立朝二十餘年，持正存大體，有古大臣風。年六十卒，贈太師，諡文憲。有可齋雜記，彭文憲集。

祭彭文憲公文（商文毅公集29/1）

祭從兄可齋先生文（彭文思公文集8/22）

彭公行狀（彭文思公文集7/1）

彭公神道碑銘（商輅撰、國朝獻徵錄13/19）

彭公言行錄（尹直撰、皇明名臣琬琰錄后14/1）

名山藏臣林記10/1

皇明獻實23/10

殿閣詞林記3/22下

吾學編36/9

皇明書16/16下

國琛集下/2下

聖朝名世考2/21下

狀元圖考2/9

皇明世說新語4/19，6/11下，8/3

四友齋叢說7/7

水東日記10/9，40/9，40/10

明史列傳45/34下

明史176/10下

妻李氏，名賢柔。

夫人李氏行狀（彭文思公文集7/11下）

彭倫，累功至都指揮同知。成化初從平大藤峽賊，進都指揮使，守備貴州海浪諸處，群苗不敢犯。尋充右參將，仍鎭淸浪，益盡心邊計，戎事畢擧，進都督僉事，貴州總兵，弘治四年致仕卒。

國朝獻徵錄108/29無名氏撰傳

徐氏海隅集外編40/20下

明史列傳45/11下

明史166/15

彭淸字源潔，榆林人。初襲綏德衛指揮使，弘治中擢副總兵，守甘肅，從許進恢復哈密有功，遂爲總兵官。淸御士有恩，久鎭西陲，威名甚著。性廉潔，在鎭遭母及妻妹四喪，遺命其子不得受賻贈，故其喪亦不能歸。帝聞之，命撫臣發帑錢資送歸里。

明史列傳45/17下

明史174/16下

彭琉（1391—1458）字毓敬，號愼菴，安福人。永樂十六年進士，授政和知縣，御史李來巡銀場，家人爲奸利，琉禁之，謫教諭。楊士奇以文學薦，擢編修，遷廣東僉事，官終湖廣副使。琉寡嗜慾，甘勞苦，動以古人自期，廉名直節，表著一時，卒年六十八。有息軒集。

送彭僉事詩序（諡忠文古廉文集5/28）

彭公墓表（李賢撰、國朝獻徵錄88/79）

祖彭根（1319—1383），字在淸。

容膝先生墓表（諡忠文古廉文集9/11下）

彭通字萬里，南海人。力學工詩，隱居教授。洪武初由儒士擧，任給事中，改監察御史，累官山西布政司參政。爲人恭謹，外柔而中實剛直，爲政若不事皦察，所擧刺動無遺失，一時稱賢監司。

國朝獻徵錄97/20黃佐撰傳

被垣人鑑3/4下

明史列傳18/3下

彭教（1438—1480）字敷五，號東瀧，吉水人。天順八年進士第一，授翰林院修撰，進侍講，銳意輔導。卒於官，年僅四十三。有東瀧遺稿。

彭狀元文集序（紫原文集3/17）

東瀧遺稿序（潑猿堂文後稿2/4）

彭敷五墓誌銘（彭文思公文集6/11，國朝獻徵錄20/78）

彭勗字祖期，號春菴，吉安永豐人。永樂十三年進士，除南雄建寧二府教授，有賢聲。正統元年擢御史，督南畿學政，訓廸有方，士風大振。後爲山東副使，土木之變，數言兵事，以直不容於時，致仕歸。有書傳通釋。

彭先生傳（葉盛撰、國朝獻徵錄95/55，皇明名臣琬琰錄后10/4）

皇明世說新語5/3

明史列傳38/7下

明史161/10

彭卿，榆林人。累官眞安知州，致仕里居，崇禎十六年李自成陷榆林，死之。

明史294/22下

彭森字伯森，南海人。永樂十二年鄉舉第一，明年第進士，授山西道監察御史，累官至福建參政。

國朝獻徵錄90/32黃佐撰傳

彭期生字觀我，海鹽人。萬曆四十四年進士，崇禎初爲濟南知府，坐失囚，謫布政司照磨，屢陞南京兵部郎中。十六年張獻忠亂江西，遷湖西兵備僉事，城破，冠帶自縊死。

明史278/3下

彭華（1432—1496）字彥實，號素菴，安福人，時族弟。舉景泰五年會試第一，性深刻，多計數，善陰伺人短，與萬安、李孜省相結，藉以排異己，大臣相繼被逐。成化二十三年華遂由詹事遷禮部侍郎，入內閣，得風疾去。卒年六十五，諡文思。有彭文思集傳世。

壽素菴先生序（陸簡撰、彭文思公文集10/2）

素菴彭先生行實（林瀚撰、彭文思公文集10/5）

彭公神道碑（青谿漫稿21/30下，彭文思公文集10/18下）

彭公墓誌銘（懷麓堂文後稿23/1，彭文思公文集10/14，國朝獻徵錄14/7）

祭彭文思公（王文恪公集31/21下）

祭彭文思先生文（林瀚撰、彭文思公文集10/29下）

祭文（彭禮撰，彭文思公文集10/30下）

哀辭（彭彥充撰，同上10/27）

國朝獻徵錄14/8下實錄本傳

殿閣詞林記3/35下

明史168/12

妻劉氏

劉氏墓碣銘（彭文思公文集6/48下）

彭程字萬里，鄱陽人。成化二十三年進士，授御史，巡視京城，降人雜處，多爲盜，事發則投戚里閹豎，程每先幾制之，有發輒得。巡鹽兩浙，嚴毅莫敢干，代還。弘治六年，巡視光祿，以諫造皇壇器件旨，下錦衣獄，家屬戍邊。

監察御史彭君墓表（羅文肅公集22/1）

明史列傳55/15下

明史180/27

彭與明，一作與民，江西萬安人。洪武中貢入太學，二十五年授兵科給事中，陞刑部員外郎，建文初爲大理右丞。廉勤敏達，督軍與燕師戰，兵敗，被執縱歸，慚憤裂冠裳，變姓名亡去，不知所終。

國朝獻徵錄68/77無名氏撰傳

革朝遺忠錄下/28下

遜國正氣紀7/15

核車人鑑7/19

吾學編54/11下

明史列傳19/16下

彭誠字君實，江西鄱陽人，弘治三年進士，授南京禮科給事中。

贈南京禮科給事中彭君考最序（青谿漫稿19/15）

彭韶（1430—1495）字鳳儀，莆田人。天順元年進士，除刑部主事，陞員外郎，成化中以上疏忤旨再下獄。得釋，擢右副都御史，巡撫順天，孝宗時官終刑部尚書。韶秉節無私，事關大體，皆抗疏極論，貴戚近習深疾之，遂乞歸。卒年六十六，諡惠安。有彭惠安集傳于世。

送四川按察副使彭君序（懷麓堂文稿2/2下）

贈四川憲副彭鳳儀序（楊文懿公桂坊稿1/33）

贈太子少保彭惠安公祠堂碑（椒丘文集28/11）

刑部尚書彭公祠堂記（王端毅公文集1/9）

祭彭司寇文（虛齋蔡先生文集5/11）

彭惠安公神道碑（見素集19/3，皇明名臣墓銘艮集77，國朝獻徵錄44/56）

彭惠公文集序（見素集5/1）

國琛集下/14

聖朝名世考3/62下

皇明世說新語5/16

皇明獻實28/9
名山藏臣林紀14/1
吾學編43/1
皇明書22/23
皇明名臣經濟錄4/17下
明史列傳52/5下
明史183/5下

彭聚，建文時爲北平都指揮，與孫太副宋忠守懷來，忠敗，聚力戰死。

國朝獻徵錄110/10忠節錄傳
革朝遺忠錄下/25下
遜國正氣紀6/15下
皇明表忠紀5/8下
吾學編53/5下

彭遠字務本，南昌人。永樂中舉人，宣德間知淮安府，値歲饑，流民四至，爲構舍以居，發廩粟，寬鹺禁，所活甚衆。後被誣當罷，適中使過淮，民擁舟乞爲奏請，宣宗命復留之。正統六年起擢廣東布政使，致仕卒。

明史281/19下

彭綱字性仁，清江人。成化十七年進士，官員外郎，上封事劾妖僧繼曉，出知汝州。鑿渠引水，灌田數千畝，世爲民利。再遷雲南提學副使，以明允稱。

雲田記（容春堂前集11/19下）
明史列傳49/17下
明史180/18下

彭誼字景宜，東莞人。正統中鄉擧，天順初知紹興府，成化中以右副都御史，巡撫遼東。誼好古博學，通曆律占象水利兵法之屬。平居謙厚簡默，臨事毅然能斷，鎭遼八年，軍令振肅。年未老，四疏告歸。家居二十餘年，弘治十年卒。

贈紹興彭太守考績旋任序（呂文懿公全集7/48下）
贈都憲彭公致政還嶺南序（瓊臺詩文會稿14/32下）
國朝獻徵錄60/57實錄本傳
明史列傳36/14
明史159/16

彭範字克忠，號東谿，河南靈寶人。嘉靖二十六年進士，由滑縣知縣選戶科給事中，以憂歸。復除，歷陞刑科都給諫，擢山西參政，四十年免官。

披垣人鑑14/15下

彭德清，正統十四年官欽天監正，扈從英宗北征。時王振威焰震主，大臣咸俯首順命，會有金星之異，德清厲聲斥振曰，象緯示警，不可復前，若有疏虞，誰執其咎。振怒罵曰，倘有此，亦天命也，尋被害。

國琛集下/45下
疇人傳29/351

彭澤字濟物，號幸菴，蘭州人。弘治三年進士，歷遷浙江副使，河南按察使，所至以威猛稱。擢右副都御史，偕咸寧伯仇鉞討平劉惠、趙鐩等於河南。總督川陝，復破平川賊，進左都御史。與王瓊忤，乞歸，斥爲民。世宗初起兵部尙書，時部事積壞，澤覈功罪，杜干請，兵政一新，引疾歸。復以事奪職，卒諡襄毅。

賀彭公平賊序（涇野先生文集2/29）
賀彭公平蜀序（同上2/1）
彭公平蜀詩序（對山集12/7）
贈彭公還朝序（對山集12/15下）
平西應召序（涇野先生文集2/38下）
西征贈言序（涇野先生文集2/8下）
贈少保大司馬幸菴先生致政序稿（東洲初稿14/51）
送大司馬幸菴彭公致政西還序（喬莊簡公集6/7下）
榮歸錄序（渼陂集9/10下）
奉賀左都御史彭公壽辰序（何文簡公集11/3下）
代祭彭幸菴先生文（黃潭先生集文7/29）
題彭幸菴疾書錄（何文簡公集16/9下）
跋幸庵弔古錄後（同上16/10）
嘉靖以來內閣首輔傳2/22
名卿績紀4/5下
國朝獻徵錄39/3劉耕撰彭公別傳
國琛集下/23下
名山藏臣林記18/15
皇明世說新語5/12，8/18下

四友齋叢說10/1
明史列傳64/1
明史198/11下

彭澤字仁卿，號芝田，廣東南海人。正德十二年進士，歷官春坊諭德，屢遷太常寺卿，提督四夷館，嘉靖十九年卒。

贈宮諭彭芝田還朝序（泉翁大全集20/12下）
祭親家彭芝田先生文（同上58/23下）

彭遵古，麻城人。舉萬曆十四年進士，與同年顧允成、諸壽賢抗疏劾御史房寰，奪冠帶還家省愆，後屢官至光祿少卿。

明史231/8下

彭豫（1339—1408）字與志，一字叔介，泰和人。洪武中爲萬安訓導，以上書言事，擢香山縣丞，爲政務寬施，訓以善道，久而民益化服。永樂六年卒，年七十。

彭公墓表（東里文集15/1，國朝獻徵錄100/63）

彭舉，號東坪，雲南鶴慶人。以世廕爲百戶，撫士卒有恩，常傾身交士大夫。子富字仲禮，舉嘉靖四十一年進士，累官四川布政，貴州巡撫，舉以子貴，封戶部主事。

彭君墓表（賜閒堂集22/13下）

彭應麟字允徵，號魯溪，松江華亭人。嘉靖二十三年進士，授永嘉令，陞南京刑部主事，晋郎中，遷福建邵武知府，以病引歸卒。

彭公暨配安人周氏合葬墓表（環溪集23/12）

彭禮，安福人。成化八年進士，官至左副都御史，應天巡撫致仕。

中丞彭公遺愛詩序（龍江集2/5下）

彭簪字世望，號石屋山人，安福人。正德二年舉人，授衡山知縣，多惠政。移倅常州，爲政務大體，擢知靖州，尋解印綬歸。有衡嶽志。

祭彭石屋公哀辭（石蓮洞羅先生文集24/39）
國朝獻徵錄89/77王時槐撰傳
皇明書29/17下

彭鏡初（1428—1490）字孔彰，改字德昭，號龍山道人，四川嘉定人。景泰元年舉人，初官池陽通判，終大理府同知，卒年六十三。

彭公墓表（楊廉撰、國朝獻徵錄102/98）

彭寶字惟善，桐城人。爲諸生，父母怒則泣涕叩頭，得解乃起。父母不和，嘗終日跪以求解。妻胡氏事姑稍不敬，輒欲出之，妻悔悟，卒以婦道稱。後居喪哀毀卒，遺言以衰服斂。

國朝獻徵錄112/48方學漸撰傳

彭黯字道顒，安福人。嘉靖二年進士，授禮部主事，歷兵部侍郎巡撫應天，遷南京工部尙書，坐倭寇至不俟代去，逮詔獄，罷爲民卒。

國朝獻徵錄52/70無名氏撰傳
明史205/7下

彭鑑（1390—1445）字方明，號拱辰，江西建昌人。永樂十九年進士，授綦江知縣，有善譽，擢監察御史，巡行山西，於軍政利否者，多所建明，轉巡畿內蘇松福建諸郡，卒年五十六。

彭君墓誌銘（尋樂習先生文集19/16）

盛

盛王贊字子裁，吳江人。崇禎進士，知蘭谿縣，爲巡按王範誣劾去官，士民巷哭。福王立，授東陽知縣，甫七日，以母喪去。明亡，削髮爲僧，課村童自給，日無再食。

天啓崇禎兩朝遺詩傳7/255

盛以弘字子寬，潼關衛人，訥子。萬曆二十六年進士，選庶吉士，累官禮部尙書。魏忠賢亂政，落其職。崇禎初起故官，性至孝，取與不苟，卒之日，幾不能具棺斂。有紫氣亭集、鳳毛館帖。

明史列傳92/15下
明史243/15

盛以恒字勉南，潼關衛人。萬曆十三年舉人，性方嚴，寡交游，苦志勵學，授商城令。嚴法度，練鄉兵，浚城隍，民賴以安。張獻忠陷襄樊，乘勢南下，時以恒已薦陞開封府丞，士民懇留之。遂留禦賊，身被數矢，褒創拒敵，力盡城陷，被執遇害。

明史293/3

盛汝謙字亨甫，號古泉，桐城人。嘉靖二十年進士，歷戶部侍郎，性敦實，雅尚樸素，遇事有執持，人稱古君子。

送中丞盛古泉榮擢序（萬文恭公摘集5/11）

盛古泉年兄轉北贈言（同上5/34）

祭少司徒盛公文（寶菴集20/5）

母張氏

贈孺人盛母傳（渼陂續集下/70下）

盛洪字思禹，崑山人，頤曾孫。成化二十年進士，授刑部主事，明習文法，涉中貴悉論如律。遷廣東海道副使，通番買港之徒，騷擾驛傳，至是屏絕市舶。中官利通私貨，乃潛餽以黃金，洪拒不納。劉瑾欲中傷之，無所得，以裁缺免歸。尋復召按察山東，道卒。

崑山人物志4/12

吳郡張大復先生明人列傳稿×/57

盛杲字允高，吳江人。倜爽負氣，景泰二年進士，授御史，清山東馬政。值其地災，上疏乞蠲民賦。出按廣東，劾巡撫揭稽不職。瀧水賊猖獗，杲單騎諭之，遂降。後爲羅江知縣，擢敘州知府。

皇明世說新語2/28下

國朝獻徵錄98/122胡直撰傳

明史列傳34/16下

明史162/18下

盛倩（1441—1523）字汝弼，號春雨，蘇州人。世業醫，官蘇州醫學正科，年八十三卒。

盛公墓誌銘（祝氏集略18/5，國朝獻徵錄78/44）

盛時泰字仲交，號雲浦，上元人。嘉靖貢生，才氣橫溢，喜藏書，善畫水墨山水竹石，工書，有蒼潤軒碑跋、牛首山志、城山堂集。

遊燕雜記序（萬一樓集35/10）

祭盛仲交（焦氏澹園集35/1）

盛時泰傳（不著撰人、國朝獻徵錄115/68）

盛庸，陝西人。洪武中官都指揮，建文初以參將從伐燕，論功封歷城侯，授平燕將軍，充總兵官。後燕兵至浦口，迎戰於高資港，軍敗，以餘衆降，命守淮安。永樂元年致仕，都御史陳瑛劾其怨望有異圖，自殺。

吾學編18/58，55/6下

皇明表忠紀8/1下

皇明功臣封爵考6/92

遜國正氣紀8/1

遜國神會錄下/43下

明史列傳22/12

明史144/1

盛寅（1374—1441）字啓東，別號退菴，吳江人。郡人王賓得醫術於金華戴原禮，賓無子，以授寅。寅復討究諸方書，遂大有名。永樂初爲醫學正科，坐累輸作天壽山，監工者奇之，令主書算，中使言於成祖，召見，進藥有效，授御醫，賞賜甚厚。仁宗立，求出爲南京太醫院，正統中召還卒，年六十八。

盛公墓表（錢溥撰、皇明名臣墓銘乾集69，國朝獻徵錄78/39）

名山藏101/11下

吳中人物志13/27下

守溪筆記×/26

皇明世說新語1/12下

明史299/13

盛訥字敏叔，潼關衛人。天性仁孝，父德討洛南盜戰死，訥號泣請於當道，勺水不入口，當道憐之，爲發兵討賊。舉隆慶五年進士，選庶吉士，歷官吏部右侍郎，以母憂歸，萬曆二十三年卒，謚文定。有玉堂日記。

合祭少宰盛公文（溫恭毅公文集16/8）

盛訥神道碑（復宿山房集22/9下，國朝獻徵錄26/71）

明史243/15

盛萬年字恭伯，秀水人。萬曆進士，歷官江西、廣西按察使，遷雲南布政使，未到官卒。有嶺西水陸兵紀。父盛惟謙，以子貴，贈廣東參政。

盛公陶太淑人墓志銘（大泌山房集95/4）

盛端明（1470—1550）字希道，號程齋，饒平人。弘治十五年進士，授檢討，累官右副都御史，督南京糧儲，劾罷。家居十年，自言通曉藥石，服之可長生。由陶仲文以進，嚴嵩亦左右之，遂召爲禮部右侍郎，進尙書。端明頗負才名，晚由他途進，士論恥之。嘉靖二十九年卒，年八十一，諡榮簡。

送程齋盛公還潮陽序（涇野先生文集9/9下）
送宮庶盛程齋赴召序（黼菴遺稿9/7下）
送大宗伯程齋盛公致仕（歐陽南野文集22/5下）
盛公墓碑銘（甘泉先生續編大全12/4下）
盛公墓表（甔甀洞稿37/7下）
國朝獻徵錄34/23無名氏撰傳
明史307/29下

盛綸字以端，松江華亭人。正統十三年進士，授兵部主事，改工部，累官江西參政。

送參政盛公以端之江西序（東海張先生文集1/23）

盛頣字養蒙，崑山人。永樂十七年應詔詣京師，擢江西左布政使，洪熙元年入計，因言事者落職。宣帝卽位，授南京工部員外郎，三使藩府，皆有廉能之譽。

吳郡張大復先生明人列傳稿×/57

盛資汝字以善，常熟人。嘉靖間舉於鄉，任增城知縣，移知崖州，結伍保，收散亡，黎人服其威信。擢開封同知，再遷漢陽知府，疏鑿溳水，溉田千餘頃，後人名曰盛公河，爲科臣張崇倫誣劾免官，家居貧困以卒。

明常熟先賢事略10/2下

母王氏

明常熟先賢事略15/2下

盛儀字德章，號蜀岡，江都人。弘治十八年進士，觀政吏部，能抗劉瑾，授監察御史，劾天下不職吏，具奏民間利病，屢官至太僕寺卿，致仕卒。有嘉靖惟揚志。

贈蜀岡盛大夫陟太僕卿（崔東洲集12/3）
蜀岡先生傳（崔東洲集19/1，皇明名臣墓銘兌集41，國朝獻徵錄72/21）

盛應期（1474--1535）字思徵，號値菴，吳江人，寅四世孫。弘治六年進士，授都水主事，累官右副都御史，巡撫四川，改撫江西，奏免雜賦，積穀備荒，人民德之。進兵部右侍郎，總督兩廣軍務，引疾歸。起右都御史，治黃河，致仕卒，年六十二。

送盛公斯徵長憲河南序（淩溪先生文集12/5）
右都御史盛公誄（五嶽山人集36/2）
祭盛中丞應期文（皇甫司勳集59/2）
盛公行狀（陸子餘集4/1）
盛公墓誌銘（甫田集31/6）
盛公墓表（徐文敏公集5/40下）
御史大夫盛公傳（袁永之集17/26，國朝獻徵錄59/87）
姑蘇名賢小紀下/1
明史列傳71/15下
明史223/1

盛顒（1418--1492）字時望，無錫人。景泰二年進士，授御史，以劾曹吉祥違法事，出知束鹿。成化初擢知邵武府，調延平，以治績聞。累遷陝西左布政，時三邊多警，歲復洊饑，顒悉心經畫，軍民以安。召爲刑部右侍郎。値山東饑，改左副都御史往巡撫，顒至，舉救荒之政，推行九則法，黜暴除苛，民甚德之，致仕卒，年七十五。

盛公墓誌銘（瓊臺詩文會稿重編23/6下，國朝獻徵錄60/69，皇明名臣琬琰錄后15/8下）
皇明書28/25
毘陵人品記7/8下
水東日記17/14下
明史列傳34/23
明史162/21

黃

黃于郊字君麟，號復初，長興人。萬曆三十二年進士，授恩縣令，改萊縣，遷工部主事，官至廣東參議，天啓三年卒。

廣東布政使司右參議黃于郊並妻父母誥命（澹然齋存稿6/39）
黃公暨配李氏墓誌銘（同上5/64）

父黃可教字進卿，號棻川，閩淸知縣。

棻川黃公墓誌銘（澹然齋存稿5/19）
奠黃棻川年伯文（同上6/27）

【十二劃】盛、黃

黃子澄，名湜，以字行，分宜人。洪武十八年進士，授修撰，伴讀東宮，累官太常卿。惠帝即位，兼翰林學士，與齊泰謀削諸王，成祖破京師，被執不屈，磔死，赤其族。

改黃太常墓序（弇州山人續稿40/11）
分宜黃公傳（張芹撰、皇明名臣墓銘乾集20）
國朝獻徵錄70/7鄭曉撰傳
名山藏臣林外記×/1下
殿閣詞林記6/43下
吾學編52/9下
皇明表忠記2/14下
國琛集上/15下
聖朝名世考4/3下
遜國正氣紀5/31下
遜國神會錄上/20下
皇明獻實6/3
明史列傳19/2下
明史141/2下

黃大廉字潔甫，莆田人。嘉靖十一年進士，授長洲知縣，首定征徭，立三品格，輕重惟均。爲勢家所撼，罷去。起爲吉安教授，累官貴州參議，以忤嚴嵩，六年不調，乞歸卒。

國朝獻徵錄103/79黃謙撰黃公傳

黃大鵬字文若，建陽人。崇禎十三年進士，知義烏縣，有能聲。唐王召爲兵科給事中，守仙霞嶺，死節。

明史277/25

黃士俊（1583— ）字亮垣，一字象甫，號玉崙，順德人。萬曆卅五年殿試第一，授修撰，歷宮諭少詹，陞禮部侍郎，協理詹事府，晉禮部尚書。崇禎間入閣，後相永明王，耄不能決事，數爲臺省所論列，乞歸卒。

五十輔臣考3/25
狀元圖考4/6
明史253/8

黃才敏（1536— ）字爾懋，號心齋，福建晉江人。嘉靖四十四年進士，由戶部主事改禮科給事中，以言事降建平縣丞，陞霍丘知縣，未任卒于家。

拔目人鑑15/8下

黃山字允高，高安人。成化二十年進士，授行人，屢奉使，無毫髮私。弘治中擢御史，何文鼎以忠諫得罪，山上疏力爭，累陞廣東按察僉事，弘治十七年卒。

黃公墓志銘（不著撰人、國朝獻徵錄99/136）

黃元白字用章，號少岷，四川達州人。嘉靖二十六進士，由太常寺博士選兵科給事中，陞陝西副使，三十五年免官。

拔目人鑑14/17下

黃元會（1577--1627）字經甫，號陽平，江夏人。萬曆四十一年進士，授工部主事，官至江西按察使，卒年五十一。

黃公墓誌銘（棘門集4/1）

黃孔昭（1428--1491）初名曜，後以字行，改字世顯，號定軒，晚號洞山遯叟，浙江太平人。天順四年進士，成化間爲文選郎中，公退遇客，輒延訪人才，書之於冊，由是銓敘平允，其以私干者悉拒之。累遷南京工部右侍郎卒，年六十四，嘉靖中追諡文毅。嘗與謝鐸同編赤城論諫錄，又有定軒存稿。

黃公墓碑銘（張文定公靡悔軒集4/16下）
黃公墓志銘（桃溪淨稿文14/1）
黃公神道碑銘（懷麓堂文稿25/9）
先祖文毅公碑陰記（石龍集14下/5下）
先祖文毅公行狀（石龍集23/6下）
先祖考妣遷葬記（同上14下/9）
祭黃亞卿文（桃溪淨稿文19/9下）
黃公傳（匏翁家藏集59/1，國朝獻徵錄53/6）
皇明獻實36/2
吾學編47/6下
國琛集下/15下
聖朝名世考3/53
皇明書23/21下
名山藏臣林記14/34
明史列傳35/16下
明史158/15下

祖黃禮退字尙絅
松塢黃公傳（桃溪淨稿文18/1）

黃玄字玄之，將樂人。與周玄齊名，時稱二玄，爲閩中十才子之一，以歲貢官泉州訓導。

明史286/3

黃立極字中五，元城人。萬曆三十二年進士，累官禮部侍郎，天啓間魏忠賢以同鄉故，擢禮部尚書，兼東閣大學士，已而爲首輔，晉建極殿大學士。後逆案定，落職閒住。

五十輔臣考1/1

明史306/14

黃正色（1501—1576）字士尙，號斗南，無錫人。嘉靖八年進士，歷知南海縣，豪強歛跡，縣中大治。召爲南京監察御史，劾中官鮑忠等，被誣下獄，戍遼東三十年。穆宗初召還，遷南京太僕卿，致仕卒，年七十六，有遼陽稿。

黃公墓誌銘（萬文恭公摘集8/43，國朝獻徵錄72/71）

遼陽稿序（顧端文公集7/6下）

毘陵人品記9/14

明史列傳73/15

明史207/15

妻蕭氏

蕭孺人墓志銘（荆川先生文集15/8）

黃正賓，歙人。萬曆間以貲爲舍人，恥以貲入官，思立奇節，疏詆首輔申時行，下獄斥爲民，遂見推淸議。莊烈帝即位，復官致仕。

明史列傳84/26

明史233/6

黃弘綱（1492—1561）字正之，雩都人。學於王守仁，善推演師說，登鄉擧，官至刑部主事，學者稱洛村先生，嘉靖四十年卒，年七十。有黃洛村集。

黃洛村先生集序（鄒子願學集4/37）

黃公墓銘（羅洪先撰、國朝獻徵錄47/86）

明史列傳70/17下

明史283/20下

明儒學案19/11

黃世淸字澄海，滕縣人。崇禎七年進士，除戶部主事，累遷右參議，分守商雒。時民苦兵而甚於賊，世淸下令兵毋入城。闖中兵往其地，有二卒撾門，榜以徇。督撫發兵，誡毋犯黃參議令。十六年李自成兵至，城陷，不屈死。

明史294/17下

黃世經字時濟，陝西秦州人。成化廿三年進士，授修武知縣，擢御史，陞雲南按察副使。

賀廣西道監察御史黃君時濟考最序（費文憲公摘稿13/18下）

送同年友黃君時濟副憲雲南序（湘臯集18/2下）

黃仕儁字廷臣，四川富順人。正統七年進士，任兵科給事中，陞河南右參議，天順元年官至刑部左侍郎，成化十年卒。

賀刑部右侍郎黃公序（呂文懿公全集8/41下）

黃公墓表（周洪謨撰、國朝獻徵錄46/20）

掖垣人鑑7/12

黃汝亨（1558—1626）字貞父，錢塘人，裳子。萬曆二十六年進士，官至江西布政司參議。有天目記游、廉吏傳、古奏議、寓林集、寓庸子游記等。

讀黃貞父稿（快雪堂集3/7）

題黃貞父近稿二編（同上3/7下）

寓林集序（文直行書4/3）

黃貞父近義小引（雪堂集5/36）

貞父先生天目游記跋（十賚堂甲集文部4/22）

黃貞父像贊（睡菴文稿23/2）

啓禎野乘7/21

黃汝良字明起，晉江人。萬曆十四年進士，歷南北國子司業，有監生挾巨璫書至，汝良曰，國學四方觀型，司成無與中涓通書例，按治之。擢東宮日講官，每敷引古今，隨事披陳，累官禮部尙書致仕。有河干集、冰署筆談、野紀矇搜、樂律志諸書。

奉賀宮傅晉江黃公奉詔存問序（牧齋初學集34/6下）

父黃憲淸（1533—1588）字以憲，號雙江，廉州府同知。

黃公神道碑銘（賜閒堂集20/31下）

黃臣字伯鄰，號安厓，山東濟陽人。正德六年進士，改翰林庶吉士，授吏科給事中，累陞山西參政，歷右副都御史。嘉靖初以議大禮，忤旨廷杖，旣而鑒其忠，甚委任之，官至大中丞。

都御史黃公平盜敍紀（少華山人文集5/24）

大中丞安厓黃公平盜序（同上6/1）

峴淙賓紀（王襄毅公集13/18）

披垣人鑑12/23下

皇明世說新語2/7下

黃光昇字明擧，號葵峯，福建晉江人。嘉靖八年進士，由長興知縣選刑科給事中，陞浙江僉事，累拜兵部侍郎，總制楚蜀黔三省。討叛苗，撫降二十八寨，遷南京刑部尙書，尋罷歸，萬曆十四年卒，諡恭肅。有昭代典則、讀詩蠡測。

送大司空葵峯黃老先生內召序（萬文恭公摘集5/3）

黃恭肅公行狀（田亭草12/1）

祭尙書黃葵峯公文（同上18/5）

讀詩蠡測序（李文節集17/12）

披垣人鑑13/31

黃仲芳字時茂，甌寧人。永樂十三年進士，知東陽縣，首鋤豪民奸吏，擢湖廣右參議。施州有僞土官田姓者，殺兄而奪其位，越十八年捕之不能得，仲芳設方略擒之。官終雲南右參政。有澹庵集、旬宣集、平恕錄等書。

送知縣黃時懋赴東陽序（楊文敏公集12/10下）

黃仲昭（1435--1508）名潛，以字行，號退巖居士，莆田人。成化二年進士，授編修，以直諫被杖，謫官。弘治初起江西提學僉事，乞歸，學者稱未軒先生，年七十四卒。有未軒集、八閩通志。

黃公墓誌銘（林瀚撰、未軒公文集附錄×/4下，國朝獻徵錄86/112）

名山藏臣林記12/8下

皇明世說新語2/3，2/25

明史列傳48/5下

明史179/7

黃行可，號葵山，福建莆田人。正德十六年進士，授工部主事，歷兩浙都運使，遷廣東參政。

兩浙都運黃葵山先生陞東廣參政序（弘藝錄23/13下）

黃如金字希武，莆田人，乾亨子。弘治十八年進士，選庶吉士，擢御史，提督南畿學政。

贈侍御黃君希武提督南畿學政序（中峯文選1/31下）

黃宏（1470--1519）字德裕，鄞人。弘治十五年進士，任萬安知縣。民好訟，訟輒禱於神，安毀其祠曰，令在，何禱也。訟者至，輒片言折之。累遷江西左參議，死於宸濠之難，年五十。

贈大尹黃侯還任萬安序（整庵先生存稿6/23下）

懷忠祠記（環溪集1/9）

黃公墓志銘（景暘撰、國朝獻徵錄86/49）

明史289/23下

黃克念，寧陵人。隆慶五年進士，授內黃令，擢吏部主事，遷太常少卿，改右通政，以親老乞歸。父卷，字文倂，學者稱東陵先生。

黃公行狀（西樵全集15/9）

黃克晦字孔昭，號吾野，惠安人，一作晉江人。少時於沙岸畫沙作山水景物，長學書，宗沈周，筆甚蒼勁，稱神品。能詩善書，稱三絕。有北平稿、楚游集、匡廬唱和集、吾野詩集。

黃孔昭山人詩稿序（田亭草3/9）

黃克纘字紹夫，晉江人。萬曆八年進士，知壽州，入爲刑部員外郎，歷山東布政使，累官刑部尙書，預受兩朝顧命。歷官中外，淸彊有執，持議與爭三案者異，攻擊紛起。自是群小排東林，創要典，率推克纘爲首功，克纘雅不與東林合，引疾歸。後魏忠賢盡逐東林，召爲工部尙書，視事數月，與忠賢忤，復引疾歸。崇禎元年起南吏部尙書，不就卒。有古今疏治黃河全書。

中丞黃公晉大司馬兼憲愼齋序（來禽館集8/13）

大司馬御史中丞黃公城德州碑記(同上11/14)

明史256/2下

黃志清字以度，號鷺峯，晋江人。萬曆廿三年進士，選庶吉士，擢編修卒。

太史黃鷺峰君館課序（田亭草5/22）

黃里字德隣，浙江山陰人。從王冕學，通春秋三傳，工詩詞。洪武初舉明經，授雲內州同知。五年秋，蒙古兵突入城，里率兵巷戰，死之。

明史289/7

黃廷用（1500—1566）字汝行，號少村，更號四素居士，莆田人。嘉靖十四年進士，選庶吉士，授檢討，累官工部侍郎，卒年六十七。有少村漫稿。

黃少村太史詩序（二酉園續集2/17）

黃公墓志銘（呂本撰、國朝獻徵錄51/67）

明史294/22下

黃廷政，楡林人，世襲指揮使。崇禎十六年李自成冦楡林，與弟千戶廷用，百戶廷弼奮力殺賊同死。

明史294/22下

黃廷新，潮州人，寓興寧縣東郊。家貧，隱屠肆，口不言技術，或時露一二。成化中流賊攻長樂，廷新以遁法解賊圍，繇是知名。不輕以法授人，或呼爲黃先生，則不應。曰，吾屠子也，以能自藏用，故不及於禍。

名山藏101/5

黃佐（1490--1566）字才伯，香山人。正德十六年進士，選庶吉士，授編修，累擢少詹事，與大學士夏言論河套事不合，尋罷歸。日與諸生論道，其學以程朱爲宗，學者稱泰泉先生，年七十七卒，諡文裕。有樂典等二百六十餘卷。

贈別黃太史序（泉翁大全集18/1下）

泰泉集序（居漸山文集3/32）

黃氏家乘序（涇野先生文集3/41）

皇明世說新語8/25下

名山藏臣林記20/42

明史287/4下

明儒學案51/1

母陳氏

黃母陳氏墓誌銘（張文定公寮悔軒集6/29下）

黃希范，不知何許人。洪武末知徽州府，政令嚴明。與遼府長史程通善，通誅，希范亦逮捕論死，籍其家。

國朝獻徵錄83/11忠節錄傳

吾學編56/25下

皇明表忠紀4/17下

遜國正氣紀5/16

明史列傳20/11

明史143/9下

黃河水，初名德水，字清父，吳縣人，魯曾子。諸生，魯曾卒，家益落，日坐空樓讀書。工詩，有燕市、碧雞、國華諸集。

跋黃清父傳（西林全集20/9下）

黃河清，福建南安人。弘治十五年進士，歷任太常寺少卿，提督四夷館，嘉靖中累官至南京右通政。

國朝列卿記83/7下，138/5下，153/17

父黃天錫(1458--1516)字希禹，號玩槐散人，

黃公墓誌銘（中衆文選4/13下）

黃宗昌字長倩，卽墨人。天啓二年進士，崇禎初爲御史，首請斥矯旨僞官黃克纘、范濟世等六十一人，帝以列名太多，不聽。又劾周延儒、溫體仁，不納。清兵圍卽墨，宗昌拒守，城獲全，而仲子基中矢死，其妻及三妾殉之，時人謂之一門五烈。

天啓崇禎兩朝遺詩傳6/223

明史258/11

黃宗明字誠甫，號致齋，鄞人。正德九年進士，歷南京兵部員外郎，從王守仁論學。宸濠反，上防江三策。武宗南征，抗疏力諫，官終禮部侍郎，嘉靖十五年卒官。

送黃誠甫序（石龍集12/3下）

祭致齋黃公（歐陽南野文集28/12下）

黃公神道碑（霍韜撰、國朝獻徵錄35/46）

名山藏臣林記19/29下

嘉靖以來內閣首輔傳2/2下

皇明書43/10

明史列傳68/18下

明史197/17下

明儒學案14/4

母□氏

奠黃誠甫母文（石龍集27/10）

黃宗載（1366--1444）一名**垕**，字原夫豐城人。洪武三十年進士，永樂初爲湖廣僉事，坐事謫楊青驛丞。起御史，彈劾不少避，巡按交阯，歸無私槖，改詹事府丞。洪熙元年進行在吏部侍郎，往浙理軍政。英宗時累遷南京吏部尙書，乞休歸，卒年七十九。宗載居官廉正，學問文章，俱負時望。

送黃尙書復任詩序（楊文敏公集11/10下）

黃公神道碑（王文端公文集 28/9下，皇明名臣琬琰集51，皇明名臣琬琰錄 23/1，國朝獻徵錄27/1）

明史列傳39/1

明史158/1

父黃堅，字子貞。

逸世遺音集序（楊文敏公集11/22下）

跋黃氏手澤後（同上15/34下）

黃卷，號萬崖，麻城人。嘉靖八年進士，授刑部主事，歷山西僉事，累官至陝西副事，年四十五乞歸。

萬崖黃公外傳（耿天臺先生文集15/21，國朝獻徵錄94/82）

黃承玄字履常，號與參，嘉興人，洪憲子。萬曆十四年進士，授工部主事，出理張秋河道，時議濬泇河以濟運，承玄實經始之。歷官副都御史，巡撫福建，所至有聲績。有盟鷗堂集、北河紀略、河漕通考等書。

應天府府尹黃公生祠記（嬾眞草堂文集19/44下）

黃直，武進人。建文時累官侍中，從亡後，往來夔州重慶間，爲人補鍋，人有學其藝，教之不索謝，夔州重慶間皆呼之老補鍋，後客死滇寺中。

皇明表忠紀6/11下

遜國正氣紀2/24下

遜國神會錄下/25

明史列傳20/23

明史143/15下

黃直字以方，號卓峯，金谿人。嘉靖二年進士，除漳州推官，疏請早定儲貳，貶沔陽判官。又以抗疏救楊名，戍雷州衞，赦還卒。有望萊集、還江集。

黃公行狀（吳悌撰、國朝獻徵錄91/29）

明史207/11下

黃昌字景文，臨川人。成化二十三年進士，歷官兩浙運司判官，陞任同知，淸苦勤幹，卒于官。

寧波名宦遺事（堇山文集15/9）

黃尙質（1504—1577）字子殷，號醒泉，餘姚人。嘉靖間擧人，歷官景州知府，工畫山水人物，卒年七十四。

黃醒泉府君傳（青溪集2/11下）

黃尙質（1520—1597）字宗商，號龍岡，江寧人。嘉靖三十七年擧人，攝巴縣令，妖冦蔡百貫作亂，躬自捍禦，民賴以安。改峽江令，萬曆初詔雪練子寧，其遺嗣久流爲厮養，尙質多方覔得之，復其姓，立祠買田，俾主其祀。擢饒州通判，乞歸卒，年七十八。

黃公墓志銘（焦竑撰、國朝獻徵錄87/80）

黃金璽，江寧人。武擧人，明末謀募兵爲守禦計，南都破，扼吭死。

明史275/12

黃采字以載，永嘉人，淮子。善書法，宣德中入翰林，正統初與脩宣廟實錄成，授中書舍人。

送黃中書省親序（王文端公文集22/3下）

黃忽都（1347—1389）字朝顯，廣西思明人，家世爲思明路土官。明軍下廣東，忽都遣送印章，受約束。洪武二年改路爲府，命忽都爲知府，廿二年卒，年四十三。

黃公神道碑（解文毅公集14/5）

黃洪憲（1541--1600）字懋中，號葵陽，嘉興人，錝子。隆慶五年進士，官至少詹事，兼侍讀學士，嘗奉使朝鮮。洪憲以文受知張居正，居正敗，共誣以逆，洪憲曰，江陵誠驁，顧其輔幼主功，不當末減分宜耶，因與衆不合歸，卒年六十。有朝鮮國紀、玉堂日鈔、碧山學士等集。

贈宮詹黃葵陽先生序（茅鹿門先生文集16/11

下)
祭葵陽黃學士文(長水先生文鈔6/41)
祭黃葵陽文(兩行齋集13/13)
祭黃學士葵陽公文(拜石堂集5/11下)
祭們李黃葵陽學士文(拜石堂集5/12)
祭黃懋忠宮詹先生(秋水閣剩墨6/3下)
祭黃懋忠宮詹文(快雪堂集21/7)
祭座師黃葵陽(緱山先生集20/29)
少詹葵陽黃公神道碑(王文肅公文草5/21,國朝獻徵錄18/68)
黃公墓志銘(賜閒堂集24/9)
葵陽黃公行狀(快雪堂集18/16下)

黃彥淸,歙人。建文時官國子博士,以名節自勵,永樂初以私諡建文帝坐死。
革朝遺忠錄下/36
吾學編56/17下
皇明表忠紀2/47下
遜國正氣紀5/20
明史列傳20/17下
明史143/9下

黃鈺字玉合,號菊東,餘姚人。從黃淑英受蔡氏尙書,郡邑爭延致之。洪武間以尙書試有司不利,遂絕意進取,喜翫邵子皇極經世書,旨趣淵妙,有以自樂。
皇明書41/15

黃珂(1449—1522)字鳴玉,遂寧人。成化二年進士,由縣令歷兵部侍郎、南京都御史,累官工部尙書,有介直譽。宸濠謀復護衞,珂堅執不署,時以爲難,年七十四卒,諡簡肅。
送侍御黃君鳴玉按治貴陽序(東川劉文簡公集7/15)
送都御史黃公之任南京序(東川劉文簡公集7/12)
送少司徒黃公提督太倉序(王氏家藏集22/39下)
祭黃簡肅公文(太史升庵文集9/2)
黃公墓志銘(楊廷和撰、國朝獻徵錄52/34)
黃公墓碑銘(藍侍御集6/1)
明史列傳53/22
明史185/13下
妻蔣氏(1472—1543)
壽黃母蔣太夫人序(蔣道林文粹2/4)
黃母蔣太夫人墓志銘(太史升菴文集8/2下)
祭岳母黃太夫人文(太史升菴文集9/12)

黃省吾,泰和人。永樂二年進士,官河南布政使,居河南十二年,治行甚著。
明史列傳38/7下

黃省曾(1490—1540)字勉之,號五嶽,吳縣人,魯曾弟。舉嘉靖十年鄉試,從王守仁、湛若水游。又學詩於李夢陽,以任達跅弛終其身。於書無不覽,詳聞奧學,近古無比。有西洋朝貢典錄、擬詩外傳、客問、騷苑、五嶽山人集等書。
西洋朝貢典錄序(祝氏集略25/2)
黃氏擇善序(洹詞12/23)
五岳黃山人集序(皇甫司勳集36/9)
五嶽黃山人集序(弇州山人四部稿66/14下)
送游五嶽序(林屋集11/11下)
南星草堂記(同上13/7下)
名山藏95/16下
姑蘇名賢小記下/12
四友齋叢說24/16下,26/12
皇明世說新語5/31
皇明書39/1下
明史287/3
明儒學案25/4
妻俞氏
俞氏行略(五嶽山人集38/11下)

黃昭道(1468—1541)字文顯,平江人。弘治十二年進士,武宗時爲御史,以言事忤劉瑾斥爲民。後起江西僉事,宸濠招亡命,刼彭蠡諸處,昭道捕獲數百人,訊治如法。再遷雲南參政,撫木邦、孟密有功,官終左布政使,年七十四卒。
賀黃梅嵓陞雲南左布政使序(中丞馬先生文集1/26)
國朝獻徵錄102/10胡直撰傳
明史188/11

黃重(1468—1539)字子任,號毅庵,廣東南海人。正德三年進士,擢戶科給事中,已而淸理畿內倉場,以淸介聞。進兵科左給事中,以諫大禮被杖。官終南京太常少卿，嘉靖八年致仕，年六十二卒。

送太常少卿黃公歸南海序（息園存稿文2/5下）

贈太常少卿黃君序（方齋存稿4/4）

送南京太常少卿毅菴黃公致仕序（張文定公紓玉樓集5/12下）

國朝獻徵錄70/75黃佐撰墓志

掖垣人鑑12/25下

黃約仲名守，以字行，莆田人。少負才名，永樂初應薦賦上林曉鶯天馬歌，擢第一，授翰林典籍。預修永樂大典、四書五經、性理大全諸書，陞檢討，乞歸卒。有靜齋集。

國朝獻徵錄22/11無名氏撰傳

黃胤宗（1371—1434）浙江海鹽人。建文二年進士，授汀州府教授，改彰德，陞國子博士，官至翰林檢討，卒年六十四。

黃君墓誌銘（楊文敏公集22/21，國朝獻徵錄22/12）

黃朏（1502—1568）字文輝，號前川，豐城人。嘉靖廿六年進士，授丹陽尹，遷大理評事，累官福建參議，以謗歸，卒年六十七。

黃公墓誌銘（浣所李公文集8/15下，國朝獻徵錄90/48）

黃流，直隸人。有志聖人之道，一時名儒，如羅倫、陳獻章輩咸與之游。以親老，絕意仕進，竭盡孝道。弘治初被徵不就，隱處以終。

名山藏96/4

黃衷字子和，南海人。弱冠舉弘治九年進士，督糧廣西，嚴法繩奸，境內肅然。後撫雲南，鎮湖廣，皆有政績，官終兵部右侍郎。所著海語，述海中荒忽奇譎之狀，極爲詳備。工詩，有矩洲集。

奉送大司馬鐵橋黃老先生序（少華山人文集5/3）

國朝獻徵錄40/32黃佐撰傳

父黃璉字良器

黃君良器配太安人蕭氏合葬墓表（泉翁大全集62/2）

黃珣（1438—1514）字廷璽，餘姚人。成化十七年進士，廷試第二，歷官翰林、國子監，終南京吏部尚書。性和易而節概凛然，劉瑾勒令致仕，正德九年卒。嘉靖時追謚文僖。

贈南京國子祭酒黃公序（桃溪淨稿文7/6）

國朝獻徵錄27/20無名氏撰傳

黃起龍字應興，莆田人。萬曆進士，累遷南京吏科給事中，時講筵久罷，福藩不就國，廷臣莫敢言，起龍甫拜官，首疏及之。又請復建文年號，追謚靖難仗節諸臣，遇事直陳。有留垣奏議。

明詩紀事庚19/13下

父黃鳴夏，字啓殷，卒年七十六。

黃太公家傳（大泌山房集69/17）

黃哲字庸之，番禺人。太祖駐師金陵，招徠名儒，拜翰林待制，出知東阿縣，剖決如流，一縣帖然。後判東平，以詿誤罹於法。嘗構軒名雪蓬，學者稱爲雪蓬先生。有雪蓬集。

國朝獻徵錄20/90黃佐撰傳

明史列傳18/5

明史285/25

黃姬水（1509—1574）字淳父，吳縣人，省曾子。有文名，學書於祝允明，傳其筆法，工詩。有貧士傳、白下集、高素齋集。

國朝獻徵錄115/98馮時可撰傳

皇明世說新語5/30

明史287/3

黃純，全椒人。永樂十五年進士，宣德八年，由蒲圻教諭選留行在刑科辦事，授兵科給事中，陞江西提學僉事，卒於官。

掖垣人鑑5/18

黃淸，未詳何許人。建文中官巡撫都御史，正直著聲。靖難後拒不奉詔，志圖興復，被擒論死。

遜國正氣紀4/2下

黃淮（1367—1449）字宗豫，永嘉人。洪武三十年進士，仕太祖及宣宗，歷五帝。永樂十二年爲漢王高煦所譖，繫詔獄十年，洪熙初復官，終戶部尙書，兼武英殿大學士。性明果，達治體，善讞疑獄，正統十四年卒，年八十三，諡文簡。有省愆集、黃介菴集。

送少保黃公歸永嘉詩序（東里文集7/13）
祭黃少保文簡公文（畏菴周先生集9/72下）
黃公墓志銘（陳敬宗撰、國朝獻徵錄12/14）
文簡黃公神道碑銘（王文端公文集29/16下）
殿閣詞林記1/21下
吾學編29/8
皇明書15/21下
皇明世說新語2/25下，8/16下
名山藏臣林記6/15
明史列傳24/15下
明史147/9

父黃性（1339—1431）字思恭，號靜菴。
壽徵菴記（東里文集2/9下）
黃公墓志銘（楊文敏公集22/1）
封少保黃公誥詞（王文端公文集39/1）

黃淳耀（1605—1645）初名金耀，字蘊生，一字松厓，號陶菴，又號水鏡居士，嘉定人。爲文原本六經，舉崇禎十六年進士，歸益研經籍。南都亡，嘉定亦破，偕弟淵耀縊西城僧舍，門人私諡貞文。淳耀弱冠即有志聖賢之學，晚而充養和粹，造詣益深，詩古文卓然名家，有山左筆談、陶菴集。

陶菴先生年譜一卷、陳樹悳撰、光緒八年刊黃陶菴集附錄
黃公淘菴行狀、侯元泓撰、同上
黃淘菴墓表、陳瑚撰、同上
黃貞文傳（秋室集4/21）
記侯黃兩忠節公事（潛研堂文集23/1）
黃淘菴像贊（同上17/8）
天啓崇禎兩朝遺詩傳7/259
明史282/36

黃淵耀字偉恭，淳耀弟。諸生，好學敦行如其兄，與兄同死節。

天啓崇禎兩朝遺詩傳7/260
明史282/36下

黃乾亨（1452—1483）字汝夏，一字汝亨，莆田人。成化十一年進士，奉檄安置降胡於嶺南，郡邑禮遺皆不受，南人敬之。授行人司行人，副給事中林榮使滿剌加國，十九年正月發舟，船遇颶風，舟毀溺斃，年僅卅二。

祭黃汝亨文（虛齋蔡先生文集5/21下）
莆田黃公傳（顧清撰、皇明名臣墓銘艮集65，國朝獻徵錄81/12）

妻林氏（1447—1490）
林氏墓誌銘（中峯文選4/2下）

黃彬，江夏人。從歐普祥攻陷袁吉，已勸普祥納款太祖，陳友諒勢大蹙，太祖以兵臨之，遂棄江州，彬力也。未幾，普祥死，彬領其衆。普祥故殘暴，彬盡反所爲，民甚安之。以功封宜春侯，後坐胡惟庸黨死。

皇明功臣封爵考6/34
吾學編18/39下
明史列傳8/19
明史131/15下

黃國鼎（1556—1618）字敦柱，號九石，晉江人。萬曆二十六年進士，選庶吉士，授編修，終日鍵戶讀書，恂恂若素士。累官至右庶子，兼翰林侍讀，致仕卒，年六十三。

黃公暨配顧儒人合葬墓誌銘（蒼霞餘草10/5）

黃常祖（1381—1466）字邦經，福建莆田人。永樂十年進士，授刑部主事，陞員外郎，改工部，正統中起擢山西左參議，致仕卒，年八十六。

送參議黃常祖赴山西序（尋樂習先生文集15/7下）
黃公志銘（彭韶撰、國朝獻徵錄97/49）

黃偉，正德時太監。內臣爲匿名書詆劉瑾，瑾矯旨召百官詰責，偉謂諸臣曰，書所言爲國爲民，挺身自承，雖死不失爲好男子，奈何枉累他人，因被逐。

國琛集下/43下

黃得功，號虎山，本姓王，合肥人，徙開原衞。崇禎中以討流賊功封靖南伯，福王時進封侯，鎭廬州，與劉良佐、高傑、劉澤清分守江北，號四鎭。後移鎭太平，淸兵至，倉卒中流矢，知事不可爲，拔箭刺吭死，諡忠桓。得功粗猛不識文義，然行軍嚴紀律

，所至人感其德。

黃忠桓公墓碑（幼學堂文稿4/18）

明史268/9

黃釧（1510—1556）字珍夫，安溪人。由舉人官溫州同知，嘉靖間倭入犯，釧擊走之，知必復來，亟爲備。後倭果大至，釧迎擊，左右二軍潰，倭合兵擊釧，遂被執，脅降，不屈。責以金贖，釧笑且罵，遂被害，年四十七。

黃公墓志銘（弇州山人四部稿86/25，國朝獻徵錄85/53）

明史290/5

黃絅字季侯，河南光州人。天啓二年進士，累官洮岷參政，陞按察使，崇禎十六年賊破潼關，赴井死，贈太常寺正卿。

啓禎野乘10/41

明史263/4下

黃紹杰，萬安人。天啓五年進士，授中書舍人，崇禎初歷刑科左給事中，因旱求言，紹杰上疏請罷溫體仁，降上林苑署丞。遷行人司副，賊犯皇陵，紹杰再劾體仁悞國召冦，再謫應天府檢校，屢遷南京吏部郎中卒。

明史258/16

黃紱（1423—1493）字用章，其先封丘人，徙家平越。正統十三年進士，除行人，歷刑部郎中，爲人剛廉，人目之曰硬黃。弘治間累拜南京戶部尙書，改左都御史。歷官四十餘年，性卞急，不能容物。然操履潔白，所至有建樹，乞休卒，年七十一。

尙書黃公傳（空同子集58/11，國朝獻徵錄31/20）

國朝獻徵錄64/5實錄本傳

吾學編47/4下

聖朝名世考3/54

皇明世說新語2/29，3/34

皇明書24/1

明史列傳53/8

明史185/4下

妻魯氏

黃太夫人八十壽序（空同子集57/9）

黃卿字時庸，號海亭，益都人。正德三年進士，歷知武進、涉縣，遷守應州，所至皆以能稱。擢守太原，五閱月而郡大理，累遷江西左布政使卒。

送黃武進序（涇野先生文集1/23下）

黃尊素（1584—1626）字眞長，號白安，餘姚人。萬曆四十四年進士，天啓中擢御史，會災異，力陳時政十失，忤魏忠賢。旣而楊漣劾忠賢被譙讓，尊素復抗疏繼之。及萬燝杖死，再疏申辨，愈忤忠賢意，削籍歸。尊素謇諤敢言，尤有深識遠慮，忠賢黨必欲殺之，卒被逮拷掠死，年四十三，福王時追謚忠端。有忠端公集。

黃公墓誌銘（牧齋初學集50/19下）

黃太僕傳（范文忠公文集7/127）

黃忠端公傳（思復堂文集1/73下）

國史闡幽（公槐集6/46下）

黃忠端公年譜一卷、劉宗周撰、清刊黃忠端公集附錄本

黃忠端公年譜一卷、黃璋撰、光緒元年刊本

黃忠端公年譜二卷、黃炳垕撰、光緒二十五年刊本

啓禎野乘5/42

天啓崇禎兩朝遺詩傳1/29

明史245/12

黃焯（1483—1547）字子昭，南平人。正德九年進士，歷永州知府，弊俗爲革。九溪蠻叛服不常，師興，率賦諸民。焯取郡鹽引錢貯庫，備軍需，以紓民困，遂著爲令。官至湖廣參政，致仕卒，年六十五。有尊美堂政錄、修來篇、中庸論語讀法、貽光堂集。

黃公墓志銘（世經堂集16/1，國朝獻徵錄88/30）

黃雲字應龍，號丹巖，崑山人。家貧好學，弘治中以歲貢授瑞州訓導。有丹巖集。

崑山人物志3/11

黃琮（1470—1524）字元質，上元人。弘治十八年進士，授青田令，時劉瑾擅政，遭忌謫長樂教諭。瑾誅，遷郏城令，陞橫州知州。世宗立，擢崇府長史，嘉靖三年卒。

有求志、行義、青田、謫遊、郯城、東歸、乞養堂諸稿。

黃君元質墓誌銘（焦閎存稿文5/8，國朝獻徵錄105/53）

黃琛，武昌人。洪武初以帳前參隨舍人擢兵馬指揮，帝愛其謹厚，命尚兄蒙城王女，授千戶，數從征討，累官驃騎將軍。

國朝獻徵錄4/8.刻史實錄傳

明史121/8

黃琛字廷獻，將樂人。正統四年進士，授戶部主事，歷江西左布政使，討平朱紹綱之亂，官終南京戶部侍郎，卒於官。

黃公墓誌銘（倪謙撰、國朝獻徵錄32/5）

黃隆字自立，號南谷，鄞人，潤玉子。舉景泰五年進士，授南刑部主事，歷福建僉事，陞四川副使，丁父憂不起。家居築四友亭，以詩文自娛，有南谷稿。

鄉先生遺事六（堇山文集15/10下）

黃景昉（1596--1662）字太穉，號東厓，晉江人。天啓五年進士，歷官詹事，直日講，崇禎間陞戶部尚書，文淵閣大學士，屢有建白，旋乞歸，國變後家居十餘年卒，年六十七。有甌安館詩集、鹿鳴咏。

五十輔臣考4/20

明史251/25下

黃傑字一貞，號忍江，福建同安人。博洽多聞，歷任黃安、海寧教諭，恂恂遇士，未嘗一厲聲色，兩邑率建祠生祀之，罷歸卒。

黃忍江先生傳（耿天臺先生文集15/24，國朝獻徵錄89/108）

黃溥字澄濟，號石崖居士，弋陽人。正統十三年進士，擢御史，歷官廣東按察使，用法得平。有石崖集、漫興集。

送按察使黃公之任序（敬軒薛先生文集17/14下）

送廣東憲使黃公澄濟序（楊文懿公桂坊稿1/26下）

黃溥字存吾，號南厓，鄞人，潤玉孫。幼傳家學，以貢授蕪湖訓導。有簡籍遺聞。

賀司訓黃存吾先生壽七十序（堇山文集12/13）

黃愷（1378—1437）字濟民，湯陰人。少明敏簡重，嗜學忘倦，通曉陰陽曆數諸書。洪武廿八年徵入欽天監，授五官司曆，累陞監正，加授奉政大夫，正統二年卒於官，年六十。

黃公墓誌銘（楊文敏公集24/26，皇明名臣墓銘乾集48，國朝獻徵錄79/5）

黃道月（1552--1590）字德卿，號旨玄，合肥人。萬曆十四年進士，授中書舍人，丁憂歸，以疾卒，年僅卅九。道月少負氣，豪於飲酒，蹴踘、六博、騎射、諸技，無不精絕。

亡友黃德卿墓誌銘（陸學士先生遺稿12/28下）

皇明世說新語5/13，5/16

父黃意，字本誠，號容菴，更號合宜。

黃公墓誌銘（陸學士先生遺稿12/26）

黃道周（1585—1646）字幼玄，一字螭若，又字細遵，號石齋，漳浦人。天啓二年進士，崇禎初官右中允，疏救錢龍錫，降調，龍錫得減死。遘疾求去，瀕行上疏，語刺大學士周延儒、溫體仁，斥爲民。復起爲少詹事。道周工書善畫，以文章風節高天下，嚴冷方剛，不諧流俗，公卿多畏而忌之。時廷推閣臣，帝用楊嗣昌等，道周劾之，謫戍廣西，越年復故官，以病歸。福王時官禮部尚書。南都覆，唐王以爲武英殿大學士，率師至婺源，與清兵遇，兵敗不屈死，年六十二，諡忠烈。有易象正義、三易洞璣、洪範明義、孝經集傳、春秋揆、續離騷、石齋集、駢枝別集、大滌函書等。

題黃石齋先生贈徐振之詩（七錄齋文集2/40）

黃漳浦先生年譜二卷、莊起儔撰、清道光間刊黃忠端公集附錄本

黃石齋年譜一卷、洪思撰、清同治十年刊本

漳浦黃先生年譜二卷、陳壽祺撰、陳編黃漳浦全集附刊本

明史255/20下

明儒學案56/1

黃鼒字子邕，江西新城人。元季官禮部主事，自北平來降，命仍故官，陞侍郎，旋

降郎中，復陞侍郎，遷尙書，洪武六年出參政廣西，坐黨禍死。有醉夢稿。

皇明書38/9下

黃輅字子威，江西進賢人。洪武中由工部屯田司主事，改刑科給事中，陞松江知府致仕。

掖垣人鑑8/13

黃鼎字伯器，一字孟鉉，吉水人。天資絕人，八歲背誦五經四書，涉知大義。既冠，明於世務。明初用薦授鎭江知事，坐註誤罷。而志於道德性命之學，從學者衆，其敎人以實踐爲務，必使窮其理而體驗於身。所著有四書五經精義，學古齋詩文，卒年三十八。

黃伯器傳（東里文集22/11）

黃暉字有容，江西建昌人。景泰二年進士，除工科給事中，奉使滿剌加國，後陞廣西僉事。

掖垣人鑑9/26下

父黃銓（1397—1457）字大雅，一字正已，號水南。

水南黃先生墓誌銘（呂文懿公全集10/52）

黃暐字日昇，號東樓，吳縣人。弘治三年進士，官至刑部郎中，性剛廉，用法平恕，忤權貴歸。有蓬窗類記。

皇明世說新語3/15下

黃鉞字叔揚，常熟人。建文二年進士，授刑科給事中，以憂歸。時燕師日南，方孝孺問以計，後皆如所料。國變後，杜門不出。尋以戶科給事中召，中途，自投於水，以溺死聞，故其家得不坐。

擬諡遜國諸臣（公槐集6/28）
國朝獻徵錄80/43無撰人黃鉞傳
革朝遺忠錄下/9
皇明獻實7/7下
吾學編56/6下
皇明表忠紀3/6
明常熟先賢事略2/1
吳中人物志2/10
皇明書31/20下
掖垣人鑑5/5下
聖朝名世考4/19
遜國正氣紀5/3
遜國神會錄上/47
明史列傳19/26
明史143/7下

黃端伯字元功，自號海岸道人，江西新城人。崇禎元年進士，歷寧波、杭州兩府推官，以憂去。服闋，棄家爲僧。朝旨勘問，復蓄髮，福王時授禮部郎中。淸師渡江，被執不屈死。有易疏、瑤光閣集。

明史275/11下

黃禎字德兆，號北海野人，安丘人。嘉靖二年進士，性磊落自負，歷吏部文選司郎中，好爲詩，與樂安李舜臣齊名，時稱李黃，有北海野人稿。父黃錦，字元美。

黃先生墓表（蘇門集7/18下）

黃福（1363—1440）字如錫，號後樂翁，昌邑人。洪武十七年以鄉薦入太學，授金吾前衞經歷，上書論國家大計，超拜工部右侍郎，成祖時遷尙書。交阯平，福往鎭之，在任十九年，交人戴之如父，改南京戶部，加少保，正統五年卒，年七十八，成化初諡忠宣。有黃忠宣集。

書少保黃公訓子敎儀卷後（尊樂習先生文集18/5下）
跋黃氏敎儀後（金文靖公集10/24）
少保黃公哀辭（王文端公文集39/6下）
黃公神道碑（楊士奇撰、皇明名臣墓銘乾集35，皇明名臣琬琰錄18/17下）
黃氏壽埠阡表（東里文集16/10下）
國朝獻徵錄31/5無名氏撰黃福傳
皇明獻實12/1
吾學編28/9
皇明書20/1
國琛集上/20
聖朝名世考3/9
皇明世說新語3/5下，4/11
水東日記7/5
明史列傳23/7下
明史154/7

黃熒字敦實，號易齋，福建龍溪人。成化八年進士，授玉山令，擢御史，累官四川按察副使，致仕卒。

黃公阡表（林俊撰、國朝獻徵錄98/64）

黃壽生字行中，莆田人。永樂九年進士，改庶吉士，預修五經四書性理大全，除檢討。壽生端重博贍，時人重之，卒於官。

國朝獻徵錄22/15無撰人黃公傳略

黃裳字元吉，廣東曲江人。正統七年進士，授監察御史，按兩浙鹽法及蘇常諸郡，所至有實惠。嘗言寧紹台三府疫死三萬人，死者宜蠲租，存者宜振恤，報可。十四年扈從北征，死於土木之變。

明史167/6下

黃裳（1517—1594）字子重，號鶴洲，錢唐人。諸生，用文學爲時所推重。性孝友，母病，醫藥必親嘗乃進，禱祀籲天，丐以身代，居喪痛哀，三年如一日。萬曆廿二年卒，年七十八。

貞士黃公行狀（劉應龍撰、國朝獻徵錄114/67）

處士黃先生墓誌銘（大泌山房集89/1）

鶴洲居士墓表（快雪堂集17/17）

鶴洲黃先生傳（茅鹿門先生文集19/13下）

妻王氏

王孺人墓表（茅鹿門先生文集25/24）

黃綰（1480—1554）字宗賢，一作叔賢，號久庵，太平人，孔昭孫。以蔭入官，累擢禮部尚書，兼翰林學士，致仕卒，年七十五。綰師事王守仁，守仁沒，桂萼齮齕之，綰上疏言昔議大禮，臣與萼合，臣遂直友以忠君。今萼毀臣師，臣不敢阿友以背師。又以女妻守仁子正億，携之金陵，銷其外侮。著有五經古原、石龍集。

贈石龍黃宗賢赴南臺序（泉翁大全集17/22）

送少宗伯黃先生考績序（王氏家藏集23/9下）

黃公行狀（李一瀚撰、國朝獻徵錄34/11）

嘉靖以來內閣首輔傳2/21

皇明世說新語7/17

皇明書43/5下

名山藏臣林記19/28下

明史列傳68/20下

明史197/19下

明儒學案13/5下

王守仁的門人黃綰、容肇祖撰、燕京學報27期

父黃俌（1450—1506）字汝修，號艾齋，更號方蠡，成化十七年進士，官吏部郎中。

先府君行狀（石龍集23/17下）

先考妣遷墓記（同上14下/9下）

黃公神道碑（張文定公靡悔軒集4/36下）

母鮑氏（1451—1535）

壽黃母鮑太淑人八袠序（紫巖文集21/9）

黃太淑人傳（黃門集9/7）

先母太淑人墓誌（石龍集26/1）

黃綰，河南息縣人。正德十二年進士，授刑部主事，諫南巡被杖。歷郎中，出爲紹興知府，以寬大爲治，爲張璁等所陷，士民哭震野，下獄瘐死。

明史206/19

黃魁，里籍不詳，建文時爲禮部侍郎，有學行，習典禮。燕兵入，不屈死。

皇明表忠紀2/24下

聖朝名世考4/31下

遜國正氣紀4/2下

明史141/13

黃鳳翔（1545—　）字鳴周，號儀庭，晉江人。隆慶二年進士第二，授修撰。萬曆初張居正奪情，杖諸諫者，鳳翔誦言於朝，編纂章奏，盡載諸諫疏。擢禮部右侍郎，疏爭建儲事不報，請告去。復起爲南京禮部尚書，以養親歸，卒諡文簡。有田亭草傳世。

明史列傳75/2下

明史216/6下

黃澍，山東益都人。永樂十九年進士，除行在吏科給事中，正統元年陞浙江處州府知府。

掖垣人鑑5/15下

黃潤字以誠，晉江人。正德十六年進士，授武進知縣，歷兵、吏部郎出知松江府。

送郡守黃君以誠之松江序（方齋存稿3/15下）

黃潤玉（1389—1477）字孟清，鄞人。少有至性，永樂初徙南方富民實北京，潤玉

【十二劃】黃

請代父行，官少之，對曰父去日益老，兒去日益長，官異其言，許之。旣至，築室治圃，鬻蔬自給，間輒力學，十八年擧順天鄉試，授建昌府學訓導。宣德中以薦擢御史，出按湖廣。歷廣西僉事，提督學政，所至有聲，後謫含山知縣致仕，歸二十年，年八十有九卒。其學以程朱爲宗，學者稱南山先生。有儀禮及戴禮記附注、書經補注、學庸通旨、四明文獻錄、家傳集等書。

黃公墓碣銘（楊守陳撰、國朝獻徵錄88/104，皇明名臣琬琰錄后13/1）
皇明書40/11下
皇明世說新語1/5下，5/1下
明史列傳38/11下
明史161/12下
明儒學案45/1

黃澄字廷肅，號竹溪，南安人。嘉靖二年進士，授行人，遷刑部員外郎，善讞決，以廉直著聲，歷廣東按察僉事，致仕卒。

黃公墓誌銘（世經堂集16/49）

黃養正，名蒙，以字行，瑞安人。永樂中以善書授中書舍人，官至太常少卿。性端謹淹博，工詩文，正統中從駕北征，死於土木之變。

圖繪寶鑑6/13下
明史167/6下

黃養蒙字存一，南安人，澄子。嘉靖二十年進士，授遂昌令，歷光祿卿，累官至戶部右侍郎。

國朝獻徵錄30/56無撰人黃公傳略

黃璉 (1437—1502) 字汝器，號求我，莆田人。成化二年進士，授戶科給事中，劾汪直、王越姦利。遷浙江參議，累官至貴州布政使，討平普安之亂，卒於官，年六十七。

黃公墓誌銘（見素集14/6，國朝獻徵錄103/1）

黃鞏 (1480—1522) 字伯固，號後峰，莆田人。弘治十八年進士，授德安府推官，正德中歷武選郎中，以諫南巡請誅江彬下詔獄，廷杖斥爲民。旣歸，潛心著述，或米盡，日中未爨，晏如也。世宗立，召爲南京大理丞卒，年四十三。天啓初追諡忠裕。有後峰集。

贈後峯黃先生赴南京大理丞序（方齋存稿6/32下）
贈大理丞黃後峯先生北上序（方簡肅公文集2/3）
贈少廷尉黃后峰（見素續集7/1）
後峯黃君墓碑（見素續集10/3）
國朝獻徵錄69/22袁袠撰傳
名山藏臣林記16/30
皇明獻實37/2下
吾學編50/1
皇明書25/19
國琛集下/30
聖朝名世考5/27下
皇明世說新語2/2，2/3
明史列傳59/9下
明史189/9下

黃輝字平倩，一字昭素，南充人。幼穎異，稍長，博極群書，年十五擧鄉試第一，登萬曆十七年進士，授編修，時同館詩文推陶望齡，書畫推董其昌，而輝與齊名，官終少詹事。有貽春堂集、鐵菴詩選。

名臣諡議（公槐集6/7）
黃平倩先生詩卷跋（松癭集2/46下）
明史288/9

黃鞏字文之，山東范縣人。弘治十八年進士，正德間爲戶科給事中，劉瑾竊柄，質上疏，指斥中人。後遷浙江按察副使，平汀漳群盜，爲共事者竊其功，改辰沅兵備副使，與朝臣多不相能，坐左遷，遂乞歸。

披垣人鑑12/14下

黃魯曾 (1487—1561) 字得之，人稱中南先生，吳縣人。正德十一年擧於鄉，嚴嵩欲招致之，謝不往。父授產千金，悉以置書，年七十五卒。有續吳中往哲記、兩漢博聞、南華合璧集。

黃先生墓誌銘（皇甫司勳集54/4下）

黃澤字敷仲，閩縣人。永樂十年進士，官河南左參政，宣德元年上疏陳十事，皆關治體，帝雖嘉歎，不能用，擢浙江布政使。

澤在官有政績，然多暴怒，爲巡按所劾，逮獄黜爲民。

送浙江布政黃敷仲之任序（楊文敏公集12/2）
送黃敷仲之官浙江序（東里文集7/10）
明史列傳37/5下
明史164/6下

黃憲卿字弘度，武進人。嘉靖廿九年進士，累官戶部郎，時嚴嵩方柄用，或勸謁嵩，憲卿不往。嵩敗，擢江西按察副使，乞歸卒。

毘陵人品記10/5

黃龍，遼東人。崇禎初以小校從復錦州，又復灤州，功第一。尋鎮東江，充總兵官，龍抵皮島，誅叛黨，焚賊舟，擊走賊高成友。移駐旅順，大治兵。賊拘龍母及妻子以脅之，龍不顧，大敗之。後淸兵攻之，兵敗，自刎死。

明史271/16

黃諫（1412—　）字廷臣，高郵人，徙蘭州。博學多藝，工隸篆行楷，兼善畫。正統七年以一甲第三人登第，歷官侍講學士，兼尚寶寺卿，使安南。議定迎詔坐次等儀，遷本院學士。後謫廣州府判，從學者甚衆，廣人立祠祀之。有書經集解、從古正文、使南稿、蘭坡集等書。

國朝獻徵錄20/33無撰人黃諫傳
殿閣詞林記4/27下
皇明世說新語6/26

黃翰字汝申，華亭人。永樂十年進士，累官江西按察僉事，能詩並善書，惟其人苛刻剛忿，頗不爲鄉評所歸。

送江西僉憲黃汝申歸省序（楊文敏公集13/14）
皇明世說新語6/19
四友齋叢說16/6下
水東日記6/9

黃錦字尚絅，號龍山，洛陽人。正德初選入禁庭，授興府伴讀。世宗入嗣大統，陞御用監太監，累遷司禮太監總督東廠。小心謹飭，不敢大肆。

黃公神道碑（徐階撰、國朝獻徵錄 117/42）
明史304/31下

黃錝（1522—1578）字崇文，號遂泉，嘉興人。嘉靖卅五年進士，授兵部主事，再陞郎中，出知安慶府，官至湖廣按察副使，卒年五十七。

黃公暨配葉恭人合葬墓志銘（賜閒堂集26/12下）

繼室陸氏

陸恭人墓誌銘（快雪堂集15/6下）

黃縉字世用，直隸安州人。天順元年進士，除戶科給事中，陞江西右參議，仕終本司右參政。

掖垣人鑑5/24

黃勳字守勳，號龍山，揭陽人。成化十九年舉人，授新淦教諭，以振士風，扶正學爲己任。遷柳郡教授，以氣節勵俗，乞歸卒。

國朝獻徵錄87/108霍韜撰傳

黃暐（1440—1512）字時雍，號櫟坡，南海人。成化元年舉人，卒業太學，授吏部司務，陞員外郎，歷江西參議，累官雲南左參政，卒年七十三。

黃公墓碑（黃衷撰、國朝獻徵錄102/20）

黃驥字國著，號龍源，南安人。嘉靖卅八年進士，資性凝重，敢任事，爲御史，按遼左及眞定，中外憚之，官終山西行太僕寺少卿，卒年七十二。

黃公墓誌銘（田亭草14/9）

黃應甲字汝第，懷寧人。隆慶五年累遷浙江總兵官，改鎮廣東，屢破峒賊及倭寇，入僉中軍府罷歸。

明史列傳86/43下
明史212/24下

黃應坤（1532—1584）字惟簡，號毅齋，更號健所，歙縣人，鏜子。隆慶二年進士，授浮梁令，改新淦，擢監察御史，累官大理寺丞，萬曆十二年卒官，年五十三。

黃公行狀（許文穆公集5/63）
祭大理丞黃親家（同上5/75）
父子御史黃公列傳（太函集38/1，太函副墨12/33）
大理寺丞黃公傳（楊道行集26/6）

【十二劃】黃

黃謙，儒生也。建文時爲沛縣典史，以文墨兼兵旅，果敢能戰下，縣令顏伯瑋素禮遇之，謙益效力。燕兵至被執，招降之，謙曰吾不忍負顏公，願同死，死之。

遜國正氣紀5/11下

國朝獻徵錄83/107無名氏撰傳

明史142/9下

黃琮，一作燦，字蘊詩，永嘉人。宣德間直內閣，擅長書畫，兼工詩文。

圖繪寶鑑6/8

黃翼聖字子羽，太倉人。崇禎中以諸生應聘起家，官安吉知州，致政歸。晚築蓮蕊樓，自號蓮蕊居士。性好古銅磁器，及宋雕古書，搜訪把玩，如美人好友。國變後杜門不出。

黃子羽六十壽序（牧齋有學集23/7下）

黃子羽墓誌銘（牧齋有學集31/8）

蓮蕊居士傳（同上37/4下）

黃懋（1390--1455）字子勉，元氏人。永樂十三年進士，累官嘉興知府，有能名，尤篤意學政，孜孜好賢，官終福建左布政使。景泰初致仕，僑寓嘉興，六年卒，因民之請，遂就地葬之，民爲立祠。

黃公神道碑（呂文懿公全集10/13）

黃懋官字君辨，福建莆田人。嘉靖十七年進士，累官戶部侍郎，總理南京糧儲。先是軍糧依額折色每石五錢，懋官至官，師其故策，復疏請罷妻糧。時南都大旱，斗米幾百錢，衛卒問謗議洶洶，懋官性偏愎，不以爲意。三十九年衛卒聚衆爲亂，遂遇害。

國朝獻徵錄32/19庚申紀事

四友齋叢說12/1

黃鍾字伯魁，號復齋，隆慶人。正德六年進士，除戶科給事中，彭澤節制川陝有功，爲忌者所誣，鍾上疏白其冤。擢順天府丞，勳戚巨璫，一繩以法。遷都察院僉都御史，巡撫山西致仕。

送少京兆黃復齋先生遷順天序（泉翁大全集20/8下）

掖垣人鑑12/19

黃鍾（1540--1608）字律元，號麗江，更號完齋，長洲人。萬曆五年進士，授中書舍人，擢御史，累官至太僕少卿，卒年六十九。

黃君偕配周孺人合葬墓志銘（賜閒堂集24/32下）

黃瓛字聲叔，莆田人。宣德中以明經薦授仙遊訓導，天順中陞廣元教諭，廣元爲蜀北鄙，戍卒多而編氓少，學政久廢，乃修學舍，建文廟，每日衣冠坐堂上教授諸生，廣元人樂從其教焉。

廣元教諭黃先生祠堂記（鄭山齋先生文集11/9下）

廣元教諭黃先生祠堂記（見素集9/14下）

教諭黃先生祠堂記（周瑛撰、國朝獻徵錄85/85）

黃顒（1463--1515）字伯望，號易菴，莆田人，瓛孫。弘治三年進士，授戶部主事，歷肇慶知府，治以廉平，抑豪右，累官至廣東左參政，卒於官，年五十三。

送肇慶太守黃君伯望之任序（湘皐集19/14）

贈黃君參政廣東序（見素集4/12下）

黃君易菴墓誌銘（見素集17/7，國朝獻徵錄99/35）

祭黃大參伯望（見素集27/5下）

母方氏（1423--1499）

黃宜人方氏墓誌銘（容春堂前集17/9下）

黃鎬字叔高，侯官人。正統十年進士，授御史，按貴州，時群苗盡叛，官軍大敗。鎬以孤軍圍守平越九月，城卒全。成化初擢廣東左參政，遷廣西左布政使，累拜南京戶部尚書。鎬有才識，敏吏事，卒諡襄敏。

國朝獻徵錄31/18黃鎬撰傳

明史列傳37/20下

明史157/13下

黃璽字廷璽，餘姚人。兄伯震商十年不歸，璽出求之。經行萬里不得，禱南嶽，夢神人授以纏綿盜賊際，狼狽江漢行句。一書生告以此乃杜甫春陵行詩，春陵今道州，曷尋之。璽從其言，既至，無所遇，一日如廁，置傘道旁，伯震適過之，曰此鄉傘也。取視之，璽出問訊，則其兄，遂奉以歸。

明史297/8

黃鐘字德鳴，歙人。擧於鄉，授蘭谿令。嘉靖中累官廣東道御史，以忤武定侯郭勛，謫浙江按察知事，仕終南京刑部郎中，致仕卒。子應坤，萬曆中亦官御史，父子兩御史，鄉人傳爲美談。

父子御史黃太公黃矢公別傳（太函集 38/1，太函副墨12/33）

黃瀾字源續，號壺陰，莆田人。弘治六年進士，選庶吉士，授編修，歷國子司業，官終南京翰林院侍讀學士，以疾致仕卒。

國朝獻徵錄23/8無名氏撰傳

黃寶（1456—1523）字廷用，長沙人。成化二十年進士，歷吏部郎，典選事，風節凜然。後擢都御史，巡撫陝西，套寇莫敢犯，秦地以寧，以忤劉瑾罷歸。瑾誅，復起巡撫山東，月餘即致仕，嘉靖二年卒，年六十八。有東岡集。

黃公行狀（何文簡公集13/28）
國朝獻徵錄61/33廖道南撰黃公傳

黃鑑字愈明，廣昌人。國子生，除灌縣令，居官廉能。成化七年被誣下獄，悲憤卒。

黃君愈明墓碣銘（椒丘文集30/4下）

黃瓚（1455--　　）字公獻，儀眞人。成化二十年進士，累官江西右布政。寧王宸濠不法，諸司多爲所制，瓚獨不屈，以治行第一晉應天府尹，歷巡撫山東，官終南京兵部右侍郎，嘉靖元年致仕歸。有雪洲文集傳世。

壽少司馬黃公七十序（黃潭先生文集3/2）
刻雪洲詩集序（涇野先生文集6/45）
黃氏祠堂記（同上19/27下）
妻張氏（1458--1506）
亡妻張氏墓誌銘（雪洲集8/32）
子黃襄字日思，以蔭官南戶部照磨。
贈地曹黃日思考績序（涇野先生文集7/37下）
送黃日思養母致仕序（同上9/21下）

黃讓字用遜，蕪湖人。景泰五年進士，授御史，坐言事謫知安岳縣，多善政。遷中府都事，以撻錦衣衛隸戍廣西，赦還，課耕自給。

明史162/18下

黃觀（1364--1402）字瀾伯，一字尙賓，初從母姓許，貴池人。洪武二十四年會試廷試第一，授修撰，累遷禮部右侍郎，建文初遷侍中，與方孝孺等並親用。燕王擧兵，觀奉詔募兵至安慶，聞變，投江死，年三十九（此據太學志傳，按皇明三元考作生元至正二十年）。福王時諡文貞。

國朝獻徵錄35/12太學志傳
建文皇帝遺蹟×/16
革朝遺忠錄下/2下
皇明名臣琬琰錄12/6下尹直撰言行錄
皇明獻實6/8下
吾學編54/1
皇明表忠記3/1下
皇明書31/16
聖朝名世考4/9下
狀元圖考1/8下
遜國正氣紀3/30
遜國神會錄上/45下
明史列傳19/21
明史143/5

黃驥（1374--1428）全州人。洪武廿九年擧於鄉，爲沙縣教諭，永樂時擢禮科給事中，嘗三使西域。仁宗初遷右通政，與李琦等撫諭交阯，不辱命，使還卒，年五十五。

黃公墓誌銘（金文靖公集9/28下）
明史列傳37/5
明史164/5下

黃鑾，江陰人。嘉靖廿七年首捐金六千兩築城，後倭亂前後輸粟一萬石，討倭助軍興復捐金七千兩，授蘇州衞指揮使，萬曆間邑父老請立專祠祀之。

毘陵人品記10/4下

賀

賀人龍，米脂人。崇禎中爲延綏總兵官，從陝督會勦張献忠，破賊於瑪瑙山，功最多。督師楊嗣昌初許以平賊將軍，而賞終不及，人龍大觖望，遂不奉約束。遇賊輒走，帝怒，詔奪職，戴罪視事，尋授總督孫傳庭殺之。

明史273/15下

賀元忠（1437—1516）字澤民，吳縣人。成化八年進士，授行人，擢江西監察御史，出按廣西，風裁凜然，剔奸振滯，黜汚崇良，名聲大振。官至雲南按察司副使，乞歸卒，年七十八。

賀公墓志銘（王文恪公集30/13，國朝獻徵錄102/50）

賀世賢，榆林衛人。少爲厮養，後從軍積功至都督僉事，充總兵官，天啓元年陣沒於瀋陽。

明史271/1

賀虎臣，保定人。崇禎間以總兵官鎭寧夏，勦賊屢著戰績，六年擊寇於靈州，戰死。

明史270/4下

賀秉鉞，大寧左衛人。崇禎四年登武科一甲第三，官天津參將，扶父櫬歸，過臨淸，適臨淸陷於賊，巷戰終日，矢盡被執，死之。

明史291/23下

賀泰字志同，吳縣人。弘治十二年進士，由衢州推官入爲御史，武宗收京師無賴及宦官厮養爲義子，一日而賜國姓者百二十七人，泰抗言其非，左右激帝怒，謫衢州推官，仕終廣東參議。編有唐文鑑。

明史188/24

賀逢聖（1587—1643）字克繇，一字對揚，江夏人。萬曆四十四年進士，授編修，遷洗馬，忤魏忠賢削籍。崇禎初復官，累遷禮部尙書，兼文淵閣大學士，入輔政，爲人廉靜，束修砥行，予告歸，宴餞便殿，感激大哭。崇禎十六年流賊陷武昌，投湖死。福王時諡文忠。有代甕子類、文類。

天啓崇禎兩朝遺詩傳2/61

啓禎野乘10/1

五十輔臣考3/16

明史264/1

賀朝用（1510—1575）字道亨，號竹窗，綿竹人。年十三，從父行伍間，後矢志業儒，循資充貢，授景東衛幕，官至昆明尹。萬曆三年卒，年六十六。

賀君墓志銘（王升撰、國朝獻徵錄102/116）

賀鈞字信夫，江西廬陵人。舉正德十一年鄉試，初爲麗水令，改應天教授，著有龍岡摘稿。

國朝獻徵錄83/112王時槐撰傳

賀欽（1437—1510）字克恭，號醫閭，浙江定海人，以戍籍隸遼東廣寧衛。成化二年進士，授戶科給事中，因亢旱上章極諫，尋告病歸。聞陳獻章說爲己端默之旨，篤信不疑，從而稟學，遂決意不仕，搆小齋讀書其中，杜門者十餘年，年七十四卒。有醫閭集。

醫閭先生墓志銘（潘辰撰、醫閭先生集附錄/1）

賀公墓表（泉翁大全集6/29下）

賀欽傳（西河合集80/15下）

皇明獻實30/4

吾學編40/9下

皇明書35/17

名山藏79/18下

掖垣人鑑10/6下

國琛集下/9

聖朝名世考8/10下

皇明世說新語4/36

國朝獻徵錄94/38無撰人賀欽傳

明儒學案6/3下

明史283/4

父孟員

先考妣墓誌銘（醫閭先生集4/14）

賀暘，建安人。天順三年上書論時事，請嚴甄選，舉人才，帝善其言，下所司行之。

明史164/23下

賀誠字九章，保定人，讚弟。身長七尺，美鬚髯。爲諸生，以忠義自許。賊陷保定，家人勸易衣遁。叱曰，吾忠臣子，偷生而逃，何以見先將軍地下，遂偕妻女投井死。

明史270/5下

賀銀，黃巖人。洪武中領鄉薦，累官宛平知縣，有政聲。歷通政左參議，奏對詳明，進工部右侍郎，以事左遷本部主事，復陞通政使。

國朝獻徵錄67/9實錄賀銀傳

賀確字存誠，金陵人。行古而醇，學博而要，歷試不售，遂肆力於古，自經子史，以至於天文地理醫卜之書無不究覽，遂以友菊名其號。有友菊詩集。

國朝獻徵錄116/22陳鎬撰賀友菊先生傳

賀讚字含章，保定人，虎臣子。勇敢有父風，嗣錦衣副千戶，尋舉武進士，積官至京營副將。崇禎十七年李自成薄京師，京軍六大營分列城外，皆不敢戰，或棄甲降。讚獨率部迎擊，中矢死。

明史270/5下

費

費子賢，不詳所始。從太祖渡江，數有功，取武康、安吉，築城守之，以三千人戰退張士誠八萬人。累功進指揮同知，從取福建，克元都，以功授大都督府僉事。

明史列傳17/13下

明史134/11下

費元祿字無學，一字學卿，鉛山人，堯年子。爲詩歌落筆數千言，尤愛慕賢士，構館於鼂采湖上。有鼂采館淸課、甲秀園集、轉情集。

費學卿集序（快雪堂集1/23）

費宏（1468--1535）字子充，號鵝湖，鉛山人。成化二十三年進士第一，授修撰，正德中累遷戶部尚書。倖臣錢寧陰黨宸濠，欲交懽宏，不得，因搆以他事。宸濠敗，言者爭薦宏。世宗即位，起加少保，入輔政。宏持重識大體，明習國家故事，及楊廷和去位，遂爲首輔，委任甚至。後復爲張璁、桂萼所搆，致仕。及萼死，璁亦去位，帝追念宏，再起官如故，年六十八卒，諡文憲。有費文憲公集、宸章集錄。

送鵝湖費閣老序（中峯文選1/6下）

費氏傳芳集序（涇野先生文集12/31下）

費文憲公集序（世經堂集13/30下）

費公行狀（江汝璧撰、國朝獻徵錄15/54）

費公神道碑（李時撰、費文憲公摘稿附錄）

費公墓誌銘（桂洲文集49/9，費文憲公摘稿附錄）

湖東費相國傳（李中麓閒居集9/22下）

祭鵝湖費相國文（同下11/5下）

祭費文憲宏文（皇甫司勳集59/1）

祭宰相費湖東公（歐陽南野文集28/19）

祭費文憲公文（桂洲文集47/6）

國朝獻徵錄15/53實錄本傳

嘉靖以來內閣首輔傳1/16下

狀元圖考2/29下

皇明世說新語3/17下

皇明書18/16

名山藏臣林記17/17

明史列傳62/7下

明史193/1

父費璠，字叔玉

先君行實（費文憲公摘稿16/16）

費君墓誌銘（懷麓堂文後稿20/1）

費太常小傳（楓山章先生文集4/45下）

母余氏

先母贈夫人余氏行略（費文憲公摘稿16/24下）

費母余氏墓誌銘（懷麓堂文後稿23/11下）

祭費老夫人文（東洲初稿14/43）

同年祭費老夫人文（湘皋集33/4下）

館閣祭費老夫人文（同上33/5）

費尙伊字國聘，號似鶴，湖廣沔陽人。萬曆五年進士，由庶吉士授兵科給事中，四川僉事，十一年聽調。有市隱園集。

贈費國聘擢四川憲僉序（紫園草1/20）

送國聘費年丈僉憲四川序（寶莣集9/18下）

僉憲費公壽序（大泌山房集28/18）

披眞人鑑16/15

父費得智字以明，號鶴皋。

壽費以明六十序（二酉園續集8/3）

費公墓誌銘（同上17/20）

費寀（1483—1548）字子和，號鍾石，鉛山人，宏從弟。正德六年進士，授編修。宸濠蓄異圖，屢以意屬寀，寀陰折之，宸濠賂中貴勒致仕。及宸濠叛，寀上書王守仁，請先定洪州以覆其巢穴，扼上流以遏其歸路，則成擒矣。後卒如其策，以薦起用，官至禮部尚書，卒年六十六，諡文通。有費文通集。

送宮庶鍾石費先生考績之京序（張文定公紓玉樓集4/17下）

贈南少宰鍾石費公考績序（涇野先生文集12/29下）

賀少宗伯鍾石費公序（方齋存稿5/16）

代送費鍾石先生序（方山薛先生全集14/6）

鍾石山房詩序（方齋存稿6/29下）

費公神道碑（鈐山堂集38/1）

費文通公傳（方山薛先生全集24/20下）

國朝獻徵錄34/14無名氏撰傳

明史193/4下

父費瑛（1452—1501）字季玉，號順菴。

費公神道碑銘（泉翁大全集61/4下）

費曾謀字瞻山，鉛山人，宏後。崇禎末以鄉舉知通許縣，甫四旬，賊猝至，抱印投井死。

明史293/8

費堯年字熙之，鉛山人，懋中從子。嘉靖四十一年進士，授工部主事，官至南京太僕寺卿，卒年七十。

費公神道碑（大泌山房集109/32）

妻楊氏（1548—1602）

楊氏墓表（賜閒堂集22/49）

費瑄字仲玉，號復菴，鉛山人，宏伯父。成化十一年進士，弘治時爲兵部員外郎，貴州巡撫謝昶、總兵吳經等奏苗反，乞發大軍征討，命瑄及御史鄧庠往勘，苗實無反狀，撫定之，劾昶、經等罪。官終貴州參議。

送伯父兵部副郎君歸覲序（費文憲公摘稿10/17）

先伯復菴先生行實（同上16/27下）

明史193/4下

費聚字子英，五河人。少習技擊，太祖遇於濠，偉其貌，深相結納。既定江東，以爲副元帥，從征屢有功，洪武初以都督府僉事鎮守平涼，封平涼侯。尋從征雲南廣南，先後定其地，洪武廿六年，坐黨李善長死。

吾學編18/33下

名山藏41/11下

皇明功臣封爵考6/21

明史列傳8/12

明史131/12下

費廣，合州人。景泰五年進士，選御史，天順初疏劾石亨擅權，謫知永寧，改貴池卒。廣秀偉嚴重，工詩文，有約齋集。

水東日記17/4下

費震，鄱陽人。洪武初以賢良徵爲吉水知州，寬惠得民。擢漢中知府，歲凶盜起，發倉粟十餘萬斛貸民，俾秋成還倉。盜聞，皆來歸，令占宅自爲保伍，得數千家。累拜戶部侍郎，進尚書，出爲湖廣布政使，以老致仕卒。

明史列傳13/5

明史138/4

費誾（1436—1493）字廷言，號補菴，丹徒人。成化五年會試第一，授編修，遷國子司業，歷官禮部右侍郎。議論宏偉，恥言人過，人以公輔期之。弘治初孝宗舉行臨雍釋奠禮，誾時爲祭酒，因錄其禮儀奏議爲臨雍錄，卒年五十八。

送國子司業費先生歸榮序（瓊臺詩文會稿14/20）

補菴記（費文憲公摘稿8/1）

瀛州奇處錄序（同上14/13下）

費公廷言神道碑（青谿漫稿21/17）

國朝獻徵錄35/41無名氏撰傳

殿閣詞林記5/25

皇明世說新語8/21下

父費昇（1395—1445）字渤高。

費公暨朱孺人墓誌銘（瓊臺詩文會稿23/25）

費瑧字時和，直隸安州人。天順八年進士，授監察御史，成化十年遷湖廣憲副。

送湖廣憲副費君之任序（徐文靖公謙齋集3/9）

費懋中字民受，鉛山人，宏從子。正德十六年進士，授編修，累官至湖廣提學副使。

明史193/4下

費懋賢，鉛山人，宏子。舉嘉靖五年進士，歷官兵部郎中。

明史193/4下

費瓛，鳳陽定遠人。從成祖起兵，永樂十二年以總兵官鎭甘肅。宣宗嗣位，進右府左都督，封崇信伯，宣德三年，卒於鎭，爲人和易，善撫士，在鎭十五年，境內寧謐。

吾學編19/19下

皇明功臣封爵考4/55

明史列傳22/21下

明史155/8下

喩

喩均字邦相，新建人。隆慶二年進士，官至山東按察副使，嘗與劉元卿同撰江右名賢編。又有山居文稿、及蘭陰、仙都、虎林諸稿。

贈喩太守邦相先生入覲序（弇州山人續稿31/3）

松江太守喩邦相先生五十序（同上36/5）

喩邦相杭州諸稿小序（同上47/10下）

父喩燮字廷理，號素軒，卒年八十八。

封工部郎素軒喩翁八十序（弇州山人續稿35/18）

喩太公傳（同上76/15）

先中憲公行略（山居文稿8/10）

喩希禮，湖廣麻城人。嘉靖二年進士，授御史，世宗祈嗣禮成，希禮疏請寬赦議禮議獄得罪諸臣，坐謫戍邊衞，後赦還卒。

明史列傳73/10

明史207/9下

喩南嶽，號洪江，江西新建人。嘉靖卅二年進士，累官至四川副使。

祭喩洪江年兄文（浣所李公文集9/5下）

喩茂堅，號月梧，四川榮昌人。正德六年進士，歷監察御史、河間知府、雲南參政，進都御史巡撫江淮，屢官至刑部尙書，嘉靖廿八年致仕。

贈大參喩君之雲南序（苑洛集2/29下）

贈別司寇喩月梧致仕序（趙文肅公文集15/19）

送尙書喩公致政序（敬所王先生集2/20）

喩時，內江人。弘治九年進士，授祁陽知縣，歷南戶部主事、監察御史，正德中擢松江知府。

送喩突入覲序（顧文康公文草5/37下）

皇明世說新語1/30下

喩時（1506—1570）字中甫，號吳皋，河南光州人。嘉靖十七年進士，知吳江縣，以治行擢御史。嚴嵩入閣，時疏劾之，帝不省。歷應天府丞、南太僕寺卿、副都御史、官至南兵部侍郎。隆慶四年卒，年六十五。

賀大中丞喩吳皋操江序（沱村先生集6/4下）

喩司徒傳（弇州山人四部稿82/11，國朝獻徵錄32/28）

少司徒喩公誄（松石齋集23/16）

吳皋喩公墓表（條麓堂集25/18）

喩智字晴江，當塗人。正德九年進士，歷湖廣按察使，斷楚藩英燿獄，陞光祿卿。以副都御史巡撫南贛，秩滿歸。嚴嵩使者過縣，橫甚，智執而撻之且諭之曰，歸語爾主，撻爾者喩都堂也。嘉靖廿九年被劾閑住。

送晴江喩公陟江藩左轄序（雲岡公文集14/5下）

賀中丞晴江喩公序（龍津原集3/36下）

送中丞晴江喩公序（同上3/53）

喩義字宜之，無錫人。正德九年進士，授戶部主事，累陞武昌知府，丁憂歸。服闋補廣西南寧，時中州二酋爭立，擧兵相攻，義往諭之，酋帖服，致仕卒。

毘陵人品記9/4

單

單宇，字時泰，號菊坡，臨川人。正統四年進士，好學有文名，歷知嵊縣、諸暨、侯官諸縣，以慈惠聞。英宗北狩，宇上書請罷監軍內官，又請毀王振所建大興隆寺。有菊坡叢話。

明史列傳37/31下

明史164/22

單安仁（1304—1388）字德夫，濠人。少爲府吏，元末江淮兵亂，安仁集義兵保鄕里，授樞密判官，從鎭南王守揚州。時群雄四起，安仁以兵歸太祖，太祖命將其軍守鎭江，嚴飭軍伍，敵不敢犯。洪武元年擢工部尙書，仍領將作事。安仁精敏多智，諸所營造，大小中程。改兵部尚書，請老歸，卒年八十五。

國朝獻徵錄38/1宋濂撰傳
名山藏臣林記4/35
明史列傳13/8下
明史138/9

買

買的里八剌，蒙古人，元順帝孫。洪武三年征虜左副將軍克應昌，元太子遁去，俘獲買的里八剌，送至京，封爲崇禮侯，七年遣北歸。

皇明功臣封爵考7/2
吾學編18/57

景

景清，本姓耿，訛景，眞寧人。洪武二十七年進士，授編修，改御史，建文初歷官御史大夫。燕師入，清約方孝儒等同殉國，至是獨詣闕自歸，挾利刃入朝。成祖故疑清，搜之得所藏刃，詰責之，清奮起曰，欲爲故主復讎耳。成祖怒，磔殺之，並夷其族。

國朝獻徵錄54/20鄭曉撰傳
革朝遺忠錄上1/6下
皇明獻實6/10下
吾學編54/6下
皇明書31/17
國琛集上/16
守溪筆記×/5下
聖朝名世考4/10
遜國正氣記3/23
遜國神會錄上/33
皇明世說新語3/2，7/8下
皇明表忠紀2/32
明史列傳19/14下
明史141/13

景隆（1393—　）字祖庭，號空谷，姑蘇陳氏子。出家虎丘，師石菴和尚，後隨石菴住杭之靈隱。及石菴和尚圓寂，遂嗣之，年五十二自作塔銘。著有空谷集。

皇明名僧輯略×/19，×/2下

景溱（1492—1553）字濟之，號蒲津，山西蒲州人。正德十六年進士，授陝西道監察御史，尋按畿內，擢順天府丞，以疾乞休，卒年六十二。

景公墓志銘（王崇古撰、國朝獻徵錄75/11）

景暘（1476—1524）字伯時，儀眞人，著籍上元。正德三年進士，授編修，時劉瑾陵轢朝士，暘不爲屈。進司業，與諸生講說，不避寒暑。典簿念暘貧，給官廩，私益其斛，暘知，歸所益米，讓之曰，奈何汚我。乞便養，改中允，掌南京司業卒，年四十九。暘與鄉人蔣山卿，趙鶴，朱應登並工詩文，稱江北四子，有前溪集。

景伯時別卷引（棠陵文集6/1下）
前溪文集序（涇野先生文集6/6下）
金陵名賢墨蹟跋（弇州山人四部稿18/24）
祭內翰景伯時（雪洲集11/12）
景中允傳（焦氏澹園集24/14，國朝獻徵錄19/35）
景伯時行略（顧璘撰、國朝獻徵錄74/23）
十先生傳×/6下
國史新編×/10下
皇明世說新語1/12下，3/13下
四友齋叢說6/8

父景宜（1431—1500）字廷用，官廣東布政司照磨。

景君墓誌銘（雪洲集8/15）

母陸氏

祭景伯時母夫人文（涇野先生文集35/25）

華

華山（1447—1512）字仁甫，號靜菴，無錫人。成化十一年進士，授許州知州，遷南京兵部員外郎，陞郎中，改刑部，擢湖廣右參議，致仕歸卒，年六十六。

華君墓表（容春堂前集15/2下，國朝獻徵錄88/47）
毘陵人品記8/2下
華氏傳芳集4/36

華方（1407—1487）字守方，號時葺，無錫人。敦樸謹厚，積累充裕，邑田浸於湖水者四百畝，乃發粟二千斛，倡鄉人墾荒田如其數，賦由是不虛。晚年更以周給宗族，凡先墓遺書，以次修舉，故續刻傳芳集。

華氏傳芳集6/26

華允誠（1588—1648）字汝立，號鳳超，無錫人，允誼弟。天啓二年進士，受業於高攀龍，傳其學。崇禎中官職方員外郎，疏劾溫體仁、閔洪學亂政，奪俸，尋以省親歸。福王立，起爲驗封員外郎，十餘日即引疾去。允誠踐履篤實，不慕榮達。明亡，杜門讀易，不肯薙髮，被執至金陵，不屈死，年六十一。有春秋說，四書大全參補。

華鳳超先生傳（堯峰文鈔35/1）

天啓崇禎兩朝遺詩傳6/221

明史258/4

明儒學案61/6下

華玄禔（1570—1612）字爾遐，號本素，無錫人。萬曆卅二年進士，授新鄭令，調商丘，擢廣東道監察御史，丁憂歸卒，年四十三。

華公墓表（寶日堂初集16/75）

華氏傳芳集6/29

華幼武（1307—1375）字彥淸，號栖碧，無錫人。篤於孝友，不樂仕進，公卿有援之者，力辭不就。構草堂以奉母，凡力可以娛親者，無不爲之。工詩，有黃楊集傳世。洪武八年卒，年六十九。

華氏傳芳集2/22

母陳氏（1285—1358）

華氏傳芳集2/4

華汝礪（1523—1589）字用成，號崑源，無錫人。嘉靖三十八年進士，授刑部主事，陞浙江按察副使，以忤臺使論調雲南，攝六道事，丁母憂歸，遂不復出，年六十七卒。

華氏傳芳集5/42

華仲亨（1539—1599）字起光，號芝臺，無錫人，察子。十七補邑諸生，北遊太學，謁選授武英殿中書，以疾告歸，卒年六十一。

華氏傳芳集6/8

華旭（1410—1484）字彥輝，號樸素，江陰人。正統十二年貢入國學，選吉安推官，及伯子秉彝登進士遂告歸，卒年七十五。

華氏傳芳集4/19

華宗康（1409—1497）字思淳，號三省，無錫人。喜讀書，不屑世故。治書屋積數千卷，日披閱自娛，食息恆期弗自知，嘗群師友爲詩文倡和。生平口不嘗藥，手不識杖，得高壽而終。著有詩學啓蒙、鵝湖集。

華氏傳芳集4/16

華宗韡（1341—1397）字公愷，自號貞固處士，無錫人，幼武子。嗜書博學，洪武中屢徵孝廉明經，辭不就，嘗錄古人嘉言懿行以訓子孫，名曰慮得集。卒年五十七。

毘陵人品記6/5

華氏傳芳集3/5

華叔陽字起龍，無錫人，仲亨弟。隆慶二年進士，官禮部主事。有華禮部集。

華儀部集序（徐氏海隅集文編6/20下）

華禮部集序（大泌山房集12/15下）

華金（1479—1556）字子宣，號嵩峯，無錫人。性鯁直，篤於孝友。正德十六年進士，郎戶部，陞雲南參議，不附權貴。歷官山東副使，不能屈節上官遂乞致仕，卒年七十八。

毘陵人品記9/9下

華氏傳芳集5/20

父華從智（1461—1543）字克禎，號三山翁。

華三山墓表（荊川先生文集16/11下）

華氏傳芳集5/5

華秉彝（1438—1490）字天性，號負齋，江陰人，旭長子。以詩舉於鄉，登成化二年進士，授南戶部主事，改禮部，陞主客郎中，以父老有疾，乞歸養，不許，遂自稱疾辭行，未抵家父死，居喪哀毀卒，年五十三。

華氏傳芳集4/33

華津（1459—1519）字濟之，號容齋，無錫人。成化二十三年進士，由松滋令陞刑部主事，恤刑淮揚，多所平反。劉瑾用事，津不爲趨附，再陞郎中，出爲辰州知府，遷山西右參政，卒年六十一。

華君暨配錢恭人合葬銘（容春堂集 25/2，國朝獻徵錄97/37）

毘陵人品記8/8下

華氏傳芳集4/39

父華瑄（1429—1501）字伯和。

壽華封君先生七十序（東川劉文簡公集 6/12下）

華公墓表（容春堂別集8/8下）

華珏（1444—1504）字汝和，號誠齋，無錫人，理弟。成化二十年進士，授戶部主事，督儲淮南，淸愼公勤。陞吏部郎中，卒官，年六十一。

華氏傳芳集4/35

華春奇（1555—1619）字季新，號完初，更號振溟，無錫人。沈心墳典，入邑庠，才名冠江左。萬曆二十三年選貢，授萬年令，多惠政，以強項不能事上官，抽簪歸，卒年六十五。

華氏傳芳集5/57

華泉（1459—1521）字文光，號梅心，又號双梧，無錫人，津族子。弘治九年進士，授戶科給事中，以論劾程敏政謫官太僕。出守韶州，政寬刑簡，動必益民。陞四州參政，官至福建左布政使，卒年六十三。有双梧集。

找亘人鑑11/14

毘陵人品記8/14

華氏傳芳集4/51

華公神道碑（邵寶撰、國朝獻徵錄90/10）

父華莊，號聽泉。

送聽泉華先生南歸序（費文憲公摘稿13/4）

華封君墓表（王文恪公集26/10下）

華高（1313—1371）和州人。以巢湖水師歸附太祖，授總管，累功進行省平章政事，封廣德侯。高性怯，且無子，請得宿衞，有所征討，輒稱疾不行。令練水軍，復以不習辭，帝以故舊優容之。後繕廣東邊海城堡，高請行，帝曰，卿復自力，甚善，事竣至瓊州卒，年五十九，謚武壯。

華公神道碑銘（宋學士文集3/26）

名山藏41/13下

皇明功臣封爵考6/29

吾學編18/36下

明史列傳7/16

明史130/20

華烈（1454—1500）字武承，號東聰，無錫人。成化二十年進士，除廣州府推官，丁外艱。服闋補任建昌府，改杭州府，以績聞，行取南道御史，忽以疾卒，年四十七。

華氏傳芳集4/38

華師召（1570—1636）字公保，號心谷，無錫人。諸生，篤性孝友，創議設法置義田以贍貧族，晚授詹事府主簿。有玩世齋稿。

華氏傳芳集7/17

華淑（1589—1643）字聞修，自號斷園居士，無錫人。賦性靜穆，篤于孝友，名利事不入胸臆，平居讀書作詩，考據古今得失。著有吟安草，惠山名勝志。

盛明百家詩選序（始青閣稿11/9）

華聞修淸睡閣集序（同上12/12）

華聞修淸睡閣集序（睡菴文稿5/1）

華氏傳芳集7/41

華啓直（1533—1597）字禮成，號豫庵，無錫人。嘉靖四十一年進士，授孝感知縣歷貴州副使，官至四川參政，致仕歸卒，年六十五。

華公墓志銘（賜閒堂集28/27）

華先生傳（顧端文公集17/11）

毘陵人品記10/8

華氏傳芳集5/46

華烱（1428—1504）字文熙，號南湖，無錫人。篤孝友，儀度不凡，舉鄉總賦，兩發倉粟賑民饑，奉恩例授七品秩。山陝兵荒，復應詔出粟，卒年七十七。有南湖集。

華氏傳芳集4/41

華珵（1438—1514）字汝德，號尙古生，無錫人。少績學，與弟珏俱隸學官爲弟子員，卒業太學，選授光祿寺署丞，不樂仕進，惟好名山勝境，辭官歸，與長洲沈周遊。家有尙古樓，藏名畫鼎彝甚富，時與沈周共鑑賞，推尊爲東南好古博雅之士，年七十七卒。

華尚古小傳（甫田集27/3，國朝獻徵錄71/27）
華君墓志銘（泉齋勿藥集4/9下）

華晞顔（1313—1398）字以愚，號東湖，無錫人。賦性穎悟，尤篤于孝友，少負重名，元末不仕。洪武初辟本府訓導，以病告歸隱居東湖，賦詩自娛。間畫山水亦善，葺宗譜傳芳集以垂後，卒年八十六。所著有東湖集。

華氏傳芳集2/19
毘陵人品記6/5

華敏，官南錦衣衛軍餘，意氣慷慨，讀書通大義，憤王振亂國，與儕輩言，輒裂眥怒詈。景泰中上書痛切言之，章下禮部，寢不行。

明史列傳37/16
明史164/14下

華湘，精通曆法，歷官欽天監掌監事光祿寺少卿，正德時請親督中官正及通曉曆法者測日景以較曆差。

國朝獻徵錄79/4實錄傳
疇人傳29/355

華善述（1547—1609）字仲達，號玉川子，無錫人，善繼弟。與兄並有才名，初治制科業，後習爲詩，乃棄擧業，吟咏以樂天命，詩積成秩，王世貞拔其最萃者序而行之，年六十三卒。有被褐稿。

華仲達詩序（弇州山人續稿46/6）
華氏傳芳集6/13

華善繼（1545—1621）字孟達，別號濟川，無錫人。精星術，初官浙江布政司都事，歷令桐鄉、昌化，俱著惠政，官至永昌通判。與弟善述俱有才名，年七十七卒。有折腰漫章、孟達詩集、星命抉微、咫聞錄等。

華孟達集序（弇州山人續稿43/7）
華孟達詩選序（同上53/1）
華君詩集序（太霞草6/17下）
華氏傳芳集6/10

華敦復（1568—1631）字陽初，號雍明，無錫人。萬曆卅五年進士，初官戶部，出守嚴州府，清廉有聲。移處州，計擒海盜之劇者，屢晉四川右布政，遷左，乞歸卒，年六十四。

華氏傳芳集6/26

華琥（1444—1486）字文高，號東郊，無錫人。幼親圖史，秉性孝友，自奉儉約，好濟人急，以助義授七品散秩。著有東郊集、宋史發明。

華氏傳芳集4/44

華雲（1488—1560）字從龍，號補菴，無錫人。少事邵寶，又出王守仁門。嘉靖二十年擧進士，授戶部主事。性豪爽，喜接引人才，累官刑部郎中，嚴嵩用事，遂乞休。工文辭，築真休園，藏法書名畫甚富。卒年七十三。

華氏訓德堂記（南沙先生文集3/39）
無錫華從龍郎中七十壽序（同上3/6）
壽補菴華年兄七十序（萬文恭公摘集4/32下）
祭華補菴文（南沙先生文集7/47下）
祭華補菴郎中文（萬文恭公摘集10/25下）
國朝獻徵錄49/51王愼中撰壙誌
華氏傳芳集5/27
毘陵人品記9/21下

子華復元（1531—1601）字貞季，號逊補，官南京戶部員外郎。

逊補先生九年考績序（賴眞草堂文集8/9下）
華公行狀（同上28/8下）
祭逊補先生文（同上29/19）

華雲龍（1332—1374）鳳陽定遠人。聚衆居韭山，從太祖擧兵，轉戰有功，爲豹韜衛指揮，累進都督同知，兼燕王左相，鎭北平，封淮安侯。或言其據元相脫脫第宅，僭用故元宮物，召還，未至京卒，年四十三。

華公神道碑銘（宋學士文集26/223）
吾學編18/28下
名山藏41/9
皇明功臣封爵考6/14下
明史列傳7/15
明史130/12

華舜欽（1499—1568）字叔俞，無錫人

【十二劃】華

。嘉靖二十年進士，令會稽，丁外艱。服除，補大名，入爲戶部主事，屢擢瑞州守。丁內艱，坐媒孽免官，年七十卒。

華氏傳芳集5/16

華滋（1473—1562）字澤民，號希尹，無錫人。以選貢入國學，選授興邸典禮，丁母憂，服闋，改壽籓典儀，陞長史，年老告歸，年九十卒。有希尹集。

華氏傳芳集4/63

華爰（1491—1533）字仁卿，號石窗，鄞人。正德九年進士，授南刑部主事，累官桂林知府，卒年四十三。有石窗集。

華君行狀（張時徹撰、國朝獻徵錄101/87）

華鈺字德夫，丹徒人。萬曆二十三年進士，授荊州推官，以稅監陳奉僕不敬，笞之，奉銜之刺骨。後上疏極論鈺阻撓罪，逮下鎭撫獄，長繫獄中，日與馮應京研究窮理主靜之學，遇赦釋爲民，卅六年卒。

名臣謚議（公槐集5/37下）

明史列傳86/7下

明史237/12

華察（1497—1574）字子潛，號鴻山，無錫人，謹子。嘉靖五年進士，選庶吉士，歷兵部郎中、翰林修撰。使朝鮮，改洗馬，劾罷。起歷侍讀學士，掌南院事，丰裁峻厲，不肯詭隨，乞歸。時清丈田畝，以察力得剗邑中虛糧六千石，括諸豪蠹漏科者抵之，性樸素，工詩，卒年七十八。有巖居稿、翰苑稿、皇華集。

巖居稿序（遵巖先生文集10/47下）

巖居稿後序（袁魯望集8/3下）

壽華鴻山學士序（胡莊肅公文集3/70下）

故學士華公誄（俞仲蔚先生集20/5）

代祭鴻山華學士（茂荊亭稿4/14）

祭學士華公文（徐氏海隅集文編33/18）

華公墓碑（弇州山人四部稿97/1，國朝獻徵錄23/9）

華氏傳芳集5/34

皇明世說新語1/16

明史287/7下

妻馮氏（1507—1585）仲亨生母。

馮氏墓志銘（天遠樓集15/37）

華埜（1452—1512）字允明，號竹坡，無錫人。資性穎悟，喜讀書，尤篤于孝友，尙儉樸，邺人困厄。成化二十三年山陝饑，奉詔出粟，授蘇州衛指揮同知。弘治六年山東又饑，復出粟賑之，進浙江都指揮使、驃騎將軍，名士咸推重之。正德七年卒，年六十一。

華氏傳芳集5/1

華濂（1552—1607）字英甫，號晴宇，無錫人。萬曆十七年進士，授鄞邑令，調豐城，陞刑部主事，歷郎中，奉命恤刑兩浙，以辛勞過度，報命卒京口舟中，年五十六。

華氏傳芳集5/55

華燧（1439—1513）字文輝，無錫人。少涉獵經史，中歲好校閱同異，輒爲辨證，手錄成帙。旣而爲銅活字板以繼之，曰吾能會而通之矣，乃名其所居曰會通館，人亦稱之曰會通君，年七十五卒。所著曰九經韻覽，又有治喪切問。

會通君傳（泉齋匆藥集7/34下）

華氏傳芳集4/43

華謹（1473—1549）字企容，號一桂，無錫人。由邑庠入太學，累試南都，會其子察登進士，乃謁選，授開州府判官，以秩家居，年七十七卒。

華氏傳芳集5/10

妻鄒氏，卒年七十七。

鄒氏墓表（雲岡公文集13/2）

華贇（1467—1490）字伯瞻，蘄州人，仲賢子。蚤負雋才，登成化廿三年進士，選翰林庶吉士，改編修，文詞淸麗，爲時所推，年廿四卽卒。

華編修伯瞻墓志銘（懷麓堂文稿28/12，國朝獻徵錄21/93）

華鑰（1494—1539）字德啓，號水西，無錫人。嘉靖二年進士，授戶部主事，累官至兵部郎中，以忤汪鋐去官，卒年四十六。有水西居士集。

華氏傳芳集5/33

喬

喬一琦字伯圭，上海人。萬曆間武舉人，以遊擊監朝鮮兵，出寬甸道，與劉綎並禦淸兵於阿布達哩岡，軍敗，投崖水崖死。

明史247/7下

喬允升字吉甫，洛陽人。萬曆二十年進士，除太谷知縣，擢御史，累遷京兆尹。值三黨用事，移疾歸。天啓初起歷刑部左右侍郎，進尙書，魏忠賢逐吏部尙書趙南星，以允升爲南星黨，落職閒住。崇禎初召拜故官，時訟獄益繁，帝一切用重典，允升執法不撓，多所平反。後以註誤戍邊，未幾卒，天下惜之。

勅刑部左侍郎喬允升並妻（紺雪堂集7/21）

明史254/1

喬世寧字敬叔，號三石，耀州人。嘉靖十七年進士，歷官山西按察使，以母憂去。感時事乃復出。嘗督學楚中，勁直明敏，爲文宗秦漢，下筆數千言，爲世所重。有丘隅集傳世。

送喬戶部序（方山薛先生全集15/6）

四友齋叢說23/14下

父喬仲節（1465—1553）字宗禮。

喬君墓碑（存笥稿9/14）

喬宇（1457—1524）字希大，號白巖，樂平人，鳳子。成化二十年進士，武宗時官南京兵部尙書。宸濠反，宇嚴爲警備，宸濠遂不敢東。江彬矯旨宣索，每裁抑之，彬爲稍戢，論功加少保。世宗初爲吏部尙書，銓政一淸，爭召用席書、張璁、桂萼等忤旨，奪官。卒年六十八，諡莊簡。有喬莊簡公集。

送太常少卿喬希大先生奉使祭告序（紫巖文集26/10）

送喬希大代祀西行序（柴墟文集6/2下）

送太常喬先生代祀序（藍侍御集3/1）

送喬太常序（空同子集55/8下）

奉送冢宰白巖喬公序（皇甫少玄外集9/6下）

贈少保白巖老先生致政敘（東洲初稿14/54）

送喬白巖北上詩序（博趣齋藁17/113下）

少傅喬莊簡公遺集序（弇州山人四部稿67/1）

題喬白岩篆石碁子歌後（石龍集21/5）

喬公行狀（陳璘撰、國朝獻徵錄25/1）

祭少保吏部尙書白巖喬公文（儼山文集83/7）

名山藏臣林記18/19

聖朝名世考3/117

四友齋叢說6/6，6/6下，6/8下，10/6下

皇明世說新語2/28下，4/14下

明史列傳63/1

明史194/1

曾祖喬滌（1377—1451）字公正，官湯陰縣主簿。

明贈吏部尙書喬公神道碑（何文簡公集13/7）

喬光天字子充，號沱川，山西定襄人。嘉靖二十九年進士，由內黃知縣選戶科給事中，以疾請歸。

掖垣人鑑14/37下

喬岱（1478—1542）字希申，號龍溪，章丘人。弘治十五年進士，授行人，擢御史，官至山西僉事致仕，卒年六十五。長於詞，著有龍溪詞。

喬龍谿詞序（李中麓閒居集5/71下）

喬公合葬墓誌銘（李中麓閒居集7/29下，國朝獻徵錄97/102）

喬英字伯藏，號南庄，東鹿人。嘉靖二年進士，歷南京浙江道御史，擢陝西參議。

贈陝西參議南庄喬公序（涇野先生文集10/12）

莊浪篇有序（同上10/14）

喬若雯，臨城人。萬曆四十七年進士，授中書舍人，崇禎初出知兗州府，剔除積弊，豪猾歛手，以疾歸。十一年臨城失守，若雯端坐按劍以待，遂遇害。

明史291/15

喬恕（1460—1529）字希仁，號萬竹主人，寧陵人。弘治三年進士，知平陸縣，調婺源，授御史，疏劾劉瑾，謫邳州判官。瑾敗，起補湖廣參議，歷陝西行太僕卿，卒年七十。

喬公墓表（端溪先生集6/3下）

喬鳳（1439—1481）字廷鳳，太原樂平人，毅子。天順元年進士，授武選主事，遷兵部員外郎，陞郎中，卒於官，年四十三。

喬君墓誌銘（懷麓堂文稿27/6）

妻路氏（1436—1487）

喬母路氏墓誌銘（懷麓堂文稿28/9）

側室陳氏（1448—1497）

喬母陳氏墓誌銘（容春堂前集17/10下）

喬毅（1411—1473）字志弘，太原樂平人。正統十三年進士，選庶吉士，授刑科給事中，累陞都給事中，擢大理少卿，成化中仕至工部右侍郎，卒於官，年六十三。

國朝獻徵錄51/15無名氏撰傳

披垣人鑑4/4下

名山藏臣林記18/19

側室高氏

喬烈婦傳（懷麓堂文稿16/2下）

喬縉字廷儀，洛陽人。成化八年進士，由兵部主事擢四川參議。致仕卒，年七十二。少穎敏，師事河東薛瑄。有性理解惑等書。

國朝獻徵錄98/42朱睦㮮撰傳

喬應甲，猗氏人。萬曆進士，由襄陽推官入爲御史，力排東林，爲尙書孫丕揚所惡，出爲寧夏副使，辭病不赴。天啓中魏忠賢逐楊漣，起應甲代爲左副都御史，道中上十三疏，力攻東林，以李三才爲黨魁。巡撫陝西，得巨盜悉以賄免，盜益無所忌，遷南京右都御史，被劾落職。

喬公生祠瞻地記（句注山房集19/1）

喬懋敬字允德，上海人。嘉靖四十四年進士，授刑部主事，官至廣西布政使。有古今廉鑑。

祭喬純所方伯（四然齋藏稿9/10）

喬公墓表（陸文定公集4/6）

父喬訓（1492—1551）字師伊，號適菴，寧德縣丞。

喬君墓誌銘（潘笠江集11/11）

母胡氏，隆慶三年卒。

喬母胡太淑人墓誌銘（陸文定公集6/42下）

喬璧星（1550—1613）字文見，號聚垣，山西樂平人。萬曆八年進士，授中牟令，官至四川巡撫，卒年六十四。

喬公墓誌銘（棘門集3/39）

明史229/16下

喬鏜（1508—1557）字子聲，號春山，上海人。倜儻有操節，敢任，爲鄉邑所信重。嘉靖三十二年倭冦東海，據柘林，其地險峻，攻之無功。鏜以徵授團練，集果敢士千餘人擊之，屢有斬獲，倭遂遁。巡撫御史交章上其功，議授官，而爲人中傷議沮，遂憤鬱不堪，三十六年卒，年五十。

喬君墓誌銘（長谷集15/28）

春山喬公暨配儲氏墓誌銘（弇州山人續稿104/12下）

焦

焦宏（1392—1449）字克明，葉縣人。永樂十九年進士，累官戶部侍郎。爲御史時，嘗按貴州，平反疑獄，全活數百人。年五十八卒。

焦公神道碑（王直撰、國朝獻徵錄30/12，皇明名臣琬琰錄后4/16）

焦公墓誌銘（芳洲文集7/49）

名山藏臣林記10/9下

焦芳字孟陽，號守靜，河南泌陽人。天順八年進士，授編修，進侍講學士。芳麤陋無學識，性陰很，正德初擢吏部尙書。韓文將率九卿劾劉瑾，疏當首吏部，走告芳。芳陰洩其謀於瑾，瑾逐文，芳以本官兼文淵閣大學士，累加少師華蓋殿大學士。居內閣數年，瑾濁亂海內，變置成法，荼毒縉紳，皆芳導之。瑾敗，御史交劾，削官歸。正德十二年卒。

焦芳傳（西河合集83/9下）

國朝獻徵錄14/57實錄焦芳傳，又14/59弇州別記焦芳傳

殿閣詞林記2/22下

明史306/2

曾祖焦成（1324—1400）字全德。

焦公神道碑銘（懷麓堂文後稿20/12下）

子焦瓘（1465—1485）字邦重。

焦生邦重墓誌銘（懷麓堂文稿28/4下）

焦竑（1541—1620）字弱侯，號澹園，江寧人。爲諸生有盛名，萬曆十七年以殿試第一人官翰林修撰。竑既負重名，性復疏直，時事有不可，輒形之言論，政府惡之，謫

福寧州同知。歲餘大計，復鐫秩，遂不出。竑博極群書，善爲古文，典正馴雅，卓然名家，年八十卒，福王時追謚文端。有易荃、禹貢解、遜國忠臣錄、澹然集、支談、焦弱侯問答、焦氏筆乘、焦氏類林、玉堂叢話、老子翼、莊子翼、陰符經解、献徵錄、熙朝名臣實錄、俗書刊誤、國史經籍志、中原文献等。

焦澹園先生論學序（愼修堂集7/4下）

焦弱侯社義序（方初菴先生集5/15）

焦弱侯太史還朝序（鄒子願學集4/86下）

焦弱侯太史七十序（同上4/102下）

壽焦太史八十序（羣玉樓集35/12）

正續筆乘序（濒眞草堂文集14/5下）

玉堂叢語序（同上16/69）

明史288/7下

明儒學案35/8下

父焦文傑字世英，嗣世職爲副千戶，官飛騎尉，卒年八十二。

焦公墓誌銘（太函副墨17/14）

焦起夏（1385--1441）字明善，湖廣興寧人。永樂十六年進士，觀政刑部，授吏科給事中，勤愼稱職。改戶科，正統三年陞都給事中，卒于官，年五十七。

焦君墓誌銘（王文端公文集32/5下）

披垣人鑑5/3

焦棟，蒙古人，禮重孫。嘉靖中嗣爵東寧伯，提督五軍營兼掌中府，致總兵湖廣，卒贈太子太保，謚莊僖。

明史156/10

焦源清字湛一，三原人，萬曆進士，崇禎中以右僉都御史巡撫宣府，坐萬全左衛失守奪官，謫戍。後釋還，與從弟源溥同爲李自成所執，抗節不食死。

啓禎野乘10/37

明史264/10

焦源溥字涵一，三原人，源清從弟。萬曆四十一年進士，歷知沙河、濬二縣，考最，召爲御史。熹宗嗣位，移宮議起，源溥抗疏言之。崇禎中巡撫大同，時邊事日棘，源溥亟請蠲賑，且增兵餉，當事不能應。踰年，遂自劾求去，尋罷歸。李自成陷關中，源溥被執，脅降不屈，支解死。有逆旅集。

天啓崇禎兩朝遺詩傳2/83

明史264/9

焦瑞字伯賢，金陵人。府學生，累試不第，以貢選授靈山令，以疾歸，囊無餘金，卒於途。

國朝獻徵錄100/61上元志焦瑞傳

焦潤生字茂慈，上元人，竑子。崇禎中歷官曲靖知府，孫可望陷城，被執不屈死。

明史295/18下

焦禮（1382--1463）字尚節，蒙古人。襲兄謙職，備禦遼東，宣德中以守邊勞累進都指揮同知。正統中積功至右都督，英宗北狩，景帝命充左副總兵，守寧遠，也先逼京城，詔禮率師入衛，寇退還鎮。景泰中進左都督，封東寧伯，天順七年卒於鎮，年八十二，謚襄毅。禮有膽略，精騎射，守寧遠三十餘年，士卒樂爲用，邊陲寧謐。

焦公神道碑（李賢撰、國朝獻徵錄9/54）

吾學編19/29

皇明功臣封爵考5/28

明史列傳31/9

明史156/9

焦馨字寧考，章丘人。萬曆進士，歷官巡撫寧夏，道過堂邑，聞魏瑺建祠事，馨曰，吾頭可斷，祠不可建。及抵任，將吏頻言，馨曰，倘有禍，我獨當也，卒不爲建，尋解組歸。

勅封河南布政使司右布政使焦馨（紺雪堂集10/12）

傅

傅上瑞、初爲武昌推官，以何騰蛟薦，累擢攝湖南巡撫事，勸騰蛟設十三鎭，卒爲湖南大害。唐王時遷右僉都御史，實授巡撫湖南。性反覆，清兵逼沅州，出降，踰年誅死。

明史280/9下

傅友德，宿州人，徙居碭山。初從陳友諒，太祖攻江州，率衆降，用爲將，洪武初封潁川侯。伐蜀之役，論功第一。復充征南將軍，征雲南，鏖地平。十七年進封潁國公，加太子太師。尋遣還鄉，洪武二十七年，坐事賜死。福王獲時追封麗江王，謚武靖。

潁國公傳（弇州山人續稿84/18下）

國朝獻徵錄6/8袁袠撰傳

名山藏臣林記3/10

皇明獻實3/1

吾學編24/12下

皇明功臣封爵考6/5

皇明書33/20

聖朝名世考1/32下

明史列傳6/5下

明史129/5下

傅可知字伯求，黃陂人。諸生，幼喪父，臥柩下三年。六十喪母，啜粥三年。嘗道拾遺金，坐待其人還之。崇禎三年黃陂陷被執，時年已踰八十，賊憫其老，不殺，俾養馬。可知叱曰，我爲士數十年，肯役於賊耶。延頸就刃，賊殺之。

明史294/11

傅世濟，嵩縣人。崇禎中與兄世舟並爲土寇于大中所執，將殺之。兄弟相抱泣，賊議釋其一，世濟卽奪賊刀自殺，世舟獲免。

明史292/4

傅汝舟，本名舟，字虛木，號丁戊山人，一號磊老，侯官人。善養生術，兼曉黃白，晚慕仙家服食之術，舍鄉井遨遊山水，好爲詩，多荒誕詭譎之語，有傅山人集。

丁戊山人詩序（可泉先生文集5/10下）

丁戊山人詩集序（遵巖先生文集10/54下）

傅磊老劉抱一遊仙內傳（龍津原集1/1）

弟傅汝礪，著有夢記，闢雞銘。

傅二子傳（龍津原集1/14）

傅汝爲字于宜，江陵人。崇禎七年進士，歷官汝寧知府，十五年李自成陷城，令妻子歸養老父，汝爲殉節。

明史262/11

傅安字志道，太康人。洪武二十七年爲禮科給事中，奉使西番，羈留十三年，執節不屈，永樂五年始歸，宣德四年卒。

國朝獻徵錄80/1朱睦㮮撰傳

掖垣人鑑7/19

明史列傳15/8

傅光宅（1547—1604）字伯俊，號金沙居士，聊城人。萬曆五年進士，授吳縣令，擢御史，疏薦戚繼光，衆論快之。累官四川提學副使，卒年五十八。

送傅令君入覲序（處實堂集6/10下）

傅公合葬墓誌銘（穀城山館文集22/20，國朝獻徵錄98/110）

父傅學易（1519—1577）字汝時，號肖巖，舉人。

傅公暨配汪氏合葬墓誌銘（穀城山館文集21/24）

傅好禮字伯恭，固安人。萬曆二年進士，知涇縣，治最，入爲御史。上崇實杜漸諸疏，語皆剴直。巡按浙江，條上荒政。改按山東，以病歸。還朝進光祿少卿，改太常。時稅使四出，海內騷然，好禮極論其害。帝大怒。謫大同廣昌典史。請歸卒。

明史列傳86/1

明史237/1

傅良弼字希說，崑明人。正德九年進士，除工科給事中，累陞吏科左給事中。

掖垣人鑑12/32

父傅澄（1456—1529）字景清，號易菴。

傅易菴墓誌銘（陽峯家藏集34/37下）

傅希摯，號後川，衡水人。嘉靖卅五年進士，累官右僉都御史，巡撫山東。隆慶末戶部以餉乏，議裁山東河南民兵，希摯爭之而止。改總理河道，以茶城淤塞，開梁山以下至洋山，出右洪口。終南京兵部尙書，以老被劾致仕。

送憲使後川傅公擢順天丞序（舊業堂集7/3下）

贈少司徒后川傅公榮膺內召序（朱文懿公文集4/8）

明史223/13下

傅作雨（1543—1611）字元化，號楚築，江陵人。萬曆二年進士，授戶部主事，歷四川按察、山西布政使，官至太常卿，卒年六十九。

贈傅楚渠先生晉右方伯序（蟻衣生蜀草3/7下）

觀察使傅楚渠先生壽序（同上3/3下）

傅公墓誌銘（大泌山房集78/30）

傅作霖，武陵人。由鄉舉仕唐王爲職方主事，倚何騰蛟於長沙，改監軍御史。永明王時超拜兵部尚書，從至武岡。淸兵逼城，劉承允遣使納降，作霖勃然責之。淸兵入，作霖帶冠坐堂上，不屈被殺。

明史280/9

傅宗龍字仲綸，昆明人。萬曆三十八年進士，由知縣徵授御史，天啓初應詔募兵，月餘得精兵五千。安邦彥反，自請討賊，不果。崇禎中歷貴州巡按、四川巡撫、保定總督，俱著勞績。入爲兵部尚書，承楊嗣昌之後，以抗直忤旨，下獄。復起總督陝西，率兵擊李自成於新蔡，死之。謚忠壯。

明史262/1

傅孟春（1529—　）字仁泉，高安人。嘉靖四十四年進士，歷官應天巡撫、大理卿，仕至刑部侍郎。

贈大中丞傅仁泉鎭留都序（薜荔山房藏稿7/6下）

壽少司寇仁泉傅公七十敘（同上7/97）

父傅舜（1505—1529）字汝華，號紹崗。

傅公墓誌銘（淡然軒集6/27）

母劉氏（1509—1580）

傅母劉太恭人七十壽敍（薜荔山房藏稿 7/60下）

劉太恭人墓誌銘（同上8/26）

祭劉太恭人文（同上8/71）

傅來鵬字雲征，號南溟，邢臺人。由舉人知新野縣，選工科給事中，陞揚州府知府。

掖垣人鑑16/19下

傅尙文字元質，華容人。正德九年進士，任大理評事。武宗南巡，上疏諫，廷杖，左遷戶部照磨。嘉靖初還舊職，累遷江西副使。

送傅君雲南僉憲序（涇野先生文集3/24）

傅冠，原名元範，字元甫，號寄菴，進賢人。天啓二年進士，累官至尙書，兼東閣大學士。性簡易，有章奏發自御前，冠以爲揭帖，援筆判其上。旣知誤，惶恐引罪，卽放歸。唐王時死難於汀州，血漬地久而猶鮮，人歎其忠。有寶綸樓集。

寶綸樓集序（文直行書4/9）

五十輔臣考3/26

天啓崇禎兩朝遺詩傳6/209

明史264/2下

傅珪（1459—1515）字邦瑞，號北潭，淸苑人。成化二十三年進士，授編修，與修會典及孝宗實錄，累遷禮部尚書。珪貌類木訥，及當大事，毅然不可奪。忤權倖，致仕歸，卒年五十七，謚文毅。有北潭傅文毅公集傳世。

傅公行狀（李時撰、北潭傅文毅公集附錄）

傅公神道碑（馮蘭撰、北潭傅文毅公集附錄）

傅尚書傳（洹詞6/41，北潭傅文毅公集附錄）

傅文毅公集序（華陽洞稿1/5）

國朝獻徵錄33/48無名氏撰傳

聖朝名世考6/27下

皇明世說新語2/30下

殿閣詞林記5/31下

吾學編41/8

名山藏臣林記16/16

皇明書25/1

明史列傳54/18下

明史184/12下

祖傅信字以實，官嵩縣主簿，年七十四卒。

嵩縣主簿傅君墓表（羅文肅公集22/12下）

父傅泰（1437—1492）字時雍

國子生傅君墓誌銘（懷麓堂文稿30/14）

傅珮字朝鳴，號虛巖，仁和人。嘉靖十四年進士，授興化知縣，選兵科給事中，以劾武定侯郭勛，忤旨奪職。隆慶中以薦起，晉秩太常寺少卿致仕（案國朝献徵錄及掖垣人鑑作名佩，誤，此從進士登科錄）。

傅公墓誌銘（呂本撰、國朝獻徵錄70/41）

掖垣人鑑13/40下

傅啓讓，湖廣石首人。永樂十年進士，擢河南按察僉事，官至大理寺少卿，致仕卒。

國朝獻徵錄68/55實錄本傳

傅烱字朝晉，號石淵，江西進賢人。嘉靖二年進士，授南刑部主事，擢御史，累官南京光祿寺少卿。

贈南京光祿寺少卿石淵傅君考續序（涇野先生文集11/35下）

傅梅字元鼎，邢臺人。萬曆舉人，由登封令遷刑部主事，張差梃擊案起，諸司官將以瘋癲蔽獄，梅見侍郎張問達，反復言之，乃令十三司會鞫差，始成獄。比差棄市，梅慮其潛易，躬請監刑。用是爲鄭國泰所疾，以京察奪官。崇禎中歷台州知府，解職歸。捐金佐順德知府吉孔嘉募兵守城，城破死節。有嵩書。

明史241/9，291/19

傅習（1462--1528）字本學，江西進賢人。弘治九年進士，授大理評事，遷寺正，以忤劉瑾謫浙江布政司理。後起歷廣西、雲南布政使，擢右副都御史，巡撫雲南，改大理寺卿，未赴卒，年六十七。

傅公墓誌銘（鈐山堂集29/3，國朝獻徵錄69/10）

傅朝佑字右君，臨川人。有孝行，能畫竹石。天啓二年進士，授中書舍人，崇禎中考選給事中，補兵科，出封益藩，事竣還里。即家進刑科都給事中，還朝愆期，貶秩調外。未行，疏論溫仁六大罪，帝怒，下吏按治。已而國事益棘，獲罪者益衆，獄幾滿，朝佑自獄中上疏請寬恤，語過激，廷杖，創重卒。有英巨集。

啓禎野乘4/22

明史258/19

傅復，山西和順人。國子生，洪武間任吏科給事中，屢陞江西左參政，仕終浙江右布政使，卒於官。

掖垣人鑑4/9下

傅皓（1430--1499）字孔暘，號暘坡居士，祥符人。景泰七年舉人，成化中官通州同知，寬厚平易，得吏民心。通州守闕，民千餘叩闕薦乞擢皓爲守，使者亦交口薦之，遂陞知州，調濟寧，通民送者數十里，卒年七十。

國朝獻徵錄96/33祥符文獻志傳

傅新德（1569--1611）字元明，一字明甫，號商盤，太原定襄人。萬曆十七年進士，官至國子監祭酒，卒年四十三，謚文恪。有南雍誠勛淺言、文恪公集。

傅公神道碑（牧齋初學集63/1）

祭傅文恪公文（同上77/2下）

傅鼎銓字維新，臨川人。崇禎十三年進士，除翰林檢討，李自成陷京師，鼎銓出謁。賊敗南還，福王命予知府銜，赴贛州軍自効，尋復故官。贛州失，退隱山中，舉兵應金聲桓，聲桓敗，被執死之。

明史278/17

傅著字則明，長洲人。有文名，洪武初召修元史，史成。歸爲常熟教諭，後遷潞州知州。有味梅齋集。

吳中人物志7/31

明史285/12下

傅鳳翔（1487--1551）字德輝，號應臺，性豁達，才復通敏，居家以孝友稱，第嘉靖二年進士，知上蔡縣，築城不擾民，民生祠之。擢御史，歷僉都御史巡撫甘肅、江西、陝西。遷兵部右侍郎，卒年六十五。

奉壽巡撫都御史印臺傅公序（少華山人續集10/5）

奉壽大中丞印臺先生傅公序（同上10/3）

恩光世紀錄序（可泉先生文集5/14下）

祭兵部侍郎傅公文（張太岳文集17/10）

傅公墓誌銘（何遷撰、國朝獻徵錄41/1）

妻□氏

傅母夫人八十序（二酉園文集7/25下）

傅頤字師正，號少崖，沔陽人。嘉靖十一年進士，授廬陵知縣，官終戶部尚書。

賀少司寇少崖傅公三品奏最序（張太岳文集8/14下）

傅霈（1544--1593）字應霖，號兆野，忻州人。萬曆五年進士，授咸陽知縣，改華亭，擢御史，移疾歸，卒年五十。

傅公墓誌銘（復宿山房集24/16下）

傅學禮字立之，號竹溪，陝西安化人。

嘉靖五年進士，由行人選刑科給事中，降直隸滑縣縣丞，仕至湖廣按察使，三十三年免官。

送傅副使序（方山薛先生全集15/23）

掖垣人鑑13/20

母王氏（1476—1546）

傅太宜人墓誌銘（苑洛集6/8下）

傅應禎字公善，號愼所，安福人。隆慶五年進士，知零陵縣，有平盜功。萬曆初授御史，疏陳三事，指斥張居正，坐謫戍。起擢南京大理丞，移疾歸，萬曆十五年卒。

傅公墓誌銘（松石齋集17/10下）

明史列傳82/6

明史229/5下

傅檝字定濟，泉州南安人。正德六年進士，授行人，父浚繼妻某氏私其二奴，浚聞，將治之，遂暴卒。檝心疑未發，奴遽亡去，久之得一逃奴於德化巨家，袖鐵椎擊殺之。葬父畢，號慟曰，父讎尙在，何以爲人。乃裂衣冠，屏妻子，出宿郊墟間，蓬首垢面，凡三十九年，人目之爲狂，亦終不自明。繼母卒，乃歸。

明史297/3下

傅瀚（1435—1502）字曰川，號體齋，江西新喩人。天順八年進士，嗜學強記，善詩文，歷檢討，左諭德，弘治中仕至禮部尙書。嘗因災變條上軍民所不便者，請躬行節儉，以先天下。又光祿寺通行戶物價至四萬餘兩，瀚言由供億之濫，願敦儉素，俾冗費不生。卒年六十八，諡文穆。

送體齋傅先生省墓詩序（懷麓堂文稿9/8）

傅公行狀（王文恪公集25/6　國朝獻徵錄33/37）

傅公墓誌銘（懷麓堂文後稿25/8下）

祭傅文穆公文（東泉文集7/47下）

祭傅文穆公文（容春堂前集20/8下）

遣祭傅文穆公文（虛齋蔡先生文集5/6下）

祭宗伯傅先生文（桃溪淨稿文20/3）

傅文穆公諡議（同上20/5）

冠孫禮詠序（費文憲公摘稿12/29下）

殿閣詞林記5/21下

皇明書23/12

明史列傳54/9

明史184/9下

傅藻字伯長，義烏人。受業於黃溍，博通經史，善詞章。洪武五年由本縣儒學召對稱旨，授翰林院編修，拜監察御史，擢東宮文字，出知武昌府，遷河南按察使，所至有聲。

殿閣詞林記8/10下

傅鑰（1482—1540）字希準，號凌川，廣寧人。正德六年進士，授禮科給事中，嘗論邊事，會宣大將領失利，亡卒甚多。遣鑰覆視，得實以報。嘉靖間累陞山西按察使，用法平恕，能持大［illegible］。終河南巡撫，卒於官，年五十九。

贈大方伯凌川傅公入覲序（世經堂集11/51）

傅凌川公行狀（遵巖先生文集18/1，國朝獻徵錄62/8）

傅公墓誌銘（張文定公靡悔軒集5/9下）

掖垣人鑑12/19下

鈕

鈕緯字仲文，號石溪，浙江會稽人。嘉靖二十年進士，由祁門知縣選禮科給事中，陞江西僉事，尋以事降常熟縣丞，歷山東僉事，以憂歸。

贈鈕石谿遷守太平序（藝文［illegible］稿7/16下）

掖垣人鑑14/3下

舒

舒化字汝德，號繼峰，江西臨川人。嘉靖三十八年進士，由推官徵授給事中。隆慶初帝任宦官，刑罪多從中旨，又詔廠衛密察部院政事，化皆極諫其不可，帝善其言。萬曆間累官刑部尙書，尋乞歸，卒諡莊僖。

國朝獻徵錄45/79鄒德溥撰傳

掖垣人鑑14/49

明史列傳76/8

明史220/10

舒汀（1498—1545）字紹安，號雲川，閩縣人。嘉靖十四年進士，授行人，擢御史，官終雲南副使，卒年四十八。

舒君墓誌銘（雲岡公文集14/9下）

舒弘緒字崇孝，通山人。萬曆十一年進士，選庶吉士，授吏科給事中，遇事敢言。會同官李獻可以疏請豫教元子事被罪，弘緒疏稱，言官可罪，豫教必不可不行。時他諫官亦多以爲言，神宗怒，斥諫者十一人，弘緒坐除名。

明史列傳84/27下

明沺233/7下

舒玠字桓玉，江西靖安人。成化二十年進士，授南京刑部主事，陞員外郎，擢廣東按察僉事。

贈舒君桓玉擢廣東僉憲敘（柴墟文集7/8下）

舒芬（1484—1527）字國裳，江西進賢人。正德十二年進士第一，授修撰，時武宗數微行，芬疏諫不報。及議南巡，復上疏極諫。命跪闕下五日，杖三十，謫福建市舶副提舉。世宗即位，召復故官，尋以大禮案復下獄廷杖，旋遭母喪歸，以毀卒，年四十四。芬負氣峻厲，以昌明絕學爲己任，貫串諸經，尤精於周禮，學者稱梓溪先生，萬曆中追謚文節。有易問箋、周禮定本、東觀錄、太極繹義、成仁遺稿、梓溪文鈔。

舒修撰傳（方山薛先生全集24/1，又梓溪文鈔卷首）

先大父行實（舒琛撰、國朝獻徵錄21/50，又梓溪文鈔卷首）

名山藏臣林記20/39

聖朝名世考6/29下

狀元圖考2/45

皇明世說新語3/13下，4/25，5/2

四友齋叢說9/13

明史列傳48/13下

明史179/13

明儒學案53/13下

父舒法字本制，號野江。

野江傳（漁石集3/13下）

明故舒野江先生墓志銘（東洲初稿13/26）

母聶氏（1454—1525）

舒母聶氏墓誌銘（費文憲公摘稿18/1）

舒清字本直，德興人。成化二年進士，授工部主事，歷營繕郎中，裁抑浮費，忤宦官不顧。累遷四川布政使，立遞減法以便民。弘治中改廣西，益有聲。先是淸在四川，憲宗遣中使取銅鼓諸物，及是孝宗亦索古琴，皆抗疏切諫，尋以疾歸。正德中姚源賊過其里，相戒日，此廉吏家，斂兵而去。

交遊遺事（董山文集15/7）

舒晟字孤陽，江西安仁人。弘治十五年進士，授烏程知縣，擢監察御史，遷順德知府。

送舒君孔陽知順德府序（費文憲公摘稿12/14下）

舒敬（1392—1458）字守中，號謙益，靖安人。永樂十九年進士，授刑部主事，履官嘉興守，能燭情僞，專意教化，營建學校，以道術課諸生，燕語從容，咨訪得失，坐忤鎭守中貴，免官，卒年六十七。

舒公墓表（呂文懿公全集12/22下）

父舒有常，歷官休寧，富順知縣。

富順知縣舒君墓誌銘（王文端公文集32/23）

舒應龍，號中陽，全州人。嘉靖四十一年進士，累官至工部尚書。

送大司空中陽舒公治河功成召還朝敘（穀城山館文集5/4）

大司空舒公具慶壽序（海嶽山房存稿文2/9）

父舒□

舒司空父母双壽叙（松石齋集10/22下）

封戶部右侍郎舒翁暨配偕壽七十賀序（弇州山人續稿36/18下）

舒曈字仲羲，浙江餘姚人。宣德八年進士，除行在戶科給事中，正統九年陞河南開封府知府。

掖垣人鑑5/18下

嵇

嵇元夫字長卿，歸安人。少起貴介，放跡不羈，爲鄉曲所中，坐法下獄。旣釋，厚自濯勵，苦心爲詩，有白鶴園集。

白鶴園詩集敘（十賚堂甲集文部2/16）

程

程大位字汝思，號賓渠，徽州人。所著算法統宗，專爲珠算而作，其法皆適於實用，惟拙於屬文，詞多支蔓。卷末附算經源流，明代算家略具。

疇人傳31/384

程大約字幼博，號君房，歙人。善製墨，與方于魯以名相軋，爲深讎。君房之墨，嘗介內廷進之神宗，于魯恨之，君房以不良死，實于魯之力。有程氏墨苑、程幼博集。

墨苑序（大泌山房集14/23下）

程君房墨評（芝園文稿22/6）

墨苑序（嬾眞草堂文集13/25）

程文字載道，號碧川，江西東鄉人。嘉靖四十四年進士，由刑部主事改禮科給事中，晉工科都給事中，尋以考察閑住。

掖垣人鑑15/13下

程文德（1497—1559）字舜敷，號松溪，永康人，鈺子。初受業章懋，後從王守仁游。舉嘉靖八年進士，授編修，累擢掌詹事府，供事西苑，不好爲道家祝釐事。所撰青詞，有規諷，帝銜之，調南京工部侍郎，疏勸帝享安靜和平之福，帝以爲謗訕，除其名。旣歸，聚徒講學，又卒，貧不能殮，萬曆間諡文恭。有松溪集、程文恭遺稿。

程松溪左遷信宜序（海石先生文集19/4下）

程文恭公遺稿序（田亭草3/16）

祭同年程松溪少宰（石蓮洞羅先生文集24/29下）

程君墓志銘（石蓮洞羅先生文集22/43，國朝獻徵錄18/36）

國朝獻徵錄53/24實錄程文德傳

明史列傳70/16下

明史283/18

明儒學案14/6

程之奇，黃岡人。崇禎中爲荊門州訓導，十五年李自成來寇，之奇盟諸生於大成殿，佐城守，不屈死。

明史294/5

程正誼字叔明，永康人，梓子。隆慶五年進士，累遷四川左布政使，三殿大工興，採木爲厲，正誼立折算法，刊爲書，商民不困。擢順天府尹，時蜀帑羨餘數萬金，吏以請，拒不納。赴京，以蜀扇不工，引罪歸。有泉華堂集傳世。

明史283/12

程平字德正，安徽績溪人，禀性溫厚，重信義。洪武初以被誣謫延安，與郡人朱仲杰偕行。途憩，仲杰去酒家久不返，遇暴雨漂其行囊，時平自顧不暇，仲杰還怒責償，平悉數償之。及至，仍與同處。仲杰疾卒，平又備棺槨衣衾而擧之。平子實來省侍，遂命負其遺骨歸績溪。其待人之寬厚多類此。

國朝獻徵錄113/11汪叡撰程先生傳

名山藏98/3

程可中字仲權，休寧人。有程仲權詩文集傳世。

程仲權詩序（大泌山房集24/22）

程本立字原道，號巽隱，桐鄉人，德剛子。洪武九年以明經薦爲秦府引禮舍人，後改周府禮官，坐累謫雲南吏目。土酋煽亂，本立單騎往諭，悉感悅。後復叛，西平侯沐英等屬本立行縣典兵事，且撫且禦。本立親歷行間凡九年，民夷安業。建文中擢右僉都御史，燕兵入，自縊死，福王時追諡忠介。本立文章爾雅，詩亦深穩樸健，頗近唐音。有巽隱集傳世。

國朝獻徵錄56/3戚元佐撰傳

革朝遺忠錄下/17

吾學編56/20

檇李往哲列傳1/1

皇明表忠記3/12

遜國正氣紀4/15

明史列傳19/29下

明史143/4

程百二字幼輿，新安人。著有方輿勝略。

方輿勝略序（大泌山房集15/1）

程式字以則，常熟人。宣德八年進士，授南京兵部主事，遷刑部員外郎。正德十四年扈從北征，死於土木之難。

明常熟先賢事略2/2

明史167/7

程良籌字持卿，孝感人，註子。天啓五年進士，魏忠賢擅國，良籌以父故削籍。崇

【十二劃】程

禎間遷吏部員外郎，坐事謫戍，久之釋歸。流寇陷荆襄，良籍守白雲山，戰四十日却走之，遂引兵克復孝感、雲夢，兵潰被執，不屈死。

明史294/16下

程亨，山西澤州人。仕翰林院檢討，爲張昺親戚，初未與出亡約。京師陷，棄家逃，及昺被族，株連亨家，亨就郭節於連州，嘗訪建文帝於重慶。

皇明表忠記6/17下

遜國正氣記2/31下

遜國神會錄下/30下

程克仁，嵩縣人，頤十七代孫。景泰六年授翰林院五經博士，子孫世襲，以奉程子祀。

明史284/9

程材（1466—1506）字良用，休寧人。弘治九年進士，授汀州府推官，方毅明察，爲八閩循吏之首。擢御史，屢有疏劾，正德元年卒官，年四十一。

程君墓志銘（王文恪公集30/3，國朝獻徵錄65/35）

程廷策字汝揚，休寧人。嘉靖三十二年進士，授戶部主事，歷陞郎中。雲中告急，諸軍待餉，以廷策主運。後出守辰州，卒於官。廷策公私多暇率自著書，有讀易瑣言，中星圖，孝經、忠經注。

國朝獻徵錄89/43汪道昆撰傳

程宗（1426—1491）字原伊，一作源伊，常熟人。景泰二年進士，授刑部主事，治獄詳愼，陞員外郎，擢吉安知府，遷四川、陝西布政使，累官副都御史，巡視雲南，所至有治績，官至工部尙書，致仕卒，年六十七。有司空集、撫夷集。

贈程太守赴任吉安序（呂文懿公全集7/68下）

恩壽堂序（同上9/26）

都憲程公撫夷錄（椒丘文集20/8下）

程公神道碑銘（徐文靖公謙齋集8/31下，國朝獻徵錄52/7）

程杲字時昭，號蘭峰，祁門人，泰子。弘治六年進士，授戶部主事，歷南昌知府，官至江西參政。有蘭峰詩集。

程公暨配王氏墓誌銘（涇野先生文集29/1）

蘭峰詩集序（同上9/31）

程金，歙縣人。嘉靖三十二年進士，歷南京工部主事，遷戶部郎中，官至漢陽知府，致仕卒。

程漢陽傳（太函副墨12/16，國朝獻徵錄89/49）

程侶（1429—1488）字彥彰，休寧人，信弟。少喜習騎射，土木之變，守臣以將才擧於朝。虜入大同，自請兵却之，授瀋陽中屯衞百戶。再積功至明威將軍指揮僉事，居十年用薦還治衞事，久之卒，年六十。

程公墓誌銘（篁墩程先生文集44/16下）

程南雲字靑軒，號遠齋，南城人。永樂間以能書徵，預修永樂大典，累官太常卿。南雲工詩文，善畫梅竹，尤精篆隸，爲時所尙。

圖繪寶鑑6/13下

程思溫字叔玉，婺源人。正統元年進士，授中書舍人，屢陞禮部員外郎，以淸愼著名。扈從北征，死於土木之難。

明史167/7

程信（1417—1479）字彥實，其先休寧人，洪武中戍河間，因家焉。正統七年進士，授吏科給事中。景帝嗣位，數直言，英宗復辟，陞左僉都御史，巡撫遼東。成化初累官兵部左侍郎。四川群蠻數叛，進尙書，提督軍務，所向克捷，進兼大理寺卿，改南京兵部，參贊機務，致仕卒，年六十三，謚襄毅。信有才力，識大體，征南蠻時，許便宜行事，迄班師，未嘗擅賞戮一人。有晴洲釣者集、容軒稿、南征錄、楡莊集、尹東稿。

送程尙書序（楊文懿公桂坊稿2/13）

祭程襄毅文（椒丘文集27/1下）

程襄毅公誄（靑谿漫稿24/17）

程襄毅公祠記（彭文思公文集4/27下）

程襄毅公哀辭（懷麓堂文稿23/5）

程公事狀（篁墩程先生文集41/1）

先隴碑陰記（同上19/1）

程公墓誌銘（劉珝撰，皇明名臣琬琰錄后11/10，國朝獻徵錄42/7）
皇明獻實42/7
吾學編38/16
皇明書22/5下
掖垣人鑑4/7下
國琛集上/34下
聖朝名世考3/9下
皇明世說新語4/6
明史列傳43/18下
明史172/14
父程晟字士明
程公傳（謝文莊公集5/6下）
妻林淑清（1418—1495）
程襄毅公夫人哀辭（董山文集4/5）
先妣行狀（篁墩程先生文集41/12下）
程襄毅公林夫人墓誌銘（徐文靖公謙齋集5/34）

程振字玉夫，號樸翁，歙人。有至性，髫歲失母，號泣甚悲。長事父及繼母，盡誠盡敬。父病，禱於天，刲股爲糜以進，果愈。未幾又患溺，艱於起居，振躬伺湯藥，旦夕不離寢所者三年。及卒，哀毀過禮。

國朝獻徵錄112/46李汎撰程振事紀

程泰（1421—1480）字用元，祁門人。景泰五年進士，奉命犒師宣府，邊帥重之。授主事，歷郎中，視山東災，陳賑邮四事，多見施行。擢廣西右參政，時安南以疆土未定，數近邊，泰自往定之，進布政使，律己以倡僚屬，爲時所稱，卒年六十。

送廣西參政程君用元序（楊文懿公徃坊稿2/7下）
程公墓誌銘（篁墩程先生文集43/6，國朝獻徵錄92/6）
父程孔書，官韓府長史。
慶長史程公七十序（椒丘文集12/13）

程時思字以學，號臺山，江西浮梁人。嘉靖十七年進士，由太平府推官選兵科給事中，歷河南僉事，仕至貴州參議，以憂歸。

掖垣人鑑14/5下

程徐字仲能，慶元人。以明春秋知名，初仕元至兵部尙書致仕。洪武初偕危素等自北平至京，歷陞刑部尙書卒，徐精勤通敏，工詩文，有集。

國朝獻徵錄44/9雷禮撰傳
明史139/2

程啓充字以道，嘉定人。正德三年進士，授三原令，歷御史，上章請革權倖子弟冒濫軍功，又請早視朝罷冗費等，帝不省。世宗立，首爭興獻帝皇號，數忤帝旨，謫戍邊衛十餘年，赦還卒。

三原縣知縣程君去思記（涇野先生文集14/28下）
天樂堂記（羅文肅公集17/1）
國琛集下/32
明史206/7下
母孫氏（1442—1522）
孫氏墓誌銘（涇野先生文集24/19下）

程通字彥亨，績溪人。洪武二十三年舉應天鄉試第一，授遼王府紀善。燕兵起，從王浮海歸朝，上封事數千言，陳備禦策，進左長史。燕王即帝位，從王徙荆州，有言通前上封事多指斥者，械至京，死獄中，家屬戍邊。有貞白遺稿。

長史程公傳（篁墩程先生文集49/21，國朝獻徵錄105/10）
吾學編56/28下
皇明表忠記4/17
遜國正氣紀5/15
程貞白顯忠錄二卷續一卷；明程楓撰，淸程邦瑞續，淸刊貞白遺集附刻本
明史列傳20/13下
明史143/9下

程問學字思玄，新都人。太學生，有詩名，萬曆十六年卒。

程思玄太學誄（白楡集16/12下）
程思玄像贊（同上19/16）
父程鑽字時啓。
程處士傳（白楡集19/1）

程接道，頤後。崇禎中顥嗣失傳，河南巡撫李日宣請以頤後爲嗣，乃以接道爲翰院五經博士，子孫世襲。十四年土賊于大忠作亂，接道力拒，死之。

明史284/8下

【十二劃】程

程梓（1498—1585）字養之，號方峰，浙江永康人。弱冠爲諸生，從王守仁學，與王畿互相印正，歸卽壽山石洞，倡明正學。萬曆十三年卒，年八十八。學者卽於五峰書院祀之，稱方峰先生。（按程梓，明史譌作程粹）

先考方峰公行狀（辰華堂集5/26下）

程公墓碑（大泌山房集112/18）

白翁吟稿序（辰華堂集4/29）

明史283/12

妻孫氏（1504—1560）

先母孫氏行狀（辰華堂集5/35下）

程國祥字仲若，號我旋，上元人。萬曆三十二年進士，崇禎時累官戶部尚書。楊嗣昌議增餉，國祥不敢違，建議借都城賃舍一季租，所得僅十三萬，而怨聲載道，帝由是眷國祥，使之入閣。後召對無一言，帝責其緘默，遂乞休去。國祥雖歷卿相，布衣蔬食，不改儒素，與其子上並有詩集，及崇禎四年卒，家貧不能擧火。

五十輔臣考3/41

明史253/14

母胡氏

程母胡夫人壽序（大泌山房集39/35）

程國勝，徽州人。累功至萬戶，從太祖戰鄱陽，張定邊直前犯太祖，國勝與韓成等左右奮擊，太祖得脫。遂繞出敵艦後，援絕，力戰死，追贈安定郡伯。

皇明功臣封爵考8/63

明史133/14下

程敏政（1445—　）字克勤，休寧人，信子。十歲以神童薦，詔讀書翰林院。擧成化二年進士，歷左諭德，直講宮東，學問該博，爲一時冠。孝宗嗣位，擢少詹，直經筵，官終禮部右侍郎。有新安文獻志、明文衡、宋遺民錄、眞西山心經附註、宋紀受終考、篁墩集、詠史集、唐氏三先生集等書。

篁墩記（彭文思公文集4/31下）

程公畫像記（周經撰、明刊篁墩程先生文粹卷首）

程學士傳（汎東之撰、同上）

國朝獻徵錄35/43無名氏撰傳

殿閣詞林記6/18下

吾學編38/19下

國琛集下/18下

聖朝名世考10/20

皇明世說新語5/1下，6/25下，8/23下

明史286/7下

程紹字公業，德州人。萬曆十七年進士，擢戶科給事中，再疏請撤礦使，不報，轉吏科，謫歸。光宗卽位，以副都御史巡撫河南，忤魏忠賢，引疾歸。崇禎間官終工部右侍郎，卒年七十六。

程公傳（牧齋初學集70/2）

啓禎野乘3/37

明史242/5下

程紳（1504—1555）字伯書，號東溟，青州樂安人。嘉靖十七年進士，授知山西長治縣，擢刑部主事，歷陝西按察司僉事補楡林兵備，轉河南僉事，以決巨獄有功，遷山西參議，陞副使，卒於官，年五十二。

程公墓表（李舜臣撰、國朝獻徵錄97/80）

程註字爾雅，孝感人。萬曆間進士，歷官禮戶吏三科給事中，時客魏子弟世襲錦衣，註奏世職太濫，引祖制以裁之，不報。於是婦寺惡之，坐削籍，崇禎時屢官工部尚書。

明史294/16下

程富（1389—1458）字好禮，號水月道人，歙人。永樂十二年領鄉薦，拜監察御史，出按湖廣及江西，平大盤山妖賊。累遷都御史，參贊陝西甘肅軍務。復以麓川不靖，往撫雲南有功，官終右副都御史，致仕卒，年七十。

贈大理左少卿程公文質序（芳洲文集4/27下）

程公行狀（蘇景元撰、國朝獻徵錄55/11，皇明名臣琬琰錄后5/1）

程雲鵬字汝南，四川南充人。弘治十五年進士，授南京戶部主事，歷陞郎中，出守衢州。

送太守程君之任衢州序（整菴先生存稿5/9下）

程朝金（1540—1619）字元直，號蘿陽，新安人。萬曆十一年進士，授鄱陽令，累

官福建參政，致仕卒，年八十。

程公墓誌銘（蒼霞餘草12/1）

程溫（1447—1514）字德和，號鑑亭，永州祁陽人。成化二十年進士，授南京吏部驗封主事，進考功郎中，久之擢通政使司左參議，乞休歸，卒年六十八。

程公墓表（整菴先生存稿12/1下）

程道壽字應正，孝感人。知來安縣，旋告歸。崇禎末賊陷郡，置掌旅守之，道壽結壯士擊殺掌旅。後被執，令爲書招降白雲山程良籌，道壽罵之，遂見殺。

明史294/17

程熙（1424—1477）字克和，歙人。以舉人授汀州府同知，剛介廉慎，民歌頌之。紫雲臺有盜數千，嘗往來劫掠，熙單騎往諭之，皆散去，成化十三年卒於官，年五十四。

程君墓表（篁墩程先生文集42/16）

程楷字崎人，合肥人。舉進士，初令平湖，有政聲，累官雲南參政致仕。崇禎十五年張献忠冦廬州，楷與經歷鄭元綬分守南壖門，力戰死。

明史293/19

母李氏

壽程母李太夫人八袠序（七錄齋文集1/8）

程嗣功（1525—1588）字汝懋，歙人。嘉靖二十六年進士，授武康令，遷南兵部主事，歷廣東西布政使，官至南京戶部侍郎，卒於官，年六十四。

程公行狀（太函集43/1，太函副墨14/1，國朝獻徵錄32/32）

祖母殷氏

殷王母九十壽序（太函集10/10下）

程萬里字道遠，華容人。天順元年進士，成化初授吏科給事中，上疏皆切時政，陞通政司左通政，累官戶部右侍郎，忤汪直致仕家居。有閒情集。

國朝獻徵錄53/4無名氏撰傳

掖垣人鑑4/6下

程嘉行字公敏，江西樂平人。嘉靖二年進士，出令長州，改南京國子助教，遷南刑部主事。

賀程君公敏遷刑曹序（張文定公紆玉樓集5/17下）

程嘉燧（1565—1643）字孟陽，號松圓，休寧人。少不羈，棄舉子業，學擊劍不成，乃折節讀書。精音律，工書畫，尤長於詩，世稱爲松圓詩老。僑居嘉定，歸老於歙，有詩集曰浪淘集。謝三賓知縣事，以唐時升、婁堅、李流芳與嘉燧詩合刻之，曰嘉定四先生集。又有偈菴集。

明史288/7下

程銈（1469—1537）字瑞卿，號方岩，更號十峯，永康人。弘治十二年進士，授南京大理評事，精律法，平反全活無數。屢陞四川僉事，晋副使，致仕卒，年六十九。

賀程氏雙壽序（泉翁大全集22/13）

程公墓誌銘（同上60/40下）

程龍，歙縣人。崇禎中爲鎭江副將，十年流賊犯太湖，龍奉巡撫張國維命率吳中兵禦之酆家店，力戰不支，引火自焚死。

明史269/7下

程默（1496—1554）字子木，新安人。嘉靖四年舉明經，卒業太學，除廣州府同知，以忤時罷歸，卒年五十九。

程公墓誌銘（潘潢撰、國朝獻徵錄100/44）

程學博字近約，號二蒲，孝感人。嘉靖進士，歷知重慶府，淸嚴剛直，庭無積案。後爲貴州參議，時東川、烏蒙、烏撒、芒部爲患，學博率兵討平之。遷雲南兵備，官終太僕卿。

程公暨配周恭人合葬墓誌銘（睡菴文稿19/1）

程濟，朝邑人。有道術，洪武末官岳池教諭，建文初上書言某月日北方兵起，帝謂非所宜言，逮至將殺之，濟大呼曰，陛下幸囚臣，臣言不驗，死未晚，乃下之獄。燕兵起，釋之，爲翰林編修。北師入金川門，隨建文出走，莫知所終。

國朝獻徵錄21/84鄭曉撰傳

革朝遺忠錄下/29下

【十二劃】程

吾學編56/3下

皇明表忠記6/1下

皇明書41/51

遜國正氣記2/15

遜國神會錄下/14下

皇明世說新語6/9下

明史列傳20/18下

明史143/14下

程應琦，山陰人。明末爲永平道標中軍守備，崇禎三年與兵備按察使鄭國昌同守永平。淸兵破城，巷戰不支，因自殺，妻亦殉節。

明史291/8

程爀（1489—1564）字文純，號南樓，盱江人。舉於鄉，授景州學正，歷松江教授、南刑部主事，官終陝西苑馬寺少卿，嘉靖四十三年卒，年七十六。

程公墓志銘（王材撰、國朝獻徵錄104/18）

皇明書29/15下

脫

脫綱，遂寧人。先任杭州前衞指揮同知，正統中陞浙江署都指揮僉事，征剿處州等反賊，累立奇功，尋陷賊死。

水東日記5/13

須

須之彥字君美，嘉定人。萬曆進士，歷官禮部儀制郎。神宗崩，光宗立，以先帝遺命，欲尊鄭貴妃爲皇后，侍郎孫如游袖中出令旨示之彥，之彥始終持不可，如游不能奪。仕終尙寶司少卿。

儀曹題稿序（嚳玉集9/7下）

答

答祿與權字道夫，河南永寧人。其先蠻部人有別號答祿子者，子孫因以爲氏。仕元爲河南北道廉訪司僉事。洪武中召爲御史，請重刊律令憲綱，頒之諸司。未幾擢翰林修撰，坐事降典籍，進應奉，以老致仕。

殿閣詞林記8/3下

明史136/7下

逯

逯中立字與權，號確齋，聊城人。萬曆十七年進士，由行人擢吏科給事中，抗疏爲高攀龍、顧憲成訟冤，貶陝西按察司知事，引疾家居二十年卒。有周易劄記、兩垣奏疏。

明史列傳84/9

明史230/8下

逯宏（1353—1433）字希遠，號怡菴，先世修武人，內附居錢塘，遂爲錢塘人。洪武初從徐大章授書經，年十八陳時政得失，太祖悅之，試秋柳賦稱旨，授之官，吏部奏宏年少，賜歸卒業。尋以鄉貢分教松江，陞武進教諭，宣德八年卒，年八十一。

逯希遠墓誌銘（楊文敏公集22/11下）

逯杲，安平人。以錦衣校尉爲門達腹心，天順改元，與奪門功，擢指揮僉事。英宗以杲強鷙，委任之，杲乃摭群臣細故以稱旨，偵騎四出，大吏富家多以貨賄祈免，無賄則執送達鍛鍊成獄，寃誣甚衆，勢傾天下，後以曹吉祥反被殺。

國朝獻徵錄109/26實錄本傳

明史306/4

無

無念（1326—1406）字學公，德安陳氏子。九歲出家，出萬峰蔚禪師門下，歸住寶林寺。洪武十五年楚藩建大會於洪山，王見而奇之，遂留邸館，建九峰寺居之。太祖召見，應對稱意，禮遇隆渥。永樂四年卒，年八十一。

補續高僧傳15/20

智

智及（1311—1378）字以中，號廣慧，吳縣顧氏子。入海雲院祝髮受戒，後走徑山謁寂照端公，相語甚喜，遂命執侍。歷主淨慈、雙經等寺。洪武初詔碩僧集天界，以及居首，以病不及召對，賜還海雲，卒年六十八。

廣慧禪師塔銘（宋濂撰、國朝獻徵錄118/56）

補續高僧傳14/1

智光（1348—1435）字無隱，山東武定州王氏子。年十五出家。洪武中奉命兩使西域，宣傳聖化。永樂三年擢僧錄司右闡教，陞右善世，召居北京崇國寺，封國師號，寵賜隆厚，歷侍四朝，眷寵之隆無以復加。宣德十年六月卒，年八十八。譯有顯密經義，仁王護國經，大白傘蓋經等。

大國師事實（楊榮撰、國朝獻徵錄 118/87）
補續高僧傳1/14

智順字逆川，永嘉陳氏子。受具戒於天寧院，後入閩之天寶山，依鐵關樞公爲師，嗣其門主院事。於浙閩二地興建大道場凡十餘處，曾與鍾山法會，事竣還錢塘主淨慈寺，未幾奉召至南京備顧問，旋逝。著有五會語及善財五十三參偈。

逆川塔銘（宋濂撰、國朝獻徵錄118/42）
補續高僧傳26/5下

智鋌，元氏人。舉鄉試，授知縣，初受業趙南星門，後由魏廣微通於魏忠賢，得擢御史，力事搏擊，以博忠賢歡。先後疏詆趙南星，及劾罷徐光啓等。加太僕少卿，以憂歸。崇禎初被劾奪職，後入逆案遣戍。

明史306/27下

十 三 劃

溫

溫仁和（1475—1543）字民懷，號托齋，四川華陽人，璽子。弘治十五年進士，選庶吉士，授編修，嘉靖初歷吏部侍郎兼詹事府詹事，尋升禮部尚書兼翰林院學士，仍掌府事，致仕卒，年六十九，謚文恪。

送大宗伯托齋溫公序（陸文定公集6/29）
祭溫托齋宗伯文（竹溪先生集6/12）
溫公墓誌銘（陽峰家藏集34/43下）
溫公墓誌銘（鈐山堂集 39/4下，國朝獻徵錄 18/10）

溫如玉（1528—1569）字孟醇，號少谷，郎縣人。嘉靖三十二年進士，除行人，擢監察御史，出督兩淮鹽政，公私稱便。一按山東按察司副使，以疾乞休卒，年四十二。關中，再按吳下，風采凜然，權墨屏跡。擢

少谷溫公墓誌銘（弇州山人四部稿87/10，國朝獻徵錄95/92）
徐氏海隅集外編40/27

溫如璋，河南汝州人。嘉靖三十五年進士，歷大理少卿，隆慶初官終保定巡撫。

送溫中丞巡撫保定序（二酉園文集6/2下）

溫秀字仲實，號中谷，洛陽人，新弟。由舉人官至襄陽府同知，嘗游李夢陽之門。有中谷詩集。

溫中谷詩集序（王襄毅公集10/24）
祭溫中谷文（同上15/17）

溫純（1539—1607）字景文，一字叔文，號一齋，晚更亦齋，陝西三原人。嘉靖四十四年進士，由壽光知縣徵爲戶科給事中，屢遷左都御史，倡諸大臣伏闕泣請罷鑛稅，神宗初震怒，繼知倡自純，乃爲霽威，遣人慰諭。以與首輔沈一貫不合，力請致仕。純清白奉公，肅百僚，振風紀，時稱名臣，年六十九卒，謚恭毅。有溫恭毅公集。

溫公督府奏疏敘（支華平集9/5下）
送督撫少司馬溫一齋公入領左司徒序（弇州山人續稿29/14）
贈督府一齋溫公擢戶部侍郎序（茅鹿門先生文集17/26）
都御史溫公考續序（睡菴文稿7/22）
亦齋溫公神道碑（蒼霞續草14/8）
昭代人鑑15/6下
皇明世說新語1/18下
明史列傳76/16
明史220/18

父溫朝鳳

溫太公王淑人壽序（大泌山房集37/2下）

溫景葵（1507—1576）字汝陽，號三山，大同人。嘉靖七年舉人，授長山尹，擢御史，剛正敢言。陞蘇州知府，發奸摘伏，吏畏民懷。歷右僉都御史，巡撫順天，四十四年告病歸，後屢徵不起，萬曆四年卒，年七十。

贈郡守溫公景葵擢憲山東序（皇甫司勳集

45/1）
又贈溫侯序（同上45/3）
長山尹溫公生祠碑記（李中麓閒居集12/12下）
溫公墓誌銘（復宿山房集24/7）
國朝獻徵錄63/126部志傳
妻賈氏（1511—1566）
賈氏墓誌銘（條麓堂集29/4）

溫新字伯明，號大谷，洛陽人。嘉靖十七年進士，官戶部主事。有太谷詩集。
溫大谷詩序（王襄毅公集10/22下）

溫鉞，大同人。父景清，有膽力。嘉靖三年鎮兵叛殺巡撫，繼任者令景清密捕首惡，戮數人，其黨恨之。十三年復叛殺總兵李瑾，因遍索昔年爲軍府効命者，景清深匿不出。叛黨遂執鉞及其母王氏，令言景清所在。鉞曰，如讐不可解，則殺我舒憤足矣，執不言父處。賊怒，支解其母以怵鉞，鉞大哭且罵，並被殺。
明史297/11下

溫璜（1585—1645）初名以介，字於石，號石公，後改今名，字寶忠，烏程人，體仁再從弟。崇禎十六年進士，官徽州府推官。清順治閒起兵與金聲相應，以拒清師，城破，手刃其妻女，自刭死。越日甦，復絕粒，閱五日，兩手自抉其創，乃死，年六十一。有遺集。
寶忠公傳（溫能夫撰、溫寶忠先生遺集附錄）
推官溫公傳（鮚埼亭集外編12/5下）
明史277/9

溫璽（1446—1531）字廷寶，號菊莊，四川華陽人，琮弟。成化十七年進士，授戶部主事。累陞河南布政司左參議，分守大梁，孜孜民隱，久之乞歸，居林下二十八年卒，年八十六。
壽封吏部右侍郎菊莊溫公詩序（費文憲公摘稿14/35下）
菊莊溫公墓誌銘（桂州文集49/15下）

溫繼宗，沁州諸生。父卒不能葬，日守柩哀泣。嘉靖二十一年寇入犯，或勸出城避難，以父殯不肯去。寇至，與叔父淵等力禦賊，中矢死柩旁，淵等皆死。
明史297/15下

溫體仁字長卿，號圓嶠，烏程人。萬曆二十六年進士，授編修，崇禎初累官禮部尚書。爲人外曲謹而內猛鷙，機深刺骨，值會推閣臣，體仁望輕弗與，遂疏訐錢謙益結黨受賄，謙益坐罷官。諸臣先後劾之，帝益疑廷臣植黨，謂體仁孤立，漸嚮用，尋詔兼東閣大學士。既輔政，勢益張，傾去周延儒，代爲首輔，居位八年，專務刻核，迎合帝意。卒以張漢儒訐錢謙益、瞿式耜一獄，帝始悟體仁有黨，體仁懼，佯引疾，竟放歸。崇禎十一年卒，贈太傅，諡文忠。福王立，削贈諡，天下快之。
壽家少師六袠序（溫寶忠先生遺稿1/5）
祭少師兄文（同上10/4）
五十輔臣考2/28
明史308/28

滑

滑壽字伯仁，一字伯本，儀眞人，徙居餘姚。幼聰敏，日記千餘言，後學醫於京口王居中，治疾無不中。既學鍼法於東平高洞陽，乃著十四經發揮。又有難經本義注、讀傷寒論鈔、診家樞要、痔瘻篇、及萊諸書本草爲醫韻，皆有功後學。晚自號攖寧生，江浙間無不知之。
題滑壽傳後（宋學士文集29/243）
國朝獻徵錄78/48朱右撰傳
明史299/2

溥

溥洽（1346—1426）字南洲，號一雨，會稽陸氏子，放翁之後。出家於普濟寺，禮雪庭爲師，貫串經範，旁通儒典。禪定之餘，肆力於詞章。洪武中召爲僧錄司右講經，累遷左善世，被誣左遷，尋復右善世。仁宗即位，數被召問，乞居南京報恩寺養老，遣中官護送之。宣德元年，卒年八十一。有雨軒集。
南洲法師塔銘（東里文集25/17，國朝獻徵錄118/82）
名山藏臣林記5/11

補續高僧傳25/2

塗

塗時相字葵宇，石屏人。萬曆進士，任戶部主事，陞大名守，有廉聲，歷官南京太僕卿，以病歸。時巡撫陳用賓議加稅充兵餉，時相上書力爭，語甚激切，人咸稱其鯁直。

大名守擢宇塗公晉拜膳卿序（昭甫集19/10）

雍

雍泰（1435—1514）字世隆，號正誼，陝西咸寧人。成化五年進士，初令吳縣，作隄捍太湖，民稱雍公隄。累官右副都御史，巡撫宣府，時軍吏驕蹇，泰持法壓抑之，被黜爲民。正德初起南京戶部尙書，劉瑾擅權，瑾，泰鄉人也，怒泰不與通，復罷歸。瑾誅，復官。年八十卒，諡端惠。著有奏議藁、正誼菴詩集。

雍公墓誌銘（涇野先生文集22/5，皇明名臣墓銘離集95，國朝獻徵錄31/41）

吾學編46/6

皇明書24/25下

名山藏臣林記16/4下

皇明世說新語2/27，3/5下，3/13，4/4下

明史列傳56/20

明史186/18下

道

道永字無涯，號非幻，信安浮石鄉吳氏子，自幼入烏石山從傑峰愚公爲僧。永樂五年徵精地理學者，永奉對稱旨，大加宴賚，授欽天監五官靈台郞賜七品服，事畢將大用之，永懇復爲僧，遂擢僧錄司右闡敎，住南京碧峰寺，尋移住持靈谷寺，十三年，無疾而逝。

補續高僧傳15/6

道同，河間人，其先蒙古族。洪武初知番禺縣，邑號煩劇，軍衞尤横，同至，剛毅持正，民賴以安。以數忤永康侯朱亮祖，被劾誅死。縣民或刻木主祀於家，卜之輒驗，遂以爲神云。

國朝獻徵錄100/53無名氏撰傳

明史列傳18/11

明史140/6下

道成字鷲峰，別號雪軒，薊北雲州人。出家後雲游至山東靑州居之。洪武間初授靑州都綱，復召爲僧錄司右講經，命住持大天界。太宗嗣位，命宣諭日本，歸國後眷顧益厚，陞左善世，復率天下僧于鍾山修大會。仁宗時受譖謫海南，宣宗嗣位召還，復受眷寵，仍命掌僧錄司事，後疏乞歸南京天界之西菴，宣德六年卒。有語錄行世。

補續高僧傳16/16下

道孚（1402—1456）字信庵，江浦劉氏子。七歲即入玄門，苦心受戒，學問淵博，尤善書法。宣德元年召至京師，館於慶壽文室，承顧問執侍惟謹。尋游江浙受滿分戒，入五台覩聖相，攝身光中，奇幻百出，因自號知幻子。英宗聞名召見，呼爲鳳頭和尙，授僧錄講經，未及告退，結茆山中。後受司禮阮簡之請，復出主持興修京西馬鞍山廢寺，景泰七年卒，年五十五。有定制戒本、戒牒。

補續高僧傳5/6下

道聯字秀芳，鄞人。幼讀儒書，窮理命之學，長依鳳巖羲公修沙門行，嗣法於淨覺禪師，叢林之中，咸器重之，歸隱四明山中，宋濂作序送之。

補續高僧傳25/8

賈

賈三近（1534—1592）字德修，號石葵，山東嶧縣人。隆慶二年進士，授吏科給事中，所陳時政，多長者之言。萬曆間平江伯陳王謨以太后家姻，夤緣得鎭湖廣，三近劾其垢穢。給事中雒遵、御史景嵩、韓必顯劾譚綸被謫，三近率同列救之。官至兵部右侍郞，卒年五十九。嘗採錄寓言爲滑耀編，又有東掖漫稿。

祭少司馬石葵賈年丈（天遠樓集23/26）

祭少司馬賈公文（穀城山館文集33/6）

賈公墓誌銘（穀城山館文集20/6下，國朝獻

徵錄41/25）

掖垣人鑑15/9下

明史列傳81/18

明史227/10

父賈夢龍，號柱山。

壽封君柱山賈翁八十叙（穀城山館文集4/26）

封太常寺少卿柱山賈翁壽叙（澂執堂文集2/17）

賈太初，河間人。崇禎中官襄陽知縣，丁艱里居。十五年清兵破河間，抗節死。

明史291/19下

賈名儒，嘉興人。嘉靖八年進士，授刑部主事，陞郎中，歷知姚安、贛州。母姚氏，嘉靖十二年卒。

姚氏墓誌銘（居漸山文集4/15）

賈名儒，眞定人。萬曆十一年進士，官御史。李獻可偕六科諸臣請豫教皇子，帝大怒，一時斥諫官十一人，名儒持疏爭之，帝怒甚，謫邊方。

明史233/8下

賈定（1447—1497）字仲一，號一菴，開封通許人，恪子。成化十四年進士，授知絳州，値大饑疫，定爲救荒八事，行之悉驗，官至山西僉事，卒於任，年五十一。

賈公合葬志銘（空同子集47/19下）

國朝獻徵錄95/44祥符文獻志傳

賈恪（1408—1475）字惟恭，號林居子，開封通許人。正統四年進士，授行人，擢御史，巡按浙江，薦能廉，鋤奸頑，洗冤澤物，克張其職，仕終山東參議，坐不謹罷歸，卒年六十八。

國朝獻徵錄95/43祥符文獻志傳

賈俊（1428—1495）字廷杰，束鹿人。以鄉舉入國學，天順三年授御史，歷巡浙江、山西、陝西、河南、南畿，所至有聲。成化間巡撫寧夏，在鎭七年，軍民樂業，官至工部尚書，致仕卒，年六十八。

賈公墓誌銘（林瀚撰，皇明名臣墓銘艮集67）

賈公遺事（藎山文集15/3下，國朝獻徵錄50/22下）

工部祭賈司空文（藎山文集8/15）

國朝獻徵錄50/22實錄本傳

明史列傳52/19

明史185/3下

賈待問（1533—1602）字學叔，號春容，威縣人。隆慶二年進士，由咸寧知縣選禮科給事中，歷懷慶知府，築堤以禦沁河，人稱賈公堤。累擢陞西巡撫，中官以榷採肆横，待問力爲節制，在任七年，甚有威惠，萬曆廿七年以兵部尚書總督甘肅，卅年卒官，年七十。

祭賈大司馬文（九愚山房稿56/21下）

賈公墓誌銘（穀城山館文集20/1，國朝獻徵錄57/64）

掖垣人鑑15/18

賈斌，商河人，爲山都司令史。景泰間疏論宦官之害，引漢桓帝、唐文宗、宋徽欽爲戒。且獻所輯忠義錄四卷，乞命工刊布，坐罔言斥爲民。

明史164/15下

賈詠（1464—1547）字鳴和，號南塢，河南臨潁人。弘治九年進士，改庶吉士，授編修。劉瑾柄政，黜兵部主事，瑾誅復官，累進禮部尚書，致仕卒，年八十四，諡文靖。

賀太保輔賈南塢八十壽序（葛端肅公文集9/14下）

賈公行狀（李濂撰、國朝獻徵錄15/100）

賈公神道碑（鈐山堂集34/4下）

賈公神道碑銘（董學士泌園集29/22）

父賈瑛（1424—1518）字宗玉

賈公墓志銘（空同子集47/7下）

妻趙氏

祭賈南塢夫人（陳文岡先生文集18/2下）

賈運（1472—1524）字會期，號靜齋，束鹿人。正德三年進士，授南臺御史，遷慶陽知府，官至陝西副使，卒年五十三。

副憲賈會期墓誌銘（涇野先生文集24/11）

賈熙載字世庸，號亮所，廣平人。萬曆中舉人，授白水令，歷晉州守，遷廬陽同知，皆有政聲。

賈公德政祠碑記（兩洲集5/26）

賈禎，山西臨汾人。建文元年舉人，永樂間任兵科給事中，調山東茌平縣知縣。

掖垣人鑑7/24

賈榮，湖廣興國人。官指揮，勇敢自負，建文三年與燕將朱能，戰於衡水，被擒不屈，送北平道死。

遜國正氣紀6/29下

皇明表忠紀5/16

賈銓字秉鈞，邯鄲人。永樂廿二年進士，授刑科給事中，有聲諫垣。旋陞知大理府，累遷左副都御史，巡撫山東河南。銓在雲南，治行爲一時冠。比爲巡撫，淸靜不自表暴，成化三年卒官，謚恭靖。

賈公神道碑銘（不著撰人、國朝獻徵錄55/8）

明史列傳36/13

明史159/8

賈諒（1382—1439）字子信，山東嶧縣人。永樂九年舉人，擢刑科給事中，累有劾奏，朝廷肅然。拜右副都御史，巡視四川江西湖廣，按治豪強不少假，卒官，年五十八。

賈公墓碑（楊榮撰、皇明名臣墓銘坎集25，皇明名臣琬琰錄22/9下）

國朝獻徵錄59/113實錄本傳

掖垣人鑑8/3下

明史列傳35/3下

明史158/4下

賈錠（1448—1523）字良金，號東林，河南安陽人。成化十四年進士，授汶水知縣，擢御史，歷山東布政使，官至右副都御史，巡撫陝西，時劉瑾恣橫，遂乞休，卒年七十六。

賈公墓誌銘（不著撰人、國朝獻徵錄61/37）

賈應春字東陽，號樵村，眞定人。嘉靖二年進士，累官兵部右侍郎，總督三邊軍務。俺答寇延綏，應春督諸將邀擊有功，總督宣大，築邊垣萬一千八百餘丈，以花馬池閒田二萬頃給事屯墾，邊人賴之。累官戶部尙書，致仕卒。

賈公神道碑（潘恩撰、國朝獻徵錄29/60）

皇明世說新語7/3

明史列傳69/24

明史202/19

父賈隆，號裕菴。

賀封戶部尙書裕菴賈先生暨配李夫人序（世經堂集13/35）

賈繼春，新鄉人。萬曆三十八年進士，天啓初官御史，始以李選侍移宮事詆楊漣，後見公議直漣，畏漣嚮用，俛首乞和，聲言疏非己意。還朝，則極詆漣。及忠賢誅，又極詈高弘圖之救漣，且薦韓爌、倪元璐以求容於淸議。後入逆案，坐徒三年，自恨死。

明史306/38

賈巖字魯瞻，滁州人。萬曆中授戶部主事，與顧允成同爭三王並封，尋考功郎趙南星以淸正被斥，又抗疏申救，貶曹州判官，投劾歸卒。

明史列傳85/9下

明史231/8下

雷

雷士禎（1545—1589）初名士煌，字國柱，朝邑人。萬曆二年進士，初仕爲太常博士，官終浙江御史，卒年四十五。

雷公國柱墓碑（趙忠毅公文集11/32下）

雷公墓志（孫鑛撰、國朝獻徵錄65/167）

雷仕旂字元芳，建安人。成化十一年進士，累官至浙江右參政致仕。尙書楊旦稱其自處之高，自守之嚴，自信之確爲三大節，人以爲確論。

送雷大參之任浙省序（東泉文集1/24）

雷仕櫝（1475—1540）字季芳，號房村居士，建安人，塡曾孫。正德二年舉人，授安順知州，遷吉府長史，投劾歸卒，年六十六。有房村稿。

雷公墓誌銘（羣玉樓稿7/50下）

雷雯字煥章，河南上蔡人。正德三年進士，由行人選戶科給事中，九年給假送親，卒於家。

壽雷先生序（涇野先生文集2/20下）

掖垣人鑑12/18

雷賀（1507—1562）字時雍，號少郭，豐城人。嘉靖二十年進士，除池州郡理，遷南京吏科給事中，官至四川巡撫，卒年五十六。有中丞詩、粵藩稿、寶氣樓藏草。

雷中丞詩選序（大泌山房集21/1）

雷公暨配聶孺人神道碑（同上110/14下）

雷復字景暘，湖廣寧遠人。正統元年進士，授行人，歷官廣西副使。成化初以大臣會薦，擢山東右布政使，召爲禮部右侍郎，改右副都御史，巡撫山西，端恪守法，得軍民心，十年卒於官。

大參雷公壽五旬序（韓襄毅公家藏文集10/13下）

國朝獻徵錄60/61實錄本傳

明史列傳36/19

明史159/13下

雷塡字原中，建安人。建文二年進士，授工科給事中，糾劾無所避。永樂中奉命鎭守蘇常松三府，未及期，封章四十上。繼命巡按廣西，吏畏民懷，諸蠻讋服。有原中類稿。

掖垣人鑑9/12

雷澤字時霖，山西定襄人。天順八年進士，成化中除刑科給事中，抗直不避權勢，疏陳戚畹驕恣，被杖幾死。既醒，復諫不止，聞者稱爲鐵漢，仕至光祿寺卿。

掖垣人鑑10/5下

雷應通，嘉州人。弘治中賊廠六兒擾川東，衝百丈關，應通父子七人倡義死戰，被執，俱慷慨就殺。

明史289/17

雷應龍字孟升，號覺軒，金陵人，戍籍蒙化。正德九年進士，授莆田令，任御史，嘉靖五年督兩淮鹽課，卒於官。

贈邑侯雷君獻績序（方簡肅公文集3/5下）

邑侯雷覺軒去思碑記（同上5/18）

國朝獻徵錄65/96無名氏撰傳

雷縯祚字介公，太湖人。崇禎三年舉人，授刑部主事，擢武德道兵備僉事。山東被兵，縯祚守德州，有詔獎勵。乃疏劾督師范志完、首輔周延儒、尙書范景文、諭德方拱乾等，與志完等抵京面質。帝怒，誅志完，而令縯祚還任。福王立於南京，馬士英以縯祚曾主立潞王議，逮治賜自盡。

明史274/18下

雷禮（1505—1581）字必進，豐城人。嘉靖十一年進士，授興化司理，讞獄多奇中，民頌之如神明。官至工部尙書，致仕卒，年七十七。禮嗜學，明習朝典，有明大政記、明六朝索隱、列卿記。

贈雷必進序（石龍集13/19下）

誥勅太子太傅工部尙書雷禮四道（條麓堂集5/1）

國朝進士列卿表序（大泌山房集14/39下）

國朝列卿紀序（賴眞草堂文集16/55）

名臣諡議（公愧集5/32）

雷公行狀（農丈人文集11/9）

國朝獻徵錄50/67潘季馴撰傳

皇明世說新語2/18下

母鄭氏

雷母鄭孺人墓志銘（鄭山齋先生文集17/13）

子雷瀛（1547—1582）字時登，工部員外郎。

雷公墓表（大泌山房集104/17下）

楊

楊一清（1454—1530）字應寧，號邃菴，又號石淙，安寧人，徙巴陵。成化八年進士，授中書舍人，聲華籍甚。遷山西按察僉事，以副使督學陝西。在陝八年，以其暇究邊事甚悉。與張永謀誅劉瑾，三爲陝西三邊總制，累陞至太子太師、特進左柱國、華蓋殿大學士。後被張璁等所構，落職。疽發背死，年七十七，追諡文襄。一清博學善權變，尤曉暢邊事，羽書旁午，一夕占十疏，悉中機宜，其才一時無兩，或比之姚崇云。著有石淙類稿、石淙詩集。

邃菴銘（桃溪淨稿文33/1下）

三南記（見素續集9/13下）

固原東路創修白馬城記（渼陂集10/15）

瑤池春宴圖詩序（徐文敏公集4/1）

贈陝西提學憲副楊公陞太常少卿序（王端毅公文集2/8下）

奉別邃菴楊公先生序（喬莊簡公集6/6）

壽大老邃菴楊公序（見素續集7/12下）

誥勅少師楊一淸曾祖父母（顧文康公文草卷首/17下）
楊公行狀（謝純撰、國朝獻徵錄15/70）
楊公墓表（李元陽撰、國朝獻徵錄15/78）
祭少師大學士邃菴楊公文（儼山文集83/6）
祭邃翁楊先生文（喬莊簡公集9/9）
祭閣老楊邃菴（古菴毛先生集6/22）
祭楊文襄公（石蓮洞羅先生文集24/6）
邃菴集後序（涇野先生文集2/5）
待隱園集序（何文簡公集11/5下）
嘉靖以來內閣首輔傳1/21
聖朝名世考2/43
國琛集下/28
名卿續紀4/1
皇明世說新語 1/32，2/4，2/27下，2/30，4/8，4/12，4/13，4/14，4/27，8/26
四友齋叢說8/2下，10/5下
殿閣詞林記2/28下
吾學編51/5下
名山藏臣林記17/22
皇明書18/8下
明史列傳61/11
明史198/1
父楊景字時亨，官化州同知。
化州同知楊公墓表（彭文思公文集6/55）
前化州同知楊公像贊序（徐文敏公集5/1）
繼母張氏（1429—1488）
張氏行狀（喬莊簡公集9/18）
張氏墓誌銘（懷麓堂文稿29/13）
楊母張氏像贊序（徐文敏公集5/2）

楊一渶字子山，南海人。弘治十二年進士，由行人選兵科給事中，屢陞順天府府丞，仕終右僉都御史，巡撫貴州。
海珠贈別詩序（龍江集2/7）
掖垣人鑑11/19下

楊一魁字子選，號後山，山西安邑人。嘉靖四十四年進士，由行人選兵科給事中，累遷湖廣副使，歷南臺都御史，官至工部尙書，以罪廢爲民。
送督漕少司農楊后山暫歸安邑敘（松石齋集9/14）
送大司空楊公入掌部政敘（穀城山館文集6/1）
賀大司空後山楊公加太子太保敘（同上5/10下）
宮保楊公總河疏議敘（同上11/6）
掖垣人鑑15/7

楊一鵬字大有，臨湘人。萬曆進士，歷官大理寺丞，削籍歸。崇禎時復起爲戶部尙書，兼右僉御史，督淮安漕運，兼巡撫鳳陽。流賊陷鳳陽，焚陵寢，一鵬在淮安，不及救，坐棄市。
明史260/21下

楊一鵾字圖南，號凌翔，河津人。崇禎九年舉人，授尉氏知縣，甫數月，政聲四起。十四年闖賊陷城，罵賊死。
明史293/8

楊于庭字道行，全椒人。萬曆八年進士，官至兵部職方司郎中。所著春秋質疑，議論至精確。又工詩，有楊道行集。
序楊道行遊鄢草（逍遙園集選11/26）
時義精選引（同上12/18下）
楊道行集序（大泌山房集12/17下）
父楊崇（1531—1588）字謙甫，號渭川。
楊公王宜人合葬墓誌銘（二酉園續集17/22）

楊于陛，劍州人。舉於鄉，歷於鄉，歷官武定府同知，監紀軍事，討土酋普名聲，兵敗被執，不屈死。
明史290/16

楊于楷字心符，遼州人。崇禎初官行人，五年奉使過家，値流賊至，倡義守城，城陷被執，罵賊死。
明史292/2下

楊子器（1458—1513）字名父，號柳塘，慈谿人。成化二十三年進士，歷知崑山、高平、常熟諸縣，有惠政。擢吏部考功主事，陳邊務十二事。時孝宗大開言路，子器數有建白，多見施行。官終河南布政使，卒年五十八。
送知縣楊君之任崑山序（羅文肅公集3/23）
交遊遺事二（蘿山文集15/6下）
楊君墓誌銘（泉齋勿藥集 4/1，國朝獻徵錄92/17下）
皇明世說新語2/28下
吳郡張大復先生明人列傳稿×/3

母張氏

壽楊母張太夫人序（何文簡公集10/29）

楊大章（1491—1568）字章之，號東橋餘姚人，榮孫。嘉靖二年進士，歷知瀏陽、欽縣，擢工部主事，累官至刑部侍郎，致仕卒，年七十八。

祭少司寇東橋楊公文（陳恭介公集9/3）

楊公墓誌銘（呂本撰、國朝獻徵錄46/86）

楊士奇（1365—1444）名寓，以字行，號東里，江西泰和人。早孤力學，授徒自給。建文初用王叔英薦入翰林，與編纂事，尋試吏部第一。成祖即位，累官左春坊大學士，進少傅。宣宗崩，皇太子方九齡，內庭頗有異議，士奇請見皇太子於文華殿，頓首稱萬歲，群臣皆賀，浮議乃止。正統中進少師，以子稷下獄，憂死，年八十，謚文貞。士奇雅善知人，好推轂寒士，所薦達有初未識面者。居官廉能，爲天下最。有三朝聖諭錄、奏對錄、歷代名臣奏議、文淵閣書目、及東里集。

祭少師東里楊公文（介菴集13/39下）

大學士楊士奇祠額（歐陽南野文集15/5下）

大學士楊士奇祠額祭文（同上15/26下）

少師楊公傳（王文端公文集37/6下，國朝獻徵錄12/28，皇明名臣琬琰錄后1/14）

東里先生小傳（陳賞撰、國朝獻徵錄12/35下）

太師楊文貞公年譜（楊禧撰、東里文集附刊本）

題楊少傅陳情題本副錄後（金文靖公集10/1下）

書東里楊文貞公集（陽峰家藏集28/6）

跋東里楊少師文集續編（同上28/7下）

書楊文貞公自撰墓誌銘後（施愚山先生學餘文集26/8下）

碩輔寶鑑11/14

皇明獻實9/1

殿閣詞林記1/5下

國琛集上/19

聖朝名世考2/6

皇明世說新語1/4下，1/8，1/13下，1/23下，2/13，3/30下，4/11，4/12下，4/18，4/34下，6/23，6/24下，7/23下，8/2下，8/30，8/35

四友齋叢說7/3下，7/4，23/13下

水東日記1/8下，3/5，5/9下，8/8下，11/5下，12/8，16/11，22/10下，27/9，28/1

吾學編27/1

名山藏臣林記6/1

先進遺風上/1

皇明書15/1

皇明名臣經濟錄2/7，6/1

明史列傳25/1

明史148/1

父楊子將，卒年三十四。

楊子將哀辭（楊文敏公集25/9下）

楊公哀辭（金文靖公集10/54）

楊士英，西平人。嘗官懷仁知縣，致仕里居。崇禎十五年闖賊陷城被執，罵賊死，子婦王氏亦罵賊爲所殺。

明史293/11下

楊士雲（1477—1554）字從龍，號弘山，雲南太和人。正德十二年進士，由庶吉士授工科給事中，官終戶科左給事中。致仕卒，年七十八。有弘山集。

楊弘山先生墓表（李元陽撰、國朝獻徵錄80/62）

掖垣人鑑12/34下

楊上林字子漸，號龍津，山陽人。嘉靖十四年進士，由浙江長興知縣選戶科給事中，歷陞吏科都給諫，二十五年免官。

掖垣人鑑13/39下

楊文，倉山人。洪武間以總兵官征廣西及五開有功。建文初屯開平。燕師起，文守遼，時出兵攪北平。後召還，憐其開國老將，得不死，永樂四年卒。

吾學編55/9

楊文字宗周，無錫人。自諸生爲進士，司教金華，入爲國子監丞，應詔陳言，深切時弊，未幾遷長史，引疾歸，學者稱爲淡成先生。

毘陵人品紀8/11下

楊文岳字斗望，南充人。萬曆四十七年進士，崇禎時歷遷至兵部右侍郎，總督保定山東河北軍務。李自成陷洛陽，犯開封，文

岳赴救，屢破賊，斬其魁一條龍，賊遂遁去。後賊復圍開封，文岳馳救之，城陷，不屈死。

明史262/9

楊文卿（1436—1497）字質夫，鄞人。少穎敏不凡，成化十四年舉會試第二，初授刑部主事，累官山東提學副使，以勞卒，年六十二。文卿平居恂恂和易，臨事即確然不可奪。有崧畦集、筆談類稿、苕溪集。

鄉先生遺事八（董山文集15/11）

楊君墓表（碧川文選4/27）

妻李氏（1437—1513）

太恭人李氏墓誌銘（整菴先生存稿13/28）

楊文薦字幼宇，一字又如，京山人。崇禎十六年進士，除南兵部主事。唐王立，遷兵科給事中，以右僉都御史撫南贛，加兵部侍郎，守贛州，城陷被執，不食死。乾隆中諡忠節。

楊又如稿序（七錄齋文集1/11）

明史278/7下

楊文舉字直卿，號宜菴，四川南充人。萬曆五年進士，由雲南保山知縣選吏科給事中。

掖垣人鑑16/26下

楊文驄（1597—1645）字龍友，貴陽人。舉於鄉，崇禎時官江寧知縣，御史劾其貪汙，奪官候訊。事未竟，福王立於南京，馬士英當國，起為監軍，駐京口，擢右僉都御史，巡撫其地，與清兵隔江相持。後兵敗，走處州，時唐王已自立於福州，乃拜兵部右侍郎，兼右僉都御史，提督軍務。清兵至，不能御，退至浦城，被執不降，死之，年四十九。文驄善書，有文藻，好交遊，干士英者多緣以進。為人豪俠自喜，頗推獎名士，士亦以此附之，然以士英故，亦多為人詆諆。

明史277/18

楊元杲，滁人。從太祖渡江，掌簿書文字，勤勞十餘年，練達政體，知慮周密，擢知應天府尹，卒官。

明史列傳14/9

明史135/8下

楊元祥（1565—1592）字日泰，蒲州人，博孫。萬曆十一年進士，選庶吉士，授簡討，元祥慧悟絕人，詩文一寓目，久猶能舉其雋，惜不永壽，年二十八即卒。著有浴德齋稿、襞六齋稿等。

楊君墓誌銘（李文節集20/28下）

楊天民字正甫，山西太平人。萬曆十七年進士，歷知朝城、諸城縣，有異政。擢禮科給事中，敢於言事，建儲之疏，至十二上，卒以謫死。有楊正甫諫草。

明史列傳84/42

明史233/18

楊太榮（1422—1494）字崇仁，其先麻城人，徙家鄞都。天順元年進士，授大理評事，升江西按察僉事，治盜斷獄皆得平，年七十三卒。

僉憲楊君傳（篁墩程先生文集50/5，國朝獻徵錄86/109）

楊引，吉水人。好學能詩文，為宋濂、陶安所稱。時方不次用人，有司頻以孝廉文學善書薦，皆不赴。以纂修徵，亦不就。其教學者，先操履而後文藝，迄老，視聽不衰。

明史298/4

楊中字致行，號檢齋，無錫人。中正德二年鄉試，署教湖廣安陸州，擢南京國子博士，以饒州府通判放歸。有楊通府集。

送國子博士楊君致行判饒州序（張文定公紓玉樓集5/14）

楊氏，安定舉人張國紘妾。崇禎十六年賊賀錦攻城急，國紘與守者議，丁壯登陴，女子運石，楊氏先倡，城中女子，須臾四城皆徧及。城陷，楊死譙樓旁，兩手猶抱石不脫。

明史303/14

楊允字執中，寶應人。洪武十四年貢士，官御史，年少有風力，太祖專任之，前後斷獄四萬餘人，時人呼之小楊御史，調江西按察司副使，卒年三十二。

明代賓廳人物志×/1下

楊允繩字翼少，號抑齋，松江華亭人。嘉靖二十三年進士，官給事中，數言事，後巡視光祿，劾光祿丞胡膂僞增物直，爲膂所譖，坐誅，天啓初賜諡忠恪。

先進舊聞（賓日堂初集23/21下）
名山藏臣林記22/33下
皇明世說新語4/30下，5/11
掖垣人鑑14/11下
明史列傳73/25下
明史209/28下

楊必進（1477—1552）字抑之，號南樓，吉水人。正德六年進士，授行人，選御史，出爲廣西按察僉事，擢副使，致仕卒，年七十六。

楊公墓志銘（石蓮洞羅先生文集22/17，國朝獻徵錄101/45）

楊正芳，天啓間以小校從軍，屢剿貴州賊，積功官至副總兵。崇禎初擊破定番叛苗，復屢破賊。後援維南，兵敗死。

明史269/5下

楊玉英，建寧女子。涉獵書史，善吟詠。年十八，許字官時中，時中有非意之獄，父母改受他聘。女聞之，自經死。遺詩曰，崑山一片玉，既售與卞和，和足若被刖，玉堅不可磨。

明史302/11

楊本，河南中牟人，或曰處州人。初爲太學生，通禽遁術。建文中應募授錦衣鎮撫，從李景隆討燕有功，景隆忌之，不以聞，尋以孤軍獨出，被擒，繫北平獄，後被殺。

國朝獻徵錄109/33忠節錄傳
吾學編53/8下
皇明表忠紀5/14下
遜國正氣紀6/10
遜國神會錄下/12
明史142/8下

楊本深（1487—1546）字季淵，號西村，陝西膚施人。正德八年擧人，授湖廣荆州府推官，擢監察御史，卒官，年六十。

楊公墓誌銘（苑洛集6/17下）

楊本清（1457—1542）號九峰樵隱，上虞人。少貧以章句教授鄉里，嘗爲縣吏。後得異人授以青烏子，豁然解其說，遂精堪輿，以術行于時，嘉靖二十一年卒，年八十六。

楊公墓誌銘（長谷集15/24）

楊世恩，崇禎時歷官副總兵，數敗賊。後守宜昌，救夷陵，被困，走黃連坪絕地死。

明史269/6

楊世華（1525—1603）字懋成，號完愚，餘姚人。嘉靖四十一年進士，除南刑部主事，出知撫州，官至廣西按察使，卒年七十九。

送大參楊公遷廣西觀察使序（弇州山人續稿26/12）
楊公墓誌銘（姚江孫月峯先生全集11/34，國朝獻徵錄101/36）

妻邵氏

贈楊淑人六十序（陳恭介公集6/67）

楊旦字晉叔，號偲菴，建安人，榮曾孫。弘治三年進士，歷官太常卿，以忤劉瑾，謫知溫州，治稱最。瑾誅，累擢至南京吏部尚書。嘉靖時張璁、桂萼驟進，旦率九卿極言其不可，轉北京吏部尚書，未至，爲陳洸所劾，勒致仕，年七十餘卒。

送太常少卿楊君省親還建寧序（東川劉文簡公集10/18下）
楊旦傳（西河合集83/4下）
國朝獻徵錄25/10王汝璧撰傳
名山藏臣林記5/18
明史列傳25/14下
明史148/12

母周氏

楊貞母太夫人八袠壽誕詩序（泉翁大全集16/11）

子楊汝默，河南按察知事。

送楊君汝默之河南憲幕序（方齋存稿3/13）

楊四畏（1530—1603）字敬甫，號知菴，遼陽人。嘉靖三十二年武進士，授本衛所鎮撫，累以戰功陞右都督，卒年七十四。

楊公墓誌銘（朱文懿公文集10/27）

妻鄒氏（1524—1587）

鄒氏墓誌銘（朱文懿公文集9/50）

楊以任字維節，江西瑞金人。崇禎四年進士，官國子監博士，卒於官。

啓禎野乘7/25

楊以成，路南人。萬歷中由貢生授貴陽通判，理畢節衛事。天啓初安邦彥陷貴陽，以成倉皇投環，賊勢之去，乃爲書述賊中情形，置竹筒中，令弟以恭赴雲南告變，事洩，並被害。

明史290/12下

楊仕儆（1437—1496）字敬甫，號直菴，建安人，榮孫。天順三年舉人，卒業太學，以廕授中書舍人，坐累謫廣東衛經歷。弘治元年起桂陽州同知，不赴，卒於家，年六十。仕儆嗜古今書畫，聞有異書，不惜重價以購，所藏凡數千卷，皆手自校讐。長於鑒賞法書名畫，有書淫畫癖之誚。

楊君墓表（徐文靖公謙齋集6/18下）

直菴先生傳（東川劉文簡公集19/31）

楊汝經字石夫，睢州人。崇禎十年進士，授戶部主事，擢井陘兵備僉事，十七年甘肅巡撫林日瑞殉難，超拜汝經爲右僉都御史代之，行次林縣，聞京師陷，至東明，率壯士百餘騎，還討林縣，遇賊戰敗被執，勸之降，不從，斃之獄。

明史293/11下

楊安（1383—1430）字仲規，大興人。以隨成祖靖難有功，授山西岢嵐州同知，宣德元年遷福建鹽運司判官。五年卒官，年四十八。

楊公配安人李氏合葬墓表（南山黃先生家傳集47/5）

楊守阯（1436—1512）字維立，號碧川，鄞人，守陳弟。成化十四年進士，累遷翰林侍讀學士、南京吏部右侍郎，年七十，進尚書，致仕，卒年七十七。守阯博極群書，師事守陳，學行相埒，其爲解元學士侍郎，皆與兄同。又對掌兩京翰林院，人尤豔稱之。有碧川文選、浙元三會錄、困學寘聞錄。

祭楊碧川先生文（戴中丞遺集7/15下）

碧川楊公傳（楊一清撰、皇明名臣墓銘震集71）

楊公神道碑銘（李東陽撰、國朝獻徵錄27/18）

殿閣詞林記5/27

明史列傳54/5

明史200/18

楊守陳（1425—1489）字維新，號鏡川，鄞人。祖範有學行，嘗誨守陳以精思實踐之學，守陳舉景泰二年進士，選庶吉士，授編修。孝宗嗣位，遷吏部右侍郎，上疏言帝王治世之道，帝深嘉納。上章乞解部務，乃以本官兼詹事府，專事史館，年六十五卒，贈禮部尚書，諡文懿。有文懿公集。

先兄文懿公文集序（碧川文選2/36下）

祭鏡川先生文（費文憲公摘稿20/4）

楊文懿公哀詞（王文恪公集31/18）

祭楊侍郎文（虛齋蔡先生文集5/10）

祭吏部侍郎楊公文（瓊臺詩文會稿重編24/38）

楊公墓誌銘（椒丘文集30/28下，國朝獻徵錄26/18）

楊文懿公傳（篁墩程先生文集50/1）

明皇名臣琬琰錄后18/3下楊廉撰言行錄

名山藏臣林記14/18

先進遺風上/5

皇明獻實31/1

殿閣詞林記6/15

吾學編34/8下

皇明書23/14

國琛集下/6下

聖朝名世考3/65

皇明世說新語 1/3下，1/28，2/1下，3/27，4/23，7/3

明史列傳54/2下

明史184/2下

妻丁氏

楊母丁宜人合葬墓誌銘（懷麓堂文稿29/7）

楊守隅（1447—1525）字維德，號默菴，鄞人，守隨從弟。成化二十年進士，歷官江西參政，有政績。劉瑾惡守隨，並罷守隅官。瑾誅，起官四川，終廣西布政使，卒年

【十三畫】楊

七十九。有默菴西川手稿。

楊公墓誌銘（張文定公瀞海軒集9/25）

明史列傳56/13

明史186/11

楊守勤字克之，號昆阜，慈谿人。萬曆三十二年進士第一，累官右春坊右庶子。有寧澹齋集傳世。

狀元圖考4/4下

楊守隨（1435—1519）字維貞，號貞菴，又號文湖，鄞人，守陳從弟。成化二年進士，授御史，巡按江西，所至以風采見憚。屢擢應天府丞。弘治中歷工部尚書，掌大理寺，遇事持法不撓。武宗立，八黨弄權，戶部尚書韓文等伏闕力爭。文等既逐，守隨獨上章極論，攻劉瑾尤甚，瑾深銜之，坐繫獄除名。瑾誅復官，年八十五卒，謚康簡。

賀致仕大司空貞菴楊公壽八十序（董山文集12/12）

文湖楊公行狀（涂水先生文集3/6下）

國朝獻徵錄68/1無名氏撰傳

名山藏臣林記15/18下

四友齋叢說7/8下

明史列傳56/10下

明史186/8

楊守謙字允亨，號汝村，彭城人，志學子。嘉靖八年進士，累官保定巡撫。俺答入冦，率師倍道入援，進兵部右侍郎。協同仇鸞提督內外諸軍事，鸞徘徊觀望，守謙孤軍無繼，不敢戰，二十九年坐失誤軍機下獄，戮於市。守謙性坦易，居官廉，馭下多恩意，及死，將士無不流涕。隆慶初追謚恪愍。

贈汝村楊子副憲陝西序（黃潭先生文集1/48）

國朝獻徵錄58/50諸臣撰傳

徐氏海隅集外編40/10

明史204/16

弟楊守約號魏村

楊方伯魏村偕周夫人七十壽序（天遠樓集11/14下）

楊守禮（1484—1555）字秉節，號南澗，蒲州人。正德六年進士，嘉靖初歷湖廣僉事，有平賊功。屢遷右副都御史巡撫四川，才器敏達，中外以爲能。改寧夏，進右都御史，總督軍務，尋以憂去。俺答薄都城，廷臣以守禮薦，詔趣就道，冦退，止不行，久之卒，年七十二。

送憲使南澗先生述職序（王襄毅公集11/10下）

送僉憲秉節兵備大名序（紫巖文集28/7）

大司馬南澗楊公家世序（涇野先生文集13/34）

楊公行狀（條麓堂集30/1）

楊公墓誌銘（瞿景淳撰、國朝獻徵錄57/30）

祭南澗公文（條麓堂集31/16）

明史200/18

父楊通（1448—1518）字文達，號匏瓜子。

楊公墓誌銘（洹詞3/14）

母李氏（1463—1543）

李氏墓誌銘（鈐山堂集32/5）

楊名（1505—1559）字實卿，號方洲，遂寧人。嘉靖八年廷試第三，授編修。彗星見，應詔上疏切陳，帝大怒，下詔獄拷訊，究主使，數瀕死無所承。詔謫戍瞿塘衞，尋釋歸，屢薦不召，家居奉親孝。親沒，與弟台廬墓終喪卒，年五十五。有方洲集。

楊太史集序（二酉園文集2/10下）

永思亭記（南沙先生文集3/28）

楊公墓誌銘（陳講撰、國朝獻徵錄21/105）

楊公墓誌銘（羅洪先撰、同上21/110下）

名山藏臣林記21/20

明史列傳73/10下

明史207/10下

楊任字重之，嘉興人。性孝嗜學，洪武間由才人擢知袁州，黃子澄許以國士。守袁政多宜民，北兵起，引疾歸。建文四年子澄出徵兵，約蘇州知府姚善航海，善不可。乃至任家，共謀匡扶，事洩，俱被擒磔市。謚烈愍。

國朝獻徵錄87/4忠節錄傳

皇明表忠紀2/18

遜國正氣紀5/35下

遜國神會錄上/23下

楊兆，號晴川，延安人。嘉靖三十五年進士，歷官薊遼總督，兵部尚書。

擬諭薊遼總督楊兆（條麓堂集4/11）

賀制府晴川楊公晉南大司寇敘（轂城山館文集1/4）

楊兆隆字汝基，號剛慧，初名兆龍，以諱改，江西瑞金人，以任從子。年二十補博士弟子，屢舉不第。喜讀書，一意於著述。著有史晶搜奇錄，四書辨魔，璧經正等。天啓七年卒。

楊剛慧居士墓誌銘（七錄齋文集5/12）
剛慧居士傳（已吾集8/10下）

楊言（1488—1562）字惟仁，鄞人。正德十六年進士，嘉靖時歷官禮科給事中，數抗章論事，詞甚切直。錦衣百戶王邦奇借哈密事請誅楊廷和、彭澤等，言上書力爭。帝怒，收繫言，親鞫之，備極五毒，折其一指，卒無抗詞，獄亦以解。累官湖廣參議，言爲吏多著聲績，所至民皆祠祀。年七十五卒。

楊公墓碑銘（張時徹撰、國朝獻徵錄88/59）
掖垣人鑑13/7下
明史列傳73/4下
明史283/8

楊言字行可，號慎吾，句容人，著籍雲南太和。隆慶二年進士，由行人選吏科給事中，陞四川僉事，謫廣東遂溪縣丞，終番禺知縣。

掖垣人鑑16/4下

楊宏（1463—1541）字希仁，號容堂，大河衛人。以蔭爲西安左衛指揮使，嘉靖中以指揮使署都督同知致仕，卒年七十九。有漕運通志。

贈楊容堂致政序（涇野先生文集8/10）
容堂楊公墓誌銘（渼陂續集下/28下，國朝獻徵錄107/30）

楊志學（1467—1541）字遜夫，號五華，彭城人。弘治六年進士，授戶部主事，歷右僉都御史，巡撫大同、寧夏，邊人愛之，累官刑部尚書，致仕卒，年七十五，諡康惠。

壽司寇五華楊公七十序（黃潭先生文集3/3下）
壽司寇五華楊公七袠序（陽峰家藏集25/36）
楊公墓誌銘（翟鑾撰、皇明名臣墓銘集39，國朝獻徵錄45/21）

徐氏海海隅集外編40/10

楊成（1499—1556）字全卿，號水田，桃源人，著籍南京留守衛。嘉靖十一年進士，授南兵部主事，歷知嚴州府，累遷四川參政，卒年五十八。

楊公墓誌銘（曾鈞撰、國朝獻徵錄98/37）

楊成（1521—1600）字汝大，號震厓，長洲人。嘉靖三十五年進士，授工部主事，遷郎中，歷四川參政、江西布政使、累官南京工、吏、禮、兵部尚書，致仕卒，年八十，諡莊簡。有莊簡公集。

送大中丞楊公震涯遷少司空序（支華平集6/13）
壽大司馬楊公七十敍（松石齋集10/6下）
大司馬震涯先生楊公七十壽序（余學士集12/6）
壽大司馬震涯楊公七十序（澉穀堂文集1/9）
壽宮保大司馬楊公八十序（中弇山人稿3/53下）
賀大司馬震翁楊先生八十榮膺存問序（繆西垣文集3/3下）
大司馬楊公八十存問序（賜閒堂集13/8下）
冢宰楊公壽序（大泌山房集27/24）
祭宮保楊公文（賜閒堂集34/19）
楊公墓誌銘（同上28/1）
父楊啓明字升之
楊公神道碑（弇州山人續稿133/17）
妻呂氏（1524—1592）
呂氏墓誌銘（賜閒堂集32/7）

楊成章，道州人。父泰納妾丁氏，生成章，甫四歲，泰卒。丁之父逼丁改適，丁剪銀錢與嫡妻何各藏其半，約成章長授之。及成章爲諸生，何臨沒授以半錢，告之故，遂尋母得之。及母卒，廬墓三年。嘉靖中授國子學錄。

明史297/4

楊呈芳字有恩，山海衛人，官魯山知縣，有惠政。練總詹思鸞與進士宗麟祥等謀不軌，呈芳捕斬之。崇禎十五年闖賊陷城，不屈死。

明史293/14下

【十三劃】楊

楊呈秀，華陰人。由進士歷官順慶知府，大計罷歸。崇禎七年流賊至，佐有司守禦，力戰被執。大罵被磔死。

明史292/12

楊希淳字道南，吳縣人。諸生，勵志讀書，日誦千百言，爲古文辭，下筆立就。從唐順之遊，與耿定向講明聖學，由王陽明上溯孔氏，卒年四十二。

國朝獻徵錄114/71無撰人楊道南傳

楊廷和（1459—1529）字介夫，號石齋，新都人，春子。成化十四年進士，改庶吉士，授檢討。爲人美風姿，性沈靜詳審，爲文簡暢有法，好考究掌故民瘼邊事及一切法家言，鬱然負公輔望。正德朝歷官至太子太師，華蓋殿大學士。武宗崩，世宗未至，廷和總朝政幾四十日，以遺詔盡罷一切非常例者，中外大悅。及大禮議起，廷和力爭，議不合，乞休歸，後竟削職，卒年七十一。隆慶初復官，諡文忠。有楊文忠公三錄、石齋集。

送石齋楊公序（梓溪文鈔外集3/1下）
楊文忠公三錄序（溫恭毅公文集7/12下）
楊文忠公文集敘（秋水閣副墨2/14）
辭謝錄後序（張文定公紓玉樓集1/25下）
慶華蓋殿大學士石齋先生楊公詩序（湘皋集18/25下）
賀少師石翁生孫詩序（東泉文集2/19下）
祭閣老石齋楊公文（儼山文集83/9）
楊公行狀（孫志仁撰、國朝獻徵錄15/1）
楊文忠公墓祠碑（趙文肅公文集19/1，國朝獻徵錄15/34）
楊公墓表（南沙文集7/1）
名山臣林記17/1
吾學編36/17下
嘉靖以來內閣首輔傳1/1
國琛集下/28下
聖朝名世考2/47
四友齋叢說6/5下，6/10，9/2下，10/5下
皇明世說新語1/32下，3/27，3/34下，8/18下
明史列傳61/1
明史190/1

繼室喻氏

少司石齋楊公繼室喻夫人祭文（湘皋集33/9）

弟楊廷平（1465—1518）字直夫，號龍山。

楊直夫墓誌銘（東川劉文簡公集16/32下）

楊廷相字君贊，號宗魯，晉江人。萬曆二年進士，授丹徒知縣，歷兵科給事中，改吏科，官至太僕卿。

掖垣人鑑16/18

父楊希程（1508—1558）字思道，號慎齋。

楊公暨配吳孺人合葬墓誌銘(天遠樓集16/14)

楊廷樞（1595—1647）字維斗，長洲人。舉崇禎三年鄉試第一，時復社諸生氣甚盛，而廷樞與徐汧等尤相契。南都既破，廷樞避鄧尉山中，久之四方弄兵者群起，廷樞既負重名，咸指目之，當事者執廷樞好言慰之，廷樞嫚罵不已，因被害。有古柏軒集。

忠文靖節編一卷，清張方湛撰，昭代叢書本
楊忠文先生實錄五卷，清陳希恕編，民國陳去病補遺，排印本
明史267/11

楊廷儀字正夫，新都人，廷和弟。弘治十二年進士，歷太常卿，官至兵部左侍郎，嘉靖二年致仕。

送太常少卿楊君正夫歸省序（費文憲公摘稿12/12下）

楊廷麟字伯祥，清江人。崇禎四年進士，授編修，勤學嗜古，有聲館閣間。充講官，兼直經筵，改兵部主事，贊盧象昇軍，象昇戰死。都城失守，南都繼陷，唐王加廷麟吏部右侍郎進兵部尚書，兼東閣大學士，攻復吉安，未幾復失，退保贛州。清兵圍之半年，城陷，赴水死。有兼山集。

明史278/1

楊谷（1485—1549）字遷喬，號莞湖，山陽人。正德三年進士，授知淞陽縣，擢御史，官至南京通政司參議，致仕卒，年六十五。

楊公墓誌銘（端溪先生集5/72下）

楊宜字彥理，錢塘人，家於歙，寧弟。正統十三年進士，歷監察御史，擢廣東副使。

送楊憲副之廣東序（韓襄毅公家藏文集11/33）

楊宜字伯時，號栽菴，衡水人。嘉靖二年進士，官御史，撫河南，平劇賊師尙詔，代周珫爲總督，辦倭。趙文華督察軍務，威出宜上，宜懲禍曲意奉之，又不善馭客兵，坐失事，奪職閒住。

崇雅錄序（世經堂集12/17）

贈楊方伯栽菴擢撫江御史中丞序（周叔夜先生集6/16下）

栽菴楊先生祠碑（同上8/1）

國朝獻徵錄62/61京學志傳

皇明世說新語2/4

明史205/6下

楊宗氣字子正，號活水，浙江歸安人，著籍延安。嘉靖二十年進士，選庶吉士，授工科給事中，多所建白。屢擢山東參政，歷右副都御史，巡撫山西，改總督南京糧儲，聽勘去，隆慶四年卒。

楊公墓表（王崇古撰、國朝獻徵錄59/21）

掖垣人鑑13/51

妻劉氏（1503—1580）

劉氏墓誌銘（愼修堂集20/30下）

楊宗業，歷鎭浙江、山西。天啓初遼東楊鎬四路兵敗，擢宗業爲援遼總兵官，提兵赴援，父子並戰死。

明史271/5

楊性字秉中，崑山人。從楊維禎遊，博聞強記，才思敏贍，超出行輩，人以小鐵呼之。嘗構一亭，扁曰草玄，日鼓琴觴詠其中。洪武中由秀才舉授知祁州事而卒。

崑山人物志3/7

楊松，建文時由都指揮擢都督，爲耿炳文先鋒，時炳文駐兵眞定，松帥驍勇九千人進據雄縣，城破，松與九千人皆戰死。

國朝獻徵錄110/15忠節錄傳

遜國正氣紀6/17

遜國神會錄下/8

明史215/10

楊奇字秀夫，號松坡，壺關人。成化十七年進士，授戶部主事，屢遷郎中，出知嘉興府，改夔州。歷兩淮鹽運使，官至浙江左參政，正德二年卒於官，年五十餘。

送楊戶部使甘肅序（容春堂前集13/23下）

送楊嘉興序（博趣齋稿16/103下）

楊君墓誌銘（容春堂前集17/1）

楊秀夫乾詩序（息園存稿文1/13下）

楊武（1464—1532）字宗文，號北山，岐山人。弘治九年進士，知淄川，升浙江監察御史，官至左僉都御史，巡撫宣府，卒年六十九。

楊公墓誌銘（渼陂續集中/6，國朝獻徵錄63/45）

楊東明（1548—1624）字起修，號晉安，虞城人。萬曆進士，歷官給事中，請定國本，出閣豫教，早朝勤政。値歲凶，上河南饑民圖。天啓中，官終刑部侍郎，乞歸卒，年七十七。有靑瑣藎言、饑民圖說。

明史列傳91/13下

明史241/14

明儒學案29/8下

楊孟瑛字溫甫，四川酆都人。成化二十三年進士，弘治中歷知杭州府，當事敢任，有敏幹吏之稱。遷順天府丞，坐前浚西湖，多靡官帑，被劾，復降杭州知府，卒。

送楊溫甫守杭州府（東川劉文簡公集3/12下）

楊承鯤字伯翼，鄞縣人。太學生，少負才名，遊燕京，作薊門行，盛傳長安。有碣石篇、西清閣詩草。

重序楊伯翼詩（太霞草5/22下）

楊伯翼詩序（同上7/8）

楊其休，靑城人。萬曆八年進士，由蘇州推官擢吏科給事中，內官張德毆殺人，帝令司禮按問，蔽罪其下，其休乞竝付法司，報許。後以疏救鍾羽正、李獻可，罷歸卒。

明史233/8

楊明字魁宇，楡林人。歷官山海關副總兵，移疾歸。崇禎十六年李自成攻楡林，明分守城東南樓，城陷死之。

明史294/23

楊明楷，銅仁烏羅司人。天啓三年爲參將，從王三善攻安邦彥於內莊，兵敗被執。後遁歸，從魯欽討長田賊，功最，官終副總兵。

明史249/21

楊昇字起同，吳縣人。弘治六年進士，爲庶吉士，除戶科給事中，時方詔海內直言，昇隨事有所規益，奉使遼碣，以勞得疾，値奔母喪卒。

掖垣人鑑11/10下

楊卓（1332—1380）字自立，一字子淵，號退菴，泰和人。洪武四年進士，授吏部主事，遷廣東行省員外郎，復通判杭州，以病免。卓精吏事，吏不能欺，而治尙寬恕，民悅服焉。年四十九卒。

退菴府君小傳（東里文集22/6，國朝獻徵錄26/105）

皇明世說新語2/24

明史列傳18/8下

明史140/6

楊忠，寧夏人。正德時官都指揮僉事，廉介有謀勇，五年死安化王寘鐇之變。

明史289/15

楊叔器字德周，號東岡，福建侯官人。嘉靖二年進士，授寧晉令，調吳縣，擢御史。

贈侍御楊德周考績序（涇野先生文集7/12下）

楊芳字以德，號濟寰，四川巴縣人。萬曆五年進士，由鄞縣知縣選戶科給事中，累遷兵部右侍郎。

鄞大令楊公傳（秋水閣副墨3/29）

掖垣人鑑16/23

父楊時適（1527—1606）字從之，號埜泉。

楊翁墓誌銘（賜閒堂集25/22下）

埜泉楊公墓祠記（孏眞草堂文集19/21下）

楊果字實夫，揚州興化人。登弘治十五年進士，授戶部主事，掌本科，凡經國大章奏，多出其手。歷南京刑部員外郎，比情執法，不避權貴。嘉靖中屢仕至南京戶部右侍郎，卒于官。果性孝友，以母老，居官不挈妻子，自處恬退。嘗謂人曰，吾平生無所長，惟不識劉瑾、錢寧、江彬三人，差自慰耳。

楊公傳（雷禮撰、皇明名臣墓銘離集72，國朝獻徵錄32/9）

楊秉義（1483—1539）字士宜，號麟山，松江華亭人，琛子。正德九年進士，由行人選兵科給事中，歷禮科左，陞吏科都給事，以疾致仕，卒年五十七。

楊公墓誌銘（世經堂集15/19，國朝獻徵錄80/18）

掖垣人鑑12/32

楊佩訓字維式，號仰casa，晉江人。隆慶五年進士，授戶部主事，官至貴州參政，以事左調，歸卒。

楊公暨配黃氏墓誌銘（田亭草12/36）

楊所修，商城人。魏忠賢黨人，歷官左副都御史，崇禎初入逆案，贖徒爲民。十四年張獻忠寇商城，所修佐知縣共城守，城陷被執，罵賊死。

明史293/3下

楊洪（1381—1451）字宗道，六合人。拔起行間，有機變，尙權譎，仕永樂至天順朝，累官宣府總兵。己巳之變，破虜於國安，拜昌平侯。洪御兵嚴肅，士馬精強，諸部憚之，呼爲楊王，然未嘗專殺，又頗好文學，年七十一卒，諡武襄，追封潁國公。

忠義堂序（楊文敏公集11/4下）

贈游擊將軍楊宗道陞都指揮同知序（同上11/7下）

贈後軍都督府都督同知楊公序（尋樂習先生文集14/1）

楊公神道碑銘（芳洲文集7/8，國朝獻徵錄10/11）

皇明名臣琬琰錄后6/16楊廉撰言行錄

皇明獻實19/10

吾學編45/7

皇明功臣封爵考6/76

皇明書34/6下

國琛集上/29下

聖朝名世考11/9

水東日記2/1下，2/3，4/6，5/3下

明史列傳42/1

明史173/1

妻周淑貞

崑山人物志7/7

楊宣（1425—1497）字振方，保定新城人。景泰五年進士，拜河南道監察御史，歷鴻臚卿，陞禮部左侍郎，越二載，致仕，優游林下，垂二十年而卒，年七十三。

楊公墓誌銘（北潭傅文毅公集7/1，國朝獻徵錄76/2）

楊恒字本初，諸暨人。少穎悟，爲文峻潔，知名於世。居白鹿山，帶經躬耕，嘯歌自樂，自號白鹿生。太祖下浙東，屢辟不就。性醇篤，家無儋石，而臨財甚介，鄉人奉爲楷法。

楊恒小傳（宋學士文集43/343下，國朝獻徵錄116/26）

皇明書41/41

明史298/3下

楊恂字伯純，代人。萬曆十一年進士，授行人，累遷戶科都給事中，朝鮮用兵，冒破帑金不貲，恂刻罷武庫郎劉黃裳。尋上節財四議，格不行。後以論首輔趙志皐忤旨，出爲陝西按察經歷，引疾歸卒。

明史列傳84/10下

明史230/10

楊柏字允節，號古崖，商丘人。嘉靖三十五年進士，授行人，擢御史，累官至湖廣布政使。

贈湖廣按察使楊公晉右布政使序（徐氏海隅集4/23下）

祭楊古崖方伯文（同上33/20）

楊相（1379—1412）字之宜，泰和人，士奇從子。永樂二年會試第一，廷試二甲第一，改翰林庶吉士，授刑部主事，尋卒，年僅三十四。

從子之宜墓誌銘（楊士奇撰、國朝獻徵錄47/62）

楊相（1530—1581）字允立，號中峰，蒲州人。嘉靖四十四年進士，授成安知縣，擢監察御史，官至湖廣參政，以疾致仕歸卒，年五十二。

楊公墓誌銘（條麓堂集26/40下）

楊春（1436—1515）字元之，號留耕，新都人。成化十七年進士，弘治元年授行人，遷湖廣僉事提督學政，考核諸生，先德行而後文藝，鑒別精審，十一年乞歸，卒年八十。

留耕軒記（懷麓堂文後稿6/19下）

贈少保楊先生七十五壽誕詩序（泉翁大全集14/27）

楊公行狀（東川劉文簡公集19/36下）

楊公墓誌銘（靳貴撰、國朝獻徵錄88/110）

祭楊閣老尊翁文（東泉文集7/55）

祭封少楊公文（東川劉文簡公集21/1）

祭封少保大學士楊公文（湘臯集33/7）

妻葉氏

楊母葉氏墓誌銘（懷麓堂文後稿23/9下）

楊春芳，靖州人。崇禎中爲太湖知縣，十五年張獻忠陷城，赴水死。

明史293/19

楊洣（1404—1454）字宗道，號蘭谷，桐鄉人。永樂二十一年舉浙江鄉試第一，授宜興教諭，改監利，景泰中屢陞遼府長史，卒年五十一。有蘭谷集。

楊公墓志銘（許彬撰、國朝獻徵錄105/36）

楊思忠字孝夫，號南泉，山西平定人。嘉靖二十年進士，擢禮科給事中，帝欲祧仁宗，祔孝烈后太廟，思忠與尚書徐階據禮力爭，帝摘其疏中語，杖之百，斥爲民。隆慶初起掌吏科，終南京戶部右侍郎。

掖垣人鑑14/3

明史列傳73/23下

明史207/19下

楊思義，洪武元年官戶部尚書，請令民間皆植桑麻，四年始徵其稅，不種桑者輸絹，不種麻者輸布，如周官里布法，詔可。思義首邦計，以農桑積貯爲急，雖本帝意，而經畫詳密，時稱其能，官終陝西行省參政。

明史列傳13/3下

明史138/3下

楊畏知字介甫，寶雞人。崇禎中鄉試第一，歷雲南副使，討平土官沙定洲亂。唐王時進右僉都御史，巡撫雲南，擢東閣大學士。爲孫可望所害。

明史279/19下

楊英，武陵人。嗣世職爲萬全都指揮僉事，累陞都督同知，鎭守湖廣，正德十二年卒官。

國朝獻徵錄107/24無名氏撰傳

楊茂元（1450—1516）字志仁，號鱗洲，鄞人，守陳子。成化十一年進士，授刑部主事，累遷湖廣副使，改山東。弘治中河決張秋，茂元乞召還中官李興、平江伯陳銳，而專委劉大夏治之。興、銳連章劾茂元，逮付詔獄，父老遮道號，會言者交論救，謫長沙同知。遷廣西參政，正德中劉瑾索賄不予，勒致仕。瑾誅，起官，終刑部侍郎，卒年六十七。有鱗洲存稿。

送大參楊公謝政歸四明序（湘皋集19/26）

國朝獻徵錄46/53雷禮撰傳

名山藏臣林記14/20下

明史列傳54/6

明史184/6

楊茂仁字志道，鄞人，茂元弟。成化二十三年進士，授刑部主事，再陞郎中，遼東鎭守中官梁玘被劾，偕給事中往按，盡發其罪，仕終四川按察使。

送四川按察司副使楊君志道序（費文憲公摘稿9/26）

明史列傳54/7

明史184/7

楊茂清（1480—1566）字志澄，號芝山，鄞縣人，守阯子。以廕爲太學生，授南京鴻臚寺丞，遷貴池知縣，歷知忻州及沔陽州，俱有政聲。嘉靖四十五年卒，年八十七。

楊公墓碑銘（張時徹撰、國朝獻徵錄89/79）

楊信（1320—1376）河南郟陵人。以胆畧聞，太祖渡江，信帥師旅來歸，授親隨帳前萬戶，累扈從征戰有功，遷永州衛指揮使，改僉留守衛親軍指揮使司事，洪武九年卒官，年五十七。

楊公壙志（宋學士文集37/297下，國朝獻徵錄111/30）

楊信字文實，六合人，能弟。仕正統至成化間，官總兵，歷鎭宣府、延綏、大同，屢敗邊寇，封彰武伯。在邊三十年，鎭以安靜，人樂爲用，然性好營利。成化十三年卒官，諡武毅。

國朝獻徵錄9/50無名氏撰傳

吾學編19/22下

皇明功臣封爵考5/11

明史列傳42/6

明史173/6

楊信民，名誠，以字行，浙江新昌人。永樂中舉於鄉，宣德時除工科給事中，正統中擢廣東參議，清操絕俗。景帝監國，廣東賊黃蕭養攻廣州，以信民爲右僉都御史，巡撫其地，旣至，單騎往諭，賊黨爭羅拜，將降，信民忽暴卒。軍民聚哭，建祠祀之，成化中賜諡恭惠。

楊公神道碑（丘濬撰、國朝獻徵錄63/1）

楊公祠堂記（陳璉撰、皇明名臣琬琰錄后5/9下）

國朝獻徵錄99/58無名氏撰傳

名山藏臣林記7/34下

吾學編46/1

掖垣人鑑9/23

明史列傳43/13下

明史172/10下

楊俊字文英，六合人，洪庶子。初以舍人從軍，累官指揮僉事，進署都指揮僉事。景泰中積官至右都督，屢黜屢起。初守永寧懷來，聞也先欲奉上皇還，密戒將士毋輕納。旣還，又言是將爲禍本，及上皇復位，坐誅。

送指揮僉事楊文英序（尋樂習先生文集13/2）

水東日記1/8

明史列傳42/4

明史173/4

楊俊民字伯章，號本菴，蒲州人，博子。嘉靖四十一年進士，授戶部主事，歷鄖陽、山東巡撫，兵部侍郎，萬曆中累官戶部尚書。小人競請開礦，俊民爭不得，稅使四出，天下騷然，時議咎之，二十七年卒官。

陝州學田記（方初庵先生集8/2下）

送撫臺本菴楊公晉右司馬敘（穀城山館文集

2/20下)

祭大司農楊公本菴(雪濤閣集11/15)

楊公墓誌銘(復宿山房集23/7下，國朝獻徵錄29/66)

楊公墓表(王文肅公文草7/9下)

明史214/5下

楊俊彥(1544—1601)字伯美，號毓菴，蒲州人，俊民弟。以任子起家，除後軍都督府都事。歷遷工部員外郎，累官至郎陽知府，致仕歸，萬曆廿九年，卒年五十八。

楊公墓誌銘(大泌山房集82/6下)

楊俊卿，號介菴，蒲州人，俊彥弟。長於兵，嘉靖四十四年舉武狀元，屢陞都督同知，卒年四十三。有介石樓藏稿、姚墟纂異、紀事錄。

楊公墓表(天遠樓集17/7下)

楊浩(1378—1452)字宗浩，號友古，無錫人。永樂三年舉人，授建寧府學訓導，改青州，歷錢塘秀水縣學教諭。爲詩文，取達意而止，不事琱琢藻繪。著有友古集、楊氏家訓家規。卒年七十五。

楊先生墓表(呂文懿公全集12/17下)

楊浩，濟寧人。以鄉舉入國學，除河東鹽運判官，未行，值中官興安建大隆福寺成，景帝尅期臨幸，浩抗疏切諫止，聲譽籍甚。後累官右副都御史，巡撫延綏。

明史164/23

楊家龍字惕若，曲陽人。知寧鄉七年，流亡復業。遷忻縣，流賊至，家龍曰，此城必不守，我出，爾民可全也，出城罵賊而死。

明史263/11

楊祜(1503—1543)字汝承，一字晉卿，人稱丹泉先生，蘭谿人。嘉靖八年進士，改庶吉士，知興國州，擢江西按察司僉事，改湖廣，卒官，年四十一。有興國、端居、西曹、歷城、荆南諸集。

楊君墓志銘(許應元撰、國朝獻徵錄88/115)

楊洪字廷瑞，上海人。永樂十六年進士，選庶吉士，擢翰林編修，以疾告歸卒。

送翰林編修楊廷瑞歸松江序(楊文敏公集13/1)

國朝獻徵錄21/85無撰人楊珙傳

楊泰，淮安山陽人。洪武中由國子生歷工戶二科給事中。永樂初，累官至刑部右侍郎，六年卒官。

國朝獻徵錄46/5實錄傳

楊振，義州衞人。世爲本衞指揮使，崇禎初以戰功擢副總兵。松山被圍，議遣兵救援，諸將莫敢應，獨振請行。中途遇伏，一軍盡覆，振被執，令往松山說降。未至里許，踞地南向坐，語從官李祿曰，爲我告城中人堅守，援軍即日至矣。城中人聞之，益堅守，振與祿皆被殺。

明史272/2

楊振熙，臨海人。歷官兩淮都轉鹽運使，從史可法守揚州，城破，死之。

明史274/10下

楊砥字大用，澤州人。洪武二十七年進士，歷官湖廣布政司參議。成祖即位，歷禮部侍郎，坐事貶工部主事，累遷太僕卿，砥剛介有守，尤篤孝行，永樂十六年母喪，以毀卒。

國朝獻徵錄72/3實錄本傳

明史列傳27/13

明史150/9下

楊起元(1547—1599)字貞復，號復所，歸善人。萬曆五年進士，選庶吉士，學於羅汝芳。張居正方惡講學，汝芳被劾罷，而起元自如，累官吏部左侍郎，卒年五十三。起元淸修姱節，然其學不諱禪，天啓初追諡文懿。有證學編、諸經品節、楊復所文集。

楊復所先生墓誌銘(吳文恪公文集17/21)

楊公傳(鄒子願學集6/93下，國朝獻徵錄26/57)

明史283/14下

明儒學案34/22

楊峻(1433—1513)字惟高，江西進賢人。成化二年進士，令丹徒，擢監察御史，歷浙江按察、布政使，擢光祿卿，致仕卒，年八十一。

送南京光祿卿楊公致仕還進賢序）整菴先生存稿4/1下）
祭光祿卿楊公文（東泉文集7/53）
楊峻傳（梓溪文鈔外集8/23）
楊公墓誌銘（毛澄撰、國朝獻徵錄71/30下）
國朝獻徵錄71/30實錄本傳

楊時喬（1531—1609）字宜遷，號止菴，上饒人。嘉靖四十四年進士，萬曆中累官吏部左侍郎，絕請謁，謝交遊，止宿公署，苞苴不及門，銓敍平允，卒年七十九，諡端潔。有周易古今文全書、馬政記，楊端潔集。
祭少宰楊止菴（曼衍集3/11下）
止庵楊公墓誌銘（蒼霞續草12/8）
明史列傳80/22下
明史224/21
明儒學案42/13

楊時寧（1537—1609）字子安，號小林，河南祥符人。隆慶二年進士，授曲沃知縣，歷寧夏巡撫，禦虜有功，晉右都御史總督宣大，官至兵部尙書，致仕卒，年七十三。
小林楊公七十壽序（昭甫集20/1）
楊公行狀（同上18/1）
祭小林楊公文（同上25/3）

楊時暢（1446—1506）字知休，陝西咸寧人，鼎子。成化十四年進士，選庶吉士，授檢討，弘治元年預修憲宗實錄，轉修撰，改右賛善，進侍講學士，擢太常少卿，卒年六十一。
楊君墓誌銘（懷麓堂文後稿19/19下）
國朝獻徵錄70/29無名氏撰傳
殿閣詞林記6/38下
子楊匯夫，號岷山，守南京國子監典籍。
贈楊君匯夫考績序（涇野先生文集10/26）

楊師孔字願之，一字冷然，廬陵人。萬曆二十九年進士，除山陰知縣，遷戶部主事，官至浙江參政。有秀野堂集。
廬陵楊氏居黔譜序（愼修堂集7/21）

楊勉字子學，江寧人。永樂二年進士，選庶吉士，授刑部主事，以薦預修五經四書大全及性理全書，陞刑部郎中，累進侍郎，仁宗嗣位，坐事謫山東參政，調廣東，卒於官。
國朝獻徵錄99/23無撰人撰傳

楊能字文敬，六合人，洪從子。沈毅善騎射，從洪立功，爲開平指揮使，景泰初進同知，充副總兵守宣府。天順初陞都督，仍鎭宣府，破寇磨兒山，封武強伯，四年卒。
吾學編19/55下
皇明功臣封爵考6/87下
明史列傳42/5下
明史173/5下

楊淮（1487—1524）字東川，號果齋，無錫人。正德十二年進士，歷官戶部郎中，始監京倉，絕宿弊，繼監淮通二倉，最後監內庫，除供餽，公勤廉愼，長官重之。大禮議起，淮伏闕力爭，受杖卒，年三十八。隆慶初贈太常少卿。
楊戶部公墓志銘（邵寶撰、國朝獻徵錄30/76）
毘陵人品記9/6
明史列傳72/8
明史192/20

楊淳（1475—1539）字重夫，號繡嶺，臨潼人。正德三年進士，授御史，改工部主事，官至四川布政使，卒年六十五。
楊公墓誌銘（涇野先生集29/17，國朝獻徵錄98/2）

楊淸字士昂，浙江桐鄉人。景泰二年進士，除禮科給事中，以憂歸，復除刑科，天順間陞河南僉事，卒於官。
掖垣人鑑8/24

楊惟康（1475—1533）字叔安，號南陸，河南靈寶人。弘治十二年進士，授刑部主事，再陞郎中，歷浙江僉事、四川副使、陝西按察使，正德十六年擢山西布政使，調貴州、雲南，丁憂歸卒，年五十九。
楊公墓表（顧文康公文草6/5）

楊理（1426—1493）字貫之，淮安山陽人。成化二年進士，除刑科給事中，十四年陞都給事，遷陞鴻臚少卿，仕至工部右侍郎，弘治六年卒於官，年六十八。

祭工侍楊公文（容春堂前集20/4）

國朝獻徵錄51/29喬壇撰傳

掖垣人鑑10/12下

父楊□，號怡庵。

怡庵楊先生輓詩序（瀼溪堂文稿4/11下）

楊基字孟載，號眉庵，吳縣人。九歲能背誦六經，及長，著書十餘萬言，名曰論鑒。嘗於楊維禎座上賦鐵笛歌，維禎驚喜。與高啓、張羽、徐賁號四傑，兼工書畫。洪武初官至山西按察使。有眉菴集。

國朝獻徵錄97/64無名氏撰傳

名山藏95/3

吳中人物志7/27

明史285/20

楊通照（1584—1608）銅仁人。母周氏有疾，與弟通杰爭拜禱求以身代，閱三年不入內室。萬曆三十六年群苗流劫至其家，母被執去，二人追鬪數十里，至鬼空溪，見賊縶母，大罵，橫擊萬衆中，爲賊所磔死，年二十五。

明史297/21

楊國柱，義州人。精騎射，崇禎時爲宣府總兵，十四年引兵救錦州，至松山陷伏中。清兵四面招降，國柱太息語其下曰，此吾兄子昔年殉難處也，吾獨爲降將軍乎，突圍中矢墮馬死。

明史272/2下

楊國興，鳳陽定遠人。洪武初以右翼元帥守宜興，斬叛將陳保二，授神武衛指揮使，從征平江，戰死。

明史133/16

楊得安，宜興人。博學有名，荐知南和縣，擢知嘉興府，爲政和易，與物無競，寮寀咸推服之，官至僉都御史。

毘陵人品記6/10

楊逢春（1498—1553）字仁甫，號西渠，福建同安人。嘉靖八年進士，授崑山知縣，擢御史，官終河南參議，卒年五十六。

楊西渠公墓誌銘（遵巖先生文集15/19，國朝獻徵錄102/56）

楊善（1384—1458）字思敬，大興人。年十七爲諸生，永樂元年爲鴻臚寺序班，進右寺丞。仁宗即位，擢本寺卿。正統時擢禮部左侍郎，土木之變，善間行得脫。後使也先，迎還上皇。英宗復辟，敍奪門功，封興濟伯，卒年七十五，諡忠敏。善負才辨，以巧取功名，而險忮爲士論所棄。

忠孝堂記（王文端公文集15/7）

興濟伯楊善傳（弇州山人續稿87/7下，國朝獻徵錄10/38）

名山藏臣林記8/21

吾學編19/63

皇明功臣封爵考7/15下

名卿績紀3/10

國琛集上/33

皇明世說新語1/26

明史列傳28/16

明史171/11

楊寔（1414—1479）字誠之，號南里，鄞人。正統六年舉人，授安福訓導，兼領龍泉學官，其論文曰，不必求其工，學博理明，意到處卽言，不求工而自工。嘗纂四明郡志，又有南里類藁。

楊先生墓誌銘（彭文思公文集6/34下）

楊南里傳（瀼溪堂文稿16/1）

楊盛，河南延津人。永樂十六年進士，宣德二年由中書舍人，選行在戶科給事中，尋掌科事，仕終福建參政。

掖垣人鑑5/16

楊開字存之，號泰生，大埔人。崇禎中官湘陰知縣，十六年張獻忠以火攻城，開募鄉勇拒戰，城陷，率家屬十七人投水死。

明史294/13下

楊賁，滁人，元杲子。博學強記，以詞翰知名，薦授大名知府，仕至周府紀善。

明史135/9

楊博（1509—1574）字惟約，號虞坡，蒲州人，瞻子。嘉靖八年進士，官戶部郎中，隨大學士翟鑾巡九邊，盡記其形勢利害。吉囊、俺答歲盜邊，尙書張瓚一切倚辦博。

【十三劃】楊

帝或中夜降手詔，博隨事條答，皆稱旨。累遷薊遼總督，數却盜寇，後召還，帝眷倚若左右手，進吏部尚書，理兵部事，卒年六十六，諡襄毅。博臨事安閒有識量，出入中外四十餘年，始終以兵事著。有本兵疏議。

匡靖翊隆頌（皇甫司勳集34/5）
賀大司馬虞坡楊公榮進少保序（條麓堂集22/3）
賀楊公書滿榮進少師序（余文敏公集1/1）
少師楊公一品四考序（太函副墨5/50）
賀虞坡楊公六載奏績顯被特恩序（條麓堂集22/6）
賀虞翁太宰榮膺特命仍錫冑廕序（同上22/8下）
慶少傅太宰楊公一品九年加恩兼壽六十序（鍾臺先生文集3/1）
壽虞坡楊公六袠序（條麓堂集21/5）
晴川楊公生祠錄後序（龍谿王先生全集13/24下）
故總督少師楊公生祠碑記（太函副墨16/28）
楊公行狀（條麓堂集30/5下）
楊公神道碑銘（徐階撰、國朝獻徵錄25/54）
楊公墓誌銘（張太岳文集13/5）
楊公墓表（孫月峰先生文集10/1，國朝獻徵錄25/60）
祭少師楊虞翁文（方初庵先生集11/7）
祭冢宰楊襄毅公文（馬文莊公集選9/2下）
祭少師楊虞坡文（葛端肅公文集15/37）
撫臺奏議序（同上10/22）
楊襄毅公哀榮錄序（歸有園稿2/1）
楊襄毅年譜序（大泌山房集17/31下）
四友齋叢說8/14
名山藏臣林記26/1
明史214/1

楊萃，洛陽人。以鄉舉屢官辰州知府，致仕家居。崇禎十三年李自成陷洛陽，抗節死。

明史293/2下

楊最字殿之，號果齋，射洪人。正德三年進士，嘉靖十九年累官太僕寺卿，時世宗好神仙，用方士言，諭廷臣令太子監國，最上疏諫，因詔獄重杖死。監國議亦罷，隆慶初追諡忠節。

送郡守楊公述職之京序（張文定公紆玉樓集5/2下）
送郡侯楊公最之西遷序（同上5/8下）
祭楊太僕果齋文（南沙文集7/37下）
祭太僕卿果齋楊公文（端溪先生集6/12下）
國琛集下/32下
皇明世說新語5/13
名山藏臣林記22/1
明史列傳73/18下
明史209/1

楊景辰字載甫，晉江人。萬曆四十一年進士，由庶吉士積官吏部右侍郎入閣。官翰林時，爲要典副總裁，一徇奸黨指，又三疏頌魏忠賢。及朝局已變，乃請燬要典，坐落職。

五十輔臣考1/15
明史306/15

楊景衡（1359—1444）名南，以字行，溫州人。洪武二十三年舉人，擢兵部主事，陞吏部稽勳郎中，遷福建左參政。永樂十年以累謫居灤河，適成祖北征，用荐召總督糧餉，尋復原位，宣德中致仕，卒年八十六。

歸田別墅記（金文靖公集8/59下）
送福建參政楊公致仕序（楊文敏公集12/4）
楊氏族譜序（同上15/3下）
楊公墓誌銘（介菴集13/9）

楊棐，建安人。舉進士，萬曆二年歷知肇慶府，醇和清介，政平訟簡，節用愛民，吏畏而民懷之，四年卒於官。

國朝獻徵錄100/36無名氏撰傳

楊傑字子英，濟南人。洪武中以太學生擢刑部主事，陞福建按察僉事，歷遷兩淮河東鹽運使。

送楊運使還任河東序（楊文敏公集13/15下）

楊傑（1444—1499）字廷俊，號立齋，平定州人。成化十四年進士，選庶吉士，授編修，歷侍講，陞司經局洗馬，充東宮講讀官，卒年五十六。

楊公墓志銘（儼山文集62/10下，國朝獻徵錄19/80）

楊集字浩然，常熟人。景泰五年進士，上書于謙，論易儲之失。謙以書示王文，文日，書生不知忌諱，要爲有膽，當進一官，遂除知安州，坐事落職歸。

明常熟先賢事略13/5

明史列傳34/13

明史162/13

楊循吉（1458—1546）字君謙，號南峰，吳縣人。成化二十年進士，授禮部主事，善病，好讀書，弘治初致仕歸，年纔三十一，結廬支硎山下讀書。性狷隘，好持人短長，武宗駐蹕南都，召賦打虎曲稱旨，易武人裝侍御前，善爲樂府小令，帝以俳優畜之，循吉以爲恥，辭歸，晚歲落寞，益堅癖自好，卒年八十九。有松籌堂集及雜著十餘種。

自撰生壙碑（國朝獻徵錄35/66）

四友齋叢說15/10，15/11，15/13，16/10下

皇明世說新語4/30　6/31，8/22

吳郡二科志×/2下

姑蘇名賢小紀上/32

明史286/15

楊溥（1375—1446）字弘濟，湖廣石首人。建文二年進士，授編修，永樂中侍皇太子爲洗馬，坐繫獄十年，讀書不輟。仁宗立，獲釋，擢翰林學士，掌弘文閣事。正統中入內閣典機務，進少保、武英殿大學士。年七十五卒，贈太師，諡文定。溥有雅操，與楊士奇、楊榮同心輔政，時稱三楊。

送楊太常歸省詩序（東里文集8/8）

送楊少保省祭序（諡忠文古廉文集5/4）

祭少保湖廣楊先生文（尋樂習先生文集19/2下）

祭楊少保文（諡忠文古廉文集9/37）

跋楊文定公狀銘（陽峰家藏集28/2）

題楊文定公訓子書後（同上28/5）

國朝獻徵錄12/48彭韶撰楊公傳

皇明名臣琬琰錄后1/8下無名氏撰楊公言行錄

徐氏海隅集外編41/4下

碩輔寶鑑11/47

皇明獻實9/12

殿閣詞林記1/24下

國琛集上/19下

聖朝名世考2/15

水東日記1/9，3/3下，5/9下，9/10

皇明世說新語1/13下，2/14，4/11，6/24

吾學編27/9下

名山藏臣林記6/10下

先進遺風上/3

皇明書15/9

明史列傳25/17

明史148/12下

楊源字本清，豐城人，瑄子。幼習天文，授五官監候。正德時劉瑾亂政，源數上書言災變，謂小人擅權，下將叛上。瑾怒，矯旨杖三十。又上言乞收攬政柄，思患預防，蓋專指瑾，瑾大怒，矯旨杖六十，謫戍肅州，半道以創卒。天啓初賜諡忠懷。

皇明獻實27/2下

國琛集下/45下

聖朝名世考5/24下

明史列傳34/20下

明史162/20下

楊靖（1360—1397）字仲寧，淮安山陽人。洪武十八年進士，選庶吉士，擢戶部右侍郎，二十二年進尙書，調刑部，坐事免。會征龍州，詔靖諭安南輸粟，以白衣往，反覆諭之，安南遂奉詔，帝大悅，召爲左都御史。靖有智略，善理繁劇，治獄明察而不深文。坐爲鄉人代改訴冤狀草，竟賜死，年三十八，時論惜之。

國朝獻徵錄44/18潘塤撰傳

皇明書19/9下

明史列傳13/19下

明史138/7

楊廉（1452—1525）字方震，號月湖，一號畏軒，豐城人。父崇受業於吳與弼門人胡九韶，廉承家學，早以文行稱。舉成化二十三年進士，爲給事中，歷南京光祿少卿，正德間累官南京禮部侍郎，嘉靖初遷尙書。卒年七十四，諡文恪。廉與羅欽順善，爲居敬窮理之學，文必根六經，自禮樂錢穀至星曆算數，具識其本末，學者稱月湖先生。著有伊洛淵源錄新增、皇明名臣言行錄、月

湖集。

送光祿少卿楊君考績序(整菴先生存稿4/3下)

送順天府尹月湖楊先生序(同上5/1下)

贈大宗伯月湖楊公序(鈐山堂集20/3下)

楊公行狀(孫存撰、皇明名臣墓銘兌集102,國朝獻徵錄36/32)

月湖文集序(整菴先生存稿8/13)

國琛集下/19

聖朝名世考8/18

吾學編39/8

名山藏臣林記20/2下

皇明書26/15下

明史282/25下

妻陳氏

祭楊淑人陳氏文(整菴先生存稿15/15)

楊愼(1488—1559)字用修,號升菴,新都人,廷和子。正德六年廷試第一,授修撰。武宗微行出居庸關,愼抗疏諫。世宗立,充經筵講官。大禮議起,愼與同列伏左順門力諫,帝命執首事下獄,愼及王元正等撼門大哭。帝益怒,悉下詔獄廷杖之,削籍,遣戍雲南永昌衞,卒年七十二。愼投荒多暇,書無所不覽,明世記誦之博,著述之富,推爲第一,詩文外雜著至一百餘種,有升菴集。天啓中追謚文憲。妻黃氏,有才情,愼久戍滇中,黃氏兩寄詩詞,讀者傷之。

升菴詩序(薛考功集10/3)

丹鉛總錄序(太函集25/3,太函副墨3/51)

執林伐山序(素雯齋集5/1)

尺牘清裁序(弇州山人四部稿64/11下)

世耕亭記(陽峰家藏集26/2下)

楊升菴太史年譜序(二酉園文集2/9下)

升菴外集序(嬾眞草堂文集15/63)

楊升菴年譜(陳文燭撰、國朝獻徵錄21/51下)

名山藏85/26下

吾學編36/18下

狀元圖考2/41下

四友齋叢說5/12,23/4,23/6,23/7,24/10下

皇明世說新語2/16,4/15下,5/10,5/15下,5/28,6/29,7/17下,7/26下,7/28,7/29

楊文憲公年譜一卷、明簡紹芳撰、淸道光間刊古棠書屋叢書本

弟楊惇字用敘,嘉靖二年進士,兵部主事。

師臣軒稿序(大泌山房集12/又15下)

楊道亨字豫甫,號九華山人,松江華亭人。嘉靖三十五年進士,歷雲南按察副使。道亨風骨聳秀,而溫然謙卑。性孝友,好施與,時稱君子。

楊公墓誌銘(王世貞撰、國朝獻徵錄102/62)

皇明世說新語1/20下

楊道賓(1552—1609)字維彥,號荊巖,晉江人。萬曆十四年進士,授編修,歷禮部侍郎,習練朝典,嘗因星變請釋逮繫言官。南京水災,請御殿決政,章疏俱留中及內降。東宮輟講,疏引唐宦官仇士良語爲戒,深中時弊,卒年五十八,謚文恪。有文恪公集。

楊荊巖宗伯誄辭(句注山房集16/1)

祭楊文恪公館師文(寶日堂初集17/7下)

楊公墓誌銘(蒼霞續草11/24)

明史列傳75/16

明史216/19

父楊敦厚(1506—1588)字以禮,號立軒,官含山縣尉。

楊公墓誌銘(朱文懿公文集9/12)

楊瑄(1425—1478)字廷獻,江西豐城人。景泰五年進士,官御史,剛直尙氣節。天順時劾石亨、曹吉祥下獄論死。會天變得釋,戍遼東之鐵嶺,赦還,復謫廣西南丹。憲宗卽位,還故官,遷浙江副使,修捍海塘,築海鹽隄岸,政績卓然。進按察使,浚西湖,功未就卒,年五十四。

楊公墓誌銘(楊文懿公金坡稿5/7,皇朝獻徵錄84/52,皇明名臣琬琰錄後15/12下)

名臣謚議(公槐集5/20)

皇明世說新語8/2

聖朝名世考5/22下

國琛集下/5

皇明書21/22下

吾學編35/8下

皇明獻實27/1

名山藏臣林記9/34

明史列傳34/19

明史162/19

楊瑛字順卿，直隸嘉定人。成化二十三年進士，除兵科給事中，弘治七年陞兵科都給事，仕終太僕寺卿。

皇明世說新語3/4下

掖垣人鑑10/32

楊塤字景和，京師戍卒。工畫，以髹筆繪染几屏器具，無不精絕。而性正直，天順中錦衣衛都指揮門達怙寵驕橫，考掠袁彬成獄，人咸冤之，而莫敢發，塤獨上疏白其事，人稱之曰義士。

楊義士傳（東海張先生文集2/27，國朝獻徵錄113/23）

圖繪寶鑑6/10下

國琛集下/47

楊載鳴（1514—1563）字虛卿，號武東，泰和人，士奇五世孫。嘉靖十七年進士，官至通政使。卒年五十。有大拙堂集。

贈楊子虛卿序（世經堂集12/6）

送武東楊年兄赴謫將樂序（龍津原集2/12）

楊公行狀（胡直撰、國朝獻徵錄67/14）

祭通政武東楊親家文（龍津原集5/44）

父楊訓字汝學，號天柱山人，華亭教諭，卒年五十七。

贈華亭學諭天柱楊君序（世經堂集11/53）

送黎山教授楊天柱序（同上12/19）

華亭教諭傳（丘隅集17/4下，國朝獻徵錄83/113）

母劉氏

壽楊母劉太安人序（趙文肅公文集16/33下）

楊母劉太安人七十壽序（遜巖先生文集12/55下）

賀封太安人楊母劉夫人七十壽序（龍津原集4/7）

楊母劉太夫人行狀（同上5/91下）

祭楊母劉夫人文（同上5/104）

楊暄，高平人。崇禎十三年進士，授渭南知縣，十六年擢兵部主事，未行，李自成寇至，與訓導蔡其城共城守，舉人王命誥開門迎賊，暄被縛索印不與，詬罵死。

明史294/18

楊照字明遠，嘉靖中積功至遼東總兵官。性忠勇負氣，撫士有恩，以敢戰知名，被劾罷。以薦復起爲遼東總兵官，屢戰皆捷，會寇聚衆廣寧外，謀大舉，照率衆分道掩之，夜行失道，去寨六十里。天明爲寇所覺，麾衆圍之，力戰，中矢死。

明史列傳60/23下

楊嗣昌（1588—1641）字文弱，號文弱，武陵人，鶴子。萬曆三十八年進士，崇禎時累拜兵部右侍郎，總督宣大山西軍務，時群盜蜂起，上六疏陳邊事，復議大舉平賊，爲十面張網之計，而勢已蔓延不能制。及命督師，又以遙制失機會，襄陽陷，襄王被害，嗣昌驚悸，上疏請死，俄聞洛陽陷，福王遇害，遂不食而死，年五十四。有野客青鞋集。

五十輔臣考3/35

明史252/1

楊敬，河南封丘人。國子生，洪武中任刑科給事中，改廣西道監察御史。

掖垣人鑑8/9下

楊鼎，河南扶溝人。永樂十九年進士，任兵科給事中，宣德初陞行在兵科右給事，歷山西右參政，仕終本司左布政使，卒於官。

掖垣人鑑7/10

楊鼎（1410—1485）字宗器，陝西咸寧人。家貧力學，宣德十年鄉試、正統四年會試俱第一，廷試第二，授編修。也先寇京師，詔行監察御史事。景泰五年超擢戶部右侍郎，成化中累官戶部尚書。鼎居戶部持廉，然性頗拘滯，卒年七十六，謚莊敏。有助費稿。

國朝獻徵錄28/40黃佐撰傳

水東日記40/5，40/9

明史列傳39/16

明史157/11下

妻李氏

壽楊母太夫人八十序（羅文肅公集10/22下）

楊鉉，北京人，布衣，善寫眞。崇禎末賊陷都城，携二子赴井死。

明史295/7下

楊漣（1572—1625）字文孺，號大洪，應山人。磊落負奇節，擧萬曆三十五年進士，除常熟知縣，擧廉吏第一，累遷兵科右給事中。光宗立，寢疾，漣以小臣與顧命，擁熹宗即位，力請李選侍移宮，帝稱其忠。乞歸，復起爲左副都御史。魏忠賢竊柄，氣燄張甚，漣劾忠賢二十四大罪，忠賢使其黨徐大化劾漣與左光斗黨同伐異，招權納賄，坐贓二萬，遂逮漣，士民數萬人擁道攀號，所歷村市，悉焚香建醮，祈佑生還，比下獄，酷法拷訊，體無完膚。遂斃獄中，年五十四。崇禎初諡忠烈，官其一子。有忠烈公集。

楊忠烈公絕筆跋（棘門集8/30下）

名臣諡議（公槐集5/6）

楊公墓誌銘（牧齋初學集50/1）

楊忠烈公傳（無夢園遺集6/58）

楊漣傳（樸山堂集18/1）

楊忠烈公表忠錄四卷、不著編人、楊忠烈公集附刊本

楊忠烈公年譜一卷、清楊徵午編、楊忠烈公集附刊本

楊忠烈公年譜一卷、不著編人、清胡氏退補齋刊本

啓禎野乘5/5

天啓崇禎兩朝遺詩傳1/17

明史244/1

楊寧（1400—1458）字彥謐，錢塘人，家於歙。宣德五年進士，授刑部主事，機警多才能，負時譽，正統初從尚書魏源巡視宣大，四年與都督吳亮征麓川蠻，擢郎中。又從王驥破賊，超拜刑部右侍郎。閩浙盜起，命寧鎮江西，賊至，輒擊敗之，暇則詢民瘼，士民懾服，景泰初拜禮部尚書，旋改南京刑部。英宗復位致仕，卒年五十九。

贈楊侍郎序（王文端公文集25/11）

慶大司寇楊公序（韓襄毅公家藏文集11/17）

楊公墓碑銘（彭時撰、國朝獻徵錄48/6，皇明名臣琬琰錄后4/11下）

明史列傳43/10

明史172/4

父楊昇

祭楊司寇學甫先生文（韓襄毅公家藏文集15/7）

叔楊□，號恒健。

送楊恒健先生歸徽州序（敬軒薛先生文集16/12）

楊肇基，沂州衞人。起家世職，積官至大同總兵。天啓中爲山東總兵官，討平妖賊徐鴻儒，累進左都督。官終薊鎮西協，加太子太師卒。

明史270/3下

楊榮（1371—1440）字勉仁，初名子榮，建安人。建文二年進士，授編修，成祖簡入文淵閣，爲更名榮。榮有才智，見事敏捷，最受帝知，每北巡及出塞，必令扈從。仁宗立，累進謹身殿大學士、工部尚書，宣德中加少傅。正統五年卒，年七十，諡文敏。榮歷事四期，有謀能斷，與楊士奇、楊溥並入閣，稱三楊。榮最以才著，詩文雍容平易，肖其爲人。有後北征記、楊文敏集。

贈少傅建安楊公扈從巡邊詩序（王文端公文集19/20）

萬木圖序（東里文集4/15下）

萬木圖記（金文靖公集8/63下）

清白堂銘（東里文集24/13下）

楊公行實（江鋍撰、楊文敏公集附錄1）

楊公神道碑銘（楊溥撰、楊文敏公集附錄40下）

楊公墓誌銘（楊士奇撰、楊文敏公集附錄23，國朝獻徵錄12/22，皇明名臣琬琰錄后1/1）

少師楊公哀辭（胡　撰、楊文敏公集附錄50下）

少師楊公誄文（芳洲文集10/22下）

少師建安楊公傳（王文端公文集37/1，楊文敏公集附錄44下）

楊文敏公年譜四卷（蘇鑑撰、楊肇校補，明嘉靖三十一年刊本）

刻楊文敏公年譜序（雲岡公文集13/11）

題太師楊文敏公訓子詩後（尊樂習先生文集18/4）

碩輔寶鑑11/31下

皇明獻實9/8下

皇明名臣經濟錄6/2

國琛集上/20

聖朝名世考2/12下
名卿續紀3/6下
皇明世說新語1/2，1/25下，2/13下，2/14，2/25、2/26下，3/31，4/11，4/17下，4/32下，5/1，8/2下
水東日記1/9，5/9下，5/11，6/9下，7/5下，12/7，37/11下
殿閣詞林記1/13
吾學編27/6
名山藏臣林記5/14
先進遺風上/2
皇明書15/6下
明史列傳25/10
明史148/8下
父楊伯成（1353—1408）字士美。
先考少傅公墓碑（楊文敏公集19/15下）
弟楊仲宜
送楊仲宜詩序（東里文集3/8下）
妻劉氏（1382—1454）
楊母劉氏墓誌銘（芳洲文集9/21）

楊榮（1438—1487）字時秀，號一齋，餘姚人。成化八年進士，累官工部郎中，工畫竹，卒年五十。

楊公配安人潘氏墓誌銘（涇野先生文集27/21）

楊僎字邦臣，無錫人。嘉靖五年進士，由四川夾江知縣選吏科給事中，歷陞戶科都給諫，以疾歸，復除，降貴州布政司理問，仕至貴州副使，免官。

掖垣人鑑13/26下

楊維垣，文登人。萬曆間進士，官御史，力排東林，入逆案。後附錢謙益，遷左副都御史，南京破，驅二妾入井，整衣冠自經死。

勅雲南道監察御史楊維垣并妻（紺雪堂集8/59）
明史275/11下

楊維楨（1296—1370）字廉夫，號鐵崖，會稽人。築樓鐵崖山，植梅百株，聚書數萬卷，去梯，俾讀書五年，因自號鐵崖。元泰定四年進士，署天台尹，狷直忤物，十年不調。會修遼金宋三史，維楨作正統辨千言，總裁官歐陽玄讀之歎曰，百年後公論定於此矣。值兵亂，浪跡浙西山水間，張士誠招之不赴，徙居松江。明興，詔徵遺逸之士修纂禮樂，維楨被召，謝曰，豈有老婦將就木而再理嫁者耶，賦老客婦謠以進。洪武三年，太祖賜安車詣闕，留百一十日，所纂敘例略定，即乞歸，抵家卒，年七十五。維楨詩名擅一時，號鐵崖體。古樂府出入少陵二李間，尤號名家。善吹鐵笛，自稱鐵笛道人，又曰抱遺老人。有春秋合題著說、史義拾遺、東維子集、鐵崖古樂府、復古詩集、麗則遺音（按貝瓊撰傳作年七十六，此從墓誌銘）。

鐵笛道人自傳（國朝獻徵錄115/20）
楊公墓誌銘（宋濂撰、國朝獻徵錄115/15）
楊鐵崖先生傳（清江貝先生集2/17下）
楊鐵崖先生外紀一卷（清不著撰人，稿本）
四友齋叢說25/11，25/12下，26/1
水東日記3/4，24/7下
名山藏95/2
明史285/2

楊維聰（1500—　）字達甫，號方城，順天固安人，正德十六年進士第一，授修撰，遷太子中允，歷山西、山東布政使，官至太僕寺卿，嘉靖十九年致仕。

贈楊方城公上山東布政左使序（蘇門集5/10下）
方伯楊方城先生考績序（遵巖先生文集11/2下）
贈方城楊公進致太僕卿序（涇野先生文集12/40）
狀元圖考2/47
母張氏
壽序（蘇門集5/4下）
壽楊太淑人序（潘笠江集8/11下）

楊銘，蒙古人。初名哈銘，幼從其父爲通事。土木之變，扈從英宗北狩，及還賜姓名楊銘。以塞外侍衛功，歷官錦衣指揮使，數奉使外蕃爲通事，弘治中以壽卒於官。

明史167/10

楊銓（1507—1575）字朝明，號崑南，松江華亭人。嘉靖三十五年進士，授行人，遷南京吏科給事中，擢江西副使，改九江兵

備，晉廣西左參政，罷歸卒，年六十九。

楊公墓誌銘（陸文定公集6/48下）

楊潭字宗淵，號紫泉，保定新城人。成化二十三年進士，授刑部主事，屢官至戶部尚書，嘉靖十三年卒。

楊公墓志（張文憲撰、國朝獻徵錄29/20）

楊霆字子威，號古岡，順天府順義人。嘉靖三十五年進士，由行人進戶科給事中，陞吏科右給事，以憂歸，隆慶元年聽降調。

掖垣人鑑14/45下

楊槮字子喬，號石川，臨潼人。弘治八年舉人，授杞縣知縣，陞汝州知州，歷大名、松江兩府同知，遷長蘆都轉運鹽使司同知，致仕卒。

楊公墓誌銘（許宗魯撰、國朝獻徵錄104/50）

楊樞（1502—1556）字運之，自號細林山人，松江華亭人。嘉靖七年舉人，官至臨江府同知，所著淞故述，於松江之遺聞軼事，記載詳備，有裨文獻，卒年五十五。

楊君墓誌銘（世經堂集17/7下）

楊樞字運卿，號愼齋，山西陽城人。嘉靖三十八年進士，由大名府推官選工科給事中，以憂歸，復除吏科，累擢陜西參議，進河南按察使，致仕卒。

掖垣人鑑14/47下

楊翥（1369—1453）字仲舉，吳縣人。宣宗時授檢討，正統中詔簡郕王府僚，翥爲左右長史。王即位，入朝，景泰三年遷禮部尚書，致仕卒，年八十五。翥篤行絕俗，一時縉紳厚德者，推之爲最。

國朝獻徵錄33/23王鏊撰傳

吳中人物志1/7

皇明世說新語1/12，5/18

水東日記8/3下

姑蘇名賢小紀上/6下

名山藏臣林記9/10

明史列傳30/4

明史152/7下

兄楊伯升

慶楊伯升七十詩序（東里文集5/16）

楊儀字夢羽，常熟人，集孫。嘉靖五年進士，累官山東副使，移病家居，惟以讀書著述爲事。構萬卷樓，藏書其中，多宋元本。有蜩頭密語，驪珠隨錄、高坡槼纂、古虞文錄。

明常熟先賢事略13/5下

楊儀字宗德，永壽人。由御史擢知河間府。

送楊河間序（涇野先生文集1/8）

楊德字本明，武進人。隆慶五年進士，令永康，却金斥羨，不苟取予，轉辰州同知，未赴卒。

毘陵人品記10/14

楊範字九疇，初號栖芸，更號思誠叟，鄞人。長身美髯，容觀儁爽，通易書詩三經，博涉群籍。爲文辭操紙筆立就，惟不爲人墓誌。卒之歲，自爲墓誌，有曰少而慕古，壯而學古，老而益好古者，吾之行也。人以爲實錄。著有四書直說、道統言行集、栖芸稿等。

栖芸先生小傳（楊文懿公東觀稿6/25下）

楊銳（1471—1532）字進之，蕭縣人。正德中署都指揮僉事，守備安慶。宸濠反，東下至安慶城下，銳晝夜拒戰，乃稍卻。會敵悉兵至，號十萬，舳艫相接六十餘里，乃募死士夜劫敵營，敵大驚，解圍去。宸濠平，進都督僉事，歷鎭遼東、淮安。罷歸卒，年六十二。

楊公墓誌銘（陳沂撰、國朝獻徵錄108/43）

明史列傳60/7下

明史175/14

楊寰，吳縣人，隸籍錦衣衛。爲田爾耕心腹，魏忠賢門下五虎之一，任東司理刑，凡許顯純殺人事，皆寰等共爲之。後顯純論死，寰謫戍卒。

明史306/41

楊憲字希武，陽曲人。洪武初官御史中丞，數短李善長於帝前，善長由是忌之，出爲山西參政。歷中書左丞，有才辨，刻深多忌，爲善長所劾，伏誅。

國朝獻徵錄11/15國史實錄傳
皇明世說新語4/10，8/30
明史列傳9/7

楊褫字介福，湖廣武陵人。弘治九年進士，選庶吉士，授禮科給事中，改刑科，陞吏科都給事中，歷通政司右通政，官至南京太僕寺卿。

楊給事歸慶圖序（何文簡公集9/11下）
掖垣人鑑11/14
母陳氏
楊母陳氏墓誌銘（懷麓堂文後稿26/15）

楊導字叔簡，泰和人，士奇子。少豪放，後折節向學，博涉經史，能詩賦，官終太常少卿。

國朝獻徵錄77/67實錄本傳

楊璡字用章，祥符人。成化十一年進士，授丹徒知縣，擢南京監察御史。弘治初遷山東按察僉事，以疾卒，年四十九。有紘齋稿。

國朝獻徵錄95/106朱睦㮮撰傳

楊璟，合肥人。以管軍萬戶從太祖，積功擢湖廣行省平章政事，率周德興、張彬將武昌諸衛軍取廣西，還爲偏將軍，洪武三年封營陽侯。再從徐達鎮北平，練兵遼東，十五年卒，贈芮國公，諡武信。

國朝獻徵錄8/20無名氏撰傳
吾學編18/49
名山藏臣林記2/25
皇明功臣封爵考6/30
皇明書33/31
明史列傳8/1
明史129/14下

楊選字以公，號東江，章丘人。嘉靖二十三年進士，累官薊遼總督，以却敵功進兵部右侍郎，辛愛與把都兒大擧入寇，京師戒嚴。及寇退，坐守備不設律，戮於市。

賀總督薊遼保定東江楊公五十壽序（李中麓閒居集5/62）
明史204/22下
父楊盈字守謙，號雙溪，潞城令。
賀雙溪楊君榮封序（葛端肅公文集10/5下）
楊公暨配苛氏墓表（李中麓閒居集9/8下）

楊豫孫字幼殷，號朋石，松江華亭人。嘉靖二十六年進士，累官太僕寺少卿。徐階當國，引豫孫自輔，凡海內人物，國家典故，悉諮而後行。士大夫欲求知宰相者，輻輳其門，豫孫謝之不得，力求出。以右僉都御史巡撫湖廣卒。

贈南京文選主事楊朋石陞祠祭副郎序（趙文肅公文集15/26下）
冰廳劄記（徐氏海隅集文編14/32，14/41下）
徐氏海隅集外編42/11下
國朝獻徵錄63/135無名氏撰傳
明儒學案27/3

楊學字文斅，四川江津人，景泰二年進士，除戶科給事中，天順四年陞山西左參議。

掖垣人鑑5/22下

楊㦿，銅仁人。崇禎初官灤州知州，二年淸兵陷城，自刎死，贈光祿少卿，諡烈愍。

明史291/9

楊謐字文寧，河南儀封人。成化五年進士，授崑山知縣，擢御史，弘治中以左僉都御史巡撫宣府，勤政而嚴以繩下，復團總之制，革馬政之弊，官至兵部侍郎。

巡撫宣府十二公傳（涇野先生文集34/7下）
國朝獻徵錄40/26無名氏撰傳

楊應奇字時望，號西泉，河南夏邑人。嘉靖十四年進士，由行人選戶科給事中，歷陞刑科左，擢湖廣副使，仕終四川左布政使卒。

贈福建按察使西泉楊公晉藩司右轄序（雲岡公文集17/11）
掖垣人鑑13/42

楊應春，四川長壽人。永樂十五年鄉貢入太學，以預修中秘書，授吏部主事，陞郎中，歷雲南參政，官至南京太僕寺卿。

國朝列卿記151/2
父楊彥成（1350—1412）
楊君墓銘（楊文敏公集24/24下）

楊應能，河南杞縣人。素以勁直稱，建

【十三劃】楊

文時任吳王教授。京師陷，與葉希賢同日祝髮從亡，後從惠帝往來吳、楚、蜀、滇間，或舟或陸，扶掖備至，永樂十年卒於鶴慶。

遜國正氣紀2/17

遜國神會錄下/22下

皇明表忠記6/7

楊應詔字天游，建安人。嘉靖舉人，所著閩學源流，歷載楊時以後諸儒，終於蔡清，各誌其言行，詳其傳授，凡百九十五人。

明儒學案8/11

楊璲（1451—1525）字廷佩，號靜軒，河南原武人，遷居大梁，鐸子。弘治三年進士，授兵部主事，陞郎中，出知廬州府，遷長蘆都轉運鹽使，改山東參政致仕，卒年七十五。

楊公墓志（田汝耔撰、國朝獻徵錄102/18）

楊璨（1464—1529）字仲玉，號璞菴，松江華亭人。正德六年進士，授桐鄉令，遷刑部主事，累官至應天府丞，卒年六十六。

楊公墓誌銘（涇野先生文集25/22，國朝獻徵錄75/46）

楊瓛字民服，吉水人。永樂十三年進士，授御史。仁宗即位，上疏言十事，擢衞王府右長史，盡心献替，未嘗苟取一錢，宣德初卒。（按瓛、明史作鏞，玆從献徵錄及登科考）

南齋記（金文靖公集8/18下）

國朝獻徵錄105/31實錄本傳

明史137/10

楊璿（1416—1474）字叔璣，號宜閑，無錫人。正統四年進士，歷山西參政、河南陝西布政使，成化四年陞戶部右侍郎，尋改右副都御史，巡撫河南，十年卒于官，年五十九。有楊宜閑文集傳世。

贈參政楊公赴任山西序（呂文懿公全集7/21下）

楊公神道碑銘（王㒜撰、皇明名臣琬琰錄后16/1）

國朝獻徵錄60/62實錄傳

毘陵人品記7/5

祖楊磐字原振

贈都察院右副都御史楊公神道碑銘（彭文思公文集5/16下）

楊璧，直隸當塗人。景泰五年進士，除戶科給事中，天順八年累陞陝西右參議，坐事謫官。仕終陝西平涼府知府。

掖垣人鑑5/23

楊瞻字叔後，號舜原，山西蒲州人，博父。正德中舉人，授扶溝令，歷御史，有直聲。官終四川僉事，嘉靖三十四年卒。著有諸經億評錄、群書類要、文集及奏議等。

楊公墓表（快雪堂集17/6下）

父楊選（1453—1529）號留耕處士。

楊公哀辭（黃潭先生文集7/20下）

妻田氏（1489—1550）

田淑人墓誌銘（丘隅集16/11）

楊儲字元秀，號毅齋，廬陵人。以貲入國子監，中順天鄉試，授衡州府推官，治行冠荆楚。擢監察御史，侃侃持風裁，人呼鐵面御史。累官至雲南副使，致仕卒。

楊公神道碑（茅鹿門先生文集21/21下）

楊爵（1493—1549）字伯珍，一字伯修，號斛山，富平人。以學行名，舉嘉靖八年進士，授行人，擢御史，以母老乞歸。服闋起故官，時郭勛用事，歲頻旱，帝日夕建齋醮，經年不視朝。爵上疏極諫，帝震怒，立下詔獄，歷五年得釋。抵家甫十日，復逮繫獄，又三年始還，卒年五十七，諡忠介。所著周易辨錄，其說多以人事爲主，頗剴切著明。又有斛山遺稿傳世。

祭關西斛山楊先生文（訥溪文錄8/3下）

遣祭楊斛山年兄墓文（胡莊肅公文集6/106下）

斛山先生行實（由天性撰、斛山楊先生遺稿5/2）

斛山楊先生傳（馮少墟集22/42）

楊侍御傳（渭上稿22/8）

斛山楊先生傳（吳時來撰、斛山楊先生遺稿5/又1，國朝獻徵錄65/129）

斛山楊先生傳（孫丕揚撰、斛山楊先生遺稿5/又5）

楊公墓表（李楨撰、同上5/7）

楊斛山先生忠諫流芳坊記（吳達可撰、同上5/15）

國朝獻徵錄65/132楊爵自撰處困記及處困續記

聖朝名世考5/41

皇明世說新語1/14，5/10，5/11，5/25

皇明書27/2下

名山藏臣林記22/2下

明史209/8下

明儒學案9/7下

楊璲字景實，陝西咸寧人。正統九年舉人，除禮科給事中，天順元年屢陞都給諫，尋轉通政司右參議，仕終太僕寺卿。

掖垣人鑑6/5下

楊鎬字京甫，號鳳筠，商丘人。萬曆八年進士，累官右僉都御史，經略朝鮮軍務，倭將行長淸正屯蔚山，鎬進兵攻之不下。行長救兵至，鎬大懼先奔，喪兵二萬，詭以捷聞。帝怒，欲誅之，輔臣營救得免。後淸兵破撫順，起鎬爲兵部右侍郎，征經略，分四道，定期出塞，天大雪，兵不前，師期洩，遂大敗，逮鎬下獄誅。

峽江邑侯楊公去思碑（劉大司成集4/14下）

明史259/1

楊鎔字德夫，號復城，四川榮縣人。嘉靖四十四年進士，由湖廣應城知縣陞刑部主事，改戶科給事中，陞刑科右給事，降濬縣縣丞，歷南京禮部郎中，萬曆九年免官。

掖垣人鑑15/8下

楊麒字仁甫，號四泉，上饒人。正德三年進士，授長樂知縣，歷應天府丞、光祿卿，官至南京工部尙書，嘉靖二十七年卒於官。

楊知縣碑（洹詞6/31）

楊公墓誌銘（歐陽南野文集24/1，國朝獻徵錄52/28）

楊黼，雲南太和人。博學工篆籀，好釋典，隱居不仕。庭前有大桂樹，縛板樹上，題曰桂樓。巢居其中，注孝經數萬言。父母沒，營葬畢，入雞足山，棲羅漢壁石窟山十餘年，壽至八十。子孫迎歸，一日沐浴告子孫曰，明日吾行矣，果卒。

楊黼先生墓志（李元陽撰、國朝獻徵錄112/70）

名山藏96/6下

明史298/6

楊鏓（1477—1544）字克平，初號毅齋，更號次嚴，祖籍房山，父爲錦衣衞千戶，遂籍京師。弘治十八年進士，授靑城知縣，調長靑，均有異政。陞戶部主事，歷郎中，勅督大同邊儲，終大同知府，乞歸卒，年六十八。

楊公墓誌銘（陳文岡先生文集19/11下）

楊鶚字子玉，武陵人，鶴從弟。崇禎四年進士，官御史，有才名，擢順天巡撫。福王以爲兵部右侍郎，總督川湖軍務。

明史260/4下

楊繼宗字承芳，山西陽城人。天順元年進士，授刑部主事，擢知嘉興府，以一僕自隨。性剛廉孤峭，人莫敢犯，而時時集父老問疾苦，爲袪除之。大興社學，子弟八歲不就學者，罰其父兄。孝宗時累官右僉都御史，巡撫雲南，弘治元年卒，諡貞肅。

送嘉興郡守楊君承芳記（楊文懿公東觀稿4/20）

楊公遺愛祠記（費文憲公摘稿8/27）

楊公淸政錄（吳道寶撰、國朝獻徵錄63/27）

楊公政績記一卷（淸黃家遴撰、學海類編本）

楊公傳（袁袠撰、皇明名臣墓銘震集31 又皇明獻實26/4）

皇明名臣琬琰錄后19/12下楊廉撰楊公言行錄

國朝獻徵錄63/26無名氏撰傳

吾學編33/13

聖朝名世考6/8丁

皇明世說新語2/2下，3/11，3/13，4/25下

皇明書28/23

名山藏臣林記12/17

明史列傳35/14

明史159/20

楊繼盛（1516—1555）字仲芳，號椒山，容城人。嘉靖二十六年進士，歷南京兵部員外郎，俺答入寇，大將軍仇鸞畏寇甚，請開馬市，繼盛極陳其不可，貶狄道典史。已

【十三劃】楊

而俺答敗約，鸞伏誅，帝思繼盛言累遷刑部員外郎，時嚴嵩用事，恨鸞陵己，心善繼盛，欲驟貴之，改兵部武選司，而繼盛惡嵩甚於鸞，劾其十大罪。嵩構之，遂下獄，杖之百，創甚。或遺之蚺蛇胆，却之曰，椒山自有膽，坐繫三載，竟棄西市，年四十。臨刑賦詩，天下傳誦。穆宗立，追諡忠愍。有楊忠愍集。繼盛將行刑時，其妻張氏上書請代死，不報，及繼盛死西市，張氏亦同日自縊。

送楊仲芳任南銓曹主政序（崔東洲集14/17）
楊忠愍公集序（皇甫司勳集38/4）
楊忠愍公集序（兩洲集5/3）
楊忠愍集序（太函集21/17下，太函副墨4/5）
勅賜楊忠愍忠祠碑（李文定公貽安堂集9/4）
哭楊椒山文（張陽和先生不二齋文選5/41）
楊忠愍公行狀（弇州山人四部稿99/1，國朝獻徵錄41/58下）
楊公墓誌銘（世經堂集18/36，國朝獻徵錄41/55）
楊忠愍公傳（方山薛先生全集25/1）
楊忠愍公傳（方麓居士集10/1）
告故武選郎椒山楊公文（同上12/10）
椒山先生自著年譜一卷、舊抄本、又楊忠愍公集卷首
楊椒山先生言行錄不分卷、不著編人、排印本
聖朝名世考5/44下
皇明世說新語1/17，5/11
皇明書27/7下
名山藏臣林記22/9
明史209/21

侄楊應尾（1545—1603）字錫類，號補亭，官尙寶丞。
楊公行狀（愼修堂集23/14）

楊鶴字修齡，武陵人。萬曆三十二年進士，授維南知縣，崇禎初累拜兵部右侍郎，總督陝西三邊軍務。鶴素有清望，然不知兵，一意主撫，賊旣降復叛，坐戍袁州卒。
明史260/1

父楊□字可亭
楊太公壽序（大泌山房集32/31下，32/34）

楊護，象州人。成化間任臨高知縣，承累任苛政之後，政尙寬簡，然能明燭下情。數年民俗大安，詞訟頓簡，後以謗累去任。
國朝獻徵錄100/55無撰人楊護梁儉合傳

楊巍（1517—1608）字伯謙，號夢山，海豐人。嘉靖二十六年進士，由武進知縣選兵科給事中，萬曆時累官吏部尙書，時申時行當國，巍年耄骩骳，多聽其指揮。巍初敭歷中外，甚有聲，及秉銓，素望大損，然有清操。性長厚，不爲刻覈行，工詩，有存家詩稿。年九十二卒。

賀楊太宰六載考績晉陟太子太保序（朱文懿公文集4/1）
送夢山楊公詔許榮歸序（遵巖園集選13/1）
送冢宰夢山楊公致仕敍（穀城山館文集4/7）
壽太宰夢山楊公七十敍（同上3/4）
賀太宰夢山楊老先生九十存問敍（同上8/1）
冢宰楊夢翁奉詔優存彙開九袠序（來禽館集9/19下）
夢山楊公墓誌銘（蒼霞續草12/1）
掖垣人鑑14/19
明史225/6下

父楊光祖（1479—1551）字克孝，號坦庵。
坦庵楊公墓誌銘（雙江聶先生文集6/21下）

楊鐸，薊州人。永樂中官給事中，調江西星子知縣，仕終廣東參政。
掖垣人鑑3/19下

楊鐸字文振，河南原武人。宣德八年進士，授大理左評事，詳讞平恕，遷陝西僉事，進右參政，屢調雲南左參政致仕。
國朝獻徵錄102/17祥符文獻志傳

楊瓚，蠡縣人。永樂二十二年進士，知趙城縣，課績爲山西最，擢鳳陽知府。正統十年擢浙江右布政使，景泰初瓚以湖州諸府官田賦重，請均之，田賦稱平，久之卒於官。
明史列傳43/7
明史161/13

楊瓚字廷器，山東壽張人。正統十三年進士，除兵科給事中，天順間累陞吏科都給事中，終陝西右參議。
掖垣人鑑4/5下

楊觀光字用賓，招遠人。崇禎進士，官至少詹事，善畫山水，方爲贊善時，嘗進睿養圖，其說皆舍實踐而談微妙，非啓廸引翼之道。

明史輯略紳志略從逆諸臣

楚

楚智，驍將，洪武中數從馮勝、藍玉出塞有功，歷陞都指揮使。建文中從李景隆討燕，戰輒奮勇，北人望旗幟股栗。夾河之役，被執不屈死。

國朝獻徵錄110/5忠節錄傳

革朝遺忠錄下/28

遜國正氣紀6/28

皇明表忠紀5/12下

吾學編53/6下

明史列傳20/7

明史142/8

楚煙字非烟，曹州人。舉進士，歷官戶部主事，解職歸。崇禎十五年清兵陷曹州，力抗，子鳳苞以身翼之，皆被殺。

明史291/22

楚銓字汝安，河南杞縣人。洪武二十年舉人，任刑科給事中，陞刑科都給諫。

掖垣人鑑8/2

袭

袭壤字本厚，慈谿人。弘治六年進士，授行人，陞工部員外郎，遷郎中，擢福建右參議。

送福建布政司右參議袭君本厚序（費文憲公摘稿11/46下）

達

達雲，涼州衞人。勇悍饒智略，萬曆中累官西寧參將，破土酋永邵卜有功，進都督同知。歷鎮延綏甘肅，收復松山，拓境五百里，累加太子少保。雲爲將，先登陷陣，所至未嘗挫衂，名震西陲，爲一時邊將之冠。

明史列傳89/23下

明史239/19下

靳

靳貴（1464—1520）字充道，號戒菴，丹徒人。弘治三年進士，授編修，歷官至武英殿大學士。性靜重簡默，不輕臧否，對客論事，恆不盡其辭。及立朝，侃侃正言，略無顧忌。居家簡約，嘗作師儉堂以示子孫，卒年五十七，諡文僖。有戒菴文集。

送靳充道敍（柴墟文集7/2下）

師儉堂記（中峰文選2/13）

代六卿祭戒軒靳公文（陽峰家藏集31/7）

祭相國靳老先生文（少華山人文集13/15）

祭戒軒靳公文（湘皋集33/9下）

祭靳文僖公文（王文恪公集31/23下）

靳公墓誌銘（王鏊撰、國朝獻徵錄15/66）

殿閣詞林記2/26

父靳瑜（1411—1482）字廷璧，官溫州府經歷。

靳公行述（費文憲公摘稿16/38）

靳君遷葬墓誌銘（懷麓堂文後稿27/7下）

老先生傳（羅文肅公集12/1）

母范氏，卒年九十。

壽靳母太孺人序（羅文肅公集10/19）

靳太夫人哀詞（柴墟文集10/13）

靳太夫人哀詞并序（泉翁大全集14/5）

妻□氏

祭靳夫人文（王文恪公集31/24）

靳義字原禮，淇縣人。由太學生解褐，累遷監察御史。永樂初出按畿輔，糾貪墨，決疑獄，吏民畏服。日惟蔬食，無取於民。時皇太子居守北京，賜魚米旌其廉。尋遷湖廣按察司副使，奏劾奸貪，風裁肅然。

國朝獻徵錄88/78實錄本傳

明史124/10下

靳聖居字淑孔，長垣人。崇禎元年進士，歷知濟源萊陽二縣。屢謫，復起慶陽推官，擢刑部主事，未行，城陷於賊，被執，罵不絕口死。

明史294/20

靳學會（1516—1564）字子魯，濟寧人，學顏弟。嘉靖二十三年進士，歷知潁州、鳳陽，官至山西按察副使，有治績。

弟子魯墓誌銘（靳兩城先生集18/19）

靳學顏（1514—1571）字子愚，號兩城，濟寧人。嘉靖十四年進士，授南陽推官，以廉平稱。入爲太僕卿，巡撫山西，應詔陳理財萬餘言，言甚切至。改吏部右侍郎，以首輔高拱專恣，謝病歸，隆慶五年卒。有兩城集。

兩城先生全集序（弗告堂集20/3下）

贈郡伯兩城靳先生之任吉安序（龍江集3/2下）

贈靳兩城郡公考績序（石蓮洞羅先生文集17/4下）

國朝獻徵錄26/50實錄傳

父靳顯（1481—1565）字孔彰，號鳳灣，官引禮舍人。

先考合葬墓誌銘（靳兩城先生集18/21）

葛

葛守禮（1505—1578）字與立，號與川，德平人。嘉靖八年進士，官禮部郎中，累遷戶部尙書，奏定國計簿式，夙弊以淸。時徐階、高拱、張居正更用事，交相傾軋，守禮周旋其間，正色獨立，人以爲難。歷刑部，官至左都御史，年七十四卒，諡端肅。有端肅公集。

送與川葛公承恩東歸序（條麓堂集23/1）

賀大中丞與川葛公誕辰敍（湫𣵠堂文集6/1）

送大中丞與川葛老先生致仕序（萬文恭公摘集5/25下）

平昌葛端肅公家乘集古法書序（來禽館集6/28）

少保雨川葛翁行歷圖像序（弇州山人四部稿69/7下）

祭葛端肅公文（少司馬谷公文集前集/28）

祭少保葛端肅公文（馬文莊公集選9/3下）

端肅葛公墓表（賜閒堂集22/1）

葛端肅公神道碑銘（穀城山館文集25/28下，國朝獻徵錄54/118）

葛公墓志銘（復宿山房集23/14）

名山藏臣林記26/16下

明史214/12

妻王氏，卒年九十。

壽葛太夫人八十敍（穀城山館文集3/20下）

葛大母傳（來禽館集12/10下）

子葛引生（1526—1567）字長伯，號東山

東山葛君暨配靳氏合葬墓誌銘（少司馬谷公文集前集/22）

葛廷章（1504—1548）字朝憲，號柳泉，蘭州人。嘉靖十七年進士，由行人選戶科給事中，陞鳳陽府知府，仕終江西副使，卒於官，年四十五。

葛公墓志銘（許穀撰、國朝獻徵錄86/86）

披亘人鑑13/46

葛林字茂林，錢塘人。善小兒醫，成化中充太醫院官。武宗在襁褓，㾷作，召林醫治，一匙而愈。累官太醫院判卒。有杏塢秘訣。

名山藏101/15下

葛昕字幼明，號龍池，德平人，守禮孫。由都督府都事遷工部屯田司郎中，風節侃侃不阿，官至尙寶卿。爲文疏爽儁快，有集玉山房稿。

葛公行狀（來禽館集19/8）

祭尙寶司卿龍池葛公文（同上20/17下）

葛浩（1461—1552）字天宏，號兩溪，上虞人。弘治九年進士，官御史，正德初帝允司禮中官高鳳請，令其從子得林掌錦衣衞，浩爭之不聽，坐削籍。劉瑾復誣以他事，逮杖闕下。瑾誅，起知邵武府，嘉靖中歷官兩京大理卿，自劾致仕歸，年九十二卒。

送兩溪葛公應召入掌大理序（張文定公紆玉樓集4/16）

送大廷尉葛兩溪先生得請致仕還鄉序（泉翁大全集21/11下）

賀大理卿兩溪葛公九十壽序（袁文榮公文集4/7）

大理寺卿葛浩祭葬（歐陽南野文集15/6下）

葛公神道碑（姚江孫月峯先生全集10/100）

葛公墓志銘（瞿景淳撰、國朝獻徵錄68/23）

明史188/9

葛素字叔繪，湖廣咸寧人。洪武中官工科給事中，母喪服闋，將赴京，時楚藩侵斧

頭湖爲梟雁池，旗校橫甚，素以計縛其用事者十人，欲與詣闕，王恐，遣使請還所侵，咸寧民賴之。

掖垣人鑑9/6下

葛哲字明仲，崑山人。世業儒，尤精醫藥，宣德初以薦授荆府良醫，著有保嬰集。弟濬亦善醫，時稱二葛。

崑山人物志8/6

葛哩麻，烏斯藏人。成祖聞其名，遣使迎至京，封如來大寶法王、西天大善自在佛，性樂林泉，奏辭遊五臺，遣使衞送，命修大顯通寺居之，永樂六年卒。

補續高僧傳19/21

葛清隱，江西廬陵人。初自樂舞生擢爲山川壇奉祀，陞太常寺丞，清眞端厚，熟於典禮。後坐累改禮部主事，以老致仕。

國朝獻徵錄35/89無名氏撰傳

葛寅亮字水鑑，號屺瞻，錢塘人。萬曆二十九年進士，歷南京禮部郎中，出爲福建參議，改湖廣，晉副使，提督學政，天啓中終南京尚寶司卿。有四書湖南講、金陵梵刹志。

憲使屺瞻葛公頌德碑（蒼霞餘草1/15）

葛乾孫字可久，長洲人，應雷子。生有奇氣，貌偉特，好擊刺戰陣法。後折節讀書，兼通陰陽律曆星命之術。屢試不售，乃傳父業，然不肯爲人治疾，治輒著奇效。

國朝獻徵錄78/102無名氏撰傳

皇明世說新語6/18下

明史299/3

葛覃（1482—1534）字延之，號釜陽，磁州人。正德九年進士，授樂淸縣令，歷戸部郎，出知平陽府，官至陝西按察副使，卒年五十三。

送葛平陽序（涇野先生文集6/4）

葛公墓志銘（洹詞10/24，國朝獻徵錄94/77）

葛進，建文中歷官河南都指揮使，充偏將。靖難兵至藁城，時進爲先鋒，率步騎萬人渡滹沱河。半渡，李遠擊之，進見遠兵稍退，繫馬林間，急鼓衆擊遠，遠大敗，脫身走。靖難後坐死，宥之，掌寧夏衞事。

吾學編59/4下

葛滂字天恩，上虞人。博極群籍，教授鄉里，門下多材士。嘗以父母多疾病，究心醫藥，精東垣丹溪之術，人稱爲垣溪先生，卒年七十八，門人私謚曰貞素。

貞素先生傳（謝海門集15/8）

葛嵩（1437—1503）字惟高，號雪岑，北京人。嘗治擧子業，已而棄去，以薦出贊大同幕府，有功當授武階。嵩欲以武易文，不果，遂去而商於淮陽間，擁鉅資歸，以輸粟得旗手衞正千戸。嵩好法書名畫及古奇器，有所見輒傾囊求之。廣交遊，公卿大夫士多樂與之遊，有鄭當時陳孟公之遺風。弘治十六年卒，年六十七。

雪岑葛惟高墓誌銘（湘臯集29/5）

葛嵩（1448—1513）字鍾甫，號支菴，無錫人。弘治十二年進士，由行人擢禮科給事中，閱薊州軍儲，核貴戚所侵地歸之民。武宗時以瞽瞽弊力抗權倖，請出先朝宮人，罷馳騁射獵，因劾魏國公徐俌，又偕九卿請誅劉瑾，瑾斥爲奸黨，罷歸卒，年六十六。

葛君墓志銘（泉齋勿藥集4/12下，國朝獻徵錄80/49）

掖垣人鑑11/19

明史列傳58/3

明史188/4

葛誠，未詳何許人。擧進士，洪武末爲燕府長史，嘗奉王命奏事京師，帝問府中事，誠具以實對。遣還，王佯病，將爲變，又密疏聞於帝。及張昺、謝貴將圖王，誠與護衞指揮盧振約爲內應，事敗被殺，夷其族，福王時謚果愍。

國朝獻徵錄105/15忠節錄傳

吾學編52/12下

皇明表忠紀4/15

聖朝名世考4/30

遜國正氣紀5/16下

明史列傳20/4

明史142/5下

葛鴻字子中，宣府右衞籍湖廣羅田人。

正德十六年進士，由庶吉士授刑科給事中，陞貴州銅仁知府，卒于官。

掖垣人鑑13/6

葛應雷字震甫，長洲人。以醫名，時北方劉守眞、張潔古之學未行於南。有李姓者，中州名醫，官吳下，與應雷談論，大駭服，因授以劉張書，自是江南有二家學。著有醫學會同。

國朝獻徵錄78/102李濂撰傳

葛曦字仲明，號鳳池，昕弟，德平人。萬曆十一年進士，選庶吉士，官翰林院檢討。有葛太史集。

祭葛太史鳳池文（穀城山館文集33/9）

祭檢討葛仲明暨配任孺人文（來禽館集20/5）

萬

萬大成，陝州人。歷官淮安同知致仕，崇禎十五年李自成陷陝州，投井死。

明史293/11下

萬士亨字思通，號希菴，宜興人，士和兄。嘉靖二十年進士，官吏部員外郎，二十五年卒。

希菴萬君行狀（萬文恭公摘集9/32下、國朝獻徵錄26/102）

毘陵人品記9/20

萬士和（1516—1586）字思節，號履菴，宜興人，吉子。嘉靖廿年進士，隆慶中以禮部左侍郎引疾歸。萬曆初起爲禮部尚書，條上崇儉等事，多犯時忌。卒以積忤張居正，謝病去。居正沒，起南禮部尚書，不赴，年七十一卒，謚文恭。有履菴集。

壽大宗伯履菴萬公序（方麓居士集4/26）

奉送大宗伯履菴萬先生予告歸宜興叙（松石齋集9/9）

祭萬文恭公文（陸文定公集12/5下）

萬公行狀（天遠樓集19/1）

萬公神道碑銘（賜閒堂集21/1，國朝獻徵錄24/46）

萬文恭公墓誌銘（王文肅公文草8/1）

毘陵人品記9/20

明史列傳76/1

明史220/1下

妻張氏（1520—1591）

張氏墓誌銘（天遠樓集15/12）

萬文英字仲實，南昌人。崇禎進士，爲鳳陽推官，賊破城時，文英臥病，賊索之。子元亨字爾嘉，小字芳生，年十六，出門呼曰，我即官也，賊縶之。顧見其師萬師尹，亦被縶，紿賊曰，若欲得者官耳，何縶此賤吏，賊遂釋之。元亨乃極口大罵，賊怒，斷頸死，文英獲免。福王時起禮部主事，丁艱不赴。唐王授兵部員外，監黃道周諸軍，協守廣信，諸軍敗於鉛山，文英舉家赴水死。

啓禎野乘14/18

明史278/12，292/8

萬元吉字吉人，南昌人。天啓五年進士，授潮州推官，崇禎中以督師楊嗣昌薦，爲大理右評事，軍前監紀，嗣昌倚若左右手，丁內艱歸。福王時擢太僕少卿，監軍江北，南京失，走歸唐王，拜兵部右侍郎，總督江西湖廣諸軍，守贛，城破，赴水死。

明史278/4

萬木，新建人。寧王宸濠黨與暴鄉里，木與鄉山擒而懲之，自是不敢犯。後爲濠黨騙致，見宸濠，烙而椎之，罵賊死。

名山藏臣林記16/24下

明史289/25

萬化孚（1571—1630）山西偏頭關人，世德子。年十六襲偏頭所指揮，歷守寧武大同，陞副總戎。遼西之役，調守密雲，以功晉都護，崇禎三年卒，年六十。

萬都護墓誌銘（七錄齋文集4/49）

萬玉山，初名福敎，羅田人。嘗棄儒出家，釋名道璣。邑令某器之，與爲方外友，且勸其蓄髮爲羽士，於是自號玉山，深味丹經，旁通風角堪輿奇門符水，而尤精於醫。繪竹蘭淸逸有韻，語人禍福多奇中，嘉靖中贈號淸微神霄演法眞人。

名山藏102/13

萬世德字伯修，山西偏頭關人。隆慶二年進士，授南陽知縣，歷元城、寶坻，皆以能名。生有膂力，知兵法，喜騎射，歷西寧兵備僉事，遇敵入邊，每戰皆捷。時出塞擣其巢穴，累遷右布政。倭犯朝鮮，以僉都御史經理朝鮮，大敗倭兵，特命總督薊遼。在任寬大簡重，以息兵寧人爲要務，卒官。有海防奏議。

賀中丞丘澤萬公征倭功成叙（穀城山館文集6/4下）

送大中丞山西萬公經理朝鮮序（少室山房類稿84/4）

萬安字循吉，眉州人。正統十三年進士，選庶吉士，授編修，景泰初以易儲遷左春坊司直郎。成化中以禮部左侍郎入內閣，參機務。安無學術，既柄用，惟諂事萬貴妃結諸閹以自固，進吏部尚書、華蓋殿大學士。孝宗嗣位，以進房中術書，爲言者交劾，惶遽乞休去，道中獨望三台星，冀徵用，弘治二年卒，諡文康。

國朝獻徵錄13/71實錄傳，又13/73弇州別記傳

殿閣詞林記2/6

守溪筆記×/16

皇明世說新語8/7下

明史列傳40/13

明史168/10

萬衣（1518—1598）字章甫，號淺原，潯陽人。嘉靖二十年進士，官至河南布政使，卒年八十一。有草禹子。

萬先生集序（大泌山房集11/31）

萬淺原先生墓誌銘（大泌山房集79/1，又草禹子8/36）

繼室楊氏（1536—1604）

楊氏墓誌銘（趙師尹撰、草禹子8/45下）

萬吉（1482—1544）字克修，宜興人，士和父。以貢爲桐廬訓導，夙夜勸課，深明義利之辨，諸生皆知振拔，致仕歸，學者咸尊事之，稱古齋先生，卒年六十三。

先考古齋翁行略（萬文恭公摘集9/21）

萬古齋公傳（荆川先生文集16/26下，國朝獻徵錄85/89）

毘陵人品記9/11

皇明世說新語1/17

妻李氏（1482—1551）。

萬母淑人李氏記述（萬文恭公摘集9/29下）

萬母李太淑人傳（陸文定公集8/8）

萬廷言字以忠，號思默，南昌人，虞愷子。受業王守仁，湛深儒術，尤精於易，登進士第，歷禮部郎官，出爲提學僉事，罷官歸。杜門三十餘年，專以修學明道爲務。

明儒學案21/6下

萬邦孚字汝永，號瑞巖，鄞縣人。少爲諸生，嗣世職爲指揮，累遷至左軍都督府僉事，鎮福建。邦孚有文武才，所在著功績，天啓末引疾歸，卒於家。

萬公墓表（南雷文案5/1）

萬表（1498—1556）字民望，號鹿園，定遠人。世襲寧波衞指揮僉事，正德十五年武會試及第，仕至漕運總兵，僉書南京中軍都督府。表督漕日久，於國計贏絀，河流通塞，靡不曉暢，且通經術，熟先朝典故，所著書甚夥，武臣中通儒學者，以表爲著，卒年五十九。有海寇議、玩鹿亭稿、萬氏家鈔濟世良方、灼艾集。

送萬侯民望榮遷都閫序（張文定公紆玉樓集6/28）

萬公行狀（龍谿王先生全集20/15）

鹿園萬公墓志銘（焦氏澹園集28/20，國朝獻徵錄107/79）

明史列傳60/9下

明儒學案15/1

母王氏

萬母王氏墓誌銘（張文定公寰悔軒集10/1）

萬英字子俊，福建邵武人。弘治十五年進士，由中書舍人選兵科給事中，陞池州知府。

掖垣人鑑12/15下

萬恭（1515—1591）字肅卿，號兩溪，南昌人。嘉靖廿三年進士，累遷至兵部侍郎，上選兵議將練兵車火器諸事。巡撫山西，擊寇有功。後與朱衡總理河道，築長堤，濬高寶諸湖，河患以戢。恭強毅敏達，一時稱才臣。治河三年，言者劾其不職，罷歸卒，年七十七。

萬公墓誌銘（鄧定宇先生文集4/1）

明史列傳78/8

明史223/10

母胡氏

胡氏墓志銘（世經堂集18/48下）

萬泰（1598—1657）字履安，晚自號悔庵，鄞縣人，邦孚子。崇禎舉人，官戶部主事，與陸符齊名。其詩兼史事，寧波文學風氣，泰實開之。入清，以遺民終。子八人，斯年、斯程、斯禎、斯昌、斯選、斯大、斯備、斯同，皆受業黃宗羲之門，稱高座弟子。

萬悔菴先生墓誌銘（南雷文案6/1）

祭萬悔菴文（同上10/25）

萬履安先生年譜（王煥鑣撰、國學圖書館第五年刊）

萬祥（1448—1516）字世和，號致齋，廣西藤縣人。成化二十三年進士，授南京監察御史，論事無所避，擢江西按察僉事，以怨致謗，被劾致仕，卒年六十九。

萬君墓誌銘（容春堂集14/2下）

萬惟壇，曹縣人。以貢生歷官保康知縣，崇禎十五年李自成陷城，與妻李氏俱死之。

明史294/4

萬國欽字二愚，新建人。萬曆十一年進士，授婺源知縣，徵拜御史，言事慷慨，不避權貴。以抗疏劾申時行，謫劍州判官，終南京刑部郎中。

明史列傳84/2下

明史230/3

萬國樞字環中，南昌人，恭曾孫。祖安禮，幼而好通習符法，國樞襲祖之術，除妖祈雨，率神奇靈驗。

萬尊師傳（牧齋初學集71/6下）

啓禎野乘14/31

萬琛字廷獻，宣城人。慷慨負氣節，成化中舉於鄉，弘治中知瑞金縣，劇盜大至，率民兵迎敵，力屈被執，罵不絕口死。

明史289/14

萬盛字巽夫，宜興人。由歲薦授九江推官，以公廉自矢，剛直爲儕輩所重，乞休卒，年八十三。

毘陵人品記8/6下

萬發祥，名養正，以字行，號瑞門，新喻人。歷官翰林院編修兼兵科給事中，崇禎十六年張獻忠破贛州，被戮死。

明史278/3下

萬貴，山東諸城人，憲宗萬貴妃父。歷錦衣衛指揮使，頗謹飭。子喜、通、達並驕橫，貴輒戒其毋妄費，曰官所賜，皆著籍，他日復宣索，汝曹將重得罪。諸子笑以爲迂。成化十一年卒。

國朝獻徵錄109/2實錄本傳

萬貴妃，諸城人，四歲選入掖庭，及長，侍憲宗於東宮。憲宗年十六即位，妃已三十有五，機警善迎帝意，譖廢皇后吳氏。六宮希得進御，掖庭御幸有身，飲藥傷墜者無數。孝宗生母紀淑妃之死，實妃爲之。成化末暴疾卒。

明史113/21下

萬象春字仁甫，號涵台，無錫人。萬曆五年進士，選庶吉士，授工科給事中。久在諫垣，前後七十餘疏，多關軍國計。出爲山東參政，歷山西左布政，以右副都御史巡撫山東，忤中使陳增奪俸，引疾歸。

贈都諫涵台萬君擢山東大參序（紫園草2/21）

掖垣人鑑16/15下

明史列傳81/26下

明史227/19

父萬龍山（1533—1589）字與楨。

萬公暨配周氏合葬墓志銘（歸有園稿7/8）

萬翁暨配周孺人傳（賓應集17/3下）

萬祺字維壽，號樸菴，南昌人。精星曆，以掾授鴻臚寺序班，超擢吏部主事。石亨謀復辟，祺以祿命之說力贊之。英宗復位，以亨薦擢郎中，成化末累遷工部尙書。祿由掾吏列六卿，物論不平，然能自謙約，以功名終，成化二十年卒。

樸菴記（彭文思公文集4/25下）

太子少保工部尙書萬公輓詩序（彭文思公文

集3/11下）

樸菴詩序（懷䔥堂文稿5/9）

國朝獻徵錄50/16 實錄本傳，又115/110 楊廉撰傳

兄萬太簡

送萬君太簡還南昌序（呂文懿公全集6/1）

萬廉字廷介，鉛山人。弘治十二年進士，授大理寺評事，陞寺正，擢廣西按察僉事。

送廣西按察司僉事萬君廷介序（費文憲公摘稿11/48）

萬義顯字祖心，鄞人，寧波衞指揮僉事鍾女。幼貞靜，善讀書。兩兄皆襲世職戰死，竟無期功之親，兩嫂陳氏、吳氏皆盛年孀居。吳遺腹，產一子，名全。義顯矢不嫁，共撫之，卒底成立。全嗣職，傳子孫，皆奉姑訓惟謹。年七十餘卒。

明史301/9下

萬敬宗，南昌人。以貢生授光化知縣，以死自誓，崇禎十五年李自成兵薄城，遂自盡，賊義之，引去，城獲全。

明史294/3下

萬虞愷（150?—1588）字懋卿，號楓潭，南昌人。嘉靖十七年進士，擢南京兵科給事中，出爲山東參議，歷右副都御史，總督漕儲，所至著政績。終刑部右侍郎，卒年八十四。虞愷敦朴有行義，不務爲名高，一時推爲長者。

賀邑侯萬楓潭獎勸序（王具茨文集4/7）

送貴州參政楓潭萬公之任序（甓岡公文集17/9）

贈萬憲長楓潭擢福建方伯序（周叔夜先生集7/20下）

南昌二溪萬氏族譜序（遯巖先生文集10/73下）

祭少司寇楓潭萬公文（衞陽集12/4）

萬公行狀（鄧定宇文集4/48）

萬公墓誌銘（王文肅公文草10/12，國朝獻徵錄46/90）

萬福（1447—1522）字季崇，江西進賢人。成化廿三年進士，授兩淮轉運副使。擢南京刑部員外郎，陞郎中，以平恕聽斷，不尚刻核。弘治十八年出知金華府，劉瑾亂政，嫉而致仕歸，年七十六卒。

送萬太守福之金華序（楓山章先生文集7/21）

萬公配淑人饒氏合葬墓誌銘（費文憲公摘稿18/21）

萬壽祺（1603—1652）字年少，徐州人。崇禎舉人，入清後儒衣僧帽，往來吳楚間，世稱萬道人。工詩文，善畫，仕女及白描人物尤佳，兼精篆刻書法。有隰西堂集。

萬年少年譜一卷、羅振玉撰、永豐鄉人雜著本

萬年少先生傳（永豐鄉人藁雪窗漫稿×/5下）

萬潮（1488—1543）字汝信，號立齋，進賢人，鏜從子。正德六年進士，由寧國推官入爲禮部主事，諫武宗南巡，廷杖除名。與舒芬、夏良勝、陳九川稱江西四諫。世宗即位，起故官，歷僉憲浙江，屢遷右副都御史，巡撫延綏，所至著聲。卒於官，年五十六。

敘別萬汝信（東州初稿2/39）

賀憲學萬立齋先生榮遷序（張文定公紆玉樓集5/6）

萬公墓碑（不著撰人、國朝獻徵錄62/14）

明史列傳59/16下

明史189/16

萬燝字闇夫，南昌人，恭孫。少好學，砥礪名行。舉萬曆四十四年進士，官至工部主事，疏劾魏忠賢，忠賢大怒，矯旨廷杖，絕而復甦。群奄更肆蹴踏，越四日卒，崇禎間追諡忠貞。

名臣諡議（公槐集6/15下）

啓禎野乘5/50

天啓崇禎兩朝遺詩小傳1/33

明史245/18下

萬鵬字汝南，武進人。嘉靖三十二年進士，令松陽，調新昌，會倭夷入犯，練兵築城，竟以勞瘁成疾卒。

毘陵人品記10/5下

萬鏜（1485—1565）字仕鳴，號治齋，進賢人，福子。弘治十八年進士，授刑部主事，嘉靖中累官南京右都御史，言事被斥，

【十三劃】萬

家居十年。嚴嵩柄政，援引之，官至吏部尚書，每事委隨，頗通饋遺，卒爲趙文華所排，黜爲民，久之卒，年八十一，有治齋集。

送太常少卿萬治齋歸省序（梓溪文鈔外集3/6下）

送太常寺少卿萬士鳴歸省序（紫巖文集27/3）

誥勅南京都察院右都御史萬鏜（顧文康公文草卷首30下）

送治齋萬公南歸序（涇野先生文集9/1）

太宰治齋相公壽七十序（靳兩城先生集14/1）

萬公行狀（萬浩撰、國朝獻徵錄25/42）

四友齋叢說10/9下

明史列傳69/20下

明史202/16

萬觀（1387—1450）字經訓，南昌人。弱冠擧永樂十九年進士，授御史，改知嚴州府。七里瀧有漁舟數百，時剽行旅，觀編十舟爲一甲，令畫地巡警，不匝月盜屏跡。乃勵學校，勸農桑，治行爲天下第一，累擢山東布政使卒，年六十四。

送萬太守序（王文端公文集25/8下）

萬公墓誌銘（王文端公文集33/8下，國朝獻徵錄95/1）

明史281/9下

葉

葉子奇字世傑，號靜齋，浙江龍泉人。從王毅游，聞理一分殊之旨，知聖賢之學，以靜爲主。以薦授巴陵主簿。有草木子、太玄本旨、靜齋集。

葉子奇傳（曝書亭集63/10）

名山藏95/6

葉小鸞(1616—1632)字瓊章，一字瑤期，吳江人，紹袁幼女。貌姣好，工詩，字崑山張氏，年十七將嫁而卒，七日乃就木，擧體輕軟，家人咸以爲仙去。有集曰返生香。

季女瓊章傳（午夢堂集鸝吹集×/160下）

葉小鸞傳（獨學盧三稿5/1）

啓禎野乘15/10

葉文榮，海寧人。性孝友，弟殺人論死，母日悲泣不食，文榮患之，遂詣官服殺人罪，弟得釋而文榮坐死。

明史297/3下

葉天球（1480—1527）字良器，號硯莊，一號礪齋，婺源人。正德九年進士，授戶部主事，屢遷郎中，陞東昌知府，作團甲法，每數十戶爲一團，擇民有行義者總之，稽其丁業，民恃以安。進河南、四川參政。卒年四十八。

葉公墓誌銘（涇野先生文集25/13，國朝獻徵錄98/30）

葉君墓表（紫巖文集43/1）

葉公墓碑（息園存稿文6/3下）

葉汝萓字衡生，會稽人。由擧人官兵部主事，清兵下紹興，汝萓與妻王氏出居桐塢墓所，並赴水死。

明史276/6

葉向高（1559—1627）字進卿，號臺山，福清人，朝榮子。萬曆十一年進士，選庶吉士，累官吏部尚書，兼東閣大學士。數陳時政得失，帝不能用，遂乞休歸。光宗立，召爲首輔。天啓改元，魏忠賢擅政，欲興大獄，憚向高舊臣，不敢逞，善類賴以保全。已知時事不可爲，力求去位，忠賢遂日肆羅織，善類爲之一空，卒年六十九，諡文忠。有説類、葉臺全集。

少師臺山先生六十序（獺眞草堂文集10/36）

賀葉相公奏最（曼衍集5/19）

賀元輔葉臺翁秩滿序（寶日堂初集9/1）

葉少師集序（大泌山房集10/9下）

雲山家譜叙（穀城山館文集12/14下）

啓禎野乘1/1

蘧編（自撰年譜）二十卷明崇禎間刊本

明史240/1

葉兌字良仲，浙江寧海人。以經濟自負，尤精天文地理卜筮之學。元末以布衣獻書太祖，列一綱領三目，言天下大計。太祖奇其言，欲留用之，力辭，賜銀幣襲衣以歸。後數歲削平天下，規模次第，略如兌言。

國朝獻徵錄116/5赤城論諫錄傳

明史列傳14/3

明史135/2下

葉良佩字敬之，台州太平人。嘉靖二年進士，官至刑部郎中。有周易義叢、海峰堂集。

贈葉敬之考績序（涇野先生文集7/18）

外祖母符氏

符節婦九十壽序（石龍集12/13）

父葉釗字利卿，號存古，卒年四十。

葉封君符安人合葬墓碣銘（石龍集26/10）

母符氏（1467—1536）

賀葉太安人受封序（石龍集12/13下）

葉伯巨字居昇，浙江寧海人。通經術，以國子生授平遙訓導。洪武九年爲萬言書，言分封太侈，求治太急，用刑太繁。書奏，帝大怒，謂其離間骨肉，詔逮繫刑曹問狀，病死獄中。後燕王稱兵，人以伯巨爲先見。福王時追諡忠愍。

讀葉居昇傳（蘿山文集13/12下）

葉伯巨鄭士利傳（遜志齋集21/482下，國朝獻徵錄113/13）

皇明書19/22

名山藏臣林記4/41下

明史列傳16/10

明史139/2

葉廷秀字謙齋，濮州人。天啓五年進士，崇禎中歷南京戶部主事，黃道周逮下獄，廷秀抗疏救之，遣戍福建。廷秀受業劉宗周門，爲高第弟子，與道周未相識，冒死論救獲重罪，處之帖然，道周深服其養。福王時召爲僉都御史，南都覆，唐王召拜左僉都御史，進兵部右侍郎，事敗，爲僧以終。有西曹秋思、詩譚。

明史列傳86/16

明史255/30下

葉希賢，一名雲，松陽人。洪武中舉賢良，任御史。靖難之變，從亡在外，削髮爲僧，號雪菴和尚。好事者異之，爲建剎於蜀重慶之松柏灘，朝夕誦經咒，其徒諦聽之，則易之乾卦也。時有補鍋匠，亦毀形韜迹，往來隆安里，佯狂以死，蓋與希賢爲僚友，同出亡者。有雪菴集。

葉希賢傳贊（鳳州筆記4/17下）

吾學編56/9

革朝遺忠錄下/32下

皇明表忠紀6/6下

遜國正氣紀2/16下

遜國神會錄下/14下

補續高僧傳25/12

明史列傳20/19下

明史141/10

葉宗行，名宗人，以字行，松江華亭人。永樂間以諸生言事稱旨，擢知錢塘縣，均徭役，簡訟詞，自奉甚儉，時稱錢塘一葉淸。後督工匠往營北京，道卒。

先進舊聞（敬日堂初集22/8下）

名山藏臣林記6/53下

國朝獻徵錄85/63無名氏撰傳

明史281/10

葉宗茂，新安人。元末淮兵起，蹂躪郡邑，宗茂從鄉兵奮禦稱能，明太祖定江南，宗茂以薦知婺源州，民安其撫字之政。後遣使督造戰船，尋罷去，謫濡須，未幾卒，年四十四。

國朝獻徵錄87/1朱升撰紀故葉太守宗茂事

葉初春字處元，吳縣人。萬曆八年進士，除順德知縣，以治行徵，授禮科給事中。李献可因請豫教元子得罪，初春疏救之，與崑山張棟、長洲沈之佳並斥，時稱吳中三諫。

明史列傳84下/28

明史233/8

葉忠（1482—1530）字一之，號山南，臨海人。正德六年進士，授重慶推官，擢監察御史，巡按江西南四郡。宸濠之亂，遠近騷動，忠陰爲之備，檄言誓死無二。事定，民爲立祠祀之。屢官至福建按察僉事，卒年四十九。有行臺稿、諫垣稿、山南集。

送葉君一之被召序（東川劉文簡公集5/1）

送葉一之序（石龍集11/3）

葉公墓誌銘（王度撰、國朝獻徵錄90/89）

祖母□氏

壽葉母太孺人九十序（息園存稿文3/24）

葉旺，六安人。初隸長槍軍謝再興爲千戶，再興叛，旺自拔歸。從北征，積功至指揮僉事。洪武初與馬雲並鎮遼東，大破納哈出於連雲島，以功爲後軍都督府僉事。遼東有警，命還鎮，尋卒。旺在邊凡十七年，翦榛棘，修城隍，建立官府，撫輯軍民，墾田萬餘頃，遂爲永利。

名山藏臣林紀3/34下
明史列傳17/1
明史134/3下

葉昇，合肥人。左君弼據廬州，自拔歸。以右翼元帥從太祖征江州，取吳，定明州，洪武初論功僉大都督府事。從湯和以舟師取蜀越，出爲都指揮使，鎮守西安。西番叛，與都督王弼征之，降乞失迦，復討平延安伯顏帖木兒，擒洮州番酋，論功封靖寧侯，鎮遼東，洪武廿五年，坐胡惟庸黨誅死。

吾學編18/42
皇明功臣封爵考6/56
名山藏41/21
明史列傳8/20下
明史131/16下

葉洪字子源，號洞菴，德州人。嘉靖八年進士，任工科右給事中，汪鋐遷吏部尚書、洪極論其奸，鋐修怨，坐洪浮躁，十二年貶寧國縣丞，尋奪職。

葉司諫丞寧國序（海石先生文集19/6）
答葉給事中字義（陽峰家藏集26/35下）
掖垣人鑑13/16
明史206/29

子葉夢林（1524—1595）。

葉夢林暨配常氏合葬誌銘（淡然軒集6/45）

葉相字良臣，號迂湖，江都人。弘治十五年進士，授金華推官，選刑科給事中，累湖擢廣左參政，仕至刑部左侍郎，致仕卒，年七十一。

葉公墓誌銘（不著撰人、國朝獻徵錄46/80）
掖垣人鑑12/13下

葉春（1370—1433）字景暘，海鹽人。警敏有才識，起掾吏。永樂初以薦授禮部主事，累官四川右參政。宣德中浙西蘇松諸路多贓吏奸豪，詔與大理胡槩巡察之，治事無私，擢刑部右侍郎，宣德八年卒官，年六十四。

國朝獻徵錄46/10無名氏撰傳，又楊士奇撰葉公墓誌銘
明史列傳36/3下
明史159/2下

葉春及字化甫，歸善人。隆慶初由鄉舉授教諭，上書陳時政三萬餘言，都人傳誦。遷惠安令，民感其德，尋引歸。以太常卿艾穆薦，起鄖陽同知，入爲戶部郎中卒。春及工詩文，有石洞集。

明史229/16下

葉茂才（1558—1629）字參之，號閒適，無錫人。萬曆十七年進士，累官南京太僕少卿，時朝士方植黨爭權，祭酒湯賓尹、修撰韓敬既敗，其黨猶力庇，茂才抗疏折之，竟自引去。天啓中起爲南京工部右侍郎，以時政日非旋謝病歸。友人高攀龍被逮，赴水死，使者將逮其子，茂才力救免之，未幾卒，年七十二。與顧憲成、顧允成、高攀龍、安希範、劉元珍、錢一本、薛敷，稱東林八君子。

蕪關葉公惟政碑（嬾眞草堂文集20/7下）
葉公神道碑（棘門集1/8）
葉公墓誌銘（牧齋初學集52/4）
石幢葉氏宗譜序（顧端文公集7/14）
名臣諡議（公槐集6/10）
啓禎野乘2/31
明史列傳85/26
明史231/23下
明儒學案60/8

葉信，浙江上虞人。弘治十五年進士，歷大理丞副，以抗禮忤劉瑾，瑾矯詔杖闕下，謫判濟州。再三起知泉州府，時閹勢張甚，每行府，自守以下皆易章服詭組繡郊迎，屈膝俯伏拜，獨信不爲屈。

國朝獻徵錄91/20徐渭撰葉泉州公傳

葉砥（1342—1421）字周道，一字履道，號坦齋，上虞人。有學行，洪武四年進士，除定襄縣丞，建文初爲翰林編修，修國史。改廣西按察僉事。永樂初坐修史書靖難事多微詞被逮，事白，仍與史事，改考功郎中。尋副總裁永樂大典，侍講東宮，請郡得饒

州知府，有惠政。卒於官，年八十。有坦齋文集。

葉公墓誌銘（王文端公文集34/7、坦齋文集附錄，又國朝獻徵錄87/7）

吾學編58/12下

葉時敏字志卿，號修自，福淸人。以孝廉授烏程教諭，歷知程鄉、永康，遷衢州同知，轉山東鹽運同知，以疾卒，時敏歷官二十載，淸約如寒士，每他徙，輒垂槖而去，士民皆泣送，所在俱有祠。

修自吳公傳（蒼霞餘草8/1）

葉時新字惟懷，號柳沙，休寧人。隆慶五年進士，由寧波推官選戶科給事中，以憂歸。

掖垣人鑑16/17

葉釗字時勉，江西豐城人。弘治十五年進士，除南京刑部主事，獄囚久淹，悉按法出之，進員外郎。武宗立，應詔陳八事，以劾中官爲主。劉瑾見疏憤甚，坐以斷獄詿誤削籍歸，講學江西。瑾誅，起禮部員外郎，未聞命卒。學者祀諸石鼓書院。

聖朝名世考6/24

明史列傳58/11下

明史189/8

葉添德字景達，建陽人。世以刻書爲業，嘗作室以貯古今書版，曰三峰書舍。

三峰書舍賦（楊文敏公集8/7下）

葉淇（1426—1501）字本淸，淮安山陽人。景泰五年進士，成化中累官大同巡撫。孝宗立，召爲戶部侍郎，進尙書，加太子少保。哈密爲土魯番所陷，守臣請納其遺民，淇寢其奏。奸民獻大名地爲皇莊，淇議歸之有司。凡居戶部六年，能爲國家惜財用，乞休歸卒，年七十六。

葉公墓誌銘（懷麓堂文後稿24/21）

國朝獻徵錄28/52潘塤撰傳

明史列傳53/3

明史185/3

葉紳字廷縉，吳江人。成化二十三年進士，除戶科給事中，歷禮科左給事中。弘治中太子年十七，猶未出閣，紳請擇講官敎諭。尋以修省陳八事，末言去大奸，專劾李廣，又極陳大臣恩蔭葬祭之濫，擢尙寶少卿卒。

掖垣人鑑10/29下

明史列傳55/21

明史180/29下

葉紹袁（1589—1648）字仲韶，號天寥道人，吳江人。天啓五年進士，官工部主事，不耐吏職，乞歸養。妻沈宛君，工詩。五子三女，並有文藻。一門之中，更相唱和，紹袁輯刻之，曰午夢堂詩文。乙酉之變，棄家爲僧，自號粟菴。有湖隱外史、甲行日注。

天寥道人自撰年譜三卷，嘉業堂叢書本，又中國文學珍本叢書本

葉逢春（1532—1589）字叔仁，餘姚人。嘉靖四十四年進士，出高拱門，初倅撫州，擢工部郎，歷廬州鄖陽知府，守郡日數擊強宗。家居絕請寄，孤行已意，年五十八卒。有工部集。

葉公墓誌銘（姚江孫月峰先生全集11/96，國朝獻徵錄89/54）

葉惠仲（1340—1403）初名見，以字行，臨海人。與兄夷仲並有文名，爲方孝孺所知，惠仲初任廣武衛知事，陞知縣，徵充史官，修太祖實錄，遷知南昌府，永樂元年坐直書靖難事，族誅，年六十四，後諡節愍。

皇明獻實8/7

吾學編56/22下

皇明表忠紀2/9下

遜國正氣紀3/11下

遜國神會錄上/13

革朝遺忠錄上/26

明史列傳20/11

明史143/9下

葉朝榮（1515—1586）字良時，號桂山，福淸人，向高父。隆慶間恩貢，官養利知州，卒年七十二。有詩經存固，芝堂遺草。

葉公墓誌銘（朱文懿公文集9/17）

葉琛字景淵，麗水人。元季從參政石抹

宜孫討寇有功，授行省元帥。歸明授督田司僉事，尋遷洪都知府，祝宗、康泰叛，琛被執，不屈死，贈南陽郡侯，福王時追諡貞肅。

皇明功臣封爵考8/54下
皇明世說新語4/10
明史列傳10/14下
明史128/13

葉盛 (1420—1474) 字與中，崑山人。正統十年進士，授兵科給事中，擢右參政，督宣府，協贊軍務。天順時以右僉都御史巡撫兩廣，督諸將擒瀧水猺鳳弟吉。成化四年擢禮部右侍郎，時議搜河套復東勝，盛力言不可，後師竟無功，人服其先見。轉吏部左侍郎，年五十五卒，諡文莊。有葉文莊奏議、水東日記及文集傳于世。

贈葉參政序（商文毅公集22/16下）
璽書錄序（韓襄毅公家藏文集10/7下）
菉竹堂記（弇州山人四部稿75/13下）
祭葉文莊公文（文溫州文集10/1）
巡撫宣府十二公傳（涇野先生文集34/7下）
葉公神道碑（彭時撰、國朝獻徵錄26/13）
名山藏臣林記11/1
皇明獻實24/2
吾學編34/6下
崑山人物志1/11下
皇明書21/2下
掖垣人鑑7/5
國琛集下/3下
聖朝名世考3/42
皇明世說新語1/27下，7/9下，8/17，8/25
明史列傳46/17
明史177/23下

葉盛 (1435—1494) 字昌伯，號虛室，蘭谿人。成化十一年進士，官至山東莒州知州，卒年六十。

葉君行狀（楓山章先生文集6/32）

葉祿字文科，號介菴。官常山丞，民號爲葉一側，改開化令，俱有善政，致仕卒。

介庵葉侯墓表（棠陵文集5/17下，國朝獻徵錄85/76）

葉煒 (1538—1607) 字文光，號玄峰，宣城人。萬曆十四年進士，授上高令，調餘姚，遷戶部主事，官終浙江參政，卒年七十。

葉公行狀（鹿裘石室集35/6下）
葉公墓志銘（睡菴文稿16/7下）

葉照字景陽，號寅齋，慈谿人。嘉靖二年進士，授石埭知縣，擢御史，歷巡盧鳳河南，風裁峻卓。歷廣西、山東布政使，陞右副都御史，巡撫鄖陽，致仕卒。有用拙稿、溝盈集。

葉公墓誌銘（張甕年撰、國朝獻徵錄62/36）

葉經字叔明，號東園，上虞人。嘉靖十一年進士，任御史，時嚴嵩爲禮部，受諸藩賂，濫予封爵，經劾之。後按山東監鄉試，嵩指經發策語爲誹謗，廷杖卒，年三十九。經與同里徐學詩、謝瑜、陳治劾嵩最先，時稱上虞四諫。

葉叔明傳（斛山楊先生遺稿1/40下，國朝獻徵錄65/123）
明史210/7下

葉福，侯官人。建文二年進士，授刑科給事中。燕兵至，守金川門力不能支，慷慨自殺死之。福王時諡節愍。

皇明表忠紀4/11下
遜國正氣紀4/31下
明史列傳19/27
明史141/15下

葉禎 (1411—1459) 字夢吉，號確齋，高要人。中宣德十年鄉擧，授潯州府同知，補鳳翔，調慶遠。天順初兩廣峒賊叛，禎領兵與戰，子公榮死之，禎身被數鎗，猶手刃一人，與從子官慶及三百人皆死，年僅四十九。

葉公墓碑（丘濬撰、國朝獻徵錄101/103）
名山藏臣林記11/36
明史列傳38/22
明史165/8

葉夢熊字男兆，號龍潭，歸善人。嘉靖四十四年進士，由福淸知縣入爲戶部主事，改御史，以諫受把漢那吉降，貶郃陽丞。萬曆時累擢右副都御史，巡撫甘肅。夢熊有膽決，敢任事。哱拜反，上疏自請討賊，尋代爲總督。寧夏平，以功進右都御史，太子太保，入爲南京工部尙書卒。有運籌綱目、決勝綱目。

送按察使龍潭葉公之山東序（海嶽山房存稿文1/1）

賀大司馬葉公平夏序（九愚山房稿27/2下）

祭太保龍潭葉公文（李長卿集5/14）

祭葉宮保文（楊復所家藏文集5/33下）

會祭葉太保暨夫人廖氏文（同上5/45）

祭宮保大司空葉龍潭公文（溫恭毅公文集16/3）

葉公神道碑（王弘誨撰、國朝獻徵錄52/94）

明史列傳85/31下

明史228/4下

葉澄字源靜，亦作元靜，吳縣人。畫山水倣北苑，爲戴進師。

圖繪寶鑑6/14

葉廣（1438—1507）字大用，景寧人。領東廠緝事，以功擢試百戶，累官至錦衣衞都指揮使，正德二年卒，年七十。

葉公墓誌銘（懷麓堂文後稿29/4，國朝獻徵錄109/7）

葉儀字景翰，金華人。受業於許謙，深研奧旨。已而授徒講學，士多趨之。太祖克婺州，召見授諮議，以老病辭。知府王宗顯聘爲五經師，未久亦辭歸。有南陽雜稿。

明史282/3下

葉邁字子憲，號中寰，餘姚人。萬曆二年進士，由直隸安慶府推官選工科給事中，陞刑科右。

掖垣人鑑16/20

葉valid頑，天台人。永樂十三年進士，由庶吉士，授工科給事中。

掖垣人鑑9/20

葉錫字玄圭，永嘉人。宣德五年進士，知吳縣，舉卓異，奸民訐於朝，將逮繫，吳人群詣闕頌錫，乃令視事如故，抵誣者罪，尋擢寧國知府。

吳中人物志3/12

明史161/13下

葉應驄字肅卿，鄞縣人。正德十二年進士，授刑部主事，偕同官諫南巡，予杖。嘉靖初歷郎中，爭大禮再下獄廷杖。姦人陳洸獄起，應驄會勘具其罪，忤桂萼，尋遷吉安知府。萼益用事，反洸獄，應驄戍遼東，後赦歸。應驄敦行誼，好著書，數更患難，氣不少挫。

明史206/17

葉贄字崇禮，山陽人。天順八年進士，授刑部主事，歷陞郎中，鞫讞明慎，人稱不冤。出知嘉興府，改台州、廣信，以操履清謹聞，仕終刑部侍郎，正德七年卒。

國朝獻徵錄46/43實錄本傳

葉鏜字汝聲，號少崖，江西上饒人。嘉靖二十年進士，選翰林庶吉士，授兵科給事中，累遷順天府丞，仕至刑部左侍郎，調南京刑部免官。

少司寇少崖葉公六十壽序（陸文定公集9/50）

掖垣人鑑13/50

葉夔（1455—1534）字司韶，號存齋，武進人。勵志篤學，教授鄉里，正德十五年，應貢入京，疏陳六事，論教職應試三途並用之法。皆著令行之，授汝陽縣訓導，未幾乞歸，侍養繼母于家，年八十卒。著有求志吟、北行錄、汝南稿、歸田錄、和陶集、毘陵忠義祠錄、毘陵人品記，學者稱爲古心先生。

葉公行狀（古菴毛先生集6/4下）

葉公墓表（山堂萃稿15/6）

祭汝陽訓導葉古心（古菴毛先生集6/27下）

毘陵人品記9/1下

葉繼美（1549—1604）字章含，號鹿吳，嘉善人。萬曆十一年進士，授金谿令，改蕪湖，有強項聲。擢刑科給事中，屢遷吏科左署科事，以疏阻東封，削籍歸，卒年五十六。

葉公墓誌銘（快雪堂集11/21下）

祭葉章含給諫文（同上22/13下）

董

董一元，繁峙人。猛勇有智略，萬曆中以都督僉事歷昌平、宣府，薊州總兵官，擢鎮延綏，徙遼東，戰功甚著，進左都督。時與麻貴、張臣、杜桐、達雲爲邊將選云。

明史列傳89/13

明史239/8下

董三謨，黎平人。以鄉舉歷知山陽縣，署商州事，崇禎八年闖賊陷城，與父嗣成、弟三元俱死之，妻李氏携子女亦偕死。

明史292/6

董子莊，名琰，以字行，江西樂安人。有學行，洪武中以鄉薦除雲南學官，遷知茂名縣，永樂間爲趙王府右長史，隨事匡正。後以陪祀國社，夙興，正衣端坐而卒。

國朝獻徵錄105/23實錄本傳

明史列傳12/10下

明史137/10

董子儀（1502—1548）字羽吉，號朗洲，上海人。能文章，嘉靖十七年進士，授刑部主事，累遷尙寶司丞，兼翰林院五經博士，建禮之祈報章詞，多出其手。然昂然立群，不善事諸貴人，坐出爲河東鹽運司判官，卒年四十七。有朗洲集。

董君行狀（長谷集13/23下）

董君墓志銘（孫承恩撰、國朝獻徵錄104/63）

弔董羽吉（長谷集14/10下）

董方（1416—1483）字仲矩，溧縣人。正統十年進士，授大理寺副，精法律，而濟以仁恕，滯獄沉冤，多所伸辨。屢遷刑部左侍郎、右都御史，成化中官至刑部尙書，致仕卒，年六十八。

賀大理少卿董君序（呂文懿公全集8/29下）

董公神道碑（劉珝撰、皇明名臣墓銘艮集11）

董公墓志銘（周洪謨撰、國朝獻徵錄44/38）

董天錫字壽甫，寧都人，越子。弘治九年進士，授刑部主事，再陞郎中，出知青州。

送董青州序（涇野先生文集11/13下）

董汝瀚（1497—1558）字子匯，號西峡，青州人。嘉靖十三年舉人，傳春秋之學，除建平知縣，築石堤，得水田萬三千餘畝，民呼其圩日董公圩。陞戶部員外郎，監天策諸倉及榷鈔淮關，政績俱著，晉正郎，乞歸卒，年六十二。

董君墓誌銘（李中麓閒居集8/90）

西峡董君暨配徐氏合葬墓誌銘（靳兩城先生集18/15）

董份（1510—1595）字用均，號潯陽山人，又號泌園，烏程人。嘉靖二十年進士，選庶吉士，授編修，官至禮部尙書，兼翰林學士。萬曆二十三年卒，年八十六。有泌園集。

贈董編修敘（自知堂集8/42下）

贈太史董君用均予告序（世經堂集12/60）

壽大宗伯董師六十序（賜閒堂集15/3下）

壽大宗伯董師七十序（同上14/6下）

大宗伯潯陽董公七十壽序（大鄣山人集14/8下）

大宗伯潯陽董公壽敘（三餘館集8/1）

座主大宗伯壽序（太霞草8/1）

大宗伯潯陽董老先生八十壽序（李文節集16/31）

代王座師壽潯陽董先生八十序（兩行齋集5/11）

董公顧淑人墓誌銘（中弇山人稿3/4下）

董公合葬墓誌銘（賜閒堂集29/7）

祭大宗伯董師文（同上34/11）

祭董潯陽文（李文節集25/3下）

四友齋叢說26/12

明史233/8下

母張氏（1473—1549）

張氏行狀（袁文榮公文集8/4下）

董玘（1483—1546）字文玉，號中峯，會稽人。弘治十八年進士，嘉靖初修武宗實錄，玘以焦芳所修武宗實錄，變亂是非，多不可信，請一並發出，重爲校勘。疏上，士論翕然。其諸經筵陳奏，據經議禮，亦多類此，官至吏部左侍郎，兼翰林學士，以憂歸。爲胡明善、汪鋐論劾，遂不復出，年六十四卒，諡文簡。有中峯文選傳世。

具慶榮封詩序（費文憲公摘稿14/37）

董公墓誌銘（世經堂集18/9下、國朝獻徵錄26/26）

皇明世說新語5/17

母婁氏

封太淑人董母婁氏墓志銘（世經堂集15/12）

董我前字虛之，富順人。崇禎中官衡山知縣，十六年張献忠陷城，被執不屈死。

明史294/14

董宜陽（1510--1572）字子元，上海人，恬子。太學生，博學工詩文，嘉靖中與同里顧從義等八人同遊荆溪，有唱和集曰荆溪唱和詩。又有中園雜記、金蘭集。隆慶六年卒，年六十三。

詠風堂賦（袁魯堂集7/1）

廣交篇送董子元（袁永之集14/33）

董氏西齋藏書記（皇甫司勳集49/13下）

董子元先生行狀（朱邦憲集10/7）

捉鼠記（同上6/15）

明史287/4

妻楊氏，卒年廿六。

楊氏墓誌銘（袁永之集16/25下）

董其昌（1556--1637）字玄宰，號思白，松江華亭人。父漢儒，有學行。其昌舉萬曆十七年進士，改庶吉士，授編修，坐失執政意，出爲湖廣副使，移疾歸。起故官，督湖廣學政，不徇情屬，爲勢家所怒，謝事歸。光宗立，召爲太常少卿，天啓初擢本寺卿，修神宗實錄，擢禮部右侍郎，拜南京禮部尚書。閹豎用事，請告歸，詔加太子太保，致仕，崇禎十年卒，年八十二，謚文敏。其昌天才俊逸，少負重名，奄人請書翰者，一切謝絕。然不激不隨，故得免於黨人之禍。書法超越諸家，獨探神妙，其畫集宋元諸家之長。四方金石刻得其制作手書，以爲二絕，人擬之米芾、趙孟頫。有畫禪室隨筆、容臺文集等書。

贈董玄宰太史還朝序（山居文稿1/20）

宗伯董文敏公像贊（陸隴其三魚堂文集4/30下）

董文敏畫像贊（獨學廬三稿3/1下）

董文敏小像贊有序（惕甫未定稿13/23）

啓禎野乘7/7

民抄董宦事實（缺名撰、又滿樓刊本）

明史288/10下

董旻字子仁，江西樂平人。成化二年進士，擢兵科給事中，偕同官陳鶴、胡智疏劾大學士商輅，尚書姚夔等，下獄廷杖。復官，又疏糾李希安以羽流不宜侍經筵，遂寢其命。歷吏科都給事中，尋以事謫石臼知縣，後官四川參議。

掖垣人鑑10/7

明史列傳49/11

明史180/11

董恬（1454--1527）字世良，號中岡，上海人。弘治九年進士，授水部主事改刑部，守法持正，貴戚近倖，無廢其理者。進郎中，屢陞大理右少卿。時劉瑾用事，專任悍吏，而恬持法益以詳愼稱平，不徇時長短，以是忤瑾，罰粟輸邊，奪俸三月，放歸。嘉靖初復原官致仕，卒年七十四。

欽恤錄序（環溪集4/7下）

董大理傳（長谷集13/1）

國朝獻徵錄68/64黃佐撰傳

妻喬氏（1453--1498）

喬氏墓誌銘（龍江集9/5）

繼室唐氏

唐夫人墓表（袁永之集16/29）

董相，嵩縣人。正德六年進士，官御史，巡視居庸諸關，江彬遣小校米英，執人於平谷，恃勢橫甚，相收而杖之。將以聞，彬遽譖於帝，謫判徐州。嘉靖間終山東副使。

明史188/25下

董威字重民，河南信陽人。嘉靖廿年進士，歷大理寺丞，陞少卿，轉延綏巡撫，官終南京大理寺卿。坐嚴嵩黨被黜。

近淮書院記（二酉園文集9/3）

明史308/22

董建中（1475--1516）字湯民，山東壽張人。弘治十八年進士，授行人，改御史，丁憂歸卒，年四十二。

董君墓志銘（洹詞3/12，國朝獻徵錄65/59）

董紀字良史，以字行，更字述夫，上海人。洪武中舉賢良方正，廷試稱旨，授江西按察司僉事，旋告歸，築西郊草堂以居。有西郊笑端集傳世。

西郊笑端集序（東海張先生文集1/38）

董祚，隆平舉人。崇禎十一年清兵破城，殉難。

明史291/15下

董振字廷顯，元城人。天順元年進士，除禮科給事中，後降秦州判官。

掖垣人鑑6/8

董倫字安常，恩州人。元末徵辟不出，洪武十九年以薦授左春坊大學士，出爲陝西參議，坐事謫雲南教官。雲南初設學校，倫以身教，人皆嚮學。建文初召拜禮部侍郎，兼翰林學士，與方孝孺同侍經筵。成祖即位，倫年已八十，命致仕卒，學者稱貝川光生。

國朝獻徵錄35/10無名氏撰傳
革朝遺忠錄下/30下
皇明獻實5/3下
皇明書19/17
殿閣詞林記6/10下
吾學編58/2下
聖朝名世考10/11下
明史列傳24/15
明史152/1

董倫，歸德府檢校，嘉靖三十二年賊師尙詔陷歸德，知府及守衞官皆遁，倫率民兵巷戰，被執，垂死猶手刃數賊。

明史290/2下

董基字巢雄，掖縣人。萬曆八年進士，官刑部主事，十二年帝集內豎三千人，授以戈甲，操於內庭，基抗疏諫，謫萬全都司都事，終南京大理卿。

明史列傳83/3下
明史234/3

董紹字宗遠，武進人。嘉靖二年進士，令新昌，居官以淸廉聞。

毘陵人品記9/11下

董曾字貫道，浙江新昌人。通經史，善古文。方國珍據台慶，兄旭以不屈被害，曾避居東陽。太祖至金華，以禮招致，授無爲知州，陳友諒攻城，被執不屈死。有詩集。

明史289/4下

董寘 (1415—1484) 字世弘，懷寧人。襲父職，積功至僉左軍都督府事，成化九年以疾還居京師，年七十卒。

董公墓志銘（楊文懿公金坡稿5/24，國朝獻徵錄108/22）

董琦字天梓，號東樓，陽信人。弘治十八年進士，授南平令。正德時劉瑾黨爲禍，琦詰治如法。督儲居庸關，再督芻石渠諸廠，中貴斂手。忤中官，坐不敬下獄。世宗時分巡河南，晉少參，歸卒。

南平縣令尹董渼生祠記（泉翁大全集28/7）
董氏祠堂記（涇野先生文集15/36下）
東樓書院記（同上16/1）

母吳氏

董母吳氏墓誌銘（紫巖文集47/14）

董琬，開州人。歷官寧州知州，崇禎十六年李自成陷寧州，死之。

明史294/20

董雲漢字昭仲，雲南河陽人。正德九年進士，授寧波府推官，擢監察御史。

贈節推董君昭仲應召風憲序（董山文集11/9下）

董越 (1431—1502) 字尙矩，江西寧都人。少孤貧，奉母孝，舉成化五年進士，授編修。孝宗即位，遷右庶子，使朝鮮，多所撰述，累官南京工部尙書，年七十二卒，諡文僖。有圭峯文集，使東日錄。

南京工部尙書董公介壽詩序（碧川文選2/45下）
董公墓志銘（懷麓堂文後稿25/1，國朝獻徵錄52/15）
殿閣詞林記5/24

董傑字萬英，號五城，涇縣人。成化二十三年進士，孝宗時湯鼐論晷月輟講，傑方調選，亦抗疏爭，由是知名。授沔陽知州，坐鼐黨逮獄。後遷河南布政使，所在盡職業，爲民所懷，終右副都御史。

送保定太守董君萬英之任序（東川劉文簡公集3/18下）
國琛集下/25
明史180/22

董進第字子庸，元城人。正德十六年進士，由太湖知縣選禮科給事中，屢陞吏科都給諫，後罷爲民。

披垣人鑑13/14下

董裕（1537—1606）字惟益，號撝菴，樂安人。隆慶五年進士，授東莞令，擢御史，仕至刑部尚書，卒於官，年七十。

撝菴董公神道碑（吳文恪公文集16/1）

母謝氏（1497—1539）

董太孺人傳（秋水閣副墨3/1）

董遂字叔良，號荆埜，河南嵩縣人。嘉靖二十九年進士，由元城知縣選戶科給事中，以憂歸。復除吏科，擢順德知府，仕至山西副使卒。

披垣人鑑14/33

董嗣成（1560—1595）字伯念，烏程人，份孫。萬曆八年進士，歷禮部員外郎，時給事李獻可等以疏請豫教元子貶斥，嗣成特疏爭之，帝怒，奪職歸。嗣成家世貴顯，重氣節，爲士論所稱，年卅六卒。有青棠詩集。

送董伯念客部請告南還序（白楡集3/11下）

董伯念詩序（居東集3/47）

董公行狀（輪廖舘集5/31）

董伯念傳（茅國縉撰、青棠集卷首）

明史233/8下

父董道醇，工科給事中。

祭董給諫文（賜閒堂集34/15下）

母茅氏，茅坤女

壽董母茅夫人七十序（賜閒堂集15/23）

董傳策字原漢，號幼海，松江華亭人。嘉靖二十九年進士，除刑部主事，疏劾嚴嵩稔惡誤國六罪，下獄間主使，拷掠慘毒，再絕復甦，會地震得宥，謫戍南寧。穆宗立，召復故官，萬曆初累遷南京禮工二部侍郎，言官劾之，免歸。繩下過急，爲家奴所害。有奏疏輯略、采薇集、幽貞集、邕歙集、奇游漫記、廓然子稿。

奇遊漫記序（環溪集3/12）

先進舊聞（寶日堂初集23/22下）

四友齋叢說13/3

明史210/20

父董公近，號海觀。

董公墓誌銘（陸文定公集6/18下）

董漢儒字學舒，大名開州人。萬曆十七年進士，歷官江南糧儲參政。稅監陳增恣橫，其胥役爲盜，漢儒捕殺之，擢湖廣按察使，累遷宣大總督。天啓初入爲兵部尚書，魏忠賢矯旨欲蔭其弟姪爲錦衣僉事，漢儒上疏力爭，言極鯁直，會丁母憂歸。崇禎初進太子太保，未赴卒，謚肅敏。

明史列傳93/15

明史257/3下

父董萬斛

董太公家傳（大泌山房集70/16下）

董寧（1443—1507）字伯康，鄠縣人，方子。成化八年進士，授兵部主事，遷員外郎，未幾以事出通判常德府。弘治初擢濟州知州，歷陝西、山東、四川按察僉事，卒年六十五。

董公行狀（喬莊簡公集9/15下）

董盡倫字明吾，合州人。萬曆舉人，除清水知縣，調安定，咸有惠政。天啓初奢崇明反，薄州城，盡倫固守，屢挫賊鋒，城獲全。後擣重慶，孤軍深入，中伏死。

明史290/9

董寬（1415—1484）字世宏，河間人。膂力絕人，襲昭勇將軍，正統十四年以程信薦進署僉都指揮事。天順中累功進都督僉事，總督揚州諸路備倭，兼督常州蘇松諸路鹽賊，後以疾還，卒年七十。

董公行狀（篁墩程先生文集40/20）

董澐（1458—1534）字復宗，號蘿石，又號白塔山人，海寧人。以能詩聞江湖間，嘉靖間年六十七，游會稽，聞陽明良知之說，遂師事之，詩友非笑之，澐曰，吾從吾之所好爾，因號從吾道人，嘉靖十三年卒，年七十七，有董從吾稿。

祭董蘿石文（黃門集10/10下）

董先生墓誌銘（同上11/18）

蘿石翁傳（石龍集22/17下，國朝獻徵錄116/48）

皇明書44/21下
明史283/12下
明儒學案14/1

董穀字碩甫，海寧人，澐子。正德十一年舉人，歷知安義、漢陽二縣，所至廉靜不苟。罷歸後，自號碧里山樵，又曰漢陽歸叟。少游王守仁之門。有碧里遺存、澉浦續志。

明儒學案14/1下

董遵字道卿，浙江蘭谿人。由太學出爲南昌訓導，官至感恩知縣，以孝聞，卒年七十餘。

東湖董公傳（凌瀚撰、國朝獻徵錄100/57）

董璘字德文，高郵人。永樂十六年進士，英宗時官修撰，劉球諫征麓川，爲王振所銜。球又言今之太常，卽古之秩宗，宜愼選儒臣，使領其職。會璘乞改官太常，振遂指爲同謀，並下獄，旋殺球，璘從旁竊血裙遺球家，獄解遂歸，不復出。

明史162/9

董璠（1444—4526）字德美，號易直，浙江仁和人。弘治二年由國子生授安慶府通判，未幾擢太平府同知，改長沙府行守事，俱有善政，致仕卒，年八十三。

董公墓誌銘（西軒效唐集錄10/11下）

董興，長垣人。正統中爲右參將，從陳懋討鄧茂七，破餘黨，進都督同知。南海賊黃蕭養圍廣州，興大破之，蕭養中流矢死，餘黨皆伏誅，進右都督。後分督京營，與曹吉祥結姻，冒奪門功，封海寧伯，終宣府總兵。

皇明功臣封爵考6/88
明史列傳44/5下
明史175/3

董樸字汝淳，麻城人。成化二十年進士，授行人，後知重慶府，歷參政，所至稱廉直，薄田敝廬以終老，爲詩類陶韋，時稱董五言。

古滁十思詩序（東川劉文簡公集1/11）
贈董汝淳知楚雄序（柴墟文集7/7）

榮壽圖詩叙（同下7/13下）

董應舉字崇相，閩縣人。萬曆二十六年進士，天啓間官太常，陳急務數事，擢太僕卿，兼河南道御史，經理天津至山海屯務，大著成效。遷工部侍郎，兼理鹽政，巡鹽御史惡其侵官，因落職。崇禎初復官。應舉好學，善古文，居官慷慨任事，在家興利捍患，比沒，海濱人立祠祀之。有崇相集。

明史242/12

董懷（1465—1542）字世德，上海人，恬弟。以兄弟多習學，遂絕意仕進，在家侍養持門戶，以孝友聞。平生慷慨任義，好濟人於難，喜琴，多蓄法書名畫。嘉靖二十一年卒，年七十八。

董灊居墓誌銘（長谷集15/1）

董鏞字伯庸，長沙人。建文時御史，燕師起，請御史有志節者，時時會鏞所，誓以死報國，諸將校觀望不力戰，鏞輒露章劾之，城破被殺，夷其族。

吾學編56/9
皇明表忠紀2/38
遜國正氣紀4/24下
明史141/15

董鏞（1378—1439）字孟聲，初號安遇生，晚號臞菴，仁和人。永樂二年進士，入翰林爲庶吉士，授文學官。久之薦知永豐縣，有學行，善文章，詩和平類其人，年六十二卒。

董孟聲墓誌銘（楊文敏公集23/17）

圓

圓鏡，僧，臨汾人。早悟諸經密旨，嘗游隰州妙樓山石室寺，至北門瓦窰坡，鑿洞構庵龕坐其中，囑衆徒曰，明日午時當歸，次日沐浴焚香說偈而化。

明高僧傳3/14下

過

過儀字廷章，無錫人。擅詞翰，放情詩酒，有司薦於朝，不就。善畫，作長松特妙，自號聽松道人。

毘陵人品記7/2下

戢

戢汝止字敬之，號金溪，四川簡州之。嘉靖四十四年進士，由中書舍人選戶科給事中，陞湖廣僉事，歷福建參議，以終養歸。

贈僉憲戢公涇閩藩少參序（徐氏海隅集文編4/21下）

掖垣人鑑15/10下

路

路王道字汝遵，山西屯留人。嘉靖三十二年進士，授臨漳縣令，歷光祿丞、尚寶卿，隆慶六年，擢光祿寺卿。

國朝列卿年表125/6下

祖路瓊，縣陰陽訓術。

屯留路公傳（賜閒堂集18/19）

母□氏

路太淑人榮壽序（條麓堂集21/28）

路如瀛，陵川人。崇禎中官臨清州同知。十五年清兵破臨清，死節。

明史291/21下

路迎字賓陽，汶上人。正德三年進士，授南京兵部主事，師事王守仁，專務講學，以相切劘。歷知襄陽、松江、淮安三府，愷悌廉平，治稱第一，累官至兵部尚書，以上疏乞休忤旨罷歸，卒年八十。

國朝獻徵錄36/98無撰人路公傳略

路振飛字見白，號皓月，曲周人。天啓五年進士，知涇陽縣，不附奄黨。崇禎初徵御史，疏劾首輔周延儒，陳時事十大弊，又忤溫體仁，謫河南按察司檢校，稍遷至漕運總督，淮揚巡撫。福王時以母憂去。唐王立於閩，振飛赴召，未至而汀州破，走居海島，明年赴永明王召，卒於途。有白玉齋集。

天啓崇禎兩朝遺詩傳6/229

明史276/17下

路雲龍字伯際，宜興人。萬曆八年進士，仕蘄州，歷度支郎，出守建昌、永州，有惠政。備兵黔南，征播有功，擢江西參政，卒於官。

毘陵人品記10/22下

路璧字斐資，江西安福人。正統七年進士，除工科給事中，以憂歸。景泰二年復除，屢陞戶科都給諫，歷雲南左參政，仕終福建左布政使。

掖垣人鑑5/5

虞

虞守愚字惟明，號東厓，浙江義烏人。嘉靖二年進士，授萬安令，有善政，擢御史。二十三年，以右副都御史巡撫江西，仕終南京刑部右侍郎。著有虔臺拙稿、東厓文集。

東厓虞公擢廷尉北上（歐陽南野文集21/1）

賀巡撫東厓虞公晉大理卿序（可泉先生文集1/5）

大中丞虞公巡撫江西（歐陽南野文集20/16下）

送大中丞東厓虞公出撫南贛序（張文定公紓玉樓集3/14下）

賀東厓虞公恩封三代序（可泉先生文集1/3）

送大理虞公侍養歸蘭溪序（張文定公紓玉樓集3/22）

觀風紀詠序（方齋存稿4/16）

東厓虞公文稿序（可泉先生文集5/9）

寒溪公館記（石蓮洞羅先生文集13/27下）

虞臣（1442—1520）字元凱，號竹西，崑山人。成化十四年進士，授兵部主事，累官四川布政司參議，剛正不屈，乞休去，居家清操尤著，卒年七十九。有竹西亭稿。

虞竹西先生集序（弇州山人四部稿64/1）

虞公墓誌銘（毛澄撰、吳下冢墓遺文續1/82，國朝獻徵錄98/43）

崑山人物志2/9

虞宗齊（1350—1371）字思訓，常熟人。洪武初父兄並有罪，吏將逮治，宗齊詣吏白父兄無所預。吏疑而訊之，悉自引伏，四年竟斬於市，年二十二（按宗齊明史作宗濟）。

書虞宗齊（宋學士文集26/221下）

明史296/15下

虞原璩字叔囦，瑞安人。博涉經史。永樂中以楷書薦，與修大典，事竣將授官，以母老辭歸。溫州守何文淵時往訪之，相與辨難經史，商榷時務，一夕坐談至夜半，村落無所覓酒，遂以新醯代之，對酌劇論，人謂之醋交。

名山藏95/6下

虞淳熙字長孺，號德園，錢塘人。萬曆十一年進士，授兵部主事，歷吏部稽勳郎中，引疾歸。天啓元年卒。有德園詩文集傳世。

啓禎野乘3/26

虞祥字仲禎，崑山人，著籍上元。永樂九年舉人，宣德二年由浙江金華府學訓導陞行在禮科給事中，歷通政司左參議，仕終兵部左侍郎，正統十年卒。

國朝獻徵錄42/33無名氏撰傳

掖垣人鑑6/20

吳郡張大復先生明人列傳稿×/46

崑山人物志4/6下

虞瑞字邦瓊，浙江縉雲人。天順八年進士，歷官刑科右給事中。

掖垣人鑑10/2下

虞褱字啓東，號常春散人，崑山人，祥子。性剛介，父卒，貧無遺貲，鬻屋以養母。母卒，居喪盡禮。讀書工詩，家有遺書，手自勘校，雖老兩眼摩挲，亦無一日離書案。著有常春稿、江湖小稿、樗菴暇筆、旅寓雜抄等。

吳郡張大復先生明人列傳稿×/46

崑山人物志5/8下

虞德燁字光卿，號紹東，浙江義烏人。守愚孫。隆慶五年進士，由行人選兵科給事中，屢遷揚州知府，陞廣西副使，以憂歸。

贈部伯虞紹東公入覲序（舊業堂集7/6）

掖垣人鑑16/5

母金氏

壽虞母金太孺人六十序（賜閒堂集15/34）

虞謙（1366—1427）字伯益，金壇人。洪武二十八年由太學生擢刑部山東司郎中，陞知杭州府。永樂初召爲大理少卿。天津衞倉災，焚糧數十萬，御史謂主典者盜之，縱火以自蓋，逮幾八百人，論死者百，謙白其濫，得減。仁宗時爲正卿，嘗應詔上言七事，皆切中時務，宣德二年卒於官，年六十二。謙工詩畫，自負才望。有玉雪齋集。

玉雪齋詩集序（東里文集5/2下）

玉雪齋詩集序（李文定公貽安堂集4/28下）

恭題御賜都御史虞謙蘭亭墨本後（東里文集11/18）

虞公墓碑銘（東里文集14/14下，皇明名臣墓銘乾集61，國朝獻徵錄68/2）

虞公言行錄（尹直撰、皇明名臣琬琰錄20/6）

大理虞公傳（方麓居士集10/9下）

皇明獻實12/3下

皇明世說新語2/29下

圖會寶鑑6/13

明史列傳27/15下

明史150/10下

鄒

鄒文盛（1459—1536）字時鳴，公安人。弘治六年進士，除吏科給事中，正德朝累遷至右副都御史，巡撫貴州，累平苗寇。世宗時遷戶部尙書。爲人廉謹，踧踖若無能，年七十八卒，諡莊簡。有默菴集、鄒莊簡公存稿。

送大中丞鄒黃山巡撫貴州詩序（劉淸惠公集7/5下）

贈鄒保定序（涇野先生文集1/15下）

鄒公神道碑銘（陽峰家藏集35/51，國朝獻徵錄29/29）

掖垣人鑑11/9

明史列傳63/17下

明史194/17下

妻馬氏（1461—1528）

馬氏墓誌銘（陽峰家藏集34/1）

鄒之嶧（1574—1643）字孟陽，錢塘人。讀書好修，不事生產，與李長蘅友，遊跡遍武林山水，老而貧困以死，年七十。

鄒孟陽六十序（牧齋初學集37/19）

鄒孟陽墓誌銘（牧齋初學集37/7下）

鄒元標（1551—1624）字爾瞻，別號南皐，江西吉水人。九歲通五經，弱冠從泰和胡直游，即有志爲學。擧萬曆五年進士，累官至刑部右侍郎，天啓初首進和衷之說。元標立朝，以方嚴見憚，晚節造旨純粹，不復形崖岸，務爲和易。或議其遜初仕時，因笑曰，大臣與言官異，風裁卓絕，言官事也。大臣非大利害，卽當護持國體，可如少年悻動耶。後魏忠賢竊柄，因建首善書院，集同志講學，將加嚴譴，遂力求去位。卒於家，年七十四，諡忠介。有願學集。

送鄒生南皐序（朱文懿公文集3/26）
壽南皐鄒先生六十序（顧端文公集9/6下）
祭鄒南皐先生文（仰節堂集6/8）
祭鄒忠介文（施愚山先生學餘文集23/7下）
鄒爾瞻先生太平山房續集序（愼修堂集7/1）
鄒爾瞻龍華論學叙（同上7/6下）
鄒子講義序（東越證學錄6/21）
仁文會約序（紫原文集3/20）
題南皐先生教言（仰節堂集3/4下）
傳是堂合編序（同上1/31下）
皇明世說新語2/8，2/10下，4/31下
掖垣人鑑16/22下
啓禎野乘3/46
天啓崇禎兩朝遺詩傳4/137
明史列傳92/5下
明儒學案23/1
明史243/5下

父鄒□，號雙崖。

鄒公墓誌銘（楊復所家藏文集5/1）

母羅氏（1545—1624）

壽鄒母羅太夫人六十序（快雪堂集7/1）
鄒母羅太夫人七袠序（劉大司成集7/12下）
壽鄒母羅太夫人八十序（快雪堂集7/又1）
羅安人墓誌銘（同上15/1）
祭鄒母羅太君文（同上23/1）
鄒母羅太夫人祭文（劉大司成集9/40）
祭鄒母羅太君文（山居文稿9/5）

妻江氏

江安人傳（山居文稿6/1）

鄒安字仕恭，泰寧人。永樂十年進士，授新昌教諭，擢國子學錄。宣德中屢上疏，悉關國家大政，綱常大端，多見採納。嘗奉勅往緊邊鎭軍機，劾奏總戎監督以下，寘于法，中外皆憚其嚴，服其公。

鄒公墓碣（李賢撰、皇明名臣墓銘坎集45）

鄒守益（1491—1562）字謙之，江西安福人，賢子。正德六年進士，出王守仁門，授編修，踰年告歸。謁守仁，講學於贛州。宸濠反，與守仁軍事。世宗卽位，始赴官。因直諫謫廣德州判官，廢淫祠，建復初書院，與學者講授其間，遷南京禮部郎中，州人立生祠以祀。歷祭酒，復以諫落職歸。守益天姿純粹，里居日事講學，四方從遊者踵至，學者稱東廓先生，卒年七十二，諡文莊。有東廓集。

贈鄒謙之序（石龍集12/14下）
別東郭子鄒氏序（涇野先生文集7/1）
贈鄒東廓召宮洗序（歐陽南野文集7/15下）
賀司成東廓先生鄒公六十序（龍津原集2/14下）
壽東郭師六十叙（訥溪文錄3/19下）
東廓公六十序（石蓮洞羅先生文集19/32）
壽鄒東廓翁七袠序（龍谿王先生全集14/19下）
鄒公神道碑（世經堂集19/50）
鄒公墓銘（石蓮洞羅先生文集22/72）
鄒先生傳（耿天臺先生文集14/10）
祭鄒東廓文（龍谿王先生全集19/2下）
祭東郭鄒師文（訥溪文錄8/1）
祭東廓老師文（浣所李公文集9/2）
鄒文莊公年譜序（耿天臺先生文集11/18）
刻冲玄錄序（石蓮洞羅先生文集19/34下）
廣德州儒學新建尊經閣記（泉翁大全集27/4下）
國朝獻徵錄74/11王時槐撰傳
聖朝名世考8/19
名山藏84/14下
皇明書43/17
明史列傳48/16下
明史283/8
明儒學案16/3

妻王氏，卒年五十。

王宜人墓表（訥溪文錄6/12下）

鄒守愚字君哲，莆田人。嘉靖五年進士，嘗攝江西學政，所拔多名士，累官河南左布政使。時師尙詔陷歸德，率兵平之，晉戶部右侍郎，三十五年奉命祭山川，卒於途，

諡襄惠。有俟知堂集。

送鄒君守廣州序（方齋存稿4/28下）

送鄒方伯叙（丘隅集11/19）

祭少司徒鄒公文（九愚山房稿56/1）

祭司徒鄒一山公文（遵巖先生文集20/14）

國朝獻徵錄30/53方萬有撰傳

鄒朴字爾愚，永豐人。洪武中以儒官仕周藩，直言極諫，王禁錮之。太祖以朴忠，陞御史，遷秦府長史，燕師至，不食而死。

國朝獻徵錄105/14忠節錄傳

皇明表忠紀2/44

遜國正氣紀4/23下

鄒君默，漳州龍溪人，諸生。成祖卽位詔至，君默隨教授陳思賢集於明倫堂，不出迎詔，設舊君位，哭如禮。郡人執送京師，與思賢皆死。

明史143/9

鄒谷字虛王，吳縣人。生有至性，九歲喪母，躃踊哭泣禮如成人。與周順昌交，順昌臨難，以四子爲托，周旋艱險，幾被其禍。魏閹旣敗，燬祠之日，谷奮臂取其木首於煨燼中以祭順昌。崇禎四年應貢，未及廷試卒。私諡孝端先生。

啓禎野乘14/29

鄒廷瓚，巴陵人。初仕爲淳安令，歷知梧州、貴州，平黑苗有功，累陞副都御史，鎭梧州，以恩信平服諸蠻。卒贈太子少保，諡襄敏。

皇明書22/8下

鄒來學（1402—1456）字時敏，麻城人。宣德八年進士，授戶部主事，從征麓川有功。轉通政參議，督儲山海關。景泰中以左副都御史，巡撫蘇松常鎭，以勞卒，年五十五。

鄒公墓誌銘（蕭鎡撰、國朝獻徵錄60/43）

鄒亮字克明，長洲人。工詩文，輕俠無行，爲景泰十才子之一，後折節讀書爲名儒。正統間以薦擢吏部司務，遷監察御史，以謙謹聞。喜藏書，有鳴珂、漱芳諸集。

名山藏臣林紀7/10

吳中人物志4/12下

皇明世說新語4/2下

明史286/6下

鄒奕字宏道，吳江人。秀目美髯，貌若玉雪，議論英發，文辭高邁，登元至正進士，洪武初知贛州府，坐事謫甘肅二十餘年，召還卒。有吳樵稿。

吳中人物志7/31

水東日記13/1

鄒迪光字彥吉，號愚谷，無錫人。萬曆二年進士，歷官湖廣學政，罷官時，年尚壯，卜築錫山下，極園亭歌舞之勝。畫山林脫盡時俗，兼工詩文，年七十餘卒。有鬱儀樓集、調象庵集、石語齋集、始青閣稿、天倪齋詩、文府滑稽等。

送黃州太守彥吉鄒公入覲序（匏瓠洞稿45/11下）

調象庵稿序（大泌山房集11/17下）

調象庵集序（玉茗堂全集3/16）

鄒彥吉七十序（牧齋初學集36/8下）

鄒師顏字希賢，宜都人。起家太學生，永樂中任御史，人不敢干以私。遷大理寺丞，署戶部事，與夏原吉同下獄。仁宗卽位，釋之，擢禮部右侍郎，踰年告歸省墓，還至通州卒。貧不能歸喪，宣宗命給官舟送之。

國朝獻徵錄35/16無名氏撰傳

明史列傳26/11下

明史149/9下

鄒善，號潁泉，安福人，守益子。嘉靖三十五年進士，累擢山東提學僉事，時與諸生講學，萬曆間授太常卿致仕。

潁泉鄒先生七十序（山居草2/1）

明史列傳48/18下

明史283/10

明儒學案16/4

妻陳氏（1519—　）

壽鄒母陳太夫人九袠序（愼修堂集12/18）

鄒智（1466—1491）字汝愚，四川合州人。年十二能文，家貧，讀書焚木葉繼晷者三年。登成化二十三年進士，選庶吉士，上疏極言時事，不報，後以坐誣謫廣東石城吏目卒，年僅二十六，天啓初追諡忠介。智詩文多發於至性，不假修飾，眞氣流溢，有立齋遺文。

國朝獻徵錄22/52無撰人鄒公別傳
名山藏臣林記14/36
皇明獻實37/1
吾學編40/13下
皇明書22/18
國琛集下/6下
聖朝名世考6/14
皇明世說新語2/23，5/7，8/27下
四友齋叢說9/3下，9/4下
明史列傳48/9
明史179/8下
明儒學案6/5

鄒幹（1409—1492）字宗盛，號順菴，錢塘人，濟子。正統四年進士，景帝初擢兵部右侍郎，以才爲于謙所器，改禮部，考察山西官吏，黜布政使侯復以下五十餘人，遷禮部尙書致仕，年八十四卒，諡康靖。

贈鄒宗盛赴會試序（魏文靖公摘稿1/1）
送南京禮部尙書鄒公之任序（姚文敏公遺稿6/4下）
鄒公神道碑銘（徐文靖公謙齋集7/32，國朝獻徵錄33/26）
吾學編39/5
皇明世說新語4/12下
明史列傳24/9下
明史152/4

鄒維璉字德輝，號匪石，江西新昌人。萬曆三十五年進士，授延平推官，耿介有大節。天啓間爲郎中，忤魏忠賢，忠賢矯旨譙責，維璉欲去不得，詔留視事。乃嚴覈官評，無少假借。楊漣劾忠賢，被旨切責，維璉復抗疏極論，已削籍論戍。崇禎間累擢右僉都御史，巡撫福建，在事二年，勞績甚著，爲溫體仁所忌，復罷官，崇禎八年卒。有達觀樓集、理署、友白、宦遊諸草。

啓禎野乘4/11
明史235/20

鄒瑾，江西永豐人。洪武末薦至京，建文二年爲大理丞，掌御史。燕師至，都督徐增壽有異志，瑾與御史魏冕大呼，請速加誅，宮中火起，遂自殺，後諡貞烈。

國朝獻徵錄68/75無名氏撰傳
建文皇帝遺蹟×/21下
皇明獻實7/1
吾學編54/10下
皇明表忠紀2/44
聖朝名世考4/13
遜國正氣紀4/23下
遜國神會錄上/41
明史143/3

鄒賢（1454—1516）字恢才，安福人。弘治九年進士，授南京大理評事，數有條奏。歷官福建副使，擒殺武平賊渠黃友勝，居家以孝友稱，卒年六十三。

鄒君行狀（王思撰、國朝獻徵錄90/82）
鄒君墓誌銘（甘泉先生續編大全11/19）

鄒德泳字汝臣，安福人，善從子。萬曆十四年進士，官御史，李獻可請預教太子，斥爲民，德泳偕同官救之，削籍歸。光宗時歷太常卿，魏忠賢用事，乞休歸。有湛源文集、應求微旨、平旦錄、振玩錄、復古純書。

明史列傳48/19
明史283/10下
明儒學案16/4下

鄒德涵（1538—1581）字汝海，號聚所，安福人，善子。隆慶五年進士，歷刑部員外郎，張居正方禁講學，德涵守之自若。出爲河南僉事，貶秩歸。服習父訓，後專以悟爲宗，於祖父所傳，殆一變矣，卒年四十四。有鄒聚所文集。

合祭鄒聚所年兄文（張陽和先生不二齋文選5/47）
鄒君行狀（山居草3/1）
鄒伯子墓誌銘（耿天臺先生文集12/10下）
鄒君汝海墓表（焦氏澹園集27/14下）
明史列傳48/18下
明史283/10
明儒學案16/4

鄒德溥字汝光，號四山，安福人，德涵弟。萬曆十一年進士，歷司經局洗馬，早負盛名。以居錦衣千戶霍文炳故居，發其藏金

，爲東廠劾罷。有易會、春秋匡解、學庸宗釋、雪山草、鄒太史全集等。

宮洗四山先生全集序（鄒子願學集4/57下）

明史列傳48/18下

明史283/10

明儒學案16/4下

妻趙氏

壽鄒母趙宜人六袠序（愼修堂集13/1）

鄒緝字仲熙，吉水人。洪武中擧明經，永樂中累官翰林侍講，進右庶子。十九年三殿災，緝上疏極陳時政缺失，凡數千言，幾得禍。緝博極群書，居官勤慎，清操如寒士，其在東宮，所陳皆正道。卒於官。

國朝獻徵錄19/1黃佐撰傳

明史列傳37/1

明史164/1

鄒謙字子濬，號六華，江西永豐人。嘉靖三十二年進士，由行人選禮科給事中，擢浙江參議，未赴卒。

諫議鄒君傳（石泉山房文集11/2）

掖垣人鑑14/38

鄒濟（1358—1425）字汝舟，錢塘人。博學強記，尤長春秋，洪武十五年擧通經儒，授餘杭訓導，累官平度知州。永樂初，修太祖實錄成，除禮部儀制郎中，累進少詹事，時宮僚多得罪，濟以憂卒，年六十八。追諡文敏。

鄒公墓誌銘（楊士奇撰、國朝獻徵錄18/53，皇明名臣琬琰錄13/11）

吾學編39/4

水東日記11/5下

明史列傳24/9

明史152/3下

鄒應龍字雲卿，長安人。嘉靖三十五年進士，擢御史，以劾嚴嵩得名。累官兵部侍郎，巡撫雲南，發黔國公沐朝弼罪，又平番寇，爲忌者所排，削籍歸卒。

明史210/21下

鄒觀光字孚如，雲夢人。萬曆進士，爲吏部郎，公平廉正，門無私謁，性孝友，丁父憂，廬墓三年。藏書數千卷於學宮，俾士就讀。建尙行書院講學，學者多從之，與吉安鄒元標齊名，時稱二鄒先生。官至太僕卿。有鄒孚如集。

題向門送鄒先生冊首序（西樓全集12/14下）

尙行精舍記（顧端文公集10/6）

鄒孚如制義序（白榆集3/17）

父鄒夢龍，號次公。

鄒次公家傳（大泌山房集70/21）

母□氏

鄒太君壽序（大泌山房集39/23，39/25）

鄔

鄔中涵字世元，號槐東，浙江寧海人。嘉靖間以貢授福清訓導，邑故無城，令莫敢往，中涵曰，一命之臣，皆有封疆之責，況我官訓導，顧可自叛名教乎。倭寇至，力戰死。

明史290/5下

鄔璉（1513--1588）號東泉，江西新昌人。嘉靖二十三年進士，累官應天府尹，所至著清聲。擢副都御史，巡撫浙江，科臣有忌之者，遂歸里，杜門不出，年七十六卒。

鄔公行狀（薜荔山房藏稿8/6下）

祭大卜丞東泉鄔老先生文（同上8/61）

鄔景和字時濟，崑山人，先世以閭右徙實京師。景和器度凝重，年十六選尙永福長公主，拜駙馬都尉，掌宗人府事，以言事忤旨放還。隆慶初復職，卒諡榮簡。

明史121/14

解

解一貫字曾唯，山西交城人。正德十六年進士，除工科給事中。嘉靖初出覈牧馬草場，凡內臣勳戚所據莊田，率歸之民。帝爲后父陳萬言營第極壯麗，一貫力請裁節。尋進吏科都給事中，張璁、桂萼同擠費宏，復偕同官力詆之，謫閖州判官卒。

掖垣人鑑12/40

明史206/19下

解宋字應儒，號南芙，直隸興化人。嘉靖三十八年進士，由行人選刑科給事中，陞工科左給事，以言事降浙江孝豐縣丞，歷湖廣參議致仕。

披垣人鑑14/48

解開字開元，吉水人。元末與弟闓隱居山中，俱有文名，時稱二解。明初徵爲本縣師，訓廸有方，吉水文學之盛自開始，學者稱筠澗先生。有書解文集。

名山藏臣林紀5/33下

明史147/1

解綸字大經，吉水人，開長子。洪武二十一年進士，授監察御史，太祖稱其篤實。改應天教授，居三年以剛直忤權貴，歸養父，竟不起。

明史147/8下

妻歐陽氏

歐陽氏墓誌銘（解文毅公集13/34下）

解學龍字石帆，揚州興化人。萬曆四十一年進士，天啓初官刑科給事中，遼東難民多渡海聚登州，招練副使劉國縉請帑金十萬賑之，多所乾沒，學龍三疏發其弊，國縉獲譴。王紀忤魏忠賢削籍，學龍爭之，失忠賢意，不報。崇禎時累官至南京兵部右侍郎，福王立，擢刑部尚書，定六等從賊罪，忤馬士英，削籍歸卒。

撫臺解公惠恤鹽商去思碑（文直行書1/37）

撫臺石帆解公德政碑（同上1/44）

撫臺解公護持澹臺祠碑（同上1/49）

石帆解公報功祠碑記（已吾集6/13下）

賀撫臺石帆解公祖南樞榮行序（文直行書7/23）

解石帆中丞榮滿序（已吾集5/1）

壽撫臺石帆解公祖序（文直行書8/1，8/26）

明史275/6

解縉（1369—1415）字大紳，吉水人，綸弟。洪武二十一年進士，選庶吉士，授江西道監察御史，以其年少，令還家進業。太祖崩，縉奔喪，至京，有司劾非詔旨，謫河州衞吏。用薦召爲翰林待詔。成祖入京，擢侍讀，命與黃淮、楊士奇等入直文淵閣，預機務。累進翰林學士，兼右春坊大學士。以贊立太子，爲漢王高煦所惡，數構讒言。又諫討交阯忤旨，遂出爲廣西布政司右參議。既行，爲李至剛所構，改交阯，高煦又陷以他事，逮下詔獄死，年四十七。有文毅集，又與黃淮等奉敕撰古今列女傳。

解學士文集序（石蓮洞羅先生文集18/8）

解公行狀（曾棨撰，解文毅公集附錄×/1）

解公墓碣銘（東里文集17/20，解文毅公集附錄×/4，皇明名臣琬琰錄13/5）

名臣謚議（公槐集5/15下）

移文桂林府崇祀解公縉名宦祠略（袁永之集20/9下）

名臣解學士傳（紫原文集9/22）

大學士解公論（紫原文集8/4）

解學士年譜二卷（明解桐編、解學士全集附刊本）

國朝獻徵錄12/12無名氏撰傳

國琛集上/18下

聖朝名世考2/2下

水東日記13/6下，15/11下，24/7下，38/1

皇明世說新語1/23，3/18，4/17下，5/1，7/8

皇明獻實10/1

殿閣詞林記3/9

吾學編29/1

名山藏臣林記5/33

皇明書15/10

明史列傳24/1

明史147/1

解綸字朝夫，吉水人，縉從弟。永樂四年進士，授廣西道監察御史，改廬陵縣學教諭，受縉累，謫戍邊，卒年四十三。

教諭解君墓表（王文端公文集35/1）

詹

詹天顏，號儕伍，龍巖人。崇禎初恩貢，令石泉縣，會舉邊才，晉慶陽同知。時張獻忠破蜀郡，天顏多布方略，龍安以全。累官四川巡撫，清兵克嘉定，天顏兵敗，被執死之。

詹忠節公傳，張介祉撰，民國十八年刊本

明史279/9下

詹世龍，蘇州人。爲守備，崇禎十年禦賊宿松，力戰死。

明史269/8

詹同字同文，初名書，婺源人。元至正中舉茂才異等，除郴州學正，陳友諒以爲翰林學士承旨。太祖下武昌，召爲國子博士，賜今名。洪武六年累陞吏部尚書，與宋濂等修日曆，爲總裁官。明年書成，凡一百卷，尋以老乞歸。同操行耿介，終始清白，卒謚文敏。有天衢吟嘯集、海岳涓埃集。

國朝獻徵錄24/3王景彰撰詹公傳，又24/6下黃佐撰南雍志傳

殿閣詞林記5/1

吾學編25/8

聖朝名世考10/8下

名山藏臣林記4/8

明史列傳11/3下

明史136/3下

詹兆恒字月如，永豐人。崇禎四年進士，知甌寧縣，多善政，徵授南京御史。福王時進大理寺丞，阮大鋮起，兆恒力爭之，已請告歸。唐王召爲兵部左侍郎，與黃道周協守廣信，城破奔懷玉山，聚衆數千人攻開化，兵敗死。

明史278/10下

詹兆鵬，婺源人。以武舉爲應撫新標營守備。崇禎十年禦賊宿松，衝鋒陷陣，罵賊觸石死。

明史269/8

詹仰庇字汝欽，號咫亭，安溪人，源子。嘉靖四十四年進士，由南海知縣徵授御史，隆慶初詔戶部購寶珠，仰庇疏乞罷購。穆宗頗耽聲色，陳皇后微諫，帝怒，出之別宮，仰庇復疏還坤寧宮。會奉命巡視監局庫藏，以論內官坐被杖，黜爲民。神宗即位，起廣東參議，累官左僉都御史、刑部右侍郎，致仕卒。有咫亭文集。

侍御詹咫亭君涵言序（田亭草2/15）

詹公行狀（田亭草12/15）

安溪詹氏祠堂記（李文節集26/34下）

安溪詹氏族譜序（田亭草5/18）

明史215/6

妻黃氏

詹夫人六十壽序（田亭草5/8）

壽黃夫人六十敘（景璧集3/64）

弟詹□，號守齋。

壽詹季公守齋先生六十序（景璧集2/72）

詹沂字浴之，號魯泉，宣城人。隆慶五年進士，由新建知縣擢給事中，時張居正奪情議起，省垣希旨乞留，疏具，沂獨不署名。出爲山東副使，累遷左副都御史，乞歸不許，掛冠歸。有潔身堂稿。

大中丞詹公八十序（鹿裘石室集33/18下）

大中丞魯泉詹先生八十壽序（睡菴文稿10/14）

父詹友相

詹封君傳（支華平集12/2下）

繼室張氏

詹母張碩氏六十壽序（睡菴文稿12/27）

嫂施氏

詹母八十序（睡菴文稿12/7）

詹希原，初名希元，字孟舉，婺源人，同從孫。以書學名世，洪武初官中書舍人，宮殿及城門坊扁，皆希原所手書，楊士奇嘗稱其大字爲國朝第一。

四友齋叢說16/3下

詹泮字少華，號文化，江西玉山人。正德十六年進士，選庶吉士，官至禮科給事中，嘗從章懋游，以講學自任，其詩文亦別爲一格，有少華集。

芝亭記（棠陵文集4/15）

掖垣人鑑13/5下

詹事講字明甫，別號養貞，江西樂安人。萬曆五年進士，官至北直隸提學御史。有詹養貞集。

詹明甫侍御遺集序（快雪堂集2/10下）

侍御詹養貞先生傳（吳文恪公文集20/1）

詹忠，建文時官指揮使。定州之役，與都指揮花英、鄭琦、王恭連陣拒燕，後敗績，被執死於獄。

皇明表忠紀5/16

遜國正氣紀6/29下

詹英（1413—1484）字秀實，號止菴，貴州人。正統末以鄉舉授會川衛儒學訓導，

時靖遠伯王驥三征麓川，師無紀律，多病民，英抗疏言之，詔命往參驥軍事，英懼獲罪不赴，乃詣闕言情，許還任，轉河西教諭，卒年七十二。

止菴詹先生墓表（羅文肅公集22/3下）
國朝獻徵錄98/147無名氏撰傳
明史列傳33/6下

詹思虞，常山人。萬曆八年進士，累官參政，巡方河東，政教大行，民感其德。

平陸縣創鑿興文渠碑記（仰節堂集4/6）

詹俊（1333—1376）字用章，當塗人。洪武四年徵授磁州同知，始至，大書忠勤廉謹四字於座隅以自勵，陞汝寧通判，以疾歸卒，年四十四。善吟咏，尤喜作大書。

詹君墓志銘（東里文集20/22）
國朝獻徵錄93/26無名氏撰傳
明史列傳18/9下

詹珪字朝章，鄱陽人。正德十二年進士，嘉靖中知建寧府，有惠政，去後，民追思，樹遺愛碑於名宦祠。官終貴州副使。

送郡守詹守朝章赴建寧序（方齋存稿6/31下）

詹源字士潔，號企齋，安溪人。弘治十八年進士，授戶部主事，改御史，官至雲南副使，坐忤免歸，家居三十餘年，卒年七十一。

企齋詹公家廟記（田亭草8/13）
企齋詹公傳（王文肅公文集4/7下）

詹軾（1476—1519）字敬之，號寒泉，玉山人。正德六年進士，授行人，諫武宗南巡，杖死，嘉靖初贈監察御史，福王時追諡忠潔。

褒忠錄序（龜陵集2/20下）
祭詹敬之文（費文憲公摘稿20/12）
詹公墓表（小山類稿16/20，皇明名臣墓銘巽集84，國朝獻徵錄81/21）
明史列傳59/22
明史189/20

詹鼎字國器，寧海人。爲人豪邁奇偉，方國珍聞其名，強致之。明師臨慶元，國珍遁於海，太祖怒，將誅之，鼎爲草表謝，辭恭而辯，太祖見之曰，孰謂方氏無人乎，乃舍不問。更以國珍爲左丞，鼎亦召至京，爲書萬餘言，須車駕出上之，太祖立馬受讀，付丞相，授以官，後以刑部郎中謫陝西卒。

詹鼎傳（遜志齋集21/481，國朝獻徵錄47/31）
明史123/15下

詹榮（1500—1551）字仁甫，號角山，山海衞人。嘉靖五年進士，歷戶部郎中，以靖亂功擢光祿少卿，再遷右僉都御史，巡撫甘肅，移大同。時俺答數犯邊，榮多方計戰守，數敗之，築邊牆，開屯田，邊備大飭。官終兵部左侍郎，卒年五十二。

詹左司馬家傳（大泌山房集66/5）
角山詹公神道碑銘（蒼霞草16/48，國朝獻徵錄40/72）
明史200/11下

父詹通

祭詹仁甫亡父文（葛端肅公文集15/6）

詹爾達字起鵬，江西樂安人。萬曆進士，爲湖南兵備，勦武陵藍山之寇，平四川酋。遷大名道，平鄒滕間白蓮妖盜。擢光祿卿，以劾魏璫閒住。崇禎初起兵部侍郎，辭終養不赴。

壽詹起鵬憲使序（雪石堂集12/72）

詹爾選字思吉，江西樂安人。崇禎四年進士，擢御史，閣臣錢士升以票擬忤旨，引咎回籍，爾選申救，且言悖祖訓十二事。帝大怒，召入武英殿面詰，爾選侃侃不少撓，帝指疏中權宜苟且四字，罪以指斥，命錦衣提下。諸大臣力救，得免死罷歸。福王立，首起故官，群小憚其鯁直，令補外僚，遂不出。入清後卒。

明史258/28

詹環，建文時官指揮。燕兵拔東平，環被執送北平，道自殺。

遜國正氣紀6/30
皇明表忠紀5/16下

詹徽字資善，婺源人，同子。洪武中舉秀才，爲監察御史，改試左僉都御史，超拜左都御史，歷官吏部尚書。徽有才智，剛決不可犯，勤於治事，爲帝所獎任。然性險刻，李善長之死，徽有力焉，後坐藍玉獄被誅。

國朝獻徵錄24/6下附詹同傳
吾學編25/9下
守溪筆記×/3
名山藏臣林記4/15下
明史列傳11/5
明史136/4下

詹瀚字汝約，號燕峯，玉山人。正德十二年進士，授刑部主事，嘗諫武宗南巡，嘉靖三年，復抗疏大禮，先後被杖。累官至刑部侍郎，致仕歸，家居四年卒，年六十五。

贈大參伯燕峯詹公入覲序（群玉樓稿2/11）
詹公墓志銘（趙鏜撰、國朝獻徵錄46/82）

十　四　劃

滿

滿桂，蒙古人。幼入中國，家宣府。少勇敢便騎射，及壯，累遷參將。天啓初擢副總兵，尋與袁崇煥守寧遠，遠近莫不歸附。崇禎初官大同總兵，清兵入近畿，滿桂率師入衞，拜武經略，盡統入衞諸軍出師，以衆寡不敵，力戰死。

明史271/7

滿朝薦字震東，麻陽人。萬曆三十二年進士，授咸寧令，稅監梁永縱其下劫諸生橐，榜笞平民，朝薦捕治之，永誣朝薦劫奪稅物，詔逮問，吏民數千詣闕，擊登聞鼓訟寃，不聽，繫獄七年，大學士葉向高以爲言，得免歸。光宗時起爲尙寶卿，天啓中疏陳時事，語極危切，晉太僕少卿，劾沈㴶，被斥同籍，崇禎初擢太僕卿，未赴卒。

啓禎野乘3/21
明史246/1

齊

齊一經字汝訓，號維齋，山東濰縣人。隆慶五年進士，由山西交城知縣選戶科給事中，累遷湖廣德安知府。

掖垣人鑑16/9下

父齊欒字宗舜

齊公劉孺人墓志銘（大泌山房集94/7）

齊之鸞（1483—1534）字瑞卿，號蓉川，桐城人。正德六年進士，改庶吉士，遷兵科左給事中。宸濠反，從張忠、許泰等南征，忠、泰廣捜逆黨，株引無辜，之鸞多所開釋。世宗踐阼，大計京官，被中傷，謫崇德丞。屢遷寧夏僉事，增築邊牆數百里，終河南按察使，卒官，年五十二。有蓉川集。

送齊陝西按察序（涇野先生文集5/41下）
掖垣人鑑12/24下
明史208/4下

母金氏（1457—1524）

金氏墓碣（陽峰家藏集35/49下）

齊世臣字惟良，號豫沙，江西南昌人。隆慶五年進士，由廣東香山知縣選禮科給事中，終吏科都給事中。

掖垣人鑑16/12下

齊汪字源澄，天台人。孝友忠義，挺出儕輩，登正統元年進士，歷兵部車駕司郎中，土木之變，死之。

明史167/7

齊政（1389—1467）字以德，雲中人。永樂十五年舉於鄉，卒業太學，宣德中選爲鴻臚寺序班，改鳴贊，歷升寺卿，致仕卒，年七十九。

齊公夫婦墓誌銘（徐文靖公謙齋文集5/11，皇明名臣墓銘艮集36，國朝獻徵錄76/5）

齊柯字文則，號恒省，江西鍾陵人。嘉靖卅四年舉人，授和州學博，陞溫州瑞安令，有惠政，以卓異被召，民呼號懇留，爲建生祠。擢大理評事，仕終雲南臨安知府。致仕歸，行囊蕭然。

國朝獻徵錄102/94羅洽撰傳

齊泰，初名德，太祖賜今名，溧水人。洪武廿一年進士，歷兵部侍郎，太祖器之。臨崩，召授顧命，輔皇太孫。建文帝立，進兵部尙書，建削奪諸王之策。靖難兵起，奏請削燕屬籍，聲罪致討。燕師入京，泰被執不屈死，禍及九族。福王時追諡節愍。

皇明名臣墓銘乾集26張芹撰溧水齊公傳
國朝獻徵錄38/11無名氏撰傳

革朝遺忠錄上/1
皇明獻實6/4
吾學編52/8
國琛集上/15下
聖朝名世考4/5
皇明表忠紀2/12下
皇明書31/14下
遜國正氣紀5/30
遜國神會錄上/19
名山藏臣林外記×/1下
明史列傳19/1
明史141/1

齊章 (1438—1495) 字應璧，號愼軒，永平灤州人。成化二年進士，授戶科給事中，陞禮科都給事，弘治三年進太常寺卿，八年卒，年五十八。其在諫垣，累抗章論列，陳時政得失，氣節凜凜，扶持國是之功居多，得諫臣體。

齊公墓誌銘（林瀚撰、皇明名臣墓銘艮集 3，國朝獻徵錄70/13）
掖垣人鑑10/9

齊整字文肅，河南祥符人。宣德五年進士，除戶科給事中，陞光祿寺少卿，仕終本寺卿。

掖垣人鑑5/19

齊譽字文實，號定溪，江西南昌人。嘉靖十七年進士，由行人選禮科給事中，屢陞兵科都給事，以建言降福建長汀縣丞，歷陞湖廣副使卒。

掖垣人鑑13/46下

廖

廖天明字敬之，號東溪，江西奉新人。嘉靖十一年進士，授行人，選南京刑科給事中，復除刑科，爲處決重囚事，降廣東布政司照磨，歷陞貴州副使致仕。

掖垣人鑑13/48

廖永安 (1320—1366) 字彥敬，巢縣人。元季以舟師自巢湖歸太祖，從渡江，大小數十戰，所至輒有功，後擢同知樞密院事。遇吳將呂珍於太湖，與戰，舟膠淺被執，張士誠愛其才勇，欲降之，不可，被囚八年，竟死於吳，年四十七，謚武閔，改封鄖國公。

皇明獻實4/12下
皇明功臣封爵考8/36下
國朝獻徵錄6/32無名氏撰傳
名山藏臣林記1/35下
明史133/1

廖永忠 (1323—1375) 巢縣人，永安弟。從永安迎太祖於巢湖，年最少，副永安將水軍渡江，永安陷於吳，襲兄職爲樞密僉院，總其軍，戰功甚著。洪武初略定閩中諸郡，拜征南將軍，進平兩廣，從徐達北征還，封德慶侯。從湯和伐蜀，太祖製文旌其功，有傅一廖二之語，洪武八年坐僭用龍鳳諸不法事賜死，年五十三。

國朝獻徵錄8/14無名氏撰傳
吾學編18/14
名山藏臣林記2/21下
皇明獻實3/8下
皇明功臣封爵考6/25
聖朝名世考1/37
皇明世說新語4/2
明史列傳6/9下
明史129/10

廖平，襄陽人。建文時任兵部侍郎，京城陷日，奉帝命攜太子出奔，後帝至其家，寓西山，命太子更名姓，全家逃徙漢中。平自流於會稽，日賣薪給食，一日遇帝於耶溪，遂號耶溪樵，後竟死會稽山中。有弟曰年，其妹則配太子。

遜國正氣紀2/18
遜國神會錄下/23

廖昇，襄陽人。以學行最知名，與方孝孺相友善，洪武末由左府斷事擢太常少卿。建文初修太祖實錄，爲副總裁官。聞燕師渡江，慟哭與家人訣，自縊死。殉難諸臣，昇死最先，其後陳瑛奏諸臣不順天命，效死建文，請行追戮，亦首及昇云。福王時諡文節。

表忠祠記（徐氏海隅集文編9/25）
國朝獻徵錄70/19忠節錄傳
吾學編54/10

聖朝名世考4/32
遜國正氣紀4/13下
皇明表忠紀3/16下
革朝遺忠錄下/5
明史列傳19/20下
明史143/2下

廖紀字時陳，一字廷陳，號龍灣，東光人。弘治三年進士，嘉靖初歷官吏部尚書。光祿署丞何淵，請建世室祀獻帝，紀執不可，復抗疏爭之，議竟寢。御史魏有本以劾郭勛救馬永謫官，紀從容為言，有本得毋謫，卒贈少傅謚僖靖。有大學管窺、中庸管窺。

贈大司馬廖公參贊南京守備機務序（整菴先生存稿7/1下）
廖公墓誌銘（李時撰、國朝獻徵錄25/15）
大司馬龍灣廖公傳（嬌亭存稿9/16）
嘉靖以來內閣首輔傳2/22
明史列傳69/1
明史202/1下

妻李氏

李夫人挽詩後序（嬌亭存稿1/10下）

廖紀（1474—1527）字維脩，九江衛人。弘治十八年進士，知安吉州，累遷工部郎中，奉公執法，多忤權要。出守延平、平陽二府，遷廣西按察副使，所至有政聲，卒於官，年五十四。

廖公墓志銘（湘皋集29/9下，國朝獻徵錄101/43）

父廖霙，號淡菴。

壽淡菴處士八十有九叙（柴墟文集7/19）

廖莊（1404—1466）字安止，號東山，吉水人。宣德五年進士，歷刑科給事中，有直聲，遷南大理少卿。景泰五年上疏勸代宗善事上皇，友愛皇儲，廷杖，謫定羌驛丞。天順初召還，歷刑部左侍郎卒，年六十三，諡恭敏。莊性剛，喜面折人過，實坦懷無芥蒂，好存謝賓客為歡狎。卒之日，幾無以為斂。有廖恭敏佚稿。

迎養堂記（芳洲文集6/10）
廖公傳（袁袠撰、皇明名臣墓銘坎集50，國朝獻徵錄46/22，又皇明獻實25/3下）
皇明名臣琬琰錄后11/6下尹直撰言行錄
國朝獻徵錄37/13無名氏撰傳
掖垣人鑑8/18下
聖朝名世考5/21
皇明世說新語2/2下
名山藏臣林記9/1
明史列傳34/17下
明史162/15下

母□氏

廖少卿母文（呂文懿公全集10/92）

廖欽（1342—1404）字敬先，江西吉水人。洪武四年官河內丞，以廉能稱，調吳江，後坐事論戍。久之以老病放歸，道河內，河內民競持羊酒為壽，且遺之縑，須臾裒數百匹，欽固辭不得，一夕逝去。永樂初以薦修太祖實錄授翰林檢討，二年卒，年六十三。

廖公墓誌銘（胡廣撰、國朝獻徵錄22/3）
廖公墓表（解文毅公集12/4）
明史281/5

廖道南字鳴吾，蒲圻人。正德十六年進士，歷官翰林侍講學士，修大禮書，直經筵。歸田後，為世宗作楚紀六十卷，又有殿閣詞林記、及藝苑、詞垣、講幄、拱極、玄素子諸集。

玉堂別業圖跋（涇林集7/35）
國朝獻徵錄19/38胡直撰傳
皇明世說新語5/18下

廖謹字慎初，以字行，南海人。恬靜力學，淹貫經史，人號廖五經。解縉出為交趾參議，與謹遇，與之上下議論，不能有加，亟以名儒稱之。以明經舉為四會訓導，陞南安教授，致仕卒。有澹交集。

國朝獻徵錄89/96黃佐撰傳

廖謨（1393—1448）字文績，泰和人。永樂十三年進士，選庶吉士，歷遷福建按察僉事，正統間左遷河間府同知，才識優長，為政簡靜，尋陞本府知府，聲譽益著，十三年卒於官，年五十六。

廖君墓碑（王直撰、國朝獻徵錄82/12）

鏞，巢縣人，永忠孫。以元勳後任散騎舍人，歷官都督。建文時與議兵事，宿衛殿廷，與弟銘嘗受學於方孝孺，孝孺死，鏞銘檢遺骸，瘞聚寶門外山上，永樂元年坐見收，論死。

國朝獻徵錄106/5忠節錄本傳

皇明獻實8/2下

吾學編53/2下

皇明表忠紀2/8

遜國正氣紀3/7

遜國神會錄上/13

革朝遺忠錄下/22下

明史列傳19/10

福

福湛，僧，號天淵，楚人。居蓬溪智林，以勤苦入道。獲印於月溪，後開堂弘化。有法語二卷曰天淵錄，年七十七卒。

補續高僧傳16/3下

福登（1547—1619）別號妙峰，山西平陽人。姓續氏，幼失父母，十二歲出家爲僧，受知於山陰王，王建大梵刹居之。後雲遊四方參謁諸名僧，自滇還山陰，修萬古寺大殿。歷修渭河、滹沱諸河大橋，及建太原之塔，省城大塔寺，辟茶藥菴，開石窟諸大工程，賜衣冠及眞來佛子之號。萬曆四十七年坐化，年七十三。

補續高僧傳22/15下

福報字復原，浙江臨海方氏子。出家杭州梁渚崇福院，侍徑山元叟端禪師門下。歷住廬山、東山、智門諸寺。洪武初赴京，屢召應對稱旨。後還智門，菴於寺東，扁曰海印。後住持徑山以終，年八十四。

補續高僧傳14/4

端

端宏字仲仁，號坦齋，當塗人。天順元年進士，任浙江道監察御史，有風裁，累官浙江左布政使，以廉稱，謝事歸，足跡不至公門。弘治八年卒。

國朝獻徵錄84/7鄒志傳

端廷赦（1493—1552）字思恩，號虹川，當塗人。正德十六年進士，授高安令，擢監察御史，首劾武定侯郭勛驕橫，貫戚歛手避之。累陞僉都御史，歷任多政績，復遷吏部右侍郎，轉南京右都御史。有大俠善結納要路，侵害客商，擒治之，又以錢法濫惡，出令禁治，中外凜凜，年六十卒於官。

誥敕湖廣道監察御史端廷赦父母（顧文康公文草卷首9）

右都御史端廷赦祭葬（歐陽南野文集15/4）

祭大中丞端虹川文（端溪先生集6/18）

端公墓誌銘（顧應祥撰、國朝獻徵錄64/25）

父端文用

端公合葬墓誌銘（崔東洲集17/6下）

端復初（1321—1373）字以善，溧水人。本姓端木，省稱端氏。性嚴峭，元末爲小吏，太祖知其名，召爲徽州經歷，除磨勘司丞，遷爲令，時官署新立，簿書塡委，復初鉤稽無遺。超拜刑部尚書，用法平允，終湖廣參政，以治辦聞。卒於官，年五十三。

國朝獻徵錄44/5宋濂撰傳

明史列傳13/6下

明史138/5下

端鈇（1522—1585）字威伯，號靜寰，當塗人，廷赦子。太學生，萬曆中試永寧令，有善政，年六十四卒。

端公墓志銘（玉茗堂全集13/18）

桀

桀清（1418—1484）字元潔，陝西藍田人。由邑椽起家，天順初授內庫大使，遷昌樂縣主簿，署益都、壽光縣事，成化二十年卒，年六十七。子華，舉成化十七年進士，治鞏、洛陽有聲。

桀君墓表（王端毅公文集4/17）

桀瑄，瓊州人。早孤，天順中，與兄琇扶母避賊，將見獲，琇謂瑄曰，並死無益，吾以死衞母，汝急去，瑄從之。賊將殺其母，琇曰，貸吾母，願相從，遂陷賊中。後琇爲官軍所執，將刑，瑄趨至曰，兄以母故陷賊，今母老，恃兄爲命，願代死，遂見殺。

明史297/3

翟

翟厚字公厚，無錫人。從王達游，學有源委。治家孝敬，尤嚴於祭祀。著有錫山遺響、續通志略。

毘陵人品記7/1

翟唐字堯佐，長垣人。弘治十二年進士，正德中由御史出按湖廣，以上疏論時事忤劉瑾。久之遷寧波知府，又以裁抑市舶中官，謫雲南嵩明知州，再遷陝西副使卒。

送郡侯翟公之任序（張文定公紆玉樓集6/20下）

明史列傳58/21

明史188/20下

翟時雍，山西襄陵人。萬曆二十九年進士，歷官大名知府。

郡守翟公義田碑記（雲石堂集13/3）

翟祥字君瑞，蘇州嘉定人。少通易學，爲太祖占候皆驗，賜以勅命爲訓術。有希微子簡易錄。

吳中人物志13/25下

翟善字敬夫，泰興人。洪武中以貢擧歷官吏部文選司主事，會尚書詹徽、侍郎傅友文誅，命善署部事，再遷尚書。明於經術，奏對合帝意，帝以爲賢，後坐事降宣化知縣卒。

國朝獻徵錄24/13雷禮撰傳

明史列傳13/2下

明史138/2下

翟溥福字本德，東莞人。永樂二年進士，任知青陽縣，改新淦，尋陞南康知府，咸有惠政。修白鹿書院，講明道義，民知慕學，爲江西第一郡守。致仕去，家事蕭然，淸貧自甘，卒年七十一。

贈翟大尹還新淦序（金文靖公集7/34下）

國朝獻徵錄87/5黃佐撰傳

明史281/11下

翟瑄（1433—1501）字廷瑞，河南洛陽人。天順八年進士，授奉化知縣，擢御史，歷巡濟寧以南河道，所至有聲。累遷右僉都御史，巡撫山西，兼督雁門諸關，邊儲折銀，民困輸納，多流徙失業，瑄奏減大半，歸者相屬。官至南京刑部尚書，卒於位，年六十九。

翟公墓誌銘（懷麓堂文後稿25/12，國朝獻徵錄48/27）

翟瑛字廷光，河南洛陽人，瑄弟。成化二年進士，除禮科給事中，以憂歸。復除兵科，陞鴻臚寺少卿，仕終南京太常寺卿。

贈南京太常卿翟君詩序（篁墩程先生文集25/15下）

掖垣人鑑10/8下

翟敬字致恭，順天大興人。正統七年進士，任吏科給事中，陞太僕寺少卿。

掖垣人鑑4/21

翟鳳翀字凌元，益都人。萬曆三十二年進士，歷知吳橋、任丘，有治聲。徵授御史，好直諫。天啓中歷官光祿大理少卿，進右僉都御史，巡撫延綏，爲魏忠賢黨所劾削籍。崇禎初起兵部右侍郎，出撫天津，以疾歸卒。

勅大理寺右少卿翟鳳翀並妻（紺雪堂集8/8）

津撫左司馬翟公疏草序（鬱玉集9/1）

祭凌元翟先生文（范文忠公文集10/159）

明史242/7

妻謝氏

祭翟母謝夫人文（范文忠公文集10/160）

翟鵬（1481—1545）字志南，號聯峰，撫寧衞人。正德三年進士，嘉靖間歷官右僉都御史，巡撫寧夏，坐劾總兵趙瑛，爲所訐奪職。久之起故官，再遷宣大總督，尋又罷歸。俺答大入山西，再起鵬原官，令兼督河南山東軍務，駐大同。鵬質直端勁，不通貨賄，柄臣惡之。北虜退，摭細故勒閒住。明年虜又至，諸大臣益畏懼，莫肯出大同，復起鵬提督如故，以防禦功歷陞兵部尚書。復以俺答入犯，下詔獄卒，年六十五，人皆惜之。

賀海山翟公陞陝西按察使序（涇野先生文集5/5下）

贈翟公往撫寧夏事序（對山集12/5下）

翟公行狀（王道中撰、皇明名臣墓銘坤集66，國朝獻徵錄57/9）

明史204/3下

母王氏

翟母王太夫人身後旌表詩序（對山集14/2下）

翟瓚字廷獻，山東昌邑人。正德九年進士，授工科給事中，有直聲。出爲河南僉事，青羊寇反，瓚首破賊巢。歷陞湖廣巡撫，平寧鄉巨寇，以憂歸。其後屢薦不起。

贈翟大夫序（空同子集54/15下）

掖垣人鑑12/27

翟鑾（1477—1546）字仲鳴，號石門，諸城人。弘治十八年進士，嘉靖中累遷吏部左侍郎，兼學士，入直文淵閣，後加少傅、武英殿大學士，繼夏言爲首輔。嚴嵩初入，忌鑾資地出己上，假其子科場事，褫其官。鑾初輔政，有修潔聲，中持服家居。起爲巡邊使，餽遺不貲，用以遺貴近，得再柄政，聲譽頓衰。又爲其子所累，迄不復振，逾年卒，年七十。穆宗即位，復官，謚文懿。

誥勅禮部尚書兼文淵閣大學士翟鑾（顧文康公文草卷首26下）

翟公神道碑（鈐山堂集34/10下）

翟公行狀（許成名撰、國朝獻徵錄15/114）

嘉靖以來內閣首輔傳3/22

國朝獻徵錄15/123下弇州別記

皇明世說新語7/18

明史列傳62/17

明史193/5

母黃氏

壽翟母黃太孺人八袠序（紫巖文集21/7）

甄

甄成德字行叔，山西平定人。嘉靖十七年進士，由中書舍人選南京戶科給事中，歷吏科右給諫，陞陝西副使致仕。

掖垣人鑑14/21

甄庸字定理，宛平人。洪武中舉人才，授戶部主事，陞知府，坐累罷。復起歷監察御史，官至南京工部尚書致仕，正統二年卒。

甄公墓誌銘（魏文靖公摘稿3/1）

國朝獻徵錄52/1實錄本傳

甄儀，陝西麟游人。洪武二十九年舉人，授戶部主事，擢同知長沙府事，課農桑，興學校，鋤強扶弱，綽有政聲。陞知順天府，官至南京兵部左侍郎。宣德三年卒於官。

甄氏先塋之碑（東里文集14/4）

甄鐸（1410—1487）字文振，祥符人。太學生，景泰七年授定興知縣，鋤兇頑，撫良弱，政令大行。改三河，成化中乞歸卒，年七十八。

國朝獻徵錄82/31李濂撰傳

鄢

鄢正畿字德都，福建永福人。少倜儻，甲申之變，正畿北向慟哭，幾絕。遂遁跡深山，棄諸生，不應舉，恒作詩文見意，自號亦必道人。隆武元年冬，與諸子永訣，沐浴整衣自經死。弟正衡，明亡亦不仕。有蹇菴集。

明史276/15下

鄢懋卿字景修，南昌人。嘉靖二十年進士，屢遷左副都御史，爲嚴嵩父子所暱。戶部以兩浙、兩淮、長蘆、河東鹽政不舉，請遣大臣總理，嵩遂用懋卿。所至市權納賄，歲時餽遺嚴氏及諸權貴，不可勝紀。性奢侈至以文錦被廁牀，白金飾溺器，其按部，嘗與妻同行，製五彩輿，令十二女子舁之，儀從煇赫，道路傾駭。官至刑部右侍郎。及嵩敗，被劾戍邊。

明史308/21

聞

聞人詮字邦正，餘姚人。從學外兄王守仁，登嘉靖四年進士，知寶應縣，遷御史，巡視山海關，修城堡四萬餘丈。論救都御史王應鵬，逮入廷杖。爲南京提學御史，以士無實學，校刻五經三禮舊唐書行世，與訂陽明文錄，出爲湖廣副使歸。有東關圖、南畿志、芷蘭集。母王氏，爲王華之妹。

壽監察御史聞人母太孺人序（雲岡公文集金臺稿1/3）

壽聞人母王太孺人七十序（涇野先生文集

10/29）

壽聞人母王太孺人七十序（方齋存稿6/2）

聞元奎（1350—1521）字應明，鄞縣人。以孝友稱，與人交，敬而有辨。正德七年由貢生授江陰訓導，遷上海敎諭，以身作則，所造就甚多，卒年七十二。

聞公墓誌銘（張文定公䌹悔軒集9/7下）

聞元璧（1457—1492）字應韶，鄞縣人，元奎弟。仁孝好施，然侃侃不阿。性澗達而高朗，孤弱者多倚以爲植，年三十六卒。

聞公墓誌銘（張文定公䌹悔軒集8/2下）

聞啓祥字子將，錢塘人。少爲諸生，從馮夢禎學，擧萬曆四十年鄉試。性淡蕩，鑒裁敏，品題精，爲文風流婉約，卒年五十八。有自娛齋集。

聞子將墓誌銘（牧齋初學集54/21）

聞淵（1480—1563）字靜中，號石塘，鄞人，元璧子。弘治十八年進士，嘉靖間累官吏部尙書。侍郞徐階得帝眷，前尙書率推讓之，淵自以前輩，事取獨斷。大學士夏言柄政，淵老臣不能委曲徇，後議言獄，淵謂言事祇任意，迹涉要君，請帝自裁決，忤帝意，又扼於嚴嵩，遂乞歸。家居十四年卒，年八十四，諡莊簡。

送石塘聞公改少司寇還京序（張文定公紆玉樓集3/26）

送應天府尹聞公遷順天序（息園存稿文2/6下）

贈太宰石塘聞公考績序（洹詞12/17下）

壽大師保冢宰石塘公七袠序（端溪先生集2/52）

壽大師保太宰石塘公七袠序（同上2/53下）

奉賀冢宰石塘聞公七十（歐陽南野文集22/11）

祭聞莊簡公文（天一閣集27/10）

聞莊簡公傳（太函集29/1，太函副墨11/42，國朝獻徵錄25/35）

皇明世說新語3/16下

皇明書26/24

明史列傳69/9下

明史202/9

趙

趙三聘（1538—1602）字天民，號任齋，河津人。隆慶二年進士，授益都令，以枉謫河南布政司照磨。遷江都令，屢陞四川按察副使，致仕卒，年六十五。

趙公墓誌銘（復宿山房集15/18下，國朝獻徵錄98/105）

趙公墓表（睡菴文稿20/1）

趙士春字景之，號蒼林，常熟人，用賢孫。崇禎十年進士，授編修。楊嗣昌奪情，復謀入閣，士春抗疏劾之，忤旨，謫布政司照磨。後復官，終左中允。

趙景之宮允六十壽序（牧齋有學集24/4下）

趙公墓誌銘（儋園文集28/1）

明史列傳82/17下

明史229/14

趙士寬字汝良，號棻斐，山東掖縣人。以官生爲鳳陽府通判，駐潁州，崇禎七年賊陷潁城，赴黑龍潭水死，贈光祿寺寺丞。

啓禎野乘9/42

天啓崇禎兩朝遺詩小傳2/74

明史292/17

趙士賢（1460—1511）字孟希，湖廣石首人。弘治六年進士，由庶吉士授戶科給事中，累遷江西左參政，卒于官，年五十二。

趙君墓志銘（李東陽撰、國朝獻徵錄86/30）

掖垣人鑑11/10下

趙大佑（1510—1569）字世胤，號方厓，浙江太平人。嘉靖十四年進士，授鳳陽推官，擢御史，累官至南兵部尙書，卒年六十。有燕石集。

送方厓趙公序（敬所王先生集2/15）

贈方厓趙君六載考績序（存笥稿3/16下）

贈大理少卿方厓趙公北上序（同上5/21）

大司馬趙公燕石集序（弇州山人續稿55/12）

趙公墓誌銘（徐階撰、國朝獻徵錄42/89）

明史列傳65/22

明史271/20

趙大河字道源，號延陵，江陰人。嘉靖十三年擧人，銓授義烏知縣，官至浙江僉事，隆慶六年卒。

趙公墓志銘（松石齋集19/1）

趙文（1358—1413）字文煥，山東齊河人。少聰慧，九歲，充邑庠生，以貢入太學。洪武中，詔選堪爲人師者，文與其選，注重慶府巴縣教諭，陞徽州府學教授，遷岳州，凡歷三學，恪守教法，蜀楚之士，多所造就。永樂中選授左春坊左中允，輔佐東宮。十一年卒于官，五年十四。

國朝獻徵錄19/32無名氏撰傳

趙文博（1425—1497）字子約，代州人。景泰五年進士，授監察御史，天順中劾石亨、曹吉祥下獄。尋貶淳化知縣，有善政。亨敗，擢衞輝知府，以右副都御史巡撫河南，弘治十五年卒官，年七十三。

都御史趙公行狀（傅趣齋藁20/149，國朝獻徵錄60/18）

水東日記17/4下

明史162/21下

趙文華字元質，慈谿人。嘉靖八年進士，官至工部尚書，性傾險，與嚴嵩結爲父子，誣殺尚書張經方、浙江巡撫李天寵，先後論罷總督周琉、楊宜等。後以失寵黜爲民，既遭譴，意邑邑，一夕腹破死。著有嘉興府圖記，叙述頗有體例，又有世敬堂集、祇役紀略。

重建大司空趙公功德祠記（寧澹齋全集5/9下）

世敬堂記（涇野先生文集19/2）

平夷碑（皇甫司勳集47/1）

皇明世說新語8/19，8/32下

明史308/17下

趙天泰，三原人，建文初以明經授翰林院編修，京師破，從帝出亡。時葛衣，因自號葛衣翁，又號天胄子，以訪帝老死蜀中。

皇明表忠記6/17

遜國正氣紀2/29下

遜國神會錄下/30

趙天澤，蜀新都人。早知名於鄉，後棄官遊江南，與劉伯溫友善，工詩。

國朝獻徵錄9/11下無名氏撰傳

趙元鉊（1424—1513）字廷時，號白雲，浙江樂清人。少讀書，務踐履，不事章句，孝弟淵睦之行，一無可愧。平居手不釋卷，雖隆寒盛暑，衣巾未嘗去，人以趙古人稱之。正德八年卒，年九十。

白雲趙先生墓碣銘（石龍集24/16，國朝獻徵錄116/38）

趙友同（1364—1418）字彥如，長州人。沈厚溫雅有行誼，自少篤學，嘗從宋濂游，洪武末任華亭訓導。永樂初用薦授御醫，與修永樂大典、五經大全諸書，永樂十六年卒，年五十五。有存軒集。

趙公墓誌銘（東里文集18/11，皇明名臣墓銘乾集41，國朝獻徵錄78/36）

吳中人物志7/31下

水東日記10/4

趙孔昭字子潛，號玉泉，邢臺人。嘉靖二十三年進士，授鄢陵知縣，擢御史，出按浙江，尚書趙文華討陶宅徵敗績，孔昭劾之，神宗時官終兵部左侍郎。孔昭廉毅自持，遇權倖不易操，故所至皆克樹立，卒年六十五。

送少司馬玉泉趙公奉召還闕序（條麓堂集22/10下）

鄢陵縣題名碑記（陳文岡先生文集16/16下）

少司馬趙公傳（弇州山人續稿77/9）

國朝獻徵錄41/13無撰人趙孔昭傳

趙仁，歸安人。一歲而孤，長傭作事母，以孝聞。主人設甘毳勞之，必歸遺其母。刻木爲母像，奉之傭所，拜而事之曰，吾不能頃刻離母。母卒，奉像者愈至，朝饔夕飧，必享母而後下箸。事聞詔旌之，崇禎間卒。

啓禎野乘14/13

趙介字伯貞，番禺人。明初閉戶讀書，不求仕進，屢薦皆辭。坐累逮赴京師，卒於途。有詩集曰臨清集。

明史285/24下

趙永字爾錫，臨淮人。弘治十五年進士，改翰林庶吉士，授編修。嘉靖初與魯鐸相繼爲祭酒，尋遷南京禮部侍郎，大學士楊一清重其才，欲引以自助，乃爲他語挑之，永正色拒，遂請致仕去，人服其廉介。有類庵稿、北歸稿。

國朝獻徵錄37/19無撰人趙永傳

明史163/12

母胡氏

趙母胡氏墓志銘（懷麓堂文後稿28/8）

趙民望，藁城人。洪武初舉儒士。後拜四輔官，兼太子賓客，與杜斅等侍左右，講論治道，以老致仕。

明史137/4

趙本字宗立，鳳陽人，輔父。初以父任直隸邳州衞指揮使，從征戰有功，陞山東指揮僉事，領兵更番衞京師，頗得士卒歡心，未幾以疾卒。年五十四

贈武靖伯趙公神道碑（彭時撰、國朝獻徵錄110/41）

趙可與（1485—1561）字令中，號青石，江西安成人。正德八年中鄉試，再上春官不遇，授蓬萊教渝，以經明行修，徵爲兵部主事，歷員外郎、郎中，擢守三衢，陞福建都運，被誣歸隱林下，卒年七十七。有孤樹裒談、青石遺稿。

趙公神道碑（李本撰、國朝獻徵錄104/44）

趙可懷，舉萬曆進士，歷刑部主事，擢御史，屢官工部侍郎。時湖廣民變，奉命往撫，不日而戢，晉兵部尚書，巡撫如故。會楚藩諸宗譁變，被擊碎首而卒，年六十餘。

趙大司馬傳略（珂雪齋前集16/39下，又珂雪齋近集7/33）

趙世卿字象賢，號南渚，歷城人。隆慶五年進士，萬曆初授南京兵部主事，陳匡時五要，忤張居正意，落職歸。居正死，累遷戶部尚書，請停礦稅。署吏部，推擧無所私，素厲清操，當官盡職，帝重之而不能用，後連章乞去，不報，乘柴車徑去，帝亦不罪。

贈趙南渚公內召序（樵餘筆記×/53下）

贈少司徒趙公序（鶴林外編27/6下）

祭趙南渚文（李文節集25/13）

司農奏議序（同上18/23）

明史列傳76/19

明史220/20下

趙世助字光遠，號閬州，陝西綏德衞人。隆慶五年進士，由行人選兵科給事中，陞四川僉事，調河南，未任，尋以原官聽降調，卒于家。

掖垣人鑑16/7

趙用賢（1535—1596）字汝師，號定宇，常熟人，承謙子。隆慶五年進士，萬曆時官檢討，疏論張居正奪情，與吳中行同杖戍。居正沒，起官，終吏部侍郎，卒年六十二，諡文毅。用賢剛直嫉惡，議論風發，官庶子時，常言蘇松嘉湖財賦半天下，民生坐困，條十四事上之，執政以爲吳人不當言吳事，格不行。有松石齋集、三吳文献志、國朝典章、因革錄。

奉別趙汝師先生序（玉茗堂全集1/1）

送趙汝師太史還朝序（弇州山人續稿28/8下）

賀大司成定宇趙公拜南少宗伯叙（澹然堂文集1/3下）

代祭趙少宰文（婣眞草堂文集29/5）

祭趙少宰文（賜閒堂集34/26下）

祭趙少宰（天遠樓集23/32下）

祭趙汝師文（瞿冏卿集8/9）

祭趙汝師宗伯文（同上8/32）

定宇趙公行狀（同上10/5下，國朝獻徵錄26/63）

趙公神道碑銘（牧齋初學集62/1）

趙文毅公文集序（同上30/11）

明常熟先賢事略9/1

明史列傳82/15下

明史229/12

趙汝濂（1495—1569）字敦夫，雲南太和人。嘉靖十一年進士，選庶吉士，歷考功郎中，主內察時，趙文華在黜中，冢宰以其爲嚴嵩私人不可。汝濂曰，若文華不黜，則無可黜之官矣。後擢都御史，謇謇有大臣節，致仕家居，不治產業，益敦內行，推俸與兄弟宗黨共之，年七十五卒。

趙公墓志銘（李元陽撰、國朝獻徵錄64/69）

趙安字仲盤，狄道人。永樂元年進馬，除臨洮百戶。使西域，從北征有功，進都指揮同知。宣德二年充左參將從陳懷平松潘叛番，擢都督僉事。正統元年累戰功進都督同知，充右副總兵官，鎮甘肅及涼州，封會川

伯時稱西邊良將，九年卒官。

吾學編19/52

皇明功臣封爵考6/67下

明史列傳22/30

明史155/17下

趙光抃字彥清，江西德化人。天啓五年進士，崇禎中歷兵部郎中，擢密雲巡撫，以發監視中官鄧希詔奸謀，坐遣戍廣東。兵事棘，起官，拜兵部右侍郎，總督薊州、永平、山海、通州、天津諸鎮軍務，以兵敗不敢救坐誅。

明史259/39

趙同魯（1422—1503）字與哲，吳人。少伉爽不群，於詩靡不涉獵。意存當世，喜論事，不隨俗是非，嘗上書當道，言皆剴直。能詩，有仙華集。

趙處士墓表（王文恪公集26/1）

國琛集下/40

趙好德字秉彝，汝陽人。太祖時爲吏部尚書，帝嘉其典銓平，嘗詔與四輔官入內殿，坐論治道，命畫史圖像禁中，終陝西參政。

明史138/2下

趙伊字子衡，平湖人，漢子。嘉靖十一年進士，授刑部主事，改南兵部職方司主事，陞郎中，處事明決，擢廣西按察副使，以父老乞歸侍養，卒年六十二。有席芳園集。

國朝獻徵錄101/52戚元佐撰傳

檇李往哲列傳×/36

趙汸（1319—1369）字子常，休寧人。黃澤門人，究心春秋之學，晚年屏迹東山著述，學者稱東山先生，洪武二年召修元史，竣事還，尋卒，年五十一。有春秋集傳、屬辭、左氏補註、師說、東山存稿。

祭友趙東山文（朱楓林集8/7下）

趙公行狀（詹烜撰、國朝獻徵錄114/1）

明史282/6

趙忭字伯京，號震洋，太倉州人。嘉靖十年應天鄉薦第一，登十七年進士，授蘭溪令。歷南京大理寺正，陞江西僉事，以謗左遷，遂乞休，隆慶四年卒。

趙公行狀（黃姬水撰、國朝獻徵錄86/127）

趙灼字時章，號通坊，上海人。嘉靖卅五年進士，由行人選刑科給事中，累擢太僕寺少卿，遷通政司贈黃通政。

掖垣人鑑14/39下

趙均（1591—1640）字靈均，吳縣人，宦光子。承父之學，喜蒐求金石，嘗彙各種碑目識跋，與夫近代續出耳目所及者，爲金石林時地考，以便訪求。崇禎十三年卒，年五十。

趙靈均墓誌銘（牧齋初學集55/17下）

啓禎野乘14/6下

趙志皐（1524—1501）字汝邁，號瀫陽，蘭谿人。隆慶二年進士，萬曆初官侍讀，忤張居正謫官，居正沒，累進禮部尚書，入參機務，年已耄，爲朝士所輕，言者攻擊不已，遂乞歸。於罷礦建儲諸大政，猶數力疾疏爭，在告四年，疏八十餘上，萬曆廿九年卒，年七十八，諡文懿。有靈洞山房集、四遊稿、內閣奏題稿。

少司成趙瀫陽年丈視篆南詞林序（田亭草3/18）

贈大司馬瀫陽趙先生晉宮詹北上序（余學士集11/4）

靈洞山房詩集敍（松石齋集8/21下）

靈洞山房集序（田亭草4/29）

六處堂記（蠙衣生粵草4/1）

祭太傅趙文懿公（少室山房類稿95/11）

祭閣老趙瀫陽文（澹園集16/10）

趙公墓誌銘（朱文懿公文集10/44，國朝獻徵錄17/190）

趙公暨夫人方氏墓表（吳文恪公文集18/8）

明史219/6下）

趙廷瑞（1492—1551）字信臣，號洪洋，直隸開州人。正德十六年進士，改庶吉士，歷刑科都給事中，屢有劾論，皆見嘉納，直亮之聲，著於中外。陞右副都御史巡撫陝西，禦俺答頗有斬獲，進兵部右侍郎，官至兵部尚書，加太子少保，卒年六十。

賀都憲洪洋趙公膺蔭典序（孫文定公紆玉樓

集3/18）

趙公墓志銘（趙錦撰、皇明名臣墓銘坤集1，國朝獻徵錄39/63）

祭兵部尙書趙洪洋公文（沱村先生集6/27）

被巨人鑑13/5下

母張氏（1461—1531）

趙太君太淑人七十壽序（少華山人文集7/4下）

榮壽錄序（存笥稿2/15下）

趙太淑人墓誌銘（苑洛集5/1）

趙邦柱（1558—1610）字安甫，號觀一，湖廣咸寧人。萬曆十七年進士，累官通政司參議，時諸中官請乞，日以百數，邦柱痛抑之，中官爲氣沮，卒年五十三。著有周易注疏、享帚言、南遊草、悠然齋尺牘等。

趙公墓志銘（郭正域撰、國朝獻徵錄67/48）

母姚氏

姚安人墓志銘（大泌山房集100/1）

趙佑字汝翼，雙流人。弘治十二年進士，歷官御史。正德初言劉瑾輩日獻鷹犬，導騎射，乞置之法，群奄大恨。瑾得志，指佑爲姦黨，勒罷之。瑾誅，起山西僉事卒。

明史列傳58/10

明史188/4

趙承謙（1487—1568）字德光，號益齋，常熟人，用賢父。嘉靖十七年進士，授贛州府推官，廉潔不撓。擢南京吏部主事，進郎中，官至廣東參議，卒年八十二。

趙益齋文選赴任（歐陽南野文集21/8）

奉贈益齋趙翁大夫序（弇州山人四部稿60/17下）

少參趙先生頌（王奉常集22/10）

益齋趙公傳（弇州山人四部稿81/15下）

先大夫行述（松石齋集16/1）

趙公墓表（嚴文靖公文集9/10下）

趙公墓志銘（王錫爵撰、國朝獻徵錄99/68）

妻蕭氏（1487—1571）

先妣蕭宜人行狀（松石齋集16/34下）

蕭氏墓志銘（賜閒堂集32/16下）

趙松（1464—　）號曲江，上海人。弘治六年進士，正德中累官太常少卿致仕。

趙曲江太常八十壽序（潘笠江集8/13下）

趙居任，溧水人。洪武中以耆老授通政司參議，陞山東布政司左參議。歷左通政，奉使日本，所餽名馬方物，悉却不受。永樂中治水蘇松，雖以清介自持，而無恤民之心，十七年卒官。

國朝獻徵錄67/22實錄本傳

趙東曦字敢初，號餘不，上海人。萬曆四十七年進士，崇禎時由知縣入爲刑科給事中，請興屯塞下以充軍用，不報。遷御史，以劾內臣王坤獲譴，稍遷至禮部郎中歸。福王時召爲給事中，東曦已前卒。

啓禎野乘4/39

明史258/8下

趙岢，榆林衞人。年十四，持刀出塞外，遇寇三人挾岢，岢奪其挺，反撲之，連斬三人首以歸，由是知名。嘉靖中嗣指揮職，積功至延綏總兵官，移鎭大同，改宣府，進都督同知卒。

明史列傳60/27

趙忠（1404—1459）字行恕，長洲人。宣德五年進士，授監察御史，官至雲南參議，以清白稱，天順三年卒，年五十六。

趙君墓誌銘（韓襄毅公家藏文集14/8下）

趙君墓志銘（馬中錫撰，國朝獻徵錄102/31）

趙昂（1421—1500）字伯顒，號竹溪，順天大興人。正統十年進士，授中書舍人，再擢翰林編修，官至通政司右參議，卒年八十。

趙先生墓志銘（懷麓堂文後稿24/7下，國朝獻徵錄67/33）

趙叔寶（1464—1524）順天大興人，竑妹。天性聰慧，精於鑒別，所定辯眞贋，雖博物君子，無弗以爲然。左右手皆能運筆，字法亦遒勁，剪裁刺繡，雖良工弗及。年十六嫁太學生楊鏞爲婦，卅一寡居，無子，零丁孤苦，操如冰霜，人稱節婦。嘉靖二年卒，年六十一。

楊節婦趙氏墓誌銘（涇野先生文集24/13下）

趙秉忠（1570—　）字季卿，號峨陽，益都人。萬曆廿六年殿試第一，官翰林，分校禮闈，得孫承宗。典試江南，得張瑋、姚希孟、周順昌，皆爲一代名臣。累遷禮部尙書，以忤魏忠賢削籍。有岨山集。

贈岨陽趙先生詔起宮允序（五品文稿1/11）

公祭趙岨翁座師文（棘門集7/5）

狀元圖考3/40

父趙禧，文水縣丞。

趙封公墓表（秋水閣剮墨3下/5下）

趙季通，天台人。成祖時與修洪武實錄，累擢司業，與董子莊同被選爲趙府長史，當時論親藩輔導之良，以二人爲極選。

國朝獻徵錄105/26實錄趙季通傳

明史列傳12/20下

明史137/10

趙侃字至剛，普定衞人。天順八年進士，爲吏科給事中，屢上疏言事，皆切時弊，帝嘉納之。陞通政司右通政，成化十七年卒官。

國朝獻徵錄67/26實錄趙侃傳

掖垣人鑑4/7

趙彥，膚施人。萬曆十一年進士，授行人，屢遷山西左布政使。光宗時以僉都御史巡撫山東，請增兵戍諸島，設鎭登州，天啓初平妖賊徐鴻儒，論功進兵部尙書，加太子太保。極陳邊將尅餉役軍虛伍占馬諸弊，因條列事宜，帝稱善，立下諸邊舉行。以抗疏劾魏忠賢削籍，尋追敘邊功，即家進太子太傅卒。

賀大司馬兼御史大夫西蜀趙公盪平妖寇序（寶日堂初集10/31下）

明史列傳93/12

明史257/5

母李氏（1536--1612）

李夫人墓志銘（大泌山房集99/9）

趙彥可，崑山人。洪武間知臨淸縣，性廉公愛民，初爲山陽丞，其妻受賂遺，彥可察知之，首於府，遣其妻還鄉，後陞知肇昌府。

崑山人物志10/8下

吳中人物志5/16

趙恒(1511--1604)字志貞，號特峯，晉江人。嘉靖十七年進士，教授貴州，累擢姚安知府。郡故雜苗俗，恒定婚聚之禮。萬曆州二年卒，年九十四。有春秋錄疑。

趙先生暨配王氏合葬墓誌銘（田亭草13/18）

子趙日新，字田甫，隆慶五年進士，官戶部主事。

趙公暨配汪氏合葬墓志銘（田亭草15/48）

趙竑字良度，順天大興人，昂子。成化二十年進士，擢刑科給事中，弘治六年陞都給事，歷光祿少卿。

掖垣人鑑10/28

趙炳然（1507--1569）字子晦，號劍門，劍州人。嘉靖十四年進士，由知縣徵拜御史，擢宣大山西兵餉，劾前後督撫樊繼祖等一百七十七人侵冒罪，坐謫有差。歷遷浙江巡撫，廉潔率下，悉更諸政令不便者，民皆尸祝之。以知兵召爲兵部尙書，協理戎政，兼總督宣大山西軍務，邊防甚飭，召還加太子少保。炳然歷官三十餘年，清勤練達，所至有聲，隆慶初乞休歸，卒年六十三，諡恭襄。

國朝獻徵錄39/112實錄趙炳然傳，又趙貞吉撰墓誌銘

明史列傳69/34

明史202/24

趙建極字生同，河南永寧人。累官山西左布政使，崇禎十七年李自成陷太原，建極危坐公堂，賊擁之見自成，不屈死。

明史263/10

趙南星（1550--1627）字夢白，號儕鶴，高邑人。萬曆二年進士，歷文選員外郎，方嚴疾惡，上疏陳四大害，觸時忌乞歸。再起考功郎中，主京察，要路私人，貶斥殆盡。被嚴旨落職，名益高，與鄒元標、顧憲成海內擬之三君。光宗立，累拜左都御史，慨然以整齊天下爲己任，進吏部尙書，銳意澄淸，起用廢錮，中外方忻忻望治，魏忠賢矯旨削籍，戍代州卒，年七十八，崇禎初諡忠毅。有史韻、學庸正說，忠毅公集。

跋趙忠毅公文集（牧齋初學集84/7下）

趙儕鶴先生稿序（響玉集10/3下）

近科名家稿序（大泌山房集26/2下）

正心會全稿序（蒼霞餘草6/12）

名臣諡議（公槐集5/2）

趙忠毅公墓誌銘（棘門集3/5）

儕鶴趙先生小傳（高子遺書10上/10下）

天啓崇禎兩朝遺詩小傳4/135

啓禎野乘1/46

明史列傳92/1

明史243/1

趙𤩽（1365--1436）字雲翰，祥符人。洪武二十年舉人，入太學，授兵部職方司主事，圖天下要害阨塞屯戍所宜以進，帝以爲才。遷浙江右參政。策捕海寇有功。成祖時使交趾，卻其餽，擢刑部右侍郎，改禮部，進尙書，遷兵刑部，致仕卒，年七十二。性精敏，歷事五朝，位列卿，自奉如寒素。

石田茅屋記（東里文集2/1）

趙公神道碑（楊文敏公集18/17，皇明名臣墓銘坎集1，皇明名臣琬琰錄20/10）

國朝獻徵錄44/22李濂撰傳

明史列傳27/5

明史150/2下

趙貞吉（1508—1576）字孟靜，號大洲，內江人。嘉靖十四年進士，授編修，時方士進用，貞吉請求眞儒以贊大業。爲司業，以知本率性之學敎士。俺答薄都城，貞吉廷議合帝旨，擢左諭德、監察御史，奉旨宣諭諸軍，會嚴嵩以事中之，廷杖謫官。後累遷至戶部侍郎，復忤嵩奪職。隆慶初起官，歷禮部尙書，文淵閣大學士，尋與高拱不協，乞休歸，年六十九卒，諡文肅。有文肅集。

冰廳劄記（徐氏海隅集文編14/12又14/21）

祭趙文肅公文（二酉園文集14/7下）

趙文肅公文集序（二酉園續集2/11）

趙文肅公年譜四卷、不著撰人、趙文肅全集附刊本

國朝獻徵錄17/84胡直撰傳

名山藏臣林記25/26

皇明世說新語1/31下，7/7下：7/29下

四友齋叢說5/12，6/10下，6/12，8/7下，8/9下，8/14下，12/10下

明史列傳62/26

明史193/15下

明儒學案33/1

趙思誠字汝存，號檢菴，山西樂平人。嘉靖四十四進士，由山東萊州府推官選兵科給事中，陞河南僉事，歷甘肅行太僕寺少卿，調湖廣僉事，萬曆十年免官。

掖垣人鑑15/22

趙昱，交趾人。以歸順爲太學生，授光祿寺署正。歷陞兵部員外郎、太僕卿。成化中以老致仕，家居十三年卒。昱歷官四十餘年，淸愼寡過，人以是稱之。

國朝獻徵錄72/4實錄本傳

趙俊，不知何許人，太祖時自工部侍郎進尙書，帝以國子監所藏書板，歲久殘剝，命諸儒考補，工部督匠修治，俊奉詔監理，古籍始備，洪武十七年免官。

明史列傳13/19下

明史138/12

趙重華，雲南太和人。年七歲，父廷瑞出遊不返。及長，謁郡守，請路引，書父年貌邑里數千紙，所歷都會州縣徧張之，閱十三年無所得。後遇一僧，告以父所在，遂得父於無錫南禪寺中，奉之以歸。

明史297/18

趙宧光（1559--1625）字凡夫，吳縣人。讀書稽古，精於篆書，與妻陸卿子隱於寒山，足不至城市。夫婦皆有名於時，當事多造門求見者，宧光亦不下山報謁，天啓五年卒，年六十七。有說文長箋、六書長箋、九圜史圖、寒山帚談、牒草、寒山蔓草。

啓禎野乘14/5

明史287/3下

趙祖元字宗仁，號南菴，婺州東陽人。嘉靖廿三年進士，授吉安府教授，遷國子助教，擢刑部主事，官終山西副使。

趙公墓誌銘（陸學士先生遺稿12/11下，國朝獻徵錄97/95）

趙庭蘭，徐州人。明初嘗知漢陽縣，能愛民任事，朝廷遣使徵陳氏散卒，他縣多以民丁應，庭蘭獨謂縣無有。故漢陽人言縣令者每稱庭蘭云。

明史列傳18/7
明史140/5下

趙泰字熙和，潞城人。永樂二十一年舉人，卒業國子監，授常州同知，有廉惠聲。周忱與況鍾議減蘇州重糧，泰亦檢常州官田租，請並減之。遷工部郎中，奉命塞東昌決河，益勤其職，疾卒，年五十二。

趙君墓表（王英撰、國朝獻徵錄51/84）
明史列傳29/17下
明史161/10

趙時（1477--1543）字中甫，號可亭，又號大定山人，犍爲人。正德二年舉人，銓授耀州知州，改乾州，屢遷大理同知，招輯諸夷，勞來誨誘，漸約之以法，夷民信服。擢陝西行太僕寺少卿，尋卒官，年六十七。

可亭趙公墓表（世經堂集19/4）

趙時春（1509--1567）字景仁，號浚谷，平涼人。嘉靖五年會試第一，選庶吉士，歷兵部主事，以言事切直，黜爲民。久之授翰林編修，復以言事黜。京師被冦，起官，擢僉都御史，巡撫山西，思以武功自奮，旋遇冦於廣武，一戰而敗。時將帥率避寇，功雖不就，天下皆壯其氣。尋被論，解官歸，卒年五十九。時春讀書強記，文章豪肆，詩伉浪自喜，類其爲人，有浚谷集。

祭中丞浚谷趙公文（世經堂集21/19）
趙浚谷詩文集序（李中麓閒居集6/74）
趙公墓志銘（世經堂集 18/27，國朝獻徵錄63/93）
名山藏臣林記21/7下
明史200/23下
父趙玉，字汝石，儒化教諭。
趙公墓誌銘（對山集17/23）

趙勉，夷陵州人。洪武十八年進士，試大理寺左寺丞，擢大理卿，陞刑部右侍郎，二十二年進戶部尙書，後坐贓褫爵。

徐氏海隅集外編43/16
國朝獻徵錄28/1廖道南撰傳

趙俶字本初，浙江山陰人。元至正進士，洪武中徵授國子博士，請以正定十三經頒行天下，屛戰國策及陰陽讖卜諸書，勿列學宮。尋擇諸生穎拔者三十五人，命俶專領之教以古文，以翰林待制致仕卒。

送趙待制致仕還鄉詩序（宋學士文集40/317）
明史列傳12/15下
明史137/14，285/17

趙秩，洪武三年爲萊州同知，奉詔使日本，責其不奉正朔，王氣沮，延秩禮遇有加，秩遂以其使入朝。

明史列傳15/8下

趙清，鳳陽人。有膂力，善用兵，洪武中積官至北平都指揮使，陞後軍都督僉事致仕。淸去北平時，常懷隱憂，不敢言。靖難兵起，黃齊諸人薦淸帥河南兵守彰德，靖難兵至城下，遣人招淸，淸對使人曰，殿下至京城，但出片紙召淸，淸不敢不至，今爲朝廷守封疆，不敢棄命失職。靖難後召淸還，淸遂乞閑。

國朝獻徵錄108/11實錄趙淸傳
皇明表忠記7/8
遜國正氣紀7/14
遜國神會錄下/41下

趙淵（1483--1537）字弘道，臨海人。正德三年進士，授行人，累遷四川僉事，改貴州，調雲南左參議，守洱海，整兵食，厲防禦，區畫井井。武定土舍鳳朝明昆弟相構仇，迭擾邊境，淵隻身往諭，以情法俗議處，胥恃以寧。仕終四川左參政，以憂歸卒，年五十五。有竹江集。

趙公墓誌銘（金賁亨撰、國朝獻徵錄98/34）

趙率教，陝西人。萬曆中歷官延綏參將，屢著戰功，被劾罷。遼事急，詔赴軍前立功，天啓中積官左都督。崇禎二年援遵化，中流矢死。

明史271/11

趙庾字渙之，號大庾，吳江人。生有異姿，沈毅靜默，好讀書。登進士第，授福建令，遭亂世，歸隱，旋得法於靈巖繼禪師，住天台國淸寺，法名崇韜，人稱大庾和尙云。

趙大庾傳（重編桐菴文稿×/34下）

【十四劃】趙

趙庸，廬州人。從太祖破陳友諒，伐張士誠，定中原，論功賞賚，亞於大將軍。以庸在應昌嘗私納奴婢，不得封公，封南雄侯已平閩粵盜，以左副將軍從燕王出古北口。降乃不花。洪武二十六年坐胡惟庸黨死。

吾學編18/35下
名山藏41/12下
皇明功臣封爵考6/24下
明史列傳8/17下
明史129/13

趙烱字文鑑，四川永川人。成化八年進士，授瀏陽令，除穢革邪。擢監察御史，巡按兩淮江西。

贈御史趙君文鑑考績序（東川劉文簡公集10/7）

趙珽字秉珪，慈谿人。崇禎元年進士，知南安、侯官二縣，屢遷河間兵備僉事，陞參議。崇禎十五年清兵陷河間，一門十四人悉被難。

明史291/18

趙莘（1522--1582）字師尹，號任齋，長垣人。嘉靖卅八年進士，授臨潁令，官至貴州參議，卒年六十一。

趙公暨配崔氏合葬墓志銘（逍遙園集選15/1）

趙崇璧（1530--1584）字國璋，號謙齋，山東濟寧人。少襲父卿官指揮僉事，累陞中都督府僉事，總兵宣府。萬曆十二年卒，年五十五。

趙公墓誌銘（轂城山館文集19/13，國朝獻徵錄108/62）

趙國真字邦邃，號南湖，陝西同州人。嘉靖八年進士，除工科給事中，歷山西副使，降廣平府同知，未任，尋罷歸。

掖垣人鑑13/21

趙國忠字伯進，錦州衞人。嘉靖八年舉武會試，累功爲遼東總兵官，進都督同知，復鎮宣府，被論罷。國忠善戰，射穿札，爲將有威嚴，邊防賴之。

明史211/8下

趙國琦，南昌人。萬曆廿三年進士，歷官工部主事。

榷荆關工部主事趙公去思碑記（珂雪齋前集17/1）

趙國鼎字象九，山西樂平人。鄉舉試第一，登崇禎七年進士，官寶坻知縣。九年清兵下寶坻，城破死之。

明史291/13下

趙偉（1410--1485）字士奇，號愚菴，潞人。中正統三年鄉試，授河南開封府同知，改山東萊州府。天順中，陞青州知府，乞休卒，年七十六。

趙公墓表（陳清撰、國朝獻徵錄96/9）

趙得祐字元吉，永平盧龍人。嘉靖二年進士，授御史，巡按應天，糾劾輔臣，群黨側目。陞貴州僉事，調遼東，屢官陝西行太僕寺卿，以丁內艱致仕，得祐歷任二十七年，以清介終始，林居泊然，如書生時，年七十三卒。

國朝獻徵錄104/1永平志傳

趙紳字以行，諸暨人。父秩，永樂中爲高郵州學正，考滿赴京，至武城縣墮水，紳奮身下救，河流湍悍，俱不能出，明日屍浮水上，紳兩手猶抱父臂不釋。宣德中旌其門。

明史296/20

趙釴（1512--1569）字子舉，一字鼎卿，號柱野，桐城人。嘉靖二十三年進士，由刑部主事改禮科給事中，歷南京太僕寺少卿，官至右僉都御史，巡撫貴州，卒年五十八。有古今原始、無聞堂稿。

贈柱野趙君吏崇藩便道省壽序（敬所王先生集4/9下）
贈諫議趙君使歸省覲序（存笥稿4/6下）
趙公墓志銘（林樹聲撰、國朝獻徵錄63/122）
掖垣人鑑14/8

趙敏字子聰，汝陽人。能文章，工書畫，永樂間中鄉舉，授兵部主事，擢吏部郎中。正統時扈從土木，失車駕所在，衆欲南奔，敏不可，乃易服躍馬而北，陷陣死之。

國朝獻徵錄26/78無撰人趙敏傳

趙參魯字宗傳，號心堂，浙江鄞人。隆慶五年進士，選庶吉士，授戶科給事中，抗直敢言，爲中官馮保所譖，謫高安典史，累擢右副都御史，巡撫福建，遷吏侍部郎，日本封貢議起，參魯持不可，因著東封三議，辨利害甚悉，後封事卒，不成。仕終南京刑部尙書，卒諡端簡。

大司寇心堂趙先生晉秩太子太保序（蒼霞草9/21）

掖垣人鑑16/21

明史列傳77/14

明史221/13下

父趙魋，字雲從，號目峰。

目峰先生行狀（農文人文集11/26下）

趙善，山西五臺人。歲貢生，洪武二十年任刑科給事中，陞陝西漢中府同知。

掖垣人鑑8/11

趙善繼字近之，號白石，應天上元人。生平倜儻負氣，慕古奇節，赴義如常人之趨利者，故親友有忿爭不平者，多就其決之，鄉有弊政，善繼率衆請於官，久之得蠲除，以是知名。

國朝獻徵錄113/43楊希淳撰義士趙白石傳

趙斌字時憲，陝西平凉人。弘治十二年進士，正德中任應天府丞，坐事左遷轉運同知。

送南都京兆少尹趙時憲序（紫巖文集27/6下）

趙焞字子明，號緝齋，平原人。嘉靖四十四年進士，授長垣令，官終福建按察使。

趙公墓志銘（來禽館集15/29）

趙雲翔字元舉，號壽峰，平陰人。隆慶二年進士，授文安知縣，擢戶部主事，官至陝西參政，萬曆廿二年卒。

趙公墓碑銘（穀城山館文集25/13下，國朝獻徵錄94/25）

祭趙壽峰大參文（穀城山館文集32/26）

趙琦美（1563--1624）字玄度，號清常道人，江陰人，用賢子。以蔭任南京都察院照磨，累陞刑部郎中。好聚書，嘗假借繕寫，網羅而校讐之，錢謙益稱爲近古所未有。天啓四卒，年六十二。有脈望館書目、容臺小草、和禪詩。

趙君墓表（牧齋初學集66/15下）

趙琬（1387--1451）字叔瑛，號梅庵，武進人。永樂中舉明經，歷國子司業，陞右春坊諭德，仍兼司業，景泰二年卒于官，年六十五。有梅庵集。

送司業趙先生歸省詩序（諡忠文古廉文集5/10）

梅庵先生行狀（商文毅公集26/1，國朝獻徵錄19/17）

毘陵人品記6/19下

妻甯氏

賀趙士會母六旬詩序（姚文敏公遺稿6/13）

趙晳字文升，鄞人。弘治二年舉人，歷任進賢、閩縣教諭，遷靖江王府紀善。

紹先堂記（篁山文集10/10）

趙登字從善，河南祥符人。永樂二年進士，授禮科給事中，以言事謫忠州判官，涖事公廉，多惠政。遷知雲南安寧州，宣德改元超擢湖州知府，治行卓举，正統中致仕歸。在任十七年，精白如一日。

國朝獻徵錄85/8李濂撰傳

明史281/19下

趙冕，河南祥符人。永樂十二年舉人，宣德三年由山西澤州學正陞行在禮科給事中，累遷浙江參議，仕終本司參政。

掖垣人鑑4/19

趙順祖（1375--1435）字永脩，溫州人。以國子生擢南昌府推官，有能聲。以微過不得陞，調延平，以老乞歸。宣德十年卒，年六十一。

趙君墓志銘（介菴集10/19下）

趙勝字克功，遷安人。天順初與孫鏜等預奪門功，由都指揮僉事遷都督僉事，成化間遷左都督，封昌寧伯，勝初與李杲並有名，後屢督大師，無功，夤緣得封，名大損。成化二十三奉敕營萬貴妃塋，墮崖石悶死，諡莊敏。

趙公墓誌（尹直撰、國朝獻徵錄10/50）
吾學編19/65
皇明功臣封爵考7/10
明史列傳44/7
明史173/21

趙智，鉅鹿人。與弟慧並有孝行，盜至，將殺其母，智慧爭代死，賊曰，慈孝人也，俱釋之。

明史297/11

趙欽湯（1536—1614）字師商，號心盤，解梁人。隆慶二年進士，授披縣令，擢戶部主事，官至南戶部侍郎，萬曆四十二年卒，年七十九。有關公祠志。

趙公墓志銘（大泌山房集78/17）
趙公神道碑（同上110/6）

趙遂字子重，東平人。弘治舉人，受易於蔡清，蔡氏易止行於閩南，至是北行齊魯矣。以會試不第，遂抗志不出。

皇明書40/18下
明史282/14下

趙新，浙江樂清人。博通經史，洪武初任本縣訓導，積官翰林修撰，有四書說約，行素稿。

殿閣詞林記8/2

趙新字日新，浙江富陽人。永樂三年舉人，卒業國學，與修永樂大典，授工部主事，再陞郎中。宣德五年爲吏部侍郎，巡視江西，討平蠻寇，兼督稅糧，察吏治，詢民瘼，一方賴之。正統中出爲淮揚巡撫，晉尙書，巡撫如故，景泰二年卒。

吏部尙書趙公輓詩序（商文毅公集22/23）

趙燀字黃如，河津人。崇禎七年進士，歷官覇州兵備副使，十五年清兵入覇州，燀督士民固守，援軍不至，城破，冠帶自盡，子琬同死。

明史291/18下

趙煥（1542—　）字文光，號吉亭，掖縣人。嘉靖四十四年進士，神宗時累官吏部尙書，雅不善東林，諸攻東林者乘間入之，所舉措往往不協淸議，被劾乞歸。後復代鄭繼之爲吏部尙書，一聽亓詩教指揮，不敢異同，素望益損，尋卒。

送南太宰吉亭趙公考績北上序（李文節集18/14）
明史225/10下

父趙孟（1507—1603）字晉臣，號西亘，洧川教諭。

賀西亘趙生暨配孫孺人雙壽叙（澹生堂文集1/17）
賀誥封少宰趙翁九十雙壽叙（穀城山館文集5/13下）
趙公墓誌銘（同上24/13下）

趙與治字道隆，江陰人。嘉靖卅二年進士，知曹州，以兼介稱。調廣安，六年不遷，後移襄陽郡丞，擢戶部郎，轉兵部，丁母憂歸，年八十八卒。

毘陵人品記10/6下

趙載（1482—1543）字文載，山西垣曲人。正德六年進士，授戶部主事，陞郎中。出爲陝西參議，剿平巨寇。歷甘肅參政，屢官至南京都察院右副都御史，致仕卒，年六十二。

趙公神道碑（鈐山堂集37/11，國朝獻徵錄64/65）

趙輗字以載，號往川，山西高平人。嘉靖二十三年進士，官兵科給事中，時內豎私置禁器，輗發其事，謫封丘丞，尋罷歸。穆宗朝召補禮科給事中，帝戎服郊祀，輗遮道諫止。又疏請薛瑄從祀，帝從之，陞南京大理寺丞，仕終太僕寺卿。

掖垣人鑑14/12下

父趙□（1488—　）號進菴

進菴趙翁八袠貤恩序（條麓堂集21/11）

趙楠，南昌人。諸生，兄楧嘗捐粟佐賑，宸濠夜捕楧索金，楠代兄往，脅以威不屈，被拷掠死。

名山藏臣林記16/25
明史289/25

趙鉉字文鼎，江陰人。生六歲，祖父俱以遇賊死，隨母吳氏避難，又相失，育於祖父之故人。稍長，輾轉訪求，得母於鄞縣，迎歸奉養，及卒，廬墓三年，洪熙初旌其門。

毘陵人品記6/8下

趙漢字鴻逵，浙江平湖人。正德六年進士，官兵科給事中，嘉靖初請譴逐太監崔文，不聽，已哭爭大禮，繫獄廷杖，以疾去。後起用，遷工科都給事中，疏言桂萼、翟鑾曠職，張璁專權，忤旨奪俸。終山西右參政。有漸齋詩草。

國朝獻徵錄80/133無撰人趙漢傳

掖垣人鑑12/32下

明史206/27

妻陸氏（1476—1544）

陸氏墓志銘（袁永之集16/12下）

趙榮（1412—1475）字孟仁，號三省，其先西域人，元時入閩，遂爲閩縣人。爲中書舍人，英宗北狩，也先兵屯德勝門，朝議遣使，榮獨請行。景泰元年擢工部右侍郎，復與都御史楊善往迎英宗。天順元年進工部尙書，兼大理卿，以疾罷，卒年六十四。

趙公墓碑銘（商文毅公集25/6）

國朝獻徵錄50/15實錄趙榮傳

名山藏臣林紀8/17

皇明書21/15

明史列傳39/12下

明史171/14下

趙輔字良佐，鳳陽人，本子。襲職指揮使，成化初以都督同知討兩廣蠻，克大藤峽，封武靖伯。已而蠻入潯州，爲言官所劾。旋總兵征遼東有功，進侯爵。廷議大舉搜河套，拜輔將軍，輔至楡林，寇已深入，輔不能制，又被劾，帝皆不問，成化二十二年卒，謚恭肅。

吾學編19/30下

皇明功臣封爵考4/93

明史列傳44/10

明史155/18

趙遠字弘仲，崑山人。永樂初以楷書稱旨，授臨朐縣丞，擢禮部主事，以淸勤稱。超拜府河間知府，卒於官，歸橐蕭然，不能充驛傳，州人斂錢，始克還葬鄉里。

吳郡張大復先生明人列傳稿×/51

趙維垣字師德，永寧人。嘉靖十一年進士，選庶吉士，歷浙江僉事，累官至福建布政使，有攻玉稿。

贈左方伯趙公入覲叙（宗子相集13/60）

趙維新字素衷，茌平人。年二十，聞張後覺講良知之學，遂師事之，次其問答語，爲弘山教言。性純孝，家貧，併日而食，以歲貢生爲長山訓導，年九十二，無疾而卒。有感述錄。

明史283/26

趙寬（1392—1431）字子裕，河南汝陽人，毅子。永樂十九年進士，歷監察御史，卒於官，年四十。

侍御趙君墓誌銘（敬軒薛先生文集22/9）

趙寬（1457—1505）字栗夫，號半江，吳江人。成化十七年進士，歷刑部郎中、浙江提學副使，仕終廣東按察使，卒年四十九。爲文雄渾秀整，行草亦淸潤。有半江集。

趙公墓志銘（王史恪公集28/6，半江趙先生文集附錄，國朝獻徵錄99/72）

趙公神道碑銘（文淵撰、半江趙先生文集附錄）

趙公墓表（文淵撰、同上）

趙公墓表（蔡潮撰、同上）

趙公墓表（方山薛先生全集28/6下）

四友齋叢說16/10，16/11

趙諒，其母與孝康皇后爲兄弟。壯勇知兵，建文初爲留守右衛指揮僉事。靖難兵起，諒時奉密命往來諸將間，壬午秋，宗人並得罪，諒亦坐廢，憂懼卒。

國朝獻徵錄111/34忠節錄傳

吾學編53/7下

皇明表忠紀8/7

遜國正氣紀6/4下

趙毅字孟弘，河南汝陽人。儒士，永樂間以薦除工科都給事中，陞工部侍郎，兼詹事府少詹事，奉使交阯道卒。

掖垣人鑑9/3

趙瑾字公韞，無錫人。好善喜施，孤貧無歸，婚嫁失期，殮葬不具者，皆資給之。開義塾敎鄉閭子弟，年九十三卒。

昆陵人品記7/11

趙賢 (1534—1606) 字良弼，號汝泉，汝陽人。嘉靖三十五年進士，為戶部主事，出監臨清倉，治遼東餉，皆勵清操。累遷右僉都御史，巡撫湖廣，上便宜十事，復奏行救荒四事。時張居正綜覈吏治，諸司振飭，賢特為巡撫冠，終南京吏部尙書，卒年七十三。

少宰汝陽趙公考績序（余文敏公集1/4）

送撫臺汝泉趙公召晉少宰敘（穀城山館文集2/10）

趙汝泉公墓志銘（鴻寶應本8/17）

汝泉趙公墓志銘（蒼霞餘草11/18）

趙翥，永寧人。有志節，以學行聞，由訓導擧賢良，累官工部尙書，奏定天下歲造軍器之數，及議定藩王宮城制度，洪武十二年改刑部，尋致仕。

明史列傳13/19下

明史138/12

趙輝 (1389—1478) 永樂中以千戶守金川門，年二十餘，狀貌偉麗，尙太祖最幼女寶慶公主。輝家故豪侈，姬妾至百餘人，凡事六朝，歷掌南京都督及宗人府事，成化中卒，壽九十，享富貴者六十餘年。

忠勤堂記（韓襄毅公家藏文集9/6）

國朝獻徵錄4/13無撰人趙輝傳

趙德宏 (1480—1542) 字有容，號南溪，鶴慶人。正德十一年擧人，父沒於京師，德宏徒跣扶柩歸，旣葬，廬墓三年，時稱其孝。判順慶，決疑獄三事，洗十餘人冤。及知潼川，積贖鍰得粟萬八千石以濟歲凶，累官慶府長史，歷官以淸白稱，卒年六十三。

趙公墓志銘（李元陽撰、國朝獻徵錄105/62）

趙德勝 (1325—1363) 濠人。初為元義兵長，善馬槊，每戰先登，會太祖興於滁，德勝母在軍中，乃棄其妻來從。太祖喜，賜之名，為帳前先鋒，從征伐，累有功。從守南昌，為陳友諒所圍，中流矢死，年三十九，追封梁國公，諡武桓，列祀功臣廟。德勝剛直沈鷙，馭下嚴肅，號令一行，旗幟改色。未嘗讀書，臨機應變，動合古法。平居篤孝友，如修士云。

趙君神道碑銘（宋學士文集11/102下，國朝獻徵錄6/27）

名山藏臣林記1/45

吾學編24/4下

皇明功臣封爵考8/35下

皇明書31/6下

明史133/11下

趙緯，大興人，初為本邑敎諭。燕兵起，與城守有勞，擢禮科給事中，坐罪謫思南宣慰司敎授。永樂七年復原官，務捃朝士過，以傾險聞，久之遷浙江副使。後入朝，仁宗見其名，曰此人尙在耶，是無異蛇蝎，遂謫嘉興典史。

明史308/9下

趙璜字廷實，號西峯，安福人。弘治三年進士，授工部主事，歷遷順天府丞、僉都御史。嘉靖元年官至工部尙書，值帝初政，銳意釐剔，中官不敢撓，故得擧其職。後論執不已，諸權倖嫉者衆，帝意亦寖疏璜，遂乞致仕，後召復故官，未上卒，諡莊靖。有歸閒述夢。

賀工部尙書西峯趙公考最序（費文憲公摘稿14/42下）

壽致政大司空西峯趙公七袠序（雲岡公文集金臺稿1/1）

介壽言（弘藝錄22/1）

國朝獻徵錄50/40無撰人趙璜傳

明史列傳63/15下

明史194/15下

趙灝 (1363—1443) 字玉鉉，蒲州人。少習程朱氏易，中洪武廿八年鄉試，入太學。適天下缺敎職，授汧陽縣儒學訓導，調三河縣，改滑縣，以老致仕。正統八年卒，年八十一。

訓導趙先生墓表（敬軒薛先生文集23/2下，國朝獻徵錄82/46）

趙豫字定素，安肅人。宣宗時以諸生歷官松江知府，在職十五年，清靜如一日，去郡，老穉攀轅，留一履以識遺愛。

國朝獻徵錄83/17顧清撰傳

明史281/18下

趙奮字庸卿，號友石，福建閩縣人。嘉靖四十四年進士，由寧波府推官選吏科給事中，陞廣平府知府，歷河南提學副使卒。

贈郡理趙侯應召序（天一閣集20/22）

寧波府推官趙君去思碑（同上24/7下）

掖垣人鑑15/11下

趙興基，雲南人。崇禎初以鄉舉通判廬州，張獻忠游騎抵城下，興基與經歷鄭元等分門守，爲賊所紿，興基執挺力鬬，被創死。

明史293/18下

趙勳字彝伯，番禺人。嘉靖七年擧於鄉，銓授江西瑞金令，甚有威惠。以治行徵爲南京四川道監察御史，遷山東按察僉事，以憂歸，卒於家。著有遺集五卷。

國朝獻徵錄95/114歐大任撰傳

趙錦字文卿，號守樸，涿州良鄉人。正德十二年進士，授南戶部主事，累進兵部郎中，出知溫州府。

送趙溫州序（涇野先生文集7/8下）

趙錦(1516—1591)字元樸，號麟陽，餘姚人。嘉靖廿三年進士，擢南京御史，淸軍雲南，因元旦日食，錦以爲權奸亂政之應，馳疏劾嚴嵩罪，逮下詔獄，斥爲民。穆宗即位，起故官，擢太常少卿，尋巡撫貴州，平叛苗龍得鮓等。萬曆初歷南京禮吏二部尙書，以忤張居正乞歸。後拜左都御史，改兵部尙書，萬曆十九年卒，年七十六，諡端肅。

送大司寇餘姚趙公入賀萬壽兼考績序（弇州山人續稿26/8下）

端肅趙公行狀（敬庵集10/19）

趙公墓誌銘（朱文懿公文集10/1，國朝獻徵錄45/70）

趙端肅傳（月鹿堂文集4/15）

祭趙端肅公文（牧齋初學集77/1下）

皇明世說新語2/6下

明史210/13

繼母魯氏

壽趙母魯太夫人七十序（朱文懿公文集3/43）

趙謐（1412—1470）字子安，號眞齋，涇陽人。正統九年中鄉試第一，景泰二年登進士第，觀政戶部，拜主事，累陞江西布政司左參議，卒年五十八。有眞齋集。

趙公墓碣（張元禎撰、國朝獻徵錄86/47）

趙謙（1351—1395）初名古則，字撝謙，號瓊臺外史，後更名謙，餘姚人。幼孤貧，寄食山寺，長游四方，與諸名人游，博究六經百氏之學，尤精六書，時目爲考古先生。洪武十二年聘至京預修正韻，授國子監典簿，久之，以薦召爲瓊山學教諭，卒年四十五。有六書本義，聲音文字通，考古文集等書。

贈瓊臺外史趙撝謙序（坦齋文集1/15）

趙撝謙傳（曝書亭集64/10）

國朝獻徵錄100/73無撰人趙撝謙傳，又100/75下滄圃集六書本義序

國琛集上/9

明史285/16下

明儒學案43/5下

趙應元（1531—1584）字文宗，號仁齋，涇陽人。嘉靖四十四年進士，授四川華陽令，擢御史，介特不阿，以忤張居正，褫職歸。復起南京大理丞，卒官，年五十四。

趙公墓誌銘（松石齋集18/1）

趙應童，洪武初人見其乞食應城中，爲人治病，莫知其年。邑西有趙姓者，言其家遠祖訪道未還，意其是乎，迺而物色之。曰我非趙姓，自謂乞食應城久，即改曰應童。邑中叟年九十餘者，兒時即見應童，因備言其異，應城人漫呼之爲趙神仙，嘉靖中龍虎山張眞人迎之，求長生術，應童無一言，眞人怒鞭之，遂死，及葬，棺甚輕，啓視之，惟一竹杖而已。

名山藏102/14

趙壎字伯友，新喩人。好學工屬文，太祖時與修元史，書成，諸儒多授官，壎不受歸。尋與宋濂同直史館，濂兄事之，出爲靖江王府長史。

【十四劃】趙

趙壎傳（曝書亭集62/4）
明史285/10下

趙燿，號見田，掖縣人，煥兄。隆慶五年進士，選庶吉士，授御史。
兩河校士錄敘（淑氣堂文集3/22下）

趙璧，山東歷城人。成化十四年進士，授刑科給事中，萬妃家人驕橫，璧奏劾，謫榮經主簿。累陞陜西按察僉事，行部至永昌金川堡，遇賊千餘騎，璧挺身與戰，斬獲頗多，尋卒官。
掖垣人鑑10/23下

趙彝，虹縣人。洪武時爲燕山右衛百戶，以沙漠築城功，陞永平衛指揮僉事。後降燕，歷戰有功，累陞都指揮使，封忻城伯。永樂八年從北征，盜餉下獄，已宥之，後又以貪縱，坐罪論治。仁宗立，召還，宣德元年卒。
吾學編19/11下
壬午功臣爵賞錄×/7
皇明功臣封爵考3/57
明史列傳21/31
明史146/6

趙𢡟字子振，號桐岡，直隸易州人。嘉靖二十九年進士，由行人選兵科給事中，歷江西右參政，仕至陝西苑馬寺卿，隆慶二年免官。
掖垣人鑑14/25下

趙鏜（1513—1584）字仲聲，號方泉，晚號留齋居士，浙江江山人。嘉靖廿六年進士，選庶吉士，授御史，歷大理少卿、右通政，官至右僉都御史，隆慶元年致仕歸，卒年七十二。有留齋漫稿。
趙先生墓碑銘（賜閒堂集21/27下）
方泉趙公墓志銘（敬菴集8/5下）
國朝獻徵錄56/28丁元復撰傳

趙繼本字蒙泉，山東歷城人。嘉靖十四年進士，選庶吉士，授監察御史，巡按三吳，討平崇明巨寇秦璠等。
送侍御蒙泉趙君平寇還都序（徐文敏公集4/23）

趙鶴字叔鳴，號具區，江都人。弘治九年進士，授戶部主事，累官金華知府，以忤劉瑾謫官，終山東提學僉事。生平嗜學不倦，晚註諸經，考論歷代史，正其謬誤。有書經會註、維揚郡乘、具區文集、金華正學編、金華文統諸書。
送建昌太守趙君叔鳴之任序（東川劉文簡公集6/19）
迎養逢恩序（羅文肅公集5/13下）
送趙副使鶴之山西序（楓山章先生文集7/29）
具區集序（二酉園文集3/19）
十先生傳×/7下
寶顏新編×/9
皇明世說新語7/28下

趙鐸字鳴教，山西曲沃人。弘治十二年進士，授刑科給事中，改兵科，陞都給事，正德中歷兗州，大名知府。
送都諫趙君鳴教知兗州府序（博趣齋稿17/115下）
送趙鳴教守大名序（紫巖文集29/3）
掖垣人鑑11/18下

趙鑑（1454—1537）字克正，壽光人。成化二十三年進士，除蕭山知縣，擢御史，按宣大，時邊帥久不進，鑑上疏劾之。又陳方略甚悉，於是將士奮勇，連戰皆捷。正德中進右副都御史，巡撫甘肅，大修邊務，乃諭吐蕃復哈密侵地。歷官刑部尙書致仕卒，年八十四，諡康敏。
送大司寇清溪趙公序（費文憲公摘稿14/39）
趙公墓誌銘（鈐山堂集28/6下，皇明名臣墓銘離集53，國朝獻徵錄48/61）

趙讓，肥城人。家貧，幼孤，事母至孝，傭力以供給，母沒廬墓。後有賊入廬，讓告止有二升米，以爲母忌祭資，賊感其孝，以百錢遺之，永樂中詔旌其門。
皇明書41/1下

臧

臧珊字子佩，號靜齋，直隸山陽人。嘉靖十七年進士，由中書舍人選戶科給事中，歷陞福建興化知府，免官。
掖垣人鑑14/2下

臧瑛 (1415—1508) 字世美，直隸通州人。以世冑襲官，爲南陽衞指揮同知。典軍政三十餘年，進金吾將軍，臨政蒞事，識明志果，人皆畏而悅之，成化中謝事家居，正德三年卒，年九十四。

臧公墓誌銘（凝齋集5/10）

臧鳳字瑞周，曲阜人。弘治三年進士，屢官河南布政使，遷右副都御史巡撫江西。

送右副都御史臧公序（空同子集54/9下）

臧應奎 (1490—1524) 字賢徵，號損齋，長興人。受業湛若水之門，以聖賢自期。正德十二年進士，爲南京車駕主事。所生母卒，法不得承重，執私喪三年。後改禮部主事，以諫大禮被杖卒，年三十五。

臧公墓誌銘（湛若水撰、國朝獻徵錄35/92）

明史192/22

暢

暢亨字文通，河津人。成化十四年進士，由長垣知縣擢御史，巡按浙江，歲饑，奏罷上供綾紗等物。又請罷溫處銀課，而置鎮守中官張慶於法。慶構之，謫涇陽知縣。

明史180/25下

暢宣，官泰安知縣，有循聲，以母憂去。民頌於副使鄺埜以聞，仁宗命服闋還任。

明史281/14

暢華 (1476—1534) 字子實，隴西人。正德十二年進士，歷官至廣東僉事，蒞政勤敏，平岢嵐賊有功。嘉靖十年卒，年五十九。

暢公墓誌銘（對山集17/21，國朝獻徵錄97/100）

蒲

蒲來舉，蓬溪人。爲甘泉知縣，崇禎七年李自成寇城，守備孫守法等擁兵不救，城破，來舉手刃數賊而後死，贈光祿少卿。

明史292/6下

蒯

蒯祥 (1398—1481) 字廷瑞，吳縣人。本香山木工，初授職營繕，仕至工部左侍郎，食俸一品，自永樂至天順，凡內殿陵寢，皆其營繕。以兩手握筆畫雙龍，合之如一。每修繕，持尺準度，不失釐毫。至憲宗時，年八十餘，仍執技供奉，帝每以蒯魯班稱之。成化十七年卒，年八十四。

國朝獻徵錄51/16無名氏撰傳

母陸氏 (1362—1433)

淑人陸氏墓碑銘（呂文懿公全集10/29下）

熊

熊三拔，意大利國人。善天文曆算，萬曆間入中國傳教，以深明曆法食俸十餘年，後爲廷臣所劾，遣赴廣東。有簡平儀說，泰西水法，表度說等書。

泰西水法序（四節堂集2/8下）

熊文字尹奎，江西新建人。正統七年進士，除禮科給事中，以憂歸。復起，降山東高唐州判官。

掖垣人鑑6/23下

熊文燦，貴州永寧人。萬曆三十五年進士，崇禎初累官右僉都御史，巡撫福建，時海盜猖獗，文燦撫鄭芝龍爲己用，閩盜遂平。擢督兩廣，仍以芝龍力平海盜劉香，時以爲知兵。中原寇亂，楊嗣昌薦之，拜兵部尚書，總理軍務，文燦一意主撫，張獻忠遂詐降，擁萬人踞穀城，索十萬人餉，文燦與之。已而復反，事遂不可爲，文燦坐棄市。

明史260/9下

熊天瑞，本荊州樂工，乘亂從徐壽輝抄略江湘間，後受陳友諒命，攻陷贛州，以參知政事守贛。太祖克臨江，天瑞肉袒請降，授指揮使，從攻浙西，叛降於張士誠。士誠滅，天瑞伏誅。

徐氏海隅集外編43/10下

明史列傳1/12下

明史123/5下

熊元震，天瑞養子，本姓田。善戰有名，嘗道逢常遇春，單騎前襲，遇春遣從騎揮刀擊之，元震奮鐵撾且鬪且走，遇春曰，壯男子也，舍之，由是喜其才勇。後從天瑞降太祖，薦以爲指揮使。天瑞伏誅，復故姓云。

明史123/6

熊本誠，江西奉新人。永樂二年進士，歷兵部郎中，出爲福建左參政，宣德中調浙江。

熊氏族譜序（東里文集6/18）

熊汝達（1519—1585）字德明，號北潭，江西進賢人。嘉靖二十三年進士，歷工部侍郎，累官至左都御史，卒年六十七。

三宗臣傳（文直行書13/14）

父熊□，號古疾

壽熊古疾序（畢禮部集6/6）

熊汝霖字雨殷，餘姚人。崇禎四年進士，由同安令徵爲給事中，疏凡二十上，屢陳兵事及用將之失，坐是謫官。魯王監國，督師防江，進兵部尙書。永曆二年爲鄭彩所害。

熊公雨殷行狀（吾悔集4/5下）

明史276/22

熊宇字元性，號軫峯，長沙人。能文工詩，舉正德十二年進士，累官松江太守。

四友齋叢說26/9下，26/10

熊兆珪，江夏人，廷弼子。少有文名，廷弼性剛急，不能下人，兆珪每進諫，不聽，退而流涕。廷弼在獄三年，走京師理其薪水，旣被殺，拾骸骨徒步至家，兩足俱穿。未幾，魏閹誣贓十七萬，下獄追比，天啓七年，兆珪遂自裁，刀在手而屍不仆，時人悲之。

啓禎野乘14/11

熊希古字尙文，四川新寧人。弘治六年進士，授天台知縣，調諸暨，累官臨江知府。

送太守熊君之任臨江序（東川劉文簡公集7/7下）

熊廷弼（1573—1625）字飛白，亦作非白，號芝岡，江夏人。萬曆二十六年進士，擢御史，巡按遼東，繕核軍實，風紀大振。督學南畿有聲，旋以事罷。楊鎬喪師，遼事日棘，復起赴遼宣慰，遂授經略。自按遼時，即持守邊議，至是主守益堅。所至招流移，繕守具，分置兵馬士卒，人心復固。以性剛屢見忌嫉，因王化貞兵敗，論死，傳首九邊，遠近莫不嗟憤。有熊經略全集傳世（按歷代人物年里通譜作生隆慶三年，年五十七。然據皇明三元考，年二十五舉萬曆二十五年湖廣鄉試第一，推之生萬曆元年則卒年五十三，玆從之）。

遼言（蒼霞餘草14/10）

題熊侍御疏牘叙（寶日堂初集11/9下）

爲考選諸臣祭熊侍御文（同上17/6）

明遼督熊襄愍公軼事略（鮚埼亭集26/19）

書明遼東經略熊公傳後（鮚埼亭集外編28/23）

啓禎野乘6/31

明史259/7

母李氏

熊母李太安人壽序（大泌山房集39/32下）

熊明遇字良孺，進賢人。萬曆二十九年進士，由長興令行取給事中，多所論劾，疏陳時弊，言極危切。坐東林事，再謫再起，累官至兵部尙書致仕。有文直行書傳世。

明史257/13

熊尙初，南昌人。始爲吏，以才擢都察院經歷。正統中用薦遷泉州知府，盜起，被檄爲監軍。賊逼城下，守將不敢禦，尙初提民兵數百，拒於古陵坡，力戰而死。

明史289/13

熊卓（1463—1509）字士選，號東溪，豐城人。弘治九年進士，知平湖，遷監察御史，屢疏陳時事，巡撫廣東，豪強歛迹。劉瑾誣以姦黨，勒令致仕，卒年四十七，工詩，有熊士選集傳世。

乘驄拜慶序（費文憲公摘稿9/15下）

熊公墓志銘（楊廉撰、熊士選集附錄）

熊士選祭文（空同子集64/3下）

熊士選詩序（空同子集52/1下）

熊紀字時振，河南南陽人。弘治十五年進士，由江西新昌知縣選刑科給事中，陞禮科右給事，擢湖廣右參議。

掖垣人鑑12/13

熊浹（1478—1554）字悅之，號北原，南昌人。正德九年進士，授禮科給事中，宸濠將爲變，浹與同邑御史熊蘭首發其謀。出核松潘餉，副總兵張傑倚勢積贓，啓邊衅，浹盡發其狀。世宗立，浹以議禮得帝眷，累遷吏部尚書。復以諫止左道，忤旨削官，隆慶初復職。年七十七卒，諡恭肅。

贈太宰北源熊老先生序（可泉先生文集4/1）
熊公墓碣（張鏊撰、國朝獻徵錄25/23）
祭熊北原冢宰文（潘笠江集11/19下）
祭北原熊公文（世經堂集21/12）
名山藏臣林記20/19下
嘉靖以來內閣首輔傳2/21下
掖垣人鑑12/26
皇明世說新語3/16下
明史列傳68/16下
明史197/15下

父熊佐（1458—1524）字尙甫，安吉州判官。
熊公神道碑（世經堂集19/22下）
母萬氏（1456—1546）
賀熊母榮封太夫人序（崔東洲集14/5）
賀熊母太夫人九十壽序（可泉先生文集4/19）
賀熊太夫人九十天恩存問序（可泉先生文集4/17）
賀熊母萬太夫人蒙恩存問序（世經堂集12/36下）
弟熊滓，號南溪，化州知州。
贈寧國別駕南溪熊公陞化州守序（訥溪文錄2/11）

熊桂（1464—1521）字世芳，號石崖，江西新建人。弘治十二年進士，授大理評事，陞寺正，出知徽州府，陞山東左參政，卒年五十八。有石崖稿。

送新安太守熊世芳序（紫巖文集29/1）
送徽州府知府熊君世芳序（費文憲公摘稿12/2下）
奉送石崖熊先生參政山東序（黃潭先生文集1/4）
熊公墓誌銘（梓溪文鈔外集7/1下，國朝獻徵錄95/20）

母陶氏（1437—　）
慶熊母太恭人榮壽序（黃潭先生文集3/41下）

熊翀字騰霄，號止庵，光州人。成化五年進士，授武進知縣，以薦拜監察御史，按江西，時寧藩戚屬毛氏橫於鄉，翀密訪追捕，悉置之法，豪強屏息。累陞南京戶部尙書，致仕卒。有止菴集。

熊公墓誌銘（喻時撰、國朝獻徵錄31/27）

熊祥字文應，江西豐城人，著藉貴州。成化二十三年進士，授刑部主事，歷員外郞，擢廣西按察僉事。

送僉事熊君之任廣西序（羅文肅公集1/18）

熊密字子縝，四川廣安人。萬曆十四年進士，授嘉定知縣。

贈邑令熊侯考績榮膺貤典序（歸有園稿1/8下）

熊霈字渭公，黃岡人。喜邵子皇極書，頗言未來事。崇禎十六年元旦，以所撰性理格言、圖書懸象、六易參諸書付弟曰，讀此可以保身立命，善藏勿失。城破前一日，貽書其友馮雲路曰，明日覓我某樹下。及期，行樹旁，賊追至，躍入荷池死。友爲斂其屍。

明史294/10下

熊桴（1507—1569）字元乘，號鏡湖居士，江夏人。嘉靖二十九年進士，知太倉州，禦倭有功，陞蘇松兵備僉事，擊海寇，戰屢捷。官至右副都御史，巡撫廣東，以勞卒於軍，年六十三。

贈憲使熊公桴擢雲南參政序（皇甫司勳集45/6下）
贈大中丞武昌熊公撫廣東序（弇州山人四部稿58/6下）
熊公墓誌銘（天目先生集16/1）
左司馬熊公傳（甔甀洞續稿9/15）
徐氏海隅集外編40/16下
國朝獻徵錄62/106鄂志本傳

熊偉字彥卿，江西新建人。弘治九年進士，除兵科給事中，陞通政司參議，仕至都察院左僉都御史，致仕卒。

掖垣人鑑11/12下

熊開元字魚山，嘉魚人。天啓五年進士，由吳江令擢給事中，坐事貶。久之，復起，遷行人司副，時首輔周延儒姦貪，開元極論之，廷杖遣戍。唐王立，任為大學士，旋棄家為僧，隱蘇之靈巖以終。

賀崇明熊邑師榮荐恩封序（七錄齋集存稿4/9）

跋宋九靑送熊魚山文手卷（七錄齋文集4/29）

書熊魚山給諫傳後（鮚埼亭集外編30/8）

啓禎野乘4/39

明史258/24

母李氏

壽熊母李孺人序（金正希文集輯略7/16）

熊景（1432—1487）字開南，南昌人。成化五年進士，授刑部主事，屬多大獄，鞫者恆視閹豎意為出入，景執法不撓。擢廣西僉事，平猺亂，乞休歸。卒年五十六。

熊君墓誌銘（羅文肅公集18/9，國朝獻徵錄101/60）

熊過字叔仁，號南沙子，富順人。嘉靖八年進士，累官禮部郎中，坐事貶秩，復除名為民。與陳束等有嘉靖八才子之目，年七十五卒。有周易象旨、春秋明志錄、南沙集。

奉別南沙子序（彝道林文粹2/13下）

熊南沙先生墓志銘（松石齋集17/1）

南沙熊先生集序（二酉園續集5/9）

明史287/10

熊瑞（1525—1607）字憲祥，號帶川，豐城人。隆慶二年進士，授南陵知縣，累官陝甘行太僕寺卿，卒年八十三。

熊公墓表（文直行書14/29）

熊鼎（1322—1376）字伯頴，臨川人。元至正七年舉於鄉，長龍溪書院。江西冦亂、鼎結鄉兵自守，陳友諒屢脅之，不應。洪武初歷浙江僉事，分部台溫，盡遷方氏僞官悍將於江淮間，居民始安。歷山東僉事，以驪直稱。進副使，坐累左遷，改寧衛經歷。洪武九年，死於冦難，年五十五。著有公子書。

熊君墓銘（宋學士文集64/472）

名山藏臣林記1/14

殿閣詞林記8/4

皇明書19/14

明史289/10

熊鼎華（1625—1644）字梅卿，新建人。李自成陷京城，父文舉以附賊聞，縣拘其祖於衙。鼎華詣縣請代，祖旋釋歸，在衙每日讀易不輟，一日卒，年二十。

啓禎野乘14/26

熊緯字文江，南昌人。崇禎十六年進士，授行人。兩都既覆，常涕泣悲憤。後走延平，唐王擢為給事中，從至汀州，城潰，不屈死。

明史277/26

熊槩（1385—1434）字元節，豐城人。永樂九年進士，授御史，累擢廣西按察使。洪熙初以廣東按察使內召，巡視南畿，奸宄帖息，諸當興革者，皆列以聞，宣德四年還朝，官至右都御史，卒官，年五十。

熊公神道碑銘（楊文敏公集18/5，國朝獻徵錄54/29）

熊公墓志銘（錢幹撰、皇明名臣琬琰錄23/5）

明史列傳36/26

明史159/1下

父熊直字敬方，太學生，有西澗集，今不傳。

西澗集序（東里文集7/16）

水東日記3/13

妻劉氏（1384—1430）

劉氏墓表（金文靖公集9/70下）

熊劍化字神阿，號際華，豐城人。萬曆二十九年進士，官華亭知縣。有雲間集。

皇明世說新語3/28下，3/37，4/38下，5/13下 5/20下，7/21

熊鍊（1398—1474）字學淵，號退菴，進賢人。宣德五年進士，歷湖廣提學僉事，秉性剛直，不避權勢，以正本惇行為先，士民畏愛。官至廣西布政司參政，卒年七十七。

三宗袞傳（文直行書13/11）

熊懷字性安，豐城人。天順元年進士，由刑部主事知廣平府，歷廣東左布政使，皆有治行。性嚴重，寡言笑，官終南京刑部侍郎。弘治十八年卒。

國朝獻徵錄49/13實錄本傳

熊繡（1463—1530）字汝明，道州人。成化二年進士，弘治初以右副都御史巡撫延綏，練兵積粟，邊備修擧。歷兵部左右侍郎，尚書劉大夏深倚重之，正德中總督兩廣軍務，忤劉瑾罷官。卒年六十八，諡莊簡。

國朝獻徵錄64/9劉瑞撰傳

吾學編33/15下

徐氏海隅集外編41/20下

名山藏臣林記16/33下

明史186/23下

父熊瑄

熊公墓誌銘（懷麓堂文後稿23/5下）

熊蘭（1471—1528）字天秀，南昌人。正德六年進士，授御史，宸濠蓄異志，蘭發其謀。巡按廣東，所至旌廉黜貪，人莫敢犯，遷太平知府，到官五月罷歸。卒年五十八。

熊公墓誌銘（方齋存稿8/13下）

雒

雒于仁字少經，陝西涇陽人，遵子。萬曆十一年進士，歷知肥鄉、清豐二縣，有惠政。入為大理評事，疏獻酒色財氣四箴以諫，帝怒，斥為民卒。天啓初贈光祿少卿。

明史列傳83/9下

明史234/10

雒昂（1479—1545）字仲俛，號三谷（一作峪）陝西三原人。嘉靖二年進士，擢吏科給事中，劾大學士張璁、左都御史汪鋐，已薦致仕尚書羅欽順、趙璜等，屢忤旨。嘉靖二十三年，歷右副都御史，巡撫河南，逾年鈞州知州陳吉發徽王過失，王自訟，帝怒，逮吉及昂杖死，年六十七。

雒氏重慶堂記（涇野先生文集14/3）

贈雒三峪擢河南左方伯序（葛端肅公文集9/18）

賀雒三峪巡撫河南序（同上9/21）

雒公墓誌銘（同上16/41）

掖垣人鑑13/16

雒遵字道行，號涇坡，陝西涇陽人。嘉靖四十四年進士，歷吏科都給事中。神宗初馮保竊權，帝每御便殿，保輒侍立御座，遵斥其無理。尋以劾兵部尚書譚綸，謫浙江布政司照磨，保敗，遷右僉都御史，巡撫四川。罷歸卒。

祭中丞雒涇坡文（溫恭毅公文集17/1）

掖垣人鑑15/10下

明史234/10

管

管大勳字世臣，號慕雲，浙江鄞縣人。嘉靖四十四年進士，由庶吉士授禮科給事中，累擢江西臨江知府，歷廣西、福建布政使，官終南京光祿寺卿。有休休齋集、管光祿集。

賀方伯慕雲管公奏最敘（景璧集1/11下）

掖垣人鑑15/4

管良相，烏撒衞指揮，爲人慷慨負奇節。天啓初樊龍等反於四川，巡撫李橒召與籌軍事，良相策安邦彥必反，佐橒爲固守計。逾月安邦彥果反，圍其城，良相固守不下，久之外援不至，城陷自縊死。

明史290/11下

管志道（1536—1608）字登之，號東溟，婁江人。隆慶五年進士，官南京刑部主事，疏陳利弊九事，忤張居正，出爲分巡嶺東道。以察典罷官，卒年七十三。有孟義訂測、問辨牘、從先維俗議、覺迷蠡測。

管公行狀（牧齋初學集49/1）

管公墓誌銘（焦竑撰、國朝獻徵錄99/164）

管見（1491—1562）字道夫，號石峰，浙江餘姚人。嘉靖五年進士，由常州推官，選吏科給事中，屢陞戶科都給事，以疾歸。復除禮科都，陞廣東右參政致仕，卒年七十二。

管石峰應召序（古菴毛先生集4/25下）

管公墓誌銘（呂本撰、國朝獻徵錄99/47）

掖垣人鑑13/22下

管律字應韶，陝西寧夏衞人。正德十六年進士，除刑科給事中，以憂歸，復除，降直隸長垣縣丞，仕終山西高平知縣。

掖垣人鑑13/4

管琪字儒珍，崑山人。成化十四年進士，授中書舍人，歷官郎署，出爲廣東參政，累官至湖廣布政使。琪律身淸謹，不事干謁，居官以廉稱，致仕卒。

送湖廣右布政使管君之任詩序（顧文康公文草5/73）

管懷理字一初，號復齋，山東臨邑人。嘉靖八年進士，除戶科給事中，歷陞都給事，遷江西副使，仕終湖廣左布政使。

送管參政序（方山薛先生全集14/20）

掖垣人鑑13/17

裴

裴宇（1510— ）號內山，山西澤州人。嘉靖二十年進士，選庶吉士，歷南京禮部尙書致仕。

壽裴宗伯老師序（余文敏公集1/17下）

大宗伯內山先生裴公七十壽序（余學士集10/13）

裴君合，偃師人。幼孤，母苦節，孝養惟謹。崇禎中流賊入河南，君合聚衆保沙岸寨，攻圍十晝夜不克。說之降，大罵不從，寨破被磔。

明史292/4

裴俊，直隸永安人。歲貢生，永樂十七年由河南州學訓導，陞戶科給事中。

掖垣人鑑5/14下

裴泰字道亨，山西靈石人。景泰舉人，授博野知縣，行政一本慈恕。陞定州知州，置旌善記惡簿，嚴緝盜賊。時大同缺餉，部檄令定民京倉挽運，泰上議請由紫荆關直抵大同，當道韙之。在博野請祀二程，定州改正韓魏公祠，其雅重文教類如此，弘治二年卒。

裴定州墓表（懷麓堂文稿24/8）

裴紹宗字伯修，陝西渭南人。正德十二年進士，除海門知縣。武宗南巡，受檄署江都事，權倖憚之，供億大省。世宗即位，召入爲兵科給事中，立朝正直，尋以伏闕爭大禮，受杖卒。

掖垣人鑑12/39

明史192/16下

裴紳（1513—1567）字子書，號右山，蒲州人。嘉靖十七年進士，授行人，擢監察御史，歷陝西按察、河南布政使，四十年晉右僉都御史，巡撫陝西，以謗致仕歸。卒年五十五。

裴中丞序（新兩城先生集16/30下）

裴公暨配墓誌銘（條麓堂集26/27，國朝獻徵錄64/79）

裴源，明初爲肇慶府經歷，以公事赴新興，遇山賊陳勇卿，被執，勒令跪，源大罵曰，我命官，乃跪賊邪，遂被殺。

明史289/6下

裴綸字景宜，監利人，璉子。永樂十九年進士，廷試第三，與劉球善。嘗忤王振，振以他事中球罪而扼綸不得朝謁，英宗一日顧問曰，翰林白面裴綸何在，振始不敢加害。景泰初外補山東右藩，劾罷鎮守太監覃廣。卒諡文僖。

明史列傳37/17下

裴璉（1364—1435）字汝器，監利人。洪武間知劍州，歷浙江江西僉事，執法不撓，被誣去。尋起爲御史，以平寇功陞河南副使，改刑部主事，歷侍郞，忤旨出知涪州。卒於家，年七十二。有野舟集。

裴侍郞哀辭（王文端公文集39/2下，國朝獻徵錄51/4）

裴君墓表（楊文敏公集20/15下）

裴應章（1537—1609）字元闇，號澹泉，福建淸流人。隆慶二年進士，歷兵科都給事中，數有論奏，號稱職，晉太僕寺少卿。鄖陽兵變，以右副都御史往撫，戮其渠魁，宥脅從，亂遂定，仕至南京吏部尙書。卒年七十三。有懶雲居士集、編蒲𥂁餘。

裴公墓誌銘（大泌山房集78/11下）

尙書澹泉裴公傳（蒼霞續草15/25）

掖垣人鑑15/21

十　五　劃

潘

潘子正字汝中，號十泉，直隸六安人。嘉靖十一年進士，由行人選兵科給事中，以言事降西平縣丞，仕終廣東參政。

掖垣人鑑13/28下

潘子嘉字汝亨，六安人，鎧子。幼頴異老成，從湛若水學，頓然百悟。後讀書山中，有司以歲薦貢南宮，未幾歸卒。有惺菴文集。

國朝獻徵錄114/56無名氏撰傳

潘大賓字欽之，號思軒，廣東海陽人。嘉靖八年進士，除兵科給事中，累陞禮科都給事中，罷爲民。

掖垣人鑑13/18下

潘士達字去聞，號完樸，安吉人。年二十六舉進士，授臨江司理，遷禮部主事，歷江西參政，萬曆三十九年卒官。

潘公墓志銘（玉茗堂全集13/21）

潘士藻（1537—1600）字去華，號雪松，婺源人。萬曆十一年進士，歷官御史。內侍侯進忠、牛承忠私出狎婦女，邏者執之，爲所毆，訴於士藻，爲牒司禮監懲兩閹。時張鯨方掌東廠，銜之。會火災修省，士藻直言，鯨激帝怒，謫廣東布政司照磨。尋擢南吏部主事，再遷尚寶卿，卒官，年六十四。有洗心齋讀易述、闇然堂遺集。

雪松潘君墓志銘（焦氏澹園集30/8，國朝獻徵錄77/46）

潘公墓表（鄒子願學集6/65）

潘去華尙寶傳（珂雪齋前集16/36下，又近集7/31）

潘去華尙璽闇然堂類纂序（濱修堂集7/13下）

祭潘尙寶雪松文（珂雪齋前集18/5）

皇明世說新語3/28下

明史234/9下

明儒學案35/12

潘方字孟賢，武進人。幼孤，奉母至孝，母疾，每夜籲天祈減己壽益母。母喪，哀慟屢絕，終生布素，士大夫私謚曰節孝先生。毘陵人品記6/21下

潘文奎字景昭，永嘉人。建文二年進士，授行人，歷左春坊司直郎，清愼寬厚，有愷悌之德。文翰爲時所重，與修國史，七秉文衡，官至福建布政司參議。有愚莊集。

愚莊詩序（王文端公文集19/3下）

潘之恒字景升，歙人，僑寓金陵。工詩，嘉靖間官中書舍人。著有黃海、名山注、亘史、涉江詩選、鸞嘯集等。

贈潘景升北游序（太函集7/18）

潘景升詩稿序（弇州山人續稿51/11）

潘景升東游詩小序（弇州山人續稿54/12下）

潘景升如江集序（大泌山房集23/14下）

蓼上草序（大泌山房集22/30）

鸞嘯軒詩序（大泌山房集23/16）

祝史篇（大泌山房集35/27下）

亘史序（嬾眞草堂集16/17下）

彙葭館詩集序（睡菴文稿1/4下）

父潘君南字南仲

潘仲公暨配吳孺人合葬誌銘（玉茗堂全集13/27下）

潘允端（1526—1601）字仲履，號充菴，上海人，恩子。嘉靖四十一年進士，性勤學好古，歷官山東參政、按察使，仕至四川右布政使，致仕，作豫園樂壽堂以奉親，萬曆九年卒，年七十六。

壽方伯充菴潘先生七十序（四然齋藏稿4/32下）

潘公墓志銘（賜閒堂集31/15）

祭同年潘方伯文（賜閒堂集34/22下）

兄潘允哲字佁明，號衡齋，官按察副使。

先進舊聞（寶日堂初集23/19）

子潘雲翼（1546—1589）字士遴，中書舍人。

潘君墓誌銘（歸有園稿7/32下）

潘永圖，金壇人。與馬成名爲姻婭，崇禎中歷昌平兵備僉事，累遷順天巡撫。畿輔被兵，以失機被逮下獄，十六年斬於西市。

明史248/9

潘弘字若稚，淮安山陽人。起家貢生，爲舞陽知縣，數討敗土寇。崇禎十四年李自成來攻，弘據城力守，諸生潛遣人約降，開

門縛弘以獻，賊脅降，弘怒罵不屈，遂支解之。子澄、瀾痛憤大哭，投井死。

明史293/5下

潘本愚字克明，廣東博羅人。景泰二年進士，授戶科給事中，改刑科。出知興化府，爲政肅而明，公而惠，興學厚民，以憂去。起知漳州，卒官。

掖垣人鑑5/22

潘旦（1476—1549）字希周，號石泉，婺源人，珍從子。弘治十八年進士，知漳州，改邵武，歷浙江左布政，斥羨金不取。嘉靖中撫治鄖陽，數平巨寇，後以兵部侍郎督兩廣軍務。會詔起毛伯溫討安南，旦以安南方有貢使，疏乞緩師觀變。部臣絀其議，伯溫又詆旦不知兵，遂改南兵部，未行，引疾乞休，語侵伯溫，帝怒，勒致仕。將還，吏白例支庫金爲道里費，旦笑曰，吾以不妄取爲例。卒年七十四。

贈石泉潘公考績序（涇野先生文集8/29）

潘公神道碑（鈐山堂集38/36，國朝獻徵錄43/49，又58/46）

潘尙書傳（訥溪文錄7/1）

四封錄序（費文憲公摘稿11/20）

贈工部尙書石泉潘公贊並序（石蓮洞羅先生文集15/25）

潘汝楨字鎮璞，桐城人。萬曆進士，知縉雲縣，調慈谿，所至有能聲。擢御史，視屯田，按山西，釐奸剔弊，墨吏畏之。天啓初以僉都御史巡撫浙江，轉南京兵部左侍郎，緣浙事罷歸，鄉里稱其孝。

潘玉孔侍御重膺封綸序（槩雯齋集8/26）

潘汝輔字汝弼，福建懷安人。天順八年進士，除戶科給事中，成化五年卒官。

掖垣人鑑10/4下

潘自新字汝明，號用吾，丹徒人。諸生，天性孝友，父溺於江，自新抵江濱大號五日夜，郡守爲之感動，命延舟子上下百里大索，終不得屍，自新幾欲以身殉。自是三年讀禮啜粥食疏，終世不入內室。

國朝獻徵錄112/83綸治撰潘孝子傳

潘辰字時用，號南屛，景寧人。少孤，以文學名。弘治六年薦授翰林待詔，預修會典成，進五經博士。正德中劉瑾摘會典小疵，降典籍。復起故官，累遷太常少卿致仕，正德十四年卒。辰居官勤愼，典制諳時，有以幣酧者，堅却之。士夫重其學行，稱南屛先生。

潘公墓誌銘（楊廷和撰、國朝獻徵錄22/91）

明史列傳30/4下

明史152/8

潘志伊字伯衡，吳江人。嘉靖間進士，歷官刑部郎中，出知九江府，坐在刑部失察寃獄，謫知陳州，仕終廣西右參政，歷官有聲。

明史223/7下

潘壯字直卿，浙江山陰人。嘉靖二年進士，歷官監察御史，淸戎江西。

贈南京河南道監察御史潘直卿先生奉命之江右序（泉翁大全集19/11下）

潘希曾（1476—1532）字仲魯，浙江金華人，璋子。弘治十五年進士，改庶吉士，授兵科給事中，因災異陳八事，指斥近倖。出覈湖廣貴州軍儲還，獨不賂劉瑾。瑾怒，矯詔廷杖除名。瑾誅，起吏科右給事中，嘉靖中歷太常卿，伏闕爭大禮。以右僉都御史巡撫南贛，平惠州賊，遷工部侍郎，代盛應期治河，築長隄百四十餘里，期年而工成，歷兵部左右侍郎，年五十七卒。有竹澗集及奏議傳于世。

潘公行狀（程文德撰、竹澗集附錄7，又國朝獻徵錄40/40）

潘公墓誌銘（崔銑撰、竹澗集附錄1）

竹澗潘公墓誌銘（泉翁大全集59/36）

掖垣人鑑11/22

明史列傳71/10下

潘宗顏字士瓚，保安衞人。善詩賦，曉天文兵法。萬曆四十一年進士，歷官戶部郎中，數上書言遼事，命督餉遼東，擢開原兵備僉事。後監馬林軍，戰於稗子峪，林軍敗，宗顏殿後，奮呼衝擊，膽氣彌厲，沒於陣，諡節愍。

潘僉事哀辭並序（牧齋初學集78/1）
明史291/1下

潘府（1454—1526）字孔修，號南山，上虞人。成化廿三年進士，孝宗踐阼，疏請行三年喪，議不克行。授長樂令，遷南兵部主事，陳軍民利病七事。歷員外郎，超擢廣東提學副使，終養不出。嘉靖初起太僕少卿，改太常，致仕歸，布衣蔬食，以發明經傳爲事，年七十三卒。有孝經正誤。

送潘君知長樂序（松籌堂遺集燈窗末藝×/2下）
榮慶堂記（東川劉文簡公集15/1）
國朝獻徵錄70/31實錄本傳
明史282/31下
明儒學案46/9

潘松（1486—1560）字惟喬，號後齋，宜興人。年四十六登鄉薦，授任丘縣學教諭，陞新城尹，改教福州，遷魯紀善，未赴歸，嘉靖卅九年卒，年七十五。

壽掌師後齋潘先生七十序（萬文恭公摘集4/30下）
潘公行狀（王升撰、國朝獻徵錄91/40）
潘公墓志銘（萬士和撰、國朝獻徵錄105/78）
祭潘後齋先生文（萬文恭公摘集10/15）
毘陵人品記9/16

潘忠，建文時爲都指揮使。燕兵南下時，忠駐鄚州，時楊松亦都指揮使，守雄縣。燕攻雄縣急，忠救之，爲燕兵所擒，不屈死之。

革朝遺忠錄下/38

潘季馴（1521—1595）字時良，號印川，烏程人。嘉靖廿九年進士，官御史，巡按廣東，行均平里甲法，人民便之。累遷工部尙書、右都御史，前後四奉治河命，功績最著。在工二十七年，習知地形險易，增築設防，置官建閘，下及木石椿埽，綜理纖悉，乞休歸卒，年七十五。有河防一覽、兩河管見、兩河經略、奏疏、留餘堂集。

賀潘少司寇載晉御史大夫總理河遭序（王奉常集5/4）
賀大宮保大司空印川公河功成序（弇州山人續稿27/14）
贈大中丞潘公時良序（弇州山人四部稿59/1）
賀潘公河工告成序（二酉園文集8/4下）
壽宮保大司空印川潘公六十序（弇州山人四部稿137/8下）
御史大夫潘公壽序（大泌山房集27/26下）
大中丞潘公時良七十壽序（天遠樓集11/16下）
壽大司空印川潘公七十序（道遙園集選13/5下）
壽御史大夫印川潘公七十敘（穀城山館文集4/14下）
再壽宮保印川潘公七十敘（穀城山館文集5/1）
壽都御史潘公七十序（海嶽山房存稿文2/11下）
御史大夫印川潘公七十壽序（弇州山人續稿36/17）
送總河大司空潘公致政還里序（劉大司成集6/11）
印川潘公墓志銘（王文肅公文草8/18下，國朝獻徵錄59/95）
祭潘印川司空文（緱山先生集19/2）
祭潘印川尙書文（兩行齋集13/7）
祭尙書潘印川文（隅園集16/12）
祭少保司空潘先生文（朱太復文集35/14）
祭宮使潘公文（賜閒堂集34/5下）
祭潘印川尙書文（虞德園先生文集16/19）
祭潘大司空（天遠樓集23/24）
潘公傳（賜閒堂集18/6）
總河吳興潘公序（鶴林外編29/9下）
留餘堂集序（二酉園文集5/8下）
瑞龍頌（二酉園文集14/17）
留餘堂記（袁魯望集11/8下）
湖州潘公橋記（穀城山館文集14/16下）
明史列傳78/5下
明史223/7下

父潘□（1492—1554）號做菴
潘公墓志銘（弇州山人續稿115/5下）

妻施氏（1524—1589）
祭潘年嫂施氏文（歸有園稿10/13下）
施氏墓志銘（松石齋集21/1）

潘洪字裕夫，宿遷人。成化十一年進士，除吏科給事中，累陞邵武知府。

掖垣人鑑10/17

【十五劃】潘

潘珏 (1446—1523) 字玉汝，號澹翁，晚更號萬卷山人，徽州婺源人，珍從兄。成化二十年進士，授蘄水令，累陞金華知府，官至福建按察僉事，嘉靖元年卒，年七十七。有甘棠集、三覲稿、澹翁稿、雲萍唱和等集。

贈福建僉憲婺源潘公序（竹澗文集6/5）

潘公墓誌銘（竹澗文集7/5，國朝獻徵錄90/86）

哀榮詩序（荷亭文集後錄3/10）

兄潘瑛 (1440—1486) 字玉英，號義翁。

潘先生墓碣銘（竹澗文集7/1下）

潘珍 (1477—1548) 字玉卿，初號朴菴，又號義峯，晚號碧峯，亦號益以拙叟，婺源人。弘治十五年進士，授諸暨知縣，廉直有行誼。歷湖廣左布政使，嘉靖中累遷兵部左侍郎，諫討安南，帝責其撓成命褫職。尋以恩詔復官，獲致仕，年七十二卒。

四封錄序（費文憲公摘稿11/20）

送少司馬義峯潘公序（方齋存稿5/8下）

贈少司馬義峯潘公入京序（息園存稿文2/2下）

慶源堂記（涇野先生文集19/10）

潘公墓誌銘（鈐山堂集39/11）

潘公墓誌銘（苑洛集5/7，皇明名臣墓銘坤集9，又國朝獻徵錄40/69）

明史列傳71/8下

明史203/9

祖潘勛才 (1409—1490) 字思文。

處士潘公暨其配展孺人合葬墓表（湘皐集30/9下）

潘庭堅字叔聞，當塗人。元末爲富陽教諭，太祖駐太平，用陶安薦，爲太平翼元帥府教授，參機密，以愼密謙約，爲太祖所稱。擢中書省博士，同知金華府事，守浙東。及設翰林院，命爲侍讀學士，以老歸，復召主會試卒。

國朝獻徵錄20/28鄭志傳

殿閣詞林記4/21下

明史列傳14/7

明史135/6

潘高 (1514—1557) 字子抑，號春谷，寧化人。嘉靖十一年進士，博學雄才，多所著述，累官大理寺正，獄無遁情，轉陝西參議罷歸。

潘春谷傳（李中麓閒居集9/4）

春谷篇送潘廷評（蔣道林文粹2/7）

潘君墓志銘（世經堂集16/47，國朝獻徵錄94/45）

父潘承爵，號靜菴，寧化千戶。

潘君墓表（甘泉先生續編大全10/10）

潘原明，泰州人。初與張士誠俱起鹽徒，仕士誠爲浙江行省平章，後以地降李文忠，太祖授以行省平章，官屬皆如其舊，洪武三年，命食祿不署事，子孫世襲指揮同知以優遇之。雲南平，以原明署布政使司事，民夷安之，十五年卒。

國朝獻徵錄102/1黃金撰傳

潘恩 (1496—1582) 字子仁，號湛川，更號笠江，上海人。六歲能辨四聲，舉嘉靖二年進士，累官山東副使，坐以試錄忤旨，謫河源典史。四遷復爲江西副使，進浙江左參政，禦倭有功。尋以右副都御史巡撫河南，劾徽王載埨貪虐，王遂奪封。伊王典楧驕橫，恩一切裁之，名大著。以左都御史致仕，年八十七卒，謚恭定。有笠江集。

送潘笠江先生擢山東副憲序（涇林集4/26）

贈笠江潘公巡撫河南序（茅鹿門先生文集11/14）

笠江先生潘公晉階一品序（陸文定公集11/19）

壽御史大夫笠江潘公七十序（陸文定公集10/1）

壽大總憲笠江潘公七十序（環溪集6/38下）

壽笠江潘公序（胡莊肅公文集3/72下）

御史大夫潘公八十壽序（太函副墨8/39）

潘公行狀（弇州山人續稿139/11）

潘公墓誌銘（賜閒堂集27/1）

笠江潘公神道碑（白楡集17/1）

祭御史大夫笠江潘公文（白楡集20/11）

國朝獻徵錄54/109王世貞撰傳

四友齋叢說12/4

明史列傳69/23

明史202/18

父潘奎 (1463—1545) 字用章，號頤菴，官項城尉。

頤菴潘公行狀（龍江集13/5下）

潘公墓志銘（世經堂集15/40）

妻曹氏（1502—1578）

奉壽潘夫人六十序（趙文定公集9/46）

曹夫人墓志銘（同上6/5）

潘倣字景哲，洛陽人。正德六年進士，歷御史，嘉靖中屢官至右副都御史，巡撫大同，値軍叛，罷爲民。

國朝列卿紀125/17下

父潘廷威

潘公墓志銘（洹詞3/27）

潘晟字思明，號水簾，浙江新昌人。嘉靖二十年進士，累官至太子太保禮部尚書致仕，萬曆十年以武英殿大學士召，至中途論罷。

誥勑禮部左侍郎兼翰林院學士掌院事潘晟三道（條麓堂集5/10下）

南冢宰潘公奏績頌序（萬一樓集39/7）

壽水簾潘老先生七十序（方簏居士集4/34下）

大學士水簾潘公志略（寶日堂初集16/1）

潘曾紘字昭度，烏程人。萬曆四十四年進士，崇禎間巡撫南贛。徵天下勤王，曾紘提兵入衞，獨先諸道渡江，以勞卒於軍。有芳蓀館遺稿。

送潘昭度公祖巡撫南贛序（文直行書7/16）

潘絲（1523—1578）字朝言，婺源人。爲人倜儻負奇氣，師事鄒守益、唐順之、羅洪先。嘉靖末浙東礦盜起，掠歙，絲率兵要擊之，賊所向披靡，六邑獲全。以薦遷嚴州府別駕，擢知分水縣，三月而邑大治。移建德，以不得意去。萬曆六年卒，年五十六。

潘叔子墓誌銘（汪道昆撰、國朝獻徵錄102/106）

潘朝言傳（焦氏澹園集24/1，國朝獻徵錄102/112）

祭潘朝言（焦氏澹園集35/2下）

潘集字子翔，會稽人。清兵陷浙東西，集與友人痛飲，約同死。書几上曰，昔年東渡，今復渡東，水與月白，吾骨不黑，袖石自沈渡東橋下死。

天啓崇禎兩朝遺詩傳9/311

潘楷字以正，溧陽人。成化廿三年進士，選庶吉士，歷監察御史、憲副，陞山西按察使。

贈潘以正陞山西憲長序（博趣齋藁15/91）

潘塤字伯和，號熙臺，淮安山陽人。正德三年進士，授工科給事中，性剛決，彈劾無所避。三遷至兵科都給事中，以忤權貴謫開州同知，興墜擧廢，奸宄斂息。嘉靖間累官右副都御史，巡撫河南，勦平潞州盜陳卿。會大饑，塤不以時賑。遂爲給事中蔡經等所劾罷。著有淮郡文献誌、楮記室。

潘氏家藏集序（二酉園文集2/12下）

掖垣人鑑12/16下

明史列傳71/16下

明史203/15

潘琴（1424—1513）字舜絃，號鶴溪，浙江景寧人。天順元年進士，歷南京兵部郎中，出知興化府，建社學，毁淫祠，每以片言折獄，庭無留案。致仕卒，年九十。有竹軒稿、詠史詩。

寄鶴溪潘先生詩序（懷麓堂文稿5/6）

潘公墓碑（李東陽撰、國朝獻徵錄91/9）

潘禋字成夫，鄞人。永樂中徵修永樂大典，授後軍都事。宣德初從安遠侯柳升征交阯，升恃勝有驕色，禋諫不聽。升敗，禋格鬭死。

明史154/20下

潘榮（1419—1496）字尊用，龍谿人。正統十三年進士，犒師廣東還，除吏科給事中。景泰初疏論停起復抑奔競數事，帝納之。累遷南戸部尚書，恬淡謹厚，服官四十年，奉職無過。弘治初謝政歸，卒年七十八。

潘尊用拜吏科都給事中序（類博稿5/1）

送南京戸部尚書潘公致仕序（碧川文選1/54下）

潘公墓誌銘（懷麓堂文後稿22/10下，皇明名臣墓銘離集101）

潘公神道碑銘（徐文靖公謙齋集7/36下）

國朝徵獻錄31/19無撰人潘公事略

掖垣人鑑4/5

明史列傳39/19

明史157/17

潘潢字薦叔，號朴溪，婺源人，珏孫。正德十六年進士，授樂清令，徵入禮部，進大學衍義，勸經筵御講，改吏部。前後累數十章，皆切至，署選事，冢宰囑以私，潢執不從。累遷至戶部尙書，以議條例不合，徙南工部，再轉兵部，留守南都，致仕歸，嘉靖卅四年卒，諡莊簡。有朴溪集。

誥勑吏部主事潘潢（顧文康公文草卷首/20下）

送福建提學憲副潘君赴任序（泉翁大全集21/19）

贈南京吏部尙書朴溪潘公考績序（存笥稿4/13）

祭大司馬樸溪先生文（訥溪文錄8/16）

國朝獻徵錄42/76實錄本傳

妻□氏

壽潘夫人六十序（存笥稿7/11下）

潘潤字德夫，號玉齋，江西永豐人。師事婁諒，講身心之學。李夢陽督學江右，聞其名，致禮欲見之。潤方居憂，以衰服拜於門下，終不肯見，夢陽嘆其知禮。終成都教諭。

明儒學案4/7下

潘毅，臨濠人。明初從征，累有功，拜虎賁衞指揮使。洪武三年復從西征，卒於道，追封滎陽伯，諡武肅。

皇明功臣封爵考8/59下

潘諒字友貞，武進人。宣德四年舉人，歷官禮部郎中，以資久會推禮部侍郎，丁祖母憂。服闋，改南吏部郎中，擢守臨江，以平易寬大爲政，致仕歸。

潘太守傳（山堂萃稿9/13下）

昆陵人品記7/3

潘樞字景嶽，鄱陽人。初以薦擢爲安福通判，署州事，後以獻計徐達見用爲主簿，前後九年，治爲江西第一，召赴闕，未及用卒，年五十一。

潘公墓誌銘（宋學士文集21/188下）

潘瑋（1435—1489）字栗夫，號靜虛，金華人。成化八年進士，授工部主事，歷員外郎，以薦爲四川按察僉事提督學政，以治行擢陝西副使，卒于官，年五十五。

送潘栗夫序（楊文懿公金坡稿2/23）

潘公墓志銘（楓山章先生文集5/6）

兄潘瑋（1429—1505）字用夫，號漁隱。

漁隱先生潘公墓誌銘（竹澗文集7/3）

潘緒字繼芳，無錫人。早喪父，事母篤孝。好讀書能詩，家世儒醫，緒亦繼之，遂有醫名。當壯時秦貞靜開吟社於惠山，結十老會，貞靜招緒，或疑年少，既入社，衆皆稱敏。

昆陵人品記8/9

潘緯字仲文，一字象安，歙人。萬曆中以貲官武英殿中書舍人，能詩，有潘象安詩集。

潘象安詩序（太函集24/9）

母王氏。

壽潘象安母王孺人八十序（李文定公貽安堂集6/31下）

潘鋭字宗魯，六安人。舉正德十二年進士，授行人，疏諫武宗南巡，廷杖，謫南京國子監學錄。嘉靖初復職，復訐當事大臣罪，尋又以言事下詔獄，放歸卒。

送桃溪潘年兄還六安序（小山類藁12/1）

潘選字玉選，婺源人，珍從弟。弘治十八年進士，知江山縣，擢戶部主事。父卒，哀毀甚。服闋，陞山西按察僉事，正己率物，風裁嚴肅，以母老求致仕不允得疾，棄官歸。至家，値母病思鯽羹，急不可得，家人請以他魚代，選曰，欺母，欺天也。解衣入池，果得二鯽，後母以壽終，選哀毀，後七日亦卒。有石疄集。

四封錄序（費文憲公摘稿11/20）

潘蕃字廷芳，崇德人。初冒鍾姓，既顯始復。成化二年進士，授刑部主事，弘治中以右副都御史巡撫四川，兼提督松潘軍務，蠻人畏服。累進右都御史，總督兩廣，平黎寇符南蛇之亂，討平岑濬，均有功。正德初入爲南刑部尙書，忤劉瑾，謫戍肅州。瑾誅，以原官致仕，卒年七十九。

國朝獻徵錄48/38戚元佐撰傳

檇李往哲列傳1/6

明史列傳56/26

明史186/25

潘禮字嘉會，商丘人。天順四年進士，授戶科給事中，剛直敢言，累遷工部左侍郎，督易州山廠，以清節著稱，乞休歸。

國朝獻徵錄51/31無名氏撰傳

披亘人鑑5/6下

皇明世說新語1/10下

明史列傳53/15

潘鎰字希平，婺源人，鑑族弟。正德十六年進士，授南京戶部主事，監浙江北新關，薄征而鈔倍。歷知荊州、長沙府，所至戢盜賊，平賦役，興學校。屢官至河南左參政，以誣罷歸卒，年五十三。

送潘子希平遷荊州太守序（張文定公紓玉樓集4/4下）

潘公墓志（潘潢撰、國朝獻徵錄92/41）

潘黼字章甫，當塗人，庭堅子。幼穎悟絕人，師事陶安，初授太平府學教授，改金壇縣簿，未幾擢起居注。吳元年除江西湖東道按察使，會修律令，留爲議律官，洪武元年書成卒，黼謹飭類父，而文采淸雅過之。

國朝獻徵錄20/28郡志傳

明史列傳14/7下

明史135/6

潘鐘（1465—1520）字宗節，初號石湖，更號園山野人，六安人。弘治九年進士，有孝行，爲蒲城知縣，憂歸，裝不滿一車。繼知滑縣，擢御史，陳時務大計四事，孝宗嘉納之，爲劉瑾所惡，傳旨誣以奸黨，坐除名。瑾誅，起廣東僉事，謝病歸，年四十六卒。有園山集。

潘君宗節行狀（息園存稿文6/15，國朝獻徵錄99/146）

潘君宗節墓誌銘（泉翁大全集59/34下）

明史188/5下

潘鐸字伯振，河南新鄉人。弘治十二年進士，除兵科給事中，陞禮科都給事中。正德四年出知漢中府，官至浙江右布政使，致仕卒。

贈方伯潘公致政歸衞水序（息園存稿文2/8下）

燕山野餞序（涇野先生文集1/3）

披亘人鑑11/18

潘鑑（1482—1544）字希古，婺源人，旦從弟。正德三年進士，授南京大理評事，歷官工部右侍郎，督採木，事竣，奏言湖廣川貴諸府，民疲於採辦，請量議蠲復，從之。進工部尙書回籍，未幾起爲兵部尙書兼右副都御史提督兩廣軍務，以疾乞休歸，年六十三卒，諡襄毅。鑑性坦易，不爲危言激論，而耿介卓立、不可干以私。有潘襄毅公文集。

潘公神道碑（鈐山堂集37/1，國朝獻徵錄57/19，皇明名臣墓銘坤集75）

四封錄序（費文憲公摘稿11/20）

潘襄毅公文集序（存笥稿2/13下）

父潘琦（1462—1525）字良玉，號南峯。

潘公暨配施氏墓誌銘（涇野先生文集29/24）

鄭

鄭一初字朝朔，號紫坡子，揭陽人。弘治十八年進士，授御史，告病歸卒，年卌八。

紫坡子傳（泉翁大全集56/17下）

鄭一信（1528—1590）字君允，號石巖，惠安人。嘉靖四十四年進士，授南京行人司左司副，歷刑部郎中，出知金華、石阡等府，仕終廣西副使，以讒告歸，卒年六十三。

鄭公墓誌銘（詹學士先生遺稿12/18下，國朝獻徵錄101/54）

鄭一鵬字九萬，號抑齋，莆田人。正德十六年進士，改庶吉士，嘉靖初官戶科左給事中，轉吏科。性伉直，遇事敢言。武定侯郭勛，欲得虎賁左衞以廣其第，一鵬劾以驕縱罔上，勛銜之，復以李福達獄劾勛，因坐以妄奏，拷掠除名。家居二十六年卒，年五十九。有抑齋遺集。

國朝獻徵錄80/58柯維騏撰鄭公傳

披亘人鑑13/5

明史206/10下

鄭三俊字用章，池州建德人。萬曆二十六年進士，授元氏知縣，天啓中歷光祿少卿，遷戶部右侍郎，極陳魏忠賢、客氏之罪。及楊漣、趙南星等被貶，遂乞歸。崇禎初起戶部尚書，兼掌吏部，是年京察，澄汰魏黨一空，入都留爲刑部尚書，轉吏部。爲人端嚴清亮，正色立朝，多引薦賢士，乞休歸。明亡後，家居十餘年乃卒。

明史254/10下

鄭己字克修，山海衞人。成化二年進士，歷御史，偕同官爭慈懿太后葬禮。慧星見，又陳時政八事。尋劾大學士商輅等不職，下獄廷杖。後復官，出按甘肅，鎭守定西侯蔣琬多役軍民，將劾之，反爲所構，謫戍宣府。復坐累繫闕下，詔白放歸田里。

國朝獻徵錄65/38部志本傳

明史列傳49/11

明史180/11

鄭士利字好義，台州寧海人。諸生，兄士原坐空印事繫獄，會星變求言，士利上書，詳言空印之不爲罪，觸帝怒，與士原皆輸作江浦。

葉伯巨鄭士利傳（遜志齋集21/482下，國朝獻徵錄113/13）

名山藏臣林記4/41下

明史列傳17/18

明史139/16

父鄭邦彥（1307—1380）字國昌。

鄭處士墓碣銘（遜志齋集22/514下）

鄭大同字皆吾，號于野，福建莆田人。嘉靖八年進士，授行人，擢吏科給事中，陞都給諫，遷南京右通政，官至刑部侍郎，致仕歸，嘉靖四十五年卒。

國朝獻徵錄46/84柯維騏撰鄭公墓誌銘

掖垣人鑑13/36下

鄭大經字正之，號湘溪，浙江西安人。嘉靖三十五年進士，授順德府推官，選吏科給事中，屢遷都給諫，晉太僕寺少卿，以假歸卒。

奉贈鄭湘溪先生請假南還序（朱文懿公文集4/26）

掖垣人鑑15/2

父鄭權（1479—1559）字時用，號逸菴。

鄭翁暨配王氏行狀（朱文懿公文集11/24）

鄭山，新建人。宸濠謀逆時，山與萬木會鄉衆義立營拒之，後疏戒備，爲濠心腹逮捕，逼見濠，烙而椎之，罵賊不屈死。

名山藏臣林記16/24下

明史289/25

鄭文茂（1528—1587）字寶夫，號杞山，縉雲人。嘉靖三十二年進士，授刑部主事，累官至四川副使。卒年六十。

鄭公行狀（曼衍集2/15）

鄭杞山先生傳（弇州山人續稿69/3下，弇州史料後集6/1）

鄭憲使年譜序（大泌山房集17/又37）

鄭文康（1413—1465）字時乂，號介菴，崑山人。正統十三年進士，以父母繼亡，遂絕意仕進。家居枕藉經史，爲文頃刻千言。成化元年卒，年五十三。有平橋稿。

吳下冢墓遺文續1/68葉盛撰壽藏志

崑山人物志2/6下

父鄭壬字有林，號變松先生。

崑山人物志5/6下

鄭之文字應尼，一字豹先，南城人。萬曆三十八年進士，官眞定知府。工詩詞，嘗作白練裙雜劇，以嘲名妓馬湘蘭，盛傳於時。有遠山堂、錦硯齋集、鄭工部詩。

工部詩序（大泌山房集21/16下）

鄭之垣，黃岡人。萬曆五年從父尋親遊都下，父爲書吏以給，垣時方十六，亦自入薊修足覓錢佐父需，久之勸父不歸，垣思母不置，乃歸省母。復返都下，父已病卒，哀號幾仆，痛無以歸葬，乃刺左股血立券，背號於街衢，願自鬻買棺歸葬。人皆憐之，助其歸葬。

國朝獻徵錄112/92佚名撰鄭之垣傳

鄭元字伯生，湖廣夷陵人。正德六年進士，授禮部主事，陞郎中，擢雲南提學副使。

偕壽榮封序（陽峯家藏集24/14下）

鄭元綬，浙江人。崇禎間官廬州經歷，十五年流賊張獻忠陷廬州，元綬分守南薰門，力戰死。

明史293/19

鄭元勳（1604—1645）字超宗，號惠東，江都人。天啓四年舉人，歷官兵部職方司主事，明亡後卒，年四十二。

明職方司主事鄭元勳傳（道古堂文集28/1）

母張氏

壽鄭母張孺人七袠序（金正希文集輯略7/20）

鄭天佐，號金峰，福清人。起家孝廉，由文學異等擢知桃源，勤政愛民，民甚德之。遷惠州同知，父老遮道泣留，去後思之不置，立石以頌其德。

邑侯金峰鄭公去思記（雪濤閣集7/25）

鄭公智字叔貞，台州寧海人，師方孝孺。建文初舉賢良，力學好古，工文辭，孝孺薦爲監察御史，持法不阿。燕師入京，坐孝孺黨死。

遜國神會錄上/13

皇明表忠紀2/10

吾學編56/11下

明史列傳19/8下

明史141/8

鄭本公，朔州衛人。正德九年登進士，歷御史，爭大禮，言最切中。帝召張璁、桂萼入京，本公痛劾之，偕廷臣伏闕哭諫，廷杖繫獄。還職，官至南太僕少卿。

明史列傳72/21下

明史192/18

鄭世威（1503—1584）字中孚，號環浦，福州長樂人。嘉靖八年進士，歷官江西僉事、副使，數以事忤夏言、嚴嵩。遷四川參政，時嵩方柄政，遂致仕。及嵩敗，以薦起左副都御史，累遷刑部侍郎，時詔採珠寶，諫不聽，謝病歸，萬曆十二年卒，年八十二。著有岱陽彙稿、長樂乘、經書答問。

環浦鄭公神道碑（蒼霞草13/31，國朝獻徵錄47/6）

名山藏臣林記26/20下

鄭以偉字子器，號方水，上饒人。萬曆二十九年進士，授檢討，天啓中以禮部左侍郎，協理詹事府，直講筵，因忤璫告歸。崇禎初召拜禮部尚書，久之偕徐光啓並相。以偉修潔自好，書過目不忘，文章奧博，而票擬非所長。嘗曰，吾讀書萬卷，而窘於數行，乃爲後進所藐。崇禎六年卒，贈太子太保，諡文恪。有靈山藏集、沍泥集。

祭鄭方翁師相文（撫夢園遺集8/9）

五十輔臣考2/35

明史251/16

鄭汝美（1461—1517）字希大，號白湖居士，閩縣人。弘治六年進士，授戶部主事，屢陞郎中，十六年使湖藩，便道歸省，遂不復出。卒年五十七。有白湖存稿。

白湖鄭公墓表（董玘撰，白湖存稿附錄）

鄭汝璧（1546—1607）字邦章，號崑巖，縉雲人。隆慶二年進士，授刑部主事，累官僉都御史，巡撫山東，改延綏，進兵部侍郎，總督宣大。卒年六十二。有明帝后紀略、明同姓諸王表、明功臣封爵考、明臣諡類鈔、由庚堂集。

壽大中丞崑巖鄭公序（敬菴集4/3下）

贈督府少司馬鄭公序（大泌山房集44/15下，又44/18下）

鄭公墓誌銘（姚江孫月峰先生全集11/26，國朝獻徵錄58/79）

鄭少司馬家傳（大泌山房集66/10）

由庚堂集序（同上10/14）

白下草序（弗告堂集20/13下）

瑞湖草序（同上20/14下）

鄭安民字敬修，思南人。性孝友，父妾見逐，安民知其已有娠，迎置別室，後生弟澤民，田宅奴婢，悉讓之。以貢生爲蜀府長史，流賊寇蜀，安民時防守青州，力戰敗之，以功加四品服。崇禎末賊陷成都，蜀王赴水死，安民亦躍入水，抱王屍而死。

明史295/11

鄭自璧字朵東，河南祥符人，隸籍京師。正德十二年進士，改庶吉士，除工科給事中，嘉靖初爭大禮，受杖。三遷至兵科都給事中。自璧在諫垣，最敢言，所言皆權倖，直聲震朝野，卒爲科道共劾，謫江陰縣丞，竟不召。

掖垣人鑑12/34下

明史208/19下

鄭仰田，福建惠安人，忘其名。少椎魯，不解治生，父母賤惡之。逃嶺南爲寺僧種菜，有老僧授以青囊、袖中、壬遁、射覆諸術，咸皆通曉。能知人心曲隱微，及人事世運之伏，其射決無不奇中。魏璫嘗召問數，指囚字。群奄列侍，皆愕眙失色。仰田徐應曰，囚字，國中一人也。奄大喜。仰田出謂人曰，囚則誠囚也，吾詭詞以逃死耳。崇禎二年卒，年八十餘。

書鄭仰田事（牧齋初學集25/9）

鄭仰田高士畫贊（同上82/4）

鄭伉字孔明，號敬齋，常山人。爲諸生，不屑志於科擧，往師撫州吳與弼，辭歸。日考諸儒議論，而折衷於朱子。事親孝，設義學，立社倉，以惠族黨。所著易義發明、讀史管見、觀物餘論、蛙鳴集，多燼於火。

鄭公墓表（少谷全集13/10下，國朝獻徵錄114/36）

明史282/21

明儒學案2/9下

鄭行簡（1385—1459）名汝敬，以字行，歙縣人。永樂十三年進士，觀政刑部，出知永清縣，調紹興、上虞，居二年，邑大治，政績卓著，後以誣自解職歸。屢薦不起，年七十五卒。

國朝獻徵錄85/64鄭瀛海撰鄭公行狀

鄭沂，不知何許人。明初爲監察御史，累有建言。應天府改知府曰尹，各府設推官一員專掌刑名，兩浙設牧馬之官，皆其所發，帝皆從之。洪武四年遷應天府尹，六年致仕。

國朝獻徵錄75/15雷禮撰傳

鄭牢，廣西帥府老隸，性鯁直敢言。山雲鎮廣西日，諮之曰，世謂將不忌貪，矧廣西素尙貨利，我亦可貪否。牢曰公初到如一新潔白袍，一沾汙點墨終不可湔。雲又曰，人云土夷餽物不納，彼必疑且忿，奈何。牢曰居官黷貨，朝廻有重法，乃不畏朝廷，反畏蠻子耶。

水東日記5/10

皇明世說新語1/24下

鄭亨（1356—1434）合肥人。洪武中襲父職，爲副千戶。二十五年應募持檄諭韃靼，至斡難河還，遷密雲衞指揮僉事。燕師起，率所部降。成祖卽位，以功遷中府左都督，封武安侯。出鎭宣府、開平，規晝周詳，邊備完固。亨嚴肅重厚，善撫士卒。仁宗卽位，拜征西前將軍，移鎭大同，卒年七十九。諡忠毅。

鄭公神道碑銘（楊文敏公集17/8，皇明名臣琬琰錄17/12下）

國朝獻徵錄7/9無名氏撰傳

國琛集下/6

壬午功臣爵賞錄×/2下

皇明功臣封爵考2/41

水東日記5/5下，16/7

皇明世說新語5/7

吾學編26/9下

明史列傳22/10

明史146/3

鄭辰字文樞，浙江西安人。永樂四年進士，授監察御史，屢平反寃獄，超遷山西按察使，糾治貪濁不少貸。宣德間召爲南京工部右侍郎。英宗初遷兵部左侍郎，以疾告歸。正統九年卒。

鄭公神道碑（王文端公文集28/13下）

國朝獻徵錄40/10佚名撰傳

明史列傳39/10

明史157/5下

鄭成功（1624—1662）初名森，字大木，唐王賜姓朱，改名成功，南安人，芝龍子。芝龍降清，成功遁入海島，據南澳，桂王封爲延平郡王、招討大將軍，連攻舟山及福建諸府，軍勢大振，取臺灣爲根據地，奉明年號。成功卒，子經立，經卒，次子克塽立，康熙時爲淸所破，克塽降。有延平二王遺集傳世。

鄭成功傳（黃宗羲撰，梨洲遺著彙刻第十五冊）

鄭延平年譜（許洪基撰、杏蔭堂刊印本）

鄭延平王受明封爵考（朱希祖撰、國學季刊3/1）

鄭成功的早年事跡（毛一波撰、大陸雜誌11/6）

鄭成功征臺述略（毛一波撰、文獻專刊3/1）

鄭成功焚儒服考（楊雲萍撰、臺灣研究1/31）

鄭成功之歿（楊雲萍撰、臺灣文化5/1）

鄭成功死因考（李騰嶽撰、文獻專刊1/3）

鄭成功遺迹略述（蘇警予撰、中山大學語史所週刊77/×）

廣陽雜記中之鄭成功事蹟（同上41/×）

民族革命的倡導者——鄭成功（蕭一山撰、文獻專刊1/3）

鄭成功歷史的發端（薛澄清撰、中山大學語史所週刊1/×）

關於鄭成功歷史研究所的材料（馬太玄撰、中山大學語史所週刊15/×）

臺灣鄭氏大事年表（周勝阜撰、中山大學語史所週刊41/×）

鄭成憲，神宗鄭貴妃父。貴妃有寵，成憲父子宗族並驕恣，帝悉不問，官至都督同知。

明史300/21下

鄭作字宜述，歙人。讀書方山之上，自號方山子。已而棄去，爲商宋梁間，時從俠少年射獵大梁藪中。爲詩敏捷，游於李夢陽門下，論詩較射，過從無虛日。周王聞其名，召見，長揖不拜，王禮而遣之。嘉靖初年四十餘卒。

方山子祭文（空同子集64/10）

方山子集序（空同子集51/8下）

方山精舍記（空同子集48/9）

鄭廷鵠字元侍，廣東瓊山人。嘉靖十七年進士，授工部主事，改禮部，擢吏科給事中，歷江西提學副使，仕至右參政。致仕歸，築石湖精舍，讀書其中，四十二年卒。

鄭先生夫婦合葬墓誌銘（歸有園稿7/1）

筆溪先生傳（天目先生集10/1）

掖垣人鑑14/7

鄭延任，臨清人。官安肅知縣，崇禎九年清兵陷安肅，延任與妻同殉。

明史291/13下

鄭宗仁（1451—1522）字體元，直隸任丘人。成化二十三年進士，授戶科給事中，累遷南京太僕寺少卿，陳馬政四事，深切時弊。正德中擢右副都御史，提督雁門兼巡撫山西，官至戶部尚書總督倉場，嘉靖元年卒官，年七十二。

送南京太僕寺少卿鄭君之任序（羅文肅公集1/4）

鄭公墓誌銘（楊廷和撰、國朝獻徵錄29/25）

鄭公傳（少華山人文集續集14/3下）

掖垣人鑑10/30下

鄭定字孟宣，閩縣人。善擊劍，工篆隸，爲閩中十才子之一。陳友定辟爲記室，友定敗，定浮海亡交廣間，尋還居長樂。洪武中徵爲延平訓導，歷齊府紀善，終國子助教。有澹齋集。

明史124/9下，286/2

鄭居貞，初名久成，改名士恒，一名桓，以字行，徽州人。洪武中舉明經，授鞏昌通判，陞禮部郎中，文行爲時所重，歷進河南參政。永樂初坐方孝孺黨論死。有閩南集。

國朝獻徵錄92/27忠貞錄傳

革朝遺忠錄下/19下

遜國正氣紀3/9

遜國神會錄上/13

皇明表忠紀2/10

吾學編56/19下

明史141/8下

鄭芸字士馨，福建莆田人。嘉靖十四年進士，授松陽縣令，調上虞，濬河築城，民得其便，追慕祀之。遷監察御史，出按山東，復命按南粵，取道省親，卒於家。

國朝獻徵錄65/122黃謙撰鄭芸傳

明史210/4下

鄭杲（1486—1514）字羲民，合肥人。少穎敏，補邑庠弟子員，與從兄梁相砥礪，經史子集靡不通曉。棄舉子業，聞賀欽有古人風，將往受業。以父喪廬於墓所，哀毀成疾，正德九年卒，年二十九。

國朝獻徵錄112/47無名氏撰傳

鄭诰 (1513—1580) 字元健，號印溪，黄陂人。孝友篤行，剛直不阿。嘉靖二十九年進士，授知豐城縣，遷大理評事。後守雲南，繩黔國公沐朝弼以藩臣禮，謫判通州。禦倭寇有功，後守尋甸歸，俸餘悉分給三黨，家無長物。萬曆八年卒，年六十九。

鄭公墓表（大泌山房集104/1）

鄭和，小字三保，雲南人。初事燕王，從起兵有功，累擢太監，時稱三保太監，成祖疑惠帝亡海外，欲蹤跡之，且欲耀兵異域，示中國富強。乃命和將士卒二萬餘，多齎金幣，造大舶通使西洋，使還，爵賞有差。至宣德間和已七次奉使，前後所歷，凡三十餘國，所獲寶物，不可勝計。俘三佛齊王、錫蘭王，定蘇門答剌之亂，尤稱偉績。故俗傳三寶太監下西洋，爲明初盛事。宣德中卒。

鄭和下西洋考（伯希和撰、馮承鈞譯，商務印書館排印本）

鄭和西征考（王士魯譯、文哲季刊4/2）

明史304/2下

鄭秉厚字子載，號滄蓮，浙江遂昌人。隆慶五年進士，由南豐知縣選吏科給事中，歷官福建參議，貴州副使。

掖垣人鑑16/9下

鄭岳 (1468—1539) 字汝華，號山齋，莆田人。弘治六年進士，爲戶部主事，累官江西左布政使。宸濠侵奪民田，民立砦自保，宸濠欲兵之，岳持不可。後爲李夢陽所訐，奪官。世宗初起撫江西，尋召爲大理卿，帝數不豫，岳請遵聖祖寡欲勤治之訓，退朝即御文華，裁決章奏，日暮還宮，以養壽命之源。又陳刑獄失平八事，遷兵部左侍郎，以議大禮乞休去，卒年七十二。有莆陽文獻、山齋集。

贈都憲鄭山齋公巡撫江西序（方簡肅公文集2/1）

送少司馬山齋鄭公致政序（方齋存稿3/34）

壽左司馬山齋鄭公六十壽序(見素續集8/8下)

鄭公墓誌銘（柯維騏撰、國獻徵錄40/58）

明史列傳71/1

明史203/1下

鄭岳字永翰，號謙山，福建長樂人。隆慶二年進士，由直隸華亭知縣，選工科給事中，萬曆間累官雲南、廣東副使。

邑侯謙山鄭公應召序（環溪集5/26）

贈觀察鄭謙齋先生考績序(蝕衣生粵草2/3下)

掖垣人鑑15/19下

鄭洽，浦江人。建文時爲翰林待詔，出亡初同衆神樂觀，議迎帝至家，駕甫幸，坐孝義堂，堂中扁無故墮地，泰曰此不可久留，帝逸去。尋跡者至，無所得。洽後訪帝於蜀，道病，留公安茅菴中卒。

遜國正氣紀2/29下

遜國神會錄下/30

皇明表忠紀6/17下

鄭洛字禹秀，安肅人。嘉靖三十五年進士，萬曆間以兵部左侍郎總督宣大山西軍務，款撫俺答，威望大著，累加太子太保，召爲戎政尚書。洮河用兵，詔兼右都御史，經略陝西延寧甘肅及宣大山西邊務，言者劾其重利媚敵，謝病歸。卒謚襄敏。

祝鄭經略七袠序（治春堂逸稿1/11）

鄭襄敏公紀知錄序（莊學士集8/6）

明史222/19

鄭洛書 (1496—1534) 字啓範，號思齋，莆田人。正德十二年進士，知上海縣，有善政。召拜御史，剛直敢言。出視南畿學政，道聞喪而歸。會科道官互糾，洛書被劾落職，卒於家，年三十九。有鄭思齋文集。

鄭侯去思碑（龍江集5/1）

送鄭啓範北上序（梓溪文鈔外集3/45）

送鄭思齋先生序（潘笠江集7/1）

鄭公墓誌銘（儼山文集74/1，國朝獻徵錄65/103）

祭鄭思齋先生文（潘笠江集11/14）

國朝獻徵錄65/107徐觀瀾撰傳

明史206/20下

父鄭祥 (1471—1527) 字善卿，號近菴，甞白縣學教諭

鄭公墓表（泉翁大全集63/17）

鄭湑（1334—1386）字仲宗，浦江人，濂從弟。洪武十九年濂坐事當逮，湑念先世有代弟死者，亦欲代兄死，詣吏自誣服，斬於市，年五十三。湑受業於宋濂，有學行，鄉人哀之，私諡貞義處士。

鄭處士墓表（遜志齋集22/513）

皇明世說新語1/1下

明史296/11

鄭宣化（1535—1584）字行義，號獅南，金陵人。嘉靖四十四年進士，授袁州府推官，遷南工部營繕司主事，累官邵武知府，軍民稱便，卒于任，年五十。

鄭公行狀（焦竑撰、國朝獻徵錄91/25）

鄭建字弘中，福建懷安人。宣德五年進士，選庶吉士，授南雄通判，奏蠲逋負，改處州。閩寇鄧茂七侵掠浙境，建率民兵平之。累遷浙江按察僉事。

鄭僉事傳（魏文靖公摘稿7/41，國朝獻徵錄84/97）

鄭若曾字伯魯，號開陽，崑山人，文康玄孫。嘉靖初貢生，少師魏校，又師湛若水、王守仁，有經世志。佐胡宗憲平倭寇，敘功授錦衣世蔭，不受，歸而著書。薦修國史，亦不就。有籌海圖編、江南經略、四隩圖論、黃河圖議。

崑山鄭氏族譜序（涇野先生文集11/21）

鄭茂字士元，號壺陽，莆田人。嘉靖三十二年進士，除海鹽知縣，禦倭數有功，擢兵科給事中，萬曆初累遷河南按察使。有咫園詩集。

鄭大夫壺陽守城成功序（海石先生文集18/13）

鄭大夫全城記（董漢陽碧里後集達存上/28）

送鄭壺陽諫議參浙藩序（華陽洞藁2/11下）

披垣人鑑14/31下

鄭紀（1439—1508）字廷綱，號東園，仙遊人。天順四年進士，累官太常卿。武宗在東宮，紀采帝王嘉言懿行，各繪圖作贊，名曰聖功圖以進。仕終南戶部尚書。致仕卒，年七十。紀工文辭，爲文不構思，不易稿。著有歸田錄、東園詩文集。

壽東園鄭公七十序（見素集2/12）

祭尚書鄭公文（東泉文集7/56下）

祭鄭司徒東園（見素集26/9）

國朝獻徵錄31/26國史實錄本傳

妻黃氏（1434—1507）

鄭東園元配淑人黃氏墓誌銘（見素集16/11下）

榮輓錄序（涇野先生文集1/10）

鄭珞字希玉，閩縣人。永樂十三年登進士，選庶吉士，授刑部主事，宣德中擢寧波知府。中官裴可烈以公事至郡，貪暴不法，珞上其罪，詔置可烈於法。母憂歸，郡民上疏乞留，詔復任，治績爲兩浙最。陞左參政，卒官。有訥菴、雞肋二集。

送鄭太守序（王文端公文集19/16）

明史281/17下

鄭泰字景陽，直隸舒城人。永樂十九年進士，除行在吏科給事中。景泰中歷南京刑、吏部左侍郎，致仕卒。

送鄭侍郎歸省序（敬軒薛先生文集16/6下）

披垣人鑑4/20

鄭眞字千之，號滎陽外史，鄞縣人。研窮六籍，尤長於春秋，並旁究百氏傳記。洪武五年鄉舉第一，歷官廣信教授。嘗類聚諸家格言，著爲集傳集說集論。又有四明文獻錄、滎陽外史集。

滎陽外史題詞（鮚埼亭集外編24/8下）

皇明三元考1/5下

母蔣氏（1302—1370）

蔣氏墓誌銘（宋學士文集42/334下）

鄭時（1423—1499）字宗良，直隸舒城人。景泰五年進士，授山西道監察御史，擢延平郡守，有異政，民立去思亭以頌其德。屢遷右副都御史，巡撫陝西，週大饑，百方賑䘏。繼平盜亂，民甚德之。官至南京刑部尚書，致仕卒，年七十七。時居官廉愼，事親尤孝，雙親繼喪，廬墓三年，人稱賢孝。

國朝獻徵錄48/25無名氏撰傳，48/25下實錄本傳

四友齋叢說7/8下

明史列傳53/9下

鄭時舉 (1486—1543) 字一鵬，號靜齋，新會人。舉鄉薦，歷官南寧同知，嘉靖廿二年卒，年五十八。

鄭君靜齋墓碑銘(甘泉先生續編大全11/9下)

鄭恕 (1347—1402) 字本忠，台州仙居人。能賦詩，善書畫，好古博雅，家甚貧，一介不妄取。後爲昌國訓導，知蕭縣。建文四年靖難師破蕭，恕不屈死之，年五十六。福王時諡惠節。

國朝獻徵錄83/82無名氏撰傳

革朝遺忠錄上/26

遜國正氣紀5/13下

皇明表忠紀4/9

皇明名世考4/32下

皇明獻實8/7下

吾學編56/30下

明史列傳20/8下

明史142/10

鄭淵 (1326—1373) 字仲涵，浦江人。性至孝，母疾，思食西瓜，旣食而卒，後見瓜輒泣，終身不忍食。嘗從學於宋濂，以古文名於時。洪武六年卒，年四十八，濂表其墓曰貞孝處士。有遂初稿、續文類。

鄭仲涵墓銘(宋學士文集19/171，國朝獻徵錄112/8)

鄭公墓石表辭(遜志齋集22/510下)

鄭國昌，邠州人。萬曆三十五年進士，歷官山西參政，崇禎初以按察使治兵永平。三年淸兵臨城，國昌自縊於城上，贈太常寺卿。

明史291/7下

鄭國賓字汝嘉，號越渠，浙江蘭谿人。嘉靖二十九年進士，除婺源知縣，徵授兵科給事中，改禮科，坐失糾廷杖削籍歸，自號抱朴子。工詩歌，有臥雲堂集。

臥雲堂集序(田亭草2/5)

掖垣人鑑14/29

鄭崇儉字大章，山西寧鄉人。萬曆四十四年進士，授河南府推官。屢遷兵部右侍郎，總督陝西三邊軍務。崇禎十三年張獻忠反，督師楊嗣昌檄秦軍入蜀，崇儉率兵直抵瑪瑙山擊賊，五日三捷，威名甚振。以年衰乞骸骨，不許，令率兵還關中。及獻忠大亂蜀中，嗣昌言崇儉撤兵太早，致賊猖獗，命削籍候代。明年獻忠陷襄陽，嗣昌死，帝益恨崇儉不犄角平賊，逮下獄，責以縱兵擅還失誤軍律，遂棄市。

明史260/19

鄭紳 (1479—1559) 字公珮，號敬菴，順天人。正德九年進士，授戶部主事，歷鴻臚寺卿、通政使，累官至工部尙書，掌通政司事，致仕卒，年八十一。紳天性孝友，居官淸愼，門無私謁，亦未嘗干人。

同盛古泉祭鄭澹泉大司空文(萬文恭公摘集10/20)

鄭公神道碑(孫陞撰、國朝獻徵錄67/2)

母胡氏

恭人鄭母胡氏七十壽序(涇野先生文集3/24下)

鄭逢蘭字楚澤，閩縣人。天啓舉人，崇禎末官兵部員外郎。闖賊破京師，逢蘭分守西直門，被執不屈，嚙舌噴血罵賊，觸牆死。

明史266/19下

鄭悠字孟大，江西南城人。宣德八年進士，累官兵科都給事中，正統間遷山西行太僕寺少卿，仕終太僕寺卿。

掖垣人鑑7/4下

鄭敏，洪武間爲齊東知縣，恤民勤政，賦役均平。後以事逮至京，縣民詣闕言敏廉勤有守，民懷其惠，朝廷復其官，仍賜楮幣五百，衣三襲。

明史281/6下

鄭湜 (1326—1382) 字仲持，浦江人，濂弟。時有言鄭氏交通胡惟庸者，吏捕之，湜與兄濂爭任罪，太祖義而宥之。擢湜爲福建左參議，居官有政聲。南靖民爲亂詿誤者數百家，湜言於諸將，盡釋免。洪武十五年入覲卒，年五十七。

鄭公墓表(遜志齋集22/512下，國朝獻徵錄90/42)

皇明世說新語1/1下

明史296/11

鄭渭（1306--1377）字伯陽，浦江人，爲義門鄭氏八世主家政者。渭任家政三十餘年，上繩祖武，下敎子孫，競競自惕，公平無私，雖米鹽細務一一鉤校，無所遺漏。尤善濟貧困，鄉里咸稱長者，洪武十年卒，年七十二。

鄭府君墓版文（宋學士文集53/414）

鄭爲虹（1622--1646）字天玉，江都人。崇禎十六年進士，知浦城，有廉名。唐王立，召爲御史，部民乞留，乃令以御史巡視仙霞關，駐浦城，淸兵破城，死之，年方二十五。

明史277/24下

鄭普（1495--1550）字汝德，號海亭，南安人，嘉靖十一年進士，授無錫令。官至雲南府知府，卒年五十六，普究心經學。有海亭集。

鄭海亭墓誌銘（遵巖先生文集14/30下，國朝獻徵錄32/42，又102/83）

鄭善夫（1485--1523）字繼之，號少谷，閩縣人。弘治十八年進士，授戶部主事，榷稅許墅，以淸操聞。憤嬖倖用事，棄官去，築室金鼇峰下。正德中起禮部主事，進員外郎，諫南巡受杖，明年力請歸。嘉靖二年起南吏部郎中，便道游武夷，風雪絕糧，得病死，年三十九。善夫敦行誼，所交盡名士，工畫，叢篠怪石，得象外趣，作詩力摹少陵。有經世要談、少谷山人集。

別鄭繼之序（息園存稿文3/2）

少谷亭記（石龍集14/1）

鄭公墓碑（林釴撰、少谷全集卷首，皇明名臣墓銘離集103、國朝獻徵錄27/69）

祭鄭繼之文（棠陵文集5/20下）

奠鄭少谷文（石龍集27/8）

少谷子傳（同上22/13，又少谷全集卷首）

鄭繼之先生傳（鄧原岳撰、少谷全集卷首）

讀鄭少谷詩（石龍集21/9）

國琛集下/31下

國寶新編×/9下

皇明世說新語5/25下

畸人傳29/355

皇明書38/53

名山藏81/19下

明史286/20

父鄭元愷（1463—1507）字弘相，號臥雲。

鄭處士墓誌銘（中峰文選4/8下）

妻袁氏（1484—1516）

袁孺人墓誌銘（棠陵文集5/6下）

鄭雲鎣字邦用，號文岡，閩縣人。嘉靖間進士，以戶部郎出歷廣浙兩省督學，陞湖廣參政，萬曆三年遷河南按察使。

贈大參文岡鄭公擢河南按察使序（徐氏海隅集文編4/19下

鄭琦，建文時官都指揮使，定州之役與指揮詹忠，連陣敵燕，後敗績被執，送北平，憤死於獄。

遜國正氣紀6/29下

皇明表忠紀5/16

鄭華字思孝，臨海人。洪武三十年進士，授行人，奉使有聲。建文元年坐註誤謫東平州判官，將赴任，聞燕師起，時鄉人趙次進爲無錫縣丞，華以妻託之，馳至東平，力疾戰，城破，不屈死之，年甫三十，諡貞壯。

國朝獻徵錄96/37忠節錄傳

革朝遺忠錄下/19下

遜國正氣紀4/13

皇明表忠紀4/9下

吾學編56/33下

明史列傳20/8下

明史142/10

鄭寬，江西樂平人。登景泰二年進士，官御史，劾曹吉祥違法，謫知衡山縣，有善政。天順間擢知衡州卒。

水東日記17/4下

明史162/21下

鄭智字居貞，浙江寧海人。力學好古，工文詞。建文初從方孝孺至京，舉賢良，授御史職，靖難後坐方黨死，戍其族。

遜國正氣紀3/9

鄭傑（1469—1530）字伯興，襄陽人。正德六年進士，累官南京大理寺丞，卒年六

【十五劃】鄭

十二。

鹿門鄭公撫壽序（涇野先生文集6/16）

鄭復言，浙江鄞縣人。永樂四年進士，選庶吉士，預修永樂大典，作應制賦稱旨，授禮部主事，終太僕少卿。

送南京太僕寺少卿鄭君序（芳洲文集3/29）

鄭欽字堯卿，號蘭石，直隸涇縣人。嘉靖四十一年進士，由太常寺博士選戶科給事中，歷刑部郎中，仕至應天府尹，以疾告歸，尋卒。

掖垣人鑑14/49

鄭舜臣號龍坡，桂林人。嘉靖三十五年進士，授歙縣令，官至柳州知府，卒年七十八。

鄭公墓誌銘（朱文懿公文集9/62）

朝獻徵錄101/90鄭舜臣自叙

鄭雍言，一作永言，浙江鄞人，復言弟。永樂十三年進士，改庶吉士，授中書舍人。文詞典雅，作字亦端楷嚴密，甚類其人。陞河南按察僉事，宣宗立，留直文華殿，日備顧問，擢太常少卿，景泰元年卒。

國朝獻徵錄70/68實錄本傳

鄭裕字有容，四川內江人。弘治十五年進士，由行人選戶科給事中，累陞南京尙寶司卿，仕終鴻臚寺卿。

掖垣人鑑12/8/下

鄭瑞字孟祥，浙江西安縣人，著籍順天大興。景泰五年進士，官工科給事中。

掖垣人鑑9/27下

鄭達字叔通，廣濟人，後籍襄陽。宣德十年舉人，入太學，選授知盩厔縣，開渠溉田千頃，秦民賴之。秩滿，會崑山大饑，詔加達六品俸往蒞之。始至，殍羸載道，達設粥賑饑，疫作，徧給醫藥，全活百萬人。天順二年卒於官。

吳郡張大復先生明人列傳稿×/2

鄭潛字叔度，浦陽人，濂從子。除蜀王府教授，賜號醇翁，遷長史致仕。有鳳鳴集。

本朝分省人物考52/29

妻洪媛（1344—1370）字子姬。

洪氏墓銘（遜志齋集22/527）

皇明書45/16下

鄭敬（1413—1470）字德聚，東莞人。少明敏力學。正統七年進士，授南臺監察御史，廉介自持，曹無滯牒。陞江西按察司僉事，改雲南，及去任，土酋循古習，餽以兼金異貨，峻拒不受。以山東副使致仕歸，年五十八卒，卒之日，貧無以爲斂。

鄭公墓表（異川祁先生文集15/5）

國朝獻徵錄95/60黃佐撰傳

鄭鼎字爾調，龍溪人。萬曆舉人，爲廣順知州，土酋安邦彥反，罵賊不屈死。贈按察僉事。

明史290/13

鄭遇春，濠人。與兄遇霖俱以勇力聞，太祖下滁州，俱來歸。遇霖戰死蕪湖，遇春領其衆，所部驍果，累戰功多，授左翼元帥。從平陳友諒，身先士卒，未嘗言功。洪武中進同知大都督府事，封滎陽侯。洪武廿三年坐胡惟庸黨死。

皇明功臣封爵考6/20

吾學編18/33

名山藏41/11

明史列傳8/15下

明史131/14下

鄭滿字守謙，慈谿人。弘治舉人，主教山東臨淸，歷官道州、濮州知州。有勉齋遺稿。

送鄭守謙之任道州序（東泉文集1/19）

明濮州知府鄭公遺像（獨學廬三稿3/1）

鄭濮州遺像贊（聚恵言茗柯文補編上/19）

鄭誠（1390—1438）字文實，南城人。永樂中以國子生選擢吏部司務，端愼勤謹，歷遷文選員外郎、郎中，掌選精密，宣德初陞本部右侍郎。正統三年卒，年四十九。

鄭君墓誌銘（楊文敏公集23/15，國朝獻徵錄26/7，皇明名臣琬琰錄23/12下）

兄鄭□，字文著。

送鄭文著還盱江詩序（楊文敏公集11/20下）

鄭寧字志道，號靜齋，河南祥符人。正統七進士，授刑部湖廣司主事，屢遷至山西司郎中。寧在刑部日久，以淸廉自持。天順間超擢四川布政使，官至左僉都御史，巡撫宣府，移撫大同，以老乞歸。弘治元年卒。

國朝獻徵錄63/14李濂撰鄭公傳

鄭榦字叔恭，金華人。受學於宋濂，以薦召授湖廣道監察御史，奏罷採珠之役，永樂十二年致仕。

送鄭叔恭致仕還金華詩序(頤菴文集4/67下)

鄭夢眉字譽瞻，號畏庵，金溪人。崇禎間官南部知縣，流賊張獻忠陷城，死難。

明史295/12下

鄭鄤(1594--1639)字謙止，號峚陽，武進人。天啓二年進士，改庶吉士。崇禎中爲溫體仁所構，誣以杖母不孝，十二年磔於市、年四十六。鄤於詔獄中作峚陽草堂說書，授其子珏，皆提倡心學之談。有峚陽集。

天山自訂年譜一卷（鄭鄤撰、明崇禎刻本，又常州先哲遺書第一集後編）

鄭鄤事蹟五卷（淸湯狷石撰、古學彙刊本）

鄭維垣字用文，慈谿人。永樂十三年進士，出知交阯南淸州，卒於官。

明史164/4

鄭銘字景彝，浦江人。從吳萊學，通春秋三傳，與金華胡翰晝夜相摩切，長古文辭。事母孝，飲食必愼擇以進。母嗜鰇魚，雖卒不可得，必徧求之，以悅其意。銘重然諾，不苟於取與，喜濟人急，人稱之惠人云。

鄭景彝傳（宋學士文集61/454）

鄭慶雲（1492--1538）字舜祥，號劍溪，南平人。正德九年進士，授潛山令，改南昌，擢南京禮科給事中，引疾歸卒，年四十七。

鄭君墓誌銘（世經堂集15/9下，國朝獻徵錄80/128）

鄭嵩字天民，廣東海陽人。成化十七年進士，除吏科給事中，弘治五年卒于官。

掖垣人鑑10/29

鄭履淳字叔初，一作伯寅，海鹽人，曉子。嘉靖四十一年進士，除刑部主事，遷尙寶丞。隆慶間言事忤旨，受杖繫獄，得釋爲民。神宗立，起光祿少卿卒。嘗編其父鄭端簡年譜，著有衡門集。

明史215/10下

鄭賜字彥嘉，建寧人。洪武十八年進士，授監察御史，遷湖廣右參議，改北平，事成祖甚謹。累官工部尙書，督河南兵扼燕。成祖入京，或訐賜罪，釋不問。調刑部，尋改禮部。賜爲人頗和厚，然不識大體，帝頗輕之，永樂六年以憂悸卒，諡文安。

鄭公神道碑銘（胡廣撰、國朝獻徵錄33/13）

革朝遺忠錄附錄/6下

皇明世說新語4/10下

名山藏臣林記6/5

明史列傳28/3下

明史151/5

鄭濂字仲德，別號釆苓子，浦江人。其家累世同居，稱爲義門。洪武初以賦長詣京，召見，問治家長久之道，以謹守祖訓不聽婦言對，帝稱善，欲官之，以老辭。會坐事當逮，從弟洧慷慨詣吏誣服代死，洪武二十六年卒。

鄭處士墓碣（遜志齋集22/511）

皇明世說新語1/1下

名山藏97/2下

明史296/10

鄭遵謙字履恭，會稽人。爲諸生，潞王以杭州降淸，遵謙倡衆起兵事魯王，從王航海，與熊汝霖並爲鄭彩所害。

明史276/25下

鄭璵字煥文，永嘉人。歷官泰和知縣，擢監察御史。

送鄭知縣之泰和序（王文端公文集18/23下）

鄭璛，武進人，觀從子。天順元年進士，知武定州，陞山東參議，乞休歸，淸約如寒士。

毘陵人品記7/3下

鄭曉（1499--1566）字窒甫，號淡泉，海鹽人。嘉靖二年進士，授職方主事，日披故牘，盡知天下阨塞士馬虛實強弱之屬。尙書金獻民屬撰九邊圖志，人爭傳寫之。以兵部侍郎總督漕運。禦倭有功，官至兵部尚書。爲嚴嵩所惡，落職歸，卒年六十八，謚端簡。曉通經術，習國家典故，時望蔚然。有禹貢圖說、吾學編、端簡文集、古言、今言等。

贈鄭窒甫序（歐陽南野文集7/4）
鄭公墓誌銘（世經堂集18/20下）
祭司寇淡泉鄭公文（同上21/19）
鄭端簡公年譜七卷（鄭履淳撰、萬曆三十五年刊本）
重刻鄭端簡公今言序（薛文介公文集1/5）
國朝獻徵錄45/43戚元佐撰傳，又45/46下引維風編
檇李往哲列傳×/30
皇明世說新語2/8，2/18下，7/29，8/8，8/35
明史列傳63/27
明史199/18

鄭紀（1428—1516）初字湘之，更字庶甫，號聽菴，蘭谿人。自幼力學，博綜子史，登成化十一年進士第，任靖江令，政尚平易，務以德敎化民。母喪歸，遂不復出，卒年八十九。有聽菴稿。

聽菴鄭君墓誌銘（楓山章先生文集5/39下）
聽菴先生傳（漁石集3/9下，國朝獻徵錄83/86）

鄭濟，浦江人，濂弟。嘗學於宋濂，有文行。洪武中以東宮官屬久曠，命廷臣舉孝弟敦行者，特擢濟爲奉議大夫、左春坊左庶子，致仕卒。

皇明世說新語1/1下，1/21下
明史296/11下

鄭濬（1469—1531）字克明，號峰西，閩縣人。弘治十五年進士，授知永豐縣，擢戶部主事，官終敘州知府。卒年六十三。

鄭公墓誌銘（雲岡公文集5/23下）

鄭燭字景明，號遠齋，歙縣人。以貢入太學，卒業後復閉戶潛修六年。後授河間府通判，移辰州府，以父喪哀毀卒，年六十六。燭有學行，士多歸之，聲著於時。

鄭景明先生傳（太函集27/17下）

鄭環（1422—1482）字瑤夫，號栗菴，仁和人。天順四年進士，累官太常少卿，廉介正直，不妄取與。及家居，足跡不踐公府，卒年六十一。有栗菴遺稿。

送修撰鄭君歸省詩序（彭文思公文集3/26下）
送太常鄭先生之南京詩序（懷麓堂文稿4/2）
鄭公神道碑（楊文懿公金坡稿4/16下）
祭太常鄭少卿（王文恪公集31/20）
栗菴遺稿序（何文定公遺集5/14）
國朝獻徵錄70/70貢錄本傳

鄭韺字汝明，石康人。天順中母謝氏爲流賊所掠，時韺年十六，挺身入賊壘，紿以身代母，歸取金贖，賊拘韺而釋其母，韺及脫母，言笑自若，賊知其詐，遂害之。

明史297/3

鄭禮字仲禮，寶應人。永樂四年貢入禮部，成祖親試其文以爲優，擢工部主事，宣德中陞戶部郎中，監稅蘇松常三府，盡除撥運加耗等雜費，民稱之。三府糧長私以八百金爲壽禮，叱去之，其廉能如此。

明代寶應人物志×/5下

鄭寶字時珍，莆田人。成化舉人，官鬱林州同知，攝北流縣事，賊李通寶攻縣，寶率兵與戰，被創死。子圭馳救，亦死焉。

明史289/18下

鄭繼之字伯孝，襄陽人。嘉靖四十四年進士，除知餘干縣，萬曆中累官至吏部尚書。是時言路持權，有齊楚浙三黨，大僚進退，惟其喜怒。繼之夙負清望，及秉銓政，既耄而憒，乃一聽楚黨指使，論者短之。以老累疏乞去卒。

太宰鄭公壽序（大泌山房集28/1）
明史225/13下

弟鄭緝之

孝子鄭緝之傳（太函副墨11/23）

鄭瓘字溫卿，蘭谿人，紀子。弘治三年登進士，任鄒平知縣，改長洲，遇事英發，言論過激，與時不諧，陞楚雄通判，致仕。有道德陰符經正解，儀禮纂通、蛙鳴集。

天海別意詩序（未軒公文集2/47）

鄭瓛（1471—1529）字信卿，號思齋，江寧人。弘治十二年進士，由刑部郎中出知南昌府。宸濠反，械繫之，尋得脫，奪馬潰圍，馳赴贛撫王守仁，備陳賊勢，守仁使爲巡徼，俘賊三十餘人。宸濠平，擢山東鹽運使。卒於官，年五十九。

鄭君墓誌銘（紫峯文集44/10下，國朝獻徵錄104/37）

鄭觀（1390—1471）初字尚賓，改字允巽，武進人。宣德中以儒士薦擧，歷監察御史，仕終廣西僉事，景泰元年致仕，年八十二卒。觀性剛方，識量宏遠，風尚簡素，樂於濟貧。

鄭公墓碑（王㒜撰、皇明名臣琬琰錄后9/13下，國朝獻徵錄101/57）

毘陵人品記7/3下

褚

褚國祥字徵興，武進人。萬曆八年進士，令寧化，調浦城，清操自守，會失上官意遷吳興丞，以母老乞養歸。後補兗州，治河曹，南河大決，行河使者委咎於丞，遂棄官歸。

毘陵人品記10/22

褚順（1538—1584）字子安，號太朴，祥符人。萬曆二年進士，授渭南知縣，擢御史，卒於官，年四十七。

太朴褚君墓志銘（溉塾堂文集14/1）

父褚僊孫（1512—1577）字雨光，號浮山，蔡州通判。

浮山褚公墓志銘（溉塾堂文集13/1）

同鄉會祭褚通府浮山文（溉塾堂文集17/12下）

褚鈇（1533—1600）字民威，號愛所，山西楡次人。嘉靖四十四年進士，授河間令，擢御史，累官至戶部尚書致仕。卒年六十八。

贈大司空愛所褚老先生得請還里序（楊復所家藏文集2/55）

褚公神道碑（快獨集11/16）

重修志道書院置田供贍碑記（仰節堂集4/27）

母秦氏

壽褚太夫人八十敘（溉塾堂文集8/12下）

褚鏞（1474—1522）字宣玉，號文川居士，涇陽人。性至孝，母病，求糞嘗之。比沒，哀毀踰禮，旣葬，廬墓三年。正德中鄉擧，未仕卒，年四十九。

褚孝子墓志銘（谿田文集5/177下）

談

談修字思永，號信余，無錫人，愷從子。著有惠山古今考，又掇取先進言行，及近代風俗澆薄，可爲鑒戒者，成避暑漫筆一書。

避暑漫筆序（愼修堂集8/8）

壽錫山大學信余談君七袠序（愼修堂集13/17下）

談倫（1430—1504）字本彝，上海人。天順元年進士，授禮部主事，晉郎中，歷應天、順天府尹，遷工部右侍郞，罷歸卒，年七十五。

談公墓誌銘（王文恪公集28/4，國朝獻徵錄51/17）

先進舊聞（賓日堂初集22/41）

談詔（1451—1502）字朝宣，號遺槐，上海人。成化十七年進士，授刑部主事，再遷郎中，官至山東按察副使。卒年五十二。有遺槐詩集，唐錦曾序刻之，今不傳。

談公行狀（龍江集13/1）

談愷（1503—1568）字守教，號十山，無錫人。嘉靖五年進士，授戶部主事，累官副都御史，巡撫南贛汀漳。贛賊李文彪，海寇徐璧溪，攻陷濱海城邑，愷至，開誠布信，遂降文彪，平璧溪。拜兵部右侍郞，移鎭兩廣，討平峒寇，擒勦大羅山賊，以功加右都御史，致仕歸，卒年六十六。有孫武子注，虔臺續志、平粵錄及奏議文集等。

談公墓誌銘（李文定公貽安堂集7/21下，國朝獻徵錄58/36）

子談志伊字思重，官中軍督府經歷。

談君墓誌銘（松石齋集19/21下）

談綽字公綽，無錫人。性鯁直，嘗客松江。洪武間以人材擧督賦，蘇郡守餽百金，綽拒之曰，太守不知我耶，守爲愧服其介。

毘陵人品記6/5

談綱字憲章，無錫人。舉成化五年進士，授南京刑部主事，出守廣信，移萊州，敦尙教化。每暇輒詣學集諸生講經論史，竟日不倦，念母老引疾歸。性嗜書，老不釋卷，著有祠堂考及愚慮草，多獨得之見。

毘陵人品記7/19

談遷（1594--1657）字孺木，海寧人。明季諸生，國變後，隱居不出，年六十四卒。遷好審古今治亂，尤熟於歷代典故，著有國榷、棗林集、北遊錄、西遊錄、棗林雜俎、棗林外索、海昌外志等。

談孺木墓表（南雷文案8/8）

談縉字朝章，無錫人。早歲卽厭章句，留心聖賢之學。謂不離言動倫物者，是兢兢實力焉。著有荷橋子皆篤實力行語也。

毘陵人品記8/18下

厲

厲汝進字子修，號文峰，灤州人。嘉靖十七年進士，授池州府推官，累遷吏科都給事中，上書劾兩淮副使張祿，遣使入都，廣通結納。詞連嚴世蕃，帝怒，廷杖八十，謫雲南典史，尋奪職。隆慶初起故官，未至京卒，年五十九。

國朝獻徵錄80/25州志傳

掖垣人鑑13/48下

明史210/8

厲昇字文振，號雪菴，無錫人。性狷介，以歲貢入國子監，授青田知縣，公廉愛民，致仕歸，民立祠祀之。有雪菴集。

厲青田傳（容春堂前集15/9下，國朝獻徵錄85/71）

毘陵人品記7/8下

名山藏臣林記12/35下

歐

歐大任（1516--1595）字楨伯，順德人。讀書績言，確有元本，嘉靖時以貢生歷官國子博士，終南京工部郎中，王世貞品爲廣五子之一，年八十卒。有虞部集。

歐虞部楨伯歸嶺南詩卷序（弇州山人續稿47/13）

浮淮集序（弇州山人四部稿66/3下）

軺中集序（太函集21/9下，又太函副墨4/28）

秣陵集序（余學士集10/7）

明史287/5下

歐信，嗣世職金吾右衞指揮使。景泰間以廣東破賊功，擢都指揮同知，累功爲廣西總兵官。已而鎭守遼東，巡撫陳鉞貪功，信不能違，爲巡按所劾，鐫一官閒住，飲恨而卒。

明史列傳45/10

明史174/9下

歐信字孚先，薊州人。成化二十年進士，授戶部主事，累官吏部郎中，擢浙江左參政。後以右副都御史，巡撫大同，選將訓兵，淙理屯牧，修廢舉墜，未逾年而卒。信才足集事，時稱能吏。

送歐大參赴浙藩序（容春堂前集14/12下）

國朝獻徵錄61/22實錄本傳

歐陽一敬字司直，號栢菴，江西彭澤人。嘉靖三十八年進士，由蕭山知縣授刑科給事中。自嚴嵩敗，言官爭發憤論事，一敬尤敢言。嘗劾高拱威制朝紳，專柄擅國。已陳兵政八事，皆議行，擢太常少卿。拱再起柄政，一敬懼，卽日告歸，半道以憂死。

慶給諫歐陽栢菴榮恩省親序（浣所李公文集4/17下）

掖垣人鑑14/45

明史215/2下

歐陽必進（1491--1567）字任夫，號約菴，安福人。正德十二年進士，授禮部主事，歷浙江布政使、兩廣總督、兩京都御史，官至吏部尙書，致仕卒，年七十七。有白雲山稿。

賀大中丞歐陽公約菴先生平黎序（甘泉先生續編大全1/24）

賀約菴歐陽公晉南京右都御史序（敬所王先生集3/11）

紀歐陽公白雲精舍記（甘泉先生續編大全5/22下）

田州歐陽公生祠記（同上5/24下）

歐陽公行狀（劉瑒撰、國朝獻徵錄25/47）

歐陽旦字子相，安福人。成化十七年進士，授休寧知縣，擢御史，請逐劉吉，罷皇莊，不聽。旦醇謹有文學，在湖廣、浙江提督學政時，以寬厚得士心。累遷應天府尹，晉南京右副都御史，正德十年卒。

祭郡憲歐陽公子相文（整菴先生存稿15/6）
國朝獻徵錄64/60實錄本傳
明史列傳55/13
明史180/25下

歐陽聿修，名不詳，聿修其字。始爲茶陵令，永樂初以薦入爲大理評事，擢監察御史，歷知廬州、長沙府。

贈歐陽太守之長沙序（金文靖公集7/23）

歐陽東鳳字千仞，潛江人。年十四，父喪，哀毀骨立。母病嘔，跪而食之。舉於鄉，縣令憫其貧，遺以田二百畝，謝不受。舉萬曆十七年進士，除興化知縣，累遷潁州兵備副使，並有政績。著有晉陵先賢傳。

毘陵歐陽守紀略（高子遺書105/67）
歐陽千仭史論序（幾亭文錄1/41下）
歐魏列傳（章氏遺書26/24）
明史列傳85/6
明史231/5

歐陽和（1387--1428）字允和，泰和人，賢弟。永樂十年進士，授監察御史，遇事必析以理，不苟爲輕重。洪熙中陞雲南按察副使。宣德三年奔父喪歸，卒于道，年四十二。

歐陽君墓誌銘（王文端公文集30/25）

歐陽洙字廣洙，泰和人，哲從弟。永樂廿二年進士，擢監察御史，累官四川副使。

送歐陽副使之任四川按察司序（芳洲文集4/9下）

父歐陽正（1375--1430）字永端。

歐陽永端墓表（諡忠文古廉文集9/5）

歐陽恂字誠之，安福人。弘治十五年進士，正德末知常德府，性鯁直，政尚簡易，治行稱最。

送歐陽誠之出守肇慶序（整菴先生存稿5/16）

歐陽重（1483--1553）字子重，號三崖，廬陵人。正德三年進士，授刑部主事，劉瑾竊柄，百官讋事之，重獨不顧。張銳、錢寧掌廠衞，連構縉紳獄，重皆力與之爭。累擢右僉都御史，巡撫應天，會尋甸反，改巡雲南，討平叛蠻，諸所設施，民咸稱便。劾黔國公沐紹勛與鎮守中官杜唐，爲所構，遂罷歸，卒年七十一。

榮壽詩序（費文憲公摘稿12/10下）
歐陽公墓志銘（石蓮洞羅先生文集22/20）
皇明世說新語5/12下，5/16
明史列傳71/19下
明史203/17下

歐陽席（1481--1543）字崇珍，號西洲，泰和人，鐸從弟。正德三年進士，歷南工部郎、四川按察僉事、雲南副使，擢陝西苑馬寺卿，嘉靖廿二年卒，年六十三。

西洲先生墓誌銘（歐陽南野文集25/1）

歐陽柏（1531--1605）字惟承，號茂野，湖廣潛江人。隆慶二年進士，由浙江義烏知縣選刑科給事中，累遷福建左參議、雲南副使，免官歸卒，年七十五。

歐陽公墓志銘（大泌山房集80/18）
祭歐陽憲副（大泌山房集116/16）
掖垣人鑑15/22下

妻劉氏，卒年四十六。

劉孺人墓誌銘（二酉園續集18/3）

歐陽哲字廣哲，泰和人。永樂十九年進士，僉事浙江，洗冤誣之獄，民生祀之。歷官四十年，以清介著，人稱爲介翁。

蜀江歐陽氏族譜序（東里文集5/17下）

歐陽深，南安人。國子生，少習技擊，任俠好義，能急人之窮，嘉靖中倭犯泉州，深受檄勒甲士守城，屢敗賊，後復討平南安賊林耿等，以功授都指揮僉事，戍泉漳。倭入閩，破興化，深距敵，戰沒。

歐陽將軍誄有序（太函副墨21/8）

歐陽瑜字汝重，泰和人。從王守仁學，舉於鄉，不就會試。曰，老親在，三公不與易也。母沒，廬墓側，虎環墓而嗥，不爲動。後爲通州學正，歷官四川參議，所至有廉惠聲。

明史283/16下

歐陽塾，號横溪，泰和人，詰子。嘉靖五年進士，歷禮部郎中，累擢南京工部侍郎，丁憂歸。

贈少司空横溪歐先生考績北上序（存笥稿4/20）

歐陽詰（1466-- ）字賜之，號飭菴，泰和人。弘治十五年進士，歷南京吏部郎中，出知金華府，有惠政，民爲立去思碑。調漢陽府，官至山東都轉運使。

送太守歐陽君之任序（整菴先生存稿6/6下）

族父飭菴先生八十（歐陽南野文集20/26）

歐陽韶字子韶，永新人。洪武初授御史，嘗入侍，帝甚怒，將戮人，他御史不前，韶趨跪庭下，倉卒不能措詞，急捧手加額呼曰，陛下不可。帝察其樸誠，爲霽威，尋致仕卒，

皇明世說新語3/2下

明史列傳16/7

明史139/3下

歐陽銘字日新，一字仲元，泰和人。元至正十六年舉人。太祖定鼎金陵，江西內附，詔求賢才，銘以薦，除江都丞，遷知臨淄縣，邑大治。秩滿，洪武四年入覲卒。

歐陽府君傳（王文端公文集38/2下）

書歐陽臨淄傳後（東里文集11/16下）

明史列傳18/12

明史140/7下

歐陽賢（1368--1422）字允賢，泰和人。洪武二十三年舉人，授嚴州教授，父被誣當戍邊，賢與兄陳情願以家人代戍，使父得終養，帝憐其孝許之，時人稱譽。調興化教授，陞國子助教，永樂廿年卒，五十五。

歐陽先生墓誌銘（王文端公文集30/19）

歐陽允賢墓表（東里文集15/6下，國朝獻徵錄74/30）

父歐陽琳（1334--1427）字覲民。

歐陽公覲民墓誌銘（王文端公文集32/15下）

歐陽德（1496--1554）字崇一，號南野，泰和人。從王守仁學。嘉靖二年進士，歷刑部員外郎，以學行改編修，累遷禮部尚書。與徐階、聶豹、程文德並以宿學居顯位，集四方名士於靈濟宮，與論良知之學，赴者五千人。德遇事侃侃持正，其學務眞知實踐，引掖後進，如恐不及，年五十九卒，謚文莊。有歐陽南野集。

贈南野歐陽子考績序（涇野先生文集10/18下）

贈南野歐陽子陞太僕少卿序（涇野先生文集12/6下）

歐陽公墓誌銘（雙江聶先生文集6/10下）

歐公神道碑（世經堂集19/32，國朝獻徵錄34/15）

勅建文莊歐陽公祠堂碑（李文定公貽安堂集9/1，國朝獻徵錄34/19）

祭歐陽南野宗伯文（龍津原集5/39）

祭歐陽南野先生文（敬所王先生集18/9）

祭歐陽南野尚書文（潘笠江集11/20）

南野先生文集序（敬所王先生集1/22）

歐陽文莊公年譜序（鄒子願學集4/33下）

皇明書43/21

名山藏80/17下

明史283/15

明儒學案17/1

父歐陽□（1460--1539），號巖溪。

歐陽公神道碑銘（世經堂集19/25）

歐陽先生墓表（泉翁大全集64/9）

畜德發祥之碑（鈐山堂集33/12）

妻康氏

誥封歐陽母康太夫人七十壽序（龍津原集4/9下）

歐陽翀字時振，江西泰和人。成化二十三年進士，授兵部主事，再陞郎中，出知漢中府。

送歐陽君時振知漢中府序（費文憲公摘稿12/40）

歐陽鐸（1487--1544）字崇道，自號石江子，泰和人。正德三年進士，授行人，上書極論時政，歷延平知府，改福州，並以治行聞。累遷南京光祿卿，奏革太官珍羞諸署積弊六事，進右副都御史，巡撫應天十府。再擢南京吏部右侍郎，自陳去。鐸有文學，內行修潔，雖通顯不改其素，年五十八卒，

諡恭簡。有歐陽恭簡集。

贈延平郡守歐陽侯序（小山類藁12/2）

贈少司馬歐陽公奉召赴天官少宰敘（泉翁大全集24/13）

石江兄行狀（歐陽南野文集27/1）

歐公神道碑（王世貞撰、國朝獻徵錄26/40）

祭恭簡石江兄（歐陽南野文集28/26）

皇明書26/25

明史列傳71/13下

明史203/12下

歐陽顯宇字高鉉，桂陽人。以貢授巴陵教諭，署縣事。張獻忠攻城，顯宇死守，城破，罵賊不屈死。

明史294/13下

歐瑄（1436—1508）字庭璧，湖廣興寧人。成化八年進士，觀政工部，除南京刑部主事，再遷郎中。弘治元年擢廣西參議，改四川，提督建昌糧儲，兼管川南諸道，致仕卒，年七十三。

歐公墓誌銘（何文簡公集13/22）

祭外舅歐少參文（何文簡公集14/4下）

歐敬竹，武進人。不識字，舌短而好大言。無生產，寓城南弋橋，爲人修破扇。明末聞變，招鄰人飲酒與訣，自經死。

歐敬竹傳（文友文選3/29下）

歐賢字宗德，廣西蒼梧人。景泰二年進士，授行人，擢戶部員外郎，進郎中，遷兩淮都轉運使。

送都運使歐君赴官序（青谿漫稿17/18下）

歐磐，滁人，襲世職指揮使。成化中擢廣東都指揮僉事，屢勦蠻寇有功。弘治中進都督僉事，尋命佩平蠻將軍印，鎮守湖廣。磐爲將廉能得士，久鎮南邦，爲蠻人所畏服。

明史列傳45/18下

明史166/16下

慧

慧日，號東溟，天台賈氏子。習天台教，住上天竺寺，元順帝賜以慈光妙應普濟之號。洪武中召赴蔣山法會，奏對稱旨。以年老眉白，太祖呼以白眉而不名。卒年八十九。

大明高僧傳3/10

補續高僧傳5/2下

國朝獻徵錄118/75無名氏撰傳

慧定（1499—1574）字無盡，號南泉，潞安邵氏子。貌奇偉，力藝絕人，言行質直無文，故衆呼爲莽會首，聲震叢林。出家後於舊路嶺結茆聚以居，時盜賊蟠聚山中，官兵莫敢捕，定徒手與博鬪受傷，死而復甦，乃結軼死同志五十二人，假兵器，募糧草，投牒帥府，數日間一舉滅盡，從此安定，專供佛事。萬曆二年卒，年七十六。

補續高僧傳18/19下

慧林（1482—1557）字萬松，仁和人。初入法輪寺爲僧，後寓廣德禪林，依伏牛空幻叟，遂嗣其門。歸杭隱徑山，素通三藏，尤精於法華、圓覺、楞嚴等諸經，四方從學者甚衆。嘉靖三十六年卒，年七十六。

補續高僧傳5/8下

慧明字性原，號幻隱，黃巖項氏子。出徑山元叟門下，曾住鄞之五峰，遷金峨。洪武五年與滃季潭同奉詔入京，住天界寺，俄補金山。十一年升住靈隱，學徒坌集，宗道大振，卒年六十九。

補續高僧傳14/8

皇明名僧輯略×/52

慧進（1355—1436）字棲巖，號止翁，山西靈石宋氏子。幼失恃怙，入大雲寺落髮。成祖召對稱旨，賜紫衣命住天界寺，復隨駕之北京居海印寺，陞左覺義，總督海內高僧及文學儒士較大藏經，帝親製經序十三篇佛菩薩贊跋十二篇，由是受眷益厚，陞左闡教。正統元年示寂，年八十二。

補續高僧傳4/17下

慧曇字覺原，天台楊氏子。師會稽法果寺廣智禪師，太祖下金陵，謁於轅門，太祖嘉之，命主蔣山太平興國禪寺。洪武元年特授演梵善世利國崇教大禪師，統諸山釋教事。四年奉使西域，卒於途。

【十劃五】歐、慧

發原禪師遺衣塔銘（宋學士文集25/213，國朝獻徵錄118/29）
補續高僧傳14/19下

慧觀，別號息菴，宋胡銓之後。依青原盧白鏡公爲沙彌，博通文學。既長剃落遍游諸方，居蜀最久。正統初至北京，尊信者合力建一刹於城之東北隅居之，未幾坐脫去。有語錄一帙，楊士奇爲書其首。

補續高僧傳28/15

鞏

鞏永固字洪圖，宛平人。尚光宗女樂安公主。崇文雅，嘉與賢士大夫遊。崇禎末流寇陷城，公主柩尚在堂，永固以黃繩繫二女於柩前，縱火焚之，因大書身受國恩義不可辱八字，自刎而死。

鞏都尉傳（居業堂文集2/4下）
明史輯略紳志略勛戚
明史121/16

鄧

鄧子龍字武橋，豐城人。驍勇絕倫，嘉靖中應辟平江西賊。萬曆初從張元勳平巨盜賴元爵、陳金鶯、羅紹清等，累遷湖廣參將，討平麻陽靜州諸苗。緬甸犯雲南，詔移永昌，屢破賊衆，進副總兵。二十七年倭陷朝鮮，子龍督水軍爲前鋒，力戰死，年踰七十。子龍善書，喜吟詠，有橫戈集。

明史列傳88/24下
明史247/23

鄧山字繼申，四川內江人。天順八年進士，除戶科給事中，屢陞都給事。成化中歷陝西右參政，致仕卒。

掖垣人鑑10/3

鄧元錫（1529—1593）字汝極，號潛谷，南城人。年十七，即行社倉法以惠鄉人。游邑人羅汝芳門，又走吉安，學於諸先達。嘉靖三十四年擧於鄉，復從鄒守益、劉邦采諸儒論學。居家著述，踰三十年，數辭當道薦。萬曆二十一年徵授翰林待詔，有司敦促就道，將行而卒，年六十五，鄉人私諡文統先生。元錫之學，淵源於王守仁，而不盡宗其說，時心學盛行，謂學惟無覺，一覺無餘蘊，元錫力排之。著有五經繹、三禮編繹、函史、明書、潛學稿。

鄧先生行略（黃渾撰、國朝獻徵錄114/79）
祭鄧潛谷先生文（謝耳伯先生初集13/13）
函史序（瑞光閣文集2/33下）
名山藏96/9下
明史283/29下
明儒學案24/9

鄧公輔字良臣，仁和人。成化二十三年進士，授監察御史，屢官雲南按察副使。

賀監察御史鄧君考績序（羅文肅公集1/26）
又賀監察御史鄧君考績序（同上2/10下）
送副使鄧君之任雲南序（同上1/19下）

鄧以讚（1542—1599）字汝德，號定宇，新建人。隆慶五年進士，授編修。張居正柄國，以讜時有匡諫，不納，移疾歸。起中允，復以念母返。再起南京祭酒，至吏部右侍郎，再疏請建儲，且力斥三王並封之非，不報。居母憂，不勝喪，卒年五十八，諡文潔。以讚未第時，從王畿游，傳王守仁良知之學，躬行實踐，以淸介爲世所重。有文潔集、鄧定宇集。

秋遊記（張陽和先生不二齋文選4/19）
贈少宰定宇鄧公北上序（愼修堂集10/19）
鄧公墓銘（鄒子願學集6/5下）
祭鄧少宰公文（山居文稿9/14）
少宰定宇鄧公祭文（劉大司成集9/35）
奠定宇鄧先生文（鄒子願學集7/4）
鄧文潔先生集序（鄒子願學集4/38）
皇明世說新語2/10，5/13，5/32下
明史283/26
明儒學案21/1

母龔氏

祭鄧母龔太夫人文（李長卿集15/15下）

鄧汝相（1510—1589）字仲弼，號南溪，南豐人。嘉靖十三年擧人，知祁陽縣，以治最陞雲南賓州知州，謝病歸卒，年八十，有南溪集。

鄧先生墓誌銘（陳薦撰、鄧南溪集附錄）

鄧羽，南海人。洪武初爲靑陽令，後爲道士，常居武林，後隱武當山之南巖。永樂中不知所往，人以爲仙去。有觀物吟。

皇明世說新語5/27

鄧仲修，名不詳，以字行，臨川人。年十二入山學道，習縱閉陰陽，麾斥鬼物之法，歷試有奇驗。嘗提點溫州玄妙觀、及杭州龍翔宮。洪武初召至京，住持朝天宮，祈雷雨風雪，皆應，上甚寵異之。

鄧鍊師神谷碑（宋學士文集63/467下，國朝獻徵錄118/116）

鄧全悌，號惇五，廣西全州人。萬曆中歷福淸郡丞，累官福寧州海防副使，兼秦川守，有善政。

福寧州海防鄧公德政碑（蒼霞餘草1/8）

鄧玘，四川人。天啓初從軍，積功官守備，勇冠諸將。崇禎間累遷保定總兵官，進右都督。玘剿流寇，大小數百戰，所向克捷。以久戍觖望，恣其下淫掠，又不善馭軍，及戍樊城，其部將尅餉鼓噪，玘懼，越牆墮地死。

明史273/13下

鄧廷瓚（1430—1500）字宗器，巴陵人。景泰五年進士，授知淳安縣，有惠政。遷太僕丞，擢知貴州程番府，在任九年，治行大著。弘治初累遷右副都御史，巡撫貴州，有平苗功，進掌南院。尋提督兩廣軍務，兼巡撫，亦有聲績。十三年復召掌南院，未行卒，年七十一。贈太子少保，謚襄敏。廷瓚有雅量，待人不疑，世稱長者。其所設施，動中機宜，屢督軍務，出必成功。

鄧公神道碑銘（匏翁家藏集77/15下，國朝獻徵錄58/7）
徐氏海隅集外編41/12下
皇明獻實32/6下
吾學編46/4
聖朝名世考3/107
國琛集下/14
明史列傳43/25下
明史172/22

鄧定字子靜，閩縣人。永樂間隱居不仕，有耕隱集。

耕隱集序（西墅全集12/2）

鄧林，原名彝，又名觀善，字士齋，號退菴，新會人。洪武二十九年舉人，授貴縣教諭，考滿入京，預修永樂大典。尋出教南昌，遷吏部主事。宣德間以事忤旨，謫居杭州卒。林工詩古文辭，有退菴集、湖山游詠錄。

國朝獻徵錄26/107黃佐撰傳

鄧尙義（1492—1547）字以正，號東澤，一條桐坡，永興人。正德九年進士，授延平府推官，歷官南京太僕少卿，以病乞歸，卒年五十六。

鄧公暨配尹氏墓誌銘（紫園草6/17下）

鄧洪震，宣化人。隆慶初官兵部郎中，以地震上疏言事，帝納其言，尋以疾歸。萬曆改元，督撫交章論薦，不起。

明史215/5下

鄧庠（1447—1524）字宗周，號東溪，宜章人。成化八年進士，授行人，擢御史，歷兩廣布政使、南京右都御史，官至南戶部尙書，仕終蘇州巡撫，卒年七十八。有東溪稿。

鄧公墓誌銘（陽峯家藏集35/16下，國朝獻徵錄31/54）
南京戶部題名記（整菴先生存稿1/21下）

鄧思銘字建侯，南城人。諸生，聞北都陷，集其儕數十人爲庠兵，期朔望習射學技擊，請於有司，有司笑曰，庠可兵邪，衆志遂懈。思銘鬱鬱不得志，城陷，死之。

明史278/14下

鄧祖禹字又元，蘄水人。萬曆四十七年中舉武會試，授瀋陽守備。崇禎中積功至辰沅副總兵，攻賊土壁山，盡掩所獲爲己有。當事將劾之，請剿寇自贖，許之。討賊於應城，軍敗被執，不屈死。

啓禎野乘10/35
明史269/20

鄧起宗（1520—1605）字光甫，號海陽，江陵人。嘉靖卅四年舉于鄉，授太平令，調新蔡，歷南京刑部郎中，出知嚴州府，致仕歸，年八十六卒。

海陽鄧公暨配方宜人墓誌銘（睡菴文稿19/8下）

鄧原岳字汝高，號翠屏，閩縣人。萬曆二十年進士，授戶部主事，累遷湖廣按察司副使。工詩，有西樓集。

翠屏鄧公墓志銘（蒼霞續草10/27下）

鄧使君詩序（大泌山房集19/26下）

明史286/21

鄧眞字存誠，江夏人。幼穎異好學，登永樂九年進士，擢監察御史，蒞事通敏，讞獄詳明。陞山東按察使，轉左布政使，卒官。

務勤堂記（東里文集1/8）

明史列傳25/15

鄧嵩（1395—1451）字惟玉，號澹菴，武陵人。永樂廿二年進士，授兵科給事中，數上章論事，陞河間長蘆鹽運使，建議鹽課利害，多切時病，終兵部侍郎。卒年五十七。

送鹽運使鄧君復任序（尋樂習先生文集11/3下）

鄧公墓銘（劉鉉撰、國朝獻徵錄104/21）

掖垣人鑑7/7下

鄧渼字遠遊，號籥曲山人，江西新城人。萬曆廿六年進士，除浦江知縣，累官至僉都御史，巡撫順天。忤魏忠賢，謫戍貴州，崇禎初放還卒。有大旭山房、留夷館、南中、紅帠、芙蓉樓、瀫水諸集。

南中集序（大泌山房集20/12）

母吳氏

鄧母吳孺人壽序（大泌山房集39/42下）

鄧棨（1396—1449）字孟擴，南城人。永樂廿二年進士，授監察御史，巡按蘇松諸府，有能聲。將代去，父老詣闕乞留。後以楊士奇薦，遷陝西按察使，正統中入爲右副都御史，扈從北征，卒於土木之難，年五十四。諡襄敏。

贈按察使鄧君序（王文端公文集21/3下）

鄧君墓志銘（王文端公文集33/17）

鄧公神道碑銘（芳洲文集7/25，國朝獻徵錄55/6）

皇明書32/11

明史列傳39/5下

明史167/5下

鄧雲霄字玄度，東莞人。萬曆廿六年進士，除知長洲縣，累官至廣西參政。有冷邸小言、及百花洲、漱玉齋、浮湘、秋興、竹浪齋、解弢、鏡園諸集，父世厚，字惟坤，業商，卒年五十三。

鄧公墓誌銘（睡菴文稿16/21下）

鄧棟字少隆，號登菴，漢川人，著籍浙江臨海。嘉靖二十九年進士，由行人選禮科給事中，歷山東副使，官至山西行太僕寺卿致仕。有登菴詩集。

掖垣人鑑14/28下

鄧楚望字履卿，號東里，湖廣麻城人。嘉靖卅八年進士，由行人選禮科給事中，累遷浙江副使。隆慶元年以事降高淳縣丞，歷順德知府，萬曆二年免官。

掖垣人鑑14/44

鄧鼎字廷器，號居易，江西泰和人。成化二十年進士，出知鄧州，以外艱去任。服闋，改睢州，陞南京刑部員外郎，遷郎中，以不合乞歸。弘治十七年卒於家。

鄧君墓表（整菴先生存稿12/6）

鄧愈（1337—1377）本名友德，太祖賜今名，虹縣人。年十六，即以善戰稱，太祖起滁陽，愈來歸，累功官江西行省參政。陳友諒衆六十萬來攻，圍數百重，城壞三百餘丈，愈且築且戰，晝夜不解甲者三月，圍得解，徇江西，諸路悉下，以功進右丞。常遇春克襄陽，以愈爲湖廣行省平章，鎮襄陽，威惠甚著。吳元年召爲御史大夫。洪武初以定擴廓、何鎖南功，進右柱國，封衞國公。會吐番川藏梗剽貢使，愈以征西將軍討平之，還卒於途，年四十一。追封寧河王，諡武順。

鄧公神道碑（宋濂炎撰、國朝獻徵錄5/95，皇明名臣琬琰錄2/7下）

定遠王世家（弇州山人續稿81/17）

皇明獻實1/15
吾學編22/15
國琛集上/3
聖朝名世考1/13下
皇明功臣封爵考1/36
皇明書33/14
名山藏臣林記1/12下
名山藏41/7
明史列傳5/8下
明史126/8下

鄧戩，建文時爲都指揮，與都督吳傑等守眞定，燕王以計誘之，戩出師與燕兵遇於藁城，突入奮擊，矢下如雨，箭集王所建旗如蝟毛，擒殺甚衆。忽大風起，燕兵乘之，戩師大潰。遂被擒，繫獄憤卒。

遜國正氣紀6/25
遜國神會錄下/9下
皇明表忠記5/10下

鄧璋字禮方，號煙村，涿州人。成化二十三年進士，授南昌推官，屢擢大理寺丞，覆勘太監苗逵等功次，務絕知友賓客之請，停勒豪貴冒首功者九百餘人，時論快之。正德初以副都御史巡撫河南，蒞政嚴明，豪猾屛跡。官至南戶部尚書，致仕，嘉靖十年卒。

臨戎決勝圖序（何文簡公集10/31）
鄧公神道碑（桂洲集48/3下，又皇明名臣墓銘艮集79，國朝獻徵錄31/59）

鄧儀字文度，別號山人，無錫人。天才穎卓，初業博士，後棄之而爲古文詞詩賦，尤工臨池，得書家三昧，文名隆起，朝人交薦不就。事親至孝，安貧樂道終其身，萬曆五年卒，門人私謚爲貞樂先生。有鄧山人集傳世。

鄧山人墓誌銘（西林全集15/1）

鄧德純字誠之，號默齋，順德人。正德中嘗任南寧判官。有默齋文集。

鄧默齋文集序（甘泉先生續編大全1/11下）

鄧遷字世喬，號文巖，閩縣人。嘉靖七年舉人，官嘉興通判。工詩，有別駕集、山居存稿。

送鄧君文巖還鄉序（海石先生文集19/20）

鄧學詩字崇雅，號疾退子，江西西昌人。有孝行，元季寇起，母劉氏老病不能行，負之走避，數遇寇，刃之幾斃，後遇渠寇，詢知其儒者，憫之，始獲免。明初，以薦擧爲國陵稅課使，改平陽，持廉施寬，所入貨羨，視舊額數倍，以目疾致仕，卒年八十餘。

疾退子傳（東里文集22/8下）

鄧謙字少于，湖廣孝感人。崇禎元年進士，由京官出爲山東參政。崇禎十一年淸兵攻濟南，捍禦十晝夜，城陷遇害，母黃氏亦不食死，贈中憲大夫，謚忠毅。

啓禎野乘8/7
明史291/16下

鄧應仁字子榮，號容菴，南海人。成化十七年進士，弘治末應戶部郎中，出知南安府，政尙平恕，門無私謁。旣去，民思慕之，有繪像祀於家者。正德三年卒於家。

鄧公墓表（泉翁大全集62/8，國朝獻徵錄87/28）

鄧韍字文度，松江華亭人，流寓常熟。正德擧人，通經博古，嘗做呂成公大事記，論次古今得失，類成卷帙，曰，如有用我，執此以往，年八十八卒。

明常熟先賢事略13/10

鄧顒字伯昂，樂昌人。正統七年進士，知永豐縣，十三年鄧茂七反，顒率衆與戰，生俘賊將，遇伏被執，罵賊死。謚恭毅。

鄧公墓志銘（丘濬撰、國朝獻徵錄87/95）
明史172/13

鄧藩錫字晉伯，金壇人。崇禎七年進士，歷南兵部主事，十五年遷兗州知府。甫抵任，聞淸師入塞，亟勸魯王暫積儲以鼓士氣，不能從，城破，不屈死，贈太僕少卿。

啓禎野乘8/41
明史291/22

鄧繼曾字士魯，四川資縣人。正德十二年進士，累擢兵科給事中，數言事。世宗即位未久，漸疏大臣，政率內決，繼曾抗章極論。帝震怒，下詔獄掠治，謫金壇丞。官終徽州知府。

掖垣人鑑12/38下
明史列傳73/1
明史207/1下

鄧巖忠，江陵人。崇禎末由鄉舉爲衢州府提官，淸兵至，城破，自縊死。

明史276/6

鄧顯麒（1484—1528）字文瑞，號夢虹，奉新人。正德九年進士，授行人司副，時諸臣諫南巡，其疏稿爲顯麒所擬，再予廷杖，謫國子監學正。嘉靖初擢監察御史，卒年四十五。其子夷惠集前後奏疏爲夢虹奏議。

鄧君墓誌銘（方齋存稿8/12下）

撤

撤君錫字賓王，絳縣人。崇禎中爲荆州府訓導，李自成兵至，君錫正衣冠端坐明倫堂，罵賊死。

明史294/5下

樓

樓澄（1348—1433）字文淵，自鄞徙居吳。早從貝翔學，深於書，夏原吉與論水利，欲薦之，以疾辭。宣德八年卒，年八十六。有林皋鼓缶集。

樓公墓志銘（陳繼撰、吳下冢墓遺文3/30）
吳中人物志9/23

樓璉字士連，義烏人。嘗從宋濂學，洪武中歷任宜寧仁壽二縣主簿。建文初爲侍讀。成祖命方孝孺草登極詔，不屈死。改命璉，璉懼不敢辭。語妻子曰，我固甘死，正恐累汝輩耳，其夕自經死。

皇明獻實7/7
吾學編58/7
國琛集上/15
皇明世說新語5/22
遜國正氣紀5/28
遜國神會錄上/66下
皇明表忠紀3/31下
革朝遺忠錄下/8
明史列傳19/10
明史141/9

毋婁鑒（1294—1371）字靜嘉。

樓母婁氏墓版文（宋學士文集31/256）

樊

樊一蘅字君帶，宜賓人。萬曆四十七年進士，崇禎間累官楡林兵備參議，數挫賊，積功擢右僉都御史，巡撫寧夏，被劾罷歸。以薦起兵部右侍郎，總督川陝軍務，道阻命不達。福王立，申前命，時張獻忠已據全蜀，一蘅方避地遵義，乃檄諸郡舊將，會師大擧，連擊敗賊。孫可望等率殘卒南奔，驟陷綦江、遵義，王祥等復取保寧二郡，一蘅再駐江上，爲收復全蜀計。永明王拜一蘅戶兵二部尙書，而諸將各據州縣，號令不行，勢日孤，遂謝事避山中。尋遘疾死。

明史279/5下

樊士信，歷城人。洪武十八年進士，授兵部主事。建文間燕師起，士信督餉協擊，大敗北兵，諸將勒石記事。及燕師破徐，成祖見所樹碑，遣人按姓名收捕之，士信遂被逮死。

表忠祠記（徐氏海隅集文編9/25）
皇明表忠紀4/11下
遜國正氣記4/31

樊玉衡字玄之，號棠軒，黃岡人，玉衡弟。萬曆廿三年進士，知商城縣，以德化民，訟者多引去。中使採鑛至境，勢張甚，玉衡不爲動，調崑山乞歸。及卒，督學董其昌請諡曰孝介。

樊公傳（簡平子集10/25）
名臣諡議（公槐集5/38下）
吳郡張大復先生明人列傳稿×/9

樊玉衡字以齊，一字欽之，號友軒，黃岡人。萬曆十一年進士，歷廣信府推官，擢御史，性強直敢言。疏請皇長子出閣講學及三王不宜並封，神宗怒，謫戍雷州。長子鼎伏闕請代，不許。光宗立，起南京刑部主事，以太常少卿致仕，卒年七十六。嘗採古初至明代用智之事，著智品一書。

侍御友軒樊公六十序（媚眞草堂文集11/18下）

啓禎野乘4/1
明史列傳84/36下
明史233/15下

樊吉人，元城人。由進士知滋陽縣，崇禎十五年累擢山東兵備僉事，未行，清兵破城，自刎死。

明史291/23

樊良樞字尙默，號致虛，進賢人。萬曆卅二年進士，知仁和縣，歷刑曹，出爲雲南副使，改浙江。有樊致虛詩集。

題樊尙默二山草（寧澹齋全集2/27下）

樊英（1426—1487）字世傑，號默菴，臨潼人。景泰五年進士，授監察御史，凡所建白，皆切治體。石亨擅權，英劾之。成化中歷長蘆都轉運鹽使，仕終山西左參政，卒於官，年六十二。

樊公墓碑銘（懷麓堂文稿25/1，國朝獻徵錄97/27）

樊倣字一甫，號北萊，江西南昌人。嘉靖三十二年進士，由丹徒知縣選工科給事中，陞廣東提學僉事，調湖廣，隆慶四年罷歸。

掖垣人鑑14/40下

樊深字希淵，號西田，大同人。嘉靖十一年進士，由蘇州府推官選戶科給事中，累官通政使。會俺答薄都城，疏陳禦寇七事，詆仇鸞養寇要功，斥爲民。穆宗初復官，遷刑部左侍郎，罷歸卒。有西田語略。

掖垣人鑑13/37
明史207/20
父樊景時（1477—1538）字太和，號鶴峯。
樊公墓誌銘（雲岡公文集8/18下）

樊得仁字恕夫，號渭野，朝邑人。歷官河津知縣，進監察御史，擢四川參政。

送渭野樊公擢蜀藩少參序（端溪先生集2/22下）
觀風錄序（端溪先生集2/27）
父樊助，字功甫，號逸恬。
樊公墓表（苑洛集7/23）

樊冕字景瞻，山西榮河人，著籍錦衣衛。景泰二年進士，授戶科給事中，累陞禮科都給事中，遷河南右參政卒。

瑞菊頌有序（瓊臺詩文會稿重編22/21下）
掖垣人鑑6/6
皇明世說新語7/11

樊景麟字季仁，新繁人。嘉靖二年進士，授舞陽令，歷南工部郎中，出知漢陽府，綆介不阿，勤恤窮民，水壞城堵，令役計日措工，躬率隸役隨地斂石，轉運江岸，民頌其德。仕至雲南憲副，忤上官歸卒。

樊九岡知漢陽府（歐陽南野文集18/16）

樊凱字大振，安陽人。少給役至縣，縣令驚其狀貌，使學。成化初，選尙廣德公主，命統禁兵，日介冑升殿侍衛。正德中劉瑾用事，公卿以下莫不折節事之，而凱獨不屈，以是被譖罷侍衛職。

國朝獻徵錄4/16胤銑撰傳

樊敬字守一，鄆城人。洪武二十四年進士，初授春坊司諫，改行人，歷鴻臚寺卿、右通政，督餉征安南及沙漠，數有功。特命撫眞定，復以行軍司馬鎭濟寧，官終刑部左侍郎。

國朝獻徵錄46/8實錄本傳

樊敬，浙江縉雲人。儒士，歷任教職，永樂中以薦預修永樂大典，遂擢工科給事中，陞江西右參政。

送樊參政序（東里文集5/9下）
掖垣人鑑9/18

樊維城字紫蓋，黃岡人，玉衡子。萬曆四十七年進士，除海鹽知縣，遷禮部主事，坐事謫上林苑典簿。崇禎元年抗疏請誅魏忠賢，遷戶部主事，歷福建副使，以大計罷歸。十六年張獻忠破黃岡，罵賊不屈，刅洞胸而死。輯有鹽邑志林。

啓禎野乘10/30
明史233/16

樊瑩（1434—1508）字廷璧，常山人。天順八年進士，授行人，使蜀不受餽，土官作却金亭識之。擢御史，出知松江府，憂歸。起知平陽，薦擢河南按察使，鉤考田賦，積弊一淸，累遷南京刑部尙書，弘治十八年致仕。後爲劉瑾所誣奪官，正德三年卒，年七十五。瑾誅詔復官，贈太子少保，諡淸簡。瑩性誠慤，農月坐籃輿戴笠，令子孫舁行田間，曰非徒視稼，欲子習勞也。其後人率教，多愿朴力學者。

樊公行狀（顧淸撰、國朝徵獻錄48/32）
吾學編33/14下
聖朝名世考3/93
明史列傳56/24
明史186/22下

樊鵬字少南，信陽人。嘉靖五年進士，官至陝西按察僉事。嘗師何大復，爲詩文有聲稱，有樊氏集傳世。

樊子集後叙（趙浚谷文集3/46下）
母許氏
太宜人樊母許氏壽序（涇野先生文集9/34）

樊繼字景昭，句容人。正統中知興國州，廉介公平，有惠政，勸民喪葬用朱子家禮，民多化之。

國朝獻徵錄89/74陳鎬撰傳

樊獻科字文叔，號斗山，浙江縉雲人。嘉靖廿六年進士，授行人，擢御史，巡按福建。有旅游吟稿、山居吟稿。

送侍御斗山樊君北上序（石泉山房文集8/16下）
贈巡臺斗山樊公序（宗子相集13/65）

樊繼祖字孝甫，號雙邑，鄆城人，敬曾孫。正德六年進士，屢擢僉都御史，巡撫大同。西邊警聞，總制督戰有功。終工部尙書，謝政歸卒。有雲朔行稿、南園漫興。

撫平錄序（蘇門集5/20下）
子樊□，號鷽岡，官盧州知府致仕。
壽鷽岡樊郡守七十序（快獨集7/20）
孫樊□，號盤陽。
賀鷽岡公令器盤陽肄業辟雍序（快獨集8/17）

閻

閻潔字次淸，陝西人。弘治六年進士，爲劉瑾奴婿，瑾令督山東學政。

明史304/24下

蔚

蔚春字景元，合肥人。弘治六年進士，任兵科給事中，陳時政八事，邊務七事，咸見施行。擢福建參議，遷廣西參政，以鯁介爲忌者中傷，乞歸。

掖垣人鑑11/7下

蔚能字惟善，朝邑人。初爲吏，以能授光祿典簿，累進本寺卿。天順初拜禮部右侍郎，仍掌寺事，居光祿逾三十年，淸愼守法，未嘗私取一臠，先後官光祿者皆不及。

國朝獻徵錄71/29實錄本傳

蔚綬字文璽，合肥人。洪武中以明經授戶部主事，尋遷員外郞，著能聲，陞山西參政，永樂初召拜禮部侍郞，益勵勤恭。官至南京禮部尙書，宣德四年致仕。

贈禮部蔚尙書致仕序（金文靖公集7/5）

蔣

蔣子成，宜興人。善畫山水人物，傳彩精致，尤擅長水墨大士像。永樂間徵入京師，時以子成人物與趙廉、邊景昭翎毛爲禁中三絕。

圖繪寶鑑6/10

蔣士元（1523—1594）字君錫，號念山，宜興人。孝友淳篤，力行古道。嘉靖四十三年舉人，官兗州同知，有德政，祀名宦。卒年七十二。

蔣公墓碑銘（穀城山館文集25/16下）
毘陵人品記10/19下

蔣山卿字子雲，號南冷，儀眞人。正德九年進士，授工部主事，武宗南巡，以諫被謫。嘉靖初復起改刑部，歷守河南、潯州、南寧、官至廣西布政司參政。有南冷集。

十先生傳×/12下
明史189/17

蔣孔暘字君和，號悟菴，晉江人。正德九年進士，授知通州，有賢聲。累遷南京戶部郞中，督賦浙江，調刑部，罷歸卒。

蔣悟菴公墓誌銘（王愼中撰、國朝獻徵錄47/52）

蔣平階字大鴻，松江華亭人。諸生，工詩文，性豪偶，有古義俠風。晚精堪輿，言三元法者皆宗之。輯有東林始末。

蔣大鴻小傳一卷（清榮錫勳撰、地理辨正附刊本）

蔣弘憲字成甫，號笠澤，宜興人。士元子。萬曆十三年舉人，官戶部主事，榷關河西，多所興革，廉慎自持，商民德之，卒于官。

蔣公暨配湯安人行狀（靈護閣集6/20）

毗陵人品記10/19下

蔣以忠（1533—1589）字伯孝，號貞菴，更號存方，常熟人。隆慶二年進士，官至廣平知府，居官廉潔。擢福建副使，未任歸，卒年五十七。以忠負文名，有藝圃琳瑯、清權山人集。

蔣公墓誌銘（松石齋集19/12）

存方蔣君墓碑（天遠樓集13/16下）

蔣公墓表（大泌山房集103/18）

蔣用文（1351—1424）名武生，以字行，句容人。洪武中以精醫官太醫院使，每侍仁宗，隨事獻規。仁宗賜之第，固辭，僦居蕭寂以終，年七十四，諡恭靖。有靜學齋集。

贈太醫院判蔣用文序（東里文集7/24）

龍潭十景序（東里文集8/6下）

龍潭十景詩序（頤菴文集4/62下）

蔣氏族譜序（東里文集7/5）

太醫院使蔣公挽詩序（楊文敏公集13/5下）

蔣公墓表（東里文集16/20下，皇明名臣墓銘乾集46，國朝獻徵錄78/13）

國朝獻徵錄78/14下陳鎬撰別傳，又78/16陳繼撰傳

國琛集下/45

皇明世說新語1/23下

子蔣主孝，別號樵林居士。有務本齋詩集及樵林摘稿。

贈蔣主孝序（東里文集7/21下）

蔣守約（1381—1458）字德簡，宜興人。蚤失怙恃，鞠育於祖母，從法師陳坦然受業。永樂八年授太常寺贊，升協律郎，景泰三年屢官至禮部尚書，掌太常寺事。卒年七十八。

蔣公墓表（錢溥撰、皇明名臣墓銘坎集55）

蔣安字仁伯，常熟人，邑諸生。弟懋洪武中犯法，謫戍開平。安詣御史謂懋弱不任荷戈疆場，且老母所鍾念，祈代。御史義而許之。

明常熟先賢事略12/4

吳中人物志1/8

蔣同仁字公甫，武進人，容孫。正德九年進士，官寺正。嘉靖二年議大禮受杖幾死，久之陞參議。歸杜門却掃，後避居滆湖，雖親識不見其面。

毗陵人品記9/4

父蔣新民字守明，號沐齋。

蔣君墓誌銘（山堂萃稿15/1）

蔣先，山東沂州人。舉於鄉，永樂中由河南滎陽縣學教諭，陞吏科給事中，仕終行在尚寶司司丞。

掖垣人鑑4/17

蔣亨（1474—1528）字原貞，號爲齋，武進人。正德六年進士，授聞喜知縣，擢監察御史，陞河南按察僉事，忤時貴，遂謝事歸，以風節自持，其清白尤罕儷。卒年五十五。

蔣君墓誌銘（古菴毛先生集8/15）

毗陵人品記9/2

父蔣瀹（1450—1501）字朝美，號藏默。

蔣君暨配蔡氏行狀（古菴毛先生集5/10下）

母蔡氏（1451—1522）

壽同年蔣僉憲母七十序（瀹菴遺稿8/26下）

蔣良鼎字定卿，武進人，致遠子。萬曆十七年進士，四爲縣令，以清廉簡樸稱，所至見德，卒于官。

毗陵人品記10/9

蔣良輔，四川閬中人。洪武間舉人、由浙江杭州府學教授，遷禮科給事中，永樂間陞工科都給諫，調河南羅山知縣，仕終吉安知府。

掖垣人鑑9/2下

蔣欽（1507—1570）字養孚，號澄江，

餘姚人。嘉靖十七年進士，授兵部兵事，屢陞郎中，出知瑞安府，轉臨江，俱有政聲。致仕卒，年六十四。

蔣公墓表（王升撰、國朝獻徵錄87/58）

蔣廷貴（1442—1482）字原用，長洲人。才思敏捷，登成化十四年進士，知樂亭縣，有惠愛，事無不擧，以勞卒官，年四十一。

蔣原用墓誌銘（懷麓堂文稿27/9下）

蔣性中字用和，上海人。宣德二年進士，任行在兵科給事中，仕至江西右參議致仕。

先進舊聞（寶日堂初集22/16）

四友齋叢說16/2下，16/3

皇明世說新語1/15

掖垣人鑑7/7下

蔣孟育（1558—1619）字道力，號恬菴，漳州龍溪人。萬曆十七年進士，選庶吉士，授簡討，官終南京吏部侍郎，卒年六十二。有恬菴遺稿。

蔣公行狀（群玉樓集52/1）

同社祭蔣少宰文（群玉樓集56/1）

蔣明字奎章，崑山人。少孤力學，擧永樂二十一年鄉薦，授慈利縣教諭，方嚴有體。嘗奏請吳澄從祀文廟，學者爭師尊之。著有崑山志。

吳郡張大復先生明人列傳稿×/60

蔣佳徵灌陽人。天啓四年擧於鄉，崇禎中知盱眙縣有聲，縣故無城，佳徵知流賊必至，訓民爲兵。十年秋賊果來犯，設伏要害，殲賊甚衆，賊怒，環攻之，方戰死。贈尙寶少卿。

明史292/14下

蔣秉采字衷白，全州人。天啓擧人，知靈丘縣，崇禎間清兵攻靈丘，秉采募兵死守，力絀衆潰，投環死，闔門殉之。

明史291/12下

蔣若來字龍江，長洲人。幼貧流落無倚，投身行伍，驍勇多幹，歷陞遊擊守浦口，屢遷浙江總兵，以不善逢迎，致仕歸。清兵南下，與張國維等固守金華，三月城陷，令全家積薪自焚死，若來提刀巷戰經日，殺四十餘敵而後自刎死。

殉節傳（重編桐巷文稿×/31）

蔣昇（1450—1526）字誠之，號梅軒，全州人。成化二十三年進士，知南海縣，以卓異徵入朝。嘉靖初累官南京戶部尙書，數月，以老疾辭。弟冕亦以少傅致仕，相與優游林泉。昇天性純篤，不知世人機械事，莅官以廉明淸介稱。卒年七十七。

送蔣君誠之登第後歸覲詩序（費文憲公摘稿10/1）

賀司徒梅軒蔣君聯句引（同上20/46下）

送大司徒蔣公致仕還鄉序（整菴先生存稿7/3）

送南戶部尙書蔣先生致仕歸全州序（泉翁大全集17/6下）

蔣公墓記（湘皋集31/10，皇明名臣墓銘離集83）

國朝獻徵錄31/64無名氏撰蔣公傳

明史190/13下

父蔣良（1417—1474）字希玉，官河西知縣。

先君行實（湘皋集32/34）

先考墓前碑扁石陰記（湘皋集31/5下）

蔣君墓表（懷麓堂文後稿16/12）

母郭氏（1417—1461）

先妣郭氏墓記（湘皋集31/6）

繼母陳氏（1438—1507）

先母陳氏行狀（湘皋集32/29）

先母陳太儒人墓記（湘皋集31/8）

蔣母陳太孺人傳（費文憲公摘稿16/5下）

子蔣汝正

送蔣汝正入京序（息園存稿文3/12下）

蔣信，原名把臺，本蒙古人。永樂二十一年降明，授都督僉事，賜姓名。正統中封忠勇伯，從駕陷土木，也先使隸賽罕王帳下，信雖居塞外，志常在中國，每詣上皇所痛哭，擁衛備至。後從駕還，景泰五年卒，諡僖順。

吾學編19/50下

皇明功臣封爵考6/70下

明史列傳31/4

明史156/6

蔣信（1483—1559）字卿實，號道林，武陵人。師王守仁，嘉靖初貢入京師，復師湛若水。十一年舉進士，累官四川僉事，卻播州土官賄，置妖道士於法。遷貴州提學副使，踐履篤實，湖南學者宗其教，稱爲正學先生，年七十七卒。有道林諸集及蔣道林文粹。

贈蔣道林序（藝文類稿6/1）
贈道林蔣子序（黃潭先生文集1/20）
送蔣林道序（海石先生文集17/27）
別蔣道林序（潘笠江集8/5）
桃岡日錄序（馮少墟集13/21）
代壽蔣道林七十序（趙文肅公文集16/24下）
蔣道林先生祠堂記（萬文恭公摘集6/6）
蔣公行狀（柳東伯撰、國朝獻徵錄103/62）
徐氏海隅集外編40/14
明史列傳70/19下
明史283/7下
明儒學案28/2

蔣容字德夫，武進人。成化八年進士，知潞州，藩府軍校恣橫，容不少貸。王奏徵詣闕，潞民隨之，訟冤者二千餘人，得白，改潼川州，與中涓忤，謝官歸。

毘陵人品記8/1

蔣宮字伯雝，儀眞人。三歲喪母，哀痛如成人。五歲通諸經，善屬文，遭父喪，勺水不入口者三日，既葬，朝夕哭墓下。元末亂作，避地浙西，以薦授行樞密院句管。洪武初擢蘭陽縣丞，兵火之餘，興學崇禮，邑人化之。官滿朝京以疾卒。

國朝獻徵錄21/1無名氏撰蔣公傳

蔣益（1483—1523）字守謙，號裕泉，武進人，容子。正德六年進士，授工部主事，陞員外郎。嘉靖二年出知保寧府，未任卒。年四十一。

蔣守謙墓誌銘（古菴毛先生集7/20）

蔣致遠字汝靜，武進人。少淳篤，長益修飭，見二程書慨然有求道志。子弟雖貴顯，仍安貧樂道，平生以不忮不求爲守。自預知卒日，盥櫛危坐而逝。

毘陵人品記10/9

蔣恭字一菴，四川巴縣人，雲漢子。成化二十三年進士，正德十二年擢右副都御史，提督南京糧儲，官至南京工部右侍郎。

國朝列卿年表71/3
妻胡氏
明故淑人胡氏墓誌銘（東川劉文簡公集18/30下）

蔣銓（1487—1541）字汝潔，號雙橋，全州人。正德六年進士，授兵部主事，歷惠州知府，政先仁恕，訟獄者至不煩鞭朴，而皆得其情，累官工部右侍郎，卒年五十五。

蔣公墓誌銘（孫承恩撰、國朝獻徵錄51/54）
母伍氏
蔣母太安人六十壽誕序（泉翁大全集17/11）

蔣乾字子健，金陵人，嵩子。隱居吳之虹橋，因以爲號，畫山水過父，生平一介不苟，八十年如一日。

國朝獻徵錄115/97無名氏撰傳
姑蘇名賢小紀下/32

蔣貢字起中，直隸祁門人。嘉靖八年進士，任給事中。

掖垣人鑑3/26下

蔣紱字洪章，號無礙，常熟人。景泰五年進士，擢試御史。石亨有母喪，傾朝縞素往，紱獨吉服過其門。亨怒，黜知吉水，改光山。爲人氣高志洪，侘傺不遇，家居搜剔書史，工詩文，晚精醫術。有無礙集。

明常熟先賢事略14/1

蔣雲漢（1434—1506）字天章，號渝渚老人，四川巴縣人。天順元年進士，授戶部主事，屢遷福建興化知府，政尙簡要，務以惠民爲本。調雲南大理，官至福建布政使。卒年七十三。

蔣公行狀（東川劉文簡公集19/41下）
蔣公墓誌銘（楊廷和撰、國朝獻徵錄90/4）

蔣琬（1432—1486）字重器，江都人，貴孫。嗣爲侯，天順末佩平羌將軍印總兵甘肅。成化十三年帥京軍防秋大同宣府。陳機宜十餘事，皆報可。後佩將軍印出禦邊寇，寇退班師，加太保，兼太子太傅。年五十五卒，贈涼國公，諡敏毅。著有筠清軒集、奏議、雜文。

蔣公墓誌銘（篁墩程先生文集44/1）

明史列傳22/27下

明史155/15

蔣琳，錢塘人，驥子。以父蔭累官左副都御史，淸強驚銳，勇於立功。巡撫貴州，提督總兵軍馬，行事峻整。先是草塘夷叛，官軍屢挫，琳至，計須勦薙，而總兵以下難之，琳毅然主討，直抵巢穴，自是諸苗斂畏。後坐于謙黨論死。

贈蔣郎中序（王文端公文集23/13下）

蔣貴（1380—1449）字大富，江都人。以燕山衞卒從成祖起兵，雄偉多力，善騎射，從征交阯及沙漠，累遷都指揮僉事。宣德間以討平四川松潘夷功，陞至都督同知，守其地。正統元年晉右都督，討平西戎僞王阿台，封定西伯，鎭甘涼。後召還，充總兵官征麓川蠻，晉定西侯。貴起卒伍，不識字，天性樸實，忘己下人，與士卒同甘苦，臨陣輒身先之，故所向有功。十四年卒，年七十。贈涇國公，諡武勇。

蔣公神道碑（錢溥撰、國朝獻徵錄7/62，皇明名臣琬琰錄14/9）

國琛集上/30下

吾學編19/20

皇明功臣封爵考4/32

皇明書34/1

明史列傳22/25下

明史155/13

妻李氏（1382—1439）

李氏墓誌銘（楊文敏公集24/1）

蔣冕（1463—1533）字敬之，全州人，昇弟。成化二十三年舉進士，選庶吉士，授編修，正德間累官戶部尙書，時主昏政亂，冕持正不撓，有匡弼功。世宗初，朝政維新，而上下扞格彌甚，冕守之不移，爲首輔僅兩月，卒齟齬以去。論者謂有古大臣風，年七十一卒，諡文定。有湘皐集、瓊臺詩話。

送蔣生歸省詩序（瓊臺詩文會稿15/21下）

蔣冕敬之字辭有序（同上21/26下）

送甲辰蔣敬之省母序（北潭傅文毅公文集5/15）

送蔣敬之歸省序（羅文肅公集6/2下）

慈慶省迎詩序（羅文肅公集6/25）

慶少傅兼太子太傅敬所蔣公壽詩序（費文憲公摘稿14/14）

蔣氏槐廳記（容春堂集19/2下）

祭湖老蔣敬所（古菴毛先生集6/25）

祭敬所蔣公文（潘笠江集11/13下）

國朝獻徵錄15/88弇州別記蔣公傳

殿閣詞林紀2/27

嘉靖以來內閣首輔傳1/12

明史列傳62/3

明史190/13下

妻陳氏（1464—1492）

先妻陳氏墓記（湘皐集31/13）

繼妻陳氏（1475—1525）

繼妻陳氏墓記（湘皐集31/15）

蔣欽字子修，常熟人。弘治九年進士，授衞輝推官，徵擢南京御史。正德初以劾劉瑾杖繫獄，越三日，復上疏諫，再被杖。方欽屬草時，燈下微聞鬼聲，欽念疏上且掇奇禍，此殆先人之靈。復坐，奮筆曰，死卽死，此稿不可易也。杖後三日卒於獄，追諡忠烈。

名臣諡議（公槐集5/23）

國朝獻徵錄16/6實錄本傳

明常熟先賢事略2/1下

明史列傳59/1

明史188/11

蔣肇民字虞中，江陰人。正德十二年進士，知新豐縣，有惠政，不能曲事上官，而接物和易。官至浙江按察司僉事。

毘陵人品記9/5下

蔣道亨，永明人。歷官衡州府學教授，攝武陵縣事，崇禎十六年流賊張獻忠陷城，抱印罵賊被殺。

明史294/14

蔣嵩，號三松，金陵人。善畫山水人物，多以焦墨爲之。尺幅中寸山勺水，悉臻化境。

圖繪寶鑑6/16

蔣暉字廷暉，錢塘人。自幼好學，博涉子史，精楷法，以薦入翰林，累遷禮部郎中，兼侍書。致仕歸卒。暉在官四十餘年，小心謹密，出入禁闥，未嘗有過。

水東日記3/11下

蔣福陵字伯固，衡陽人。正德九年進士，授鄞縣知縣。

繪圖贈美鄞令蔣君德政序（崑山文集11/13）

蔣瑤（1469—1557）字粹卿，號石菴，歸安人。弘治十二年進士，正德時歷南京御史，陳時弊七事，尋出知揚州。武宗南巡至揚，瑤供御取具而已，權倖要求，皆不應，中官以鐵組繫之，數日始釋，民皆感泣。嘉靖間累官工部尚書，致仕卒，年八十九，贈太子太保，諡恭靖。

送石菴先生歸序（空同子集53/9）

送宮保大司空石菴蔣公致仕序（張文定公紆玉樓集3/1）

賀大司空石菴蔣公七十壽序（涇野先生文集12/16下）

誥勅都察院右副都御史蔣瑤（顧文康公文草卷首31）

誥勅蔣瑤祖父母（顧文康公文草卷首31下）

誥勅蔣瑤父母（同上卷首/32下）

揚州太守蔣公遺愛祠記（葉相撰、國朝獻徵錄50/52）

蔣公神道碑（愼蒙撰、國朝獻徵錄5049）

國朝獻徵錄50/54下維風編

皇明世說新語1/27，2/29下，3/11，3/23，3/25

四友齋叢說6/8下

明史列傳63/23下

明史194/23

蔣敏字宗仁，江寧人。景泰五年進士，除兵科給事中，改尙寶司司丞，仕終南京太僕寺少卿。

掖垣人鑑7/35下

蔣誼（1439—1487）字宜誼，號未齋，又號石屋居士，晚號憨翁，上元人。成化二年進士，授杭州府推官，公廉秉法，改紹興、金華，擢監察御史，屢有疏劾，多見採納。以訟繫獄，赦歸卒，年四十九。

國朝獻徵錄66/5陳鎬撰傳

蔣輪，徐州人，籍隸京師。父斆以獻皇后家，授兵馬指揮，從之安陸，老而無子，以輪爲後。嘉靖元年輪以錦衣指揮僉事封玉田伯，四年卒，贈太保，諡榮僖。

皇明功臣封爵考7/26

蔣賢字仲賢，宜興人。輕財好施，洪武初率鄉民運糧赴太平以助軍，帝嘉其誠，賜墨敕，俾知宜興州，以老辭，用其孫貞代之。

毘陵人品記6/2

蔣德璟字申葆，一字若柳，號八公，晉江人。性鯁直，天啓二年進士，崇禎間累官禮部尙書，兼東閣大學士。時周延儒，吳甡各樹門戶，德璟無所比。黃道周召用，劉宗周免罪，德璟之力居多。進備邊冊，凡九邊十六鎭新舊兵食之數，及屯鹽民運漕糧馬價悉志焉。以爭練餉事，乞歸。隆武二年卒。有敬日草。

五十輔臣考4/15

明史251/22

蔣勸能（1534—1601）字汝才，號雲龍，餘姚人，坎子。嘉靖四十四年進士，授行人，遷禮部主事，歷郎中，出爲湖廣參議。時峒猺爲患，以恩惠撫之，猺人悅服，年六十八卒。

蔣公墓志銘（孫鑛撰、國朝獻徵錄88/68）

蔣驥（1378—1430）字良夫，錢塘人。建文二年進士，授行人，出使以淸謹稱。入爲翰林檢討，宣德五年陞侍講，與修兩朝實錄，不三月拜禮部侍郎，未兼旬以疾卒，年五十三。

蔣良夫哀辭（王文端公文集38/18）

蔣君良夫墓表（楊文敏公集19/16下、國朝獻徵錄35/17）

祭蔣侍郎文（楊文敏公集25/13下）

蔣侍郎傳（金文靖公集10/49）

殿閣詞林記5/5下

蔡

蔡于穀字虞璧，東沙人。以貢入太學，授湖廣行都司經歷卒。于穀修行積學，博通古今，嘗輯開國事略十卷，有抄其稿者，久而易名曰龍飛紀略。

國朝獻徵錄101/120下附李文利傳

蔡子英，河南永寧人。至正末進士，累官行省參政。元亡，單騎走關中，亡入終南山，明太祖求得之，館於儀曹，大哭不止。人問故，曰思舊君爾，帝知其不可奪，命有司送出塞，令從故主於和林。

國朝獻徵錄113/2朱睦㮮撰傳

明史124/5下

蔡文魁字國華，江西德化人。嘉靖二年進士，由丹徒知縣選兵科給事中，陞戶科左給諫，以巡視九廟工完進通政司右參議，自陳致仕。

掖垣人鑑13/26

蔡文範字伯華，江西新昌人。隆慶二年進士，除刑部主事。張居正起復，同舍郎艾穆、沈思孝抗疏杖闕下，文範慷慨護視，謫閩司運官，凡七年。居正沒，起武庫郎，累遷廣東參政。有緡雲齋稿、甘露堂集、青門先生文集。

五經翼序（大泌山房集7/1）

蔡天祐字成之，號石岡，睢州人。弘治十八年進士，選庶吉士，授吏科給事中，陞福建僉事，歷山東副使，分巡遼陽。歲歉，活飢民萬餘，闢海濱圩田數萬頃。累遷山西按察使，大同兵亂，殺巡撫張文錦，擢天祐僉都御史代之，從數騎馳入城，諭軍士獻首惡，亂遂定。在鎮七年，威德大著，進兵部侍郎，告歸。嘉靖十三年卒。有石岡集。

司馬石岡蔡公誄（涇野先生文集36/61）

蔡公墓志銘（費詠撰、國朝獻徵錄40/50）

掖垣人鑑12/17

明史200/8下

蔡元偉字伯詹，晉江人。嘉靖間舉鄉試，授羅田教諭，歷署樂安、崇仁同知，並著勞績。嘗作考德錄，目識所行事。有四書折衷、易經聚正。

名山藏79/28下

蔡元銳字北濠，無錫人。嘉靖中倭入犯，與弟元鐸負父逃匿，賊執元銳，令言其父所在，不從，見殺。元鐸不知，挾重資往贖兄，亦遇害。

毘陵人品記9/18下

明史297/16下

蔡可賢（1536—1602）字子齊，號見菴，更號聞吾，成安人。嘉靖四十一年進士，授戶部主事，理遼餉，有能名。出知太原，官至山東參政，丁憂歸，卒年六十七。

蔡公墓志銘（賜閒堂集31/10）

父蔡紹先字孝伯，號河濱，長葛知縣，卒年八十九。

蔡公墓誌銘（朱文懿公文集10/18）

蔡汝楠（1516—1565）字子木，號白石，德淸人。兒時聽湛若水講學，輒有解悟。舉嘉靖十一年進士，始好爲詩，有重名，中年乃究心經學，知衡州，日聚諸生講經於石鼓書院。及參政江西，與鄒守益、羅洪先游，學益進，仕至南京工部右侍郎，卒年五十。有自知堂集、說經劄記。

蔡公行狀（茅鹿門先生全集28/1，國朝獻徵錄53/37）

蔡公墓誌銘（董學士泌園集36/9下）

祭蔡白石先生文（茅鹿門先生全集26/13下）

徐氏海隅集外編42/7

皇明世說新語3/27下，6/34下

明史287/8

明儒學案40/10

蔡汝賢字用卿，一字思齊，號龍陽，松江華亭人。隆慶二年進士，由大名府推官選禮科給事中，歷官御史，疏劾勳戚無顧忌，終南兵部侍郎，致仕卒。有東南夷圖說、嶺海異聞、諫垣疏草、披雲集集。

東夷圖說序（二酉園續集5/19下）

先進舊聞（賓日堂初集23/13下）

掖垣人鑑15/17下

蔡羽字九逵，吳縣人。由國子生授南京翰林孔目，自稱林屋山人，又稱左虛子。好古文辭，自負甚高。或謂其詩似李賀，羽曰，吾詩求出魏晉上，乃爲李賀邪。嘉靖二十年卒。有林屋集、南館集。

翰林蔡先生墓志（甫田集32/1、國朝獻徵錄23/26）

皇明世說新語5/19下

明史287/2下

父蔡滂（1445—1482）字時清，號橘洲。

先考橘洲府君行狀（林屋集18/10下）

蔡亨（1457—1528）字嘉會，號南洲，無錫人。國子監生，弘治間任泰安州司訓，陞陵縣教諭，歷淮府伴讀，擢興府審理。世宗入繼大統，晉光祿寺少卿。嘉靖七年卒年七十二。

蔡公墓碣（林屋集19/18）

蔡克廉字道卿，號可泉，晉江人。嘉靖八年進士，官至戶部尚書。少與鄉人王愼中皆負文名。有可泉集傳世。

送蔡進士道卿歸晉江序（午坡文集2/19）

贈可泉公序（敬所王先生集4/18）

贈蔡可泉序（石蓮洞羅先生文集17/13）

親賢樂善堂記（浣所李公文集6/2）

父蔡祐（1473—1540）字體順，號勉菴，湖州府儒學教授。

勉菴先大夫行實（可泉先生文集11/19）

蔡勉菴公行狀（遵巖先生文集18/17下）

母包氏

壽蔡中丞母太安人七十（歐陽南野文集22/34下）

壽蔡太夫人序（遵巖先生文集12/54）

奉賀蔡太夫人七十壽序（同上12/64下）

蔡宗兗字希淵，號我齋，浙江山陰人。從王守仁學，舉正德十二年進士，以教授奉母，孤介不爲當道所喜，輒思棄去，守仁以爲傷於急迫，乃止。入爲大學助教、南考功郎，擢四川督學僉事，有蔡氏律同、寓甯集（案明史作葉宗兗，誤）。

送提學四川我齋蔡君序（涇野先生文集5/7）

贈蔡我齋督學四川序（東廓鄒先生文集3/2下）

贈郡博蔡我齋致仕序（方簡肅公文集3/7）

送蔡希淵致仕序（焠溪文鈔外集3/44）

我齋歸山陰序（見素集6/18下）

明史283/11下

明儒學案11/5

蔡承植字槐庭，湖廣攸縣人。萬曆進士，任嘉興太守，晉太常寺卿，乞休林下。性好佛，廣作佛事，刻因果書及淨土詩勸世。

啓禎野乘6/1

蔡烈字文繼，龍溪人。弱冠爲諸生，受知於蔡清及陳茂烈，隱居鶴鳴山之白雲洞，不復應試，舉遺佚亦不就。學士豐熙見烈，歎曰，先生不言躬行，熙已心醉矣。學者稱鶴峯先生。

蔡文繼字序（見素集6/5下）

明史282/15

蔡時鼎字台甫，漳浦人。萬曆二年進士，歷知桐鄉、元城，爲治清嚴，徵授御史。順天考官張一桂得罪，時鼎以糾發從中出，極言宵人蜚語，直達御前，其漸不可長。帝怒，謫馬邑典史，告歸。後起太平推官，遷至南京禮部郎中，卒於官。

明史列傳84/5

明史230/1

蔡清（1453—1508）字介夫，號虛齋，福建晉江人。成化二十年進士，授禮部主事，以病告歸。起爲江西提學副使，以忤宸濠，乞致仕。正德三年起南京國子監祭酒，命甫下而卒，年五十六。清飭躬砥行，貧而樂施，少從林玭學，以善易名。其學初主靜，後主虛，故以虛名齋，學者稱虛齋先生，萬曆中追諡文莊。有四書蒙引、易經蒙引、虛齋集、密箴、看河圖洛書說。

送蔡介夫南還序（柴墟文集6/6）

虛齋蔡先生墓碑（見素集18/4，國朝獻徵錄74/8）

蔡虛齋文集序（見素集6/24）

刻蔡虛齋太極圖解序（遵巖先生文集10/15）

重刻四書蒙引序（天遊山人集9/4）

蔡氏圖解序（洹詞4/14）

國朝獻徵錄74/9無名氏撰傳略

皇明獻實36/6下

吾學編40/15

名山藏79/23下

國琛集下/18下
聖朝名世考8/15下
皇明世說新語1/3下，4/4下
皇明書35/29
明史282/13
明儒學案46/57
祖父蔡懋德，號一朴居士
蔡公墓誌銘（懷麓堂文稿27/17）
妻丁氏（1464—1542）
虛齋蔡先生副室丁氏夫人墓誌銘（李文節集21/27下）

蔡國用字正甫，號靜原，先世金谿人，徙居臨川。萬曆卅八年進士，由中書舍人擢御史，以忤璫罷。崇禎初起故官，累遷吏部尚書，兼東閣天學士，入參機務，居位清謹，碌碌無所見。十三年卒，贈太保，諡文恪。有後樂堂集、周易彙解。

祭相國蔡文恪文（己吾集9/4下）
五十輔臣考4/1
明史253/15下
父蔡滐春（1545—1620）字晉元，號後岡。
蔡後岡暨配吳孺人合葬墓誌銘（己吾集7/4下）

蔡國珍（1528—1611）字汝聘，號見麓，奉新人。嘉靖卅五年進士，嚴嵩以其同里，欲羅致門下，不聽。乞就南刑主事，遷福建提學副使，以侍養歸。遭母喪，遂不出。萬曆間起故官，累遷吏部尚書，屢疏乞休，卒年八十四，諡恭靖。國珍素以學行稱，著清操。有怡雲堂集。

送少宰見麓蔡宗師晉南太宰之任序（李文節集17/21下）
送太宰見翁蔡先生南還序（李文節集18/11）
明史列傳80/21
明史224/19下

蔡國熙，永年人。嘉靖卅八年進士，授戶部主事，歷蘇州知府，官至山西提學副使。有守令懿範、春臺文集。

贈部長蔡公國熙入覲序（皇甫司勳集45/14）
贈兵備副使廣平蔡公遷督山西學政序四篇（弇州山人四部稿59/8下）
父蔡□、號東林，更號趙川，濬藩教授，卒年六十八。

趙川蔡先生墓碑（嚴文靖公文集10/7）

蔡悉字士備，合肥人。嘉靖三十八年進士，授常德推官，築郭外六隄，以免水患。擢南京吏部主事，累官南京尚寶卿，移署國子監。悉有學行，淡宦情，仕五十年，家食強半，清操亮節，淮西人宗之。著有書疇彝訓、大學注。

明史283/15

蔡逢時字應期，宣城人。萬曆八年進士，由海鹽知縣擢禮部郎，議藩封祿制，著爲令。遷溫處兵備副使，圖畫海防，斬倭七十餘人。累官四川布政使。有溫處海防圖略。

右使鰲陽蔡公晉長蜀藩序（昭甫集19/17下）

蔡雲程（1494—1567）字亨之，號鶴田，臨海人，潮子。嘉靖八年進士，官至刑部尚書，卒年七十四。有鶴田草堂集傳世。

壽蔡鶴田先生序（胡莊肅公文集3/69下）
鶴田草堂集序（敬所王先生集1/30）

蔡復一（1576—1625）字敬夫，同安人。好古博學，善屬文，人稱元履先生。萬曆廿三年進士，累擢兵部右侍郎，巡撫貴州，進總督貴州雲南湖廣軍務，討安邦彥屢有功，卒以事權不一致敗，解任俟代，卒於軍中，年五十，諡清憲。生平耿介負大節，既沒，囊無餘貲。有遯菴全集。

少司馬蔡公撫黔文（新刻譚友夏合集10/24）
蔡公行狀（群玉樓集53/1）
祭蔡敬夫文（群玉樓集56/4）
啓禎野乘7/39
明史249/22

蔡道憲（1615—1643）字元白，晉江人。崇禎十年進士，爲長沙推官，治盜有殊績。吉王府宗人恣爲奸，道憲先治而後啓王。張獻忠陷武昌，長沙大震，道憲議守岳以保長沙，巡撫不能從。長沙陷，道憲被執，曰汝不降，將盡殺百姓。道憲大哭曰，願速殺我，毋害我民。賊知不可奪，磔之，時年二十九。諡忠烈。

蔡忠烈公年譜一卷，清鄧顯鶴撰、民國十八年刊蔡忠烈遺集附錄

蔡忠烈啓忠節二公傳略不分卷、今人張介祉撰、民國十八年刊本
啓禎野乘10/8
天啓崇禎兩朝遺詩傳2/69
明史294/11下

蔡運，南康人。以貢起家，建文中歷官四川參政，淸勁直諒，不諧於俗，罷歸。復起知資州，有惠政，靖難後論死。

國朝獻徵錄101/113忠節錄傳
吾學編56/29
遜國正氣紀2/19下
遜國神會錄下/26
皇明表忠紀6/13下
明史列傳20/11
明史143/9下

蔡楫，沛縣人。擧孝廉，爲嘉興知縣，於縣廳置善惡二牌，凡民之善惡皆志之，民以是皆趨善去惡。擢監察御史，陞浙江僉事，永樂二十一年卒，民多思之。

國朝獻徵錄84/96縣志傳

蔡經字廷彝，侯官人。正德十二年進士，歷官右都御史，爲趙文華誣劾論死，追諡襄愍。本姓張，後復姓，詳見張經條。

蔡蒙（1426—1493）字時中，吳縣人。以貢入國學，天順末銓授溫州同知，涖官勤，養民惠。陞辰州知府，改廣西南寧，拔弊通利，民甚便安，致仕卒，年六十八。

蔡公行狀（祝氏集略18/1，國朝獻徵錄101/72）

蔡潮（1467—1549）字巨源，號霞山，浙江臨海人。弘治十八年進士，選庶吉士，授兵科給事中，出爲湖廣提學僉事，遷貴州參議，官至河南右布政使，致仕，所至皆著惠政，民咸立祠樹碑，以頌其德，卒年八十三。著有湖湘學政、判義、編次名言、對偶菁華。

壽大方伯霞山蔡公七十序（方齋存稿5/10下）
先君行實（蔡貫程撰、國朝獻徵錄92/13）
掖垣人鑑12/6
皇明世說新語7/14下

蔡毅中（1548—1631）字宏甫，號濮陽子，光山人，人稱爲中山先生。萬曆二十九年進士，授檢討，天啓中遷禮部右侍郎，領國子祭酒。楊漣劾魏忠賢，得嚴旨，毅中率其屬抗疏言之。忠賢大詬，嗾其黨劾罷之。卒年八十四，諡文莊。有館閣宏辭傳世。

蔡先生墓誌銘（棘門集3/27下）
啓禎野乘2/19
明史列傳75/22下
明史216/20下

蔡震，尙英宗淳安公主，學行醇謹。正德中劉瑾下獄，詔廷訊，有問者，瑾輒指其人附己，廷臣無敢詰。震厲聲曰，我皇家至戚，應不附爾，趣獄卒拷掠之，瑾乃服罪，以是知名。嘉靖中卒，贈太保，諡康僖。

明史121/11下

蔡樸字子範，武進人。性淳篤，擧萬曆七年鄉薦，令淳安，銳意興革，多惠政，與郡守不合，左遷藩理，民甚思之。

毘陵人品記10/21下

蔡遷，不詳其鄉里，元末從芝蔴李據徐州。李敗，歸太祖爲先鋒，積功爲廣西行省參政，兼靖江王相，討平諸叛蠻。遷爲將十五年，每戰輒奮勇突出，橫刀左右擊敵，皆披靡不敢近。洪武三年卒，詔歸葬京師。贈安遠侯，諡武襄。

皇明功臣封爵考8/52下
明史列傳18/3
明史134/7

蔡錫字廷予，號太白樵隱，浙江鄞人。永樂中擧鄉試，仁宗朝擇試國子生，拔能者近侍官，錫與焉。選授兵科給事中，彈劾不避權貴，出知泉州府，有惠政，遷山東副使，參贊宣府總兵軍務，奉敕撫治湖廣，致仕歸。有貿山稿。

鄉先生遺事一（堇山文集15/9下）
掖垣人鑑7/13

蔡懋德（1586—1644）字維立，又字公虞，號雲怡，崑山人。少慕王守仁爲人，著管見良知之說。擧萬曆四十七年進士，天啓中歷祠祭員外郎，尙書率諸司謁魏忠賢祠，懋德託疾不赴。崇禎初出爲江西提學副使，

【十五劃】蔡

好以守仁拔本塞源論教諸生。遷浙江右參政，計擒劇盜，累擢右僉都御史，巡撫山西，流賊陷平陽，自縊死，年五十九。謚忠襄。

蔡雲怡先生西江問心編序（絡光閣新集4/7）
蔡雲怡先生學政剩言序（己吾集2/4）
蔡忠襄公墓誌銘（堯峰文鈔14/1）
忠襄蔡公傳（西河合集78/9）
啓禎野乘11/8
崑山殉難錄4/1下
天啓崇禎兩朝遺詩傳2/75
明史263/6下

母徐氏

祭蔡母徐太宜人文（無夢園遺集8/34）

蔡璦字天章，寧晉人。嘉靖八年進士，授行人，擢監察御史，巡按河南，剛直敢言，與楊爵等同繫獄，罷歸。居家教授，修學廟，置膳田，設義學，行鄉約，人稱汶濱先生。嘗從韓邦奇、湛若水游。有汶濱語錄，汶濱集。

汶濱書院記（李中麓閒居集12/45）
汶濱書院記（陳文岡先生文集16/26）
汶濱書院記（甘泉先生續編大全5/3）

暴

暴昭，潞州人。洪武中由國子生授大理司務，累擢刑部右侍郎，歷左都御史、刑部尚書，耿介有峻節，以清儉知名。建文初充北平採訪使，具得燕王不法狀以聞。及燕兵起，設北平布政司於眞定，命昭掌之。燕王入京，被執，大罵不屈，磔死。

國朝獻徵錄44/19雷禮撰傳
吾學編52/19下
革朝遺忠錄下/36
聖朝名世考4/28
名山藏臣林外記×/12下
遜國正氣紀4/3
遜國神會錄上/24
皇明表忠記2/24下
明史列傳19/12下
明史142/3

樂

樂良字孝本，定海人。少治理學，師事程端禮，元至正間以賢良徵至京，見元政不綱，歸隱讀書。洪武初辟爲定海學教諭，課試有方，一時英俊若張信、陳韶莘，咸出其門。有遺稿。

明史285/17

樂枅（1345—1380）定海人。性孝友，家以亭戶籍官，枅承其役，洪武十二年以累赴京鞫訊，坐輸作。弟棁爭請代行，枅力斥之。逾年枅果死京役中，年卅六，人稱其兄弟友愛之篤云。

國朝獻徵錄113/10烏斯道撰傳
名山藏97/7

樂韶鳳字舜儀，全椒人。博學能文章，從太祖渡江，參軍事。洪武三年授起居注，改給事中，累遷兵部尚書，與中書省御史臺都督府定教練軍士法。改侍講學士，與承旨詹同釐正釋奠先師樂章，編集大明日曆，又與撰回鑾樂章及洪武正韻，尋病免。未幾起國子司業，遷祭酒致仕，以壽終。

樂公墓碑（楊道行集23/9下）
國朝獻徵錄38/5雷禮撰傳
吾學編25/2下
掖垣人鑑3/3
殿閣詞林記5/4
明史列傳12/1
明史136/14

樂濟衆，和順人。歷官整飭昌平道兵備副使，致仕家居。崇禎六年流賊陷和順，被傷不屈投井死。

明史292/2下

樂護（1474—1563）字鳴殷，一作鳴音，號木亭，臨川人。弘治十八年進士，授宣城令。精天文數學，歷光祿卿，掌欽天監。嘉靖中五星聚營室，廷臣並上表稱賀，獨護上疏以爲非是。禮官劾奏之，出知宿州，改陝西參政，仕終河南參政，致仕卒，年九十。有木亭雜稿。

送樂君鳴殷令宣城序（費文憲公摘稿9/12）
樂公墓志（陳炌撰、國朝獻徵錄92/64）
疇人傳29/355

練

練子寧，名安，以字行，新淦人，高子。性英邁，志操不凡，洪武十八年舉進士第二，授修撰。累官吏部侍郎，遷左副都御史。燕師起，子寧疏劾李景隆觀望不忠，請斬以謝敢。齊用道、周是修上書論大計，指斥用事者罪，書下群臣議，用事者怒，詬兩人。子寧言國事至此，尙不容言者乎。詬者愧而止。成祖卽位，縛子寧至，語不遜，斷其舌。曰，吾欲效周公輔成王。子寧手探舌血，大書地上曰，成王安在。遂被磔死，族其家。弘治中王佐刻其遺文曰金川玉屑集。萬曆中郭子章復輯崇祀實紀、手蹟、遺事各一卷，刻附集後，今尙傳世。李夢陽嘗立金川書院以祀之。

峽江新修練公祠記（石蓮洞羅先生文集12/76下）
浩然堂記（空同子集49/2下）
祭練黃諸公（支華平集15/1）
練中丞遺事錄（不著撰人、淸刊練中丞集 附刻本）
新淦練公傳（袁袠撰、皇明獻實6/4下，又皇明名臣墓銘乾集22）
國朝獻徵錄54/18鄭曉撰傳
水東日記14/4下
革朝遺忠錄上/11
吾學編54/5
國琛集上/13
聖朝名世考4/5下
遜國正氣紀3/27
遜國神會錄上/27
皇明表忠紀2/25下
皇明書31/15下
名山藏臣林外記×/8
明史列傳19/11
明史141/9

練高字伯上，一作伯尙，新淦人。元末領鄉薦，隱居不仕，以文章氣節重於時。洪武間召爲起居注，以直言忤旨，出爲廣德州同知，後歷臨汀鎭安二府通判卒。

皇明獻實6/4下附練子寧傳

練塤字聲伯，長洲人。洪武中以文學膺聘，授左春坊司直郎，嘗劾大臣不法事，特賜錦衣一襲。改御史，以氣節自負，僚寀憚之。卒年三十七。

吳中人物志4/11

練綱（1402—1477）字從道，長洲人，塤孫。宣德十年舉人，入國子監。景帝卽位，上中興要務八事，授浙江道監察御史，復上軍國大計八事，皆見嘉納。後以直言左遷邠州判官，卒年七十六。性侃直，攻訐太甚，時有練綱口之號。

練君墓表（商文毅公集28/12）
練公墓誌銘（王㒜撰、國朝獻徵錄65/13，皇明名臣琬琰錄后10/1）
皇明獻實27/3下
聖朝名世考6/10
皇明世說新語4/6
皇明書21/23下
明史列傳37/25
明史164/18

滕

滕用亨（1337—1409）初名權，字用衡，吳縣人，德懋從子。善鑒古，精篆隸書。永樂初以善書徵，年已七十，授翰林待詔，卒於京，年七十三。

滕公墓志銘（王璲撰、吳下冢墓遺文3/21）
待詔滕公輓詩序（楊文敏公集13/20下）
國朝獻徵錄22/63無名氏撰傳
吳中人物志13/23下
明史286/5

滕克恭字安卿，祥符人。博通經史，元末第進士，累官集賢學士。洪武初兩爲河南鄉試考官。有春秋要旨、謙齋稿。

國朝獻徵錄115/11李濂撰傳

滕伯輪（1526—1589）字載道，建安人，員六世孫。舉嘉靖四十一年進士，授番禺令，仕至浙江巡撫。萬曆十七年卒官，年六十四。

滕公墓誌銘（少室山房類稿92/1）
中丞滕先生傳（少室山房類稿87/1）
國史闡幽（公槐集6/31）

滕定，山後人。父瓚住元樞密知院，洪武二十三年降明，賜姓滕，官至燕山右衞指揮使。定嗣父官，屢從出塞有功，進都督僉事，宣德四年封奉化伯，正統初卒官。

吾學編19/49下

皇明功臣封爵考6/66下

明史列傳31/5

明史156/5

滕昭（1422—1480）字自明，汝州人。正統中由擧人歷御史，四川都司有殺人獄，久不決，命昭往，一訊伏罪。成化初累官副都御史，巡撫蘇松，歷兵部左侍郎致仕，卒年五十九。

滕公墓誌銘（篁墩程先生文集43/1）

國朝獻徵錄40/15朱睦㮮撰傳

滕祐字吉甫，號介石，福建建安人。成化二十年進士，授行人。弘治初擢監察御史，嘗抗疏論傳奉官，又論太常清職不當濫授黃冠，尋移疾歸。居家以行義稱。

明建安滕氏双阡記（見素集10/4）

滕霄（1398—1449）字尙默，建安人。宣德擧人，正統中任韶州府同知，多所興革，吏不能欺。以治行擢禮部郎中，後死於土木之難，年五十二。

滕公墓誌（丘濬撰、國朝獻徵錄35/64）

滕祥字惟善，號兩山，雄縣人。正德四年選入宮中，給事禁密，屢陞御用監太監掌監事，提督西直房。隆慶元年調司禮監太監，掌監事，兼掌御用，司設二監，以勞猝病卒。祥給事禁中六十年，未嘗有過失，而嚴重有禮，人皆憚之，不敢干以私云。

滕公墓志銘（陳以勤撰，國朝獻徵錄117/40）

滕毅字仲弘，鎭江人。太祖征吳，以儒士見，留徐達幕下，尋除起居注，吳元年出爲湖廣按察使，官終江西行省參政。

明史列傳13/2

明史138/2

滕德懋字思勉，吳人。由中書省椽歷外任，洪武初官戶部尙書。爲人有才辨，器重弘偉，長於奏疏，一時招徠詔諭之文，多出其手，以事免官卒。

國朝獻徵錄38/4宋濂撰傳

明史列傳13/4

明史138/3下

妻□氏

皇明世說新語6/1

黎

黎弘業，初名弘基，後以避諱改，字孟擴，號行侫，廣東順德人。天啓擧人，知和州。崇禎八年流賊犯州境，禦卻之。旋復至，募死士登陴固守，城將陷，妻妾及女皆自經，弘業自刎未殊，濡頸血大書曰，爲臣盡忠，爲子盡孝，何惜死。賊入，傷數刃而死。

天啓崇禎兩朝遺詩傳2/53

明史292/12

黎民安號九華，金谿人。事親盡孝，有膂力膽略，頗涉獵書傳。崇禎間授運糧把總，以禦張獻忠有功，擢游擊。李自成破襄陽，民安力戰被執，罵賊死。

明史292/19下

黎民表字惟敬，自號瑤石山人，從化人，貫子。嘉靖十三年擧人，授翰林孔目，轉吏部司務，執政知其能文，用爲制敕房中書，供事內閣。萬曆中官至河南布政使參議致仕。民表性坦夷，好讀書，其詩與梁有譽，歐大任齊名。工畫，尤善書法。有瑤石山人稿、北游稿、諭後語錄、養生雜錄。

送黎中秘惟敬假還嶺南序（王奉常集2/4）

賀秘書黎瑤石晉秩藩大夫序（艾熙亭文集3/5）

祭黎惟敬文（王奉常集27/5）

祭黎惟敬少參（弇州山人續稿153/12）

瑤石山人詩稿序（弇州山人四部稿66/11下）

瑤石山人詩序（二酉園文集5/4下）

黎瑤石先生集序二篇（二酉園續集2/23下，又2/32下）

明史181/5下

黎光字仲輝，東莞人。博學能文，以鄉薦拜御史，巡蘇州，請賑水災，全活甚衆。巡鳳陽，上封事悉切時弊，帝嘉之。洪武九年擢刑部侍郎，執法不阿，爲御史大夫陳寧所忌，以事中之，死貶所。

國朝獻徵錄46/1黃佐撰傳

明史列傳13/8

明史138/6下

黎良字性之，河南洛陽人。正德十二年進士，由行人選兵科給事中，歷陞永平知府，卒于官。

掖垣人鑑13/9下

黎近字之大，號未齋，臨川人。甫弱冠，遂以著述爲事。宣德間應文學材行科，除高要知縣，時猺賊據城東南，近出榜諭降之，被誣奏，逮繫獄十年，作大明鐃歌、鼓吹曲、太平頌等以獻，英宗嘉歎，釋之。有未齋稿，奉心集，黎子雜識。（按諸書或作黎久實誤）。

未齋説（諡忠文古廉文集7/16下）

黎恬（1388—1438）字濬輝，號熙熙齋，清江人，慎弟。與慎有倡和詩，人比之二劉三孔。登永樂十年進士，授監察御史，歷官春坊諭德，與修宣宗實錄，進講經筵，卒年五十一。有觀過稿、徵士集、斐然稿。

右春坊右諭德黎君行狀（尋樂習先生文集19/5下）

黎君墓碑（楊士奇撰、國朝獻徵錄19/15）

祭黎諭德文（尋樂習先生文集19/1下）

水東日記17/3下，19/11

明史201/11下

黎貞字彥晦，新會人。性坦蕩不羈，以詩酒自放，自號陶生。洪武初署本邑訓導，以事被誣，戍遼陽十八年，從游者甚衆，放還卒。有秫坡詩稿。

國朝獻徵錄115/24黃佐撰傳

黎淳（1423—1492）字太樸，學者稱爲樸菴先生，華容人。天順元年進士第一，授修撰。成化中歷官左庶子，時高瑤疏請追崇景廟號，淳欲阿憲宗意，力駁之，爲士論所薄。後以南京禮部尙書致仕，有狷介稱，弘治五年卒，年七十，諡文僖。有龍峯集。

賀翰林修撰黎君序（呂文懿公全集8/7下）

送僕菴先生省墓詩序（懷麓堂文稿2/5）

黎公行狀（懷麓堂文稿23/19下，皇明名臣墓銘巽集17）

黎公神道碑（徐文靖公謙齋集7/1）

黎文僖公傳（青谿漫稿24/2下）

尙書黎公傳（洞庭漁人續集16/1）

黎文僖公集序（懷麓堂文後稿4/15下）

國朝獻徵錄36/15無名氏撰傳

狀元圖考2/14

徐氏海隅集外編41/16

皇明世說新語3/9下

明史164/25

黎貫字一卿，號韶山，從化人。正德十二年進士，改庶吉士，授御史。世宗入繼，貫請復起居注之制，命詞臣編類章奏備纂述，從之。會帝從張璁議，去孔子王號，改稱先師，並損籩豆佾舞之數，貫率同官合疏爭之。帝震怒，下法司按治，褫貫職爲民，久之卒於家。有臺中稿、使閩稿、西巡稿、文集等。

黎公墓志（黃佐撰、國朝獻徵錄65/74）

明史列傳72/26

明史208/61

黎遂球字美周，番禺人。崇禎舉人，杜門著述，肆力詩古文辭，善畫山水，再試春官不第。時揚州進士鄭元勳集四方名士於影園，賦黃牡丹詩，推錢謙益爲之品題，懸金罍爲賚，遂球南還過之，即席成十首，竟冠諸賢，一時聲名籍甚，共呼牡丹狀元。禮部侍郎陳子壯以經濟名儒薦，因母老不就。甲申變後，子壯復薦之唐王，遂出受兵部職方司主事，提督廣東兵赴援贛州。城破，與弟遂琪死之，諡忠愍。有周易爻物當名、易史、蓮鬚閣詩文集。

明史278/4

黎愼字充輝，以字行，清江人。童子時爲詩輒有奇語，長從梁寅游，博通群籍，落魄不羈。永樂初應明經召至京，授職不就歸。

黎氏倡和詩序（東里文集8/15）

黎福字天與，江西樂平人。成化二年進士，授御史，疏天下利病，有人所難言者。累官右副都御史，撫治鄖陽，擢南京兵部侍郎卒，年六十七。天性廉靜，不爲崖岸，事至必盡心力，故所樹立與衆殊。

黎公神道碑（王文恪公集21/19，國朝獻徵錄43/41）

黎澄字本靜，號忠池，江西樂平人。嘉靖廿六年進士，由庶吉士授禮科給事中，陞福建僉事，仕至貴州右參政致仕。

掖垣人鑑14/13下

黎奭字師召，湖廣京山人。正德六年進士，除禮科給事中，陞南京通政司右參議，仕終工部右侍郎。

掖垣人鑑12/19下

黎鳳（1465—1527）字乾兆，號楚蒙，江西新喻人。弘治九年進士，授行人，擢御史，論評諤諤無所避。出按南畿，剔姦振弊，發擿隱伏，威震遠邇。尋改督南畿學政，正德初，以考察罷歸卒，年六十三。著有蒙耕錄、奏議等。

鴒原別意圖詩序（費文憲公摘稿12/37）

古城新第記（鈐山堂集21/7）

黎公墓志銘（同上29/7下）

母劉氏

壽黎母太孺人劉氏八十詩序（費文憲公摘稿9/33下）

魯

魯之璵，蘇州衞人。歷官福山副總兵，淸兵破蘇州，之璵率千人入城與戰，兵敗死。

明史277/11

魯世任字媿尹，垣曲人。性端方，事親孝。天啓中舉於鄉，崇禎間知鄂州，會流賊來犯，親勒民兵禦之，戰敗自刎。

明史293/15

魯宗文，長淸人，欽子。承父廕，崇禎中以薊鎭副總兵爲總督吳阿衡中軍，十一年與淸兵戰於牆子嶺，與阿衡並力戰死。

明史270/11下

魯昂，吳江人。成化二十三年進士，除兵科給事中，屢陞至戶科都給事中，後坐謫湖廣蒲圻知縣。

掖垣人鑑10/32下

魯能字千之，廣東新會人。景泰五年進士，授南京戶部主事，歷郎中，出爲陝西參議，屢晉左布政使，官至右副都御史，巡撫甘肅，成化廿二年卒於官。

魯公神道碑銘（瓊臺詩文會稿重編24/19下）

魯公墓誌銘（尹直撰、皇明名臣琬琰錄后14/9下，國朝獻徵錄60/73）

父魯眞（1403—1484）字伯眞，號素軒。

魯公墓誌銘（白沙子全集4/1）

魯崇吉（1407—1481）天台人，穆長子。少與弟崇志更相學問，及崇志舉進士，輒喜曰，吾先人之業以付吾弟足矣，吾其爲太平之民。則益自韜晦，日以詩書自娛，尤好琴，嘗曰吾於琴得治心之道焉，因自號養性學者。成化十七年卒，年七十五。著有讀禮目錄、琴譜正宗、養性稿。

處士魯公崇吉墓碣銘（桃溪淨稿文11/9下）

魯崇志（1418—1483）字懋功，天台人，穆次子。景泰五年進士，授吏科給事中，彈劾不避權要，嘗奉勑齎銀數萬兩賞邊戍，戍者咸蒙實惠。遷南京太僕少卿，擢應天府尹，成化十九年卒於官，年六十六。

約齋記（懷麓堂文稿10/17）

國朝獻徵錄75/21京學志傳

掖垣人鑑4/22下

魯欽，長淸人。萬曆中奢崇明、安邦彥反貴州，欽代杜文煥總川貴湖廣漢土軍，會群苗蠭起，欽佐王三善防剿，三善敗於內莊，自殺，欽以殘卒還。未幾大敗賊兵，後邦彥復大舉入寇，欽禦之河上，連戰數日，將士逃竄，欽遂自刎。

明史270/9下

魯經，其先大同人，後籍莊浪衞，麟子。武宗時襲指揮，世宗時擢陝西總兵，守莊浪二十餘載，驍勇敢戰，奉職寡過，保功名，稱良將。

明史174/13

魯穆（1381—1437）字希文，浙江天台人。永樂四年進士，除御史，有直聲。遷福建僉事，民呼魯鐵面。英宗即位，擢右僉都御史，奉命捕蝗大名還，以疾卒，年五十七。穆歷中外三十餘年，被服一如寒士。有葩經或問、禮記日抄。

魯君墓誌銘（楊文敏公集24/7，皇明名臣琬琰錄23/10，皇明名臣墓銘坎集27）

國朝獻徵錄56/5無名氏撰傳

皇明獻實17/3

吾學編33/9下

四友齋叢說7/3下

皇明書20/22下

國琛集上/27

名山藏臣林記11/7下

明史列傳35/6

明史158/11

魯點字子與，號樂同，南漳人。萬曆二十三年進士，知休寧縣，有惠政。著有齊雲山志、黃樓集。

重建南漳魯侯永慕祠記（金正希文集輯略8/6）

魯侯合祀三賢祠記（兩洲集5/22）

魯鐸字振之，景陵人。弘治十五年舉進士第一，官編修。武宗立，使安南，却其餽。歷兩京國子祭酒，教士務實學，致仕歸。嘉靖初累徵不起，年六十七卒，謚文恪，有已有園稿，文恪公集。

送編修魯君振之奉使安南序（東川劉文簡公集8/15下）

送魯司業序（渼陂集8/4下）

皇明名臣墓銘巽集91黃佐撰魯公傳

徐氏海隅集外編41/24下

吾學編39/8下

聖朝名世考8/16下

名山藏臣林記20/6

皇明書23/21

明史列傳54/22下

明史163/11下

魯鑑，其先大同人。鑑嗣職爲莊浪衛指揮同知，久之擢都指揮僉事。成化中固原滿四反，以士兵千人從征，出則先驅，入則殿後，最爲賊所憚。積官甘肅總兵，鎭守延綏，孝宗立，致仕卒。

明史列傳45/13

明史174/11下

魯麟，大同人，鑑子。孝宗時襲指揮，擢甘肅副總兵。豪健如其父，而恭順不如，帝皆優容之。

明史174/12下

儀

儀智字居貞，高密人。洪武末舉晉儒授高密訓導，累官湖廣布政使，坐事罷。尋召爲禮部左侍郎，以楊士奇等薦，命輔導皇太孫。每進講，反覆啓迪，以正心術爲本。年八十致仕，永樂十九年卒，謚文簡。

送禮部侍郎儀公致事序（東里文集4/21下）

贈禮部侍郎儀公致仕還鄉序（金文靖公集7/6）

國朝獻徵錄35/13無名氏撰傳

吾學編31/6下

皇明書20/1

明史列傳27/11下

明史152/2

儀銘（1382—1454）字子新，高密人，智子。爲人易直孝友，經明行修。宣宗時以薦授禮科給事中，改修撰。正統三年預修宣宗實錄成，遷侍講，累官至兵部尚書。嘗因災異錄皇明祖訓以進，深見獎納。景泰五年卒，年七十三，謚忠襄。

儀公神道碑銘（芳洲文集7/27下，又皇明名臣墓銘坎集38，國朝獻徵錄38/52）

水東日記1/5

吾學編31/7下

掖垣人鑑6/18下

明史列傳29/12

明史152/2下

德

德祥，僧，字麟洲，號止菴，錢塘人。洪武中主持徑山。工詩，有桐嶼集。

補續高僧傳25/11

【十五劃】魯、儀、德

德琮，唐杜甫之後。出家崇山，博通內外典，成祖徵至京，賜賚甚厚。適西番進一僧至，言四敎九流，無不通徹，堪爲中國王者師。帝召衆僧對辯，莫能折。德琮乃詢以諦字之義，番僧無對，蒙羞嘆服。帝大悅，授左善世，爲作室鷄鳴山，受眷益寵，年五十七卒。

補續高僧傳25/14下

德寶（1512—1581）字月心，別號笑巖，金臺錦衣族吳氏子，投廣慧院出家，遍參諸方禪師，造詣深密，名震海內，晚年屏居京師，萬曆九年卒，年七十。有笑巖集。

補續高僧傳16/5

劉

劉一相（1542—1624）字維衡，號頤陽，長山人。萬曆五年進士。官至陝西布政使。嘗采周秦漢魏六朝三唐之詩，區別差次，爲詩宿一書。卒年八十三。

天啓崇禎兩朝遺詩傳5/187，9/299

劉一焜字元丙，南昌人，一燝兄。舉萬曆二十年進士，授行人，歷考功郎中，佐侍郎楊時喬典京察，盡斥執政私人。累擢右僉都御史，州撫浙江，禁治織造中官呂貴爪牙，貴爲歛威。築龕山海塘千二百丈，濬復餘杭南湖，民賴其利，被訐自引歸卒。

明史240/13

劉一燝（1567—1635）字季晦，南昌人，材子。萬曆二十三年與兄一焜同舉進士，選庶吉士，累官禮部侍郎。光宗立，晉尚書、兼東閣大學士。帝崩、李選侍匿皇長子不出，一燝入臨畢，大言誰敢匿新天子者，乃出之。一燝急趨前呼萬歲，掖升輦，至文華殿，即東宮位。明日群臣疏請移宮，一燝偕同官請即日降旨，竚立宮門以俟，選侍不得已，移他宮，事始大定。熹宗踐祚，與韓爌同心輔政，發內帑、抑近倖、登俊良、搜遺逸，中外欣然望治。已而魏忠賢、客氏漸用事，群小附和，力攻一燝，遂致仕歸。忠賢矯旨削奪，崇禎初復官，卒年六十九，後追諡文端，有文端公集。

祭南昌劉宮保文（牧齋初學集77/8）

文端劉公墓誌銘（牧齋有學集28/1）

啓禎野乘1/10

明史240/9

從兄劉一熿，號著泉，萬曆二十三年進士，歷上海令。

劉侯生祠記（四然齋藏稿1/19下）

劉一龍（1509—1580）字于田，別號時齋，江西安福人，元卿從父。習博士第子業，補邑增廣生，援例入太學。後授浙江臨山衛經歷，居數年、捨官歸，杜門不出，逍遙以終。

伯父時齋公壙志（山居草4/4下）

劉一儒字孟眞，號小魯，夷陵人，張居正姻也。嘉靖三十八年進士，累官刑部侍郎。居正當國，嘗貽書規之，居正不懌。居正歿而親黨多坐斥，一儒獨以高潔名。尋拜南京戶部尙書，卒於家。天啓中追諡莊介，有劉莊介公瑞芝堂集。

送光祿卿劉公之留都序（賜閒堂集11/3）

祭劉大司空文（歸有園稿9/7）

祭劉司空（大泌山房集115/19下）

明史列傳76/3下

明史220/3下

祖劉漢

劉公向淑人墓志銘（大泌山房集94/1）

父劉大賓（1509—1576）字以敬，號碧泉。

劉公墓誌銘（條麓堂集26/34）

劉公合葬墓表（賜閒堂集22/11下）

劉一麟（1515— ）字子仁，號雪山，直隸昌平人。嘉靖二十九年進士，由山東靑州府推官，選兵科給事中，陞刑科都給事中，降山西平定州判官，遷陝西參議，改雲南、免官。

掖垣人鑑14/29

劉三吾，名如孫，以字行，自號坦翁，茶陵人。仕元爲廣西儒學副提舉。洪武十八年始召爲左贊善，遷翰林學士，年七十三矣。三吾博覽善記，應對詳敏，屢承顧問。御製書成，多使爲序。後坐事戍邊，建文初召還卒。有坦齋文集，書傳會選。

國朝獻徵錄20/20廖道南撰傳

皇明名臣琬琰錄9/15張詡撰劉三吾傳

殿閣詞林記4/12下

吾學編25/12下

皇明書19/12下

聖朝名世考10/7

徐氏海隅集外編41/1

水東日記9/10

名山藏臣林記4/31

明史列傳12/2

明史137/1

劉三畏字少欽，號方峒，山東昌樂人。嘉靖十七年進士，由行人選刑科給事中。尋爲處決重囚事，降陝西布政司照磨。歷陞南京禮部主事，以憂歸。

掖垣人鑑13/47

劉三樂 (1539—1612) 字子性，號眞田，大名人。萬歷元年舉人，授亳州訓導，擢齊東令，官至四川副使，卒年七十四。

劉公暨配恭人王氏合葬墓誌銘（雲石堂集21/9）

劉于 (1318—1372) 字允恭，永豐人。元至正七年舉於鄉，授泰和州學正。洪武四年應召赴京，以老病辭官歸，逾年卒，年五十五。

送劉學正序（僆翁文集8/1）

劉府君墓誌銘（宋學士文集21/190）

劉子欽 (1368—1454) 名敬，以字行，號密菴，江西吉水人。永樂元年解元，登二年進士，選庶吉士，授刑部主事。爲仇家所誣，謫戍廣西，後終老校官，景泰五年卒，年八十七。

耆英堂記（謚忠文古廉文集3/1）

劉公墓表（錢習孔撰、國朝獻徵錄87/121）

劉子輔，名詡，以字行，廬陵人。由太學生擢監察御史，永樂三年陞廣東按察使，左遷交阯諒江知府，撫民如子。値黎利來寇，固守數月，城陷、與妻子俱死，兵民無一人降者。

劉子輔傳（東里文集22/16，國朝獻徵錄103/83）

皇明名臣琬琰錄后2/9下尹直撰言行錄

名山藏臣林記8/31

皇明獻實15/2下

聖朝名世考5/13

明史列傳23/14下

明史154/14

劉子履字克溫，江西安福人。弘治十二年進士，授嘉善令，有惠政。

嘉善劉侯去思碑記（愿康僖公文集6/12）

劉大年字方白，江西廣昌人。官兵部主事，崇禎十五年奉使南京，還朝道歷城，適城破，抗節死。

明史291/17

劉大直字養浩，號岷川，四川寧州衞人。嘉靖十四年進士，由浙江臨海知縣遷刑科給事中，陞禮科都給事中，以疾歸。復除工科，擢太僕寺少卿，仕終都察院右僉都御史，巡撫貴州，卒官。

劉岷川先生奠文（自知堂集17/3）

掖垣人鑑13/40下

劉大夏 (1436—1516) 字時雍，號東山，華容人，仁宅子。天順八年進士，官職方郎中，明習兵事。弘治間河決張秋，尙書王恕薦大夏治之，事竣，移疾歸，築草堂東山下，讀書其中，時稱東山先生。廷臣交薦，起歷兵部尙書，忠誠懇篤，事有不便，悉條上釐革之，孝宗尤見親信。武宗立，因裁抑中官，自知不見用，乞休歸。劉瑾復坐以事，戍肅州，後赦歸。瑾誅復官，尋致仕，卒年八十一，謚忠宣。有東山詩集、劉忠宣公集。

敬本堂記（懷麓堂文稿11/12下）

送福建參政劉君詩序（同上6/17下）

送少保劉先生歸東山詩序（泉翁大全集14/1）

送劉公致仕序（王文恪公集13/14下）

兵部尙書華容劉公歸序（空同子集55/13）

壽兵部尙書劉公七十詩序（懷麓堂文後稿4/7）

祭東山公文（憑几集5/17）

祭司馬劉東山公文（泉齋勿藥集8/3下）

祭大司馬劉東山（見素集27/9）

祭東山劉忠宣公文二篇（張文定公環碧堂集9/11）
祭劉東山忠宣公文（何文簡公集14/9）
劉公神道碑（見素集19/15，皇明名臣墓銘巽集39）
東山公前傳（容春堂前集15/12）
尚書劉公傳（洞庭漁人續集12/2下）
劉大夏傳（弇州山人續稿89/12，國朝獻徵錄38/77）
書劉東山西行稿後（何文簡公集18/27下）
讀劉東山謝方石遺事跋（董山文集13/9）
議建劉忠宣公專祠公移（遯菴文集×/159）
劉忠宣公年譜序（二酉園續集3/29下）
劉忠宣公年譜二卷附錄二卷，清劉世節撰、清光緒元年劉忠宣公集附刊本
皇明獻實33/1
吾學編43/7下
國琛集下/21
徐氏海隅集外編41/14
四友齋叢說9/11，10/1
聖朝名世考3/68
皇明世說新語1/4下，1/7，1/26，2/1下，2/3下，3/8下，3/10，3/32，4/3下，4/5，4/8，4/14下，4/25，7/23下
皇明名臣經濟錄4/51
皇明書17/7
名山藏臣林記13/35下
明史列傳51/15下
明史182/14

劉大謨（1476—1543）字遠夫，號東阜，河南儀封人。正德三年進士，授戶部主事，遷御史，巡按遼東，以忤太監岑章，謫陝西隆德典史，官終四川巡撫。卒年六十八。有蜀游、東阜諸集。

送遠夫任四川參政序（漁石集2/31）
劉公神道碑銘（端溪先生集5/68，國朝獻徵錄62/27）

劉才字子才，霍丘人。元末爲元帥，入明歷營州指揮僉事。燕師襲大寧，才降。從戰有功，封廣恩伯，世襲指揮同知。才悃愊無華，不爲苟合，亦不輕訾毀人，甚爲仁宗所重。

吾學編19/39
皇明功臣封爵考6/49
明史列傳21/29下
明史145/18

劉士斗字瞻甫，南海人。崇禎四年進士，知太倉州，多惠政，大計降按察司知事，以母憂歸。服闋，補成都推官，李自成破成都，士斗罵賊遇害。闔門二十餘人。皆死之。

明史295/11下

劉士元字伯儒，彭縣人。正德六年進士，官御史，巡按畿輔。武宗獵於古北口，將招致朶顏衛酋花當把兒孫等，納質燕勞，士元歷陳曰不可，爲嬖幸所譖，下詔獄，謫麟山驛丞。世宗立，復故官，累遷右副都御史、巡撫貴州，居三年罷歸。

明史188/25下

劉士奇字邦正，順德人。正德十二年進士，授刑部主事，錦衣千戶劉淳枉法殺人，言官請逮治不聽，士奇再請，竟正其罪。嘉靖初議禮，與諸臣伏闕哭諫，杖幾死，出守梧州。累官山東右布政，乞歸卒。

國朝獻徵錄95/9順德縣志傳

劉士璟，復州人。知沭陽縣，有強項聲。崇禎十五年清兵至，竭力捍城，城破死之，贈山東僉事。

明史291/21

劉士驌（1566—1610）字允良，號祝陽，禹城人，中立子。萬曆卅二年進士，官編修，年四十五卒。有蟋蟀軒草。

劉公暨元配孺人行狀（五品文稿2/12）
祭劉祝陽太史文（同上3/17）
王劉二太史公外傳（同上1/19）
劉太史公遺稿序（同上1/38下）
題劉太史蟋蟀軒稿（寶日堂初集12/8下）

劉文字宗華，山西大同人。以鄉貢選習夷字，舉正統元年進士，授中書舍人，仍譯字。改提督四夷館，陞吏部郎中。成化中遷右通政，偕都督李文撫安西番，三年而後歸，卒於家。

國朝獻徵錄67/24實錄本傳

劉文，陽和衛人。嘉靖中以總兵官鎮陝

西，大破洮岷叛番若籠板爾諸族，積功至都督同知。卒諡武襄。

明史211/5下

劉文炳（1614—1644）字淇筠，一作洪筠，宛平人。莊烈帝生母孝純太后之姪，崇禎中進侯爵晉少傅，性謹厚不妄交，獨與宛平太學生申湛然、布衣黃尼麓及駙馬都尉鞏永固善。李自成陷京師，闔家自盡，文炳投井死，年三十一。

新樂侯傳（居業堂文集2/1）

明史300/22下

明史輯略紳志略勛戚

劉文莊，眞定人。弘治十二年進士，嘉靖元年擢河南右布政使，轉左布政使，官至都察院右副都御史，以大獄閑住卒。

贈右方伯劉公巡河南序（息園存稿文2/7下）

劉文敏（1490—1572）字宜充，一作直充，號兩峯，安福人。與從弟邦采及子弟九人，共學於王守仁，返躬實踐，瞬息不少懈，以諸生終，隆慶六年卒，年八十三。

劉先生墓志銘（王時槐撰、國朝獻徵錄114/57）

名山藏80/18下

皇明書44/3下

明史283/21下

明儒學案19/1

劉文煥（1482—1528）字德徵，一字子緯，號繭村，定州衛人。正德三年進士，授兵部主事，陞郎中，歷知東昌、夔州府，卒官，年四十七。

劉公德徵墓志銘（苑洛集5/14下）

父劉傑（1438—1500）字世英。

贈承德郎劉公配安人王氏合葬墓志銘（泉翁大全集59/1）

劉文煥字世英，樂亭人。幼孤，事母孝，母沒，廬墓三年，有泉涌出，人號爲孝子泉。推官沈之唫詣其廬，感動，請解官歸養。

國朝獻徵錄112/58無名氏撰傳

明史296/16下

劉文瑞字廷麟，廣東新會人。正德六年進士，由行人選刑科給事中，陞湖廣僉事。

掖垣人鑑12/29下

劉文燿，宛平人，文炳弟，官左都督。崇禎十七年李自成圍京師，文燿守永定門，馳至河，與賊戰，敗績。京師陷，母杜氏及子婦俱自縊死，文炳亦投井死。文燿突出至渾河，聞內城破，復入，見第焚，大哭曰，文燿未死，以君與母在。今至此，何生爲。遂覓文炳死所，大書版井旁曰，左都督劉文燿同兄文炳報國處，亦投井死。

明史300/23

劉之勃字安侯，鳳翔人。崇禎七年進士，由行人擢御史，上節財六議疏，陳東廠三弊，帝皆納之。出按四川，張獻忠陷成都，欲用之，不屈，叢射死。

明史263/16下

劉之鳳字雝鳴，中牟人。萬曆四十四年進士，歷南京御史，天啓時忤魏忠賢奪職。崇禎中起故官，累遷刑部尚書，會范景文劾南京給事中荆可棟貪墨，下部訊，之鳳予輕比，帝疑其受賄，下之吏，舉朝莫敢言，瘐死獄中。

明史256/10下

劉之綸字元誠，號與鷗，宜賓人。家世務農，元綸讀書暇，從父兄力田。崇禎元年第進士，累官兵部右侍郎。清兵已拔遵化、永平，援軍皆觀望，獨之綸奮前，營於娘娘山，再戰力盡，身被兩矢，遂死之。

劉少司馬傳（七錄齋文集5/1）

啓禎野乘8/3下

天啓崇禎兩朝遺詩小傳2/51

明史261/8下

劉元珍（1571—1621）字伯先，無錫人。萬曆二十三年進士，授主事，遷南京職方郎中。京察，吏部侍郎楊時喬，都御史溫純盡黜政府私人錢夢皐等，大學士沈一貫密爲地，元珍抗疏言一貫比暱儉人，帝怒、除其名。光宗即位、起光祿少卿，未幾卒官、年五十一。

劉元珍墓志銘（高子遺書11上/28）

啓禎野乘3/15

明史列傳85/24

明史231/21下

劉元卿 (1544—1609) 字調父，初號旋宇，改號瀘瀟，江西安福人。隆慶四年舉於鄉，會試對策，極陳時弊，主者不敢錄。既歸，師事同邑劉陽，遂絕意科名。後以累薦，召爲國子博士，擢禮部主事，尋引疾歸，肆力撰述，萬曆三十七年卒，年六十六。有山居草、還山續草、諸儒學案、賢奕編、思問編、禮律類要、大學新編、劉聘君全集。

劉公墓誌銘（鄒子願學集6/27，國朝獻徵錄35/102）

劉徵君年譜一卷、洪雲蒸撰、明嘉靖二年刊本

明史283/30

明儒學案21/4下

母彭氏

先妣彭孺人壙志（山居草4/8）

劉元震 (1540—1620) 字元東，號復齋，任丘人。隆慶五年進士，選庶吉士，授編修。神宗時、歷國子祭酒，檢束諸生，置旌善紀過二簿示懲勸，因進詩經注疏，規諷切至，帝嘉納之。累遷吏部侍郎，掌詹事府。性至孝，得父母書，必南向頓首而後啓。以母年近百歲，乞養歸，年八十一卒，謚文莊。

贈南少宰復齋劉公晉少宗伯序（憪修堂集10/21下）

劉先生墓誌銘（棘門集3/17下）

明史230/6下

父劉劭（1523— ）號柱峯，河南僉事。

壽劉大翁柱峯先生暨元配章宜人七袠序（憪修堂集12/4）

壽柱峯劉老先生暨章夫人偕躋七秩序（陸學士先生遺稿10/51）

壽祝柱峯翁劉老先生榮壽八袠序（快雪堂集6/13）

劉元霖 (1556—1614) 字元澤，號用齋，任丘人，元震弟。萬曆八年進士，歷官工部尚書。福王開邸洛陽，有所營建，元霖執奏，罷之。以母老，與元震先後乞養歸。尋卒，年五十九。

賀大中丞用齋劉公撫浙九年奏最序（快雪堂集5/3）

壽開府劉公四十序（快雪堂集6/8）

祭大司空用齋劉公文（白雲巢集17/2下）

用齋劉公墓誌銘（從野堂存稿4/1）

用齋劉公墓表（四素山房集18/1）

明史230/7

劉天民 (1486—1541) 字希尹，號函山，歷城人。正德九年進士，授戶部主事，官至四川按察司副使，卒年五十六。有函山集、蜚吟集、田間集、媿菴集等。

贈劉希尹序（薛考功集10/8下）

劉先生墓誌銘（李中麓閒居集7/3下，國朝獻徵錄98/85）

劉天和 (1479—1545) 字養和，號松石，麻城人。正德三年進士，以御史出按陝西，忤中官下獄，謫金壇丞，遷湖州知府。嘉靖間撫陝西，討平湖店大盜及漢中妖賊。黃河南徙，命天和總理河道，遂疏汴河及山東七十二泉，不三月訖工。改兵部侍郎，總制三邊軍務。吉囊入寇涼州、寧夏等處，天和檄鎮將擊敗之。以兵部尚書乞休歸，年六十七卒，謚莊襄。有仲志、問水集。

賀劉湖州治行第一序（棠陵文集1/26下）

巡撫都御史松石劉公平寇記（對山集15/9）

贈松石劉公陞南太僕序(涇野先生文集5/3下)

贈大司徒松石劉公之部序（同上13/25下）

奉賀總制大司馬松石劉公破虜奇勳序（渼陂續集下/9下）

送司馬松石劉公序（新兩城先生集15/12）

送劉養和歸省序（鳥鼠山人小集11/1）

劉問水集序（陽峯家藏集25/16下）

制府奏議序（存笥稿2/8下）

劉莊襄公墓志銘（弇州山人四部稿86/1，國朝獻徵錄39/51）

劉莊襄公逸事略（耿天台先生文集16/37下）

祭松石先生劉公文(少華山人文集續14/6下)

名卿績紀4/13

名山藏臣林記23/19

明史200/15下

父劉仲倫

皇明世說新語1/17

母秦氏（1458—1529）

秦氏墓志銘（少䓪山人文集10/10下）

劉天授字可金，號又洲，萬安人。嘉靖十一年進士，授龍溪令，遷刑部主事，官至廣西布政使，致仕卒。

贈大參劉公之浙江敍（宗子相集13/57）

劉又洲公暨恭人郭氏合葬誌銘（紫原文集11/1）

劉天麒字仁徵，臨桂人。弘治十五年進士，分司呂梁，奄人過者不爲禮，諸奄誣之，下詔獄。謫安莊驛丞卒。

祭劉仁徵文（湘皋集33/10下）

明史189/8下

劉不息（1526—1585）字體道，號觀海，山東滋陽人。隆慶二年進士，由直隸賓坻知縣選戶科給事中，陞吏科都給事中，晉太僕寺少卿，卒年六十。

劉公墓碑銘（穀城山館文集25/10下，國朝獻徵錄72/45）

掖垣人鑑15/17

劉五緯，號夢鳳，四川萬縣人。萬曆四十七年進士，歷任廬江，無錫、登封、寶豐等知縣，所至有政績。告歸、卒於家。

啓禎野乘9/5

劉孔和（1615—1645）字節之，常山人，鴻訓子。工詩、倜儻負奇氣，好談兵擊劍，結納賓客。甲申歲、破家殺賊。後以於廣座中侮劉澤清，被害，年三十一。

劉孔和王遵坦傳（帶經堂集43/1）

天啓崇禎兩朝遺詩傳5/189

劉孔暉，邵陽人。天啓元年舉人，知新鄭縣。崇禎十四年闖賊至，固守不能支，城陷罵賊死。

明史293/8下

劉友仁字是成，號涵江，漳浦人。正德九年進士，授南京戶部主事，陞禮部郎中，歷浙江、河南參政。

劉涵江墓表（遵巖先生文集16/3，國朝獻徵錄92/45）

劉中立字健甫，號禹坪，禹城人。隆慶五年進士，任給事中。張居正當國，中立抗疏劾之，出爲陝西參政，轉山西。時澠峪有山賊嘯聚，發兵平之。父喪、徒跣至家，號痛感疾而卒。

掖垣人鑑16/11下

劉中敷，大興人。燕王舉兵，以諸生守城功，累遷江西右參議。宣德三年遷山東左布政使，質直廉靜，吏民畏懷。正統元年父憂奪情，召拜戶部尚書。六年瓦剌入貢，詔問馬駝芻菽數，不能對，論斬繫獄，釋爲民。景帝立、起戶部左侍郎，居五年卒。

名山藏臣林記11/8下

靖難功臣錄×/10

明史列傳39/2

明史157/8

劉中藻字薦叔，福安人。崇禎十三年進士，授行人，賊陷京師，薙髮被榜掠。賊敗，南還事唐王。既事魯王，攻降福寧守之，移駐福安，淸兵至，城破，爲文自祭，吞金屑死。有洞山文集。

明史276/25下

劉日升（1546—1617）字扶生，號明自，廬陵人。萬曆八年進士，授永州司理，丁內艱歸。服除，改福寧，累官應天府尹，致仕卒，年七十二。日升師王時槐，潛心講學，與鄒元標相友善。著有符司紀、愼修堂集。

劉公神道碑（蒼霞餘草8/17）

劉日寧字幼安，南昌人。萬曆十七年進士，授編修，累官右中允，値皇長子講幄。時冊立未舉，外議紛紜，日寧旁慰曲喩，依於仁孝，光宗心識之。時礦使四出擾民，日寧發憤上疏，極言稅監李道、王朝諸不法狀，疏入留中。官至南京國子祭酒，卒謚文簡。

明史列傳75/18

明史216/14

劉仁宅（1396—1476）字廣居，華容人。永樂十八年舉人，知瑞昌縣，流民千餘家匿山中，邏者索賂不得，誣民反，衆議加兵，仁宅單騎招之，民爭出訴，遂罷兵。擢廣西副使，平盜亂，以讒去職，年八十一卒。

劉公行狀（懷麓堂文稿23/8，國朝獻徵錄101/40）

國朝獻徵錄101/42維風編

劉化光，山東歷城人。與子漢儀皆舉人。崇禎十一年清兵攻濟南，破家守城，城陷、與子漢儀俱戰死。

啓禎野乘8/8

明史291/17下

劉允，武宗時太監。正德中奉勅往烏斯藏迎番僧號活佛者，所齎金寶，以百餘萬計，內府積貯爲空。旣至，爲番人所襲，盡亡其所齎，允走免。及歸，武宗已崩，遂獲罪。

明史304/31

劉允中字叔霽，江西高安人。成化十四年進士，由庶吉士授工科給事中，以憂歸。復除禮科給事中，陞禮科右給事中。

掖垣人鑑10/25

劉永字克修，大庾人。永樂十六年進士，授刑部主事，歷郎中。以大學士楊士奇薦，授荊州知府，一郡稱治。劾楚藩不法，械繫詔獄，得釋復原官，前後歷十四年，卒於任。

明史281/19下

劉永之字仲修，自號山陰道士，清江人。工詩文，擅書法，日與郡士楊伯謙等講論風雅，當世翕然宗之。洪武初徵至金陵，以重聽辭歸。有山陰集。

送劉仲脩遠遊序（胸學士文集11/5下）

劉永之傳（曝書亭集64/6）

明儒學案3/7

劉永祚字叔遠，武進人，熙祚弟。由選貢生屢遷興化同知，禽賊曾旺。後以副使知興化府事，清兵入城，仰藥死。

明史294/15下

劉永誠（1391—1472）太監，習騎射，永樂中嘗爲偏將，累從北征。宣德正統中再擊兀良哈，後監鎭甘涼，戰沙漠有功。景泰末掌團營，英宗復辟，勒兵從，成化八年始卒，年八十二。

劉公墓志銘（類博稿10/7）

國琛集下/42

明史304/12下

劉永澄（1576—1612）字靜之，一字練江，寶應人。萬曆二十九年進士，補順天儒學教授，陞國子監學正。嚴程課，飭行檢，北方學者稱爲淮南夫子。其學以刻苦自勵爲歸，以裨益身心世道爲驗，動必以古人自師。官至兵部主事，年三十七卒，學者私諡貞修先生。有劉練江集。

劉先生墓志銘（高子遺書11上/7）

職方年譜一卷、清劉顯撰、清刊劉職方家塾緒言附刻本

明代寶應人物志×/21下

明儒學案60/5下

劉永錫字爾欽，號剩菴，魏縣人。明崇禎間舉人，署崇明縣事，庭無留獄。遭鼎革，隱相城，率妻女織席以食。有遺之粟者，非其人不受，竟以餓死。

明學博劉先生傳（湖海文傳63/5下）

劉可訓，澧州人。萬曆中舉於鄉，歷官刑部員外郎。天啓初恤刑四川，會奢崇明反，圍成都，可訓佐城守有功，擢僉事監軍，以功遷兵備參議。崇禎中破賊十萬衆於五峰山，斬崇明及安邦彥。官至右僉都御史，巡撫順天、永平，督薊鎭邊務。卒後於家。

明史249/10下

劉玉字仲璽，磁洲人。有膂力，給侍曹吉祥家。從征麓川，積功至都指揮僉事。天順初以奪門功，進都督僉事，鎭守涼州。成化中討平固原賊，進左都督。卒諡毅敏。

贈固原伯劉公世墓修建記（懷麓堂文後稿7/18下）

明史列傳45/5

明史175/4下

劉玉字咸栗，號執齋，萬安人。弘治九年進士，知輝縣，陞御史，忤劉瑾削籍。瑾

誅、起河南按察司僉事，官至刑部左侍郎，坐李福達獄削籍，歸卒。隆慶初、謚端毅。玉於天文、地理、兵制、刑律，皆有論著。又有執齋集。

贈劉執齋人為大理序（見素集6/10下）

皇國朝獻徵錄46/59縣志劉玉傳

皇明書27/1

皇明世說新語2/29下；5/4

明史列傳71/2下

明史203/3

母孔氏（1452—1531）

太夫人孔氏墓誌銘（整菴先生存稿13/22下）

劉玉成（1542—1598）字自復，號谷濂，長洲人。隆慶五年進士，授汀州府推官，累陞知府，官至湖廣參政，致仕歸，卒年五十七。

劉公墓誌銘（賜閒堂集23/21下）

劉丙字文煥，江西安成人，斅子。成化二十三年進士，選庶吉士，擢監察御史，遷四川提學副使，累官右副都御史，巡撫湖南。討平貴州等處叛苗，官至工部右侍郎。丙操履清介，敢任事，所至嚴明，法令修舉。卒謚恭襄。

送御史劉君文煥出按吳中序（費文憲公摘稿12/49）

送提學憲副劉先生之任四川序（東川劉文簡公集12/18）

送福建按察副使劉君序（王文恪公集11/13下）

國朝獻徵錄59/107無名氏撰傳

明史列傳38/10下

明史172/24下

劉世芳字穎生，英山人。拔貢生，歷任廬陵、宛平丞，升新河令，超擢濟南僉事，未赴。聞李自成陷京師，仰天慟哭，以頭觸柱，嘔血數升卒。

明史輯略紳志略從逆諸臣

劉世昌字仲積，號驪峯，陝西高陵人。嘉靖三十五年進士，歷重慶、太原府推官，擢兵科給事中。以言事降廣西平南典史，累官至山東參政。

掖垣人鑑14/44下

母李氏

壽劉母李太孺人七十序（馬文莊公集選2/19下）

劉世科，號健菴，涇陽人。隆慶五年進士，歷官順天巡撫，累遷兵部尙書。

大中丞健菴劉公晉大司馬序（睡菴文稿7/19下）

劉世曾，巴縣人，起宗從子。嘉靖間進士，累官右僉都御史、巡撫雲南，討平緬寇，恢復三宣六尉，晉右都御史。性醇孝，官京堂時，父加以巨杖，怡然順受。居官淸苦，爲時所稱。

滇南紀功碑記（朱文懿公文集2/5）

明史184/15下

劉世揚字賓甫，福建閩縣人。正德十二年進士，累官吏科都給科中。世宗初設加興獻帝皇號，世揚疏諫。旣偕同官劾張璁、桂萼黨王瓊、彭澤等，又陳修省八事，語皆切時弊；爲璁等所構，謫江西布政司照磨。歷官河南提學僉事，所至皆有聲。

送僉憲劉君賓甫序（方齋存稿4/12下）

劉平崗之留都儀曹序（古菴毛先生集4/32）

掖垣人鑑12/37

明史206/26

母陳氏

誥封太宜人劉母陳氏壽序（涇野先生文集10/3下）

陳太宜人榮壽詩序（方齋存稿5/24）

劉世龍字元卿，慈谿人。正德十六年進士，授太倉知州，累官南京兵部主事。嘉靖中南京太廟災，世龍應詔陳三事，疏入、帝震怒，謂世龍訕上庇逆，械至京、詔獄廷杖，斥爲民。家居養親以卒。有叢桂集。

送東倉守劉君入覲後序（世經堂集11/1）

明史列傳73/12下

明史207/12下

母王氏

劉母王氏墓誌銘（張文定公甕牖軒集7/11）

劉本道，江陰人。由椽吏授刑部照磨。正統間從討閩寇，陞戶部員外郎。天順元年進戶部右侍郎，總督糧儲及漕運，歲積羨耗五十餘石。詔賜二品服以寵異之。

毘陵人品記7/6

母衷氏（1368—1460）

劉母衷氏墓誌銘（呂文懿公全集10/54）

劉弘字超遠，無錫人。正統九年舉人，歷長垣知縣、順天推官，遷東平知州致仕。弘氣度高超，政尙嚴明，文亦奇古。

毘陵人品記7/7

劉弘道字志甫，號筆山，吳縣人。萬曆二年進士，由福建惠安知縣選工科給事中，陞山東僉事，尋調湖廣。

掖垣人鑑16/20

劉申錫，應山人。舉人，崇禎中嘗預養死士百人。及賊陷城，倡義圖復，兵敗，爲賊將白旺所殺，百人皆戰死。

明史294/4下

劉仕字以學，陝西中部人。正德十六年進士，授刑部主事，以爭大禮廷杖。後與定李福達獄，下吏遣戍。穆宗即位，起太僕少卿，年老不就。

丹心常在圖序（涇野先生文集4/43）

河東書院贈別詩序（同上4/43下）

劉氏族譜序（同上4/46）

父劉璋（1469—1537）字尙德，號北橋，官覇州知州。

劉君墓誌銘（涇野先生文集28/1）

劉仕貆（1333—1390）字伯貞，安福人。父閈隱居不仕，著書終其身。仕貆少受父學，洪武十五年應賢良舉，授廣東按察司僉事，以廉惠大得民和，廿三年遭風溺死，年五十八。

國朝獻徵錄99/130正氣集傳

明史列傳18/4

明史140/2下

劉生和（1569—1619）字仲協，號環江，滄州人。萬曆三十五年進士，授蔚州令，官終寶慶知府，卒年五十一。

劉公暨配王宜人合葬墓誌銘（雲石堂集21/1）

劉台，號是閒，四川巴縣人，春弟。弘治五年解元，舉九年進士，官至參政。

奉賀是閒劉公双壽序（渼陂續集下/7下）

劉汝靖（1457—1515）字安之，渭南人。弘治六年進士，授工部主事，陞員外郎，修秦簡王園，能以禮裁抑之，進虞衡郎中，丁繼母憂歸。尋爲緝事者言收繫錦衣獄，褫其職。劉瑾誅，復原官致仕，卒年五十九。

劉君墓誌銘（對山集19/7，國朝獻徵錄51/89）

劉汝楠字孟材，號南郭，福建同安人。嘉靖七年解元，登十一年進士，授湖廣推官，歷提學僉事。

皇明三元考3/7

父劉祚（1485—1543）字元薨，號二槍。

二槍劉公安人王氏合葬墓志銘（可泉先生文集11/3下）

劉兆元字德資，上海人。嘉靖四年舉人，授懷慶推官，攝守事，會中使銜命降香王屋山，民苦供應，多逃亡，兆元能以權宜辦濟，使者告成事而去。後以病去官，卒於道，年四十九。

劉君墓表（震川先生集23/305，國朝獻徵錄93/27）

劉宇字至大，鈞州人，綱孫。成化八年年進士，知上海縣，累遷右都御史，總督宣大山西軍務。劉瑾用事，宇介熊芳以結瑾，進吏部尙書、兼文淵閣大學士。瑾誅、言官交劾之，削官歸。

國朝獻徵錄14/67實錄本傳，又14/68弇州別記劉宇傳

明史306/5

劉宇亮字季龍，號蓬玄，四川綿竹人。萬曆四十七年進士，崇禎中累遷禮部尙書，與薛國觀同入閣。宇亮短小精悍，善擊劍。居翰林、常與家僮角逐爲樂。性不嗜書，館中纂修、直講、典試諸事，皆不得與。座主錢士升爲之援，又力排同鄉王應熊，張已聲譽，竟獲大用。淸兵深入，宇亮以首輔督察各鎭勤王兵，後落職卒於家。

五十輔臣考3/33

明史253/8

劉宇烈，綿竹人，宇亮兄。天啓五年以

兵部右侍郎總督山東軍事，討白蓮賊。字烈無籌略，諸軍亦懦怯，撫戰不能定，致爲賊所乘，敗走青州。及巡撫徐從治戰死萊州，擧朝恚憤，逮字烈下獄，次年遣戍。

明史248/17

劉安字元靜，大梁人。永樂二十一年擧人，授金鄉訓導，擢山東道監察御史，劾姦洗冤，振揚風紀，屢彈擧不法，陞山東副使。服闋，改陝西，致仕歸，年九十餘卒。

贈憲副劉公赴任山東序（呂文懿公全集7/16）
國朝獻徵錄94/55李濂撰傳

劉安，宿遷人，榮子，嗣爵廣寧伯。正統十四年與郭登鎭大同，也先擁英宗至城下，安出見、伏哭帝前，景帝降敕切責。安馳至京、群臣交劾，下獄論死。會京師戒嚴、釋充總兵官。寇退、進都督同知。英宗復位、予世侯。成化中卒、謚忠僖。

水東日記37/6
名山藏臣林記8/27
明史列傳22/9下
明史155/7下

劉安字汝勉，慈谿人。嘉靖五年進士，擢御史。時政尙綜核，臣下救過不給，安疏諫，帝怒，逮赴錦衣衛拷訊，謫餘干典史。後歷鳳陽知府，以治行卓異，賜三品服。安有淸操，居官布衣蔬食，如未仕時。以憂歸、卒。

明史列傳73/7
明史207/7

劉吉（1427—1493）字祐之，號約菴，博野人。正統十三年進士，選庶吉士，授編修，成化五年入內閣兼學士，累遷戶部尙書、謹身殿大學士。孝宗即位，委寄愈專。言者攻之，吉數興大獄，臺省爲空，中外側目。後眷頗衰，帝遣中官諷令致仕，始上章引退。年六十七卒，謚文穆。吉多智數，銳於營私，時爲言路所攻。居內閣十八年，人目之爲劉棉花，以其耐彈也。

劉公神道碑銘（徐文靖公謙齋集8/27下，國朝獻徵錄14/4）
殿閣詞林記2/7下

四友齋叢說9/11下
明史列傳40/18
明史168/14下

父劉肅（1392—1482）字良弼。

壽封尙書劉公九十壽序（瓊臺吟文會稿重編15/28下）
博野劉先生壽九十詩序（彭文思公文集3/5）
劉公神道碑銘（同上5/10）

劉存義（1523—1575）字質卿，更字敬仲，人稱漢樓先生，襄陽人。嘉靖三十二年進士，授平湖令，擢浙江道監察御史，歷遷大理寺丞，卒年五十三。

劉公墓誌銘（太函集48/10下）

劉存業（1460—1506）字可大，號簡菴，廣東東莞人。弘治三年進士第二，授翰林編修，與修孝廟實錄，卒官，年四十七。

劉君墓誌銘（東川劉文簡公集17/32下）

劉有年字大有，沅州人。洪武中以明經爲州學訓導，擢御史，激揚有聲，出知太平府。永樂中上儀禮逸經十有八篇，官終交阯按察僉事。

吾學編58/13

劉同升字晉卿，吉水人，應秋子。崇禎十年殿試第一，授編修。楊嗣昌奪情入閣，同升抗疏劾之，謫福建按察司知事，移疾歸。南都陷、偕楊廷麟共謀興復，唐王授兵部左侍郎，巡撫南贛，以勞瘁卒，謚文忠。

天啓崇禎兩朝遺詩傳3/111
狀元圖考4/20下
明史列傳75/20
明史216/17

劉光祚字鴻基，榆林衛人。歷官延綏游擊。崇禎中勤王，戰灤州有功，累擢保定總兵官。淸兵至渾河，以恇怯論死。大學士范復粹錄囚，力言光祚才武，以斷事官戴罪辦賊。時傅宗龍敗沒於項城，南陽震恐，光祖適經其地，唐王邀與共守，城陷死之。

明史269/14

劉光復（1566—1623）字敦甫，號貞一，晚號見初，靑陽人。萬曆二十六年進士，授諸暨知縣，擢御史。神宗因張差事，召見廷臣於慈寧宮。光復大聲言，陛下甚慈愛，皇太子甚仁孝，意將有所申說。神宗遽發怒，廷杖下獄，久之赦出。光宗立、起光祿寺丞，尋卒，年五十八。有見初集。

見初府君行狀（劉廕祚撰、劉見初先生集附錄）

劉光濟（1520--1584）字憲謙，江陰人。嘉靖二十三年進士，初任戶部主事，榷臨清。復命時、北騎薄都門，大同勤王師首至，廷議遣郎一人餉之，北兵隔絕，勢不可全，光濟請行，竟領餉達雲中。夜與敵遇，躬擐甲而前，敵不敢逼。累官兵部尚書。張居正奪情議起，光濟獨不署名，銜之、嗾御史曾士楚論罷，卒年六十五。

廊谷劉公墓志銘（弇州山人續稿123/14下）

毘陵人品記10/2下

劉仲質字文質，分宜人。洪武初爲宜春訓導，被薦入京，擢翰林典籍，歷禮部尚書至華蓋殿大學士。爲人厚重篤實，博通經史，常當帝意。爲文典確，不尙浮藻。後絀爲監察御史卒。

國朝獻徵錄12/7無撰人劉仲質傳

殿閣詞林記1/2下

明史列傳11/13

明史136/9

劉先（1326--1388）字光祖，河南密縣人。少負大志，有膽略。元末大亂，募民兵以圖匡濟，以功累陞平章政事、鄭國公。洪武初明師北伐，率部來歸，從常遇春、湯沐等大小五十餘戰，斬獲甚衆；再陞雲南烏撒衞指揮同知。廿一年卒，年六十三。

劉公墓碑（楊文敏公集19/1）

劉如寵字介卿，號應沙，湖廣蘄州人。萬曆八年進士。歷官開封知府。

開封郡守應沙劉公去思碑（昭甫集13/14）

開封郡守應沙劉公入計序（同上19/15）

劉旭（1354--1419）字伯亨，蘇州人。三歲喪母，十歲時父抗流賊猱頭王、護鄉里被害，旭養於伯叔家。洪武十七年代叔役戍大寧，英偉有膽氣，署管軍百戶事。靖難兵起，以功陞定海衞副千戶。永樂十七年卒，年六十六。

劉公墓碑銘（介菴集10/15下）

劉自強（1508--1582）字體乾，河南扶溝人。嘉靖廿三年進士，累遷山西副使，甫涖任、擒斬叛帥王慶，餘黨悉平。以左副都御史巡撫四川，支羅寇黃中、負險猾驁，自強討平之。隆慶初官至刑部尚書，致仕卒，年七十五。

劉公神道碑（焦氏澹園集26/1，國朝獻徵錄45/56）

劉亨（1358--1439）字嘉會，廬陵人。博通經史，洪武十五年以賢人君子徵，辭。久之，復舉經明行修，入對稱旨，命說書華蓋殿。以言事忤，出爲壽州訓導。建文時上書改舊制，陞武進縣丞。靖難後杜門不出，屢徵不起。正統四年卒，年八十二。

劉公墓誌銘（王文端公文集31/10下）

國朝獻徵錄83/103無撰人劉亨傳

吾學編56/31

皇明書19/18

皇明表忠紀7/5

遜國神會錄下/39

遜國正氣紀7/4

劉君培，新安人。有義行，崇禎中流賊起，君培携子及從孫避難，道遇賊，欲殺其從孫。君培曰，我尙有男，此子乃遺孤，幸舍之而殺我。賊如其言，二子獲免。

明史292/3下

劉孜（1411--1468）字顯孜，萬安人。正統十年進士，授御史，出按遼東，將吏懾服。擢山東按察使，治行稱最。累遷右副都御史，巡撫江南。成化初拜南京刑部尙書，懲南部法弛，矯之以嚴，官吏畏憚，致仕卒，年五十八。孜居官廉愼，治事精密，號稱能臣。

國朝獻徵錄48/15實錄本傳

明史列傳29/17下

明史159/11

劉辰字伯靜，金華人。少負氣節，喜功名。太祖下婺州，首上謁，署典籤，以親老辭歸，教授鄉閭。建文中薦擢監察御史，出知鎭江府。永樂初遷江西左參政，居官廉勤尙氣，與都司按察使不相得，坐免。起刑部右侍郎致仕，永樂十年卒。有國初事蹟。

劉公墓志銘（胡儼撰、皇明名臣墓銘乾集 38，國朝獻徵錄26/3，皇明名臣琬琰錄 13/16下）

明史列傳27/10下

明史150/9

劉志業（1519—1603）字可大，號平江，慈谿人，安子。嘉靖四十一年進士，授臨清知州，官至江西副使，卒年八十五。

劉公墓誌銘（寧澹齋全集6/10）

劉志壽字伯齡，密人。以世業任南京欽天監五官靈臺郎。能詩，善畫翎毛，尤長蝦蟹，落筆瀟灑，活潑可愛。

圖繪寶鑑6/9

劉志選，慈谿人。萬曆十一年進士，授刑部主事，以言事謫福寧州判官，後用爲工部郎中。時年已七十餘，嗜進彌銳，諂附魏忠賢，力詆王之寀、孫愼行等。官至右僉都御史，提督操江。忠賢敗、論死，志選先自經。

明史306/21

父劉蒞（1490—1574）字朝佩，號損齋。

劉公暨太安人墓志銘（大泌山房集94/18下）

劉均（1371—1427）字宗平，號拙闇，吉水人。由學官弟子領鄉薦，會試禮部，授大寧教諭。召與修高廟實錄，擢翰林檢討。永樂中與修永樂大典，坐罪謫籍。宣德二年召復起，之京師，卒於道，年五十七。有金陵稿、仕優集、拙闇稿。

劉君宗平墓誌銘（王文端公文集32/3）

劉材（1523—　）字汝成，號湖山，南昌人。嘉靖中舉進士，爲韶州推官，歷刑禮部主事，屢遷陝西左布政使，卒於官。

劉公墓誌銘（鄧定宇先生文集4/22）

妻楊氏

賀劉母楊太君七十序（山居文稿4/9下）

劉成，靈壁人。以統兵總管從耿炳文定長興，爲永興翼左副元帥，數有功。李伯昇以十萬衆來攻，城中兵僅七千，成引數十騎出西門，擊敗之，擒其將，敵悉兵圍之，遂戰死。

明史133/15下

劉成治字廣如，漢陽人。崇禎七年進士，福王時歷官戶部郎中。南都破，忻城伯趙之龍將出降，入戶部封府庫，成治手搏之，之龍跳而免，成治自經死。

明史275/11下

劉成穆，一名嘉壽，字玄倩，四川崇慶人。七歲能詩，十五通經史百家，少有才名。舉嘉靖十年鄉試，早卒。有劉玄倩集。

劉立倩集敘（二酉園續集2/42下）

劉岌字凌雲，四川涪州人。景泰五年進士，授吏部主事，再遷郎中，歷太常寺卿，屢官至禮部尙書掌南京太常寺致仕，弘治十八年卒。

送大宗伯劉君歸省還蜀序（青谿漫稿18/14下）

贈大宗伯劉公致仕榮歸（同上18/22下）

送太子少保劉公致仕還鄉序（東川劉文簡公集14/11下）

送太子少保禮部尙書涪陵劉公致仕序（瓊臺詩文會稿重編14/30下）

國朝獻徵錄33/34無撰人劉岌傳，又70/1實錄本傳

劉廷臣（1509—1559）字伯鄰，號白石，洪洞人。嘉靖十七年進士，授知裕州，清愼勤敏，遷刑部員外郎，歷河南參政，累擢右副都御史巡撫宣府，致仕卒，年五十一。

劉公墓志銘（蘇祐撰、國朝獻徵錄62/65）

劉廷訓（1574—1638）字式柏，順天通州人。由歲貢爲吳橋訓導。崇禎十一年清兵入畿內，廷訓守城，堅拒三晝夜，城外發矢如雨，廷訓受傷，束胸力戰，又中六矢乃死，年六十五。

直隸河間府學訓導劉君墓誌銘（牧齋初學集52/15下）

啓禎野乘8/39

明史291/14下

劉廷敕字崇恩，號野川，江右人，居於光化。善白描佛像人物。

劉野川傳（太室山人集13/14下）

劉廷梅（1497--1574）字同野，南昌人。嘉靖二十六年進士，授歙縣令，遷南京兵部主事，出知漢陽，時景藩新封，用事者侵民田，民聚衆揭竿稱變，廷梅爲正經界，百姓安堵。仕終廣東副使，卒年七十八。

劉公墓志銘（太函集48/3下）

劉廷傳字惟中，潁州人。性篤孝，崇禎中流寇至，與弟廷石倡義守城。及陷，兄弟俱罵賊死。

劉公惟中傳（堯峰文鈔34/3下）

明史292/7

劉廷標字霞起，號玉存，上杭人。由貢生歷永昌府通判，孫可望入雲南，廷標與推官王運閎，方發兵守瀾滄，時沐天波在永昌，遣子納款，諭兩人以印往，兩人堅不與，士民號泣於門，乞納款以紓禍。廷標曰，衆情如此，吾輩惟一死自靖耳。是夕運閎先自經，廷標沐浴賦詩三章，亦自經。

明史295/19

劉廷蘭字國徵，號紉華，漳浦人。萬曆四年與南樂魏允中、無錫顧憲成並爲鄉試舉首，皆負儁才，時人稱三解元。登八年進士，未授官卒。與兄廷蕙、廷芥皆有名，世稱漳浦三劉。

明史232/4下

劉廷瓚，河南光州人。成化十四年進士，授興化知縣，改徽州績溪，擢監察御史，弘治九年陞寧國知府。

送太守劉君知寧國序（羅文肅公集2/20下）

劉伯吉，里籍未詳。永樂宣德間爲碭山令，以親喪去。服除，碭山民守闕下，求再任。吏部言新令已在碭山二年矣。帝曰，新者勝舊，則民不復思。今久而又思，其賢於新者可知矣，遂易之。

明史281/14

劉伯完，不知里籍。建文時累官欽天監副。精於占候，又諳回回律法。北兵南下，在歷城侯軍中，從何福戰靈璧，敗績被執，釋還亡去，不知所終。

晉學編56/18下

遜國正氣記7/15

劉伯淵字靜之，號念廷，慈谿人。隆慶五年進士，萬曆初歷工部郎中，分署臨清，掌陶甓之政，釐革宿蠹，民思其利，官終江西按察副使。有灌息亭集。

國朝獻徵錄51/97無撰人司空大夫劉君伯淵陶政記

劉伯愚字千之，商丘人。幼穎異，書過目不忘，明末文體詭譎支離，伯愚守其家學，力追先正。一時雪苑有吳侯徐劉之目，謂吳伯裔、侯方域、徐作霖及伯愚也。流賊陷商丘，投井死。亂後，其子德培搜其遺文刻之。

明史293/12下

劉伯燮（1532--1584）字元甫，號小鶴，孝感人。隆慶二年進士，歷戶部主事，擢工科給事中，遇事敢言，彈劾不避權要。陞陝西參議，歷河南右參政，督學滇南，操執清慎。遷廣東按察使，以母老不赴，卒年五十三。

劉公墓志銘（大泌山房集79/24）

披垣人鑑15/15下

劉伯躍字起之，南昌人。嘉靖八年進士，授刑部主事，屢官工部左侍郎，與嚴嵩爲姻婭，嵩敗，被劾罷歸。

國朝獻徵錄51/70實錄本傳

父劉傑（1477—1535）

劉君墓誌銘（駱漸山文集4/9）

劉佐（1483--1515）字以道，號北原，陝西中部人。正德六年進士，授戶部主事，明敏多才，論事析理，不深思而解。任俠好義，鄉人邵昇以劉瑾事累奔佐，佐匿之數月，人或止之，佐曰，邵君託我者，以我能活之也。邵君故不與瑾事，我知之。夫不權其是非之原，而輕背其友，豈仁者乎。卒能脫昇。未幾以病卒，年僅三十三。

劉以道墓志銘(洹詞2/22，國朝獻徵錄30/71)

劉沖，河南杞縣人。建文時爲鎮撫，出亡後，與王資並黃冠講太玄老子。永樂二年偕諸亡臣、侍帝遊天台，遂留寺中，以老死。

遜國正氣記2/28
遜國神會錄下/29下
皇明表忠記6/16下

劉希文，華容人。天啓中以貢生授興文教諭。崇禎明陷城，縣令張振德被害，希文暫署縣事。賊復至，誓死不去，與其妻白氏同殉。

明史290/8

劉希簡字以順，號蓼渠，洪州人。嘉靖五年進士，除行人，遷工科給事中，甫五月，兩以直言得罪，直聲大振。久之謫縣丞，終建昌知府。

掖垣人鑑13/14
明史206/24下

劉孚字誠之，江西泰和人。正統四年進士，除行在刑科給事中，陞廣東僉事。

送劉誠之赴廣東按察僉事序（芳洲文集4/4）
掖垣人鑑8/20下

劉邦采字君亮，安福人。學於王守仁，丁父憂，蔬水廬墓，免喪、不復應舉。提學副使趙淵強之仕，遂中式。仕至嘉興府同知，尋棄官歸。邦采識旣高明，用力復果銳，故造詣特深，年八十六卒。

國朝獻徵錄85/49王時槐撰傳
皇明書44/6
明史列傳70/18
明史283/21
明儒學案19/5

劉宗周（1578--1645）字起東，號念臺，晚更號克念子，浙江山陰人。萬曆二十九年進士，天啓初爲禮部主事，歷右通政，劾魏忠賢、客氏，削籍歸。崇禎初起順天府尹，時帝方綜核刑名，宗周以仁義之說進，又請除詔獄、免新餉，帝不省，謝病歸。再召授工部侍郎，累擢左都御史，復以論救姜埰、熊開元，革職歸。福王監國，起原官，痛陳時政，劾馬士英、劉孔昭、劉澤清、高傑，又爭阮大鋮必不可用，皆不納，乞骸骨歸。杭州失守，絕食二十三日卒，年六十八，門人私謚正義，淸賜謚忠介。宗周學以誠意爲主，愼獨爲功，淸修篤行，不愧衾影，學者稱念臺先生。又嘗築證人書院，講學蕺山，又稱蕺山先生。所著周易古文鈔、聖學宗要、學言、人譜、人譜類記、論語學案、道統錄、陽明傳信錄、證人社約言、文集等書，皆原本性命，闡明聖學，有關世道人心者。

子劉子行狀二卷、黃宗羲撰、四部叢刊南雷文案附印本，又淸刊本劉子全書附刻本
劉先生傳（西河合集76/7下）
明劉子蕺山先生傳（思復堂文集1/18）
劉忠介公像贊（南江文鈔8/40）
劉念臺先生像贊（忠雅堂文集8/4）
劉蕺山先生年譜二卷、淸劉汋撰、淸刊劉子全書附刻本
劉宗周年譜一卷、今人姚名達撰、商務印書館排印本
天啓崇禎兩朝遺詩傳5/179
明史255/1
明儒學案62/2

劉宗弼，名丞直，以字行，江西贛縣人。元末舉進士，太祖下金陵，以薦授國子博士。吳元年擢司業，佐祭酒許存仁立規條，以束諸生。洪武初遷浙江僉事，以疾乞歸，自稱空同雪樵。宗弼能詩，尤工選體，出入鮑謝之間，以壽終。有雪樵詩集。

國朝獻徵錄84/94黃佐撰傳

劉定之（1409--1469）字主靜，永新人，髦子。幼有異禀，舉正統元年會試第一，授編修。景帝立，建言十事，上嘉納，拜洗馬。憲宗時歷官至禮部左侍郎，多所建白，年六十一卒，謚文安。定之謙恭質直，擅文學，以敬博稱。有易經圖釋、宋論、呆齋集、否泰錄、文安策略等書。

劉公墓志銘（商文毅公集27/1）
劉公神道碑（彭時撰、國朝獻徵錄13/68）
皇明名臣琬琰錄后集5/12楊廉撰言行錄
水東日記4/2
皇明獻實18/2下
殿閣詞林記3/36
吾學編44/1

國琛集下/3下
聖朝名世考2/30
皇明世說新語 5/3下，6/26，7/11，8/3下，8/24
皇明書16/24
名山藏臣林記10/5
明史列傳45/44下
明史176/19下

劉玠（1523—1605）字元白，號熙臺山人，海鹽人。嘉靖二十九年舉進士，除金谿知縣，歷官貴州按察使、江西布政使。卒年八十三。

劉方伯家傳（大泌山房集67/12下）

劉玭字求素，號雙林，安福人，球從弟。正統四年進士，授莆田令，興學校，禮賢俊，平徭役，興利除害，士民翕然懷之。擢刑部主事，陞員外郎，被誣謫戍遼陽。卒年五十五。

雙峯劉公傳（彭文思公文集7/31）

劉孟字子賢，江西安福人。成化二十三年進士，除兵科給事中，累陞刑科都給事中，遷福建參政，仕終都察院右副都御史。

掖垣人鑑10/31下

劉孟雍，南昌人。以賢良擢龍溪知縣，先是爲邑者多貪闒不職，吏胥緣爲奸，徭役不均，民多竄徙。孟雍覈其戶之虛實，而等差其役，流民相率來歸。復勸農桑，禁淫祠，寬刑罰，衛善抑姦，邑以大治，陞安州知州。龍溪民相率奏乞留之，遂授知州職，還治龍溪，永樂十八年卒。

國朝獻徵錄91/32無名氏撰傳
明史281/9下

劉孟鐸，廬陵人。永樂二年進士，授禮部主事，陞郎中。小心詳審，恪守成憲，事有緩急損益，必考據精切。擢四川參政。

贈劉參政序（王文端公文集20/16）

劉東星（1538—1601）字子明，號晉川，山西沁水人。隆慶二年進士，選庶吉士，授兵科給事中，累官吏部右侍郎，以父老請侍養歸。父卒，起工部左侍郎兼右僉都御史，總理河漕，以功進兵部尚書。又奏開泇河，引漕淮海，垂成而卒，年六十四，天啓初謚莊靖。東星性儉約，歷官三十年，敝衣蔬食如一日。

送觀察晉川劉公遷湖廣右轄之任序（李文節集16/28下）
賀大司空晉川劉公治河功成敘（穀城山館文集6/7下）
大司空晉川劉先生河功告成序（蒼霞草5/54）
賀大司空晉川劉公晉秩廕子序（17/15）
劉公行狀（穀城山館文集28/35下，國朝獻徵錄59/102）
劉公墓誌銘（復宿山房集23/22下）
祭總河劉司空（大泌山房集115/21）
祭晉川劉公文（穀城山館文集33/2下）
掖垣人鑑15/10下
明史列傳78/19下
明史223/17下

妻李氏（1535—1608）

李淑人墓志銘（大泌山房集98/9）

劉芳奕，洛陽人。慷慨負智略，舉於鄉，爲昌樂知縣，解官歸。歲大歉，人相食，芳奕傾橐濟之。李自成陷洛陽，自縊死。

明史293/2下

劉叔毖，廬陵人。性廉介，初爲沅陵知縣，勤政愛民，善綏撫，原因困徭役竄山谷中之民，悉歸復業。陞北京行部員外郎，以廉勤獨見禮於中官。後以沅陵民累陳乞還官，遷辰州同知。及建北京宮殿，率郡民就役都下，永樂十八年卒，役民載其喪，歸葬於辰州。

國朝獻徵錄89/60無名氏撰傳
皇明書28/12下

劉忠字攄誠，山東濮州人。景泰元年舉人，歷台州知府，累官至右僉都御史，巡撫延綏，弘治七年致仕。

贈太守劉公九載考績序（桃溪淨稿文3/10）

劉忠（1452—1523）字司直，號野亭，陳留人。成化十四年進士，授編修，仕至吏部尚書，文淵閣大學士，致仕卒，年七十二，贈太保、諡文肅。忠性峻寡合，一介不取，在內閣未久，無大建白，然重厚持正，爲貴倖所嫉。有野亭遺稿。

野亭對（息園存稿文7/19）

劉公神道碑（許讚撰、國朝獻徵錄15/40）

劉少傅傳（洹詞6/40）

名山藏臣林記15/44

皇明書18/6

聖朝名世考2/36

吾學編44/14下

皇明世說新語4/24下，4/28下，7/3下

四友齋叢說8/4，8/6下

明史181/23下

劉固字永貞，陝西眞寧人。以儒士授山東青州教諭，建文初以母老乞歸，後都御史耿淸以書招固。靖難後，淸以懷利刃赴朝，被族誅。固以姻婭，亦株連，全家受戮。

皇明表忠記2/34

遜國正氣紀3/24下

遜國神會錄上/34下

劉昂字廷舉，廣東海豐人。成化五年進士，除工科給事中，陞戶科都給事中，以事降雲南姚州判官，仕終陝西慶陽知府。

掖垣人鑑10/14下

劉昂（1436--1507）字孟頫，號蘭谷，汴梁人。性狷介，與衆寡諧，績學勤苦，無間寒暑。以薦授內丘縣學訓導，改棗強，啓廸勤勵，教士不倦。弘治中上崇守令以安民及崇儒重道二疏，爲當道所沮，遂罷歸。正德二年卒，年七十二。著有四書粹議、詩經直解、蘭谷詩文抄等。

國朝獻徵錄82/48李濂撰傳

劉杲字世熙，長州人。成化十一年進士，累遷湖廣副使。朝議括流民戍邊，所在洶懼，杲急白上官，驗文引及生業，以定去留，民乃安。三遷江西左布政使。天下朝覲官，劉瑾皆要重賄，杲故無所費，力拒不應，士論稱其剛正。瑾誅、以時望方遷擢，而杲力乞罷，詔進右副都御史致仕，正德八年卒於家。

送劉世熙任四川僉憲序（王文恪公集10/2下）

國朝獻徵錄55/19無撰人劉杲傳

劉昊，衡陽人。天順元年進士，官兵科給事中，彈劾不避貴權。成化中官至戶科左給事中，再論宮闈事落職，直聲震中外。

掖垣人鑑5/6下

劉昌（1424--1480）字欽謨，號椶園，長洲人。正統十年進士，爲文贍麗，詩宗盛唐。官至廣東參政，卒年五十七。有中州名賢文表、河南志、姑蘇志、文集等。

劉公墓志銘（陳頎撰、國朝獻徵錄99/28）

姑蘇名賢小紀上/20

吳中人物志7/33下

子劉嘉緒（1468—1491）字協中。

劉秀才墓誌銘（唐伯虎先生集下/12）

劉昌祚字子延，武進人。爲諸生屢試優等，邑令器之。謁選時以貌置丞簿間，選司極稱其文，遂授雩都知縣，以廉稱。

毘陵人品記10/10

劉尙志字行甫，號景孟，直隸懷寧縣人。隆慶五年進士，由浙江山陰知縣選刑科給事中。

掖垣人鑑16/25下

劉季道（1325--1373）名宜正，以字行，吉水人。洪武初以明經爲起居注，陞浙江按察司僉事。機敏如神，以忤權貴，下獄死，年四十九。

劉公墓志銘（胡廣撰國朝獻徵錄84/92）

劉季篪（1363--1423）名韶，以字行，餘姚人。洪武二十七年進士，授行人，擢陝西參政。建中召爲刑部侍郎，居官多善政。永樂中預修大典，坐失出罪，左遷兩淮鹽運副使，復降授工部主事，卒官，年六十一。

劉君墓志銘（東里文集20/14）

國朝獻徵錄46/6無撰人劉季篪傳

皇明獻實12/5下

聖朝名世考3/12

明史列傳27/9下

明150/8

劉秉監字遵教，號印山，安福人，宣子。正德三年進士，歷河南僉事，俗惑鬼，多

淫祠，秉監毀境內淫祠以千數。遷大名兵備副使，以忤巨奄逮繫詔獄，謫判韶州，移貳潮州，調知臨安府，未至卒。秉監學於湛若水，復篤志陽明之學。講學之會，匹馬奚童，往來山谷間，儉約如寒士。母勞之曰，兒孝且弟，何必講學。對曰，人見其外，未見其內，將求吾眞，不敢不學。

送劉潮州序（涇野先生文集5/31下）

皇明世說新語1/10

明儒學案19/8下

劉采（1500--1573）字汝質，別號安峯，麻城人。嘉靖八年進士，知宿州，遷戶部員外郎，尋晉郎中。歷右副都御史、巡撫山東，晉南京兵部右侍郎，擢戶部尚書致仕。隆慶元年，起南工部尚書，改吏部，尋遷兵部尚書，參贊機務，致仕卒，年七十四，謚端簡。采平生廉謹而恥矯異，歷官皆清正云。

送劉安峯羅廣西憲副敘（涇林集4/29）

送安峯劉公巡撫山東序（雲岡公文集15/9下）

大司馬齊安劉公七十序（皇甫司勳集46/14下）

劉端簡公外傳（耿天台先生文集15/12下，國朝獻徵錄43/1）

徐氏海隅集外編40/11下

劉受字子中，號竹山，洛川人，琦子。太學生，嘉靖四十一年授東阿丞，累官四川潼州知州，卒年五十六。

劉公墓誌銘（穀城山館文集17/10下）

劉佳胤，爲總兵官，崇禎末龍文光代陳士奇巡撫四川，與佳胤率兵三千，由順慶馳赴之，部署未定而城陷，賊殺文光，佳胤自沈於浣花溪。

明史263/16

劉洪（1447--1515）字希範，安陸人。成化十四年進士，授陽穀知縣，擢監察御史，歷浙江副使、廣東按察使。弘治中遷右僉都御史、巡撫貴州。値米魯叛，翦滅餘黨，城其要處，進右都御史，卒年五十九。

劉公傳（東川劉文簡公集19/27）

國朝獻徵錄64/13實錄本傳

劉洙字東周，江西貴溪人。正統十三年進士，任刑科給事中，陞應天府丞，天順八年卒於官。

掖垣人鑑8/22下

劉洙（1476--1547）字道源，雲南臨安衞人。正德三年進士，授刑科給事中，歷陞刑科都給事中。在諫垣十二年，以謇諤著名。凡諫武宗遊畋五事、世宗端治本七事，時論韙之。

送給舍劉先生序（凌谿先生文集12/13下）

掖垣人鑑12/16

劉洵字睿甫，號蘇菴，江西鄱陽人。嘉靖十七年進士，由太常寺博士選戶科給事中，降直隸祁縣丞，歷廣東僉事，罷歸。

劉公祠記（遵巖先生文集9/44）

掖垣人鑑13/51

劉宣（1425--1491）字紹和，一字應召，號靜齋，安福人。父戍盧龍，卒、宣補其役，因爲衞學生，能自奮於學。景泰二年成進士，授編修，歷太常寺卿、吏部侍郎，官至南京工部尚書，年六十七卒，謚文懿。宣性耿介疾惡，多知國家典故，爲文以理勝，不喜新奇。有冲澹集。

劉公傳（徐文靖公謙齋集6/36）

劉公墓誌銘（懷麓堂文稿29/17）

劉文懿公享堂碑銘（整菴先生存稿11/5）

國朝獻徵錄52/9王時槐撰傳

明史列傳54/7

劉珏（1410--1472）字廷美，號完菴，長洲人。郡守況鍾聞其才，舉爲吏，不就。正統三年領鄉薦，授刑部主事，遷山西按察司僉事。工書畫，居官多善政，成化八年卒，年六十三。有完菴集。

完菴墓誌銘（祝顥撰、完菴集下/86）

國朝獻徵錄97/97無撰人劉珏傳

姑蘇名賢小紀上/18下

吳中人物志7/35

劉政字仲理，一作仲禮，長洲人。性聰睿，肆力學問。建文元年鄉試第一，出方孝孺門。燕兵起、草平燕策將上之，爲家人所尼。聞孝孺被殺，嘔血死。

吾學編56/37

皇明獻實7/7下

皇明表忠紀2/11下
革朝遺忠錄下/20下
姑蘇名賢小紀上/4下
吳中人物志2/9下
聖朝名世考4/20下
遜國正氣記3/10下
遜國神會錄上/13
明史141/8下

劉咸字士皆，號虛菴，泰和人。永樂十年進士，歷四川、河南按察僉事，宣德三年遷廣東副使。

贈劉士皆僉憲四川倡和詩序（金文靖公集7/35下）
送劉副使士皆任廣東按察司序（芳洲文集4/46）
送劉副使歸省詩序（楊文敏公集12/5）
劉氏倡和詩序（東里文集7/23）
虛菴稿序（芳洲續集2/7）
書墨妙卷後（金文靖公集10/19下）

父劉彝（1362—1429）字仲良，著有壯遊集、啽吟稿，俱不傳。

劉仲良墓表（東里文集16/6下）

劉春字仁仲，巴縣人。成化十九年鄉試第一，二十三年成進士，授編修。正德時歷禮部尙書，專典誥勅，掌詹事府事。時糾官各言鎭守內臣入貢之害，春列上累朝停革貢獻詔旨，乞一切停罷。掌禮三年，宗藩請封、請婚及文武大臣祭葬贈謚，多所裁正。卒謚文簡。有劉文簡集傳世。

送修撰劉君歸省序（王文恪公集11/12下）
送侍講學士劉君歸東川省覲詩序（羅文肅公集7/18）
便軺省覲詩序（湯峯家藏集24/20下）
祭文簡公東川劉先生文（端溪先生集6/12）
祭劉文簡公文（太史升菴文集9/1）
殿閣詞林記6/22下
明史列傳54/21
明史184/14

祖劉剛（1416—1474）官浙江赤城驛丞。

劉驛丞墓表（王文恪公集25/19）

父劉規（1436—1508）字應乾，成化五年進士，官監察御史。

劉公墓志銘（懷麓堂文後稿29/14下）

劉若宰，南直隸懷寧籍，潛山縣人。崇禎元年登進士第一，歷官左諭德。

狀元圖考4/17

劉若愚，太監，善書，好學有文。天啓初李永貞取入內直房主箋札，永貞多密謀，若愚心識之而已，不敢與外庭通。魏忠賢敗，若愚爲御史楊維垣所劾，充孝陵淨軍。莊烈帝誅永貞，並坐若愚大辟，久之得減等。若愚當忠賢時，祿賜未嘗一及，旣幽囚，痛己之冤抑，而恨王體乾輩之漏網，作酌中志以自明。

明史305/29

劉英字廷用，陝西盩厔人，著籍錦衣衛。成化十一年進士，除禮科給事中，陞河南汝寧知府，卒官。

掖垣人鑑10/18

劉思問（1519—1583）字汝知，號紫山，河陽人。嘉靖三十五年進士，授蘇州推官，擢御史，累官至南京右都御史，以南戶部尙書致仕，卒年六十五。

劉公墓誌銘（李文節集22/14下）
紫山先生墓表（同上23/1）

劉思賢字用賓，號七峯，石首人。弘治九年進士，拾戶部主事，陞郎中。正德間以忤劉瑾繫獄免官。瑾誅、起知重慶府，累遷工部侍郞。恭愼端愨，囊無餘儲。

誄劉七峯先生文（湯峯家藏集31/4下）

妻王氏（1453—1519）

劉宜人墓誌銘（陽峯家藏集35/1）

劉昱字景陽，山東武城人。洪武中自吏科給事中遷左通政，出爲河南參政，改交阯，嚴肅有治材，吏民畏憚。永樂中征安南，昱與尙書劉儁贊黔國公沐晟軍務，被圍、死之。

掖垣人鑑4/16
名山藏97/8
明史列傳23/11下
明史154/11

劉昺字彥昺，鄱陽人。元末詣太祖獻策，平江西，授中書典籤，洪武中屢陞大都督府掌記，除東阿知縣，旋引疾歸，年六十九卒。工詩，有春雨軒集（按明史作劉炳，實誤）。

劉彥昺先生傳（不著撰人，清康熙間刊鄱陽五先生合集本春雨軒集卷首）

明史285/5下

劉昭，全椒人。永樂五年以都指揮同知敗番賊於靈藏，討平松潘寇，招諭罕東酋達爾札。守邊二十年，西陲賴之。

明史列傳32/15下

明史174/2下

劉昭（1397--1458）字克明，號約禮居士，山西潞州人。宣德五年進士，任行在刑科給事中，陞陝西臨洮知府，在官七年，砥礪名節，勤恤民隱，卒年六十。

劉公墓表（廖莊撰、國朝獻徵錄94/118）

掖垣人鑑8/19下

劉昭字克明，陝西邠州人。景泰二年進士，授兵科給事中，歷通政司通政，成化九年擢工部右侍郎，陞尚書，改戶部，加太子少傅，致仕，弘治三年卒。昭在工部最久，所言動中事機，故往往見聽，陰有節省之益。

贈工部右侍郎劉公序（彭文思公文集3/21）

國朝獻徵錄28/49無撰人劉昭傳

掖垣人鑑7/35

父劉琮（1390--1461）字廷用。

劉公墓誌銘（呂文懿公全集10/73下）

劉俊字士英，陝西寶雞人。正統十年進士，授編修，累陞南京國子監祭酒，尋改南通政司左通政，累官南工部右侍郎致仕，成化二十三年卒。俊初拒附石亨，人多其守。晚歲頗以衰頹戀祿，士論薄之。

國朝獻徵錄53/5實錄本傳

劉俊字君佐，深州人。成化二年進士，授青州推官，鞫獄詳允，徵授御史。累遷河南按察司副使，終日閉門，不通一謁，獨好飲酒，酒人至，輒開閣與飲，然性介，不能有所干。

國朝獻徵錄92/87石瑤撰傳

劉俊字廷偉。畫人物山水入能品。

圖繪寶鑑6/13

劉修己（1515--1551）字以敬，號櫟亭，新蔡人。嘉靖二十六年進士，授吉安府推官，攝吉水縣事，爲政飾以儒術，吏民莫不愧服，卒官，年三十九。

劉君墓表（石蓮洞羅先生文集23/10，國朝獻徵錄87/86）

劉櫟亭哀辭（石蓮洞羅先生文集24/36下）

劉泉（1491--1533）字應占，號蒙菴，安福人。正德六年進士，選庶吉士，授編修，出爲湖廣參議，致仕卒，年四十三。

劉君墓誌銘（鄒守益撰、國朝獻徵錄88/55）

劉約字博之，山東東阿人。成化二十三年進士，授吏部主事，再遷郎中，擢河南右參政。

贈河南大參劉君博之序（費文憲公摘稿11/5）

父劉觀字子瀾，號樂善先生，弘治元年卒。

樂善先生墓誌銘（羅文肅公集19/5）

劉紀（1444--1495）字憲明，大名清豐人，御馬監太監劉永誠姪孫。天順元年以廕授指揮僉事，進同知。弘治元年擢署都指揮僉事、寧夏中路參政，未幾徵還京師。八年卒，年五十二。

劉公墓誌銘（徐文靖公謙齋集5/25）

劉巠（1510--1567）號次山，河南懷慶人。嘉靖二十六年進士，選庶吉士，授貴州道監察御史，清戎順天，疏請發戍邊薊邊益新軍，而民免遠行。擢鳳翔知府，遷山西副使，罷歸卒，年五十八。

劉公墓表（不著撰人、國朝獻徵錄97/88）

劉浩字元充，江西安福人。成化二十三年進士，授南京屯田主事，遷北工部，出守叙州，正德中屢官浙江按察副使。

送浙江按察司副使劉君元充序（費文憲公摘稿12/1）

劉海，山西夏縣人。永樂二十二年進士，除行在禮科給事中，進掌科事，宣德九年請告歸省，遂丁憂。正統八年復除戶科掌科事，陞陝西參議，仕終本司參政。

掖垣人鑑5/17下

劉容字汝大，河南羅山人。家貧，教授生徒以養親，舉嘉靖十九年鄉薦，授黃州判官，有惠政，民爲立生祠，屢遷雲南廣南知府，未赴致仕，萬曆十二年卒。

國朝獻徵錄102/89王祖嫡撰劉先生傳

劉訒，號春岡，鄢陵人，璟子。正德十二年進士，累官刑部尙書。時法官率骫法徇上意，稍執正，譴責隨至。訒以雪胡纘宗獄坐黜，天下稱之。有春岡集、省臺集。

賀大司冦春岡劉翁七十壽序（陳文岡先生文集15/1）

明史列傳69/14

明史202/9下

妻臣氏

賀封夫人劉母七袠壽序（陳文岡先生文集15/13）

弟劉𧦴（1487--1513）字思善，號易菴。

明承事郎易菴劉君墓銘（陳文岡先生文集19/5下）

劉效祖（1522--1589）字仲修，號念菴，濱州人，寓居京師。嘉靖二十九年進士，授衛輝司理，遷戶部主事，官至陝西按察副使，坐內計罷歸，年六十八卒。效祖長於詩，篇什流傳中禁，皆知其名。穆宗嘗遣中官索其詩，都人盛傳其事。著有四鎭三關志、春秋窗稿、劉仲修詩文集、塞上言、盛世宣威、淸時行樂、鐙市謠、長門詞、雲林和稿等。

劉公墓誌銘（王一鶚撰、國朝獻徵錄94/78）

劉𢔶字叔修，號拙齋，山東掖縣人。嘉靖三十二年進士，授眞定推官，徵爲兵科給事中，言事侃侃，無所廻避。歷淮安知府，治平爲天下第一。屢官至右僉都御史，巡撫大同，致仕卒，年七十三。

劉公墓誌銘（蒼霞草17/24）

掖垣人鑑14/35

父劉廷佩字公器，號南田。

劉公墓誌銘（李文定公貽安堂集7/64下）

劉益（1402--1463）字崇益，號覺菴，先世安城人，後徙江西吉水。宣德八年進士，授兵科給事中，改刑科。正統十四年虜犯京師，疏陳禦虜策，朝廷嘉之。命往募山東諸道民丁習武藝，以勞績陞湖廣布政司左參議。天順三年召爲國子祭酒，卒官，年六十三。

劉公墓表（李賢撰、皇明名臣墓銘坎集48）

掖垣人鑑8/18下

劉原秀字良輔，河南扶溝人。洪武中以貢授刑部主事，果敢有爲，累疏時政。靖難兵入，率家僮數十人巷戰，遇害。家人索遺骸不可得，刻木像葬之。

遜國正氣紀4/31下

皇明表忠紀3/23下

劉珝（1426--1490）字叔溫，號古直，壽光人。正統十三年進士，授編修，成化十年屢進吏部左侍郎，充講官。每進講，反覆開導，詞氣侃侃，聞者爲悚。以本官兼翰林學士，入閣預機務，帝每呼東劉先生。進吏部尙書，謹身殿大學士。同列萬安陰搆之，遂乞休。珝性疏直，喜譚論，人目爲狂躁。母喪，廬墓三年。比歸，父歿，復廬墓，年六十五卒，謚文和。有劉古直集。

劉公神道碑銘（徐溥撰、國朝獻徵錄14/1）

吾學編44/4

殿閣詞林記3/38下

四友齋叢說7/8下

聖朝名世考2/38下

皇明世說新語6/25

皇明書16/26

名山藏臣林記10/12下

明史列傳40/16下

明史168/13

父劉昺，號松溪。

壽封太常卿松溪劉公序（徐文靖公謙齋集3/1）

祭封劉學士文（同上6/42）

劉翀字文翔，平陸人。有大志，以名節自勵。正德六年進士，授行人，擢四川道監察御史。武宗北狩，力諫回鑾。及議大禮，抗疏闕下，以直道不容，遂乞歸卒。門人私謚忠毅先生。父劉惠字孟道，號朴菴。正德九年卒，年六十八。

劉公暨配王氏墓表（涇野先生文集31/7下）

劉眞，合肥人。以開國功累陞左軍都督，充大名總兵官。靖難兵起、眞及卜萬、陳亨引兵出松亭關，營沙河。成祖入松亭關，眞夜負勅印浮海歸。後陞右都督，鎮遼東，恒懷悒憤。永樂初卒。

國朝獻徵錄106/4無撰人劉眞傳

明史142/7

劉泰（1422--1459）字世亨，海鹽人。能詩文，工行草書，舉景泰二年進士，選庶吉士，授監察御史，卒官，年三十八。

賀劉世亨登第入翰林序（呂文懿公全集8/6下）

劉世亨行狀（方洲張先生文集31/9下）

劉振之字而強，慈谿人。性剛方，敦學行，以名教自持。崇禎中舉於鄉，署東陽教諭遷鄢陵知縣。流賊大至，振之集吏民共守，城陷，索印不與，縛置雪中三日夜，罵不絕口，亂刃交下乃死，年五十六。

啓禎野乘10/33

明史293/7下

劉珽（1458--1513）字咸卓，萬安人，廣衡從孫。弘治三年進士，授兵部主事，陞郎中，改禮部，遷光祿少卿，歷湖廣、河南布政使，勤於政事，正德八年卒官，年五十六。

送湖廣布政司左參政劉君咸卓序（費文憲公摘稿11/42）

劉公行狀（劉玉撰、國朝獻徵錄92/11）

劉公墓碑銘（整菴先生存稿12/18下）

劉桓（1372--1452）泗洲盱眙人。洪武廿八年嗣世職爲旗手衞指揮僉事。永樂中陞調大同前衞指揮僉事，屢從北征，俱有功，致仕卒，年八十一。

劉公墓表（楊宜閒文集2/25）

劉校字宗夏，或作宗道，號南溟，鄖城人，性至孝。正德六年進士，授刑部主事。十四年帝將南巡，校疏諫被杖，將死，大呼曰，校無恨，恨不見老母耳。子元婁年十一，哭於旁，校曰，爾讀書不多，獨不識事君致身義乎。善事祖母及母，毋愧而父，遂絕。福王時追謚忠毅。

劉君宗夏傳（東郭鄒先生文集11/7下，皇明名臣墓銘巽集45，國朝獻徵錄47/82）

明史列傳59/20

明史189/19

劉起宗字宗之，號初泉，巴縣人，春孫。嘉靖十七年進士，授戶科給事中，以疏忤嚴嵩父子廷杖，謫荔浦典史。歷陞湖廣提學副使，仕終遼東苑馬寺卿。居官廉正，卓有風裁。致仕後，潛心理學，有圜中圖說。

郡侯初泉劉公生祠記（肇山文集6/16）

贈郡侯初泉劉公遷浙江臬貳序（同上2/3）

贈初泉劉公陞浙江海道憲副序（訥溪文錄2/4下）

祭初泉劉先生文（二酉園文集14/8下）

劉公遺塚記（華禮部集5/7下）

掖垣人鑑14/3

明史210/8下

父劉彭年，號培菴，正德九年進士，官右副都御史，巡撫貴州。

壽大中丞劉培菴先生七十叙（訥溪文錄3/7）

妻□氏

壽劉夫人八十序（二酉園續集9/8）

劉恭字敬之，松江華亭人。天順四年進士，任兵科給事中，成化六年陞河南右參議。

掖垣人鑑7/37

劉致中字位夫，號芹泉，山西澤州人。隆慶二年進士，授中書舍人，擢監察御史，官至陝西參議，卒年四十七。

劉公墓表（太泌山房集103/30）

劉時寵，上蔡人。有孝行。崇禎中流賊陷城，其父宗祀年老不能行，遂自殺。時寵慟哭，刺死一子三女，夫婦並自剄。

明史292/4下

劉時敎（1436--1474）字用行，號素菴，四川內江人。天順八年進士，授刑部主事，屢陞山東按察僉事，卒於官，年三十九。

劉公墓誌銘（見素集19/17下，國朝獻徵錄95/105）

劉僉憲小傳（楓山章先生文集4/50下）

父劉璽，字守輝。

劉封君傳（洹詞2/21）

劉恩澤，扶溝人。領鄉薦，慷慨能任事。崇禎中流賊逼城，衆議守禦，而縣令駭不解事，恩澤痛哭曰，我不幸從木偶人死。城陷，墜樓而死。

明史293/5下

劉逕字仲方，大名開州人。永樂十九年進士，授編修，遷修撰。研窮性理，口不談人過，爲文溫醇典雅，以病歸卒，年七十一。

內翰劉公墓表（張元禎撰、國朝獻徵錄21/25）

劉臬號五泉，鍾祥人。正德十六年進士，歷官順天府尹，擢右副都御史，巡撫山西，嘉靖廿一年謫戍。

贈五泉劉君赴京兆詩序（陽峯家藏集24/54）

劉紘（1478--1513）字景贍，江西安福人。弘治十八年進士，授江陰縣令，擢戶科給事中，以疾卒官，年三十六。

劉君墓誌銘（整菴先生存稿13/3下）

掖垣人鑑12/4

劉恕字寬仁，江西永豐人。景泰五年進士，授行人。天順四年出使占城，爲遠人所欽服，遷南京刑部員外郎，成化中歷官廣東參議。

贈廣東參議劉君赴官序（青谿漫稿17/17）

劉師顥字方回，興國人。生而穎異，弱冠領鄉薦，舉嘉靖三十二年進士，累官兵部武選郎中，以母老乞歸養，篤於孝道，年四十二卒。

徐氏海隅集外編40/15

劉倬（1534--1585）字原檢，長洲人。隆慶二年進士，授汝寧判官，擢御史，歷廣東副使，仕至湖廣參政，卒年五十二。

劉原檢傳（太霞草14/4）

劉君原檢暨配朱徐二恭人合葬墓志銘（天遠樓集16/27下）

祭劉參政（同上23/22下）

祭族孫原檢（太霞草15/16）

劉淮字濬之，號西溪，山西淳縣人，著籍宣府。成化中嗣世職爲宣府衛指揮僉事，累陞副總兵，官至左軍都督僉事，鎮守遼東。在遼六年，招徠夷落，振作軍威，地方爲之一清，致仕卒。

劉公墓誌銘（岳倫撰、國朝獻徵錄106/40）

劉佳字東注，號平岡，河南睢州人。正德十二年進士，歷大理寺副，擢陝西僉事。有平岡集。

送劉陝西僉憲序（涇野先生文集3/38）

劉清（1417--1461）字廉夫，號樗菴，直隸滁州人。正統十三年進士，由庶吉士授兵科給事中，累陞刑部右侍郎，左遷四川參政。卒官，年僅四十五。

劉樗菴傳（胡莊肅公文集6/88）

國朝獻徵錄46/16曹禮撰傳

水東日記5/9

掖垣人鑑7/32下

劉淳（1329--1425）字文中，號菊莊，南陽人，晚占籍祥符。洪武末以薦爲原武訓導，周王聘爲世子師，每進講，必先忠孝禮義。遷右長史，數有論諫，王皆嘉納。洪熙元年卒，年九十七。有菊莊集、白雲小稿等。

國朝獻徵錄105/21李濂撰傳

明史列傳12/20下

明史137/9下

劉淛（1544--1614）字君東，號匡南，一號約我，晚號約堂，泰和人，逢愷子。隆慶元年舉人，慕陶淵明之爲人，投牒不仕。喜與四方文士遊，晚究心王守仁之學。家有藏書名賢墨跡數千卷，讀書自娛，年七十一卒。

劉孝廉約堂先生行狀（羅大紘撰、國朝獻徵錄114/92）

劉公墓志銘（鄒元標撰、同上114/98下）

劉淑相字養忠，號東巖，麻城人。正德九年進士，授兵部主事，陞南京刑部郎中，調兵部，歷廣西左布政使、順天府尹，以忤權要得罪下獄，赦歸，卒於家。

送劉東巖入覲序（潘笠江集7/12下）

送劉養忠少參東藩序（崔東洲集13/12）

劉公墓志銘（霍韜撰、國朝獻徵錄75/6）

劉淵然，贛縣人。幼出家，爲祥符宮道士。後詣雩都紫陽觀，師趙原陽，傳其法，能符召風雷。太祖聞其名召之，賜號高道，館朝天宮。宣德初進號大眞人，乞骸骨，命送南京朝天宮卒。淵然有道術，爲人清靜自守，不干世事，故爲累爲累朝所禮。

明史299/23

劉焴（1545--1610）字電仲，別號玉笥，浙江山陰人。早慧，勤習於學，七試不售，遂畢精課子，遍覽群書，勤於著述。有野史、理路縱橫、玉笥山房集等。萬曆卅八年卒，年六十六，友人私諡介達。

劉介達先生墓誌銘（仰節堂集5/15下）

玉笥山房集跋（同上3/16下）

劉惟謙，以才學舉，洪武初歷官刑部尚書，六年命撰新律，刪繁損舊，輕重得宜，帝親加裁定頒行。後坐事免。

明史138/5下

劉望之字商林，號一厓，四川內江人。嘉靖五年進士，授杭州府推官，遷兵科給事中，降魏縣縣丞。歷山西左布政使，因與王府訐奏，聽勘回籍。尋陞順天府尹，仕至大理寺卿致仕。

送劉一岩赴浙臺僉憲序（趙文肅公文集15/33下）

掖垣人鑑13/24

劉理順（1582--1644）字復禮，號湛六，杞縣人。年五十餘始登崇禎七年進士，帝親擢第一，授修撰，朝退、輒鍵戶讀書，非其人不與交。歷右諭德，入侍經筵，兼東宮講官。甲申之變、理順具袍笏北面再拜，入別宗祠，投繯死，年六十三。妻萬、妾李皆殉。後諡文正，改諡文烈。有劉文烈公集。

啓禎野乘11/34

狀元圖考4/19

天啓崇禎兩朝遺詩傳3/111

明史266/5

劉球（1392--1443）字求樂，江西安福人。永樂十九年進士，胡濙薦侍經筵，歷翰林侍講。正統初王振欲征麓川，球抗疏力諫，復應詔力規時政。振大怒，逮下詔獄，屬指揮馬順殺球，順遂支解之，瘞獄戶下。景泰初贈翰林學士，諡忠愍。球爲文和平溫雅，有兩溪文集傳世。

送劉萬二進士序（謚忠文古廉文集5/19下）

忠愍劉公死事狀（石蓮洞羅先生文集21/16下，國朝獻徵錄20/76）

劉忠愍公祀典碑（東廓鄒先生文集11/5）

劉學士傳（月鹿堂文集4/25）

題忠愍公事蹟（定山先生集10/59）

書忠愍公事蹟冊（山居草4/1）

劉忠愍公年譜序（涇野先生文集9/27）

劉忠愍公年譜序（歐陽南野文集18/19）

文說（謚忠文古廉文集7/6下）

皇明名臣琬琰錄后5/15楊寨撰言行錄

國朝獻徵錄20/75彭韶撰傳

皇明獻實20/1

殿閣詞林記6/52

吾學編35/1

名山藏臣林記8/1

國琛集上/29

熙朝名世考5/16下

皇明世說新語1/9下，4/4，5/23

皇明書21/19

明史列傳34/7

明史162/6

劉基（1311--1375）字伯溫，青田人。元元統元年進士，官高安丞，有廉直聲，後棄官歸。太祖定括蒼，聘至金陵，陳時務十八策，建禮賢館處之。佐太祖滅陳友諒，執張士誠，降方國珍，北伐中原，遂成帝業。授太史令，累遷御史中丞。諸大典制，皆基與李善長、宋濂定計。封誠意伯，以弘文館學士致仕。性剛嫉惡，與物多忤，爲胡惟庸所構，憂憤卒，年六十五，正德中追諡文成。基博通經史，尤精象緯之學。有郁離子、春秋明經、覆瓿集、寫情集、犂眉公集、劉文成全集等。

劉公行狀（黃伯生撰、四部叢刊本劉文成公全集卷首，皇明名臣琬琰錄7/7，國朝獻徵錄9/1）

劉公神道碑（張時徹撰、四部叢刊本劉文成公全集卷首）

浙三大功臣傳（弇州山人續稿85/1）
劉誠意伯傳（[illegible]業堂文集1/1）
名卿績記1/1
國琛集上/1
殿閣詞林記6/1
皇明獻實2/1
皇明功臣封爵考1/74
[illegible]臣鑑11/8
吾學編22/24
皇明開國名臣錄1/1下
皇明書14/3下
皇明世說新語2/12，3/29，4/1，4/2，4/7，4/10，4/11下，4/32，6/9下，6/22
名山藏41/17下
名山藏臣林記2/1
明史列傳10/1
明史128/1
疇人傳29/347
劉伯溫年譜一卷、王馨一撰、民國廿五年商務印書館排印本

劉淞字宗彬，號肅菴，江西永豐人。成化十四年進士，授程鄉知縣，有惠政，民立生祠祀之。擢雷州府同知，士民亦樂趨教，以疾致仕歸。民謠曰，知府似爛泥，通判似豆腐，去了劉同知，倒了雷州府。其為民欽仰如此，年七十七卒於家。

劉同知肅菴先生傳（泉翁大全集56/3，國朝獻徵錄100/41）

劉悟，（一作敔）山西代州人。永樂十二年舉人。任刑科給事中，謫四川南溪知縣，卒官。

掖垣人鑑8/16下

劉乾（1468--1536）字克柔，號毅齋，江陰人。弘治十二年進士，初官戶部，勤廉公明，忤劉瑾，逮繫不屈。改武選，釐正選格，請託不行。嘉靖初歷南京鴻臚寺卿，改光祿寺，致仕卒，年六十九。

恩[illegible]宰[illegible]序（[illegible]遺稿9/9）
送南京尚寶寺卿劉克柔序（紫巖文集27/1）
送南京光祿卿劉毅齋致仕還鄉序（同上26/6下）
送南京光祿卿毅齋劉公致仕序（張文定公紆玉樓集3/29下）
江陰劉氏家乘序（涇野先生文集6/33下）
毅齋解（同上36/71下）
劉公墓表（泉翁大全集53/29）
毘陵人品記9/9

劉國能，延安人。始與李自成，張獻忠輩同為盜，自號闖塌天。就撫於熊文燦，署守備，從征數有功，授副總兵，守郾陽，移守葉縣。國能與自成輩夙結為兄弟，及國能歸正，自成輩深恨之，圍其城四面力攻，國能不能支，城陷被殺。

明史269/24

劉崙字山甫，無為州人。嘉靖二十三年進士，授刑部主事，歷官監察御史。

蘭臺法鑑錄17/4下

父劉鏜（1486--1551）字大淵，號柳溪。

劉君墓誌銘（世經堂集16/38）
劉先生墓志銘（李文定公貽安堂集7/50下）

劉崧（1321--1381）字子高，泰和人。舊名楚，七歲能詩，洪武三年舉經明行修，改今名。召為兵部職方郎中，遷北平按察司副使，有異政。十三年拜禮部侍郎，擢吏部尚書，尋致仕歸。踰年，再徵為國子司業卒，年六十一，謚恭介。崧博學有志行，微時兄弟三人共居一茅屋，有田五十畝。及貴，無所增益。居官未嘗以家累自隨，暇則賦詩達旦，豫章人宗其詩為江西派。著有北平八府志、槎翁詩文集、職方集。

書珠林劉氏遡源錄後（整菴先生存稿11/2下）
劉公傳（尹直撰、皇明名臣琬琰錄12/1，國朝獻徵錄35/7）
吾學編25/3
皇明獻實5/2下
聖朝名世考3/2
皇明書19/8
名山藏臣林記4/26
明史列傳13/11下
明史137/16

劉健（1433--1526）字希賢，號晦菴，洛陽人。從事伊洛之學，舉天順四年進士，選庶吉士，授編修，累遷少詹事。弘治中擢

禮部尚書，進文淵閣大學士，代徐溥爲首輔。健學問深粹，以身任天下之重，時四方洊災，屢陳時宜，皆嘉納之。武宗時劉瑾等導帝盤遊，健屢入諫不聽，致仕歸。瑾復以他事矯詔削籍爲民。瑾誅復官，嘉靖五年卒，年九十四，謚文靖，有晦菴集。

劉文靖公行狀（紫巖文集41/8）

劉文靖公墓志銘（賈詠撰、國朝獻徵錄14/24）

劉文靖公小傳（月鹿堂文集4/32下）

吾學編36/14

殿閣詞林記2/14

國琛集下/20

四友齋叢說8/3，15/5下

皇明世說新語1/30下，1/32，4/6，7/4，7/10

聖朝名世考2/39下

皇明書17/14下

名山藏臣林記15/1

明史列傳50/4

明史181/6

父劉亮（1387—1463）字彥明。

劉公神道碑銘（懷麓堂文後稿18/8）

劉從學（1483--1564）字時敏，號屏山。正德二年舉人，銓授兵部司務。嘉靖初從何孟春等赴左順門跪哭爭大禮，廷杖。歷遷戶部郎中，官至陝西按察副使，致仕卒，年八十二。

劉公行狀（不著撰人、國朝獻徵錄94/74）

明史191/18

劉逢愷字虞讓，號策齋，泰和人。嘉靖二十年進士，授慈谿令，歷工部主事，官至南京太僕少卿，以誣免官歸卒。

補郡志劉公傳（紫原文集9/25）

劉公傳（曾同亨撰、國朝獻徵錄72/83）

劉敏，肅寧人。舉孝廉，爲中書省吏。嘗暮市蘆龍江，且載於家，俾妻織蘆席，鬻以奉母，而後入治事。性廉介，或遺磁瓦器，亦不受。爲楚相府錄事中書，以沒官女歸給文臣家，衆勸其請給於事母，敏固辭曰，事母子婦事，何預他人。擢拜工部侍郎，改刑部，出爲徽州府同知，有惠政。卒官。

明史列傳13/7

明史138/6下

劉敏寬字伯功，安邑人。萬曆五年進士，歷官兵部尚書，總制三邊，所至簡兵蒐乘，儲糈繕堡，奏捷三十有奇。進階少保，榆林人立祠祀之。父劉邦柱。字任夫，號仁菴，隆慶六年卒，年六十七。

劉公暨配邵氏墓誌銘（紫園草6/26下）

劉紳字大用，河南汝陽人。弘治三年進士，授監察御史，仕至副使，年五十八。紳處鄉黨甚謙恭，未嘗以名位自居，故人多慕之。

賀御史劉君大用榮滿勅贈父母序（東川劉文簡公集8/6下）

劉釪（1422--1485）字伎和，安福人，球季子。景泰五年進士，改庶吉士，授監察御史，歷浙江提學副使，學行爲時楷模，人咸謂其有父風。官終雲南按察使，卒年六十四。

送劉君伎和赴浙江憲副序（楊文懿公東觀稿4/12下）

送雲南按察使劉公致仕序（碧川文選1/3）

劉憲使傳（同上3/41）

劉公墓表（椒丘文集31/10下，國朝獻徵錄102/33）

明史162/9下

從兄劉鈞（1419—1454）字伎智，號重齋。

劉君墓誌銘（姚文敏公遺稿9/12）

從弟劉□，字伎時。

送劉伎時知東鹿序（楊文懿公桂坊稿1/15）

劉深成字廉卿，號義軒，河南確山人。嘉靖四十四年進士，由直隸內黃知縣選工科給事中，累遷陝西副使，降山西布政司都事。歷山東副使，終山西參政。

掖垣人鑑15/19

劉渙字士拯，江西泰和人。永樂十三年進士，授兵科給事中。景泰初陞通政司參議。

送劉給事中士拯序（芳洲文集4/14下）

送劉給事中巡撫山東序（東里文集8/5）

掖垣人鑑3/19下

劉渠，保定人。天啓初以都指揮使爲鎭武總兵官，提兵援西平，遇清兵於平陽，力戰死，贈少保左都督。

明史271/5

劉詔，杞縣人。萬曆四十七年進士，授盧龍知縣。天啓七年屢超進兵部尚書，加太子太保。詔嗜利無耻，父事忠賢，釋褐九年，驟至極品。建四祠，祀忠賢。忠賢敗，僅罷官聽勘。以御史高弘圖疏劾，始被逮論死。

明史306/23

劉球字次珣，江西安福人。正統十年進士，除兵科給事中，以疾請歸。天順元年復除工科給事中，尋掌科事，陞廣西提學僉事。

掖垣人鑑9/26下

劉琦（1482--1541）字廷珍，號北郭，陝西洛川人。正德九年進士，嘉靖初授兵科給事中，以災異陳七事。妖人李福達逃洛川，琦知之甚悉，因疏陳顚末，並劾郭勛黨逆，帝置不問。旣以福達事下獄，謫戍瀋陽。越十年、赦還，卒年六十。

劉君墓志銘（涇野先生文集29/27，國朝獻徵錄80/100）

掖垣人鑑13/8

明史206/5

劉琯字子佩，貴陽人。起家鄉舉，崇禎中爲戶部主事，致政歸。張獻忠餘寇入黔，琯與吳子騏等率鄉兵扼賊，被執，俱不屈死。

明史295/15

劉棟，號艮所，浙江山陰人。正德六年進士，選庶吉士，授編修。嘉靖初以議禮廷杖，下詔獄。尋赦，復原職，歷遷湖廣參政、陞河南布政使，官至南京兵部侍郎，致仕卒。

少司馬劉艮所公考績（歐陽南野文集21/4下）

國朝獻徵錄43/51潘晟撰傳

劉閔（1447--1516）字子賢，莆田人。早孤、絕意科舉。副使羅璟立社學，構養親堂，延閔爲師，提學僉事周孟中捐金助養，知府王㢸亦置田五十石資之，閔皆不辭。及母卒，送田還官，廬墓三年。弘治中巡按御史宗彝、饒塘欲薦閔經明行修，力辭。知府陳效請遂其志，榮以學職。正德初遙授儒學訓導，年七十卒。

劉君行狀（鄭山齋先生文集16/7）

吾學編40/8下

國朝獻徵錄91/46無撰人訓導劉閔傳，又112/59無撰人劉孝子傳

明史298/5

劉湡字叔正，號範東，東阿人。嘉靖二年進士，官至右僉都御史、巡撫保定。

贈劉叔正守永平序（息園存稿文2/12下）

瀛東奏提序（端溪先生集2/22）

外叔祖中丞劉公鄉祠告文（穀城山館文集33/15下）

劉陽字一舒，安福人。初從劉曉受經，曉告以王守仁學，遂往謁守仁於贛州。嘉靖四年舉於鄉，知碭山縣，有惠政。徵授御史，久之引疾歸。父喪，哀毀廬墓，遂不出。有劉兩峯集。

國朝獻徵錄65/110王時槐撰傳

明儒學案19/7下

劉㢸，陝西華陰人。洪武十八年進士，任兵科給事中，陞江西袁州知府。

掖垣人鑑7/17

劉朝龜字質之，號念南，江西永新人。萬曆二年進士，由廣州府推官，選兵科給事中，陞福建僉事。

掖垣人鑑16/20下

劉斯峽字文修，號太容，南昌人。萬曆四十四年進士，授澄縣令，有惠政。

劉明府惠兵德政碑（群玉樓集48/12）

劉斯潔字莪山，易州人。嘉靖二十六年進士，歷祠祭郎中。有藩府奏求優伶，抗議不允，夜遺千金，峻却之。萬曆中擢都御史、巡撫四川，平九絲蠻。繼巡撫江西。號居正憾尚書朱衡，屬斯潔伺其事。笑曰，吾豈能殺人以媚人耶。後終南京禮部尚書，致仕歸。

【十五劃】劉

贈劉巡撫都御史赴內臺序（祝文肅公文集15/35

劉堯晦（1522--1585）字君納，號凝齋，臨武人。嘉靖三十二年進士，歷官僉都御史、巡撫福建。平巨寇林鳳，擒倭朵麻里，奏設總兵鎮南澳島。移撫江西，陞兩廣總制。平鬱林、木頭等十砦，晉南京兵部尙書，參贊機務，致仕歸卒，年六十四。有虛籟集。

劉公行狀（紫園草5/19下）

督府劉公平蠻碑（太函副墨15/10）

劉雄，臨淮人。官四川都指揮僉事，性剛勁，遇敵輒前。嘗捕賊漢州，生擒七十餘人。及趙鐸亂，追之羅江大水河，手馘數人，賊連敗。千戶周鼎傷，雄前救之，徑奔賊陣，叢刺死。

明史175/4

父劉永

送舅氏劉吳之寧夏序（懷麓堂文稿3/4下）

壽舅氏參將劉公七十詩序（同上9/5）

壽舅氏劉公八十詩序（懷麓堂文後稿3/13）

劉黃裳（1529--1595）字玄子，河南光州人，繪子。萬曆十四年進士，官兵部員外郎。倭陷朝鮮，命黃裳贊畫侍郎宋應昌軍務，渡鴨綠江，抵平壤，大敗賊兵。賊遁、黃裳追逐，又連破之，錄功進郎中，年六十七卒。有藏澂館集。

劉公墓誌銘（大泌山房集82/18）

明史208/23

劉華甫，初名光，以字行，改字行宜，江西豐城人。正統七年進士，除兵科給事中，以憂歸。景泰間復除戶科給事中，陞蘇州知府，調雲南曲靖軍民府，引疾致仕。

掖垣人鑑5/20下

劉最字振廷，江西崇仁人。正德十二年進士，官禮科給事中。嘉靖中中官崔文以禱祠事誘帝，最極言其非，忤旨，出爲廣德州判官。尋逮獄，謫戍邵武，後赦還，嘉靖廿七年卒。

送司諫劉振廷出判廣德州序（梓溪文鈔外集3/40下）

送劉廣德序（涇野先生文集3/36下）

劉公墓志銘（陳九川撰、國朝獻徵錄80/97）

掖垣人鑑12/38下

明史207/3

劉景韶（1517--1578）字子成，號白川，崇陽人。嘉靖二十三年進士，授潮陽令，歷貴州僉事，屢破叛苗。擢淮陽道副使，有破倭寇功。官至右僉都御史、巡撫鳳陽，致仕卒，年六十二。

送劉大夫按察貴州序（太函集1/2下）

劉公墓表（甔甀洞稿37/1）

劉公墓誌銘（弇州山人續稿94/13下）

名山藏臣林記23/27

明史列傳65/21

父劉晉（1489--1572）字一紳，號龍溪。

劉公墓志銘（弇州山人四部稿90/12）

劉傑字子偉，江陵人，儁弟。幼敦行義，宗黨咸以孝義稱。洪武間以經明行修舉，試優等，授吏科給事中。論劾無避，諸有私歉者，皆畏其知之。陞雲南參議，興利去弊，民夷畏服。致仕歸。

重修進思齋記（萬一樓集30/13下）

劉傑（1427--1502）字世英，號樂菴，陝西高陵人。景泰五年進士，授戶部主事，陞郎中，出知湖州。蒞湖三月，政清刑省。以事左遷眞定同知，擢永平知府，解官歸，卒年七十六。

劉公墓表（涇野先生文集32/37）

劉傑（1466--1516）字朝用，山西平陽人，家於京師。成化十九年舉人，授雲南大理府通判。弘治十三年改順天府。備陳方略以防虜犯，陞右軍都督府經歷，遷澂江知府。正德十一年卒，年五十一。

劉君墓誌銘（紫巖文集45/1）

劉鈗（1476--1541）字汝中，號西橋，壽光人，珝子。八歲時憲宗召見，愛其聰敏，即命其爲中書舍人。歷官五十餘年，嘉靖中至太常卿，兼五經博士，仍供事內閣誥勅房。博學有行誼，與長州劉棨並淹貫故實，時稱二劉。嘉靖二十年卒，年六十六。

劉公墓志銘（李中麓閒居集7/18下，國朝獻徵錄22/81）

明史168/14

劉欽順字體乾，湖廣石首人。嘉靖二年進士，授舒城令。

送劉體乾宰舒城序（陽峯家藏集25/23下）

劉策字範董，武定人。萬曆二十九年進士，除保定新城知縣，授御史。天啓中累官兵部右侍郎。御史潘汝禎劾策爲東林遺奸，遂削籍。崇禎中起故官，總理薊遼保定軍務。策雅負清望，用兵非其所長。甫涖任、清兵由大安口入內地，策不能禦，被劾論死棄市。

劾提督雁門等關兼巡撫山西地方都察院右僉都御史劉策並妻（緝雪堂集10/8）

明史248/3

劉喬字廸憲，江西萬安人。成化二年進士，知歸安縣，擢監察御史，屢遷湖廣左布政使，爲政壹尚寬簡，盡除苛厲，弘治六年卒官。

劉公神道碑銘（懷麓堂文後稿20/10下，國朝獻徵錄88/8）

妻歐陽氏

歐陽氏墓碣銘（彭文思公文集6/50下）

劉源清字汝澄，號東園，東平人。正德九年進士，知進賢縣。宸濠反、源清積薪環室，命家人曰，事急火吾家，勿汚於賊。宸濠妃弟婁伯歸上饒募兵，源清邀戳之。賊平、徵爲御史，累官兵部左侍郎，總制宣大軍務。侍郎黃綰以蜚語中傷，逮繫詔獄，久之罷歸。

送大總制東園劉公詩序（方齋存稿3/19下）

表章忠義錄序（泉翁大全集22/6下）

皇明世說新語5/7

國朝獻徵錄58/48郡志傳

明史200/13

劉源清，山東曹縣人，澤清弟。屢官臨清總兵官。崇禎十五年清兵圍河間，遠近震恐，源清偕榷關主事陳興言等合力備禦，未幾城被圍，力拒數日，援不至，城破死之，贈太子少保。

明史291/21下

劉滂字伯雨，慈谿人。舉進士，除儀制主事，累遷郎中。卓立之操，精詣之識，論者謂爲禮官之卓絕無比，陞南京尚寶司卿，未上卒于家。

交遊遺事五（董山文集15/7下）

劉溥字原博，長洲人。少敏悟，八歲能詩。宣德初授惠州局副使，調太醫院吏目。工畫，精天文律數，通醫學，研究載籍，與長洲鄭亮，儀眞蔣忠等，號景泰十才子。有草窗集。

水東日記2/12下

國朝獻徵錄78/43無名氏撰傳

皇明世說新語6/10

明史286/6

劉溥字濬州，廬陵人。景泰五年進士，授刑部主事，累擢浙江按察僉事。

贈劉僉憲之任浙江序（呂文懿公全集7/57）

劉溥（1457--1518）字潤民，號博菴，山東新城人。弘治九年進士，授永寧知縣，改知藁城，俱有政聲。擢監察御史，奏訐劉瑾黨與不法事，稱旨。出爲順德知府，以減役忤撫臣意，罷歸卒，年六十二。

劉君墓誌銘（毛澄撰、國朝獻徵錄82/19）

劉準，唐山諸生。父喪，廬墓。冬月野火，將及塚樹，準悲號告天，火遂息。正統六年旌表之。

明史297/2

劉煒字有融，浙江慈谿人。正統四年進士，爲南京刑科都給事中。景泰四年戶部以邊儲不足，奏令罷退官輸米二十石，給之誥勅，煒抗疏止之。都督黃玹以易儲議得帝眷，奏求武淸縣地，煒劾玹怙寵妄干，請明正其罪，直聲振中外。天順初出爲雲南參政，改廣東。會大軍征兩廣，以勞瘁卒官。

掖垣人鑑5/3下

明史列傳37/28下

明史164/20下

劉祿（1509--1571）字惟學，號后峯，山東章丘人。嘉靖二十三年進士，授行人，遷戶科給事中。疏救尚書王杲，忤嚴嵩，廷杖七十，謫嘉浦尉。隆慶初、詔復職，陞太常少卿卒，年六十三。

劉公墓誌銘（少司馬谷公文集前集×/17）

掖垣人鑑14/5

明史210/8下

劉鷹字士端，靑田人，璉子。洪武二十四年襲封。以叔璟事連坐貶秩歸里，築室西雞山下。三十年又坐事謫戍甘肅，赦還。建文、成祖皆欲用之，以奉親守墓力辭，永樂中卒於家。有盤谷集、盤谷唱和集、翊運錄。

明史128/6下

劉祺字吉甫，山東壽光人。正德十二年進士，嘉靖元年由行人選兵科給事中，歷陞戶科給事中。

掖垣人鑑13/3下

劉道立字成巳，杞縣人。成化十七年進士，授朝邑令，擢監察御史。歷陝西、廣西、山西按察僉事，致仕卒。

送僉憲劉君成巳任陝西序（東川劉文簡公集11/16下）

國朝獻徵錄94/113杞縣志劉道立傳

劉瑋字公奇，海鹽人。成化二十年進士，授行人，選御史，督兩淮鹽政，兼治河道事，整裁宿蠹，鹺政爲淸。時山東大旱，兩浙大水民不堪命，奏請以兩淮鹽羨移賑之，活民無算。擢廣東按察副使，正德初歸休，卒年六十九。

檇李往哲列傳×/9

國朝獻徵錄99/99戚元佐撰傳

劉瑞，江西南昌人。洪武進士，建文中任刑科給事中，歷右春坊右司直郎，遷大理寺丞。永樂七年以事去，坐方黨死。

掖垣人鑑8/13下

劉瑞字德符，號五淸，內江人。弘治九年進士，選庶吉士，授檢討。武宗即位、疏陳端治本九事。因劉瑾肆虐，即謝病，貧不能還鄉，依從母子李充嗣於澧州，授徒自給。瑾誅、以副使督浙江學政。嘉靖中累官南京禮部右侍郎。卒，贈尙書、諡文肅。有五淸集、外臺集。

贈劉子德符序（洹詞2/16下）

祭禮侍劉五淸文（鶴危遺稿10/8）

劉公傳（雷禮撰、皇明名臣墓銘巽集6，國朝獻徵錄37/18）

五淸劉先生大全集序（泉翁大全集19/5）

明史列傳54/24

明史184/17

母田氏

劉母田氏墓志銘（博趣齋稿19/139下）

劉瑀字汝器，直隸蠡縣人。成化二年進士，授監察御史，陞知蘇州府，歷山西布政使，累遷右副都御史，總督南京糧儲，致仕歸，弘治十六年卒。

劉公配楊夫人墓誌銘（北潭李文毅公集7/21下）

國朝獻徵錄59/8良錄本傳

劉塤字靜主，號冲倩，會稽人。賦性任俠，慨然有四方之志，所至尋問友，以意氣相激發，人爭歸附之。從周汝登學，得其眞傳，後由諸生入太學，七試場屋不售，而卒。

明儒學案36/9

劉熙祚字仲緝，武進人。天啓四年中鄉試，崇禎中巡撫湖南。流寇陷武昌、岳州，熙祚以長沙不能守，奉吉、惠二王走廣西，而已返永州拒守。俄賊騎追至，執赴衡州見張獻忠，不屈見殺。事聞、諡忠毅。

啓禎野乘10/5

明史輯略紳志略文臣

天啓崇禎兩朝遺詩小傳2/67

明史294/14下

劉幹字孟楨，修武人。初授岷府紀善。永樂初，浙西大水，改長洲丞，從夏原吉來治水，兼理農事，以母喪去官，縣民遮留，事聞復任。幹宅心仁厚，性操廉白，食惡居陋，居之泰然，洪熙元年卒於官，無以爲殮。後歸葬，士民留其衣冠聚土葬之，名曰劉公墩。

國朝獻徵錄83/104無名氏撰傳

劉楚先字衡野，江陵人。隆慶五年進士，選庶吉士，授檢討，累官禮部侍郎、兼學士。神宗時國儲未定，楚先七上疏請婚冠期，不報。家居十六年，起禮部尚書，掌詹事府事。卒諡文恪。

壽大宗伯衡翁劉老先生七袠初度序（賀日堂初集11/1）

劉蒞字惟馨，涪州人。弘治十二年進士，正德初官戶科給事中，時劉瑾竊柄，首抗疏極言其姦，被杖落職。瑾敗，起金華知府，舉治行卓異，世宗初終江西副使，卒於官。

掖垣人鑑11/19
明史列傳58/1
明史188/1下

劉敬字季恭，武進人。洪武間舉人，知剡城，廉明寬厚，惠政大行。秩滿、百姓詣闕懇留。陞建昌府通判，益勵廉勤。累官刑部員外郎。

毘陵人品記6/10

劉虞夔（1552—1596）字直卿，號和宇，山西高平人。隆慶五年進士，選庶吉士，授編修，陞侍讀，累官詹事府事兼翰林院侍讀學士，以父喪，委頓苫次卒，年僅四十五。

劉公墓誌銘（復宿山房集24/11下，國朝獻徵錄18/45）

劉會昌，清苑人。崇禎舉人。少奇穎，狀貌崟崎，能古文辭，習聲律。城陷被執，不屈死。

天啓崇禎兩朝遺詩傳9/297
明史295/6下

劉稱（1452—1514）字務敎，號拙菴，江西永新人，定之季子。成化八年以任子授中書舍人，陞大理寺副，歷南京尚寶司卿，劉瑾亂政罷歸。瑾誅，復原官，以太常寺少卿致仕，卒年六十三。

劉公行狀（不著撰人、國朝獻徵錄70/71）
劉公墓誌銘（整菴先生存稿13/1下）
祭常少劉務敎先生文（同上15/7）

劉鉞，江西安福人，球長子。正統元年進士，球死，鉞及弟篤學躬耕養母。後出仕，累官廣東參政。

明史162/9下

劉鉉（1394—1458）字宗器，號假菴，長洲人。少孤，事母以孝聞，永樂十八年舉順天鄉試，歷教習庶吉士。景帝立，進侍講學士，遷國子祭酒。天順初進少詹事，踰年卒，年六十五，諡文恭。鉉性介特，言行不苟，教庶吉士及課國子生，規條嚴整，讀書至老不倦，有文恭公詩集。

劉公神道碑（李賢撰、國朝獻徵錄18/5，皇明名臣琬琰錄后8/12下）
水東日記8/1，16/11下
聖朝名世考10/16下
皇明世說新語1/4，3/13
皇明書21/8下
名山藏臣林記9/9下
殿閣詞林記6/41
姑蘇名賢小紀上/9
吳中人物志7/32下
守溪筆記×/18下
明史列傳30/13
明史163/5下

劉鉉字玉卿，號滄源，江西鄱陽人。隆慶二年進士，由湖廣江陵知縣選兵科給事中，陞工科都給事，遷廣東右參政，調湖廣按察使，卒於官。

掖垣人鑑15/22下

劉綎字省吾，南昌人，顯子。束髮即從父征把都蠻。播酋應龍反，綎總綦江路兵討之，有首功，累陞左都督。萬曆四十七年隨李如柏征戰關外，以援餉不至，兵潰敗，血戰而死。

名臣謚議（公槐集6/14）
明史列傳88/1
明史247/1

劉經緯（1534—1593）字道甫，號洪湫，南昌人。嘉靖四十一年進士，授刑部主事，累官四川、廣西布政使，卒年六十。

壽廣西右布政使劉公道甫六十序（山居文稿3/15）
祭劉道甫右伯文（同上9/1）
劉公墓誌銘（同上7/1）

【十五劃】劉

劉漳字永濟，蘭州人。正德十二年進士，知開封府，治行稱最。後以左副都御史巡撫遼東，所在有政績。嘉靖十九年卒。

國朝獻徵錄62/7貞錄本傳

明史列傳60/14下

劉漢，平魯衛人。嘉靖中以署都督僉事充大同總兵官。北兵寨喜峯口，將攻薊鎮，漢乘其虛，自鎮河堡出塞，擣其帳於灰河，尋又大破之於豐州，進都督同知。

明史列傳60/14下

劉禮字誠吾，中部人。性剛介，事親孝，崇禎中賊陷中部，禮負父走免。後由鄉舉授登封知縣，李自成陷城，禮被縛，不屈見殺。

明史293/16下

劉禔（1471—1513）字持美，江西安福人。弘治十四年舉鄉試春秋第一，登正德六年進士。授兵科給事中，卒於官，年四十三。

劉君墓表（東廓鄒先生文集12/1，國朝獻徵錄80/92）

掖垣人鑑12/20下

劉福字慶之，山東益都人。正統元年進士，除行在禮科給事中，以憂歸。九年復除戶科給事中，陞西右參議，仕終山西左參政。

掖垣人鑑5/19下

劉端字季莊，南昌人。建文二年進士，累官大理丞。成祖即位，造端還職，命與王高治方孝儒獄，時方暑月，坐縱孝孺息樹陰，並劓鼻死。

國朝獻徵錄19/又16無名氏撰傳

聖朝名世考4/32

皇明表忠紀2/43下

遜國正氣紀3/8

遜國神會錄上/13

劉誠（1433—1480）字敬之，雞澤人。天順元年登進士第，擢翰林院檢討，陞秀王府長史，多所啓沃。著千秋金鑑錄以獻。王卒，改寧國府同知，遷湖廣布政司參議，所在有政績，成化十六年卒官，年四十八。

劉君墓誌銘（椒丘文集30/7下，國朝獻徵錄88/44）

劉榮（1360—1420）宿遷人。初冒父名江，從徐達戰灰山。爲總旗，給事燕邸。姿貌豐偉，驍勇多智略，王深器之，授密雲衛百戶。從起兵爲前鋒，屢立戰功，充遼東總兵官。永樂十七年倭寇海上，江殲覆之，自是倭不敢入遼東。召封廣寧伯，始更名榮，復之鎮。踰年卒，年六十一，諡忠武。

劉公神道碑銘（楊文敏公集17/10下，國朝獻徵錄9/32）

水東日記37/4下

吾學編26/13

皇明功臣封爵考5/52

國琛集上/23下

聖朝名臣考11/1下

明史列傳22/8

明史155/6

劉榮嗣字敬仲，曲周人。萬曆四十四年進士，歷官工部尚書。有半舫集。

啓禎野乘6/13

劉實（1396—1461）字嘉秀，號敬齋，江西安福人。嗜古博學，舉宣德五年進士，改庶吉士，授金華府同知。景泰中召修宋元史於東閣，屢陞南雄知府，忤權要，瘐死獄中，年六十六。實苦節自持，政務紛遝，未嘗廢書，士大夫重其學行。尤長於春秋，著有春秋集錄。

劉公墓誌銘（彭時撰、國朝獻徵錄100/6下）

皇明名臣琬琰錄24/22楊守陳撰劉君言行錄

國朝獻徵錄22/47劉定之撰傳，又100/6無名氏撰傳

皇明獻實26/1

吾學編35/7下

國琛集上/37

聖朝名世考6/7

皇明世說新語2/15下

皇明書29/1

名山藏臣林記9/45下

明史列傳38/9下

明史161/13下

劉寧字世安，山陽人。襲世職爲永寧衛指揮使。勇敢善戰，自以冗散無所見。會延綏用兵，疏請效死，尙書白圭許之，以功累官左都督，時稱良將。

國朝獻徵錄105/11無撰人劉寧傳

明史列傳45/15

明史174/14

父劉玫（1411—1490）字以德。

劉公訓道墓銘（懷麓堂文稿25/3下）

劉肇基字鼎維，遼東人。崇禎中累遷副總兵。福王立，史可法督師淮揚，肇基請從征自效，累加左都督、太子太保。援揚州，城破，死之。

明史272/10

劉爾牧（1525—1567）字成卿，號堯麓，東平人，源清子。嘉靖二十三年進士，授戶部主事，晉郎中。在部八年、榷會精核，出納明允。以忤中貴，奪爵歸，卒年四十三。

劉公墓誌銘（穀城山館文集25/5）

國朝獻徵錄58/49無名氏撰傳

劉戩（1435—1492）字景元，江西安成人。成化十一年登進士第二，授編修，進侍講。孝宗立，奉使安南，餽貽均不受。預修憲廟實錄，遷右春坊右諭德，卒官，年五十八。有晉軒集。

劉君墓志銘（王文恪公集27/1）

國朝獻徵錄19/20王時槐撰傳

名山藏臣林記20/3

明史列傳35/5下

明史158/8

劉聚，清豐人。太監永誠從子，聚爲金吾指揮同知。以奪門功進官，尋擢右都督。成化中赴延綏追賊出境，論功進左都督。以內援封寧晉伯。代趙輔爲將軍，總陝西諸鎭兵。成化十年卒，諡威勇。

吾學編19/29下

皇明功臣封爵考5/34

水東日記1/3

明史列傳44/11下

明史155/19下

劉遜字時讓，安福人。成化十四年進士，由知縣擢南京御史。弘治初與同官姜綰劾內侍蔣琮，下詔獄，謫澧州判官。遷武岡知州，復以裁岷府祿米，貶四川行都司斷事。歷湖廣副使，劉瑾徵賄不得，坐缺軍儲被逮。瑾誅，起官，歷福建按察使。遜有氣節，雖數遭挫辱，志不少屈。

明史180/24

劉髦（1373—1445）字孟恂，江西永新人。永樂六年舉鄉試，不仕。教授鄉閭，弟子從之者衆，稱爲石潭先生。事母以孝稱，鄉人化其德。正統十年卒，年七十三。有易傳撮要、石潭存稿。

封編修劉公墓表（王文端公文集35/22下）

石潭八景詩序（同上18/7）

皇明書41/42下

皇明世說新語1/5，8/24下

劉臺字子畏，安福人。隆慶五年進士，萬曆時爲御史，劾張居正專恣，凡數千言，皆甚切直，廷杖除名。居正復誣以他事，戍廣西，至潯州暴卒，是日居正亦卒。天啓初追諡毅思。有精忠堂稿。

送直指劉袁君歸覲爲壽序（太函副墨7/5）

聖朝名世考5/54下

明史列傳82/1

明史229/1

劉藕字用植，博野人，吉子。弘治中以蔭授中書舍人，歷大理寺丞，屢官至太常寺卿掌尙寶司事，嘉靖二十七年卒。

劉公墓志銘（孫陞撰、國朝獻徵錄77/1）

劉蒼（1444—1511）字伯春，江西安仁人。嗣官南京鷹揚衛副千戶，入武學，能讀孫吳兵法，務行長厚，食祿五十年不聞其過。終廣洋衛副千戶，封武略將軍。正德六年卒，年六十八。

劉公墓碑（涇野先生文集30/10下，國朝獻徵錄111/38）

劉公墓誌銘（息園存稿文5/4）

劉魁字士元，山東高唐州人。成化二年進士，歷知淮安、永平，擢御史，巡按兩浙。

驄馬行春詩序（商文毅公全集22/8下）

劉魁字煥吾，號晴川，泰和人。正德二年登鄉薦，受業王守仁之門，嘉靖中歷知鈞州、潮州，所至潔己愛人，扶植風教。入爲工部員外郎，疏陳安攘十事。帝感方士言，建雷殿於太液池，魁極諫，錮詔獄四年得釋。在獄屢瀕死，與楊爵，周怡講論不輟。未幾，復追逮之，又三年始釋。有省愆稿。

送劉晴川北上序（歐陽南野文集7/17）
劉晴川公六十序（石蓮洞羅先生文集19/13）
劉公墓表（同上23/31下）
祭劉晴川（歐陽南野文集28/17）
祭劉晴川先生文（訥溪文錄8/5）
劉晴川先生傳（訥溪文錄7/6）
國朝獻徵錄51/108唐伯元撰劉公傳
聖朝名世考5/39下
明史列傳73/20下
明史209/16
明儒學案19/10下

繼室蕭氏

劉母蕭宜人壽序（大泌山房集39/1）

劉維，號九澤，江陵人，傑裔孫。起家博士，歷國子學錄，擢南臺御史。

重修進思齋記（萬一樓集30/13下）

父劉愼（1504—1575）字用修。

劉公墓誌銘（徐氏海隅集文編18/5）

劉綿祚字季延，武進人，永祚弟。崇禎四年進士，知永豐縣，鄰境九蓮山，界閩粤，賊窟其中。綿祚請會勦，賊怒率衆攻。綿祚出擊，三戰三捷，賊益大至，綿祚伏兵黃牛峒，大破之。積勞得疾，請告歸卒。

明史294/15下

劉綱（1369—1452）字文紀，鈞州人，或作禹州人。建文二年進士，知延安府谷縣，政教兼擧，頌聲大著。官至寧州知州，因俗爲治，民愛之，屢受朝廷褒獎。年七十致士，卒年八十四。

劉公神道碑銘（懷麓堂文後稿21/1）
名山藏臣林記7/36下
明史281/22

劉綱字建紀，山東禹城人。宣德八年進士，任戶科給事中，正統中以憂歸。復除禮科，陞都給事中，尋遷陝西參政。

掖垣人鑑6/4

劉綱字克立，任丘人。弘治三年進士，歷刑部郎中出知西安府。

送正郎劉克立知西安府序（中峰文選1/28下）

劉綱字正峯，邛州人。萬曆二十三年進士，改庶吉士，上疏言元輔趙志皐匪人，帝得疏恚甚，將罪之，以方遘殿災，留中不報。已而授編修，居二年、京察，坐浮躁調外任，遂歸。明年卒。

明史列傳83/16下
明史234/16下

劉鳳字子威，長洲人。嘉靖二十三年進士，授中書舍人，擢御史，巡按河南，被劾歸。家多藏書，勤學博記，有續吳先賢贊、雜俎、子威集等。

贈劉子威先生序（大鄣山人集10/3下）
酬劉子威先生序（謝耳伯先生初集1/1）
壽劉子威先生八十序（同上1/4）
禪悅三草序（天遠樓集9/22）
比玉集序（弇州山人四部稿66/2）
劉侍御集序（弇州山人續稿40/14下）
劉子威先生澹思集叙（白榆集2/3下）

母吳氏（1486—1559）

吳氏墓表（皇甫司勳集55/14下）

妻顧氏（1519--1582）

顧宜人墓表（歸有園稿8/32下）

劉鳳儀（1457—1507）字天瑞，號北村，山西襄垣人。弘治三年進士，授高密令，課績最，擢戶部主事，仕終刑部員外郎，以疾卒官，年五十一。

北村劉先生集序（涇野先生文集8/41下）
劉公墓誌銘（東川劉文簡公集17/30下）

母李氏（1428—1499）

劉母李氏墓志銘（懷麓堂文後稿23/20下）

劉澄甫字子靜，壽光人，珝孫。正德三年進士，授行人，册封瀋府，賄餽咸峻拒之。擢御史，屢官山西參議，以謗歸卒。有山泉集。

劉君行狀（藍侍御集6/11）

劉璟字宗瀾，河南安陽人。天順元年進士，授刑部主事，歷四川布政使、順天府尹，俱以廉能稱。仕終右副都御史，弘治十八年卒。

送劉大參序（楊文懿公進坊稿1/23）

國朝獻徵錄60/78無名氏撰傳

劉養直字敬夫，號壽泉，四川內江人。嘉靖十七年進士，由行人選刑科給事中。尋爲處決重囚事降貴州布政司照磨。陞吏部稽勳司主事，歷文選司郎中，仕終戶部右侍郎致仕。

掖垣人鑑13/47下

劉諒字守貞，湖廣興國人。景泰中以國子生授鹽城令，多善政，治行爲淮揚第一。九載考績，民不忍其去，復留三年致仕。

國朝獻徵錄83/85無撰人劉諒傳

劉慶（1422—1479）字本善，保定新城人。正統十二年舉於鄉，卒業太學，銓授監察御史。成化初巡按兩廣，以討賊功，陞大理寺右寺丞，屢晉右少卿，成化十五年卒官，年五十八。

劉公行狀（馬中錫撰、國朝獻徵錄68/62）

劉廣衡（1395—1458）字克平，萬安人。永樂二十二年進士，授刑部主事，歷員外郎、郎中，用法平恕。景泰元年陞右副都御史、鎮守關中，條陳安邊禦寇，利國便民數十事，多見施行。官至刑部尚書。爲人清修簡樸，不事浮靡，有古人風，卒年六十四。

劉公墓誌銘（李賢撰、國朝獻徵錄44/29，皇明名臣琬琰錄后3/6下，皇明名臣墓銘乾集95）

劉公神道碑（王文端公文集29/21）

太司寇劉公哀辭（匏翁家藏集（?）…）

太司寇劉公哀辭(嘐臺詩文會稿重編24/31下)

國朝獻徵錄44/28王時槐撰劉公傳

劉震（1434—1501）字道亨，號勵齋，安福人。成化八年進士，授編修，進侍講，屢遷南京國子祭酒，卒於官，年六十八。震性剛毅，耻於詭隨。爲文敏贍雄健，不蹈襲陳言。有雙溪集。

送劉祭酒之南京序（王文恪公集11/11下）

劉公墓碑（匏翁家藏集76/16下，國朝獻徵錄74/6）

劉愨，號唐巖，萬安人，玉子。嘉靖廿三年進士，累官僉都御史，撫治湖廣，施州土官覃璧刼丞嫂，謀爲不軌，愨上其逆狀討之，璧力屈詣轅門，伏誅。陞大理寺卿，轉南京工部侍郎，以勞卒。有唐巖文集。

嘉興郡侯唐巖劉公崇德去思碑（自知堂集11/8下）

劉憲副序（新泉城先生集15/34下）

徐氏海隅集外編42/12下

國朝獻徵錄53/40無名氏撰傳

劉瑾，本談氏子，興平人。幼自宮，投中官劉姓者以進，因冒其姓。孝宗時坐法當死，得免，遂切齒廷臣。武宗即位，掌鐘鼓司，性狠戾，有口辯，日以鷹犬歌舞角觝之戲與帝狎。尋改內官監，總督團營，帝漸信用之。大學士劉健等請誅瑾，帝大怒，立命瑾掌司禮監。瑾既得志，顓擅威福，大小事皆瑾專決，不復白帝。因是遂謀不軌，爲張永所奏，帝命執之，籍其家，磔於市。

國朝獻徵錄117/76無撰人劉瑾傳

四友齋叢說8/2，15/1下

明史304/21下

兄劉景祥，後軍都督同知，正德五年卒。

國朝獻徵錄107/23無撰人劉景祥傳

劉璉（1348—1379）字孟藻，青田人，基子。有文行，洪武十年試監察御史，出爲江西參政。爲胡惟庸所脅，墮井死，年三十二。璉工詩，詞旨高雅，而運思深摯，幾駕兩宋而上之。有自怡集。

劉君墓碑銘（蘇伯衡撰、皇明名臣琬琰錄7/19下）

明史列傳10/8

明史128/6下

劉璉字廷璉，崑山人。永樂十年進士，授監察御史，累官戶部侍郎巡撫宣府。璉在邊二十八年，終始如一，當土木之變，區畫周詳，先事有備，築城固守，卒以保全。景泰二年致仕，旋卒。

崑山人物志4/7下

吳郡張大復先生明人列傳稿×/43

國朝獻徵錄30/9無名氏撰傳

劉璉字宗器，順天大興人，中敷子。正統十年進士，授刑科給事中，累官太僕寺卿。性恥華靡，居官剛果。左遷遼東苑馬寺卿、卒。

掖垣人鑑8/21下

明史列傳39/2下

明史157/9

劉璋（1429—1511）字廷信，號梅坡，南平人。天順元年進士，歷戶部郎中，會計精核，吏不能欺。弘治時累遷工部尚書。有詔求善造銅鼓及能擊者，璋言四方告災，正撤樂減膳之時，豈宜爲此。又言不宜興大工，動大衆，徵財賄，帝皆納之。以太子少保致仕卒，年八十三。有梅坡集。

劉公神道碑（見素集19/7下，皇明名臣墓銘乾集54，國朝獻徵錄50/24）

明史185/4下

母翁氏

劉母安人翁氏哀辭（椒丘文集26/11下）

劉敷（1421—1502）字叔榮，江西永新人。景泰二年進士，擢南臺監察御史，歷福建按察使、布政使。成化十年陞右副都御史，巡撫湖廣，平靖州苗亂，十五年致仕。復起拜右都御史掌院事，致仕卒，八十二。

送劉侍御之任南京序（畏菴周先生集6/57下）

送都憲劉公致仕詩序（椒丘文集10/23下）

劉公墓誌銘（碧川文選4/19）

劉槩字大節，濟寧人。成化二十年進士，知壽州，毀境內淫祠幾盡，三年，教化大行。弘治初入覲，值御史湯鼐以言遘禍，因逮及焉。吏部尚書王恕憐其誣，力爲申白，得戍海州，卒於戍所。

明史180/21下

劉槩字平甫，安陸人，洪子。正德六年進士，授行人，諫南巡杖死。

明史列傳59/22

明史189/20

劉儉字宗禹，江西浮梁人。舉景泰二年進士，授行人，奉使琉球。

送行人劉宗禹奉使琉球國詩序（芳洲續集2/20下）

劉儁字子士，一作子奇，江陵人。洪武十八年進士，歷兵部右侍郎，建文時爲侍中。成祖卽位，進尚書。永樂四年，大征安南，以儁參贊軍務有功。旣還，簡定復叛，儁再出參贊沐晟軍務，六年冬與賊至大安海口，颶風大作，後軍不繼，被執，罵賊死。洪熙初諡節愍。

簡贊機務序（萬一樓集36/15）

忠烈流芳卷序（艾思亭文集2/15下）

諡劉節愍公勅官（徐氏海隅集文編23/15下）

三節祠祝文（同上34/1下）

國朝獻徵錄38/15楊士奇撰傳

徐氏海隅集外編40/2下

皇明世說新語4/10下

吾學編32/1

明史列傳23/11

明史154/10下

劉節（1476—1555）字介夫，初號梅國，更號雪臺，老稱涵虛翁，大庾人。弘治十八年進士，歷任浙江左布政使。好賢禮士，見學官弟子，每延款而咨訪之，不屑以俗吏自居。仕至刑部侍郎致仕，卒年八十。有春秋列傳、廣文選、寶制堂錄，梅國集等。

劉公神道碑（黃佐撰、國朝獻徵錄46/64）

劉梅國詩序（王氏家藏集22/33）

寶制堂私錄序（涇野先生文集6/25下）

祖劉貢芳（1397—1466）字德華。

劉公神道碑文（泉翁大全集65/15下）

妻周氏

周氏墓銘（泉翁大全集59/15下）

劉畿（1509—1569）字子京，一字朝宗，號羽泉，長洲人。嘉靖二十九年進士，除知瑞安縣，歷工科右給事中，監察宮內營建，剔除冗濫姦弊，以功進通政司參議。屢遷右副都御史，督撫兩浙，討平礦賊，仕終兵部右侍郎，總督三省軍務，致仕卒，年六十一。

贈羽泉劉公督撫兩浙序（石泉山房文集8/18下）

送劉羽泉總督三鎭序（余文敏公集3/1）

劉公神道碑（弇州山人四部稿95/1）

披亘人鑑14/3）

父劉黠（1485—1526）字文夬，號怡靜。

劉文夬墓誌銘（皇甫少玄外集10/10）

劉魯字希曾，號省軒，河南安陽人。隆慶二年進士，由永平府推官選戶科給事中，陞江西僉事，歷天津兵備副使，以憂歸。

披亘人鑑16/6

劉濂字濬伯，南宮人。正德十六年進士，授杞縣令，擢御史，累有劾奏。嘉靖中嚴嵩為禮部尚書，將有入閣之命，濂上書極言嵩貪詐不可用，而嵩竟相，濂遂謝病歸卒。有易象解、樂經元義、九代樂章等書。

送杞令劉濬伯序（王氏家藏集22/23）

劉澤清字鶴洲，曹縣人，官至左都督，加太子太師。李自成陷京師，澤清與馬士英、高傑等擁立福王，鎮淮北，封東平侯。多鐸圍揚州，準塔分兵由徐州趨淮安，澤清迎降，授三等子。後以謀叛，被殺。

劉澤清小傳（帶經堂集80/7）

明史273/22

劉龍（1477—1553）字舜卿，號紫巖，山西襄垣人，鳳儀子。弘治十二年進士，授編修，改兵部主事。歷侍講學士，每進講，必屏絕人事，講章簡切明暢，務求感悟。陞禮部侍郎，官終兵部尚書，卒年七十七，謚文安。有紫巖文集。

送南京禮部尚書紫巖劉公序（徐文敏公集4/14）

贈大司馬紫巖劉公被召入朝序（方齋存稿6/20下）

送大司馬紫巖劉公應詔北上序（涇野先生文集10/43下）

日講存稿序（同上6/11下）

劉氏族譜序（同上8/47下）

劉公墓志銘（群玉樓稿7/41，國朝獻徵錄42/56）

文安劉公祠堂記（胡莊肅公文集4/63下）

劉文安像記（二酉園文集9/4下）

妻王氏

祭劉紫岩夫人文二首（倣整堂集32/8）

劉諧字鳳和，號弘原，湖廣麻城人。隆慶五年進士，選庶吉士，授戶科給事中，歷陞福建僉事。以事降常熟縣丞，歷江西餘干知縣，萬曆九年免官。

披亘人鑑16/9

皇明世說新語7/20

劉憲字廷式，益陽人。成化十四年進士，拜監察御史，歷遷都御史、巡撫寧夏。值北邊有警，憲募土兵禦之，捷聞、賜金帛有差。後忤劉瑾，逮繫詔獄，正德三年卒。

送都御史劉公巡撫寧夏序（碧川文選2/51下）

國朝獻徵錄49/16實錄本傳

劉憲，靈石諸生。父先亡，母年七十餘，兩目俱瞽，憲奉事惟謹。正德六年流賊入城，憲負母避城外。賊追至，欲殺母。憲哀告曰，寧殺我，毋害我母，賊乃釋之。行至嶺後，憲竟為他賊所殺。

明史297/10下

劉憲寵字抑之，慈谿人。萬曆進士，授吉安推官，治獄明恕，歷儀制司郎中。帝將立東宮，以冊寶未具，傳諭易期，舉朝駭愕，憲寵急詣閣臣沈一貫封還，大禮遂定。泰昌改元，遷太僕卿，引疾歸。憲寵清介不附門戶，魏忠賢指為東林，遭削奪，崇禎初復官。

勅南京太僕寺卿劉憲寵（紺雪堂集7/48）

劉璣字玉衡，山東臨淸人。成化十四年進士，除兵科給事中，陞鹽運司同知。

披亘人鑑10/22下

劉璣（1457—1532）字用齊，號近山，陝西咸寧人。成化十七年進士，授曲沃知縣，擢戶部主事，屢陞九江知府。丁母憂歸，主講正學書院。後歷太常寺卿、戶部侍郎，陞尚書。於部事遵舊，不合於劉瑾，欲出之。尋瑾敗，正德五年自劾歸。家居二十餘年卒，年七十六。有正蒙會稿。

劉公墓志銘（少華山人文集9/1，國朝獻徵錄29/9）

正蒙會稿序（端溪先生集2/10下）

皇世說新語8/22

母李氏，弘治十五年卒。

太安人李氏墓誌銘（容春堂前集17/18下）

劉璞，號栢山，莒州人。舉博學鴻詞，初任鄒縣令，召爲御史，彈魏忠賢八可誅，削籍歸卒。

勅江西道監察御史劉璞（紺雪堂集8/69）

明御史石山劉公傳（西堂文集8/8）

劉璟字仲璟，括蒼人，璉弟。洪武中拜閤門使，以剛直聞。改授谷府長史，靖難師起，詣闕獻策，命赴李景隆軍，歷諸險阻，以疾歸。成祖即位，召用，辭以疾，逮逮至京，猶稱殿下。且云殿下百世後，逃不得一篡字，下獄自經死。福王時諡剛節。有易齋集、無隱集。

誠意伯次子閤門使劉仲璟遇恩錄（誠意伯文集1/19）

國朝獻徵錄105/3東中撰傳，又105/5忠節錄傳

吾學編56/27

聖朝名世考4/28下

皇明世說新語3/2下

皇明表忠紀3/22

遜國正氣紀3/37

遜國神會錄上/62

皇明書32/1下

明史列傳10/9下

明史128/7下

劉璟（1450—1522）字德輝，河南鄢陵人。成化十一年進士，授刑部主事，歷松江知府，奉法勤職，豪右斂跡。累遷山東布政使，剔宿蠹，御吏嚴而賦民寬。正德中官至刑部尚書，劉瑾專政，毒流縉紳，璟委曲調護，裨益頗多。致仕卒，年七十三。

劉公墓誌銘（楊廷和撰、國朝獻徵錄44/82）

劉機字世衡，順天大興人，璉子。幼有孝行，登成化十四年進士，改庶吉士。正德中代張綵爲吏部尚書，以人言乞歸。起南京兵部尚書，參贊機務。流賊犯江上，衆議擇將，適都督李昻自貴州罷官至，機即召任之，昻以無朝命辭。機曰，機奉敕有云，敕所不載，聽便宜，此即朝命也，衆服其膽識。致仕歸，嘉靖元年卒。

劉公墓誌銘（楊廷和撰、國朝獻徵錄42/33）

明史157/9

劉靜，萬安人，諸生。正德間流賊破縣，靜負母竄，賊欲害靜母，靜翼蔽求代，賊怒，攢槊殺之，猶抱母不解。既死，屍七日不變。

明史297/11下

劉奮庸，雒陽人。嘉靖三十八年進士，以禮部主事侍穆宗裕邸，進員外郎。及即位，以舊恩擢尚寶卿。大學士高拱亦故講官，頗專恣，奮庸疾之。附拱者遂劾奮庸，謫興國知州。神宗即位，擢山西提學僉事，再遷陝西提學副使，以疾乞歸卒。

明史215/15下

劉穎（1476—1530）字時秀，號洪齋，臨川人。正德九年進士，授開化知縣，爲政勤儉，擢浙江道御史，首奏大禮，忤旨廷杖。歷按廣西、貴州，以疾乞歸卒，年五十五。

劉公墓志（王質撰、國朝獻徵錄65/83）

劉曉字伯光，安福人。舉於鄉，王守仁官南京，曉往師之，吉安講席大興，由曉倡也。後爲新寧知縣，有善政，解官歸卒。

明史283/21下

明儒學案19/10

劉學朱字道明，號述亭，廬陵人。嘉靖三十七年舉人，授桃源教諭，陞翰林院孔目，屢官至南京兵部郎中，致仕卒。

劉君墓志銘（王時槐撰、國朝獻徵錄43/75）

劉學易字道甫，號格村，山東壽光人。嘉靖十七年進士，由江西袁州府推官遷兵科給事中，屢陞吏科都給事中，遷南京太僕寺少卿，仕至工部右侍郎致仕。

掖垣人鑑13/52

劉穆，直隸蠡縣人。永樂三年舉人，任兵科給事中，二十二年調山西曲沃知縣。

掖垣人鑑7/25下

劉穆字敬之，山西臨汾人。正德十二年進士，由庶吉士授刑科給事中。嘉靖三年擢禮科都給事中，陞太常少卿，提督四夷館，調南京太僕寺少卿，卒于官。

掖垣人鑑12/34

劉錫玄，長洲人。萬曆三十五年進士，歷貴州提學僉事。天啓元年奢崇明反，錫玄等以兵援四川，復遵義等地。翌年安邦彥復叛，圍貴陽，錫玄等分兵據守，屢挫賊鋒，圍解，崇禎中官終寧夏參政。有玉受集、黔牘偶存。

明史249/13

劉璩（1476—1540）字景賢，更字世臣，號亭湖，江西鄱陽人。舉嘉靖二年進士，歷官工部主事，卒年六十五。著有饒郡志、贛州府志、慶陽府志、萬年縣志、亭湖稿、哲亭集等。

劉公暨安人曾氏合葬墓志銘（儼山文集73/1）

劉鴻訓（1561—1631）字默承，號青岳，長山人。萬曆四十一年進士，累官少詹事。忤魏忠賢，斥爲民。莊烈帝即位、拜禮部尚書、兼東閣大學士，參預機務。是時忠賢雖敗，其黨猶滿朝，鴻訓乃毅然主持，次第斥之，人情大快。以事忤旨革職，謫戍代州，卒於戍所，年七十，福王時復官。有玉海纂、四素山房集。

青岳劉公暨配曲氏王氏合葬墓志銘（鴻寶應本8/10）

五十輔臣考1/19

天啓崇禎兩朝遺詩傳5/189

明史251/3

劉濟，字汝楫，陝西藍田人，著籍騰驤衞。正德六年進士，累官刑科都給事中。濟在諫垣久，言論侃侃，直聲振中外。大禮議起，伏哭左順門，受杖，謫戍遼東，卒於戍所。

掖垣人鑑12/28

明史列傳72/15

明史192/9

劉謙，合肥人。元末與兄友仁歸附太祖，屢從征伐，授南昌衞副千戶。洪武初歷守陝西、潞州，屢進中軍都督僉事，永樂十二年卒。

國朝獻徵錄108/2無名氏撰傳

劉謙（1389—1447）字自牧，祥符人。永樂十九年進士，授醴泉知縣，以廉惠稱。擢御史，遷溫州知府，多善政。丁母憂歸，哀毀卒，年五十九。

國朝獻徵錄85/13李濂撰傳

劉應秋字士和，號兌陽，吉水人。萬曆十一年進士，授編修，累官國子祭酒。時詞臣多優遊養望，而應秋獨負才氣，好議論，以此取忌。會有撰憂危竑議者，御史指及應秋，遂調外，辭疾歸，二十八年卒，崇禎時諡文節。有大司成文集。

劉公墓表（玉茗堂全集14/1）

劉公暨配楊孺人合葬神道碑（蒼霞餘草8/13）

劉大司成文集序（玉茗堂全集2/29）

明史216/16

父劉□，號東皋。

壽劉大翁東皋先生八袠序（愼修堂集12/31）

劉應峯（1526—1586）字少衡，號養旦，茶陵人。受業羅洪先之門，舉嘉靖卅五年進士，授南昌令，徵入爲吏部主事，累遷江西參議，仕終雲南提學副使，卒年六十一。

劉公傳（山居草3/19下）

祭劉養旦先生文（同上4/1）

劉公墓誌銘（耿天台先生文集12/16）

劉應遇（1568—1631）字玉庸，號念劬，湖廣孝感人。萬曆十九年舉人，累官商雒道，調關南大參、巡撫甘肅。卒年六十四，贈都察院右副都御史。

捷闕劉公生祠記（松瘦集2/7）

啓禎野乘6/3

劉應節字子和，號白川，濰人。嘉靖二十六年進士，隆慶中以兵部右侍郎總督薊遼保定軍務。奏罷永平、密雲、覇州采礦，又議通漕密雲，與清軍補兵之策，一切規畫，俱防邊要政。累擢刑部尙書。後以出郭與雲南參政羅汝芳談禪，爲給事中周良寅劾罷。

劉公暨配王夫人墓志銘（青藜館集3/75）

劉公行狀（北海集18/21，國朝獻徵錄45/60）

明刑部尙書劉公傳（理堂文集8/1）

明史列傳78/17

明史220/5

劉見龍字在田，郃陽人。萬曆八年進士，授崑山知縣，擢御史，巡鹺淮陽，終南京太常寺卿。爲人辯爽有識力，爲政務逡下而直上，苟不便民，必以身任其責，雖頓挫無悔。

贈劉在田宰崑山序（魏仲子文集6/7下）

吳郡張大復先生明人列傳稿×/7

劉聰字守愚，薊州衞人。成化十四年進士，除兵科給事中，調刑科。弘治間陞兵科都給事中，擢湖廣右參政，仕終都察院右副都御史。

掖垣人鑑10/22

母寗氏

劉母恭人寗氏墓志銘（對山集18/19）

劉懋字勉之，江陵人。成化八年進士，授刑科給事中，封駁無所避，値檔閹汪直用事，懋首劾之。尋論昭德貴妃專寵，杖繫詔獄。出爲浙江按察僉事，以憂歸。家居數十年，足跡不至城市。

掖垣人鑑8/25

劉懋字養中，號渭溪，臨潼人。萬曆四十一年進士，官至兵科給事中。有兵垣奏疏。

勅禮科給事中劉懋並妻（紺雪堂集8/50）

劉黻字伯黼，衡陽人。正德十二年進士，授行人，武宗南巡，上疏切諫，受杖，改南京國子監學正。世宗繼統，詔復黻官，授御史，按蜀，有威望。未幾、疏請終養。有易卦變，兩州奏議、童訓等書。

國朝獻徵錄65/77無撰人劉黻傳

劉徽，清苑人。由臨淮知縣，擢御史，諂附魏忠賢，專事搏擊清流。嘗出督遼餉，乾沒不貲。屢官太僕少卿，先後頌忠賢至十一疏。忠賢敗，被劾回籍，後入逆案，論徒。

明史306/27

劉謹字維勤，浙江山陰人。洪武中父坐法戍雲南，謹方六歲，問家人雲南何在，或以西南指之，輒朝夕向之拜。年十四，遂奮身往，閱六月抵其地，艱苦萬狀，遇父於逆旅，相持號慟。俄父患瘋痺，謹告官乞代。國法戍邊者，惟十六歲以上嫡男始許代，時謹未成丁，而兄謙先死。乃歸家携兄之子以往，悉鬻其產畀兄子，始獲奉其父還。家貧，力營甘旨以養。

劉孝子遂安公傳（西河合集77/7）

名山藏97/4下

明史296/17下

劉贄字子禮，號西塘，河南洛陽人。嘉靖二十九年進士，由山西平陽府推官選吏科給事中，屢陞通政司右參議。後降興化縣丞，仕至山東按察司副使免官。

掖垣人鑑14/28下

劉燾，號帶川，天津衞人。嘉靖十七年進士。歷浙江按察使、福建巡撫、兩廣總督，隆慶中官終神樞營左都御史。

賀督撫帶川劉公平寇序（石泉山房文集8/15下）

賀御史大夫帶川劉公八十壽敍（淡然軒集4/3）

劉璲（1436—1504）字良玉，號守愚，山東壽光人。舉景泰七年鄉試，授元成令，有惠政。陞廣西道監察御史，轉河南按察副使，遭母喪。改湖廣副使兵備靖沅等處，有政績。以鄉人受誣被連，左遷鶴慶軍民府同知，陞知永州府，致仕卒，年六十九。

劉公墓誌銘（不著撰人、國朝獻徵錄89/9）

劉曙字公旦，長洲人。崇禎進士，南都亡，上海諸生欽浩，通款於魯王，署忠義士二十三人，以曙爲首。其書爲邏者所得，捕曙對簿，曙實未嘗識浩，而絕不置辭，強項不肯屈膝，臨死賦詩別母，乃就刃。

劉公死義記一卷（題吳下逸民撰、荆駝逸史本）

劉鎬（1355—1418）字武性，江西龍泉人。父允中，洪武五年舉人，官憑祥巡檢，卒於任。鎬以道遠家貧，不能返柩，常悲泣。父友憐之，言於廣西監司，聘爲臨桂訓導，假公事赴憑祥，莫知葬處，鎬晝夜環哭，其父家僮忽暮至，因得塚所，乃負歸葬。永樂十五年聘典廣西考試，逾年卒，年六十四。

劉先生墓志銘（王文端公文集30/13下；國朝獻徵錄112/25）

明史296/14下

劉儲秀字士奇，陝西咸寧人。正德九年進士，嘉靖中任浙江左布政使。剛方有治才，深得民心。仕至戶部尚書。嘉靖廿七年推兵部尚書，具辭忤旨，未任閑住。有西坡集。

國朝列卿記119/18下

父劉□

壽劉封君序（對山集11/1）

劉瀚（1425—1505）字約之，號樗菴，長洲人，鉉子。舉天順元年進士，歷官大理寺丞，出補延平府同知，進漳州知府，擢陝西按察副使致仕。居鄉十七年卒，年八十一。

劉公墓誌銘（懷麓堂文後稿27/12，國朝獻徵錄94/60）

明史列傳30/14下

明史163/6

劉璽字廷守，號省齋，南京龍驤衛人。幼有孝行，爲諸生，能自力學。襲世職指揮同知，嘉請中歷督漕總兵官，淸愼自持，蒞事五年，軍民懷德。罷歸，行李蕭然，書數卷而已。

國朝獻徵錄108/47楊麒撰劉公神道碑，108/49下王暐撰昭德錄序略；又108/51無撰人訢慕編

明史列傳60/9

劉憲（1519—1575）字朝重，鄖縣人。嘉靖三十五年進士，歷南韶兵備道，獞賊猖獗，穩單騎至賊壘諭解之，計擒山冦馬五等，進本道副使。勦殺賊帥官祖政於黄岡，築英德城以扼賊吭，韶南以寧。以疾歸。再起廣東參政，晉南太僕寺卿，卒官，年五十七。

劉公墓表（胡直撰、國朝獻徵錄72/88）

徐氏海隅集外編40/29下

劉繹（1463—　）字以成，號斗山，代州人。弘治九年進士，以戶部主事督理遼東糧儲。正德間觸劉瑾怒，罷爲民，人稱爲鐵漢。尋起監察御史，遷衞輝知府，有禦賊功，仕終長蘆運使（按韓邦奇撰墓表稱成化丁未進士，玆據進士登科錄）。

劉公墓表（苑洛集7/1，國朝獻徵錄104/32）

劉繪字子素，一字少質，號嵩陽，光州人。好擊劍，力挽六石弓，舉鄉試第一，登嘉靖十四年進士，授行人，改戶科給事中。兩劾夏言，言撼之，出爲重慶知府。土官爭地相仇，檄諭之即定，上官交薦。言再入政府，屬言者論罷之。居家二十年卒。有嵩陽集。

掖垣人鑑13/43下

明史208/22

劉繼文字永謨，號節齊，靈壁人。嘉靖四十一年進士，知萬安，淸苦愛民。陞禮部主事，改工科給事中，陞戶科都給事中，擢浙江參政。有妖僧惑衆，立除其奸。考滿，與海瑞並稱，爲天下淸官第二。官至戶部侍郎卒。

圓通神應集序（蠙衣生蜀草1/5）

歷宦贈言錄序（同上1/7）

方伯劉節齋先生考績詔褒三代序（同上3/1）

掖垣人鑑15/5下

劉繼宗，河南新鄭人。歲貢生，洪武二十六年由直隸獻縣教諭，陞工科都給事中，擢鴻臚寺少卿。

掖垣人鑑9/2

劉斆（1416—1503）字于學，號學古，江西安成人，寶子。景泰元年舉人，授武昌訓導，調武進，擢南京翰林院孔目，乞歸卒，年八十八。

學古劉先生榮壽詩序（羅文肅公集10/1）

劉公行狀（楊廉撰、國朝獻徵錄23/23）

妻王氏（1418—1494）

劉母太孺人王氏行狀（羅文肅公集23/15下）

劉鐸（1573—1626）字我以，號洞初，江西廬陵人。萬曆四十四年進士，官至刑部郎中，丁憂歸。服除、出守揚州，爲閹黨構陷，棄市。崇禎元年贈太僕寺卿，有來復堂

集。

啓禎野乘5/48

明史245/21

劉儼（1394—1457）字宣化，號時雨，吉水人。正統七年進士第一，授修撰，累官至太常少卿兼翰林侍讀。天順元年卒，年六十四，諡文介。儼有文學，立朝正直，居鄉有惠澤。嘗預修五倫書、歷代君鑑、總裁寰宇通志、宋元通鑑綱目，有劉文介集。

劉公神道碑（王文端公文集30/1）

劉公神道碑銘（呂文懿公全集10/4下）

劉公墓碑（李賢撰、國朝獻徵錄20/37，皇明名臣琬琰錄后8/16）

夏郎劉氏重刻宗範序（石蓮洞羅先生文集17/42）

殿閣詞林記6/34

聖朝名世考3/49

皇明世說新語7/11下

名山藏臣林記9/13下

吾學編39/5下

皇明書20/26下

狀元圖考2/6

明史列傳30/13

明史152/11下

劉麟（1474—1561）字元瑞，一字子振，號南坦，江西安仁人。績學能文，與顧璘、徐禎卿，稱江東三才子。弘治九年進士，累官工部尚書致仕。嘗欲建樓以居，力不能構，懸籃輿於梁曲，臥其中，名曰神樓，文徵明繪圖遺之。年八十八卒，諡清惠。有劉清惠集。

送龜塘劉寶南序（涇野先生文集2/2下）

送劉君元瑞守西安叙（甫田集16/6）

劉先生生銘（王廷相撰、劉清惠公集12/5下）

劉公墓銘（顧應祥撰、劉清惠公集12/10下）

劉公墓表（雷禮撰、劉清惠公集12/15下）

劉公履略（張寰撰、劉清惠公集12/24下，國朝獻徵錄50/43下）

劉清惠公傳（文直行書13/4）

坦上翁傳（群玉樓稿1/1，皇明名臣墓銘震集36、劉清惠公集12/21）

國朝獻徵錄50/43實錄本傳

名山藏95/10下

明史列傳63/19

明史194/21下

劉瓚字朝重，四川會州衛籍，江西安福人。弘治十八年進士，授行人，擢開化知縣，遷膳部主事，陞員外郎。

賀員外郎劉君考績封贈父母序（東川劉文簡公集7/10）

劉夔（1487—1543）字舜弼，號黃巖，山西襄垣人。正德六年進士，選庶吉士，擢兵科給事中。嘉靖改元、改翰林檢討，出爲大名知府。歷山東按察使，陞都察院右副都御史、提督紫荆關兼撫保定等府。三載、敵不侵塞，年五十七卒。有黃巖集、金陵稿、恒陽集、處州錄、大名吟、及奏議等。

賀黃巖劉先生陞江西憲副序（張文定公紓玉樓集7/7）

劉公墓志銘（費寀撰、國朝獻徵錄63/82）

掖垣人鑑12/24

劉體乾字子元，號淸癯，順天東安人。嘉靖二十三年進士，由行人選兵科給事中，累官戶部尚書。隆慶時內供日多，數下部取大倉銀，體乾淸勁有執，每疏爭，積忤帝意，竟奪官。神宗即位、起南京兵部尚書，參贊機務，尋致仕。

掖垣人鑑14/9

明史214/7下

劉顯字草堂，南昌人。膂力絕倫，稍通文義。家貧落魄，入蜀冒籍爲武生。嘉靖三十四年宜賓苗亂，顯從軍陷陣，賊平、官副千戶。輸貲爲指揮僉事，擢總兵官，鎮守廣東。會福建倭犯棘，顯赴援，大破之。萬曆初進都督同知。九年卒官。

贈督府草堂劉公移鎭定海序（徐氏海隅集文編4/14下）

淮上戰功（黃姬水撰、國朝獻徵錄106/64）

名山藏臣林記24/47下

明史列傳86/37

明史212/18

劉纓（1442—1523）字與淸，號鐵柯，蘇州人。成化十四年進士，知滕縣，三年，以治最召爲河南道御史。弘治中按福建，守臣安奏俘男千數，可宮以給用者。有詔往取，屬南海良家子以充腐，且三百餘人。鏓曰，彼無罪而絕其世，不可，況全者無幾耶，縱遣之，家人感恩，即以鏓姓姓之。歷官兵部右侍郎，正德五年擢南京刑部尚書，致仕卒，年八十二。

鐵柯記（甫田集18/4下）
鐵柯說（王文恪公集14/14下）
贈南京刑部尚書劉公考績序（柴墟文集6/4下）
劉公行狀（甫田集26/6下，國朝獻徵錄48/45）
尚書劉公誄（南湖文選8/17）
皇明世說新語2/25下

劉觀，雄縣人。洪武十八年進士，永樂二年擢左副都御史，時左都御史陳瑛殘刻，右都御史吳中寬和，觀委蛇二人間，務爲容悅。擢禮部尚書改刑部，遷左都御史。仁宗時爲太子賓客，宣德三年以贓汙戍遼東，客死。

劉氏慶源編序（東里文集6/5下）
國朝獻徵錄54/23雷禮撰傳
水東日記4/9下
明史151/11

劉觀，山西太谷人。歲貢生，洪武二十七年除吏科給事中，官至通政司參議。

掖垣人鑑4/13

劉觀字崇觀，吉水人，均子。正統四年進士，方年少，忽引疾告歸，杜門讀書，求聖賢之學，四方來問道者甚衆。平居飯脫粟，服澣衣，翛然自得，作勤儉恭恕四箴，以教其家，取呂氏鄉約以教其鄉，所居曰臥廬，學者稱臥廬先生。

國朝獻徵錄114/18王時槐撰傳
名山藏83/9下
明史282/27

劉觀，武進人。景泰二年進士，除禮科給事中，以憂歸。復起除兵科，歷福建參政，官至湖廣右布政使。

掖垣人鑑6/24下
毘陵人品記7/10

十　六　劃

諸

諸大倫字仁夫，號白川，餘姚人。隆慶五年進士，由淮安府推官選兵科給事中。以言事降元氏縣丞，陞江西東鄉知縣，選兵部武選司主事。

掖垣人鑑16/7

諸大綬（1523—1573）字端甫，號南明，浙江山陰人。登嘉靖卅五年進士第一，授修撰，校錄永樂大典成，陞左春坊左諭德兼侍讀，官至禮部侍郎，萬曆元年卒，年五十一，謚文懿。有諸文懿公集。

諸公行狀（張元忭撰、國朝獻徵錄26/51）
諸文懿公傳（朱文懿公文集6/6）
祭諸南明宗伯文（朱文懿公文集12/10）
詞林會祭諸南明公文（朱文懿公文集12/12）
狀元圖考3/19

諸傑（1477—1543）字揚伯，號苧村，嘉興人。正德十二年進士，授黃梅令，歷福建按察僉事，總理屯政，綴其故，剔其姦，明其疆理，綜其子粒，周慎詳密，而屯政以舉。官至浙江按察副使，致仕卒，年六十七。

贈苧村諸憲副退休序（蔣道林文粹3/14）
諸先生墓誌銘（房漸山文集4/36）
國朝獻徵錄103/55戚元佐撰傳
檇李往哲列傳×/19

諸壽賢字延之，崑山人。萬曆十四年進士，甫釋褐，即疏請歸田，力學十年，然後從政，章寢不行。會南畿督學房寰詆海瑞事起，壽賢偕同年生顧允成、彭遵古抗疏劾寰，坐妄奏奪冠帶。後起爲教授，洊擢禮部主事，遘疾歸，授徒自給以終，年七十一。

諸延之先生寶華山房近稿序（賓玉集10/5下）
吳郡張大復先生明人列傳稿×/134
明史列傳85/9下
明史231/8下

諸觀字民瞻，餘姚人。成化二年進士，歷守數郡，有威惠，一介不取。嘗自誓曰，貪墨之吏，猶不貞之女，一有點汚，何以見人。在官六年，淸苦如日。

送諸太守之任瑞郡序（碧川文選1/24）

諶

諶吉臣字仲貞，南昌人。父應華萬曆時以參將援朝鮮戰歿。吉臣由舉人爲雲夢知縣，李自成陷襄陽，吉臣急遣孥歸，身誓死勿去。崇禎十六年雲夢陷，被執不食累日，賊授以官，不屈被殺。

明史294/4

龍

龍文光，馬平人。天啓二年進士，崇禎間以吏部郎督學貴州，擢右僉都御史，巡撫四川，値張獻忠寇蜀，勵兵守禦，力竭城陷，不屈死。

明史263/16

龍在田，石屛州土官舍人。天啓初安效良等作亂，在田征討有功。後率所部擊賊，累擢都督同知，爲忌者所中，罷歸。沙定州之變，在田走大理，尋孫可望至貴州，在田說可望攻破之。終老於家。

明史270/16

龍光字國華，號斗垣，湖廣攸縣人。嘉靖四十一年進士，由蘇州府推官選吏科給事中，歷陞工科都給諫，尋遷山東左參政，晉右布政使，卒於官。

大參斗垣龍公擢調浙江贈序（袁魯望集8/13下）

浙江布政使司右參政龍光誥命（鍾台先生文集2/9下）

掖垣人鑑15/5下

龍宗武（1542—1609）字君揚，號澄源，泰和人。隆慶五年進士，授吳郡司理，改姑孰丞，累遷湖廣參議，以忤中貴，逮戍合浦，卒年六十八。

龍公墓志銘（玉茗堂全集13/1）

龍公墓碑（紫原文集11/43）

龍公墓表（己吾集7/10下）

祭參議龍澄源文（紫原文集12/14）

世徵錄序（鹿裘石室集25/4）

祖龍敷（1472—1523）字公寬。

龍君墓表（鹿裘石室集36/8下）

父龍天爵（1494—1563）字良貴，號東溪。

龍翁行狀（松石齋集15/23）

龍叔粲（1384—1447）泰和人。永樂十二年舉人，卒業太學，宣德中試政，擢禮部祠祭主事，預試貢士，人服其公勤。致仕卒，年六十四。

送禮部主事龍叔粲南還序（芳洲文集3/19）

龍君墓誌銘（同上7/43）

弟龍珪，字叔暄。

龍叔暄墓誌銘（芳洲續集4/27）

龍晉字邃度，吉水人。景泰五年進士，授御史，左遷嘉定令，天順中擢知本府，公勤廉恕，撫民有方，開良堰灌田三千餘畝。成化中改知常州府，民皆思之。

吳中人物志3/12

龍旌，趙州人。萬曆中由歲貢生爲嵩明州學正，鳳騰霄反，陷嵩明州，被執罵賊死，贈國子博士。

明史290/7

龍翔霄（1496—1569）字淯之，號秦渠，武陵人。舉於鄉，嘉靖中授閬中令，改太和，擢南兵部主事，歷知程番、貴陽兩府，致仕卒，年七十四。

秦渠龍公暨贈安人傅氏合葬墓表（太函集62/7下）

龍琰字廷重，湖廣武陵人。正德三年進士，歷知上饒、長樂二縣，擢刑部主事，遷榮府長史。

送龍廷重爲榮府長史序（棠陵文集1/2）

龍刑部改榮府長史序（陽峯家藏集24/29下）

龍越字德宣，江西廬陵人。弘治六年進士，歷知同安、安吉兩邑，入爲京府通判，遷南臺經歷，出守瓊州。

送太守龍君之任瓊州序（整菴先生存稿5/13）

龍遂字良卿，號南岡，江西永新人。嘉靖十四年進士，由行人選刑科給事中，以言事謫福建布政司都事，歷陞廣西僉事，免歸。

掖垣人鑑13/42下

龍誥，攸縣人。正德三年進士，知臨川縣，東鄉民聚爲盜，積歲不能平，誥被檄往討，賊皆棄兵羅拜就撫，累遷廣西參政。有東州奏議，廬揚荒政錄。

送四川憲副龍公序（林登集11/3）

贈龍臨川序（涇野先生文集1/17下）

龍德孚（1531—1602）字伯貞，號渠陽，又號玄扈，自稱孏龍生，武陵人，翔霄子。嘉靖三十七年舉人，授衞輝郡司理，疑獄片言立剖。遷寧波府丞，擢南京戶部員外郎，司淮安榷政，致仕歸卒，年七十二，以子膺貴贈郎中。

戶部郎中龍公唐宜人墓誌銘（大泌山房集93/22下）

子龍膺字君御，官陝西參政

三楚升中頌（太函副墨20/28）

龍鐔字德剛，江西萬載人。年十九，選入南宮，太祖召對稱旨，命隨春坊官分班直講，擢浙江按察使。爲忌者所中，左遷歸。後爲晉王濟熺左長史，委以兵事。靖難師起，徵晉兵，鐔泣拒不從。成祖即位，械鐔下獄，不屈死。

國朝獻徵錄105/16忠節錄傳

皇明表忠記4/16下

皇明書32/4下

遜國正氣紀5/17

龍夔字舜卿，江西宜春人。弘治四年進士，授禮部主事，再陞郎中，擢太平知府。

送太守龍君舜卿之任太平序（費文憲公摘稿11/40）

霍

霍子衡字覺商，南海人。舉萬曆鄉試，歷袁州知府，唐王弟聿鐭立於廣州，召爲太僕卿。淸兵克廣州，子衡召三子，訓以死節，先赴井死，子及妻妾繼之。

明史278/19

霍守典，沁州人。萬曆進士，官禮科給事中，天啓間魏忠賢以生祠額名請，守典劾之，忠賢恚甚，除太常少卿，實以杜其口，尋罷職歸。

誥勅禮科都給事中霍守典並妻（紺雪堂集8/44）

霍恩（1470—1512）字天錫，易州人。弘治十五年進士，正德中知上蔡縣，時流寇竊發，群賊四起，恩悉力守禦。城陷，與妻劉均不屈死，年四十三，諡忠烈。

霍上蔡墓表（蘇門集7/12，國朝獻徵錄93/44）

勅賜愍節祠碑（空同子集43/18，國朝獻徵錄93/41）

明史289/17

霍貴字廷重，山西孝義人。天順元年進士，除禮科給事中，成化六年陞禮科都給諫，歷通政司右參議，仕終太僕寺少卿。

掖垣人鑑6/6下

霍瑄字廷璧，鳳翔人。由鄉舉入國學，授大同通判，正統中就擢知府。英宗北狩，車駕至城下，瑄出謁，悉括金帛以獻，帝嘉歎。及復辟，拜工部侍郎，成化初被劾致仕卒。

國朝獻徵錄51/11陸簡撰傳

明史列傳39/13下

明史171/15下

霍與瑕，南海人，韜子。舉嘉靖進士，授慈谿知縣。鄢懋卿巡鹽行部，與瑕不禮，爲所劾罷。起知鄞縣，仕終廣西僉事。

明史197/15下

霍榮字文華，陝西盩厔人。正統十三年進士，自幼聰明，過目成誦，不妄與人言語，景泰四年由庶吉士任工科給事中，抗言直諫，爲世欽仰。

掖垣人鑑9/8

霍維華，東光人。萬曆四十一年進士，除金壇知縣，天啓中官兵科給事。性憸邪，與崔呈秀同爲魏忠賢謀主，力攻東林。累進兵部尚書，加太子太保。逆案旣定，戍徐州，憂憤死。

明史306/30

霍冀（1516—1575）字堯封，號思齋，山西孝義人。嘉靖廿三年進士，授永平府推官，擢監察御史，陞右僉都御史巡撫寧夏，在鎮三年，戎事甚飭，烽警稀少。歴總督陝西三邊軍務，隆慶初晋兵部尚書，卒年六十。

霍公墓誌銘（條麓堂集26/15下）
霍公墓表（王崇古撰、國朝獻徵錄30/109）
四世恩榮錄序（李中麓閒居集5/97）
祭霍司馬（復宿山房集31/3）

父霍文會

賀文林郎霍翁太孺人齊壽序（袁文榮公文集4/13下）

霍韜（1487—1540）字渭先，初號兀厓，後更號渭厓，南海人。正德九年進士，告歸，讀書西樵山，經史淹洽。世宗踐阼，除職方主事。及大禮議起，毛澄力持考孝宗，韜測知帝意，爲大禮議駁之，累官禮部尚書。韜學博才高，先後多所建白，亦頗涉國家大計。惟量褊隘，所至與人競，帝頗心厭之，年五十四卒，謚文敏。著有詩經解、象山學辨、程朱訓釋、渭厓集、文敏集、西漢筆評、渭厓家訓等。

誥協詹事府詹事兼翰林院學士霍韜（顧文康公文草卷首19）
石頭錄（卽年譜）八卷（霍韜自撰、子與瑕編、霍文敏集附刊本）
霍公墓志銘（李中麓閒居集7/51）
霍公墓表（甘泉先生續編大全10/1）
何公行實（何世守撰、國朝獻徵錄18/12）
祭霍文敏公文（可泉先生文集12/4）
祭霍渭厓文（五龍山人集10/1）
祭宮詹太保渭厓霍尚書文（霅岡公文集8/6下）
大宗伯渭厓霍公像贊（泉翁大全集34/7）
書少宰霍公西漢書後（皇甫司勳集60/1）
嘉靖以來內閣首輔傳2/21
國琛集下/40
皇明世說新語4/5
名山藏臣林記19/25下
明史列傳68/7
明史197/7
明儒學案53/8下

父霍華（1460—1517）號西莊。

霍公暨配封太淑人梁氏神道碑文（泉翁大全集65/4下）

賴

賴添貴（1380—1441）字景明，號滄菴，福建清流人。永樂三年擧人，授麗水教諭，屢遷鄭府伴讀，陞右長史致仕，卒年六十二。有詩集。

賴君墓誌銘（楊士奇撰、國朝獻徵錄105/32）

賴瑛字世傑，廣昌人。永樂十六年進士，擢御史，剛直明亮，遇事敢言，累官至參政。

送監察御史賴瑛序（尋樂習先生文集10/1）

賴鳳字鳴岐，福建晉江人。正德三年進士，除工科給事中，以憂歸。復除兵科，陞江西僉事，坐宸濠事謫戍。

送賴君僉憲江西序（陽峯家藏集24/9）
掖垣人鑑12/16下

興

興安，英宗朝宦者。帝北狩，郕王召廷臣問計，侍讀徐珵倡議南遷，安叱之，白太后勸郕王任于謙治戰守。安有廉操，且知于謙賢，力護之。英宗復辟，安僅獲免。

國朝獻徵錄117/11無名氏撰傳
水東日記1/10、28/11下
國琛集下/42下
名山藏87/3下
明史304/5下

憨

憨山（1546—1623）高僧，全椒蔡氏子，俗名蔡德清，年十二祝髮於金陵古長干寺，長入五臺山，後遠遁東海之牢山，神宗再徵不應。住曹溪演法，一日浴罷，焚香危坐而逝，年七十八。嘗有採珠開礦使入粵，殊驛騷，過曹溪，憨山徐與言利害，由是珠罷採，粵人誦其德。

憨山大師廬山五乳峯塔銘（牧齋初學集68/1）
海印憨山大師遺事記（牧齋有學集45/2）
憨山大師曹溪南身塔院碑（同上36/1）
啓禎野乘14/42

操

操守經字仲權，號東川，江西浮梁人。嘉靖二十九年進士，由福建建寧府推官選戶科給事中，以憂歸。復除禮科，以言事廷杖爲民。

掖垣人鑑14/24

燕

燕忠（1459—1515）字良臣，號西谿，薊州人。成化二十年進士，授常州府推官，改寧國府，讞獄多所平反。屢官至大理卿，執三尺惟謹，不肯少有推移。性狷介峭直，居常寡言笑，人望而畏之，有包趙之風。正德十年卒，年五十七。

燕公墓誌銘（楊一淸撰、皇明名臣琬琰錄續集1、國朝獻徵錄68/11）

駱

駱文盛（1496—1554）字質甫，號兩溪，武康人。嘉靖十四年進士，授翰林院編修，兩典文衡，號爲得士。時權相當路，每竊憤之。値內艱，服除不起，結茅山中，足跡不及城市，人咸高之，年五十九卒。有駱兩溪集。

駱公墓志銘（孫陞撰、駱兩溪集附錄1，國朝獻徵錄21/100）

駱公小傳（姚坤撰、駱兩溪集附錄4）

兩溪駱先生詩集序（自知堂集10/30）

駱用卿字原忠，餘姚人。正德三年進士官南海令。

送駱南海序（涇野先生文集1/23）

駱問禮字纘亭，諸暨人。嘉靖四十四年進士，歷南京刑科給事中。隆慶初陳皇后移別宮，問禮偕同官張應治爭之，不報。張居正請行大閱，御史詹仰庇以直言褫官，問禮皆力諫。帝不悅，宦寺構之，謫楚雄府知事。萬曆初官至湖廣副使卒。有萬一樓集傳世。

明史215/8下

駱從宇字宇咸，號乾沙，武康人。萬曆卅二年進士，歷任詞林迄典禮，忤魏忠賢，奪職里居。忠賢敗，陞南宗伯卒。有澹然齋存集。

祭大宗伯駱乾沙老師（幾亭文錄2/35）

駱顒，四川富順人。嘉靖二年進士，累官至戶部右侍郎，兼僉都御史，總督漕運，致仕卒。

祭駱侍郎文（南沙先生文集7/45下）

閻

閻士選（1551—1616）字儁甫，號立吾，綏德州人，著籍維揚。萬曆八年進士，官至山西右布政使，卒年六十六。守萊州時，採蘇軾在膠西詩文刻之，名曰東坡守膠西集。

立吾閻先生行狀（謝耳伯先生初集15/1）

祖閻金（1503—1586）字體礪，號雲岩，秦府典寶。

閻公偕配李安人墓誌銘（楊復所家藏文集5/13）

閻本字宗元，陝西邠州人。景泰五年進士，授戶部主事，歷陞郎中。成化中，總督薊遼等處糧儲，操履淸白，出納平允。陞右僉都御史，巡撫順天、永平二府，甚有威惠。晉右副都御史，以謗致任，軍民遮道送之，號泣如失父母。成化十四年，西陲有警，起爲戶部侍郎，總督軍餉，卒於官。

平谷新城記（商文毅公集24/6）

閻生斗字文瀾，汾西人。由歲貢生歷保安知州，淸兵入保安，生斗集吏民固守，城破，死之。

明史261/12

閻仲宇（1441—1512）字參甫，號恒齋，隴州人。成化十一年進士，弘治初以按察副使備兵臨淸，素節淸介，臨行，軍民號泣者數千人。後歷官太子太保、兵部尙書，卒年七十二。

閻公墓表（東川劉文簡公集19/18）

國朝獻徵錄38/94無名氏撰傳

子閻儒字允學

送閻允學序（渼陂集8/5下）

季子閻倬（1494—1539）字允章，號山泉子，官戶部貴州司主事。

閻君墓誌銘（對山集17/6下）

閻仲實字光甫，號葵菴，隴州人，仲宇兄。成化五年進士，授吏部主事，屢陞郎中，出爲河南参政，尋致仕。仲寶好學，肆力於經籍，儲書至萬餘卷，爲書院建崇經閣貯之，延師擇徒，以作人善俗爲己任。有葵菴集。

閻公墓志（楊一淸撰、國朝獻徵錄92/29）

閻禹錫（1426—1476）字子與，洛陽人。從薛瑄受濂洛之學，躬行深造，以明道淑人爲務。正統中由舉人授昌黎訓導，累擢御史，督畿內學政，取濂洛遺書，親爲講說，士多興感，成化十二年卒，年五十一。有自信集。

閻公墓誌銘（馬中錫撰、國朝獻徵錄65/21）

明史282/9

明儒學案7/8下

閻閎字尙友，臨淸州人。正德十二年進士，由庶吉士授吏科給事中，降雲南蒙自縣丞，尋復原官。進河南按察僉事，仕至貴州提學副使，疏乞罷歸。

國朝獻徵錄103/53無名氏撰傳

掖垣人鑑12/35

閻欽（1480—1529）字子明，號定峰，隴州人。正德三年進士，除吏科給事中，久之遷河南按察僉事，進布政司右參議致仕。年五十而卒。

閻君墓誌銘（渼陂集15/1，國朝獻徵錄92/68）

季父閻□，號青巖。

靑巖先生壽序（孟有涯集14/22）

記閻公雨詩卷（同上16/3）

閻溥（1484—1547）字克周，又字公父，號北泉，興平人。嘉靖二年進士，歷保定知府，陞浙江按察司副使，罷歸，卒年六十四。

送北泉閻子守保定序（少華山人文集5/18）

閻君墓誌銘（少華山人續集12/9下，國朝獻徵錄84/86）

祭閻北泉文（少華山人續集14/7）

閻察，平定人。洪武中進士，除禮科給事中，改監察御史，遇事敢言，太祖甚器之。二十年轉浙江布政司參議，有中官使浙侵察，察擊殺之，太祖赦不問，尋擢爲左布政使卒。

掖垣人鑑3/9下

閻爾梅（1603—1679）字調鼎，號古古，沛縣人。崇禎三年舉人，工詩，長於七律，鎔鑄史事最工。明亡後，奔走國事，當事物色之，禍將及，顧橫波匿之側室中，始得免。陳名夏欲令就會試，使親信許以會元，爾梅上名夏詩，有誰無生死終難必，各有行藏兩不如之句，名夏見之，遂不復言。卒年七十七。有白耷山人集。

閻古古與木居近說序（響玉集8/14下）

閻睿（1461—1532）字汝思，號三樂道人，祁縣人。弘治十二年進士，授永淸知縣，有惠政。陞陝西道監察御史，劉瑾用事，公出者必納賄，睿獨不爲，以是得罪。適瑾敗，獲免，陞浙江按察副使，練水師，嚴邊防，海寇爲之斂迹，以疾致仕卒，年七十二。

閻公墓志銘（陸深撰、國朝獻徵錄84/70）

閻鳴泰，淸苑人。萬曆進士，除戶部主事，累官兵部尙書，進少保。鳴泰由魏忠賢再起，專事諂諛，每陳邊事，必頌德稱功。崇禎初爲言者劾罷。後麗逆案，遣戍死。

明史306/34下

閻夢夔字儕峇，號云軟，鹿邑人。官代州參將，李自成陷忻州，戰死。

明史263/11

閻樸，山西榆次人。嘉靖十一年進士，官右春坊，力主復河套之議，舉朝壯之。歷南京國子祭酒，致仕。居家以詩文自娛。有文集、通鑑逸旨。

國朝列卿記160/33下

父閻□（1478—1542）號育菴。

閻先生暨配張孺人墓誌銘（世經堂集15/38）

閻應元字麗亨，順天通州人。爲江陰典史，崇禎末海賊顧三麻入黃田港，應元往禦，以功遷英德主簿，道阻不赴，寓居江陰。淸兵下江南，典史陳明遇請應元入城，屬以兵事，應元誓衆固守凡八十日，城破死之。

閻應元傳（思復堂文集2/68下）

閻典史傳（經笥堂文鈔下/12）

明史277/16

盧

盧宁忠字獻甫，號冠巖，南海人。嘉靖進士，官至登州知府。受業於香山黃佐，佐講王守仁、湛若水之學，宁忠以不及王門爲憾，於若水則移書求教。有獻子講存、五鵲臺集。

明儒學案51/1

盧可久字一松，浙江永康人。諸生，聞王守仁倡道，偕同邑程粹，應典往師之。及歸，守仁曰，吾道東矣。邑有五峰書院，祀守仁其中，三人聚諸生講學焉。及卒，鄉人祀之書院，以配守仁。

明史283/12

盧充耕（1360—1402）字次農，號竹泉，崑山人，熙子。工詩文，書法顏柳，兼精篆隸。嘗用薦至京師，將授官，聞世父熊死非罪，即抱骸骨歸，高隱山林，年四十三卒。有可傳集。

盧公墓誌銘（梁用行撰，吳下冢墓遺文續1/56）

崑山人物志5/5下

吳郡張大復先生明人列傳稿×/18下

盧安世，赤水衞人。萬曆舉人，爲富順教諭。天啓初奢崇明反，超擢僉事監軍，討賊屢有戰功，進貴州右參議，遷四川副使，遵義監軍，又數有功。崇禎初進右參政，致仕卒。

明史249/11下

盧宅仁字伯居，廣東四會人。弘治十二年進士，授都水主事，管濟寧閘河，議修仲家淺諸閘，咸底績。時劉瑾擅權，有所需，同列皆曲徇，宅仁獨不應，累官福建廣西按察使，善決獄，以父憂歸。起雲南右布政使，工吟詠，時稱其博雅。父盧福，字宗陽，號龍頭居士，嘉靖五年卒，年八十一。

封主事盧公安人江氏墓表（湘皐集30/4）

盧亨字永泰，山東商河人。成化二十三年進士，擢兵科給事中，累官太常寺卿。亨性醇厚，未嘗與人相忤。居諫垣十餘年，多所建白。劉瑾用事，欲亨往見，啗以美官，亨不屈，致仕歸。

掖司人鑑10/32下

盧岐嶷字希稷，號壁山，長泰人。嘉靖廿三年進士，爲兵部郎，條上平倭三策，出爲江西僉事。賊寇臨江，親與接戰，斬獲數千級，平之。轉雲南參議，以平凤繼祖功，擢貴州按察使。有吹劍集。

吹劍集序（太函副墨4/44）

盧宗哲（1505—1574）字濬卿，號洺西，德州衞人。嘉靖十四年進士，選庶吉士，嚴嵩秉政，欲籠致之，不可。累官光祿卿，時上供值不時予，賈人苦之，宗哲悉發羨金償之。擢戶部侍郎，爲嵩所格，罷歸，年七十卒。

盧公墓誌銘（葛端肅公文集16/45下、國朝獻徵錄71/8）

子盧茂（1534—1598）字如松，號紹洺，歸德通判。

盧公墓誌銘（衛陽集14/4）

盧承欽，餘姚人。天啓中由中書舍人擢御史，諂附魏忠賢，劾罷戶部侍郎孫居相等。因言東林自顧憲成、李三才、趙南星而外，如王圖、高攀龍等，謂之副帥。曹于汴、湯兆京、史記事、魏大中、袁化中，謂之先鋒。丁元薦、沈正宗、李朴、賀烺，謂之敢死軍人。孫丕揚、鄒元標，謂之土木魔神。請以黨人姓名罪狀，榜示海內。忠賢大喜，敕所司刊籍，凡黨人已罪未罪者悉編名其中。官至太僕少卿卒。

明史306/26

盧奇字廷才，號德玉，湖廣祁縣人。萬曆八年進士，官高安令。

高安盧侯去思碑（薜荔山房藏稿6/8）

盧明諏字君教，黃巖人。萬曆十四年進士，官戶科右給事中，疏請起用閣臣王家屏、尚書沈鯉、員外鄒元標等。時家屏方以諫忤旨，由是失帝意。會枚卜，銓部首列家屏，選司顧憲成坐謫，明諏復疏救之，神宗益怒，命降雜職。迨遂中立疏進，竟削籍。後撫按交章推薦，不起卒。有西山遺稿。

明史230/10

盧洪春字思仁，東陽人。萬曆五年進士，授旌德知縣，擢禮部祠祭主事。神宗久不視朝，洪春上疏極諫，帝怒，廷杖六十，廢於家卒。光宗嗣位，贈太僕少卿。

明史列傳83/1

明史234/1

盧柟字少楩，一字次楩，又字子木，濬縣人。以貲爲國學生，博聞強識，負才忤縣令，令誣以殺人，榜掠論死。繫獄數年，謝榛走京師，爲稱寃，適平湖陸光祖代爲縣令，乃平反其獄。後徧遊吳會，落魄病酒而卒。柟騷賦最爲王世貞所稱，詩眞氣坌涌，不隨七子步趨。有蠛蠓集。

盧柟傳（弇州山人四部稿83/10下，國朝獻徵錄115/69）

盧少楩贊並序（校禮堂文集12/12）

盧次楩集序（弇州山人四部稿64/9）

蠛蠓集引（追遠閣集選12/22下）

皇明世說新語2/23，7/5下，7/6

名山藏95/20下

明史287/14

盧迥字士恭，仙居人。洪武中以貢入太學，爽朗不拘細行，喜飲酒，飲酣輒長歌，人謂迥狂。旣仕，折節恭愼，建文三年拜戶部侍郎，燕兵入，縛就刑，長謳而死。

革朝遺忠錄下/8下

吾學編54/3

名山藏臣林外記×/12下

皇明表忠記2/46

聖朝名世考4/31下

遜國正氣記4/28下

明史141/12

盧昭字伯融，閩縣人，寓居婁東。洪武初嘗官揚州教授，經史百家靡不探究，長於詩，所作皆有法度。

崑山人物志9/7

盧原質字希魯，浙江寧海人，方孝孺姑子。洪武二十一年進士，授翰林編修，歷官太常寺少卿，建文時屢有建白。燕兵至，與弟原朴皆不屈死，福王時追謚節愍。

國朝獻徵錄70/20忠節錄傳

皇明獻實7/6

吾學編54/9下

聖朝名世考4/32

遜國正氣記3/8

遜國神會錄上/13

皇明表忠紀2/8下

革朝遺忠錄上/17

明史列傳19/8下

明史141/8

盧振，北平人。爲燕護衛指揮，建文初，帝密詔張昺、謝貴逮燕官校，令約振爲內應，事洩，昺貴見殺，遂執振詰責，不屈殺之，夷其族。

國朝獻徵錄111/7忠節錄傳

革朝遺忠錄下/37下

皇明表忠紀2/47

遜國正氣紀6/12

盧振，不知何許人，亦不知何官，慷慨敢言。北兵起，嘗與齊泰黃子澄徐輝祖謀劃戰守。遜國後逮振，厲聲不屈，榜掠而死，夷其族。

遜國正氣紀4/29

盧格字正夫，東陽人。成化十七年進士，除貴溪知縣，多惠政，擢江西道御史，以母老乞歸。築荷亭三楹，日取古人書讀之，持論多與朱子異同，詩亦有風格。有荷亭集傳世。父盧溶，字孟涵，號三峰居士。弘治二年卒，年七十七。

先君行狀（荷亭文集後錄5/1）

先君墓誌銘（同上5/24下）

祭先君文（同上6/3下）

孫盧惠，號少溪，歷信州知府。

贈郡太守少溪盧公序（午坡文集2/58下）

盧秩字崇績，新淦人。景泰五年進士，任監察御史，天順中巡按眞定等府，修眞定縣學，並建府學尊經閣讀書樓，以勵士子。秩滿，遷湖廣副使，軍民具疏保留，不果，人盛稱之。

贈盧侍御君湖廣憲副序（謝文莊公集2/3下）

盧淵字文濊，新建人。永樂中貢入太學，擢兵部主事，陞員外郎，以材稱。特遷本部侍郎，端重謹飭，始終不渝，卒諡恭順。

國朝獻徵錄40/5無名氏撰傳

盧翊字鳳翀，常熟人。弘治三年進士，累官至雲南參政。

送盧先生內赴序（淩谿先生文集13/2下）

盧祥（1403—1468）字仲和，廣東東莞人。正統七年進士，授南禮科給事中，改吏科，以言事謫蒲州通判。天順初擢禮科都給事中，章疏剴切，多見聽納，後以僉都御史巡撫延綏致仕，卒年六十六。有行素集。

都憲盧公傳（巽川祁先生文集13/16下）

掖垣人鑑6/5下

國朝獻徵錄63/13下黃佐撰傳

盧紳字汝佩，號書菴，陝西咸寧人。嘉靖二年進士，授遂寧知縣，擢工部主事，進郎中，出爲湖廣副使，歷官至南京戶部尚書，致仕卒。

盧公墓誌銘（潘恩撰、國朝獻徵錄31/87）

盧渭字渭生，長洲人。諸生，史可法出鎮淮揚，渭伏闕上書，言秦檜在內，李綱在外，宋終北轅，不納。後居可法幕，監守揚州鈔關，城陷，投河死。

明史274/11

盧彭祖（1355—1410）字長嬰，崑山人，熊子。洪武中，官武康縣丞，陞禮部主事。卒年五十六。

盧公墓志銘（趙彥珠撰、吳下冢墓遺文3/23）

吳郡張大復先生明人列傳稿×/18下

盧象昇（1600—1638）字建斗，宜興人。天啓二年進士，歷大名、廣平、順德兵備，擧卓異，進按察使。象昇善射，嫻將略，能治軍，山西賊入畿輔，連破之，以右僉都御史撫治鄖陽，與總督分道擊賊，皆捷，漢南寇幾盡。威名爲賊所憚，進兵部侍郎，賜尙方劍。李自成勢甚盛，象昇大破之。會京師警，召入衛，尋總督宣大山西，大興屯利。時宰臣楊嗣昌，中官高起潛主和議與象昇議不合，遇事掣其肘，象昇名雖督天下兵，實不及二萬。師次蒿水橋，與清兵遇，象昇礮盡矢窮，奮鬪而死，福王時追諡忠烈，清諡忠肅。有忠肅集。

盧司馬殉忠錄一卷附遺事一卷（明許德士編、拥駝逸史本）

明大司馬盧公傳（清芬樓遺稿4/3）

盧忠肅公年譜一卷（清盧安節撰、盧忠肅集附刊本）

盧忠肅公象贊（清芬樓遺稿4/28）

題盧忠肅公象後（恩谷文存6/4下）

紀盧忠烈公敎孫事（理堂文集2/7）

啓禎野乘8/11

天啓崇禎兩朝遺詩小傳1/59

明史261/1

盧象晉字錫侯，宜興人，象昇弟。象昇旣殉難，或誣以不死，棺不得歛，象晉訟於朝，並請祭葬。及國變，爲僧以終。

盧象晉傳（清芬樓遺稿4/14）

書盧象晉傳後（望溪先生文集5/10）

明史261/11

盧象觀字幼哲，宜興人，象晉弟。崇禎十六年進士，官中書，英略似其兄，而文采過之。南都亡，赴水死。

明史261/8

盧雍字廷佐，號保竹，江寧人。天順元年進士，自武庫主事累官湖廣布政使，皆有政績。居父喪，廬墓三年，有産芝之異，成化中旌其門。弘治元年致仕，卒於家。

保竹公小傳（青谿漫稿24/7下，國朝獻徵錄88/2）

盧雍（1474—1521）字師邵，號古園，吳縣人。正德六年進士，授監察御史，武宗北狩宣府，欲建行宮，雍上疏罷役。出按四川，有惠政，遷本省提學副使，翌年卒，年四十八。有古園集。

進階文林郎勅（古園集12/1）

清理北直隸軍伍勅（同上12/1下）

提督四川學校勅（同上12/2下）

盧君墓誌銘（李廷相撰、同上12/3）

盧君墓表（邵寶撰、同上12/6，又國朝獻徵

錄98/76）

盧瑛（1402—1439）字克修，崑山人，彭祖孫。性通敏，博覽群書，工古文篆籀，尤善墨竹，得舅氏夏昶筆意。舉宣德五年進士，授刑部主事，年三十八卒於官。

盧公墓誌銘（張益撰、吳下冢墓遺文續1/38）

崑山人物志8/5下

吳郡張大復先生明人列傳稿×/18下

盧瑀字希玉，鄞縣人。成化五年進士，爲刑科給事中，疏蠲淮揚逋課十餘萬，淸西北勒市戰馬宿弊。歷遷工科都給事中，星變陳言獲譴，貶長沙通判，終廣平知府。有益齋稿。

掖垣人鑑10/14下

明史180/18下

盧熙字公暨，崑山人，熊弟。洪武中以薦授睢州同知，有惠愛，命行知府事。適御史奉命搜舊軍籍，睢民濫入伍者千人，檄熙追送。熙得嘗隸尺籍者數人畀之，御史必欲盡得，熙曰，州已無軍籍，今民且散走，獨有同知在，請以充役。御史知不能奪，乃罷。卒於官，吏民挽哭者塞道。

國朝獻徵錄83/69無名氏撰傳

水東日記4/4下

名山藏82/1

崑山人物志4/5

吳中人物志5/15

吳郡張大復先生明人列傳稿×/18

明史列傳18/10

明史140/8

盧楷字用端，號端居，上虞人。少負儁才，洪武中膺明經授山西懷仁縣丞，調廣西桂平，所至勸農桑，興學校，除奸革弊。坐里誤謫戍甘州，後復以薦爲華亭訓導，陞祁門教諭，致仕卒，年七十八。

故端居盧先生墓誌銘（南齋先生魏文靖公摘稿7/25）

盧楷（1438—1471）字中夫，號可齋，浙江東陽人，格兄。天順六年舉人，卒業國學，時禮部侍郎刑讓、國子祭酒陳鑑、司業張業坐國子監典簿侵餼錢事除名，楷率同監生百餘人伏闕上奏，白其枉，人皆高其義。尋卒，年卅四。

盧君墓表（不著撰人、國朝獻徵錄113/26）

盧煦（1462—1536）字子春，范陽人。正德三年進士，知長垣縣，召入爲刑部主事，進員外郎，嘉靖元年超拜四川按察司僉事，再陞湖廣布政司右參政，致仕卒，年七十五。煦在刑部，號明審，前後關決不下百數，析律詳明，持議平允，人服其練達。

盧公墓碑（甫田集35/1；國朝獻徵錄88/52）

父盧和字廉父，號易菴。

盧君易菴配俞氏合葬墓志銘（泉翁大全集59/22）

盧睿（1390—1462）字仲思，一字養政，浙江東陽人。永樂十九年進士，授廣東道監察御史，改山西道，廉正明決，不爲利害所惑。超陞右僉都御史，巡撫宣大，至則嚴法令，剗蠹弊，節浮費，廣儲蓄，摧強撫弱，人賴以安。改參贊寧夏軍務，以疾致仕，卒年七十三。

盧公墓表（彭時撰、國朝獻徵錄60/40）

盧維禎字瑞峯，號水竹居士，漳浦人。隆慶二年進士，官至戶部侍郎，有醒後集、陽峯集。父盧池，字孔琳，號小澗，嘉靖三十一年卒，年六十五。

盧君暨配沈氏李氏墓表（潄塾堂文集16/10）

盧綸字朝言，廣東增城人。弘治十五年進士，由行人選戶科給事中，擢四川右參議。

掖垣人鑑12/9

盧熊（1331—1380）字公武，崑山人。博學工文章，尤精篆籀，元季爲吳縣教諭。洪武初以故官起，除工部照磨，以能書授中書舍人，遷兗州知府，時兵革甫定，大役並興，熊盡心調度，民以不擾。洪武十三年坐累死，年五十。有說文字原章句、鹿門隱書、蘇州兗州二志、孔顏世系譜、蓬蓬嶠、幽憂、石門、淸溪等集。

盧公墓誌銘（高遜志撰、吳下冢墓遺文3/1）

國朝獻徵錄96/25無名氏撰傳

水東日記4/4下

崑山人物志3/7下

吳中人物志7/30下

吳郡張大復先生明人列傳稿×/18

明史列傳18/10

明史140/8

盧璣，餘姚人。嘉靖十四年進士，歷刑部郎中，出知襄陽府。

送盧襄陽序（敬所王先生集2/17下）

盧蕙，號抑齋，山陽人。嘉靖二年進士，授刑部主事，累官浙江按察使。

秋江別意叙（弘藝錄23/4下）

盧儒字爲已，號重齋，崑山人，充賴子。博學能文，善筆札，文學韓柳，書學歐顏，自負甚高。天順初以薦拜中書舍人，有重齋稿。

水東日記5/12

崑山人物志3/8

吳郡張大復先生明人列傳稿×/18下

盧學古，夏縣人。舉於鄉，崇禎時官承天府同知，攝荊門州事。李自成寇荊門，學古誓死守，城陷罵賊死。

明史294/5

盧學禮字立夫，號趨庭，東明人。萬曆五年進士，授南召令，歷兗州、襄陽知府，官至陝西副使。

贈郡侯趨庭盧公叙（穀城山館文集5/19）

盧公墓志銘（同上22/28下，國朝獻徵錄94/99）

盧勳字汝立，號後屏，浙江縉雲人。嘉靖十一年進士，授太常博士，選禮科給事中，陞吏科都給事中，轉太常少卿、提督四夷館。官至刑部尚書，四十三年致仕。

贈大理卿盧公應詔北上序（存笥稿4/14下）

贈大中丞盧公序（潘笠江集8/32）

中丞盧公提督四省軍務（歐陽南野文集22/16下）

賀中丞后屏盧公壽序（龍津原集3/34下）

盧公皆壽承恩序（張文定公紓玉樓集9/14下）

掖垣人鑑13/30下

父盧憋（1455—1537）字時勉，號梅軒生。

盧公皆配合葬墓誌銘（歐陽南野文集24/20下）

盧濬字希哲，天台人。成化二十三年進士，授刑部主事，再遷郎中，出知黃州府，改南安、邵武，以耿介忤上官去職。有渉粟稿，黃州集。

復蘇公舊跡記（羅文肅公集17/2下）

盧襄（1481—1531）字師陳，吳縣人，雍弟。嘉靖二年進士，累官兵部郎中，以爭大禮下詔獄，事白，陞陝西右參議，自號五塢山人，年五十一卒。有五塢草堂集、石湖文略。

陝西右參議盧公祠堂碑（劉子威集25/4）

盧君墓表（甫田集34/1，國朝獻徵錄94/42）

盧謙字吉甫，一字默存，盧江人。萬曆卅二年進士，授永豐知縣，擢御史，出爲江西右參政，引疾歸。崇禎中流賊犯廬江，城陷，罵賊死。謙官永豐時，得信州學五經圖石本，廬江知縣章達刻以行世，謙曾孫雲英以原本行款參差，復釐定增補爲重編五經圖。

啓禎野乘10/21

明史292/8下

盧瓊字獻卿，浮梁人。正德六年進士，由固始知縣入爲御史。嘉靖改元，出按畿輔。桂萼疾臺諫排已，考察京官既竣，令科道互糾劾。瓊言互相批抵報復，非盛世事，帝怒，奪俸三月，而命部院考之，竟以劾勳貴謫戍邊，赦還卒。

明史206/5

盧鏜，汝寧衞人。嘉靖時由世蔭歷都指揮僉事，備倭福建。尋以副總兵協守江浙，屢敗江北北洋諸倭，擢江南浙江總兵官。以誅汪直功，進都督同知。倭復犯浙東，水陸十餘戰，斬首千四百有奇，總督胡宗憲以蕩平聞，復增俸賚金。宗憲既敗，給事丘㮣劾鏜八罪，逮治免歸。鏜勇敢有將略，在備倭諸將中，名亞俞大猷、戚繼光。

明史列傳86/28

明史212/8下

曇

曇噩（1285—1372）字無夢，自號西菴，慈溪王氏子。年二十三棄儒離家走長廬，從雪庭傳禪師薙髮爲僧，後侍元叟端禪師於靈隱，歷主保聖、開壽、國清諸寺，並開山瑞龍院。洪武二年徵館於天界寺，旣奏對，憫其年耄賜命還山，越四年而終，年八十九。釋學冠一時，日求詩文者踵接，日本國王遇其手蹟必重購如獲至寶。

補續高僧傳14/11下

冀

冀元亨字惟乾，號闇齋，武陵人。正德十一年舉人，師王守仁，主講濂溪書院。宸濠貽書守仁問學，守仁使元亨往報，旣見，宸濠以語挑之，元亨佯不喩，獨與論學，宸濠厚贈之，不受。及宸濠敗，張忠、許泰欲誣守仁與通，捕元亨。世宗初事白，出獄五日卒。

冀闇齋先生墓表（蔣道林文粹5/13，國朝獻徵錄113/30）

伸理冀元亨咨文（王守仁撰、國朝獻徵錄113/33下）

奠冀闇齋文（蔣道林文粹6/7下）

明史列傳70/20

明史195/12

明儒學案28/6

冀凱，河南鹿邑人。以貢入太學，授滁州判官，洪武廿一年遷兵科給事中，陞兵科都給諫，廉幹有爲，正略不撓，官至工部侍郎。

掖垣人鑑7/2

冀傑，東安人。起卒伍，從成祖靖難功，屢陞都督僉事。數出塞征虜，洪熙初守開平，著恩信，進右都督，卒於官，贈清源伯，諡忠壯。

國朝獻徵錄10/78無名氏撰傳，又106/8實錄本傳

冀綺字文華，寶應人。成化五年進士，授戶部主事，陞郎中，總理邊儲，陳邊務及時政二十事，又奏劾皇親姚福等怙縱不法，戚畹無不憚之。歷應天府尹，性質直，有治才，改尹京兆，宿弊盡革，邑人德之。

國朝獻徵錄75/30無名氏撰傳

明代寶應人物志×/7

冀體字脊甫，武安人。萬曆中官御史，趙志皐爲首輔，體上疏極論志皐不可不去。帝怒，責對狀，抗辭不屈，斥爲民。後累薦不起卒。

明史23?/11下

衞

衞承芳字君大，自號淇園居士，達州人。隆慶二年進士，萬曆中知溫州府，公廉善撫字。累遷至江西巡撫，嚴絕餽遺，屬吏爭自飭。入爲戶部尚書，有淸名，卒諡淸敏。有曼衍集。

司徒衞公壽序（大泌山房集28/4）

淇園詩草序（大泌山房集20/3）

明史列傳77/20下

明史221/15下

衞東昊字叔京，號少川，河南葉縣人，道子。嘉靖二十九年進士，由山東壽光知縣選工科給事中，三十六年以疾請歸。

掖垣人鑑14/32下

衞靑（1376—1436）字明德，松江華亭人。永樂中爲山東備倭都指揮，妖婦唐賽兒等攻掠安丘，靑率千騎馳至城下，奮擊敗之，賊遁去。山東平，擢山東都指揮使。英宗立，進都督僉事，正統元年卒，年六十一。靑有孝行，善撫士卒，居海上十餘年，海濱人思之，立祠以祀。

衞公神道碑銘（楊文敏公集18/22下）

明史列傳32/9下

明史175/1

衞健，官山西孝義縣丞，讀書達吏事，膽智過人。與徐讓同應募使北平，不答，健曰，願殿下熟思之，亦不聽。還授衞鎭撫，並赴軍前差遣，後戰沒。

國朝獻徵錄111/49忠節錄傳

遜國正氣紀6/31下

皇明表忠記5/13下

吾學編56/32

衞景瑗字仲玉，又字帶黃，韓城人。天啓二年進士，崇禎中官御史，累遷右僉都御

史，巡撫大同，聲績甚著。李自成來犯，城陷被執，不屈死，福王時追諡忠毅。

天啓崇禎兩朝遺詩傳2/79

啓禎野乘11/6下

明史263/11

衛靖字以嘉，崑山人。洪熙初以能書薦，授中書舍人，宣德中預修宣宗實錄。善畫枯木竹石，謹厚能詩，有公餘淸興集。

崑山人物志8/4下

吳中人物志4/12

母張氏（1366—1427）

張孺人墓誌銘（金文靖公集9/67）

衛道，葉縣人。正德九年進士，任推官，有治績，徵爲給事中，會武宗南巡，抗疏陳請回鑾，帝嘉納之，由兵科都給事，陞貴州參政，累官南京刑部右侍郎。

侍郎衛道祭葬（歐陽南野文集15/1下）

掖垣人鑑13/6下

衛瑛，山西洪洞人。舉鄉薦，授眞定通判，歷開封知府，銳意修政，務在全安小民，使得其所，治行爲天下最，以河南參政致仕。瑛在官，不以妻子自隨，所支俸錢，皆付庫吏掌籌，衣服車馬，非敝不更造，其去，汴民皆謳思之。

國朝獻徵錄93/11石瑤撰傳

衛璋（1447—1517）字景昂，號逸菴，華亭人，穎子。弘治中嗣封宣城伯，以兵部薦提點三千營，簡練精嚴。後領衛士，直宿中禁，致仕卒，年七十一。

衛公墓誌銘（儼山文集63/1）

衛穎（1411—1498）字源正，華亭人，青子。初襲濟南衛指揮使，景泰中總兵宣府。天順六年以奪門功封宣城伯，予世券。出鎭甘肅，征西番馬吉思冬沙諸族有功，憲宗朝召還，徙遼東總兵官，尋引疾罷，弘治十一年卒，年八十八，諡壯勇。

衛公墓志銘（懷麓堂文後稿22/19，國朝獻徵錄9/47）

皇明功臣封爵考5/80

吾學編19/26下

明史列傳32/10下

明史175/2

弟衛叔正

送衛叔正歸省序（類博稿5/15）

衡

衡岳（1369—1452）字世瞻，汝寧西平人。洪武中舉人，卒業太學，選授潮州府同知。建文四年陞西安知府，改調慶陽。永樂十年以言事忤旨謫戍交阯。仁宗立，以薦復起，歷官桂林守致仕，景泰三年卒，年八十四。

衡公墓表（椒丘文集31/7下，國朝獻徵錄101/85）

皇明書28/13下

皇明世說新語3/24

獨孤

獨孤樂善，泰和人。永樂二年進士，由庶吉士歷官禮部郎中，居官三十年，以廉直自持，時稱爲淸白吏。

送獨孤時用還泰和詩序（芳洲文集4/19）

父獨孤明（1328—1370）字文彬。

獨孤公墓表（芳洲文集9/36下）

穆

穆文熙（1528—1591）字敬甫，號少春，東明人。嘉靖四十一年進士，授行人，歷吏部員外郎，以擁護石星，廷杖罷官歸。後起郎中，官至廣東副使，卒年六十四。著有七雄策纂、四史鴻裁、閱古隨筆續及逍遙園集。

穆公行狀（弗告堂集24/11）

穆先生墓志銘（李文節集20/38）

逍遙園集序（大泌山房集11/22）

父穆陳賀

贈穆太公序（弇州山人別集61/11）

穆太公傳（秋水閣副墨3/21）

穆孔暉（1479—1539）字伯潛，號玄菴，堂邑人。弘治十八年進士，歷翰林學士，累官至南京太常寺卿，致仕卒，年六十一，諡文簡。孔暉爲王守仁試山東時所取士，其學宗守仁，頗浸淫入於釋氏，旣乃潛心理學。著有讀易錄、尙書困學、前漢通紀、玄菴晚稿，俱不傳，今僅有大學千慮一卷，穆文簡宦稿二卷存世。

送玄菴穆公致政序（涇野先生文集9/37）
穆公墓誌銘（王道撰、國朝獻徵錄70/63）
祭穆玄菴太常文（洹詞12/25）
穆孔暉傳（居東集5/12下）
國朝獻徵錄70/66下黃佐撰南雍志傳
國琛集下/31下
明史283/9下
明儒學案29/2

鮑

鮑松（1467—1517）字懋承，號鈍菴，歙縣人。酷愛古今書，售者輒厚其價，四方挾異書者日走其門，積至萬餘卷，以多書聞于歙。嘗取切近者手校梓行，皆精緻可傳。正德十二年卒，年五十一。

鮑君墓誌銘（中峯文選4/4）

鮑恂字仲孚，崇德人。元後至元進士，受易於吳澄，至正中授溫州路學正，尋召入翰林，不就。洪武十五年，時恂年八十餘，以明經老成召至京，除文華殿大學士，固辭歸鄉里，學者稱西溪先生。有易傳大義，大易鉤元，西溪漫稿。

殿閣詞林記1/3下
明史列傳12/6下
明史137/5下

鮑象賢（1496—1568）字復之，號思菴，歙縣人。嘉靖八年進士，累官右副都御史，巡撫雲南。那鑑叛，以土漢兵討平之。總督兩廣，又討平賊魁徐銓、黃父將等，官終兵部左侍郎。隆慶二年卒，年七十三。

送鮑公巡撫雲貴督師平蠻序（谿田文集2/44）
中丞思庵鮑公序（新兩城先生集15/22）
少司徒鮑公七十壽序（太函副墨8/11）
國朝獻徵錄41/12無名氏撰傳
明史198/20下
父鮑□，號執菴。
壽執菴鮑公七十序（黃潭先生文集3/12）

鮑道明（1503—1568）字行之，號三峰，歙縣人。嘉靖十七年進士，授行人，選戶科給事中，屢晉刑科都給諫，歷江西參政，官至南京戶部尙書，致仕卒，年六十六。

三峰鮑先生灣江西大參（歐陽南野文集21/30）
鮑公墓誌銘（太函副墨17/33，國朝獻徵錄31/90）
掖垣人鑑13/48下
父鮑榮芳，號石崖。
石崖記（黃潭先生文集5/20）

鮑輝字淑大，浙江平陽人。宣德八年進士，拜工科給事中，正統元年改刑科，陞掌科事，扈從北征，死于土木之難。

鮑君衣冠墓表（姚文敏公遺稿9/25下，國朝獻徵錄80/90）
水東日記1/4下
掖垣人鑑8/20
明史167/6下

錢

錢一本（1539—1610）字國瑞，號啓新，武進人。萬曆十一年進士，除廬陵知縣，徵授御史，出按廣西，上論相建儲二疏。時廷臣相繼爭國本，惟一本言最戇直，神宗銜之，因斥爲民。一本罷歸，潛心六經濂洛諸書，尤精於易，與顧憲成輩分主東林講席，學者稱啓新先生，年七十二卒。有像象管見、像鈔、四聖一心錄、黽記、範衍、遯世編。

錢公墓表（棘門集2/1）
名臣諡議（公槐集6/8）
像象管見序（鄒子願學集4/13下）
毘陵人品記10/17
天啓崇禎兩朝遺詩傳4/147
明史列傳85/10
明史231/8下
明儒學案59/1

錢士升（1575—1652）字抑之，號御冷，晚號塞菴，嘉善人。萬曆四十四年殿試第一，授翰林修撰。魏大中、趙南星被難，並爲營護。崇禎中累官禮部尙書，兼東閣大學士，參預機務。莊烈帝操切，溫體仁以刻薄佐之，士升因撰寬簡虛平四箴以獻，大指譏切時政，以此失帝意，引罪乞休。永曆六年卒，年七十八。有周易揆、南宋書、明表忠記、遜國逸書。

五十輔臣考3/1
狀元圖考4/11下
皇明三元考14/24下
明史251/9

錢士晉 (1577—1635) 字康侯，號昭自，嘉善人，士升弟。萬曆四十一年進士，除刑部主事，恤刑畿輔，平反者千百人。崇禎時官右副都御史巡撫雲南，築師宗、新化六城，濬金針、白沙等河，平土官岑儂兩姓之亂，卒官，年五十九。時經歷吳鯤化訐其營賄，溫體仁即擬嚴旨，欲因其弟以逐其兄，命下而士晉已卒，事乃已。

錢昭自先生五十序（七錄齋集存稿2/21）
壽大中丞錢昭自先生六袠序（七錄齋文集5/29）
昭自錢公行狀（鴻寶應本10/8）
錢公神道碑銘（牧齋初學集65/14）
明史251/10下

錢士復，台州人。洪武中由太學生授刑部主事，擢知安慶、建昌二府，累官廣西左參政。

送錢參政還廣西詩序（楊文敏公集14/23下）

錢士鰲字季梁，號存庵，錢塘人。萬曆十四年進士，授六安知州，調知福寧，吏治精明，獄訟蝟集，片言立斷，待理者晨往夕歸。閩閩山陬，夫征無擾。及卒，百姓罷市三日，立祠祀之，年僅五十。著有錢麓屏遺集、逍遙集、薄游集、似僧草、槍榆集等。

錢季梁墓誌銘（快雪堂集12/25下）

錢文字章靖，無錫人。諸生，試不遇遂隱居不出。工詩，有鶴叟詩集。

毘陵人品記8/19下

錢仁夫字士弘，號東湖，常熟人。弘治十二年進士，歷官工部員外郎，劉瑾專政，引疾歸。後瑾誣逮中外有清望者，人始服其明決。幼嗜性理，好著書，學者稱東湖先生。畫山水竹石有逸致，字四體皆善。晚納詩稿生壙中，銘曰詩冢。有歸閒文纂、水部詩曆。

賀錢水部士□□袠詩序（紫巖文集22/4下）

錢仁術 (1472—1542) 字子推，號謙謙子，無錫人。五舉於鄉不第，即棄去爲山人，守禮義，引繩墨以居，世間升沈榮辱事，了不及其心，人稱之隱居。嘗病蘇老泉氏縱橫之學，謂苟得志懷天下，當不在荆舒之下。嘉靖二十一年卒，年七十一。

錢隱君墓誌銘（長谷集15/21）

錢立 (1531—1593) 字守禮，號卓庵，仁和人。嘉靖四十四年進士，授刑部主事，歷工部郎中，出知太平府，以考最擢廣西按察司副使，自投劾歸，卒年六十三。有起曹稿、歸田稿、怡老軒日纂。

卓庵錢公行狀（歇菴集10/55）
卓庵錢公墓誌銘（李文節集20/34下，國朝獻徵錄101/56）

錢本中字德文，武進人。洪武初以材能薦知故城、元城有聲，改知吉水縣，小民爲強豪侵奪，嘯聚山谷間爲盜，朝議將勦捕之，本中單騎往諭，衆羅拜歸命，活數萬人。調知樂安，以詿誤歸。吉水胡廣時爲學士，奏請復任吉水卒。

國琛集上/22下
毘陵人品記6/9
皇明書28/12
明史281/8

錢世揚字孝成，一字爾孝，號贅隅子，又號畸人，常熟人，謙益父。遊太學，屢試不第，篤於學，著有古史採要、春秋說、彭城徵。

錢太公家傳（大泌山房集69/10）
古史說苑序（石語齋集16/30）

錢用壬字成夫，廣德人。元末南榜進士第一，授翰林編修，出使張士誠，留之，授以官。歸明，累官御史臺經歷，預定律令，洪武初拜禮部尚書，與諸儒臣議乘輿以下冠服諸式，用壬考證尤詳確，尋告歸，挈妻子居湖州卒。

明史列傳11/9
明史136/3

錢百川字東之，無錫人，文子。少豪邁不羈，資稟聰慧，弱冠學琵琶，半日度四十曲，人以爲神解。既長，好讀書，不習舉業，工詩，有寒齋狂稿。

毘陵人品記8/19下

錢同愛（1475--1549）字孔周，號野亭，長洲人。博學好結納，與唐寅、文徵明等善。工文，尤長尺牘，六試應天不售。性喜蓄書，所積甚富。嘉靖二十八年卒，年七十五。

錢孔周墓誌銘（甫田集33/4，國朝獻徵錄115/84）
四友齋叢說26/8
新倩籍×/5

錢仲益，名允昇，一名永昇，以字行，無錫人。元末舉進士，明初爲華亭令，遷太常博士，進翰林修撰，官終王府長史。雅好碁，待詔禁中，成祖常呼爲碁仙。自號錦樹山人，卒官。有錦樹集。

毘陵人品記6/9

錢如京字公溥，號桐溪，桐城人。弘治十五年進士，正德中以御史按畿輔，孝靜皇后父慶陽伯夏儒乞清河地三千三百頃，如京言清河止德府退地七百頃，足以畀儒，他皆民產，不當畀。嘉靖十九年累擢刑部尚書，次年致仕卒。

賀大司徒錢公序（潘笠江集7/14下）
贈大司徒桐溪錢公考績序（洹詞12/19）
代送錢尚書序（方山薛先生全集14/11下）
妻王氏（1479--1540）
王夫人墓表（陽峰家藏集33/28）

錢宏（1476--1536）字可容，號江樓，錢塘人。正德三年進士，除刑部主事，執法明允，多所平反。累擢都察院右副都御史，提督南贛軍務，勤撫御，盜賊屏息，地方以寧，致仕卒，年六十一。有江樓遺稿。

錢公神道碑（童承敍撰、國朝獻徵錄61/79）

錢邦彥（1501--　　）字治徵，號景山，吳縣人。嘉靖十四年進士，授高安令，累官至南京刑部尚書，隆慶元年致仕。

奉賀大司寇景山錢翁八袠序（嚴文靖公集3/16）
壽大司寇景山錢翁八十序（弇州山人續稿37/7）
祭錢敬山大司寇文（松石齋集23/5）
國史闕幽（公槐集6/30下）
四友齋叢說12/4
父錢□，號思竹。
賀封考功郎中思竹錢公七十序（苑洛集2/1）
贈錢封君思竹公壽八十序（明善齋集4/20）
庶母許氏
壽錢母許太夫人九十敍（弇州山人續稿34/13）
錢太夫人九十壽序（舊業堂集7/12下）
錢太夫人九十壽序（李文節集15/19）

錢泮（1493--1555）字鳴教，號雲江，常熟人。嘉靖十四年進士，歷侯官、慈谿知縣，召入爲刑部主事，晉員外郎、郎中，出守順慶，陞陝西按察副使，遷江西左參政，所至皆有能聲。嘉靖三十四年里居，與知縣王鐵禦寇，力戰而死，年六十三。

錢公墓誌銘（甫田集33/9，國朝獻徵錄86/38）
祭贈光祿少卿錢公文（徐氏海隅集文編33/5下）
明史290/3
父錢□，號月溪。
錢公墓誌銘（省庵漫稿4/3下）

錢承宗，海州人，貴孫。襲都指揮使，弘治二年，祖母王氏援憲宗外家王氏例請封，乃封承宗安昌伯。嘉靖四年卒，諡榮僖。

皇明功臣封爵考7/24
明史300/11
妻張萬玉（1426—1497）張輔孫女。
安昌伯夫人張氏墓誌銘（徐文靖公謙齋集5/41下）
繼室王氏（1480—1530）
王氏墓誌銘（徐文敏公集5/25）

錢昕字景寅，常熟人，廸孫。正統十年進士，成化間知永州，蒞政精勤，平賦役，審獄訟，作興士類，人皆感勵，尋陞參政。

水東日記3/2下

明常熟先賢事略10/1
皇明世說新語4/9

錢芹（1329—1400）字繼忠，吳縣人。少負奇節，元末以策干諸將無所遇。洪武初辟大都督府椽，從中山王徐達出北平至大漠，還解職家居。燕兵南下，芹出守禦策示蘇州知府姚善，署行軍斷事，建文二年，從李景隆北行奏事，道病卒，年七十二。

錢公墓誌銘（王璲撰、吳下冢墓遺文3/15）
革朝遺忠錄附錄/3下
遜國正氣紀5/5下
遜國神會錄上/68下
國琛集上/11下
皇明獻實8/11
皇明世說新語4/17下
吾學編56/17
姑蘇名賢小紀上/4
吳中人物志4/7
明史列傳20/9下
明史142/11

錢岱（1541—1622）字汝瞻，海虞人。隆慶五年進士，授廣州府推官，擢湖廣道監察御史，致仕卒，年八十二。

錢府君墓表（牧齋初學集76/1）
御史族兄汝瞻畫像讚（同上82/5下）
筆夢一卷（不著撰人、民國印虞陽說苑本）
父錢亨字仲泰，號龍橋。
龍橋錢公墓誌銘（松石齋集18/18下）
錢封君小傳（同上14/7下）
母褚氏（1523—1582）
褚氏行狀（松石齋集16/39）
妻陳氏（1541—1605）
陳氏墓誌銘（賜閒堂集32/24）

錢亮字執夫，號南郭，丹徒人。嘉靖十一年進士，由庶吉士授刑科給事中，屢陞吏科都給諫，改兵科，擢太僕寺少卿，謫貴州參議，免官。

掖垣人鑑13/29下

錢春字若木，武進人，一本子。萬曆三十二年進士，歷知高陽、獻縣，徵授御史，巡按湖廣，甚有聲，屢擢光祿卿。魏忠賢黨劾春倚東林，父作子述，削籍歸。崇禎九年起爲通政使，遷戶部右侍郎晉尚書，改南京，疏請改折白糧，忤旨罷歸卒。有湖湘五略、五行類應。

五行類應後序（遜菴文集×/20）
天啓崇禎兩朝遺詩傳4/147
明史列傳85/14下
明史231/13

錢春沂字仲與，號一菴，嘉定人。父被冤繫獄，春沂慷慨陳詞，出父於獄。嘉靖中舉於鄉，任德化令，吏以羨餘進，春沂卻不受，尋求歸，上官弗許，遊書林下清風四字，置諸馬首而去。學者稱一菴先生。

錢一菴先生傳（簡平子集10/23）

錢茂律字大呂，臨海人。宣德十年舉人，景泰初守同州，爲政持大體，增設學舍至百八十楹，嘗勒居官箴於石，人以比之甘棠。

贈錢太守赴部考績還任同州序（呂文懿公全集7/47）

錢廸，常熟人，甦子。性聰明，未冠若老成人，洪武初父坐事當死，廸年十八，慨然詣執政，求以身代。所司上其事許之，甦得以壽終。

吳中人物志1/7下
明常熟先賢事略12/1

錢奐字文煥，鄞縣人。正統元年進士，由戶科給事中累官廣西左布政使，時都御史韓雍征大藤峽，值歲祲，奐措置得宜，上下充給。所獲俘虜，必詳讞無冤濫，得活者甚衆，致仕卒。

送湖廣左布政使錢公臨所治序（楊文懿公東觀稿3/2下）
掖垣人鑑5/20

錢俊字時乂，崑山人，著籍營州後屯衛。景泰五年進士，除刑科給事中，天順四年陞山西僉事，卒于官。

掖垣人鑑8/24

錢皇后，海州人，貴女，正統中立爲后。英宗北狩，后哀泣籲天，倦卽臥地，損一股一目。英宗在南宮不自得，后曲爲慰解。

【十六劃】錢

憲宗立，尊爲皇太后，卒謚孝莊。

明史113/13

錢唐字惟明，象山人。博學敦行，洪武元年擧明經，對策稱旨，特授刑部尚書。帝覽孟子至土芥寇讐之說，謂非臣子所宜言，議罷其配享，詔敢諫者罪以不敬。唐抗疏諫，曰臣爲孟軻死，死有餘榮。帝見其誠懇，不之罪，孟子配享得不廢。後謫壽州卒。

國朝獻徵錄44/3雷禮撰錢公傳
國琛集上/10
皇明世說新語7/1
明史列傳16/1
明史139/1

錢宰（1299—1394）字子予，一字伯均，會稽人。元至正間中甲科，學有原本，時推爲宿儒。洪武初以明經徵修禮樂書，授國子助教，進博士。後命訂正尚書蔡氏傳，書成賜歸。洪武二十七年卒，年九十六。有臨安集。

錢宰傳（曝書亭集63/3）
水東日記4/3下，14/4下
皇明世說新語8/7
明史列傳12/16
明史137/14下

錢祚徵（1595—1641）字錫吉，一字君遠，山東掖縣人。崇禎擧人，歷官汝州知州，蕩平土寇，民賴以安。崇禎十四年李自成來寇，祚徵乘城死守，中流矢卒，年四十七。

汝州知州錢君行狀（亭林文集5/16下）
啓禎野乘9/43
天啓崇禎兩朝遺詩傳2/74
明史293/2下

錢能，梁芳黨，憲宗時鎭雲南，恣縱驕横，嘗遣指揮使郭景等往干崖、孟密諸土司索貨寶，至逼淫曩罕弄女孫，事發，帝宥能而命致其黨九人於法，尋安置南京，後復夤緣爲守備，久之卒。

國朝獻徵錄117/23無名氏撰傳
明史304/18

錢翊之（1546—1622）鎭江人。以貢入南雍，授膠州同知，擢鞏昌通判，罷官歸。其去官，惟載長安石刻十三經以歸，顏其堂曰石經，峩冠深衣，與諸生端拜講貫，老而不輟。天啓二年卒，年七十七。

錢君墓誌銘（牧齋初學集53/14下）

錢習禮（1373—1461）名幹，以字行，江西吉水人。永樂七年進士，授檢討，英宗開經筵，爲講官，與修宣宗實錄，累擢禮部侍郎。王振用事，達官多出其門，習禮恥爲屈，乞歸。習禮篤行誼，好古秉禮，動有矩則。年八十九卒，謚文肅。

送翰林侍讀錢君習禮南歸詩序（楊文敏公集12/6下）
贈侍郎錢公致仕詩序（王文端公文集21/8下）
送禮部侍郎錢公致事詩序（芳洲文集4/1）
錢公神道碑（王文端公文集30/4，國朝獻徵錄35/25）
祭錢侍郎文（王文端公文集39/17）
殿閣詞林記5/9下
吾學編39/1
名山藏臣林記11/7
明史列傳30/11下
明史152/10

祖錢鎮，洪武二十二年卒。

漢濱錢先生輓詩序（芳洲續集2/3下）

父錢好德，洪武二十八年卒。

贈侍讀學士錢公誄辭（王文端公文集39/4下）

從父錢穆（1339—1434）字秉源。

錢處士墓誌銘（諡忠文古廉文集10/44）

錢通（1449—1493）字文達，涼州人。景泰中嗣署錦衣衞指揮使，成化中實授。弘治六年奉命往彰德按藩邸，事未竟中熱卒，年四十五。

國朝獻徵錄109/3實錄本傳

錢焜字韞章，宜興人。萬曆元年擧人，官兵部司務，清廉自持，改慈利學博，未幾投牒歸。平生以三不識自許。

毘陵人品記10/14下

錢琦（1469—1549）字公良，號東畬，海鹽人。正德三年進士，知盱眙縣，力禦流賊，邑賴以全。後陞臨江知府，調思南，請老歸，卒年八十一。有錢子測語、禱雨錄、東畬集。

東畬叔狀（海石先生文集27/20）

錢東畬先生集序（弇州山人續稿41/7下）

子錢蓓字懋穀，卒年七十八。

錢太學家傳（大泌山房集71/7）

錢𪧚字更生，常熟人。初名沂，字伯輿，洪武初坐事當刑，其子迪代之死，故易今名。十年應詔上書，於中書省聽辦事務，會有詔募撰祭元幼主文，𪧚擬撰以進。有云，朕之得，復吾中國之固有，汝之失，棄其朔漠所本無。朕固無媿於汝，汝亦將奚憾於朕哉。帝大喜，即日召見欲官之，以老疾辭，賜歸卒。

國朝獻徵錄115/23無名氏撰傳

皇明世說新語2/13

錢森字廷茂，浙江慈谿人。正統七年進士，除戶科給事中，以憂歸。景泰間復除南京刑科給事中，調兵科，陞雲南參議，卒於官。

掖垣人鑑7/31

錢喜起字賡明，仁和人。崇禎進士，授工部屯田主事，出爲南昌守，以母憂歸里。聞崇禎之變，一慟而絕，弟肅起救之得甦，構一小樓，坐臥其間者三十六年，年八十四卒。

錢喜起傳（東潛文稿上/57）

錢逵（1313—1384）字伯行，吳縣人。刻意力學，工書。洪武初選詣太常議禮，爲人淳厚雅飭，稽古考訂，至老不倦。洪武十七年卒，年七十二。

吳下冢墓遺文3/9王立中撰錢公墓誌銘

錢貴，海州人，英宗睿皇后父。宣德中官都指揮僉事，委管京營，操練有法，士卒悅服。正統中以外戚陞中軍府都督同知，爲人恭謙小心，不以富貴驕人。

明史300/11

錢貴（1472—1530）字元抑，長洲人。正德末以太學生試禮部，授太常寺典簿，操廉行慎，執事節適，擢鴻臚寺丞致仕歸。嘉靖九年卒，年五十九。有吳越紀餘。

錢君墓誌銘（甫田集30/11，國朝獻徵錄76/14）

姑蘇名賢小紀下/9下

錢象坤（1569—1640）字弘載，號麟武，會稽人。萬曆二十九年進士，累官禮部右侍郎，魏忠賢私人指爲繆昌期黨，落職。崇禎初召拜禮部尚書，京師戒嚴，奉命登陴分守，祁寒不懈，帝覘知，遂與何如寵並相，累進少保，引疾歸。十三年卒，年七十二。謚文貞。

五十輔臣考2/1

明史251/14

錢溥（1408—1488）字原溥，號九峰，一號瀛洲遺叟，松江華亭人。正統四年進士，試薔薇露詩，稱旨，授檢討，遷左贊善。天順六年使安南，封黎灝爲王，返出知廣東順德縣，成化中累官至南京吏部尚書，致仕卒，年八十一，謚文通。有使交錄、秘閣書目。

送冢宰錢先生致仕榮歸詩序（青谿漫稿18/1）

送錢先生歸榮詩序（瓊臺詩文會稿重編15/16）

歸榮堂記（楊文懿公金坡稿3/22）

錢公行狀（王俱撰、皇明名臣墓銘艮集92）

國朝獻徵錄27/11松江府志傳

守溪筆記×/19下

殿閣詞林記5/12

水東日記1/3下，4/1，7/2，14/12下

皇明世說新語4/29下，8/21，8/23下

四友齋叢說16/5下，16/6，16/14

父錢汝明

先進舊聞（寶日堂初集22/8）

錢澍字民望，直隸金壇人。正統十三年進士，除兵科給事中，歷戶科，陞長沙府知府，仕終遼東苑馬寺卿。

掖垣人鑑7/32

錢煥（1484—　）字叔晦，號靜窗，慈谿人。嘉靖八年進士，授南昌府推官，擢南京給事中，官終袁州知府。

賀靜窗錢公七十序（袁文榮公文集5/13下）

錢瑛字可大，吉水人。祖本和，以篤行

稱。瑛生八月而孤。元末大亂奉祖及母避難，遇賊縛本和，瑛奔救，並縛之，本和哀告貰其孫，瑛亦泣請代其祖，賊兩釋之。事定，有司知瑛賢，凡三薦，皆以親老辭。

國朝獻徵錄112/5梁潛撰錢君傳

明史296/13

錢肅樂（1606—1648）字虞孫，一字希聲，鄞縣人。崇禎十年進士，知太倉州，有政績，進刑部員外郎，以憂歸。清兵下杭州，屬郡多迎降，肅樂建議起兵，士民應者數萬人，遣張煌言奉表請魯王監國，會王赴紹興行監國事，召肅樂爲右僉都御史，厄於方國安、王之仁，棄軍披緇於閩。江上破，鄭彩奉王至鷺門，晉肅樂大學士，彩專柄、肅樂憂憤絕食卒於舟，年四十三，謚忠介，學者稱止亭先生。有四書尊古、正氣堂集、越中集、南征集。

太保錢忠介公畫像記（鮚埼亭集30/15）

錢忠介公降神記（同上30/14）

錢忠介公葬錄題詞（鮚埼亭集外編24/16）

錢忠介公崇祀錄跋（同上30/11）

錢忠介公大像繪成重題粟主入祠祭文（同上50/9下）

天啓崇禎兩朝遺詩傳7/253

明史276/24下

錢萱，浙江海鹽人。嘉靖十四年進士，授刑部湖廣司主事，以母喪歸。服闋改禮部主事，晉員外郎，坐累謫署德慶州同知，遷寧國府通判，卒于官，年四十四。

國朝獻徵錄35/79孫宜撰錢公傳

錢鉞，杭州錢塘人。天順八年進士，弘治初累官浙江按察使，尋陞都御史，巡撫山東、河南。貴苗寇擾，復巡撫貴州，勦撫有功。

皇明應謚名臣備考錄3/24

父錢鏷（1409—1496）字東之。

封奉直大夫刑部員外郎錢公神道碑銘（徐文靖公謙齋集7/17）

錢福（1461—1504）字與謙，松江華亭人，所居近鶴灘，因以自號。弘治三年試禮部廷對皆第一，授翰林修撰。詩文藻麗敏捷，登第後，名聲烜赫，遠近以牋版乞題者無虛日，年僅四十四卒。有鶴灘集。

錢與謙墓誌銘（喬莊簡公集10/24）

錢君墓表（李東陽撰、國朝獻徵錄21/36）

錢鶴灘先生遺事（不著撰人、同上21/38）

先進舊聞（賀日堂初集22/35下）

狀元圖考2/31

皇明世說新語1/19下

父錢中，字用之，官閬州同知，卒年五十六。

修撰錢君傳（篁墩程先生文集50/12）

錢寧，幼鬻太監錢能家爲奴，能嬖之，冒姓錢。正德初曲事劉瑾，得幸於帝，瑾敗，以計免。嘗請於禁內建豹房新寺，恣聲伎爲樂，復誘帝微行，後江彬白其通宸濠狀，乃籍其家。世宗即位，磔寧於市，妻妾發功臣家爲奴。

皇明世說新語8/5

明史307/17

錢榮字世恩，無錫人。弘治六年進士，爲戶部郎，以介執著聲。時劉瑾亂政，榮三疏乞歸養。家居數年不入城府，恂恂文雅，人稱長者。

毘陵人品記8/13下

錢綱字孝常，無錫人。由國子生授偃師知縣，威惠兼濟，治有成績，致仕卒。綱平生負直氣，不苟容於物，自謂無愧言行云。

毘陵人品記7/7下

錢穀字叔寶，號罄室，吳縣人。少孤貧，游文徵明之門，得點染水墨法。好讀書，聞有異書，雖病必強起請觀，手自鈔寫，窮日夜校勘，至老不衰，所錄古文金石書幾萬卷。有三國類鈔、南北史摭言、隱逸集、長洲志。

贈錢罄室七十（太霞草9/17）

錢居士傳（皇甫司勳集51/6下）

錢穀先生小傳（弇州山人四部稿84/9）

國朝獻徵錄115/96無名氏撰傳

姑蘇名賢小紀下/30下

明史287/3下

錢薿（1535—1596）字懋登，號慕畬，海鹽人。萬曆貢生，官於潛訓導，二十四年卒，年六十二。著有厚語，所采皆長厚之事，可爲世法者。

錢公暨配張孺人合葬墓誌銘（碉闈集15/18）

錢德洪（1496—1574）本名寬，以字行，改字洪甫，餘姚人。與王畿同受業於王守仁。擧嘉靖十一年進士，累官刑部郎中，坐論郭勛死罪，斥爲民。遂周游四方，以講學爲事，學者稱緒山先生。萬曆二年卒，年七十九。有平濠記、緒山會語、緒山集。

贈錢緒山序（石蓮洞羅先生文集19/9）

贈掌教錢君之姑蘇序（泉翁大全集22/16）

瑞雲樓遺址記（石蓮洞羅先生文集13/4下）

緒山錢君行狀（龍谿王先生全集20/1）

名山藏80/20

明史列傳70/15

明史283/10下

明儒學案11/5下

父錢蒙字希明，號心漁。

錢心漁翁墓記（石蓮洞羅先生文集13/34）

雪夜吟集序（斛山楊先生遺稿1/18）

錢龍錫（1579—1645）字稚文，號機山，松江華亭人。萬曆三十五年進士，累官吏部右侍郞，天啓時忤魏忠賢削籍。崇禎初起禮部尙書，兼東閣大學士。初御史高捷、史𡎖罷，王永光力引之，頗爲龍錫所扼，及袁崇煥殺毛文龍，捷𡎖疏言文龍之死，龍錫實主之，遂逮戍定海衞。福王時復官還里卒，年六十七。有兢餘存稿。

文淵閣大學士錢公傳（曝書亭集64/12）

五十輔臣考1/23

明史251/6

錢嶸字君望，南通州人。嘉靖十一年進士，授江西撫州府推官，擢監察御史。

蘭臺法鑒錄16/15下

父錢錄（1471—1534）字宗政，一字宗善，號檜亭，官浙江松陽縣丞。

錢公墓誌銘（崔東洲集16/3）

錢君配孺人徐氏合葬墓表（泉翁大全集64/4下）

錢暉字允輝，常熟人。官浙江都司經歷。工詩，有避菴集。

皇明世說新語8/10下

錢學孔字以時，金華人。嘉靖二年進士，由大名府推官擢御史，巡視皇城，京師肅淸。屢疏陳事，切中時宜，累官僉都御史，巡撫保定。引疾歸。家居以孝友稱。

贈錢以時授大名節推序（竹澗文集6/22下）

錢錞（1525—1555）字鳴叔，號鶴洲，鍾祥人。嘉靖二十九年進士，出知江陰，三十四年倭冦至，錞提狼兵戰死九里山，年方三十一，贈光祿少卿。

鶴洲錢公行狀（藝文類稿11/1）

奠鶴洲錢公文（同上11/8下）

三節祠祝文（徐氏海隅集文編34/1下）

表忠錄序（藝文類稿7/7下）

徐氏海隅集外編40/12

國朝獻徵錄83/96無名氏撰錢公傳

明史290/3下

錢薇（1502—1554）字懋垣，號海石，浙江海鹽人，琦從子。嘉靖十一年進士，由行人擢禮科給事中，因星變極言主失，世宗深銜之。已又疏諫南巡，斥爲民。旣歸，務講學，足跡不及公府，卒年五十三。隆慶時贈太常少卿。有海石先生文集。

送海石子序（蔣道林文粹2/5下）

錢公行狀（鄭曉撰、海石先生文集28/4）

錢公墓誌銘（甘泉先生續編大全12/11，海石先生文集28/1）

錢公墓表（蔣信撰、海石先先生文集28/9，國朝獻徵錄80/66）

錢公傳（胡堯臣撰、海石先生文集28/13）

錢公傳（戚元佐撰、海石先生文集28/20，國朝獻徵錄66/68，又檇李往哲列傳×/34）

錢公誄（張時徹、彭輅等撰、海石先生文集28/24）

太常公年譜一卷、淸錢泰吉撰、光緖三十年刊本

掖垣人鑑13/33下

皇明世說新語3/17

明史208/23

錢鎭字守中，號澹庵，歸安人。嘉靖中進士，累官郎中卒，年八十八。以理學名儒，配祀唐樞。著有國計邊防風俗書、古今通

史、經正錄、學術書內外篇。

錢公墓表（大泌山房集104/11下）

錢繼登字爾先，又字龍門，嘉興人。萬曆四十四年進士，累官僉都御史，巡撫淮陽，矜氣亢節，不合於俗。致仕後精心經史，尤邃於易。晚年精禪乘之學，作生壙記，多達生超悟之談。有壑專堂集、東郊問耕錄、易窺、南華拈笑、孫武子繹、經世環應編等書。

兵家訓資序（七錄齋文集5/45）

十七劃

濮

濮有容，分水人。崇禎末由舉人知安陸縣，李自成黨陷安陸，有容一門十九人皆死。

明史294/4下

濮英，廬州人。以勇力爲百夫長，積功至西安衛指揮。英所練兵稱勁旅，太祖因命率所部隨馮勝北征，抵金山，降納哈出，遂班師。餘衆竄匿者尚數十萬，聞師旋，設伏於途，英後至，猝爲所乘，馬踣見執，英乘間引佩刀剖腹死。追謚忠襄，贈樂浪公。（按諸書或名濮眞，考其事蹟實即一人，玆從明史。）

國朝獻徵錄6/51無名氏撰傳

皇明獻實4/13下

皇明功臣封爵考6/38，8/45

聖朝名世考5/9

明史133/20下

濮璵，廬州人，英子。以父功封西涼侯。洪武中先後練兵東昌、臨淸，能修父職，復令籍山西民兵，所籍州縣最多，事集而不擾。尋坐藍玉黨，戊五開死。

吾學編18/54下

名山藏41/24

明史133/21

謝

謝一夔（1425—1487）字大韶，號約齋，江西新建人。初祖永享避仇冒王姓，及一夔貴顯，始復先姓。舉天順四年進士第一，授翰林院修撰，以纂修英廟實錄，陞左春坊左諭德、翰林學士，官至工部尙書。卒年六十三。贈太子少保，謚文莊。有謝文莊集。

謝公行狀（椒丘文集20/16下，謝文莊公集附錄×/1，皇明名臣墓銘艮集1，國朝獻徵錄50/18）

皇明名臣琬琰錄后14/12尹直撰墓誌銘

殿閣詞林記5/17

皇明世說新語4/5，5/15

明史165/7下

父謝得仁

忠愛祠集序（謝文莊公集2/2下）

謝三賓字象三，四明人。天啓五年進士，知嘉定縣，嘗刻程嘉燧、唐時升、婁堅、李流芳等四人詩文，曰嘉定四先生集。

謝明府入覲詩序（檀園集7/20下）

謝子襄名袞，以字行，江西新淦人。建文時以薦授靑田知縣，永樂中擢知處州，叛卒與米據山谷爲亂，朝廷發兵討之，一郡洶洶，子襄力止軍毋出，而自以計掩捕之，獲其魁，餘悉解散。歷官三十年，不以家累自隨。永樂二十二年卒。

國朝獻徵錄85/7無名氏撰傳

皇明書28/11下

明史281/8下

謝于宣字宣子，號甸鶴，鄞縣人。崇禎進士，授行人，闖賊破京師，于宣慟哭投繯，爲僕從所解，遂被執不屈死。

明史266/19下

謝士元（1425—1494）字仲仁，號約菴，晚更號拙菴，福州長樂人。景泰五年進士，授戶部主事，出知建昌府，涖事明敏，民有懷劵訟田宅者，士元叱曰，僞也，劵今式，而所訟乃二十年事，民驚服，訟漸止。弘治初累官右副都御史，巡撫四川，坐事下獄，事白，遂致仕。弘治七年卒，年七十。有詠古詩集。

玩易軒記（一峰先生文集4/28）

謝公行狀（羅文肅公集23/1，國朝獻徵錄60/79）

謝公神道碑銘（徐文靖公謙齋集8/37下）

謝公墓誌銘（李東陽撰、皇明名臣琬琰錄后21/1）
謝都憲約庵傳（見素集24/13下）
皇明書28/20下
明史列傳36/17
明史172/19下
妻陳氏（1426—1504）
贈淑人謝母墓誌銘（羅文肅公集20/17下）

謝上箴（1481— ）字以善，號南湖，華容人。嘉靖十一年進士，授成都令，累官建寧知府。有南湖詩集。
奉壽建寧郡守南湖謝公七袠序（龜陵文集3/1）

謝文（1453—1504）字道顯，陝西金州人。成化十四年進士，選庶吉士，授監察御史，巡按山西，剗弊糾姦，不避貴近。遷河間知府，以山東右參政致仕。卒年五十二。
謝參政墓誌銘（博趣齋藁19/132）

謝文祥（1433—1479）字元吉，號楓林，耒陽人。成化二年進士，選庶吉士，遷監察御史，數上封事，以直言得罪，謫南陵縣丞，李東陽、劉大夏、陳獻章輩俱壯其節，贈以詩。年三十七即致仕。卒年四十七。
楓林謝君墓誌銘（楓山章先生文集5/20下）
名山藏臣林記12/9下
明史列傳49/7

謝少南字應午，一字與槐，上元人。嘉靖十一年進士，官至河南布政司參政，以文才顯。有粵臺稿、河垣稿、謫臺稿。
送謝廉使序（方山薛先生全集14/16下）
贈謝應午遷北省序（息園存稿文3/5）
有嘉堂記（南沙先生文集3/23下）
祭謝與槐方伯文（明善齋集10/10下）
刻河垣稿序（存笥稿2/12下）
父謝承舉（1461—1524）初名璿，後改名，字文卿，一字子象，號野全子，又號髯九翁。
謝先生同繼室湯氏合葬墓誌銘（息園存稿文5/31，國朝獻徵錄115/33）

謝丕（1482—1556）字以中，號汝湖，餘姚人，遷子。弘治十八年進士，授編修，劉瑾柄政，落職歸。瑾誅，與父皆復官，武廟實錄成，陞左春坊左贊善。屢官至吏部左侍郎，丁憂歸，遂不出。嘉靖三十五年卒，年七十五，贈禮部尚書。
贈汝湖先生送母榮歸序（顧文康公文草5/54）
寄壽少宰汝湖謝公七十序（皇甫司勳集46/2下）
冰廳劄記（徐氏海隅集文編14/30）
謝公行狀（徐九皐撰、國朝獻徵錄26/35）
東瀛引（弘藝錄22/2下）

謝用字希中，祁門人。生母馬氏方娠，用父永貞客外，嫡母汪氏妒而嫁之。永貞還大恨，抱用歸，寄乳隣媼，汪氏收而自鞠之。既冠，始知所生，遍覓幾一載，卒遇之，迎歸別室，孝養二母，曲盡其誠。後汪感悔，令迎馬同居，訖無間言。
國朝獻徵錄112/42李汎撰謝孝子傳
明史297/5

謝江字仲川，號岷山，河南衛人。嘉靖二十六年進士，由行人選工科給事中，屢遷禮科都給諫，三十六年罷爲民。有岷陽集
掖垣人鑑14/20下

謝汝明字晦卿，號東岩，衡陽人，宇子。官中書舍人，善畫山水。
圖繪寶鑑6/5

謝汝儀（1489—1536）字國正，號果菴，鄞縣人。正德九年進士，授餘干知縣，擢監察御史，劾外戚陳萬年、宦官王堂、時春及奸黨何明等罪狀。又疏乞寬假議禮諸臣，請誅巨璫谷大用等，直聲大著。後自雲南參政遷江西按察使，便道歸省，遭祖母喪，遂以哀毀，卒年四十八。汝儀在官清廉，卒之日，家無以爲養，聞者悼之。有果菴集。
果菴先生神道碑（環溪集7/5）
謝公墓誌銘（葉應聰撰、國朝獻徵錄86/61）
父謝表字直菴，卒年五十四。
謝直菴輓詩序（董山文集12/7）

謝宇字伯寬，號容菴，衡陽人。景泰初與內侍同學爲國子監生，授中書舍人，歷禮部員外郎，累官工部侍郎，掌通政司事。畫山水法諸大家，花木鳥獸，悉到妙處，弘治六年卒。
國朝獻徵錄67/7實錄本傳

【十七劃】謝

圖繪寶鑑6/5

謝存儒字懋玠，蒲圻人。嘉靖五年進士，授行人，遷工科給事中，論事落職。尋擢知南昌府，涖政精勤，奸豪斂手。歷山東布政，以年饑穀貴，令民兼錢輸漕穀，省漕費過半。擢右副都御史，巡撫河南，政績多可紀，陞兵部侍郎卒。

國朝獻徵錄43/60無名氏撰傳

掖垣人鑑13/22

謝兆申字保元，號耳伯，又號太弋山樵，建寧人。萬曆貢生，爲文蹇棘幽晦，喜交異人，購異書，所藏幾五六萬卷。客死麻城。有耳伯詩文集。

耳伯麻姑遊詩序（玉茗堂全集4/3）

追薦亡友綏安謝耳伯疏（牧齋初學集81/20）

謝如珂字鳴玉，耒陽人。諸生，崇禎十六年闖賊犯耒陽，如珂拒戰死之。

明史294/13

謝成字德用，濠人。少有勇略，從太祖克滁、和，定集慶，授總管。征伐中原，所向有功，進都督僉事，封永平侯。洪武二十七年坐事死。

謝公傳（蘇平仲文集3/44）

皇明功臣封爵考6/53

吾學編18/51下

名山藏41/19下

明史132/12

謝佑（1411—1470）字廷佐，桐城人。少孤貧，性至孝，躬耕以養。刻苦求學，於牛背上讀書。登正統元年進士，授刑部主事，累官山西右布政使，致仕卒，年六十，母喪未終，遺言以衰絰爲殮。

謝公神道碑銘（不著撰人、國朝獻徵錄97/5）

謝廷柱字邦用，號雙湖，福州長樂人，士元子。弘治十二年進士，除大理評事，歷官湖廣按察司僉事，正德十二年致仕。廷柱善屬文，能詩，有雙湖集。

送僉憲謝公考績之京序（張文定公紓玉樓集4/20）

贈僉憲謝先生致仕序（同上4/21）

謝廷䜣字子佩，號右溪，四川富順人。嘉靖十一年進士，除新喻知縣，徵授吏科給事中，諫南巡忤旨，謫雲南典史。屢遷浙江僉事，以侍養歸。隱居三十年，家徒四壁，樂道著書。萬曆初即家進太僕少卿。

溧水縣尹謝侯去思碑（雲岡公文集9/39）

贈謝給諫序（趙文肅公文集15/1）

送右溪謝子通判漢中序（雲岡公文集9/14下）

送謝右溪乞歸序（海石先生文集19/9）

慶源堂記（同上21/12）

蜀道青風引（海石先生文集24/5下）

掖垣人鑑13/32

明史207/17

母張氏

謝母張太夫人壽序（海石先生文集20/15）

謝廷諒字友可，金谿人。萬曆二十三年進士，授南刑部主事，會李廷機、王錫爵將奉召入閣，上疏劾之，不報。終順慶知府。有清暉館集、帶揺編、起東草、薄遊草、逢掖集。

謝友可薄遊草序（睡菴文稿2/16）

清暉館集序（二酉園續集4/26下）

明史列傳84/38下

明史233/18

妻吳氏

吳孺人墓誌銘（大泌山房集100/21下）

謝廷讚字曰可，金谿人，廷諒弟。萬曆二十六年進士，授刑部主事，疏言閣員當補、臺省當選、礦稅當撤、冠婚冊立當速、詔令當信，褫職爲民。遂僑寓維揚，授徒自給，久之卒。有霞繼亭集。

霞繼亭集序（大泌山房集11/19）

明史列傳84/38下

明史233/17

謝孚字以誠，號易軒，當塗人。少穎悟，讀書強記，登永樂四年進士，歷官陝西道監察御史，督運口北，扈從還，陞福建按察司副使，調陝西，致仕歸，卒年六十三。

國朝獻徵錄94/52無名氏撰傳

謝定住，蔚州廣昌人。年十二，家失牛，母抱幼子追逐，虎躍出噬其母，定住奮前擊虎，母子三人並全。永樂中召見嘉獎，賜鈔米旌其門。

明史296/19

謝林字璚樹，一作瓊樹，武進人，應芳子。隱居教授，家無儲粟，而不爲愁苦無聊之言。洪武中舉爲新鄭教諭。有雪樵集、煮雪窩稿、延陵通紀。

毘陵人品記6/1下

謝杰字漢甫，福州長樂人。萬曆二年進士，除行人，累遷右副都御史，巡撫南贛，屬吏被薦者以賄謝，杰曰，賄而後薦，干戈之盜，薦而後賄，衣冠之盜。人以爲名言。進南刑部右侍郎，疏陳十規，言甚切至，終南戶部尚書。杰爲行人時，偕蕭崇業同使琉球，撰使琉球錄。又有天靈山人集、棣萼北窗吟稿、白雲編。

送大行謝君使琉球序（田亭草2/27）

祭從祖大司農文（居東集4/39）

明史列傳77/19

明史227/16下

謝東山字少安，自號高泉子，射洪人。嘉靖二十年進士，歷貴州提學副使，累遷右副都御史，巡撫山東。性慷慨，好奇博雅。有近譬軒集、黔中小稿。

近譬軒稿序（二酉園文集3/20下）

謝昌字子期，號樂壽，歙人。明悉陰陽五行天文筮卜，尤邃於堪輿之學。凡官府學校之修建，賜葬元老之兆域，無不禮聘昌爲之擇地，名聞四方。有地理雪心賦句解傳世。

謝子期傳（居康僖公文集6/1）

謝昇，諸城人。建文中官監察御史，燕師入，不屈，從容就戮。

革朝遺忠錄下/37

遜國正氣紀4/25

皇明表忠紀2/39

吾學編56/35下

明史141/15

謝彥（1332—1400）字子超，鳳陽人。幼失怙恃，育外祖家，因冒孫姓，及貴，復謝姓。元季兵起，募集義勇，圖保鄉井，後從太祖渡江，以功累擢前軍都督府僉事，眷寵隆厚。建文二年卒，年六十九。

謝公神道碑（李景隆撰、皇明名臣琬琰錄5/19，國朝獻徵錄108/12）

謝省（1420—1493）字世修，號愚得，晚更號臺南逸老，浙江太平人。景泰五年進士，授兵部主事，遷員外郎。出知寶慶，政尚仁恕，嘗書眞德秀四事十害爲僚屬戒，上言民隱十事，在官三年，政舉教行，致仕歸卒，年七十四，學者私謚貞肅先生。著有逸老堂淨稿。

靖位公第記（一峰先生文集6/19下）

貞肅先生墓誌銘（桃溪淨稿文14/7下）

謝太守傳（月鹿堂集5/19）

祭貞肅先生文二首（桃溪淨稿文19/10）

奉貞肅公入祀方岩書院祝文（同上20/1）

謝廸（1467—1529）字于吉，號石厓，餘姚人，遷弟。弘治十二年進士，授兵部主事，轉員外郎。正德初劉瑾擅權，遷致仕，廸亦放歸。嘉靖初起爲江西參議，累遷廣東左布政使，卒於官，年六十三。

謝公神道碑（紫巖文集48/10下，國朝獻徵錄99/16）

謝祐字天錫，號葵山，南海人。陳獻章弟子，築室葵山之下，並日而食，襪不掩脛。名利之事，纖毫不能入。卒後附祀於白沙。

逸士謝葵山先生墓碣銘（甘泉先生續編大全11/9）

謝庭循，名環，以字行，永嘉人。嗜詩善畫，永樂中供奉內庭，宣德中授錦衣千戶。有夢吟堂集。

靜樂軒詩序（金文靖公集7/67）

圖繪寶鑑6/2下

謝恭字元功，長洲人，徽弟。詩文俊麗，有蕙庭集。

明史285/13

謝恭（1436—1484）字文安，休寧人。成化五年進士，授刑部主事，進員外郎，出守黃州，卒於官，年四十九。

黃州太守謝公傳（大鄣山人集35/3）

謝陞字伊晉，號青墩，德州人。萬曆三十五年進士，崇禎間溫體仁柄政，陞與善，累官吏部尚書、兼建極殿大學士，坐事被劾罷歸。淸順治間迎降，仍官吏部尚書，卒謚淸義。

五十輔臣考4/8

謝陛字少連，歙縣人。嘗宗朱子帝蜀之意，作季漢書，以蜀承正統，列魏吳爲世家，甚爲王士禎所稱。

謝少連家傳（大泌山房集70/39下）

季漢書序（弗告堂集20/10）

謝詩泰（1540—1604）字汝亨，號念塘吉水人。萬曆八年進士，授興化令，改靈川，遷刑部主事，歷浙江僉事，官至陝西苑馬寺少卿，卒年六十五。

謝公墓誌銘（濆修堂集20/15）

謝師啓字叔蒙，蒲圻人。舉萬曆進士，授東昌推官，擢御史，累官左參議。

琅玕社摘草序（大泌山房集19/30）

遊岳草序（同上22/18下）

父謝三順（1520—1595）字近泉.

謝公墓志銘（大泌山房集90/4）

謝庸（1382—1435）字孟常，四川忠州人。以國子生授監察御史，擢山東按察副使，督兵討平流冦。宣德二年報政入朝，奏對不稱旨，左遷廬州府同知。十年卒，年五十四。

謝同知墓誌銘（鲞忠文古廉文集10/23下）

謝訥字尙敏，湖廣耒陽人，文祥子。弘治十八年進士，授戶科給事中，奉勅稽兩廣糧儲，人不敢干以私。遷刑科給事中，値劉瑾擅權，糾合言路，首發大奸，武宗嘉其直。瑾誅，擢工科都給事，道卒。

掖垣人鑑12/3下

謝球，溧陽人，諸生。崇禎十七年淸兵入，球毀家募兵，以圖拒抗，兵敗，被執而死。

明史277/10下

謝莆字符德，號南川，山西代州人。嘉靖二十九年進士，由行人選兵科給事中，降淸豐縣丞，仕至貴州參議免官。

掖垣人鑑14/26

謝淯（1570—1628）字道游，號淸瀾，更號鑑止，平江人。萬曆三十八年進士，授大理評事，累官四川按察使。卒於官，年五十九。

謝公暨配張淑人墓誌銘（薛文介公文集4/26）

謝詔（1512—1567）字廷宣，號古庸，河內人。年十六選尙永淳長公主，拜駙馬都尉，寵眷無比。詔亦處事忠勤，謹愼將事，不驕不奢，世宗嘉之。命管大漢將軍，侍衛禁庭，預發仇鸞逆謀。嘉靖三十三年掌宗人府事，仍兼管大漢將軍，尋加太子太保，有老成廉愼之褒。隆慶元年卒，年五十六。

謝公墓誌銘（李文定公貽安堂集7/44下）

謝偓字元敬，號激齋，上虞人，以孝稱。喜吟咏，不絕口，每稿出，人輒錄以傳。以易學授人，從者如林。其教童子有四術，曰明句讀，正儀容，戒諛語，習歌詩。且嚴而不倦，故出其門者，咸醇斐可觀。

激齋先生傳（謝海門集15/4）

謝琛字德溫，江西弋陽人。弘治十二年進士，授東陽知縣，擢監察御史，遷浙江副使。

送同年謝德溫令東陽序（紫巖文集31/7下）

送憲副謝君德溫序（費文憲公摘稿11/22）

湖海亙坊詩序（容春堂前集14/21）

謝登之字汝學，號太東，巴陵人。嘉靖二十六年進士，授吏科給事中，累官南京刑部尙書，改戶部總督倉場，未任卒于京。登之立朝淸介自持，同列咸憚之。

祭謝司徒（大泌山房集115/16下）

掖垣人鑑14/13

父謝□，會稽學博。

祭謝質翁文（泥所李公文集9/3）

謝貴，平陽人。洪武間爲河南衞指揮僉事。建文初廷議削燕，更置守臣，乃以貴爲都指揮使，並受密令，俾覘變異。至則燕王稱疾不出，知其有變，因部署在城七衛及屯田軍士，列九門防守。事洩，燕王伏兵端禮門，紿貴入，執殺之。

國朝獻徵錄110/4忠節錄傳

革朝遺忠錄上/20

遜國正氣紀6/12

皇明表忠紀4/14

聖朝名世考4/30

吾學編53/1

明史列傳20/3

明史142/5

謝復（1441—1505）字一陽，祁門人。與陳獻章從崇仁吳與弼學，身體力行，務求自得。居家孝友，冠婚喪祭，悉遵古禮。或問學，曰，知行並進，否則落記誦詁訓矣。晚卜室西山之麓，學者稱西山先生。弘治十八年卒，年六十五。有西山類稿。

西山類稿序（涇野先生文集8/27下）

國朝獻徵錄114/29上諷撰傳

明史282/20下

明儒學案2/9

謝瑜（1499—1567）字如卿，號狷齋，上虞人。嘉靖十一年進士，授浦城知縣，擢南京御史，累疏劾郭勛、胡守中、張瓚、嚴嵩，稱之四凶。爲嵩所惡，假大計除名，遂廢棄終於家。隆慶元年卒，年六十九，贈太僕少卿。著有遊蛾集、狷齋詩稿。

贈侍御謝子靑戎序（涇野先生文集12/11）

壽狷翁六十序（謝海門集13/6下）

狷齋謝公行狀（同上16/28）

明史210/2下

謝㫤（1425—　）字叔和，福建閩淸人。景泰五年進士，授戶部主事，再遷郎中，成化中擢廣東參事，弘治元年陞右布政使，致仕卒。

慶謝方伯先生壽詩序（荷亭文集後錄3/6）

謝肅字原功，上虞人。學問賅博，與山陰唐肅齊名，時號會稽二肅。元至正末張士誠據吳，肅慨然欲見宰相，獻偃兵息民之策，卒無所遇，歸隱於越。洪武中舉明經，授福建按察司僉事，以事下獄死。有密菴集。

皇明世說新語1/21

明史285/22下

謝肇淛字在杭，福州長樂人。博學能詩文。萬曆二十年進士，除湖州推官，累遷工部郎中，視河張秋，作北河紀略，具載河流原委，及歷代治河利病。終廣西右布政，有善政。著有五雜俎、滇略、方廣巖志、長溪瑣語、文海披沙、游宴集、小草齋稿。

謝工部詩集序（大泌山房集20/15）

居東集序（來禽館集6/5下）

小草齋集序（蒼霞餘草6/25）

謝在杭像贊（睡菴文稿23/4下）

明史286/21

謝榛（1495—1575）字茂秦，自號四溟山人，又號脫屣山人，臨淸人。刻意爲歌詩，有聞於時。西游彰德，趙康王賓禮之。嘉靖間遊京師，脫昌黎盧柟於獄，朝士多其誼。時李攀龍、王世貞等結社燕市，榛以布衣爲之長，稱五子。秦晉諸王爭延致之，河南北皆稱謝先生，萬曆三年卒，年八十一。有四溟集傳世。

詩說序（二酉園文集3/15）

明史287/13下

謝綬（1434—1502）字維章，號樗菴，撫州樂安人。友性孝。景泰五年進士，授工部主事，歷陝西參政、廣西右布政使、弘治中巡撫湖廣，正荊藩之不法者，蠻冠奪土司印，爲追還之。進南禮部尙書，卒于官，年六十九。

謝公墓誌銘（林瀚撰、皇明名臣墓銘震集11，國朝獻徵錄36/23）

謝綬字朝章，號西樓，朝城人。成化二十年進士，累官南監察御史，時宦官蔣琮以怙寵恣肆，起第金陵，鑿雨花臺，綬劾之，琮死獄中。出按兩浙，織造羅綺，費累巨萬，悉奏止之。後以僉都御史巡撫雲中，練軍士，理屯田，增池塹，逐貪暴，軍聲大振，正德八年卒於官。

謝公神道碑銘（穀城山館文集25/35，國朝獻徵錄63/48下）

國朝獻徵錄63/48實錄本傳

子謝𨻰（1497—1578）字汝集，官建德縣丞。

謝公墓志銘（穀城山館文集17/14下）

謝綱（1437—1494）字振倫，號素軒，岳州巴陵人。成化五年進士，授江西上高知縣，讞斷平恕，陞貴州道監察御史，擢山東按察副使，卒年五十八。

謝公墓表（東川劉文簡公集19/14）

謝廣字志浩，祁門人。父忠求仙不返，廣娶婦七日，即別母求父，遇於開封逆旅中，父乘間復脫去，廣跋涉垂二十年，終不可得。聞者哀之。卒年六十九。

明史297/18下

謝璉（1406—1460）字重器，龍溪人。宣德二年進士，授翰林編修，進侍講，上治安策十五事，遷南戶部右侍郎，卒官，年五十五。

送翰林謝編修歸省序（楊文敏公集11/16下）

國朝獻徵錄30/20無名氏撰謝公傳

父謝得原（1356—1433）字以敬，號案翁。

謝以敬墓志銘（楊文敏公集22/8下）

謝璉字君實，監利人。累官登萊巡撫，孔有德反，詔璉駐萊州調度兵食，後被擒遇害。

明史248/14

謝澤字時用，上虞人。永樂十六年進士，歷廣西參政，考績赴闕，値英宗北狩，遂以澤爲通政使，提督居庸、白洋等關，時守關士卒皆散，敵大入，澤猶率羸卒以禦，勢不支，遂遇害。

明史列傳39/8

明史167/8

謝遷（1449—1531）字于喬，號木齋，餘姚人。成化十一年進士第一，授修撰，弘治四年以少詹事入內閣，參預機務，尋加太子少保、兵部尙書，兼東閣大學士。遷秉節直亮，與劉健、李東陽同心輔政，而見事尤敏，天下稱賢相。武宗嗣位，加少傅，請誅劉瑾不納，遂與健同致仕。嘉靖中手敕促起，入相數月，仍以老辭歸。卒年八十三，諡文正。有歸田稿。

贈右諭德謝君序（懷麓堂文稿7/1）

元老木齋謝先生壽篇（見素集6/21）

謝公神道碑銘（費文憲公摘稿19/6，國朝獻徵錄14/47）

謝公傳（西河合集74/8下）

祭謝木齋閣老文（石龍集28/7）

祭太傅文正謝公文（居漸山文集4/83）

謝文正公年譜（倪宗正撰、淸康熙刊歸田稿附刻本）

國琛集下/23

聖朝名世考2/41

守溪筆記×/30

狀元圖考2/23下

皇明世說新語4/6，5/15，7/24

四友齋叢說8/3、8/7

名山藏臣林記15/5

吾學編44/5

皇明書17/17

明史列傳50/14

明史181/14

祖父謝瑩（1407—1473）字懷玉，號直庵。

謝公神道碑銘（懷麓堂文後稿19/1）

直菴謝公暨余孺人合葬銘（楊文懿公金坡稿5/21）

父謝恩字公覲

謝公神道碑銘（碧川文選4/43下）

妻陸氏

壽謝太淑人序（陽峰家藏集25/10）

謝賁字惟盛，福建閩縣人。正德十六年進士，除禮科給事中，歷禮科右，陞直隸太平府知府。

掖垣人鑑13/3下

謝應芳（1296—1392）字子蘭，號龜巢，武進人。自幼潛心理學，隱白鶴溪上，顏其室曰龜巢，因以爲號。授徒講學，指授斐然。浙江行省舉爲三衢淸獻書院長不就。元末兵起避地吳中，張士誠據吳，應芳懷顧榮之志，力不能除，著懷古錄以見志。明興後始歸，隱居芳茂山，洪武二十五年卒，年九十七。應芳素履高潔，爲學者所宗。著有辨惑編、思賢錄、龜巢稿。

龜巢先生傳（山堂萃稿9/11下）

景賢錄序（古菴毛先生集3/39下）

毘陵人品記6/1
毘陵正學編×/15
吳中人物志10/23
明史282/4下

謝徽字玄懿，一作元逸，長洲人。洪武初應詔修元史，授翰林編修，兼教功臣子弟，辭歸。改吏部郎中，再起國子助教卒。徽博學工詩文，與高啓齊名，有蘭庭集。

吳中人物志7/28
水東日記10/4
明史285/12下

謝燿字元輝，號月湖，上虞人。慢族弟，早業舉子，以有司侵，遂棄之。詩規盛唐，宛然有少陵家法，騷壇一時推重。授徒吳越間，及門者輒不群，以是人爭師之。

月湖先生傳（謝海門集15/5）

謝騫（1416—1492）字鵬舉，當塗人，孚子。幼穎敏，刻志問學，登正統十三年進士，累官河南道監察御史，立朝務持大體，督察浙江鹽課，私販絕跡。卒年七十七。

國朝獻徵錄95/17無名氏撰謝公傳

謝蘭字與德，號畹谿，山西振武衛人。嘉靖五年進士，授鎭定府推官，累官右副都御史，巡撫陝西，歷工、兵部侍郎，左遷南京太僕寺卿，致仕卒，年七十九。

賀大中丞謝公撫平隴漢序（少華山人文集續9/1）
送大司空畹谿先生謝公序（同上9/4下）
謝公墓誌銘（王崇古撰、國朝獻徵錄41/9）

父謝璽字民望

贈陝西按察司副使謝公外傳（趙浚谷文集6/19下）

謝鐸（1435—1510）字鳴治，號方石，浙江太平人。天順八年進士，授編修，進侍講，直經筵，遭喪服除，遂不起。弘治初言者交薦，以原官召修憲宗實錄，擢南京國子祭酒，明年謝病去。家居將十年，薦者益衆，特擢禮部右侍郎管祭酒事，屢辭不許，居五年引疾歸。鐸經術湛深，文章有體要，兩爲國子師，嚴課程，杜請謁，增號舍。正德五年卒，年七十六，謚文肅。有赤城論諫錄、伊洛淵源續錄、赤城新志、桃溪淨稿，傳於世。

追送謝侍講鐸赴召後序（楓山章先生文集7/11）
送方石先生應召序（石龍集11/1）
送南京國子祭酒謝公詩序（懷麓堂文稿9/2下）
貞則堂頌（楊文懿公金坡稿6/5下）
壽方石先生七十詩序（懷麓堂文後稿3/22下）
謝文肅公行狀（石龍集23/1）
謝公神道碑（懷麓堂文後稿21/7下，皇明名臣墓銘巽集93）
方石先生墓誌銘（王氏家藏集31/19）
祭方石先生文（懷麓堂文後稿15/11）
祭方石先生文（石龍集27/3下）
方石先生遷葬告文（同上28/13）
讀劉東山謝方石遺事跋（菫山文集13/9）
皇明獻實36/1
國琛集下/18
聖朝名世考3/92下
皇明世說新語4/3下
吾學編34/13
名山藏臣林記14/23
皇明書23/20下
明史列傳54/12下
明史163/10

妻陳氏（1437—1471）

亡妻陳氏墓誌銘（桃溪淨稿文12/10）

繼室孔氏（1452—1489）

亡妻孔氏墓誌銘（桃溪淨稿文13/5）

蹇

蹇來譽（1518—1596）字子志，更字子修，號文塘，巴縣人。嘉靖二十九年進士，授兵部主事，遷員外郎，出爲陝西按察僉事，治兵屯有聲。以事謫蒲州同知，擢臨淸知州，仕終雲南僉事，投劾歸，年七十九卒。

蹇太公王恭人壽序（大泌山房集37/5下）
按察僉事蹇公壽序（弇州山人續稿32/17下）
平陽蹇壽序（太函副墨8/50）
蹇公神道碑（孏眞草堂文集20/28下）

父蹇廷相（1491—1538）字良弼，號沙坪。

蹇公暨夫人江氏神道碑（大泌山房集110/28）

妻王氏（1517—1591）

王氏墓誌銘（賜閒堂集33/4下）

蹇英（1392--1465）字伯榮，晚號壽山老人，巴縣人，義子。以蔭授尙寶司丞，景泰初進本司卿，天順中遷太常少卿，成化元年致仕歸，尋卒，年七十四。好吟詠，有草亭集、寓懷稿。

蹇公墓誌銘（周洪謨撰、國朝獻徵錄70/24）

蹇益（1463--1535）字舜咨，宜興人。太學卒業，弘治十五年除判開州，改祈州，遷曲周縣尹，坐巡撫督催逋賦杖民死，左遷遼府審理副。稱疾歸，以詩酒自娛，嘉靖十四年卒，年七十三。

蹇公墓誌銘（山堂萃稿14/14）

蹇義（1363--1435）字宜之，初名瑢，巴縣人。洪武十八年進士，授中書舍人，奏事輒稱旨，帝問汝蹇叔後乎，頓首不敢對，帝嘉其誠篤，御書義字賜之，以易舊名。義熟典故，達治體，成祖朝陞吏部尙書，改詹事，輔皇太子監國，軍國事皆倚辦。歷事五朝，並見委重，累遷少師。卒年七十三，贈太師，謚忠定。

退思齋記（東里文集1/13）

蹇公神道碑銘（楊文敏公集18/8）

蹇公墓誌銘（東里文集19/7，國朝獻徵錄24/19，皇明名臣琬琰錄18/6下）

太師忠定蹇公挽詩序（芳洲文集3/46）

蹇忠定公誄文並序（芳洲文集10/21）

題蹇尙書訓子帖後（願菴文集6下/30下）

恭題仁廟勅蹇忠貞卷後（楊文敏公集15/20）

皇明獻實11/1

吾學編28/1

名山藏臣林記6/13

國琛集上/20下

聖朝名世考3/2下

皇明世說新語4/10下

皇明書14/22

明史列傳26/1

明史149/1

蹇達（1542--1608）字汝上，更字汝循，號理菴，巴縣人，來譽子。嘉靖四十一年進士，授祥符令，歷平陽知府，累遷三吳按察使。官至右都御史兼兵部尙書，總督薊遼昌平四鎭軍事。卒年六十七。

賀開府中丞理菴蹇公晉陟廷尉敍（𣪺城山館文集4/11）

送大中丞理菴蹇公兼三輔序（弇州山人續稿29/1）

賀制府大司馬理菴蹇公晉位宮保敍（𣪺城山館文集8/4）

蹇公行狀（大泌山房集113/1）

蹇司馬奏議序（同上16/7下）

御史大夫蹇公督撫奏略序（太函副墨4/12）

應

應大猷（1487--1581）字邦升，號容齋，仙居人。正德九年進士，歷官刑部尙書，致仕。隆慶、萬曆兩詔存問，子八人，孫曾孫至六十餘人，卒年九十五。

祭大司寇應容齋老先生文（陸學士先生遺稿15/2）

明史191/17下

應良字元忠，號南洲，仙居人。正德六年進士，官編修，王守仁在吏部，良從學焉。親老歸養，講學山中垂十年。嘉靖初還任，伏闕爭大禮，廷杖。仕終廣東右布政使。有閒存集。

明史283/12

祖父應宗儒，字紹玄。

應公暨配貞節陳氏墓碑（涇野先生文集31/1）

祖母陳氏

應節婦墓誌銘（石龍集23/25下）

父應昌字克聖，號愼齋，分宜典史。

應公墓碑文（泉翁大全集65/10）

應志和（1405--1488）名律，以字行，號復菴，浙江太平人。邃於性理之學，黃准一見，遂定爲忘年之交。由是聲譽日起，遠近交辟。歷仕鹽城、蘭陽訓導，終鄱陽教諭。尤篤意風教，未及引年，遽乞休歸。更號宜休居士。弘治元年卒，年八十四。有復菴存稿。

應先生墓碣銘（桃溪淨稿文14/3下）

讀復菴存稿（桃溪淨稿文32/2）

應廷育字仁卿，浙江永康人。嘉靖二年進士，授南京刑部主事，官至按察司僉事。有金華先民傳。

贈應仁卿秋官序（東廓鄒先生文集3/3下）
贈應仁卿序（石龍集12/12）

應典字天彝，浙江永康人。性沈篤，刻志學問，登正德九年進士，授職方司主事，與友論學有悟，引疾歸。與應良、黃綰相講切。又從王守仁講致良知之旨。建書院於壽山，集諸生講學。再起車駕司主事，以母病不起。

明史283/12

父應枌（1450—1502）字尚端。

應翁旣配李氏墓表（石龍集24/11下）

應時盛字泰宇，遼陽人。諸生，爲山西巡撫蔡懋德所知，拔隸麾下，累官副總兵。李自成來攻城，城破，懋德欲自刎，爲其下所救。時盛擁之突西門而出，顧謂懋德曰，請與公俱死，懋德遂就縊，時盛俟其旣絕，再拜訖，抽弓弦自絞死。

啓禎野乘11/10
明史263/8下

應欽字志欽，浙江黃岩人。景泰二年進士，授南京監察御史，擢僉事，進副使，歷江西、福建、湖廣、廣東諸省。

感情詩序（桃溪淨稿文3/1）

弟應廣平，字志道，號益淵，景泰四年舉人，大名府教授。

應先生墓誌銘（石龍集24/6下）

應履平字錫祥，奉化人。建文二年進士，歷泉州德化令、常德知府，興廢擧墜，爲民所懷。宣德初遷貴州按察使，以征麓川功，擢雲南左布政使。時有太監造剔漆器皿，供費百出，民不能堪，履平密疏其別造私物，逐去之，一方以寧，正統八年致仕歸。

送應履平之官常德府序（頤菴文集4/47下）
國朝獻徵錄102/3無名氏撰傳
明史列傳38/2下
明史161/4下

應龍，僧，鈞州楊氏子，名行祥。正統中自雲南至廣西，自稱建文皇帝。思恩知府岑瑛以聞於朝，下獄死。

明高僧傳3/12

應檟（1494—1554）字子材，遂昌人。嘉靖五年進士，授刑部主事，拒絕私謁，累遷山東布政使。三十年擢兵部右侍郎，總督兩廣軍務，諭降樊家屯馬江等劇賊，討破七山諸寇。卒于官，年六十一。有總督蒼梧軍門志傳世。

應公墓誌銘（唐汝楫撰、國朝獻徵錄58/56）
祭應警菴侍郎文二篇（敬所王先生集18/4下）
蒼梧軍門志序（同上1/37下）
兩廣總制軍門志序（遵巖先生文集10/22下）
皇明世說新語3/16下

父應□，號九華。

贈中憲大夫常州知府應公九華阡表（胡洿谷文集5/47）

應顥字文明，淳安人。正統十年進士，以監察御史巡視福建，平銀場賊林開三等。累陞湖廣副使，修築江岸千餘丈，功就而民不知勞。官終福建左布政。

贈大理丞應文明序（商文毅公文集22/[illegible]下）

祖應兆□字彥質

封御史應公二親墓誌銘（商文毅公文集27/16）

檀

檀都字道清，一字子復，桐城人。幼孤家貧，奉母甚謹。母卒，廬墓側三載，旦夕號泣。墓傍無水，須下山自汲，忽泉水湧出墓傍，終喪歸，泉忽涸，人異之。正統中詔旌其門。

國朝獻徵錄112/33方學漸撰傳

韓

韓一良，澄城人。崇禎元年授戶科給事中，疏言縣官爲行賄之首，給事爲納賄之尤，臣素寡交，兩月來辭却書帕五百金，餘可推矣。乞陛下大爲懲創，逮治其尤者。帝大喜，後令一良密奏指實，俾有所懲創，並詰五百金爲誰之餽，一良卒無所指，帝叱一良前後矛盾，褫其官。

明史258/12

韓士英字廷延，號石溪，南充人。正德九年進士，以南戶部郎中知岳州府，溫雅有度，政尚明恕，重創郡堂，修葺廢墜，不擾於民。官至戶部尚書。

贈中丞韓石溪公進少司空序（蔣道林文粹3/19下）

昭潛詩序（同上3/18下）

韓士琦（1395— ）字景璲，號渟源，繁峙人。永樂十八年舉人，歷任陝西分巡關南道。天順間賊首定山等攻漢中，士琦募兵飭械，設伏梳洗橋西岸下，候賊半渡，縱擊之，賊大潰，亂平，薦陞本司副使。成化十二年卒，年八十二，自作壽藏，識者皆嘆其達。

渟源先生傳（篁墩程先生文集49/8下）

母劉氏

韓安人劉氏誄（彭文思公文集7/49）

韓文（1441—1526）字貫道，號質菴，山西洪洞人，琦後。生時父夢紫衣人抱送文彥博至其家，故名曰文。成化二年進士，除工科給事中，遇事敢言，以劾都御史王越語侵兩宮被杖。弘治中累官至戶部尚書。文凝厚雍粹，居常抑抑，至臨大事，剛斷無所撓。司國計二年，力持大體，務爲國惜財，力遏權倖。武宗立，馬永成、劉瑾等八人用事，文率同官疏論之，瑾等恨之甚，伺隙坐以罪，降級致仕，復構他罪罰米，至家業蕩然。瑾誅，復官致仕，嘉靖五年卒，年八十六，贈太傅，謚忠定。有忠定集傳于世。

韓公新阡記（賈詠撰、韓忠定公集1/58）

逸壽元老韓洪洞公序（見素集7/11下）

賀大司徒韓老先生八十壽序（何文定公文集2/16）

韓先生八袠序（紫巖文集21/3，韓忠定公集1/18下）

慶韓公八十詩序（王瓊撰、韓忠定集1/14）

壽韓公八十序（王崇文撰、同上1/16下）

賀韓公壽八十序（張鵬撰、同上1/21）

慶韓公八十序（王元正撰、同上1/23）

奉賀韓公壽八十序（潘選撰、同上1/25）

完名榮壽編序（空洞子集52/8下）

韓公神道碑銘（費文憲公摘稿19/13下，韓忠定公集1/51）

韓公墓誌銘（楊一清撰、韓忠定公集1/44，國朝獻徵錄29/1）

韓忠定公自傳（韓忠定公集3/59）

韓公傳（中丞馬先生文集3/21）

韓忠定公傳（喬莊簡公集8/24，韓忠定公集1/38）

戶部尚書韓公謚忠定議（涇野先生文集36/63）

祭司徒韓忠定公文（徐文敏公集5/58下）

祭韓忠定公文（喬莊簡公集9/11下）

祭韓公文（費文憲公摘稿20/15，韓忠定公集1/61）

祭韓忠定公文十篇（楊一清等撰、韓忠定公集1/62-75）

質菴存稿序（何文定公文集5/8）

完名榮壽錄序（同上5/12下）

國朝獻徵錄61/1實錄本傳

皇明獻實33/8下

皇明世說新語2/24，4/4下，4/9

國琛集下/22

聖朝名世考6/17

掖垣人鑑10/10

吾學編43/13下

名山藏臣林記15/8

皇明書23/6

明史列傳56/1

明史186/1下

韓永，號景修，陝西西安人，或曰浮山人。狀貌魁梧，音吐洪亮，每慷慨論兵事。建文時官兵科給事中，燕王入，欲官之，抗辭不屈死。福王時追謚莊介。

國朝獻徵錄80/82無名氏撰韓公傳

革朝遺忠錄下/36下

遜國正氣紀4/28

皇明表忠紀2/47下

掖垣人鑑5/12下

吾學編56/6

明史列傳19/27

明史141/15

韓世能（1528—1598）字存良，號敬堂，長洲人。隆慶二年進士，選庶吉士，館師趙貞吉目爲佛地位中人，授編修，與修世宗、穆宗實錄，充經筵日講官，官至禮部左侍郎，以疾歸，卒年七十一。世能恬於榮利，奉使朝鮮，册封楚藩，餽遺一無所受，嘗自言無一事無一語不實，而亦不務矯抗以博譽。有雲東拾草。

壽宗伯韓公七衮序（中弇山人稿3/62）
壽韓宗伯七十序（天遠樓集11/32下）
韓公行狀（同上19/21下）
韓公墓誌銘（賜閒堂集24/13）
祭韓宗伯（天遠樓集23/39下）
祭韓宗伯文（中弇山人稿4/34）
韓宗伯集序（大泌山房集12/7）
明史列傳75/24下
明史216/8

父韓宗道（1505—1587）字元善、號友蘭。
韓太公壽序（大泌山房集32/20）
壽韓友蘭年伯八衮序（朱文懿公文集3/38）
友蘭韓封君八十序（天遠樓集11/6下）
韓公墓誌銘（賜閒堂集29/37）

韓夷，吳縣人，奕弟。少失母，奕育之。初名詒孫，字伯翼，亦精醫術，爲郡醫學正科。永樂中召授御醫，改名夷，字公達，繼陞院判，奕卒，陳情得假歸葬。後扈駕北巡歸，病不能朝，特命中貴視疾，十五年卒，賜葬祭。

太醫院判韓公達輓詩序（金文靖公集7/55下）
國朝獻徵錄78/29無名氏撰韓公達傳

韓光祖，潁州諸生。崇禎八年流賊犯潁州，光祖被執，賊使跪，叱曰我生平讀書只知忠義，大罵賊死。妻妾及次子定策孫日曦皆死之。

明史292/7下

韓如璜，東莞人。崇禎擧人，與張家玉結鄉兵攻東莞城，知縣鄭霖降，乃籍前尙書李覺斯等貲以犒士。後淸兵至，戰死。

明史278/20下

韓志（1405—1485）字英氣，永平昌黎人。甫弱冠卽襲金吾衞指揮使，練達如老成人。正統間調邳州衞，十四年以薦入衞，陞署都指揮僉事，歷遷至中軍都督府僉事，天順間以平曹欽功，陞本府同知，致仕歸。成化二十一年卒，年八十一。

韓公神道碑（楊文懿公金坡稿4/19，國朝獻徵錄107/19）

韓克忠字守信，山東武城人。洪武三十年廷對第一，授行在翰林院修撰，太祖稱其學行淳實，僅三月擢國子司業。自宋訥後，學政多隳，克忠創立法制，興廢補壞，編刋監規，學政自此大振。建文時陞河南按察僉事，永樂改元，謫涿鹿令，洪熙初起爲監察御史卒。

國朝獻徵錄21/2于愼行撰韓公傳
狀元圖考1/11下

韓君恩字元寵，沁水人。嘉靖三十五年進士，任廬州府推官，陞御史。天性孝友，居官以氣節稱，終浙江副使。

蘭臺法鑒錄1/50下

母李氏
韓太孺人節行傳（胡莊肅公文集6/95）

韓成，虹縣人。從太祖起兵徐泗，屢功陞帳前總制親兵左副指揮使，專司宿衞。隨太祖親征陳友諒，戰死於鄱陽康郎山之役。追封高陽忠壯侯。

國朝獻徵錄8/41無名氏撰傳
聖朝名世考5/10
皇明功臣封爵考8/58
皇明獻實4/14下
皇明世說新語5/21下
明史133/14

韓邦奇（1479—1555）字汝節，號苑洛，朝邑人，紹宗子。正德三年進士，歷吏部員外郎，會地震，疏論時政闕失，謫平陽通判。稍遷浙江按察僉事，中官採富陽茶魚爲民害，作歌哀之，遂被誣奏怨謗，逮繫奪官。嘉靖初起山西參議，再乞休去。自後屢起屢罷，終以南兵部尙書致仕。卒年七十七，諡恭簡。邦奇剛直尙節慨，性嗜學，自諸經史及天文地理樂律術數兵法之書，無不通究。有易學啓蒙意見、禹貢詳略、苑洛志樂、洪範圖解、易占經緯、樂律擧要、苑洛集。

贈韓庶子謫官序（石龍集12/8下）
送韓僉憲移江西序（黃門集7/22）
贈韓公邦奇七十壽序（雪洲集7/3下）

【十七劃】韓

祭苑洛韓公墓文（胡莊肅公文集6/105）
祭韓公邦奇（滄溟先生集23/10下）
苑洛韓先生傳（馮少墟集22/35下）
國朝獻徵錄42/72無名氏撰傳
明史201/12
明儒學案9/6下

韓邦問（1442—1530）字大經，號宜菴，會稽人。成化五年進士，官淮安知府，節冗費，辨滯獄，所設施不苛察，而人畏服。累擢江西巡撫，中官駐饒燒供御磁器，邦問力言小民凋敝狀，疏請止之。遷南京刑部尚書致仕，嘉靖九年卒，年八十九。諡莊僖。

送方伯韓公赴四川序（椒丘文集11/16）
奠韓尚書文（石龍集28/6下）
韓公墓誌銘（謝丕撰、皇明名臣墓銘离集 64 國朝獻徵錄44/73）

韓邦靖（1488—1523）字汝慶，號五泉，朝邑人，邦奇弟。幼聰悟，年十四舉於鄉，正德三年與邦奇同成進士，拜工部主事。乾清宮災，指斥時政甚切，下獄，尋得釋，斥爲民。嘉靖初起山西左參議，分守大同，力請發帑賑饑，不得報，二年遂乞歸，軍民遮道泣留，抵家病卒，年三十六。邦靖性孝友，邦奇病歲餘，藥必分嘗，飲食皆手進，郡人重之，爲立孝弟碑。有朝邑志、五泉詩集。

五泉韓子墓誌銘（渼陂集 13/6，明刊五泉詩集附錄1/1，國朝獻徵錄97/59）
五泉韓子墓表（漁石集3/38）
韓邦靖傳（苑洛集 8/29下，明刊五泉詩集附錄2/1）
祭五泉韓少參文（涇野先生文集35/26下）
祭韓汝慶文（孟有涯集15/25）
韓汝慶集序（對山集13/34下）
皇明世說新語5/5下
明史201/13下

韓邦憲（1541—1575）字子成，號湖南，高淳人。嘉靖三十八年進士，授工部主事，佐理大工，絀中貴侵冒。累遷知衢州，甫至，問民疾苦，首陳明大義、正職守、實節省、復成法、議賦役、講實政、廣儲蓄、修武備八事，而尤以教化風俗人才爲先，疾既篤，猶強起視案牘，發粟賑荒，萬曆三年卒於官，年僅三十五。

國朝獻徵錄85/40趙鏜撰韓公墓誌銘
皇明世說新語6/26下
妻陳氏（1541—1614）
陳氏行狀（鹿裘石室集35/13下）
韓母陳氏墓誌銘（睡菴文稿17/22）

韓定（1417—1485）字世安，號靜菴，廣平威縣人，著籍京師。正統元年以儒生選入翰林院習學夷字，授鴻臚寺序班，累官太僕寺卿，成化二十一年卒，年六十九。定居官四十餘年，勤愼無少怠，性孝友，尤好恤貧。

壽韓靜菴序（趙浚谷文集4/3）
國朝獻徵錄72/7周洪謨撰韓公墓誌銘

韓宜可字伯時，浙江山陰人。洪武初薦授本縣教諭，擢監察御史，彈劾不避權貴。丞相胡惟庸、御史大夫陳寧、中丞涂節侍帝坐，方從容燕語，宜可直前，出懷中彈文劾三人。帝怒，呼爲快口御史，命下錦衣衞獄，尋釋之。出爲陝西按察司僉事，罷歸。已復徵至，命撰祀鍾山大江文、諭日本、征烏蠻詔，皆稱旨。特授山西右布政，尋以事謫安南。建文帝立，薦起雲南參政，入拜左副都御史，卒於官。

國朝獻徵錄55/1晉禮撰韓公宜可傳
明史列傳16/5下
明史139/2下

韓承宜，蒲州人，爌孫。崇禎進士，官歷城知縣，清兵陷城殉難，贈光祿少卿。

明史291/17

韓東明，安肅人。官邠州知州。崇禎十七年流賊李自成攻保定，東明拒守，城陷投井死。

明史295/6

韓青，全椒人。永樂中北征，青爲前鋒，甚著戰績。宣德中討平甘延諸羌，陞都指揮僉事，景帝初命守紫荊關，也先猝至，咸奔潰，青招得勁騎百餘，諭以忠義，縱兵突出，交戰於升兒灣，敵悉衆來迎，青爲流矢所中，被圍數重，遂引劍自刎。

國朝獻徵錄110/23許彬撰韓公墓碑

韓林兒，欒城人，或言實李氏子。元末其父山童以妖言煽愚俗，穎人劉福通和之，謂山童當主中國，事覺，山童見誅，林兒逃入山中。而福通遽入穎州反，衆至十餘萬，勢甚張，繼訪得林兒，乃迎至亳州，立爲皇帝，稱小明王，建國號曰宋，改元龍鳳。爲元將所擊敗，走安豐。福通攻下汴梁，迎林兒都汴。後又敗還安豐，張士誠遣將呂珍圍之，殺福通。太祖擊珍，而以林兒歸，置之滁州。又三年，林兒卒。或曰太祖命廖永忠迎林兒歸應天，至瓜步，覆舟沈於江。凡立十二年。

國朝獻徵錄119/16無名氏撰傳

明史122/3下

韓坤（1473—1543）字子厚，號上原，蒲城人。正德九年進士，授嘉興知縣，擢工部主事，陞郎中，出知夔州府，以忤當道意乞歸，年七十一卒。

韓公墓誌銘（苑洛集5/27）

韓忠字景賢，河南祥符人。永樂十八年舉人，宣德五年中會試乙榜，授東陽儒學訓導，以母喪歸。服闋，改鳳陽府儒學訓導，矩範端嚴，操守廉潔，久之致仕歸。忠博極群籍，尤長於詩，平生累千百篇，自名知耻稿。年九十餘卒。

國朝獻徵錄83/123李濂撰韓公傳

韓秀實，涿州人。善畫馬，人物亦佳。

圖繪寶鑑6/2

韓元聲，洛陽人。舉進士，歷官邯鄲知縣。崇禎十四年流賊李自成陷洛陽，金聲適里居，抗節死。

明史293/2下

韓奕字公望，號蒙齋，吳縣人。幼端重簡默，好游覽山水，博學工詩。父凝精醫理，奕與其弟夷傳其術，隱於醫，郡守姚善禮致，終不往。一日詣之，奕走楞伽山，善隨往，又泛小舟入太湖，善歎曰，韓先生所謂名可得而聞，身不可得而見也。有易牙遺意、韓山人集。

支硎山十二詠序（楊文敏公集14/11）

國琛集上/11下

皇明世說新語4/2下

吳中人物志9/22

父韓凝（1318—1371）字復陽。

韓復陽墓碣（胡仲子集9/12）

國朝獻徵錄78/28無名氏撰韓凝傳

韓奕字大之，陝西後衞人。家貧失學，以賦役見辱於軍吏，始奮志讀書。舉正德九年進士，授新都令，持躬廉慎，蒞政平易。擢監察御史，巡鹽兩浙。値礦徒嘯聚，奕多方招撫，衆卒解散。陞四川僉事，致仕。隱居城南，教授生徒，講明性理之學，一時俊彥，多出門下。

蘭臺法鑒錄14/53

父韓傑（1450—1532）字宗彧，號拙齋。

韓先生墓誌銘（谿田文集5/174下）

韓悉，號飛霞道人，瀘州人。少爲諸生，因不第，褫縫掖，往峨嵋山訪醫，楊愼稱之曰眞隱。彭澤總制川、廣、陝軍務時，剿撫流冦，計多出悉，功成而人不知。著有醫通。

國琛集下/40下

韓政，睢人。以元義兵元帥歸明，授江淮行省平章政事，攻濠州，降張士誠將李濟，破安豐，獲元將忻都，敗走竹貞，淮東西悉平。已從大軍平吳，又從北伐，取益都、濟寧、濟南，皆有功，克東平功尤多。洪武三年封東平侯，鎮河北，招撫流民，復業甚衆。十一年卒，追封鄆國公。

國朝獻徵錄8/26無名氏撰傳

皇明功臣封爵考6/33

吾學編18/38下

名山藏41/15

明史130/13下

韓郁字康郁，建文時官御史。時用事者方議削諸王，郁獨與遼州高巍，先後請加恩，謂南北易封，藩權自削。燕師渡江，棄官遁，不知所終。

遜國正氣紀7/6

遜國神會錄下/37下
皇明表忠紀7/3
吾學編56/12
明史列傳20/14下
明史143/10下

韓甙字德隅，號漁洲，河間衞人，著籍直隷豐潤。嘉靖十一年進士，由常州府推官，選工科給事中，屢遷都給諫，歷山東右參政，仕至廣西左布政使免官。

掖垣人鑑13/34下

韓貞字以中，號樂吾，興化人。以陶瓦爲業，時泰州朱恕，樵薪養母，從王艮講學，貞慕其行，從之游，後乃師事艮子襞，粗識文字。有茅屋三間，以之償債，遂處窰中。自詠曰，三間茅屋歸新主，一片烟霞是故人。久之覺有所得，遂以化俗爲任，農隙則歷各村，聚徒談學，從游甚衆。

明儒學案32/12

韓重（1442—1510）字淳夫，號拙齋，山西絳州人。成化十四年進士，授禮科給事中，晉都給諫，遇事敢言。諫萬妃之過寵，斥西僧之煽惑，人爲悚懼。累擢右副都御史，巡撫遼陽，首劾奸宦梁玘，物論稱快。移撫湖廣，進南工部尚書，爲劉瑾所嫉，遂致仕，年六十九卒。

韓公墓志銘（顧燁撰、國朝獻徵錄52/19）
二老清風×/22
掖垣人鑑10/20下

韓祜字天錫，山西交城人。成化二十三年進士，除刑科給事中，晉吏科左給諫，弘治十年以疾請歸。

掖垣人鑑10/33

韓原善字鵬南，里籍不詳。萬曆三十五年進士，初令青浦，後遷長洲，治行稱最，累擢遼東參政，致仕歸，崇禎元年卒。

韓鵬南大參墓表（無夢園遺集6/19）
祭韓大參父母文（同上8/16）

韓荆字廷芳，山東陽信人。弘治十二年進士，由中書舍人，選戶科給事中，歷陞太常寺丞，仕終南京工部右侍郎。

掖垣人鑑12/15

韓國楨（1535—1589）字柱甫，號洙泉，長洲人。萬曆二年進士，授行人，擢御史，官終大理少卿，卒年五十五。

韓公行狀（李文節集19/12下）

韓偉字英仲，溜州人。官御史，出巡河南，鎭重有體，一方賴以爲安。轉河東運使，清操特著，多所建白。

國琛集上/26下

韓紹字光祖，號懷愚，烏程人。隆慶五年進士，知寧德縣，豁陷海虛糧數千石。調長樂，報最，擢給事中，出爲廣東兵備，府江五百里，夾岸山木叢密，猺獞出沒，歲設戍兵，紹募商刋木，遂成坦途，省兵糧萬計，人呼韓公塘。遷蘄黃參政，終太僕寺卿。

少參韓懷愚年丈壽序（蠙衣生粵草3/3）
掖垣人鑑16/13

韓紹宗（1452—1519）字裕後，號達峰，朝邑人。成化十四年進士，授刑部主事，陞郎中，官至福建按察副使，卒年六十八。

韓公墓誌銘（涇野先生文集23/12下）
韓先生墓碑（渼陂集11/9下，國朝獻徵錄90/62）

韓斌（1429—1500）字廷用，遼東人。年十六襲守寧遠衞，天順初陞遼東都司都指揮僉事，備禦寧遠，官至副總兵提督遼陽。弘治十三年卒，年七十二。斌身長七尺餘，膂力過人，精技射，多智略，善以寡擊衆。

韓公神道碑銘（費文憲公摘稿19/19下，國朝獻徵錄110/43）
韓公墓誌銘（醫閭先生集4/17）

韓智字愚夫，山東滋陽人。弘治三年進士，授禮科給事中，屢遷至工科都給諫，改戶科，以父喪哀毀成疾，卒於家。智性篤孝，尤好濟人急，亦喜讀書，居常卷册不釋手，聞見甚博，有澹菴稿。

國朝獻徵錄80/9李東陽撰韓君墓表
掖垣人鑑11/5

父韓□

壽封禮科給事中韓公序（費文憲公摘稿9/22下）

韓雍（1422--1478）字永熙，長洲人，以閭右徙實京師爲宛平人。正統七年登進士，授御史，巡按江西，踔厲風發。景泰時擢廣東副使，尋巡撫江西，有才望，後劾寧王得罪，勒致仕。天順初復官，歷官兵部右侍郎。憲宗立，坐累貶浙江右參政，會廣西猺獞爲寇，改左僉都御史，贊理軍務，直擣大藤峽，破賊三百二十四砦，擒賊魁，分擊餘黨悉定，威震南方。遷左副都御史，提督兩廣軍務，丁憂歸。復以右都御史涖故任，致仕卒，年五十七。兩廣人念雍功，立祠奉祀。正德間追諡襄毅。有襄毅文集。

韓公墓誌銘（劉珝撰、國朝獻徵錄58/1）
祭韓都御史文（瓊臺詩文會稿重編24/35）
右都御史姑蘇韓公挽詩序（同上15/43）
吳韓襄毅公祠碑（皇甫司勳集47/4下）
西樵山新立韓公祠記（甘泉先生續編大全4/28下）
重修韓襄毅公祠記（無夢園遺集4/9）
韓吳兩先生復祠祭文（同上8/11）
榮遂堂詩序（謚忠文古廉文集6/21）
皇明名臣琬琰錄后17/8尹直撰韓公言行錄
聖朝名世考3/103
名卿蹟紀2/1
皇明獻實20/11
吾學編46/1下
皇明世說新語1/4，1/26，2/27，5/8下，5/14下，8/3下，8/13下
姑蘇名賢小紀上/14
吳中人物志5/17下
皇明書21/3下
名山藏臣林記11/15下
明史列傳47/5下
明史178/6

父韓貴（1385—1468）字公顯。
先考行實（韓襄毅公家藏文集13/1）
母趙氏，卒年六十六。
故恭人趙氏挽詩序（呂文懿公全集9/39）

韓廉（1454—1547）字守淸，餘姚人。弘治九年進士，初令任縣，徵授監察御史，出按八閩，風裁凜然。劉瑾矯詔謫知高安縣，累遷山東副使致仕。廉端謹老成，爲政能達大體，所至有聲，年九十四卒。

國朝獻徵錄95/78孫陞撰韓公墓誌銘

韓楓字湛江，滿城人。諸生，性戇直，以孝友聞。每聞賊陷城，及降賊事，輒憤恨切齒。賊薄城，力守五晝夜，城陷，偕妻投井死。

明史295/6下

韓楷字以正，號夏浦，江夏人。正德十六年進士，任禮科都給事中，以議大禮受廷杖幾死。出守揚州，歷池州知府、福建參政、江西按察使，嘉靖二十八年遷右副都御史，巡撫雲南，未任被劾歸。

賀夏浦韓公序（可泉先生文集1/17）
掖垣人鑑12/39下

韓楫字伯通，號元川，山西蒲州人。嘉靖四十四年進士，授刑科都給事中。穆宗登極，上君道三劄，首相稱爲中興第一疏，累官通政。

掖垣人鑑15/4下

韓敬字簡與，號求仲，又號止修，烏程人，紹子。萬曆三十八年進士第一，官修撰。

狀元圖考4/7下
啓禎野乘7/42

韓鼎字廷器，號斗菴，陝西合水人。成化十七年進士，除禮科給事中，負直聲。治水安平，有勞績，以通政使家居。爲劉瑾所引，拜戶部右侍郎，以年老，拜起不如儀，罷歸，遂失其素望，正德十年卒。有斗菴集。

國朝獻徵錄30/35靳貴撰韓公神道碑
掖垣人鑑10/27
父韓傑（1417—1452）字廷彥
韓公墓誌銘（懷麓堂文後稿27/10）

韓福字德夫，西安前衛人。成化十七年進士，授滑縣令，擢大名知府，累官右副都御史，坐累下詔獄。劉瑾以同鄉故出之，召與語大悅，用爲戶部左侍郎。福故強幹吏，所在著能聲，至是感瑾恩，頗爲効力。命理湖廣餉，希瑾意旨，務爲嚴苛。復命覈遼東

屯田，以刻深激成軍變，瑾迫公論，勒福致仕。瑾敗，籍其資，遣戍固原。嘉靖初赦還。

送韓太守德夫序（東川劉文簡公集6/5）

野田先生碑（封山集16/6）

國朝獻徵錄30/37無撰人韓公傳

明史306/9下

父韓澤（1421—1481）字文振，官四川茂州守。

茂州守韓公太宜人趙氏墓表（王端毅公文集5/13）

韓綸（1458—1526）字縉之，號雪莊，上海人。成化中以貢入國學，授景寧縣主簿，每闕尹，即署篆，以勤廉聞。嘉靖五年卒，年六十九。

韓公墓誌銘（儼山文集70/7下）

子韓墓恕（1481—1542）字希仁，號竹溪，浙江都司知印。

竹溪韓公夫婦合葬墓誌銘（儼山文集71/7）

韓醇，四川人。官新野知縣，崇禎十四年流賊李自成陷城，不屈死節。

明史293/6

韓奭字公茂，長洲人，夷從兄。邃於醫，洪武中以薦爲御醫，永樂初累陞太醫院使，小心恭勤，帝甚重之。及卒，遣官賜祭，命以三品禮葬之。

國朝獻徵錄78/27無撰人韓公傳

韓節，揚州人，素懷忠耿。建文時官工部郎中，燕兵逼城，分守金川門，城陷力戰而死。

遜國正氣紀4/32

韓縉，隴西人。永樂四年進士，任給事中，官至郎中。居官清謹，不畏權奸，積學能文，人稱隴西韓夫子。

掖垣人鑑3/17下

韓應嵩（1524—1598）字中甫，號太室山人，湖廣光化人。萬曆二十六年卒，年七十五。有太室山人集傳世。

韓太室先生墓誌銘（李蔭撰，太室山人集附錄）

韓應龍字五雲，光化人。萬曆舉人，授南川令，平白仙臺有功，轉青州運同，尋擢長蘆運使，回籍，李自成據襄陽，自縊死。

明史294/3下

韓襄字克贊，長洲人，夷孫。世以醫名，襄傳其業，治病如神，視其病之不可醫者，則不投藥，投藥者其病必瘉。名著當時。

韓公傳（祝氏集略16/17，國朝獻徵錄78/113）

韓燕字宗仁，直隸平鄉人。成化二十年進士，歷官刑部郎中，廉慎有聲，出爲浙江金華知府，視民所欲惡而罷行之，郡中大治。

送韓太守燕入覲序（楓山章先生文集7/18）

韓鼐字民瞻，河南盧氏人。成化十四年進士，除兵科給事中，屢遷浙江參議，仕至都察院右副都御史，弘治十五年卒于官。

國朝獻徵錄61/5實錄本傳

掖垣人鑑10/21

明史列傳53/16

韓爌字象雲，蒲州人。萬曆二十年進士，由編修累擢禮部尚書，兼東閣大學士，入參機務。光宗疾大漸，與方從哲，劉一燝同受顧命，中外倚以爲重。進少傅、太子太傅、建極殿大學士，尋代葉向高爲相。每事持正，而魏忠賢勢張，乃抗疏乞休。忠賢黨復誣劾之，削籍，坐贓責償，至破其家。崇禎初召復故官，復爲首輔，與李標、錢龍錫共定逆案，尋引疾罷。 先後作相，老成愼重，引正人，抑邪黨，天下稱其賢。崇禎十七年李自成陷蒲州，執其孫，脅令出見，爌止一孫，乃出，憤鬱而卒。

少師象雲韓公一品奏續序（蒼霞餘草3/1）

五十輔臣考1/31

明史240/13下

韓璽，潁州太和人。國子生，永樂中，任工科給事中，侍宣宗講讀，日承顧問，遷山東按察司僉事，歷廣東左參政，所至廉謹自持，政聲大著。

掖垣人鑑9/21下

韓譯，開封府儒士，洪武間以薦授吏科給事中，仕至工部右侍郎，卒于官。

掖垣人鑑4/13

韓觀字彥賓，虹縣人，成子。以宿衛忠謹見知，授桂林右衛指揮僉事。洪武中屢討平群蠻，拜征南左副將軍。觀生長兵間，有勇略，性鷙悍，誅罰無所假，得賊必處以極刑。永樂九年以征夷副將軍，總兵鎮交阯，威震南中，蠻人無不惴惴奉命。十二年卒。

國朝獻徵錄107/4無名氏撰傳

皇明獻實4/15下

水東日記5/3下，5/4

名山藏臣林記6/40

明史列傳32/1

明史166/1

薄

薄彥徽字舜美，陽曲人。弘治九年進士，正德中爲四川道監察御史，論道士崔志端不可爲尚書。又上疏請留劉健、謝遷，罪馬永成、劉瑾等，被杖除名歸。未及起官卒。

薄公傳（中丞馬先生文集3/24）

明史列傳58/7下

明史188/9

薄珏字子珏，長洲人，居嘉興。崇禎中流寇犯安慶，巡撫張國維令珏造銅礮，設千里鏡以覘敵遠近，所當輒糜爛。又製水車水銃地雷地弩等器，殲賊無算。國維薦於朝，不報。退歸吳門，以窮死。有渾天儀圖說、格物測地論。

啓禎野乘6/39

薛

薛一鶚字百當，定興人。由貢生爲黃州通判，荊王妃誣他妃酖世子，一鶚白其誣，遷蘭州知州。淸兵攻定興，一鶚方里居，佐鹿善繼城守，城陷被難。

明史267/14

薛三才字仲儒，號青雷，定海人。萬曆十四年進士，選庶吉士，授兵科給事中，數論邊事，詆李成梁冒功欺罔，遷禮科給事中。張濤言事被謫，三才論救。累官宣府巡撫薊遼保定總督，召爲兵部尚書。卒謚恭敏。有恭敏集。

送薛青雷都諫出參藩序（北海集7/3下）

明史列傳77/21下

母鄭氏

薛母鄭淑人壽序（大泌山房集38/14）

薛三省字魯叔，條天谷，定海人，三才弟。萬曆二十九年進士，由庶吉士累官禮部尙書，忤魏忠賢落職。崇禎時起用，不赴。卒贈太子太保，謚文介。有薛文介文集。

薛文介公傳（不著撰人、薛文介公文集卷首）

明史列傳77/22下

薛大觀字爾望，昆明人，諸生。永明王由緬走緬甸，大觀歎息曰，不能背城戰，同死社稷，顧欲走蠻邦以苟活，不重可羞耶。遂與子之翰及妻侍女幼子五人，偕赴城北黑龍潭死。其次女已適人，亦於同日赴火死。

明史279/28下

薛甲（1498—1572）字應登，號畏齋，江陰人。嘉靖八年進士，除兵科給事中，以言事降湖廣布政司照磨。累官至江西按察司副使。卒年七十五。有易象大旨、藝文類稿傳世。

孚遠堂記（南沙先生文集3/17）

塞溪公第記（石蓮洞羅先生文集13/27下）

贈薛畏齋序（同上19/6下）

薛公墓表（方山薛先生全集28/20）

薛次公傳（殷時徹撰、藝文類稿附錄，又國朝獻徵錄86/82）

藝文續稿序（天一閣集21/1）

掖垣人鑑13/19

毘陵人品記9/15下

明儒學案25/10

薛亨字道行，號通衢，韓城人。隆慶五年進士，授戶部主事，官至河南布政使。有南澗集。

薛方伯家傳（大泌山房集67/16）

薛均，湖廣蘄水人。少有奇節，好讀書，太祖召赴南畿，上十策，除知合州，治行爲天下第一。成祖時擢應天府尹，致仕歸。行篋甚重，有疑之者，中途發其篋，惟紙馬板一副。帝知其貧，命有司賜官湖一頃，日薛家湖。其後子孫守湖鬻紙馬以爲生。

國朝獻徵錄75/16無名氏撰傳

薛廷寵字汝承，號萃軒，福建福淸人。嘉靖十一年進士，由行人選刑科給事中，遷工科左給事中，奉使朝鮮，擢吏科都給諫，卒於官。

贈薛萃軒掌科按邊儲序（沱村先生集6/1）
國朝獻徵錄82/21府志傳略
掖垣人鑑13/31下

薛希璉（1399—1458）字廷器，麗水人。宣德五年進士，任貴州道監察御史。正統間巡撫江西，才望大著，嘗勸大庾南康上猶三縣義民，出穀儲於義倉，以時賑恤，民甚德之。累陞刑部尙書，年六十卒。

薛公神道碑（彭時撰、國朝獻徵錄48/3）
母方氏（1364—1427）
薛母淑人方氏墓誌銘（尊樂習先生文集19/18下）

薛宗鎧（1498—1536）字子修，號東泓，揭陽人，僎子。嘉靖二年進士，官建陽令，求朱熹後復之，以主祀事。徵爲禮科給事中，時汪鋐擅權，宗鎧抗疏劾之，奪職杖死，年卅九。

薛君墓志銘（泉翁大全集60/43下）
東泓哀辭（海石先生文集25/6下）
國朝獻徵錄80/99黃佐撰傳
掖垣人鑑13/21下
明史列傳73/17下
明史209/7下

薛承學，武進人，爲學弟。登成化十七年進士，知麻城，強敏有敢，卒於官。

毘陵人品記7/19

薛孟，嘉善人。嘉靖十四年進士，授兵部主事，累陞郎中，出知彬州府。父寅，字用夔，號東巖，嘉靖二十六年卒，年七十一。

薛東巖公暨配陶孺人合葬誌銘（海石先生文集26/20下）

薛服耕（1373—1444）字貴深，號安節，鄞縣人。宣德元年以薦授江西新昌縣學訓導，遷龍溪縣，正統六年乞歸。年七十二卒。

安節薛先生合葬墓碑銘（南山黃先生家傳集49/4）

薛服耘（1376—1459）字有益，鄞縣人，服耕弟。建文元年舉人，授福建興化縣學教諭，改調獲鹿縣，永樂末遷趙府紀善，致仕卒，年八十四。

薛公墓志銘（南山黃先生家傳集48/8）

薛金字子純，江陰人。弘治十五年進士，選庶吉士，授戶科給事中，正德間陞禮科左給諫，降南京詹事府主簿，官終廣西布政司僉事。

掖垣人鑑11/20下
父薛雲（1442—1499）字成霖。
薛君墓表（懷麓堂文後稿17/5）

薛侃字尙謙，揭陽人，僎弟。性至孝，成正德十二年進士，僎以侍養歸。師王守仁於贛州，與僎率子姪宗鎧等往學，自是王氏學盛行於嶺南。世宗立，授行人，請祀陸九淵、陳獻章於文廟，未幾上疏請早定皇儲，帝震怒，下獄廷鞫究主使，侃惟引咎，坐落職歸。居中離山，自號中離，講學自娛，嘉靖廿四年卒。著有研幾錄、圖書質疑、中離集等。

贈薛子尙謙（橫山遺集下/3）
祭薛中離（歐陽南野文集28/14下）
湖州宗山精舍中離薛子配祠堂記（甘泉先生續編大全5/13）
國朝獻徵錄81/8黃佐撰薛公傳
名山藏80/19下
皇明書43/11
明史列傳73/8
明史207/8
明儒學案30/3

薛近兗字信余，武進人，應旂子。與鄭若庸同時，工樂府，若庸作玉玦記，曲院中人惡之，共醜金求近兗作繡襦記以雪其事。卒年五十三。

啓禎野乘3/1

薛恒字履常，無錫人。儒士，擧知蘭谿縣，以公廉著聲，卒官。

毘陵人品記7/8

薛貞（1355—1425）河津人。洪武十七年擧人，授元氏儒學教諭，遷榮陽，改四川馬湖平夷長官司吏目，終河內教諭，卒年七十一。

汾陰阡表（敬軒薛先生文集22/14下，國朝獻徵錄93/63）

薛俊（1474—1524）字尚節，號靖軒，揭陽人。性孝友，聞鄉人陳琨有理學，往從之。領弘治七年鄉薦，授連江訓導，陞玉山教諭。正德十一年王守仁過玉山，遂執弟子禮，有所得，擢國子助教。後聞母喪，奔至貴溪，卒於子宗鎧邸，年五十一。

薛助教墓志銘（石龍集24/4）

明史207/8

薛章憲字堯卿，自號浮休居士，江陰人。少爲諸生，隱鄧暘溪上，洽聞博物，稱古作者。性喜佳山水。有鴻泥堂集。

毘陵人品記7/11下

薛祥字彥祥，無爲人。從俞通海歸太祖，渡江爲水寨管軍鎮撫，數從征有功，轉漕運河南，夜半抵蔡河，賊驟至，祥不爲動，好語諭散之。帝聞大喜，授京畿都漕運使，分司淮安。及考滿還京，皆焚香祝天，願薛公再來，或寫眞生祠之。洪武八年除工部尙書，時造鳳陽宮，帝以諸匠用厭鎭法，將盡殺之，祥爲分別，活者以千數。出爲北平布政使，治行第一，復召爲工部尙書。十四年坐累杖死，天下寃之。

無爲薛公傳（黃金撰、皇明名臣墓銘乾集9、國朝獻徵錄50/1）

吾學編33/10下

名山藏臣林記4/37

明史列傳13/10

明史138/10下

薛理，山東歷城人。永樂二十二年進士，任行在戶科給事中，陞湖廣衡州知府，致仕。

掖垣人鑑5/15

薛國用，洛南人。萬曆進士，歷官山東參政，分守遼海道，以右僉都御史代袁應泰巡撫遼東，進兵部右侍郎，又代爲經略，歷官純謹，會淸兵不至，賴以苟安，卒於位。

明史259/7

薛國觀字賓廷，一字家相，韓城人。萬曆四十七年進士，天啓中擢戶科給事中，數有建白，皆附魏忠賢。及崇禎改元，爲東林所訐，告終養去。旋用薦起兵科都給事中，累進吏部尙書、武英殿大學士。國觀爲人陰騺谿刻，不學少文，溫體仁因其素仇東林，密薦於帝，遂獲大用。十四年以通賄爲東廠所發，賜自盡。

五十輔臣考3/29

明史253/9下

薛斌，蒙古人。本名脫歡，父薛台，洪武中歸附，賜姓薛，累官燕山右護衛指揮。斌嗣職，從起兵，累遷都督僉事，從北征有功，進都督同知，永樂十八年進封永順伯，尋卒。

皇明功臣封爵考6/64下

吾學編19/47

明史列傳31/3

明史156/3

薛嵓，閩鄉人。洪武間累官大理少卿，謫廣西。永樂初安南國王爲黎季犛所所殺，其孫陳天平自老撾來歸。季犛表請還國，帝命廣西總兵黃中以兵送歸其國，中擧嵓爲輔，行至芹站，伏發，刼天平，嵓力戰被擄，死之。

國朝獻徵錄68/54無名氏撰傳

革朝遺忠錄附錄×/9下

吾學編58/4

明史列傳23/6下

薛貴，本名脫火赤，原蒙古人，斌弟。以舍人從燕王起兵，屢脫王於險，積官都指揮使。再從北征，進都督僉事。宣德元年進封安順侯。卒諡忠壯。

皇明功臣封爵考6/65

吾學編19/48

明史列傳31/3

明史156/3下

薛爲學，字志淵，武進人。成化二年進士，授御史，按荊襄，撫流民，請設州縣立衞所，宣威布德，衆賴輯寧，未幾卒官。民懷德，立祠祀之。

毘陵人品記7/19

薛復字復善，江陰人。洪武初以博學應徵，與宋濂、王褘等訂典禮，授汝寧知事，軍民德之，尋辭。家居二十年，後徵拜御史，尋陞廣西僉事，以德義化民。

毘陵人品記6/5下

薛祿（1358—1430）膠州人，初名貴，行六，軍中呼曰薛六，既貴，乃更名祿。祿起行伍，從成祖起兵，功最著，累擢右都督，封陽武侯。仁宗立，累加太保。祿爲將，勇智兼資，紀律嚴明，又善撫士卒，人樂爲用，藹然爲時宿將。宣德五年卒，年七十三，諡忠武，封鄞國公。

薛公神道碑銘（東里文集12/20下，國朝獻徵錄7/56，皇明名臣琬琰錄16/8）
祭太保薛祿文（金文靖公集10/57）
皇明功臣封爵考4/39
靖難功臣錄×/10下
吾學編26/10下
水東日記2/3，16/7下
明史列傳22/16
明史155/3

薛愼，永樂中知長淸縣，以親喪去。洪熙元年長淸民知愼服闋，相率詣京師，乞再任，吏部以聞，帝令還任。

明史281/13下

薛瑄（1389—1464）字德溫，號敬軒，河津人，貞子。永樂十九年進士，宣德中授御史，忤中官王振，下獄論死，尋得釋。景帝嗣位，召起大理寺丞，遷南京大理卿。英宗復辟，拜禮部右侍郎，兼翰林院學士，入閣參預機務，致仕卒，年七十六，諡文淸。瑄學一本程朱，以復性爲主，嘗謂自朱子後斯道大明，無煩著作，直須躬行。有讀書錄、從政名言、薛文淸集、河汾詩集傳世。

送南京大理寺卿薛君赴任序（尋樂習先生文集12/4下）
薛公神道碑銘（李賢撰、國朝獻徵錄13/40，皇明名臣琬琰錄后7/15）
重建薛文淸公祠堂記（涇野先生文集16/20）
祭敬軒夫子文（條麓堂集31/15）
祭文淸薛先生文（胡莊肅公文集6/101）
河津祭薛文淸公墓文（陳文岡先生文集18/22）
祭薛文淸從祀文（二酉園文集14/7）
薛文淸公從祀議（雲岡公文集8/38下）
沅州修書院成告薛文淸公文（憑几集5/16）
薛文淸公傳（耿天台先生文集13/6）
薛文淸公傳（高子遺書10上/2下）
薛敬軒先生傳（正誼堂文集11/4下）
明薛文淸公年譜（淸楊希閔編，燕大圖書館排印本）
皇明文淸公薛先生行實錄五卷（明王鴻編，萬曆十六年刊，又明末刊本）
薛文淸公從政名言序（烏鼠山人集12/15下）
薛文淸先生全書序（馮少墟續集×/1）
讀書全錄序（鄒子願學集4/18）
刻薛文淸公讀書全錄序（陳文岡先生文集15/27）
薛文淸公行實錄纂跋（仰節堂集3/20下）
題薛文淸公像（同上3/25）
皇明獻實22/1
殿閣詞林記3/28下
吾學編30/2下
名山藏79/4下
聖朝名世考7/2
國琛集下/1
守溪筆記×/13下
四友齋叢說7/5下，9/2下，10/1，15/6
皇明世說新語1/3，1/7，1/28，2/16，3/4下 3/12，3/20下，4/4，6/25，7/1下
碩輔寶鑑11/69
皇明書35/2下
明史列傳45/29
明史282/7
明儒學案7/2

薛敬之（1435—1508）字顯思，號思菴，渭南人。少從泰州周蕙游，究心理學。成化二年以歲貢生入太學，與陳獻章並有盛名。選應州知州，課績爲天下第一，弘治中遷金華同知，致仕。正德三年卒，年七十四。有道學基統、洙泗言學錄、爾雅便音、思菴野錄諸書。

薛公墓誌銘（涇野先生文集22/17下）
思菴薛先生傳（馮少墟集22/16）
明史282/10
明儒學案7/12下

薛塙（1439—1507）字士莊，南京人，成化七年舉人，授山東莘縣敎諭，弘治初陞南京國子博士，盡心供職，遷岷府右長史，進左，卒年六十九。

薛先生行狀（䇿純撰，國朝獻徵錄105/42）

薛聞禮，武進人。由府吏官黃陂典史，張獻忠陷黃陂，愛聞禮才，狹與俱去，暮即亡歸。會賊所設官爲士民殺死，聞禮令士民遠避，而已獨留以當之，賊至，挺身自認，遂見殺。

明史294/2

薛遠（1414—1495）字繼遠，無爲人，祥孫，以祥坐累子孫謫瓊州，遂爲瓊州人。正統七年進士，累官戶部右侍郎治河河南，成化間進戶部尚書，改南京兵部尚書參軍務，致仕卒，年八十二。遠敏而好學，於禮樂兵刑天官曆算，無不涉其要，尤熟典故，在戶部最久，均劑出納，一切報罷，時論韙之。

薛公神道碑（王文恪公集21/27，國朝獻徵錄42/13）
薛公神道碑銘（徐文靖公謙齋集7/23）
吾學編33/10下
皇明世說新語1/12下
皇明書20/26下
明史列傳13/11
父薛能（1360—1426）字士能。
薛公墓誌銘（呂文懿公全集10/49下）

薛夢雷（1546—1611）字汝奮，號鳴宇，福清人。隆慶五年進士，授江山令，徵爲御史，出爲廣東參議，歷雲南按察、布政使，晉右副都御史，巡撫其地，坐累去，年六十六卒。有彩雲編。

薛公墓志銘（蒼霞續草12/14）
薛鳴宇傳（崇相集4/4，國朝獻徵錄62/126）

薛綬，本名壽童，仁宗賜名綬，其先爲蒙古人，斌子。驍勇善戰，正統中與成國公朱勇等遇敵於鷂兒嶺，軍敗，猶持空弓擊敵，敵怒，支解之。諡武毅。

明史156/3

薛綸（1534—1591）字汝爲，號幼泉，天城衞人。隆慶二年進士，授長安令，擢兵部主事，屢官至陝西副使，卒年五十八。

祭憲副薛公（復宿山房集31/11）
薛公墓志銘（復宿山房集25/14，國朝獻徵錄94/105）

薛敷政字以心，號純臺，武進人，應旂孫。萬曆三十五年進士，由永新令，考選山東道御史，巡按四川。

天啓崇禎兩朝遺詩傳4/157
啓禎野乘6/10
母劉氏（1532—1603）
薛母劉太孺人墓志銘（顧端文公集16/6）

薛敷教字以身，號玄臺，武進人，敷政弟。萬曆十七年進士，以名敎自任。官國子助敎，以救趙南星謫光州學正，省母歸。與顧憲成，高攀龍講學以終，卒年五十九。有泉上雜語、續憲章錄、浮弋集。

薛公墓誌銘（高子遺書11上/1）
毘陵人品記10/19下
天啓崇禎兩朝遺詩傳4/157
明史列傳85/20
明史231/18
明儒學案60/7

薛魯，山西蒲州人。建文元年舉人，永樂間任工科給事中，三使占城、交趾，卒賜祭葬。

掖垣人鑑9/12

薛蕙（1489—1541）字君采，號西原，亳州人。年十二能詩，舉正德九年進士，累官吏部考功司郎中。大禮議起，蕙撰爲人後解、爲人後辨，及辨張璁、桂萼所論七事，合數萬言上於朝，以忤旨獲罪。又爲陳洸所譖，遂解仕歸。學者重其學行，稱西原先生，卒年五十三。有西原遺書、約言、考功集。

薛先生行狀（王廷撰、薛考功集附錄/1）
薛西原先生墓誌銘（荊川先生文集14/7，薛考功集附錄/8，國朝獻徵錄26/83）

薛君墓碑銘（文徵明撰、薛考功集附錄/13）
祭薛考功文（葛端肅公文集15/14）
西原雜著序（涇野先生文集9/38下）
四友齋叢說26/4下
聖朝名世考10/18
皇明世說新語1/6，4/15下，5/29下，6/33下
明史列傳66/25
明史191/22下
明儒學案53/10

薛謙，河南杞縣人。永樂十五年舉人，由江西臨川縣學訓導，陞兵科給事中，累擢應天府府丞。

掖垣人鑑7/10下

薛應玢，武進人。崇禎末歷官隴州同知，攝州事。李自成冦陝西，應玢勒兵守城，城陷，詈賊死。

明史294/19

薛應旂字仲常，號方山，武進人。嘉靖十四年進士，授慈谿知縣，屢遷南京考功郎中，忤嚴嵩，謫建昌通判，歷浙江提學副使，以大計罷歸。著有宋元資治通鑑、考亭淵源錄、甲子會紀、四書人物考、高士傳、薛子庸語、薛方山紀述、憲章錄、方山文錄、浙江通誌。

贈大尹薛侯敵任九江序（東泉文集1/52）
贈薛方山督學兩浙序（明善齋集2/7）
薛仲常文集序（趙浚谷文集8/12）
名山藏臣林記15/43
皇明世說新語6/35下
毘陵人品記9/17下
明儒學案25/9

父薛卿（1471—1547）字賓卿，號竹泉。

薛君墓誌銘（世經堂集15/52）

薛鵬，建文時爲指揮，與燕兵戰於汶上，兵敗被執送北平，道卒。

遜國正氣紀6/29

薛鎏字全卿，魏縣人。弘治九年進士，歷知庶德、績溪、建平諸縣，及淮安府，累遷兩淮都運使。時總督江彬、太監丘得需索無厭，鎏力爲阻抑，商民咸賴之，尋以病乞休歸。

四友齋叢說6/8下

父薛玉，字廷璋，卒年七十七。

封君薛公墓誌銘（歐陽南野文集24/33下）

薛騰蛟（1511—1599）字時化，號鄒嶧山人，又號南岡山人，渭南人。嘉靖十四年進士，授長治縣令，歷四川僉事，擢山西副使，卒年八十九。有南岡漫稿。

薛公趙安人墓誌銘（大泌山房集93/5下）

父薛瓘（1476—1551）字宗玉。

薛長公墓碑（丘隅集14/7）

薛顯，蕭人。趙均用據徐州，以顯守泗州，均用死，顯來降，授指揮，從平吳，進行省右丞。從徐達取中原，太祖稱其勇略冠軍，可當一面。封永城侯。卒諡桓襄。

皇明功臣封爵考6/36
吾學編18/46下
名山藏41/18
明史列傳8/5下
明史131/4

蕭

蕭子鵬字宜沖，新淦人。居家以孝友稱，師事吳與弼。與弼沒，以嶺南陳獻章得與弼之傳，卒業其門。弘治初徵遺逸，補嘉興府訓導。長於詞賦，嘗演天地自然圖。有太極說、雪丘集。

皇明世說新語7/14

蕭大亨（1532—1612）字夏卿，號岳峰，泰安人。嘉靖四十一年進士，授榆次令，累官兵部侍郎，擁扈潞藩之國，一裁以法，中官斂衽。進刑部尚書兼署兵部，年八十一卒。有兩鎮奏議、藩封紀略、夷俗記。

送軍門蕭公召還司寇序（九愚山房稿24/6）
賀大司寇岳峯蕭公一品六載奏績榮膺少保序（賜修堂集9/7下）
壽宮保大司寇岳峯蕭公七袠序（遯菴文集×/54）
蕭少傅年譜序（大泌山房集17/35下）
蕭公暨配劉氏合葬墓志銘（賜閒堂集31/1）
蕭公暨夫人劉氏墓表（吳文恪公文集18/13）

蕭士瑋（1585—1651）字伯玉，泰和人。中萬曆四十四年會試，天啓二年始成進士

，授行人，累官光祿少卿，清順治間卒，年六十七。有春浮園集。

蕭園記（文直行書2/52）

蕭伯玉墓誌銘（牧齋有學集31/3）

祭蕭伯玉文（同上37/13下）

蕭可弘，吉水人。洪武五年徵至京師，以母老辭歸。後復徵授新喻教諭，服闋改鉅鹿。成祖登極，部查鉅鹿無賀表，逮下詔獄，不屈死。

聖朝名世考4/29下

蕭世賢（1478—1528）字若愚，號梅林，泰和人。弘治十八年進士，授重慶府推官，擢南京刑部主事，陞郎中，出爲嘉興知府，治行爲兩浙之首。遷湖廣副使，未赴卒，年五十一。

蕭公墓誌銘（鳥鼠山人小集15/26下）

母劉氏（1453—1515）

劉氏墓誌銘（整菴先生存稿13/30下）

蕭用道（1358—1412）字坦行，泰和人。建文中舉懷才抱德，詣闕試文章，擢靖江王府長史。召入翰林，永樂初預修太祖實錄。改右長史，從王之藩桂林，作端禮體仁遵義廣智四門箴以獻。後以疾乞歸，成祖怒，貶宜府鷄兒嶺巡檢，永樂十年卒，年五十五。

蕭坦行甫墓表（東里文集15/21，國朝獻徵錄105/18）

坦行蕭公誄並序（芳洲文集10/26）

蕭先生哀辭（王文端公文集39/8）

明史列傳12/21

明史137/10下

蕭如薰字季馨，延安衞人。萬曆中歷官寧夏參將，守平虜城。哱拜、劉東暘據寧夏鎮城反，如薰堅守不下，擢副總兵。天啓初以總兵官鎮守保定，魏忠賢黨劾其與李三才聯姻，遂奪職。如薰爲將持重，輕財愛士，所在見稱。

元戎蕭公壽序（大泌山房集31/32下）

蕭平虜別傳（同上68/20下）

明史列傳89/22

明史239/18

蕭良有（1550—1602）字以占，號漢沖，漢陽人。生而穎異，以神童名。萬曆八年會試第一，進修撰，領國子祭酒，在史局十五年，負公輔之望。自閣部卿寺以至臺省，凡關國家大計，靡不咨詢。給事中葉繼美劾良有侵六部權，遂再章乞歸，卒年五十三。有玉堂遺稿。

蕭公墓誌銘（蒼霞餘草11/1）

父蕭逵州，號文谷，泰安州丞。

蕭太公壽序（大泌山房集33/1）

蕭封公先生七十壽序（弇州山人續稿34/21下）

蕭良幹（1534—1602）字以寧，號拙齋，涇縣人。隆慶五年進士，授戶部主事，榷稅崇文門，例有羨金，斥不納。累遷陝西布政使。歸置義田以贍宗族，待以舉火者數百人，年六十九卒。

蕭公墓志銘（澹園集31/10）

父蕭汝金（1499—1576）字世用。

蕭公暨配畢孺人墓誌銘（許文穆公集5/36）

蕭岐（1325—1396）字尙仁，泰和人。五歲而孤，事祖父母以孝聞，有司累舉不赴。洪武中詔徵賢良，強赴之，上十便書萬餘言。時帝刑罰過中，訐告風熾，岐語皆指切。授潭府長史，力辭忤旨，謫楚雄訓導，改平涼。復召考定書傳，給驛歸。嘗輯五經要義，又取刑統八韻賦，引律令爲之解，合爲一集，學者稱正固先生，年七十二卒。

蕭先生行述（芻蕘集4/21，國朝獻徵錄94/145）

正固先生哀辭（東里文集24/1）

明史列傳12/20

明史139/4

蕭伯辰，江西清江人。永樂初，知深州，循良愷悌，清愼廉介，有惠政。後陞南京刑部郎中。

國朝獻徵錄82/29無名氏撰傳

蕭奇字廸哲，江西新淦人。永樂十三年進士，授戶科給事中，遷晉寧知州。

贈進士蕭廸哲序（金文靖公集7/17）

致敬堂記（同上8/10）

象江八景記（同上8/51）

妻江氏（1384—1424）

江氏墓碣銘（金文靖公集9/6）

蕭尚（1338—1403）字子上，號贅菴，泰和人。洪武五年舉鄉試，明年上春官，免試授給事中，以疾辭歸。十二年以賢良徵，歷典福建、廣東、湖廣文衡。後復應召考校書經，屢承顧問，永樂元年卒，年六十六。有贅菴集。

贅菴先生行狀（尹訥菴先生遺稿6/8）

蕭近高字抑之，廬陵人。萬曆二十三年進士，擢禮科給事中，甫拜官，即上疏言罷礦釋囚起廢三事，遷刑科都給事中，劾遼東稅使高淮激變，得撤還。歷太僕卿，預議三案，請崔文昇、李可灼當斬，方從哲當勒還故里。張差謀逆有據，不可蔽以風癲，衆韙其言。官至工部左侍郎，卒於家。

明史242/3下

父蕭敷，字汝敎，瀏陽令，卒年七十一。

蕭令公家傳（大泌山房集65/31下）

母王氏（1412—1465）

王太孺人傳（愼修堂集18/5）

蕭彥字思學，號念渠，涇縣人，瑞曾孫。隆慶五年進士，官戶科都給事中，後以右僉都御史巡撫貴州，改雲南。時用師隴川，兵素驕，給餉少緩，遂作亂。彥調土漢兵夾攻之，脅從皆撫散。累官兵部右侍郎，總制兩廣軍務。彥有志行，服官明習天下事，所在見稱，卒謚宣獻。有掖垣人鑑。

蕭先生行狀（愼修堂集23/1）

掖垣人鑑16/16下

明史列傳81/19下

明史227/13下

蕭彥莊，江西泰和人。天順八年進士，授刑科給事中，成化五年以言事降驛丞。

掖垣人鑑8/7下

蕭奕輔字翌猷，東莞人。天啓進士，由知縣擢廣西道御史，按浙著聲，遷撫福建，吏治民安。明亡，悲憤以卒。

爲三司公賀閩督撫都御史蕭公郊政序（紡綬堂文集1/44）

蕭柯（1456—1518）字升榮，號默菴，萬安人。弘治六年進士，授雲南御史，遷陝西馬政，奏養馬之害。旋巡西蜀，勦松潘賊，征黔中苗，皆破之。忤權貴出守濟南，以課最遷浙江參議，未任卒，年六十三。

讀書堂記（費文憲公摘稿8/6）

送太守蕭君之任濟南序（東川劉文簡公集12/22）

蕭君合葬墓表（整菴先生存稿12/11）

母曾氏（1424—1496）

蕭母孺人行狀（羅文肅公集23/9下）

蕭省身，江西泰和人。永樂二年進士，授刑部主事，進郎中。洪熙初官至河南右布政，居河南十二年，政務寬恤，治行與李昌祺埒。年五十一卒。

送蕭省身詩序（東里文集7/20）

國朝獻徵錄92/4實錄本傳

皇明書28/14

明史161/3下

父蕭自誠

石岡書院記（東里文集2/14下）

蕭自誠先生慶壽序（同上8/3下）

蕭翀（1339—1410）字鵬舉，泰和人。少孤好學，洪武十四年以賢良應制，賦指佞草詩，稱旨，授蘇州府同知。歷山東鹽運副使，以勤儉廉介稱。永樂八年卒官，年七十二。

蕭公墓碣銘（東里文集17/1，國朝獻徵錄104/61）

運副蕭公挽詩序（王文端公文集16/6）

妻郭氏（1344—1431）

郭氏墓表（東里文集21/22）

蕭翀字凌漢，四川內江人。成化十七年進士，授雍丘令，擢刑部主事，歷山東布政使，屢官至右都御史總制兩廣，正德十六年致仕。

送蕭凌漢憲副序（半江趙先生文集11/31下）

送南京右副都御史蕭公序（涇野先生文集2/41下）

送都憲蕭公巡撫兩廣序（東川劉文簡公集13/15下）

總制三邊詩序（東泉文集2/9下）

蕭晅字仰善，泰和人，用道子。宣德二年進士，累官湖廣布政使，重厚廉靜，有方面聲。天順中召拜禮部尚書，調南京，五年卒。

送按察副使蕭君仰壽赴雲南序（芳洲文集3/50下）

國朝獻徵錄36/11無名氏撰傳

蕭時中，名可復，以字行，廬陵人。永樂九年進士第一，授修撰。爲人溫醇謹飭，若不自持。因災陳八事，極盡時弊，善道緩諷，上嘉納之，卒於官。

狀元圖考1/16下

蕭時顯，官永昌府同知，解任歸，以道阻寓大理。沙定洲作亂，大理陷，自經死。

明史295/14

蕭啓字斯暘，江西龍泉人。宣德二年進士，累官僉都御史，巡撫山西，減冗軍以甦民困，募富民以實邊儲，凡政有利害，罷行惟宜。

送蕭都憲公賜誥序（敬軒薛先生文集17/19下）父蕭中字存中。

蕭都御史傳（敬軒薛先生文集11/15，國朝獻徵錄62/134）

蕭授，華容人。以千戶從成祖起兵，積功至都督僉事。永樂中充總兵官，鎭守湖廣貴州，在鎭二十餘年，討平苗蠻數十部，威信大行，屢進左都督，正統十年卒，謚靖襄。

明史列傳32/7

明史166/5下

蕭乾元字必克，萬安人。弘治十二年進士，爲御史，上疏數宦官劉瑾等姦狀，逆旨，廷杖罷歸。瑾誅，起福建兵備僉事，陞雲南副使，尋引疾去。

明史188/11

蕭執字子所，泰和人。洪武初擧於鄉，爲國子學錄。太祖有事北郊，召執等齋宮賦詩，特加寵眷，以親老乞歸。親沒，廬墓側。鄧鎭統兵勦龍泉寇，蔓及泰和，執往責之，鎭爲禁止，邑人以安。

贈蕭子所養親還西昌序（宋學士文集32/261）

明史列傳12/17

明史137/15

蕭崇業字允修，號養乾，雲南建水人，著籍上元。隆慶五年進士，選庶吉士，授兵科給事中，歷戶工二垣，先後封事數十上。奉使册封琉球，及還，記其山川風俗，爲使琉球錄。累官至南京右僉都御史，以養母告歸卒。

南遊雲稿敍（崧石齋集8/16下）

壽蕭督撫封君序（弱侯集4/17）

掖垣人鑑16/3

蕭常字孟常，萬安人。永樂九年進士，官監察御史，巡按廣東。

贈御史蕭孟常巡按廣東詩序（金文靖公集7/71）

蕭斌（1335--1395）字會文，廬陵人。少靈悟，日記數千言，年弱冠，負氣英邁，有用世志，遭元季衰亂，知時之不可爲，乃折節爲恭，抑己爲謙，隱居而終。洪武二十八年卒，年六十一。

蕭君會文行述（芻蕘集4/18）

蕭斌字德宜，一作德彝，陝西朝邑人。正統十年進士，除吏科給事中，天順中累陞都給事中，仕至左通政。

賀吏科都給事中蕭君陞秩序（呂文懿公全集8/43下）

掖垣人鑑4/5下

蕭雲擧字允升，宣化人。萬曆十四年進士，歷官禮部尚書，平居嗜古著書，卒謚文端。有靑蘿集。

少宰掌詹事府事玄圃蕭公六十壽序（玅遠堂文成集/1）

蕭雅（1435--1514）字惟正，廬陵人。以貢授松江訓導，改英德，遷博平王府教授。正德九年卒官，年八十。有平軒存稿、嶺南纂修雜錄。

蕭君墓志銘（空同子集47/17）

蕭晩字啓旦，號東潭，吉水人。正德十六年進士，授南刑部主事，以持法律忤近貴，高隆誣奏晩，尙書李承勳爲白其寃，得免。累官至福建左布政使，卒年六十七。

蕭公墓表（石蓮洞羅先生文集23/14）

蕭雍，號慕渠，涇縣人，彥弟。萬曆間進士，歷官廣東按察使。宦績亞於彥而學過之，時稱二蕭。

明史227/15

蕭逼（1541—1582）字文明，號南紀，江夏人。嘉靖四十四年進士，授刑部主事，屢官山東參政，卒年四十二。

蕭公墓誌銘（二酉園續集17/11下）

蕭瑞字吉甫，號赤山，涇縣人。正德三年進士，除靖安知縣，奉新華林賊起，以有備不敢犯。調廬陵，亦有循績。官終福建右參議。

赤山蕭先生名宦考叙（愼修堂集8/12）

蕭與成（1493—1557）字宗樂，號鐵峰，潮陽人。正德十二年進士，選庶吉士，授檢討，同修武廟實錄，進修撰。丁父憂歸，苫塊三載。以母老，遂不出仕，卒年六十五。

蕭先生墓表（澹園集27/10下）

蕭公行狀（林懷春撰、國朝獻徵錄21/69）

蕭鼎字伯鉉，海陽人。天順八年進士，任工部虞衡司主事，總理遵化鐵冶，革宿弊，完舊逋課以萬計。歷溫州知府，毀淫祠百餘，僧尼少者諭使還俗。歲餘以疾歸，卒年五十六。

蕭公墓表（周洪謨撰、國朝獻徵錄85/21）

蕭溫州挽詩序（懷麓堂文稿6/2）

蕭敬（1438—1528）字克恭，號梅東，福建南平人。髫年給侍內庭，爲司禮太監，歷事英宗、憲宗，諳習典故，善鼓琴。嘉靖七年卒，年九十一。

蕭敬墓表（楊一淸撰、國朝獻徵錄117/35）

國琛集下/43下

名山藏87/7下

明史304/19下

蕭漢字雲濤，號象石，南豐人。崇禎十年進士，知鍾祥縣。十五年流賊薄城，漢佐巡撫宋一鶴拒之，殺傷甚多。元旦突圍謁獻陵，賊騎挾之去。明日城陷，送漢吉祥寺，自剄死。

啓禎野乘11/1

明史263/3

蕭端蒙字曰啓，廣東潮陽人，與成子。嘉靖二十年進士，改庶吉士，授御史，巡按江西，先後凡三載，郡民思之，卅三年卒官。有同野集。

蕭御史傳（井丹先生集13/4，國朝獻徵錄65/140）

蕭韶字鳳儀，常熟人。宣德間諸生，有俊才，嘗集藥名作桑寄生傳，卒年三十三。有蕭鳳儀文集。

明常熟先賢事略13/7

蕭禎（1432—1501）字彥祥，泰和人。天順八年進士，授南京刑部主事，歷湖廣按察、河南布政使，屢官至南京工部尚書，致仕卒，年七十。

蕭公墓誌銘（懷麓堂文後稿24/19）

蕭公神道碑（吳寬撰、國朝獻徵錄52/12）

蕭壽字君美，德安人。初從陳友諒爲萬戶，後歸太祖，授總旗，屢從征伐有功，陞承信校尉。

蕭壽傳（蘇平仲文集30/40下）

蕭鳴鳳（1480—1534）字子雝，號靜菴，浙江山陰人。少從王守仁游，舉正德九年進士，授御史，督學南畿，人士以比前御史陳選，曰陳泰山蕭北斗。歷官河南、湖廣兵備副使，督學政，廉潔無私，然性剛狠，以憤撻肇慶知府鄭漳，坐降調，遂不出，嘉靖十三年卒，年五十五。有靜菴文錄、詩錄及教錄。

贈蕭提學序（鈐山堂集20/12）

蕭先生墓表（方山薛先生全集28/1，國朝獻徵錄99/110）

皇明世說新語4/6下

明史208/5下

蕭維禎，名肇，以字行，廬陵人。宣德五年進士，歷左都御史，累官南京兵部尚書，成化元年致仕，卒謚文昭。

贈太子少保兼都察院左都御史蕭公起復赴京序（韓襄毅公家藏文集11/14下）

水東日記5/1

國朝獻徵錄42/6無名氏撰傳

父蕭愚（1381—1434）字不敏，永樂十二年舉人。

蕭不敏墓誌銘（謚忠文古廉文集10/21下）

母周氏（1379—1453）

蕭母周氏墓誌銘（芳洲文集9/18）

蕭寬字雅容，吉水人。永樂二年進士，改庶吉士，預修永樂大典，擢兵部主事，陞吏部文選員外郎。

送文選員外郎蕭君序（王文端公文集19/2下）

蕭儀（1384—1423）字德容，江西樂安人。永樂十三年進士，任吏部主事，初與主事陳良因建言謫戍，當道疏救，還職。又言罷營繕、惜名器等事，下獄死，年四十。儀有文學，好節義，談者稱之。有襪線集。

蕭德容墓表（介菴集11/22下）

明史149/6

父蕭伯玉（1367—1415）

蕭伯玉墓誌銘（東里文集18/8下）

蕭廩字可發，號兌嵎，萬安人。嘉靖四十四年進士，擢御史，萬曆初巡按浙江，請祀建文朝忠臣十二人，從祀王守仁於文廟。以僉都御史巡撫陝西，時方覈天下隱田。大吏爭希張居正指增賦，廩令如額而止。累官兵部左侍郎，萬曆十五年卒。有兌嵎先生集。

送御史中丞蕭公之浙督撫序（溫恭毅公文集7/26下）

蕭司馬奏議序（山居文稿2/15下）

蕭公墓誌銘（陸學士先生遺稿12/4下，國朝獻徵錄41/21）

蕭公神道碑（李文節集24/1）

明史列傳81/17

明史227/9

繼母劉氏（1520—1585）

劉氏墓誌銘（劉大司成集9/17）

蕭璿字子璣，福建龍溪人。天順八年進士，除兵科給事中，後以言事降滁州判官。

掖垣人鑑10/4

蕭鎡字孟勤，泰和人，翀子。宣德二年進士，選庶吉士，授編修。歷太子少師、戶部尚書，兼翰林學士。景帝不豫，諸臣議復憲宗東宮，鎡日既退不可再也。英宗復位，遂削籍，天順八年卒。鎡學問該博，文章爾雅，然性猜忌，遇事多退避。有尙約居士集。

水東日記39/3下

國朝獻徵錄13/33雷禮撰傳

殿閣詞林記3/33

明史列傳40/2下

明史168/2下

叔蕭鵬漢，卒年六十三。

蕭處士挽詩序（謚忠文古廉文集9/27）

蕭曠，武昌人。諸生，永明王時爲劉承允坐營參將，何騰蛟題爲總兵官，管黎平參將事。及承允降淸，令降將陳友龍招曠，曠不從，城破死之。

明史280/9

蕭儼字畏之，內江人。正統七年進士，歷刑部郎中，審錄冤滯，多所平反。累陞貴州左布政。有竹軒稿、明風雅廣選。

承息堂記（呂文懿公全集11/18下）

蕭顯（1431—1506）字文明，號履菴，更號海釣，山海衞人。成化八年進士，授兵科給事中，以正直稱。累官福建按察僉事，年七十六卒。顯爲詩淸簡有思致，書尤沈著頓挫，自成一家。有海釣遺風、鎭寧行稿、歸田錄。

送蕭海釣詩序（懷麓堂文稿8/1）

蕭公墓誌銘（懷麓堂文後稿27/17，國朝獻徵錄90/80）

掖垣人鑑10/16

明史235/6

繆

繆大亨，鳳陽定遠人。初糾義兵爲元攻濠，元兵潰，獨率衆屯橫澗山，太祖諭降之。從征數有功，擢元帥總兵，克揚州，以功爲同僉樞密院事，總制揚州、鎭江。大亨有治略，寬厚不擾，而治軍嚴肅，禁暴除殘，民甚悅之，尋卒。

明史列傳17/4

明史134/5

繆希雍字仲醇，常熟人，徙居金壇。爲人雷目戟髯，有奇氣，遇羽人劍客，輒喜談古今成敗事。與東林諸人相友善。精醫術，屢著奇效。天啓七年卒。有先醒齋廣筆記、本草經疏、本草單方諸書。

明史299/20

母周氏（1514—1586）

周孺人墓誌銘（快雪堂集15/9下）

繆昌字廷謨，無錫人。成化十四年進士，授工部主事，出爲山西參議，遷守遼海，擢四川布政使，卒於官。

毘陵人品記8/3下

繆昌期（1562—1626）字當時，一字又元，號西溪，江陰人。萬曆四十一年進士，授檢討，時有東林之目，給事中劉文炳疏攻之，移疾去。天啓初還朝，遷左贊善，進諭德。楊漣劾魏忠賢，有言漣疏乃昌期代草者，忠賢恨之，昌期乞假歸。尋以汪文言獄詞連及，削職提問，竟斃於獄，年六十五。福王時追諡文貞。有從野堂集。

繆公行狀（牧齋初學集48/8下）

文貞公年譜（清繆之鎔撰，從野堂集附刻）

國史闕幽（公槐集6/43下）

天啓崇禎兩朝遺詩小傳1/27

啓禎野乘5/21

明史245/3

繆美（1316—1375）壽州安豐人。以鄉里遭兵亂，集勇士捍衞，後歸太祖，從征戰有功，累遷至武毅將軍，管軍千戶，洪武八年卒，年六十。

繆美傳（蘇平仲文集3/38）

繆恭（1429—1493）字思敬，號守謙，又號貴菴，太平人。通春秋，弘治初詔求直言，恭以諸生上書陳六事，曰保神器、崇正學、紹絕屬、懷舊勳、廣賢路、革冗員，指斥忌諱，皆人所不敢道者。疏入，勅有司遣還家。既歸，杜門不出，更自稱小茅山餓夫。弘治六年卒，年六十五。著有茅山穢稿，今不傳。

繆君墓碣銘（桃溪淨稿文14/5下）

明繆恭傳（藝風堂文續存2/11）

繆國維（1566—1626）字四備，又字爾張，號西垣，吳縣人。家貧苦學，舉萬曆二十九年進士，授南安知縣，官終貴州右參政，卒年六十一。有西垣集。

繆先生行狀（陳元素撰、繆西垣文集附錄18）

繆公墓誌銘（李孫宸撰、繆西垣文集附錄9）

明參政西垣繆公彤雲圖遺像贊並序（朱珩小萬卷齋文藁21/8下）

繆樗字全之，溧陽人。成化十一年進士，官給事中，孝宗初陳時政八事，劾大學士尹直等，時號敢言。終營州判官。

明史180/24

鍾

鍾一清（1530—1610）字希乾，號養虛，秀水人。舉明經，授崑山縣丞。擢石埭知縣，其治大較取得安靜，因俗順流，不爲苛察，後罷歸。萬曆三十八年卒，年八十一。

鍾公暨配王氏墓誌銘（蒼霞餘草13/1）

鍾化民（1537—1597）字維新，號文陸，仁和人。萬曆八年進士，宰惠安、樂平，均報最，徵授御史，累官河南巡撫。居官勤厲，所至有聲，行部輒延父老問疾苦，勞瘁卒官，年六十一。諡忠惠。

鍾公行狀（昭甫集18/9下）

祭河南巡撫鍾文陸文（昭甫集25/6）

明史列傳81/28

明史227/20下

鍾羽正字叔濂，益都人。萬曆八年進士，除滑縣令，時甫弱冠，多惠政。行取給事中，屢建讜言，天啓間官至工部尚書，會群奄用事，遂自劾歸，旋奪官。崇禎初復職，久之卒。有崇雅堂集。

明史列傳91/16下

明史241/17

鍾同（1424—1455）字世京，江西永豐人，復子。復欲偕劉球上疏，未果而卒，同誓伸父志。登景泰二年進士，授貴州道監察御史，遇事敢言，卒以上疏論易儲事，兼陳一切弊政，下獄死，年三十二。成化中追諡恭愍。

鍾公傳（程楷撰、皇明名臣墓銘坎集41，國朝獻徵錄65/16）
鍾公言行錄（楊廉撰、皇明名臣琬琰錄后11/9）
皇明獻實25/5
吾學編35/2
名山藏臣林記9/2
聖朝名世考5/18
明史列傳34/11下
明史162/10下

鍾其碩，成縣人。官鎮平知縣，崇禎十四年流賊陷城，被執不屈，罵賊而死。

明史293/6

鍾芳字仲實，崖州人，改籍瓊山。正德三年進士，選翰林庶吉士，授編修，累官戶部右侍郎，致仕。家居十餘年，有干以私者，謝曰，吾豈晚而改節哉。嘉靖二十三年卒，贈右都御史。芳學至精極博，有學易疑義、春秋集要、皇極經世圖贊、古今紀要、崖志略、鍾筠溪家藏集。

國朝獻徵錄30/42黃佐撰鍾公傳

鍾渤字元溥，廣東東莞人。弘治六年進士，除刑科給事中，累陞工科都給事中，遷雲南左參政。

送鍾君元溥歸覲序（東川劉文簡公集2/7）
送鍾參政之雲南序（楓山章先生文集7/27）
掖垣人鑑11/10

父鍾鐸（1433—1505）字文振。

鍾君墓表（懷麓堂文後稿16/14）

鍾善經字理夫，廣東順德人。正德六年進士，由興化推官擢御史，屢諫武宗北巡。嘉靖初給事中劉最以劾中官崔文謫外，善經等抗疏論救，且劾文，不納，遂告歸侍養。親沒，廬墓三年，不御酒食，衰衣未嘗去身。

贈鍾理夫序（見素集6/2）
國朝獻徵錄65/68歐大任撰傳

鍾惺（1574—1624）字伯敬，號退谷，竟陵人。萬曆三十八年進士，授行人，官至福建提學僉事。為人嚴冷，不喜俗客。嘗官南都，僦秦淮水閣，讀史恆至丙夜，有所見即筆之，名曰史懷。愛名山水，所至必遊，不極幽邃不止。晚逃於禪，年五十一卒。惺詩以幽深孤峭為鵠，與同里譚元春，評選古詩歸、唐詩歸，當時謂之竟陵體。又有詩經圖、詩合考、毛詩解、鍾評左傳、隱秀軒集、名媛詩歸、周文歸、宋文歸。

退谷先生墓誌銘（新刻譚友夏合集12/1）
玄對齋集序（大泌山房集21/17下）
鍾伯敬像贊（睡菴文稿23/13下）
啓禎野乘7/15
明史288/13下

鍾復（1400—1443）字彥章，號雲川，永豐人。宣德八年進士，歷官翰林院侍講，與劉球善。球上封事，約復與俱。復妻詈球曰，汝自上疏，何累他人為，球出數日，彼乃謀及婦人，遂獨上奏，竟死。未幾復亦病卒，年四十四，妻深悔之。有雲川文集。

皇明世說新語8/21
明史列傳34/11下
明史162/10下

鍾曉字景暘，龍江人。舉鄉薦，授梧州訓導，遷主桂林書院，擢國子監學正，改御史，奏革金吾、錦衣、龍驤、騰驤四衛冗員，及工部冗匠，歲省漕粟數十萬，又奏停采木，蜀人德之。為忌者所中，謫判沔陽，官終思恩知府，致仕卒，年八十五。曉居官三十年，貧約甚如寒士，人以是稱之。

國朝獻徵錄101/84順德縣志傳

鍾禮字欽禮，號南越山人，題其所居曰一塵不到處，上虞人。少孤力學，工書畫。弘治中直仁知殿。

圖繪寶鑑6/13

鍾繼英字樂華，東莞人。嘉靖四十四年進士，選庶吉士，官御史。

送鍾樂華館丈督學觀省序（許文穆公集1/3下）

母劉氏（1482—1573）

勅奉鍾太孺人墓表（許文穆公集5/59下）

子鍾宗望

如蘭一集序（玉茗堂全集4/19）

十八劃

鄺

鄺子輔字雄德，郴州宜章人。以明經任本縣訓導，陞安福令，改句容教諭，謝職歸。子埜，官陝西按察副使，嘗以俸錢易一絨褐，寄奉子輔，子輔怒而還之，貽書責讓，人服其義方之訓。

國琛集上/32
皇明書41/14下
明史列傳39/4
明史167/4

鄺日廣字居郎，番禺人。崇禎十年進士，授襄陽推官，廉介自持，張忠寇襄陽，日廣勒士卒守城，身被重創，罵賊死。妻妾及二女俱被害。

明史292/19

鄺約，南海人。弘治十五年進士，歷監察御史，巡按應天、貴州，所至有聲。終河南按察副使。

靖寇安邊錄序（東泉文集2/1）

鄺埜（1385--1449）字孟質，彬州宜章人，子輔子。永樂九年進士，累官監察御史、陝西按察副使。正統元年拜兵部左侍郎。也先入寇，王振主親征，埜疏諫不聽。既扈駕出關，力請回鑾，又不報，師覆於土木，埜死之，年六十五，贈少保，成化初諡忠肅。

鄺公神道碑（王文端公文集29/13，皇明名臣墓銘坎集18，皇明名臣琬琰錄后5/21）
鄺公墓誌銘（芳洲文集7/33下）
國朝獻徵錄38/31無名氏撰鄺公傳
徐氏海隅集外編41/10
皇明獻實15/3下
吾學編32/4下
國琛集上/28下
聖朝名世考3/40
皇明書21/24下
明史列傳39/3
明史167/2下

鄺璠（1458--1521）字廷瑞，號阿陵，任丘人。弘治六年進士，知吳縣，以能稱。擢守瑞州，莅任日，華林盜猝至，璠率子弟僕從嬰城固守，賊退，多方勦捕，築城堡，謹坊巷，稽逆旅，民人以安。又毀淫祠，興學校，善政甚多，忤時貴罷歸。卒年六十四。

鄺公墓表（費文憲公摘稿19/39，國朝獻徵錄87/30）

顏

顏木字惟喬，自號淮漢先生，應山人。正德十二年進士，知許州，以薦調亳州，懲武人石氏之肆，坐中傷免。性嗜書，爲文怪奇，晚年始爲詩，近體得唐人意，退居馬坪二十年，吟誦不輟。有隨州志、家政集、七禮解、選詩評、十朝小識、燼餘稿。

顏公墓碑（少華山人文集13/1，國朝獻徵錄83/67）

顏日愉字華陽，上虞人。萬曆舉人，知薬縣，有惠政，爲上官所惡，劾去之，部民爭詣闕訟冤。後爲靜寧知州，遷開封同知，嘗攝澠池滎陽二縣事，撫卹瘡痍，政績甚著。擢南陽知府，大治守具以防流賊。賊猝至，日愉擊退之，城獲全，日愉手中矢，頭頂被二刃，遂殞。

明史293/4

顏孕紹，一作胤紹，字賡明，曲阜人。崇禎四年進士，除知鳳陽縣，歷遷眞定同知，守城勦寇有功，擢河間知府，比歲大饑，拊循甚至。淸兵臨城，孕紹率衆堅守，城破，率全家自焚死。

明史291/17下

顏伯瑋（1353--1402）名瓌，以字行，廬陵人。建文元年舉賢良，知沛縣事，李景隆之駐兵德州，伯瑋督率淮北之民轉餉給軍，常足食。四年春，燕兵來攻城，固守不下，會指揮王顯迎降，伯瑋冠帶升堂南向拜，遂自經，年五十。子有爲亦自刎父旁。福王時諡忠惠，有爲諡孝節。

顏公言行錄（尹直撰、皇明名臣琬琰錄12/9下，國朝獻徵錄83/80）
皇明獻實8/6下
吾學編56/29
聖朝名世考4/22下

皇明表忠紀4/6下

遜國正氣紀5/10

革朝遺忠錄下/18下

皇明書32/2

明史列傳20/8

明史142/9

顏佩韋，吳縣人。吏部主事周順昌乞假里居，數詬詈魏忠賢。忠賢聞而惡之，誣順昌以罪，命逮入京。順昌有德於鄉人，比逮者至，衆咸憤怒，執香乞命者數萬人，旗尉語不遜，衆益憤，遂毆斃一人。巡撫毛一鷺飛章告吳人反，已而言縛得倡亂者爲佩韋及馬傑、沈揚、楊念如、周文元等五人，遂論大辟，臨刑，延頸就刃，曰爲周吏部死何恨，監司張孝流涕而斬之。吳人感其義，合葬於虎丘旁，題曰五人之墓。

明史245/7

顏則孔字泗源，忻州人。以恩貢任歸德同知，治聲著聞。流賊破城，被執，罵賊死。

明史293/12

顏容舒字日莊，號鴻磐，福建晉江人。隆慶二年進士，由廣東博羅知縣徵選戶科給事中，累陞禮科都給事中，未任卒。

掖垣人鑑16/2

顏容暄字孚孺，號太屏，漳浦人。萬曆進士，由工部郎出守南陽，尋移太平及維揚，所至有治績。後守鳳翔，値張獻忠之亂，城陷，不屈杖殺之。

明史292/8

顏頤壽（1462—1538）字天和，號梅田，巴陵人。弘治三年進士，授寶豐知縣，累官都御史。宸濠謀不軌，副使胡世寧發其奸，命偕駙馬都尉崔元往勘處，未至卽舉兵反，因會師紀功。嘉靖中爲刑部尙書，妖賊李福達獄起，頤壽受詔鞫問，忤旨下獄，尋革職閒住卒，年七十七。隆慶初復官。

顏公墓誌銘（朱廷立撰、國徵獻徵錄45/9）

明史206/4下

顏澤字澤民，江陰人。永樂十年進士，累官鎭遠知府，府治新設，澤爲立學興敎，風化一變。數遷至福建參政，亦有政績，閩人稱爲佛子。

毘陵人品記6/20

顏鯨（1514—1591）字應雷，號冲宇，慈谿人。嘉靖三十五年進士，授行人，擢御史，巡視倉場，論殺姦人馬漢，上漕政便宜六事。出按河南，發伊王典楧十大罪，王坐廢，兩河人鼓舞相慶。錦衣衛校尉爲民害，列侯使王府，道路驛騷，王府內官進奉黨龍舟，所過恣橫，皆以鯨言得裁抑。改畿輔學政，以劾都督朱希孝忤旨，謫安仁典史。隆慶中累遷山東參議，改行太僕卿，忤高拱落職。萬曆中以湖廣副使致仕，卒年七十八。著有易學義林。

冲宇顏先生銘（鄒子願學集6/14）

刻顏應雷先生春秋貫玉序（寧澹齋全集2/17下）

國朝獻徵錄88/94郭正域撰顏先生傳

明史208/25下

明儒學案53/18

顏繼祖字繩其，漳州人。萬曆四十七年進士，歷工科給事中，嘗論工部冗員及三殿敍功之濫，所建白甚多，屢蒙採納。累擢太常少卿，以右僉都御史巡撫山東，流賊擾河南，頻遣兵扼之，境內得無患。會清師大入，畿輔戒嚴，本兵楊嗣昌令繼祖專防德州，濟南由此空虛，援師又逗遛不進，濟南卒陷，繼祖遂下獄棄市。有雙魚集、又紅堂詩集。

明史248/7

聶

聶大年（1402—1456）字壽卿，臨川人。博學善詩古文，書得歐陽率更法，宣德末薦授仁和敎諭，母卒歸葬，哀感行路，里人列其母子賢行上之，詔旌其門。景泰六年以修史徵入翰林，次年卒，年五十五。有東軒集。

聶公墓誌銘（王直撰、國朝獻徵錄85/83）

水東日記4/5下，5/5

皇明世說新語4/24下，7/14
名山藏81/5下
明史286/5下

聶良杞字汝實，號念初，江西金谿人。隆慶二年進士，由河南輝縣知縣徵選禮科給事中，陞雲南提學僉事。

掖垣人鑑16/17下

聶豹（1487--1563）字文蔚，號雙江，吉安永豐人。正德十二年進士，授知華亭，屢遷平陽知府，嘉靖間俺答頻寇山西，豹修關練卒，先事以待，寇來被卻。後犯通州，京師戒嚴，禮部尚書徐階言豹才可大用，召拜右僉都御史，累官太子太保。然實無應變才，竟以中旨罷歸。旋卒，年七十七，隆慶初諡貞襄。豹初好王守仁之說，聞守仁沒，爲位哭，以弟子自處。及著困辨錄，於守仁說頗有異同。又有雙江集傳世。

修學宮記（環溪集1/26）
贈宮保大司馬聶公謝政西歸序（世經堂集13/27）
雙江聶子壽言（東廓鄒先生文集4/9）
太子太保兵部尚書雙江聶公七十序（龍津原集2/18下）
雙江公七十序（石蓮洞羅先生文集19/43）
聶公墓誌銘（世經堂集18/25，國朝獻徵錄39/99）
祭太保雙江聶公文（世經堂集21/16下）
祭聶雙江文（龍谿王先生全集19/1下）
同門會奠聶雙江先生榮寵葬諡（石泉山房文集12/8下）
永豐聶氏族譜序(石蓮洞羅先生文集18/20下)
困辯錄序（石蓮洞羅先生文集19/26下）
困辯錄後序（同上19/27下）
國朝獻徵錄39/102王時槐撰聶先生傳
聖朝名世考8/20下
四友齋叢說5/4，5/13
皇明世說新語7/17
皇明書43/24下
明史列傳69/17
明史202/12下

父聶玉治，號水雲，嘉靖十年卒。

水雲聶公墓表（歐陽南野文集26/18）

妻宋氏（1488—1545）

宋氏墓誌銘（雙江聶先生文集6/7）

聶雲翰字搏羽，曲周人。萬歷二十年進士，除崑山知縣，蒞事精敏，纖悉畢擧。擢兵部職方主事，告歸卒。

吳郡張大復先生明人列傳稿×/8

聶鉉字器之，清江人。洪武四年進士，爲廣宗丞，疏免旱災稅，秩滿入覲，獻南都賦及洪武聖德詩，授翰林院待制。歷遷國子典籍，與張美和同賜歸。十八年復召典會試，欲留用之，乞便地自養，令食廬陵教諭俸終身。時稱鉉與美和及嘉興貝瓊爲成均三助。

國朝獻徵錄22/57黃佐撰聶器之傳
明史列傳12/17下
明史137/13下

聶賢字承之，長壽人。弘治三年進士，爲御史，有淸操。嘉靖時歷副都御史，會御史馬錄奏妖賊李福達獄，並劾武定侯郭勛，賢覆如錄奏，言勛黨逆罪，勛激怒帝反前獄，奪賢官。後用薦起工部尚書，改刑部致仕，嘉靖十九年卒，諡榮襄。

送廊城尹聶君承之考績還任序（東川劉文簡公文集11/20下）
武昌縣醴泉井傳（鳳林先生文集4/59下）
國朝獻徵錄45/20無名氏撰傳
明史206/4下

聶靜字子安，號白泉，江西永豐人。嘉靖十四年進士，由丹徒知縣選刑科給事中，降曲周縣丞，陞國子監助教，歷儀制郎中，廷杖爲民。

賀聶儀部泉匡大夫六十序（石泉山房文集8/36下）
掖垣人鑑13/45

戴

戴大賓字寅仲，莆田人。正德三年進士，授編修，劉瑾兄女有才姿，瑾欲妻之，爲飭邸舍，大賓佯狂得免。

祭戴編修寅仲文（涇野先生文集35/21）

戴才（1514--1586）字子需，號晉菴，

直隸滄州人。嘉靖二十三年進士，由行人選戶科給事中，歷陞兵科都給練，遷南京太僕寺少卿，官至南京兵部尚書，參贊機務，以憂歸。卒年七十三。

戴公暨配合葬墓誌銘（淡然軒集6/10下，國朝獻徵錄42/93）

掖垣人鑑14/15

戴士衡字章尹，莆田人。萬曆十七年進士，授新建令，歷吏科給事中，屢有建白，皆裨時政。上備倭八策，後皆如所言，其後以力爭國本，謫戍廉州，四十五年，卒於戍所。

送戴令君入計序（山居文稿1/1）

賀戴令君考績序（同上1/6下）

賀戴令君榮封父母序（同上1/12）

明史列傳84/12下.

明史234/18

戴弁（1390--1454）字士章，浮梁人。永樂十二年舉人，授崇陽縣學訓導，擢兵科給事中，累官廣東參政，時廉雷諸郡猺獞作亂，弁卒與之遇，登岸據胡牀諭之曰，我戴參政也，來撫爾輩，賊遂麾衆羅拜，密護弁歸。黃蕭養亂，令參將武毅通謀，斬蕭養，捷聞，陞左布政。卒年六十五。

贈戴方伯致仕還浮梁序（呂文懿公全集7/42下）

戴公墓誌銘（王文端公文集34/1）

掖垣人鑑7/10下

戴光啓字仲升，號中齋，山西祁縣人。隆慶五年進士，由陝西會寧知縣選工科給事中，陞兵科都給諫，以憂歸。復除刑科都，擢河南左參政。

掖垣人鑑16/8

戴同吉，福建長泰人。永樂二年進士，歷官戶部員外郎。宣德中遷浙江右參議。

戴氏族譜序（楊文敏公集15/5）

戴金（1484--1548）字純甫，號龍山，漢陽人。正德九年進士，世宗時擢御史，獨立敢言，與黃梅石金同表儀朝署，時人目之曰楚有二金，臺中錚錚。歷官至兵部尚書，卒年六十五。有三難軒質正。

重修江都縣儒學記（泉翁大全集27/6）

代送戴巡撫序（方山薛先生全集14/8）

戴公行狀（袁文榮公文集8/8，國朝獻徵錄39/58）

戴公墓誌銘（端溪先生集5/48）

戴洵字汝誠，號愚齋，奉化人。嘉靖四十四年進士，選庶吉士，歷官南京國子祭酒。有司成集。

戴司成集後序（鹿裘石室集24/23下）

戴冠（1442--1512）字章甫，長洲人。好古篤學，淹貫百家，文章奮迅凌轢。尚書王恕雅重之，嘗訪以時務。大學士李東陽，亦深愛其文。弘治初以選貢授紹興府訓導，罷歸。正德七年卒，年七十一。有禮記集說辨疑、濯纓亭筆記、讀史類聚、通鑑綱目集覽精約、經學啓蒙。

戴先生傳（甫田集27/1，國朝獻徵錄85/87）

濯纓亭筆記序（陸子餘集1/2）

戴冠字仲鶡，號邃谷，信陽人，先世江西吉水人。正德三年進士，爲戶部主事，上疏極諫，貶廣東烏石驛丞。嘉靖初起官，歷山東提學副使，以清介聞。嘗從何景明學詩。有邃谷集。

送邃谷子詩序（苑洛集2/14）

戴君墓誌銘（樊鵬撰、國朝獻徵錄95/69）

明史列傳58/23下

明史189/8下

父戴誼，字正夫，官趙王府長史。

戴公墓誌銘（孟有涯集17/9）

戴珊（1437--1505）字廷珍，號松厓，浮梁人，哻子。天順八年進士，擢御史，督南畿學政，正身率教，士皆愛慕之。歷浙江按察使、福建布政使、終任不攜一土物。孝宗時爲左都御史，以老疾數求退，輒優詔勉留。弘治末卒於位，年六十九。贈太子太保，諡恭簡。

送戴侍御提學陝西序（定山先生集6/9）

送都察院左都御史戴公詩序（碧川文選2/41）

送南臺大司寇戴公詩序（半江趙先生文集11/41）

戴公墓誌銘（懷麓堂文後稿27/14下，國朝獻徵錄54/62）

祭左都御史戴先生文（榮墟文集10/8）
祭松厓戴先生文（容春堂別集9/1）
國朝獻徵錄54/63下雷禮撰戴公傳
皇明獻實34/2下
吾學編43/17下
國琛集下/21下
聖朝名世考3/83
四友齋叢說9/6下
皇明世說新語4/5
皇明書23/9
名山藏臣林記13/44
明史列傳52/18
明史183/19

戴思恭（1324—1405）字原禮，以字行，浦江人。受學於義烏朱震亨，震亨愛其才敏，盡以醫術傳之，遂以醫鳴。洪武十九年，太祖疾，徵爲御醫，治療刻日奏功。永樂初引老歸。三年卒，年八十二。有校補金匱鉤元、證治要訣、證治類方、推求師意傳于世，所錄皆震亨之秘旨微言。

戴公墓誌銘（王汝玉撰、皇明名臣墓銘乾集43，國朝獻徵錄78/5）
國朝獻徵錄78/7下鄭曉撰傳，又78/9李濂撰傳
婺書5/39
明史299/12

戴科（1524—1583）字朝賓，號筠菴，莆田人。嘉靖三十五年進士，授戶部主事，累遷郎中，出知敍州府，丁憂歸。服闋，改知廣州，免官歸，卒年六十。

戴公墓志銘（林大春撰、國朝獻徵錄100/37）

戴浩（1391—1483）字彥廣，號默菴，鄞縣人。永樂十八年舉人，初判東昌，遷雷州守，海潮病稼，築堤以捍之。改永州，又改肇昌府，歲饑，矯發邊儲三萬七千餘石以賑，上疏自劾，優詔原之。天順初乞歸，肇昌民詣闕請留，尋致仕。成化十九年卒，年九十三。浩工詩及書畫，有默菴詩稿。

戴公墓誌銘（豐熙撰、國朝獻徵錄94/116）
祭郡伯默菴戴公（環溪集22/1下）
明史281/19下

戴書（1465—1533）字天錫，崇陽人。弘治十五年進士，授南京大理評事，歷副正，守法奉公，讞獄稱情。歷廣西、江西布政使，嘉靖十二年遷右副都御史，巡撫貴州，經畫戎事，冒毒霧嬰疾卒，年六十九。書歷仕三朝，清約如寒士，輿論高之。

戴公墓誌銘（胡直撰、國朝獻徵錄61/86）

戴琤（1399—1466）字士儀，號訥菴，晚號退叟，浮梁人。永樂二十二年中禮部乙榜，授順德府學訓導，累擢嘉興府學教授，所至莫不勵學，士皆向化，以忤權要去，卒年六十八。有西澗集、浮梁縣志。

戴公神道碑（懷麓堂文後稿18/16下，國朝獻徵錄85/81）
西澗戴先生墓誌銘（楊文懿公東觀稿7/2）
明史183/19

戴時宗字宗道，號梁岡，長泰人。正德九年進士，官吏部主事，武宗南巡，疏諫忤旨，罰跪受杖。歷文選郎中，塞倖門，清選法。出撫鄖襄，奏辟侃獄，開釋株連甚衆，入爲左僉都御史歸。

送都御史戴梁岡總理河道序（雲岡公文集金臺稿1/10下）

戴恩（1470—1528）字子充，號東濱，上海人。正德六年進士，授工部主事，陞郎中，專理儀眞至臨清河道，興擧廢墜，剗滌蠹弊。擢陝西參議，未任致仕，年五十九卒。

戴公墓誌銘（孫承恩撰、國朝獻徵錄94/40）

戴祥字應和，績溪人。正德六年進士，授行人，進工部員外郎，調禮部郎中，出知雲南尋甸府，致仕卒。

戴公墓誌銘（方齋存稿8/15下）

戴進（1389—1462）字文進，號靜菴，又號玉泉山人，錢塘人。善畫，名馳海內，人稱浙畫第一流。尤善寫眞，嘗至金陵，行李爲一傭肩去，初未究其姓名，不可識，傭人不至，乃借紙筆圖其形，集衆傭示之，衆日是某也，跡之果得。宣宗喜繪事，進寫秋江獨釣圖以進，一紅衣人垂釣水次，獨得古法。待詔謝廷循指紅衣爲品官服色，以釣魚，失大體。宣宗頷之，遂放歸。天順六年，以窮死，年七十四。

名山藏99/2下

皇明世說新語8/17

圖繪寶鑑6/3下

戴欽字時亮，馬平人。正德九年進士，官至刑部郎中，嘉靖三年以諫大禮廷杖，創重卒。有鹿原存稿。

四友齋叢說26/4下

明史191/18

戴豪（1458—1494）字師文，台州太平人。成化十四年進士，拜兵部主事，擢職方郎中，時邊報旁午，而措置裕如，公退仍讀書不輟。弘治間歷廣東右參政卒，年三十七。有贅言錄。

送戴師文參政廣東序（碧川文選2/21下）

戴師文墓誌銘（桃溪淨稿文15/1）

戴師文墓表（懷麓堂文後稿16/6下）

戴嘉猷字獻之，號前峰，績溪人。嘉靖五年進士，知烏程縣，毀淫祠，崇正學，濬泮池，新倉庾，政化大行。時歸安有戚賢，郡守有萬雲鵬，人稱三循吏。選戶科給事中，以憂歸。復除禮科，諫阻聖駕南巡，降桂林縣典史，仕終湖廣左參議。有前峰漫稿及東西楚蜀四稿。

後樂堂記（雲岡公文集8/8）

述裸贈給事前峰戴君（居淅山文集3/47）

掖垣人鑑13/23下

母胡氏（1467—1536）

胡氏墓誌銘（陽峰家藏集34/25）

戴夢桂字仲芳，號秋巖，山東濟陽人。嘉靖十四年進士，由河南杞縣令選工科給事中，遷兵科都給諫，擢陝西右參政。尋謫祁州判官。仕終山西僉事卒。

豫內篇贈秋巖戴子之保州（存笥稿3/18）

掖垣人鑑13/41

戴綸，高密人。永樂中自昌邑訓導遷禮科給事中。仁宗時遷洗馬，侍太子講讀。太子好出騎射，時進諫，又具疏言於仁宗，太子怨之。及即位，擢綸為侍郎，復以諫獵忤旨，謫外，坐怨望，逮下獄，臨鞫抗辯，立箠死。

明史列傳34/4下

明史162/3下

戴銑字寶之，婺源人。弘治九年進士，授兵科給事中，數有建白，以便養調南京戶科。武宗朝以奏留劉健、謝遷，且劾中官高鳳，廷杖除名卒。嘉靖中追贈光祿少卿。有朱子實紀，獅峯文集。

掖垣人鑑11/15下

明史列傳58/4

明史188/5下

戴鳳翔字志曾，號春宇，浙江嘉興人。嘉靖三十八年進士，由行人選吏科給事中，擢寧國府知府，改九江，萬曆十一年聽調歸。

送戴給諫序（方簏居士集4/4下）

掖垣人鑑15/8

戴慶祖，溧陽人。以薦舉累官至太常少卿，正統十四年扈從北征，土木之變，殉難，贈太常卿。

明史167/6下

戴審（1366—1431）字誠門，號古愚，晚更號慣窮老人，安福人。洪武中以國子生擢五軍斷事官，遷左司稽禮，以事謫戍安東衛。後得歸，優遊林下，長於詩。宣德六年卒，年六十六。有古愚先生集。

戴先生墓表（諡忠文古廉文集9/13下）

戴德，盱眙人。洪武初任湖廣行省參知政事，取武昌有功。復從克荊、常、澧、衡、潭、漵、寶慶、襄陽、辰州諸郡溪蠻。卒封譙郡伯，子孫世襲指揮僉事。

皇明功臣封爵考8/62下

戴德孺字子良，臨海人。弘治十八年進士，累遷臨江知府。宸濠反，遣使收府印，德孺斬之，誓死守。旋與王守仁共滅宸濠，以憂去。世宗以德孺馭軍最整，獨增三秩，為雲南布政使，舟次徐州，覆水死。贈光祿寺卿。

戴子良招魂辭（棠陵文集5/26）

奠戴子良方伯文（石龍集27/7下）

戴公傳（月鹿堂文集5/3）

明史列傳70/27下

明史200/7

戴德彝，字邦倫，奉化人。洪武二十七年進士，授翰林編修，尋陞侍講，以直聲震於朝，改監察御史，建文中改左拾遺，燕師起，與黃子澄、齊泰等日夕畫策防禦，後俱死難。福王時贈太常卿，諡毅直。

皇明獻實7/5下
聖朝名世考4/18
吾學編54/11下
皇明表忠紀2/46
遜國正氣紀4/27
遜國神會錄上/42
革朝遺忠錄上/17下
明史列傳19/22下
明史141/14下

戴濂（1530—1591）字希茂，號洛原，浙江麗水人。嘉靖四十一年進士，授行人，累官袞州知府。卒年六十二。

戴公墓誌銘（紫原文集11/7）

戴縉，南海人。工側媚。成化二年進士，授御史，九年秩滿不得遷，會西廠罷，宦官汪直寵猶不衰，縉探知之，上疏盛頌直功。西廠復，益諂事直，不數年，至南京工部尚書。直敗，斥爲民。

國朝獻徵錄52/4雷禮撰傳
明史列傳28/22下
明史304/15

戴儒字汝貞，號鴻原，江西德興人。嘉靖五年進士，由行人選刑科給事中，屢陞工科都給事，免歸。後起刑科，擢太常少卿，歷應天府尹、四川巡撫，致仕卒。

贈大參龍山戴公赴貴州序（世經堂集11/44）
掖垣人鑑13/14

戴錦（1447—1517）字伯綱，號綱菴，又號白齋，長壽人。成化二十年進士，觀政戶部，授南京戶部主事。弘治初以抗疏除名，教授徐淮間，正德中卒，年七十一。著有綱菴邇言、易詠等。

戴君墓誌銘（東川劉文簡公集16/28）

戴檟（1452—1547）字育之，號茂軒，鄞縣人，浩子。性孝友，淡於利祿，弘治中以貢授興化訓導，陞連城教諭，乞免。既歸，足迹不入公府，閉戶讀書。嘉靖二十六年卒，年九十六。有茂軒遺稿。

壽南京刑部郎中戴公七十序（張文定公紆玉樓集8/36）
封君戴先生暨配杜宜人八十壽序（涇野先生文集7/29）
賀封君茂軒戴公偕壽序（華山文集12/17）
賀戴封君夫婦朋壽敘（石龍集13/4下）
戴公九十壽序（張文定公紆玉樓集8/37下）
先考戴公行實錄（戴中丞遺集6/15）
戴公偕配合葬墓誌銘（歐陽南野文集24/23）
妻杜氏（1453—1541）
先妣太宜人家傳（戴中丞遺集6/22下）

戴顒字師觀，浙江太平人，豪弟。正德六年進士，入翰林，由庶吉士拜兵科給事中，嘗劾奏光祿卿馮蘭不職，章再上，竟謫蘭。武宗議南巡，百官伏闕哭諫，大理少卿吳堂喝令毋哭，顒又上章劾之，直聲著於朝。卒官。有倦歌集、筠溪雜稿。

掖垣人鑑12/32下

戴鯨（1481—1567）字時鳴，號南江，鄞縣人，鰲弟。嘉靖二年進士，知番禺縣，累官至福建左參議，治行卓著。性孝友好學，手不釋書，嘗輯四明文獻錄。卒年八十七。著有閫廣集、東白樓稿、郡志徵、四明雅集。

戴先生墓誌銘（余文敏公集11/12）
四明雅集序（環溪集6/41）

戴繼字叔似，號宗魯，山東曹縣人。嘉靖八年進士，除刑科給事中，屢陞工科都給事中，十四年罷爲民。

掖垣人鑑13/20下

戴鰲（1472—1559）字時鎮，號靜山，鄞縣人，檟子。弘治十二年進士，授太和知縣，調興化，有政聞。陞潯甸知府，潯故蠻方，鰲至，興學課士，百廢具舉，被論歸。孝友慈惠，人稱長者，年八十八卒。

靜壽說贈太守戴公（天一閣集31/6）
戴公墓誌銘（張時徹撰、國朝獻徵錄102/86）

戴鱀字時化，號少山，鄞縣人，鰲弟。嘉靖十四年進士，授工部主事，出治徐州洪，通商利漕，頗著政績。性仁孝，會赴試，同舟者疾篤，友各散去，鰲獨周旋其間，湯藥歛含，靡不盡力。太僕少卿陳侃，道徐暴殂，出己貲為治喪，人以是義之。先諸兄卒。

戴時化字說（張文定公環碧堂集13/8下）
送工部主事戴君時化出視徐州洪序（張文定公紆玉樓集3/34）
戴公墓志銘（張時徹撰、國朝獻徵錄51/116）
茂軒公奠季子主事文（戴中丞遺集7/6下）
祭少山八弟主事文（同上7/7下）

戴鱀（1490—1556）字時重，號東石，鄞縣人，鯨弟。正德十二年進士，歷遷至四川僉事，以忤時宰奪職。家居八年，復起河南僉事，累擢左都御史，巡撫四川，常輕車詣諸部問民疾苦，爲之興罷。鱀精於吏事，而負氣高亢，故動見沮抑，未竟所施，以飛謗落職歸，卒年六十七。有戴中丞遺集。

戴公墓志銘（張時徹撰、國朝獻徵錄62/62）

瞿

瞿九思字睿夫，號慕川，黃梅人。十歲從父晨官吉安，事羅洪先。十五作定志論，從同郡耿定向游，學益進。舉萬曆元年鄉試，爲縣令張維翰所誣構，長流塞下。子甲及罕訟寃當道，張居正援之，乃獲釋歸。後以撫按疏薦，授翰林待詔，力辭不受，詔有司歲給終其身。乃撰樂章及萬曆武功錄，遣罕詣闕上之，卒年七十一。九思學極奧博，其文章不馴雅，然一時嗜古篤志之士，亦鮮其儔。又有春秋以俟錄、樂經以俟錄、孔廟禮樂考。

孔廟禮樂考序（仰節堂集1/20下）
瞿慕川先生年譜序（蒼霞餘草5/13）
瞿九思傳（章氏遺書25/35下）

瞿汝說（1565—1623）字星卿，號達觀，汝稷弟。五歲而孤，每構文成，輒跪薦父木主前。舉萬曆二十九年進士，官至湖廣提學僉事，以剛正聞，年五十九卒。有皇明臣略。

瞿公墓表（雲石堂集22/7）
瞿公暨配施恭人合葬墓志銘（蒼霞餘草10/24）
瞿星卿傳（三易集16/1）
明史216/5

瞿汝稷（1548—1610）字元立，號洞觀，常熟人，景淳子。好學工屬文，以蔭補官，三遷刑部主事。扶溝知縣扶宗人，神宗令予重比。汝稷曰，是微服至邑庭，官自扶扶溝民耳，讞上得釋。歷辰州知府、長蘆鹽運使，以太僕少卿致仕，卒年六十三。有石經大學質疑、兵略纂要、指月錄、冏卿集等。

瞿元立先生集序（高子遺書9下/49）
瞿公墓志銘（蒼霞續草9/37，又瞿冏卿集卷首）
瞿元立傳（牧齋初學集72/1，又瞿冏卿集卷首）
瞿元立畫像贊有序（牧齋初學集82/6）
明史216/4
子瞿式耒字起周，一字少潛。
瞿少潛字序（牧齋初學集35/17）
瞿少潛哀辭有序（同上78/13）

瞿式耜（1590—1650）字起田，常熟人，汝說子。萬曆四十四年進士，崇禎初擢戶科給事中，詔會推閣臣，錢謙益謀沮周延儒，式耜言於當事，擯勿推。事發，坐貶謫，廢於家。福王立，擢右僉都御史，巡撫廣西，平靖江王亨嘉之亂。唐王監國，擢兵部右侍郎，協理戎政，退居廣東。清兵破汀州，式耜與丁魁楚等立永明王由榔於肇慶。及王奔全州，以大學士留守桂林，尋封臨桂伯。在軍與士卒同甘苦，聞時政闕失，必疏諫，兩粵皆倚以爲重。城破，端坐府中，與總督張同敞俱死之，年六十一，清諡忠宣。有媿林漫錄，及雲濤，松丸等集。

送瞿起田令永豐序（牧齋初學集35/1）
瞿忠宣公像贊（李兆洛養一齋文集16/19）
庚寅始安事略一卷（清瞿元錫撰、荆駝逸史本）
明史280/9下

瞿俊字世用，號學古，常熟人。成化五年進士，由侍御史遷廣東按察副使。工書畫，性廉介，不可干以私。嘗見市籌者呼而入，分籌給諸僚素乏清譽者。人問故，曰，君庭多穢耳，僚捉硯擲之。以病致仕歸。比舍皆漁戶，時時席地與飲。善爲詩，卒祀名宦鄉賢祠。有留餘堂集、學古齊集。

明常熟先賢事略10/2

明史261/8

瞿能字世賢，合肥人。嗣父職，以四川都指揮使從藍玉擊西番。又以副總兵討建昌叛酋月魯帖木兒，俱有功。燕師起，從李景隆北征，能父子奮擊，所向披靡，會旋風起，王突入馳擊，斬能父子，南軍由是不振。福王時謚襄烈。

國朝獻徵錄110/3忠節錄傳

吾學編53/3下

遜國正氣紀6/25

遜國神會錄下/10

皇明表忠記5/11

明史列傳20/6

明史142/7下

瞿景淳（1507—1569）字師道，號昆湖，常熟人。嘉靖二十三年舉會試第一，殿試第二，授編修，典制誥，清介自持。錦衣陸炳先後四妻，欲封其最後者，屬景淳撰詞，不可。嚴嵩爲請，亦不應。累官禮部左侍郎，兼翰林院學士，總校永樂大典，修嘉靖實錄，以疾累疏乞歸，年六十三卒，謚文懿。有制敕稿、文懿公詩文集。

瞿文懿公神道碑（嚴文靖公文集10/1）

瞿文懿公墓志銘（李文定公貽安堂集7/17）

瞿文懿公傳（弇州山人四部稿82/7，國朝獻徵錄35/55）

祭瞿文懿公文（劉子威集28/8）

祭昆湖瞿公文（嚴文靖公文集12/8）

祭先師昆湖瞿文懿公文（李文定公貽安堂集9/36）

瞿文懿公文集序（賓華集10/16）

瞿文懿公續稿序（弇州山人續稿41/4）

皇明世說新語3/27下，3/36

明常熟先賢事略4/3

名山藏臣林記15/43下

明史列傳54/27下

明史216/3下

父瞿國賢字汝臣，號古村。嘉靖十一年卒。

瞿公暨配秦氏合葬墓志銘（李文定公貽安堂集7/58）

瞿先生暨配秦氏墓表（嚴文靖公文集9/7）

母秦氏

壽瞿母秦太夫人六十序（李文定公貽安堂集5/35）

壽瞿母太孺人六十序（鳳洲筆記3/4）

祭瞿太母文（舊業堂集10/3下）

妻李氏（1509—1573）

李淑人行狀（松石齋集16/31）

妾殷氏（1543—1603）

庶母殷孺人行狀（瞿冏卿集10/20下）

瞿嗣興（1292—1375）字華卿，常熟人。事母至孝，母思食芰，時芰始花，求之不得，嗣興入水半日，忽得三芰，人稱孝感。洪武八年卒，年八十四。

瞿府君墓誌銘（宋學士文集46/367）

國朝獻徵錄112/17宋濂撰孝子瞿嗣興傳

明常熟先賢事略12/1下

皇明書41/17

名山藏100/2

瞿霆（1434—1522）字啓東，號南山，上海人。成化十六年舉人，弘治中授順天府通判，歷左軍都督府經歷，陞廣南知府，調雲南臨安府，致仕卒，年八十九。

瞿公墓誌銘（儼山文集62/1）

豐

豐坊字存禮，後更名道生，字人翁，別號南禺外史，鄞縣人，熙子。嘉靖二年進士，除吏部主事，以吏議謫通州同知免歸。坊博學工文，尤善書，家有萬卷樓，蓄書萬卷。性介僻，滑稽玩世，居吳中，貧病以死。有易辨、古書世學、魯詩世學、春秋世學、詩說，萬卷樓遺集等。

皇明世說新語8/28下

明史191/20下

豐寅初字復初，鄞縣人。博學篤行，恥事胡元，隱居句章之墟。洪武中徵爲國子司業，後上書諫觀燈，謫德化縣學教諭。成祖入金陵，棄官躬耕，年百五歲卒。有古易略說。

水東日記7/10下

皇明表忠紀7/3下

遜國正氣紀7/12下

遜國神會錄下/38下

豐熙（1470—1537）字原學，號五谿，又號一齋，鄞縣人，慶孫。弘治十二年榜眼，授編修，進侍講，世宗時累官翰林學士。大禮議起，熙數力爭，禮定，又上疏諫，伏哭左順門，帝怒，下獄遣戍，卒年六十八，隆慶初贈官賜恤。

送豐君原學會試序（東泉文集1/39下）

送豐原學先生序（漢陂集8/10）

豐公墓碑（黃佐撰、國朝獻徵錄20/35）

鎭海衞鄉賢祠奠安五谿豐先生神位文（弘藝錄29/13下）

明史列傳66/22

明史191/19下

父豐耘，號西園，郡學教授。

贈封諭德西園豐公還四明序（整菴先生存稿4/25）

豐慶字文慶，鄞縣人，寅初子。正統四年進士，授兵科給事中，諫景帝南城及易儲事，言甚愷切，繫獄七年。英宗復辟，復官，累遷河南布政使，以淸節著。

國朝獻徵錄92/5實錄本傳

掖垣人鑑7/12

水東日記7/10下

皇明世說新語3/33下

藍

藍仁字靜之，崇安人。元時淸江杜本隱武夷，崇尚古學，仁與弟智俱往師之。謝科舉，一意爲詩，後辟武夷書院山長，遷邵武尉，不赴。有藍山集。

明史285/19下

藍玉，鳳陽定遠人。初隸常遇春帳下，臨敵勇敢，所向皆捷，累功官大都督府僉事。以征西番功，封永昌侯，與世券。遷征虜左副將軍，從馮勝征納哈出，代勝爲大將軍。時元順帝孫脫古思帖木兒嗣立，擾塞上，命玉帥師十五萬征之，元主遁去，獲其次子地保奴、妃公主以下百餘人，降獲官屬三千人，男女七萬七千餘人，進封涼國公。繼破哈剌章，平都勻安撫司散毛諸洞，師還命爲太子太傅。玉饒勇略，有大將才，數總大軍，多立功，寖驕蹇自恣，動多不法，洪武二十六年遂坐謀反誅，列侯以下連坐者數百家，元勳宿將，相繼以盡。

國朝獻徵錄6/15國史實錄本傳

吾學編18/9下

皇明功臣封爵考6/51

名山藏臣林記3/15下

明史列傳6/12下

明史132/5下

藍田（1477—1555）字玉甫，號北泉，即墨人，章子。嘉靖二年進士，官至河南道監察御史，張璁等希旨議大禮，田反覆抗論，凡七上章，受杖幾殆。復糾劾陳洸不法事，直聲震一時，璁掌都察院，落職歸。先後論薦三十餘疏，終不赴。卒年七十九。有北泉集。

藍公墓誌銘（李中麓閒居集7/72下，國朝獻徵錄65/92）

明史206/19

藍渠字志張，莆田人。正德十二年進士，官南京兵部郎中，初知隨州，淸刑獄，裁冗費，鋤強植弱，居七年，調欽州，民肖像祀之。

廉山帳別引（省庵漫稿4/48）

藍章字文繡，即墨人，福盛孫。成化二十年進士，擢御史，屢遷右僉都御史，忤劉瑾，左遷撫州通判。瑾敗，復起巡撫陝西，時蜀保兒寇掠漢中，章選將練兵，殲其首惡，餘黨悉平。終南京工部侍郎。

送藍公平漢中序（涇野先生文集2/6）

贈巡撫陝西藍公序（對山集11/27）

藍氏東匡書屋序（半江趙先生文集11/24下）

藍智字明之，崇安人，仁弟。洪武中以明經舉，任廣西按察司僉事，以淸廉仁惠稱。有藍澗集。

明史285/19下

藍福盛字世榮，即墨人。率子弟力田治生，以貲雄于一邑，喜周恤貧孤。永樂中唐賽兒之亂，陷即墨，福盛請軍于鰲山衞指揮王眞，領先率兵士直犯賊營，大戰破之，賊平，辭官拒賞。卒年五十四，以孫章貴贈南京刑部右侍郎。

藍公神道碑銘（凝齋集5/28下）

藍璧字完卿，號松坡，江西高安人。嘉靖二十六年進士，由庶吉士授戶科給事中，屢陞禮科都給諫，擢湖廣參政，以廣東布政使致仕。

掖垣人鑑14/13下

薩

薩琦字廷珪，其先西域人，後著籍閩縣。宣德五年進士，入翰林爲庶吉士，爲人耿介持正，學有源委。授編修，預修仁宗實錄，陞禮部右侍郎，兼詹事府少詹事，卒於官。

國朝獻徵錄35/32無名氏撰薩公傳

名山藏臣林記11/9下

明史列傳30/14下

明史163/6

父薩琅（1376—1441）字用謙。

處士薩君墓誌銘（楊文敏公集24/15下）

叢

叢蘭（1456—1523）字廷秀，號丰山，文登人。博學嗜書，登弘治三年進士，官戶科給事中，清謹伉直，屢有論列，劉瑾惡之，會瑾誅獲免。歷戶部侍郎、右都御史，累官至南京工部尙書，乞休卒，年六十八。

叢公行狀（藍侍御集6/5）

叢公墓誌銘（費文憲公摘稿18/6下，國朝獻徵錄52/39）

叢蘭傳（西河合集82/18）

掖垣人鑑11/4下

皇明世說新語4/29

明史列傳53/23

明史185/15

子叢磐字益安。

叢君墓誌銘（藍侍御集5/30）

簡

簡仁瑞字季麟，榮縣人。崇禎間以舉人歷官西安同知，遷平京知府。流賊入關，諸王及監司以下謀遁去，仁瑞力爭不從。乃徹四關居民入城，以土石塞門爲死守計。賊至，士民草降書乞簽名，仁瑞厲聲叱責之，正衣冠自經死。

明史294/20

簡芳字德馨，上高人。幼穎敏，弘治九年進士，任南京刑部主事，性耿介，執法明允，陞兵部郎中卒。

祭簡郎中文（羅文肅公集30/12下）

簡祖英字世英，東莞人。學問該博，有才略，徵赴京，授建平知縣，以母老辭歸。

國朝獻徵錄112/12黃佐撰傳

簡霄字騰芳，號一谿，江西新喻人。正德九年進士，嘉靖中歷右僉都御史，巡撫河南，擢南京兵部右侍郎，十八年罷歸。有蓉泉稿。

凱雅序（嵩漸山文集3/19）

儲

儲可求，宜興人。幼穎悟，年十五能屬文。及長，潛心理學，洪武初舉明經，任常州府訓導，累官禮部侍郎。有五松清響文集。

毘陵人品記6/9

儲昱（1468—1538）字麗中，號芋西，上海人。正德十二年進士，選庶吉士，授禮科給事中，調兵科，累官江西參議，卒年七十一。

儲公墓誌銘（龍江集8/1）

掖垣人鑑12/33下

儲福，無錫人。洪武中爲戍卒，隸籍燕山衞，以好義聞。靖難兵起，挈母妻逃去。永樂初簿錄亡卒入伍，福在錄中，調曲靖衞。仰天哭曰，吾雖一介賤卒，義不爲叛逆之臣。在舟中日夜泣不輟，竟不食死。福王時追謚貞義。

毘陵人品記6/6下

吾學編56/36
遜國正氣紀6/22
遜國神會錄上/64
皇明表忠紀3/25下
明史列傳20/22
妻范氏
毘陵人品記6/6下
皇明書45/28下

儲懋（1393—1452）字世績，號澹菴，丹陽人。永樂十二年舉人，除吏科給事中。英宗時以學行充經筵官，轉翰林修撰，與修實錄，進侍講，累官至戶部尚書，景泰三年卒，年六十。

儲公墓誌銘（芳洲文集8/8下）
國朝獻徵錄31/7無名氏撰傳
掖垣人鑑4/19

儲巏（1457—1513）字靜夫，號柴墟，泰州人。九歲能屬文。母疾，刲股療之，卒不起，家貧，力營墓域，且哭冢，夜讀書不輟。成化十九年鄉試及次年會試皆第一，授南京吏部主事，歷戶部左侍郎，改吏部，卒官，年五十七。巏淳行清修，介然自守。工詩文，好推引知名士，避遠非類，不惡而嚴，嘉靖初賜諡文懿。有柴墟集傳世。

送儲考功赴南京序（容春堂別集5/1）
送僉都御史柴墟儲先生之南京序（費文憲公摘稿11/28）
送儲都憲先生之南都序（泉翁大全集14/11）
儲公行狀（息園存稿文6/12，皇明名臣墓銘震集68，國朝獻徵錄27/58）
書儲公行狀後（息園存稿文9/19下）
儲公神道碑銘（喬莊簡公集10/4）
璽徵記（息園存稿文4/13）
交遊遺事一（董山文集15/6）
吾學編39/6下
十先生傳×/1
國琛集下/22下
聖朝名世考3/94
皇明世說新語1/28，1/32，3/10下，5/24下
皇明書23/19
名山藏臣林記14/30下
明史286/9下

曾祖儲仲文
儲處士傳（懷麓堂文後稿11/17）
妻周氏（1457—1499）
周氏墓誌銘（雪洲集8/12）

鎮

鎮澄字月川，號空印，金臺宛平李氏子。年十五入西山廣應寺為僧，嘗與友人雪峰創獅子窟，建萬佛琉璃塔。後延于京，館千佛、慈因二寺，講大乘諸經。復奉旨還山開古竹林居之，萬曆四十五年卒。著有楞嚴正觀、金剛正眼、般若照眞論、因明起信攝論、永嘉集等。

補續高僧傳5/14下

歸

歸子慕（1563—1606）字季思，號陶菴，崑山人，有光少子。幼有文行，萬曆十九年舉人，再試禮部不第，屏居江村。與無錫高攀龍、嘉善吳志遠最善。所居陶庵，槿牆茅屋，詠歌以為樂。學者稱淸遠先生。卒年四十四。有陶菴集傳世。

陶菴先生傳（高子遺書10S/6）
陶菴集序（幾亭文錄1/35）
陶菴集凡例（同上1/36）
吳郡張大復先生明人列傳稿×/143
天啓崇禎兩朝遺詩傳8/271
明史287/21

歸子顧（1559—1628）字春陽，號貞復，蘇州嘉定人。萬曆二十六年進士，由中書舍人累官刑部左侍郎，致仕卒，年七十。帝嘗題歸佛子三字於御屏，以子顧恬淡寡欲，人呼佛子，語徹禁中故也，子顧為有光族子，為文有師法。有刪正綱目通鑑、備我集、天約集。

歸春陽傳（簡平子集補遺×/11下）
少司寇歸公傳（陶菴文集5/1）

歸有光（1506—1571）字熙甫，又字開甫，號震川，崑山人。九歲能屬文，弱冠盡通五經三史。嘉靖間舉鄉試，上春官不第，徙居嘉定安亭江上，讀書談道，學徒常數百

人，稱爲震川先生。四十四年始成進士，授長興令，用古教化爲治。每聽訟引婦女兒童案前，刺刺作吳語，斷訖遣去，不具獄。大吏令不便，輒寢閣不行，大吏多惡之。調順德通判，名爲遷，實重抑之也。隆慶中始用高拱等薦爲南京太僕寺丞，卒官，年六十六。有光爲古文，原本經術，好太史公書，得其神理，爲有明一代大家。有震川集、三吳水利錄。

送歸開甫赴長興序（兪仲蔚先生集10/8下）
歸公墓誌銘（王文肅公文草8/38下）
歸公墓誌銘（三易集17/5下）
歸震川先生墓表（二酉園續集19/19）
歸熙甫先生年譜（清孫岱撰、清光緒二年嘉興刊本）
歸震川先生集序（二酉園續集2/29）
吳郡張大復先生明人列傳稿×/80
明史287/20下

歸昌世（1573—1644）字文休，號假菴，崑山人，有光孫。諸生，十歲能詩歌，有聲詞苑。與李流芳、王志堅稱三才子。又工書畫篆刻。崇禎間以待詔徵，不應，十七年卒，年七十二。有假菴詩草。

歸文休七十序（牧齋初學集40/6）
歸文休墓誌銘（牧齋有學集32/9下）
天啓崇禎兩朝遺詩傳8/271

歸莊（1613—1673）一名祚明，字玄恭，號恒軒，崑山人，昌世子。諸生，工文辭書畫。國變後，野服終生，往來湖山。性好奇，或稱歸藏，或稱歸乎來，或稱懸弓，或稱園公。嘗僧裝，稱普明頭陀、鏖鏊鉅山人。與同邑顧炎武善，有歸奇顧怪之目。晚年寄食僧舍，非素交，雖厚弗納，年六十一卒。有恒軒集、懸弓集、山遊詩。

歸恒軒紀略（楊鳳苞秋室集5/30下）
歸玄恭年譜一卷（清曾祁撰、排印本）
歸玄恭年譜一卷（近人趙經達撰、又滿樓叢書本）

歸鉞字汝威，蘇州嘉定人。失愛於繼母，譖於父而逐之。父卒，母擯不納，因販鹽市中，時私其弟，問母飲食，致甘鮮。正德初大饑，鉞迎母奉養，每得食，先母弟而後己，母爲感悅。弟尋沒，鉞孝養終其身。

歸氏二孝子傳（震川先生集26/330下，國朝獻徵錄112/64）
明史297/8下

歸繡，嘉定人，鉞族子，亦販鹽，與二弟紋、緯友愛。緯數犯法，繡輒傾貲營護之，終無慍色。妻朱，每製衣必三襲，曰，二叔無室，豈可使郎居獨暖耶。里人稱繡與鉞爲歸氏二孝子。

歸氏二孝子傳（震川先生集26/330下，國朝獻徵錄112/64下）
明史297/9

魏

魏一恭字道宗，號立峰，莆田人。嘉靖八年進士，授溫州府推官，民感其德，爲立生祠，轉撫州府同知，擢刑部員外郎，累官廣西左布政使，卒於官，年六十五。一恭居官清廉有爲，所至俱著勞績。

國朝獻徵錄101/11柯維騏撰魏公傳

魏大中（1575—1625）字孔時，號廓園，嘉善人。萬曆四十四年進士，累遷至吏科都給事中，疏劾魏忠賢結黨樹威，忠賢大怒，矯旨切讓。大學士魏廣微結納忠賢，表裏爲奸，大中復劾之，廣微慍，陰伺其隙，嗾所親陳九疇以他事劾大中，貶三秩出外。逆黨梁夢環、許顯純等復構陷之，誣大中受楊鎬、熊廷弼賄，矯旨逮下詔獄，酷刑拷訊，指使獄卒，斃之獄中，年五十一。及忠賢誅，追謚忠節。有藏密齋集。

自譜（藏密齋集1/1）
祭魏廓園先生文（七錄齋文集5/33）
祭魏忠節公（幾亭文錄2/25）
公祭魏忠節及長公子（同下2/37下）
名臣謚議（公槐集5/8下）
槜李往哲續編×/15
啓禎野乘5/35
天啓崇禎兩朝遺詩小傳1/19
明史244/15下

父魏邦直（1537—1592）初名德成，字君賢，號繼川。

魏公行狀（棘門集5/33）

魏文焲字德章，侯官人。嘉靖二十三年進士，官至廣西按察使。有石室秘鈔。

石室秘鈔序（二酉園續集3/3下）

魏文魁，自號玉山布衣，滿城人。著曆元曆測二書。嘗與徐光啓論曆法。

疇人傳31/383

魏元（1423—1478）字景善，山東朝城人。天順元年進士，授禮科給事中，成化初萬貴妃兄弟驕橫，元列其罪，疏七上，不報。屢陞福建右參政，母憂歸，廬墓三年。復除江西左參政。卒官，年五十六。

魏公墓誌銘（巽川祁先生文集14/15）

掖垣人鑑6/6下

明史列傳49/7下

明史180/8

魏元吉字敬之，號蓮州，江西南昌人。嘉靖三十二年進士，授知直隸黟縣，選刑科給事中，屢陞都給事中，遷福建右參政，聽降調。

掖垣人鑑14/32

魏公濟字宗召，號蒼厓，山東費縣人。正德九年進士，歷南京戶部郎中，出知雲南尋甸。

贈魏尋甸序（涇野先生文集6/21）

父魏□，號東蒙，邢臺尹。

魏氏雙壽序（涇野先生文集6/22下）

魏允中字懋權，南樂人，允貞弟。爲諸生，副使王世貞器之，歲鄉試，戒門吏曰，非魏允中第一，無伐鼓以傳也，已而果然。時無錫顧憲成、漳浦劉廷蘭並爲舉首，負儁才，時人稱三解元。舉萬曆八年進士，官至吏部考功主事，十三年卒。有魏仲子集。

魏懋權時義序（弇州山人續稿40/7）

哭魏懋權文（顧端文公集18/9下）

再哭魏懋權文（同上18/11）

明史232/4下

魏允孚字懋成，號雲門，南樂人，允中弟，與兄允貞、允中並負時名，世稱南樂三魏。萬曆二年進士，官刑部郎中。

魏公墓誌銘（來禽館集15/17）

魏允貞（1542—1606）字懋忠，號見泉，南樂人。萬曆五年進士，官御史，陳時弊四事，言輔臣侵部權以行私，詔責其言過當，貶許州判官。累遷右副都御史，屢疏陳時政缺失，乞侍養歸。以守邊勞即家進兵部右侍郎，卒年六十五，諡介肅。有魏伯子集。

贈大中丞見泉魏老先生六載考績序（淡然軒集3/37）

少司馬魏公祠碑（大泌山房集111/14）

見泉魏公碑（趙忠毅公文集11/12下）

哭中丞魏見泉先生（顧端文公集18/14下）

明史列傳79/18

明史232/1

父魏怡（1507—1602）字仲和，號節齋，官鞏昌府通判。

壽節齋魏太公序（弇州山人續稿34/1）

魏太翁壽言序（劉大司成集7/1）

賀魏公封大中丞暨九十春秋序（來禽館集9/10下）

魏公合葬神道碑銘（穀城山館文集25/42下）

魏令望字于野，武鄉人。崇禎間進士，爲商丘令，轉輸有功。調太康，流賊方熾，既至，練兵攻守，城破爲賊所執，遂遇害。子興及家口二十餘人同日死。士民死者二萬餘人。太康人私諡忠烈。

明史293/8

魏有本（1483—1552）字伯深，一字日深，號淺齋，浙江餘姚人。正德十六年進士，歷官大理寺右少卿，嘉靖十九年，以右僉都御史出撫河南，擢南京刑部右侍郎，遷右都御史總督漕運，未任致仕，卒年七十。有淺齋文集。

送都憲淺齋魏公出撫河南序（張文定公紓玉樓集3/8下）

送中丞魏淺齋督理留都糧儲序（葛端肅公文集9/11）

大廷尉魏公淺齋考績（歐陽南野文集21/6下）

魏公墓誌銘（袁煒撰、國朝獻徵錄59/43）

父魏鑑字孔文，號介庵。

魏公墓碑銘（張文定公籌㢑軒集4/20）

魏光遠，官光山典史，崇禎十三年流寇張獻忠陷城，死之。

明史293/4

魏良政字師伊，江西新建人，良弼弟。王守仁撫江西，與良弼、弟良器、良貴咸學焉。良政功尤專，孝友淳朴，燕居無惰容，嘗曰不尤人，何人不可處，不累事，何事不可爲。舉鄉試第一而卒。良弼嘗言，吾夢中見師伊，輒汗流浹背，其爲兄敬憚如此。

皇明書44/15下

明史列傳70/19

明史283/21下

明儒學案19/20

魏良弼（1492—1575）字師說，號水洲，江西新建人。嘉靖二年進士，歷浙江松陽知縣，選刑科給事中，巡視京營，劾罷保定侯梁永福、太僕卿曾直等，直聲大著。南京御史馬敭等以劾吏部尚書王瓊被逮，良弼請釋之。帝怒，下詔獄，贖還職，遷禮科都給事。慧星見，劾罷大學士張璁，踰月復劾吏部尚書汪鋐，忤旨奪俸。及璁再起柄政，與鋐修前隙，遂以考察削籍。隆慶初即家拜太常卿，卒年八十四。天啓初追諡忠簡。有水洲文集。

魏水洲先生集序（賓日堂初集12/5）

掖垣人鑑13/13

皇明世說新語8/22下

皇明書44/16下

明史206/28

明儒學案19/19下

魏良貴，號及齋，江西新建人，良器弟。與兄良政、良器同學王守仁。登嘉靖十四年進士，歷官寧波知府、山東副使，三十七年任南京右副都御史提督江防，未幾詔同籍聽勘。

奉賀及齋魏公陞山東憲副序（袁文榮公文集3/12）

壽大中丞魏及翁先生大人六袠序（浣所李公文集4/5下）

明史283/21下

魏良輔，號此齋，江西新建人。嘉靖五年進士，累官廣西按察使，擢湖廣布政使。

送魏長公序（敬所王先生集3/19）

魏良器字師顏，號藥湖，江西新建人，良政弟。性超穎絕人，王守仁亟稱之，主白鹿書院，生徒至數百人。其學雖宗良知而踐履平實，學者稱藥湖先生。

祭魏師顏（歐陽南野文集28/11下）

皇明書44/16

明史283/22

明儒學案19/20下

魏玒字秉德，大興人。成化二十三年進士，除戶科給事中，以憂歸。復除吏科，屢陞都給事，遷太僕寺少卿，正德二年任南京太僕寺卿，旋致仕。

贈南京太僕寺卿魏君秉德序（費文憲公摘稿9/49）

掖垣人鑑10/30

魏克家，高陽人。舉人，嘗官鄒平知縣，有善政。崇禎末家居，清兵陷城，死於難。

明史291/15下

魏呈潤字中嚴，號倩石，龍溪人。崇禎元年進士，由庶吉士改兵科給事中，疏陳兵屯之策，及北方水政，帝皆嘉納。中官王坤侵巡按御史胡良機，詔令坤按劾，呈潤疏言不可，帝責以黨比，貶三秩出之外，以養母歸。母服除，起補光祿署丞卒。

啓禎野乘4/38

明史258/6下

魏希明（1502—1540）字誠甫，崑山人，校從子。太學生，好購書，藏數千卷及古法書名畫。苟欲得之，輒費不貲，嘉靖十九年卒，年三十九。

吳下冢墓遺文續1/106歸有光撰魏君行狀

魏忠賢，肅寧人。少無賴，爲博徒所苦，恚而自宮，變姓名爲李進忠，後乃復姓。萬曆中選入宮，諂事魏朝，朝素與皇長孫乳媪客氏私，及忠賢入，又通焉，客氏薄朝而愛忠賢，忠賢因得皇長孫歡。長孫繼位，是爲熹宗，遷忠賢司禮秉筆太監，尋掌東廠事，深見信任，屢矯中旨，傾害公卿。諸不見容於東林者，相率依附，稱義兒，結黨以擠東林。遂誣殺楊漣、左光斗等，其削籍遣戍者又數十人，善類一空。民間偶語，或觸忠賢，輒遭擒僇，進爵上公。章疏及票旨，稱廠臣不名。媚之者拜伏呼九千歲，爭請立生祠，族黨盡蒙恩蔭，有襁褓中封師保者。莊烈帝即位，發其奸，安置鳳陽，尋命逮治，行至阜城，縊死，詔磔其屍。

明史305/18

魏尙純，號嵩麓，山東滕縣人，著籍河南禹州，尙綸弟。嘉靖十一年進士，授行人，累遷右副都御史巡撫保定，以疾告歸。起補大理寺卿，仕終南京工部尙書，致仕卒。

誥勅工部左侍郎魏尙純三道（條麓堂集5/13下）

魏公行狀（張鼎文撰、國朝獻徵錄52/84）

魏尙綸字仲一，號兩峰，一號東麓，山東滕縣人，著籍河南禹州。嘉靖十七年進士，由直隸魏縣知縣，選兵科給事中，出知揚州府，仕至山西副使免官，私謚孝恪。

掖垣人鑑13/46下

魏庠（1487—1554）字子秀，崑山人，校從弟，其先本李姓。以貢入太學，選授南京驍騎衞知事，仕至光祿寺典簿致仕，嘉靖三十三年卒，年六十八。

魏公墓誌銘（震川先生集18/251）

魏持衡，密縣人。累官太僕卿，致仕家居。流賊陷城，執之使跪，持衡挺立抗罵，遂遇害。

明史293/2

魏英（1459—1517）字士華，號淑古，慈谿人。成化十七年進士，授南京太常博士，擢監察御史，歷陞湖廣按察副使、江西右布政使，以右副都御史巡撫四川，設法擒土官安鰲，靖三十餘年暴亂。致仕卒，年五十九。有淑古集。

魏公墓誌銘（張文定公寶梅軒集8/15下）

妻鍾氏（1461—1511）

鍾恭人墓誌銘（泉齋勿藥集5/8）

魏貞，懷遠人。正統七年進士，歷官御史，十四年扈從北征，死於土木之難。

明史167/6下

魏浣初字仲雪，常熟人。萬曆進士，官至布政司參政。有詩經脈、四如山樓集。

天啓崇禎兩朝遺詩傳10/335

魏校（1483—1543）字子才，其先本李姓，崑山人，居蘇州葑門之莊渠，因自號莊渠。弘治十八年進士，授南京刑部主事，歷遷郎中，不為太監劉瑯所屈，召爲兵部郎，移疾歸。嘉靖初起爲廣東提學副使，官至太常寺卿，掌祭酒事，致仕，卒年六十一，謚恭簡。校私淑胡居仁主敬之學，而貫通諸儒之說，擇執尤精。有周禮沿革傳、大學指歸、六書精蘊、春秋經世、經世策、官職會通、莊渠遺書。

魏公行狀（陸粲撰、皇明名臣墓銘兌集46）

魏公墓碑（天目先生集15/8）

國朝獻徵錄70/16無名氏撰魏公傳

國琛集下/34下

聖朝名世考8/16

明世說新語4/6下，4/21上

名山藏臣林記20/32下

明史282/28下

明儒學案3/1

○母張氏，嘉靖二十八年卒

祭魏太夫人文（鳳洲筆記6/8）

魏時光，南昌人。崇禎時爲廣濟典史，邑遭殘破，長吏設排兵三百人，委之教練。流賊據蘄州河口，憚時光不敢渡，時光募死士，乘夜襲其營，手殺數賊，賊不敢逼。俄賊大至，部卒皆散，時光單騎據高坡，又殺數人，賊環繞之，絆絏被執，不屈死。

明史292/14

魏時亮（1529—1591）字工甫，又字舜卿，號敬吾，南昌人。嘉靖三十八年進士，授中書舍人，擢兵科給事中，屢上疏諫爭，仕至南京刑部尙書。初好交游，負意氣，，中遭挫抑，乃潛心性理之學。年六十三卒，謚莊靖。有大儒學粹。

魏先生行狀（鄒子願學集6/1）

掖垣人鑑14/43下

明史列傳77/8下

明史221/8下

魏彬，中官，侍武宗東宮。武宗立，以舊恩得幸，總三千營，與劉瑾等號八虎。瑾誅，代掌司禮監。其年敍寧夏功，封弟英鎭安伯。世宗立，彬不自安，爲弟辭伯爵。給事中楊秉義等劾彬附和逆瑾，結姻江彬，宜置極典，帝宥不問。已而御史復論之，始令閒住。

明史304/30下

魏國輔，絳縣人，官永寧縣主簿，崇禎十三年李自成陷永寧，不屈死於難。

明史293/2

魏紳字廷佩，曲阜人。性至孝。成化十七年進士，拜刑部主事，廣西有冒稱外戚者，事覺被逮，皆避不敢承，紳一訊即得其狀。累遷都御史，歲旱，奏減民稅四分之一，築邊牆四十里，增墩堡五十餘所。武宗即位，進刑部右侍郎，尋卒。

送大理丞魏君赴任南都序(椒丘文集11/10下)

魏紳傳（涇溪文鈔外集8/20下）

魏君神道碑銘(李東陽撰、國朝獻徵錄46/38

名山藏臣林記14/14下

魏敏字好學，河南鞏縣人。洪武二十一年進士，任吏科給事中，逾二年請告歸省，遂丁憂，以孝聞，詔旌其門。

掖垣人鑑4/12

魏富字仲禮，龍溪人。成化二年進士，授御史，巡按廣東，時林蠻洞蜑爲厲，富廉不法吏置於理，蠻蜑皆隸編戶。遷浙江副使，明愼庶獄，賑濟饑民，皆有實政，累擢刑部侍郎致仕。正德八年卒。

國朝獻徵錄46/44實錄本傳

魏棨字喬儀，號狷齋，江西新建人。弘治十八年進士，擢行人司副，遷南京刑部員外郎，陞郎中，調閩藩少參，轉參政，晉右布政使致仕。棨居官勤政愛民，民爲立祠祀之。

送閩藩少參魏喬儀之任序（整庵先生存稿6/20下）

參伯狷齋魏公遺愛序（朴齋先生集8/1）

魏公遺愛碑（張時徹撰、國朝獻徵錄90/13）

魏雲中字定遠，武鄉人。萬曆進士，除項城知縣，擢御史，數月，排擊史繼偕等八九人。天啓中累遷右僉都御史，巡撫寧夏，繕堡鑿渠，興屯練士，魏忠賢惡其爲東林，罷歸。崇禎中召拜兵部右侍郎，總督宣大山西軍務，尋被劾罷。家居修城築臺以禦寇，鄉人賴之。

勅太僕寺添註少卿魏雲中（紺雪堂集8/19）

魏冕，永豐人。建文時監察御史，燕兵至金川門，都督徐增壽徘徊殿庭，有迎納意，冕率諸御史毆之幾死。帝倉皇輟朝，冕與鄒瑾大呼，請速誅增壽，明日宮中火起，冕自殺。

遜國正氣紀4/24

皇明表忠紀2/44下

聖朝名世考4/13

皇明獻實7/1

吾學編56/9下

建文皇帝遺蹟×/21下

明史19/28下

明史143/3

魏源（1382—1444）字文淵，南城人。永樂四年進士，除監察御史，多所建白，歷浙江按察副使，累官刑部尚書，出理宣府大同邊務，易將卒，增亭障，實軍伍，邊備大飭，稱一時能臣。致仕卒，年六十三。

送監察御史魏源復任序（尋樂習先生文集10/5）

送刑部尚書魏公致政還南康序(芳洲文集3/16下）

贈尚書魏公致仕序（王文端公文集21/6）

魏公神道碑（王文端公文集28/6下，皇明名臣墓銘乾集98，國朝獻徵錄44/25，皇明名臣琬琰錄22/1）

魏源傳（諡忠文古廉文集9/1）

水東日記8/6

名山藏臣林記11/8下

明史列傳39/11下

明史160/2下

魏照乘字仲玖，號瑤海，滑縣人。萬曆四十四年進士，授金鄉知縣，天啓時歷吏科都給事中，屢遷兵部侍郎，薛國觀牽引入閣，加太子少傅、戶部尚書兼文淵閣大學士，庸劣充位而已。崇禎十五年被劾，引疾致仕。

五十輔臣考4/7
明史253/18

魏裳字順甫，蒲圻人。嘉靖二十九年進士，性質直，博學工詩文，以刑部郎出守濟南，治盜均賦，濟人德之。晉山西副使罷歸。杜門著書，後進之士爭師事之。王世貞稱爲後五子之一。有雲山堂集、湖廣通志草。

魏順甫傳（弇州山人四部稿82/14下）
祭同年魏憲副文（徐氏海隅集33/9下）
徐氏海隅集外編40/19
皇明世說新語1/4，2/21下，4/30下
明史297/19下

魏廣微字顯伯，南樂人，允貞子。萬曆三十二年進士，選庶吉士，累遷南京禮部右侍郎，性狡無氣節，魏忠賢新用事，廣微以同鄉同姓潛結之，遂召拜禮部尚書，兼東閣大學士，參機務，益諂附忠賢、傾害善類。以札通忠賢，簽其函曰內閣家報，人稱外魏公。崇禎初削奪，尋遣戍。

魏太史游滇詩序（大泌山房集20/9）
明史306/11下

魏璄，直隸合肥人，著籍羽林衛。正德三年進士，歷官鴻臚寺少卿，陞本寺卿，轉太常寺卿仍掌鴻臚寺事。

誥勅掌鴻臚寺事太常寺卿魏璄（顧文康公文草卷首29下）
國朝獻徵錄76/8無名氏撰傳

魏澤字彥恩，高淳人。洪武中官刑部尚書，建文時謫寧海縣丞，成祖誅方孝孺族黨，孝孺幼子德宗甫九歲，澤百計匿之，得免。孝孺有後，澤之力也。

遜國正氣紀3/12
遜國神會錄上/17下
吾學編58/13下

魏學洢字子敬，嘉善人，大中子。爲諸生，好學工文。大中被逮，微服入都刺探起居，稱貸以完父贓，贓未竟而大中斃，扶櫬歸，晨夕號泣死。崇禎初詔旌爲孝子，有茅簷集傳世。

魏孝子卷跋（棘門集8/32）
魏孝子贈崑太公詩跋（同上8/33下）
檇李往哲續編×/16下
啓禎野乘5/36下
明史244/19

魏學曾（1525—1596）字惟貫，號確菴，涇陽人。嘉靖三十二年進士，授戶部浙江司主事，累遷至吏部右侍郎，忤張居正罷歸。居正沒，起南京戶部右侍郎，以尚書致仕。火落赤眞相犯洮河，起兵部尚書，總督陝西延寧甘肅軍務，以功加太子少保。哱拜反，煽諸部爲亂，學曾連戰失利，人劾其玩寇，逮至京，奪職爲民。未踰月賊破滅，仍叙功，以原官致仕，卒年七十二。有恭襄公文集。

西事紀略序（景璧集6/43）
魏公墓誌銘（郭正域撰、國朝獻徵錄57/72）
明史列傳85/28
明史228/1

父魏守濂（1495—1550）字宗源。
魏仲子墓誌銘（丞阿集15/16）

魏學濂（1608—1644）字子一，號內齋，嘉善人，學洢弟。大中遭璫禍死，學洢以身殉。崇禎元年學濂徒步入都，伏闕訟父兄冤，瀝血疏劾阮大鋮交通逆奄。十六年舉進士，改庶吉士，慷慨有所論建，莊烈帝將任用之。無何京師陷，不能死，受賊戶部司務職，旋自慚，賦絕命詞二章，自縊死，年卅七。

魏先生墓誌銘（撰杖集1/1）
啓禎野乘12/39
明史輯略紳志略從逆諸臣
明史244/19下

魏學禮字季朗，長洲人。諸生，才名籍甚。劉鳳以博學自負，而一見心折，致禮爲子弟師，與共唱酬，合刻其詩爲比玉集。後以歲貢累官廣平府同知，以不受私囑被劾，罷歸卒。

送魏季朗序（劉子威集10/5）

魏季朗詩集序（同上9/7）

父魏□，號蘿隱先生

魏公暨配周氏墓誌銘（劉子威集26/1）

魏謙吉（1509—1560）字子惠，號槐川，栢鄉人。嘉靖十七年進士，授監察御史，累官甘肅、山西巡撫，總督三邊軍務，卒於官，年五十二。

魏公墓誌銘（袁文榮公文集8/18下）

皇明世說新語7/29

父魏儒官，號澄齋

封御史魏公澄齋壽序（龍津原集3/30）

魏藻德（1605—1644）字思令，號淸躬，順天通州人。崇禎十三年進士第一，授修撰，疏陳兵事，召對稱旨，驟擢東閣大學士，入閣輔政，居位一無建明，但倡令百官捐助而已。流賊陷京師，被執，勒令輸金，受酷刑五日夜，腦裂死，年四十。

五十輔臣考4/28

狀元圖考4/21

明史輯略紳志略誅戮諸臣

明史253/20

魏體明字用晦，號瀛江，福建侯官人。嘉靖四十四年進士，由吳縣知縣選刑科給事中，歷官江西副使、四川左布政使。

掖垣人鑑15/7下

魏顯照，滕縣小吏。天啓二年白蓮賊徐鴻儒爲亂，民多從賊，知縣姫文允潛解印畀顯照，自經死。顯照以印潛授其父，及賊擄掠顯照索印，顯照不屈，罵賊死之。

明史290/14

魏觀字杞山，蒲圻人，元末隱居蒲山。太祖下武昌，聘授平江學正。洪武初建大本堂，命觀侍太子說書，授諸王經歷，累遷祭酒。廷臣薦觀才，出知蘇州府，有惠政，擢四川行省參知政事，蘇父老請留，命還郡。後以譖被誅，帝尋悔之，命致祭歸葬。有蒲山牧唱、蒲山集。

碧崖亭辭（宋學士文集9/86）

國朝獻徵錄83/4廖道南撰魏公傳

國琛集上/10下

聖朝名世考9/2

殿閣詞林記6/24下

名山藏臣林記4/7

吳中人物志3/13

明史列傳11/13下

明史140/1

母宋氏，卒年七十。

皇明書45/2

魏驥（1374—1471）字仲房，號南齋，蕭山人。永樂三年舉鄉試，授松江訓導，召修永樂大典，擢太常卿。正統中遷吏部侍郎，居官淸介渾厚，時王振怙寵凌公卿，獨嚴重驥，帝深器之，屢進南京吏部尙書，景泰元年致仕，年九十八卒，謚文靖。有南齋摘稿。

送太常少卿魏公仲房赴南京序（芳洲文集3/7）

魏公墓誌銘（葉盛撰、皇明名臣墓銘艮集33，皇明名臣琬琰錄后9/10）

魏公傳（西河合集73/1）

國朝獻徵錄27/5實錄本傳，又27/5下維風編

皇明獻實17/1

吾學編34/4下

國琛集上/27下

聖朝名世考3/31下

皇明世說新語2/27下，3/8，3/23下，3/25，3/26

皇明書21/7

名山藏臣林記7/26下

明史列傳35/8

明史158/9

十　九　劃

譚

譚元春字友夏，竟陵人。天啓七年舉鄉試第一，與同里鍾惺評選唐人之詩爲唐詩歸。又評選隋以前詩爲古詩歸，鍾譚之名滿天下，謂之竟陵體。然兩人學不甚富，其識解多僻，大爲通人所譏。元春名輩後於惺，以詩歸故與齊名。崇禎十年卒。自著有嶽歸堂稿、鵠灣集。

譚友夏詩序（大泌山房集23/5下）

啓禎野乘7/29

明史288/14

母魏氏

譚友夏母魏孺人五十序（遯菴文集×/71）

譚太初字宗元，號次川，廣東始興人。嘉靖十七年進士，授戶部主事，改戶科給事中，累官江西按察副使，獨振風紀。時嚴嵩專柄，其親黨屬奪人產，太初悉置於法，擢廣西參政。解職歸，築拙逸軒，讀書其中。後起爲河南右參政，仕至南京戶部尚書，致仕歸，卒謚莊懿。有次川存稿。

掖垣人鑑14/8

名山藏臣記26/23下

明史列傳65/24

明史201/16

父譚讓字尚德，號梅溪。

譚君墓表（群玉樓稿7/31）

譚先哲，平壩衛人。崇禎中歷官戶部郎中，孫可望陷安順，先哲與妻劉氏罵賊，全家死節。

明史295/15

譚希思（1542--1610）字子誠，號嶽南，茶陵人。萬曆二年進士，授萬安令，擢南臺御史，抗直敢言，謫外任。屢陞僉都御史，巡撫四川，致仕卒，年六十九。有明大政纂要，四川土夷考。

賀大中丞譚公平播序（芝園文稿4/9）

譚公墓誌銘（愼修堂集20/1）

明史221/2

譚昌言（1571--1625）字聖俞，嘉興人。萬曆廿二年鄉試第一，登二十九年進士，授常熟令，有惠政。調婺源，邑故有金竺，坦徑久廢，行者遶芙蓉嶺，險同蜀棧，昌言闢新嶺，往來者德之，號譚公嶺。累官山東參政，督餉登萊，白蓮教匪據鄒滕，官兵敗衂，昌言部發新練馬兵救之，匪敗走，遂得蕩平。後爲島帥毛文龍所陷，嘔血卒，年五十五。

譚公墓誌銘（牧齋初學集53/1）

譚參政傳（居業堂文集1/18下）

啓禎野乘9/7

譚忠，淸流人，淵子。襲父職，從成祖入京師，以功封新寧伯。宣德三年從征交阯，坐失律，下獄論死，已而得釋，卒於家。

壬午功臣爵賞錄×/8

明史145/14

譚貞良（1599—1648）字元孩，嘉興人，昌言子。崇禎十六年進士，福王立，授禮部儀制司主事，典廣西試，未達境而南都破，流離以死，年五十。有狷石居遺稿。

譚君權厝誌（牧齋有學集29/8下）

譚先生墓表（曝書亭集72/1）

檇李往哲續編×/27

譚祐（1446--1525）字元祐，號雲谿，淸流人，淵曾孫。天順元年嗣爵新寧伯，充京營總兵，恭愼守法，累加太子太傅，嘉靖四年卒，年八十，謚莊僖。

譚公墓誌銘（費文憲公摘稿18/11下）

明史145/14

母張氏（1425—1494）

新寧伯母太夫人張氏墓誌銘（徐文靖公謙齋集5/32下）

譚淵，淸流人。有膂力，引兩石弓，發無不中。洪武中嗣父職爲燕山衛副千戶，燕兵起，從奪九門破雄縣，驍勇善戰。然性嗜殺，滄州降卒未遣者三千餘人，成祖命待明給牒，淵一夜盡殺之。夾河之戰，以馬蹶被殺，謚壯節。

壯節錄後序（王文恪公集12/6）

吾學編19/1

皇明功臣封爵考3/22

靖難功臣錄×/3

明史列傳21/6下

明史145/13下

譚棨，號少嵋，涪州人。嘉靖十七年進士，授大理評事，歷浙江按察僉事。

送譚僉事赴浙江按察序（自知堂集8/34）

父譚□，號松軒。

封廷尉松軒譚翁壽序（龍津原集3/57下）

譚福，山東濟寧人。國子生，由戶部司務，選刑科給事中。永樂中累官汝寧知府。

掖垣人鑑8/11下

譚綸（1520--1577）字子理，號二華，

宜黃人。嘉靖二十三年進士，以兵備副使剿倭於福清、仙遊、同安、漳浦諸處，皆殲之，遂無倭患。後以兵部侍郎撫兩廣，至郎平七山諸賊，尋總督薊遼，陞兵部尚書，年五十八卒，謚襄敏。綸終始兵事，垂三十年，與戚繼光齊名，稱譚戚。有譚襄敏奏議。

送協理戎政大中丞二華譚公還朝叙（溆𤇍堂文集4/5下）
燕山勒功銘（太函副墨20/10）
譚公墓誌銘（農丈人文集13/12下）
祭大司馬譚公（止止堂集橫槊稿下/34）
國朝獻徵錄39/120無名氏撰傳
名山藏臣林記26/11
明史222/1

譚廣字仲宏，丹徒人。洪武初起卒伍，屢遷燕山護軍百戶。從燕王起兵，積功爲大寧都指揮僉事。永樂中兩從出塞，進都督僉事。仁宗初擢左都督，鎮宣府。正統六年以守邊勞封永寧伯，九年卒，謚襄毅。廣從行伍至大將，大小百餘戰，未嘗挫衂。在宣府二十年，修屯堡，嚴守備，撫士卒有恩，邊徼帖然，稱名將。

贈永寧伯譚公進爵序（謚忠文古廉文集5/7）
譚公行狀（王偉撰、國朝獻徵錄10/9，又皇明名臣琬琰錄后15/3）
吾學編19/54
皇明功臣封爵考6/68
名山藏臣林記11/5下
明史155/10

譚濟字濟翁，湘潭人。少力學，元末湖湘騷動，濟集捍鄉邑。尋歸胡大海，署爲萬戶，敗陳友諒，擊張士誠，皆有功。洪武初戰功尤著，時從征者多乘時剽掠，唯濟秋毫無犯。

譚濟傳（蘇平仲文集4/46下）

譚讓（1461—1520）字汝卿，號愼齋，華容人。舉於鄉，弘治中官南昌通判，改衢州，政初尙嚴厲，後更綏簡，使民不可犯。屢遷昆陽知州，乞歸卒，年六十。

譚公傳（孫宜撰、國朝獻徵錄102/102）

龐

龐泮（1450—1516）字元化，號芹齋，天台人。成化二十年進士，授戶科給事中，一時中官勳戚貪縱不法者，泮皆極論其罪，直聲甚著。歷刑科都給事，累遷廣西左布政使，致仕卒，年六十七。有諫垣、薇垣、歸田三稿。

贈龐公陞河南右布政使序（虛齋蔡先生文集3/2）
龐公神道碑銘（泉齋勿藥集7/1）
龐公墓誌銘（夏鍭撰、國朝獻徵錄101/6）
掖垣人鑑10/29下
皇明書24/17
明史180/28下

龐尙鵬字少南，南海人。嘉靖三十二年進士，由樂平令擢御史，按事各省，所至搏擊豪強。後朝議興九邊屯鹽，擢右僉都御史領其事，鹺利大興，諸鹽政御史咸不便之，被劾斥爲民。萬曆初起爲福建巡撫，旋忤張居正罷歸，卒謚惠敏。有百可摘稿。

送龐中丞屯鹽諸路序（二酉園文集6/1）
國朝獻徵錄55/40張元忭撰龐公生祠碑
名山藏臣林記26/13下
明史列傳81/1
明史227/1下

龐昌胤，西充人。崇禎十年進士，授靑陽知縣。南京覆，走匿九華山，謀擧兵，事洩被執，夜死旅店中。

明史277/10下

龐廸我，依西把尼亞國人。萬曆間以深明天算，在欽天監同測驗。著有七克一書，發明天主伏傲、平妬、解貪、熄忿、塞饕、坊淫、策怠七禁之義。

七克序（仰節堂集1/22）
題七克引（文直行書5/17）
明史326/19

龐浩字孟山，潭州人。正德十六年進士，除刑科給事中，屢陞兵科都給事中，擢浙江左參議，仕終河南（一作雲南）按察使。

掖垣人鑑13/4下

父龐能（1448—1529）字大寬，號丹菴。

龐公墓誌銘（儼山文集68/6下）

龐時雍，汶上人。萬曆三十二年進士，歷官戶兵二部主事，大學士沈一貫庇姦擅權，時雍疏攻一貫欺罔者十，誤國者十，坐除名。光宗即位，同罷者皆起用，時雍已前卒。

龐兵部穆吏部傳（五品文稿1/12下）
明史231/23

龐景華（1411—1475）字宇春，號松雲，上元人。九歲喪父，哀毀若成人。奉母訓，力學，母疾，刲股嘗糞。鄰火將及，抱母號呼，火遂息。母卒，廬墓，盜聞哭聲而去。

龐公墓志銘（倪謙撰、國朝獻徵錄112/30）

龐嵩字振卿，南海人。早游王守仁門，嘉靖間擧於鄉，講學羅浮山，從游甚衆，學者稱弼唐先生。通判應天凡八年，晉治中，屢攝尹事，有惠政。歲時單騎行縣，以壺漿自隨，所至集諸生講習。累遷曲靖知府，忌者中之，以老罷，年僅五十。復從湛若水遊，久之卒。應天民爲立祠秣陵路口。

國朝獻徵錄75/49京學志本傳
明史281/27

父龐鸞（1467—1511）字廷瑞，號侶梅居士。
龐公侶梅配林氏重修墓碣銘（甘泉先生續編大全11/33）

龐瑜字堅白，公安人。家貧，躬耕自給，夏轉水灌田，執書從牛後朗誦不輟。崇禎初由貢授陝西崇信知縣，縣無城，止貧民百餘戶，時流冠已逼，瑜集士民築土垣以守，流涕誓死。會天大雨，土垣盡圮，賊掩至，不屈死之。

啓禎野乘10/27
明史292/5下

懷

懷恩，高密人，兵部侍郎戴綸族弟。宣宗殺綸，籍戴氏，懷恩方幼，被宮爲小黃門，賜名懷恩，憲宗朝掌司禮監。汪直理西廠，梁芳、韋興等用事，懷恩班在前，性忠鯁無所撓，諸奄咸敬憚之。憲宗惑萬貴妃言，欲易太子，懷恩固爭，帝不懌，斥居鳳陽。孝宗立，召歸，仍掌司禮監，力勸帝逐萬安用王恕，一時正人彙進，懷恩之力也。卒賜祠額曰顯忠。

國朝獻徵錄117/15無撰人事蹟傳
國琛集下/43
守溪筆記×/22
皇明書13/18
明史304/12下

懷渭（1317—1375）字淸遠，號竹菴，南昌魏氏子，全悟俗家之甥，法門之嗣子。與宗泐爲全悟門下傑出之兩弟子。洪武初赴鍾山法會後，即退居錢塘，八年卒，年五十九。著有四會錄及詩文集等。

竹菴渭公白塔碑銘（宋學士文集57/433，國朝獻徵錄118/59）
補續高僧傳15/1

關

關永傑字人孟，鞏昌人。崇禎四年進士，授開封推官。強直不阿，民畏愛之。累遷睢陳兵備僉事，陳故賊衝，歲被蹂躪，永傑繕城修備。李自成數十萬衆來攻，城破，罵賊死。贈光祿卿。

明史293/9下

麴

麴詳字景德，直隸永平人。父亮，永樂中爲金山衞百戶，祥年十四，被倭掠，改名元貴，遂仕其國。宣德中與貢使偕來，上疏乞歸養母，帝初不從，後再入貢，申前請，乃許之。

國朝獻徵錄112/32金山志本傳
明史269/20下

羅

羅一貫，甘州衞人。天啓初以參將守西平堡，遼陽陷，西平地最衝，一貫悉力捍禦。淸軍招之降，不從，流矢中目。火藥矢石盡，乃北面再拜自剄死。

明史271/5

羅大紘字公廓，號匡吾，吉水人。萬曆十四年進士，授行人，擢禮科給事中，言事

【十九劃】龐、懷、關、麴、羅

甚切直，以劾申時行誤國賣友，忤旨斥爲民。大紘志行高卓，鄉人以配里先達羅倫、羅洪先，號三羅。有紫原文集傳世。

明史列傳84/24下

明史233/5

明儒學案23/8

羅方字循矩，四川南充人。正德六年進士，除吏科給事中，晉刑科左給事中，擢雲南參議，仕至貴州布政使。

掖垣人鑑12/17下

羅天祐，漢州人。居長寧寺，常遊市中，若顚若狂，先知得失。後入成都，於司戶薛瑗坐上化去。

名山藏102/14下

羅以禮，桂陽人。永樂十三年進士，歷知西安紹興建昌三郡，所至皆有惠愛，凡二十七年致仕。

明史列傳38/7下

明史161/9下

羅汝芳（1515—1588）字惟德，號近溪，江西南城人。嘉靖三十二年進士，除太湖知縣，召諸生論學，公事多決於講座，官至布政司參政。初從永樂新顏鈞講學，後鈞繫獄，汝芳鬻產救之。及罷官，鈞亦赦歸，汝芳事之，飲食必躬進，人以爲難。年七十四卒，門人私諡明德。著有孝經宗旨、明通寶義、廣通寶義、一貫編、近溪子明道錄、會語續錄、識仁編、近溪子文集。

贈羅惟德擢守寧國叙（張太岳文集8/13）

贈郡侯近溪羅公入覲序（訥溪文錄2/6下）

奉祝郡侯近溪羅公壽序（同上3/15）

壽近谿羅侯五袠序（龍谿王先生全集14/29）

識仁編序（鄒子願學集4/39下）

一貫編序（楊復所家藏文集3/30）

羅近溪先生告文（李溫陵集11/13）

祭羅近溪先生（紫原文集12/3）

奠羅先師文（楊復所家藏文集5/49）

明德羅子祠堂記（同上4/23下）

羅近溪傳（郭子章撰、羅近溪全集10/1）

羅近溪傳（譚希思撰、同上10/7）

羅近溪傳（劉元卿撰、同上10/9）

羅近溪傳（王時槐撰、同上10/12）

羅近溪傳（周汝登撰、同上10/18）

羅近溪傳（李載贄撰、同上10/25）

羅近溪傳（張恒撰、同上10/29）

羅近溪先生墓誌銘（楊起元撰、同上10/30下）

羅夫子墓碣（詹事講撰、同上10/41）

羅先生墓表（趙志皋撰、同上10/46）

羅先生墓碑（鄒子願學集6/48，又羅近溪全集10/48下）

近溪先生譜系履歷實錄一卷（不著撰人、近溪全集附刊本）

皇明世說新語4/31下

明史列傳70/23

明史283/14

明儒學案34/1

父羅錦，號前峯。

贈前峯羅公壽言（龍谿王先生全集14/33）

賀封君羅太翁榮壽序（筆山文集2/9）

羅汝敬（1372—1439）名簡，以字行，號寅菴，吉水人，復仁孫。永樂二年進士，選庶吉士，就文淵閣誦書，不稱旨，即日遣戍，自此刻勵爲學，累遷侍講。仁宗時陳時政缺失十五事，忤旨下獄。旣而改御史，直聲震一時。宣宗時擢工部右侍郎，兩使安南，還督兩浙漕運，理陝西屯田，多所建置，以疾告歸卒，年六十八。有寅菴集。

贈羅侍郎致政還鄉詩序（楊文敏公集11/8下）

羅氏桃野詩序（同上14/9下）

羅氏老人亭詩序（金文靖公集7/40下）

羅侍郎挽詩序（諡忠文古廉文集9/28下）

羅公墓碑（王英撰、皇明名臣墓銘乾集80，又國朝獻徵錄51/6）

皇明世說新語3/8下

皇明書21/13下

名山藏臣林記7/18

明史列傳15/4下

羅安（1439—1508）字時泰，號南洲，益陽人。成化十四年進士，授戶部主事，使兩廣，以淸幹名。爲山東僉事，轉四川副使，咸有善政。苗蠻兇虐懼罪，以金賂安，安卻而誅之。歷江西按察使，仕終貴州參政，卒年七十。

送羅憲副赴瀘叙兵備序（碧川文選2/18下）

羅公神道碑銘（何文簡公集13/10，國朝獻徵錄103/22）

羅如墉（1404—1449）字本崇，號竹峯，廬陵人。正統七年進士，授行人。十四年從英宗北征，瀕行訣妻子，誓以死報國，屬翰林劉儼銘其墓，儼驚拒之。如墉笑曰，行當驗耳，後數日果死，年四十六。

羅公墓志銘（劉儼撰、皇明名臣墓銘乾集74，又國朝獻徵錄81/10）

明史167/7下

羅伏龍字佐才，新喻人，或作餘干人。崇禎舉人，授梓橦知縣。福王時參史可法幕，爲江都知縣。淸兵圍揚州，可法謂伏龍亟去，伏龍不可，城破死之。

明史274/10下

羅良字虞臣，江西射州人。制舉業，屢試不第，以舘選授大名府推官，擢禮部主事，累陞至太僕寺卿，爲嘉隆間名臣。卒於家，年僅四十九。

羅公傳（弇州山人續稿68/1）

羅亨信（1377—1457）字用實，號樂素，東莞人。永樂二年進士，選庶吉士，授工科給事中，英宗時累擢右副都御史，巡撫宣府。土木之變，有議棄宣府城者，官吏軍民紛然，亨信仗劍坐城下，令曰，敢出城者斬，人心始定。也先挾上皇至，亨信不納，以孤城外禦強寇，內屏京師，勞績甚著。景帝立，進左副都御史，致仕歸卒，年八十一。有覺非集。

三豸圖記（尋樂習先生文集17/3）

送左副都御史羅公致仕序（王文端公文集22/15）

羅公墓誌銘（同上34/16）

羅公壙誌銘（袁衷撰、皇明名臣琬琰錄后7/1，又皇明名臣墓銘坎集82）

安素羅公傳（巽川祁先生文集13/7）

巡撫宣府十二公傳（涇野先生文集34/7下）

國朝獻徵錄60/37黃佐撰傳

掖垣人鑑4/8下

名山藏臣林記8/39

明史列傳43/1

明史172/1下

羅玘（1447—1519）字景鳴，江西南城人。博學好古文，務爲奇奧。成化廿二年領京闈鄉試第一，次年舉進士，授編修。臺諫以救劉逐盡下獄，玘言當優容以全國體。正德初遷南京太常卿，劉瑾亂政，李東陽依違其間，玘爲東陽所舉士，貽書責以大義，且請削門生籍。累擢京吏部右侍郎，遇事嚴謹，僚屬畏憚。考績赴都，遂致仕。宸濠慕其名，遣使餽，玘避之深山。及叛，玘已病，馳書守臣約討賊，事未舉而卒，年七十三，諡文肅，學者稱圭峯先生。著有類說、圭峯奏議、圭峯文集。

贈太史羅先生序（容春堂前集14/19下）

羅圭峯先生集序（瑤光閣文集2/32下）

翰林羅圭峯先生文集序（弘藝錄23/1）

删圭峯集（洹詞5/5）

羅文肅公行狀（東洲初稿14/44下）

羅公墓誌銘（費文憲公摘稿17/35，國朝獻徵錄27/54）

祭圭峯先生文（東洲初稿13/14）

吾學編39/3下

聖朝名世考6/23下

皇明世說新語8/31下

皇明書25/10

名山藏臣林記14/35

明史286/8下

弟羅景遠

送羅景遠歸盱江序（費文憲公摘稿10/38）

羅廷績字公裳，陝西淳化人。嘉靖十七年進士，授吏部主事，歷提督騰黃通政，官至右僉都御史，巡撫四川，三十六年聽調。

國朝列卿年表61/3，89/4下

父羅仁夫（1493—1557）字孟居，號壽峯，樂平知縣。

羅君神道碑銘（王襄毅公集17/7下）

羅公墓碑（丘隅集14/19）

羅性字子理，以字行，泰和人。博學有行誼，洪武初舉於鄉，授德安同知，有善政。坐事謫戍西安，時四方老師宿儒在西安者數十人。吳人鄒奕曰，合吾輩所讀書，庶幾羅先生之半。年七十卒。

羅先生傳（東里文集22/13，國朝獻徵錄89/57）

羅先生挽詩序（王文端公文集20/9）

名山藏臣林記6/1下

明史列傳18/9

明史140/6

羅坤泰，吉水人。永樂十六年進士，選庶吉士，官廣德知州。

思政堂記（東里文集1/21）

羅明字文昭，南平人。成化二年進士，授御史，巡按廣西。時密詔鎭守中官貢禽鳥，明抗疏止之。帝範白金爲眞武像，遣使送武當山，又疏諫，遷陜西副使，屢遷右副都御史，巡撫甘肅，所至有聲。弘治二年進工部右侍郎，未下卒。

國朝獻徵錄51/27雷禮撰傳

明史列傳53/18下

羅尙賓字晉卿，長汀人。父病，嘗驗糞甘苦，父沒，偕弟尙賢廬墓下。萬曆七年領應天鄕薦，知武陵縣，執法不避權貴，後官工部主事。母江氏，萬曆十九年卒，年七十七。

羅母江氏墓志銘（李文節集21/9）

羅秉忠，初名克羅俄。父困卽來占沙州衞都督僉事。英宗時其兄喃哥以番部內附。喃哥卒，秉忠爲都指揮使，代領其衆，以授剿貴州苗，積功至左都督。天順初始賜姓名，後從討山都掌蠻，大破之，封順義伯，成化十六年卒，謚榮壯。

吾學編19/51

皇明功臣封爵考6/75

明史列傳31/14下

明史156/13下

羅洪先（1504—1564）字達夫，號念菴，吉水人，循子。好王守仁學，舉嘉靖八年進士第一，授修撰，卽請告歸。洪先事親孝，父母肅客，洪先冠帶行酒，拂几授席甚恭。親沒，苫塊蔬食，不入室者三年。後召拜春坊左贊善，罷歸。益尋求王學，甘淡泊，鍊寒暑，躍馬挽強，考圖觀史，其學靡所不窺。年六十一卒，謚文莊。有冬遊記、念菴集。

松原晤語壽念菴羅丈（龍谿王先生全集14/23下）

壽念菴羅先生文（訥溪文錄3/3）

壽羅達夫六十序（趙浚谷文集9/51）

羅公墓志銘（世經堂集18/32）

祭念菴羅先生文（龍津原集5/33下）

祭羅念菴文（龍谿王先生全集19/10）

祭羅念菴先生文（萬文恭公摘集10/13下）

設奠哭羅念菴（訥溪文錄8/33）

羅念菴祠田記（鍾台先生文集6/35下）

石蓮洞全集序（鄒子願學集4/29）

羅念菴先生文要序（同上4/32）

選羅念菴先生全集後序（紫原文集3/4）

羅先生傳（耿天臺先生文集14/29）

國朝獻徵錄19/65無名氏撰傳

聖朝名世考7/21

狀元圖考3/5下

皇明世說新語3/9，3/20，5/16下

皇明書44/1

名山藏臣林記21/1

明史列傳48/19

明史283/16

明儒學案18/1

妻曾氏

會祭羅母曾夫人文（龍津原集5/46）

羅柔字文徽，無錫人。弘治三年進士，歷戶部郎，擢守建寧，時流賊旁掠，人情洶洶，柔挺身捍之，賊由他道去。柔爲吏恥事逢迎，以忤權貴引歸。有弦齋集。

毘陵人品記8/11下

羅泰（1373—1439）字宗讓，號覺非道人，福清人。從林友從學易，造詣閎奧。教授鄕里，朝廷有所纂修，必以禮致之。性好古道，嘗嘆冠禮久廢，銘志舉行。壯年喪妻，義不再娶。正統四年卒，年六十七。

羅君宗讓墓志銘（楊文敏公集23/23）

羅倫（1431—1478）字應魁，改字彝正，號一峯，永豐人。好學家貧，樵牧挾書，諷誦不輟。成化二年廷試對策萬餘言，直斥時弊，擢第一，授修撰。大學士李賢遭喪奪

情，倫詣賢沮之不聽，乃上疏極論，謫福建市舶司提舉。賢卒，復官，改南京，居二年，引疾歸，遂不復出。倫爲人剛正，嚴於律己，義所在，毅然必爲，於富貴名利泊如也。里居倡行鄉約，相率無敢犯。衣食粗惡，或遺之衣，見道殣，解衣覆之。晨起留客飯，妻子貸粟鄰家。及午方炊，不爲意。以金牛山人跡不至，築室著書其中，四方從學者甚衆，卒年四十八，嘉靖初追諡文毅，學者稱一峯先生，有一峯詩文集傳世。

送羅太史序（楊文懿公東觀稿 5/5下）

羅倫傳（白沙子全集 4/48下，國朝獻徵錄 21/29）

羅先生墓志銘（醫閭先生集4/8下，國朝獻徵錄23/15）

序正一峰先生事狀（鄒智撰、國朝獻徵錄 21/30）

祭羅應魁修撰文（未軒公文集6/2）

祭一峰羅先生文（婁江齋先生文集7/14）

祭一峰羅先生文（容春堂前集20/5下）

告羅一峰墓文（白沙子全集4/35下）

一峰羅先生書院記（小山類藁14/6下）

一峰書院記（容春堂前集12/10下）

重刻一峰文集序（石蓮洞羅先生文集19/21下）

羅一峰先生集序（鄒子願學集4/23下）

皇名臣琬琰錄后18/1楊廉撰羅公言行錄

國朝獻徵錄21/34下，又23/18下不著編人一峰先生遺事

皇明獻實29/2

吾學編40/9

國琛集下/6下

四友齋叢說9/13

聖朝名世考6/12下

狀元圖考2/19

皇明世說新語1/19，4/2下，7/9

皇明書35/20

名山藏臣林記12/1

明史列傳48/1

明史179/1

明儒學案45/3下

羅珵（1493—1541）字邦珍，號欿齋，泰和人，欽德子。性好學，聞人有奇書，必借覽手錄。尤喜誦當代典章，標所宜時者於卷杪。舉嘉靖十七年進士第二，授編修，卒於官，年四十九。

欿齋羅公配楊氏合葬墓誌銘（龍津原集5/5下，國朝獻徵錄21/103）

羅通（1389—1469）字學古，吉水人，源孫。永樂十年進士，授御史，言事忤旨，出爲交阯清化知州。宣德初黎利反，禦賊有功。後以兵部員外守居庸關，進右副都御史。也先別部來攻，會天大寒。通令汲水灌城，冰堅滑不得進，七日遁走，通追擊破之。景泰中進左都御史，仍贊軍務。通好大言，遇人輒伐其功，爲給事中王鉉所劾，帝釋不問，天順間致仕，卒年八十一。

送羅學古還清化詩序（東里文集6/13下）

愛日堂記（楊文敏公集10/14）

少保都御史羅公傳（紫原文集9/1）

少保都御史羅公敘傳（同上9/20）

名臣諡議（公槐集5/18）

國朝獻徵錄54/36羅氏家乘本傳

水東日東16/8下，17/3下

吾學編31/11下

名卿績紀1/16

名山藏臣林記8/29

明史列傳43/7下

明史160/7下

父羅晉，字三錫。

羅公神道碑銘（芳洲文集7/30下）

羅崇奎字子文，號近山，南昌人。嘉靖十七年進士，歷戶科都給事中、山東參政，官至右副都御史，總督川貴，四十一年罷歸。

送都諫羅君參政山東（歐陽南野文集22/13）

送近山羅公序（敬所王先生集5/5下）

掖垣人鑑13/52下

羅晟字公亮，雲南臨安人。景泰二年進士，授刑科給事中，陞河南僉事，致仕卒。

掖垣人鑑8/23

羅國瓛字念北，嘉定州人。明末屢官御史，巡按雲南。孫可望攻曲靖，國瓛方按部其地，據地拒守，城陷被執，可望欲降之，不屈，自焚死。

明史295/18

羅善（1455-- ）字復之，安福人。弘治十二年進士，授御史，遷陝西僉事，屢官雲南副使致仕。

送憲副羅公復之致仕序（淩谿先生文集12/11下）

羅喻義字湘中，益陽人。萬曆四十一年進士，改庶吉士，授檢討。天啓間官諭德，直經筵六年。莊烈帝時充日講官，性嚴冷，閉戶讀書，不輕接一客。見中外多故，將吏不習兵，銳意講武事，推演陣圖獻之。以忤溫體仁革職閒住，卒諡文介。

明史列傳75/24下

明史216/23下

羅循（1464—1533）字遵道，號霍泉，吉水人。弘治十二年進士，歷兵部武選郎中，會考選武職，有指揮二十餘人素出劉瑾門，循罷其管事。歷知鎭江淮安二府，遷徐州兵備副使，終山東副使，咸有聲，卒年七十。

先大夫傳（石蓮洞羅先生文集20/13下，國朝獻徵錄95/71）

羅公循外傳（趙浚谷文集5/25）

羅公墓誌銘（涇野先生文集26/19下）

羅公墓表（泉翁大全集63/7）

妻李氏，以孝聞。

先宜人傳（石蓮洞羅先生文集20/25）

李宜人傳（荆川先生文集16/31下）

皇明書45/10下

皇明世說新語6/4

羅復仁（1308—1381）吉水人。少嗜學，通天文，爲陳友諒編修，後歸太祖，授中書諮議。從圍武昌，說降陳理，遷國子助教，擢編修。奉使安南，卻其王所贈，帝賢之，置弘文館以爲學士。在帝前每率意陳得失，帝喜其質直，呼爲老實羅而不名。嘗幸其舍，復仁方自堊壁，急呼妻抱杌以坐帝，帝稱歎，遂賜第城中。尋致仕，賜大布衣，題詩襟上，褒美之。後召至，奏減江西秋糧及兵餉，帝皆允行，以壽終，年七十四。有玉堂唱和稿。

弘文館學士羅復仁傳（解文毅公集11/12下）

國朝獻徵錄20/68王時槐撰傳

殿閣詞林記6/7下

明史列傳15/3下

明史137/17

羅欽忠（1476—1529）字允恕，初號敬軒，更號西野，晩號惺翁，泰和人，欽順季弟。弘治十二年與兄欽德同舉進士，授刑部主事，改禮部，累遷南京太僕卿、通政使，仕終左副都御史，以疾歸卒，年五十四。

惺翁亭記（泉翁大全集27/17）

亡弟允恕墓誌銘（整菴先生存稿14/7下）

祭季弟允恕都憲文（同上15/12）

羅欽順（1465—1547）字允升，號整菴，泰和人。弘治六年進士，授編修，遷南京國子司業，與祭酒章懋務以實行造士，乞養歸，劉瑾怒，奪職爲民。瑾誅復官，累遷南吏部右侍郎。世宗立，擢吏部尙書，時張璁、桂萼以議禮驟貴，樹黨屛逐正人，欽順恥與同列，乃辭不拜，里居二十餘年，潛心格物致知之學，著困知記，辨析精審，學者稱整菴先生，年八十三卒，諡文莊。有整菴存稿。

送羅司業欽順侍親南還序（楓山章先生文集7/25）

太宰整菴羅公甕堂鐘銘（韶津原集1/13）

太宰羅公七十壽序（洹詞10/11）

冢宰整菴羅公八十壽序（歐陽南野文集20/1）

壽羅整菴公八十序（石蓮洞羅先生文集19/4下）

賀太宰整菴羅公八十序（龍津原集2/1）

整菴自訂年譜（明刻困知記附刊本）

羅公神道碑（鈐山堂集35/1，國朝獻徵錄25/17）

整菴羅先生傳（張文定公環碧堂集7/2下）

羅文莊公傳（高子遺書10上/4下）

羅整菴傳（正誼堂續集6/8）

國琛集下/33

聖朝名世考8/18下

皇明世說新語1/11，4/8下，4/13下

皇明書36/1

名山藏79/29下

明史282/15下

明儒學案47/1

父羅用俊字舜臣，號栗齋。

慶壽詩冊序（蔓山文集12/3下）

壽封翰林編修栗齋先生羅公七十詩序（費文憲公摘稿9/8下）

羅欽德（1472—1550）字允廸，號毅軒，又號介石居士、浮漚道人，泰和人，欽順弟。弘治十二年進士，歷兩浙都轉運副使，累遷浙江按察副使。性淡泊，陞貴州按察使，不赴致仕歸，家居三十年，謝絕造請，徜徉溪山，吟咏自適，年七十九卒。有浮漚雜草。

羅公墓誌銘（歐陽南野文集24/12，國朝獻徵錄103/46）

祭羅毅翁文（龍津原集5/37）

羅源字仲淵，號羅浮山人，吉水人，洪武中以閩右徙江寧。永樂二年上疏論便宜十事，成祖善其言。江寧令王凱、上元令魏鑑坐累繫獄，時仁宗在東宮，源獨往白之，即還其官。晚歲返故鄉，卒年七十三。

羅仲淵傳（王文端公文集38/5下）

羅義，河南府人，爲山西靖遠衛戍卒。靖難兵起，義詣闕上書，乞息兵講和。又上燕王書，言宜謹守燕土，法周公輔成王，而以夷齊讓國爲鑒。書上，乃下義獄。成祖即位，義歸附，累遷鴻臚卿。

革朝遺忠錄附錄/9

國朝獻徵錄76/4郡志傳

吾學編58/14

掖垣人鑑5/13

羅瑋字宗器，吉水人，汝敬孫。以蔭補太學生，銓授四川布政司經歷，轉福建，歷賓州知州，遷常州府同知，所至清愼有善政。居母喪，廬墓三年，墳生芝荷，人以爲孝感云。

羅孝子傳（泉齋勿藥集7/26下，國朝獻徵錄112/51）

羅輅（1487—1535）字質甫，號半窗，江寧人。器宇疏豁，有風幹。善屬文，頃刻數千言立就。正德三年進士，授中書舍人。嘗知袁州，至即均差役，繕城隍，置文廟樂器，考正雅樂，校試生徒，親爲督課，作指掌圖懸之，以革糧長隱射。仕終大理少卿，卒于官，年四十九。

贈半窗子說（涇野先生文集35/8）

敘羅半窗先生別（歐陽南野文集17/9下）

贈羅質夫憲副序（石龍集13/9下）

羅公墓表（涇野先生文集32/20，皇明名臣墓銘震集8），國朝獻徵錄68/68）

祭大理少卿羅質甫文（山堂萃稿16/12）

父羅麟，廣東參議。

祭同年羅質甫乃翁文（涂水先生文集5/2下）

羅萬化（1536—1594）字一甫，號康洲，會稽人。隆慶二年登進士第一，授修撰，歷國子祭酒，屢官至禮部尚書，卒年五十九，諡文懿。有世澤編。

羅文懿公行狀（朱文懿公文集11/6）

祭羅康洲大宗伯文（同上12/23）

羅文懿公傳（歇菴集12/49）

羅文懿公傳（思復堂文集1/64下）

狀元圖考3/26

父羅拱璧（1514—1586）字應瑞，號望湖。

壽封太史望湖羅年伯序（長水先生文鈔6/8）

封宮諭羅望湖翁伉儷並壽七袠序（田亭草2/29）

賀羅望湖年伯暨配𠂆宜人七十齊壽序（朱文懿公文集3/29）

望湖羅公墓誌銘（同上9/8）

羅萬藻字文止，臨川人。天啓七年擧人，擧艾南英等以興起斯文爲任。唐王立於閩，擢禮部主事。南英卒，哭而殯之，居數月亦卒。萬藻雖僅以時文名家，而所學具有原本。有此觀堂集。

明史288/17下

羅虞臣字熙載，順德人。嘉靖八年進士，授建昌推官，擢刑部主事，改吏部稽勳司，好剛疾惡，坐劉東山訐告，斥爲民。旣歸，結廬山中，讀書纂述，年三十五卒。有司勳集。

國朝獻徵錄26/110順德縣志本傳

明史207/14下

羅端字坤泰，廬陵人。永樂十三年進士，歷知廣德州。

東川迎養圖序（楊文敏公集14/7）

羅瑤（1527--　　）字國華，號野庭，巴陵人。嘉靖二十九年進士，授遂寧令，有善政，民爲立生祠。累官貴陽、四川巡撫。

遂寧令羅公生祠記（二酉園文集9/20下）
贈都御史羅公序（同上4/11）
壽都御史羅公序（同上7/16下）
壽羅先生序（同上7/18下）

羅嘉賓字興賓，號一山，四川宜賓人。嘉靖卅二年進士，授潁上知縣，選刑科給事中，陞工科都給諫，遷應天府丞。隆慶三年坐事謫蘄州判官，仕終雲南武定知府，卒于官。

掖垣人鑑14/32下

羅僑（1462--1534）字維升，號東川，吉水人。弘治十二年進士，授大理評事。正德中因旱霾上言，時朝士久以言爲諱，僑疏上，與櫬待命。劉瑾果大怒，欲抵極刑，李東陽力救，得改原籍教官。瑾敗復職，以病歸。宸濠反，王守仁起兵吉安，僑首赴義。世宗即位，授台州知府，境內大治。擢廣東左參政，踰年謝病去，卒年七十三。有東川集。

允德錄序（整菴先生存稿8/20）
題東川集（石龍集21/7下）
羅公行狀（石蓮洞羅先生文集21/1）
皇明世說新語4/22下
皇明書25/12
名山藏臣林記16/26
明史列傳58/17下
明史189/6下
明儒學案46/10

羅篪（1417--1474）字應詔，一字叔和，南昌人。正統十年進士，授雲南道監察御史，歷湖廣按察使，築武昌江堤以捍民居，積糧以賑歲飢而裕軍給，民德之。成化初官終右副都御史，理南京都察院事，致仕卒，年五十八。有知菴集。

羅公神道碑銘（彭文思公文集5/1，國朝獻徵錄64/53）

羅綺，磁州人。宣德五年進士，授御史，有能名。正統中擢大理右寺丞，參贊寧夏軍務，以忤王振謫戍遼東。景帝立，復官，進右少卿，使瓦剌。上皇還，以勞擢刑部左侍郎，尋鎮守松潘，累有破賊功。在鎮七年，威名甚震。天順初召爲左副都御史，復忤石亨坐貶。後以怨望，捕下獄，卒。

國朝獻徵錄46/15崔銑撰傳
明史列傳36/8下
明史160/10下

羅銓（1393--1439）字文衡，吉水人。永樂十九年進士，擢御史，勤於事，慎於法。陞湖廣按察使，奏減各郡驛馬千二百匹，遞運所夫七百餘人，以紓民力，卒於官，年四十七。

羅君墓誌銘（楊士奇撰、國朝獻徵錄88/71）
父羅世亨，字景泰。
羅君墓表（東里文集16/14）

羅鳳（1465--　　）字子文，號印岡，泰和人，寓居上元。登弘治九年進士，出守兗州，被劾改寺鎭遠，復忤巡方，再移石阡，致仕歸卒。有延休堂漫錄。

贈侍御羅君考績序（整菴先生存稿5/19）
送羅兗州序（同上6/17下）
補壽簡翁六十序（息園存稿文3/16）
壽印岡先生七十序（同上3/17）
父羅富（1438--1507）字宗禮，更字宗弼，號石岡樵隱。
羅君墓誌銘（羅文肅公文集19/13）

羅璋，遂寧諸生。大盜亂蜀，母爲賊所獲，璋手挺長鎗，連斃三賊，賊舍母去。後賊追至，璋力捍賊，久之力疲，被執遇害。

明史297/11

羅賢字大用，山西清源人。弘治三年進士，授福建道御史，按河南，貪汙望風解組，有真閻羅之稱。

賀侍御羅君考績序（北潭傅文毅公集5/13下）

羅璟（1432--1503）字明仲，號冰玉，泰和人。天順八年進士，授編修，進修撰，預修元通鑑綱目。弘治中屢官至南京國子祭酒，致仕卒，年七十二，有北上稿。

冰玉齋記（懷麓堂文稿10/4下）
北上稿序（整菴先生存稿8/23）
壽祭酒羅先生七十詩序（懷麓堂文後稿 3/11下）
羅公墓志銘（同上27/20，國朝獻徵錄74/4）
明史列傳30/18
明史152/12

母陳氏

壽羅母陳太宜人七十詩序（懷麓堂文稿5/3下）

羅璟（1443—1535）字宗溫，號石齋，吉水人，汝敬孫。成化十年舉人，四上春官不第，銓授紹興府同知，以淸戎爲首務。陞思南知府，平苗賊米魯有功，遷貴州左參政致仕，年九十三卒。

羅先生墓志銘（羅欽順撰、國朝獻徵錄103/26）

羅應聘字伯衡，順德人，虞臣曾孫。少有才名，登萬曆十一年進士，改庶吉士，授檢討。京察，中蜚語當謫，拂衣歸。後起行人司副，累官至太僕少卿，卒於官。

明史207/15

邊

邊永（1404—1484）字仕遠，任丘人。正統十年進士，授行人，出使安南、占城，安南爲築卻金館。及典藩祀，總糧儲，所在有績。以戶部郎中致仕。後以子鏞貴封都察院右僉都御史，卒年八十一。

邊公神道碑（李傑撰、國朝獻徵錄30/57）

邊昇，滎澤人。洪武中以明經薦，歷官兵部侍郎，有氣節。燕兵渡江，親冒矢石，率衆拒之，力戰，氣竭被獲，不屈而死。

皇明表忠紀4/11
遜國正氣紀4/31下

邊侁字行夫，號眞谷，任丘人。嘉靖十一年進士，由庶吉士授工科給事中，尋調禮部主事，官至澤州知州，聽調歸。

掖垣人鑑13/29下

邊洵字文允，任丘人。嘉靖二十三年進士，累陞潼關副使，政體詳明，不附權勢，時人雅重之。

送邊君赴關西廉訪副使序（九愚山房稿27/14）

邊貢（1476—1532）字廷實，號華泉，歷城人。弘治九年進士，與李夢陽等號弘治十才子，授兵科給事中，峻直敢言。劉瑾擅權，貢出守衛輝、荆州，治行稱最。嘉靖時官至南京戶部尙書。貢早負才名，美風姿，久官留都，優閑無事，游覽江山，揮毫浮白，夜以繼日，都御史劾其縱酒廢職，罷歸。平生癖於聚書，一夕燬於火，仰天大哭，遂病卒，年五十七。有華泉集傳于世。

贈太常邊華泉應召提督四夷館北上序（泉翁大全集19/20下）
贈邊華泉致政序（涇野先生文集7/19下）
送大司徒華泉邊公致政序（方齋存稿3/28下）
邊公神道碑（李廷相撰、邊華泉集8/5，皇明名臣墓銘離集/85，國朝獻徵錄31/71）
邊華泉尙書像贊（翁方綱復初齋文集13/16）
名山藏81/16下
掖垣人鑑11/15
四友齋叢說26/2，26/3
皇明世說新語2/18
明史286/18

父邊節（1450—1511）字時中，號介菴，代州知州。

邊公合葬志銘（空同子集44/15下）

邊憲（1464—1524）字汝成，號桂巖，任丘人，鏞子。成化二十年進士，授青州府推官，發姦讞獄如老吏，郡中畏服。擢監察御史，按山西，歷浙江按察、布政使，正德中陞右副都御史，巡撫山東及寧夏，遇敵於花馬池紅兒山，五日七捷。累官至左都御史，卒年六十一。

邊公神道碑銘（費文憲公摘稿 19/6，國朝獻徵錄54/95）

邊鏞字克振，任丘人，永子。景泰舉人，選授御史，成化時監武靖伯趙輔軍於遼東，師還以功再遷右僉都御史，巡撫山西。虜寇大同，鏞據險設伏，敵遁去。終南刑部右侍郎致仕，弘治十四年卒。

國朝獻徵錄49/12實錄本傳

二　十　劃

寶

寶金（1306—1372）僧，號碧峰，或作壁峰，永壽石氏子。嘗趺坐大樹下，溪水橫溢，人意其已死。越七日水退，視之燕坐如平時，惟衣濕耳。洪武初奉詔至南京，召問佛法及鬼神情狀，奏對稱旨，御製詩賜之。五年卒，年六十五，宋濂爲撰舍利塔銘。

國朝獻徵錄118/5宋濂撰舍利塔碑
補續高僧傳14/25
皇明名僧輯略×/67下
名山藏103/12下

竇

竇子偁字燕雲，合肥人。萬曆二十年進士，授大理評事，抗疏請建儲。後守泉州，課最，督學湖廣，大計註廉明第一，累遷福建布政使。

贈郡太守淮南竇公入觀敘（景璧集1/37下）
郡守合肥竇公去思碑記（田亭草8/1）

竇明字惟道，山西武鄉人。正德六年進士，任刑科給事中，上疏言時政四事，悉見嘉納。後出知裕州，累陞陝西右布政使，所至俱有政聲。仕終山東參政，卒於官。

掖垣人鑑12/22

蘇

蘇士潤字惟德，號誠齋，晉江人。嘉靖四十四年進士，授江西吉水令，政績卓異，徵爲江西道監察御史，按長蘆鹺政，行小票法著爲令。復巡按順天，畿輔肅然。張居正爲相，欲招致之不應，出爲湖廣按察副使，左遷全州倅，移湖州司理，久之晉四川夔州丞，以入覲疾作卒京師。

國朝獻徵錄98/128曾同亨撰蘇公墓誌

蘇友龍（1296—1378）字伯夔，號栗齋，金華人。學經於許謙，以才推擇爲吏，擢蕭山令，轉行樞密院照磨，陞浙江行省都司，多著能績。入明累辭薦舉，歸臥山中，左圖右史，超然自得，洪武十一年卒，年八十三。

蘇公墓誌銘（宋學士文集54/415）
明儒學案7/32

蘇平字秉衡，海寧人。永樂中舉賢良方正，不就。與弟正遊京師，並有詩名。與劉溥、湯胤績等景泰十才子。有雪溪漁唱。

明史286/6下

蘇正（1402—1469）字秉貞，號雲壑，海寧人，平弟。景泰十才子之一，成化五年卒，年六十八。有雲壑集。

蘇公墓碣（方洲張先生文集28/5）
明史286/6下

蘇民（1476—1538）字天秀，號乙峰，浙江遂昌人，著籍陝西儀衛司。弘治十八年進士，授榆次知縣，有惠績，徵爲兵部主事，劉瑾構之，落職爲梓潼驛丞，從勦叛蠻有功。謹誅，復官工部主事，累遷南京兵部右侍郎。考滿入都，道經榆次，百姓要迎入縣，庶道不得行。旋補刑部右侍郎，卒於官，年六十三。

贈南少司馬乙峰蘇公考績序（涇野先生文集11/26）
乙峰蘇公配淑人王氏行狀（儼山文集79/1，國朝獻徵錄46/75）
祭乙峰蘇司寇文（涇野先生文集35/21下）
父蘇文通（1455—1500）字彥達，號鄠南
鄠南先生合葬行狀（少華山人文集8/4）
母趙氏（1459—1530）
誥封太宜人蘇母趙氏行狀（少華山人文集8/1）
趙氏墓志銘（泉翁大全集59/12下）

蘇民牧字乃後，號孔鄰，山西高平人。嘉靖四十四年進士，由陝西長安知縣陞刑部主事，調戶部，改兵科給事中，仕至湖廣副使。

掖垣人鑑15/14

蘇志仁（1516—1553）字道先，廣東海陽人。嘉靖二十三年進士，授池州府推官，尋以憲臣薦爲吏部稽勳主事，晉員外郎，被劾左遷運判兩浙，移興化同知，嘉靖三十二年轉江西按察僉事未任，以疾卒於家，年三十八。有抱拙堂稿。

蘇君墓誌銘（井丹先生文集12/49，國朝獻徵錄86/124）

父蘇思繹，號迂齋。

叙壽蘇迂齋六秩（袁文榮公文集4/9）

蘇志皐字德明，號寒村，固安人。嘉靖十一年進士，累官至副都御史。有寒村集。

國朝列卿記119/21

父蘇子良（1473—1519）字秉善，號湖坡。

顯考蘇公顯妣宋氏合葬墓誌銘（寒村集4/4下）

蘇伯厚，名垶，以字行，號履素，建安人。工詩書，洪武初以明經薦至京，因親老辭歸。十八年授建寧府訓導，遷晉府伴讀。永樂初擢翰林侍書，與修太祖實錄，復與修永樂大典，遷檢討，備講東宮。伯厚學本誠實，議論皆有根據，九年卒。有履素集。

國朝獻徵錄22/6胡廣撰蘇公墓誌銘

蘇伯衡字平仲，金華人，友龍子。博洽群籍，爲古文有聲，元末貢於鄉。太祖置禮賢館，伯衡與焉，擢翰林編修，乞省親歸。學士宋濂致仕，薦伯衡自代，太祖即徵之，復以疾辭。後聘主會試，爲處州教授，坐箋表誤下吏死。有蘇平仲集。

送太史蘇平仲序（滄螺文集4/135下）

送蘇平仲先生還金華序（樵翁文集11/5）

殿閣詞林記8/6下

藝書4/26

皇明書38/5下

明史285/4下

蘇宣字廷詔，南樂人。以校尉供東廠辦事役。時楊爵繫獄，東廠使人更迭覘伺，爵右脛爲梐木轉磕成瘡，宣自以手起梐上木，間以重瓦，木不及脛，爵脛瘡得癒。宣後以此被譖下獄，笞五十，奪其辦事役。然宣雖以此受累，而心無絲毫怨尤。

蘇宣傳（月鹿堂文集5/21）

蘇宣傳（斛山楊先生遺稿1/30下，國朝獻徵錄113/50）

蘇奎章，筠連人。嘉靖中諸生，事父至孝，嘗從父入山，猝遇虎，奎章倉皇泣告，願舍父食己，虎曳尾徐去。後爲徐府教授。

明史296/19下

蘇茂杓，一作茂均，字宏濟，晉江人。萬曆中知封丘，救荒有善政，進開封府同知，署府事，闖賊大舉圍汴，汴水決，賊乘筏蟻進，茂杓度不免，赴水死。

明史293/17

蘇茂相字弘家，號石水，晉江人。萬曆二十年進士，累官太僕少卿，歷浙江巡撫，官至刑部尚書。著有讀史詠言。

蘇中丞撫浙疏草序（群玉樓集42/1）

大中丞石水蘇公祖考績序（薛文介公文集2/14）

父蘇□（1542—1622）字惟思，號仲齋。

封大卜丞仲齋蘇先生八十序（蒼霞餘草3/10）

蘇公暨配恭人黃氏墓志銘（同上11/14）

蘇祐（1492—1571）字允吉，一字舜澤，號穀原，山東濮州人。嘉靖五年進士，知吳縣，改東鹿，皆有惠政。遷廣東道御史，按宣大，授計平大同亂軍。屢遷至兵部侍郎，兼都御史總督宣大軍務，屢敗強寇，進兵部尚書，坐不請兵餉失事削籍。尋復官，致仕卒，年八十。祐喜爲詩，粗豪伉浪，奔放自喜。有穀原集。

蘇公行狀（穀城山館文集28/17，國朝獻徵錄57/33）

蘇公墓誌銘（賜餘堂集12/6）

蘇氏詩序（洹詞11/37下）

子蘇濂（1513—1580）字子川，號鴻石，翠昌府通判。

蘇公墓誌銘（穀城山館文集23/51下）

蘇恭讓，玉田人。洪武時舉聰明正直，授漢陽知府，爲治嚴明而不苛，每遇重役，必詣上官請簡省，民賴以安。

國朝獻徵錄89/1無名氏撰傳

明史列傳18/7

明史140/5下

蘇致中，西蜀人，由科第仕爲郡守。畫山水宗馬夏，行筆如草書，書法鍾王懷素而有天趣。

國繪寶鑑6/14

蘇恩（1483—1539）字從仁，號一齋，松江華亭人。正德三年登進士，知秀水縣，召爲御史，風節甚厲，巡按廣東，首抑權豪，革和買，均差徭，民甚便之。以事罷歸卒，年五十七。有三同集。

蘇公墓志銘（世經堂集15/26，國朝獻徵錄65/61）

蘇章字文簡，號雲崖，餘干人。成化十一年進士，官武選主事，會星變求言，章疏陳宦官妖僧罪，請亟誅竄。帝怒，下吏貶姚安通判，再遷延平知府，有政績，終浙江參政。有滇南行稿。

明史列傳49/17下

蘇景和字叔宜，號龍岩，四川瀘州人。嘉靖三十二年進士，由江西袁州府推官，選戶科給事中，陞吏科右，降吳江縣丞，陞黃陂知縣，免官。

掖垣人鑑14/33下

蘇葵字伯誠，廣東順德人。成化二十三年進士，弘治中以翰林編修陞江西提學僉事。性剛介不苟合，太監董讓構陷之，理官附讓欲加之刑，南昌諸生百人，號泣白冤，擁入扶葵去，事竟得雪，歷福建布政使卒。有吹劍集。

送蘇伯誠提學江西詩序（東川劉文簡公集14/8下）

送僉憲蘇君伯誠提學江西詩序（費文憲公摘稿13/9下）

國朝獻徵錄90/9順德縣志本傳

蘇夢暘，閩縣人。萬曆間爲雲南祿豐知縣，三十五年十二月武定賊鳳騰霄反，冦祿豐，夢暘率民兵戰退之。明年元旦，方朝服祝釐，賊襲陷其城，執之去，不屈死。贈光祿少卿。

國朝獻徵錄49/58下董應舉撰三司獄傳

明史290/9

蘇瓊（1389—1470）字士英，河南祥符人。永樂二十一年舉人，選鴻臚序班。正統元年擢陝西乾州知州，考最選任監察御史，練兵永平。北虜逼京城，引兵入援有功，擢兩淮鹽運司同知，致仕卒，年八十二。

國朝獻徵錄104/48林則明撰蘇公行狀

蘇霖，河南嵩縣人。歲貢生，永樂中任兵科給事中，屢陞本科都給諫，仕終山東左參政。

掖垣人鑑7/5

蘇樸，萬曆末爲四川遵義司獄，奢崇明叛，墜城死難。

明史290/9

蘇錫字介福，號槐軒，山東濱州人。弘治十二年進士，初令太湖，有治績，召拜山西道監察御史，轉按蘇松，以考最擢知建昌府，卒於官，年四十六。

蘇君墓誌銘（泉齋勿藥集4/15，國朝獻徵錄87/38）

蘇濬（1541—1599）字君禹，號紫溪，晉江人。萬曆五年進士，授南刑部主事，改工部，歷廣西參政，擢貴州按察使，未赴，卒年五十九。著有周易兒說、冥冥篇、紫溪集。

送蘇紫翁座師視學兩浙序（李文節集15/21）

蘇先生墓誌銘（同上21/13）

紫溪蘇先生祠記（同上26/30）

祭蘇紫溪文（同上25/7下）

冥冥篇敘（景璧集5/36）

妻柯氏

壽蘇師母柯淑人七十五序（景璧集3/61）

蘇應旻字幼淸，號見江，廣東順德人。嘉靖十四年進士，由行人選戶科給事中，屢陞至工科都給諫，二十二年乞終養歸。

掖垣人鑑13/39下

蘇繼歐字抑堂，許州人。萬曆進士，天啓中爲吏部考功郎中，將調文選，魏忠賢惡之，謂爲楊漣私黨，削籍歸。時緹騎四出，有人恍以逮者至，繼歐自經死。崇禎初贈太常寺卿。

明史245/21下

蘇觀生字宇霖，東莞人。崇禎中由保舉歷戶部員外郎，福王時進郎中。南京破，偕唐王聿鍵入福建，與鄭芝龍等擁立王，超拜東閣大學士，參機務，見鄭氏不足有爲，請王赴贛州，經略江西湖廣。及贛州破，唐王死於汀州，觀生退入廣州，與何吾騶等擁立唐王弟聿鐭，王封觀生建明伯，掌兵部事。時永明王由榔已立於肇慶，因發兵互攻。觀生既敗肇慶兵，頗務粉飾，諱敗報。清兵至，死之。

明蘇爵輔事略不分卷（蘇澤東撰、東莞博物館刊本）

明史278/24

藺

藺芳字仲文，山西夏縣人。洪武中舉人，永樂中知吉安府，有惠政，坐事謫辦事官。以治河有功，復爲工部主事，屢遷工部右侍郎卒。芳自奉甚約，事母孝，且所治事，暮必告母，有不當，母加教誡，則受命唯謹。

國朝獻徵錄51/1無名氏撰傳

皇明書28/14下

名山藏臣林記6/45

明史列傳29/4

明史153/3下

藺剛中字坦生，陵縣人。崇禎間舉進士，由太常博士擢南京給事中，遷山西副使，甫抵任而城陷，罵賊死。

明史263/10

藺從善字從善，河南磁洲人。洪武中舉於鄉，初爲陵縣教諭，遷揚州府學教授。永樂中授翰林院編修，侍皇太孫講讀，轉贊善。宣宗即位預修兩朝實錄，屢遷學士，致仕卒。

國朝獻徵錄20/32崔銑撰傳

殿閣詞林記4/25

藺琦（1441—1511）字廷璽，山東德平人。成化十七年進士，授兵科給事中，晉都給事，屢有論列，多切時務。擢順天府丞，進府尹，致仕卒，年七十一。

藺君墓志銘（李東陽撰、國朝獻徵錄75/5）

掖垣人鑑10/27

黨

黨恭，山西陽曲人。永樂十八年舉人，宣德中除行在戶科給事中，正統七年致仕。

掖垣人鑑5/17下

黨還醇字子貞，三原人。天啓五年進士，知休寧縣，有善政。崇禎間知良鄉，清兵至，乘城拒守，救兵不至，或勸避去，還醇不可，城破死之。

啓禎野乘8/1

明史291/8

嚴

嚴天祥（1514—1549）字叔善，號雙洲，朝邑人。嘉靖二十三年進士，授絳縣知縣，治行爲三晉第一。擢四川道監察御史，卒官，年僅三十六。

嚴君墓誌銘（存笥稿10/13）

嚴君墓表（苑洛集7/16，國朝獻徵錄65/147）

嚴升字仲升，繁昌人。建文二年進士，歷官大理少卿，清軍蘇松，執法不撓，謫南京僉都御史，剛果自信，嘗爲神羊賦以見志。

祭嚴升文（金文靖公集10/58）

國朝獻徵錄64/74實錄本傳

明史列傳35/4

明史158/5

嚴永濬字宗哲，華容人。成化十四年進士，授戶部主事，督餉宣大。陝西大饑，奏蠲稅四十萬，接濟邊儲，全活數萬人。擢郎中，出守西安府。先是西安歲織絨服進用，中官橫取，百姓苦之。永濬疏論其害，不報，擢浙江參政卒。有兩山集。

送嚴西安序（容春堂前集14/16下）

嚴世蕃，號東樓，分宜人，嵩子。短項肥體，眇一目，由父任入仕，累官工部左侍郎。剽悍陰賊，然頗通國典，曉暢時務。嵩耄昏，且旦夕直西內，朝事一委世蕃。世蕃遂招權納賄，貪利無厭，尤好古尊彝奇器書畫，蒐取不遺餘力。其所欲得，往往假總督撫按之勢以脅之，至有傾家殞命者，被鄒應龍劾戍雷州，未至而返。大治園亭，日縱淫樂，御史林潤發其罪，斬於市，籍其家。

冰廳劄記（徐氏海隅集文編14/23）

皇明世說新語7/7，8/12下，8/33下

明史308/16

嚴本字志道，江陰人。精究法律，著刑

統輯義。永樂十一年薦至京，試律議中式，授刑部主事，再用薦改大理寺正。本故以律學起家，而持身方正，不苟阿徇，所平反至多，年七十八卒。

書伊嵩子傳後（東里文集9/12）
嚴寺正傳（從野堂存稿5/1）
國朝獻徵錄68/91李翊撰傳
毘陵人品記6/21下
明史列傳27/17
明150/12

父嚴文浚（1339—1397）字冲英，號居易。

嚴府君墓碑銘（思菴先生文粹11/1）

嚴用和字禮衡，號春門，杭州衛人。嘉靖四十四年進士，選庶吉士，授兵科給事中，陞工科都給事中，歷山東參議，累官陝西按察使。

掖垣人鑑15/4

嚴貞（1392—1470）字宗正，號蕉窻，奉化人。永樂十六年進士，授刑部主事，陞郎中，遷兩淮監運司，改福建運使，天順中官至雲南右布政使，致仕卒，年七十九。有蕉窻集。

嚴公墓誌銘（南山黃先生家傳集48/9下）

嚴起恒字秋野，浙江山陰人。崇禎四年進士，除刑部主事，歷廣州知府、衡永兵備副使，所至民懷其德。唐王時擢戶部右侍郎，督湖南錢法。永明王時拜文淵閣大學士，從王奔南寧，以阻孫可望王封，爲其將所殺，投屍於江，流十餘里，泊沙渚間。虎負之登崖，葬於山麓。

明史279/14

嚴時泰（1479—1550）字應階，餘姚人。正德六年進士，授溧陽令，徵爲南京江西道御史，改鎭江府同知，屢陞雲南永昌知府，設學校，撫民夷，鋤豪惡，地方賴之以安。歷福建按察使、四川右布政，累官至南京工部侍郎。乞休卒，年七十二。

嚴公行狀（惠大猷撰、國朝獻徵錄53/25）

嚴淸（1524—1590）字公直，號寅所，雲南後衛人。嘉靖二十三年進士，授富順令，擢工部主事，歷四川布政使，並以淸望著。隆慶初以右僉都御史巡撫四川，僚吏憚其風采，相率厲名行。累遷刑部尙書，張居士當國，尙書不附者獨淸，年六十七卒，諡恭肅。

嚴恭肅公墓志銘（王文肅公文草8/34，國朝獻徵錄25/74）
明史列傳80/1
明史224/1

嚴訥（1511—1584）字敏卿，號養齋，常熟人。嘉靖二十年進士，授編修，遷侍讀，尋與李春芳入直西苑，撰靑詞。由翰林學士累官吏部尙書、武英殿大學士，入參機務。訥晝花草有奇致，晨出理部事，暮宿直廬，供奉靑詞，小心謹愼，至成疾。久不愈，遂乞歸，年七十四卒，諡文靖。有文靖集傳世。

奉贈太保嚴公暨吳夫人偕壽序（弇州山人四部稿63/1）
壽太保故相嚴翁七十序（弇州山人續稿38/8）
壽太保嚴翁七十敍（松石齋集10/1）
壽太保嚴公七袠序（王奉常集4/7下）
嚴公行狀（松石齋集15/10下）
嚴公神道碑（弇州山人續稿129/1）
嚴公合葬墓誌銘（賜閒堂集23/14，國朝獻徵錄16/109）
嚴公元配吳氏合葬墓誌銘（李文節集22/10下）
中堂嚴養齋先生祭文（天遠樓集23/3下）
祭嚴相公文（松石齋集23/7下）
祭嚴文靖公文（弇州山人續稿153/15）
明常熟先賢事略8/1
明史列傳62/22
明史193/10

父嚴恪，號心萱。母呂氏。

壽封太史心萱嚴君六十序（世經堂集12/46下）
心萱嚴封翁暨配呂太夫人壽序（李文定公貽安堂集4/59）
呂氏墓表（萬文恭公摘集9/13）

嚴從簡字仲可，號紹峯，嘉興人。嘉靖三十八年進士，授行人，選工科給事中，遷刑科右給諫。隆慶元年坐謫婺源縣丞，歷揚州同知，免官歸。有殊域周知錄。

掖垣人鑑14/48下

嚴祿字伯宜，浙江閉化人。洪武中爲太僕群牧官，改國子監掌饌，永樂中陞閩縣知縣，縣在會府，朝命之使及海南諸國貢獻往來宿頓，供億之繁，應接無寧時，祿從容應辦，事集而民不擾。改知黟縣，篤意興學，民其懾服，卒於官。

國朝獻徵錄83/83黃佐撰傳

嚴嵩（1480—1565）字惟中，號介谿，分宜人。弘治十八年進士，授編修，移病歸，讀書鈐山十年，爲詩古文辭，頗著清譽。世宗時累官太子太師，居首輔，構殺夏言，恃寵攬權，貪賄賂，親僉邪，凡直陳時政者皆斥戮之。嵩子世蕃，爲太常寺卿，父子濟惡。楊繼盛劾嵩十大罪五奸，嵩殺之。徧引私人居要地，久之，帝寖厭嵩而親徐階，御史鄒應龍極論嵩父子不法，帝令嵩致仕歸，下世蕃於理，籍其家。嵩老病，寄食墓舍以死，年八十六。有鈐山堂集，其詩在流輩中，獨爲迥出云。

嚴氏家廟記（涇野先生文集18/29）
寶翰樓記（袁文榮公文集6/5下）
御書樓記（龍津原集4/29下）
送少宗伯嚴公詩序（繡亭存稿2/3）
送大宗伯嚴公赴任留都（歐陽南野文集17/1）
太宰介谿嚴公奏績（同上18/12）
禮部尚書嚴制誥一道（陽峯家藏集36/3下）
宗伯嚴介谿先生像贊（泉翁大全集33/22）
贊南京吏部尚書鈐翁像有序（龍津原集5/97）
大宗伯學士介溪嚴公六十壽序（張文定公紆玉樓集8/8）
壽大宗伯介溪嚴公六十序（陽峯家藏集25/42下）
贈嚴少師壽序（徐氏海隅集文編8/17下）
相國嚴公壽序（午坡文集2/56下）
壽特進少師大學士嚴公七十序（苑洛集2/4下）
賀元輔介谿嚴公七十（歐陽南野文集22/1）
壽介溪閣老七袠序（端溪先生集2/48下）
壽介溪相公七袠序（同上2/49下）
奉壽介谿嚴相公八十詩並序（皇甫司勳集46/4）
南宮奏議序（存笥稿2/6）
鈐山堂集序（洹詞11/38）
嚴嵩傳（王世貞撰、嘉靖以來內閣首輔傳4/1，又國朝獻徵錄16/44）
四友齋叢說8/10下，15/3下，26/10下
皇明世說新語 6/34下，7/7，7/18，8/5下，8/6，8/19，8/32下，8/33
明史308/10

父嚴淮(1453—1495)字伯川。
嚴公神道碑銘（張文定公寶海軒集4/23）

嚴澂字道澈，常熟人，訥子。以蔭仕至邵武知府。所著松絃館琴譜，最爲近理。又因燕几圖而變通之，以句股之形，作三角相錯，形如蝶翅，爲蝶几譜，較燕几爲巧。

嚴道徹先生傳（瞿冏卿集9/5下）

兄嚴□，字道鑒，卒年六十九。
洞庭嚴公墓誌銘（瞿冏卿集11/8）

弟嚴濟，字道行。
嚴季子家傳（大泌山房集72/5）
祭道行嚴丈文（瞿冏卿集8/27下）

弟嚴□，字道寺，太學生，卒年三十三。
嚴道寺暨配朱孺人合葬墓誌銘（瞿冏卿集11/1下）

嚴震直字子敏，烏程人。洪武初以富民推糧長，歲部糧至京師，無後期，帝才之。特授通政司參議，累遷工部尚書。坐事降御史，數雪冤獄。命修廣西興安縣靈渠，審度地勢，浚渠建閘，漕運悉通，歸奏，帝稱善，尋復爲工部尚書。建文中督餉山東，已而致仕。成祖即位，命以故官巡視山西，至澤州病卒。有遺興集。

吾學編58/1下
皇明表忠紀8/5下
遜國正氣紀8/7
明史列傳27/3
明史151/2下

嚴德，濠人。從太祖起兵，積功爲海寧衛指揮，從朱亮祖討方國珍，戰沒於台州，追封天水郡公。

明史133/21下

嚴德珉，吳人。洪武中由御史擢左僉都御史，以疾求歸，帝怒，黥其面，戍南丹，遇赦放還。布衣徒步，自齒齊民，宣德末猶

存。嘗以事爲御史所逮，德珉跪堂下，自言曾在臺勾當公事，曉三尺法。御史問何官，答言洪武中曾爲臺長，所謂嚴德珉是也。御史大驚，揖起之。次日往謁，則擔囊徙矣。

皇明世說新語3/18

明史列傳13/21

明史138/8下

覺

覺澄，號古溪，山後蔚州張氏子，十四歲出家。景泰中，宗伯胡濙命住南陽香嚴寺，後住金陵高座寺，工詩，成化九年坐化。有藥師科儀、雨花集。

補續高僧傳15/19下

繼

繼曉，江夏僧人。憲宗時以秘術因梁芳進，累進右善世，日誘帝爲佛事。後以科臣林廷玉言，逮治棄市。

四友齋叢說7/11

明史307/10下

二十一劃

顧

顧九思（1532—1610）字與睿，號肖所，長洲人。隆慶五年進士，知豐城，以知行第一擢戶科給事中，官至通政司右通政，卒年七十九。有掖垣題稿，多切軍國大計，時咸推其讜直。

顧公墓誌銘（賜閒堂集30/23下）

掖垣人鑑16/10

父顧佐（1503—1582）字君貴，號蠡湖。

顧公行狀（松石齋集15/5下）

顧公墓表（賜閒堂集22/45下）

母吳氏（1505—1536）

吳氏墓誌銘（天遠樓集15/28）

繼母馬氏

壽顧母馬太孺人七十序（天遠樓集12/8下）

妻黃氏（1531—1576）

顧孺人黃氏墓志銘（弇州集18/7下）

顧人龍，定番州人。孫可望等攻城，人龍率士民固守，殺賊甚衆，城陷，與妻李氏對縊。子大元抱父母尸哭不去，賊並殺之。

八世祖雲畝府君家傳（悔過齋續集6/27）

明史295/15

顧大典字道行，號衡寓，吳江人。隆慶二年進士，官至福建提學副使，力拒請託，爲忌者所中，謫知禹州，自免歸。家有諧賞園，工書畫，詩宗唐人，妙解音律，嘗自按紅牙度曲。有青衫記傳奇、清音閣集、海岱吟、閩游草、園居稿。

北行集序（萬一樓集34/16）

入閩遊草序（二酉園續集4/2下）

顧大章（1576—1625）字伯欽，常熟人，雲程子。萬曆三十五年進士，累官刑部員外郎，魏忠賢欲借事株累劉一燝，大章力辯其非。熊廷弼下吏，大章援議賢議勞例論戍，廷弼卒坐死，大章亦遷兵部，尋奪俸引歸。復起歷禮部郎中、陝西副使，爲忠賢黨所構陷，坐贓論大辟，投繯卒，年五十。福王時追諡裕愍。

顧公墓誌銘（牧齋初學集50/24）

啓禎野乘5/27

明史244/23

顧大猷字所建，江都人。補勳衛，旋謝病歸。自號南湘外史，折節讀書。東事告急，以厲募江淮水師勤王，兵甫出，被讒謫戍，尋赦還。居常恨國勢日蹙，邑邑不得志卒。大猷事母孝，叙述先人勳績，撰鎮遠先獻記。又搜採國家掌故，條列時政。著書數千卷，後多散失。

南湘外史傳（大泌山房集69/1）

顧大韶字仲恭，常熟人，大章弟。老於諸生，通經史百家及內典，於詩禮儀禮周官，多所發明。將死，始繕所箋詩禮莊子，名曰炳燭齋隨筆。

顧仲恭傳（牧齋初學集72/10）

明史244/24下

顧士傑字文英，武進人。洪武初父督國賦，坐法當死，適父病，兄士俊當就逮。士傑年十七方負笈鄉塾，歸謂父老，兄家督何可死，竟赴京獄以身代，傑曰人生自古誰無死，寧忍兒孫負甲兵。受戮後隣人孫作官京師，哀而殮之，作顧孺子孝義傳。

毘陵人品記6/7

顧文美（1359—1444）字至善，儀眞人。洪武中以家殷富徙實京師，以子謙貴封中書舍人，京尹聞其賢，徵爲耆老，承委董事，剖析爭訟，公而無私，人咸悅服，以老力辭。正統九年卒，年八十六。

吳下冢墓遺文續1/52王英撰顧公誌銘

顧王家字翊明，仁和人。崇禎末官汝州吏目，撫賊有功，當遷，汝人乞留以助之。十五年李自成復來寇，城陷死難。

明史293/14

顧天埈字升伯，號開雍，崑山人。萬曆二十年進士，授編修，考最，陞修撰，奉使朝鮮，還遷左春坊左諭德兼翰林院侍講，謝政歸，卒年六十七。有顧太史集。

顧升伯太史別敍（袁中郎全集10/21）

吳郡張大復先生明人列傳稿×/148

顧天逵字大鴻，崑山人。貢生，與弟諸生天遴，並有文行。以藏陳子龍，兄弟並死難。

天啓崇禎兩朝遺詩傳9/290

南天痕16/264

顧天錫（1589—1663）字重光，蘄州人。博學，尤邃於經史，明季國子生。入淸，隱居著書以終，卒年七十五。有三禮三傳集解、戴簸、歷代改元考、二十一史評論、五經說、素問靈樞直解等書。

顧貞譽先生墓誌銘（施愚山先生學餘文集20/15）

顧天錫傳（章氏遺書26/1）

顧天彝（1477—1525）字伯常，號省齋，華亭人，淸子。悉力持家，不樂仕進，平生重然諾，好施邺，嘉靖四年卒，年四十九，贈承德郎順天府通判。

顧君合葬墓誌銘（長谷集15/14）

顧天寵字元錫，崑山人。萬曆四十四年進士，授知盧氏縣，有惠政，民歌誦之。改令遵化，久之以兵部主事致仕卒。

吳郡張大復先生明人列傳稿×/150

顧元慶（1487—1565）字大有，長洲人，家陽山大石下，學者稱曰大石先生。名其堂曰夷白，藏書萬卷，擇其善本刻之。其行世者有文房小說四十二種、明朝四十家小說。著有瘞鶴銘考、雲林遺事、山房淸事、夷白齋詩話等十餘種。嘉靖四十四年卒，年七十九。

顧大有先生墓表（王穉登靑雀集下/3）

顧中立（1495—1562）字伯從，號左山，華亭人。嘉靖五年進士，授南刑部主事，改北部，參駁詳愼，多所平反，遷山東僉事，陞廣西布政司左參議，乞歸卒，年六十八。有洪匡堂集。

顧左山僉憲山東（歐陽南野文集18/15）

賀顧左山參伯六袠序（潘笠江集8/39下）

顧左山六十壽序（長谷集7/7）

顧公墓誌銘（世經堂集17/42下）

左山先生傳（長谷集13/3下，國朝獻徵錄101/28）

祭左山顧伯從（長谷集14/14）

皇明世說新語3/37

顧中孚（1497—1585）字伯貞，號豫齋，華亭人，中立弟。嘉靖五年進士，授知萬載，歷南京吏部主事，出爲貴州參議，仕終浙江左參政，卒年八十九。

顧公暨配范淑人行狀（滄溟集1/29）

顧公墓誌銘（陸文定公集5/29）

顧仁效，武宗時結廬陽山下，好吟詠，兼工繪事，喜藏書。

陽山草堂銘（皇甫少玄外集10/12下）

顧允元字懋善，崑山人，夢羽子。萬曆十四年進士，官甌寧知縣，有善政，治行爲七閩第一，丁母憂歸，未幾卒。

吳郡張大復先生明人列傳稿×/89

顧允成（1554—1607）字季時，號涇凡，無錫人，憲成弟。性耿介厲名節，舉萬曆十四年會試，殿試對策，語侵鄭妃，執政駭且恚，寘末第。會房寰疏詆海瑞，允成偕同年生抗疏劾寰，坐奪冠帶還家。後起南京教授，累遷禮部主事。三王並封，偕同官合疏諫，不報。後以忤閣臣張位，謫光州判官，乞假歸。與憲成講學東林，不復出，年五十四卒。有小辨齋偶存。

顧涇凡小辨軒記（玉茗堂全集7/3下）
顧季時行狀（高子遺書11中/31下）
先弟季時述（涇皋藏稿22/1，又顧端文公集20/1）
毘陵人品記10/16下
天啓崇禎兩朝遺詩傳4/144
明史列傳85/7
明史231/6
明儒學案60/1

顧允杰字懋俊，崑山人，夢羽從子。萬曆十年舉人，授興化教諭，遷知偃師。偃師當秦蜀孔道，疲卒旁午，易爲盜，有以尺縷半菽議斬者，允杰心傷之，多所縱舍，盜聞亦稍自戢。持論侃然，不避權貴，遂免官歸，發僉蕭然。

吳郡張大復先生明人列傳稿×/89下

顧永慶，字子高，崑山人。長身巨準，幼孤貧，從外氏沈周學，有才名，屢應京兆辟，不第，後以子秉謙貴，贈編修，年七十六卒。

吳郡張大復先生明人列傳稿×/105

顧玉柱（1505—1569）字邦石，號一江，常熟人。嘉靖十一年進士，授南工部主事，累官山東副使，卒年六十五。

顧公墓誌銘（松石齋集18/5下）

顧可久（1485—1563）字與新，號洞陽，無錫人，可學弟。正德九年進士，授行人，嘉靖初官戶部員外郎，議大禮忤旨，兩遭廷杖，出守泉州。後以廣東兵備副使放歸，年七十九卒。可久好學工書，有洞陽詩集。

誥勅福建泉州府知府顧可久並妻（顧文康公三集2/1下）
贈顧洞陽憲伯壽七十序（明善齋集4/4下）
顧公墓誌銘（皇甫司勳集52/7，國朝獻徵錄99/117）
敘洞陽老人自序（明善齋集3/32下）
顧洞陽詩集序（遵巖先生文集10/45下）
毘陵人品記9/4下

顧可學字與成，無錫人。弘治十八年進士，正德九年以繕部郎中擢浙江參議，後被劾斥歸。瞷世宗好長生，乃自言能延年術，厚賄嚴嵩以求進，官至禮部尚書加太子太保。帝惑其言，採芝求藥，中使四出，人咸惡之。嘉靖三十九年卒，諡榮僖。

送亞參顧君與成序（顧文康公文草5/5）
冰廳劄記（徐氏海隅集文編14/37）
國朝獻徵錄34/22無名氏撰傳
明史307/29

弟顧可文字與明，號惠崖，鴻臚通事，嘉靖三十八年卒。

顧公墓碑（皇甫司勳集56/3下）

子顧□，號肖巖，以蔭任長安參軍。

壽肖巖顧大夫六十序（鬱儀樓集13/1）

顧弘濟字敬文，號劍湖，浙江仙居人。嘉靖二十九年進士，由行人選兵科給事中，以建言杖發爲民。隆慶元年起原官，陞刑科都給諫，遷湖廣參政，謫泗州判官，未任歸。

蘄州顧氏松園記（明善齋集12/1）
掖垣人鑑14/22下

顧仕隆（1484—1528）字仲勳，號葵齋，江都人，溥子。弘治十七年襲鎮遠侯，管神機營左哨，得士心。正德初出爲漕運總兵，鎮淮安十餘年，以淸白聞。武宗南巡，江彬橫辱諸大吏，仕隆獨不爲屈。嘉靖初加太子太傅，掌中軍都督府事，七年卒於官，年四十五，諡榮靖。

鎮遠侯世家（大泌山房集62/25）
國朝獻徵錄7/19下謝廷諒撰傳
明史列傳22/4
明史135/3下

顧存仁（1502—1575）字伯剛，一字子奇，號懷東，長洲人。嘉靖十一年進士，歷禮科給事中，疏請赦戍臣楊愼、馬錄等，召用累年言事譴責之臣，且請懲吳璋、葉凝秀，忤旨廷杖，編管保安州。穆宗立，起歷南太僕卿，致仕卒，年七十四。有太僕寺志、東白草堂集。

贈顧懷東晉京兆丞序（衞忘集1/62下）

顧懷東詩序（方山薛先生全集20/1）
顧公神道碑（弇州山人續稿130/6下）
居庸山人詩序（巫林集5/24）
居庸詩序（俞仲蔚先生集10/30下）
顧給舍二集題辭（皇甫司勳集39/5）
掖垣人鑑13/33
明史列傳73/19下
明史209/2下
母錢氏（1484—1541）
勅封孺人錢氏墓誌銘（弇山文集72/1）
妻盛氏
盛孺人墓誌銘（荊川先生文集15/10）

顧光遠名文煜，以字行，蘇州嘉定人。從太祖入集慶，監太倉軍，從征陳友諒，督餉運有功。歷龍陽、太和、和州三州知州，皆有惠政。丁憂入京，留翰林，編大明律，復命監造天下均工圖籍，始還鄉持服。起廣東行省郎中。性淡泊，食取充口，衣僅蔽體，以廉潔稱。

國朝獻徵錄87/90梁潛撰顧公墓誌銘
皇明書28/10下

顧同應（1585—1626）字仲從，號賓瑤，崑山人，紹芳子。少入國學，初習舉子業時，與同邑諸生爲遺清堂社，其文海內傳之，其詩辭澹意遠。天啓六年卒，年四十二。有藥房集、秋嘯集。

顧仲從制義序（無夢園遺集3/31）
天啓崇禎兩朝遺詩傳8/281

顧冶字世叔，無錫人。性至孝，親喪廬墓，哀毁骨立。嘗居神宮道院，奉意去來，對人非故知不出一語。能文詞，所著有夢言、五億、九居士傳。

毘陵人品記8/11

顧言（1520—1580）字子行，號西巖，仁和人。嘉靖二十六年進士，授工部主事，官至貴州左布政使，卒年六十一。有左使集。

惠州郡守顧公生祠記（顧左使集卷首/3）
顧公墓志銘（張瀚撰、顧左使集卷首/5）
顧公傳（趙應元撰、顧左使集卷首/9）
惠州府志列傳（顧左使集卷首/1）
妻田氏
壽顧母田淑人耆年序（嶰園集4/30）
子顧思徵，號悅菴，萬曆十一年進士，督官劍門、瞿唐等地。
顧悅菴雙清堂集序（輪廖館集3/11）

顧成（1330—1414）字景韶，江都人。狀貌魁偉，膂力絕人。太祖渡江，選爲帳前親兵，數從征有功，累遷右軍都督僉事。自洪武八年守貴州，凡十餘年間，討平諸苗洞寨以百數。建文元年爲右都督，從耿炳文禦燕師，被執，燕王釋其縛，送北平，輔世子居守。及即位，論功封鎮遠侯，命仍守貴州，永樂十二年卒，年八十五，贈夏國公，諡武毅。

追封夏國武毅公祠堂之碑（金文靖公集9/4下）
顧公神道碑（楊士奇撰、皇明名臣琬琰錄16/1，國朝獻徵錄7/11）
鎭遠侯世家（大泌山房集62/1）
皇明功臣封爵考2/47
壬午功臣爵賞錄×/2
靖難功臣錄×/8
吾學編19/16
皇明書33/35下
名山藏臣林記6/30下
明史列傳22/1
明史144/7下

顧佐字禮卿，河南太康人。建文二年進士，除莊浪知縣，永樂初入爲御史，陞江西副使，轉應天尹。及北京建，改尹順天，剛直不撓，人比之包孝肅。累遷至右都御史，糾黜貪縱，朝綱肅然。每日趣朝，入內直廬，獨處小夾室，非議政不與諸司群坐，人稱爲顧獨坐。正統初以風疾乞歸，家居十餘年卒。

國朝獻徵錄54/31京學志傳
皇明名臣琬琰錄20/4楊廉撰顧都御史言行錄
皇明獻實16/5下
國琛集上/24下
聖朝名世考3/14
皇明世說新語3/1下，3/19下
水東日記2/12，6/4下，8/6
吾學編33/2
名山藏臣林記7/4

明史列傳35/1
明史158/2下

顧佐（1443—1516）字良弼，號簡菴，臨淮人。成化五年進士，授刑部主事，歷官左副都御史，巡撫山西，多善政。改戶部尚書，前任韓文以劾劉瑾等去職，瑾銜之，更欲摭摭細事，以爲文罪，佐持不可，尋乞歸。瑾憾不置，三罰米輸塞上，至千餘石，家貧，稱貸以償。卒年七十四。

顧公行狀（陽峰家藏集32/9）
顧公神道碑（王文恪公集24/5，國朝獻徵錄29/7）
明史列傳56/5下
明史186/5下

顧定芳（1489—1554）字世安，號東川，上海人，英孫。精通醫術，以薦召爲太醫院御醫，嘉靖三十三年卒，年六十六。

贈御醫顧東川致仕序（陸文定公集9/14）
顧公行狀（陸文定公集8/1）
顧汝元行狀（朱邦憲集10/18）
父顧澄（1452—1513）字源潔。
顧公墓誌銘（儼山文集63/5下）
母陸氏（1452—1517）
陸孺人墓誌銘（儼山文集63/7下）
子顧從仁，字汝元，嘉靖二十六年卒。
顧汝元行狀（朱邦憲集10/18）

顧宗字學源，廣州人。官至中書舍人，善畫。

圖繪寶鑑6/8

顧炎武（1613—1682）初名絳，字寧人，居亭林鎭，號亭林，自署蔣山傭，崑山人，同應子。諸生，性耿介絕俗，與同里歸莊有歸奇顧怪之目。魯王時與莊共起兵，官兵部職方郎中。明亡，周游四方，載書自隨，所至輒墾田度地，以備有事。康熙時舉鴻博，薦修明史，均不就。後卜居華陰，年七十而卒。其學主博學有恥，斂華就實，凡國家典制、郡邑掌故、天文儀象河漕兵農之屬，莫不窮究原委。晚益篤志六經，精研考證，遂開清代樸學之風。所著日知錄，最爲精詣。又有左傳杜解補正、九經誤字、石經考、音學五書、吳韻補正、天下郡國利病書、肇域志、二十一史年表、歷代帝王宅京記、昌平山水記、山東考古錄、求古錄、金石文字記、譎觚、菰中隨筆、救文格論、亭林詩文集等數十種。炎武本生父同應，有同祖弟同吉，早世，聘崑山王氏，未婚守志，以炎武爲後。母性純孝，嘗斷指瘳姑疾，崇禎間旌於朝。明亡，謂炎武曰，我雖婦人，然已受國恩矣，遇變，我必死之，聞兩京破，遂不食卒。遺命誡炎武勿事二姓，故炎武入清不仕。

亭林先生神道表（鮚埼亭集12/1）
書鮚埼亭集亭林先生墓表後（樸學齋文錄3/1）
顧亭林先生六十壽序（遂初堂文集9/1）
祭顧亭林先生文（程一夔文乙集8/20）
顧亭林先生像贊並序（小萬卷齋文稿21/10）
亭林先生像贊（衎石齋記事稿9/11）
顧亭林先生像贊並序（仰蕭樓文集1/55下）
董比部所藏亭林先生大像跋（遜學齋文鈔9/14）
顧亭林年譜一卷（清吳映奎撰、潘道根補、光緒六年刊巾箱本）
顧亭林先生年譜四卷（清張穆撰、道光廿四年刊本、又粵雅堂、嘉業堂叢書本、月齋全集本）
顧亭林先生年譜一卷（清錢邦彥撰、四部叢刊三編天下郡國利病書附錄本）

顧承光（1527—1598）字思謙，號仰葵，江都人，寰嗣子。萬曆九年襲鎭遠侯爵，爲殿前大漢將軍，後改僉前軍都督府事，以奉命祀獻裕二陵冒霜雪得疾，謝歸。二十六年卒，年七十二。承光性孝友，尤好藏書，積至萬餘卷。

國朝獻徵錄7/32焦向高撰顧公墓誌銘

顧承學（1530—1595）字思敏，承光弟。少治易爲博士弟子，以蔭補勳衛。好聚書，習典故，萬曆二十三年卒，年六十六。

鎭遠侯勳衛顧君墓表（牧齋初學集66/18）

顧其志，長洲人。隆慶五年進士，歷山東布政使，官至兵部尚書。有籌陜存牘。

顧司馬撫秦疏序（大泌山房集16/15下）
祭大司馬顧公文（賜閒堂集34/33下）

祖母韋氏（1487—1575）

韋孺人墓誌銘（賜閒堂集33/27下）

父顧汝玉（1524—1593）字稚圭，號栗如，著有竹梧集。

顧公墓誌銘（賜閒堂集29/18下）

顧公偕配王夫人繼莊夫人合葬墓誌銘（賜閒堂集31/7）

顧公墓碑（大泌山房集112/23）

母王氏（1523—1552）

顧母王氏墓誌銘（賜閒堂集32/1）

顧秉謙，崑山人，永慶子。萬曆廿三年進士，授編修，天啓中仕至禮部尚書，以諂附魏忠賢，入參機務。既而同黨傾軋，不自安，乞歸。崇禎初入逆案論徒，贖爲民。

明史306/11

顧彥夫字承美，無錫人。正德五年鄉薦，授太常寺典簿，累官寧波府同知，所至以廉能稱。嘗署慈谿縣篆，民爲立生祠。

毘陵人品記8/21下

顧亮字寅仲，長洲人。有文名，徧游江淮間，力學行義，還入林屋山。正志中況鍾知蘇州，亮入其幕。著有辯惑續編，專爲鄉俗之弊而作，以謝應芳先有辨惑編，亮申明其說，故名續編。又有東齋集、家範匡正錄。

吳中人物志1/7

顧恂（1418—1505）字維誠，號桂軒，崑山人，鼎臣父。篤於孝弟，喜吟哦，感時觸事，輒聲爲謳吟，其爲詩興致和適，年八十八卒。有永思錄、鰲峰稿、西湖紀遊、啖蔗、餘甘諸稿傳世。

顧公墓志銘（懷麓堂文後稿27/5下）

顧珀（1464—1549）字載祥，號新山，福建晉江人。弘治十二年進士，歷知虹縣、旌德，皆有惠政，擢守和州，遷南考功郎中，陞湖廣參議，致仕。薦起四川按察副使，累遷南京戶部右侍郎，致仕卒，年八十六。

送少司徒新山顧公致政還閩序（方齋存稿3/5下）

送少司徒新山顧公致政序（涇野先生文集9/41）

祭司徒顧新山公文（可泉先生文集12/6）

祭司徒顧新山公文（遵巖先生文集20/2）

國朝獻徵錄32/15無名氏撰傳

顧咸正字端木，號般菴，崑山人。崇禎六年舉人，除延安府推官，至則招撫流民墾荒地，延中得以稍寧。京師陷，間關歸吳中，日夜謀報國，後以雲間事起，株連，與同事四十餘人並死難。

崑山殉難錄4/15

南天痕16/263

天啓崇禎兩朝遺詩傳9/289

顧咸和字公節，崑山人。太學生，選授左軍都事，遷後軍都督經歷掌參軍府事，隆慶元年陞順天府治中署丞事，以飛語棄官歸，未幾卒，年三十六。

吳郡張大復先生明人列傳稿×/122

顧咸建字漢石，崑山人，鼎臣曾孫。崇禎十六年進士，知錢塘縣，有惠政。南都失守，出私財賂潰兵，民得無擾。潞王既降，被執，死之。

崑山殉難錄4/13

南天痕16/263

天啓崇禎兩朝遺詩傳9/290

明史276/5

顧英（1434—1508）字孟育，上海人。天順三年舉人，歷雲南廣西府同知，以憂去。起改陝西延安，官至廣南知府，致仕歸，構南谿草堂，賦詩奕棋以自適，年七十五卒。有草堂集。

顧公墓誌銘（儼山文集63/3）

顧英字順中，慈谿人。弘治六年進士，授知萬載縣，改南御史，清操凜然，陞四川建昌兵備副使，以剛直忤時致仕。嗜書成癖，弱冠至老，無一日廢。有四書正義、南臺奏稿、發齋集等書。

送顧君順中之任萬載序（東泉文集1/14下）

顧祖辰字子武，吳縣人，徙居臨頓里。破榻竹几，焚香煮茗，脩然自得，工詩畫，年七十四卒。

國朝獻徵錄116/54文震孟撰顧祖辰傳

姑蘇名賢小紀下/36

顧翀字曰翔，號遠齋，慈谿人。嘉靖十一年進士，授工部都水司主事，服闋，補兵部，晉員外郎，擢河南按察僉事，以福建參議禦倭有功，遷四川按察副使，福寧士民懷其德，立祠祀之，致仕歸，隆慶二年卒。

顧遠齋復河南僉事別序（芳鹿門先生文集10/3）

顧公墓誌銘（呂本撰、國朝獻徵錄98/96）

顧起元（1565—1628）字太初，號鄰初，江寧人，國輔子。萬曆二十六年進士，官至吏部左侍郎。卒年六十四，諡文莊。有爾雅堂家藏詩說、金陵古金石考、客座贅語、說略、蟄菴日記、嬾眞草堂集等。

天啓崇禎兩朝遺詩傳4/175

啓禎野乘7/5

顧時（1334—1379）字時舉，濠人。倜儻好奇略，從太祖渡江，破張士誠，定山東、河南，取元都，轉戰山西、陝西，並有功，累官大都督府同知，封濟寧侯，出鎭北平。洪武十二年卒，年四十六，追封滕國公，諡襄靖。

顧公神道碑銘（槎翁文集18/4，皇明名臣琬琰錄5/8）

皇明功臣封爵考6/15

吾學編18/29

名山藏41/9下

明史列傳8/8下

明史131/1下

顧師勝，與化人。官峩眉知縣。洪武十三年率民兵討賊彭普貴，戰死，詔褒恤。

明史289/7

顧清（1460—1528）字士廉，號東江，松江華亭人。弘治六年進士，授編修，正德初劉瑾秉政，淸獨不與通，出爲南兵部員外郎。瑾誅，累擢禮部右侍郎，與尙書毛澄，請建儲宮，罷巡幸，疏凡數十上。嘉靖初以南禮部尙書致仕，卒年六十九，諡文僖。有松江府志、傍秋亭雜記、東江家藏集。

顧公墓志銘（孫承恩撰、皇明名臣墓銘兌集86，又國朝獻徵錄36/49）

先進舊聞（寶日堂初集22/26下）

四友齋叢說13/6下，17/1，17/2，17/3，17/4，17/6

明史列傳54/23

明史184/16

父顧瓊（1436—1508），號可閒

顧翁墓誌銘（懷麓堂文後稿28/11下）

顧章志（1523—1586）字行之，號觀海，崑山人，濟子。嘉靖三十二年進士，授行人，時嚴嵩父子鬻權，人爭趨之，章志獨不往。歷刑部郎中，出知饒州府。饒瀕湖多盜，民悍好鬬，章志平心鉤校，庭無滯獄，累擢南京兵部侍郎，以勤幹著，萬曆十四年卒官，年六十四。

壽觀察使觀海顧公六十序（弇州山人續稿38/13）

先考觀海府君行實（寶庵集19/1）

顧公神道碑（弇州山人續稿131/13）

顧公墓誌銘（歸有園稿6/1）

祭少司馬顧公文（歸有園稿9/1下）

祭顧觀海文（方麓居士集12/16下）

國朝獻徵錄43/70無名氏撰傳

吳郡張大復先生明人列傳稿ㄨ/96

明史208/9下

妻王氏（1524—1556）

先妣累贈淑人王氏行狀（寶庵集19/21）

顧問字汝備，號相山，湖廣咸寧人。隆慶五年進士，由直隸任丘知縣選吏科給事中，累陞刑科都給諫，歷浙江參政，遷廣東按察使。

贈大參咸寧顧公擢廣東按察使序（快雪堂集4/12）

披垣人鑑16/16下

顧國輔（1538—1594）字維德，號毅菴，江陵人。萬曆二年進士，授刑部主事，出知襄陽，擢浙江副使，以大計罷歸。後起知寶慶，卒官，年五十七。

顧公墓誌銘（澹園集29/22）

妻王氏

壽顧母王恭人六十序（快雪堂集7/10下）

顧從義（1523—1588）字汝和，號硯山，上海人。嘉靖中詔選端行善書，從義名第五，授中書舍人。隆慶初以修國史擢大理評事。篤志摹古，又精賞鑒，好文愛士，吳越間推爲風雅藪，卒年六十六。有閣帖釋文考異。

荆溪唱和詩序（僉仲蔚先生集10/31下）

顧紹芳字寶甫，崑山人，章志子。萬曆五年進士，選庶吉士，授檢討，官終左春坊左贊善，假歸卒。紹芳孝友廉介，尤工詩，朱彝尊稱其工於五律，不露新穎，出以矜鍊，頗近孟襄陽、高蘇門。有寶菴集。

吳郡張大復先生明人列傳稿×/130

顧琳字汝玉，江陰人。少治春秋，善屬文。正統中以歲貢任南京大理寺副，多所平反。有徐玉者，爲閹豎誣陷論死，琳核駁之，竟釋。同官惡其異己，使人訟琳，下琳於獄，窮治無所得。英宗復位，起故官，成化元年乞致仕，家居十有五年而卒。

顧公小傳（始青閣稿17/5）

毘陵人品記7/5下

顧琇字季粟，吳縣人。洪武初父充軍鳳翔，母隨行，留琇視丘墓。比聞母沒，奔赴，負骨行數千里歸葬。父釋歸，尋卒，琇以哀毀死。

明史296/15

顧雲程（1541—1613）字務遠，常熟人。萬曆五年進士，授淳安知縣，調嘉興，擢御史，官至南京太常卿，卒年七十三。

顧公暨配周淑人神道碑（大泌山房集110/18下）

妾張氏（1558—1640）大章之生母。

張太宜人墓誌銘（牧齋初學集59/6）

顧復，靖江人。成化中以貢入京就選，念母不置，請告歸。母促之授官，乃再至京，未幾卒。柩還，以故所服具帽，披諸柩上，母哭則具帽輒墜地，妻子哭則否，人稱死孝。

毘陵人品記8/1下

顧鈐（1530—1601）字朝肅，號青峽，仁和人。嘉靖四十年舉人，授通州學正，改贛榆令，勤政惠民，政績卓著。擢福建道監察御史，歷贛州知府，以與上官不和棄官歸，年七十二卒。

顧公墓誌銘（農丈人文集14/1）

顧源字清父，號丹泉，又號寶幢居士，金陵人。少豪儁不群，詩與書畫，皆不泥古法。家藏宋元名筆甚夥，尤究心禪理，非勝流名僧不與接。

國朝獻徵錄116/50姚淛撰小傳，116/52無名氏撰傳

顧溥（1461—1505）字宗泰，江都人，興祖孫。成化九年襲爵鎮遠侯，弘治初拜平蠻將軍，鎮湖廣。都勻蠻作亂，溥討平之，斬首萬計，加太子太保，十八年卒，年四十五，諡襄恪。溥居官清慎守法，卒之日，囊無餘貲。

顧公神道碑（李東陽撰、國朝獻徵錄7/16下）

鎮遠侯世家（大泌山房集62/21下）

明史列傳22/3下

明史144/9下

父顧玘（1433—1473）字文度。

贈鎮遠侯顧公封太夫人韓氏行狀（何文簡公集13/33）

贈鎮遠侯顧公合葬墓誌銘（懷麓堂文後稿25/6）

顧潔字梁卿，崑山人。正德十六年進士，任給事中。

掖垣人鑑3/26

祖父顧珩字德潤，號耕雲，年七十四卒。

耕雲處士墓誌銘（徐文敏公集5/18下）

顧祿，初名天祿，字謹中，松江華亭人。能詩，善書畫，尤工分隸。洪武初以太學生除太常典簿，遷蜀府教授。有經進集。

四友齋叢說16/1下

顧遂（1488—1553）字德仲，號秋山，餘姚人，蘭子。正德十二年進士，授刑部主事，武宗南巡，伏闕疏諫，廷杖幾死。嘉靖初歷郎中，出知惠州，法嚴政平，遷廣西副使，歷右副都御史，陞南京刑部右侍郎，以理寃戢暴爲事，卒年六十六。

贈貳憲使顧秋山公進湖藩右使序（蔣道林文粹3/26）

賀中憲秋山顧公晉司憲序（可泉先生文集1/1）

顧公墓志銘（李本撰、國朝獻徵錄49/22）

顧聖之字聖少，一字季狂，吳縣人。萬曆初布衣，以詩名燕趙間。有顧聖少詩集。

顧聖少詩集序（太函副墨4/20）

顧鼎臣（1473—1540）初名仝，以夢改，字九和，號未齋，崑山人，恂子。弘治十八年進士第一，授修撰，累遷禮部右侍郎。世宗好神仙術，內殿設齋醮，鼎臣進步虛詞七章，優詔褒答。明代詞臣，以青詞結主知，自鼎臣始。尋以禮部尚書兼文淵閣大學士，入參機務。時夏言當國專甚，鼎臣素柔媚，不能有為，充位而已。崑山舊無城，鼎臣言當事城之，後倭亂獲全。嘉靖十九年卒於官，年六十八，贈太保，謚文康。有文康公全集。

送未齋顧公北上序（嬌亭存稿1/13下）

禮部尚書顧鼎臣並妻誥命一道（陽峰家藏集36/1）

顧公行實（五龍山人集9/15下）

顧公行狀（儼山文集80/1）

顧公神道碑（鈐山堂集34/7下，國朝獻徵錄16/41）

祭顧未齋閣老文（張文定公環碧堂集9/15）

祭文康顧公文（五龍山人集10/2，10/7）

祭少保大學士未齋顧公文（同上10/8）

皇明世說新語2/4

狀元圖考2/38下

明史列傳62/19

明史193/8下

子顧履吉字仲修，卒年七十二。

吳郡張大復先生明人列傳稿×/118

顧福（1438—1508）字天錫，號雲匡，蘇州人。成化二年進士，由刑部主事歷陞郎中，謫永州府同知，遷知吉安府，擢河南布政司右參政，致仕卒，年七十一。

送顧天錫序（懷麓堂文稿4/8）

顧君墓表（懷麓堂文後稿17/10，國朝獻徵錄92/32）

顧爾行（1536—1611）字孟先，號儆韋，歸安人。萬曆二年進士，官大名府推官，擢御史，遷南康知府，致仕歸，卒年七十七。初，張翰撰疏議輯略，所載止武宗以前。爾行復錄世宗穆宗朝諸疏為兩朝疏鈔。

顧公暨孺人墓志銘（大泌山房集93/20）

顧夢圭（1500—1558）字武祥，號雍里，崑山人，潛子。嘉靖二年進士，官至江西右布政使，致仕卒，年五十九。有疣正編、疣贅錄。

贈雍里顧先生視學河南序（遵巖先生文集11/10下）

贈顧少參序（嬌亭存稿3/4下）

贈顧廣東序（涇野先生文集7/44）

顧公權厝誌（震川先生集22/294下，國朝獻徵錄86/18）

祭顧方伯文（皇甫司勳集59/5下）

女顧氏

皇明世說新語6/4下

四友齋叢說26/16下

顧夢羽字舜祥，崑山人。嘉靖中以例貢歷官四川鹽課提舉，蘄州同知，致仕卒，年七十八。

送顧舜祥授四川鹽課提舉赴治所詩序（俞仲蔚先生集10/3）

贈別駕顧君夫婦雙壽序（歸有園稿3/11下）

吳郡張大復先生明人列傳稿×/89

妻金氏

金孺人傳（歸有園稿5/21下）

顧夢麟（1585—1653）字麟士，太倉人。崇禎副貢，集三吳名士為應社，詩文雅馴，為時所宗，稱織簾先生。鼎革後，絕迹城市，客授汲古毛氏，潛心著述。永曆七年卒，年六十九。有四書說約、詩經說約、四書十一經通考、織簾居詩文集。

楊顧兩先生傳（堯峯文鈔34/8下）

天啓崇禎兩朝遺詩傳8/285

顧潛（1471—1534）字孔昭，號桴齋，晚號西巖，崑山人。弘治九年進士，官至直隸提學御史，以伉直忤尚書劉宇，宇譖之於劉瑾，改馬湖知府，未任罷歸，年六十四卒。有靜觀堂集。

誥勅南京吏部主事顧夢圭父母（顧文康公文草卷首13）

鏡閣記（涇野先生文集17/36）

顧公行狀（五嶽山人集9/9）

顧公墓誌銘（張文定公蕭海軒集7/5下）

顧公墓表（涇野先生文集32/9）

崑山人物志3/11

顧養謙（1537—1604）字益卿，號冲菴，南直隸通州人。嘉靖四十四年進士，由戶部郎中歷遷薊鎮兵備，尋拜右僉都御史，巡撫遼東，著勳績，遷南戶部侍郎，憂去。時議謂養謙必能辦倭，起爲兵部侍郎，總督薊遼諸軍務，膽氣過人，臨事多智略，所在著聲，乞歸卒，年六十八，謚襄敏。有冲庵撫遼奏議、督撫奏議。

遼陽開府顧公奇捷晉秩膺賞序（海嶽山房存稿文1/4）

顧公暨配李氏合葬墓誌銘（賜閒堂集27/9下）

顧司馬家傳（大泌山房集65/1）

祭顧司馬文（賜閒堂集34/28下）

名臣諡議（公槐集6/3）

明史列傳85/38

父顧㫋（1502—1558）字士輝，號蘊菴。

顧公暨配單氏合葬墓誌銘（賜閒堂集24/23下）

母單氏

顧母單太夫人八十序（弇州山人續稿35/7）

顧頤，博興人。萬曆末以右參政分守遼海道，天啓元年廣寧之變，力屈自經死，贈太僕少卿。

明史291/7

顧震宇字宇淸，崑山人，咸和子。萬曆十三年舉人，授滄州學正，陞仙居知縣。仙居故無志，爲聘諸生領其事，而自考成之，刻之縣署。歷順德府經歷，遷五臺知縣，卒官，年五十九。

吳郡張大復先生明人列傳稿×/122

顧瞻（1411—1495）字德明，長洲人。正統元年進士，選庶吉士，授行人，擢福建道監察御史，陞福建提刑副使，以被誣調知江西贛州府，在任五年以老乞歸，卒年八十五。

國朝獻徵錄87/26吳寬撰顧公墓碑

顧寰（1503—1581）字君錫，江都人，仕隆子。嘉靖七年襲侯，累官都督僉事，歷督漕運，鎭兩廣，晉少保。萬曆九年卒，年七十九，謚榮僖。

鎭遠侯世家（大泌山房集62/29）

顧公墓誌銘（余文敏公集11/4）

國朝獻徵錄7/24下謝廷諒撰傳

明史144/10下

顧憲成（1550—1612）字叔時，別號涇陽，無錫人。萬曆八年進士，授戶部主事，因上疏語侵執政，被旨切責，謫桂陽州判官，歷遷至吏部郎中，以廷推閣臣忤帝意，削籍歸。久之起光祿少卿，辭不就。憲成姿性絕人，幼卽有志聖學，旣廢，與弟允成，倡修邑之東林書院，偕同志講學其中，講習之餘，往往諷議朝政，裁量人物，士夫翕然應和，由是東林名大著，而忌者亦多。魏忠賢用事，群小附之，作東林點將錄，擧凡正人君子，率目爲東林，抨擊無虛日，遂成朋黨之禍。年六十三卒，謚端文，學者稱涇陽先生。有小心齋劄記、涇皐藏稿、顧端文遺書。

顧涇陽先生當下繹序（寶日堂初集12/11）

顧先生行狀（高子遺書11中/1，又顧端文公全集附錄1/5下）

顧公墓誌銘（鄒子願學集6/22，又顧端文公全集附錄1/1）

涇陽顧公碑（趙忠毅公文集11/23下）

名臣諡議（公槐集5/10下）

顧端文公年譜（顧與沐等編，顧端文公遺書第八冊）

祭顧涇陽先生（高子遺書11下/14）

毘陵人品記10/15

天啓崇禎兩朝遺詩小傳×/143

明史列傳85/1

明史231/1

明儒學案58/3

妻朱氏（1549—1643）

顧母王夫人壽序（牧齋初學集38/3）

顧端文公淑人朱氏墓誌銘（牧齋初學集61/1）

顧璘（1476—1545）字華玉，號東橋居士，蘇州人，寓居上元。弘治九年進士，授廣平知縣，仕至南京刑部尚書。璘少負才名，詩以風調勝。與同里陳沂、王韋號金陵三俊。後賓應朱應登繼起、稱四大家。虛己好士，如恐不及。歷官有吏能，晚罷歸，構息園，大治幸舍居客，客常滿。嘉靖二十四年卒，年七十。有浮湘集、山中集、憑几集、息園詩文稿、國賓新編、近言等。

送開封守顧君左遷全州叙（甫田集16/9）

顧全州七詩序（林屋集12/2下）

大司空顧公董役顯陵工完序（袁永之集14/10下）

賀顧東橋董役顯陵工完序（陽峯家藏集24/51）

奉送大司寇東橋顧公北上考績序（自知堂集8/1）

顧公墓誌銘（甫田集32/7）

名臣諡議（公槐集5/26下）

金陵名賢墨蹟跋（孄眞草堂文集18/23）

徐氏海隅集外編42/1

國朝獻徵錄48/76京學志傳

皇明世說新語7/4下

四友齋叢說10/8，14/11下，15/2，15/3，26/3下，26/4

名山藏81/17下

明史286/18

父顧紋，號愚逸。

賀愚逸顧處士六袠貤封序（柴墟文集8/1）

愚逸翁壽序（孟有涯集15/9）

壽顧愚逸先生八十華誕序（泉翁大全集20/9下）

顧璘字英玉，號橫涇，上元人，璘從弟。正德九年進士，授南京工部主事，歷遷南京兵部郎中、河南副使，以正直爲同官所惡，罷歸。居一小樓，教授自給，璘時與客豪飲，伎樂雜作，呼璘，終不赴，其孤介如此。有寒松齋稿。

國朝獻徵錄92/95陳舜仁撰小傳

四友齋叢說10/8下

明史286/19

顧翰字維周，江都人，興祖子。辭父爵，而好讀書，務學大義。又好繪事，嘗作戲墨十七幅，或署雪坡道人，或曰雪庵中人。

雪坡道人家傳（大泌山房集71/5下）

顧興祖字世延，江都人，成孫。永樂十二年襲鎮遠侯爵，仁宗時以總兵官先後討平潯州、平樂、思恩、宜山諸苗。正統十四年自土木脫還，論死。及也先逼都城，充副總兵分禦之城外，事定授都督同知守備紫荆關。天順初復爵，終南京守備。

鎮遠侯世家（大泌山房集62/15下）

國朝獻徵錄7/16無名氏撰傳

明史列傳22/3

明史144/9下

顧錫疇字九疇，號瑞屏，崑山人。萬曆四十七年進士，選庶吉士，授檢討。天啓中與魏忠賢不協，削籍。崇禎中起歷禮部侍郎，後進尙書，請補建文帝、景皇帝廟號及建文朝忠臣贈諡。又請奪溫體仁諡，與馬士英不協去。後寓溫州江心寺，爲總兵賀君堯所害。有綱鑑正史約、秦漢鴻文。

崑山殉難錄4/13下

明史216/27下

父顧□，號筍菴。

壽顧筍菴先生七袠序（七錄齋文集3/8）

顧濟字舟卿，崑山人，溱弟。正德十二年進士，歷刑科給事中，武宗自南都還，臥病豹房，惟江彬等侍左右，濟請愼擇廷臣，更番入直，不報。世宗卽位，劾司禮太監蕭敬等，不聽。帝欲加興獻帝皇號，濟疏言不可，未幾乞養歸卒。

掖垣人鑑12/36下

明史208/9

父顧鑑（1450—1530）字仲明，號默菴。

顧行人壽親七十序（梓溪文鈔4/33）

顧公合葬銘（嬀亭存稿14/12）

顧應祥（1483—1565）字惟賢，號箬溪，長興人。弘治十八年進士，授饒州府推官，桃源洞冦亂，掠樂平令去，應祥單身詣賊壘出之，賊亦解。歷廣東僉事，擒勦海冦雷振等，半歲三捷。累遷刑部尙書，奏定律例。時嚴嵩專政橫甚，應祥以耆舊自處，嵩不悅，以原官改南京，尋致仕歸，年八十三卒。有惜陰錄、人代紀要、尙書纂言、歸田詩選、南詔事略等書。尤精算學，又有授時曆撮要、測圓海鏡分類釋術、孤矢算術諸書。

應祥嘗受業於王守仁，守仁沒，應祥見傳習續錄、門人問答，多有未當於心者，因作傳習錄疑、龍溪致知議略。

贈大司寇箬溪顧公考績入朝序（山帶閣集26/23）

顧公行狀（天目先生集15/1，國朝獻徵錄48/80）

箬溪顧公墓誌銘（弇州山人四部稿86/8）

明故刑部尚書顧公誄（俞仲蔚先生集20/3）

疇人傳30/359

明儒學案14/3下

父顧景（1449—1539）

顧公神道碑（鈐山堂集38/11）

顧禮字元禮，崑山人。洪武初以材能徵，官刑曹，久之擢侍郎，以例免。尋起爲戶部侍郎，進尚書，改刑部，能稱其職，卒官。

崑山人物志10/6下

顧闓（1465—1532）字斯馨，餘姚人。弘治十七年舉人，歷大名府通判，遷廬州府同知，卒年六十八。

顧公暨配周太淑人合葬墓誌銘（苑洛集4/1）

顧儼字廷望，金陵人。正統十三年以經明行修薦，授嘉興縣學訓導，士多成就，母憂歸。服闋至京，選授陝西道監察御史，考最。陞廣東按察司僉事，提兵剿平新會楊江之賊，民賴以安，致仕卒，年五十五。

國朝獻徵錄99/134倪謙撰顧公墓表

鐵

鐵鉉（1366—1402）河南鄧州人。洪武中由國子生授禮科給事中，調都督府斷事，嘗讞疑獄立白，太祖喜，字之曰鼎石。建文初爲山東參政，燕兵攻濟南，鉉乘城守禦，以計焚其攻具。已僞降，伏壯士城上，候王入，下鐵板擊之。會失約，王未入而板下，遂策馬馳去，圍遂解。進兵部尚書，已而燕師渡江，鉉猶屯淮上，兵潰被執，反背坐廷中嫚罵，令一回顧，終不得。遂磔於市，年僅三十七。福王時追諡忠襄。

鄧州鐵公傳（宋端儀撰、皇明名臣墓銘乾集24．國朝獻徵錄38/13）

擬恣正國客臣（公槐集6/24下）

皇明獻實6/7下

吾學編52/13

國琛集上/13下

守溪筆記×/9下

聖朝名世考4/8下

掖垣人鑑6/13

遜國正氣紀3/19

遜國神會錄上/24

皇明表忠紀2/19下

皇明書31/14

明史列傳20/1

明史142/1下

饒

饒可久字彊寧，應城人。萬曆舉人，崇禎初知大興縣，以疏諫改三朝要典，謫光祿寺典簿。累遷知府，守制歸。流賊薄城，可久率衆堅守，城陷，被執不屈死。

明史292/13

饒位字廷立，一作立之，進賢人。萬曆八年進士，累官工部右侍郎，母年百歲，與弟伸先後以侍養歸，時以爲榮。

明史230/6下

饒伸字抑之，進賢人，位弟。萬曆十一年進士，授工部主事，時黃洪憲典順天試，首錄閣臣王錫爵子衡，申時行壻李鴻亦預焉，禮部郎中高桂發其事，反奪俸，伸抗疏爭之，下詔獄削籍。旋起南京工部主事，累遷刑部侍郎，熹宗時魏忠賢亂政，告歸。輯學海六百餘卷，時稱浩博。

明史230/5

饒秉鑑字憲章，號雯峰，江西廣昌人。正統九年舉人，試春官不第，卒業太學。景泰間除肇慶府同知，佐馬昂平定瀧水猺，官終廉州知府，以循良稱。有春秋提要、春秋會傳、雯峰集。

雯峰別墅記（一峰先生文集5/18）

雯峰先生饒公墓表（椒丘文集31/5，國朝獻徵錄100/14）

饒秀字仲實，號東津，河南固始人。嘉靖五年進士，由太常寺博士選戶科給事中，遷至兵科左給事中，免歸。

掖垣人鑑13/13下

廿　二　劃

龔

龔一清字仲和，號日池，義烏人。舉萬曆二年進士，授行人，擢御史，巡按應天、福建，豪墨斂戢，官終廣西副使，有扣聲篇。

龔君墓誌銘（睦學士先生遺稿12/16下）

妻謝氏（1543—1586）

謝氏墓誌銘（二酉園續集18/6）

龔三益字仲友，號蘭谷，武進人，大有從曾孫。萬曆廿二年解元，登二十六年進士，選庶吉士，歷官左庶子。有木菴稿。

皇明三元考13/27

母趙氏（1540—1602）

龔母趙太孺人行狀（睡菴文稿22/11下）

龔大有（1467—1536）字士謙，號澗松，武進人。正德六年進士，授廣平令，擢南臺御史，清戎江西，聞宸濠不軌，首飛章具達。後以考察坐謫，致仕歸，年七十卒。

龔公墓誌銘（王以旂撰、國朝獻徵錄66/7）

毘陵人品記9/2下

龔大稔字士登，武進人，大有弟。正德十六年進士，授戶部主事，遷廣東僉事。時吏部尚書方獻夫家居，侵奪鹽利，籠絡權貨，詹事霍韜，以剛狠翼之，大稔疏數其罪。會方霍皆召入，誣以他事杖責，黜爲民。

毘陵人品記9/7下

龔大器（1514—1596）字用卿，號少東，一號春所，公安人。嘉靖三十五年進士，授刑部主事，歷江西、浙江副使，屢官至河南布政使，致仕卒，年八十三。

贈大參春所龔公陞河南方伯序（舊業堂集7/1，又7/23下）

龔春所公傳（珂雪齋前集15/38下）

龔元祥字子禎，長洲人。舉於鄉，崇禎四年爲霍山教諭，與訓導姚允恭友善。賊陷鳳陽，元祥偕縣令守禦，賊至，令遁，元祥罵賊死，子炳衡亦被殺。允恭斂其屍畢，亦死之。

龔子禎先生傳（重編桐菴文稿×/33下）

啓禎野乘10/25

明史292/9

龔永吉字天民，義烏人，泰子。舉於鄉，宣德中官職方主事，清愼有聲。正統初進郎中，旋被誣謫戍平涼。北虜犯邊，以薦爲佐軍，有功復任。屢陞兵部右侍郎，仕終南京大理寺卿，致仕卒。

國朝獻徵錄69/2無名氏撰傳

龔弘（1451—1526）字元之，號蒲川，蘇州嘉定人。成化十四年進士，授嚴州推官。正德中累官湖廣布政使，中貴縱僕從殃民，弘盡收繫之。黃河溢，弘由應天尹擢右副都御史，總督河道。武宗南巡，稱爲幹事老臣。再遷工部尚書，並領河事，河道之設專官自弘始。嘉靖五年卒，年七十六。

贈龔蒲川湖藩左轄序（見素集7/14）

龔公墓志（李充嗣撰、國朝獻徵錄50/33）

吳中人物志2/12

龔可正，嘉定諸生。負祖母避賊，天雨泥濘，猝遇賊，賊惡見婦人，欲殺其祖母，叱可正去，可正跪泣，請代，賊不從，可正以身覆祖母，賊並殺之。

明史297/17

龔可佩，嘉定人。出家崑山爲道士，通曉道家神名。緣陶仲文以進，官太常博士，諸大臣撰青詞者，多從之問道家故事。累遷太常少卿，爲中官所惡，誣逮詔獄，杖死，屍暴潞河，爲群犬所食。

明史307/25下

龔用卿（1500—1563）字鳴治，號雲岡，福建懷安人。嘉靖五年進士第一，授修撰，遷左春坊左諭德，兼侍讀直經筵，預修明倫大典。後奉使朝鮮，遠人欽服。擢南京國子祭酒，以病乞歸，年六十四卒。有使朝鮮錄、雲岡集及詩餘等。

送大司成雲岡龔先生之南京胄監序（張文定公紓玉樓集3/13）

龔公墓誌銘（林庭機撰、國朝獻徵錄74/14）

狀元圖考3/4下

父龔源，號菊坡。

贈龔封君序（袁永之集14/37下）

賀菊坡龔公暨林安人榮封序（方齋存稿 6/26下）

龔有成（1500— ）字子完，蘇州嘉定人。學於歸有光，不携臥具，講誦達旦。嘉靖中舉於鄉，上春官，友病疫，衆爭避去，有成獨護視醫藥，沒送其喪以歸。選詔安令，改龍南，俱有政績，累遷蜀府長史，致仕卒，年九十餘。

贈蜀左史子完龔先生九十壽敍（歸有園稿3/18）

祭龔長史文（同上10/6）

龔全安字希寧，浙江蘭谿人。永樂二十二年進士，授工科給事中，歷陞通政使司右通政。正統十四年扈從北征，死於土木之難。

掖垣人鑑9/23

明史167/6下

龔作梅，陳州人。性至孝，年十七，父母俱亡，兩柩在殯。崇禎十五年流賊破城，火延及舍，作梅跪柩前，焚死。

明史293/10下，297/20下

龔廷祥字伯興，無錫人。崇禎進士，福王時爲中書舍人，知國祚必移，作書與子，以死自誓。城陷，投武定橋下死。

明史275/12

龔原海、南陽人，隸燕山護衛尺籍。靖難兵起，從成祖圍眞定，援永平，克大寧，攻濟南，渡淮江，平定京師，無役不從，積功至水軍右衛指揮僉事，改羽林前衛。

南陽龔氏先塋碑文（凝齋集5/31）

龔泰（1367—1402）字叔安，義烏人。洪武二十九年以鄉薦入太學，吏部策試第一，授戶科給事中。建文三年遷都給事中。燕師渡江，泰與其妻訣曰，國事至此，吾自分死矣。俄宮中火起，自投城下死，年僅三十六。

龔君叔安墓碣銘（金文靖公集9/56）

龔君墓表（王驥撰、國朝獻徵錄80/6）

革朝遺忠錄下/8

皇明獻實7/1下

吾學編56/7下

掖垣人鑑5/2下

聖朝名世考4/13下

皇明世說新語1/22下

皇明表忠紀3/13下

遜國正氣紀4/32

遜書3/8

明史列傳19/29

明史143/3

龔起鳳（1524—1574）崑山人，麗孫。少孤，依外家周氏，冒其姓，名江。後復姓，字瑞周。舉嘉靖三十七年鄉薦，授定州學正，入爲大理司務，屢遷杞縣知縣，卒年五十一。

龔君墓志（王世懋撰、國朝獻徵錄93/48）

吳郡張大復先生明人列傳稿×/102

龔勉字子勤，號毅所，無錫人。隆慶二年進士，授嘉興知縣，屢官至浙江布政使。有尙友堂集。

龔方伯傳（石語齋集20/24）

龔子勛詩序（大泌山房集19/21）

龔毅所先生城南書院生祠永思碑記（顧端文公集10/17）

龔情字善甫，號方山，上海人。嘉靖三十二年進士，授行人，選禮科給事中，陞刑科左，以言事謫德清縣丞，屢遷南京工部郎中，免官歸卒。

先進舊聞（寶日堂初集23/26下）

掖垣人鑑14/36下

龔理字彥文，崑山人。正統元年進士，性方正，歷官山東左布政使，興禮勸學，表子貢墓於叢莽中，封而祭之。及卒，鄉人私諡清惠。有最美集。

吳郡張大復先生明人列傳稿×/66

父龔賢(1386—1433)字思齊。

龔思齊墓表（楊文敏公集20/4）

龔紱字子來，號鳳泉居士，高郵人。嘉靖四十四年進士，授南充令，遷錦衣衛經歷，以正直忤其長官，遂罷歸。有益丁樓集。

贈言集略序（二酉園文集5/3）

益丁樓詩序（同上5/7下）

龔琚字彥中，崑山人，理弟。性好藏書，有以書售者，即賣金必購之。人或高其價以相紿，亦無所問。故一時藏書之家，能先屈人指。嘗爲邑陰陽訓術，旋解去，以隱終，人稱竹莊先生。

吳郡張大復先生明人列傳稿×/71

龔詡（1382—1469）字大章，號純菴，一名翊，崑山人，詧子。年十七，爲金川門卒，燕兵至，慟哭去之，隱居教授。巡撫周忱重其人，欲薦之，謝曰，詡仕固無害，恐負往日金川門一慟耳。竟以隱終，年八十八，門人私諡安節先生。有野古堂集。

安節先生墓銘（沈魯撰、吳下冢墓遺文續1/63）

安節先生年譜一卷（龔紱撰、野古堂集附錄本，又滿樓叢書本）

國朝獻徵錄116/21無名氏撰傳

水東日記32/5

吾學編56/35下

吳中人物志9/24

崑山人物志5/6

吳郡張大復先生明人列傳稿×/41

遜國正氣紀7/4下

遜國神會錄下/40下

皇明表忠紀7/6下

皇明書32/5下

皇明世說新語5/13下

明史列傳20/21下

龔愷字次元，上海人，情弟。嘉靖廿六年進士，官御史，以馬市事疏劾尙書史道，爲仇鸞所陷，被廷杖。官至湖廣副使。

先進舊聞（賓日堂初集23/26下）

明史201/28下

龔萬祿，貴州人。目不知書，有膽志，膂力過人。嘗從劉綎征楊應龍有功，遷守備，戍建武。奢崇明反，衆推萬祿爲遊擊將軍，主兵事，先後殺賊無算，嗣以兵少敗，城陷死之。

啓禎野乘9/27

明史290/10下

龔詧字叔言，崑山人。資性兼人，嘗讀史記，未匝歲，人試之，盡卷不差一字。洪武中以歲薦授岳州學正，累擢兵科給事中，坐言事忤帝意，籍其家。僅賜絹二匹，謫戍五開衛卒。

吳郡張大復先生明人列傳稿×/38

龔湜、廣西蒼梧人。永樂二年進士，歷官廣東左參政。

送參政龔君復任序（尋樂習先生文集13/3下）

龔霆字敬修，崑山人，琚孫。正德中舉於鄉，通判漳州，尋調守武岡。武岡王素淫湎，縱諸奴不法，王府第臨州南門，屠沽負販數受凌辱，無所訴。霆一夕發卒百餘人塞城南門，而穿一便門通往來，諸奴震慴，相顧愕然，王亦仰屋氣息，不敢問。尋以疾卒。

吳郡張大復先生明人列傳稿×/71

龔輝字實卿，號笑齋，餘姚人。嘉靖二年進士，授工部主事，時營仁壽宮，輝督木四川，得大木五千餘株，部銜欲再倍其數，民情洶洶。輝乃繪山川險惡轉運艱苦等狀，爲圖以進，竟得停止，具詳所著西槎彙草中，官至工部左侍郎。又著有全陝政要略。

都御史笑齋龔公平寇碑文（雲岡公文集10/12）

龔公墓誌銘（呂本撰、國朝獻徵錄51/61）

龔澤字時濟，浙江慈谿人。成化五年進士，歷官南京大理評事。

贈大理評事龔君序（桃溪淨稿文1/4下）

龔錡（1399—1448）字臺鼎，號蒙齋，建安人。宣德五年舉進士第二，授編修，坐累去官。正統十三年鄧茂七亂，錡應募爲大軍鄉導，被賊所害，年五十。錡博學善咏，字體遒勁，有蒙齋集。

皇明三元考3/5下

父龔□，字則榮。

慶龔則榮壽七十序（楊文敏公集11/18）

龔謙字廷益，高郵人。景泰二年進士，授御史，巡鹽兩浙，執法除姦。及清軍湖藩，甚得大體，都御史牒行各省，令清軍以謙爲式，名重一時。父銘，字克新，以謙貴，封御史，景泰六年卒，年六十九。

龔公行狀（商文毅公集26/4）

龔斆字文達，鉛山人。洪武中以明經分教廣信，御史孟芳薦其學行，入爲四輔官，以老乞歸。後復起爲國子司業，歷祭酒，坐放諸生假不奏聞免。有經野類鈔、鵝湖集。

明史137/4下

龔鏜字子諫，南昌人。建文元年以鄉舉入國學，任兵科給事中。永樂中歷雲南僉事，秩滿還朝，言時政闕失，忤旨下獄。宣德末擢四川按察使，決淹獄，杜牽連，居官四十餘年，家無儲蓄。

掖垣人鑑7/23下

皇明書28/13

權

權妃，朝鮮人。永樂時朝鮮貢女充掖庭，妃與焉，姿質穠粹，善吹玉簫，帝愛憐之，封賢妃，卒諡恭獻。

明史113/9

權謹字仲常，徐州人。十歲喪父，哀毀幾絕。永樂中以薦歷光祿署丞。母年九十卒，廬墓三年。仁宗召拜文華殿大學士，以風勵天下。尋改通政司右參議，宣德元年致仕，正統中卒。

權公墓碑（王挺撰、國朝獻徵錄12/50）

殿閣詞林記1/30下

名山藏臣林記7/3

明史296/19下

廿　三　劃

欒

欒惲，山東齊河人。永樂十五年舉人，任兵科給事中，屢官至通政使。土木之變，惲佐兵部尚書于謙同心籌劃，卒成囘輿之功。

掖垣人鑑7/7

明人傳記資料索引

字號索引筆劃檢字

明人傳記資料索引

字號索引筆劃檢字

一劃

一……1
乙……1

二劃

二……1
十……1
丁……1
七……1
了……1
又……1
力……1
人……1
八……1
几……1
九……1
乃……1

三劃

三……1
干……2
于……2
工……2
士……2
弓……2
才……2
子……2
大……5
兀……5
上……5
山……5
巾……5
小……5
千……6
久……6
凡……6
川……6

四劃

方……6
文……6
六……8
之……8
心……8
斗……8
元……9
五……10
天……10
不……10
王……10
云……10
无……10
丑……10
尹……10
孔……10
引……10
太……10
木……11
支……11
友……11
井……11
少……11
水……11
中……11
止……12
日……12
曰……12
內……12
介……12
今……12
公……12
仁……13
化……13
幻……13
月……13
丹……13
午……13
升……13
反……13
勿……13
爻……13
允……13
及……13
毛……13

五劃

永……14
玄……14
立……14
主……14
必……14
穴……14
半……14
可……14
平……14
正……15
石……15
玉……15
丕……16
丙……16
巨……16
司……16
召……16
民……16
弘……16
功……16
古……16
右……16
左……16
去……16
本……16
末……16
甘……16
世……16
北……17
以……17
目……18
四……18
田……18
申……18
令……18
仙……18
仗……18
仕……18
幼……18
禾……18
冊……18
用……18
生……19
句……19
白……19
台……19
包……19
孕……19

六劃

冰……19
次……19
汝……19
江……20
州……20
交……20
充……20
亦……20
守……20
安……21
宇……21
字……21
宅……21
耳……21
百……21
西……21
而……21
至……21
旨……21
匡……21
臣……21
艮……21
丞……21
羽……21
朽……22
朴……22
托……22
圭……22
吉……22
共……22
在……22
有……22
存……22
老……22
考……22
式……22
夷……22
聿……22
艾……22
屺……22
光……22
此……22
同……22
因……22
曲……22
合……22
全……22
企……22
仰……22
仲……23
任……24
休……24
价……24
伊……24
伍……24
伎……24
行……24
好……24
如……24
舟……24
自……24
朱……24
邦……24
先……24
印……24
年……24
竹……24
名……25
兆……25
后……25
旭……25

七劃

冶……25
冷……25
沂……25
沐……25
沖……25
沈……25
汪……25
沃……25
沅……25
沙……25
汾……25
初……25
快……25
言……25
亨……25
序……25
良……25
完……25
宏……25
兌……25
更……25
酉……25
吾……25
辰……25
忍……25
君……25
迂……26
改……26
成……26
戒……26
甬……26
杏……26
李……26
杞……26
材……26
扶……26

抑……26
把……26
克……26
赤……27
志……27
求……27
孝……27
芋……27
岑……27
肖……27
岐……27
壯……27
貝……27
見……27
助……28
吳……28
邑……28
別……28
吹……28
冏……28
困……28
男……28
含……28
伯……28
佐……29
佛……29
位……29
似……29
作……29
何……29
身……29
妙……29
利……29
肝……29
告……29
劬……29
甸……29
角……29
谷……29
希……29
孚……30
我……30
彤……30
邦……30
廷……30
延……31
矣……31

八劃

治……31
河……31
泗……31
泓……31
沛……31
泊……31
沱……31
波……31
泡……31
泌……31
炎……31
祁……31
性……31
怡……31
庚……31
京……31
育……31
房……31
肩……31
於……31
宗……31
宜……32
空……32
定……33
雨……33
兩……33
亞……33
長……33
武……33
承……33
孟……33
函……34
孤……34
居……34
臥……34
弦……34
阿……34
陂……34
附……34
玩……34
玟……34
松……34
枝……34
林……34
板……34
拙……34
拘……34
抱……34
協……34
東……35
來……35
直……35
幸……35
奇……35
其……35
坤……35
坦……36
岢……36
表……36
奉……36
毒……36
芹……36
芳……36
芸……36
芝……36
芷……36
岣……36
岫……36
岷……36
尚……36
叔……36
虎……37
卓……37
肯……37
昌……37
昆……37
易……37
昇……37
明……37
味……37
具……37
忠……37
果……38
典……38
金……38
念……38
侑……38
佩……38
侍……38
岱……38
侃……38
侗……38
往……38
征……38
姑……38
季……38
和……39
秀……39
牧……39
秉……39
岳……39
阜……39
受……39
采……39
迎……39
近……39
朋……39
服……39
周……39
所……39
知……39
非……39

九劃

咨……39
洋……39
活……39
洞……39
洛……40
洲……40
洪……40
洨……40
洹……40
洙……40
炬……40
恂……40
恢……40
恪……40
恬……40
恒……40
奕……40
亭……40
亮……40
哀……40
彥……40
郎……40
宣……40
姜……40
美……40
前……40
首……40
冠……40
胥……40
負……40
眉……40
屏……40
匣……41
厚……41
飛……41
勁……41
致……41
耐……41
耶……41
珍……41
珂……41
勇……41
柔……41
孩……41
皆……41
毖……41
相……41
柱……41
柳……41
柏……41
柘……41
柚……41
柯……41
拱……41
持……41
括……41
南……41
逃……42
胡……42
垣……42
城……42
奎……42
勅……42
帝……42
契……42
建……42
春……42
范……42
若……42
茂……42
苑……42
苕……42
英……42
茅……42
苧……42
峇……42
耑……42
柴……42
省……42
貞……42
虔……43
是……43
星……43
昭……43
映……43
哈……43
虹……43
盅……43
則……43
廸……43
畊……43
畏……43
思……43
界……43
俞……43

弇……43
信……43
俟……44
俊……44
侯……44
侶……44
保……44
後……44
待……44
律……44
衍……44
姚……44
約……44
紉……44
秋……44
香……44
泉……44
奐……44
禹……44
重……44
爰……44
脉……44
胤……44
風……44
威……44
咸……44
帥……44
勉……44
卽……44

十劃

海……44
浴……45
涇……45
涂……45
涔……45
浣……45
浮……45
浚……45
浩……45
浠……45
祐……45
祝……45
祖……45
祚……45
神……45
悟……45
悅……45
悔……45
衷……45
高……45
席……45
唐……45
庭……45
疾……45
病……45
效……45
訒……45
朗……45
宮……45
容……45
家……45
逆……45
益……45
兼……45
晉……45
栗……45
夏……45
匪……45
原……45
厝……46
馬……46
退……46
恥……46
耿……46
珠……46
破……46
砥……46
烈……46
孫……46
弱……49
桑……46
桐……46
桂……46
格……46
栖……46
桃……46
桓……46
栢……46
格……46
振……46
挹……46
哲……46
起……46
眞……46
恭……46
素……47
泰……47
秦……47
書……47
耕……47
茲……47
荔……47
荆……47
草……47
茗……47
峩……47
峯……47
敎……47
峻……47
晃……47
晏……47
時……47
圃……48
恩……48
廻……48
剛……48
翁……48
倄……48
倥……48
値……48
倩……48
修……48
徐……48
射……48
釜……48
恕……48
娛……48
純……48
紘……48
狷……48
豹……48
特……48
舫……48
航……48
矩……48
笑……48
烏……48
息……48
師……48
留……48
能……48

十一劃

淮……48
淸……48
淳……49
涵……49
淩……49
淡……49
淑……49
淺……49
深……49
淇……49
梁……49
涿……49
淶……49
淵……49
淯……49
添……49
淨……49
惟……49
悼……50
惕……50
商……50
章……50
麻……50
庸……50
康……50
鹿……50
啓……50
郭……50
旋……50
翊……50
婞……50
望……50
訥……50
許……50
寅……50
密……50
寄……50
窒……50
瓶……50
雪……50
現……50
理……50
研……50
通……50
務……50
翌……50
習……50
堅……51
問……51
強……51
張……51
陸……51
陳……51
陶……51
彬……51
梅……51
梧……51
桴……51
埜……51
掖……51
推……51
執……51
培……51
乾……51
匏……51
連……51
堇……51
帶……51
曹……51
責……51
舂……51
莞……51
莊……51
莘……51
莓……51
莪……51
莒……51
崑……51
崇……51
崌……52
崎……52
崦……52
常……52
紫……52
處……52
冕……52
晦……52
唵……52
唯……52
異……52
貫……52
婁……52
野……52
國……52
貧……52
偲……52
健……52
偉……52
假……52
從……52
得……53
御……53
細……53
紹……53
絅……53
釣……53
脫……53
紱……53
敏……53
欲……53
般……53
斛……53
頃……53
逢……53

巢……53
魚……53
參……53
符……53
笠……53

十二劃

湯……53
渙……53
湖……53
湜……53
湛……53
湘……53
渭……53
渝……53
湋……53
湄……53
渼……53
游……53
渠……53
焞……53
視……53
惺……53
惲……53
敦……53
詒……53
寒……53
寗……53
寓……53
翔……53
尊……53
普……53
曾……53
湙……53
善……53
雯……53
雲……53
雁……54
粟……54
尋……54
琢……54
琴……54
硜……54
硯……54
馭……54
雅……54
疎……54
疏……54
巽……54
發……54
登……54
開……54
閒……54
間……54
弼……54
陽……54
隆……54
椒……54
植……54
棲……54
揚……54
博……54
彭……54
都……54
裁……54
赧……54
朝……54
越……55
超……55
敧……55
雄……55
斯……55
棘……55
散……55
盛……55
杉……55
堯……55
賁……55
黃……55
惠……55
壺……55
菲……55
萊……55
菉……55
萃……55
菊……55
華……55
棠……55
嵋……55
虛……55
景……55
晴……56
貽……56
喻……56
鄂……56
蛟……56
貴……56
買……56
黑……56
傑……56
傅……56
備……56
集……56
進……56
復……56
徧……56
循……56
鈍……56
欽……56
幾……56
黍……56
程……56
剩……56
猶……56
須……56
順……56
皓……57
卿……57
然……57
無……57
舜……57
爲……57
衆……57
象……57
逸……57
智……57
斐……57
喬……57
答……57
策……57
筆……57

十三劃

資……57
準……57
滄……57
溫……57
源……57
滋……57
溪……57
煙……57
煥……57
祿……57
補……57
裕……57
愼……57
愧……58
愷……58
雍……58
廉……58
新……58
靖……58
運……58
塞……58
遂……58
道……58
義……58
猷……58
雷……58
電……58
蜃……58
聘……58
聖……58
熙……58
瑞……58
瑯……59
辟……59
殿……59
遐……59
楙……59
楊……59
楓……59
楫……59
椿……59
楡……59
楝……59
楮……59
楨……59
椵……59
楚……59
損……59
搏……59
塘……59
塢……59
載……59
幹……59
勤……59
達……59
肅……59
與……59
豢……59
煮……59
萬……59
葵……59
葆……59
董……59
敬……59
葉……60
葦……60
著……60
葛……60
嵩……60
當……60
虞……60
歲……60
暘……60
暄……60
盟……60
鼎……60
嗣……60
畸……60
畹……60
蜀……60
遇……60
愚……60
園……60
圓……60
會……60
愈……60
傳……60
微……60
飭……60
飲……60
媿……60
經……60
稚……60
獅……60
愛……60
詹……60
鄒……60
筦……60
筠……60

十四劃

漸……61
漁……61
滌……61
漢……61
滸……61
漆……61
滹……61
漳……61
漫……61
演……61
熒……61
榮……61
禎……61
福……61
肇……61
慨……61
慣……61
齊……61
廓……61
韶……61
端……61
旗……61
辣……61
誠……61

詾……61
賓……61
寧……61
賨……61
稵……61
粹……61
爾……62
聚……62
鄠……62
監……62
碧……62
瑤……62
碩……62
遜……62
翠……62
聞……62
際……62
榕……62
槎……62
槐……62
摶……62
臺……62
嘉……62
遠……62
壽……62
輔……62
蒲……62
蒼……62
蓉……62
夢……62
攢……63
蒙……63
對……63
睿……63
鳴……63
團……63
圖……63
僖……63
僯……63
銃……63
銘……63
維……63
綠……63
綿……63
種……63
鳳……63
歆……63
遙……63
魁……63
熊……64
管……64
箐……64
箕……64

十五劃

潔……64
澄……64
潯……64
潤……64
潛……64
澗……64
澂……64
潙……64
潢……64
潭……64
瑩……64
廣……64
廢……64
慶……64
適……64
諒……64
調……64
毅……64
寬……64
養……64
鄭……64
震……64
磊……64
確……64
頤……64
賢……64
醉……64
醇……64
層……64
履……64
髯……65
鄧……65
閭……65
鄰……65
樓……65
樗……65
撝……65
穀……65
慤……65
趣……65
敷……65
蓮……65
蓬……65
蔀……65
蔚……65
蔡……65
蓼……65
慕……65
蔭……65
嶠……65
輝……65
膚……65
瞎……65
賦……65
賜……65
嘿……65
墨……65
儀……65
儆……65
儁……65
儉……65
劍……65
德……65
徵……66
嫣……66
緯……66
緒……66
練……66
緝……66
緩……66
緡……66
樂……66
稼……66
稱……66
盤……66
磐……66
滕……66
遯……66
鄱……66
皞……66
憩……66
劉……66
鄮……66
質……66
魯……66
節……66
篆……66
篁……66
箸……66
範……66
箴……66

十六劃

凝……66
澹……66
澤……67
激……67
澰……67
龍……67
諜……67
諧……67
憲……67
謂……67
寰……67
邊……67
霍……67
霖……67
霏……67
霓……67
歷……67
聯……67
璁……67
璞……67
璟……67
璐……67
豫……67
醒……67
甌……67
融……67
憝……67
頴……67
遷……67
遲……67
選……67
隨……67
樹……67
機……67
横……67
樸……67
橘……67
橙……67
樵……67
擇……68
輸……68
靜……68
輯……68
整……68
燕……68
蕉……68
蕩……68
嶼……68
嶰……68
曇……68
曉……68
器……68
遺……68
默……68
興……68
學……68
儒……68
儕……68
儞……68
篤……68
衡……68
衞……68
餘……68
錫……68
錢……68
錦……68
縉……68
緱……68
積……68
穆……68
獨……68
勳……68
龜……68

十七劃

濟……68
濯……68
濡……68
濛……68
鴻……68
濤……69
濮……69
襄……69
應……69
麋……69
謝……69
謙……69
謇……69
蹇……69
羲……69
甑……69
霞……69
勵……69
臨……69
環……69
孺……70
翼……70
駿……70
檗……70
闇……70
輿……70
擧……70
隱……70
彌……70
檜……70
檉……70
稷……70
檢……70
懋……70
擘……70

罄……70
戴……70
趨……70
鞠……70
贅……70
蕭……70
薇……70
薛……70
薦……70
嶽……70
瞶……70
蝸……70
還……70
鍾……70
穉……70
谿……70
矯……70

十八劃

瀑……70
瀔……70
濼……70
燿……70
禮……70
謹……70
顏……70
類……70
邃……70
霙……70
醫……70
礁……70
礎……70
甓……70
璧……70
攄……70
擴……70
藍……71
藎……71
藏……71
藐……71
顓……71
叢……71
豐……71
曙……71
瞻……71
瞿……71
蹟……71
蟠……71
顒……71
雙……71
歸……71
鎮……71
織……71
斷……71
魏……71
雛……71
鵠……71
鵝……71
彝……71
簡……71
簞……71

十九劃

瀘……71
瀛……71
懷……71
懶……71
廬……71
壢……71
龐……71
羹……71
麗……71
願……71
瓊……71
櫟……71
麓……71
韜……71
韞……71
藥……71
藺……71
羅……71
疇……71
贊……71
鏡……71
孀……71
繡……71
繹……71
繩……71
鯢……71
鯤……71
鵬……71
簫……71

二十劃

瀾……71
瀰……72
寶……72
夔……72
礪……72
攖……72
蘊……72
蘇……72
藻……72
蘆……72
蘅……72
蘂……72
警……72
耀……72
獻……72
蠙……72
蠖……72
覺……72
繼……72
騰……72

二十一劃

灌……72
顧……72
鶴……72
蘧……72
蘖……72
蘭……72
鷄……72
曦……72
鐵……72
續……72
蠡……72

二十二劃

龔……72
欒……72
霽……72
聽……72
懿……72
儼……72
鑑……72
臞……72

二十三劃

麟……72
驚……73
驛……73
鼇……73
蘿……73
巖……73
顯……73
體……73
鷲……73
鷴……73

二十四劃

讓……73
鹽……73
蠶……73
衢……73

二十五劃

觀……73
纘……73

二十六劃

灤……73

二十九劃

驪……73
鬱……73

三十二劃

籲……73

明人傳記資料索引

字號索引

一　劃

一山　王愛，馮安，羅嘉賓
川　林性之，周吉，游應乾
川居士　宋延年
之　葉忠
元　孫春
中　林克賢，尚衡，夏儒
可　曾廷芝
石　陳璘
田　方舟
江　顧玉柱
朴居士　蔡懋德
初　守仁，管懷理
吾　李萬實
甫　樊傚，羅萬化
呈　曹大章
成　丘敦
伯　耿明
枝叟　普智
松　盧可久
雨　溥洽
居　王簡
匡　郭汝霖，劉望之
所　金賁亨
相居士　唐時英
貞　黃傑
泉　王德明，郭鎏，張璽
桂　華謹
峰　羅倫
卿　黎貫
清　王乾，李滄
菴　一如，王棟，李聰，許盛德，郭濬，賈定，蔣恭，錢春沂
一菴子　陶照
菴先生　唐樞
貫　屈永通
紳　劉紹
鄒　陸璩
雲　大同
壺生　方太古
陽　謝復
舒　劉陽
源　永寧
溪處士　狄津
寧　王清
德　陳旗
樵　朱端
齋　王在，朱善，范觀，陳第，葉諒，溫純，楊榮，豐熙，薛恩
鶴　倪符
鷗　鄭時學
夔　陳章
鶚　朱與言，林鶚，陳琰
乙雲　蕭民

二　劃

二太　南居益
水　張瑞圖
岑　茅國縉
谷　侯一元
河　及宦
宜　方泌
固　王萬祚
南　張汝舟
泉　邵寶，段錦
峰　朱隆禧，周積
二華　譚綸
愚　萬國欽
蒲　程學博
樵　劉祚
磯　余應桂
十山　談愷
泉　潘子正
峰　張天衢，程鈺
溟　王士昌
丁戊山人　傅汝舟
七泉　周子恭
峰　汪宗凱，孫鳳，劉思賢
了凡　袁黃
菴　清欲
又于　吳元
元　鄧祖禹，繆昌期
如　楊文薦
洲　劉天授
軒　姚繼可
力齋　李經
人中　陳子龍
正　夏時
孟　關永傑
翁　豐坊
傑　沈佺
八一居士　任道遜
公　蔣德璟
厓　周廷用
峰　張秉壺
几山　甘為霖
九一　徐汧，張時徹，張國維
山　全元立，張煜芳，張楚城
川　李奎，呂經
石　黃國鼎
杞　許相卿
村居士　秦文解
九成　屈韶，陶宗儀
我　李廷機
齊　宋玫
和　顧鼎臣
岳　張萱
室　陳輔堯
亭　伍思韶
苞　張颺
思　王鉦
峰　孫交，屠應埈，錢溥
峰道人　徐霖
峰樵隱　楊本清
臯　王翱，李鶴鳴，張翥，陳鶴
章　賀誠
逵　吳子騏，蔡羽
華　章允賢，黎民安
華山人　楊道亨
達　師逵
萬　王一鵬，鄭一鵬
鼎　周鼎
韶　張美和
彰　李大吉
疑　李日華
澤　劉維
龍山人　王紱
霞　王會
疇　井田，楊範，顧錫疇
乃後　蘇民牧

三　劃

三一居士　屠隆
山　溫景葵
山翁　華從智

三石　徐殿和，馮世雍，喬世寧
江　毛澄，田隆耀
江漁樵　丁積
甫　曾省吾
谷　維昂
松　蔣嵩
省　華宗康，趙榮
保　鄭和
泉　郭鏊
益　章溢
峪　維昂
峰　朱袞，法藏，范輅，高公韶，鮑道明
峰居士　馬文升，盧溶
淸先生　郭銓
接　吳晉
崖　歐陽重
符　曾直
渠　陳仁
湖　邢珣
復居士　朱祖文
溪　徐珊
藝　吳賀
樂道人　閻睿
橋　文彭
錫　徐泰時，羅晉
齋　張廷槐
蘭　倪元琪
干東子　奚昊
于石　桑介
田　王舜耕，李化龍，劉一龍
吉　謝廸
宣　傅汝爲
海　段朝宗
野　王鶴，章曠，曾同亨，鄭大同，魏令望
于健　曾乾亨
渭　曹璐
善　王繼光
舜　周鳳來
喬　謝遷
韶　陳宗虞
魯　曾光存
德　曹懷
澤　王舜漁
學　劉敭
鱗　李攀龍
工甫　魏時亮
士元　高擢，徐冠，張原，鄭茂，劉魁
平　周衡
弘　朱能，沈有容，張裕，陸廣，曾弘，錢仁夫
臣　馬聰
光　朱寔昌
行　孔希學
言　夏策
亨　徐泰
艮　牛諒
克　汪文言，陳廣心
成　王瑄
希　杜晞，金賢，章賢
宜　楊秉義
怡　沈眞
表　崔儒秀
招　王以旂
奇　李英，吳傑，陳偉，趙偉，儲秀
尙　黃正色
昌　姬文胤
士明　程晟
昂　秦頤，童軒，楊淸
芳　張純儒
和　劉應秋
亮　陳良謨
彥　馮俊
美　吳文佳，曾彥，楊伯成
恒　鄭居貞
珍　袁寶
南　朱衡
皆　劉咸
拯　劉渙
威　徐抓霞
英　王偉，朱良遇，李仁傑，吳偉，余子俊，劉俊，蘇環
重　胡價
信　高恂
修　李充嗣，許繼
高　洪祥
容　沈奎
悅　余忭
栗　朱泰安
振　江鐸
恭　盧迴
剛　尹侃
能　毛倞，薛能
倫　范理
淵　王溥，伍希淵，郭洊，陳彥回
章　爇弁
達　樓璉
通　許亨
常　朱永安，李經，孟奇
莊　薛端
敏　高遜志
綱　唐錦
士敦　金洲
琳　沈麟
隆　朱定安，林昌，唐盛
登　邢雲路，龔大稔
華　魏英
欽　李璋
備　蔡悉
傑　徐英
煌　雷士禎
廉　邵淸，顧淸
達　于聰，李源
業　陳弘緒
敬　張欽
寧　王晏
端　劉鷹
彰　徐常吉
廣　毛弘
遠　陳騰鸞，潘雲翼
銓　張文選
潔　詹源
璉　胡器
璇　張璣
賢　陳選
輝　顧瑶
儀　張棨，戴曍
徵　李源
魯　王鈍，鄧繼曾
選　熊卓
齋　鄧林
謙　張岙，龔大有
彝　沈性
疇　童承敍
鑾　鄭芸
瓚　潘宗顏
顯　及宦
弓岡　周煦
才伯　黃佐
子一　丁湛，唐樞

，魏學濂
子士 劉儁
才 汪宗凱，杜柟，唐時英，劉才，魏校
大 王沛
上 蕭尙
山 楊一淡
川 蘇濂
文 朱豹，張珂，張瀚，陳渙，羅崇奎，羅鳳
元 何孟春，胡杰，秦鰲，徐霖，莫如士，董宜陽，劉體乾
木 桑喬，程默，蔡汝楠，盧柟
予 錢宰
中 王度，李貴和，胡堯時，范惟一，張書，葛鵾，劉受
公 沈霽
允 汪宗元
及 方沆
升 李遷，徐階
仁 安宅，車大任，林春，胡宥，袁世榮，徐霖，郭容，馮恩，董旻，潘恩，劉一麟
幻 王叔承，
玄 陸采
玉 張瑛，楊鶚
正 王廷，王楷，楊宗氣
民 王本固
弘 王治道，唐大卿
子占 牛恒
田 李蓁
由 沈啓
用 邢珣，曹三俊
安 李遷，成守節，皇甫涍，徐凱，楊時寧，褚順，趙謐，聶靜
宇 陳霽
充 王褘，沈繼美，彭汝實，喬光天，費宏，戴恩
吉 辛自修
西 李宗樞
朴 莫愚
夷 宋懌
羽 朱鴻漸，林鴻，黃翼聖
有 金大車
光 杜惟熙
先 徐光啓
价 朱曰藩
任 侯廷柱，黃重
行 張建節，顧言
言 辛自修，吳可行，徐學謨，張詩
良 莫如忠，戴德孺
志 蹇來譽
孝 王光祖，王諍，宋繼先，郜光先
材 張楠，應檟
成 李世達，孟秋，秦梁，劉景韶，韓邦憲
子求 尹伸
抑 潘高
步 于若瀛
延 劉昌祚
完 沈垣，龔有成
宜 曹義，張適
京 項元汴，劉畿
房 王漢
庚 周金
性 劉三樂
長 于鯨，李孔修，項篤壽
武 顧祖辰
坤 金大輿
東 曹汴
直 徐樾
來 龔紘
承 李天寵，施教
奇 邵天祥，劉儁，顧存仁
雨 陳霽
居 陳仁
明 周一經，胡尙仁，徐陟，徐鑑，張旦，張問明，趙焞，劉東星，閻欽
同 周鴻圖
忠 李葵，胡嘉謨，郭諫臣，曹邦輔，張縉
芳 曹廷芝
和 呂應祥，周大禮，徐守義，馮世雍，黃衷，費寀，劉應節
所 蕭執
秀 魏庠
谷子 林兆恩
子受 張謙
佩 周茂蘭，臧珊，劉琯，謝廷蒞
亮 周釆
美 洪奐，范檟
恒 許一德
宣 王鈁，范大澈，段鏞，華金
珍 于玭
珏 薄珏
春 許應元，盧煦
柳 包檉芳
相 宋邦輔，宗臣，章甫端，歐陽旦
厚 周敍，陳典，韓坤
柔 婁堅
述 陶承學
威 黃輅，楊鋌，劉鳳
昭 黃焯
畊 徐均
畏 唐寅，劉臺
貞 李如柏，徐大壯，曹大同，張思忠，黃堅，黨還醇
廸 唐志大
茂 李如松
英 光懋，李俊，周順，原傑，袁華，費聚，楊傑
重 尹三聘，宋諾，周仁，湯珍，曾銑，黃裳，趙遂，歐陽重
勉 黃懋

子禹　來汝賢，曹大夏
信　王璽，賈諒
俊　萬英
修　王天爵，王敎，吳翰詞，張汝騋，張齊，蔣欽，蹇來譽，勵汝進，薛宗鎧
約　皇甫濂，張博，趙文博
浚　皇甫冲
容　徐縉
高　李僑，馬京劉崧，顧永慶
朗　王運開
益　丁汝謙，亢思謙
乘　陳鍌
素　王朴，劉繪
泰　曹三暘
書　裴紳
振　趙鏘，劉麟
翀　張習
晋　毛晉
純　朱紈，薛金
倫　王綱
臬　王鶴
殷　黃尙質
邕　黃肅
卿　徐日久
淸　王淪，李如梅，張濂
淵　汪澄，陸深，楊卓
淩　沈雲祚
淳　徐顯
宿　汪應軫
章　秦鳴夏
惇　冠天敍
徘　文元發
啓　王佑，曾棨
子祥　胡信
庸　王輪，李中，耿定理，董進第
理　譚綸，羅性
推　王準，晢如心，錢仁衞
授　袁校
彬　吳文華
乾　李人龍，孟陽
晦　王英明，趙炳然
野　林堃，陳芹
堅　陳柏
虛　孫樓
常　趙汸
將　張孝初，陳灌，閻啓祥
崇　王積
敏　嚴震直
紹　尹庭
魚　朱謀暉，何鰲
健　耿定力，蔣乾
偉　劉傑
翙　芮翀，潘集
善　馬良，曹本
雲　李壘，蔣山卿
㦤　盛王贊
超　謝彥
期　徐伯昌，謝昌
惠　魏謙吉
陽　杜桐
揚　王激，祁淸，張星
植　王時槐
弼　徐良傅，郭弘化
登　沈仕，栗祁
子華　吳舜擧，佘本
莘　馬明衡
喩　羊可立
開　甘雨
欽　王執法
喬　朱木，馮遷，楊椮
順　江以達，林命，常序
象　高儀，謝承擧
猶　高弘圖
復　王復原，李己，檀都
循　皇甫汸
源　葉洪
溥　吳與弼
廉　唐繼祿
祺　張介福
裕　王問，趙寬
新　房銘，曹德，儀銘
愼　王汝言，徐九思
道　吳中行，林大猷
匯　董汝翰
肅　鄭秉厚
薦　朱南雍
極　何棟如
發　敖英，張汝蘊
暘　李旻
愚　張學顏，靳學顏
勤　龔勉
敬　王執禮，王銘，周之禧，胡汝欽，孫忠，徐三畏，徐瑄，陳軾，魏學洢
業　高叔嗣
子經　陳桱，馮成能
傳　陸師道
微　楊嗣昌
漸　柳升，馮孜，楊上林
賓　張鴻
寧　吳邦貞
實　李春芳，李騰芳，吳桂芳，桂萼，陳誠，暢華
韶　歐陽韶
端　何錞，馬巒
誠　譚希思
齊　蔡可賢
廓　王象乾
榮　孫枝，楊榮，鄧應仁
禎　張乾瑞，龔元祥
嘉　王會
輕　沈南金
需　戴才
愿　邢侗
遜　許獬
鳴　朱鶴，童佩
與　王沂，徐中行，詹點，閻禹錫
蘗　伊敏生
維　張四維
稱　郭汝
澄　張江
濬　高燿，陳燁，華察，趙孔昭
潤　杜澤，林璲
諒　馬諒
寬　盛以弘
醇　王德完，吳希孟
賢　周廷用，莫

如忠，劉孟，劉閔
子餘　陸粲
　範　蔡模
　樂　徐履和
　魯　靳學曾
　緯　劉文煥
　儀　王延素，房威，張翀，張鳳
　徵　張廷槐
　諫　龔鐩
　憲　葉遵
　璣　蕭璿
　選　楊一魁
　遷　郝維喬
　靜　文方，沈淵，房安，范大澈，鄧定，劉澄甫
　豫　秦鳴雷
　器　鄭以偉
　興　桂天祥，郭興
　積　余祜
　學　陳講，楊勉
　縝　熊密
　衡　王廷相，汪宗伊，趙伊
　濬　鄒濂
　謙　伍讓，朱隆禧，易復亨
　駿　金聲
　聲　谷中虛，郭鏜，喬鏜
　聰　毛敏，趙敏
　薦　王一鶚
　舉　趙釴
　繇　來宗道
　鍾　崔銑
　禮　朱廷立，劉贄
　職　王省
子瞻　丘岳，席大賓，項元淇
　藎　張元忭
　爵　朱承爵
　雝　蕭鳴鳳
　瀾　陳觀，劉觀
　難　王材
　藝　田藝蘅
　蘊　眭熚
　獻　季琪
　齡　徐鳴鶴
　警　查鐸
　蘭　謝應芳
　鑄　李希孔
　權　范常
　籲　周復俊
大力　章世純
　士　陳際泰
　千　常潤
　方　茅大方，眞圓
　之　韓奕
　木　鄭成功
　石　張守中
　石先生　顧元慶
　正　許天琦
　玉　陳�
　本　方中，宋禮，吳綸
　用　于光，江才，邢鑌，吳櫃，梁材，馮貫，楊砥，葉廣劉紳，羅賢
　有　年富，楊一鵬，劉有年，顧元慶
　同　朱同，林同，徐泰
　年　胡紀，徐尊生
　冲　于璟
　亨　周濟，張通
大充　于璟
　呂　錢茂律
　谷　溫新
　定山人　趙時
　來　袁永泰，徐泰時，張應泰
　阿　阮河
　匡　李承箕
　昇　游明
　和　高公韶
　洪　楊漣
　洲　趙貞吉
　香　吳鼎芳
　約　張守約
　容　丁川，姜漢
　軒　郭昂
　振　余翱，張綱，樊凱
　峰　邵鑑
　清　王湘
　淵　劉鎧
　章　丁汝夔，姚夔，徐一夔，許紳，鄭崇儉，龔詡
　庾　趙庾
　祓　張澤
　碁　行丕
　常　吳經
　紳　解縉
　富　蔣貴
　雅　俞得儒，孫作，黃銓
　復　何景明
　新　沈鎜
　蒧　林汝翥
　經　王綸，李經綸，章綸，張綸，解綸，韓邦問
　賓　徐覌
　韶　謝一夔
　寬　龐能
大聘　李舉
　節　劉槩
　樽　陳子龍
　器　方矩，王朝器，石玉，李鉞，張鼎，陳鼎，陳鏞
　瀛　蔣平階，顧天逵
　隱山人　王漸逵，朱載堉
　壑　何良傅
兀厓　霍韜
　涯　張邦奇
　齋　如慧
上古　王質
　宇　吳宗達
　原　韓坤
　卿　周良佐
　達　高明
山人　鄧儀
　用　呂高
　甫　孫應鰲，陳垲，劉崙
　南　葉忠
　泉子　閻倬
　陰道士　劉永之
　齋　周鳳鳴，鄭岳
巾石　呂懷
小山　馮敏功
　石　徐嵩
　仙　吳偉
　江　吳文華
　村　田玉
　林　楊時寧
　松　朱纓
　坡　陳沂
　眉　林嵋
　泉　李准，吳繼，林庭棉，周蕙，范伋，許貫之

小修　袁中道
陵　吳一儒
范　安希范
寒山子　陳函輝
溪　孫若谷
漁　唐汝楫
雒　何元述
澗　盧池
魯　劉一儒
霞　沈襄
癡　杜君澤，浦澤
鶴　劉伯燮
千子　艾南英
之　王文，鄭眞，魯能，劉伯愚
仞　歐陽東鳳
松　明得
卷生　許元溥
秋　王一桂
久成　易恒，鄭居貞
菴　黃綰
凡夫　趙宦光
川月　張映宿
甫　李濂，胡瀚
樓　吳國倫

四　劃

方大激　方于魯
山　薛應旂，龔情
山子　金大車，鄭作
水　鄭以偉
石　謝鐸
白　劉大年
回　劉師顥
竹　徐玉
舟　徐舫
坡　曹世盛
林　宋堯俞
來　朱紱
方匡　趙大佑
明　彭鑑
岡　胡東皐
岩　程鉎
洲　張寧，楊名
珍　方國珍
茅　朱光霽
泉　李學詩，郭諫臣，趙鏜
侯　湯芬
城　宗臣，趙維聰
峰　程梓
峒　劉三畏
溪　張楫
塘　李漢
震　楊廉
齋　史朝宜，林文俊
曙　李東
麓　王樵，黃桷
獻科　方獻夫
巖　陳傑
文山先生　吾謼
川　郜光先
川居士　褚鏞
之　張律，黃質
夫　許倜
中　狄斯彬，孫鑨，劉淳
止　羅萬藻
水　文嘉
允　邊洵
升　屠應埈，趙階
化　邵南，周南，詹泮
介　公鼐，石瑤，孫愼行，劉儼，薛三省，羅喩義
玉　方璘，王輿玟，宋玫，貝璘，徐懷玉，，張璘，董玘
文正　方孝孺，李東陽，孫承宗，倪元璐，劉理順，劉遷
石　江天一，朱大韶，張納陛，陳德夫
用　秦達，陳炷
江　徐申，熊緯
安　王英，李傑，呂本，林瀚周洪謨，鄭賜劉定之，劉龍，謝恭
光　宋顯章，張奎，張電，華泉，葉煒，趙煥
同　席書
休　歸世昌
仲　吳安國，秦約
亨　陸僊，馮嘉會
甫　朱鴻謨，李玘，邢縵
成　王守仁，劉基
見　喬璧星
谷　孔天胤，蕭逵洲
孚　陸炳
邦　張治
伴　黃卷
伯　張倫，屠應埍
治　徐石麒
宗　趙應元
定　于愼行，王瓚，沈淮，李春芳，吳寬，何瑭，徐光啓，張邦奇，陳敬宗，陸樹聲，盛訥，楊溥，蔣冕
文東　陸淞
林　張芹
表　陳奎
直　史褒善
長　徐渭
岸　周道登
叔　沈奎，樊獻科
岡　李邦佐，李臺，陳棐，鄭雲鎣
明　王奎，李鏡吳彤，何瓚，馬顯，甯化龍，應顯，蕭遍，蕭顯
忠　丁乾學，吳貞毓，高應冕，馬世奇，孫承宗，張居正，張璁，堵胤錫，賀逢聖，溫體仁，楊廷和葉向高，劉同升
和　尹直，孫鋌，劉玥
佩　呂綸
近　陸士仁
室　沈伯龍
度　尤安禮，吳文泰，陳則，鄧儀，鄧檄，顧玨
恪　丁士美，王鏊，朱國祚，朱善，宋訥，吳訥，吳道南

，余繼登，林燫，周子義，范謙，唐文獻，耿裕，孫陞，張元禎，曾朝節，傅新德，溫仁和，楊廉，楊道賓，鄭以偉，蔡國用，魯鐸，劉楚先
文美　陳周
垣　孫一奎
柔　祝徽
郁　周監
昱　高昭
昭　王彰，江瀾，杜明，李昱，蕭維禎，羅明
思　彭華
則　齊柯
若　于若瀛，黃大鵬
英　沐英，吳雄，楊俊，顧士傑
峙　張可仕
貞　范景文，倪元璐，徐階，黃觀，楊士奇，錢象坤，繆昌期
科　葉祿
叙　吳汝倫
紀　劉綱
高　華燧
軒　李學一
恭　朱之瑜，沈一貫，孫如游，孫應鰲，張元忭，陳獻章，程文德，萬士和，劉鉉
文弱　楊嗣昌
烈　汪偉，何騰蛟，張家玉，項志寧，劉理順
起　文震孟
哲　王縝
振　王詔，王鐸，丘鐸，孟彪，楊鐸，甄鐸，厲昇，韓鐸，鍾鐸
峰　王有壬，施雨，厲汝進
秩　王天叙
純　程爀
修　林文俊，劉斯崍
卿　范鏞，孫應奎，張芮，趙錦，謝承舉
清　徐沠，徐渭，薛瑄
淵　沃頖，寇深，曹弘，曹深，張海，樓澄，魏源
宿　孫應奎
旋　王衡
康　李時，苗衷，梁儲，畢亨，萬安，顧鼎臣
康榮靖　邵元節
祥　王庚，項麒
理　袁政
教　于訓
陸　鍾化民
通　王一寧，李泰，殷士儋，郭純，費寀，暢亨，錢溥
文彬　李質，陳質，獨孤明
莊　王鴻儒，丘濬，汪俊，吳悌，邵寶，馬自強，殷士儋，陳仁錫，葉盛，鄒守益，歐陽德，蔡清，蔡毅中，劉元震，謝一夔，羅洪先，羅欽順，顧起元
敏　沈訥，李廷相，李國檣，余有丁，姚夔，徐縉，崔銑，馮琦，楊榮，董其昌，鄒濟，詹同，霍韜
從鼎　文震孟
湖　楊守隨
湍　戚瀾
翊　張翼，劉翀
博　吳道宏，柴廣
超　許廓
弼　張輔
檇　殷謙
盛　李衍，邵蕃，郝郁，崔儀
量　陸容
晁　孫紘
華　霍榮，冀綺
欽　何東序
進　方涉，王琦，沈銳，戴進
靖　王汝玉，金幼孜，徐溥，賈詠，劉健，魏驥，嚴訥
文煜　顧光遠
煥　趙文，劉丙，錢奐
義　高穀，畢禮
裕　白鉞，桂彥良，陸深，黃佐
瑞　朱璣，孫禎，郭璽，張輗，鄧顯麒
塘　蹇來譽
軾　徐轄
愍　李默，夏言
達　李賢，成章，何陞，姚達，楊通，錢通，龔斆
載　曾轂，趙載
肅　文震孟，王俁，王圖，王錫爵，朱國禎，吳儼，呂大器，何喬新，岳正，徐善述，齊整，趙貞吉，劉忠，劉瑞，錢習禮，謝鐸，羅玘
鼎　何鼎，金鉉，孫鈺，趙鉉
熙　俞雍，華烱
著　高斐
敬　邵珪，胡居仁，楊能
實　沈誠，何信，楊信，齊譽，鄭誠
寧　朱國禎，楊謐
榮　袁煒
端　方從哲，王直，王家屏，沈鯉，吳一鵬

，吳山，吳宗達，何如龍，周經，高儀，陳以勤，張位，焦竑，劉一爆，蕭雲擧
文輔　張鉞
遠　郭傅
鳴　陳鳳梧
與　劉點
綸　張緒
統先生　鄧元錫
魁　張鰲
僖　林庭機，倪謙，陳陞，張昇，張益，黃珦，靳貴，董越，裴綸，黎淳，顧淸
澄　胡憲仲
潔　汪藻，陳龍正，鄧以讚，
潛先生　陸世儀
澈　陳簡
瑩　宋子環
毅　何宗彥，金聲，段堅，姚希孟，倪岳，章曠，商輅，郭正域，張四維，張治，黃孔昭，傅珪，趙用賢，羅倫
慶　豐慶
穀　袁應祺
翥　張翀
樞　鄭辰
賢　林洪
蔚　徐彪，聶豹
輝　沐斌，宋瑛，梁昱，張燈，黃胐，華燧
節　王艮，沈懋學，李廷機，李標，周鳳翔，胡守恒，舒芳，廖昇，劉應秋
文範　林洪
儀　張紘
德　胡琮，章潢，畢德
衛　伍鎧
徵　朱奎，胡憲仲，唐文獻，馬應龍
質　王彬，古朴，袁彬，劉仲質
濊　盧淵
燁　李昶
憲　宋濂，陳于陛，陶安，彭時，費宏，楊愼
璣　岳瑨
靜　王問，陳震，常寧
融　孫鐄
器　孫鍪
穆　成基命，林釬，周應賓，胡廣，許國，傅瀚，劉吉
衡　朱銓，張楅，羅銓
濟　王鎰，周津
燦　汪奎，沈灼
齋　游景遊
襄　方獻夫，周忱，高拱，席書，唐龍，桂萼，楊一淸
應　熊祥
孺　楊漣
隱　石瑤
舉　李昂，周昇，徐昂
文績　廖謨
徽　羅柔
謨　宋良籌
璧　文徵明，何琮
曜　李奎，陳煒
簡　毛紀，毛澄，呂柟，呂調陽，何孟春，孟鳳，林堯俞，周炳謨，馬汝驥，馬京，孫承恩，翁正春，許讚，郭朴，張璧，陶望齡，湛若水，黃淮，黃鳳翔，董玘，儀智，劉日寧，劉春，穆孔暉，蘇章
麓　朱光宇，李貴
璽　蔚綬
藪　桂宗儒
繡　藍章
瀾　江瀾，閻生斗
斆　楊學
纖　蔡烈
譽　吳應芳
籐　朱鑑
懿　朱賡，呂原，殷奎，章懋，楊守陳，楊起元，翟鑾，趙志皋，劉宣，諸大綬，瞿景淳，儲巏，羅萬化
鑑　史學，趙烱
顯　黃昭道
文巖　鄧遷
六如　唐寅
亭　唐鳳儀
泉　王道
修　郭維經
華　鄒濂
之大　黎近
初　岳元聲
宜　楊相
矩　吳正志
淳　唐愚士
深　王資
常　王謀
義　李承式
楨　王國
心一　王之宷
水　李淸
田　荆芸
白　張日新
吾　張櫰，常居敬
谷　華師召
易　支大綸，陳尙象
泉　何源
淵　居敬
菴　王治，唐皐
堂　趙參魯
符　楊于楷
萱　嚴恪
漁　錢蒙
遠居士　吳綸
穀　陳有年
盤　趙欽湯
譲　許鈇
齋　王艮，朱守愚，唐禹，梁承學，張欽，張學顏，黃才敏
斗山　樊獻科，劉繹
南　柯拱北，淩

漢，黃正色
斗垣　龍光
望　楊文岳
菴　韓鼎
墟子　殷都
元一　徐貫
子　張家玉
川　韓楫
之　秦從龍，張愷，陸愷，楊春，龔宏
夫　朱守仁，李仁，夏続春，許仁，婁秀
友　曾鼎
中　沐崑
化　傅作雨，龐泮
介　朱之蕃
立　俞道生，瞿汝稷
玉　金琮，徐有貞
平　張鶴鳴
正　張文奇
丙　劉一焜
功　黃端伯，謝恭
石　吳一介
白　蔡道憲，劉炌
充　劉浩
臣　王溥
吉　俞鑑，侯祥，張祥，陳天祥，黃裳，趙德祐，謝文祥
朴　李淳，孫錦
任　李重
沖　李復陽
孝　王顯忠，何元述
元甫　李長春，侯先春，秦文解，張文魁，傅冠，劉伯燮
抑　錢貴
成　來集之，馮時可
孚　周弘禴，許譔
治　王逢年，李國楷
育　林挺春
性　熊宇
東　劉元震
直　王庭，程朝金
承　張衍瑞
居　李夢辰
長　張大復
忠　張廷臣，陳于陛，應良
芳　徐楨，雷仕旃
明　李濬，陳翼飛，湛若水，屠熙，傅新德
秉　吳之甲
秀　楊儲
侍　鄭廷鵠
命　南逢吉
洲　張瀚，陸師道
祉　王毓著
美　丁璐，王世貞，張羅俊，黃錦
孩　譚貞良
貞　周正
昭　高焯
禹　王錡
宰　曹荃
宥　姚繼巖
朗　何良俊
元益　章鎰
祐　許自昌，譚祐
素　方太古，袁崇煥，曹璜
珠　王心一
眞　南逢吉
晉　于明照，陸果
時　于孔兼
圃　童仲揆
峰　袁煒
乘　熊桴
卿　王臣，宋之韓，李日輔，金忠士，柯相，陳洪濛，馮敏功，劉世龍
宷　王子卿
章　王冕
祥　張子麒
啓　奚昌
望　陸杰
堯　劉祚
莊　李日強
彩　王叔英
健　鄭佶
渚　王心一，申用懋
善　李祥，南大吉，唐禎，韓宗道
登　郭登
博　許德溥，陸溥
馭　王錫爵
凱　陳勳，虞臣
貴　麴祥
傑　張漢卿
進　章銳
溥　鍾渤
瑞　胡應麟，張子麟，劉麟
元達　包節
發　高宇泰
鼎　傅梅
嗣　張孟男
敬　邢尙簡，戚繼光，謝惺
愛　包孝
逸　謝徽
漢　張鶴騰
實　李春芳，麥春芳
誠　劉之綸
壽　王域
聘　王莘
潔　榮清
敷　李時榮
輝　謝燿
節　熊概
範　傅冠
賢　黃琮，傅尙文，趙文華
澤　劉元霖
龍　張翔
諧　史垍
靜　葉澄，劉安
翰　王圻
樸　趙錦
樹　李幼滋
錫　高承祚，顧天寵
勳　屠勳
膺　呂復
謙　王昌功
堅　吳貞毓
薦　李豫亨
舉　趙雲翔
闇　裴應章
禮　吳尙儉，夏萬亨，章嘉禎，顧禮
簡　王可大
鎮　倪瓚

元寵 韓君恩
曦 朱東光
五山 何鑑
宜 高明
津居士 周遜
泉 劉臬，韓邦靖
城 董傑
峰 徐璉
清 劉瑞
梅 沈廷揚
湖 陸師道
雲 韓應龍
華 楊志學
華山人 李淑
溪 柴道人
塢山人 盧褒
經老生 張傑
臺 陸光祖
谿 豐熙
嶽山人 陳文燭，黃省曾
天一居士 李清
工 陳良謨
方 張安甫
玉 鄭爲虹
民 趙三聘，鄭樗，龔永吉
目山人 徐中行
用 沈祜
池 徐渭
池山人 陸釆
宇 王承裕
吉 麥祥
有 余爵
印 能持
如 張溥
行 丁乾學
全 徐有貞
全道人 石渠
宏 葛浩
肖子 趙天泰
谷 薛三省
天佑 邵錫，項廷吉
性 王良，華秉彝
和 顏頤壽
秀 熊蘭，蘇民
柱山人 楊訓
昭 朱文
若 梁萬爵
敍 胡倫，張經
泉 祖淵
保 周祚
信 江潮
祜 王宗吉，張祐
峯 王乾
恩 葛滂
淵 福湛
章 朱文，李緯，呂雯，周璽，洪漢，南漢，蔣雲漢，蔡靉
啓 汪玄錫
祥 余麟，張天瑞
常 孫大經
游 張瑤，楊應詔
賁 湯寶
瑞 文翔鳳，史琳，汪鳳，李文祥，劉鳳儀
經 張元孝
寥道人 葉紹袁
粹 董琦
祿 李錫，馬中錫，顧祿
臺先生 耿定向
與 黎福
樞 孫朝宁
樂道人 吳惠
天德 徐達
澤 冼灌
翰 呂翀
器 李濬
錫 申祜，艾福，高祐，夏祚，馬永，孫祿，麥福，霍恩，謝祐，韓祐，顧福，戴書
禧 姚廣孝
闕山樵 伊溥
彜 應典
鏡 元瀞
衢 谷通
不危 高巍
敏 蕭愚
寐道人 金俊明
王一火 王克復
仁 王得仁
治 王逢年
屋山人 張之象
唐 王一寧
泰 王伯貞
倫 王宗彝
強 王文
雲 王守仁
瑄 王朝器
漢 王朝遠
璣 王汝玉
云與 閻夢夔
无咎 何白
丑驢 李賢
尹奎 熊文
卿 王任重
孔文 魏鎧
安 袁貞吉
圭 張瓛
炎 朱碩爋
承 林烈
明 周鑑，高鑑，鄭伉
和 范瑟
孔周 錢同愛
思 陶成
昭 尹嘉賓，黃克晦，顧潛
修 潘府
時 宋端儀，魏大中
教 李鐸
琳 盧池
陽 舒晨
暘 文皓，朱寅，莊㫤，傅皓
彰 尹嘉言，彭鏡初，靳顒
嘉 申佳胤，彭年
碩 陳果
養 馬森
震 陳省
隣 蘇民牧
貫 陳懋觀
霖 徐霈
瞻 宋冕
麟 陳瑞
引之 屈伸，湯繼文
太乙 阮以鼎，張鍊
弋山樵 謝兆申
玄 沈朝煥
丘 丘兆麟
白山人 孫一元
白樵隱 蔡錫
宇 張道明
朴 朱瑄，李廷相，褚順
亨 毛泰亨
初 王士性，易先，俞一元，孫一元，啓原，游樸，顧起元
吳 何淳之

太青　文翔鳳
東　謝登之
和　林鍾，樊景時
岳　張居正
室山人　徐學謨，韓應嵩
恒　吳道直
屛　顏容暄
若　沈一中
容　劉斯崍
湖　陳文周
華　何㯋
微山人　張治道
瘦生　金湜
璞　如玘
樸　危素，黎淳
穉　黃景昉
木石子　王獻
仲　王家植
叔　陳函輝
亭　樂頀
涇子　周復俊
菴　侯恪，張尺
齋　莊㫤，謝遷
支菴　葛嵩
湖　胡鐸
友山　吳鞏，張璞
古　湯浩
可　謝廷諒
石　米萬鍾，馮德，趙奮
石生　王紱
宗　王儒
貞　潘諒
軒　樊玉衡
夏　譚元春
琴　陸沔
雲　吳雲
菊　賀確
義居士　畢德
蓀　沈宸荃
諒　房成
友德　鄧愈
蘭　韓宗道
鑑　胡夢泰
井心　淩駧
丹　林大春
居　成子學
眉　申佳胤
菴　林誠
少于　鄧謙
山　戴鰲
川　曹金，衞東吳
玄　石鯨，皇甫涍
石　崔銑
石子　陸釴
生　田濡
江　文方
安　謝東山
竹　田騰，吳滔，林立
汾　冼桂奇
初　徐良傅
君　吳孺子
村　黃廷用
谷　溫如玉，鄭善夫
東　龔大器
林　沈懋學
芝　侯先春
岷　曾璵，黃元白
和　林挺春
洲　馮惟訥
室山人　胡應麟
春　穆文熙
南　樊鵬，龐尙鵬
思　王良貴
泉　王格，汪宗伊，沈伯咸，李植，郝杰
原　余懋衡
少峰　林應亮，商大節
郭　雷賀
連　謝陛
崖　傅頤
虛　李萬實
菴　王之士
偕　李時行
湖　王敬臣，徐階
隆　鄧棟
嵋　譚棨
華　許宗魯，詹泮
欽　朱賡，劉三畏
傅　王弘誨
溪　茅乾，盧惠
源　張九功
瑜　童珮
㮘　盧柟
葵　王三接
經　雒于仁
說　秦嘉楫
墟先生　馮從吾
潛　瞿式耒
儀　王征
質　劉綸
衡　劉應峰
嶽　項元淇
谿　項篤壽
巖　王三宅，葉鏜
水月道人　程富
田　楊成
西　沈漢，華鑰
竹居士　盧維禎
村　陸完
匡　彭杰
東　閔煦
洲　魏良弼
亭　王尙智
南　田汝耔，尙縉，張袞，黃銓
水雲　聶玉治
陽　亢思謙
鏡居士　黃淳耀
簾　潘晟
鑑　葛寅亮
中川　王教，左國璣，陳講
方　范惟一
夫　盧楷
五　黃立極
立　朱觀熰，陶凱
白　朱廷煥
江　莫如忠
州　游元汴
行　高時，陳遇
甫　于玉立，喻時，趙時，韓應嵩
孚　陳遠，彭信，鄭世威
谷　溫秀
岩　李鳳
岡　董恬
明　徐世淳，徐淳
和山人　吳自新
美　王褒，朱多煴，何淡
郎　袁宏道
南先生　黃魯曾
峰　楊相，董玘
條　李豫亨
涵　方從哲
梁　張羽
望　徐嵩，張嵩
理　何燮
堂　張羅輔
菴　徐成位
善　張璞
陽　舒應龍

中象 元默
復 陳遠
裕 史于光
楫 唐暉
寰 葉遵
齋 秦夔，戴光啓
谿 李元陽
蘿 李開先
離 薛侃
巖 魏呈潤
巖 郝維喬
止之 王臨亨
夫 李學詩
仲 王行
吾 胡嘉謨
亭先生 錢肅樂
修 韓敬
翁 慧進
菴 王伯貞，吳爲，夏寅，張洪，楊時喬，詹英，熊翀，德祥
溪 周在
日生 吳易
台 周之訓
池 龔一清
休 吳美
孚 梁焯
昇 黃暐
宣 曾娗
昭 邵暐
思 黃襄
章 余文，淩錦，曾�
莊 顏容舒
新 周新，孫銘，張時敏，趙新，歐陽銘
曰川 傅瀚
仁 徐燮
可 謝廷讚
曰旻 王金，莫驄
南 朱夏
泰 楊元祥
深 魏有本
啓 蕭端蒙
常 王嗣經
翙 顧翀
衡 王埏
靜 吳山
內山 張天復，裴宇
方 童承敘
齋 佘毅中，魏學濂
介子 吳爾壎
川 毛愷
夫 汪禔，吳廉，張節，楊廷和，蔡清，劉節
公 雷績祚
立山人 林時
石 王如堅，尹相，滕祐
石居士 羅欽德
甫 楊畏知
軒 張思安
峰 石應岳
翁 歐陽哲
卿 方良節，劉如龍
菴 方徵，王恕，李錦，段正，倪珣，章袞張敷華，馮本濤，楊俊卿，葉祿，鄭文康，魏鎧，邊節
敏 馬從聘
達 劉焻
愍 胡子昭
肅 吳嶽，張緒，魏允貞
介福 楊褫，蘇錫
齋 呂和
孺 呂維祺
谿 嚴嵩
今山 胡瀚
公父 閻溥
允 徐懷
正 徐資，張固，喬鑑
石 安磐
旦 許承周，劉曙
次 高第
全 周秀
旻 吳國琦，錢琦
甫 朱췌，沈伯咸，陳獻章，蔣同仁
狄 梁以樟
佐 張輔
宜 陳宜
武 張孫繩，盧熊
直 嚴淸
奇 劉瑋
明 邵鑑
茂 韓奭
度 王竑
亮 羅晟
美 李讚，吳之佳
厚 翟厚
若 甘嘉霖
信 徐諒
保 華師召
勉 李敏
垂 朱裳
矩 伍方
瑚 鄭紳
素 金問
退 朱謀㙔
公敍 周叙
望 甘爲霖，徐顯卿，陳經邦，韓奕
理 余倫
虛 王鍾
敏 史謹，程嘉行
善 傅應禎
貴 沈璉
順 馬應祥
循 李坦
溥 錢如京
愷 華宗韡
肅 徐恪
達 韓夷
瑕 周天球
瑞 周季麟
載 周軫
虞 蔡懋德
遇 王誥
業 程紹
著 李儀
照 柴昇
鼎 姚鎮
實 梁有譽，許譽卿，張敷華
寧 杜汝禎
廓 羅大紘
輔 林右，徐俌
暨 盧熙
裳 羅廷繡
綽 談綽
綬 姚綬
寬 龍敷
廣 俞德濟
瑾 莊謹
爽 曾汝召
賢 周廷徵
節 顧咸和
儀 周季鳳
澤 毛渠

公器 胡璉，徐廷璋，劉廷佩
錫 成胤
儒 袁汝是
濟 沈遇，馬應龍，梁橋
燦 孫士美
臨 俞安期
禮 沈琮
謹 夏言，章瑾
覲 謝恩
彝 苗衷
韞 趙謹
獻 陳璋，黃瓚
露 何湛之
顯 韓貴
讓 湯胤勣
仁山 李元壽
元 范永年
夫 宋延年，李戴，姜麟，唐榮，翁萬達，諸大倫
本 林源
弘 郭詡
功 王敏
有 成勇
同 席春
仲 何宇度，劉春
甫 王佐，沈恩，李元陽，吳昊，吳惠，栗應麟，湯禮敬，馮安，華山，楊逢春，楊麒，萬象春，詹榮
孚 徐石麟
伯 徐麟，蔣安
叔 吳宗堯
泉 傅孟春
仁卿 王應麟，查允元，唐伯元，華愛，彭澤，應廷育
祥 曾如春
菴 劉邦柱
常 胡士容
植 方孔炤
瑞 王麒
輔 張德勝
徵 劉天麒
齋 趙應元
竇 郎瑛
化之 馮時雨
甫 敖鯤，葉春及
伯 陸應龍
卿 唐夢鯤
幻依 祖住
齋 如念
隱 慧明
月川 曹端，鎮澄
心 德寶
如 詹兆恒
林 丘樺，倫明
亭 明得
泉 法聚
峰 孫鑛
航 周津
鹿 張之象
梧 喻茂堅
湖 楊廉，謝燿
溪 陰武卿，錢泮父
隱 祝淵
濱 李巳
隴 陳大章
丹山 翁學淵，屠溥
丘 何白，林文華
丘先生 姚綬
丹其 周士樸
泉 楊祐，顧源
衷 陳于王
菴 龐能
崖居士 唐肅
谿 屠朝文
巖 黃雲
午山 張絅
田 吳廉
江 陳如綸
坡 江以達
渠 余日德
塘 閔如霖
升之 朱應登，張引，楊啓明
甫 馬思選
升伯 顧天埈
菴 麥福，楊愼
常 呂升
榮 蕭柯
反縮生 吳琳
勿齋 朱厚熚，林智，徐汧，陳員韜，婁志德
文峰 胡體乾
允才 陳稷
文 周如斗
中 朱公節，沈守正，柴惟道，夏煜，張文質
升 曲遷喬，朱升，高翀，蕭雲擧，羅欽順
立 楊相
平 徐甫宰
吉 孟兆祥，姜迪，蘇祐
在 王鳳竹
允兆 吳夢暘
亨 楊守謙
艮 劉士驥
允成 沈仁佶
治 方九功
明 華埜
昇 錢仲益
忠 王納言
和 歐陽和
政 陳敏
廸 羅欽德
重 郭鋆
修 蕭崇業
高 盛杲，黃山
恭 向祖紹，徐輝祖，劉于
恕 羅欽忠
卿 張寰
淸 余洵
章 閻倬
祥 吳麟
執 孫克宏
菴 張逵
堅 李嘉
巽 鄭觀
新 郭鋆
達 王汶
敬 張簡
誠 毛忠
實 李文郁
寧 王維禎
銘 呂銘
賢 倪光薦，徐彥登，歐陽賢
輝 錢璉
節 楊柏
德 伊宗皋，喬懋敬
徵 彭應麟
學 閻儒
穆 岑用賓
懷 李鎧
及泉 李頤
齋 魏良貴
毛太 毛泰亨
伯 丘兆麟

五　劃

永之　袁袠，陳頎
立　紀大綱
年　朱祚，林椿，胡富
言　鄭雍言
昇　錢仲益
昌　周盛
明　祝德
叔　王士昌
亭　馮保
貞　吳益，劉固
修　趙順祖
泰　盧亨
時　丁鉉
清　初灝，吳寧，胡世寧，胡澄
盛　國盛
齊　胡穜
端　歐陽正
熙　韓雍
澤　王玭
翰　鄭岳
錫　王與胤，陳祚
濟　劉漳
謨　劉繼文
懷　李湘
觀　孟承光
玄子　何楷，劉黃裳
之　黃玄，樊玉衡
升　成德
白　李養正
圭　葉錫
初　周玄眞
谷先生　沈魯
度　趙琦美，鄧雲霄
玄若　高斗樞
宰　董其昌
恭　歸莊
眞子　宋濂
峰　葉煒
圃　吳騤
卿　姚明恭，張素
倩　陳潛夫，劉成穆
扈　徐光啓，龍德孚
菴　穆孔暉
略　貢安國，張智
超　張之象
陽山人　王逢年
著　張煌言
敬　都穆
鉢　孟紹虞
臺　薛敷敎
駒　李夢宸
韜　呂邦燿
懿　謝徽
立之　李本，姜志禮，胡植，徐綱，傅學禮，饒位
夫　支立，張傑，盧學禮
台　柯挺
宇　王象恒
吾　閻士選
甫　李學禮
軒　麻僖，楊敦厚
峰　孫鑛，魏一恭
卿　李承勛，陳豫
菴　王億，李本
齋　王綸，沈冬魁，宋端儀，李向中，吳洪，馬僊，陳邦修，楊傑，萬潮
主一　吳志淳，馬經綸
敬　孫忠，陳振，陶安
靜　劉定之
必之　孫祖壽
用　呂不用
克　蕭乾元
成　阮勤
東　朱制
信　徐珪
恭　陳遜
進　雷禮
彰　宗顯
學齋　丘敦
穴湖　邵惠
半山　叢蘭
江　邵珪，趙寬
洲　張經
軒　王行
窗　羅輅
禪野叟　王心一
可久　方徵，段堅，葛乾孫
大　朱維京，李允簡，徐文溥，馮應京，劉存業，劉志業，錢瑛
平　胡以準
仕　張文峙
先　吳炳
竹　姚旬
全　劉天授
吾　方宸
宗　王顒
亭　楊鶴父，趙時
可泉　宋仕，胡纘宗，蔡克廉
容　錢宏
累　翁玉
菴　張棟
間　顧瓊
閒先生　姚翩
發　蕭廩
復　蕭時中
遠　于愼行
與　支立
賢　曹當勉
齋　張簡，游居敬，盧楷
關　張祐
觀　沐斌
平人　陳士奇
山　高銓
山居士　陳政
川　郭應奎
川山人　王承裕
丘　侯秩
江　劉志業
仲　王志長，洪文衡，范準，湯建衡，蘇伯衡
甫　范鏓，劉槩
岡　劉淮
匡　王廷相
叔　施峻
侯　唐冑
泉　陸樹聲
軒　李贊
倩　黃輝
野　許復禮，陸溥
華　林宰
樓　李繼貞
園　章洪
遠　許豸
墅　沈敎
橋　王吉兆

正已 黃銓
之 李改，黃弘綱，鄭大經
夫 夏寅，曹端，楊廷儀，盧格，戴誼
立 李挺
言 尹直
初 陳旅
甫 周雲鵠，胡直，夏嘉遇，殷士儋，楊天民，蔡國用
希 金聲
固先生 蕭岐
叔 汪一中
所 范鏞
屏 李國士
峰 孫鋌，劉綱
卿 甯正
義 劉宗周
義先生 王毓蓍
傳 郭傳，湯宗
誼 雍泰
學 方孝孺
學先生 余祐，蔣信
齋 俞泰
石山 高時
山居士 汪機
川 殷雲霄，張勉學，張寰，楊椮
文 陳其赤
夫 楊汝經
水 蘇茂相
公 袁宏道，溫璜
汀 殷正茂
田 沈周
江子 歐陽鐸
羊生 胡應麟
帆 岳元聲，解學龍
石沙 王瑛，李玘
村 張思
谷 王準，張節
林 淩文紹
厓 謝迪
門 許士柔，翟鑾
門子 高濲
門山人 林萬潮
門先生 梁寅
岡 王以旂，蔡天祐
岡樵隱 羅富
亭 胡文璧，陳沂
屏 胡堯臣
屋山人 彭簪
屋居士 蔣誼
叟 伍經正
泉 王泰，林塾，張天相，潘旦
涇 陸杰
城 許穀
城雲樵 李傑
峰 李綸，邵錫，林公黼，陳琳，曾全，管見
臯 左思忠
倉 曹學佺
淵 傅烱
淙 楊一清
窗 華愛
菴 毛倞，李濙，屠湖，蔣瑤
莊 陳弘緒
崖 林有孚，周琉，郭東山，熊桂，鮑榮芳
崖居士 黃溥
湖 何詔，潘鏜
石渠 王恕，吳炳，梁子琦
雲 沈謐
溪 王舜漁，王憲武，毛渠，周叙，陳言，陸銓，鈕緯，韓士英
鼓山聾 呂不用
塘 李棠，曾銑，聞淵
遠 胡甲桂
葵 賈三近
潭 劉髦
樓 李瀚，林萬潮，陸鈳
盤 張鰲山
龍 陳元卿
齋 陳獻章，黃道周，楊廷和，羅璞
磯 孫繼芳
簣 陶望齡
麓 李春芳，李開先
巖 鄭一信
壘 李宗樞
玉山布衣 魏文魁
川 李昌齡
川子 華善述
方 洪珠
夫 丁璣，程振
中 張璞
田 伍瓊
史 許豸
汝 倪元璐，陳璚，潘珏
池 史孟麟
存 劉廷標
耳 孫琉
仲 許琰
玉合 黃珏
沙 王應麟
甫 貢汝成，藍田
吾 胡價
厓 佘胤緒
坡 范復粹
叔 陳文燭
岡 沐崑，姚鎮
芝 法聚
洞 王光蘊
英 潘瑛
泉 王浚，宗璉，陳鳳，趙孔昭
泉山人 戴進
峰 朱希周
卿 姜綰，潘珍，劉鉉
庸 劉應遇
菴 梁紹儒
崖 陸崑
崙 黃士俊
笥 張國維，劉焓
陽 丁元復，史際，沈子木，張一桂
陽仙史 陳與郊
華樵山 王資
華外史 朱應祥
溪 王任重，石簡，張潮
瑩 張清雅
鉉 陳奇瑜，湯鼎，趙甗
遮山人 王穉登
節 朱士鼎
橫 孔貞運
融山人 郭造卿
選 潘選
衡 劉璣

玉齋 潘潤
繩 周延儒
壘 陳于陛
疇 陳琳
巖 周廣
丕文 呂獻
丙山 甘嘉霖
仲 余有丁
巨川 李淮，李楫，何文淵
博 張記
卿 何鰲，吳滔
源 徐世溥，陶浩，蔡潮
正 吳中
直 史記言，歐陽一敬，劉忠
韶 葉夔
與 王文轅
召和 張鹵
民受 費懋中
威 褚鈇
畏 李霆
則 沈度
服 楊瀲
泰 安國
望 王汝霖，王儼，包澤，沈棨，秦昂，萬表，錢澍，謝壐
敬 胡行恭
璧 江瓘
懌 桑悅
諧 袁化中
璞 江珍
應 王伃
瞻 崔巖，諸觀，韓鎬
懷 溫仁和
弘山 張後覺，楊士雲
中 鄭建
弘宇 周仁
吉 祁彪佳
仲 趙遠
初 王浩
度 黃憲卿
相 鄭元愷
若 都任
家 蘇茂相
原 劉諧
軒 張國彥
基 黎弘業
量 徐元概
智 方以智
道 丁本，趙淵
載 商輅，錢象坤
濟 楊溥
齋 林景暘，洪遠，夏臣
功大 文洪，李勳
甫 惲巍，樊助
敍 周敍
古山 桂萼
心子 汪褆
心先生 葉夔
古 閻爾梅
白 陳元素
行 王奇
迂 陳壯
村 詹約，瞿國賢
匡 吳溥
林 王元敬，沈寵
直 王佐，劉珝
岡 楊霆
則 趙謙
泉 莊祥，盛汝謙
庭 善堅
城 張吉
眞 徐壐
古庸 謝詔
崖 楊柏
雲 宗弘暹
菴 王天爵，毛憲，梅繼先
溪 覺澄
廉 李時勉
雍 任亨泰
道先生 陳賢
園 盧雍
愚 王綱，宋明，吳正巳，周積，張瑄，戴審
滄 李裕
樸子 陳遜
齋先生 萬吉
右山 裴紳
君 傅朝佑
武 丁此呂
溪 謝廷茝
左山 顧中立
川 李濋
亭 馮煥
庵 朱承爵
虛子 蔡羽
溪 唐志大
麓 張元凱
去矜 方克勤，王俅
病 卓爾康
華 潘士藻
間 潘士達
本一 王億
中 李和
仁 陳壽
初 芮琦，陳瀾、，楊恆，趙俶
直 舒濟
明 楊德
忠 鄭恕
制 舒法
厚 裘壤
本思 朱得之
軒 馮子咸
素 俞繪，華玄禔
深 吳淵
清 于湊，金湜，李源，周源，章潢，曾泉，楊源，葉淇
淳 康厚
崇 羅如墉
善 王良，劉慶
菴 楊俊民
道 王治
誠 黃意
寧 李維楨，桂山
德 翟溥福
靜 張棨，黎澄
學 傅習
謙 張善吉
彝 談倫
未邨居士 李舜臣
孩 朱大典
軒 周季鳳，俞朝妥
軒先生 黃仲昭
齋 胡森，黎近，蔣誼，顧鼎臣
甘泉 湛若水
泉子 吳琉
齋 成守節
世文 張綖
元 鄔中涵
弘 董寘
田 李濋
用 江淵，仰儒，余繼登，高穀，馬騤，張稷，陳嘉猷，陶試，黃縉，

蕭汝金，瞿俊
世安　吳道寧，孫興祖，張撫，劉寧，韓定，顧定芳
臣　杜忠，張元勳，陶諧，管大勳，劉錄
吉　呂祥
行　孫如法
光　何鑑
亨　周震，徐子麟，張泰，曾大有，劉泰
艮　董田
宏　董寬
甫　胡纘宗
延　郤永，孫衍，顧興祖
京　鍾同
其　孫繼芳
奇　李偉，童瑞
叔　顧冶
芬　方一桂
芳　熊桂
昌　王越
忠　邵陛，金忠
周　王伯稠
秉　陳圭
和　陶諧，萬祥
美　吳仕偉，胡德濟，張玉，臧瑛
悅　林正隆
威　杭雄
英　王奇，戚雄，焦文傑，劉文煥，劉傑，簡祖英
胤　孫繼先，趙大佑
重　郭楠
高　段豸
世起　白鑰
恩　錢榮
修　謝省
祥　張鳴鳳
望　彭簪
章　丘緯
膺　皇甫錄，賈熙載
寅　徐栻
堅　白鋼
隆　侯盛，雍泰
揚　唐激
傑　孔文英，孟俊，葉子奇，樊英，賴瑛
喬　鄧遷
卿　李承箕，杭濟
新　王升
廉　王文祿
瑄　左璿
熙　劉杲
達　于宣
榮　孫仁，藍福盛
嘉　曹禾
調　林埜，張爾
賢　李思齊，李傑，瞿能
德　高胤先，董懷
衡　于準，劉機
績　儲懋
瞻　李崙，衡岳
曜　章照
馥　荊芸
寶　王銀，李勳
一　，南金
顯　戚景通，陳嘉謨，黃孔昭
纓　秦紘
北山　李先芳，楊武
北川　吳惠，陸穩
沙　胡以準
村　劉鳳儀
匡子　梁穀
坡　余纘
屏　惠隆
泉　閻溥，藍田
海野人　黃禎
原　邢如愚，周良佐，熊浹，劉佐
郭　劉琦
郭生　徐賁
野　周佩，郭四維
萊　樊傚
源　邢如愚
虞　邵圭潔
澗　王納言
潭　傅珪，熊如達
橋　劉璋
瀛　蔡元鋭
以山　湯建衡
方　周子義，黃直
心　薛敷政
中　李彬，吳情，段正，陳道基，智及，謝丕，韓貞
升　邵旭
介　溫璜
公　楊選
立　成柔，姚學禮
永　林有年
正　王永和，姜廷頤，南同，夏時，陳政，潘楷，鄧尚義，韓楷
平　夏衡
占　蕭良有
以安　沈節甫
吉　林有孚
光　范觀
同　徐朝
行　趙紳
先　邵玘
言　周詩，徐學詩，張應揚
成　林章，劉繹
含　張振修
身　薛敷教
拔　柯挺
明　石鋭，費得智
忠　夏子孝，曹恕
忠　萬廷言
周　張愍
和　孔弘泰，成樂，陸平
度　閔節，黃志清
政　李在，沈政
貞　范希正，孫瑋，曹元，張嘉孚
則　程式
衷　周良寅
時　錢學孔
乘　林大輅
清　方廉
康　侯執蒲
通　陳揆，常守文
善　林良，周積，盛賚汝，端復初，謝上箴
發　朱集璜
登　張納陛
棟　淩稚隆
鄂　丘懋煒
順　劉希簡
義　丘養浩

以道 王敬臣，呂時中，高邦佐，章拯，程啓充，劉佐
載 范輅，黃釆，趙軏
達 張敏
敬 孔弘緒，張秋，童寅，劉大賓，劉修己，謝得原
愚 華晞顏
齊 樊玉衡
誠 李成，張眞，黃潤，謝孚
端 盛綸
寧 王國禎，沈裕，蕭良幹
賓 傅信
嘉 衞靖
潤 王春澤
潛 沈玄
賢 宋景
德 孫繼皋，楊芳，齊政，劉政
節 王和
憲 黃憲淸
學 程時思，劉仕
禮 楊敦厚
瞻 孫宏軾
目峯 趙龍
四山 鄒德溥
戒居士 王爾康
長 方岳貢
泉 楊麒
素居士 黃廷用
峯 張楠
備 繆國維
爲 袁義
溟山人 謝榛
田甫 趙日新
田南 張昇
翁 吳勤
申甫 章蕃
葆 蔣德璟
令中 趙可與
斌 陳邦彥
聞 沈孚聞
仙臺 李僑
癡 姚綬
仗和 劉釪
智 劉鈞
仕紀 林憲
恭 鄒安
通 何一逵
朝 俞士悅
遠 邊永
鳴 萬鏜
濟 田汝耔
幼于 張敉，張獻翼
文 王炳璿，吳禮，徐貫
仁 張元春
玄 黃道周
宇 楊文薦
安 劉曰寧
如 吳文企
明 葛昕
泉 薛綸
殷 楊豫孫
海 周天球，董傳策
哲 盧象觀
眞 沈懋孝，孫儒
峯 余孟麟
淸 宋楙澄，蘇應旻
淳 陸時雍
博 程大約
溪 陳省
誠 呂顒
澄 何源
幼撝 孫惟謙
輿 程百二
禾山 張欽
册川 于玭
用大 邢寬
之 唐豫，梁潛，湯鼐，錢中
文 鄒維垣
元 程泰
夫 潘瑋
中 王宗舜，徐子權，徐問
司 王敬民
汝 甘霖
吉 孫修
光 段伯炌，徐文華，陳紹
行 梁時，劉時敏
先 馮彬
良 江玭
初 李震
吾 潘自新
成 毛玉，章璠，華汝礪
均 董份
希 周賢
明 朱鑑，呂文燧
周 田賦
受 李茂弘
和 王愷，阮文中，徐鏞，許貴，唐永韶，張鼐，蔣性中
宣 姚旬
圭 曹珖
貞 姜諒，俞士吉
思 唐貴
昭 文德翼，張潛
夏 薛寅
用哲 孫愚
修 徐延德，楊愼，劉愼
恕 姚忠
章 王俊民，李汝燦，唐世良，黃元白，黃紱，楊繼，詹俊，潘奎，鄭三俊
理 邢量
張 李四維
晦 文明，宋學朱，朱多煃，孫聰，康朗，魏體明
敍 楊惇
植 劉幕
傑 周英
欽 毛勝，章瑾
卿 蔡汝賢，龔大器
載 張大輪
敬 王軾，吾體
經 李巽
齊 劉璣
端 盧楷
韶 許律
誠 王恂，王豫，金實
實 羅亨信
賓 周文興，楊觀光，劉思賢
遜 黃讓
嘉 杜瓊
養 林泮
儀 王漸逵
節 王永和
衡 滕用亨
濟 丁鉉，俞德忠
謙 薩琅
齋 劉元霖

用檢 王偉
禮 俞敬
藏 原兵
韞 馮琦
礪 徐鉦
馨 周芸
生生子 孫一奎
同 趙建極
句曲山人 朱載堉
白川 劉景韶，劉應節，諸大倫
夫 李壁
石 連嬪，趙善繼，蔡汝楠，劉廷臣
石翁 沈周
民 朱鷺
生 徐泰
安 黃尊素
沙 陳獻章
甫 朱袷
谷 孫傳庭
匡 秦鳴夏
坡 何其高
坪 高世彥
岳 王希元
泉 聶韓
浦 朱節
雪 吳文企
野 朱炳如，殷邁
湖子 胡彥
湖居士 鄭汝美
雲 趙元韶
雲山樵 沈懋學
雲先生 唐仲寔
陽山人 陳道復
陽山樵 張簡
塔山人 董澐
溪 周仕，周忠
閣 牛恒
白閣山人 王九峯
樓 吳一鵬
齋 毛澄，張琦，戴錦
巖 喬宇
巖山人 柴惟道
台山 程時思
石 徐浦
仲 許相卿
甫 蔡時鼎
峯 王希文
鼎 龔錡
包山子 陸治
孕厚 李喬崑

六　劃

冰川子 梁橋
玉 羅環
崖 翁世資
壺道人 王謙
蘗翁 孫需
蘗道人 吳凱
次山 秦汴，劉涇
川 譚太初
元 龔愷
公 鄒夢龍
如 白慧元
尾 吳應箕
甫 郭第
村 楊守謙
知 孫作
珣 劉珷
翁 吳偉
淸 閻潔
崖 林希元
溪 李汶
楩 盧柟
農 盧充耜
巖 楊鏓
汝一 常居敬
力 田秋
大 楊成，劉容
汝才 蔣勸能
上 蹇達
文 王鳴臣，馮煥
元 徐春甫，顧從仁
尹 洪朝選
止 王艮
中 王畿，丘民範，陳文周，潘子正，劉鈗
化 王格，李可大，余一龍，張夢鯉
立 李禎宁，李標，邢址，呂本，胡執禮，胡植，唐勳，秦柱，張鰲山，華允誠，盧勳
永 萬邦孚
玉 王瑛，陳璠，顧琳
平 王用章
石 趙玉
民 王智
申 黃翰
白 尤瑛，金賁亨
安 楚鈐
臣 鄒德泳，瞿國賢
吉 張禬
存 趙思誠
光 鄒德溥
同 陳交，陳詢
舟 王濟，鄒濟
行 陸州，馮惟敏，黃廷用
言 王綸，張龍，馮惟訥
亨 陸震，黃乾亨，潘子嘉，謝時泰
汝艮 高金，趙士寬
成 汪玉，周釴，俞成，陸穩，劉材，邊憲
志 李國士
孝 王繼宗，姚學閔，党成志，梅繼先
材 沈楠，徐一檟
含 宋伯華
佐 吳佐
希 范伋
宗 孫紹先，張岳
雨 林雲同
承 朱恩，李寵，湯紹恩，楊祜
承 薛廷寵
林 洪薪
明 王鑑，朱守愚，章袞，商廷試，許天倫，陳三謨，莫愚，勞玭，熊繡，鄭諛，潘自新
忠 吳承恩，陳棐
佩 盧紳
知 劉思問
秀 吳琉
和 王鑾，周期雍，范永鑾，華珏，顧從義
彥 朱繼通
珍 吳寶秀，梁子琦
契 李成梁

汝威 周鈇，馮惟重，歸鉞
南 程雲鵬，萬鵬
英 林文俊
茂 胡松
貞 胡宗憲
思 何尚賢，邵棠，程大位，閻睿
信 萬潮
約 詹瀚
泉 趙賢
重 胡文璧，歐陽瑜
勉 張安甫，劉安
海 鄒德涵
高 鄧原岳
衷 朱袗
訓 齊一經
益 范謙
夏 黃乾亨
眞 戴儒
振 張翥
時 傅學易
修 王德，黃俌
師 趙用賢
淸 官廉
淳 董樸
章 底蘊
寅 奚世亮
康 王三接
張 郭四維
強 馮惟健
陳 王臬
基 楊兆隆
教 蕭敷
培 李植
第 黃應甲
湖 謝丕
善 吳繼
陽 吳之龍，溫景葵
汝弼 王用賓，王佐，馬升階，張弼，盛俌，潘汝輔
登 季科，胡東皐，烏從善，許逵
極 鄧元錫
揚 程廷策
華 傅舜，鄭岳
備 顧問
集 謝詿
循 蹇達
爲 余世儒，周二南，薛綸
喬 吳嶽
卿 譚讓
欽 張誥，莊祖誥
欽 詹仰庇
溫 王翊
新 陸銘
詢 徐廷玉
聘 蔡國珍
肅 何寬
楫 劉濟
楠 沈子木
勤 宋農
敬 倪敬，屠機，鄭行簡
虞 朱廷益
愚 章允賢，鄒智
誠 胡宗明，曾忭，戴洵
實 洗光，聶良杞
嘉 王進，鄭國賓
潔 蔣淦
澄 劉源淸
潛 游震得
汝瑩 吳玭
諜 陳諮
談 林樵
慶 韓邦靖
厲 毛伯溫
賢 計昌，海瑞，徐元太
德 金元立，吳潤，呂懷，華珵，舒化，鄭普，鄧以讚
質 劉采
魯 周希旦
節 曹姜仲，韓邦奇
邊 路王道
霖 文澍，司汝濟，金淑滋，張潤，陳霑
操 秦柄
靜 蔣致遠
奮 薛夢雷
默 申時行
器 邢埴，浦鋐，郭鋐，陳瑚，張璉，彭璉黃璉，裴璉，劉瑀
衡 周銓
錫 孔天胤
學 王佐，沈祿宋仕，楊訓，謝登之
濟 方舟，唐舟，張楫
濱 朱憲童
謙 何廷魁
勵 才寬
翼 陳僎，趙佑
壁 葉鏜
懋 程嗣功
邁 趙志皐
瞻 錢岱
汝懷 張忭
贊 王化
耀 陳鑭
礪 安全，吳鋈，金鈍，馬金，曹金，陳金
馨 李香
鑑 成良卿
觀 王國光，胡賓
江如 張人龍
村 沈峕
門 姚一貫
郎 周文興
峯 呂高
野 王紝
樓 錢宏
州來 吳大山
交川 湯賓
充之 周廣
昭 李漢
菴 胡守法，潘允端
道 靳貴
輝 黎愼
亦必道人 鄢正畿
平 文昌時
房 王留
卿 李道統
賚 王肇坤
齋 溫純
守一 樊敬
方 華方
之 唐皐
中 朱節，舒敬，錢鎭
仁 林富
正 李介，金固，胡宗道
白 柯文
艮 朱憲童
拙 王宗彝，

王鎧
守忠 王信，宋良佐
明 蔣新民
固 郭堅
度 張尺
貞 李介，劉諒
信 韓克忠
原 王懋
軒 林昌
清 韓廉
教 談愷
菴 張永，張昇
卿 馬應魁
愚 毛勳，朱木，張賢，劉聰，劉壁
輝 劉鑑
節 王崇之
樸 趙錦
靜 焦芳
衡 党以平
勳 黃勳
齋 湯繼文
謙 楊盈，鄭滿，蔣益，繆恭
禮 馬謹，錢立
安之 劉汝清
止 陳皞，廖莊
中 王恭
甫 陸伸，趙邦柱
匡 黃臣
拙翁 張瑄
侯 劉之勃
素 姜廸
峯 劉釆
常 董倫
期 周永年
卿 范欽，屠僑，滕克恭
然 淩晏如
安裕 朱誠冽
道 王履
道先生 陸世儀
肅 朱經扶
遇生 董鏞
節 吳達可，袁洪愈，薛服耕
節先生 龔詡
簡 王宗彝，陳文
字川 張文魁
宇和 周鳳岐
咸 駱從宇
春 龐景華
泰 王肯堂
清 顧震宇
弼 周天佐
超 富好禮
霖 蘇觀生
衡 張銓
宅平 陳塏
耳伯 謝兆申
猶 馮夢龍
百山 車純
川 俞通源，孫樓
松 貟覺
拙子 覃昌
室 李善長
泉 皇甫汸
斯 王與胤
順 鹿善繼
當 薛一鶚
樓 陳紹
穀 王穉登
西山 許滋
山先生 謝復
川 方克
川先生 尤時熙
玄 馬汝驥
田 樊深
白 力金
冶 王鑾
西村 尤魯，史鑑，楊本深
空老人 朱鷺
來 岳薦
岡 邢鑌，崔聞禮
洲 唐胄，歐陽席
津 沈恩
亭 朱睦㮮，施儒
郊居士 殷序
垣 趙孟，繆國維
虹 司馬恭
泉 文皓，王仝，林鉞，楊應奇
唐 牛鳳
原 邢尚簡，薛蕙
軒 陳金
峰 張海，趙璜
圃 郭汝
淙 洪珠
涯 李東陽
郭 田景賢
埜 田鐸
莊 霍華
崖 江一川
野 李璣，孟麟，曹鳳，羅欽忠
渠 張士隆，楊逢春
華 王叔果
菴 孫賁
溪 王玹，宋以方，屈直，孫大經，劉准，繆昌期
溪先生 鮑恂
塘 王好問，陳慶，劉贊
西園 林瑭，唐禎，張萱，豐耘
園野夫 王一鵬
愚 陳煥
墅 曾棨
潭 汪大受
樓 謝綬
盤 張綸
橋 劉鈗
樵 方獻夫
磐 張潤
嶼 董汝瀚
齋老人 梵琦
隱 宋訥
谿 燕忠
瀛 章甫端
麓 田秋
巖 周本秀，郭堂
瀾 張應麟
巖 宋欽，顧言，顧潛
而強 劉振之
至大 劉宇
剛 趙侃
堅 江鋐
善 陳德，婁良，顧文美
旨玄 黃道月
匡山 李右讜
山居士 章溢
山樵者 吳勤
吾 羅大紘
南 劉淛
鼎 朱翊鉦
臣舉 伊伯熊
艮所 劉棟
菴 張縉
丞直 劉宗弼
羽文 杜鸑
吉 董子儀
伯 陳鳳

羽侯 章正宸
泉 劉鐖
皇 施鳳來
聖 光時亨
儀 張國紀
朽木居士 金湜
朴菴 王天敍，李鎰，張文盛，陳琰，陳鳳，陳應，潘珍，劉惠
溪 潘璜
齋 郭純
托齋 溫仁和
圭叔 王士琦
峯先生 羅玘
齋 邵廉
吉人 萬元吉
夫 卜大同，任彥常
亭 陳泰
甫 王之士，李佑，李謙，徐養正，喬允升，滕祐，劉祺，盧謙
甫 蕭瑞
亭 趙煥
軒 白棟
雲 胡守恒
陽 何遷
菴 王文暉，許一德
共之 左光斗，扶克儉，胡拱辰
甫 公家臣
有之 汪佃
立 俞貞木
功 張遜業
本 祝瀾，崔源
戒 陳鎰
孚 任惠，馮顒
林 鄭壬
有恒 冒政
恩 楊呈芳
約 洪寬
容 黃暉，趙德宏，鄭裕
益 薛服耘
涯 孟洋
源 陳本深
實 曾鼎
僕 姚奇胤
融 鄭煒
懷 王孕懋，唐琦
在六 金鉉
中 李士文，李錦，陳美
田 馬化龍，劉應龍
竹 尹鳳
亨 柯暾
杭 謝肇淛
叔 王璣
倫 耿定向
淸 彭根
菴 王璣
德 王九鼎
存一 黃養蒙
方 蔣以忠
之 高攀龍，楊開
心 張璣
中 周書，蕭中
仁 朱訥，婁志德
古 葉釗
初 汪善
艮 夏浚，韓世能
吾 黃溥
我 李待問
性 郭資
拙 王彥
忠 郭良
美 馬汝彰
存信 牛諒
恕道人 張鵬
納 王爌
彩 張昪
善 張孜
庵 錢士鰲
敬 王弼，朱東光
園叟 李之藻
誠 賀確，鄧眞
賢 夏佑
齋 徐階，葉夔
翼 李匡
禮 豐坊
彝 淩嗣音
簡 張文
老補鍋 黃直
考堂 張祥
式之 毛憲，張楷
古 司馬軫，陳偉
柏 劉廷訓
齋 陸容
夷白 陳基
度 祁承㸁
菴 孫聰
齋 沈瀚
聿雲 佘翹
艾陵 林烈
齋 黃俌
屺瞻 葛寅亮
光大 胡廣
之 李文進
父 范應賓，姚繼可
世 陳敬宗，張鳳翔，惲紹芳
宇 伍雲
甫 鄧起宗，閻仲實
貞 胡易
信 朱恕
光胤 王叔承
祖 劉先，韓紹
菴 王賓
卿 虞德燁
裕 陳南賓
輔 孫繼宗
遠 李泉，趙世勛
戩 周瑯
曙 張曉
此齋 魏良輔
同人 朱家民
文 詹同
仁 尹旻
甫 帥蘭
故 陳瓘
野 李文進，李渭，劉廷梅
菴 李與善
節 王槩
齋 沈恒吉
麓 佘有丁
因之 吳默
甫 習孔化
曲江 李存文，趙松
合宜 黃宜
全一 張三丰
之 繆樗
卿 陸完，楊成，薛鎣
德 焦成
企之 高鏊
元 陳愷
周 胡忠
容 華謹
參 胡孝
齋 張愷，詹源
仰山 宋宜，何尙賢，尙維持
伯 馬剛中
松 張博
芹 馮子履

仰亭 許汝魁
恂 楊佩訓
南 周芸
高 沈經
峰 高琬
崖 胡憲仲
善 蕭晅
彭 田大年
菴 白啓常
葵 顧承光
齋 胡堯時
仲一 賈定，魏尙綸
子 胡翰，孫宜
才 邵經濟
山 林烴，徐源
山先生 王問
川 謝江
文 姜士昌，鈕緯，潘緯，藺芳
方 周琮，段復興，劉矩
之 殷善
元 李寧，歐陽亂銘
木 呂枘
友 龔三益
仁 林榮，袁復，陳榮，端宏，謝士元
化 沈鯉
及 左懋第
升 惲日初，戴光啓，嚴升
玉 石璞，丘璐吳玒，曹琚，崔碧，費瑄，楊璨，衛景瑗
平 令狐聰，高名衡，曹大埜
正 倪端
可 孫宜，嚴從簡
仲弘 汪垍，殷淵，滕毅
申 胡岳，胡翰
用 梁穀
交 盛時泰
安 王崇仁
西 李秦
光 王賓，胡燫
好 馮從吾
先 周起元
亨 游泰
艮 馬之駿，童漢臣，劉彝
初 張宓
宏 王宇，譚廣
完 陳完
玖 魏照乘
孝 伍希閔
含 周賢宣，曾櫻
孚 徐炳，張璽，鮑恂
谷 南軒
京 王庾
房 馬汝驥，魏驥
宗 鄭洧
協 劉生和
奇 陸偉
弢 毛文炳
芳 楊繼盛，戴夢桂
昇 何景暘
明 李聰，張昺葛曦，顧鑑
佩 朱載堉
和 孫泰，盧祥魏怡，龔一淸
恬 陳伯友
恒 吳行
美 張羅彥
厚 郭敦
仲南 朱炳如
述 陳繼先
威 沈固
持 鄭湜
若 程國祥
英 嚴文俊
茅 俞彥
貞 譚吉臣
昭 姚顯，夏杲，陳子晟
思 盧睿
俛 雒昂
律 沈鍾，何景韶
衍 孫賁
約 孫廸
紀 張正常
泉 孫埛
夐 崔銑
高 朱勝，李昇
訒 姜逢元
起 張振之
恭 顧大韶
泰 錢亨
珩 宋璲
珪 宋瓚
修 李德，高世彥，桑愼，張士隆，劉永之，劉效祖，顧履吉
矩 董方
能 范能，程徐
涵 鄭淵
深 丘濬，何源
淵 胡深，羅源
淹 王道貫
望 胡汝霖
雪 魏浣初
理 王亨，劉政
規 楊安
常 胡子昭，薛應旂，權謹
仲從 顧同應
敏 方鈍，宋訥
湜 張滐
韶 米萬鍾
善 陸中善
翔 彭大翩
弼 鄧汝相
雅 朱夢炎，何淳之
馭 周鑣
發 王世琮
華 朱榮，徐從治
貽 許穀
復 馬大壯
溫 宋克
裕 汪克寬
達 李茂材，李應昇，徐忠，華善述
熙 鄒緝
粲 梁軒
與 錢春沂
葵 許國瓚
微 平顯
齊 張瑢
禎 虞祥
韶 葉紹袁
實 柴英，夏忠，溫秀，萬文英，鍾芳，饒秀
寧 楊靖
嘉 汪道會，許士柔
鳴 翟鑾
綸 傅宗龍
醇 陳繼儒，繆希雍
賢 倪維德，蔣賢
履 潘允端
蔚 俞允文

仲輝 黎光
德 王崇，邵經邦，周潤，袁宗臯，郭景祥張驥，鄭濂
緘 堵胤錫
緝 劉熙祚
魯 汪叡，潘希曾
盤 趙安
節 施禮
濂 石光霽
羲 舒瞳
璟 劉璟
璣 侯潤
默 何景明
積 劉世昌
儒 薛三才
衡 丁璿，何鈞，張時宜
縉 王紳
勳 侯臣，顧仕隆
學 李用敬
聲 趙鏜
輿 郝敬，陸矩
擧 楊翥
禮 周序，彭富鄭禮，劉政，魏富
觀 周炳謨
顒 王昂
簡 張簡
寵 沈淳
璽 劉玉
韜 馬文煒
鏞 林鍾
鶡 戴冠
鶴 丘民貴
權 申居衡，程可中，操守經
任之 胡弘
夫 歐陽必進，劉邦柱
任公 莊龍獻
眞子 張賢
齋 趙三聘，趙幸
休父 馮復陽
休居士 申時行
承 文嘉
亭 南釗
菴 王竑，王璠
徵 張應治
樂老人 陳敬宗
价夫 郭維藩
伊晉 謝陞
伍闇 伍希閔
伎陵 張鳳翔
行之 方逢時，王成德，安惟學，余懋學，周用，鮑道明，顧章志
夫 邊侁
中 黃壽生
父 王同軌
可 楊言
安 高峻
甫 包文達，余勉學，張道明，劉尙志
宜 劉華甫
叔 甄成德
侯 黎弘業
恕 趙忠
祥 應龍
敏 汝訥
菴 陳其學
義 鄭宣化
儉 王直
簡 游居敬
好古 徐善述
問 包裕，李詢，耿裕
義 鄭士利
好德 李秉彝，吳福
學 崔敏，魏敏
禮 程富
如山 朱安淓，夏從壽
川 沈璧，李方至，湯流
初 方萬有
松 盧茂
岡 陳大科，陸崑
容 朱欽相
孫 劉三吾
須 姜垓
臯 官惟德
卿 謝瑜
農 姜埰
愚 陳守愚
賢 方選
錫 黃福
齋 高登
耀 方孟式
鵬 呼良朋
舟卿 顧濟
自山 曹汴
立 黃隆，楊阜
充 朱大器
在先生 張鼎
岷 袁江
明 滕昭
牧 劉謙
梁 曹于汴
強 崔景榮
湖 吳桂芳
菴 陳欽
復 劉玉成
新 李銘
愚 李惟聰
魯 汪泗論
樂 沈度
朱明 陳濟夫
市 朱孟辨
朱衮 金俊明
陳村民 朱同
煒 朱守謙
邦江 李重
塘 秦柄
先民 王醇
自 呂大器
印山 劉秉監
川 潘季馴
東 王春澤
岩 王鈁
岡 羅鳳
溪 鄭佶
年少 萬壽祺
竹山 劉受
田 林廷選
西 虞臣
里 王詔
厓 許仁
居 仵紳
林瀨仙 朱奠培
坡 丁文逼，李源，吳節，施奎，陸平，華塾
岡居士 徐冠
亭 王沂，陳九川
泉 邵旭，盧充耜
泉 薛卿
軒 宋亮，杜榮聰
素 李春
峯 王楷，羅如墉
深 徐鏊，閔節
雪 金廉
莊先生 龔琚
堂 王敞，周昇
湖 馬從謙
窗 周雲鵠，賀朝用

竹陽　王湘
菴　陳其學，懷渭
溪　王琁，貝琳，黃澄，傅學禮，趙昂，韓恕
溪逸民　陳洄
浩　浦鋐
墟　屠大山
簡　陳敬
懶　李日華
鶴老人　何澄
巖　王評，胡汝礪，柯潛
名父　楊子器
卿　沈杜
輔　吳道卿
兆野　傅霈
隆　朱國祚，翁憲祥
靈　翁正春
龍　楊兆隆
豫　江秉謙
孺　孫斯億
縈　湯文瓊
后岡　陳束
峯　劉祿
菴　朱紿
谿　惲釜
旭陽　王士禎
菴　烏昇

七　劃

冶山　翁相
冷菴　陳琦
然　楊師孔
沂樂　湯沐
沐齋　蔣新民
齋先生　金洲
儼　沐斌
沖玄子　孫鎮
白　于愼言
沖宇　徐維志，曹一鵬，顏鯨
夷子　孫鎮
泉　張應治
倩　劉墇
涵　李天植
菴　顧養謙
霄　陳翌，畢鸞
沈迂　沈守正
恒　沈恒吉
芾　沈南金
貞　沈貞吉
汪叡　汪仲魯
沃洲　呂光洵
焦　文明
沅溪　何鰲
沙坪　蹇廷相
溪　林潮，孫緒，曹逵
汾涯　南仝
初泉　劉起宗
陽　王復，孫元化，張天復
菴　方揚
快園叟　徐霖
言伯　孔訥
亨大　林瀚
之　朱嘉會，蔡雲程
父　張泰
仲　唐泰
甫　盛汝謙
晦　吳昇
道　周文通
序菴　李時
賓　殷序
賢　朱右
良夫　徐達夫，蔣驥
玉　戈瑄，徐琦，潘琦，劉璧
史　董紀
良用　朱栻，程材
臣　安國，周忠，葉相，鄧公輔，燕忠
仲　葉兌
甫　王徵
材　李棟，李植，李栯，時値
佐　王卿，俞諫，馬廷用，趙輔
金　賈錠
庚　李憲，趙竑
時　葉朝榮
倫　佘叙
弼　沈輔，林夢，胡汝礪，倪輔，趙賢，劉輔，蹇廷相，顧佐
植　屠楷
貴　金爵，龍天爵
卿　周舜岳，龍遂
楨　胡瑞
會　陳逅
誠　沈誠
輔　陳琛，劉原弼
德　沈薿
器　毛玉，葉天球，黃瑭
孺　熊明遇
璧　王琮，王瑞
寶　毛垔
顯　陳嘉謨
完夫　朱祖文
初　華春奇
菴　劉珏
卿　姜璧，藍璧
愚　楊世華
齊　黃鍾
完璞　于瑄
樸　潘士達
宏用　林鉞
甫　蔡毅中
傑　徐彪
道　鄒奕
濟　蘇茂杓
兌若　徐澤
泉先生　馮友
陽　劉應秋
嵎　蕭廪
溪　張萬紀
更生　莫叔明，錢甡
酉室　王穀祥，柯文
菴　曇噩
卿　李長庚
吾山　光懋
西　李仁
野　黃克晦
樂　張美和
辰玉　王衡
忍江　黃傑
菴　李朴
君一　張以誠
大　衞承芳
允　鄭以信
玉　朱天球，張琦
可　周仕
正　梁格
石　晁瑮
白　袁啓觀
言　呂綸
求　伍餘福
佐　朱諫，李廷相，李壆，劉俊
房　程大約
東　劉淛
昌　孫兆奎
明　沈試

君典 沈懋學
和 蔣孔暘
采 石茂華，李采菲，薛蕙
祉 莊國禎
亮 劉邦采
美 李伯嶼，何宗彥，陸偁，須之彥
美 蕭壽
則 陳柯
信 李信圭，林潮
禹 蘇濬
重 張鍵
粟 張士弘
哲 鄒守愚
納 劉堯曉
膚 沈自徵
啓 陸夢龍
望 錢嶸
教 盧明諏
帶 樊一衡
常 馬世奇
晦 沈自炳
弼 郭宗皐，陸弼，蔣士元
揚 龍宗武
復 呂德充，徐學顏，陸化淳
御 馬鳴鑾
卿 馬錄
遂 田良
瑞 翟祥
肅 姜儀
敬 方攸躋
愚 莫可及
實 王佶，李日華，彭誠，謝璉
賓 郭應聘
遠 錢祚徵
賢 魏邦直，顧佐
君鴐 吳執御
儀 林應標
澤 吳兌
辨 黃懋官
靜 方大鎮
錫 王萬祚，石祿，余瓚，姜恩，顧寰
謙 楊循吉
謨 王嘉言
寵 李朝先
贊 楊廷相
寶 王瑛，張三丰
麟 黃于郊
迂岡 倫文敍
湖 葉相
齋 蘇思繹
改亭 丁賓，方鳳，徐炳
齋 王思，王莘
成已 劉道立
之 陳子貞，蔡天祐
夫 潘禋，錢用壬
功 張玄
光 金聲
甫 蔣弘憲
孚 徐用光
所 王三餘
南 吳章
章 徐聯
卿 劉爾牧
德 汪致道
霖 薛雲
齋 林泮，陳璃
戒菴 章格，靳貴
甬川 張邦奇
杏里 王僑
杏東 郭維藩
岡 郭維藩
泉先生 曹德
李甡 李應禎
敬 李鴻漸
禎 李昌祺
禎 李時勉
鋼 李至剛
杞山 鄭文茂，魏觀
泉 胡應嘉
材同 席篆
美 沈林
扶生 劉日升
抑之 汪俊，何其高，馬敭，袁洪愈，張銳，陸愈，楊必進，劉憲寵，錢士升，蕭近高，饒伸
所 唐文獻
堂 蘇繼歐
菴 王直，陳洪濛
濱 王尙學
齋 李愷，周廣，陳叔復，楊允繩，鄭一鵬，盧蕙
把台 蔣信
都帖木兒 吳允誠
克一 姚善
大 王有壬
之 楊守勤
中 呂和
仁 胡壽安，貢安甫
立 劉綱
正 王詛，李叔正，朱端，吳佶，高飛聲，趙鑑
克平 楊總，劉廣衡
弘 史道
功 趙勝
生 梅國禎
用 徐興
安 王鎭
全 雷志淑
生 王佐聖
初 陳謨
孝 孫必顯，楊光祖
肖 石繼芳，何繼之
定 王憲武
承 李嗣
昌 何昌
明 王思明，王暐，朱光霽，李新，李愚，呂昭，孟鑑，金亮，洪通，孫鑑，倪峻，曾鑑，焦宏，鄒亮，鄭濬，潘本愚，劉昭
忠 包良佐，向寶，陳謨，彭範
念子 劉宗周
和 程熙
周 閻溥
宣 梁鏞
柔 劉乾
述 李紹
貞 婁諒
昭 陳晟
翀 林霄
恭 賀欽，蕭敬
振 邊鏞
修 張吉，萬吉，鄭己，劉永

，盧瑛
克深　王滄，陸淵之
　菴　胡峻德，唐音，陳選
　循　沈性
　欽　沈敬
　順　徐沛
　溫　王珣，吳儼，張玉，劉子厲
　新　龔銘
　聖　應昌
　勤　程敏政
　敬　王儀，宋欽，沈翼，周旋，張欽
　誠　任道遜，夏誠，孫忠
　禎　華從智
　遜　周讓
　菴　李懋檜
　銘　李新
　毅　洪遠
　寬　邢宥
　賢　徐用檢
　輝　宋瑛
　諧　朱廷聲，李愷
　學　吳仕
　謙　張盛
　齋　王暐，任彥常，李遂，何祥，周聘，留志及
　聲　呂霞
　繇　賀逢聖
　謹　陳恪
　禮　周鱅
羅俄　羅秉忠
　贊　韓襄
　讓　王讓，孫允恭，倪謙，張思安，崔恭，婁謙
赤山　蕭瑞
松山農　金琮
　城　夏鍭
　璧　金聲
志文　芮麟
　仁　官榮，張後覺，楊茂元
　弘　喬毅
　同　呂朋，孫交，賀泰
　伊　方任
　行　汪汝達，沈升，陳幼學
　甫　劉弘道
　忠　張純
　南　翟鵬
　貞　趙恒
　衍　吳繼善
　浩　謝廣
　高　丘陵，胡子昭，孫陞
　淵　薛爲學
　堅　陳鎰
　通　張睿
　張　藍渠
　梅　陸九霄
　健　孫堪
　會　戴鳳翔
　棠　沈道明
　欽　應欽
　卿　葉時敏
　新　周新
　道　李貫，徐永達，張以寧，傅安，楊茂仁，鄭寧，應廣平，嚴本
　輔　俞大猷
　遠　李昊，胡子羲
　澄　楊茂清
志潔　王宗源
　靜　史安
　默　王淵
　學　呂敏，胡勉
求可　王銀
　仲　殷宗傅，韓敬
　我　黃璉
　素　劉玭
　樂　劉球
孝夫　楊思忠
　介　樊玉衡
　成　錢世揚
　甫　王世揚，樊繼祖
　伯　殷奎，蔡紹先
　恪　魏尙綸
　勇　陳文
　威　姚成
　若　茅維
　思　朱繼祖，胡續宗
　泉　宋繼先
　章　金俊明，殷奎
　連　殷璧
莊先生　王稌
　常　馬治，錢綱
　揚　殷箕
　卿　杜華先，馬孔惠
　與　公鼐
端先生　鄒谷
　節　顏有爲
芋西　儲昱
岑山　徐麟
肖山　沈弘光，李士文，何東序
　甫　張佳胤，冀體
　岑　李選
肖岡　孫振基
　泉　林庭機
　海　袁應祺
　乾　王化貞
　雲　郭遇卿
　築　殷宗傅
　巖　傅學易
岐東　張維新
　鳳　朱應祥
壯武　李瑾，馬榮
　勇　吳成，吳克忠，衞穎
　愍　岳懋
　節　譚淵
貝川先生　董倫
　闕　貝瓊
見一居士　林誌
　山　杜惟熙，何復
　川　曹楝
　心　丁元復，何復，來復
　元　何復
　平　張銓
　可　胡守恒，徐時進
　田　趙燿
　白　丁永祚，路振飛
　江　蘇應旻
　竹　王璽
　沖　張養蒙
　初　劉光復
　吾　陳讓
　泉　魏允貞
　海　翁大立
　素　于明照，林俊，畢懋良
　峯　王之垣
　湋　朱見濮
　華　王道成
　菴　蔡可賢

見滄　茅瓚
　虞　胡希舜
　愚　翁瑮
　臺　曾同亨
　衡　李承式
　齋　卓賢
　麓　蔡國珍
　羅　李材
助甫　張九一
吳門野樵　史謹
　衍　吳希賢
　祐　吳伯宗
　峯　陳燁
　皐　喻時
邑涯翁　邢如約
別山　張同敞
　峯　大同，陶琰
吹伯　吳爾壎
冏伯　王士騏
困學　余璣
男兆　葉夢熊
含之　張秉文
　齋　段增輝
　章　賀讚
　虛　范謙
　素　曹大章
伯大　孫洪，張一鯤
　上　練高
　川　周用，嚴淮
　文　李奎
　友　趙壎
　仁　常遇春，滑壽
　永　王全祿
　玉　汪道昆，金日觀，金鉉，金潤，胡瓚，秦玘，曹璜，蕭士瑋
　功　張繼孟，劉敏寬
伯本　滑壽
　台　許相卿
　生　惲厥初，鄭元
　安　王守仁，胡信，張思靜
　宇　邢寰
　臣　徐獻忠
　圭　喬一琦
　羽　李習
　同　徐三重
　光　劉曉
　任　張棟
　行　錢逵
　先　劉元珍
　如　司馬恂，邵圭潔
　初　余文獻
　亨　劉旭
　艮　馮天馭
　宏　伍洪
　圻　王堯封，彭京
　均　錢宰
　求　傅可知
　孝　曹希舜，鄭繼之，蔣以忠
　邑　田忠
　含　沈朝煥，陳渠
　延　張允齡
　京　趙汴
　宜　嚴祿
　宗　高岱
　雨　王濟，朱潤，劉滂
　長　傅藻
　承　李先芳
　居　盧宅仁
　東　李開芳
　直　何棟
　尙　毛節，練高
　虎　唐寅
伯昂　陳修，鄧顒
　明　周倫，堅晟，張國勳，陸南陽，溫新，潘允哲
　固　黃鞏，蔣福陵
　念　董嗣成
　金　連鑛
　和　沈應奎，華瑄，潘塤
　洪　尹平
　恒　吳自新
　亮　朱亮
　宣　王詔
　美　楊俊彥
　珍　楊爵
　咸　唐自化
　春　劉蒼
　貞　沈冬魁，龐永吉，趙介，劉仕貆，龍德孚，顧中孚
　昭　林秉漢
　畏　丘民貴
　俊　傅光宅
　律　況鍾
　泉　孫堪
　高　毛士龍，陳山，項璁
　益　陳聞，虞謙
　珩　胡瓚
　起　李興，吳復，張鳳翼
　眞　魯貞
　恭　傅好禮
　振　潘鐸
　書　程紳
　時　呂言，胡守中，孫允中，景暘，楊宜，韓宜可
　剛　顧存仁
伯倫　白啓常，邵鏞
　修　袁宗道，甯珍，楊爵，萬世德，裴紹宗
　純　張[illegible]，張錬，楊恂
　殷　梅殷
　淸　朱廉，宋滄，馮涇
　淵　李濬，姜濤
　淳　朱憲熬
　深　桂有根，魏有本
　祥　余孟麟，楊廷麟
　望　黃顒
　章　楊俊民
　膺　孫惟中，董鏞
　康　董寧
　寅　鄭履淳
　通　方法，狄津，韓楫
　基　許立
　崇　曾德
　常　周經，陳一經
　常　陳經，顧天彝
　從　李與善，周炳文，顧中立
　紳　周縉
　符　辛應乾，陳泰來
　善　李景元
　翔　張羽
　雲　許從龍
　雅　孫傳庭
　隆　張汝棟
　陽　吳景，鄭渭
　閎　湯兆京
　開　湯開遠

伯森　彭森
揆　張允卿
華　李開先，郭實，蔡文範
進　項守禮，趙國忠
循　馬理
欽　王炳衡，顧大章
順　馮裕
卿　周之屏
溫　申理，劉基
源　徐浦
勤　朱載惰
載　江子洊，陳濟
達　陸彥章
與　錢甦
葵　李揆
敬　宋纁，鍾惺
絅　戴錦
鉉　蕭鼎
詹　蔡元偉
榮　陳鈺，蹇英
禎　林興祖，范應期
誠　段寔，蘇葵
韶　來天球
寧　周湞
際　路雲龍
輔　涂棐，孫居相
綱　梁廷振
魁　黃鍾
濬　穆孔暉
鄰　黃臣，劉廷臣
寬　謝宇
賢　朱右，焦瑞
墀　南企仲
墩　陳倫
儀　曹一鳳
魯　徐師曾，鄭若曾
伯凝　徐績
龍　馬鳴起，梁辰魚
諧　汪諧
融　孫炎，盧昭
操　張守約
靜　劉辰
穎　張思祖，熊鼎
器　李琛，周鼎，黃鼎
興　鄭傑，龔廷祥
儒　劉士元
衡　徐應聘，潘志伊，羅應聘
勳　許世卿
襄　李孫宸
謙　呂益，姚三謙，楊巍
翼　楊承鯤，韓夷
擧　王元翰
輿　邢寰
聲　康鐸
寧　冒愈昌
蓋　彭明輔
藏　喬英
顒　任昂，馬昂，趙昂
瞻　徐景嵩，華燈
雝　蔣宮
疇　倫文敘
纖　劉緘
獻　余廷瓚
齡　劉志壽
繼　徐貞明
夔　蘇友龍
佐才　羅伏龍
之　王正國
佛慧　袾宏
位夫　劉致中
似之　梁式
齋　晉應槐
鶴　費尚伊
作容　李海
聖　明睿
何褰　何廷仁
穳　何元述
身之　吳正己
妙峯　福登
利仁　林庭機
用　張賓
卿　葉釗
節　林庭壆
瞻　林庭㭿
肝山　王顯忠
告若　王之誥
劬思　馬鳴起
甸鶴　謝于宣
角山　詹榮
谷山　丁泰運
平先生　李中
菴　梁于涘
濂　劉玉成
希大　喬宇，鄭汝美
文　王純，徐易，魯穆
元　詹希原
尹　石邦憲，韋商臣，徐維志，曹時聘，張任，華滋，劉天民
中　謝用
仁　朱旻，胡榮，張恕，喬恕，楊宏，韓恕
正　李侃，陳寵
平　潘鎰
玉　鄭珞，蔣良，盧瑀
古　方孝孺，南釗，唐音，張淳，潘鑑
希申　姜良翰，喬岱
冉　陳雍
白　陳珂
宇　郭惟賢
承　陳寵
孟　東野
武　孫鎮，黃如金，楊憲
直　方孝孺，魚侃
明　沈誠，曹學程，錢蒙
周　汪文盛，潘旦
茂　戴濂
范　李澄
禹　黃天錫
泉　王德完
桓　馬驄
哲　王紹元，祝允明，陳景行，盧濬
素　文洪
淵　樊深，蔡宗兗
乾　鍾一清
曾　王汝魯，王沂，高敏學，徐宗魯，張潤，常三省，常自省，劉魯
菴　萬士亨
進　陳勉
舜　汪文明，施堯臣
準　傅鑰
道　徐顥，盛端明
暘　范洓
說　李汝相，傅

良弼
希寧 龔全安
遠 逯宏
鳴 陳鳳
賢 方孝友，全思誠，李遜學，鄒師顏，劉健
稷 王積，盧岐嶷
魯 盧原質
範 王洪，姜洪，劉洪
節 東漢
學 方孝聞
聲 郭應響，錢肅樂
顏 汪進，呂囦
孚元 林偕春
可 林茂達
吉 孫需
如 鄒觀光
先 歐信
敬 張璁
齋 伍符
孺 顏容暄
我山 孫紹祖
以 劉鐸
西 許文岐
存 李之藻
津 梁相
素 安希范
旋 程國祥
渡 陳道基
齋 吳廉，蔡宗兗
疆 孟秋
彤菴 沈宸荃
邦升 應大猷
正 王袠，李楷，袁袠，閻人詮，劉士奇
石 顧玉柱
用 鄭雲鎣，謝
廷柱
邦臣 楊僎
吉 李逢
在 李璣
良 李遂
佐 何眞
直 何競
秀 石玠，范嵩
和 李琯
彥 丁士美，石珝，丘俊
珍 羅玾
相 喻均
重 焦璉
泰 李景繁
倫 戴德彝
祥 尹鳳岐
章 鄭汝璧
陽 林大春
傑 李楊
遂 趙國良
瑞 王胤祥，李吉安，陳璘，傅珪
聘 武尚耕
經 黃尚祖
輔 陳汝翊
賢 張大器
憲 朱察卿
翰 唐維城
興 王禎
器 王玹，郭璉
濟 游綸
鎭 王嵩，林岳
璦 虞瑤
獻 茅瓚
顯 官榮
廷才 盧奇
心 祝金
予 蔡錫
友 田荆
介 萬廉
立 饒位
廷玉 李瓚，林瑭，周瑄，周璽，柳瑛，侯璡，袁瑛，孫玘，張瑭，陸瑜
召 章瑞
功 莊敏
用 王璽，宋琮，李賓，阮玘，何玘，孫珪，張鐸，黃寶，景宣，劉英，劉琮，韓斌
守 劉璽
臣 方輔，王元敬，吳傑，貝瓊，何忠，俞藎，郭忠，張咨，黃仕儁，黃諫
吉 林文廸
圭 袁珪
式 張憲，劉憲
光 張景明，翟瑛
言 申綸，柯昌，費闓
亨 武衢
佐 林道楠，許士達，盧雍，謝佑
延 韓士英
治 陸理
杰 賈俊
直 白侃，柳豸，唐侃
芳 沐琮，周蕙，夏芷，潘蕃，韓荆
佩 王琳，李玉，楊瑆，魏紳
秀 白傑，成實，何喬新，叢蘭
廷和 王鑾，朱紘，胡煜，冒鸞，曾鈞
采 王環，張璞
彥 何俊，韓傑
亮 徐晉
宣 王重光，馬琴，謝詔
美 沈瑜，柴文璋，唐瑜，梁環，許讚，都勝，劉珏
珍 左鈺，史英，宋玉，孫珂，徐待聘，劉琦，戴珊
威 仇鉞，陳鉞
相 李佐
建 李瓛
英 宋傑
茂 張芊，錢森
昭 孫昱
信 王璽，孫璽，陶琰，劉璋
俊 唐堯臣，楊傑
重 王念，李珏，郝鎰，龍琰，霍貴
訓 崔聞禮
益 于謙，龔謙
瑯 何珊
珪 宋琰，薩琦
珙 倪珦
振 呂紀，孟玘
書 宋琰
時 趙元鉊
祥 張元禎
望 王烝，顧儼
章 姚蒞，高綸，夏崇文，許詞，郭紳，陳

衮，陳憲，過儀
廷理 喻燮
彬 林華
張 李綱
陳 何忠，廖紀
偉 劉俊
參 周輿
詔 蘇宣
善 姜寶
琚 貝瓊
揚 孫訓
貴 王僎，白琮，李貴，俞瓛，唐珣
傑 陳賢
進 崔陞
詢 陳詔
愼 胡謐
瑞 王珀，王璠，胡美，孫玘，翁士章，張緖，楊珙，翟瑄，蒯祥，鄺璠，龐鸞
聘 馬珍
肅 張縉，黃澄
葵 徐待任
粲 周彥
暉 夏葵，曹璘，蔣暉
韶 秦夔
祼 陳瓚
實 王瑄，沈瑤，張翮，屠珙，趙璜，邊貢
賓 陳觀，張景暘，張賓
嘉 陳璲
輔 方佑，王佐，王弼，吳凱，余汝弼
廷鳴 畢鏘
綸 何詔，許誥
綱 王成憲，鄭紀
鳳 喬鳳
潤 范瓘
璉 劉璉
璋 吳瑾，薛玉
儀 白昂，朱璲，陳鴻漸，喬縉
德 汪尙寧
諫 吳玉相，張獻可
憲 姜立綱
器 方銳，王瑜，沈琮，姜璉，孫瓊，袁璘，陳璉，張鎣，楊瓚，鄧鼎，韓鼎，薛希璉
縉 葉紳
韓 莫是龍
學 周能，劉昂
薦 涂一榛
禮 高棟
謨 繆昌
璧 朱瑄，周玉，唐琛，曾珙，靳瑜，樊瑩，霍瑄
贇 秦瓛
瞻 夏拭，張嵩
彝 張經，蔡經
簡 夏廸
璽 徐琳，張瑄，黃珣，黃璽，藺琦
贊 朱輔，任良弼
議 許論
寶 溫璽
廷獻 房瑄，范琛，陳策，張琮，張瓚，黃琛，楊瑄，萬琛，翟瓚
麟 劉文瑞
顯 董振
延之 朱大典，祝世祿，孫衍，曾鶴齡，葛覃，諸壽賢
年 莫叔明，曾鶴齡
祖 吳彥芳
陵 趙大河
聘 周聘
賢 申良
齡 王永壽，范永年
矣鮮 來知德

八　劃

治卿 李邦佐，茅宰，張文明
轂 丁鉞
徵 錢邦彥
齋 陸簡，萬鏜
河西傭 王之臣
濱 蔡紹先
泗源 顏則孔
園叟 易恒
橋 陶承學
泓陽 王汝訓
揚 王激
沛之 甘霖
泊菴先生 梁潛
沱川 喬光天
村 史褒善
波石 徐樾
泡菴 李流芳
泌園 董份
炎恒 朱儀
祁禮 胡應嘉
性之 王秉彝，呂秉彝，何廷仁，黎良
仁 彭綱
安 熊懷
存 芮善
初 秦初
甫 朱存理，李天植，查秉彝，孫存
和 馬愉
海 王爾康
原 慧明
常 王綱
傳 吳源
怡晚散人 章律
菴 梁相，陳繼，湛英，項經，遂宏
遠 王祚
靜 劉點
庚陽 王良樞
京甫 楊鎬
育才 夏英
之 戴櫝
甫 朱頤塚
亭 李得春
德 王叔果
齋 宋存德
房村居士 雷士楨
肩吾 沈貫
虞 徐從治
於中 夏良勝
石 溫璜
岐 周鳳鳴
密 法藏
宗人 葉宗行
大 白弘，馬昊
山 殷岳，沈壽崇
文 孔公恂，李儒，夏文，楊武

宗之　陳鎬，劉起宗
元　李善，李陽春，曹凱，閻本，譚太初
孔　李仕魯，馬津
尹　何邦憲
仁　田壽，吳世澤，陳觀，趙祖元，蔣敵，韓燕
允　徐明揚
立　俞綱，趙本
玉　王瑠，白圭，李瑄，倪霦，賈瑛，薛璿
正　孫貞，嚴貞
平　劉均
民　王阜
召　魏公濟
本　王源，何孝
安　沈東
吉　毛吉
伊　尹天民
夏　朱多煟，鄭時
孝　姜子羔
甫　孫維城
成　夏壎
呂　高瀫
直　紀溫
岷　王江
易　李時，張時
明　唐章，崔亮
岳　李岱，孟山
制　張錄
周　王德明，王鎬，余濂，楊文，鄧庠
洛　向程
度　侯于趙

宗政　錢錄
厚　張淳
威　韓傑
茂　邵林
胤　何嗣
禹　李潑，孫濬，陳洪謨，劉儉
勉　馬紹榮
海　沈漢，孟准，張洪，陸沔
浩　楊浩
高　吳嶔
夏　劉校
烈　梁景行
哲　王希孟，杜嵩，嚴永濬
起　徐興祖
泰　仰瞻，顧溥
臯　王汝猷
淵　楊潭
商　黃尚質
理　陳述
乾　吳源，高東陽
規　祁司員
貫　王恕
異　馮勝
善　李情，錢錄
琰　張琬
陽　盧福
弼　羅富
博　陸溥
堯　夏良心，甯欽
盛　鄒幹
華　劉文
舜　齊樂
順　王鏊
溥　陸浙
源　姜湧，魏守潔
溫　羅璞

宗道　史魯，何倫，孫文厚，許寧，楊洪，楊述，劉校，戴時宗
聖　貢汝成
肅　章檗
楷　李棠
愚　胡智
傳　趙參魯
漢　余翔
齊　李汶
誠　李復陽
實　周本秀
遠　芮釗，湛江，董紹
銘　施槃
頤　李叔正
賢　黃綰
德　楊儀，歐賢
彝　王鉉
樂　蕭輿成
稷　周洪謨
魯　王泮，朱儒，李學曾，吳顏，貝泰，夏儒，陳沂，楊廷相，潘銳，戴繼
節　潘鎧
璞　白玢
選　高銓
豫　黃准
瀚　金濂
器　王瓚，伍大均，李瓚，貝琳，郭琥，張瓚，楊鼎，鄧廷瓚，劉鉉，劉璉，羅瑋
儒　文林，田景賢，但存學
衡　王銓，曹衡

宗學　李祿
謐　杜寧
禮　王讓，柴望，喬仲節，羅富
鎮　余瓚
彝　馬倫
麗　朱金
瀾　劉潺
獻　徐璉，陳璋
嚴　文森
顯　李崇光，姚顯
讓　羅泰
宜山　陳軾
之　李邦義，郝志義，喻義，蹇義
中　呂卣
正　劉季道
石　柴羲
民　林希蔭
充　劉文敏
臣　符錫
休子　周吉
休居士　應志和
冲　蕭子鵬
昌　陳言
述　鄭作
約　方守
晚　曹時中
間　楊璿
散　李儒
菴　楊文舉，韓邦問
鉉　孫鼎
賢　方宸
樂　任惠
遷　楊時喬
學　王思
空同子　李夢陽
同雪樵　劉宗嗣

空印　鎖澄
谷　景隆
定山　莊𣌀
之　方弘靜，周鼎，張安
五　王正志
夫　陰武卿
生　陳貞慧
宇　朱文德，馬文煒，趙用賢，鄧以讚
甫　吳性
軒　黃孔昭
素　趙豫
峯　閻欽
理　甄庸
菴　張悅，曹時中
卿　蔣良鼎
溪　方新，齊譽
肅　朱冲烋
禎　周天瑞
遠　魏雲中
濟　傅檝
襄　陳德
齋　周祚，梁格
雨山　來天球
池　沈問
光　褚樫孫
舟　王濟
亭　陳瓚
若　沈春澤
殷　熊汝霖
軒　張注
庵　祖淵
然　李乾德
兩山　李文利，孫濬，滕祥
山居士　毛良
河居士　丘瑚
洲　王學夔
泉　陳鎏
城　靳學顏
兩峯　唐維城，章泚，陳世恩，劉文敏，魏尙綸
峯居士　洪鍾
崖　朱廷立
湖　王舜耕
溪　葛浩，萬恭，駱文盛
亞夫　吳仲
長山先生　胡翰
元　宋應亨
公　張瑞圖，梅之煥
石　曾可前
白　丘民仰
臣　左思忠
伯　葛引生
谷　徐獻忠
信　江東之
倩　范允臨，黃宗昌
深　林准
卿　李鼎，吳羽文，吳宗元，金繼震，翁相，張堯年，陶大年，屠隆，嵇元夫，溫體仁
源　汪偉，浦源
壽　章諒，張昌
醉翁　卜宗洛
德　李天經
濱　何祉
孺　丁元薦，沈一中，李標，邵正魁，許聞造，虞淳熙
嬰　盧彭祖
衢　李流芳
武公　孫臨
生　蔣用文
武壯　梁震，馮勝，彭二，華高
性　劉鎬
孟　偶桓
承　華烈
東　楊載鳴
勇　毛忠，蔣貴
貞　余煌
侯　王景亮
信　楊璟
烈　朱能，茅成
桓　趙德勝
祥　顧夢圭
莪　何士晉
莊　胡大海，耿再成
敏　安國，和勇，孫鏜
閔　廖永安
惠　陸炳
順　鄧愈
靖　李文忠，陳王謨，陳懋，傅友德
愍　朱勇
肅　柳溥，高顯，潘毅
寧　徐達
僖　沐琮，周玉，周賢，陳友
毅　王聰，朱永，金朝興，康茂才，戚繼光，楊信，薛綬，顧成
節　丁普郎
橋　鄧子龍
襄　丁德興，王效，仇鉞，朱謙，沐昂，周尙文，柳珣，兪大猷，徐亨，陳圭，楊洪，蔡遷，劉文
承之　聶賢
父　王叔承
功　湯紹宗
先　李祺
芳　楊繼宗
美　顧彥夫
晦　王昺
湖　陸士仁
菴　牛惟炳，胡松，姚舜牧
裕　李昆
翰　張金陵
孟大　鄭悠
才　吳爲
山　龐浩
中　許孚遠
仁　吳惠，趙榮
升　田騰，高德暘，雷應龍
介　張廉
平　桂衡
弘　趙毅
先　顧爾行
舟　沈方
夙　王在公
初　徐晞
宏　許元溥
材　劉汝楠
希　趙士賢
育　顧英
長　姚希孟
門　高金
承　李繼
居　羅仁夫
松　唐繼祿
奇　張萱
東　陳皞
尙　丁泰運
明　徐賢
和　王元春，陸埛
恂　劉髦

孟宣 鄭定
威 丁鉞，沈鳳翔
英 馮傑
昭 祝暹，徐旭，淩嗣音，陸昶
侯 畢懋康
泉 章時鸞
眞 劉一儒
時 柯潛
倫 伍希齊
涵 盧溶
淸 黃潤玉
祥 鄭瑞
寅 李杲，吳敬，夏時，孫敬
堅 王鉉，商大節
常 謝庸，蕭常
湖 沈淳
弼 張諫
陽 危貞昉，吳琳，林春，金世龍，焦芳，程嘉燧，鄒之嶧
登 周崑
博 晉約
敭 王偁
復 張原明
循 何遵
卿 徐柱
道 劉惠
瑞 章珪
楨 劉幹
勤 吳勤，蕭鎡
達 華善繼
載 楊基
敬 梁寅，馮貴
暘 夏昺，張晟
禽 白鸞
鉉 黃鼎

孟誠 李材，李實
端 王紱
嘉 康榮
遠 王經
寬 周垣
醇 溫如玉
璉 王質
賢 伍希淵，潘方
輝 李玉，曹煜
德 徐旭
頫 劉昂
質 鄭埜
謂 陳于廷
融 吳融
靜 趙貞吉
學 侯廷訓，陶成
獨 張治道
闇 李邦華
聲 姚銑，徐震，董鏞
舉 丁政，詹希原
璧 吳琳
擴 鄧棨，黎弘業
藻 劉璉
齡 朱梃
纓 夏友綸
函山 劉天民
谷山人 許誥
峯 阮鶚
孤山 丁湛
月 淨澄
峯 明德
居之 姜日廣
正 李友直，莊觀
昇 葉伯巨
易 鄧鼎，嚴文俊

居郎 鄺日廣
貞 鄭智
垣 金光辰
眞 儀智
景 陳萬言
敬 邢簡，童存德
魯 林沂
蘭翁 陳簡
臥子 陳子龍
林居士 莊㫤
雲 鄭元愷
廬先生 劉觀
弦菴 郭鏜
阿陵 鄺璠
魯哥失里 金順
陂門 馮惟健
附鳳 張羽
玩槐散人 黃天錫
玫夫 張士佩
松山 孫繼魯
友 胡閏
月 伍文定
石 李念，劉天和
仙 朱銓
如 周之茂
谷 陳以勤
谷道人 林鍾
厓 方良永，郭弘化，郭弼，黃淳耀，戴珊
坡 唐濂，章蕃，畢鏘，曾鶴齡，楊奇，藍璧
岡 朱繼通
洲 柴經
泉 夏邦謨
軒 田壽，梁棨
峯 辛繼先
崖 馮忠
野 匡鐸

松窗 屠瑜
雲 沈鎡，周縉，姚鼐，龐景華
雲道人 徐達左
菴 白弘
菴先生 胡用賓
菴居士 曹姜仲
臯 許讃
溪 程文德，劉昺
圓 程嘉燧
隣 朱鶴
齋 文貴
隱 沈榮
鶴 陳景行
露 周經
枝山 祝允明
指生 祝允明
樓 高倬
林居子 賈恪
岫 張昕
昇 林嘉猷
屋山人 蔡羽
臯長 朱俊嶸
壁 林克賢
板泉 孫允中
拙存 曾源
軒 宋農
菴 王良，王舜，伍希淵，宋琰，張鵬，劉稱，謝士元
菴老人 杜斅
齋 陳詢，劉祜，韓重，韓傑，蕭良幹
關 劉均
拘虛子 周滿
抱朴子 鄭國賓
眞子 李孔修
櫝山人 李紳
協中 劉嘉縉

東山 朱儒，何倫，季琪，范琛，郭文周，張臣，張時宜，張應泰，葛引生，廖莊，劉大夏
山先生 趙汸
川 王讜，包澤，朱廷臣，汪昊，張楅，楊准，操守經，羅僑，顧定芳
之 沈瀚，錢百川，錢震
石 王蕡，戴鱀
玉 曾璵
田 馬中錫，張羽
丘 王琮
白 浦杲，張元禎，善啓
江 于湊，楊選，顧清
沙 張時徹
村 周臣，曹邦輔
吳 陳瑚
吳遺老 何源
里 楊士奇，鄧楚望
谷 徐璦，敖英，張潛
注 劉淮
泓 薛宗鎧
厓 王躞，殷鑛，許進，黃景昉，虞守愚
武山人 朱公節
居 張愚
坪 彭擧
林 賈錠
東岩 謝汝明、
明 范欽，張奎
岡 李昆，李秦，楊叔器
岡高士 施鳳
岱 李先芳
所 張翀
阜 劉大謨
周 劉洙
洛 張愷
洑 徐文燦
津 饒秀
洲 倪光薦，屠僑
郊 畢懋康，華燧
侯 許宗魯
泉 石星，姚鏌，鄔連
海 張弼
海老人 沈霽
原先生 杜瓊
城 林春
圃 劉源清
皋 冒鸞，徐東，陸淵之
涯 翁萬達，張獻可
章 孟居仁
宿 孫一奎
陵 丁川
陵先生 黃卷
莆 林大欽
莎居士 屈伸
莊老人 吳融
崖 李旻
婁居士 徐甫
野 郭朴
湖 艾璞，吳廷擧，屠勳，華晞顏，錢仁夫
渠 胡諧
陽 朱暉，李海，明龍，賈應春
東華 王德
畬 錢琦
臯 王聘
卿 杭淮
源 朱大器
溪 沈燾，姜立綱，徐霈，陳樂，廖天明，熊卓，鄧庠，龍天爵
溟 高擧，程紳，管志道，慧日
塘 毛伯溫，公家臣
園 張惠，張瓛，游泰，葉經，鄭紀
廓先生 鄒守益
臺 佘勉學
潭 蕭晚
澥 仵瑜
樓 黃暐，董琦，嚴世蕃
穀 孫應奎
嶠居士 李承芳
魯 許彬
澤 鄧尚義
霍 李廷儀
橋 楊大章
橋居士 顧璘
靜 徐蜚震
牕 華烈
濱 孫輔，陸淞，戴恩
齋 姚惟芹
谿 何鉞，陳諮，彭範
鮮 官應震
壁 李時珍
瀛 王啓，陳珂
東瀧 彭敎
麓 汪佃，惲巍，魏尙綸
巖 栗祁，薛寅，劉淑相
來山 何起鳴
玉 周宗建
靑 杜松
皇 吳麟徵
鳳 章儀，張岐，崔桐
儀 杜桐，張羽
學 閒濟
瞻 張懋
鯤 朱謀㙉
直之 史朝宜
夫 王庭，任良幹，陳壯，楊廷平
充 劉文敏
臣 閔楷
軒 范瑛，梁資
菴 史垻，楊仕儆，謝表，謝瑩
卿 田樂義，官惟德，曾朝節，楊文擧
卿 潘壯，劉虞夔
齋 王家植，周源，屠楷
幸菴 彭澤
奇山 乙邦才
云 孫澤
允 姚奇胤
純 柯維騏
徵 王夢祥，柯維熊
其佐 胡用賓
旋 沈履祥
坤泰 羅端
能 章簡

坤儀　袁黃
坦生　藺剛中
行　蕭用道
拙　李旲
坦翁　劉三吾
菴　梁本之，楊光祖
然居士　任道遜
齋　葉砥，端宏
青山　王汝猷
石　趙可與
丘子　高啓
厓　胡汝霖，高從禮
門　吳宗達
門山人　沈仕
居山人　陳以勤
岡居士　朱豹
岳　劉鴻訓
軒　程南雲
城先生　毛起
崖　王萱
滹　常序
陽　翁正春
菜王　王質
雷　薛三才
墩　陳鋼，謝陞
蓮居士　李言恭
壁　沈瑋
嶼　陳世良，顧鈴
霞　沈鍊，李時行，陸寶
霞亭長　杜萓
螺　郭子章
谿　倪岳
藤　徐渭
蘿子　王漸逵
表之　白坊
倫　王宗彝
奉之　胡侍
國　來賀
璿　侯瓚
毒峯　季善
芹山　陳儒
泉　馮惟重，劉致中
溪　沈宏，淩相
齋　龐泮
芳生　萬元亨
洲　洪朝選，陳循
湖　王詢
芸野　田樂義
菴　丘陵
齋　周茂蘭
芝山　楊茂清
田　毛羽健，彭澤
台　陳仁錫
岡　熊廷弼
軒　涂觀
雲　俞起蛟
臺　華仲亨
芷陽　沈爭閭
岣僂　祝詠
岫旭　馬鳴世
雲　朱棐
岷山　楊匯夫，謝江
川　劉大直
尙一　夏時正
文　丁文，王徽，李素，徐學周，章敞，熊希古
友　閻閎
中　林立
仁　蕭岐
正　周南
古生　華珵
爾　郭朝賓，熊佐
志　吳高
明　胡智
忠　王臣，吳誠，陳言
尙素　金鉉，梁紈
倫　沈庠
矩　董越
絨　黃禮遐
莊　李浩
斂　謝訥
綗　李日章，張錦，黃錦
義　王芳，任禮，金忠
端　應枌
賓　王觀，余守觀，馬貴，黃觀，鄭觀
潔　戈福
賢　李英，沈溍，梁間孟
德　王驥，朱驥，李驥，金文，商爲正，劉璋，譚驥
質　張文盛
節　焦禮，薛俊
璞　吳玉
默　林誌，樊良樞，滕員
謙　吳讓，薛侃
彝　冉哲
叔大　因綱，周奕，張居正
心　胡居仁
文　溫純
中　郭嵩
介　彭豫
仁　葉逢春，熊過
永　沈儆炌
玉　費璠，程思溫
平　陸治
正　劉閎
可　汪大受
叔用　曾源
禾　田汝成
安　楊維康，龔泰
行　吳達可
先　馬允登
初　鄭履淳
亨　張泰
言　李學詩，龔晉
艮　董遂
孝　卞錫，孫丕揚
成　沈襄
車　梁桊
似　戴繼
京　衞東吳
夜　周思兼
武　王崇文
明　王正志，王蒙，徐學謨，程正誼，葉經
和　謝瑀，羅旒
度　王崇儉，汪偉，何良傅，秦瀚，陳儀，鄭楷
宣　蘇景和
厚　梁儲
拱　徐樞
英　孫俊
貞　鄭公智
囿　虞原璩
兪　華舜欽
後　南軒，楊瞻
高　黃鎬
振　陳紀，陳鏞
泰　晁東吳
恭　鄭榦
展　南軨
晅　龍珪
時　顧憲成
倩　孫敬宗

叔修 劉祜
乘 徐泰時
淵 李瀚
膺 王理
通 鄭達
晦 錢煥
敏 梁資
善 嚴天祥
雅 許思溫
馭 項翱
揚 黃鉞
貽 張燕翼
循 杜璟
然 宋堯俞
溫 曾直，劉珝
熙 蔣景隆
瑛 趙琬
楚 王翹
達 唐時升
暉 張昇
榮 劉敷
誠 孫宣
闇 潘廷堅
遠 陳洽，劉永祚
藻 梁果，謝師啓
鳴 趙鶴
維 陳旋
潤 張琦
寬 杜宥
養 張檟
賢 黃綰
敷 沈演
濂 鍾羽正
龍 孟化鯉
霖 吳澤
璣 楊瑢
縉 吾紳
濛 章洪
謙 區益，張元沖
輿 柴車
叔翹 張所望
豐 王稌
彝 劉允中
簡 呂坤，楊導
繪 葛素
寶 方獻夫，錢穀
讓 邵禮，游景遊
虎子 祁彪佳
山 黃得力
谷 王雲鳳
卓吾 李贄
峯 黃直
庵 錢立
肯堂 孫代
貽 丘懋煒
昌言 周遜
伯 葉盛
穀 徐禎卿
昆阜 楊守勤
湖 瞿景淳
易直 董璠
軒 謝宇
庵 黃顒，傅澄，劉訐，盧和
齋 黃熒
昇甫 朱載扲
明山 姚淶，連鑛
之 麻溶，陳大章，藍智
斗 曹公遠
水 陳九川
古 史鑑
仲 王寅，王鑑之，邵庶，奚世亮，陳用極，葛哲，羅璟
行 周孔教
自 劉日升
初 王在晉
明吾 董盡倫
甫 傅新德，詹事講
成 張位
佐 王逢年
岳 丁自申
受 王用汲
洲 池浴德，商廷試
訓 張佩
軒 周嬰
起 黃汝良
理 王宣
崖 張景賢
善 焦起良
發 胡叔廉
卿 吳國倫，周嘉謨，胡峻德，陳仁錫，常倫
遐 張治具
農翁 徐瓊
輔 王道行
遠 王樵，李㬎，呂昇，郜壬，張顯宗，楊照
德 季本，徐懷，衞青，羅汝芳
龍 郭正域
疊 惲日初
齋 方應選
擧 黃光昇
味淡 何遵
菜居士 沈誠
滄 周士樸
具區 趙鶴
菴 如玘
瞻 王宸
忠文 李邦華，李時勉
文先生 包希魯
忠夫 陳良謨
介 孟陽，周順昌，施邦曜，海瑞，淩義渠，程本立，楊爵，鄒元標，鄒智，劉宗周，錢肅樂
父 仵瑜
正 史可法
池 黎澄
安 胡濙
言 陳以忠
赤 上官蓋
甫 淩相，陳觀
壯 王眞，李遠，吳允誠，吳瑾，宗禮，馬宣，郭亮，曹良臣，張英，傅宗龍，龔傑，薛貴
伯 王家屏
定 孫承宗，陸震，蹇義，韓文
武 周遇吉，郭登，張玉，常遇春，劉榮，薛祿
恪 吳時來，林公黼，楊允繩
宣 黃福，劉大夏，瞿式耜
勇 孟善，林椿，孫世
貞 孟兆祥，卓敬，徐輝祖，萬燝
胤貞姑 胡郡奴
烈 王一桂，王章，沈猶龍，

李如松，胡閏，俞通海，姬文胤，桑世傑，孫燧，徐忠，張同敞，張煌言，張輔，張銓，陸夢龍，陳廸，陳輔堯，曹邦輔，黃道周，楊漣，蔣欽，蔡道憲，霍恩，盧象昇，魏令望

忠桓　黃得功

剛　尤世威，張達

清　淩義渠

莊　王彬

敏　祁彪佳，楊善

惠　周起元，鍾化民，顏伯瑋

順　宋瑛

裕　陳子龍，黃鞏

靖　史可法，朱榮，夏原吉，孫傳庭

愍　王治道，王承恩，王燾，汪一中，沈鍊，李淶，余廷瓚，何廷魁，周天佐，周起元，高翔，袁化中，孫炎，孫興祖，徐增壽，張文錦，張世忠，陳邦彥，陳選，楊盛繼，葉伯巨，黎遂球，劉球

肅　于謙，王翺，盧象昇，鄺埜

忠勤　馬理

敬　沐晟

端　王家彥，胡桂芳，黃尊素

僖　朱希孝，張輗，劉安

銘　王弘誨

潔　金鉉，詹軾

毅　方政，王良，王驥，左光斗，朱之馮，扶克儉，李檟，李應昇，周宗建，周朝瑞，高巍，曹隆，張武，張德勝，陳懷，會鳳韶，趙南星，鄭亨，鄧謙，劉校，劉熙祚，衞景瑗

毅先生　劉狮

愍　徐子權

節　王道純，尹夢鼇，丘民仰，吳甘來，吳雲，吳應箕，吳麟徵，呂維祺，何可綱，何忠，何遷，易先，金鉉，侯峒曾，高邦佐，許直，許逵，鹿善繼，曹學佺，陳用極，陳性善，陳函輝，馮師孔，楊文薦，楊最，魏大中

忠憲　高攀龍

穆　袁容

襄　方瑛，毛吉，伍文定，吳山，金忠，孫嘉績，徐石麒，郭資，陳九疇，陳珪，馮嘉會，蔡懋德，儀銘，濮英，鐵鉉

簡　王佐，張狮魏良弼

懷　楊源

果之　陳全

亭　張瑞圖

菴　謝汝儀

愍　葛誠

齋　楊准，楊最

典莊　陰秉衡

金沙居士　傅光宅

庭　朱賡

峯　胡宥，鄭天佐

湖　方逢時

善　金幼孜

溪　戢汝止

銘　張愼言

齋　宋諾

簡　曾鳳儀

耀　黃淳耀

念山　余世儒，蔣士元

北　羅國瓛

沖先生　晉應槐

初　聶良杞

廷　劉伯淵

劬　李時興，劉應遇

東　于若瀛

岩　任萬民

所　江東之

南　劉期鼉

念庭　周邦傑

修　丘祖德

堂　林潤

渠　蕭彥

陽　徐如珂

菴　胡良機，劉效祖，羅洪先

道人　方震孺

塘　謝時泰

臺　劉宗周

橋　史繼辰

齋　陶大臨

覺　王聘

侑溪　姜儀

佩之　仵紳

德　張潤身

侍平　李卑

岱宇　石繼芳

屛　崔元

侃齋　徐懷

侗初　張鼐

往川　趙轨

征甫　甘茹

姑蘇詞奴　馮夢龍

季方　岳正

木　王象春

仁　樊景麟

公　秦四麟

升　許進，張雲

立　第陳

玉　周而淳，費璵

平　周如砥

弘　史立模

本　樂良

白　馮嘉議

艮　徐良彥

佐　王思賢

狂　顧聖之

延　劉綿祚

芳　雷仕檀

明　沈廷揚

和　洪鍾

季宣　王光蘊
美　尤時熙
昭　陳暹
思　歸子慕
廸　高啓
侯　周宗建，黃絅
泉　孫陞
重　王思任
朗　魏學禮
栗　顧琇
恭　劉敬
時　顧允成
修　張振德
純　李瑜
淵　楊本深
梁　錢士鰲
通　袁繼咸
莊　劉端
崇　萬福
常　柴經，侯秩
晦　劉一煜
華　秦焯
卿　趙秉忠
溫　周璩
新　華春奇
誠　朱棐
寧　朱吉
鳴　徐如珂
璋　杜瑄
樞　余樞
輝　吳桂芳
徵　王崇獻
龍　劉宇亮
默　淩約言
學　丁洪
聰　林聰
鼾　夏時正
瞻　石天柱
馨　蕭如薰
麟　簡仁瑞
鷹　宋堯武
和父　艾穆
和宇　劉虞夔
仲　王洽
受　吳甘來
卿　呂調陽，徐節
卿　閔煦
滿　郝景春
秀山　曹琥
夫　丁天毓，胡森，姚文瀾，戚賢，楊奇
芳　道聯
恒　高重光
峯　李瑜，張懋
卿　陳寶，陸埛
瑛　吳玉
賓　李蕃，詹英
牧子　屠胤錫
川　党承志
之　王謙
遊　屠胤錫
秉子　呂甍
文　車純
元　任倫，唐仁
中　金士衡，許剛，楊性
仁　林元甫，項錫
用　張聰
昂　周森
忠　李良
貞　蘇正
珪　趙珽
常　陳庸
善　蘇子良
鈞　李衡，賈銓
源　錢穆
誠　向信
德　白鉞，魏玒
節　楊守禮
器　朱孟震
衡　屈銓，郭銓，蘇平
秉彝　貝恒，張倫，趙好德
彝道人　屠珙
岳峯　徐文溥，蕭大亨
峯　俞憲
阜南　陸樹德
受夫　吳瀚
先　張釆
甫　王與齡，馮子咸
軒　貢安國
菴　周滿
卿　倪思岳
齋　丁汝謙
釆山　方弘靜
文　朱暉
東　鄭自璧
芝　莊瑾
苓子　鄭潥
迎曦　吳顏
蘧　郜永春
近山　劉璣，羅崇奎
川　查秉彝
之　趙善繼
夫　殷雲霄
仁　周木
光　吳逵
沙　方任
河　俞鸞
思　任勉
約　程學博
泉　謝三順
起　陳道亨
峯　皇甫錄
菴　鄭祥
溪　羅汝芳
滄　谷中虛
機　陳智
衡　陳珊
齋　丁致祥，朱得之
近藻　陳得興
朋山　雷志淑
石　楊豫孫
服周　王冕
周正　周彥奇
田　張九一
江　龔起鳳
京　周庚
望　陶望齡
偉　周孟簡
道　宗禮，葉砥
楨　周禎
鳴　周岐鳳
潭　汪尚寧
德　周是修
翰　徐申
器　左鼎
鑄　周鼎
所建　顧大猷
敬　王就學
知山　史後
幻子　道孚
休　楊時暢
菴　楊四畏
德　孔聞韶
非幻　道永
白　熊廷弼
烟　楚煙
熊　王應熊，吳兆

九　劃

咨伯　林堯俞
道　辛訪
洋山　淩雲翼
活水　楊宗氣
溪　符觀
洞山　尹臺
山迂叟　黃孔昭
江　許天錫
初　劉鐸
庭漁人　孫宜
雲　張時敏

洞陽 顧可久
　菴 葉洪
　觀 瞿汝稷
　齋 張治具
洛川 范惟一
　村先生 黃弘綱
　南 陳紹儒
　原 白悅，張佩，戴溓
　峯 徐綱
洲潭 汪尙寒
洪江 喻南嶽
　甫 錢德洪
　和 師夔
　洋 趙廷瑞
　章 蔣紱
　湫 劉經緯
　陽 張位
　溪 衷貞吉
　筠 劉文炳
　圖 鞏永固
　濟 張賑
　齋 劉顯
洨濱先生 蔡叆
洹野 崔銑
洙泉 韓國楨
炬軒 陳典
恂如 司馬恂，周忱
恢才 鄒賢
恪愨 楊守謙
恬菴 蔣孟育
恒山 張子麟，張璿
　之 張履旋
　吉 商喜
　甫 紀公巡
　孚 涂觀
　東 張子麒
　叔 王士性
　省 齊柯
　軒 歸莊
　菴 吳必顯，耿九疇
恒遠 方宸
　德 石允常
　頻 姜昻
　齋 田良，朱璣，沈鎡，祝德，馬永，閻仲宇
　谿 尹嗣忠
　簡 林文
　讓 涂謙
奕倩 洗桂奇
　開 徐縉芳
亭林 顧炎武
　湖 劉錄
　溪 張潮
亮之 郁采
　所 賈熙載
　恒 黃士俊
哀簡 朱允熞
彥文 龔理
　中 龔琚
　父 李汶
　平 王坦，李隆
　充 張善昭
　臣 安邦
　吉 鄭廸光
　式 倫以訓
　如 趙友同
　名 李源名
　初 宜嗣宗
　亨 王通，程通
　成 陳良器
　昌 高隆
　明 許鏜，劉亮
　和 李樂，郭鎡
　恢 高棟
　原 施純
　型 張克儉
　昭 王鑑，宜嵒
　昺 劉昺
　恩 魏澤
　修 王哲
彥純 陳瑄
　淵 俞溥
　淸 華幼武，趙光抃
　祥 薛祥，蒲禎
　庸 李銓
　章 余逢辰，林錦，周尙文，鍾復
　理 楊宜
　通 周瑄，柰亨
　強 王立中
　常 姚璽
　晦 黎貞
　偉 丁顯
　博 張守約
　超 胡超
　華 張瑛
　卿 許瀚，熊偉
　肅 丘維栻
　達 蘇文通
　敬 廖永安
　鼎 郭鎖
　彰 程佫
　誠 丁積
　實 張信，彭華，程信
　賓 韓觀
　輔 郝杰
　嘉 鄒賜
　廣 何浩，周原，戴浩
　輝 柳華，華旭
　質 韋斌，應兆同
　澤 何澄，
　器 施槃
　衡 余璿
　謙 尹昌隆
　謐 楊寧
　聲 周振譽，南鐘，范鏞，馬鐸
彥擧 王佐
郎峯 何炷
冠巖 盧宁忠
宣子 尹民興，謝于宣
　之 汪鋐，洪鍾，徐蕃，陳政
　化 劉儼
　玉 褚鏞
　甫 張綸，邢如默
　武 郭興
　誼 蔣誼
　獻 蕭彥
姜泉 南逢吉
美泉 段錦，張綱
　命 郭正域
　周 黎遂球
　卿 李懿
　儀 尙縉
　器 王珩
前山 邵鏞
　川 孫惟謙，湯繼文，曾忭，黃胐
　岡 胡經
　峯 李學詩，孫鋌，戴嘉猷，羅錦
　渚 于有年
首山子 史魯
胥臺 袁袠
負圖 馬一龍，馬文升
　齋 華秉彝
眉公 陳繼儒
　生 沈壽民
眉菴 楊基
咫亭 詹仰庇
屏山 劉從學
　嶼 胡淳
　麓 范應期

屏巖　石國璒
匽卿　張楚城
厚夫　岳倫
　生　任民育
　孝　任忠
　祺　金祺
　齋　王宇，梁儲
　，陳冕
飛白　熊廷弼
　卿　袁翼，張翼
　霞道人　韓悉
勁菴　張大器
致中　張本
　行　楊中
　和　祁順
　美　方庭玉
　恭　胡廙，翟敬
　祥　郭應奎
　虛　樊良樞
　道　杜斆
　瑞　殷汝麟
致齋　黃宗明，萬
　祥
耐菴　吳瀚
耶溪樵　廖平
珍夫　黃釧
　所　陸懋龍
珂月　卓人月
勇毅　周武
柔生主人　沈位
孩之　高出
　未　方震孺
　如　艾毓初
皆山樵者　王恭
　吾　鄭大同
怹予　成基命
　齋　查約，袁煉
相山　王台輔，顧
　問
　奎　郭子章
　聖　周良臣
　虞　吳凱
柱山　賈夢龍
柱石　宋可久
　宇　林道楠
　甫　韓國楨
　河　汪煇
　峯　王正國，劉
　勃
　野　趙鈛
柳川　王釗
　沙　葉時新
　亭　李勣
　泉　葛廷章
　莊　袁珙
　溪　許詞，劉鎧
　塘　楊子器
柏山先生　張鄘
　坡　余爌
　泉　胡松
　軒　段堅，陳鎰
　崖　張昇
　菴　張逵
　源　王准
　潭　孫繼皐
　齋　何瑭
栢山　劉璞
　湖居士　何良俊
　溪　周可學
柚庄　吳信
柯耕　李杲
拱之　王鑾，朱應
　辰
　辰　石星，朱厚
　煜，彭鑑
　極　高斗南
持美　劉禔
　國　余懋衡
　卿　程良籌
　敬　余儼
括蒼　李建泰
咸西　張建節
　甫　馮大受
　卓　劉挺
　粟　劉玉
威仲　陳冕
威甫　鄒錡
　伯　端鈇
　武　孫燧
　勇　劉聚
　靖　施聚
　遠　王霆
　毅　吳復
　襄　毛銳，郭英
南山　林椿，胡訓
　，戚賢，陳道
　，潘府，瞿
　霆
　山先生　黃潤玉
　山道人　朱胤移
　川　林光，孫繼
　先，陶諧，謝
　甯
　夫　吳一鵬
　玄　戚賢
　田　劉廷佩
　丘　吳應芳，陸
　應龍
　江　王愼中，馮
　恩，戴鯨
　州　徐自得，張
　元春
　宇　高儀
　羽　丁雲鵬
　仲　石金，潘君
　南
　沙子　熊過
　庄　喬英
　村　陶宗儀
　岑　吳玭
　里　楊寔
　伯　張翼
　谷　黃隆
　冷　蔣山卿
　厓　黃溥
　坦　劉麟
　坡　邢如默
　芙　解宋
　岷　王廷
南明　汪道昆，孫
　衣，諸大綬
　岡　李孟暘，唐
　澤，龍遂
　岡山人　薛騰蛟
　金　殷貴
　津　胡璉
　洲　溥洽，蔡亨
　，應良，羅安
　洲居士　段敏
　屏　高友璣，潘
　辰
　苕　韋商臣
　禺外史　豐坊
　紀　蕭遍
　泉　楊思忠，慭
　定
　涂　白鋼
　宮生　宋克
　原　王韋
　耕　王阜
　峯　曹祥，楊循
　吉，潘琦
　郭　崔陞，劉汝
　楠，錢亮
　陸　楊惟康
　莊　王瑄
　堂　淸欲
　野　吳嘉會，馬
　珍，歐陽德
　湘外史　顧大猷
　渠　呂本
　湖　丁奉，方岳
　，王俊民，余
　本，徐宗魯，
　許敬軒，張綖
　，閔楷，華炯
　，趙國良，謝
　上箴
　渚　馬坤，趙世
　卿
　陽　王佐才

南越山人　鍾禮
菴　趙祖元
華　宋堯俞，許次紓
喬　周延
臯　王堯封，鄒元標
臯子　周洪謨
溪　丁以忠，吳昂，徐訥，趙德宏，熊漳，鄧汝相，張翀
溪遯叟　孫俊
溟　曹鯤，傅來鵬
塘　宋景，戚繼光
塢　賈詠
園　王芳
畹　田濡
廓　王弼
槐　于芳
臺　李景瑞
澗　林廷玉，楊守禮
滦　劉校
樓　李玉，程爌，楊必進
嶠　任良幹
橋　李濟
衡　童漢臣
濱　申綸，林正隆，陳登雲
齋　沈貞吉，魏驥
嶽山人　吳國倫
鎮　丘岳
麓　涂夢桂
灃　王獻
述文　王允成
之　王繼，辛繼先
夫　董紀
述古道人　朱安㳅
亭　劉學朱
補　華復元
憲　劉喬
齋　何繼之
胡祥　胡瑞禎
垣垣居士　陳復
溪先生　葛滂
城南　張嘉謨
奎山　方萬有
章　蔣明
勅齋　馮行可
韋所　顧九思
室　唐自化
軒　唐堯欽
菴　周孟中
契甫　邢如愚
建之　沈鉍
斗　盧象昇
元　方于魯
安　郭遇卿
初　郭造卿，張允修
侯　鄧思銘
紀　劉綱
輔　方佑
春山　富好禮，喬鏜
石　王應熊
宇　戴鳳翔
谷　汪宗元，潘高
雨　盛脩
門　嚴用和
岡　劉訒
所　龔大器
洲　陳時芳
恒　曹祖晃
泉　何雲鴈
涵　車大任
陵　晁瑮
湖　俞瓛
陽　吳弘濟，歸子顧
春菴　彭勗
裕　王毓陽
臺　李以謙，周應秋
齋　陳寵
范安　范弘
若士　湯顯祖
木　侯恪，錢春
夫　丘預達
雨　林潤
金　彭百鍊
度　江萬仞
柳　蔣德璟
思　王儼，胡儼
素　唐文燦
訥　朱俊嶸
虛　李士實，李萬實，李實
愚　蕭世賢
稚　潘弘
藁　李養正
魯　許直
樸　侯恪
穆　孫旬
濟　崔涯
濬　林智
齋　朱琯
齡　高鶴
茂大　王亮
夫　李汝華
仁　沈自邠
弘　林碩
本　余煝
先　李得春
均　蘇茂杓
林　葛林
貞　林希元
宰　李流芳
恭　張璁
軒　戴櫶
秦　謝榛
清　邵林
茂野　歐陽栢
卿　杜槐，李承芳，胡松，夏樹芳
實　李蕡，周應秋
慈　焦潤生
鄰　方召
粤　李茂
謙　耿鳴世
齋　邵圭潔
蘭　張翀
苑洛　韓邦奇
苕源　吳麟
英之　姚鏌
玉　顧璘
仲　韓偉
甫　周邦傑，華標
氣　韓志
茅誧　茅大方
苧村　諸偁
崟陽　鄭鄤
耑愚　吳甡
柴菴　吳甡
墟　儲巏
省山　崔三畏
之　汪機，胡良機
吾　林富，紀公巡，劉綎
亭　高敏學
軒　莫愚，劉魯
菴　王繼明，李賡，范理，張憲
齋　方守，李懿，陳吾德，陳克宅，劉璽，顧天錞
貞一　許盛德，劉光復
一病叟　汪仲魯
一道人　汪仲魯
子　何復

貞山 陸粲
　文 黃淳耀
　文先生 姜垓，陳元素
　予 曹于汴
　夫 白悅，栗節
　父 孫承恩，黃汝亨
　白高士 馮柯
　吉 朱多炡
　吾 曹思正
　甫 毛珵，胡有恒，陳以忠
　孝先生 金俊明，孫鼎
　成先生 郭槚
　壯 鄭華
　伯 李應禎，林之盛
　孚 林炫
　明 陳鑑
　固處士 華宗韡
　季 華復元
　所 馮岳
　恒 林熑
　勇 張倫
　烈 王省，鄒瑾
　素 葛滂
　修先生 劉永澄
　敏 梁夢龍
　湖 朱多熿
　菴 李介，周倫，姜諒，陳璧，陸愈，楊守隨，蔣以忠
　復 楊起元，歸子顧
　卿 朱希忠
　靖 秦旭
　靖先生 周思兼
　義 儲福
　義處士 鄒洧
　愍 石撰，陳思賢
貞肅 吳麟徵，林俊，楊繼宗，葉琛
　肅先生 謝省
　毅先生 姜埰
　樂先生 鄧儀
　憲先生 徐憲忠
　靜先生 朱謀瑋，馮子咸
　穆 林右
　襄 荆州俊，徐琦，聶豹
　齋 王璽，江汝璧，馮亮
　孺 沈孚聞
　耀 林煜
　獻先生 文徵明
虔甫 李鉞
是成 劉友仁
　閒 劉臺
星伯 畢拱辰
　崖 席大賓
　卿 瞿汝說
昭大 王懋
　文 孔鏞
　平 王道焜
　仲 董雲漢
　自 錢士晉
　芑 朱明鎬
　法 徐枋
　明 王應電
　季 張紞
　度 潘曾紘
　素 黃輝
　倫 彭序
　靖 沐英
　毅 朱彌鍉
映碧 李清
哈喇 毛忠
　銘 楊銘
虹川 端廷赦
虹洲 秦梁
　塘 王宗茂
　臺 沈位
　橋 蔣乾
　谿 張鵬
盅菴 陳良器
則之 王圖
　行 呂不用
　明 傅著
　耕 呂不用
　誠 高明
廸吉 張惠
　哲 蕭奇
昕山 王宗舜
　堯 李堯民
　漁子 徐達左
畏之 蕭儼
　思 沈寵
　軒 楊廉
　庵 鄭夢眉
　齋 王儼，薛甲
思文 潘勤才
　中 陳忠
　仁 范景文，許成名，盧洪春
　允 祝繼龍
　永 周朝瑞，談修
　玄 程問學
　玄居士 桑悅
　正 吳中
　平 唐禹
　古 陳汝玉，陳璠
　本 李文忠
　令 魏藻德
　白 董其昌
　充 閔陞
　吉 詹爾選
　宋 秦汴
　抑 邵銳
　孝 余胤緒，陳登，鄭華
思明 潘晟，沈問
　忠 吳從義
　叟 南居益
　貞 胡永成，陳師
　恩 端廷赦
　重 徐鼎，談志伊
　禹 盛洪
　皇 李獻明
　泉 孫枝
　勉 滕德懋
　祖 范敬先
　訓 虞宗齊
　恭 成敬，黃性
　軒 林大猷，潘大賓
　淳 華宗康
　通 萬士亨
　問 李疑，何光裕
　敏 顧承學
　善 方揚，李可登，許懷，劉訥
　曾 方元儒
　堯 項文煥
　極 曾于拱
　菴 吳訥，吳誠，鮑象賢，薛敬之
　復 吳信，徐輔
　進 馬炳然，陳大科
　廉 金廉
　道 方豪，楊希程
　敬 陳善，楊善，繆恭
　齊 卓賢，張賢，蔡汝賢，龔賢
　誠 李顒，吳悌
誠子 朱安泧

思誠叟　楊範
　養　周詠
　德　王哲，吳敏，高文達
　徵　盛應期
　質　王忬
　節　孫若絨，萬士和
　豫　陸楫
　默　萬廷言
　興　方重杰
　學　何自學，蕭彥
　濟　唐汝楫
　齊　田大有，陳侃，鄭洛書，鄭瓛，翟冀
　謙　孫若谷，顧承光
　獻　王瓚，陳琛
界涇翁　俞金
兪允　俞永
　基　俞山
　箎　俞安期
　楨　俞貞木
弇州山人　王世貞
信之　石珝，徐璐，張逑古
　天居士　梅之煥
　夫　卜大順，呂鄉，郭諶，賀鈞
　玉　吳璽
　臣　趙廷瑞
　甫　王逑古，邢如約
　余　談修，薛近兗
　軒　殷汝麟
　庵　道孚
　卿　呂光洵，鄭瓛
俟居　孫如法
俟齋　徐枋
俊民　王惟允
　伯　王英
　明　張俊
　彥　范瑛
侯服　張名振
侶梅居士　龐爨
保元　謝兆申
　竹　盧雍
　兒　平安，李文忠
　康　朱顯槐
後山　楊一魁
　川　傅希摯
　之　朱先
　坡　邢守庭
　明　莫是龍
　岡　蔡際春
　屏　盧勳
　峯　黃鞏
　崖　許倜
　渠　崔銑
　湖　張元孝
　菴　李珏，畢永
　溪　丁士美，童寬
　樂翁　黃福
　齋　易蓁，潘松
待用　林俊
律元　黃鍾
衍觀　符觀
姚益　姚友直
紉華　劉廷蘭
約之　孫博，陳東，劉瀚
　我　劉洲
　堂　劉洲
　菴　周金，歐陽必進，劉吉，謝士元
　齋　李逢，陳省，張孫繩，張紘，謝一夔
約禮居士　劉昭
秋山　顧遂
　水　莫是龍
　旦　林塾
　白　洗桂奇
　江翁　朱彌鉗
　厓　朱紈
　浦　汪珊
　崖　季葵
　野　嚴起恒
　卿　胡甲桂
　溟　殷邁
　潭　張清
　澄　王敎
　齋　周宣
　巖　戴夢桂
香山　惲本初
　海　李流芳
泉山　林瀚
　厓　邵經濟
　坡　王英
　亭　吳鼎
　皐　王繼光
奐重　尹瑹
禹乂　汪淮
　功　張九叙
　臣　史良佐
　門　丁繼嗣，毛士龍，姚宏謨
　坪　劉中立
　金　梅鼎祚
　秀　鄭洛
　修　方岳貢
　卿　馮皐謨
　範　耿九疇
　勳　王濬
禹學　陳九疇
　疇　吳洪
重之　楊任
　夫　徐大任，楊淳
　民　董威
　光　顧天錫
重器　胡璉，張宗璉，陳鼎，蔣琬，謝璉
　齋　劉鈞，盧儒
叜立　孟廷相
　啓　朱永祐
胝泉　李冕
胤昌　王祖嫡
　紹　顏孕紹
　臺　杜華先
風山　張江
　之　吳應箕
帥吾　林性之
卽卿　陳克宅
勉之　李釗，黃省曾，劉懋
　夫　張勗
　仁　楊榮
　吾　吳宗漢
　和　童祝
　南　盛以恒
　菴　蔡祐
　齋　朱夏

十　劃

海一　王江
　山　王時中，陳萬言
　日翁　王華
　石　錢薇
　生　浦源
　舟　吳敏
　門　周汝登
　岸道人　黃端伯
　洋　胡海
　洲　陳柯，陳茂義
　亭　黃卿，鄭普
　屋子　姚翼
　叟　袁凱
　浮　馮惟敏
　桑先生　陳謨
　峯　吳子孝

海翁 宋登春，偶桓
梅 李日章
陽 丁旦，鄧起宗
隅 毛思義
鈞 蕭顯
寧 武大烈
樓 淩儒
樵先生 陳鶴
嶽 郭造卿
觀 董公近
浴之 詹沂
元 林日瑞
江 陳騰鸞
宇 曾光魯
泉 宋存德
溪 毋德純
涇川 張滚，陸釴
凡 顧允成
坡 雒遵
野 呂柟
陽 顧憲成
涂水 冦天叙
涔涯 李如圭
浣所 李貴
菴 李蕙
浮山 褚櫏孫
丘 左光斗
休居士 薛章憲
峯 張元冲
漚道人 羅欽德
浚川 王廷相
谷 趙時春
明 陸粲
溪 孫若絾
浩之 張師孟
然 胡守法，楊集
齋 陸據
浠桂 朱袗
祐山 馮汝弼
祐之 張天相，劉吉
卿 陳錫
祝陽 劉士驥
萬 揭重熙
祖心 萬義顓
邦 呂夔
庭 景隆
期 彭勗
祚明 歸莊
神阿 熊劍化
悟明 馬覺熙
菴 蔣孔暘
齋 吳時來
悅之 熊浹
菴 顧思益
悔菴 萬泰
齋 李遜學
衷丹 陳興言
白 惲厥初，蔣秉采
高山 吳閎
吾子 陳洪謨
河 吳楙
泉子 謝東山
閭野叟 汪致道
鉉 歐陽顯宇
席之 張瑋
公 胡上琛
玉 張玭
珍 張日韜
帽山人 王逢
唐佐 沈希儀
亭 何光裕
英 李仁傑
卿 王學夔，余堯臣
巖 劉慤
庭竹 陳行健
柱 王三宅
訓 陳聞詩
翊 林補
堅 高瑤
庭貴 強珍
壁 歐瑄
簡 王彥奇
懷 耿橘
瓚 郭瑛
疾退子 鄧學詩
病隱 王玭
效致 辛應乾
叡菴 方沆，吳山
齋 余祐
郎公 吳執御
洲 董子儀
宮山 高宇泰
容之 張頌
宇 吳之龍
所 吳文華
思 段堅
堂 楊宏
菴 黃意，鄧應仁，謝宇
靜 高安
齋 李茂材，章律，應大猷
家岡 何吾騶
相 薛國觀
馭 王鼎爵
棟 朱鷺
逆川 智順
益之 牟斌，杜謙，谷有之，何遷，俞澤，馬從謙，張謙
夫 王謙
以拙叟 潘珍
安 叢盤
甫 張勉學
泉 陳懋觀
軒 姚三讓
間 應廣平
菴 沐琮，徐用光
卿 馮友，顧養謙
益齋 伍讓，呼良朋，趙承謙
兼山 王崇文
宇 林堯俞
素 張瓛
善 尙達
晉川 劉東星
夫 邵昇
安 楊東明
臣 趙孟
甫 宗弘暹，陳陞
伯 鄧藩錫
叔 楊旦
明 吳炯
侯 孫康周
菴 戴才
卿 李錫，陳允升，楊祐，劉同升，羅尙賓
溪 王璥
栗夫 唐寬，許璲，趙寬，潘璋
如 顧汝玉
菴 宋纁，鄭環
齋 范瓘，羅用俊，蘇友龍
夏山 張大輪
父 朱祐榰
恩 夏子孝
浦 韓楷
峯先生 孫奇逢
卿 蕭大亨
匪石 鄒維璉
我 何喬遠
原一 徐貫
已 周庚
大 陳寰
之 王來
夫 黃宗載

原中 康太和，雷塤
仁 張子愛
功 謝肅
用 蔣廷貴
吉 王逄
伊 程宗
孝 馮忠
易 范洓
忠 駱用卿
釆 王叔英
亮 宋亮
貞 蔣亨
約 沈瀚
泉 馮孜
恭 王道成
振 楊聲
荆 胡涔
習 陳察
博 吳寬，查約，劉溥
復 李希顏
溥 錢溥
道 程本立
載 韋厚
敬 丁溥
漢 董傳策
潔 李淩
德 丁致祥，李賢
貫 沈彬
璞 士璋
靜 陸澄
學 姚隆，豐熙
檢 劉倬
禮 陳讓，靳義，戴思恭
厝峯 陸杲
馬二子 馮淮
兒 徐司馬
翁 馮淮
退士 陳濟夫
如 曾可前

谷 鍾惺
叟 戴啤
翁 一如
菴 王獻，周而淳，陳祚，盛寅，楊阜，熊鍊，鄧林
齋 林雲同
闇 金幼孜
巖居士 黃仲昭
恥菴 周軫，胡超，陳煒
耿光 陳汝輝
庵 金俊明
珠山 李奎
破瓢道人 吳孺子
砥軒 沈性
烈敏 尤世功
愍 乙邦才，王域，宋一鶴，洪雲蒸，侯君擢，郝瑞日，郭任，張振德，楊任，楊嫌
孫玘 孫玘
蛟 孫交
瑀 孫原貞
愚 孫忠
弱生 王志堅
青 段伯炌
侯 焦竑
桑園 沈璞
桐坡 鄧尚義
岡 宋應昌，馮彬，趙鏘
陽 張堯年
溪 錢如京
桂山 葉朝槃
山先生 曹琚
坡 安國，閔理
芳 唐仲寔
洲 夏言

桂原 張宓
軒 顧恂
渚 洪文衡
園 王昌功
德 桂彥良
濱 張星
巖 邊憲
格菴 章正宸
栖芸 楊範
碧 華幼武
桃谷 陸倖
桓玉 舒玠
襄 薛顯
栢岡 林岳
菴 歐陽一敬
溪 沈杜
格村 劉學易
振方 楊宣
文 張鐸
之 王國訓，田鐸，朱應辰，李之藻，唐鐸，晏鐸，徐弘祖，魯鐸
夫 張紹登
平 陰秉衡
生 孫鑨興
廷 劉最
宗 汪鏜
祖 陳濟夫
振庭 李四維
恭 俞欽
倫 謝綱
卿 龐嵩
溟 華春奇
遠 孫鏜，康鏞
綱 和維，徐憲
寰 任光裕
聲 邵銅
挹之 梁洞
齋 周延儒
哲夫 王尚智
卿 郭惟賢

起之 劉伯躍
中 蔣貫
田 瞿式耜
光 華仲亨
同 楊昇
東 范暹，劉宗周
周 瞿式耒
修 楊東明
莘 馬從聘
潛 張振之
龍 華叔陽
鵬 詹爾達
眞田 劉三樂
谷 邊侊
長 黃尊素
卿 淩儒
愚 王成憲
齋 趙謐
恭川 李崧祥
介 王汝訓，朱鴻謨，李遷，孫丕揚，陳有年，陶琰，畢鏘，劉崧
甫 史際
伯 盛萬年
定 朱奇溯，年富，馮從吾，潘恩
和 周壽
敏 白圭，李汝華，李鐩，李讓，馬森，廖莊，薛三才
惠 朱範址，汪宗伊，范鏞，章拯，陶承學，楊信民
菴 郭城
順 盧淵
裕 朱安浻，朱表欒，朱恬焯

恭靖　王景，朱希忠，朱希周，朱奠堵，李敏，何眞，林泮，姚廣孝，陳其學，張懋，賈銓，蔣用文，蔣瑤，蔡國珍
愍　陳良謨，鍾同
肅　王遴，林鶚，周用，范衷，張潤，曾鈞，黃光昇，趙輔，熊浹，嚴淸
端　曾同亨
僖　朱輔，張景明
毅　王槩，章綸，溫純，鄧顒
質　王用汲
節　王廷，周怡，陳純德，馮應京
憲　孫忠
穆　余懋學
襄　王瓊，石茂華，江東，涂宗濬，馬昂，許論，陳瑄，張瓚，趙炳然，劉丙
簡　王鈁，王樵，尹旻，朱英，朱遜㷃，李偉，李鉞，耿定向，許孚遠，屠楷，歐陽鐸，韓邦奇，戴珊，魏校
恭獻　權妃
懿　李棠，張瀚
素浣　杜麟徵
衷　趙維新
軒　古朴，喩樊，魯眞，謝綱
彬　劉彬
菴　呂祥，眞節，商輅，陸浙，曹雷，彭華，劉時敩
菴先生　朱璲
菴野人　周思得
卿　張文錦
齋　于湛
泰生　楊閅
宇　張春，應時盛
亭　張養蒙
垣　沈儆炌
泉先生　黃佐
符　姜應麟，馬孟禎
階　李春熙
然　郭浩
餘山人　徐枋
孺　呂維祜
巖　張師孟
秦川　南漢
渠　龍翔霄
關　王之士
書田　方逢年
崖　許天倫
菴　盧紳
耕雲　顧珩
樂　陳申
樂道人　邵禮
巖　沈壽民
茲勉　吳之甲
荔堂　林時躍
溪　曹大埜
荆山　王憲，周璽
荆山居士　孟淑卿
川先生　唐順之
石　王錫爵
埜　董遂
野　丘預達
溪　張輔
溪漁隱　徐琳
巖　楊道賓
草亭　張畹
庭　周號
堂　劉顯
茗山　許應元
莪山　章曠
東　昝如心
峯　潘珍
溪　袁世榮
峯西　鄭濬
㟁武　杜文煥
峻之　洪垣
伯　吳維嶽
德　倪峻
晃菴　胡廣
晏眠人　浦澤
時乂　鄭文康，錢俊
元　孟春
中　田景暘，易節，柴羲，徐節，蔡蒙，邊節
化　王守誠，薛騰蛟，戴鰲
升　李木，李堂，曾翬
正　夏寅
可　周孟中
用　沈鎡，徐溥，郭璡，鄭權，潘辰，謝澤
臣　胡獻
羽　王翹
行　王大用，張弘至
時良　潘季馴
亭　毛泰，李震，奚昊，楊景
言　李默
甫　汪若霖，習孔教
見　呂潛
佐　陳良
雨　吳潤，范霖，張注，陶滋，劉儆
東　淩震
芳　王萱，涂夢桂，郭桂
明　王堯日，陶照
秀　楊榮，劉顯
和　費臻
周　陳茂烈
亮　戴欽
彥　王英，左賢
育　王宗茂
美　伍瓊
珍　李桼，鄭寶
春　于芳
英　陳俊
茂　李森，黃仲芳
昭　程杲
重　戴縉
勉　王敏，李進，陳昜，葉釗，盧懋
訓　殷邁
烈　袁芳
振　何廷矩，胡鐸，熊紀，歐陽鵬
泰　于有年，王業，伍文定，單宇，羅安
起　陳振，崔震

時峻　張嶺
清　蔡滂
淳　仇朴
祥　宋應昌
啓　程鎖
翊　左贊
望　王世名，李崧祥，李雲，邢霖，徐濟，郭汝霖，盛顒，楊應奇
膺　牧相，徐瓊，黃卿
章　趙灼
陳　廖紀
莊　陳儼
敏　李學，周憲，張悅，張敏，張遜，鄒來學，劉從學
登　雷瀛
菴　高鑑
傑　朱英，徐英
卿　初學易
雍　丘霽，沈人种，李孟暘，常泰，黃暐，傅泰，雷賀，劉大夏
熙　張應麟
幹　沈文楨
達　張達
葺　華方
暘　沈暉
禎　王蕡
賓　何雲鴈
鳴　方鳳，鄒文盛，戴鯨
範　曹鏈
澤　任民育，俞霑
憲　趙斌
時霖　王渙，雷澤
器　李鐩
濟　浦澤，夏津，黃世經，鄔景和，龔澤
應　陳鳳鳴
齋　王汝舟，梁溥，馮遠，劉一龍
舉　方槐生，方鵬，王愷，王翰，段民，張守直，陳邦獻，馮翱
舉　顧時
鎮　戴鰲
澤　毛勣
獻　陳汝言
顯　陳用
讓　劉遜
匡州　趙世勛
恩亭　伍大均
廻溪　尤瑛
剛長　陳泰長
烈　連楹
峯　海瑞
毅　李彬
慧　楊兆隆
節　劉璟
翁晉　吳稼竳
傒東餓夫　章正宸
倥侗　王道
侗生　沈愚
值菴　盛應期
倩石　魏呈潤
修本　王務
自　葉時敏
敬　秦旭
齡　楊鶴
徐垢　徐宗實
珵　徐有貞
鳳　徐文溥
射陽山人　吳承恩
釜陽　葛覃
恕夫　樊得仁
齋　王槩，范希正，高貫
娛恬　段錦
純一　毋德純
元　李應和
父　沈思孝
玉　孫瑋
朴　曾德
甫　王心一，王道，沈鍊，李敏，梅守德，戴金
孝先生　范祖幹
叔　吳子孝
菴　龔詡
卿　艾穆，朱希孝
道　彭時
臺　薛敷政
紘公　陳纁
狷齋　謝瑜，魏粲
豹文　吳可賓
先　鄒之文
特貞　尹諒
峯　趙恒
舫齋　李貢
航隱　于慎思
矩所　何湛之
菴　陳鎬
齋　陳恪
笑齋　龔輝
巖　德寶
烏鼠山人　胡纘宗
息軒　朱貞
菴　王立中，慧觀
師文　李熙，戴豪
尹　趙莘
孔　陳紹儒
師仁　王克復
正　傅頤
召　陳音，黎奭
古　王汝訓
旦　呂希周
臣　徐尚卿
伊　喬訓，魏良政
竹　王祖嫡
孟　丁養浩，李浩，李淑
邵　盧雍
望　閔如霖
商　趙欽湯
陳　盧襄
皐　畢懋良
道　汪與立，瞿景淳
說　魏良弼
德　趙維垣
顏　梁承學，魏良器
謨　祝繼皋
觀　戴顒
留仙　馮元颺
耕　王宗彝，姚克恭，陳言，楊春
耕處士　楊選
齋居士　趙鏜
能始　曹學佺

十一劃

淮海　朱應辰，孫應鰲
漢先生　顏木
清六　范復粹
之　王洧
父　朱纓，黃河水，顧源
白生　袁珪
狂　郭詡
伯　陸澄

清躬　魏藻德
　凉　方念
　凉居士　文元發
　常道人　趙琦美
　敏　衛承芳
　敏先生　朱多炡
　湖　汪應軫
　渠　宗禮
　惠　丁賓，吳廷舉，何源，耿九疇，張瑋，劉麟，龔理
　義　謝陞
　愍　孫繼魯
　遠　懷渭
　遠先生　歸子慕
　節　桂彥良
　憲　汪應軫，孟秋，蔡復一
　襄　陳道亨
　隱　李濬，張鑾
　簡　孫需，孫鑨，樊瑩
　瀾　謝渭
　癯　劉體乾
淳夫　韓重
　父　黃姬水
涼菴居士　李之藻
涵一　焦源溥
　台　萬象春
　江　劉友仁
　峯　王守
　虛翁　劉節
淩川　傅鑰
　元　翟鳳翀
　玄　張鳳翔
　翔　楊一鵬
　雲　劉岌
　溪　朱應登
　漢　蕭翀
淡如居士　王行
　成先生　楊文
淡泉　鄭曉
　菴　許鋐，廖震
淑大　鮑輝
　士　王志堅
　元　李盛春
　孔　孟一脈，靳聖居
　清　張泌
　敎　匡鐸
淺原　萬衣
　齋　魏有本
深之　徐自得
　甫　田汝棘，高濂
淇東　王希孟
　泉　王汝言
　陽　孫玘
　園居士　衛承芳
　筠　劉文炳
　澳　孫愼行
梁石　周瑛
　叔　游元汴
　岡　戴時宗
　混　梁本之
　卿　顧溱
涿軒　令狐瓛
涑西　盧宗哲
淵之　胡洪
　孝　杜瓊
　敏　余樞
淯南　王鴻漸
添麟　陳祥
淨峯　張岳
惟一　宋存德
　力　方克
　中　李時成，李愈，范廷珍，唐樞，徐正，張籌，馮達，劉廷傳，嚴嵩
　介　林懋和
　允　王納言，祁敕
惟仁　楊言
　正　吉人，朱正，李貢，蕭雅
　玉　鄧崙
　可　吉時，吾謹
　平　朱衡
　臣　王獻，甯舉
　吉　商喜
　行　軒輗
　良　馮汝弼，齊世臣
　志　高崇
　克　李念
　均　吳駉
　成　陳贇
　肖　王夢弼
　承　歐陽栢
　坤　鄧世厚
　明　虞守愚，錢唐
　忠　王藎
　拱　沈璧
　貞　朱勇，李頤，姚一元，祝萃
　信　張瀚
　約　楊博
　容　祝瀚
　峻　胡華
　高　仰嵩，楊峻，葛嵩
　益　董裕
　起　徐煬
　恭　卓敬，賈格
　哲　巴思明
　貢　吳璥
　修　吳時來
　清　祝顥，張廉
　深　金洪
　寅　丁旦，宋禮，李言恭，陳汝秩
　理　王紀
惟乾　冀元亨
　貫　魏學曾
　從　王猷
　得　徐成位
　敍　張九功
　善　王賢，姜寶，胡希舜，彭賓，蔚能，滕祥
　極　王廷
　喆　夏原吉
　盛　謝贇
　喬　潘松，顏木
　傚　易傚之
　道　成子學，竇明
　勤　段敏
　敬　黎民表
　詹　周拱
　誠　李宗魯，李贇，姚惟芹
　遜　姚讓
　遠　宋明
　賢　王大用，王邦瑞，李選，呂昇，顧應祥
　隣　袁國臣
　範　張世則
　德　杜榮聰，吳嘉聰，羅汝芳，蘇士潤
　學　宋貴祥，劉祿
　錫　吳百朋
　濬　陳九川
　謙　吳愈
　禮　吳嘉會
　瞻　王敬，芮畿
　簡　黃應坤
　懷　葉時新
　藩　郭郛
　馨　芮稷，劉菑
　獻　陳王庭

惇五 鄧全悌
惕若 楊家龍
菴 張琮
龍 陳龍正
齋 冠陽
商用 胡璉
臣 何說
林 劉望之
盤 傅新德
衡 尹相
章之 楊大章
尹 戴士衡
甫 荆州俊，徐錦，萬衣，潘瀜，戴冠
含 葉繼美
靖 錢文
闇 麥而炫
麻溪 陳嘉謨
庸之 王敎，黃哲
菴 史英
卿 趙奮
康山 邵南
介 郭宗皐
和 李充嗣
洲 羅萬化
郁 韓郁
侯 朱謀㙉，何如寵，錢士晉
國 王錫侯
敏 白昂，趙鑑
惠 李承勛，周季鳳，胡富，徐文璧，楊志學
靖 孫忠，張偉，鄒幹
榮 孟嘉
僖 王承裕，朱理堵，邵銳，周倫，陸琦，屠勳，蔡震
毅 王憲
康憲 朱載堊
穆 王鎮，朱芝垝
齋 吳與弼
簡 楊守隨
懿 王思明，林庭棉，徐貫，陳俊
鹿友 吳甡
吳 葉繼美
門 汪文明，茅坤
坡居士 高岱
冠道人 杜瓊
野 史道
野翁 李元壽
園 萬表
啓之 張發
元 蔡際春
旦 蕭晩
先 陳俊
東 方昇，李旦范暹，侯震暘，曹雷，盛寅，虞震，瞿蹇
明 周夢暘
和 周煦
南 沈周
昭 初杲，張昇
衷 許天錫
原 陸茂龍
泰 孫奇逢
殷 黃鳴夏
善 王希元
陽 仝寅，陳復
新 錢本
新先生 史孟麟
敬 冷謙
範 鄭洛書
澤 王源
郭莊 張汝棟
進 郭璡
旋宇 劉元卿
旋極 耿蔭樓
翊明 顧王家
菘溪翁 朱恩
望山 金達，馮子咸
之 宋儀望，孟洋，來儼然，徐文彪，馮岳
梅 高鶴
湖 徐陟，羅拱璧
魯 吳一儒
訥軒 何嗣，林同，高尚忠
菴 王敏，左瑺，范大澈，張芮，戴啅
溪 周怡
齋 朱維京，胡忠，陳彥回
許元 許存仁
寅之 卞謌，周恭
可 唐堯欽
仲 戴大賓，顧亮
伯 呂旦
所 嚴清
淸居士 習經
菴 羅汝敬
卿 薛卿
齋 葉照
密之 方以智
坡 侯廷柱
菴 劉子欽
寄菴 傅冠
夢 張肯
窒甫 鄭曉
瓶山 胡宗明
雪山 馬颷，劉一麟
江 湯寶
岑 孫衍，葛嵩
雪肝 王孫蘭
厓 吳國琦
松 潘士藻
居 孫克宏
庭 朱寅
軒 道成
峰 陳德鳴
航 王桓
舫 吳駟
翁 郭節
崖 邵元節，金固
莊 韓綸
窗 孫臣
菴 吳成學，厲昇
菴和尙 葉希賢
溪漁者 徐績
筠 方良節
臺 劉節
蓬 黃哲
現聞 姚希孟
理山 皇甫濂
川 江治
之 王綸，陸綸
夫 梁紀，鍾善經
菴 蹇達
齋 徐三畏
研文 高弘圖
岡 杜柟
通也 范淑泰
甫 胡大海
坊 趙灼
理 沈愚
衢 薛亨
務本 朱健根，彭遠
教 劉稱
遠 顧雲程
翌猷 蕭奕輔
習之 張翀，張鸐

翼，曾翀

習古 王漸

堅白 龐瑜

遠 陳鋼

問菴 馬津

強齋 殷奎

張邋遢 張三丰

陸灼 陸采

榮 陸深

陳昌 陳孟京

烙鐵 陳寧

淳 陳道復

紫菊 陳則

根 陳叔剛

廉 陳孟潔

煒 陳函輝

裕 陳宗問

雷 陳士啓

蕪 王璡

陶生 黎貞

菴 黃淳耀，歸子慕

彬父 梅之煥

梅心 華𣆀

田 顏頤壽

江 張忠

竹翁 林樵

初 吳暢春

林 胡宗憲，蕭世賢

東 蕭敬

坡 吳嘉言，劉璋

花主人 周恭

岩 何說

岡 沈東

所 林觀

屋 李佐

軒 任萬里，馬騤，陳文亮，蔣昇，盧懋

峯 陳茂烈

雪 徐仲敬，徐資

梅雪隱人 雪庭

莊 俞山

國 劉節

窗 金祺

菴 呂崟，趙琬

卿 熊鼎華

溪 潭驥

臺 曾存仁

墩 邵陞，林命

齋 翁玉

顚道人 周履靖

梧山 李充嗣

竹 王永和

岡 孟鳳，陳堯

岡子 張鳴鳳

桴齋 顧潛

埜泉 楊時進

掖川 侯東萊

推之 孫克恕

執之 馮允中

夫 馮亮，錢亮

中 李秉，李厚，陳思道，楊允

菴 沈堯中

齋 劉玉

培菴 劉彭年

卿 馮厚敦

乾吉 梁夢龍

兆 黎鳳

沙 駱從宇

張 張璣

菴 馬自強

遂 李文利

匏瓜子 楊通

菴 吳寬

連山 夏易

江 季科

堇山 李堂

帶川 熊瑞，劉燾

黃 衞景瑗

帶溪 曲遷喬

曹珍 曹珖

節 曹時中

貫菴 繆恭

春容 賈待問

陵 王一鶚

莞石 尹瑾

莊介 李中，姜洪，劉一儒，韓永

武 曹鑨

敏 林聰，章溢，許誥，陳豫，陶諧，崔恭，楊鼎，趙勝

渠 魏校

惠 向朴，邢如約

菴 毛超

順 朱譽播

裕 朱睦㮮，徐問

靖 宋景，陳文，陳瓚，趙璜劉東星，魏時亮

肅 胡松，張欒

愍 寇深，張彥方

敬 朱載堅，宋纁

僖 張永明，焦棟，舒化，韓邦問，譚祐

僖先生 施槃

毅 王竑，王紀，毛勝，何德，孫瑋

節 張可大

穆 朱冲炑

襄 仇成，沐崑，俞諫，劉天和

莊簡 王復，王學夔，朱幼㘾，朱儀，李浩，張悅，張赫，陸光祖，喬宇，楊成，鄒文盛，聞淵，熊繡

懿 周瑄，胡拱辰，張鎣，閔珪，譚太初

莘野 田汝耕

莓厓 周相

莪山 劉斯潔

樵 周天瑞

莒峯眄隱子陳觀

崑山 左良玉

斗 姚明恭

田 邢玠

崀 王世琇

南 楊銓

泉 米玉

峯 馮時雨

崙山人 王叔承，張詩

源 華汝礪

潤 尹瑾

巃 吳嶔

巖 鄭汝璧

崇一 余經，歐陽德

文 黃綜

之 白埈，陳世良

化 秦民悅

仁 楊太榮

孝 舒弘緒

固 郭城

珍 歐陽席

相 董應學

述 周述

岙 劉岙

崇晉 朱㝠
恩 劉廷救
基 尹臺
教 何東序
綱 李顯
雅 尙大綸，鄧學詩
象 張璧
義 丁以忠
道 歐陽鐸
戴 郭坤
實 沈文華
澄 陳申
德 李紹賢，張維新
勳 韋貴
讓 姚三讓
禮 俞敦，葉贊
璧 林璟
韜 趙庚
績 盧秩
觀 劉覗
崌崍山人 張佳胤
崆陽 趙秉忠
崦山 周延
西 徐縉
常甫 張邦奇
宗 王彝
固 宋常
所 李大吉
春散人 虞震
軒 姜良翰
齋 王璟
棠山 胡瓚，劉思問
汀 張可仕
江 沈希儀
厓 申价，馬廷用
坡子 鄭一初
亭 甘士价
垣 李若星
峯泉 楊潭
峯先生 陳琛
虛子 朱柏
陽山樵 朱同
硤山人 沈祜
溪 蘇濬
瑤 習孔化
薔 樊維城
紫墩居士 陳塏
巖 劉龍
處元 葉初春
仁 章僑
軒 徐朝
善 王溥
敬 唐肅
誠 屈約
冕甫 朱頤墉
晦之 余光，耿明
伯 李日宣，陳耀文
菴 劉健
卿 謝汝明
德 陳眞晟
唵噠 吳鼎芳
唯之 姚一貫
吾 王學曾
異羽 范鳳翼
度 侯偉時
貫之 楊理
道 李永通，董曾，韓文
婁江 秦鰲
東散人 朱亮
愚 許諶
野川 劉廷敕
江 舒法
全子 謝承舉
亭 劉忠，錢同愛
庭 羅瑤
航 朱存理
莊道人 徐瑄
國士 范儁
正 謝汝儀
用 周斌，孫璡，徐世英，曹珂
宗 秦舜翰
昌 俞泰，鄭邦彥
秀 唐琦
和 秦鏜
珍 丁玉，毛玉，馬鎰
柱 房楠，雷士禎
相 尙維持
持 張維
英 孫臣，陳傑
望 屠大山
祥 毛騏，張麟
雲 丁繼嗣
棟 石天柱
華 朱承綵，胡瓊，蔡文魁，龍光，羅瑤
勝 馮勝
瑞 王坪，錢一本
聘 費尙伊
楨 朱國禎
著 黃褧
寧 王邦直
裳 舒芬
璋 趙崇璧
賢 邵寶
徵 劉廷蘭
器 朱天球，周璽，張琦，詹鼎
興 吳良
衡 湯聘尹
聲 秦金
瞻 李廷儀
鎮 張秉壺
國璽 丁玉
寶 李如圭，吳禎
貧樂 林希蔭
偲菴 楊旦
健夫 胡體乾，茅乾
冲 張鳳翮
甫 劉中立
所 黃應坤
乾 呂懷
菴 方日乾，劉世科
齋 李茂功，曾乾亨
偉奏 王績燦
恭 黃淵耀
德 孫仁
假菴 劉鉉，歸昌世
從大 卜同
川 秦瀚
之 楊時進
仁 汪舜民，蘇恩
吉 石迪
吾道人 董澐
宜 尙禮
岷 吳江
周 洪孝先，陳員韜
政 徐司馬
商 李璡
理 麻直
善 高登，殷善，張仁，趙登
智 邵鑑
道 王復，惠隆，練綱
賢 李棨
龍 陳登雲，華雲，楊士雲
學 林塾

從禮　隋贇
簡　秦文
得一　侯履暘
之　汪思，曾魯，黃魯曾
軒　李宗魯
菴　冒鸞
祿　周可學
御冷　錢士升
細林山人　楊樞
邊　黃道周
紹方　伊溥
夫　黃克纘
中　張堯年
立　周進隆
玄　應宗儒
安　舒汀
甫　孫代
東　虞德燁
武　夏之令
明　白瑜
和　劉宣
勇　邢守庭
峯　嚴從簡
淶　盧茂
崗　傅舜
熙　林景暘
虞　方堯相，孔貞一
絅菴　李庶，戴錦
齋　陳叔剛
釣石　張綸
脫火赤　薛貴
脫孛羅　和勇
屣山人　謝榛
歡　薛斌
敍之　張九功
卿　姚汝循
敏叔　王尚學，徐訥，盛訥
卿　馮時可，嚴訥
敏靖　沐紹勛
肅　李世達，陳壽
毅　蔣琬
德　吳訥
欲立　王之士
舨菴　顧咸正
斛山　楊爵
頃陽　劉一相
逢原　呂原，張汝蘊
巢民　冒襄
軒　周鳳翔
雄　董基
魚山　熊開元
參之　葉茂才
甫　閻仲宇
符禹　朱士完
德　謝莆
笠江　潘恩
澤　蔣弘憲

十 二 劃

湯夫　方日新
民　董建中
涇　袁校
鄒　湯建衡
渙之　趙庚
湖山　劉材
東　吳從義
坡　蘇子良
南　韓邦憲
涯　貢汝成
湜之　李渭
湛一　焦源清
川　潘恩
六　劉理順
江　韓楓
明　孫玩
持　文震孟
泉　王輿齡
源　陸化淳
湘之　鄭錡
中　羅喻義
南　文元發
溪　鄭大經
渭川　東漢，楊崇
公　熊霈
生　盧渭
先　霍韜
厓　霍韜
涯子　張緯
野　樊得仁
陽　南金
溪　劉懋
渝渚　蔣雲漢
漳川居士　康河
湄丘道人　邢宥
渼坡　王九思
游初　朱天麟
渠門　高擢
陽　沈師賢，龍德孚
衡　馬銓
焞之　莊瑛
視軒　陳慶
惺宇　張貞觀，張問明
翁　羅欽忠
堂　史桂芳
惺叟　曾直
齋　殷貴
惲向　惲本初
敦夫　夏尚樸，趙汝濂
本　郁新
甫　劉光復
柱　黃國鼎
實　黃熒
詒孫　韓夷
寒村　蘇志皐
谷　林有年
泉　徐鼎，詹軾
泉子　莫叔明
寒椒道人　陳函煇
溪子　方太古
潭主人　吳必顯
甯菴　吳儼
寓菴　吳性，張嵒
齋　陳俊
翔宇　曹一夙
甫　馮夢龍
卿　沈應龍，姚翼
聳五　王家彥
用　潘榮
普長　林元甫
明頭陀　歸莊
曾城　丘民貴
唯　高貫，解一貫
羨長　俞安期
善山先生　何廷仁
甫　王貞慶，龔情
長　陳元慶
政　杜棠
祥　胡皇后
理　郭爱
菴　徐麗
卿　周在，鄭祥
賢　善堅
受峯　饒秉鑑
雲山　曹三暘
川　周道光，舒汀，鍾復
心　于鏊
升　沈猶龍
石　岳倫
田　甯化龍
丘道人　張簡
江　刁銳，錢泮
竹先生　王應鍾
郵　許相卿
谷　法會，陳銳，陶大順，曹

大夏
雲怡 蔡懿德
匡 顧福
匡子 李志學
林 危素，倪瓚
坡 李用敬
門 魏允孚
岩 閻金
岫 石有恒
岡 龔用卿
征 傅來鵬
津 曹希舜
亭 李人龍
屋 王廷素
屏 胡維新
泉 吳達
浦 孟化鯉，盛時泰
軒 陳讓
峯 秦文，許從龍
翁 張翼
淵子 周述學
莊 林俊
崖 蘇章
從 何騰蛟，林近龍，高攀龍，趙龍
湖仙人 陶成
翔 淩駉
陽 汪道亨，施學海
棲大師 祩宏
樵 陳遇
華 李徵
菴 洪漢，徐懷玉
阜 周良臣
卿 沈伯龍，吳瑞登，高應舉，馬化龍，莫是龍，鄒應龍
溪子 朱鴻漸
雲臺 陸光宅
夢山人 孫斯億
龍 蔣勸能
機 郭維經
翰 高舉，趙釴
濤釣徒 唐欽堯
濤 蕭漢
嶽 汪垍
墅 蘇正
谿 譚祐
鵠 淩汝志
巖 馬江
衢 余繼登
觀 李習
雁山 吳嘉聰，孟廷相
峯 史立模，何鰲
栗菴 葉紹袁
壽樂翁 習經
琢菴 馮琦
山琴 張鵬翰
軒 陳璉
溪 陳寰
鶴 朱瓘
磴齋 高弘圖
硯山 林鍾，顧從義
莊 葉天球
取初 趙東曦
雅宜山人 王寵
容 蕭寬
素子 張文
齋 胡執禮
曉園 何湛之
疏山 吳悌
菴 向寶
巽川 祁順
夫 萬盛
仲 史後
志 高遜志
洲主人 沈甃
峯 尹襄
巽卿 張侃
齋 張述古
隱 程本立
發聖 陳演
登之 丘禾實，任瀛，高第，陳有年，管志道
菴 鄧楝
開之 馮夢禎
元 解開
仲 孔貞運
甫 熊景，歸有光
美 王家彥，祝淵，殷都
陽 鄭若曾
雍 顧天埈
間齋 汪偉
閒適 葉茂才
弼唐先生 龐嵩
陽山 莊國禎，陸鳳儀
川 邢址
平 黃元會
白 曾璠
江 王鳴臣
初 華敦復
伯 來復
岡 王鳴臣
明先生 王守仁
和 張元忭
峯 張璧
湖 王庭
德 王叔杲
衢 夏時
隆池山樵 彭年
吉 王楝
卿 曹楝
椒山 楊繼盛
丘 何喬新
園 王納言
園道人 徐源
植吾 晉應槐
植齋 曾朝節
棲巖 慧進
揚伯 諸偁
博之 劉約
眞 田大益
菴 劉溥
彭山 季本
伯 王三善
璉 彭汝器
都山 汪文輝
裁菴 楊宜
報古 譚英
朝文 徐紘
夫 解綸
石 侯良柱
用 王琬，李璽，吳璠，陳賓，張縉，劉傑
言 王綸，吳闇，潘絲，盧綸
宗 汪廣洋，吳海，張海，屠湝，劉鐵
明 楊銓
佩 劉琺
宣 王詔，談詔
美 蔣鑰
威 徐輔
英 閔珪
信 伍符，李璽，林符，孫璽
重 胡玥，劉穗，劉瓚
朔 鄭一初
晉 傅炯
振 李紀
章 朱袞，周縉，徐文輝，詹珪，談縉，謝綬
望 孫偉 孫鑾
紳 孔彥縉
陽 王鳳
瑞 于珥

朝藹　顧鈐
賓　戴科
鳴　傅珮
寬　李海
儀　王縉，曲鋭，徐讚
憲　葛廷章
諤　郭尚賓
隱　屠湖
擧　何亶
爵　陳璘
獻　周瓚
顯　黃忽都
越崢　朱南雍
渠　鄭國賓
超宗　沈鳳，鄭元勳
遠　劉弘
皷湖　馬應祥
雄德　鄺子輔
斯立　孫植
和　李敏
常　陳倫
溫　許思溫
靖　胡鎮
道　姚廣孝
達　曾仲魁
暘　蕭啓
馨　顧蘭
棘亭　王允武
散尹　李繼貞
盛唐　阮以鼎
軫峯　熊宇
堯山　吳百朋
夫　王元凱
仁　唐天恩
民　朱凱，張澤
臣　李良，唐佐，張賢
佐　翟唐
和　陳欒
封　雷冀
俞　李獻可
堯弼　周洪謨
卿　范欽，鄭欽，薛章憲
敷　張汝治
麓　劉爾牧
衢　王立道
賁闇　陳山毓
黃守　黃約仲
如　趙煇
谷　李蓘
屋　黃宗載
涯　郭朝賓
湜　黃子澄
蘗　黃養正
濬　黃伍昭
燦　黃璨
曜　黃孔昭
鶴山樵　王蒙
巖　劉夔
惠之　康濟民
安　彭韶
東　鄭元勳
崖　顧可文
敏　龐尙鵬
溪　徐霈
節　鄭恕
襄　沐春
壺隂　黃瀾
陽　鄭茂
菲菴　吳一介
萊峯　周思兼
萊斐　趙士寬
莘軒　薛廷寵
庵　周遇吉
菊東　黃珏
坡　單宇，龔源
軒　沈輔
莊　林元旭，溫璽，劉淳
處　周南
華平　支大綸
玉　顧璘
江　施堯臣
華甫　吳朴，吳宗漢
伯　卞榮
河　段朝宗
東　張延登
岡　王堯封
泉　邊貢
峯　秦鳴雷，馮璣
陽　宋儀望，徐元太，顏日愉
卿　瞿嗣興
溪　郭應聘
隣　俞志虞
棠山　任有齡
川先生　殷士儋
軒　李長春，樊玉衝
陵　方豪
野　祁敕
墅　曾汝召
谿　王誥
嵋川　張允齡
虛山　席春
之　董我前
王　鄒谷
木　傅汝舟
幻子　永寧
江　林庭㭿，俞大猷，張憲臣
宇　張翼之
谷　李賓
室　伊伯熊，葉盛
息　李儀
菴　林焜，張祥鳶，劉咸
卿　楊載鳴
道　邵康
臺　吳之佳
齋　王積，蔡淸
巖　傅珮
景山　錢邦彥
景川　張濂
文　周順昌，孫如游，袁凱，黃昌，溫純
之　唐濂，趙士春
元　蔚春，劉戩
中　侯庸
仁　趙時春
升　潘之恒
玉　林璵
先　范祖幹
初　王杲
孚　江暉
宜　彭誼，裴綸
孟　劉尙志
昇　王超，袁杲
晶　朱永
明　王彝，仝寅，唐亮，章沘，陳文亮，陳亮，鄭燭，賴添貴
和　李泰，張中，楊塤
恂　章忱
亮　吳朗
南　章适
春　朱得榮，沐春
范　馬紹榮
茂　沐晟
昂　衞璋
昭　王啓，姚夔，潘文奎，樊繼
俊　彭杰
皇　周矢
高　沐昂，夏升，馬昂
容　秦裕伯
哲　潘倣
素　于孔兼

景泰 羅世亨
時 林長懋
修 俞孜，鄢懋卿，韓永
純 王希文
淸 李淳，傅澄
淵 葉琛
康 邵宗玄
寅 錢昕
善 魏元
曾 畢自嚴
雲 高疊，陳勳
陽 王遜，宋晟，李春，馮昱，鄭泰，劉昱
隆 洪本昌，覃昌
華 張中
復 郭文周
逸 高攀龍
祺 陳禎
雍 姚鳴鸞，徐彥登
道 陳迪
熙 江曉，陶大順
達 葉添德
陽 江暉，姚旭，秦旭，雷復，葉春，葉照，鍾曉
福 卜祉，尙褫
彰 王景
說 莊際昌
端 吾昪
韶 顧成
實 史桂芳，楊穟
鳴 羅玘
賢 神英，唐希介，劉錄，韓忠
璋 秦瓚
輝 柯暹，袁燫
儀 張度
德 夏昂，麴詳
魯 李沂，馮師孔
濂 宋濂
翰 葉儀
鄰 陸夢龍
曉 李東華
默 曾如春
璲 韓士琦
嶽 潘樞
顏 汪淵
瞻 于冕，樊冕，劉紘
彝 鄒銘
晴山 李遇元
川 王稱豐，武尙耕，楊兆，劉魁
石 梁紀
江 杜拯，喩智
宇 華標
原 李同芳
貽白 張四知
喩齋 李邦義
鄂陽 沈垣
蛟潭 游震得
貫之 敖璠
深 薛服耕
卿 吳玉棨
實 林誠
買驢 吳成
黑丁 丁德興
傑峯 世愚
傳舟 傅汝舟
野 司汝濟
巖 王夢弼
備萬 朱善
集生 陳子壯
齋 丘養浩
進之 江盈科，汪循，馬性魯，楊銳
進吉 翁磐
甫 徐暹
伯 東思忠
菴 胡嘉謨
卿 王科，田隆耀，仰昇，林同，黃可敎，葉向高
賢 東思恭
德 王敏
復之 李長，范從文，鮑象賢，羅善
夫 林一陽
初 陳性善，徐蜚震，黃于郊，豐寶初
亭 唐復，張天復
吾 侯堯封
甫 陳道復
余 李建泰
宗 董澐
所 楊起元
原 福報
城 楊鎔
軒 王堯日
淸居士 陳稷
善 薛復
陽 徐初，韓凝
菴 任環，沈履祥，吳中行，呂困，周一陽，張思靜，費瑄，應志和
鉉 曾鼎
徵 施陽得
齋 王臣，朱彌鋠，冒鸞，徐濟，徐讃，黃鍾，管懷理，劉元震
禮 劉理順
徧融 眞圓
循吉 萬安
初 郭循
矩 羅方
鈍軒 周鉄，張遜
菴 朱瑄，邢霖，何文淵，鮑松
欽之 易舒誥，周子恭，侯堯封，潘大賓，樊玉衡
止 王艮
吾 袁國臣
甫 王命
伯 張憲臣
佩 王韋，吳蘭
訓 馮敏
儒 方元儒
齋 孫鼎
禮 鍾禮
謨 劉昌
幾亭 陳龍正
黍菴 惲日初
程齋 盛端明
剩菴 劉永錫
猶龍 馮夢龍
須野 張鶚翼
順山 姚學閔
之 余裕，周怡，張應昌，游應乾
元 陳應
中 江英，顧英
甫 茅坤，秦祐，魏裳
叔 徐應
泉 張齊
溪 王道
菴 費璵，鄒幹
卿 王乾章，周坤，馬坤，楊瑛

順懷　侯泰
皓月　路振飛
卿元　涂旦
實　蔣信
然明　許次紓
無可　方以智
功　祝世祿，高勳
妄　于愼思
回　沈守正
言　能義
美　殷都
垢　于愼行
涯　道永
欲　李貞佐
從　陸弼
逸　周之訓
意　張緒
碍　普智
盡　慧定
際　了悟
夢　曇噩
擇　于愼言
學　費元祿
隱　智光
礙　蔣紱
舜夫　王謳
水　朱之瑜
臣　毛良，沈愷，洪朝選，郝夔，羅用俊
仲　余懋孳
成　伍思韶
居　胡汭
明　李庶
和　徐穆
咨　倪岳，蹇益
美　薄彥徽
俞　夏邦謨
原　楊瞻
耕　王田
城漫士　朱承爵
峯　秦燿
舜祥　鄭慶雲，顧夢羽
紘　潘苓
弼　尹襄，陳儲秀，劉變
華　王逢年
卿　王元正，江治，成凱，周臣，孫賢，陳懋，張萬紀，張嘉謨，張羅善，陸鳳儀，劉龍，龍夔，魏時亮
達　馬子聰
齊　左國璣
敷　程文德
儀　樂韶鳳
徵　曾鳳儀
澤　蘇祐
舉　林廷選，金獻民，侯一元，袁愷，張選
薰　倪昇
爲已　盧儒
齋　蔣亨
來甫　方應選
象九　趙國鼎
三　謝三賓
之　任儀
玄　朱大韶
石　蕭漢
安　潘緯
先　丁師羲，高斗樞，眞淸
甫　黃士俊
林　周良寅
岡　朱察卿，胡植
峯　夏鼎
雲　韓爌
賢　趙世卿
逸之　周履靖
逸甫　陳以勤
恬　樊勛
菴　陳璲，陶琰，鄭大經，衞璋
智安　馮敏
崇　秦崇
斐資　路璧
喬仲　何維柏
儀　魏棨
答蘭　吳克忠
策齋　劉逢愷
筆山　崔涯，劉弘道
峯　王鳳靈，張守直

十三劃

資甫　翁世資
善　李源名，詹徽
博　王約
德　李裕
準明　徐標
滄洲　朱孟辨，張泰
洲翁　呂復
洲野客　朱秩炅
溟生　孫七政
源　劉鉉
蓮　鄭秉厚
溫甫　楊孟瑛
泉　胡宗道
卿　鄭瓘
倩　朱頤堀
穆　朱朝埨
簡先生　文皓
懿　朱見濍
源正　衞穎
伊　程宗
甫　李淶
深　吳淪
淸　何澄
源淵　胡濬
澄　齊汪
潔　胡淡，彭淸，顧澄
靜　葉澄
續　黃瀾
滋園　陳純德
溪漁子　王顒
煙村　鄧璋
煥文　鄭璘
吾　劉魁
伯　施文顯
章　雷雯
祿之　王穀祥
所　童天申
補之　袁袞，張袞
亭　楊應尾
菴　費誾，華雲
齋　丁璣，朱訥
裕夫　張以弘，潘洪
春　袁洪愈
後　韓紹宗
泉　蔣益
軒　夏從壽
強　吳從義
菴　賈隆
卿　王好問，康從禮
愍　顧大章
齋　李熙，張孜
愼父　張思
初　廖謹
吾　張鼎思，楊言
所　丁元薦，傅應禎
軒　辛自修，齊章
修先生　余胤緒
娛居士　李流芳
菴　王暹，李珊張瓛，彭琉

愼卿　王良樞
齋　白坡，吾體，李昱，周銘，胡有恒，苗朝陽，楊希程楊樞，應昌，譚讓
愧軒　呂濳
虛　易時中
齋　陳音
愷陽　孫承宗
雍里　顧夢圭
明　華敦復
野　李堯民
廉夫　張介，陳淸楊維楨，劉淸
父　盧和
甫　李憲卿
伯　石簡，陸簡
卿　紀汝淸，劉渾成
新山　顧珀
之　湯沐
吾　呂坤
甫　王宗沐，李槃
源　江一麟
齋　王鼎，陸廣
靖川　馬貴
之　申盤，成基命，郭淸，張寧
夫　沈謐
孝先生　梁紀
伯　項志寧
軒　薛俊
卿　何選
襄　蕭授
運之　楊樞
夫　張鵬翰
卿　楊樞
塞馬　馮淮
軒　柯燉
塞菴　錢士升
遂初　紹宗
伯　李良
東　王思任
卿　奚良輔
道力　蔣孟育
山　凌汝志
之　來斯行
夫　王時中，呂經，吳一貫，孫伯堅，答祿與權，管見
中　許彬
立　沈位
本　吳原
生　惲本初，豐坊
充　王文炳，何宏
安　王爾康
行　楊于庭，雒遵，薛亨，嚴濟，顧大典
先　蘇志仁
亨　王士嘉，王泰，何天衢，張天衢，賀朝用，婁泰，劉震
初　沈啓原
甫　王時濟，王凝，李三才，栗應宏，孫繼魯，許成器，劉經緯，劉學易
伸　屈直
孚　沈弘光
宗　侯東萊，魏一恭
函　陸東
林　蔣信
明　何文輝，柴文顯，秦燿，劉學朱
道舍　何文輝
南　楊希淳
述　唐欽順
威　陸世儀
茂　林如楚
貞　夏謙吉
虔　唐欽堯
思　王愼中
衍　姚廣孝
原　孔貞一，李朴，馬圖
峯　章适
淸　檀都
通　周衝，陳津
游　謝湄
隆　皇甫濂，陳顯際，趙與治
華　章美中
卿　王好學，林祖述，許貫之，張祥鳶，馮行可，董遵，蔡克廉
源　翁學淵，陳洙，趙大河，劉洙
彰　李顯
遠　程萬里
澈　嚴激
鄉　史可法
醇　方國儒
徵　牛鳳，邵夢麟
璣　萬玉山
濟　范理
襄　陳萬言
翹　林如楚
顯　彭黯，謝文
義仍　湯顯祖
甫　孟養浩，侯鉞
義河　李幼滋
軒　劉渾成
翁　潘瑛
卿　宋以方
猷卿　馮嘉議
雷匡　馮翱
峯　汪玉
電仲　劉浴
蜃川　孫植
聘之　施儒
卿　丁懋儒
聖木　王瑞柟
少　顧聖之
功　王養正
生　吳麟徵
兪　譚昌言
起　伍袁萃
華居士　丁雲鵬
鵠　張至發
熙之　費堯年
宇　袁化中
甫　歸有光
和　趙泰
堂　李杜
載　林應亮，張國彥，羅虞臣
臺　潘塤
臺山人　劉炌
齋　高燿，黎恬
瑞山　陳儲秀
元　法祥
石　江曉
成　毛鳳韶
門　萬發祥
芝　易應昌，胡桂芳
周　孟鳳，臧鳳，龔起鳳
南　高濂
屏　顧錫疇
泉　南大吉，張燈

瑞軒　栗在庭
　峯　盧維禎
　菴　馬圖
　卿　曹琥，陳璧，莊祥，程銈，齊之鸞
　穀　吳子玉
　魯　孟麟
　巖　萬邦孚
瑯琊山人　王坪，范常
辟疆　冒襄
殿之　楊最
　邦　王允武
　颺　林時對
遐擧　林時躍
楙遠　曾存仁
楊南　楊景衡
　寓　楊士奇
　誠　楊信民
楓山　紀懋勛
　山先生　章懋
　丘　張嶺
　林　謝文祥
　岡　徐錦
　潭　萬虞愷
楫之　高濟
椿野　田大年
楡菴　趙思誠
楝莊主人　張昺
　塘　陳良謨
楮園　王行
楨伯　歐大任
楒公　馮一第
楚才　耿如杞
　山　紹琦
　石　梵琦
　侗　耿定向
　英　白瑜
　重　南金
　倥先生　耿定理
　望　郝敬
　琦　朱璀
楚蘗　黎鳳
　澤　帥蘭，鄭逢蘭
　築　傅作雨
損仲　王惟儉
　菴　王諶，能義
　齋　臧應奎，劉洼
　巖　朱淛
搏南　張鵬
塘南　王時槐
塢溪　易復亨
載甫　楊景辰
　祥　顧珀
　卿　王軏
　溪　姚一元
　道　左經，程文，滕伯輪
　寧　張肯堂
幹臣　吳禎
勤甫　王三餘，田汝耔，朱安淤
達夫　徐俊民，羅洪先
　甫　陳有守，楊維聰
　和　毛愷
　泉　江萬仞
　眞　于瑱
　善　王達
　卿　金達
　道　陳恕
　誠　郭灌
　齋　徐陟
　觀　瞿汝說
肅政　高友璣
　斌　王肅
　緘　王廷相，辛自修，佘子俊，董漢儒
　菴　王儀，朱綱，陳經邦，劉彬
肅卿　高拱，葉應驄，萬恭
　愍　于謙，周璿
　簡　潘潢
與川　葛守禮
　中　陸光宅，葉盛
　立　仲本，葛守禮
　石　周正
　民　彭與明
　吉　陸樹聲
　言　杜詩，周詩
　成　仲棐，陸樹德，顧可學
　志　彭豫
　明　顧可文
　和　彭群
　哲　趙同魯
　清　劉纓
　鹿　周詩
　參　黃承玄
　新　顧可久
　義　方向
　道　倪謙
　楨　萬龍山
　槐　謝少南
　睿　顧九思
　鳴　張鑾
　儉　吳節
　德　謝蘭
　齋　吳江
　謙　錢福
　瞻　何嵩
　繩　陸光祖
　鷗　劉之綸
　權　逯中立
蓉菴　張益
煮石山農　王冕
萬化　陳矩
　竹山人　祝金
　竹主人　喬恕
　里　王鵬，吳鵬，彭通，彭程
萬育　王士和
　松　慧林
　卷山人　潘珏
　英　董傑
　容　林雍
　益　曹鼎
　峯　陳王謨，崔岑
　祥　余福
　崖　黃卷
　卿　李學一
　鍾　宋琮，曹鼐
葵山　黃行可，謝祐
　心　王徵
　宇　塗時相
　所　侯于趙
　屏　張景明
　軒　沈海，周瑄，張忭，張鵬軒
　峯　黃光昇
　陽　黃洪憲
　菴　張思忠，覃昌，閻仲實
　齋　顧仕隆
　孺　李待問
葆眞　曾全
董琰　董子莊
敬之　朱廷臣，沈欽，成始終，徐東，寇恭，張欽，張穆，葉良佩，戢汝止，詹軾，廖天明，蔣冕，劉恭，劉誠，劉穆，魏元吉
　文　顧弘諧
　方　曹義，熊直
　夫　王九思，王

寅，宋天顯，宋欽，呂誠，林大欽，陳大賓，陳寅，翟善，蔡復一，劉養直
敬止 王艮，王時熙，王獻臣
中 申用懋
安 唐鐸
臣 馬卿
仲 劉存義，劉榮嗣
行 陸簡
先 司五教，廖欽
初 陳基
吾 魏時亮
甫 王以修，李承式，吳道直，姚德重，陳堯，崔三畏，楊四畏，楊仕儆，穆文熙
孚 李珊
身 孫枝，陸寶
承 陸可教
叔 沈寅，喬世寧
昆 吳裕
所 王宗沐
亭 耿鳴世，陳善
美 王世懋
軒 沈欽，李泰，李禎宁，張綸，薛瑄，羅欽忠
軒先生 陳交
修 杜銘，張璣，鄭安民，龔霦
堂 韓世能
敬將 支琮
菴 仝寅，李賓，吳裕中，許孚遠，張欽，鄭紳
卿 王庭譔
敷 沈教
齋 王寅，白圻，沈瀚，宋之韓，李日強，李至剛，姜洪，胡居仁，徐延德，鄭伉，劉寶
輿 徐學聚
瞻 馬軾
葉一側 葉祿
見 葉惠仲
雲 葉希賢
葦川 陳霽
菴 王錡，吳甘來
齋 范遁
著泉 劉一爌
葛衣翁 趙天泰
峯 陶諧
嵩高 丘岵
峯 華金
渚 李濂
陽 劉綸
臺 范應賓
麓 魏尚純
當時 繆昌期
虞中 蔣舜民
臣 陶大臨，羅艮
求 徐石麒
佐 姚舜牧，唐龍
門 耿廷籙
坡 楊博
孫 錢肅樂
尊 高宇泰
嵜朱廷益
卿 姚文衡
璧 蔡于穀
讓 劉逢愷
歲星 汪喬年
暘山 宋儀望
池 李東華
谷 吳傑，官應震
坡居士 傅誥
暄之 王時暘
盟之 陳嘉猷
鼎夫 汪宗器
石 鐵鉉
臣 湯和
初 陳復
泰 周卜曆
卿 許國瓚，趙釴
維 劉肇基
儀 陸釴
嗣山 曹時聘
初 陳繼
宗 馮復京
畸人 程楷，錢世揚
畹仲 王孫蘭
谿 謝蘭
蜀崗 盛儀
遇春 李榮
時 李春
愚夫 韓智
谷 李舜臣，鄒廸光
軒 高明，陳守恩
得 謝省
菴 方克勤，李吉安，李希顏，吳琛，胡智，陳俊，趙偉
逸 顧紋
齋 戴洵
園客 倪元璐
圓山居士 馬覺熙
海 阮大鋮
嶠 溫體仁
會文 蕭斌
甫 吳道南
明 郝奇遇
峯 王之城，沈寅
通君 華燧
期 賈運
溪 屈永通
愈光 張含
明 黃鑑
傳川 曹金
微之 周玄，姚顧
仲 王顯
貞 王象恒
飭菴 歐陽詰
飲光 梁于涘
媿尹 魯世任
經甫 黃元會
訓 萬觀
載 張文
稚川 王材
文 錢龍錫
圭 陶琰，張一桂，顧汝玉
表 王廷瞻
欽 王廷陳
繩 孫承宗
獅山 柯相
南 鄭宣化
巒 方逢年
愛日 吳國華
所 褚鈇
荊 王夢祥
榴子 俞繪
詹書 詹同
鄒陽子 朱右
嶧山人 薛鵬蛟
筦湖 楊谷
筠西 吳宗元

筠亭 胡有恒
泉 吳山
菴 戴科
澗先生 解開

十四劃

漸山 屠應埈
江 江珍
菴 李世達
卿 李鴻、馮雲路
溪 曾仲魁
齋 王綸
漁石 唐龍
洲 韓威
浦 項廷吉
隱 潘瑋
漱高 高費昇
漢石 顧咸建
臣 王章，童承叙
沖 蕭良有
甫 吳傑，謝杰
房 朱驥
英 王敞
章 施奎，淩雲
陽歸叟 董穀
樓先生 劉存義
滸山 宋冕
西 孫旬
西山人 康海
東 張鹵
漆匡 左經
園供事 孫鏊
滹源 韓士琦
漳涯 沈冬魁
源 張鵬
漫士 高棅
演泉 周嶅
滎陽外史 鄭眞
榮壯 羅秉忠
定 梅殷
和 汪鋐，邵喜
榮恭 崔元
康 朱鳳，沐斌
順 朱當㴐，朱遜烇
靖 方銳，王源，周能，翁溥，陳景行，顧仕隆
肅 朱祐槵
僖 孫交，蔣輪，錢承宗，顧可學，顧寰
毅 馬亮
襄 吳中，金濂，袁宗皋，孫繼宗，聶賢
簡 盛端明，郞景和
禎椒 邵夢麟
福生 吳伯與
敦 萬玉山
壽 毛勝
鼇山 曾烶
郎 汪宗姬
復 邵捷春
慨菴 文柟
慣窮老人 戴審
齊山 王汶
之 高璣，孫七政
仲 吳懷軒
德 齊泰
廓泉 徐應
園 魏大中
韶山 黎貫
鳳 章格
端文 文柟，顧憲成
木 顧咸正
甫 李冕，諸大綬
孝先生 周茂瀾
居 盧楷
端明 巢鳴盛
恪 何維柏
容 文俶
峯 邵峯，孫淦
清 朱載堉
敏 胡世寧，秦金
惠 朱拱樻，雍泰
順 朱奇湞
溪 王崇慶，包檉芳
裕 朱仕壥
靖 沈節甫
愍 申佳胤，商大節
肅 成樂，馬文升，梁材，葛守禮，趙錦
潔 楊時喬
毅 王恕，劉玉
節 王徵
襄 王之誥
齋 司馬㦖
簡 毛愷，朱拱櫂，朱裳，林雲同，趙參魯，鄭曉，劉采
旗峯 林春澤
辣齋 王徵
誠之 李徵，余本實，張意，項經，楊寔，鄧德純，歐陽恂，蔣昇，劉孚
夫 范純
吾 劉禋
甫 孫緒，黃宗明，魏希明
門 戴審
叔 張士純
軒 朱載𡐿
誠善 婁忱
菴 朱英
學 沈魯
齋 白坊，朱有燉，屈韶，周盛，華珏，蘇士潤
誨之 胡訓
賓山 張電
之 李東陽
王 楊君錫
日 陳良謨
吾 馬思遷
廷 薛國觀
梧 徐一檟
湖 敖敦夫
渠 程大位
陽 李遜，張昕，童旭，路迎
瑤 顧同應
鳳 林應召
賢 涂禎
瀾 孫朝宁
巖 胡用賓
寧人 顧炎武
方 伍袁萃
考 焦竑
齋 季德甫
實之 白思誠
夫 洪英，楊果
甫 阮之鈿，林釬，劉世揚，顧紹芳
相 普眞
菴 王華
卿 楊名，龔輝
齋 徐大望
歉菴 張芹
粹之 陳琦
夫 何瑭，林廷玉
卿 蔣瑤
溪先生 舒芬

爾中 平思中
守 王之城
式 王之垣
光 祁承爍
先 錢繼登
是 王一桂
祝 王堯封
敬 馮元飈
章 宋應奎
望 薛大觀
張 李廷機，繆國維
荷 張光前
雅 程註
極 唐時明
欽 劉永錫
遐 華玄禔
愚 鄒朴
嘉 王之猷，萬元亨
賡 馮元飂
調 鄭鼎
懋 黄才敏
器 丘瑚
遜 洪啓初
錫 丁永祚，趙永
謨 張翼之
瞻 鄒元標
韜 施邦曜
褧川 黃可教
岡 陸南陽
所 鄒德涵
洲 王元翰
垣 喬璧星
翁 謝得原
菴 李提
鄢南 蘇文通
監泉 卜大同
碧川 程文，楊守阯
星山樵 董穀
洲 陸偁
碧泉 俞通海，劉大賓
峯 潘珍，賓金
崖 張寬
塘 侯執蒲
澗 來賀
衢 左出潁
瑤夫 鄭環
石山人 黎民表
泉 申時行
海 魏照乘
草 馬士英
期 葉小鸞
碩甫 董穀
膚 孫嘉績
遜之 邢讓
夫 楊志學
志 方孝孺
菴 仰嵩，宋堯武，惲日初
卿 李志學
齋 林時，殷謙
翠屏 李枬，鄧原岳
屏先生 張以寧
庭 林茂達
峯 馬思聰
渠 周瑛
聞玄 朱永祐
吾 蔡可賢
叔 孟紹虞
修 王志堅，華淑
博 徐聰
斯 孫愼行
復 徐有聲
道先生 馬經綸
鐘 張翥
際明 史孟麟，侯君擢，郝景春
時 孫遇
華 俞志虞，熊劍化
際卿 曹世盛
榕峯 賈志及
槎主 宋和
軒 高啓
菴 來斯行
槐川 魏謙吉
江 丁自申
東 鄔中涵
亭 王胤祥，李際春
庭 蔡承植
軒 王光祖，蘇錫
莊 杜晞
堂 牛恒
野 王維禎，金淑滋
溪 孫宏軾
墅 李茂春
摶羽 聶雲翰
臺山 葉向高
南 李顒
南逸老 謝省
嘉玉 張瑋
言 俞永，習經，陳策
甫 周應賓
秀 劉賢
則 沈明臣
猷 敖文禎
會 易時中，畢亨，潘禮，蔡亨，劉亨
賓 湯賓尹
壽 劉成穆
龍 范殊
遠夫 劉大謨
宗 孫紹祖
峯 汪鏜
遊 鄧渼
齋 王鑑之，程南雲，鄭燭，顧翀
壽山老人 瞿英
夫 王九峯
生 李世祺
甫 董天錫
承 文彭
昌 胡子祺
泉 劉養直
峯 趙雲翔，羅仁夫
壼 薛綬
卿 方良永，石永，祝舜齡，康茂才，聶大年
輔之 白圻
伯 金弼
乾 白精忠
卿 翁相
蒲山 俞咨伯，張文奎
川 龔弘
汀 李廷相，姜璧
石 李愈
津 聶溱
源 張書
蒼元 馬世龍
水 張煌言
永 林不息
石 李文詠
谷 王尚絅
匡 魏公濟
林 趙士春
南 呂鳴珂
野 王鈇
舒 凌世韶
蓉川 齊之鸞
湖 陳策
湖漫叟 李庶
菴 汪元極
溪 金獻民
夢卜 王徵俊
山 翁溥，楊巍
石 毛文炳

夢白　趙南星
池　李盛春
吉　葉禎
羽　楊儀
虹　鄧顯麒
岳　莊際昌
洲　陸東
晉　張靈
祥　吳與弼，陳騏
章　范景文
弼　王相，李廷相
麌　李舜臣
漁　徐文溥
賓　姜龍
鳳　劉五緯
節　徐柱
澤　王廷陳
錫　任有齡
蘇道人　王錡
覲　守仁
嶃泉　胡永成
蒙山　唐寬，陳嘉謨
泉　包節，祁清，岳正，姜廷頤，孫應奎，徐養正，郭郛，趙繼本
泉居士　敖璠
軒　陳贊
菴　林雍，陳全，陳烓，劉泉
溪　王納誨，張鏊
齋　韓奕，龔錡
對山　林熑，康海
南　王家屏
泉　李戴
陽　姜子羔
揚　賀逢聖
滄　王基
睿之　白思明
夫　瞿九思
甫　張鼎思，劉洵
齋　王儼
鳴玉　周佩，張珂，黃珂，謝如珂
世　牛鸞
宇　薛夢雷
仲　陳珊
吾　廖道南
岐　曹鳳，賴鳳
治　查志隆，謝鐸，龔用卿
叔　李鳳，錢錞
周　丘秉文，朱鳳，黃鳳翔
和　祝鑾，孫鳳，賈詠
音　樂護
南　張鵬
泉　梁夢龍
軒　陳鶴
殷　樂濩
教　趙鐸，錢泮
陽　施鳳，馮應鳳
盛　祝詠
韶　金九成
遠　范鏞，許鋐
鳳　章律
團山野人　潘鏜
圖南　任萬里，張鵬霄，楊一鵬
僖武　任禮
敏　吳克勤，陳鎰
順　蔣信
靖　廖紀
儔伍　詹天顏
毓菴　楊俊顏
敬　彭琉
銘鎮　沈濬
維之　毛紀，李紀
斗　楊廷樞
升　羅僑
立　楊守阯，蔡懋德
式　楊佩訓
東　姚涞
明　李逢陽，都卬
周　顧翰
彥　楊道賓
貞　楊守隨
修　廖紀
章　謝綬
揚　田世威
喬　張岳
卿　李禎
新　吳鼎，馮德，傅鼎銓，楊守陳，鍾化民
楨　許國
勤　劉謹
禎　王廷幹，王禎
誠　張貞觀，顧恂
寧　姚汀
壽　萬祺
綱　王憲
賢　王邦瑞
德　楊守隅，顧國輔
節　楊以任
靜　張時徹
翰　周翰
衡　劉一相
齋　齊一經
嶽　李嵩，徐申
馨　仲蘭
綠原　李淳
笠翁　沈朝煥
蘿山人　江盈科
綿貞先生　周起元
種菊道人　高鑑
鳳山　王致祥，朱朝揄，朱應祥，唐仁，秦金，張鳴瑞
池　葛曦
竹　徐栻
林　張秩
阿　姜寶
岡　沈良才，李春芳，何天啓，徐守義，湯脩
和　劉諧
洲　王世貞，吳明德
郊　莫如德
苞　毛晉
泉　王邦瑞，吳文佳
泉居士　龔紱
狮　盧翊
原　張侃
峯　沈愷
章　王之珽
超　華允誠
鈞　楊鎬
臺　尤世威，佘翔
樓　秦嘉楫
儀　胡九韶，彭韶，蕭韶
盤　張四維
擧　張羽，張聲
麓　姚汝循，馬鳴鑾
巖　李璡，梁式
灣　靳顯
欿齋　羅理
適菴　尹琛
緒　祝續
魁宇　楊明

熊山　耿瑺
峯　石瑺
管湾山人　孔天胤
簀齋　周洪謨
箕泉　王子卿

十五劃

潔甫　黃大廉
祖　一清天
菴　正映，胡濙
澄川　沈淵
之　李充濁
江　尹直，陳崇慶，蔣欽
甫　張濟
海　黃世清
湖　陸士仁
源　龍宗武
濟　黃溥
齋　魏儒官
潯陽山人　董份
潤之　施雨
夫　汪霖，周琉，許滋
民　劉溥
禧　白瑩
潛山　申理
之　龍翔孖
夫　方孔炤，汪應蛟
夫　李著
谷　鄧元錫
忠先生　許琰
溪　宋濂
輝　黎恬
渡　毛起
澗山　李香
松　龔大有
澂甫　卓明卿
潙陽　周采
潢南　胡賓
潭西　呂時中
瑩中　于湛，陳德文
瑩菴　宋子環
廣如　劉成治
成　徐嗣曾
居　劉仁宅
洙　歐陽洙
原　孫修
哲　歐陽哲
野　陳與郊
達　柳溥
敬　柴欽
漢　張津
賢　徐貢
慧　智及
賡明　錢喜起，顏孕紹
泰　王士昌
慶川　龐永吉
之　劉福
成　尹頌
遠　陳世恩
擴　林應召
適菴　喬訓
諒之　陳欽
齋　白友諒
調元　尹梅
父　劉元卿
鼎　閻爾梅
毅直　巨敬，臧德鋒
所　吳勉
思　劉璧
軒　羅欽德
敏　張養蒙，劉玉
菴　王凝，石茂華，孫允恭，孫懋，寇恭，黃瓚，顧國楠
愍　王文，馬炳然
齋　王治道，王洪，王渙，朱覲欣，李鉞，李鐸，孫承恩，張塘，黃應坤，楊儲，楊總，劉乾
寬仁　劉恕
叔　丘弘
養心　丘嵩，章子沐
之　程梓
中　劉懋
正　張頤，萬發祥
旦　劉應峯
白　馮臯謨
初　周一陽
吾　范檟
孚　蔣欽
谷　姚文蔚
性學者　魯崇吉
忠　劉淑相
和　劉天和
政　盧睿
貞　詹事講
浩　毛敏，劉大直
懷　周思得
純　甯承烈
淳　朱國祚
乾　蕭崇業
晦　林萬潮
虛　鍾一清
愚　李淶
寰　殷正茂
蘇　盛顒
齋　徐問，嚴訥
鄭桓　鄭居貞
森　鄭成功
震川　歸有光
之　陳士啓
甫　黃應雷
匡　楊成
震東　滿朝薦
所　王乾章
洋　趙汴
峯　張孟男
華　吳汝倫
卿　車璽，鄧楚望
齋　張欽
磊石　吳裕中
老　傅汝舟
泉　凌稚隆
齋　吳麟徵
確菴　曾省吾，魏學曾
齋　王汝魯，李充濁，逯中立，葉禎
頤山　安磐，吳仕
拙　張萱
菴　胡儼，潘奎
齋　高文達，徐節
賢徵　臧應奎
醉吟散人　陸應龍
狂　馬稷
漁　夏文
夢居士　李攺
醇夫　袁宗儒
層峯　李時榮
履中　曹奎
仁　王寵
安　萬泰
吉　王寵
亨　馮嘉會
約　王守
素　金文，張士純，蘇伯厚
恭　鄭遵謙
旋　陳慶
常　黃承玄，薛恒
善　黃福徵
菴　萬士和，蕭

顒
履道　周砥，葉砥
　齋　沈濤
髯九翁　謝承舉
　仙子　高淑
　翁　徐霖
鄧彝　鄧林
閬山　馮裕
隣初　顧起元
樓居子　常倫
　峯　王亮
欞菴　王煒，王繼，劉濤，劉瀚，謝綬
　齋　朱秋炅
撝謙　趙謙
縠原　蘇祐
　菴　姚綬
濱遺老　章懋
憨人　何剛
趣菴　沈方
敷五　彭敎
　仲　黃澤
　英　王時柯
蓮池　袾宏
　州　魏元吉
　峯　石祿，韓紹宗
　渠　胡涍
　塘　王庭譔，陶諧
蕊居士　黃翼聖
蓬玄　劉宇亮
蒔齋　林誌
蔚元　李茂春
蔡德清　憨山
蓼洲　周順昌
　猗翁　金爵
　渠　劉希簡
慕川　瞿九思
　岡　馮應京
　渠　蕭雍
　雲　管大勳
慕閒　沈仁佶
　菴　朱繼祖
　龠　錢棻
蔭甫　孫瀛先
嶠海　王錫侯
輝止　張鳳翔
膺菴　施文顯
瞎牛　偶桓
賦汝　倪元珙
賜山　許天琦
　之　歐陽誥
嘿休　汪玉
　菴　唐侃
　齋　許論
墨林　項元汴
　湖　朱鑑，李著
　壺　朱鑑
儀甫　陳旌
　伯　周鳳翔
　庭　黃鳳翔
　超　毛超
　臺　王鳳竹
儆初　崔儒修
　吾　王敬民
　韋　顧爾行
　菴　林之盛，周子義
儁甫　閻士選
儉菴　梁材
劍西　胡杰
　門　趙炳然
　泉　吳仲
　峯　孫鈺，陶尙德
　湖　顧弘潞
　溪　鄭慶雲
德文　董璘，錢本中
　元　周號
　夫　沈良才，孫懋，徐必達，華鈺，單安仁，楊鎔，潘潤，蔣容，韓福
德水　黃河水
　公　涂伯昌
　允　張問達
　正　程平
　玉　盧奇
　平　柯鈐
　用　謝成
　充　汪文輝
　光　李以謙，陳讜，趙承謙
　如　丘瑜，陳璧
　兆　黃禎
　良　伍驥，李騏，馬馴
　言　李綸，林廷憲，陳謹
　宏　翁溥，梁溥，張寬
　甫　余日德，耿再成，徐大望
　成　孫燧，魏邦直
　伸　顧遂
　孚　李慶，周尙化
　宜　蕭斌
　承　朱寵
　芳　覃應元
　明　朱光宇，余熿，周晟，熊汝達，蘇志皐，顧睢
　秀　沈師賢
　和　程溫
　周　楊淑器
　宣　陳如綸，龍越
　美　柴奇，董璠
　厚　李淳
　珍　張懷
　政　陳道
　威　王鈇，許鈇
德茂　郭價
　昭　彭鏡初
　重　徐霞
　容　蕭儀
　剛　龍鐔
　修　金純，陳道，賈三近
　純　吳必顯，吳琸，黃道
　清　徐甫，康河，陳漉
　涵　康海，張海，梅淳
　深　王浚
　啓　華鑰
　章　周景，徐文燦，盛儀，魏文焲
　乾　沈應，夏璣
　基　吳履
　常　王綱
　符　劉瑞
　隅　吳儀，韓威
　都　鄺正畿
　盛　許聚
　華　王瓊，耿瑺，劉原芳
　斐　林士章
　卿　李惠，徐玉，陳邦修，黃道月
　資　高琬，劉兆元
　溫　田玉，邵玉，陶偉，謝琛，薛瑄
　源　何源
　裕　艾洪，黃宏
　新　方新，徐明善，許銘
　載　伊乘，張基
　萬　田一儁
　暉　張萱

德鳴　黃鏜
　園　吳尙儉，虞淳熙
　榮　沈榮
　彰　俞琳
　聚　鄭敬
　輔　汪克寬
　遠　王芳，殷上望，陳邦瞻
　嘉　李琨
　潤　王珣，艾璞，吳溥，金澤，張璜，陳潤，顧珩
　廣　李浩，高敞
　璋　陳珷
　敷　林春澤
　慧　普仁
　隣　黃里
　輝　王華，王澄，尹鳳，沈璞，吳瓊，余珊，傅鳳翺，鄒維璉，劉璟
　儀　李鳳來
　儒　金文徵
　徵　王致祥，王崇慶，吳瑞，何祉，馬玉麟，袁慶祥，張光祖，劉文煥
　遵　陳循
　樹　夏鍭
　懋　吳懋，章懋
　孺　王懋
　翼　吳昂
　馨　汪珊
　彝　支如璋，蕭斌
　簡　蔣守約
　馨　李芷，馬芳，簡芳
德齡　何壽朋
徵久　王交
　仲　文徵明
　興　褚國祥
嫣雌子　王彝
緯川　馮成能
　眞　屠隆
緒山先生　錢德洪
練川　湯日新
　江　劉永澄
　安　練子寧
　城　沈人种
　溪　胡叔廉，凌震
緝甫　王時熙
　熙　林光，陳鑑
　敬　李日宣
　齋　趙焞
緩齋　徐申
縉之　韓綸
樂三　朱之馮
　山　胡尙仁
　有　祝繼龍
　同　魯點
　易　秦鏜
　吾　韓貞
　軒　周詠，姚堅
　素　羅亨信
　滈樵夫　張安
　湖　李槃
　善先生　劉觀
　善翁　沈澄
　菴　許懷，劉傑
　華　鍾繼英
　葵　王時暘
　壽　謝昌
稼軒　王行敏
稺隱老人　王立中
盤峯　周舜岳
　澗居士　郭諶
磐石　史永安
滕權　滕用亨
遯菴　吳愈
遯齋　李海
鄮東野人　姚文灝
皞如　李春熙，胡承熙
慭菴　李淳
劉光　劉華甫
　詡　劉子輔
　楚　劉崧
　敬　劉子欽
　韶　劉季箎
　璞　劉棫
鄧西　張謙
質文　李彬
　之　劉朝璽
　夫　林文華，林公黼，靑文勝，周斌，郭朴，楊文卿
　中　張斌
　行　王行儉
　甫　高從禮，駱文盛，羅輅
　菴　王偉，孔麟，范輅，唐琛，章敞，陸偉，韓文
　卿　劉存義
　粹　周文熙
　齋　湯兆京
魯山　周釴
　天　吳偉
　生　張孔教
　叔　薛三省
　南　陳沂
　泉　詹沂
　望　袁魯尼
　菴　徐師曾
　源　徐用檢，曾于拱
　溪　彭應麟
　齋　周璵
　璵　朱之瑜
　瞻　司馬恭，高岱，郭東山，賈巖
節之　張和，劉孔和
　夫　邵天和
　玉　唐鉉
　孝先生　潘方
　菴　于謙，武金，高德暘，陶魯
　愍　卜萬，上官蓋，方堯相，王九鼎，王國訓，巨敬，任光裕，何承光，孟章明，周之訓，周憲，俞志虞，張昺，張夢鯉，陳洽，葉惠仲，葉福，齊泰，潘宗顏，劉儁，盧原質
　齋　王一寧，李貴和，劉繼文，魏怡
　齋居士　毛愷
篆石　文攸躋
篁南　江瓘
　溪　祝鑾
箬溪　顧應祥
範之　張九疇
　東　劉隅
　藿　劉策
箴勝　姜逢元

十 六 劃

凝父　吳鼎芳
　菴　唐鶴徵
　遠　陸大受
　齋　王鴻儒，劉堯晦
澹如　尹嘉賓，孫

士美
澹泉 裴應章
軒 林文，張鰲
翁 潘珏
菴 洪薪，胡鍾，鄧嵛，賴添貴，錢鎮，儲懋
然居士 陳敬宗
園 曾汝召，焦竑
齋 王忞
澤山 張濂，馮舜漁
民 司汝濟，胡士濟，郭濟，賀元忠，華滋，顏澤
西 杭濟
甫 馮舜漁
門 袁汝是
峯 吳情
雁 曹學佺
激齋 謝惺
濾濱 張士佩
龍山 沈繼美，宋良佐，成欒，呂應祥，徐顯，張九疇，黃錦，黃勳，楊廷平，戴金
山先生 王華
山道人 彭鏡初
川 胡汝欽，徐學詩，郭懋
友 何吾騶，楊文驄
田 王交，曹禾
白 陳陞
池 王道行，張夢鯉，葛昕
江 沈一貫，沈鯉，吳源，林兆恩，唐錦，蔣若來
龍門 孫訓，錢繼登
坡 鄭舜臣
岩 蘇景和
岡 胡順華，烏從善，黃尚質
津 吳希孟，楊上林
泉 卻永
泉居士 陳璧
峯 吳子孝，張岳
湖 張治
湫 王綎
臺 馮一第
陽 蔡汝賢
陽子 冷謙
華 敖文禎
卿 丁褱
阜 陸簡
溪 王畿，宋良籌，喬岱，劉綰
源 黃褱
塘 王禎
塢 王時濟
槐 張縉
潭 徐文輝，葉夢熊
潭老人 陳海雍
墩 張懷
頭居士 盧福
橋 錢亨
翰 淩駉
灣 徐中行，廖紀
謀貽 郭裕
諧卿 朱吾弼
謂明 姜思睿
憲之 史可法，吳文度
憲伯 莊子固
松 張至發
明 劉紀
周 張維新
清 毛澄
章 談綱，饒秉鑑
祥 熊瑞
卿 陳柏
謙 劉光濟
賽知 李成名
遵度 龍晉
教 劉秉鑑
博 向朴
道 羅循
巖 王愼中
霍山 洪孝先
林 湯賓尹
泉 羅循
霖寰 李化龍
靜玉 梁志仁
霓川 沈啓原
岡 徐公遴
歷山 王世昌
夫 馮舜田
齋 張瑋
聯峯 翟鵬
燹齋 陳文
璞父 米玉
岡 馬汝章
菴 楊琛
環夫 孔克堅
璠樹 謝林
豫川 孟淮，習孔教
石 呂維祺
沙 齊世臣
吾 紀大綱
甫 田大有，楊道亨
所 呂調陽
軒 都卭
庵 華啓直
豫齋 朱同德，林元甫，顧中孚
瞻 侯峒曾
醒泉 黃尚質
翁 陳堯
默 宋堯俞
甌江 張遜業
東 項喬
寧 饒可久
融我 張耀
憨翁 蔣誼
菴 柳豸
穎山 卞錫
之 高濙
生 劉世芳
東 党以平
泉 鄒善
湖 高應冕
遷之 項喬
喬 楊谷
遲菴 林燿
選之 陸銓
隨時 余裕
樹屋傭 申屠衡
機山 錢龍錫
仲 崔泌之
橫山 徐愛
涇 顧璘
崖 陳芹
溪 歐陽塾
樸素 華旭
翁 程振
菴 章拯，萬祺
菴先生 黎淳
隱 元澥
橘洲 蔡滂
泉 唐澂
泉翁 祝仲寧
菴 文澍
橙墩 武畠
樵村 賈應春
林居士 蔣主孝
雲 李質

擇之 秦用中
賢 馮善
翰英 張居傑
荃 林蘭友
卿石 石渠
靜山 戴鰲
之 吳山，郁山，劉永澄，劉伯淵，藍仁
夫 徐大壽，儲巏
中 聞淵
主 劉塙
生 陳純德
存 倪謙
思 袁中徹，張選
原 蔡國用
軒 呂秉彝，何孝，陳宜，楊璲
修 曹端
虛 潘璋
窗 錢煥
菴 李嵩，胡世寧，袁宗儒，章鎰，張曉，黃性，華山，潘承爵，韓定，蕭鳴鳳，戴進
菴先生 周衡
虛 金潤
逸 陸釴
誠先生 陳遇
嘉 婁慶
趣 包叔蘊
樂 王琬，孟洋
寶 瑞鉄
餘 許世卿
學 王叔英
齋 石永，安宅，李仁，孟玘，胡崋，梁問孟，郭清，陳鳳梧，賈運，葉子奇，臧珊，鄭時舉，鄭寧，劉宜
靜鑑居士 張麒
輯禎 尹昌
鐅菴 羅欽順
燕及 姜曰廣
泉 何孟春
峯 詹瀚
雲 竇子偁
蕉窗 嚴貞
蕅南 朱諫
嶼湖 秦鉞
嶰竹 王毓陽
曇陽 王燾貞
曜 梵琦
曉菴 善啓
器之 于鏊，王鼎，王璡，汪偉，徐鏊，惲釜，聶鉉
遺安老人 高銓
直 左光斗
槐 談詔
默存 盧謙
承 劉鴻訓
泉 吳鵬
菴 梁穀，楊守阯，樊英，蕭柯，戴浩，顧鑑
齋 朱祚，吾尋，李敏，張傑，游綸，鄧德純
興才 曹興
公 徐㷖
邦 余禎
叔 周詩
賓 羅嘉賓
學山 奚良輔
公 無念
古 王啓，劉斅，瞿俊，羅通
甫 王崇古
叔 賈待問
淵 熊鍊
敏 林時
絅 游日章
舒 董漢儒
卿 費元祿
源 顧宗
詩 徐學謨
齋 姚文灝
夔 余夔
儒珍 管琪
儕萱 閻夢夔
鶴 趙南星
儞孝 錢世揚
㠯山 王國禎
衡山 文徵明
生 葉汝楨
松 曹當勉
岳 朱燮元
望 徐成楚
野 劉楚先
湘 梅國禎
寓 顧大典
衛宇 孫維城
衛原 孟淮
陽 周世選
餘山 秦柱
不 趙東曦
峯 張意
留道人 夏時正
錫之 王爵
玄 陳圭，陳禹謨
吉 錢祚徵
侯 盧象晉
祥 應履平
類 楊應尾
錢沂 錢甡
錢幹 錢習禮
寬 錢德洪
錦夫 王尙絅
江 陳三謨
祚 袁永基
樹山人 錢仲益
縉卿 李紳，金紳
緱山 王衡
積之 胡順華，俞山
謩 李慶
穆之 李熙
憨 林家猷
獨芳 洪蓮
勳伯 何鉞
龜巢 謝應芳

十七劃

濟川 王汝舟，華善繼
之 王鏊，李楫，陳大策，華津，景溱
元 王汝梅
民 張汝舟，張時澤，黃愷
甫 張鏊
武 周文德
叔 周美
物 彭澤
美 李同芳
軒 唐時英
翁 譚濟
寰 楊芳
濯菴 邢㯙
濡濱 李坦
濠溪 胡侍
鴻山 王漸逵，伍鎧，華察
川 許應逵
石 蘇濂
洲先生 徐三重
原 戴儒

鴻基 劉光祚
逵 趙漢
漸 安磐
磐 顏容舒
盤叟 伍思韶
寶 倪元璐
濬之 劉淮
仲 王燾，吳沈
伯 劉濂
洲 劉溥
卿 盧宗哲
濮陽 曹嗣榮
陽子 蔡毅中
襄介 段民
武 湯和
恪 顧溥
烈 吳良，瞿能
敏 王永和，王以旂，王越，，沈儆炌，李秉，李遂，李賓，林文，周金，唐澤，原傑，袁賓，孫賢，許彬，張經，陳亨，曾棨，黃鎬，鄒廷瓚，鄭洛，鄧廷瓚，鄧棨，譚綸，顧養謙
惠 吳文華，洪鍾，張岳，屠滽，鄒守愚
裕 王宗沐
靖 梁瑲，郭應聘，顧時
愍 丁鉉，才寬，王度，柳升，曾銑
榮 沈清
僖 張信
毅 山雲，王邦瑞，王崇古，朱燮元，李化龍，吳禎，秦紘，翁萬達，許進，張珩，項忠，彭澤，焦禮，程信，楊博，潘鑑，韓雍，譚廣
憲 張佳胤
懋 毛伯溫，胡宗憲
簡 王軾，高友璣
應文 安奎，周熊
之 史朝賓，史繼辰
元 宋登春，李際春
午 謝少南
正 程道壽
召 劉宣
尼 鄭之文
占 劉泉
光 張文奎
沙 劉如龍
岐 何起鳴
房 馮天馭
昌 項文曜
明 王德新，聞元奎
周 朱鳴陽
和 俞鸞，陳侃，陳祥，戴祥
奎 張文明
南 周叟
貞 周吉，張啓元
虹 陳棐
律 胡鍾，應志和
時 王鳳靈，王潮，苗朝陽
應皐 張九方
淸 朱安河
祥 張鑾
宿 郭斗，崔文奎
乾 任環，侯一元，翁健之，劉規
詔 羅僑
階 嚴時泰
期 蔡逢時
登 薛甲
溥 甘雨
雷 顏鯨
瑞 羅拱璧
經 孔麟
韶 丁鳳，王雲鳳，唐鳳儀，聞元璧，管律
寧 楊一清
臺 傅鳳翱
圖 馬一龍
鳳 栗在庭
魁 李存文，羅倫
熊 李應禎
樞 梁辰
德 唐順之
龍 黃雲
霑 傅霈
霖 史文龍
興 黃起龍
儒 解宋
謙 李遇元
齋 朱紱
聲 石鯨
舉 余日德
薦 阮鶚
璧 齊章
麟 海瑞，曹祥
夔 曹祖見
麋公 陳繼儒
謝袞 謝子襄
謝瑢 謝承擧
環 謝庭循
謙山 鄭岳
之 和遜，周滿，鄒守益，鄭鄤
光 王讓
仲 屈可申
甫 石邇高，楊崇
伯 王遜
益 舒敬
菴 吳宗堯
齋 年富，周坦，倪思益，徐溥，許琛，葉廷秀，趙崇璧
謙子 錢仁術
謇齋 尹直，華津
蹇瑢 蹇義
羲民 鄒杲
占 何天啓
叟 谷通
飯山先生 張緒
霞山 蔡潮
舟 吳鍾巒
居子 高瀫
客 徐弘祖
軒 夏迪
起 劉廷標
勵菴 施策
齋 劉震
臨川 李樂
江 李采菲
侯 袁繼咸
溪 張永明
環中 萬國樞
江 陳謹，劉生和
伊 王守誠
谷先生 汪克寬
洲 吳兌
浦 鄭世威

環卿　王紀
孺木　談遷
　初　毛一鷺，周士淳
　亨　周士淹
　東　徐貞明
　忠　宿進
　參　姚翼
翼之　陸應龍
　少　楊允繩
　明　朱家仕
　所　杜汝禎，徐學周
　亭　沈孚聞
　海　張一鯤
　庭　邢庶
　齋　張吉
駿甫　淩義渠
檗谷　王大用
　菴　汪禔
闇夫　張文錦，萬熼
　然子　章懋
　齋　冀元亨
輿浦　王軏，徐泰時
　壁　吳琛
擧之　徐公遴，陸鈛
　舜　馬稷
隱西　張昺
　翁　游濟生
　眞子　朱翊鈏
　德先生　洪祥
　學　高宇泰
　懷　卻永
彌宣　林燿
　實　林焜
檜亭　彭元中，錢錄
　泉　張溙
櫟居古狂　杜堇
樸園　劉昌
檢菴　馬歐，徐顯卿
　齋　楊中
懋中　王立道，袁煒，黃洪憲
　仁　崔元
　弘　林碩
　功　高其勳，秦鉞，魯崇志
　良　申佐
　成　楊世華，魏允孚
　宗　尤魯
　承　鮑松
　玠　謝存儒
　易　林時
　明　李邦華
　和　朱燮元
　忠　汪元極，魏允貞
　建　王中
　垣　錢薇
　貞　吳世忠，陳崇慶
　昭　湯日新
　俊　顧允杰
　恭　朱欽
　軒　王以修
　修　陳吾德
　常　沈犇
　善　顧允元
　陽　朱昱
　揚　施策
　登　張逵，錢蕘
　華　牛惟炳
　勛　林兆恩
　復　王應鍾
　欽　李舜臣
　卿　朱琯，萬虞愷
　齊　夏昂
　賓　丘櫸
　聞　馬思聰
懋穀　江汝璧，錢薾
　賢　王相
　儉　汪直
　德　方勉，王盛，王鴻漸，申价，周宏
　器　余璣
　衡　商良臣
　學　王鴻儒，沈仕，李震，陳儒，陶成
　齋　李勳
　權　魏允中
　觀　張合
磬之　胡金
　甫　呂鳴珂
　伯　練增
　希　馬鳴世
磬叔　黃譔
磬室　錢穀
戴禎　張鳴瑞
　槐　金繼震
趨庭　盧學禮
鞠懷　丘瑜
贅隅子　錢世揚
　菴　蕭尙
蕭鑾　蕭維禎
薇垣　曹文衡
薛貴　薛祿
薦叔　潘潢，劉中藻
　卿　茅國縉
獄南　譚希思
瞶齋　王敏
螭若　黃道周
還素　李開芳
鍾元　孫奇逢
　石　江淵，費采
　甫　葛嵩
　陽　馬森
　嵩　王述古
　誠　張永明
鍾質　石應岳
穉文　朱炳如
　仁　許復禮
　孝　何喬遠
　延　茅翁積
　美　胡彥
　哲　淩迪知
　鶴　金銑峒
谿田　馬理
矯亭　方鵬

十八劃

瀑泉　朱多炡
瀫陽　趙志皐
濼川　王重光
燿南　杜堇
禮方　鄧璋
　甫　馮子履
　成　華啓直
　原　丁賓
　卿　顧佐
　衡　嚴用和
謹中　顧祿
　任　林材
顏瓌　顏伯瑋
類樗山人　秦鏜
邃伯　王綖
　谷　戴冠
　泉　黃鏓
　菴　楊一清
雯白　吳滄
　竹　周進隆
闓閭　賀欽
禮齋菴　陳盡謨
礎之　白楹
　石　曹璜
鹽湖　朱嘉會
璧山　盧岐嶷
　東　林士章
　泉　馬性魯
　峯　竇金
雝誠　劉忠
擴菴　董裕

藍石　孫瑋
薀臣　王象晉，郭鼎忠，項忠
　庵　陳王庭
　卿　高尙忠
藏春　王乾
　默　蔣鷫
藐姑　張愼言
謝愚　姜思睿
叢山　陳大策
豐山　孫存
　溪　閔陛
　輿　王士琦
曙谷　吳道南
　臺　唐伯元
瞻一　陳于陛
　山　費曾謀
　之　吳巖
　甫　劉士斗
　容　史可觀
瞿唐　來知德
蹟山　周天佐
蟠峯　李遷
顒伯　朱觀
雙江　方廉，黃憲清，聶豹
　林　馮保，劉玭
　松　林鑒
　松先生　鄭壬
　洲　嚴天祥
　泉　徐沛，陳瑚
　梧　華泉
　崖　金光辰，周忱
　湖　謝廷柱
　嵒　樊繼祖
　溪　王繼宗，杭淮，張光祖，楊盈
　塘　汪良彬
　臺　林懋和
　橋　蔣淦
　嶼　余瓚
歸全先生　何壽朋
鎭山　朱衡
　北　方岳
　南　毛文龍
　卿　陸鰲
　璞　潘汝楨
織簾先生　顧夢麟
斷園居士　華淑
魏村　楊守約
雝鳴　劉之鳳
鵠擧　張翀
鵝池生　宋登春
　峯處士　呂賢
　湖　費宏
彝正　羅倫
彝仲　夏允彝
　伯　趙勳
　省　湯修
簡在　張朝綱
　伯　倪可大
　菴　王讓，沈粲陳雍，張鎣，陸僳，劉存業，顧佐
　肅　方良永，方鈍，丘樅，周延，袁貞吉，孫植，陳恪，張敷華，屠僑，黃珂
　與　韓敬
　齋　陳完
簠泉　卜大順

十九劃

瀘南　孫瓊
　瀟　劉元卿
瀛山　章瑞
　江　魏體明
　洲先生　林廷憲
　洲遺叟　錢溥
　南　陳旌
　海　張以誠
瀛許　馬允登
懷玉　侯成祖，謝瑩
　石　李棠
　古　陳一經
　朴　康濟民
　衷　顧存仁
　忠　張臣
　服　祝徽
　恭　習譚
　軒　姚德重
　海　丁褒
　雲　陳子貞
　棘　王世揚
　愚　韓紹
　傳　朱膺鋪
　魯　周孔教
　節　陳致甫
　鞠　王道純
　獻　朱見濟
懶雲　朱幼抒
廬山　胡直
壟鏊鉅山人　歸莊
寵之　毋恩，俞朝妥
藥若　莊際昌
麗文　邢參
　中　儲昱
　江　黃鍾
　亭　閻應元
　南　陳象明
　陽　金忠土
願之　楊師孔
瓊臺外史　趙謙
　章　葉小鸞
　樹　謝林
櫟坡　黃皡
　亭　劉修己
蘆池　郭斗
　亭　祖住
　泉　王崇
韜甫　左出潁
　孟　王燁
韞章　錢焜
　菴　吳自新
　輝　夏瑄
藥地和尙　方以智
　湖　魏良器
繭菴　林時對
羅山　李遂
　江　洗光
　浮山人　羅源
　峯　張璁
　簡　羅汝敬
疇中　伍餘福
贊化　王台輔
　皇　陳演
鏡川　吳璋，楊守陳
　宇　沈節甫
　原　涂宗濬
　湖　徐甫
　湖居士　熊桴
嬾龍生　龍德孚
繡嶺　楊淳
繹田　宋燾
　泉　淩廸知
繩之　袁祖庚，曹嗣榮
　如　吳嘉胤
　武　王同祖，侯祖德
　其　顏繼祖
　海　張伯鯨
鯢淵　張肯堂
鯤庭　陸培
　溟　郭諫臣
鵬初　孫羽侯
　南　韓原善
　程　高擧
　擧　謝騫，蕭翀
鵞曲山人　鄧渼

二十劃

瀾伯　黃覲
　溪　徐亨之

灊亭 徐聰
寶之 周珍，戴銑
夫 鄭文茂
忠 溫璜
摩 徐石麟
幢居士 顧源
曇 示應
䕫齋 王禎
礪峯 康太和
菴 方鈍，毛珵
齋 周如砥，葉天球
攖寧生 滑壽
蘊生 黃淳耀
章 孫瓊
菴 顧瑤
詩 黃琛
璞 如愚
蘇山 陳柏
門 高叔嗣
墀 蘇伯厚
菴 劉洵
藻汀 宋顯章
泉 郎瑛，淩約言
重 張宣
蘆花散人 朱俊嶸
溪叟 姚旭
蘅齋 潘允哲
藥齋 林嵋
警齋 林偕春
菴 許紳，許銘
餘 周天瑞
瞻 鄭夢眉
耀先 張鵬翼
卿 章煥文
獻之 丁奉，戴嘉猷
可 王納誨，宋宜，周朝佐，陳策，陳藎謨
臣 吳廷舉
獻吉 李夢陽
甫 盧宁忠
卿 盧瓊
蠙太生 郭子章
蠖菴 屈伸
覺山 洪垣
兆 李提
非道人 羅泰
原 慧曇
軒 王相，湯聘尹，雷應龍
商 霍子衡
斯 徐大相
菴 徐陟，劉益
齋 尹天民，徐大任
繼山 王鑑，沈思孝
川 魏邦直
文 姚宏謨
之 鄭善夫
元 周汝登
申 鄧山
白 李朴
先 尹山人，丘緒
志 周述學
宗 王紹，何紹正
孟 張肯
芳 陳芳，潘緒
忠 錢芹
津 王遴
峯 舒化
寅 湯賓
善 烏斯道
疎 吳仁度
源 方泌
業 郭緒
遠 薛遠
賢 毛思義
騰仲 馬如蛟
芳 簡霄
騰漢 張珏
霄 李沖，張鵬，陸鰲，熊翀

二十一劃

灌甫 朱睦㮮
溪 李樸
顧仝 顧鼎臣
絳 顧炎武
鶴山 王激，陸震
川 張汝騋
田 蔡雲程
沖 金毓峒
坡 朱奎
洲 徐標，黃裳，劉澤清，錢錞
亭 王潮
昭 林釬
城 高承祚
峯 史直臣，宋一鶴，李鋋，樊景時
峯先生 蔡烈
皋 周之屏，費得智
菴 王鑾
程 王命
卿 金皋
溪 潘琴
齡 陸松
灘 錢福
邁丘 鄧壬
蘗菴 高宇泰
蘭汀 梁有譽
石 孫瑋，鄭欽
村 麥祥，劉文煥
谷 楊述，劉昂，龔三益
蘭坡 陳袞
軒 王仕復，秦文
峯 程杲
蘭雪 居敬
嵎 朱之蕃
鶴菴 張紞
曦侯 易道暹
鐵山 沈理
冠子 張中
柯 劉稷
柱 朱守謙
峯 蕭與成
崖 楊維楨
笛道人 楊維楨
菴 文安之
續溪 李國檑
蠡湖 顧佐

二十二劃

龔翊 龔詡
巒稗 吳鍾巒
霽宇 王象乾
寰 吳維嶽
衡 陳允升
聽松道人 過儀
泉 華莊
菴 鄭錡
懿簡 張鵬
儼山 陸深
若 呂大器，高日臨
鑑川 王崇古
止 謝渭
江 唐文燦
弦 宋伯華
亭 程溫
海 方璘
塘 朱鴻謨，陳公相
臞菴 董鏞
樵 沈遇

二十三劃

麟士 顧夢麟
山 李良，楊秉義

麟武　錢象坤
陂　曾大有
岡　陳矩
洲　王世懋，楊茂元，德祥
陽　趙錦
鷲峯　道成
驛峯　任瀛
鼇江　吳世澤
峯逸叟　毛紀
蘿石　左懋第，董澐
陽　程朝金
巖叟　張四知
賓　李汝相
潭　王廷幹
顯夫　仲昌
仁　陳德鳴
父　張忠
甫　張世忠
孜　劉孜
伯　魏廣微
貞　孔貞璞
思　薛敬之
卿　烏昇
道　朱昌
體文　王謨
元　孟居仁，鄭宗仁
仁　王愛
行　江一川，沈光大
乾　馬自強，陳行健，劉自強，劉欽順
順　蔡祐
道　方日乾，沈理，劉不息
馴　伍驥
齋　傅瀚
礪　閻金
鷺沙　孫偉
坡　秦舜翰
鷺峯　黃志清
磯　高名衡
鶴林　梁以樟

二十四劃

讓予　段高選
亭子　沈楠
靄均　趙均
巘　王叔承
靈骨　了悟
衢村　范嵩

二十五劃

觀一　趙邦柱
民　歐陽琳
生　杜時髦
如道人　陳文周
吾　史朝賓
甫　張可大
我　彭期生
所　周如斗
海　張鳳異，劉不息，顧章志
益　世家寶
峯　丁懋儒
野　田景猷
善　鄧林
菴　張瑄
復　呂綸
頤　姚旬
樂生　許繼
瀾　王源，沈海，張文明
纘亭　駱問禮

二十六劃

灤江　王翊

二十九劃

驪峯　劉世昌
鬱洲　梁儲
儀　朱謀𡐓

三十二劃

籲吾　荆州俊

INDEX

INDEX

A Chi 阿寄 285
A Ch'ou 阿丑 285
Ai Fu 艾福 121
Ai Hung 艾洪 121
Ai Liang 艾良 121
Ai Mu 艾穆 121
Ai Nan Ying 艾南英 121
Ai P'u 艾璞 121
Ai Wan Nien 艾萬年 121
Ai Yü 艾毓 121
Aleni, Ginleo 艾儒略 121
An Chai 安宅 119
An Chin 安金 119
An Hsi 安璽 120
An Hsi Fan 安希范 119
An Jan 安然 119
An Kuo 安國 119
An K'uei 安奎 119
An P'an 安磐 110
An Pang 安邦 119
An Shang Ta 安上達 119
An T'ung 安統 119
An Wei Hsüeh 安惟學 119
Ao K'un 敖鯤 512
Ao P'an 敖璠 512
Ao Tun Fu 敖敦夫 512
Ao Wên Chên 敖文禎 512
Ao Ying 敖英 512
Cha Chih Lun 查志隆 357
Cha Pin I 查秉彝 358
Cha To 查鐸 358
Cha Yung Yüan 查允元 357
Cha Yüeh 查約 358
Chai Ching 翟敬 752
Chai Feng Ts'ung 翟鳳翀 752
Chai Fu Fu 翟溥福 752
Chai Hou 翟厚 752
Chai Hsiang 翟祥 752
Chai Hsüan 翟瑄 752
Chai Luan 翟鑾 753
Chai P'eng 翟鵬 752
Chai Shan 翟善 752
Chai Shih Yung 翟時雍 752
Chai T'ang 翟唐 752
Chai Tsuan 翟瓚 753
Chai Ying 翟瑛 752
Ch'ai Ch'e 柴車 367
Ch'ai Ch'i 柴奇 367
Ch'ai Chien Yen 柴薦煙 368
Ch'ai Ch'in 柴欽 368
Ch'ai Ching 柴經 368
Ch'ai I 柴義 368
Ch'ai Kuang 柴廣 368
Ch'ai Kuo Chu 柴國柱 368
Ch'ai Sheng 柴昇 367
Ch'ai Shih 柴氏 367
Ch'ai Tao Jen 柴道人 368
Ch'ai Wang 柴望 368
Ch'ai Wei Tao 柴惟道 368
Ch'ai Wen Chang 柴文璋 368
Ch'ai Wen Hsien 柴文顯 367
Ch'ai Ying 柴英 368
Chan Chiang 湛江 627
Chan Jo Shui 湛若水 626
Chan Ying 湛英 627
Chan Chao Heng 詹兆恒 746
Chan Chao P'eng 詹兆鵬 746
Chan Ching 詹璟 747
Chan Êrh Hsüan 詹爾選 747
Chan Êrh Ta 詹爾達 747
Chan Chung 詹忠 746
Chan Chün 詹俊 747
Chan Han 詹瀚 748
Chan Hsi Yüan 詹希原 746
Chan Hui 詹徽 747
Chan I 詹沂 746
Chan Júng 詹榮 747
Chan Kui 詹珪 747
Chan P'an 詹泮 746
Chan Shih 詹軾 747
Chan Shih Chiang 詹事講 746
Chan Shih Lung 詹世龍 745
Chan Szŭ Yü 詹思虞 747
Chan T'ien Yen 詹天顏 745
Chan Ting 詹鼎 747
Chan T'ung

詹　同 746
Chan T'ung 詹　通 747
Chan Yang P'i
詹仰庇 746
Chan Ying 詹　英 746
Chan Yu Hsiang
詹友相 746
Chan Yüan 詹　源 747
Chang Ch'ang
章　敞 481
Chang Ch'en
章　忱 480
Chang Chêng Ch'ên
章正宸 480
Chang Ch'êng
章　拯 480
Chang Ch'i 章　棨 481
Chang Chia Chên
章嘉禎 482
Chang Ch'iao
章　僑 482
Chang Chien
章　簡 483
Chang Chin
章　瑾 482
Chang Fan 章　蕃 483
Chang Hsi 章　熙 482
Chang Hsien
章　賢 482
Chang Hsüan Ying
章玄應 480
Chang Huan
章　煥 481
Chang Huang
章　潢 482
Chang Hung
章　洪 482
Chang I 章　溢 481
章　儀 482
章　鎰 483
Chang Jui 章　瑞 481
Chang Ko 章　格 481
Chang Kua 章　适 481
Chung K'uang
章　曠 483
Chaug Kuei
章　珪 481
Chang Kun 章　袞 481
Chang Lun 章　綸 482
Chang Lü 章　律 480
Chang Mao 章　懋 482
Chang Mei Chung
章美中 480
Chang P'an
章　璠 482
Chang P'u Tuan
章甫端 480
Chang Shih Ch'un
章世純 480
Chang Shih Luan
章時鸞 481
Chang Shu 章　述 481
Chang Ts'un Tao
章存道 480
Chang Tzu Mu
章子沐 482
Chang Wên Ping
章文炳 480
Chang Yün Hsien
章允賢 480
Chang An 張　安 520
Chang An Fu
張安甫 520
Chang An Kuo
張安國 520
Chang Ao 張　鏊 557
張　獒 559
Chang Ao Shan
張鰲山 560
Chang Ch'ang
張　昌 526
張　昶 529
張　杲 530
Chang Chao
張　昭 530
Chang Chao Jui
張朝瑞 540
Chang Chao Kang
張朝綱 540
Chang Chao Yung
張朝用 540
Chang Ch'ao
張　潮 549
Chang Chê 張　澤 552
Chang Chên
張　臣 521
張　眞 534
張　賑 547
張　震 550
Chang Chên Chih
張振之 534
Chang Chên Hsiu
張振秀 534
Chang Chên Kuan
張貞觀 531
Chang Chên Tê
張振德 534
Chang Chêng Ch'ang
張正常 518
Chang Ch'êng Yin
張承蔭 525
Chang Ch'êng Hsiang
張承相 525
Chang Chi 張　吉 521
張　楫 537
張　基 537
張　稷 551
張　璣 553
張　記 557
張　驥 561
Chang Chi Mêng
張繼孟 559
Chang Ch'i 張　岐 522
張　棨 538
張　琦 539
張　齊 545
張　騏 557
張　麒 558
Chang Ch'i Hua

張奇化 526
Chang Ch'i P'ing
張其平 526
Chang Ch'i Yüan
張啓元 537
Chang Chia
張 檟 556
Chang Chia Fu
張嘉孚 547
Chang Chia Mo
張嘉謨 547
Chang Chia Yin
張佳胤 528
Chang Chia Yü
張家玉 532
Chang Chiang
張 江 552
Chang Chiao
張 教 533
Chang Chiao Fang
張郊芳 529
Chang Chieh
張 節 551
張 介 517
張 傑 541
Chang Chieh Fu
張介福 517
Chang Chien
張 諫 553
張 健 556
張 簡 557
張 鑑 560
Chang Chien Chieh
張建節 530
Chang Ch'iên
張 芊 522
張 濬 549
張 謙 555
Chang Chih
張 治 524
張 芝 527
張 秩 536
張 質 551
Chang Chih Chü
張治具 524
Chang Chih Fa
張至發 521
Chang Chih Hsiang
張之象 515
Chang Chih Hsiao
張志孝 522
Chang Chih Hsiung
張志雄 522
Chang Chih Tao
張治道 524
Chang Ch'ih
張 尺 517
Chang Ch'in
張 津 528
張 璡 553
張 縉 554
張 錦 554
Chang Chin Ling
張金陵 528
Chang Ch'in
張 芹 527
張 欽 514,541
Chang Ching
張 經 545
張 璟 553
張 鯨 559
Chang Ching Hsien
張景賢 541
Chang Ching Ming
張景明 540
Chang Ching Yang
張景陽 540
Chang Ch'ing
張 淸 513
Chang Ch'ing Ya
張淸雅 536
Chang Chiu Fang
張九方 513
Chang Chiu Hsü
張九叙 513
Chang Chiu I
張九一 513
Chang Chiu Kung
張九功 513
Chang Chiung
張 絅 538
Chang Ch'ou
張 籌 559
Chang Chu
張 注 524
張 翥 546,550
Chang Ch'u Ch'êng
張楚城 544
Chang Ch'un
張 春 530
Chang Ch'un
張 純 535
Chang Ch'un Ju
張純儒 535
Chang Chung
張 中 517
張 忠 527
Chang Chung Li
張仲禮 522
Chang Ch'ung
張 翀 533
Chang Chü 張 擧 554
Chang Chü Chên
張居正 525
Chang Chü Chieh
張居傑 526
Chang Chüan
張 銓 547
Chang Ch'üan Ch'ang
張全昌 521
Chang Chün
張 俊 531
張 鈞 541
張 駿 556
Chang Fa 張 發 540
Chang Feng
張 鳳 548

Chang Feng Ch'i
張鳳奇 548
Chang Feng Hsiang
張鳳翔 548
Chang Feng I
張鳳異 528
張鳳翼 549
Chang Feng Kê
張鳳翮 548
Chang Feng Min
張鳳鳴 548
Chang Fu 張 溥 541
張 輔 546
張 撫 551
張 輻 553
張 黻 556
張 黼 558
Chang Fu Hua
張敷華 551
Chang Hai 張 海 532
545
Chang Han 張 含 524
張 漢 545
張 瀚 557
Chang Han Ch'ing
張漢卿 545
Chang Hao 張 誥 545
Chang Heng
張 珩 533
張 衡 554
Chang Ho 張 赫 546
張 和 527
張 合 521
Chang Ho Ling
張鶴齡 560
Chang Ho Ming
張鶴鳴 559
Chang Ho T'êng
張鶴騰 560
Chang Hou Chüeh
張後覺 531
Chang Hsi 張 習 537
張 璽 558
Chang Hsiang
張 祥 536
張 翔 538
Chang Hsiang Yüan
張祥鳶 537
Chang Hsiao
張 曉 554
Chang Hsiao Ch'i
張孝起 522
Chang Hsien
張 賢 550
張 憲 552
Chang Hsien Ch'ên
張憲臣 553
Chang Hsien Chung
張獻忠 559
Chang Hsien I
張獻翼 559
Chang Hsien K'o
張獻可 554
Chang Hsien Tsung
張顯宗 561
Chang Hsin
張 昕 526
張 信 531
Chang Hsing
張 星 531
張 興 533,554
Chang Hsiung
張 雄 540
Chang Hsü 張 勗 538
張 詡 552
張 需 546
張 緒 551
Chang Hsüan
張 宣 529
張 玄 539
張 瑄 543
張 萱 544
,545
張 選 553
張 璿 557
Chang Hsueh Yen
張學顏 555
Chang Huai
張 懷 557
Chang Huan
張 寰 552
張 瓛 561
Chang Huang Yen
張煌言 542
Chang Huang Hou
張皇后 532
Chang Hui 張 翽 557
張 禬 555
張 惠 540
張 翬 550
Chang Hung
張 洪 529
張 紘 535
張 鴻 555
Chang Hung Chih
張弘至 518
Chang I 張 益 532
533
張 頤 550
張 意 542
張 翼 555,556
Chang I Ch'êng
張以誠 519
Chang I Chih
張翼之 541
Chang I Hsien
張彝憲 557
Chang I Hung
張以弘 519
Chang I Kuei
張一桂 513
Chang I K'un
張一鯤 513
Chang I Ming
張翼明 556
Chang I Ning
張以寧 519

Chang Jen 張 仁 518
張 任 522
Chang Jen Hsüeh 張任學 522
Chang Jên Lung 張人龍 513
Chang Jih Hsin 張日新 517
Chang Jih Kuan 張日觀 517
Chang Ju Chih 張汝治 520
Chang Ju Chou 張汝舟 519
Chang Ju Lai 張汝騋 537
Chang Ju Tsung 張如宗 522
Chang Ju Tung 張汝棟 520
Chang Ju Yün 張汝蘊 520
Chang Jui 張 芮 527
張 睿 547
張 銳 551
Chang Jui T'u 張瑞圖 543
Chang Jun 張 潤 549
Chang Jun Shên 張潤身 549
Chang K'ai 張 愷 542
張 楷 543
Chang K'an 張 侃 528
Chang Kang 張 綱 547
Chang K'en 張 肯 527
Chang K'en T'ang 張肯堂 527
Chang K'o 張 珂 529
Chang K'o Chien 張克儉 522
Chang K'o Shih 張可仕 518
Chang K'o Ta 張可大 518
Chang Ku 張 固 526
Chang Kuan 張 貫 538
Chang K'uan 張 寬 549
Chang Kuang Ch'ien 張光前 521
Chang Kuang K'uei 張光奎 521
Chang Kuang Tsu 張光祖 521
Chang Kuei 張 璝 553
Chang K'uei 張 奎 529
張 逵 540
Chang Kun 張 衮 536
Chang Kun Fang 張焜芳 539
Chang K'ung Chiao 張孔教 517
Chang Kuo Chi 張國紀 537
Chang Kuo Han 張國翰 537
Chang Kuo Hsün 張國勳 537
Chang Kuo Wei 張國維 537
Chang Kuo Yen 張國彥 537
Chang Lü Hsüan 張履旋 550
Chang Liang 張 亮 529
Chang Lien 張 廉 541
張 濂 552
張 璉 550
張 鍊 556
Chang Lin 張 璘 553
張 麟 560
Chang Ling 張 靈 561
張 令 519
Chang Lo Chün 張羅俊 558
Chang Lo Fu 張羅輔 558
Chang Lo P'o 張落魄 545
Chang Lo Shan 張羅善 558
Chang Lo Yen 張羅彥 558
Chang Lu 張 鹵 538
張 錄 554
Chang Luan 張 鑾 549
張 欒 560
張 鸞 561
Chang Lun 張 倫 535
張 崙 538
張 綸 548
Chang Lung 張 龍 536,552
Chang Mao 張 懋 555
Chang Mei 張 梅 537
Chang Mei Ho 張美和 529
Chang Meng Chien 張孟兼 525
Chang Meng Li 張夢鯉 547
Chang Mêng Nan 張孟男 525
Chang Mi 張 敉 533
張 宓 524
Chang Mien Hsüeh

張勉學 535
Chang Min
張　敏 538
Chang Ming Chên
張名振 522
Chang Ming Chien
張明鑑 526
Chang Ming Feng
張鳴鳳 547
Chang Ming Jui
張鳴瑞 547
Chang Mo 張　穆 554
Chang Na Shêng
張納陛 536
Chang Nai 張　鼐 552
Chang Nan 張　楠 543
Chang Ni 張　輗 551
Cgang Ning
張　寧 545
Chang O I
張鶚翼 559
Chang Pang Ch'i
張邦奇 523
Chang Pang Ting
張邦定 523
Chang Pên 張　本 518
Chang P'êng
張　鵬 558
Chang P'êng Han
張鵬翰 559
Chang P'êng Hsiao
張鵬霄 558
Chang P'êng I
張鵬翼 559
Chang Pi 張　泌 524
張　弼 539
張　璧 557
Chang Pien 張　忭 535
Chang Pin 張　玭 525
張　斌 539
張　賓 546
Chang Ping
張　昺 530
Chang Ping Hu
張秉壺 527
Chang Ping Wên
張秉文 527
Chang Po 張　博 540
Chang P'o Ching
張伯鯨 523
Chang P'u 張　璞 553
Chang San Feng
張三丰 513
Chang Shan
張　善 538,554
Chang Shan Chao
張善昭 539
Chang Shan Chi
張善吉 539
Chang Shao Têng
張紹登 538
Chang Shên Wu
張神武 532
Chang Shên Yen
張愼言 542
Chang Shêng
張　昇 526,527,550
張　陞 533
張　晟 538
張　盛 539
Chang Shih
張　軾 543
張　詩 542
張　時 534
張　適 550
Chang Shih Chê
張時澤 535
Chang Shih Ch'ê
張時徹 535
Chang Shih Ch'ün
張時純 514
Chang Shih Chung
張世忠 518
Chang Shih Hsi
張世禧 519
Chang Shih Hung
張士弘 544
Chang Shih I
張時宜 534
Chang Shih Lung
張士隆 514
Chang Shih Mêng
張師孟 535
Chang Shih Min
張時敏 523
Chang Shih P'ei
張士佩 514
Chang Shih Tsê
張世則 519
Chang Shou Chih
張守直 520
Chang Shou Chung
張守中 520
Chang Shou Yüeh
張守約 520
Chang Shu 張　書 534
張　恕 535
Chang Shu Ku
張述古 530
Chang Shun
張　淳 537
Chang So Wang
張所望 528
Chang Su 張　素 534
Chang Sun 張　遜 546
Chang Sun Shêng
張孫繩 533
Chang Sun Yeh
張遜業 546
Chang Sung
張　頌 545
張　嵩 544
Chang Szu An
張思安 530
Chang Szu Chih
張四知 519

Chang Szu Ching 張思靜 530
Chang Szu Chung 張思忠 530
Chang Szu Kung 張思恭 530
Chang Szu 張 思 530
Chang Szu Tsu 張嗣祖 544
Chang Szu Wei 張四維 519
Chang Ta 張 達 544
Chang Ta Ch'i 張大器 549
Chang Ta Fu 張大復 514
Chang Ta Lun 張大輪 514
Chang T'ai 張 泰 534
Chang Tan 張 紞 536
張 旦 519
Chang T'an 張 鐢 556
Chang T'ang 張 瑭 546
Chang Tao Ming 張道明 542
Chang Tê Shêng 張德勝 551
Chang Têng 張 燈 553
Chang Tien 張 電 542
Chang T'ien Chü 張天衢 516
Chang T'ien Fu 張天復 516
Chang T'ien Hsiang 張天相 516
Chang T'ien Jui 張天瑞 516
Chang Ting 張 鼎 544
張 嵿 554
Chang Ting Szu 張鼎思 544
Chang T'ing 張 庭 532
Chang T'ing Ch'êng 張廷臣 523
Chang T'ing Huai 張廷槐 523
Chang To 張 鐸 560
Chang Ts'ai 張 綵 547
張 采 527
Chang Ts'an 張 澯 552
Chang Tsuan 張 瓚 560
Chang Tsung 張 琮 539
Chang Tsung Lien 張宗璉 524
Chang Tsung Lu 張宗魯 525
Chang Ts'ung 張 璁 550
Chang Tu 張 督 541
張 度 529
Chang Tung 張 棟 540
Chang T'ung 張 通 524
537
Chang T'ung Ch'ang 張同敞 521
Chang Tzu 張 咨 529
張 孜 514
Chang Tzu Ch'i 張子麒 513
Chang Tzu Lin 張子麟 514
Chang Tzu Ming 張子明 513
Chang Wan 張 琬 539
張 畹 544
Chang Wan Chi 張萬紀 544
Chang Wei
張 位 522
張 唯 538
張 偉 538
張 緯 551
張 瑋 543
張 維 548
Chang wei Hsin 張維新 548
Chang Wei Kang 張維綱 548
Chang Wei Shih 張維世 548
Chang Wên
張 文 514
張 溫 538
張 汶 522
Chang Wên Ch'i 張文奇 514
Chang Wên Ch'ih 張文峙 515
Chang Wên Chih 張文質 515
Chang Wên Chin 張文錦 515
528
Chang Wên Hai 張文海 515
Chang Wên Hsün 張文選 515
Chang Wên K'uei 張文奎 514
張文魁 515
Chang Wên Ming 張文明 514,526
張問明 537
Chan Wên Shêng 張文盛 531
Chang Wên Ta 張文達 537

Chang Wên Yün 張文運 515
Chang Wo Chêng 張我正 523
Chang Wo I 張我翼 523
Chang Wu 張 武 525
Chang Yang Mêng 張養蒙 549
Chang Yao 張 耀 559
張 瑤 546
Chang Yao Nien 張堯年 540
Chang Yen 張 嵓 541
張 狿 543
張 珽 546
張 鶠 559
Chang Yen Feng 張彥方 529
Chang Yen I 張燕翼 553
Chang Yen Jui 張衍瑞 531
Chang Yen Ling 張延齡 523
Chang Yen Têng 張延登 523
Chang Yin 張 引 513
Chang Ying
張 英 531
張 瑛 543
Chang Ying Ch'ang 張應昌 555
Chang Ying Chih 張應治 555
Chang Ying Lin 張應麟 555
Chang Ying Su 張映宿 530
Chang Ying T'ai 張應泰 555
Chang Ying Yang 張應揚 555
Chang Yo 張 禴 560
Chang Yu 張 祐 532
Chang Yu Ch'êng 張友程 517
Chang Yü 張 玉 518
張 羽 520
521
張 裕 542
張 𡬶 543
張 遇 544
張 愚 544
Chang Yü Ch'ing 張予卿 517
Chang Yü Ts'ui 張毓粹 549
Chang Yüan 張 原 533
Chang Yüan Ming 張原明 533
Chang Yüan Chên 張元禎 516
Chang Yüan Ch'un 張元春 516
Chang Yüan Ch'ung 張元冲 515
Chang Yüan Hsiao 張元孝 524
Chang Yüan Hsün 張元勳 516
Chang Yüan Kai 張元凱 516
Chang Yüan P'ien 張元忭 515
Chang Yüeh
張 岳 528
張 悅 532
張 軏 533
張 鉞 545
Chang Yüeh T'ao 張日韜 519
Chang Yün 張 雲 539
Chang Yün Ch'ing 張允卿 544
Chang Yün Hsiu 張允修 517
Chang Yün Ling 張允齡 419
Chang Yün Têng 張允登 517
Chang Yung
張 永 517
張 勇 529
張 鏞 549
Chang Yung An 張永安 517
Chang Yung Ming 張永明 518
Ch'ang Hai 昌 海 302
Ch'ang Ying Hui 昌應會 302
Ch'ang Chü Ching 常居敬 614
Ch'ang Hsü 常 序 614
Ch'ang Jun 常 潤 615
Ch'ang Jung 常 榮 615
Ch'ang Lun 常 倫 615
Ch'ang Mao 常 茂 614
Ch'ang Ning 常 寧 615
Ch'ang San Sheng 常三省 614
Ch'ang Sheng 常 昇 614
Ch'ang Shou Wen 常守文 614
Ch'ang T'ai 常 泰 615
Ch'ang Tzu Shêng 常自省 614
Ch'ang Yü Ch'un 常遇春 615

Ch'ang Hêng 暢 亨 769
Ch'ang Hsüan 暢 宣 769
Ch'ang Hua 暢 華 769
Chao Li 晁 璪 446
Chao Tung Wu 晁東吳 446
Chao An 趙 安 756
Chao Ang 趙 昂 758
Chao Chên Chi 趙貞吉 760
Chao Chêng Ch'ien 趙承謙 758
Chao Chi Pen 趙繼本 768
Chao Chi T'ung 趙季通 759
Chao Ch'i Mei 趙琦美 763
Chao Ch'iang 趙 鏘 768
Chao Chieh 趙 介 755
趙 堦 763
Chao Chien 趙 鑑 768
Chao Chien Chi 趙建極 759
Chao Ch'ien 趙 謙 767
Chao Chih 趙 秩 761
趙 智 764
Chao Chih Kao 趙志臯 757
Chao Chin 趙 瑾 765
趙 錦 767
Chao Ch in T'ang 趙欽湯 764
Chao Ch'ing 趙 淸 761
Chao Chiung 趙 炯 762
Chao Cho 趙 灼 757
Chao Chung 趙 忠 758
Chao Chung Hua 趙重華 760
Chao Chü Jên 趙居任 758
Chao Chün 趙 均 757
趙 俊 760
Chao Fang 趙 汸 757
Chao Fên 趙 奮 767
Chao Fu 趙 輔 765
Chao Han 趙 漢 765
Chao Hao Tê 趙好德 757
Chao Hêng 趙 恒 759
Chao Ho 趙 鶴 768
Chao Hsi 趙 禧 759
Chao Hsien 趙 賢 766
Chao Hsin 趙 新 764
趙 莘 762
Chao Hsing Chi 趙興基 767
Chao Hsing Chih 趙興治 764
Chao Hsüan 趙 鉉 764
Chao Hsün 趙 壎 767
趙 勳 767
Chao Huan 趙 煥 764
Chao Hui 趙 煇 764
趙 輝 766
Chao Hung 趙 竑 759
趙 玒 760
趙 輄 764
趙 璜 766
Chao I 趙 伊 757
趙 釴 762
趙 毅 765
趙 彝 768
Chao I Kuang 趙宜光 760
Chao Jang 趙 讓 768
Chao Jên 趙 仁 755
Chao Ju Lien 趙汝濂 756
Chao Jung 趙 榮 765
Chao K'an 趙 侃 759
Chao Kêng 趙 庚 761
Chao K'o 趙 岢 758
Chao K'o Huai 趙可懷 756
Chao K'o Yü 趙可與 756
Chao K'uan 趙 寬 765
Chao Kung Pien 趙光抃 757
Chao Kuo Ch'i 趙國琦 762
Chao kuo Chung 趙國忠 762
Chao Kuo Liang 趙國良 762
Chao Kuo Ting 趙國鼎 762
Chao K'ung Chao 趙孔昭 755
Chao Lu 趙 逯 764
Chao Liang 趙 諒 765
Chao Lung 趙 龍 763
Chao Mêng 趙 孟 764
Chao Mi 趙 謐 767
Chao Mien 趙 勉 761
趙 冕 763
Chao Min 趙 敏 762
Chao Min Wang 趙民望 756
Chao Nan 趙 楠 764
Chao Nan Hsing 趙南星 759
Chao Pang Chu 趙邦柱 758
Chao Pên 趙 本 756
Chao Pi 趙 璧 768
Chao Pien 趙 汴 757

Chao Pin 趙 斌 763
Chao Ping Chung 趙秉忠 758
Chao Pin Jan 趙炳然 759
Chao San P'in 趙三聘 754
Chao Shan 趙 善 763
Chao Shan Chi 趙善繼 763
Chao Shen 趙 紳 762
Chao Shêng 趙 勝 763
Chao Shih 趙 時 761
Chao Shih Ch'ng 趙世卿 756
Chao Shih Ch'un 趙時春 761
趙士春 754
Chao Shih Hsien 趙士賢 754
Chao Shih Hsün 趙世勛 756
Chao Shih Kuan 趙士寬 754
Chao Shu 趙 俶 761
Chao Shu Pao 趙叔寶 758
Chao Shuai Chiao 趙率教 761
Chao Shun 趙 焞 763
Chao Shun Tsu 趙順祖 763
Chao Sung 趙 松 758
Chao Szu Ch'êng 趙思誠 760
Chao Ta Ho 趙大河 754
Chao Ta Yu 趙大佑 754
Chao T'ai 趙 泰 761
Chao T'ang 趙 鏜 768
Chao Tê Hung 趙德宏 766
Chao Tê Shêng 趙德勝 766
Chao Te Yu 趙得祐 762
Chao Têng 趙 登 763
Chao T'ien Chê 趙天澤 755
Chao T'ien T'ai 趙天泰 755
Chao T'ing 趙 廷 762
Chao T'ing Jui 趙廷瑞 757
Chao T'ing Lan 趙庭蘭 760
Chao To 趙 鐸 768
Chao Tsai 趙 裁 764
Chao Ts'an Lu 趙參魯 763
Chao Tsu 趙 鷟 766
Chao Tsu Yüan 趙祖元 760
Chao Tsung Pi 趙崇璧 762
Chao Tsŭ 趙 蕭 766
Chao Tung Hsi 趙東曦 758
Chao T'ung Lu 趙同魯 757
Chao Wan 趙 琬 763
Chao Wei 趙 偉 762
趙 緯 766
Chao Wei Hêng 趙維恒 765
Chao Wei Hsin 趙維新 765
Chao Wên 趙 文 754
Chao Wên Hua 趙文華 755
Chao Wên Po 趙文博 755
Chao Yao 趙 燿 768
Chao Yen 趙 彥 759
Chao Yen K'o 趙彥可 759
Chao Ying Yüan 趙應元 767
Chao Ying T'ung 趙應童 767
Chao Yu 趙 佑 758
Chao Yu T'ung 趙友同 755
Chao Yung 趙 庸 762
趙 永 755
Chao Yung Hsien 趙用賢 756
Chao Yü 趙 豫 766
趙 玉 761
趙 昱 760
Chao Yüan 趙 遠 765
趙 淵 761
Chao Yüan Ming 趙元銘 755
Chao Yün Hsiang 趙雲翔 763
Ch'ao Ming Shêng 巢鳴盛 618
Chên Yung Pin 岑用賓 263
Chên Chieh 眞 節 423
Chên Ch'ing 眞 淸 423
Chên Chüeh 眞 覺 423
Chên Yün 眞 圓 423
Chên Ch'êng Tê 甄成德 753
Chên I 甄 儀 753
Chên Jung 甄 庸 754
Chên To 甄 鐸 763
Chên An Min 鄭安民 783
Chên Ang T'ien 鄭仰田 784

Chên Chên 鄭 眞 787
Chên Ch'ên 鄭 辰 784
Chên Ch'êng 鄭 誠 790
Chên Ch'êng Hsien 鄭成憲 785
Chên Ch'êng Kung 鄭成功 784
Chên Chi 鄭 己 782
鄭 信 786
鄭 紀 787
鄭 濟 792
Chên Chi Chih 鄭繼之 792
Chên Chi Wên 鄭之文 782
Chên Chi Yüan 鄭之垣 789
Chên Ch'i 鄭 錡 792
鄭 琦 789
Chên Ch'ia 鄭 洽 786
Chên Chieh 鄭 傑 789
Chên Chien 鄭 建 787
Chên Chih 鄭 湜 788
鄭 智 789
Chên Ch'in 鄭 欽 790
Chên Ching 鄭 敬 790
Chên Ch'ing Yün 鄭慶雲 791
Chên Chu 鄭 燭 792
Chên Chü Chên 鄭居貞 785
Chên Ch'üan 鄭 權 782
Chên Chün 鄭 濬 792
Chên Ch'ung Ch'ien 鄭崇儉 788
Chên Fêng Lan 鄭逢蘭 788
Chên Fu Yen 鄭復言 790
Chên Hêng 鄭 亨 784
Chên Ho 鄭 和 786
Chên Hsiang 鄭 祥 786
Chên Hsiao 鄭 曉 791
Chên Hsing Chien 鄭行簡 784
Chên Hsüan 鄭 璿 793
Chên Hsuan Hua 鄭宣化 787
Chên Hua 鄭 華 789
Chên Huan 鄭 環 792
Chên I 鄭 沂 784
Chên I Ch'u 鄭一初 781
Chên I Hsin 鄭一信 781
Chên I P'êng 鄭一鵬 781
Chên I Wei 鄭以偉 783
Chên Jên 鄭 壬 782
Chên Jo Tsêng 鄭若曾 787
Chên Ju Mei 鄭汝美 783
Chên Ju Pi 鄭汝璧 783
Chên Jui 鄭 瑞 790
Chên K'ai 鄭 楷 790
Chên Kan 鄭 榦 791
Chên K'ang 鄭 伉 784
Chên Kao 鄭 杲 785
Chên Kuan 鄭 瓘 792
鄭 觀 793
Chên Kung Chih 鄭公智 783
Chên Kuo Ch'ang 鄭國昌 788
Chên Kuo Pin 鄭國賓 788
Chên Lai 鄭 琜 791
Chên Lao 鄭 牢 784
Chên Li 鄭 禮 792
Chên Lien 鄭 濂 791
Chên Lin 鄭 璘 791
Chên Lo 鄭 洛 786
鄭 珞 787
Chên Lo Shu 鄭洛書 786
Chên Lu Shun 鄭履淳 791
Chên Man 鄭 滿 790
鄭 鄤 791
Chên Mao 鄭 茂 787
Chên Mêng Mei 鄭夢眉 791
Chên Mien 鄭 冕 789
Chên Min 鄭 敏 788
Chên Ming 鄭 銘 791
Chên Ning 鄭 寧 790
Chên Pang Yen 鄭邦彥 782
Chên Pao 鄭 寶 792
Chên Pên Kung 鄭本公 783
Chên Pin Hou 鄭秉厚 786
Chên P'u 鄭 普 789
Chên San Chün 鄭三俊 781
Chên Shan 鄭 山 782
Chen Shan Fu 鄭善夫 789
Chên Shên 鄭 紳 788
Chên Shih 鄭 時 787
Chên Shih Chü 鄭時舉 788
Chên Shih Li 鄭士利 782
Chên Shih Wei 鄭世威 783
Chên Shu 鄭 恕 788

Chên Shun Ch'ên
鄭舜臣 790
Chên Sung 鄭 嵩 791
Chên Ta 鄭 達 790
Chên Ta Ching
鄭大經 782
Chên Ta T'ung
鄭大同 782
Chên T'ai 鄭 泰 787
Chên T'ien Tso
鄭天佐 783
Chên Ting 鄭 定 785
鄭 鼎 790
Chên T'ing ku
鄭廷鵠 785
Chên Tso 鄭 作 785
Chên Tsun Ch'ien
鄭遵謙 791
Chên Tsung Jên
鄭宗仁 785
Chên Tz'u 鄭 賜 791
Chên Tzŭ Pi
鄭自璧 783
Chên Wei 鄭 渭 789
鄭 洧 787
Chên Wei Hung
鄭爲虹 789
Chên Wei Yüan
鄭維垣 791
Chên Wên K'ang
鄭文康 782
Chên Wên Mao
鄭文茂 782
Chên Yang T'ien
鄭仰田 784
Chên Yên Jên
鄭延任 785
Chên Ying 鄭 韺 792
Chên Yu 鄭 悠 788
Chên Yü 鄭 裕 790
Chên Yü Ch'un
鄭遇春 790
Chên Yüan 鄭 元 769
Chên Yüan 鄭 淵 788
鄭 媛 790
Chên Yüan Hsün
鄭元勳 783
Chên Yüan K'ai
鄭元愷 789
Chên Yüan Shou
鄭元綬 782
Chên Yüeh 鄭 岳 786
Chên Yün 鄭 芸 785
Chên Yün T'an
鄭雲鍌 789
Chên Yung Yen
鄭雍言 790
Chên Ch'en 鎮 澄 923
Ch'ên Chang
成 章 232
Ch'ên Chin 成 璡 232
Ch'ên Chi Ming
成基命 232
Ch'en Ching
成 敬 232
Ch'ên Kai 成 凱 232
Ch'ên Liang Ch'ing
成良卿 231
Ch'ên Shih 成 實 232
Chên Shih Chung
成始終 232
Ch'ên Shou Chieh
成守節 231
Ch'ên Tê 成 德 232
Ch'en Tzu Hsüeh
成子學 231
Ch'ên Wên 成 文 231
Ch'ên Yin 成 胤 232
Ch'ên Yueh 成 樂 232
Ch'ên Yung 成 勇 232
Ch'ên A Yen
陳雅言 593
Ch'ên Chan
陳 霑 602
Ch'ên Chang
陳 章 589
陳 璋 600
Ch'en Ch'ang
陳 瑺 600
Ch'ên Ch'ang I
陳昌裔 582
Ch'ên Chao 陳 詔 591
Ch'ên Chên 陳 振 587
陳 禎 598
陳 震 600
Ch'ên Chên Hui
陳貞慧 586
Ch'ên Chên Shêng
陳眞晟 588
Ch'ên Chêng
陳 正 576
陳 政 584
Ch'ên Chêng Heng
陳正亨 576
Ch'ên Chêng Tao
陳正道 576
Ch'ên Ch'êng
陳 誠 598
Ch'en Chi 陳 紀 587
陳 基 590
陳 濟 604
陳 繼 607
陳 霽 608
Ch'ên Chi Chih
陳繼之 607
Ch'ê0 Chi Hsien
陳繼先 607
Ch'ên Chi Ju
陳繼儒 608
Ch'ên Chi T'ai
陳際泰 599
Ch'ên Chi Yüan
陳繼源 607
Ch'ên Ch'i 陳 琦 591
陳 頎 597
陳 稷 598
陳 騏 605
Ch'ên Ch'i Ch'ih
陳其赤 581

Ch'ên Ch'i Hsüeh 陳其學 582
Ch'en Ch'i Yü 陳奇瑜 581
Ch'ên Chia Mo 陳嘉謨 598
Ch'ên Chia Yu 陳嘉猷 598
Ch'ên Ch'ia 陳 洽 583
Ch'ên Chiang 陳 講 604
Ch'ên Chiao 陳 交 578
Ch'ên Chieh 陳 傑 592
Ch'ên Chien 陳 簡 580
陳 見 580
陳 鑑 608
Ch'ên Ch'ien Fu 陳潛夫 600
Ch'ên Chih 陳 志 580
陳 智 592
陳 植 592
陳 誌 596
陳 質 601
陳 贄 605
Ch'ên Chin 陳 金 582
陳 覲 605
陳 謹 605
Ch'ên Chin Mo 陳藎謨 605
Ch'ên Ch'in 陳 芹 582
陳 欽 593
Ch'ên Ching 陳 津 583
陳 旌 589
陳 桱 590
陳 敬 569
陳 經 597
Ch'ên Ching Fu 陳經孚 597
Ch'ên Ching Hsing 陳景行 592
Ch'ên Ching Pang 陳經邦 597
Ch'ên Ching Tsung 陳敬宗 596
Ch'ên Ch'ing 陳 清 589
陳 慶 600
Ch'ên Chiu Ch'ou 陳九疇 572
Ch'ên Chiu Ch'uan 陳九川 572
Ch'ên Ch'iung 陳 璚 602
Ch'ên Chou 陳 周 582
Ch'ên Chü 陳 矩 589
Ch'ên Ch'ü 陳 璩 603
Ch'ên Ch'u Hsiu 陳儲秀 605
Ch'ên Ch'üan 陳 全 578
Ch'ên Chuang 陳 壯 580
Ch'ên Chun 陳 準 593
Ch'ên Chün 陳 俊 586 587
Ch'ên Chung 陳 忠 582
Ch'ên Ch'ung 陳 寵 606
Ch'ên Ch'ung Ch'ang 陳仲昌 582
Ch'ên Fang 陳 芳 597
Ch'en Fang Laing 陳方亮 575
Ch'ên Fei 陳 棐 592
Ch'ên Fêng 陳 奉 581
陳 鳳 599
Ch'ên Fêng Wu 陳鳳梧 599
Ch'ên Fu 陳 復 593
Ch'ên Fu Yao 陳輔堯 599
Ch'ên Han Hui 陳函輝 581
Ch'ên Hai Yung 陳海雍 587
Ch'ên Hao 陳 皞 605
陳 鎬 606
Ch'en Hêng 陳 亨 579
Ch'ên Ho 陳 鶴 608
Ch'ên Hou 陳 逅 589
Ch'ên Hsiang 陳 祥 590
Ch'ên Hsiang Ming 陳象明 593
Ch'ên Hsien 陳 賢 600,601
陳 憲 602
陳 暹 603
Ch'ên Hsien Chang 陳獻章 606
Ch'ên Hsien Chi 陳顯際 609
Ch'ên Hsien Hsüeh 陳心學 575
Ch'ên Hsien Yuan 陳顯元 609
Ch'ên Hsin 陳 省 585
Ch'ên Hsin Chia 陳新甲 593
Ch'ên Hsing Chiao 陳興邦 595
Ch'ên Hsing Pëng 陳行健 578
Ch'en Hsing Shan 陳性善 581
Ch'ên Hsing Yen 陳興言 603
Ch'ên Hsi 陳 錫 603
Ch'ên Hsiu 陳 修 586

Ch'ên Hsiung
陳 熊 599
Ch'ên Hsü 陳 旭 578
陳 勗 590
Ch'ên Hsüan
陳 瑄 595
陳 璇 598
600
陳 選 603
Ch'ên Hsün 陳 循 593
陳 詢 594
陳 勳 603
陳 纁 608
Ch'ên Hu 陳 瑚 595
Ch'ên Huai 陳 懷 599
606
Ch'ên Huan
陳 桓 587
陳 煥 594
陳 寰 602
Ch'ên Hui 陳 洄 583
陳 暉 595
陳 鏸 608
Ch'en Hung Chien
陳鴻漸 604
Ch'ên Hung Hsü
陳弘緒 576
Ch'ên Hung Mêng
陳洪濛 583
Ch'ên Hung Mo
陳洪謨 582
Ch'ên I 陳 沂 578
陳 宜 581
陳 翌 590
陳 儀 601
陳 翼 604
陳 鎰 606
Ch'ên I Ch'in
陳以勤 577
Ch'ên I Ching
陳一經 573
Ch'ên I Chung
陳以忠 577
Ch'ên I Fei 陳翼飛 604
Ch'ên I Yüan
陳一元 572
Ch'ên Jang 陳 讓 609
Ch'ên Jên 陳 仁 575
Ch'ên Jên Hsi
陳仁錫 576
Ch'ên Ju 陳 儒 603
Ch'ên Ju Chih
陳汝秩 577
Ch'ên Ju I 陳汝翊 577
Ch'ên Ju Lun
陳如綸 578
Ch'ên Ju Shih
陳汝石 577
Ch'ên Ju Yen
陳汝言 577
Ch'ên Ju Yü 陳汝玉 577
Ch'ên Jui 陳 瑞 595
陳 銳 601
Ch'ên Jun 陳 潤 608
Ch'ên Jung 陳 榮 598
Ch'ên Kai 陳 塏 595
Ch'ên K'ai 陳 愷 594
Ch'ên K'an 陳 侃 582
Ch'ên Kang
陳 鋼 603
Ch'en K'o 陳 珂 584
陳 柯 585
陳 恪 584
Ch'ên K'o Chai
陳克宅 580
Ch'ên Kuan 陳 觀 577
609
陳 灌 608
Ch'ên Kuang Hsin
陳廣心 600
Ch'ên Kuei 陳 圭 578
Ch'ên K'uei 陳 逵 592
陳 奎 585
Ch'ên Kun 陳 袞 589
Ch'ên Kung Hsiang
陳公相 575
Ch'ên K'uo 陳 果 581
Ch'ên Lan 陳 瀾 606
陳 鑭 609
Ch'ên Liang
陳 亮 584
陳 良 583
Ch'ên Liang Ch'i
陳良器 579
Ch'ên Liang Mo
陳良謨 579
Ch'ên Li 陳 理 590
Ch'ên Lien 陳 璉 600
陳 漣 601
Ch'ên Lin 陳 琳 591
陳 璘 602
Ch'ên Liu 陳 鎏 605
Ch'ên Lo 陳 樂 606
Ch'ên Lü 陳 旅 567
Ch'ên Lun 陳 倫 569
Ch'ên Lung Chêng
陳龍正 602
Ch'ên Mao 陳 懋 604
Ch'ên Mao I
陳茂義 586
Ch'ên Mao Kuan
陳懋觀 604
Ch'ên Mao Lieh
陳茂烈 586
Ch'ên Mei 陳 美 584
Ch'ên Mêng Chieh
陳孟潔 581
Ch'ên Mêng Ching
陳孟京 581
Ch'ên Mien
陳 勉 589
陳 冕 605
Ch'ên Min 陳 敏 590
Ch'ên Mo 陳 謨 605
Ch'ên Nan Pin
陳南賓 585
Ch'ên Ning 陳 寧 598
Ch'ên O 陳 諤 601
Ch'ên P'an 陳 璠 602

Ch'ên Pang Chan
陳邦贍 580
Ch'ên Pang Hsien
陳邦獻 580
Ch'ên Pang Hsiu
陳邦修 580
Ch'ên Pang Yen
陳邦彥 580
Ch'ên Pên Shên
陳本深 576
Ch'ên P'êng
陳 鵬 606
Ch'ên Pi 陳 璧 605
Ch ên Piao 陳 表 600
Ch'ên Pin 陳 賓 597
Ch'ên Po 陳 柏 585
Ch'ên Po Yu
陳伯友 580
Ch'ên San Chieh
陳三接 572
Ch'ên San Mo
陳三謨 573
Ch'ên Shan
陳 山 574
陳 珊 584
陳 善 591
Ch'ên Shan Yü
陳山毓 574
Ch'ên Shang Hsiang
陳尙象 582
Ch'ên Shao 陳 紹 591
Ch'ên Shao Ju
陳紹儒 591
Ch'ên Shên 陳 申 584
陳 琛 591
Ch'ên Shêng
陳 陞 588
陳 晟 590
Ch'ên Shih 陳 師 589
陳 軾 595
陳 實 597
Ch'ên Shih Ch'i
陳士奇 574
陳士啓 574
Ch'ên Shih En
陳世恩 576
Ch'ên Shih Fang
陳時芳 588
Ch'ên Shih Liang
陳世良 576
Ch'ên Shih Ta
陳士達 574
Ch'ên Shou 陳 壽 578
Ch'ên Shou Yü
陳守愚 578
Ch'ên Shu 陳 束 579
陳 洙 583
陳 述 584
陳 恕 589
Ch'ên Shu Ch'ien
陳叔謙 582
Ch'ên Shu Kang
陳叔剛 582
Ch'ên Shun Tê
陳純德 589
C'hên So Wên
陳所聞 583
Ch'ên Sui 陳 璲 604
Ch'ên Sun 陳 遜 599
Ch'ên Ssu Hsien
陳思賢 585
Ch'ên Ssu Tao
陳思道 585
Ch'ên Ta Chang
陳大章 574
Ch'ên Ta K'o
陳大科 573
Ch'ên Ta Pin
陳大賓 574
Ch'ên Ta Ts'ê
陳大策 577
Ch'ên T'ai 陳 泰 588
Ch'ên T'ai Lai
陳泰來 588
Ch'ên Tao 陳 道 594
Ch'ên Tao Chi
陳道基 594
Ch'ên Tao Fu
陳道復 594
Ch'ên Ta0 Hêng
陳道亨 594
Ch'ên Tê 陳 德 601
Ch'ên Tê Hsing
陳德興 596
Ch'ên Tê Ming
陳德鳴 601
Ch'ên Te Wên
陳德文 601
Ch'ên Têng
陳 登 591
Ch'ên Têng Yün
陳登雲 592
Ch'ên T'êng Luan
陳騰鸞 608
Ch'ên Ti 陳 廸 585
陳 第 590
Ch'ên Tien 陳 典 582
Ch'ên T'ien Hsiang
陳天祥 575
Ch'ên Ting 陳 汀 576
陳 鼎 596
Ch'ên T'ing Hsiu
陳廷秀 592
Ch'ên Ts'ai 陳 蔡 597
Ch'ên Tsê 陳 則 586
Ch'ên Ts'ê 陳 策 609
,593
Ch'ên Tsêng
陳 增 600
Ch'ên Tso 陳 祚 587
Ch'ên Tsu Pao
陳祖苞 587
Ch'ên Tsuan
陳 鑽 608
Ch'ên Tsun 陳 僎 600
Ch'ên Ts'ung Ch'ing
陳崇慶 590
Ch'ên Tsung Wên
陳宗聞 581

Ch'ên Tsung Yü 陳宗虞 581
Ch'ên Tuan 陳 端 598
Ch'ên Tzŭ 陳 諮 602
Ch'ên Tzŭ Chên 陳子貞 573
Ch'ên Tzŭ Chuang 陳子壯 573
Ch'ên Tzŭ Lung 陳子龍 573
Ch'ên Tzŭ Shêng 陳子晟 573
Ch'ên Wan 陳 完 579
Ch'ên Wan Ts'ê 陳萬策 596
Ch'ên Wan Yen 陳萬言 596
Ch'ên Wang Mo 陳王謨 575
Ch'ên Wang T'ing 陳王庭 575
Ch'ên Wei 陳 煒 594
陳 偉 591
陳 烓 587
Ch'ên Wên 陳 文 574
陳 聞 599
Ch'ên Wên Chou 陳文周 574
Ch'ên Wên Chu 陳文燭 575
Ch'ên Wên Hui 陳汶輝 579
Ch'ên Wên Pao 陳文豹 574
Ch'ên Wên Shih 陳聞詩 599
Ch'ên Wên Wei 陳文偉 575
Ch'ên Wu 陳 珷 591
Ch'ên Wu Tê 陳吾德 579
Ch'ên Yao 陳 堯 592
Ch'ên Yao Wen 陳耀文 607
Ch'ên Yeh 陳 燁 602
Ch'ên Yen 陳 言 579 ,592
陳 演 597
陳 儼 608
Ch'ên Yen Hui 陳彥回 584
Ch'ên Yin 陳 音 583
陳 寅 589
Ch'ên Ying 陳 英 586
陳 應 604
陳 瑛 594,595
Ch'ên Yu 陳 友 575
Ch'ên Yu Hsüen 陳幼學 577
Ch'ên Yu Nien 陳有年 578
Ch'ên Yu Shou 陳有守 578
Ch'ên Yü 陳 鈺 582
陳 遇 596
陳 豫 602
Ch'ên Yü Chieh 陳于階 573
Ch'ên Yü Mo 陳禹謨 587
Ch'ên Yü Pao 陳豫抱 603
Ch'ên Yü Pi 陳于陛 573
Ch'ên Yü T'ing 陳于廷 573
Ch'ên Yü Wang 陳于王 573
Ch'ên Yüan 陳 援 592
陳 瑗 595
陳 遠 599
Ch'ên Yüan Chên 陳原貞 592
Ch'ên Yüan Ch'ing 陳元卿 575
Ch'ên Yüan Shu 陳元素 575
Ch'ên Yüan T'ao 陳員韜 588
Ch'ên Yüeh 陳 鉞 597
Ch'ên Yün Shêng 陳允升 576
Ch'ên Yung 陳 鏞 583 606
陳 庸 589
陳 雍 593
陳 用 577
Ch'ên Yung Ching 陳用極 577
Ch'ên Yung Fu 陳永福 576
Ch'êng Yang 正 映 96
Ch'êng Chao Chin 程朝金 686
Ch'êng Chên 程
Ch'êng Chêng I 程正誼 683
Ch'êng Chi 程 濟 687
Ch'êng Ch'i Ch'ung 程啓充 685
Ch'êng Chia Hsing 程嘉行 687
Ch'êng Chia Sui 程嘉燧 687
Ch'êng Chieh 程 㦄 688
Ch'êng Chieh Tao 程接道 685
Ch'êng Chih 程 梓 686
Ch'êng Chih Ch'i 程之奇 983
Ch'êng Chin 程 金 684

Ch'êng Chu 程 註 686
Ch'êng Fu 程 富 686
Ch'êng Hêng 程 亨 684
Ch'êng Hsi 程 熙 687
Ch'êng Hsin 程 信 684
Ch'êng Hsü 程 徐 685
Ch'êng Hsüeh P'o 程學博 687
Ch'êng K'ai 程 楷 687
Ch'êng Kao 程 杲 684
Ch'êng K'o Chung 程可中 683
Ch'êng K'o Jên 程克仁 684
Ch'êng Kui 程 鮭 687
Ch'êng K'ung Cho 程孔著 685
Ch'êng Kuo Hsiang 程國祥 686
Ch'êng Kuo Sheng 程國勝 686
Ch'êng Liang Ch'ou 程良籌 683
Ch'êng Lung 程 龍 687
Ch'êng Min Chêng 程敏政 686
Ch'êng Ming 程 佲 684
Ch'êng Mo 程 默 687
Ch'êng Nan Yün 程南雲 684
Ch'êng Pên Wei 程本位 683
Ch'êng Ping 程 平 683
Ch'êng Po Er 程百二 683
Ch'êng Shao 程 紹 686
Ch'êng Shên 程 紳 686
Ch'êng Shêng 程 晟 685
Ch'êng Shih 程 式 683
Ch'êng Shih Szŭ 程時思 685
Ch'êng So 程 鎖 685
Ch'êng Szŭ Kung 程思功 687
Ch'êng Szŭ Wên 程思溫 684
Ch'êng Ta Wei 程大位 682
Ch'êng Ta Yüeh 程大約 683
Ch'êng T'ai 程 泰 685
Ch'êng Tao Shou 程道壽 687
Ch'êng T'ing Ts'ê 程廷策 684
Ch'êng Ts'ai 程 材 684
Ch'êng Tsung 程 宗 684
Ch'êng T'ung 程 通 685
Ch'êng Wan Li 程萬里 687
Ch'êng Wên 程 文 683
程 溫 687
Ch'êng Wên Hsüeh 程問學 685
Ch'êng Wên Tê 程文德 683
Ch'êng Ying Ch'i 程應琦 688
Ch'êng Yün P'êng 程雲鵬 686
Chi Huan 及 宦 95
Chi Jên 吉 人 120
Chi K'ung Chia 吉孔嘉 120
Chi Shih 吉 時 121
Chi Yung Tso 吉永祚 120
Chi Ch'i 季 琪 313
Chi K'o 季 科 312
Chi K'uei 季 葵 313
Chi Pên 季 本 312
Chi Shan 季 善 313
Chi Tao T'ung 季道統 313
Chi Tê Fu 季德甫 313
Chi Wên 季 汶 312
Chi Yüan 季 源 313
Chi Ch'ang 計 昌 337
Chi Wên Yin 姬文胤 378
Chi Ju Ch'ing 紀汝清 378
Chi Kang 紀 綱 378
Chi Kung Hsüan 紀公巡 378
Chi Mao Hsüan 紀懋勛 378
Chi Ta Yang 紀大綱 378
Chi Tai Hou 紀太后 378
Chi Wên 紀 溫 379
Chi Yüan Fu 嵇元夫 682
Chi Ju Chih 戢汝止 738
Chi Hsiao 繼 曉 948
Ch'i Ch'eng Yeh 祁承爜 281
Ch'i Ch'ih 祁 敕 281
Ch'i Ch'ing 祁 清 281

Ch'i Piao Chia 祁彪佳 281
Ch'i Pin Chung 祁秉忠 281
Ch'i Pin Kang 祁秉剛 281
Ch'i Shuan 祁 順 281
Ch'i Ssŭ Yüan 祁司員 281
Ch'i Yüan 啓 源 503
Ch'i Chi Kuang 戚繼光 504
Ch'i Ching T'ung 戚景通 503
Ch'i Hsien 戚 賢 503
Ch'i Hsiung 戚 雄 503
Ch'i Lan 戚 瀾 504
Ch'i Chang 齊 章 749
Ch'i Cheng 齊 政 748
Ch'i Chêng 齊 整 749
Ch'i Chih Luan 齊之鸞 748
Ch'i I Ching 齊一經 748
Ch'i K'o 齊 柯 748
Ch'i Shih Ch'ên 齊世臣 748
Ch'i T'ai 齊 泰 748
Ch'i Wang 齊 汪 748
Ch'i Yü 齊 譽 749
Chia Chên 賈 禎 693
Chia Ch'üan 賈 銓 693
Chia Chi Ch'un 賈繼春 693
Chia Chün 賈 俊 692
Chia Hsi Tsai 賈熙載 692
Chia Jung 賈 榮 693
Chia K'o 賈 恪 692
Chia Liang 賈 諒 693
Chia Lun 賈 隆 693
Chia Meng Lung 賈夢龍 692
Chia Ming Ju 賈名儒 692
Chia Pin 賈 斌 692
Chia San Chin 賈三近 691
Chia Tai Wên 賈待問 692
Chia T'ai Ch'u 賈太初 692
Chia Ting 賈 定 692
賈 錠 693
Chia Yen 賈 巖 693
Chia Ying 賈 瑛 692
Chia Ying Ch'un 賈應春 693
Chia Yün 賈 運 692
Chia Yung 賈 詠 692
Chiang Ch'ao 江 潮 118
Chiang Chên 江 珍 117
Chiang Ch'ih 江 治 117
Chiang Hsiao 江 曉 118
Chiang Hui 江 暉 118
Chiang I Ch'uan 江一川 116
Chiang I Lin 江一麟 116
Chiang I Ta 江以達 116
Chiang Ju Pi 江汝璧 117
Chiang Kuan 江 瓘 118
Chiang Lan 江 瀾 118
Chiang Pi 江 玭 117
Chiang Pin 江 彬 117
Chiang Ping Ch'ien 江秉謙 117
Chiang T'ieh 江 鐵 118
Chiang T'ien I 江天一 116
Chiang To 江 鐸 118
Chiang Ts'ai 江 才 117
Chiang Tung 江 東 117
Chiang Tung Chih 江東之 117
Chiang Tzŭ Chou 江子洲 118
Chiang Wan Jun 江萬仞 118
Chiang Ying 江 英 117
Chiang Ying K'o 江盈科 117
Chiang Yüan 江 淵 117
Chiang Ang 姜 昂 338
Chiang Chih Li 姜志禮 338
Chiang En 姜 恩 338
Chiang Fêng Yüan 姜逢元 338
Chiang Hai 姜 垓 338
Chiang Han 姜 漢 339
Chiang Hung 姜 洪 338
Chiang I 姜 儀 339
Chiang Kuan 姜 綰 339
Chiang Li Kang 姜立綱 338
Chiagn Liang 姜 諒 339
Chiang Liang Han

姜良翰 338
Chiang Lien 姜 璉 339
Chiang Lin 姜 麟 340
Chiang Lung 姜 龍 339
Chiang Pao 姜 寶 340
Chiang Pi 姜 璧 340
Chiang Shih 姜 奭 339
Chiang Shih Ch'ang 姜士昌 337
Chiang Szŭ Jui 姜思睿 338
Chiang T'ao 姜 濤 339
Chiang Ti 姜 迪 339
Chiang T'ing I 姜廷頤 338
Chiang Tsai 姜 埰 338
Chiang Tzŭ Kao 姜子羔 337
Chiang Ying Hsiung 姜應熊 339
Chiang Ying Lin 姜應麟 340
Chiang Yüeh Kuang 姜日廣 338
Chianh Yung 姜 湧 339
Chiang An 蔣 安 805
Chiang Chi 蔣 驥 809
Chiang Chia Chêng 蔣佳徵 806
Chiang Chih Yüan 蔣致遠 807
Chiang Ch'ien 蔣 乾 807
Chiang Ch'in 蔣 欽 806
Chiang Ch'üan Nêng 蔣勸能 809
Chiang Fu 蔣 黻 805
蔣 紱 807
Chiang Fu Ling 蔣福陵 809
Chiang Hêng 蔣 亨 805
Chiang Hsien 蔣 先 805
蔣 賢 809
Chiang Hsin 蔣 信 806,807
Chiang Hsin Min 蔣新民 805
Chiang Hsing Chung 蔣性中 806
Chiang Hui 蔣 暉 809
Chiang Hung Hsien 蔣弘憲 805
Chiang I 蔣 益 807
蔣 誼 809
Chiang I Chung 蔣以忠 805
Chiang Jo Lai 蔣若來 806
Ching Ju Chên 蔣汝正 806
Chiang Jung 蔣 容 807
Chiang Kan 蔣 淦 807
Chiang K'an 蔣 坎 805
Chiang Kuan 蔣 貫 807
Chiang Kuei 蔣 貴 808
Chiang Kung 蔣 恭 807
蔣 宮 807
Chiang K'ung Yang 蔣孔暘 804
Chiang Liang 蔣 良 806
Chiang Liang Fu 蔣良輔 805
Chiang Liang Ting 蔣良鼎 805
Chiang Lin 蔣 琳 808
Chiang Lun 蔣 輪 809
Chiang Mêng Yü 蔣孟育 806
Chiang Mien 蔣 冕 808
Chiang Ming 蔣 明 806
Chiang Pien 蔣 昪 806
Chiang Pin Tsai 蔣秉采 806
Chiang P'ing Chieh 蔣平階 805
Chiang Shan Ch'ing 蔣山卿 804
Chiang Shih Yüan 蔣士元 804
Chiang Shou Yüeh 蔣守約 805
Chiang Shuan Min 蔣舜民 808
Chiang Sung 蔣 嵩 808
Chiang Tao Hêng 蔣道亨 808
Chiang Tê Ching 蔣德璟 809
Chiang Ti 蔣 敵 809
Chiang T'ing Kuei 蔣廷貴 805
Chiang T'ung Jên 蔣同仁 805
Chiang Tzŭ Ch'êng 蔣子成 804

Chiang Wan 蔣 琬 807
Chiang Yao 蔣 瑤 809
Chiang Yün Han 蔣雲漢 807
Chiang Yung Wên 蔣用文 805
Ch'iang Chén 強 珍 561
Chiao Ch'êng 焦 成 676
Chiao Ch'i Liang 焦起良 677
Chiao Chin 焦 瑾 676
Chiao Ch'ing 焦 磬 677
Chiao Fang 焦 芳 676
Chiao Hung 焦 竑 676
焦 宏 676
Chiao Jui 焦 瑞 677
Chiao Li 焦 禮 677
Chiao Yüan Ch'ing 焦源清 677
Chiao Yüan Fu 焦源溥 677
Chiao Jun Sheng 焦潤生 677
Chiao Tung 焦 棟 677
Chiao Wên Chieh 焦文傑 677
Ch'iao Chien 喬 鑑 675
Ch'iao Chin 喬 縉 676
Ch'iao Chung Chieh 喬仲節 675
Ch'iao Fêng 喬 鳳 675
Ch'iao Hsün 喬 訓 676
Ch'iao I 喬 毅 676
Ch'iao I Ch'i 喬一琦 675
Ch'iao Jo Wên 喬若雯 675
Ch'iao Kuang T'ien 喬光天 675
Ch'iao Mao Ching 喬懋敬 676
Ch'iao P'i Hsing 喬璧星 676
Ch'iao Shih Ning 喬世寧 675
Ch'iao Shu 喬 恕 675
Ch'iao Tai 喬 岱 675
Ch'iao T'ang 喬 鏜 676
Ch'iao Ying 喬 英 675
Ch'iao Ying Chia 喬應甲 676
Ch'iao Yü 喬 宇 675
Ch'iao Yün Shêng 喬允升 675
Chien Sheng 堅 晟 503
Chien I 蹇 益 890
蹇 義 890
Chien Lai Yü 蹇來譽 889
Chien Ta 蹇 達 890
Chien Ying 蹇 英 890
Chien T'ing Hsiang 蹇廷相 889
Chien Fang 簡 芳 922
Chien Hsiao 簡 霄 922
Chien Jên Jui 簡仁瑞 922
Chien Tzŭ Ying 簡祖英 922
Ch'ien Chün Hsi 檄君錫 802
Ch'ien Chên 錢 鎮 881
錢 震 880
Ch'ien Ch'êng Tsung 錢承宗 876
Ch'ien Chi Têng 錢繼登 882
Ch'ien Ch'i 錢 琦 878
Ch'ien Ch'in 錢 芹 877
Ch'ien Chung I 錢仲益 876
Ch'ien Chün 錢 俊 877
Ch'ien Ch'un 錢 春 877
Ch'ien Ch'un I 錢春沂 877
Ch'ien Chung 錢 中 880
Chien Fu 錢 溥 879
錢 福 880
Ch'ien Han 錢 鏌 878
Ch'ien Hao Tê 錢好德 878
Ch'ien Hêng 錢 亨 877
Ch'ien Hsi Ch'i 錢喜起 879
Ch'ien Hsi Li 錢習禮 878
Ch'ien Hsiang K'un 錢象坤 879
Ch'ien Hsin 錢 昕 876
Ch'ien Hsüan 錢 萱 880
Ch'ien Hsüeh K'ung 錢學孔 881
Ch'ien Huan 錢 煥 879
錢 奐 877
Ch'iee Huang Hou 錢皇后 877
Ch'ien Hui 錢 暉 881
Ch'ien Hung 錢 宏 876

Ch'ien I Chih 錢翊之 878
Ch'ien I Pên 錢一本 874
Ch'ien Jên Fu 錢仁夫 875
Ch'ien Jên Shu 錢仁術 875
Ch'ien Ju Ching 錢如京 876
Ch'ien Ju Ming 錢汝明 879
Ch'ien Jung 錢 榮 880
Ch'ien Kang 錢 綱 880
Ch'ien Ku 錢 穀 880
Ch'ien Kuei 錢 貴 879
Ch'ien K'uei 錢 逵 879
Ch'ien Kun 錢 焜 878
錢 蓘 880
Ch'ien Li 錢 立 875
Ch'ien Liang 錢 亮 877
Ch'ien Lu 錢 錄 881
Ch'ien Lung Hsi 錢龍錫 881
Ch'ien Mao Lü 錢茂律 877
Ch'ien Mêng 錢 蒙 881
Ch'ien Mu 錢 穆 878
Ch'ien Nêng 錢 能 878
Ch'ien Ning 錢 寧 880
Ch'ien Pang Yen 錢邦彥 876
Ch'ien P'an 錢 泮 876
Ch'ien Pên Chung 錢本中 875
Ch'ien Po Ch'uan 錢百川 876
Ch'ien Shên 錢 森 879
Ch'ien Shih Ao 錢士鰲 875
Ch'ien Shih Chin 錢士晉 875
Ch'ien Shih Fu 錢士復 875
Ch'ien Shih Shêng 錢士升 874
Ch'ien Shih Yang 錢世揚 875
Ch'ien Shun 錢 錞 881
Ch'ien Su 錢 甦 879
錢 澍 879
Ch'ien Su Lo 錢肅樂 880
Ch'ien Tai 錢 岱 877
Chien T'ang 錢 唐 878
Ch'ien Tê Hung 錢德洪 881
Ch'ien Ti 錢 迪 877
Ch'ien Tsai 錢 宰 878
Ch'ien Tso Chêng 錢祚徵 878
Ch'ien T'ung 錢 通 878
Ch'ien T'ung Ai 錢同愛 876
Ch'ien Wei 錢 薇 881
Ch'ien Wên 錢 文 875
Ch'ien Yeh 錢 嶸 881
Ch'ien Ying 錢 瑛 879
Ch'ien Yo 錢 龠 879
Ch'ien Yüeh 錢 鉞 880
Ch'ien Yung Jên 錢用壬 875
Chih Ju Chang 支如璋 88
Chih Ko Ta 支可大 88
Chih Li 支 立 88
Chih Ta Lun 支大綸 88
Chih Tsung 支 琮 88
Chih Szŭ Wu 支思吾 88
Chih Chi 智 及 688
Chih Kuang 智 光 689
Chih Shun 智 順 688
Chih T'ing 智 鋌 689
Ch'ih Yü Tê 池浴德 119
Ch'ih K'uei 郗 夔 450
Chin Chao Hsing 金朝興 309
Chin Chê 金 澤 310
Chin Ch'i 金 祺 309
Chih Chi Chên 金繼震 311
Chin Chiao 金 焦 309
Chin Chiu Ch'êng 金九成 306
Chin Chiu Kao 金九皐 306
Chin Chou 金 洲 308
Chin Chüeh 金 爵 311
Chin Ch'un 金 純 308
Chin Chün Ming 金俊明 308
Chin Chung 金 忠 307
Chin Chung Shih 金忠士 307
Chin Hsien 金 賢 310
Chin Hsien Min 金獻民 311
Chin Hsing Wang 金興旺 311

Chin Hsüan 金 鉉 310
Chin Hung 金 洪 308
Chin Jih Kuan
金日觀 306
Chin Jun 金 潤 310
Chin Kao 金 臯 309
Chin Ku 金 固 307
Chin Kuang Ch'ên
金光辰 307
Chin K'uei 金 逵 309
Chin Kuo Fêng
金國鳳 308
Chin Liang 金 亮 308
Chin Lien 金 廉 309
金 濂 310
Chin Pên Hêng
金賁亨 309
Chin Pi 金 弼 309
Chin Shên 金 紳 308
Chin Shêng 金 聲 311
Chin Shih 金 湜 308
金 實 310
Chin Shih Hêng
金士衡 306
Chin Shih Lung
金世龍 306
Chin Shun 金 順 309
Chin Ta 金 達 309
Chin Ta Chü
金大車 306
Chin Ta Yü 金大輿 306
Chin Tsung 金 琮 309
Chin Wên 金 文 306
金 問 308
Chin Wên Chêng
金文徵 306
Chin Wên Ting
金文鼎 306
Chin Yang 金 養 310
Chin Yen 金 燕 311
Chin Ying 金 英 308
Chin Yu Hsüeh
金幼學 307
Chin Yu Shêng
金有聲 307
Chin Yu Tzŭ
金幼孜 306
Chin Yü 金 玉 306
Chin Yü T'ung
金毓同 310
Chin Ying Huai
晉應槐 417
Chin Chou Chün
荆州俊 447
Chin Yün 荆 芸 447
Chin Hsien 靳 顯 722
Chin Hsüeh Tsêng
靳學曾 721
Chin Hsüeh Yen
靳學顏 722
Chin I 靳 義 721
Chin Kuei 靳 貴 721
Chin Shêng Chü
靳聖居 721
Chin Yü 靳 瑜 721
Ch'in Ang 秦 昂 429
Ch'in Ao 秦 鰲 432
Ch'in Chên 秦 震 429
Ch'in Chêng Hsüeh
秦政學 430
Ch'in Chi 秦 玘 429
Ch'in Chia Chi
秦嘉楫 431
Ch'in Chin 秦 金 431
Ch'in Chu 秦 柱 430
Ch'in Ch'u 秦 初 429
Ch'in Chung Yung
秦中用 428
Ch'in Han 秦 瀚 431
Ch'n Hsien 秦 瓛 432
Ch'in Hsü 秦 旭 429
Ch'in Hung 秦 紘 430
Ch'in K'uei 秦 逵 431
秦 夔 432
Ch'in Liang 秦 梁 430
Ch'in Liang Yü
秦良玉 429
Ch'in Min T'ang
秦民湯 428
Ch'in Min Yüeh
秦民悅 428
Ch'in Ming Hsia
秦鳴夏 431
Ch'in Ming Lei
秦鳴雷 431
Ch'in Pien 秦 汴 429
Ch'in Shun Han
秦舜翰 431
Ch'in Szŭ Lin
秦四麟 428
Ch'in T'ang 秦 鏜 431
Ch'in Tsuan
秦 瓚 429
Ch'in Ts'ung
秦 崇 430
Ch'in Ts'ung Lung
秦從龍 430
Ch'in Wên 秦 文 428
Ch'in Wên Chieh
秦文解 428
Ch'in Yao 秦 燿 431
Ch'in Yu 秦 祐 430
Ch'in Yü 秦 頣 431
Ch'in Yü Po 秦裕伯 430
Ch'in Yüeh 秦 約 430
秦 鉞 431
Ch'in Pêng 琴 彭 638
Ching T'ien
井 田 88
Ching Ch'êng
淨 澄 480
Ching Chên 景 溱 670
Ching Ch'ing
景 清 670
Ching Hsüan
景 宣 670
Ching Lung
景 隆 670
Ching Yang

景 暘 670
Ch'ing Wên Shêng
青文勝 300
Ch'ing Yü 清 欲 479
Ch'iu Chao Lin
丘兆麟 110
Ch'iu Chi 丘 霽 113
Ch'iu Chih T'ao
丘之陶 110
Ch'iu Chün 丘 俊 111
丘 濬 112
Ch'iu Fu 丘 福 111
Ch'iu Ho Chia
丘禾嘉 110
Ch'iu Ho Shih
丘禾實 110
Ch'iu Hsü 丘 緒 112
Ch'iu Hu 丘 瑚 110
Ch'iu Hung 丘 弘 110
Ch'iu Hsüan Ch'ing
丘玄清 110
Ch'iu Ling 丘 陵 111
Ch'iu Lu 丘 潞 112
Ch'iu Mao Su
丘懋素 112
Ch'iu Mao Wei
丘懋煒 112
Ch'iu Min Fan
丘民範 110
Ch'iu Min Kuei
丘民貴 110
Ch'iu Min Yang
丘民仰 110
Ch'iu Ping Wên
丘秉文 111
Ch'iu Shuan
丘 橓 112
Ch'iu Sung 丘 嵩 111
Ch'iu To 丘 鐸 113
Ch'iu Tsu Tê
丘祖德 111
Ch'iu Tun 丘 敦 111
Ch'iu Wei 丘 緯 112
Ch'iu Wei Shih
丘維栻 112
Ch'iu Yang Hao
丘養浩 111
Ch'iu Yü 丘 瑜 111
Ch'iu Yü Ta
丘預達 111
Ch'iu Yueh 丘 岳 111
Ch'iu Jang 裘 壤 721
Cho Ching 卓 敬 304
Cho Er K'ang
卓爾康 304
Cho Hsien 卓 賢 304
Cho Jên Yüeh
卓人月 304
Cho Ming Ch'ing
卓明卿 304
Chou An 周 安 317
Chou Ao 周 敖 324
周 鰲 329
Chou Chao 周 詔 326
Chou Chao Jui
周朝瑞 327
Chou Chao Tso
周朝佐 327
Chou Chên 周 珍 322
周 振 325
周 湞 326
周 軫 327
周 禎 330
周 震 332
Chou Chên Yü
周振譽 325
Chou Ch'ên 周 臣 317
Chou Ch'ên 周 忱 318
Chou Chêng 周 正 316
Choh Chi 周 吉 317
周 濟 333
周 積 333
Chou Chi Fêng
周季鳳 321
Chou Chi Hsiang
周吉祥 317
Chou Chi Lin
周季麟 321
Chou Chi Yü
周繼瑜 334
Chou Ch'i Fêng
周岐鳳 318
Chou Ch'i Yung
周期雍 327
Chou Ch'i Yüan
周起元 325
Chou Chia Mo
周嘉謨 331
Chou Chien 周 監 330
周 鑑 335
Chou Chih Hsi
周之禧 315
Chou Chih Hsün
周之訓 315
Chou Chih Mao
周之茂 314
Chou Chih P'ing
周之屏 314
Chou Chin 周 金 320
周 縉 333
Chou Chin Lung
周進隆 327
Chou Ching 周 津 322
周 景 327
周 經 330
周 璟 332
周 環 333
Chou Ching Hsin
周敬心 330
Chou Chou 周 舟 317
Chou Ch'üan
周 銓 331
Chou Chung
周 忠 320
Chou Ch'ung
周 衝 332
Chou Er Nan
周二南 313

Chou Fêng Ch'i 周鳳岐 331
Chou Fêng Hsiang 周鳳翔 331
Chou Fêng Lai 周鳳來 331
Chou Fêng Ming 周鳳鳴 331
Chou Fu 周 鈇 327
Chou Fu Chün 周復俊 328
Chou Han 周 翰 333
Chou Han Ch'ing 周漢卿 330
Chou Hao 周 號 329
Chou Hêng 周 衡 333
Chou Hsi 周 璽 334
Chou Hsi Ch'ün 周西淳 317
Chou Hsi Tan 周希旦 319
Chou Hsiang 周 相 323
Chou Hsien 周 賢 332
周 憲 332
周 顯 335
Chou Hsien Hsüan 周賢宣 332
Chou Hsin 周 新 328
Chou Hsiu 周 秀 321
Chou Hsiung 周 熊 331
Chou Hsü 周 序 317
周 煦 329
Chou Hsü Chien 周旭鑑 317
Chou Hsüan 周 玄 315
周 宣 322
周 旋 325
周 瑄 329
周 璿 334
Chou Hsüan Chên 周玄眞 315
Chou Hsüeh T'ing 周雪庭 315
Chou Hui 周 蕙 333
Chou Hung 周 宏 317
Chou Hung Mo 周洪謨 321
Chou Hung Tsu 周弘祖 316
Chou Hung T'u 周鴻圖 333
Chou Hung Yo 周弘禴 316
Chou I 周 釴 316
周 怡 319
周 奕 322
Chou I Ching 周一經 313
Chou I Yang 周一陽 325
Chou Jang 周 讓 335
Chou Jên 周 仁 334
Chou Ju Têng 周汝登 316
Chou Ju Ti 周如砥 317
Chou Ju Tou 周如斗 317
Chou Jun 周 潤 318
Chou Kan 周 幹 329
Chou Kêng 周 庚 319
Chou K'o Ching 周克敬 318
Chou Ko Hsüeh 周可學 331
Chou Kuan 周 觀 318
Chou Kuan Chêng 周觀政 335
Chou Kuang 周 廣 331
Chou K'uei 周 奎 322
Chou K'un 周 坤 320
周 崑 326
Chou Kung 周 拱 323
周 恭 324
Chou Kung Yüan 周拱元 323
Chou K'ung Chiao 周孔教 315
Chou Lang 周 瑯 329
Chou Li 周 瓈 334
Chou Li Ch'ing 周履清 332
Chou Liang Chên 周良臣 317
Chou Liang Tso 周良佐 316
Chou Liang Yin 周良寅 318
Chou Liu 周 琉 324
Chou Lu 周 廬 334
Chou Lun 周 倫 325
Chou Man 周 滿 330
Chou Mao Lan 周茂蘭 324
Chou Mei 周 美 322
Chou Meng Chien 周孟簡 320
Chou Meng Chung 周孟中 320
Chou Mêng Yang 周夢陽 331
Chou Mien 周 冕 326
Chou Ming 周 銘 332
Chou Mu 周 木 315
Chou Nan 周 南 319
323
Chou Nêng 周 能 325
Chou Pang Chieh 周邦傑 319
Chou P'ei 周 佩 321
Chou Pên Hsiu 周本秀 320
Chou Piao 周 鑣 335
Chou Pin 周 炳 314
322
周 斌 326

Chou Pin Mo 周炳謨 322
Chou P'in 周 聘 329
Chou P'u Li 周卜曆 313
Chou Shang Hua 周尚化 320
Chou Shang Wên 周尚文 320
Chou Shên 周 森 318
Chou Shêng 周 昇 320
周 盛 327
周 晟 326
Chou Shih 周 仕 316
周 矢 316
周 詩 328
Chou Shih Ch'un 周士淳 332
Chou Shih Chung 周時中 325
Chou Shih Hsiu 周是修 324
Chou Shih Hsüan 周世選 316
Chou Shih P'u 周士樸 314
Chou Shih Yen 周士淹 332
Chou Shih Yü 周室瑜 322
Chou Shou 周 壽 331
Chou Shu 周 書 314
周 述 323
周 恕 325
周 敍 326
Chou Shu Hsüeh 周述學 323
Chou Shun 周 順 327
Chou Shun Ch'ang 周順昌 327
Chou Shun Yüeh 周舜岳 328
Chou Sun 周 遜 331
Chou Szŭ Ch'ien 周思兼 323
Chou Szŭ Tê 周思得 323
Chou Ta Li 周大禮 314
Chou T'an 周 坦 320
Chou Tao Kuang 周道光 328
Chou Tao Têng 周道登 328
Chou Tê Chêng 周德成 332
Chou Tê Hsing 周德興 332
Chou Têng Chiao 周騰蛟 334
Chou Ti 周 砥 324
Chou Tien 周 顛 334
Chou T'ien Ch'iu 周天球 315
Chou T'ien Jui 周天瑞 319
Chou T'ien Tso 周天佐 315
Chou Ting 周 鼎 329
Chou T'ing Chêng 周廷徵 318
Chou T'ing Yung 周廷用 318
Chou To 周 鐸 335
Chou Tsai 周 在 317
Chou Ts'ai 周 采 321
Chou Tso 周 祚 324
Chou Tsuan 周 瓚 335
Chou Tsung 周 琮 327
Chou Tsung Chien 周宗建 319
Chou Tzu I 周子義 314
Chou Tzŭ Kung 周子恭 313
Chou Tzu Liang 周子良 313
Chou Wan 周 琬 327
Chou Wên Ching 周文靖 314
Chou Wên Hsi 周文熙 314
Chou Wên Hsing 周文興 314
Chou Wên Pao 周文褒 314
Chou Wên Tê 周文德 327
Chou Wên T'ung 周文通 314
Chou Wu 周 武 320
Chou Yao 周 鑰 335
Chou Yen 周 延 318
周 彥 322
Chou Yen Ch'i 周彥奇 322
Chou Yen Ju 周延儒 319
Chou Ying 周 英 323
周 瑛 329
Chou Ying Ch'iu 周應秋 333
Chou Ying Pin 周應賓 334
Chou Yü 周 玉 315
周 彧 324
周 輿 334
Chou Yü Chi 周遇吉 330
Chou Yüan 周 垣 322
周 原 324
周 淵 325
周 源 328
Chou Yün Kao 周雲鵠 323
Chou Yün 周 芸 320
Chou Yung 周 用 316
周 詠 326
周 璽 334

Chou Yung Nien 周永年 315
Chou An 鄒 安 741
Chou Chi 鄒 緝 744
鄒 濟 744
Chou Chih 鄒 智 742
Chou Chih I 鄒之嶧 740
Chou Chin 鄒 瑾 743
Chou Chün Mê 鄒君默 742
Chou Hsien 鄒 賢 743
Chou I 鄒 奕 742
Chou Kan 鄒 幹 743
Chou Ku 鄒 谷 742
Chou Kuan Kuang 鄒觀光 744
Chou Lai Hsüeh 鄒來學 742
Chou Liang 鄒 亮 742
Chou Lien 鄒 濂 744
Chou Mêng Lung 鄒夢龍 744
Chou P'u 鄒 朴 742
Chou Shan 鄒 善 742
Chou Shih Yen 鄒師顏 740
Chou Shou I 鄒守益 741
Chou Shou Yü 鄒守愚 741
Chou Tê Fu 鄒德溥 743
Chou Tê Han 鄒德涵 743
Chou Tê Yung 鄒德泳 743
Chou Ti Kuang 鄒迪光 742
Chou T'ing Tsuan 鄒廷瓚 742
Chou Wên Shêng 鄒文盛 740
Chou Wei Lien 鄒維璉 743
Chou Ying Lung 鄒應龍 744
Chou Yüan Piao 鄒元標 740
Ch'ou Ch'êng 仇 成 94
Ch'ou Luan 仇 鸞 95
Ch'ou P'u 仇 朴 94
Ch'ou Yüeh 仇 鉞 94
Chu An Ho 朱安河 143
Chu An Hsi 朱安泧 125
Chu An Hsien 朱安泒 126
Chu An Yü 朱安淤 126
Chu Ch'a 朱 詧 143
Chu Ch'a Ch'ing 朱察卿 144
Chu Chan 朱 栴 145
Chu Chan Ao 朱瞻墺 150
Chu Chan Ch'i 朱瞻垍 150
Chu Chan Chün 朱瞻埈 150
Chu Chan K'ai 朱瞻塏 150
Chu Chan Kang 朱瞻堈 150
Chu Chan Shan 朱瞻墡 151
Chu Chan Yen 朱瞻埏 150
Chu Chan Yung 朱瞻墉 150
Chu Ch'ang 朱 昌 130
Chu Ch'ang Fang 朱常淓 138
Chu Ch'ang Hao 朱常浩 138
Chu Ch'ang Hsün 朱常洵 138
Chu Ch'ang Ying 朱常瀛 139
Chu Chao Hui 朱肇煇 144
Chu Ch'ao Lun 朱朝埨 140
Chu Chên 朱 貞 133
朱 袗 137
朱 楨 141
Chu Ch'ên Hao 朱宸濠 135
Chu Ch'ên Yü 朱眞淤 136
Chu Ch'êng Chieh 朱埕堦 138
Chu Ch'êng Chüeh 朱埕爵 130
Chu Ch'êng Lieh 朱誠洌 144
Chu Ch'êng Ts'ai 朱承綵 130
Chu Ch'êng Yao 朱珵堯 130
Chu Ch'êng Yung 朱誠泳 144
Chu Chi 朱 吉 126
朱 璣 147
Chu Chi Huang 朱集璜 140
Chu Chi I 朱季堄 131
Chu Chi Tso 朱繼祚 151
Chu Chi Tsu 朱繼祖 151
Chu Chi T'ung 朱繼通 128
Chu Ch'i 朱 杞 128
Chu Ch'i Chên 朱奇湞 130
Chu Ch'i Su 朱奇溯 130
Chu Ch'i T'ien 朱奇添 130
Chu Chia Hui

朱嘉會 145
Chu Chia Min
朱家民 135
Chu Chia Shih
朱家仕 135
Chu Chieh 朱 節 147
Chu Chien 朱 諫 147
朱 鑑 152
Chu Chien Chê
朱見澤 128
Chu Chien Chi
朱見濟 128
Chu Chien Chih
朱見治 128
Chu Chien Ching
朱見濎 128
Chu Chien Chün
朱見浚 128
Chu Chien Ch'un
朱見淳 128
Chu Chien Kên
朱健根 139
Chu Chien Lin
朱見潾 128
Chu Chien P'ei
朱見沛 128
Chu Chien Shu
朱見澍 128
Chu Ch'ien 朱 謙 148
Chu Chih 朱 埴 130
朱 澗 136
朱 植 140
Chu Chih Ch'ieh
朱志壈 128
Chu Chih Chiung
朱秩炅 136
Chu Chih Fan
朱之蕃 123
朱寘鐇 141
Chu Chih Fêng
朱之馮 123
Chu Chih Kuei
朱芝垝 131
Chu Chih Yang
朱知烊 131
Chu Chih Yü
朱之瑜 123
Chu Chin 朱 金 151
Chu Ch'in 朱 欽 140
Chu Ch'in Hsiang
朱欽相 140
Chu Ching 朱 檠 137
Chu Ching Fu
朱經扶 144
Chu Ching Hsün
朱敬循 143
Chu Ch'iung Chin
朱瓊烴 151
Chu Ch'üan 朱 銓 145
朱 權 152
Chu Chüeh 朱 爵 151
Chu Ch'un 朱 椿 141
Chu Chün Chin
朱俊噤 134
Chu Chün Ko
朱俊格 134
Chu Chün Shan
朱俊柵 134
Chu Chün Yü
朱俊棜 134
Chu Chung Hsüan
朱鍾鉉 150
Chu Ch'ung 朱 寵 151
Chu Ch'ung Ch'iu
朱冲炑 125
朱冲烋 125
Chu Ch'ung Fu
朱冲烒 125
Chu Ch'ung Shou
朱冲浸 151
Chu Ên 朱 恩 136
Chu Fan Chih
朱範址 147
Chu Fei 朱 芾 133
朱 棐 140
Chu Fêng 朱 鳳 145
Chu Fu 朱 紱 140
朱 輔 144
朱 榑 144
Chu Hao 朱 顥 126
Chu Hêng 朱 衡 148
Chu Ho 朱 鶴 151
Chu Hou Chiung
朱厚熲 132
Chu Hou Ch'üan
朱厚烇 132
Chu Hou Chüeh
朱厚爝 132
Chu Hou Hsin
朱厚煋 142
Chu Hou Hsüan
朱厚炫 132
Chu Hou K'un
朱厚焜 132
Chu Hou Wan
朱厚烷 132
Chu Hou Yeh
朱厚燁 132
Chu Hou Yü
朱厚煜 132
Chu Hsi Chou
朱希周 129
Chu Hsi Chung
朱希忠 129
Chu Hsi Hsiao
朱希孝 129
Chu Hsia 朱 夏 123
Chu Hsieh Yüan
朱爕元 149
Chu Hsien 朱 先 127
Chu Hsien Ao
朱憲熬 147
Chu Hsien Chieh
朱憲爀 147
Chu Hsien Chung
朱顯忠 152
Chu Hsien Huai
朱顯槐 152

Chu Hsien T'ung 朱憲熥 147
Chu Hsin Tieh 朱新堞 141
Chu Hsü 朱 煦 142
Chu Hsüan 朱 瑄 136
141
朱 絃 139
Chu Hui 朱 暉 143
朱 橞 148
朱 繪 151
Chu Hui Fan 朱廻梵 133
Chu Hui Yeh 朱徽煠 150
Chu Hui T'ien 朱廻添 133
Chu Hung Chien 朱鴻漸 148
Chu Hung Mo 朱鴻謨 148
Chu I 朱 儀 147
朱 檡 152
朱 驛 153
Chu I Chên 朱以貞 125
Chu I Ch'ih 朱翊鉹 137
Chu I Chung 朱頤塚 147
Chu I Hai 朱以海 125
Chu I K'u 朱以堀 147
Chu I Liu 朱翊鏐 137
Chu I T'an 朱頤坦 146
Chu I Yin 朱翊釗 137
Chu I Yung 朱頤埇 147
Chu I T'ung 朱一統 122
Chu Jang Hsü 朱讓栩 152
Chu Ju 朱 儒 138
Chu Jun 朱 潤 146
Chu Jung 朱 榮 144
Chu K'ai 朱 凱 140
Chu Kang 朱 棡 140
朱 綱 146
Chu Kao Hsü 朱高煦 135
Chu Kao Shui 朱高燧 135
Chu Ken 朱 賡 146
Chu Kuan 朱 琯 123
朱 瓘 151
朱 觀 153
Chu Kuan Ch'ui 朱觀炊 153
Chu Kuan Mei 朱觀䤵 153
Chu Kuan Ou 朱觀熰 153
Chu Kuang Ch'i 朱光𤆬 127
Chu Kuang Yü 朱光宇 127
Chu Kuei 朱 桂 135
Chu K'uei 朱 奎 131
Chu Kun 朱 袞 137
Chu Kung Chieh 朱公節 124
Chu Kung Jui 朱拱枘 132
Chu Kung Kai 朱拱概 133
Chu Kung K'uei 朱拱樻 133
Chu Kung Lo 朱拱欏 133
Chu Kung Ts'an 朱拱梴 132
Chu Kung Yao 朱拱榣 132
Chu K'ung Yang 朱孔暘 124
Chu Kuo Chên 朱國楨 138
Chu Kuo Tso 朱國祚 138
Chu Kuo Yen 朱國彥 138
Chu Liang 朱 亮 131
Chu Liang Hsien 朱良暹 127
Chu Liang Tsu 朱良祖 131
Chu Lien 朱 廉 141
Chu Ling 朱 苓 153
Chu Lu 朱 鷺 152
Chu Lung Hsi 朱隆禧 140
Chu Mêng Chên 朱孟㞬 130
Chu Mêng Pien 朱孟辨 130
Chu Mêng Wan 朱孟烷 130
Chu Mêng Yen 朱夢炎 145
Chu Mi Ch'ien 朱彌鉗 149
Chu Mi Shen 朱彌鋠 149
Chu Mi T'i 朱彌銻 150
Chu Min 朱 旻 130
Chu Min Yang 朱鳴陽 145
Chu Ming Hao 朱明鎬 130
Chu Mo 朱 木 124
朱 模 146
Chu Mo Hun 朱謀𡒄 147
Chu Mo Jih 朱謀[illegible] 147
Chu Mo Wei 朱謀瑋 147
Chu Mu Chieh 朱睦榤 143
Chu Mu Yin 朱睦楧 143
Chu Nai 朱 訥 137
Chu Nan Yung

朱南雍 131
Chu Nêng 朱 能 136
Chu Pao 朱 豹 136
Chu P'eng 朱 鵬 148
Chu Piao 朱 標 146
Chu Piao Luan
朱表欒 130
Chn Pien 朱 楩 141
Chu Pin 朱 彬 137
Chu Ping Ju
朱炳如 131
Chu Po 朱 柏 131
Chu P'ou 朱 裒 139
Chu Shan 朱 善 139
Chu Shang 朱 裳 145
Chu Shên Lo
朱愼鏤 141
Chu Shêng 朱 升 124
朱 勝 140
Chu Shih 朱 栻 135
Chu Shih Ch'ang
朱寔昌 139
Chu Shih Hsün
朱碩熉 154
Chu Shih Sa
朱仕颯 125
Chu Shih Ting
朱士鼎 122
Chu Shih Wan
朱士完 122
Chu Shou 朱 壽 144
Chu Shou Ch'ien
朱守謙 126
Chou Shou Jên
朱守仁 126
Chu Shou Lin
朱壽琳 144
Chu Shou Yü
朱守愚 138
Chu Shu 朱 恕 136
Chu Shuang 朱 樉 146
Chu Su 朱 橚 150
Chu Sui 朱 璲 149
Chu Sun Ch'üan
朱遜烇 145
Chu Sun T'an
朱遜燂 145
Chu Sung 朱 松 130
Chu Ta Chao
朱大韶 122
Chu Ta Ch'i
朱大器 122
Chu Ta Tien
朱大典 122
Chu T'ai An
朱泰安 136
Chu T'an 朱 檀 149
Chu Tang Fên
朱當賁 143
Chu Tang Hu
朱當沍 143
Chu Tang Sui
朱當燧 143
Chu Tê Chih
朱得之 139
Shu Tê Jung
朱得榮 141
Chu Tien Chiao
朱恬烄 131
Chu Tien Cho
朱恬焯 131
Chu Tien P'ei
朱奠培 139
Chu Tien Tu
朱奠堵 139
Chu Tien Ying
朱典楧 131
Chu T'ien Ch'iu
朱天球 123
Chu T'ien Lin
朱天麟 123
Chu Ting An
朱定安 129
Chu T'ing 朱 梃 137
Chu T'ing Chang
朱廷鄣 129
Chu T'ing Ch'ên
朱廷臣 129
Chu T'ing Huan
朱廷煥 129
Chu T'ing I
朱廷益 129
Chu T'ing Li
朱廷立 128
Chu T'ing Shêng
朱廷聲 129
Chu To Cheng
朱多炡 127
Chu To Huang
朱多煌 127
Chu To Kuei
朱多焆 127
Chu To K'uei
朱多煃 127
Chu To Wên
朱多熅 127
Chu Tsai Chih
朱載堭 142
Chu Tsai Ch'in
朱載坽 142
Chu Tsai Chün
朱載圳 142
Chu Tsai Hsi
朱載璽 142
Chu Tsai Huo
朱載壑 142
Chu Tsai Lun
朱載埨 142
Chu Tsai Wei
朱載墇 142
Chu-Tsai Yin
朱載堙 142
Chu Ssai Yü 朱載堉 142
Chu Tso 朱 祚 134
Chu Tsu Wên
朱祖文 134
Chu Ts'un Li

朱存理 126
Chu Tuan 朱 端 144
Chu Tung 朱 棟 139
Chu Tung Kuang
朱東光 130
Chu T'ung 朱 同 127
Chu T'ung Hsia
朱同鑄 143
Chu Tzu 朱 梓 138
Chu Tzŭ Fang
朱齋枋 148
Chu Tz'ŭ Lang
朱慈烺 145
Chu Wan 朱 紈 133
Chu Wan Nien
朱萬年 143
Chu Wei Ching
朱維京 146
Chu Wei Cho
朱惟焯 137
Chu Wên 朱 文 122
Chu Wên Chêng
朱文正 123
Chu Wên Kang
朱文剛 123
Chu Wên K'uei
朱文奎 123
Chu Wên T'ê
朱文德 123
Chu Wu Pi 朱吾弼 128
Chu Yang I 朱胤移 134
Chu Yao 朱 耀 151
Chu Ying 朱 英 133
朱 寅 137
朱 瑛 141
朱 楹 141
朱 纓 152
Chu Ying Ch'ên
朱應辰 149
Chu Ying Hsiang
朱應祥 149
Chu Ying P'u
朱膺鋪 149
Chu Ying Têng
朱應登 149
Chu Yu 朱 右 125
Chh Yu Chih
朱祐楮 134
Chu Yu Hai 朱友垓 124
Chu Yu Hsü 朱幼垿 125
Chu Yu Hui 朱祐楎 134
Chu Yu K'ai
朱祐楷 134
Chu Yu K'uang
朱有爌 127
Chu Yu Kuo
朱祐椁 134
Chu Yu Lang
朱由榔 125
Chu Yu Pin
朱祐檳 135
Chu Yu Shu
朱祐樞 135
Chu Yu Shun
朱祐橓 135
Chu Yu Sung
朱由崧 125
Chu Yu Szŭ 朱祐楒 134
Chu Yu Tun
朱有燉 126
Chu Yu Yüan
朱祐杬 134
Chu Yu Yün 朱祐櫄 135
Chu Yü 朱 昱 133
朱 裕 139
Chu Yü Ao 朱聿鏊 126
Chu Yü Chia
朱宇浹 126
Chu Yü Chien
朱聿鍵 126
Chu Yü Fan
朱譽播 151
Chu Yü Yen
朱輿言 142
Chu Yüan Chên
朱源貞 141
Chu Yüeh Fan
朱曰藩 124
Chu Yün Chien
朱允熞 124
Chu Yün Hsi
朱允熙 124
Chu Yün T'ung
朱允通 124
Chu Yung 朱 永 124
朱 勇 132
Chu Yung An
朱永安 125
Chu Yung Yu
朱永佑 125
Chu Chêng
祝 徵 403
Chu Chi Kao
祝繼皋 403
Chu Chi Lun
祝繼龍 403
Chu Chien Shou
祝乾壽 402
Chu Chin 祝 金 402
Chu Ching 祝 徑 402
Chu Chung Ning
祝仲寧 402
Chu Han 祝 瀚 403
Chu Hao 祝 顥 403
Chu Hsien 祝 暹 403
Chu Hsiung
祝 雄 402
Chu Hsü 祝 續 403
Chu Lan 祝 瀾 403
Chu Luan 祝 鑾 403
Chu Shih Lu
祝世祿 402
Chu Shih Tai
祝時泰 402
Chu Shun Ling
祝舜齡 403
Chu Ts'ui 祝 萃 402
Chu Ts'un Li
祝存禮 402

Chu Wan Ling 祝萬齡 403
Chu Yüan 祝 淵 402
Chu Yün Ming 祝允明 401
Chu Yung 祝 詠 402
Chu Hung 株 宏 637
Chu Ch'eńg 諸 稱 861
Chu Kuan 諸 觀 861
Chu Shou Hsien 諸壽賢 861
Chu Ta Lun 諸大倫 861
Chu Ta Shou 諸大綬 861
Ch'u Hao 初 灝 186
Ch'u Hsüeh I 初學易 186
Ch'u Kao 初 杲 186
Ch'u Chih 楚 智 721
Ch'u Ch'üan 楚 銓 721
Ch'u Yen 楚 煙 721
Ch'u Fu 褚 鈇 793
Ch'u Kuo Hsiang 褚國祥 793
Ch'u Shen Sun 褚樫孫 793
Ch'u Shun 褚 順 793
Ch'u Yung 褚 鏞 793
Ch'u Chung Wên 儲仲文 923
Ch'u Fu 儲 福 922
Ch'u K'o Ch'iu 儲可求 922
Ch'u Kuan 儲 巏 923
Ch'u Mao 儲 懋 923
Ch'u Yü 儲 昱 922
Chü Ching 巨 敬 100
Chü Ch'ien Ch'iao 曲遷喬 122
Chü Jui 曲 銳 122
Chü Ts'ung Chih 曲從直 122
Chü Ch'un 車 純 231
Chü Liang 車 梁 231
Chü To Jên 車大任 231
Chü Ting 車 霆 231
Chü Chih 居 直 285
Chü Ching 居 敬 285
Chü Ch'üan 屈 銓 285
Chü K'o Shên 屈可伸 286
Chü Shao 屈 韶 285
屈 杓 285
Chü Shên 屈 伸 285
Chü Shêng Chi Hsiang 具生吉祥 303
Chü Ching Shun 瞿景淳 920
Chü Chiu Szŭ 瞿九思 919
Chü Chün 瞿 俊 919
Chü Ju Ch'i 瞿汝稷 919
Chü Ju Shou 瞿汝說 919
Chü Kuo Hsien 瞿國賢 920
Chü Nêng 瞿 能 920
Chü Shih Lei 瞿式耒 919
Chü Shih Szŭ 瞿式耜 919
Chü T'ing 瞿 霆 920
Chü Tz'ŭ Hsing 瞿嗣興 920
Chü Hsiang 麴 詳 933
Ch'üan Szŭ Ch'êng 全思誠 158
Ch'üan Yüan Li 全元立 158
Ch'üan Chin 權 謹 963
Ch'üan Fei 權 妃 963
Chung Ao Hsien 莊鼇獻 617
Chuang Ch'ang 莊 昶 616
Chuang Chi Ch'ang 莊際昌 617
Chuang Chien 莊 鑑 617
Chuang Chin 莊 瑾 617
Chuang Hsiang 莊 祥 616
Chung Kuan 莊 觀 617
Chuang Kuo Chên 莊國禎 616
Chuang Min 莊 敏 616
Chuang Tê 莊 得 616
Chuang Tien 莊 瑱 617
Chuang Tsu Kao 莊祖誥 616
Chuang Tzu Ku 莊子固 616
Ch'ueh Yung 郤 永 378
Chüeh Ch'ung 覺 澄 948
Chung Ch'ang 仲 昌 157
Chung Fei 仲 棐 157
Chung Lang 仲 蘭 157
Chung Pên 仲 本 157
Chung Chên Chi 衷貞吉 385
Chung Chi Ying 鍾繼英 911
Chung Ch'i Shih 鍾其碩 911
Chung Fang 鍾 芳 911
Chung Fu 鍾 復 911

Chung Hsiao 鍾 曉 911
Chung Hsing 鍾 倮 911
Cgung Hua Min 鍾化民 910
Chung I Ch'ing 鍾一清 910
Chung Li 鍾 禮 911
Chung P'o 鍾 渤 911
Chung Shan Ching 鍾善經 911
Chung To 鍾 鐸 911
Chung Tsun Wang 鍾宗望 911
Chung T'ung 鍾 同 910
Chung Yü Chêng 鍾羽正 910
Ch'ung Yün Lung 种雲龍 378
Ch'ung Lan 叢 蘭 922
Ch'ung Pan 叢 磐 992
Fa Chü 法 聚 279
Fa Hsiang 法 祥 279
Fa Hui 法 會 279
Fa Tsang 法 藏 279
Fan Ch'ang 范 常 363
Fan Chên T'ing 范箴聽 364
Fan Chi 范 伋 361
范 濟 365
Fan Chia 范 檟 365
Fan Chien 范 謙 365
Fan Chih Tai 范志泰 361
Fan Chih Wan 范志完 361
Fan Ch'in 范 欽 363
Fan Ching Hsien 范敬先 364
Fan Ching Wên 范景文 363
Fan Chun 范 準 364
Fan Ch'un 范 純 362
Fan Chün 范 儁 364
Faa Chung 范 衷 362
Fan Fêng I 范鳳翼 364
Fan Fu Ts'ui 范復粹 363
Fan Hsi Chêng 范希正 361
Fan Hsien 范 暹 365
Fan Hung 弘 弘 361
Fan Kuan 范 觀 365
范 瓘 366
Fan Kuang 范 廣 364
Fan Lai 范 淶 362
Fan Lai Hsien 范來賢 362
Fan Li 范 理 363
Fan Lin 范 霖 364
Fan Lo 范 輅 364
Fan Mao 范 茂 362
Fan Min 范 敏 363
Fan Nêng 范 能 362
Fan Sê 范 瑟 364
Fan Shên 范 琛 363
Fan Shu 范 殊 362
Fan Shu Tai 范淑泰 362
Fan Sung 范 嵩 364
Fan Ta Ch'ê 范大澈 361
Fan Ting Chên 范廷珍 362
Fan Tzu Kan 范祖幹 362
Fan Ts'ung 范 鏓 365
Fan Ts'ung wên 范從文 363
Fan Wei I 范惟一 362
Fan Wên Kuang 范文光 361
Fan Ying 范 瑛 364
Fan Ying Ch'i 范應期 365
Fan Ying P'in 范應賓 365
Fan Yün Lin 范允臨 361
Fan Yung 范 鏞 365
Fan Yung Luan 范永鑾 361
Fan Yung Nien 范永年 361
Fan Ch'i 梵 琦 504
Fan Chi 樊 繼 804
Fan Chi Jên 樊吉人 803
Fan Chi Tsŭ 樊繼祖 804
Fan Ching 樊 敬 803
Fan Ching Lin 樊景麟 803
Fan Ching Shih 樊景時 803
Fan Fang 樊 倣 803
Fan Hsien K'o 樊獻科 804
Fan Hsün 樊 勛 803
Fan I Hêng 樊一蘅 802
Fan Kai 樊 凱 803
Fan Liang Shu 樊良樞 803
Fan Mien 樊 冕 803
Fan P'êng 樊 鵬 804
Fan Shên 樊 深 803
Fan Shih Hsin 樊士信 802
Fan Tê Jên 樊得仁 803
Fan Wei Ch'êng 樊維城 803
Fan Ying 樊 瑩 803
樊 英 803
Fan Yü Hêng 樊玉衡 802
Fang Chao 方 召 10
Fang Ch'ên 方 宸 10

Fang Chên Ju 方宸孺 15
Fang Chêng 方政 13
方徵 15
Fang Chêng Hua 方正化 11
Fang Chiu Kung 方九功 10
Fang Chou 方舟 11
Fang Chü 方矩 13
Fang Chung 方中 10
Fang Chung Chieh 方重傑 13
Fang Fa 方法 13
Fang Fêng 方鳳 15
Fang Fêng Nien 方逢年 14
Fanf Feng Shih 方逢時 14
Fang Fu 方輔 15
Fang Hang 方沆 11
Fang Hao 方豪 15
Fang Hsiao Ju 方孝孺 12
Fang Hsiao Wên 方孝聞 12
Fang Hsiao Yu 方孝友 12
Fang Hsien Fu 方獻夫 16
Fang Hsiang 方向 11
Fang Hsin 方新 14
Fang Hsüan 方選 16
Fang Huai Shêng 方槐生 15
Fang Hung Ching 方弘靜 11
Fang I Chih 方以智 11
Fang I Kuei 方一桂 10
Fang Jên 方任 11
Fang Jih Ch'ien 方日乾 10
Fang Jih Hsin 方日新 10
Fang Jui 方銳 15
Fang K'o Ch'in 方克勤 12
Fang Kuan 方瓘 16
Fang K'ung Chao 方孔炤 10
Fang Kuo Chên 方國珍 13
Fang Kuo Ju 方國儒 14
Fang Liang Chieh 方良節 11
Fang Liang Shu 方良曙 12
Fang Liang Yung 方良永 11
Fang Lien 方廉 14
Fang Lin 方璘 16
Fang Mêng Shih 方孟式 13
Fang Mi 方泌 13
Fang Mien 方勉 13
Fang Nien 方念 13
Fang P'êng 方鵬 16
Fang Pin 方賓 15
Fang Sê 方涉 13
Fang Shêng 方昇 13
Fang Shih Liang 方士亮 10
Fang Shou 方守 11
Fang Ta Chên 方大鎭 10
Fang T'ai Ku 方太古 10
Fang Ting 方鼎 15
Fang T'ing Yü 方庭玉 13
Fang T'sung Chê 方從哲 14
Fang Tun 方鈍 14
Fang Wan Yu 方萬有 15
Fang Yang 方揚 14
Fang Yao Hsiang 方堯相 14
Fang Ying 方瑛 14
Fang Ying Hsüan 方應選 16
Fang Yu 方佑 12
Fang Yu Chi 方攸躋 12
Fang Yü Lu 方于魯 10
Fang Yüan Ju 方元儒 10
Fang Yüeh 方岳 13
Fang Yüeh Kung 方岳貢 13
Fang Yün Shêng 方允盛 16
Fang An 房安 281
Fang Chao 房昭 282
Fang Ch'êng 房成 281
Fang Hsüan 房瑄 282
Fang K'uan 房寬 282
Fang Nan 房楠 282
Fang Shêng 房勝 282
Fang Wei 房威 281
Fei An 費闇 668
Fei Chên 費震 668
費臻 668
Fei Chü 費聚 668
Fei Hsüan 費瑄 668
Fei Huan 費瓛 669
Fei Hung 費宏 667
Fei Kuang 費廣 668

Fei Mao Chung 費懋中 668
Fei Mao Hsien 費懋賢 668
Fei P'an 費 璠 667
Fei Shang I 費尚伊 667
Fei Shêng 費 昇 668
Fei Tê Chih 費得智 667
Fei Tsêng Mo 費曾謀 668
Fei Ts'ai 費 寀 667
Fei Tzŭ Hsien 費子賢 667
Fei Yào Nien 費堯年 668
Fei Yü 費 璵 668
Fei Yüan Lu 費元祿 667
Fêng An 馮 安 620
Fêng Ao 馮 翱 625
Fêng Chên 馮 禎 625
Fêng Chêng Neng 馮成能 620
Fêng Chi 馮 璣 621
Fêng Ch'i 馮 琦 623
Fêng Chia Hui 馮嘉會 625
Fêng Chia I 馮嘉議 624
Fêng Chieh 馮 傑 624
Fêng Chien 馮 堅 622
Feng Ch'ien 馮 遷 625
Fêng Ching 馮 京 620
馮 涇 621
Fêng Ching Lung 馮景隆 623
Fêng Ch'üeh 馮 淮 624
Fêng Chün 馮 俊 621
Fêng Chung 馮 忠 620
Fêng Ch'ung Wu 馮從吾 623
Fêng En 馮 恩 621
Fêng Fu Ching 馮復京 624
Fêng Fu Yang 馮復陽 621
Fêng Hou Tun 馮厚敦 621
Fêng Hsiang Lin 馮象臨 624
Fêng Hsing K'o 馮行可 620
Fêng Hsüeh Ming 馮學明 625
Fêng Huan 馮 渙 625
Fêng I Ti 馮一第 619
Fêng Ju P'i 馮汝弼 620
Fêng Kao Mo 馮皐謨 624
Fêng K'o 馮 柯 621
Fêng Kuan 馮 貫 623
Fêng Kuei 馮 貴 624
Fêng K'uei 馮 逵 621
Fêng Kuo Yung 馮國用 622
Fêng Liang 馮 亮 621
Fêng Mêng Chên 馮夢禎 625
Fêng Mêng Lung 馮夢龍 625
Fêng Min 馮 敏 623
Fêng Min Kung 馮敏功 623
Fêng Pao 馮 保 621
Fêng Pên Ch'ing 馮本淸 620
Fêng Pin 馮 彬 622
Fêng Shan 馮 善 623
Fêng Sheng 馮 勝 624
Fêng Shêng Yü 馮生虞 620
Fêng Shih 馮 氏 619
Fêng Shih K'o 馮時可 622
Fêng Shih K'ung 馮師孔 622
Fênh Shih Yü 馮時雨 622
Fêng Shih Yung 馮世雍 620
Fêng Shou Li 馮守禮 620
Fêng Shun T'ien 馮舜田 624
Fêng Shun Yü 馮舜漁 624
Fêng Ta Shou 馮大受 619
Fêng Tê 馮 德 620
Fêng Têng Ao 馮登鰲 623
Fêng T'ien Yü 馮天馭 619
Fêng Tzŭ 馮 孜 620
Fêng Tzŭ Hsien 馮子咸 619
Fêng Tzŭ Lü 馮子履 619
Fêng Wei Chien 馮惟健 622
Fêng wei Ch'ung 馮惟重 622
Fêng Wei Min 馮惟敏 622
Fêng Wei Na 馮惟訥 622
Fêng Yao 馮 瑤 625
Fêng Ying Ching 馮應京 625
Fêng Ying Fêng 馮應鳳 625

Fêng Yu 馮 友 619
Fêng Yü 馮 昱 621
馮 裕 624
馮 頤 625
Fêng Yüan Piao 馮元飈 619
Fêng Yüan Yang 馮元颺 619
Fêng Yüeh 馮 岳 621
Fêng Yün Chung 馮允中 619
Fêng Yün Lu 馮雲路 623
Fêng Ch'ing 豐 慶 921
Fêng Fang 豐 坊 920
Fêng Hsi 豐 熙 921
Fêng Yin Ch'u 豐寅初 920
Fêng Yün 豐 耘 921
Fu K'o Chien 扶克儉 187
Fu Hsi 符 錫 617
Fu Kuan 符 觀 617
Fu Hao Li 富好禮 629
Fu An 傅 安 678
Fu Chao 傅 藻 681
Fu Chao Yu 傅朝佑 680
Fu Chi 傅 檝 681
Fu Ch'i Jang 傅啓讓 679
Fu Chiung 傅 炯 680
Fu Cho 傅 著 680
Fu Fêng Ao 傅鳳翱 680
Fu Fu 傅 復 680
Fu Han 傅 瀚 681
Fu Hao 傅 皓 680
Fu Hao Li 傅好禮 678
Fu Hsi 傅 習 680
Fu Hsi Chih 傅希摯 678
Fu Hsin 傅 信 679
Fu Hsin Tê 傅新德 680
Fu Hsüeh I 傅學易 678
Fu Hsüeh Li 傅學禮 680
Fu I 傅 頤 680
Fu Ju Chou 傅汝舟 678
Fu Ju Li 傅汝礪 678
Fu Ju Wei 傅汝爲 678
Fu K'o Chih 傅可知 678
Fu Kuan 傅 冠 679
Fu Kuang Chai 傅光宅 678
Fu Kuei 傅 珪 679
Fu Lai P'êng 傅來鵬 679
Fu Liang Pi 傅良弼 678
Fu Mei 傅 梅 680
Fu Mêng Ch'un 傅孟春 679
Fu P'ei 傅 珮 679
傅 霈 680
Fu Shang Jui 傅上瑞 677
Fu Shang Wên 傅尚文 679
Fu Shih Chi 傅世濟 678
Fu Shun 傅 舜 679
Fu T'ai 傅 泰 679
Fu Ting Ch'üan 傅鼎銓 680
Fu Tso Lin 傅作霖 679
Fu Tso Yü 傅作雨 678
Fu Tsung Lung 傅宗龍 679
Fu Yao 傅 鑰 681
Fu Ying Chên 傅應禎 681
Fu Yu Tê 傅友德 677
Fu Hsia 溥 洽 690
Fu Chan 福 湛 751
Fu Pao 福 報 751
Fu Têng 福 登 751
Ha Shan T'ieh Mu Êr 哈三帖木兒 361
Ha La K'u Ch'u 哈剌苦出 361
Hai Jui 海 瑞 385
Han Shan 憨 山 864
Han Chen 韓 貞 895
Han Chêng 韓 政 895
Han Ch'êng 韓 成 893
Han Ch'êng Hsüan 韓承宣 894
Han Chi 韓 楫 897
Han Chieh 韓 傑 895, 897
韓 節 898
Han Chih 韓 志 893
韓 智 896
Han Chin 韓 荊 896
韓 縉 898
Han Ching 韓 敬 897
Han Ch'ing 韓 靑 894
Han Ch'un 韓 醇 898
Han Chun En 韓君恩 893
Han Chung 韓 忠 895
Han Ch'ung 韓 重 896
Han Fêng 韓 楓 897
Han Fu 韓 福 897
Han Hao 韓 鎬 898
Han Hsi 韓 璽 898
Han Hsiang 韓 襄 898
Han Hsiu Shih 韓秀實 895
Han I 韓 夷 893
韓 奕 895
Han I K'o 韓宜可 894
Han I Liang 韓一良 891

Han Ju Huang 韓如璜 893
Han K'ai 韓 楷 897
Han K'o Chung 韓克忠 893
Han Kuan 韓 觀 898
Han Kuang 韓 熿 898
Han Kuang Tsu 韓光祖 893
Han K'un 韓 坤 895
Han K'uei 韓 貴 897
Han Kuo Chên 韓國楨 896
Han Lien 韓 廉 897
Han Lin Êr 韓林兒 895
Han Lun 韓 綸 898
Han Mou 韓 丞 895
Han Ni 韓 凝 895
Han Pang Ch'i 韓邦奇 893
Han Pang Ching 韓邦靖 894
Han Pang Hsien 韓邦憲 894
Han Pang Wên 韓邦問 894
Han Pin 韓 斌 896
Han Shao 韓 紹 896
Han Shao Tsung 韓紹宗 896
Han Shih 韓 奭 898
Han Shih Ch'i 韓士琦 892
Han Shih Nêng 韓世能 892
Han Shih Ying 韓士英 892
Han Shu 韓 恕 898
Han T'ao 韓 燾 89
Han Ting 韓 定 89
韓 鼎 89
Han Tsung Tao 韓宗道 8·
Han To 韓 鐸 898
Han Tung Ming 韓東明 894
Han Wei 韓 威 896
韓 偉 896
Han Wên 韓 文 892
Han Ying Lung 韓應龍 898
Han Ying Sun 韓應嵩 898
Han Yu 韓 郁 895
韓 祐 896
Han Yüan Shan 韓原善 896
Han Yüan Shêng 韓元聲 895
Han Yung 韓 永 892
韓 雍 897
Hang Chi 杭 濟 300
Hang Hsiung 杭 雄 300
Hang Huai 杭 淮 299
Hêng Yüeh 衡 岳 873
Ho Ao 何 鰲 277
Ho Chan Chih 何湛之 273
Ho Ch'ang 何 昌 272
Ho Chao 何 詔 273
Ho Chên 何 眞 272
Ho Ch'êng 何 澄 276
Ho Ch'êng Kuang 何承光 271
Ho Chi Chih 何繼之 277
Ho Ch'i 何 玘 270
Ho Ch'i Hsiao 何其孝 269
Ho Ch'i Kao 何其高 272
Ho Ch'i Ming 何其鳴 273
Ho Ch'iao Hsin 何喬新 275
Ho Ch'iao Yüan 何喬遠 275
Ho Chien 何 鑑 278
Ho Ch'ien 何 遷 277
Ho Chih 何 祉 272
Ho Ching 何 競 277
Ho Ching Min 何景明 274
Ho Ching Shao 何景韶 274
Ho Ch'ing 何 卿 273
Ho Chiung 何 炯 272
Ho Chou 何 洲 272
Ho Chün 何 俊 271
何 鈞 275
Ho Chung 何 忠 272
Ho Fu 何 復 274
何 福 276
Ho Hao 何 浩 278
Ho Hou 何 垕 272
Ho Hsiang 何 祥 273
Ho Hsiang Liu 何相劉 272
Ho Hsiao 何 孝 270
Ho Hsieh 何 燮 277
Ho Hsien 何 顯 278
Ho Hsien Chou 何顯周 278
Ho Hsüan 何 選 277
Ho Hung 何 宏 270
何 洪 272
Ho I K'uei 何一逵 277
Ho I Shang 何以尙 269
Ho Ju Ch'ung 何如寵 270
Ho Ju Shên 何如申 270
Ho K'ai 何 楷 275
Ho Kang 何 剛 273
Ho Ko Kang 何可綱 269
Ho K'uan 何 觀 278
Ho Kuan 何 寬 276
Ho Kuang Yü 何光裕 270

Ho K'uei 何烇 275
Ho Liang Chün 何良俊 270
Ho Liang Fu 何良傅 270
Ho Lin 何麟 278
Ho Lun 何倫 273
Ho Meng Ch'un 何孟春 271
Ho Pai 何白 270
Ho Pang Hsien 何邦憲 271
Ho Shan 何珊 272
Ho Shang Hsien 何尙賢 272
Ho Shao Chêng 何紹正 273
Ho Shên 何申 269
Ho Sheng 何陞 273
何盛 274
Ho Shih Ching 何士晉 269
Ho Shou P'eng 何壽朋 276
Ho Shuan Chung 何順中 274
Ho Shun 何錞 277
Ho Shün Chih 何淳之 273
Ho Sung 何嵩 275
Ho Shuo 何說 271
Ho Szŭ 何嗣 270
Ho Tan 何淡 273
Ho T'ang 何瑭 276
Ho Tê 何德 276
Ho T'êng Chiao 何騰蛟 277
Ho T'ien Ch'i 何天啓 269
Ho T'ien Chü 何天衢 269
Ho Ting 何鼎 276
Ho T'ing Chü 何廷矩 271
Ho T'ing Jên 何廷仁 271
Ho T'ing K'uei 何廷魁 271
Ho Tsun 何遵 277
Ho Tsung 何琮 273
Ho Tsung Shêng 何宗聖 271
Ho Tsung Yen 何宗彥 271
Ho Ts'ung Mei 何崇美 278
Ho Tung 何棟 274
Ho Tung Hsü 何東序 272
Ho Tung Ju 何棟如 274
Ho Tzŭ Hsüeh 何自學 270
Ho Wei Po 何維柏 276
Ho Wên Hui 何文輝 269
Ho Wên Yüan 何文淵 269
Ho Wu Chou 何吾騶 270
Ho Ying T'ai 何應泰 277
Ho Yü Tu 何宇度 270
Ho Yüan 何源 275
Ho Yüan Su 何元述 269
Ho Yüeh 何鉞 276
Ho Yün Yen 何雲鴈 273
Ho Ch'i Yü 郝奇遇 422
Ho Chieh 郝杰 422
Ho Chih I 郝志義 422
Ho Ching 郝敬 422
Ho Ching Ch'un 郝景春 422
Ho Fang Shêng 郝芳聲 422
Ho Hêng 郝珩 422
Ho I 郝鎰 423
Ho Jui Jih 郝瑞日 422
Ho Wei Ch'iao 郝維喬 422
Ho Yu 郝郁 422
Ho Chao Yung 賀朝用 666
Ho Ch'êng 賀誠 666
Ho Ch'in 賀欽 666
Ho Ch'üeh 賀確 667
Ho Chün 賀鈞 666
Ho Fêng Shêng 賀逢聖 666
Ho Hu Chên 賀虎臣 666
Ho Jên Lung 賀人龍 665
Ho Mêng Yüan 賀孟員 666
Ho Pin Yüeh 賀秉鉞 666
Ho Shih Hsien 賀世賢 666
Ho T'ai 賀泰 666
Ho Tsuan 賀讚 667
Ho Yang 賀煬 666
Ho Yin 賀銀 667
Ho Yüan Chung 賀元忠 666
Ho Sun 和遜 313
Ho Wei 和維 313
Ho Yung 和勇 313
Hou Chên Yang 侯震暘 375
Hou Ch'ên 侯臣 373
Hoh Ch'êng Tsu 侯承祖 374
Hou Chih 侯秩 374
Hou Chih Pu 侯執蒲 375

Hou Chin 侯　璡 375
Hou Chün Cho
侯君擢 373
Hou Hsiang
侯　祥 374
Hou Hsien 侯　顯 375
Hou Hsien Ch'un
侯先春 373
Hou Hung Wên
侯弘文 373
Hou I Yüan
侯一元 373
Hou Jun 侯　潤 375
Hou Jung 侯　庸 374
Hou Ko 侯　恪 374
Hou Kung Chi
侯拱極 374
Hou Liang Chu
侯良柱 373
Hou Lun 侯　綸 375
Hou Pao 侯　保 374
Hou Shêng 侯　盛 375
Hou Shih Lu
侯世祿 373
Hou T'ai 侯　泰 374
Hou T'ien Hsi
侯天錫 373
Hou T'ing Chu
侯廷柱 373
Hou T'ing Hsün
侯廷訓 374
Hou Tsu Tê
侯祖德 374
Hou Tsuan 侯　瓚 375
Hou Tung Lai
侯東萊 374
Hou T'ung Tsêng
侯峒曾 374
Hou Wei Shih
侯偉時 375
Hou Yao Fêng
侯堯封 375
Hou Yü Chao
侯于趙 373
Hou Yüeh 侯　鉞 375
Hsi Chuan 席　篆 394
Hsi Ch'un 席　春 394
Hsi Shang Chên
席上珍 349
Hai Shu 席　書 394
Hsi Ta Pin 席大賓 394
Hsi Ch'ang 奚　昌 450
Hsi Ching Chai
奚敬齋 450
Hsi Hao 奚　昊 450
Hsi Liang Fu
奚良輔 450
Hsi Shih Liang
奚世亮 450
Hsi Ching 習　經 503
Hsi K'ung Chiao
習孔教 503
Hsi K'ung Hua
習孔化 503
Hsi Yin 習　諲 503
Hsia Ang 夏　昂 405
Hsia Ch'ang
夏　琝 405
Hsia Ch'ên 夏　臣 404
Hsia Ch'êng
夏　誠 407
Hsia Chi 夏　璣 408
Hsia Chia Yü
夏嘉遇 407
Hsia Chien Chi
夏謙吉 408
Hsia Chih 夏　芷 405
Hsia Chih Ling
夏之令 404
Hsia Ching 夏　津 405
Hsia Chung
夏　忠 406
Hsia Hêng 夏　衡 408
Hsia Hou 夏　鍭 408
Hsia Hsüan 夏　瑄 407
Hsia Hsün 夏　塤 408
Hsia I 夏　易 405
Hsia Ju 夏　儒 408
Hsia K'uei 夏　葵 407
Hsia Liang Hsin
夏良心 404
Hsia Liang Shêng
夏良勝 404
Hsia Pang Mo
夏邦謨 404
Hsia Ping 夏　昺 405
Hsia Shang P'u
夏尙樸 405
Hsia Shêng 夏　升 404
Hsia Shih 夏　時 406
夏　栻 406
Hsia Shih Chêng
夏時正 406
Hsia Shih Ying
夏世英 404
Hsia Shu Fang
夏樹芳 408
Hsia Sui 夏　遂 407
Hsia Ti 夏　迪 405
Hsia Ting 夏　鼎 407
Hsia T'ing Mei
夏廷美 404
Hsia Tso 夏　祚 405
Hsia Ts'ung Shou
夏從壽 407
Hsia Ts'ung Wên
夏崇文 407
Hsia T'ung Ch'un
夏統春 407
Hsia Tzŭ Hsiao
夏子孝 403
Hsia Wan Hêng
夏萬亨 407
Hsia Wên 夏　文 408
Hsia Yen 夏　言 404
Hsia Yen Ts'ê
夏言策 405
Hsia Yin 夏　寅 406
Hsia Ying 夏　英 405

Hsia Yu 夏佑 405
Hsia Yu Lun 夏友綸 405
Hsia Yü 夏煜 407
Hsia Yüan Chi 夏原吉 405
Hsia Yün Chiao 夏雲蛟 407
Hsia Yün I 夏允彝 404
Hsiang Ch'êng 向程 158
Hsiang Hsin 向信 158
Hsiang Hua 向化 158
Hsiang Pao 向寶 158
Hsiang P'u 向朴 158
Hsiang Tsu Shao 向祖紹 158
Hsiang Ch'i 項麒 639
Hsiang Chia 項駕 639
Hsiang Chiao 項喬 638
Hsiang Chih Ning 項志寧 638
Hsiang Ching 項經 639
Hsiang Chung 項忠 638
Hsiang Hsi 項錫 639
Hsiang Ni 項嶷 639
Hsiang Shou Li 項守禮 638
Hsiang T'ing Chi 項廷吉 638
Hsiang Tu Shou 項篤壽 639
Hsiang Wên Huan 項文煥 639
Hsiang Wên Yao 項文曜 638
Hsiang Yün Ch'i 項元淇 638
Hsiang Yün Pien 項元汴 638
Hsiao Ma Wang 小馬王 9
Hsiao Ch'ang 蕭常 907
Hsiao Chên 蕭禎 908
Hsiao Ch'i 蕭岐 905
蕭奇 905
蕭啓 907
Hsiao Ch'ien Yüan 蕭乾元 907
Hsiao Chih 蕭執 907
Hsiao Chin Kao 蕭近高 906
Hsiao Ching 蕭敬 908
Hsiao Chung 蕭中 907
Hsiao Ch'ung 蕭翀 906
Hsiao Ch'ung Yeh 蕭崇業 907
Hsiao Fu 蕭敷 906
Hsiao Han 蕭漢 908
Hsiao Hsien 蕭顯 909
Hsiao Hsüan 蕭暄 906
蕭璿 909
Hsiao I 蕭儀 909
Hsiao I Fu 蕭奕輔 906
Hsiao Ju Chin 蕭汝金 905
Hsiao Ju Hsün 蕭如薰 905
Hsiao Jui 蕭瑞 809
Hsiao K'o 蕭柯 906
Hsiao K'o Hung 蕭可弘 905
Hsiao K'uan 蕭寬 909
Hsiao K'uang 蕭曠 909
Hsiao K'uei Chou 蕭逵州 905
Hsiao Liang Kan 蕭良幹 905
Hsiang Liang Yu 蕭良有 905
Hsiao Lin 蕭廩 909
Hsiao Min Fêng 蕭鳴鳳 908
Hsiao P'êng Han 蕭鵬漢 909
Hsiao P'ien 蕭遍 908
Hsiao Pin 蕭斌 907
Hsiao Po Ch'ên 蕭伯辰 905
Hsiao Po Yü 蕭伯玉 909
Hsiao Shang 蕭尙 906
Hsiao Shao 蕭韶 908
Hsiao Shêng Shên 蕭省身 906
Hsiao Shih Chung 蕭時中 907
Hsiao Shih Hsien 蕭世賢 905
蕭時顯 907
Hsiao Shih Wei 蕭士瑋 904
Hsiao Shou 蕭授 907
蕭濤 908
Hsiao Ta Hêng 蕭大亨 904
Hsiao Ting 蕭鼎 908
Hsiao Tuan Mêng 蕭端蒙 908
Hsiao Tzŭ 蕭鎡 909
Hsiao Tzŭ Ch'êng 蕭自誠 906
Hsiao Tzŭ P'êng

蕭子鵬 904
Hsiao Wan 蕭 晚 907
Hsiso Wei Chên 蕭維禎 908
Hsiao Ya 蕭 雅 907
Hsiao Yen 蕭 彥 906
蕭 儼 909
Hsiao Yeh Chuang 蕭彥莊 906
Hsiao Yü 蕭 愚 909
Hsiao Yü Ch'êng 蕭輿成 908
Hsiao Yün Chü 蕭雲舉 907
Hsiao Yung 蕭 雍 908
Hsiao Yung Tao 蕭用道 905
Hsieh Ssŭ 偰 斯 618
Hsieh Chin 解 縉 745
Hsieh Hsüeh Lung 解學龍 745
Hsieh Hui 解 繪 745
Hsieh Kai 解 開 745
Hsieh I Kuan 解一貫 744
Hsieh Lun 解 綸 745
Hsieh Sung 解 宋 744
Hsieh An 謝 恩 888
Hsieh Ch'ang 謝 昌 885
Hsieh Chao 謝 詔 886
Hsieh Chao Chih 謝肇淛 887
Hsieh Chao Shên 謝兆申 884
Hsieh Chê 謝 澤 888
Hsieh Chên 謝 榛 887
Hsieh Ch'êng 謝 成 884
Hsieh Ch'êng Chü 謝承舉 883
Hsieh Chiang 謝 江 883
Hsieh Chieh 謝 杰 885
Hsieh Ch'ien 謝 遷 888
謝 騫 889
Hsieh Ch'iu 謝 球 886
Hsieh Fên 謝 賁 888
Hsieh Fu 謝 孚 884
謝 復 887
Hsieh Hsi 謝 璽 889
Hsieh Hsing 謝 惺 886
Hsieh Hui 謝 徽 889
Hsieh I K'uei 謝一夔 882
Hsieh Ju I 謝汝儀 883
Hsieh Ju K'o 謝如珂 884
Hsieh Ju Ming 謝汝明 883
Hsieh Kuang 謝 廣 888
Hsieh Kang 謝 綱 888
Hsieh Kuei 謝 貴 886
Hsieh Kung 謝 恭 885
Hsieh Lan 謝 蘭 889
Hsieh Lien 謝 璉 888
Hsieh Lin 謝 林 885
Hsieh Na 謝 訥 886
Hsieh P'ei 謝 丕 883
Hsieh Pi 謝 陛 886
Hsieh Piao 謝 表 883
Hsieh Pu 謝 莆 886
Hsieh San Ping 謝三賓 882
Hsieh San Shun 謝三順 886
Hsieh Shang Chên 謝上箴 883
Hsieh Shao Nan 謝少南 883
Hsieh Shên 謝 琛 886
Hsieh Shêng 謝 省 885
謝 陞 886
謝 昇 885
Hsieh Shih Ch'i 謝師啓 886
Hsieh Shih Tai 謝時泰 886
Hsieh Shih Yüan 謝士元 882
Hsieh Shou 謝 綬 887
Hsieh Su 謝 肅 887
Hsieh Tê Jên 謝得仁 882
Hsieh Tê Yuan 謝得原 888
Hsieh Têng Chih 謝登之 886
Hsieh Ti 謝 廸 885
Hsieh Ting Tsuan 謝廷瓚 884
Hsieh T'ing Chu 謝廷柱 884
Hsieh T'ing Ch'ü 謝廷蘧 884
Hsieh T'ing Hsün 謝庭循 885
Hsieh T'ing Liang 謝廷諒 884
Hsieh T'ing Chu 謝定住 884
Hsieh To 謝 鐸 889
Hsieh Ts'un Ju 謝存儒 884
Hsieh Tung Shan 謝東山 885
Hsieh Tzŭ Hsiang 謝子襄 882
Hsieh Wei 謝 渭 886
Hsieh Wên 謝 文 883
Hsieh Wên Hsiang 謝文祥 883

Hsieh Yao 謝 燿 889
Hsieh Yen 謝 彥 885
Hsieh Ying 謝 瑩 888
Hsieh Ying Fang
謝應芳 888
Hsieh Yu 謝 佑 884
謝 祐 885
Hsieh Yü 謝 宇 883
謝 瑜 887
謝 瑀 887
Hsieh Yü Hsüan
謝于宣 882
Hsieh Yung
謝 用 883
謝 庸 886
Hsien Kuan
洗 灌 337
Hsien Kuang
洗 光 337
Hsien Kuei Ch'i
洗桂奇 337
Hsien Ni 軒 輗 423
Hsin Chi Hsien
辛繼先 186
Hsin Fang 辛 訪 186
Hsin Tzŭ Hsiu
辛自修 186
Hsin Yao 辛 耀 186
Hsin Ying Ch'ien
辛應乾 186
Hsin Chieh 邢 玠 233
Hsin Chien 邢 簡 234
Hsin Chih 邢 埴 233
邢 址 233
Hsin Hsün 邢 珣 233
Hsin Huan 邢 寰 234
Hsin Jang 邢 讓 234
Hsin Ju Mo 邢如默 232
Hsin Ju Yü 邢如愚 233
Hsin Ju Yüeh
邢如約 233
Hsin K'uan 邢 寬 234
Hsin Kuo Hsi
邢國璽 233
Hsin Liang 邢 量 234
Hsin Lin 邢 霖 234
Hsin Pin 邢 鑌 233
Hsin Shan 邢 參 234
Hsin Shang Chien
邢尚簡 233
Hsin Shou T'ing
邢守庭 232
Hsin T'ung 邢 侗 233
Hsin Ying 邢 纓 234
Hsin Yu 邢 宥 233
Hsin Yün Lu
邢雲路 234
Hsing An 興 安 864
Hsing P'i 行 丕 156
Hsiung Chao Kuei
熊兆珪 770
Hsiung Chi 熊 紀 770
Hsiung Chieh
熊 浹 771
Hsiung Chien Hua
熊劍化 772
Hsiung Chih
熊 直 772
Hsiung Ching
熊 景 772
Hsiung Cho
熊 卓 770
Hisung Fu 熊 桴 771
Hsiung Hsi Ku
熊希古 770
Hsiung Hsiang
熊 祥 771
Hsiung Hsiu
熊 繡 773
Hsiung Hsüan
熊 瑄 773
Hsiung Huai
熊 懷 772
Hsiung Jui 熊 瑞 772
Hsiung Ju Lin
熊汝霖 770
Hsiung Ju Ta
熊汝達 770
Haiung Kai
熊 槩 772
Hsiung K'ai Yüan
熊開元 771
Hsiung K'uei
熊 桂 771
Hsiung Kuo
熊 過 772
Hsiung Lan
熊 蘭 773
Hsiung Lien
熊 鍊 772
Hsiung Mi 熊 密 771
Hsiung Ming Yü
熊明遇 770
Hsiung Pên Ch'êng
熊本誠 770
Hsiung Shan
熊 汧 771
Hsiung Shang Ho
熊尚和 770
Hsiung T'ien Jui
熊天瑞 769
Hsiung Ting
熊 鼎 772
Hsiung Ting Hua
熊鼎華 772
Hsiung T'ing Pi
熊廷弼 770
Hsiung Tso
熊 佐 771
Hsiung Ts'ung
熊 翀 771
Hsiung Wei
熊 偉 771
熊 溎 771
熊 緯 772
Hsiung Wên
熊 文 769
Hsiung Wen Ts'an
熊文燦 769

Hsiung Yü 熊 宇 770
Hsiung Yüan Chên 熊元震 769
Hsü Ai 徐 愛 468
Hsü An 徐 安 458
Hsü Ang 徐 昂 461
Hsü Ao 徐 鏊 472
Hsu Ch'ang Chi 徐常吉 464
Hsü Chao 徐 朝 471
Hsu Ch'ao Kang 徐朝綱 465
Hsü Chê 徐 澤 470
Hsü Chê Chên 徐[illegible]震 464
Hsü Chên 徐 震 459
469
徐 貞 462
徐 眞 463
Hsü Chên Ch'ing 徐禎卿 468
Hsu Chên Ming 徐貞明 462
Hsê Chêng 徐 正 457
徐 政 462
Hsü Ch'êng Ch'u 徐成楚 460
Hsü Ch'êng Tsung 徐承宗 461
Hsü Ch'êng Wei 徐成位 460
·Hsü Chi 徐 績 472
徐 濟 472
Hsü Ch'i 徐 奇 461
徐 琦 465
Hsü Chieh 徐 階 466
徐 節 470
H6sü Chien 徐 柬 457
徐 鑑 473
Hsu Ch'ien 徐 汧 461
Hsü Chih 徐 陟 463
徐 植 465
Hsü Chin 徐 錦 471
徐 縉 471
徐 晉 471
Hsü Chih Fang 徐縉芳 471
Hsü Ching Ch'ang 徐景昌 466
Hsü Ching Chih 徐敬之 468
Hsü Ching Sung 徐景嵩 466
Hsu Chiu Ssŭ 徐九思 455
Hsü Ch'iung 徐 瓊 473
Hsü Ch'u 徐 初 460
Hsü Ch'ü 徐 趨 472
Hsü Chün 徐 均 460
Hsü Ch'un Fu 徐春甫 462
Hsü Chün Min 徐俊民 462
Hsü Chung 徐 忠 461
Hsü Chung Ching 徐仲敬 459
Hsü Chung Hsing 徐中行 456
Hsu Fan 徐 蕃 471
Hsü Fang 徐 枋 461
徐 舫 463
Hsü Fang Ching 徐方敬 456
Hsü Fang Shêng 徐芳聲 461
Hsü Fên 徐 賁 465
Hsü Fu 徐 俌 462
徐 浦 463
徐 輔 466
徐 溥 467
徐 甫 472
Hsü Fu Tsai 徐甫宰 460
Hsü Hao 徐 顥 473
Hsü Hêng 徐 亨 459
Hsü Hsi 徐 晞 464
徐 璽 468
Hsü Hsia 徐 轄 472
Hsü Hsiang 徐 祥 464
Hsü Hsiang Chih 徐亨之 456
Hsu Hsien 徐 賢 464
徐 憲 470
徐 [illegible] 470
Hsü Hsien Ch'ing 徐顯卿 473
Hsü Hsien Chung 徐獻忠 473
Hsü Hsing Tzu 徐興祖 470
Hsü Hsü 徐 旭 459
Hsü Hsüan 徐 紘 465
徐 瑄 467
Hsü Hsüeh Chou 徐學周 471
Hsü Hsüeh Chü 徐學聚 471
Hsü Hsüeh Mo 徐學謨 471
Hsü Hsüeh Shih 徐學詩 471
Hsü Hsüeh Yen 徐學顏 471
Hsü Huai 徐 懷 464
472
Hsü Huai Yü 徐懷玉 473
Hsü Huang Hou 徐皇后 463
Hsü Hui Tsŭ 徐輝祖 469
Hsŭ Hung Tzŭ 徐弘祖 458
Hsü I 徐 易 461
徐 義 467
Hsü I Chia 徐一檟 454
Hsü I K'uei

徐一夔 454
Hsü I Yüan
徐一源 454
Hsu Jang 徐 讓 473
Hsü Jih Chiu
徐日久 456
Hsü Jih T'ai
徐日泰 456
Hsü Ju K'o 徐如珂 459
Hsü Jung 徐 榮 469
Hsü Kai 徐 凱 467
Hsü Kang 徐 綱 469
Hsü K'o 徐 恪 462
Hsü Kuan 徐 冠 462
徐 貫 464
徐 觀 473
Hsü Kuang Ch'i
徐光啓 459
Hsü Kuei 徐 桂 462
徐 珪 463
Hsü K'uei 徐 逵 471
Hsü Kung 徐 貢 463
Hsü Kung Lin
徐公遴 457
Hsü K'ung Ch'i
徐孔奇 456
Hsü Li 徐 理 464
Hsü Liang 徐 諒 467
徐 樑 469
Hsü Liang Fu
徐良傅 460
Hsü Liang Yen
徐良彥 460
Hsü Lien 徐 璉 469
徐 聯 470
Hsü Lin 徐 琳 467
徐 霖 470
徐 麟 473
Hsü Lü Ho 徐履和 458
Hsu Ming 徐 明 461
Hsü Ming Ho
徐鳴鶴 469
Hsü Ming Shan
徐明善 461
Hsü Ming Yang
徐明揚 461
Hsü Mu 徐 穆 471
Hsü Na 徐 訥 464
Hsü P'ei 徐 沛 455
徐 霈 470
Hsü Pi Ta 徐必達 457
Hsü Piao 徐 彪 465
徐 標 469
Hsü Ping 徐 炳 461
Hsü P'o 徐 𤊹 467
Hsü Po Ch'ang
徐伯昌 460
Hsü Shan 徐 珊 462
Hsü Shan Ch'ung
徐三重 455
Hsü Shan Shu
徐善述 465
Hsü Shan Wei
徐三畏 455
Hsü Shang Ch'ing
徐尚卿 461
Hsü Shên 徐 申 458
Hsü Shih 徐 栻 463
Hsü Shih Chin
徐石麒 457
Hsü Shih Ch'in
徐時進 463
Hsü Shih Ch'un
徐世淳 458
Hsu Shih Fu
徐世溥 458
Hsu Shih Lin
徐石麟 457
Hsü Shih Ts'eng
徐師曾 464
Hsü Shih Tsung
徐士宗 455
Hsü Shih Ying
徐世英 458
Hsü Shou I 徐守義 458
Hsü Ssŭ Ma 徐司馬 457
Hsü Shu 徐 樞 469
Hsü Shun 徐 淳 464
Hsü Sung 徐 嵩 468
Hsü Ta 徐 達 468
Hsü Ta Chuang
徐大壯 455
Hsü Ta Hua
徐大化 455
Hsü Ta Jên 徐大任 455
Hsü Ta Li 徐大禮 455
Hsü Ta Shou
徐大壽 456
Hsü Ta Tso
徐達左 468
Hsü Ta Wang
徐大望 455
Hsü Tai Jên
徐待任 462
Hsü Tai P'ing
徐待聘 462
Hsü T'ai 徐 泰 463
Hsu T'ai Shih
徐泰時 468
Hsü Tao Hsing
徐道興 467
Hsü Ting 徐 鼎 468
Hsü T'ing Chang
徐廷章 460
Hsü T'ing Yü
徐廷玉 468
Hsü Tsan 徐 讚 474
Hsü Tseng Shou
徐增壽 469
Hsü Tsun Sh'êng
徐尊生 465
Hsü Tsung Lu
徐宗魯 460
Hsu Tsung Shih
徐宗實 460
Hsü Ts'ung 徐 聰 472
Hsü Ts'ung Chih
徐從治 465
Hsü Tzŭ 徐 資 467

Hsü Tzŭ Ch'üan 徐子權 455
Hsü Tzŭ Lin 徐子麟 455
Hsü Tzŭ Tê 徐自得 459
Hsü Wei 徐 渭 465
Hsü Wei Chih 徐維志 469
Hsü Wên 徐 問 464
Hsü Wên Fu 徐文溥 465
Hsü Wên Hua 徐文華 455
Hsü Wên Hui 徐文輝 456
Hsü Wên Pi 徐文璧 456
Hsü Wên Piao 徐文彪 455
Hsü Wên Ts'an 徐文燦 456
Hsü Yang Chêng 徐養正 469
Hsu Yao 徐 瑤 469
Hsü Yen Tê 徐延德 460
Hsü Yen Têng 徐彥登 462
Hsü Ying 徐 英 462
徐 應 472
Hsü Ying Fang 徐應芳 472
Hsü Ying Fêng 徐應豐 472
Hsü Ying P'in 徐應聘 472
Hsü Yü 徐 玉 457
徐 鈺 468
Hsü Yu Chên 徐有貞 458
Hsü Yu Ch'ing 徐有慶 459
Hsü Yüan 徐 源 467
Hsü Yüan T'ai 徐元太 456
Hsü Yüeh 徐 樾 470
Hsü Yün Jang 徐允讓 457
Hsü Yung 徐 鏞 473
Hsü Yung Chien 徐用檢 458
Hsu Yung Kuang 徐用光 471
Hsü Yung Ta 徐永達 457
Hsü An 許 郯 487
Hsü Ch'êng Ch'i 許成器 486
Hsü Ch'êng Chou 許承周 486
Hsü Ch'ûng Ming 許成名 486
Hsu Chi 許 繼 491
Hsü Chih 許 直 486
Hsü Ch'ih 許 豸 486
Hsü Chin 許 進 489
Hsü Ching Hsien 許敬軒 498
Hsü Chü 許 聚 489
Hsü En 許 恩 487
Hsü Fu 許 鈇 488
Hsü Fu Li 許復禮 489
Hsü Fu Yüan 許孚遠 486
Hsü Han 許 瀚 491
Hsü Hêng 許 亨 485
Hsu Hsiang Ch'ing 許相卿 487
Hsü Hsieh 許 獬 490
Hsü Hsien 許 僩 490
Hsü Hsien Ch'un 許顯純 491
Hsü Hsü Ch'ên 許胥臣 487
Hsü Hsüan 許 宣 486
Hsü Huai 許 懷 489
Hsu Hung 許 鋐 486
Hsü I 許 瑒 489
Hsü I Tê 許一德 484
Hsü Jên 許 仁 465
Hsü Ju K'uie 許汝魁 485
Hsü Kang 許 剛 487
Hsü Kao 許 誥 489
Hsü Ku 許 穀 490
Hsü Kuan Chih 許貫之 488
Hsü Kuei 許 貴 489
Hsü K'uei 許 逵 488
Hsü Kuo 許 國 488
許 廓 490
Hsü Kuo Tsung 許國瓚 488
Hsü Li 許 立 485
Hsü Lü 許 律 487
Hsü Lun 許 論 490
Hsü Ming 許 銘 490
Hsü Ning 許 寧 490
Hsü Pin 許 彬 487
Hsü Shên 許 紳 488
許 諶 491
Hsü Shêng Tê 許盛德 485
Hsü Shih Ch'ing 許世卿 485
Hsü Shih Jou 許士柔 484
Hsü Shih Ta 許士達 485
Hsü Ssu Wên 許思溫 487
Hsü T'ai 許 泰 487
Hsü T'ang 許 鏜 490
Hsü Tê Fu 許德溥 486, 491
Hsü T'ien Ch'i 許天琦 484
Hsü T'ien Hsi

許天錫 484
Hsü T'ien Lun
許天倫 484
Hsü Tsan 許 讚 491
Hsü Ts'un Jên
許存仁 485
Hsu Tsung Ku
許宗魯 486
Hsü Ts'ung Lung
許從龍 488
Hsü Tzŭ 許 滋 487
Hsü Tzŭ Ch'ang
許自昌 485
Hsü Tz'ŭ 許 詞 488
Hsü Tz'ŭ Shu
許次紓 485
Hsü Wên Ch'i
許文岐 484
Hsü Wên Tsao
許聞造 490
Hsü Yeh 許 琰 488
Hsü Ying K'uei
許應逵 491
Hsü Ying Yüan
許應元 491
Hsü Yu Ch'ing
許譽卿 491
Hsü Yüan 許 瑗 489
Hsü Yüan Fu
許元溥 485
Hsü Yüeh Tsung
許日琮 485
Hsü Yung Hsi
許永禧 485
Hsü Chih Yen
須之彥 688
Hsüan Chieh
宣 昆 337
Hsüan Ch'ih Tsung
宣嗣宗 337
Hsüeh T'ing
雪 庭 503
Hsüeh Chang Hsien
薛章憲 901
Hsüeh Chên
薛 貞 900
Hsüeh Ch'êng Hsüeh
薛承學 900
Hsüeh Chia 薛 甲 899
Hsüeh Ch'ien
薛 謙 904
Hsüeh Chin 薛 金 900
Hsüeh Chin Yen
薛近兗 900
Hsüeh Ching Chih
薛敬之 902
Hsüeh Ch'ing
薛 卿 904
Hsüeh Chün 薛 均 899
薛 俊 901
Hsüeh Fu 薛 復 902
Hsüeh Fu Chêng
薛敷政 903
Hsüeh Fu Chiao
薛敷教 903
Hsüeh Fu Kêng
薛服耕 900
Hsüeh Fu Yün
薛服耘 900
Hsüeh Hêng
薛 亨 899
薛 恒 900
Hseüh Hsi Lien
薛希璉 900
Hsüeh Hsiang
薛 祥 901
Hsüeh Hsien
薛 顯 904
Hsüeh Hsüan
薛 瑄 902
Hsüeh Hui 薛 蕙 903
Hsüeh I O 薛一鶚 899
Hsüeh K'an 薛 侃 900
Hsüeh Kuan
薛 瓘 904
Hsueh Kuei 薛 貴 901
Hsüeh Kuo Kuan
薛國觀 901
Hsüeh Kuo Yung
薛國用 901
Hsüeh Li 薛 理 901
Hsüeh Lu 薛 祿 902
薛 魯 903
Hsüeh Lun 薛 綸 903
Hsüeh Mêng
薛 孟 900
Hsüeh Mêng Lei
薛夢雷 903
Hsüeh Nêng
薛 能 903
Hsüeh P'êng
薛 鵬 904
Hsüeh Pin 薛 斌 901
薛 鑾 904
Hsüeh San Shêng
薛三省 899
Hsüeh San Ts'ai
薛三才 899
Hsüeh Shên
薛 慎 902
Hsüeh Shou 薛 綬 903
Hsüeh Ta Kuan
薛大觀 899
Hsueh T'êng Chiao
薛騰蛟 904
Hsüeh T'ing Ch'ung
薛廷寵 900
Hsüeh Tsung Kai
薛宗鎧 900
Hsüeh Tuan
薛 端 903
Hsüeh Wei Hsüeh
薛爲學 901
Hsüeh Wên Li
薛聞禮 903
Hsüeh Yen 薛 嵓 901
Hsüeh Ying Ch'i
薛應旂 904
Hsüeh Ying Fên

薛應玢 904
Hsüeh Yü 薛 玉 904
Hsüeh Yün 薛 雲 900
Hsüeh Yüan
薛 遠 903
Hu Ch'ên 虎 臣 304
Hu Ta Wei 虎大威 304
Hu Liang P'êng
呼良朋 304
Hu Ch'ao 胡 超 350
Hu Chên 胡 鎮 354
Hu Ch'en 胡 縝 353
Hu Ch'êng 胡 澄 352
Hu Ch'êng Hsi
胡承熙 345
Hu Chi 胡 紀 345
胡 汲 346
胡 繼 354
Hu Ch'i 胡 器 353
Hu Ch'i Wei
胡奇偉 346
Hu Chia 胡 價 352
Hu Chia Kuei
胡甲桂 344
Hu Chia Mo
胡嘉謨 351
Hu Chieh 胡 杰 346
Hu Chih 胡 直 346
胡 植 350
胡 智 351
Hu Chih Li 胡執禮 349
Hu Chin 胡 金 347
Hu Ching 胡 經 351
Hu Ch'ing 胡 清 349
Hu Chiu Shao
胡九韶 342
Hu Ch'iung 胡 瓊 354
Hu Chü Jên 胡居仁 346
Hu Ch'un 胡 淳 346
胡 純 349
Hu Chün 胡 濬 353
Hu Chün Nu
胡郡奴 348
Hu Chün Tê
胡峻德 349
Hu Chung 胡 忠 347
胡 鍾 354
Hu Chung Lun
胡仲倫 344
Hu Êr Ch'un
胡爾純 351
Hu Fu 胡 富 350
Hu Hai 胡 海 348
Hu Han 胡 翰 353
胡 瀚 354
Hu Hsi 胡 僖 352
Hu Hsi Shun
胡希舜 345
Hu Hsiao 胡 孝 345
胡 涍 348
Hu Hsieh 胡 諧 353
Hu Hsien 胡 獻 354
胡 顯 355
Hu Hsien Chung
胡憲仲 353
Hu Hsien Yen
胡憲言 353
Hu Hsing Kung
胡行恭 344
Hu Hsün 胡 訓 348
Hu Hua 胡 華 349
Hu Huang Hou
胡皇后 348
Hu Hung 胡 弘 345
胡 洪 347
Hu I 胡 易 347
Hu I Chun 胡以準 343
Hu Ju Ch'in
胡汝欽 344
Hu Ju Li 胡汝礪 344
Hu Ju Lin 胡汝霖 344
Hu Jui 胡 瑞 351
Hu Jun 胡 閏 350
Hu Jung 胡 榮 351
Hu Kang 胡 剛 348
Hu Kuan 胡 觀 355
胡 爟 355
Hu Kuang 胡 廣 352
Hu Kuei Fang
胡桂芳 348
Hu Kung Ch'êng
胡拱辰 348
Hu Liang Chi
胡良機 345
Hu Lien 胡 璉 344, 352
Hu Lun 胡 倫 349
Hu Mei 胡 美 347
Hu Mêng Tai
胡夢泰 352
Hu Mi 胡 謐 354
Hu Mien 胡 勉 349
Hu Na 胡 汭 345
Hu Pin 胡 賓 351
Hu P'ing Piao
胡平表 343
Hu Shang Jên
胡尙仁 345
Hu Shang Shên
胡尙琛 343
Hu Shên 胡 深 349
胡 森 350
Hu Shih 胡 氏 343
胡 侍 347
Hu Shih Chi
胡士濟 356
Hu Shih Jung
胡士容 342
Hu Shih Ning
胡世寧 343
Hu Shou An
胡壽安 351
Hu Shou Chung
胡守中 344
Hu Shou Fa 胡守法 344
Hu Shou Hêng
胡守恒 344
Hu Shu Lien
胡叔廉 347

Hu Shun Hua 胡順華 351
Hu Sung 胡 松 346
Hu Ta Hai 胡大海 342
Hu Ta Shun 胡大順 342
Hu Tê Chi 胡德濟 353
Hu T'i Ch'ien 胡體乾 355
Hu To 胡 鐸 354
Hu Tsuan 胡 瓚 355
Hu Tsuan Tsung 胡纘宗 355
Hu Tsung 胡 琮 350
Hu Tsung Hsien 胡宗憲 345
Hu Tsung Ming 胡宗明 345
Hu Tsung Tao 胡宗道 345
Hu Ts'ung I 胡從儀 350
Hu Tuan Chên 胡端禎 351
Hu Tung Kao 胡東皐 346
Hu T'ung 胡 通 349
胡 穜 352
Hu Tzŭ Chao 胡子昭 342
Hu Tzŭ Ch'i 胡子祺 342
Hu Tzŭ I 胡子羲 342
Hu Wei Hsin 胡維新 352
Hu Wei Jung 胡惟庸 349
Hu Wên Pi 胡文璧 343
Hu Yao Ch'ên 胡堯臣 350
Hu Yao Shih 胡堯時 350
Hu Yao Yüan 胡堯元 350
Hu Yen 胡 彥 347
Hu Ying 胡 濙 353
Hu Ying Chia 胡應嘉 354
Hu Ying Lin 胡應麟 354
Hu Yu 胡 宥 347
Hu Yu Hêng 胡有恒 344
Hu Yü 胡 煜 351
Hu Yüan 胡 淵 349
Hu Yüeh 胡 玥 345
胡 岳 347
Hu Yung Ch'êng 胡永成 343
Hu Yung Shih 胡用賓 344
Hu Yung T'ung 扈永通 502
Hua Mao 花 茂 305
Fua Ying 花 英 305
Hua Yün 花 雲 305
Hua Ai 華 愛 674
Hua Ch'a 華 察 674
Hua Ch'ang 華 泉 672
Hua Ch'êng 華 珵 672
Hua Ch'i Chih 華啓直 672
Hua Chin 華 金 671
華 謹 674
Hua Ching 華 津 671
Fua Chiung 華 烱 672
Hua Chuang 華 莊 672
Hua Chüeh 華 珏 672
Hua Ch'un Ch'i 華春奇 672
Hua Chung Hêng 華仲亨 671
Hua Fang 華 方 670
Hua Fu Yüan 華復元 673
Hua Hsi Yen 華晞顏 673
Hua Hsiang 華 湘 673
Hua Hsü 華 旭 671
Hua Hsüan 華 瑄 672
Hua Hsüan Ti 華玄禔 671
Hua I 華 掖 673
Hua Ju Li 華汝礪 671
Hua Kao 華 高 672
Hua Lieh 華 烈 672
Hua Luan 華 鑾 674
Hua Min 華 敏 673
Hua Piao 華 標 674
Hua Pin I 華秉彝 671
Hua Shan 華 山 670
Hua Shan Chi 華善繼 673
Hua Shan Shu 華善述 673
Hua Shih Chao 華師召 672
Hua Shu 華 淑 672
華 塾 674
Hua Shu Yang 華叔陽 671
Hua Shun Chin 華舜欽 673
Hua Sui 華 燧 674
Hua Tsung Hsüeh 華宗韡 671
Hua Tsung K'ang 華宗康 671
Hua Tung Fu 華敦復 673
Hua Tzŭ 華 滋 674
Hua Yao 華 鑰 674
Hua Yu Wu 華幼武 671
Hua Yü 華 鈺 674

Hua Yün 華 雲 673
Hua Yün Ch'êng
華允誠 671
Hua Yün Lung
華允龍 673
Hua Shou 滑 壽 690
Huai En 懷 恩 933
Huai Wei 懷 渭 933
Huang Fu Chung Ho
皇甫仲和 377
Huang Fu Ch'ung
皇甫冲 377
Huang Fu Fang
皇甫汸 377
Huang Fu Hsiao
皇甫涍 377
Huang Fu Lien
皇甫濂 377
Huang Fu Lu
皇甫錄 377
Huang Fu P'in
皇甫斌 377
Huang Ch'ang
黄 昌 654
Huang Ch'ang Tsu
黄常祖 657
Huang Chao Tao
黄昭道 655
Huang Chê
黄 哲 656
黄 澤 662
Huang Chên
黄 禎 660
Huang Ch'ên
黄 臣 651
Huang Ch'êng
黄 澄 662
Huang Chêng Pin
黄正賓 651
Huang Chêng Sê
黄正色 651
Huang Ch'êng Hsüan
黄承玄 654
Huang Chi Shui
黄姬水 656
Huang Ch'i Lung
黄起龍 656
Huang Chieh
黄 傑 659
Huang Chien
黄 堅 654
黄 諫 663
黄 鑑 665
Huang Ch'ien
黄 謙 664
Huang Ch'ien Hêng
黄乾享 657
Huang Chih
黄 直 654
黄 質 662
Fuɐng Chih Ch'ng
黄志清 653
Huang Chih
黄 縉 663
黄 錦 663
Huang Chin Hsi
黄金璽 654
Huang Ching Fang
黄景昉 659
Huang Ch'ing
黄 清 656
黄 卿 658
Huang Chiung
黄 絅 658
Huang Cho 黄 焯 658
Huang Ch'uan
黄 釧 658
Huang Chüan
黄 卷 654
Huang Ch'üan
黄 銓 660
Huang Chüeh
黄 珏 655
Huang Chung
黄 衷 656
黄 鍾 664
Huang Chung Chao
黄仲昭 652
Huang Chung Fang
黄仲芳 652
Huang Ch'ung
黄 重 655
Huang Fêng Hsiang
黄鳳翔 661
Huang Fu 黄 紱 658
黄 溥 659
黄 福 660
Huang Han 黄 翰 663
Huang Hao 黄 鎬 664
Huang Ho Ch'ing
黄河清 653
Huang Ho Shui
黄河水 653
Huang Hsi 黄 璽 664
Huang Hsi Fan
黄希范 653
Huang Hsiang
黄 襄 663,665
Huang Hsien Ch'ing
黄憲清 651
黄憲卿 663
Huang Hsing
黄 性 657
Huang Hsing K'o
黄行可 652
Huang Hsüan
黄 玄 650
Huang Hsün
黄 珣 656
黄 勳 663
Huang Hu Tu
黄忽都 654
Huang Huai
黄 淮 656
Huang Hui
黄 輝 662
黄 暉 660
Huang Hung
黄 宏 652

Huang Hung Hsien 黃洪憲 654
Huang Hung Kang 黃弘綱 651
Huang I 黃 驥 665
Huang I Shêng 黃翼聖 664
Huang Jang 黃 讓 665
Huang Ju Chin 黃如金 652
Huang Ju Hêng 黃汝亨 651
Huang Ju Liang 黃汝良 651
Huang Jun 黃 潤 661
Huang Jun Yü 黃潤玉 661
Huang K'ai 黃 愷 659
Huang Kao 黃 皞 663
Huang K'o 黃 珂 655
Huang K'o Chiao 黃可教 649
Huang K'o Hui 黃克晦 652
Huang K'o Nien 黃克念 652
Huang K'o Tsuan 黃克纘 652
Huang K'u 黃 朏 656
Huang K'uai 黃 魁 661
Huang Kuan 黃 綰 661
黃 觀 665
Huang Kuang Shêng 黃光昇 652
Huang Kung 黃 鞏 662
Huang K'ung Chao 黃孔昭 650
Huang Kuo Ting 黃國鼎 657
Huang Lan 黃 瀾 665
Huang Li 黃 里 653
Huang Li Chi 黃立極 651
Huang Li Hsia 黃禮遐 650
Huang Lien 黃 璉 656,662
Huang Liu 黃 流 656
Huang Lo 黃 輅 660
Huang Lu Tsêng 黃魯曾 662
Huang Luan 黃 鑾 665
Huang Lung 黃 隆 659
黃 龍 663
Huang Mao 黃 懋 664
Huang Mao Kuan 黃懋官 664
Huang Pao 黃 寶 665
Huang Pin 黃 彬 657
Huang P'u 黃 俌 661
Huang Shan 黃 山 650
Huang Shan Chih 黃尚質 654
Huang Shang 黃 裳 661
Huang Shao Chieh 黃紹杰 658
Huan Shên 黃 琛 659
Huang Shêng Tsêng 黃省曾 655
Huang Shêng Wu 黃省吾 655
Huang Shih Ching 黃世經 651
Huang Shih Ch'ing 黃世清 651
Huang Shih Chhün 黃士俊 650
黃仕儁 651
Huang Shou Shêng 黃壽生 661
Huang Shu 黃 肅 659
黃 澍 661
Huang Shun 黃 純 956
Huang Shun Yao 黃淳耀 657
Huang Ta Lien 黃大廉 650
Huang Ta P'êng 黃大鵬 650
Huang T'ang 黃 鏜 665
Huang Tao Chou 黃道周 659
Huang Tao Yüeh 黃道月 659
Huang Tê Kung 黃得功 657
Huang T'ien Hsi 黃天錫 653
Huang Ting 黃 鼎 660
Huang T'ing Chêng 黃廷政 653
Huang T'ing Hsin 黃廷新 653
Huang T'ing Yung 黃廷用 653
Huang Ts'ai 黃 采 654
Huang Ts'ai Min 黃才敏 650
Huang Ts'an 黃 璨 664
Huang Tso 黃 佐 653
Hung Tsuan 黃 瓚 665
Huang Tsun Shu 黃尊素 658
Huang Tsung 黃 琮 658

黃 錝 663
Huang Tsung Ch'ang 黃宗昌 653
Huang Tsung Ming 黃宗明 653
Huang Tsung Tsai 黃宗載 654
Huang Tuan Po 黃端伯 660
Huang Tzŭ Ch'êng 黃子澄 650
Huang Wei 黃 偉 657
黃 暐 660
Huang Yang Chêng 黃養正 662
Huang Yang Mêng 黃養蒙 662
Huang Yen Ch'ing 黃彥清 655
Huang Yin Tsung 黃胤宗 656
Huang Ying 黃 熒 660
黃 頴 664
Huang Ying Chia 黃應甲 663
Huang Ying K'un 黃應坤 663
Huang Yü 黃 顒 664
Huang Yü Chiao 黃于郊 649
Huang Yüan Pai 黃元白 650
Huang Yüan Hui 黃元會 650
Huang Yüan Yao 黃淵耀 657
Huang Yüeh 黃 鉞 660
Huang Yüeh Chung 黃約仲 656
Huang Yün 黃 雲 658
Hui Lung 惠 隆 642
Hui Chin 慧 進 797
Hui Jih 慧 日 797
Hui Kuan 慧 觀 798
Hui Lin 慧 林 797
Hui Ming 慧 明 797
Hui T'an 慧 曇 797
Hui Ting 慧 定 797
Hung Chao Hsüan 洪朝選 336
Hung Ch'i Ts'u 洪啓初 336
hHung Chu 洪 珠 336
Hung Chung 洪 鍾 337
Hung Han 洪 瀚 336
Hung Hsiang 洪 祥 336
Hung Hsiao Hsien 洪孝先 335
Hng Hsin 洪 新 337
Hung Huan 洪 奐 336
Hung K'uan 洪 寬 337
Hung Lien 洪 漣 337
Hung Pên Ch'ang 洪本昌 336
Hung T'ung 洪 通 336
Hung Wei Han 洪維翰 336
Hung Wên Hêng 洪文衡 335
Hung Ying 洪 英 336
Hung Ying Hêng 洪胤衡 336
Hung Yüan 洪 垣 335
洪 遠 336
Hung Yün Chêng 洪雲蒸 336
Huo Chên 火 眞 19
Huo Pin 火 斌 19
Huo An 霍 恩 863
Huo Hsüan 霍 瑄 863
Huo Hua 霍 華 864
Huo I 霍 冀 863
Huo Kuei 霍 貴 863
Huo Shou Tien 霍守典 863
Huo T'ao 霍 韜 864
Huo Tzü Hêng 霍子衡 863
Huo Wên Hui 霍文會 864
Huo Wei Hua 霍維華 863
Huo Yü Hsia 霍與瑕 863
Huo Yung 霍 榮 863
I Ch'ing T'ien 一清天 1
I Chüeh 一 覺 1
I Ju 一 如 1
I P'ang Ts'ai 乙邦才 1
I Ch'ien 弋 謙 9
I Ch'êng 伊 乘 157
I Fu 伊 溥 157
I K'an 伊 侃 157
I Min Shêng 伊敏生 157
I Po Hsiung 伊伯熊 157
I Tsung Chao 伊宗肇 157
I Chên 易 蓁 303
I Chieh 易 節 303
I Fang Chih 易倣之 302
I Hêng 易 恒 302
I Hsien 易 先 302
I Shan 易 善 302
I Shao Tsung 易紹宗 302
I Shih Chung 易時中 302
I Shu Kao 易舒誥 302
I Tao Hsüan

易道暹 303
I Ying 易 英 302
I Ying Ch'ang
易應昌 303
I Ch'i 冀 綺 872
I Chieh 冀 傑 872
I K'ai 冀 凱 872
I T'i 冀 體 872
I Yüan Hêng
冀元亨 872
I Chih 儀 智 819
I Ming 儀 銘 819
Jan Chê 冉 哲 110
Jao Hsiu 饒 秀 959
Jao K'o Chiu
饒可久 959
Jao Pin Chien
饒秉鑑 959
Jao Shêng 饒 仲 959
Jao Wei 饒 位 959
Jên Ang 任 昂 154
Jên Chung 任 忠 154
Jên Hêng T'ai
任亨泰 153
Jên Hsien 任 賢 154
Jên Huan 任 環 155
Jên Hui 任 惠 153,154
Jên I 任 儀 154
Jên Kuang Yü
任光裕 153
Jên Kuo Hsi
任國璽 154
Jên Li 任 禮 155
Jên Liang Kan
任良幹 153
Jên Liang Pi
任良弼 153
Jên Lun 任 倫 154
Jên Mien 任 勉 154
Jên Min Yü 任民育 153
Jên T'ang 任 鏜 155
Jên Tao Sun
任道遜 154
Jên Tung 任 棟 154
Jên Wan Min
任萬民 154
Jên Wan Li
任萬里 154
Jên Yen Ch'ang
任彥常 154
Jên Ying 任 瀛 155
Jên Yu Ling
任有齡 153
Ju Na 汝 訥 118
Ju Ch'i 如 玘 159
Ju Fu 如 符 159
Ju Huan 如 幻 159
Ju Hui 如 慧 160
Ju Nien 如 念 159
Ju Yü 如 愚 160
Ju Ch'ang 茹 瑺 447
Ju T'ai Shu 茹太素 447
Jui Chao 芮 釗 305
Jui Cui 芮 稷 306
芮 畿 306
Jui Ch'i 芮 琦 305
Jui Ch'ung 芮 翀 305
Jui Lin 芮 麟 306
Jui Shan 芮 善 305
Jung Ch'ing
榮 清 751
Jung Hsüan
榮 瑄 751
Jung Shih Yen
容師偃 401
K'ai Chi 開 濟 639
Kan Chia Lin
甘嘉霖 101
Kan Ju 甘 茹 101
Kan Lin 甘 霖 101
Kan Shih Chieh
甘士价 100
Kan Wei Lin
甘爲霖 101
Kan Yü 甘 雨 100
K'ang Szŭ Ch'ien
亢思謙 19
K'ang Chi Min
康濟民 501
K'ang Hai 康 海 500
K'ang Ho 康 河 500
K'ang Hou 康 厚 500
K'ang Jung 康 榮 501
K'ang Lang 康 朗 501
K'ang Li 康 栗 501
K'ang Mao Ts'ai
康茂才 500
K'ang T'ai Ho
康太和 500
K'ang To 康 鐸 501
K'ang Ts'ung Li
康從理 501
K'ang Yên Min
康彥民 500
K'ang Yung
康 鏞 501
K'ang Yung Shao
康永韶 500
Kao An 高 安 386
Kao Ao 高 鏊 393
Kao Ch'ang
高 敞 390
Kao Chao 高 昭 388
Kao Ch'ê 高 勣 391
Kao Chêng Tso
高承祚 387
Kao Chi 高 濟 392
高 璣 392
Kao Ch'i 高 啓 389
Kao Ch'i Chien
高起潛 389
Kao Ch'i Hsün
高其勳 387
Kao Chieh 高 傑 390
Kao Chien 高 鑑 393
Kao Chin 高 金 388
Kao Ching 高 經 391
Kao Cho 高 焯 391

高 倬 389
高 擢 392
Kao Chü 高 舉 392
Kao Ch'u 高 出 386
Kao Ch'uan 高 銓 391
Kao Chün 高 峻 389
Kao Ch'ung 高 翀 389
Kao Ch'ung Kuang
高重光 388
Kao Fang 高 滂 389
Kao Fei 高 斐 390
Kao Fei Shêng
高飛聲 388
Kao Ho 高 鶴 393
Kao Hsiang
高 翔 390
Kao Hsiao Chih
高孝誌 386
Kao Hsien 高 顯 393
Kao Hsien Ning
高賢寧 391
Kao Hsun 高 洵 388
Kao Huai 高 淮 389
Kao Hung T'u
高弘圖 386
Kao I 高 儀 392
Kao Jih Lin 高日臨 386
Kao Ku 高 穀 391
高 瀔 392
Kao Kuan 高 貫 389
Kao Kuang 高 光 386
Kao Kung 高 拱 388
Kao Kung Chi
高拱極 388
Kao Kung Shao
高公韶 386
Kao Lien 高 濂 392
Kao Lun 高 綸 391
Kao Min 高 明 387
Kao Min Hsüeh
高敏學 390
Kao Ming Hêng
高名衡 386
Kao Pan Lung
高攀龍 393
Kao Pang Tso
高邦佐 387
Kao Pin 高 賓 391
Kao Ping 高 棅 390
Kao Shang Chung
高尙忠 387
Kao Shih 高 時 389
Kao Shih Wên
高士文 385
Kao Shih Yen
高世彥 386
Kao Shu Ch ih
高叔嗣 387
Kao Sun Chih
高遜志 391
Kao Tai 高 岱 387
Kao T'an 高 曇 392
Kao Tê Yang
高德暘 392
Kao Têng 高 登 390
Kao Ti 高 第 390
Kao Tou Nan
高斗南 385
Kao Tou Shu
高斗樞 385
Kao Tou Yüan
高斗垣 385
Kao Tsai Lun
高在嵛 386
Kao Ts'ung 高 崇 390
Kao Ts'ung Li
高從禮 390
Kao Tung Yang
高東陽 386
Kao Wan 高 琬 390
Kao Wei 高 巍 393
Kao Wei Tai
高維岱 391
Kao Wên Ta
高文達 385
Kao Yao 高 瑤 391
高 燿 392
Kao Yin Hsien
高胤先 388
Kao Ying 高 英 388
Kao Ying Mien
高應冕 392
Kao Yu 高 祐 389
Kao Yu Chi
高友璣 386
Kao Yü Tai 高宇泰 386
Kao Kuang Hsien
郜光先 449
Kao Jen 郜 壬 449
Kao Yung Ch'un
郜永春 449
Kêng Chiu Ch'ou
耿九疇 418
Kêng Chü 耿 橘 420
Kêng Hsüan
耿 璿 420
Kêug Huan 耿 瓛 420
Kêng Ju Chi
耿如杞 418
Kêng Ju Ming
耿汝明 418
Kêng Ming
耿 明 419
Kêng Ming Shih
耿鳴世 419
Kêng Ping Wên
耿炳文 419
Kêng T'ien Pi
耿天璧 418
Kêng Ting 耿 定 418
Kêng Ting Hsiang
耿定向 418
Kêng Ting Li
耿定力 418
耿定理 419
Kêng Ting Lu
耿定籙 418
Kêng Ts'ai Ch'êng
耿再成 418

Kêng T'ung 耿 通 419
Kêng Yao 耿 瑤 419
Kêng Yin Lou 耿蔭樓 420
Kêng Yü 耿 裕 419
Ko Ch'ien 戈 謙 88
Ko Hsüan 戈 瑄 88
Ko Fu 戈 福 88
Ko Yung Ling 戈永齡 88
Ko Chê 葛 哲 723
Ko Ch'êng 葛 誠 723
Ko Ch'ien Sun 葛乾孫 723
Ko Chin 葛 進 723
Ko Ch'ing Yin 葛清隱 723
Ko Hao 葛 浩 722
Ko Hsi 葛 曦 724
Ko Hsin 葛 昕 722
Ko Li Ma 葛哩嘛 723
Ko Lin 葛 林 722
Ko P'ang 葛 滂 723
Ko Shou Li 葛守禮 722
Ko Su 葛 素 722
Ko Sung 葛 嵩 723
Ko T'an 葛 覃 723
Ko T'ing Chang 葛廷章 722
Ko Yin Liang 葛寅亮 723
Ko Ying Lei 葛應雷 724
K'o Ch'ang 柯 昌 356
K'o Chien 柯 潛 356
K'o Ch'üan 柯 銓 356
K'o Hsiang 柯 相 356
K'o Hsüan 柯 暹 357
K'o Kung Pei 柯拱北 356
K'o T'ing 柯 挺 356
K'o Tun 柯 燉 356
K'o Wei Ch'i 柯維騏 356
K'o Wei Hsiung 柯維熊 356
K'o Wên 柯 文 356
K'o Yuan P'u 柯原朴 356
Kou Hao Shan 苟好善 367
K'ou Ch'ien 寇 謙 502
K'ou Kung 寇 恭 502
K'ou Li 寇 禮 502
K'ou Shen 寇 深 502
K'ou Shêng 寇 陞 502
K'ou T'ien Su 寇天叙 502
K'ou Yang 寇 陽 502
Ku P'u 古 朴 100
Ku Chung Hsü 谷中虛 264
Ku Mao 谷 茂 264
Ku Ta Yung 谷大用 263
Ku T'ung 谷 通 264
Ku Yu Tê 谷有德 264
Ku Tsêng 辜 增 642
Ku Chang Chih 顧章志 954
Ku Ch'ang 顧 彔 959
Ku Chên 顧 溱 955
Ku Chên Yü 顧震宇 957
Ku Ch'êng 顧 成 951
顧 澄 952
Ku Ch'êng Hsüeh 顧承學 952
Ku Ch'êng Kuang 顧承光 952
Ku Chi 顧 濟 958
Ku Ch'i 顧 玘 955
Ku Ch'i 顧其志 952
Ku Ch'i Yüan 顧起元 954
Ku Ch'ieh 顧 睢 957
Ku Chien 顧 鑑 958
Ku Ch'ien 顧 鈐 955
顧 潛 956
Ku Ch'ing 顧 清 954
Ku Chiu Szŭ 顧九思 948
Ku Ch'iung 顧 瓊 954
Ku Chung Fu 顧中孚 949
Ku Chung Li 顧中立 949
Ku Ch'ung 顧 翀 954
Ku Êr Hsing 顧爾行 956
Ku Fu 顧 復 955
顧 溥 955
顧 福 956
Ku Han 顧 翰 958
Ku Hsi Ch'ou 顧錫疇 958
Ku Hsien Chêng 顧咸正 953
Ku Hsien Ch'êng 顧憲成 957
Ku Hsien Chien 顧咸建 953
Ku Hsien Ho 顧咸和 953
Ku Hsiu 顧 琇 955
Ku Hsing Tzŭ 顧興祖 958
Ku Hsün 顧 恂 953
Ku Huan 顧 寰 957
Ku Hung Lu 顧弘潞 950
Ku I 顧 頤 957
Ku Jên Hsiao 顧仁效 949
Ku Jên Lung 顧人龍 948
Ku Ju Yü 顧汝玉 953
Ku K'o Chiu 顧可久 950

Ku K'o Hsüeh 顧可學 950
Ku K'o Wên 顧可文 950
Ku Kuang Yüan 顧光遠 951
Ku Kuo Fu 顧國輔 954
Ku Lan 顧 蘭 945
Ku Li 顧 璃 958
顧 禮 959
Ku Liang 顧 亮 953
Ku Lin 顧 琳 955
顧 璘 957
Ku Lu 顧 祿 955
Ku Lü Chi 顧履吉 956
Ku Mêng Kuei 顧夢圭 956
Ku Mêng Lin 顧夢麟 956
Ku Mêng Yü 顧夢羽 956
Ku P'in Ch'ien 顧秉謙 953
Ku Po 顧 珀 953
Ku Shao Fang 顧紹芳 955
Ku Shêng Chih 顧聖之 956
Ku Shih 顧 時 954
Ku Shih Chieh 顧士傑 948
Ku Shih Lun 顧仕隆 950
Ku Shih Shêng 顧師勝 954
Ku Sui 顧 遂 955
Ku Szŭ I 顧思益 951
Ku Ta Chang 顧大章 948
Ku Ta Shao 顧大韶 948
Ku Ta Tien 顧大典 948
Ku Ta Yu 顧大猷 948
Ku T'ien Ch'ung 顧天寵 949
Ku T'ien Chün 顧天埈 949
Ku T'ien Hsi 顧天錫 949
Ku T'ien I 顧天彝 949
Ku T'ien K'uei 顧天逵 949
Ku Ting Fang 顧定芳 952
Ku Ting Ch'êng 顧鼎臣 956
Ku Tso 顧 佐 948, 951,952
Ku Tsu Ch'êng 顧祖辰 953
Ku Tsun Jên 顧存仁 950
Ku Tsung 顧 宗 952
Ku Ts'ung I 顧從義 954
Ku Ts'ung Jên 顧從仁 952
Ku T'ung Ying 顧同應 951
Ku Wang Chia 顧王家 949
Ku Wên 顧 問 954
顧 紋 958
Ku Wên Mei 顧文美 949
Ku Yang Ch'ien 顧養謙 957
Ku Yao 顧 瑤 957
Ku Yeh 顧 冶 951
Ku Yen 顧 言 951
顧 儼 959
Ku Yen Fu 顧彥夫 953
Ku Yen Wu 顧炎武 952
Ku Ying 顧 英 953
Ku Ying Hsiang 顧應祥 958
Ku Yü Chu 顧玉柱 950
Ku Yüan 顧 源 955
Ku Yüan Ch'ing 顧元慶 949
Ku Yün Ch'êng 顧允成 949
顧雲程 955
Ku Yün Chieh 顧允杰 950
Ku Yün Yüan 顧允元 949
Ku Yung Ch'ing 顧永慶 950
K'uai Hsiang 蒯 祥 769
Kuan Chuan 官 篆 280
Kuan Jung 官 榮 280
Kuan Lien 官 廉 280
Kuan Pin Chung 官秉忠 280
Kuan Wei Tê 官惟德 280
Kuan Wei Hsien 官惟賢 280
Kuan Ying Chên 官應震 280
Kuan Ch'i 管 琪 774
Kuan Ch'ien 管 見 773
Kuan Chih Tao 管志道 773
Kuan Kuai Li 管懷理 774
Kuan Liang Hsiang 管良相 773
Kuan Lü 管 律 773
Kuan Ta Hsün 管大勳 773

Kuan Yuan Chieh 關永傑 933
Kuan An 毌 恩 89
Kuan Tê Shun 毌德純 89
Kuang Mao 光 懋 121
Kuang Shih Hêng 光時亨 121
K'uang Fu 匡 福 120
K'uang To 匡 鐸 120
K'uang Chung 况 鍾 279
K'uang P'an 鄺 璠 912
K'uang Tzŭ Fu 鄺子輔 911
K'uang Yeh 鄺 埜 912
K'uang Yüeh 鄺 約 912
K'uang Yüeh Kuang 鄺日廣 912
Kuei Hêng 桂 衡 422
Kuei O 桂 萼 421
Kuei Shan 桂 山 421
Kuei Ta Hsiang 桂大祥 421
Kuei Tsung Ju 桂宗儒 421
Kuei Yen Liang 桂彥良 421
Kuei Yu K'eng 桂有根 421
Kuei Yung 桂 勇 421
Kuei Ch'ang Shih 歸昌世 924
Kuei Chuang 歸 莊 924
Kuei Hsiu 歸 繡 924
Kuei Tzŭ Ku 歸子顧 923
Kuei Tzŭ Mu 歸子慕 923
Kuei Yu Kuang 歸有光 923
Kuei Yüeh 歸 鉞 924
Kuo Ai 郭 愛 497
Kuo Ang 郭 昂 494
Kuo Ch'ao Pin 郭朝賓 496
Kuo Chên 郭 鎭 499
Kuo Ch'êng 郭 成 493
郭 城 499
Kuo Chêng Yü 郭正域 492
Kuo Chi 郭 濟 499
Kuo Chieh 郭 節 498
Kuo Chien 郭 堅 495
Kuo Chien Ch'ên 郭諫臣 498
Ku Chin 郭 璡 498
郭 璡 498
Kuo Chin Ch'êng 郭金城 494
Kuo Ching Hsiang 郭景祥 496
Kuo Ch'ing 郭 淸 493
Kuo Ch'üan 郭 銓 497
Kuo Chün 郭 濬 499
Kuo Ch'un 郭 純 495
Kuo Chung 郭 忠 494
Kuo Fu 郭 郛 495
郭 傅 496
Kuo Hao 郭 浩 499
Kuo Hsi 郭 璽 499
Kuo Hsien Hsing 郭顯星 500
Kuo Hsing 郭 興 499
Kuo Hsü 郭 詡 496
郭 緒 498
Kuo Hsün 郭 循 496
郭 勛 496
Kuo Hu 郭 琥 495
Kuo Hung 郭 鋐 498
Kuo Hung Hua 郭弘化 492
Kuo I 郭 義 496
Kuo I Ch'ung 郭以重 492
Kuo Jên 郭 任 493
Kuo Ju 郭 汝 493
Kuo Ju Lin 郭汝霖 493
Kuo Jung 郭 容 494
Kuo Kuan 郭 慣 498
郭 灌 500
Kuo Kuei 郭 桂 494
Kuo K'un 郭 坤 494
Kuo Kung I 郭公緒 492
Kuo Liang 郭 良 493
郭 亮 494
Kuo Lin 郭 璘 499
Kuo Mao 郭 懋 492
Kuo Ming Shih 郭鳴世 497
Kuo Nan 郭 楠 497
Kuo Ning Fei 郭寧妃 497
Kuo P'an 郭 鎜 499
Kuo Pi 郭 弼 496
Kuo P'u 郭 朴 493
Kuo Shang Pin 郭尙賓 494
Kuo Shên 郭 紳 495
郭 諶 498
Kuo Shih 郭 實 497
Kuo Ssŭ Wei 郭四維 493
Kuo Sung 郭 嵩 497
Kuo T'ang 郭 堂 498
郭 鏜 500
Kuo Tê Ch'êng 郭德成 498
Kuo Têng 郭 登 496
Kuo Ti 郭 第 495
Kuo T'ien Chi 郭天吉 492
Kuo Ting Chung 郭鼎忠 497

Kuo Tou 郭 斗 492
Kuo Tsao Ch'ing 郭造卿 495
Kuo Tsung Kao 郭宗皐 493
Kuo Tun 郭 敦 495
Kuo Tung Shan 郭東山 494
Kuo Tzŭ 郭 資 496
Kuo Tzŭ Chang 郭子章 491
Kuo Tzŭ Hsing 郭子興 492
Kuo Wei Ching 郭維經 497
Kuo Wei Fan 郭維藩 497
Kuo Wei Hsien 郭惟賢 495
Kuo Wên Chou 郭文周 492
Kuo Yen Jên 郭彥仁 494
Kuo Ying 郭 英 494
郭 瑛 497
Kuo Ying Hsiang 郭應響 499
Kuo Ying K'uei 郭應奎 499
Kuo Ying P'in 郭應聘 499
Kuo Yu 郭 佑 493
Kuo Yü 郭 裕 495
Kuo Yü Ch'ing 郭遇卿 497
Kuo Yün 郭 雲 495
郭 鋆 498
Kuo Yung Ch'ing 郭永清 492
Kuo Ch'êng 國 盛 609
Kuo I 過 儀 738
Kung Chia Ch'êng 公家臣 95
Kung Nai 公 鼐 95
Kung Ju Ch'êng 貢汝成 417
Kung Yung Ku 鞏永固 798
Kung Ch'a 龔 畬 962
Kung Ch'ê 龔 澤 962
Kung Chên 龔 震 962
Kung Ch'i 龔 琦 962
Kung Ch'i Fêng 龔起鳳 961
Kung Ch'ien 龔 謙 962
Kung Ch'ih 龔 篪 962
Kung Ch'ing 龔 情 961
Kung Chü 龔 琚 962
Kung Ch'üan An 龔全安 961
Kung Fu 龔 紱 961
Kung Hsiao 龔 斆 963
Kung Hsien 龔 賢 961
Kung Hsu 龔 詡 962
Kung Hui 龔 輝 962
Kung Hung 龔 弘 960
Kung I-Ch'ing 龔一淸 960
Kung K'ai 龔 愷 962
Kung K'o Chêng 龔可正 960
Kung K'o P'ei 龔可佩 960
Kung Li 龔 理 961
Kung Mien 龔 勉 961
Kung San I 龔三益 960
Kung Sui 龔 鐩 963
Kung Ta Ch'i 龔大器 960
Kung Ta Nien 龔大稔 960
Kung Ta Yu 龔大有 960
Kung T'ai 龔 泰 961
Kung T'ing Hsiang 龔廷祥 961
Kung Tso Mei 龔作梅 961
Kung Wan Lu 龔萬祿 962
Kung Yu Ch'êng 龔有成 961
Kung Yüan 龔 源 961
Ku Yüan Hai 龔原海 961
Kung Yüan Hsiang 龔元祥 960
Kung Yung Chi 龔永吉 960
Kung Yung Ch'ing 龔用卿 960
K'ung Chên I 孔貞一 84
K'ung Chên P'u 孔貞璞 85
K'ung Chên Yün 孔貞運 84
K'ung Chin 孔 金 84
K'ung Hsi Hsüeh 孔希學 84
K'ung Hung Hsü 孔弘緒 84
K'ung Hung T'ai 孔弘泰 84
K'ung K'o Chien 孔克堅 84
K'ung K'o Jên 孔克仁 84
K'ung K'o Piao 孔克表 84
K'ung Kung Chao 孔公朝 84
K'ung Kung Hsün 孔公恂 83

K'ung Liang 孔 良 84
K'ung Lin 孔 麟 83
K'ung Na 孔 訥 85
K'ung T'ien Yin 孔天胤 83
K'ung Tun Wêng 孔敦翁 85
K'ung Yen Chin 孔彥縉 84
K'ung Yu Liang 孔友諒 83
K'ung Yung 孔 鏞 85
K'ung Yung Chih 孔永芝 84
K'ung Wên Shao 孔聞韶 85
K'ung Wên Ying 孔文英 83
Lai Chi Chih 來集之 301
Lai Chih Tê 來知德 301
Lai Ho 來 賀 301
Lai Ju Hsien 來汝賢 301
Lai Fu 來 復 301
Lai Ssŭ Hsing 來斯行 301
Lai T'ien Ch'iu 來天球 301
Lai Tsung Tao 來宗道 301
Lai Yen Jan 來儼然 301
Lai Fêng 賴 鳳 864
Lai T'ien Kuei 賴添貴 864
Lai Ying 賴 瑛 864
Lan Chang 藍 章 921
Lan Chih 藍 智 921
Lan Ch'ü 藍 渠 921
Lan Fu Sheng 藍福盛 921
Lan Jên 藍 仁 921
Lan Pi 藍 璧 922
Lan T'ien 藍 田 921
Lan Yü 藍 玉 921
Lang Min 郎 敏 401
Lang Ying 郎 瑛 401
Lao Pin 勞 玭 636
Lei Chê 雷 澤 694
Lei Fu 雷 復 694
Lei Ho 雷 賀 693
Lei Li 雷 禮 694
Lei Shih Chan 雷仕旃 693
Lei Shih Chên 雷士禎 693
Lei Shih T'an 雷仕檀 693
Lei T'ien 雷 塡 694
Lei Wên 雷 雯 693
Lei Yin Tso 雷縯祚 694
Lei Ying 雷 瀛 694
Lei Ying Lung 雷應龍 694
Lei Ying T'ung 雷應通 694
Lêng Yang Ch'un 冷陽春 160
Lêng Chien 冷 謙 779
Li Chin 力 金 5
Li Ang 李 昻 202
Li Chang 李 璋 221
Li Ch'ang 李 長 200
李 昶 203
李 [illegible] 205
Li Ch'ang Ch'i 李昌祺 202
Li Ch'ang Chün 李長春 200
Li Ch'ang Kêng 李長庚 200
Li Ch'ang Ling 李昌齡 202
Li Chao 李 釗 209
Li Ch'ao Hsien 李朝先 196
Li Chên 李 禎 218
李 震 222
Li Chên Chu 李禎宁 218
Li Chên Tso 李貞佐 206
Li Ch'ên 李 琛 213
Li Chêng 李 徵 223
Li Ch'êng 李 澄 218
Li Ch'êng Chi 李承箕 200
Li Chêng Fang 李承芳 200
Li Ch'êng Hsün 李承勛 200
Li Ch'êng Liang 李成梁 198
Li Ch'êng Ming 李成名 198
Li Ch'êng Shih 李成式 200
Li Ch'êng Yün 李乘雲 207
Li Chi 李 己 190
李 紀 206
李 楫 216
李 璣 224
李 繼 229
李 驥 231
Li Ch'i 李 玘 198
李 琦 231
李 祺 215
李 騏 228
Li Chi An 李吉安 195
Li Chi Chên 李繼貞 229
Li Chi Chun 李際春 219

Li Chia 李 嘉 218
Li Ch'iao 李 僑 220
Li Ch'iao K'un
李喬崑 215
Li Chieh 李 介 193
李 珏 203
李 傑 215
李 節 222
Li Chien 李 堅 210
Li Ch'ien 李 潛 221
李 遷 224
李 謙 227
Li Chien T'ai
李建泰 205
Li Ch'ien Tê
李乾德 210
Li Chih 李 植 213
李 質 223
Li Chih Hsüeh
李志學 198
Li Chih Kang
李至剛 195
Li Chih Tsao
李之藻 191
Li Chin 李 進 215
李 瑾 221
李 錦 226
Li Ch'in 李 秦 207
李 勤 214
Li Ching 李 經 217
李 鏡 229
Li Ching Fan
李景繁 215
Li Ching Jui
李景瑞 209
Li Ching Lun
李經綸 217
Li Ching Lung
李景隆 214
Li Ching Yüan
李景元 214
Li Ch'ing 李 清 209
李 情 210
李 慶 221
Lio Cho 李 若 217
Li Chü 李 舉 224
Li Ch'üan 李 銓 220
Li Chuang Ting
李壯丁 198
Li Ch'un 李 淳 201, 209,213
李 春 204
Li Ch'un Fang
李春芳 204
Li Ch'un Hsi
李春熙 204
Li Chün 李 俊 206
李 儁 222
李 濬 226
Li Chung 李 中 192
李 重 206
Li Chung Chên
李忠臣 202
Li Chung Chêng
李中正 192
Li Ch'ung 李 冲 195
李 寵 228
Li Ch'ung Cho
李充濯 195
Li Ch'ung Szŭ
李充嗣 195
Li Fan 李 蕃 224
Li Fang 李 芳 202
Li Fang Chih
李方至 191
Li Fên 李 蕡 224
Li Fêng 李 逢 212
李 鳳 220
Li Fêng Lai
李鳳來 221
Li Fêng Yang
李逢陽 212
Li Fu Ming
李輔明 219
Ki Fu Yang
李復陽 215
Li Hai 李 海 211,216
Li Han 李 漢 218
李 瀚 228
Li Han Ch'ên
李翰臣 224
Li Hao 李 浩 202
李 昊 202
Li Hêng 李 衡 226
Li Hêng Mao
李恒茂 203
Li Ho 李 和 203
Li Ho Ming
李鶴鳴 230
Li Hou 李 厚 207
Li Hsi 李 熙 219
李 習 210
李 錫 225,226
李 璽 228
Li Hsi K'ung
李希孔 199
Li Hsi Yen
李希顏 199
Li Hsiang 李 香 207
李 祥 210
李 湘 212
李 翔 213
Li Hsiang Chung
李向中 197
Li Hsien 李賢 221,222
李 憲 223
李 暹 225
李 顯 230
Li Hsien Ch'ing
李憲卿 223
Li Hsien Fang
李先芳 197
Li Hsien K'o
李獻可 229
Li Hsien Ming
李獻明 229
Li Hsin 李 信 206
李 新 216

Li Hsin Kuei 李信圭 206
Li Hsing 李 性 199
李 興 224
Li Hsüan 李 瑄 193
李 選 224
李 璿 228
Li Hsueh 李 學 225
Li Hsüeh I 李學一 225
Li Hsüeh Li 李學禮 225
Li Hsüeh Mei 李學梅 225
Li Hsüeh Shih 李學詩 225
Li Hsüeh Tsêng 李學曾 225
Li Hsüeh Yen 李學顏 228
Li Hsün 李 詢 216
李 勳 226
Li Hua Lung 李化龍 193
Li Huai 李 淮 209
Li Huai Hsin 李懷信 228
Li Huan 李 瓛 231
Li Hui 李惠 213,225
Li Hung 李 鋐 223
李 鴻 226
Li Hung Chien 李鴻漸 226
Li I 李 沂 197
李 疑 219
李儀 222,223
李 頤 224
李 懿 230
Li I Ch'ien 李以謙 194
Li Jang 李讓 230,231
Li Jao Min 李堯民 214
Li Jên 李 仁 193
李 任 196
Li Jên Chieh 李仁傑 193
Lên Jên Lung 李人龍 190
Li Jih Chang 李日章 192
Li Jih Ch'iang 李日強 192
Li Jih Fu 李日輔 193
Li Jih Hsüan 李日宣 192
Li Jih Hua 李日華 192
Li Jo Hsing 李若星 205
Li Ju 李 儒 226
Li Ju Chang 李如樟 197
Li Ju Chên 李如楨 197
Li Ju Hsiang 李汝相 197
Li Ju Hua 李汝華 195
Li Ju Kuei 李如圭 196
Li Ju Mei 李如梅 197
Li Ju Po 李如柏 196
Li Ju Sung 李如松 196
Li Ju Ts'an 李汝燦 195
Li Ju Yüeh 李如月 196
Li Jung 李 榮 198
李 庸 209
Li K'ai 李 楷 216
李 愷 216
Li K'ai Fang 李開芳 214
Li K'ai Hsien 李開先 213
Li K'an 李 侃 203
Li Kao 李 杲 201
Li Kang 李 綱 220
Li Kêng 李 耿 207
Li K'êng 李 鏗 230
Li K'o 李 擴 228
Li K'o Ta 李可大 194
Li K'o Têng 李可登 194
Li Kuan 李 貫 210
李 琯 213
Li Kuang 李 廣 221
Li K'uang 李 匡 196
Li Kuang Han 李光翰 196
Li Kuei 李 貴 214
Li Kuei Ho 李貴和 214
Li K'uei 李 揆 202
李 奎 204
Li K'uei Lung 李夔龍 230
Li Kun 李 蓘 220
Li K'un 李 昆 202
李 琨 213
Li Kung 李 貢 207
Li K'ung Hsiu 李孔修 192
Li Kuo P'u 李國檣 211
Li Kuo Shih 李國士 211
Li Lai 李 淶 209
Li Lan 李 柟 225
Li Liang 李 良 197
Li Lien 李 璉 221
李 濂 223
Li Liu Fang 李流芳 207
Li Lu 李 祿 215
Li Lun 李 崙 210
李 綸 220
Li Lung 李 隆 214
Li Mao 李 茂 205
Li Mao Ch'un 李茂春 205
Li Mao Hung 李茂弘 205
Li Mao Kung 李茂功 204
Li Mao Ts'ai 李茂才 205
Li Mêng Ch'ên 李夢辰 219
Li Mêng Keng 李夢庚 219

Li Mêng Yang 李夢陽 219
李孟暘 200
Li Mien 李冕 210
Li Min 李旻 201
李敏 211
Li Ming 李銘 220
Li Mo 李模 222
李默 225
Li Mo K'uai 李懋檜 227
Li Mu 李木 192
李楘 217
Li Nai 李柰 204
Li Nan Ko 李南哥 205
Li Nien 李念 203
Li Ning 李寧 203
Li P'an 李槃 220
Li P'an Lung 李攀龍 229
Li Pang 李邦 191
Li Pang Hua 李邦華 199
Li Pang I 李邦義 199
Li Pang Tso 李邦佐 199
Li Pei 李卑 202
Li Pen 李本 194
Li Pi 李璧 224
Li Piao 李標 222
Li Pin 李彬 210
李斌 210
李賓 218
Li Ping 李秉 202,203
Li Ping I 李秉彝 203
Li Po Yü 李伯嶼 198
Li P'u 李朴 196
Li San Ts'ai 李三才 190
Li Shan 李珊 204
李善 212
Li Shan Ch'ang 李善長 212
Li Shao 李紹 211
Lii Shao Hsien 李紹賢 211
Li Shen 李紳 211
李森 213
Li Shêng 李昇 202,222
李晟 210
Li Shêng Ch'un 李盛春 214
Li Shih 李時 208
李實 218
Li Shih Chên 李時珍 208
Li Shih Ch'êng 李時成 208
Li Shih Ch i 李世祺 194
Li Shih Hsing 李時行 208
李時興 209
Li Shih Jung 李時榮 209
Li Shih Lu 李仕魯 195
Li Shih Mien 李時勉 208
Li Shih Min 李時敏 208
Li Shih Shih 李士實 190
Li Shih Ta 李世達 194
Li Shih Wên 李士文 190
Li Shou Ching 李守經 212
Li Shu 李庶 209
李淑 209
Li Shu Chêng 李叔正 202
Li Shun 李巽 213
Li Su 李素 208
Li Sui 李遂 216
李鐩 230
李澻 223
Li Sun 李遜 217
Li Sun Chên 李舜臣 215
Li Sun Ch'eng 李孫宸 208
Li Sun Hsüeh 李遜學 218
Li Sung 李嵩 217
Li Sung Hsiang 李崧祥 211
Li Szŭ 李嗣 217
Li Szŭ Ch'êng 李思誠 206
Li Szŭ Ch'i 李思齊 206
Li Szŭ Wei 李四維 194
Li Ta 李達 216
Li Ta Chi 李大吉 190
Li Tai 李岱 203
李戴 227
Li Tai Wên 李待問 206
Li T'ai 李泰 207
李臺 219
Li Tan 李旦 194
Li T'an 李坦 201
李曇 230
Li T'ang 李棠 196,214
李鏜 204
李堂 211
Li T'ao 李燾 228
Li Tê 李德 223
Li Tê Ch'êng 李得成 212
Li Tê Ch'un 李得春 212
Li T'êng Fang 李騰芳 229
Li T'i 李倜 209
李提 215
Li T'ien Chih 李天植 191
Li T'ien Ching 李天經 191

Li T'ien Ch'ung 李天寵 191
Li Ting 李 霆 192
李 鼎 217
Li T'ing 李 挺 208
Li T'ing Chi 李廷機 199
Li T'ing Hsiang 李廷相 194,199
Li T'ing I 李廷儀 199
Li To 李 鐸 230
Li Tsai 李 在 196
Li Ts'ai 李 材 198
Li Ts'ai Fei 李采菲 203
Li Tsan 李 贊 229
李 瓚 230
李 讚 231
Li Ts'ang 李 滄 215
Li Tso 李 佐 198
Li Ts'un Wên 李存文 196
Li Ts'ung 李 聰 227
Li Ts'ung Kuang 李崇光 211
Li Tsung Lu 李宗魯 200
Li Tsung Shu 李宗樞 200
Li Tu 李 杜 196
Li Tung 李 棟 193
李 東 203
Li Tung Hua 李東華 200
Li Tung Yang 李東陽 201
Li T'ung Fang 李同芳 196
Li Tzŭ 李 贊 228
Li Tzŭ Ch'êng 李自成 197
Li Tzŭ Hsing 李孜省 198
Li Wan Ch'ing 李萬慶 217
Li Wan Shih 李萬實 217
Li Wên 李 文 190
李 汶 197
Li Wên Chin 李文進 191
Li Wên Chung 李文忠 190
Li Wên Hsiang 李文祥 191
Li Wên Li 李文利 190
Li Wên Min 李文敏 191
Li Wên Yu 李文郁 191
Li Wên Yung 李文詠 191
Li Wei 李 渭 212
李 偉 212
李 緯 223
Li Wei Chên 李維楨 220
Li Wei Han 李維翰 220
Li Wei Ts'ung 李惟聰 210
Li Yang 李 瑒 216
Li Yang Chêng 李養正 221
Li Yang Ch'un 李陽春 214
Li Yang Ch'ung 李養冲 221
Li Yen 李 衍 206
Li Yen Kung 李言恭 198
Li Ying 李 英 205
李 潁 225
李 瀅 226
Li Ying Chên 李應禎 227
Li Ying Chien 李應薦 227
Li Ying Ho 李應和 227
Li Ying Hsiang 李應祥 227
Li Ying Keng 李應庚 227
Li Ying Shêng 李應昇 227
Li Yu 李 佑 199
李 郁 204
Li Yu Chih 李友直 192
Li Yu Tang 李右讜 194
Li Yu Tzŭ 李幼滋 195
Li Yü 李 玉 194
李 昱 205
李 裕 216
李 瑜 216
李 愚 217
李 愈 217
Li Yü Hêng 李豫亨 224
Li Yü Shan 李輿善 217
Li Yü Yüan 李遇元 217
Li Yüan 李 源 215
李 遠 218
Li Yüan Ming 李源名 215
Li Yüan Shou 李元壽 191
Li Yüan Yang 李元陽 191
Li Yüeh 李 鉞 215,217
李 樂 223
Li Yün 李 雲 213
李 橒 224
Li Yün Chien 李允簡 193

Li Yung 李顒 228
Li Yung Chên 李永貞 193
Li Yung Ching 李用敬 195
Li Yung T'ung 李永通 194
Li ch'i 栗祁 420
Li Chieh 栗節 420
Li Ying Hung 栗應宏 420
Li Ying Lin 栗應麟 420
Li Tsai T'ing 栗在庭 420
Li Ju Chin 厲汝進 794
Li Shêng 厲昪 794
Li Chên 黎貞 817
Li Ch'êng 黎澄 818
Li Chin 黎近 817
Li Fêng 黎鳳 818
Li Fu 黎福 817
Li Kuan 黎貫 817
Li Kuang 黎光 816
Li Hung Yeh 黎弘業 816
Li Liang 黎良 817
Li Min An 黎民安 815
Li Min Piao 黎民表 816
Li Shên 黎慎 817
Li Shih 黎奭 818
Li Shun 黎淳 817
Li Sui Ch'iu 黎遂球 817
Li T'ien 黎恬 817
Liang Chên 梁震 477
Liang Ch'ên 梁辰 475
Liang Ch'ên Yü 梁辰魚 405
Liang Ch'êng Hsüeh 梁承學 475
Liang Chi 梁紀 475
Liang Ch'iao 梁橋 478
Liang Chien 梁儉 477
Liang Ch'ien 梁潛 477
Liang Chih Jên 梁志仁 475
Liang Ching 梁景 476
梁璟 478
Liang Cho 梁焯 476
Liang Chou 梁輈 476
Liang Ch'u 梁儲 478
Liang Chung Chieh 梁中節 474
Liang Fang 梁芳 455
Liang Hsiang 梁相 577
Liang I Chang 梁以樟 474
Liang Ko 梁格 476
Liang Ku 梁穀 477
Liang Kuan 梁覲 478
Liang Kuo 梁果 477
Liang Liang Yü 梁良玉 474
Liang Liang Yung 梁良用 475
Liang Mêng Lung 梁夢龍 477
Liang Ming 梁銘 477
Liang Mu 梁楘 478
Liang Pên 梁本之 474
Liang P'u 梁溥 476
Liang Shao Ju 梁紹儒 476
Liang Shih 梁式 474
梁時 476
Liang Tê Yüan 梁德遠 477
Liang T'ien Yü 梁田玉 474
Liang T'ing Chên 梁廷振 475
Liang T'ing Tung 梁廷棟 475
Liang Ts'ai 梁材 475
Liang Ts'ê 梁策 476
Liang Tung 梁洞 475
Liang Tzŭ 梁資 478
Liang Tzŭ Ch'i 梁子琦 474
Liang Yao 梁瑤 476
Liang Ying 梁寅 476
Liang Yu Yü 梁有譽 474
Liang Yü 梁昱 475
Liang Yü Ssŭ 梁于涘 474
Liang Yung 梁永 474
梁鏞 478
Liang Wan 梁紈 476
Liang Wan Chüeh 梁萬爵 477
Liang Wên Mêng 梁問孟 476
Liao Wu 了吾 5
Liao Jang 聊讓 609
Liao Chên 廖震 750
Liao Chi 廖紀 750
Liao Chin 廖謹 750
Liao Ch'in 廖欽 750
Liao Chuang 廖莊 750
Liao Jung 廖鏞 750
Liao Mo 廖謨 750
Liao P'ing 廖平 749

Liao Shêng 廖 昇 749
Liao Tao Nan 廖道南 750
Liao T'ien Ming 廖天明 749
Liao Yung An 廖永安 749
Liao Yung Chung 廖永忠 749
Lien K'uang 連 鑛 512
Lien Ying 連 楹 512
Lien Hsün 練 埍 815
Lien Kang 練 綱 815
Lien Kao 練 高 815
Lien Tzŭ Ning 練子寧 815
Lin Chang 林 章 297
Lin Ch'ang 林 昌 295
Lin Ch'ang Mao 林長懋 292
Lin Chao Ên 林兆恩 291
Lin Chao Ting 林兆鼎 291
Lin Ch'ao 林 潮 297
Lin Ch'êng 林 誠 296
Lin Chêng Lung 林正隆 296
Lin Chi 林 垐 292
Lin Chia Yu 林嘉猷 297
Lin Ch'iao 林 樵 297
Lin Chih 林 智 296
林 誌 296
Lin Chih Shêng 林之盛 290
Lin Chin 林 錦 297
Lin Chin Lung 林近龍 292
Lin Ching 林 烴 295
Lin Ching Yang 林景暘 295
Lin Chün 林 俊 293
Lin Ch'un 林 春 293
林 椿 296
Lin Ch'un Chê 林春澤 293
Lin Chung 林 鍾 298, 299
Lin Fu 林 符 295
林 富 295
Lin Han 林 釬 295
林 瀚 299
Lin Hao 林 [illegible] 297
Lin Hsi Yin 林希蔭 292
Lin Hsi Yüan 林希元 292
Lin Hsiao 林 霄 297
Lin Hsien 林 憲 294
Lin Hsing Chih 林性之 292
Lin Hsing Tsu 林興祖 297
Lin Hsüan 林 炫 293
Lin Hua 林 華 295
Lin Huai Ting 林槐庭 295
Lin Huai 林 淮 294
Lin Huan 林 環 298
Lin Hung 林 洪 292
林 鴻 298
Lin I 林 沂 291
Lin I Yang 林一陽 288
Lin Jih Jui 林日瑞 290
Lin Ju Chu 林汝翥 290
Lin Ju Ts'u 林如楚 291
Lin Jun 林 潤 297
Lin Jung 林 榮 297
Lin K'o Hsien 林克賢 291
Lin Kuan 林 觀 298
Lin Kuang 林 光 291
Lin Kun 林 焜 296
Lin Kung Fu 林公黼 290
Lin Lan Yu 林蘭友 299
Lin Li 林 立 290
Lin Liang 林 良 291
Lin Lieh 林 烈 294
Lin Lien 林 燫 298
Lin Mao Ho 林懋和 299
Lin Mao Ta 林茂達 293
Lin Mêng 林 夢 290
Lin Mei 林 嵋 295
Lin Ming 林 命 292
Lin O 林 鶚 299
Lin P'an 林 泮 292
Lin P'ei 林 培 295
Lin Pin Han 林秉漢 229
Lin Pu 林 補 296
Lin Pu Hsi 林不息 290
Lin Shang Yüan 林上元 289
Lin Hsieh Ch'un 林偕春 295
Lin Shih 林 碩 297
Lin Shih 林 時 294
Lin Shih Chang 林士章 289
Lin Shih Tui 林時對 294
Lin Shih Yo 林時躍 294
Lin Shou An 林守菴 299
Lin Shu 林 塾 296
Lin Shu Ch'ing 林淑清 685
Lin Szŭ Ch'êng 林思承 293

Lin Ta 林 達 296
Lin Ta Ch'in
林大欽 289
Lin Ta Ch'un
林大春 289
Lin Ta Lo 林大輅 289
Lin Ta Yu 林大猷 289
Lin T'ang 林 瑭 297
Lin Tao An
林道安 296
Lin Tao Nan
林道楠 296
Lin T'ieh Mu Êr
林帖木兒 292
Lin T'ing Ang
林庭㭿 294
Lin T'ing Chi
林庭機 294
Lin T'ing Ch'un
林挺春 294
Lin T'ing Hsien
林廷憲 291
Lin T'ing Hsüan
林廷選 291
Lin T'ing Hsüeh
林庭壆 294
Lin T'ing Yü
林廷玉 291
Lin Tsai 林 宰 293
Lin Ts'ai 林 材 291
Lin Tsu Shu
林祖述 293
Lin Ts'ung 林 聰 298
Lin T'ung 林 同 291
Lin Wan Ch'ao
林萬潮 296
Lin Wên 林 文 289
Lin Wên Chün
林文俊 289
Lin Wên Hua
林文華 289
Lin Wên Ti
林文廸 289
Lin Wên Ting
林文定 289
Lin Yao 林 燿 296
Lin Yao Yü 林堯俞 295
Lin Ying Chao
林應召 299
Lin Ying Liang
林應亮 298
Lin Ying Piao
林應標 298
Lin Ying Ts'ung
林應聰 298
Lin Yu 林 右 290
Lin Yu Fu 林有孚 290
Lin Yu Nien
林有年 290
Lin Yü 林 瑜 296
林 璵 299
Lin Yüan 林 源 296
Lin Yüan Fu
林元甫 290
Lin Yüan Hsü
林元旭 293
Lin Yüeh 林 岳 292
林 鉞 296
Lin Yün T'ung
林雲同 295
Lin Yung 林 雍 296
Lin Ch'i 藺 琦 945
Lin Ch'ung Shan
藺從善 945
Lin Fang 藺 芳 945
Lin Kang Chung
藺剛中 945
Ling Hu Ts'ung
令狐璁 116
Ling Chên 凌 震 497
Ling Chih Lun
凌稚隆 479
Ling Ch'ih Yin
凌嗣音 479
Ling Chin 凌 錦 479
Ling Chiung
凌 駉 479
Ling Han 凌 漢 479
Ling Hsiang
凌 相 478
Ling I Ch'ü
凌義渠 479
Ling Ju 凌 儒 479
Ling Ju Chih
凌汝志 478
Ling Shih Shao
凌世韶 478
Ling Ti Chih
凌廸知 478
Ling Wên Shao
凌文紹 478
Ling Yen Ju
凌晏如 478
Ling Yüeh Yen
凌約言 478
Ling Yün 凌 雲 479
Ling Yun I 凌雲翼 479
Liu Ching Chung
柳敬中 357
Liu Ch'ih 柳 豸 357
Liu Hsün 柳 珣 357
Liu Hua 柳 華 357
Liu I Ching
柳一景 357
Liu P'u 柳 溥 357
Liu Sheng 柳 升 357
Liu Ying 柳 瑛 357
Liu Chih Chi
覀志及 637
Liu Chih Shu
覀志淑 637
Liu An 劉 安 829
Liu Ang 劉 昂 836
Liu Ch'an 劉 孱 853
Liu Chang 劉璋 828,854
劉 漳 850
Liu Ch'ang 劉 昌 835
Liu Ch'ang Tso
劉昌祚 835

Liu Chao 劉 昭 838
劉 詔 845
Liu Chao Chi
劉肇基 851
Liu Chao O
劉朝噩 845
Liu Chao Yüan
劉兆元 828
Liu Ch'ê Ch'ing
劉澤清 855
Liu Chên 劉 眞 839
劉 震 853
Liu Chên Chih
劉振之 840
Liu Ch'ên 劉 辰 830
Liu Chêng 劉 政 836, 851
Liu Ch'êng 劉 成 831
劉 稱 849
劉 誠 850
Liu Ch'êng Chih
劉成治 831
Liu Ch'êng Fu
劉澄甫 852
Liu Ch'êng Mu
劉成穆 831
Liu Chi 劉 吉 829
劉 岌 831
劉 紀 838
劉 基 842
劉 畿 854
劉 璣 855
劉 機 856
劉 濟 857
Liu Ch'i 劉 琦 845
劉 祺 848
Liu Chi Ch'ih
劉季篪 835
Liu Chi Tao
劉季道 835
Liu Chi Tsung
劉繼宗 859
Liu Chi wên
劉繼文 859
Liu Ch'i Tsung
劉起宗 840
Liu Chia Yin
劉佳胤 836
Liu Chia Yu
劉嘉緒 835
Liu Ch'iao 劉 喬 847
Liu Chieh 劉 傑 823, 832, 846
劉 訏 839
劉 節 854
Liu Chien 劉 鑑 840
劉 健 843
劉 薦 848
劉 儉 854
劉 戩 851
Liu Ch'ien 劉 乾 843
劉 謙 857
Liu Chih 劉 淛 841
Liu Chih Chung
劉致中 840
Liu Chih Fêng
劉之鳳 823
Liu Chih Hsüan
劉志選 831
Liu Chih Lun
劉之綸 823
Liu Chih Po
劉之勃 823
Liu Chih Shon
劉志壽 831
Liu Chih Yeh
劉志業 831
Liu Chin 劉 縉 846
劉 瑾 853
劉 謹 858
Liu Ch'in Shun
劉欽順 847
Liu Ching 劉 涇 838
劉 敬 849
劉 璟 856
劉 靜 856
Liu Ching Hsiang
劉景祥 853
Liu Ching Shao
劉景韶 846
Liu Ching Wei
劉經緯 849
Liu Ch'ing 劉 清 841
劉 慶 853
Liu Chio 劉 慤 853
劉 塙 848
Liu Ch'iu 劉 球 842
Liu Cho 劉 倬 841
Liu Chụ 劉 菹 831, 849
Liu Ch'u 劉 渠 844
Liu Ch'u Hsien
劉楚先 848
Liu Ch'u Hsin
劉儲秀 859
Liu Chü 劉 聚 851
劉 炬 841
Liu Ch'üan 劉 泉 838
Liu Chüeh 劉 珏 836
Liu Chun 劉 準 847
Liu Ch'un 劉 春 837
Liu Chün 劉 均 831
劉 俊 838
劉 鈞 844
劉 儁 854
Liu Chụn P'ei
劉君培 830
Liu Chung 劉 忠 834
Liu Ch'ung
劉 翀 839
Liu Chung Chih
劉仲質 830
Liu Chung Fu
劉中敷 825
Liu Chung Li
劉中立 825
Liu Chung Lun
劉仲倫 824
Liu Chung Tsao
劉中藻 825

Liu En Tsê 劉恩澤 840
Liu Erh Mu 劉爾牧 851
Liu Fang I 劉芳奕 834
Liu Fen Yung 劉奮庸 856
Liu Fêng 劉 鳳 852
劉 鐸 857
Liu Fêng I 劉鳳儀 852
Liu Fêng Kai 劉逢愷 844
Liu Fu 劉 輔 828
劉 孚 833
劉 溥 847
劉 福 850
劉 敷 854
劉 黻 858
Liu Hai 劉 海 838
Liu Han 劉漢 820,850
劉 瀚 859
Liu Hao 劉 昊 835
劉 浩 838
劉 鎬 858
Liu Hêng 劉 亨 830
Liu Hsi 劉 璽 859
Liu Hsi Chien 劉希簡 833
Liu Hsi Hsüan 劉錫玄 857
Liu Hsi Tsu 劉熙祚 848
Liu Hsi Wên 劉希文 833
Liu Hsiao 劉 校 840
劉 曉 856
劉 斅 859
Liu Hsiao Tsu 劉效祖 839
Liu Hsieh 劉 諧 855
Liu Hsien 劉 先 830
劉 咸 837
劉 憲 855
劉 顯 860
Liu Hsien Ch'ung 劉憲寵 855
Liu Hsiu Chi 劉修己 838
Liu Hsiung 劉 雄 846
Liu Hsü 劉 旭 830
劉 翊 839
Liu Hsüan 劉 宣 836
劉 鉉 849
Liu Hsüeh Chu 劉學朱 856
Liu Hsüeh I 劉學易 856
Liu Hsün 劉 洵 836
Liu Hu 劉 祜 836
Liu Hu 劉 焀 842
Liu Hua Fu 劉華甫 846
Liu Hua Kuang 劉化光 826
Liu Huai 劉 淮 841
Liu Huan 劉 桓 840
劉 渙 844
Liu Huang Shang 劉黃裳 846
Liu Hui 劉 徽 858
劉 繪 859
Liu Hui Ch'ang 劉會昌 849
Liu Hung 劉 弘 828
劉 洪 836
劉 紘 841
Liu Hung Hsün 劉鴻訓 857
Liu Hung Tao 劉弘道 828
Liu I 劉 彝 837
劉 益 839
劉 繹 859
Liu I Ching 劉一燝 820
Liu I Hsiang 劉一相 820
Liu I Ju 劉一儒 820
Liu I K'uan 劉一[illegible] 820
Liu I K'un 劉一焜 820
Liu I Lin 劉一麟 820
Liu I Lung 劉一龍 820
Liu Jên 劉 訒 839
Liu Jên Chai 劉仁宅 825
Liu Jih Shêng 劉日升 825
Liu Jo Tsai 劉若宰 837
Liu Jo Yü 劉若愚 837
Liu Ju Ch'ing 劉汝靖 828
Liu Ju Ch'ung 劉如寵 830
Liu Ju Nan 劉汝楠 828
Liu Jui 劉 瑞 848
Liu Jung 劉 容 838
Liu Kai 劉 槩 854
Liu K'ai 劉 炌 834
Liu Kan 劉 幹 848
Liu Kang 劉 剛 837
劉 綱 852
Liu Kao 劉 杲 835
劉 臯 841
Liu Ko Shün 劉可訓 826
Liu Ku 劉 固 835
Lin Kuan 劉 琯 845
劉 觀 838,852
Liu Kuang Ch'i 劉光濟 830
Liu Kuang Fu 劉光復 829
Liu Kuang Hêng 劉廣衡 853
Liu Kuang Tso 劉光祚 829

Liu Kuei 劉 規 837
Liu K'uei 劉 魁 851, 852
劉 夔 860
Liu Kung 劉 恭 840
Liu K'ung Ho 劉孔和 825
Liu K'ung Hui 劉孔暉 825
Liu Kuo Nêng 劉國能 843
Liu Li Shun 劉理順 842
Liu Liang 劉 亮 844
劉 諒 853
Liu Lien 劉璉 853,854
劉 濂 855
Liu Lin 劉 麟 860
Liu Lu 劉 祿 847
劉 魯 855
Liu Lun 劉 崙 843
Liu Lung 劉 龍 855
Liu Mao 劉 髦 851
Liu Mêng 劉 孟 834
Liu Mêng To 劉孟鐸 834
Liu Mêng Yung 劉孟雍 834
Liu Mien Tsu 劉綿祚 852
Liu Min 劉 敏 844
劉 閔 845
Liu Min K'uan 劉敏寬 844
Liu Mou 劉 懋 858
Liu Mu 劉 幕 851
劉 穆 856
Liu Ning 劉 寧 851
Liu Pang Ts'ai 劉邦采 833
Liu P'ang 劉 滂 847
Liu Pê 劉 勃 824
Liu Pê Chi 劉伯吉 832
Liu Pê Hsieh 劉伯燮 832
Liu Pê Wan 劉伯完 832
Liu Pê Yao 劉伯躍 832
Liu Pê Yü 劉伯愚 832
Liu Pê Yüan 劉伯淵 832
Liu Pên Tao 劉本道 827
Liu Pêng Nien 劉彭年 840
Liu P'i 劉 鸊 845
劉 璧 858
Liu Pin 劉 玭 834
劉 彬 834
劉 玭 845
Liu Pin Chien 劉秉監 835
Liu Ping 劉 丙 827
劉 昺 837,839
Liu Pu Hsi 劉不息 825
Liu P'u 劉 璞 856
Liu San Lo 劉三樂 821
Liu San Wei 劉三畏 821
Liu San Wu 劉三吾 820
Liu Shang Chih 劉尙志 835
Liu Shên 劉 伸 832
劉 紳 844
劉 愼 852
Liu Shên Hsi 劉申錫 828
Liu Shên Ch'êng 劉深成 844
Liu Shêng Ho 劉生和 828
Liu Shih 劉 仕 828
劉 實 850
Liu Shih Ch'ang 劉世昌 827
Liu Shih Chi 劉士驥 822
Liu Shih Ch'i 劉士奇 822
Liu Shih Ching 劉士璟 822
Liu Shih Ch'ung 劉時寵 840
Liu Shih Fang 劉世芳 827
Liu Shih Hsiao 劉時斆 840
Liu Shih Hsüan 劉仕貆 828
Liu Shih K'o 劉世科 827
Liu Shih Lung 劉世龍 827
Liu Shih Tsêng 劉世曾 827
Liu Shih Tou 劉士斗 822
Liu Shih Yang 劉世揚 827
Liu Shih Ying 劉師穎 841
Liu Shih Yüan 劉士元 822
Liu Shou 劉 受 836
Liu Shu 劉 洙 836
劉 恕 841
劉 曙 858
Liu Shu Hsiang 劉淑相 841
Liu Shu Pi 劉叔毖 834
Liu Shun 劉 淳 841
Liu Sun 劉 遜 851
Liu Sung 劉 崧 843
Liu Szŭ Chieh 劉斯潔 845
Liu Szŭ Hsien 劉思賢 837

Liu Szŭ Lai 劉斯崍 845
Liu Szŭ wên 劉思問 837
Liu Ta Chih 劉大直 821
Liu Ta Hsia 劉大夏 821
Liu Ta Mo 劉大謨 822
Liu Ta Nien 劉大年 821
Liu Ta Pin 劉大賓 820
Liu Tai 劉 泰 840
劉 臺 851
劉 台 828
Liu T'ang 劉 鏜 843
Liu T'ao 劉 燾 858
Liu Tao Li 劉道立 848
Liu T'i 劉 禔 850
Liu T'i Ch'ien 劉體乾 860
Liu Tien 劉 點 855
Liu T'ien Ch'i 劉天麒 825
Liu T'ien Ho 劉天和 824
Liu T'ien Min 劉天民 824
Liu T'ien Shou 劉天授 825
Liu Ting Chih 劉定之 833
Liu T'ing 劉 挺 840
劉 綎 849
Liu T'ing Ch'ên 劉廷臣 831
Liu T'ing Ch'ih 劉廷敕 831
Liu T'ing Ch'uan 劉廷傳 832
Liu T'ing Hsün 劉廷訓 831
Liu T'ing Lan 劉廷蘭 832
Liu T'ing Mei 劉廷梅 832
Liu T'ing P'ei 劉廷佩 839
Liu T'ing Piao 劉廷標 832
Liu T'ing Tsuan 劉廷瓚 832
Liu To 劉 鐸 859
Liu Ts'ai 劉 才 822
劉 材 831
劉 采 836
Liu Ts'ang 劉 蒼 851
Liu Ts'ê 劉 策 847
Liu Tso 劉 祚 828
劉 佐 832
Liu Tsuan 劉 瓚 860
Liu Tsui 劉 最 846
Liu Ts'un I 劉存義 829
Liu Ts'un Yeh 劉存業 829
Liu Tsung 劉 琮 838
Liu Tsung Chou 劉宗周 833
Liu Tsung Pi 劉宗弼 833
Liu Ts'ung 劉 聰 858
Liu Ts'ung Hsüeh 劉從學 844
Liu Tuan 劉 端 850
Liu Tung 劉 棟 845
Liu Tsung Hsing 劉東星 834
Liu T'ung Shêng 劉同升 829
Liu Tzŭ 劉 孜 630
劉 贄 858
Liu Tzŭ Ch'iang 劉自強 630
Liu Tzŭ Ch'in 劉子欽 821
Liu Tzŭ Fu 劉子輔 821
Liu Tzŭ Li 劉子厲 821
Liu Wang Chih 劉望之 842
Liu Wên 劉 文 822
劉 穩 859
Liu Wên Chuang 劉文莊 823
Liu Wên Huan 劉文煥 823
Liu Wên Jui 劉文瑞 823
Liu Wên Min 劉文敏 823
Liu Wên Ping 劉文炳 823
Liu Wên Yao 劉文耀 823
Liu Wei 劉 煒 847
劉 瑋 848
劉 維 852
Liu Wei Ch'ien 劉惟謙 842
Liu Wu 劉 梧 843
Liu Wu Hui 劉五諱 825
Liu Yang 劉 陽 845
Liu Yang Chih 劉養直 853
Liu Yao Hui 劉堯誨 846
Liu Yen 劉 儼 860
Liu Yin 劉 禋 850
Liu Ying 劉 英 837
劉 潁 856
劉 纓 860
Liu Ying Chieh 劉應節 857
Liu Ying Ch'iu 劉應秋 857

Liu Ying Fêng 劉應峯 857
Liu Ying Lung 劉應龍 858
Liu Ying Yü 劉應遇 857
Liu Yu Jên 劉友仁 825
Liu Yu Nien 劉有年 829
Liu Yü 劉 于 821
劉 玉 826
劉 宇 828
劉 昱 837
劉 釪 844
劉 隅 845
劉 瑀 848
Liu Yü Ch'êng 劉玉成 827
Liu Yü K'uei 劉虞夔 849
Liu Yü Liang 劉宇亮 828
Liu Yü Lieh 劉宇烈 828
Liu Yüan Chên 劉元珍 823
劉元震 824
Liu Yüan Ch'ing 劉元卿 824
劉源清 847
Liu Yüan Fang 劉原芳 854
Liu Yüan Jan 劉淵然 841
Liu Yüan Lin 劉元霖 824
Liu Yüan Pi 劉原弼 839
Liu Yüeh 劉 約 838
劉 鉞 849
Liu Yüeh Ning 劉日寧 825
Liu Yün 劉 允 826
劉 鈗 846
Liu Yün Chung 劉允中 826
Liu Yung 劉 永 826, 846
劉 榮 850
Liu Yung Ch'êng 劉永誠 826
劉永澄 826
Liu Yung Chih 劉永之 826
Liu Yung Hsi 劉永錫 826
Liu Yung Tso 劉永祚 826
Liu Yung Tz'u 劉榮嗣 850
Lo Ang 雒 昂 773
Lo Tsun 雒 遵 773
Lo Tzu Jên 雒子仁 773
Lo Ts'ung Yü 駱從宇 865
Lo Wên Li 駱問禮 865
Lo Wên Shêng 駱文盛 865
Lo Yung 駱 顒 865
Lo Yung Ch'ing 駱用卿 865
Lo An 羅 安 934
Lo Chang 羅 璋 940
Lo Ch'ên 羅 珵 937
Lo Chi 羅 玘 935
Lo Chia Pin 羅嘉賓 940
Lo Chiao 羅 僑 940
Lo Ch'ih 羅 旎 940
Lo Chin 羅 錦 934
羅 晉 937
Lo Ch'in Chung 羅欽忠 938
Lo Ch'in Shun 羅欽順 938
Lo Ch'in Tê 羅欽德 939
Lo Ching 羅 璟 940
Lo Ching Yüan 羅㬌遠 935
Lo Chüan 羅 銓 940
Lo Ch'ung K'uei 羅崇奎 937
Lo Fang 羅 方 934
Lo Fêng 羅 鳳 940
Lo Fu Jên 羅復仁 938
Lo Fu Lung 羅伏龍 935
Lo Hêng Hsin 羅亨信 935
Lo Hsien 羅 賢 940
Lo Hsing 羅 性 935
Lo Hsün 羅 循 938
Lo Hung Hsien 羅洪先 936
Lo I 羅 義 939
羅 綺 940
Lo I Kuan 羅一貫 933
Lo I Li 羅一禮 934
Lo Jên Fu 羅仁夫 935
Lo Jou 羅 柔 936
Lo Ju Ching 羅汝敬 934
Lo Ju Fang 羅汝芳 934
Lo Ju Yung 羅汝墉 935
Lo K'un T'ai 羅坤泰 936
Lo Kung Pi 羅拱璧 939
Lo Kuo Huan 羅國瓛 937
Lo Liang 羅 良 935
Lo Lin 羅 麟 939
Lo Lo 羅 輅 939
Lo Lun 羅 倫 936
Lo Ming 羅 明 936

Lo Ping Chung 羅秉忠 936
Lo Shan 羅 善 938
Lo Shang Pin 羅尚賓 936
Lo Sheng 羅 晟 937
Lo Shih T'ing 羅世亭 940
Lo Ta Hung 羅大紘 933
Lo T'ai 羅 泰 936
Lo T'ien Yu 羅天祐 934
Lo T'ing Hsiu 羅廷繡 935
Lo Tuan 羅 端 939
Lo T'ung 羅 通 937
Lo Wan Hua 羅萬化 939
Lo Wan Ts'ao 羅萬藻 939
Lo Wei 羅 瑋 939
Lo Yao 羅 瑤 940
Lo Yeh 羅 璪 941
Lo Ying P'ing 羅應聘 941
Lo Yü Ch'êng 羅虞臣 939
Lo Yü I 羅喻義 938
Lo Yüan 羅 源 939
Lo Yung Chün 羅用俊 939
Lou Ch'ên 婁 忱 611
Lou Chien 婁 堅 611
Lou Ch'ien 婁 謙 611
Lou Chih Tê 婁志德 611
Lou Ch'ing 婁 慶 802
Lou Hsiu 婁 琇 611
Lou Kuei Li 婁鬼里 611
Lou Liang 婁 良 610
婁 諒 611
Lou Ch'êng 樓 澄 802
Lou Lien 樓 璉 802
Lu Shan Chi 鹿善繼 501
Lu Ao 陸 鰲 572
Lu Ch'ang 陸 昶 566
Lu Chê 陸 浙 568
Lu Chên 陸 震 571
陸 鎮 572
Lu Ch'êng 陸 偁 568
陸 澄 570
Lu Chi 陸 楫 569
Lu Chieh 陸 杰 567
Lu Chih 陸 治 566
Lu Chien 陸 柬 567
陸 簡 572
Lu Chiu Hsiao 陸九霄 571
Lu Chou 陸 州 566
Lu Chü 陸 矩 567
陸 璩 579
陸 聚 570
Lu Ch'üan 陸 銓 570
Lu Chung Shan 陸中善 565
Lu Ch'ung Hêng 陸仲亨 566
Lu Fêng 陸 俸 567
Lu Fêng I 陸鳳儀 570
Lu Fu 陸 溥 566, 569
Lu Hsiang 陸 祥 568
Lu Hsün 陸 塤 569
Lu Hua Shun 陸化淳 565
Lu I 陸 釴 569
Lu Jung 陸 容 567
Lu Kai 陸 愷 569
Lu K'o Chiao 陸可教 565
Lu Kuang 陸 廣 570
Lu Kuang Chai 陸光宅 566
Lu Kuang Tsŭ 陸光祖 565
Lu K'un 陸 崑 568
Lu Kuo 陸 果 565
Lu Li 陸 理 569
Lu Lun 陸 綸 570
Lu Mao Lung 陸懋龍 572
Lu Mêng Lung 陸夢龍 470
Lu Ming 陸 銘 566
Lu Mien 陸 沔 568
Lu Nan Yang 陸南陽 567
Lu O 陸 鈳 570
Lu Pang 陸 垹 567
Lu Pao 陸 寶 572
Lu P'ei 陸 培 568
Lu Pi 陸 弼 569
Lu Ping 陸 炳 566
Lu P'ing 陸 平 568
Lu Shang Chih 陸尚質 566
Lu Shên 陸 伸 566
陸 深 568
Lu Shih I 陸世儀 565
Lu Shih Jên 陸士仁 565
Lu Shih Tao 陸師道 567
Lu Shih Yung 陸時雍 579
Lu Shu Shêng 陸樹聲 571
Lu Shu Tê 陸樹德 571
Lu Sung 陸 松 567
陸 淞 568
Lu Ta Shou 陸大受 565
Lu Ts'ai 陸 采 566
Lu Ts'an 陸 粲 569
Lu Wan 陸 完 566
Lu Wei 陸 偉 568

Lu Wên 陸 穩 572
Lu Yen Chang 陸彥章 566
Lu Ying Lung 陸應龍 571, 572
Lu Yü 陸 瑜 569
陸 愈 570
Lu Yüan Chih 陸淵之 568
Lu Chung Li 逯中立 688
Lu Kao 逯 杲 688
Lu Hung 逯 宏 688
Lu Chên Fei 路振飛 739
Lu Ju Ying 路如瀛 739
Lu Pi 路 璧 739
Lu Wang Tao 路王道 739
Lu Ying 路 迎 739
Lu Yün Lung 路雲龍 739
Lu Ang 魯 昂 818
Lu Chên 魯 貞 818
Lu Chien 魯 鑑 819
Lu Chih Yü 魯之璵 818
Lu Ch'in 魯 欽 818
Lu Ching 魯 經 818
Lu Ch'ung Chi 魯崇吉 818
Lu Ch'ung Chih 魯崇志 818
Lu Lin 魯 麟 819
Lu Mu 魯 穆 819
Lu Nêng 魯 能 818
Lu shih Jên 魯世任 818
Lu Tien 魯 點 819
Lu Tsung Wên 魯宗文 818
Lu To 魯 鐸 819
Lu An Shih 盧安世 867
Lu Chao 盧 昭 868
Lu Chê Jên 盧宅仁 867
Lu Chên 盧 振 868
Lu Ch'êng Ch'in 盧承欽 867
Lu Ch'i 盧 奇 867
Lu Ch'i Ni 盧岐嶷 867
Lu Ch'ien 盧 謙 871
Lu Chih 盧 秩 868
Lu Chiung 盧 迥 868
Lu Ch'iung 盧 瓊 871
Lu Chu Chung 盧宁忠 867
Lu Chün 盧 濬 871
Lu Ch'ung Yün 盧充縜 867
Lu Hêng 盧 亨 867
Lu Ho 盧 和 870
Lu Hsi 盧 熙 870
Lu Hsiang 盧 祥 860
盧 襄 871
Lu Hsiang Chin 盧象晉 869
Lu Hsiang Kuan 盧象觀 869
Lu Hsiang Shêng 盧象昇 869
Lu'Hsiung 盧 熊 870
Lu Hsü 盧 煦 870
Lu Hsüeh Ku 盧學古 871
Lu Hsüeh Li 盧學禮 871
Lu Hsün 盧 勛 871
Lu Hui 盧 惠 868
盧 憲 871
Lu Hung Ch'un 盧洪春 868
Lu I 盧 翊 869
Lu Jan 盧 柟 868
Lu Ju 盧 儒 871
Lu Jui 盧 睿 870
Lu Kai 盧 楷 870
Lu Kê 盧 格 868
Lu K'o Chiu 盧可久 867
Lu Lin 盧 璘 871
Lu Lun 盧 綸 870
Lu Mao 盧 楙 871
Lu Ming Tsou 盧明諏 867
Lu Mou 盧 茂 867
Lu Pêng Tsu 盧彭祖 869
Lu Shên 盧 紳 869
Lu T'ang 盧 鏜 871
Lu Tsung Chê 盧宗哲 867
Lu Wei 盧 渭 869
Lu Wei Chên 盧維禎 870
Lu Ying 盧 瑛 870
Lu Yü 盧 瑀 870
Lu Yüan 盧 淵 869
Lu Yüan Chih 盧原質 868
Lu Yung 盧 雍 869
Lü Ch'ang 呂 常 269
Lü Chao 呂 昭 260
Lü Chên 呂 震 262
Lü Ch'êng 呂 誠 261
Lü Chi 呂 紀 260
Lu Chien 呂 潛 262
Lü Ching 呂 經 261
Lü Ch'ung 呂 翀 260
Lü Fu 呂 復 261
Lü Ho 呂 和 259
Lü Hsi Chou 呂希周 259

Lü Hsiang 呂 鄉 262
呂 祥 263
Lü Hsien 呂 獻 263
呂 賢 263
Lü Huai 呂 懷 262
Lü I 呂 益 260
呂 毅 262
Lü I Lung 呂一龍 257
Lü Kao 呂 高 260
Lü Kuang Hsün
呂光詢 258
Lü K'uei 呂 夔 263
Lü Kün 呂 坤 259
Lü Lan 呂 枏 259
Lü Lun 呂 綸 259, 261
Lü Min 呂 敏 261
Lü Ming 呂 銘 261
Lü Ming K'o
呂鳴珂 261
Lü Ming Shih
呂鳴世 261
Lü Pang Yao
呂邦燿 259
Lü Pên 呂 本 258
Lü P'eng 呂 朋 259
Lü Ping I 呂秉彝 259
Lü Pu 呂 溥 260
Lü Pu Yung
呂不用 258
Lü Shêng 呂 升 258
呂 昇 259,261
Lü Shih Chung
呂時中 261
Lü Shih Liang
呂世良 258
Lü Ta Ch'i 呂大器 257
Lü Tan 呂 旦 258
Lü Tê Ch'ung
呂德充 263
Lü T'iao Yang
呂調陽 262
Lü T'iao Yüan
呂調元 262
Lü Wei Ch'i
呂維祺 261
Lü Wei Chieh
呂維祜 261
Lü Wên 呂 雯 261
Lü Wên Sui
呂文燧 257
Lü Yen 呂 言 258
Lü Ying Chiao
呂應蛟 262
Lü Ying Hsiang
呂應祥 262
Lü Yu 呂 卣 258
Lü Yüan 呂 原 260
呂 囦 259
Lü Yüan Fu 呂元夫 258
Lü Yüng 呂 顒 262
Lü Chieh 閭 潔 804
Luan Yün 欒 惲 963
Lun I Hsün
倫以訓 452
Lun Ming 倫 明 452
Lun Wên Shu
倫文叙 452
Lung Chin 龍 晉 862
龍 旌 862
Lung Fu 龍 敷 862
Lung Hsiang Hsiao
龍翔霄 862
Lung Hsin 龍 鐔 863
Lung Kao 龍 誥 863
Lung Kuang
龍 光 862
Lung Kuei 龍 珪 862
Lung K'uei 龍 夔 863
Lung Shu Ts'an
龍叔粲 862
Lung Sui 龍 遂 862
Lung Tê Fu
龍德孚 863
Lung T'ien Chüeh
龍天爵 862
Lung Tsai T'ien
龍在田 862
Lung Tsung Wu
龍宗武 862
Lung Wên Kuang
龍文光 862
Lung Yen 龍 琰 862
Lung Ying 龍 膺 863
Lung Yüeh 龍 越 862
Ma Ang 馬 昂 412
Ma Chên 馬 珍 411
Ma Ch'êng Ming
馬成名 411
Ma Chi 馬 稷 416
Ma Chiang 馬 江 414
Ma Chien 馬 乾 414
Ma Chih 馬 治 411
Ma Chih Chün
馬之駿 409
Ma Chin 馬 金 412
馬 謹 416
Ma Ch'in 馬 琴 414
Ma Ching 馬 京 412
馬 津 412
Ma ch'ing 馬 卿 413
Ma Ching Lun
馬經綸 415
Ma Ch'üan 馬 全 411
馬 銓 416
Ma Ch'un Jên
馬純仁 413
Ma Chung Hsi
馬中錫 410
Ma Fang 馬 芳 412
Ma Hao 馬 昊 412
Ma Hsiang Chien
馬象乾 415
Ma Hsien 馬 顯 417
Ma Hsing Lu
馬性魯 412
Ma Hsüan 馬 宣 413
Ma Hsün 馬 馴 415
Ma Hua Lung
馬化龍 409

Ma Huang Hou 馬皇后 423
Ma Hui 馬 繪 427
Ma I 馬 鎰 416
馬 敭 415
Ma I Lung 馬一龍 408
Ma Ju Chang 馬汝彰 410
Ma Ju Chi 馬汝驥 410
Ma Ju Chiao 馬如蛟 411
Mao Jung 馬 榮 415
Ma Kang Chung 馬剛中 413
Ma K'uang 馬 爌 416
Ma Kuei 馬 貴 415
Ma K'uei 馬 騤 416
Ma K'un 馬 坤 412
Ma Kung 馬 公 410
Ma K'ung Hui 馬孔惠 409
Ma K'ung Ying 馬孔英 409
Ma Li 馬 理 414
Ma Liang 馬 諒 416
馬 良 411
馬 亮 413
Ma Lin 馬 林 412
馬 麟 417
Ma Lu 馬 錄 416
Ma Luan 馬 巒 417
Ma Lun 馬 倫 416
Ma Mêng Chên 馬孟禎 412
Ma Ming Ch'i 馬鳴起 412
Ma Ming Chieh 馬鳴節 415
Ma Ming Hêng 馬明衡 412
Ma Ming Luan 馬鳴鑾 416
Ma Ming Shih 馬鳴世 415
Ma Piao 馬 飈 417
Ma Ping Jan 馬炳然 413
Ma P'u 馬 溥 415
Ma Sên 馬 森 415
Ma Shan 馬 山 409
Ma Shao Jung 馬紹榮 414
Ma Shêng Chieh 馬升階 410
Ma Shih 馬 軾 415
Ma Shih Ch'i 馬世奇 410
Ma Shih Ch'üan 馬士權 409
Ma Shih Lung 馬世龍 410
Ma Shih Ying 馬士英 408
Ma Szŭ Hsüan 馬思選 414
Ma Szŭ Ts'ung 馬思聰 713
Ma Ta Chuang 馬大壯 408
Ma T'ang 馬 堂 414
Ma T'ing Yung 馬廷用 411
Ma To 馬 鐸 417
Ma Tsu Ch'ing 馬足輕 411
Ma Ts'ung 馬 驄 411
Ma Ts'ung Chien 馬從謙 414
Ma Ts'ung Ping 馬從聘 414
Ma T'u 馬 圖 413
Ma Tzŭ Ch'iang 馬自強 411
Ma Tzŭ Ts'ung 馬子聰 408
Ma Wên Shêng 馬文升 409
Ma Wên Wei 馬文煒 409
Ma Ying Hsiang 馬應祥 416
Ma Ying K'uei 馬應魁 416
Ma Ying Lung 馬應龍 416
Ma Yü 馬 愉 414
Ma Yü Lin 馬玉麟 410
Ma Yün 馬 雲 414
Ma Yün Têng 馬允登 410
Ma Yung 馬 永 410
Ma Chin 麻 錦 502
Ma Hsi 麻 僖 502
Ma Jung 麻 溶 501
Ma Kuei 麻 貴 501
Ma Yung Chi 麻永吉 501
Mai Ti Li Pa La 買的里八剌 670
Man Chao Chien 滿朝薦 748
Man Kuei 滿 桂 748
Mao Chao 毛 趟 92
Mao Chêng 毛 埕 92
Mao Ch'eng 毛 澄 93
Mao Chi 毛 吉 99
毛 紀 91
毛 勣 93
毛 驥 93
Mao Ch'i 毛 起 92
毛 騏 93
Mao Chieh 毛 節 93
Mao Chin 毛 晉 91
Mao Ching 毛 倞 90
Mao Chü 毛 渠 92
Mao Chung 毛 忠 91
Mao Fêng Chao 毛鳳韶 92
Mao Hsiang 毛 驤 93

Mao Hsien 毛 憲 93
Mao Hung 毛 弘 90
Mao I Lu 毛一鷺 89
Mao Jui 毛 銳 93
Mao K'ai 毛 愷 92
Mao Liang 毛 良 90
Mao Min 毛 敏 91
Mao Po Wên 毛伯溫 90
Mao Shêng 毛 勝 92
Mao Shih Lung 毛士龍 89
Mao Szŭ I 毛思義 91
Mao T'ai 毛 泰 91
Mao T'ai Hêng 毛泰亨 91
Mao Wên Lung 毛文龍 90
Mao Wên Ping 毛文炳 90
Mao Yü 毛 玉 90
Mao Yü Chien 毛羽健 90
Mao Chêng 冒 政 360
Mao Ch'i Tsung 冒起宗 360
Mao Hsiang 冒 襄 360
Mao Luan 冒 鸞 360
Mao Yü Ch'ang 冒愈昌 360
Mao Ch'êng 茅 成 366
Mao Chi 茅 季 366
Mao Chien 茅 乾 366
Mao Kuo Chin 茅國縉 366
Mao K'un 茅 坤 366
Mao To Fang 茅大芳 366
Mao Tsai 茅 宰 366
Mao Tsuan 茅 瓚 367
Mao Wei 茅 維 367
Mao Weng Chi 茅翁積 366
Mei Chih Huan 梅之煥 505
Mei Chi Kuang 梅繼光 505
Mei Kuo Chên 梅國禎 505
Mei Shou Tê 梅守德 505
Mei Shun 梅 淳 505
Mei Szŭ Tsŭ 梅思祖 505
Mei Ting Tso 梅鼎祚 506
Mei Yin 梅 殷 505
Mên K'o Hsin 門克新 284
Mên Ta 門 達 284
Mêng Chang Ming 孟章明 284
Mêng Chao Hsiang 孟兆祥 282
Mêng Ch'eng Kuang 孟承光 283
Mêng Ch'i 孟 玘 282
孟 奇 283
Mêng Chia 孟 嘉 284
Mêng Chien 孟 鑑 284
Mêng Ch'iu 孟 秋 283
Mêng Chü Jên 孟居仁 283
Mêng Ch'un 孟 春 283
Mêng Chün 孟 俊 283
Mêng Fêng 孟 鳳 284
Mêng Hua Li 孟化鯉 282
Mêng Huai 孟 淮 283
Mêng I Mo 孟一脈 282
Mêng Lin 孟 麟 284
Mêng Piao 孟 彪 283
Mêng Shan 孟 山 283
孟 善 284
Mêng Shao Yü 孟紹虞 284
Mêng Shu Ch'ing 孟淑卿 283
Mêng T'ing Hsiang 孟廷相 283
Mêng Yang 孟 洋 283
孟 陽 284
Mêng Yang Hao 孟養浩 284
Mêng Ju Hu 猛如虎 617
Mi Lu 米 魯 120
Mi Shou T'u 米壽圖 120
Mi Wan Chung 米萬鍾 120
Mi Yü 米 玉 120
Miao Chao Yang 苗朝陽 367
Miao Chung 苗 衷 367
Miao Ch'ang 繆 昌 910
Miao Ch'ang Ch'i 繆昌期 910
Miao Hsi Yung 繆希雍 910
Miao Kung 繆 恭 910
Miao Kuo Wei 繆國維 910
Miao Mei 繆 美 910
Miao Shu 繆 梼 910
Miao Ta Hêng 繆大亨 919
Min Ch'êng 閔 珵 639
Min Chieh 閔 節 640
Min Hsü 閔 煦 640

Min Ju Lin 閔如霖 639
Min K'ai 閔 楷 640
Min Kuei 閔 珪 639
Min Shêng 閔 陞 640
Ming Jui 明 睿 303
Ming Lung 明 龍 303
Ming Shêng 明 昇 303
Ming Tê 明 得 303
明 德 303
Ming Yü Chên 明玉珍 303
Mo Ch'un Fang 麥春芳 504
Mo Er Hsüan 麥而炫 504
Mo Fu 麥 福 504
Mo Hsiang 麥 祥 504
Mo Ju Chung 莫如忠 615
Mo Ju Shih 莫如士 615
Mo K'o Chi 莫可及 615
Mo Shih Lung 莫是龍 616
Mo Shu Ming 莫叔明 616
Mo Ts'ung 莫 驄 616
Mo Yü 莫 愚 615
Mu Fêng 牟 俸 159
Mu Pin 牟 斌 159
Mu Ang 沐 昂 160
Mu Chao Pi 沐朝弼 161
Mu Ch'ên 沐 晟 160
Mu Ching 沐 敬 161
Mu Ch'un 沐 春 160
Mu Hsin 沐 昕 160
Mu K'un 沐 崑 161
Mu Pin 沐 斌 161
Mu Shao Hsün 沐紹勛 161
Mu Tsung 沐 琮 161
Mu Ying 沐 英 160
Mu Hsiang 牧 相 313
Mu Ch'êng Shih 穆陳實 873
Mu K'ung Hui 穆孔暉 873
Mu Wên Hsi 穆文熙 873
Na Sung 那 嵩 232
Nai Hêng 柰 亨 358
Nan Chao 南 釗 359
Nan Ch'i Chung 南企仲 358
Nan Chin 南 金 359
Nan Chü I 南居益 358
Nan Chü Yeh 南居業 359
Nan Fêng Chi 南逢吉 359
Nan 南 漢 359
Nan Hsien 南 軒 359
Nan Ling 南 軨 358
Nan Ta Chi 南大吉 358
Nan T'ang 南 鏜 359
Nan T'ung 南 仝 358
Nêng Ch'ih 能 持 450
Nêng I 能 義 450
Ni Ch'ien 倪 謙 454
Ni Ching 倪 敬 453
Ni Chün 倪 峻 453
Ni Fu 倪 昇 453
倪 輔 453
Ni Hsün 倪 珣 454
Ni I 倪 議 454
Ni K'o Ta 倪可大 452
Ni Kuang Chien 倪光薦 453
Ni Liang 倪 諒 454
Ni Lin 倪 霖 454
倪 遴 454
Ni Meng Hsien 倪孟賢 453
Ni Szŭ Hui 倪思輝 453
Ni Szŭ I 倪思益 453
Ni Tsuan 倪 瓚 454
Ni Tuan 倪 端 453
Ni Wei Tê 倪維德 454
Ni Wên Huan 倪文煥 452
Ni Yüan Kung 倪元珙 452
Ni Yüan Lu 倪元璐 452
Ni Yüeh 倪 岳 453
Nieh Ching 聶 靜 914
Nieh Hsien 聶 賢 914
Nieh Hsüan 聶 鉉 914
Nieh Liang Chi 聶良杞 914
Nieh Pao 聶 豹 914
Nieh Ta Nien 聶大年 913
Nieh Yü Chih 聶玉治 914
Nieh Yün Han 聶雲翰 914
Nien Ching Ho 年景和 159
Nien Fu 年 富 159
Ning Chên 甯 珍 630
Ning Chêng 甯 正 630
Ning Ch'êng Lieh 甯承烈 630
Ning Chih 甯 直 630
Ning Chin 甯 欽 630
Ning Chü 甯 舉 630
Ning Chung 甯 忠 630
Ning Hua Lung 甯化龍 630
Ning Kao 甯 杲 630
Niu Ching Hsien 牛景先 94
Niu Feng 牛 鳳 94

Niu Hai Lung 牛海龍 94
Niu Hêng 牛恒 94
Niu Liang 牛諒 94
Niu Luan 牛鸞 94
Niu Lun 牛綸 94
Niu Wei Ping 牛惟炳 94
Niu Chi 鈕緝 681
O I 區益 503
O Huan 偶桓 617
O Ching Chu 歐敬竹 797
O Hsien 歐賢 797
O Hsin 歐信 794
O Hsüan 歐瑄 797
O P'an 歐磐 797
O Ta Jên 歐大任 794
O Yang Chê 歐陽哲 795
O Yang Chên 歐陽正 795
O Yang Ch'ung 歐陽重 957
O Yang Ho 歐陽和 795
O Yang Hsi 歐陽席 795
O Yang Hsien 歐陽賢 796
O Yang Hsien Yü 歐陽顯宇 797
O Yang Hsün 歐陽恂 759
O Yang I Ching 歐陽一敬 794
O Yang Kao 歐陽誥 967
O Yang Lin 歐陽琳 796
O Yang Ming 歐陽銘 796
O Yang Pêng 歐陽鵬 796
O Yang Pi Chin 歐陽必進 794
O Yang Po 歐陽栢 795
O Yang Shao 歐陽韶 796
O Yang Shên 歐陽深 795
O Yang Shu 歐陽洙 795
歐陽塾 796
O Yang Tan 歐陽旦 795
O Yang Tê 歐陽德 796
O Yang To 歐陽鐸 796
O Yang Tung Fêng 歐陽東鳳 795
O Yang Yü 歐陽瑜 795
O Yang Yü Hsiu 歐陽聿修 795
Pa Szŭ Ming 巴思明 88
Pai Ang 白昂 113
Pai Ch'i 白圻 113
Pai Ch'i Ch'ang 白啓常 114
Pai Chieh 白傑 114
Pai Ching Chung 白精忠 115
Pai Ch'ün 白捘 114
Pai Fang 白坊 113
Pai Fên 白玢 113
Pai Hui Yüan 白慧元 115
Pai Hung 白弘 113
Pai K'an 白侃 113
Pai Kang 白鋼 115
Pai Kuei 白圭 113
Pai Luan 白鸞 115
Pai Szŭ Ch'êng 白思誠 114
Pai Szŭ Ming 白思明 114
Pai Tsung 白琮 114
Pai Tung 白棟 114
Pai Yao 白鑰 114
Pai Ying 白瑩 115
白楹 115
Pai Yü 白瑜 114
Pai Yu Liang 白友諒 113
Pai Yüeh 白鉞 114
白悅 114
P'an Chang 潘璋 780
P'an Chên 潘珍 778
P'an Ch'ên 潘辰 776
P'an Ch'eng Chüeh 潘承爵 778
P'an Chi 潘集 779
P'an Ch'i 潘琦 781
P'an Chi Hsün 潘季馴 777
P'an Chien 潘鑑 781
P'an Chih Hêng 潘之恒 775
P'an Chih I 潘志伊 776
P'an Ch'in 潘琴 779
P'an Ch'in Ts'ai 潘勤才 778
P'an Chuang 潘壯 776
P'an Chüeh 潘珏 778
P'an Chün Nan 潘君南 775
P'an Chung 潘忠 777
P'an En 潘恩 778
P'an Fan 潘倣 779
潘蕃 780
P'an Fang 潘方 775
P'an Fu 潘府 777
潘黼 781

P'an Hsi Tsêng 潘希曾 776
P'an Hsü 潘 緒 780
P'an Hsüan 潘 選 780
P'an Hsün 潘 塤 779
P'an Huang 潘 潢 780
P'an Hung 潘 弘 775
潘 洪 777
P'an I 潘 毅 780
潘 鎰 781
P'an Ju Chên 潘汝楨 776
P'an Ju Fu 潘汝輔 776
P'an Jui 潘 銳 780
P'an Jun 潘 潤 780
P'an Jung 潘 榮 779
P'an K'ai 潘 楷 779
P'an Kao 潘 高 778
P'an K'uei 潘 奎 778
P'an Li 潘 禮 781
P'an Liang 潘 諒 780
P'an Pên Yü 潘本愚 776
P'an Shêng 潘 晟 779
P'an Shih Ta 潘士達 775
P'an Shih Tsao 潘士藻 775
P'an Shu 潘 樞 780
P'an Sung 潘 松 777
P'an Szŭ 潘 絲 779
P'an Ta Pin 潘大賓 775
P'an Tan 潘 旦 776
P'an T'ang 潘 鏜 781
P'an T'ing Chien 潘庭堅 778
P'an T'ing Wei 潘廷威 779
P'an To 潘 鐸 781
P'an Tsêng Hung 潘曾紘 779
P'an Tsung Yen 潘宗顏 776
P'an Tzŭ Chêng 潘子正 775
P'an Tzŭ Chia 潘子嘉 775
P'an Tzŭ Hsin 潘自新 776
P'an Wên K'uei 潘文奎 775
P'an Wei 潘 瑋 780
潘 緯 780
P'an Yin 潘 禋 779
P'an Yün Chê 潘允哲 775
P'an Yün I 潘雲翼 775
P'an Yün Ming 潘原明 778
P'an Yün Tuan 潘允端 775
P'an Yung T'u 潘永圖 775
P'ang Ch'ang Yin 龐昌胤 932
P'ang Ching Hua 龐景華 933
P'ang Hao 龐 浩 932
P'ang Luan 龐 鸞 933
P'ang Nien 龐 能 932
P'ang P'an 龐 泮 932
P'ang Shang P'êng 龐尚鵬 932
P'ang Shih Yung 龐時雍 933
P'ang Sung 龐 嵩 933
P'ang Ti Wo 龐廸我 932
P'ang Yü 龐 瑜 933
Pao Chê 包 澤 116
Pao Ch'êng Fang 包檉芳 116
Pao Chieh 包 節 115
Pao Chien Chieh 包見捷 115
Pao Hsiao 包 孝 115
Pao Liang Tso 包良佐 115
Pao Shih Fu 包寶夫 115
Pao Shu Yün 包叔蘊 115
Pao Ping 包 憑 116
Pao Yü 包 裕 115
Pao Wên Ta 包文達 115
Pao Chao 暴 昭 814
Pao Jung Fang 鮑榮芳 874
Pao Hsiang Hsien 鮑象賢 874
Pao Hsün 鮑 恂 874
Pao Hui 鮑 輝 874
Pao Sung 鮑 松 874
Pao Tao Ming 鮑道明 874
Pao Chin 寶 金 942
Pei Ch'iung 貝 瓊 263
Pei Hêng 貝 恒 263
Pei Lin 貝 璘 263
貝 琳 263
Pei Po Chü 貝伯舉 263
Pei T'ai 貝 泰 363
P'ei Chün Ho 裴君合 774
P'ei Chün 裴 俊 774
P'ei Lien 裴 璉 774
P'ei Lun 裴 綸 774
P'ei Shao Tsung 裴紹宗 774
P'ei Shên 裴 紳 774

P'ei T'ai 裴 泰 774
P'ei Yüan 裴 源 774
P'ei Ying Chang 裴應章 774
P'ei Yü 裴 宇 774
P'êng An 彭 黯 647
P'êng Chê 彭澤646,647
P'êng Ch'êng 彭 程 645
彭 誠 645
P'êng Ch'i Shêng 彭期生 645
P'êng Chiao 彭 教 644
P'êng Chieh 彭 杰 943
P'êng Chien 彭 鑑 647
P'êng Ching 彭 京 643
P'êng Ch'ing 彭 清 644
彭 卿 645
P'eng Ching Ch'u 彭鏡初 647
P'êng Chu 彭 聚 646
P'êng Chü 彭 舉 647
P'êng Chun 彭 群 643
P'eng Êrh 彭 二 643
P'êng Fan 彭 範 646
P'êng Hsin 彭 信 643
P'êng Hsü 彭 序 643
彭 勗 644
P'êng Hua 彭 華 945
P'êng I 彭 誼 646
P'êng Ju Ch'i 彭汝器 643
P'êng Ju Shih 彭汝實 643
P'êng Kang 彭 綱 646
P'êng Kên 彭 根 644
P'êng Li 彭 禮 647
P'êng Lieh 彭 烈 644
P'êng Liu 彭 琉 644
P'êng Lun 彭 倫 644
P'êng Ming Fu 彭明輔 643
P'eng Nien 彭 年 643
P'êng Pai Lien 彭百鍊 643
P'êng Pao 彭 寶 647
P'êng Shao 彭 韶 645
P'êng Shên 彭 森 645
P'êng Shih 彭 時 644
P'êng Shih Ch'i 彭士奇 643
P'êng Ta P'ien 彭大翩 643
P'êng Tê Ch'ing 彭德清 643
P'êng Tsan 彭 簪 647
P'êng Tsun Ku 彭遵古 647
P'êng T'ung 彭 通 644
P'êng Ying Lin 彭應麟 647
P'êng Yü 彭 豫 647
P'êng Yü Ming 彭輿明 645
P'êng Yüan 彭 遠 646
P'êng Yüan Cheng 彭元中 643
Pi Chên Shih 畢貞士 610
Pi Ch'iang 畢 鏘 610
Pi Hêng 畢 亨 610
Pi Kung Chêng 畢拱辰 610
Pi Li 畢 理 610
Pi Luan 畢 欒 610
Pi Mao Kang 畢懋康 610
Pi Mao Liang 畢懋良 610
Pi Tê 畢 德 610
Pi Tzŭ Yen 畢自嚴 610
Pi Yung 畢 永 610
Pien Hsi 卞 錫 19
Pien Jung 卞 榮 18
Pien K'ung Shih 卞孔時 18
Pien Yin 卞 諲 19
Pien Chieh 邊 節 941
Pien Hsien 邊 憲 941
邊 侁 941
Pien Hsün 邊 洵 941
Pien Jung 邊 鏞 941
Pien Kung 邊 貢 941
Pien Shêng 邊 昇 941
Pien Yung 邊 永 941
P'ing An 平 安 96
P'ing Hsien 平 顯 96
P'ing Szŭ Chung 平思忠 96
Po Ts ung Kuei 柏叢桂 357
Po Chüeh 薄 珏 899
Po Yen Hui 薄彥徽 899
Pu Chên 卜 禎 6
Pu Ch'ien 卜 謙 6
Pu Chih 卜 祉 6
Pu K'ung Shih 卜孔時 6
Pu Ta Shun 卜大順 6
Pu Ta T'ung 卜大同 5
Pu T'ung 卜 同 6
Pu Wan 卜 萬 6

Pu Ying 濮 英 882
Pu Yu Jung 濮有容 882
Pu Yü 濮 璵 882
P'u Chê 浦 澤 385
P'u Hung 浦 鋐 384
P'u Kao 浦 杲 384
P'u Shao 浦 劭 384
P'u Yüan 浙 源 384
P'u Chih 普 智 636
P'u Jên 普 仁 636
P'u Lai Chü 蒲來舉 769
Ricci, Matthew 利瑪竇 278
Sa Ch'i 薩 琦 922
Sa Lang 薩 琅 922
Sobatino De Ursis 熊三拔 769
Sang Chiao 桑 喬 421
Sang Chieh 桑 介 420
Sang Ching 桑 敬 421
Sang Shên 桑 慎 421
Sang Shih Chieh 桑世傑 420
Sang Yüeh 桑 悅 420
Sha Liang Tso 沙良佐 160
Shan Yün 山 雲 9
Shan Chên 善 貞 636
Shan Ch'i 善 啓 636
Shan Chien 善 堅 636
Shan An Jên 單安仁 669
Shan Yü 單 宇 669
Shang Kuan Chin 上官藎 9
Shang Kuan Po Ta 上官伯達 9
Shang Chin 尙 絅 305
Shang Hêng 尙 衡 305
Shang Li 尙 禮 305
Shang Ch'ih 尙 褫 305
Shang Ta 尙 達 304
Shang Ta Lun 尙大倫 304
Shang Wei Ch'ih 尙維持 305
Shang Hsi 商 喜 484
Shang Liang Ch'ên 商良臣 483
Shang Lu 商 輅 484
Shang Ta Chieh 商大節 483
Shang T'ing Shih 商廷試 483
Shang Wei Chêng 商爲正 484
Shao Chêng K'uei 邵正魁 286
Shao Ch'i 邵 玘 286
Shao Chieh Ch'un 邵捷春 287
Shao Chien 邵 鑑 287
Shao Ch'ing 邵 清 286
Shao Ching Chi 邵經濟 287
Shao Ching Pang 邵經邦 287
Shao Fan 邵 蕃 288
Shao Fu Chung 邵輔忠 287
Shao Hsi 邵 喜 287
邵 錫 288
Shao Hsü 邵 旭 286
Shao Hui 邵 暉 287
Shao Jui 邵 鋭 288
Shao Jung 邵 鏞 288
Shao Kuei 邵 珪 286
Shao Kuei Chieh 邵圭潔 286
Shao Li 邵 禮 288
Shao Lien 邵 廉 287
Shao Lin 邵 林 287
Shao Mêng Lin 邵夢麟 287
Shao Nan 邵 南 286
Shao Pao 邵 寶 288
Shao Pi 邵 陛 286
Shao Shêng 邵 昇 286
Shao Shu 邵 庶 287
Shao T'ang 邵 堂 287
Shao Tao Jên 邵道人 287
Shao Tê 邵 德 286
Shao T'ien Ho 邵天和 285
Shao T'ien Hsiang 邵天祥 287
Shao Tsung Hsüan 邵宗玄 286
Shao T'ung 邵 銅 288
Shao Yü 邵 玉 286
Shao Yüan Chieh 邵元節 285
Shao Ch'i 紹 琦 618
Shao Tsung 紹 宗 618
Shê Ch'iao 佘 翹 268
Shê Hsiang 佘 翔 268
Shê I Chung 佘毅中 268
Shê Mien Hsüeh 佘勉學 268
Shên Chia Yang 申佳胤 109

Shên Chieh 申 价 108
Shên Li 申 理 109
Shên Liang 申 良 108
Shên Lun 申 綸 110
Shên P'an 申 磐 110
Shên Shih Hsing 申時行 109
Shên Tso 申 佐 108
Shên T'u Hêng 申屠衡 110
Shên Wei Hsien 申爲憲 109
Shên Yu 申 祐 109
Shên Yung Mao 申用懋 108
Shên Ch'ao Huan 沈朝煥 174
Shên Chên 沈 貞 173
Shên Chên Chi 沈貞吉 172
Shên Cheng 沈 政 172
Shên Ch'êng 沈 誠 176
沈 澄 177
Shên Ch'i 沈 啓 173
沈 齋 180
Shên Chi Mei 沈繼美 179
Shên Ch'i Yüan 沈啓源 174
Shên Chiao 沈 敎 174
Shên Chieh 沈 杰 171
Shên Chieh Fu 沈節甫 177
Shên Chin 沈 溍 174
Shên Ch'in 沈 欽 174
Shên Ching 沈 經 173
沈 珒 173
沈 璟 174
沈 敬 175
Shên Ch'ing 沈 淸 173
Shên Ching Chieh 沈儆炌 176
Shên Cho 沈 灼 170
Shên Chou 沈 周 171
Shên Ch'üan Ch'ên 沈荃宸 173
Shên Ch'üeh 沈 淮 176
Shên Chün 沈 俊 173
Shên Ch'un Chê 沈春澤 172
Shên Chung 沈 鍾 178
Shên Ch'ung 沈 寵 179
Shên En 沈 恩 173
Shên Fang 沈 方 168
Shên Fêng 沈 鳳 169
Shên Fêng Hsiang 沈鳳翔 176
Shên Fu 沈 輔 176
Shên Fu Wên 沈孚聞 170
Shên Hai 沈 海 173
Shên Han 沈 漢 176
沈 瀚 179
Shên Hêng Chi 沈恒吉 172
Shên Hsi I 沈希儀 170
Shên Hsiang 沈 庠 172
沈 襄 177
Shên Hsin 沈 迅 169
Shên Hsing 沈 性 171
Shên Hsüan 沈 玄 169
Shên Hui 沈 暉 175
Shên Hung 沈 宏 170
Shên Hung Kuang 沈弘光 178
Shên I 沈 翼 177
沈 彝 179
Shên I Chung 沈一中 168
Shên I Kuan 沈一貫 168
Shên Jên Chi 沈仁佶 168
Shên Jên Chung 沈人种 168
Shên Jui 沈 銳 176
Shên Jung 沈 榮 179
Shên K'ai 沈 愷 175
Shên Ku 沈 固 171
Shên Kuang Ta 沈光大 169
Shên K'uei 沈 奎 172
Shên Li 沈 理 170
沈 鯉 179
Shên Liang Ts'ai 沈良才 170
Shên Lien 沈 鍊 178
Shên Lin 沈 林 171
沈 麟 180
Shên Lu 沈 祿 175
沈 魯 176
Shên Lü Hsiang 沈履祥 176
Shên Mao Hsiao 沈懋孝 178
Shên Mao HSüeh 沈懋學 178
Shên Mi 沈 鉍 175
沈 謐 177
Shên Ming Ch'en 沈明臣 171
Shên Ming Yüan 沈明遠 171
Shên Na 沈 訥 173
Shên Nan 沈 楠 175
Shêh Nan Chin 沈南金 172
Shên Pan 沈 盤 179
Shên Pi 沈 璧 179
Shên Pin 沈 彬 174

Shên Po Hsien 沈伯咸 170
Shên Po Lung 沈伯龍 170
Shên P'u 沈 璞 179
Shên Shêng 沈 升 169
Shên Shih 沈 仕 169
沈 試 175
Shên Shih Hsien 沈師賢 173
Shên Shih Lung 沈世隆 169
Shên Shou Chêng 沈守正 169
Shên Shou Min 沈壽民 176
Shên Shou Ts'ung 沈壽崇 176
Shên Shu 沈 東 170
沈 塾 177
Shên Shun 沈 淳 173
Shên So An 沈所安 172
Shên Szŭ Hsiao 沈思孝 172
Shên Szŭ I 沈思義 174
Shên Tao Min 沈道明 174
Shên T'ao 沈 燾 178
Shên Tê Szŭ 沈德四 177
Shên T'ing Yang 沈廷楊 171
Shên Ts'an 沈 粲 175
Shên Tsung 沈 琮 174
Shên Tu 沈 度 172
沈 杜 179
Shên Tung K'uei 沈冬魁 169
Shên Tzŭ 沈 鎡 173
Shên Tzŭ Chêng 沈自徵 169
Shên Tzŭ Mu 沈自木 168
Shên Tzŭ Pin 沈自邠 169
Shên Tzu Ping 沈自炳 169
Shên Wei 沈 位 170
Shên Wên 沈 問 175
Shên Wên Chen 沈文楨 171
Shên Wên Hua 沈文華 168
Shên Yao 沈 瑤 176
Shên Yao Chung 沈堯中 174
Shên Yen 沈 演 176
Shên Ying 沈 寅 173
沈 應 177
Shên Ying K'uei 沈應奎 177
Shên Ying Lun 沈應龍 177
Shên Yu 沈 祐 172
Shên Yu Jung 沈有容 169
Shên Yu Lung 沈猶龍 174
Shên Yü 沈 遇 175
沈 愚 175
沈 瑜 175
沈 裕 175
Shên Yüan 沈 垣 172
沈 淵 174
Shên Yün Tso 沈雲祚 174
Shên Chou 神 周 401
Shên Ying 神 英 401
Shên Chi Ch'ên 諶吉臣 862
Shêng Chang 盛 㲋 648
Shêng Fu 盛 俌 648
Shêng Hung 盛 洪 648
Shêng I 盛 顒 649
盛 儀 649
Shêng I Hêng 盛以恒 647
Shêng I Hung 盛以弘 647
Shêng Ju Ch'ien 盛汝謙 648
Shêng Lai Ju 盛賚汝 649
Shêng Lun 盛 綸 649
Shêng Na 盛 訥 648
Shêng Shih T'ai 盛時泰 648
Shêng Tuan Ming 盛端明 648
Shêng Wan Nien 盛萬年 648
Shêng Wang Yün 盛王贇 647
Shêng Ying 盛 寅 648
Shêng Ying Ch'i 盛應期 649
Shêng Yü 盛 顒 649
Shêng Yung 盛 庸 648
Shih Chang 士 璋 9
Shih Ying 示 應 95
Shih Chi Fang 石繼芳 99
Shih Chieh 石 玠 97
Shih Chien 石 簡 99
Shih Ch'ien Kao 石遷高 99
Shih Chih Chung 石執中 98

Shih Chin 石 金 97
Shih Ching 石 鯨 99
Shih Chü 石 渠 98
Shih Chuan 石 撰 99
Shih Hêng 石 亨 97
Shih Hou 石 後 98
Shih Hsing 石 星 97
Shih Jui 石 銳 99
Shih Kuang Ch'i 石光霽 97
Shih Kuo Sui 石國璲 99
Shih Lin 石 麟 97
Shih Lu 石 祿 98
Shih Mao 石 珥 99
Shih Mao Hua 石茂華 98
Shih Pang Hsien 石邦憲 97
Shih Pao 石 珤 98
Shih Piao 石 彪 98
Shih P'u 石 璞 99
Shih San Wei 石三畏 66
Shih Ta Yung 石大用 96
Shih Ti 石 廸 97
Shih T'ien Chu 石天柱 96
Shih Ts'ung Jên 石存仁 97
Shih Ying 石 英 98
Shih Ying Yüeh 石應岳 99
Shih Yü 石 玉 97
Shih Yu Hêng 石有恒 97
Shih Yün Ch'ang 石允常 96
Shih Yung 石 永 96
Shih Yung Shou 石永壽 97
Shih Chia Pao 世家寶 100
Shih Yü 世 愚 10
Shih An 史 安 103
Shih Ch'ang 史 常 104
Shih Chao 史 昭 104
Shih Chao I 史朝宜 104
Shih Chao Pin 史朝賓 105
Shih Ch'êng Tsu 史誠祖 105
Shih Chi 史 際 105
Shih Chi Ch'ên 史繼辰 106
Shih Chi Yen 史記言 104
Shih Chien 史 鑑 106
Shih Chih Ch'ên 史直臣 104
Shih Chih Tung 史之棟 102
Shih Chin 史 謹 106
Shih Chung 史 中 103
Shih Ch'ung Pin 史仲彬 103
Shih Fang 史 芳 104
Shih Hou 史 後 104
Shih Hsüeh 史 學 105
Shih Hsün 史 垻 106
Shih Hung 史 弘 103
Shih K'o Ch'êng 史可程 103
Shih K'o Fa 史可法 103
Shih K'o Kuan 史可覯 103
Shih Kuei Fang 史桂芳 104
Shih Li Mo 史立模 103
Shih Liang Tso 史良佐 104
Shih Lin 史 琳 104
Shih Lu 史 魯 105
Shih Mêng Lin 史孟麟 104
Shih Pang Chih 史邦直 104
Shih Pao Shan 史褒善 105
Shih Tao 史 道 105
Shih Wên Lung 史文龍 102
Shih Wu Ch'ang 史五常 102
Shih Ying 史 英 104
Shih Yü Kuang 史于光 102
Shih Yuan Chên 史元鎭 102
Shih Yung An 史永安 103
Shih Chiao 施 教 341
Shih Chü 施 聚 341
Shih Ch'un 施 純 341
Shih Chün 施 峻 341
Shih Fêng 施 鳳 341
Shih Hsüeh Hai 施學海 341
Shih Fêng Lai 施鳳來 341
Shih Ju 施 儒 341
Shih K'uei 施 奎 340
Shih Li 施 禮 341
Shih P'an 施 槃 341
Shih Pang Yao 施邦曜 340
Shih Shih 施 氏 340
Shih Ts'ê 施 策 341
Shih Wên Hsien 施文顯 340
Shih Yang Tê 施陽得 341
Shih Yao Pai 施堯百 341

Shih Yü 施雨 340
Shih Chih 時植 446
Shih K'uei 師逵 449
Shou Jên 守仁 120
Shu Chieh 舒玠 682
Shu Ching 舒敬 682
Shu Ch'ing 舒清 682
Shu Fa 舒法 682
Shu Fên 舒芬 682
Shu Hua 舒化 681
Shu Hung Hsü 舒弘緒 682
Shu Shêng 舒晟 682
Shu Ting 舒汀 681
Shu T'ung 舒曈 682
Shu Ying Lung 舒應龍 682
Shu Yu Ch'ang 舒有常 682
Shuai Lan 帥蘭 378
Shui Yün 隋贇 642
Su Chin 宿進 502
Su Chang 蘇章 944
Su Chêng 蘇正 942
Su Chi O 蘇繼歐 944
Su Chih Chung 蘇致中 943
Su Chih Jên 蘇志仁 942
Su Ching 蘇璟 944
Su Ching Ho 蘇景和 944
Su Chün 蘇濬 944
Su En 蘇恩 943
Su Hsi 蘇錫 944
Su Hsüan 蘇宣 943
Su Kuan Shêng 蘇觀生 944
Su K'uei 蘇葵 944
Su K'uei Chang 蘇奎章 943
Su Kung Jang 蘇恭讓 943
Su Lien 蘇漣 943
Su Lin 蘇霖 944
Su Mao Shou 蘇茂杓 943
Su Mao Hsiang 蘇茂相 943
Su Mêng Yang 蘇夢暘 944
Su Min 蘇民 942
Su Min Mu 蘇民牧 942
Su P'ing 蘇平 942
Su Po Hêng 蘇伯衡 943
Su Po Hou 蘇伯厚 943
Su P'u 蘇樸 944
Su Shih Jun 蘇士潤 942
Su Szü I 蘇思繹 943
Su Wên T'ung 蘇文通 942
Su Ying Min 蘇應旻 944
Su Yu 蘇祐 943
Su Yu Yung 蘇友龍 942
Sui Yeh 眭燁 609
Sun An 孫安 434
Sun Ao 孫鰲 434,444
Sun Chao Hsing 孫肇興 441
Sun Chao K'uei 孫兆奎 434
Sun Chao Lu 孫兆祿 434
Sun Chao Yü 孫朝宇 439
Sun Chê Shêng 孫澤盛 442
Sun Chên 孫貞 437
孫禎 441
孫鎮 444
Sun Chên Chi 孫振基 439
Sun Ch'êng 孫臣 445
Sun Ch'êng En 孫承恩 436
Sun Ch'êng Tsung 孫承宗 435
Sun Chi Fang 孫繼芳 445
Sun Chi 孫玘 435
Sun Chi Hsien 孫繼先 445
Sun Chi Kao 孫繼臯 445
Sun Chi Lu 孫繼魯 445
Sun Chi Tsung 孫繼宗 445
Sun Chi Yu 孫繼有 445
Sun Ch'i Chêng 孫七政 432
Sun Ch'i Feng 孫奇逢 436
Sun Chia Chi 孫嘉績 441
Sun Chiao 孫交 434
Sun Chieh 孫杰 437
Sun Chien 孫鑑 446
Sun Chih 孫枝 436
孫植 440
Sun Ch'ih 孫墀 442
Sun Chin 孫錦 443
Sun Ching 孫敬 441
Sun Ch'ing 孫清 439
Sun Ching Lun 孫景隆 442
Sun Ching Tsung 孫敬宗 436
Sun Ch'iung 孫瓊 433,445
Sun Chu 孫翥 442
Sun Chü Hsiang 孫居相 436

Sun Ch'uan T'ing 孫傳庭 441
Sun Ch'üeh 孫 確 442
Sun Ch'un 孫 淳 437
Sun Chün 孫 俊 437
孫 濬 443
Sun Chung 孫 忠 436, 437
Sun Chung Tz'ŭ 孫仲嗣 434
Sun Fên 孫 賁 443
Sun Fêng 孫 鳳 441
Sun Fu 孫 輔 441
Sun Hao 孫 浩 438
Sun Hsi 孫 璽 444
Sun Hsiang 孫 祥 439
Sun Hsien 孫 賢 442
孫 顯 446
Sun Hsing Tsu 孫興祖 442
Sun Hsiu 孫 修 437
Sun Hsü 孫 需 441
孫 緒 442
Sun Hsün 孫 旬 434
孫 訓 438
Sun Hu 孫 虎 436
Sun Huang Hou 孫皇后 438
Sun Hung 孫 洪 437
孫 紘 439
Sun Hung Shih 孫宏軾 435
Sun I 孫 宜 435
孫 衣 444
Sun I Ch'ien 孫一謙 432
Sun I K'uei 孫一奎 432
Sun I Yüan 孫一元 432
Sun Jên 孫 仁 433
Sun Jo Ku 孫若谷 437
Sun Ju 孫 孺 444
Sun Ju Fa 孫如法 434
Sun Ju Yu 孫如游 434
Sun K'an 孫 堪 439
Sun K'ang Chou 孫康周 439
Sun K'o 孫 珂 437
孫 恪 437
Sun K'o Hung 孫克宏 435
Sun K'o Shu 孫克恕 435
Sun K'o Ta 孫可大 433
Sun K'uang 孫 鑛 446
Sun Kuei 孫 珪 438
Sun Lien 孫 璉 442
Sun Lin 孫 霖 442
孫 臨 444
Sun Liu 孫 琉 438
Sun Lou 孫 樓 442
Sun Lu 孫 祿 440
Sun Luan 孫 鑾 446
Sun Lung 孫 瓏 446
Sun Mao 孫 懋 444
Sun Ming 孫 銘 441
Sun P'an 孫 盤 442
Sun Pi Hsien 孫必顯 433
Sun P'i Yang 孫丕揚 433
Sun Po 孫 博 439
Sun Po Chien 孫伯堅 435
Sun Shao Hsien 孫紹先 439
Sun Shao Tsu 孫紹祖 439
Sun Shên Hsing 孫愼行 440
Sun Shêng 孫 陞 438
Sun Shih 孫 世 433
Sun Shih Mei 孫士美 432
Sun Shui 孫 熺 443
Sun Szŭ I 孫斯億 440
Sun Ta Ching 孫大經 432
Sun Tai 孫 代 434
孫 泰 438
Sun T'an 孫 亶 440
Sun T'ang 孫 鏜 445
Sun Ti 孫 廸 437
Sun T'ien Yu 孫天祐 433
Sun Ting 孫 鼎 440
Sun Ting Hsiang 孫鼎相 440
Sun T'ing 孫 鋌 442
Sun T'ing Shêng 孫挺生 438
Sun Tso 孫 作 435
Sun Tsu Shou 孫祖壽 438
Sun Tsung 孫 存 434
Sun Ts ung 孫 聰 444
Sun Tzŭ I 孫自一 434
Sun Tzŭ Liang 孫子良 432
Sun Wei 孫 偉 439
孫 瑋 440
Sun Wei Chêng 孫維城 441
Sun Wei Ch'ien 孫惟謙 433
Sun Wei Chung 孫惟中 439
Sun Wên 孫 文 433
Sun Wên Hou 孫文厚 444
Sun Yen 孫 炎 435
孫 衍 437
孫 巖 446
Sun Ying Ao 孫應鰲 444

Sun Ying K'uei 孫應奎 443
Sun Ying Yüan 孫應元 443
Sun Yü 孫　昱 437
孫　遇 440
孫　鈺 441
孫　愚 444
Sun Yü Hou 孫羽侯 434
Sun Yüan Chên 孫原貞 438
Sun Yüan Hua 孫元化 433
Sun Yüeh 孫　岳 437
Sun Yüeh Liang 孫曰良 433
Sun Yün Chung 孫允中 433
Sun Yün Ho 孫雲鶴 439
Sung Chan 宋　瓚 185
Sung Ch'ang 宋　常 182
Sung Ch'ao Yung 宋朝用 182
Sung Chêng 宋　徵 184
Sung Ch'êng 宋　誠 183
Sung Chi Hsien 宋繼先 186
Sung Chieh 宋　傑 183
Sung Chin 宋　欽 183
Sung Ching 宋　景 183
Sung Chung 宋　忠 181
Sung Ho 宋　和 181
Sung Hsien Chang 宋顯章 186
Sung Hsüan 宋　瑄 183
Sung Hsüeh Chu 宋學朱 185
Sung Hsün 宋　纁 185
Sung I 宋　宜 181
宋　懌 184
Sung I Fang 宋以方 180
Sung I Ho 宋一鶴 180
Sung I Wang 宋儀望 184
Sung K'o 宋　克 180
Sung K'o Chiu 宋可久 180
Sung Kuo Haing 宋國興 182
Sung Li 宋　禮 185
Sung Liang 宋　亮 182
Sung Liang Ch'ou 宋良籌 185
Sung Liang Tso 宋良佐 18S
Sung Lien 宋　濂 184
Sung Mao Ch'êng 宋楙澄 183
Sung Mei 宋　玫 181
Sung Mien 宋　冕 182
Sung Min 宋　旻 181
Sung Ming 宋　明 181
Sung Na 宋　訥 181
Sung No 宋　諾 185
Sung Nung 宋　農 184
Sung Pang Fu 宋邦輔 181
Sung Po Hua 宋伯華 181
Sung Shêng 宋　晟 182
Sung Shih 宋　仕 180
Sung Shui 宋　璲 185
Sung Szŭ Yen 宋思顏 181
Sung Tai 宋　戴 185
Sung T'ang Ch'i 宋湯齊 182
Sung T'ao 宋　燾 185
Sung Têng Ch'un 宋登春 183
Sung T'ien Hsien 宋天顯 180
Sung Ts'ang 宋　滄 183
Sung Ts'un Tê 宋存德 180
Sung Tsung 宋　琮 182
Sung Tuan I 宋端儀 181
Sung Tzŭ Chün 宋之儁 180
Sung Tzŭ Han 宋之韓 180
Sung Tzŭ Huan 宋子環 180
Sung Yao Wu 宋堯武 182
Sung Yao Yü 宋堯俞 183
Sung Yen 宋　琰 182
Sung Yen Nien 宋延年 181
Sung Ying 宋　瑛 183
Sung Ying Ch'ang 宋應昌 185
Sung Ying Hêng 宋應亨 185
Sung Ying K'uei 宋應奎 185
Sung Yü 宋　玉 180
Szŭ Chung 司　中 99
Szŭ Ju Chi 司汝濟 100
Szŭ Shih P'an 司石盤 99
Szŭ Wu Chiao 司五教 99
Szŭ Ma Chên 司馬軫 100

Szŭ Ma Hsün
司馬恂 100
Szŭ Ma Kung
司馬恭 100
Ta Ch'an 大闡 9
Ta T'ung 大同 9
Ta Tu Yü Ch'üan
答祿與權 688
Ta Yüan 達雲 721
Tai Ao 戴熬 918
Tai Chi 戴繼 918
戴璣 919
Tai Chia 戴檟 918
Tai Chia Yu
戴嘉猷 917
Tai Chih 戴熱 918
Tai Chin 戴金 915
戴進 916
戴錦 918
戴縉 918
Tai Ch'in 戴欽 917
Tai Ching 戴鯨 918
Tai Ching Tsŭ
戴慶祖 917
Tai En 戴恩 916
Tai Fêng Hsiang
戴鳳翔 917
Tai Han 戴旱 916
Tai Hao 戴浩 916
戴豪 917
Tai Hsiang 戴祥 916
Tai Hsien 戴銑 917
Tai Hsün 戴洵 915
Tai I 戴誼 915
Tai Ju 戴儒 918
Tai K'o 戴科 915
Tai Kuan 戴冠 915
Tai Kuang Ch'i
戴光啓 915
Tai Lien 戴濂 918
Tai Lun 戴綸 917
Tai Mêng K'uei
戴夢桂 917
Tai Pien 戴弁 915
Tai Shan 戴珊 915
Tai Shên 戴審 917
Tai Shih Hêng
戴士衡 915
Tai Shih Tsung
戴時宗 916
Tai Shu 戴書 916
Tai Szŭ Kung
戴思恭 916
Tai Ta Pin
戴大賓 914
Tai Tê 戴德 917
Tai Tê I 戴德彝 918
Tai Tê Ju 戴德孺 917
Tai Ts'ai 戴才 914
Tai T'ung Chi
戴同吉 915
Tai Yü 戴顒 918
Tan Ts'un Hsüeh
但存學 268
T'an Ch'ang
覃昌 637
T'an Hao 覃浩 637
T'an Chi 覃吉 637
T'an Ying Yüan
覃應元 637
T'an Ch'ang Yen
譚昌言 931
T'an Chên Liang
譚貞良 931
T'an Chi 譚驥 931
譚濟 932
T'an Ch'i 譚棨 931
T'an Chung
譚忠 931
T'an Fu 譚福 931
T'an Hsi Szŭ
譚希思 931
T'an Hsien Chê
譚先哲 931
T'an Jang 譚讓 932
T'an Kuang
譚廣 932
T'an Lun 譚綸 931
T'an Tai Ch'u
譚太初 931
T'an Yu 譚祐 931
T'an Yüan 潭淵 931
T'an Yün Ch'un
譚元春 930
T'an Chao 談詔 794
T'an Ch'ien
談遷 794
T'an Chin 談縉 794
T'an Hsiu 談修 793
T'an K'ai 談愷 793
T'an Kang 談綱 794
T'an Lun 談倫 793
T'an Tso 談綽 793
T'an o 曇噩 871
T'an Tou 檀都 891
Tang Ch'êng Chih
党承志 447
Tang I P'ing
党以平 447
Tang Huan Ch'un
黨還醇 945
Tang Kung
黨恭 945
T'ang Chang
唐章 396
T'ang Chê 唐澤 399
T'ang Chên
唐禎 399
T'ang Chi 唐激 400
T'ang Chi Lu
唐繼祿 400
T'ang Ch'i Tai
唐啓泰 397
T'ang Chih Ta
唐志大 395
T'ang Chih 唐錦 400
T'ang Ch'in Shun
唐欽順 398

T'ang Ch'in Yao 唐欽堯 398
T'ang Chou 唐 舟 395
唐 胄 396
T'ang Chü 唐 樞 399
T'ang Chung Shih 唐仲實 395
T'ang Fêng I 唐鳳儀 399
T'ang Fu 唐 復 397
T'ang Ho Chêng 唐鶴徵 400
T'ang Hsi Chieh 唐希介 395
T'ang Hsüan 唐 鉉 399
T'ang Hsün 唐 珣 396
唐 勳 400
T'ang Hui 唐 暉 398
T'ang I Chung 唐一中 394
T'ang Jên 唐 仁 395
T'ang Ju Chi 唐汝楫 395
T'ang Jung 唐 榮 399
T'ang K'an 唐 侃 395
T'ang Kao 唐 皐 397
T'ang Kuei 唐 貴 397
T'ang Kuei Mei 唐貴梅 397
T'ang K'uan 唐 寬 399
T'ng Li 唐 禮 400
T'ang Liang 唐 亮 396
T'ang Liang Jui 唐良銳 395
T'ang Lien 唐 濂 399
T'ang Lung 唐 龍 399
T'ang Mêng K'un 唐夢鯤 399
T'ang Pao 唐 珤 396
T'ang Pi 唐 璧 400
T'ang P'o Yüan 唐伯元 395
T'ang Shêng 唐 盛 397
唐 琛 400
T'ang Shêng Tsung 唐勝宗 398
T'aug Shih Hsiung 唐世熊 395
T ang Shih Liang 唐世良 395
T'ang Shih Ming 唐時明 396
T'ang Shih Shêng 唐時升 396
T'ang Shih Ying 唐時英 396
T'ang Shu 唐 肅 398
T'ang Shun Chih 唐順之 398
T'ang Ta Ch'ing 唐大卿 394
T'ang Tai 唐 泰 396
T'ang T'ien En 唐天恩 395
T'ang To 唐 鐸 400
T'ang Tso 唐 佐 399
T'ang Tzŭ Ch'ing 唐字清 394
T'ang Tzŭ Hua 唐自化 395
T'ang Tzŭ Ts'ai 唐自綵 395
T'ang Wei Ch'êng 唐維城 399
T'ang Wên Hsien 唐文獻 394
T'ang Wên Ts'an 唐文燦 394
T'ang Yao Ch'ên 唐堯臣 397
T'ang Yao Ch'in 唐堯欽 397
T'ang Yen 唐 儼 401
T'ang Yin 唐 音 396
唐 寅 397
T'ang Yü 唐 禹 396
唐 瑜 398
唐 豫 400
T'ang Yü Shih 唐愚士 398
T'ang Yün 唐 雲 397
T'ang Chao Ching 湯兆京 627
T'ang Chên 湯 珍 628
T'ang Chi Wên 湯繼文 629
T'ang Chien Hêng 湯建衡 628
T'ang Chiu Chou 湯九州 627
T'ang Fên 湯 芬 628
T'ang Ho 湯 和 628
T'ang Hsien Tsu 湯顯祖 629
T'ang Hsiu 湯 脩 629
T'ang Jih Hsin 湯日新 627
T'ang Kai Yüan 湯開遠 628
T'ang K'o K'uan 湯克寬 628
T'ang Lai 湯 萊 629
T'ang Li Ching 湯禮敬 629
T'ang Liu 湯 流 628
T'ang Mu 湯 沐 627
T'ang Pao 湯 寶 629
T'ang Pin 湯 賓 629
T'ang Pin Yin 湯賓尹 629

T'ang P'in Yin 湯聘尹 629
T'ang Shao En 湯紹恩 628
T'ang Shao Tsung 湯紹宗 628
T'ang Tsung 湯 宗 628
T'ang Wên Ch'iung 湯文瓊 627
T'ang Yin Chi 湯胤勣 628
Tao Ch'êng 道 成 691
Tao Fu 道 孚 691
Tao Lien 道 聯 691
Tao T'ung 道 同 691
Tao Yung 道 永 691
T'ao An 陶 安 562
T'ao Chao 陶 照 564
T'ao Chêng 陶 成 562, 563
T'ao Ch'êng Hsüeh 陶承學 563
T'ao Chi Jung 陶季容 563
T'ao Ch'ung Wên 陶仲文 562
T'ao Hao 陶 浩 563
T'ao Hou Ch'ung 陶垕仲 563
T'ao Hsieh 陶 諧 564
T'ao K'ai 陶 凱 564
T'ao Lu 陶 魯 564
T'ao Shang Tê 陶尙德 563
T'ao Shih 陶 試 563
T'ao Ta Lin 陶大臨 562
T'ao Ta Nien 陶大年 562
T'ao Ta Shun 陶大順 562
T'ao Tsao 陶 熓 565
T'ao Tsung I 陶宗儀 563
T'ao Tzŭ 陶 滋 564
陶 諮 565
T'ao Wang Ling 陶望齡 563
T'ao Wei 陶 偉 564
T'ao Yen 陶 琰 564
T'ao Yü 陶 煜 563
Tê Hsiang 德 祥 819
Tê Pao 德 寶 820
Tê Tsung 德 琮 820
Têng Chang 鄧 璋 801
Têng Chên 鄧 眞 800
Têng Chi 鄧 玘 799
鄧 檕 800
Têng Chi Tsêng 鄧繼曾 801
Têng Ch'i Tsung 鄧起宗 799
Têng Chien 鄧 戩 801
Têng Ch'ien 鄧 遷 801
鄧 謙 801
Têng Ch'u Wang 鄧楚望 800
Têng Ch'un T'i 鄧全悌 799
Têng Chung Hsiu 鄧仲修 799
Têng Fan Hsi 鄧藩錫 801
Têng Fu 鄧 黻 801
Têng Hsiang 鄧 庠 799
Têng Hsien Ch'i 鄧顯麒 802
Têng Hsüeh Shih 鄧學詩 801
Têng Hung Chên 鄧洪震 799
Têng I 鄧 儀 801
Têng I Tsuan 鄧以讃 798
Têng Ju Hsiang 鄧汝相 798
Têng Kung Fu 鄧公輔 798
Têng Lin 鄧 林 799
Têng Lun 鄧 崙 800
Têng Mei 鄧 渼 800
Têng Shan 鄧 山 798
Têng Shang I 鄧尙義 799
Têng Szŭ Ming 鄧思銘 799
Têng Tê Ch'un 鄧德純 801
Têng Ting 鄧 定 799
鄧 鼎 800
Têng T'ing Tsuan 鄧廷瓚 799
Têng Tsu Yü 鄧祖禹 799
Têng Tung 鄧 棟 800
Têng Tzŭ Lung 鄧子龍 798
Têng Yen Chung 鄧巖忠 802
Têng Ying Jên 鄧應仁 801
Têng Yü 鄧 羽 799
鄧 愈 800
鄧 顒 801
Têng Yüan Hsi 鄧元錫 798
Têng Yüan Yüeh 鄧源岳 800
Têng Yün Hsiao 鄧雲霄 800
T'êng Chao 滕 昭 816
T'êng Hsiang 滕 祥 816
T'êng I 滕 毅 816

T'êng K'o K ng 滕克恭 815
T'êng Po Lun 滕伯輪 815
T'êng Tê Mao 滕德懋 816
T'êng Ting 滕 定 816
T'êng Yu 滕 祐 816
T'êng Yüan 滕 員 816
T'êng Yung Hêng 滕用亨 815
Ti Ching 狄 津 278
Ti Shih Pin 狄斯彬 278
Ti Ts'ung 狄 崇 278
Ti Yün 底 蘊 282
Tiao Jui 刁 鋭 5
T'ieh Hsüan 鐵 鉉 959
T'ien Ch'i 天 奇 87
T'ien Chi 田 吉 107
  田 濟 108
T'ien Chin 田 荆 107
T'ien Ching Hsien 田景賢 107
T'ien Ching Yang 田景暘 107
T'ien Ching Yu 田景猷 107
T'ien Ch'iu 田 秋 107
T'ien Chu 田 洙 106
T'ien Chung 田 忠 107
T'ien Erh Kêng 田爾耕 108
T'ien Fu 田 賦 108
T'ien I Chün 田一儁 106
T'ien I Hêng 田藝衡 108
T'ien Ju 田 濡 108
T'ien Ju Chêng 田汝成 106
T'ien Ju Chi 田汝楫 107
T'ien Ju Lai 田汝棶 107
T'ien Ju Tzŭ 田汝耔 107
T'ien Kuei Fei 田貴妃 108
T'ien Liang 田 良 107
T'ien Lo I 田樂義 108
T'ien Lung Yao 田隆耀 107
T'ien Shih Fu 田世福 106
T'ien Shih Wei 田世威 106
T'ien Shou 田 壽 108
T'ien Ta I 田大益 106
T'ien Ta Nien 田大年 106
T'ien Ta Yu 田大有 106
T'ien T'êng 田 騰 106
T'ien To 田 鐸 108
T'ien Yü 田 玉 106
Ting Chan 丁 湛 3
Ting Chê 丁 澤 4
Ting Chêng 丁 政 2
Ting Chi 丁 績 4
  丁 璣 4
Ting Chi Szu 丁繼嗣 5
Ting Ch'i Jui 丁啓睿 3
Ting Chien Hsüeh 丁乾學 3
Ting Chih Hang 丁志方 2
Ting Chih Hsiang 丁致祥 2
Ting Ch'uan 丁 川 1
Ting Chüeh 丁 珏 3
Ting Fêng 丁 奉 2
  丁 鳳 4
Ting Hsiang 丁 襄 4
Ting Ho Nien 丁鶴年 5
Ting Hsiao Kung 丁効恭 2
Ting Hsien 丁 顯 5
Ting Hsüan 丁 瑄 3
  丁 鉉 4
  丁 璿 5
Ting Hung 丁 洪 2
Ting I Chung 丁以忠 2
Ting I T'ung 丁一統 1
Ting Ju Ch'ien 丁汝謙 2
Ting Ju K'uei 丁汝夔 2
Ting K'uei Ch'u 丁魁楚 4
Ting Liang 丁 良 2
Ting Lu 丁 璐 5
Ting Mao Ju 丁懋儒 5
Ting Mao Sun 丁懋遜 5
Ting Pên 丁 本 2
Ting Pin 丁 賓 4
Ting P'u 丁 溥 3
Ting P'u Lang 丁普郎 3
Ting Shih Hsi 丁師羲 3
Ting Shih Mei 丁士美 1
Ting Tai Yün 丁泰運 3

Ting Tan 丁 旦 2
Ting Tê Hsing 丁德興 4
Ting Tien Yü 丁天毓 1
Ting Tzŭ 丁 鎡 5
Ting Tzŭ Shên 丁自申 2
Ting Tzŭ Lü 丁此呂 2
Ting Wên 丁 文 4
Ting Wên Hsüan 丁文逭 1
Ting Yang Hao 丁養浩 4
Ting Yü 丁 玉 2
Ting Yü Ch'uan 丁玉川 2
Ting Yüan Chien 丁元薦 1
Ting Yüan Fu 丁元復 1
Ting Yün P'êng 丁雲鵬 3
Ting Yung Chung 丁永中 1
Ting Yung Tso 丁永祚 2
T'o Kang 脫 綱 688
Tou Ming 竇 明 942
Tou Tzŭ Ch'êng 竇子偁 942
Ts'ai K'uan 才 寬 9
Ts'ai Ai 蔡 璦 814
Ts'ai Ch'ao 蔡 潮 813
Ts'ai Chên 蔡 晨 813
Ts'ai Ch'êng Chih 蔡承植 811
Ts'ai Chi 蔡 揖 813
Ts'ai Chi Ch'un 蔡際春 812
Ts'ai Ch'ien 蔡 遷 813
Ts'ai Ching 蔡 經 813
Ts'ai Ch'ing 蔡 清 811
Ts'ai Fêng Shih 蔡逢時 812
Ts'ai Fu I 蔡復一 812
Ts'ai Hêng 蔡 亨 811
Ts'ai Hsi 蔡 悉 812
蔡 錫 813
Ts'ai I Chung 蔡毅中 813
Ts'ai Ju Hsien 蔡汝賢 810
Ts'ai Ju Nan 蔡汝楠 810
Ts'ai K'o Hsien 蔡可賢 810
Ts'ai K'o Lien 蔡克廉 811
Ts'ai Kuo Chên 蔡國珍 812
Ts'ai Kuo Hsi 蔡國熙 812
Ts'ai Kuo Yung 蔡國用 812
Ts'ai Lieh 蔡 烈 811
Ts'ai Mao Tê 蔡懋德 812, 813
Ts'ai Mêng 蔡 蒙 813
Ts'ai Mo 蔡 模 813
Ts'ai P'an 蔡 滂 811
Ts'ai shao 蔡 紹 810
Ts'ai Shih Ting 蔡時鼎 811
Ts'ai Tao Hsien 蔡道憲 812
Ts'ai T'ien Yu 蔡天祐 810
Ts'ai Tsung Yen 蔡宗兗 811
Ts'ai Tzŭ Ying 蔡子英 810
Ts'ai Wên Fan 蔡文範 810
Ts'ai Wên K'uei 蔡文魁 810
Ts'ai Yu 蔡 佑 811
Ts'ai Yü 蔡 羽 810
Ts'ai Yü Ku 蔡于穀 810
Ts'ai Yüan Jui 蔡元銳 810
Ts'ai Yüan Wei 蔡元偉 810
Ts'ai Yün 蔡 運 813
Ts'ai Yün Ch'êng 蔡雲程 812
Tsan Ju Hsin 昝如心 378
Tsang Fêng 臧 鳳 769
Tsang Shan 臧 珊 768
Tsang Ying 臧 瑛 769
Tsang Ying K'uei 臧應奎 769
Tsao Ch'i Chang 皂旗張 278
Ts'ao Chên 曹 震 510
Ts'ao Chêng Ju 曹正儒 507
Ts'ao Chi Hsiang 曹吉祥 507
Ts'ao Chiang Chung 曹姜仲 511
Ts'ao Ch'ien 曹 謙 511
Ts'ao Chih Ming 曹志明 508
Ts'ao Ch'ih Jung 曹嗣榮 510
Ts'ao Chin 曹 金 508

Ts'ao Ch'in 曹欽 509
Ts'ao Ch'in Ch'êng 曹欽程 509
Ts'ao Chü 曹琚 509
Ts'ao Ch'üan 曹荃 508
Ts'ao Fêng 曹鳳 510
Ts'ao Hêng 曹衡 511
Ts'ao Ho 曹禾 507
Ts'ao Hsi Shun 曹希舜 506
Ts'ao Hsiang 曹祥 509
Ts'ao Hsing 曹興 511
Ts'ao Hsiung 曹雄 509
Ts'ao Hsüeh Ch'êng 曹學程 511
Ts'ao Hsüeh Ch'üan 曹學佺 511
Ts'ao Hu 曹琥 509
Ts'ao Huai 曹懷 512
Ts'ao Huang 曹璜 511
Ts'ao Hung 曹弘 507
Ts'ao I 曹義 510
Ts'ao I Feng 曹一鳳 506
Ts'ao I P'êng 曹一鵬 506
Ts'ao K'ai 曹凱 509
Ts'ao K'o 曹柯 508
Ts'ao Kuang 曹珖 508
Ts'ao K'uei 曹逵 509
曹鐩 512
Ts'ao Kung Yüan 曹公遠 507
Ts'ao Lai 曹鼐 511
Ts'ao Lei 曹雷 510
Ts'ao Liang Ch'ên 曹良臣 507
Ts'ao Lin 曹璘 511
Ts'ao Lung 曹隆 509
Ts'ao Min 曹閔 509
Ts'ao Ming 曹銘 510
Ts'ao Pang Fu 曹邦輔 508
Ts'ao Pên 曹本 507
Ts'ao Pien 曹汴 507
Ts'ao Pien Chiao 曹變蛟 512
Ts'ao Shan Chün 曹三俊 507
Ts'ao Shan Yang 曹三暘 506
Ts'ao Shên 曹深 508
Ts'ao Shih Chung 曹時中 508
Ts'ao Shih P'in 曹時聘 508
Ts'ao Shih Shêng 曹世盛 507
Ts'ao Shu 曹恕 508
Ts'ao Ssŭ Cheng 曹思正 508
Ts'ao Ta Chang 曹大章 506
Ts'ao Ta Hsia 曹大夏 510
Ts'ao Ta T'ung 曹大同 506
Ts'ao Ta Yeh 曹大埜 507
Ts'ao Tang Mien 曹當勉 510
Ts'ao Tê 曹德 511
Ts'ao Ting 曹鼎 510
Ts'ao Tsu Chien 曹祖見 506
Ts'ao Tung 曹棟 509
Ts'ao Tuan 曹端 510
Ts'ao Wên Chao 曹文詔 507
Ts'ao Wên Hêng 曹文衡 507
Ts'ao Wên Yao 曹文耀 507
Ts'ao Yü 曹煜 509
Ts'ao Yü Pien 曹于汴 506
Ts'ao Yüan 曹元 507
Ts'ao Shou Ching 操守經 864
Tsêng Chao Chieh 曾朝節 634
Tsêng Chi 曾棨 634
Tsêng Chien 曾鑑 636
Tsêng Chien Hêng 曾乾亨 633
Tsêng Chih 曾直 633
Tsêng Chüan 曾泉 633
Tsêng Ch'un Ling 曾春齡 633
Tsêng Chün 曾鈞 634
曾溶 635
Tsêng Chung 曾翀 633
Tsêng Ch'ung K'uei 曾仲魁 632
Tsêng Fêng I 曾鳳儀 635
Tsêng Fêng Shao 曾鳳韶 634
Tsêng Ho Ling 曾鶴齡 635

Tsêng Hsien 曾 銑 634
Tsêng Hui 曾 翬 635
Tsêng Hung 曾 弘 631
Tsêng Ju Chao 曾汝召 632
Tsêng Ju Ch'un 曾如春 632
Tsêng K'o Chien 曾可前 631
Tsêng K'o Wei 曾克偉 632
Tseng Kuan 曾 爟 635
Tsêng Kuang Lu 曾光魯 632
Tsêng Lu 曾 魯 635
Tsêng Mêng Chien 曾蒙簡 634
Tsêng P'an 曾 璠 633
Tsêng Pien 曾 汴 632
Tsêng Ping Chêng 曾秉正 633
Tsêng Shêng Wu 曾省吾 633
Tsêng Shu Chin 曾淑靜 593
Tsêng Sui 曾 輚 635
Tsêng Ta Yu 曾大有 631
Tsêng T'ai 曾 台 631
Tsêng Tê 曾 德 632
Tsêng Ting 曾 鼎 634
Tsêng T'ing 曾 烶 633
Tsêng T'ing Chih 曾廷芝 632
Tsêng Ts'un Jên 曾存仁 632
Tsêng T'ung Hêng 曾同亨 632
Tsêng Wên Yung 曾文庸 632
Tsêng Yen 曾 彥 633
Tsêng Ying 曾 瑛 633
曾 櫻 635
Tsêng Yü 曾 璵 635
Tsêng Yü Kung 曾于拱 641
Tsêng Yüan 曾 源 634
Tso Ch'ang 左 瑺 102
Tso Ching 左 經 102
Tso Ch'u Ying 左出穎 101
Tso Chün Pi 左君弼 101
Tso Ch'ung 左 重 101
Tso Hsien 左 賢 102
Tso Kuang Hsien 左光先 101
Tso Kuang Tou 左光斗 101
Tso Kuo Chi 左國璣 101
Tso Liang Yü 左良玉 101
Tso Mao T'ai 左懋泰 102
Tso Mao Ti 左懋第 102
Tso Szŭ Chung 左思忠 101
Tso Ting 左 鼎 101
Tso Tsan 左 贊 102
Tso Yü 左 鈺 102
Tsu Chu 祖 住 401
Tsu Tüan 祖 淵 401
Ts'ui Chên 崔 震 614
Ts'ui Ch'ên 崔 岑 611
Ts'ui Ch'êng Hsiu 崔呈秀 612
Ts'ui Chien 崔 鑑 614
Ts'ui Chih Tuan 崔志端 612
Ts'ui Ching Jung 崔景榮 613
Ts'ui Chü 崔 聚 613
Ts'ui Ho 崔 和 612
Ts'ui Hsien 崔 銑 613
Ts'ui I 崔 儀 614
Ts'ui Ju Hsiu 崔儒秀 614
Ts'ui Kung 崔 恭 612
Ts'ui Liang 崔 亮 612
Ts'ui Min 崔 敏 613
Ts'ui Pi 崔 碧 613
Ts'ui Pi Chih 崔泌之 612
Ts'ui San Wei 崔三畏 611
Ts'ui Shêng 崔 陞 613
Ts'ui T'ung 崔 桐 612
Ts'ui Wên Jung 崔文榮 612
Ts'ui Wên K'uei 崔文奎 611
Ts'ui Wên Shêng 崔文昇 611
Ts'ui Yai 崔 涯 613
Ts'ui Yen 崔 巖 614
Ts'ui Ying Yüan 崔應元 614
Ts'ui Yüan 崔 元 612
崔 源 613

Tsung Ch'ên 宗 臣 280
Tsung Hsien 宗 顯 280
Tsung Hung Hsüan 宗弘暹 279
Tsung Li 宗 禮 280
Tsung Lien 宗 璉 280
Tsung Lê 宗 泐 280
Ts'ung Kan 崇 剛 611
Tu Chêng 杜 拯 188
Tu Chi 杜 奇 187
Tu Ch'iao 杜 嶠 189
Tu Ch'ieh 杜 謙 189
Tu Chin 杜 堇 188
Tu Ch'iung 杜 瓊 189
Tu Chün Chê 杜君澤 187
Tu Chung 杜 忠 188
Tu Hsi 杜 晞 188
Tu Hsiao 杜 斅 189
Tu Hsüan 杜 瑄 189
Tu Hua Hsian 杜華先 188
Tu Huai 杜 槐 189
Tu Huan 杜 環 189
Tu Hung Yü 杜弘域 187
Tu Ju Chên 杜汝禎 187
Tu Lan 杜 柟 188
Tu Lin Chêng 杜麟徵 189
Tu Luan 杜 鸞 190
Tu Ming 杜 明 188
杜 銘 189
Tu Ning 杜 寧 189
Tu Pang Chü 杜邦舉 187
Tu Shih 杜 詩 188
Tu Shih Mao 杜時髦 188
Tu Sung 杜 松 187
Tu T'ang 杜 棠 188
Tu Tsê 杜 澤 189
Tu T'ung 杜 桐 188
Tu Wei Hsi 杜惟熙 188
Tu Wên Huan 杜文煥 187
Tu Yu 杜 宥 188
Tu Ang 都 卬 642
Tu Jên 都 任 642
Tu Mu 都 穆 642
Tu Shêng 都 勝 642
Tu Ku Ming 獨孤明 873
Tu Ku Lo Shan 獨孤樂善 873
Tu Yin Hsi 堵胤錫 642
T'u Chên 涂 禎 384
T'u Chieh 涂 杰 384
T'u Ch'ien 涂 謙 384
T'u Chung Chi 涂仲吉 384
T'u Fei 涂 棐 384
T'u I Chen 涂一榛 383
T'u Kuan 涂 觀 383
T'u Mêng Kuei 涂夢桂 384
T'u Tan 涂 旦 384
T'u Tsung Chun 涂宗濬 384
T'u Wên Fu 涂文輔 383
T'u Ch'ao Wên 屠朝文 640
T'u Chi 屠 機 641
T'u Chiao 屠 僑 641
T'u Hsi 屠 熙 641
T'u Hsün 屠 勳 641
T'u Hu 屠 湖 640
T'u Jung 屠 滽 641
T'u K'ai 屠 楷 641
T'u Kung 屠 珙 640
T'u Lung 屠 隆 640
T'u Shu Fang 屠叔方 640
T'u Ta Shan 屠大山 640
T'u Ying Chün 屠應埈 641
T'u Ying Hsün 屠應塤 642
T'u Yü 屠 瑜 641
T'u Shih Hsiang 塗時相 691
Tuan Chan 段 展 376
Tuan Chao Tsung 段朝宗 376
Tuan Chao Yung 段朝用 376
Tuan Chêng 段 正 375
Tuan Chien 段 堅 376
Tuan Ch'ih 段 豸 376
Tuan Chin 段 錦 377
Tuan Fu Hsing 段復興 376
Tuan Kao Hsüan 段高選 376
Tuan Min 段 民 375
Tuan Ming 段 敏 376
Tuan Pai Chieh 段白炌 376
Tuan P'o Mai 段伯美 376
Tuan Shih 段 寔 376
段 實 376
Tuan Tseng Hui 段增輝 376
Tuan Yung 段 鏞 377
Tuan Fu 端 鈇 751

Tuan Fu Ch'u 端復初 751
Tuan Hung 端 宏 751
Tuan T'ing Shê 端廷赦 751
Tuan Wên Yung 端文用 751
Tung Han 東 漢 302
Tung Ssŭ Chung 東思忠 301
Tung Ssŭ Kung 東思恭 302
Tung Yeh 東 野 302
Tung Chên 董 振 734
Tung Chi 董 玘 734
董 紀 735
董 基 736
Tung Ch'i 董 琦 736
Tung Ch'i Ch'ang 董其昌 735
Tung Chieh 董 傑 736
Tung Chien Chung 董建中 735
Tung Ch'ih Ch'êng 董嗣成 737
Tung Chin Lun 董盡倫 737
Tung Chin Ti 董進第 737
Tung Ch'uan Ts'ê 董傳策 737
Tung Fang 董 方 734
Tung Fên 董 份 734
Tung Hsiang 董 相 735
Tung Hsiao 董 紹 736
Tung Han Ju 董漢儒 737
Tung Hsing 董 興 738
Tung Huai 董 懷 738
Tung I Yang 董宜陽 735
Tung I Yüan 董一元 733
Tung Ju Han 董汝瀚 734
Tung Jung Ch'ien 董戎前 735
Tung Ku 董 穀 738
Tung K'uan 董 寬 737
Tung Kung Chin 董公近 737
Tung Lang 董 宸 736
Tung Lin 董 璘 738
Tung Lun 董 倫 736
Tung Min 董 旻 735
Tung Ning 董 寧 737
Tung P'an 董 璠 738
Tung P'u 董 樸 738
Tung San Mo 董三謨 733
Tung Sui 董 遂 737
Tung Tao Shun 董道醇 737
Tung T'ien 董 恬 735
Tung T'ien Hsi 董天錫 734
Tung Tsêng 董 曾 736
Tung Tso 董 祚 736
Tung Tsun 董 遵 738
Tung Tzŭ Chuang 董子莊 734
Tung Tzü I 董子儀 734
Tung Wan 董 琬 736
Tung Wan Hu 董萬斛 737
Tung Wei 董 威 735
Tung Ying Hsüeh 董應學 738
Tung Yueh 董 越 736
Tung Yün 董 澐 737
Tung Yün Han 董雲漢 736
Tung Yung 董 鏞 738
T'ung Yin 仝 寅 116
T'ung Chêng Hs 童承叙 630
T'ung Chu 童 祝 631
T'ung Ch'ung K'uei 童仲揆 306
T'ung Han Ch'êng 童漢臣 631
T'ung Hsü 童 旭 630
T'ung Hsüan 童 軒 631
T'ung Jui 童 瑞 631
T'ung K'uan 童 寬 631
T'ung P'ei 童 珮 631
T'ung T'ien Shên 童天申 630
T'ung Ts'un Tê 童存德 630
T'ung Ying 童 寅 631
T'ung Yüan Chên 童元鎮 630
Wan An 萬 安 725
Wan Ch'ao 萬 潮 727
Wan Chi 萬 吉 725
Wan Ch'i 萬 祺 726
Wan Ching 萬 熼 727
Wan Ching Tsung 萬敬宗 727
Wan Fa Hsiang 萬發祥 726
Wan Fu 萬 福 727
Wan Hsiang 萬 祥 726
Wan Hsiang Ch'un 萬象春 726

Wan Hua Fu 萬化孚 724
Wan I 萬 衣 725
Wan I Chuan 萬義頫 727
Wan Kuan 萬 觀 728
Wan Kuei 萬 貴 726
Wan Kuei Fei 萬貴妃 726
Wan Kung 萬 恭 725
Wan Kuo Ch'in 萬國欽 726
Wan Kuo Shu 萬國樞 726
Wan Lien 萬 廉 727
Wan Lung Shan 萬龍山 726
Wan Mu 萬 木 724
Wan Pang Fu 萬邦孚 727
Wan P'eng 萬 鵬 727
Wan Piao 萬 表 725
Wan Shên 萬 琛 726
Wan Shêng 萬 盛 726
Wan Shih Hêng 萬士亨 724
Wan Shih Ho 萬士和 724
Wan Shih Tê 萬世德 724
Wan Shou Ch'i 萬壽祺 727
Wan Ta Ch'êng 萬大成 724
Wan T'ai 萬 泰 726
Wan T'ai Chien 萬太簡 727
Wan T'ang 萬 鏜 727
Wan T'ing Yen 萬廷言 725
Wan Wei T'an 萬惟壇 726
Wan Wên Ying 萬文英 724
Wan Ying 萬 英 725
Wan Yü K'ai 萬虞愷 727
Wan Yü Shan 萬玉山 725
Wan Yüan Chi 萬元吉 724
Wang Ai 王 愛 64
Wang An 王 安 28
Wang Ang 王 昂 43
Wang Ao 王 翱 77
王 鏊 78
Wang Chang
王 彰 66
王 章 51
Wang Ch'ang
王 敞 58
Wang Ch'ang Kung
王昌功 54
Wang Chao 王詔 46,56
王 釗 50
Wang Ch'ao
王 超 56
王 潮 68
Wang Chao Ch'i
王朝器 57
Wang Chao Ta
王朝達 57
Wang Chao Tsung
王朝佐 57
Wang Chao Chên
王兆禎 75
Wang Chê 王 哲 47
Wang Chên
王 貞 43
王 振 48
王 眞 48
王 絍 54
王 禎 65
王 屒 69
Wang Ch'ên
王 臣 30,70
王 宸 46
Wang Chên Ch'ing
王貞慶 43
Wang Chên Chün
王徵俊 71
Wang Chêng
王 徵 71
王 縝 75
王 鎭 79
王 諍 68
Wang Chêng Chih
王正志 24
Wang Chêng Kuo
王正國 25
Wang Ch'êng
王 澄 68
Wang Ch'êng An
王承恩 38
Wang Ch'êng Hsien
王成憲 33
王承憲 33
Wang Ch'êng Tê
王成德 33
Wang Ch'êng Yü
王承裕 38
Wang Chi 王 急 34
王 紀 45
王 基 51
王 畿 70
王 激 72
王 璣 72
王 積 75
王 濟 75
王 繼 80
王 隮 81
王 驥 83
Wang Ch'i 王 奇 38
王 啓 51
王 琦 56
王 錡 75
王 麒 79

王 圻 32
Wang Chi Chao
王吉兆 47
Wang Chi Kuan
王繼光 81
Wang Chi Ming
王繼明 81
Wang Chi Ts'an
王積燦 77
Wang Chi Tsung
王繼宗 81
Wang Ch'ia
王 洽 41
Wang Chia Chên
王家楨 46
Wang Chia Chih
王家植 46
Wang Chia Lu
王家錄 46
Wang Chia Pin
王嘉賓 66
Wang Chia P'ing
王家屏 46
Wang Chia Yen
王家彥 45
王嘉言 66
Wang Chiai
王 楷 63
Wang Chiang
王 江 27
Wang Chiao
王 教 51
Wang Ch'iao
王 樵 73
王 翹 78
王 交 28
Wang Ch'iao Tung
王喬棟 60
Wang Chien
王 簡 79
王 鑑 81
Wang Ch'ien
王 乾 52
王 謙 76
Wang Ch'ien Chang
王乾章 52
Wang Chien Chih
王鑑之 81
Wang Chien K'uei
王漸逵 65
Wang Chih
王 志 33
王 治 36
王 直 37
王 質 70
王 智 80
Wang Chih Ch'ang
王志長 33
Wang Chih Ch'ên
王之城 22
王之臣 22
Wang Chih Chien
王志堅 33
Wang Chih Fa
王執法 52
Wang Chih Han
王之翰 23
Wang Chih Hsiang
王致祥 48
Wang Chih Kao
王之誥 22
Wang Chih Li
王執禮 52
Wang Chih Shih
王之士 22
Wang Chih Tao
王志道 33
王治道 36
Wang Chih T'ing
王之珽 22
Wang Chih Ts'ai
王之寀 22
Wang Chih Yu
王之猷 22
Wang Chih Yüan
王之垣 22
Wang Chin
王 沓 38
王 金 40
王 進 59
王 瑾 69
王 璡 72
王 縉 75
王 藎 78
Wang Ching
王 景 58
王 敬 63
王 經 65
王 璟 73
Wang Ch'ing
王 清 50
王 卿 55
Wang Ching Ch'ên
王敬臣 63
Wang Ching Liang
王景亮 58
Wang Ching Min
王敬民 63
Wang Ch'iu
王 俅 45
Wang Chiu Feng
王九峰 20
Wang Chiu Hsüeh
王就學 56
Wang Chiu Szŭ
王九思 19
Wang Chiu Ting
王九鼎 20
Wang Ch'iung
王 瓊 80
Wang Cho 王 倬 50
Wang Chuan
王 傳 64
Wang Ch'üan
王 銓 68

Wang Chüan Lu
王全祿 79
Wang Chüeh
王 爵 78
Wang Chun
王 準 60
Wang Chün
王 浚 45
王 濬 75
王 俊 44
Wang Chün Min
王俊民 44
Wang Ch'un
王 純 49
王 醇 69
Wang Ch'un Chê
王春澤 42
Wang Chung
王 中 23
王 忠 39,44
王 鍾 77
Wang Ch'ung
王 寵 79
Wang Ch'ung Kung
王重光 45
Wang Ch'ung Wên
王崇文 53
Wang Erh K'ang
王爾康 66
Wang Fan 王 璠 73
Wang Fang
王 芳 39
王 鈁 53
Wang Fêng
王 逢 54
王 鳳 68
Wang Fêng Chu
王鳳竹 68
Wang Fêng Nien
王逢年 54
Wang Fêng Lin
王鳳靈 68
Wang Fu 王 紱 55
王 阜 56
王 鈇 58
王 復 59
王 溥 60
Wang Fu Yin
王府尹 37
Wang Fu Yüan
王復原 59
Wang Han 王 漢 65
王 翰 73
Wang Hao 王 鎬 79
Wang Hao Hsüeh
王好學 31
Wang Hao Wên
王好問 31
Wang Hêng
王 亨 32
王 衡 54
王 珩 47
Wang Ho 王 鶴 81
王 和 40
Wang Hsi 王 錫 74
王 壓 79,80
Wang Hsi Chüeh
王錫爵 74
Wang Hsi Fang
王稺豐 71
Wang Hsi Hou
王錫侯 74
Wang Hsi Kun
王錫袞 74
Wang Hsi Lieh
王希烈 34
Wang Hsi Mêng
王希孟 34
Wang Hsi Têng
王稺登 71
Wang Hsi Wên
王希文 33
Wang Hsi Yüan
王希元 33
Wang Hsiang
王 相 42
王 珦 47
王 湘 55
Wang Hsiang Ch'ien
王象乾 60
Wang Hsiang Chin
王象晉 60
Wang Hsiang Chün
王象春 59
Wang Hsiang Hêng
王象恒 59
Wang Hsiao
王 效 46
Wang Hsien
王 賢 69
王 緘 70
王 憲 72
王 獻 80
王 顯 82
Wang Hsien Ch'ên
王獻臣 80
Wang Hsien Chung
王顯忠 81,82
Wang Hsien Wu
王憲武 46
Wang Hsin
王 信 44,56
王 莘 54
Wang Hsin I
王心一 23
Wang Hsing
王 行 31
Wang Hsing Chien
王行儉 31
Wang Hsing Fu
王興福 73
Wang Hsing Min
王行敏 38
Wang Hsing Tsung
王興宗 73

Wang Hsiung
王 雄 57
Wang Hsü 王 緒 22
Wang Hsüan
王 瑄 33,62
王 宣 41
王 玹 42
王 琁 48
王 鉉 64
王 萱 64
王 逭 73
Wang Hsüeh K'uei
王學夔 75
Wang Hsüeh Tsêng
王學曾 75
Wang Hsün
王 恂 42
王 珣 47
王 詢 61
王 勳 75
Wang Hua 王 化 24
王 華 58
Wang Hua Chen
王化貞 24
Wang Huai
王 淮 51
Wang Huan
王 桓 47
Wang Huang
王 渙 55
Wang Hui 王 會 65
王 徽 77
Wang Hung
王 洪 41
王 竑 41
Wang Hung Chien
王鴻漸 75
Wang Hung Hui
王弘誨 25
Wang Hung Ju
王鴻儒 76
Wang Hung Yu
王弘猷 25
Wang I 王 沂 41
王 誼 68
王 頤 69
王 億 70
王 儀 70
王 彝 78
Wang I Chi
王以旂 26
Wang I Chü
王一居 19
Wang I Hsiu
王以修 26
Wang I Kuei
王一桂 19
Wang I K'uei
王一夔 19
Wang I Ning
王一寧 19
Wang I O 王一鶚 19
Wang I P'eng
王一鵬 19
Wang I T'ung
王一統 19
Wang Jang 王 讓 82
Wang Jên Ch'ung
王任重 31
Wang Ju 王 儒 20
Wang Ju Chi
王汝績 28
Wang Ju Chien
王如堅 31
Wang Ju Chou
王汝舟 27
Wang Ju Lin
王汝霖 28
Wang Ju Lu
王汝魯 28
Wang Ju Mei
王汝梅 27
Wang Ju Shun
王汝訓 27
Wang Ju Yen
王汝言 27
Wang Ju Yu
王汝猷 36
Wang Ju Yü
王汝玉 27
Wang Jui 王 瑞 62
Wang Jui Nan
王瑞枏 62
Wang Jun Mao
王孕懋 31
Wang Kai 王 槩 69
Wang K'ai 王 鎧 36
王 愷 61
Wang Kan 王 綱 67
Wang Kao 王 杲 39
王 高 45
王 臬 50
王 皞 70
王 誥 65
Wang Kê 王 格 47
Wang K'ê Fu
王克復 33
Wang K'en T'ang
王肯堂 40
Wang Kêng
王 庚 36
Wang K'o 王 科 45
Wang K'o Ta
王可大 25
Wang Ku Hsiang
王穀祥 65
Wang Kuan
王 觀 82
Wang K'uan
王 [illegible] 79
Wang Kuang Tsu
王光祖 30
Wang Kuang Yün
王光蘊 40
Wang Kuei 王 貴 45
Wang K'uei
王 奎 42
Wang Kung
王 恭 48

Wang Kung Liang 王公亮 24
Wang Kuo 王 國 53
Wang Kuo Chên 王國禎 54
Wang Kuo Kuang 王國光 53
Wang Kuo Shun 王國訓 53
Wang Lai 王 來 37
Wang Lai P'in 王來聘 37
Wang Li 王 昱 43
王 理 52
Wang Li Ching 王勵精 76
Wang Li Chung 王立中 24
Wang Li Tao 王立道 24
Wang Liang 王 良 31, 32
王 亮 41
Wang Liang Ch'ên 王良臣 32
Wang Liang Kuei 王良貴 32
Wang Liang Shu 王良樞 32
Wang Liang Tso 王良佐 32
Wang Lien 王 濂 72
Wang Lin 王 琳 56
王 遴 72
Wang Lin Hêng 王臨亨 76
Wang Liu 王 留 50
Wang Lu 王 祿 61
Wang Lü 王 履 69
Wang Luan 王 鑾 82, 83
Wang Lun 王 綸 67
王 輪 69
Wang Mao 王 楙 77
Wang Mao Tê 王懋德 77
Wang Mêng 王 蒙 67
Wang Mêng Hsiang 王夢祥 74
Wang Mêng Pi 王夢弼 67
Wang Mien 王 冕 54
Wang Min 王 敏 55,59
王 蓂 66
Wang Min Ch'ên 王鳴臣 67
Wang Ming 王 命 70
王 銘 68
Wang Ming Hao 王明灝 40
Wang Ming Shan 王名善 31
Wang Mo 王 謨 78
Wang Na Hui 王納誨 49
Wang Na Yen 王納言 49
Wang Nien 王 念 41
Wang Ning 王 寧 66
王 凝 72
Wang O 王 謳 78
Wang P'an 王 泮 36
Wang Pang Chih 王邦直 36
Wang Pang Jui 王邦瑞 36
Wang Pao 王 保 45
王 褒 68
Wang P'ei 王 沛 36
Wang Pên Ku 王本固 25
Wang P'eng 王 鵬 80
Wang Pi 王 弼 56
王 璧 80
Wang Piao 王 表 38
Wang Pin 王玭 47, 79
王 彬 52
王 聘 63
王 賓 66
Wang Ping 王 昺 43
Wang P'ing 王 玶 32
Wang Ping Hêng 王炳衡 41
Wang Ping Hsüan 王炳璿 41
Wang Ping I 王秉彝 41
Wang Po 王 珀 42
Wang P'o Chên 王伯貞 35
Wang Po Ch'ou 王伯稠 35
Wang P'u 王 朴 29
王 樸 73
Wang San Chai 王三宅 21
Wang San Chieh 王三接 21
Wang San Hsi 王三錫 21
Wang San Shan 王三善 21
Wang San Yü 王三餘 21
Wang Shang Chih 王尙智 61
Wang Shang Chiung 王尙絅 39
Wang Shang Hsien 王尙賢 39
Wang Shang Heüeh 王尙學 39
Wang Shao 王 紹 54
Wang Shao Hui 王紹徽 54

Wang Shao Yüan 王紹元 54
Wang Shen 王 紳 54
Wang Shêng
王 升 24
王 昇 38, 39
王 省 43
王 盛 57
王 勝 59
Wang Shêng Chung 王憴中 61
Wang Shih 王 軾 63
Wang Shih Ch'ang
王士昌 20
王世昌 25
Wang Shih Chên
王世貞 25
王士禎 20
Wang Shih Chi 王時濟 49
Wang Shih Ch'i
王士琦 20
王士騏 21
Wang Shih Chia 王士嘉 20
Wang Shih Chieh 王士傑 20
Wang Shih Ch'in 王世欽 26
Wang Shih Chü 王時舉 49
Wang Shih Chung 王時中 49
Wang Shih Fu 王仕復 56
Wang Shih Ho 王士和 20
Wang Shih Hsi 王時熙 49
Wang Shih Hsing 王士性 20
Wang Shih Hsiu 王世琇 26
Wang Shih Huai 王時槐 49
Wang Shih Hung 王士弘 20
Wang Shih K'o 王時柯 49
Wang Shih Mao 王世懋 26
Wang Shih Ming 王世名 25
Wang Shih Neng 王士能 20
Wang Shih Tsung 王世琮 26
Wang Shih Yang
王士暘 21
王世揚 26
Wang Shou 王 守 28
Wang Shou Chêng 王守誠 29
Wang Shou Jen 王守仁 28
Wang Shou Wên 王守文 29
Wang Shou Yü 王守愚 71
Wang Shu 王 恕 50
王 肅 82
Wang Shu Ch'êng 王叔承 39
Wang Shu Kao 王叔杲 40
Wang Shu Ku 王述古 42
Wang Shu Kuo 王叔果 40
Wang Shu Ying 王叔英 40
Wang Shun 王 遜 66
Wang Shun Chên 王橓徵 73
Wang Shun Kêng 王舜耕 60
Wang Shun Yü 王舜漁 60
Wang Ssŭ 王 思 43
Wang Ssŭ Hsien 王思賢 43
Wang Ssŭ Jên 王思任 43
Wang Ssŭ Ming 王思明 43
Wang Sun Lan 王孫蘭 48
Wang Sung 王 嵩 64
Wang Szŭ Ching 王嗣經 64
Wang Ta 王 達 63
Wang Ta Nien 王大年 21
Wang Ta Yüng 王大用 21
Wang Tai 王 泰 48
Wang Tai Fu 王台輔 27
Wang T'an 王 坦 37
Wang Tao 王 道 61
Wang T'ao 王 燾 78
王 瑫 66
Wang T'ao Chên 王燾貞 75
Wang Tao Ch'êng 王道成 62
Wang Tao Ch'un 王道純 62
Wang Tao Hsing 王道行 61
Wang Tao K'un 王道焜 62
Wang Tê 王 德 71
Wang Tê Fu 王得孚 55
Wang Tê Hsin 王德新 71

Wang Tê Jen 王德仁 55
Wang Tê Ming 王德明 71
Wang Tê Wan 王德完 71
Wang T'i Chien 王體乾 82
Wang T'ien 王 田 27
Wang T'ien Chüeh 王天爵 23
Wang T'ien Jui 王天瑞 38
Wang T'ien Shu 王天叙 66
Wang Ting 王 鼎 64
Wang Ting Chüeh 王鼎爵 64
Wang T'ing
王 廷 35
王庭 46, 47
Wang T'ing Ch'an 王廷瞻 36
Wang T'ing Ch'ên 王廷陳 35
Wang T'ing Chuan 王廷譔 47
Wang T'ing Hsiang 王廷相 35
Wang T'ing Kan 王廷幹 35
Wang To 王 鐸 81
Wang Tsai 王 材 33
Wang Tsai Chin 王在晉 29
Wang Tsai Fu 王在復 29
Wang Tsai Kung 王在公 29
Wang Tsan 王 瓚 82
Wang Tsao K'un 王肇坤 66
Wang Ts'êng
王 僧 55
王 譄 72
Wang Tso 王 佐 34
王 祚 82
Wang Tso Shêng 王佐聖 34
Wang Tso Ts'ai 王佐才 34
Wang Tsu Ti 王祖嫡 46
Wang Tsung 王 琮 49
Wang Tsung Chi 王宗吉 47
Wang Tsung Chiang 王宗姜 359
Wang Tsung Hsien 王宗顯 37
Wang Tsung I 王宗彝 37
Wang Tsung Mao 王宗茂 37
Wang Tsung Mu 王宗沐 36
Wang Tsung Shun 王宗舜 37
Wang Tsung Yüan 王宗源 37
Wang Ts'ung
王 崇 52
王 聰 77
Wang Ts'ung Chien 王崇儉 53
Wang Ts'ung Chih 王崇之 52
Wang Ts'ung Ch'ing 王崇慶 53
Wang Ts'ung Hsien 王崇獻 53
Wang Ts'ung Jên 王崇仁 53
Wang Ts'ung Ku 王崇古 53
Wang Tu 王 度 42
Wang T'u 王 圖 67
Wang Tuan Mien 王端冕 66
Wang Tun 王 鈍 59
Wang Tung 王 棟 57
Wang T'ung
王 仝 24
王 通 52
Wang T'ung Kuei 王同軌 30
Wang T'ung Tsu 王同祖 30
Wang Tzŭ 王 資 62
王 積 78
Wang Tzŭ Ch'ing 王子卿 21
Wang Wan 王 琬 78
Wang Wang Tso 王萬祚 64
Wang Wei 王 韋 42
王 偉 55
王 暐 64
王 禕 65
王 洧 41
Wang Wei Chên 王維楨 67
Wang Wei Chien 王惟儉 51
Wang Wei Yün 王惟允 51
Wang Wên 王 文 21
王 汶 31
王 問 52
Wang Wên Hui 王文暉 73
Wang Wên Lü 王文祿 22
Wang Wên Ping 王文炳 22

Wang Wên Yüan
王文轅 22
Wang Wu 王 務 44
Wang Yang Chên
王養正 69
Wang Yao Ch'ing
王堯卿 57
Wang Yao Fêng
王堯封 57
Wang Yao Jih
王堯日 57
Wang Yeh 王 業 64
王 燁 72
Wang Yen 王 彥 41
王 晏 49
王 綖 65, 69
王 儼 81, 82
Wang Yen Ch'i
王彥奇 41
Wang Yen Shu
王延素 36
Wang Yin 王 艮 30
王 銀 30
王 寅 51
Wang Yin Hsiang
王胤祥 45
Wang Ying 王英 43, 44
王 瑛 62
王 瑩 68
Wang Ying Chih
王應豸 76
Wang Ying Chung
王應鍾 76
Wang Ying Hsiung
王應熊 76
Wang Ying Lin
王應麟 76
Wang Ying Ming
王英明 44
Wang Ying Tien
王應電 76
Wang Ying Yüan
王應元 76
Wang Yo 王 岳 23
Wang Yu 王 友 23
王 佑 34
Wang Yu Jên
王有壬 29
Wang Yü 王 宇 28
王 忬 32
王 裕 44
王 翊 47
王 庾 51
王 域 51
王 稌 59
王 瑜 62
王 鈺 64
王 俁 70
王 鈺 72
王 豫 73
Wang Yü Lin
王輿齡 63
Wang Yü Mei
王輿玫 63
Wang Yü Shih
王毓蓍 68
Wang Yü Yang
王毓陽 68
Wang Yü Ying
王輿胤 63
Wang Yüan
王 淵 50
王 源 60
王 原 47
Wang Yüan Chêng
王元正 23
Wang Yüan Ching
王元敬 23
Wang Yüan Ch'un
王元春 23
Wang Yüan Han
王元翰 23
Wang Yüan K'ai
王元凱 23
Wang Yüeh 王 越 57
王 軏 48
王 約 45
王 淪 80
王 爚 81
Wang Yün Ch'êng
王允成 23
Wang Yün Fêng
王雲鳳 58
Wang Yün K'ai
王運開 62
Wang Yün Wu
王允武 23
Wang Yung Chang
王用章 27
Wang Yung Chi
王用汲 27
Wang Yung Ho
王永和 24
Wang Yung Kuang
王永光 24
Wang Yung Pin
王用賓 27
Wang Yung Shou
王永壽 24
Wang Chao
汪 藻 168
Wang Chê 汪 澤 167
Wang Chêng
汪 澄 166
Wang Chi 汪 機 167
Wang Ch'i 汪 珀 164
Wang Ch'iao Lien
汪喬年 165
Wang Chih 汪 直 164
Wang Chih Fêng
汪之鳳 162
Wang Chih Tao
汪致道 163
Wang Chin 汪 進 165
Wang Chüan
汪 泉 164
Wang Chün
汪 俊 164

Wang Chung Lu 汪仲魯 16
Wang Fêng 汪 鳳 166
Wang Hao 汪 昊 164
汪 浩 164
Wang Ho 汪 河 163
Wang Hsieh 汪 諧 167
Wang Hsin Tsu 汪興祖 167
Wang Hsüan Hsi 汪玄錫 162
Wang Hsüan I 汪玄儀 166
Wang Hsün 汪 循 165
Wang Huai 汪 淮 165
Wang Hui 汪 煇 165
Wang Hung 汪 鋐 167
Wang I Chung 汪一中 161
Wang Ju Ta 汪汝達 162
Wang Jui 汪 叡 167
Wang Juo Lin 汪若霖 164
Wang K'o K'uan 汪克寬 162
Wang Kuan Yang 汪廣洋 167
Wang K'uei 汪 奎 164
Wang Liang Pin 汪良彬 166
Wang Lin 汪 霖 167
Wang Shan 汪 珊 164
汪 善 165
Wang Shang Ning 汪尙寧 164
Wang Shih Lun 汪泗論 163
Wang Shun Min 汪舜民 165
Wang Ssŭ 汪 思 164
Wang Ta Shou 汪大受 161
Wang T'ang 汪 鏜 168
Wang Tao Hêng 汪道亨 165
Wang Tao Hui 汪道會 166
Wang Tao Kuan 汪道貫 166
Wang Tao Kun 汪道昆 166
Wang T'i 汪 禔 166
Wang T'ien 汪 佃 163
Wang Tsung Chi 汪宗姬 163
Wang Tsung Ch'i 汪宗器 163
Wang Tsung I 汪宗伊 163
Wang Tsung K'ai 汪宗凱 163
Wang Tsung Yüan 汪宗元 163
Wang Wei 汪 偉 165
Wang Wên Hui 汪文輝 162
Wang Wên Ming 汪文明 163
Wang Wên Shêng 汪文盛 162
Wang Wên Yen 汪文言 162
Wang Ying Cheng 汪應軫 167
Wang Ying Chiao 汪應蛟 167
Wang Yü 汪 玉 162
Wang Yü Li 汪與立 166
Wang Yüan 汪 淵 165
Wang Yüan Chi 汪元極 162
Wei Chên Fang 危貞昉 158
Wei Su 危 素 158
Wei Chüan 韋 眷 359
Wei Hou 韋 厚 359
Wei Kuei 韋 貴 360
Wei Liang 韋 諒 360
Wei P'in 韋 斌 359
Wei Shang Ch'ên 韋商臣 359
Wei Ch'un 蔚 春 804
Wei Nêng 蔚 能 804
Wei Shou 蔚 綬 804
Wei Chang 衛 璋 873
Wei Chêng Fang 衛承芳 872
Wei Ch'ien 衛 健 872
Wei Ching 衛 靖 873
Wei Ching Yüan 衛景瑗 872
Wei Ch'ing 衛 青 872
Wei Shu Chêng 衛叔正 873
Wei Tao 衛 道 873
Wei Ying 衛 穎 873
衛 瑛 873
Wei Tung Wu 衛東吳 872
Wei Chao Ch'êng 魏照乘 928
Wei Ch'e 魏 澤 929
Wei Chên 魏 貞 927
Wei Ch êng Jun 魏呈潤 926
Wei Chi 魏 驥 930
Wei Ch'i 魏 棨 928
Wei Chiao 魏 校 927
Wei Ch'ien Chi 魏謙吉 930

Wei Ch'ih Hêng 魏持衡 927
Wei Ching 魏 境 929
Wei Chung Hsien 魏忠賢 926
Wei Fu 魏 富 928
Wei Hsi Ming 魏希明 926
Wei Hsiang 魏 庠 927
Wei Hsien Chao 魏顯照 930
Wei Hsüeh I 魏學洢 929
Wei Hsüeh Li 魏學禮 919
Wei Hsüeh Lien 魏學濂 929
Wei Hsüeh Tsêng 魏學曾 929
Wei Huan ch'u 魏浣初 927
Wei I 魏 怡 925
Wei I Kung 魏一恭 924
Wei Ju Kuan 魏儒官 930
Wei K'ai 魏 愷 925
Wei K'o Chia 魏克家 926
Wei Kuan 魏 觀 930
Wei Kuang Wei 魏廣微 929
Wei Kuang Yüan 魏光遠 925
Wei Kung 魏 玒 926
Wei Kung Chi 魏公濟 925
Wei Kuo Fu 魏國輔 928
Wei Liang Chêng 魏良政 926
Wei Liang Ch'i 魏良器 926
Wei Liang Fu 魏良輔 926
Wei Liang K'uei 魏良貴 926
Wei Liang Pi 魏良弼 926
Wei Ling Wang 魏令望 925
Wei Mien 魏 冕 928
Wei Min 魏 敏 928
Wei Pang Chih 魏邦直 924
Wei Pin 魏 彬 928
Wei Shang 魏 裳 929
Wei Shang Lun 魏尚綸 929
Wei Shang Sh'un 魏尚純 927
Wei Shêng 魏 紳 928
Wei Shih Liang 魏時亮 927
Wei Shih Kuang 魏時光 927
Wei Shou Chieh 魏守潔 929
Wei Ta Chung 魏大中 924
Wei T'i Ming 魏體明 930
Wei Ts'ao Tê 魏藻德 930
Wei Wên I 魏文焲 925
Wei Wen K'uei 魏文魁 925
Wei Ying 魏 英 927
Wei Yu Pên 魏有本 925
Wei Yüan 魏 源 928
魏 元 925
Wei Yüan Chi 魏元吉 925
Wei Yün Chên 魏允貞 925
Wei Yün Chung 魏允中 925
魏雲中 928
Wei Yün Fu 魏允孚 925
Wên An Chih 文安之 16
Wên Ch'ang Shih 文昌時 17
Wên Chên Mêng 文震孟 18
Wên Chêng Ming 文徵明 18
Wên Chia 文 嘉 18
Wên Fang 文 方 16
Wên Hao 文 皓 17
Wên Hsiang Fêng 文翔鳳 17
Wên Hung 文 洪 17
Wên Kuei 文 貴 17
Wên Lin 文 林 17
Wên Ming 文 明 17
Wên Nan 文 柟 17
Wên P'eng 文 彭 17
Wên Shên 文 森 17
Wên Shu 文 俶 17
文 澍 18
Wên Tê I 文德翼 18
Wên Yüan Fa 文元發 15
Wên Chao Fêng 溫朝鳳 689
Wên Chi Tsung 溫繼宗 690
Wên Ching K'uei 溫景葵 689
Wên Ch'un 溫 純 689
Wên Hsi 溫 璽 690
Wên Hsin 溫 新 690
Wên Hsiu 溫 秀 689

Wên Huang
溫 璜 690
Wên Jen Ho
溫仁和 689
Wên Ju Chang
溫如璋 689
Wên Ju Yü 溫如玉 689
Wên T'i Jên
溫體仁 690
Wên Yüeh 溫 鉞 690
Wên Ch'i Hsiang
聞啓祥 754
Wên Jên Ch'üan
聞人詮 753
Wên Yüan 聞 淵 754
Wên Yüan K'uei
聞元奎 754
Wên Yüan Pi
聞元璧 754
Wêng Chêng Ch'un
翁正春 450
Wêng Chien Chih
翁健之 451
Wêng Fu 翁 溥 451
Wêng Hsiang
翁 相 451
Wêng Hsien Hsiang
翁憲祥 451
Wêng Hsüeh Yüan
翁學淵 452
Wêng P'an 翁 磐 451
Wêng Shih Chang
翁士章 451
Wêng Shih Tzŭ
翁世資 451
Wêng Ta Li
翁大立 450
Wêng Ts'an
翁 璨 452
Wêng Ying 翁 瑛 451
Wêng Wan Ta
翁萬達 451
Wêng Yü 翁 玉 451
Wo P'ah 沃 頫 160
Wu Ching Chêng
伍經正 156
Wu Ch'iung
伍 瓊 156
Wu Fang 伍 方 155
Wu Fu 伍 符 156
Wu I 伍 驥 156
Wu Jang 伍 讓 156
Wu K'ai 伍 鎧 156
Wu Hsi Ch'i
伍希齊 155
Wu Hsi Min
伍希閔 155
Wu Hsi Yüan
伍希淵 155
Wu Hung 伍 洪 155
Wu Min Hsien
伍民憲 155
Wu Szŭ Chao
伍思韶 156
Wu Ta Chün
伍大均 156
Wu Wên Ting
伍文定 155
Wu Yü Fu 伍餘福 156
Wu Yün 伍 雲 156
Wu Yung Ts'ui
伍元萃 156
Wu Shên 仵 紳 158
Wu Yü 仵 瑜 157
Wu K'ai 巫 凱 186
Wu Chin 吾 謹 187
Wu Shên 吾 紳 187
Wu T'i 吾 體 187
Wu Yü 吾 昪 186
吾 豫 187
Wu An 吳 安 240
Wu An Kuo
吳安國 240
Wu Ang 吳 昂 245
Wu Chang
吳 璋 240
吳 章 246
Wu Ch'ang Chün
吳長春 253
Wu Ch'ang Shih
吳昌時 244
Wu Chao 吳 兆 240
吳 堃 252
Wu Chên 吳 禎 252
Wu Chên Yü
吳貞毓 245
Wu Ch'ên 吳 沈 241
Wu Chêng Chi
吳正己 239
Wu Chêng Chih
吳正志 239
Wu Ch'êng 吳 成 241
吳 誠 252
Wu Ch'êng Ch'i
吳成器 242
Wu Ch'êng En
吳承恩 244
Wu Ch'êng Hsüeh
吳成學 242
Wu Chi 吳 佶 244
吳 繼 256
Wu Chi Shan
吳繼善 256
Wu Ch'i 吳 玘 241
Wu Chia 吳 檟 255
Wu Chia Hui
吳嘉會 253
Wu Chia Teng
吳稼竳 254
Wu Chia Ts'ung
吳嘉聰 253
Wu Chia Yen
吳嘉言 253
Wu Chia Yin
吳嘉胤 253
Wu Chiang 吳 江 240
Wu Chieh 吳 傑 249
吳 節 254

Wu Chih Chia
吳之甲 237
吳之佳 238
Wu Chih Lung
吳之龍 238
Wu Chih Sh'un
吳志淳 242
Wu Chih Yü
吳執御 247
Wu Chin 吳 晉 245
吳 瑾 254
Wu Ch'in 吳 嶔 238
吳 勤 251
Wu Ching 吳 景 249
吳 敬 251
吳 經 257
Wu Ch'ing 吳 情 247
Wu Chiung
吳 炯 245
Wu Ch'iung
吳 瓊 256
Wu Ch'ü Chi
吳去疾 239
Wu Chung 吳 中 238
Wu Ch'ung 吳 仲 241
Wu Chung Hsin
吳中行 238
Wu Chung Lüan
吳鍾巒 255
Wu Erh Hsün
吳爾壎 252
Wu Fan 吳 璠 255
Wu Fu 吳 復 249
吳 福 252
Wu Fu Chih
吳福之 252
Wu Hai 吳 海 245
Wu Han 吳 瀚 256
Wu Han Ts'ao
吳漢超 252
Wu Han Tz'ŭ
吳翰詞 255
Wu Hao 吳 昊 244
Wu Ho 吳 賀 249
Wu Hsi 吳 璽 256
Wu Hsi Hsien
吳希賢 242
Wu Hsi Mêng
吳希孟 242
Wu Hsiang 吳 祥 247
Wu Hsien 吳 瓛 257
Wu Hsien Fei
吳賢妃 254
Wu Hsin 吳 行 236
吳 信 245
Wu Hsing 吳 性 243
Wu Hsiung 吳 雄 248
Wu Huai Hsien
吳懷賢 256
Wu Hui 吳 惠 248
吳 繪 256
Wu Hung 吳 洪 244
Wu Hung Chi
吳弘濟 239
Wu I 吳 易 244
吳 儀 254
吳 益 245
Wu I Chieh
吳一介 236
Wu I Ju 吳一儒 236
Wu I Kuan
吳一貫 236
Wu I P'eng
吳一鵬 236
Wu Jang 吳 讓 257
Wu Jên Tu
吳仁度 238
Wu Ju Lun
吳汝倫 240
Wu Ju Tzŭ
吳孺子 255
Wu Jui 吳 瑞 250
Wu Jui Têng
吳瑞登 251
Wu Jun 吳 潤 253
Wu Jung 吳 融 254
Wu K'ai 吳 凱 249
Wu Kan Lai
吳甘來 239
Wu Kao 吳 高 245
Wu Ko Chi 吳可箕 239
Wu Ko Hsin
吳可行 239
Wu K'o Ch'in
吳克勤 242
Wu K'o Chung
吳克忠 242
Wu Kuai 吳 澮 255
Wu K'uan 吳 寬 245, 253
Wu Kuang 吳 廣 254
Wu Kuei 吳 騤 251
Wu K'uei 吳 逵 249
Wu Kuei Fang
吳桂芳 246
Wu Kuei O 吳桂萼 240
Wu Kuo Ch'i
吳國琦 247
Wu Kuo Hua
吳國華 247
Wu Kuo Lun
吳國倫 247
Wu Lan 吳 蘭 256
Wu Lang 吳 朗 243
Wu Li 吳 履 254
吳 禮 256
Wu Liang 吳 良 241
吳 亮 244
Wu Liang Nêng
吳良能 241
Wu Lien 吳 廉 250
Wu Lin 吳 琳 245,248
吳 麟 257
Wu Lin Chêng
吳麟徵 257
Wu Lu 吳 琥 245
Wu Lun 吳 綸 253
Wu Mao 吳 懋 255
Wu Mei 吳 美 240
Wu Mêng Ming
吳孟明 243

Wu Mêng Yang
吳夢暘 253
Wu Min 吳 敏 248
Wu Ming Tê
吳明德 241
Wu Mo 吳 默 255
Wu Na 吳 訥 246
Wu Ning 吳 寧 252
Wu Pai P'êng
吳百朋 240
Wu Pai Tsung
吳伯宗 242
Wu Pai Yü
吳伯輿 242
Wu Pang Chên
吳邦楨 243
Wu Pao Hsiu
吳寶秀 256
Wu P'êng 吳 鵬 256
Wu P'i 吳 玭 243
Wu Pi Hsien
吳必顯 239
Wu Ping 吳 炳 244
Wu P'u 吳 朴 240
吳 溥 250
Wu Shan 吳 山 237
Wu Shang Chien
吳尚儉 240
Wu Shen 吳 琛 248
Wu Sheng 吳 昇 244
吳 甡 246
Wu Shih 吳 氏 238
吳 仕 240
Wu Shih Chung
吳世忠 239
Wu Shih Lai
吳時來 246
Wu Shih Tsê
吳世澤 239
Wu Shih Wei
吳仕偉 240
Wu Shun Chü
吳舜舉 246
Wu Sh'ün Fu
吳淳夫 246
Wu Ssŭ 吳 駟 257
Wu Ta Ko 吳達可 251
Wu Ta Shan
吳大山 236
Wu T'ang 吳 堂 247
Wu Tao Chih
吳道直 250
Wu Tao Ch'ing
吳道卿 250
Wu Tao Hung
吳道宏 250
Wu Tao Nan
吳道南 250
Wu Tao Ning
吳道寧 250
Wu T'ao 吳 滔 238
Wu Tê 吳 得 248
Wu T'i 吳 悌 245
Wu Ting 吳 鼎 251
Wu Ting Fang
吳鼎芳 251
Wu T'ing Chü
吳廷舉 243
Wu T'ing Yung
吳廷用 242
Wu Tsê 吳 澤 255
Wu Ts'ung I
吳從義 247,248
Wu Tsung Ta
吳宗達 243
Wu Tsung Yao
吳宗堯 243
Wu Tsung Yüan
吳宗元 243
Wu Tui 吳 兌 251
Wu Tung 吳 彤 242
Wu Tzŭ Ch'i
吳子騏 236
Wu Tzŭ Hsiao
吳子孝 236
Wu Tzŭ Hsin
吳自新 241
Wu Tzŭ Yü
吳子玉 236
Wu Wei 吳 偉 247
Wu Wei Yü
吳維嶽 253
Wu Wên Ch'i
吳文企 237
Wu Wên Chia
吳文佳 237
Wu Wên Hua
吳文華 237
Wu Wên T'ai
吳文泰 237
Wu Wên Tu
吳文度 237
Wu Yang 吳 揚 251
Wu Yang Ku
吳陽谷 247
Wu Yen 吳 顏 247
吳 儼 256
吳 巖 257
Wu Yen Fang
吳彥芳 244
Wu Yin 吳 誾 254
Wu Ying Chi
吳應箕 255
Wu Ying Fang
吳應芳 255
Wu Yo 吳 嶽 255
Wu Yü 吳 玉 239
吳 裕 248
吳 愈 252
Wu Yü Chung
吳裕中 248
Wu Yü Pi 吳與弼 251
Wu Yü Wen
吳羽文 240
Wu Yü Ying
吳宇英 240
Wu Yü Jung
吳玉榮 239

Wu Yüan 吳 元 238
吳 淵 246
吳 原 246
吳 源 249, 250
Wu Yün 吳 縕 254
吳 雲 248
吳 運 250
Wu Yün Ch'êng
吳允誠 238
Wu Chin 武 金 300
Wu Chou Wên
武周文 300
Wu Ch'ü 武 衢 301
Wu Chung 武 忠 300
Wu Hsiang 武 晶 300
Wu Lieh 武 烈 300
Wu Pin Hsing
武秉興 300
Wu Shang Kêng
武尙耕 300
Wu Ta 武 達 300
Wu Ta Lieh
武大烈 300
Wu Tê 武 德 301
Wu Nien 無 念 688
Wu Shêng 烏 昇 449
Wu Ssŭ Tao
烏斯道 449
Wu Ts'ung Shan
烏從善 449
Wu Ching Ho
鄔景和 744
Wu Chung Han
鄔中涵 744
Wu Lien 鄔 連 744
Yang K'o Li
羊可立 120
Yang Chan 仰 瞻 157
Yang Ju 仰 儒 157
Yang Sheng
仰 昇 157
Yang Sung 仰 嵩 157
Yang An 楊 安 699
Yang Chan
楊 瞻 718
Yang Chao 楊 兆 700
楊 照 713
Yang Chao Chi
楊肇基 714
Yang Chao Lung
楊兆隆 701
Yang Chên 楊 振 707
Yang Chên Hsi
楊振熙 707
Yang Ch'êng
楊 成 701
Yang Ch'êng Chang
楊成章 701
Yang Chêng Fang
楊正芳 698
Yang Ch'êng Fang
楊呈芳 701
Yang Ch'êng Hsiu
楊呈秀 702
Yang Ch'êng K'an
楊承鯤 703
Yang Chi 楊 基 709
楊 集 711
Yang Ch'i 楊 奇 703
楊 麒 719
Yang Ch'i Hsiu
楊其休 703
Yang Ch'i Ming
楊啓明 701
Yang Chi Sh'êng
楊繼盛 719
Yang Chi Tsung
楊繼宗 719
Yang Ch'i Yüan
楊起元 707
Yang Chia Lung
楊家龍 707
Yang Chieh
楊 傑 710
Yang Ch'ih 楊 褫 717
Yang Chih Hsüeh
楊志學 701
Yang Chin 楊 璡 717
Yang Ching
楊 景 695
楊 靖 711
楊 敬 713
楊 璟 717
Yang Ch'ing
楊 淸 708
Yang Ching Ch'êng
楊景辰 710
Yang Ching Hêng
楊景衡 710
Yang Cho 楊 卓 704
Yang Chu 楊 翥 716
Yang Ch'u 楊 儲 718
Yang Ch'üan
楊 銓 715
Yang Chüeh
楊 爵 718
Yang Chün 楊 俊 706
楊 峻 707
Yang Ch'un
楊 春 705
Yang Ch'un Fang
楊春芳 705
Yang Chün Ch'ing
楊俊卿 707
Yang Chün Ming
楊俊民 706
Yang Chün Yen
楊俊彥 707
Yang Chung
楊 中 697
楊 忠 704
Yang Ch'ung I
楊仲宜 715
Yang Fan 楊 範 716
Yang Fang 楊 芳 704
Yang Fei 楊 棐 710
Yang Fên 楊 賁 709

Yang Fêng Ch'un 楊逢春 709
Yang Fu 楊 溥 711
楊 黻 718
楊 瀹 719
Yang Hao 楊 浩 707
Yang Hêng 楊 恒 705
Yang Ho 楊 鶴 720
Yang Hsi Ch'êng 楊希程 702
Yang Hsi Ch'un 楊希淳 702
Yang Hsiang 楊 相 702
Yang Hsien 楊 憲 716
Yang Hsin 楊 信 706
Yang Hsin Ming 楊信民 706
Yang Hsing 楊 性 703
Yang Hsüan 楊 宣 705
楊 瑄 712
楊 鉉 713
楊 暄 713
楊 選 717,718
楊 瑨 718
Yang Hsüeh 楊 學 717
Yang Hsün 楊 恂 705
楊 塤 713
楊 訓 713
Yang Hsün Chi 楊循吉 711
Yang Hu 楊 護 720
Yang Huai 楊 淮 708
Yang Huan 楊 寰 716
Yang Hui Fu 楊滙夫 708
Yang Hung 楊 宏 701
楊 洪 704
Yang I 楊 宜 702,703
楊 儀 716
Yang I Ch'êng 楊以誠 699
Yang I Ch'ing 楊一淸 694
Yang I Jên 楊以任 699
Yang I K'uei 楊一魁 695
Yang I Pêng 楊一鵬 695
Yang I Ying 楊一渶 695
Yang Jên 楊 任 700
Yang Ju Chin 楊汝經 699
Yang Ju Mo 楊汝默 698
Yang Jui 楊 銳 716
Yang Jung 楊 榮 714, 715
楊 鎔 719
Yang K'ai 楊 開 709
Yang Kao 楊 鎬 719
Yang Ku 楊 谷 702
Yang Kuan Kuang 楊觀光 721
Yang Kuang Tsu 楊光祖 720
Yang Kun 楊 琨 707
Yang Kuo 楊 果 704
Yang Kuo Chü 楊國柱 709
Yang Kuo Hsing 楊國興 709
Yang Li 楊 理 708
Yang Lien 楊 廉 711
楊 漣 714
楊 嫌 717
Yang Mao Ching 楊茂淸 706
Yang Mao Jên 楊茂仁 706
Yang Mao Yüan 楊茂元 706
Yang Mêng Ying 楊孟瑛 703
Yang Mi 楊 謐 717
Yang Mien 楊 勉 708
Yang Min 楊 銘 715
Yang Ming 楊 名 700
楊 明 703
Yang Ming K'ai 楊明楷 703
Yang Nêng 楊 能 708
Yang Ning 楊 寧 714
Yang O 楊 鶚 719
Yang P'ei Hsün 楊佩訓 704
Yang Pên 楊 本 698
Yang Pên Ch'ing 楊本淸 698
Yang Pên Shên 楊本深 698
Yang Pi 楊 璧 718
Yang Pi Chin 楊必進 698
Yang Pin I 楊秉義 704
Yang Po 楊 柏 705
楊 博 709
Yang Po Ch'êng 楊伯成 715
Yang Po Shêng 楊伯升 716
Yang Shan 楊 善 709
Yang Shang Lin 楊上林 696
Yang Shên 楊 愼 712
楊 槮 716
Yang Shêng 楊 昇 704
714
楊 盛 709
Yang Shih 楊 氏 697
楊 寔 709

Yang Shih Ch'ang 楊時暢 708
Yang Shih Chi 楊士奇 696
Yang Shih Ch'iao 楊時喬 708
Yang Shih Chin 楊時進 704
Yang Shih Ching 楊仕儆 699
Yang Shih En 楊世恩 698
Yang Shih Hua 楊世華 698
Yang Shih K'ung 楊希孔 708
Yang Shih Ning 楊時寧 708
Yang Shih Ying 楊士英 696
Yang Shih Yün 楊士雲 696
Yang Sho Hsiu 楊所修 704
Yang Shou Ch'êng 楊守陳 699
Yang Shou Chien 楊守謙 700
Yang Shou Chih 楊守阯 699
Yang Shou Ch'in 楊守勤 700
Yang Shou Li 楊守禮 700
Yang Shou Sui 楊守隨 700
Yang Shou Yü 楊守隅 699
Yang Shou Yüeh 楊守約 700
Yang Shu 楊 樞 716
楊 沭 705
Yang Shu Ch'i 楊叔器 704
Yang Shun 楊 淳 708
Yang Sui 楊 璲 718
楊 穟 719
Yang Sung 楊 松 703
Yang Szŭ Ch'ang 楊嗣昌 713
Yang Szŭ Chung 楊思忠 705
Yang Szŭ I 楊思義 705
Yang Szŭ Wei 楊四畏 698
Yang Ta Chang 楊大章 696
Yang T'ai 楊 泰 707
Yang T'ai Jung 楊太榮 697
Yang Tan 楊 潭 716
楊 旦 698
Yang Tao 楊 導 717
Yang Tao Hêng 楊道亨 712
Yang Tao Pin 楊道賓 712
Yang Tê 楊 德 716
Yang Tê An 楊得安 709
Yang Ti 楊 砥 707
Yang T'ien Min 楊天民 697
Yang Ting 楊 鼎 713
Yang T'ing 楊 霆 715
Yang T'ing Ho 楊廷和 702
Yang T'ing Hsiang 楊廷相 702
Yang T'ing I 楊廷儀 702
Yang T'ing Lin 楊廷麟 702
Yang T'ing Shu 楊廷樞 702
Yang To 楊 鐸 720
Yang Tsai Ming 楊載鳴 713
Yang Ts'an 楊 璨 718
Yang Tsuan 楊 瓚 720
Yang Tsui 楊 最 710
Yang Ts'ui 楊 萃 710
Yang Tsun 楊 僎 715
Yang Tsung Ch'i 楊宗氣 703
Yang Tsung Yeh 楊宗業 703
Yang Ts'ung 楊 鏓 719
Yang Tun 楊 惇 712
Yang Tun Hou 楊敦厚 712
Yang Tung Ming 楊東明 703
Yang T'ung 楊 通 700
Yang T'ung Chao 楊通照 709
Yang Tzŭ Ch'i 楊子器 695
Yang Tzŭ Chiang 楊子將 696
Yang Wei 楊 巍 720
Yang Wei Chên 楊維楨 715
Yang Wei Chih 楊畏知 705
Yang Wei K'êng 楊惟康 708
Yang Wei Ts'ung 楊維聰 715
Yang Wei Yüan 楊維垣 715

Yang Wên 楊 文 696
Yang Wên Chien 楊文薦 697
Yang Wên Ch'ing 楊文卿 697
Yang Wên Chü 楊文舉 697
Yang Wên Ts'ung 楊文聰 697
Yang Wên Yüeh 楊文岳 696
Yang Wu 楊 武 703
Yang Yen 楊 言 701
Yang Yen Ch'êng 楊彥成 717
Yang Yin 楊 引 697
Yang Ying 楊 英 706
楊 瑛 713
楊 盈 717
Yang Ying Chao 楊應詔 718
Yang Ying Ch'i 楊應奇 717
Yang Ying Ch'un 楊應春 717
Yang Ying Nêng 楊應能 717
Yang Ying Wei 楊應尾 720
Yang Yu 楊 祐 707
Yang Yü K'ai 楊于楷 695
Yang Yü Pi 楊于陛 695
Yang Yü Sun 楊豫孫 715
Yang Yü T'ing 楊于庭 695
Yang Yü Ying 楊玉英 698
Yang Yüan 楊 源 711
Yang Yüan Hsiang 楊元祥 697
Yang Yüan Kao 楊元杲 697
Yang Yün 楊 允 697
Yang Yün Shêng 楊允繩 698
Yao Ch'ang 姚 昶 380
Yao Ch'ang Tso 姚昌祚 380
Yao Chên 姚 震 382
姚 鎮 382
Yao Ch'êng 姚 成 380
Yao Chi K'o 姚繼可 383
Yao Chi Yen 姚繼嚴 383
Yao Ch'i Yin 姚奇胤 380
Yao Chung 姚 忠 381
Yao Fu 姚 黻 382
Yao Hsi Mêng 姚希孟 380
Yao Hsien 姚 顯 380, 383
姚 銑 381
Yao Hsü 姚 旭 380
Yao Hsüeh Li 姚學禮 382
Yao Hsüeh Min 姚學閔 382
Yao Hsün 姚 旬 379
Yao Hung Mo 姚宏謨 380
Yao I 姚 翼 382
Yao I Kuan 姚一貫 379
Yao I Yüan 姚一元 378
Yao Jang 姚 讓 381,383
Yao Jo Shih 姚若時 380
Yao Ju Hsün 姚汝循 379
Yao Ju Ming 姚汝明 379
Yao K'o Kung 姚克恭 383
Yao Kuang Hsiao 姚廣孝 381
Yao Kuei 姚 逵 381
姚 夔 383
Yao Lai 姚 淶 380
Yao Liang Pi 姚良弼 380
Yao Lun 姚 隆 381
Yao Min Luan 姚鳴鸞 381
Yao Ming Kung 姚明恭 380
Yao Mo 姚 鏌 382
Yao P'in 姚 玭 380
Yao Po Hua 姚伯華 380
Yao Po Shan 姚伯善 380
Yao San Jang 姚三讓 379
Yao Shan 姚 善 381
Yao Shih 姚 氏 379
Yao Shih Ju 姚世儒 379
Yao Shou 姚 綬 381
Yao Shu 姚 豎 383
Yao Shun Mu 姚舜牧 381
Yao Tê Ch'ung 姚德重 382
Yao Ting 姚 汀 379
Yao Wei Ch'in 姚維芹 381
Yao Wên Hao 姚文灝 379
Yao Wên Hêng 姚文衡 379
Yao Wên Wei 姚文尉 379

Yao Yu Chih 姚友直 379
Yao Yün Hsi 姚運熙 381
Yao Yün Kung 姚允恭 379
Yeh Chao 葉釗 729,731
葉照 732
Yeh Chao Jung 葉朝榮 731
Yeh Chao Yüan 葉招袁 731
Yeh Chên 葉楨 732
Yeh Ch'êng 葉澄 733
Yeh Ch'i 葉淇 731
Yeh Chi Mei 葉繼美 733
Yeh Chih 葉贄 733
Yeh Ching 葉經 732
Yeh Ch'u Ch'un 葉初春 729
Yeh Ch'un 葉春 730
Yeh Ch'un Chi 葉春及 730
Yeh Chung 葉忠 729
Yeh Fêng Ch'un 葉逢春 731
Yeh Fu 葉福 732
Yeh Hsi 葉錫 733
Yeh Hsi Hsien 葉希賢 729
Yeh Hsiang 葉相 730
Yeh Hsiang Kao 葉向高 728
Yeh Hsiao Luan 葉小鸞 728
Yeh Hsin 葉信 730
Yeh Hui Chung 葉惠仲 731
Yeh Hung 葉洪 730
Yeh I 葉儀 733
Yeh Ju Hêng 葉汝楦 728
Yeh Kuang 葉廣 733
Yeh K'uei 葉夔 733
Yeh Liang P'ei 葉良佩 728
Yeh Lu 葉祿 732
Yeh Mao Ts'ai 葉茂才 730
Yeh Mêng Hsiung 葉夢熊 732
Yeh Po Chü 葉伯巨 729
Yeh Shên 葉琛 731
Yeh Shêng 葉昇 730
葉盛 732
Yeh Shih Hsin 葉時新 731
Yeh Shih Min 葉時敏 731
Yeh T'ang 葉鏜 733
Yeh Ti 葉砥 730
Yeh T'ien Ch'iu 葉天球 728
Yeh T'ien Tê 葉天德 731
Yeh Ting Hsiu 葉廷秀 729
Yeh Tsun 葉遵 733
Yeh Tsung Hsing 葉宗行 729
Yeh Tsung Mao 葉宗茂 729
Yeh Tui 葉兌 728
Yeh Tzŭ Ch'i 葉子奇 728
Yeh Wang 葉旺 729
Yeh Wei 葉煒 732
Yeh Wên Jung 葉文榮 728
Yeh Ying 葉潁 733
Yeh Ying Ts'un 葉應驄 733
Yen To 晏鐸 446
Yen Chêng Chi 鄢正畿 753
Yen Mao Ch'ing 鄢懋卿 753
Yen Chung 燕忠 865
Yen Cha 閻察 866
Yen Ch'in 閻欽 866
Yen Cho 閻倬 865
Yen Ch'ung Shih 閻仲實 865
Yen Ch'ung Yü 閻仲宇 865
Yen Êrh Mei 閻爾梅 866
Yen Fu 閻溥 866
Yen Hung 閻閎 866
Yen Ju 閻儒 865
Yen Jui 閻睿 866
Yen Mêng K'uei 閻夢夔 866
Yen Min Tai 閻鳴泰 866
Yen Pên 閻本 865
Yen P'u 閻樸 866
Yen Shêng Tou 閻生斗 865
Yen Shih Hsüan 閻士選 865
Yen Ying Yüan 閻應元 866
Yen Yü Hsi 閻禹錫 866
Yen Chê 顏澤 913
Yen Chi Tsŭ 顏繼祖 913
Yen Ching 顏鯨 913
Yen I Shou 顏頤壽 913

Yen JihYü 顔日愉 912
Yen Jung Hsüan 顔容暄 913
Yen Jung Shu 顔容舒 913
Yen Mu 顔 木 912
Yen P'ei Wei 顔佩韋 913
Yen Po Wei 顔伯瑋 912
Yen Ts'ê K'ung 顔則孔 913
Yen Yün Shao 顔孕紹 912
Yên Chên 嚴 貞 946
嚴 澂 947
Yên Chên Chih 嚴震直 947
Yên Chi 嚴 濟 947
Yên Ch'i Hêng 嚴起恒 946
Yên Ch'ing 嚴 清 946
Yên Ch'ung Chien 嚴從簡 946
Yên Huai 嚴 淮 947
Yên K'o 嚴 恪 946
Yên Lu 嚴 祿 947
Yên Na 嚴 訥 946
Yên Pên 嚴 本 945
Yên Shêng 嚴 升 945
Yên Shih Fan 嚴世蕃 945
Yên Shih T'ai 嚴時泰 946
Yên Sung 嚴 嵩 947
Yên Tê 嚴 德 947
Yên Tê Min 嚴德珉 947
Yên T'ien Hsiang 嚴天祥 945
Yên Wên Chün 嚴文俊 946
Yên Yung Chün 嚴永濬 945
Yên Yung Ho 嚴用和 946
Yin Ch'ang 尹 昌 86
Yin Ch'ang Lung 尹昌隆 86
Yin Chia Pin 尹嘉賓 87
Yin Chia Yen 尹嘉言 87
Yin Chih 尹 直 85
Yin Chin 尹 瑾 87
Yin Fêng 尹 鳳 87
Yin Fêng Ch'i 尹鳳岐 87
Yin Hsiang 尹 相 86
尹 襄 87
Yin Ju Wêng 尹如翁 85
Yin Kuang 尹 洸 86
Yin Liang 尹 諒 87
Yin Mei 尹 梅 86
Yin Mêng Ao 尹夢鼇 87
Yin Min 尹 旻 86
Yin Min Hsing 尹民興 85
Yin Nêng Ching 尹能敬 86
Yin P'ing 尹 平 85
Yin San P'in 尹三聘 85
Yin Shan Jên 尹山人 85
Yin Shên 尹 伸 85
Yin Sung 尹 頌 87
Yin Szŭ Chung 尹嗣忠 86
Yin T'ai 尹 臺 87
Yin T'ai Wêng 尹太翁 85
Yin T'ien Min 尹天民 86
Yin T'ing 尹 庭 86
Yin Ts'an 尹 璨 86
Yin Kang 因 綱 122
Yin Chêng Mao 殷正茂 448
Yin Ch'êng Shu 殷承叙 448
Yin Chi 殷 箕 449
Yin Ch'ien 殷 謙 449
Yin Hsü 殷 序 448
Yin Huang 殷 鐄 448
Yin Ju Lin 殷汝麟 447
Yin Kuei 殷 貴 449
Yin K'uei 殷 奎 448
Yin Mai 殷 邁 449
Yin Pi 殷 璧 449
Yin Shan 殷 善 448
Yin Shang Hsien 殷尚賢 448
Yin Shih Tan 殷士儋 447
Yin Shih Wang 殷士望 447
Yin Tsung Fu 殷宗傅 448
Yin Tu 殷 都 448
Yin Yüan 殷 淵 448
Yin Yüeh 殷 岳 448
Yin Yün Hsiao 殷雲霄 448
Yin Ping Hêng 陰秉衡 561
Yin Wu Ch'ing 陰武卿 561
Ying Ch'ang 應 昌 890
Ying Chao T'ung 應兆同 891
Ying Chia 應 檟 891
Ying Chih Ho 應志和 860

Ying Ch'in 應欽 890
Ying Fên 應㣲 891
Ying Hao 應顥 891
Ying Kuang Ping 應廣平 891
Ying Li Ping 應履平 891
Ying Liang 應良 890
Ying Lung 應龍 891
Ying Shih Shêng 應時盛 891
Ying Ta Yu 應大猷 890
Ying Tien 應典 891
Ying T'ing Yü 應廷育 890
Ying Tsung Ju 應宗儒 890
Yu An Li 尤安禮 89
Yu Chi Hsien 尤繼先 89
Yu Lu 尤魯 89
Yu Shih Chao 尤時照 89
Yu Shih Kung 尤世功 89
Yu Shih Wei 尤世威 89
Yu Tai 尤岱 89
Yu Ying 尤瑛 89
Yu Hsin 郁新 60
Yu Shan 郁山 360
Yu Tsai 郁采 360
Yu Chên Tê 游震得 626
Yu Chi Shêng 游濟生 626
Yu Chü Ching 游居敬 626
Yu Jih Chang 游日章 626
Yu Lun 游綸 626
Yu Ming 游明 626
Yu P'u 游樸 626
Yu T'ai 游泰 626
Yu Tuan 游端 62
Yu Ying Chien 游應乾 626
Yu Yün Pien 游元汴 626
Yü Ao 于鰲 8
Yü Chan 于湛 7
Yü Chen 于溱 7
Yü Ch'ien 于謙 8
Yü Ching 于鯨 8
Yü Chun 于準 7
Yü Fang 于芳 8
Yü Hsüan 于宣 7
Yü Hsun 于訓 7
Yü Jo Ying 于若瀛 7
Yü Kuang 于光 6
Yü Kuei 于桂 7
Yü K'ung Ch'ien 于孔兼 6
Yü Mao 于瑁 8
Yü Mien 于冕 7
Yü Ming Chao 于明照 6
Yü Pin 于玭 6
Yü Shên Hsing 于慎行 7
Yü Shên Szŭ 于慎思 7
Yü Shên Yen 于慎言 7
Yü T'ai 于泰 7
Yü Têng Yün 于騰雲 8
Yü T'ien 于瑱 8
Yü Tsung 于聰 8
Yü Yu Nien 于有年 6
Yü Yü Li 于玉立 6
Yü Shan 玉山 96
Yü Ao 余翱 267
Yü Ch'ang 余昶 265
Yü Chên 余寘 264
余禎 266
Yü Chi 余璣 267
Yü Ch'i 余熂 266
Yü Chi Têng 余繼登 268
Yü Ching 余經 266
Yü Chüeh 余爵 267
Yü Chün 余濬 267
Yü Fêng Ch'ên 余逢辰 266
Yü Fu 余福 266
Yü Hsüan 余璿 269
Yü Hsüeh K'uei 余學夔 267
Yü Hsün 余洵 265
Yü Huang 余煌 266
Yü I Lung 余一龍 264
Yü Ju Pi 余汝弼 265
Yü Kuang 余光 265
Yü K'uang 余爌 268
Yü K'uei 余夔 268
Yü Lien 余溓 267
Yü Lin 余麟 268
Yü Lun 余倫 266
Yü Mao Hêng 余懋衡 267
Yü Mao Hsüeh 余懋學 267
Yü Mao Tzŭ 余懋孳 267
Yü Mêng Lin 余孟麟 265
Yü Pên 余本 264
Yü Pien 余忭 265
Yü Pin 余斌 266
Yü Shan 余珊 265
Yü Shih Ju 余世儒 267
Yü Shou Kuan 余守觀 265
Yü Shu 余叙 264
Yü Shü 余樞 266
Yü T'ien 余瑱 266

Yü T'ing Tsüan 余廷瓚 265
Yü Tsüan 余 瓚 268
Yü Tz'ŭ Chün 余子俊 264
Yü Wên 余 文 264
Yü Wên Hsien 余文獻 264
Yü Yao Ch ên 余堯臣 266
Yü Yen 余 儼 268
Yü Yen Ch êng 余彥誠 265
Yü Yin Hsü 余胤緒 265
Yü Ying Kuei 余應桂 267
Yü Yu 余 祐 266
Yü Yu Ting 余有丁 265
Yü Yü 余 裕 265
Yü Yüeh Tê 余日德 264
Yü An Ch'i 俞安期 369
Yü Chan 俞 霑 372
Yü Chao To 俞朝妥 371
Yü Chê 俞 澤 372
Yü Chên Mu 俞貞木 370
Yü Chêng Chi 俞正己 369
Yü Ch'i Chiao 俞起蛟 370
Yü Chien 俞 諫 372
俞 鑑 327
Yü Chih Yü 俞志虞 370
Yü Chin 俞 金 370
俞 藎 372
Yü Ch'in 俞 欽 371
Yü Ching 俞 敬 372
Yü Fu 俞 溥 371
Yü Hsien 俞 憲 372
Yü Huan 俞 瓛 370
Yü Hui 俞 繪 372
Yü I 俞 益 370
Yü I Yüan 俞一元 370
Yü Kang 俞 綱 372
Yü Lin 俞 琳 371
Yü Luan 俞 鸞 373
Yü Shan 俞 山 369
Yü Shao Tsu 俞紹祖 371
Yü Shih Chi 俞士吉 368
Yü Shih Yüeh 俞士悅 369
Yü Ta Yu 俞大猷 319
Yü Tai 俞 泰 370
Yü Tao Shêng 俞道生 371
Yü Tê Chi 俞德濟 372
Yü Tê Hui 俞德惠 372
Yü Tê Ju 俞得儒 371
Yü T'ing Yü 俞廷玉 370
Yü Tun 俞 敦 371
Yü T'ung Hai 俞通海 370
Yü T'ung Yüan 俞通源 371
俞通淵 371
Yü Tzŭ 俞 孜 370
Yü Tzŭ Po 俞咨伯 370
Yü Yen 俞 彥 370
Yü Yun Wên 俞允文 369
Yü Yung 俞 永 369
通 雍 371
Yü K'an 魚 侃 617
Yü Chih 喻 智 669
Yü Chün 喻 均 669
Yü Hsi Li 喻希禮 669
Yü Hsieh 喻 燮 669
Yü I 喻 義 669
Yü Mao Chien 喻茂堅 669
Yü Nan Yü 喻南嶽 669
Yü Shih 喻 時 669
Yü Chên 虞 震 740
Yü Ch'ên 虞 臣 739
Yü Ch'ien 虞 謙 740
Yü Hsiang 虞 祥 740
Yü Shou Yü 虞守愚 739
Yü Shun Hsi 虞淳熙 740
Yü Tê Yeh 虞德燁 740
Yü Tsung Ch'i 虞宗齊 739
Yü Yao 虞 瑤 740
Yü Yüan Chü 虞原璩 739
Yüan Ching 元 靜 88
Yüan Mo 元 默 87
Yüan An 阮 安 235
Yüan Ch'i 阮 玘 235
Yüan Chih Tien 阮之鈿 235
Yüan Ch'in 阮 勤 235
Yüan Fu 阮 福 235
Yüan Ho 阮 河 235
Yüan Hung Tao 阮弘道 235
Yüan I Ting 阮以鼎 235
Yüan Lang 阮 浪 235
Yüan O 阮 鶚 235
Yüan Pai 阮 白 235
Yüan Ta Ch'êng 阮大鋮 234
Yüan Wên Chung 阮文中 235
Yüan Chên 原 眞 417
Yüan Chieh 原 傑 417

Yüan Chung T'ai 原忠台 417
Yüan Chang 袁 璋 427
Yüan Chêng 袁 政 425
Yüan Chi Hsien 袁繼咸 428
Yüan Chi Teng 袁繼登 428
Yüan Ch'i Kuan 袁啓觀 426
Yüan Chiang 袁 江 424
Yüan Chiao 袁 校 425
Yüan Chih 袁 桼 426
Yüan Ch'ing Hsiang 袁慶祥 427
Yüan Chung Ch'ê 袁忠徹 424
Yüan Chung Hua 袁中化 423
Yüan Chung Tao 袁中道 423
Yüan Fang 袁 芳 425
Yuan Fu 袁 復 427
Yüan Fu Chêng 袁福徵 427
Yüan Hua 袁 華 426
Yüan Huang 袁 黃 426
Yüan Hung Tao 袁宏道 424
Yüan Hung Yü 袁洪愈 425
Yüan I 袁 義 427
袁 翼 428
Yüan Ju Chou 袁汝舟 427
Yüan Ju Shih 袁汝是 424
Yüan Jung 袁 容 425
Yüan Kai 袁 凱 427
袁 愷 427
Yüan Kao 袁 杲 424
Yüan Kuei 袁 珪 425
Yüan Kun 袁 袞 425
袁 珙 425
Yüan Kuo Chên 袁國臣 426
Yüan Lien 袁 熑 428
Yüan Lin 袁 璘 428
Yüan Min 袁 敏 426
Yüan Pao 袁 寶 428
Yüan Piao 袁 表 424
Yüan Ping 袁 彬 426
Yüan Shih Jung 袁世榮 423
Yüan Tai 袁 泰 425
Yüan Tao 袁 道 427
Yüan Tsŭ Kêng 袁祖庚 425
Yüan Tsun Ni 袁尊尼 426
Yüan Tsung Ju 袁宗儒 424
Yüan Tsung Kao 袁宗皐 424
Yüan Tsung Tao 袁宗道 424
Yüan Ts'ung Huan 袁崇煥 426
Yüan Ts'ung O 袁從鍔 426
Yüan Wei 袁 煒 427
Yüan Ying Ch'i 袁應祺 428
Yüan Ying Tai 袁應泰 428
Yüan Yü 袁 宇 424
Yüan Yung Chi 袁永基 423
Yüan Ching 圓 鏡 738
Yüeh Lin Ching Kung 月林鏡公 95
Yüeh T'an 月 潭 94
Yüeh Chêng 岳 正 311
Yüeh Chien 岳 薦 312
Yüeh Chü Yang 岳具仰 312
Yüeh Hsüan 岳 璿 312
Yüeh Lun 岳 倫 312
Yüeh Mao 岳 懋 312
Yüeh Pi 岳 璧 312
Yüeh Yuan Shêng 岳元聲 311
Yüeh Chi 樂 枅 814
Yüeh Chi Chung 樂濟衆 814
Yüeh Hu 樂 頀 814
Yüeh Liang 樂 良 814
Yüeh Shao Fêng 樂韶鳳 814
Yün Ch'i 雲 奇 637
Yün Chieh Ch'u 惲厥初 637
Yün Fu 惲 釜 636
Yün Jih Ch'u 惲日初 636
Yün Pên Ch'u 惲本初 636
Yün Wei 惲 巍 637
Yung Lung 永 隆 95
Yung Ning 永 寧 95
Yung T'ai 雍 泰 691

中華民國五十四年元月初版
中華民國六十七年元月再版

明人傳記資料索引

編輯者　國立中央圖書館
出版者　國立中央圖書館
台北市南海路四十三號
印行者　文史哲出版社
台北市羅斯福路一段七十二巷四號
郵政劃撥儲金帳戶一六九九五號
電話：三五一一〇二八